荣获 山东省重点志书
山东省优秀史志成果奖

济南市

天桥区志

JINAN SHI TIANQIAO QU ZHI

（1991—2012）

下卷

济南市天桥区史志编纂委员会　编

方志出版社
Publishing House of Local Records

目　录

下　卷

第十八篇　天桥区人民政府

第十九篇　政协天桥区委员会

第二十篇　民主党派与群众团体

第二十一篇　综合政务

第二十二篇　法治　国防

第二十三篇　教　育

第二十四篇　科学技术

第二十五篇　文化　体育　旅游

第二十六篇　医疗卫生

第二十七篇 社会生活

第二十八篇 街道 镇

第二十九篇　组织机构

人　　物

附　　录

第十八篇
天桥区人民政府

2011 年 1 月 12 日，区政府全体（扩大）会议召开。

2011 年 3 月 17 日，天桥区依法行政工作会议召开。

1991—2012 年，天桥区人民政府以经济建设为中心，以改革开放为动力，实行“勤政为民、务实高效”施政方式，贯彻执行中共中央、国务院和省市党委、政府指示精神，围绕中共天桥区委决策部署和区人民代表大会及其常委会有关决议、决定，抓好各项工作任务落实。全区经济和社会事业得到快速发展。1997 年，根据中共山东省委确定的“济南五年大变样”工作思路，区政府以招商引资为抓手，加快经济结构调整，加快“北跨”进程，围绕“老城提升、新区开发”两大主线，城市建设力度加大，生活保障更加有力，社会事业全面进步，人民生活持续改善，社会大局和谐稳定，历届人民代表大会确定的全区经济和社会事业发展目标及各项工作任务全面完成。2012 年，全区实现生产总值 294.66 亿元、地方财政收入 15.48 亿元、农民人均纯收入 10691 元、城镇居民年人均可支配收入 30435 元，分别是 1992 年的 41.04 倍、25.8 倍、6.7 倍、17.39 倍。

第一章　施政方式

第一节　会　议

一、区政府全体会议

由区长、副区长、化工产业园区管委会主任、区政府特邀咨询、办公室主任和区政府工作部门主要负责人组成。必要时召开扩大会议，吸收区政府办公室副主任、派出机构主要负责人、事业单位主要负责人列席会议；视情况邀请区委办公室、区人大常委会办公室、区政协办公室、区法院、区检察院、区人武部、驻区有关单位以及民主党派、群众团体负责人列席会议。会议议题由区长确定，区长或由区长委托常务副区长召集和主持。会议主要任务：讨论决定区政府工作中重大事项；总结和部署区政府一个时期的重要工作；讨论需要由区政府全体会议决定的其他事项。区政府全体会议原则上每半年召开一次，必要时由区长决定随时召开。

二、区政府常务会议

由区长、副区长、化工产业园区管委会主任、区政府特邀咨询、办公室主任组成，由区长或常务副区长召集和主持。区政府常务会议组成人员超过半数时方能召开。根据需要，可安排有关部门、单位主要负责人列席会议。会议的主要任务：传达中共济南市委、市政府和中共天桥区委重要指示、决定和会议精神，研究提出具体贯彻意见；讨论通过提请区人民代表大会及其常委会审议的议案；讨论通过由区政府制定发布的政府规章和重大政策规定；研究全区国民经济和社会发展的长远规划、年度计划，讨论通过《政府工作报告》；讨论需要区政府常务会议决定的其他事项。区政府常务会议一般每月召开一次，必要时由区长决定随时召开。

三、区长办公会议

由区长、副区长、化工产业园区管委会主任、区政府特邀咨询、区政府办公室主任组成，区政府办公室副主任（含法制办主任）、区财政局局长、区监察局局长、区人武部部长固定列席；区政府有关部门主要负责人、分管负责人列席相关议题。区长办公会议由区长或区长委托常务副区长召集和主持。会议主要任务：研究决定街道（镇）和区政府工作部门重要请示、报告事项；研究审定重大基建和技改项目、部分国有资产监管项目、财政预算安排和较大预算外开支项目等；研究决定区政府日常工作中重要事项；研究通过人事任免事项；研究通过以区政府名义表彰的事项；研究需要区长办公会议决定的其他事项。会议组成人员超过半数时召开，一般每月召开一次，必要时由区长决定随时召开。

四、区政府专题会议

由区长、副区长或区长、副区长委托办公室主任、副主任召集，区政府有关工作部门、派出机构或有关单位负责人出席。涉及两位以上副区长分管的工作，可共同召集会议。会议主要任务：研究安排区政府领导成员职责分工范围内问题；解决分管部门之间需要协调的问题；研究上级党委、政府领导或中共天桥区委、区政府领导对某一涉及面较广的具体问题所作批示的贯彻落实意见；研究拟定需要提交区政府集体研究决策的有关问题。专题会议根据需要随时召开。

五、区政府全体（扩大）会议

1991 年 3 月 26 日，召开第十二届区政府第六次全体（扩大）会议。会议主要议题是抓好廉政建设，密切联系群众，转变作风，提高工作效率。要求各级领导干部加快工作节奏，高标准开展工作，树立政府良好形象。7 月 25 日，召开第十二届区政府第七次全体（扩大）会议。总结上半年工作，部署下半年工作。会议要求工业保增长，农业保稳定，三产创繁荣，增强对外开放意识，发展各项社会事业。10 月 11 日，召开第十二届区政府第八次全体（扩大）会议。总结 1 月—9 月政府工作，以提高经济效益为中心，全面抓好城市建设管理、精神文明和为民服务工作，确保实现年底任务目标。

1992 年 2 月 15 日，召开第十二届区政府第九次全体（扩大）会议。研究在区人大十二届三次会议上的《政府工作报告》，部署政府工作。7 月 24 日，召开第十二届区政府第十次全体（扩大）会议。要求认真贯彻执行中共中央 2 号文件和中共中央政治局全体会议精神，坚持以经济建设为中心，进一步深化改革，扩大对外开放，提高经济效益，努力开创“两个文明”建设新局面。11 月 10 日，召开第十二届区政府第十一次全体（扩大）会议。总结前 10 个月工作，全面完成当年工作任务。要求办好 10 件实事，加强城区综合服务功能，加强职能转变，确保实现今年各项工作目标。

1993 年 1 月 28 日，召开第十三届区政府第一次全体（扩大）会议。区长彭万生提出落实 1993 年及“八五”期间各项工作任务和奋斗目标的意见，指出要在工业调整中加快步伐，在提高效益上狠下功夫；外经贸工作要实现新突破，城区建设实现新发展。7 月 10 日，召开第十三届区政府第二次全体（扩大）会议。总结上半年工作，要求以建立社会主义市场经济体制为目标，加快改革步伐。以建立社会主义市场经济体制为目标，加快改革步伐，围绕经济建设中心，认真贯彻中共天桥区委全会精神，深化改革，扩大开放，努力开创两个文明建设新局面。

1994 年 1 月 19 日，召开第十三届区政府第三次全体（扩大）会议。传达济南市经济工作会议精神，分析形势，讨论《政府工作报告》（征求意见稿）。7 月 13 日，召开第十三届区政府第四次全体（扩大）会议。总结上半年工作，部署年底前各项工作。会议要求坚持中共中央提出“抓住机遇，深化改革，扩大开放，促进发展，保持稳定”工作方针，加快推行股份制，深化农村改革，把广大农民引入市场，积极推进其他领域改革。

1995 年 1 月 10 日，召开第十三届区政府第五次全体（扩大）会议。讨论《政府工作报告》（初稿），动员部署当年各项工作，要求将重振工业雄风作为重点进行规划。3 月 8 日，召开第十三届区政府第六次全体（扩大）会议。围绕年度工作任务，再动员再部署。区长杨锡福讲话，要求搞好企业改革、技术改造、机构改革，把工业搞上去。7 月 21 日，召开第十三届区政府第七次全体（扩大）会议。总结上半年工作，深入开展“管理效益年”和“村办企业年”活动，认真实施“2413”工程，更好担负起两个文明建设的重任。

1996 年 2 月 29 日，召开第十三届区政府第八次全体（扩大）会议。会议要求坚持“抓住机遇、深化改革、扩大开放、促进发展、保持稳定”工作方针，处理好“改革、发展、稳定”的关系，努力实现全年任务目标。7 月 30 日，召开第十三届区政府第九次全体（扩大）会议。回顾上半年工作，加强工作调度，确保完成年度工作任务。会议要求要确保圆满完成经济指标；要坚持“科教兴区”，加快科技进步和人才引进；以创卫工作为动力，加强城市建设和管理。

1997年3月5日，召开第十三届区政府第十次全体（扩大）会议。会议要求加快“两个根本性转变”，着力调整经济结构，优化投资环境，培植经济增长点。量力而行，突出重点，多办实事，加快城市建设步伐，突出抓好小清河治理等工程建设。7月31日，召开第十三届区政府第十一次全体（扩大）会议。总结回顾上半年工作，动员全区上下，确保完成全年任务目标。要求按照“加强建设、加快转变”的总体部署，创出一流工作业绩。

1998年2月6日，召开第十四届区政府第一次全体（扩大）会议。会议要求进一步统一思想，狠抓落实，到2002年，主要经济指标实现翻番，经济和社会发展实现大变样。

1999年7月23日，召开第十四届区政府第三次全体（扩大）会议。主要议题是总结上半年工作，研究部署下半年工作。要求抓好经济主战场，重振天桥工业雄风；发展个体经济和外经贸工作，抓好财源建设。10月15日，召开第十四届区政府第四次全体（扩大）会议。主要议题是认真贯彻落实中共十五届四中全会精神，进一步动员全区上下，以经济建设为中心，以改革为动力，突出重点，强化措施，大干四季度，确保完成全年各项任务。

2000年3月20日，召开第十四届区政府第五次全体（扩大）会议。主要议题是结合“三讲”教育，研究改进政府工作，进一步改变工作作风，提高效率，完成各项工作任务。10月19日，召开第十四届区政府第七次全体（扩大）会议。主要议题是认真贯彻落实中共十五届五中全会及中共济南市委七届四次全会、市政府第四次全体会议精神，研究部署第四季度政府工作。

2001年2月20日，召开第十四届区政府第八次全体（扩大）会议。中心议题是根据形势和任务需要，结合天桥区实际，部署招商引资工作任务，动员全区上下迅速行动起来，努力开创全区经济建设工作新局面。4月22日，召开第十四届区政府第九次全体（扩大）会议。主要议题是贯彻落实济南市人民政府有关工作会议精神，总结一季度区政府各项工作，分析研究存在问题，找出差距，安排部署第二季度工作。7月25日，召开第十四届区政府第十次全体（扩大）会议。主要议题是总结上半年工作，部署下半年任务，进一步统一思想，振奋精神，开拓创新，加快发展，确保完成全年各项工作任务。10月24日，召开第十四届区政府第十一次全体（扩大）会议。主要议题是总结分析前三季度政府工作情况，研究部署第四季度具体任务。

2002年2月5日，召开第十四届区政府第十二次全体（扩大）会议。主要议题是贯彻落实济南市人民政府会议精神，研究安排全区一季度经济工作，动员全区上下，确保一季度经济工作开门红。9月11日，召开第十四届区政府第十四次全体（扩大）会议。主要议题是传达贯彻落实省、市会议精神，动员各部门对照年初确定的目标任务，扎实苦干，确保完成全年各项工作任务。10月10日，召开第十四届区政府第十五次全体（扩大）会议。集中参观济南市和天桥区招商引资、城市建设亮点，1997年，中共山东省委确定“济南五年大变样”工作思路后，天桥区道路不断拓宽、河道相继改造，城市面貌变化明显。

2003年7月11日，召开第十五届区政府第一次全体（扩大）会议。主要议题是总结上半年工作，部署下半年政府工作。会议要求，以招商引资为抓手，加快经济结构调整，在抗击“非典”特殊时期，取得经济和社会各项事业新发展。

2004年3月8日，区政府召开全体（扩大）会议，主要议题是分析2003年工作，部署工作任务。会上，区长雷天太简要总结上一年各项工作情况，围绕“老城提升、新区开发”两大主战场，对各方面工作进行部署。

2008年2月29日，区政府召开全体（扩大）会议，主要议题是贯彻落实上级会议要求，以“两路、一街、一区、一河、一园、一湖”为平台，加快“北跨”进程，加快推进重点项目。

2011年1月12日，区政府召开全体（扩大）

会议，区长、副区长，济南化工产业园区管委会主任、副主任，区政府办公室主任、副主任，各街道办事处主任、各镇镇长，区政府各部门、各重点工程重点项目指挥部主要负责人参加会议。邀请中共济南市委第二巡视组组长扈书乘，中共天桥区委办公室、区人大常委会办公室、区政协办公室、区纪委办公室、区委统战部、区总工会、团区委、区妇联、各民主党派、工商联以及天桥国税局、地税分局、工商分局、质监分局、药监分局、天桥供电部、天桥黄河河务局负责人参加。会议主要议题是讨论并通过区《政府工作报告》。

第二节 公 文

一、公文制度

区政府对各街道办事处、镇人民政府、区政府各工作部门、直属事业单位和重点企业直接行文，并受理请示、报告。

二、公文内容

以区政府或区政府办公室名义制发的公文，其内容应属于关系全区经济和社会发展的重大改革方案、重要决定、政策措施、政府规章以及需要全区各级国家行政机关、企事业单位执行和周知的重要事项，主要包括对济南市人民政府决定、命令、行政法规、重要工作部署和中共天桥区委、区人大及其常委会决定、决议提出贯彻实施意见；须由区政府向市政府、区委、区人大及其常委会报告、请示的重大问题；须由区政府与省、市有关部门及其他区政府联系商洽的工作；发布区政府决定、政策措施和政府规范性文件；安排部署区政府确定的重要工作任务，对区政府工作部门和街道办事处、镇人民政府工作作出指示；答复区政府工作部门和街道办事处、镇人民政府报请区政府决定、解决的重大问题；批转区政府工作部门重要工作意见。

三、公文审批

区政府工作部门报区政府审批的公文，经区政府办公室审核后根据区政府领导分工呈送审批。区政府领导审批公文,对有具体请示事项的，应签署明确意见、姓名和日期。对一般报告性公文，圈阅表示“已阅知”。1991—2012 年，平均每年审批公文 80 余件。

四、公文签发

凡以区政府或区政府办公室名义制发的公文，均由区政府办公室负责审理和送审、送签。区政府领导不直接签批未经区政府办公室审理的公文文稿。公文签发权限：以区政府名义制发的正式公文，报请分管副区长审签，区长签发；以区政府名义制发报送市政府部门等的便函类公文，根据公文内容，由分管副区长签发；内容涉及数名副区长分管范围的，或有意见分歧的，待形成统一意见后报请区长签发；以区政府办公室名义制发的公文，报请分管副区长审核后，由区政府办公室主任签发。1991—2012 年，平均每年签发公文 120 余件。

1991—2012 年天桥区人民政府部分重要文件一览表

表 18-1

年 份	日 期	文件名称
1991	3 月 29 日	《关于印发〈改变区街企业“三项经费”收缴办法〉的通知》
	3 月 30 日	《关于批转〈天桥区税务局减免税扶持基金筹集使用管理办法〉的通知》
1992	5 月 5 日	《关于批转区房管局〈关于开展村镇房产登记发证工作的意见〉的通知》
	12 月 12 日	《关于印发〈天桥区组建企业集团、股份制企业试点、机关事业单位兴办经济实体和企业兼并审批的暂行规定〉的通知》

续表 18-1

年 份	日 期	文件名称
1993	3 月 25 日	《关于印发〈北园路拓宽综合改造拆迁实施办法〉的通知》
	5 月 20 日	《关于扶持居办生产，发展居办经济的若干规定》
	6 月 20 日	《关于印发〈天桥区义务教育奖惩办法〉的通知》
	7 月 14 日	《关于印发〈对街道工业、第三产业考核奖惩办法〉的通知》
1994	4 月 7 日	《关于成立天桥区流动人口计划生育管理委员会的通知》
1995	3 月 10 日	《关于在全区各居民小区设置预防保健网点的通知》
	8 月 24 日	《关于取缔制革街工业品市场的决定》
1996	1 月 25 日	《关于认真做好第五届村民委员会换届选举工作的通知》
	3 月 7 日	《关于对济南包装市场实行税收财政返还的优惠政策》
	6 月 10 日	《天桥区国有土地出租市场管理暂行办法》
	8 月 5 日	《天桥区区级机构改革实施意见》
1997	1 月 27 日	《关于扶持发展少数民族经济有关问题的通知》
	6 月 23 日	《关于设立济南市天桥区人民政府药山街道办事处的通知》
	10 月 24 日	《关于扶持工业小区经济发展的有关决定》
1998	5 月 4 日	《关于行政事业单位预算外资金纳入财政预算管理的实施意见》
	11 月 12 日	《天桥区 1999 年至 2000 年对外经贸工作实施意见》
2000	4 月 30 日	《天桥区出口创汇奖励基金实施办法》
	5 月 17 日	《关于建立街道办事处、北园镇财政管理体制的意见》
2001	6 月 6 日	《关于印发〈天桥区黄河防洪预案〉的通知》
2003	4 月 8 日	《济南市天桥区重、特大安全事故应急处理预案》
	11 月 5 日	《关于印发〈加强社区居委会基础设施建设实施意见〉的通知》
	12 月 4 日	《关于建立天桥区 12319 公共服务热线系统的实施方案》
	12 月 28 日	《关于印发〈建立天桥区城乡规划咨询委员会的意见〉的通知》
2004	7 月 12 日	《关于对区科技创业服务中心的扶持政策》
	9 月 30 日	《关于印发〈济南市天桥区重、特大生产安全事故应急救援预案（试行）〉的通知》
	12 月 2 日	《关于规范建筑市场秩序、整顿违章建筑工程和违规建设行为的紧急通知》
2005	4 月 13 日	《关于印发〈2005 年全区国有（集体）企业改制的实施意见〉的通知》
	4 月 27 日	《关于在全区认真开展计划生育清理核查活动进一步完善育龄妇女信息系统的实施意见》
	10 月 8 日	《关于印发〈全区整治卷烟市场经营秩序专项行动方案〉的通知》

续表 18-1

年份	日期	文件名称
2006	2月25日	《关于调整街道办事处财政体制的意见》
	5月25日	《天桥区城区防汛工作预案》
	6月19日	《天桥区黄河防洪预案》
	7月6日	《关于在全区开展流动人口计划生育管理服务活动的实施意见》
	7月11日	《关于贯彻落实国务院〈全面推进依法行政实施纲要〉的意见》
	8月30日	《关于支持人民政协履行职能的意见》
	12月29日	《关于进一步推行政务公开的意见》
2007	3月20日	《天桥区加强政府投融资建设项目审计监督的暂行办法》
	4月5日	《天桥区2007年“一建三改”工作实施方案》
	4月19日	《关于加大对农业龙头企业发展的扶持力度积极促进农业产业化经营的意见》
	4月24日	《关于进一步明确责任，坚决制止违规违法旧村改造的通知》
	6月25日	《关于在全区开展基层武装部正规化全面建设达标活动的通知》
	9月20日	《关于加强出租房屋等零散税收管理工作的意见》
	9月20日	《关于调整区街财政体制的试行意见》
2008	4月29日	《关于全面加强应急管理工作的意见》
	5月12日	《关于印发〈天桥区循环经济工作实施方案〉的通知》
	5月16日	《关于公布第一批区级非物质文化遗产名录的通知》
	6月19日	《关于设立天桥工业园的通知》
	8月11日	《关于调整农村最低生活保障标准的通知》
	9月8日	《关于进一步强化工作措施确保超额完成节能目标任务的通知》
	12月16日	《关于成立区、街两级城市管理委员会的通知》
2010	12月22日	《天桥区基层村村庄建设编制工作方案的通知》
2011	6月20日	《关于印发〈济南市天桥区城镇居民社会养老保险制度实施方案〉的通知》
	9月19日	《关于加快推进天桥区基层医疗卫生机构综合改革的实施意见》
2012	5月17日	《关于印发〈天桥区妇女发展“十二五”规划〉和〈天桥区儿童发展“十二五”规划〉的通知》
	7月4日	《关于印发〈加快济南市新材料产业基地发展支持政策〉的通知》
	8月24日	《关于印发〈天桥区“十二五”期间主要污染物排放总量控制实施方案〉的通知》
	9月20日	《关于印发〈进一步加强廉政建设意见〉的通知》

第二章　施政辑要

第一节　重要政令

一、经济建设

1991 年 1 月 28 日，印发《贯彻落实〈1991 年质量、品种、效益年活动实施意见〉的通知》。通过在全区深入开展活动，提高辖区企业经济素质和经济效益，使企业走投入少、产出多、质量好、消耗低、效益高的发展道路。8 月 13 日，下发《关于开展土地登记发证工作的通知》。通知要求，根据《中华人民共和国土地管理法》和中共中央、国务院《关于加强土地管理、制止乱占耕地的通知》精神及省市其他有关规定，以维护社会主义土地公有制、保护土地所有者和使用者合法权益为目标，在辖区农村全面完成土地利用现状详查、城镇完成地籍调查勘丈的基础上，认真组织土地登记、发证工作。1993 年 11 月 15 日，印发《关于加快推行股份合作制的意见》。意见要求，加快促进政府职能转变和政企分开，使企业成为自主经营、自负盈亏、自我发展、自我约束的法人实体和市场竞争主体。1994 年 1 月 14 日，下发《发布济南市天桥区行政执法暂行规定的通知》。进一步加强行政执法工作，提高行政管理效能，保障法律、法规、规章和规范性文件全面正确实施。3 月 29 日，印发《关于增收节支工作的意见》，就强化税收征管、积极组织财政收入、努力开辟财源、壮大经济实力、厉行节俭、严格控制财政支出等问题提出具体实施措施。7 月 19 日，印发《关于进行企业“先出售后改制”试点的实施意见》。对辖区企业“先出售后改制”试点工作指导思想和原则、范围和条件、方法和步骤、组织领导和配套政策等进行部署。1995 年 1 月 28 日，作出《关于为区财政局行财预算科记集体功的决定》。区财政局行财预算科在国家实行分税制新形势下，采取有效措施，为全区各项工作正常运转和实现财政收支平衡作出贡献。区政府决定为区财政局行财预算科记集体功一次。4 月 15 日，印发《关于在全区继续开展“管理效益年”活动的实施意见》。主要围绕活动指导思想和目标任务、深化改革中强化企业管理、加大措施促进企业结构调整、以提高经济效益为中心切实加强管理工作、加强对开展“管理效益年”活动的领导等问题提出实施意见 28 条。5 月 30 日，印发《关于进一步加强区属企业土地使用和固定资产管理的规定》。规定要求，在深化改革中应进一步加强区属企业土地使用和固定资产管理，防止国有资产和集体资产流失，确保其保值、增值。

1996 年 9 月 24 日，印发《天桥区社区服务业发展规划（1996—2000 年）》。旨在推动辖区社区服务业发展，加快城市社会福利服务体系建设，把本区建设成为省级和国家级社区服务示范区，为经济发展和社会稳定作出贡献。1997 年 2 月 28 日，制定《关于扶持区属企业发展的优惠政策的暂行规定》。对所得税返还、企业技改项目奖励、扭亏企业奖励、引进外来企业优惠政策、兑现办法和返还税款的使用等作出详细规定。5 月 8 日，印发《关于改变北郊林场行政隶属关系的决定》。将济南市北郊林场移交区房管局代管，其单位性质、级别、体制、名称不变。1998 年 3 月 3 日，印发《1998 年全区深入开展“管理效益年”活动实施意见》。引导全区企业将加强管理作为有效应对当前困难的重要举措，努力挖潜降本、向管理要效益，推动企业加快发展，促进辖区经济平稳增长。7 月 1 日，印发《关于加强街道“三个一”工程建设的实施意见》，要求各街道和有关部门加强领导、各尽其责，明确标准、加强指导，加大力度、保证质量。10 月 19 日，制定《天桥区大气污染防治会战实施方案》。通过加强重点行业企业污染治理、治理扬尘污染、取缔城区燃煤小锅炉、机动车污染防治，强化城市建设管理水平和环境执法力度等措施，对辖区大气环境进行全方位综合整治。1999年8月20日，发出《关于全区社会中介组织改革与发展实施意见》。对指导思想、目标和任务、主要措施及建立健全组织领导和监管体系作出规定。9月3日，作出《关于新建市场和市场扩建项目报批程序的规定》。对新建和扩建市场的适用范围、前期工作、报批程序等方面作出规定。2000年1月25日，印发《天桥区2000年经济体制改革工作实施意见》。意见要求，高举邓小平理论伟大旗帜，全面贯彻落实中共十五大和上级经济工作会议精神，以“三个有利于”为标准，进一步解放思想，转变观念，加快调整和完善所有制结构，大力发展非国有经济，继续推进各项综合配套改革，促进辖区经济持续、快速、健康发展。3月8日，制定《天桥区政府采购暂行办法》。办法规定，政府采购应当遵循公开、公正、公平、效益及维护公共利益的原则，本着勤俭节约的方针，不得超标准采购。3月21日，印发《天桥区蓝天工程实施方案》。方案提出，在保持国民经济和城市建设快速发展同时，实施可持续发展战略，紧紧抓住工业污染防治这个重点，努力推行各项环境保护政策，积极开展城市环境综合整治，有效促进国民经济持续、快速、健康发展。12月27日，制定《天桥区“平改坡”工程实施方案》，要求在辖区建筑结构许可条件下，将多层住宅平屋顶改建成坡屋顶，并对外立面进行修整，以达到改善住宅性能和建筑物外观视觉效果。

2001年1月18日，印发《关于建立全区安全生产管理体系的实施意见》。要求按照鲁政发〔2000〕68号文件关于“安全生产实行属地统一管理，行业主管部门对本行业安全生产负责，部门单位及企业法人代表是安全生产第一责任人”的要求，严格贯彻落实并制定实施意见（5条款）。2003年1月28日，下发《关于在全区集中开展土地利用现状普查和土地使用情况清查登记工作的通知》。通知要求有关部门顾全大局，密切配合，做好督导工作，切实完成好土地利用现状普查和土地使用情况清查登记工作。5月20日，下发《关于进一步加强国有资产管理的通知》。通知指出，要进一步加强天桥区行政事业单位国有资产管理，防治国有资产流失和杜绝违法违规行为。7月30日，下发《关于对行政审批行为进行登记的通知》，要求各行政部门进一步明确本部门行政审批事项，规范行政审批行为，确保上级已废止的行政审批项目不再实施。9月24日，印发《济南市天桥区强化地方税收社会综合治税工作意见》，要求有关部门按照通知要求，多措并举，认真组织实施，进一步强化地方税收社会综合治税工作。11月19日，下发《关于印发天桥区村居集体资产产权改革的指导意见的通知》，要求有关部门、村居按照通知要求，认真贯彻执行，积极做好辖区村居集体资产产权改革工作。2004年4月7日，印发《天桥区2004年关于进一步加快经济体制改革工作的意见》，要求贯彻落实中共十六届三中全会提出的“在较短的时间内建成完善的社会主义市场经济体制和更具活力、更加开放的经济体系”精神，加快建立“归属清晰、权责明确、保护严格、流转顺畅”现代产权制度。5月9日，下发《关于开通天桥区电子政务邮件系统的通知》。通知指出，要借助天桥区电子政务邮件系统开通，进一步提高工作效率，实现各单位部门之间、政府与社会各界之间资讯互通。6月15日，印发《关于统筹城乡发展促进农民增收的意见》，要求认真贯彻落实中共中央一号文件和中央、省、市农村工作会议精神，按照辖区农业和农村工作目标任务、工作重点、政策措施，进一步促进天桥区城乡统筹发展，促进辖区农民增收。10月15日，印发《关于招商引资项目实行土地补偿的意见》。意见要求，对到天桥区落户集约型招商引资项目征用的土地给予补贴，旨在加快全区经济建设，促进招商引资工作，维护占地村（居）利益和稳定群众生活。11月23日，发出《关于开展“十一五”规划编制工作的通知》。通知指出，各级各部门要加强领导，强化措施，组织专门工作班子，密切配合，分工协作，确保按时完成各阶段的规划编制任务。2005年6月16日，下发《关于成立天桥北展区国有资产运营有限公司的通知》。根据通知，天桥北展区国有资产运营有限公司正式成立。公司注册资金1亿元人民币，授权区国有资产管理局投资，公司性质为国有独资，指定田庆盈、章九龄、张兴洲、聂甲芳、李昱为该公司董事会董事，田庆盈为董事长、总经理、法定代表人，张全仓、孙向军为监事会监事。9月15日，下发《关于天桥区北展区综合开发土地管理和拆迁安置方案补充规定的通知》，要求相关单位进一步统一思想，提高认识，加大协调力度，切实加强北展区综合开发土地管理工作，完善拆迁安置补偿方案，为鹊山龙湖项目全面开发建设营造良好环境，促进北展区加快发展步伐。

2006年5月30日，印发《黄河防汛工作意见》《城区防汛工作意见》《内河防汛工作意见》，要求有关部门高度重视黄河、城区和内河防汛工作，认真按照责任分工，周密部署，未雨绸缪，不出纰漏，抓好落实，进一步做好辖区防汛工作。10月26日，印发《关于进一步做好增收节支工作的意见》，要求贯彻落实全市财税工作会议精神，通过增收、节支、增效，集中财力保障公务员工资制度改革，保障社会稳定，促进天桥区经济和社会各项事业持续健康发展。12月13日，印发《天桥区创新型城区建设规划》。规划要求充分发挥科学技术在促进天桥区经济社会发展中的引领和支撑作用，提高天桥区自主创新能力，推进创新性城区建设。2007年4月13日，印发《天桥区2007年经济体制改革工作实施意见》，要求各有关部门以科学发展观为指导，全面贯彻落实中共十六届五中、六中全会精神，按照省市关于经济体制改革工作部署，结合天桥区实际，着力推进行政管理体制、社会管理体制和微观领域改革，为经济社会又好又快发展提供体制机制保障。5月23日，印发《关于开展税源普查，加强综合治税工作的实施意见》，提出根据济南市综合治税工作会议要求，进一步强化辖区税源建设，促进依法治税，确保地方财政收入稳步增长。11月2日，制定《天桥区矿产资源整合方案》，要求有关部门结合自身实际，统筹兼顾，立足长远；合理布局，优化配置；推进技术改造，坚持集约高效；安全开采，保护环境为原则，严格按照整合方案抓好落实。11月7日，下发《关于进一步做好增收节支工作的通知》，要求积极适应当前财政经济形势，缓解财政压力，确保收支平衡，圆满完成当年财政收支任务，促进全区经济社会又好又快发展，为第二年全区规范公务员津贴补贴创造条件。12月18日，制定《济南市天桥区政府非税收入管理暂行办法》，要求根据国务院《关于加强预算外资金管理的决定》、财政部《关于加强政府非税收入管理的通知》及国家、省、市政府相关法律、法规精神，规范政府非税收入管理，切实提高资金使用效益，增强政府宏观调控能力，建立完善的公共财政收入体系，促进天桥经济和社会健康发展。2009年1月7日，印发《关于进一步做好增收节支工作的意见》，要求各街道（镇）及有关部门积极适应当前财政经济形势，缓解财政压力，圆满完成年度财政收支目标，促进区域经济社会平稳较快发展。4月28日，印发《济南市天桥区人民政府关于调整区街财政管理体制的意见》。意见提出，为适应分税制财政体制不断深化和发展的客观要求，进一步调动区街两级大力发展区域经济、积极培植税源、强化税收征管的积极性，逐步建立事权与财权相统一，经济发展与财力增长相协调的新机制。6月3日，印发《天桥区农村公路养护管理暂行规定》，要求加强辖区农村公路养护管理，切实保障农村公路安全畅通，充分发挥农村公路在地方经济建设和社会各项事业发展中的作用。9月11日，下发《关于成立天桥区建设项目落地办公室的通知》。天桥区建设项目落地办公室成立，旨在搞好天桥区重点工程、重点项目建设，进一步加大对城市建设工程组织协调力度。2010年3月23日，印发《关于全面推进集体林权制度改革的实施意见》。意见要求，进一步深化天桥区农村改革，解放和发展林业生产力，加快发展现代林业，不断增加农民收入。5月24日，下发《关于开展“十二五”

规划编制工作的通知》。通知指出，要根据国家和省、市部署，结合天桥区实际，高起点、高质量、高标准完成天桥区“十二五”规划编制任务。8月20日，印发《关于进一步加强企业安全生产工作的意见》。意见要求，不断强化天桥区安全生产基层基础工作，全面提高企业安全生产水平，确保辖区安全生产形势持续稳定。9月7日，印发《关于推进农村住房建设与危房改造的意见》。意见要求，深入贯彻落实省、市关于加快农村住房建设与危房改造的部署和要求，拓展城市发展空间，改善农村群众居住条件，全面推动城乡经济社会一体化发展。9月10日，下发《关于进一步做好2010年节能降耗工作的通知》。通知指出，区有关部门要积极做好2010年全区节能降耗工作，不断转变经济发展方式，应对国际金融危机带来的不利影响，促进天桥区经济实现平稳较快发展。

2011年2月15日，下发《关于深入开展安全生产基层基础深化年活动的通知》，指出2011年在全区开展“安全生产基层基础深化年”活动。在安全生产“双基”工作各项措施深化上狠下功夫，全面加强企业安全生产管理，严厉打击非法生产经营建设行为，扎实推进重点领域安全专项整治，遏制较大事故，防止重特大事故，实现全区事故起数和死亡人数“双下降”，为促进全区经济平稳较快发展创造安全和谐的环境。5月5日，印发《天桥区关于加快服务业发展的若干政策（试行）的通知》。通知指出，要积极贯彻落实科学发展观，结合天桥区情实际，充分发挥服务业对财税贡献率高的优势，进一步促进辖区服务业又好又快发展。8月3日，下发《关于印发〈天桥区国民经济和社会发展第十二个五年规划纲要〉的通知》。与以往规划相比，“十二五”规划具有以下几个亮点：（1）内容更加丰富。“十一五”规划10章27节，2.6万字；“十二五”规划增至12章48节，4万余字，目标更具体，内容更翔实，规划更具指导性。（2）坚持开门、借智搞规划。邀请专家、学者对规划进行咨询论证，从专业研究角度为天桥区“十二五”期间发展提供理论基础，使规划更具科学性和前瞻性。（3）与济南市“十二五”规划充分衔接，与部分兄弟县（市）区沟通交流，并结合实际，充分学习借鉴外地先进经验，使规划更具针对性和可操作性。规划纲要全篇分为三大部分。2012年4月19日，印发《关于进一步加强财源建设工作的意见》。意见要求，全面贯彻落实全市“加快科学发展、建设美丽泉城”推进会议精神，进一步加强天桥区财源建设，调整理顺财税工作思路，优化财源结构，促进地方财政收入规模和质量稳步提高，推动全区经济社会又好又快发展，为“实现新跨越、再造新天桥”提供有力财力支撑。4月20日，印发《关于进一步调整完善区街财政管理体制的意见（试行）》。意见要求，逐步建立与天桥区经济发展相协调的财政管理体制，进一步理顺区、街两级分配关系，调动区、街两级发展区域经济、培植涵养税源、强化税收征管积极性。5月15日，下发《关于印发〈天桥区关于加快推进都市现代农业发展的有关扶持政策〉的通知》，要求进一步推动天桥区都市现代农业全面发展，提升市场竞争力，促进全区农业和农村经济持续、稳定、健康发展。7月23日，作出《关于变更北郊林场行政隶属关系的决定》，将济南市北郊林场由区住房保障和房产管理局代管移交区农业经济发展局代管，其单位性质、级别、体制、名称不变。

二、社会事业

1991年7月11日，下发《关于印发〈山东省未成年人保护条例〉的实施意见》，要求针对辖区未成年人特点，坚持培养、教育、引导、保护相结合的方针，根据宪法、法律和法规有关规定，维护未成年人合法权益，保护未成年人健康成长。11月27日，制定《城镇非农业人口义务兵家属优待金筹集和发放办法》。办法规定，经区征兵办公室批准征集入伍的城镇非农业人口义务兵，服役期间其家属享受本办法规定的义务兵家属优待金。优待金实行社会统筹，均衡负担，统一发放。1992年3月23日，印发《区创建卫生城市实施方案》。通知要求，各街道（镇）、部门增强创建意识，把创建工作有机纳入各自工作计划，抓紧城市基本设施规划建设，加强城市管理，为创建国家卫生城市贡献力量。5月15日，印发《天桥区实施〈济南市城市环境卫生管理办法〉的规定》。规定要求，加强城市环境卫生管理，加强环境卫生法规和科学知识宣传教育，增强全民环境卫生意识，保护人民身体健康，促进社会主义物质文明和精神文明建设。6月4日，下发《关于印发〈天桥区优待烈军属和革命伤残军人实施细则〉的通知》。细则规定，中国人民解放军和中国人民武装警察部队的革命伤残军人、复员退伍军人、革命烈士家属、因公牺牲军人家属、病故军人家属、现役军人家属，依照本细则享受优待。11月10日，下发《关于印发〈济南长途汽车站地区综合管理实施办法〉的通知》。办法规定，加强济南长途汽车站地区公共秩序、公共卫生和交通安全综合管理，维护公共秩序，改善车站环境，建设文明站区。1993年5月26日，印发《关于开展严厉打击走私犯罪活动的工作意见》。意见指出，反走私工作必须按照上级整顿经济秩序和严厉打击经济犯罪有关要求，抓住重点，实行反走私领导责任制，组织严打行动，严肃查处大案要案，加强综合治理，进一步巩固和发展反走私斗争已取得的成果，实现反走私斗争形势明显好转。7月7日，下发《关于印发〈济南火车站东站地区综合管理实施办法〉的通知》。通知指出，加强济南火车站东站地区综合管理，维护车站地区公共秩序，改善车站环境，建设文明车站，确保铁路运输安全畅通。1994年7月1日，下发《关于印发〈天桥区公费医疗制度改革试行办法〉的通知》。办法本着防止浪费、节约开支、确保干部职工基本医疗的公费医疗管理原则，就进一步加强公费医疗作出规定。1995年10月8日，作出《关于在全区推行计划生育"三结合"的决定》。决定要求，推广计划生育工作"三结合"，即计划生育同发展农村经济相结合、同帮助群众勤劳致富相结合、同建设文明幸福家庭相结合。

1996年5月5日，作出《天桥区农村社会保障暂行规定》，要求加快农村社会保障体系建设，建立完善农村社会养老保险与社会保障五个服务网络相结合的"两个层次"农村社会保障体系，全面有序推进农村社会保障事业健康发展。12月16日，制定《天桥区计划生育管理体制改革工作实施方案》，进一步明确辖区计划生育管理体制改革工作指导思想、目标任务、方法步骤。1997年9月10日，作出《关于表彰职工教育工作先进单位和先进个人的决定》，对区房管局等9个"职工教育先进单位"和钟伟焕等18名"职工教育先进工作者"给予通报表彰。11月11日，制定《关于区级党政机关公费住宅电话及移动电话管理的暂行规定》，明确规定领导干部住宅安装公务电话、电话费报销范围及包干标准、住宅电话费包干结算办法、移动电话的配备及管理办法、公费住宅电话所有权。1998年2月23日，制定《天桥区公费医疗制度改革试行办法》。确保全区干部职工基本医疗，并逐步向医疗保险过渡。

2001年2月21日，制定《天桥区基层法律服务所脱钩改制实施方案》。以保证全区基层法律服务机构脱钩改制工作顺利进行。6月5日，下发《关于对全区部分行政区划进行调整的通知》。以优化城市布局、加快城市化进程为目标，切实推动全区经济和各项社会事业发展。12月26日，印发《天桥区依法行政五年规划》。规划以五年为期限，要求全面推进依法行政，加强政府法制建设。2002年1月9日，印发《天桥区基础教育改革与发展的意见》。意见提出：（1）认真落实基础教育优先发展战略地位，明确基础教育发展的目标任务；（2）完善管理体制，保障经费投入，推进基础教育持续发展；（3）调整教育结构，推进办学体制改革，进一步优化教育资源配置；（4）深化教育教学改革，扎实推进素质教育，不断提高教育质量；（5）完善干部教师教育体系，加强教师队伍建设；（6）坚持依法治教，保障基础教育健康发展。3月28日，印发《天桥区创建省教育示范区、市教育示范乡镇的意见》，对创建省教育示范区、市教育示范乡镇提出明确要求，要求各有关部门、街道（镇）高度重视，协同配合，真正把"两创"工作落到实处。10月26日，作出《天桥区农村最低生活保障暂行规定》，对辖区保障对象、保障标准及资金来源、实施细则、工作职责等内容重新修订完善。2004年4月6日，下发《关于建立背街小巷长效管理考核机制的通知》，指出应进一步加强城市建设与管理，推进城市管理重心下移，强化市容环境综合整治力度，形成长效管理机制。7月5日，下发《关于加快农村教育改革与发展的意见》，从实践“三个代表”重要思想、统筹城乡发展、全面建设小康社会战略高度，充分认识加快天桥区农村教育发展的重要意义，将农村教育作为教育工作重中之重，作为农村工作关键环节，切实抓紧抓好，抓出成效。2005年1月28日，下发《关于分配二〇〇四年度全区管理重心下移和长效管理补助经费的通知》。通知指出，将根据全区市容环境长效管理检查考核成绩和各街道办事处在环卫工作中投入情况，对各街道办事处给予适当经费补助。3月21日，下发《关于表彰2004年度全区内审工作先进集体、先进个人的通知》，对纬北路街道办事处审计办等12个内审工作先进集体、张立水等21个先进个人给予通报表彰。10月12日，下发《关于加强济南火车东站广场综合管理的通知》。通知指出，各相关街道办事处、部门应进一步加强济南火车东站广场及周边地区社会治安、车辆停放、市政设施、园林绿化、环境卫生以及个体摊档综合管理，维护社会公共秩序，保证车站广场正常使用。

2006年4月27日，印发《关于加强学前教育管理工作的意见》，要求进一步促进天桥区学前教育事业发展，加强幼儿园管理，规范办园行为，提高办园水平，为每个适龄儿童提供办园条件均衡、入园条件基本相等的学前教育，积极推进辖区幼教工作健康发展。5月18日，印发《关于在全区深入开展卫生救护培训工作的意见》。意见提出，普及天桥区人民群众卫生救护和消防安全意识及自救互救能力，使社区居民对急救知识有进一步了解，避免和减轻意外伤害、突发性事故、疾病带来的痛苦，增强应急反应能力，对生活中遇到的突发疾病和意外伤害能进行初步简单有效处理，为医疗机构实施抢救赢得时间，最大限度挽救病人生命。9月20日，印发《关于开展创建社区红十字服务示范区活动的实施意见》。意见要求有关部门在自查基础上，及时进行整改，进一步做好社区红十字服务示范区创建工作。2007年2月28日，下发《关于调整农村最低生活保障标准的通知》，要求根据省、市低保政策，结合天桥区实际，适当提高农村最低生活保障标准，着力改善辖区农村困难群众生活水平。4月3日，印发《天桥区二〇〇七年城乡环境综合整治工作实施意见》，要求以解决人民群众最关心、最直接利益问题为根本出发点，进一步推进辖区城乡环境综合整治工作开展，切实改善天桥城乡环境，提升人居环境质量，推动天桥各项事业健康快速发展。2008年1月31日，制定《天桥区抚恤定补优抚对象医疗保障实施办法》，要求保障辖区抚恤定补优抚对象医疗保障待遇。10月20日，作出《关于表彰2008年度市容环境卫生工作先进个人和优秀保洁员的决定》。表彰天桥年度市容环境卫生工作先进个人和优秀保洁员，总结经验，鼓励先进，促进辖区市容环境卫生工作扎实有序开展。11月12日，下发《关于发展城市社区卫生服务的实施意见的通知》，要求加快天桥区社区卫生服务发展，努力构建新型城市卫生服务体系，满足群众基本健康需求，切实做好国务院社区卫生服务体系建设重点联系城市试点区工作。2009年8月13日，下发《关于建立对城区部分计划生育家庭奖励扶助制度的通知》。通知指出，要进一步贯彻落实中宣部、中央文明办等10部门相关文件精神，完善天桥区计划生育利益导向机制，切实稳定低生育水平。

2011年2月10日，下发《关于印发〈天桥区人民政府依法行政五年规划（2011—2015）〉的通知》。通知指出，根据国务院《全面推进依法行政实施纲要》和《关于加强法治政府建设的意见》，进一步推进依法行政，加快实现天桥区建设法治政府的目标。8月25日，下发《关于加快推进环卫设施建设的通知》。通知指出，要紧紧围绕天桥区省会城市中心城区的总体定位，蓬勃发展城市环卫设施建设，加快天桥区建设资源节约型、环境友好型社会速度，全面提升公共设施为民服务功能。2012年10月18日，下发《天桥区全民健身实施计划（2012—2015年）的通知》，要求认真贯彻落实《济南市全民健身实施计划（2012—2015年）》，开展全民健身运动，推动天桥区全民健身事业持续、快速、健康发展。

第二节　施政业绩

一、区人民政府及任期

1990—2012年，天桥区人民政府历经6届，其中，区第十二届人民政府任期3年；区第十六届人民政府任期4年；区第十三至十五届、第十七届人民政府每届任期5年。

天桥区第十二至十七届人民政府任期一览表

表18–2

届次	任职时间	任期
第十二届	1990年2月—1993年1月	3年
第十三届	1993年1月—1998年1月	5年
第十四届	1998年1月—2003年1月	5年
第十五届	2003年1月—2007年12月	5年
第十六届	2007年12月—2012年1月	4年
第十七届	2012年1月—	5年

二、发展地方经济

1992年，工业总产值10.25亿元，比1989年增长63%，平均年增长18%；实现工业利税4210万元，超额完成年度计划；完成销售收入6.8亿元，比1989年增长58%。技术进步步伐加快，三年投资1.5亿元，完成技术进步和技术改造项目275个；产品质量稳步提高，优质产品率6%，比1989年增长3%。在遭受严重旱灾情况下，粮食总产680.5万千克，蔬菜总产1210.5万千克。养殖业较快发展，畜禽存养20万头（只）；向市场提供肉禽蛋奶鱼231.5万千克。1992年，农村经济总收入24.8亿元，比1989年增长210%。全区第三产业营业收入23亿元，实现利润4200万元，分别比1989年增长135%和25%。全区各类商业服务网点5897个，比1989年增长29%；社会商品零售总额5.94亿元，比1989年增长171%。至1992年，全区有各类市场20处、面积28万平方米，分别是1989年的1.35倍和3.28倍；年成交额4.98亿元，比1989年增长1.8倍；个体工商业户发展至3933户，比1989年增长17.6%。完成出口交货值4638万元，比1989年增长204%，年平均增长68%。累计兴办“三资”企业30家，投资6715万美元，合同利用外资2396万美元，分别是1989年的15倍、31倍和16.8倍，出口产品发展至32种。完成财政收入5997万元，比1989年增长4.9%。

1997年，完成生产总值23.58亿元，是1992年的3.3倍，年均增长26.8%。工业生产适度增长。完成工业销售收入27.8亿元，是1992年的3.1倍，年均增长25.4%；实现工业利税1.15亿元，是1992年的2.73倍，年均增长22.5%；实现利润0.72亿元，是1992年的3.3倍，年均增长27%。农村经济全面发展。全区粮食单产稳步提高，完成肉禽蛋奶鱼3500吨，是1992年的4.6倍；农村经济总收入141亿元，是1992年的5.7倍，年均增长41.6%；过5亿元村10个，其中过10亿元村1个、过20亿元村2个。第三产业蓬勃发展。五年新、扩建市场和大型商业服务设施47处，其中大型专业市场10处，街道“三个一”工程全面完成，以药山民营园为代表的10个民营园区形成。实现第三产业利税2.83亿元，是1992年的3.8倍，年均增长30.6%；实现利润2.11亿元，是1992年的5倍，年均增长38%。外向型经济发展加快。“三资”企业增至152家，培植自营出口企业3家；实现自营出口创汇835万美元，“三资”企业出口创汇1278万美元，两项合计是1992年的17.8倍。1993—1997年，五年累计利用外资3225万美元。财税工作进一步加强。完成地方财政收入9547万元，是1992年的1.59倍，年均增长9.7%。人民生活继续改善。农民人均纯收入3752元，是1992年的2.3倍。

至2002年，主要经济指标实现翻番，经济和社会发展实现大变样。全区生产总值由1997年的23.58亿元增至35.82亿元，年均增长8.4%，其中一产增加值由0.27亿元增至1.89亿元，年均增长47.6%；二产增加值由7.8亿元增至12.26亿元，年均增长9.5%；三产增加值由15.51亿元增至21.67亿元，年均增长6.9%；地方财政收入由0.95亿元增至3.11亿元，年均增长26.6%；固定资产投资由3.65亿元增至16.41亿元，年均增长35.1%。工业经济发展步伐明显加快。突出工业园区建设，药山工业园累计投资5000余万元。桥北工业园完成园区内拆迁、电网架设和南北主干道修筑工程，新引进企业5家。全区触动产权的国有、集体改制企业800余家，基本完成街办、村居企业改革，区属企业资产得到有效重组，解决一批历史遗留问题。投资11.59亿元，完成技术进步项目300项，促进工业产品结构优化升级。至2002年年底，全区完成工业销售收入40.5亿元、工业利润1.2亿元、工业利税2.2亿元，五年来年均增长7.8%、10.8%和13.9%。农业和农村经济取得新进展。建设千亩黄金梨、千亩冬枣、三倍体毛白杨、红提葡萄等示范基地，全区蔬菜大棚总数4500个；建设两家畜牧龙头企业和两处肉食牛养殖小区，带动形成养殖专业村12个，畜牧业占一产增加值36.7%；利用世行贷款完成4000公顷农田综合改造。推进农村税费改革，农民人均减负31.6%。农民人均可支配收入3600元，比1997年增加1016元。第三产业实现新突破。1998—2002年，新、改、扩建市场和大型商贸设施73处，新增建筑面积94.25万平方米，经营商品结构发生新变化，名牌和正规品牌占据主流；国美、银座、大润发、北京华联等大型商贸设施建成开业，黄台、板桥等仓储物流中心初步形成。泺口服装市场和5家区属商业企业完成改制。至2002年年底，第三产业营业收入245亿元，利润3.6亿元，利税4.9亿元，年均增长6.4%、11.4%和11.8%。民营经济不断壮大。全区33家规模以上工业企业中，民营企业占20家，民营经济成为全区经济发展的重要支撑和新增长点。2002年，个体私营业户1.66万户，注册资金16.04亿元，实缴税金占全区地方财政收入51.8%。招商引资成绩突出。制定《天桥区招商引资优惠政策》，设立“一站式服务”政务大厅。至年底，引进项目900个，其中投资额1000万元以上的项目62个，引进资金33.66亿元，累计实现地方税收3000余万元。外经贸工作开创新局面。培育泰福农产品公司、成林塑胶、昌威塑料等一大批出口大户，形成稳定的出口创汇队伍和出口创汇基地；开拓国内国际市场，组织企业参加项目推介会，鼓励境外办企业。累计出口创汇4997万美元，实际利用外资1361万美元，境外企业已达7家。财政收入高幅增长。1998—2002年，净增2.15亿元。严格执行部门预算和政府采购制度，加强财政监督管理。

2007年，全区实现生产总值162.89亿元，是2002年的4.5倍，年均增长35.1%，其中第一产业增加值2.3亿元、第二产业增加值50.12亿元、第三产业增加值110.47亿元，年均分别增长4%、32.5%和38.5%；实现地方财政收入6.3亿元，是2002年的2.4倍，年均增长19.1%；实际利用外资8577万美元，出口创汇6亿美元，年均分别增长44.5%、64.4%；全社会固定资产投资82.55亿元，年均增长38.1%，其中招商引资（市以外资金）所占比重为59.5%；三次产业比例由2002年的5.3∶34.2∶60.5调整至1.4∶30.8∶67.8。巩固第三产业优势地位，积极推进三产高级化。银座、大润发超市、齐鲁鞋城等一批规模大、档次高的特色和新兴市场建成使用，以红星美凯龙、汇鑫国际商务广场、招商银行济南分行入驻为代表的新兴三产迅速崛起。三产税收占地方财政收入比重为66%。坚持走新型工业化道路，着力打造药山工业园、济南化工产业园区两大工业载体。培植壮大骨干企业，规模以上工业企业新增73家，达106家。完成市级以上科技攻关项目50项；专利申请量3800件，居全省县（市）区前列；高新技术企业30家。全区高新技术产业产值占规模以上工业的45%。天建等区属经营性事业单位以及白鹤、金牛等居集体资产产权改革完成。外经贸工作取得较大突破，2005年，被评为“全省外经贸工作先进区”。非公有制经济成为全区经济的重要支撑力量。街道（镇）经济实力增强，为社区建设管理和服务奠定基础。“老城提升、新区开发”取得突破性进展，全区跨越式发展前景更加广阔。积极打造并基本形成以“两路、一街、一区、一河、一园、一湖”为框架的新发展平台和蓝图。“两路”，济泺路、明湖西（北）路综合改造全面完成，显现出良好社会效益和投资价值；“一街”，北园大街道路改造基本完成，快速高架路和地面快车道已经通车，两侧环境整治和连片开发同步有序推进；“一区”，药山工业园区基础设施日益完善，鲁能康桥发展中心、时代总部基地、蓝翔技校等大项目建设进展顺利，初步实现由传统工业园区向现代都市型科技园区的转变；“一河”，小清河综合治理工程开工建设；“一园”，化工产业园作为省级工业园，达到“六通一平”，8家企业入驻建设，年产60万吨PTA橡胶塑料和济南裕兴化工厂迁建两大项目取得实质性进展；“一湖”，鹊山龙湖项目列入全市“十一五”发展规划，完成占地面积433.33公顷一期工程建设。

2011年，全区实现生产总值263.96亿元，是2007年的1.6倍，年均增长12.5%，其中第一产业增加值3.3亿元、第二产业增加值69.6亿元、第三产业增加值191亿元，年均分别增长9.4%、8.6%和14.7%。实现地方财政收入13.1亿元，历史性地提前一个半月完成全年任务，是2007年的2.08倍，年均增长20.1%。社会消费品零售总额223.23亿元，年均增长18.2%。4年累计完成固定资产投资430亿元，其中招商引资（市以外资金）所占比重为61.2%。累计实际利用外资2.78亿美元，出口创汇22.84亿美元。三次产业比例由2007年的1.4 ：30.8 ：67.8调整至2011年的1.3 ：26.3 ：72.4。结构调整步伐加快，主导产业日渐壮大。投资12亿元建设总规划面积2180公顷的济南化工产业园区，并加挂“济南新材料产业基地”牌子。国家胶体材料工程技术研究中心落户园区，CPP项目取得进展；总投资30亿元的20万吨碳四深加工、天诺光电新材料等10个新型工业项目集中签约入园；裕兴化工厂整体迁建提前完成，10万吨钛白粉项目全部达产。药山工业园初步实现由传统工业园区向现代都市型产业园区转变。山大鲁发碳纤维研究中心等高科技项目相继入驻，机械加工和汽车装备业逐渐形成产业集聚。科技创新成效明显，获“全国科技进步先进区”称号。全区产学研实践基地7家，高新技术企业16家，市级以上工程技术中心9家，专利申请量、授权量居全省前列。澳华新能源在英国挂牌上市，实

2011天桥名优美食节暨都市农业成果展（2011年9月摄）

现全区上市企业零突破。积极推进三产高级化，服务业发展繁荣兴旺。完成辖区全部63处专业市场提升改造。山东通讯城、缤纷五洲商业综合体和银座家居、红星美凯龙世博家居、欧亚达家居等一批大型现代化商贸设施开业，北园、泺口两大商圈积聚带动作用日益增强。成功举办"中国济南首届家居文化节"和"2011天桥名优美食节暨都市农业成果展"。招商银行济南分行、兴业、浦发和民生支行、中华联合财险济南分公司、中国人寿财险济南支公司以及国盛、华安证券等金融机构落户天桥区。重汽翡翠郡、巴黎花园、碧水尚景、尚品清河、名泉春晓等一批高档次住宅提升全区人居环境。"D17银座天成文化创意产业园""滨河天成·潮合汇"等"天成号"项目成为繁荣服务业发展的新亮点。坚持城乡统筹发展，新农村建设成效明显。2011年，完成农林牧渔业总产值5.25亿元、粮食总产量7.82万吨，畜牧业产值占农业总产值比重40%以上。农民人均纯收入9431元。全面落实支农惠农政策，发放各类强农惠农资金3.7亿元。加快发展现代农业，完成全区都市农业发展规划，市级都市农业园区7家，农民专业合作社50家，市级农业龙头企业13家。完成农业综合开发1733.33公顷，组织实施大庄村等一批小型农田水利工程，测土配方施肥8000公顷。新建一批污水和垃圾处理设施，卫生改厕、户用沼气池建设、太阳能热水器安装等生态能源建设持续推进，农村路、水、电基本实现"村村通"。创新行政审批服务方式，服务型政府建设深入推进。区街财政体制不断完善，区、街、居属和市属移交企业改制基本完成，村居集体资产改制成效明显。开展节能技术改造，大力发展循环经济，实现"十一五"节能减排调控目标。

2012年，全区实现生产总值294.66亿元，同比增长9.6%，其中第一产业增加值3.5亿元、第二产业增加值74.6亿元、第三产业增加值216.5亿元，分别增长6%、7.2%和13.4%。完成地方财政一般预算收入15.48亿元，增长18.08%。实现社会消费品零售总额274.26亿元，增长22.86%；完成全社会固定资产投资93.03亿元，增长25.68%；实际利用外资4558.7万美元，出口创汇3.1亿美元。新型工业化进程稳步推进。以济南化工产业园区和药山工业园为依托，推动新材料产业和高新技术产业集约集群发展。全区规模以上工业企业60家，其中销售收入过亿元企业11家、高新技术企业20家。积极扶持中小企业发展，争取各项扶持资金3500万元。山大国家胶体材料研究中心、三达科技公司获省级自主创新专项扶持资金800万元。天鹅棉业机械新厂区投入运行，山东重汽配件物流城主体框架竣工，山东鲁发碳纤维建成厂房面积8000平方米，其高科技产品导线芯棒挂网运行。抓好节能减排，全区万元GDP能耗和规模以上工业万元增加值能耗同比分别下降3.84%和12.1%，主要污染物排放持续下降，全面完成节能减排各项约束性指标。现代服务业加速发展。加大家居、建材、服装等专业市场改造提升力度，泺口服装国际会展中心开工建设，众鑫商厦主体竣工，成功举办"中国济南第二届家居文化节"。边庄齐鲁国际美食广场17家餐饮服务企业全部开业。济南凤凰国际名酒文化城顺利竣工，药圣天成全部开业运营，济南D17文化创意产业园完成后期规划，滨河天成·潮合汇招商完毕，面积1.7万平方米的中国教育动漫产业基地落户其中。民生、青岛和莱商银行支行落户天桥，金融服务业实现区级税收1.3亿元，同比增长25%，房地产销售签约7084套、面积59.8万平方米。天桥区被评为"全省服务业发展先进区"。大力发展现代都市农业，农业产业化规模进一步扩大。落实各项惠农补贴2500万元。持续发展设施蔬菜、特色林果、花卉苗木、特色养殖等高效农业，市级都市农业园区5家，特色农业品牌基地6家，认证农产品品牌12个，农民专业合作社94家。全区市级以上农业龙头企业15家，年销售收入23.6亿元。发展活力不断增强。以"工作落实年"和"项目推进年"为抓手，建立统一高效的领导推进机制，中共天桥区委、区人大、区政府、区政协主要领导挂帅，共同推进发展实体经济、建设美丽天桥、优化发展环境、创新社会管理四个方面重点工作，确定重点项目113个，将其中实行区级领导包挂项目23个。全面做好限上企业统计工作，完成1555家工商贸企业摸底排查，将新增239家企业纳入定期统计。大力实施名牌战略和商标战略，省市著名商标68件。引进市以外资金63亿元，同比增长15%，亿元以上招商项目25个。

三、发展社会事业

1992年，完成北园路、济泺路、堤口路等28条、面积29.8万平方米道路修补和养护。新、改建水冲式公厕43座，垃圾楼（台）85处。旧城改造进展较快，实施制锦市、黄屯、西丹凤街、北坦等地区开发建设和工人新村、陈家楼居民区配套工程，拆除旧房面积23.6万平方米，开工建设面积83万平方米，建成居民住宅面积62万平方米。危房改造面积10万平方米。贯彻落实《天桥区1990—1992年绿化规划方案》，3年植树和攀缘植物126万株，全区绿化覆盖率由1989年的27%增至33%。完成科研项目71项。其中，达国内同类产品先进水平51项，填补国内空白20项，填补省内空白40项，8项科技成果受到全国、省、市奖励，累计创造产值3790万元、利税758万元。创办科技示范企业3家、民办科研机构21家，引进专业技术人才595人。九年制义务教育稳步实施，小学适龄儿童全部入学。“第二课堂”活动内容丰富、形式活跃，学生300余人在市以上各类比赛中获奖，区少年宫被评为全国校外教育工作先进集体。初中毕业生会考合格率由1989年的65%增至1992年的82%，优秀率45%。累计改造校舍面积2.5万平方米；勤工俭学发展迅速，综合利润由1989年407.6万元增至600万元。人口自然增长率由1989年7.68‰下降到2.3‰，晚婚率97%，晚育率98%，全面完成各项人口控制责任目标。区属职工年均工资2024元，比1989年增长36%；农民人均纯收入1606元，比1989年增长14%。安置社会待业青年1.18万人，对区属和驻区536家企业7.54万名职工实行退休费用社会统筹和养老金保险。居民群众耐用消费品拥有量明显增加，每百户拥有彩色电视机68台、电冰箱76台、录音机63台。城市居民平均居住面积由1989年5.5平方米增至8平方米。

1993—1997年，完成济南东南外环路和西北外环路13.5千米建设任务、小清河天桥段12.5千米拆迁和4.56千米河道施工任务，建成十里北园大街，新建、拓建济泺路、济齐路等25条道路。完成面积20.8万平方米道路养护，改造排水泵站6处，新建垃圾中转站5处。对陈家楼、纬北路、北坦等棚户区和面积6.35万平方米危房以及21个旧村进行改造，新建住宅小区19个。造绿工程成效显著，环境质量逐年提高，1996年新植草坪面积16万平方米，建成占地面积5.1公顷的天桥广场，绿化覆盖率由1992年的33%增至38%。建成烟尘控制区14个，覆盖率100%，噪声达标区6个，覆盖率80.7%，各项环境指标均达省级标准，被济南市人民政府评为“八五”期间环保先进单位。全区科技累计投入3.9亿元，完成科研项目84项，其中39项达国内先进水平、12项填补国内空白、19项成果获市以上奖励；完成技改和新产品开发项目268项，累计新税3.8亿元。成立天桥区科技信息开发中心，建成科技大楼，建立健全区、街道（镇）、村三级科技工作网络，创办科技示范企业7家、民办科研机构36家，引进专业技术人才560人，被命名为“全国科技工作先进区”。全区基本普及九年制义务教育，适龄儿童和弱智儿童入学率、小学在校生巩固率、升学率均保持100%，扫除青壮年文盲。依法治教和中小学“四制”（校长负责制、教职工聘任制、岗位责任制、结构工资制）改革走在省、市前列，成为全省首批教育科研工作先进集体，制锦市街小学“和谐教育”实验通过省级专家鉴定，并在全市推广。加强职业技术教育、成人教育、职工教育和社会力量办学，5年培训各类人员5万人次。多渠道筹措资金1454万元，完成8所学校、面积2.64万平方米校舍改造，解决182户教房，其中解困45户。投资430万元，高质量完成29中建筑面积5600平方米校舍改造工程。投资680万元，实施教育送温暖工程，新增集中供暖学校16处。开辟文化广场96处，组建群众性文艺创作协会6个，在市级以上报刊发表文艺作品1200篇（幅），在省级以上文艺比赛中19人获奖。群众体育与竞技体育协调发展，4个单位被评为省级群众体育先进单位，116人次在市级以上比赛中获冠军。计划免疫接种率保持98%以上，传染病发病率5年间下降26%，消灭脊髓灰质炎工作通过部级鉴定，被评为全省爱国卫生先进集体，被济南市人民政府命名为“爱婴区”。计划生育顺利过渡为属地管理，晚婚、晚育率连年保持100%，人口自然增长率控制在6‰以内，连续7年获人口控制目标考核一等奖，被评为全省“三为主”先进区和省计划生育工作先进区。社区服务事业方兴未艾，成立区社区服务中心，建成天桥区敬老院、老年公寓和街道社区卫生服务中心，被评为全省民政工作先进区和社区服务示范区，社区服务示范区通过民政部验收。人民武装部归建部队建制工作顺利完成。7部大型志书相继出版发行，计480余万字。《天桥年鉴》获省特等奖5个、一等奖3个。民族、侨务、档案、物价、技术监督工作均跨入全省系统先进行列。

1998—2002年，组织实施容貌、造绿、蓝天、一环九射等工程，城区绿化覆盖率37.7%，人均占有绿地面积7.1平方米；取缔两蒸吨以下燃煤炉具，大气质量改善；环卫设施日趋完善，生活垃圾袋装化率80%。顺河高架路北延工程完成沿线长4.12千米、面积23万平方米拆迁任务；济泺路、济齐路等86条主次干道和主要街巷全面整修；综合治理小清河、西泺河，清淤维修城区排洪河道，提高城区行洪能力。围绕经一路延长线、无影山中路、小清河河堤路等新交通干线形成和低洼区、棚户区改造，建成西苑、天福苑、影山花园、金牛、湖畔苑、太平洋等一批居民小区，药山、北园、泺口地区旧城改造步伐持续加快，居民居住条件明显改善。实施区划调整，辖区面积由73.31平方千米扩至249.05平方千米；城区面积由30.39平方千米扩至73.31平方千米；城镇人口占全区总人口83.1%。精神文明建设扎实深入，社会各项事业全面发展。建成社区服务中心13个，社区服务站、便民服务点93个。2002年，天桥区被评为全国社区建设示范区。建成教师新村，336户教师家庭乔迁新居，解决教师公费医疗遗留问题。完成济南市下达的人口与计划生育各项任务目标，被中共山东省委、省政府命名为优质服务示范区。“警地联手、综合治理”流动人口计划生育工作经验在全国推广。强化基层卫生服务，获“全国农村改水改厕先进区”称号。双拥和国防教育、民兵预备役工作成绩突出，获省级双拥模范区“四连冠”。

2007年，黄河以南地区控制性详细规划编制完成，大桥、桑梓片区控制性详细规划编制工作启动。投资近8亿元，完成明湖西（北）路、济泺路综合改造；对无影山北路、历山北路、二环北路等28条主次干道实施改造整修。北园大街综合改造，创造工程建设与环境整治、改造与开发“两个同步”以及“和谐拆迁”新模式。老城区整治覆盖率100%。馆驿街西片区和茂新、顺河街、聚贤片区实施动迁，涉及居民3700余户。制锦市、陈家楼、工人新村南村、工人新村北村等敞开式小区和火车东站广场、大桥路、铁路沿线、王炉周边等窗口部位展开全面整治。相继实施工商河、东泺河、西泺河北园大街以南河段截污工程，对二环北路、济泺路、明湖西（北）路、药山公园等主干道和重点区域实施绿化整治，新增绿化面积118.7万平方米，绿化覆盖率40.5%。推进城市管理重心下移，推行千分制考核，强化监管检查。自2000年区划以来，区财政累计投入2.58亿元对黄河北地区开展体制性补助、转移支付、教师工资统发、校舍改造、卫生、社保补助、通路、通水等工作。城市居民可支配收入1.72万元，农民人均纯收入6830元（含药山、北园、泺口地区），比2002年分别增长70.2%和77%。城镇就业再就业6.52万人次，城镇登记失业率连续5年低于控制目标。区财政投入社会保障6.68亿元，社会救助投入4035万元，年均分别增长19.7%、31.3%，破产企业、特困企业退休职工医保问题全部解决，全区基本养老、医疗、失业、工伤、生育保险覆盖率进一步提高。开展惠民医疗工程，加快健全三级医疗服务网络，社区卫生服务机构32所，纳入医保定点机构96.9%。五年累计投入6200万元，新、改、扩建学校32所。落实经济适用房和廉租住房制度，解决1689户次困难群众住房问题。计划生育工作连年获全市计生目标责任管理一等奖，被命名为"全省计划生育优质服务先进区"。成立区慈善总会，广泛开展上学救助、城乡医疗救助等13项慈善活动，救助群众2.3万人。积极发展红十字和"助残"事业，被评为全国社区红十字服务示范区、全国社区残疾人工作示范城区。加强社区建设,增强服务功能，被评为全国社区建设示范区、全国社区服务示范区。桑梓店镇小寨村被命名为全国民主法治示范村，老寨村被命名为全省民族团结进步模范村，天桥区被国务院命名为全国民族团结进步模范集体。国防教育、人防、征兵和双拥共建工作扎实推进，连续5年获"全省双拥模范区"称号。全面落实"四五"普法，推进依法治区，被评为全省"四五"普法依法治理先进区和全省依法行政先进单位。抗击"非典"、防控禽流感和"7·18"抗洪救灾取得胜利。在全市率先完成疾病预防控制和卫生监督体系建设。"平安天桥"建设扎实推进，连续5年保持省级"社会治安综合治理模范区"称号。

治理后的工商河（2009年9月摄）

2008—2011年，完成北园大街综合改造，沿线环境整治和片区开发成效显著。小清河综合治理工程完成，拆迁面积55万平方米，征收土地面积183公顷，断航21年的小清河实现蓄水通航。编制完成滨河新区城市发展战略和重点片区规划、核心区城市设计，大明湖至小清河通航工程规划方案确定。17个棚改片区拆迁改造完成，拆除建筑面积150万平方米，搬迁居民2万余户，开工建设回迁安置房面积87万平方米，回迁居民6176户。启动29个城中村改造，完成农住房建设与危房改造2.9万户。鹊山龙湖项目完成土地整理面积933.33公顷，生态景观初步显现。建邦黄河大桥竣工通车，跨河发展瓶颈初步解决。以"迎全运"为契机，完成24类136项建设整治任务，全运会后又启动实施20项城市建设和50项综合整治项目。完成103条主次道路改造和综合整治，新建雨污水管线长6.5万米。完成工商河、柳行河、东泺河等河道整治。泉星广场人防工程顺利竣工。新建、改建公厕69座，建成全省第一座环保型垃圾转运站，药山、北园、泺口地区纳入市级城市建设维护体系，生活垃圾实行统管统运，城区全部社区实现"无保洁盲区、无垃圾死角"。城乡环卫一体化架构基本形成。成立区、街两级城管委，理顺市容长效管理考核机制，建设区级数字化城市管理信息平台，在全市率先实行城市管理和环境卫生工作问责制。科学编制全区土地利用总体规划和控制性详细规划，实现规划全覆盖。加大违法用地执法检查力度，被评为山东省土地执法模范县(区)。整合改造中小学43所，新建校舍面积1.4万平方米，外来务工人员子女定点学校增至16所。成功引进济南二中、济南外国语学校等优质资源。义务教育、学前教育、职业教育、成人教育、社区教育统筹协调发展，被评为全国社区教育示范区。安置下岗失业人

北园大街高架桥（2008 年 5 月摄）

员 3.64 万人，公益性岗位人员 2300 余人，转移农村劳动力 1.04 万人，“零就业家庭”保持动态消零。基本药物制度实现城乡全覆盖，城区构建起“15 分钟健康服务圈”，被授予“全国社区健康管理实验基地”和“全国社区中医药工作先进单位”称号。农村医疗卫生服务实现全覆盖，新农合参合率 100%。天桥区被列为国家首批新型农村社会养老保险试点区，参保率 93.3%。区社区服务中心老年公寓被授予“全国模范养老机构”称号。加强住房保障工作，为 5500 户“双困”家庭发放廉租房补贴 2140 万元，1883 户家庭选到廉租住房。社会救助体系进一步完善，发放保障资金 1.5 亿元，保障城乡低保 32.9 万户次、76.3 万人次。慈善工作稳步发展，发放各类救助资金 1953 万元。积极发展红十字和“助残”事业，被评为全省扶残助残先进区。建立社区服务站 120 处，新增各类服务设施 1000 余处。建立和完善“五位一体”和“一站式”社区管理服务新模式，被评为全省和谐社区建设示范区、全国社区服务示范区。统筹解决人口问题，被评为全国计划生育优质服务先进区。区文化馆、图书馆分别被评为国家一级馆和二级馆；农家书屋和健身路径实现村居社区全覆盖；天桥区被评为省级文明区、被国家体育总局评为全民健身活动先进单位。国防教育、人民防空、双拥共建工作扎实推进。民主法制得到加强，顺利通过全省“五五”普法考核验收，获“全省依法行政先进区”称号。积极预防并及时化解各种社会矛盾，畅通社情民意反映渠道，纠正损害群众利益问题，获“全国平安建设先进区”称号。

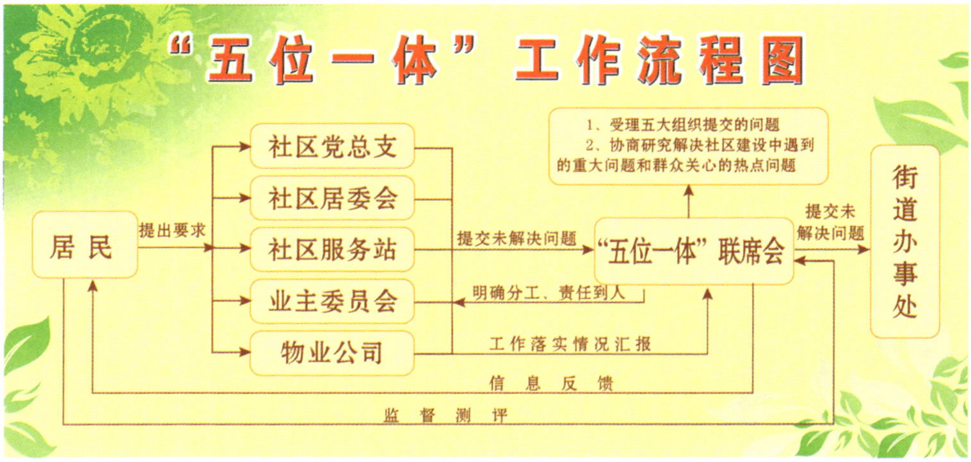

“五位一体”工作流程图（2009 年摄）

至 2012 年，17 个棚改片区改造任务基本完成，火车站北广场完成项目拆迁。名泉春晓、盛世名门、发祥福邸等项目进展顺利、销售良好，银座·好望角、明湖广场、美林大厦、和信广场等商务楼开工建设。宝华片区安置楼基本竣工，官扎营片区安置楼全面开工，顺河街、茂新街、聚贤街、馆驿街西等一批设施齐全、生活便利、环境良好的安置小区相继建成，7185户居民喜迁新居，占应回迁居民95.8%。滨河新区建设全面展开。44个项目有序推进，其中已开工建设项目14个、完成土地出让项目3个、确定土地熟化人资格项目2个、签订开发意向项目8个，总用地面积1280公顷，规划总建筑面积3800万平方米。泺口片区一期工程实施拆迁，选房1039户，选房率85%。绿地滨河国际城一期开工建设，销售1061套、建筑面积11.5万平方米。徐李片区新黄路以南、徐李路以东面积43.33公顷土地上的非住宅地上物基本拆除完毕，拆除建筑物面积30万平方米，出让土地面积13.72公顷。裕兴化工老厂区拆迁完成。总建筑面积20.3万平方米滨河新区地标性建筑滨河商务中心开工建设。北湖片区已拆除非住宅面积21万平方米，完成通航区域现状摸底测绘和土地征收摸底调查，调整规划方案。启动边庄、大魏、张庄、药山西片区等城中村改造项目。投资1.1亿元，对济泺路、北园大街等60条道路进行整修养护，对28条主次干道和150条街巷排水设施进行疏浚，完成二环北路、元首针织门前积水路段和粟山路雨水管沟改造。投资650万元对18条河道进行清淤疏浚。全区新增绿地面积21.5万平方米，人均公园绿地面积10.9平方米，绿地率35.2%，绿化覆盖率40.5%。推进农村集体土地确权登记发证工作，所有权登记发证全部完成。实施废弃工矿建设用地增减挂钩，增加建设用地指标51.13公顷。查处违法用地和各类违章建设行为，依法拆除违法违章建筑69处、建筑面积1.7万平方米。投资3700万元，对二环北路、小清河北路、北园大街及104国道、220国道、308国道天桥区段等道路沿线环境进行综合整治提升。投资930万元，完成铁路沿线北闸子段和胶济铁路仁丰段整治。完善建筑渣土长效管理机制，构建管理、执法与服务“三位一体”新模式，连续12个月在全市考核中获第一名。多部门联合执法，集中整治违章占道经营，取缔市民和媒体反映强烈的济南长途汽车总站强买强卖切糕点。试点街道数字化城市管理模式，丰富区级数字化城管内容，提升城市管理水平。实施社区交通微循环改造和交通大循环体系建设，道路拥堵现象明显改善。筹集资金3500万元，新建水冲式公厕30座、环保型垃圾转运站9座，黄河北地区125个行政村纳入环卫管护范围，实现城乡环卫一体化全覆盖。发出加快园区发展的实施意见和支持政策，加大园区消防站等基础设施建设力度，改善投资环境。创建“国家火炬计划特色产业基地”。总投资69亿元的五三研究所产业化项目、大唐发电热电联产项目签约；投资100亿元，建筑面积100万平方米济南鑫茂齐鲁科技城项目落户园区。济南新材料交易中心、新材料产业科技园实现开工建设。山大国家胶体材料研究中心、山东省科学院新材料研发基地竣工并投入使用。鹊山龙湖项目稳步推进。提供就业岗位2.8万个，安置城镇就业1.7万人。居民养老保险实现城乡统筹，为2.69万人发放养老金2095万元。累计保障城乡低保7.13万户次、14.78万人次，发放保障金4116万元。

天桥区第一届全民健身运动会（2012年9月摄）

完成新农合筹资任务，累计补偿金额最高增至15万元，有效缓解农民“因病致贫、因病返贫”问题。发放廉租住房补贴570万元，办理廉租住房入住手续166户。新型农村社区建设有序推进，靳家、大吴、小马村等16幢村民安置楼完成封顶。全市唯一黄河滩区村实施搬迁，冯塘社区4幢安置楼开工建设。新建改建公办幼儿园4所；建筑面积1.08万平方米全市首所棚改小学——济南市行知小学投入使用。“爱生学校”项目进入实质阶段，获2013年全国“爱生学校”经验交流会承办权。新增2所外来务工子女定点学校。新建建筑面积2359平方米靳家卫生院门诊大楼；全市数字化预防接种现场会、全省家庭医生式服务推广现场会在天桥区召开。进一步巩固国家基本药物制度城乡全覆盖成果，药品让利1500万元。提前完成基层公共文化设施建设任务，建成市区首家少儿图书馆，成功举办全国古玩交易大会和全国奇石博览交易会，全区5项非遗列入济南市第四批非物质文化遗产。举办天桥区首届全民健身运动会、首届高校龙舟对抗赛。全区体彩销售2.75亿元，位列全省县（市）区第一，获全省“2012年度体育彩票工作特殊贡献奖”。做好国防动员、优抚安置、双拥创建工作，获全省双拥模范区“六连冠”。

第三章　政务工作

第一节　调查研究

一、调研工作

1991年始，区政府研究室围绕区政府中心工作，对各级领导和群众关心、关注的热点、难点问题，提出建设性建议，为领导决策提供依据。至2012年，先后就北园镇建设、工业小区、区属企业、街道经济、市场建设、房产开发、区情优势、旧城旧村改造、重点工程建设、城市“北跨”发展、滨河新区建设、环境卫生改善等经济社会发展重大课题10余个，开展调查研究。

二、调研成果

1991—2012年，编发调研文章600余篇。《九年制义务教育实施中还需解决的几个问题》（1993年）、《关于加快天桥区住宅小区管理的调查报告》《关于天津市、青岛市社区服务工作考察报告》（1997年）、《关于治理非法“摩的”的思考和建议》（2008年）、《关于城中村改造情况的调研报告》（2010年）等调研文章，为济南市、天桥区两级政府提供领导决策，并获市政府系统优秀调研成果一等奖。区政府研究室多次被评为全市信息调研工作先进单位。

天桥区集中销毁150辆非法营运“摩的”（2009年12月摄）

第二节　应急管理

一、应急值班

2008年6月，区政府办公室发出《关于印发〈天桥区突发环境事件应急预案〉的通知》《关于印发〈天桥区2008年地质灾害防治方案〉的通知》;7月,天桥区人民政府应急管理办公室(政府总值班室)成立;11月，印发《关于印发〈济南市天桥区生产安全事故灾难应急救援总体预案〉的通知》。2009年1月，印发《关于进一步加强突发事件信息报告工作的通知》;5月，印发《关于加强应急预案演练工作的通知》。2010年3月，发出《关于印发〈天桥区突发性地质灾害应急预案〉的通知》;7月，印发《黄河防洪预案的通知》。2011年6月,发出《关于印发〈天桥区黄河防洪预案〉的通知》。2012年6月，印发《关于印发〈天桥区黄河防洪预案〉的通知》,指导全区应急管理工作。至2012年，总值班室健全完善各级、各部门应急值班体系和值班工作机制，严格领导带班、信息报告、交接班、文电处理等工作制度，确保各级、各部门人员在岗在位，通信联络畅通。接听各类电话近1万次，接转重要天气预报3000余份，处置突发事件200余次。

二、应急预案

1998—2012年，先后组织修订完善天桥区《建筑工地重特大质量安全事故应急救援预案》《城市防汛工作应急预案》《电力防汛抢险预案》《燃气突发事件应急预案》《重污染天气应急预案》《教育系统突发事件应急预案》《防汛暨防病救灾预案》等专项预案，形成多层次、广覆盖的应急预案体系。组织开展“易操作、重实用”应急演练300余次，涉及消防、防汛、燃气安全、防震等各个方面。

三、应急队伍

全区有12类专业应急队伍52支，15个街道(镇)、231个村(居)综合应急队伍20支，区环境保护、卫生、教育等部门成立专业应急队伍10支。2008—2012年,先后组织季度巡查、专项检查等多项多次涉及安全生产、城市防汛、公共卫生等领域检查活动200余次。

四、突发事件处置

2008—2012年，妥善处置“济南山星化工有限公司火灾”“小鲁工业园火灾”“济南天邦化工有限公司火灾”等突发事件。突发事件处置结束后，分析事故原因，总结经验教训，不断改进应急处置过程中薄弱环节，为有效处置突发事件提供借鉴参考。

五、应急知识宣传

通过开展“进社区、进企业、进校园”“防灾减灾日”应急知识教育活动、举办有奖知识竞赛及知识讲座、发放应急常识宣传手册、设立宣传点并展放宣传图板、张贴宣传标语、组织应急演练等形式，进行应急常识宣传普及。部分街道(镇)在汛期发放“安全转移温馨提示卡”，卡片注明就近转移地点及发生险情时各居委会、城管科联络人名单、联系电话，确保疏散、营救工作在最短时间内展开。

六、应急示范点建设

2008—2012年，每年制定下发《应急管理工作要点》，加强基层应急体系建设。按照有组织机构、有应急预案、有应急队伍、有应急设施、有科普宣教的“五有”标准，组织开展市级应急管理示范点创建活动，推动社区、学校和企业明确应急避难场所，设立避难标识牌。至2012年年底，全区有应急示范点1个。

第三节　政务督查

一、工作督查

对区政府作出事关全区发展的重大决策，进行跟踪督查。主要负责对上级领导交办的重大问题，中共天桥区委、区政府安排的重点工作，对群众反映强烈的热点、难点问题，展开专项督查。1991—2012年，办理各级领导批示事项300余件，承办上级督办事项120余件。

二、议案建议提案办理

每年区人代会、区政协会后，区政府都召开专题会议，研究人大代表议案、建议和政协委员提案办理工作，严格办理程序。每年区督查室会同区人大、政协办公室，对议案、建议、提案办理工作进行督察、复查，保证办理质量和办理时限。1991—2012年,承办人大代表建议、政协委员提案2000余件。2003—2012年，组织区相关部门参加济南人民广播电台政务监督热线节目直播38次，接听处理群众来电近200个。2008年9月—2012年年底，办理“12345”市民服务热线交办单1.6万余件。

第四节　政务信息

一、信息编发

总结经济社会发展的经验做法；分析全区重点、难点和热点问题，及时撰写、编发、报送针对性、综合性、预见性强的信息调研文章，为区政府领导科学决策提供积极有效服务。1991—2012年，编发《天桥政务信息》1100余期、《政府工作》500余期。上报济南市人民政府办公厅信息1万余篇。《近期二手房交易出现下滑趋势》《调查反映部分品牌方便面价格上涨》等信息被国务院办公厅采用，国家有关领导对《近日尖椒价格涨幅较大》等信息作出批示。

二、网上信息

2008年11月，天桥区信息中心划归区政府办公室管理后，区信息中心对原门户网站进行全面升级改版。2009年6月，建成并运行新版区政府门户网站——天桥区政府网。新网站构架立足信息公开、在线办事、公众参与三大功能，设置走进天桥、政务信息、招商引资、公众参与、在线服务、邮件服务6个频道，开通区长之窗、机构职能、政府采购、“12345”热点信息反馈、环境综合整治专栏、百件实事网上办、绿色服务通道、荣誉室等栏目53个，每天平均发布政务信息100余条，日点击率在1000次以上。依托政府门户网站改版，政府信息公开子站建设顺利实施。

2012年，区信息中心对门户网站首页栏目重新进行规划设计，重点突出网站政府信息公开、网上办事和互动交流功能，增强网站栏目专业性，针对政府阶段性重点工作、部门和街道（镇）工作重点、不同层次社会人群需求等因素，加强栏目建设。配合各部门开展重点工作，建设完善多个专题专栏，加强网站服务功能，多方面促进各项工作开展。完善服务功能，多领域开通便民服务事项。门户网站首页显要位置提供政府服务事项、办事指南、表格下载、在线查询、在线咨询和在线申报审批等服务。分类整合资源，提高网上办事实用性。重新规划和设计在线办事频道，居民办事、企业办事等主题分类更加清晰，充分体现围绕个人和企业提供服务的理念，针对不同群体提供优质服务。

至2012年年底，区政府门户网站上传政务信息2.78万条，发布信息2.59万条，涉及251个栏目。政府信息公开目录，发布信息1.3万条，其中主动公开信息1.29万条，依申请公开信息124条。

第十九篇

政协天桥区委员会

2011年1月18日，中国人民政治协商会议第七届济南市天桥区委员会第四次会议召开。

2012年3月9日，天桥区政协主席刘建忠（中）察看济南市公安局交通警察支队天桥区大队物证保管室。

2012年9月19日，全国副省级城市城区政协工作研讨会第十四次会议在天桥区召开。

1991—2012 年，中国人民政治协商会议济南市天桥区委员会（简称区政协）历经第三至八届委员会。建立政协委员学习教育机制、关怀保障机制、监督约束机制、奖励惩处机制，激发委员履职活力。根据《中国人民政治协商会议章程》，联合社会各界人士，围绕中共天桥区委和天桥区人民政府中心任务，履行政治协商、民主监督、参政议政职能。通过列席区人民代表大会，听取区政府工作报告、区法院和区检察院工作报告以及区财政预决算报告、区国民经济和社会发展计划报告等，参与全区重大事项及重要人事任免协商，对人民群众关心的社会热点难点问题提出合理化建议，先后提出提案 3504 件，组织开展各类视察、调研活动 400 余次。与区政府建立协商座谈制度，开展面对面商谈。1999—2012 年，先后与区政府就改善投资环境、促进招商引资、重振天桥工业、做好创建文明城市工作协商座谈 7 次，提出意见、建议 68 条。1999 年、2012 年，天桥区先后承办全国副省级城市城区政协工作研讨会。

第一章　政协会议

1990—2012 年，中国人民政治协商会议天桥区委员会历经 6 届。其中，第三届任期 3 年，第七届任期 4 年，第四至六届、第八届每届任期 5 年。

第一节　政协委员

一、委员产生

每届区政协委员，由全区各党派、各人民团体、无党派人士、各个界别等协商提出推荐名单，由中共天桥区委综合平衡、协商形成委员建议名单提交政协主席会议审议同意后，由常务委员会协商决定，经全体常务委员会组成人员过半数同意予以通过。经常务委员会会议通过的委员，由区政协办公室分别通知推荐单位和个人，向委员发委员证书，并通过新闻媒介向社会公布。增补政协委员程序，也需要经过提名、协商、常务委员会会议通过和公布等。

二、委员结构

委员以界别代表身份参加政协。由中国共产党、民主党派、无党派、人民团体、少数民族、侨胞、台胞、经济、文化、科技、教育、卫生、农民、宗教、社会福利保障等各界代表以及特别邀请的人士组成。根据每届实际情况，其界别设置不同。政协委员中共党员所占比例一般不超过 40%。

区政协第三届委员会第一次会议，有委员 190 名。其中保留二届委员 122 名，占 64.2%。中共党员委员 76 名，占 40%；民主党派及非中共委员 114 名，占 60%。妇女委员 47 名，占 24.2%。委员中，大专以上文化程度 80 人，占 42.1%；中专、高中文化程度 72 人，占 37.9%；初中及以下文化程度 38 人，占 20%。50 岁以上委员 82 人，占 43.2%；50 岁以下 108 人，占 56.8%。委员平均年龄 48.2 岁。

区政协第四届委员会第一次会议，有委员 190 名。其中，保留三届政协委员 104 名，占 55%。中共党员委员 76 名，占 40%；民主党派委员 35 名，占 18%；其他非中共委员 79 名，占 42%。与“三胞”有关系的委员 18 名，占 9.5%。委员中，大专以上文化程度 80 人，占 42.1%；高中、中专文化程度 77 人，占 40.5%；初中及以下文化程度 33 人，占 17.4%。50 岁以上委员 79 人，占 42%；50 岁以下 111 人，占 58%。委员平均年龄 46.4 岁，比上届降低 1.8 岁。

区政协第五届委员会第一次会议，有委员 190 名。其中保留四届政协委员 66 名，占 35.1%。中共党员委员 76 名，占 40%；民主党派委员 39

名，占 20.5%；其他非中共委员 75 名，占 39.5%。与“三胞”有关系的委员 13 名，占 6.8%。委员中，研究生 1 人，占 0.5%；大学、大专文化程度 112 人，占 59%；高中、中专文化程度 61 人，占 32.1%；初中及以下文化程度 16 人，占 8.4%。40 岁以下委员 52 人，占 27.4%；41 ~ 60 岁 134 人，占 70.5%；61 岁及以上 4 人，占 2.1%。

区政协第六届委员会第一次会议，有委员 216 名。其中保留五届政协委员 86 名，占 41%。中共党员委员 84 名，占 40%；非中共委员 126 名（其中民主党派 50 人），占 60%。妇女委员 65 名，占 31%。少数民族委员 12 名，占 5.7%。非公有制经济代表人士 20 人，占 9.5%。委员中，研究生学历 8 人（其中博士 1 人），占 3.8%；大学学历 72 人，占 34.3%；大专学历 85 人，占 40.5%；高中、中专学历 38 人，占 18.1%；初中学历 7 人，占 3.3%。具有大专以上学历的委员所占比例比上届提高 17.5 个百分点。具有中高级职称的 100 人，占 47.6%。

区政协第七届委员会第一次会议，有委员 216 名。其中保留六届委员 104 名，占 49.3%。中共委员 84 名，占 39.8%；非中共委员 127 名（其中民主党派 59 名），占 60.2%。妇女委员 53 名，占 25.1%。少数民族委员 10 名，占 4.7%。非公有制经济及新社会阶层人士 48 人，占 22.7%。委员中，研究生学历 18 人（其中博士 1 人），占 8.5%；大学学历 98 人，占 46.5%；大专学历 65 人，占 30.8%；高中、中专学历 27 人，占 12.8%；初中学历 3 人，占 1.4%。大专以上学历所占比例比上届提高 7.1 个百分点。具有中高级职称的 105 人，占 49.8%。委员平均年龄 43.9 岁。

区政协第八届委员会第一次会议，有委员 226 名。其中保留七届委员 103 名，占 45.8%。中共委员 89 名，占 39.6%；非中共委员 136 名（其中民主党派 64 名），占 60.4%。妇女委员 64 名，占 28.4%。少数民族委员 12 名，占 5.3%。非公有制经济及新社会阶层人士 63 人，占 28%。委员中，研究生学历 18 人（其中博士 3 人），占 8%；大学学历 134 人，占 59.6%；大专学历 49 人，占 21.8%。大专以上学历所占比例为 89.4%。具有中高级职称的 76 人，占 33.8%。

政协天桥区委员会第三至八届委员届别构成统计表

表 19-1　　　　单位：人

届次 届别	第三届	第四届	第五届	第六届	第七届	第八届
中国共产党	12	12	12	12	12	12
中国国民党革命委员会	4	4	4	5	5	5
中国民主同盟	5	5	5	5	7	7
中国民主建国会	4	4	4	5	5	5
中国民主促进会	4	4	4	5	5	5
中国致公党	2	2	2	3	3	3
九三学社	3	2	2	3	3	3
无党派民主人士	—	—	—	3	3	3
中国共产主义青年团	5	4	4	4	4	3
天桥区总工会	8	8	8	8	6	7
天桥区妇女联合会	6	5	5	5	6	7
天桥区工商业联合会	8	6	8	10	10	10

续表 19-1

届次 届别	第三届	第四届	第五届	第六届	第七届	第八届
天桥区科学技术协会	—	5	5	5	4	5
天桥区归侨侨眷联合会	8	8	8	6	6	6
文化艺术界	7	7	7	7	7	7
科学技术界	20	15	14	13	12	12
经济界	—	8	9	9	10	13
农业界	6	6	6	9	8	6
教育界	16	15	15	16	13	15
体育界	6	6	6	6	4	4
医药卫生界	10	9	9	11	11	11
少数民族界	5	5	5	6	6	5
宗教界	4	4	4	4	4	4
特别邀请人士	44	43	40	51	53	62
委员规模数	190	190	190	216	216	226

第二节　政协全体委员会议

一、政协天桥区第三届委员会全体会议

政协天桥区第三届委员会召开全体会议3次。

（一）第一次会议。1990年2月20日—24日，在山东煤矿职工接待处礼堂召开，会议应出席委员190人，实到委员177人。会议听取并讨论中共天桥区委主要领导讲话；学习《中共中央关于坚持和完善中国共产党领导的多党合作和政治协商制度的意见》；听取并审议通过二届区政协主席李同祥所作的常委会工作报告；审议通过二届一次会议以来提案办理情况书面报告；听取并审议常委会工作报告和提案工作情况报告；列席天桥区第十二届人民代表大会第一次会议，听取并讨论区政府工作报告及其他各项报告。会议通过中国人民政治协商会议第三届天桥区委员会第一次会议政治决议；会议选举李同祥为政协天桥区第三届委员会主席，张含仁、张慎清、金惟钧、张荣厚、李金发为副主席，孙元臻为秘书长；审议通过三届一次会议提案审查情况报告。会议通过区政协三届一次会议政治决议。

（二）第二次会议。1991年3月8日—12日，在山东煤矿职工接待处礼堂召开，会议应出席委员191人，实到委员184人。会议听取并审议通过区政协副主席张慎清所作的常委会工作报告、区政协副主席李金发所作的提案办理情况报告；列席区人大十二届二次会议，听取并讨论区政府工作报告及其他各项报告；会议增补孙元臻为区政协副主席，张恒禄为区政协常务委员；审议通过三届二次会议提案审查情况报告。会议通过区政协三届二次会议政治决议。

（三）第三次会议。1992年3月2日—6日，在山东煤矿职工接待处礼堂召开，会议应出席委员191人，实到委员173人。会议听取并审议区政协副主席张荣厚所作的常委会工作报告、区政协副主席李金发所作的提案办理情况报告；列席区人大十二届三次会议，听取并讨论区政府工作报告及其他各项报告；审议通过三届三次会议提案审查情况报告。会议通过区政协三届三次会议政治决议。

二、政协天桥区第四届委员会全体会议

政协天桥区第四届委员会召开全体会议5次。

（一）第一次会议。1993年1月8日—13日，在山东煤矿职工接待处礼堂召开，会议应出席委员190人，实到委员174人。会议听取并讨论中共天桥区委主要领导讲话；听取并审议三届区政协主席李同祥所作的常委会工作报告、三届区政协副主席李金发所作的提案办理情况报告；列席区人大第十三届一次会议，听取并讨论区政府工作报告及其他各项报告；选举张连铸为政协天桥区第四届委员会主席，李金发、金惟钧、张恒禄、孟广乾、袁传国、孙佑伦为副主席，张恒禄兼任秘书长；审议通过四届一次会议提案审查情况报告。会议通过区政协四届一次会议政治决议。

（二）第二次会议。1994年3月1日—4日，在区机关会议厅召开，会议应出席委员189人，实到委员176人。会议听取并审议区政协主席张连铸所作的常委会工作报告、区政协副主席张恒禄所作的提案办理情况报告；列席区人大十三届二次会议，听取并讨论区政府工作报告及其他各项报告。会议通过区政协四届二次会议政治决议。

（三）第三次会议。1995年2月28日—3月3日，在区机关会议厅召开，会议应出席委员190人，实到委员185人。会议听取并审议区政协副主席李金发所作的常委会工作报告、区政协副主席张恒禄所作的提案工作情况报告；列席区人大十三届三次会议，听取并讨论政府工作报告及其他各项报告。会议通过区政协四届三次会议政治决议。

（四）第四次会议。1996年3月11日—15日，在区机关会议厅召开，会议应出席委员190人，实到委员178人。会议听取并审议通过区政协副主席金惟钧所作的常委会工作报告、区政协副主席张恒禄所作的提案工作情况报告；审议区政协各专委会工作书面报告；列席区人大十三届四次会议，听取并讨论区政府工作报告及其他各项报告；表彰优秀提案和承办提案先进单位；会议增补杜书作、李典茂为区政协副主席，张裕德为区政协委员，同意李金发辞去政协天桥区第四届委员会副主席职务的请求。会议通过区政协四届四次会议政治决议。

（五）第五次会议。1997年2月17日—20日，在区机关会议厅召开，会议应出席委员189人，实到委员168人。会议听取并审议区政协副主席孟广乾所作的常委会工作报告、区政协副主席张恒禄所作的提案工作情况报告；审议区政协各专委会工作书面报告；列席区人大十三届五次会议，听取并讨论区政府工作报告及其他各项报告；审议通过四届五次会议提案审查情况报告。会议通过区政协四届五次会议政治决议。

三、政协天桥区第五届委员会全体会议

政协天桥区第五届委员会召开全体会议5次。

（一）第一次会议。1998年1月11日—17日，在区机关会议厅召开，会议应出席委员190人，实到委员173人。会议听取并讨论中共天桥区委书记彭万生讲话；听取并审议四届区政协主席张连铸所作的常委会工作报告、四届区政协副主席张恒禄所作的提案工作情况报告；列席区人大十四届一次会议，听取并讨论区政府工作报告及其他各项报告；选举彭万生为政协天桥区第五届委员会主席，杜书作、韩宝忠、闫丰兴、李典茂、孟广乾、孙佑伦、苗德荣、李正文为副主席，陈炳铎为秘书长，常委会委员32名；审议通过五届一次会议提案审查情况报告。会议通过区政协五届一次会议政治决议。

（二）第二次会议。1999年4月25日—29日，在区机关会议厅召开，会议应出席委员193人，实到委员168人。会议听取并审议区政协常务副主席杜书作所作的常委会工作报告、区政协副主席韩宝忠所作的提案工作情况报告；列席区人大十四届二次会议，听取并讨论区政府工作报告及其他各项报告；补选中共天桥区委书记杨庆林为政协天桥区第五届委员会主席；表彰1998年度优秀提案和承办提案先进单位。会议通过区政协五届二次会议政治决议。

（三）第三次会议。2000年3月9日—13日，在区机关会议厅召开，会议应出席委员208人，实到委员186人。会议听取并审议区政协副主

席韩宝忠所作的常委会工作报告、区政协副主席苗德荣所作的提案工作情况报告；列席区人大十四届三次会议，听取并讨论区政府工作报告及其他各项报告；补选王恒泰为政协秘书长，杜万枫、段青英、秦皓为区政协常务委员；表彰1999年度优秀区政协委员、先进联络组（室）和优秀提案、承办提案先进单位；通过大会决议。会议通过区政协五届三次会议政治决议。

（四）第四次会议。2001年3月3日—7日，在区机关会议厅召开，会议应出席委员216人，实到委员202人。会议听取并审议通过区政协常务副主席杜书作所作的常委会工作报告、区政协副主席苗德荣所作的提案工作情况报告；列席区人大十四届四次会议，听取并讨论区政府工作报告及其他各项报告；补选杜书作为区政协主席，郭继清、郭万里为区政协副主席，郭守滨为政协常务委员；表彰2000年度优秀区政协委员、先进联络组（室）、先进工作组和优秀提案、承办提案先进单位；举行建言献策大会发言。会议通过区政协五届四次会议政治决议。

（五）第五次会议。2002年3月9日—13日，在区机关会议厅召开，会议应出席委员217人，实到委员211人。会议听取并审议通过区政协副主席闫丰兴所作的常委会工作报告、区政协副主席郭继清所作的提案工作情况报告；列席区人大十四届五次会议，听取并讨论区政府工作报告及其他各项报告；补选刘振海、李秀云、张士国、张立柱、高冠法、高荣鱼为区政协常务委员；表彰政协工作先进集体和优秀个人；举行建言献策大会发言。会议通过区政协五届五次会议政治决议。

四、政协天桥区第六届委员会全体会议

政协天桥区第六届委员会召开全体会议5次。

（一）第一次会议。2003年1月20日—25日，在区机关会议厅召开，会议应出席委员216人，实到委员193人。会议听取并审议通过五届区政协主席杜书作所作的常委会工作报告、五届区政协副主席郭继清所作的提案工作情况报告；列席区人大十五届一次会议，听取并讨论区政府工作报告及其他各项报告；选举舒孝堂为政协天桥区第六届委员会主席，郭继清、李正文、杨维诗、章九玲、高荣鱼、姚桂琴为副主席，王恒泰为秘书长；审议通过六届一次会议提案审查情况报告。会议通过区政协六届一次会议政治决议。

（二）第二次会议。2004年1月11日—14日，在区机关会议厅召开，会议应出席委员215人，实到委员198人。会议听取并审议通过区政协副主席郭继清所作的常委会工作报告、区政协副主席李正文所作的提案工作情况报告；审议通过各专委会工作书面报告；列席区人大十五届二次会议，听取并讨论区政府工作报告及其他各项报告；补选岳建宝为区政协第六届委员会秘书长，李炳华、郑刚、蒋君为常务委员；审议通过六届二次会议提案审查情况报告。会议通过区政协六届二次会议政治决议。

（三）第三次会议。2005年1月31日—2月2日，在区机关会议厅召开，会议应出席委员216人，实到委员195人。会议听取并审议通过区政协副主席郭继清所作的常委会工作报告、区政协副主席章九玲所作的提案工作情况报告；审议通过各专委会工作书面报告；列席区人大十五届三次会议，听取并讨论区政府工作报告及其他各项报告；补选区政协秘书长、常务委员；表彰2004年度优秀提案；审议通过六届三次会议提案审查情况报告。会议通过区政协六届三次会议政治决议。

（四）第四次会议。2006年1月16日—18日，在区机关会议厅召开，会议应出席委员215人，实到委员199人。会议听取并审议通过区政协副主席郭继清所作的常委会工作报告、区政协副主席章九玲所作的提案工作情况报告；列席区人大十五届四次会议，听取和讨论区政府工作报告及其他各项报告；表彰2005年度优秀提案和承办提案先进单位；审议通过六届四次会议提案审查情况报告。会议通过区政协六届四次会议政治决议。

（五）第五次会议。2007年1月17日—19日，在区机关会议厅召开，会议应出席委员216人，实到委员196人。会议听取并审议通过区政协

副主席郭继清所作的常委会工作报告、区政协副主席李正文所作的六届四次会议以来提案工作情况报告；审议通过各专委会工作书面报告；列席区人大十五届五次会议，听取并讨论区政府工作报告及其他各项报告；增补王立芃、王洪新、井明诗、米丰武、迟茂美、姜慧祯为区政协常务委员；表彰2006年度优秀提案和承办提案先进单位；审议通过六届五次会议提案审查情况报告。会议通过区政协六届五次会议政治决议。

五、政协天桥区第七届委员会全体会议

政协天桥区第七届委员会召开全体会议4次。

（一）第一次会议。2007年12月9日—12日，在区机关会议厅召开，会议应出席委员216人，实到委员197人。会议听取并审议通过六届区政协主席舒孝堂所作的常委会工作报告、六届区政协副主席章九玲所作的提案工作情况报告；审议通过各专委会工作书面报告；列席区人大十六届一次会议，听取并讨论区政府工作报告及其他各项报告；表彰六届区政协优秀提案和承办提案先进单位；选举舒孝堂为政协天桥区第七届委员会主席，郭继清、章九玲、姚桂琴、刘建良、郑刚、荣兰祥为副主席，岳建宝为秘书长；审议通过七届一次会议提案审查情况报告。会议通过区政协七届一次会议政治决议。

（二）第二次会议。2009年1月7日—9日，在区机关会议厅召开，会议应出席委员216人，实到委员195人。会议听取并审议通过区政协主席舒孝堂所作的常委会工作报告、区政协副主席郭继清所作的提案工作情况报告；审议通过各专委会工作书面报告；列席区人大十六届二次会议，听取并讨论区政府工作报告及其他各项报告；表彰七届一次会议优秀提案和承办提案先进单位；审议通过七届二次会议提案审查情况报告。会议通过区政协七届二次会议政治决议。

（三）第三次会议。2010年1月12日—14日，在区机关会议厅召开，会议应出席委员227人，实到委员201人。会议听取并审议通过区政协主席舒孝堂所作的常委会工作报告、区政协副主席郭继清所作的提案工作情况报告；审议通过各专委会工作书面报告；列席区人大十六届三次会议，听取并讨论区政府工作报告及其他各项报告；补选刘敬涛、孙向军、杨国伟、赵寿娟为区政协常务委员；书面表彰2009年度优秀提案和承办提案先进单位；审议通过七届三次会议提案审查情况报告；通过大会决议。会议通过区政协七届三次会议政治决议。

（四）第四次会议。2011年1月18日—21日，在区机关会议厅召开，会议应出席委员216人，实到委员203人。会议听取并审议通过区政协主席舒孝堂所作的常委会工作报告、区政协副主席章九玲所作的提案工作情况报告；审议通过各专委会工作书面报告及其他各项报告；表彰2010年度优秀提案、承办提案先进单位和社情民意信息工作先进单位、先进个人；补选刘宇军为区政协秘书长；审议通过七届四次会议提案审查情况报告。会议通过区政协七届四次会议政治决议。

六、政协天桥区第八届委员会全体会议

第一次会议。2012年1月11日—14日，在区机关会议厅召开，会议应出席委员226人，实到委员221人。会议听取并审议通过七届区政协主席舒孝堂所作的常委会工作报告、七届区政协副主席章九玲所作的提案工作报告；审议通过各专委会工作书面报告；列席区人大十七届一次会议，听取并讨论区政府工作报告及其他各项报告；选举刘建忠为政协天桥区第八届委员会主席，马敬民、郑刚、荣兰祥、仲涛、贾云国、王洪新为副主席，刘宇军为秘书长；审议通过八届一次会议提案审查情况报告。会议通过区政协八届一次会议政治决议。

第三节　政协常务委员会议

政协济南市天桥区委员会常务委员会议，是区人民政协全体会议闭会期间履行政治协商、民主监督、参政议政职能的主要形式。依据政协章程规定，区政协常委会会议一般每季度举行一次，必要时可临时举行。1990—2012年，政协天桥区第三至八届委员会举行常务委员会议95次。

政协天桥区委员会第三至八届常务委员会议一览表

表 19–2

	届次	召开时间	主要内容
第三届	第一次	1990 年 3 月 23 日	会议审议通过政协工作委员会机构设置和政协机关机构设置及干部任命；决定在 12 个街道和北园镇设立政协委员联络组；审议通过区政协 1990 年工作要点和活动计划；传达政协山东省第六届委员会第三次全委会精神；传达政协济南市第八届委员会第三次全委会、区六届一次党代会精神。
	第二次	1990 年 6 月 26 日	会议听取半年工作情况汇报；商定第三季度工作任务；学习江泽民总书记在全国统战工作会议上的讲话。
	第三次	1990 年 8 月 23 日	会议主要研究国庆节前工作安排。
	第四次	1990 年 11 月 7 日	会议讨论《天桥区 1991 年经济发展计划（草案）》；传达省委政协工作会议精神；听取第三季度主要工作的简要汇报。
	第五次	1991 年 1 月 17 日	会议传达学习中共十三届七中全会公报和全国政协七届十二次常委会议精神；讨论区政协常委会工作报告和 1991 年工作计划；通过召开区政协三届二次全委会的决定。
	第六次	1991 年 2 月 7 日	会议讨论并通过三届一次会议以来常委会工作和提案办理情况报告、三届二次全委会议程以及三届委员调整名单。
	第七次	1991 年 3 月 8 日—11 日	会议协商通过增补张恒禄为区政协三届委员会委员和常务委员，李良森、韩有文、樊长征为大会副秘书长，孙元臻为区政协三届委员会副主席候选人；讨论通过三届二次全委会决议（草案）、选举办法（草案）。
	第八次	1991 年 4 月 26 日	会议学习李鹏总理《关于国民经济和社会发展十年规划和第八个五年计划纲要的报告》、李先念主席在全国政协七届四次会议上的讲话和大会决议；传达省市人大、政协会议精神；决定政协办事机构调整事宜及干部任命。
	第九次	1991 年 7 月 19 日	会议听取区政府区长范广福关于全区经济情况的通报；传达中共天桥区委六届五次常委会议精神；通过政协机关办事机构（处、室）工作简则，街道（镇）政协委员联络组工作简则及其他事宜。
	第十次	1991 年 9 月 12 日	会议听取区外经委关于全区外经外贸工作情况报告；视察区属 5 家外经外贸企业。
	第十一次	1991 年 11 月 8 日	会议听取分管政法工作区政府副区长杜书作关于全区社会治安综合治理情况通报。
	第十二次	1992 年 1 月 16 日	会议讨论并通过区政协三届三次全委会议上的工作报告；学习中共十三届八中全会精神。
	第十三次	1992 年 3 月 4 日	会议听取委员在区政协三届三次全委会上对区政协、区政府各项工作报告讨论情况的报告。
	第十四次	1992 年 3 月 31 日	会议传达学习中共中央政治局全体会议、省政协八届五次会议精神及全国政协七届五次会议决议；听取关于全市统战工作会议以及中共天桥区委、区政府召开的全区转换企业经营机制会议精神通报；听取区政协第一季度工作情况和第二季度工作安排报告。
	第十五次	1992 年 6 月 9 日	会议听取区政府区长范广福关于全区 1—4 月份经济形势和对外开放工作情况通报；传达省对外开放工作会议精神；讨论通过区政协关于对外开放工作大讨论的意见、区政协关于北园镇“奋斗一年奔小康，‘八五’再上新水平”工作的视察报告和关于区属企业内部转换经营机制的调查报告。
	第十六次	1992 年 10 月 23 日	会议学习中共十四大报告；通过区政协关于认真学习中共十四大文件的通知；通报区政协换届的有关事宜；汇报前段工作情况和安排换届前的几项工作。
	第十七次	1992 年 12 月 16 日	会议传达市政协常委会议、中共天桥区委六届八次全委（扩大）会议精神；通过政协机关人事任免事项。
	第十八次	1992 年 12 月 22 日	会议通过召开第四届政协全委会议的决定并讨论实施方案；通过三届常委会工作、三届提案委员会提案办理情况的报告。
	第十九次	1992 年 12 月 28 日	会议通报机关干部调整情况；通过四届政协委员人事安排、四届政协主席团名单。

续表 19-2

届次		召开时间	主要内容
第四届	第一次	1993 年 2 月 12 日	会议审议通过四届政协 1993 年工作要点；协商决定政协各工作机构的设置及领导成员任命；明确机关处（室）办事机构对应工作委员会服务和各处（室）负责人;公布主席、副主席分工;学习《政协章程》和全国政协《关于政治协商、民主监督的暂行规定》。
	第二次	1993 年 4 月 13 日	会议学习全国政协八届一次会议文件；传达市政协九届一次会议精神；通过人事任免事项；通过《关于认真学习全国“两会”文件的通知》。
	第三次	1993 年 7 月 15 日	会议听取区政府副区长杜书作关于全区上半年工作情况和下半年工作要点通报；通过区政协四届常委会工作规则、区政协上半年工作总结及下半年工作意见。
	第四次	1993 年 11 月 9 日	会议听取中共天桥区委组织部部长韩宝忠传达市第六次党代会精神、区纪委副书记张桂敏汇报关于全区反腐败斗争和廉政建设进展情况、区政府办公室副主任李绍和汇报区政协四届一次全会以来委员提案办理情况；学习人民日报为《邓小平文选》第三卷发行发表的社论、江泽民在《邓小平文选》第三卷发行报告会和在全国统战工作会议上的讲话及《人民政协报》社论《论政协工作到位》；通过部分地区委员联络组组长的聘任和变更。
	第五次	1994 年 1 月 19 日	会议传达中共天桥区委六届十一次全委（扩大）会议精神；研究区政协常委会工作报告；听取区政协各专门委员会 1993 年工作汇报；通过召开区政协四届二次全委会议的决定并讨论召开方案（草案）。
	第六次	1994 年 4 月 7 日	会议传达市政协九届二次全会和全市统战工作会议精神；学习李鹏总理在八届全国人大二次会议上的政府工作报告、全国“两会”精神和修订后的《政协章程》；研究通过《关于认真学习全国“两会”文件的通知》；听取区工商局对泺口服装市场情况的介绍并视察服装交易大厅。
	第七次	1994 年 7 月 20 日	会议传达中共天桥区委六届十二次全委（扩大）会议精神；听取区纪委书记印森林关于天桥区上半年反腐倡廉工作情况报告；审议区政协常委会上半年工作总结；研究人事任免事项。
	第八次	1994 年 10 月 27 日	会议听取区政府副区长肖国栋关于全区工业生产经营情况报告、区教委主任孙志远关于区中小学德育工作特别是对学生实施爱国主义教育情况的报告；学习中共十四届四中全会文件，进行座谈讨论。
	第九次	1995 年 2 月 14 日	会议讨论区政协常委会工作报告并推举报告人；通过召开区政协四届三次全委会议决议和方案、辞去和增补区政协委员的名单；汇报四届三次全委会议上主席分工和常委值班名单、委员分组情况和各组召集人名单。
	第十次	1995 年 4 月 18 日	会议传达中共天桥区第七次代表大会、区政协会议精神；学习全国人大、政协两会文件。
	第十一次	1995 年 7 月 19 日	会议听取区政府副区长肖国栋关于全区经济工作情况报告；审议区政协上半年工作总结和下半年工作意见;汇报上半年提案办理情况;通过人事安排事宜。
	第十二次	1995 年 10 月 26 日	会议听取区经委关于区 16 个重点科技进步项目进展情况及区纪委、区监察局关于全区反腐倡廉工作情况通报；审议通过《贯彻执行〈政协全国委员会关于政治协商、民主监督、参政议政的规定〉的实施意见》。
	第十三次	1996 年 1 月 26 日	会议通过区政协四届四次全委会议召开决定并通过会议期间委员分组及各组召集人；审议《常务委员会工作报告》《区政协四届三次会议以来提案工作情况报告》并确定报告人和会议期间主席、常委值日分工；通过《关于表彰优秀提案和承办提案先进单位的决定》；听取各专委会工作汇报等。
	第十四次	1996 年 2 月 6 日	会议通过召开区政协四届四次全委会议的有关事项。
	第十五次	1996 年 2 月 29 日	会议通过确定召开区政协四届四次全委会议时间和增补区政协委员事宜。
	第十六次	1996 年 3 月 13 日	会议听取各组有关选举办法和增补区政协领导成员候选人名单事宜的讨论情况汇报。
	第十七次	1996 年 4 月 5 日	会议研究确定新增选副主席工作分工；审议区政协四届四次全委会期间提案审查情况报告；通报区政协四届四次全委会上委员所提意见和建议报告。

续表 19-2

届次		召开时间	主要内容
第四届	第十八次	1996 年 8 月 10 日	会议听取中共天桥区委常委、组织部部长韩宝忠关于中共天桥区委七届三次全会关于机构改革内容报告、区政府区长助理贾柏林关于上半年全区经济工作基本情况和下半年重点任务报告；总结区政协上半年工作并提出下半年工作意见；听取提案委四届四次全委会以来提案办理情况报告；审议通过《关于在政协委员中开展争当优秀委员活动的意见》；通过有关人事任免事项；学习江泽民《关于讲政治》的讲话和李瑞环主席在全国政协八届十七次常委会议上的讲话。
	第十九次	1996 年 12 月 10 日	会议通过关于区政协机关干部的任免；传达中共天桥区委七届四次全委（扩大）会议精神。
	第二十次	1997 年 1 月 16 日	会议讨论区政协召开四届五次全委会议方案、讨论并通过常务委员会工作报告（讨论稿）。
	第二十一次	1997 年 3 月 27 日	会议传达全国“两会”精神；审议区政协四届五次全委会议提案审查情况报告。
	第二十二次	1997 年 7 月 30 日	区政协党组书记、常务副主席杜书作主持会议并传达中共天桥区委工作会议精神，重点学习中共天桥区委书记彭万生在全区工作会议上的讲话。
	第二十三次	1997 年 9 月 26 日	学习市委领导关于传达中共十五大会议精神的讲话；研究区政协《关于认真贯彻中共十五大精神的通知》；审仪通过关于开展评选优秀委员情况的汇报；审定优秀委员名单。
第五届	第一次	1998 年 2 月 17 日	会议审议通过增补委员、关于专门委员会的设置和任命领导成员、关于五届政协委员联络组（室）的设置和其负责人任命的决定；审议通过区政协第五届委员会全委会议、常委会议、主席会议议题规则以及 1998 年度区政协工作要点和各专委会工作计划。
	第二次	1998 年 7 月 17 日	会议听取上半年全区经济工作情况通报；审议通过区政协上半年工作总结及下半年工作意见以及提案委上半年提案工作总结；审议决定人事安排等。
	第三次	1998 年 10 月 29 日	会议学习贯彻中共十五届三中全会和济南市第七次党代会精神；讨论实施科教兴区战略；进一步推进政协“两化”建设，安排区政协第四季度工作。
	第四次	1999 年 3 月 31 日	会议通过召开区政协五届二次全委会议的方案；审议区政协五届二次全委会议建议议程，主席、秘书长、常务委员值日名单；委员分组及各组召集人、列席人员名单，大会秘书处工作人员名单；审议常务委员会工作、提案工作情况报告和经济科技、学习提案、社会文教、台港澳侨委员会 1998 年工作情况和 1999 年工作意见；通过表彰优秀提案、承办提案先进单位决定和区政协《关于开展“评先选优”活动的意见》。
	第五次	1999 年 4 月 21 日	会议审议召开五届二次全委会议有关材料。
	第六次	1999 年 4 月 26 日	会议审议五届二次会议议程调整；传达中共天桥区委提名主席候选人；通过彭万生辞去主席职务的辞呈、增补杨庆林为五届区政协委员的决定；审议选举办法（草案）和候选人名单；审议监票人名单和决定计票人名单。
	第七次	1999 年 7 月 28 日	会议听取关于区政协上半年工作情况通报；审议通过区政协 1999 年上半年工作总结及下半年工作意见；研究通过区政协关于认真学习贯彻中共中央 13 号文件精神的意见。
	第八次	1999 年 11 月 11 日	会议传达市政协十届八次常委会议、中共天桥区委八届四次全委（扩大）会议精神；审定发展天桥经济献计献策会议方案；通过区政协机关干部任免决定。
	第九次	2000 年 3 月 1 日	会议审议关于召开五届三次全委会议有关材料；通过增补委员名单。
	第十次	2000 年 4 月 6 日	会议研究任免部分专委会、联络组负责人；审议关于区政协五届三次全委会议提案审查情况的报告；传达全国政协九届三次会议精神。
	第十一次	2000 年 7 月 25 日	会议听取区政府副区长郇起鸿关于 2000 年上半年全区经济运行和各项指标完成情况、存在的主要问题及下半年工作打算的通报；决定干部任免事项。
	第十二次	2000 年 10 月 26 日	会议审议通过关于区政协常委张惠武违犯《政协济南市天桥区五届委员会常务委员会关于加强自身建设的规定》的处理意见和关于区政协委员于昌荣因退休提出辞去区政协委员职务的请求；听取区教委、区文化局、区体委、区卫生局工作汇报；考察八里桥小学创新教育、无影山健身场所、天桥医院、天桥东和制锦市社区卫生服务中心。

续表 19-2

届次		召开时间	主要内容
第五届	第十三次	2001 年 2 月 21 日	会议审议通过五届四次全委会议的有关材料、有关人员辞呈和补选区政协五届委员会主席、副主席、常务委员候选人的建议；研究确定调整部分政协委员和人事安排意见。
	第十四次	2001 年 3 月 5 日	会议研究五届四次全委会议选举事项和大会决议草案。
	第十五次	2001 年 4 月 6 日	会议审议通过关于任免部分专委会副主任的意见和学习贯彻全国、省、市政协会议精神的意见；传达全国政协、省政协会议精神；学习外交部发言人关于撞机事件真相和日本政府放任混淆是非的教科书出版的谈话；听取区园林绿化处关于“一环九射”工作情况的汇报。
	第十六次	2001 年 8 月 8 日	会议审议通过区政协有关人事安排的意见；学习江泽民总书记在庆祝中国共产党成立 80 周年大会上的讲话；总结区政协上半年工作、提出下步工作意见。
	第十七次	2001 年 12 月 13 日	会议学习中央经济工作会议精神；听取学提委关于提案工作、天桥区公安分局关于社会治安情况的汇报。
	第十八次	2002 年 2 月 9 日	会议审议关于召开区政协五届五次全委会议的有关材料。
	第十九次	2002 年 2 月 28 日	会议审议通过关于调整部分区政协委员的建议并审议中共天桥区委关于调整部分区政协常务委员提名；审议通过关于任免地区政协委员联络组组长，区政协五届五次全委会议期间主席、秘书长分工以及任命区政办台港澳侨联络委员会主任的建议。
	第二十次	2002 年 3 月 11 日	会议研究五届五次全委会议选举事项和大会决议草案。
	第二十一次	2002 年 4 月 5 日	会议审议通过区政协五届五次全委会议期间委员提案立案情况及交办意见；审议通过关于苏守纪同志不再担任区政协经济科技工作处副处长、关于调整部分地区委员联络组负责人的意见；传达全国、省、市政协会议精神。
	第二十二次	2002 年 7 月 4 日	会议听取区政府常务副区长许宝利关于全区经济运行情况通报、上半年提案工作情况和北园街道办事处工作情况汇报；传达中共天桥区委对区政协工作的指示精神和中共天桥区委、区政府领导对《区政协五届五次会议期间委员所提意见建议》《关于对贯彻落实区委、区政府〈改善投资软环境的实施意见〉情况的调查报告》《关于对我区创建文明城市工作情况的调查报告》的批示；视察国美电器商城、白鹤汽车城、黄台建材市场和北园街道办事处社区服务中心。
	第二十三次	2002 年 9 月 19 日	会议听取药山街道党工委书记田庆盈的工作汇报。
	第二十四次	2002 年 11 月 21 日	会议传达中共十六大精神、学习中共十六大报告；审议通过区政协关于认真学习贯彻中共十六大精神的意见。
	第二十五次	2003 年 1 月 8 日	会议审议通过区政协六届一次全委会议的有关材料。
	第二十六次	2003 年 1 月 13 日	会议审议通过六届区政协委员以及区政协六届一次全委会议主席团、常务主席、秘书长、副秘书长、提案审查委员会、委员分组和召集人名单。
第六届	第一次	2003 年 2 月 28 日	会议审议通过关于六届区政协委员联络组的设置和任命其负责人、六届区政协专门委员会的设置和任命其负责人的意见；通报关于六届区政协主席、副主席分工的意见；征求常委对 2003 年工作的意见和建议。
	第二次	2003 年 8 月 22 日	会议听取审议上半年提案办理情况的汇报；审议通过人事安排的意见。
	第三次	2003 年 12 月 31 日	会议审议六届二次全委会议有关材料。
	第四次	2004 年 3 月 30 日	会议总结一季度工作、部署二季度工作。
	第五次	2004 年 7 月 14 日—16 日	会议学习《政协章程》和中共天桥区委九届三次全会精神等；听取各专委会关于上半年工作情况和下半年工作安排汇报、区政府主要领导关于全区上半年经济运行情况通报、中共天桥区委书记杨庆林和区政协主席舒孝堂的讲话。

续表 19-2

届次		召开时间	主要内容
第六届	第六次	2005 年 1 月 24 日	会议审议通过六届三次全委会议有关材料；听取并审议通过辞（撤）职决定（草案）；审议区政协 2005 年工作要点；审议通过六届区政协常委会关于加强自身建设的决定、六届区政协委员守则。
	第七次	2005 年 4 月 1 日	会议听取并审议提案分工、重点提案分工的情况汇报；审议调整各专委会成员及任命其负责人、聘任联络组长名单；学习传达进一步加强主席与常委、常委与委员联系的安排意；总结第一季度工作，部署第二季度工作。
	第八次	2005 年 7 月 29 日	会议审议通过《关于加强我区互联网上网服务营业场所管理的建议案》；听取关于上半年工作情况、下半年主要任务部署通报。
	第九次	2005 年 12 月 28 日	会议审议通过六届四次全委会议有关材料。
	第十次	2006 年 4 月 6 日	会议传达学习《中共中央关于加强人民政协工作的意见》；审议通过《政协济南市天桥区委员会关于学习贯彻〈中共中央关于加强人民政协工作的意见〉的决定》。
	第十一次	2006 年 8 月 7 日	会议审议通过关于撤销杨维诗六届区政协委员资格及区政协副主席职务的决议和关于井明诗等人任免职务、聘任张莉等人为政协委员联络组组长的决定。
	第十二次	2007 年 1 月 11 日	会议审议通过六届五次全委会议的有关材料。
	第十三次	2007 年 9 月 5 日	会议审议通过关于彭淑军任职、姜秀杰等人职务任免、聘任陈杰等为政协委员联络组组长的决定。
	第十四次	2007 年 11 月 29 日	会议审议通过七届一次全委会议有关材料。
第七届	第一次	2008 年 3 月 19 日	会议审议通过主席、副主席分工；审议通过《政协济南市天桥区委员会关于七届区政协委员联络组的设置和任命（聘任）其负责人的通知》《政协济南市天桥区委员会关于七届区政协专门委员会的设置和任命其负责人的通知》《政协济南市天桥区委员会常委会议议事规则》《政协济南市天桥区委员会委员管理办法》《关于王艳同志任职的决定》以及七届一次会议重点提案和领导督办提案分工等。
	第二次	2008 年 8 月 27 日	会议审议通过建议辞去、增补区七届政协委员职务的人员名单以及关于任命李静等为地区委员联络组组长的决定。
	第三次	2008 年 12 月 26 日	会议审议通过七届二次全委会议有关材料。
	第四次	2009 年 5 月 14 日	会议审议通过《关于杨国伟等同志任免职务的决定》《关于高毅等同志任免地区委员联络组组长职务的决定》《关于对天桥区城镇居民基本医疗保险工作情况的调研报告》。
	第五次	2009 年 9 月 25 日	会议审议通过关于调整付磊等区政协委员职务的人员名单以及关于任命韩春青等为地区委员联络组组长职务的决定。
	第六次	2010 年 1 月 5 日	会议审议通过区政协七届三次全委会议有关材料及人事选举事项等。
	第七次	2010 年 8 月 4 日	会议宣布《政协第七届济南市天桥区委员会关于主席、副主席分工的通知》；审议通过关于调整部分委员、刘宇军任职、关于任免部分地区委员联络组组长的决定。
	第八次	2011 年 1 月 7 日	会议审议通过区政协七届四次全委会议有关材料及人事选举事项等。
	第九次	2011 年 12 月 29 日	会议审议通过区政协八届一次全委会议有关材料。

续表 19-2

届次		召开时间	主要内容
第八届	第一次	2012 年 3 月 7 日	会议宣布区政协领导分工；审议通过区政协 2012 年工作要点以及常委会议议事规则、委员管理办法和区政协领导联系常委、常委联系委员制度；协商决定八届区政协专门委员会设置、委员联络组设置及有关人事任免意见等；学习中共天桥区委 2012 年工作要点。
	第二次	2012 年 8 月 14 日	会议审议通过《政协济南市天桥区委员会关于调整部分委员的决定》《政协济南市天桥区委员会关于任免部分地区委员联络组组长的决定》《天桥区政协委员学习教育机制实施办法》《天桥区政协委员关怀保障机制实施办法》《天桥区政协委员监督约束机制实施办法》和《天桥区政协委员奖励惩处机制实施办法》。
	第三次	2012 年 10 月 12 日	会议通报举办全国副省级城市城区政协工作研讨会第十四次会议情况；审议通过《政协济南市天桥区委员会关于进一步发挥各民主党派、工商联和无党派人士在人民政协工作中作用的意见》《政协济南市天桥区委员会关于进一步加强专门委员会工作的意见》。
	第四次	2012 年 12 月 31 日	会议审议通过八届二次全委会议有关材料。

第四节　政协主席会议

《政协章程》规定，地方各级政协主席、副主席、秘书长组成主席会议，处理常务委员会重要日常工作。区政协主席会议规定每月召开一次，必要时可临时召开。会议日期由主席或主席委托的副主席决定，会议议程由秘书长根据主席、副主席意见拟定。主席会议根据工作需要吸收与议程有关人员列席会议。1990—2012 年，政协天桥区第三至八届委员会召开主席会议 140 次。

政协天桥区委员会第三至八届主席会议统计表

表 19-3

届次	时间	次数	届次	时间	次数
第三届	1990 年 2 月—1993 年 1 月	18	第六届	2003 年 1 月—2007 年 12 月	15
第四届	1993 年 1 月—1998 年 1 月	44	第七届	2007 年 12 月—2012 年 1 月	9
第五届	1998 年 1 月—2003 年 1 月	44	第八届	2012 年 1 月—2012 年 12 月	10

第二章　履行职能

第一节　政治协商

第三届区政协举行全委会议 3 次、常委会议 19 次、主席会议 18 次，召开各种形式座谈会 30 余次，分别就天桥区政府工作报告、国民经济与社会发展计划、财政预决算、重大行政人事变动等问题进行协商讨论，提出意见建议。1990 年 11 月，区政协分别召开常委会议和经济科技界委员座谈会，对《天桥区 1991 年经济发展计划（草案）》进行座谈讨论，提出意见建议。1992 年 5 月，区政协组织部分委员就全区区属企业转换经营机制情况进行座谈协商，了解情况，指出问题，提出建议。每次全委会议期间，委员们分别就经济建设、城市建设与管理、文教卫生等关系全区国计民生的重要问题提出建议意见，区政协3年来收集整理委员意见建议200余条，每次全委会议后送交中共天桥区委、区政府决策时参考。

第四届区政协举行全委会议5次、常委会议23次、主席会议44次，召开各类协商座谈会40余次，分别就全区经济和社会发展、实施科教兴区战略、城建开发与城市管理等关系全区国计民生的大事进行协商。1992年5月，区政协对全区公费医疗制度改革情况组织委员先后召开5次座谈会，对公费医疗试行办法实施以来有关情况进行了解，指出六个方面的不足，提出改进意见。1997年5月25日，区政协与中共天桥区委统战部联合召开各界人士推动全区经济和社会发展献计献策大会，与会人员围绕企业改革与经营、街道经济、城市建设、文化市场建设等进行协商讨论，提出建议40余条。

第五届区政协举行全委会议5次、常委会议26次、主席会议44次，召开区政协与区政府协商座谈会7次，其他座谈会50余次。1999年，区政协与区政府召开两次协商座谈会，分别对区政府工作提出意见和建议。2000年9月，制定《区政府与区政协定期举行协商座谈的意见》（济天政发〔2000〕79号），两个班子成员定期举行协商座谈会。至2003年，区政协与区政府先后就改善投资软环境、促进招商引资工作、重振天桥工业雄风、加强城区道路综合治理、做好创建文明城市工作、强化税收征管力度等内容进行协商座谈，提出意见建议68条。

第六届区政协举行全委会议5次、常委会议14次、主席会议15次，召开各类协商座谈会40余次。2003年，中共天桥区委就桑梓店镇少数民族聚居地老寨村、小寨村建立长治久安机制工作，提出“由热点变亮点”的要求；6月，区政协组织委员对中共天桥区委文件贯彻落实情况进行专题座谈，对天桥区少数民族村综合整治立体帮扶工作情况提出意见建议。2003—2007年，除每年全委会议期间对政府工作报告进行讨论外，区政府区长每半年一次在区政协常委会议上向区政协通报工作情况，征求区政协意见。

第七届区政协举行全委会议4次、常委会议9次、主席会议9次，召开各类协商座谈会30余次，就全区国民经济与社会发展计划、财政预决算、社会文教等问题进行协商讨论，提出意见建议。2009年11月，天桥区被国务院列入山东省首批19个新型农村社会养老保险试点区之一。2010年，区政协组织委员就试点一年来工作情况进行专题协商，提出充分调动参保积极性、适时调整基础养老金及缴费补贴标准、建立监管机制等建议。

第八届区政协自2012年1月换届至年底，召开全委会议1次、常委会议4次、主席会议10次，召开各类协商座谈会10余次，围绕中共天桥区委关于“建设富裕文明和谐幸福新天桥”奋斗目标和大力推进“老城区、滨河新区、北部新城区”三大区域开发建设等重大问题进行专题协商，提出意见建议20余条。

第二节　民主监督

1991—2012年，区政协利用提案、调研视察、反映社情民意等形式，围绕重点工程推进、教育文化卫生、个体私营经济发展、生态建设与保护、农村社会保障、新农村建设等热点焦点问题展开民主监督活动，促进民主监督的实效性。

三届区政协期间，收到委员提案462件，内容涉及经济建设、体制改革、城市建设、环保、教育、文化、卫生、科技等方面。组织委员进行调研视察30余次，参加人数600余人次，形成调查视察报告20余份，提出书面或口头建议100余条。

四届区政协期间，收到委员提案677件，内容涉及经济科技、城建与管理、工商税务、社会治安综合治理、教育、文体、交通安全等方面。组织委员开展专题调查14项，进行调研视察62次，参加人数1320人次，形成调查报告14份、视察报告15份。征集委员社情民意信息80余条。

五届区政协期间，收到委员提案982件，内容涉及经济、精神文明建设、农业、城建、环卫、环保、科技、教育、文化、卫生、体育、群众生活、劳动人事、民族宗教等方面。组织委员调研视察活动 90 余次，形成调查报告 30 份、视察报告 60 份。建立社情民意信息员队伍，征集社情民意信息 70 余条。

六届区政协期间，收到委员提案 749 件，内容涉及经济建设、城市管理与环境整治、科教文卫体等方面。组织委员进行调研视察 100 余次，形成调研报告 20 余份。广泛征求社情民意，先后向济南市政协报送信息 20 余条。

七届区政协期间，收到委员提案 512 件，内容涉及经济科技、农业、城市建设与管理、文教卫生、民主法制、劳动与社会保障、民族宗教、统一战线等方面。组织委员进行调研视察 90 余次，形成调研报告 10 余份。完善社情民意信息渠道和网络，收集社情民意信息 108 条，有 6 条被上级政协采用或编发。

八届区政协换届一年来，收到委员提案 122 件，内容涉及经济建设、农业、城市建设与管理、科教文卫体、民主法制、劳动与社会保障、民族宗教等方面。组织委员进行调研视察 25 次，形成调查报告 4 份、视察报告信息 20 余份。八届区政协创新工作方法，建立社情民意信息 QQ 群，收到社情民意信息 81 条，向省市政协报送 20 余条，被全国政协采用信息 1 条。

第三节　参政议政

1991 年始，天桥区历届政协认真贯彻全国政协各项意见，在实践中不断健全完善社情民意信息工作运作机制，为助推科学民主决策、建设和谐天桥发挥作用。1994 年，提出“再扬三产优势、重振工业雄风”建议，被中共天桥区委采纳，在制定全区经济发展计划时，把工业列为重中之重。1995 年，对全区城市建设与管理开展社情民意调查研究，形成《关于对我区城建开发与城市管理工作的调查报告》，分别就房地产开发、旧城旧村改造和城市管理三个方面提出建议 15 条，经区经济技术咨询委员会全面论证和中共天桥区委常委会议专题研究后，以济天发〔1995〕7 号文件形式批转全区贯彻执行。1996 年，在全区经济工作会议召开前，区政协通过开展以经济建设为主题的社情民意调查，将收集到的社情民意信息整理论证后，向中共天桥区委、区政府提出《深化改革力度，加快经济发展——对我区经济建设社情民意的调查报告》，全面分析天桥区一、二、三产业基本状况、企业改革情况和制约经济发展的难点问题，并就进一步深化改革、促进经济发展提出六个方面的建议。就如何改进天桥人民医院医疗质量和医疗条件，通过召开座谈会、走访有关部门和单位进行综合分析，提出《关于加强天桥医院建设的建议》，供中共天桥区委、区政府参考。1998 年，区政协两次向委员发出信函，分别就下岗职工再就业问题和为中共天桥区委、区政府科学制定 1999 年国民经济和社会发展计划，集中了解社情民意，提出具有较高参考价值的信息。

2001 年，区政协向济南市政协报送社情民意信息 23 条，居当年县（市）区政协报送数量之首，其中《关注贫困职工生活》被济南市政协报送省和全国政协，得到重视。同年，天桥区社情民意信息工作被济南市政协评为先进单位，受到表彰。2002 年，召开社情民意信息工作会议，提出《关于加强社情民意信息工作的意见》，建立奖励机制和社情民意信息员队伍。会上征集到社情民意信息 40 余条；会后一个月，特邀信息员报送社情民意信息 30 余条。2003 年 1 月—2007 年 1 月，先后向济南市政协报送《目前家政服务行业存在的问题和几点建议》《关于农村集团化发展的几点建议》《新时期农村更需长足发展的几点建议》《建设节约型社会的十一条建议》《关于完善城市社区文化管理机制的几点建议》等信息 20 余条。2007 年 1 月—2012 年 1 月，制定《关于加强和改进反映社情民意信息工作的意见》，进一步明确做好社情民意信息工作的各项规定和措施，完善反映社情民意信息工作的渠道和网络。5 年内收集的社情民意信息中，《关于加快全科医生培养的建议》《关于落实国家免疫规划的建议》《关于解决医保病人住院难问题的建议》《关于加强蔬菜直销点建设的建议》《让斑马线成为学生的生命线》《关于加强市区高架桥道路信息发布的建议》被上级政协单篇采用或编发。

2010年7月8日，区政协召开振兴工业经济座谈会。

2012年，区政协组织委员就在济南新材料产业基地视察发现的黄河北“压矿”问题进行专题研究，提出《禁止在天桥区黄河北地区采矿的建议》，将“北跨”区域地下矿产资源作为国家战略储备资源禁止开采，以科学发展观落实“北跨”战略，保护生态环境、促进经济发展、惠及百姓生活。此建议得到济南市领导重视，中共济南市委常委、市政府副市长孙晓刚，市政协副主席徐明梅分别作出批示。同年，济南市政协主席殷鲁谦、济南市政府副市长王新文对区政协报送济南市政协的《城市拆迁改造应同步建设社区服务设施》《完善滨河新区路网建设》社情民意信息，分别作出批示。

第四节　调研视察

三届区政协根据全区实施十年规划和“八五”计划、各年度经济发展战略、维护安定团结的政治局面、开展“质量、品种、效益年”活动、北园镇奋斗一年奔小康、转换企业经营机制等重点工作制定调研视察方案。先后组织委员对驻区部分第三产业和外向型企业进行调查，写出《关于天桥区商业的发展前景》《关于“八五”期间外向型经济发展规划建议》等报告；组织委员调查益康食品厂等8家工业企业，提出把开展“质量、品种、效益年”活动同制定实施企业中长期规划、提高资金使用效率、深化企业内部改革结合起来等6项建议；在全区为促进技术进步而组织的“百项会战”中，组织委员调查有关企业技术项目落实和进展情况；为贯彻中共天桥区委六届六次全委会议《关于“北园镇奋斗一年奔小康、‘八五’再上新水平”的决议》，组织委员对北园镇部分村（居）进行视察，为全面系统地了解区属企业转换经营机制进展情况，组织委员深入十几家企业进行调查，与企业干部职工座谈讨论，形成《对全区区属企业转换经营机制情况的调研报告》，针对企业职工中存在的模糊认识及机关作风转变问题，提出对症下药、深化改革、先行试点的建议。

四届区政协根据中共天桥区委深化企业改革的要求，组织委员对全区已实行股份制企业的情况进行调查，形成《关于我区股份制推行情况的调查报告》。1997年，区政协对全区12个街道经济工作全面调查，形成《目前我区街道经济的状况、问题及对策的调查报告》。四届区政协对《天桥区公费医疗制度改革试行办法》实施情况、城区中小学布局、实施科教兴区战略进行专题调研，提出意见建议；通过对全区工业、农业、第三产业、外经外贸、精神文明、基础教育、食品卫生、文化市场、群众性体育活动、民政社区服务、社会治安综合治理等方面视察，形成《关于我区街道“三个一工程”进展情况》《关于我区农业生产情况》《关于我区企业改制工作情况》《关于我区社会力量办学的现状、问题及建议》等报告。中共天桥区委、区政府主要领导对其中的《关于我区股份制推行情况的调查报告》《深化改革力度，加快经济发展——对我区经济建设社情民意的调查报告》《目前我区街道经济的状况、问题及对策的调查报告》《关于对我区城建开发与城市管理工作的调查报告》作出批示。

五届区政协先后围绕全区个体私营经济发展、发展财税型区域经济、改善天桥区投资软环境、全区科技工作、社区建设及社区服务、城市建设与管理、社会最低生活保障进行调研视察。1999年和2002年，区政协先后围绕城建重点“容貌工程”和全国文明城市创建工作进行调研。2000 年 6 月，区政协了解全区地税完成情况并分析收入滞后原因后，形成《区政协视察我区地税工作的视察报告》，提出有针对性的“8 条建议”，被区政府批转有关部门落实。下半年，区政协再次对区财税工作进行跟踪视察，检查“8 条建议”落实情况，促进视察工作成果转化。2001 年和 2002 年，是全区“招商引资年”，区政协两次对招商引资情况进行调研，分别形成《关于对我区招商引资工作调查报告》《关于对贯彻落实〈投资软环境的实施意见〉情况的调查报告》。同时，积极开展招商引资牵线搭桥工作，先后引资 3.2 亿元，其中政协机关引资 3100 万元。5 年内形成的报告中，《关于努力推进全区个体私营经济发展的调查报告》《关于我区“实施容貌工程，争创文明城市”的调查报告》《关于对我区招商引资工作的调查报告》《关于对贯彻落实改善投资软环境的实施意见情况的调查报告》《关于对我区创建文明城市工作情况的调查报告》得到时任中共天桥区委书记彭万生、杨庆林，区政府区长王辉的批示，转送区委各位领导及相关部门传阅，所提意见、建议为区委、区政府科学决策提供重要参考依据，区委、区政府要求有关部门和单位研究、落实。

六届区政协主要围绕中共天桥区委、区政府提出“建设开发天桥工业园”重中之重的任务和社会热点问题开展调研。会同区经计局、区科协等单位进行专题调研，形成《天桥区工业园经济发展情况调研报告》，就天桥工业园“坚持高起点规划、高标准建设、实行市场化运作”等方面提出具有可操作性和前瞻性意见建议。2003 年 6 月，区政协根据中共天桥区委就桑梓店镇少数民族聚居地老寨村、小寨村建立长治久安机制工作和提出“由热点变亮点”的要求，组织委员对中共天桥区委文件贯彻落实情况进行专题调研，形成《关于对我区少数民族村综合整治立体帮扶工作情况的调研报告》。六届区政协先后提出《关于就业和再就业工作的调查报告》《关于对我区工业园建设用地情况的调查报告》和围绕社会热点、难点问题提出《关于进城务工妇女权益问题的调研报告》《关于加强我区互联网上网服务营业场所管理的建议案》《关于新型农村合作医疗工作情况的调查报告》《关于我区暂住人口房屋租赁状况和出租房屋税收征管情况的调研报告》等。其中，2003 年提交的《关于我区扶贫开发工作的调研报告》，分析扶贫工作基本状况和影响农村扶贫开发工作面临主要问题，针对性地提出政府扶持、资金扶持、技术扶持、思想扶持等 6 条合理化建议和今后应采取的措施，并在济南市政协召开的“四区扶贫开发座谈会”上发言。2006 年，区政协组织委员对全区“新农合”工作运行情况进行调研，形成《关于新型农村合作医疗工作情况的调查报告》。

七届区政协先后就城市建设与管理、医疗卫生、环境保护、社会保障、文化建设、新农村建设、教育资源整合、台侨资企业发展、职业技术培训、百年品牌复兴等重要问题进行调研。形成《天桥区城市管理情况调研报告》《关于天桥人民医院整体转型试点工作情况的调查报告》《关于对全区环卫工作调查问卷的情况报告》《关于对天桥区城镇居民基本医疗保险工作情况的调研报告》《关于新型农村养老保险试点工作的调查报告》《关于我区台资企业情况的调研报告》等调研报告。2009 年 11 月，天桥区被国务院列入山东省首批 19 个新型农村社会养老保险试点区之一。2010 年 10 月，组织委员对一年来试点工作情况进行专题调研，撰写《关于新型农村养老保险试点工作的调查报告》，提出充分调动

2010 年 9 月 17 日，区政协召开社情民意信息工作座谈会。

参保积极性、适时调整基础养老金及缴费补贴标准、搞好“新老农保”衔接、建立监管机制等建议。七届区政协组织委员先后对城市绿化、稳定物价、肉菜市场建设、城乡低保和农村“五保”供养、村改居集体资产产权改革、质量技术监督、“十二五”规划编制、非法营运“摩的”治理、阳光民生救助、招商引资、美国白蛾防治、敬老院建设和老年人集中供养、农村劳动力培训转移就业、村村通和自来水进户、片区发展定位等进行视察。

2012年，八届区政协按照“选题准确、重点突出、双赢共促、注重实效”的要求，坚持“少而精、专而深”的原则组织委员对政法、城建、教育、工业、科技等部门及各街道（镇）开展调研活动，形成《关于全区文化产业发展情况的调研报告》《大力发展都市农业，努力增加农民收入》《加大信息化投入，扶持现代物流业发展》等调研报告。

第五节　提案工作

1991年始，区政协将提案工作放在重要位置。每次换届后，区政协对新委员都要进行培训，组织他们学习政协知识，讲解如何写好提案，强化委员的质量意识。每年全委会议召开前，一方面向委员发出征集提案通知，以方便委员选题；另一方面组织委员开展调研视察活动，提供知情服务，使委员所提提案具有针对性和可操作性。全委会议后，区政协对调整的新委员进行集中学习和培训。

区政协将每年的全体会议作为提案征集的集中时间；全体会议闭会后，也受理委员提案。对已经审查立案的提案，根据提案内容转交承办单位；对不予立案的提案，在向提案单位或委员说明情况后，以委员意见或建议的形式转交市里或有关部门参考。1991—2012年，区政协收到委员提案3504件，每年征集提案数量、立案数量呈现递进趋势。提案质量逐年提高。九三学社天桥区基层委员会在区政协六届会议上提出《关于加快推进科技创新的建议》、民盟天桥区工委提出《关于招商引资的几点建议》、六届委员于克滨提出《关于尽快加强区属企业改制工作的建议》、七届委员张思国提出《关于加快化工产业园建设的建议》、八届常委毛新海提出《打造济南汽配行业百亿企业，加速天桥总部优势经济发展》等提案，围绕中共天桥区委、区政府工作中心，对促进区域经济发展、领导科学决策提供依据。民建天桥区总支提出《关于修建长途汽车站地下通道的建议》、五届委员冉慧君提出《关于我区人行道路面的整修问题》、七届委员田坤提出《利用旧城改造时机，全面提升天桥区本域形象》、唐志平提出《关于进一步整治非法营运“黑摩的”》、八届委员周艳红提出《加大城市环境整治力度的建议》、曹鹏提出《加强已建成小区物业管理》等提案，均得到较好落实，为改变城市面貌发挥作用。八届委员刘元群提出《关注农村留守儿童身心的健康成长》、农工党区总支提出《新型农村合作医疗目前面临的问题及建议》、民进天桥总支提出《关于在天桥区西北部地区打造一所优质初中的建议》、民革天桥区总支提出《推进社会主义新农村建设改善农村人居环境》、致公党天桥总支提出《全面提升天桥区劳动人事争议仲裁（调解）的服务绩效》等提案均被采纳，促进社会稳定和谐，受到百姓好评。

1991年始，区政协将提案征集、审查立案和承办单位办理作为一个完整的系列工作，抓好每一个环节，规范提案工作内部运行机制，推动提案工作制度化、规范化。五届区政协制定《政协济南市天桥区第五届委员会提案工作规定》、七届区政协印发《天桥区政协提案质量标准（试行）》《天桥区政协提案办理质量标准（试行）》，强化提案工作质量意识。为贯彻中共十八大精神和2012年中共中央办公厅、国务院办公厅印发的《关于进一步加强人民政协提案办理工作的意见》，区政协探索和完善提案办理协商工作形式及方法，完善协商民主制度，取得效果。为做好提案办理工作，自四届政协起，区政协每年召开提案承办单位经验交流会，互相学习借鉴好的经验和做法，以点带面，促进提案办理落实。1996 年始，区政协对每年评选出的优秀提案和承办提案先进单位进行奖励。至 2012 年，对 187 件优秀提案提案人进行表彰奖励。

第三章　文史资料征集与港澳台侨联络

第一节　文史资料工作

1991—1992 年，区政协先后编写《金牛公园的历史传说》《济南古迹名胜》《天桥史志杂录》《济南七十二名泉考》《何家花园考》《济南“五三”遗恨》《反动道会门——心龙华圣教会》等史料 40 篇；征集撰写《接管济南师范的有关情况》《天桥区纺织业史略》《济北古镇—洛口》《水屯别墅》《三十年代济南见闻》《镇武街话玄武》《白鹤飞入北园来》《抗日战争前京剧演员生活见闻琐记》《鹊山惨案》《天桥区历史名人录》等文史稿件 120 余篇。区政协文史工作机构从大量稿件中选取、整理介绍天桥地区沿革与变化、党的活动纪念地、革命斗争回忆录、风景古迹查考等内容资料 38 篇，分别于 1990 年 12 月和 1991 年 12 月编辑出版《天桥文史资料选辑》第一辑和第二辑。1993—2003 年，工作重心转向征集建国后文史资料。1997 年 11 月，编辑出版《天桥文史资料》(第三辑)人物传记篇；2002 年，编辑出版《天桥文史资料》(第四辑)；7 月，编辑出版《天桥区政协志》，并制作全面记载反映五届区政协工作概况的光盘。为济南市政协建国五十周年献礼史料《济南市名胜古迹》提供资料 18 篇、照片 30 幅。2008 年，区政协制定文史工作五年规划，当年征集资料 9 篇，1 万余字。2009 年始，根据济南市政协统一要求，历时 9 个月，征集资料 100 余份、图片资料 70 余幅，编撰完成 20 余万字的《济南区域文史存珍(天桥区卷)》初稿；2010 年 12 月，该书由济南市政协出版发行。2012 年，由区政协选送的《百年制锦市》一书，被山东省政协评为“优秀文史书刊一等奖”。

第二节　港澳台侨联络

1990 年 3 月，区政协“三胞”联谊委员会成立；6 月，区政协“三胞”联谊委员会会同有关部门组织“三胞”眷属 50 余人，听取区外经委通报外经和有关方面优惠政策，鼓励“三胞”积极向大陆投资。1993 年 9 月，区政协“三胞”联谊委员会、区政府台湾事务办公室和侨务办公室联合举行中秋联谊会。1998 年 6 月，组织部分“三胞”联谊委员会委员对全区部分“三资”企业进行视察，听取工作情况介绍，提出意见和建议；10 月，“三胞”联谊委员会更名为港澳台侨联络委员会。主要职能：团结和联系委员学习、宣传国家有关港澳台侨方面的方针政策，积极反映社情民意；对港澳台侨方面的重要问题调查研究；提出意见、建议和提案；加强同港澳台侨委员和有关人士的联络；组织各种活动，积极为委员知情明政、履行职责创造条件。2003 年 7 月，组织部分港澳台侨委员参观济南市新一轮城市规划展，举办座谈会，传达中共山东省委扩大会议精神。2008 年 6 月，区政协港澳台侨联络委与济南市政协港澳台侨和外事委员会对天桥区侨资企业情况进行调研，形成《关于我区侨资企业情况的调研报告》，为中共天桥区委、区政府把握全区侨资企业情况提供重要参考依据。2012 年 7 月，区政协视察区台办、区外侨办，听取负责人工作汇报，实地察看台资企业——济南重卡至尊润滑油有限公司。

第二十篇

民主党派与群众团体

1991—2012
TIANQIAO QU ZHI

滨湖广场

工商河

1991 年，天桥区有民主党派 7 个。各党派根据各自章程要求，制定完善相关制度，积极参政议政，至 2012 年年底，各党派在区人大、区政府、区政协担任领导职务的有 13 人，当选区人大代表 40 余人次、人大常委 4 人次、政协常委 37 人次、政协委员 194 人次，受聘市、区各类社会监督员 38 人次。

1991—2012 年，各团体均召开代表大会，进行换届选举。组织建设和队伍建设放在首位，组织各界群众，围绕中共天桥区委、区政府中心任务，按照各党派章程开展活动，自觉当好党联系人民群众的桥梁和纽带，为天桥区政治经济和社会发展发挥重要作用。

第一章　民主党派

第一节　中国国民党革命委员会济南市天桥区总支部委员会

一、代表大会

中国国民党革命委员会济南市天桥区总支部委员会（简称民革区总支）。1980 年 8 月，成立天桥支部，孟国强任主委。1993 年 7 月，建立天桥区工作委员会，辖 4 个支部，钟企新任主委，贾德义任副主委。至 2000 年 12 月，两次调整区工委班子，先后任命任占东、刘振海为主委，汪海权、车宝隆为副主委；2006 年 11 月，成立天桥区总支部委员会，总支班子由 7 人组成，姜慧祯（女）任主委，汪海权、田强任副主委。2011 年 4 月，总支第二次代表大会召开，委员会由 8 人组成，姜慧祯（女）任主委，田强、何莉（女）任副主委。2012 年，民革区总支辖支部 5 个，党员 75 人。

二、组织活动

1994—1995 年，区工委组织党员连续两年参加民革市委举办的“爱我中华”系列活动；2007 年，组织党员参加“知我民革史，学习十七大”知识竞赛、纪念民革成立 60 周年活动；2008 年，组织党员以各种形式纪念中共中央发布“五一口号”30 周年、改革开放 30 周年和济南解放 60 周年。2009—2010 年，开展社会主义核心价值观教育活动，纪念中华人民共和国成立 60 周年、人民政协成立 60 周年、多党合作和政治协商制度确立 60 周年；2011 年，在中国共产党建党 90 周年和辛亥革命 100 周年之际，组织党员瞻仰先烈事迹；9 月，组织辛亥革命 100 周年图片展览。2012 年 7 月 6 日—7 日，组织全体党员参观台儿庄战役纪念馆活动，纪念“七七事变”爆发 75 周年。2012 年，综合支部利用休息时间组织义诊为社区百姓免费查体；企业支部发挥法律优势到大桥镇进行送法到基层、服

民革天桥区总支辛亥革命 100 周年纪念大会（2011 年 9 月摄）

务到乡村活动，免费发放法律知识手册200册。

三、参政议政

1991—2012年，党员中当选为区人大代表的2人，当选为区人大常委会委员的1人，担任历届区政协委员的有25人次，当选为区政协常务委员的有5人次；被推荐担任市、区特约监察员的4人，被聘为区法院特邀监督员、济南铁路运输检察院人民监督员各1人。自1996年始，每年在党员中开展“一人一案”“一支部一精品提案”活动，在人代会和政协会上提出多条议案、提案，都得到相关部门圆满的答复或落实。

第二节　中国民主同盟济南市天桥区基层委员会

一、代表大会

中国民主同盟济南市天桥区基层委员会（简称民盟区基层委员会）。1989年11月，民盟区第一次代表大会召开，孟广乾任主委，王荫平、汪秀兰（女）任副主委。1994年10月，民盟区第二次代表大会召开，孟广乾任主委，王荫平、张鸿喜任副主委。1997年11月，民盟区第三次代表大会召开，孟广乾任主委，王荫平、张鸿喜任副主委。2001年3月，增补张艳霞（女）、牛其华为副主委。2002年8月，民盟区第四次代表大会召开，窦维平任主委，潘洪兰（女）、王震宇、牛其华任副主委。2006年9月，民盟区第五次代表大会召开，窦维平任主委，潘洪兰（女）、刘风宝任副主委。2011年5月，民盟区第六次代表大会召开，刘风宝任主委，王伟、胡海鹏、于雁（女）任副主委。2012年，民盟区基层委员会辖支部11个，盟员152人。

二、参政议政

1991年11月，民盟区基层委员会出席在江苏省盐城市举行的民盟四省一市盟务工作经验交流会，作典型经验介绍。1995年，民盟区基层委员会提出《建议区委、区人大、区政协中的中共党员领导人与民主党派负责人及非中共知名人士开展结对交友活动》《区委书记及分管统战工作的副书记应多交几个民主党派朋友》的提案，被中共天桥区委采纳并作出《关于区委领导与民主党派、工商联负责人、非党代表人士建立结对交友制度的决定》。1999年11月，民盟二十八中学支部被民盟济南市委推荐参加在安徽省淮北市召开的苏鲁豫皖十城市盟务工作会议，支部主委包锡刚作题为《密切党盟关系是做好盟支部工作的基础》的发言。2001年，盟员张艳霞（女）通过山东省公开选拔副厅级党外干部的各项考试和考察，被任命为山东省体育学院副院长。至2012年，盟员中当选为历届区人大代表的有5人次，当选为区人大常委会委员的1人；担任历届区政协委员的有37人次，当选为区政协副主席1人、区政协常委6人次；在区政府部门任副处级领导职务的4人；被推荐担任区特约监察员、特约教育督导员的有6人次。

三、公益活动

1991—2012年，在全区开展为社会服务活动，济南师范学校支部利用教育资源优势，与农村贫困学生“一帮一”结对活动给予贫困学

民盟天桥区第六届代表大会（2011年4月摄）

生帮扶；济南市第四人民医院支部利用医疗资源优势，组织医疗人员到农村、养老院等地区和单位开展医疗服务和义诊活动；律师支部突出法律服务优势，开展“法律进社区”活动，与堤口路街道 8 个社区结对提供法律宣传服务，为群众提供法律援助。明湖中学支部、博文中学支部、十三职专支部、博文中学支部、十一中学支部、电视大学支部、汇文中学支部等代表连续两年到长清区张夏镇诗庄小学开展资助活动。

第三节　中国民主建国会济南市天桥区总支部委员会

一、代表大会

中国民主建国会济南市天桥区总支部委员会(简称民建区总支),1951 年成立。1993 年 5 月，第二次会员大会召开，张慎清任主任委员，阮高生、王维烈任副主任委员，王伯厚、阎志顺、黑际国、王静娴（女）任委员。1997 年 11 月，第三次代表大会召开，郇起鸿任主任委员，阎志顺、阮高生、吕久平任副主任委员，张惠武、赵奎达、梁经文任委员。2002 年 6 月，第四次代表大会召开，郇起鸿任主任委员，阮高生、吕久平任副主任委员，马延勇、尚晓天、赵奎达、梁经文任委员。2006 年 9 月，第五次代表大会召开，吕久平任主任委员，沈伟、陈士阳任副主任委员，马延勇、尚晓天、陈庆、王秀美（女）任委员。2011 年 4 月，第六次代表大会召开，陈士阳任主任委员，沈伟、陈庆、马延勇任副主任委员，刘虹虹、牟培学、李彦、尚晓天、郭彬任委员。2012 年，民建区总支辖支部 3 个，会员 61 人。

二、参政议政

1991—2012 年，会员中当选为历届区人大代表的有 9 人次，当选为区人大常委会副主任 2 人次；担任历届区政协委员有 53 人次，当选为区政协副主席 2 人、区政协常委 16 人次；在区政府及政府部门任副处以上领导职务的 6 人，其中 1 人任副区长；被聘请为区特约检察员、特约监察员、特约审计员的有 13 人次。1991—2005 年年底，从事民营经济的会员有 13 人，所经营的企业中被中共天桥区委、区政府授予“出口创汇先进企业”的 1 家 1 次；授予“民营经济发展先进企业”的 3 家 3 次；授予“纳税先进单位”的 1 家 2 次。

三、公益活动

1998—2008 年，在先后开展的支援长江流域抗洪救灾、防治“非典型性肺炎”、支援汶川抗震救灾活动，民建会员捐款捐物价值 21.9 万余元；在扶困助学敬老活动中捐款捐物价值 2.87 万元。2010 年 12 月，会员企业家王尔宽与山东大学环境科学与工程学院签订建立产学研基地的 5 年协议，每年出资 10 万元设立奖学金。2011 年，民建会员吴瑞明出资 10 万帮助大桥镇大刘村修路，投资 3.5 万元为大桥镇甜水村捐建路灯 30 盏、太阳能路灯 2 盏。民建区总支在桑梓店镇邓营村挂牌成立“民建思源农家书屋”，筹资近 4000 元购置农家书屋系列丛书 300 余册。2012 年 6 月，会员丁守林到济南市儿童福利院“民建爱心基地”奉献爱心，捐赠饮料 100 箱、台球桌 20 张，价值 6 万元。

第四节　中国民主促进会济南市天桥区总支部委员会

一、代表大会

中国民主促进会济南市天桥区总支部委员会（简称民进区总支），1994 年 5 月成立。1997 年 11 月，第二次会员大会召开，苗德荣任主委，冉慧君（女）、黄恒任副主委。2002 年 11 月，第三次会员代表大会召开，冉慧君（女）任主委，赵玉文任副主委。2006 年 9 月，第四次会员代表大会召开，王洪新（女）任主委，赵玉文、郭芳（女）任副主委。2011 年 4 月，第五次会员代表大会召开，王洪新（女）任主委，赵玉文、郭芳（女）任副主委。2012 年，民进区总支辖支部 6 个，会员 94 人。

二、参政议政

会员赵玉文《关于加快小清河综合整治及源头治理的议案》列为济南市人大十四届一次会

议唯一议案；王素芹获2007年度全市民主党派、工商联“优秀调研成果先进个人”称号；郭芳《关于加大对环境卫生治理力度，进一步提高我区综合品位的建议》被评为济南天桥区政协优秀提案。2010年，会员李和平《关于为济南市优秀历史建筑和文化名人故居标识挂牌的建议》被作为济南市重点提案督办；王素芹执笔的《关于开放式小区物业管理的建议》，由中共济南市委常委、副市长王良批示督促落实。由王洪新执笔的《关于进一步加强和谐社区建设的建议》被选为济南市民进在济南市政协十二届四次会议上的书面发言材料；王素芹《关于全区发展高效生态现代农业的建议》被确定为区政协七届四次会议重点督办提案；总支《关于把官扎营建成历史文化街区的建议》被评为区政协七届四次会议优秀提案。2011年，赵玉文被评为济南市优秀人大代表。至2012年年底，会员中当选为历届区人大代表的有5人次；担任历届区政协委员的有50人次，当选为区政协副主席3人、区政协常委3人；被推荐担任区特约检察员、特约监察员、特约教育督导员的14人次。会员中在职副处级领导干部3人；济南市政协委员1人，区政协委员9人、常委1人；被聘为区特约检察员、特约监察员、特约教育督导员的5人。

三、公益活动

2003年，在抗击“非典”斗争中，会员捐款5780元；2004年，区总支与桑梓店镇周阁中心小学开展“手拉手”活动，连续三年资助2名贫困学童2400元；2007年，资助济南第四十六中学1名贫困女生；2008年，在支援汶川抗震救灾捐款活动中，会员捐款3.93万元。2011年6月，为特殊教育学校——天桥影壁后街学校，捐出价值2000元的图书。

第五节　中国农工民主党济南市天桥区总支部委员会

一、代表大会

中国农工民主党济南市天桥区总支部委员会（简称农工党区总支）。1984年2月，建立天桥支部。1991年11月，第一次党员大会召开，选举产生第一届总支部委员会，郑德贵任主委，孙佑伦任副主委。总支辖2个支部，党员35人。1995年1月，第二次党员大会召开，选举产生第二届总支部委员会，孙佑伦任主委，田洪升任副主委。1997年12月，第三次党员大会召开，选举产生第三届总支部委员会，孙佑伦任主委，姚桂琴（女）任副主委。2000年12月，第四次党员大会召开，选举产生第四届总支部委员会，姚桂琴（女）任主委，张钢峰、周迎潮任副主委；大会同时选举孙佑伦为名誉主委。2005年9月，第五次党员大会召开，选举产生第五届总支部委员会，姚桂琴（女）任主委，张钢峰、周迎潮任副主委。2011年5月，第六次党员大会召开，选举产生第六届总支部委员会，张钢峰任主委，周迎潮、王辉任副主委。2012年，农工党区总支辖支部3个，党员56人。

二、参政议政

1991—2012年，党员中当选为历届市、区人大代表的有4人次；担任历届市、区政协委员的有31人次，当选为区政协副主席4人次、区政协常委5人次；被推荐担任区特约检察员、特约监察员、特约教育督导员5人次。在各年度区人大、区政协会议和有关单位、部门组织的视察、行风评议活动中，履行职责，积极提出意见和建议。2009—2010年，区总支提交的《保护我区人民群众利益，防止在城市建设、城市改造过程中出现暴力拆迁和强制拆迁的问题》，党员刘殿杰提交的《关于社区医疗应加强对中医、中药认可和充分利用》、张钢峰提交的《进一步完善全区社会保障工作，解决民生热点问题，促进我区经济工作水平稳步增长》等提案，受到有关部门的高度重视。2011—2012年，在市、区两级人大、政协会议上，提交集体、个人提案、建议30余件。

三、公益活动

2008年，在支援南方特大冻雨受灾地区和汶川地震灾区救灾中，缴纳特殊党费8000余元，农工党济南四院支部组织党员配合医院积极救治在该院治疗的37名四川地震灾区伤员。区总支每年组织开展帮扶乡镇卫生院、义诊咨询、健康讲座、送医送药、科技下乡、支援灾区、关爱贫困妇女和留守儿童、扶贫捐助等大型社会服务活动。至2012年年底,受益群众3000人次。

第六节 中国致公党济南市天桥区总支部委员会

一、代表大会

中国致公党济南市天桥区总支部委员会(简称致公党区总支)。1989年10月,建立天桥支部委员会,蒋式千任主委。1994—2000年,区支部进行3次换届选举,蒋式千、李厥敏,先后任主委。2002年4月,第一次党员大会召开,选举产生第一届天桥区总支部委员会,李厥敏任主委,明强、梁小易任副主委,王立芃(女)、王正博任委员。总支辖2个支部。2006年9月,第二次党员大会召开,选举产生第二届天桥区总支部委员会,王立芃(女)任主委,原洪林、李靖任副主委,王正博、翟红军任委员。2011年4月,第三次代表大会召开,选举产生第三届总支委员会,王立芃(女)任主委,原洪林、李靖任副主委。2012年,致公党区总支辖支部2个,党员46人。

二、参政议政

1991—2012年,致公党员在各级人大、政协会议上的议案、提案259件,济南师范支部承担了致公党济南市委关于"济南市饮用水水资源及其环境保护的调查与分析""济南市大学生就业问题的调查与分析""济南市幼儿入托难问题的调查与分析"等课题的调研,其中"济南市饮用水水资源及其环境保护的调查与分析"获致公党济南市委优秀课题研究成果奖。至2012年,致公党员中当选为历届省、市、区人大代表的8人次;担任历届市政协委员10人次、区政协委员31人次,当选为历届区政协常委7人次;担任市、区两级侨联委员的有5人,其中2人任区侨联副主席;被推荐担任特约监察员、特约教育督导员的6人次。

三、公益活动

2007年,济南师范支部对长清崮云湖小学开展支教活动。2008年,支援汶川抗震救灾和恢复重建,捐款捐物价值1.84万元。2010年,区总支在大桥镇丁屯小学设立"致公党员爱心助学活动基地",成立"致公图书社",作为社会服务联系点。在"侨爱工程——万侨助万村"活动中,对口帮扶商河县韩庙乡孙家营村。2012年,济南师范支部联合济南红十字会,对桑梓店镇回民小学开展"捐书义教进校园"助学爱心活动,捐献学习文化用品价值万元。对全区数所小学的老师进行"教师礼仪"义务培训。至2012年,支教学校由最初的1所增至5所。

第七节 九三学社济南市天桥区基层委员会

一、代表大会

九三学社济南市天桥区基层委员会(简称九三学社区基层委员会)。1984年2月,建立九三学社天桥区活动小组。1986年1月,九三学社天桥支社成立,陈典华任主委,高惠璋任副主委,社员8人。1992—2002年,召开两次社员大会进行换届选举,刘心怡(女)、沈启贤先后任支社主委,高惠璋、李正文、徐福霞(女)任副主委。2002年6月,成立九三学社天桥区基层委员会,第一届社员大会召开,选举李正文为主委,郑刚、崔慧萍(女)为副主委,段青英(女)、张正芬(女)为委员。2006年9月,第二届社员大会召开,选举产生第二届区基层委员会,郑刚当选为主委,崔慧萍(女)、孟一贞(女)当选为副主委。2011年4月,九三学社第三届社员代表大会召开,郑刚再次当选为主委,孟一贞(女)、程坤当选为副主委。2011年10月,郑刚、孟一贞(女)、程坤、李正文等10名代表出席九三学社济南市委第十次代表大会,郑刚当选为九三学社济南市第十届委员会常委,同时被推选为九三学社山东省第六次代表大会代表。2012年,九三学社区基层委员会辖支社3个,社员30人。

二、参政议政

自1991年起，在各年度区人大、区政协会议和有关单位、部门组织的视察、行风评议活动中,认真履行职责。开展“一社员一建议”活动，2005年，社员段青英提出的《关于建立完善新型农村合作医疗制度的建议》，市长鲍志强作出批示，当年在天桥区进行了新型农村合作医疗制度的试点;2008年，区基层委员会提出的《关于加强社会养老机构建设》的建议，由省政府副省长郭兆信批示省民政厅落实。2010年，主委郑刚提交的《关于加大竞争性选拔干部力度的建议》《关于加快推进电子政务建设的建议》《关于尽快启用政务服务中心的建议》等得到中共天桥区委、区政府及有关部门采纳；社员程坤提交的《关于园博会后场馆设施后续利用的建议》被中共济南市委、市政府采纳。孟一贞参与撰写的《加快推进社会化养老服务业发展的建议》入选九三学社济南市委在市政协十二届三次会议上的集体提案，孟一贞撰写的《关于加快全科医生培养的建议》被济南市人民政协采用，2011年9月，以济南社情民意第17期专刊上报山东省政协和全国政协。九三学社山东省委聘任郑刚为九三学社山东省委参政议政特约研究员。2012年3月，组织社员学习全国“两会”精神和济南市“加快科学发展、建设美丽泉城推进大会”精神，组织社员撰写九三学社中央思想建设研究中心征集的“九三学社与马克思主义”论文3篇上报九三学社济南市委。至2012年12月，社员中当选为历届省、市、区人大代表的有8人次，当选为市、区人大常委会副主任各1人；担任历届区政协委员的有38人次，当选为区政协副主席3人、区政协常委6人次；被推荐担任区特约监察员、特约检察员、特约审计员和特约教育督导员的5人次。

三、公益活动

2008年，在支援汶川抗震救灾和恢复重建中，社员捐款2.1万元；2009年，组织社员参加九三学社济南市委在大桥镇丁屯小学开展“阳光助学”公益活动；2010年，向玉树地震灾区捐款2200元。

第二章　群众团体

第一节　工　会

一、代表大会

济南市天桥区第一届工会会员代表大会于1989年11月27日—29日召开，选举成立区总工会及下辖经费审查委员会、女职工委员会。1994年12月21日—22日,第二次代表大会召开,实到代表175人,选举产生主席1名,副主席2名,常务委员会委员11名，委员21名；经费审查委员会主任1名，副主任1名，委员3名；女职工委员会委员7名。1999年11月26日，第三次代表大会召开，实到代表188名，选举产生主席1名,副主席2名,常务委员会委员13名,委员25名；经审委员会主任1名，副主任2名，委员9名;女职工委员会主任1名，副主任3名，委员7名。2009年4月，第四次代表大会召开。

二、组织建设

1993年，全区有系统工会组织4个；基层工会组织135个，其中工业63个，建筑业5个，交通运输业1个，商业14个，卫生2个，教育31个，党政机关19个；发展工会会员2.07万人，其中女会员1.14万人，占会员总数55.3%。全区各级工会组织有专职工会干部68人，其中主席49人。1994年，全区有系统工会4个、基层工会138个、会员2.1万人。1995年，全区有工会组织153个、基层工会149个，基层工会经费审查委员会149个，女职工委员会141个；会员1.62万人，其中女会员8455人、专职工会干部75人。1998年，全区有系统工会26

个、基层工会116个、会员1.04万人。2003年，全区有系统工会28个、基层工会160个，涵盖法人单位554家，会员2.54万人。2011年，经中共天桥区委组织部、区编办、区人力资源社会保障局研究确定，全区15个街道（镇）和5个系统工会主席由同级党委副书记兼任，配备1名专职工会副主席，列入编制，为本单位正科级干部。2012年，深入基层单位指导工会换届选举工作，帮助安吉尔有限公司、红星美凯龙、三合出租车公司等单位完成工会组建工作。实现工会主席按同级党政副职配备、工会副主席按实职列编配备。14人通过竞争上岗担任工会副主席职务，12个街道、4个系统工会配备专职主席、副主席，基本实现专职工会干部全覆盖。至2012年年底，全区有基层工会组织1428个，会员19.64万人。

三、劳动竞赛与合理化建议

1991—1993年，全区106个单位1.2万名职工参加各类劳动竞赛活动，创经济效益431.2万元；100个单位4204名职工提合理化建议5343条，创经济效益421.1万元；发明技术成果20项，创造价值7万余元。1995年，与区财政局联合举办天桥区第四届珠算比赛，8个系统32名选手参加决赛，评出一等奖1人、二等奖3人、三等奖5人。82个单位开展劳动竞赛活动，创经济效益280万元。全区有67个单位提合理化建议2188条，采纳1279条，创经济效益327万元。2000年，举办新《中华人民共和国会计法》知识竞赛。全区有4项职工技术创新及合理化建议成果获济南市职工优秀成果奖。2011年，根据济南市总工会《关于开展“百万职工建功立业，为党旗增辉”主题实践活动的实施意见》，研究制定《关于团结动员广大职工为实现“十二五”规划目标任务创先争优建功立业的实施意见》，开展创先争优建功立业活动，职工参与率95%；获“山东省就业与社会保障先进民营企业”称号1家、“济南市建功立业先进集体”称号2家、“山东省女职工建功立业标兵”称号1人、“济南市建功立业先进个人”称号2人。2012年，开展“我为企业献一计、帮助企业度难关”“岗位建功”和“安康杯”竞赛等系列活动。

四、民主管理

1991年3月，会同相关部门印发《关于认真贯彻落实〈关于在全市开展职工民主管理达标活动的意见〉的通知》，成立天桥区开展职工民主达标管理活动领导小组；举办“职工民主管理培训班”，51个单位52名工会干部参加。领导小组对52个单位职工民主管理达标情况进行全面检查验收，49个单位达标，达标率94%。2011年，开展《中华人民共和国工会法》和《济南市企业民主管理条例》学习活动。2012年5月，印发《关于对“进一步加强厂务公开民主管理（创建劳动关系和谐企业）工作”开展调查摸底活动的通知》，实地调研厂务公开工作。6月，迎接省、市总工会对济南众鑫有限公司“省职代会优秀星”创建工作考核验收。济南金新城有限公司被评为创建和谐劳动关系企业先进单位，山东金牛集团被评为济南市厂务公开民主管理先进单位。12月6日，济南市厂务公开领导小组对天桥区国有、集体和规模以上非公有制企业职代会建制率、厂务公开覆盖率、创建劳动关系和谐企业活动进行综合考核，达标率100%。至年底，百人以上国有、集体及国有控股企业职代会建制率达98%，规模以上非公有制企业职代会建制率达85%，规范化标准职代会达65%。职代会档案资料齐全、职工测评满意率98%。全区建立职代会制度的单位覆盖率95%。

五、先进模范人物事迹宣传

1994年5月，同济南人民广播电台举办“弘扬先模人物、先进集体事迹的系列报道”活动。对获“济南市先进单位”称号和山东省“富民兴鲁”劳动奖章、济南市劳动模范等先进单位和个人的先进事迹进行现场直播。2005年6月—7月，在全区范围内对中华人民共和国成立后获济南市劳动模范、先进工作者的人员进行调查认定和完善档案工作，《济南市劳动模范花名册》六册中属天桥区的有464人、503人次。2010年，开展首届“劳模宣传月”活动，展示28位全国、省、市劳动模范先进事迹；召开20余家企业、部门劳模座谈会，基层工会张挂标语口号100余条、出板报50余块。2011年，举行首届“十大金牌工人”、五一劳动奖章（奖状）表彰大会暨庆五一“劳动者之歌”大型文艺演出；对天桥区10名“金牌工人”、30名五一劳动奖章先进个人和25个五一劳动奖状先进集体的事迹进行宣传。2012年4月，开展第二届“劳模宣传月”活动,展出10位劳动模范和山东省“富民兴鲁”先进个人事迹。

六、送温暖工程

1991—2003年，筹措慰问资金321.5万元，慰问困难企业职工2.02万人次。其中，市属企业困难职工8960人次，17.54万元；大病救助13人次，5.3万元；助学24人次，7.2万元；特困职工水费补贴每年2000余人次，60万元；新农村建设帮扶和农民工救助48人次，5.8万元。救助款额、救助人数均列济南市首位。2004年3月24日，开展“献爱心送温暖”募捐活动，筹集善款31.08万元；对大病重病职工、特困职工、困难劳模、困难学生进行专项救助，救助506人，30.65万元。2005年5月18日，投资5万元成立天桥区困难职工帮扶中心。7月，投入10万余元为15个街道(镇)购置办公自动化设备，帮助其成立街道（镇）帮扶中心，全区困难职工帮扶中心网络基本形成。2008年5月，为汶川地震灾区募捐2.9万元。定期为10名持证特困职工签订援助协议书，为全区958名持证困难职工和市级以上劳动模范免费办理职工补充保险和济南市职工医院就诊证，为全区特困职工年审和办理特困证7086人次。2010年，开展“心系职工情，温暖进万家”活动，筹集慰问款128.6万元，慰问困难职工2924人，慰问困难劳模100人。开展“关注民生、送医下乡”活动，为帮扶村农民工家庭送去2000余元药品。2011年，在“心系职工情，温暖进万家”活动中，筹集慰问款128.6万元，慰问救助大病致贫职工2734人、生活困难职工2212人、单亲困难女职工237人、困难劳模100人。举行春节送温暖救助金发放仪式，现场为6名特困职工每人发放救助金2000元。“深入基层，服务群众”结对帮扶困难群众，走访慰问大桥镇杏园村2名党龄40余年的困难老党员，送去慰问金各500元。到堤口集团、益康集团、众鑫鞋城看望3名困难职工及劳动模范党员，为每人送去800元慰问金和生活慰问品。8月29日，省、市总工会“金秋助学”现场座谈会在清河社区召开，100余人参加，筹集资金60余万元，清河社区作典型发言。

2012年，筹集慰问款138.34万元，慰问救助大病致贫、生活困难职工、劳动模范3000余人。举办由省、市总工会组织的“同在蓝天下，爱心助飞翔”为主题的“金秋助学”活动，现场资助学生1200人；举办“金秋助学”座谈会，现场为36名大学生每人发放助学金1000～2000元，为2名困难家庭大学生发放就业救助金各800元。举行女职工“关爱行动”救助金发放仪式，为30余名困难女职工发放救助金1.5万元。至年底，办理职工互助互济入会手续5729人，为17名大病、意外伤害会员申请赔付3.6万元。

七、“工字号”再就业工程

1991—2011年，举办“下岗职工实用技术培训班”40余次。2003年，济南市总工会要求各级工会面对下岗职工创建以“工字号”为统领的帮困济难再就业工程。2004年6月，在济南市“工字号”再就业创业基地启动仪式上，济南益康置业发展有限公司作为第0001号“工字号”创业基地，开启济南市“工字号”再就业工程序幕，被济南市总工会命名为全市首家4A级工字号规范化管理企业。天桥区首批153个工字号创业基地中被命名为规范化管理企业4A级1家、3A级5家、2A级5家。2011年，为5名再就业创业人员申请“小额贷款”25万元，500余名农民工和下岗职工在“工字号”创业基地实现就业或再就业。2012年，举办3期下岗失业人员免费培训班，培训200余人，并提供相应技能鉴定和技能岗位对接服务。2004—2012年,全区培植“工字号”创业基地421家，培训下岗职工3175人，吸纳和安置下岗再就业人员3840人，帮助1682家“零就业家庭”实现就业；为41人办理小额贷款210万元。

八、外来务工子女助学行动

2010年，开展“外来务工人员子女助学”活动。9月3日，在济南汇文实验学校举行省、市总工会“关爱农民工子女上学”主题活动仪式，省、市总工会出资70万元，对600名困难家庭农民工子女每人救助500元，并购买学习用品。2012年，为济南市明湖小学5个多功能教室配备价值30余万元教学设施，筹集资金100万元用于外来务工人员子女教育。

九、文体活动

1992年9月，举办第一届天桥区职工国庆交谊舞大奖赛，15个系统工会基层单位132名选手参赛。1993年9月，举办第二届天桥区职工交谊舞大奖赛，8个系统工会基层单位116名选手参赛。1993年12月24日—28日，为纪念毛泽东同志诞辰100周年,举办大型黑板报展览，8个系统工会出板报73幅。1994年，与区建委联合举办天桥区职工庆五一联欢会，邀请天桥区历届劳动模范及省以上荣誉称号获得者23人出席。1996年、1997年，举办“劳动者之歌”及“主人颂”大型文艺联欢会。2011年，组织广大职工到海阳市参观“地雷战”纪念馆；组织会员参加济南市“国汇礼品杯”乒乓球比赛；组织会员参加济南市“颂歌献给党”职工文艺汇演，获演出一等奖和团体优秀组织奖。

第二节　共产主义青年团

一、代表大会

1991年4月25日—27日，中国共产主义青年团天桥区第九次代表大会召开，出席会议代表338人，其中男代表209人、女代表129人，列席代表21人。选举产生共青团济南市天桥区第九届委员会。1994年4月27日—29日，中国共产主义青年团天桥区第十次代表大会召开，出席会议代表328人，其中男代表183人、女代表145人，列席代表28人。选举产生共青团济南市天桥区第十届委员会，书记1人、副书记2人、常务委员11人、委员26人、候补委员4人。1998年10月4日—6日，中国共产主义青年团天桥区第十一次代表大会召开，出席会议代表178人，其中男代表114人、女代表64人，列席代表28人。选举产生共青团济南市天桥区第十一届委员会，书记1名、副书记1名、委员25名、候补委员6名。2006年4月22日，中国共产主义青年团天桥区第十二次代表大会召开，出席会议代表178人，其中男代表89人、女代表89人，特邀代表40人。选举产生共青团济南市天桥区第十二届委员会，书记1名、副书记1名、委员25名、候补委员6名。2010年11月30日，中国共产主义青年团天桥区第十三次代表大会召开。出席会议代表178人，其中男代表80人、女代表98人，特邀代表50人。选举产生共青团济南市天桥区第十三届委员会，书记1名、副书记1名、委员25名、候补委员6名。

二、组织建设

1991年，全区有直属团委33个、团总支25个、团支部367个，团员5294人，专职团干部57人。1993年，北园镇清河村、黄台村、金牛村率先成立村级团委。1995年，中国共产主义青年团济南市天桥区委员会（简称团区委）确定12月份为组织建设月。1997年，在北园镇16个过亿元村（居）建立团委。1998年2月，团区委印发《关于在个体私营经济组织中加强团建工作的意见》（团济天发〔1998〕8号），北园镇团委于3月率先在天桥电镀厂建立团支部。1999年9月，天桥区青年联合会成立。2000年，进行农村、社区、企事业、学校四种基本类型团建创新试点工作。2001年，13个街道团委改建为团工委。2003年，香磨李、北闸子社区在全市率先成立进城务工青年团支部。2005年，香磨李社区团委成立以服务外来务工人员为中心的市场流动团支部，全区15街道（镇）全部建立青年中心。2012年，泺口服装商贸中心、金牛建材等大型专业批发市场实施“无缝隙全覆盖联合建团”，全年建成非公团组织154个。至年底，全区有直属团委29个、基层团委45个、团工委14个、团总支9个、团支部674个，团员7758人，专职团干部110人、兼职团干部820人。

三、青少年思想教育

1991年，开展“岗位创一流，八五建首功”劳动竞赛活动，参赛单位20余家、参赛者生产一线青年职工72人；在车床、电焊和会计三个竞赛门类中分别评选出一等奖3人、二等奖3人、三等奖6人。1994年，组织学习《邓小平文选》第三卷，开展“特色理论”知识竞赛活动162场次，31支代表队、1万余人参赛，155人进入决赛；评出一等奖10人、二等奖15人、三等奖20人，获竞赛优胜奖代表队15支。1995年，组织“特色理论与共青团工作”为主题团干部培训班8期，培训团干部274人；开展《中华人民共和国国旗法》知识竞赛，团员青年300人参加，评选一、二、三等奖和优秀奖各10人；举办“祖国，我对你说”征文活动，收集稿件317篇，评选一等奖10人、二等奖15人、三等奖20人、优秀奖30人。1996年，修建“鹊山惨案”教育基地。1997年6月，与区党史办组织党史知识竞赛，机关青年60余人参赛，评选一、二、三等奖和优秀奖各15人。9月，开展庆“十五大”迎国庆活动，组织文艺骨干70余人举办专题文艺演出3场。2001年，开展庆祝建党80周年“党在我心中”党史知识竞赛，参赛者约200人，评选一等奖5人、二等奖10人、三等奖20人、优秀奖30人。2002年，开展庆祝建团80周年“永远跟党走”纪念活动，组织团员青年100余人举办专题文艺演出，到中小学和企事业单位开展专题展览22场。2005—2008年，开展“建设小康社会、畅想美好未来”青少年壁画创作活动，征集壁画原创稿件152件，32人获得优秀作品奖；举办“民族精神代代传”演讲比赛，30人进入决赛，15人分别获一、二、三等奖；在中小学开展“祖国发展我成长、红领巾喜迎奥运”手抄报，少先队员1万余人参加，评选优秀作品126份。2009年，举行纪念“五四运动”90周年座谈会，邀请全区团员青年代表45人参加会议；纪念中华人民共和国成立60周年，开展青年才艺比赛活动，在舞蹈、歌唱、声乐、书画四大类中，评选获奖青年132人。2011—2012年，开展“中国梦·天桥梦·我的梦”主题演讲比赛，30余人参赛，评选出一等奖5名、二等奖15名，选拔其中5人举办“青春天桥梦想秀”宣讲，听众有团员青年300余人；开展“我心中的新天桥”书信绘画大赛，征集绘画作品3000余幅，评选优秀作品240幅；启动“天桥青少年孝心行动”，参与青少年达3万余人次，组织团员青年到敬老院开展爱心活动15场；在全市率先创办校园“道德银行”；深化青少年网络文明工程，搭建“青春天桥”新媒体平台，推动直属团工委及团干部开通实名微博167个，开展原创微博征集大赛、微话题讨论等活动13次。

四、农村青年工作

1991年，举办学习“全国农村‘青年星火带头人’标兵”活动，在北园镇11个村举办巡回事迹展，观展者3000余人次。1993年，开展乡镇企业“青工技术标兵”和“青工技术能手”评选活动，在20余家乡镇企业推报的青工61人中，评选“青工技术标兵”和“青工技术能手”各10人。1997年，引导团员青年在农村经济工作中发展“两高一优”（高产、高效，优质）农业，举办农业技术培训班12期，培训青年农民500余人；推广香磨李居团委兴办实体的做法，兴办团属实体。1998年，在“科技兴农，青年当先”活动中，北园镇特种蔬菜种植中心被评为济南市科技示范基地，尚建利被评为山东省级科技星火带头人。1999年，继续深化“科技兴农，青年当先”活动，加强“青年星火带头人”培养，培养区级“青年星火带头人”10人，建立青年图书站3个，藏书量均达2000册。2000年，全面深化“一板一报”（乡镇团委建立“青年科技信息报”，村团支部建立“青年科技黑板报”）工作，9月，全市“一板一报”现场推广经验交流会在天桥区召开。培养青年科技星火带头人30人，桑梓店镇政府分管农业副镇长段青英被评为济南市十大科技星火带头人标兵。2001年，在农村团组织中大力开展创建“盛屯式”团支部（平阴县孝直乡盛屯村团支部，通过开展农业科技知识普及和专业技术服务，带领当地青年农民生产致富，成为全市农村示范典型），引导农村基层团组织强化科技领先，坚持科技服务，推行“三位一体”（团组织牵头组织、农技单位提供技术、致富能手带头示范）工作法，帮助农村青年掌握农业科技。邀请农技专家、致富能手举办培训讲座70余场，参与青年1600人次。2006年，联合区文明办、区农发局开展天桥区首届“青春建功新农村模范青年”评选活动，对10名模范青年、10名优秀青年予以表彰。2010年，桑梓店镇小马村王昆当选为首届“天桥青年形象大使”。2012年，大桥镇、桑梓店镇开展乡镇实体化“大团委”建设，两镇建立直属团组织62家；桑梓店镇冯堂村王志被评为“济南市十大现代农业生产标兵”。

五、青春创业行动

2003年1月，中国共产主义青年团山东省委员会提出“青春创业行动”，团区委建立蓝翔技校青年培训基地，向待业青年免费提供专业技能培训；依托天桥青工维权培训中心，为下岗失业青年提供免费培训，年内培训青年3000余人次，指导就业2000余人次。以转移农村青年劳动力为主要形式，促进青年农民就业增收，仅天桥保安项目每年能提供200～300个就业岗位；邀请济南诚信人律师事务所专家，深入农村中学，就外出就业政策法规教育、劳动仲裁、劳动保障等问题进行讲解，增强学生维权和自我保护意识。2006年，为益康食品厂协调小额贴息贷款100万元。2008年4月，青年王斌获“全国农村青年创业致富带头人”称号，米广荣获“山东省农村青年创业致富带头人”称号。2009年，天桥区农村青年1人获“山东省农村青年创业致富带头人”称号。按照“保民生”要求，着力解决青年就业问题，依托山东蓝翔高级技工学校、天桥区青工培训中心等培训机构，对青年进行培训。印发《青春创业小额贴息贷款服务指南》，发放服务指南1000余份，为青年就业创业创造条件。2010年，在济南重卡至尊润滑油有限公司等13家单位建立区级青年就业创业见习基地，联系中国重型汽车公司、济南亮美嘉商贸有限公司2家市级青年就业创业见习基地，联合区人力资源和社会保障局，扩大小额贴息贷款服务，为青年创业提供资金、政策支持。2011年，联合区人力资源社会保障局、堤口路街道党工委共同承办由天桥区政府、山东交通学院主办的天桥区“关注民生，情系青年”就业再就业招聘会，180余家用人单位参加，提供就业岗位5462个，到会5000余人，达成就业意向1000余人。2012年，推进青年就业创业行动，利用蓝翔技校这一平台，加大农村青年技能培训力度，推进农村富余青年劳动力就业转移。年初，大桥镇团委开展就业推介会，提供就业岗位5000余个，当场达成就业意向3300人。多名青年获“来济投资创业十佳青年企业家”称号和“泉城青年创业奖”。

六、青年志愿者行动

1993年2月28日，筹创全省首家学雷锋志愿服务团，中共天桥区委主要领导任名誉团长，以街道为单位成立分团13个，提出“以我的志愿行动，为社会为他人服务”口号，建立青少年学雷锋队1430支（组）、学雷锋服务点1000余个。1995年3月2日，天桥区志愿者协会成立，600名青年志愿者代表参加成立仪式。2004年3月，“天桥区青年志愿者协会”更名为“天桥区志愿者协会”，由共青团天桥区委主管。2006年，在街道建立志愿服务联络站13个，在全区建立社区志愿服务站100余个，成立志愿服务队100余支，初步健全“区志愿者协会—街道志愿者联络站—社区志愿者服务站—社区志愿者服务队”四级组织工作网络。2009年，开展“青春天桥，全运先锋”系列活动，围绕“保全运”重点工作，组织志愿者服务累计27万小时，有262个志愿服务集体和个人受到表彰。组织志愿者服务队30余支，开展大型志愿服务活动100余次，参与人员3万余人次，结成帮扶对子100余个，发放救助金、助学款7万元。2011年，与山东交通学院团委联合开展大学生暑期“基层锻炼”暨“和谐天桥 志愿先锋”志愿服务活动，选派优秀大学生107人到天桥区25家机关事业单位开展为期1个月的实践锻炼。天桥区现有注册志愿者2.5万人，依托街道团工委建成志愿者联络站13个。组织志愿者开展植绿护绿和助学、助残、助老、助困“四助”行动。2012年，对区志愿者工作委员会成员单位进行充实调整，将区委宣传部、组织部及区人才服务中心、民政局、司法局、检察院等部门纳入志愿者工作委员会。“尚善传关爱 志愿助观影”活动，为农民工子女200余人提供观影机会，“六一”当天在省教育电视台举办的“温暖2012”慈善公益活动中，为黄台小学师生送去价值3万元的电影票。联系慈善基金会、公益活动组织等社会资源，为35名大学生提供学费3000～5000元不等，计16万元。

七、青年文明号

1994年，启动创建“青年文明号”工作。1994—1998年，在各创建单位开展以“青年文明号增砖添瓦”“青年文明号服务卡助万家”“青年文明号进社区”“亮青春名片 展窗口风采”“青年文明号与祖国共奋进”“优化发展 青年先行”百日集中行动等主题志愿服务活动260余场次，参与青年文明号创建集体97个，参与青年7400人次。1999年，区检察院反贪局侦察科被团省委授予“省级青年文明号”称号，这是全省检察系统第一个青年文明号；2000年12月，全市执法行业青年文明号现场经验交流会在区检察院召开，天桥区创建“青年文明号”工作经验在全市推广。秦老太食品有限公司被团省委、省个协评为省级青年文明号。2001年4月，区检察院反贪局侦查科被团中央授予国家级“青年文明号”，这是全省检察系统第一个国家级“青年文明号”。2003年抗击“非典”时期，组织青年文明号开展“青年文明号与你同行”活动，向市民赠送价值约1.5万元免费药品，发放医疗知识宣传彩页2000余份。2007年，开展青年文明号“真情助困进万家”活动，资助家庭贫困青少年27人，赠送总价值约1.2万元学习用品和慰问金。7月，北园人民法庭获全国“青年文明号”称号。2009年，在青年文明号集体中开展“倡文明服务，迎和谐全运”“迎全运、促和谐、做表率”“文明旗帜传递”等活动，有1个青年集体被继续认定为省级青年文明号、4个青年集体被授予“市级青年文明号”称号。2010年，开展青年文明号集体创建活动，有30个青年文明号集体被继续认定为市级青年文明号。2011年，开展“青春创和谐，爱心送温暖”“创先争优服务月”等活动，为59户困难家庭送去价值1.1万余元慰问品和慰问金。全区有3家创建集体被命名为市级青年文明号集体、17家创建集体被命名为区级青年文明号集体。2009年，举办“倡文明服务 迎和谐全运”志愿服务活动，组织19个青年文明号集体300余人次，开展全运会志愿服务27场。2012年，申报省级青年文明号创建集体4个、市级青年文明号创建集体7个、区级青年文明号创建集体21个。山东鲁得贝车灯股份有限公司成装二车间被评为2011年度山东省青年安全生产示范岗；组织区房管局长河热线、天桥区人民医院急诊科等5家省、市级青年文明号集体参加团省委举办的“学雷锋树新风 志愿青春耀齐鲁”活动，现场为700余人提供维修咨询、爱心义诊等志愿服务，发放环保无纺布袋1000余个。开展“迎接建团九十周年 靓青年文明号品牌”服务月活动，开展义务劳动、便民咨询、免费维修等志愿服务活动23场次。至2012年12月，全区各级“青年文明号”80个，其中，国家级1个、省级5个、市级23个、区级51个。

八、关心下一代工作委员会

1995年9月，天桥区关心下一代工作委员会（简称区关工委）成立，中共天桥区委副书记王辉任区关工委主任。

1997年，成立区关工委办公室，挂靠团区委，核定编制1人。1998年4月，区关工委召开关心下一代工作委员会第二次全委会，调整充实部分成员。陈宝玺等5位市关工委领导到会听取汇报并给予充分肯定。5月，召开全区关心下一代工作第三次会议，调整充实部分成员，并聘请陈宝玺等5位关工委老领导担任顾问。1999年，区关工委成立四个以部门牵头的工作小组，即法制教育组、道德教育组、青工教育组、科技教育组。2000年，加强社区关工委组织建设，建立社区关工委组织12个。举办暑期书画培训班、革命传统教育报告会等，并在全市推广制锦市社区关工委的经验做法。2005年6月，区关工委常务副主任左宪让获“全国关心下一代先进工作者”称号，有53个集体和个人受到市级表彰。区关工委多次被评为省、市“关心下一代工作先进单位”。7月，举办“弘扬民族精神，培育爱国情怀”主题教育活动暨《天桥抗战风云录》首发仪式。2007年，区委为区关工委办公室配全额预算管理的事业编制2名。2008年5月22日，全区关心下一代工作会议召开。10月，由市关工委、天桥区关工委和天桥区教育局联合组织的“老专家进校园”系列教育活动在济南市锦缠街小学启动。2009年，发挥“五老”作用，开展“我爱我的祖国”庆祝建国60周年报告会。12月10日，济南市关工委常务主任孙常印，副主任张钰、孙积汉、宋云霞、王惠民一行到天桥区视察关心下一代工作。中共天桥区委书记张辉，区委常委、纪委书记潘传利，区委常委、区委办公室主任滕志超，区关工委常务主任杜书作等陪同视察。2010年，由区关工委牵头召开法制教育领导小组工作会议，开展“关爱明天，普法先行—百案释法进校园”“法制教育报告会”等活动。开展“五老”网吧义务监督工作，1个集体和4名监督员被评为市级“五老”网吧监督工作先进单位和先进个人。开展“中华诗文诵读、感恩教育、才艺培养”三项活动，天桥区评出市级“三项活动”先进单位3个、市级“三项活动”先进个人5人，有小学生45人获“感恩‘小明星’、中华诗文诵读‘小名士’、才艺‘小能手’”称号。

2011年11月，全区开展“五好关工委”创建工作。根据市、区关工委《关于做好创建“五好关工委”活动考核验收工作的通知》精神，11月21日—25日，区关工委常务主任杜书作，副主任张小明、韩宝忠、苗德荣一行对所辖的19个社区、村关工委及12所中小学开展“五好关工委”创建工作进行考核验收。

2012年5月21日，中共天桥区委下发《中共天桥区委关于调整天桥区关心下一代工作委员会组成人员的通知》（济天发〔2012〕24号），区关工委组成人员进行调整。区政协原主席杜书作任名誉主任；中共天桥区委副书记傅金峰任主任；区政协原副主席郭继清任常务主任；区人大常委会原副主任郇起鸿任副主任；区委组织部副部长、老干部局局长刘清，团区委书记姜辉祥任秘书长；区教育局副局长、教育督导室副主任郭芳，区纪委原副书记、区监察局原局长桑居顺，区委组织部原副部长、老干部局原局长乔成惠，区城乡建设委员会原党委副书记、区重点工程指挥部办公室原主任何其臻，区安全监管局原局长徐建国任副秘书长。6月7日，召开区关心下一代工作委员会新一届成员见面会议。中共天桥区委副书记、区关工委主任傅金峰，区委常委、区纪委书记樊瑞，区委常委、组织部部长韩伟，区关工委常务主任郭继清，区委组织部副部长、组织员办公室主任续明，区关心下一代工作委员会新一届全体成员出席会议。区委常委、组织部部长韩伟主持会议，区委组织部副部长、组织员办公室主任续明宣读《中共天桥区委关于调整天桥区关心下一代工作委员会组成人员的通知》；团区委书记、区关工委秘书长姜辉祥就区关工委近年工作做整体介绍；区关工委新一届成员做了表态发言。7月6日下午，区召开全区关心下一代工作表彰大会，对全区关心下一代工作先进集体和先进个人、天桥区“五好”关工委、“三项活动”先进单位和先进个人、“五老”网吧义务监督工作先进单位和先进个人、突出贡献奖进行表彰。8月24日，区关工委召开工作会议，讨论研究关心下一代工作。9月12日，区关工委常务主任郭继清等一行到教育系统调研校园安全工作。10月10日，区关工委召开工作会议，提出下一步要在规模民营企业中推广建立关工委组织。10月25日，区关工委召开工作会议。听取区委老干部局及区总工会、科协、民政局、教育局发挥“五老”作用的情况汇报。11月9日，区关工委召开青少年文化、体育阵地建设座谈会，交流青少年文化、体育阵地建设的做法和经验，并就如何加强和改进青少年文化、体育阵地建设管理等方面进行深入探讨。11月21日上午，济南市关工委常务主任孙常印，常务副主任张钰，副主任王忠林、王志臣、隗振勤、李图滨一行到天桥区视察关心下一代工作。区委书记毕筱奇，区委副书记朱玉明，区委常委、办公室主任滕志超，区关工委常务主任郭继清等陪同视察。11月22日，济南市关工委“五老”宣讲团一行在市关工委副主任、“五老”宣讲团团长宋云霞带领下到天桥区调研。11月28日，区慈善总会、区关工委联合在济南市影壁后街学校举行爱心捐赠仪式，向学校捐赠价值1万余元的2台微波炉和70床被褥。

至2012年，天桥区先后涌现出“诗意汇文”“博文书法”“孔子文化进校园”“毛泽东诗词进校园”“京剧进校园”“小蓓蕾”杂技团、新苑小学自建校始一直坚持组织学生续写雷锋日记，成为天桥区“三项活动”的经典品牌；先后涌现出胡义德、郭德生、李玲、严静、石兰英、房士兰、“义工奶奶”等“五老”典型，打造了一批天桥区关心下一代工作的金名片。2012年春节期间，清河实验小学“小蓓蕾”杂技团作为中央电视台在全国征集的十个少儿节目到美国联合国总部访问演出，受到海内外一致好评。至年底，全区“五好关工委”达60%。

在2012年济南市关工委召开的表彰大会上，天桥区6个关工委获“济南市关心下一代工作先进集体”称号；区关工委常务主任杜书作等6人获“济南市关心下一代工作先进个人”称号；无影山街道无影潭社区等7个单位分别获“济南市五好关工委”称号。同年，区关工委被评为全省关心下一代工作先进集体。2015年，在“纪念中国关工委成立25周年暨全国关心下一代工作表彰大会”上，天桥区关工委被授予“全国关心下一代工作先进集体”称号，并授予奖牌。

九、少先队

1991年5月，中国少年先锋队天桥区第二次代表大会召开，会议选举产生区第二届少先队工作委员会(简称区少工委)。1991—1993年，组织以“中国近代史、中国现代史和中国革命史”为主题的“三史”教育实践活动。全区有少先队员12人被授予“济南小名士”称号，制锦市小学等被评为济南市“名士学校”。区少工委注重学生社会实践教育，建立“少年军校”等百余处青少年实践教育基地。充实调整辅导员队伍，先后有德才兼备的青年教师20人走上辅导员岗位，多名辅导员被评为市级优秀少先队辅导员。自1998年以来，区少工委根据各月的时令特点，认真研究工作计划，带领各校少先队赞助开展演讲比赛、读书读报、争做泉城文明小使者、天桥少年雏鹰行动、少先队阅队式、鼓号操比赛等活动500余场次，完善颁发奖章的操作实施体系，定章、争章、考章、颁章各项工作有序进行。至2003年，天桥区达标争章活动普及率90%以上。90%以上区属小学开展“手拉手互助活动”，参加活动的少先队员2万余人。2006年始，在全区少先队中开展“祖国发展我成长”主题教育实践活动、“民族精神代代传”等活动，全面深化“雏鹰争章”活动，拓展“手拉手”活动，开展“光荣感”主题教育活动，以体验式教育为基本途径，促进少年儿童全面发展。2009年，加强少先队组织建设，开展“校园之春”大型摄影展，评选优秀作品50幅，举办百佳好少年评选活动，选出少先队员身边的学习典型100人。2010年，开展“牢记贺信嘱托，争做四好少年”主题教育活动，覆盖57所中小学；举办“童眼看天桥”演讲比赛，评选一、二、三等奖各15人；举行“奏响新天桥”鼓号操大赛活动，10支优秀代表队分获一、二、三等奖和优秀奖。2011年，承办团省委“学党史、知党情、跟党走”——2011年山东省少先队纪念建党90周年暨庆祝“六一”儿童节活动，济南市制锦市街小学少先大队被评为全国红旗大队，区少工委被评为山东省少先队工作红旗单位和山东省少先队宣传工作先进单位。在济南市第六次少代会上，天桥区有4人当选为市第六届少工委委员。

1991—2012年天桥区中小学共青团员、少先队员统计表

表 20-1　　　　单位：所、人

年份	小学				中学			
	学校	在校生	共青团员	少先队员	学校	在校生	共青团员	少先队员
1991	51	28154	0	28154	17	9071	2721	5850
1992	51	29444	0	29444	17	9523	2857	5166
1993	51	31751	0	31751	17	10196	3059	6237
1994	53	32977	0	32977	17	12789	3837	8352
1995	54	32691	0	32691	17	13266	4378	7688
1996	53	31996	0	31996	16	13581	4074	8907
1997	53	31954	0	31954	15	13177	3951	8626
1998	51	31230	0	31230	15	12017	3606	7412
1999	50	29372	0	29372	15	12272	3682	7591
2000	83	32594	0	32594	18	18653	5596	12157
2001	81	30510	0	30510	18	18435	5531	12004
2002	79	29253	0	29253	18	16368	4911	10477
2003	60	28526	0	28526	19	14678	4403	9285
2004	59	28397	0	28397	19	13124	3937	8207
2005	58	28905	0	28905	19	12104	4008	7106
2006	58	29549	0	29549	19	10743	3823	6420
2007	56	30310	0	30310	18	9904	2702	6212
2008	56	31157	0	31157	18	10018	3005	6033
2009	43	31027	0	31027	14	10649	3195	6664
2010	43	30789	0	30789	14	10883	3521	6372
2011	43	31391	0	31391	15	12899	4210	7999
2012	44	31934	0	31934	15	14432	4330	9313

第三节　妇女联合会

一、代表大会

1993 年 10 月，天桥区第九届妇女代表大会召开，出席会议代表 230 人，列席 11 人，特邀 9 人。大会选举产生主席 1 名、副主席 2 名、常委 7 名。会议总结全区五年来妇女工作，提出今后五年全区妇女工作指导思想和基本任务，选举产生天桥区妇联第九届执行委员会，动员全区妇女坚定不移地贯彻执行党的基本路线，积极投身改革开放和现代化建设，为全区经济建设和文明建设建功立业。2003 年 6 月，天桥区第十届妇女代表大会召开。出席会议代表 198 人，特邀 51 人。大

会选举产生主席 1 名、副主席 2 名、常委 6 名。会议总结全区十年来妇女工作，明确今后五年妇女工作指导思想和基本任务，选举产生天桥区妇联第十届执行委员会，团结动员全区妇女为天桥区现代化建设创新业、立新功。

二、组织建设

1991 年，天桥区有街道（镇）妇联 13 个，村（居）、乡镇企业妇代会 200 个。1997 年，机构改革，城区妇代会合并，村（居）、乡镇企业妇代会变更为 153 个。1999 年，建立直属机关所属部门及事业单位妇委会 9 个。2000 年，大桥镇、桑梓店镇、靳家乡由历城区划归天桥区，全区基层妇联组织结构变更为街道（镇）妇联 15 个，系统妇委会 9 个，社区妇联 127 个，村妇代会 120 个。2007 年，区妇女儿童工作委员会办公室明确为正处级单位，成员单位 30 个。2010 年，在全区 247 个村（居）全部建立“妇女之家”。2011 年，明确将街道（镇）妇联主席、系统妇委会主任级别定为正科级。妇女进村委会比例达 100%。2011 年、2012 年争取山东省妇联专项资金 18 万元，在北坦街道北关社区、无影山街道无影潭社区建立妇女儿童家园。2012 年，召开全区妇女儿童工作会议，总结部署“两纲”(《中国妇女发展纲要(2011—2020 年)》《中国儿童发展纲要（2011—2020 年）》）工作。

三、主要活动

（一）妇女发展。1991 年，区妇联在全区职业妇女中开展“八五”计划建功立业活动。成立由 11 个部门组成的区巾帼建功竞赛活动领导小组，在“三八”节纪念大会上向全区妇女提出“做四有四自女性，为‘八五’计划建功”“学妇女先进典型 创一流工作成绩”等希望。全区召开“巾帼建功”动员大会，区属各系统 400 余名职工参加，发放倡议书 5000 份。至 2003 年，有 51 名女职工获区级以上技术革新、科技进步奖，女职工提出建议 286 条，被采纳 164 条，节约创收 15.6 万元。2007 年，开展“巾帼文明岗进社区志愿服务”“百岗结对百社区”和“百岗牵手百名贫困女童”等活动，捐款 2.68 万元资助 50 名单亲特困女童，巾帼文明岗参与率 80% 以上。2008 年，开展“擦亮窗口、优质服务迎全运”主题系列活动喜迎全运。2010 年始，在全区各级“巾帼文明岗”中开展“让微笑更美，让服务更优，让窗口更亮”“争做巾帼先锋争创优秀家庭”创先争优主题系列活动，拓宽巾帼文明岗服务领域。至 2012 年，全区有“巾帼文明岗”135 个，其中国家级 1 个、省级 5 个、市级 48 个、区级 81 个，“三八”红旗手等各类先进个人 700 余人。

（二）文明创建。1992 年，举办时装表演、社区妇女健身活动大赛、广场交谊舞表演暨家庭美德知识竞赛。2001 年，多次举办“喜迎十六大，争创文明家庭”活动，组织辖区百名文明家庭代表举办妇女家庭文化建设手工作品展览、摄影展。组织巾帼文明队积极分子参观光大水务（济南）有限公司和普利思水厂。2009 年，举办“创和谐家庭，迎和谐全运”节能环保知识进社区进家庭、环保家庭 50 佳表彰大会暨纪念世界环境日文艺演出等活动。2011 年，联合区文明办、区直机关工委启动“争创优秀家庭”主题活动，开展文明家庭创建活动，进行各类文明家庭评选表彰，至 2012 年，受表彰家庭 39510 户。加强巾帼志愿服务队建设，社区居委会巾帼志愿服务队组建率 100%，登记在册的巾帼志愿服务队伍 100 余支，1500 余人。

（三）就业创业。开心大姐服务中心自 2007 年成立以来，累计培训妇女 7456 人，安置妇女 6242 人；有计划地对农村妇女进行知识培训，对妇女科技骨干力量进行重点帮助。建立“三八示范基地”8 处，培育“妇字号龙头企业”2 个；为 51 名下岗失业妇女办理政府贴息小额担保贷款 198 万元。

（四）帮扶救助。1991 年，协调区民政局等相关部门和社会各界捐款 1.7 万余元用于儿童事业。1998 年，区妇联、区女领导干部发出向贫困女童奉献爱心、捐款助学倡议，815 人捐款 2.43 万元，结对子 50 个。2000 年“六一”儿童节，中共天桥区委、区人大、区政协的女领导干部在大桥镇举行向贫困女童献爱心交接仪式。2002 年，区妇联协同妇保站为贫困女童进行查体。2004年，成立天桥区家庭教育指导中心；2007年，创建天桥区家庭教育指导中心研究基地和北村社区家庭教育指导中心。2008年，在无影山街道无影潭社区成立全省首家留守流动儿童快乐成长活动站。为487名单亲特困母亲建立档案，并资助252名单亲特困母亲，帮扶资金9.43万元；发动广大妇女和家庭成员参与"泉城母亲行动——帮灾区妇女儿童建个家"活动，捐款1.4万元，为北川县孤困儿童编织爱心毛衣156件，捐赠毛衣711件；组织辖区妇女向四川地震灾区捐款38.1万元；开展爱心捐助活动，争取帮扶资金32.43万元，资助贫困母亲1331名；开展送健康送温暖活动，发放价值150万元体检治疗优惠券5000张。2010年，协调区慈善总会设立春蕾救助专项资金。2012年，设立单亲特困母亲专项救助资金，筹集捐款68.73万元，资助贫困女童、单亲特困母亲2355人次。

（五）权益维护。1992年，区妇联同区委政法委、区司法局等部门组织《中华人民共和国妇女权益保障法》宣传月活动，举办各级培训班26期，出板报、宣传栏230余块。组织2000余名妇女参加省"保险杯"《中华人民共和国妇女权益保障法》知识答卷。1993年，区妇联在全区开展"侵害妇女权益问题的调查"，对6起严重侵权案件给予恰当处理。1999年，区妇联结合"四五"普法，在大桥镇举办农村妇联干部培训班，组织120名村妇代会主任系统学习《中华人民共和国婚姻法》。2011年，在街道和社区普遍建立妇女维权服务站，宣传《中华人民共和国妇女权益保障法》《中华人民共和国婚姻法》；与区公安分局联合成立"预防和制止家庭暴力工作组"，指导区检察院建立"妇女维权岗"；发挥妇女维权热线和区司法局"148"妇女法律服务热线的作用，接待来访案件1800余件，结案率95%；举办"外来务工妇女法律援助""百名律师志愿者结对'妇女之家'""平安家庭"创建等活动，成立药山街道"外来务工妇女平安之家"和纬北路街道"康桥社区妇女平安之家"。2012年4月，由省妇联拨付12万元的首批试点项目工程——北关社区妇女儿童家园通过省、市妇联验收，是天桥区第一所社区妇女儿童家园。以打造"温馨北关"为主题，向社区妇女儿童及家庭成员提供教育、维权、帮扶、就业、娱乐等一体化服务，发挥妇联组织在参与社会管理创新中的重要作用。

第四节　工商业联合会

一、代表大会

1993年3月，天桥区工商联第五届会员代表大会召开。出席会议代表100人，选举产生第五届执行委员会委员23名。1997年3月，天桥区工商业联合会（商会）第六届会员代表大会召开。出席会议代表115人，选举产生第六届执行委员会委员35名。会议期间举行第六届执行委员会第一次会议，选举张慎清为名誉会长，商自芳为会长。2001年12月，天桥区工商业联合会（商会）第七届会员代表大会召开。出席会议代表172人，选举产生第七届执行委员会委员39名。会议举行第七届执行委员会第一次会议，选举张立柱为会长，刘新一、吕久平等13人为常务委员。2007年2月，天桥区工商业联合会（商会）第八次会员代表大会召开。选举产生会长1名、常务副会长1名、副会长18名、常委13名、执委15名。2011年9月23日，天桥区工商业联合会（商会）第九次会员代表大会召开，选举产生新一届工商联（商会）领导班子，设执行委员119名、常务委员60名、副主席28名、副会长26名，荣兰祥任主席兼会长。

二、参政议政

1991年后，工商联会员在各级人大、政协会议上提出议案、建议220余项，通过其他渠道收到意见建议50余条。为中共天桥区委、区政府科学决策提供参考和依据。至2012年8月，工商联会员中，有市、区人大代表16名、政协委员29名。

三、服务会员

区工商联与工商局、税务局、公安局、质监局、安全监管局等部门建立直接联系制度，为非公有制企业搞好服务。2000年以来，帮助协调处理区内外经济纠纷60余件，挽回直接经济损失数千万元。2009年，开展多层次的银企合作活动，解决融资问题，举办银企对接活动6次，加强同齐鲁银行、兴业银行、中国银行、润丰银行联系，建立定期联络机制，随时了解企业贷款情况。据不完全统计，至2012年年底，齐鲁银行、兴业银行、中国银行、润丰银行、招商银行累计面向工商联会员发放贷款1.8亿元。2000—2012年，区工商联先后组织民营企业管理人员120人次赴浙江、江苏等地参观学习，并组织民营企业参加十省市商会论坛、济南市民营企业家业务培训班、优化发展环境座谈会、争创著名商标座谈会、现代企业管理知识培训；邀请全国著名经济专家郎咸平、山东大学教授李铁岗、山东省委党校教授丁兆庆等专家学者作经济形势和企业管理等方面报告10余次，帮助企业家提高对经济形势的认识，增强驾驭经济活动的能力，促进天桥区非公有制经济又好又快发展。2007年，《天桥商会》创刊发行；至2012年，编辑出版9期，平均每期发行量在3000册左右。刊载天桥区民营企业的文章400余篇，信息总量800余条，文字约40万字，《天桥商会》作为宣传天桥、宣传天桥区民营企业的名片发行至全国20余个省、市、地区。

四、服务社会

1998年，长江、松花江、嫩江流域发生严重水灾，区工商联系统捐款捐物总值28万余元。2008年，汶川地震发生后，区工商联发出“光彩与您同行”活动的倡议，为灾区捐款444万元。荣兰祥成立农民工培训基地，免费培训农民工3000余人。2005—2012年，会员企业帮助下岗职工实现再就业5000余人。2001—2005年，连续5年被省工商联评为工商联系统先进单位；2006年1月，天桥区工商联被中央党校评为“非公经济人士培训工作先进单位”。2012年6月，济南纺织服装市场专业委员会部分会员向桑梓店镇刘庙小学赠送325套课桌椅、22套教师办公桌椅，价值9万元；山东恒协经贸有限公司董事长韩美江多次到儿童福利院、养老院慰问，2012年8月，一次性捐款40余万元帮助10名贫困大学生完成学业，《齐鲁晚报》等多家媒体对其报道。至2012年年底，区工商联会员受省市区各级表彰230余人次，受表彰单位160余个次。

五、非公党工委

2010年7月1日，根据中共天桥区委组织部《关于在全区非公有制经济组织和社会组织中开展“红色号角”活动的实施意见》要求，成立依托区工商联、由11个相关部门组成的天桥区非公有制经济组织党工委。至2012年8月28日，非公党工委所属党委2个、联合党支部1个、党支部11个，党员153名，党员中本科以上学历81人。

第五节　科学技术协会

一、代表大会

1997年4月25日，第二次代表大会召开，出席会议代表118人，特邀代表17人。大会选举产生第二届委员会，主席1名、副主席1名、常委9名、委员23名。2011年4月22日，第三次代表大会召开，出席会议代表130人，特

2011年4月22日，区科学技术协会第三次代表大会召开。

邀代表 6 人。大会选举产生第三届委员会，主席 1 名、副主席 1 名、常委 13 名、委员 23 名。

二、组织建设

1994 年，全区第一个街道办事处科协——官扎营街道办事处科协成立。1995 年，北园镇、工业小区和 12 个街道办事处设科普员，各村（居）设科技联络员。1998 年，成立“药山地区科学技术协会”。1997 年，北园镇在镇属 23 个大型集团、9 个厂企、13 个镇属部门成立科协。2006 年，成立大桥镇、桑梓店镇镇村两级科协。2012 年，辖区有企事业科协 16 个、园区科协 1 个（药山工业园科协）、街道科协 13 个、镇科协 2 个，从事科协工作专（兼）职人员有 197 人。

三、科普教育

（一）实施《全民科学素质行动计划纲要》。2006 年，国务院《全民科学素质行动计划纲要（2006—2010 年）》（以下简称《纲要》）实施，天桥区全民科学素质工作领导小组成立，制定《天桥区人民政府关于贯彻全民科学素质行动计划纲要的实施意见》。2007 年，在全市率先召开全民科学素质行动领导小组会议，落实七项具体实施意见。2010 年，调整全民科学素质工作领导小组，确定“十二五”期间天桥区全民科学素质工作阶段目标、重点任务以及保障措施等，制定《天桥区全民科学素质行动计划纲要实施方案（2011—2015）》。

（二）社区科普。1991 年始，全区开展“科普益民进社区”活动，科学生活理念走进千家万户。2001 年，制锦市街道被命名为全市科普示范街道；工人新村北村街道在全市城区科普工作会议上作典型发言。2004 年，天桥区在全市率先试点成立两所社区科普大学。2005 年 5 月 17 日，中共山东省委常委、济南市委书记姜大明视察天桥东街社区科普大学，观看社区青少年工作室电脑机器人表演。天桥东街街道、宝华街街道科普画廊被中国科协评为“全国示范科普画廊”。2006—2009 年，天桥东街街道天东社区、纬北路街道刘家庄社区、泺口街道金牛社区、工人新村南村街道西区社区、北园街道联四社区先后被省文明办、省科协命名表彰为“山东省科普示范社区”。2007 年，建有社区科普画廊长 1350 米；电子科普书吧 2 个，社区心理健康服务室 6 个；7 所科普大学建有“科普放映厅”；开展“快乐由我，幸福一生”“快乐幸福 365”等主题活动。全区首个山东省数字科技馆济南工作站——工人新村南村街道西区工作站挂牌。至 2012 年，全区社区科普大学 32 所，累计授课 2780 余节，受益学员 11.1 万人。

（三）青少年科普。1991 年后，全区组织开展各类科技小发明、小制作，开展航模、无线电台、天文气象等具有特色的科技小组、科技创新月、科技素质教育工程、“天桥区青少年科普志愿者行动”“专家博士进校园活动”“小手拉大手、齐心抗‘非典’”、青少年科技节、青少年科技创新大赛、青少年机器人比赛、青少年科普剧比赛、“七巧板”比赛、“科普挂图进校园”“科普电影进校园”“科普实践进校园”等活动。1999 年，八里桥小学蔡浩宇被中国社会科学院命名为中科院小院士。2001 年，新苑小学刘铭被评为济南市首批十佳小博士。2006 年，济南市科协投资 2 万余元，在济南市新苑小学建成首家社区青少年科学工作室。2009 年，全区开展“科普剧表演”活动，有 20 所学校、300 余名学生参加。2011 年，组织外来务工子女学生参加省、市科技馆和博物馆科普实践活动。至 2012 年，在山东省、济南市举办的历届科技创新大赛上，全区有 400 余件作品获省市一、二、三等奖，有 10 件作品选送参加全国比赛。建立机器人工作室 6 所、市级青少年工作室 3 所，举办科技辅导员培训班 20 余期。有 8 所学校被评为“济南市科普示范学校”，2 所学校被评为“山东省科普示范学校”。

（四）机关科普。1997 年，区科协邀请省科协副主席马中兴为全区正处级干部培训班讲授“科学技术与社会发展”。1998 年，区科协邀请山东大学教授徐萌为区六大班子成员集体进行“迎接知识经济时代挑战”专题科技讲座。2012 年，开展“科学健康进机关”系列活动。设立机关科普宣传栏 1 处、编印《天桥科协》宣传册 2 期、发放健康知识科普读物千余册、建立专门网站登载健康科普知识，开展“健康我做主”科普知识系列讲座、心理健康咨询、科普实践等活动10次。

四、科技推广

（一）企业科技。2007—2012年，区科协先后组织32项科技创新项目参加全市“讲理想、比贡献”评选活动。2011年始，全区开展“专家企业行”活动，先后为山东省农药所、药山工业园等单位举办“一线员工创新思维”“数控机床故障诊断与维修”“企业创新管理方法”等科技报告会，数百名科技人员受益，涉及企业30余家。2012年，以解决小微企业发展中存在的技术难题为突破口，区科协启动“小微企业专家行”活动，通过座谈会、问卷调查等方式，对小微企业专业技术人员培养、专家聘用、技术人员职称评定、技术应用、软件开发等技术难题进行探讨与解答，提出可行性意见建议，对复杂技术难题提出解决渠道，搭建专家联系平台，为企业特别是小微企业健康发展提供有力支撑。

（二）科技下乡。1991年来，区科协开展“科普惠农进乡村”活动。20世纪90年代，结合农村经济结构调整的要求，推广优良品种，指导农民科学种植、养殖，建立各具特色的科技种植、养殖园等农业科技示范园25个，产生经济效益百万元。1997年，在农村开展“讲精神文明、比科技致富，创建科普先进镇、村活动”；开展农村科技知识培训，邀请中国农科院张德纯教授到北园镇讲授特菜种植知识。2006年，区科协下发《关于全区“科普村村通”工作的实施方案》，制定《天桥区科普村村通宣传栏管理使用维护工作制度》，在大桥镇、桑梓店镇120个村建设“村村通”科普画廊工程，每村新建一处2米×6米的高标准科普画廊。2007年，在大桥镇、桑梓店镇建立科普服务站，开展远程教育教学活动，内容涉及农机使用、农产品种植、合理施肥、畜禽养殖及疾病防治、美国白蛾等病虫害防治、低碳环保等，培训108场次，受益农民达5400余人次。每年开展“三下乡”活动，为大桥镇、桑梓店镇送去科技明白纸万余份、科普挂图8000余套、科普图书6000余册。

（三）农技协、示范基地。1992年，天桥区丁庄村蔬菜林果技术协会成立。1993年，济南市天桥区北园特种蔬菜研究会、天桥区新徐蔬菜林果研究会成立。1996年，北郊林场种植技术协会、北园林果花卉研究会、北园水产协会成立。1997年，在北园镇林菜花卉技术开发中心建立科普示范基地。1998年，北园镇特种蔬菜科技示范园被济南市科协命名为“济南市科普示范基地”。至2012年，全区有科普示范基地12个。

2012年天桥区农技协、科普示范基地统计表

表20-2　　　　单位：万元、公顷

科普示范基地名称	位置	项目	成立年份	注册资金	占地面积	农技协名称	注册时间	负责人
济南市佳华畜牧科技开发有限公司科普示范基地	桑梓店镇冯唐村	奶牛、肉牛养殖，有机肥生产	2003	—	3.33	—	—	王志
济南市天桥区利民种禽养殖科普示范基地	大桥镇大刘村	种禽养殖	2007	201	2.67	济南天桥区利民种禽养殖协会	2011年12月30日	刘立民
济南天桥区丰泽蔬菜种植科普示范基地	大桥镇宅胡村	大棚蔬菜	2007	202	10.00	—	—	杨强
济南市天桥区益民蔬菜种植科普示范基地	大桥镇焦集村	大棚蔬菜	2007	201	25.33	—	—	杨远军
济南市天桥区万祯养猪科普示范基地	桑梓店镇石门孙村	白猪、野猪养殖	2007	100	1.00	济南天桥区万祯养猪专业协会	2012年1月	孙万祯

续表 20-2

科普示范基地名称	位置	项目	成立年份	注册资金	占地面积	农技协名称	注册时间	负责人
济南鹊山龙湖生态农业科技种植科普示范基地	泺口街道鹊山南社区	莲藕等蔬菜种植、鱼虾养殖	2008	108	40.00	济南鹊山龙湖生态农业科技种植协会	2009 年 1 月	李长伟
济南市天桥区荷塘人家莲藕种植协会科普示范基地	大桥镇大吴村	莲藕种植	2008	180	20.00	济南市天桥区荷塘人家莲藕种植协会	2012 年 1 月	李建平
济南市天桥区泉韵莲藕种植科普示范基地	大桥镇路店村	莲藕种植	2008	20	26.67	—	—	廉卫东
济南市天桥区长水淡水养殖科普示范基地	桑梓店镇龙湖公园	鱼类养殖	2009	60	34.00	济南市天桥区长水淡水养殖协会	2012 年 1 月	于长水
济南市天桥区湖源有机水稻科普示范基地	桑梓店镇袁贾村	有机水稻种植	2009	—	20.00	—	—	贾延木
济南市天桥区达仁百合种植科普示范基地	大桥镇小店村	百合种植	2010	150	20.00	济南市天桥区达仁百合种植协会	2012 年 7 月	张忠仁
济南市天桥区兴农花卉种植科普示范基地	大桥镇毛家村	仙人掌、竹柳种植	—	202	—	—	—	巩在亮

第六节　文学艺术界联合会

一、代表大会

2008 年 3 月，天桥区文学艺术界联合会（简称区文联）成立。设党组书记、主席、副主席、干事各 1 名。11 月底，区文联第一届团体协会召开，书法家协会、美术家协会、摄影家协会成立。大会审议通过各协会《章程》和《选举办法》，选举产生天桥区第一届书法家协会理事 40 名、美术家协会理事 36 名、摄影家协会理事 54 名。各协会分别选举出本协会主席、副主席，由主席、副主席组成主席团，由主席团第一次会议提名产生个协会秘书长、副秘书长。

二、社会活动

2008 年，四川汶川地震期间，组织全区知名书画家创作作品 41 件，捐献给灾区。举办“庆七一”暨天桥区文体中心落成书画展。年底，举办第一届“山东通讯城杯”迎新年和谐天桥摄影展。2009 年，举办第二届“山东通讯城杯”迎新年和谐天桥摄影展。春节期间，组织书画家到大桥镇、桑梓店镇开展送书画下乡活动，为农民群众创作书画作品近百件，书写春联 700 余幅。第十一届全国运动会前夕，组织 38 名艺术家现场创作作品 50 余幅捐献给全运会组委会；5 月中旬，组织书画家到重点工程鹊山龙湖、化工产业园区、建邦黄河大桥等施工现场采风，开展写天桥、画天桥活动，区美协主席张宗伦美术作品《龙湖清波》被《济南宣传》采用；“八一”建军节，组织艺术家到空军济南医院开展“书画献军人”活动，创作书画作品 50 余件，将 4 幅优秀作品献给驻苏丹维和部队官兵；9 月，与《生活日报》等单位共同举办“天桥新名片”摄影大展赛；承办市美协在天桥区组织的全国第十一届美术展览草图观摩会；完成中共济南市委宣传部、市文联等单位主办的“建美丽泉城、迎和谐全运”书法大展赛组稿任务，选送优秀作品 52 幅，区书协主席于振才、副主席潘广利书法作品获一等奖（全市设 5 个一等奖），副主席张涛作品获三等奖，另有 8 人作品分别获优秀奖或入展奖；举办山东省第二届国际大众艺术节—天桥区书画展。推荐区书协主席于振才参加市书协组织的赴韩国书法交流；向上级专业刊物投稿，区书协、美协8人的书法、美术作品被刊登在《中国文学》2009年11期上。

2010年，举办“天桥区迎新春书画摄影展”；开展送书画下乡活动，先后到大桥镇、桑梓店镇和西营村、南范村赠送书画作品和春联500余幅；在天桥区第一届“全民学习节”上，20名书法家现场创作书法作品100余件赠送给市民；“六一”儿童节，与济南动物园管理处、博文中学联合举办儿童书画展”；六月中旬，组织天桥区书法家与韩国水原市书法家在文体中心举办“中韩书法交流笔会”；“八一”建军节，组织13名艺术家到济南军区某部进行慰问联欢；10月中旬，举办第三届山东大众艺术节—和谐之歌济南天桥大型群众歌舞晚会。与山东三希堂、齐鲁艺术创作培训中心、将军书画院等单位联合举办“金秋十月书画展”；11月，组织艺术家到济阳县举办“济阳天桥书画家联谊笔会”，到济南拘留所慰问干警。年内，先后组织航拍母亲河——黄河、拍摄天桥民俗文化、抓拍天桥好人好事、抢拍天桥老民居等9次大型活动。同年，区书法家协会与济南市纺织科学研究院联谊，成立天桥区书法家协会创作研究基地。区美术家协会与济南金智源文化传播有限公司合作成立天桥区美术家协会写生创作基地，与清河实验小学联谊成立天桥区美术家协会教学实验基地；区摄影家协会与黄河森林公园合作，拟在黄河森林公园设立摄影基地。区书法家协会将中国书协会员、文化部青联篆刻委员会委员、中国书法研究院硕士研究生万立吸收为副主席；区美术家协会将中国美协会员、2008年全国美展最高奖获得者张春艳吸收为副主席。区书协、美协、摄协全年发展会员80余名。全年有48人次获市级以上各种奖项。区书协主席于振才书法作品分获全国民营书法大展赛二等奖、“盛世杯”全国书法大赛优秀奖并入选第八回中韩书法书艺展；书协副主席贾省光书法作品获全国书画大赛金奖；书协副主席万富勇书法作品获全国书法大展赛二等奖；书协副主席万立入选全国百名书法家邀请展。在全市举办的临帖书法比赛中，区书协有15人入选。美协副主席张春艳美术作品《楠山谣》获首届泉城文艺奖美术类三等奖。在由美国PPA主办的“城市家园”摄影大赛中，摄协副主席常德宝摄影作品获特等奖，并获影像亚洲第三届国际摄影双年展入选奖;摄协副主席李凤民摄影作品《期盼》在由山东省旅游局、山东省摄影家协会联合主办的“好客山东”贺年会摄影大赛中,获一等奖。

2011年春节前夕，区文联深入农村，走访老党员和贫困户。春节期间，组织18名书画家到大桥镇慰问机关干部职工，与镇书画爱好者互动，现场挥书作画，进行作品点评，为农民朋友书写春联。组织书画家到辖区北园派出所，创作书画作品，慰问干警。组织区美协部分艺术家分别到建邦黄河大桥、黄河百年铁路桥、小清河、五柳闸、北园立交、扁鹊墓、泺口九烈士墓、王世栋烈士公园等景点写生，丰富创作题材。全年，区书法家协会组织会员进行5次书法点评。美术家协会应邀到清河实验小学，为师生进行美术创作辅导。在天桥区第二届“全民学习节”期间，组织书法家开展“让书法走进大众,让大众享受艺术”现场创作活动。“七一”前夕，在区机关举办“天桥区文联庆七·一书画展”；承办第四届山东国际大众艺术节—“首届山东省暨济南市民间工艺大赛”。与济阳县文联交流，组织书画家到济阳县，与济阳县书画家进行书画技艺交流，并邀请济阳县文联及书画家协会书画家到北园街道成大社区参观交流。3月，成立天桥区作家协会，选举产生协会理事、主席、副主席。区作家协会与汇文实验学校联谊成立天桥区作家协会创作基地。组织参与“中国·济南首届家居文化节”，获优秀组织奖。9月27日，成立山东省首家社区文联——堤口庄社区文联，下设书画协会、音乐舞蹈曲艺协会、民间收藏协会、武术摔跤协会、民族体育协会，“开创山东省文联工作进社区的先河”。2012年年初，区文联与济南市书协共同举办罗东勤散文集《女人岁月》研讨会。春节期间，区文联、区书协组织“百县千村”书法文化下乡活动启动仪式。3 月，省、市文联有关领导带领全市各县（市）区文联主席到堤口庄社区文联参观考察。协助北园街道开展边庄社区无名泉泉名征集活动，活动收到全国各地的命名 537 个，其中广西壮族自治区罗广新 133 个、广东省胡人方 96 个。中共天桥区委宣传部组织有关专家、学者及区相关人员，在征集的 500 余个泉名中，筛选出 15 个名称，作为候选泉名。4 月中旬，区文联、区作家协会创作基地在济南汇文实验学校举行挂牌仪式。在第三届“全民学习节”启动仪式上，组织区书协 10 余名会员，现场挥毫，将书法作品赠送给市民。筹办纪念毛泽东同志《在延安文艺座谈会上的讲话》发表 70 周年济南市书法精品展。在南益·名泉春晓广场举办天桥区“南益杯”书画展。帮助北园街道杨庄社区成立杨庄社区书画研究会。根据中共天桥区委组织部安排，组织区作家协会编印《先锋之歌》。组织作家协会完成题为《胸怀人民，责任为先，永不懈怠，永创一流》的区卫生局先进事迹报告会演讲稿，在全区巡回演讲。成功举办“第五届山东国际大众艺术节”天桥区系列活动——心连心大型民族歌舞晚会。

第七节　残疾人联合会

一、代表大会

1994 年 9 月，天桥区第一次残疾人代表大会召开。大会选举崔然贵为天桥区残疾人代表大会主席团主席，高翠萍为执行理事会理事长。1997 年 10 月，天桥区第二次残疾人代表大会召开。大会选举崔然贵连任天桥区残疾人代表大会主席团主席，殷加忠为执行理事会理事长。2000 年 10 月，天桥区第三次残疾人代表大会召开。大会选举樊瑞为天桥区残疾人代表大会主席团主席，殷加忠连任执行理事会理事长。2003 年 3 月，天桥区第四次残疾人代表大会召开。大会选举樊瑞连任天桥区残疾人代表大会主席团主席，荣远生为执行理事会理事长，李灵芝、薛继惠为执行理事会副理事长。2007 年 11 月，天桥区第五次残疾人代表大会召开。大会选举韩伟为天桥区残疾人代表大会主席团主席，荣远生连任执行理事会理事长，薛继惠（连任）、吴承丁任执行理事会副理事长。2012 年 12 月，天桥区第六次残疾人代表大会召开。大会选举王芳为天桥区残疾人代表大会主席团主席，马志彬为执行理事会理事长，邱承学为执行理事会副理事长。

二、组织建设

天桥区残疾人联合会，1990 年 8 月成立。2002 年 9 月 1 日前，天桥区残疾人联合会由区民政局代管，是区民政局二级单位。9 月 1 日，中共天桥区委批准区残联与区民政局分离。2003 年 3 月，经中共天桥区委组织部批准，区残联升格为参照公务员法管理的正处级事业单位。核定编制 3 名。2003 年 9 月 12 日，经过考试为各街道（镇）招聘残疾人专职干事 1 名，并确定纬北路、官扎营、北园、泺口街道为济南市残疾人工作示范点。2004 年 12 月，为各街道（镇）配备残疾人康复服务员 1 人。2005 年 7 月，为全区 13 个街道（镇）招聘就业服务员 13 人，为大桥镇、桑梓店镇招聘农村就业扶贫员 2 人。

三、协会

1994 年 9 月，在天桥区第一次残疾人代表大会上，天桥区肢体残疾人协会、天桥区盲人协会、天桥区聋人协会、天桥区智力残疾人及亲友会、天桥区精神残疾人及亲友会相继成立。各专门协会以“残疾人在残疾人组织更加活跃，残疾人组织在基层更加活跃，残疾人和残疾人组织在社会更加活跃”为指导，履行“代表、服务、维权”职能，发挥“桥梁和纽带”作用。1994 年 9 月—2003 年 3 月，各专门协会代表大会每 3 年举行一届；2003 年后，每 5 年举行一次换届选举。设主席 1 名，副主席、委员若干名，人员由本类残疾人组成。主要组织同类残疾人活动。

四、街道（镇）及社区（居）残协

1994 年 9 月，全区各街道（镇）举行残疾人代表大会。大会选举产生各街道（镇）残疾人大会主席团，并选举产生各街道（镇）残疾人联合会执行理事会和出席天桥区残疾人代表大会代表。各街道（镇）残疾人代表大会分别于1994年9月、1997年9月、2000年9月、2003年1月、2008年10月召开。主席团设主席1名，副主席、委员若干名。其中，主席由本街道分管残疾人工作的副书记或副主任担任，执行理事长由社会事务科科长担任。1994年10月，全区陆续在127个社区居委会兼设居残协，设主席1名，副主席、委员若干名。主要负责协调残疾人事务，帮扶残疾人维护残疾权益、救助，举办残疾人活动。

五、残疾人捐助便利店

2004年4月27日，成立全国第一家残疾人捐助便利店——天桥区残疾人捐助便利店。凡是天桥区户籍且享受城市最低生活保障残疾人家庭，每年在残疾人捐助便利店领取价值为120元救助物品。至2010年年底，支出129.59万元，救助1.06万个残疾人家庭。

六、残疾人就业安置

2002年前，残疾人就业安置以残疾人集中安置为主。2005年9月，天桥区残疾人劳动就业管理服务中心成立。依托各街道办事处劳动服务中心，派驻残疾人就业服务员1名，负责残疾人就业工作，建立残疾人就业服务点，为残疾人提供就业培训服务工作。推进残疾人“两基”（培训基地、扶贫基地）、“三型”（培训就业型、辐射带动型、安置就业型）培训，安置残疾人就业；宣传安置残疾人为企业带来的益处，按企业需求开办残疾人对口就业培训班，2003—2012年，安置残疾人2135人；利用残疾人节日，召开残疾人就业招聘会，1804名残疾人走上就业岗位；采取“走出去，请进来”了解企业需求，培训企业需要人才，安置1003名残疾人就业；联合济南市精神卫生中心，扩大精神残疾人庇护所规模，让精神残疾人通过制作手工艺品，在接受治疗同时解决就业问题。

七、残疾人康复

1994—2002年，区残联主要以办理残疾人证、安置残疾人就业为主。2003年，区残联独立后，建立健全区、街道（镇）、社区三级残疾人康复网络，把全区残疾人康复工作落到实处，为4700人次精神病患者提供服药补贴；为210名精神残疾人实施免费住院；为360名贫困重度残疾人提供居家护理服务；完成1635名残疾人购买康复成果服务工作；为1235名白内障患者进行免费晶体置换手术；建立残疾人辅助器具供应站，在纬北路、工人新村南村、药山、北园、泺口街道设5个分站，为残疾人发放辅助器具1.24万件；在全区举行0～6岁残疾儿童免费筛查，为78名残疾儿童提供康复救助；完成47名成人特殊假肢、儿童假肢装配任务；为534名肢体残疾人发放轮椅；举办盲人定向行走培训班15期，培训盲人438人次。联合济南市精神卫生中心成立“天桥区残疾人康复中心”，配备器具和康复医生；联合济南市鹊华农业观光园，建立天桥区精神残疾人农疗基地。

残疾人技能培训（2011年4月摄）

八、助残日活动

1992年始，根据残疾人事业发展的重点工作和中残联确立的活动主题，每年依托一个街道或部门组织全区残疾人大型活动，或举办残疾人就业招聘会，为残疾人就业提供服务与帮助。至2012年，举行“全国助残日”活动21次。

第八节 归侨侨眷联合会

一、代表大会

1997年4月29日，天桥区第三次归侨侨眷代表大会召开，出席会议代表90人，列席代表38人。会议选举产生区侨联第三届委员会，委员7名。谢孟权任名誉主席，薛珍珍（女）任主席，金松莉（女）、李厥敏任副主席，金松莉（女，兼）任秘书长。

2002年4月28日，天桥区第四次归侨侨眷代表大会召开，出席会议代表95人，列席代表26人。会议选举产生区侨联第四届委员会，委员9名。薛珍珍（女）任名誉主席，孙连发（2003年3月27日离任）、耿愷（2003年3月27日接任）任主席，李厥敏、马殿平、王彩霞（女）任副主席。

2007年6月8日，天桥区第五次归侨侨眷代表大会召开，出席会议代表81人，列席代表29人。会议选举产生区侨联第五届委员会，委员9名。耿愷任主席，李厥敏、王彩霞（女）任副主席。

2012年12月14日，天桥区第六次归侨侨眷代表大会召开，魏衍法任主席，米文芃（女）、原洪林任副主席。

二、参政议政

至2012年年底，天桥区先后有20余名归侨侨眷分别当选为山东省人大代表、济南市政协常委、区人大代表和区政协委员，提出议案和提案40余件，多件提案获优秀提案奖，获表彰的社会建设类调研论文3篇，得到区人大和区政协的好评。

三、为侨服务

1991—2012年，区侨联、区侨办依法为10余名三侨考生审报升学加分手续；办理华侨回国定居手续1名；为3名困难归侨侨眷子女申请高晶侨爱助学金；协助10余名归侨侨眷办理了最低生活保障；为1名侨眷办理了养老保险补贴；协调残联部门为1名侨眷家属报销医疗费用。1994年，协助一家企业协调债券债务问题，部分得到解决，全年实现销售收入170万元，利税11万元。1998年，建立侨服务志愿者队伍，每个街道（镇）50人，全区650人。提供家政服务、医疗服务、家电维修、水暖安装、法律咨询等服务。延续每月10日侨务干部例会制度和各社区侨联小组双月学习制度，至2012年举办侨务干部学习班36期、社区居民学《中华人民共和国归侨侨眷权益保护法》讲座55场。2008年3月5日—4月18日，联合区侨办对辖区内侨资企业走访调查，经营效益比较好的有23家。其中，工业企业16家（规模以上企业7家），房地产开发企业5家，第三产业企业2家。原合同期满已变更为中资企业有3家。倒闭或停产有3家。已迁出企业4家。至2012年年底，累计走访慰问归侨侨眷500余人次，走访金额达13万余元。至2012年年底，全区有归侨46人、侨眷1400余人，归侨原侨居国分布在印尼、朝鲜等12个国家和地区。全区有侨资企业18家。

四、招商引资

1992年，支持归侨侨眷兴办天桥区侨联明光灯具经销部、天桥区华侨饭店、天桥区侨联机床经销部、天桥区三元新技术研究所4家侨联集体企业。1995年，对4家侨联集体企业进行整改，注销2家，清理1家。1997年9月，韩国厨师联谊会访华一行20人，与东亚商城签订购买700把餐椅的意向书。2000年，引进意大利独资企业——旭升阁装饰品有限公司；香港独资企业——山东德惠经贸有限公司，投资100万元；帮助天成集团在肯尼亚兴办纺织袋厂；促成购买60万元的小鸭产品合同；引进南京咸水鸭集团公司济南经营部，投资30万元。2001年，引进三晓科工贸有限公司、旭升阁有限公司租赁北徐村厂房面积2300平方米、新办济南神韵美容院历下分院3个项目。2003年，引进外资7万欧元、人民币260万元，巴西烤肉有限公司落户堤口路；许来福装饰有限公司，投资15万美元，落户黄岗工业园；新办侨属企业4家，投资50万元。2004年，引进中美合资济南福能达环保设备有限公司落户药山工业园，投资150万元；引进法国侨资50万美元，投资药山工业园鲁庄工业园区2区。2005年，引进佑夫针织有限公司落户药山工业园，投资5万欧元。至2012年年底，接待海外华侨华人100余人次，参观考察天桥区房地产开发、济南丝绸印染厂、国贸大厦等企业。联络新老朋友35人，签订意向书1份，促成招商考察1个，引进侨资企业13个，引进资金1150余万元。

五、侨法宣传

1991年1月1日，《中华人民共和国归侨侨眷权益保护法》（简称《侨法》）正式实施。为贯彻落实《侨法》，区侨务部门将每年9月21日—10月21日定为《侨法》宣传月，至2012年年底，为归侨、侨眷解决各种困难和问题610余件，处结率98%。发放《侨法》宣传品5400余份，举办归侨、侨眷《侨法》学习班83期，办黑板报260余期（块）、宣传栏500余期，出墙报128期，制作横幅126条、宣传牌280余快，召开侨法座谈会35次。

六、联办工作

1991—2012年，区侨联联合区侨办开展侨情普查3次，开展新移民调查登记工作2次。联合区外侨办每年举办春节、中秋节茶话会，邀请归侨侨眷共度佳节。1991—2012年，联合区侨办组织归侨侨眷活动20余次，接待78人次。

七、公益活动

1992年，三家侨资企业捐助资金3.6万元，对大桥镇齐家村内排水沟进行棚盖。2003年，为工人新村北村街道免费培训下岗职工50人。2004—2006年，连续3年组织海外联谊会成员为大桥镇、桑梓店镇15名贫困家庭学生出资3万余元，帮助完成义务教育阶段学业。归侨侨眷积极参加公益事业。长江大水、“非典”、南方冻雨、汶川地震等灾害发生时，归侨侨眷踊跃为灾区捐款捐物，捐款87.19万元。其中，归侨侨眷捐款1.23万元。

第二十一篇 综合政务

1991—2012
TIANQIAO QU ZHI

政务服务大厅

2009 年，济南市国家首批新型农村社会养老保险试点工作在天桥区启动。

第一章　民　政

第一节　基层政权建设

一、（社区）居民委员会选举

1991—1992 年，天桥区 123 个居民委员会（简称居委会），全部完成第三届换届选举工作，选举产生居委会干部 816 名，平均年龄 54 岁，初中以上文化程度占 31.4%。1995 年，有 117 个居委会完成第四届换届选举，选举产生居委会干部 446 人，平均年龄 52.5 岁，初中以上文化程度占 73.6%。至 1997 年，12 个街道下辖居委会全部完成换届选举，选举产生居委会干部 246 人，平均年龄 43.6 岁，高中以上文化程度占 89.3%。同年，全区居委会精简为 85 个。2000 年，完成城区居委会第五届换届选举工作，全区居委会缩减为 75 个，居委会干部由 246 人减至 173 人。2001 年区划调整，撤销北园镇，成立北园街道和泺口街道。6 月 8 日，天桥区内“居民委员会”改称为“社区居民委员会”（简称社区居委会）。2002 年 1 月，原北园镇和药山街道所辖 49 个村（居）改为社区居委会，在新建小区内组建审批 30 个社区居委会。全区社区居委会 154 个；干部增多，平均年龄 40.6 岁，大、中专以上学历占 52%，党员比例占 44%，书记兼主任 43 人。

2004 年，调整社区规模，全区有社区居委会 120 个，其中老城区 48 个，村改居 49 个，新建小区 23 个。全区有 94 个社区居委会进行第六届换届选举，分别采取社区成员代表选举、户代表选举和全体选民一人一票选举三种方式；对条件成熟的 81 个社区居委会进行直选（采取户代表选举形式的有 48 个，采取一人一票选举形式的有 33 个），直选率为 86.2%。全区入户调查摸底 80928 人，应参加投票选民 86365 人，实际参加投票选民 82046 人，参选率 95%。通过投票选举，有 450 人当选为社区居委会新一届成员。其中党员 301 人；236 人具有大专学历，10 人具有大学学历；女性 311 人；平均年龄 38.8 岁。

2008 年 4 月，进行第七届社区居委会换届选举，所属 13 个街道的 71 个社区中，有 15 个社区采用居民直接选举方式，有 44 个社区采用户代表选举方式，其余社区采用居民小组代表选举方式；选举产生社区居委会干部 355 人。其中，大专以上学历 213 人，占 60%，比上届提高 5.4%；平均年龄 34.8 岁，35 岁以下 139 名，占 39.2%；有 114 人连选连任。

2010 年，制定天桥区社区居委会成员考核办法，将考核结果与居委会干部补贴挂钩，提高社区居委会干部工作积极性。2011 年 3 月，进行第八届社区居委会换届选举。根据济南市《关于对第八届社区居委会提名候选人和自荐人员进行考试考核的方案》，对社区居民会议提名、社区居民代表会议提名、居民小组会议推荐或自荐候选人员，统一组织笔试和面试。全区 120 个社区居委会中有 78 个一次换届成功，占总数 65%，选举产生居委会成员 390 人。完善“五位一体”社区管理服务模式，在有条件社区引导物业服务企业、业主委员会负责人通过民主程序依法选举 93 人进入居委会，成为不拿补贴的居委会成员。10 月，对社区书记、居委会主任进行集中培训。

2012 年 10 月，因片区拆迁调整部分社区居委会（3 个社区居委会被合并），在宝华街、工人新村南村、北园和泺口街道新建 10 个社区居委会。至 2012 年年底，全区有社区居委会 127 个。

二、村民委员会选举

1991 年，天桥区有行政村 49 个。至 1993 年，完成全区 49 个村民委员会（简称村委会）第四届换届选举，为新当选村委会干部进行岗位培训 16 期，培训 960 人。1995 年，完成全区第五届村委会换届选举，选举产生村委会干部211人，其中高中以上文化115人，占55%；45岁以下177人，占84%。1999年，完成全区第六届村委会换届选举。2000年1月，大桥镇、桑梓店镇、靳家乡从历城区划归天桥区，辖区内行政村增至120个。2002年6月，完成全区120个村委会第七届换届选举工作。

2005年1月，天桥区进行第八届村委会换届选举。120个村委会中有115个村完成换届选举，占95.8%。登记选民54858人，参加投票选举的50579人，参选率92.2%。通过投票选举，372人当选为村委会新一届成员。其中，村委会主任115人，书记兼主任99人，占86.1%；连选连任63人，占54.8%；新当选52人，占45.2%；党员316名，占86%；大专学历16人，占4.3%；中专学历183人，占49.7%；女性6人，占1.6%。

2007年，天桥区进行第九届村委员换届选举，要求村委会干部选举向“双高双强”（政治素质高、群众威信高，带头致富能力强、带领群众致富能力强）方向倾斜。全区有换届选举任务的169个自然村完成166个，占98.2%。交叉任职和“一人兼”比例分别占76.1%和85.2%。“双高双强”型人才511人，占83.4%；45岁以下379人，占63.3%；高中以上学历502人，占82%。

2011年，天桥区进行第十届村委会换届选举，完成选举任务的自然村167个，占98.8%；选举一次成功的153个，占总数91.6%；村委会成员547人，女性169人，占30.9%；交叉任职248人，占45.3%；书记兼主任79人，占46.7%；“三高三强”（政治素质高、文化水平高、群众威信高，发展能力强、服务能力强、协调能力强）型干部占67.8%，村居干部整体素质明显提高。

三、依法治村

2004年，天桥区印发《济南市天桥区村务公开民主管理工作规范（草案）》，丰富村务公开内容，规范村务公开程序，强化监督约束机制。对全区镇村级基层组织建设情况进行评比达标验收，大桥镇被评为济南市“三级联创”（区、镇、村联合争创农村基层建设先进区）先进镇，13个村被评为济南市“三级联创”先进村。2006年，制定《天桥区村务公开民主管理示范乡镇、村和先进个人评选标准》，确定利用三年时间在全区开展村务公开民主管理示范乡镇、示范村创建活动。2008年，制定《天桥区关于进一步规范村务公开、促进民主管理、加强农村基层党风廉政建设的实施意见》，统一全区村务公开目录，制定村务公开档案管理暂行规定，从内容、时间、形式、程序、监督、联动机制及档案管理七个方面进行规范完善。2009年，制定“难点村”治理方案。2010年，桑梓店镇小寨村被评为全省村务公开民主管理示范村。2011年9月，通过济南市村务公开检查组、全国村务公开和民主管理“难点村”治理工作成果调研组检查。

四、社区建设

1991年，天桥区深化城市社区服务网络建设，使老年人、残疾人、拥军优属、精神病人、民俗改革、便民利民、青少年服务、社会治安综合治理8大网络遍布全区。投资200万元的少年宫主体工程竣工，投资100万元、设有100个床位的精神病人治疗站建成。1998年，被民政部评为全国社区服务示范区，“社区十分钟服务圈”得以广泛推广。2002年，有企业、社会、个体兴办老年公寓6个，收养老人300余人，高档次的“星光计划”老年人社会服务福利中心投入使用。2004年，建成特色社区23个，老年公寓增至8个。刘爱玲、郅良、刘宝利被评为全省社区福利服务星光计划先进个人，北坦街道办事处、泺口街道香磨李社区居委会被评为全省社区福利服务星光计划先进单位。

2005年，天桥区开展“情注‘背街小巷’、构建和谐社区”主题实践活动，粉刷社区墙壁楼道面积1.7万平方米，铺设路面方砖面积3.2万平方米，建健身路径18条，种植苗木9.8万株。评选出和谐家庭410户、和谐楼道35个、和谐楼（院）37个。8月，北坦街道被中国社区工作者协会评为全国和谐社区示范街道。改善社区基

“和谐楼道”（2012 年 6 月摄）

础设施建设，79 个社区居委会综合服务用房建筑面积达 200 平方米标准。投资近 2.5 万元，举办 70 余场居民自编自演、健康向上的“社区文艺会演”。9 月，组织“弘扬社区文化，共建和谐社区”全区文艺会演。

2006 年，天桥区制定“11528”计划（1 个主题活动、15 个社区居委会办公服务用房建设、28 个村委会公共用房建设），新建、改建或扩建城区社区居委会办公服务用房 15 处。2007 年，拟定《关于开展农村社区建设试点工作的实施意见》，确定 5 个村（杨家新村、马店村、三官庙村、小寨村、小马村）进行农村社区建设试点。开展“廉政文化进社区”和“迎和谐全运、创文明社区”主题实践教育活动。收集社区工作人员深入社区访谈记录，编辑《天桥民政工作资料汇编》。天桥区被中国社区工作者协会社区服务工作委员会评为全国社区服务示范区。北园街道办事处被济南市人民政府记集体二等功，北坦和工人新村南村街道办事处记集体三等功；北坦街道济安社区、宝华街街道宝华社区、泺口街道香磨李社区等 5 个社区被评为济南市先进社区。

2009 年 10 月，工人新村南村街道获“全国和谐社区建设示范街道”称号，工人新村北村街道毕家洼西区社区获“全国和谐社区建设示范社区”称号。2010 年 10 月，北园街道合并社区 2 个，天桥区内新成立馆驿街西社区居委会和彩世界社区居委会，全区有 120 个社区居委会。

2012 年 4 月，天桥区作为社会管理创新先进区，其“五位一体”的社区管理服务模式的经验被选在全市社会管理创新推进工作会上作交流发言。5 月，由中国民主促进会中央委员会领导组成的调研组到天桥区调研基层创新社会管理工作，充分肯定并高度评价天桥区在社会管理方面的工作创新和取得成绩。

“五位一体”社区管理服务模式现场会（2010 年 3 月摄）

第二节　优待抚恤

一、优待

1991 年，天桥区义务兵家庭优待金由社会统筹筹措，标准为 900 元 / 年。同年，农村义务兵家属实现乡镇统筹、户户优待；至 1993 年，提供优待总额 43 万元，户均 1200 元。1995 年，走访慰问优抚对象 2277 户次，向驻区部队和优抚对象送慰问金61.7万元。2005年，义务兵家庭优待金标准提高为城镇义务兵2000元/年、农村籍义务兵按照上年度农民人均收入确定，资金由市区两级财政按照4：6比例分担。2007年10月1日始，对农村和城镇无工作单位且家庭生活困难的参战退役人员发放生活补贴（2012年为250元/月）。同年，天桥区农业户口取消，农村籍义务兵按城镇籍义务兵标准优待。2010年，区内又出现农业人口144人，但农村籍义务兵仍按城镇籍义务兵标准予以优待。2011年始，取消户籍划分，天桥区农业人口不复存在，至2012年年底，义务兵家庭优待金提高为10420元/年，并将驻新疆兵员的义务兵家庭优待金标准提高为15630元/年，驻藏兵员的义务兵家庭优待金标准提高为20840元/年。

二、抚恤

1991年，天桥区为烈军属、伤残军人送煤2567吨，送其他家用物品324吨，写慰问信9613封。1994年，为革命伤残人员送去抚恤款10万元；向烈属、病故军人家属提供抚恤款7.13万元，月人均农村90元、城镇114元。2003年，提高优抚对象抚恤补助标准，换发新残疾军人证。

2008年1月，制定《天桥区抚恤定补优抚对象医疗保障实施办法》，具有该区城乡居民户籍且在该区行政区域内领取定期抚恤金、定期定量补助金的退出现役的一至十级残疾军人、烈士遗属、因公牺牲军人遗属、病故军人遗属、复员军人、带病回乡退伍军人、参战退役人员为该办法享受范围。规定一至六级残疾军人参加城镇职工基本医疗保险，并同步参加大额医疗费救助。有工作单位的，其单位缴费部分和个人缴费部分由所在单位缴纳并按统筹地区基本医疗保险规定设立个人账户；无工作单位或者所在单位经审核确定为特困企业的，由区民政部门以统筹地区上年度在岗职工平均工资作为缴费基数，按统筹地区基本医疗保险规定统一办理参保缴费手续，并按统筹地区基本医疗保险规定设立个人账户。其单位缴费部分和个人缴费部分，经区劳动保障、民政、财政部门共同审核确认后，由区人民政府解决。城镇七至十级残疾军人、烈士遗属、因公牺牲军人遗属、病故军人遗属、复员军人、参战退役人员按照有关规定参加城镇职工基本医疗保险，有工作单位的随所在单位参加城镇职工基本医疗保险，其单位缴费部分由所在单位按照有关规定缴纳，个人缴费部分，由个人承担，并按统筹地区基本医疗保险规定设立个人账户。无工作单位和所在单位经审核确定为特困企业的，由区民政部门以统筹地区上年度在岗职工平均工资作为缴费基数，按统筹地区基本医疗保险规定统一办理参保缴费手续，并按统筹地区基本医疗保险规定设立个人账户。其单位缴费部分和个人缴费部分，经区劳动保障、民政、财政部门共同审核确认后，由区政府解决。农村七至十级残疾军人、烈士遗属、因公牺牲军人遗属、病故军人遗属、复员军人、带病回乡退伍军人、参战退役人员参加新型农村合作医疗，其个人缴费部分由区政府解决。优抚对象在定点医院就医时凭证件优先挂号、优先就诊、优先取药、优先住院，并享受下列医疗优惠减免：免收其门诊挂号费、普通门诊诊疗费、门诊出诊费、专家挂号费、急诊挂号费、急诊观察床位费和病房空调费、暖气费；检查治疗项目费用减免比例不低于20%；药品费减免比例不低于10%。一至六级残疾军人在定点医院所发生的门诊费用，在个人账户基础上，每人每年补助1000元。2008—2010年，天桥区实施功臣安居工程，为农村无房、危房的优抚对象家庭新建或修建住房。资金由市福彩基金、区财政和优抚对象共同承担。

2012 年天桥区伤残军人优待抚恤金标准统计表

表 21-1　　　　单位：元 / 年

残疾等级	残疾性质	优待抚恤金标准
一级	因战	32990
	因公	31950
	因病	30900
二级	因战	29850
	因公	28290
	因病	27230
三级	因战	26190
	因公	24620
	因病	23050
四级	因战	21470
	因公	19380
	因病	17810
五级	因战	16770
	因公	14660
	因病	13620
六级	因战	13100
	因公	12400
	因病	10480
七级	因战	9960
	因公	8900
八级	因战	6290
	因公	5760
九级	因战	5230
	因公	4190
十级	因战	3670
	因公	3140

2012 年天桥区“三属”定期抚恤金标准统计表

表 21-2　　单位：元 / 年

类别	烈属	因公牺牲军人遗属	病故军人遗属
城镇	10600	9110	8580
农村	6150	5880	5630

第三节　拥军优属

1991 年，天桥区开展创建双拥模范区活动，各单位先后与驻区部队结成“友爱单位”，活动中涌现出 105 个模范（先进）单位、127 名模范（先进）个人。1991 年、1992 年、1993 年，每个春节、建军节、中秋节到部队慰问，金额计 49.17 万元，现场办公为部队解决各种困难 76 件。1994—1995 年，驻区部队和地方各级组织在工作中建立起“十条龙”服务体系，全区产生 46 个双拥模范单位、20 个拥军优属模范单位和 62 名双拥模范个人，1995 年年底，天桥区获“全国拥军优属先进单位”称号。1996 年 4 月，天桥区人民武装部收归军队建制；年内天桥区各街道开展“亲人回馈”活动，军地交流频繁；1997 年 7 月，北园镇被中共山东省委、省政府、省军区授予“拥军优属模范单位”称号。1999 年，天桥区被全国双拥工作领导小组、民政部命名为全国爱心献功臣行动先进区；天桥区双拥办公室被命名为全省唯一的先进双拥办公室。2000 年，天桥区被中共山东省委、省政府、省军区授予“双拥模范区”称号。2001 年，天桥区被中共山东省委、省政府、省军区表彰为“创建‘双四好’（党员队伍好、活动开展好、典型带动好、群众反映好；政治素质好、保持本色好、教育后代好、发挥作用好）先进单位”。

2002 年，纬北路街道以“立足社区，服务军营”为宗旨，设立“军（警）官鹊桥热线”。热线设有专人、专线、专室，通过开展“爱心国防一日游”“红叶传情”活动，为军地青年男女牵线，被亲切地形容为“鹊桥架起拥军情，红线谱写国防曲”。济南军区总医院与大桥镇卫生院结为共建帮扶对子，首批向大桥镇卫生院赠送呼吸机、心电图仪、血压计等医疗器械，价值 30 余万元。2003 年 3 月，又赠送价值 10 余万元医疗用品。同年，天桥区被中共山东省委、省政府、省军区授予“双拥模范区”称号。“非典”期间，济南军区总医院副主任刘书盈妻子高红星支持丈夫赴京抗击“非典”，被评为“山东省十佳好军嫂”。2004 年 1 月 12 日，驻军 72726 部队获“全国拥政爱民先进单位”称号。7 月 27 日，区民政局局长刘爱玲被表彰为全省爱国拥军模范。

2005 年 8 月，中俄举行代号为“和平使命—2005”的联合军事演习，中共天桥区委、区政府拨付 10 万元用于走访慰问参演部队。2006 年，天桥区以北坦街道和武警 22 中队为试点，开展“援建军营图书室，共建学习型军营”等系列活动，投资 3.7 万元，为武警 22 中队在全市首家挂牌建设“军营图书室”；投入 50 万元，设置双拥宣传牌 46 块。组织召开全区争创全省双拥模范区“五连冠”动员暨双拥先进表彰大会，表彰拥军优属先进单位 67 个和先进个人 85 名。区双拥办收集编制双拥信息 53 条、简报 20 期，被济南市级以上大众媒体宣传报道 32 次。2007 年 12 月，天桥区被中共山东省委、省政府、省军区授予“全省双拥模范区”称号。2008 年，制定《建立天桥区优抚对象精神慰问制度的意见》，开展“五个进社区”（科教、文体、法律、卫生、道德进社区）和“五个进军营”（科普知识、青年联谊、法律援助、生活服务、体育健身进军营）活动。5 月 22 日，天桥区到赴川抗震救灾的济南军区总医院、空军济南医院走访慰问，并分别送去10万元和5万元慰问金。

2009年10月25日，在大桥镇举行“军民共建社会主义新农村”结对帮扶活动启动仪式，驻区团以上部队单位与大桥、桑梓店两镇部分村签订“军民共建社会主义新农村协议书”。12月17日，山东省双拥工作社会化现场经验交流会在济南市召开，蓝翔技校被定为现场会观摩点。

2010年5月28日，天桥区召开争创全省双拥模范区“六连冠”暨双拥先进表彰大会。7月10日，在天桥区体育馆举行“相约纬北路军地鹊桥会”活动。2011年8月1日，济南三和、济南联运出租汽车有限公司与72850部队举行结对共建签约仪式，向部队官兵发放500张拥军乘车卡。即日起，三和、联运两家出租公司将专门抽调出租车组成拥军车队，于国家法定节假日的上午八时到九时在72850部队门前等候，官兵凭“拥军乘车卡”可免起步费。如遇特殊情况，官兵还可直接拨打两公司服务热线，拥军车将随叫随到。

2012年2月27日，天桥区政协副主席、山东蓝翔职业培训学校董事长荣兰祥被授予“全国爱国拥军模范”称号，受到党和国家领导人接见。2月28日，天桥区被中共山东省委、省政府、省军区授予“双拥模范区”称号，获六连冠。

第四节　退伍军人安置

1991年，天桥区非农业退伍军人，采取按系统分配任务的办法安置，由街道、乡镇安排工作；农业户口退伍军人，除在部队参战立二等功以上或被评为二、三等伤残军人者安排工作外，其余回原籍；转业志愿兵服役满10年者由区政府安排工作，不满10年的农村志愿兵由乡镇政府安排。城镇户口义务兵、志愿兵和伤残军人，根据本人实际情况和技术特长，安排到企业和机关事业单位工作。同年，天桥区被评为济南市“优抚安置工作先进单位”。至1993年，接收安置退伍义务兵579人，在农村安置86人，在城镇安置493人，为421人办理复工复职手续。1994年，按照《中华人民共和国兵役法》《退伍义务兵安置条例》规定，遵循“双向选择”原则，接收安置退伍义务兵199人，其中非农业户口167人，为88人办理复工复职手续。1995年，接收退伍义务兵189人，根据个人特长，一部分人自行联系接收单位，一部分人安置到适当岗位。至1997年，天桥区接收退伍军人1100余人，为安排到企业和机关事业单位的退伍军人提供培训33场次。1998年始，退伍战士安置工作由济南市民政局退伍军人安置办负责，天桥区复员退伍军人安置办仅负责农村籍退伍战士落户安置及服务保障工作。1999年12月31日，国务院、中央军委下发《中国人民解放军士官退出现役安置暂行办法》，农村入伍的初级士官服现役期间，保留承包土地、自留地；中级以上士官复员后，没有承包土地、自留地者，重新划给。农村入伍符合转业条件的士官，本人要求并经批准作复员安置的，允许落城镇户口。

2010年，农村籍退伍义务兵安置工作贯彻“从哪里来，回哪里去”原则和“妥善安置，各得其所”方针。对确无住房或者严重缺房而自建和靠集体帮助又确有困难者，按照国家规定安排一定数量建筑材料和经费帮助解决；在服役期间荣立二等功（含二等功）以上者，安排工作；对有一定专长者，向有关部门推荐录用；各用人单位向农村招收工人时，在同等条件下优先录用退伍义务兵。

第五节　救助救济

一、危房改造

2001年始，天桥区将灾民建房与新农村建设结合起来，按照“村委会核实—镇复核—民政局审定—村委会张榜公示”程序，确定帮建对象，解决农村特困群众住房问题。2002—2010年，投入资金149.1万余元，改造危房543间。

二、医疗救助

2006年4月，天桥区政府印发《天桥区城乡医疗救助（暂行）办法的通知》，建立并实施城乡困难群众医疗救助制度，明确和细化救助对象、救助范围和救助方法。年内对全区195户城乡困难群众实施500元～5000元不等的医疗救助，救助金额14万元。2007年，发放大病救助金11.3万元，138户大病困难群众得到救助。2008年，对全区237户城乡困难群众实施500元～5000元不等的医疗救助，救助金额21.6万元。

2009年，修订《城乡困难居民医疗救助暂行办法》，在医疗保险和新农合核定报销基础上，新增医前、医中救助，将救助次数由全年一次救助改为年中、年末两次救助；同时将救助标准由定额救助改为按比例救助，年救助封顶线由5000元增至1万元。年内救助大病特困家庭400户，发放救助金39.21万元。

2010年，根据《天桥区城乡大病医疗救助办法》，按照自救互助为主、政府救助为辅，救助水平与经济社会发展水平和财政支付能力相适应原则，开展大病医疗救助活动，救助城乡大病特困家庭732户，发放救助金169.67万元。

2011年，根据《济南市城乡医疗救助暂行办法》及《天桥区城乡大病医疗救助办法》规定，救助大病特困家庭815户，发放救助款250.55万元。2012年，救助大病特困家庭407户，发放救助款116.84万元。

2006—2012年天桥区医疗救助统计表

表21-3 单位：户、万元

年份	救助对象	救助户数	金额
2006	城乡困难群众	195	14.00
2007	大病困难群众	138	11.30
2008	城乡困难群众	237	21.60
2009	大病特困家庭	400	39.21
2010	大病特困家庭	732	169.67
2011	大病特困家庭	815	250.55
2012	大病特困家庭	407	116.84

三、教育救助

2005年4月，印发《天桥区救助家庭经济困难中小学生实施方案》。救助对象为全区享受城镇居民最低生活保障待遇低保家庭和区内持有天桥区农村常住户口，人均收入达不到当地生活最低标准的特困家庭。对贫困生救助，区政府按照《关于在全省义务教育阶段学校试行“一费制”收费办法的意见》给予全额救助。至2008年，救助7700户、7974人，救助金额241.98万元。

2009年，开展“爱心助学”“福彩百千助学”活动，为辖区内城区1387户低保家庭中小学生减免书本费、学杂费；年内济南市“福彩百千助学”活动救助高三贫困学生70人，发放救助金7万元；济南市民政局助学项目救助应届大学本科生33人，发放救助金6.6万元。同年始，教育救助主要经济来源由区政府转变为慈善机构和福利彩票机构，救助对象也不仅限于义务教育阶段贫困学生。

2010年后，开展“慈善助学活动”。“爱心春蕾接力行动”救助春蕾女童200人，发放救助金6万元；“高中生救助项目”救助高中生、职专生188人，发放救助金5.64万元；“大专生救助项目”救助大专生13人，发放救助金3.28万元；资助济南市影壁后街特教学校2万元改善办学条件。“烛光工程”项目救助17名优秀困难教师，发放救助金 3.44 万元。

2011 年，为辖区内城区 1152 名低保家庭中小学生减免书本费、学杂费；救助各类困难学生 487 人，发放救助金 34.85 万元；福彩助学项目救助低保家庭高三学生 40 人，发放救助金 4 万元；济南市民政局助学项目救助应届大学本科生 33 名，发放救助金 6.64 万元。

2012 年，为全区低保家庭 921 名小学生减免书本费、学杂费；"本科生救助"活动救助全区低保家庭应届本科新生 34 人，按照每人 4000 元标准救助，发放救助金 13.6 万元；"专科生救助"活动救助全区低保家庭应届专科新生 78 人，按照每人 4000 元标准救助，发放救助金 31.22 万元；"福彩百千助学"活动救助全区城乡低保家庭品学兼优的高三学生 40 人，按每人 1000 元标准救助，发放救助金 4 万元。

2005—2008 年天桥区教育救助统计表

表 21-4　　　　单位：户、人、元

年份	救助户数	救助人数	金额
2005	1900	1955	861805
2006	2200	2296	996885
2007	2300	2365	352470
2008	1300	1358	208595

四、临时救助

2009 年 12 月，天桥区人民政府印发《天桥区城乡临时困难家庭救助办法》，对日常生活中由于各种特殊原因造成基本生活出现暂时困难家庭进行临时救助。年内救助困难家庭 65 户，发放救助金 3.7 万元。2010 年，救助困难家庭 76 户，发放救助金 7.32 万元。2011 年，救助困难家庭 62 户，发放救助金 10.47 万元。2012 年，救助困难家庭 34 户，发放救助金 6.72 万元。

五、慈善募捐

共青团中央为失学儿童设立希望工程于 1989 年启动，1991 年，天桥区各界捐助 17.79 万元。1992—1998 年，为希望工程募捐 213.2 万元。至 1999 年年初，中国青少年发展基金会宣布不再直接接受救助失学儿童捐款，天桥区为失学儿童捐款活动停止。

2001 年，"慈心一日捐"启动，天桥区各界捐助 126 万元。2005 年 4 月 22 日，召开天桥慈善总会成立暨"慈心一日捐"动员大会，筹集创始资金 189 万元、"慈心一日捐"善款 35 万元，天桥爱心捐助中心成立。7 月 7 日，天桥慈善总会成立，牵头天桥区社会慈善事业，区政府出资 300 万元作为创始基金；药山街道、北园街道、泺口街道成立慈善分会，各街道（镇）设立捐助站，各单位捐赠善款 247 万元。至 2012 年，"慈心一日捐"项目一直配合各活动进行。

2007 年，举办迎接第二十九届奥运会募捐活动，募集资金 618 万元，创募金额度纪录。天桥慈善总会被济南市慈善总会授予"济南'慈善十年'先进单位"称号。2008 年年初，天桥区印发《关于天桥慈善队伍建设的报告》，250 个社区（村）建立慈善联络站；募集资金 385 万元，募集慈善物品价值约 15.4 万元。5 月，汶川特大地震，天桥区开展援川活动，募集资金 976.8 万元、募集慈善物品价值 44.6 万元。2009 年，天桥区各街道（镇）均设立慈善分会，形成定期捐助和日常捐助相结合的天桥慈善捐助机制。当年募集资金 489.8 万元，募集物资价值 30 万元。2010 年，天桥区募集"慈心一日捐"、援助玉树、援助舟曲等各类善款 668 万元。2011 年，天桥区募集资金 569.3 万元，募集物品价值约 45 万元。

2012 年，区慈善总会换届，召开总结表彰大会，募集慈善捐款 799 万元，募集慈善物资价值 10 万元，创募金额度新高。

六、慈善救助

1991年，天桥区红十字为工人新村北村敬老院、散居的12名孤寡老人送去慰问金600元。此后，天桥区领导逢重大节日均走访慰问孤寡老人，仅1996—1997年，发放慰问金5300元。

2005年4月22日，设立“蓝翔助学救助资金”“香磨李扶老助孤救助资金”等专项救助资金8项，天桥慈善爱心超市成立。7月，各街道（镇）设立慈善捐助点；天桥区政府与区属部门（单位）提供善款547万元，设立助残、助学、助困、医疗、意外事故等8项专项救助资金，为辖区困难群众和弱势群体提供救助。至2007年，发放各类善款513.4万元，救助困难群众2.6万人。

2008年5月，天桥区开展援川赈灾活动，援助钱、物价值1021万元。同年，开展春节救助、爱心助房、爱心助学、夕阳扶老、慈善助医、定项救助、大病特困临时救助7类救助活动，发放救助款485.5万元，救助各类困难群众1.7万人。

春节救助（2011年1月摄）

2009年，定期捐助和日常捐助相结合的天桥慈善捐助机制形成。2010年，天桥区开展慈善助困、慈善助学、慈善助老、慈善助房、慈善情暖棚户区、慈善助暖、慈善助医专项慈善救助工作7项，救助各类困难群众1.7万人。2011年，天桥区发放救助款534.3万元，救助困难群众1.7万人。

2005—2012年，天桥区先后4次设立专项、临时救助项目30余项（类），发放善款2701万元，救助9.9万人。

2005—2012年天桥区慈善救助统计表

表21-5　　单位：万元、万人

年份	募集善款	发放善款	救助人数
2005	224.00	36.00	0.70
2006	45.00	60.38	0.40
2007	618.00	417.02	1.20
2008	385.00	485.50	1.70
2009	489.80	300.00	1.30
2010	631.60	572.60	1.70
2011	569.30	534.30	1.70
2012	799.00	295.60	1.20
合计	3761.70	2701.40	9.90

说明：汶川、玉树、舟曲等救灾募捐情况未计

第六节 福利企业

1991—1993 年，天桥区社会福利企业由 37 家发展到 45 家，完成产值 1.5 万元。1994 年 5 月，对福利企业进行检查、验收、换证工作；同年，福利企业产值 5210 万元；1995 年，福利企业产值 6205 万元；1994—1995 年，安置残疾人员 989 人。

2005 年，随着社会福利企业发展，天桥区以帮助福利企业上档次、上水平为目标，发展福利企业，重点抓好福利企业经济转型，提高企业活力，加强企业技术改造和新产品开发，按照社会福利企业标准进行检查、验收、换证。天桥区经济南市民政局批准的社会福利企业必须自觉接受每年一次的民政部门牵头会同税务部门组织的年检认证工作。同年始，天桥区按照国家规定，对安置残疾人员就业达一定比例的民政福利企业制订税收优惠政策，对安置盲、聋、残、哑"四残"人员占生产人员 50% 以上（含 50%）的民政福利工业企业，其生产销售的增值税应税货物，先征后返还全部已征增值税；安置"四残"人员占生产人员 35% 以上，未达 50% 的民政福利工业企业，其生产销售的增值税应税货物（如发生亏损，以不亏损为限），给予部分返还已征增值税照顾；安置"四残"人员占生产人员 35% 以上（含 35%）的民政福利工业企业，免征企业所得税。福利企业免征残保金。

2006 年，天桥区对安置残疾人单位享受税收优惠政策的各项条件实行年审办法。2007 年 7 月 1 日始，天桥区执行财政部、国家税务总局《关于促进残疾人就业税收优惠政策的通知》，对安置残疾人的单位，实行"限额即征即退增值税或减征营业税"办法。对于企业单位所得税，单位支付给残疾人的实际工资可在企业所得税前据实扣除，并可按支付给残疾人实际工资 100% 加计扣除。对残疾人个人就业的增值税和营业税政策，根据《中华人民共和国营业税暂行条例》对残疾人个人为社会提供的劳务免征营业税，对残疾人个人提供的加工、修理修配劳务免征增值税。同年，进一步严格年审办法，天桥区福利企业数量开始有所减少。

2012 年，天桥区有福利企业 9 家，年检合格率 100%。2006—2012 年，吸纳残疾人就业 1261 人。

2005—2012 年天桥区福利企业一览表

表 21-6

年份	福利企业名称	数量（家）
2005	济南市天桥橡胶防水材料厂、济南圣天龙建材制品有限公司、济南市特种油品厂、济南市包装纸厂、济南市黄台包装厂、济南宏翔福利化工厂、济南市天桥福利印刷厂、济南站劳动服务公司鲁泉福利食品厂、济南市天桥金属机械加工厂、济南市天桥福利建筑机械厂、济南市天桥金家园食品厂、济南市塑料油墨厂、济南市天桥华兴制桶厂、济南市天桥精细颜料厂、济南鼎邦塑料型材工贸有限公司、济南市清河塑料色母粒粘合剂厂、济南林蔚机械厂、济南市泺口福利化工厂、济南市天桥区五金加工厂、济南康健实业有限公司、济南市天桥区无影山印刷厂、济南市天桥涂敷管道厂、济南市标山社会福利厂、济南市天桥区北园福利印刷厂、济南无影山铸造厂、济南东都异型钢管厂。	26
2006	济南市天桥橡胶防水材料厂、济南圣天龙建材制品有限公司、济南市特种油品厂、济南市包装纸厂、济南市黄台包装厂、济南宏翔福利化工厂、济南市天桥福利印刷厂、济南站劳动服务公司鲁泉福利食品厂、济南市天桥金属机械加工厂、济南市天桥福利建筑机械厂、济南市天桥金家园食品厂、济南市塑料油墨厂、济南市天桥华兴制桶厂、济南市天桥精细颜料厂、济南鼎邦塑料型材工贸有限公司、济南市清河塑料色母粒粘合剂厂、济南林蔚机械厂、济南市泺口福利化工厂、济南市天桥区五金加工厂、济南康健实业有限公司、济南市天桥区无影山印刷厂、济南市天桥涂敷管道厂、济南市标山社会福利厂、济南市天桥区北园福利印刷厂、济南无影山铸造厂、济南东都异型钢管厂。	26

续表 21-6

年份	福利企业名称	数量（家）
2007	济南市天桥橡胶防水材料厂、济南圣天龙建材制品有限公司、济南市特种油品厂、济南市包装纸厂、济南市黄台包装厂、济南宏翔福利化工厂、济南市天桥福利印刷厂、济南站劳动服务公司鲁泉福利食品厂、济南市天桥金属机械加工厂、济南市天桥福利建筑机械厂、济南市天桥金家园食品厂、济南市塑料油墨厂、济南市天桥华兴制桶厂、济南市天桥精细颜料厂、济南鼎邦塑料型材工贸有限公司、济南市清河塑料色母粒粘合剂厂、济南林蔚机械厂、济南市泺口福利化工厂、济南市天桥区五金加工厂、济南康健实业有限公司、济南市天桥区无影山印刷厂、济南市天桥涂敷管道厂、济南市标山社会福利厂、济南市天桥区北园福利印刷厂、济南无影山铸造厂、济南东都异型钢管厂。	26
2008	济南市天桥华兴制桶厂、济南鼎邦塑料型材工贸有限公司、济南市塑料油墨厂、济南市天桥金家园食品厂、济南市天桥涂敷管道厂、济南市天桥福利印刷厂、济南林蔚机器厂、济南市包装纸厂、济南市特种油品厂、济南市黄台包装厂。	10
2009	济南市天桥华兴制桶厂、济南鼎邦塑料型材工贸有限公司、济南市塑料油墨厂、济南市天桥金家园食品厂、济南市天桥涂敷管道厂、济南市天桥福利印刷厂、济南林蔚机器厂、济南市包装纸厂、济南市特种油品厂、济南市黄台包装厂。	10
2010	济南包装纸厂、济南天桥金家园食品厂、济南市黄台包装厂、济南市天桥涂敷管道厂、济南昌利工贸有限公司、济南市天桥福利印刷厂、山东黄金鑫意工艺品有限责任公司、济南市塑料油墨厂、山东巴比伦工贸有限公司、济南汉斯曼时代技术有限公司、济南林蔚机器厂。	11
2011	济南市黄台包装厂、济南市塑料油墨厂、济南市包装纸厂、济南林蔚机器厂、济南市天桥福利印刷厂、济南市天桥涂敷管道厂、济南市金家园食品厂、济南昌利工贸有限公司、山东黄金鑫意工艺品有限责任公司、济南康健实业有限公司、济南汉斯曼时代技术有限公司、山东巴比伦工贸有限公司。	12
2012	济南昌利工贸有限公司、山东巴比伦工贸有限公司、济南市天桥涂敷管道厂、济南市天桥福利印刷厂、山东黄金鑫意工艺品有限责任公司、济南市金家园食品厂、济南市塑料油墨厂、济南市包装纸厂、济南汉斯曼时代技术有限公司。	9

2006—2012 年天桥区福利企业残疾人就业统计表

表 21-7　　单位：家、人

年份	福利企业	就业残疾人
2006	26	308
2007	26	211
2008	10	155
2009	10	153
2010	11	153
2011	12	150
2012	9	131
合计	104	1261

附：2006—2012 年天桥区福利企业标准

一、依法与安置的每位残疾人签订一年以上（含一年）的劳动合同或服务协议，并且安置的每位残疾人在单位实际上岗工作。

二、月平均实际安置的残疾人占单位在职职工总数的比例应不低于 25%，并且实际安置的残疾人人数不低于 10 人。

三、为安置的每位残疾人按月足额缴纳单位所在区县人民政府根据国家政策规定的基本养老保险、基本医疗保险、失业保险和工伤保险等社会保险。

四、通过银行等金融机构向安置的每位残疾人实际支付不低于单位所在区县适用的经省级人民政府批准的最低工资标准的工资。

五、具备安置残疾人上岗工作的基本设施。

第七节　民间组织管理

1991年，天桥区有民间组织300个。按照学习自查、业务主管部门进行资格审查、申请登记、审批发证、总结验收5个步骤进行清理整顿和复查登记，1993年，向35个复查合格的社会团体颁发登记证书，其余民间组织不予登记。1998年5月，民间组织发展较快，达数百个，主要分布在教育、科技、卫生、文化、体育、劳动、司法、计生、民政等领域。天桥区再次对社会团体进行清理整顿，全区有21个社会团体符合保留条件。

1998年9月，国务院《社会团体登记管理条例》公布；10月，民政部《民办非企业单位登记管理暂行条例》公布；天桥区对社会团体清理整顿重点转向“清理”。1999年，注销济南市天桥区女领导干部联谊会和济南市天桥区十一中校友会。

2000年，天桥区民间组织管理办公室成立，负责全区范围内民间组织的监督管理和培育发展工作。经过清理整顿，撤销影响很大的“济南张维祥人体科学研究会”等一批非法组织，培育“天桥区老年体协”“夕阳红老年公寓”等一批正规良好的民间组织。2004年，天桥区民间组织有社会团体89个、民办非企业单位947个、未备案登记534个。2008年，依据《社会团体登记管理条例》《民办非企业单位登记管理暂行条例》要求，对辖区内注册登记的民间组织进行年检。

2010年8月，中共济南市天桥区委社会组织工作委员会成立，办公室设在民间组织管理办公室。2011年，加强社会组织登记管理工作，重点培育发展行业协会、农村经济协会和社区民间组织，社会组织得到较快发展。创新社会组织管理体制，建立社区社会组织“一级登记（备案）、三级管理”工作模式。年底，全区有社会团体63个、民办非企业单位163个、农村经济协会10个。

2012年10月，天桥区民政局注册登记民办非企业单位168家（含新增12家），备案登记236家；注册登记社会团体64家（含新增3家），备案登记40家（含新增1家）。至年底，天桥区民政局注册登记民办非企业单位173家，备案登记102家；注册登记社会团体59家，备案登记47家；建立民间组织类独立党支部22个、联合党支部9个。

第八节　地名管理

1991—1997年，天桥区地名无变更。

1998年11月3日，济南市人民政府批准西苑小区、天桥广场2个地名，对无影山东路调整起止点。1999年10月19日，批准万盛小区、天福苑、无影山小区、板桥小区4个地名，新命名1条道路，即无影山西路。10月29日，批准阳光小区1个地名。11月4日，批准新命名小清河北路、顺河东街2条道路，顺河街更名为顺河西街，调整历黄路、北马鞍山西路起止点，注销北闸子东路、五柳闸北路2条道路。2000年7月28日，批准命名小区5个，即湖畔苑、荷花园、泉星小区、泉舜小区、鑫鑫小区；新命名道路1条，即生产路西街。

2001年5月25日，省、市批准天桥区行政区划调整。6月4日，撤销北园镇，设立北园街道、泺口街道；靳家乡与大桥镇合并，组建新的大桥镇；陈家楼、刘家庄、纬北路街道合并，组建新的纬北路街道。

2001年5月30日，济南市人民政府批准命名小区2个，即湖滨苑、荣泰小区；命名道路2条，即东宇大街、桑梓大街。

2001年8月6日，天桥区人民政府批准村庄更名1个，大桥镇甜水井村更名为甜水新村；更名后，其行政隶属关系不变。11月5日，济南市人民政府批准新命名小区1个，即师范小区。11月22日，批准村庄更名1个，大桥镇杨家村更名为杨家新村。更名后，其行政隶属关系不变。

2002年5月22日，批准新命名小庄4个，即凤凰山庄、水园小区、金牛小区、金凤苑、五环花园；新命名地名1个，即药山广场。7月9日，批准新命名小区3个，即金阁花园、王府庄小区、金冠花园；道路1条，即东泺河路；更名道路1条，清河路更名为西泺河路，更名后起止点不变。2003年，批准新命名小区6个，即鲁能康桥小区、舜景花园、枫景园、泺都小区、名士阁、药山花园；新命名地名1个，即济南时代广场。

2004年，济南市人民政府批准新命名道路2条，即蓝翔路和蓝翔中路。同年，济南市民政局批准新命名小区27个，即龙篇山庄、名人时代大厦、水晶小区、金泉小区、泺安家园、湖光山色家园、板桥西苑、板桥东苑、嘉和苑、嘉盛苑、嘉祥苑、新鹤苑、联四新苑、幸福小区、意福苑、清河苑、宝华苑、金荷园、金田苑、清河刘家桥小区、清河西侯家场小区、清河西苑、大桥新苑、紫金山小区、东馨小区、翡翠郡、汇源华庭。批准注销地名45个，即后馆驿街、利民后街、文元里、居仁街、居仁里、中立山街、东立山街、更明街、葫芦头巷、裕宏前街、裕宏后街、元宝街、东流水街、石巷子、铁塔街、江家池、星垣街、濂泉胡同、武韬街、显明池街、上元街、北坦中街、制锦市前街、制锦市后街、东新巷、坦胜巷、王家巷、刘家巷、苏家胡同、三才胡同、安阇寺街、铁道根街、德顺街、顺华巷、上关街、汇源街、汇津门、定安街、泺口枫林街、义和巷、进士街、玉振街、泺口魁盛街、泺利街、东车道。

2007—2012年，命名小区34个，即怡祥苑、嘉兴苑、清联花园、彩世界小区、盛世名门花园、和信大厦、和信花园、怡园新居、名郡豪庭、天旺嘉园、天保新居、天和新居、天成新居、济安新区、燕园新居、明湖广场、方正园、泺祥新区、军秀花园、幸福逸居、东方水岸小区、芙蓉花园、映月清水湾居、清河园、福槐苑、北刘新区、舜苑花园、绿地滨河国际城、警苑小区、尚品清河小区、宝华新区、平乐苑、天馨园、富居苑。

第二章　人　事

1991—2012年，天桥区人事制度经历聘任制、试用期制度、公开招聘制、竞争上岗制度和年度考核制度五个阶段；为专业技术人员进行职称评聘2.52万人次。妥善做好安置工作，安置军队转业干部592人，随军家属36人。2002—2012年，面向社会公开招考国家公务员和机关工作者101人。

22年来，天桥区工资福利逐年提高，社会平均月工资由180元增至2953元。2000—2012年，发放引进人才政府特殊津贴149.7万元。

第一节　人事制度改革

一、聘任制

1991年，根据中共中央组织部、人事部《关于坚持乡镇干部选聘合同制和择优录用部分优秀乡镇选聘制干部的通知》，天桥区对乡镇干部选聘制加以确认和完善，优化乡镇干部队伍结构。2007年年底，开始全面推行事业单位人员聘用制。2012年，为302个事业单位、4205人办理专业技术人员岗位竞聘。

二、年度考核制度

1995年，按照济南市统一部署，天桥区组织机关事业单位年终考核。考核按照民主集中制原则，采取双百分计评方法进行。2001年，中共山东省委组织部、省人事厅下发《山东省党政群机关事业单位工作人员年度考核有关问题处理意见》。2007年，中共中央组织部下发《公务员考核规定（试行）》通知。天桥区根据省、市考核文件精神和“全方位目标考核”的有关规定，对全区机关事业单位人员从德、能、勤、绩、廉以及八小时以外活动等方面情况进行年度考核。对照考核标准和条件，严格控制评优指标，对每个工作人员作出科学、公正评价。根据考核结果，加强同奖惩、辞职、辞退、工资、职务升降等方面有机结合。

1995—2012 年，天桥区对机关事业单位考核 11.72 万人次。

1995—2012 年天桥区机关事业单位考核统计表

表 21-8　　单位：人

年份	考核人数			考核情况				
	应考核人数	实考核人数	未参加考核人数	优秀	称职（合格）	基本称职（告诫期）	不称职（不合格）	未定等次
1995	2726	2646	80	387	2178	0	14	67
1996	2620	2588	32	346	2208	0	13	21
1997	3126	3083	43	376	2608	20	12	67
1998	7428	7319	109	946	6201	20	14	138
1999	6330	6236	94	779	5315	11	1	130
2000	8159	8060	99	1007	6869	11	4	169
2001	8250	8162	88	1013	6976	3	6	164
2002	8085	7975	110	986	6680	196	4	109
2003	8036	7942	94	1000	6802	2	4	134
2004	8108	8024	84	1007	6838	2	6	171
2005	8367	8288	79	1010	7091	30	5	152
2006	8270	8198	72	1108	6968	0	3	119
2007	8239	8175	64	1085	6999	0	2	89
2008	7460	7380	80	950	6295	0	3	132
2009	7348	7275	73	980	6228	0	1	66
2010	7321	7249	72	961	6219	0	1	68
2011	7215	7185	30	958	6166	0	1	60
2012	6390	6376	14	941	5422	0	0	13

三、竞争上岗制度

1998 年始，按照“竞争上岗、双向选择”有关规定，坚持“德才兼备、任人唯贤和党管干部”原则，在职位空缺前提下，经过“个人自荐—民主推荐—资格审查—竞争答辩—民主测评—确定人选”程序，任命（聘任）科级领导干部。至 2012 年，任命（聘任）科级领导干部 1571 人次，均实行任前公示制，由下一级职位担任上一级职位的科级领导干部，实行一年试用期。

1998—2012 年天桥区科级干部任命（聘任）统计表

表 21-9　　单位：人

年份	科级干部	任免手续办理	年份	科级干部	任免手续办理
1998	21	—	2006	74	126
1999	125	—	2007	174	221
2000	47	—	2008	154	238
2001	63	—	2009	167	237
2002	129	—	2010	157	241
2003	115	132	2011	169	198
2004	48	117	2012	33	215
2005	95	126			

四、试用期制度

2001 年 2 月，根据中共中央组织部《党政领导干部任职试用期暂行规定》要求，领导干部任职试用期为一年，从任免机关发出试用任职通知时计算。2002 年 7 月，根据《党政领导干部选拔任用工作条例》规定，进一步规范党政领导干部任职试用期制度，领导干部试用期间，履行所任职务职责，享受相应待遇。试用期满，经考核胜任者正式任职，不胜任者免去试任职务。

五、公开招聘制

2008 年，首次面向社会公开招聘事业单位工作人员，通过公开报名、笔试、面试、考核，录用 39 名工作人员，并按照有关规定，按期进行转正定级。2009 年，为卫生系统招聘 40 名专业技术人员。2010 年 9 月，为教育系统招聘 61 名教师。2011 年，招聘教师 85 人、卫生系统事业单位工作人员 41 人。2012 年，招聘教师 96 人、卫生系统专业技术人员 59 人。

第二节　公务员管理

一、公务员过渡与登记

1993 年，《国家公务员暂行条例》颁布。1996 年 5 月—1997 年 6 月，天桥区先后制定《济南市天桥区国家公务员制度实施方案》《济南市天桥区中国共产党机关试行〈国家公务员暂行条例〉实施意见》。全区过渡为国家公务员 440 人，过渡为党的机关工作者 144 人，计 584 人（不含人大、政协、公安、防暴已考试、考核合格者 633 人），暂缓过渡 8 人。至 2012 年年底，全区有国家公务员 565 名。

2006 年，根据中共中央组织部办公厅、人事部办公厅下发的《公务员登记工作中有关问题的答复意见》和《关于进一步做好公务员登记工作的通知》要求，逐步开展辖区公务员登记工作。2007 年，对全区符合登记条件的 1700 余人档案进行全面审核，填写公务员登记表，按要求建立公务员信息采集系统。2009 年，中共济南市委组织部、市人事局、市机构编制委员会办公室印发《济南市公务员日常登记管理暂行办法》，规范公务员登记工作。2011 年，登记人员为 2006—2009 年通过市公务员招考、选调生考试、军转干部考试，并经济南市人事局批准进入天桥区公务员队伍的人员，涉及行政单位 20 个、街道（镇）15 个，人员 91 人。2012 年，按照省市公务员管理部门要求，开展公务员管理信息化建设，年底，完成济南市公务员管理信息系统建设工作，实现与上级公务员管理部门数据对接。信息化建设中，登记人员包括自

2010 年始通过公务员招考、考录选调生、军转安置人员，并经济南市人力资源和社会保障局批准进入天桥区公务员队伍的人员，涉及行政单位 8 个、街道 8 个、镇 2 个，计 20 人，收集、审核、报送人事材料 105 份。

二、考试录用

天桥区公务员考录工作按照政策规定和上级要求，严把“四关”（资格审查、笔试、面试、体检考核），实行“四公开、四监督”（考录计划、招考条件、考试成绩、考录结果公开，领导、舆论、社会、纪律检查监督）制度。2002 年，天桥区区直机关面向社会公开招考国家公务员和机关工作者，637 人报名参加笔试，30 人进入面试，录用 10 人。2003 年，组织国家公务员和机关工作者考录工作，全区计划招录职位 10 个，695 人报名参加笔试，32 人进入面试，录用 10 人。2004—2007 年，每年面向社会公开招考 10 名国家公务员。2009—2011 年，天桥区公开招考国家公务员 16 人。2012 年，公开招考国家公务员 25 人。

三、公务员培训

2002 年始，每年对新录用公务员进行初任培训。2008 年，组织干部培训 1.21 万人、新录用公务员培训 611 人。组织《中华人民共和国公务员法》学习考试，2062 人全部通过。组织公共管理核心等知识培训，907 名公务员参加。2011 年，完成全区 1116 名公务员和参照公务员法管理的干部培训及考试工作，回收考卷 3348 份。

2010 年 4 月，机关事业单位科级领导干部任职培训班。

四、人事档案管理

1999 年，天桥区落实中共山东省委组织部、中共济南市委组织部关于干部人事档案工作的通知精神，经中共山东省委组织部验收合格，被定为干部人事档案目标管理二级标准单位。2003 年，管理人事档案 2175 册；由按身份管理统一调整为按单位管理，编写详细档案目录，补充投放新增档案材料 1 万份。2007 年，管理人事档案 2500 余册。为各单位办理相关人员职务调整、工资晋升、职称评审、房屋购买、离退休等手续提供提档和阅档，为干部提拔、人员调动办理档案转递手续。2008 年，从相关单位抽调骨干力量，对人事档案中“三龄一历”（年龄、党龄、工龄，学历）问题进行审核。2009 年，对档案室 2000 余本档案进行重新编号整理，编写新的查阅花名册。2010 年，严格按照中共中央组织部关于《干部人事档案工作目标管理考核细则》要求，坚持党管干部、党用干部的原则，高标准、严要求，整理干部人事档案。对审核中档案缺少材料、手续不完备材料、档案中有涂改痕迹的材料作登记予以明确，就审核中缺少材料及不完备档案进行收集归档，填写《干部“三龄一历”审核确认登记表》，装订入本人档案，将审核确认结果存于《档案和信息审核管理系统》。11 月 2 日，通过中共山东省委组织部考核验收。2012 年，执行中共中央组织部新标准，集中对 919 卷干部人事档案进行全面系统归档整理（对四大类、九大类档案材料进行二级分类），收集 2010—2011 年个人材料 4000 余份。

第三节　专业技术人员管理

一、职称评聘

1991—1993年，为597名全日制大专、本科生确定初级职称。全区企事业单位17个系列2904人参加初、中、高级职称评审，其中高级230人、中级1398人、初级1012人、员级264人。

1994—1995年，全区聘任专业技术人员3874人，其中高级163人、中级1262人、初级2449人；为2250名专业技术人员评定专业技术职务资格，其中高级68人、中级690人、初级1492人。

1999年，建立职称评聘工作管理网络，新建专业技术人员业务档案5107卷，重新组建工程、卫生、中学教师、小学教师、会计、经济、统计和审计8个初级评审委员会。根据济南市人事局《关于竞争聘任专业技术职务，实行聘约管理的通知》，对全区事业单位专业技术职务岗位进行重新审核，审定岗位1406个，其中高级215个、中级1191个。全区3614名专业技术人员参加竞争上岗，聘任3311人，其中高级168人、中级1162人。

2010年，在贯彻人事部《事业单位岗位设置管理试行办法》基础上，按照《济南市事业单位岗位设置管理实施意见》，对辖区内事业单位岗位设置核准申报工作进行全面规范。2011年，完善全区初、中、高级专业技术职务资格审评申报、结果公布及证书办理工作，完成全区事业单位岗位设置管理工作，涉及67家事业单位，4252个岗位。

2012年，对7个事业单位进行岗位设置重新调整，涉及177个岗位。9月，济南市人力资源和社会保障局印发《职称工作政策文件选编》，作为辖区职称申报、评定工作主要依据。

二、培训考试

1991—1993年，组织863人参加专业技术资格考试，229人通过。组织2600余人参加专业知识、外语等培训考试。组织专业技术人员继续教育，为4000余人颁发“专业技术人员继续教育证书”。1994—1995年，组织136人参加全国经济专业资格考试，8人合格。颁发会计资格证书82人、专业技术职务资格证书4518人。

1996—1998年，组织全区事业单位3743名专业技术人员进行年度考核。组织全区企事业单位完成3368名专业技术人员解、续聘工作。组织49人参加全国经济师考试、84人参加职称专业考试、251人参加外语考试。初级职称评委会评审367人，其中教师系列273人、工程系列52人、卫生系列33人、档案系列6人、图书系列3人。为297名全日制正规院校毕业生确定初级职称，其中教师系列225人、工程系列41人、卫生系列12人、经济系列18人、会计系列1人。组织4100余人参加专业技术人员继续教育培训考试。

1999—2003年，为7933人进行专业技术人员职称评定，其中高级596人、中级2767人、初级4570人。换发“专业技术职务资格证书”4600人次。对全区1032名技术工人进行职业道德培训，举办模范人物先进事迹报告会。2002年，组织2001—2003年度区属事业单位技术工人等级考核，38个工种的354人报名参加考试，其中21人参加技师考试。至2002年年底，取得技工等级证书人员946人，其中高级445人、中级353人、初级148人。组织专业技术人员继续教育培训22期、2万余人次。举办初级外语、创造学与创造性经营、创业与成功、市场经济知识、会计新法规和计算机基础知识等培训班14期，培训6962人。

2004—2009年，为全日制正规院校毕业生确认专业技术资格532人，1805人通过高、中级专业技术资格评审。组织经济专业技术资格考试525人、卫生专业技术资格考试358人、会计专业技术资格考试6275人。区属事业单位聘任专业技术人员4749人，其中高级502人、中级2319人、初级1928人。2008年，组织2003年、2005年、2007年度工人技术等级考核，全区有944人取得技术等级证书，其中高级620人、中级201人、初级123人。举办《中华人民共和国行政许可法》培训班40期，培训1446人。

举办人力资源管理等知识培训，115 人参加。

2010 年，为 247 人办理职称申报；组织参加专业技术相关考试 170 余人次；工程系列职称评审通过 194 人,其中高级 110 人、中级 61 人、初级 23 人。2011 年，机关事业单位工人技术等级岗位考核 224 人，经济专业技术资格考试审核 169 人。发放会计专业技术资格考试合格证书 112 人、职称外语考试成绩单 66 人、计算机考试合格证书 328 人、经济专业技术资格考试合格证书 23 人、专业技术人员职称专业考试合格证书 47 人、机关事业单位工人技术等级岗位考核合格证书 186 人。工程、教育、卫生、档案、新闻等专业技术人员职称评审（确认）初级职称 177 人、中级职称 121 人、高级职称 35 人。

2012 年，一级建造师资格考试审核 598 人，经济专业技术资格考试审核 172 人，造价工程师执业资格考试审核 197 人，注册税务师执业资格考试审核 169 人。发放会计专业技术资格考试合格证书 144 人、职称外语考试成绩单 56 人、计算机考试合格证书 284 人、经济专业技术资格考试合格证书 28 人；工程、教育、档案、新闻等专业技术人员职称评审（确认）初级职称 71 人、中级职称 5 人、高级职称 2 人。

第四节　军队转业干部安置

1991 年，天桥区接收军队转业干部（下称军转干部）6 人。至 1998 年，天桥区接收安置的军转干部分别参加不同专业的培训班，完成由部队到地方的转换，安排在机关工作的军转干部均通过公务员过渡考试。1999—2001 年，接收安置军转干部 107 人。2007 年 1 月 12 日，天桥区军队转业干部工作办公室成立。对军转干部按“四公开一监督”（公开安置办法、考试考核成绩、安置计划、安置去向，纪委监察部门全程监督）办法进行安置。2012 年 5 月 14 日，根据济南市军转办下发的《关于采集数据库信息的通知》，天桥区军转工作新增全国企业军转干部信息管理系统每年一度的升级与日常管理更新，登记核对企业军转干部姓名、身份证号、社保个人编号等信息，确保实现企业军转干部信息管理系统与社保系统准确对接。

1991—2012 年，天桥区接收军转干部及随军家属 628 人，其中 1991—1994 年，接收安置军转干部 38 人；1995—2012 年，接收团级及以上干部 85 人、营级及以下干部 469 人、随军家属 36 人。

1991—2012 年天桥区军转干部安置统计表

表 21-10　　单位：人

年 份	军转干部安置人数			随军家属
	总人数	团级及团级以上	营级及营级以下	
1991	6	—	—	—
1992	9	—	—	—
1993	12	—	—	—
1994	11	—	—	—
1995	9	3	6	—
1996	13	5	8	2
1997	9	3	6	—
1998	23	5	18	2
1999	44	7	37	—

续表 21-10

年 份	军转干部安置人数			随军家属
	总人数	团级及团级以上	营级及营级以下	
2000	39	9	30	—
2001	24	3	21	2
2002	13	1	12	—
2003	19	6	13	11
2004	47	3	44	—
2005	68	4	64	—
2006	97	10	87	—
2007	33	4	29	3
2008	35	3	32	2
2009	25	4	21	3
2010	15	3	12	2
2011	22	5	17	6
2012	19	7	12	3

第五节　人才工作

一、政策服务

1991 年，为全区“百项会战”（100 个技术进步项目）召开全区人才攻关工作会议，制定企业引进人才优惠政策，组织全区企业参加全省人才交流大会。1992 年 9 月 1 日，天桥区《关于引进人才、技术、项目和资金的优惠政策》实施。1993 年 4 月 20 日，天桥区人才市场建成，与驻区 10 所大专院校、科研单位建立合作关系；10 月 28 日，印发《天桥区人才市场管理办法》。1995 年，为中共天桥区委、区政府确定的重点技术进步项目解决科研管理急需人才 19 人。1998 年，中共天桥区委、区政府印发《关于加快个体私营经济发展的决定》，区人事局制定《关于为进一步加快发展个体私营经济搞好人事服务的意见》，服务对象由国家干部扩大到各级各类人才，服务方式由原来等客上门到上门服务，分别给在天桥区注册的 1270 余家民营企业发寄《致民营、个体私营企业厂长、经理的一封信》。

天桥区以优惠政策吸引更多高层人才来就业，2000 年，制定《关于对引进人才实行政府特殊津贴的暂行办法》，对具有学士、硕士、博士学位者，前两年分别发给每人每月 200 元、500 元、1000 元政府特殊津贴。2003 年 4 月，增设办理个人委托人事代理业务，解决大中专毕业生就业和人才在流动时空档问题，为 74 人办理个人代理业务；全年有 17 家新增企业签订人事代理协议。2005 年 4 月，天桥区首次组织春季大型综合性人才交流大会，全区 45 家企业提供就业岗位 550 余个，吸引各类人才 6000 余人到会洽谈，达成就业意向 1000 余个。2006 年 2 月，对在区人才交 流中心委托代理的 28 家重点企业进行人事人才服务调研。现场办理转正定级、受理个人委托代理、网上备案登记、解答咨询逾千人。

2007 年，开展“企业人事人才服务工作”调研活动。对山东蓝翔高级技工学校、山东福缘

金桥筑基工程（2010 年 9 月摄）

来装饰有限公司等 10 余家企业进行调研，深入了解企业发展过程中在人才引进、管理等方面遇到的问题，及时帮助解决。2009 年，利用高校毕业生就业信息网平台，做好毕业生报到、接收工作。2010 年，在全区 15 个劳动保障中心加挂大学生就业服务基地牌子，促进高校毕业生的“金桥筑基工程”。完善创业、求职登记、职业介绍、社会保险接续、劳动保障事务代理“一条龙一站式”服务，为 3850 名求职人员进行免费登记。至 2012 年，在人才交流服务中心办理备案、开户、登记手续民营企业 230 余家。

2000—2012 年天桥区引进人才政府特殊津贴发放统计表

表 21-11

年份	发放人次	发放金额（万元）	年份	发放人次	发放金额（万元）
2000	217	11.91	2007	272	17.81
2001	215	11.90	2008	166	11.49
2002	198	12.05	2009	185	13.08
2003	110	5.48	2010	217	15.27
2004	71	4.02	2011	181	12.48
2005	127	7.72	2012	126	11.34
2006	237	15.15			

二、人才交流会

1991 年始，天桥区每年夏天召开人才交流会，至 2000 年，参会人数逐年递增，并出现研究生参会现象。2001 年，参会人数急剧下降。至 2004 年回暖，呈递增现象，本科生、研究生大幅度增长。至 2012 年，先后有 5.59 万名大专及以上毕业生参会，达成意向 2.32 万人。

大学毕业生招聘会（2009 年 9 月摄）

1991—2012 年天桥区人才交流会统计表

表 21-12　　单位：人

年份	参会	达成意向	研究生	本科	专科
1991	100	48	0	5	43
1992	200	143	0	12	121
1993	500	192	0	22	170
1994	1500	398	0	51	347
1995	1700	418	0	48	370
1996	1500	417	0	52	365
1997	800	230	0	38	102
1998	300	96	0	82	14
1999	1500	322	0	251	71
2000	3050	392	6	263	123
2001	750	289	13	202	74
2002	1200	418	21	174	223
2003	2500	1396	42	782	572
2004	3500	1869	33	1040	796
2005	3500	2504	52	1701	751
2006	3000	1546	24	910	612
2007	2500	1395	25	846	524
2008	3700	1480	14	563	903
2009	5800	2320	19	677	1624
2010	8000	3218	21	947	2250
2011	5200	2058	18	776	1264
2012	5100	2041	27	593	1421

说明：1997 年，山东省劳动技校、济南市劳动技校等学校参会毕业生达成意向的 90 人未列在表中。

三、引进国外智力

1999 年，区人事局首次为山东百斯特电梯公司申报“住宅轻型电梯设计”和“电梯串行通讯技术”项目，被济南市人事局引进国外智力办公室批准立项，帮助制定聘请国外专家方案。2000 年 6 月，获引智奖励基金 3.5 万元，填补天桥区引智工作空白。2004 年 4 月，开展以“引进人才引进智力相结合”为主题的调研活动。11 月，组织全区相关企业参加“中国山东第三届海外人才交流经贸项目洽谈会”，济南得呈化工科技有限公司、济南供水设备有限公司两家企业与德国 SES、法国 BCTI、日本花甲协会等外国专家组织负责人洽谈成功。2005 年 5 月，引进日本和德国专家分别到济南供水设备有限公司进行技术攻关，为企业解决涡流热膜换热器等多个技术难题。2012 年 11 月 5 日，联系区科学技术局、区招商局、济南化工产业园区、药山工业园等单位，做好项目征集和人员组织工作；组织澳华新能源、济南思泰勒水处理设备有限公司、山东美克新材料科技有限公司、裕兴化工厂4家企业，参加“中国山东第七届海内外高端人才交流暨技术项目洽谈会”。

第六节　工资福利

1991年，天桥区执行1985年国务院制定的《关于实施〈国家机关和事业单位工作人员工资制度改革方案〉若干问题的规定》（第二次全国工资制度改革）。至1993年10月，天桥区国家机关、事业单位行政人员、专业技术人员均改为以职务工资为主要内容的结构工资制，按照工资的不同职能，将工资分为基础工资、职务工资、工龄津贴和奖励工资四个部分。中小学校和中等专业学校、技工学校教师、幼儿教师和护士，除按规定发给工龄津贴外，分别加发教龄津贴和护士工龄津贴。建立正常的晋级增资制度；每年根据国民经济计划的完成情况，适当安排国家机关、事业单位工作人员工资增长指标。建立分级管理的工资体制。

1993年11月，天桥区执行国务院下发的《关于机关事业单位工作人员工资制度改革问题的通知》（第三次全国工资制度改革），决定自1993年10月1日始，对机关和事业单位工资制度进行改革。通过这次工资制度改革，将机关与事业单位的工资制度和工资标准完全分开。机关行政人员实行职务级别工资制，工资由职务工资、级别工资、基础工资、工龄工资四部分组成，其中职务工资和级别工资是工资构成的主体。机关技术工人实行岗位技术等级工资制，基本工资由岗位工资、技术等级工资和奖金三部分构成。机关普通工人实行岗位工资制，工资由岗位工资和奖金两部分构成。事业单位专业技术人员按照工作分类，实行五种不同类型工资标准。事业单位管理人员，实行职员职务等级工资制；事业单位技术工人实行技术等级工资制；普通工人实行等级工资制。事业单位工作人员工资构成分为固定部分和活的部分。根据事业单位特点和经费来源不同，将事业单位分为全额拨款、差额拨款、自收自支三种不同类型实行分类管理。全额拨款事业单位工资构成中活的部分占30%；差额拨款事业单位工资构成中活的部分占40%；自收自支事业单位工资构成中活的部分最高不超过50%。自此，建立起正常增资机制。至2005年，先后进行10次工资调整，其中5次（1995年10月、1997年10月、1999年10月、2001年10月、2003年10月）晋升工资档次，5次（1997年7月、1999年7月、2001年1月、2001年10月、2003年7月）调整工资标准。

2006年7月始，天桥区执行国务院对机关事业单位第四次工资制度改革所作的规定（第四次全国工资制度改革）。机关公务员工资由职务工资、级别工资、住房补贴、工作性津贴、生活性补贴五部分构成。其中，基本工资由原来职务、级别、基础、工龄工资四部分减化为职务工资、级别工资两部分。职务工资，分为领导职务工资、非领导职务工资。级别工资由个人学历、套改年限、现任职务时间、低一级职务任职时间等信息进行确定。住房补贴计算方法为基本工资 ×0.35。工作性津贴、生活性补贴按现任职务，对应相应职务津补贴。机关技术工人岗位工资由技术等级工资、岗位工资、住房补贴、工作性津贴、生活性补贴五部分构成。前两部分为机关技术工人基本工资。机关普通工人岗位工资由岗位工资、住房补贴、工作性津贴、生活性补贴四部分构成。机关普通工人基本工资，只有“岗位工资”构成。公务员，根据套改年限、任职时间、低一级任职时间、1993年以来年度考核结果，每5年晋升一级级别工资。公务员、机关工勤，根据年度考核结果（称职及以上），每2年晋升一级工资档次。事业单位实行岗位工资制。由岗位工资、薪级工资、住房补贴和地方各类津补贴四大类组成。事业单位中“职员、专业技术人员、工人”基本工资均由岗位工资、薪级工资两项构成。事业单位工作人员岗位工资、薪级工资、住房补贴和地方各类津补贴套改办法，与公务员的整改办法一致。事业单位中“职员、专业技术人员、工人”，可根据上一年度考核结果（合格及以上），每年晋升一级薪级工资。

1991—2012年天桥区社会平均工资和保险缴费基数统计表

表21-13

年份	月平均工资（元）	月基数（元）	月基数（元）	增长率（%）
		上限（3倍）	下限（60%）	
1991	180	538	108	12.50
1992	191	573	115	6.48
1993	217	651	131	13.91
1994	254	763	153	16.79
1995	362	1085	217	41.83
1996	488	1463	293	35.02
1997	586	1758	352	20.14
1998	658	1974	395	12.22
1999	667	2003	401	1.52
2000	676	2024	406	1.25
2001	733	2197	440	8.37
2002	820	2460	492	11.82
2003	978	2934	587	19.31
2004	1080	3240	648	10.39
2005	1255	3765	753	16.20
2006	1377	4131	827	9.83
2007	1586	4758	952	15.11
2008	1898	5694	1139	19.64
2009	2194	6582	1317	15.63
2010	2491	7473	1495	13.52
2011	2592	7776	1556	4.08
2012	2953	8859	1772	13.88

1995—2012年天桥区最低工资标准调整统计表

表21-14

单位：元/月

最低工资标准	执行时间	最低工资标准	执行时间
180	1995年5月22日—1997年3月31日	610	2006年10月1日—2007年12月31日
240	1997年4月1日—1999年6月30日	760	2008年1月1日—2010年4月30日
320	1999年7月1日—2001年6月30日	920	2010年5月1日—2011年4月30日
370	2001年7月1日—2002年9月30日	1100	2011年5月1日—2012年2月29日
410	2002年10月1日—2004年12月31日	1240	2012年3月1日—2012年12月31日
530	2005年1月1日—2006年9月30日		

第三章 劳 动

天桥区曾是以纺织化工为主的老工业区，20世纪90年代后期，“劳动部门介绍就业，自愿组织起来就业与自谋职业相结合”的就业制度逐步取代“统包统配”的就业制度。2003年后，辖区劳动就业情况发生巨大变化，结构性矛盾凸显，劳动者技能与岗位需求不匹配，下岗失业人员激增，农村劳动力过剩，外来务工人员增多，劳动争议案件频发、案情更加复杂等问题逐一显现。天桥区贯彻“劳动者自主就业、市场调节就业、政府促进就业和鼓励创业”方针，实施更加积极的就业政策，促进创业带动就业，多措并举保障辖区劳动关系和谐稳定。

第一节 用工制度改革

一、劳动合同管理

1991年1月4日，根据劳动部《全民所有制公司职工管理规定》，驻区公司在劳动计划内招收和聘用的职工签订劳动合同，打破企业职工各种身份界限，原临时工与固定工同样按劳动合同的约定明确权利和义务。8月21日，根据《山东省人民政府办公厅关于进一步完善农民轮换工制度的通知》，加强对农民工轮换制的管理，严格控制实行范围，保障其工资福利、粮油供应等，但农民轮换制工人不实行养老保险，可实行企业内部保险储备金制度。1992年，启动企业全员劳动合同制试点，77家企业、8938名职工与用人单位签订劳动合同。1995年1月，《中华人民共和国劳动法》颁布实施，天桥区按规定终止计划内、外临时工和农民工轮换制。

2003年，建立城乡统一的就业登记备案管理制度。5月30日，根据劳动和社会保障部《关于非全日制用工若干问题的意见》，将非全日制用工定位为“劳动用工制度的一种重要形式，是灵活就业的主要方式”，明确非全日制用工制下劳动关系、薪酬待遇、劳动人事争议处理意见等细节。2005年7月，天桥区注册成立第一家经营性人力资源服务机构，即济南基业人力资源服务有限公司。

2012年，按照《中华人民共和国劳动合同法修正案》相关要求，天桥区加强对劳务派遣制度的规范，主要从设立经营劳务派遣业务行政许可、明确界定“三性”工作岗位范围、严格控制劳务派遣用工数量、落实被派遣劳动者同工同酬权利和加重违法行为法律责任等方面对劳务派遣工作加以规范。至2012年年底，天桥区有经营性人力资源服务机构17家，年劳务派遣量超过2万人次。

“和谐劳动，保障民生”劳动保障政策法规咨询会（2009年10月摄）

二、劳动力管理

1991年8月15日，实行就业许可证制度，将“社会青年登记证”更换为“就业许可证”。1993年，天桥区职业介绍所成立，各街道（镇）建立劳动服务站。按照国务院《全民所有制工业企业转换经营机制条例》，实行“在国家统筹规划指导下，企业择优录用工人，个人竞争就业，市场调节需求，双向自由选择”的就业方针，企业享有劳动用工权，自主决定招工时间、条件、方式、数量，可由职业介绍所组织招工。

1995年，对失业人员实行登记制度，颁发“山东省城镇失业人员登记证”，在失业期间享受失业金、社会保险补贴、推荐用工、技能培训、小额担保贷款等多项惠民政策。2000年，将社区就业作为促进下岗、失业人员再就业主要渠道。将纬北路、官扎营等4个街道、1个社区作为促进社区就业的试点。

2003—2012年，加强农民工劳动合同管理，规定具有独立法人或委托法人资格，在本省行政区域内从事生产经营活动的用人单位可依法招用农民工，不具有法人资格的用人单位、个人（含包工头），不得招用农民工。用人单位须在平等自愿、协商一致的原则下，以书面形式与农民工协商签订劳动合同，明确双方权利和义务。

第二节　技能培训

1991年，天桥区启动技能型紧缺人才培训工程，加强技工院校招生工作，有偿为企业培训技术人才。实行定向招生、定向分配，分配到集体所有制单位的比例不少于20%。

2002年始，通过农业广播电视学校定向培养人才，专门对纺织类、机械行业进行高级技工评定与培训。在多个行业进行试点，以提高用工企业职业技能素质，已评定技师享受工程师等中级专业人员相关福利。2003年，联合中国重汽职工大学、市劳动技校，分别举办微机、电算会计、家电维修、电工、电子商务、面点、汽车修理、美容美发、服装裁剪、厨师10个专业培训班，培训下岗失业人员1507人，其中，70%实现转岗就业或通过劳动力市场实现再就业。

2005年，天桥区选拔部分素质高、家庭困难的农家子女到省、市技工学校免费培训学习，推荐就业。2008年，天桥区农村劳动力转移培训基地在济南蓝翔高级技工学校落成。根据市场和用工单位需求，定期开办培训班，有计划、有步骤地对农村劳动力进行免费技术培训。2009年，根据《中华人民共和国民办教育促进法》《关于进一步加强民办职业培训学校管理工作的意见》，区人力资源社会保障局承担辖区11家民办学校年检工作。

就业培训（2009年11月摄）

2011年1月20日，天桥区8家定点培训学校成为济南市就业培训定点机构。2月18日，对符合条件的人群，由一生享受一次政府补贴的培训调整为每年可享受一次政府补贴的培训。培训专业由35项增至103项，其中37项为专项能力培训。至2012年，天桥区有定点培训学校10所。

第三节　就业安置

1991年，以“职业介绍”“待业保险”“就业训练”“劳服企业”为四大支柱的劳动就业服务体系形成。天桥区作为济南市试点建起待业职工生产自救基地，采取多种生产经营形式，妥善安排待业职工再就业。1995年，发放“山东省城镇失业人员登记证”。以促进失业职工再就业、妥善安置破产企业职工、组织困难企业职工开展生产自救为内容的再就业工程全面启动。

1996年，向使用外来劳动力的单位按每人每月45元标准征收外来劳动力调节费。对初次求职劳动者、失业职工再就业、农村剩余劳动力跨区域就业和向非农产业转移就业的妇女、残疾人、少数民族人员及特殊群体人员进行就业前培训。

1997年5月18日，天桥区职业介绍中心成立，各街道办事处设立劳动服务站。同年，投资

150万元建成全省首家零散劳动力市场。1998年，以区劳动局为基地，自上而下建立起再就业服务体系，各街道办事处、各企业形成服务网络。

2002年，济南市下发《关于进一步促进就业再就业工作的通知》，从岗位补贴、社会保险补贴、培训补贴和小额贷款等方面加大对就业再就业扶持力度。2003年，各街道办事处成立劳动保障服务中心，主要负责辖区内劳动力资源和退休人员登记管理，办理失业登记，承担“再就业优惠证”“失业证”核发和下岗失业人员管理工作，收集和提供劳动力供求信息，开发社区就业岗位，为就业困难群体提供就业再就业援助，代理社会保障服务。重点开展农村劳动力向非农产业转移和劳务输出工作。发展劳服企业、服务型企业及社区服务体系，积极开发社区就业岗位和公益性岗位，以重点解决就业困难特别是“4050”（指年龄40岁、50岁的人）人员再就业问题。为促进服务型企业吸纳下岗失业人员，对用人达到一定规模服务型企业实行税费减免、社区补贴、小额贷款、免费服务、工商登记、场地安排等优惠政策，推动下岗失业人员再就业。同年，领取失业保险金期间办理退休手续退休人员全部转入社区管理，建立健全退休人员数据库。

2005年始，组织“春风行动”大型招聘会。至2012年年底，大桥镇、桑梓店镇举办招聘会15场。2006年，开展“四送两补”（送政策、送岗位、送技能、送服务，落实社保补贴、公益性岗位补贴）就业服务活动。2月10日，在大桥镇举办第一届推荐农民工就业招聘洽谈会，帮助农民工进城就业。3月，启动“大中专技校毕业生就业服务月”。12月，启动“4050”人员灵活就业给予社会保险补贴援助工作。2007年1月15日—2月28日，开展“再就业援助月”活动，引导帮助部分就业困难人员在社区服务中实现就业。3月，举办“2008年高校毕业生网上招聘”活动。4月，2007年民营企业招聘周活动启动，定于每年的四五月份举办辖区范围内民营企业招聘周和大中专毕业生专场招聘会。

2010年9月，天桥区15个劳动保障服务中心（所）加挂大学生就业服务基地牌子，开展应届、往届高校毕业生就业情况摸底调查，了解其就业服务需求，建立高校毕业生资源管理台账，向社区未就业高校毕业生提供免费就业服务，在全区范围内实施“金桥筑基工程”，营造良好就业环境。在五一广场召开首届大学生专场招聘会，150余家企业参加，提供就业岗位2400个，吸引高校学生3000余人次前来应聘，1300余人现场达成就业协议。

2012年7月5日，根据济南市就业办下发的《关于深入推进“农民工恳谈日”活动的通知》，天桥区就业办举办第一场农民工恳谈日活动。此项活动每季度1场，至年底，举办3场。

农民工恳谈日（2012年7月摄）

第四节 创业引导

2004年1月9日，天桥区劳动和社会保障局举办首届SYB创业培训班，对下岗失业人员进行创业技能培训，此后每年举办一次。

2008年，山东大明家居有限公司被认定为市级创业孵化基地，为天桥区首家市级创业孵化基地，负责为入驻基地创业者或企业提供政策咨询、融资服务、开业登记、跟踪指导等配套服务，协助创业者落实各项优惠扶持政策等。天桥区启动小额担保贷款工作，通过政府出资设立担保基金，委托担保机构提供贷款担保，由经办商业银行发放，解决符合一定条件待业人员从事创业经营自筹资金不足问题。

2010年始，天桥区对区内就业创业情况进行较为详细登记造册。2010—2012年，天桥区登记城镇就业4.5万人，安置下岗失业2.93万人，安置城镇新生劳动力1.56万人，农村劳动力转移6365人,其中新增转移就业人数2026人;举办招聘会18场次，提供就业岗位8.08万个，

SYB创业培训（2010年8月摄）

达成就业意向2.58万人；劳动力市场推荐求职1.11万人，求职成功7539人；技能培训1.22万人,创业培训1387人;小额贷款担保获批453人，发放贷款2438万元。

2011年1月21日,贯彻山东省、济南市《关于促进以创业带动就业工作的意见》，落实一次性创业补贴和一次性岗位开发补贴政策调整。对在法定劳动年龄内拥有济南市户籍的登记失业人员，在济南市行政区域内于2008年7月1日后，初次创办企业或个体工商户并正常经营一年以上，按规定缴纳社会保险费，经区劳动就业办公室认定为成功创业的，可申请一次性创业补贴。2月28日,组织村居通过板报、宣传栏、网络平台举办创业宣传活动日，并在无影山社区设创业指导站。通过创业培训，协调济南市孵化基地成功创业15人。3月15日，协助天桥区2家市级孵化基地办理年检，新增孵化基地1家——泺口服装有限公司。

2012年6月13日，推荐18项创业成果在济南市创业园参展。

2010—2012年天桥区就业创业统计表

表21-15

项目	单位	2010年	2011年	2012年
城镇就业人数	人	16843	10971	17159
安置下岗失业人数	人	9223	7510	12601
安置城镇新生劳动力人数	人	7620	3461	4558
农村劳动力转移	人	1933	1482	2950
新增转移就业人数	人	376	350	1300
就业招聘				
招聘会场次	次	9	5	4
提供就业岗位	个	26791	26004	28004
达成就业意向	人	15209	5145	5475
劳动力市场				
推荐求职人数	人	4692	3540	2846
求职成功人数	人	3662	2252	1325
技能培训人数	人	4689	2907	4604
创业培训人数	人	669	409	309
小额担保贷款				
获批人数	人	26	84	343
发放贷款总额	万元	125	409	1904

第五节　劳动监察

1992年，天桥区进行企业全员劳动合同管理试点，规定每名职工都要按照“平等、自愿、协商一致”的原则与企业签订劳动合同。成立天桥区劳动监察委员会，加强对劳动力和外来务工人员管理，维护企业和劳动者合法权益，推动劳动用工制度改革的顺利进行。实施《女职工劳动保护规定》。

1993年，贯彻劳动部《关于预防和处理职工集体上访和罢工问题的通知》，对预防劳动争议和处理群体性劳动纠纷作出明确规定。贯彻山东省劳动厅和财政厅《关于印发〈山东省劳动合同管理试行规定〉的通知》，对劳动合同签订、见证和履行，劳动合同条款，劳动合同变更、解除、终止和续订，无效合同确认、监督管理等作出明确规定。

1995年1月，《中华人民共和国劳动法》颁布实施。同年，根据《关于启用新的劳动合同文本的通知》，劳动合同文本不再区分单位性质和职工身份。根据劳动部《关于印发〈集体合同规定〉的通知》，对集体合同审查、履行集体合同发生争议的处理、管辖范围、集体合同签订等作出明确规定。

2003年，贯彻落实《省政府办公厅关于切实解决拖欠农民工工资问题的通知》，建立城乡统一的就业登记备案管理制度。无论是城镇劳动者还是农村劳动者全部签订劳动合同，并纳入信息网络管理。严格督促企业认真执行最低工资标准和工资指导线，严格落实职工劳动安全卫生规程，规范劳动用工环境，打击非法职业中介，宣传劳动法规政策，保障农村劳动者合法权益。

2005年3月1日—4月30日，天桥区劳动和社会保障局开展“依法取缔黑职介、加强职业介绍监管”为主题的劳动力市场秩序专项清理整顿活动。8月18日，原市属济南制锁总厂等22家国有（集体）企业移交天桥区劳动保障行政部门监察管辖。

2006年9月，倡导驻区国有企业和女职工在25人以上的企业开展女职工特殊保护专项协商。

2008年1月1日，《中华人民共和国劳动合同法》（简称《合同法》）施行。2009年1月，在全区范围内聘请20名劳动保障法律监督员。2010年始，天桥区根据《合同法》立案追缴拖欠工资和社会保险，2010—2012年，立案226起，结案率100%。2011年3月，天桥区劳动保障监察大队成立。5月，建立天桥区劳动保障监察联席会议制度，制定《天桥区劳动保障监察联席会议工作规则》。12月，制定《济南市建筑业企业农民工工资支付管理办法》，对建筑业企业工资支付行为进行规范，维护农民工合法权益。

2012年2月，天桥区劳动保障监察“两网化”正式运行。将全区划分为15个三级网络和138个四级网格，连接到济南市劳动保障监察信息管理网络，逐步实行劳动保障监察网格化、网络化管理。同年，天桥区范围内“一级执法、二级监管、三级责任”监察体系形成。

劳动保障监察网络监管系统上线运行（2010年9月摄）

2010—2012 年天桥区劳动监察统计表

表 21-16

年份	受理举报投诉案件（起）	立案（起）	到期结案率（%）	追回拖欠工资（万元）	补缴社会保险（万元）
2010	96	96	100	186.40	603.40
2011	69	69	100	31.58	189.50
2012	61	61	100	58.30	129.00

第六节　劳动人事争议仲裁

1993 年，天桥区贯彻劳动部《劳动仲裁费和劳动合同鉴证费管理办法》的通知，从储存、核算、适用范围、具体科目方面对劳动仲裁和劳动合同鉴证费作出规定。

1994 年，天桥区劳动争议仲裁委员会成立，隶属天桥区劳动局。1995 年，对劳动争议受案范围进行明确，对国家机关、事业组织、社会团体与本单位固定职工发生劳动争议，符合受案范围的应予受理。企业退休人员追索医药费，可作为劳动争议案件受理。

1997 年 1 月 27 日，设立劳动仲裁办公室，为天桥区劳动争议仲裁委员会办事机构。2006 年 8 月 25 日，天桥区劳动争议仲裁委员会更名为天桥区劳动争议仲裁院，隶属天桥区劳动和社会保障局，内设立案庭、劳动关系仲裁庭、社会保险福利仲裁庭。

2008 年，《中华人民共和国劳动争议调解仲裁法》（简称《仲裁法》）实施，实行“阳光仲裁”制度，对旁听人的条件、旁听人员应遵守的纪律作明确规定。2010 年，在药山调解中心、北园调解中心、济南锅炉集团企业调解委员会进行规范化建设试点，指导试点单位设置标准化调解室；印发《关于建立健全街道、镇劳动争议调解组织实施方案》，规范文书填写，统一制度职责，规范办案程序，定期组织培训，推进试点单位调解工作实现规范化、制度化、法制化、专业化。药山街道劳动争议调解中心被批准为全市首批基层调解中心试点单位。天桥区根据《仲裁法》立案进行劳动仲裁。

2011 年，济南市制定《关于开展劳动人事争议调解组织规范化建设的指导意见》。5 月 16 日，天桥区劳动争议仲裁院更名为天桥区劳动人事争议仲裁院。

2012 年 7 月，成功调解薛某某等 41 人集体争议案件。2010—2012 年，立案 1381 起，裁决 645 起，调解 406 起，其他方式解决 330 起，结案率 100%，挽回经济损失 839.96 万元。

2010—2012 年天桥区劳动争议仲裁统计表

表 21-17

年份	立案（起）	到期结案率（%）	裁决（起）	调解（起）	挽回经济损失（万元）
2010	505	100	200	182	286.86
2011	287	100	147	101	239.10
2012	589	100	298	123	314.00

第四章　社会保障

1991—1992年，天桥区城镇劳动者社会保险制度执行1951年政务院颁布的《中华人民共和国劳动保险条例》。1993—1998年，根据中共十四届三中全会通过的《关于建立社会主义市场经济体制若干问题的决定》，养老保险和医疗保险作为社会保障制度改革的重点领域进入变革时期。1999年5月4日，区劳动局更名为劳动和社会保障局，人事部门承担的机关事业单位社会养老保险、民政部门承担的农村社会养老保险、卫生部门承担的公费医疗保险的职能、机构、人员、编制交由劳动和社会保障部门统一管理。

2008年9月，天桥区城镇医疗保险实现全覆盖。2009年11月，大桥镇、桑梓店镇农民在全国率先进入基本社会养老保险体系。2004—2012年，天桥区失业保险由每人每月277.5元增至730元；至2012年年底，全区参加工伤保险9.87万人。

第一节　养老保险

1991年6月，国务院制定《关于企业职工养老保险制度改革的决定》，明确提出"要建立多层次的养老保险体系"。1996年、2001年、2007年，天桥区养老保险计发办法经历三次改革，逐步完善。2011年，随着城镇居民养老保险参保工作启动，天桥区城乡居民社会养老保险制度实现全覆盖。

1991年，天桥区城镇人口养老保险改按全市劳动合同制工人平均工资总额计算。1992年，企业职工养老保险金由企业开户银行代扣代缴，天桥区为参保职工建立养老保险手册，为职工退休计发养老金提供依据。

1994年，根据济南市《关于深化企业职工基本养老保险制度改革的通知》，增加外资企业、县以下集体、私营企业，逐步解决企业办社会的问题，城镇企业职工全部实现养老保险社会统筹。养老保险缴费形式由企业缴费改为企业与职工共同缴费，职工按个人工资2%缴费起步，后每两年提高一个百分点，最终达8%，离退休人员不缴费。固定工与合同制"统一方式、统一比例、统一基数、统一待遇"的四统一，仍实行统筹金模式，年内按计划预交，年末结算。同年，《中华人民共和国劳动法》颁布，对社会保险作原则性规定。

1996年，《济南市城镇企业职工基本养老保险条例》颁布，保险覆盖范围扩大到私营企业职工、个体工商户、自由职业者和农业户口职工。同年，养老金计发办法第一次改革，由按照档案工资的百分比计发改为按照缴费情况计发，分为社会性养老金、缴费性养老金、个人账户养老金。建立养老保险个人账户，规模为缴费基数11%，由全部个人缴费+单位补齐部分，确立"社会统筹+个人账户"模式，但个人账户是空记账。

1998年，根据《济南市统一企业职工基本养老保险制度实施意见》，与市内其他各县（市）区统一缴费比例、缴费基数、个人账户、养老金计发办法。覆盖范围扩大到街居、乡镇企业、个体工商户、外地驻济企业和办事机构。

1999年，基本养老、失业、工伤保险实行"三险合一，一票征缴"，加强社会保险费征缴力度，养老保险全部实行收支两条线。成立天桥区机关事业单位社会保险事业办公室。

2001年，济南市养老金计发办法第二次改革，将计算过渡性养老金缴费指数的年度由1992—1995年改为1992年至退休上年。

2002年，天桥区社会劳动保险事业分处由

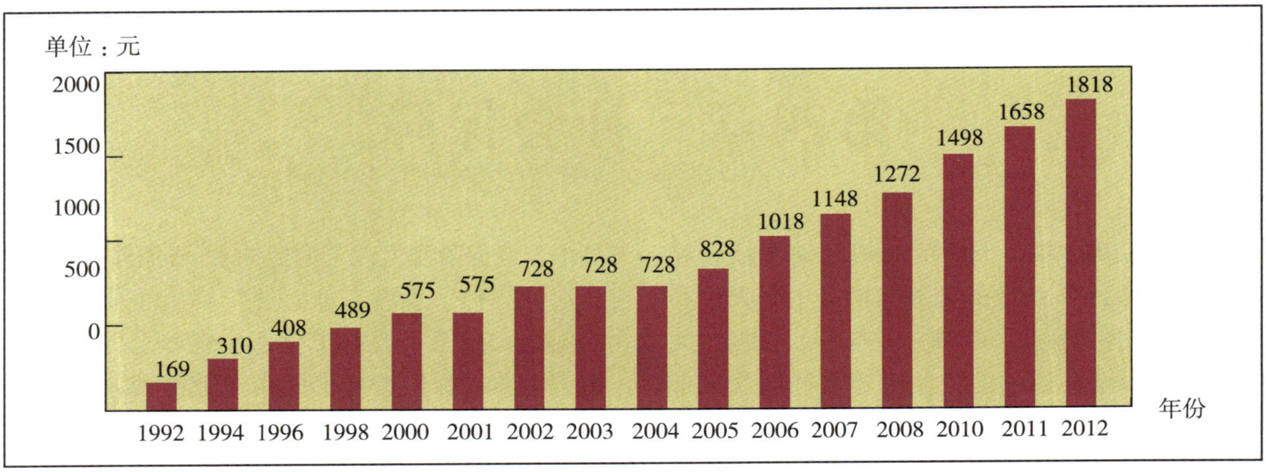

图 21-1 1992—2012 年天桥区企业退休人员人均养老金增长示意图

济南市社会劳动保险事业办公室垂直管理，更名为济南市社会劳动保险事业办公室天桥办事处。企业退休人员开始移交社区管理。

2004 年 7 月，退休人员交通补贴、洗理费和图书补助费，退休、退职人员取暖费，退休人员死亡后一次性救济费，统一纳入养老保险统筹支付范围。参加养老保险的女职工，2001 年前在企业缴费年限不满 15 年的，退休年龄调整为 55 岁。

2005 年 1 月 1 日始，对已参加或尚未参加城镇职工基本养老保险的个体劳动者或自由职业者等从业人员，取消补缴办法，不得再以事后追补缴费的方式增加缴费年限。

2006，统一企业缴纳养老保险金比例。凡企业基本养老保险费低于 20% 的，自 2006 年 10 月 1 日起，统一调整为 20%。个人账户规模由 11% 调整为 8%，全部由个人缴费构成。确立社会统筹 + 个人账户部分积累的模式，调整比例后企业和职工的基本养老保险费比例为 28%。

2007 年，济南市养老金计发办法第三次改革，统一无雇工的个体工商户、零散就业人员缴纳养老保险费的基数。

2008 年 1 月始，调整企业退休、退职人员基本养老金，调整后月人均增加基本养老金 122.9 元，月人均基本养老金水平达 1189 元。调整“建国前老工人”基本养老金，调整后月人均增加基本养老金 184.6 元，月人均基本养老金水平达 1937.6 元。

2009 年 11 月，天桥区被人力资源社会保障部列为山东省首批 19 个新型农村社会养老保险试点区（县）之一，大桥镇、桑梓店镇农民在全国率先进入基本社会养老保险体系。

2011 年 7 月 1 日，《中华人民共和国社会保险法》实施。8 月，天桥区城镇居民养老保险参保工作启动，将城镇居民养老保险纳入业务范围，新型农村社会养老保险更名为城乡居民养老保险，天桥区逐步构建起覆盖城乡居民的城乡居民社会养老保险制度。

至 2012 年年底，辖区养老保险参保人数 25.62 万人，其中，城镇职工养老保险参保人数 17.29 万人，机关事业单位养老保险参保人数 7699 人，农村居民养老保险参保人数 7.56 万人。

第二节　医疗保险

1991—1994 年，天桥区沿用国家机关事业单位公费医疗和企业劳动保障医疗制度。

1994 年 7 月 1 日，天桥区印发《天桥区公费医疗制度改革试行办法》，对在定点医院治疗、住院押金、医疗费支付、报销程序和标准、经费管理使用方面作出明确规定。

2002 年 10 月，实行《城镇职工基本医疗保险定点医疗机构管理暂行办法》，规范定点医疗机构。12 月 1 日，启动城镇职工基本医疗保险制度改革。12 月 10 日，成立医疗保险管理办公室，负责职工医疗保险、驻区企事业单位职工工伤保险、城镇居民医疗保险管理服务工作。

2004 年，印发《天桥区基本医疗保障制度试行办法》《天桥区基本医疗保障制度实施细则》和《天桥区医疗保障用药报销范围》。2005 年 1 月 1 日始，医疗保险扩展到城镇就业人员、社会退休人员、规模以上乡镇企业职工。2006 年，开始将农民工纳入医疗保险覆盖范围；12 月 1 日始，自收自支、部分差额拨款事业单位职工可以参加基本医疗保险。

2008 年 9 月，抚恤定补优抚对象纳入医疗保险覆盖范围，低保重残人员给予全额补助，城镇医疗保险实现全覆盖。2009 年、2012 年，对《天桥区基本医疗保障制度试行办法》《天桥区医疗保障用药报销范围》进行修改。

2012 年 1 月 1 日始，对居民医疗保险年度最高支付限额、居民医疗保险基金支付比例、基金支付范围、居民医疗保险缴费期限等四方面政策作出调整。4 月 1 日始，新生儿出生三个月内参保缴费的，自出生之日起享受医疗保险待遇。11 月 5 日，“城镇居民医疗拨付系统”升级，“现金报销”业务流程变更。11 月 6 日始，停止受理居民医疗保险家庭病床开设的申请。

至 2012 年，全区有 21.73 万人参加基本医疗保险，其中城镇职工 13.57 万人，城镇居民 8.16 万人。

微笑服务（2010 年 8 月摄）

第三节　失业保险

1991 年，天桥区执行国务院 1986 年 5 月 1 日颁布的《国营企业职工待业保险暂行规定》；至 1992 年 11 月，区内所有企业按职工工资总额 1%，向区劳动管理部门缴纳待业保险金。

1992 年 12 月，《山东省职工待业保险办法》颁布，全区企业职工全部纳入失业保险范围。

1998 年 12 月 26 日，天桥区待业保险金转为失业保险金。

1999 年 1 月 22 日，国务院发布《失业保险条例》，在适用范围、缴费比例、待遇标准、享受条件、基金支出结构、管理和监督以及促进再就业方面作出新规定。11 月，启动事业单位失业保险，全区有 13.62 万人参加。

2004 年，天桥区失业保险标准为每人每月 280 元。2008 年，失业保险标准调整为每人每月 380 元。济南市制定《关于扩大失业保险基金支取范围试点的实施意见》，领取失业保险待遇期间实现重新就业的失业人员，可按规定享受社保补贴和岗位补贴，对上述人员从事个体经营或境外就业资金不足的，可申请小额担保贷款及微利项目小额担保贷款贴息。

2011 年 7 月，根据济南市《关于领取失业保险金期间的失业人员参加职工基本医疗保险有关问题的通知》要求，失业职工医疗保险待遇由发放医疗补助金变更为参加职工基本医疗保险。7 月 1 日，天桥区失业保险标准调整为每人每月 550 元；2012 年 7 月 1 日，调整为 730 元。

2012 年 8 月，取消单亲有未成年子女失业人员失业保险金标准上调政策；9 月，为非济南户籍失业人员代发失业保险待遇。

2011—2012 年，全区接收失业人员 2716 人，发放失业保险金 2573 万元。其中，57 人享受培训补贴费用 4.43 万元，69 人享受医疗补助金 34.54 万元，为 8 人办理丧葬抚恤金 22.26 万元。

2004—2012 年天桥区失业保险金调整统计表

表 21-18

执行时间	失业保险标准（元/月）	同比增长率（%）
2004 年 1 月—2007 年 4 月	280	—
2007 年 5 月—2007 年 12 月	340	23
2008 年 1 月—2008 年 12 月	380	12
2009 年 1 月—2010 年 6 月	420	11
2010 年 7 月—2011 年 6 月	510	21
2011 年 7 月—2012 年 6 月	550	8
2012 年 7 月—	730	33

2008—2012 年天桥区失业保险金及补贴、抚恤金发放统计表

表 21-19

单位：人、万元

年份	接收失业人数	累计发放失业金	培训补贴		医疗/生育补贴		丧葬抚恤金	
			人数	金额	人数	金额	人数	金额
2008	2558	2050.74	105	8.33	149	77.44	15	28.72
2009	3633	2002.13	91	5.10	170	98.58	9	20.65
2010	1545	2054.69	78	6.03	129	93.47	8	20.73
2011	1314	1359.33	35	2.70	69	34.54	5	13.46
2012	1402	1213.76	22	1.73	0	0.00	3	8.80

第四节　工伤保险

1991—1997 年，天桥区工伤情况参照企业劳动保障医疗制度。1998 年 1 月 1 日，济南市《职工工伤保险办法》施行，对工伤认定与鉴定以及工伤保险待遇问题进行明确规定。11 月，天桥区工伤保险启动，全区企业自 1998 年 1 月 1 日始缴纳工伤保险费。2000 年 1 月，将参保企业 1990 年 1 月—1996 年 9 月 30 日符合条件的老工伤纳入统筹范围；4 月，将 1989 年 12 月前的老工伤纳入统筹范围。

2003 年 4 月，国务院《工伤保险条例》公布；12 月，《济南市〈工伤保险条例〉实施办法》实施，济南市工伤保险基金实行全市统筹。

2004 年 1 月，工伤保险覆盖各类企业和有雇工的个体工商户、事业单位、社会团体以及各类民办非企业单位。10 月，工伤保险业务由天桥区社保办移交天桥区劳动和社会保障局。2006 年 8 月，农民工参加工伤保险工作启动。2007 年 6 月，天桥区明确事业单位、民间非营利组织工作人员参加工伤保险的相关规定，并将符合规定的人员通过登记纳入统筹。11 月，将符合规定的企业、事业单位老工伤保险待遇纳入统筹，老工伤人员待遇问题得到彻底解决。

2008 年 5 月，对工伤保险实行市级统筹、提取工伤保险储备金、有雇工个体工商户参加工伤保险政策作出明确规定。10 月，济南市下发《关于推进商贸、餐饮、住宿等服务业农民工参加工伤保险的通知》，确定“定额包干、等量置换”

的参保缴费办法。2011年，国务院《工伤保险条例》颁布。2012年，对工伤职业病和康复人员进行统一管理。住院费用由济南市医疗保险办公室与医院直接结算，对工伤职工住院期间发放伙食补助，报销异地就医住宿费、交通费。至2012年年底，全区参加工伤保险9.87万人。

2010—2012年天桥区社会保障统计表

表21-20

项目	单位	2010年	2011年	2012年
社会保险				
其中：养老保险参保人数	万人	23.29	26.90	25.62
医疗保险参保人数	万人	19.37	20.64	21.73
失业保险参保人数	万人	8.71	9.49	9.87
工伤保险参保人数	万人	9.46	10.41	9.87
生育保险参保人数	万人	8.40	9.49	9.87
城镇职工养老保险				
其中：参保人数	万人	17.17	18.61	17.29
扩面人数	人	16268	19973	17236
机关事业单位养老保险				
其中：参保单位	个	139	149	149
参保人数	人	7786	7692	7699
城乡居民养老保险				
其中：参保人数	万人	5.34	7.52	7.56
缴费人数	万人	4.36	0.81	4.87
收缴保费总额	万元	641.05	477.83	825.53
领取养老金人数	万人	1.08	1.44	2.70
发放养老金总额	万元	748.65	520.19	2095.26
城镇职工医疗保险参保人数	万人	11.66	13.31	13.57
居民医疗保险参保人数	万人	7.71	7.33	8.16

第五章 信 访

1993年始，天桥区实行信访工作责任制。2004年8月，天桥区印发《关于建立区处理信访突出问题及群体性事件联席会议制度的通知》。2010年2月，设立天桥区政府信访事项复查复核办公室。至2012年，复查信访事项84件。1991—2012年，接待群众来信来访12556件（起），其中接来信4171件，接来访8385起。

第一节 信访制度

1991年，实行"分级负责、归口办案"制度。1993年，街道（镇）和区直21个有关部门实行信访工作责任制。6月始，办理市长公开电话业务移交区政府办公室。1994年，调整信访领导小组，制定《天桥区人民群众逐级上访实施细则》《群众上访答复意见书》，与12个街道、北园镇和信访工作量较大的8个区直部门签订信访年度责任书。1995年，印发《全区信访工作奖惩办法》。1994—1995年，编印《信访信息》50期，提供有价值信息24条。1996年，实行"两书一单"（群众来信来访受理通知书、群众来信来访答复意见书，越级上访通知单）制度。1997年5月4日，印发《关于进一步加强信访工作的规定》。7月始，开展创建文明接访室活动，制作《信访工作服务承诺》《信访人须知》，制定8条便民服务承诺。2000年3月，印发《关于进一步加强信访工作的意见》，明确各级各部门党政“一把手”对本地区、本部门信访工作负总责，分管领导负具体责任；坚持区级领导和部门负责人公开接访日制度。2002年，印发《关于对信访工作实行重点管理一票否决的通知》《关于建立对信访户回访制度的意见》等文件。

2003年始，加强与上级部门联系，通过网络形成预警信息，做到情况早介入，问题早处理，苗头早控制。2005年，印发《关于建立区级领导干部公开接访工作制度的通知》《天桥区大规模群体性事件应急预案》和《天桥区信访局处置群体性上访事件应急预案》。2006年，印发《关于建立区直部门联合接访工作制度的意见》，要求区法院等12个区直部门轮流到区信访局接访；印发《关于建立“三会两制一中心”信访工作机制的实施意见》，在街道（镇）设立联席会、调处会、听证会、督办制、代理制，在社区、村设立议事会、排查会、调处会、首问办理制、代理制，在区建委、民政等重要部门设立“信访接待中心”。2007年，建立“三书一表”（《整改建议书》《领导谈话通知书》《责任书》，排名表）信访工作机制，在基层推广信访代理制，代理群众诉求。2008年7月，开展区委书记大接访活动。探索形成“矛盾纠纷排查、确定专题、案件分析、公示接访、督查督办”的“分专题进行接访”工作方法，得到中央督导组肯定。

2009年，制定《重大事项社会稳定风险评估化解实施办法（试行）》，落实首问负责制、“AB”角工作制。成立重点信访事项核心研判组，对重点信访事项实行分级研判，逐一化解。形成办信“四点工作法”：突出重点，快字当头办好重要信件；抓住热点，集中精力办好联名信，防止由信转访；主攻难点，降低来信重复率；把握基本点，办好初信，提高一次性结服率。推行“绿色邮政”和“网上信访”。强化第一责任，主要领导亲自抓，区分管领导接待重大集体访。2010年2月，设立复查复核办公室。

2009年9月4日，全区维护稳定暨信访工作会议召开。

2011年，全区实现风险评估机制全覆盖。深化“绿色邮政”制度，推行来信事项“一案一档、表单流程”交办机制，实现网络办信。重视初信初访，实行“首办责任制”，印发《进一步做好接访工作的通知》和《关于印发〈天桥区信访稳定工作推进方案〉的通知》。推行接访工作“五录三化”（接谈记录、调查笔录、微机录入、来电录音、重要来访录像，规范化、制度化、科学化）制度。2012年，变群众上访为干部下访，开展区直机关干部下访督导活动。

第二节　信访办理

1991—1993年，全区受理信访1477件（起）。上级交办信访案件26件。区领导接待群众来访1748人次、批阅来信209件。接听办理市长公开电话474个。因少数企业经济效益滑坡，工资和退休金发放不及时，信访案件中个人要求解决各种实际问题的居第1位，612件（起），占41.4%；城市改造方面问题的居第2位，265件（起），占18%；控告揭发类的居第3位，174件（起），占11.8%；批评建议类的居第4位，164件（起），占11.1%；其他类问题的居第5位，262件（起），占17.7%。

1994—1995年，全区受理来信来访946件（起）。上级交办信访案件10件。区领导接待群众来访1317人次、阅批群众来信90件。因全国范围内的大规划城市建设，人民信访中安置房问题居第一位，计161件（起），主要表现为被拆迁住房的居民逾期得不到安置，经济补偿不到位，安置用房存在缺陷等；工业企业经济效益滑坡，导致拖欠工资和退休金、延迟报销医药费的问题居第二位。

1998—2002 年，全区受理人民来信来访 3421 件（起）。来访主要反映企业改制、产业结构调整中涉及到职工分流、下岗职工安置、基本生活保障金发放、破产企业拖欠职工工资、养老保险金和医疗保险金问题；其次是旧城改造、旧村改造拆迁补偿不当问题，工程款和进城农民工工资拖欠问题。第三是居民小区供水、供电不足，行路难，农村干群矛盾等民生方面问题。

2003—2012 年，全区受理来信来访 5687 件（起）。主要问题集中在土地征用、涉法涉诉、区属企业下岗职工待遇得不到落实、房屋拆迁、小区开发建设遗留问题、村民待遇得不到落实、开发商拖欠农民工工资等方面。

1991—2012 年天桥区接访统计表

表 21-21

时间段	接访总量（件）	受理群众来信（件）	接待来访（起）	接待集体上访（起）
1991—1993 年	1477	705	772	118
1994—1995 年	946	294	652	210
1996—1997 年	1025	279	746	158
1998—2002 年	3421	764	2657	158
2003—2008 年	2681	1230	1451	701
2009—2010 年	1694	578	1116	313
2011—2012 年	1312	321	991	281
总计	12556	4171	8385	1939

第三节　信访复查

2010 年 2 月，设立区政府复查复核办公室，按照《山东省信访事项复查复核办法》，形成复查“四步”工作法。入口“严”，明确不符合受理条件案例；处理“活”，变通解决实际问题，通过协调工作化解信访问题；调查“实”，复查“两本一卷一台账”（谈话记录本、调查记录本，复查事项案卷，复查台账），必要时举行公开听证；意见“准”，表述准确，复查意见逻辑严密，证据确凿，程序合法，手续完备。至 2012 年，复查信访事项 84 件。

全国健康老人张广林向区信访局赠送锦旗（2011 年 12 月摄）

第六章 外事侨务和港澳事务

1996年，天桥区侨务办公室划归天桥区政府办公室管理。2010年，更名为天桥区政府外事侨务办公室，履行外事、侨务工作职能。

1991—2012年，开展侨情普查3次、新移民登记2次；发放困难补贴319人次，计53万余元。

2002年5月，工人新村南村街道办事处被国务院侨办评为全国社区侨务工作先进单位。2008年，天桥区侨务办公室被山东省侨办评为2008年度全省侨务工作先进单位。

第一节 外 事

2010年，接待涉外信访2件，协调解救越南人1名。2011年5月13日—19日，以法国雷恩市“雷恩—济南友协”会长菲利普·依查德先生为团长的代表团一行7人访问药山街道，了解农民工子弟学校（济南第二十九中学）办学情况，考察社区建设情况。

2010—2012年，全区派出团组21批63人。对邀请外国人来济南的企业采取证件核实、街道核实和实地考察相结合的核实方法，做好“引进来”审核工作；至2012年，为21家企业办理邀请来自伊朗、巴基斯坦等30个国家的国际友人来济南洽谈商务，审批348件，627人次。

第二节 侨 务

一、侨情普查与登记

（一）身份界定。1997年，天桥区根据济南市《关于办理发放〈归侨侨眷身份证〉工作的通知》，开始归侨侨眷身份界定工作。首批办理“归侨侨眷身份证”126户，231人。至2012年年底，办理“归侨侨眷身份证”454人。

（二）普查。1992年11月1日—1993年3月31日，开展侨情普查。普查结果：天桥区在外华侨、华人481户1880人，分布在世界21个国家和地区；港胞73户290人；归侨、侨眷、港澳眷属256户825人，其中，归侨53人来自11个国家和地区，侨眷163户429人，侨属63户256人，港胞眷属30户87人。1997年，结合“归侨侨眷身份证”发放工作，再次核实侨情：全区有48名归侨，来自11个国家和地区；侨眷246户749人，香港同胞眷属70户275人；海外华侨华人480户1943人，分布在美国、新加坡、日本等21个国家和地区。2002年4月，全区侨情资料全部实行电脑录入，实现侨情资料电子化管理。2008年3月，在无影山街道进行侨情调查试点。调查范围是1978年改革开放后出国定居的华侨和加入外国国籍的华人、早期归侨子女（主要是第二代）、留学生。调查结果为：新华侨华人20人，居住在美国、新西兰、加拿大等8个国家，从事工作有金融、机械制造、医疗卫生等8个行业领域；留学生69人，留学地有美国、日本、英国等13个国家，所学有电子信息、基因科学、建筑工程设计等11个专业；归侨子女37人，从事工作有汽车制造、民营企业、水泥等13个行业领域。另有少数退休、下岗、无业和在校学生。

（三）新移民登记。1991—2012年，先后开展2次新移民登记工作。1995年，全区登记新移民54人，其中华侨22人、华人27人、留学生5人；1996年初至1998年4月，全区登记移民国外69人，分布在美国、日本、加拿大等国家，主要从事教学、科研工作。

二、为侨服务

1991年1月1日，《中华人民共和国归侨侨眷权益保护法》实施。2004年，企业退休的早期归侨生活困难补贴由各单位单独发放改由市财政统一拨款，区侨办代为发放，每人每月50元（2011年增至260元）。2006年始，根据《济南市困难企业早期归国华侨大病救助实施办法》规定，为符合条件归侨申请大病救助，至2012年，为36名归侨侨眷申请大病救助。协助10余名归侨侨眷办理最低生活保障，为1名侨眷办理养老保险补贴，走访慰问归侨侨眷500人次，慰问金额13万元；办理华侨回国定居1人。

三、引资引智

1991—2012年，接待海外华侨华人100余人次，参观考察天桥区房地产开发、济南丝绸印染厂、国贸大厦等企业。组织相关企业和单位参加省、市侨务部门主办的重大经贸、招商活动，联络新老朋友35人，签订意向书1个，促成招商考察1次，引进侨资企业13家，引进资金1150余万元。

四、联谊活动

天桥区每年举办春节、中秋节茶话会，邀请归侨侨眷共度佳节。至2012年，组织归侨侨眷活动20余次，接待来自美国、德国、加拿大等国家和地区的华侨、华人78人次。

第七章　行政审批

1991—2010年，天桥区行政审批工作在各相关职能部门进行。2010年12月，天桥区行政审批服务大厅建成，17部门入驻，设26个服务窗口，办理审批事项110项。2011年12月，开通网上审批业务。至2012年，受理事项7.04万件，其中审批事项1.05万件、服务事项5.99万件。

第一节　政务大厅建设

2010年12月，天桥区行政审批服务大厅建成。大厅位于天桥区文体中心一楼，面积400平方米，设有26个服务窗口。按照天桥区人民政府《关于设置天桥区行政审批服务大厅的实施意见》要求，天桥国税局、市地税局天桥分局等17家具有行政审批职能和社会服务职能部门入驻，办理审批事项110项。至2012年年底，有服务窗口26个、工作人员32人。

天桥区政务服务中心（2012年10月摄）

第二节　网上审批

2011年12月，按照行政审批制度改革和电子政务发展的要求，天桥区行政审批服务中心建成涵盖全区行政审批服务事项一体化的网上审批服务大厅，实行“外网受理、内网办理、外网反馈”的工作机制。政府部门内部协同办理，实现天桥区行政审批事项受理、审查、决定和告知等全过程网上办理，行政效能得以提高，群众办事更加方便。2012年1月，天桥区行政审批服务中心获2011年度济南市行政审批系统“网上审批工作创新奖”。

第三节　审批业务

2011—2012年，天桥工商分局、区人力资

服务中心业务办理（2012年9月摄）

源社会保障局各项审批在本单位综合厅进行。行政审批服务中心受理审批服务事项7.04万件，其中2011年受理4.14万件、2012年受理2.9万件。

2011—2012年天桥区审批业务统计表

表21-22

部门	受理审批事项（件）		受现服务事项（件）		合计受理业务量（件）	税款（万元）	
	2011年	2012年	2011年	2012年		2011年	2012年
财政局	4591	2096	20408	9000	36095	—	—
地税分局	19	0	4774	7171	11964	78.22	47.77
国税分局	540	959	3287	2500	7286	578.10	38.62
工商分局	0	0	0	0	0	—	—
民政局	7	2	16	1	26	—	—
环境保护局	198	131	0	0	329	—	—
城市管理局	80	24	17	2	123	—	—
物价局	226	12	193	56	487	—	—
文化局	0	13	0	0	13	—	—
卫生局	10	0	0	0	10	—	—
商务局	2	27	0	0	29	—	—
人力资源社会保障局	0	0	0	0	0	—	—
教育局	682	635	0	0	1317	—	—
老龄委	0	0	6121	6319	12440	—	—
人口计生局	27	26	0	0	53	—	—
安全监管局	199	0	0	0	199	—	—
园林局	0	0	0	0	0	—	—
总计	6581	3925	34816	25049	70371	656.32	86.39

第四节　窗口服务

一、联合办公

2012年12月，区行政审批服务中心整合资源，实行国、地税联合办公，实现“两部门一窗口一站式服务”，窗口服务功能得到延伸。

二、无偿代办

2012年，将重汽集团考格尔专用汽车有限公司、化工产业园区天诺光电材料股份、山东铭浩化工股份有限公司作为第一批大项目试点，无偿代办审批项目；联系市重大项目代办组形成联席会议制度。

第二十二篇

法治　国防

1991—2012
TIANQIAO QU ZHI

天桥区人民检察院

驻区部队在堤口路小学进行国防教育

1991 年始，先后开展“二五”（1991—1995 年）至“六五”（2011—2015 年）普法教育。公安机关以“学交警”“平安工程”为平台，开展“严打”整治行动，保持对各类违法犯罪的高压态势。区人民检察院和区人民法院坚持严格执法与热情服务、抓好业务与抓好队伍相统一，开展各项检察工作，提升公正高效司法能力。1994 年 7 月，区综治委、区纪委、区委组织部、区人事局、区监察局五部门联合制定《关于实行社会治安综合治理领导责任制实施细则》；11 月，设立天桥区社会治安见义勇为奖励基金。2004 年，区检察院被最高人民检察院评为全国先进检察院。2009 年，天桥区被评为全国平安建设先进区。

1991 年始，加大征兵宣传力度，兵员素质提高，2007 年始，征集高学历兵员；每年进行民兵应急分队训练演练，1996 年加强民兵应急分队整组，至 2012 年年底，天桥区有基层武装部 23 个。1991—2012 年，进行全民国防教育，区属初中新生均接受人防教育。组织辖区内 100 余个单位 4000 余名领导干部过军事日，民兵参加“清明祭扫先烈”活动逾 1 万人次。

第一章　政　法

1991—2012 年，中共天桥区委政法委员会督促政法各部门加强队伍建设，依法行使职权；指导社会治安综合治理，协调各部门落实各项综治措施；定期分析社会稳定形势，妥善处置突发性群体事件，有效地维护治安秩序和社会稳定。

第一节　社会治安综合治理

1991—1993 年，天桥区成立工商治安巡逻队、治安联防办公室、市场地区治保会和保安专业队伍四支队伍，综合整治农贸市场治安秩序。1993 年，在济南市政法工作会议上作《安也能招来天下客》典型发言。1994—1995 年，建立厂街联防治安室；集中整治农村治安。其间，1994 年 11 月，设立“天桥区社会治安见义勇为奖励基金”，制定《筹集办法》和《管理实施细则》。1996 年，制定《关于对驻区高校及周边地区治安秩序开展集中治理整顿的实施意见》，健全区、街道（镇）、村（居）三级综治工作组织体系。1998—2002 年，开展长途汽车站地区综合管理，成立综合管理办公室，协调公安、工商、城建、环卫、绿化、卫生等部门开展综合整治行动。2004 年，中共天桥区委、区政府作出《关于建设“平安天桥”的决定》，区纪委、区委组织部、区委宣传部等 20 个部门制定建设平安天桥实施意见，开展“平安街镇”“平安社区”“平安村居”“平安单位”等活动。2005 年，制定《天桥区突发群体性事件应急处置预案》，对组织领导、事前预警、事中处置、善后处理、责任追究等进行明确规定。2005 年始，天桥区连续 3 年被评为全省平安山东建设先进区。

2007 年，开发建立社会管理信息系统。对 3 种一般管理对象、11 种重点管理对象、10 种社区服务对象、7 种重点管理组织、4 类重点管理场所，分别落实管理主体、明确管理责任，形成全覆盖、无缝隙的社会管理网络，建立“六五四三二一”（掌握六方面基础信息，治理好五项重点对象，采取点、块、线、面四结合治理机制，建设三级信息治理网络，搞好治理与服务两结合，实现全面、动态、可持续稳定和谐的目标）社会管理新模式，加强流动人口管理。以公安派出所为主，街道（镇）综治干部、村居综治工作人员和计划生育等部门协助，在社会、市场、企业、居民小区等流动人口集中地设立工作站，采取“抓房主、管房客，抓雇主、管雇工”，实现“以证管人、以房管人、以业管人”；在城市社区推行“五位一体”社区管理模式。2008年，制定《关于推行“综治保险”工作的实施方案》，在济南市城区率先进行“技防＋综治保险”试点工作，建成清河北苑技防示范街，开创城区推广综治保险新模式。2009年，全区推行重大事项社会稳定风险评估机制，制定《天桥区重大事项社会稳定风险评估化解实施办法（试行）》。天桥区被评为全国平安建设先进区。

2009年7月17日，全区社会稳定工作会议召开。

至2012年，撰写评估报告12份，提出风险化解建议40条。

2010年，开展打击非法营运“摩的”行动，开展“打击非法行医，净化医疗市场”集中整治，形成“党委领导、综治牵头、属地管理、部门联动”工作机制；投入270余万元，为区属各学校配备专职保安及视频监控系统、报警及警械设备，实现城区学校与当地公安机关110联网。开展社会治安综合治理“基层基础建设年”活动。2011年，对未备案非专用接送学生车辆进行集中整治，制定《关于进一步加强中小学、幼儿园接送学生车辆安全管理工作的实施意见》。在济南市率先成立天桥区见义勇为协会，制定协会章程。1991—2012年，申报见义勇为先进分子12人，受到市级以上见义勇为基金会表彰7人，先进集体1个。2012年，探索建立社会管理联勤工作机制。重点加强以“天网”工程为载体的社会视频监控系统建设，完成指挥中心大厅功能完善和扩容升级，新增18路重点要害部位高清探头，接入指挥中心视频监控平台。

第二节　政法队伍建设

1991—1993年，中共天桥区委政法委组织政法人员进行反对资产阶级自由化和反和平演变教育；开展反腐倡廉、秉公执法教育和争当“人民合格卫士”“优秀法官”“优秀检察官”“学先进、创一流”活动；对个别违反政策、纪律，不适合做公安政法工作的人员进行调整。其间，1992年充实综治办工作人员，为13个街道（镇）配齐分管政法工作的副书记；组建天桥区公安防暴大队。1994年，组建区巡警大队；各街道（镇）增加专兼职政法工作人员。加大投入，支持基层法庭、公安派出所、司法所和法律服务所建设改造。1995年，开展“学交警，争创一流政法工作成绩”活动。1996年，组织开展“严格执法、热情服务年”活动，政法各部门联名印发致全区广大人民群众公开信，公开作出十项服务承诺，欢迎群众监督。年底，人民群众对干警评议的优良率86.5%。1997年，在政法系统开展“单项夺冠军，整体创一流”活动，16个部门、单位被评为“单项夺冠军，整体创一流”先进单位（集体），5个单位和13名个人被评为省市先进集体和个人，2个单位和7名个人在省市立功受奖。

1998—2002年，区政法系统开展“创满意、争十佳”“司法公开咨询”“万人征求意见”“创满意宣传日”活动，实行政务警务公开，密切警民关系。群众对政法部门和政法干警满意率90%以上。2005年，中共天桥区委政法委增设执法监督科；强化岗位责任制、执法程序、工作作风、学习培训、廉洁自律、便民服务六个规范和监督制约、考核奖惩两个机制建设；排查出干警在办案和执法中不规范、不严格的问题18类49项。制定《关于在全区政法系统开展建立“执法档案”的意见》，建立单位执法档案51个、个人执法档案870个。2006年，开展社会主义法治理念教育活动，将“依法治国、执法为民、公平正义、服务大局、党的领导”作为五个专题进行教育；开展“走万户、访民情、促公正、保平安”主题实践活动。2009—2010年，开展“争一流、创品牌”活动，宣传先进典型。2011—2012年，开展“忠诚、为民、公正、廉洁”政法干警核心价值观教育实践活动，加强政法队伍思想政治和业务素质建设。对全区干警进行廉洁从警教育，筑牢道德防线。

第二章　法治政府建设

坚持以规范行政权力运行为重点，以提高依法治理能力为导向，深入推进依法行政，加快建设职能科学、执法严明、廉洁高效的法治政府。

1991年8月9日，天桥区机构编制委员会下发《关于同意区政府法制办公室增加编制的批复》。1991—2012年，制定《天桥区依法行政五年规划》4个，界定执法职责3次，全面清理规范性文件4次，规范行政处罚自由裁量权1次。

2012年7月10日，区政府成立法律顾问委员会。

第一节　依法行政

一、依法行政规划

1991年8月，制定《天桥区依法行政五年规划》，至2012年年底，制定依法行政规划4个。明确依法行政工作指导思想、目标要求、主要任务和保证措施。

二、法制咨询、法律顾问机构

2009年3月3日，成立由6位法学专家、学者组成的天桥区人民政府法制咨询委员会。2012年7月2日，成立由9位法学专家、学者、律师组成的天桥区人民政府法律顾问委员会。先后帮助处理龙湖土地整理纠纷、旧城拆迁改造纠纷、北园旧村改造遗留问题，参与济南化工产业园区建设和项目引进、北郊林场发展、新农村建设等重大事项。

三、依法行政责任制

1994—1995年，制定《关于实施行政执法责任制的方案》，对实施行政执法责任制做出具体规定，下发《行政执法责任制考核标准》，对各项任务进行量化分解。1997—1998年，深入部分重点执法单位检查了解执法责任制落实情况，针对存在的越权执法、罚没物品登记不规范等问题提出整改建议；制定《全区政府系统办公室（或监管科室）法制工作职责任务》，先后对《中华人民共和国红十字会法》《中华人民共和国档案法》《中华人民共和国统计法》贯彻实施情况进行检查。2006年7月17日，印发《贯彻落实省政府办公厅关于做好行政执法责任制推行工作的通知》，成立落实执法责任制领导小组，各主要执法部门落实专兼职法制工作人员，确定岗位责任，强化监督制约。2009年，贯彻实施《济南市执法责任制条例》和《济南市执法违法责任追究办法》，实行错案追究制，防止执法违法现象发生。

四、界定执法职责

至2011年年底，明确全区法定行政执法机关35个、法律法规授权组织3个、受委托组织15个。行政许可90项、行政处罚993项、行政强制69项、行政征收44项、行政确认19项、行政裁决2项、行政给付2项，其他行政行为96项。至2012年年底，全区有执法主体23个，行政审批事项111项（17个单位和部门），行政处罚1985项（19个部门）。在区政府网站上向社会公布行政处罚、行政审批事项目录，各执法部门对办理事项实行服务内容、办事程序、申报材料、承诺时限、收费标准五公开。

五、规范执法行为

1992—2012年，培训行政执法人员1660人次，统一换发新式IC卡行政执法证812张。建立行政执法责任制和评议考核制，将依法行政工作纳入年度全区科学发展综合考评体系。加强对街道（镇）和区直部门依法行政监督考核。实行行政执法公示制度，推行事前和事中报告说明制度。建立重大行政处罚案件备案审查制度，规定行政执法部门应在行政处罚决定送达之日起15日内报区政府法制办备案。实施行政执法案卷评查制度，案卷评查结果作为行政执法责任制评议考核的重要依据。按照《山东省行政执法错案责任追究办法》有关规定落实行政执法责任追究制度。

六、规范行政处罚自由裁量权

2007年，落实《山东省人民政府办公厅转发〈省政府法制办公室省监察厅关于开展规范行政处罚裁量权工作的意见〉的通知》，约束和规范自由裁量行为，以区环境保护局、计划生育局、劳动保障局的试点为基础，在全区推开，压缩行政处罚自由裁量"空间"，减少随意性。

第二节 行政复议和行政诉讼

1991年，全区开展《中华人民共和国行政诉讼法》和《中华人民共和国行政复议条例》贯彻实施情况检查，对执法主体不合法、程序不完善、职能交叉和乱施处罚问题进行整改。1992年2月15日，天桥区政府行政复议办公室成立。1993年，制发《行政复议工作程序》，全面提高行政复议应诉人员业务技能。1991—1993年，全区提起行政诉讼案件23起，其中治安管理、城建、土地类案件分别占26.1%、30.4%、17.4%。在结案的18起案件中，维持6起，撤诉11起，其他1起。

1994年4月29日，《中华人民共和国行政复议法》颁布。天桥区制定《天桥区人民政府行政复议规章制度》，包括《行政复议办公室工作职责》《行政复议办案程序》《天桥区人民政府转送行政复议申请的暂行办法》《天桥区人民政府行政复议档案管理规定》《行政复议案件错案责任追究制度》。1998—2002年，受理行政复

2012年12月18日，中共济南市委巡视组巡视天桥区行政复议工作。

议案件 25 起。2007 年 8 月 1 日，《中华人民共和国行政复议法实施条例》颁布实施，天桥区制定《天桥区行政复议工作制度》，健全行政复议机构，规范办案程序和办案行为。

2008—2010 年，区政府法制办收到行政复议申请 33 起，因超过申请复议时限、当事人主体不符合要求等原因，不予受理的 2 起，受理 31 起，其中维持 21 起 、驳回 7 起、主动撤回 2 起、责令受理 1 起。案件涉及公安、国土、城管、房管、卫生、农业、安全监管、环保、水务、环卫、拆迁等多个行政管理领域。2011 年，受理行政复议案件 6 起，其中驳回 1 起、不予受理 2 起、受理维持 3 起。2012 年 5 月 4 日，设立济南市天桥区人民政府行政复议委员会，行政复议职权由区政府集中行使。同年，涉区行政诉讼案件 11 起，审结 10 起，其中撤诉 4 起、判驳 5 起、中止 1 起；审理中 1 起。2012 年，被省政府法制办授予“山东省行政复仪工作示范单位”称号。

第三节　规范性文件管理

一、全面清理

1990 年年底和 1992 年 6 月，两次对 1980 年以来发布的 48 件规范性文件进行全面清查，确认继续有效的 25 件，需要修改的 2 件，废止 21 件。制定《关于贯彻落实〈济南市规范性文件管理规定〉的通知》，逐步完善规范性文件制定程序制度、备案制度和定期清理制度。1997—1998 年，制定并落实《天桥区贯彻实施行政处罚法，开展“两清理”工作的实施方案》，对 1991—1996 年间制发的规范性文件进行全面清理，清理 54 件，其中涉及行政处罚的 21 件。1999—2003 年，对全区 1992 年以来制定的全部规范性文件进行清理；至 2012 年，清理区政府规范性文件 81 件。

二、审查备案

1991—1993 年，审查发布规范性文件 26 件。1994—1995 年，编制“制定规范性文件的年度计划”，明确规范性文件性质和制定原则，统一文件格式以及制定、送审、备案程序和方法。其间，发布规范性文件 10 件。2009 年，探索形成分类审查、集体讨论、逐一反馈的审查模式，形成先初审、后会审的“双审”制度。全区规范性文件报送备案率达 100%。天桥区被确定为“省政府法制办规范性文件备案审查工作示范区”。《规范行政处罚裁量权的实践与思考》一文被国务院法制办网站全文转载，并被《2008 中国依法行政年鉴》收录。2011 年，将规范性文件报备时限由 30 天调整为 15 天，实施网上报备和审查。全年审查文件 120 件，其中规范性文件 3 件。2012 年，审查文件 97 件，其中规范性文件 6 件，均按照规定在文件印出 15 日内及时报送市政府法制办进行备案审查。2005—2012 年，审查文件 700 余件，提出修改意见 240 余条。

第四节　法制培训

1991—1993 年，举办副局级以上干部培训班、法制联络员和政府法制工作人员学习班 8 期，

2007 年 6 月 9 日，天桥仲裁分会在泺口服装市场商贸中心举办法律咨询和法律宣传活动。

培训1400人次。各业务部门、街道（镇）举办各种类型学习班、培训班197期，培训1万人次。1994—1995年，全区举办各种学习班、培训班近百期，参加市以上业务部门培训40期，参加学习培训的人员近万人次。1996年5月，聘请专家为全区行政执法人员系统讲授《中华人民共和国行政处罚法》，提供《行政处罚法适用手册》530余册，组织全区479名行政执法人员进行集中考试。1997—1998年，对全区287名执法人员分类建立档案，实行规范化管理；对37个执法部门、342名行政执法人员执法证件进行年审。1999—2003年，对全区936名行政执法人员进行法律知识培训，学习《中华人民共和国行政诉讼法》《中华人民共和国行政处罚法》《中华人民共和国行政复议法》《中华人民共和国国家赔偿法》。2009年年底，全区796名行政执法人员统一换发新式IC卡行政执法证。2009—2011年，对执法人员实时监督，动态管理，重新建立行政执法人员资料数据库。至2012年年底，对全区27个执法主体、929名执法人员执法证件进行审验，对332名新增执法人员进行培训办证，实行持证上岗、亮证执法。

第五节　仲裁工作

一、机构沿革

1997年12月16日，根据济南市仲裁委员会的要求，济南市天桥区人民政府研究决定设立“济南仲裁委员会驻天桥区办事处”，下发《关于设立“济南仲裁委员会天桥区办事处”的通知》（济天政发〔1997〕59号），自1997年12月20日起对外办公，正式履行职责。封华成（兼）自1997年12月至2007年3月任主任。

2007年3月15日，济南仲裁委员会批准成立“济南仲裁委员会天桥分会”（济仲委发〔2007〕5号）；3月16日，在区机关东楼三楼会议室召开“济南仲裁委员会天桥分会”成立大会。崔然贵（兼）自2007年3月至2012年4月任主任，封华成自2007年3月至2009年4月、陈天峰（兼）自2007年3月至2012年4月任副主任。

2012年4月20日，根据《济南仲裁委员会仲裁分支机构管理办法》，济南仲裁委员会下发《关于调整济南仲裁委员会天桥分会组成人员及分会工作职责的通知》（济仲委发〔2012〕4号），调整天桥分会组成人员及分会工作职责。陈天峰（兼）任主任，王兴福、林海、李立平、姜鹏任副主任。

二、仲裁调解和仲裁法宣传

根据济南仲裁委员会的授权，济南仲裁委员会天桥区办事处（天桥分会）负责天桥辖区仲裁案件立案前的工作，做好文书送达、财产保全、证据保全及决定执行等工作。依据《中华人民共和国仲裁法》和有关民事、经济法律法规，为天桥区人民政府及其部门的经济决策和企事业经济组织的经营管理活动提供法律服务。1998年6月，天桥区人民政府下发《关于在街道办事处、北园镇设立仲裁联络站的通知》（济天政发〔1998〕20号），在全区14个街道（镇）设立仲裁联络站，聘任仲裁联终员150余人，组成天桥区仲裁工作网络，为企事业单位健全合同管理制度，免费提供法律咨询，进行仲裁调解工作。至2012年，帮助300余家企事业单位建立完善合同管理制度，举办仲裁法讲座90余次，政府部门的执法人员及企事业单位的法务工作者参加讲座学习1.2万余人次。向济南仲裁委员会移送案件180余件，推荐仲裁员12人。

第三章　公　安

1991年始，天桥区加强公安工作和队伍正规化建设，推进公安勤务运行机制改革；以“发案少、秩序好、群众满意”为目标，将维护社会稳定放在首位；开展“严打”和治安专项整治，对各类违法犯罪始终保持高压态势，保护人民群众生命财产安全。1991—2012 年，先后获“全国清理整顿劳动力市场秩序专项行动先进单位”“省级文明单位”“全省优秀公安分局”等称号。

第一节　打击刑事犯罪

1991 年，天桥区公安分局开展“反盗窃、摧团伙”“严厉打击拐卖妇女儿童，查禁取缔卖淫嫖娼活动”、追捕查缉“三逃人犯”（负案在逃，已批捕、批准劳动教养逃跑和已劳改劳教脱逃）专项斗争。1992—1996 年，开展“打团伙、破案件、促防范”“抓现行、挖团伙、破案件”、侦破大要案会战、打击盗窃机动车犯罪、春季严打攻势、“百日严打”行动等专项活动。1997—2000 年，开展打击抢劫、盗窃、团伙犯罪专项斗争；开展“抓现行、摧团伙、破大案、追逃犯”集中行动及“百日严打”、打击走私、盗抢“三车”（汽车、自行车、摩托车）专项行动；开展“百日追逃”、冬季破案大会战以及“打击入室盗窃”“打击拐卖、收买妇女、儿童”专项活动。

2001 年，开展对黑、恶势力集中打击行动和追逃专项行动。2002 年，推动刑警队伍规范化建设，实施“科技强警”和“信息强侦”战略。开展严打整治“春季攻势”、追逃战役、打击“双抢”（抢劫、抢夺）“百日会战”“打黑除恶”等专项行动，先后破获“1·20”“4·13”“7·18”大案、要案。2003 年，开展打击盗窃机动车犯罪专项行动和打击两盗、两抢冬季破案会战，侦破“2·27”“4·2”“7·30”“12·3”大案、要案。济南军区干休一所“4·2”特大杀人抢劫案，仅用 12 天时间即告破获。2004 年，试行刑警大队、刑警中队和派出所刑侦探组“分级主侦制”；开展春、夏、冬季严打和严厉打击流窜犯罪、团伙犯罪等专项行动。4 月 28 日，分局刑警大队技术中队被评为全国刑事技术一级技术室。2005 年，以“三基”（抓基层、打基础、苦练基本功）建设工作为契机，集中开展“春季严打”、打击“盗窃汽车与抢夺犯罪”“夏季严打百日会战”“冬季破案会战”等专项行动，全年打击处理涉案人员 815 名。2006 年，开展“创建无黑恶犯罪区”活动，强化命案、大要案侦破，开展网上追逃。在全市率先组建便衣侦查中队，提高打击街面“两抢”（抢劫、抢夺）犯罪效能。打击处理首次突破千人，连续 4 年名列全市第一。2007 年，推进科技强警发展规划，建设指纹远程比对系统，设立高标准解剖室；开展自行车被盗、“三电”（电力、电信、有线电视）、打击“黄赌毒”专项整治行动。侦破“8·24”系列杀人案和“9·2”贩毒案。2008 年，成功研制“法医临床学体表不规则面积积分测算程序”，获山东省政府科学技术奖；打掉“地下 110”流氓恶势力犯罪团伙。2009 年，成立打击街面“双抢”专职抓现行队伍，组织开展打击侵财犯罪、百日严打专项整治行动。破获 2002 年“8·31”何某某系列故意杀人案。

2010 年，推进打击防范“两抢一盗”犯罪大会战，将治安巡防队并入刑警大队。2011 年，破获 11 起命案；首创微博追逃工作法，开展清网追逃；研发“数字化侦控法”“卡口轨迹碰撞串并”技战法。打掉“两抢”团伙 28 个，“两抢”发案同比下降 31.5%；抓获在册逃犯 101 人，归案率 83.5%。2012 年，天桥区公安分局多警种配合，侦破 8 起现行命案，破获命案积案 3 起，打击处理犯罪嫌疑人 1495 人，抓获网上逃犯 305 人。

附：典型案例

“6·3”劫持杀害人质案　1993 年 6 月 3 日，天桥区新城派出所辖区发生中华人民共和国成立以来济南市首起“劫持并杀害人质”恶性案件。犯罪分子张某某将 6 岁男童徐某某哄骗出幼儿园，以徐为人质，先后 3 次向其父母住处投送匿名恐吓信，勒索钱财，并于当晚将徐杀害。天桥区公安分局组织力量，奋战两天，将犯罪嫌疑人抓获归案。

“4·2”特大杀人抢劫案　2003 年 4 月 2 日，济南军区干休一所发生一起特大杀人抢劫案。军队正军级离休干部张某某、济南市儿童医院原党委副书记李某某夫妇被杀死在家中。此案受害人级别之高、案件影响之大，在全省前所未有。天桥区公安分局在济南军区、省市公安机关大力支持配合下，调动一切可以调动的力量，奋战12个昼夜，将犯罪嫌疑人刘某某抓获，成功破获这一大案。胡锦涛总书记批示："破案迅速，应予表彰"。

"地下110"团伙案 2008年3月，天桥区公安分局一举打掉11个以谋财为目的，"受雇"他人打架斗殴、故意伤害的流氓恶势力犯罪集团，抓获成员56人，查破获治安、刑事案件146起。经查，该类团伙犯罪嫌疑人少则十余人多则几十人，以帮人"了难、追债、报仇"等名义收取佣金，实施威胁恐吓、敲诈勒索、故意伤害等犯罪活动，对外号称"地下110"，严重影响社会治安秩序。济南市公安局局长刘杰批示："天桥分局及时打击此类违法犯罪活动，为民除害，净化治安环境，非常得力。请各分县市局注意此类违法犯罪动态，集中优势兵力，坚决打掉，除恶务尽。"

"5·8"特大系列盗窃汽车案 2010年1月后，济南市区汽车被盗案件频发。天桥区公安分局刑警大队利用网上作战优势，围绕辖区5月8日被盗车辆展开调查，经串并、研判、分析，确定该盗车团伙主要犯罪嫌疑人。6月1日—3日，专案民警奔波于肥城、泰安、济南三地，将犯罪嫌疑人李某某等8人抓获。缴获钢珠枪1支及被盗车辆行车证、大量假身份证、吸毒工具、匕首、镐把等物品。经审查，上述嫌疑人交待自2010年1月，结伙在济南盗窃汽车11辆的犯罪事实。后追回被盗轿车11辆，挽回人民群众经济损失100余万元。在该案侦破过程中，专案组探索、创新使用的"车辆卡口信息碰撞串并法"，被公安部选评为济南市唯一一例全国刑侦部门"网上作战"优秀案例。

"11·15"特大技术性入室盗窃系列案件 2010年10月，天桥区三个高档小区连续发生6起利用技术性开锁手段入室盗窃案件，社会影响恶劣。天桥区公安分局刑警大队历经1个多月缜密侦查，11月15日，在槐荫区匡山小区"居然之家"商城内抓获犯罪嫌疑人袁某等4名犯罪嫌疑人。当场缴获作案车辆马自达轿车1部，假车牌20余副，作案工具1宗，赃款、金首饰、摄像机、照相机、香烟等物品总价值5万余元。经审查，4名犯罪嫌疑人供述了自当年3月，结伙在济南市区及青岛、浙江、湖南、河北、贵州等地采用技术性开锁手段入室盗窃作案120余起，涉案总价值800余万元的犯罪事实。后专案组奔赴江西，先后抓获李某等3名涉案犯罪嫌疑人，彻底摧毁这一特大跨省系列技术性入室盗窃犯罪集团。

特大系列入室抢劫、强奸、盗窃案 2012年3月8日晚，天桥区工人新村南村辖区发生入室盗窃案件。侦查人员发现被盗物品中的一张银座商城购物卡，分别于9日下午在济泺路缤纷五洲商城银座超市、10日下午在银座商城英雄山奥克莱斯店使用。经调取图像资料对比发现两次使用该卡的为同一男性。经扩大范围查找，发现嫌疑人多次乘坐公交车的视频资料，均至济泺路以西、师范路南侧消失，专案民警判断嫌疑人有可能在南村附近有藏身处所。8月6日凌晨，天桥区南刘家庄10号楼5单元501室发生1起技术性开锁入室强奸未遂案件。8月9日，分局刑警在工人新村南村一居民楼内，抓获入室抢劫、强奸、盗窃犯罪的嫌疑人李某某。破获入室抢劫案件1起、强奸案件1起、强奸未遂案件1起，盗窃案件1400余起，涉案总价值380余万元；缴获作案用锡箔纸、插片、拨片等开锁工具100余件，追缴涉案赃物一大宗，价值30余万元。

1991—2012 年天桥区刑事案件立案破案统计表

表 22-1　　　　单位：件

年份	立案	破案	其中重特大案件	
			立案	破案
1991	798	412	235	150
1992	542	278	154	113
1993	515	323	216	155
1994	488	294	243	174
1995	714	430	369	237
1996	963	717	426	296
1997	993	731	328	193
1998	909	644	485	326
1999	858	518	323	174
2000	1676	564	605	181
2001	2316	963	1102	266
2002	2852	1595	1416	310
2003	3529	2077	—	—
2004	4051	2261	—	—
2005	4181	2545	—	—
2006	4015	2998	—	—
2007	3878	2116	—	—
2008	6557	4337	—	—
2009	9225	3380	—	—
2010	9260	4733	—	—
2011	8182	3461	—	—
2012	6004	2189	—	—

说明：2002 年后，因统计方式改变，“重特大案件”统计项目取消。

第二节　打击经济犯罪

1991—1996 年，天桥区公安分局加强对单位内部安全保卫工作督导、指导，打击针对单位内部的现行犯罪；采集全区治安保卫重点单位基础资料，建立单位信息采集卡，组建重点单位基础档案；建立金融机构营业场所和金库安全防范设施建设基础电子档案。1997—2001 年，开展企业内部安全隐患大排查、破产改制企业不稳定因素排查，发现不稳定因素和群体性事件苗头 30 起。2003 年，侦破经济案件 38

起，挽回经济损失 1889.46 万元，避免经济损失 1328.7 万元。

2005 年，做好金融系统、首脑要害等厂企事业单位安全保卫工作，组织开展“集中追逃”“打击非法集资”“山鹰”行动等专项行动。2007 年，整顿规范市场秩序，强化经侦“三基”工程建设，全年破获案件 103 起，涉案金额 5.88 亿元，挽回经济损失 466.85 万元。2010 年，开展打击假发票犯罪、信用卡犯罪、传销犯罪、逃税等专项行动；联合区地税局、堤口街道集中开展租赁房税收征管专项治理行动，对涉及租赁房偷、漏、抗税不法行为进行严厉打击。2011 年，查处经济犯罪和侵害企业合法权益案件，开展打击侵犯知识产权“亮剑”行动、打击信用卡犯罪“天网”行动和打击假发票犯罪专项行动。2012 年，推进经侦破案会战，破获经济案件 157 起，涉案金额 3.1 亿元。

第三节　治安管理

一、治安管理防范

1991 年，天桥区公安分局制定《市区基层群众治安防范暂行规定》，推动全区群防群治。1992—1994 年，进行集中打击和清查行动 9 次。1995 年，指挥中心电视监控系统、电话线联网报警系统、光电地图显示系统建成使用。1996—2001 年，规范联户联防、治安巡逻队、社区保安队群防群治队伍建设。建立“110”报警服务中心、治安服务亭、堵截守候点、防暴警察、巡警、责任区民警、联防治保人员、联户联防队员为主要力量的社会治安防控大体系。2002—2007 年，在北园派出所率先使用“电子巡更”系统；成立专职治安巡防队，提高打击现行犯罪能力；全面推广“电子巡更”系统，设定巡更点 850 余处。建成区域报警中心 2 个（分局 110 报警指挥中心、保安公司技防中心）。全区 130 家前端用户、220 路视频图像接入分局报警监控指挥中心，派出所监控平台接入监控探头 108 个，社会上纳入公安机关直接管理、使用监控探头 2800 个，完成全辖区可视监控网络。2008—2011 年，落实《二手自行车交易实名制管理办法》，对二手自行车交易黑市进行整治；成立养犬管理办公室，引导市民依法文明养犬。推进社区警务建设，深化打防管控一体化建设，开展“六小警务”（从“小处”想起、从“小事”做起、从“小案”抓起、从小“纠纷”调起、从小“隐患”整起、从“小节”改起）工作。2012 年 1 月 19 日，区公安分局新指挥中心大厅启用，建成技防监控报警系统（电视图像监控），将要害部门、重要路面、重点商业网点以及娱乐场所等纳入网络视频监控管理。同年，以北园派出所为试点，探索大联勤机制；开展治安复杂地区整治，研发出租房屋便民服务系统，实现电子全封闭防控模式；深化社区警务，开展消防、物管、车管、危管、外管、网管、毒管进社区。

二、公共场所、特种行业管理

1991 年，特种行业建立区、派出所、行业单位三级治保组织 16 个。1993 年 7 月，天桥区公安分局特种行业管理办公室成立。1998 年，公共场所换发治安许可证，对北园大街两侧餐饮娱乐业进行区域性治理整顿。1999 年，全区 300 家夜间小吃摊实行“临时场所经营许可证制度”；5 月，中央电视台对这一经验做法进行专题报道。2000 年，以火车站、长途汽车站为中心，开展中小旅馆治理整顿。官扎营派出所成立行业自律组织“旅馆业管理理事会”，实行旅馆业分层次管理。2001 年，区公安分局专项治理机动队与全区 257 家旅馆业户签订《公共复杂场所治安管理责任书》，实行从业人员登记制度；在全区 217 家旅馆安装旅馆业治安管理信息系统。2002 年，通过网上比对，抓获各类逃犯 15 人。2003 年，通过旅馆业系统抓获各类逃犯 31 人。2004 年，治安管理推出手机回收市场治安管理办法。2005 年，整治济安街、三孔桥街、顺河街美容美发行业。利用旅馆业系统抓获逃犯 24 人，占全市旅馆业系统追逃人数 55%。2006 年，全区 314 家中小旅馆信息系统安装使用率 100%。全年通过旅馆业信息系统抓获网上逃犯 36 人，占全市抓获网上逃犯总数 41%。2008 年，抓获各级逃犯 110 人。2009 年，完成全区 424 家旅馆业系统升级，通过系统抓获网上逃犯119人。2012年，娱乐服务场所安装治安管理信息系统，采集从业人员信息。

三、危险物品管理

1991—1993年，天桥区公安分局对全区枪支弹药使用、管理情况集中检查，落实年度审核、查验持枪证制度，做到人、枪、证相符。1994年，集中开展收缴枪支弹药、管制刀具突击行动，收缴非法枪支244支、子弹656发、雷管430枚、管制刀具1062把。1995年，贯彻落实省市人大《关于禁止燃放烟花爆竹的规定》，加大宣传和管理力度。1996年，《中华人民共和国枪支管理办法》颁布实施，强化枪支弹药、爆炸、剧毒等危险物品管理力度，全区收缴民用枪支1007支、非法枪支201支、子弹3000发、炸药230千克、雷管598枚。1997—2002年，先后查获收缴非法枪支245支、子弹1.03万发、手榴弹2枚、炸药26.5千克、雷管108枚、导火索30米、管制刀具150余把、剧毒化学危险品2.7千克。2003年，收缴流散在社会面上的各式枪支11支、子弹2300余发，上交市局治安支队废弃子弹1.08万发；加大烟花爆竹禁放宣传力度，向辖区群众发放《致全区居民群众一封信》10万份，悬挂横幅110条。2004年，对全区10家存储、使用剧毒危险品单位以及8家放射源存储、使用单位进行安全检查，收缴废弃剧毒危险品32.5千克，检查放射性同位素43台。2005年，执行济南市公安局颁布实施的《济南市烟花爆竹管理办法》，强化烟花爆竹管理制度，严格监督检查烟花爆竹生产、销售、流通等各个环节。2006年，结合市局枪支管理系统建设，对区内公安和非公安用枪、民用枪支以及使用枪支单位进行调查，对全部持枪人员进行审查，填写各类枪支管理系统相关表格2000余份，取得枪支管理第一手资料。2007—2008年，按照省公安厅统一部署，开展治爆缉枪专项行动，收缴40火箭筒7具、中正式坦克观瞄器1具、82式无后坐力炮2具、气步枪7支、五四式手枪3支、各类雷管159枚、黑火药0.1千克、双管猎枪4支、猎枪弹10发、步枪子弹110发、火药包1个、仿真枪30余支、管制刀具400余把；捣毁非法储存烟花爆竹仓库1个，查获各类烟花爆竹700余箱。2007年，天桥区公安分局获“全省治爆缉枪先进集体”称号。2005—2009年，以消除公共安全隐患为重点，每年集中对辖区48家剧毒、9家放射源生产、使用、储存单位进行安全检查，督促从业单位严格落实销售、购买、使用登记制度和各环节流向登记情况上报制度。2010年，对全区存有爆炸、剧毒化学危险品单位展开全面调查摸底和安全检查工作，收缴各类废旧炮弹、炸弹260枚，子弹6000余发。2011年，抓实烟花爆竹安全管理工作，严格爆破作业审批，收缴各类炸弹、雷管等40余枚，烟花爆竹500余箱。2012年，开展缉枪治爆行动，收缴各类废旧炮弹、炸弹4枚，子弹553发，各类枪支227支，管制刀具581把、弩7支，非法存储的黑火药310千克、剧毒化学品25千克。

四、治保组织建设

1992年，全区建立治保会592个，有治保人员3946人。1995年，推进创建社会治安综合治理模范区活动，强化治安管理。涌现出一批先进单位和宋铭禄、马修利、赵孔祥、赵孔强等先进模范人物。1997年，全区开展联户联防工作，组织联户联防人员450人，建立联户联防报警点28处，设灯箱28个。1998—2000年，加强联户联防人员教育和整顿，成立天桥区治安巡逻大队，使联户联防工作日趋规范。2001年，在北园、黄台等8个派出所试点，招收153人作为专职联防队员，统一管理，并进行法律法规和业务技能培训。2003—2009年，针对天桥区现行犯罪突出的治安特点，成立治安巡逻队并逐年做大做强，打造天桥治安防范的亮点和品牌；各派出所根据辖区实际，建立抓现行小组，全局打击现行犯罪整体能力显著提高。至2012年，天桥区有各类治保组织1429个、协勤263人、义务巡防队员868人，在巡逻防范、暂住人口管理、法制宣传等工作中发挥协警作用。

五、保安服务与管理

1993年5月8日，根据山东省公安厅批复，成立济南市保安公司天桥区分公司；2002年，更名为保安管理科；2004年，更名为保安管理大队，下设3个中队。保安公司成立后，稳步发展人防业务，协调发展技防、物业等其他业务；发挥辅警作用，参与处置医患纠纷、聚众堵路、无序上访等突发性、群体性事件。在稳定全区社会治安局势方面发挥巨大作用。2009年，根据《保安服务管理条例》规定，区保安公司由分局和市保安公司双重管理交由市保安服务总公司直接管理，公安分局不再负责保安公司的管理工作。至2009年12月，公司有保安队员2000余人、人防客户280家、技防客户500余家。

第四节　户政管理

一、常住户口管理

1991年，天桥区强化重点人口管理，扩大重点人口列管面。1994年3月，北园派出所试点解决户口管理人户分离问题。1999年，实行实有人口ABC（A表示常住人口、B表示寄住人口、C表示暂住人口）分类管理法。绘制“实有人口居住平面图”。2000—2011年，刑释解教人员专项整治工作纳入重点人口管理长效机制；“两劳人员”（劳动教养、劳动改造）不再注销户口，派出所将在押人员提前纳入视线对象管理。建设警用地理信息系统，16个派出所128个警务区边界进行勘界和电子地图标注，明确警区界限；开展以门楼牌为主体警用地理信息采集、录入。取消户籍内勤、居民身份证内勤职能划分，实行双内勤A、B角延时服务，完成第六次人口普查，摸清全区常住人口底数。2012年，开展户口登记管理专项清理整治行动，完成人口基本信息资源库“同名同号”人口清理核对；放宽企业引进人才入户天桥条件，开展旧村改造小区实有人口调查以及“双实信息管理系统”登记。

二、暂住人口管理

1995年，天桥区制定《济南市天桥区关于对劳务团体、暂寄住人口租赁房屋治安管理试行办法的补充规定》。建立暂住人口管理站21个，在暂住人口较多的村、居、厂企建立暂住人口登记站248个，暂住人口管理实现制度化、规范化。1996年，加强日常管理和集中清理整顿，从流动暂住人口中破获刑事案件61起，抓获违法犯罪分子143人。1998年1月8日，第一台暂住人口管理微机投入运行；服装市场派出所将暂住人口信息全部输入微机。1999—2005年，健全以派出所责任区民警为核心，以暂住人口稽查队、协管员、楼长信息员为骨干的队伍管理机制。全区301家民营企业建立暂住人口自管自治组织。逐户落实出租房屋房主责任。将民营企业暂住人口自管自治制度推广到集体住宿劳务团体、企事业单位、社会办学学校整建制单位。开展出租房屋大调查，以房管人，通过暂住人口管理抓获违法犯罪嫌疑人207人，其中外地逃犯24人。2006—2008年，实行出租房屋业主分层管理制度，开展重点户定期排查和重点整治工作。以出租房屋内可防性案件为重点实行倒查制度，督促责任区民警、雇主、房主依法履行职责。2009

1998年5月16日，济南市公安机关在天桥区东亚商城发放户口。

年，迎接全运会，在全市率先开展集中清查行动，对暂住人口租赁房屋集中地区集中清查48次。2010年，开展出租房屋清理整治攻坚行动，完善房屋中介信息日常管理。2011年，实行租赁房主分类管理，应用暂住登记免费申报电话系统，推行完善暂住人口信息互联网申报机制，开展流动人口就业信息查询服务。2012年，开展“暂住人口服务管理宣传日”活动；加大暂住人口管理检查力度，提高暂住人口办证率。

三、居民身份证管理

1991年，推行身份证查验工作。1995年，分局户籍科和17个户籍派出所实现微机联网，促进身份证申领和管理工作。1998年，开展身份证编号清理纠错工作，全区纠错换证1418人，错证回收率和错证换证率100%。1999年，完成人口信息系统转换。2002年，以居民身份证的“制、发、管”为重点，清理纠正重（错）证号、重记录，全年清理重（错）证号173对。2006年，完成第二代居民身份证换发任务。2010年，成丰桥派出所实行派出所受理户口、居民身份证延时工作制。2012年，开通居民身份证互联网申请和上门采像服务，制锦市、宝华街、北园3个派出所设立集中受理点，减少身份证办理中间环节，推进居民身份证“一换二”工作。

第五节　110报警服务

1994年11月，天桥区公安分局增设指挥室，负责全区110报警服务，情报信息搜集、整理、上报和上传下达指挥调度工作。1995年8月，指挥室配备电视监控系统、电话线联网报警系统和光电地图显示系统，对全区主要路口、复杂场所实施监控。1999年，筹资300万元，升级改造指挥接警系统，装备110接警系统1套、无线对讲系统1套及金融系统电子报警系统1套，建成科技含量高、设备性能先进、兼容性强、高效快捷的现代化指挥中心。至2012年，按照“全时流动警务”要求，优化配置社会面巡逻力量，织密治安巡防网络，实现重点单位、重点部位24小时监管。同年，成立情报信息中心。

1995年，分局指挥中心所用通讯设备。

1996—2012年天桥区110接处警统计表

表22-2　　单位：件

年份	接处警总量	刑事案件	治安案件	纠纷	群众求助	其他类
1996	3557	156	875	1456	422	648
1997	21189	312	7514	9582	856	2925
1998	27762	455	8329	12560	3931	2487
1999	30054	988	9951	13876	3471	1768
2000	32211	1028	10086	15325	3546	2226
2001	35534	1117	11134	16128	4612	2543
2002	38875	1857	12264	16770	4759	3225
2003	39972	1992	13271	16958	4914	2837

续表 22–2

年份	接处警总量	刑事案件	治安案件	纠纷	群众求助	其他类
2004	41108	2032	14223	17110	5037	2706
2005	45569	2056	16788	19496	5659	1570
2006	49951	2243	17006	20011	5745	4946
2007	53362	3043	17322	21130	6021	5846
2008	56643	4115	18676	21277	6134	6441
2009	60021	4557	19945	22209	6442	6868
2010	68867	5669	22072	24344	6806	9976
2011	69106	18700	24088	7608	17176	1534
2012	73572	18430	27447	8330	17644	1721

第六节　出入境管理

1992 年，天桥区公安分局增设外事科，负责对进入天桥区的外国人和港澳台同胞的管理，以及出入境手续审批和法定不允许出境人员的控制工作。1993 年，以派出所为单位建立境外人员户管小组 20 个，对派出所户籍内勤进行境外人员临时户口申报工作培训，加强境外人员管理。1995 年，开展中小旅馆大调查，批复准予接待境外人员旅馆 7 家。1996 年，分局外事科与各派出所实现传真联网，24 小时随时报备；在“三资”企业发展外管联络员 179 人，组织宾馆户管员培训 6 期。全年查处涉外事（案）件 11 起，办理公民因私出境政审 134 人（份）。2010 年，出入境接待大厅启用，受理公民因私出国（境）申请 5873 人次，其中公民因私出国申请 2472 人次、内地居民往来港澳地区申请 2179 人次、大陆居民往来台湾申请 1222 人次，抓获逃犯 1 人。查处涉外案件 10 起 14 人，境外人员住宿登记 6410 人。2012 年，受理审核公民出国（境）申请 4561 份，其中出国护照 2006 份、港澳通行证 1237 份、大陆证 1318 份。办理境外人员住宿登记 2612 人次，其中外国人 2200 人次、台湾同胞 250 人次、港澳同胞 162 人次。法定不批准出境人员报备 302 人，纳入实有人口管理的常住境外人员 165 人。处置各类涉外事（案）件 7 起。

1995 年 11 月 22 日，分局举办出入境宣传活动。

第七节　交通管理

一、交通秩序管理

1991 年后，随着经济社会发展，机动车保有量逐年增加，辖区内交通管理难度加大。1999 年，改进勤务模式，交通民警统一撤下岗台，变静态管理为动态管理。2002 年，将 80% 的警力投入路面管理。2004 年，重点对城乡道路秩序、市区车辆乱停乱放等进行综合治理。至 2012 年，天桥区主干道长度 55.81 千米，次干道长度 25.16 千米，支路长度 74.65 千米，街巷长度 173.07 千米，道路交通供给远不能满足交通需求。天桥大队以“知堵、智堵、治堵”为交通秩序管理导向，采用“单双结合”“限时与非限时结合”“顺时针通行”“错时加延时结合”等交通管理措施，保障城市交通安全、畅通、有序。通过大排查、大整治、强管理、压事故的方式，加强对重点驾驶人、重点车辆管理和重点违法行为整治，减少交通安全隐患。

二、交通安全宣传

1991 年夏季，开展交通安全宣传“五进”（深入企业、单位、社区、学校、家庭进行宣讲）活动。1997 年，开展“倡导六大文明交通行为”（不随意变更车道、不闯黄灯、不开车打电话、不滥用远光灯、不车窗抛物、机动车礼让行人）、“摒除不文明交通违法行为”“抵制六大危险驾驶行为”（酒后驾驶、超速行驶、疲劳驾驶、闯红灯、超员、超载）、“六类道路安全及管理设施到位”（安全检查内容到位、加强路面管控到位、排查隐患企业到位、排查事故隐患到位、排查重点车辆到位、强化宣传到位）等宣传活动。2009 年，第十一届全运会在济南举行，天桥区围绕中心、突出重点、结合辖区实际特点，加大交通安全宣传力度。2010 年，与区委宣传部、团区委联合举办交通安全志愿者公益活动，开展“文明践行我带头 文明单位在行动”活动。组织居民、学生、单位职工参与交通安全志愿者行动，深入辖区体验生活，进行交通违法行为劝导工作。2011 年，在 104 国道、220 国道、308 国道及沿线村庄设立固定交通安全标语 80 余条，在国道、省道沿线村庄书写交通安全标语 120 余条，制作悬挂宣传横幅 600 余条。制发《交通安全进学校》《交通安全进企业》《交通安全进农村》电视专题片光盘 1000 余盘。2012 年，深入辖区 9 所驾校，通过讲解课件、发放宣传手册方式，开展《机动车轻微交通事故快速处理办法》培训，培训 2.65 万人。

三、事故处理

1998—2012 年，天桥区境内发生交通事故 54584 起，死亡 540 人。

1998—2012 年天桥区道路交通事故统计表

表 22-3

年份	事故（起）	死亡（人）	受伤（人）	直接经济损失（万元）
1998	1701	23	74	55.50
1999	1841	17	91	59.10
2000	2110	22	129	61.20
2001	2468	33	97	65.10
2002	2914	33	64	73.40
2003	3130	61	101	77.40
2004	3467	51	143	83.30
2005	3712	45	138	89.20

续表 22-3

年份	事故（起）	死亡（人）	受伤（人）	直接经济损失（万元）
2006	3827	44	181	93.10
2007	4079	44	185	102.30
2008	4356	36	208	111.60
2009	4817	30	216	127.80
2010	5056	35	353	131.00
2011	5283	35	390	137.10
2012	5823	31	546	154.40

四、机动车辆管理

1992 年 8 月，农用拖拉机委托县级农业机械部门管理。1993 年 4 月，在全国范围内统一换发“92 式”机动车牌照。2000 年，全区机动车保有量 8586 辆。2004 年 5 月，农用运输车划归汽车类管理，改称为低速汽车、三轮汽车类型管理。2007 年，办理注册登记的各类机动车 1.15 万辆。2008 年 5 月，济南市实行小型汽车自编预选号牌。至 2012 年，全区机动车保有数量 2.23 万辆。

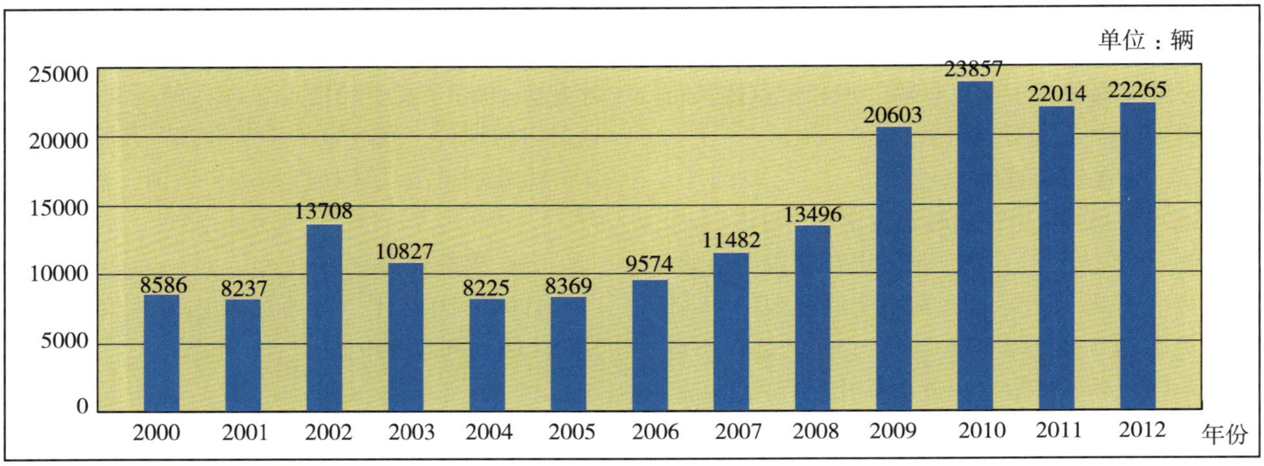

图 22-1　2000—2012 年天桥区机动车辆保有量示意图

五、驾驶员管理

汽车类驾驶人员考试业务由济南市车管所负责，摩托车以及农用运输车类驾驶人员管理工作委托区交通警察大队负责。2004 年，《机动车驾驶证申领和使用规定》实施，启用新的机动车驾驶人登记系统，进行相关数据更正、录入、留存，统一纳入公安内部网络管理。至 2012 年年底，天桥区机动车驾驶人员 19.47 万人。

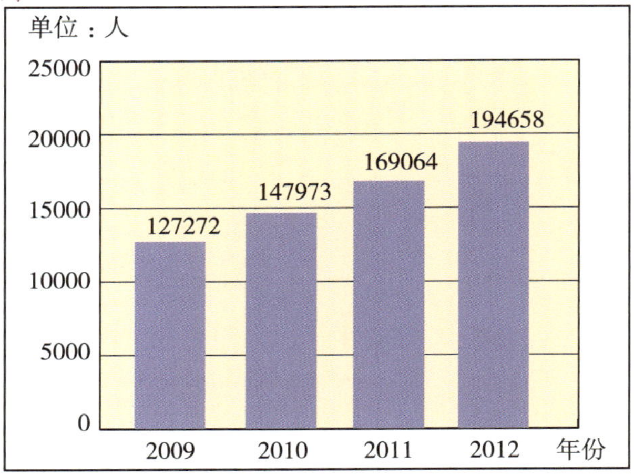

图 22-2　2009—2012 年天桥区机动车驾驶员保有量示意图

第八节　消防管理

1991 年，天桥区公安分局建立义务消防队伍 124 支、队员 2653 人。召开火灾现场会 2 次，受教育 450 人次。全年发生火灾事故 28 起，烧死 1 人，烧伤 6 人，直接经济损失 15.63 万元。1995 年，分局消防科举办“11·9”宣传一条街活动。年内发生火灾 12 起，火灾事故查清率和责任火灾处理率 100%。1998 年，对全区 32 个重点防火单位进行安全检查 10 次，成立防火安全委员会。2000 年，实行警务监督管理模式和警长负责制，开展以防火监督为中心的各项安全检查，对 1397 家单位开展消防安全专项治理，补建消火栓 212 台，达到国家消防安全标准。2002 年，原消防科更名为消防大队（武警现役编制）。为消防重点单位上安全课 23 次，组织消防实地演练 11 次，开展消防安全教育培训 50 次，受教人数 3600 余人。开展消防安全大检查，查处各类火灾隐患 7960 条。全年发生火灾事故 362 起，直接经济损失 14.2 万元。2004 年，对辖区内 106 家重点单位开展春季防火、百日消防安全专项治理、人员密集场所、“四个平安”（平安商场、平安场所、平安医院、平安学校）体系大检查等专项治理活动。指导泺口服装市场投资 1400 余万元，配齐配全消防设施和应急疏散标志，健全消防安全规章制度和灭火应急疏散预案。全年没有发生恶性火灾事故。2009 年，以全运安保为重点，开展围剿火灾隐患一、二、三号行动；协助区政府成立应急救援大队；开工建设清河消防站。2010 年 6 月 4 日，全市构筑社会安全防火墙现场会在天桥区召开。2011 年 5 月，药山街道各村居和驻地企业共同出资 50 余万元购置消防车 4 台，成立济南首支民间志愿消防队伍。2012 年，推进全区“九小场所”（小商场、小学校〈幼儿园〉、小医院、小餐饮、小旅馆、小歌舞娱乐场所、小网吧、小美容洗浴场所、小生产加工企业）消防安全标准化建设，打造消防社区和消防主题公园，提高消防观念和消防安全能力。

附：重大火灾事故

1998 年 1 月 22 日夜，济南市第四人民医院实习生宿舍楼内所使用电炉的电源线短路引起火灾，烧死 5 人，重伤 2 人，轻伤 2 人，学生被褥及日常用品全部烧光，造成直接经济损失 4 万余元。2000 年 6 月 13 日，北园大街 415 号山东电子大厦，由于四楼 18 号摊位吊顶值班照明日光灯电源线短路引燃可燃物引起火灾，大厦内磁带、光盘等物被烧，造成直接经济损失 363 万元。火灾发生在白天，无人员伤亡。

2010 年 9 月 25 日，田黄路 26 号仓库发生火灾，造成直接过火面积 4000 余平方米，直接财产损失 700 余万元。

第四章　检　察

1991 年后，天桥区人民检察院在打击犯罪、惩治腐败，维护全区经济社会稳定发展中发挥重要作用。至 2012 年年底，区检察院立案查处经济案件 675 件；审查批捕 4515 件；审查起诉 4612 件。2003 年，省检察院为区检察院记集体一等功。2004 年，区检察院被省检察院授予“山东省‘十佳基层检察院’”称号；被最高人民检察院表彰为“全国先进检察院”。2009 年，区检察院支持起诉的为“无名尸”维权公益诉讼，成为济南市检察机关首起公益诉讼案件。在全市率先成立“专家咨询委员会”，加强同理论界法学专家沟通与合作；成立“检察文化建设理论研究小组”，打造具有天桥特点检察文化体系。2012 年，区检察院被最高人民检察院表彰为首批“全国检察文化建设示范院”。

第一节 刑事检察

1991—1993年，区检察院坚持“从重从快”方针，与公安、法院等有关部门密切配合，积极参加“严打”斗争和社会治安综合治理工作。重点打击杀人、抢劫、强奸等恶性暴力罪案和重大盗窃团伙案。审查批准逮捕犯罪嫌疑人553人，追捕追诉25人，对重特大案件提前介入率100%。1994年，区检察院加强与公安、法院相互配合，实行分层对口联系（包括领导层之间的联系、对口业务部门之间的联系和办案人之间的联系）。建立信息沟通制度，确保信息渠道双向畅通。经常与公安、法院进行座谈，解决执法中存在的共性问题。刑事检察一科总结的《我们与公安机关加强配合的几点做法》被省检察院转发。建立“四簿两卡”（信息簿、刑事侦查监督簿、提前介入簿、综合治理簿，逮捕人犯登记卡、信息卡）。全年批准逮捕犯罪嫌疑人204人，追捕2人，追诉6人，建议不提请逮捕4人，建议撤回起诉2人，改变公安定性5案、14人。1995—1998年，受理公安机关提请批准逮捕771人，经审查批准逮捕658人。

1991—1998年，区检察院在办案中坚持提前介入制度，落实岗位责任制，对案犯审查复核做到三见面（与受害人、证人、被告人见面），复核事实证据，达到不枉不纵。先后制定《收送案卷制度》《赃款赃物管理制度》《律师接待制度》等一系列工作制度。制定《审查起诉工作办法》，使起诉工作在受案、审查、终结、公诉、监督等各个环节都有章可循。开展“阳光预防”活动，做好“两岗维权”建设，在全市检察机关中率先成立“被害人维权岗”，强化“未成年人维权岗”建设。依法提起公诉701案、1091人。

1999年，区检察院坚持严打方针，维护社会政治和治安稳定。全年受理公安机关和区检察院自侦部门移送审查批捕142案、217人，依法批准逮捕164人，做其他处理53人。制定《刑事立案监督工作程序》，规范细化立案监督的各个环节，全年办理立案监督案件16案、17人。监督纠正超期羁押15案、21人。批捕准确率继续保持100%。退回补充侦查32人，追诉1人，判决106案、153人。向侦查机关发出《纠正违法通知书》8份，口头纠正违法40余次。同年，区检察院实行主诉检察官责任制。首次聘任4名主诉检察官，探索主诉检察官责、权、利相结合的工作机制和运作方法，保证主诉检察官责任制健康运行。全年受理移送审查起诉148案、227人，依法提起公诉113案、160人，提检察建议4件。已开庭宣判的案件，全部为有罪判决，无一改变定性。

阳光预防（1998年7月摄）

2003年，区检察院查办全省检察机关首例职务犯罪“零口供”定罪案件，《检察日报》等多家媒体对这一案例进行报道。侦查监督科被命名表彰为“第四批济南市优秀‘青少年维权岗’”；被中共济南市委、市政府授予“全市‘严打’整治斗争先进集体”称号。2011年，加强对校园安全等突出治安问题集中整治，开展青少年维权岗、妇女维权岗和法制宣传教育活动，维护辖区社会治安秩序持续稳定。推行未成年人品行调查、回访帮教等制度，促进未成年犯罪嫌疑人的帮教转化。公诉科被山东省妇联表彰为“巾帼文明岗”。2012年，制定《天桥区人民检察院未成年人刑事案件公诉环节办案规程》。在全市首创在未成年人刑事案件中引入心理疏导。借助运用心理学知识准确探究未成年人心理症结，有针对性地教育、开导、挽救涉案未成年人。做好刑事案件被害人救助工作和困难当事人帮扶工作，对符合条件的3位刑事被害人开展救助，对6位困难当事人进行帮扶。

2000—2012年，区检察院受理公安机关移送审查批捕3644案、5333人，依法批准逮捕3033案、4267人；受理公安机关移送审查起诉5128案、8361人，依法提起公诉3798案、5761人，判决3656案、5285人。

第二节　反贪污贿赂检察

1991年始，区检察院以惩治打击贪污贿赂为重点，深入到重点行业和部门，查处发生在行政执法和经济管理部门中的贪污、贿赂案件。根据群众举报，一举侦破济南市首例内外勾结、制造假赔、骗取巨额保险金犯罪案件。至1997年，立案查处各类经济犯罪案件271起。1998—1999年，区检察院将查办市场竞争中经济热点部门各种违规行为引发的犯罪作为打击重点，立案查处贪污、贿赂、挪用公款等职务犯罪案件71件。区检察院查办的王某某、耿某某挪用公款案，被济南市人民检察院评为高技术、高智力、高质量样板案第一名。2000—2004年，立案查处职务犯罪案件174件、大要案162件。区检察院在反贪、渎侦部门实行主办检察官办案责任制，通过公开竞聘，选拔10名主办检察官，打破科室界限，组成9个办案小组，突破窝案、串案的整体作战能力明显增强。2002年，山东省人民检察院为区检察院反贪污贿赂局记集体三等功。2003年，通过上级检察机关对区检察院自侦案件质量检查验收，办案质量居全市检察机关首位。济南市人民检察院为区反贪污贿赂局记集体三等功。2005—2009年，立案侦查贪污贿赂案件102件，其中贪污案件27件、贿赂案件60件、挪用公款案件14件、集体私分案1件。查处要案数在全省基层检察院中列首位。2006年、2007年，济南市人民检察院为反贪污贿赂局记集体三等功。2012年，反贪局被山东省人民检察院授予“全省十佳反贪局”称号。

反贪案办案现场（2011年5月摄）

第三节　反渎职侵权检察

1991—1993年，区检察院重点查处侵权、玩忽职守、重大责任事故案件，预查重大伤亡事故和侵宅案件，立案17起。1994年，受理查处徇私舞弊、非法拘禁、刑讯逼供、玩忽职守、重大责任事故5类案件线索22起，立案侦查10起，其中非法拘禁案3起、玩忽职守案3起、重大责任事故案4起，大要案4起。1997年，反渎职侵权工作重点放在查办徇私舞弊、刑讯逼供、“人质型”非法拘禁、玩忽职守案件上。1998年，区检察院在省地方煤炭局立案查处玩忽职守案件1件，填补新“刑法”实施后立案查处渎职案件的空白。1999—2012年，立案查处玩忽职守等渎职犯罪案件68件。2004年、2008年，济南市人民检察院为渎职侵权检察局记集体三等功。

反渎局研究讨论案件（2008年7月摄）

第四节　民事行政检察

1993年3月，区检察院成立民事行政检察科。同年，办理民事申诉案件4起，结案3起。1994—2002年，区检察院受理民事申诉案件375起。所推行的民事行政申诉代理制、多渠道广辟案源等做法在全市推广。同时，将办案与法制宣传、检察建议、化解矛盾等服务手段结合起来，拓宽为企业服务渠道，被企业称为最有力度和最实在的服务，改判案件数居全市检察机关首位。2003年，区检察院重点监督侵害国家和社会公共利益、导致国有资产流失和严重损害当事人合法权益案件。支持国有单位诉讼案件6件，全部胜诉，涉案金额近3亿元。维护了国家和企、事业单位的利益，成为检察机关服务经济建设的新亮点。2004—2008年，受理民事、经济、行政申诉案件170件，提请抗诉和建议提请抗诉117件，省检察院表彰民事行政检察科为“2005年全省民事行政检察先进集体”。2009年，区检察院与区法院会签《关于民事行政案件执行监督的实施意见》《关于检察建议启动民事行政案件再审程序的实施意见》，与区司法局会签《建立民行检察与司法工作协作机制意见》《加强民行检察与法律援助工作协作意见》等文件，加强对民事行政案件的审判监督和执行监督，建立民事行政检察与司法和法律援助工作协作机制。受理民事行政申诉案件15件，立案9件，提请抗诉7件，提起再审检察建议2件，法院再审改变原裁判12件。区检察院支持起诉的为“无名尸”维权的公益诉讼，成为济南市检察机关首起公益诉讼案件。首次开展的对审判机关民事行政案件执行活动的监督工作，促使5起案件达成执行和解。2010—2012年，受理民行申诉案件137件，立案66件，提请抗诉27件，提起再审检察建议38件。

第五节　控告申诉检察

1991—2007年，区检察院受理来信来访2178件次。2007年，以“办案服务大厅”为窗口，接待处理人民群众来信来访，规范举报线索分流处理程序，为维护稳定大局做了大量工作，被授予全国“文明接待室”称号。2010年，集中开展检察长接访活动，落实24小时接访制度，坚持“谁接访、谁负责，谁主管、谁负责”原则，处理好“民生检察服务热线”转办的各项事宜，打造检察服务民生窗口。2011年，开展检察长接访、下访巡访、案件回访及民生检察服务热线工作，完善执法办案风险评估预警、检调对接等机制。接待群众来访35人次，接收来信104封，检察长接访67次，办理初核案件18件。立案复查刑事申诉案件2件，妥善处理集体访2批、15人，民生检察服务热线受理群众来电500余件。与区司法局会签《关于建立刑事和解与人民调解对接机制实施办法（试行）》，引导当事人以平和方式解决矛盾纠纷，化解社会矛盾。2012年，接待来访25人次，接收来信53封，办理初核案件7件，移送立案6件，办理刑事申诉案件1件，开展刑事被害人救助3件。按照上级要求每个工作日安排院领导接访，院领导参与联合接访20次、下访巡访22次、联合接访22次。

第六节 职务犯罪预防

1991年，区检察院结合办案开展法制宣传，先后在5个单位讲法制课，就案讲法，教育群众。1992年，加强对免诉人员回访考察和监外执行罪犯监管帮教，减少重新犯罪。1993—1996年，加强与辖区重点厂企联系，对重点行业、单位和部门开展预防犯罪工作。1997年，建立预防工作联系点，就案讲法。1998—2000年，区检察院将预防职务犯罪作为反贪工作有机组成部分，坚持专门预防与社会预防相结合、普遍预防与重点预防相结合、案后预防与超前预防、同步预防相结合。2001年始，区检察院增设预防网点，选择工程建设等案件多发单位进行重点预防。2003年11月，总投资10.55亿元的省级重点工程，济南市顺河高架路北延工程建成通车。在长达18个月工期内，未发现一例职务犯罪线索。《检察日报》以《举报箱为何空挂18个月》为题进行报道，《大众日报》等媒体相继转载。2009年，区检察院开展对小清河综合治理、济南裕兴化工厂10万吨钛白粉项目等重点工程同步跟踪预防，实现“工程优质，干部优秀”目标。2010年，区检察院建成集放映厅、高科技展厅、信息化数字展厅于一体的“警示教育基地”，为廉政教育提供平台。2011—2012年，警示教育基地接待机关、企事业单位参观学习人员276批次、6200余人。开展预防职务犯罪警示宣传教育631次。警示教育基地成为全区党员干部廉政教育的主阵地。2012年，区检察院被命名为“济南市廉政文化示范点”。

第七节 监所检察

1991—1997年，区检察院对388名监外执行罪犯进行全面摸底调查，协助有关单位落实监督、帮教措施。配合有关部门贯彻落实“两劳”方针，提高改造质量，并建立监外罪犯登记卡，实行一人一卡，分所登记，落实帮教措施，巩固改造成果。1998年，监所检察部门对公、检、法办案羁押期限加强监督制约。制作诉讼程序法律监督图，对公、检、法办案期限挂牌督办。针对公安机关超期羁押人数较多、超期较长、问题严重的实际情况，下达《纠正违法通知书》。受到公安机关重视，部分超期案件当即得到纠正。采取普遍检查与重点检查相结合的方式，加强监外执行罪犯监督。1999—2002年，监所检察部门会同公安机关对监外执行罪犯开展联合检查12次、专项检查3次，提出检察建议36件。刑罚执行监督工作探索变事后监督为事前监督的新思路，有效防止超期羁押。其间，对1名暂予监外执行期间有社会危害性的罪犯依法收监，维护社会稳定。2003年，开展超期羁押专项清理活动，建立案件诉讼“一卡一表一档”，实行“动态监督，程序控制，预警提示”的监督控制机制，自1999年以来连续5年超期羁押为零。2004—2012年，区检察院加强监外执行罪犯监督管理和诉讼时限监督，有效防止和杜绝超期羁押。配合“平安天桥”建设，对监外执行罪犯管理常抓不懈，实行联合检查与自行检查相结合，对监外执行罪犯进行不定期抽检走访。对各类案件诉讼全过程实行动态监督管理，全面强化监外罪犯执行监督。

第五章 审 判

1991年后，天桥区人民法院狠抓办案质量和效率，实现法律效果与社会效果相统一，保证天桥区社会和谐稳定。至2012年，审结刑事案件5024件、民商事案件6.98万件、行政案件963件。1991年、1999年、2001年，区法院被山东省高级人民法院授予“先进集体”称号。

2001年，最高人民法院授予区法院法警大队“先进集体”称号。2004年，山东省高级人民法院为区法院记集体二等功。2005年1月，全国妇联授予区法院立案庭“全国巾帼文明岗”称号。2007年，区法院北园法庭被共青团中央、最高人民法院命名为全国“青年文明号”。

1991—2012年天桥区法院审结案件统计表

表22-4　　单位：件、人

年份	刑事案件		民商事案件	行政案件
	结案	刑事罪犯		
1991	126	219	1316	2
1992	100	157	1324	6
1993	89	133	1900	10
1994	135	198	2733	19
1995	123	183	2795	30
1996	156	245	3338	51
1997	97	144	3779	30
1998	95	129	4078	20
1999	114	163	3825	18
2000	105	149	3430	28
2001	118	187	2965	31
2002	196	290	3267	50
2003	230	324	3400	86
2004	261	411	3613	65
2005	315	507	3047	50
2006	347	499	4132	30
2007	339	498	3400	47
2008	372	629	3656	60
2009	398	612	3804	50
2010	374	623	3112	55
2011	395	583	2966	150
2012	539	760	3932	75

第一节　刑事审判

1991—1993年，天桥区继续严厉打击严重危害社会治安和严重破坏经济秩序犯罪活动。1991年，召开公判大会9次，依法公判33案、71犯；成立少年审判合议庭；做好监外执行人员回访考察工作。1993年，坚持严打与教育相结合，从团委、教委、妇联等单位聘请少年法庭陪审员，向相关单位提出司法建议。1994—

1996 年，以维护社会稳定为重点，注重案件质量，对主要事实不清证据不足案件，进行退补和自查，防止错（误）判。1997 年，刑事审判以贯彻新《中华人民共和国刑法》、新《中华人民共和国刑事诉讼法》为契机，改革审判方式，缩短办案时间；严把事实证据关、庭审关、量刑关，审结一批贩卖假币、贩毒等新型刑事案件。

2000—2002 年，刑事审判将涉黑和团伙犯罪作为严打重点。少年法庭贯彻“教育、感化、挽救”方针，依法从轻、减轻未成年犯罪的处罚。对适用缓刑的少年犯，定期回访帮教，取得良好帮教效果和社会效果。2003—2009 年，区法院参与“平安济南”“平安天桥”建设，规范市场秩序，始终保持对严重刑事犯罪高压态势。

2010 年，区法院审理备受关注的“10・28”非法吸收公众存款案，依法对 19 名涉案被告人及被告单位进行判处，通过刑事附带民事诉讼方式，为 75 名被害人挽回经济损失 800 余万元。山东省法院院长周玉华批示在全省法院系统推广天桥区法院重大刑事案件庭审保障的做法。区法院成立全市法院首家“少审心理咨询室”，通过对未成年被告人实施心理咨询、评估、干预、矫正，促使其更好地回归社会。2011 年，区法院在打击犯罪同时，注重做好附带民事诉讼案件的调解工作，使 95% 以上的附带民事诉讼以调解结案。

2012 年，刑事审判推进量刑规范化改革，做到宽严相济、罪刑相适。对罪行较轻、不致再危害社会的被告人依法判处缓刑或免于刑事处罚。

第二节　民商事审判

1991—1994 年，区法院对民商事案件采取分片包干、侧重负责、点面结合等措施，到厂企、街居，就地开庭，将办案与讲法相结合，增强办案效果。在审判中坚持说服和疏导，防止民间矛盾激化。每年年初走访调查 40 余家企业，对外欠款多的单位及时派出巡回法庭重点服务，帮助理顺经济关系，排查纠纷，追要欠款。开展司法建议活动，帮助企业制定防范措施。1994 年 8 月 15 日，区法院对济南第九棉纺织厂破产案立案受理，于 12 月 2 日召开债权人大会，通过财产分配方案，债权人按比例当场得到清偿。

1995—1998 年，区法院认真审理与深化国有企业改革有关的案件，着重审理侵犯企业自主权案件，有关企业联合、兼并和清理债务中发生的案件，帮助国有企业走出困境。1997 年 6 月，成立道路交通事故巡回法庭，加强对道路交通肇事损害赔偿案件审理，及时审结一批道路交通损害赔偿案件。

1999—2003 年，区法院提出“抓热点，求效率，重服务，努力为经济建设保驾护航”审判思路。推广“当天起诉、当天立案、当天审理、当天结案”做法，在北园装饰材料等市场建立法律服务站。将维护正常的生产流通秩序、维护企业经营自主权、保障金融安全、促进农业和农村经济发展作为法院服务经济社会发展的重点。召开辖区民营企业者座谈会、金融机构座谈会，组织驻区国有大中型企业、民营企业经济司法联络员培训班。将为民排忧解困作为工作切入点，及时平息纠纷。加大对劳动争议案件审理力度，保障劳动者合法权益。

2004—2008 年，民商事审判落实“司法为民”的各项措施，积极审理关系人民群众切身利益的各类纠纷案件。针对办案中发现的影响经济健康发展的苗头、隐患及时提出司法建议。注重办案的社会效果，通过耐心细致工作避免多起有矛盾激化倾向的案件，引导当事人在平等自愿、互谅互让基础上达成调解协议。加大对征用土地补偿、农村土地承包合同、房屋拆迁补偿案件审理力度。顺利审结多起涉及重点工作建设的纠纷案件。

2009—2012 年，民商事审判坚持“调解优先、调判结合”的原则，强化调解疏导，最大限度调解矛盾。多数民商事案件以调解、撤诉方式结案，实现社会和谐稳定、案结事了目标。妥善处理各类合同纠纷及公司诉讼案件，规范和引导资本良性运转，维护健康的市场交易秩序和金融秩序。按照中共天桥区委“以城市建设引领经济社会发展”的要求，依法审理好涉及城市建设的相关案件。针对天桥区在拆迁工作中遇到的相关法律问题，主动到官扎营片区进行现场法律服务，为辖区经济发展提供司法保障。以实施“民生政法”工程为契机，通过加强涉民生案件审执工作，解决好人民群众最关心最直接最现实的利益问题。

第三节 行政审判

1991—1993 年，天桥区行政案件审理，坚持就地审理、就地宣判。在依法保护公民、法人和其他组织合法权益同时，注意维护行政机关依法行使职权。1992 年，向公路段济南站、区环保局派出巡回法庭，协助清除路障、收回长期拖欠的环保罚款。1993 年，建立区土地局、防疫站、黄河河务局、区拆迁办 4 个行政巡回法庭。

1994 年，区法院聘请行政司法联络员 21 人，建立行政司法联络中心。省法院在天桥区设立 2 个行政执法联络点。1996 年，《中华人民共和国行政处罚法》和《中华人民共和国国家赔偿法》颁布实施，区法院加强行政审判的司法宣传工作，促进行政机关依法行政和公民保护自己合法权益的自觉性，扩大行政审判的影响。1998 年，针对“费大于税”的情况，区法院召开 50 余家企业参加的“减轻企业负担法律服务培训会”，与政府联合举办“行政执法研讨会”，实行“行政案件败诉方回访制度”。

2001 年，区法院与区政府法制办建立行政执法联席会议制度，定期召开行政执法专题研讨会和行政执法培训会。2005 年，扩大行政审判社会效果，与区法制办联合召开行政审判工作联席会议，加强案外调解工作。2007 年，在行政审判中引入案外协调机制化解“官民”矛盾。2008 年，有 63.3% 的行政案件通过多渠道、多方式协调工作，原告主动撤回起诉或双方达成和解。

2010 年，区法院通过建立重大案件通报、联席会、行政执法联络员以及司法建议等制度，履行依法对行政机关的监督职能。行政审判工作推行“阳光审判”，邀请人大代表、政协委员观摩重大行政案件庭审。

2012 年，区法院与涉案较多的行政机关沟通协调，通过召开座谈会、举办执法讲座等形式，促进改善行政行为。对特别敏感问题召开协调会 2 次。82.6% 的案件因行政机关主动变更具体行政行为或与行政相对人和解，以撤诉或其他方式结案。

第四节 审判监督

1999 年 7 月前，审判监督工作由告诉申诉庭负责。区法院坚持实事求是、有错必纠原则，以对事实、法律、人民高度负责的态度，依法纠正原判决确有错误的案件。1991—1999 年，审结再审案件 131 件。1999 年 7 月，告诉申诉庭更名为审判监督庭。

2000—2008 年，审结再审案件 203 件。2009—2011 年，审结再审案件 38 件，其中维持原判 5 件、改判 18 件、调解 8 件、驳回 2 件、撤诉 1 件、其他 4 件。

2012 年，加强对二审改判和发回重审案件跟踪管理，每月以评查方式通报，提出整改意见。全年审结再审案件 8 件，其中刑事案件 1 件、婚姻家庭案件 2 件、合同案件 5 件。

第五节 立案 信访

一、立案

1997 年 7 月前，区法院立案工作由审判庭、人民法庭自行立案。1997 年 7 月 1 日，根据最高人民法院“明确职责、分工合理、运转高效”要求，实行立案分立、审执分立、审监分立、统一立案和案件审理实行审判流程管理为主要内容的立案改革，设立立案庭。

2000 年，区法院制定《建立大立案机制实施意见》，确立立案工作制度、审限跟踪管理制度、信访工作制度等多项规章制度，“大立案”机制初具规模。5 月 8 日，在全市法院率先实现诉讼费收取票款分离，当事人不再将诉讼费直接交给法院，而是持法院出具的缴费通知到银行缴费。

2001 年，实行假日立案。2004 年，采取网上立案、电话预约立案等措施方便群众诉讼。2011 年，区法院开展“擦亮窗口”主题活动，建立和完善“导诉员”“电子邮箱”等便民措施，改建立案大厅，为当事人提供优质司法服务。

2012 年，建立健全首办责任制度、服务承诺制度、文明接待制度等各项立案工作制度。9 月，成立矛盾纠纷一站式处理的诉讼服务中心，通过诉前调解和小额速裁及时化解社会矛盾。

二、信访

1991 年—1999 年 7 月，区法院信访工作由告诉申诉庭担负。1999 年 7 月始，由立案庭承担原告诉申诉庭的信访工作业务。区法院在信访工作中贯彻“起身、让座、倒水、听诉、送出”十字工作法，做好服判息诉工作，热情接待群众来访，认真处理群众来信。

2000—2001 年，区法院实施“大信访”的做法在济南市法院系统推广。2002—2003 年，接待来信来访 2807 件次；2003 年，立案庭被山东省妇联表彰为“巾帼文明岗”。2004—2006 年，区法院开展“集中处理重点上访案件”会战，实行“信访一把手工程”，强化“三定一包”（定人员、定责任、定措施，分管领导包案），落实“院长信访接待值班”机制，完善执法业绩考核，处理来信来访 5332 人次，2007 年，区法院抓好信访案件源头治理，全年办理信访复查案件 42 件，院长接访 17 次、128 人，处理群众来信来访 828 人次。

2008 年，区法院按期结服中央政法委和上级法院交办的 14 起重点信访案件。济南市中级人民法院授予天桥区法院“奥运期间涉诉信访工作先进单位”“奥运期间涉诉信访工作先进集体”称号。

2011 年，制定《济南市天桥区人民法院赴省进京访案件化解工作实施方案》，采取包案到人、定期通报、横向联合、个案指导等措施，结服中央政法委交办的 26 件重点信访案件，结服率 92%。

2012 年，坚持院长接访和信访首要汇报制度，建立涉诉信访“五个一”（“一把手”带头、“一杆子”到底、“一条心”齐抓、“一揽子”解决、“一门式”服务）工作机制，对新受理的 3838 件案件进行信访风险评估，对其中 86 件案件进行信访风险预警。抓好初信初访，处理人民来信 41 件次，接待人民来访 246 人，排查、化解上访隐患 31 起。开展信访案件集中化解攻坚行动，提前两个月结服中央政法委交办的 2 批 32 件重点信访案件。

第六节　案件执行

1991—1993 年，区法院从服务经济建设大局出发，改善执法环境，创造执行条件，强化执行工作。在执行工作中总结出“八字”（审查案卷要“细”、了解情况要“准”、掌握政策要“稳”、执行判决要“严”、行动措施要“快”、处理问题要“活”、遇到困难要“拼”、经验不足要“学”）工作法，在全国法院系统得到推广。1991 年，执行庭干警转战 15 省 38 个县市，执行案件 180 起，执行标的额 608 万元。1992 年，执结各类案件 549 件，执行金额 988.27 万元。1994 年，区法院总结出“无畏、有备、冷静、灵活、文明、借援、合法、取证、追究、总结”二十字防范措施，受到上级法院好评。1997 年，制定“执行工作规范十二条”。采取分管副院长、庭长催办，调整执行员，在报纸上公告被执行人名单等方法，加大执行力度。1993—1997 年，执行案件 2885 件，执结标的额 1.41 亿元；办理外地委托、执行案件 350 件，标的额 1874.6 万元。

1999 年，区法院开展“执行年”活动，最大限度维护当事人合法权益。2000 年，开展集中清理执行积案及金融执行案件行动。探索公告执行、开庭执行、责令债务人申报财产等多种执行方法。缓解“执行难”问题。2005 年，实行债权凭证制度，推行执行的实施权、裁决权、监督权分立。1998—2006 年，执结案件 1.56 万件，执结标的额 21 亿余元。

2007 年，区法院实行执行公开和执行告知制度，启动债务人公示制度，加强与公安、工商、银行等部门联合、联动，形成执行威慑机制。2008 年，开展集中清理执行积案活动，加强对被执行人说服教育。执行案件自动履行、和解率 30% 以上。至 2010 年，执结各类案件 5133 件。

2011 年，区法院执结各类案件 1672 件。执行案件自动履行和解率 40%，实际执结率全市第一、信访率全市最低、全省执行工作考评位列第七。2012 年，区法院开展执行会战，执结各类案件 1373 件。强化执行威慑机制，严厉惩处规避执行行为，集中对 500 件案件依法强制执行，对 11 人采取司法拘留措施，对 4 人次罚款 23 万元。加大对涉民生类案件执行力度，执行到位涉民生案件款项 739.64 万元。

第七节　基层法庭建设

1991 年，天桥区有北坦、北园、泺口、天桥东、药山、南村、宝华法庭。9 月，药山新法庭建成。1992 年，天桥东新法庭竣工。1993 年 9 月，制锦市法庭建立。之后，区法院对北园法庭和宝华法庭进行改扩建，使全区 8 个法庭全部达到最高法院规定的法庭建设标准。建筑面积在 150 ~ 1300 平方米，每处法庭平均工作人员 4—5 人，配备电话、传真机、电脑等；其中，北园、药山法庭各配 1 辆警车。1995 年，区法院成立法庭工作指导小组，设立办公室，制定《法庭工作指导管理实施办法》。2000 年 1 月，原隶属历城区人民法院的大桥法庭移交天桥区人民法院。全区法庭增至 9 处。

2000 年 11 月，投资 270 万元的新大桥法庭建成启用。12 月，最高人民法院院长肖扬视察大桥法庭，对天桥区法院法庭建设工作给予充分肯定。年底，落实最高法院和省法院部署，天桥区法庭由原来 9 处调整为 3 处，保留药山法庭、北园法庭、大桥法庭。调整后，法庭办公条件、装备条件、基本建设都有很大改善。2001 年 10 月，投资 300 余万元的新北园法庭启用。2001 年 12 月，药山法庭撤销。

各法庭发挥面向基层，方便诉讼，及时、快速调处纠纷的特点，成为法院发挥审判职能、维护社会稳定的重要力量。2000 年，山东省高级人民法院授予天桥区人民法院北园法庭“人民满意好法庭”称号。2004 年，省法院命名天桥区法院北园法庭为全省十佳“五化法庭”（设置规模化、建设标准化、审判规范化、管理制度化、装备现代化），并记集体一等功。2005 年 4 月，北园法庭被最高人民法院授予“全国优秀法庭”称号；济南市中级人民法院下发《济南市中级人民法院关于开展向天桥区人民法院北园法庭学习活动的决定》，中共天桥区委下发《中共天桥区委关于在全区政法系统开展向天桥区人民法院北园法庭学习活动的决定》。2007 年 4 月，北园法庭被最高人民法院和共青团中央授予全国“青年文明号”。2008 年，济南中级人民法院报请省法院审批给北园法庭记集体二等功。至 2012 年，各法庭获市级以上集体和个人荣誉 100 余项。

第六章　司　法

1991 年后，天桥区司法局围绕全区中心工作和目标任务，发挥法律宣传、法律服务、法律保障职能作用。至 2012 年年底，先后开展“二五”“三五”“四五”“五五”“六五”普及法律常识宣传教育和法律援助行动，人民群众法律意识明显提高。2007 年，天桥区司法局被共青团中央等 13 个部门表彰为全国“优秀青少年维权岗”，被省综治委预防青少年违法犯罪工作领导小组表彰为全省预防青少年违法犯罪工作先进集体。2008 年，被中共山东省委政法委表彰为践行社会主义法治理念先进单位。2011 年 1 月，被省司法厅授予 2010 年全省司法行政系统集体二等功。

第一节 普法教育

一、“二五”普法（1991—1995 年）

1991 年 3 月，全区法制宣传教育工作会议召开。总结全区“一五”普法教育工作；讨论全区“二五”规划和普法教育工作实施方案。区人大在第十二届八次常委会上作出《关于在全区公民中开展第二个五年法制宣传教育的决议》。至 1992 年年底，重点宣传《中华人民共和国宪法》《中华人民共和国工会法》《中华人民共和国环境保护法》《中华人民共和国公证暂行条例》《中华人民共和国水法》《中华人民共和国妇女权益保障法》等法律法规。在《中华人民共和国宪法》学习过程中，全区展出黑板报、宣传牌 720 块，设立宪法知识咨询站 44 处，举办《中华人民共和国宪法》演讲会 84 场次，参加者 2.46 万余人。组织 3000 余人参加全省《中华人民共和国宪法》知识竞赛。1993 年，全区干部、职工、群众基本普及《中华人民共和国税收征收管理法》《中华人民共和国国家安全法》《中华人民共和国食品卫生法》《中华人民共和国未成年人保护法》《中华人民共和国残疾人保障法》《中华人民共和国妇女权益保障法》《全国人大常委会关于社会治安综合治理的决定》和《济南市社会治安综合治理条例》。1994 年，区司法局组织全区职工学习有关社会主义市场经济的法律法规，组织区机关干部学习《中华人民共和国公司法》。《中华人民共和国劳动法》颁布后，区司法局联合区总工会举办以《中华人民共和国劳动法》和《山东省实施〈工会法〉办法》普及为主要内容的培训班，全区 8 个系统的 76 名工会干部参加培训。1995 年 10 月，山东省司法厅组织大众日报社、山东广播电台、山东电视台、《山东法制报》等新闻单位组成一支“学法用法、依法治省”新闻采访团到天桥区采访青少年法制教育工作。采访团对济南第五十六中学、天桥区工人新村第一小学部分师生对依法治校以及加强青少年法制教育等方面进行采访。12 月，全国普法办、中央电视台、《法制日报》分别转发、报道天桥区普法教育、依法治校情况。同年，济南市“二五”普法验收组对天桥区“二五”普法工作给予肯定。

二、“三五”普法（1996—2000 年）

1996—2000 年，天桥区普法工作主要以宣传《中华人民共和国劳动法》《中华人民共和国反不正当竞争法》《中华人民共和国消费者权益保护法》《中华人民共和国国家赔偿法》《中华人民共和国农业法》《中华人民共和国妇女权益保障法》等法律法规为主。通过“12·4”普法宣传日以及各类法律法规新颁布的有利时机探索新的宣传方式。发放信访宣传手册；在人员集中地、主干道、醒目位置悬挂“酗酒闹事从严惩处”“聚众斗殴绳之于法”“暴力抗法从严打击”“破坏生产从严处理”“学法、用法，做文明守法的好公民”等标语；深入社区居委会，把普法知识送到百姓家门口。针对上访人员，采取集中学习《信访条例》《中华人民共和国治安管理处罚法》《中华人民共和国宪法》等法律法规进行教育，普及法律知识，及时化解矛盾，维护社会稳定。“三五”普法期间，全区举办领导干部法制讲座 8 次，举办普法骨干培训 4500 余人次，举行各种普法宣传活动 45 场次，发放宣传资料 5 万余份，展出各种普法案例图解、图片 1000 余张。

三、“四五”普法（2001—2005 年）

2001—2002 年，天桥区普法宣传工作以青少年为重点。区司法局联合区法院深入学校，举办预防青少年违法犯罪法制讲座，以案释法，剖析学生存在的不良行为，教育学生如何预防违法犯罪。组织区普法讲师团成员在学生中进行法制辅导，讲授与青少年学生密切相关的《中华人民共和国刑法》《中华人民共和国治安管理处罚法》《中华人民共和国预防未成年人犯罪保护法》《中华人民共和国未成年人保护法》《中华人民共和国道路交通安全法》等法律知识，并开展法律咨询和法律服务等活动。2002 年，对当年应征入伍的适龄青年，进行以《中华人民共和国国防法》为主要内容的法律知识教育。2003—2005年，区司法局强化法制宣传阵地建设，建立普法广场，宣传《中华人民共和国劳动合同法》等相关法律。在公共场所设立、更换法制宣传栏；在15个街道（镇）建设17条法制宣传一条街，开设“普法夜校”。成立市场法律服务办公室，建立企业法律顾问队伍，形成教育、管理、服务紧密结合的市场法律服务网络。“四五”普法期间，天桥区强化法制宣传教育效果，开展领导干部学法用法年、公职人员学法年、青少年学生学法年、企业经营管理人员学法年、“送法下乡”等系列活动。

四、“五五”普法（2006—2010年）

区司法局普法办公室以制作宣传栏、免费发放《济南市法律知识读本》等形式，宣传社会治安、道路交通安全、市容环境卫生等相关法律法规知识；为迎接全运会，开展“全民全运·法治同行”主题宣传活动，为各街道（镇）发放《迎全运法律知识手册》700余册。筹集资金3万余元，为120个行政村免费发放农村普法系列光盘。2010年，天桥区以制度建设、法制宣传、学法考试、“送法下乡”、培训为载体，开展“法律六进”（进机关、进乡村、进社区、进学校、进企业、进单位）活动。搜集整理全区“一五”普法以来的照片资料，制作普法宣传画册；与山东电视台、《济南日报》联合摄制天桥区“五五”普法成果电视纪实短片。

五、“六五”普法（2011—2015年）

2011年，制定《2011年全区普法教育依法治理工作要点》，继续开展“法律六进”活动。利用春节、“三八”妇女节、“3·15”消费者权益保护日、“五一”劳动节等重大节日，深入社区、村居、市场开展法制宣传20余次，受教育3000余人次，发放《公民法律知识读本》《农民工法律知识汇编》等3000余册，散发宣传资料5000余份。2012年，加大法治文化宣传力度，开展法治城区创建活动。通过“一篇文章、一本书、一个法治创建联系点、一个法治文化宣传阵地、一个普法文化宣传点”的“五个一”工程，宣传法治精神。5月8日，《济南日报》头版刊登区委书记毕筱奇的文章《追寻法治之光 促进经济社会和谐发展》，弘扬法治精神，传播具有天桥特色的法制文化。区司法局与区检察院联系，成立天桥区普法宣传联系点；与区教育局联合成立法治文化宣传阵地；在外来人口相对集中的泺口服装批发市场，与泺口街道办事处联合成立普法文化宣传点。通过组织参观、出版丛书、散发宣传册、布展宣传栏等形式，宣传《中华人民共和国宪法》《中华人民共和国禁毒法》《中华人民共和国环境保护法》《信访条例》、“拆迁条例”等法律法规。

2007年12月16日，在社区进行普法宣传。

第二节 民事调解

1991—1993年，区司法局每年进行以预防因民事纠纷引起的刑事、治安案件，集体上访事件和专项纠纷调查为主要内容的民间纠纷排查。调处各类纠纷1809起，调解成功率99%以上。1994年，将农村规范化调委会的经验逐步移植到整个城区调委会，统一调委会从纠纷的受理、调查、调处、签订协议到回访的程序，形成切实可行、运作方便的规章制度。

1995—1998年，加强基层司法所建设。经省司法厅、市司法局检查验收，全区13个基层司法所中11个达到省级规范化司法所标准，占全区基层司法所总数80%，跨入全省先进行列。1998年，全区基本形成人民调解工作网络，在社会治安综合治理中起到第一道防线作用。区司法局被省司法厅评为"规范化司法所、先进司法局"。

1999—2002年，全区有基层司法所15个、基层人民调解组织278个、人民调解员1258人、法律服务工作者113人。平均每年培训人民调解员1000余人次；全区调解各类纠纷1522起，成功调解1511起，成功率99%以上。1999年，北园镇沃家居调委会被司法部授予"全国标兵调节委员会"称号。2003—2008年，区司法局将人民调解的范围向集贸市场和街道（镇）企事业单位延伸，初步形成大调解格局。同时，规范调解组织，严格人民调解员资格准入制度，及时调整和充实调解组织人员。通过强化业务指导、建章立制、技能培训等措施，推进专业性人民调解组织建设。2009年，全区有各类人民调解组织262个，在13家企业建立3～7人的调委会。制定《天桥区全运会期间群体性突发性事件基层司法行政工作应急预案》，健全矛盾联接、联调、联处制度，将矛盾化解在萌芽状态，全年调处矛盾纠纷2214起，成功率达97%以上。2010年，按照"做人民调解、助行政调解、通司法调解"的工作思路，区司法局分别在官扎营、宝华街、堤口路等街道召开人民调解座谈会，发挥人民调解在化解纠纷方面独特优势，保障拆迁工作顺利进行。创新交通事故民事赔偿调处机制，与交警大队成立"天桥区道路交通事故损害赔偿人民调委会"，年内调解交通事故37起，为当事人挽回经济损失近300万元。2011年，《中华人民共和国人民调解法》颁布，天桥地区人民调解委员会成立，并在公、检、法、交警队成立相关工作室，实现人民调解、司法调解、行政调解三调联动的"大调解"格局。天桥地区人民调解委员会调解案件73起，涉案金额达700余万元。

2012年，全区有278个调解委员会、1308名人民调解员。调解工作主要在调解婚姻、赡养、抚养和邻里纠纷等方面。全年调解纠纷1912起，成功调解处理1884起，成功率98%以上。

第三节　律　师

1991—1993年，天桥区严格律师准入机制。以政府法律顾问为龙头，以帮助企业转换经营机制为重点，逐步建立律师事务所内部激励机制、竞争机制和科学管理机制。1994—1996年，天桥区相继成立济南市第八律师事务所和城元律师事务所，加之原有的第六律师事务所，基本形成以"六律"为中心，逐步将律师工作向全区各方面幅射的新格局。区司法局向全体律师提出"四个延伸"（向全方位开拓法律服务市场延伸；向高、精、尖和三资企业延伸；向全方位、多层次提供法律服务的方向延伸；向金融、证券、房地产、知识产权方向延伸）。组织律师参加营销清欠工作，为企业转换经营机制服务。将加强律师职业道德和执业纪律作为提高律师队伍整体素质的手段，推行"效益浮动工资制"，将办案数量、质量与分配收益挂钩。1997—2000年，组织全体律师学习《中华人民共和国律师法》《中华人民共和国刑法》和《便民服务公示》，加强职业道德和执业纪律教育，依法保护当事人合法权利。组织和引导律师、法律服务工作者参与医疗纠纷及重大矛盾纠纷调解工作。深入村居开展法律服务和法律咨询活动。加大对律师法律服务市场监管力度，加强对律师服务质量监督。"3·15"国际消费者权益日前后，组织律师开展法制宣传活动。出动法制宣传车、悬挂宣传条幅、设立法律咨询台、展出宣传展板、发放法律宣传资料，向过往群众普及法律知识，增强自我保护意识。

2001—2006年，开展完善"执法（执业）档案"建设和规范化律师事务所创建活动，规范律师事务所内部管理，完善投诉查处机制，加强执业监督。组织律师开展大型法律宣传和法律咨询活动，先后开展“千人法律援助”“构建和谐社会—律师在行动”“送法下乡”等多项主题实践活动。增调律师参与天桥区拆迁、棚户区改造、重大疑难纠纷和集访案调处工作。按照《开展合伙律师事务所规范建设年活动》和《进一步建立健全律师队伍建设长效机制》要求，解决合伙律师事务所管理中存在的突出问题，完善各项管理制度，提高律师事务所自律性管理水平。

2007—2010年，开展“法律援助献爱心活动”，成功举办大型法律咨询活动3次，参与律师300余人次。与区检察院联合印发《关于加强民事行政检察暨法律援助工作的协作意见》《关于在民事行政检察工作中建立协作机制的意见》等文件。制定《天桥区关于开展树立律师、法律服务工作者服务理念的实施意见》，在全市率先成立街道社区律师团，并与8个社区签订社区法律服务协议。

2011—2012年，组织律师开展法律援助进社区“双百”活动，为社区弱势群体及时提供法律援助，为棚户区改造、村（社区）两委换届等重点工作提供法律服务。成立由100余名律师组成的“律师法律服务团”，定期为企业进行法律咨询服务；成立市场法律服务办公室，指导建立企业法律顾问队伍，形成教育、管理、服务紧密结合的市场法律服务网络。至2012年，全区有律师事务所21家、律师268人，办理案件1.09万起，避免和挽回经济损失1.95亿元。

2010年12月21日，济安社区法律公益咨询。

1991—2012年天桥区律师业务统计表

表22-5

年份	刑事辩护（起）	民事代理（起）	非诉讼代理（起）	避免和挽回经济损失（万元）	担任法律顾问单位（家）
1991	82	81	51	811	53
1992	61	72	56	770	56
1993	55	118	60	580	57
1994	65	124	51	608	65
1995	95	129	85	250	72
1996	83	190	38	625	75

续表 22-5

年份	刑事辩护（起）	民事代理（起）	非诉讼代理（起）	避免和挽回经济损失（万元）	担任法律顾问单位（家）
1997	71	201	41	710	78
1998	87	220	95	820	79
1999	81	220	60	810	79
2000	82	230	62	760	79
2001	83	250	63	560	79
2002	84	260	63	560	79
2003	85	280	68	850	80
2004	71	483	45	720	60
2005	118	720	55	610	55
2006	79	720	55	750	55
2007	133	657	23	2000	58
2008	101	540	80	1100	71
2009	110	432	85	1300	71
2010	109	510	76	1400	91
2011	108	550	90	1500	120
2012	120	580	100	1400	121

第四节　公　证

1991—1995 年，天桥区公证处主动协调有关部门，深入厂企、事业单位办理公证。加大对经济合同公证服务力度，对拆迁地区居民私房权确权，遗产继承、分割、买卖、典当回赎等问题及时进行公证。其间，1995 年接待公证咨询 5960 人次，帮助当事人起草修改公证法律文书 130 件，拒绝公证不实合同或法律行为 20 件（起），新建常年法律服务单位 6 家。2004—2008 年，开展“诚信为基础、质量是生命”专题教育和“规范执法行为、促进执法公证”等主题实践活动。规范工作流程、收费标准和公证档案管理，为全区重点工程、棚户区改造、城市拆迁、企业改制、新农村建设等提供高效优质公证服务。先后获“省级文明公证处”和“市级文明公证处”称号。2009—2010 年，启动公证信息管理平台，实行网络办证。推行公证业务信息管理系统，业务受理、送达和案卷移交、归档均实现有效监督。接待来访 3500 人次，法律援助减收公证费 3 万余元。2011 年，拓展公证业务范围，突出抓好为大中型项目公证服务，接待来访 2100 余人次，法律援助减收公证费 5 万余元。2012 年，注重提升公证质量，推出公证法律服务便民、利民、惠民政策措施，办好遗嘱、继承、婚前财产等公证事项。1991—2012 年，办理各类公证 9.87 万件。

1991—2012 年天桥区公证业务统计表

表 22-6　　单位：件

年份	民事公证	经济公证	合计	年份	民事公证	经济公证	合计
1991	837	189	1026	2002	3688	3825	7513
1992	919	147	1166	2003	4372	4459	8831
1993	1098	480	1578	2004	6859	3454	10313
1994	1536	918	2454	2005	6702	1585	8287
1995	1134	1031	2165	2006	4692	1272	5964
1996	1448	768	2216	2007	6255	1847	8102
1997	1227	2270	3497	2008	4821	556	5377
1998	3102	1202	4304	2009	1174	237	1411
1999	5203	1204	6407	2010	1147	474	1621
2000	4040	2176	6216	2011	1979	272	2251
2001	4299	2361	6660	2012	944	409	1353

第五节　法律援助

一、法律援助中心

1997 年 11 月，天桥区法律援助中心成立。1998 年，先后制定《法律援助服务人员岗位职责》《业务学习和疑难、复杂案件讨论制度》《天桥区法律援助中心社会律师值班制度》等 22 项规章制度。2000 年，法律援助中心接待来电、来访法律咨询 1800 余人次，办理法律援助案件 85 起，发放宣传材料 1000 余份，现场咨询 2000 余人次。2001 年，开展法律宣传活动 10 次，办理法律援助案件 125 起，接待咨询 68 人次，制定管理制度 10 项。2002 年，法律援助中心组织 6 名律师与残疾人结对帮扶，集中开展助残活动；发放法律援助宣传资料 2000 余份，接待咨询 46 人次。2003—2008 年，在全区建立 15 个援助工作站，简化审批程序，扩大法律援助覆盖面。开通老年人、未成年人、残疾人、农民工法律援助“绿色通道”。开展创建文明城市千人法律援助、服务新农村法律援助、老年人权益保障年等系列活动。每年受理法律援助案件 100 余起，接待法律咨询 2000 次，为案件当事人挽回经济损失 100 余万元。2009—2010 年，区司法局在 98 个社区居委会和 120 个村配齐法律援助信息员。调动退休法官、检察官、律师、高校教师以及法律专业学生参与法律援助工作，壮大法律援助工作队伍。制定《天桥区法律援助案件质量管理办法》，定期对全区律师事务所、法律服务所法律案件质量进行全面检查并通报相关情况。2011 年，建立健全“一个中心、两级受理、三级网络”援助体系，制定《天桥区法律援助案件质量管理办法》。2012 年，加强法律援助中心软硬件建设，法律综合服务大厅成立，成为法律援助、公证、“148”法律咨询等便民场所。

二、“148”协调指挥中心

2000 年 10 月，区司法局“148”协调指挥中心成立，设“148”热线电话 16 部。参与解答群众法律咨询、送法下乡、送法进社区等活动；逐步完善联动机制，与法律援助中心各部门协调、配合，办理一些在社会上产生较大影响的案件。至 2012 年年底，平均每年接待群众咨询 4082 人次，电话咨询 6884 人次，为当事人避免

法律援助服务大厅（2011 年 12 月摄）

或挽回经济损失 986 万元。“148” 协调指挥中心还积极参与全区涉法信访工作，在区信访局为上访群众现场解答疑难问题。

第六节　社区矫正

2005 年，启动社区矫正试点工作，印发《天桥区社区矫正工作实施意见》，无影山、药山、泺口街道成为先行试点单位。2007 年 5 月，社区矫正工作在全区推开，15 个街道（镇）均成立领导小组、建立社区矫正队伍，在全市率先成立街道、社区、用人单位三级矫正网络体系。区司法局对全区 15 个街道（镇）司法所所长、公安派出所所长、居委会人员进行全面培训，制定社区矫正工作方案；建立社区矫正对象电子台账。10 月，在工人新村南村街道办事处设立天桥区社区矫正心理咨询室。至 2008 年年底，全区接收社区矫正对象 154 人，已解除矫正 58 人，尚有社区矫正对象 96 人，无一脱管、漏管，无一人重新犯罪。

2009—2010 年，聘请 13 名社区矫正检察联络员，提升社区矫正对象的监管、矫正和检察工作。区司法局对社区矫正对象各阶段的衔接管控做到“六个到位”（社区矫正办公室工作人员到位、司法所所长到位、社区矫正专职人员到位、公安派出所民警到位、社区分管负责人到位、各关口衔接到位）。在全运会期间与社区矫正对象逐一签订《国庆和十一届全运会期间安全保证书》。2011 年，天桥区社区矫正工作成立“一帮一”“多帮一”帮教小组，做到“帮教人员、帮教对象、帮教措施”三落实。制定《天桥区社区矫正以工作手册》，对社区矫正对象评估后实施 ABC 类等级管理，建立健全判前社会调查、分类矫正以及考核评估机制。2012 年，接收社区矫正人员 314 名，解除矫正 202 名，尚有社区矫正人员 112 名，无托管、漏管和重新犯罪现象。向法院出具《判前社会调查报告》及相关调查内容 85 件。

第七章　国　防

1991 年，天桥区人民武装部归地方建制。1996 年 3 月，收归军队建制，正团级。至 2012 年，天桥区人民武装部在 13 个街道、2 个镇、4 个厂企、5 个社区建立 24 个基层武装部。1991—2012 年，多次被山东省军区评为“兴武建功”“精神文明建设”“新闻报道”“达标建设”等不同类别的先进单位。1991 年后，人民防空秉承长期准备、重点建设、平战结合的原则，按照“人防与经济建设协调发展、与城市建设相结合”要求，对人防工程进行合理利用并妥善管理。

1996年10月29日，《中华人民共和国人民防空法》颁布，1997年1月1日实施。2003年，人防教育从校园扩延到社区，人防知识得到普及。2007年后，以电声警报为主的先进通信警报设施实现全区覆盖。

1991—2012年天桥区人民武装部获荣誉一览表

表22-7

获奖时间	奖项	表彰机构
2006-12	维护国防利益和军人军属合法权益工作先进单位。	济南军区政治部
		山东省高级人民法院
2007-12	征兵工作先进单位。	山东省人民政府
	民兵预备役部队政治教育先进单位。	山东省军区政治部
2011-12	民兵工作“十佳”单位。	济南军区
	先进团级党委。	山东省军区
2012-12	先进团级单位。	济南警备区党委
	军事训练、新闻报道、后勤管理工作先进单位。	济南警备区

第一节　人民武装

一、兵役

（一）兵役登记。1991年，天桥区依照1984年5月31日中华人民共和国主席令第14号公布的《中华人民共和国兵役法》和1984年10月24日国务院、中央军委发布的《征兵工作条例》，实行兵役登记制度，1990年12月31日前年满18周岁男性公民，在1991年9月30日前进行兵役登记，以后每年进行。1998年12月29日、2009年8月27日，《中华人民共和国兵役法》两次修改；2001年9月5日，国务院、中央军委发布《国务院、中央军事委员会关于修改〈征兵工作条例〉的决定》对1984年《征兵工作条例》进行修订，天桥区依法执行。1991—2012年，全区兵役登记6.83万人。

（二）征兵宣传。1991—1998年，武装部下街道进社区进行征兵宣传。1999年始，定于每年10月为征兵宣传月，举办征兵宣传一条街活动，印发《致应征青年的公开信》、悬挂横幅、散发传单、出动宣传车、设立宣传橱窗。2007年，天桥区人武部被山东省人民政府征兵办公室授予“征兵工作先进单位”称号。

征兵宣传（2012年9月摄）

（三）兵役征集。根据《中华人民共和国兵役法》规定，1991年后，每年冬季进行征兵，新兵入伍时间自当年12月1日算起。1994年，征兵工作紧把廉洁关，确保兵员质量，全区抽调20名体检医生、186名政审人员把关，新兵的政治、身体、文化质量大幅度提高。1997年始，天桥区政府征兵办公室实行封闭式体检，济南军区副司令员裴怀亮、省军区副司令员秦江昌曾亲临征兵体检站，指导政审、体检工作。1991—2012年，为部队输送合格兵员5000余名，连续22年（自1985年起，连续27年）无责任退兵。

1991年，天桥区征兵工作执行1984年《征兵工作条例》；2001年9月，执行国务院、中央军委颁布的《国务院、中央军事委员会修改〈征兵工作条例〉的决定》：要求男性身高1.62米以上，女性身高1.6米以上；男女体重不超过标准体重25%，不低于标准体重15%；右眼裸眼视力不低于4.9，左眼裸眼视力不低于4.8。2007—2012年，突出“征集高学历兵员”和“廉洁征兵”两个重点，年满17周岁的高中应届男生、年满18周岁的高中应届女生根据本人自愿可参加应征；高职、专科毕业生年龄放宽到23周岁、本科毕业生年龄放宽到24周岁。

1991—2012年，天桥区人武部落实征兵工作“六个严禁”，即严禁接兵部队单独走访应征青年家庭及亲属，坚持集体走访；严禁单独约见应征青年及其家长到接兵人员住所，接待来访必须有两人以上工作人员参加；严禁让应征青年及其家长安排食宿及非正常活动；严禁直接或变相向应征青年、家长及其亲属，以各种形式、借口索要或借钱借物；严禁单独私自对应征青年进行身体检查和文化考核；严禁私下向应征青年家长许愿、提要求、讲条件，或利用接兵之机以权谋私，搞权钱交易。先后制定《关于落实征兵工作纪律规定的通知》《天桥区〈关于加强征兵廉政建设的规定〉》，规范各级各类征接兵人员的行为准则。

1991—2012年天桥区兵役登记统计表

表22-8　　　　单位：人

年份	数量	年份	数量
1991	3675	2003	3133
1992	3520	2004	2980
1993	3800	2005	2889
1994	3760	2006	2788
1995	3653	2007	2667
1996	3789	2008	2543
1997	3678	2009	2488
1998	3655	2010	2302
1999	3420	2011	2123
2000	3159	2012	2005
2001	3200	合计	68306
2002	3079		

二、民兵

（一）军事训练。1991年始，每年都进行民兵组织整顿和民兵应急分队训练演练。1999年5月，抽调40名民兵组成黄河防汛抢险分队，完成防汛抢险任务，得到前来视察黄河防汛工作的江泽民总书记好评。2001年6月，成立女子高炮分队（6个基层武装部、40名成员组成），7月31日，参加济南市庆祝建党80周年全市民

应急拉动（2007 年 7 月摄）

兵应急分队训练成果汇报表演；9 月 10 日，参加潍北靶场实弹射击，取得击落拖靶、击中拖靶各 1 具的成绩，被山东省军区授予“实弹射击优胜单位”称号；在 2011 年 9 月举行的全省高射炮实弹射击中击落拖靶 1 具，再次获“实弹射击优胜单位”称号。2004 年 6 月，联合天桥黄河河务局组织 15 个街道（镇）的民兵进行巡堤查险、堤防抢险演练，中共山东省委书记张高丽到现场慰问。2005 年 3 月，组织 115 名民兵组成应急分队，在济南地区“军地共建平安和谐山东”会议期间，担负“民兵应急分队协助公安保交护路”课目演示任务，受到中共济南市委、市政府和济南警备区通报表彰。在 2007 年“7·18”抗洪抢险任务中，组织 200 名民兵预备役人员清淤抢险。2008 年 7 月，组织山东蓝翔高级技工学校 1200 名民兵完成奥运火炬传递安保任务。2010 年 4 月，按照应急分队“一队多能”要求，围绕反恐、抗洪抢险、消防 3 个课题进行专业训练。至 2012 年，组织应急分队 32 支参与地方经济生产建设。

（二）基层武装部。1991 年后，按照编组范围和编组原则，加强民兵应急分队的调整编组，完善应急方案，提高应付突发事件的能力，积极探索市场经济条件下拓展民兵组织的路子。2001 年，在山东金牛集团组建基层武装部；2002 年，在山东柳云集团、山东华兴集团和清河社区居委会组建基层武装部；2005 年，在杨庄社区居委会组建基层武装部。2006—2007 年，重点围绕应急分队和“四支队伍”的调整转换，突出新生武装力量建设，通过调研论证，在民兵组织整顿中推行“三个拓展”工作，即民兵组织由国有企业向形成规模的股份制企业、民营企业和社区拓展，由工业企业向商业、服务业拓展，由一般企业向高技术人才密集的科技院校拓展。2011 年 7 月，对社区民兵进行整合，对保安公司民兵加强技能训练，先后成立香磨李社区武装部和七兵堂保安服务公司民兵应急分队。至 2012 年，下辖基层武装部 24 个（街道 13 个、镇 2 个、厂企 4 个、社区 5 个）。

（三）民兵预备役。1991 年，天桥区依照 1984 年《中华人民共和国兵役法》第二十二条规定“退出现役的士兵，由部队确定服预备役的，在回到本人居住地以后的三十天内，到当地县、自治县、市、市辖区的兵役机关办理预备役登记。”进行民兵预备役登记工作，重点登记退伍军人。1991—2012 年，登记 5139 人。2000 年 5 月，全区民兵基层建设经验交流会召开，与会人员参观大桥镇、工人新村南村街道办事处、济南锅炉集团武装部和民兵基层建设。2009 年 10 月，承办济南警备区组织召开的“济南市民兵预备役部队基层建设达标观摩活动”暨“济南市民兵预备役部队基层建设达标动员部署会议”，成为济南市首批基层武装部建设达标单位。2011 年 12 月，承办济南警备区专题政治工作会议，并在会上总结推广区人武部贯彻落实两个《规定》（《民兵政治工作规定》《中国人民解放军预备役部队政治工作规定》）的经验。

三、国防教育

1991 年始，天桥区开展全民国防教育，重点贯彻《中华人民共和国兵役法》《中华人民共和国国防法》《中华人民共和国国防教育法》。

1998年，组织全区民兵参加全国迎接恢复香港行使主权和纪念建军70周年“强我国防、兴我中华”系列活动。1999年7月始，树立济南仁丰纺织有限责任公司民兵、兵器模型爱好者赵士成为国防教育先进典型，其事迹由中央电视台报道，《中国民兵》（2001年第10期 总第105期）登载，其本人作为济南市优秀民兵参加2001年山东省军区学雷锋先进事迹报告会；1999—2007年，先后组织赵士成兵器模型展20余场，受教育群众和学生达10万余人。2011年，组织万名民兵参加纪念中国共产党成立90周年“花之冠杯”党史军史问答竞赛。至2012年，散发国防教育传单10万余份，组织辖区内100余个单位4000余名领导干部过军事日，组织近万名民兵参加“清明祭扫先烈”活动，强化全民国防意识。

1991年后，区国防动员委员会支持学生军训工作。联合区教育局和驻区部队，对区属中学初一新生进行军事训练。部分学校初二、初三学生也参加军训。1995年后，不再提倡学生军训，区教育局明确军训由各校自主进行，部分学校学生军训工作仍在持续。2003年后，区属中学全部自主进行新生军训，由校方联系驻军、教官和场地，由校方和驻军共同负责安全；部分驻区学校亦相继开展。

2003—2012年天桥区中学新生军训人数统计表

表22-9　　单位：人

年份	初中新生总数	参训人数	年份	初中新生总数	参训人数
2003	4436	4423	2008	3572	3570
2004	4624	4617	2009	3755	3746
2005	3592	3590	2010	4106	4094
2006	3224	3222	2011	5074	5062
2007	3255	3255	2012	5333	5321

第二节　人民防空

一、人防工程

（一）工程建设。天桥区人防工程建设始于1966年，至1991年，完成光明影院广场、济南长途汽车总站、师范路农贸市场等处地下人防工程。1994年，完成师范路7号洞口管理房改造。2002年3月，济南元首针织有限公司利用人防干道水工程竣工，实现供水。同年，改建成丰桥泵房2间；2004年11月，济泺路拓宽需拆迁成丰桥泵房，区人防办在原有基础上让出规划红线对其改、扩建。2005年6月，济南裕兴化工厂利用人防干道水工程竣工，实现供水。同年，二宫泵房建成。2006年9月，新建泉星广场人防工程。10月始，改造济南长途汽车总站人防工程；2008年上半年，完成对该工程整体改造、北口部重建。2009年3月，接收北园中心立交地下通道工程，与济南长途汽车总站人防工程、泉星广场人防工程融于一体，成为天桥区唯一可连贯参观的人防工程。与江苏三环实业股份有限公司于2007年9月签订的北园泉星广场以东路段工程开发建设协议，开辟全市引进社会资金建设人防工程先例，2009年3月29日工程破土动工。2010年5月1日，由北园中心立交地下通道人防工程改造而成的人防商城开业。2010年8月，泉星广场以东路段开发工程竣工，该项目是天桥区近30年第一个单建、大型人防工程，填补了区内没有大型骨干人防工程的空白。

（二）工程管理。工程查处　1991年始，落实专人定期巡查制度。对按市政规划占红线部分予以拆除，依法追回经济补偿。至 2012 年，查处拆除人防工程 22 起。至 2012 年年底，人防工程占市政规划红线部分彻底拆除并交接。

1992—2009 年天桥区人防办拆除占市政规划红线部分一览表

表 22-10

拆除时间	占市政规划红线部分
1992	天桥东街街道办事处连片工程。
	汽车厂东路工程。
	工人新村街道办事处连片工程、陈家楼街道办事处工程、师范路段工程、北山面粉厂工程、刘家庄街道办事处连片工程。
1998	刘家庄街道办事处工程、北坦街道办事处连片工程。
2000	汽总堤口路分厂工程、济南橡胶密封建厂工程。
2003	济南市立四院人防工程。
2004	山东木材厂工程、天桥宾馆工程。
2006.7	济南第一印染厂工程。
2006.8	济南汽车制造总厂工程。
2007.3	济南化工厂工程。
2007.8	济南城建工程总公司工程。
2008.4	济南北山面粉厂工程。
2008.8	刘家庄工程、济南皮件厂工程。
2009.7	济南制镜厂工程。

工程维护　1993—1994 年，对济泺路地下人防工程两次清淤，排除工程内积水，治理渗漏点。1995 年后，早期建设的人防工程年久老化，渗漏严重，大部分工程进水无法使用；2000 年，再次排水治漏，效果欠佳。2005 年，济泺路改造，人防工程济泺路干道被污染，虽经多次治污，成效不明显。2010 年始，对济泺路地下干道水污染进行彻底治理；2011 年，查出污染源，进行堵漏处理，清理干道中污物、泥沙，恢复通气孔出入口，彻底解决了区人防工程“渗、污、堵”问题，开创全省人防系统对老旧人防工程进行成功治理先例，实现工程管理维护的突破。同时，做好工程防火、防汛工作，至 2012 年未发生安全责任事故。

人防工程防汛（2006 年 6 月摄）

（三）平战结合。1991—2012 年，区人防办对区内部分人防工程实施平战结合开发创效工程，将师范路人防工程及公司的部分补偿房向外出租，对人防干道水进行开发利用，为辖区部分工厂提供工业用水 39 万立方米，使其生产成本得以降低，为节水保泉作出贡献。

二、人防教育

（一）学生教育。1991 年后，人防教育在区属各初级中学全面展开，对在校初一学生，通过不低于 10 个课时课堂教学，系统学习“防核武器、防化学武器、防生物武器”知识及防灾救灾技能。至 2012 年，学生人防教育已经制度化，开课率、受教率均达 100%。

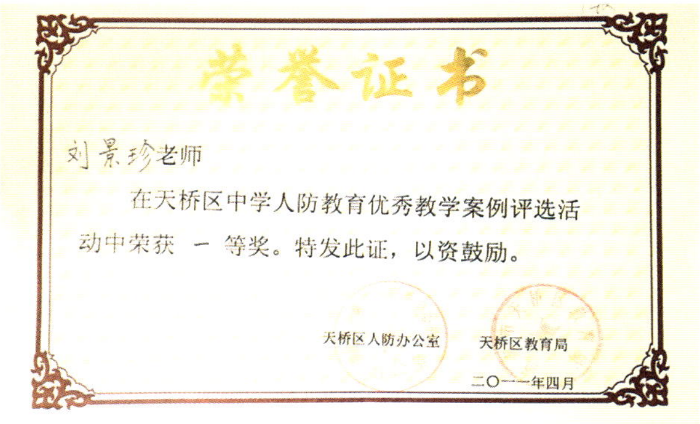

人防教育优秀教学案例（2011 年 4 月摄）

（二）教员管理。由三防教育领导小组抓师资队伍建设，坚持定期培训，组织学校任课教师到济南军区防化团封闭培训；请部队专业教官到学校给人防教师授课。

（三）社区人防教育试点。2003 年，开展人防知识教育进社区试点工作，利用社区教育阵地，增加补充人防知识内容；制作固定宣传栏，发挥社区广场作用；制作室内宣传挂板；播放人防知识录像片；印发人防知识宣传材料，培养市民国防、人防知识，提高防灾、救灾能力。2004 年始，社区人防教育工作经验在全市人防系统推广。

1991—2012 年天桥区初中在校生人防知识教育统计表

表 22-11　　单位：个、人

年份	教学班	在校生	受教率	及格率
1991	130	3307	100%	100%
1992	125	3708	100%	100%
1993	127	3813	100%	100%
1994	129	4378	100%	100%
1995	130	5277	100%	100%
1996	128	5047	100%	100%
1997	126	4578	100%	100%
1998	129	3934	100%	100%
1999	123	4626	100%	100%
2000	107	5505	100%	100%
2001	111	5306	100%	100%
2002	96	4728	100%	100%
2003	97	4436	100%	100%
2004	100	4624	100%	100%
2005	87	3592	100%	100%
2006	84	3224	100%	100%
2007	85	3255	100%	100%

续表 22-11

年份	教学班	在校生	受教率	及格率
2008	86	3572	100%	100%
2009	89	3755	100%	100%
2010	91	4106	100%	100%
2011	93	5074	100%	100%
2012	95	5333	100%	100%

三、防空警报

1991 年，辖区有警报设备 6 台。1999 年，济南市人民政府确定每年 5 月 3 日为济南市防空警报试鸣日。2000—2006 年，增设警报器 14 台；2007 年始，大量安装电声警报器，至 2009 年已增至 44 台，分布在黄河以南城区范围内，报警覆盖率达 100%，每次警报鸣响率均在市人防办要求范围内。

2012 年天桥区防空警报器统计表

表 22-12

位置	管理单位	安装时间（年）	数量（台）
无影山路省气象局	山东省气象局	1989	1
堤口路 53 号	区政府行管局	1989	1
师范路 7 号	中天宾馆	1989	1
济泺路汽车站广场	向阳饭店	1989	1
东西丹凤街	工商银行天桥区支行	1989	1
济南火车站广场	济南铁路公安处	1989	1
北园大街中段	天伦不孕不育医院	2000	1
无影山中路西段	天桥区检察院	2000	1
制锦市小区	济南第十三中学	2000	1
北园大街西段	东方宾馆	2000	1
济泺路北段	济南市黄河河务局	2000	1
泺口十区 243 号	济南师范天桥附属学校	2003	1
堤口路 153 号	博文中学	2003	1
凤凰山路 66 号	济南毛巾厂	2004	1
黄岗路 8 号	济南锅炉厂	2004	1
明湖北路 1 号	白鹤居委会	2004	1
宝华街	宝华街道办事处	2005	1

续表 22–12

位置	管理单位	安装时间（年）	数量（台）
师范路、无影山路交叉口	金牛集团	2005	1
泺安路 11 号	泺口街道办事处	2006	1
凤凰山路 1 号	济南第一棉纺织厂	2006	1
二环北路 8 号	药山街道办事处	2007	1
历山北路 13 号	光大水务（济南）有限公司	2007	1
工人新村北村 1 街 4 号	汇文实验学校	2007	1
堤口庄北段 1 号	济南第五十六中学	2007	1
北马鞍山路 6 号	济南第十三职专	2007	1
工人新村南村中街	济南市汇才小学	2007	1
六合里 6 号	济南第五十一中学	2007	1
西工商河路 24 号	天桥区教师进修学校	2007	1
陈家楼 1 号	济南第十五中学	2007	1
水屯路 25 号	天桥区明湖小学	2007	1
北园大街 364 号	济南明湖中学	2007	1
济泺路 123–1 号	天桥区实验小学	2007	1
无影潭东路 10 号	天桥区新苑小学	2007	1
无影山新村 4 区 131 号	天桥区无影山小学	2007	1
北坦街 1 号	天桥区北坦小学	2007	1
济南火车东站广场西侧	天桥区白鹤小学	2007	1
无影山东路	济南市汇才中学	2008	1
凤凰山路 1 号	天桥区锦苑学校	2008	1
锦缠街 20 号	天桥区锦缠街小学	2008	1
南北丹凤街 12 号	天桥区天成路小学	2008	1
矿院路 37 号	天桥区堤口路小学	2008	1
无影山中路 88 号	天桥区园林局	2009	1
无影山中路 86 号	天桥区环卫局	2009	1
无影山东路 41 号	天桥区城乡建设委员会	2009	1

四、防空袭预案

（一）预案制定。1988年，区人防办制定第一个《天桥区防空袭预案》，1994年作修订；此后，1998年对1994年预案、2004年对1998年预案作修订。天桥区13个街道办事处制定《街道办事处防空袭方案》。2009年，济南市城市居民防空防灾应急疏散预案试点工作在天桥区康桥社区进行。

疏散演练（2009年9月摄）

（二）警报试鸣及疏散演练。1991—1998年，在重要节日、纪念日和重大事件发生时鸣响警报；1999年，济南市人民政府确定每年五月三日为防空警报试鸣日。区人防办每年在警报试鸣前对各工作站站长进行鸣放技术培训。

2012年5月3日，利用防空警报试鸣活动对康桥社区居民进行防空疏散演练。

防空警报试鸣工作会议（2012年5月摄）

第二十三篇

教　育

2010年9月10日，在第26个教师节之际，天桥区召开2010年教育工作会议。

2010年，校长“学校有效管理”高级研修班。

2010年，济南汇文实验学校承办山东省暨济南市“向国旗敬礼，做一个有道德的人”网上签名活动启动仪式。

1991 年，天桥区注册幼儿园、学校附设学前班 109 所，在园幼儿 1.08 万人；小学 51 所，在校生 2.82 万人；普通中学 17 所（含完全中学 2 所），在校生 9455 人（含高中生 374 人）；职业高中 5 所，在校生 1053 人；特殊教育学校 1 所；市属高中 1 所，市属职业中专 1 所；公办中等专业学校 3 所，技工学校 5 所，高等院校 4 所。1991 年后，天桥区逐年加大教育投入，办学条件不断改善，教育教学水平稳步提升。1994 年，天桥区“基本普及 9 年义务教育，基本扫除青壮年文盲”工作，通过国家教育督导团验收，作为全国首批实现“两基”的县级单位受到国家教委表彰。2001 年，天桥区“实验教学普及县”工作达到教育部颁发的中小学实验教学普及县标准，通过省教育厅验收。2003 年，设立外来务工人员子女就学定点学校。2009 年，区教育局确立以“均衡、公平、内涵、特色，办人民满意的教育”为发展目标。2011 年，中共天桥区委、区政府印发《济南市天桥区中长期教育改革和发展规划纲要（2011—2020 年）》；同年，实施“爱生学校”项目。至 2012 年，全区有幼儿园 79 所，教学班 601 个，在园幼儿 1.74 万人；小学 44 所（含市属小学 1 所），教学班 735 个，在校生 3.19 万人；初中 15 所（含市属学校 3 所），教学班 330 个，在校生 1.44 万人；职业中专 1 所，在校生 859 人；特殊教育学校 1 所。市属高中 2 所，市属职业中专 2 所。公办中等专业学校 1 所，高等学校 3 所，民办学校 46 所。

第一章　教育体制改革

第一节　管理体制改革

一、行政管理体制

1991 年，天桥区对各类学校实行三级（区、镇、村）分别办学、两级（区、镇）分工管理体制。区政府对学校管理改条块结合为分级办学、分工管理，即区属公办普通中小学和幼儿园由区办、主管，镇属中学由镇办、主管，镇属小学由村办、镇主管、村协助管理。驻区厂企办学校由举办单位管理，接受区教委业务指导和监督。1993 年，全市第一所“区管村办”九年一贯制学校清河实验学校建成招生。1995 年年初，天桥区开始优化教育资源配置，规划调整学校布局，北园镇 6 所小学转为公办学校。至 1997 年，18 所村办学校、2 所企业办学校先后划归区教委管理，济南第六职业高级中学改为济南第十三职业中专。1997 年 3 月 6 日，北园镇设立文教办公室。1998 年 11 月，天桥区在实行“分级办学、分级管理”体制基础上，加强小学、初中一体化管理，全区中小学全面推行义务教育学区九年一贯制。将相邻几处小学和对口初中划为一个学区，成立学区管理委员会，实施一体化管理。在师资调配、经

2009 年，区教育局召开推进学区一体化建设工作会议。

费使用、物资调拨、干部管理、学校布局规划、校舍改造等方面统筹规划，相互结合，共同提高。2000年后，先后对九年一贯制学区划分和学区管委会人员进行调整。2000年1月，大桥镇、桑梓店镇划归天桥区管理，两镇所属33所小学划归天桥区教委管理。2001年，天桥区教育委员会更名为天桥区教育局。济南第五职业高级中学改为济南第十五职业中专。大桥镇、桑梓店镇学校“五三”学制改为“六三”学制，与城区接轨，全区实行一体化管理。5月始，天桥区加大学校布局调整力度，在相应扩建学校前提下，适度撤并学校。至2005年，企业办学校先后转为公办学校，全区基本完成第一轮中小学布局调整任务。2012年，全市首家棚户区改建学校——行知小学建成招生。

二、学校管理体制

1991年始，实行中小学校长负责制、教师职务聘任制、结构奖金制等。区属制锦市街小学实行学校内部管理体制改革。1994年，济南第四十六中学进行教职工聘任制试点。1995年，中共天桥区委、区政府印发《关于〈中国教育改革和发展纲要〉的实施意见》，要求加快以校长负责制、教职工聘任制、岗位责任制、校内结构工资制为主要内容的学校内部管理体制改革，区属学校“四制”改革全面展开。引入竞争机制，促进人员合理流动，优化教师队伍，提高教育质量和办学效益。至1997年，全区“四制”改革中小学33所，形成决议178条，改革成效居全省前列。1999年，部分学校开展中层干部竞争试点工作。2001年，落实济南市《关于进一步深化学校人事制度改革的意见》《济南市教育系统全员聘用合同制实施意见》，全面推行教师人事制度改革，印发《天桥区教育系统人事制度改革实施意见》，对全区教师实行“双聘制”（聘用合同制、聘任合同制），全区公开选拔小学中层干部24名。2005年，农村中小学教职工工资、养老保险、住房公积金、学校公用经费、校舍改造资金全额纳入区财政预算，保证农村教育经费。2009年，天桥区实施教职工“区管校用”管理体制改革，建立区教育局、学区、学校三级人才交流平台，通过支教、挂职、调动等方式，推进人才资源均衡配置。同年，全区教师交流124人。2010年，改进教师交流办法，实现教师由师资超编学校向师资不足学校流动（调动）、由师资优质学校向师资偏差学校调配，建立教师正向流动调配机制，促进区域内师资力量均衡配置。至2012年，教师调动152人，基本实现学科配套和师资相对均衡。

第二节　办学体制改革

1991年，天桥区举行首届企业学校联合办学研讨会，形成与裕兴化工厂、济南化工厂联合办学、联合教研、联合分配、共同受益的新格局，全区逐步形成政府主导、社会参与、办学主体多元、形式多样的办学新体制。1992年，全区社会办学发展至23所。1993年1月，全区有私立幼儿园2所。1994年12月，职业技术教育、成人教育、职工教育和社会力量办学，为社会培训实用型人才1万余人次。全国首家农村与高校合办大学——山东建筑工程学院（北院），在北园镇黄台村挂牌。1995年，中共天桥区委、区政府印发《关于〈中国教育改革和发展纲要〉的实施意见》，明确“学前教育以社会各界办学为主，政府办学为辅。职业教育和成人教育，在政府统筹管理下，主要依靠行业、企事业单位、社会团体和公民个人办学，鼓励社会各方面联合办学”。1996年后，发展城乡联合办学新格局。1997年，国务院颁布《社会力量办学条例》;4月，原由区教委管辖的25所社会力量办学学校交由区成人教育办公室统一管理。至年底，区内社会力量办学学校34所。1998年，区内新增私立幼儿园2所。2002年，发展与济南第二运输公司技校、私立鹏程技校实行校校联合、公私联合的办学思路与体制，形成股份制办学新模式。2005年4月，济南市教育局印发《济南市民办幼儿园审批规定》；天桥区按“规定”要求对辖区内各级各类幼儿园重新登记注册，全区审查登记民办幼儿园52所。2010年，全区民办幼儿园51所，按照学前教育“主导、普及、规范、优质”

发展目标，天桥区探索“公办民助、民办公助”办园模式，研究制定《天桥区学前教育发展规划（2011—2015年）》。2012年，全区形成以政府办学为主体、全社会参与、公办教育和民办教育共同发展的格局。

第三节　九年义务教育

一、普及阶段

1990年，按照济南市人民政府《关于分批实施义务教育的通知》要求，天桥区实施九年义务教育；落实济南市政府《关于改善公办中小学办学条件推进九年义务教育的决定》，成立天桥区人民教育基金委员会，进行校舍改造，新建、扩建和整修校舍建筑面积2万余平方米，办学条件改善。1991年4月，天桥区作出《关于实施九年义务教育规划的决议》，对1988年制定的全区《实施义务教育规划》进行修改调整（1993年2月，再次进行调整）。调整后的规划确定“全区基本普及九年义务教育的时间，由1999年提前至1993年。市区1993年普及初级中等义务教育；北园镇1992年上半年实现普及初等义务教育，同时开始实施初级中等义务教育，并于1993年基本普及”。同年，投资5000万元，新建校舍建筑面积2.5万平方米，第一期校舍改造任务基本完成；初中毕业生会考合格率由上年78.7%增至81.7%，优秀率43.9%，分别超出全市平均率12.7和5.9个百分点；小学学龄儿童入学率、毕业合格率和升学率分别为100%、98%和100%；北园镇提前一年通过济南市乡镇义务教育实施水平检查验收，被评为“济南市1989—1991年度义务教育示范乡镇”。1992年，全区小学适龄儿童全部入学，九年义务教育稳步实施。1993年，适龄儿童入学率、聋哑儿童入学率、小学毕业升学率均为100%，“两基”工作通过省级评估验收。1994年，全区小学入学率、毕业率、巩固率均为100%，“两基”工作通过国家教育督导团检查验收；1995年，天桥区成为实现“两基”的县（市）区。至此，天桥区完成普及九年义务教育工作。

二、巩固提高阶段

1996年始，贯彻落实《中国教育改革和发展纲要》，各级各类学校教育教学质量逐年提高。全区适龄儿童和弱智儿童入学率、小学在校生巩固率、升学率均保持100%。1997年，全区实施素质教育调度会议召开，制发《天桥区中小学实施素质教育的试行规定》，编印《实施素质教育学习材料》，全面推行素质教育；实施“五、十、百”（3年内培养名校5所、名校长10名、名教师100名）工程，推动教育质量提高。全区小学入学率100%，初中升学率95%；在校生巩固率小学100%、中学99.8%。5名学生获全国中学生生物竞赛一等奖。1998年9月，印发《天桥区关于实施〈济南市中小学实施素质教育试行规定〉细则》，按照《济南市中小学实施素质教育试行规定》要求，进行课程改革，重视活动课程；改革考试，取消百分制；改革学生素质评价办法和记分册，使用素质发展情况报告单；推行小班化教育，1999年，全区90%以上学校进行小班化教育实验。

2001年、2002年，区政府分别召开天桥区教育工作会议、天桥区基础教育工作会议。对素质教育深入实施、教师队伍管理建设、教师人事制度改革、基础教育改革、教育执法目标责任制实施等方面作出重要决策；制定《天桥区基础教育改革与发展的意见》，对明确发展目标任务、保障经费投入、优化资源配置、推进素质教育、加强教师队伍建设、坚持依法治教提出具体要求。2003年，实践“让更多的孩子接受更好的教育”新理念，确立首批优化升级学校6所。

2004年春季开学始，落实义务教育阶段适龄残疾儿童少年“三免一补”（免杂费、免住宿费、免教科书费，补助生活费）政策，实施免费教育。2005年，启动首批城乡学校干部挂职交流工作，组织农村学校领导干部到城区学校挂职锻炼。采取多种形式开展农村教师培训和支教支校活动，促进农村教师素质提高。2006年，整合、优化农村教育资源，撤并学校6所，新建学校3所；桑梓店镇通过市教育示范乡镇验收。2009年，天桥区为16所教育资源整合学校更名揭牌，全区资源整合工作取得阶段性成果。2010年，促进教育均衡、公平、内涵、特色发展，老城区35所中小学全面整合完毕，外来务工人员子女定点学校增至12所。合理调整学区，实现区内适龄儿童义务教育无缝隙覆盖。2011年，制定《天桥区中长期教育改革和发展规划纲要（2011—2020年）》，全区中小学标准化建设基本完成。2012年，全区所有学校均配置多媒体，实现城乡无差别配备，均达山东省普通中小学标准化学校标准。

第二章　基础教育

1991年，天桥区幼儿教育由区教育委员会与区妇联分块管理。1993年，天桥区托幼领导小组成立；2011年，天桥区幼教发展中心成立。至2012年，天桥区小学教育、初中教育经历村办学校转公办、厂企学校移交地方、“三街二镇”（药山、北园、泺口3个街道，大桥、桑梓店2个镇）学校转区属、试行九年一贯制学校实验，小学教育、初中教育完成由数量变化到质量提升的转变。

第一节　幼儿教育

1991年，天桥区幼儿园由区教委和区妇联分块管理。达到办园标准、符合注册条件的幼儿园由区教委实行注册管理，其他幼儿园由区妇联实行备案管理。同年，在区教委注册幼儿园、学校附设学前班109所；其中公办22所（含教育办独立园和学校附设学前班）、街道办12所、驻区单位办40所、北园镇办35所，在园幼儿1.08万人。使用山东省统编教材。1993年，济南市托幼工作会议后，天桥区成立托幼领导小组，下设办公室，与区教委学前教育科合署办公，一个机构两块牌子。负责指导协调全区学前教育管理、园所发展、教育教学、师资队伍建设等工作。1994—1995年，济南市新苑小学附属幼儿园、天乐幼儿园、济南师范附属小学“天艺幼儿园”（学校附设幼儿园）先后成立。1996年6月，天桥实验幼儿园以山东省第一名的成绩代表山东省参加全国幼儿体操大赛，获甲组二等奖。1999年，北园镇文教办公室成立泺口实验幼儿园，当年通过济南市乡镇中心幼儿园达标验收。

1999年，按照山东省、济南市关于市区小学一律停办附设学前班要求，区教委对全区小学附属学前班和小学附属幼儿园进行集中整顿，停办小学附设学前班；要求部分规模小、条件差、达不到省定三类幼儿园办园标准的小学附设幼儿园，自1999年9月起不再招生。有7处学前班、1处学校附设幼儿园按规定停止办班。同年，天桥区幼儿园使用明天出版社第一套《山东省幼儿园教育活动教材》。

2002年，全区注册幼儿园减至92所。2004年，天桥区幼儿园使用明天出版社第二套《山东省幼儿园教育活动教材》；2008年始，使用明天出版社第三套《山东省幼儿园教育活动教材》和山东大学版《幼儿园主题活动课程》。

2011年，学前教育工作管理办公室和天桥区幼教发展中心成立。在对全区15个街道（镇）深入调研基础上，针对人口分布及幼儿出生情况，制定《天桥区学前教育五年发展规划（2011—2015年）》和《天桥区2011—2013年学前教育行动计划》。投资1500万元，完成幼教中心实验幼儿园分园（由原八里桥小学改建）、幼教中心第二实验幼儿园（由原五十一中学改建）、幼教中心第三实验幼儿园（由原二棉小学改建）、天桥区南村中心幼儿园分园（南村东区62号楼）4所公办幼儿园改建任务，增加入园幼儿870人。12月13日，中央电视台《新闻联播》栏目以“山东——把民生实事做到百姓心坎上”为题，报道天桥区学前教育工作；12 月 17 日，天桥区代表济南市十个县（市）区接受济南电视台新闻频道关于幼儿园建设专题采访。同年，天桥区幼教发展中心与中国教育学会合作建立中国教育学会天桥区幼儿教师发展基地，依托中国教育学会教育资源优势，为全区幼儿教师搭建学习交流平台，聘请北京、上海等地的 4 名知名幼教专家进行专题讲座，全区幼儿园园长、主任、骨干教师等 180 余人参加首批培训。

2012 年，区教育局通过招聘、转岗、引进等形式为幼儿园补充在编教师 26 人，其中招聘新教师 19 人、转岗教师 6 人、引进山东省优秀教师 1 人。

2011 年 7 月 25 日，中国教育学会与天桥区共建幼儿教师发展基地在教师进修学校成立。

至 2012 年，全区有幼儿园 79 所，其中区教育局办 6 所、公办 23 所、民办 50 所，601 个教学班，在园幼儿 1.74 万人，在职教职工 2285 人。其中，山东省十佳幼儿园 1 所（济南市天桥区实验幼儿园），济南市十佳幼儿园 3 所（中国人民解放军济南军区总医院幼儿园、济南幼儿师范高等专科学校附属幼儿园、山东煤矿安全监察局机关幼儿园），省级示范幼儿园 11 所，济南市一、二类幼儿园 38 所，优质教育资源占全区幼儿园总量 67%。

1991—2012 年天桥区幼儿园统计表

表 23-1

年份	幼儿园（所）	教学班（个）	在园幼儿（人）	教职工（人）	教师（人）
1991	109	219	10768	785	488
1992	110	207	11121	796	589
1993	137	264	11762	773	568
1994	132	262	11733	672	492
1995	112	222	10199	705	499
1996	106	197	9981	698	523
1997	97	186	9963	689	412
1998	87	229	7681	785	485
1999	91	237	8001	832	520
2000	99	276	8999	785	610
2001	90	279	8718	1171	685
2002	92	305	7066	795	520

续表 23-1

年份	幼儿园（所）	教学班（个）	在园幼儿（人）	教职工（人）	教师（人）
2003	132	385	12752	1094	631
2004	137	362	11733	1174	717
2005	110	394	11362	1261	989
2006	107	355	11405	1405	749
2007	85	383	12092	1279	818
2008	88	397	13391	1735	999
2009	77	450	13359	1637	910
2010	73	493	15000	1815	943
2011	76	676	16651	2116	1051
2012	79	601	17380	2285	1058

附：幼儿园选介

天桥区实验幼儿园　始建于 1983 年，改建于 1992 年，北邻大明湖公园，南毗五龙潭公园，占地面积 0.19 公顷。该园现代化教学设备齐全，房屋设施配套，环境整洁优美；教学楼一楼设植物走廊，二楼设科学走廊，三楼平台全部铺设塑胶地面，配有滑梯、攀岩等多种大型体育活动器械。2008 年 12 月，被山东省教育厅评为省级十佳幼儿园。2009 年，投资 100 万元，更换、添置现代化教育教学设施和食堂专用设备，设置迎门电子显示屏，改建网站，完善自动化办公系统和多媒体教学辅助系统；班班有钢琴、电脑、数码相机、背投电视、实物展台等；配备综合活动室、科学发现室、感统训练室、图书室、美术室及幼儿食堂；户外活动场地体现娱乐、运动、自然的风格。该园在天桥区教育系统第一个被授予省级巾帼文明岗。2012 年，有教学班 9 个，在园幼儿 280 人。教职工 50 余人，其中在编教师 31 人，学历达标率 100%。该园先后培养省市区教学能手、学科带头人 40 人，向其他幼儿园输送后备管理干部 14 人。1997—2012 年，先后独立申报全国、省、市级科研课题 10 余项，有 6 项通过鉴定结题。园址：天桥区周公祠街 15 号。

济南幼儿师范高等专科学校附属幼儿园　原为济南幼儿师范学校附属幼儿园，成立于 20 世纪 70 年代，初期是以托儿所的形式解决幼儿师范学校教职工子女入托问题。1986 年，向社会招生。2000 年，新园启用。新园占地面积 0.4 公顷，建筑面积 4200 平方米，按照一级一类幼儿园规划标准建设。设有多媒体教室、综合活动室、阅览室、科学发现室、美术及音乐专用教室等；根据开放式教育的要求设计，每班设活动室、睡眠室、更衣室、盥洗室、卫生间，面积近 150 平方米；室外铺设绿化草皮面积 800 平方米、运动型专业艺术塑胶跑道面积 700 平方米，安装大型工程塑料及原木游乐设施、蹦床、平衡木、沙池、荡桥、小精灵隧道等，建造山、石、树、藤、桥、水车、瀑布等人文景观，开辟玩沙区、戏水区、养殖区、种植区。同年，更名为济南市实验幼儿园。2003 年，被评为省级示范幼儿园。2004 年，参加全市幼儿基本体操比赛获得团体第一名。2010 年始，该园与瑞典蒙道尔市科沃科拉幼儿园进行为期三年的合作交流计划。2011 年 4 月，更名为济南幼儿师范高等专科学校附属幼儿园。2012 年，有教学班 12 个，在园幼儿 480 名，教职工 60 人，教师学历达标率 100%。园址：天桥区堤口路 87 号。

济南军区总医院幼儿园　始建于 1958 年 10 月。1992 年，投资 60 万元兴建新园。1996 年，被山东省教委命名为“省级一类幼儿园”。2003—2005年，投资80余万元，对园舍设备进行改造。新铺设全封闭塑胶跑道，增设幼儿科学发现室、幼儿衣物间、阅览室及多功能活动室，班级配备电脑、彩电、钢琴、消毒柜和空调。2006—2009年，投资30余万元，在楼顶扩建户外活动场地面积800平方米，创建幼儿园宣传网站，班级实现电化教学。其间，2008年，被评为“济南市十佳幼儿园”；2009年，被评为“济南军区示范幼儿园”。2010—2012年，投资40余万元，粉刷教学楼内室；安装幼儿园监控和报警设备；增加校园广播；增设专业保安人员。至2012年，该园占地面积0.23公顷，建筑面积2600平方米。有教学班10个，在册幼儿375人；教职工43人，均持证上岗，专业合格率100%。园址：天桥区师范路46号济南军区总医院宿舍营区。

天桥区幼教中心第二实验幼儿园　2009年6月成立，由原济南第五十一中学改建。占地面积0.47公顷，建筑面积近4000平方米，室外活动场地面积2650平方米。2010—2012年，投资300余万元对园舍设备进行改造。对北教学楼进行加固并投入使用，各班配齐电脑、实物投影仪、彩电、电子钢琴和空调，实现校园联网和电化教学。其间，2011年，经省市主管部门评估验收，晋升为“省级示范幼儿园”。至2012年，有教学班12个，在园幼儿320余人；教职工52人，教师专业学历达标率100%。园址：天桥区六合里6号。

天桥区幼教中心第三实验幼儿园　2011年9月成立。占地面积0.42公顷，建筑面积2320平方米，户外活动场地面积3100平方米。设幼儿科学发现室、阅览室、区域活动室、多功能室；设有多种大、中、小型户外玩具。各班配有微机、彩电、钢琴和空调等教育教学设施，实现校园联网和电化教学。当年被评为“省级示范幼儿园”。2012年，有教学班11个，在园幼儿300余人；教职工51人，其中专任教师27人，学历达标率100%。园址：天桥区济泺路116号。

第二节　小学教育

一、学校设置

1991年，天桥区有小学51所，其中公办21所、厂办10所、北园镇办20所。在校生2.83万人，其中公办1.68万人、厂办5434人、镇办6057人。1993年4月，制锦市街小学被命名为全省首批规范化学校。同年，清河实验小学更名为清河实验学校，招收初中一年级新生，成为济南市第一所村办区管九年一贯制学校。

1994年9月，新苑小学建成使用。投资500余万元，占地面积1.1公顷，建筑面积5510平方米，规模为30个教学班。

1995年2月12日，北园镇联四、黄台、白鹤、沃家、杨庄、边庄小学转为公办小学。11月22日，天桥区少年警校在济南市警察学校成立。11月28日，制锦市街小学“红领巾电视台”开播，为全省首家小学自办电视台。

1996年，济南鲁成有限公司子弟学校（即济南第一棉纺织厂子弟学校）和济南第二棉纺织厂子弟学校移交天桥区管理。济南鲁成有限公司子弟学校不变；济南第二棉纺织厂子弟学校撤销，师生并入区内学校。

1997年，北园镇王炉小学、黄岗小学、大魏小学、药山小学、丁太鲁小学分别更名为天桥区王炉小学、黄岗小学、大魏小学、药山小学、丁太鲁小学。张公坟分校改制成立北园镇柳云小学。

2000年，全市区划调整，大桥镇、桑梓店镇、靳家乡所属33所小学划归天桥区教育局管理。11月，济南第一棉纺织厂子弟学校更名为济南锦苑学校。

2001年4月，北园镇凤凰山小学合并至济南锦苑学校；花园街小学合并至刘家庄小学。

2002年3月，济南第三棉纺织厂仁丰小学合并至天成路小学。8月，赵庄小学合并至泺口小学。2003年，北关小学并入北坦小学；工人新村第一小学与济南第二十八中学合并，成立九年一贯制学校，更名为汇文实验学校。

2004年，大桥镇杨家、陈家、大王、八里小学合并更名为济南市天桥区大桥镇第一中心小学；济南铁路职工子弟第二小学与济南铁路职工子弟第三小学移交地方，转为公办小学，分别更名为济南市明珠小学与济南市博文小学。

2005年，宝华街小学并入官扎营西街小学。2007年，聚贤街小学并入刘家庄小学；山东化工厂子弟小学更名为北苑小学；诚通小学并入天成路小学。

2012年，天桥区北刘片区配套学校——济南市行知小学建成，这是全市首所回迁片区配套学校。

2009年，堤口回民小学更名为交校路小学；清河实验学校、聚贤街小学、北园街道联四小学合并，更名为济南市清河实验小学；官扎营西街小学与北园街道芙蓉小学合并，更名为济南市芙蓉小学；刘家庄小学与北园街道黄台小学合并，更名为济南市黄台小学；八里桥小学与泺口街道鹊山小学合并，更名为济南市鹊山小学；天桥区药山中学部分资源与天桥区泺口街道金牛小学整合，更名为济南市药山小学；北园街道杨庄小学、水屯小学、边庄小学、白鹤小学、柳云小学合并后与北园中学部分资源整合，更名为明湖小学；济南市北苑小学与泺口街道李庄小学合并，取名为济南市北苑小学。2011年12月，明珠小学被山东省科协、省教育厅授予“山东省科普示范学校”称号。年底，蓝翔路小学更名为济南市滨河小学。

2012年9月，新苑小学被评为全国家庭教育示范家长学校。9月1日，天桥区新建济南市行知小学和济南市泉星小学投入使用。济南市行知小学是天桥区教育局依托城市改造建设平台，充分利用北刘片区旧城改造契机，在整合原刘家庄小学、聚贤街小学、花园街小学基础上，采取由济南市旧城改造投融资管理中心代建方式新建的学校。学校占地面积1.8公顷，设置36个班。济南市泉星小学地处泉星小区内，是小区配套学校。占地面积0.68公顷，配备教室12间。同年，济南汇才学校东校区投入使用。

至2012年，全区有公办小学28所、农村小学15所、市直小学1所，735个班，在校生3.19万人；有制锦市街小学、锦缠街小学、新苑小学、天桥区实验小学、博文小学、明珠小学、黄台小学、明湖小学、滨河小学、桑梓店镇周阎小学、济南师范附属小学、济南市影壁后街学校等省级规范化学校12所。

二、学制 课程

1991—2012年，天桥区小学均为6年制。

1997年2月，全区小学开设法制课，五年级下学期至六年级上学期每学期6课时。2002年后，小学品德与生活、品德与社会课程已涵盖法制课内容。

2002年秋，天桥区启动小学课程改革试验。改变以往过于注重知识传授的倾向，强调形成积极主动的学习态度。坚持“落实国家课程、开好地方课程、开发好学校课程”方针，体现课程结构的均衡性、综合性和选择性，加强课程内容与学生生活以及现代社会和科技发展的联系。倡导研究性学习，培养学生搜集和处理信息能力、获取新知识能力、分析和解决问题能力以及与人交流合作能力。至2012年，天桥区小学开设语文、数学、英语（3～6年级）、品德与生活（1～2年级）、品德与社会（3～6年级）、体育、音乐、美术、科学（3～6年级）、信息技术（3～6年级）、综合实践（3～6年级）等地方与学校课程。

三、学校选介

（一）济南师范学校附属小学。前身为始建于1904年的山东省师范学堂附属小学堂，是山东省第一批施行现代教育制度的学校。1949年，成为山东省第一批省级重点学校。1980年，划归济南师范学校，为济南市教育局直属小学。该校是首批山东省规范化学校、山东省电化教育示范学校、山东省艺术教育示范学校、山东省体育传统项目学校，连续多年被评为市级文明单位、德育工作先进单位。2012年，该校开设60余门综合实践活动课。同年，瑞典、加拿大、俄罗斯、新加坡及国内各省市教育代表团领导、教师、学生代表到访1000余人次。至2012年年底，有教学班45个，在校生2256人；教职工126人，专任教师119人。学校有语音室、微机室、合唱室、舞蹈室、多媒体教学室、科学实验室等专业教室；教学楼命名为“祝晨楼”，综合实践楼命名为“羡林楼”；培养出济南小名士9人。学校占地面积1.48公顷，校舍建筑面积1.19万平方米。校址：天桥区工人新村中街21号。

（二）济南市制锦市街小学。始建于光绪三十一年（1905年），始称“镇武庙学堂”，后几易其名。1950年，更名为济南市制锦市街小学。1958—1959年，与济南第十三中学合并，试行十年一贯制教育。1975年，被确定为济南市重点小学。1983年，该校提出实施和谐教育办学思想；1995年，在市、区中小学宣传推广。其间，1988年，该校被教育部命名为首批“现代教育技术实验学校”。1993年，该校被评为首批山东省规范化学校。2005年，被评为首批山东省教学示范学校。10月25日，该校举行百年校庆。至2012年，该校连续24年获“省级文明单位”称号。至2012年年底，该校占地面积0.84公顷，建筑面积6689.76平方米。有教学班32个，在校生1483人；教职工100人，专任教师96人，学历达标率100%。校址：天桥区铜元局后街12号。

（三）济南市清河实验学校。据该校所藏清乾隆三十七年石碑碑文记载，清乾隆25年（1760年）刘家桥村兴办义学。至民国绵延不断。1917年，在义学原址成立刘家桥小学。后几易其名。1948年，济南解放，复称刘家桥小学。1987年，更名为济南市天桥区北园镇中心小学，1988年，更名为清河实验小学。1989年，清河村投资500万元，兴建面积为6168.88平方米教学楼。1991年，清河村与省实验中学合办初中，试行九年一贯制教育。1993年，更名为济南市清河实验学校。1994年，初中停办。2009年，天桥区整合教育资源，将聚贤街小学、北园街道联四小学与清河实验学校合并，称为济南市清河实验小学，有东、西两个校区，占地面积0.88公顷，建筑面积6866平方米。2012年，有教学班30个，在校生1369人；教职工80人，专任教师78人，教师学历全部达标。校址：天桥区西泺河路87号（东校区）；天桥区联四路32号（西校区）。

（四）济南市天桥区桑梓店镇中心小学。据《清康熙民国〈齐河县志〉校注汇编》记载，清乾隆初年，桑梓店村兴办义学。桑梓店村现存嘉庆年间石碑一通，高166厘米，宽66厘米。碑上刻有《济南府齐河县正堂柳世珍所定桑梓店义学规条》和《重修桑梓店义学碑记》。至民国年间，战乱频仍，学堂时办时停。1949年，在原义学故地，成立桑梓店村小学。1989年12月，由德州地区齐河县划归济南市历城区；2000年1月，归属天桥区。2006年，原桑梓、沙李、仓上、怀家4所小学合并，成立桑梓店镇中心小学，并迁入现址。该校配有微机室、科学实验室、美术教室、音乐教室、综合实践活动室、多媒体教室等专用教室；有卫生室、心理咨询室、图书室、阅览室等功能室。教学仪器、设备均达省标准化建设配备标准。2012年，有教学班19个，在校生931人；专任教师52人，教师学历达标率100%。学校占地面积2.25公顷，建筑面积3215平方米。校址：桑梓店镇桑梓店村北。

第三节　初中教育

一、学校设置

1991年，全区有普通中学17所，其中公办8所、厂办6所、镇办3所，初中在校生9181人。

1993年，清河实验学校开始招收初中班，实行九年一贯制教育。1996年，济南汽车制造总厂职工子弟中学更名为中国重型汽车集团公司济南第一中学。

1997年，清河实验学校中学部撤销，并入明湖中学；原北园镇第三中学更名为济南市天桥区药山中学，由药山街道管理。

2000年1月，原历城区大桥镇大桥中学、历城区靳家乡靳家中学、桑梓店镇第一中学、历城第六中学划归天桥区管理。

2001年6月，济南第十三中学、济南第二十八中学、济南第五十六中学被评为首批“区级规范化学校”。9月，桑梓一中并入历城六中。10月，济南第十三中学、济南第二十八中学、济南第五十六中学被评为济南市首批“市级规范化学校”。同年，原北园镇第一中学隶属北园街道，更名为北园中学；北园镇第二中学隶属泺口街道，更名为泺口中学；原大桥镇中学更名为大桥镇第一中学；靳家乡中学更名为大桥镇第二中学。

2003年，济南市工人新村第一小学与济南第二十八中学合并，成立九年一贯制学校，更名为济南汇文实验学校；历城六中更名为济南第五十二中学。2004年，济南铁路职工子弟第二中学移交天桥区，转为公办学校，更名为济南博文中学。2007年，北园中学、泺口中学、药山中学转为公办学校；山东化工厂子弟中学取消。2008年，黄河航运局子弟学校中学部和重汽中学由企业学校移交地方转为公办学校，并与重汽集团有限公司小学合并成立九年一贯制学校，更名为济南汇才学校。

2009年，天桥区药山中学、药山实验小学并入济南第二十九中学。北园街道标山小学并入济南锦苑学校。济南第五十中学迁入天桥区，该校为市属学校，分为初中部（济南第五十中学）和中专部（济南市体校），该校初中部德育工作、学业水平考试、学籍管理等业务内容纳入天桥区教育局管辖。2010年4月17日，中国孔子基金会授予济南第十三中学全国首所“孔子文化主题校园”称号。2011年，市属学校济南外国语学校初中部初一、初二年级迁入天桥区。

2012年9月，济南外国语学校初中部全部纳入天桥区，学籍管理和学业水平考试全部纳入区教育局属地管理。至2012年年底，全区有中学15所（含市属学校3所），教学班330个，在校生1.44万人；其中省级规范化学校有济南第十三中学、济南汇文实验学校。

二、学制　课程

1991—2012年，天桥区初级中学学制均为3年制。

2008年，天桥区初中课程改革试验承接小学课程改革试验顺势进行。至2012年，初中设语文、数学、外语、思想品德、历史、地理、生物、物理、化学、计算机、体育、音乐、美术、综合实践、地方与学校课程。

三、学校选介

（一）济南第十五中学。前身是山东省济南工人子弟中学，1949年春建校，是济南解放后党和政府为工人子弟上学而筹建的一所新型中学。1956年，更名为济南第十五中学。1982年8月，济南师范专科学校迁入该校，济南第十五中学更名为济南师范专科学校附属中学。1987年9月，济南师范专科学校迁出。1989年，恢复济南第十五中学，只设初中部。1991年12月，被命名为市体育传统项目学校。2009年，获中华人民共和国第十一届全运会田径竞委会突出贡献奖奖牌。2010年11月24日，全国亿万中学生“阳光体育长跑活动”山东省暨济南市启动仪式在该校举行。2011年，被山东省体育局、省教育厅命名为山东省体育传统项目（排球、田径）学校。济南海右印社济南十五中篆刻教学基地挂牌成立。2012年，在校生623人，教职工99人。校址：天桥区前陈家楼1号。

（二）济南第十三中学。始建于1956年。1992年、1993年，学校乒乓球队连获山东省和

2010年4月17日，济南第十三中学举办“孔子文化进校园”展示活动。

济南市中学生乒乓球比赛男子团体冠军和单打冠军。1993年，实行以教研组为主，与级部并存的双轨制管理。2004年，开发《我们的泉水》校本课程，开展“探访名泉”“水质调查”等活动，培养学生热爱家乡的情怀。2005年，被评为省级规范化学校。2007年始，开展“孔子文化进校园”主题活动。编写《孔子文化进校园》一书；多次接待来自台湾忠信学校、新加坡海星学校等参观访问团；学期末评选“孔子好学奖”和“孔子进步奖”。2010年，与马来西亚尊孔独立中学、台湾忠信学校、南昌向塘二中签约“友好学校”；全国首所“孔子文化主题校园”落户该校。同年，被评为全国创建和谐校园先进单位；校女子篮球队获第七届CSBA全国初中女子篮球锦标赛亚军。2012年，该校女篮赴法参加第二十届尚特皮国际女子少年篮球锦标赛获道德风尚奖；校刊《启明星》获第六届全国中小学校内报刊一等奖。至2012年，学校占地面积1.33公顷，建筑面积1.09万平方米；有教学班36个，在校学生1638人，教职工150人。校址：天桥区镇武街1号。

（三）济南汇文实验学校。成立于2003年8月。由始建于1958年的济南第二十八中学和始建于1964年的济南市工人新村第一小学合并建成，为九年一贯制学校。占地面积4.27公顷，建筑面积1.73万平方米。2004年，被评为省级规范化学校。2007年，学校提出“给每个汇文人创造更大的发展空间”办学理念，以开展科普创新、凸显特长发展为突破口，打造“魅力德育”，构建“诗意校园”。2007年，被评为全国中小学思想道德建设实践创新活动先进单位。2012年,学校有74个教学班（中学部36个、小学部38个），在校生3800余人，教职工260人。同年，学校获全国中小学“诗意校园”先进集体、山东省中小学体育联赛足球（小学女子组）第三名、济南市体育五大联赛足球联赛女足冠军、男足亚军。校址：天桥区工人新村北村一街4号。

2010年，济南汇文实验学校构建“诗意校园”展示活动。

（四）济南汇才学校。成立于2008年4月。由始建于1960年的中国重型汽车集团公司济南

第一小学和始建于1970年的中国重型汽车集团公司第一中学合并而成，是一所九年一贯制学校，隶属天桥区教育局。学校占地面积1.59公顷，建筑面积1.67万平方米，运动场地面积7657平方米。2009年1月，该校被评为省级中小学教师远程研修工作先进单位。2011年6月，区教育局将位于天桥区工人新村中街25号的原济南第十三职业中专学校校舍划归汇才学校，成为该校东校区。东校区占地面积0.42公顷，建筑面积7138平方米，运动场地面积2261平方米。2012年11月，该校表演的节目《一块手表》在第十一届"华东六省一市戏剧小品大赛"中获银奖。至2012年年底，有教学班63个（初中部28个班、小学部35个班），在校生3049人；教职工191人，专任教师158人。校址：天桥区无影山东路2号。

1991—2012年天桥区义务教育统计表

表23-2

年份	小学					初中				
	学校（所）	教学班（个）	在校生（人）	招生（人）	毕业生（人）	学校（所）	教学班（个）	在校生（人）	招生（人）	毕业生（人）
1991	51	608	28154	4908	3632	17	192	9071	3307	3304
1992	51	608	29444	4753	3787	17	192	9523	3708	2943
1993	51	608	31751	5568	5229	17	200	10196	3813	2802
1994	53	633	32977	6270	6186	17	224	12789	4378	3151
1995	54	624	32691	5638	6086	17	243	13266	5277	3478
1996	53	658	31996	4818	5525	16	248	13581	5047	3470
1997	53	649	31954	4600	4969	15	235	13177	4578	4175
1998	51	643	31230	4177	4836	15	226	12017	3934	4887
1999	50	614	29372	4667	5636	15	234	12272	4626	4115
2000	83	801	32594	4407	7814	18	328	18653	5505	5031
2001	81	765	30510	4473	6667	18	332	18435	5306	5120
2002	79	725	29253	4622	5864	18	311	16368	4728	6769
2003	60	710	28526	4643	5661	19	305	14678	4436	6988
2004	59	704	28397	5045	5253	19	285	13124	4624	5289
2005	58	701	28905	4838	4752	19	285	12104	3592	4428
2006	58	709	29549	5137	4736	19	271	10743	3224	4196
2007	56	705	30310	5295	4607	18	252	9904	3255	3856
2008	56	726	31157	5423	4817	18	251	10018	3572	3435
2009	43	717	31027	4669	4794	14	262	10649	3755	2636
2010	43	722	30789	4943	5174	14	268	10883	4106	3266
2011	43	732	31391	5671	4982	15	325	12899	5074	3500
2012	44	735	31934	5670	5243	15	330	14432	5333	3779

第四节　高中教育

一、学校设置

1990年，天桥区区属济南第十三中学、济南明湖中学为完全中学，设高中部，每年每校招收教学班2个。1991年，在校生403人。因初中招生任务加剧，学校无法容纳，经济南市、天桥区教育委员会同意，济南第十三中学、济南明湖中学分别于1991年、1994年停止招收高中生。

济南第五十二中学，位于桑梓店镇政府驻地。1990年前，为齐河县第七中学；1990年，划归济南市历城区，更名为济南市历城第六中学；2000年，划归天桥区；2002年，更名为山东省济南第五十二中学。至2008年，招收高中生9届；2009年，停止招生。

二、学制 课程

济南第十三中学、济南明湖中学高中部学制3年，开设语文、数学、英语、物理、化学、历史、政治、地理、生物等课程。济南第五十二中学高中部学制3年，开设语文、数学、英语、物理、化学、生物、政治、历史、地理、通用技术、综合实践等科目，2008年增加音乐、美术科目。

1991—2011年天桥区区属高级中学学生毕业和高考统计表

表23-3　　单位：人

单位	济南第十三中学			济南明湖中学			济南第五十二中学		
类别/数量/年份	毕业生	高考情况		毕业生	高考情况		毕业生	高考情况	
		报名	录取		报名	录取		报名	录取
1991	90	85	1	83	83	4	—	—	—
1992	89	71	0	71	46	5	—	—	—
1993	91	67	4	92	52	6	—	—	—
1994	—	—	—	99	75	5	—	—	—
1995	—	—	—	61	38	3	—	—	—
1996	—	—	—	39	19	3	—	—	—
2000	—	—	—	—	—	—	100	83	49
2001	—	—	—	—	—	—	129	129	70
2002	—	—	—	—	—	—	123	98	63
2003	—	—	—	—	—	—	156	156	113
2004	—	—	—	—	—	—	164	155	130
2005	—	—	—	—	—	—	177	145	127
2006	—	—	—	—	—	—	248	222	116
2007	—	—	—	—	—	—	248	188	112
2008	—	—	—	—	—	—	273	230	137
2009	—	—	—	—	—	—	354	156	123
2010	—	—	—	—	—	—	261	80	55
2011	—	—	—	—	—	—	199	43	27

说明：1. 录取人数包括专科委培、中专和中专委培。
2. 2000年以前五十二中隶属历城区，本表未统计。

三、学校选介

1991 年，天桥区有市属高中济南第十一中学 1 所。2009 年，市属高中济南第二中学迁入天桥区。

（一）济南第十一中学。始建于 1955 年 7 月；1979 年，被确定为济南市重点中学。1987 年取消初中，为市教育局直属高级中学。1987—1992 年，向部队输送飞行员多名，获“招飞先进学校”称号。1993 年，学校试办综合高中，增设“3+1”计算机应用专业职业中专班和音乐、美术高中特色班。1999 年，与济南广播电视大学合并，成为济南广播电视大学高中部，开始招收住宿生。2002 年 5 月，恢复“山东省济南第十一中学”名称。2003—2007 年，新建学生公寓楼、餐厅、图书馆、体育馆。2004 年 6 月，成为省级规范化学校。2007 年，承办山东省第十届中学生运动会男篮比赛。2008 年，获“山东省语言文字规范化学校”称号。2009 年，与韩国朝堂大学高中结为友好学校。2012 年，被命名为“国际生态学校”和“全国环境教育示范学校”。该校占地面积 2.37 公顷，建筑面积 2.09 万平方米；有教师 133 人，在校生 2014 人。校址：天桥区堤口路 131 号。

（二）济南第二中学。前身为始建于 1922 年的山东省立女子中学。1949 年 8 月，与始建于 1935 年 1 月的济南市立中学合并，成立山东省济南第二中学，校址位于现泺源大街 100 号。1978 年，被确定为济南市重点中学；1987 年，改为高级中学。2009 年 2 月，学校迁至天桥区，由走读制学校改为寄宿制学校。新校占地面积 5.96 公顷，建筑面积 5.57 万平方米。有教学楼 1 幢、综合楼 1 幢、学生公寓 4 幢、餐厅 1 幢、体育馆 1 幢、400 米标准塑胶运动场。至 2012 年，学校有教学班 42 个，在校生 2600 余人，教职工 190 余人。该校为山东省省级规范化学校、山东省电化教育示范学校、山东省体育传统项目学校、山东省语言文字规范化学校、全国青少年文明礼仪教育示范基地、全国消防安全教育示范学校。校址：天桥区小清河北路 9211 号。

第五节　特殊教育

1990 年 12 月，天桥区弱智儿童辅读学校——济南市影壁后街学校成立。位于东立山街 4 号（原影壁后街小学）。占地面积 0.36 公顷，建筑面积 1014 平方米。教职工 22 人，专任教师 16 人。1992 年，全区有辅读学校 1 所、普通小学附设辅读班 4 个，在校弱智生 221 人，从事特殊教育教师 129 人。

1996 年，全区有残疾学生 268 人，入学率 98.3%。其中，盲生 5 人，入学率 80%；聋生 35 人，入学率 100%；弱智生 228 人（含随班就读学生），入学率 100%。

1998 年 10 月，影壁后街学校新校舍改建竣工。学校有教学班 9 个，在校生 103 人，教师 32 人。招收年龄 7 ~ 9 岁的轻度智力残疾儿童。每年与普通小学同时招生，招收居住在区内智力残疾儿童，学制 9 年。2004 年，被评为省级规范化学校。

自 2004 年春季开学始，对义务教育阶段残疾儿童实施“三免一补”优惠政策。

2006 年 7 月，在黑龙江省哈尔滨市举行的第四届全国特殊奥林匹克运动会中，该校学生殷培振获 3 金 1 铜 4 枚奖牌。9 月，在甘肃省天水市举行的全国特奥自行车比赛中，8 名学生取得 2 金 7 银 5 铜 14 枚奖牌，总分列全国第三名。

2007 年，在上海举行的世界特奥会上，殷培振获男子网球赛双打冠军和单打亚军。曲晓迪独舞《美丽的小孔雀》获济南市残联学生文艺演出一等奖，在全国残疾学生文艺演出中获培育智力一等奖。教师隋珏春指导的美术作品《母子情》获山东省残疾人艺术作品比赛特等奖。

2011 年，济南市教育局拨付专项资金 20 万元，用于学校校园文化建设及校舍改造工程。同年，制定《济南市天桥区 2011 年特殊教育工作计划》《济南市天桥区特殊教育三年发展规划》。影壁后街学校以“生存教育”为核心，尝试走“医教结合”之路。学校自主开发生态豆芽生产销售劳动技术教育，得到学生、家长和社会认可；

先后与济南市青少年宫、丝意造型美发连锁店、开创集团签订合作协议，为学生开辟学习、实践基地。

2012年，天桥区成立“特教中心教研组及课程研发小组”。同年，影壁后街学校有8个班，在校生91人，教师27人，设有日间照料站。另有济南市清河实验小学、明湖小学、天桥区实验小学、济南第十三中学随班就读实验学校4所。

第三章　职业教育与成人教育

1991年，天桥区有职业高中5所。至2003年，济南第十三职业中专成为唯一一所区属公办中等职业学校，该校汽修专业为省级骨干示范专业。社会力量办学由20世纪80年代末8所民办学校发展到2012年46所。职工教育由20世纪90年代至2003年，教育、培训职工数以万计；2004年后，因企业改制等原因，该项工作逐渐淡化。农村成人教育自20世纪90年代始，经历扫除文盲和防止复盲、为在职村干部进行培训、乡镇科普服务、为鹊山龙湖和化工产业园区建设开展多种专业技能培训等历程。社区教育开端自2002年9月，中共天桥区委、区政府制定《关于开展社区教育的实施意见》并成立社区教育委员会，15个街道（镇）建立社区教育中心学校15所。

第一节　区属职业学校

1991年，全区有职业高中5所，其中，区属公办职业高中2所（济南第五职业高中和济南第六职业高中）、厂办3所；在校生1053人，其中，公办761人、厂办292人。济南第五职业高中开设电工仪表、文秘摄录和装饰装潢专业；济南第六职业高中开设汽车修理、工业电气和通用机械专业。

1996年，区教委确立职业教育“城乡优势互补、互利互惠、共同发展职业教育”的发展方向。针对农村生源充足、培训设备能力差和城市生源不足、培训设备能力强的实际，进行优化组合，采取横向联合，以推荐就业为龙头，推动招生、培训、科研、实习、创收的办学模式，先后与德州市齐河县教委、齐河县职业中专、齐河县第二职业高中联合，为济南第六职业高级中学在齐河二职高招收机电专业新生138人、济南银河计算机学校在齐河职业中专招生110人、济南第三职专招生5人、济南中医学校招生31人。1997年，济南第六职业高中改为济南第十三职业中专。

1998年，全区有职业高中3所，其中，区属公办2所，为济南第五职业高中、济南第十三职业中专；企业办1所，为济南仁丰纺织有限公司职业中学。

2000年5月，济南市教委教学研究室汽修专业教学中心组在济南第十三职业中专成立。2001年11月，济南第十三职业中专与济南市教育局教学研究室联合举办汽修专业教师技能展示活动，获团体一等奖。同年，济南第五职业高中更名为济南第十五职业中专。

2002年，十三职专获济南市教师制图竞赛团体一等奖。该校汽修专业成为济南市职业学校骨干专业。4月，济南仁丰纺织有限公司职业中学与山东省劳动保障厅服务培训技校合并。

2003年8月，济南第十三职业中专和济南第十五职业中专合并为济南第十三职业中等专业学校，成为天桥区唯一一所区属公办中等职业学校。同年，在济南市教育局组织的济南市职业学校专业评估中，十三职专汽修专业以第一名的成绩获优秀等级。2004年，被山东省教育厅列入“十、百、千”工程，成为济南市唯一汽修类省级骨干示范专业。

2008年，十三职专首次试行春季招生，招收新生77人。开展“构建有效课堂，实施有效教学”活动。以“学生乐学、会学，教师乐教、会教”为目标，在规范教学行为基础上，突出职教特色，调整课时计划，压缩文化理论课比例，增加专业课教学。外聘专业实习教师，加大实训力度。当年，学生参加济南市职业技能鉴定考试，通过率95%。

2009年，十三职专与市司法机关、监狱部门开展以技能帮扶为重点的联合办学行动。在济南监狱建立4个职业技能实训室。第一期培训110人，开设汽车维修、计算机维修2个专业；第二期增设电子电器应用与维修和焊接技术等专业，学员增至300余人。

2010年，十三职专创新专业课教学模式，实施“理实一体化”。将理论知识与实习训练合二为一，组成新模块进行教学；打破专业理论课与实习课相对独立的安排，定为“一体化课程”，由兼具理论和实习教师资格并且具有相关职业技能水平的教师担任；师生双方围绕课题模块边教、边学、边做。利用济南第五十二中学校园和师资优势，区教育局规划组建第十三职专北校区，为济南化工产业园区培养专业对口人才。

2010年始，十三职专对接人力资源社会保障部门，针对城镇登记失业人员、外地来济务工人员、农村转移就业人员、毕业年度内高校毕业生四类人群，取得济南市就业培训定点机构认定，启动包括汽车修理工、焊工、维修电工、计算机维修工、保育员等16个专业的政府资助就业培训工作。至2012年，培训11期学员124人次，学员合格率100%。中职学校承接政府资助特定人群就业培训工作，是学校创新办学机制、服务广大社会新途径，取得良好社会效益和经济效益。

2012年，十三职专有11名骨干班主任考取国家三级心理咨询师证书。学校将心理健康教育作为学校教育改革重要组成部分。从提高学生心理素质入手，推进学校教学、管理等各项工作。在第九届全国文明风采大赛中，十三职专获全国一等奖12个，二等奖28个，三等奖27个；山东省一等奖25个，二等奖71个，三等奖80个；全国风采大赛优秀组织奖。

2004—2012年，济南第十三职业中等专业学校，先后设立专业汽驾与维修、机电一体化、计算机应用、微机与广告制作、国防教育、电子技术、旅游英语等专业。各专业学制均为3年。2012年，注册学生859人，教职工87人。

附：学校简介

1991年，辖区有市属职业中专1所——济南第三职业中专。2011年8月，市属职业中专济南第六职业中专迁入天桥区。

济南第三职业中专 成立于1985年，由原济南第三职业中学和第六职业中学合并组成（两校前身分别为原济南第四十八中学和第二十五中学）。2008年6月，原济南职业学院北校区（占地面积0.97公顷）划归济南第三职业中专，形成东校区与本校区两个校区。1988—1994年，学校与山东省银行学校签订联合办学协议书，在济南第三职业中专开办山东省银行学校委培班，先后招收四届300余名学生。1994年，与山西朔州煤矿职业学校联合办学。1998年春，与海南秀英房地产开发总公司签订联合办学协议书，成立济南第三职业中专海南分校，先后有20余名干部教师到海南分校工作，4个班200余名学生分两批赴海南分校学习半年。2001年7月，协议终止。2000年6月，首次开设综合高中试验班，当年招收3个班。开设普通高中全部必修课程和学生所选专业主干课程。学生具有山东省普通高中与济南市职业中专“双学籍”；对考试合格毕业生颁发山东省普通高中毕业证和济南市职业中专毕业证“双文凭”；毕业生可参加全国统一普通高考或参加高职升学考试、成人高考，还可以直接就业。2000—2008年，学校招生连年超过1000人。2009—2012年，学校适度控制招生规模，增强实训建设，每年招生900人左右。2010年5月，成为北京钓鱼台国宾馆人才培养基地。2012年，在校生2519人，教职工204人。校址：天桥区聚贤街78号。

第二节　社会力量办学

1992 年，天桥区社会力量办学发展到 23 所，其中单位办学 14 所、个体办学 9 所，开设烹饪、理发、中西医、机电、缝纫等 20 个专业，年培训 1 万人次。10 月，经山东省教委批准，由北园镇黄台村出资 300 万元，筹建山东省天桥成人中专，占地面积 0.4 公顷。1994 年，黄台村与山东建筑工程学院联合兴办山东建筑工程学院北院，这是全国首家农村与高校联合兴办的大学。于 12 月 10 日开学。

1997 年 4 月，原由天桥区教委管辖的 25 所社会力量办学学校交由天桥区成人教育办公室（简称区成教办）统一管理。区成教办制定“规范管理、公平竞争、优化质量、开拓发展”的工作思路，健全五项管理制度（学员入学备案注册制度，招生广告审批制度，变更事项审批制度，学员毕业、结业验印备案制度，财务管理制度），加强对成人教育工作的管理。至年底，审批社会力量办学学校 34 所，专兼职教师 300 余人，开设专业 30 余个。1998 年，区内已审批社会力量办学学校 35 所。校舍面积 2 万余平方米，教学设施设备总投资 2000 余万元。1993—1998 年，年均培训 1 万人次，90% 以上的学员就业。山东蓝翔职业技术培训学校成绩突出，为社会培养大批实用型人才。

2002 年，《中华人民共和国民办教育促进法》颁布。天桥区制定一系列实施方案和优惠政策，弥补民办学校办学专业单一、结构分布不平衡不合理的状况。至 2005 年年底，全区民办学校 43 所，设置电脑、财务、外语、艺考、武术、汽车驾驶培训、文化补习等 30 余个专业，年培训各类学员 8000 人次。

2008 年 10 月，在济南市“全民终身学习周”启动仪式上，济南癌症康复培训学校、济南学易佳教育中心、济南地森外语培训学校、济南星光文化艺术培训学校被评为济南市公益培训进社区示范学校。至年底，全区有民办学校 45 所、专职教职工 315 人。

2011 年，制定《天桥区民办学校管理暂行规定》。区属民办学校 42 所（当年有 3 所学校注销）。

2012 年，全区民办学校 46 所，在校生 1.38 万人，专职教职工 350 人。

附 1：2012 年天桥区民办学校名单

济南智大作文培训学校、济南世纪星国际培训学校、济南市天桥华文教育培训学校、济南市金丽舞蹈艺术培训学校、济南市应用技术专修学校、济南市星光文化艺术培训学校、济南市天桥区晓雯音乐培训学校、济南天桥阶梯我乐学英语培训学校、济南英达培训学校、济南市凯创艺术培训学校、济南市诚信文化培训学校、济南润国教育培训学校、济南市天韵艺术培训中心、济南市开心文化艺术培训学校、济南大卫外语培训学校、济南市立新教育培训学校、济南优学教育培训学校、山东省为了孩子家长学校、济南市天天教育培训学校、济南国泰科技培训学校、济南市口吃矫正培训中心、济南市天桥武术专修学校、济南市天桥炫峰艺术培训学校、济南市骏大挖掘机技术培训学校、济南市阳光外语培训学校、济南市文化进修学校、济南市鹏程考试培训学校、济南市癌症康复培训学校、济南开轩艺术培训学校、济南开源文化艺术培训学校、济南新艺培训学校、济南师苑培训学校、济南汽车技术专修学校、济南市天桥三 A 艺术培训学校、济南精英教育培训学校、济南市阿诺德培训学校、济南铭源教育培训学校、济南群青教育培训学校、济南舜彩培训学校、济南朝日外国语培训学校、济南市东方文化艺术培训学校、济南市创新人才培训学校、济南市地森外语培训学校、济南市电子信息工程专修学校、济南第二工人文化宫职工培训学校、济南天圣教育培训学校。

附 2：民办学校选介

山东蓝翔高级技工学校

山东蓝翔高级技工学校，创办于 1984 年 10 月。学校设有汽修、美容美发、厨师、电焊、挖掘机等 8 个专业、60 余个工种，培养初、中、高级技工和预备技师，年在校学员 3 万余人，至 2012 年为社会培养各类技能人才 40 余万人。与新东方烹饪学校、新华电脑学校、北方汽车专修学校并称中国职业教育培训领域的“四大天王”。

学校全景图

1984 年，河南虞城县农民荣兰祥在济南第五十七中学创办天桥职业技术培训学校，开设油漆与沙发制作技术、缝纫、美容美发 3 个专业。1986 年，增设摩托车培训专业。1989 年，天桥职业技术培训学校被部队收购，成立 55151 部队

计算机实习机房

蓝翔厨艺课堂

蓝翔职业培训学校。1997 年，与军队脱开关系，继续承担一些为军队培养技工的任务，包括挖掘机操作、烹饪。2001 年，在药山脚下购地面积 3.3 公顷，建成蓝翔东院；2002 年，购地面积 20 公顷，建成西院。2005 年，购买北校即工程机械实习基地占地面积 20 公顷、南校占地面积 20 公顷、用于免费试学的实习工厂占地面积 6.67 公顷。

2005 年 9 月，山东蓝翔高级技工学校启动招生。学校占地面积 10 公顷、校舍面积 10 余万平方米。2008 年 10 月，山东蓝翔职业培训学院建成，占地面积 13.33 公顷、校舍面积 20 余万平方米。

2012 年，山东蓝翔高级技工学校（含职业培训学院）有在校生 2 万余人、教职工 1500 余人。

学员上挖掘机练习

学校有五个校区（位于济南市西北部），占地面积 66.67 公顷，建筑面积 40 余万平方米。专业设置有汽车维修、烹饪与营养、数控加工、焊接、工程机械、美容美发、计算机 7 大专业 60 余个工种。办学对象由创建时的初级技工职业技能培训，发展到初、中、高级技工和预备技师班相结合的立体式培训结构，能满足不同学历、不同层次人员学习需求。教职工队伍发展到现在有一支由 1500 余名专家、教授、高级技术人员组成的专职教师队伍。培训规模由创建时每年培训几百人发展到现在平均每年培训 3 万余人。毕业学生呈现出“用人单位抢着要，交钱预定都满足不了”的局面，山东蓝翔高级技工学校是全国唯一连续六年向用人单位收取预订费的高级技工学校。

山东新华电脑学院

山东新华电脑学院隶属新华教育集团，始建于1988年，是国家信息化教育全国示范基地、中国电脑教育十大影响力品牌院校，主要从事艺术设计、软件开发、网站开发、环境艺术、影视动漫等计算机应用专业的教育。

西校区校门

学院拥有两大校区，总占地面积20余公顷，可容纳4000余人同时学习和生活。西校区位于济南市无影山中路123号（东校区位于济南市文化东路55号）。

学院拥有联想品牌高档电脑2000余台，建有大型计算机实训中心、环艺实训基地、软件实训基地、动漫实训基地、网络实训基地、广告传媒实训基地、电商实训基地、理实一体化工作室15间、投影教室50余间，供学生学习和实践。学院拥有一支“双师型”讲师团队，主要讲师都曾在大型IT企业负责项目开发，实战经验丰富；拥有技能教师74人，其中主授2人、副主授6人、高级主讲29人、中级主讲18人、初级及以下职称19人，为学生毕业后走上工作岗位提供师资保障。

至2012年，山东新华电脑学院建立起完善的就业服务体系，在济南及北京、上海、广州、杭州、南京、成都、西安、合肥等20余个城市设立创就业指导中心40余所，为学生提供的就业网络覆盖全国。实现五重就业保障和全方位的就业服务。学院定期对已就业学生进行回访；成立“校友会”，方便校友之间交流。学院细化就业流程；开展项目实训，让学生在学中干、干中学，掌握技能，学生边学边练边总结；举办各种形式的招聘会，“将用人单位请进校园，把工作机会送到身边”，赢得学生家长及社会各界好评。

光荣榜

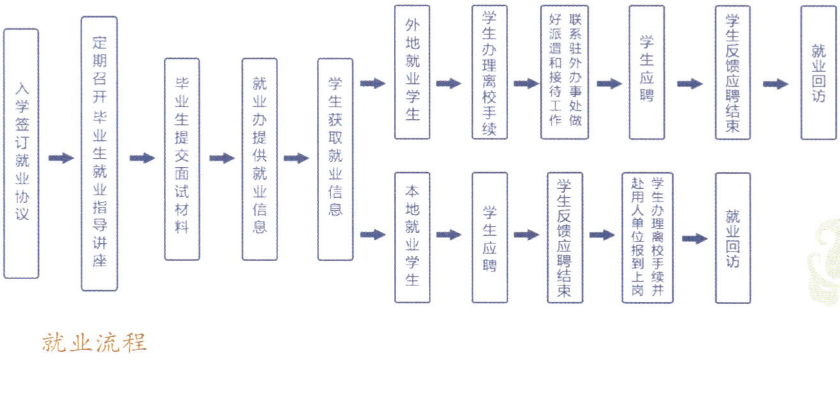

就业流程

新华电脑学院多次被山东省民政厅评为“优秀民办非企业单位”“山东省优秀民间组织”，被山东省职业技能鉴定中心、CNCIW、ADOBE等认证机构授予“优秀合作院校”“认证示范培训基地”称号。学院校园环境、硬件设备、技术水平得到广泛认可，受注册会计师执业资格认证、ATA 行业等认证机构的委托而成为合作的考点。

济南市凯创艺术培训学校 成立于 2001 年，主要从事空乘专业高考前培训，是省内最早开办空乘专业的艺术培训学校。在教学上致力于学生专业理论知识、语言艺术、英语交流能力及形体气质培养。注重学生团队精神建设，不定期进行模拟考试，增强学生应试能力。该校和中国民航大学、沈阳航空大学、青海师范大学、郑州航空管理学院、南昌航空大学、临沂大学、山东旅游学院等众多高校建立生源输送关系。2009—2012 年，连续 4 年参加高等院校空乘专业艺术类考试通过率 100%，在全省空乘培训机构中名列前茅。校址：天桥区历山北路黄台山庄 109 号。

山东省为了孩子家长学校 成立于 2004 年，是一所经山东省教育厅、山东省关心下一代工作委员会、山东省妇联批准成立的初等非学历公益性、民办学校。有专职管理人员 5 人、志愿者工作人员 20 余人。设有中学生文化课辅导、公益讲座、"四点半学习吧"。中学生文化课辅导是为帮助中学生改进学习方法而设立的项目，分春季班、暑假班两期，至 2012 年年底，服务中学生 120 人。"四点半学习吧"是为解决小学生家长接学生难而设立的项目，自 2011 年 9 月—2012 年 12 月，服务小学 1、2、3 年级学生 180 余人，解决家长实际问题，得到家长和社会一致好评。2011 年 9 月—2012 年 12 月，开展"如何给到孩子最有效的支持—谈沟通层次与心理营养"；2012 年 2 月—2012 年 5 月，开展"家有考生"初三迎中考家长心理辅导等公益讲座 39 场。该校多次被评为"民办学校先进单位"。校址：天桥区边庄花园 2—106。

济南英达培训学校 成立于 2010 年，是一所民办非学历培训学校。总部位于制锦市小区花店街公建 5 号。至 2012 年，学校拥有翡翠郡东、翡翠郡西、师范路 3 所教学点。总办学面积 3300 平方米。学校坚持以培优教育为目标，始终秉承"以优异的成绩证明优质的教学"办学理念。2012 年，拥有专职教师 83 人。学校定期组织优秀教师外出交流学习，教学部定期组织教研、磨课、优质课评选、优秀教师评选活动。2013 年 5 月，该校更名为济南天桥郑老师教育培训学校。

第三节　职工培训

1991 年，全区开展"职工教育年"活动，对青年职工进行"双基"（基本国情、基本路线）教育。4 月，天桥区职工教育管理委员会办公室被山东省政府授予"职工教育先进集体"称号。

1992—1994 年，开展"万人学外语"活动。分适应性、初级、中级三个层次进行培训，开设英、日、俄、朝 4 种语言课，培训 530 余人。1994 年，开展职业道德教育。教育对象主要是全区区属企业和乡镇企业在职职工，教育内容以省编《企业职工职业道德讲座》为主要教材。当年，参加职业道德教育职工 3756 人。

1995 年，重点进行企业管理干部《现代企业内部管理》和"三法两条例"(《中华人民共和国劳动法》《中华人民共和国全民所有制工业企业法》《中华人民共和国公司法》《全民所有制工业企业转换经营机制条例》《国有企业财产监督管理条例》）学习、职工职业道德教育、企业班组管理、职工创造力开发及英语中级班等培训，培训 4396 人。1996 年，培训全区镇属以上企事业单位职工 9400 人次。

1997 年，组织实施职工教育"1523"工程。即突出一个重点，以贯彻《济南市职工教育条例》为重点；坚持依法施教，落实五大任务，将思想道德教育、工商管理培训、技术业务培训、继续教育、学历教育量化分解，作为各单位制定计划、落实任务的依据；开展两项活动，在全区组织开展"职工教育管理年"活动和"创优树标"活动；实现三个突破，力争在建立职业教育管理体系、制度建设、典型带动三个方面有新的突破。

1998—2003 年，实施职工素质教育工程。加强和改进职工思想教育工作和职业素质教育，推进职工教育创新，重点对职工进行经济和 WTO 知识教育，提高科技创新能力和终身学习意识；开展在职职工就业观念教育和跨行业、跨工种技术培训，培养大批复合型技术骨干。培训 6.38 万人次。

2004—2012 年，随着经济体制改革深化，部分国有企业和集体企业经济效益下滑，纷纷转制。企业教育逐步削弱，职工教育培训随之淡化。

第四节　农村成人教育

20 世纪 90 年代初，天桥区农村成人教育以扫除文盲和防止复盲为主。至 1993 年，扫盲工作通过省督导团验收。同年，区政府印发《关于进一步加强扫盲和成人教育工作的通知》，提出发展农村文化技术教育。区委农委及区教委、妇联、科协、多种经营办公室等单位举办多期实用技术培训班。先后购买省编教材 400 套，自编乡土教材 2 册。根据农业、科技、多种经营、食品加工等工作特点印发科技资料和明白纸 3 万份。1994—1995 年，区委农委、组织部、党校联合举办农业干部大专班 2 期，北园镇村居“两委”班子负责人、乡镇村办企业厂长（经理）165 人参加。1997 年，建立农研会 13 个，发展会员 1200 人。农研会依托大专院校及科研部门，结合本地实际，推广宣传农业技术。5 月 28 日，济南市科委、农科院、省农药研究所在鹊山举办科技下乡赶集活动，当场发放资料 3000 份，现场回答咨询 1000 余人次。1997—1998 年，区成教办、区农办等组织开展农民技术员培训，经考试，72 人获农民技术员证书。

2000 年，对全区 45 岁以下、高中学历以下的在职村级干部进行培训，开设农村行政管理、公文写作、农村实用技术、会计学等 14 门课程。培训在职村干部 109 人。2003 年，大桥镇与中央广播电视大学历下区教学点合作，对辖区内未达到学历的教师和厂矿企业干部进行培训，培训 110 人。桑梓店镇被评为济南市农村成人教育模范乡镇。

2007 年，大桥镇成教中心和桑梓店镇成教中心被命名为市级乡镇科普服务站。2008 年，大桥镇成教中心被评为济南市示范性乡镇科普服务站。

2009 年，天桥区拨款 19 万元用于大桥和桑梓店两镇成教中心建设，为两校配备农业实用技术图书 1300 余册。9 月，桑梓店镇成教中心迁入济南十三职专北校区，新增面积 240 平方米，配备微机 20 台及其他电教和办公设备。10 月，区政府将 8.3 万册图书、8100 盒光盘配发到辖区两镇 81 个村，在全市各县（市）区中率先完成“农家书屋”建设，全区所有村级文化技术学校均建成图书馆。同年，两镇成教中心与农科院所联合培训 144 人次，与企业联合培训 2288 人次，与区科协、职业院校联合培训 163 人次。

2010 年、2011 年，全区农村劳动力转移培训分别为 2501 人、3500 人，农村实用技术培训分别为 6605 人、7200 人。

2012 年，针对天桥区开展鹊山龙湖和化工产业园区建设，农民失地、农村剩余劳动力较多的状况，大桥、桑梓店两镇整合地方教育资源，组织农村各类人员进行多种形式的专业技能培训。其中，农村实用技术培训主要内容有无公害蔬菜栽培、荷兰小黄瓜种植、以色列西红柿标准化生产、农业科技进村入户、蘑菇生产、水稻机械插秧、白花菜标准化生产、科学养殖（猪、牛、鸡、鸭、兔、藕）。桑梓店镇对未能继续升学的初中毕业生进行 2 期现代农业先进技术培训。全区农村劳动力转移培训 3800 人，农村实用技术培训 7382 人。

第五节　社区教育

2002 年 9 月，中共天桥区委、区政府制定《关于开展社区教育的实施意见》，成立社区教育委员会。15 个街道（镇）均建立专兼职管理队伍，志愿者队伍由社区企事业单位人员、各类教育机构人员、民间组织成员、离退休人员、辖区居民代表、街道（镇）工作人员等组成。全区从事社区教育志愿者500余人，社区教育指导员60余人。15个街道（镇）建立社区教育中心学校15所，建立居（村）市民学校192所。社区教育委员会每月编辑《天桥社区教育简报》。

2008年始，区政府每年按常住人口人均1元标准拨付社区教育专项经费。2009年，天桥区被命名为全国社区教育实验区。2010年，全区有社区教育中心学校13所，其中，纬北路"夕阳红老年大学"为全国社区教育示范项目；北园街道联四社区，泺口街道金牛、林桥社区，工人新村南村街道西区社区，天桥东街街道义合社区5所科普大学为山东省科普示范学校。工人新村南村、无影山街道分别获省、市级示范街道，工人新村南村街道西区社区社区教育获评省级示范项目。12月，天桥区被命名为全国社区教育示范区。

2011年，区政府按常住人口人均2元标准追加社区教育专项经费。北坦街道探索"一居一特"建设模式，根据每个社区居民整体学习需求，创建"济安创业再就业型学习社区""双井助老服务型学习社区""生产路文化娱乐型学习社区""北关党建示范型学习社区"等市民学校教育品牌；堤口路街道中心学校"堤口记忆"综合教育展厅，回顾和展现堤口社区历史和文化；无影山街道"影潭社风"每季一期的社区教育报将高雅文化平民化，深受居民喜爱；工人新村南村街道西区社区"田园朝霞"社区博客为社区精神文明建设和社区教育活动开辟新思路。

2012年4月，区政府下发《关于印发〈天桥区社区教育工作督导评估意见〉的通知》，对全区15个街道（镇）社区教育工作进行专项督导。

至2012年年底，全区社区教育中心学校完成下岗职工培训4669人，外来务工人员培训1.93万人，青少年校外素质教育培训3.68万人，老年人培训3.97万人，其他各类培训17.96万人。

第四章　中等教育

1991年，全区有公办中等专业学校3所、中等技工学校5所。随着教育事业发展及社会经济对人才学历层次要求的提高，中等教育渐显滞后。至2012年，天桥区中等专业学校仅剩1所。天桥区中等教育特别是师范教育在济南市乃至山东省影响深远。济南幼儿师范学校是中华人民共和国最早成立的5所幼儿师范学校之一。

第一节　发展概况

一、中等专业学校

1991年，天桥区有济南师范学校、济南幼儿师范学校、济南市人民警察学校3所公办中等专业学校。济南师范学校和济南幼儿师范学校于2011年5月21日合并为济南幼儿师范高等专科学校，迁至长清区。济南市人民警察学校于1981年11月由济南市公安局公安干校与原济南第三十二中学合并建立，位于汽车厂东路，学制2年，由济南市公安局管理。2001年11月，更名为济南人民警察职业培训学院。2008年4月，迁至历城区仲宫镇南侯村301号。

济南市体育运动学校始建于1984年，集初中（济南第五十中学）、中专于一体。2007年由经十路114号迁至小清河北路。占地面积9.91公顷，建筑面积7.27万平方米，各类训练场馆16个。至2012年，该校是天桥区唯一一所公办中等专业学校。

二、中等技工学校

1991年，天桥区有济南市劳动局管理的技工学校5所，分别为济南市劳动局技工学校、济南市粮食技工学校、济南市交通局技工学校、济南第二印染厂技工学校、济南汽车制造总厂技工学校。

济南第二印染厂技工学校于1982年建校，

设染整专业，招收应届高中毕业生。1992 年停办。济南汽车制造总厂技工学校开设专业以机械制造类为主，2004 年停办。

济南市粮食技工学校始建于 1979 年，隶属济南市粮食局。2000 年更名为济南市商务成人中专。2005 年 7 月，并入济南市高级技工学校。

2001 年 1 月，济南市劳动局技工学校更名为济南市技工学校；2003 年 2 月，更名为济南市高级技工学校。

济南市交通局技工学校隶属济南市交通局。济南市交通局原位于北园大街 236 号，属天桥辖区。2010 年 12 月，济南市交通局迁至历下区解放东路 1 号。2008 年，济南市交通局技工学校更名为济南交通高级技工学校。校址：章丘市明水白云路 72 号。

第二节　学校选介

一、山东省济南师范学校

创办于 1902 年 10 月，是全国最早的师范学校之一、山东师范教育的开端、山东新文化运动的传播地。1903 年，更名为山东师范学堂；1909 年 12 月，更名为山东优级师范学堂；1912—1934 年，先后更名为国立山东高等师范学校、山东省立第一师范学校、山东省立济南师范学校。1950 年 8 月，与山东省济南市第二师范合并，成立山东省济南师范学校。

该校有光荣的革命传统。1921 年 1 月，学生王尽美代表山东共产主义小组出席在上海召开的中国共产党第一次全国代表大会。1923 年，中共省立一师支部成立，在党支部领导下，广大师生积极参加反帝爱国运动，在斗争中不少学生加入中国共产党，走上革命道路，为民族民主革命作出重要贡献。

1990 年，该校被确定为联合国儿童基金会受援学校。1992 年，经国家教委批准试办小学教育大专班。1999 年，经山东省教育厅批准全部实行五年一贯制大专教育，培养具有专科学历小学教师。2004 年，被确立为全国教育科学“十五”规划重点课题——基础教育阶段双语教育研究基地。学校有“烛光文学社”“小百花剧团”“学生课件工作室”“环保协会”等学生社团及课外兴趣小组 20 余个。

2010 年，学校设有普师、语音教室、电子阅览室；有教职工 234 人、专任教师 122 人、具备高级专业技术职称 55 人。原校址位于天桥区师范路 23 号。2011 年 5 月 21 日，与济南幼儿师范合并为济南幼儿师范高等专科学校。校址：长清区大学科技园丹桂路 2011 号。

二、济南幼儿师范学校

创办于 1952 年，是中华人民共和国建校最早的 5 所幼儿师范学校之一，是山东省第一批中国·联合国儿童基金会合作项目学校。近 60 年来，为社会培养 2 万余名毕业生。2010 年，学校有教职工 212 人、专任教师 119 人、在校生 1108 人。配备现代化的教学设备，有音像编辑系统、闭路电视系统、互联网系统和功能齐全、设施完备的多媒体教室；有文艺、教学演播厅 2 个，舞蹈房和体操房 4 个，声乐和美术等专用教室 15 个；有钢琴 180 余架。学校先后获“全国体育工作先进单位”“山东省语言文字示范学校”“山东省艺术教育示范学校”“山东省精神文明先进单位”等称号。原校址位于天桥区堤口路 91 号。2011 年 5 月 21 日，与济南师范学校合并为济南幼儿师范高等专科学校。校址：长清区大学科技园丹桂路 2011 号。

第五章　高等教育

1991 年，驻区公办高等院校有山东矿院济南分院等 4 所。至 2012 年，辖区有山东科技大学济南校区、济南广播电视大学、山东交通学院无影山校区。这些院校与曾经在辖区的山东师范大学北院、山东建筑大学北院、山东教育学院北校区，都为天桥区经济、社会、文化发展作出贡献。

第一节　发展概况

一、普通高校

1991年，在辖区内公办高等院校有山东矿院济南分院、济南交通高等专科学校、济南广播电视大学、山东师范大学北院。

山东师范大学北院创建于1985年，位于北园水屯。1995年，山东师大北院设6个系、部，13个专业，在校生1600人。2005年，山东师大北院占地面积13.4公顷，教学用房建筑面积1.2万平方米，学生公寓建筑面积2.1万平方米。2006年9月7日，5189名学生迁出山东师大北院，入住校本部和长清校区，山东师范大学北院停止办学。

1994年12月，北园镇黄台村与山东建筑工程学院联合兴办的大学——山东建筑工程学院北院，在黄台村挂牌，并同时举办开学典礼。至2003年，山东建工北院有教职工80余人、学生1000余人，其中大部分为大一新生，少部分为成教学生。7月，山东建筑工程学院将北院出让给山东教育学院。9月，山东建筑工程学院学生撤出，该校址成为山东教育学院北校区。至年底，约1100名山东教育学院学生入住。2008年年初，山东教育学院北校区停办；2009年2月，济南第二中学迁入。

二、高级技工学校

2002年3月，济南市技工学校经劳动和社会保障部批准为高级技工学校。

第二节　学校选介

一、山东交通学院

前身为始建于1956年的济南汽车机械学校，隶属交通部。1988年5月，山东省教育厅同意将交通部济南交通学校暨济南交通职业专科学校改办成一所普通高等专科学校。2000年，学校由交通部划转山东省，实行中央与地方共建、以地方管理为主的管理体制。2002年，组建山东交通学院，面向全国招生，以实施本科教育为主。成为山东省唯一一所以培养水、陆交通专业人才为主的普通高等学校。2011年，学校被评为“全国高校毕业生就业50强”就业典型高校。

至2012年年底，学校占地面积147公顷，分为三个校区（长清校区、无影山校区、威海校区）办学。拥有汽车工程学院等13个二级学院和4个教学单位，开设交通运输等45个本科专业，专业设置以工为主、以交通为特色，涵盖工、理、管、经、文、法、艺7大学科。全日制在校学生1.84万人，在职教职工1264人、专任教师928人。校址：长清校区，长清区海棠路5001号；无影山校区，天桥区交校路5号。

二、山东科技大学济南校区

山东科技大学始建于1951年。济南校区是山东科技大学三个校区之一，前身为1956年成立的济南煤矿学校。1999年，更名为山东科技大学济南校区。至2012年年底，济南校区占地面积13.6公顷，建筑面积12.01万平方米，馆藏图书近24万册，有教职工252人，在校生2514人。设有财经系、电气信息系和公共课部。校址：济南市天桥区胜利庄路17号。

三、济南广播电视大学

前身为1979年2月建立的山东广播电视大学济南工作站，1988年7月，迁入现址。2002年，济南市教育局决定将原济南第四十三中学校舍划归该学校，成为该校东校区。2006年，专升本继连续三年高升本后再创新高，夺得全省第一。2007年始，与济南职业学院、济南工程职业技术学院合作，招收全日制高职层次学生。至2012年，学校占地面积3.83公顷，建筑面积3.24万平方米；固定资产总值4023.6万元；教职工146人，成人教育注册生1.43万人。学校教学设施先进，建有多媒体教室、计算机网络教室、语音室与各类教学实验室，建有千兆校园网和闭路电视网，拥有国内先进的双向视频系统。率先建成单人单机、人人上网的数字化校园，是国家数字化学习资源中心典型应用示范点。校址：济南市天桥区前陈家楼副1号。

四、济南市技师学院

始建于1958年，原名为济南市劳动局工人技术学校，隶属济南市劳动局。1979年，恢复建校，校名为济南市劳动局技工学校。2001年，更名为济南市技工学校。2002年3月，被劳动和社会保障部批准为国家级重点技工学校和高级技工学校。2003年2月，经济南市政府批准升格为副厅级事业单位，校名为济南市高级技工学校。2005年7月，济南市政府决定将济南市粮食技工学校、济南市商业技工学校、济南市石油化工技工学校并入该校。10月，经山东省人民政府同意，更名为济南技术学院。2009年6月，经山东省人民政府批准，改建为济南市技师学院。学院有实习场地（车间）71个、各专业实验室60个。设机械制造、机械维修、电气工程与自动化、汽车维修、信息技术、烹饪、财会、化工工艺、制药9大类30余个专业（工种），分为技师部（本科层次）、高级部（专科层次）、中级部（中专层次）三个培养层次。至2012年，学院有教职工403人、专职教师264人，在校生5657人。学院分4个校区，占地面积9.33公顷，建筑面积7.84万平方米。2012年9月，被山东省人力资源和社会保障厅命名为“山东省高技能人才培训基地”。校址：院本部南校区，田庄东路1号；院本部北校区，北马鞍山路10号；商贸校区，马鞍山路48号；石化校区，丁字山路15号。

第六章　教育教学研究

1991年始，区教委幼教办公室、小学教研室、中学教研室各负责相应学段的教学管理和教学研究，均形成区、片、校（园）三级教研活动网络。2001年，区教育局教育科学研究室（简称教科室）成立，全区教育科研由松散、自发研究转入系统、有组织研究的轨道，优秀教育科研成果得以总结推广和转化应用。至2012年，先后开展中小学分层次教学实验与研究、以人为本促进学生自主学习充分发展研究、校本行动研究推进、“爱生学校”“新市民子女教育”等多项研究。

第一节　教学研究

一、学前教育

20世纪90年代始，天桥区学前教育逐步形成并完善区、片、园三级教研活动网络。1994年9月—1996年7月，组织清河中心幼儿园、天桥实验幼儿园、教工幼儿园、济南军区总医院幼儿园参加国家教委“八五”科研子课题“学前智能教育与活动器材的研究”，各园分别开展教育实验。1995年，天桥实验幼儿园、清河中心幼儿园被中央教科所评为全国智能学具研究先进单位。1996年11月，在全区幼儿教师中开展区中心教研组教研成果展示活动。

2003—2008年，先后开展“智能学具”“教育环境创设”“珠心算”“心理健康教育”“幼儿园创新教育”“区域教育活动”“科学活动”“家长参与幼儿园工作”等省市区级实验课题研究。其中，2007年12月，实验幼儿园的《实施大音乐教育，促进幼儿素质全面发展》课题研究成果在全市推广；2009年，山东省哲学社会规划重点课题“幼儿园园本课程理论与实践研究”课题组在天桥区召开现场观摩活动。2010年，加强新苗新秀培养工作，确定30名教师为培养人选。

二、小学教育

1991年始，每年5月和12月，小学教研室面向全部公办小学和抽取部分镇办小学进行不同内容、多种形式的学科教学质量调研。1991年，天桥区第二届教学年会在制锦市街小学召开，专题研究小学语文、数学及其他学科教学；天桥区首次进行教学新苗、教学新秀、教学能手评选系列活动。1993 年，评选出首批教学能手 27 人。1994 年，制锦市街小学“实施和谐教育，全面提高学生素质”教育实验通过省级专家鉴定。1999 年，全国第十四届校际小学语文研讨会在制锦市街小学召开，来自上海、南京等地的语文教师和制锦市街小学教师通过公开课、研讨会、素质展示、学术讲座等方式对语言教学进行研究。

2007 年，制定《城区学校与乡镇学校教学帮扶制度》，城区强校与乡镇学校一对一结对子，借助城区强校力量提升农村学校教学水平。2009 年 3 月，制定《小学教学常规管理评估细则》，对备课、授课、作业、辅导、教研、评价

2009 年，天桥区承办全国“中小学生命教育课堂教学研讨会”暨济南市新苑小学生命教育展示活动。

等各项教学常规作出明确要求。11 月，制定《小学教学常规管理评估细则（乡镇版）》《城区学校与乡镇学校教学帮扶制度》；承办“全国‘中小学生命教育课堂教学研讨会’暨新苑小学生命教育展示活动”。2009 年始，街道、镇教育部门相继撤并，教研室对原街道和镇学校教学业务全面接管，质量调研覆盖全区所有学校。

2010 年 3 月，启动“天桥区小学青年教师专业技能大赛”，全区 150 位新教师参加。11 月，启动以“构建有效课堂 规范教学管理”为主题的乡镇小学教学研讨会。至 2011 年，每三年一轮的“教学新苗—新秀—能手”评比已连续组织七届。2012 年，在各级公开课评比中，全区有 6 人获全国一等奖、3 人获省一等奖；有 12 位教师分别在全国和省市各级研究活动中提供现场研究展示课。

三、中学教育

1991 年，区教委组织中学分管领导和教研员到上海育才中学进行学术交流。1992 年，举办“教育科研骨干培训班”，邀请专家、教授讲学。1993 年，面对教材改革，教研室采取典型引路、点面结合的措施分期分批轮训各科教师。1996 年 1 月，中学教研室获“山东省先进教研室”称号，教研员朱杰获“山东省优秀教研员”称号。同年，制定《天桥区中学各学科教学基本要求及评估标准》《天桥区教辅人员考核评估条例》。1997 年，承担全国实验课题“单元达标目标教学法”、省级实验课题“五十六中学生学习方法的研究”。

2002 年，组织教研员和教师学习课程改革的相关文件和新《课程标准》，加强对新教材研究。评选出天桥区首批学科带头人。

2004 年，举办第一届镇办初中教学研讨会；此后，每年举办一届。2006 年，落实新课程课堂教学改革研讨交流制度，“课题化”校本教研制度，学校领导听课与参加教研活动制度，教学领导、教研员上研究课制度，分层作业和短期研究性作业制度，教育教学案例、教学案写作、交流、评选制度，教师校本学习与培训制度，教师业务档案管理制度等 8 项教学工作制度。2007 年，将课堂教学改革目标定位于“构建有效课堂”，重点研究知识传授和技能训练耗时低效问题；提高小组合作学习的有效性；分层练习、分层作业和分层评价，提高教学针对性。2008 年，制定《天桥区初中城乡互动课堂教学研讨活动

制度》。2009年3月，制定《天桥区关于推进学校教学精细化管理的指导意见》《天桥区中学教师教学常规“三项”规范达标活动实施方案》。

2010年，制定《天桥区初中教学质量评价方案》《天桥区课堂教学关注六要素》。实施“一托二”（每一位教研员要帮扶学科教学能力较薄弱的城镇和农村各一所学校）、“二托一”（每一位教研员和一位骨干教师共同帮扶薄弱校青年教师）教研帮扶工程。18名教师被授予首批天桥区名师；明湖中学数学教师王兴武被评为山东省特级教师，成为天桥区中学第一位省特级教师。

2011—2012年，制定《天桥区初中教学质量评价方案》《天桥区初中教学质量奖励办法》《天桥区初中教学常规实施细则》《天桥区初中教学过程与管理评估细则》《天桥区初中考试管理办法和命题指导意见》，完善管理制度。同时，制定《关于建立教研员定点联系学校工作制度的意见》《天桥区中学教研室进校指导教学工作实施意见》。2012年，由全面视导改为专项视导。

第二节　教育科研

2001年，教育科学研究室接手中、小学教研室课题管理工作。组织“十五”课题申报与立项工作，参加省、市各项专题活动，获省、市创新教育研讨会研究课一等奖4个、心理教育研讨会一等奖3个。2002年，区教育局成立天桥区教育科学规划领导小组，各学校组建学校教科室。全区有各级立项课题40余个，教育科研呈现“校校有课题，人人搞研究”的良好局面。协助济南市教科所在济南第二十八中学召开“济南市初中英语教学艺术研究结题论证暨‘十五’重点课题开拓论证会”。2003年，制定《天桥区立项课题过程管理办法》《学校教育科研档案管理办法》，打造学习型、研究性教育科研骨干教师队伍。9月，评选出中小学12个优秀课题在全区展示。同年，评选出首批“天桥区教育科研规范化学校”。

2004年，建立科研阵地《天桥教育科研》，当年出版11期。组织部分中小学教师参加济南市心理辅导员培训，将心理健康教育纳入学校课程。暑期，组织各校教科室主任及骨干教师参加教科研培训。组织阶段性成果展示6次，地点与主题分别为天成路小学，心理健康教育；十三中，创新教育；制锦市街小学，“新课程、新理念、新实践”；重汽小学，艺术教育；重汽小学，中小学分层次教学实验；泺口小学，作文教学。

2005年，加强优秀教育科研成果总结推广和应用转化。3月23日，举办天桥区“十五”规划教育科研成果推广会。4月28日，山东省教育科学规划办公室组织有关专家，对天成路小学主持的省教育科学“十五”规划重点课题“构建学生——教师——家长的心理沟通机制，促进学生心理健康发展”进行现场鉴定。专家组一致同意通过对该课题的鉴定，并认为该课题居省内同类研究领先水平。建议课题组进一步深化研究，建议教育行政部门进行推广。5月28日，组织“以人为本，促进学生自主发展”的阶段性成果展示活动。9月27日，在制锦市街小学举办“教师教育思想大家谈”活动。11月2日，在泺口小学举行天桥区首届“三街两镇”教育科研年会。

2006年，举办校长办学思想、教师教育教学思想大家谈专题研讨会，开展校本研究工作。3月27日，在清河实验学校召开“校本行动研究，促进教师专业化成长”现场会。年内，举办校本行动研究研讨会7次、“开展校本行动研究，促进教师专业化成长”专题讲座10次，对13所中学进行教育科研视导。6月15日，济南市教育科研管理工作现场会在天桥区实验幼儿园召开，这是济南市教育科研第一次在幼儿园召开现场会。10月27日，济南市首届农村中小学教育科研工作现场会在泺口小学召开。同年，由郑尔春主持的“中小学分层次教学实验与研究”获山东省教学成果二等奖。

2007年，进一步推进校本行动研究。4月26日，在博文中学举办“‘多维互动探究式’科研课题研讨会”；5月25日，在实验小学多媒体教室召开"'以学定教的教学策略'专题研讨会"；9月12日，在北坦小学召开"'乐坛'教师家园教师博客圈专题研讨会"；11月12日，在联四小学举行市级课题"关于小学生赏识教育的策略研究"阶段性展示活动；12月6日，在博文小学举行"天桥区校本行动研究——小组合作学习专题研讨会";12月12日,在黄台小学召开"关注教师需要，促进教师专业化成长"专题研讨会。同年,组织教师参加省教科所优秀成果评选，获一等奖21篇，获二、三等奖125篇。实验幼儿园的大音乐教育、教育局的分层次教学课题成果在全市推广。2009年，结合学区一体化管理，组建以学区为单位的科研协作体，对六大学区进行科研视导。创新教师沙龙，加强骨干教师间交流与合作。组织班主任论坛，不同年龄层面的班主任教师参与其中，多角度探讨学生管理的方法与心得。在山东省教科所承担的《齐鲁名师讲堂——国家课程资源建设项目》工作中，天桥区教师王兴武、张春玲入选"齐鲁名师讲堂"。实验幼儿园园长郝凤翎被评为全国"十一五"教育科研先进工作者。

2010年，成立专家领导小组和专家鉴定小组,对天桥区"十一五"课题进行集中鉴定审批。2011年，引进"爱生学校"项目。制订《天桥区中长期教育改革和发展规划纲要（2011—2020年）》《天桥区义务教育改革和发展行动计划》《天桥区教育科研三年行动计划》。开展"十一五"课题结题工作，指导市级课题12项、区级课题30项通过集中鉴定。组织开展省、市、区级"十二五"规划课题申报工作。12月23日，明湖小学举行国家级"十一五"重点课题《毛泽东诗词与学校文化建设》结题鉴定会暨省级课题《促进学生发展的评价研究》开题会。加强博客管理，筛选编辑精品博文和热点话题博文，辑录成册，名为《且行且思》。

2012年，突破区域教育热点问题，推进"新市民子女教育"课题研究。经调查，摸清辖区流动人口子女学生占学生总数比例及来源，了解教师、家长、学生在基础教育观念上的认识和需求，为从教育思想、理念、模式、策略、方法全方位研究打下基础。开展小课题研究，由教师针对自己教育教学的实际问题选题，让教师成为科研主体。建立学校、家庭、社会相互协作的心理健康教育实施网络，成功举行天桥区第一届家长教育沙龙。组织首届教育博客大赛，135人参赛，评选出一等奖21人。

第七章　教　师

1991年,天桥区区属学校有教职工2367人。2001年,开始探索教师队伍管理新途径,从"身份管理"到"岗位管理"，从交流、支教到调整调动，逐步开启教师队伍管理"局管校用"新模式。2010年，制定《天桥区教育局关于"五名工程"培养对象的培养管理办法》（名校长、名管理者、名教师、名班主任、名教研员）。至2012年，全区有教职工3690人。

第一节　教师队伍

1991年,天桥区区属学校有教职工2367人，其中专任教师2228人。1996—2008年，济南国棉一厂、二厂、三厂、四厂子弟学校，济南铁路第二子弟中学、第二子弟小学、第三子弟小学,山东化工厂子弟学校、裕兴化工厂子弟小学，济南重汽集团子弟学校等企业中小学划归天桥区。2000年，大桥镇、桑梓店镇、靳家乡划归天桥区，天桥区中小学及教职工人数增加。

至2012年年底，全区区属学校教职工总数3690人，其中专任教师3279人。具有研究生学历74人，占教职工人数2%；具有大学本科学历2598人，占70.41%；具有大学专科学历811人，占21.98%；具有中专学历132人，占

3.58%；具有高中及以下学历 75 人，占 2.03%；35 岁以下 1338 人，占 36.3%；36 ~ 40 岁 729 人，占 19.6%；41 ~ 45 岁 752 人，占 20.4%；46 ~ 50 岁 475 人，占 12.9%；51 ~ 54 岁 207 人，占 5.6%；55 ~ 59 岁 189 人，占 5.2%。

1991—2012 年天桥区区属学校教职工统计表

表 23-4

年份	教职工总数（人）	专任教师（人）	研究生（人）	所占教职工比例（%）	大学本科（人）	所占教职工比例（%）	大学专科（人）	所占教职工比例（%）	中专（人）	所占教职工比例（%）	高中及以下（人）	所占教职工比例（%）
1991	2367	2228	0	0.00	197	8.32	667	28.18	1191	50.32	312	13.18
1992	2505	2191	0	0.00	210	8.38	706	28.18	1257	50.18	332	13.25
1993	2578	2476	0	0.00	232	9.00	723	28.04	1348	52.29	275	10.67
1994	2675	2327	0	0.00	279	10.43	732	27.36	1414	52.86	250	9.35
1995	2657	2559	0	0.00	304	11.44	745	28.04	1378	51.86	230	8.66
1996	2731	2372	0	0.00	328	12.01	838	30.68	1360	49.80	205	7.51
1997	2786	2431	0	0.00	382	13.71	898	32.23	1315	47.20	191	6.86
1998	2812	2440	0	0.00	426	15.15	1007	35.81	1204	42.82	175	6.22
1999	2823	2414	1	0.04	484	17.14	1100	38.97	1104	39.11	134	4.75
2000	3473	3012	1	0.03	577	16.61	1470	42.33	1310	37.72	115	3.31
2001	3485	3066	3	0.09	626	17.96	1532	43.96	1224	35.12	100	2.87
2002	3399	3229	3	0.09	729	21.46	1552	45.70	1035	30.47	80	2.35
2003	3352	3278	5	0.15	937	27.95	1518	45.29	826	24.64	66	1.97
2004	3409	3255	5	0.14	988	28.93	1491	43.66	865	25.32	60	0.17
2005	3758	3487	8	0.21	1641	43.67	1493	39.72	566	15.06	50	1.33
2006	3543	3247	16	0.45	1608	45.39	1380	38.95	496	14.00	43	1.21
2007	3478	3192	16	0.46	1820	52.33	1241	35.68	370	10.64	31	0.89
2008	3677	3371	16	0.44	2101	57.14	1203	32.72	322	8.76	35	0.95
2009	3687	3354	18	0.49	2357	63.93	1038	28.15	247	6.70	27	0.73
2010	3684	3352	21	0.57	2446	66.40	981	26.63	189	5.13	47	1.28
2011	3680	3538	52	1.41	2605	70.79	843	22.91	157	4.27	23	0.63
2012	3690	3279	74	2.00	2598	70.41	811	21.98	132	3.58	75	2.03

第二节　教师待遇

1993 年，国家进行工资改革，全区区属小学教职工平均工资 438.1 元，中学教职工平均工资为 453.2 元。1994 年始，工资晋升进入正常增资机制；每两年年度考核合格人员晋升一档工资，同时对聘任到相应职称职务的教师，调整和提高相应的工资待遇。1997 年 7 月、1999 年 7 月、2001 年 1 月、10 月、2003 年 7 月，5 次调整工资标准。2001 年 10 月，增加住房补贴。2004 年，落实“以县为主”管理体制，大桥镇、桑梓店镇教师工资由区财政统一发放，解决农村教师和城市教师同工不同酬问题。至 2005 年 10 月，全区中学教职工月平均工资 2035.4 元，小学（含幼儿园）教职工月平均工资 1819.6 元。2006 年 1 月，事业单位实行岗位绩效工资制，岗位绩效工资由岗位工资、薪级工资、绩效工资和津补贴四部分组成，其中岗位工资和薪级工资为基本工资。教职工晋升薪级工资按照年度考核结果进行晋升，考核合格人员每年晋升一级薪级工资。中学教职工月平均工资 2395.4 元，小学（含幼儿园）教职工月平均工资 2104.8 元。2008 年 1 月—2012 年 12 月，调整绩效工资。至 2012 年年底，聘任到高级职称的绩效工资 2596 元，中级职称的 2055 元，助级职称的 1588 元，员级的 1620 元。

第三节 职称评聘

1988 年，天桥区开始专业技术职称评定，区属学校评出中学高级教师 64 人、一级教师 187 人、二级教师 258 人、三级教师 156 人，小学高级教师 347 人、一级教师 51 人、二级教师 161 人、三级教师 2 人，主治医师 6 人、医师 3 人、医士 1 人，图书馆馆员 4 人、助理馆员 10 人、管理员 4 人，会计师 4 人、助理会计师 15 人、会计员 12 人。

1998 年，全区中小学教师队伍中，有各级专业技术职称者 2576 人，占教师总数 95.1%。其中，中学高级教师 150 人，占 5.5%；中学一级教师 404 人，占 14.9%；中学二、三级教师 434 人，占 16%；小学高级教师 663 人，占 24.5%；小学一、二级教师 925 人，占 34.2%。

至 2012 年，全区中小学、幼儿园教师队伍中，有各级专业技术职称者 3352 人，占教师总 90.8%。其中，中学高级教师 387 人，占 10.5%；中学一级教师 635 人，占 17.2%；中学二、三级教师 337 人，占 9.1%；小学高级教师 1126 人，占 30.5%；小学一、二级教师 867 人，占 23.5%。

1991—2012 年天桥区区属中小学专业技术人员职称评定统计表

表 23-5　　单位：人

年份	中学高级	中学一级	中学二级	中学三级	小学高级	小学一级	小学二级	小学三级	医师	医士	会计师	助理会计师	会计员	助理工程师	合计
1991	—	—	128	—	—	2	74	—	—	—	—	—	2	—	206
1992	—	—	93	—	—	1	74	—	—	—	—	—	1	—	169
1993	—	—	55	—	—	5	76	—	—	—	—	—	5	—	141
1994	—	—	36	—	—	3	56	—	—	1	—	—	—	—	96
1995	—	—	45	—	—	—	70	—	1	1	—	2	2	—	121
1996	—	—	56	21	—	1	44	—	1	2	—	—	—	—	125
1997	—	—	41	20	—	—	35	—	1	1	—	—	—	—	98
1998	—	—	41	27	—	—	77	—	—	—	—	—	3	—	148
1999	40	45	37	39	70	59	65	—	—	1	—	—	—	—	356
2000	39	53	62	2	60	81	79	—	—	—	—	—	—	—	376
2001	40	63	60	—	101	17	38	—	1	—	—	—	—	—	320
2002	43	69	43	7	129	59	51	—		—	—	—	—	—	401
2003	35	70	75	2	124	87	9	—	1	—	—	—	—	1	404

续表 23-5

年份	中学高级	中学一级	中学二级	中学三级	小学高级	小学一级	小学二级	小学三级	医师	医士	会计师	助理会计师	会计员	助理工程师	合计
2004	44	47	60	2	76	65	—	—	—	—	—	2	—	—	296
2005	40	51	44	2	73	75	—	—	—	—	—	3	—	—	288
2006	15	31	55	—	40	36	—	—	—	—	—	1	—	—	178
2007	18	29	41	—	35	50	3	—	—	—	—	2	—	—	178
2008	23	31	23	—	21	44	—	—	—	—	—	—	—	—	142
2009	35	35	20	—	52	51	—	—	—	—	—	—	—	—	193
2010	20	31	2	—	27	59	1	—	—	—	—	—	—	—	140
2011	15	42	—	—	16	74	—	—	—	—	—	—	—	—	147
2012	—	—	1	—	5	52	1	—	—	—	—	—	—	—	59
总计	407	597	1018	122	829	821	753	0	5	6	0	10	13	1	4582

第四节　教师培训

1991—1992 年，区教委举办 2 期小学校长岗位培训班，65 名小学正、副校长参加培训。1997 年，济南市天桥区教育培训中心成立。2002 年，更名为天桥区教师进修学校。2003 年，开展新课程师资培训，培训教师 635 人。2004 年，举办计算机高级培训班，培训教师 597 人。全区 45 岁以下教师全部参加计算机高级考试，合格率 99.1%。至 2006 年，连续 9 年举办小学骨干教师培训班。2006 年，启动首届“区名师考核选拔培养”工作，经笔试、说课和答辩等选拔确定人选 51 人。举办中小学教师亚美欧英语教师培训班。2008 年，举办教师全员岗位培训；举办天桥区小学校长任职资格培训班。2009 年，聘请全国知名教育专家学者组成“天桥教育发展专家顾问团”；与中国教育学会合作共建“中国教育学会济南市天桥教师发展基地”；以“让读书成为习惯”为主题，在教育系统内部开展教师读书工程，提高教师综合业务素质。举办“学校有效管理高级研修班”，选派 33 名优秀校长到外地挂职学习；举办校长、后备干部、名师骨干教师、班主任、新教师、读书工程、中学远程研修培训 11 期。全区中学部分学科教师参加山东省暑期远程研修。2010 年始，小学教师参加山东省全员远程研修。当年暑假，区教师进修学校对全区 997 名中小学班主任进行全员培训。9 月，制定《天桥区教育局关于“五名工程”培养对象的培养管理办法》，启动培养名校长、名管理者、名教师、名班主任、名教研员的“五名工程”，确定首批培养人选 168 人；经考核，44 名教师被命名为首批“天桥名师”。11 月 3 日—30 日，区教师进修学校联合北京师

2009 年，区教育局被命名为中国教育学会济南天桥教师发展基地。

2009 年，区教育局聘请全国知名专家组成天桥教育发展专家顾问团。

范大学校长培训学院举办天桥区中小学校长高级研修班，47 人参训。这是天桥区首次联合高校培训校长。同年，改革教师试用期培训模式，启动天桥区首届“教学新蕾”培养工作（即新教师试用期培训工作），此后每年一届。 2011 年 9 月，举行天桥区首届“教学新蕾”表彰会，表彰“教学新蕾”30 人。同年，区教师进修学校组织全区中小学教研员到北京西城区挂职培训。在全省中小学教师远程研修评比中，天桥区获全市第一名、全省第三名，被评为山东省远程教育组织工作先进单位。2012 年，区教师进修学校联合华东师范大学分 2 期举办天桥区中小学名教研员和名师人选高级研修班，97 人参训。2012 年始，全区幼儿园教师参加山东省远程研修。

第五节　教师管理

1996 年，济南鲁成有限公司子弟学校（即济南第一棉纺织厂子弟学校）和济南第二棉纺织厂子弟学校移交天桥区管理，其教师并入区内学校管理。2001 年始，推行以聘任制为主要内容的事业单位用人制度，实行教职工全员聘用合同制。对教职工由“身份管理”转向“岗位管理”。2004 年始，相继有济南铁路职工子弟第二小学、济南铁路职工子弟第三小学、中国重型汽车集团有限公司济南第一中学和第一小学、山东化工厂子弟学校、山东省交通运输集团总公司黄河航运局子弟学校、小清河航运局子弟学校、济南诚通有限公司子弟学校等企业学校移交地方，转为公办学校，其教师移交区内管理。2006 年暑假，以各中学建立交流小组、各小学以学区为基本单位，各学校之间开展教师交流工作，交流期限为两年。城乡建立对口学校，优秀教师送教下乡，各单位选派 1 ~ 2 名教师，两周送教下乡一次。2008 年，开始面向社会公开招聘新教师。2009 年暑假，针对城区学校间学科教师不配套、教师数量不均衡问题，加大教师交流力度。老城区内学校直接办理调动手续；城区学校与沿黄三街道（药山、北园、泺口）学校间两年交流；黄河以南与黄河以北学校间通过支教和挂职学习的形式进行交流，交流教师 124 人。2010 年始，从全省范围内引进优秀教育人才。当年暑期，通过交流人员自愿留在交流学校、教师自愿调整到缺编单位和行政调整三种方式，交流教师做到“人动关系动”，实现教师由师资超编学校向师资不足学校流动（调动）、由师资优质学校

2011 年，天桥区面向全省引入 8 名优秀教育人才。

向师资薄弱学校调配，促进区域内师资力量均衡配置。开启教师队伍管理“局管校用”新模式。当年，交流教师60余人。同时，继续实行黄河北学校教师到黄河南挂职学习，全年选派11名教师到城区学校挂职学习。2011年，开展名优教师跨校交流工作，有13名教师参加支教工，其中2名名优教师跨校交流。

2012年，新建行知小学和泉星小学两所学校，通过全区公开选拔、选调、双向选择三种方式调入新教师28名，超编分流25人。派出援疆教师1人，到新疆疏勒县镇泰小学支教1年。全年交流教师80人。至2012年，从全省范围内成功引进优秀教育人才26人。

第八章　教育行政

1991年后，天桥区人民政府教育督导室在“两基”达标验收、推动实施“科教兴区”战略、推动中小学办学条件标准化建设等方面，履行督学、督政职责。勤工俭学缓解了教育经费不足，改善了办学条件。至2012年，全区教育经费逐年增加，累计投入1.2亿元改造校舍面积20余万平方米。

第一节　教育督导

一、督导制度

2002年6月，《天桥区人民政府教育督导工作制度》实施，完善教育督导室内部建设。2008年6月，重新修订《天桥区人民政府关于进一步完善教育执法目标责任制的意见》，推动实施“科教兴区”战略。2010年1月，制定《天桥区教育局关于加强对学校开展督导评估的意见》，规范教育督导评估工作。2012年2月，下发《天桥区2012—2015年学校发展水平综合督导意见》，推动全区“爱生学校”建设和普通中小学办学条件标准化建设。

二、教育工作专项督导

（一）学校办学水平督导。1993年始，对全区普通中小学办学水平定期进行督导评估，提出整改意见，督查学校整改落实情况。1999年9月—10月，对全区中小学“实验教学普及县工程”进行检查评估；2001年3月，通过省复查验收。2001年，启动教育工作示范乡镇争创工作；2006年12月、2007年12月，桑梓店镇、大桥镇先后通过济南市验收。2010年3月，启动天桥区义务教育阶段标准化学校建设工作。10月26日—29日，对18所学校进行办学思路与教学管理、教师队伍建设、功能室管理、艺术教育与教育水平等4项内容专项督导评估。2011年8月，启动山东省办学条件标准化学校建设工作。指导全区48所普通中小学建立标准化建设数据库。

（二）素质教育督导。2005年9月，开展对新课程实施情况督导检查，督促学校在新课程改革中做到以学生发展为本，探索全面提高教育质量的素质教育新思路、新方法、新措施，保障新课程改革顺利实施。2008年3月，重点对教育教学管理、学生心理健康和健全人格教育、教科研、师德建设等进行评估检查。

（三）学校安全工作督查。2005年11月，开展对中小学危房改造和师生安全问题督导。2006年11月，检查学校楼道、过道安全，午餐卫生、设备设施事故隐患及安全防火制度落实等。2007年11月—12月，重点查看危房、危墙、危厕以及危险设施的整治，突发事件应急预案的制订及落实，学校开展安全教育、安全培训等，督促学校消除安全隐患。

三、建立督导责任区

2009年3月，设立督导责任区12个；2010年1月，调整为7个。按照“强校引领、资源共享、校际联动、主动发展”的总体思路，形成“以优质学校为龙头——辐射一般学校——带动农村学校——覆盖全区所有学校”的链条式督导网络，每个责任区配备相对固定的专、兼职督学。以规范办学行为、提高教学质量、促进内涵发展作为督导责任区的重要工作，建立督导责任区建设评价机制、督学考核机制。

第二节　教育经费

1991 年始，全区教育财政投入经费逐年增加，公用经费、人员经费、各级政府用于教育税费不断提高。同年，天桥区教育财政总投入 1119.2 万元。2001 年，财政总投入 7804.1 万元，其中教育事业费拨款 6708.1 万元、各级政府用于教育的税费 1096 万元。2012 年，财政总投入 5.14 亿元，其中教育事业费拨款 3.79 亿元，各级政府用于教育的税费 1.35 亿元。

1991—2012 年天桥区财政投入教育资金统计表

表 23-6　　单位：万元

年份	教育事业费拨款	各级政府征收用于教育的税费
1991	1119.20	—
1992	1293.30	—
1993	1392.90	—
1994	2109.80	—
1995	2103.70	—
1996	3457.80	—
1997	3552.00	—
1998	4297.20	—
1999	4900.00	—
2000	5883.10	878.50
2001	6708.10	1096.00
2002	7350.40	640.00
2003	8887.10	864.00
2004	9607.00	948.00
2005	9823.90	1591.00
2006	11433.50	2545.20
2007	13704.00	4140.80
2008	17240.90	4474.70
2009	19352.40	4716.10
2010	26700.00	6205.40
2011	32858.00	9243.00
2012	37907.00	13511.00

一、义务教育经费

1991—2006 年，财政拨付公用经费标准按照 8% 逐年递增。学校日常公用经费来源于学生杂费和财政拨付公用经费。2007 年始，全区实施农村义务教育经费保障机制改革。2007 年春季始，免除农村义务教育公办学校学生杂费；秋季始，免除城市义务教育公办学校学生杂费。

2007—2012 年天桥区教育公用经费拨付标准统计表

表 23-7　　单位：元/生·学年

年份	2007		2008		2009		2010		2011		2012	
学校类别	初中	小学	初中	小学	初中	小学	初中	小学	初中	小学	初中	小学
农村	365	255	520	360	625	415	725	515	900	700	900	700
城市	496	340	506	347	575	365	725	515	900	700	900	700

二、资助政策

（一）中等职业学校资助。2007 年秋季开学始，对部分学生实施助学金补助，补助标准为每生每年 1500 元。

（二）学前教育资助。2011 年秋季开学始，对普惠制幼儿园 3 ~ 5 岁在园幼儿实施家庭经济困难补助政策，人数为在园幼儿总数 10%。

（三）生源地助学贷款。2008 年始，对全日制普通本科高校、高等职业学校和高等专科学校本专科学生、硕士研究生和第二学士学位学生实施贷款。贷款额度为全日制普通本专科学生（含第二学士学位、高职学生）每人每年申请贷款额度不超过 8000 元；全日制研究生每人每年申请贷款额度不超过 1.2 万元。

（四）大学毕业生应征入伍资助。2009 年始，国家对每名应征入伍服义务兵役高等学校学生每学年补偿学费或代偿国家助学贷款本息的金额，最高不超过 6000 元。

第三节　勤工俭学

20 世纪 90 年代，天桥区勤工俭学进入大发展时期。1992 年，区教委制定《济南市天桥区教育委员会对学校勤工俭学奖励的暂行办法》。1994 年 3 月 11 日，区教委在北坦小学召开勤工俭学重奖大会。1995 年 5 月 26 日，成立“济南市天桥区校办企业计算中心”，至年底，全区各校办产业基本实现独立会计核算、定期报表、定期审计。同年，全区勤工俭学完成工业总产值 1979.4 万元，综合利润 913.78 万元。1996 年，全区勤工俭学实现综合利润 1024 万元，成为全市唯一突破千万元的单位，天桥区教委被济南市教委授予“特殊贡献奖”。区政府首次以政府名义表彰 1996 年度勤工俭学工作红旗单位、先进单位及先进生产者。1998 年，实现综合利润 1192 万元，达历史最高水平。至 2001 年，综合利润年均突破千万元，连续 8 年排名济南市第一。

1999 年后，政府对教育经费的投入逐年提高，社会经济转型步伐加快，勤工俭学综合利润逐年下降。至 2004 年，综合利润 372 万元。2005 年始，济南市教育局和天桥区政府不再统计勤工俭学经济指标。

第四节　校舍改造

1991—1993 年，天桥区集资 912 万元，改造中小学校舍 17 处，建筑面积 3.05 万平方米。1994 年 9 月，投资 450 万元、建筑面积 5510 平方米的新苑小学竣工，该项目被评为济南市优质工程。1995 年，济南第二十八中学新教学楼建成使用，建筑面积 2700 平方米。1997 年年底，明湖中学扩建教学楼建筑面积 2500 平方米，八里桥小学综合楼投入使用。1998 年，回民小学扩建教学楼建筑面积 4000 平方米；济南第二十九中学教学楼和济南市影壁后街学校新教学楼落成，建筑面积分别为 5791 平方米和

1900平方米。2003—2008年，按省级规范化标准新建一批学校，合并、改造部分旧校。投资4308.46万元。

2009年，投资1000万元，对全区62所中小学校舍安全进行排查和鉴定，出具鉴定报告，逐幢建立安全档案。拆除危旧校舍面积1.27万平方米，重建校舍面积4395平方米。2010年，投资3300万元，对大桥一中、大桥二中等15所学校教学楼进行抗震加固，建筑面积4.8万平方米。拆除危旧校舍建筑面积7110平方米。建成天成路小学综合楼、蓝翔路小学综合楼建筑面积计6200平方米。投资523万元，对大桥镇第一中心小学等11所学校进行旱厕改造，建筑面积1000平方米。2011年，投资4450万元，对17所学校教学楼及教学辅助用房进行加固，建筑面积1.7万平方米；拆除危旧校舍建筑面积6282平方米；兴建五十二中综合楼、大桥二中等8处学校平房教室，建筑面积1.3万平方米。投资63万元，对鹊山小学等4所学校进行旱厕改造。启动薄弱学校改造工程，投资1100万元新建大桥一小综合楼，建筑面积3600平方米。

2012年，投资6300万元，新征校舍占地面积2.4公顷，新建校舍建筑面积9142平方米，新建各类运动场地45个。投资3262万元，完成10所学校的26个加固项目、16所学校新建重建项目，改造校舍建筑面积2.37万平方米；完成16所学校场地硬化、铺设塑胶改造工程，改造场地面积6.29万平方米。投资1088万元，完成桑梓店镇中心小学新建综合楼工程，建筑面积4600平方米。

第五节　招生考试

一、普通高考

1991年，对师范院校（专业）招生，实行先面试、后单独填报志愿、单独划定分数线、提前单独录取的办法。1995年，除师范、农业院校外，其他院校中的本科专业实行招生计划“并轨”，即将国家任务、委培、自费三种计划形式变成一种计划形式，统一录取分数线，“并轨”录取的新生缴纳部分培养费。同时，上述本科计划不再分配到地市，全省划定统一录取分数线。1996年始，山东省开始在高考成绩中实行标准分制度，高校录取新生不再依据原始分数，而是依据标准分来录取新生。1997年，招生计划全部实行“并轨”，本科计划全省招生，全省划定统一录取分数线。煤炭、油田专业实行“定向招生、定向就业”办法。

2001年，高考增加英语听力考试，以30分记入总分。高考成绩恢复原始分，取消高中中专录取计划。2002年，高考科目实行“3+x”模式，“3”为语文、数学、外语，“x”为文科综合或理科综合。全部实行远程网上录取。2003年，高考考试时间由7月7日—9日改为6月7日—9日。

2004年，本科一批院校按招生计划的1：1.2全省统一划定最低控制分数线。本科二批分数线划定4条，分别为省属线、市属线、济南线、青岛线。2006年，高考语文、数学、英语三科由山东省自主命题，其他科目（文理综合、小语种）由教育部命题。2007年，高考考试科目增加基本能力，高考模式有传统的“3+x”变为“3+x+1”，“1”为基本能力，以60分记入总分，考试时间由2天延长至2天半，总分值750分保持不变。

2012年，山东省高考实行春季和夏季两次考试。春季高考，重点面向中等职业学校毕业生同时招收普通高中毕业生，由山东省招生考试院统一命题，考试时间为5月。夏季高考，即普通高考全国统考，重点面向普通高中学生，考试时间仍为6月7日—9日；体育测试以等级的形式进入高考。

1991—2012年天桥区普通高考统计表

表 23-8

类别 数量 年份	报名（人）	组考		录取（人）			
		考点（个）	考场（个）	中专	专科	本科	合计
1991	538	1	22	25	18	11	54
1992	406	1	18	4	34	5	43
1993	401	1	17	12	52	5	69
1994	365	1	16	8	26	1	35
1995	236	1	10	64	40	1	105
1996	304	1	13	48	14	3	65
1997	367	1	16	36	21	5	62
1998	538	1	25	48	53	11	112
1999	487	1	20	21	355	11	387
2000	458	1	19	54	245	49	348
2001	519	1	20	—	151	45	196
2002	757	2	31	—	440	68	508
2003	1403	2	49	—	798	93	891
2004	1422	2	51	—	913	112	1025
2005	1535	2	55	—	1068	57	1125
2006	1555	2	54	—	918	37	955
2007	1490	2	52	—	1101	47	1148
2008	1448	2	51	—	867	58	925
2009	2155	2	75	—	1708	172	1880
2010	1781	2	63	—	1278	185	1463
2011	1715	2	60	—	—	—	—
2012	5152	6	137	—	—	—	—

说明：2011年（含）以后，招生机构不再统计录取情况。

二、自学考试

高等教育自学考试，开设本、专科两个学历层次。1984年12月，天桥区高等教育自学考试指导委员会成立，下设办公室。1991年，天桥区高等教育自学考试办公室承接全市7个专业的报名考试任务，每年报名、考试各2次，考试时间为4月和10月。1996年，承接专业达20个。2001年，增加7月考试；2005年，又增加1月考试。2012年，改为4月、7月、10月3次考试。1991—2012年，天桥区高等教育自学考试办公室组织报名考试63次。

1991—2012年天桥区高等教育自学考试统计表

表 23-9

类别 数量 年份	报名		组考		
	报名（人）	科次	考点（个）	考场（个）	科次
1991	567	1179	8	500	11865
1992	739	1569	11	659	15775
1993	1687	3633	9	590	13626
1994	2793	5195	14	934	21696
1995	3816	6959	15	1242	31691
1996	4218	7072	13	1440	39833
1997	4968	9639	20	1669	45563
1998	5180	10032	24	2078	59223
1999	5506	11367	31	2582	73048
2000	6850	15636	32	2820	71987
2001	6387	12763	33	2930	75229
2002	6619	14578	31	2886	79289
2003	8303	16518	33	2910	71335
2004	5982	11278	27	2492	60338
2005	5164	9305	22	1983	50042
2006	4739	8882	18	1848	47817
2007	4092	7102	28	2401	63492
2008	4160	7527	26	2120	55940
2009	1956	3295	25	2205	57677
2010	512	963	20	1831	46240
2011	570	1026	18	1493	36002
2012	613	1539	16	1325	32182

说明：自2009年10月始，济南市自学考试报名实行网上报名；各县（市）区自学考试办公室只接受新考生报名。

第九章　外来务工人员子女入学

2002 年始，随着济南市经济社会发展和城市化进程加快，外来人口急剧增加，外来务工子女就学问题凸显。天桥区以高度的政治责任感和强烈的使命感，按照以义务教育阶段公办中小学为主、相对就近入学原则，确保外来务工子女与市民子女平等接受基础教育。2003 年始，设立定点学校。至 2012 年，全区设外来务工就业人员子女学校 19 所。

第一节　定点学校

2002 年 4 月，济南市在全国率先就外来务工子女就学问题制定《济南市流动人口子女就学入托管理办法》。2003 年 11 月，济南市制定《关于进一步做好外来务工就业人员子女接受基础教育工作的意见》，首批 13 所外来务工就业人员子女定点学校正式挂牌成立。天桥区清河实验小学、济南锦苑学校、济南明湖中学和济南第四十六中学（后并入锦苑学校）4 所学校为首批外来务工就业人员子女定点学校。

2005 年，辖区外来务工就业人员子女 9137 人；2006 年增至 1.03 万人。面对外来务工就业人员逐年增加现状，天桥区新增济洛路小学为外来务工就业人员子女定点学校。

2007 年 10 月，济南市明珠小学成为济南市首个寄宿制外来务工人员子女定点学校，解决外来务工人员子女上学、住宿问题。至年底，天桥区有定点学校 7 所，分布在全区外来务工人员密集区，定点学校数量居全市首位。

2008 年 6 月 5 日，按照济南市人民政府统一部署，明珠小学承接因“汶川大地震”而来自四川省绵阳市北川县擂鼓镇小学 196 名学生和 10 名教师到校复学；辖区内其他学校安置来自地震灾区的中小学生 28 人。各学校为每一位灾区学生无偿准备书籍和文具，开展心理健康教育和心理辅导工作，以及一系列心手相牵、共度难关活动。

2009 年，新增药山街道实验小学和王炉小学、北园街道芙蓉小学和标山小学、泺口街道李庄小学和鹊山小学 6 所学校为外来务工人员子女定点学校。天桥区外来务工子女定点学校 13 所，承担济南市近 50% 外来务工人员子女入学任务。

2010 年，天桥区安置桥北工业园特困外来务工人员子女，就近到大庄小学入学。增加北坦小学、交校路小学、天成路小学、博文小学、药山小学、黄台小学为非定点学校接收外来务工人员子女入学试点学校。2011 年，上述 6 所接收外来务工人员子女入学试点学校，由济南市教育局审批通过成为定点学校。全区外来务工人员子女 1.47 万人（小学 1.12 万人、初中 3532 人），占总数 34.1%，天桥区外来务工就业人员子女占全市 35.99%。

外来务工子女定点学校宽敞明亮的教室

2012年，新增济南市博文中学、桑梓店镇周冃小学2所学校为外来务工人员子女入学定点学校。经整合教育资源，至2012年年底，天桥区定点学校19所。

2003—2012年天桥区外来务工人员子女定点学校一览表

表23-10

单位	成为定点学校年份
济南市清河实验小学	2003
济南市锦苑学校	2003
济南市明湖中学	2003
济南第四十六中学（后并入锦苑学校）	2003
济南第二十九中学	2004
济南市济洛路小学	2006
济南市明珠小学	2007
北园街道芙蓉小学（更名为济南市芙蓉小学）	2009
药山街道实验小学（更名为济南第二十九中学小学部）	2009
北园街道标山小学（并入锦苑学校）	2009
药山街道王炉小学（先后更名为蓝翔路小学、济南市滨河小学）	2009
泺口街道鹊山小学（更名为济南市鹊山小学）	2009
泺口街道李庄小学（更名为济南市北苑小学）	2009
济南市北坦小学	2011
济南市交校路小学	2011
济南市天成路小学	2011
济南市博文小学	2011
济南市药山小学	2011
济南市黄台小学	2011
济南市博文中学	2012
桑梓店镇周冃小学	2012

2010—2012年天桥区中小学外来务工人员子女入学统计表

表23-11

年份	小学			初中		
	小学务工子女（人）	在校生（人）	务工人员子女比例	初中务工子女（人）	在校生（人）	务工人员子女比例
2010	10838	30703	35.30%	3202	11364	28.18%
2011	11198	31345	35.72%	3532	12079	29.24%
2012	11099	31934	34.76%	3506	14432	24.29%

第二节　学校建设

2003年始，济南市、天桥区每年拨付专项资金用于定点学校建设。2010年6月，济南市启动“定点学校科学探究实验室建设工程”；12月，启动“定点学校班班通建设工程”，市财政安排专项资金260万元为全区外来务工人员子女入学定点学校建设科学探究室，添置班班通多媒体教学设备，改善定点学校办学条件。

2009—2011年，天桥区财政和区教育局对定点学校投入资金1400万元，主要用于校舍改造、设备更新、功能室配备。2011年6月，市财政专项拨款492万元，为天桥区10所外来务工人员子女入学定点学校统一配备“班班通多媒体”等设备；实施“定点学校温暖图书工程”，市财政投入资金590万元，按照省级规范化学校建设标准，为定点学校图书室、阅览室配备图书和相关的图书管理软件。2012年6月，市财政统一为外来务工人员子女入学定点学校配备班班通多媒体设备（超短焦投影+电子白板）45套和微机123台。市、区财政对定点学校的大力支持，确保定点学校环境设施得到优化，为外来务工人员子女提供优质教育资源，促进全区教育事业均衡发展。

2012年，天桥区认真执行“爱生学校”全纳与平等原则，全面落实“阳光招生”要求，做到“六公开、四统一”（招生政策、招生计划、招生流程、招生时间、招生监督电话、录取结果公开，思想认识、政策要求、招生时间、程序步骤统一）。结合天桥区实际容量，区政府与街道办事处、区直部门签订《2012年天桥区中小学招生工作管理目标责任书》。自2012年始，每年招生计划、招生须知、入学须知、需要准备的证件及程序通过天桥区教育信息网公告栏、学校对外贴招生通知提前告知家长。2012年6月22日，《济南时报》刊登《阳光招生：天桥教育在行动》专版，详细说明招生政策、招生时间、所需材料等。实行温馨人性化“一站式”服务，免除家长到处奔波。对招生工作人员，分层面测试招生政策，确保招生工作人员业务精、政策把握准、服务优。采取多种举措确保辖区内符合条件的适龄儿童少年按时入学。全区19所定点学校和外来务工人员密集地覆盖学校均处于爆满、饱和状态。至2012年9月，全区小学在校生人数为31934人，外来务工人员子女为11099人，占总数34.76%；初中在校生人数为14432人，务工人员子女为3506人，占总数24.29%。

第三节　学校管理

针对天桥区外来务工人员家庭普遍存在收入偏低、学历低、流动性强，家长忙于生计，对孩子疏于管理和教育的问题及现象，天桥区各定点学校自成立始，在学校管理和教育实践中不断探索，至2012年相继采取以下措施：一、强调平等，创设良好的心理氛围。举行“回家了”“用家乡话说说自己的打算”“民族团结、中国一家”等活动。让外来务工人员子女与本地学生相互沟通交流，相互尊重，和睦共处，引导学生融入学校，融入济南，融入社会。二、实施“雅行、责任教育”，培养学生良好的行为习惯。依托国家级课题《外来务工子女行为习惯的培养研究及心理分析》，开展“养成教育”，编写“养成教育”校本教材，引导学生做举止文明的济南市民，做对自己负责、对家人负责、对社会负责的现代公民。三、举办个性化的富有特色活动，传承民族文化。每个省份都有自己的地域文化，针对来自全国22个省份的学生，一方面对非遗文化进行挖掘，传承优秀的民族文化；另一方面积极组织外来务工人员子女就家乡的风土人情作全面整理，编辑《让流动的花朵也芬芳》文集，使学生开阔眼界，享受精彩，同时激发学生热爱家乡的热情，增强外来务工子女的自信心。四、开展“同心圆 共成长”关爱行动，学校教师携手社会爱心人士与学习、生活有困难的外来务工人员子女牵手，奖励进步，扶持贫困。五、采取互动措施，密切家校联系。成立家长委员会，利用家长学校和家长会，及时沟通学生在校情况和家长教育问题，多措并举，促进外来务工人员子女同辖区内市民子女一起更好地融洽相处，共享优质教育资源。六、2012 年 9 月，启动“新市民子女教育”研究与实践工作。

专记

爱生学校

“爱生学校”项目是联合国儿童基金会试验项目，天桥区于 2011 年引入。天桥区根据《中国爱生学校国家标准》，结合辖区特点和实际，制定《中国爱生学校标准（天桥区试行版）》。经一年实践，取得初步效果。项目被写入《济南市天桥区中长期教育改革和发展规划纲要（2011—2020 年）》。2012 年，天桥区“行政推动与科研引领双轮驱动”的推进策略被联合国儿童基金会作为典型案例向全世界推广。

一、立项

“爱生学校”（child-friendly school，简称 cfs）是 20 世纪 90 年代后期联合国儿童基金会（Unicef）与东亚国家开展基础教育合作过程中所推行试验项目，直译为“建设爱生的学习环境”。2007 年始，天桥教育秉持“均衡、公平、内涵、特色，办人民满意的教育”发展目标，全面实施中小学教育资源整合和农村学校校舍升级改造，办学规模大幅提升，优质教育资源覆盖面扩大，基本形成统一领导与自主决策有机结合、充满生机与活力的管理体制，教师队伍整体素质得以优化。天桥区教育硬件水平、财力基础、城市建设和城市配套基础、教职工思想认识基础已具备一定实力，进入注重内涵提升时期，“爱生学校”项目的引入为区域教育内涵提升提供了契机。2011 年 6 月 25 日，天桥区召开“爱生学校”项目启动仪式，成为全国第五个“爱生学校”项目实验区。制定《天桥区创建“爱生学校”实施方案》。“爱生学校”项目被写入《济南市天桥区中长期教育改革和发展规划纲要（2011—2020 年）》，以此引领天桥区教育未来十年的发展。至 2012 年年底，区政府投入专项资金 300 万元。

二、实施

“爱生学校”项目引进后，天桥区教育系统开展“爱生学校”理念学习研讨活动。全区统一印发《中国爱生学校国家标准》《中国爱生学校标准实施指南》。2011 年暑假期间，从对特殊学生帮助到学校文化建设，从师生关系到课程建构，全区教师自发在天桥教育博客上发表学习体会 300 余篇。11 月，组织全区小学校长到首都师范大学附属小学和沈阳市浑南新区第二小学进行实地考察学习，为天桥区推进“爱生学校”项目提供借鉴。12 月，利用教育部专家组提供的问卷作为诊断工具，借鉴北京海淀区使用的“诊断——分析——行动”“3A”模式，全区 41 所小学开展前测工作，有学生 1.93 万人和教师 1663 人填写问卷。在此基础上形成区域自评诊断报告，全面诊断区域和学校发展现状，发现共性问题并加以集中分析。

2012 年 3 月，“爱生学校”项目进入实施阶段。在“爱生学校”项目建设中，编写形成《中国爱生学校天桥评估标准》初中版、小学版、幼教版、特教版、职教版五套评估标准。在 2012 年中国“爱生学校”经验交流研讨会上，天桥区“行政推动与科研引领双轮驱动”的推进策略被联合国儿童基金会作为典型案例向全世界推广。

三、效果

2012 年，全区 19 所外来务工人员子女定点学校，提供与市民子女同等水平的优质教育，达到尊重特殊与差异、追求平等的教育目的。多数学校成立“男孩研究俱乐部”，创造性别平等的教育环境。

创建爱生学校项目以来，各学校树立“课程成就学校”理念，探索建立个性化的课程体系，让课程开发走向多元，让校本课程走向特色，让课程关照每一个学生成长。北坦小学课程建设包括进入课堂课程——校园生活课程——特色人文课程。其中一日校园生活课堂分为晨曲课程、晨诵课程、升旗课程、课间系列课程、阳光大课间课程、午餐文化（含午休和活动）、书法大课堂课程、暮醒课程、放学课程。通过将这些课程做实，爱生学校项目就有了实实在在的效果。博文小学《书法与阅读》《书法剪贴报》课程，制锦市街小学以面塑、快板、马勺脸谱、刻瓷、鲁绣为主要内容的《快乐生活》课程，黄台小学"雅行·负责"德育课程等，为学生健康成长营造开放、自主、可选择的教育环境。

爱生学校强调为学生提供安全健康的物理环境，营造友善的心理氛围，采取促进学生健康成长的策略。项目引进以来，干部教师以爱生理念为引领，将儿童文化元素注入到校园文化建设中，每一个设施、每一面墙壁都以儿童视角审视，每一项建设、每一项举措都以学生需要为目的。站在学生全面发展的视角谋划大课间活动，让每一个孩子每天享受一小时有质量的体育锻炼，诗文操、彩球操、京剧操让运动充满浓郁的艺术气息，花样跳绳、篮球、排球、足球等传统运动项目也在创新形式，孩子们在参与中感受运动的力与美。达到"关注细节与成长、追求人文教育"的效果。

促进参与与合作，追求和谐的教育。实施"爱生学校"项目以来，班级管理由每一名学生轮流坐庄，班队会、晨会的主持由学生担纲，别具特色的校标、校服、校园吉祥物出自学生手笔；班级文化由学生亲手布置，学生智慧在学校中熠熠闪光，每一名学生都在充满智慧与人性引导中享有权利，同时担负起各自责任，在良好的教育生态中自动形成自信、合作、自爱、乐学、诚实、勤奋的品格。全区各学校积极推进家委会建设，借助省级课题《现代学校制度中家长委员会研究——基于山东家长委员会建设实践》研究，探究家长委员会组织制度建设、不同学段家长委员会规律特点以及家校合作育人路径。济南市新苑小学作为全国生命教育基地，开展"亲子共成长""爸爸妈妈大讲堂"等多种特色家校共建活动，7 月 9 日，《中国教育报》以"家长进校园，课堂唱主角"为题在头版报道新苑小学家校共建。

2013 年，联合国儿童基金会与教育部基础教育一司在天桥区召开全国"爱生学校"项目经验交流研讨会，推广天桥区的成功经验。

新苑小学被授予北京师范大学生命教育实验学校

第二十四篇
科学技术

2011年5月7日，济南市人民政府在济南化工产业园区与中国化工集团公司签订战略合作协议。

2011 年 4 月 26 日，天桥区人民政府和济南市知识产权局邀请山东省企业专利协会会长、原山东省知识产权局副局长董以浦作“知识产权与自主创新”专题报告会。

2012 年 5 月 25 日，天桥区召开防震减灾工作领导小组扩大会议。

1991年始，天桥区实施“科技兴区”战略，以发展高新技术产业为龙头、以嫁接改造传统产业为突破口,促进科技成果向生产力转化。同年,制定《关于引进人才、技术项目和资金的优惠政策》《天桥区对作出突出贡献的科技人员实行重奖的暂行办法》，实施人才引进、鼓励科技创新政策。1992年，成立济南市天桥区技术合同登记站，为技术贸易规范化奠定基础。1993年2月，天桥区召开首次“科教兴区”工作会议，下发《关于表彰奖励“科教兴区”先进单位、先进个人的决定》，对10个“科教兴区”先进单位和50名“科教兴区”先进个人进行表彰。民办科技机构增至30家。1994年，中共天桥区委、区政府作出《关于加快科技进步推动经济发展的决定》，推动科技事业快速发展。1995年，成立天桥区和北园镇科技信息开发中心，印发《关于加速科学技术进步的实施意见》，大力实施科教兴区战略。调整充实天桥区科技工作领导小组，北园镇、工业小区和各街道办事处先后成立科技工作领导小组，12个街道办事处配备科技副主任，38个行政村配备科技指导员，科技推广网络初步形成。1996年，天桥区被国家科学技术委员会授予“全国科技工作先进区”称号，被中共济南市委、市政府授予“科教兴市先进区”称号，北园镇被评为“山东省科技示范乡镇”，全区科技工作跃入全国先进行列。2001年，全区有大型科技园区2处、科技市场2处、小型民营工业园区36处；民营科技企业77家，实施科技计划项目93个，完成科技成果37项，申请专利553件，新增产值2.7亿元、利税0.4亿元。2004年，全区高新技术产业产值9.6亿元，同比增长21.74%，列全市首位。2012年，全区有“国家火炬计划特色产业基地”1家、市级以上工程技术研究中心18家；高新技术企业16家，高新技术产业产值26.67亿元；省市千层次人才项目3个、省市自主创新项目32个、省级重大专项2个、市成果转化项目6个、市中小型企业创新基金项目8个、市明星计划项目3个、创新型企业6家、自主创新产品25个，累计争取资金1481万元。

天桥区防震减灾工作充分依靠法制、科技和全社会参与，防震减灾监测预报体系、紧急救援体系、灾害预防体系建设取得新进展。1991年、1999年，天桥区先后被山东省地震局、省人事局评为“全省防震减灾先进集体”；先后多次被评为“济南市地震管理工作先进单位”“济南市防震减灾工作先进单位”。

第一章　科研机构与队伍

1991年，天桥区有民办科研机构4家、各类专业科技人才2904人。1993年，落实《济南市民办科技机构管理办法》，区内各类科研机构、科技队伍迅速发展。2001年，全区有民营科技机构、厂办研究所27家，科技专业人员7203人。2012年，有“国家火炬计划特色产业基地”1家、市级以上工程技术中心18家、各类专业技术人员1.51万人。

第一节　科研机构

1991年，天桥区有民办科研机构4家、厂办科研所5家。1992年7月，成立济南市天桥区技术合同登记站，负责区内技术贸易技术合同签证、登记业务，为技术贸易规范化奠定基础。1993年，审批技术贸易许可证24份，签订技术合同8份。新建厂办、民办科研所12家。落实《济南市民办科技机构管理办法》，加强民办科技机构管理。民办、厂办科技机构增至36家，其中民办科技机构30家（集体所有制29家、个体所有制1家）；另有科技示范企业3家、高新技术生长点2个。1994年，全区民营科技机构增至32家，科工贸总收入2300万元，利税150余万元。实力较强的7家民营科技机构加入济南市民营科技实业机构联合会，部分民营科技机构具有研制高新技术产品实力。1995年，成立由31名专家组成的经济技术咨询委员会，建立区、镇两级科技信息服务中心；民办科技实体和技术贸易机构增至43家，其中，北园镇有民办科研所10个，厂办科研所5个，学会、研究会4家。1997年，全区民营科技企业20家、技术贸易单位17家，技术贸易额2213万元；认定登记技术合同31份，技术合同登记额11.6万元。

1998年，落实"科技兴区"和"可持续发展"战略，天桥科技中心建成，区科学技术局、区科技信息开发中心、区防震减灾办公室均迁至此处办公。至2002年，民营科研机构59家，发放技术贸易许可证29份。民营科技贸易机构签订合同186项，实现技术合同成交额115万元。2002年，全区有区属科研机构10处、民营科技企业77家、大型科技园区2处、科技市场2处、小型民营工业园区36处，药山科技工业园和泺口民营经科园申报省级民营科技园。2007年，天桥区高新技术产业发展促进会成立，首批吸纳24家高新技术企业、科研院所为会员单位。中共天桥区委、区政府与山东省科学院、山东大学、山东师范大学、山东机械设计研究院、山东交通学院签订长期合作协议。2008年，3家市级工程技术研究中心落户天桥，实现工程技术研究中心零突破。2010年，全区有产学研实践基地5家、工程技术研究中心8家，其中省级2家。

2012年，全区有"国家火炬计划特色产业基地"1家（济南化工产业园区新材料特色产业基地）；市级以上工程技术研究中心18家，其中国家级1家（国家胶体材料工程技术研究中心），省级5家（山东省彩涂工艺及装备工程技术研究中心、山东省建筑门窗幕墙制造工艺与设备工程技术研究中心、山东省塑料橡胶循环利用装备工程技术研究中心、山东省高效抗击防护材料与制品工程技术研究中心、济南市聚氨酯密封粘接材料工程技术研究中心）。

第二节　科技队伍

1991年，全区各级科技服务体系逐步建立，科技队伍不断扩大。推荐、评审各类专业科技人才2904人，其中高级230人、中级1398人、初级1276人，引进专业技术人才21人。中共天桥区委、区政府印发《关于命名表彰济南市天桥区第二批区级专业技术拔尖人才的决定》，对济南通风机厂厂长许凤梧等4名专业技术拔尖人才予以命名表彰。1992年11月，济南染料化工厂苗克新、济南可利迅节能设备有限公司孙元新被评为天桥区有突出贡献的科技人员，分别奖励4.4万元、3.24万元，苗克新并被授予"天桥科技明星"称号。1993年，辖区有民办科研机构30家，从业人员510人，其中科技人员270人，占从业人员53%。首次对民办科技人

国家胶体材料工程技术研究中心（2012年摄）

员进行职称评定，评出工程系列11人，其中中级职称7人、初级4人；经济系列3人，其中中级1人、初级2人。深化技术职称改革，分期分批评聘卫生、教育、工程、农业、经济等21个系列专业技术人员。1994年，32家民营科技机构有从业人员540人，其中专业技术人员280人；北园镇聘请科技“军师”5人、村居智囊团成员76人，其中高级专业技术人员占42.7%。1995年，中共天桥区委、区政府作出《关于命名表彰济南市天桥区第四批区级专业技术拔尖人才的决定》，授予李明彪等15人“济南市天桥区专业技术拔尖人才”称号。北园镇有中级以上专业技术人员615人、初级专业技术人员1683人。至年底，全镇引进各类专业人才1580人。中共天桥区委、区政府作出《关于命名表彰济南市天桥区首批镇村优秀科技人才的决定》，授予杨金水等17人“济南市天桥区镇村优秀科技人才”称号。

2001年，全区有科技专业人员7203人，其中高级职称394人、中级职称2379人、初级职称4430人。2003—2004年，全区接收各类专业技术人员264人，其中大中专毕业生187人。2007年，为80名专业技术人员发放政府特殊津贴17.81万元。2010年，天桥区有专业技术人才1.16万人、技能人才3.7万人，其中高技能人才7270人，占技工总数19.65%。

2012年，全区有各类专业技术人员1.51万人，其中高级职称2817人，占18.67%；中级职称5880人，占38.97%；初级职称6391人，占42.36%。卫生、教育专业技术人员比重较大，卫生行业6462人，占42.83%；教育行业3417人，占22.65%。

2012年天桥区专业技术人员统计表

表24-1　　单位：人

专业	总数	初级	中级	高级
教师	3417	1336	1717	364
卫生技术	6462	2744	1497	2221
会计	2568	1699	850	19
农业技术	14	6	3	5
体育	9	2	4	3
档案	5	—	3	2
律师	2600	600	1800	200
公证员	13	4	6	3
合计	15088	6391	5880	2817

第二章　科技成果

1991—2012年，全区申报完成国家、山东省、济南市和天桥区各类科技计划项目411项，其中国家级5项、省级99项、市区级307项。获国家、山东省、济南市和天桥区各类成果奖51项次，其中国家级3项；获国内、省内领先（先进）各类重大科研成果212项，其中国内领先（先进）105 项。

第一节　获奖成果

1991—2012 年，全区获国家、山东省、济南市和天桥区各类成果奖 51 项次，其中国家级 3 项（星火博览奖 1 项、新产品展示奖 1 项、专利发明奖 1 项）、省级科技进步奖 3 项、济南市级 30 项（星火奖 5 项、科技进步奖 23 项、技术发明奖 2 项）、天桥区级进步奖 15 项。

1991—2012 年天桥区科技成果获奖一览表

表 24–2

项目名称	完成单位	奖项	奖励等级	完成年份
GZW 型高效组合式成套污水处理设备。	济南市水处理设备厂	全国星火计划博览会	金奖	1991
		全国新产品新技术展示会	银奖	
		济南市科技星火奖	二等奖	
稀土荧光涂料桃红色浆。	济南市印染助剂厂	济南市科技进步奖	二等奖	1992
高分子珠光粘合剂、色浆系列产品。	济南市染料化工厂	济南市科技星火奖	二等奖	1993
CJY 型解吸除氧装置。	济南市水处理设备厂	济南市科技进步奖	二等奖	
三原色叠印颜料、色浆。	济南市印染助剂厂		三等奖	
马口铁易拉罐。	济南市印铁制桶厂			
XHG 型消防恒压供水设备。	济南可利迅节能有限公司			
三向汉字编码输入方法。	济南大都集团	全国专利发明展览会	铜奖	1994
食品油浸真空设备。	济南市天桥环保工程设备厂	山东省科技进步奖	二等奖	
涂料印花色浆。	济南市染料化工厂	山东省技术发明奖	优秀奖	
加强星火管理振兴区域经济。	济南市天桥区科学技术委员会	济南市科技星火奖	二等奖	1995
圆形立式连续化煤热解炉。	济南市煤气厂	济南市科技星火奖	三等奖	1996
VF-3/7、VF-6/7 型系列空气压缩机。	济南空压机厂			
FGL 公共交通型自动扶梯。	济南市清河电梯厂	天桥区科技进步奖	一等奖	
吸风控压内燃式炼焦炉。	济南市煤气设备厂	济南市科技进步奖	三等奖	1997
植物育发雾液和止脱育发香波。	济南家用化学厂	济南市科技进步奖	三等奖	1999
三维扭变曲面的展开研究及 CAD。	济南第二风机厂			
JZ9380TZX 自卸半挂车。	齐鲁考格尔集团有限公司	济南市科技进步奖	三等奖	2001

续表 24-2

项目名称	完成单位	奖项	奖励等级	完成年份
JYJ5190GLY 型自控重油保温罐车。	齐鲁考格尔集团有限公司	济南市科技进步奖	二等奖	2002
采用特种酵母、限制发酵法生产无醇、低醇啤酒工艺技术的研究。	济南卢堡啤酒有限公司			
碱回收锅炉 1300 ㎡外流自由降模板式蒸发器。	济南锅炉集团有限公司		三等奖	
燃煤锅炉燃气安全环保节能技术研究。	济南市锅炉压力容器安全服务公司			
利用钛白废酸和硫酸亚铁还原铬渣研究与应用。	济南裕兴化工总厂			
趵突泉啤酒的研制开发。	济南卢堡啤酒有限公司			
06202、燃煤泥 75t/h 次高温次高压循环流化床锅炉。	济南锅炉集团有限公司	济南市科技进步奖	二等奖	2006
440t/h（135MW）超高压再热循环流化床锅炉。	济南锅炉集团有限公司、中国科学院工程热物理研究所	济南市科技进步奖	一等奖	2007
工业连续化废轮胎裂解油化与净化工艺技术。	济南友邦恒誉科技有限公司	山东省科技进步奖	三等奖	2008
SHP4-CNC-3000H 塑料门窗数控多层平行四角焊接机。	济南德付款佳机器控股公司	济南市科技进步奖	一等奖	
折叠式彩色涂层钢板技术及成套设备研制。	山东方明彩钢板有限公司		二等奖	
肉用绵羊胚胎移植技术的开发利用。	山东省农垦畜禽良种繁育推广中心		三等奖	
SHP4-CNC-3000H 塑料门窗数控多层平行四角焊接机。	天桥区德佳机器控股有限公司	济南市科技进步奖	一等奖	
门窗角缝清理机的勾料定位装置。		济南市专利奖	三等奖	
TKB09001440T/H（135MW）超高压再热循环流化床锅炉。	济南锅炉集团有限公司	天桥区科技进步奖	一等奖	2009
TKB09002 折叠式彩色涂层钢板生产技术及成套设备研制。	山东方明彩钢板有限公司		二等奖	
TKB09004 龙固主井（双井筒）近 600m 钻井法凿井技术研究及应用。	煤炭工业济南设计研究院有限公司			
TKB09005 水煤浆在络盐生产焙烧工序的应用开发。	济南裕兴化工有限责任公司			
TKB09006 采煤工作面顶板控制设计专家系统。	山东精诚电子科技有限公司			

续表 24-2

项目名称	完成单位	奖项	奖励等级	完成年份
TKB09007 塑料门窗集成制造系统。	济南德佳机器控股有限公司	天桥区科技进步奖	三等奖	2012
TKB09008KTC2 矿用微机通信控制保护装置。	山东大齐通信电子有限公司			
TKB09009 二嗪磷（地亚农）水法生产新工艺。	山东省农药研究所			
TKB09010BIOBASE 智能生物安全柜。	济南鑫贝西生物技术有限公司			
TKB09011 新型纤维在纺织品中的应用技术研究。	济南元首针织股份有限公司			
TKB09012 绿色高性能合成复鞣剂。	济南力厚化工有限公司			
TKB09013 绿色啤酒生产技术的研究。	济南卢堡啤酒有限公司			
TKB09014 脑力劳动者心情抑郁应用文拉法辛合并舒必利治疗效果对照研究。	山东省济南市精神卫生中心			
TKB09015 工业连续化废轮胎裂解油化与净化工艺技术。	济南友邦恒誉科技开发有限公司			
城市污泥干化、生物脱臭及制备生物菌肥集成技术研究。	光大水务（济南）有限公司	济南市科技进步奖	二等奖	
JBJ12325 芽孢激活杀菌、蛋白稳定技术在中性燕麦浓浆生产中的应用。	山东朝能福瑞达生物科技有限公司		三等奖	
FMJ12301. 地坑安装三柱式立式绕线机系统。	山东巨力电工设备有限公司	济南市技术发明奖	三等奖	

第二节　重大成果

1991—2012 年，全区获国内、省内领先（先进）各类重大科研成果 212 项，其中国内领先（先进）105 项、省内领先（先进）107 项。

1991—2012 年天桥区重大科技成果统计表

表 24-3　　单位：项

年份	国内领先	国内先进	省内领先	省内先进	小计
1991	3	2	1	21	27
1992	3	3	8	8	22
1993	14	3	5	4	26
1994	—	2	—	2	4
1995	11	3	1	4	19
1996	2	4	—	2	8
1997	2	7	—	—	9
1998	3	5	—	—	8
1999	—	—	1	2	3

续表 24–3

年份	国内领先	国内先进	省内领先	省内先进	小计
2000	3	6	—	3	12
2001	—	6	—	4	10
2002	2	6	—	2	10
2003	—	—	2	1	3
2004	—	—	—	—	—
2005	—	—	—	—	—
2006	—	—	—	—	—
2007	—	—	—	—	—
2008	1	—	4	5	10
2009	—	—	1	—	1
2010	2	—	3	5	10
2011	1	1	2	10	14
2012	7	3	3	3	16
合计	54	51	31	76	212

第三章　科技服务

1991 年，辖区各厂办科研机构先后成立，企业科技创新能力显著提高。1997 年 4 月，区科技信息开发中心与国家、省、市科技信息中心联网并投入运行，为区、街道（镇）办企业提供科技信息服务。1998 年、2000 年，举办科技成果展示会，为辖区企业牵线搭桥，促进“产学研”结合和科技成果转化。2005 年，区生产力促进中心成立；至 2012 年，负责产学研结合，科技创新平台建设等工作，为企业提供科技、经济等信息服务。

济南益康食品厂有限公司和山东省轻工业学院签订战略合作协议（2006 年 1 月摄）

第一节　科技兴工

1991 年，科技工作围绕“质量、品种、效益年”活动，引领企业实施科技进步策略。全年完成科技攻关项目 21 个，创办科技示范企业 2 家。

济南市水处理设备厂科技攻关项目——GZW型高效组合式成套污水处理设备通过验收；该设备形成5-100t/n10个系列，产品远销中国香港、泰国等地；1993年，实现产值1000万元、利税250万元。1995—1999年，完成各类科技进步项目100余个 。2000年始，设立专项技术创新基金，电子、机械、化工新材料、食品药品、现代物流等高新技术产业初具规模，涌现出兰光机电、华临化工、天鹅棉业、益康食品等一大批高新技术企业。至2012年，先后实施PGL重型自动扶梯、GSR解吸除氧设备等国家级项目5个、省级项目94个。全区高新技术产业企业16家，高新技术产值由2004年9.6亿元增至2012年26.67亿元。

一、高新技术企业发展

从资金、政策、人才等方面重点扶持，鼓励企业引进开发高新技术，促进产品上档次、产业上规模。1997年11月，辖区第一家高新技术企业——山东远征环保节能设备厂成立。天桥区加大实施“火炬”计划和培植高新技术生长点力度，筛选符合国家产业政策、科技意识强、发展潜力大的企业和项目重点扶持，确定济南市煤气设备厂专利产品《吸风控压内燃式炼焦炉及装置》申报山东省火炬计划，被省科委立项批复。2000年4月，中共天桥区委、区政府制定《关于对引进人才实行政府特殊津贴的暂行办法》和《关于利用科技三项经费扶持高新技术产业的暂行办法》，贷款贴息450万元、政府津贴50万元，实施引进高新技术产业、人才优惠政策，天桥区科技三项经费由占财政预算支出1.3%增至2.5%，《济南日报》《齐鲁晚报》等多家媒体予以报道。2001年，贴息贷款265万元，对11家企业高新技术项目给予扶持。2000年—2002年6月，对引进的科技人才发放政府特殊津贴22.34万元。2004年，全区高新技术产业产值9.6亿元，同比增长21.74%，列全市第一。2005年，全区高新技术产业产值45.1亿元，占规模以上工业总产值比重31.01%。

2006年，高新技术产业产值42.74亿元，占规模以上工业总产值比重47.7%，比重增幅10.07%。2007—2009年，受全球经济危机影响，高新技术产业下滑。2007年、2008年，高新技术产业产值占规模以上工业企业总产值比重分别为45.76%和45.88%。2009年，天桥区开展“为企业服务年”活动，走访企业80余家、200余次，为企业提供科技信息300余条，帮助企业免费申请专利200余件，联系大学、科研院所解决企业技术难题80余个，初步遏制高新技术产业产值不断下滑局面，高新技术产业出现回暖迹象。2010年年底，高新技术产业产值占规模以上工业产值比重46. 43%，比重增幅4.86%，列全市第一名。2008—2011年，76个科技项目列入市级以上科技计划，获各级财政拨付经费1549万元。天桥区将“为企业服务”放在重要位置，对辖区78家企业生产经营现状、自主创新情况进行调研，全面掌握企业科技创新、产学研合作、产业集群创建、知识产权保护情况，形成专题报告，助力企业发展；开展高新技术产业发展和高新技术企业申报业务培训，年培训100余人次。2011年始，高新技术产业统计口径作新调整，对按照新标准纳入统计范围企业进行调研，编订《天桥区高新技术产业发展规划》，建立高新技术产业数据库；对辖区相关企业进行高新技术产业发展和高新技术企业申报业务培训，至2012年，培训企业人员300余人次。全区高新技术企业16家，高新技术产业产值26.67亿元，占规模以上工业产值比重34.62%，比重增幅1.72%。

二、产学研合作创新

实施“产学研”工程，引导企业与科研院所联合。1991—1994年，北园镇聘请科技顾问5名、科技技术人才76名，与中国市政工程华东设计院等18个科研教学单位联合开发科技项目37个。山东工业大学与济南水处理设备厂联合研制溴化锂吸收式制冷机等多种化工设备，均填补国内空白。1995年，天桥区聘请31名科学顾问，成立经济技术咨询委员会；北园镇、工业小区、12个街道均聘请科技顾问；23个行政村设立智囊团；28家企业与34所大专院校和科研单位建立科技依托关系。北园镇与17个科研教学单位建立联合协作关系，开展联合协作项目36个，其中成果转让6个、联合开发6个、提供中试11个、委托研究3个、联合办厂10个。1996年，区科技信息暨科技成果转化中心成立，区、街道（镇）、村均配备科技副职，加快产学研工作进程。至年底，全区有产学研科技成果市级示范企业3个、省级高新技术生长点3个。1998—2002年，深化产学研联合和科技园区建设，提高企业科技创新能力，科技进步对经济增长贡献率平均每年增长5个百分点以上，推动全区财税型经济发展。2003—2008年，企业发挥产学研联合枢纽作用，在项目设立、重大关键技术研发、系统技术集成和科技成果转化应用方面开展合作，全区争取省、市产学研项目25个、资金415万元。济南德佳玻璃机器有限公司与瑞士百超集团合作开发中空玻璃机器生产线技术，该技术年产中空玻璃生产线20～30条、切割机20～30台，年新增产值5000万元、利税1000万元。山东三汇利重型工程机械有限公司与济南大学合作开发新型拖式混凝土输送泵，产品高效环保、噪音低，可解决野外作业电力供应不足等问题，显著提高经济效益。2010年，全区产学研实践基地3家，省、市级工程技术中心6家。济南化工产业园区与山东大学、山东省科学院等多家高校及科研院所签订产学研战略合作协议，每年获政府科技资金支持400万元。2003—2012年，全区获市级以上产学研项目立项51个，争取资金685万元，促进科技成果向生产力转化。2012年，全区有产学研、教学实践基地9家，国际合作平台4家。

山东德胜精细化工研究院有限公司（2012年9月摄）

2007—2012年天桥区产学研及教学实践基地一览表

表24-4

基地名称	大学名称	企业名称	建立时间
济南赛信机械有限公司、江南大学产学研基地。	江南大学	济南赛信机械有限公司	2007年
济南大学、山东澳华新能源有限公司产学研基地。	济南大学	山东澳华新能源有限公司	2009年5月
济南大学—澳华技术研究院。	济南大学	山东澳华新能源有限公司	2009年5月
山东轻工业学院、山东稻香园食品有限公司产学研基地。	山东轻工业学院	山东稻香园食品有限公司	2010年5月
山东轻工业学院、济南药王谷生物科技有限公司产学研基地。	山东轻工业学院	济南药王谷生物科技有限公司	2010年11月
山东大学、天桥区人民政府新材料产学研基地。	山东大学	天桥区人民政府	2011年4月
山东稻香园食品有限公司、山东商业职业技术学院产学研基地。	山东商业职业技术学院	山东稻香园食品有限公司	2011年5月
济南银丰化工有限公司、山东大学研究生社会实践基地。	山东大学	济南银丰化工有限公司	2011年12月
济南益康食品有限公司、山东轻工业学院战略合作协议。	山东轻工业学院	济南益康食品有限公司	2012年5月

2012年天桥区国际合作平台一览表

表 24-5

平台名称	申请单位	合作单位
山东省鲁港 LED 照明节能技术合作研究中心	济南三星灯饰有限公司	香港中迪国际企业有限公司
山东省中韩微生物菌肥合作研究中心	山东科信生物化学有限公司	韩国 3BioNet 公司
山东省中德塑料橡胶循环利用合作研究中心	济南世纪华泰科技有限公司	德国 TPL 公司
山东省中波胶体材料国际科技合作研究中心	山东山大胶体材料有限责任公司	波兰科学院（PAS）物理化学研究所

三、科技创新平台

2007年，天桥区高新技术产业发展促进会成立，首批吸纳24家高新技术企业、科研院所为会员单位。中共天桥区委、区政府与山东省科学院、山东大学、山东师范大学、山东机械设计研究院、山东交通学院签订长期合作协议。2008年，济南市建筑门窗幕墙制造工艺与设备工程技术研究中心、济南市塑料橡胶循环利用装备工程技术研究中心、济南市彩涂工艺及装备工程技术研究中心落户天桥，实现工程技术研究中心零突破。2010年，全区有产学研实践基地5家、工程技术研究中心8家（其中省级2家），企业科技创新能力显著提高。2012年，全区有国家火炬计划特色产业基地1家——济南化工产业园区新材料特色产业基地、市级以上工程技术研究中心18家(其中国家级1家、省级5家)。

1991—2012年天桥区工程技术研究中心一览表

表 24-6

工程中心名称	依托单位	级别
国家胶体材料工程技术研究中心	山东大学	国家级
山东省彩涂工艺及装备工程技术研究中心	山东方明彩钢板有限公司	省级
山东省建筑门窗幕墙制造工艺与设备工程技术研究中心	济南德佳机器控股有限公司	
山东省塑料橡胶循环利用装备工程技术研究中心	济南世纪华泰科技有限公司	
山东省高效抗击防护材料与制品工程技术研究中心	山东三达科技发展公司	
济南市聚氨酯密封粘接材料工程技术研究中心	山东北方现代化学工业有限公司	市级
济南市水性涂料工程技术研究中心	济南玛博伦环保涂料有限公司、山东大学	
济南市棉业机械工程技术研究中心	山东天鹅棉业机械股份有限公司	
济南市氟涂料工程技术研究中心	济南华临化工有限公司	
济南市专用汽车工程技术研究中心	济南豪瑞通专用汽车有限公司	
济南市生物安全柜工程技术研究中心	济南鑫贝西生物技术有限公司	
济南市电梯机械工程技术研究中心	山东百斯特电梯有限公司	
济南市矿用通信监控工程技术研究中心	山东大齐通信电子有限公司	
济南市特种纤维材料工程技术研究中心	山东山大胶体材料有限责任公司	

续表 24-6

工程中心名称	依托单位	级别
济南市分体式太阳能热水系统工程技术研究中心	山东澳华新能源有限公司、济南大学	市级
济南煤矿安全生产物联网技术应用研究中心	山东精诚电子科技有限公司	
济南市生物技术食品工程技术研究中心	山东朗能福瑞达生物科技有限公司	
济南市胶黏剂工程技术研究中心	济南市北方泰和新材料有限公司、中国兵器工业集团第五三研究所	
济南市汽车配件信息工程技术研究中心	济南海创信息工程有限公司	

第二节 科技兴农

一、科技下乡

1991年，针对辖区可耕地锐减、农业科技项目少、技术含量低的现状，深入农业一线，了解情况，考察论证，发动、筛选确定“黄河滩区银杏栽培技术”农业科技项目实施研发推广，带动全区农业科技进步。1993年，北园镇特种蔬菜研究会聘请国家、省、市蔬菜专家来特菜试验基地给菜农授课，讲解种植技术，推广特菜种植。1996年始，每年邀请省、市专家开展“科技三下乡”活动。1998—2002年，邀请市科委、省农科院、省农药研究所、市爱书人音像图书公司等21家单位38位专家，开展科技下乡，制作展板28块、横幅4幅，购买图书2800余册，印制宣传材料2万余份，接待技术咨询5000人次，满足农民农业科技咨询需求。2003年始，落实济南市《关于开展文化、科技、卫生“三下乡”活动的通知》，持续开展科技下乡活动，通过展出展板、悬挂知识挂图、发放知识小册子、播放光盘等形式，宣传法律法规，普及科技知识。至2008年，制作各类展板61块，发放宣传图册1万余份、科普书籍2000余册，放映电影21部，受益群众上万人。2008年，制定《天桥区关于进一步推进科技特派员工作的实施意见》《天桥区科技特派员管理考核办法》，实施农村科技特派员工程，明确任务，加强管理，在蔬菜种植、水产品养殖、生态养殖等领域探索科技服务新模式。开展农村劳动力素质培训、农村实用人才培训和专利知识进农村活动，举办农业种植、养殖、专利知识普及讲座，年培训1200余人次。至2012年，加强对全区13名科技特派员管理，开展科技下乡，邀请“科技下乡”单位43家、专家73位，制作展板106块、购买图书3万余册、印制宣传材料5万余份、播放宣传片30部，受益群众5万余人。建成国家级“生猪标准化规模养殖场”1处、市级科技特派员示范基地2处，辖区济南利民种禽厂、达人农场和鹊山农业都市观光园被评为“市级科技特派员示范基地”，获市专项奖励资金支持。

二、良种实验

1991年，从发展城郊型农业客观需要出发，开展高产蛋鸡、短枝型苹果幼树丰产栽培实验等4个农牧业科研项目，取得良好经济效益和生态效益。1993年，济南市天桥区北园特种蔬菜研究会成立，有职工8人、特菜试验基地面积1公顷、高标准蔬菜大棚6个。至1996年，先后引进种植美国、日本和中国南方生菜、空心菜、木耳菜、芥菜、菜心、乌塔菜、苦瓜、花叶生菜，香芹菜、西兰花、紫甘蓝、苦菜、豆芽菜、荷兰豆等26种蔬菜新品种，科学试验，示范推广；其中韩国萝卜、大叶苦菜、香菜、生菜经试验，打破季节性种植，可常年生产供应市场，平均每亩纯收入1.13万元，经济效益是种植传统蔬菜3倍。北园特菜研究会先后被山东省科学技术协会、山东农村专业技术协会评为“山东省先进农村专业技术协会”，被中共济南市委、市政府评为“农业推广先进单位”，被济南市科协评为“济南市先进农研会”“济南十佳农村专业技术研究会”。1996年，全区先后成立林果花卉研究会、种植物联合会、水产学会、蔬菜协会等专业协会5个，促进农业生产技术研究实验推广。农业先进技术覆盖面95.2%，农作物优良品种覆盖面100%，主要农产品单产年均增长11.45%。1998年，发展蔬菜大棚生产，优化农业结构，聘请16名蔬菜技术人员，对大棚菜品种选择、种苗定植和日常管理实行全日制跟踪服务。2000年，全区新建蔬菜大棚3910个，拨付科技三项经费39万元用于红提葡萄栽培试验项目，投资1万余元建成科技示范大棚1个。2001年，全区有蔬菜大棚5000个。2002年，红提葡萄栽培项目种植面积13.33公顷，亩产2500千克，年产值750万元。村镇建成蔬菜大棚41个，年收入近百万元。2003—2012年，重点发展节粮型、食草型畜牧业，在稳定猪、鸡生产基础上，引进畜禽良种进行繁育推广，加快品种改良。

三、成果推广

1991年，蔬菜生产加大科技投入，发展立体种植，重点推广地膜覆盖、塑料拱棚、塑料大棚等保护地栽培技术，常年供应市场。保护地栽培技术种植蔬菜，亩产值1.2万元，亩增收入8000元。“蔬菜塑料大棚综合丰产高效益技术成果推广应用”和“保护地生菜高效益栽培技术开发”项目，获市级奖励。1993年，在引进试验、示范种植基础上，推广特菜种植，至1996年，生菜、空心菜、木耳菜等特菜种植推广至全市各乡镇，年供应市场特菜上千万斤。2000年后，以蔬菜种植专业村为依托，在大桥镇推广立体种植、保护栽培、精量播种、种子包衣、防虫网、频振式杀虫灯等蔬菜标准化种植技术和优质农产品认证工作，蔬菜生产水平和产品经济效益显著提高。在鹊山地区推广营养与饲料、病害防治、人工育苗、育种和成体集约化养殖等水产品标准化养殖技术，普及水产品安全生产知识，加强产品认证，推广规模养殖，形成“协会+基地+农户”生产模式，全区实用技术覆盖面增至98%以上。2008—2012年，创建各类科技示范基地2处。实施各级科技项目9个，投资2417万元，实现利润5640万元，形成利益共同体9个；推广新技术8项，引进新品种18个，培训农民4万人次，发放科普资料10.21万份，带动农民增收7500万元。全区市级以上农业产业化龙头企业13家、区级农业产业化龙头企业14家，带动农户10.5万户，带动基地面积3.43万公顷，年销售额21.4亿元。

第四章　科技管理

1991年始，全区科技工作由区科学技术委员会管理。各街道（镇）党政领导班子均有一名副职分管科技工作，并配备科技助理员。相继制定实施“八五”至“十二五”科技发展规划，加强专利管理和技术市场管理。2001—2012年，多次被评为山东省、济南市知识产权工作先进单位。

第一节　科技项目管理

一、规划管理

1991年始，贯彻落实“科技兴区”工作方针，制定《关于引进人才、技术项目和资金的优惠政策》《天桥区对做出突出贡献的科技人员实行重奖的暂行办法》，实施人才引进规划，拨付专项经费每年进行表彰奖励。1995年，深化科技体制改革，制定《关于加速科学技术进步的实施意见》《科学技术研究成果管理办法》等。1996年，开展创建“全国科技工作先进区”活动，制定《天桥区科教兴区实施意见》《天桥区“九五”科技发展规划》《天桥区1996—2010年科技发展纲要》《天桥区创建全国科技工作先进区工作表彰奖励意见》，将创建工作纳入各级各部门全方位目标管理,年终考评实行一票否决。开展国家、省和市级科技发展计划项目实施，发展高新技术工程，建立以企业为主体、市场为导向、产学研紧密结合的工作体系，促进科技与经济社会快速协调发展。2005 年，提出建设“创新型城区”目标,成立创建工作推进委员会,编制《天桥区创新型城区发展规划纲要》，对创新型城区建设总体目标、工作进度、成员责任等作出规定。2006 年始，市对区进行考核；至 2012 年，天桥区完成 40 项指标考核,被科学技术部命名为“全国科技进步先进区”。

二、专项计划

1991 年始，每年组织申报一批专项科技计划项目，争取资金扶持。同年，济南市水处理设备厂研发 GZW 型高效组合式成套污水处理设备，广泛应用于造纸、化工、印染、皮革、洗煤、医药等行业废水处理。利用物理 – 化学 – 生物氧化方法对废水进行综合治理，可一次性达国家排放标准和回收之用。针对污染严重、有机物浓度高的废水，开发“加压生物接触氧化法高气浮法”新技术，有效保证废水处理速度和排放指标。设备占地面积小，安装、布置方便，总体造价低，社会效益显著。该产品填补省内空白、国内领先，通过国家级星火计划验收，获全国新产品新技术展示会银奖和“七五”全国星火计划博览会金奖;1992 年,获省星火二等奖。1993 年，济南市染料化工厂研制开发高分子珠光粘合剂、色浆系列产品，该产品是以高分子三元共聚单体为结构，以金属银粉发光为主体，可配以各种色浆，在的棉、纯棉、针织等各种织物上，印花着色材料之一，项目填补国内空白，产品水平国内领先，列入山东省星火计划项目并当年验收，获济南市星火二等奖。济南市水处理设备厂研发成套软化水、纯水系列装备，主要用于处理供应站工业生产水。该设备将交换、备用、再生等系列功能集于一体，机电仪表一体化，结构紧凑，占地面积小，操作方便，外型美观，便于维修，且有自动报警装置，安全可靠。完成山东省星火计划验收，当年投入生产。至 1993 年年底，全区实施各类科技项目 66 个，其中国家级项目 5 个、省级 25 个。1994 年，全区申报各类科技计划项目 35 个，其中国家级星火计划项目 2 个、省攻关计划 17 项个、省火炬计划 4 个、省星火计划 5 个、市攻关计划 3 个。1996 年，开展项目摸底调查，在此基础上，确定科技项目发展方向，项目涉及农业、机械、电子、化工、环保等多领域。1996—1997 年，为 33 个项目提供科技三项经费和科技发展基金 193.3 万元。至 1997 年，实施国家、省、市和区级各类科技项目 185 个，其中国家级 9 个、省级 96 个；完成各类科技计划项目 17 个，投入资金 3272 万元，新增产值 1. 31 亿元、利税 3353 万元。2003 年，天桥区开始组织申报科技型中小企业创新基金项目，通过拨款资助、贷款贴息和资金投入等方式，扶持和引导科技型中小企业开展技术创新活动，促进科技成果转化。至 2008 年，争取省、市级项目 47 个，获上级资金支持 863 万元。2003 年，山东鲁丰机械厂研制开发生活垃圾焚烧处理设备——SLCS 阶梯式水平往复炉排焚烧炉，采用适合焚烧处理低热值、高水分生活垃圾阶梯式水平往复式炉排和对流式炉膛结构，设置助燃空气预热系统，实现垃圾有效翻动，改善焚烧效果，达国内领先水平。该项目被科学技术部确立为国家级火炬计划项目，获科技型中小企业技术创新基金无偿资助。2005 年，济南风机厂研制生产 JLY75/JLG75 循环流化床锅炉专用风机，设计合理、运行稳定，制造水平达国际先进水平。被科学技术部确立为国家级火炬计划项目，获国家资金支持。

2009 年，26 个项目获市级以上立项，争取扶持资金 395 万元；2010 年，20 个项目获市级以上立项，争取扶持资金 428 万元。至 2010 年，有 116 个各类项目通过市级以上审批，争取资金 2088 万元。2011 年，获市级以上项目扶持资金 500 余万元，获国家级创新基金项目 1 个、国家科技进步二等奖 1 个、济南市科技进步三等奖 3 个、济南市技术发明三等奖 1 个。2012 年，开展济南市科技型中小企业技术创新资金支持产业集群建设试点工作，申报市级科技型中小企业创新基金项目 24 个，获扶持资金 400 万元。

山东山大胶体材料有限责任公司和山东三达科技发展有限公司获省级自主创新重大专项，获扶持资金 800 万元。获批市级千层次人才项目 2 个，争取资金 20 万元；获批市级科技型中小企业创新基金项目 8 个，获扶持资金 126 万元。组织企业申报成果转化项目 11 个、企业自主创新产品 25 个，济南化工产业园区获批国家火炬计划特色产业基地。2011—2012 年，实施国家、省、市和区级各类科技项目 41 个，其中国家级 1 个。

2008—2012 年天桥区科技型中小企业创新基金项目统计表

表 24-7

实施年份	项目名称	承担单位	补助经费（万元）
2008	农产品质量安全可追溯系统的开发及应用。	济南堤口集团有限责任公司	15
	氟碳彩涂钢板生产工艺及产品研发。	山东方明彩钢板有限公司	30
2009	基于 3D GMS 的煤矿安全生产决策系统研究。	山东精诚电子科技有限公司	10
	环保节能型热镀锌钢板生产工艺及成套设备研制。	济南凯铭新材料有限公司	15
	红枣羹类产品技术创新研究。	山东秦老太食品有限公司	10
2010	内旋式废轮胎常压裂解装置自动化监控系统。	山东西迪艾万达新能源有限公司	10
	太阳能与燃气壁挂炉结合供热水采暖系统。	山东澳华新能源有限公司	30
	高档节能门窗智能生产系统集成及模块化成套装备研制项目。	济南德佳机器控股有限公司	30
2011	环保型全封闭皮毛干洗机。	济南绿洲清洗设备有限公司	20
	蛹虫草功效成分提取及其饮料的生产。	济南药王谷生物技术有限公司	15
	分立式全自动生化分析仪。	济南鑫贝西生物技术有限公司	15
	四氟乙烯合成六氟丁二烯的研究与开发。	济南华临化工有限公司	20
2012	超微粉碎破壁、芽孢激活杀菌技术在中性谷物浓浆中的应用。	山东朝能福瑞达生物科技有限公司	30
	具有防腐导热夹层的分体式太阳能热水系统的研发和产业化。	山东澳华新能源有限公司	20
	废轮胎裂解防结焦技术的研究与应用。	济南世纪华泰科技有限公司	20
	承压式热水器封头切断、倒圆数控专用设备。	山东精益达模具有限公司	20
	安全环保型生物恒温培养箱。	济南鑫贝西生物技术有限公司	10
	节能型 2 相 /3 相步进电机智能驱动器。	济南镭之源电气有限公司	10
	整体组装式大型铁心叠积翻转台。	山东巨力电工设备有限公司	10
	隐私的刑事法保护制度研究。	山东乾慧律师事务所	6

第二节　科技宣传培训

1991年，编印《天桥科技信息》，宣传科技政策、法规，提供科技信息。1993年9月，举办“正交优化法”培训班2期,编写教材250套，各企业技术厂长和骨干97人参加培训。培训后，济南天桥毛巾厂研制净洗剂代替传统工业肥皂，节约资金16万元。惠丰豆奶厂研制新型饮料杏仁奶，投入生产。1994年，编印《地震科普知识手册》，作为区中小学第二课堂活动教材。每年“科技宣传月”期间，举办《中华人民共和国科学技术进步法》和辖区依靠科技发展企业先进事迹等宣传活动。1997年，摄制播出体现全区科技工作特色的《科技兴区架金桥》电视专题片。举办工业技术、机械制造、种植养殖、绿色农业、专利法规、科技创新、知识产权等培训班40余期，培训科技人员1万余人次，发放“明白纸”20余万份,制作科普挂图900余幅，发放科技图书3万余册，放映科普电影2000余场，受教育人数逾100万人次。1999年，科技信息中心举办计算机信息网络基础知识培训班3期，培训145人；举办区级领导干部计算机信息网络基础知识培训班1期，培训15人。至2001年，出版《科技信息》宣传册10期，内容有“区内科技信息”“国内外科技新闻”“科技服务指南”“科技小词典”等。

2007年，天桥区科学技术局网站建成使用。至2012年，举办各类技术培训班55期，培训4348人次，发布科技信息1200余条。围绕全区重大科研开发项目，先后组织撰写《加强星火管理振兴区域经济》《工业连续化废轮胎裂解油化与净化工艺技术》《趵突泉啤酒的研制开发》《燃煤锅炉燃气安全环保节能技术研究》等重要论文。

第三节　知识产权管理

1991年，以企业专利工作为重点，促进企业自主知识产权培育和核心竞争力提高。1994年，区内5家企业5种产品在“全国第八届专利发明展销会”评比中获国家级铜奖1项、省特等奖1项、省二等奖2项、省优秀发明奖1项。1995年始，每年“世界知识产权日”“中国专利周”、专利法颁布纪念日、科技周活动期间，开展宣传、培训等活动。1998年始，围绕入世加大知识产权保护宣传力度，在科技三项经费使用中调动资金重点扶持专利项目；为企业提供专利信息咨询服务，协助企业申报各类专利，在辖区中小学校开展专利发明宣传活动。1998—2001年，专利申请数量为553件，分别为94件、136件、137件、186件，年增长率领先市内各县（市）区。2003年始，鼓励企业自主创新，加快新产品研发和专利技术成果产业化。2004年，天桥区知识产权局成立，全区知识产权管理与保护力度逐年加大。2005年，制定《天桥区专利申请、保护补助及奖励暂行办法》，全区专利申请数量和质量大幅提升。专利申请量898件，增幅144.7%，综合考核列全市第一。2006

科技特派员在街道发放科技宣传材料（2012年2月摄）

—2010年，年专利申请量连续5年超1000件。2010年，大专院校、科研院所和中小学纳入专利管理，举办专利讲座4期，受众500余人次；举办全区首届中小学专利创新活动，开展中小学专利创新。至年底，专利申请量1961件，同比增幅16%。2012年，成立天桥区知识产权宣传服务工作站和科技创新与知识产权服务工作站，加大宣传服务力度；成立天桥区青少年知识产权教育实践基地，指导中小学生开展发明创造，全区中小学生科技创新作品323件。至2012年，申请专利1.8万件。济南汇文实验学校被济南市知识产权局批准为济南市青少年知识产权教育实践基地。天桥区被山东省科学技术厅认定为全省知识产权试点单位、被山东省知识产权局认定为山东省知识产权示范区。

第五章　地震监测

1991年，天桥区地震管理工作由区科学技术委员会负责。1998年，制定《济南市天桥区破坏性地震应急反应预案》，加强地震宏观异常观测网点建设。至2012年，多次被评为山东省、济南市防震减灾工作先进单位。

第一节　地震测报

1991年，建立群测群防宣传速报队伍，加强地震宣传网、宏观异常监测网管理。1993年，全区有地震群测群防“两网”（数字前兆地震台网、遥测地震台网）人员231人、异常观测点34个。1996年，对各街道（镇）辖区内观测网点进行调整，加大各街道（镇）观测网点分布密度，网点由34个增至100余个；加强观测网点管理，做到科技助理员每月跑一次点、区科委每季度对30个重点网点检查指导一次。按照《地震宏观异常监测管理规定》要求，实施“人员、地点、观测对象、检查指导”四落实，做到会观测、会识别、会上报。2002年6月，天桥区建立群测群防观测点38处，健全“地震宏观异常观测网”和“地震信息通讯网”。2009年10月、2010年12月，天桥区地震前兆观测台、地震强震台先后建成运行。2012年，强化地震“三网一员”（地震灾情速报网点、地震知识宣传网点、宏观观测网点，防震减灾助理员）队伍建设，在各街道（镇）设置防震减灾助理员、地震灾情速报员各1名，建立地震科普宣传网点。全区建设大型宏观观测点8处、强震台1处。

强震台（2010年12月摄）

第二节　宣传教育

1991年始，每年《中华人民共和国防震减灾法》颁布日、7月28日唐山地震纪念日，均组织防震减灾知识和法律、法规宣传培训活动；深入农村，普及农村住宅建设防震、抗震知识。1994年，根据中共中央宣传部、国家地震局《关于防震减灾宣传工作的规定》，抓好防震减灾宣传工作。全区建立4个层次（第一层是区科委全体工作人员、第二层是各街道办事处分管主任和科技助理员、第三层是各街道办事处居委会主任、第四层是宏观异常地震观测点）240人防震减灾宣传网，针对不同对象采取不同方式宣传。重视中小学生防震宣传，编印《地震科普知识小册子》，作为学校第二课堂活动辅导教材。展出宣传栏 170 期、播放地震知识录像片 8 场次，受教育群众 1000 人次；举办“防震减灾”书画展，展出书画作品 40 余幅。1996 年 5 月，邀请市地震专家向 100 余名领导干部作防震减灾专题讲座，发放宣传材料 200 余份。下发《关于在全区中小学开展防震减灾知识教育的通知》，对全区中小学地理、自然课教师进行防震减灾知识培训，发放各学校《地震科普知识》100 余册、宣传材料 5000 余份。1996 年 7 月、1997 年 7 月，分别组织纪念唐山地震防震减灾宣传周活动，展出黑板报 100 余期，观看地震知识录像 2500 余人次，发放宣传材料 1 万余份，接受防震减灾知识教育群众上万名。

1998 年，防震减灾宣传工作形成长效机制，每年 3 月 1 日、5 月 12 日、7 月 28 日，开展宣传活动。每学期开学时，联合教育、公安、消防等部门，走进学校进行宣传教育和地震应急演练。定期组织进社区、企业、机关宣传演练活动，通过展板、悬挂横幅和知识挂图、播放《迎接挑战》《直面地震》等宣传片，集中普及地震知识，宣传自救措施，并开展防震演练。2001 年，在济南市泉城广场举办大型防震减灾宣传活动，印发宣传材料 6000 份。2002 年，购买农村住宅建设防震抗震知识挂图 20 余套、知识指南手册 200 余册，印制宣传资料 5000 余份，购买科技图书 1000 余册，开展农村住宅建设防震抗震知识宣传。

至 2012 年，组织讲座 200 余场，发放宣传材料 2.5 万余份，观看录像 7500 余人次，受教育人数 3.5 万余人次；发放《中国减灾报》3000 余份，印发《地震科普知识》手册 1000 余份，接收群众咨询 1.3 万人次，防震减灾宣传教育工作经常化。

第三节 防震管理

1991 年，成立天桥区防震减灾工作领导小组，开展工作。1996 年，调整充实防震减灾领导小组，成立震情应急指挥部、震情检测组、社会宣传组、后勤保障组、现场指挥部，制订《天桥区破坏性地震应急预案》、印制《天桥区地震应急电话一览表》《天桥区宏观异常监测网点分布图》，开通震情专用电话。每年修订《天桥区破坏性地震应急预案》，全区各街道（镇）、医院、学校均制订本单位地震应急预案并定期修订，全区防震减灾体系指挥机构建设趋向完善。2001 年，开展辖区地震应急基础数据调查，调查医疗卫生、公安、消防、民政、统计等单位，收集防震减灾各类重要数据：全区医疗救护床位 2116 张；急救车 12 辆；急救医生 1064 人，其中外科医生 187 人、骨科医生 43 人、麻醉医生 39 人；护理人员 958 人；消防人员 60 人；消防车 6 辆。定期召开全区科技助理员会议，要求街道（镇）对辖区观测网点按照“人员、地点、观测对象”三落实进行调整充实。定期开展网点观测，发现问题和异常现象及时上报。

在社区对居民进行防震减灾知识教育（2009 年 5 月摄）

2003 年，修订《天桥区破坏性地震应急预案》，对地震领导小组成员及其职责进行调整。2005年，修订《天桥区地震应急检查工作制度》，加强地震宏观异常观测网点建设。2008年5月12日，四川省汶川县发生强震后，天桥区举办“加强防震减灾宣传教育，提高公众防震减灾意识”讲座，并散发防震减灾宣传材料；5月15日，召开全区防震救灾大会，各应急领导小组成员单位和15个街道（镇）按照要求修订完善地震应急预案；6月2日，天桥区地震应急救援队和志愿队成立。

2012年，调整充实区防震减灾领导小组，制定《天桥区地震应急检查工作制度》《天桥区地震应急预案》。全区有省级地震科普示范学校7所、市级地震科普示范学校13所、市级防震减灾科普达标优秀学校2所；省级地震安全示范社区1个、市级地震安全示范社区2个；市级科普宣教基地1处。

第二十五篇

文化　体育　旅游

小清河风景带

2011 年 5 月，第二届全民学习节。

济南市天桥区第一届全民健身运动会

猫蝶富贵

1991 年，天桥区文化活动活跃，注册成立文学、美术、书法、摄影、文艺、京剧 6 个协会；体育事业蓬勃发展，人民健康水平显著提高。至 2012 年，全区各类文学作品集相继出版；创作及表演屡获国家、省、市级奖励；"第二乡情"文艺演出、红歌演唱会、消夏广场文化活动等品牌，连续多年获优秀组织奖；举办书画、摄影作品展 140 余次，参赛作品近万幅；开展广场文化、主题演出、节庆演出、非遗展示等 589 场次；每年为农民免费放映电影 1440 场次；建成农家书屋 120 个；建成建筑面积 1072 平方米的档案馆；建成缤纷五洲大地数字影院；各类群众性业余文艺队伍 182 支，6000 余人。以区体育局为中心，以各街道（镇）文体站为依托，建起健身活动站点 260 个，经常性参加体育活动人数 10 余万人。全区有国家级社会体育指导员 3 人，社会体育指导员一级 48 人、二级 257 人、三级 557 人。先后获"全国全民健身活动先进学校"等 4 项国家级称号和"山东省体育彩票工作特殊贡献奖"等 8 项省级称号。

辖区旅游资源丰富，有泉水 41 处、名山 12 座、旅游景点 4 处。

第一章 文学 艺术

1991 年后，随着社会主义精神文明建设深入开展，天桥区文学、艺术创作活动实现新的突破，一批富有地方特色、时代特征、健康向上的文艺作品相继问世。至 2012 年，全区先后出版文学专著、诗集、散文集 40 余部；创作演出的节目有 76 个获国家、省、市级奖励；围绕"五一""七一""十一"及纪念毛泽东诞辰纪念日，举办书法、美术、摄影展览等活动。

第一节 文学创作

1991—2012 年，天桥区相继出版文学专著、诗集、散文集等 40 余部。

1991—2012 年天桥区文学出版物一览表

表 25-1

作品名称	作者	体裁	出版时间	出版单位
《含香》	黄咏	诗集	1991 年 4 月	济南出版社
《纯洁恋歌》	杨共玉	诗集	1993 年 12 月	山东文艺出版社
《漂泊岁月》	崔然琳	诗集	1993 年 12 月	山东文艺出版社
《红房子黑天鹅》	陈建平	诗集	1995 年 8 月	大连出版社
《梦羽随想》	杨共玉	散文集	1996 年 12 月	天马图书有限公司
《雪地舞蹈》	王力丽	诗集	1997 年 5 月	华艺出版社
《血缘之源》	康桥	诗集	1998 年 6 月	中国文联出版社
《银梦乡情》	蔡文静	小说	1998 年 9 月	中国文联出版社
《怀亲诗集》	桑恒昌	诗集	1999 年 3 月	中国文联出版社
《陈地》	冀也	散文集	1999 年 4 月	中国文联出版社

续表 25-1

作品名称	作者	体裁	出版时间	出版单位
《流淌的青春河》	崔然琳	散文集	1999 年 8 月	作家出版社
《恩怨情梦》	蔡文静	小说	1999 年 12 月	—
《青春中的期盼》	北方	诗集	1999 年 12 月	山东文艺出版社
《在花的旷野上》	陈忠	诗集	1999 年 12 月	中国戏剧出版社
《雪满天山》	董向前	诗集	2001 年 12 月	作家出版社
《新闻写说学》	耿建华		2002 年 5 月	中国广播电视出版社
《泡沫男人》	崔然琳	小说	2002 年 5 月	中国戏剧出版社
《大潮中的希冀》	北方	诗集	2006 年 6 月	中国文学出版社
《空中之巢》	陈忠　张宁	诗集	2006 年 7 月	中国档案出版社
《天舒云淡》	赵晓晨	诗集	2007 年 6 月	华夏出版社
《一花一世界》	赵晓晨	诗集	2008 年 5 月	华夏出版社
《真水无香》	赵晓晨	诗集	2008 年 5 月	华夏出版社
《二重奏羽毛一样地轻舞》	陈忠　丁宁	诗集	2008 年 5 月	大众文艺出版社
《月色煮茶》	黄咏	诗集	2008 年 12 月	大众文艺出版社
《历代名人咏》	耿建华		2009 年 4 月	天津古籍出版社
《段辛酉诗选》	段辛酉	诗集	2009 年 8 月	黄河出版社
《我是精灵你是风》	庞秀苓	诗集	2009 年 8 月	国际文化出版公司
《低音》	雨兰	诗集	2010 年 6 月	团结出版社
《诗歌的意象艺术与批评》	耿建华		2010 年 7 月	山东大学出版社
《生命的液体》	于东方		2010 年 8 月	团结出版社
《在这个行将挥霍的夏天》	王霁良	诗集	2010 年 8 月	中国言实出版社
《阳光正灿烂》	蔡文静	小说	2010 年 9 月	黄河出版社
《清晨我推开一扇窗》	庞秀苓	诗集	2010 年 10 月	山东文艺出版社
《融汇中戏的美术家》	王谦　杨共玉	画家传记	2010 年 12 月	山东画报出版社
《读一点海南》	耿建华		2010 年 12 月	长征出版社
《跤城怒汉子》	刁云生	小说	2011 年 1 月	大众文艺出版社
《淡月如水》	崔然琳	小说	2011 年 12 月	华艺出版社
《乘着语言的翅膀》	雨兰	散文集	2012 年 3 月	文心出版社
《在童话里流浪》	谭文豪	诗集	2012 年 5 月	香江文艺出版社
《百合花开》	刘娜　唐彬文	诗集	2012 年 5 月	中国文联出版社
《柒续札》	孙利杰	诗集	2012 年 11 月	中国文联出版社

续表 25-1

作品名称	作者	体裁	出版时间	出版单位
《东坡琼州诗文译注》	耿建华		2012 年 12 月	海南出版社

第二节　曲艺 音乐 舞蹈

一、曲艺

1990 年 11 月，天桥区文化馆集体创作的小品《急诊》获华东六省一市戏曲小品汇演创作表演二等奖，省、市创作表演一等奖。1994 年，创作的对口快板《逛北园》、西河大鼓《巧退彩礼》、山东快书《张榜》，在济南市庆祝建国 45 周年文艺创作调演中均获创作表演一等奖。2001 年 12 月，山东快书《警徽闪闪》代表山东省和济南市参加全国第十一届“群星奖”决赛，获创作、表演银奖第一名。同年，创作的山东快书《觉醒》参加中共山东省委宣传部、省文化厅等组织的巡回演出。2008 年，曲艺节目数来宝《颂歌献给建设者》、山东快书《老牛和老刘》等作品登上群众文化舞台。在第二届“泉城人口文化节”参赛节目中，获一等奖 1 个、二等奖 2 个。2012 年 9 月，吕剧小戏《搬家》、小品《一块手表》参加“群星奖”戏曲类评选，通过国家、省、市三级专家初审。

二、音乐

2006 年，歌曲《关爱女孩》在济南市“泉城人口文化节”文艺调演中获特等奖；在济南市“荷花奖”新人新作新剧目展演中获三等奖。2008 年，歌曲《在幸福里》《幸福一家》登上群众文化舞台。2010 年，演唱歌曲《请到济南来看泉》《拥抱明天》参加全国“群星奖”济南市的评选和录制。2011 年，歌曲《小清河哟好地方》参加全国“群星奖”山东省的评选和录制。

三、舞蹈

2005 年，在济南市社区文艺汇演中，天桥区选送的舞蹈《春满人间》和杂技均获银奖。2006 年，舞蹈《国色天香》在“泉城文化节”文艺演出中获一等奖；在济南市“荷花奖”新人新作新剧目展演中获三等奖。

1990—2012 年天桥区部分作者发表（演出）音乐、舞蹈作品一览表

表 25-2

年份	作者	类别	作品名称	发表、演出情况	获奖情况
1990	区文化馆	小品	《急诊》	华东六省一市戏曲小品汇演	二等奖
				省、市创作表演	一等奖
1994	区文化馆	快板	《逛北园》	济南市庆祝建国 45 周年文艺创作调演	一等奖
		西河大鼓	《巧退彩礼》		一等奖
		山东快书	《张榜》		一等奖
1997		快书	《警徽闪闪》	济南市职工文艺创作汇演	一等奖
		集体舞	《珠穆朗玛》		一等奖
		舞蹈	《讲故事的孩子》		一等奖
		歌曲	《在中国大地上》	省首届职工文艺创作汇演中	一等奖
		舞蹈	《绿意》		三等奖
2001		快书	《警徽闪闪》	全国第十一届“群星奖”决赛	创作、表演银奖
2005		舞蹈	《春满人间》	济南市社区文艺汇演	银奖

续表 25-2

年份	作者	类别	作品名称	发表、演出情况	获奖情况
2006		歌曲	《关爱女孩》	“泉城人口文化节”文艺调演	特等奖
				济南市“荷花奖”新人新作新剧目展演	三等奖
		舞蹈	《国色天香》	“泉城人口文化节”文艺调演	一等奖
				济南市“荷花奖”新人新作新剧目展演	三等奖
2008		数来宝	《颂歌献给建设者》	第二届“泉城人口文化节”	
		歌曲	《在幸福里》		
		快书	《邻里情》		一等奖
		快书	《老牛和老刘》		二等奖
		歌曲	《幸福一家》		二等奖
2010		歌曲	《请到济南来看泉》《拥抱明天》	全国“群星奖”济南市评选和录制	
2011	李云涛 吴洪业	歌曲	《小清河哟好地方》	全省“群星奖”评选和录制	
2012		吕剧小戏	《搬家》	“群星奖”戏曲类评选	通过专家初审
		小品	《一块手表》		

第三节　书画 摄影

一、书画

1991年6月25日，开展纪念建党70周年创作活动，举办书画展，展出作品100余幅。1992年5月22日，为纪念毛泽东《在延安文艺座谈会上的讲话》发表50周年，举办书画展，展出作品70幅。1993年12月24日，举办纪念毛泽东诞辰100周年书画展，展出作品80幅。1994年9月30日，举办庆祝建国45周年书画优秀作品展，展出精品85幅。同年，美术研究会16名会员参加济南市庆祝建国45周年美术作品展览，4人国画作品入选参加山东省庆祝建国45周年美术作品展览，作品《楚居溪山听泉声》入选由齐鲁书画家协会主办的齐鲁书画家作品展，并收录于《齐鲁书画名家作品选》。1995年2月29日，举办第四届迎新春春联展赛，近百幅春联入选，评出创作奖，书法一、二、三等奖。1996年，举办大型书画展，展出作品100幅；举办大型图片展，展出作品150幅。1998年4月，举办纪念济南解放50周年书画作品交流巡回展。国庆期间，举办纪念济南解放50周年、改革开放20周年美术书法展，展出作品70幅。

2001年，举办庆“六一”少儿书画展，展出书画作品800余幅。2003—2008年，围绕济南解放、中华人民共和国成立、抗日战争胜利等纪念日，举办各类书画展60余次，展出书画作品5000余幅；举办纪念中国人民抗日战争暨世界反法西斯战争胜利60周年书画展、儿童书画展。以庆“七一”、改革开放30周年等为主题，举办各类展览17次；举办“庆奥运艺术字”等展览5次。2005年，在纪念中国人民抗日战争暨世界反法西斯战争胜利60周年“七里河”书

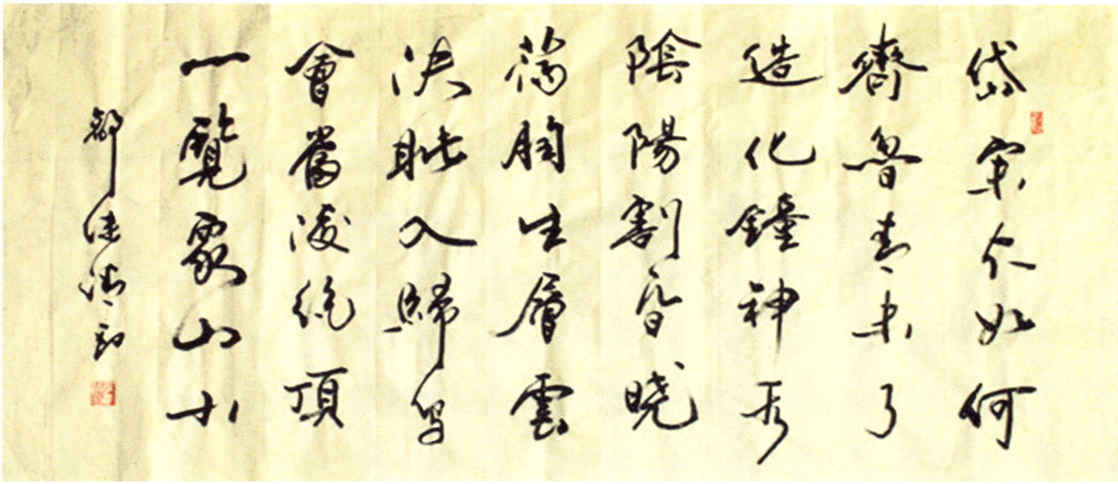

郭继清书法作品

李正文国画作品

郑颖旭国画作品

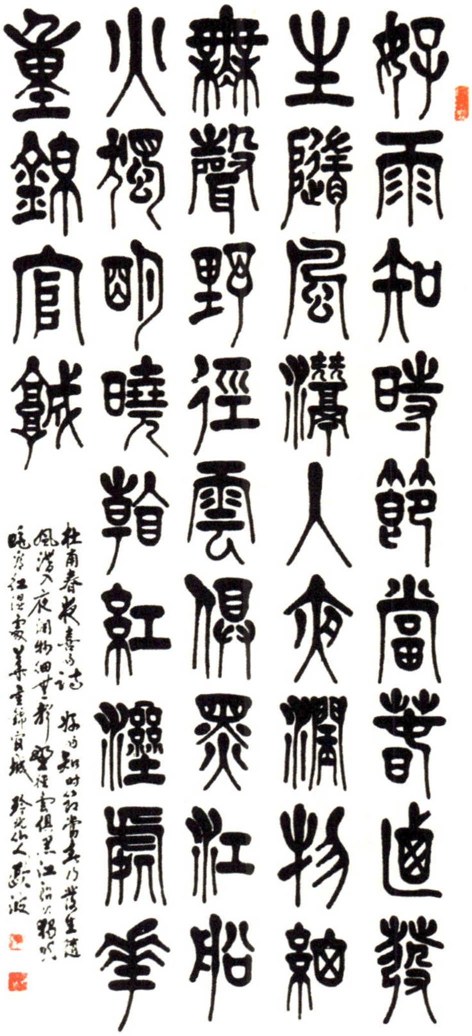

欧波书法作品

李德玲国画作品

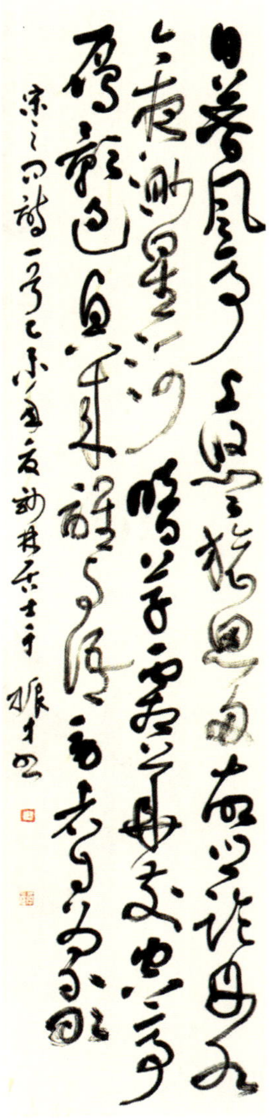

于振才书法作品

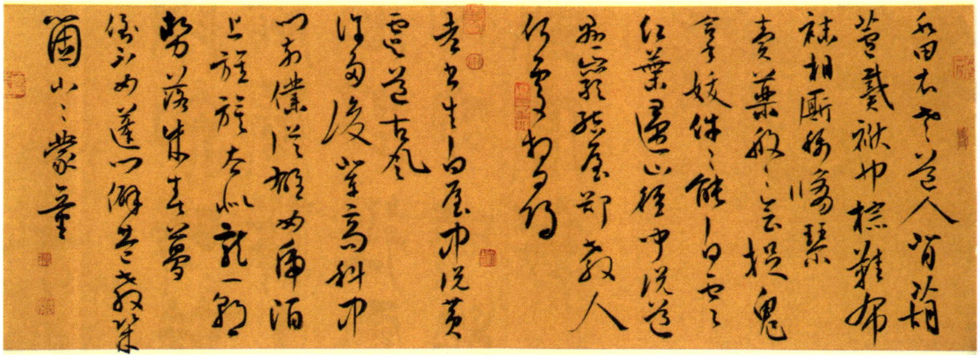

耿世彪书法作品

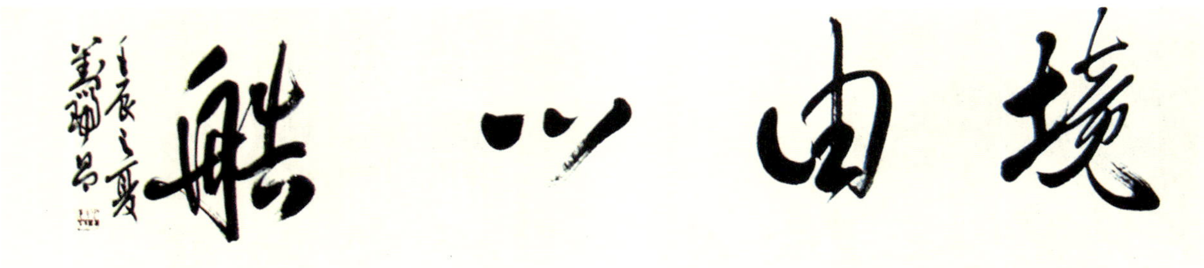

刘瑞昌书法作品

画展览中，选送的7幅作品均入选，并获一、二、三等奖各1个。

2009年，先后举办全省煤炭行业纪念改革开放30周年书画精品展、迎新春·百家名作书画邀请展、天桥区庆国庆·人民政协成立60周年·迎全运大型书画作品展、天桥区庆祝建国60周年“金新城杯”全区职工书画展等大型展览10余次，展出作品700幅。2010年，组织书画家开展“三下乡”活动，举办天桥区迎春民俗木板年画展暨天桥区第21届春联展、天桥区庆“五一”书画作品展、“古风今韵”三人书画作品展、庆祝建国61周年书画作品展、庆元旦·天桥区女书画家作品展、中韩书法交流笔会等展览16次，展出书画作品1800幅。

2011年，举办天桥区庆“五一”书画作品展、庆祝中国共产党建党90周年书画精品展、庆国庆暨纪念辛亥革命100周年书画展、《盛世丹青颂天桥》书画展等大型展览13次，展出书画作品1300余幅，参观人数1万余人。2012年，举办庆“五一”、建党91周年、庆国庆·喜迎十八大等书画展览7次，创作展出国画、油画作品800余幅，参观人数1万余人。

二、摄影

1992年5月22日，为纪念毛泽东《在延安文艺座谈会上的讲话》发表50周年，举办摄影展览，展出作品80幅。1993年12月24日，举办纪念毛泽东诞辰100周年摄影展，展出作品90幅。1996年，举办大型摄影展，展出作品100幅。1998年国庆期间，举办纪念济南解放50周年、改革开放20周年摄影展，展出作品90幅。2009年，举办全省煤炭行业纪念改革开放30周年摄影精品展、天桥区庆祝建国六十周年“金新城杯”全区职工摄影展等大型展览15次，展出作品1000幅。

第二章　群众文化

1991年始，随着全区各类业余文艺演出队伍迅速发展壮大，群众文化活动日益丰富多彩。节庆文化、社区文化、广场文化、农村文化、品牌文化协调发展，广大群众踊跃参加。至2012年，北园街道成为全国优秀文化社区，药山街道为山东省先进文化社区，“第二故乡情”文艺演出成为济南市十佳宣传文化品牌。全区有各类群众艺术队伍182支、济南市基层群众文化活动示范点5处，消夏广场文化活动连续举办22届，农民文艺汇演举办3届。

第一节　节庆文化

1991年始，围绕全区中心工作，开展以庆“五一”“七一”“十一”、香港澳门回归、济南解放50周年、改革开放20周年及迎全运等为主题的一系列文化活动。系列活动以群众性歌咏比赛、中华大家唱、卡拉OK大奖赛、文艺汇演、诗文大赛、

新春广场文化活动（2012年摄）

作品展览等为主要形式，讴歌时代精神，弘扬主旋律，繁荣节庆文化生活。2004年，举办的济南市暨天桥区庆“七一民心工程”文艺演出和2场慰问重点工程建设者演出由山东电视台《大家一起来》栏目组录制并在多时段播出。至2012年，围绕春节、“五一”“十一”等节点，坚持以演出周的形式举办系列文化活动。

1991年始，全区以街道为单位举办花灯展。各街道将辖区内单位较好的花灯集中在繁华地段统一布展形成花灯一条街，济南啤酒厂的酒灯、济南自行车厂的白鹤灯、济南染织厂的荷花娃娃戏鱼灯、省煤炭监管局的门型灯等，融商业、趣味、观赏于一体，在弘扬民族艺术的同时，烘托出浓厚的节日气氛。个别社区因举办时间固定、花灯数量丰富，成为天桥区节庆灯展的亮点。每年春节期间，组织各街道业余民间艺术队伍，在成丰桥广场、东亚商城及各街道（镇）公共场所，以龙舞、旱船、秧歌等形式，丰富群众节日生活，营造节日氛围。在济南市民俗文化博览会大型民间扮玩旱船、跑驴、秧歌、花灯及京剧表演、卡拉OK比赛中均取得较好成绩。

第二节　社区文化

1991年后，天桥区社区文化逐步发展。至2012年，辖区13个街道120个社区均有舞蹈、合唱等类型的社区文艺队伍1～2支，并逐渐融合为基层文化服务站点，如堤口路街道基层文化服务站，有社区居民文艺团队5支、成员150余人。

社区文化队伍自发于广场、空地、小区内，并形成各具特色的文化活动，如北园街道凤凰山社区的文艺展演、官扎营街道的“社区京剧秀”汇演、制锦市街道的“红歌传颂党恩、共铸和谐制锦”等，其中北园街道杨庄社区花灯展、工人新村南村街道西区社区艺术节、北坦街道双井社区美食节影响面广，逐渐形成品牌。

北园街道杨庄社区花灯展。1996年，开始举办；至2012年，举办14届。花灯展由造型别致的大型主题灯组以及宫灯、花灯2000余个组成，多次代表天桥区参加济南市花灯艺术大赛。龙灯、麟鹤同春、麒麟送子、五福同寿、蛾子灯、猫蝶富贵、跑花瓶、跑驴、四蟹灯、活鳞龙灯、傀儡狮子灯、莱市小王庄狮子灯等78盏花灯，参加了济南市首届民俗文化博览会。

工人新村南村街道西区社区艺术节。2004年，开始举办；至2012年，举办4届。艺术节是西区联合党委联合驻地单位举办的大型联谊活动，旨在为社区居民打造社区文化平台。节目全部由社区居民和西区联合党委共建单位职工自编自演。

北坦美食节。2011年开始举办，由北坦美食协会主办，主要展现北坦美食街百年美食文化。活动将辖区26家名吃业户纳入北坦名吃美食协会和协会党支部管理。该活动成为泉城美食文化品牌，很多市民远道而来领略净香园熟肉、荣氏栗子、蒿家扒鸡、杨家干炸里脊等百年传统美味名吃。

主题文化活动。1991年始，各街道（镇）相继开展以构建和谐社区、喜迎奥运会、第十一届全运会、十艺节等为主题的系列社区文化活动。2002年，在济南市首届社区文艺汇演中，天桥区选送的节目获金奖6个、银奖8个、铜奖2个。2005年，在全区开展“情注‘背街小巷’、弘扬社区文化、构建和谐社区”文化活动。2012年，举办社区舞蹈大赛，并邀请省、市知名舞蹈专家担任评委，评出一等奖5个、二等奖6个。

第三节　广场文化

1991年始，天桥区以消夏晚会、广场文化为切入点，以弘扬时代精神为主题，组织开展多层次、宽领域的广场文化活动，形成以文化馆、劳动广场、成丰桥广场等为主、各社区小型广场为辅的广场文化活动网点。2003—2008年，开展“相约文博，科学发展”“知荣辱，树新风”“赞家乡、讲文明、迎全运”为主题的广场文化活动。2009年，以“迎全运、庆祝建国60周年”为主题，举办红歌演唱会、第二故乡情、社区文艺汇演、民俗文艺展演等大型广场文艺演出35场。2010年，举办各类节庆、大型广场文化活动49

广场文化活动器乐演出（2012年摄）

场次、中小型演出活动150余场次、文化下乡10次、各类非遗展示活动100余场。2011年4月—10月广场文化活动期间，举办社区舞蹈大赛、戏曲展演周、劳动者之歌、老年文艺演出、红歌演唱会、第二故乡情、社区文艺专场等大型广场文艺演出55场次。2012年，举办民俗展演、广场舞大赛、新创作节目文艺汇演、非遗展演、爱国歌曲大家唱、“关爱生命、文明出行”等演出70余场次，参演人员2000余人次，观众7万余人次。在济南市第三届齐鲁民间艺术展演中，天桥区6支文艺队伍获金奖2个、银奖3个、铜奖1个。

2010年始，开展京剧、豫剧、吕剧、琴书、山东梆子等非物质文化展演戏曲周系列活动。至2012年，演出戏曲70余场次，演出剧目有豫剧《双枪缘》《穆桂英挂帅》，京剧折子戏《红娘》《空城计》，京剧《赤桑镇》《打龙袍》等40余部，观众8万余人次。

第四节　农村文化

1991年始，天桥区每年组织美术书法、文艺、京剧艺术家下乡活动，创作书画作品、写春联，上装演出，辅导农村文艺、书法爱好者。2001年8月30日，天桥区举办首届农民文艺会演，表演舞蹈、相声、快书、小品、民乐演奏等，其中4个节目参加全市汇演，获一等奖1个、二等奖3个。至2012年，天桥区成功举办农民文艺汇演3届。2008—2012年，按照一村一月一场电影目标要求，每年免费为农民放映电影1440场。

民俗文化艺术节（2012年摄）

新农村吕剧演出（2012年9月摄）

第五节　品牌文化

一、“第二故乡情”文艺演出

天桥区交通便捷、大型专业市场多，每年有25万人次流动人口。2005年始，天桥区于每年中秋节前面向数万外来经商及务工人员举办“第二故乡情”文艺演出。2012年，获“济南市十佳宣传文化品牌”称号。

二、红歌演唱会

2006—2012年，举办红歌演唱会7届，成为天桥区广大群众喜爱的文化活动品牌。

三、消夏广场文化活动

作为始于1978年的天桥老文化品牌，每年5月—10月，以文化馆、东亚商城、劳动广场、成丰桥广场及各社区开阔场地等为平台，组织开展消夏广场文化活动。年均15场以上，其中2011年举办55场、2012年举办72场，并连续获济南市优秀组织奖。1991—2012年，举办消夏广场文化活动22届。

第六节　群众艺术团队

1991年始，全区各社区各类业余文艺演出队伍迅速发展。至1996年，各类业余文艺演出队伍近80支。其中纬北路街道有红星、枫叶、巾帼艺术团，工人新村南村街道有朝霞、欣欣、青松艺术团，药山街道有儿童舞蹈队、腰鼓队、老年合唱团、器乐合奏队等各类艺术团队20支，北园街道有秧歌、舞蹈、京剧、杂技等业余文化队伍29支，桑梓店镇有百花文艺演出队、仓上龙灯队、桑梓大街文艺演出队、安庄高跷队。2011年，天桥区艺术团被评为济南市十佳基层文艺团队。2012年，全区有各类群众艺术队伍182支、6000余人，每个社区有1～2名辅导员。纬北路老年大学、五龙潭公园、工人新村南村街道西区社区等5处文化活动点被命名为济南市基层群众文化活动示范点。

第三章　文化场馆

天桥区文体中心是全区最大的文化场馆，建筑面积1.1万平方米，集文化馆、图书馆于一体，实行无节假日免费开放。其中区文化馆被文化部评为国家一级馆、图书馆被评为国家二级馆。全区基层文化场馆主要有农家书屋、街道（镇）文化站、社区文化中心、农村文化大院等；有济南光明电影院、缤纷五洲大地数字影院2家电影院。

第一节　文化馆

天桥区文化馆成立于1952年，位于济泺路219号，是一个庭院式文化馆，馆内设美术摄影部、文艺辅导部、图书借阅部、图书室。2005年，区政府对文化馆、图书馆建设进行重新规划设计。2008年7月，区政府投资3000万元，在文化馆原址建设的建筑面积为1.1万平方米天桥文体中心投入使用，实行无节假日免费开放。该中心集文化馆、图书馆于一体，其中文化馆建筑面积为2500平方米。2011年，区文化馆被文化部评为国家一级馆。2012年，区文化馆设置舞蹈排练厅、戏曲排练厅、展厅、艺术创作室、培训室、录音棚、报告厅等活动场所，具备音乐录音、制作、综合培训、展览、影视放映等功能。

第二节　图书馆

天桥区图书馆位于济泺路219号，为天桥区文化馆图书室。1990年12月，天桥区图书馆

图书馆木质书架（2009年9月摄）

成立并对外办公，原隶属关系未变。主要业务是文献借阅、报刊阅览、图书宣传、业务辅导等。1998年，区图书馆被评为国家三级馆。2005年7月，图书馆搬至临时办公场所—天桥东街13号，期间停止对外借阅。2008年7月，图书馆回迁至在原址建设的天桥文体中心。内设开架书库、密闭书库、成人阅览室、少儿阅览室、电子阅览室、自修室、报告厅、展厅以及文化资源共享工程支中心等场所。各功能场所及文献借阅、电子信息查询等服务项目全部免费，并针对读者及机关、企事业单位免费提供讲座、展览、辅导、咨询、电影放映等形式的延伸服务。2009年，一次性采购6万余册图书，全部实行开架借阅。2010年1月，图书馆被评为国家二级馆。2012年8月，区图书馆采购最新出版的、适合低幼、中小学各个年龄段并涵盖文学、科普等各大类的优秀少儿读物，建起区级少儿图书馆。

第三节 基层文化场馆

一、农家书屋

2007年，农家书屋工程启动。在全区广泛开展送书下乡活动，建成农家书屋39个。2009年，一次性为剩余的81个村集中配发价值200万元图书8.33万册、音像制品8100盘，并为每个村预订全年期刊2种、报纸1种，帮助81个村完成书屋建设。在全市率先完成农家书屋建设任务，实现黄河以北地区农家书屋全覆盖。

二、街道（镇）文化站、社区文化中心、农村文化大院

2009年，大桥镇建成建筑面积900平方米综合文化站；桑梓店镇新建建筑面积500平方米综合文化站。2011年，建成北坦、纬北路、北园3个街道综合文化站、17个规范化社区文化中心和20个文化大院。2012年，建成堤口路、工人新村南村、药山、泺口4个街道综合文化站、26个规范化社区文化中心和12个文化大院。至2012年年底，全区建成街道（镇）综合文化站9个、规范化社区文化中心43个、规范化农村文化大院32个。

北坦街道文化站外观（2008年6月摄）

第四节 电影院

一、济南光明电影院

位于济南市天桥区天成路5号，建于20世纪50年代初期。坐西面东，两层，面阔五间。一层中间三间有八棱形小廊柱支撑，形成三个拱形门洞。檐口部位饰有一周挑檐，挑檐上覆绿琉璃。造型古朴典雅、端庄大方。20世纪80年代末期，是光明电影院最辉煌时期。1988年，光明电影院安装航空坐椅，铺上大红地毯，更新音响设备，成为省内第一家模拟立体声电影院。2012年，棚户区改造，光明电影院不复存在。

二、缤纷五洲大地数字影院

位于济泺路96—1号缤纷五洲商业广场3层。2011年1月21日开始营业，影院有电影放映厅5个，其中3D厅3个、普通厅2个，座位689个。

大地数字影院（2012年9月摄）

第四章　文物　古迹

天桥区历史悠久，文化遗产丰富。文物古迹主要有古墓葬10座、古建筑20个、碑刻18个、古遗址1处、革命纪念地8个、近现代重要建筑18座。其中省级文物保护单位6个、济南市级文物保护单位7个、区级文物保护单位20个。中共山东省委秘书处旧址、毛泽东主席视察北园公社纪念地、胶济车站旧址、济南泺口黄河铁路大桥等被《中国文物地图集·山东分册》收录。

第一节　出土文物

1969—1973年，在刘家庄发现的晚商墓葬中，先后出土青铜器23件，其中有鼎、簋（鬼）、卣（友）、觚（孤）、爵（决）、戈、钺（月）、刀、弓、箭镞、铃等器具，是晚商铜器在济南市的首次发现。这批铜器制作精致，铜器饰有较复杂的兽面纹、回纹、蝉纹和乳丁纹，其中3件上有铭文，而且相同，都是一个"？"字，北京大学教授裘锡圭释为"役"字，是该器主的族徽。另外，还陆续出土一批商代完整的陶鬲、陶罐等陶器。

一、战国时期铁、陶器

1971年，在天桥东街36号发现一座战国墓，出土铁镢4件、铁足、铜鼎等文物。同时还出土2件陶量器（称为"区"）。陶器上均有一个"堞"（市）字，是当时新兴地主田氏所用的大型量器，是与历史吻合的实物见证，由济南市博物馆收藏。

二、西汉乐舞杂技陶

1969年4月，无影山一座西汉墓中出土1组"彩绘舞杂技陶俑"，为21俑，其中有舞蹈、杂技演伎者7俑，乐工7俑，观赏者7俑（参看彩页）。固塑在一个长方形陶盘上，展示古代观赏乐舞杂技表演及宴饮的完整场面。陶俑在中国尚属首次发现，有很高的历史价值和艺术价值，显示出中国早期杂技高度艺术成就和古代劳动人民智慧和才能。1971年10月，西汉彩绘乐舞杂技陶俑在北京故宫展出，后又到日本、菲律宾、中国香港及西欧等16个国家和地区巡回展出。由济南市博物馆收藏。

三、东汉画像石

1974年3月，黄台山一座东汉画像石墓中发现，石室周壁镌刻着饮宴、狩猎、庖厨、七盘舞等场面，反映当时社会生活和风俗习惯。"七盘舞"（又称"盘鼓舞"）图像尤为突出，画石上面，有一穿长袖细腰舞衣的女子，长袖飞扬，婀娜起舞，地面上放着7盘、1鼓。这一文物，可与史籍中"历七盘而纵蹑"相互印证。

四、汉代"半两"（钱币）

1969年9月，无影山一座汉墓中，出土两枚四铢"半两"（即汉代的钱币）。史载，文帝五年（公元前175年）改用四铢钱，文曰"半两"。由济南市博物馆收藏。

五、元代钧窑荷叶盖罐

1976年，在北坦出土1件钧窑荷叶盖罐，为元代钧窑瓷器，呈淡天青色，口上覆有1个精致的卷边荷叶形盖，显得轮廓柔和秀美，是济南市历年出土的元代钧窑瓷器中最出色的1件。由济南市博物馆收藏。

六、元代铜权

"权"即秤砣。1990年7月，在东杆面巷建楼时挖出铜权1枚。铜权厚6厘米，重207克，由纽、身、座三部分一次铸成。纽为倒梯形；权身呈椭圆形，上大下小，与座连接处束腰；座为圆椎台形，有3圈凸弦纹。权身上铸有阴文"七"字。"七"为权之重量，即古时7两秤砣。铜权为元代遗物，在济南是首次发现，为研究中国衡器发展提供实物资料。

七、太平天国铜炮

1987年11月17日，在泺口黄河修防段以东13号水屋南500米处，挖水沟时，于地表下

2 米深处发现 1 尊太平天国初期的大铜炮。炮身有“太平天国乙荣五年(注)置造，重肆佰伍拾觔，粉贰拾陆两”的铭文。该炮的出土，为研究太平天国时期太平军在山东境内活动轨迹提供实物见证。

注：1852 年太平天国颁布《太平天历》，采用阳历，定每年 366 天，用甲子纪年，并将“丑”改为“好”“亥”改为“开”“卯”改为“荣”。乙荣年，即干支纪法的乙卯年（1855 年）。

八、西汉载壶彩绘陶鸠

1969 年，出土于无影山西汉墓葬。陶鸠长 44 厘米、通高 52.5 厘米，形体肥硕，昂首挺立，双目圆睁，短啄，颈与胸部绘赭色鳞状羽纹。双腿粗壮有力，足三爪有距，立于方形平座之上。较为奇特的是，陶鸠两翼伸展，各载一壶，器形一致。壶高颈，圆腹，高圈足，壶盖上装饰有三个鸟头形扁钮，壶身饰朱色带纹及锯齿纹，腹部饰朱彩花纹。国宝级文物，由济南市博物馆收藏。

九、战国灰陶壶

1955 年，在位于无影山顶部省气象局处古墓葬出土 1 件灰陶壶，为战国陶器，泥质灰陶，平沿，侈口，颈内弧，扁圆腹下急内收，喇叭形圈足。由山东省博物馆收藏。

十、战国红陶壶

1955 年，在位于无影山顶部省气象局处古墓葬出土 1 件红陶壶，为战国陶器，泥质红陶，平沿，侈口，颈内弧，扁圆腹下急内收，喇叭形圈足，口沿上有弦纹两周。由山东省博物馆收藏。

十一、战国灰陶绳纹罐

1955 年，在位于无影山顶部省气象局处古墓葬出土 3 件灰陶绳纹罐，为战国陶器，泥质灰陶，平口，短直颈，深鼓腹，平底。器身腹上部有数周弦纹，腹下部至底部遍饰绳纹。由山东省博物馆收藏。

十二、战国灰陶熏炉

1955 年，在位于无影山顶部省气象局处古墓葬出土 1 件灰陶熏炉，为战国陶器，盖豆形熏炉，器身、器盖遍饰规则几何纹饰。器盖周沿有凹弦纹 2 周，盖上均匀地分布有小孔。由山东省博物馆收藏。

十三、唐朝朱绘陶蒜头壶

1955 年，在位于无影山顶部空军济南医院处出土 1 件朱绘陶蒜头壶，为唐朝陶器，泥质灰陶。蒜头口，细长颈，扁圆鼓腹，喇叭形圈足。由山东省博物馆收藏。

十四、战国铜器

1955 年，在位于无影山顶部省气象局处东周墓出土铜器 1 宗，其中战国铜剑 1 件、战国铜戈 2 件、战国铜鐏 2 件、战国素面铜镜 1 件。

天桥区出土文物统计表

表 25-3

名称	类别	年代	数量	出土时间	出土地点	备注
彩绘乐舞杂技俑	陶	西汉	1 盘	1969 年 4 月	无影山	古墓中出土
四铢“半两”币	铜	古墓中出土	2 枚	1969 年 9 月	无影山	古墓中出土
鼎	青铜	商代			刘家庄	古墓中出土
簋	青铜	商代			刘家庄	古墓中出土
卣	青铜	商代			刘家庄	古墓中出土
觚	青铜	商代		1969—1973 年	刘家庄	古墓中出土
爵	青铜	商代			刘家庄	古墓中出土
戈	青铜	商代			刘家庄	古墓中出土
钺	青铜	商代			刘家庄	古墓中出土

续表 25-3

名称	类别	年代	数量	出土时间	出土地点	备注
刀	青铜	商代		1969—1973 年	刘家庄	古墓中出土
弓杈	青铜	商代			刘家庄	古墓中出土
箭镞	青铜	商代			刘家庄	古墓中出土
铃	青铜	商代			刘家庄	古墓中出土
鬲	陶	商代			刘家庄	古墓中出土
罐	陶	商代			刘家庄	古墓中出土
量器“区”	陶	战国	1 件	1971 年	天桥东街 36 号	古墓中出土
鼎		战国	1 件		天桥东街 36 号	古墓中出土
镢		战国	4 件		天桥东街 36 号	古墓中出土
足		战国	1 件		天桥东街 36 号	古墓中出土
画像石	石刻	东汉	1 组	1974 年 3 月	黄台山	画像石墓中发现
“五铢”钱	铜	西汉	1 枚	1988 年	黄台山	
车马俑	陶	西汉	1 件	1969 年 4 月	无影山	古墓中出土
鸠俑	陶	西汉	1 件	1969 年 4 月	无影山	古墓中出土
马俑	陶	西汉	1 件	1972 年	无影山	古墓中出土
人俑	陶	西汉	1 件	1972 年	无影山	古墓中出土
素面镜	铜	西汉	1 面	1972 年	无影山	古墓中出土
墓志	石刻	唐	1 件	1972 年	无影山	古墓中出土
币	铜	宋、元	50 千克	1988 年	黄台山	
钧窑荷叶盖罐	瓷	元	1 件	1976 年	北坦	
权	铜	元	1 枚	1990 年 7 月	东杆面巷	建房清基时挖出
墓志	石刻	明	2 块	1957 年	紫荆山南	历城王墓中出土
宝剑	铁	明	1 把	1957 年	紫荆山南	历城王墓随葬品
镜	铜	明	1 面	1957 年	紫荆山南	历城王墓随葬品
白坛	瓷	明	1 件	1957 年	紫荆山南	历城王墓随葬品
玉带	金帛	明	1 件	1957 年	紫荆山南	历城王墓随葬品
炮	铜	清	1 门	1987 年 11 月	泺口黄河南	挖渠时发现
剑	铜	战国	1 把	1955 年 5 月	无影山东部	古墓棺室出土
削	铜	战国	1 件	1955 年 5 月	无影山东部	古墓棺室出土
素背镜	铜	战国	1 面	1955 年 5 月	无影山东部	古墓棺室出土
带钩	铜	战国	1 件	1955 年 5 月	无影山东部	古墓棺室出土

续表 25-3

名称	类别	年代	数量	出土时间	出土地点	备注
壶	陶	战国	1 把	1955 年 5 月	无影山东部	古墓棺室出土
罐	陶	战国	1 件	1955 年 5 月	无影山东部	古墓棺室出土
豆	陶	战国	1 件	1955 年 5 月	无影山东部	古墓棺室出土

第二节 古墓葬

一、扁鹊墓

位于泺口街道鹊山北社区内。现存封土高约 2 米，直径约 5 米。墓前存青灰石墓碑 1 通、钟鼓石 1 块。墓碑高 158 厘米，宽 50 厘米。碑文为楷书。上横列“万古不朽”，字径 7 厘米，双钩。中竖列“春秋卢医扁鹊墓”，字径 15 厘米，双钩。左侧“大清康熙二年秋，建□□□懋前、朗（二字并列）住持僧智贵、□万（智贵与□万，并列）同立。张□□□，石工周腾蛟。”右侧“乾隆□八□□二月，□山□友□重整，住持僧祥宗。”左、右两侧字径约 4 厘米。1995 年 12 月 20 日，被济南市人民政府公布为第二批市级文物保护单位。扁鹊（公元前 407—前 310 年），姓秦，名越人，又名卢医。齐卢城（今济南市长清区归德镇北）人。战国时期名医。有丰富的临床经验，擅治妇、内、五官、小儿诸科疾病，被推崇为脉学之倡导者。著有《扁鹊内经》《外经》等，已佚，今存《难经》一书。

扁鹊墓（2008 年 4 月摄）

二、张养浩墓

俗称“张公坟”，位于北园街道柳云社区（原张公坟村）。墓地东临西泺河，西临清河路，南有河塘，北辟为水屯北路。墓为土筑，墓区占地面积 0.2 公顷，封土高 1.9 米。墓地有亲属墓葬 4 座、明清所立墓碑 4 通、石雕石狮 2 尊、“四奇石”之一的“麟石”1 块、石龟 1 尊。墓地植有松柏、杨柳等树木。1979 年，被列为市级重点文物保护单位。1992 年 6 月 12 日，被山东省人民政府公布为第二批省级文物保护单位，《中国文物地图集·山东分册》收录该墓葬。2006 年，济南市园林部门对该墓园进行改造提升，将其建成以历史文化名人为主题的小型湿地景观公园。张养浩（1270—1329 年），字希孟。原籍章丘，后徙历城。元代散曲家。历任监察御史、翰林院直学士、礼部尚书、陕西行台中丞，卒谥“文忠”。著有《牧马忠告》《归田类稿》等。

张养浩墓（2008 年 4 月摄）

三、刘家庄商代晚期墓地

刘家庄一带，是晚商墓葬密集区，面积约 6000 平方米。该墓葬区是 1969—1973 年间在构筑防空干道工程中陆续发现的。墓中出土一批商周时期较完整的陶器和青铜器。经考证，这一带的墓地，为以“宅”（役）为族徽的商代氏族墓地。

四、战国墓

辖区发现战国时期墓葬2处。无影山战国墓，位于无影山东部，1955年5月，在山上兴建房舍时发现。墓穴为石坑棺室，出土有剑、削、带钩、素背境等青铜器及陶壶、陶罐、陶豆等文物。天桥东街战国墓，位于天桥东街36号，1971年，在建楼挖基时发现。该墓是齐国新兴地主墓葬。出土有铁足铜鼎、铁镢、陶量器等文物。

五、无影山古墓群

位于无影山顶部。1969年4月—1972年间陆续发现。1969年4月，发现1座西汉墓葬，出土1盘珍贵的西汉“彩绘乐舞杂技陶俑”及“车马俑”“鸠俑”等，均为西汉前期文物。9月，从一座汉墓中出土2枚四铢“半两”。1971年9月，在山顶部南侧发现1座宋朝“王天之墓”，出土一批刻有“鱼纹”图案文物。1972年，发现1座唐朝墓葬，墓中有“唐天宝七年墓志”。在山东侧发现西汉时期墓葬，出土有陶马俑、陶人俑及铜镜等西汉时期文物。

六、黄台山汉墓

1974年3月，在黄台山南麓发现1座东汉时期画像石墓。墓分前院后室，石室周壁镌刻有宴、狩猎、庖厨、七盘舞等场面。

七、卫青墓

位于北马鞍山西麓。土墓高4米，周长35米，占地面积0.03公顷。墓前有墓碑4通及石狮、石羊、石人、石柱各2，石马1匹。墓旁有卫青其子卫颐墓。

八、李攀龙墓

位于北马鞍山东麓。土墓高1.5米。墓前有3通石碑及石狮、石马、石人、石柱各2。该墓于1975年平整土地时被毁。现墓址旁仅存石人1个。

九、德山王墓

位于紫荆山南侧、津浦铁路以西。1957年，平整土地时发现。该墓分墓门、墓室、墓道三部分。墓内有墓志2块及宝剑、铜镜、白瓷坛、玉带等。据墓志载，墓主为明朝历城荣和王之子德山王，嘉清七年（1528年）殁。

有其他古墓8座，皆为元代《历乘》所记载，但墓址今均未发现。

清平王墓，位于紫荆山下。

利津王墓，位于紫荆山下。

永平王墓，位于紫荆山下。

济宁王墓，位于标山下。

棠邑王墓，位于标山下。

王子坟，位于金牛山附近。

伪齐王刘豫墓，位于鹊山下。

历城王墓，位于黄台山下。

十、姚文瑞墓

20世纪70年代，在无影山顶部建筑施工中发现砖室墓，出土《明故义士姚公墓志铭》石碑，青石质。志盖纵、横各60厘米。石碑藏于济南市博物馆，其墓志铭盖藏于济南市考古研究院。姚文瑞，济南人，以经营盐业致富。其子姚鸾，为鲁王府典膳。文瑞卒于明武宗正德二年（1507年），正德十二年（1517年）与夫人杨氏及前故夫人马氏合葬。

第三节　古建筑

一、五龙潭秦琼故里

位于五龙潭公园内。相传唐代秦琼居此。园西侧立有一石碑，上刻“唐左武卫大将军胡国公秦叔宝故宅”。《历城县志》载：“秦叔宝宅在西关沙苑”。1979年9月3日，被济南市革命委员会公布为第一批市级文物保护单位，《中国

五龙潭秦琼故里（2009年2月摄）

文物地图集·山东分册》收录该建筑。

二、共青团路关帝庙

位于五龙潭公园南门西侧。始建于元，后多次重修。关帝庙三开间，阔约5米，进深10米，前卷棚后硬山勾连搭式，殿内塑有关公像，墙壁上保留有清朝关公生平壁画及历代重修关帝庙碑刻。关帝庙前有济南七十二名泉之一西蜜脂泉，相传清同治八年（1869年）山东巡抚丁宝桢接斩杀慈禧太后贴身太监安德海密旨于此处。西蜜脂泉泉池为石砌筑，一泉两池，泉

关帝庙（2010年2月摄）

池上有石雕栏板望柱，东西长约6米，深3米余，宽3米。泉池东南侧10米处为蜜脂殿，殿室2间，庄重古朴，墙上镶嵌历代重修关帝庙的碑刻3块。

三、小寨村清真寺

位于桑梓店镇小寨村。始建年代没有明确文字记载，现存建筑为清代所建，完整保留其始建时布局结构。寺门坐西面东，门两侧为耳

小寨清真寺（2009年1月摄）

房。进门迎面为照壁，照壁两侧为南北厢房，绕过照壁为礼拜殿。照壁与礼拜殿之间植有古柏5株，树龄200年以上。随着黄河决口泥沙的淤积，该组建筑群地基渐被埋没，除照壁外，其它建筑均被整体拆装抬升。2007年3月19日，被济南市人民政府公布为第三批市级文物保护单位。

四、标山钟鼓楼

位于济南市标山。标山座落在济南动物园东南，济泺路东，海拔55.2米。山上之石，层叠如铺，路径平整易登。山巅平阔，明万历年间曾建关帝庙。清乾隆五十五年（1790年）建

标山钟鼓楼（2009年1月摄）

钟鼓二楼。楼为石质，四面单檐，柱刻楹联（现已风化漫涣不清）。现关帝庙已坍塌，仅存钟鼓二楼。2004年3月30日，被天桥区文化局登记保护。

五、堤口庄清真寺

位于堤口路街道堤口庄社区45号。始建于清同治年间，是济南现存古老清真寺之一。坐西面东，占地面积0.16公顷，门楼与大殿均为宫殿式建筑，门楣上悬挂竖式金字“清真寺”匾额。

大门内设有通向南北的券门2个，正中为4扇木制屏风。礼拜殿为抱厦卷棚式，殿额上悬有“清真古教”金字匾，款书“辛酉年夏柒月书于堤口”。

堤口清真寺（2008年5月摄）

清代曾为官府所重视，先后有3位官吏赠匾。清光绪年间高州镇总兵左宝贵所赠之匾，上书“普今独尊”，至今尚存。历史上该寺房屋设施多有毁坏，1981—1990年，整修4次。2004年3月30日，被天桥区文化局登记保护。

六、蜜脂殿

位于共青团路中段路北，五龙潭公园西侧。清同治八年（1869年）秋，慈禧太后派心腹太监安德海南下采办龙衣。安德海一路公然索贿，搞得地方鸡犬不宁。到山东境内后，山东巡抚丁宝桢以清宫祖训“太监不得私自离京”为由，在泰安将其抓获并关押在这间关帝庙。慈禧太后下密旨解救安德海，丁宝桢果断决定“前门接旨，后门杀人”，先将安德海从关帝庙后门拖出斩首，然后从关帝庙前的蜜脂殿出去接旨。或许正是

蜜脂殿（2010年4月摄）

由于出了这个典故，后来人们也将蜜脂殿称为密旨殿。

七、刘恩生故居

位于大桥镇西北7.5千米外刘光照村。坐北面南，砖木结构，为中国传统四合院民居布局。据民国二十二年（1933年）续修《刘氏家谱》记，朝廷命官刘光照为该家族第九世（前八世无记载），刘良甲为刘氏长支第12世。刘光照生卒、字号不详，刘良甲，字辉吉。例授宣武大夫（从四品）。清乾隆六十年（1795年）科武举，嘉庆元年（1796年）拣选千总，督运湖南。刘氏次支15世刘恩生（1840—1886年），字泽普。例

刘恩生故居（2008年11月摄）

授宣武大夫（五品），侯选守御所千总。该建筑为刘恩生建造，原有四进院落。20世纪70年代，山门等建筑被拆除。保存三进院落，占地面积较大，因年久失修墙体残破严重。

八、玉皇宫

辖区有2座玉皇宫。其一，位于标山顶部，建于明万历二十三年（1595年），为八角无梁大殿，殿顶刻有彩绘火炬花纹。殿前立有明、清两代石碑4通。另建有钟鼓楼2座。20世纪60年代，大殿等建筑物被毁，仅存钟鼓楼。其二，位于五龙潭西星垣街。建筑年代久远，具体时代无考。玉皇宫内祀有“玉皇大帝”等泥塑。据传，该宫殿堂、舍院建筑规模较大，宫前还建有戏台。所有建筑物已毁。

九、月阳寺

位于黄台山南坡上，建于元代延祐四年（1317年）。寺内立有明、清、民国时期重修月

阳寺的石碑20余块；东大殿有释加牟尼佛塑像，西大殿为老子、孔子塑像，西小院建有地母殿。寺前建有戏台。每年农历三月初八始为庙会，唱戏3天。1943年，庙会停止。1946年，国民党军队在月阳寺修筑炮楼，塑像全部毁掉。1963年，寺院建筑全部拆除。

十、安阁寺

位于刘家庄南部安阁寺街，建于明嘉靖四十二年（1563年），占地面积3公顷。该寺建有山门、前大殿、后殿及钟楼等，皆为古式石基砖瓦结构建筑。山门门楣上嵌刻有“安阁寺”石额匾1方，门内有“四大天王”塑像；前大殿内塑像“三世佛”3尊，两旁“罗汉”20尊，另有清乾隆四十七年（1782年）“即空妙相”匾1块；后殿为2层楼房，上下有泥塑“观音”等像若干尊；钟楼内有古钟1架。安阁寺自清康熙三十九年（1700年）至民国二十七年（1938年）曾多次整修。1948年，该寺前大殿、后殿因有倒塌之危险而被拆除。仅存山门殿3间，挪作他用。

十一、潭西精舍

位于五龙潭畔，是清乾隆五十六年（1791年）著名文字学者桂馥和朋友陈秉灼、沈默在潭西岸集资修建。建有带走廊西房3楹，门悬有桂馥手书的“潭西精舍”篆书匾额，墙上还嵌有石刻唐代颜真卿竹山联句诗。天镜泉（即江家池）泉水流经精舍之前，绕东廊，过北窗，注入五龙潭，游人远远就能听到潺潺水声。清人方世振有《潭西精舍》诗曰：“天然成结构，曲折使人迷。花径窗三面，茅亭水半溪。芳林入幽处，画壁尽留题。倚仗桥边立，听泉日向西。”20世纪30年代，潭西精舍由于年久失修，屋内潮湿破损，无人居住，被拆除。

十二、弥勒佛院

位于北坦中街东首路北，建于清嘉庆四年（1799年），院址系明代已圮稷坛遗址。院内正殿供奉“弥勒佛”，东、西配房供“菩萨”，山门内塑有“四大天王”像。当时由尼姑纱绪住持。纱绪去世后，无人继承，佛院遂坍塌。清光绪三十三年（1907年），有沈氏募化重修弥勒佛院，并立有建院史碑，现无存。

十三、药山庙

位于药山顶部，建于清乾隆年间（1736—1795年）。庙内建有大殿内祀药王和天、地、人三皇的塑像。山北张家庄西首建有戏台。1937年前，每年农历三月初三有庙会。济南解放后曾一度用作麻疯病人治疗所，该所搬迁后，庙无人管理，建筑物倒塌。

十四、万寿寺

位于鹊山西麓，建于清顺治年间（1644—1661年），道光、光绪年间2次重修。中华人民共和国成立后，寺内建筑物除“昆卢阁”外，其余均被毁。该寺昆卢阁挪作鹊山小学之用，1987年学校搬迁后，遂被拆除。

十五、芦氏宗祠

位于药山东麓芦家庄，建于清道光年间（1821—1850年）。祠堂建有大殿，内置芦氏家谱石刻。因年久失修，部分建筑物倒塌。今北大殿及配房尚保存完好，均挪作他用。

十六、周公祠

位于周公祠街，建于清宣统元年（1909年），占地面积1.33公顷。周公祠是清政府为纪念镇压捻军有功人氏周盛波、周盛传兄弟二人而立祠堂。该祠分前、中、后三大殿。东大厅后有花园，四周皆为藕池。今东大厅尚存，余者皆毁。

十七、药山清真寺

位于药山南侧安乐镇村，建于清光绪八年（1882年），寺院占地面积约0.02余公顷。寺内建有房屋8间，土木结构，分别为礼拜殿、沐浴室等，是一座较为简陋的清真寺。其建筑于1980年全部倒塌。1985年，重建药山清真寺。寺内建有礼拜殿、沐浴室和阿訇住室等房屋9间，皆为砖石结构建筑。

十八、东小杨家庄天主教堂

位于北园街道柳行社区，建于1905年，德国人主持建造。教堂内建有礼拜堂、钟楼、附属房舍等。礼拜堂砖石砌体，优质木材房架，小瓦覆顶。正门上方镶一条石，上书“天主教堂”，启首款题“天主降生后一千九百五年八月”，落款为“大清光绪三十一年七月下浣立”。堂内设有祭台和教徒做礼拜的跪凳。墙装饰壁画，映衬大堂，典雅肃穆。钟楼置礼拜堂前部中央，高高凸起，其下半部是音乐楼。楼正面顶部左右各置石柱，分别装饰石狮1尊，两石柱之间立十字架。教堂内另配房11间，其中北屋6间、东屋5间；大门楼1座；便门1个。院内青砖铺路，曲径通幽，十分闲静。20世纪60年代，东小杨家庄天主教堂遭破坏，堂内设施荡然无存，房舍亦挪作他用。1986年修复，并找回失踪20年的古钟。

十九、蓬莱院

位于北园街道霞侣市街2号，1924年建成，占地面积0.26公顷。蓬莱院为道观，其房舍为砖木结构，小瓦覆顶，耸脊翘角，是典型古式建筑。道院分南、北两院。南院，正殿为北屋3间，名“关帝殿”，内有“关圣帝君”“关平”“周仓”泥塑像3尊；东屋3间为东大殿，内有“慈航道人”（观音）“眼光娘娘”“瘢疹娘娘”泥塑像3尊；另有东配房2间、西配房5间，中间房内塑有“灵官”“土地”诸神像。北院，东大殿内正位为“吕祖”（吕洞宾），两侧各1童子塑像，四周皆壁画；北配房5间，山门朝南，两侧有5通石碑，书刻蓬莱院的兴建始末。院内有假山、鱼池及松柏树。整个庭院闲静幽雅。1948年解放济南战役中，道院内部分建筑物被炸毁，均得到及时维修。“破四旧”和“文革”开始后，蓬莱院被多次破坏，观内道众被遣散，一些道众参加济南刺绣社。1986年开放并重建，直到1996年才宣告竣工，道观又恢复了昔日的风采。

第四节 碑刻

一、重修张文忠公祠堂祝文碑刻

重修张文忠公祠堂祝文碑刻为明宣德十年（1435年）之物，存北园街道柳云社区张宗伦处。碑高90厘米、宽55厘米。碑阴，刻重刊明洪武四年（1371年）张文忠公祠堂四至图。重修张文忠公祠堂祝文碑刻，篆额“重修张文忠公祠堂祝文”，字径纵8厘米、横6厘米。碑文14行，行1～20字不等，字为中楷。碑石下部文字大多泐损。

二、张养浩祭文碑刻

张养浩墓前有祭文两通，为明弘治六年（1493年）尹旻祭文，明万历三年（1575年）殷士儋祭文。尹旻祭文碑刻现立张养浩墓前东首，碑高190厘米、宽78厘米。碑额篆书“祭文”，字径纵12厘米、横8厘米。碑文为行书12行，行1～30字不等，字径纵7厘米、横5厘米。碑石断为两截，下部文字大多泐损。殷士儋祭文碑刻现立张养浩墓前西首，碑高198厘米、宽78厘米。碑额楷书“祭文”，字径11厘米。碑文为行书16行，行1～34字不等，字径纵4厘米、横3厘米。下部文字大多泐损。

三、卫青墓志铭

“文化大革命”时期，马鞍山西麓卫青墓园出土《敕封镇守山东等处龙虎将军上护军左军都督府都督卫公墓志》1盒。20世纪90年代初，济南市博物馆收藏，今存闵子骞公园。韩明祥编著《济南历代墓志铭》，收录卫青墓志铭。

四、丁庄万历碑刻

药山街道丁庄社区丁庆武存明万历十四年（1586年）碑刻1通，为丁庄玉皇庙遗物。碑高45厘米、宽56厘米，四周刻厘米宽花纹；上刻楷书，数字残损。

五、标山关帝庙碑刻

位于济南动物园东南、济泺路东标山巅关帝庙遗址，存石质钟鼓二楼，东为钟楼，西为鼓楼，楼内南侧上方石条分别刻有：清乾隆四十七年（1782年）碑刻，乾隆五十五年（1790年）碑刻。鼓楼北有明万历二十七年（1594年）碑刻1通及残碑2段。

六、北辛寿星庙碑刻

药山街道北辛社区存碑刻1通。碑刻与小清河北岸存石筑钟楼皆为“寿星庙”遗物。碑刻为青石，石高47厘米、宽56厘米。

七、北辛雍正元年碑刻

药山街道北辛社区小清河北岸寿星庙钟鼓楼存北辛雍正元年碑刻1通，高36厘米、宽62厘米，青石质。刻小楷26行，满行12字，316字，字径 1.5 厘米。

八、堤口清真寺碑刻

堤口路街道堤口清真寺存清乾隆三十年（1765 年）崔志力捐地碑、光绪十三年（1887 年）崔荣捐地碑 2 通。碑嵌北讲堂前廊西首壁间。碑高 36 厘米、宽 72 厘米，碑文字为小楷，落款“大清乾隆岁次乙酉仲秋谷旦立”，字为中楷。

九、清河实验学校碑刻

清河实验学校现存碑刻 3 通，分别为清乾隆三十七年（1772 年）《刘家桥义学碑记》、道光二十九年（1849 年）《刘家桥义学□□遵断另立碑记》、民国四年（1915 年）《刘家桥整顿学校碑记》。碑文记述清河社区尊师重教的优良传统，展示“昉自乾隆年间”的清河实验学校的深厚底蕴。

十、五龙潭桂馥碑刻

五龙潭畔存桂馥撰文并隶书的《潭西精舍记》《唐左武卫大将军胡国公秦叔宝之故宅》碑刻 2 通。

十一、桑梓店村嘉庆碑刻

桑梓店镇桑梓店村存清嘉庆六年（1801 年）“重修桑梓店义学碑记”1 通，保存基本完好。碑为青石，高 166 厘米，宽 66 厘米，厚 30 厘米。碑记 14 行，457 字，字径 2.5 厘米，楷书。碑额“三物教乡”，字径 7 厘米，亦楷书。

十二、草庙王村清代碑刻

桑梓店镇草庙王村村西“九圣堂”遗址存碑刻 1 通，碑高 166 厘米、宽 68 厘米、厚 20 厘米。碑双面刻字，一面刻清嘉庆六年（1801 年）《重修九圣堂碑记》;一面刻道光十三年(1833 年)《九圣堂义学碑记》。

十三、堤口庄重修关帝庙碑刻

堤口庄关帝庙旧址位于堤口路街道堤口庄社区中段 90 号。旧址现存清代碑刻两通、碑座一个。碑两通，均高 115 厘米、宽 60 厘米。清康熙三十四年（1695 年）石碑，仅行书碑额“流芳万代”，楷书碑记“大清”“关”“康熙三十四年孟”数字可读。清咸丰六年（1856 年）刻碑保存完好，行书碑额“万古流芳”，字径 8 厘米。楷书碑记 15 行，满行 21 字，字径 2 厘米。

十四、北泺口重修清真寺记碑刻

重修清真寺记碑刻，存泺口黄河北岸清真寺。碑刻有重修清真寺记文、本寺地基卖契 2 份、修盖大殿捐款名录。重修清真寺记与本寺地基卖契 2 份刻于一石，修盖大殿捐款名录刻一石，嵌北讲堂大门左右两侧壁间。其为同治岁次乙丑（1865 年）五月初五日，重修清真寺竣工时所立。二石，均高 49 厘米、宽 92 厘米。刻石为小楷。

十五、老寨清真寺碑刻

桑梓店镇老寨清真寺存清光绪十一年（1885 年）米氏五枝三世祖碑记，民国六年（1917 年）米长福捐地碑记。米氏五枝三世祖碑记，碑高 78 厘米、宽 96 厘米。碑座高 30 厘米、宽 135 厘米，刻一供桌。碑阴刻有上马台之脉传五大枝之苗裔。米氏五枝三世祖碑记，中楷 722 字。米长福捐地碑记，亦系后迁入寺内。碑高 102 厘米、宽 46 厘米。碑额楷书“流芳百代”，字径 5 厘米。碑文为中楷，亦杂行书。碑四周饰菊、荷、万字等纹。

十六、修浚小清河记碑刻

2010 年，将原藏山东省小清河航运局的《修浚小清河记》碑刻，置于北园街道五柳闸公园。《修浚小清河记》高 300 厘米余，宽约 100 厘米。碑头高约 100 厘米，上刻祥云图案和篆书碑额 2 行：“修浚小清河记”。碑文 18 行，满行 50 字，字为大楷，数字泐损。

十七、泺口黄河大坝碑刻

泺口黄河渡口南岸大坝迤西 50 米，自北向南立有民国德政碑刻 5 通。自北向南所立第 2 通碑刻，是为时综司山东河务的劳逊五所立。碑高 220 厘米、宽 86 厘米、厚 36 厘米。碑面楷书“三省感恩”，字径纵 47 厘米、横 36 厘米。其余 4 通碑刻为时任山东三游河务总局局长林茂泉所立。自北向南所立第 1 通碑刻，高 208 厘米，宽 88 厘米，厚 31 厘米。碑面楷书“绩著平成”，字径纵 39 厘米、横 34 厘米。自北向南所立第 3 通碑刻，高 228 厘米，宽 87 厘米，厚 32 厘米。碑面楷书“己饥己溺”，字径纵 32 厘米、横 40 厘米。自北向南所立第 4 通碑刻，高 232 厘米，宽 87 厘米，厚 36 厘米。碑面楷书“廉明勤果”，字径纵 45 厘米、横 32 厘米。自北向南所立第 5 通碑刻，高 265 厘米，宽 95 厘米，厚 29 厘米，碑面四周刻有花纹图案，碑文 23 行，满行 91 字，字为楷书，字径 2 厘米。

十八、王统照墓

位于金牛山南麓济南动物园内。王统照（1898—1957 年），为中国五四新文化运动以来著名作家、文学研究会发起人之一。青年时期离开原籍诸城，长期在济南读书，创作有中国第二部现代白话文长篇小说《一叶》、长篇小说《山雨》和大量诗歌、散文、短篇小说等作品，并主编文学期刊。中华人民共和国成立后，他一直在济南工作，历任第一、二届全国人民代表大会代表、山东省文联主席、省文教厅副厅长、省文化局局长、民盟济南市委主委等职。1957 年 11 月 29 日病逝，葬于济南市北郊金牛山南麓公墓。松柏笼罩的墓前立一方形石碑，记有王统照先生生平。王统照墓侧另有烈士墓数座。2006 年 12 月 7 日，被山东省人民政府公布为第三批省级文物保护单位。

王统照墓（2009 年 1 月摄）

十九、丁梦孙墓志铭

金牛山公墓，王统照墓东邻，有曾任济南市副市长、山东省城市建设局局长丁梦孙之墓。丁梦孙墓碑为王献唐所书，墓碑高 90 厘米、宽 100 厘米，碑面刻隶书一行“丁梦孙同志之墓”，碑阴刻 18 行隶书墓志铭。

第五节　古遗址

2010—2011 年，刘家庄发掘出一处商代和宋元时期遗址。发掘灰坑 169 个、墓葬 122 座，出土商周、唐、宋、元时期器物 200 余件。商周时期灰坑，多为圆形、袋状坑，有的面积较大，直径 4 米，深 2 米余。灰坑大多制作规整，有加工痕迹，出土很多商代或周代陶片、骨角器和一些动物骨骼。此外，有的坑内出土少量完整的鬲、簋、纺轮等器物；有一定数量的灰坑底部，放置整头的牛或猪；少量灰坑内还出土有卜骨。这些灰坑的用途应为当时窖穴或祭祀坑。

墓葬时代主要为商周时期和唐宋时期。商周时期墓葬多为小型土坑竖穴墓，墓葬长多在 2.5 米、宽 1.5 米左右。墓葬方向东、南、西、北向均有，少数有葬具，少数有殉狗，半数以上有随葬品，随葬品数量多为 1 ~ 3 件，以生活陶器为主，主要有鬲、簋、盆、豆、罐等。部分墓葬随葬有青铜器，多为 1 件铜戈或镞。仅有 4 座墓葬随葬较多青铜器，其中 M121、M122 号墓葬规格高，长 3.1 ~ 3.4 米、宽 1.5 ~ 1.8 米、深 3.4 ~ 3.6 米，出土青铜器、玉石器 130 余件，尤其可贵的是部分铜器带有族徽和铭文，铜器有鼎、壶、觚、爵、斝、卣、觯盖、簋、铃、弓形器、刀、戈、矛、镞等；玉石器有玉片、玉簪、玉戈、柄形器、绿松石鸟、玉珠、玉璧、玉镞等；还出土少量陶簋、陶豆、陶觚、陶斝等陶器。

唐、宋、元时期墓葬有土洞墓和圆形砖室墓 2 种，墓向均为南北向。土洞墓多在地表 3 米以下，有的深 5 米，有封门砖或封门石。砖室墓深度在 3.5 米左右，平面呈圆形，均有长方形墓道，墓室直径多在 3 米以上，个别有砖雕的壁画，制作精美。唐宋时期墓葬出土的器物也非常丰富，有三彩钵、三彩炉、花瓣口碗、四系瓶、影青瓷尊、瓜楞白瓷罐、陶罐等。

考古发掘成果证实，商末周初，该地区人口稠密，祭祀活动频繁，食物丰富，包含大量肉类。动物种类现场可以断定有狗、牛、猪、鹿和贝类。初步推断当时该地区有不少于一支的商代贵族，不仅与距它 15 千米左右的大辛庄遗址有着密切关系，而且与商都安阳有着紧密联系。唐宋时期，该地区作为古城区附近的一处墓地使用，墓葬规模虽不算太大，随葬品却堪称精美。宋代晚期，此区域变成生活区域，有大量灰坑，出土一些瓷片和陶片。刘家庄遗址发掘文物今存于济南市考古馆。

第六节　革命纪念地

一、中共山东省委秘书处旧址

原位于制锦市街道东流水街 105 号。1922 年，中共山东省委（先后称中共济南小组、中共济南支部、中共济南地方执行委员会、中共山东地方执行委员会，均为中共山东省委前身）成立后，在此设立山东党的领导机关秘书处。至 1927 年，为中共山东省委开展革命活动中心，早期党的革命活动家王尽美、邓恩铭及曾任中共山东省委书记的张昆弟均曾在此办公。旧址占地面积 0.005 公顷，三开间二层小楼，灰瓦硬山顶。楼下为两间店铺及门房，用以掩护秘书处工作，楼上为秘书处办公地点。1963 年，进行维修，复原当时室内陈列。1977 年 12 月 23 日，被山东省革命委员会公布为第一批省级文物保护单位，《中国文物地图集·山东分册》收录该旧址。1985 年，辟建五龙潭公园时，拆除旧址周围建筑、庭院等，在其南侧新建中共山东党史陈列馆。旧址北约 20 米处有王尽美、邓恩铭石雕像，像旁刻董必武《忆王尽美同志》诗一首。今由中共山东党史陈列馆负责保护管理。

中共山东省委秘书处旧址（2009 年 7 月摄）

二、毛泽东主席视察北园公社纪念地

位于济南市明湖小学院内。1958 年 8 月 9 日，毛泽东主席视察北园农田，提出“还是办人民公社好”。20 日，山东省首个人民公社在此成立。1968 年，水稻田被辟为广场，建有长 20 米、高 7 米的“人民公社好”语录坊，广场中央矗立有毛泽东主席塑像，东侧保留有当年毛泽东主席视察时与农民交谈的草棚、幸福槐。今该处被扩建为北园中学校内操场，塑像、语录坊、幸福槐保存完好，草棚拆除立有纪念碑。1977 年 12 月 23 日，被山东省革命委员会公布为第一批省级文物保护单位，《中国文物地图集·山东分册》收录该纪念地。

毛泽东主席视察北园公社纪念地（2008 年 4 月摄）

三、周恩来总理视察泺口黄河铁桥纪念地

位于泺口街道泺口社区黄河铁路大桥上。1958 年秋，黄河发生历史上前所未有的大洪峰，

周恩来总理视察泺口黄河铁路大桥纪念地（2009 年 1 月摄）

济南黄河铁路大桥受到严重威胁。周恩来总理于8月6日晚亲临泺口黄河大桥视察，历时1个多小时，就如何使该铁桥经受住黄河更大洪峰问题作出重要指示。1977年12月23日，山东省革命委员会将该处命名为“周总理视察泺口黄河铁桥纪念地”，列入第一批省级文物保护单位。

四、王士栋烈士纪念地

位于泺口黄河铁路大桥北端。王士栋（1948—1967），山东泰安人，1966年参军，负责守卫济南泺口黄河铁路大桥。1967年5月31日晚，狂风暴雨突袭济南，堆积在铁路两旁的原木被狂风卷动，遍布路轨，阻碍火车通行。王士栋为排除铁路大桥上的障碍，确保黄河铁路大桥

王士栋烈士纪念地（2009年2月摄）

及列车安全，壮烈牺牲。济南市政府在铁路大桥北端建立王士栋烈士纪念地，树立烈士英勇抢险的石雕塑像和雕有“完全彻底为人民服务”九个大字的烈士纪念坊。1979年9月3日，被济南市革命委员会公布为第一批市级文物保护单位。

五、新华院旧址

位于堤口路67号（原为93号）。济南新华院旧址是日本陆军总部参谋部直接管辖的残害、关押中国战俘的集中营。原占地面积25公顷，由东、西2个大院组成，今仅存有1组建筑物。为单层平房，砖木结构，清水砖墙，红瓦双坡屋顶，前檐设有外柱廊，红色木柱，叉形支撑。1941年太平洋战争爆发后，日本侵略者为以战养战，将中国战俘和无辜百姓输送到日本本土和东北三省充当劳力，解决其人力物力贫乏困难，先在济南外城南圩子门外体育场附近设立救国训练所，专门关押中国战俘和在“三光”政策中被抓的老百姓。1943年3月迁到现址，并更

新华院旧址（2009年1月摄）

名为新华院。该址是记录日本侵略者在济南犯下滔天罪行的唯一遗留建筑物。2007年3月19日，被济南市人民政府公布为第三批市级文物保护单位。

六、中共济南乡师支部诞生地

山东省立第一乡村师范学校（习称“济南乡师”）创建于1929年8月，位于北园街道白鹤社区（今明湖中学院内）。1929年11月，中共济南乡师支部成立，由临时省委直接领导。该支部建立后至“七七事变”前，在乡师学生及北园农村、工厂中发展大批党员、团员，培养大批党的领导骨干，在敌后领导人民群众开展革命斗争。在恢复、发展省、市党组织和与上级党组织联系中做出特殊贡献。为纪念中共济南乡师支部为党和人民解放事业所做出的重大

中共济南乡师支部诞生地（2009年1月摄）

功绩，在中共济南乡师支部诞生地建立“中共济南乡师党史陈列室（1991 年 6 月 26 日建成开展）。陈列室分“摧不垮的战斗堡垒”“白色恐怖下的一颗红星”和“白区里的一所红色党校”三部分。展室详细介绍中共济南乡师支部建立后，在白色恐怖下，率领党员和广大群众与国民党反动派进行顽强斗争、为党培养革命优秀干部的史实。还陈列中共济南乡师支部历届主要负责人照片、文字说明及亲笔题词。中共济南乡师支部诞生地，成为革命传统教育基地。

七、中共山东党史陈列馆

中国共产党山东党史陈列馆与中共山东省委秘书处旧址紧连，东邻环城公园，北靠五龙潭公园，是山东省爱国主义教育基地和省市两级党员教育基地。此馆于 1990 年 12 月兴建，主体建筑 3 层，高约 16 米，占地面积 0.12 公顷。外部以红色花岗石铺面，入口上端为玻璃幕墙，屋面是传统双坡顶，局部挂蓝色瓦。内部朴素大方，门厅面积较小，东侧建有回转式上下楼梯。馆内展览主要内容是新民主主义革命阶段党的发展史，分为党的创立和大革命时期、土地革命战争时期、抗日战争时期和全国解放战争时期四部分。展览中撰有概述、结束语，每个时期均有简介，展品以照片、文献资料及实物为主，辅以图表、绘画和简要文字说明。

八、五柳岛党史纪念地

位于小清河五柳岛中部。1934 年 5 月，中共济南市委、山东省委相继遭到破坏，幸存的中共济南乡师支部党员赵健民等人，同新城兵工厂党支部负责人在此举行会议，重建中共济南市委。为纪念这一革命史实，2009 年，在五柳岛设立中共济南市委重建旧址纪念碑，并用老照片影雕形式展示当年场景。2011 年 6 月 16 日，被中共济南市委、市政府命名为济南市爱国主义教育基地。

第七节 近现代重要建筑

一、胶济车站旧址

位于车站街 30 号，为胶济铁路起点站，系按照清光绪二十四年（1898 年）德国与清政府签订的不平等条约《胶澳租界条约》相关规定，于 1915 年建成。1939 年，胶济铁路济南站与津浦铁路济南站合并后，该建筑改为铁路局办公用房。建筑平面呈“一”字形，坐北面南，东西向布局。中部高大突出为候车厅，前面檐板作

胶济车站旧址（2009 年 2 月摄）

半圆形隆起，置一圆钟。转角处双层高大粗壮的圆柱，顶部饰以爱奥尼克柱头。西翼两层较长，东翼单层较短。整个建筑以灰黄色饰面，灰白色整齐蘑菇石为墙基，灰红色瓦屋面，是较成功体现德国文艺复兴初期建筑艺术和结构形式的建筑物。1995 年 12 月 20 日，被济南市人民政府公布为第二批市级文物保护单位；2006 年 12 月 7 日，被山东省人民政府公布为第三批省级文物保护单位。《中国文物地图集·山东分册》收录该旧址。今由济南铁路局管理使用。

二、陈家楼天主教堂

位于前陈家楼 63 号（原北坦南路 3 号），建于 1909 年。占地面积 0.07 公顷，建筑面积 466.7 平方米，其中教堂面积 334 平方米。教堂为一塔一堂形制，坐西面东，东立面为教堂主立面，平面为拉丁十字形，内罩穹隆顶。该教堂为灰砖砌筑，顶为中国传统的小灰瓦屋面，墙面装饰花纹多采用砖刻形式，钟楼置于教堂前部，高耸凸起，内悬大钟，顶端立有十字架。教堂大门上方嵌有二条石，刻有两种文字，中文为“天主降生后一千九百零九年，方济各第一会申大牧主教爱法荫管理山东北界教务，悯此地无堂，

特命庞公督理建修若瑟圣堂，为光荣至圣若瑟，是为志。大清宣统元年巧月立”。20世纪60年代，

陈家楼天主教堂（2008年3月摄）

陈家楼天主教堂被挪作他用；1986年，整修后开放；2003年，对教堂进行大修。2007年3月19日，被济南市人民政府公布为第三批市级文物保护单位。

三、山东机器局旧址

位于山东化工厂内。始建于1875年，今保存有公务堂、火药库、洋式大枪厂3幢建筑。公务堂建于1875年冬，位于化工厂大门左侧，坐北面南，八开间，单层、石基、砖墙、瓦顶。火药库建于1876年，位于化工厂厂区东部。平

山东机器局旧址

面为矩形，面积约500平方米；形同一小土丘，土丘上杂草丛生，古树盘根错节，隐蔽性很强。洋式大枪厂系山东巡抚李秉衡于1897年11月所建，位于山东化工厂厂区东部，平面为矩形，面积约800平方米，单层，条石墙基，青砖砖墙到顶。山东机器局为山东、济南培养大批近现代科学技术人才和能使用现代机器生产的工人，是山东机器制造业和化学工业先驱。2004年3月30日，被天桥区文化局登记保护。

四、济南电报收发局旧址

位于经一路91号。建筑沿街为“L”形，石墙基，仿石墙体，红瓦坡屋顶，典型的巴洛克风格建筑。其东立面、南立面不分主次，均用“圆”作为立面处理的主要建筑语言，以相同单元重复出现，形成一种韵律感。1904—1929年，为济南电报局。1929年后，作为车站邮局，部分改作招待所使用。2004年，经一路拓宽改造，该建筑局部被拆除。

五、成丰面粉厂旧址

位于成丰街25号。由办公楼、制粉楼、东库房、西库房、电工室、锅炉房、泵房等组成。成丰面粉厂作为近代济南面粉制造业领头羊，大部近代工业建筑保存至今，是研究济南工业发展历史重要实例。

六、车站街3号府邸

位于车站街3号。建筑平面为短肢的“T”字形，外型以高而陡的缓曲线屋面为主要特征。

车站街3号府邸（2009年8月摄）

中华人民共和国成立后，该建筑一直被济南铁路局作为住宅使用。20世纪80年代末期，曾是济南铁路局广告信息服务部办公用房，今由济南铁路广告装饰公司使用。2004年3月30日，被天桥区文化局登记保护。

七、车站街5号府邸

位于车站街5号。建筑平面为短肢的“T”字形，是1幢典型的日耳曼风格别墅建筑。中华人民共和国成立后，该建筑一直被济南铁路

车站街 5 号府邸（2009 年 8 月摄）

局作为住宅使用。今为济南铁路永康贸易公司办公用房。2004 年 3 月 30 日，被天桥区文化局登记保护。

八、北关车站旧址

位于角楼庄 30 号。始建于 1904 年，1930 年重修。坐北面南，平面为“一”字形，中间

北关车站旧址（2009 年 1 月摄）

候车厅部分略向北凸出，为近代日式建筑风格。2004 年 3 月 30 日，被天桥区文化局登记保护。

九、山东铁道公司旧址

位于经一路 87 号。今存有 3 幢建筑。其中 1 幢建筑建于 1909 年，呈“L”形布局；另外 2 幢建筑位于“L”形建筑东侧，建于 20 世纪初。该建筑从造型到细部处理均为济南商埠区日耳曼风格建筑中的精品。上述 3 幢建筑均为原山东铁道公司办公用房。其中，“L”形建筑于 1915 年 3 月始成为日本侵略者宪兵司令部，其他 2 幢建筑后期用途不详，今为山东中铁旅游广告

山东铁道公司旧址（2009 年 1 月摄）

集团有限公司办公场所。2004 年 3 月 30 日，被天桥区文化局登记保护。

十、山东铁道公司房屋旧址

位于车站街 11 号。建于 20 世纪初，为原山东铁道公司（德国）办公或商业用房，具体用途不详。该建筑是一处较成功体现德国古典

山东铁道公司房屋旧址（2010 年 3 月摄）

复兴晚期建筑艺术和结构形式相结合的建筑物，是济南近代城市建设一个精品，具有很高的历史、艺术和科学研究价值。

十一、锦缠街 47 号张东木故居

位于锦缠街 47 号。是 1 座带有北方典型特

锦缠街 47 号张东木故居（2010 年 2 月摄）

点的四合院。2004 年 3 月 30 日，被天桥区文化局登记保护。

十二、锦缠街 24 号张东木故居

位于锦缠街 24 号，是 1 座带有北方典型特点的四合院。占地面积 0.06 公顷，建筑面积 404.24 平方米。布局规整，北屋 5 间，青瓦抱厦，木格窗棂，雕梁画檐，为民族古建筑之经典。这座四合院原是当年民族工业“东元盛”染坊（济南第二印染厂前身）创办人、民族实业资本家张

锦缠街 24 号张东木故居（2008 年 8 月摄）

启垣和其子张东木故宅。锦缠街 47 号为其在同一时期建造的规模、风格、功能等相同的四合院建筑。2004 年 3 月 30 日，天桥区文化局对外宣布，张氏故宅属于尚未核定公布为文物保护单位的不可移动文物；同日，被天桥区文化局登记保护。2006 年，北京光大世纪拍卖公司在北京和山东发布消息，张东木故宅将整体拍卖出让。值得一提的是，东元盛染厂少东家张东木，即是热播电视剧《大染坊》中陈寿亭的人物原型。

十三、东元盛染坊旧址

位于锦缠街 15 号。原为东元盛染坊加工染布、销售的场所，由东元盛创始人张启桓所建。

东元盛染坊旧址（2009 年 10 月摄）

十四、通和塔

位于万盛街 2 号济南铁路分局机务段院内。始建于 1910 年，水塔由德国工程师司马门设计、工程师哈尔曼组织施工建造，距今 100 余年。为原津浦铁路机务段水塔。今该水塔废弃

通和塔（2011 年 2 月摄）

不用，保存完好。管理单位对其进行修缮并整治、绿化周围环境，将其作为安全警示教育展室。水塔高约40米，塔基由石头垒砌，高10余米。2001年11月，济南火车站机务段立碑纪念。

十五、济南泺口黄河铁路大桥

位于泺口街道泺口社区北黄河上。1909年初开工，1919年11月竣工。为当时英德合修的津浦铁路第一大工程及亚洲最大悬臂梁式铁路大桥。工程耗费库银454万两，用钢材8652吨。中华人民共和国成立后，大桥由济南铁路局济南工务段负责检查、保养和维修。《中国文物地图集·山东分册》收录该铁桥。

济南泺口黄河铁路大桥（2012年5月摄）

十六、原胶济铁路济南站邮局

位于胶济铁路济南站旧址由东向西路口处。为典型的巴洛克风格，外观保留旧时模样，但非原有建筑。2004年，经一路拓宽改造，因建筑南面部分占压道路红线，本着保护文物原则，采取沿用原构件并统一编号方法，对建筑南面占压道路红线部分按原有面貌进行北移缩略重建。

十七、原胶济铁路济南站站长室

位于车站邮局西侧。平面呈“一”字形，坐北面南，东西长15米，南北宽9.3米。建筑外观两层和一个高大阁楼层。梯形屋顶，红瓦屋面，屋顶开老虎窗。主入口设在建筑南立面，门上置双坡小亭。建筑外立面贴白色瓷砖，4个立面均开长方形窗户。

天桥区第三次全国文物普查不可移动文物一览表

表25-4

序号	级别	类别	名称	年代	地址	公布时间	备注	复查或新发现
1	省级	重要历史事件和重要机构旧址	毛主席视察北园公社纪念地	1958年	北园中学院内	1977年12月23日	省政府公布国家所有	复查
2	省级	重要历史事件和重要机构旧址	周总理视察泺口黄河铁桥纪念地	1958年	泺口街道泺口社区	1977年12月23日	省政府公布国家所有	复查
3	省级	重要历史事件和重要机构旧址	中共山东省委秘书处旧址	1922年	五龙潭公园内	1977年12月23日	省政府公布国家所有	复查
4	省级	名人或贵族墓	张养浩墓	元代	北园街道柳云社区	1992年6月12日	省政府公布集体所有	复查
5	省级	交通道路设施	胶济车站旧址	1915年	站前街30号	2006年12月7日	国家所有	复查
6	省级	名人墓	王统照墓	1959年	济南动物园内	2006年12月7日	国家所有	复查
7	市级	重要历史事件和重要机构旧址	王士栋烈士纪念地	1967年	泺口街道鹊山东社区	1979年9月3日	市政府公布国家所有	复查
8	市级	宅第民居	五龙潭秦琼故里	唐代	五龙潭公园内	1979年9月3日	市政府公布国家所有	复查
9	市级	名人或贵族墓	扁鹊墓	战国	泺口街道鹊山西社区	1995年12月20日	市政府公布国家所有	复查
10	市级	坛庙祠堂	共青团路关帝庙	清代	制锦市街道五龙潭公园西侧	2007年3月19日	市政府公布国家所有	复查
11	市级	坛庙祠堂	小寨村清真寺	清代	桑梓店镇小寨村	2007年3月19日	集体所有	复查

续表 25-4

序号	级别	类别	名称	年代	地址	公布时间	备注	复查或新发现
12	市级	重要历史事件和重要机构旧址	新华院旧址	1943 年	堤口路 67 号	2007 年 3 月 19 日	国家所有	复查
13	市级	宗教建筑	陈家楼天主教堂	1908 年	前陈家楼 63 号	2007 年 3 月 19 日	国家所有	复查
14	区级	交通道路设施	北关车站旧址	1930 年	角楼庄 30 号	2004 年	现存部分拆除	复查
15	区级	金融商贸建筑	济南电报局旧址	1904 年	经一路 91 号	2004 年	现存	复查
16	区级	名人故、旧居	锦缠街 47 号张东木故居	民国	锦缠街 47 号	2004 年	现存（四合院）	复查
17	区级	名人故、旧居	锦缠街 24 号张东木故居	民国	锦缠街 24 号	2004 年	现存	复查
18	区级	中华老字号	东元盛染坊旧址	民国	锦缠街 15 号	2004 年	（制锦市派出所使用）	复查
19	区级	工业建筑及附属物	山东机器局旧址	1875 年始建	山东化工厂院内	2004 年	现存	复查
20	区级	工业建筑及附属物	成丰面粉厂旧址	建于 1922 年	成丰街 25 号	2004 年	现存（部分）	复查
21	区级	亭台楼阙	标山钟鼓楼	乾隆五十五年（1790 年）	标山山顶	2004 年	现存	复查
22	区级	坛庙祠堂	堤口清真寺	清	堤口路街道堤口庄社区西段 50 号	2004 年	现存	复查
23	区级	池塘井泉	密旨殿	清末	五龙潭公园南门	2004 年	现存（重修）	复查
24	区级	典型风格建筑或构筑物	通和塔	20 世纪初	万盛街 2 号	2004 年	现存	复查
25	区级	典型风格建筑或构筑物	山东铁道公司旧址	1909 年	站前街 30 号东院	2004 年	现存	复查
26	区级	典型风格建筑或构筑物	车站街 3 号府邸	20 世纪初	车站街 3 号院	2004 年	现存	复查
27	区级	典型风格建筑或构筑物	车站街 5 号府邸	20 世纪初	车站街 5 号院	2004 年	现存	复查
28	区级	典型风格建筑或构筑物	山东铁道公司房屋旧址	约建于 20 世纪初	车站街 11 号	2004 年	现存	复查
29	中国文物地图集收入	交通道路设施	济南泺口黄河铁路大桥	20 世纪初	泺口街道泺口社区		现存	新发现
30		重要历史事件和重要机构旧址	中共济南乡师支部诞生地	1929 年	明湖中学院内		现存	新发现
31		宅第民居	刘恩生故居	清光绪年间（约 1870 年）	大桥镇刘光照村		现存	新发现

续表 25–4

序号	级别	类别	名称	年代	地址	公布时间	备注	复查或新发现
32		金融商贸建筑	原胶济铁路济南站邮局	1904 年	经一路路北，北邻济南火车站		现存	新发现
33		交通道路设施	原胶济铁路济南站站长室	20 世纪初	车站邮局西侧		现存	新发现

第五章　非物质文化遗产

天桥区注重非物质文化遗产整理、抢救工作，一批频临失传的民间传统艺术、饮食工艺、民间工艺、民间武术，经发掘、整理得以保存并重新焕发青春。“四蟹灯”“猫蝶富贵”被收入《济南民间舞蹈集》，洛口醋曾获巴拿马国际物品博览会金牌奖章，“甜沫唐”被认定为首批济南民间风味小吃，益利思牌“葡萄软月”获中国食品工业协会“金牌月饼”称号，郝友友烙画作品在中国美术馆展出。

第一节　民间传统艺术

一、侯氏社火脸谱

位于宝华街街道万盛街的侯氏社火脸谱最初发展于济南市历城县，后在济南市天桥区发展至今。历经侯学林、侯普甫、侯殿翰、侯玉文、侯广顺、侯志新六代人传承。作为佩饰的社火脸谱，又称假面，亦有脸壳、鬼脸之称。侯氏社火脸谱，起源于清咸丰、同治年间，创始人为历城侯学林。侯学林所制社火脸谱，构图夸张、造型粗犷、色彩浓烈、特点明显。后来，社火表演目的逐渐宽泛、内容不断丰富，演出地点也不拘一格。仍在流行的高跷、旱船、舞狮、舞龙、秧歌等扮玩活动，就是社火的延续和发展。侯学林社火脸谱作品，受到社火表演者推崇，得到大人、孩子们青睐，建房盖屋的乡邻亦以得其作品而为荣。当时，济南即有“脸谱侯”之说。侯氏社火脸谱第六代传人侯志新秉承家传，又出新意，精心呵护这一传统技艺。2010 年，被济南市人民政府公布为第三批市级非物质文化遗产项目。

侯氏社火脸谱（2012 年 3 月摄）

二、四蟹灯

灯彩道具舞“四蟹灯”，多年来流传于堤口路街道堤口庄社区、泺口街道、北园街道及大明湖一带，距今有 200 余年历史。“四蟹灯”其实无“蟹”，而是鱼、鳖、虾、蚌 4 种水生动物，

四蟹灯（2012 年 2 月摄）

表演中用相应的灯具来体现。过去，堤口庄社区群众多靠在堤口洼打鱼捉虾维持生计，堤口庄社区群众又有习武练拳传统，堤口“四蟹灯”就是在这样环境中产生并发展起来的。“四蟹灯”动作概括洗练，具有浓郁生活气息。其中“四蟹”的动作，是对鱼、鳖、虾、蚌等动作特点的提炼夸张。1986 年，济南市舞蹈工作者协会编辑的《济南民间舞蹈集》，收入堤口“四蟹灯”。2006 年，被济南市人民政府公布为第一批市级非物质文化遗产项目。

三、猫蝶富贵

“猫蝶富贵”是流传于北坦一带的灯彩道具舞，距今有 200 余年历史。北坦原是济南市郊一个村落，村民大都种菜、务农。每逢元宵，即扮演“猫蝶富贵”以庆贺一年的收成，并祈望来年吉祥如意，生活幸福。“猫蝶富贵”之“猫蝶”是“耄耋”的谐音，有长寿、富贵之意。“猫蝶富贵”灯彩道具舞具有较为完整的故事情节，其中“花瓶”5 人，双手各持花瓶，瓶内插牡丹花，象征一个幸福家园；5 只“蝴蝶”、2 只“幼蝶”在花间飞舞，表现生活欢乐；“鼠”进行破坏，偷偷窜入花丛，将花朵摘落；“猫”是卫士，追捕“鼠”，将“鼠”捕获；最后，“蝴蝶”与“猫”相戏于花丛中，象征吉祥、幸福。20 世纪 30 年代，北坦“猫蝶富贵”演出队伍以济南市第二国术社为班底。国术社成立于 1934 年，成员三四十人，每晚在关帝庙内习武，备有刀、枪、剑、戟等器械。北坦“猫蝶富贵”扮演者由于武术功底深厚，打斗场面惊心动魄，如扮演“猫”的葛玉堂在追捕“鼠”时，曾从四张叠起的方桌上空翻落地，使观众惊叹不已。1937 年抗日战争爆发，北坦“猫蝶富贵”停止演出。1948 年济南解放后，在天桥区文化馆帮助下，重新组织、排练这一古老的民间艺术形式。1953 年，在山东艺术学校帮助下，“猫蝶富贵”被加工成舞台节目，并于同年参加文化部主办的全国民间舞蹈汇演，获广泛好评。1986 年，济南市舞蹈工作者协会编辑的《济南民间舞蹈集》，收入北坦“猫蝶富贵”。2006 年，被济南市人民政府公布为第一批市级非物质文化遗产项目。

第二节　饮食文化

一、洛口醋

于泺水入济水处而得名。泺水，源于趵突泉等济南诸泉。金代即设镇制，名曰泺口镇，为历代济南著名重镇。泺口，在大清河时期就是较大的码头。黄河改道后，泺口是黄河山东段最大的港口。

泺口先民们很早就有用泺水酿醋的习惯，得天独厚的泺水造就神奇的洛口醋。清咸丰五年（1855 年），南北泺口有醋坊 10 余家，永成醋坊（北泺口）、信诚醋坊（南泺口）有一定知名度。商贾云集的泺口码头，使洛口醋声名远扬。1928 年《历城县乡土调查录》载：“醋出于泺口镇，四十余家，行销于北京、天津、上海等处。”1952 年，泺口的酿造和酱菜业有 23 户，大多以酿醋为主。其中信诚、玉兴、汇源、福聚较为著名。1956 年，泺口信诚等 19 家老字号醋坊合并，组建公私合营玉兴酱园，厂址在

洛口醋（2012 年 8 月摄）

泺口魁盛街 3 号，有职工 64 人，当年产食醋 38 吨。1966 年，公私合营玉兴酱园更名为历城县泺口酿造厂。1980 年，更名为济南市泺口酿造厂，隶属济南市供销合作社。1987 年，泺口黄河南大堤展宽，厂址迁至泺口东村 10 区 367 号。2000 年，改制为济南市泺口酿造有限责任公司。在不断应用新技术同时，保留酿醋主要环节的部分传统工艺。如扒缸工手上戴上铁指甲在缸内徒手搅拌酿醋原料，以调节温度促进发酵；

利用空气及草制缸盖自然落入料缸的醋酸菌进行氧化发酵等。传统工艺使洛口醋保持其酸、甜、清、亮、香的五大特点。济南市泺口酿造有限责任公司占地面积1.31公顷，有员工142人，洛口醋、酱油年生产能力为1.2万吨和1.6万吨。

1914年，在山东省第一届物品展览会上，泺口吴氏信诚醋坊的洛口醋获金牌奖章，今存济南市泺口酿造有限责任公司。1915年，巴拿马国际物品博览会，信诚醋坊的洛口醋获金牌奖章。1985，济南市泺口酿造厂生产的洛口醋获国家银质奖。2010年，泺口醋酿造技艺被济南市人民政府公布为第三批市级非物质文化遗产项目。2013年，被山东省人民政府公布为第三批省级非物质文化遗产项目。

二、甜沫唐

位于义合街与天桥东街交叉口东南角的甜沫唐是济南传统的大众食品。

“甜沫”是以小米面为主要原料熬制而成的咸粥，开始这种咸粥叫“添末儿”——粥做好后再添上点粉条、花生、蔬菜、调料之类的“末儿”。后来，依谐音化俗为雅，“添末儿”成“甜沫”。创立于1981年的“甜沫唐”因其用料讲究、味道正宗，备受老济南人的喜爱。“甜沫唐”的“唐”是指经营甜沫的唐林贵。唐林贵经营甜沫有20余年历史，其制作的甜沫技艺有百余年传承。唐林贵制作的甜沫配方和手艺，是其岳父李玉田传授。李玉田祖辈以经营甜沫为生，在20世纪初，“李家甜沫”就享誉济南。1981年，李玉田在济南海晏门附近设店，重操祖业经营甜沫，很快“李小子甜沫”家喻户晓。唐林贵接手“李小子甜沫”后，又有“甜沫唐”雅号。“甜沫唐”被认定为首批“济南民间风味小吃”。“甜沫唐”主要原料为当年小米，主要辅料有花生米、豇豆、粉条、豆腐干或豆腐皮、菠菜、精盐、花生油、香油、八角、桂皮等。2012年，甜沫唐被济南市人民政府公布为第四批市级非物质文化遗产项目。

甜沫唐（2008年8月摄）

三、葡萄软月

由位于堤口路149号的济南益康食品厂有限公司生产的一种月饼。

“葡萄软月”与其他式样月饼的不同，主要体现在“软”上。“葡萄软月”的“软”是松、是酥、是嫩、是滑，是软而不韧、酥而不脆，是软中有滑，滑而不腻。葡萄等辅料又让“葡萄软月”产生酸甜适中、回味悠长的口感。“葡萄软月”诞生在清末邹县，有百余年历史，是由出身于糕点世家的秦兴合研究开发的，有“秦家一绝”之誉。1916年出生的秦咸成，自幼随父秦兴合从事糕点制作，秦家绝活得到进一步

葡萄软月的制作工艺（2006年1月摄）

完善提高，“葡萄软月”更不负盛名。1979年，秦咸成受聘于济南益康食品厂有限公司（原北园食品厂），使秦家“葡萄软月”由家庭作坊转变为工厂化生产。秦咸成先后将秦家“葡萄软月”秘制技艺传授与秦玉兰、秦金山、徐传爱。后来秦玉兰、秦金山改从其他行业。秦家“葡萄软月”的第三代传承人徐传爱今为济南益康食品厂有限公司技术顾问。济南益康食品厂有限公司在不断采用新原料、新技术、新设备同时，始终坚持秦家配方的核心内容、制做工艺的特殊要求、关键工序的手工操作，使秦家“葡萄软月”既形成规模化生产，又保持传统特色。2008年，济南益康食品厂有限公司为秦家“葡萄软月”注册益利思牌商标。2011年，益利思牌“葡萄软月”获中国食品工业协会“金牌月饼”称号。2012年，葡萄软月制作工艺被济南市人民政府公布为第四批非物质文化遗产项目。

第三节　民间工艺

位于东工商河路16号药王楼的郝友友烙画为民间工艺的典型代表。烙画又称烫画、火笔画，即用火烧热烙铁在物体上熨出烙痕作画。烙画是一种古老画种，始于西汉，其后一度失传；清光绪年间，被重新发现整理。早期的烙画作品，多数采用中国画和民间画相结合的表现手法。后经历代艺人不断探索实践，制作烙画的工具、材料、技法和烙画内容等方面都有所发展。

清光绪年间，历城李氏（世恩）烙画曾享誉泉城。今李洪德、杨立英夫妇是李氏烙画第四代传承人。近年，先后毕业于河北轻工学院和山东艺术学院的郝友友对传统烙画艺术进行系统的挖掘整理，使这一古老画种得以传承光大。郝友友今为中国烙画研究会会长、中国烙画家协会常务副会长。郝友友在烙画工具选择上坚持使用最接近传统“油灯烙”的普通电烙铁。“油灯烙”是指以铁针为工具，在油灯上炙烤后进行烙绘。郝友友在烙画材料选择上坚持使用木板等传统材质。创作过程中，通过手控电烙铁，在木板上自然产生凹凸不平的机理变化，显现一定的浮雕效果，色彩呈深、浅褐色乃至黑色。

郝友友烙画（2005年1月摄）

郝友友以原始简单的工具和材料，采用勾、勒、点、染、擦、白描等传统技法，创作出有国画的韵味、油画的质感、水彩的透明、版画的冲击力的烙画，令观者感叹。作品曾在中国美术馆展出。2012年，郝友友烙画被济南市人民政府公布为第四批非物质文化遗产项目。

第四节　民间武术

位于小清河南岸无影山桥与金牛桥之间的汇极拳为民间武术的典型代表。

汇极拳首创于明末清初，历时七代单传。汇极拳顾名思义，先人们通过多年实践和研究，将内家、外家多种拳种的精华汇集创编而成。汇极拳拳法，分为大拳和小拳。大拳与小拳在形式方面有所不同，在实质上是完全相同的，只不过大拳功架低，架子大，起伏转折多，有跳跃，形态上看似外家，但外紧内松、张弛相得。小

汇极拳（2012年6月摄）

拳功架高，动作小，接近实战态势，有难看难练使用方便之称誉。总体，两套拳法都因符合“行拳如布云，发劲似闪电”特点，故而形异神同。汇极形似外家，实为内家，博采众长，朴实无华。以抖、寸、崩、缠、坠、松、转、弹为主要发劲特点。刚中有柔，柔中有刚，刚柔相济，为主要功法特点。攻中有防，防中有攻，攻防有术，变化无常，灵活多变，奥妙无穷，像天地循环无穷无尽，似江河滔滔不竭为主要技法特点。

汇极拳器械，长、短、软、双各类20余种，其中最具代表性的有汇极大戟、双戟、雁翅镗、凤钺、双月锥、鸳鸯锥等。汇极门有本门独有的器械，很多共有器械在形状上都有本门独有的特点。汇极器械套路据形赋意创编科学，充分发挥不同器械的技击特点。汇极门代表性传承人物。一代赵之枞、二代颜军烈、三代宋根原、四代张玉忠、五代凌空、六代赵清幕、七代赵文光。历代传人武艺高强、德才兼备，有些曾驰骋疆场，为国效力，战功卓越。2012年，汇极拳被市政府公布为第四批非物质文化遗产项目。

第六章　文化市场管理

1991年，全区文化市场由区文化市场管理委员会办公室管理。1997年，区文化市场稽查队成立，对辖区文化市场经销音像制品进行彻底清理。2005年，济南市网吧审批权限下放至县级文化行政部门；2012年，游艺娱乐审批权限下放至县级文化行政部门。同年，文化执法大队出动执法人员2000余人次、车辆1000辆次，文化市场秩序得以规范。

第一节　经营业户审批

2005年，济南市文化广电新闻出版局将网吧审批权限下放至县级文化行政部门；2012年，游艺娱乐审批权限下放至县级文化行政部门。至年底，天桥区核发网络文化经营许可证148个、娱乐经营许可证25个、营业性演出许可证17个、出版物经营许可证（包含零售出租、音像制品零售）74个；初审印刷经营许可证75个，年均办理各项行政审批事项400余件。

第二节　文化市场稽查

1991年始，天桥区文化市场管理委员会办公室开展突击行动，落实“三线两站”行动方案，清理整顿存在问题较多的电子游戏、卡拉OK和印刷行业，先后组织“6·18”（1993年6月18日）“9·12”（1994年9月12日）等10余次统一行动。1995年8月，对文化娱乐、音像、美术品市场进行清理整顿。1996年，开展营业性电子游戏机市场突击整顿月活动，印发《关于清理、整顿营业性游戏机娱乐市场的实施意见》，开展全区经营游戏机业户突击整顿活动，取缔老虎机、角子机、苹果拼盘机、麻将机、跑马机等带有赌博性质机种。

1997年1月，天桥区文化市场稽查队成立；12月，下发《关于停止在电子大厦、中恒小商品批发市场经销音像制品的紧急通知》，对中恒商城和电子大厦进行彻底清理。1999—2001年，互联网上网服务营业场所移交区文化局管理，区文化市场稽查队向全区百家网吧制发警示牌。2002年，开展为期1个月全区互联网上网服务营业场所集中专项治理活动，取缔、查处证照不全、无证经营、违规经营和存在安全隐患的网吧13个。2005年，被评为山东省文化市场管理先进集体。

2008年，济南市网络协会天桥办事处成立。辖区各网吧安装“净网先锋”网络监控平台，建立网吧义务监督员和社区“五老”监督员队伍。2009年，济南市印刷协会天桥办事处成立。2010年3月，天桥区文化市场稽查队更名为天桥区文化市场综合行政执法大队。2010年11月，实现网上办公。2011年，在全国文明城市、省级文明区以及市公共文明指数实地测评中，区文化市场管理获满分。2012年，推进网吧连锁化及政府机关使用正版软件工作进程，对全区美术品市场进行备案登记。至年底，全区有合法经营资格文化经营单位416家，其中网吧174家，音像零售、出租店9家，娱乐场所29家，游艺厅22家，演出单位9家，书店51家，印刷厂68家，打字复印部54家。

第七章 档 案

1990年，天桥区档案局（馆）建立和完善区、街道（镇）及区直部门和村（居、企事业单位）三级档案管理网络。1995年10月，区档案馆晋升为省一级先进档案馆。2011年，建立档案信息目录中心，有民生档案目录、开放档案目录、现行文件目录、馆藏档案文件目录数据库4个。至2012年，有馆藏80个全宗、案卷45829卷（册）、7598件。1991—2012年，分十五批向社会开放1961—1981年档案2759卷。

第一节 区档案馆

一、设施

1990年10月，天桥区档案馆由天桥街13号院东五楼迁至堤口路53号区机关新办公大楼主楼九楼，建筑面积300平方米，14个房间。1995年4月，区档案馆由办公楼主楼九楼迁至西副楼，四层，27个房间，建筑面积541.3平方米，其中库房面积310平方米。2008年8月，区档案馆由堤口路53号迁至堤口路2号，在天桥文体中心二楼办公，档案馆库房由部分体育场馆改建而成，建筑面积1072平方米，由4个档案库房及阅览室、检索室、资料室等多个功能室组成。库房内安装移动密集架54列、510.6立方米；书架、实物档案架9列、57立方米；新馆安装温湿度自动调控、防火防盗报警、视频监控、自动消毒灭菌、自动通风换气、灯光监测、自动断电等多功能的综合智能管理系统。配备微机、一体机、扫描仪、音像防磁柜等设施。至2012年，档案馆设施未变化。

1995年10月，区档案馆晋升为省一级先进档案馆。1997年，天桥区被济南市档案局评为全市机关档案工作先进县（市）区；2004年，区档案馆通过“档案管理年度考核省一级先进档案馆”考评。2008—2012年，连续五年被山东省档案局评为档案宣传先进单位。

二、馆藏

天桥区档案馆馆藏档案年限为1948—2006年，分为文书档案、专门档案、科技档案、照片档案、声像档案、实物档案、人物档案和地方特色档案等门类。1991年，馆藏54个全宗，案卷19629卷（册）、案卷排架长358米，馆藏资料9839册。2002年4月，建立现行文件阅览室，接收中共天桥区委、区政府及区直部门等单位的政策性文件1653份，并全部输入现行文件数据库。8月，天桥区建立“爱国主义教育基地”，展出板面7块、历史照片43张。2011年，建立档案信息目录中心，有民生档案目录、开放档案目录、现行文件目录、馆藏档案文件目录4个数据库。至2012年，馆藏80个全宗、案卷45829卷（册）、7598件，案卷排架长604米，图书资料14888册。珍贵档案有张养浩历史资料5册，商埠市场照片106张，党和国家领导人毛泽东、周恩来，江泽民、李鹏等及省、市领导到天桥区视察的照片144幅，北园镇及镇属21个过亿元村（居）档案135卷、照片534张、录相带11盘。

三、查询利用

根据《中华人民共和国档案法》规定，区

档案查询和利用（2012 年 12 月）

档案馆定期向社会开放满 30 年的现行机关档案。1991—2012 年，分十五批向社会开放 1961—1981 年档案 2759 卷。普通公民只要持有工作证、身份证等有效证件均可查阅利用开放档案。至 2012 年，接待利用档案人员 1.96 万人次，提供档案资料 2.23 万卷（册）次，复制 2.25 万页。

2010 年，启动数字档案馆建设。2011 年，对馆藏 1956—2006 年跨度 50 年涉及婚姻、调动、招工、知青、计划生育、军转等民生档案资料进行数字化处理。2012 年，对馆藏部分重点档案进行全文数字化处理，实现存贮数字化、管理现代化、利用网络化，档案利用效率和服务水平明显提升。

第二节　基层档案

一、机关档案

1991 年，机关档案开始达标升级工作。至 1997 年，全区有 10 个单位档案工作达省先进一级标准、31 个单位档案工作达省先进二级标准、7 个单位档案工作达省先进三级标准。1998—2002 年，全区有 76 个单位通过山东省档案工作规范化管理认定工作。2009 年，在全区机关事业单位全面推开立卷改革，完成文书立卷 1.26 万余件。2011 年年底，全区 184 个单位中有 6 个单位达山东省特级标准、13 个单位达山东省一级标准、36 个单位达山东省二级标准、129 个单位达合格标准。

二、小城镇档案

2002 年 9 月，大桥镇档案馆投入使用。至 2012 年年底，馆藏档案 7 个门类、3500 余卷（册），馆藏资料 180 册，编制案卷目录、全引目录等检索工具 2 种 20 册。2004 年 9 月，桑梓店镇档案馆投入使用。至 2012 年年底，馆藏档案 6 个门类、1000 余卷（册），馆藏资料 600 册，全引目录、案卷目录等检索工具 2 种 6 册，所有进馆档案采取全宗管理。

三、社区档案

2003 年是“全市档案服务机制创新年”，按照“以点带面、整体推进”的工作思路，全面推开小区档案工作，完成 126 个小区居委会建档任务。建文件档案 2.54 万卷（册、袋、盒、张、

社区建档（2003 年 8 月）

件），其中文书档案 4650 卷、低保档案 4850 袋、计生档案 887 卷、计账文件 1.4 万册、基建档案 485 盒、设备档案 50 盒、声像档案 214 张、实物档案 257 件。

四、企业档案

1993 年，本着“经济发展到哪里，档案工作就延伸到哪里”的原则，区档案局组织白鹤饮料有限公司、荣喜铝材有限公司进行建档试点工作，建 8 个门类档案 513 卷。1994 年，在档企业档案认证工作中，济南风机股份有限公

司达山东省企业档案管理二级标准、济南第二风机厂达省三级标准。天桥区企业档案工作被济南市评为“管理效益年，档案做贡献”活动先进单位。1994—1995年，在全区企业开展“档案做贡献，争创效益杯”活动，济南清河电梯厂、济南空压机厂、济南中鲁汽车改装厂等企业建档6458卷册，整理底图1.07万张，编辑《组织机构沿革》《产品简介》《科技成果简介》等资料17种，8.7万字；在创优活动中，申报成果5项，创经济效益503.1万元。1996年，开展企业档案目标化管理工作，有5家企业通过省（部）级考评验收。

五、民营企业档案

2005年始，山东百斯特电梯公司档案库房建筑面积增至157平方米，室藏档案资料12类，4688卷（册）、1400盒，在全市民营企业档案工作规范管理先进典型专题工作经验交流会上作典型发言。至2012年，辖区有山东供水设备有限公司、济南黄老泰食品有限公司、蓝翔技校等民营企业建立档案。

六、农业农村档案

1991年4月，在黄台村进行村级建档试点工作。1992年5月，召开天桥区暨北园镇村级建档动员会。同年，建村民、文书、会计、基建等9个门类、4.37万卷（册）。1993—1994年，在全市开展村级档案服务活动，有16个村（居）达市级先进标准，其中黄台村、杨庄村等13个村（居）达济南市先进一级标准，清河村达先进二级标准；39名档案人员被评为济南市级先进档案工作者。1995年，北园镇被评为市档案系统先进集体和“争创效益杯”先进集体。1996年，全区农村档案工作开展达标活动，有39个村居达标。1997年，天桥区率先开展农村档案升级达标试点工作，有5个村（居）分别达省先进一级和省先进二级标准。2005—2012年，开展社会主义新农村建档工作，大桥镇、桑梓店镇10个社会主义新农村建设示范村建档1100余卷（册、袋）。2012年11月，大桥镇被评为省级社会主义新农村建设档案工作示范镇。

第八章　地方史志工作

1984年，成立天桥区志编纂委员会办公室，组织力量编纂区志、年鉴和其他地情资料。1991年，全区掀起修志高潮。2002年10月，天桥区情网站开通运行。2010年8月，天桥区方志馆开馆。至2012年，全区完成区志1部、部门志5部、镇志1部、村（社区）志5部，出版综合年鉴7部、基层年鉴2部、统计年鉴22部，编纂出版全国城区史志理论研讨会文集1部，编印服务于经济和社会事业发展的史志类书籍4部，编导电视纪录片《创新务实的天桥区五届政协》，编纂出版街道风物志2部，为《济南年鉴》和《山东年鉴》供稿10余万字。

第一节　志书编纂

一、天桥区志

1984年12月，天桥区决定编纂《天桥区志》，成立天桥区志编纂委员会，下设办公室。1986年，拟定《天桥区志》篇目，制定收集资料的详细提纲，动员87个部门200余人征集资料，撰写部门志稿。1987年，87个

首轮天桥区志（2012年12月摄）

承编单位基本完成部门志稿。1990年，修订篇目，决定将《天桥区志》断限下延到1990年。1991年，重新拟定《天桥区志》篇目。1993年6月，完成区志初稿编纂，印成讨论稿28分册130余万字；征集图片资料百余幅；经过反复修改，形成送审稿，100万字。9月，经区志编纂委员会审查通过，送交济南市史志办公室复审。10月，《天桥区志》由山东人民出版社出版发行。《天桥区志》是第一部综合反映天桥区历史与现状的资料性著述。全书设区情概述、行政区域、地理环境、基础设施、产业、事业、政治组织、居民、人物、附录等10编，下设54章、215节，98.8万字。内容包括全区城市环境、社会政治、经济、文化以及地方文献在内的翔实资料和信息。

二、部门志

1991—2012年，天桥区出版《天桥区城市建设管理志》《济南市天桥区市政工程志》《济南市天桥区教育志》《济南市天桥区政协志》和《济南市天桥区军事志》部门志5部。

部门志（2012年12月摄）

1991—2012年天桥区部门志书出版统计表

表25-5

名称	主编	出版时间	开本	页码	字数（万）	断限
《天桥区城市建设管理志》	李泮基	1991年3月	32	217	10	1904—1990年
《济南市天桥区市政工程志》	樊长征 陈世荣	1998年4月	16	479	50	事物发端—1997年
《济南市天桥区教育志》	李效武	1999年8月	16	695	70	1857—1998年
《济南市天桥区政协志》	陈世荣	2002年8月	16	440	75	事物发端—2002年
《济南市天桥区军事志》	闫传启	2010年11月	16	425	54	1840—2005年

三、镇村（社区）志

1991—2012年，天桥区出版《北园镇志》《黄台村志》《清河村志》《黄岗村志》《杨庄社区志》和《香磨李居志》。

镇村（社区）志（2012年12月摄）

1991—2012 年天桥区镇村（社区）志出版统计表

表 25-6

名称	主编	出版时间	开本	页码	字数（万）	断限
《北园镇志》	杨锡福	1991 年 1 月	16	494	71.30	上限因事而异—1988
《黄台村志》	樊长征	1995 年 10 月	16	490	52.00	事物发端—1994
《清河村志》	樊长征 陈世荣 朱希禄	1997 年 3 月	16	981	108.00	事物发端—1995
《黄岗村志》	樊长征	1999 年 8 月	16	688	70.00	事物发端—1998
《香磨李居志》	樊长征	2003 年 9 月	16	1344	180.00	事物发端—2001
《杨庄社区志》	樊长征	2006 年 7 月	16	1141	140.00	事物发端—2004

第二节　年鉴编纂

一、天桥年鉴

1991—2012 年，天桥区出版综合年鉴 7 部。

1994 年 11 月，《天桥年鉴（1991—1993）》被山东年鉴编辑部评为二等奖。

天桥年鉴

1996 年 3 月，在山东省年鉴“胜利杯”评奖中，《天桥年鉴（1991—1993）》获综合以及框加设计、条目编写、出版发行特等奖，并获美术装帧一等奖；囊括全部 5 个奖项，总分列全省县（市）区级年鉴第一名。

1997 年 11 月，在“裕隆杯”全省年鉴评奖活动中，《天桥年鉴（1996）》获综合以及出版发行一等奖、框架设计特等奖、条目编写及美术装帧二等奖。

1999 年 12 月，在山东省年鉴优秀成果评比中，《天桥年鉴（1997—1998）》获山东省年鉴优秀成果评比二等奖，并获框架设计、美术装帧一等奖及条目编写、出版发行二等奖。

2005 年 12 月，在全省优秀年鉴评奖中，《天桥年鉴（1999—2003）》获综合以及框架设计、条目编写、印刷装帧一等奖。

2014 年 12 月，在第五届全省优秀年鉴评奖活动中，《天桥年鉴（2011—2013）》获全省县（市）区级优秀年鉴综合特等奖第一名。

1991—2012 年天桥年鉴出版统计表

表 25-7

名称	主编	出版时间	开本	页码	字数（万）
《天桥年鉴（1991—1993）》	樊长征	1994 年 12 月	16	565	78.00
《天桥年鉴（1994—1995）》	樊长征	1996 年 1 月	16	384	55.20
《天桥年鉴（1996）》	樊长征 李效武	1996 年 10 月	16	410	60.00
《天桥年鉴（1997—1998）》	陈世荣 李效武 樊长征	1998 年 9 月	16	665	100.00
《天桥年鉴（1999—2003）》	陈世荣 焦俊先	2003 年 12 月	16	523	71.00
《天桥年鉴（2004—2009）》	陈世荣 朱建龙	2010 年 6 月	16	526	80.00
《天桥年鉴（2009—2010）》	黄　云	2011 年 11 月	16	550	92.50

二、《统计年鉴》

1991 年始，天桥区统计局开始编纂统计年鉴，每年 1 册。年鉴使用新的国民经济指标，以农业、工业、建筑业、贸易、财政、教育、科技、文化、体育、卫生等各行各业和各项社会事业的统计数据为内容，真实地记录每年全区经济建设和社会发展的重要成就。至 2012 年，出版《统计年鉴》22 册。

三、其他年鉴

《天桥法院年鉴（1993—1997）》1997 年 12 月出版发行。该年鉴是全区第一部部门年鉴，由天桥区人民法院主持编纂，全面、系统、翔实地记载天桥区人民法院在发挥审判职能、为社会主义现代化建设服务中出现的新情况、新问题、新进展，旨在为各行各业及各界人士提供咨询服务，为领导提供决策依据。

其他年鉴（2012 年 12 月摄）

《北园镇年鉴（1989—1996）》1998 年 9 月出版发行。该年鉴以翔实的资料，如实全面地介绍北园镇 1989—1996 年经济建设及各项社会事业取得的成就与进展，为了解研究北园镇历史与现状发挥作用。

第三节　地情书编纂

1991—2012 年，编印《开放的天桥经济》《大桥镇，桑梓店镇，靳家乡概况》《济南市天桥区民族宗教概览》和《天桥区招商项目推介》4 本服务于经济和社会事业发展的史志类书籍；编导电视纪录片《创新务实的天桥区五届政协》；编纂出版《百年制锦市》《药山春秋》2 部街道风物志、《天桥历史文化概览》1 部区域风物志。

《百年制锦市》2009 年 4 月出版发行。约 10 万字，采用 200 余幅图片，分为街巷故事、实业寻踪、文苑回眸、景观掠影、革命风云、庙祠探幽、口传文化、影视链接和制锦名人等 9 个部分，全面展现制锦市街区的历史风貌和风土人情。

《药山春秋》2011年11月出版发行。收录文字资料33万字，随文图片150幅，设村落古今、往事回眸等11个栏目。以全新的形式，通俗易懂而又充满乡土气息的语言，详略得当地记述药山地区历史传说、传奇故事、风土人情、乡村风貌、饮食传统、中医药文化等内容，真实还原药山上千年的文明历史和欣欣向荣的现代风貌。

地情书（2012年12月摄）

《天桥历史文化概览》（分文化、工业两卷）2012年12月出版发行。收录文字资料98万字，采用图片300余幅。文化卷目设众山一览、群泉说略、胜迹探秘、碑刻拾遗、名士萍踪、非遗辑存6个栏目；工业卷设交通·规划、企业选介、行业选介3个栏目，展现了天桥区文化、工业等领域的历史风貌。

第四节　方志馆 网站建设

一、方志馆

2010年8月，天桥区方志馆开馆，设立于区文体中心图书馆内，有各类书籍2000余册，是集收藏、借阅、展览、资料开发和服务于一体的公益文化场所。借助图书馆先进设备和自动化管理平台，资源实现共享互补，工作日实行免费开放，开展借阅、参考咨询、数据库检索、文献传递及各类读者活动。志书、年鉴、地情资料融入社会大文化，发挥志书资政、存史、育人功能，为全区经济社会发展和和谐社会建设服务。2012年，方志馆进行加固、整修，馆内藏书3000余册。

二、网站

2002年10月，天桥区情网正式开通运行。2006年6月，天桥区情网进行更新改版，设一级栏目11个，近百万字、图片资料千余幅，实现省、市、区三级联网，资源共享。同年，获济南市地情网站建设工作先进集体。2008年9月，网站更新改版。2012年4月，区情网进行第三次升级改版。12月，由于技术故障等原因，天桥区情网站暂停运行。

第五节　书刊供稿

1991—2012年，区史志办为《济南年鉴》《山东年鉴》供稿10余万字，征集彩页20余码。

2008年，按照《济南市汶川特大地震救助援建志》志稿编纂要求，完成天桥区救助志稿任务，上报图片10余幅。

第六节　法规宣传

2005年12月1日，《山东省地方史志工作条例》颁布实施，2006年5月18日，国务院《地方志工作条例》颁布实施。区史志办认真学习，广泛宣传，贯彻实施两个“条例”，将地方志编纂工作纳入法制化、规范化轨道。

2006年12月，区史志办开展“知《条例》、学《条例》、用《条例》”活动。组织区直各部门、单位认真学习两个“条例”，对资料收集、志稿编纂一般要求作出规范，撰稿人员政治、业务素质得到提高。2007年3月，天桥区史志办公室获全市学习贯彻两个“条例”知识竞赛优秀组织奖。

2011年，天桥区根据两个“条例”内容，借鉴其他县（市）区先进经验，结合全区实际，制定《天桥区地方史志工作管理暂行办法》，该办法十六条，对地方史志的范围、地方史志工作纳入区经济和社会发展计划、经费列入财政预算、区史志机构承担的任务、史志工作者应具备的水平、行政区划冠名的地方志书和年鉴的编纂权限、各级志书和年鉴以及相关地情书的编纂审查验收备案、单位和个人使用地方史志文献的权利、违背两个“条例”所给予的处罚等内容，作出明确规定。

第九章　体　育

1991 年，天桥区各街道设立文体站，广泛开展群众性体育活动。1997 年始，省、市体育部门逐年拨付体彩公益金用于体育基础设施建设。学校体育在广泛开展的同时，注重与业余训练相结合，推动竞技体育实现新突破。至 2012 年，全区建立健身活动站点 260 个，经常参加体育活动人数 10 余万，先后获“全国全民健身活动先进单位”等 4 项国家级称号；天桥区运动员在国际比赛中获冠军 17 个，在全国比赛中获冠军 23 个；全区体彩总销售额 2.7 亿元，列全省各县（市）区第一名。

第一节　群众体育

一、全民健身

1991 年 2 月，天桥区各街道设立文体站，广泛开展群众性体育活动；11 月，省体委在天桥区召开山东省城市社区体育工作现场会，向全省推广天桥经验。1993 年 4 月 8 日—10 日，天桥区举行“盼奥运，万人签名长跑”活动，获国家奥申委荣誉证书。10 月，区建委被评为山东省体育活动先进单位。1995 年，积极宣传《中华人民共和国体育法》，认真贯彻《全民健身计划》。1996—1997 年，开始实施国家社会体育指导员制度，举办天桥区首期社会体育指导员培训班。成立天桥区导引养生功、太极拳研究会和天桥区社会体育指导员评审委员会。2006 年，青松长跑队和泺口黄河公园被评为省级活动站点。2007 年 8 月 22 日，工人新村北村街道启动奥运火炬选拔报名工作。2008 年，以“全民健身与奥运、全运同行”为主题，以迎“两运”为重点，开展形式多样的活动。6 月 15 日，举行天桥区体育健身项目大展示活动；7 月 23 日，泺口街道新城社区党支部书记刘玉鑫完成济南境内第 160 棒奥运火炬传递。2009 年，举办“体彩杯”天桥区元旦全民健身大展演、庆“三八”系列活动、第十四届机关运动会、“迎全运、展风采”健身运动会、市老龄委组织运动会百人入场式表演项目、全民健身路径大赛、全民健身优秀项目展示活动。2010 年 8 月，举办以“全民参与，共享健康快乐”为主题“全民健身日”系列活动；9 月 19 日，举办“体彩・竞彩杯”天桥区首届社区篮球赛启动仪

工商河高校龙舟对抗赛（2012 年 6 月摄）

式，130 支社区球队参加 67 场次比赛。以“每天一小时，健康工作 50 年”为主题，在全区机关、街道（镇）、企事业单位推行广播体操活动。2011 年 7 月 30 日，在济南市第十二届龙舟赛上，泺口新城代表队获第一名。同年，举办“清水湾杯”工商河钓鱼比赛、三人制篮球赛、七人制足球赛、全民健身摄影展和球类开放系列活动。2012 年 5 月—10 月，举办第一届天桥区全民健身运动会，历时 5 个月，来自全区各街道（镇）、各部门 70 支代表队参加。端午节，区体育局与堤口路街道在工商河举办高校龙舟对抗赛。年底，全区以区体育局为核心，以各街道（镇）文体站为依托，建立起遍布全区的健身活动站点 260 个，经常参加体育活动的有 10 万余人；全区 70% 的街道（镇）配备 1 名以上一级社会体育指导员，所有村、居均有三级以上社会体育指导员。先后获“全国全民健身活动先进单位”等 4 项国家级称号。

二、老年人体育

1984 年 9 月，天桥区老年人体育协会成立，设太极拳、老年门球、青松长跑队、老年人秧歌队四个单项协会，以“我健身、我快乐”为主题，全方位做好老年人体育工作。1992 年，离休干部庆虔完成从海南省到黑龙江省的“纵贯神州万里跑”项目。1993 年，被誉为“山东铁老汉”的青松长跑队成员侯伦贤徒步周游全国。全国老龄委主任王照华、全国老年人体协主席刘建章到天桥游园视察老年人晨练情况，对区老年人体育活动给予高度评价。12 月 6 日，《中华老年报》全面介绍天桥区老年人体育活动情况。1994 年，北园镇建成标准门球场 4 个、活动室 33 个，新建老幼乐园 1 家、村内公园 1 家，70% 以上老年人经常参加各种文体活动，并在省老年体协成立十周年大会上受到表彰。1997 年，区老年体协组织开展“横穿神州万里行”和“迎香港回归万里行”活动。2006 年 3 月，天桥区召开老年体协工作会议，推选出由 27 人组成的第四届老年体协领导班子，通过第四届老年体协章程。首届天桥区“体彩杯”老年人田径运动会在济南汇文实验学校运动场举行，来自全区各街道（镇）及教育系统 17 个代表队 293 名运动员参加比赛。2009 年 2 月，天桥区老年人体育协会进行调整，各街道（镇）及时调整 1 名分管领导担任老年体协主席，配备工作人员，有相对固定的办公场所及办公设备，做到老年体协工作有人管，经费有保障，活动经常化。9 月，统一定做村居老年体协牌匾，全区 15 个街道（镇）、240 个村（居）加挂老年人体育协会牌子。同年，从区体育彩票公益金中出资 100 万元，用于支持老年体育活动场地建设。区老年体协重点抓好社会体育指导员和活动骨干示范队伍建设，通过完善培训、再培训制度，每年增加新项目，壮大社区、农村社会体育指导员及活动骨干示范队伍。2011 年，中共天桥区委、区政府下发关于贯彻落实《省委办公厅、省政府办公厅关于进一步加强老年体育工作的意见》。2012 年 9 月 6 日，天桥区第五届老年体协换届工作会议召开，全区形成区、街道（镇）、村（居）三级老年体协组织网络化，老年体育活动经费列入财政预算。至年底，全区有各种活动站点 252 个；经常参加活动的老年人有 5 万余人，占全区老年人口 60%；拥有表演队伍 70 余支，表演项目 30 个，表演水平不断提高。

第二节 学校体育

1991 年，天桥区教育委员会教育科负责全区学校体育卫生教育工作。2010 年 5 月，区教育局成立体卫艺科，接管学校体育卫生教育工作，成立学校工作领导小组，加强对学校体育工作的领导。

一、体育教学

1991 年，区属中小学组织实施《国家体育锻炼标准施行办法》和《国家体育锻炼标准》。各学校坚持开展“两操、两课、两活动”（坚持做广播体操、眼保健操，每班每周两节体育课，每班每周两节课外活动）。至 2002 年，在全区中小学先后于课间推行第六套、第七套、第八套广播体操以及第一套、第二套学生系列广播体操。2005年始，在全区中小学开展体育大课间活动，确保学生每天一小时体育活动时间。

1995年始，区体委与区教委联合对全区中小学继续体育达标验收，按《国家体育锻炼标准》达标率为96.1%，其中优秀率达19.1%。1996年，全区72所中小学《国家体育锻炼标准》施行面达100%，达标率97.56%；有省级体育传统项目学校4所、市级体育传统项目学校6所。2002年，全区中小学体育达标率97.56%、优秀率21.29%，位居全市第三位。2006年始，区体育局和区教育局联合制定《天桥区体育局关于参加青少年体育竞赛的奖励规定（试行）》和区运动会运动员注册的标准，使训练、比赛工作步入良性循环轨道。2007年，天桥区被济南市体育局授予“输送体育后备人才贡献奖”称号。

2010年5月，区体育局和区教育局制定“体教结合”工作意见，建立起学校体育特色和业余训练相结合的“体教结合”机制。区青少年竞技体育运动学校设立济南市汇文实验学校（田径）、济南第五十一中学（举重）、济南第十三中学（篮球）、济南第五十六中学（排球）、重汽中学（足球）5所分校，由聘任教练员负责带队训练，区体育局监督训练。教练员的业务学习和管理、青少年业余训练和培养体育后备人才工作得到有效加强。2011年5月，济南市汇文实验学校（田径）、济南第十三中学（篮球）、济南第五十六中学（排球）、济南市交校路小学（足球）、济南市清河小学（乒乓球）通过山东省体育传统项目学校审核。9月，区教育局在全区中、小学拉开阳光体育运动大幕，铺开“阳光体育班级联赛”，提升全区中小学生身体素质。同年，区体育局和教育局在每年举办中、小学运动会基础上，制定“小学布点、初中集中、高中对接”工作方略；举办“体彩杯”天桥区中、小学体育联赛、资助举办农村小学运动会，把青少年体育纳入学校教育考核体系；进一步加强青少年业余训练，开展因材施教，拓展运动项目，加强对学生的体质锻炼。至2012年，体教结合成为天桥区竞技体育发展的重要突破口。

二、体育竞赛

1991年始，济南第十三中学篮球队连续在全国、省、市比赛中取得优异成绩。1992年，天桥区获济南市中、小学生跳绳、踢毽比赛团体冠军，并包揽初中、小学组前八名。1993年，在全市跳绳、踢毽比赛中蝉联中、小学团体冠军，代表济南市参加全省跳绳、踢毽比赛，获团体冠军；凤凰山小学获“全国毽球活动先进单位”称号。1994年，天桥区组队参加省级比赛，获单项（个人）银牌1枚、铜牌2枚；参加市级比赛获团体冠军9个、单项（个人）金牌13枚、银牌10枚、铜牌8枚；沃家庄小学、济洛路小学在济南市小学篮球比赛中，分别获冠、亚军。

1993—1999年，重汽中学足球队连续7年分别夺得济南市中学生足球比赛冠、亚军。2003年，锦缠街小学棒球队参加在香港举办的“世界青少年棒球邀请赛”中获季军，在全国少年棒球锦标赛中获第5名，在亚洲少年棒球国际邀请赛中获第3名。无影山小学棒球队培养出数名国家级选手。2010年7月，济南市交校路小学获山东省第一届中、小学体育联赛小学男子组冠军，济南市汇文实验学校获第6名；济南市新苑小学获济南市中、小学排球联赛小学男子组冠军。8月4日，区体育局与区教育局、济南第十三中学联合承办第七届CSBA全国女子初中篮球锦标赛，济南第十三中学女子篮球队获亚军。

第三节　竞技体育

1991年，学生段志亮在福州举行的第二届全国特殊奥林匹克运动会上获金牌3枚、银牌1枚。以本区选手为主力的济南市代表队在全国“新兴杯”乒乓球比赛中，获儿童甲组团体冠军。1995年3月29日—31日，日本少年软式棒球国际交流协会所属鹭宫支部小学生队一行22人到天桥区进行访问比赛。天桥区代表队在全国“娃娃杯”乒乓球比赛中，获男子甲组团体冠军、男子乙组亚军。1997—1998年，天桥区组队参加济南市首届青少年运动会，获城区组团体总分第4名。2000年9月，组队参加济南市第二届青少年运动会,获金牌29枚,列城区组第5名。2002年10月24日,在山东省第20届运动会决赛中,天桥区培养输送的运动员取得金牌23枚、银牌12枚、铜牌8枚。其中何娜在女子射击项目中获金牌6枚。2003年4月—8月,济南市第三届青少年运动会举行,天桥区体育代表团由296名运动员组成,在各项比赛中获金牌52枚、银牌15枚、铜牌16枚,金牌总数和奖牌总数名列全市第2名,加上20届省运动会带入金牌30.82枚,天桥区代表团金牌总数为82.82枚。2007年5月—8月,济南市第四届青少年运动会举行,天桥区体育代表团由230余名运动员组成,参加柔道、举重、游泳、田径等14个大项比赛,获金牌33.7枚,总分804分。2009年,在第11届全国运动会上,天桥区运动员李琪交流代表四川队获女子跳水团体金牌1枚,并获女子双人10米台铜牌。2010年,在第16届亚州运动会上,天桥区运动员李越宏获男子25米手枪速射团体、个人金牌2枚。2011年,在济南市第五届青少年运动会暨第二届中、小学生运动会中,天桥区由760名运动员组成代表队,参加15个大项200个小项的比赛,获金牌48枚。

1994—2012年天桥区运动员获国际比赛冠军一览表

表25-8

年份	运动员	比赛地点	比赛名称	成绩
1994	江邵柱	山东泰安	泰山国际登山节	3次获男子中年组冠军。
1996	陈序华	山东泰安	泰山国际登山节	2次获女子中老年组冠军。
1998	陈序华	日本	亚洲老将运动会	1500米金牌、5000米金牌(破亚洲纪录)。
2008	冯杰	印度尼西亚	世界青少年散打锦标赛	男子散打56公斤级冠军。
2010	王玉虎	新加坡	第三届世界青少年散打锦标赛	男子散打70公斤级冠军。
2011	李越宏	广东广州	第十六届亚洲运动会	男子25米手枪速射团体金牌、个人金牌。

1991—2012年天桥区运动员获全国比赛冠军一览表

表25-9

年份	运动员	比赛地点	比赛名称	成绩
1991	段志亮	福州	第二届全国特殊奥林匹克运动会	个人单项3枚金牌
1991	王俊 常凯	北京	全国"新兴杯"乒乓球比赛	儿童甲组团体冠军
1994	陈序华	河南平顶山	"94元老杯"马拉松比赛	女子组冠军
1995	制锦市小学	河北唐山	全国少儿"娃娃杯"乒乓球比赛	男子甲组团体冠军
1996	陈序华	河南平顶山	"能源杯"全国马拉松比赛	女子组冠军
1996	江邵柱	河南平顶山	"能源杯"全国马拉松比赛	男子组冠军
1996	陈序华	江西景德镇	"红叶杯"全国长跑比赛	女子组冠军
1996	陈序华	北京	"醒狮杯"全国长跑比赛	女子组冠军

续表 25-9

年份	运动员	比赛地点	比赛名称	成绩
1997	陈序华	北京	“醒狮杯”全国长跑比赛	女子组冠军
2011	王玉虎	湖北武汉	全国青少年散打锦标赛	男子散打 75 公斤级冠军
2012	冯杰	陕西榆林	全国冠军赛	男子散打 65 公斤级冠军
2012	付高峰	陕西西安	全国武术散打冠军赛	男子散打 80 公斤级冠军

第四节　体育彩票

2005 年 9 月 8 日，天桥区体育彩票管理中心成立；辖区设立体育彩票销售站点 80 余处。彩票销售类型为即开型彩票和电脑彩票。2010 年 4 月，山东省体彩管理中心及全省各地市中心一行 30 余人，到天桥区进行观摩学习，实地参观区体育彩票管理中心。2012 年，全区体彩销售额 2.79 亿元，列全省各县（市）区第一名。

2009—2011 年，天桥区连续 3 年被评为山东省体育彩票工作十佳县市区。2012 年，获山东省体育彩票工作“特殊贡献奖”。

2005—2012 年天桥区体育彩票销量统计表

表 25-10

年份	即开型彩票（万元）	电脑彩票（万元）	总销售额（万元）	年增长率
2005	—	4500	4500	—
2006	—	3200	3200	—
2007	—	5165	5165	65%
2008	1726	5132	6858	33%
2009	2700	10100	12800	90%
2010	3675	13330	17005	26%
2011	5102	16800	21902	20%
2012	4360	23540	27900	22%

第五节　体育设施

1991—1996 年，辖区较大规模的体育设施有天桥区体育馆、济南第二工人文化宫体育场及驻区 2 所高校的标准体育场馆。1997 年始，省、市体育部门逐年拨付体彩公益金用于体育基础设施建设。根据第五次全国体育场地普查数据显示，辖区内体育用地面积由 1998 年 21.9 万平方米增至 2004 年 41.1 万平方米。人均体育用地面积由 0.46 平方米增至 0.98 平方米。

一、社区体育设施

2006 年，省、市体彩公益金为天桥区投入 71.5 万元，建设 1 个省级特色工程、6 个省级社区工程。2007 年 10 月，在天桥区投资 3000 余万元建成文体中心基础上，将天桥区体育馆场地改造为 2 层，一层设乒乓球、羽毛球、篮球、排球场地，二层设体能训练室、社会体育指导员培训中心和国民体质监测中心，东楼楼顶平台设网球活动中心。同时，在体育馆周边兴建体育设施，工程总投资300万元，2008年5月竣工。天桥区全民健身中心成为集健身、休闲、培训、国民体质监测于一体的功能齐备、设施一流的社区综合体育健身设施，被国家体育总局评为国家级社区体育健身俱乐部。2009—2012年，投入641万元，完成黄台国家级社区体育健身俱乐部工程、小清河全民健身工程和各项场馆建设，安装各类室内外健身器材1574件。全区15个街道（镇）配建14个健身苑、240个村（居）配建健身路径、15个社区新建65个篮球场及安装配套设施。2012年6月，边庄社区位于北园立交桥下面积8000平方米健身广场建成投入使用。区体育局每年拿出体彩公益金20万元用于健身器材维护，保障健身设施完好。

二、农村体育设施

2007—2010年，根据社会主义新农村体育设施建设要求，为大桥镇、桑梓店镇120个行政村建设140个农民体育健身工程，投入180.5万元，建筑面积6.2万平方米。其中达1个篮球场2个乒乓球台（以下简称“一场两台”）的村居76个，占地面积1.5公顷；低于“一场两台”的39个，占地面积0.87公顷；超出“一场两台”的8个，占地面积2.1公顷。2011年，根据天桥区统筹城乡发展的工作要求，投资60万元，为大桥镇11个村、桑梓店镇26个村新建37套健身设施，为建成投入使用3年以上的40个村（居）健身设施进行配套升级。2012年，投资6万元，为桑梓店镇老寨村、西秦村建设高标准室内健身房。至2012年年底，为大桥镇、桑梓店镇建设160个农民体育健身工程、6个健身广场和3个健身苑。投资209.5万元，建筑面积6.7万平方米，实现行政村体育设施全覆盖。

社区体育健身设施与社区文化墙相得益彰（2009年10月摄）

第十章 旅 游

天桥区旅游资源丰富，名泉、名山遍布全区。无影潭、小清河、济南动物园、五龙潭公园、济南百里黄河风景区等景区景点全市闻名，其中百里黄河公园被评为国家AAA级旅游风景区。鹊山都市农业产业园、达仁农场成为省级农业旅游示范点。2010年，天桥区推进“好客山东贺年会”“好客山东休闲汇”等大型活动；泺口服装城、齐鲁鞋城品牌港被评为山东省首批“好客山东”旅游休闲购物街区（商店）服务品牌和山东省金牌旅游购物商店。至2012年，辖区有旅行社14家、3A级风景区1个、省级农业旅游示范点2个、三星级农家乐2个、二星级农家乐1个。

第一节　旅游资源

一、泉

五龙潭　古名灰湾泉，位于旧城西门外江家池街，由泉水汇注而成。北魏时，水域广阔，是古大明湖的一隅，称为净池，其后有水练寨之称，宋时称四望湖。相传，昔日潭深莫测，每逢大旱，祷雨辄应，故元朝初年在潭侧建庙，内塑五方龙神，此后便称五龙潭。

五龙潭（2012 年 10 月摄）

东蜜脂泉　在原江家池街 34 号院内西隅，今位于五龙潭公园南门东侧江家池街 2 号院内西墙处。金《名泉录》、明《七十二泉诗》有著录。

东蜜脂泉（2012 年 12 月摄）

回马泉　位于东流水街 105 号院内。东邻古温泉，北与五龙潭溪流相通。1986 年归入五龙潭公园。

净池　原位于五龙潭北岸。1986 年建五龙潭公园时，与回马泉连在一起，扩大水面，称余乐池，并于水中放养锦鱼，建水榭，榭名鱼乐，取“鱼乐我乐”之意。

玉泉　位于五龙潭东南侧。因泉水清澈见底、晶莹如玉而得名。泉池面积 2 平方米，由自然石叠砌而成。泉水自隐于石中的圆管涌出，随着石隙蜿蜒东流，汇入五龙潭中。泉名刻在泉池上的自然石上，为当代书法家梁修于 1987 年书写。

玉泉（2006 年 6 月摄）

西蜜脂泉　位于五龙潭公园南门西侧关帝庙内。因水质甘甜而得名。西蜜脂泉水甘甜如蜜，胜过东蜜脂泉。西蜜脂泉池为块石垒砌而成，一泉两池，东西长约 6 米，宽 3 米，深 3 米。两池东西对称，相距 1 米左右；中间以石桥贯通，池岸围以古朴厚重的石栏杆，栏杆上雕有莲花纹饰。西蜜脂泉水势良好，盛水期泉溢池清，泉水汩汩自池底涌冒，而后从池北壁石洞往北潜流 30 米，由醴泉泉池南壁流出与醴泉泉水汇流，注入五龙潭。

西蜜脂泉（2009 年 6 月摄）

金泉　位于原江家池街 9 号院内，今关帝庙西院北侧。原为井形砖砌泉池，1993 年填埋，上建小房。2001 年修复，改为椭圆形泉池，自然石驳岸，直径约 3 米，深 1 米，泉水平流，合西蜜脂泉水沿暗道北流，注入五龙潭。

醴泉　位于原江家池街 7 号院内，今关帝庙北银行门前。因泉水甘甜得名。原泉池长方形，长 2.6 米，宽 1.9 米，深 1.8 米。今改为椭圆形，池壁西侧镌“醴泉”泉名。水面平静溢流，流量在 26.9 升 / 秒 ~ 52.5 升 / 秒之间，暗道东北注入五龙潭水。

赤泉　位于醴泉北，原江家池街 7 号院内。泉池为石砌长方形，碎石叠砌石壁，长 2.2 米，宽 1.75 米，深 2.2 米，水面平静溢流。2001 年填埋。

天镜泉　又名江家池，位于五龙潭公园西南隅。因泉水平明，日月星云倒影如天垂镜而得名。明朝江浚六世祖江湖，来济南定居在泉边，其后便俗称为江家池。明万历年间，山东提刑按察副使张鹤鸣以水面如镜，将其更名为天镜泉，明刘敕《历乘》有载，但人们仍俗称之为江家池。清代郝植恭将天镜泉收录《七十二泉记》。清道光《济南府志》又载：“天镜泉……即江家池，方广一亩，可鉴须眉。”天镜泉池长 14.5 米，宽 13.6 米，深 1.4 米，是五龙潭泉群中的第二大泉，最大涌水量 15500 立方米 / 日。“池涌千珠乱，天垂一镜明”，水流涌动，清澈见底，青藻浮动，鱼如穿梭，上下荡游。

七十三泉　位于五龙潭西南侧葡萄架下。泉池以自然石驳岸，玲珑别致，泉水由石缝中流出，汇入五龙潭。

七十三泉（2006 年 10 月摄）

潭西泉　位于五龙潭西南角，七十三泉北，名士阁南邻，因位于五龙潭西而得名。泉池长方形，青石砌岸，长 15 米，宽 10 米，深 2 米。东侧与五龙潭水相连，上架曲桥；南侧自然石上镌“潭西泉”泉名；西侧构“得月亭”；北侧池壁嵌“近水楼台”石刻，倒映池中。泉水自池底圆穴涌出，向四面漾出涟漪，浪花飞溅，盛水时节漫溢得月亭内石板，堪称奇观。

青泉　位于潭西泉西北、名士阁西侧，东为古历下亭遗址，北为武中奇书法展览馆。原以秦琼府邸之泉得名“琼泉”，后谐音为青泉。1965 年建泉池，石砌长方形，长 8 米，宽 6.7 米，深 1.3 米，北壁嵌“青泉”石刻，泉池四角植柳。泉水自池底圆穴涌出，向四面漾出涟漪，沿暗道东流注入五龙潭。

井泉　位于青泉北、武中奇书法展览馆廊下。泉池圆井形，原为砖砌，今改为石砌，上雕龙纹，下置六角石座，直径 0.5 米，深 2 米，今涸。

显明池泉　位于五龙潭北侧，原显明池街 21 号院内。本名鲜菱池，后谐音为“仙灵池”或‘显明池”。街亦以泉名，东起东流水街，南折为死胡同。1983 年填埋；1987 年恢复。泉池不规则，自然石驳岸，长 3 米，宽 2 米，深 2 米，自然石上镌“显明池”泉名。泉水平溢，合五龙潭水注入生产渠。

官家池 原位于裕宏后街 1 号院内。据说该池由官府命名，故名官家池。泉池由天然石垒砌，呈不规则形，池长 6 米，宽 4 米，深 3 米。此处地势低洼，泉水出涌标高水位为 26.3 米，比趵突泉出涌标高低半米余，在市区众泉中出流最早，断流最晚。水自池底多孔涌出，池内泉眼众多，水质清澈甘美，冬温夏凉，由东岸石上溢出，流落生产渠小河池面。官家池后归入五龙潭公园，属五龙潭泉群。

官家池（2006 年 10 月摄）

晴明泉 位于官家池泉北邻。原无名，1994 年，拟名。泉池石砌，上着栏杆，长 3 米，宽 3 米，深 1.8 米。泉水静溢平流，沿暗道入花溪。

聪耳泉 位于五龙潭公园内西北角，东临官家池。因泉池形似人耳，俗称耳朵泉。1994 年，拟为今名。泉水旺盛时，聪耳泉的水自池底涌出，沿池岸外溢遍地流淌，泉水就会漫过石板，漫溢到附近的濂泉，形成“清泉石上流”的景象。立夏之后，这里便成为孩子们嬉水玩耍的乐园。镇水兽、石蟹、石蛙等园林小品，也为“清泉石上流”的景观凭添几分情趣。

聪耳泉（2006 年 10 月摄）

裕宏泉 位于聪耳泉北 10 米处，原濂泉胡同 4 号院内。因附近原有“玉皇宫”，故正对街巷以谐音称“裕宏前街”“裕宏后街”，泉遂依街而得名。泉池呈“L”型，条石垒砌，长 4 米，宽 4 米，深 1.5 米。泉水上涌有气泡，流量在 7 升 / 秒 ~ 17 升 / 秒之间，平溢后合聪耳泉水北流，形成“清泉石上流”的奇观，注入濂泉泉池。

濂泉 原在济南濂泉胡同 2 号院内，1987 年扩建五龙潭公园时，街巷消失，街名注销，濂泉并入五龙潭公园。泉池以料石砌岸，长、宽各 20 米，深 2 米。泉水汇入花溪，水面静若平镜，时而有串串水泡自池底涌出，动静皆宜，别有风味。泉畔周围修竹郁森，巧石秀立，花木葱茏，美不胜收。丰水时节，濂泉之水破池而出，亭廊前石板路皆没于泉水之中，一幅“清泉石上流”的美景，令人心驰神往。如今，濂泉的名气越来越大，尤其是 2003 年盛水季节，它成为五龙

濂泉（2006 年 10 月摄）

潭泉群最早复涌的三大泉池之一。

贤清泉　又名悬清泉、李家池子、三娘子湾，位于东流水街北段路西。金《名泉碑》、明晏璧《七十二泉诗》、清郝植恭《七十二名泉》均有著录。贤清泉池呈不规则形，池长 10 ~ 14 米，宽 3 ~ 5 米，深 2.4 米，以块石砌壁。泉水自池底涌出，清澈如镜，荇藻漂浮。泉眼或如小趵突翻滚，或如珍珠串串竞冒。

灰池泉　乾隆《历城县志》云："在五龙潭东。"今所在不详。

混沙泉　乾隆《历城县志》云："在灰池南，流灰潸，入大清流灰湾，入大消，流灰湾，入大清河。"今所在不详。

灰湾泉　乾隆《历城县志》云："在五龙潭东。"今所在不详。

古温泉　位于东流水街，又称东流水泉，今位于五龙潭公园内，中共山东省委秘书处旧址北侧。清康熙年间，历城人张秀在此建园，名漪园，当地居民称其为张家园。泉水恒温，即便隆冬季节，朔风凛冽、大雪纷飞时，依然热气蒸腾，故称古温泉。

古温泉（2012 年 5 月摄）

洗心泉　位于尽铭园古温泉西侧，原东流水街 111 号济南药材公司门内。是东流水源头之一，取"清泉洗心"之意得名。泉池原为方池形，1964 年整修后与古温泉连于一体，涌水成波纹。

洗心泉（2012 年 7 月摄）

净水泉　位于洗心泉西侧，原东流水街 111 号济南药材公司前院内。是东流水源头之一，因泉水清澈而得名。1983 年 7 月，调查时仍独立成池，长 1. 4 米，宽 0.8 米，深 1 米，泉水平溢，流量在 5.7 升 / 秒 ~ 28. 7 升 / 秒之间。1985 年，与古温泉、洗心泉合为一池。该泉亦为古漪园旧迹。

东流泉　位于原东流水街 113 号，今山东省领导机关旧址西侧院内。是东流水源头之一，因东流水街而得名。1983 年 7 月，调查时已填埋；1987 年，恢复。泉池砌有护栏，长 2. 75 米，宽 0.8 米，深 2 米。泉水涌若珍珠，沿暗道向北注入古温泉、净水泉和洗心泉泉池。盛时于院内青石上漫溢四流，在古温泉泉池边形成小型瀑布。

月牙泉　位于东流水街，古温泉东。泉池中央矗立着一座蘑菇云状叠石景观。月牙泉最早见于清道光年间王培荀之《乡园忆旧录》。据该书记载："月牙泉，在西门外北巷中，形似初月，故名。水极清澈，有王氏宅临泉，隔一墙，内有巨石，蓄红鱼数十头，长几丈馀，粗如巨桶，不知养自何年。"后来王氏宅湮没，该泉便遗留在东流水街南首路东边。1964 年，曾对月牙泉池整修，泉池周围砌以高低错落的太湖石驳岸。当时恰逢中国第一颗原子弹试验成功，园艺师们遂用济南南部山区所特产的仲宫石，在水中叠砌成高达 3 米蘑菇云状石景。泉池水面扩大为长 13 米，宽 1.8 米，深 1.5 米。1987 年，扩建五龙潭公园时，随着东流水街消失，月牙泉被划入公园内。盛水时节，泉水由石窦向上吸，从石窦上端激出，水花四溅，云雾蒸腾；隆冬季节，飞瀑与冰瀑一动一静交相辉映，成为五龙潭公园一大奇景。

月牙泉（2012 年 9 月摄）

北洗钵泉　位于月牙泉西北角岸边。是东流水源头之一，因位于趵突泉公园内洗钵泉之北而得名。此泉原在一古庙中，解放后拆建为永盛东帽厂，泉留街上甃石尚有，后以土填埋。1987 年，恢复。泉池长方形，南立假山，四围石砌栏杆，长 1.5 米，宽 1 米，深 1.5 米。水势平静，沿暗道注入月牙泉泉池。

虬溪泉　位于五龙潭东侧，南临月牙泉。因泉水出露于状若虬龙的岩溪而得名。泉池呈不规则形，长、宽各 7 米，深 1.4 米。以自然石驳岸，参差错落，玲珑别致，情趣盎然，风格独具。北岸岩石上的“虬溪泉”名刻，由当代书法家朱学达题写。此泉水质纯净，清澈见底，泉水从石隙中溢出，沿石溪穿竹林，流入西护城河。据传，常饮此水能延年益寿，故附近居民纷纷到此取水饮用。

泺溪泉　位于月牙泉东南西护城河岸边，因自流成溪注入护城河。不规则泉池，自然石砌岸，长 19 米，宽 2 ~ 3 米，深 1.5 米。1983 年，调查时与河水混流；1997 年，扩大泉池，平流。泉边岸石上误刻泉名“东蜜脂泉”。

漪泉　清王钟霖《济南七十二名泉考》著录，王氏云：“漪泉，在温泉东北，张氏漪园泉也。王渔洋先生有记，跨泉水为亭堂楼阁，杨柳合抱，竹荷参差，级石陟高，南山前列如画。水入西城河，达北园，归小清河。志未详载。”今所在不详。

无影潭　位于无影山路与无影山中路交叉口东北方向，南距无影山中路 80 余米，因地处无影山而得名。此泉由多年挖砂逐渐形成，青石砌岸，面积 2.07 公顷。水源由沙坑岩石裂隙水涌汇聚而成，泉池水面标高 31.8 米，潭深 2.65 米，积水面积 5000 平方米，水质清澈，长年不涸，是济南七十二名泉之一。

无影潭（2008 年 7 月摄）

小无影潭　位于无影山街道浅水湾社区北侧，原天桥毛巾厂院内。此泉因多年挖沙逐渐形成，面积约 0.13 公顷，山石驳岸，绿柳环绕，中有四角小亭。泉水自潭底无数细微岩孔渗出，常年不涸。

迎仙泉　位于制锦市街道济南水务集团西北侧约 50 米处西圩子壕东岸。2001 年 9 月 22 日，清理河道时重新发现，济南市民周宝珊借附近英贤桥谐音命名为迎仙泉。泉池四壁用大理石修筑，搭建取水平台。泉边立杨炳云于 2009 年书“迎仙泉”碑。

云锦泉　清王钟霖《济南七十二名泉考》著录，王氏云：“元历城张文忠公养浩云庄之云锦池也。在城西北十里药山下。云庄久荒，泉殊未改”。王氏所云“药山下”当为标山下之误。今北园街道云锦社区张养浩墓前东西各有池塘 1 座，或为云锦泉旧迹。

五柳泉　清王钟霖《济南七十二名泉考》著录。王氏云：“在北园双桥寺西，流入小清河。北园纳北门所出明湖之水，稻畦菜圃，荷埂柳堤，村落皆桥通，来往为城北胜境。昔年自抚院荡舫由明湖出城，宛转北园间，随村可往直达小清河入大清河。元于思容《齐乘》尚言及此。今舫道久淤，游幸之区为膏腴之地矣。泉源无数，志未一载。第详北园桥名，殊觉减色，特以北园适中之五柳桥以名泉，则环城皆泉，似较全备。近北园有柳荫桥，泉水活泼，柳桥如画，亦可名柳荫泉。”今北园街道云锦社区五柳闸附近，当为五柳泉旧址。

鹊山泉 清王钟霖《济南七十二名泉考》著录。王氏云：“鹊山若屏，华山若钟，鹊西华东，辅弼济城。昔日鹊山斟李、杜诸公有诗。后湖废，近泺水即公会齐侯于泺之水也。鹊山下有泉，志未详载，特补之以媲华泉”。今泉址所在不详。

洗砚泉 清王士禛《香祖笔记》云：“历下孙氏，有别墅在济南郡城西北十里，而近其地，四面皆稻塍与鹊华两山相望，圃中有泉，相传赵松雪洗砚泉也。一日园丁治蔬畦，得石刻于土中，洗剔视之，乃松雪篆书二诗……”乾隆初年，此石刻存今北园街道戚家屯。原臧家屯中街旁，昔日有“一品泉”，圆井形，直径2米，井口覆青石，间隔成“品”字布局的三眼小井口，俗称“三眼井。”泉东为臧家屯，泉西为砚溪村，后填埋，或即王士禛所言之古洗砚泉。

田庄苇塘 位于泺口街道田庄社区附近。因靠近田庄而得名。泉水初露形态为渗流。泉池石砌正方形，边长1.1米。常年有水，水质清冽。泉池周围绿树夹岸，芦苇丛生。

铁匠泉 位于药山西侧崖石下。泉池为石砌方形，长宽各1.5米，深4米。泉水甘甜，从未干涸。以前是村民主要饮用水源，村内通自来水后仍有附近居民取泉水饮用。

二、山

药山 海拔125米，又名卢山、齐山、云山、阳起山。昔日，山下洞中产“阳起石”，可入药，故名“药山”。因其有大小九个山峰，山势险峻，怪石森耸，九峰并列，如同形态各异的莲花，又名“九顶莲花山”，俗称“小九峰”。峰下有洞，上有蜘蛛石，下有蛤蟆石。20世纪30年代，药山庙会规模之大，有“不上佛山上药山”之名。药山除盛产中药材以外，山上柏树参天，绿荫绵绵，泉水不绝。除自然景观之俊秀外，还包含有丰富的人文景观。在山北坡下有一条山水沟，山上泉水汇流于此，长年不断，沟上卧有一石板，名曰仙人桥，并立有牌匾。从仙人桥上山路叫“盘路”，位于主峰东南，弯弯曲曲，随沟就崖，进入主峰，盘路三分之二左右有一块平地，供游人休息后，通过十八盘，又陡又峭，以石凳为阶。过仙人桥必先经过戏楼，戏楼为前出檐呈羊角状，下挂一响铃，随风作响以传数里之外，戏台四角为木梁，上均雕龙刻凤，戏楼广场可容纳数百人，每年庙会开始前，观众提前几天来此等候并占据有利位置。在戏楼西北角有2棵三人合抱、50余米高的大杨树，此树在当地被誉为神树，每年庙会期间，2棵树均披带红袍以供之，百姓在树前烧香磕头求得一年的吉祥。沿戏楼往上走，过仙人桥即是五灵官庙，是屠户必供之神，老百姓有句话“上山不上山，先拜王灵官”，足见此庙在山中的地位；再向上走就到了八扎庙，供奉着姜子牙夫人的灵位；八扎庙上面是文昌庙，此庙是达官贵人所拜之神，以求得官运亨通，此神是由木头刻制，头戴乌纱帽，每年庙会期间抬出来供人参拜，结束后，抬入庙中；过了文昌庙即攀上顶峰，山顶建有三皇庙，即天皇、地皇、人皇大殿；西侧建有药王庙，同时还建有娘娘庙（也叫送子娘娘），结婚者到此烧香拜佛，以求得多子多福。

在主峰西北坡有一“跑石”，此石直径约20米，上大下小，形同伞状，据说，三国时期曹操的大军曾在此避雨。跑石东面有一石漏，名为“乌池碗”，无论冬夏，水滴不断，长年滴水成碗，叹为一绝的是此碗中的水冬天不结冰，可饮，且十分甘甜。次峰现有南石棚、北石棚，此两棚均为2块石头成“人’字形组成，十分壮观，可成一景。棚西南角有一奇石，形似青蛙，名曰蛤蟆石。北山坡有一块牛槽石，此石形同水槽，据说，原先有一牛常在此饮水，一天，有一猎人以箭射之不中，牛跑卧成山，即今卧牛山。山中有井2口，一曰苦水井，一曰甜水井，山下安乐镇村民以苦水井的水洗菜、浇地，以甜水井的水饮用，据村中老人讲，该村村民比邻村长寿者居多，均与此 2 口井有关。

1996 年始，在药山上修建景观、道路。至 2000 年，药山采沙场回填土方 30 余万立方米，植树乔灌木 10 万余株，投资 500 余万元。2002 年，药山生态环境基本恢复，药山公园建成。至 2012 年，药山人文景观还有情侣石、药山寺、药王庙。

鹊山　海拔 120.8 米，在黄河北岸，与泺口码头斜相对。相传昔日每年七八月间，乌鹊飞翔，布满山巅；又相传先秦名医扁鹊曾在这里炼丹，死后葬此，故名“鹊山”。此山无主峰，远望如翠屏。山上怪石嶙峋，有的突兀矗立，有的壁立千仞，有的悬空欲飞。山下原有“钟”“鼓”二石，以石击之，如钟鼓之声远扬数里。过去，树木颇多，松柏苍翠，满山葱郁。山坡上，枣、杏、桃、李杂生，春日花开，漫山灿然。其中以桂树最佳，每至秋日，清香盈野。唐宋时，山下一片汪洋，称“鹊山湖”。山凹中，古有砖砌矮墙，墙上挂有蒿帘，内有炉灶，相传为卢医扁鹊炼丹药处，时有缕缕清烟，袅袅上升，隐现于绿荫之中，景色奇特，人称“翠屏丹灶”，被列为旧时历下十六景之一。鹊山古迹众多。山西旧有鹊山寺，为宋时创建，坐北朝南，分为南北两院，内有佛爷、菩萨、罗汉等神像。有万善寺、扁鹊祠、鹊山亭、黄桑院、二郎炕等。历经沧桑，寺院已毁，传说的扁鹊坟存于山的西侧。坟为一土丘，前立清康熙三年（1664 年）石碑，上刻“春秋卢医扁鹊之墓”八字。丘上植有芙蓉树，枝叶茂盛，繁花胭红，将坟遮盖，颇有气势。

标山　海拔 55.2 米，位于济南城区北部。元代散曲家张养浩在《标山记》中曰：“盖土人以旁无他山，惟此若标可望，故以名之。”历代多有名人于此建别墅。张养浩的“云庄”即在标山附近，内有遂闲堂、处士庵、绰然亭（翠阴亭）等建筑。山上之石，层叠如铺，路径平整易登。山巅平阔，明万历年间曾建关帝庙。清乾隆五十五年（1790 年）建钟鼓二楼。楼为石质，四面单檐，柱刻楹联。仅存钟鼓二楼。

凤凰山　海拔 44.4 米，与标山相临，东为“凤凰”，西为“标”。昔日，两山同称标山。张养浩在《标山记》中即有记载：“绰然亭西三里有双山，曰‘标’。”清乾隆年间，举人钟廷瑛咏标山诗中也称两山为标山。该山，昔日树少，山石叠矗，势虽陂陀，但易登攀。山上有洞，如屋，可避风雨，元泰定元年（1324 年）三月，张养浩即偕同宾客，于洞中出觞更酌，咏古人闲适之诗。如今山上已经绿化，周围景色也佳。

马鞍山　海拔 85.9 米，位于城区北部，在药山之南。形似马鞍，故名。因城南亦有马鞍山，故又名北马鞍山。因山巅 2 个山头呈圆形，连在一起，一大一小，又名“日月轮”山。这里亦曾为古战场。齐晋“鞍之战”就发生在这里。《左传·成公二年》载：“六月……师陈于鞍，齐师败绩，逐之，三周华不注。”清人任宏远《鞍山》诗曰：“齐晋相将战鼓惊，只疑一笑一倾城。不堪极望华不注，唯有回车涧草生。”如今，山上土层很厚，树木茂密，浓荫蔽日。

粟山　海拔 61.4 米，位于城郊西北。因较小喻为“粟”。土层甚厚，花木丰茂，青青葱葱。上有真武庙，大殿坐北朝南，端庄古朴，并有偏殿相配。外围院墙，山门面南，内有松柏、石碣，古意甚浓。可由曲径登至山顶，远眺四周景色。

金牛山　海拔 48.6 米，位于济南动物园中。位于“齐烟九点”的中心位置。济南动物园曾因此山得名金牛公园，山顶建有金牛阁，登阁远眺鹊山、药山、马鞍山、标山、华山、匡山、千佛山尽收眼底。金牛山得名源自济南城一个古老的故事，传说华山金牛洞中金牛为了不被财主压榨跑至此处化作山峰，故而得名金牛山。1992 年 6 月，著名艺术家、济南人韩美林根据民间关于金牛山的传说，在金牛山东侧绿树环绕的草坪中创作一座巨型金牛雕塑。金牛为紫铜锻制，长 15 米，高 15 米，宽 7 米，重 30 吨，身驮金宝，昂首翘尾，两眼圆瞪，面对门坊，背靠青山，形态威武庄重，十分生动。著名书法家启功为金牛题写“天下第一牛”5 个巨型大字，2 位艺术大师的杰作珠联璧合。

黄冈　位于粟山南、无影山西。亦称黄岗、黄冈山。黄冈，“突起平冈，自西南而东北，长六七里，若城之外垣矣”（清乾隆三十八年《历城县志》）。过去，黄冈三面环水，南麓有源聚玉函山水的堤口洼。堤口洼之水分流于二：一自黄冈南，东北流，入于泺；一自黄冈北，东北流，为柳塘河（亦名柳姑河、柳沟），入于泺。黄河夺大清河入海后，改变了柳塘河的流向。清光绪三十一年（1905年），建长清睦里闸，引玉符河水东流，经吴家堡、匡山北与柳塘河合流，过林家桥入小清河。于是，柳塘河成为小清河的一部分。如今，堤口洼亦无踪迹可寻。黄冈，旧时为由齐河赴郡驿路。黄冈西麓，明代形成村落，村以铺递名，曰黄冈铺，后改为黄冈、黄岗。乾隆年间，黄冈属历城正西乡仙台。黄岗东面的黄岗岭，亦有村落，曰黄岗岭。20世纪50年代，两个自然村落，统称黄岗村。黄冈，在山东交通学院院内还有遗迹可寻。二株古槐、一株古柏，见证黄冈的沧桑：古柏在黄岗小学校内，胸径46厘米，树龄在300年以上；黄岗小学曾是明代所建三皇庙庙址。古槐一株在黄岗小学西邻，胸径71厘米，树龄在300年以上；1株在黄岗岭（今新苑小区花园西北处），老干（胸径达76.5厘米）枯死，所发新枝胸径已近30厘米，树下的古井亦有年岁。在黄冈东麓发现1座唐代墓葬，出土《故唐陪戎副尉太原王府君夫人陈留阮氏墓志铭并序》。20世纪70年代，在黄冈山麓出土《明故义士姚公墓志铭》。二墓志铭存济南博物馆，韩明祥《济南历代墓志铭》著录。

无影山 位于天桥区中西部。日中无影，故名。下纬六路高架桥，沿无影山路北行，至山东省气象局即为无影山最高点，海拔55.5米。无影山周边，因挖沙形成不少水坑，今存2处：无影山东麓的无影潭和东南麓的小无影潭，终年不涸。二潭，以山而名。2004年，新评“济南七十二名泉”将无影潭收入名录。2005年，小无影潭亦被收入《济南名泉名录》。无影山名于何时？未得其据。《天桥区志》收无影山民间传说二则，无影山在古时候，有“巨影山”“金鸡岭”之称。1914年出版的《济南指南》称其为武英山。清光绪二十年至二十三年（1894—1897年），山东巡抚李秉衡筹银12万两，扩建山东机器局，曾于无影山建造火药库20座，可储存火药40万磅。1927年出版的《济南快览》有：山东机器局（时称山东兵工厂），“因避危险起见，故军火成品皆储距厂七里之武英山”。1928年5月25日，日军炸毁无影山火药库，“午后一时许，20个药库果然同时爆发，天地震动，内存价值20余万元之无烟黄色火药，顿时化为乌有”（1928年，赵翊邦《无影山火药库被毁真相报告》）。《济南市志》说，无影山火药库被毁，“损失达20万元以上。办公房屋20余间亦毁，附近村庄民房震坍甚多”。1969年4月，无影山北麓11号西汉墓葬出土一组彩绘乐舞杂技陶俑，填补西汉时期杂技立体形象的实物空白，是迄今全国汉代墓葬出土文物中仅有的稀世珍宝，20世纪80年代被确定为“国宝”级文物。

黄台山 海拔61.4米，位于北园街道魏家庄社区北，北依黄河，南临小清河。黄台山得名于何，未得其据。《山东通志·疆域》有一说：“所谓黄台者，今之黄台桥也。而山随黄台得名。”黄台山，“左挹鹊山，右揖华不住，其西南一带即莲子湖故地也。稻畦蔬圃，回环映带，十余里不绝。林壑深美，最为胜处”（民国十五年《续修历城县志》）。小清河曾在黄台山南麓设有黄台港。在黄河与渤海舟运中断后，胶济铁路未建成前，小清河是济南与渤海联系的唯一通道。清光绪三十一年（1905年），胶济铁路黄台站至黄台板桥的“黄台桥支线”通车。清光绪三十二年（1906年），建成黄台港至泺口港以盐运为主的“清泺轻便铁路”（1913年，改建为标准轨）。当时，黄台港成为铁路、水路联运以及小清河、黄河联运枢纽。20世纪80年代，黄台港仍是小清河流域吞吐量较大的港口。明代，黄台山南麓形成2个村落，一曰魏家庄，一曰黄台山庄。20世纪50年代，2个自然村，统称黄台村。黄台山，过去“上有月明寺”（明《历乘》），寺内曾有明清、民国石碑20余通，东大殿有释迦穆尼塑像，西大殿为老子塑像，西小院有地母殿，寺前建有戏台。1946年，国民党军队在月明寺修建炮楼，塑像全部被毁。1963年，寺院全部拆除。黄台山也因经常被采石，已无昔日的风貌，今在黄台山东、西麓，还能看到“山”的模样。清末，历城儒生解鉴在黄台山设帐教书，其所著《益智录》一书，诫恶劝善广为流传。1959年，在黄台山出土贝壳2500千克。1974年，在黄台山东麓发现1座东汉墓葬，出土的汉画像石线条流畅，形象准确、细腻、生动，其中的七盘舞画像石为“七盘仰置”提供了实物资料。1988年，在黄台山西麓出土五铢钱及宋元时期铜币50余千克。

紫荆山　亦名荆山。清康熙六十一年（1722年）《重修历城县志》称：“紫荆山，相传田正哭紫荆处。”清乾隆三十八年《历城县志》载：“田正非县人，此俗传之误。”山名，缘其间多紫荆，故云。紫荆山，曾是济南“齐烟九点”之一。紫荆山的位置，元代张养浩《游紫荆山记》有：“紫荆山，在云庄西三里而近。”清乾隆三十八年（1773年）《历城县志》有：“标山之北里许，为紫荆山。泺水经标山北，紫荆山南，而西北注于大清河。”云庄，张养浩故里，因张公葬此，村曾名张公坟。张公坟村由云庄、五柳闸2个自然村组成，今为北园街道的柳云社区。1996年前，紫荆山在小清河北岸；1996年，将小清河曲折河道东西取直。紫荆山今位于津浦铁路西邻、小清河南岸、林桥社区北。今天的紫荆山，三面环屋，占地面积约10平方米的硕石微露地面，散石数块，周无树木，总面积不足一分，与张养浩目中紫荆山“平地隆起，不峻而孤。石苍翠可挹，周环仅二亩许，林树蔚然”，相距甚远。“齐烟九点”已无此点。

狗屎山　海拔28米，是济南市面积最小的一座山，位于标山北、小清河南岸，与济南动物园相对，处于济泺路路东绿化带中。20世纪20年代，修建济泺路时，开采狗屎山。开采后的狗屎山，仅存高出地面约2米、直径约3米的几组石头。当时，所采狗屎山之石，多数用于济泺桥的建设。20世纪80年代，拓宽济泺路时，为保存狗屎山，济泺路在此拐了一个小弯。

梅花山　位于黄河北岸，鹊山以西。海拔25米。山附近村落呈梅花状，名梅花村，山因村名而定。

南小山　位于黄河北岸，鹊山以南。清光绪八年（1882年），东纸坊居民被黄河淹后迁于此，取名南小山村。

三、景区景点

小清河景区　1991—2011年期间，小清河天桥区段经过3次综合治理工程，再现碧波荡漾、鱼儿游弋景观，“清河烟岚”入选泉城新八景。2012年4月29日，小清河济南段复航，通航河段自东向西分别设东环码头、盐仓码头、板桥码头、历黄路码头、五柳岛码头，全长4.6千米。沿途有五柳岛、盐仓码头遗址、小清河综合治理展览馆、板桥飞鹞、清河叠桥、航运桥、木栈道、沿河壁画，形成小清河特有景观。

济南动物园　1959年10月开始修建，占地面积70公顷。先后取名为金牛公园、金牛动物园，1989年9月定名为济南动物园。该园按照动物进化顺序，结合自然地势，分别设有百鸟乐园、熊猫馆、猩猩馆、狮虎山、猴山、海豹池、鹿苑、河马馆、熊圈、大象馆、宠物乐园等，有动物300余种、5000余只（头、匹）。其中属

济南动物园（2011年5月摄）

于国家重点保护的一类动物如大熊猫、金丝猴等14种，二类动物24种，国外动物15种。10月1日，建成占地面积3公顷的百鸟乐园，有各种雉鸡、游禽、涉禽、鸣禽等鸟类130余种。1995年，被建设部命名为“全国十佳动物园”。1999年，建成孔雀散养区。2000年，投资80万元建成占地面积3.33公顷“走近自然生态展区”。2001年，自筹资金100万元，建成“小小动物园”。动物园中，最引人注目的当属金牛山顶的金光阁。阁高12米、长24米、宽18米，建筑面积716平方米。阁内悬挂着当代著名书法家舒同题写的木刻楹联“轻松绕画阁，白水望金牛”。沿阶梯登阁，举目四望，山峦起伏，黄河东流，绿波沃野，楼宇林立，济南风光尽收眼底。“天下第一牛”大型雕塑，位于金牛山东侧，正对动物园大门。铜牛长15米，高15米，宽7米，重30吨，是迄今已知世界上最大者。至2012年，年客流量300余万人次。

五龙潭景区 位于济南旧城西门外，泺源桥北，因内有泉池五龙潭而得名。南邻趵突泉，北连大明湖，是济南著名的四大泉群之一。景区面积7.8万平方米，其中水面积8000平方米，以潭、池、溪、港等景观构成。

据《水经注》记载，北魏时这里水域颇大，称“净池”，为大明湖之一隅，池边建有“客亭”，唐代称“历下亭”，唐天宝四年，著名诗人杜甫与李邕在此宴饮，即席写下“海右此亭古，济南名士多”诗句。宋代称“四望湖”，元代时水面缩小。相传，五龙潭昔日水深莫测，每逢大旱，祈雨则应；故元代有好事者在潭边建庙，内塑五方龙神，自此便改称为五龙潭。

1985年，遵照国务院对济南市总体规划“突出泉城特有风貌”的要求，重新规划，进行扩建。1986年3月动工，1987年9月27日建成。将五龙潭泉群周围天镜泉、回马泉、古温泉、月牙泉等26个泉池连于一体。浚池砌岸，堆山叠石，植花木，建亭阁，设碑廊，焕然一新。建成时，五龙潭公园面积5.44万平方米。2010年年初，完成五龙潭北区扩建工程，新建秦琼祠堂，重修贤清榭。12月，环城河实现全线通航，形成国内独一无二的泉水游览景观带，通过游船画舫将趵突泉、黑虎泉、五龙潭三大泉群71个名泉以及趵突泉公园、环城公园、五龙潭公园、大明湖风景名胜区连接在一起，形成天下第一泉风景区。至2012年，年客流量300余万人次。

五龙潭（2009年10月摄）

五龙潭景区内，散布着形态各异的多个古名泉，构成济南四大泉群之一的五龙潭泉群。环绕诸多泉池，形成庞大的五龙潭泉系并成为四大泉群中水质最好的泉群。这里群泉竞生，溪水横流，景色宜人，有柳丝蘸波、鸣禽啾啾、荇藻漂浮、锦鱼戏游美景；有“夹岸桃花，恍若仙境”美誉。

景区内主要有五龙潭、东蜜脂泉、官家池、月牙泉、玉泉、回马泉、古温泉、感应泉等20余个名泉，其中列于济南72名泉中的就有五龙潭、天镜泉、玉泉、月牙泉、濂泉、东蜜脂泉、贤清泉、官家池、古温泉、回马泉、虬溪等11个。

济南百里黄河风景区 景区以旅游、生态、文化、运动健身为主体，集工程、水域、自然、人文景观于一身。景区有被誉为中国“水上长城”的黄河堤防、险工、涵闸等，水域景观有“悬河”之称的黄河和与之相连的鹊山、玉清湖水库。生态景观有大面积、多树种生态林，自然景观有黄河湿地自然保护区，大量野生鸟类在此繁衍生息。2003 年，被水利部命名为国家水利风景区；被中共山东省委、省政府确定为山东黄河绿色风貌带建设示范窗口，并纳入省会济南“山、泉、湖、河、城”旅游定编线路。2009 年，被评定为国家 AAA 级旅游景区。景区文化底蕴深厚，毛泽东、周恩来等党和国家领导人曾多次视察黄河，济南“齐烟九点”之鹊山、华山、药山偎依在母亲河畔。元代著名书画家赵孟頫的《鹊华秋色》，描绘泺口黄河的美丽景观。此外，玉带束腰的百年铁路老桥、斜拉式公路桥、泺口古渡浮桥为古老母亲河更添几分妩媚姿色，形成景区独特景观。至 2012 年，增加沙滩跑马、CS 搏击、素质拓展等项目，景区形成集景观旅游、运动休闲、农业观光于一体的综合自然风景区。

第二节　旅游开发

一、鹊山都市农业产业园

位于黄河北部鹊山脚下的鹊山南社区，与鹊山水库和鹊山龙湖水景园相邻。2009 年，天桥区龙湖生态农业观光专业合作社投资建设，为 2010 年、2011 年度市级重点园区。园区规划占地面积 54.5 公顷，以保护和开发北园莲藕为主题，打造黄河边第一家莲藕博览园，创建“鹊山金宝”农产品知名品牌，是集生产、生态和生活功能齐全的全市一流都市农业园区。园区分为莲藕种植观光、水产养殖与垂钓、珍禽养殖、种植采摘、娱乐游玩、餐饮文化功能区，投资 1000 余万元。2012 年，被评为省级农业旅游示范点。

鹊山都市农业产业园（2010 年 7 月摄）

二、达仁农场

2010 年 3 月，大桥镇筹建达仁生态农业园。生态农业园占地面积 15.18 公顷，是一家从事生态养殖、无公害绿色蔬菜种植、休闲垂钓，并提供特色农家饭及休闲体验的综合性企业。生态养殖及农业休闲旅游作为主要发展方向，以点带面，打造健康农业品牌。2011 年，被评为山东省首批三星级农家乐。2012 年，成功举办首届天桥区达仁百合节，被评为省级农业旅游示范点。

三、荷塘人家

2010 年，荷塘人家生态农业观光专业合作社筹建。2011 年，被列为市级新建园区。园区位于大桥镇大吴村村南，308 国道、309 国道之间，鹊山水库北邻，距龙湖湿地 500 米，交通便利，自然环境优越。规划占地面积 83.16 公顷，核心区面积 23.1 公顷，计划总投资 850 万元。规划建设莲藕种植区、观赏采摘区、风情垂钓区、农业体验教育区、特种养殖区和餐饮娱乐区，投资 100 余万元。“荷塘人家”牌莲藕通过无公害农产品认证。2012 年，经营收益 30 万元，安置剩余劳动力 10 人，带动周边农村 30 余户发展莲藕种植业。

荷塘人家（2010 年 2 月摄）

四、鹊山龙湖

2007 年 9 月 29 日，中共山东省委常委扩大会议确定创建鹊山龙湖国家级旅游度假区，并

鹊山龙湖（2011 年 6 月摄）

将其纳入全省重点旅游招商项目。项目位于黄河北展区济南段，范围为济南建邦黄河大桥以东，济邯铁路以西，北展大堤以南，黄河北大坝以北区域，占地面积约 1750 公顷，2012 年 2 月 27 日，济南市第十五届人大第一次会议把推进和加快济南市“北跨”战略、拓展济南发展空间的意见建议确定为大会的唯一议案，作为“北跨”战略支点的鹊山龙湖项目已成为济南市北跨战略实施的重要载体之一。天桥区按照“产业引领、规划先行”的原则，把鹊山龙湖打造成旅游文化产业集聚区，为济南北跨提供战略支撑，促进黄河北地区经济、社会发展。至年底，项目进行规划策划、总体规划设计及部分工程建设。

第三节　旅游管理

2008 年 10 月，天桥区商业贸易局加挂天桥区旅游局牌子，天桥区旅游局成立。2009 年，参加“山水圣人”“全国百城旅游宣传周”推介会、发放景区免费门票和宣传资料，推介辖区风景名胜，对全区星级饭店和相当星级饭店进行摸底和排序，与济南阳光商务、济南龙都大酒店等 9 个接待饭店签订协议。按照“好客山东”旅游服务标准要求，开展打非治违抓责任活动。11 月，百里黄河公园被评为国家 AAA 级旅游风景区。

2010 年，天桥区文化局加挂天桥区旅游局牌子，旅游局职责划入天桥区文化局。区旅游局推进“好客山东贺年会”“好客山东休闲汇”活动，泺口服装城、齐鲁鞋城品牌港被评为山东省首批“好客山东”旅游休闲购物街区（商店）服务品牌和山东省金牌旅游购物商店。2011 年，济南百里黄河天桥段被省旅游局收录为山东省百个著名景区之一，被市旅游局推荐为“迎高铁游在泉城”7 个景点之首。鹊山都市农业产业园、荷塘人家、达仁农场被推荐入册济南市乡村旅游地图。达仁农场被评为省级农业旅游示范点，鹊山都市产业园和达仁农场被评为山东省首批三星级农家乐，荷塘人家被评为二星级农家乐。北园莲藕、宏济堂阿胶被作为济南市旅游购物指定商品，收录入册。除原有 8 家星级饭店外，区内 11 家非星级宾馆饭店再次被确定为旅游定点接待单位。至 2012 年年底，辖区有旅行社 14 家、3A 级风景区 1 个、省级农业旅游示范点 1 个、三星级农家乐 2 个、二星级农家乐 1 个。

第二十六篇
医疗卫生

山东大学第二医院（2012年5月摄）

济南第四人民医院（2012年8月摄）

1991 年，天桥区区属卫生事业机构 5 家，其中医疗机构 2 家、卫生防疫机构 1 家、妇幼保健机构 1 家、爱国卫生机构 1 家。1993 年，《天桥区医疗制度改革试行办法》实施。1998 年，实行卫生行政全行业管理。2005 年，新型农村合作医疗启动。2008 年，完成村卫生室标准化和社区卫生服务体系建设。2010 年，建成区域卫生信息化平台，实现农民电子健康档案信息化管理。2012 年，天桥区医疗机构 521 家，其中区属医疗机构 121 家、驻区医疗机构 400 家。全区卫生专业技术人员 1.03 万人，其中高级职称医务人员 1475 人、中级职称医务人员 3295 人。村级卫生室 71 个，具有执业资格乡村医生 181 人。全区各级医疗机构开设床位 7842 张，万元以上医疗设备 2222 台（件）。全区参加新型农村合作医疗 7.46 万人，参合率 100%。

第一章　医疗卫生体制改革

20 世纪 90 年代初，医疗卫生改革进入深化阶段。1997 年 3 月，中共天桥区委、区政府下发《关于卫生改革与发展的意见》，区卫生系统通过实施综合目标责任制改革的院长负责制，完善医疗机构内部运行机制；实施“总量控制、结构调整”的医保费用改革，推进“三医”（医疗、医药、医保）联动改革的制定和深化。

第一节　管理体制改革

1992 年 8 月，根据《山东省医疗机构收费标准》，提高手术费、治疗费、化验费、检查费收费标准。1999 年，推行专业技术职务聘任制度，实行科学设岗、竞争上岗和聘约化管理。2000 年 9 月，按照《山东省医疗机构收费项目及收费标准》，降低大型医疗设备检查收费标准，提高医疗技术劳务收费标准，增设诊疗费、护理费、挂号费、床位费、手术费等收费项目。

2001 年，落实国家中医药管理局《关于城镇医疗机构分类管理的实施意见》，实施城区医疗机构分类管理。2003 年，实施行政执法和有偿服务分离，划分卫生监督与卫生技术服务职能，撤销天桥区防疫站，组建天桥区卫生监督所和疾病预防控制中心。2004 年，区卫生局增设卫生应急办公室。2005 年 10 月，卫生应急办公室下设食品安全协调委员会。大桥镇卫生院实现“镇办区管”，镇卫生院院长试行年薪考核制。2007 年，天桥区医改办成立，天桥人民医院转型为天桥社区卫生服务管理中心。镇卫生院人员、业务、经费上划区级管理。大桥镇、桑梓店镇卫生院财政经费政府给予 60% 差额补助。2008 年 9 月，天桥区被国务院确定为全国社区卫生服务体系建设重点联系城市试点区，天桥人民医院成为济南市

2012 年 10 月，区卫生局先进事迹巡讲报告会。

社区卫生服务体系试点医院。2009 年，增加益康社区和明湖北路社区卫生服务站为医保门规定点机构。2010 年，天桥区社区卫生服务机构全部纳入济南市城镇职工基本医疗保险门诊规定病种定点社区卫生服务机构。2012 年，全区社区卫生服务机构家庭医生式服务模式建成。

第二节　公费医疗制度改革

1989 年，济南市人民政府对公费医疗实行分级管理，由市统管改为市、区两级管理，区属单位连同年度经费一起划拨到所在区管理。天桥区公费医疗办公室成立。1991 年，全区公费医疗经费包干、定点就医，医疗费为每人每年 60 元。门诊治疗费用在职干部职工个人负担 15%、退休人员个人负担 10%。

1993 年，《天桥区公费医疗制度改革试行办法》实施。规定公费医疗定额为年人均 450 元（镇属享受人员另定），按月划拨到区公费医疗办公室。采取两定点（定点治疗、定点医院管理）、三挂钩（单位、个人、国家）办法，门诊费用个人负担 50%，住院费用个人负担 20%；离休干部、伤残军人年医疗费分别为360元、250元，个人暂不负担；在职退休人员年人均医疗费定额标准由 60 元增至 100 元。

1995 年 5 月，区公费医疗办公室职能划归天桥区劳动和社会保障局。6 月，成立区医疗保险管理委员会，推行普通疾病和重大疾病两种医疗保险形式。职工普通疾病医疗保险金，由区镇财政、投保单位和个人按 150 元、60 元、30 元分担，二等乙级以上伤残军人由区镇财政负担。离休干部、二等乙级以上伤残军人和副区级以上领导干部在原标准基础上提高 10%。

2000 年，天桥人民医院成立公费医疗管理科，负责全区公费医疗工作。2004 年，《天桥区基本医疗保障制度试行办法》《天桥区基本医疗保障制度实施细则》《天桥区医疗保障用药报销范围》相继实施。

2009 年，调整后的《天桥区基本医疗保障制度试行办法》规定，享受公费医疗在职人员在定点医疗机构就诊个人承担 18%，退休人员在定点医疗机构就诊个人承担 15%，经批准转外院的在职和退休人员转入市级医院个人承担 30%，转入省级以上医院个人承担 33%。二等乙级以上革命伤残军人以及老红军、中华人民共和国成立前参加革命工作且按本人原工资百分之百享受退休待遇退休人员、公伤人员医药费属报销范围的据实报销。至 2012 年，按上述规定执行。

2008 年 10 月 17 日，济南市社区卫生服务体系建设现场经验交流会在天桥区召开。

第三节　农村合作医疗制度改革

1991 年 8 月，农村合作医疗制度启动，合作形式由合医不合药发展为合医合药。1995 年，全区乡镇农村合作医疗制度受益人口 120.2 万人。2005 年 12 月，天桥区作为济南市试点区，启动新型农村合作医疗工作（简称“新农合”）。先后下发《中共天桥区委、天桥区人民政府关于建立新型农村合作医疗制度的意见》《天桥区新型农村合作医疗管理办法》，成立天桥区新型农村合作医疗管理委员会和天桥区新型农村合作医疗监督委员会。农民以户为单位自愿参加合作医疗，就医按规定比例报销。2006—2008年，年人均筹资标准分别为20元、50元、70元，参合人数分别为6.91万人、6.96万人和7.19万人，参合率分别为90.8%、96.24%、98.12%。镇、村两级覆盖率保持100%。2007年，天桥区被列为新农合省级试点区。至2008年，筹集新农合资金1109.2万元，受益农民13.5万余人次，补偿资金1013万元，资金使用率91.32%。农民看病贵问题得到有效缓解。2009年，新增4名新农合编制人员。

至2012年，人均筹资300元（省、市、区政府补贴240元），新农合镇村覆盖率100%。参合农民由2007年6.96万人增至7.46万人，参合率由96.24%增至100%。大桥镇、桑梓店镇卫生院，靳家门诊部和71所定点村卫生室新农合报销窗口均安装新农合报销系统软件，实行微机化管理和一站式补偿。强化药品监管，实行集中采购、定点购买、统一配送，严控目录外用药。不断提高补偿比例，补偿封顶线由1万元增至15万元。将儿童先天性心脏病、白血病、单纯性唇裂列入重大疾病保障，实行按病种付费，限额内医药费用新农合补偿70%；将重症精神病、乳腺癌、宫颈癌、终末期肾病、血友病纳入大病保障，住院费用补偿70%；中医药补偿增至95%。实施国家基本药物制度，全区71家村级卫生室启动改革，100%实施基本药物零差率销售，成为济南市率先实现基本药物零差率销售城乡全覆盖区。

第四节　城镇职工医疗保险制度改革

2002年，《济南市城镇职工基本医疗保险暂行办法》实施，规定基本医疗保险费由用人单位按照职工月工资总额8%进行缴纳，职工按本人月工资总额2%由所在单位按月代扣代缴。退休人员个人不缴费。职工月缴费工资低于本市上年度职工月平均工资60%的，单位和个人均按本市上年度职工月平均工资60%为基数缴纳。国有企业和县以上集体企业进入企业再就业服务中心下岗职工的单位缴费和个人缴费，均由企业按照本市上年度职工月平均工资60%为基数缴纳。

2005年，天桥区启动城镇职工基本医疗保险工作。2007年，落实《济南市城镇职工基本医疗保险暂行办法》、济南市劳动和社会保障局《关于农民工参加医疗保险的意见》，基本医疗保险基金和农民工医疗保险基金最高支付限额在原6万元基础上均调至7.7万元。2008年，上述两项保险基金最高支付限额均调至9万元。至2012年，基本医疗保险统筹基金起付标准保持不变。即一级医疗机构起付标准为400元、二级医疗机构起付标准为700元、三级医疗机构起付标准为1000元；门诊规定病种起付标准为400元。全区参加基本医疗保险的城镇职工13.57万人。

2011年12月31日，天桥区村卫生室实施国家基本药物制度动员大会。

第二章　医　疗

1991年，区属卫生事业机构5家，门诊部、卫生院14家。1992年始，医疗机构逐年增加，医疗条件逐步改善，医疗服务水平全面提高。2012年，全区各类医疗机构521家。121家区属医疗机构医疗床位3204张，卫生专业技术人员6651人；每千人拥有床位6.3张、卫生专业技术人员8人；万元以上诊疗设备2222台，总价值4.23亿元。

第一节　医疗机构

1991年，区属卫生事业机构5家，门诊部、卫生院14家，床位313张，业务收入851万元。2003年，局属事业单位9家，非营利性医疗机构158家，其中政府举办非营利性医疗机构3家，其他非营利性医疗机构、镇卫生院3家。2012年，全区医疗机构521家，其中区属医疗机构121家、驻区医疗机构400家。医疗机构房屋建筑面积35.63万平方米，业务用房面积22.34万平方米。年健康检查人数9.24万人；年诊疗398.9万人次，日均1.09万人次；门急诊369.5万人次，急诊抢救成功率95.89%；住院6.5万人次，病床使用率80.46%。全区一级医疗机构多建于20世纪八、九十年代，二级以上公立医疗机构多建于20世纪五、六十年代。重点医院有天桥人民医院和天桥第二人民医院。

一、区属医疗机构

（一）天桥人民医院。该院是二级乙等综合医院，属区财政差额拨款全民事业单位。前身是天桥区联合诊所，1975年，更名为天桥人民医院。1994年，经山东省卫生厅评审，取得二级乙等医院资格。2001年，被核定为非营利性医疗机构。2004年，取得医疗保险定点资格。2005年，社区医保工作启动，医院建有医保网络HIS系统；建立保健干部科门诊、病房，离休干部二类保健系统正式运行；成立康复科，负责全区残疾人康复工作。2007年9月，天桥区被确定为全国社区卫生服务体系建设重点联系城市试点区，天桥人民医院成为济南市唯一社区卫生服务体系建设试点医院，配备双排螺旋CT、彩色B超、大型全自动生化仪、心电远程监护仪、颅脑多普勒等大型医疗设备20台（套），是区属医疗服务主导医院，全市城镇职工医疗保险及门诊定点医疗机构。2012年，医院占地面积0.5公顷，房屋建筑面积8800平方米，业务用房建筑面积6000平方米。在职职工400余人，其中专业技术人员218人，高、中级职称127人，管理人员9人。内设科室28个，下设社区卫生服务中心5个、社区卫生服务站7个；承担天桥区8100余人公费医疗和10余个街道20余万居民健康教育、预防、保健、康复、计划生育技术服务和一般常见病、多发病诊疗服务。年门诊29.6万人次，其中院部门诊6.94万人次、下辖社区卫生服务中心（站）门诊22.66万人次。院址：天桥区天桥街25号。

天桥人民医院（2008年8月摄）

（二）天桥第二人民医院（济南市精神卫生中心）。始建于 1958 年，是集精神疾病临床、科研、防治于一体的精神病专科医院，承担济南市精神疾病预防、诊疗、康复和各县（市）区精神疾病预防业务指导，以及制定济南市精神障碍预防控制政策、措施，并提供科学依据和决策咨询。1990 年，开办天桥区精神病防治院；1992 年，挂牌济南市精神病防治中心。1996 年，更名为天桥第二人民医院。2004 年，确定为济南市精神卫生康复中心。2006 年，更名为济南市精神卫生中心，成立济南市首家医学心理咨询中心。2012 年，医院房屋建筑面积 1.1 万平方米，业务用房建筑面积 8500 平方米，床位 320 张，下设 4 个临床精神科病区和心理咨询中心（开放式病区）、孝子病房病区，设精神科普通门诊、精神科中医门诊、精神科专家门诊、心理咨询门诊等门诊科室。医院在编职工 58 人，其中专业技术人员 50 人；聘用临时专业技术人员 95 人。医院建立精神病防治网络系统，中医治疗精神病是特色。承办北园社区卫生服务中心、香磨李社区和杨庄社区卫生服务站，是山东省、济南市城镇职工医疗保险和新农合医疗保险定点医疗机构。年门诊 3.28 万人次，全年入院病人 685 人次，病床使用率 93.9%。院址：天桥区标山路 10 号。

2012 年 9 月 12 日，副区长王芳（右三）、区卫生局局长毕思忠（左三）等领导为大桥镇卫生院靳家门诊部综合楼培土奠基。

（三）大桥镇卫生院。始建于 1956 年，是一所集医疗、急救、预防、保健于一体的综合性卫生院，承担全镇居民常见病多发病诊治、妇幼保健、计划免疫、健康教育、爱国卫生等工作。1996 年，由大王村迁至马店二区。2001 年，新建面积 1600 平方米门诊楼。2004 年，原靳家乡卫生院并入大桥镇卫生院。2012 年，职工 60 人，全部为专业技术人员；床位 40 张，配备中心供氧、病房呼叫系统。有 500 毫安遥控大型 X 光机、B 超、彩超、心电图、血生化分析仪、血流变分析仪、经颅多普勒、母婴监护仪等医疗设备，配备救护车 2 辆。设内科、外科、妇科、中医科、口腔科、护理组、放射科、B 超心电图室、化验室、手术室、预防保健等科室，能开展普通外科、骨外科、妇科等手术。院址：天桥区大桥镇马店二区。

（四）桑梓店镇卫生院。始建于 1958 年，是一所集医疗、急救、预防、保健于一体的综合性卫生院。承担全镇 3.5 万居民疾病诊治、妇幼保健、计划免疫、健康教育、爱国卫生等任务。是由天桥区卫生局管理的乙级乙等综合性医院，属财政差额拨款全民事业单位。2012 年，医院占地面积 0.33 公顷，业务用房面积 2600 平方米，在职在编人员 41 人，其中专业技术人员 36 人。门诊设内科、外科、妇科、儿科、中医科、口腔科，辅助科室有检验科、放射科、心电图科、手术室等。床位 40 张，配备 500 毫安双床双管遥控 X 光机、彩超、心电工作站、血球分析仪、半自动血生化分析仪等医疗设备。院址：天桥区桑梓店镇桑梓店村 27 号。

二、驻区医疗机构

1991 年，天桥区有驻区医院 3 家、部队医院 2 家、厂企职工医院 10 家、厂企其他医疗机构 174 家、其他社会办医疗机构 45 家、农村卫生室 45 家。2003 年，有企事业单位为内部职工服务的医疗机构 132 家；医院分支机构 20 家；营利性医疗机构 96 家，其中社会办医院 3 家、社会办门诊部（所）93 家。2012 年，驻区医疗机构 400 家，其中卫生部发证医院 1 家（山东大学第二附属医院）、省级医院 2 家（山东省交通医院、山东省医科院附属医院）、市级医院 3 家（济南市第四人民医院、重汽医院和黄河医院）、军队医院2家（济南军区总医院、空军济南医院）、市卫生局发证民营医院18家、区卫生局发证民营医院10家、小型医疗机构（包括各类诊所、门诊部、医务室、卫生所等机构）364家。

（一）济南军区总医院。前身是山东军区直属医院，1954年9月，与华东军区第二〇陆军医院合编为中国人民解放军第九〇医院。1956年2月，医院改组为济南军区总医院，隶属济南军区后勤部，是集医疗、教学、科研、预防、保健于一体的现代化综合性三级甲等医院。2012年，有各类专业技术人员1400余人，其中高级专业技术职务专家284人，硕士、博士研究生299人，享受国务院政府特殊津贴专家21人，军区专业技术拔尖人才46人。获各类成果奖69项，承担国家和军队科研课题45项。病床1100余张，设临床、医技科室49个，年门诊量近40万人次，收容病人2万余人次，开展手术1.2万余例次。有创伤骨科中心等6个国家与全军专科技术中心和消化内科等10个军区专科中心。有核磁共振、螺旋CT、双向数字剪影X光机、全身X刀、后装治疗机、直线加速器、超级准分子激光治疗机、多弹头自动导航RF肝癌治疗系统、高压氧舱群、全自动生化分析仪、全自动酶标仪、基因扩增仪、血细胞分离机等医疗设备681台(套)。院址:天桥区师范路25号。

济南军区总医院门诊楼（2009年6月摄）

（二）空军济南医院。是三级甲等综合性医院，济南市城镇职工基本医疗保险、生育保险定点医院，山东大学教学医院，爱婴医院。2012年，有临床医学学科专业38个，其中神经内科、优生优育指导中心为济南军区医学专业研究中心；有耳畸形整复中心、心胸外科、消化内科等多个专业学科；有核磁共振、螺旋CT、DR、大型数字减影X光机和电子肠胃机，医用电子直线加速器、彩色多勒普、血液透析机、高压氧舱、全自动生化分析仪等大型医疗设备；专业医务、技术人员1000余人，其中高级专业技术职务人员100余人。院址：天桥区无影山路25号。

（三）山东省医学科学院附属医院。前身为1985年2月成立的山东省医学科学院专家门诊；1992年2月，省编委批复同意设立省医科院临床部，为省医科院所属处级事业单位；2000年6月，加挂“山东省医学科学院附属医院”牌子，作为第二名称；2006年8月，经省政府同意，按照鲁编〔2006〕9号文件要求，由原山东省建筑职工医院划转山东省医学科学院管理后，与原山东省医学科学院附属医院整合组建成新附属医院。该医院是一所集医疗、科研、教学、预防、保健、社区卫生服务于一体的具有特色专业优势的省级综合性医院，拥有省级以上重点学科或临床重点专科10余个，是山东省抗癌协会胃肠肿瘤外科分会、山东省老年医学研究会老年肿瘤专业委员会、山东省疼痛研究会微创外科专业委员会、山东省心理卫生协会心身医学专业委员会等学术组织的挂靠单位，是山东省医学科学院的临床教学医院、山东省“服务百姓健康行动”群众满意单位、“山东省诚信医疗服务满意医院”。医院编制床位506张，年门诊量达10万余人次，建设中的门诊病房综合楼建筑面积近6万平方米，将于2018年建成投入使用，届时床位数将达1200张，就医环境将得到全面提升。拥有专业技术人员600余人，高级专业技术人员、硕士生导师百余人，其中多名专家被省政府授予“山东省有突出贡献的中青年专家”“山东省十佳医师”，40余名在国家或省级相关学术团体中兼任职务，引领各学科发展趋势。设有胃肠外科、胸外科、头颈外科、微创外科、神经外科、骨外科、泌尿外科、中医骨伤科、肿瘤内科、消化内科、神经内科、心内科、妇产科、肾病科、重症医学科、急诊医学、麻醉医学等三十余个临床专业，以及医学检验、医学影像、内窥镜检查等十余个医技（基础）专业科室。其中中医骨伤科推拿学专业是国家级重点学科；普外科是山东省省级临床重点专科；胃肠肿瘤学实验室是山东省医药卫生重点实验室，胃肠肿瘤学、淋巴瘤专科、老年肿瘤学、医学心理学、肿瘤微创外科是山东省医学科学院重点学科或临床重点专科。肿瘤学是医院的优势学科和特色专业，由胃肠肿瘤外科、胸部肿瘤外科、头颈部肿瘤外科、乳腺肿瘤外科、肿瘤微创外科以及肿瘤内科等组成了肿瘤多学科综合诊治体系，达国内一流水平，许多知名专家在省内外享有较高声誉。近年来，医院妇产科、肾病科、心内科、血栓病专业发展迅速，形成新的诊疗特色，能为患者提供更加优质的医疗健康服务，获社会一致好评。配有核磁共振、数字胃肠机、西门子64层螺旋CT、C型臂、DR、彩色多普勒超声诊断仪、系列电子内镜系统、重症监护系统等先进诊疗设备800余台（套）及荧光定量PCR、流式细胞仪等大批基础科研仪器设备。中心实验室采用高通量液相基因芯片技术，开展了细胞学和分子水平的实验室诊断；病理科先后获国家卫计委病理质控评价中心颁发的分子病理检测“室间质评合格证书”和中国合格评定国家认可委员会颁发的“检测能力验证计划结果合格证书”，分子病理检测技术走在省内同行前列，为精准医学奠定了坚实的基础。医院积极加强国际交流与学术合作，每年承办全国性大型学术会议4～6次，与美国、英国等国家的世界知名院校及医院建立友好合作关系，与中科院肿瘤医院、北京大学医学部等单位建立技术协作关系，并取得初步成果。医院倡导“厚德精业、卓越仁和”的院训，秉承“使命、品质、尊重”为核心的医院文化，弘扬救死扶伤的人道主义精神，以高尚的医德和精湛的医术竭诚为全省人民的健康保驾护航。院址：无影山路38号。

（四）山东大学第二医院。筹建于1987年，1997年5月18日正式开诊，是由卫生部直接管理，集医疗、教学、科研、预防、保健于一体的三级甲等综合性医院，是山东省医疗保险转诊定点医院，济南市医疗保险、工伤保险、生育保险、失业保险等定点医院，山东省干部保健定点医疗单位。原名为山东医科大学第二附属医院，2000年7月，原山东大学、山东医科大学、山东工业大学合并组建新山东大学，遂改名为山东大学第二医院。2012年，医院占地面积11公顷，医疗区建筑面积7万平方米。床位1200张，临床医技科室54个。职工1400余人，其中高级职称人员168人、博士生导师11人、硕士生导师49人。研究生学位授予点25个。引进核磁共振、128层VCT、ECT、DSA、细胞刀、大型X光机、全自动生化分析仪、人工心肺机、直线加速器、各种内窥镜等先进仪器设备。神经外科、整形外科、肾脏内科为省级重点学科，鼻腔—鼻窦微创外科、肾脏移植、脑血管病介入手术治疗、血管内介入治疗、妇科微创手术、儿童大小便失禁诊断治疗、老年性痴呆治疗等，在国内或省内处于领先水平，形成神经系统疾病、泌尿系统疾病、外科微创治疗特色学科群。院址：天桥区北园大街247号。

（五）山东省交通医院。始建于1950年，是省属三级综合性医院，山东大学教学医院，省直单位医保定点医院、省城镇职工医保转诊定点医院、省市新型农村合作医疗定点医院。2012年，占地面积5.52公顷。职工656人，其中博士、硕士91人，主任医师33人，副主任医师97人，中级职称226人。床位591张，设内、外、妇、儿、中心ICU、口腔、眼、耳鼻咽喉、康复等临床科室28个。年门诊量约20万人，出院人数8000余人次。有德国西门子HQ年2型CT机、美国HDI 3000型全数字化彩色多普勒超声仪、日本1000mA数字X光机、数字成影血管造影机（DSA）、全自动生化分析仪、心脏彩色多普勒、脑多普勒、各种奥林帕斯内窥镜等万元以上医疗设备120台（件）。院址：天桥区无影山中路11号。

（六）济南市第四人民医院。始建于1946年，前身为中国人民解放军渤海军区医院，是一所集医疗、教学、科研、预防、保健等于一体的现代化综合性三级甲等医院。1951年，更名为山东省第一康复医院，为解放战争和抗美援朝胜利做出重要贡献。1957年，移交至济南市人民政府，更名为济南市第四人民医院。1990年，并称为泰山医学院第二附属医院。2012年，医院占地面积7.5公顷，床位680张。在职职工1045人，其中专业技术人员960人，兼职教授、副教授130人。每年承担泰山医学院、滨州医学院等院校400余人进修、实习教学任务。设有济南市心血管病治疗中心、济南市脊柱研究所和济南市食管狭窄治疗中心等专业诊疗机构，建有面积3.6万平方米全省一流智能化病房大楼、病毒实验室、制剂大楼和全市首家医院电子阅览室。医院有飞利浦核磁共振、直线加速器、东芝多层螺旋CT、美国惠普彩超、日本岛津3200数字胃肠机、爱克发CR、7500型三维彩超、高压氧舱、后装机、全自动生化分析仪、各种内窥镜等万元以上设备400余台，培育一批名牌专业和高级专业技术队伍。心血管专业是市级重点专业，设备先进，技术力量雄厚，在治疗严重心律失常、心力衰竭和急性心肌梗塞抢救等方面具有国际先进水平。院址：天桥区师范路50号。

三、民营医疗机构

1991年，全区有民营医疗机构45家；2012年，增至358家。

2012年天桥区部分民营医院一览表

表26-1

名称	成立时间	位置	营业面积（平方米）	发证机关
济南诚通医院	1952年8月	天桥区义合北街10号	2010	天桥区卫生局
济南黄台生平医院	1983年1月	天桥区黄台魏家庄764号	900	天桥区卫生局
济南骨矫形医院	1996年5月	天桥区无影山北路76年1号	4000	济南市卫生局
济南华夏医院	1999年1月	天桥区北园大街598年1号	6700	天桥区卫生局
济南同济中西医结合医院	2000年10月	天桥区无影山北路69号	2800	济南市卫生局
济南民生医院	2002年2月	天桥区小鲁庄工业园三区7号	1200	天桥区卫生局
济南天仁医院	2002年12月	天桥区北园大街592号	1700	天桥区卫生局
济南泌尿专科医院	2004年9月	天桥区堤口路108号院内	1300	济南市卫生局
济南天志医院	2005年2月	天桥区无影山北路52号	4500	天桥区卫生局
济南万厚中医医院	2005年3月	天桥区天成路8号	1200	天桥区卫生局
济南博爱医院	2005年11月	天桥区济泺路97号	1200	天桥区卫生局
济南九龙泌尿专科医院	2008年10月	天桥区北园大街349号	6000	济南市卫生局
济南现代康桥医院	2008年11月	天桥区东宇大街北段路东	1200	天桥区卫生局
济南天伦不孕不育医院	2008年11月	天桥区北园大街357号	9000	济南市卫生局
济南中德骨科医院	2008年12月	天桥区济齐路36号	4812	济南市卫生局
济南协和肝病医院	2009年4月	天桥区济泺路112号	2800	济南市卫生局
济南中医肝病医院	2009年7月	天桥区无影山中路101号	2000	济南市卫生局

续表 26-1

名称	成立时间	位置	营业面积（平方米）	发证机关
济南乳腺病医院	2009 年 9 月	天桥区少年路 7 号	8000	济南市卫生局
济南中医白癜风医院	2009 年 11 月	天桥区北园大街 546 号	1300	济南市卫生局
济南肛泰肛肠医院	2010 年 7 月	天桥区北园大街 202 号	4600	济南市卫生局
济南五洲医院	2010 年 8 月	天桥区无影山路 21 号	2000	天桥区卫生局
济南仁品耳鼻喉医院	2011 年 7 月	天桥北园大街 204 号	5987	济南市卫生局
济南脑科医院	2011 年 12 月	天桥区北园大街 372 号	3225	济南市卫生局
济南舜德老年护理院	2012 年 5 月	天桥区北园大街 372 号	5600	济南市卫生局
济南白癜风医院	2012 年 6 月	天桥区堤口路 143 号	2650	济南市卫生局
济南贝斯特口腔医院	2012 年 6 月	天桥区明湖西路 1771 号	1600	济南市卫生局
济南天大白癜风医院	2012 年 1 月	天桥区明湖西路 919 号	2332	济南市卫生局
济南中医风湿病医院	2012 年 9 月	天桥区明湖西路 111 号	3000	济南市卫生局

（一）济南华夏医院。始建于 1999 年，是一所集临床、教学、科研与预防于一体的民营综合性医疗机构，被评为全国百姓放心示范医院。2012 年，医院建筑面积 8200 平方米，床位 68 张，大型设备仪器 29 台，救护车 2 辆，职工 190 余人，设临床、医技科室 20 余个。以激光美容科为龙头，引进美国和以色列产国际先进仪器设备 10 余台（件），治疗各类胎记、斑痣、血管瘤等。院址：天桥区北园大街 598 年 1 号。

（二）济南天志医院。始建于 2005 年 2 月，是济南市城镇职工、城镇居民医保定点医院。2010 年 7 月，被山东省卫生经济协会评为山东省优秀民营医院。2012 年，医院建筑面积 7000 余平方米，设内科、外科、妇科、儿科等科室，床位 60 张，职工 42 人，其中中级以上卫生技术人员 17 人。院长黄贤琦拥有国家发明专利 6 项。院址：天桥区无影山北路 52 号。

（三）济南天伦不孕不育医院。始建于 2008 年 11 月，首期投资 5000 余万元，是山东省首家完整按照世界卫生组织（WHO）人类不孕不育症诊疗规范建立的现代化专科医院。2012 年，建筑面积 1 万平方米，床位 100 张，职工 150 余人。有德国 STORZ 宫、腹腔镜系统，美国雅培电化学发光免疫分析系统，美国 GE730 四维彩超，美国数码电子阴道镜系统，日本日立 X 光机，VLH 年 S 妇科不孕症工作站，德国爪格麻醉机等先进设备。在山东省内民营医院率先开展宫腹腔镜联合手术、显微外科输精管—附睾吻合术、显微镜下精索静脉曲张高位结扎术、习惯性流产淋巴细胞免疫技术、精囊镜检查治疗技术等多项特色技术。院址：天桥区北园大街 357 号。

（四）济南乳腺病医院。始建于 2009 年，是山东省首家专业乳腺病治疗医院，济南市卫生局批准二级专科医院，济南市医保及新农合定点医疗单位。2012 年，医院建筑面积 1 万平方米，职工 230 余人，其中高级专业技术人员 15 人。床位 108 张，设临床科室 15 个、住院病区 3 个、医技科室 5 个。有数字钼靶、彩超、血氧功能成像仪、宫腹腔镜、乳腔镜等先进乳腺诊疗设备。年门诊量近 6 万人次，完成手术近 3000 例，为 2 万余名农村患者进行两癌筛查健康体检，检出乳腺癌 600 余例，为近 200 名乳腺癌患者实施手术及化疗。院址：天桥区少年路 7 号。

（五）济南协和肝病医院。始建于 2009 年 5 月 1 日，是集治疗、科研、预防、康复于一体的大型专业肝病医院。2012 年，医院占地面积 0.28 公顷，门诊专业设置齐全，设免疫治疗区、物理治疗区等，配有检验、治疗设备，可开展病毒变异耐药检测、肝细胞癌变预测、乙肝病毒大蛋白检测等，有新免疫靶向疗法、新免疫介入靶向治疗、CTL免疫疗法、抗肿瘤免疫治疗、腹水超滤浓缩回输术、光氧自体血回输疗法等国际治肝新技术。院址：天桥区济泺路112号。

第二节　医疗队伍

1991年，全区卫生技术人员436人，其中中医师43人，西医师147人，护师81人，中药师38人，西药师33人，检验技师15人，其他技师5人，中医士3人，西医士20人，护士7人，助产士5人，中药剂士、西药剂士、检验技士、其他技士各2人，护理员14人，其他初级人员17人。1993年，全区卫生技术人员464人，其中高级职称41人，占8.84%；中级职称240人，占51.72%；初级职称183人，占39.44%。2012年，全区卫生专业技术人员1.03万人，其中本科以上学历5016人，专科学历2858人，中专学历2423人；高级职称1475人，中级职称3295人，初级职称5527人；执业（助理）医师4781人，注册护士4472人，其他卫生专业技术人员1044人；中医1090人，西医7698人，其他1509人。平均每千人有执业（助理）医师、注册护士分别为6.9人、6.5人，全区有床位7842张（包括驻区医疗机构），万人拥有床位数113.9张。

2012年，组织全区625名护士完成执业注册管理和换证。11月，对护士执业注册有效期届满护士进行延续注册；对首次注册护士进行审核并注册。900名执业（助理）医师参加医师考核，其中290名参加专业业务水平测试。

第三节　医疗技术

一、内科

天桥人民医院内科设内科门诊及内科病房。1991年，医院组织医护专业培训，提高医务人员技术水平，可开展内分泌、呼吸、消化、泌尿等系统疾病治疗项目。1993年，医院实行国际疾病分类统计，开展18项护理技术操作练兵活动，急性心肌梗塞抢救治愈率提高。彩色多普勒超声诊断仪、心电监护仪投入临床使用后，心血管病诊治技术水平有新提高。1994年，组建急症科ICU、CCU室，危重病人抢救成功率92.8%。开设家庭病床1115张，床位使用率72.2%，周转次数0.1，治愈率46%，好转率41.5%。1995年，成功抢救大面积心肌梗塞病人18例。开展激光内照射治疗心脑血管疾病及心电监护工作，取得明显成效，危重病人抢救成功率85%。医院通过二级乙等医院复查审核，可开展相应手术项目。1996年始，在山东省立医院帮助下，开展糖尿病、心肌梗塞研究治疗，效果显著。1997年，建立急诊科为主社区服务救治中心，配备救护车、医疗骨干、医疗设备等，开展24小时急救，受到群众好评。2000年始，医院负责全区公费医疗工作，设立内科门诊、药房，方便公费医疗人员就诊。2005年，医院成立离休人员内科二类保健科，为全区二类保健人员开展健康查体。2010年，与山东大学第二医院建立互动帮扶机制，能进行溶栓术及脑出血微创治疗。2012年，医院可开展各种心脑血管疾病等诊断治疗项目。

二、外科

1991年，外科开展下肢深静脉顺行造影、静脉肌绊形成术等，并成功抢救1例腹腔贯通伤重度昏迷休克病人。组织人员进修学习，邀请专家临床指导，危重病人手术抢救成功率68.3%，处方合格率98.3%，同比提高34%。1994年，外科开展乳腺癌、直肠癌根治术和股骨头置换术，加强骨科重点专科建设。1996年，采用椎管滴注治疗椎间盘突出及椎间盘狭窄患者130例，有效率100%。1997年，开展经膀胱输尿管切开取石术、外伤性脾破裂修补术，取得成功。2003年，外科开展贲门癌经腹切除术、胆囊炎胆囊切除加胆总管取石术、腭裂修补术等均取得成功，填补医院空白。2005年，外科设立肩周炎特色门诊，在济南地区享有盛誉。2010—2012年，与山东大学第二医院建立互动帮扶机制后，外科可开展颅内血肿、脑膜肿瘤手术等颅脑手术，食管癌、肺肿瘤等胸外手术，腰椎骨折内固定、腰椎间盘切除、颈椎病前路和后路手术等脊柱手术。骨科可开展四肢干骨折、交锁髓内针技术、骨盆骨折、髋臼骨折手术治疗，全髋关节置换、人工股骨头置换等手术。

三、儿科

1991年，天桥人民医院小儿科开展纳络酮治疗新生儿窒息，胞二磷胆碱治疗新生儿缺氧缺血性脑病，复方丹参治疗新生儿硬肿症，全静脉营养治疗低体重儿。1992年，主要开展呼吸系统、消化系统、传染病等儿科常见病、多发病诊治。1997年，成立儿科观察室，小儿输液与成人输液分离开来，避免交叉感染。2005年，儿科撤销。

四、妇科

1991年，开展妇科常见病诊治。1994年，妇科开展子宫全剔术、宫颈癌广泛切除术、输卵管造影术。1996年，积极稳妥开展抗早孕药物用于中期妊娠引产术、药物流产术等。天桥人民医院鹊山分院建成使用，解决黄河北农村育龄妇女就医难等问题。1997年，妇科设爱婴病房，落实母乳喂养，24小时严格母婴室管理。2004年，妇科病房撤销，只保留妇科门诊。

五、口腔科

1991年，天桥人民医院口腔科拥有一批专业技术骨干，在治疗慢性牙髓炎、牙周病等口腔科常见病和开展拔牙项目上，受到患者好评。1997年始，口腔科开展牙齿清洗、美白等美容项目。2005年，天桥区牙病指导防治中心成立，天桥人民医院设牙防门诊。2008年始，每年组织口腔专业技术人员，开展辖区群众口腔疾病预防宣传和检查治疗。2012年，口腔科可开展牙齿矫正、缺损修复等美容项目。

六、特检科

2006年，天桥人民医院建立艾滋病筛查实验室，购置酶标仪、洗板机等仪器，及时排查艾滋病毒携带者。2002—2008年，添置双排螺旋CT、彩色B超、大型全自动生化仪等大型医疗设备，与山东大学第二医院签订《济南市“落实卫生强基工程推进医学专家进社区”行动协议书》，通过合作培训、专家坐诊，实行双向转诊和检查结果互认制，实现大中型医院与社区卫生服务机构互动帮扶机制。

七、精神病专科

1990年，天桥第二人民医院开办精神科，开展精神卫生防治，接收精神病患者；开设精神卫生网站，为精神病患者解疑答惑。1992年9月，成立济南市精神病防治中心，担负全市精神病防治及业务指导，填补济南市无精神病防治机构空白。1994年，成立中医中药治疗精神病研究组，引进“龙虎丸”“躁狂宁”等中成药，总结传统成药“礞石滚痰丸”“龙胆泻肝丸”临床使用体会，研制“康复灵丸”应用临床，取得良好效果；完成科研课题4项，与省立医院合作开展“WHO组织的精神疾病诊断标准（PHC）在中国的应用”“乐久精对慢性精神分裂症的临床观察”“石杉硷甲片治疗老年性痴呆（Alzheimer）”等课题研究。全年门诊病人1.83万人次，住院病人254人次，病床使用率75.7%，治愈率62.3%，有效率92.4%。1996年，开展中医治疗精神病特色医疗，建立精神病防治网络系统。济南医学会精神卫生专业委员会挂靠该院，举办“济南市医学会精神卫生专业委员会成立大会暨首届精神卫生学术交流会”。1997年3月，举办“山东省老年人心身健康与心理保健需求”课题研讨会；完成该课题城区样本调查（全省仅2个样本），获市级科研鉴定。“济南市精神疾病流行病学抽样调查及防治对策”成果通过市级科研鉴定，达省内先进水平；“康复灵治疗慢性精神分裂症的研究”通过省级科研鉴定，达国内领先水平，获山东省科技进步二等奖。至2003年，诊治精神病患者6.8万人次。对区内150家厂企进行精神病流调、宣传、建卡、建档1736份。建立覆盖全市99个社区卫生服务中心的精神病防治系统。2004年，医院被确定为济南市精神卫生康复中心，是济南市首家精神残疾人康复机构。2006年，开办心理科门诊，成立济南市首家医学心理咨询中心。2009年，天桥第二人民医院北园社区卫生服务中心被中国社区卫生协会确定为全国第一家社区精神卫生培训基地。“方便病人床与轮椅间位置互换的折叠轮椅”“多功能约束床”“一种束缚带”“输液稳定夹”“相对骑跨便器轮椅”获国家级发明专利。2010 年，医院购置数字悬吊式 X 光机（DR）、微量元素检测仪、音乐治疗设备、全自动生化分析仪等先进设备，用于疾病预防、诊断、治疗等。孟广彦等开展“脑力劳动者心情抑郁应用文拉法辛合并舒必利治疗效果对照研究”课题，获济南市科技进步三等奖，通过山东省卫生厅鉴定，达国内领先水平。2012 年，医院门诊量 3.28 万人次，全年入院病人 685 人次，病床使用率 93.9%。购置电休克治疗仪、经颅磁治疗仪，发展康复新模式。至 2012 年，天桥第二人民医院获省、市、区科技进步奖 3 项。参与编写《脑科症状学》《司法精神医学》《精神分裂症》《实用脑血管病学》《神经精神病学辞典》《中枢神经系统感染学》《心海导航》等著作 10 余部。

第四节 医疗设备

1991 年，全区新购置大型医疗设备 60 余件，价值 75 万余元。天桥人民医院有 30 毫安、50 毫安、200 毫安、300 毫安和 500 毫安等 X 光机 7 台，离心机、心电图机、心电监护仪各 3 台，双排螺旋 CT、富士 CR(计算机 X 线成像阅读器)、高频呼吸机、心脑治疗仪、胃电图机、场效应治疗仪、颅脑多普勒仪、彩色 B 超、手术电刀、除颤仪、分光光度计、血球计数仪、尿液分析仪、血流变仪、酶标仪、洗板机、全自动生物分析仪、电解质分析仪、恒温水浴箱、半自动血凝仪、全自动洗胃机、微波治疗仪等设备各 1 台。天桥人民医院更新病房床头呼叫系统和门诊彩塑候诊椅，配置彩电、空调、轮椅等。全区医疗设备和医技科室逐年增加，综合性医院设药房、化验、放射科及有关设备。至 2012 年，区属医疗卫生机构万元以上诊疗设备 2222 台，价值 4.23 亿元。济南市第四人民医院有核磁共振、直线加速器、螺旋 CT、彩超、数字胃肠机、CR（计算机 X 线摄影）、三维彩超、高压氧舱、后装机、全自动生化分析仪、内窥镜等万元以上高精尖设备 400 余台。山东大学第二医院引进核磁共振、128 层 VCT、ECT、DSA、细胞刀、大型 X 光机、全自动生化分析仪、人工心肺机、直线加速器以及各种内窥镜等先进仪器设备 16 台。济南军区总医院 PET 年 CT（正电子发射计算机断层显像）、ECT（发射单光子计算机断层扫描仪）、320 排 CT、双梯度 1.5T 磁共振、DSA（数字减影血管造影 X 线机）、超级伽马刀、三维超声等设备均达国际、国内先进水平。

1991—2012 年天桥区区属卫生机构、床位、卫生技术人员统计表

表 26-2

年份	机构（个）	床位（张）	人员（人）																					
			卫生技术人员（人）																			技术人员（人）	管理人员（人）	工勤人员（人）
			中医师	西医师	护师	中药师	西药师	检验技师	其他技师	中医士	西医士	护士	助产士	中药剂士	西药剂士	检验技士	其他技士	护理员	其他人员	合计			
1991	5	288	43	147	81	38	33	15	5	3	20	7	5	2	2	2	2	14	17	436	2	53	39
1992	5	288	31	111	96	25	28	25	15	3	20	7	4	3	2	2	2	14	21	409	14	69	48
1993	5	288	37	120	79	35	32	15	4	3	21	10	8	2	3	4	3	18	21	415	2	62	28
1994	5	276	34	105	94	32	31	20	63	—	6	13	—	4	6	—	2	7	30	447	1	31	44
1995	5	276	38	165	108	34	27	17	5	1	16	23	3	1	2	3	—	—	2	445	—	25	33

续表 26-2

年份	机构（个）	床位（张）	人员（人）																				
			卫生技术人员（人）																		技术人员（人）	管理人员（人）	工勤人员（人）
			中医师	西医师	护师	中药师	西药师	检验技师	其他技师	中医士	西医士	护士	助产士	中药剂士	西药剂士	检验技士	其他技士	护理员	其他人员	合计			
1996	5	356	25	116	113	30	23	18	5	2	21	27	5	1	4	6	2	2	4	404	5	68	46
1997	4	356	22	132	80	30	21	16	5	7	23	19	2	1	4	4	2	2	12	382	12	56	42
1998	4	356	30	144	96	29	22	12	4	2	14	14	—	1	—	5	3	6	9	391	12	40	41
1999	4	356	29	146	89	29	20	14	4	1	10	15	—	—	—	—	—	—	58	415	9	18	37
2000	4	304	29	139	92	25	20	9	5	—	11	21	—	—	—	—	—	—	20	371	44	12	40
2001	4	304	28	144	90	24	22	14	6	—	7	18	—	—	—	—	—	—	7	360	46	12	40
2002	4	304	29	139	89	24	21	13	3	—	4	11	—	—	—	—	—	—	13	346	38	11	35
2003	5	264	27	119	100	25	23	16	5	—	3	15	—	—	—	—	—	—	1	334	142	26	37
2004	5	304	27	98	97	26	18	14	4	—	2	9	—	—	—	—	—	—	14	309	95	14	37
2005	5	304	24	94	103	25	17	14	4	—	1	8	—	—	—	—	—	—	9	299	92	11	40
2006	5	304	24	94	103	24	17	5	5	—	1	9	—	—	—	—	—	—	2	284	36	15	36
2007	5	304	22	88	85	21	18	12	4	—	—	8	—	—	—	—	—	—	4	262	40	17	32
2008	5	364	21	87	83	20	17	12	4	—	—	5	—	—	—	—	—	—	6	255	36	25	22
2009	5	404	68	80	29	13	8	3	—	—	—	5	—	—	—	—	—	—	24	230	8	12	23
2010	5	404	68	80	29	13	8	3	—	—	—	5	—	—	—	—	—	—	24	230	8	12	23
2011	5	424	13	89	66	11	15	11	—	—	—	17	—	—	—	—	—	—	21	243	44	32	30
2012	5	640	14	101	48	6	12	7	3	—	—	18	—	—	—	—	—	—	6	215	46	31	22

第三章　预防保健

1991 年，天桥区卫生防疫工作主要由区卫生防疫站承担。2003 年 9 月 16 日，济南市天桥区疾病预防控制中心成立，主要负责疾病监测、防治研究与防控、突发卫生事件处理、卫生宣传教育等。至 2012 年，区内无重大传染病疫情暴发流行。

全区妇幼保健工作实行保健与临床结合，面向群体，面向基层，形成以区妇幼保健站为龙头、街道社区卫生服务中心（乡镇医院）为枢纽、社区卫生服务站（村医）为基础三级妇幼卫生工作网络体系。

第一节　计划免疫

1991 年，天桥区建立脊髓灰质炎疫情快速报告制度。1992 年，将乙型肝炎疫苗纳入计划免疫范畴。1993 年，落实《全国消灭脊髓灰质炎强化免疫日活动实施方案》，完成辖区首轮脊髓灰质炎强化免疫服苗任务。在北园地区实行儿童计划免疫保偿合同制。凡无严重慢性病、器质性病变及过敏体质儿童，均纳入儿童计划免疫保偿范围。出生后 30 日内办理合同，保偿至 7 周岁。保偿的传染病有粟粒型肺结核（含结核性脑膜炎）、脊髓灰质炎、百日咳、白喉、破伤风、麻疹、乙型脑炎。入保儿童在保偿期内患有上述 7 种疾病，都将得到相应赔偿金。对患麻疹、百日咳者赔偿 70 元；对患破伤风、结核病者赔偿 345 元；对患脊髓灰质炎、乙脑、白喉者赔偿 390 元；对治疗无效死亡者赔偿 1035 元。赔偿费由医疗单位分担 40%、计划免疫医生分担 10%、区防疫站分担 50%。1993 年年底，入保儿童 2500 人，入保率 95% 以上。1991—1993 年，全区计划免疫四苗（卡介苗、脊髓灰质炎糖丸疫苗、麻疹疫苗、百白破三联制剂）接种 19.8 万人次，接种率均 95% 以上。

全市数字化预防接种门诊建设推进会在天桥区召开（2012 年 4 月 19 日摄）

1994 年，将麻疹疫情报告列入脊髓灰质炎专报系统。1995 年，通过卫生部、山东省卫生厅和济南市卫生局计划免疫考核，实现以乡镇为单位“四苗”接种率 85% 的目标。1997 年，开展计划免疫规范化接种门诊建设，推广定点、定时、集中式接种。

1998 年，“四苗”免疫接种率达以乡镇为单位 90% 目标，计划免疫针对疾病得到有效控制。在北园镇推行计划免疫规范化接种，使免疫接种由原来以村（居）为单位分散式接种改为由天桥第二人民医院集中式接种，计划免疫质量全面提高。1999 年，新版“济南市儿童预防接种证”启用。1999—2003 年，开展中小学免疫接种工作，接种乙肝疫苗 3.3 万人次、风疹疫苗 2.98 万人次。2001 年，落实消灭脊髓灰质炎技术措施，加强主动监测，被山东省卫生厅授予“全省消灭脊髓灰质炎工作先进集体”称号。

2005 年，全区启动儿童免疫规划信息管理系统，将 2004 年 1 月 1 日后出生儿童全部纳入系统管理。2006 年，在常规接种基础上，先后开展 15 岁以下儿童乙肝疫苗、流脑疫苗查漏补种；0 ~ 4 岁儿童脊灰疫苗、麻疹疫苗强化免疫，全区疫苗针对发病率大幅下降，保持无脊灰状态。2008 年，免疫规划疫苗种类由 6 苗增至 15 苗，疫苗接种率 98% 以上。2009 年 10 月，建成预防接种门诊 21 处，其中示范化预防接种门诊 11 处、规范化预防接种门诊 10 处。2011 年 8 月，天桥区香磨李社区卫生服务站建成全市首家数字化预防接种门诊。2012 年 4 月 19 日，济南市数字化门诊建设现场会在天桥区召开。

第二节　疫情管理

1991—2003 年，天桥区只报告、统计甲、乙类法定传染病（丙类传染病由监测区进行报告）。报告法定传染病 17 种，其中甲类 1 种、乙类 16 种。甲、乙类传染病累计发病人数 1.49 万例，年平均发病率 286.36/10 万。发病最高年份是 1991 年，发病率 375.23/10 万；发病最低年份是 2003 年，发病率 220.05/10 万。

2004 年 1 月 1 日，全国启动《疾病监测信息报告管理系统》，传染病报告实现网络化管理。报告病种由过去甲、乙类传染病扩大至甲、乙、丙类所有法定传染病和部分非法定传染病。2004—2012 年，全区报告法定传染病 26 种，其中甲类 1 种、乙类 17 种、丙类 8 种。甲、乙类传染病累计发病人数1.32万例，年平均发病率250.96/10万。发病最高年份是2005年，年发病率335.49/10万；发病最低年份是2010年，发病率176.33/10万。

第三节　传染病防治

一、甲型H1N1流感防治

2009年5月12日，济南首例输入性甲型H1N1流感病例被确诊。2010年，对辖区甲型H1N1流感病例密切接触者追踪调查15起，隔离观察19人；调查甲型H1N1流感病例37例，处理聚集性流感样病例疫情7起。2011年，全年发病11例；2012年2例，均无聚集性病例疫情。

2009年12月10日，区疾控中心在桑梓店镇卫生院举行甲流防控培训。

二、霍乱防治

1991—1996年，全区无病例发生。1997年12月18日，辖区一妇女发病，确诊为O1群小川1b型。调查追踪其密切接触者，均为阴性。1999年，发病4例。2000—2004年，无病例。2005年7月28日，辖区发生霍乱病例1起，区疾控中心对33位密切接触者进行采便，未发现带菌者，本次疫情无二代病例发生。2006—2012年，无霍乱疫情。

三、伤寒和副伤寒防治

1991—2012年，伤寒发病数较少，发病年份及病例数为1993年1例、1994年1例、2002年2例、2004年2例、2006年1例、2011年1例、2012年1例。以上病例均未散发，并于次年进行疫源地二次处理。

四、痢疾防治

为辖区常见多发传染病。具体发病情况为1991—2012年，发病9632例，死亡2例。发病最高年份是2002年，为786例。至2012年，发病情况呈下降趋势，无疫情暴发。

五、手足口病防治

1991—2005年，该病未列入国家法定传染病。2006年，山东省将手足口病纳入网络直报系统。2007年，是天桥区有数据统计以来报告发病人数最多年份，全年报告发病1628例。2008年，国家将其纳入法定传染病丙类管理。辖区发病以每年5月、6月、7月为高峰，5岁以下儿童发病人数占比最大，其中药山、北园、泺口街道和大桥镇为高发区。2007—2012年，发病6232例，重症11例，死亡1例。

区疾控中心在交校路小学举办全区手足口病防治知识培训（2010年4月26日摄）

六、艾滋病防治

2000年6月23日，天桥区首次报告HIV感染者，为外地来济就诊人员。2001年10月24日，发现首例天桥区户籍HIV感染者，为劳务输出回国探亲人员。2002年9月，天桥区卫生防疫站被确定为山东省艾滋病监测哨点；2004年，改为国家级哨点，针对特殊人群检测HIV、梅毒、丙肝抗体。2005年3月，天桥区开始治疗第一例艾滋病病人。2006年，天桥区疾控中心承担国家财政转移支付—艾滋病自愿咨询与检测项目（简称VCT），成立高危行为干预工作队，每年干预场所30余次，干预目标人群4000余人。2008年10月，完成艾滋病免费抗病毒治疗数据质量评估。2012年11月，服药病人转入济南市传染病医院治疗。

区疾控中心在山东省交通医院举办全区防治艾滋病培训（2009年12月18日摄）

七、狂犬病防治

1991—2005年，全区无病例发生。2006年7月30日，天桥东北方向光明里发生狂犬病死亡病例1例；2008年12月11日，桑梓店镇南郑村发生狂犬病死亡病例1例。疫情发生后，多部门联合进行处置，无续发病例。2009—2012年，无病例发生。

八、布病防治

1991—2001年，无病例发生。2002—2012年，发病8例。其中输入性病例2例，其余6例均发生在桑梓店镇老寨村。区疾控中心对该村进行重点防治宣传，并加强对各级医疗单位医务人员布病防治培训，提高诊断水平。

九、出血热防治

1991年，发病2例。1992—2003年，发病234例，其中2002年，发病43例。2004年始，发病人数逐年下降。2010年，发病23例。2011—2012年，无病例发生。

十、疟疾防治

1991年3月始，开展建筑工地流动人口疟疾预防服药工作。至2012年，全区发病17例。

十一、发热伴血小板减少综合征防治

该病为新发传染病，仅2011年发现1例。

十二、传染性非典型性肺炎防治

2003年3月，国内发生传染性非典型性肺炎（简称“非典”）疫情。4月，区政府成立防治“非典”指挥部，下发《天桥区传染性非典型肺炎应急处理预案》，成立流行病学调查组、疫源地处理组、防疫督导组、卫生监督检查组和后勤保障组。建立区、街道（镇）、社区（村）、户四级疫情监测网络。“非典”时期，对分管副院长、门诊部主任、医务处主任、疫情管理人员进行“非典”防治知识培训8次460人次。大桥镇、桑梓店镇发放农村防“非典”材料5万余份。处理疑似疫情24次，医学隔离观察14人。建立泺口留验站，实行24小时值班。对来自疫情高发区车辆和人员进行消毒筛查，查验消毒来自重点地区车辆5000余辆次，筛查旅客2.55万余人次，查出发热病人171人，转诊发热病人8例。2004—2012年，每年都进行不明原因肺炎病例搜索，常年进行疫情监测，每年拨付专项资金对农村公共卫生监测点进行补助。

第四节　地方病防治

天桥区是碘缺乏病区。1991年始，每年在学龄前儿童及中小学生中开展服用碘油丸预防碘缺乏工作，实现辖区儿童“碘缺乏预防”全覆盖。1994年，全区全年服碘油丸5万粒，7～14岁服药学生2.5万人。1997年7月，对全区餐饮业进行碘盐监督检测，当年采样278家样品656份，合格644份，合格率98.2%。2003年，区疾控中心加强全区碘盐供应和户盐监督检测。监测大型超市、副食店36家，抽样36份，合格率100%；户盐监测288家，抽样288份，合格率99.66%。抽取8～10岁小学生40人，进行甲状腺触诊调查，触诊均为0度。2004—2007年，户盐检测均为288份，合格率分别为92.37%、98.6%、93.06%、94.4%。2008—2011年，居民户碘盐检测合格率均为100%。2009年，采集8～10岁组儿童尿碘100份，检测尿碘中位数172.25μg/L（微克/升）。2011年，采集8～10岁组儿童尿碘100份，检测尿碘中位

数 233.89μg/L 。2012 年，实行新《山东省碘缺乏病监测方案》，全年检测户盐 300 份，合格率 99.67%。

第五节　妇幼卫生保健

一、妇女保健

（一）孕产妇保健。1991 年，全区推行孕产妇系统化管理，妇幼保健人员深入到村镇，宣传优生优育知识，提高对孕产妇保健的认识。对孕妇从怀孕开始即进行孕期保健，产前检查中对存在高危因素孕妇进行筛选，实行专案追踪管理，定期了解高危孕妇健康状况，及时采取有效干预措施。同年，孕产妇建册 1268 人，产后访视率 91.4%。1993 年，组建天桥区降低孕产妇死亡技术领导小组和抢救小组。1994 年，对 1532 名孕妇进行建档（卡）；对筛出 157 名高危孕产妇实行专案管理，孕产妇死亡率为零。1995 年，加强孕期保健指导，孕产妇并发症等得到有效控制。实行高危预约卡，抢救重度高危产妇 8 例。购置进口 B 超、心电图机、小型微机等设备，提高孕产妇保健水平。1996—1997 年，孕妇系统管理率 100%。2000 年，孕产妇 3292 人，建册率 100%，早孕建册率 91%。2005 年，孕产妇 3722 人，产妇住院分娩率 100%，建册率 98.8%，早孕建册率 91.8%。2009 年，孕产妇 5196 人，产妇住院分娩率 100%，建册率 97.9%，早孕建册率 93.8%。2012 年，孕产妇 4862 人，系统管理率 98.32%；早孕建册 4810 人，建册率 98.93%；住院分娩 4862 人，住院分娩率 100%。

（二）妇女病防治。1991 年，妇科查体 6497 人。1992 年，普查普治妇女病 4043 人，其中患病 1858 人，治疗率 100%。1991—1993 年，查治妇女病 6544 人次，患病率 38.7%。1994 年，完成妇女病查体 2507 人，患病率 37.4%。1995 年，乳腺病普查 5223 人。添置进口 B 超、微波妇科治疗仪等设备，增加妇女保健项目，提高妇女病防治水平。1998 年，将妇幼卫生工作融入社区卫生服务。至 2003 年，全区有社区卫生服务中心 13 个，专兼职妇幼医生 37 人，购置有针对性的妇科诊疗设备，提高妇科疾病诊治水平。至 2012 年，天桥区建立起以区妇幼保健站为龙头、街道社区卫生服务中心（镇医院）为枢纽、社区卫生服务站（村医）为基础三级妇幼卫生工作网络，妇科疑难病及不孕不育症诊疗和研究水平逐年提高。

（三）婚前保健。1991 年，区妇幼保健站开展婚前健康检查 2178 人，婚检率为 84.4%。1992 年，开展婚前健康查体 4648 人次，婚检率为 84.4%，阳性率为 15.6%。1993 年，婚检查体 5588 人次，婚检率为 92.7%，阳性率为 17.1%。1994 年，婚检查体 3060 人，婚检率为 98.13%，阳性率为 29.9%。对 706 对新婚夫妇进行建档（卡）。1995 年，《中华人民共和国母婴保健法》实施，婚前医学检查开始普及。婚前查体 3514 人，婚检率为 97%。1996—1997 年，婚检查体 9132 人次，婚检率为 98.5%，阳性率为 13.8% 和 13%。2000 年，全区婚检率 98.5%。2003 年 10 月 1 日，新《婚姻登记条例》取消强制婚检。当年，婚检率下降为 67.1%。2004 年，婚检率为 1.18%。2010 年，婚检率下降至 0。2011 年，天桥区妇幼保健站开办讲座、发放宣传单，提高群众婚检意识，改善全区婚前医学检查现状，当年婚检 8 人。2012 年 12 月，免费婚检专项经费纳入财政预算，天桥区制定《推行免费婚前医学检查工作实施方案》。同年，56 人参加免费婚检。

（四）重大公共卫生妇幼项目。2009 年 12

2009 年 8 月 5 日，农村妇女“两癌”筛查现场。

月，天桥区农村妇女宫颈癌和乳腺癌检查项目启动。2010年3月11日，天桥区农村妇女“两癌”检查工作全面展开。制定《天桥区农村孕产妇住院分娩项目实施方案》，启动农村妇女住院分娩补助和增补叶酸预防神经管缺陷项目。至2012年，保证农村增补叶酸经费及每名农村妇女住院分娩500元补助经费到位。对全区备孕和怀孕3个月内农村妇女免费增补叶酸，目标增补叶酸知识知晓率95%，叶酸服用率90%。

二、儿童保健

（一）儿童系统化管理。1991年，儿童保健查体9721人次，发病率25.48%。1992年，在12个街道开展小儿生长监测。1994年，开展儿童查体2810人次。1995年，开展儿童查体9900人次。1996年，开展儿童龋齿防治工作，对0～3岁儿童开展生长监测和呼吸监测。1997年，对全区5000余名儿童开展健康调查，调查显示，儿童佝偻病和营养性贫血发病率分别为19%和62%，均比上年下降5%。1999—2003年，开展儿童健康查体9万人次。2004年，开展5岁以下儿童营养健康问卷调查研究。2009年，新增儿童微量元素检测项目。2004—2009年，全区儿童健康查体15.09万人次。2011年，儿童健康查体2.8万人次。2012年，全区3岁以下儿童系统管理率99.32%。

（二）托幼机构卫生保健管理。1994年，区妇幼保健站对托幼机构工作人员及儿童进行健康查体，对托幼机构进行卫生保健指导。完成托幼人员查体1379人。1995年，托幼人员查体1239人。1999—2003年，托幼教师查体4599人次，托幼教师查体率100%。2004年始，承担托幼机构注册前卫生保健验收工作。至2008年年底，为67家托幼机构颁发卫生保健合格证。2010年，儿童入托体检取消。2011—2012年，全区入托儿童查体2.41万人次，入托儿童查体率100%。

（三）爱婴区达标创建。1991年，在12个街道举办母乳喂养学习班，推广母乳喂养。1993年，全区5所综合医院全部实现母婴同室，济南市第四人民医院达国际爱婴医院标准。1994年，天桥区4所医院达爱婴医院标准。1995年，宣传贯彻《中华人民共和国母婴保健法》，落实《九十年代中国儿童发展规划纲要》，推广母乳喂养，驻区5家综合医院均达爱婴医院标准。其中济南军区总医院、空军济南医院、山东省交通医院和济南市第四人民医院通过国家级考核验收，天桥人民医院通过省、市级验收。1996年，母乳喂养率81.2%。8月，通过国家级爱婴区考核评估，被卫生部授予“爱婴区”称号。1997年，母乳喂养率达82.3%，通过济南市人民政府爱婴区复核验收，巩固爱婴区成果。2011—2012年，母乳喂养率95%，爱婴医院创建工作持续健康发展。

三、母婴保健

1995年，《中华人民共和国母婴保健法》颁布实施。1996年10月20日，天桥区成立母婴保健技术服务执业许可和人员技术考核领导小组，组成天桥区医学技术监察委员会。下发《天桥区关于聘任母婴保健监督员的决定》，确定6名监督员。对驻区开展母婴保健专项技术服务的8所单位及42名医生进行培训、考核，检查、验收，发放执业许可证。1999年始，开展母婴保健技术服务机构和人员的考核、验收、发证工作。2010年，开展《母婴保健技术服务执业许可》验收，颁发执业合格证30人、机构许可证10所。2012年，对驻区18所从事母婴保健技术服务的医疗机构依法发放“母婴保健技术服务执业许可证”。

2000—2012年天桥区妇幼保健统计表

表 26-3

项目 / 年份	托幼保教人员查体（人）	患病（人）	患病率（%）	儿童查体（人）	患佝偻病（人）	患病率（%）	患贫血病（人）	患病率（%）	孕产妇（人）	建册率（%）	早孕建册率（%）	围产儿死亡率（%）	婴儿死亡率（%）
2000	600	12	2.00	3000	231	7.70	425	14.17	3292	100.00	91.00	4.55	7.28
2001	760	6	0.79	21111	454	2.15	828	3.92	2400	99.29	87.70	11.60	4.43
2002	875	14	1.60	22746	700	3.08	916	4.03	4346	97.10	87.40	7.35	7.12
2003	983	14	1.42	20167	244	1.21	1079	5.35	3493	98.68	89.29	5.43	4.57
2004	1119	113	10.10	23920	287	1.20	658	2.75	3878	100.00	91.87	11.92	5.18
2005	1287	9	0.70	26810	391	1.46	859	3.20	3722	98.80	91.80	9.73	5.41
2006	1290	5	0.39	25195	1153	4.58	936	3.72	3449	98.20	90.60	10.51	3.80
2007	1436	9	0.63	26084	565	2.17	974	3.73	4161	98.00	87.40	10.80	7.70
2008	1412	210	14.87	28741	600	2.09	910	3.17	5801	98.00	94.00	6.90	3.00
2009	1621	9	0.56	29443	381	1.29	717	2.44	5196	97.90	93.80	6.30	4.60
2010	1820	14	0.77	24739	295	1.19	486	1.96	6342	98.60	95.60	3.60	4.23
2011	2033	37	1.82	27977	284	1.02	397	1.42	5304	99.74	98.43	5.28	3.58
2012	2245	67	2.98	29348	3	0.01	57	0.19	4863	98.10	98.20	0.58	2.85

第四章　公共卫生

1991年始，区公共卫生工作由区爱国卫生运动委员会、区卫生防疫站、区妇幼保健站、各社区卫生服务机构、镇卫生院等各司其职，各尽其责。全区公共卫生区、镇、社区三级防治网络逐步健全完善。

第一节　爱国卫生

一、“健康山东”行动

2010年8月，天桥区“健康山东”全民爱国卫生运动启动。2011年，“健康山东行动”全面展开。制作宣传牌50余块，在医院、火车站、长途汽车站张贴标识200余张。开展广场宣传

纪念爱国卫生运动60周年暨“天桥健康、健康天桥”推进会（2012年4月26日摄）

活动5次，发放健康大礼包4000份、知识读本4000册、文化衫1300件、控烟宣传材料1万份、居民血压监测卡5000张。组织专家、志愿者参加“爱国卫生月”宣传教育活动，推广健康知识，引导市民自觉健康生活。2012年4月，举行纪念爱国卫生运动60周年暨“天桥健康、健康天桥”推进活动，开展健康进社区、进农村、进学校活动，提高全民参与度。创建省级卫生单位2个、市级卫生单位6个、健康示范社区（村）6个、健康示范单位1个。至2012年，创建省、市级卫生先进单位33个。

二、环境卫生整治

1991—2009年，集中整治工商河、小清河等重点河道。2010年，集中整治道路40余条、社区13家。2011年2月，开展天桥区百日城乡清洁行动，对辖区环境卫生状况、道路保洁和环卫设施、垃圾死角进行集中整治。2012年，开展环境卫生专项整治，新建、改建公共卫生设施55处，美化辖区铁路沿线22.3千米，城市生活垃圾无害化处理率100%，农村生活垃圾处理率70%。成立村级环卫清扫专业队伍21支173人，投入160万元，兴建安全饮水工程11处、四池净化池1215口、垃圾中转站21座、环保公厕4座、果皮箱5000组、垃圾清运车63台，改善农村环境卫生。至2012年，每年开展“全国爱国卫生月”活动，确定环境卫生清扫日，对辖区主次道路、背街小巷、居民小区、街头绿地、公共场所卫生死角、各类垃圾进行全面清除。

三、控烟行动

2011年4月，举行山东省暨济南市全面创建无烟医疗卫生系统启动仪式，全面开展控烟行动。2012年，全区二级以上医疗卫生单位全部达控制吸烟标准。

四、病媒生物防制

1999年11月，天桥区除害消杀服务中心成立，每年春夏两季对工商河沿岸及辖区公共场所进行大面积消杀，蚊虫密度大幅下降。2003年，抗击“非典”期间，调剂消毒药品60余吨，为居民、公共场所消毒面积100余万平方米。2007年，“7·18”暴雨灾害后，成立13人应急消杀突击队，派出消杀车3辆，使用消毒液300余千克、药品280千克，日夜消杀、防疫，消毒面积198.1万平方米。2009年，成立区消杀中心应急分队，对辖区面积60万平方米公共场所、餐饮业全方位消杀，为托幼机构配发消毒液84箱。2010年，对面积200万平方米的“四害”（苍蝇、老鼠、蚊子、蟑螂）孳生地进行消毒消杀，为驻区单位实施烟雾剂熏杀，为人口密集公共场所无偿消杀面积5万平方米。2011年，对工商河沿岸植被进行大面积消杀，出动车辆90余辆次，消耗有机磷50余箱、菊酯药品40余箱，消杀面积140万平方米。2012年，区消杀中心防汛应急救援分队进行演练，检验消杀分队快速反应和应急处置能力。对泺河沿岸植被环境进行覆盖式大面积消杀。

五、农村改厕

2005年，天桥区启动农村改厕工作，实行村干部包片、党员包户联包制，辅以区直部门、强居帮扶方式，用示范户带动全村，以试点村带动全镇。中共天桥区委、区政府将改厕经费纳入财政预算，按市、区财政1∶1农村改厕经费配套政策，足额拨付改厕专项经费530.5万元（中央补助农村改厕项目经费200万元、市级补助农村改厕项目经费188万元、天桥区投入改厕项目经费142.5万元）。

2009年9月，承办中央补助山东省农村改水改厕项目培训现场推进会，改厕经验在全省推广。至2011年，全区建卫生厕所1.52万座，其中国家农村改厕项目8000座、地方改厕项目7238座，卫生厕所普及率100%，实现全区卫生厕所全覆盖。2012年，启动农村无害化卫生厕所改造工作，加强建成卫生厕所科学管理，延长使用寿命。

第二节　社区卫生

一、服务体系建设

1999年3月，印发《关于颁布天桥区社区卫生服务机构设置规划和工作计划的通知》《关于成立“济南市天桥区社区卫生服务工作业务

全市社区卫生信息化建设推广现场会（2010 年 7 月摄）

指导小组”的通知》，社区卫生服务体系建设初具规模。2000 年 4 月，印发《天桥区社区卫生服务的主要对象和内容》《天桥区 2000 年社区卫生服务工作意见》，服务体系建设进一步深化。2007 年 8 月，制定《天桥区社区卫生服务发展规划》，规划建设社区卫生服务机构 46 所；下发《济南市天桥区人民政府办公室关于成立天桥区人民医院整体转型为社区卫生服务管理中心试点工作领导小组的通知》《济南市天桥区人民政府办公室关于调整天桥区城市社区卫生服务工作领导小组成员的通知》，天桥人民医院转型工作启动。12 月 28 日，全市首个社区卫生服务中心——天桥区北园社区卫生服务中心正式为辖区居民提供卫生服务。2008 年 11 月，天桥区被确定为全省社区卫生服务体系建设重点联系区。2009 年 6 月，率先完成体系建设，构建 15 分钟社区健康服务圈。2010—2012 年，创建山东省星级社区卫生服务机构 6 所、国家级社区卫生服务示范中心 2 所，是济南市创建星级机构与示范机构最多的县（市）区之一。

省市领导视察天桥区北村社区卫生服务中心（2012 年 5 月 30 日摄）

二、信息化建设

2008 年，率先推行区域卫生信息化建设。2010 年，投入 200 万元建成区域卫生信息化平台，为全部社区卫生服务机构、镇卫生院和村卫生室配发终端机器。成立天桥卫生信息化管理中心，统一使用 VPN（山东省信息协同应用系统）专网，实现社区居民、全科医生、医疗卫生机构、预防保健机构和卫生部门互联互通、信息共享。2011 年，为社区卫生服务机构统一配发巡访笔记本电脑 46 台，实现居民信息现场采集、录入。2012 年，建成社区居民电子健康档案 50 余万份，建档率 92%；农村居民电子健康档案 7.5 万份，建档率 100%，在全市率先实现农民健康档案信息化管理。开通免费服务短信，定期为辖区近 6 万名儿童家长发送短信，提醒接种疫苗。辖区医院全面实行居民健康卡，实现社区卫生服务机构与医院数据共享、电子双向转诊和检验、检查、会诊。国家、省、市卫生系统领导及专家多次到天桥区视察、调研，多家媒体予以报道。

三、中医药工作

1991—2008 年，组织基层医务人员中医药技能培训 1171 人次；组织社区医护人员全科医师岗位培训，其中中医药类别 58 人。按照《关于进行中医药继续教育公共课程考试的通知》要求，组织 226 名中医医护人员参加考试，中医药知识普及率显著提高。

国家中医药管理局副局长于文明（左二）一行调研督导天桥区社区卫生服务工作（2010 年 9 月 3 日摄）

2008 年 11 月，参加济南市社区卫生中医药专业建功立业竞赛活动，天桥区获团体、个人针灸专业、个人推拿专业第一名。2009 年 4 月，天桥区社区卫生服务机构开展针灸、推拿、拔罐等中医适宜技术推广活动，为居民提供简、便、验、廉中医药服务。2011 年 9 月，天桥区被国家中医药管理局授予"全国社区中医药工作先进单位"称号。2012 年，全区 46 所规范化社区卫生服务机构中 28 所以中医药服务为主，有济

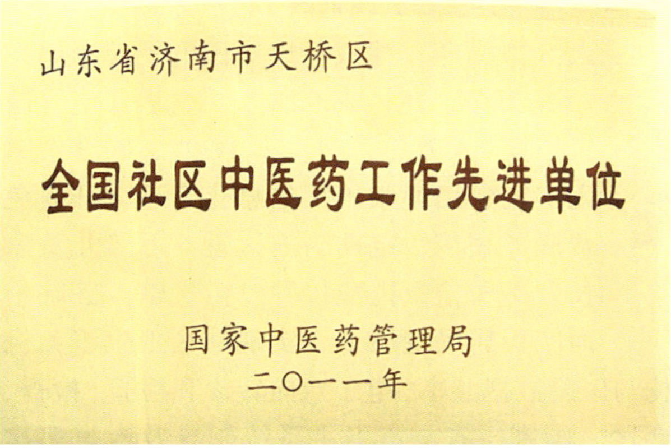

2012 年 9 月，天桥区被国家中医药管理局评为全国社区中医药工作先进单位。

南市社区中医药服务示范单位 8 所，中医、中西医结合诊所 52 所。

四、健康管理

2002 年，天桥区推广社区慢病干预暨"运动、饮食、平衡"促健康服务模式。2006 年 3 月，制定《天桥区关于"社区慢病干预促健康"工作实施意见》。2009 年 6 月，北园社区卫生服务中心被中国社区卫生协会确定为全国第一家社区精神卫生培训基地；10 月，天桥区举办第一期社区重性精神疾病管理培训班。2010 年始，天桥北村社区卫生服务中心连续三年举办"全国全科医学与社区卫生服务发展高层论坛"。2010 年 8 月，天桥北园社区卫生服务中心举办"中国社区重性精神疾病管理师资培训班"，来自全国各地 50 余名社区卫生专家参加培训，为患者提供免费诊疗；天桥北村、西苑社区卫生服务中心被中华医学会命名为"全国社区卫生健康管理实验基地"。2011 年 8 月，天桥区成为全国

济南市精神卫生中心举办第一期社区重性精神疾病管理培训班（2009 年 10 月 31 日摄）

第三家、全省唯一以区为单位被中华医学会授予社区健康管理实验基地区（县）。

五、家庭医生

2011 年 12 月，天桥区 7 所社区卫生服务机

中央电视台东方时空栏目专题报道天桥区家庭医生式服务工作（2012 年 4 月摄）

构在全市首推社区家庭医生签约责任制服务。公布全科医生电话，成立家庭医生团队，建立医生与签约家庭长期、稳定服务关系，为居民提供健康查体、孕产妇体检、家庭访视等多项服务。2012年5月，山东省推进家庭医生式服务工作现场会在天桥区举办。

六、公共卫生

（一）7·18特大洪水医疗卫生。2007年7月18日，济南市普降暴雨，天桥区受灾严重。区卫生局派出76支医疗队400余人，入户寻访救治5620人，送医送药价值2万余元。

天桥区卫生局抗震救灾英雄王永（前排左三）、王如举（前排左四）凯旋归来（2008年6月7日摄）

（二）白衣天使社区行。2005年5月，开展“卫生服务先进社区”和“白衣天使社区行”活动。社区卫生服务机构对弱势群体患者实行“三免六减二定一优惠”（免收门诊挂号费、普通门诊诊疗费、门诊出诊费，治疗费、护理费、X线费、B超费、心电图费、化验费均减免20%，每年定期免费查体两次，药品费用优惠10%）爱心服务。举办健康教育讲座85场，发放“爱心服务卡”7000余张，义诊1.37万人次，健康咨询1.5万人次，免费查体8581人次，走访帮扶691户，赠送价值2万元药品，优惠减免7.5万余元。2006年，实施社区卫生“惠民医疗”工程，发放爱心服务卡2039张，免费查体1.3万人次，走访帮扶158户，赠送价值1.8万元药品，医疗药费优惠减免6.3万元，义诊5389人次，健康教育1.3万人次。2010年—2012年，辖区24家社区卫生服务机构全部实施基本药物制度及药品零差率销售。

（三）汶川抗震救灾。2008年，“5·12”汶川大地震后，区卫生监督所第一个向市卫生监督所递交全体卫生监督员签名请战书。区卫生局王永作为山东省第一批赴川抗震救灾医疗急救车队员，圆满完成医疗救助任务，被中共济南市委、市政府评为抗震救灾模范个人。

（四）全运会卫生监督保障。2009年，第十一届全国运动会期间，制定《第十一届全运会天桥区卫生监督保障工作方案》，9月18日—10月24日，区卫生监督所6名卫生监督员及志愿者开展食品卫生监督保障工作，完成各项配送餐督查任务。

第三节 农村卫生

2000年，大桥镇、桑梓店镇划归天桥区后，设大桥镇、桑梓店镇卫生院，其中大桥镇卫生院下设靳家门诊部。两镇卫生院职工101人，其中专业技术人员95人；业务用房建筑面积1万余平方米，床位70张，承担两镇居民常见病和多发病诊治、公共卫生、妇幼保健、计划免疫、健康教育、卫生监督协管、爱国卫生等工作。2007年6月，天桥区在全市率先完成两镇卫生院人员、业务、经费上划区级管理工作，大桥镇、桑梓店镇卫生院财政经费享受政府60%差额补助，实现“有钱办医、有人行医”农村卫生格局。

一、卫生院上划

2007年6月，两镇卫生院人员、业务、经费上划完成，两镇卫生院按1.3‰核编，核定编制104名，设置岗位105个。实行竞聘上岗，推进用人机制改革，完成卫生院院长选聘及职工竞聘工作。制定绩效考核和绩效工资办法，将医疗服务、公共卫生服务质量和数量核定到各科室及每位职工。按照绩效工资办法，奖励性工资占绩效工资比例40%。对基层医疗机构进行债务锁定，开展基本建设和设备更新。

二、村卫生室标准化建设

2003—2007年，天桥区有村卫生室75所（其中甲级卫生室35所），担负农民基本医疗和预防保健等公共卫生服务任务。2008年，按照“以服务人口和半径合理布局、优化资源配置、便于管理、方便群众”要求，确定71所村卫生室实施标准化建设。下发《天桥区村卫生室标准化建设实施方案》，36所村卫生室完成标准化建设并通过市级验收。2009年，剩余35所村卫生室全部完成标准化建设，基本实现农民群众“小病不出村”服务目标。按标准化建设卫生室业务用房，全部为独立院落，业务用房建筑面积全部达到或超过120平方米，统一配备氧气瓶、诊疗台、观察床、急诊箱等基本医疗设施；统一配备电脑、打印机、一体化管理软件。纳入新农合定点医疗机构，农民群众小病就诊、报销基本不出村，药品实行代购分发，杜绝假药劣药流入卫生室。2010年，列入省级规划36所村卫生室建设完工项目全部通过验收。2011年，按照《天桥区乡村医生在岗培训实践技能培训及技能考核实施方案》要求，分批次对乡村医生进行培训、技能考核。2012年，天桥区乡村医生刘春、蒋顺明、徐连江被评为全市百名文明乡医；两镇71所村卫生室实施基本药物零差率销售，群众看病贵问题得到有效缓解。

三、镇卫生院建设

2000年，桑梓店镇卫生院面积1000平方米门诊楼投入使用；2001年，大桥镇卫生院新建建筑面积1600平方米门诊楼。2003年“非典”疫情期间，桑梓店镇卫生院自筹资金采购消毒药品进行消杀，对外来、返乡人员严格检查、流调，防治“非典”疫情发生、蔓延。2004年，桑梓店镇卫生院筹资60余万元建成建筑面积800平方米办公楼1幢和建筑面积2500平方米职工宿舍楼1幢。2005年，两镇卫生院施行新农合报销。2006年，镇医疗机构开展“惠民医疗进农村”工程，实行免住院空调费、住院暖气费、急诊观察床位费、门诊挂号费、门诊出诊费；胸透、心电图、B超、血常规、尿常规等检查费用减免20%。每年免费为60岁以上老人查体一次，为60岁以上患有慢性病者建立健康档案。2007年3月，投入257万元资金的大桥镇、桑梓店镇卫生院扩建工程同时开工；9月底，竣工。两镇卫生院扩建病房楼建筑面积分别为1645平方米和923.14平方米。改貌后，大桥镇、桑梓店镇卫生院业务用房建筑面积分别为3100平方米、2700平方米，均配备彩色B超、X光机、血球计数仪、生化分析仪和救护车等医疗设备。2008年，桑梓店镇卫生院与济南市第四人民医院签订帮扶协议，四院专家定期到桑梓店镇卫生院坐诊，帮助开展手术。2010年，为两镇60%农村居民建立健康档案。2011年，大桥镇卫生院被评为济南市基本公共卫生服务均等化先进集体。2012年，大桥镇卫生院投资400万元新建建筑面积2197平方米门诊综合楼1幢。同时被评为全市十佳文明乡镇卫生院。

第四节 卫生监督

1991—2001年，卫生监督工作主要由天桥区卫生防疫站承担。2002年5月，天桥区卫生监督所成立，承担《中华人民共和国执业医师法》《中华人民共和国职业病防治法》《中华人民共和国传染病防治法》等卫生法律法规确定的公共场所卫生、传染病防治等监督执法任务。

一、队伍建设

1991—1995年，区卫生防疫站实行行政执法责任制，扩大监督覆盖面，加强监管力度。1996年，成立公共卫生监督科，全区卫生监督覆盖率98%。1999年，组建卫生监督一科和二科，一科负责食品卫生监督监测、食物中毒和食品污染事故调查等；二科负责公共场所、生活饮用水、化妆品经销等卫生监管。2000年，成立卫生监督三科，负责镇卫生监督和全区职业卫生、放射防护监督监测。2003年12月，区卫生监督所完成科级干部竞争上岗，人员配备到位。2008年，引入考核机制，实行绩效管理。2009年，区卫生局在两镇卫生院设兼职卫生监督员，开展日常监督。2010年，区卫生监督所成立法制稽查科，就着装风纪、行政许可、执法行为、文书制作及劳动纪律等开展卫生监督稽查。在全区47所社区卫生服务中心（站）设49名公共卫生信息员，开展违法信息收集、上报及跟踪回访。2012年，组建30人卫生监督协管队伍，开展人性化执法，实行行政处罚主要负责人约谈制。

二、医疗服务市场监督

1991—1993年，开展医疗市场整顿，审核、登记辖区从事医疗服务医疗机构、医疗联合体和个体行医者；取缔无证行医、非法行医73家；没收假冒伪劣药品2.5万片（支）、非法行医器械60具、非治疗性商品15种、自制伪劣药品45种，罚款1.2万余元。1995年，取缔非法行医28家，对全区327家社会办医及厂企医疗机构和47所农村卫生室进行登记、验资、评审。1996—1997年，加强全区15家一级医院、156家厂企医疗机构、48所村级卫生室及90家社会医疗机构监督管理。1998—2003年，集中开展清查游医药贩及打击假药行动16次，没收销毁价值2万余元伪劣药品，查处取缔违法行医机构88家，违法人员144人，罚款4.4万元。2002—2005年，查处非法行医机构42家，取缔93家，其他行政处罚15家，没收医疗器械28件、药品80箱，罚款2.4万元。2006年始，每年开展医疗服务市场专项整治，保持高压严打非法行医态势。2010年12月，济南市打击非法行医现场经验交流会在天桥区召开。至2012年，行政处罚386起，罚款64万余元。

三、职业与放射卫生监督

1991年始，连年开展职业病专项检查。1992年，完成全区作业点监测56个，监测覆盖率92%；查体77家单位5610人，覆盖率91.7%。1993年，监测单位21家，采样粉尘53份、毒物111份，合格率分别为52.83%和66.67%；监测高温作业点14个；收入报告职业病3例。1995年，协助市卫生防疫站对新增X射线机进行监测，对管辖单位放射工作人员进行培训发证，发证率100%。2004年始，先后开展职业病危害建设项目、保障劳动者健康权益专项检查和职业、放射卫生知识培训，建立完善企业职业卫生档案。2011年，启动职业卫生监督工程。2012年，在全区放射诊疗单位推进新发职业病例溯源督查。

四、环境卫生监督

（一）生活饮用水卫生监督。1991年始，每年对自来水管网末梢和二次供水进行水质消毒和采样监测建档，建档率100%，供水单位卫生监督监测率100%。1998年始，对高层楼房二次供水实行卫生许可制度。2012年，推行供水单位量化分级管理，量化分级率100%。

（二）公共场所卫生监督。1991年，对公共场所经营单位开展采样监测和监督检查。1993年，建立公共场所经营单位卫生技术档案。1995年，开展理发行业监测采样。2000年，完成全区11家综合医疗机构卫生监测、建档和发证工作。2008年，重点对旅游涉外等大中型宾馆进行监督检查。2009年，制定《天桥区实施公共场所量化分级管理制度工作方案》，对68家住宿业经营单位进行全面审核评定，发放卫生信誉等级公示标识牌。2011年，实施餐饮单位公共场所卫生许可和量化分级管理，向49家餐饮单位发放公共场所卫生许可证。至2012年，对各类公共场所监督检查1.2万家次，对公共场所从业人员健康体检4.5万余人次，五病调离率100%；卫生监测1.5万点次，合格率95%以上，未发生公共场所突发公共卫生事件。

（三）学校卫生监督。1991年始，开展驻区学校学生查体。1993年，对全区1～4年级7000余名学生查体建档，健康卡建档率100%。2000年，督查学校食堂卫生350余家次，监督覆盖率100%；处罚5家，罚款5900元；责令改正2家。2002—2008年，对驻区院校食堂卫生进行督查，开展食品卫生知识培训。2009年，开展学校卫生综合督查190余所次。2010年，推行学校卫生监督量化分级管理，对学校传染病防治、生活饮用水、医务室、依法执业情况进行综合评定。2011—2012年，对全区49所中、小学和72家托幼机构分户档案进行完善。

五、行政许可服务

1991年，开展食品、公共场所、二次供水单位卫生许可证以及放射诊疗许可证新发、复核工作。2004年，《中华人民共和国行政许可法》实施，区卫生监督所对卫生许可审批项目（包括咨询、申请、受理、预检、审核、打证、发证、报表）在区政府政务信息网进行公示。2011年，实现卫生行政许可申报材料网上下载，做到“一个窗口对外”“一站式服务”。3月，餐饮服务食品安全职能由区卫生局移交至区食品药品监督管理分局。2012年，落实济南市卫生局、济南市工商行政管理局《关于进一步做好公共场所卫生许可前置审查工作的通知》要求，实行公共场所卫生许可前置审查，全年出具未达面积证明材料218份。

第五节　红十字会工作

1990年8月，天桥区红十字会办公室成立，隶属区卫生局，负责全区红十字会工作。1993年3月，全区红十字会理事会议召开，区红十字会理事会成员调整至27人。2005年5月10日，天桥区红十字会改为独立法人机构。2006年3月，天桥区红十字会第七次会员代表大会召开，选举出新一届红十字会理事会。2006年，天桥区被省红十字会评为山东省社区红十字服务示范区；2007年，被民政部、中国红十字总会评为全国社区红十字服务示范区；2012年，被市人力资源社会保障局、市红十字会、市公务局评为全市红十字系统先进集体。

一、组织建设

1990年，全区红十字会组织182个、会员2.1万人。1991年，发展红十字会组织50个、会员5479人。1993年，全区红十字会组织240个、会员3.28万人。1994年，红十字会组织248个、会员3.92万人。2006年，全区15个街道（镇）建立起红十字会基层组织15个；区机关、企事业单位、学校建立基层红十字会组织175个，红十字工作站10余个，会员4.5万人；发展红十字志愿者队伍15支、3000余人；在15个街道（镇）建立红十字博爱互助中心。2007—2012年，新建基层红十字会组织16个，团体会员单位100个，会员2000余人，红十字志愿者队伍15支，红十字志愿者3000余人。

二、救护培训

1991年，对辖区9403名汽车驾驶员进行卫生救护知识培训，对培训合格者颁发红十字会急救包和合格证。全区11个街道建立群众性三级卫生救护网、救护总站11个和救护点189个。1994年，组织辖区36个单位500余人宣传贯彻《中华人民共和国红十字会法》。对辖区4.4万人进行救护知识培训，天桥人民医院、天桥第二人民医院红十字会举办急救学习班，辖区各分会完善卫生救护网和社会服务网。1997年“5·8”世界红十字日期间，组织辖区50余个单位开展红十字知识宣传。2000年始，每年组织机关干部、教师、企业人员、学生等学习《中华人民共和国红十字法》。在“世界红十字日”“世界急救日”“世界艾滋病日”之际，组织红十字志愿者深入街道、社区开展地震预防、逃生技巧等知识宣传。2005年，制定卫生救护培训方案，组建师资队伍，编写天桥区红十字会教材，定期实施培训。2006年，组织辖区800余名学生进行青少年救护培训演练。为社区居民举办健康咨询和艾滋病预防知识讲座。区红十字会被山东省红十字会评为全省卫生救护培训先进集体，被山东省人事厅、省红十字会评为全省红十字救护工作先进集体。2007年，“7·18”特大洪涝灾害发生后，组织辖区济南军区总医院、山东省交通医院、济南市第四人民医院、济南市精神卫生中心、济南博爱医院专家30余人，开展灾后疾病预防卫生知识咨询义诊活动。2008年，举办预防艾滋病青年同伴教育培训班，培训近1000人。2006—2012年，举办应急救护培训班31期，培训4000余人。发放宣传册2万余册、悬挂横幅50余条、展出展板50余块。

三、救助活动

1991—1993年，走访慰问辖区孤寡老人22人，发放慰问款2100元，组织辖区医院定期给孤寡老人查体。1997—1998年，走访慰问孤寡老人、烈军属、孤儿，发放救济金 5300 元。2006 年，投资 40 余万元，建立红十字博爱互助中心 15 个，落实公益岗位 26 个。募捐 2.8 万元，帮助 2800 名特困农民参加新型农村合作医疗，实行大病救助。在大桥镇、桑梓店镇卫生院建立红十字医疗救助中心，为农村弱势群体提供医疗救助。联合辖区医院免费对 31 名白内障患者进行体检，为 14 名体检合格者实施白内障手术。为全区 300 余户特困家庭发放救助金 4.6 万元、面粉 3000 余千克、食用油 400 千克。联合辖区学校为 78 名特困家庭学生减免学费。2007 年，募集救助资金 3 万余元，慰问辖区 100 余户贫困家庭。启动癌症康复阳光工程，为 500 余名社区群众、癌症患者免费培训；为 20 余名贫困中小学生发放救助金 1 万余元。2008 年，为辖区 30 余户特困家庭送去食用油、棉被等救助物资。启动“关爱民生、温暖社区”医疗扶贫救助活动，为全区 3000 户特困家庭和环卫工人发放医疗救助卡。2009 年，为全区特困家庭、环卫工人发放住院优惠卡 5000 张。2011 年，持续开展“关爱民生、医疗帮扶”活动，发放特困居民医疗救助卡 5000 张。为辖区 89 名特困残疾人发放衣物 89 套，免费为残疾人查体；为辖区 11 名特困学生捐赠 1.55 万元爱心助学金；为 60 名环卫工人捐赠爱心棉被 60 床，价值 1.2 万元。2012 年，为辖区 80 余户困难家庭发放救助款、救助物资折合价值 5.94 万元。2 名单亲家庭儿童接受“春天行动”救助 7200 元。

四、救灾募捐

1991 年，制定天桥区《关于自然灾害和突发事件的救灾预案》《自然灾害突发公共事件应急预案》，组建 20 人的红十字应急救援队，开展救灾备灾。1998 年，为东北松花江流域水灾、长江流域水灾、东平湖水灾筹集抗洪救灾款 60 余万元。2004 年，印度洋地区发生海啸灾情后，募捐善款 110 余万元。2007 年 7 月 18 日，济南市遭受特大洪涝灾害，区红十字会迅速行动，7 月 19 日即开展救助、防疫和慰问工作，为受灾群众送去慰问金。2008 年年初，南方雪灾发生后，为灾区人民募得善款 1 万余元。5 月 12 日，四川汶川发生特大地震灾情后，下发《天桥区红十字会关于开展向地震灾区募捐活动的通知》，组织募捐活动 20 余场次，募集款物价值 170 余万元。同年，区红十字会被济南市红十字会评为市红十字会系统抗震救灾先进单位，并获支援四川抗震救灾突出贡献奖。2009 年，“莫拉克”台风造成灾害后，向灾区募捐善款 7.2 万元。2010 年，为云黔桂干旱灾区、甘肃泥石流灾区募集善款 12 万元。青海玉树地震灾害后，为灾区募集赈灾款 30 余万元。

五、无偿献血

1993 年 3 月，区红十字会开展全民义务献血活动，辖区 47 个单位 606 人义务献血，占应献血指标 90.3%。1997 年，超额完成无偿献血指标，被济南市红十字会评为无偿献血先进区。1998 年，《中华人民共和国献血法》实施后，在街头开展无偿献血宣传活动。1999 年，组织开展“骨髓移植、捐献角膜、展示人道力量、奉献爱心”宣传，开展全民无偿献血活动。2011 年，采集造血干细胞血样 70 例，实现造血干细胞血样采集零突破。2012 年，造血干细胞捐献 100 例，无偿献血 80 余人。2006—2012 年，接收遗体捐献登记 54 例，捐献成功 6 例。

第五章　食品药品监督管理

1991—2001 年，食品卫生监督工作主要由区防疫站承担，药品监督工作主要由市卫生局承担。2002 年 5 月，天桥区卫生监督所成立，依法开展食品卫生、职业卫生、传染病防治监督、医政监督等专项整治，严厉打击非法行医等违法行为。2007 年 11 月，济南市食品药品监督管理局天桥区分局成立。2010 年，食药监管天桥分局增加餐饮服务许可、餐饮服务环节食品安全监管和保健食品、化妆品卫生监督职能。2011 年 3 月，天桥区通过济南市政府药品安全专项整治考核验收。2012 年，组织开展药品、医疗器械、保健食品、化妆品和餐饮服务环节安全监管，全区未发生重大食品药品安全事件，连年保持“市级文明单位”。

第一节　食品安全监督管理

1991 年，区食品卫生监督管理由区卫生防疫站、区食品卫生监督检验所负责。2004 年—2010 年 9 月，区域监管由区质监局负责，组织开展全区食品加工企业调查摸底、登记造册、建立质量档案、实施重点监管。全过程监管食品原料、出厂产品、食品添加剂登记、索证制度等，保证上市产品可溯源可召回。开展违法添加非食用物质和滥用食品添加剂检查、含乳食品企业检查、食品加工小作坊监督检查等多项整治。2010 年 10 月，取消区域监管，成立食品生产监管科，严格实行食品生产许可证制度。2011 年 3 月，区食品药品监督管理分局与区卫生局完成餐饮服务食品安全职能交接及人员划转。改革过渡期内，区食品药品监督管理分局与相关职能部门密切配合、团结协作，全区未发生重大食品安全事故，实现餐饮服务食品监管顺利交接和平稳过渡。2012 年，全区获食品生产许可证企业 64 家。

一、食品经营许可

1991 年，执行餐饮服务许可管理法律法规，推行材料受理、现场验收、许可发证三分离，规范餐饮服务许可行为，严把企业准入关。1992—1999 年，发放食品卫生许可证 7949 个，复核验证 6350 个，取缔无证业户 133 户。2000 年，对大桥镇、靳家乡、桑梓店镇食品卫生状况开展全面调查，发放、审验食品卫生许可证 2565 个。2001—2012 年，预防食物中毒及食源性疾病，受理餐饮服务许可事项 829 项，发放食品卫生许可证 2294 个，复核验证 1887 个。2012 年，受理保健食品经营审查备案 112 份，出具“小饭桌”（为中、小学生提供的一种饮食服务，一般还提供午休场所）登记备案证明 58 份。

二、餐饮食品、保健食品、化妆品执法检查

1991 年始，天桥区食品卫生监督检查力度逐年加大。1993 年，整顿饮食摊点群及街头食品店。1999 年，对中、小饮食单位进行专项治理整顿，监督检查饮食单位、公共场所 1.6 万户次，食品和餐具消毒采样合格率分别为 93% 和 95%；卫生行政处罚 128 户次，罚款 4.3 万元。2000 年，对靳家乡、桑梓店镇、大桥镇食品卫生状况开展全面调查，监督检查 1 万余户次，食品采样 3511 份，餐具消毒采样 8196 份，合格率分别为 92.7% 和 85.1%；卫生行政处罚 116 户次，罚款 5.9 万余元；处理群众举报 38 起、食物中毒事件 3 起。2001 年，查封有毒绿大米 5000 千克、保健品和实用调味品 300 千克。2004 年，监督检查 5300 余户次，督办从业人员查体 1.3 万余人，“五病”（肝炎、肺结核、痢疾、传染病、皮肤病）调离 13 人，食品采样 1900 余份，处理群众举报投诉 97 起，卫生行政处罚 109 家，处理疑似食物中毒事件 13 起。2009 年，开展违法添加非食用物质和滥用食品添加剂专项整治、迎全运户外食品安全专项整治、农贸市场熟肉及熟肉制品整顿、中高考期间卫生专项检查及学校卫生综合整治等专项治理。2011 年，联合卫生、公安、工商、质监、农业等部门，对全区 930 家持证餐饮服务单位使用添加剂情况进行督查；联合教育部门对全区 110 所学校（托幼机构）食堂进行检查。2012 年，开展学校（托幼机构）食堂、建筑工地食堂、“小饭桌”等专项整治。联合工商、卫生、物价、城管部门，对火车站周边小餐饮进行集中整治。

三、建立数据库

2011 年，建立 930 家持证餐饮服务、199 家保健食品生产经营和 87 家化妆品生产经营单位监管档案，摸清餐保化企业底数。2012 年，充实餐保化生产经营企业数据库资料，纳入电子化管理。

第二节 药品监督管理

1991—1993 年，天桥区成立医疗市场整顿领导小组，对辖区从事医疗服务机关、部队、学校、企事业单位、社会团体医疗机构、医疗联合体和个体行医者进行登记，对办理药品许可证医疗机构和个体行医人员进行考核。2001 年 2 月，《中华人民共和国药品管理法》实施。2002 年 5 月，天桥区卫生监督所依法开展医政监督专项整治，打击非法行医违法行为。2012 年，全区药品批发企业 14 家、零售企业 221 家。

一、药品经营许可

2007 年始，执行准入条件和许可验收标准，严把药品经营企业许可关；推行审批事项网上受理，优化工作流程，减少审批环节；鼓励支持药品零售企业发展连锁经营，稳步提高连锁化率；引进大型药品批发企业和药品零售连锁总部落户天桥，扶持帮助药品批发企业发展现代物流，优化产业结构、壮大医药经济。2012 年，药品批发企业由 9 家增至 14 家，新增药品零售连锁总部 6 家，药品零售企业由 107 家增至 221 家（连锁门店 107 家、单体药店 114 家），零售药店连锁化率 48.4%，较 2007 年提高 14 个百分点。

二、规范药房创建

2008 年，开展规范化药房创建活动。2009 年，24 家综合性医疗机构、80 家社区卫生服务机构通过达标验收。2010 年，达标验收个体诊所 348 家、农村卫生室 62 所。2011 年，组织开展药品购销渠道、疫苗、暑期药品储存条件等 10 个专项检查。加强基本药物经营、使用环节监管，立案查处各类违法违规行为 10 起。辖区 2 家企业被评为济南市义齿规范示范单位。2012 年，以基本药物、含麻黄碱复方制剂、终止妊娠药品、疫苗、自制制剂、隐形眼镜及护理液为重点监管品种，开展医疗机构药品使用备案，规范药品使用行为。

三、执法检查

2003 年始，全面开展药品监督管理。2008—2009 年，开展以含兴奋剂物质药品和化工类兴奋剂生产经营为重点的奥运会、全运会药品安全专项整治。2009 年始，组织为期 2 年药品安全专项整治。2011 年，开展药品购销渠道、疫苗、暑期药品储存条件专项检查，查处违法违规行为 10 起。2012 年，组织问题药品查处等 10 余个专项检查，查处药品违法违规行为 24 起、制售假劣药品窝点 4 个，取缔无证经营单位 3 家。

天桥区卫生监督所取缔非法行医黑诊所（2011 年 9 月 19 日摄）

第三节 医疗器械监督管理

一、医疗器械经营许可

1991 年始，每年开展清理查处无证行医、非法行医、违法行医机构等行动。2011 年，验收医疗器械经营企业 70 家，受理医疗器械经营许可 154 份。2012 年，医疗器械生产经营企业增至 426 家。

二、药械安全性监测

2009 年，天桥区成立药械安全性监测工作协调领导小组，设药械安全性监测分中心，下辖 5 个监测站和 19 个监测点，建立健全工作机构和监测网络，上报医疗器械不良事件 176 起。2010 年，落实药械安全性监测属地化管理，上报药品不良反应报告 936 例、医疗器械不良事件 362 起。2011 年，实行网上直报，上报医疗器械不良事件 542 起。2012 年，落实卫生部《药品不良反应报告和监测管理办法》，上报医疗器械不良事件监测报告 581 例，其中严重报告 71 例。

第二十七篇
社会生活

建于1909年的陈家楼天主教堂

2011 年 9 月 9 日，天桥区获“省级文明区”称号（右二）。

2012 年 8 月，全市首家少数民族社区博物馆——堤口庄社区文史陈列馆开馆。

1991—2012 年，天桥区响应“三学”“三做”号召，开展“三个代表”重要思想和科学发展观学习活动，开展“八荣八耻”学习活动；从公仆意识、公民素质、文明城区、文明村（居）、文明家庭和文明风尚六个方面，开展精神文明建设，涌现出省级及以上先进单位（团体）228 个、全国劳动模范 7 人。

22 年间，天桥区城乡居民收入大幅度提高，农民人均年总收入由 1595 元增至 1.31 万元，城镇职工人均月工资由 200 元增至 3570 元；城乡低保工作稳步开展，额度不断提高。至 2012 年，天桥区农村老年人意外保险实现全覆盖。

第一章 精神文明建设

1991—1999 年，天桥区进行省会城市窗口形象建设，响应中共中央“三学”“三做”号召，开展“领导干部学孔繁森，做人民公仆；人民群众学韩素云，做文明公民；基层干部学王廷江，做致富带头人”活动。2000—2005 年，开展“三个代表”重要思想和科学发展观学习教育活动，促进“两个文明”建设。2006—2008 年，开展“八荣八耻”学习活动，引导各部门各行业树立社会主义荣辱观。2009—2012 年，以承办第十一届全国运动会为契机，完善公共文明建设。至 2012 年，先后开展公仆意识教育、公民素质教育，涌现出省级及以上先进单位（团体）228 个，产生全国劳动模范 7 人、省劳动模范 7 人、市劳动模范 35 人，获市五一劳动奖章（状）63 人；开展文明城区、文明村居、文明家庭创建活动，获省级文明社区奖项 61 个、生态文明村奖项 66 个；产生文明家庭 7.23 万户、五好（文明）家庭 1.99 万户。1993—2002 年，天桥区连续十年（四届）获“山东省精神文明建设工作先进区”称号。1991—2012 年，天桥区获“全国先进区”“全国示范区”称号 14 次。

第一节 公仆意识教育

1991 年 5 月 10 日，印发《关于争创精神文明建设先进区的实施意见》，组织全区 8 个系统 11 个单位干部职工 3800 人，集中开展以纠正行业不正之风为主要内容的职工道德教育，历时 1 年。年底，天桥区被山东省职业道德教育办公室评为职业道德教育先进区。1992 年 4 月 7 日，印发《天桥区“八五”期间精神文明建设规划》，要求广泛吸引人民群众参与“共建”“创建”活动。4 月 15 日，区工商局被国家工商行政管理总局命名为全国工商行政管理系统先进集体，区检察院刑检一科科长刘建军被最高人民检察院表彰为全国检察系统先进工作者；同年，济南毛巾厂图案设计师徐行健经国务院批准，享受政府特殊津贴。1993 年 5 月 1 日，工商行天桥区支行出纳员林萍获全国五一劳动奖章。1994 年，开展“领导干部学孔繁森，做人民公仆”活动。汇编《天桥之星》宣传典型，营造出“学楷模、见行动、讲奉献、创一流”的氛围。

1995 年 4 月 22 日，印发《关于再创省级精神文明建设工作先进区活动的实施方案》。同年，全区掀起学习《邓小平文选》热潮，强化思想教育。召开再创省级精神文明建设工作先进区动员大会，印发《全方位目标管理考核标准》，与各街道（镇）签订争创责任状。要求基层党校举办政治学习培训班，至 1998 年，各街道（镇）举办 460 期，培训 1 万人次。3 月 8 日，区公安分局站前派出所所长率秀英获“全国三八红旗手”称号；5 月，姚升平被评为全国劳动模范，天发集团总经理杨世明获“全国优秀企业管理工作者”称号。同年，天桥区被授予“全国拥军优属先进单位”称号。1996 年，开展“行风万人评”活动，印发活动方案 2000 余份，选聘监督检查员。先后开展爱岗敬业、争先创优、当事人评法官、创三优争十佳等多种形式的活动，至年底，全区评选出区级文明单位164个、区级先进个人81人。4月，济南市长途汽车运输公司客运三场经理林勇获全国五一劳动奖章。1997年1月1日，中共天桥区委印发《天桥区"九五"期间社会主义精神文明建设规划》。同年，天桥区首次在合资企业中开展警民共建，警（军）民共建内容向法制教育方向延伸。3月始，开展"星期六奉献日"活动，每月最后一周星期六为"奉献日"。1998年，开展"为基层服务，让群众满意"活动，实行挂牌服务、公示服务、限时服务，实行群众举报督办制度。印发《天桥区机关干部道德规范》，提出开展争做"人民好公仆"活动，涌现出省十大职业道德标兵刘长河、省优秀青年民警陈国华等先进模范人物。11月16日，济南市华宇集团董事长刘刚被农业部表彰为全国优秀乡镇企业董事长；同月，山东金牛集团党委书记、董事长赵文孝被表彰为全国优秀乡镇企业家。

1999年，以刘长河名字命名的热线服务中心开通，并发展成天桥区精神文明建设的名牌。2000年，刘长河被评为全国劳动模范；区反贪局侦查科被共青团中央命名为全国青年文明号，成为全市检察机关和区属单位中首个国家级青年文明号。2001年，天桥区在政府机关开展争优创优活动。3月1日，区公安分局黄台派出所所长刘清波被公安部授予"全国优秀人民警察"称号；9月，区物价局被国家计委授予"全国规范化物价检查所"称号。2002年，在各街道、社区开展为侨服务活动；6月，天桥区被授予"全国社区侨务工作先进单位"称号。同年，天桥区被民政部命名为全国社区建设示范区。

2003年7月10日，印发《关于认真学习胡锦涛同志"七一"重要讲话进一步兴起学习贯彻"三个代表"重要思想新高潮的决定》。2004年，开展"三个代表"和科学发展观教育活动，区属各部门均以答题或讨论形式汇总心得体会3000余篇。2005年，天桥区开展"学习科学发展观，做人民的好公仆"活动，4月30日，济南市华宇集团董事长刘刚被评为全国劳动模范；同月，区法院北园法庭被最高人民法院授予"全国优秀法庭"称号，被山东省高级人民法院记集体一等功。济南市中级人民法院和中共天桥区委分别作出向北园法庭学习的决定。同年，中共天桥区委被授予"全国民族团结进步模范集体"称号。2006年，首先在各学校开展社会主义荣辱观学习活动，继而在全区开展社会主义荣辱观大讨论。9月，开展以"尊老敬老"为主题的传统美德教育活动，全区机关事业单位看望老人1700余人次；区法院被全国老龄委表彰为全国老年维权示范岗。2007年4月，区法院北园法庭被最高人民法院、共青团中央命名为全国青年文明号。

2009年，开展"文明践行我带头，文明单位在行动"活动，印发《天桥区"文明单位在行动"活动安排表》，参与活动的各级别文明单位170个。2010年，以"提升服务质量、倡树文明新风、展示省会形象"为主题，在服务窗口开展"庄严承诺、微笑服务"实践活动。北园街道杨庄社区党委书记葛国庆被评为全国劳动模范，区法院立案庭被全国妇联授予"全国巾帼文明岗"称号，天桥区被命名为全国社区教育实验区。2011年，在全市率先打造"创城"工作"一把手"工程，印发《天桥区全国文明城市测评体系责任分解》，整理入档材料400盒、1.5万份。2012年，落实社会主义核心价值体系宣传教育，印制宣传册（单）8000余份。迎接全国城市文明程度指数测评，下派督导人员280余人次，涉及172个部门。

1991—2012 年天桥区获济南市级及以上文明单位统计表

表 27-1　　单位：个

年份	省级及以上	市级	年份	省级及以上	市级
1991	3	42	2002	8	50
1992	6	46	2003	11	42
1993	7	48	2004	14	46
1994	6	46	2005	11	87
1995	7	45	2006	23	86
1996	5	37	2007	8	19
1997	7	53	2008	11	56
1998	3	46	2009	13	65
1999	8	52	2010	15	63
2000	7	43	2011	23	90
2001	8	44	2012	24	96

第二节　公民素质教育

天桥区火车站、汽车站等窗口单位多，流动人口杂、个体业户多。1991 年，加强对个体业户教育，成立个体业校，首批入校 36 户；成立天桥区个体私营企业协会（简称“个协”）。开展“信得过和文明个体户”评比活动，43 户获表彰。4 月 3 日，堤口果品批发市场获“全国文明集市”称号；同月，济南第四棉纺织厂挡车工王静侠获全国五一劳动奖章。7 月 30 日，堤口果品批发市场被国家工商行政管理总局评为全国工商系统先进集体。1992 年 1 月，北园镇清河村李春圃被表彰为全国优秀乡镇企业家；3 月，当选为全国第八届人民代表大会代表。4 月 7 日，中共天桥区委印发《天桥区“八五”期间精神文明建设规划》。1994 年，响应“三学”“三做”号召，开展“人民群众学韩素云，做文明公民”活动。实施系列教育，培养社会主义“四有”（有理想、有道德、有文化、有纪律）新人，提高全民体魄（体质）、智力（文化）和思想道德。

1995 年，在各大批发市场成立职业道德领导小组，在个协和私营企业中成立党团支部和工会。各大商场开展争创“三心”（让顾客放心、顺心、舒心）、“三优”（以优质服务、优质管理、优秀业绩来提高服务质量）、“三热爱”（以爱祖国、爱企业、爱岗位来端正服务态度）的“三三”系列活动，北园大街被济南市命名为“三优街”。3 月，区个协被评为全国个协系统先进单位，涌现出全国劳模李春圃、姚升平，省劳模林姿英、董兆礼、刘超华等先进典型。5 月 1 日，王静侠被评为全国劳动模范；同年，天桥区获“全国思想政治工作先进集体”称号。1996 年，天桥区以提高市民社会公德、职业道德、家庭美德水平为目标，开展“提高‘三德’水平，争做文明市民”主题活动。举办“争当文明市民”演讲报告会，组织《话说文明市民》征文比赛，历时 2 个月，收到稿件 500 余篇。5 月，各街道（镇）组建不文明行为劝导站（队），发动居民群众开展义务劳动。在北园大街举办“告别不文明行为”万人签名仪式。

1999 年，开展法制宣传进市场活动 60 余次，规范市场业户依法经营。5 月，济南锅炉集团有限公司电焊组组长王翠华获全国五一劳动奖章。

2000 年 4 月，王翠华、林勇（济南市长途汽车运输公司客运三场经理）被评为全国劳动模范。2001 年 4 月，区个体协会被中国个体协会评为全国首批县级个体协会规范化建设先进单位。9 月，制定《关于贯彻落实〈公民道德建设实施纲要〉的意见》，加强公民道德教育。2003 年 3 月，区个协被中国个协评为全国“劳协联系点”先进单位。

2008 年 5 月 14 日，印发《关于推动文化大发展大繁荣的意见》，要求围绕“建设富裕文明和谐的现代化省会城市中心城区”总体目标，繁荣文化事业，发展文化产业，提升天桥文化软实力。11 月 6 日，印发《关于在全区开展“讲文明、树新风、创品牌”活动的实施意见》，围绕提高市民文明素质、繁荣文化事业产业、打造提升天桥形象等方面组织开展群众性创建活动。2009 年，以公共交通秩序为突破口，着力攻克乱穿马路、翻越护栏、闯红灯等不文明“顽疾”，分路段、分时段地实施“六个整治”（机动车行车秩序整治，停车秩序整治，行人、非机动车、电动车交通秩序整治，大货车交通秩序整治，三轮车交通秩序整治，公交车、出租车交通秩序整治）行动。2010 年，各街道（镇）大兴健身运动，广场、公园均有群众健身组织，区有关部门适时予以指导，规范鼓乐队、健身小组 80 余个，进行社会主义公德教育。2011 年 1 月 12 日，天桥区被国家体育总局授予“全国全民健身活动先进单位”称号。同年，印发《天桥区关于深入开展“微笑服务”活动的意见》，开展“文明诚信经营户”“文明诚信药店”等主题创建活动，至 2012 年，发放经营户、药店“诚信牌”800 余块。

第三节 文明城区创建

1991 年，天桥区开展“创四区、争三优”（创建卫生区、双拥模范区、社会治安综合治理先进区、精神文明建设工作先进区，争取在优良秩序、优美环境、优质服务三方面上新水平）活动。全区被命名表彰文明单位省级 3 个、市级 42 个、区级 163 个。10 月 16 日，国家城市卫生跟踪检查团到济南长途汽车总站检查，各项卫生要求全面达标，天桥区被评为全国巩固十佳卫生城市活动先进单位。1992 年，全区被命名表彰文明单位省级 6 个、市级 46 个，命名表彰学雷锋标兵 24 名。1993 年，全区被命名表彰文明单位省级 7 个、市级 48 个，命名表彰精神文明先进个人 56 名。1994 年，以“窗口”建设塑造省会城区形象，开展“做文明市民、创文明单位、建文明城区”活动，随后“窗口”范围扩展延伸到全区各行各业。1995 年，区房管局被建设部评为全国房地产行业精神文明先进单位；泺口服装市场连续两年被命名为全国文明集贸市场。1996 年，由区科学技术局牵头，各街道开展“提倡科学，反对迷信”科普宣传活动，至年底，展出宣传板 800 余块次。天桥区被国家科委命名为全国科技工作先进区；被中央综治委和人事部授予“全国社会治安综合治理先进集体”称号。

1997 年，在“讲文明树新风”活动中，以治理脏乱差为切入点，完成以济泺路为主的面积 4.4 万平方米道路养护，处理污水冒溢 45 处，新增绿地面积 18 万平方米。1998 年，组织辖区 860 家单位联手，区域共建文明城区格局形成。1998 年 4 月 28 日，天桥区被民政部命名为全国社区服务示范城区。1999 年，各街道（镇）均建立区域共建精神文明协调组织。2002 年，开展“护容使者”行动，全区中小学生 4 万人参加。2003 年，制锦市、无影山、工人新村南村街道办事处实行“轮值主席制”，由驻地单位“轮流坐庄”，“资源共享、优势互补、共同参与、共同受益”，形成共建文明合力。12 月，泺口服装市场在中国（博鳌）信誉论坛第三届大会上，被评为“中国城市代表品牌”。2005 年 4 月，印发《关于深入开展“情注‘背街小巷’、构建和谐社会”主题实践活动的实施意见》，各街道、社区组织老年人志愿小组 38 个、230 余人，在城区各角落巡逻，制止各种不文明言行。

2007 年，各街道开展“文明礼仪从一言一行做起”社会公德宣传教育活动，举办“美丽天桥”“泉城明天更美好”等活动演出100余场次。泺口街道举办大型活动——“泺口服装文化艺术节”。2008年，印发《关于城市管理和市容环境卫生工作问责暂行办法》，在全市率先实行环境卫生工作问责制，半年中实施问责700余次；3个部门、6个街道办事处被责令作出书面检查，实现“辖区城市环境面貌整洁、优美、有序，环卫管理达到全市一流水平”的目标。2009年，印发《天桥区公共文明示范街区评选标准》，选拔3个街区上报济南市。开展文化墙建设，当年建成文化墙58处，面积1.8万平方米。2010年，天桥区开展“全民学习节”活动。各街道（镇）实施“孔子文化进校园”“诗意校园”系列活动，并作为山东省唯一代表向全国各地论坛代表作现场展示。9月30日，药山街道通过国家安全社区评定专家组验收，被命名为国家级安全社区。11月15日—16日，卫生部启动“创建示范社区卫生服务中心”活动和“我身边的社区卫生服务”主题宣传活动，天桥区工人新村北村社区卫生服务中心成为首批国家示范社区卫生服务中心。同年，天桥区被命名为全国科技工作先进区。2011年12月7日，印发《关于加快建设文化强区的实施意见》，要求繁荣文化事业，加快振兴文化产业，提升文化软实力。

2010年4月17日，济南第十三中学举办“孔子文化进校园”展示活动。

2012年，天桥区迎接全国城市文明程度指数测评，制作文明城市创建宣传画3000幅、宣传条幅200条，在各街道贴挂；发放《模拟调查问卷》5万份。7月26日，天桥区举行“万名志愿者在行动”活动，120个社区、1万余名志愿者参与，各社区内都制作创文明城宣传板报、发放宣传资料，悬挂创城标语，党员组成党员志愿者小组，针对不文明现象给予制止。

第四节 文明村居（社区）创建

1991年，天桥区开展文明村居（社区）创建活动。1994年，创建文明小区12个、“三优街（路）”8条。1995年，北园镇被山东省文明委评为省级文明镇。1999年9月16日，北园镇被评为全国精神文明村镇先进镇。

2000年，印发《关于进一步加强农村精神文明建设的意见》，在农村开展“六个一”（一条卫生街、一处文化大院、一处公开栏、一个阅报栏、一个图书阅览室、一块永久性精神文明宣传牌）活动，评出“十星级”文明村42个。2003年，举办以“崇尚科学、反对迷信”为主题的巡回展28场。2004年始，开展“百家文明单位帮扶百村”活动，至2009年，各级文明单位为新农村建设重点（示范）筹集资金逾1000万元。2005年5月，天桥区由8个部门联合开展科教、文体、法律、卫生“四进社区”活动。10月，纬北路街道被民政部社区建设协会命名为全国社区建设示范街道。

2009年10月，工人新村南村街道获“全国和谐社区建设示范街道”称号，工人新村北村街道毕家洼西区社区获“全国和谐社区示范社区”称号。2011年9月30日，药山街道被命名为国家级安全社区。

一、争创省级文明社区活动

2000年，开展争创省级文明社区活动；9月，印发《天桥区文明社区创建管理的暂行规定》，文明社区创建活动进一步规范化、制度化。“一个班子领导，一个章程约束，一个方案调度，一个决定表彰”，形成共建文明社区的态势。至2012年，全区省级及以上文明社区76个、市级文明社区323个。

2000—2012年天桥区文明社区统计表

表27-2　　单位：个

年份	国家级	省级	市级	年份	国家级	省级	市级
2000	—	—	4	2007	—	4	4
2001	—	—	19	2008	—	2	36
2002	—	—	19	2009	1	10	37
2003	—	—	28	2010	1	13	34
2004	—	—	24	2011	—	15	29
2005	1	3	28	2012	5	17	24
2006	1	3	37	合计	—	76	323

二、“三下乡”活动

2003年，开展“三下乡”活动，至2008年，配送数字电影放映设备2套，放映电影100余场；建设村级文化大院60余个、村级图书馆50余个，先后开展农村文化文艺骨干培训1200人次，为农村送图书5万余册、乐器400余件，组建农村文化队伍30余支。开展“百家文明单位帮扶百村”活动，为各村整修道路、安装太阳能、改厕，至2008年，筹集资金1000万元。2010年，采取“部门帮扶，结对共建”方式开展“百家文明单位帮扶百村”活动，百余家各级文明单位与120个行政村结对子，组织人力、物力、财力帮助农村建设。实施“六进工程”（科学技术进农户、文化娱乐进农户、道德新风进农户、医疗服务进农户、社会保障进农户、法律法规进农户）。先后组织医疗队伍120余人，联合大桥、桑梓店两镇医务人员，进村免费体检3次。区人力资源社会保险局、天桥工商分局联合下乡宣传50余人次；交警大队组织警力下乡作“杜绝非法营运”宣传2次；区司法局到大桥镇、桑梓店镇提供现场法律咨询7次，为200余名咨询者排忧解难。至2012年，向大桥镇、桑梓店镇送去科技图书1500册、科普挂图2000幅。

三、争创“新增市级文明村社”活动

2007年，各街道（镇）开展“争创新增市级文明村社（村居、社区）”创建活动。街道以卫生死角为重点，进行社区环境综合整治；行政村以“绿化村居”为重点，进行道路整修。至2012年，新增省级文明镇1个、省级文明村6个，新增市级文明村12个；新增省级文明社区17个，新增市级文明社区13个。

四、生态文明村

2009年，天桥区将文明家庭创建纳入文明生态村创建活动中。2011年，开展生态文明村建设，制定《关于加快推进生态文明乡村建设的意见》，组织未获“生态文明村”称号的107个村进行自查，确定20个新增市级“生态文明村”。2012年，进行全面验收测评，成绩均在90分以上。2012年，天桥区“生态文明村”33个。

第五节　文明家庭创建

1991年5月，开展“为国教子，全家光荣”活动，评选出“为国教子光荣户”100户。1994年，以联合国“国际家庭年”为契机，天桥区提出“爱在千万家、家家充满爱”口号，开展

以倡扬科学、文明、健康生活方式，团结、民主、和睦家风为主题的家庭文明建设活动，全区评选出文明家庭 3.7 万户，受表彰文明家庭标兵户 30 户。1996 年，天桥区将文明家庭创建活动纳入区精神文明建设“九五”规划。1997 年，规范五好文明家庭评比方法、评比条件、评比数量，创评活动由区、街道（镇）两级评比。2004 年，开展“文明礼仪从我家做起”家庭美德宣传教育活动，倡导孝老敬亲、热爱劳动、相互礼让、邻里和睦的文明礼仪。2008—2009 年，构建学校、家庭和社会“三位一体”未成年人思想道德建设网络，引导未成年人树立社会主义核心价值观，开展“做一个‘有道德的人’实践活动”，组织未成年人“为父母洗一次脚、做一次饭……为老人做一件好事”。2009 年，开展和谐户评选活动，当年评出 17 户；至 2010 年，全区产生和谐户 117 户、和谐农家 100 户。2011 年，和谐家庭改为健康家庭，评选出 120 户。2012 年，评选出平安家庭 500 户。

一、五好文明家庭

1991 年，开展争创“五好家庭”活动，倡导尊老爱幼、男女平等、夫妻和睦、勤俭持家、邻里团结的文明风气，当年评选出五好家庭 227 户。至 1993 年年底，全区五好家庭 846 户，其中被评为济南市文明家庭 17 户。1996 年，全国妇联将“五好家庭”活动更名为“五好文明家庭”活动；11 月，中宣部、全国妇联等 18 个部委联合发出《关于深入持久开展“五好文明家庭”创建活动的联合通知》，明确创建活动的指导思想、工作要求、评选表彰管理办法，“五好”条件改为爱国守法，热心公益好；学习进取，爱岗敬业好；男女平等，尊老爱幼好；移风易俗，少生优育好；勤俭持家，保护环境好。

2000 年，历城区大桥镇、靳家乡、桑梓店镇划归天桥区，辖区家庭户数猛增。同年，开展“五好文明家庭”评选活动，当年评选出 1 万户。

2009 年，“五好文明家庭”评选条件改为爱国守法，明礼诚信；夫妻和睦，孝老爱亲；学习进取，科学教子；邻里融洽，友爱互助；低碳生活，热心公益。全区评选出“五好文明家庭”754 户。1991—2012 年，天桥区产生“五好文明家庭”近 2 万户。

1991—2012 年天桥区文明家庭统计表

表 27-3　　　　单位：户

年份	文明家庭	五好（五好文明）家庭	标兵户	和谐（健康）家庭	平安家庭
1991		227		—	—
1992	—	316	—	—	—
1993		303		—	—
1994	37000	—	30	—	—
1995	—	365	—	—	—
1996		357	—	—	—
1997	12000	—	—	—	—
1998		325	—	—	—
1999	—	10000（合并评选）	—	—	—
2000			—	—	—
2001		860	—	—	—
2002	10000	960	—	—	—

续表 27-3

年份	文明家庭	五好（五好文明）家庭	标兵户	和谐（健康）家庭	平安家庭
2003	—	869	100	—	—
2004	—	838	100	—	—
2005	—	763	100	—	—
2006	—	680	100	—	—
2007	—	702	100	—	—
2008	650	—	200	—	—
2009	—	754	100	17	—
2010	12637	—	100	100	—
2011	—	813	100	120	—
2012	—	790	100	—	500
合计	72287	19922	1130	237	500

二、十星级文明户

1999 年始，天桥区在农村开展“十星级文明户”评选活动，当年评选出 660 户。至 2004 年，评选出 3475 户。至 2012 年，全区评选出十星级文明户 5152 户。

1999—2012 年天桥区十星级文明户统计表

表 27-4　　单位：户

年份	大桥镇	靳家乡	桑梓店镇	合计
1999	261	162	237	660
2000	173	69	164	406
2001	316	0	272	588
2002	625	0	496	1121
2003	261	0	239	500
2004	107	0	93	200
2005	56	0	37	93
2006	63	0	39	102
2007	72	0	41	113
2008	124	0	81	205
2009	72	0	43	115
2010	268	0	192	460
2011	132	0	84	216
2012	311	0	62	373
合计	2841	231	2080	5152

说明：2001 年 6 月 28 日，靳家乡并入大桥镇。

第六节　文明风尚

1991年，首先在区属学校开展“学雷锋、学十佳少年”活动，继而开展“学先进、讲奉献、树新风”活动，将学雷锋精神引向各行各业。1992年12月，中共天桥区委对见义勇为、舍己救人的郑守阳、刘亚伟进行通报表彰，号召全区人民学习。1994年，天桥区作出《关于建立社会治安见义勇为奖励基金的决定》，对勇斗歹徒的好民警刘同德、勇救落水儿童的好少年刘亚伟、郑守阳进行表彰。1995年4月18日，堤口路联防队员宋铭禄在辖区巡逻时，与2名歹徒相遇，在追捕中，宋铭禄将一歹徒抓住，凶残的歹徒抽出尖刀朝宋铭禄肋部、背部连刺3刀，致使宋铭禄胸主动脉破裂，造成大失血，在送往医院途中牺牲。1995年5月4日，宋铭禄被山东省人民政府追认为革命烈士；5月9日，中共济南市委、市政府作出《关于开展向宋铭禄同志学习的决定》;同年，天桥区向全区发出“学习宋铭禄”的号召。1996年5月28日，中共天桥区委发出《关于开展向李学元、刘长河学习活动的决定》。

1997年6月26日，中央精神文明建设指导委员会在全国发起“讲文明树新风”活动。辖区内重汽家委会依靠“大嫂子”队进行“楼道革命”；工人新村南村、陈家楼等街道成立“讲文明树新风理事会”，在文明言行方面进行督导；工人新村北村街道成立“居民互助组”，倡导和谐的邻里关系。1999年，市民争学刘长河，在济南市“十大文明市民标兵”评选活动中，天桥区先进人物5名入选。2001年，开展《公民道德实施纲要》（简称“纲要”）学习活动，以道德教育和道德实践活动推动两个文明建设协调发展。各行业、团体学习后考试，收试卷7000余份；各部门、单位、学校收心得体会1万余份。2007年，开展“文明礼仪从我家做起”宣传教育活动，倡导尊老敬亲、热爱劳动、相互礼让、邻里和睦等文明礼仪，各街道（镇）以群众自发形式组成义务督察队，在相互监督的同时促进自身文明行为。2008年奥运会期间，全区组织志愿者470人，在235个公交站点维护候车秩序、倡导文明礼让等志愿服务活动。开展“千名交通志愿者倡导文明交通”活动，有志愿队9支、参加者3000余人。2009年，树立文明新风，孙朋美、房泽岸、孙世慧、魏希宝获“济南市第二届道德模范”称号，其中孙朋美、房泽岸为“全国好人”候选人；建立起对“好人”的激励、关爱、帮扶机制，并引导“好人”们为天桥区经济社会发展建言献策。2012年，开展“学雷锋”主题志愿服务工作，依托社区老年志愿者组织“学雷锋助残踏青活动”“尚善传关爱　志愿助观影”等“雷锋月”系列志愿服务活动，各街道不同形式的志愿队30余支、400余人。

2008年始，开展“天桥好人”评选活动，当年推选出候选人60余人。2009年，表彰见义勇为、尊老爱幼、助人为乐、志愿服务、敬业奉献5个类别“天桥好人”36人。2010年，表彰助人为乐、尊老爱亲、敬业奉献、诚实守信、志愿服务5个类别“天桥好人”36人，并在辖区巡回展出其事迹。2011年，表彰助人为乐、尊老爱亲、敬业奉献、诚实守信、志愿服务5个类别“天桥好人”26人。2012年，表彰助人为乐、志愿服务、敬业奉献、尊老爱亲4个类别“天桥好人”23人。

2009—2010 年（第一、二届）"天桥好人"表彰一览表

表 27-5

届别	类别	名单（年龄）	推荐单位	主要事迹	备注
第一届（2009 年）	助人为乐	郑承镇（61）	济安社区	收养流浪儿童 400 余人。	省道德模范，2007 年 9 月 18 日受到总书记胡锦涛接见。
		闫琳琳（10）	北坦社区	为灾区捐款 300 元。	父亲残疾，家庭贫困。
		陆德金（71）	北关社区	自费为社区居民刮痧。	坚持为居民提供日常保健 10 余年。
		彭为民（74）	北关社区	多年来照顾植物人儿子的同时处理全楼事务。	舍小家为大家。
		杨素秋（81）	济安社区	长期多管"闲"事。	"有困难，找大娘"。
	敬业奉献	安玉更（43）	北关派出所	1. 探索新形势下加强派出所队伍管理和基层基础工作的新路子，群众对社会治安满意率 98%。 2. 率警救水灾，个人救出落水儿童。	派出所所长，五次记"个人三等功"。
		高方森（61）	济南塑料制品总厂	抓党建工作；解决职工后顾之忧。	济南塑料制品总厂董事长，四届市人大代表，"贴心人"。
		吴明星（43）	明湖热电厂	带领抢险队完成每一次抢险任务。	市劳动模范、市五一劳动奖章获得者。
		桂军（36）	路灯管理处	自开热线，排除路灯故障。	还居民以光明。
		康洪忠（51）	电力集团公司	奋战 36 天，协助电力集团重建铁塔 7 基、修复线路 80 余公里。	济南市电力集团公司驾驶员。
		贾和华（66）	供电公司宿舍	早打扫、晚巡逻，拾金不昧。	门卫，闲不住的人。
		李文舟（50）	明湖热电厂	几十年保障用电，水灾中带领电工班连续奋战十天十夜。	电工班长。
		訾庭刚（49）	济南市供电局	第一批报名参加抗冰救灾，连续行驶几十个小时。	驾驶员。
	尊老爱亲	孙静（49）	金属颜料总厂	照顾长年重病的丈夫，照顾上学的孩子。	
		孙广兰（46）	济南国棉三厂	丈夫去世多年，坚持照顾公公和患心脏病的婆婆。	工人。
		王桂兰（61）	北关社区	照顾 95 岁公公。	北坦街道和谐家庭。
		孙桂芝（60）	生产路社区	自己患老年病，照料 90 岁瘫痪婆婆。	社区人称"好媳妇"。
		盛玉美（45）	北关社区	照料残疾丈夫、年迈公婆、上学的孩子。	"只要家人健健康康，自己辛苦一点不算什么"。
		尹作云（56）	济安社区	照料公婆、关爱子孙。	
		辛瑞箴（57）	济安社区	照料年迈多病的婆婆和母亲。	通过细致照顾，将母亲从死亡线上拉回来。
		刘允勇（55）	生产路社区	照料长年患病的瘫痪母亲。	四年没睡过一个安生觉。
		刘国栋（46）	路灯管理处	照料卧床不起的岳父。	生产技术科副科长，"2007 年度济南市政公用系统安全生产先进个人""好女婿"。

续表 27-5

届别	类别	名单（年龄）	推荐单位	主要事迹	备注
第一届（2009 年）	志愿服务	宋丰元（75）	济安社区	每月到党员安置区组织召开支部会议，自费购买工具管理社区花园。	社区第一个党支部书记，“花园志愿管理员”。
		谢金兰（72）	双井社区	长年承担河套庄公厕维护和清扫。	2008 年 11 月 4 日，副总理李克强特意到家中慰问。
		刘桂兰（72）	生产路社区	社区义务巡逻队队员。	舍小家顾大家。
		茅迎梅（74）	北关社区	热心为群众排忧解难。	居民与开发商的“桥梁”“主心骨”。
		刘继贤（71）	北关社区	筹建天桥第一支老年义务巡逻队，利用特长办板报 200 余期。	为保一方平安作出贡献。
		张金祥（73）	济安社区	“越级”承担起党支部书记责任，老年义务巡逻队队员。	（转至八里洼）。
		李玉翠（61）	双井社区	自编自排节目 5 台。	“优秀社会体育指导员”（市级）。
		邵清臣（68）	生产路社区	调解纠纷，照料独居邻居耿大爷。	所负责楼院获评“市爱国卫生庭院”。
		李金贵（66）	北关社区	义务巡逻，自费植树 200 余株。	市先进志愿者。
		夏锡莲（76）	济安社区	义务巡逻，协助社区居委会工作。	“编外居委会主任”。
		高振生（61）	双井社区	协调居民事务，组织募捐救灾。	供电局宿舍家委会主任。
		谢金河（70）	生产路社区	社区义务巡逻队发起人。	
		任文亮（73）	北关社区	老年义务巡逻队队员。	
	见义勇为	刘传华（51）	北关社区	2007 年“7·18”特大暴雨中抢救孤寡老人。	
第二届（2010 年）		郑承镇　彭为民			（见第一届）。
	助人为乐	张华	双井社区	创办“净香园”熟食店，招收下岗职工 10 余人。	失业不失态。
		穆肇华（59）	济安社区	长期照料孤身邻居。	楼长。
		杜富先（58）	生产路社区	发动群众进行环境整治。	楼长，供电公司职工。
		郭辉（60）	北关社区	热心调解邻里纠纷，发动群众修整雨水沟。	
		庄庆禾（60）	—	看护患病邻居。	知心大姐。
	尊老爱亲	刘春娟（39）	路灯管理处	丈夫早逝后照料年迈的公婆。	“12319”热线先进个人。
		辛瑞箴　盛玉美　王桂兰			（见第一届）。

续表 27-5

届别	类别	名单（年龄）	推荐单位	主要事迹	备注
第二届（2010年）	敬业奉献	康蓉（29）	—	支援农村教育，设计排演。	市优秀辅导员、市优秀教师。
		刘万利（46）	路灯管理处	保障全运会期间道路照明。	
		周霞（25）	北坦派出所	多次出色完成刑事、治安案件的调查和侦查任务。	省级“节能操作能手”。
		邹新（41）	明湖热电厂	作为煤管班班长以身作则、随时加班。	济南市热电公司先进个人。
		贾继峰（33）	明湖热电厂	长期坚守锅炉车间运行专工岗位。	
		闫新建（41）	明湖热电厂	汽化运行班随时替班的带头人。	好班长。
	诚实守信	田延玲（37）	济安社区	（蒿家扒鸡店）保质量，守信誉。	山东省饮食文化突出贡献奖。
	志愿服务	宋丰元 夏锡莲 张金祥 杨素秋 刘桂兰 邹清臣 李金贵 谢金河 任文亮			（见第一届）。
		赵登秋（68）	济安社区	长期巡逻，协助维护交通秩序。	
		成建华（65）	双井社区	促进完善社区一户一表。	“热心人”。
		房本茂（64）	双井社区	长期通下水道、清扫楼院。	退休不退志的“房大哥”。
		崔祖浩（78）	生产路社区	义务巡逻队员、巡防员。	“热心肠”的老人。
		刘建新（44）	生产路社区	帮助残疾人就业30余人、义务开设培训班。	
		桑鲁成（57）	生产路社区	为社区历年文艺晚会免费提供舞台背景、帮助居民就业。	
		陈汉民（68）	北关社区	长年为社区编写黑板报。	

2011—2012年（第三、四届）“天桥好人”表彰一览表

表 27-6

届别	类别	名单
第三届（2011年）	助人为乐好人	张华 张新梅 穆肇华 陈华 李金凤 刘翠云 胡宪麟
	志愿服务好人	孙克福 马祥雨 宋丰元 赵登秋 孙景春 刘建新 桑鲁成 刘德福
	敬业奉献好人	司嘉秀 孙乐 陈斌 叶静 孙娟 魏威 武宇 霍云伟
	诚实守信好人	田延玲 杨若彤
	尊老爱亲好人	张振英
第四届（2012年）	助人为乐好人	伊秀珍 李汝川 娄秉志 赵齐永 吴迺奎 孙有勋
	志愿服务好人	刘恒德 张守福 郭玉伦 范永华 孙绪春
	敬业奉献好人	齐立东 解章夏 张永军 程华珍 刘昊 魏威 刘云
	尊老爱亲好人	苏玉兰 董修芳 戴胜利 刘桂珍 吴建红

第二章　城乡居民生活

第一节　农村居民生活

1991—2012年，村民人均年总收入由1595元增至1.31万元，年均增长率10.53%；人均年纯收入由1470元增至1.07万元，年均增长率9.91%；人均年生活消费由1150元增至4767元，年均增长率7.01%；住房面积由24.9平方米增至103.4平方米，年平均增长率7.01%。

1991—2012天桥区农村居民收支统计表

表27-7　　单位：元

年份	人均总收入	人均纯收入	生活消费支出	
			小计	人均食品支出
1991	1595	1470	1150	588
1992	1739	1606	1117	617
1993	2044	1993	1697	847
1994	2316	2567	2055	1003
1995	3184	3137	2420	1109
1996	3553	3511	2883	1590
1997	3786	3752	3572	1649
1998	4270	3995	3107	1487
1999	4367	4159	2903	1463
2000	4083	3369	2411	995
2001	4338	3396	1816	871
2002	4604	3814	2134	840
2003	4906	4139	2162	843
2004	5528	4594	2425	1023
2005	6047	5220	2526	1132
2006	6453	5933	3525	1348
2007	7300	6830	3672	1509
2008	8359	7840	3942	1704
2009	8991	8520	4232	1977
2010	10460	9918	4338	2031

续表 27-7

年份	人均总收入	人均纯收入	生活消费支出	
			小计	人均食品支出
2011	11812	9431	4035	1847
2012	13066	10691	4767	1726

说明：1991 年、1992 年，按 80 户抽样调查；1993 年，按 70 户抽样调查；1994—1999 年，按 50 户抽样调查；2000—2012 年，全区统计。

第二节　农村低保

1996 年 5 月 5 日、1997 年 6 月 24 日，先后印发《天桥区农村社会保障暂行规定》《天桥区农村最低生活保障暂行规定》。1998 年，天桥区农村低保救助工作开始，黄河沿岸药山、北园、泺口 3 个街道农村救助标准为每人每年 600 元。

2002 年，确定大桥镇、桑梓店镇低保标准为人均每月 50 元，经费来源由区政府、镇政府、村三级分别按 30%、30%、40% 比例分担，并对《天桥区农村最低生活保障暂行规定》进行修订。在农村低保管理上，区、镇两级对辖区农村低保家庭进行入户调查，执行三级管理和告知制度，坚持公开、公平、公正原则，严格申请审批程序，建立农村低保资金专户，实现社会化发放管理。2003 年，天桥区实现按人均每月 50 元标准向大桥镇、桑梓店镇发放农村最低生活保障金。

2006—2008 年，每年印发《济南市天桥区人民政府关于调整农村最低生活保障标准的通知》，确定农村最低生活保障标准分别由每人每年 600 元增至 840 元、840 元增至 1200 元、1200 元增至 1560 元。2008 年，按照《济南市财政局、民政局关于做好全市社会保障涉农补贴资金“一本通”工作的通知》要求，实行财政涉农补贴资金“一本通”发放管理制度。2009 年 1 月 1 日始，实现将农村居民最低生活保障标准由每人每年不低于 1080 增至 1200 元。

2010 年，根据《关于进一步做好城乡居民最低生活保障分类施保工作的通知》要求，分类施保保障 1067 户次，发放分类施保金 6.9 万元。2011 年、2012 年，2 次印发《济南市天桥区人民政府关于调整农村最低生活保障标准的通知》，确定农村最低生活保障标准由每人每年 1560 元增至 1800 元，进而提高到 2300 元。

2003—2012 年，天桥区发放农村最低生活保障金 1038.89 万元。

2003—2012 年天桥区农村最低生活保障统计表

表 27-8

年份	户次（万）	人次（万）	金额（万元）
2003	0.48	0.91	4.32
2004	0.48	0.91	4.32
2005	0.48	0.91	4.32
2006	0.26	0.73	20.00
2007	0.47	1.24	36.60
2008	0.80	1.80	113.86

续表 27–8

年份	户次（万）	人次（万）	金额（万元）
2009	1.37	3.02	160.10
2010	1.39	3.91	222.70
2011	1.55	3.18	261.68
2012	0.91	1.79	210.99
合计	8.19	18.40	1038.89

第三节　五保供养

天桥区农村五保工作始于 2006 年，按照《济南市农村五保供养工作实施意见》规定，将无劳动能力、无生活来源又无法定赡养、抚养、扶养义务人，或者其法定赡养、抚养、扶养义务人无赡养、抚养、扶养能力的老年、残疾或者未满 16 周岁村民确定为五保供养范围。2006 年，区民政局、财政局在大桥镇、桑梓店镇 120 个村联合开展农村五保供养工作情况调查。调查结果为 2006 年全区五保对象 366 人。

2007 年，印发《中共天桥区委、天桥区人民政府关于推进社会主义新农村建设的实施意见》，提出“2007 年底供养率达到 75%”要求，根据五保对象实际对其进行集中供养，天桥区筹集资金 304 万元，在大桥镇和桑梓店镇各建 1 所敬老院。同时，根据济南市五保供养对象集中供养每人每年 2400 元、分散供养每人每年 1400 元标准，落实供养资金。2008 年，天桥区实现“将自愿集中供养的五保对象全部纳入集中供养、分散供养五保对象得到妥善照顾”目标，农村五保供养标准由集中供养每人每年 2400 元和分散供养每人每年 1400 元，分别增至 2600 元和 1600 元。

2009 年，印发《关于进一步加强敬老院规范化管理工作的意见》，推进全区五保供养工作规范化建设，提高敬老院管理服务水平。2009 年 1 月 1 日始，天桥区农村五保供养标准由集中供养每人每年 2600 元和分散供养每人每年 1600 元，分别增至 2700 元和 1700 元。2010 年，按照《济南市人民政府关于印发新农村建设“十大行动”规划及财政配套措施的通知》要求，调整提高农村五保供养标准。1 月 1 日始，集中供养标准由每人每年 2700 元增至 2800 元，分散供养标准由每人每年 1700 元增至 1800 元。2011 年，天桥区支持敬老院建设，在大桥镇、桑梓店镇建成集生活、健身、娱乐于一体的高标准公寓式敬老院。大桥镇敬老院通过省一级敬老院达标验收。4 月 1 日始，集中和分散供养标准分别增至每人每年 4000 元和 2500 元。

2012 年，按照《济南市人民政府办公厅关于建立城乡低保和农村五保供养标准自然增长机制的通知》要求，自 4 月 1 日始，集中供养标准由每人每年 4000 元增至 4200 元，分散供养标准由每人每年 2500 元增至 2600 元。

2007—2012 年，天桥区 6 次发放农村五保供养保障金计 582.5 万元。

2007—2012 年天桥区农村五保供养统计表

表 27–9

年 份	供养人数	集中供养		分散供养		年保障金（万元）
		人数	标准（元/人·年）	人数	标准（元/人·年）	
2007	366	69	2400	297	1400	21.22

续表 27-9

年 份	供养人数	集中供养		分散供养		年保障金（万元）
		人数	标准（元 / 人·年）	人数	标准（元 / 人·年）	
2008	366	275	2600	91	1600	53.90
2009	378	285	2700	93	1700	65.60
2010	409	288	2800	121	1800	68.50
2011	382	193	4000	189	2500	115.38
2012	387	113	4200	274	2600	115.20
总 计	2288	1223	—	1065	—	439.28

第四节　城镇居民生活

20 世纪 90 年代初，随着体制改革深入，以工业为主的天桥区下岗职工较多。1991—1994 年，天桥区城镇职工以全民单位和集体单位从业人员为主。1995—1998 年，以国有单位和集体单位从业人员为主。1995 年始，事业单位人数逐年上升；至 1997 年，国有单位中事业单位从人数上超过全民所有制企业而占主导地位。1998 年，天桥区单位从业人员 1.32 万人，年工资总额 8928.3 万元，人均年薪 6775 元。同年始，集体所有制企业在岗人数日趋减少，大量下岗职工个人从业。

1999—2004 年，集体所有制单位职工大量减员；至 2005 年，离开单位仍保留关系者大增，达 1.65 万人，人均年薪 8120 元，其中内部退养人员居多，占 70.33%。2008 年始，个人从业为经济社会发展贡献愈发显著，个人从业者人数渐增；单位劳务派遣人员增多，达 1.49 万人，人均年薪 2.11 万元。同年，离开单位仍保留关系职工 1.61 万人，人均年薪 1.05 万元。此后，个人从业者增多，其收入也逐年增多。至 2010 年，离开单位仍保留关系职工 1.16 万人，人均年薪 1.45 万元；单位劳务派遣人员 1.95 万人，人均年薪 3.13 万元。至 2012 年，单位劳务派遣人员 1.74 万人，人均年薪大幅增加，达 4.56 万元。

1991—2004 年，天桥区单位从业人员中国有单位人员人均年薪由 2360 元增至 2.13 万元，年增长率 18.45%；集体单位人员人均年薪由 1650 元增至 1.03 万元，年增长率 15.15%；其他单位人员人均年薪由 1760 元增至 1.26 万元，年增长率 16.35%。2005—2012 年，天桥区单位从业人员中在岗职工人均年薪由 2.15 万增至 4.28 万元，年增长率 10.37%；其他从业人员人均年薪由 9000 元增至 1.87 万元，年增长率 11.04%。2009 年，城镇居民人均可支配收入 2.15 万元，同比增长 6.5%。至 2012 年年底，城镇居民人均可支配收入 3.04 万元，同比增长 12.1%。

1991—2004 年天桥区单位从业人员收入统计表

表 27-10　　单位：千元

年份	国有单位			集体单位			其他单位		
	年均（年末）人数	年工资总额	人均年薪	年均（年末）人数	年工资总额	人均年薪	年均（年末）人数	年工资总额	人均年薪
1991	6475	15299	2.36	10227	16851	1.65	3215	5645	1.76
1992	7035	20344	2.89	9056	16603	1.83	2904	5482	1.89

续表 27-10

年份	国有单位			集体单位			其他单位		
	年均（年末）人数	年工资总额	人均年薪	年均（年末）人数	年工资总额	人均年薪	年均（年末）人数	年工资总额	人均年薪
1993	6984	22366	3.20	10739	21047	1.96	—	—	—
1994	7727	43357	5.61	10033	21853	2.18	—	—	—
1995	7854	40828	5.20	10194	29720	2.92	—	—	—
1996	8160	52799	6.47	8315	28394	3.41	—	—	—
1997	8281	59558	7.19	8894	31022	3.49	—	—	—
1998	8255	68799	8.33	4923	20484	4.16	—	—	—
1999	8296	78686	9.48	3115	12746	4.09	452	3117	6.90
2000	8363	108578	12.98	1393	8964	6.44	265	2593	9.78
2001	8507	132745	15.60	1012	8052	7.96	168	1795	10.68
2002	8153	157856	19.36	871	7974	9.15	193	2305	11.94
2003	8252	170319	20.64	753	7779	10.33	167	2104	12.60
2004	8391	178865	21.32	753	7779	10.33	167	2104	12.60

2005—2012 年天桥区单位从业人员收入统计表

表 27-11 单位：千元

年份	在岗职工		其他从业人员		离开单位仍保留劳动关系职工		内部退养职工		劳务派遣人员	
	人数	人均年薪	人数	人均年薪	人数	人均年薪	人数	人均年薪	人数	人均年薪
2005	127112	21.45	4368	9.00	16470	8.12	11583	9.97	—	—
2006	128861	22.87	3553	14.10	23246	8.08	14357	10.65	—	—
2007	132838	27.49	3847	21.80	19143	9.64	12564	11.87	—	—
2008	133601	31.70	3972	16.12	16132	10.48	—	—	14895	21.07
2009	141783	34.09	2479	21.94	12535	13.21	—	—	17094	21.68
2010	171157	37.87	3741	21.71	11614	14.53	—	—	19524	31.32
2011	147371	42.98	5075	30.43	—	—	—	—	4483	43.35
2012	100040	42.79	2423	18.73	—	—	—	—	17402	45.62

第五节 城镇低保

1996 年，天桥区城市低保工作开始登记。根据《济南市城市居民最低生活保障暂行办法》规定，天桥区人民政府颁布《天桥区城市居民最低保障工作实施意见》，“居住在天桥区的城市居民家庭”月人均收入低于 120 元者为保障对象，据此规定，1997 年天桥区应享城市低保 2016 户。

2001 年 7 月，天桥区实行城镇居民最低生活保障属地管理，培训各街道（镇）、居（村）

委会干部和低保专职人员近300人。

2006年，按照《济南市城市居民最低生活保障工作操作规程（试行）》，对低保政策惠及人群和操作规程首次进行明确界定，要求城市低保实行市、县（市）区、街道（镇）、社区四级管理机制，城市低保工作须按照“个人申请—社区评估、审查、公示—街道（镇）审核—县（市）区民政部门审批”程序进行。天桥区城市低保标准提高至每人每月230元。

2007年，经过济南市先后两次调整，天桥区城市最低生活保障标准提高至每人每月280元，并要求按照低保户实际居住地重新申请、审核、申报低保。根据《济南市城市居民最低生活保障工作操作规程（试行）》，天桥区统一安排培训时间，对15个街道（镇）及社区工作人员进行社会救助工作培训，规范低保工作程序。2008年，按照《济南市民政局、财政局关于对城市居民最低生活保障对象实行分类施保的通知》要求，天桥区实施分类施保，对城市低保对象家庭中有重大疾病患者、重度残疾人员或三无对象家庭等五类特殊困难家庭在城市低保补助的基础上，每人每月加发10元低保金，随城市低保金一同发放。同年，城市低保标准提高至每人每月300元。

2009年，天桥区以城乡低保规范化建设为基础，开展以“建立一个组织、实施双向承诺、完善六项机制”为主要内容的“阳光诚信低保”服务品牌创建活动，推动低保工作规范化建设，提高社会救助水平。2009年1月1日，城市低保标准提高至每人每月330元。2010年，按照《济南市人民政府办公厅关于提高城乡居民最低生活保障和农村五保供养标准的通知》要求，自2010年1月1日始，将城市居民最低生活保障标准提高至每人每月360元。2011年，按照《济南市人民政府办公厅关于建立城乡低保和农村五保供养标准自然增长机制的通知》要求，4月1日始，天桥区将城市居民最低生活保障标准由360元增至400元。2012年，天桥区围绕“困有所助”实施方案，整合救助资源，打造阳光民生救助平台，落实城乡低保标准自然增长机制，提高保障标准和补助水平。自4月1日始，将城市居民最低生活保障标准提高至每人每月450元。

1997—2012年，天桥区城市最低生活保障发放79.05万户次、197.97万人次，2.57亿元。

1997—2012年天桥区城市最低生活保障统计表

表27-12

年份	户次	人次	金额（万元）
1997	2016	4137	25.60
1998	2964	6624	38.12
1999	3558	7983	65.59
2000	4743	10974	87.21
2001	12529	33042	206.23
2002	41612	113449	660.82
2003	74382	206097	1225.60
2004	76596	211122	1252.84
2005	67616	182482	1511.30
2006	72166	192619	1585.57

续表 27-12

年份	户次	人次	金额（万元）
2007	70064	180839	2230.85
2008	71834	179301	2623.24
2009	73354	174146	3037.40
2010	74631	170840	3513.50
2011	76170	168933	3931.12
2012	66238	137071	3734.93
合计	790473	1979659	25729.92

第三章　老龄事业

1991—2012 年，天桥区城镇老年人供养由以退休金为主到退休金和养老保险共同承担，2011 年 10 月首次为全区城镇老年人发放养老金 312 万元。农村老年人供养由家庭供养模式到个人、集体、国家共同承担模式，2009 年，实施新型农村社会养老保险机制，至 2012 年，天桥区农村老年人意外保险实现全覆盖。

天桥区重视老年人优待工作，1993 年始将各种优待领取条件集中到优待证上，至 2012 年，办理老年优待证 6 万余本次，百岁老人由 1991 年 4 人增至 22 人。

新型农村社会养老保险培训班（2010 年 1 月摄）

第一节　老年人供养

1991 年前，天桥区城镇居民以退休金为老年供养主要形式。1991 年，退休金统筹，在企业缴费基础上，个人也要缴纳养老保险费。1993 年，统筹账户和个人账户结合（统账结合）。1997 年，国务院《关于建立统一的企业职工基本养老保险制度的决定》实施，机关事业单位退休人员仍实行原有养老保障制度。老年公寓开始出现。2011 年 7 月 1 日，天桥区城镇养老保险工作启动；10 月 31 日，首次为全区 1.3 万名 60 周岁以上符合领取待遇条件老年城镇居民发放养老金 312 万元。

1991 年，天桥区农村老年人供养沿袭多年来的家庭供养模式，在父母进入养老状态时期，由子女提供物质支持、生活照顾和精神慰藉。1992年，民政部出台《县级农村社会养老保险基本方案（试行）》，农村养老由个人、集体和国家共同承担。20世纪90年代后期，农村劳动力向城镇转移，社区（敬老院）养老模式形成。

一、老年公寓

2002年，全区有老年公寓7家，床位410张。2003年，大桥镇、桑梓店镇分别建成农村敬老院，辖区老年公寓、敬老院床位增至690张。至2012年，辖区有老年公寓、敬老院11家，床位1317张。

天桥区老年公寓联欢会（2011年12月摄）

2012年天桥区老年公寓（敬老院）统计表

表27-13

序号	公寓名称	地 址	床位（张）	收费标准（元/月）
1	济南市天桥区老年公寓	天桥东街49号	150	900 ~ 1700
2	济南诚通老年公寓	义合北街10号	133	1300 ~ 1800
3	济南市天桥区富翔老年公寓	凤凰山路78号	356	1500 ~ 2200
4	济南市天桥区晚晴老年公寓	梁府小区一区11号	132	1400 ~ 2100
5	济南绿地老年护疗院	济泺路116号	70	1200 ~ 1600
6	济南市天桥区春枫老年公寓	工人新村北村东街4号	47	1100 ~ 1500
7	济南市天桥区夕阳红老年公寓	北闸子小区9号楼	84	1100 ~ 2100
8	济南市天桥区仁寿老年公寓	济齐路14-4号	120	1100 ~ 1700
9	济南市天桥区心家园老年公寓	清河社区11号楼西邻（生产路北首）	100	1200 ~ 1900
10	济南好佳园老年颐养院	北园大街372号（欧亚达家居对面）	75	2600 ~ 4300
11	济南市天桥区红太阳老年公寓	织纺街8号	50	500 ~ 1000
床位1317张		平均收费标准：1263.63 ~ 1990.91元		

二、“以奖代补”机制

2008年始，省、市、区政府实施“以奖代补”扶持社会养老服务机构建设。至2012年，社会养老服务机构获扶持资金近160万元。

2008—2012年天桥区老年公寓（敬老院）扶持金统计表

表27-14

年份	公寓名称	扶持金额（万元）	扶持机构级别
2008	富翔老年公寓	20	省级
	区老年公寓	20	省级
2009	晚晴老年公寓	10	市级
	夕阳红老年公寓	10	市级

续表 27–14

年份	公寓名称	扶持金额（万元）	扶持机构级别
2010	仁寿老年公寓	10	市级
	晚晴老年公寓	5	区级
2011	富翔老年公寓	20	省级
	晚晴老年公寓	20	省级
	红太阳老年公寓	3	区级
	春枫老年公寓	3	区级
	绿地（老年护理院）	3	区级
2012	夕阳红、诚通、仁寿、心家园老年公寓	20	省级
		10	市级
		5	区级

三、银龄安康工程

2009 年，天桥区实施新型农村社会养老保险机制，年满 60 周岁、未享受城镇职工基本养老保险待遇者，不用缴费，可以按月领取基础养老金。同时，天桥区城区实施以推广“老年人意外伤害组合保险”为内容的老年人意外伤害保障工程（简称“银龄安康工程”），至 2011 年，保费 40.66 万元。2012 年，“银龄安康工程”扩延至农村，大桥镇 72 个村、桑梓店镇 48 个村实现老年人意外伤害保险全覆盖。

2009—2011 年天桥区城区银龄安康工程统计表

表 27–15

年 份	保 费（万元）	惠及人数
2009	8.18	6200
2010	9.24	7400
2011	23.24	7900

第二节　老年人优待

一、老年优待证

1993 年始，天桥区实行老年人优待证制度，为 70 岁以上老年人发放优待证，凭证享受社会福利；1999 年，优待年限下调为 60 岁。1993—2012 年，办理老年优待证 6 万余本次。2003 年 5 月 1 日始，发放“老年人优惠乘车卡”和“老年人免费乘车卡”，有济南市户口、年满 65 岁 ~ 69 岁老年人享受半价乘车优待，年满 70 岁老年人享受免费乘车优待。实行老年人乘车优待只限于乘坐使用月票的公共汽（电）车线路。至 2012 年，办理半价乘车卡和免费乘车卡约 3.03 万张。

二、老年人慰问、救助

1991 年后，每年仲秋、重阳、春节（合称“三

“三节”慰问（2009 年 9 月摄）

节"）走访慰问有突出贡献的老同志、高龄老人。至2012年，慰问1.1万余人次，发放慰问金60余万元。1997年始，"三节"期间救助特困老年人，至2012年，救助1.85万余人次，发送救助金近百万元。

三、长寿补贴

1991年，百岁老人每人每月获补助30元。1996年10月1日，市财政增至50元，1997年3月增至80元，1998年增至100元；1998年，区财政加发100元。2008年始，90～99岁无离退休金老人每人每月获补助100元。2010年、2012年，省财政两次为百岁老人分别加发每人每月100元补助。至2012年年底，百岁老人补助金每人每月400元。

第三节　老年人权益维护

1994—1995年，天桥区组织学习《山东省保护老年人合法权益的若干规定》。1996年10月1日，《中华人民共和国老年人权益保障法》颁布，全区当月发放单行本4000余册。

1999年，设立四个体系。（1）执法责任体系。将《济南市保障老年人合法权益若干规定》的职责，逐条分解到18个部门和单位，明确相应权利和义务。（2）信息服务体系。开通"148"老年人法律服务热线，开展法律咨询业务。（3）法律援助中心体系。设立老年人法律援助中心，为老年人提供法律援助，对无支付能力老年人减免法律服务费用。（4）建立覆盖全区的调解网络体系。至2012年年底，接待老人法律咨询353人次；调解涉老纠纷368起；立涉老案件48起，结案47起；减免律师费19.94万元。

第四节　老年人调查

一、抽样调查

1993年8月，北坦街道双井居、中街居、大街居被抽中参加联合国社会发展中心"老年人参与社会发展"问卷调查，参加抽查老年人60名，当年完成调查任务。

1997年8月，在北坦、陈家楼、无影山地区对老年性痴呆（阿茨哈默氏病）患者照料人员进行抽样调查。夫妻间照料占90%；照料人员年龄偏高，最大者81岁；这类人经济、精神负担沉重。

二、追踪调查

2010年，全国老龄工作委员会办公室部署，由中国老龄科学研究中心组织实施"2010中国城乡老年人口状况追踪调查"，有20个省市参加调查。全国调查时点是2010年12月1日，调查对象为该时点年满60周岁城乡老年人。天桥区对泺口街道鹊山东村197名老人及北园街道柳云社区105名老人进行跟踪调查。主要调查内容为基本状况、劳动就业状况、经济保障、医疗保健、生活照料、家庭经济状况、家庭网络及服务需求、社区服务、精神文化生活、参与社会发展、心理健康、基层组织和管理。

三、普查

1991—2012年，天桥区进行老年人普查4次。

部分年份天桥区老年人普查统计表

表27-16

年份	老年人数量（人）	占总人口比例	百岁老人数量（人）	占老年人比例
1996	37782	10.36%	1	0.03‰
2005	63244	13%	11	0.17‰
2008	76800	15.27%	14	0.18‰
2011	82615	16.29%	25	0.30‰

2012年年底，辖区有60岁以上老年人8.24万人，70岁以上3.84万人，80岁以上1.25万人，90岁以上1172人。符合长寿补贴条件90～99周岁无收入老年人630人，百岁及以上老年人22人。

1991—2012年天桥区百岁老人统计表

表27-17

年份	数量（人）	年份	数量（人）
1991	4	2002	6
1992	2	2003	6
1993	1	2004	9
1994	0	2005	11
1995	0	2006	14
1996	1	2007	15
1997	5	2008	14
1998	6	2009	18
1999	6	2010	22
2000	6	2011	25
2001	6	2012	22

第四章　民族宗教

1991年，辖区有少数民族15个；2010年，据第六次全国人口普查统计（全国人口普查含流动人口，下同），辖区有少数民族43个，常住居民1.99万人（不含未识别民族3人）。流动人口2844人。至2012年，据户籍资料显示：辖区有少数民族31个，1.8万人，占全区总人口3.54%；少数民族中回族人口最多，1.66万人；有少数民族村居3个、散杂居2个。

辖区有少数民族小学堤口回民小学、桑梓店镇回民小学2所；有规模以上少数民族企业10余家。1991—2012年，市、区两级政府投资近2000万元，发展少数民族经济和教育事业。

2004年，桑梓店镇小寨村被司法部、民政部评为全国民主法治示范村；老寨村被评为全省民族团结进步模范村。2005年，中共天桥区委被国务院表彰为全国民族团结进步模范集体。

辖区内有佛教、道教、伊斯兰教、天主教、基督教，爱教团体有天主教爱国会、伊斯兰教协会、基督教三自爱国运动委员会。至2012年，辖区有宗教活动场所43处、宗教教职人员67人、信教群众约2.2万人。

第一节　少数民族分布

1990年，第四次全国人口普查资料显示：辖区有少数民族15个，1.19万人，占总人口3.11%；其中回族1.14万人，占少数民族总人口95%以上。2000年，第五次全国人口普查资料显示：辖区有少数民族 35 个，1.7 万人，占总人口 2.98%；回族人口最多，1.56 万人，占少数民族人口 92%。

2010 年，第六次全国人口普查资料显示：辖区有少数民族 43 个，人口 1.99 万人（不含未识别民族 3 人），占总人口 2.98%；回族人口最多，1.73 万人，占少数民族人口 87.08%。2012 年，据户籍资料显示：辖区有少数民族 31 个，1.8 万人，占总人口 3.54%；少数民族中回族人口最多，1.66 万人，占少数民族人口 92.27%。

天桥区少数民族常住人口分布情况（2010 年第六次人口普查数据）统计表

表 27-18　　单位：人

民族＼数量＼街道（镇）	制锦市街道	北坦街道	纬北路街道	天桥东街道	官扎营街道	宝华街道	堤口路街道	无影山街道	工人新村南村街道	工人新村北村街道	药山街道	北园街道	泺口街道	大桥镇	桑梓店镇	合计
蒙古族	10	8	17	2	3	3	68	18	22	14	92	222	53	—	3	535
回族	548	386	976	215	249	110	5064	640	718	541	804	2447	2131	14	2493	17336
藏族	—	—	1	1	1	—	2	—	—	1	6	9	3	—	—	24
维吾尔	—	—	2	—	1	—	2	1	6	—	4	77	—	—	—	93
苗族	2	—	2	—	—	22	10	11	3	—	47	20	10	—	1	128
彝族	—	—	—	—	1	—	4	—	—	—	10	6	5	6	—	32
壮族	2	1	4	1	—	2	18	6	7	2	15	26	10	—	—	94
布依族	—	—	1	—	—	—	10	1	—	1	11	—	—	—	1	25
朝鲜族	5	3	6	3	4	1	28	8	—	—	25	40	5	—	2	130
满族	30	17	55	13	6	13	147	71	66	35	134	348	80	2	6	1023
侗族	—	—	2	—	—	6	8	—	—	—	23	—	—	—	—	39
瑶族	—	1	—	—	—	—	1	2	3	—	5	4	—	—	—	16
土家族	—	6	10	1	—	4	16	14	8	8	51	30	3	1	—	152
哈尼族	—	—	—	—	—	—	—	—	1	—	2	1	1	1	—	6
哈萨克	—	—	—	—	—	—	1	—	—	10	66	16	—	—	—	93
傣族	2	1	—	—	—	—	—	—	—	—	1	1	—	—	—	5
黎族	—	—	4	—	—	—	3	—	—	—	2	2	1	—	—	12
傈僳族	—	—	—	—	—	—	—	—	—	—	—	4	—	5	—	9
佤族	—	—	—	—	—	—	—	—	—	—	2	3	2	2	—	9
畲族	1	2	1	—	—	—	1	—	—	2	3	3	3	—	—	16
高山族	3	—	—	—	—	—	1	—	—	—	—	1	—	—	—	5
东乡族	—	—	—	—	—	—	—	—	1	1	1	2	—	—	—	5
纳西族	—	—	—	—	—	—	1	—	—	—	—	—	—	—	—	1
景颇族	—	—	—	—	—	—	—	1	—	—	—	—	—	—	—	1

续表 27-18

街道（镇） 数量 民族	制锦市街道	北坦街道	纬北路街道	天桥东街街道	官扎营街道	宝华街街道	堤口路街道	无影山街道	工人新村南村街道	工人新村北村街道	药山街道	北园街道	泺口街道	大桥镇	桑梓店镇	合计
柯尔克孜	—	—	—	—	1	—	2	—	—	—	—	6	—	—	—	9
土族	—	—	—	—	—	—	7	—	1	—	3	4	—	—	—	15
达斡尔族	—	—	1	—	—	—	1	—	2	—	—	8	4	—	—	16
仫佬族	—	—	—	—	—	—	4	—	—	—	—	—	—	—	—	4
羌族	—	—	—	—	—	—	4	—	—	—	1	—	—	—	—	5
布朗族	—	—	—	—	—	—	—	—	—	—	—	1	—	—	—	1
撒拉族	—	1	—	—	—	—	—	—	—	2	—	4	—	—	—	7
毛南族	—	—	—	—	—	—	1	—	—	—	—	—	—	—	—	1
仡佬族	—	—	—	—	—	—	3	4	—	—	9	—	—	—	—	16
锡伯族	—	—	—	—	—	—	1	—	—	—	1	—	—	2	—	4
普米族	—	—	—	—	—	—	—	—	—	—	—	1	—	—	—	1
塔吉克	—	—	—	—	—	—	—	—	—	—	—	2	—	—	—	2
怒族	—	—	—	—	—	3	2	—	—	4	2	1	2	—	—	14
俄罗斯	—	2	—	—	—	—	9	—	—	—	—	2	—	—	—	13
鄂温克	—	—	—	—	—	—	—	—	—	—	—	1	—	—	—	1
裕固族	—	—	—	—	2	—	—	—	—	1	1	—	1	—	—	5
京族	—	—	1	—	—	—	—	—	—	—	1	—	—	—	—	2
鄂伦春	2	—	—	—	—	—	—	—	—	—	—	—	—	—	—	2
赫哲族	—	—	—	—	—	—	—	—	—	—	—	1	—	—	—	1
合计	605	428	1083	236	268	164	5419	777	838	622	1322	3293	2314	33	2506	19908

说明：另有 3 人（北坦 2 人、药山 1 人）为未识别民族，其身份证上民族一栏标注为“穿青人”。

第二节　少数民族事务

一、民族团结进步宣传教育

1991 年，天桥区坚持执行党的民族工作方针、政策和法律法规。1995 年，举行民族宗教政策知识报告会。8 月，召开由少数民族代表、宗教界人士、少数民族干部参加的《山东省民族工作条例》颁布 5 周年座谈会。1999 年，组织少数民族群众开展民族团结 50 周年征文、爱我中华知识答卷、书画展和文艺汇演活动。收到征文 30 篇，演出文艺节目 20 个。2001 年始，每年 10 月，开展民族团结进步宣传月活动，营造民族团结良好氛围；定期组织民族村居书记主任、少数民族企业负责人、各民族小学负责人座谈学习。2007—2008 年，每年对 15 个街道（镇）和 120 个行政村、120 个社区干部进行民族宗教工作培训，宣传党和国家的民族宗教政策法规。2012 年，创新培训模式，成立天桥区民族宗教局远程教育中心，通过网络形式提供培训服务。

《大众日报》《济南日报》、人民网、新华网等近20家媒体对此进行报道。

二、“法德并举、立体帮扶”

2003年4月，印发《关于少数民族村综合整治立体帮扶的实施意见》，开展对桑梓店镇老寨村、小寨村的“法德并举、立体帮扶”工作。中共山东省委书记张高丽，省委副书记、省政协主席吴爱英分别作出批示予以肯定。2004年8月，国家民委政法司司长毛公宁到天桥区桑梓店镇考察，对天桥区民族村民主法制建设工作予以肯定。10月，全省民族村（居）民主法制建设经验交流会在济南举行，济南市人民政府副市长张泽、中共天桥区委副书记吴承丙、桑梓店镇小寨村党支部书记米丰武作经验介绍。1997—2012年，天桥区投入资金500万元、济南市民宗局投入135万元扶持少数民族村居建设。

三、少数民族经济

辖区有少数民族企业10余家。

（一）济南堤口集团有限责任公司。始建于1980年，拥有3个子公司、6个经营单位、400余名员工，员工70%是少数民族，资产达1.5亿元，是集果品批发零售、连锁配送、保鲜仓储，物业管理、旧货经营等于一体的大型商贸流通企业。

（二）济南华杰面粉有限公司。成立于1984年，有员工100余人，固定资产过千万元，年产值上亿元，是老寨村村民米守营创办的个体私营企业。企业以面粉加工为主，年加工小麦15万吨，产品遍布济南市各大超市及农贸市场并远销东北20余个城市。2006年，被评为济南市农业产业化经营重点龙头企业。

（三）济南登峰清真肉类有限公司。成立于2005年8月，有员工50余人，是老寨村村民米登峰创办的集高档肉牛屠宰、加工、销售于一体的个体私营企业，年生产能力600吨，年产值逾3000万元。2010年，成为上海世博会七家清真食品供应商之一。2011年3月，公司投资300余万元，建成面积1000余平方米高档清真肥牛火锅城。

（四）济南红高粱酒业有限公司。成立于2000年，有员工80余人，是济南市唯一一家“双证”（白酒生产工业许可证、配制酒生产工业许可证）企业，具备白酒酿造发酵生产资质和果酒、养生药酒生产资质。公司成功打造“红高粱关东酒坊”散酒连锁销售模式，专卖店遍及全国30余个省、市、自治区。

（五）济南新联金棉麻机械有限公司。有员工30余人，是省内生产棉麻机械行业位居领先的专业企业，产品远销十几个省市、东南亚和主要产棉区。

四、少数民族教育

1991—2012年，天桥区投资近1000万元，发展少数民族教育事业。

1993年，济南市堤口回民小学（于1985年5月在堤口庄小学基础上建成）用水电问题得以解决。1997年，发起为堤口回民小学捐资助学建校舍活动，收到捐款51.47万元；1999年，学校综合教学楼落成，各种功能室俱全，建有规范化操场。2008年11月，堤口回民小学与八里桥小学合并，成为天桥区教育资源整合的第一个受益者。学校以“民族团结，中国一家”为民族团结教育主线，将“弘扬民族文化，传

2012年2月14日，天桥区人民政府副区长王睿（中）调研民族教育工作。

承中华美德”作为民族团结教育与德育教育融合点，构建“校园文化、课程建设、主题德育、社团活动”四位一体教育模式，通过书法、国画、剪纸、足球、声乐等社团活动，开展特色教育。2011年7月，学校被评为山东省体育传统项目学校；8月，学校男足获山东省中小学生足球联赛（小学组）冠军。学校以此为契机，编写出中、高年段两套“快乐足球”校本教材。2012年，学校利用区民宗局提供的5万元扶持资金建成少数民族风情展室，完善民族文化艺术长廊内容和书画特色教室。

2000年，桑梓店镇回民中心学校改建工程举行开工典礼，各界人士现场为资助校建工程捐款23.22万元，学校于2002年建成并投入使用。2005年，实施优化升级工程，吸收周边5个汉族村孩子入学。2011年，建起二层面积800平方米教学楼1幢，2012年装修投入使用。学校有12个教学班，在校学生437人，其中回族学生222人；教职工25人，其中回族教师7人。学校占地面积1.46公顷，教学楼2幢，生均面积33.4平方米；建有符合标准的实验室、心理咨询室、仪器室、微机室、音乐教室、美术教室等功能教室。学校开设剪纸、武术等特色课程，2012年9月，聘任中国剪纸艺术协会会长卢雪为名誉校长，剪纸艺术校本课程成为学校品牌课程。

五、民族村（社区）

2000年，济南市行政区划调整，历城区桑梓店镇老寨村、小寨村两个少数民族村随同桑梓店镇划入天桥区，全区少数民族村（社区）3个、民族散杂社区2个（药山街道安乐镇社区和泺口街道泺口社区）。

2003—2008年，天桥区为堤口庄社区投入和协调资金近1000万元，实施电网、供水、公厕改造和路面整修、修建社区老年活动中心及健身广场等工程。2009年，社区自筹资金100余万元，建成面积1500平方米民族市场。2011年，社区投资8万元在整个社区安装电子眼21个，改善社区治安状况。2012年，建成堤口庄社区居民活动中心。

2012年年底，老寨村有343户、1560人，土地面积110公顷，以汽车运输维修、面粉加工和牛羊屠宰为支柱产业。2006年，开展新农村建设以来，修建长3.3千米环村水泥路和村中心路。村内193户村民通上自来水。筹资建成一、二期村民公寓楼4幢、建筑面积2.1万平方米，120户村民入住，开通天然气，老寨村成为全市第一个用上天然气的少数民族村。建成村“两委”办公楼和村民服务中心，建成1处面积600平方米高标准殡葬服务站。2006年，老寨村被确定为全区新农村建设示范村。

2012年年底，小寨村有246户、1067人，土地面积64公顷，以家庭养殖、牛羊屠宰、汽车运输为支柱产业。2006年，被列为市、区新农村建设示范村。至2010年，先后筹资300余万元，修建村内道路长3.5余千米，北接308国道，南接鹊山龙湖。筹资建成“小寨居住花园”村民公寓楼6幢，96户村民入住。全村208户村民全部通上自来水。“小寨居住花园”天然气入户工程2011年9月竣工并投入使用。2012年，小寨村208户村民通上自来水。

六、少数民族文化

1993年，举办“天桥区第二届少数民族文艺汇演”。2007年，堤口庄社区传统“四蟹灯”在销声匿迹几十年后重新登上社区文化舞台，被列入济南非物质文化遗产名录。2008年，老寨村投资8万元恢复村民锣鼓队、秧歌队。每年春节、元宵节期间到周边汉族村和友好单位进行演出。2010年，小寨村成立村民演出队。2011年9月底，山东省首家社区文联——天桥区堤口路街道堤口庄社区文联揭牌成立，覆盖社区内所有文艺体育资源。2012年9月，天桥区举办少数民族文化艺术节，展现天桥区少数民族群众精神风貌。

七、少数民族干部

1996年，中共天桥区委统战部、区民宗办向中共天桥区委组织部推荐16名少数民族优秀中青年干部作为重点培养对象。2009年，小寨村党支部书记米丰武考取公务员，是山东省唯一考取公务员的少数民族党支部书记。2012年，天桥区有少数民族领导干部 11 人，其中副区级 2 人、正处级 5 人、副处级 4 人。

第三节 宗教构成

1993 年，天桥区开展宗教活动场所和宗教教职人员登记、发证工作。至 2012 年，辖区有宗教活动场所 43 处（其中天主教 2 处，基督教 34 处，伊斯兰教 5 处，道教、佛教各 1 处），宗教教职人员 67 人，信教群众 2.16 万人（其中天主教 1080 人、基督教 4345 人、伊斯兰教 1.54 万人、道教 450 人、佛教 350 人）。

第四节 寺观教堂

一、佛教

（一）传入与现状。佛教传入济南地区已有 1800 余年历史。元代，佛教传入辖区，属禅宗派，崇奉佛教鼻祖释迦牟尼。元延佑四年（1317 年），黄台山建成月阳寺，有僧人住持。经明、清两代，先后建有泺口“兴隆寺”、北坦“弥勒佛院”等寺庙，这些寺庙多有僧人住持。旧时香火旺盛。住持寺庙的僧人皆为出家弟子，削发、不婚、易祖姓，一律改姓“释”，起法名。清末，济南有“五里一庵，十里一寺”“有村就有庙，有庙就有香火地”之说。民国初，济南地区寺庙日益减少，有的变为废墟，农村部分僧人流入城市做佛事谋生。1938 年后，因战乱泺口兴隆寺被毁。1944 年，黄台山教徒魏光亭组织教徒出资和外出化缘集资，修建“三皇庙”，自立大佛道。佛教徒大都为中老年妇女，平时在家烧香拜佛，供奉“如来佛”“观音菩萨”；每逢佛教节日，全体教徒集会，举行宗教活动。济南解放之前，辖区信奉佛教居民较多，但都无严格宗教仪式和行为约束，多在自己家中设佛堂。1948 年，济南解放后，佛教活动基本停止。20 世纪 80 年代，信佛教者人数有所增加。2000 年 9 月，泺口兴隆寺由市佛教协会接管，由原白衣庵仁安长老任负责人，恢复宗教活动。至 2012 年年底，辖区有佛教活动场所泺口兴隆寺 1 座、佛教徒约 350 人。

（二）寺院。兴隆寺　位于天桥区泺口环城路大寺集 32 号。据碑文记载，该寺始建于清代，距今 200 余年，由于年久失修大殿主体倒塌。2000 年 9 月，落实房产政策，兴隆寺产权归还市佛教协会，同时恢复佛事活动。2001 年 4 月，市佛教协会筹资 400 万元，在清兴隆寺原址重建寺庙大殿，当年竣工。新建的“大雄宝殿”坐北朝南，殿堂内供 3 尊大佛奉拜，堂内外能同时容纳百余人，大殿后有五观堂及念佛堂、大斋堂、讲经堂、藏经阁。2012 年 6 月 5 日，泺口佛教兴隆寺举办“感恩十方诸佛菩萨龙天护法法会”，为兴隆寺大殿开光。

二、道教

（一）传入与现状。道教传入济南已有 1700 余年历史。民国元年（1912 年），道教全真龙门派第十七代弟子、道长张教元由陕西华山云游到济南，携弟子杜永诚化缘，择霞侣市（原名“下驴市”）修建道院，1918 年始建，1924 年建成，命名“蓬莱院”。后有一道首，人称“满道士”，常住全福庄关帝庙内，来往于蓬莱院及各村庄，进行教事活动。中华人民共和国成立后，宫观庙宇多被挪作他用。1953 年，部分道士参加农业生产劳动。1958 年，全市保留蓬莱院等 3 处宫观，其余 17 处宫观房屋归公。“文化大革命”期间，宗教活动停止。20 世纪 80 年代初，霞侣市村蓬莱院道士郭永明，在自己住处，经常组织附近村庄道教徒进行宗教活动。1985 年，恢复道院活动，信徒农历每月初一、十五，进行宗教活动。至 2012 年，辖区有道教信奉者 450 人。

（二）道观。蓬莱院　位于北园街道柳行社区霞侣市街，1924 年建成，占地面积 0.26 公顷。蓬莱院为道观，其房舍为砖木结构，小瓦覆顶，耸脊翘角。道院分南、北两院。南院，正殿为北屋 3 间，名“关帝殿”，内有“关圣帝君”“关平”“周仓”3 尊泥塑像。东屋 3 间为东大殿，内有“慈航道人”“眼光娘娘”“斑疹娘娘”3 尊泥塑像。另有东配房 3 间、西配房 5 间，中间房内塑有“灵宫”“土地”诸神像。北院，东大殿 3 间，殿内正位为“吕祖”（吕洞宾），两侧各一童子塑像，四周皆壁画。北配房 5 间。山门朝南，两侧有 5

通石碑，书刻蓬莱院兴建的始末。院内有假山、鱼池及松柏树。1948 年，道院内部分建筑物被毁，经维修恢复。1966 年后，道院房舍挪作他用。后历经几次火灾，道院全毁，设施无存。1986 年，重建蓬莱道院动议获批准。1990 年，王永泉率众道士重建蓬莱院。1993 年年初，建南院吕祖殿，建筑面积 97 平方米，于 11 月 2 日举行神像开光大典；1999 年 10 月，建成北院三清阁，建筑面积 243 平方米，能同时容纳 500 人进行宗教活动，蓬莱道院落成。匾额书“蓬莱院”，道众与信徒沿旧名尊为“蓬莱仙院”，区民宗办登记为“道教蓬莱院”。2009 年，道教蓬莱院被指定为第十一届全运会挂牌接待开放宗教活动场所。同年，被评为省级和谐宗教活动场所。

三、伊斯兰教

（一）传入与现状。伊斯兰教传入济南始于元初，辖区信教徒主要分布在堤口庄、泺口居、老寨村、小寨村和药山一带。元末明初，老、小寨村米姓由邹县迁来，到光绪十一年（1885 年）已有八世。明万历年间，北京三里河回族人氏崔刚，贩马，日久，定居于辖区堤口庄，子孙繁衍。此后，黄河北岸回民来此定居者渐多，堤口庄形成回民居住地。穆斯林为修功、朝拜，在堤口庄建“清真寺”。清代，辖区北泺口及药山相继建成清真寺。时有清真寺 6 座。1966 年，宗教活动停止，清真寺遭损坏。1978 年后修复，宗教活动恢复正常。1991 年 4 月，伊朗诵经团到堤口庄清真寺访问。1991 年 11 月 19 日，天桥区伊斯兰教协会成立，设主任 1 名、副主任 4 名、秘书长 1 名、委员若干名，建立 8 个经济实体，基本解决宗教自养问题。1995 年 3 月，泺口清真寺落成，建筑面积 703 平方米，为周边 500 余户穆斯林群众服务。2002 年，举行换届会议，选举产生第二届协会班子，通过协会章程。2003 年，区伊斯兰教协会实行民族村村委会主任兼任寺管会主任制度。2004 年，药山清真寺落成启用，为安乐镇社区周边少数民族群众服务。2007 年 10 月，中共天桥区委书记张辉专程到桑梓店镇老、小寨村与广大回族群众共度开斋节。至 2012 年年底，辖区有伊斯兰教众 1.54 万人。

（二）清真寺。老寨村清真寺 位于桑梓店镇老寨村中心。始建于明朝末年，后经多次修复，占地面积约 0.16 公顷，建筑面积 800 平方米。由大门、二门、礼拜殿、望月楼、讲堂和寺管会办公室等组成。朱红色大门上方镶悬着一块黑色木匾，上书“清真寺”。礼拜殿坐西向东，殿基青石台阶上，两面石鼓分列正门两侧。殿堂是由前后 3 间房舍衔接而成，中间有一“工”字形门，用 12 扇刻有各种花纹的屏风隔开。讲经台立在西北角。望月楼为西洋式八角楼建筑。北讲堂，亦称经堂，方砖铺地，里面藏伊斯兰经文。

小寨村清真寺 位于桑梓店镇小寨村西，始建于明朝末年，建筑面积 600 平方米，礼拜殿面积 150 平方米。19 世纪下半叶，在黄河泛滥后淤积的原寺旧址重建新寺，有“寺上寺”之说。寺内有石碑 1 通，碑高 70 厘米、宽 30 厘米，碑文：“当今皇帝万岁万万岁”。2007 年，被济南市人民政府列入第三批文物保护单位名单，2010 年，小寨村清真寺被评为省级和谐宗教活动场所。

堤口庄清真寺 据寺内碑文记载，堤口庄清真寺始建于明朝万历末年（1610—1615 年），后因战乱遭焚毁。今位于堤口路街道堤口庄社区西段 50 号的清真寺系清同治四年（1865 年）所建。清真寺占地面积 0.12 余公顷，建筑面积 794.68 平方米，是济南古老的清真寺之一。大门东向，为木质朱漆，门楼青砖灰瓦，耸脊翘角。门楣上悬挂竖式金字额匾，上书“清真寺”。礼拜大殿是清真寺主要建筑物，置大门内正中，坐西向东。大殿飞脊中央有一金葫芦，置于高耸的银柱上，并饰有光亮的月牙。西北端设“敏拜尔”（清真寺殿内宣教台，形如楼梯。举行聚礼、会礼等仪式时，教长或阿訇站在上面念经、讲道）。地面铺有成排拜毡。院内南侧建有沐浴室，室前有 1 口水井，供穆斯林礼拜前做大净或小净所用。北侧 3 间平房为讲堂，供阿訇讲经或为“海里凡”讲学之用。另有阿訇住室。2010 年，堤口庄清真寺被评为省级和谐宗教活动场所。

泺口清真寺 位于泺口渡口北岸路西，始建于清咸丰五年（1855 年），毁于黄河水灾。同治三年（1864 年），在原址复建；民国二十一年（1932

年）整修扩建，占地面积0.07公顷，后年久失修，无法使用。1993年11月，群众集资和单位赞助筹集资金24万元重新修建泺口清真寺，1995年启用。泺口清真寺位于泺南村6区187号，占地面积0.13公顷，建筑面积702.6平方米，其中大殿建筑面积100平方米，可容纳100余人礼拜；女殿建筑面积45平方米，可容纳50余人礼拜。其他功能室有教长室、女教长室、男女沐浴室、接待室、餐厅、殡葬服务室。服务范围广泛，其中包括泺口、北园、鹊山、月牙坝等地。2009年，泺口清真寺被评为省级和谐宗教活动场所。

药山清真寺　位于药山南侧安乐镇社区，建于清光绪八年（1882年），寺院占地面积约0.02余公顷。寺内建房屋8间，土木结构，分别为礼拜殿、沐浴室等，是一座较为简陋的清真寺，其建筑于1980年全部倒塌。1985年，重建新寺，占地面积0.02公顷。寺内礼拜殿、沐浴室和阿訇住室等房屋9间，砖石结构。2004年，配合药山花园小区建设，药山清真寺搬迁；安乐镇社区投资20万元，重新建成药山清真寺，建筑面积400平方米，为安乐镇社区周边少数民族群众服务。

四、天主教

（一）传入与现状。清顺治七年（1650年），西班牙传教士嘉伯乐到济南传教，顺治十七年（1660年），在陈家楼庄建立分堂，辖区始有天主教信徒集中活动场所。清雍正年间，朝廷下诏禁止外国传教士传教，教堂被废。清光绪二年（1876年），一位腾姓神父来祖籍（陈家楼）居住、传教，教务活动恢复，信徒渐增。清光绪三十一年（1905年），东小杨庄建天主教堂，由德国神父主持，进行传教活动，发展教徒300余人。清宣统元年（1909年），重修陈家楼天主教堂，命名“大圣若瑟堂”。此时，教堂无本堂神父，平常信徒早、晚进堂祈祷，主日由总堂派神父到“大圣若瑟堂”主持行圣事、做弥撒。民国八年（1919年）始，“大圣若瑟堂”常住一德国神父，教堂由本堂神父管理教务、发展教徒。教务活动日渐频繁。1949年10月1日，中华人民共和国成立。天主教信徒进行“自治、自养、自传”革新运动，宗教活动健康发展。1966年“文化大革命”开始后，活动场所关闭，宗教活动停止。1987年12月23日，陈家楼教堂恢复开堂，由中国天主教爱国会主席、济南教区宗怀德主教举行圣堂祝圣庆典，宗教活动遂恢复正常。东小杨庄天主教堂亦恢复宗教活动。辖区有天主教活动场所2处，即陈家楼天主教堂、小杨庄天主教堂。1992年7月20日，天桥区天主教爱国会成立，办公室设在陈家楼天主教堂院内。2012年，辖区有天主教信徒1080人、教职人员2人。

（二）教堂。陈家楼教堂　清顺治十七年（1660年），陈家楼曾建“天主教堂分堂”，属济南城内天主教堂管理。其分堂与今陈家楼天主教堂有无渊源关系，无稽考。现在的陈家楼天主教堂位于纬北路街道前陈家楼63号，建于1909年，时名为“大圣若瑟堂”。占地面积0.07公顷。其建筑为砖石结构，是一座“哥特式”（即“人”字型建筑形式）天主教堂，分设圣堂、钟楼、神父工作室、堂区活动中心等房舍，周围缭垣。教堂之门与院墙门顺应，面向东。钟楼置于厅堂前部，高耸凸起，内悬大钟，顶端立有十字架。堂内二层是音乐厅，底层即教堂之门，为弧形。门楣上方刻石书“天主堂”三个大字，并用汉拉两种辑叙文，汉文记：“公元一千九百零九年方济各第一会申大牧主教爱法阴管理山东北界教务悯此地无堂特命庞公督理建修若瑟圣堂为光荣至圣若瑟是为志大清宣统元年巧月立”（原文无标点符号）。圣堂内正面置祭台，上立“若瑟抱耶稣”塑像，顶部立十字架，两侧分设更衣所、圣体室。祭台拱门上写着“大圣若瑟　为我等祈”。圣体栏杆外两侧有两个小祭台，一祭耶稣圣心，一祭圣母圣心。大堂内拱形顶上画有图案花纹，两侧墙壁上挂着耶稣受难14处画像，另备有跪凳。20世纪60年代，陈家楼天主教堂内部设施全部损坏，房舍挪为他用。1986年，重新修复教堂，内部设施更新。1987年12月23日，正式复堂。2007年，作为近现代重要史迹及代表性建筑，列入济南市人民政府公布的32处第三批市级文物保护单位名单。2009年年底，山东大学古建筑加固研究所对其保护性加固；2011

年6月，加固验收合格。2010年，陈家楼教堂被评为省级和谐宗教活动场所。

东小杨庄教堂　位于北园街道柳行社区东小杨庄内，建于1905年，德国人主持营造。教堂院内建有教堂、钟楼、附属房舍等。教堂砖石砌体，木质房架，小瓦覆顶。正门上方镶一条石，上书“天主教堂”，启首款题“天主降生后一千九百零五年八月”，落款为“大清光绪三十一年七月下浣立”。堂内设有祭台和教徒跪凳。墙装饰壁画。钟楼位于教堂前部中央，高凸，其下半部是音乐楼。楼正面顶部左右各置石柱，分别装饰石狮一尊，两石柱之间立十字架。教堂内另有配房11间，其中北屋6间、东屋5间；大门楼1座；便门1个。院内青砖铺路。20世纪60年代，东小杨庄天主教堂遭破坏，设施无存，房舍挪作他用。1986年，落实宗教政策教堂归还。信徒捐款进行修复，找回失踪多年的古钟挂在钟楼上。1991年12月23日，恢复宗教活动。2006年下半年，已有百年历史的东小杨庄教堂由于周边民房改造，导致教堂地势低洼，积水严重，存在极大安全隐患。在区天主教爱国会和东小杨庄教堂管委会及三任本堂神父的组织下，对小杨庄天主教堂在原基础上进行翻新重建。2008年，教堂重新投入使用。

五、基督教

（一）传入与现状。济南基督教灵恩会系本土化教会，由孙詹遥于1932年传入天桥境域。1935年，由信徒奉献资金，建成基督教官扎营灵恩会，为天桥地区信仰基督教者集中活动场所，时有信徒300余名。中华人民共和国成立后，基督教各教派实施联合礼拜，走“三自”（自治、自养、自传）道路，宗教活动正常进行。1958年，官扎营基督教堂挪作他用，宗教活动转移至公益里61号。1962年，教堂恢复活动。“文化大革命”期间，教堂被关闭，宗教活动停止。1989年12月，宗教活动恢复。1992年7月20日，天桥区基督教三自爱国运动委员会成立，办公室设在官扎营教堂内；1999年5月26日，天桥区三自爱国运动委员会第二次代表会议亦于此召开。2012年4月27日，区基督教三自爱国运动委员会第三次代表会议在基督教林桥活动场所召开。1997年10月，天桥区创新宗教管理，在泺口服装市场为外来流动信徒设立基督教泺口服装市场聚会点。2003年9月，区三自爱委会投资7万元，在大桥镇大庄村建基督教活动场所。同年，基督教三自爱委会实行在宗教活动场所统一派传道员制度，在官扎营教堂建立每周一政治学习制度，加强宗教团体自身建设。至2012年，辖区有基督教徒4345人。

（二）教堂。官扎营教堂　位于天桥区官扎营后街82号，原系济南市基督教灵恩会，是济南基督教的本土、本色化教会。1934年，由苗海南一家（奉献500块大洋）、长老管晓峰（卫生大药房董事长）、执事王益臣（百货店老板）和信徒奉献集资，从菜农王树声手中购买菜园地面积0.07公顷，开始建堂，教堂占地面积约0.06公顷，建筑面积437.99平方米，建礼拜堂5间，配房14间，可容纳230余人聚会。1958年，实行联合礼拜，宗教活动迁至官扎营中街公益里61号聚会；1962年，教堂恢复活动。“文化大革命”期间，教堂关闭，宗教活动停止，1989年12月复堂。1994年，举行正式开放庆祝活动。2009年，官扎营教堂被评为省级“和谐宗教活动场所”。至2012年年底，官扎营片区拆迁，唯有教堂独立，且宗教活动照常。

2012年天桥区宗教活动场所一览表

表27-19

序号	教别	名称	负责人	地址
1	天主教	陈家楼教堂	孙淑慧	前陈家楼63号
2	天主教	小杨庄教堂	张家起	东小杨庄34号

续表 27-19

序号	教别	名称	负责人	地址
3	基督教	官扎营教堂	殷兰华	官扎营后街 82 号
4	伊斯兰教	老寨村清真寺	米守桥	桑梓店镇老寨村
5	伊斯兰教	小寨村清真寺	彭新豹	桑梓店镇小寨村
6	伊斯兰教	堤口庄清真寺	杨建奎	堤口庄社区西段 50 号
7	伊斯兰教	泺口清真寺	杨振铎	泺南大街 187 号
8	伊斯兰教	药山清真寺	马本勇	无影山北路药山公园
9	道教	蓬莱院	张明真	霞侣市 2 号
10	佛教	兴隆寺	释仁安	环城路大寺集 32 号
11	基督教	北小门聚会点	邵连军	制锦市小区北小门 32 号
12	基督教	南刘聚会点	王其兰	纬北路南刘庄 8 号楼 10—203
13	基督教	国棉三厂聚会点	李宗娥	国棉三厂宿舍
14	基督教	万盛街聚会点	张凤英	堤口铁路宿舍 27 号楼 2—101
15	基督教	黄屯聚会点	贾秀英	黄屯 8 号
16	基督教	南村 11 号楼聚会点	袁秀清	南村西区 11 号楼 1—401
17	基督教	南村 13 号楼聚会点	刘秀英	南村东区 26 号楼 3—102
18	基督教	毕家洼聚会点	董玉翠	毕家洼小区 20 号楼 4—103
19	基督教	大魏庄聚会点	蒋淑琴	大魏庄 179 号
20	基督教	洋涓聚会点	毕敬先	药山街道洋涓社区
21	基督教	国棉一厂聚会点	顾宗珍	凤凰山社区 3 号楼 4—101
22	基督教	柳行聚会点	杨毓贞	柳行小区 4 号楼 2—101
23	基督教	小杨庄聚会点	杨毓贞	泺河小区 8 号楼 1—101
24	基督教	板桥航运局聚会点	潘玉红	板桥航运局 6 号楼 3—102
25	基督教	板桥北聚会点	张希翠	黄台社区魏家庄 103 号
26	基督教	林桥聚会点	杨兆龙	北园街道林桥社区
27	基督教	南大沟聚会点	袁玲	南大沟 17 号
28	基督教	鹊山聚会点	霍以诺	鹊山西
29	基督教	缤纷五洲活动场所	黄国郎	缤纷五洲 6 楼 A 座
30	基督教	大庄活动场所	吴志来	大桥镇大庄村
31	基督教	杏元活动场所	王爱菊	大桥镇杏元村

续表 27-19

序号	教别	名称	负责人	地址
32	基督教	姚店活动场所	王振娥	大桥镇姚店村
33	基督教	刘光照活动场所	郝加平	大桥镇刘光照村
34	基督教	后市活动场所	朱德泉	大桥镇后市村
35	基督教	大王庙活动场所	董兆英	大桥镇大王庙村
36	基督教	桑梓店活动场所	郝秀莲	桑梓店镇
37	基督教	安庄活动场所	许桂芳	桑梓店镇安庄村
38	基督教	南郑活动场所	刘丕玲	桑梓店镇刘庙村
39	基督教	西秦活动场所	李吉芹	桑梓店镇西秦村
40	基督教	姚吕活动场所	韩杰芳	桑梓店镇姚吕村
41	基督教	小吴活动场所	吴全	桑梓店镇小吴村
42	基督教	周闫活动场所	邓吉兰	桑梓店镇周闫村
43	基督教	北董活动场所	朱子俊	桑梓店镇北董村

第五章　社会风俗

1991—2012 年，辖区居民常过的农历节日 15 个、公历节日 10 个，其中农历的春节、端午、中秋和公历的国庆、元旦尤为重要。

随着经济社会发展，辖区居民服饰质量提高，质地与样式均前所未有；饮食由讲究数量到讲求质量，由重安全到重养生；住房由土木结构到砖混结构，由平房到楼房进而到高层，居住条件和环境越来越好；出行方式由步行到非机动车，由机动车到高速公路、铁路，出行越发便利。生活条件的改善、生活质量的提高，推动了辖区公民素质的提高。

第一节　岁时节日

一、农历节日

（一）春节。俗称“旧历年”，是民间最隆重的节日。农历腊月最后一天，年就开始了。午夜，人们习以放鞭炮、吃饺子。

正月初一，习称“大年初一”，人们习惯早起，吃罢饺子，便开始拜年活动。旧时，少者先给长者叩头拜年，老人给少者“押岁钱”，然后，邻里好友串门互相拜年。拜年时，相互问候新年好、新年大吉、万事如意，商人问候恭喜发财等祥语。现在，民间的沿袭这些习俗。在公职单位还盛行团拜。随着经济收入提高、人民生活富余，给押岁钱方式亦逐渐多样化，或是给礼品卡（储蓄存折），或是给购物奖券，给钱的数量也大增。

正月初二，婚者，到岳父母家拜年。这天早起，女婿备好礼物，携儿女一道，陪妻子回娘家给父母拜年。岳父母备好酒筵招待女婿，若是新婚第一年，酒筵更为隆重，女婿上坐，侍有酒陪，岳父还要给新婿敬酒，但不陪筵。筵罢，当日回。未婚者可以代替父母去给外祖父母拜年。拜年、串亲，一直延续到正月十五。

正月初五，习称“破五”。这天人们不串门访亲，阖家吃团圆饭，畅说年事。1999年，将春节休息时间与前后双休日拼接，从而形成7天长假。

（二）元宵节。农历正月十五，又称上元节。元宵节主要活动是观赏灯火，所以又称灯节。俗话说:“三十的火，十五的灯”。元宵张灯为戏，天桥地区盛行不衰。西汉时，民间就有用盛大灯火祭神习俗。用纸或绢扎成的各样花灯，五彩缤纷，千奇百艳。当今，一年一度的元宵灯会，景象更为壮观。每到此时，各街道、镇村以及单位，均制作各式各样花灯。入夜，各种灯光彩夺目。人们除观赏花灯外，还燃放鞭炮烟花。节日间，街头巷尾，到处可见踩高跷、跑旱船、舞龙舞狮扮玩者。人们将一些神话传说、历史故事及爱憎和美好愿望融入富有地方传统色彩的民间艺术中，为节日增加欢乐气氛。元宵节，人们还有食“元宵”习俗。意为家家团圆，万民同乐。

（三）青龙节。农历二月初二，俗谓之龙抬头，辖区人们习称“二月二”。旧时，人们一般将二月二作为年事活动终止日。

二月二这天一般总和惊蛰节气靠近，人们有食煎饼、炒蝎豆习俗。据说，煎饼熏虫，吃了炒蝎豆一年不被蝎子蛰。这仅是习俗，无科学根据。在农村，旧时还有“打囤”习俗，就是用草木灰在场院或庭院撒成仓廪状图案，囤中放一撮杂粮，取五谷丰登之意。此俗，今不多见。因辖区有“正月不剃头”习俗，每到“二月二”这一天，发型发艺、假发、头发护理等相关生意通常极为火爆。

（四）上巳节。农历三月三，是一个纪念黄帝的节日，逐渐演变成风筝节。相传三月三是黄帝诞辰，中国自古有“二月二，龙抬头；三月三，生轩辕”说法。也是道教神仙真武大帝寿诞，还是传说中王母娘娘开蟠桃会的日子。“三月初三春正长，蟠桃宫里看烧香；沿河一带风微起，十丈红尘匝地扬。”初春时节，天桥人民一冬积蓄精力，此时终于可以走出家门。但每以踏青为主，大人舒活筋骨，孩童可以在麦田放风筝在广场撒欢儿。1984年，第一届国际风筝节在山东潍坊举行，放风筝自此由约定俗成变得“师出有名”了。1991—2012年，黄河北两镇、城区各广场，甚至黄河大坝上，每到此日总有大人领孩子一起放风筝，民间也举行过风筝比赛。

（五）清明节。清明节扫墓祭祖习俗，自古有之。旧时，辖区居民扫墓祭祖仪式比较隆重。一般为主人带着酒、菜及水饺等祭品，来到祖坟，先将祭品供上，然后焚香化纸，洒酒祭奠。还要为坟墓添新土，意为给祖先修屋，以防漏水，也示以后继有人。实质上是对祖先的怀念。中华人民共和国成立后，清明已成为拜谒烈士陵园、缅怀先烈功绩节日。1991—2012年，区教育系统每年组织中、小学生扫墓，社会各界也组织祭拜活动。春游，亦称踏青，是清明时节主要习俗。每逢清明节，人们约亲聚友、扶老携幼，乘大好春光到郊野或公园游玩，围坐野宴，抵暮而归。

清明前后，辖区乡民旧时有荡秋千习惯，人们在绿杨深处，或在场院，或就门框系绳做成秋千，无论男女老幼，皆喜欢在秋千上荡一荡，荡得越高，意味着生活过得越好，所以大家你争我抢，极乐无穷。2000年后，荡秋千现象复古性出现，其意蕴也不似旧年。清明时节亦有插柳习惯，门上插柳枝，头上戴柳圈、柳花球，据说这种习俗是纪念“教民稼穑”的神农氏。乡间有“戴个花活百八，插根柳活百九”谚语，表示人们长寿的愿望。

（六）端午节。农历五月初五为端午节，又称端阳、重五，是中国民间重要节日。辖区人们过端午节自唐代以来便很讲究。旧时，每年端午时节，家家户户皆在门上“画门符”、插艾，意为驱“五毒”（指蝎子、蜈蚣、毒蛇、蛤蟆、壁虎），防瘟疫。成年人还要在身上“悬艾虎”（用艾蒿编成的老虎），以此“镇邪除恶”。早饭前须先喝一杯雄黄酒，以杀虫害、避百邪。孩童则由长辈将五彩丝线系在胳臂上，并佩带内填朱砂的布囊香包，用来防受惊吓。端午节食俗是包食粽子，据说是为凭吊战国时爱国诗人屈原。至今，人们仍沿袭插艾、食粽子习俗。区内中、小学常藉此日对学生进行爱国主义教育，教育学生在吃粽子同时将屈原的爱国主义思想传承下去。

（七）六月六。农历六月初六，辖区居民旧时有吃炒面习俗。据说，暑天吃炒面可以避暑。《续修历城县志》载有“六月六日食炒面，用白糖调和，香甜，能解暑”说法。六月六除吃炒面外，还盛行农家晒麦粮、仕家晒书籍习俗，此日各家晒衣服被褥，有“六月六，晒龙衣”之说。明《历乘》载有“六月六日，则汲水作酒曲、晒书、农家晒麦”。20 世纪 90 年代后，辖区黄河两岸仍保留“晒龙衣”习俗，晒粮仅限于黄河北两镇了，晒书旧俗基本绝迹。

（八）乞巧节。农历七月初七，习称“七夕”。相传，七夕为牛郎织女双星相会之日，故亦称“情人节”。清代修《济南府志》载有“七月七日为七夕，妇人陈瓜果于庭中，结彩楼，穿针乞巧，有子网于瓜上为得巧”。旧时，辖区乞巧活动十分热闹，少女穿着新衣，三五成群地聚在庭院中，摆上香案，陈列瓜果和各种化妆品，一起祭拜七姐姐，边拜边唱：“天皇皇，地皇皇，俺请七姐下天堂。不图你的针，不图你的线，光学你的七十二手段。”然后每人从老太太手中接过 1 根针、7 根线，借着香头微光，穿针引线。谁穿上线谁就算乞得巧了，穿得快者为最巧。20 世纪 90 年代后，“乞巧节”常被年轻人自发地用以对抗西方传入的“情人节”，从而此节又普遍起来。

（九）中元节。农历七月十五，主要习俗是祭祖上坟，所以又叫“鬼节”。上坟供品中，瓜果、面点不可少。

（十）中秋节。又称“仲秋节”，正值农历八月十五日，俗称“八月十五”，是中国民间又一重要节日。旧时，辖区人们在“仲秋十五日夜，设月饼瓜果于院中祭月，并集家人下肴醵饮以赏月”，祭拜月罢，全家人围坐桌旁吃月饼、瓜果，饮酒畅谈、赏月。藉以阖家团圆，共谋吉祥。至今，仲月之夜赏月、吃月饼，或举行家宴之俗仍十分流行。同春节一样，女婿给岳父母或是外甥给舅舅送节礼必不可少。

（十一）重阳节。农历九月初九。旧时，辖区民间有饮菊酒、吃花糕、插茱萸、登高习俗。重阳这天，人们多去登千佛山，赶庙会。《历城乡土调查录》载有“季秋月九日做菊糕，登千佛山邀友聚饮”。登山者络绎不绝，亦有携眷者，身佩茱萸，趁天高气爽之际，欣赏满山遍野、清香扑鼻的野菊花，领略大自然美丽风光；就地席坐，吃菊花糕，饮菊花酒，别有诗意。至今，人们的承袭登高习俗，赶千佛山会亦成为人们购买物品、品尝名吃的机会。20 世纪 90 年代后，此日更成为看望老年人的重要日子，小辈看望老人、单位领导看望原单位老年人，更彰显中华民族尊老的传统美德。

（十二）小阳节。农历十月初一，又称“十月一”。此日为民间上坟祭祖之日。《历城县乡土调查录》载有“孟冬月一日拜墓送寒衣”。此俗渐趋消失，20 世纪 90 年代后，除大桥镇、桑梓店镇少数村庄时有人以烧纸方式祭祖外，辖区基本不见“小阳节”痕迹了。

（十三）腊八节。农历腊月初八，俗称“腊八”。相传是佛祖释迦牟尼成道之日，“好施者济贫”。辖区人们有吃腊八粥习俗，至今仍沿袭。此外，腊八节这天，人们还有泡“腊八蒜”习俗。

（十四）辞灶日。农历腊月二十三，俗称“小年”。旧俗此日烧灶王画相，民间称灶王爷上天言事，家家户户设糖果饼汤以祀灶，意思是粘住灶王爷的嘴，不让他上天说坏话，或者是让灶王爷的嘴甜甜的，光说好话，来年带回吉祥。现此俗已废。至 20 世纪 90 年代，祀灶活动在辖区基本绝迹。

（十五）除夕日。农历腊月三十，俗称“大年三十”。家家“易门神桃符春帖，遍地撒芝麻秸，陈设供品迎祖先”。一到晚上家家门前放“拦门棍”，点灯火辞岁，放鞭炮，全家聚食水饺，设酒宴守岁。现今，贴春联、守岁仍为人们承袭。除夕夜，人们阖家团圆，畅叙往事，观看电视台播放的“春节联欢晚会”，燃放鞭炮迎新春，藉以欢庆节日。

二、公历节日

（一）新年。公历1月1日，又称“元旦”，习称“阳历年”。国家规定，新年放假1天，一般单位都借一个双休日，放假三天。节日前一天，各机关、团体和企事业单位都集中力量搞好室内外卫生，节日间还搞一些庆祝活动。民间也借假日聚会，家庭团圆，或举办家宴。新年前后，单位和个人互赠年画、挂历，邮寄贺年片日趋盛行。

（二）三八节。公历3月8日是国际劳动妇女节，简称“三八节”。自1909年3月8日美国芝加哥妇女争取“男女平等”游行集会以来，已走过百余年历程。中国妇女和世界各国妇女一样，都为国家独立、解放、革命、建设，为世界和平和人类发展进步作出巨大贡献和牺牲。涌现出数以万计巾帼英雄和“三八红旗手”。党和政府为维护广大妇女合法权益，制定较完善的法律法规和规章制度。节日前，多是由党政部门或群众团体组织妇女活动。一般单位妇女组织举办一些小型、多样、轻松而有意义的纪念活动。民间新节日习俗逐渐形成。

（三）植树节。公历3月12日是我国植树节。节日期间，机关团体往往包干绿化荒山，划片植树；农村向来有春季植树习惯；一般家庭多在此时移植观赏花木。基本形成全民义务植树之习俗。

（四）五一节。公历5月1日是国际劳动节。早在1886年5月1日，芝加哥的21.6万余工人为争取实行8小时工作制而斗争，终于获得胜利。1889年7月，由恩格斯领导的第二国际在巴黎举行代表大会，决定将5月1日这一天定为国际无产阶级的共同节日——国际劳动节。这一决议得到世界各国工人的积极响应。1890年5月1日，欧美各国的工人阶级率先走上街头，集会、游行，争取合法权益，以示庆祝。中华人民共和国中央人民政府政务院于1949年12月作出决定，将5月1日确定为劳动节。1989年后，国务院基本上每5年表彰一次全国劳动模范和先进工作者，每次表彰3000人左右。天桥区每逢此节表彰先进工作者，亦按国务院规定放假，举行游行、集会等纪念活动。现改为小型、分散的游园活动，或演唱会。一般家庭，改善生活，外出游览，一饱春光。1999年，国务院公布新版《全国年节及纪念日放假办法》，决定将“五一”的休息时间与前后双休日拼接，从而形成7天长假，因假期中旅游购物之风日盛，被称为“黄金周”；2008年后，取消此放假办法，恢复放假三天的旧例。

（五）青年节。公历5月4日为中国青年节。源于中国1919年反帝反封建的爱国运动，称“五四运动”。节日间，共青团和青联举办联欢活动或体育运动会，或组织郊游。亦有组织开展上街挂牌义务为群众服务、做好事活动的。

（六）儿童节。公历6月1日是国际儿童节，俗称“六一”，是孩子们的节日。1949年11月，国际民主妇女联合会在莫斯科举行理事会议，中国和其他国家代表为悼念在1942年6月10日利迪策惨案和全世界所有在战争中死难儿童，愤怒揭露帝国主义分子和各国反动派残杀、毒害儿童罪行。会议决定以每年6月1日为国际儿童节。至今已是孩子们最欢欣的一天，节日前家长们要为孩子准备节日服装和礼物，届时打扮一新。小学校、幼儿园举行庆祝“六一”联欢会。值此，机关团体也集体为小学、幼儿园赠送节日礼物。儿童过“六一”之风逐渐兴盛。

（七）七一。公历7月1日为中国共产党建立纪念日，俗称“党的生日”。为纪念1921年7月中国共产党成立，毛泽东同志于1938年5月提出将7月1日作为中国共产党诞辰纪念日。此日，各级党组织举行纪念活动，一般由地方党组织举行新党员入党宣誓。值此亦对青少年进行党史和革命传统教育。

（八）建军节。公历8月1日是中国人民解放军建军日，俗称“八一”，是军人的节日。为纪念1927年8月1日南昌起义，1933年7月11日，中华苏维埃共和国临时中央政府根据中央革命军事委员会6月30日的建议，决定8月1日为中国工农红军成立纪念日；中华人民共和国成立后，便成为中国人民解放军成立纪念日。自此，每逢此节，部队举行各种庆祝活动。地方多举行军民联欢和拥军优属活动。

（九）教师节。公历9月10日为中国教师节。学校举行表彰先进教师、师生联欢等庆祝活动。教师编制人员每每放假半天。社会单位亦举行以尊师重教为内容的慰问活动。1981年3月，全国政协五届四次会议上，由16名委员联名提交议案，提议建立教师节。1985年1月，全国人大常委会通过议案，确定每年9月10日为教师节。1985年9月10日为中国第一个教师节。

（十）国庆节。公历10月1日为中华人民共和国国庆日，简称“国庆节”。国庆节是全民的重大节日，国务院规定放假。20世纪50年代，逢国庆节即举行隆重的群众游行、放礼花、游园等活动。90年代后，多改为小型多样的游园、晚会等，唯逢五、逢十（即五年庆、十年庆），称为大庆，举行大型庆祝活动。1984年，根据邓小平同志提议重新启动大庆阅兵式，1999年、2009年分别举行第十三、十四次国庆阅兵。1999年，国务院公布新版《全国年节及纪念日放假办法》，决定“十一”休息时间与前后双休日拼接，从而形成7天长假。因此假期中适宜旅游和购物，故与“五一”并称“黄金周”。此节日辖区人们欢庆的气氛较新年、“五一”更为隆重。

附1：舶来娱乐性节日

20世纪80年代后，舶来节日逐渐被商家利用，节日前后，商家打出各色名目以争取更大的商品销售量，辖区城区居民也切实受益。20世纪90年代中期亦出现借舶来节日的欺诈行为，1995年区安全监管、质监、工商、公安联合检查，对此类行为形成强有力的遏制。

情人节 即每年2月14日，又叫圣瓦伦丁节或圣华伦泰节，是西方传统节日之一。这是一个关于爱、浪漫的节日。男女在这一天互送鲜花、巧克力、贺卡等礼物用以表达爱意或友好，成为欧美各国青年人喜爱的节日。20世纪80年代后期传至中国，1991年后，辖区情人节活动逐渐增多，而“男送花、女送巧克力”形式亦成为主流。

愚人节 即每年4月1日，较普遍说法说它起源于法国。1564年，法国首先采用新改革纪年法—格里历（即通用的公历），以一月一日为一年开端，改变了过去以四月一日作为新年开端的历法。新历法推行过程中，一些因循守旧的人反对这种改革仍沿袭旧历，拒绝更新。他们依旧在四月一日这天互赠礼物，组织庆祝新年活动。主张改革者对这些守旧者做法大加嘲弄。聪明滑稽的人在四月一日这天给顽固派赠送假礼物，邀请他们参加假庆祝会，并将这些受愚弄者称为“四月傻瓜”或“上钩之鱼”。以后，他们在这天互相愚弄，日久天长便成为法国流行的一种风俗。该节在18世纪流传到英国，后来又被英国早期移民带到美国。愚人节这天玩笑只能开到中午12点之前，这是约定俗成的严格规矩。过了中午还找乐子的人是一个比被他取笑的人还大的傻瓜。过了钟点还开玩笑的人会立刻碰钉子，自找没趣儿。有一首小诗这样描述：愚人节已过十二点，你这个大傻瓜来得晚。待到来年愚人节，你将是最大个的大笨蛋。20世纪80年代后期，中国沿海地区城市出现愚人节嘲弄人的现象；90年代初，较多非恶意的玩笑出现；20世纪、21世纪之交，辖区类似现象普遍出现。

母亲节 母亲节（Mother's Day），是一个感谢母亲的节日。这个节日最早出现在古希腊，而现代母亲节起源于美国，是每年5月第二个星期日。母亲们在这一天通常会收到礼物，康乃馨被视为献给母亲的花，而中国母亲花是萱草花，又叫忘忧草。

父亲节 约始于20世纪初，起源于美国，现已广泛流传于世界各地，节日日期因地域而存在差异。最广泛的日期在每年6月第三个星期日，世界上有52个国家和地区是在这一天过父亲节。节日里有各种庆祝方式，大部分都与赠送礼物、家族聚餐或活动有关。中国大陆官方没有设立正式的父亲节，但内地民众习惯于将6月第三个星期日作为父亲节；台湾地区父亲节是8月8日，又称为“八八节”。这是因为“八八”和爸爸音相近，而且“八八”两字连缀起来，又好像一个“父”字，所以父亲节特别被定于八月八日。

万圣节 即每年11月1日，源自古代凯尔特民族（Celtic）新年节庆，此时也是祭祀亡魂的时刻，在避免恶灵干扰的同时，也以食物祭拜祖灵及善灵以祈平安度过严冬。前一天晚上（也就是万圣节前夜），小孩们会穿上化妆服，戴上面具，挨家挨户收集糖果。至今已演变为以化妆舞会为主的娱乐性节日。

附2：新兴娱乐性节日

光棍节 即每年11月11日，是一种流传于年轻人间的娱乐性节日，以庆祝自己仍是单身一族为骄傲。源于这一天日期里有4个阿拉伯数字"1"形似四根光滑的棍子，而光棍在中文有单身之意，所以光棍节是单身一族的一个另类节日，这个日子便被定为"光棍节"（One's Day）。光棍节产生于校园，并通过网络等媒介传播，逐渐形成一种光棍节文化。如今越来越多的人选在光棍节结婚，是示"脱光"（脱离光棍一族）。20世纪90年代中期，此节在辖区普遍为非官方采用，各商家也借此大搞促销活动。

第二节 生活习俗

一、服饰

旧时，天桥地区居民服饰有贫富之别。清代，男子一律剃发留辫。女子幼时挽双髻（俗称"抓髻"），未婚者束辫，婚后挽纂，一律留"刘海儿"。富贵人家做衣用料，质地上乘，做工考究，男人多穿长袍，罩马褂，戴帽垫，着绸布便鞋；妇女着右襟上衣，系长裙，穿绣花鞋。四季服装各异。饰物有坠、钗、环、戒、镯等，多为银质。贫穷人家男人多穿对襟褂袄，腰束布带；妇女多穿偏襟、戴大襟、包头巾、扎腿。做衣用料多是手工织粗布，着色单调，往往是四季一套装，夏穿单，冬再加棉絮御寒。很少有贵重饰品。辛亥革命后，男子渐渐剪辫剃发；青年妇女较普遍剪短发，已婚妇女仍挽纂。中华人民共和国成立后，男青年多着中山装、国防服；女青年多着列宁服、人民服。"文化大革命"期间，人们衣着款式简单，色彩单调，多为绿军装、绿军帽、解放鞋，或蓝色中山装、工作服、国防服。20世纪80年代，城市居民始着呢子大衣、滑雪衫，穿尖头皮鞋；随后农村也流行此类着装。

20世纪90年代，城乡居民大都在市场购买服装，款式多样，诸如皮夹克、羽绒服、毛料西服、丝绸裙、真丝衫等流行时装，款式新颖，色彩绚丽。男女发型发式现代化，妇女化妆品亦高档，黄金首饰已较普遍。因为1996年以来各国中央银行的大规模抛金行为，国际市场金价由每盎司418美元的高位一路下泻，甚至下探到每盎司257.6美元。辖区城乡居民购买黄金首饰之风也跟全国各地一样大盛；2002年8月—2012年8月，COMEX黄金期货收盘价涨幅高达428%，黄金首饰逐渐被玉石等替代，辖区也形成以古玩城为代表的首饰商业街。

二、饮食

天桥地区地下水、河流湖泊水属中度硬水，每千克水中碳酸钙含量介于142～285毫克之间，旧时烧水做饭多用此类水，但不能直接饮用。讲究的人家泡茶用水走两个极端，一则冬天储雪融水，此水属软水，每千克水中碳酸钙含量低于142毫克，泡茶轻而浮，能较好保留茶味；一则取泉水深井水，此类水属硬水，每千克水中碳酸钙含量高于285毫克，泡茶清而冽，能较好保持茶香。辖区自来水多来自黄河，1999年12月，鹊山水库开始供水。自来水在辖区多不被直接饮用，某些新建高档小区由于采用较高的质量管理标准，其供应自来水可直接饮用。2000年后，辖区饮用水发生很大变化，除自来水煮沸后饮用外，家用桶装纯净水、矿泉水销售点数量大增，居民常去黑虎泉等处接泉水作饮用。辖区五龙潭泉群、迎仙泉等处泉水亦可直接饮用，每晴日去接水的居民颇多。

天桥地区居民饮食习惯多为一日三餐。旧时城乡、贫富有别，城区居民多食用玉米面、小米、地瓜等粗杂粮，主食制成品多"窝窝头""饼子""煎饼"之类，佐以家腌咸菜、辣椒、葱蒜等。乡间农民生活饮食低下，尤其是北部沿黄河一带，一般农户主食是"高粱饼子地瓜粥，萝卜咸菜窝窝头”，贫苦者辅以糠菜；菜农多以粗菜代粮。富贵人家常年享用玉米、小米、大米、白面，主食为白面馒头、包子、大米干饭、“三合面”窝头，小米面煎饼等，还时以蔬菜、鱼、肉等佐餐。中华人民共和国成立后，人民生活水平不断提高，饮食结构逐步改善，城区居民多以面粉为主食，蔬菜、肉制品、海鲜类择而食之。北园地区农民饮食水准有较大提高，民间有这样一句顺口溜：“过了三月三，大米干饭也嫌酸”，意指春季蔬菜上市，不光吃干饭，还须有菜肴相加。20世纪80年代，城乡居民食用主食量减少，副食增加。时逢年节喜庆日，酒宴更为丰盛。举办筵席讲究色、香、味、美，饮用的酒、茶亦向中、高档发展。日常饮食佐饭有菜，饮酒者渐多。

20世纪90年代，因高脂高糖而导致高血压患者大量出现，人民开始注重养生。2000年后，辖区城乡饮食日渐兴起保健养生之风，珍奇之余便以清淡为主。

民间做饭用的炉灶，昔日多为土坯垒灶，铁锅大小分之于灶，配木制手拉风箱送风助燃，烧原煤或柴草。20世纪50年代以来，城乡居民逐渐使用铸铁炉灶或砖砌炉灶，多带烟囱，燃原煤、煤坯或煤球为薪。60年代始，广泛使用“蜂窝煤”炉灶。液化气进入家庭始于70年代，燃气灶亦趋于新型、高档次。80年代，燃气灶在辖区广泛使用。

20世纪90年代初，煤气管道已遍布辖区城区；2000年后，新建小区煤气均与水、电、暖同时入户；2012年，原有小区基本通上煤气。黄河北两镇用气仍以罐装煤气为主，新建小区则通煤气管道。

三、居住

20世纪80年代，城区改造旧民房，兴建职工宿舍，开发“居民小区”，幢幢楼房，拔地而起，农家住户也逐以翻旧建新房，“农家新村”，宽敞整洁，不仅建平房，平顶二层楼房也成为农家住所。新建房舍多采用钢筋、水泥、砖瓦、预制构件结构，镶玻璃门窗，采光好。建筑形式多样，布局合理，居住舒适。

1991年，天桥区危房改造办公室成立，城区住房拆迁改造工程启动，城市综合建设拉开序幕。1995年，辖区各企、事业单位福利分房大量出现。1998年，福利分房逐步减少直至停止，经济适用房建设开始。2003年8月12日，建设部颁发《关于促进房地产市场持续健康发展的通知》，将经济适用房由“住房供应主体”换成“具有保障性质的政策性商品住房”，房价飞涨；辖区旧城改造、城中村改造、沿黄3个街道村居改造，楼房大量出现。至2012年年底，楼房房价涨至十年前的10倍。城区居民基本以楼房为主；大桥、桑梓店两镇进行社区建设，部分农村居民通过宅基地置换方式搬至新建小区楼房，未搬迁村落也基本进行房屋翻新、街道整治，翻新后房屋大多采用楼房结构而实行水、厕进屋。

四、旅行

旧时人们出远门必择吉日启程。辖区居民以农历逢三、六、九日为吉日，谚语曰“三六九，往外走”；以二、五、八诸日不宜离家宜归家，又有谚语曰“二五八，好回家。”上路前，遍辞亲友、邻里，询问有事无事，捎信带物等，几成“定规”，相沿成习。20世纪60年代，现代交通工具火车、汽车、飞机普及前，外出旅行，多为步行，此外还有乘畜力拉的大车、人抬轿子、独轮车、骑驴骑马等方式。黄河、小清河通航后，亦有乘帆航、火轮船的。迎送之礼在辖区颇为流行。通常迎客到村外或车站、码头。客人到家，设酒饭款待，名为“接风”或“洗尘”。亲人远行或客人辞别，一般要送到门外、村外或送至车站、码头。迎送食俗一般是迎客吃面条、送行吃饺子，谚语曰“启程饺子落脚面”。70年代，境内城市公共汽车较普遍，自行车出现；80年代，公共汽车基本覆盖辖区城乡，自行车数量增多，居民远途仍以火车为主，除渡船（浮桥）外，水路客运已绝。

20世纪90年代初，境内公共汽车、城乡客车、长途客车、火车均极为方便，自行车相当普遍，摩托车亦大量出现。依靠畜力出行基本绝迹，数公里以上步行也极少见。1997年始，中国汽车进入私家车消费时代，辖区私家车开始出现；

2000年后，私家车、私营城乡客车剧增，除数公里范围内出行外，依靠人力出行（步行、自行车）日渐绝迹。2003年，天桥区主要标志性建筑一天桥，下面有了境内第一家电动车卖场，自此电动车进入辖区千家万户，至2012年，辖区电动车数量逾万辆，方便居民短途出行。

1992年7月，济南遥墙机场投入运营。1993年，济青高速公路通车；2001年6月，京福高速公路山东段通车；2002年5月，济南绕城高速公路通车。2008年8月，中国动车投入使用后，很快便在津浦线运行。2009年4月，胶济铁路线济南与青岛之间对发动车已达12对。2011年5月，济南铁路局动车运用所成立。2011年6月，京沪高速铁路开通运营。上述高速公路、动车和高铁线路均通过辖区，天桥人民出行进入高速时代。

第三节　礼仪习俗

一、婚嫁

1991年后，非农业人口增多，公职人员自行结婚（尽可能不向家里要钱物）逐步增多，但双方共同置办彩电、冰箱、洗衣机、家具、床上用品；农村居民结婚时这些仍须男方置办，结婚用品多追求彩色电视机、电冰箱、洗衣机、金首饰、高档组合家具、席梦思床等。迎娶规格如汽车品牌和颜色、伴娘伴郎陪伴、车上及婚礼中衣着等方面要求也日益增高。20世纪90年代后期，辖区城乡逐步形成“男房女车”风俗，即新婚夫妇男方家负责新房购买和装修、女方家负责买车作为陪嫁。2007年始，天桥区农业人口取消，高学历人群中裸婚（双方不用家里支援而自行结婚）者增多。

二、生育

20世纪90年代，城市居民孕前须通过工作单位或居住地社区取得计生部门发放的准生证（俗称“娃娃证”），农村居民须到乡镇政府去领取。怀孕期间办理检查事宜并领取《母子保健手册》，生产多在医院、保健院，亦有在自己家中者。生育后，要向产妇娘家报喜。家人向亲友分送红鸡蛋示喜，亲友回赠产后补品、母婴用具、现金等。产后第12天，产妇娘家及亲属为亲家送上米、面、糖之类礼物以示祝贺（庆贺“拾儿”），主人当日设酒宴招待。

产妇分娩后，忌风、忌凉水；3日内不下床，1个月内不出门，俗称“坐月子”。婴儿满月，产妇结束坐月子生活，可以正常走动，婴儿也可抱出来玩耍。娘家要接产妇回家去“住满月”。

婴儿降生百日，古称“百晬”，遂讹称“百岁”。此日称贺为“过百岁”或“做百日”。做百日多在婴儿出生后第99日，一般由婴儿姥姥、妗子、姨、姑姑等来送礼庆祝，街坊好友也有来送礼者，礼物多是衣、裤、袄之类。孩子周岁，姥姥要来给孩子做生日，送来油条烧饼，叫作“换腿”“按膝盖”，以示孩子能学步行走了。20世纪90年代后期，“抓周”习俗仿古性出现，新生儿周岁时，将各类物件摆放于小孩面前，任其抓取，物件常有笔、墨、纸、砚、算盘、钱币、书籍等传统意义上的物品，亦有刀剑、鼠标、旗帜、玉石、小机械等具有时代气息的物品。

三、“庆生”

俗称“做寿”“过生日”。做寿的年龄，一般50岁以后，60岁、63岁、66岁、80岁为大寿。

20世纪90年代，祝寿之风盛行，祝寿礼品多种多样，“寿日蛋糕”渐趋时髦。每逢老人寿诞之日，儿女晚辈进前祝寿，全家团聚，叙谈家常。在外地不能回家的儿女，亦事先寄上书信或寿礼，向父母祝福。

家中尚不足“做寿”年龄的晚辈或青少年儿童，皆过生日。小孩子过生日，长辈为孩子买玩具、学习用品、图书画册、生日蛋糕之类礼物，祝贺孩子健康成长。1995年后，青少年间渐渐形成一种互贺生日习俗，“庆生”场所也多在饭店进行，生日舞会或出外郊游活动亦渐成风气。2000年后，“庆生”场面愈大、规格愈高。至2012年年底，辖区多次出现少年过生日家人包下一层酒店“庆生”之事。

四、新婚贺喜

亲朋结婚，接喜帖后即备贺礼，过去送“喜

帐”（多为绸缎被面或布匹）、花喜仪钱；现在多送生活用品、室内装饰用品及现金等。在一起工作的同事结婚，同事们合伙凑份子同去送贺礼；亦有旅行结婚者，事后可补席，亦可不补。1991年后，呈赠送礼品愈重、喜钱愈多的趋势，新婚贺礼已逐渐成为年轻同事的负担，新人旅行结婚再次成为时尚。

五、迁居

俗称“搬家”，《诗经·小雅·伐木》有语云“出自幽谷，迁于乔木。”（从深谷中迁到高树上）。后以“乔迁”用于贺人搬往新居暗含祝愿地位升高之意。旧时搬家要看吉日。迁入新居后要贴一副新对联于门上，联文是“移来新舍寓 还是旧邻居”，表示新邻旧邻同样亲密。迁居停当，备酒饭请四邻，名为“喝邻酒”。迁入新居，亲朋好友多携礼登门祝贺，主人设宴招待，名为“温锅”。赠送礼物过去一般是豆芽、豆腐等；现在多送酒、茶、糕点或钱，以示祝贺主人生根发财，久居幸福，兴旺发达。辖区“温锅”习俗至今犹存。

六、丧葬

1991年后，除特殊情况外，死者直接送往殡仪馆停尸，停尸时间一般3天；化妆师为其作面部及衣着化妆整理；家人委托主事人通知家人、亲友、同事前往殡仪馆向死者遗体告别。然后到火葬场取骨灰，一同送往墓地。晚上，家人请主事者、重要亲友一起吃素饭以示谢。农村也有接死者回家中停放者，3天（有的7天）后进行火葬，其间举行白事（丧事）仪式，乡里乡亲、亲朋好友上礼祭奠，家主以白席（素席）招待；男性亲人送骨灰入墓。

七、称谓

（一）家族成员之间称谓。城乡不尽相同，且书面、口语、对人、当面亦有所不同。举要如下：

子女称父母，曰：“双亲”“二老”“大人”等。

子女称父亲，对人称“父亲”“老太爷”，书面对人称“家父”；当面叫“爹”“爸”“爸爸”。

子女称母亲，对人称“母亲”“老太太”，书面对人称“家母”；当面叫“娘”“妈”“妈妈”。

称祖父为“爷爷”、曾祖父为“老爷爷”、高祖父为“老老爷爷”。

称祖母为“奶奶”、曾祖母为“老奶奶”、高祖母为“老老奶奶”。

父之兄，书面称“伯父”，当面称“大爷”“大爹”“大爸”“大爸爸”“伯伯”。

父之弟，书面称“叔父”，当面称“×叔”（“二叔”“三叔”等）、“×爹”（“二爹”、“三爹”等）“×爸”（“二爸”“三爸”等）。

伯父之妻，书面称“伯母”，当面叫“大娘”“大妈”或“×娘”（“二娘”“三娘”等）。

叔父之妻，书面称“婶母”“婶娘”，对人称“婶子”，当面称“婶”“×娘”（“二娘”“三娘”等）、“×妈”（“二妈”“三妈”等）。

姐妹，统称“姊妹”，当面叫“姐姐”“妹妹”。

兄弟，统称为“兄弟”“哥们”，当面称兄为“哥”“哥哥”或“×哥”、称弟“兄弟”或“弟弟”“×弟”（如“三弟”“四弟”等）、或“老×”（如“老三”“老四”等）。

夫称妻，书面曰“贤内”，对人称“内人”“老婆”“家里的”“对象”“爱人”“夫人”，年老时称“老伴”。当面则叫“孩他妈”“孩他娘”或呼其名。

妻称夫，对人称“男人”“当家的”“那一口子”“丈夫”“爱人”“孩他爹（爸）”，当面称“他爹（爸）”或呼其名。

妻对夫之父，对人称“公公”“公爹”，当面称“爹”“爸爸”。

妻对夫之母，对人称“婆母”“婆婆”，当面则随夫称“娘”“妈”。

妻对夫之兄，对人称“大伯哥”，当面叫“哥哥”或“他大爷”。

妻对夫之弟，对人称“小叔子”，当面称“兄弟”“弟弟”或“他叔”。

妻对夫之姊，对人称“大姑子”“大姑子姐姐”，当面称“姐姐”。

妻对夫之妹，对人称“小姑”“小姑子”，当面称“妹妹”。

妻对夫兄弟之配偶，对人互相称“妯娌”，当面少称长为“嫂”，长称少为“弟妹”。

兄对弟之妻，对人称“兄弟媳妇”，当面称“弟妹”。

弟对兄之妻，对人、当面均称“嫂子”。

祖父母称孙辈为“孙子”“孙女”“孙子媳妇”“孙女婿”。

父母称子女为“孩子”“小的们”。称子为“小子”“儿”；称女为“闺女”“丫头”；称儿媳妇，对人称“儿媳妇”，当面叫“他（她）嫂”“他（她）弟妹”“老×家的”（如“老二家的”等），“小××他妈（娘）”等。

兄弟之子女，兄弟姊妹妯娌都称之为“侄子”“侄女”，出嫁之姊妹对人则称“娘家侄”“娘家侄女”。

另外，继母，对人称“后妈”“后娘”，当面一样叫“娘”“妈”。前妻所生子女对人称“前窝子儿”“前窝子闺女”，随娘改嫁的孩子，外人称为“带犊”“跟脚子”。

（二）亲族间称谓。至今沿袭父系家族为中心的旧俗，近支称为“自己家里”，远支称为“本家”，其他亲族中人一律称“亲戚”。其称谓，大略如下。

姥娘门上

母亲之父，书面称“外祖父”，当面称“姥爷”。

母亲之母，书面称“外祖母”，当面称“姥娘”“姥姥”。

母亲之兄弟，称“舅舅”（“大舅”“二舅”等以别长幼），舅之配偶称“舅母”“舅妈”或“妗子”。

外祖父之兄弟，称“×姥爷”（如“大姥爷”“二老爷”等），其配偶称“×姥娘”“×姥姥”；外祖父之姊妹，称“姑姥娘”“姑姥姥”。

外祖母之兄弟，称“舅姥爷”，其配偶称“舅姥娘”“舅姥姥”。

外祖父母之父母，称“老姥爷”和“老姥娘”“老姥姥”。

祖母之姊妹与外祖母之姊妹分别称为“姨奶奶”“姨姥娘”（或“姨姥姥”），其配偶分别称为“姨爷爷”“姨姥爷”。

舅父之子女，对人称“姑舅兄弟”“姑舅姊妹”，当面称“表兄”“表弟”“表姐”“表妹”，或直呼“兄、弟、姐、妹”。

女儿之子女称“外孙”“外孙女”，舅父母呼其姊妹之子女为“外甥”“外甥女”。

姨门上

母亲的姊妹，称“姨妈”“姨母”“姨”（“大姨”“二姨”以别长幼）；姨之配偶称“姨夫”“姨父”。

姨之子女，称“表兄”“表弟”“表姐”“表妹”，或直呼“兄、弟、姐、妹”对人则称“姨表兄弟”“姨表姊妹”。

姨与姨父，称其姊妹之子女为“外甥”“外甥闺女”。

姑门上

父之姊妹，称为“姑母”“姑姑”“姑”（以大姑、二姑等别长幼），其配偶称“姑夫”“姑父”“姑爹”或“姑爸”“姑丈”。

姑母、姑夫之子女，称“表兄”“表弟”“表姐”“表妹”，当面亦有以“兄、弟、姐、妹”相呼者。对人则以“姑表兄弟”“姑表姊妹”相称。以上亲戚关系俗谓之“姑姑门上的”或“姑舅亲”。

岳父门上

妻兄弟之子女称“内侄”“内侄女”。

妻之父，书面称“岳父”，对人称“丈人”“老丈人”“丈人爹”“泰山”“老泰山”，当面则称“爹”“爸”“爸爸”。

妻之母，书面称“岳母”，对人称“丈母娘”“岳母”，当面称“娘”“妈”“妈妈”。

妻之兄弟，书面称“姻兄”“姻弟”“内兄”“内弟”，对人称兄为“大舅子”、弟为“小舅子”；内兄、内弟之妻，对人统称为“舅子媳妇”，以“大舅子媳妇”“二舅子媳妇”等区别长幼。

妻之姊妹，对人统称“姨子”，姐称“大姨子”，妹称“小姨子”，当面称“姐”“妹”。妻之姊妹的配偶，对人称“连襟”“两乔”，当面称“姐夫”“妹夫”或直呼“兄”“弟”。

兄弟姊妹称其姊妹之夫为“姐夫”“妹夫”，以“大姐夫”“二姐夫”等区别长幼。

父母对其女之夫，对人称“闺女女婿”“女婿”“姑爷”“贵客”，当面则称“他姐（妹）夫”，或“他哥”等。婚后女婿住岳家，外人呼“养老女婿”“倒插门女婿”。

夫妻双方之父母互称“亲家”，对人称“亲

家”“男亲家”“女亲家”“亲家公”“亲家母”“亲家翁”“亲家婆”等，当面称“亲家大哥”“亲家大嫂”。

（三）非亲属间人际称谓。旧时，视身份尊称“老爷”“少爷”“公子”“太太”“小姐”，视年纪尊称“大爷”“大娘”“大婶”“大哥”“大嫂”“大姐”，长者对少者亲切地称“小兄弟”“爷们”。现今生活中，多称“同志”“师傅”“老师”，视年纪尊称者常见，“先生”“小姐”多用于涉外场合。20世纪90年代，随经济社会发展，“小姐”一词多义，甚至出现贬义特指，此称谓渐被有意识避开。

八、行礼

清末民初，对上行跪拜礼，平辈见面拱手，女子见长辈要请安问福，作揖行礼。20世纪20年代后，除祭祖拜神外，改行鞠躬礼，老人仍沿旧俗，拱手、作揖。中华人民共和国成立后，在庄重场合行鞠躬礼和举手礼。亲朋好友及社交场合，不分男女，见面握手为礼。1991年后，随国事访问过程中礼仪发展，社交场合开始使用拥抱礼节。宾客来临时迎至门外，按相应称呼问好，握手或拥抱；宾客带礼品时，主人双手接过，客前主后入室，招待烟茶双手奉敬。若宴请，宾客或长者居首席之位，其余人依次就座。宾客临别，送出门外，握手称道“再来”“慢走”。

第四节　禁忌避讳

一、饮食禁忌

吃饭时忌用筷子敲打饭碗，敲饭碗意味着没饭吃，只有乞丐讨饭时才有这种习惯；忌看着镜子进食，认为犯忌会口吃，有的则说得噎食病；忌将碗反扣在桌面上，因为只有病人服药后才将碗扣在桌上，以示今后不再生病服药，平时扣碗，将有咒人生病服药之嫌；忌将筷子横担或插在碗上，认为这是供奉死人放法；忌饭桌上有人没吃完饭收拾碗筷，这多出于礼貌上原因；忌给别人倒茶时壶嘴对着人，说这样令人不顺心。忌作客时在自己餐具中剩有食物，否则对主人不礼貌；忌客人进门第一顿饭吃水饺，因为有“送客饺子”之说；忌家中亲属两人合吃一个蒜瓣，说是吃了可能离散；忌小孩吃不成熟的枣，说吃了会生疖子，若吃，须先把枣尖掐掉后再吃。

二、衣饰方面禁忌

多在妇女中间流行，俗谓之“妈妈令”。忌衣服下摆毛边，那样是丧服形式；忌衣服扣子成双，多为5个，说是“四六不成材”；忌衣服破了或掉了扣子穿在身上缝，说是“穿着缝，没人疼”；忌女人衣裤晾在露天过夜，说是怕被精灵戏了，其实这是一种讲究卫生习惯。

三、居住禁忌

忌农历五月盖屋，这是古俗，有“五月盖屋，令人头秃“谚语；忌住房面对小胡同，因小胡同又名箭道，会射伤其家；忌住房布局失调，如大门建在南墙之中向南，又正对着堂屋门，则被认为是“水火相”，门不能与窗相对，否则谓之“门对窗，人遭殃，窗对门，必伤人”；忌对面山墙正对大门等，以上情况须挂面镜子破解。其实纯属迷信，毫无科学依据。如今人们只不过是遵循合理安排布置庭院罢了。

四、人生礼仪禁忌

妇女从怀孕到坐月子，饮食、行为都有许多规矩。诸如不准吃兔子肉，不准吃姜，不准参加婚礼和丧礼，不准在娘家生孩子等等。

结婚时，订婚要合属相，婚礼上要忌属相；人们送新婚贺礼忌单喜双，忌白喜红，忌送钟、梨等物，因为送钟同“送终”，送梨同“送离”，不吉利。婚礼上忌说不吉利话，如“散伙”“好不到头”“断子绝孙”之类语言。亲人亡故，忌说“死了”，而要称“老了”“去世了”“过世了”等。

长辈乳名晚辈不能叫，与父亲名字相同的字也不能直说，谓之“避讳”。忌长辈与晚辈间开玩笑，否则被认为是“没大没小”。

五、数字忌讳

婚丧嫁娶，一般以农历偶数日（俗称“双日子”）为吉、单数日（俗称“单日子”）为不吉。

男人忌说41岁，有“死尸一具”“四十一妨妻”之说，因此要跳过去多说1岁。

出于对圣人（孔子、孟子）的膜拜，老人忌说73岁和84岁，谓之“关口”“损头年”,（孔子，公元前551—前479年，未活过73岁；孟子，公元前372—前289年，未活过84岁。）有“七十三,八十四，阎王不叫自己去”之说。

老人忌说100岁，人到100岁只说99，“过满则亏”，认为不吉。

六、其他禁忌

忌抓中药时把药方反叠，否则药与病反，没有功效；忌过年说不吉利话；忌下饺子破了皮时说“破了”，只能说“挣了”，完了称“好了”。

忌在中午十二点以后探视病人。

忌在除夕出殡，如果人在大年二十九（含）前亡故，要在除夕前出殡；如果人在大年三十、大年初一亡故，要谎称是正月初二去世，过初五（破五）后方可出殡。

忌老公公到儿媳妇屋里去。

忌小孩捅屋里燕子窝，说捅了要害眼病。

第五节　陋习

一、赌博

旧时，赌博之风较为普遍。有斗牌、掷骰子、打麻将等形式。由于用财物作注比输赢，致使有些人倾家荡产，流为匪盗，甚至逼迫卖儿卖女，妻离子散，死于非命。中华人民共和国成立后，人民政府坚决制止和打击赌博之恶习，赌风渐绝。20世纪90年代初，随着福利彩票、体育彩票兴盛，“六合彩”等非法活动也偷偷抬头，1997年后，地下“六合彩”在辖区城区大量出现,赌球现象也时有发生。经警方多次组织打击，赌博之风渐止。

二、吸毒

1991—2012年，辖区北园大街一带歌舞厅、夜总会等娱乐场所较多，给禁毒工作带来隐患。

三、卖淫嫖娼

1991—2012年，辖区内有卖淫嫖娼现象。2010年7月14日，济南警方发起代号为“净风1号”雷霆行动，出动警力700余人在天桥等4区18家洗浴中心、KTV及夜总会等娱乐场所进行突击清查，抓获涉嫌卖淫嫖娼违法犯罪人员29人，查获异性有偿陪侍人员123人，其中依法拘留29人、治安处罚8人，查缴色情小广告2000余份。

第六章　方言俗语

辖区土著方言属山东西齐区方言。明清以来，辖区商贸日趋活跃，交通便利，尤其胶济、津浦两铁路建成通车后，四方人口大量涌入，各地语言也汇集于此。人们在长期生活中，便形成地域性语言。男子讲话浑厚，女子则柔和。中华人民共和国成立后，随着普通话推广普及，方言里普通话因素不断增加，语言结构逐渐变化。本章方言词汇、谚语及歇后语均以当地广为流传的方言为依据。

第一节　方言词汇

天桥区之语言词汇较丰富，此节收录一部分。以下按事物分类记录，前面为方言词，后面为释义（以书面语言为注释）。

一、时间·自然

方言	释义
头年	去年
过年	明年
今儿门儿	今天

夜来	昨天
前儿	前天
明儿	明天
后儿	后天
早起	早晨
头午	上午
晌午头里	中午
过午	下午
后晌	晚上
黑夜	夜晚
五更	午夜
白夜	白天
爷爷儿	太阳
贼星	流星
扫帚星	彗星
呱啦	霹雷
饭巴拉子	霰
冬冻	冰
拔子	冰雹
琉琉嘴	冰椎
坷垃	土块儿
土谷堆	土堆
不土	灰尘
炭末子	煤粉
砟子	小煤块、煤饼

二、动物·植物

方言	释义
头牯	牲口
叫驴	公驴
草驴	母驴
犍子	公牛
舐牛	母牛
儿马	公马
骒马	母马
牙狗	公狗
牙猪	公猪
儿猫	公猫
女猫	母猫
马虎	狼
皮搭狐子	狐狸
黑瞎子	狗熊
米羊	蚂蚁
蝎虎连子	壁虎
黄鼬	黄鼠狼
蛇蚤	跳蚤
雌螬	蛴螬
曲蟮	蚯蚓
草鞋底	蚰蜒
百脚	蜈蚣
蜜虫	蚜虫
蛤蟆	青蛙、蟾蜍
歪子	青蛙
疥蛤蟆	癞蛤蟆
蛤蟆克斗儿	蝌蚪
老鸹	乌鸦
长尾巴郎	灰喜鹊
家雀	麻雀
光棍儿多楚	布谷鸟
餐打木子	啄木鸟
夜猫子	猫头鹰
檐片虎子	蝙蝠
乖子	蝈蝈
蛸前儿	蝉
蜓蜓	蜻蜓
刀螂	螳螂
巴拉蚰子	蜗牛
长虫	蛇
烧雀狗	蝉蛹
棒子	玉米
秫秸	玉米秸
朝阳花	向日葵
长果	花生
地蛋	土豆
葚子	桑葚
婆婆丁	蒲公英
莲生菜	藕
马生菜	马齿苋
洋白菜	卷心菜
柿子	西红柿
酸楂	山楂

核头	核桃

三、房屋·生活用品

方言	释义
屋当面	房子里地面
天井	院子
茅房儿	厕所
饭屋	厨房
仰陈、天棚	纸扎顶棚（室内）
陪棚	可放置东西的顶棚
门堑子	门坎
门插关儿	门闩
锅头	锅灶
担杖	挑水的扁担（带钩）
担子	扁担（无钩）
抽斗	抽屉
被窝	被子
衬单	床单
斗枕	枕头
围子	棉背心
褯子	尿布
围脖儿	围巾
洋火	火柴
糨子	浆糊
黄香	松香
瓶子锥儿	瓶塞儿
麻包	麻袋
暖壶	热水瓶、暖瓶

四、饮食·食品

方言	释义
晌午饭	中午饭
后晌饭	晚饭
卷子	刀切方形馒头
包子	水饺、蒸包
果子油	花生油
炸油	混合食用油
大油	猪油
酸蘸儿	冰糖葫芦
锅圪渣	锅巴

五、人·疾病

方言	释义
小小儿	男孩子
抹子	小男孩
小妮儿	女孩
双巴儿	双胞胎
带犊子	随母改嫁的孩子
背生子	遗腹子
后奔髅	后脑勺
叶拉盖	额头
胳拉瓣儿	膝盖
胳珀	胳臂
眵马糊	眼屎
耳碎	耳屎
鼻子斜闲	鼻涕
扯冽、痴拉	口水
黑星星子	雀斑
抉丫子	脚
拔头顶	谢顶
干哕	恶心
拉薄儿	大便稀
发疟子	发疟疾
羊羔子风	羊角风
熨贴	身体舒服
拐把	瘸子
喀巴	结巴
腼片	腼腆
索衣	好动、调皮
耳咯	不聪慧、痴呆
迂磨 黏痰	磨蹭、拖拉
肉头	肥胖

六、动作·行为

方言	释义
拔腚	滚开、滚蛋
扎裹	打扮
睏觉	睡觉
拽	扔
裂	撕
掐腰	叉腰
舞怪	弄、做
孤堆下	蹲下
胳肢	用手在人身上挠，使人发痒

亩量、估摸	指猜测、估计的意思
捞么	捞取
不耳他	不理他
点划	戏弄、欺骗
道划	指人神道
揍势	做作
没许顾	没在意
知不道	不知道
呲打	训斥、责备
不棱个	没时间、没空
脏	嘲笑、奚落
攮人	害人
崩没（mu）根儿	不着边际的交流、聊天
上谎	怂恿人受骗
掐亏	暗算
舔腚	溜须拍马
溜沟子	溜须拍马
粘缠	纠缠
招压片虎子	梦魇
卷	骂
拾漏毛儿	指钻空子得了便宜
发孬	发坏
二糊	犹豫
饥困	饿
滋泗滋泗	指慢慢喝酒

七、其他

方言	释义
么	什么
罡	非常
楞（读一声）	非常、特别
赛	好
恣	舒服
一丝儿丝儿	极少
木咯张	麻木不仁
够载	够戗
乍	脾气不好、吝啬
拐古	脾气怪
掌	用
暄和	松软
没价	没有
一共拢总	总的、统共
顶数	最
忒	太
巧（甜、酸等）	非常
多咱	什么时候
这户儿	这种、这类
琅闲	琐碎、无聊的事
丝孬	指食物变质
死眉塌哈眼的	指人办事不看眼色不灵活
哩哏儿楞	指装糊涂，办事敷衍
腻歪	指使人厌烦和无休止的纠缠
没（mu）没（mu）答答的	对事情漫不经心，不置可否的态度
木乱	心绪很乱，理不出头绪来而烦躁不安
秫米	办事不利索，好事办瞎了；运气不好，遇事不顺利
尧巧	奇巧、奇怪
唠么	罗哩罗嗦
打搐搐	退缩不前
甜么索的	指一个人嬉皮笑脸故意讨好的样子；也指食物有甜味但不好吃
瞎包	不学好、没出息、不成气
涕溜圆	非常圆
瓢扁	指平面的东西不平了，一部分翘起；也谓翘扁
龙弯	指圆的东西不圆了
皮艮	指食物受潮不脆不酥
死孙	指办事不灵活、呆板的人
刺挠	指讽刺挖苦人，也指身体发痒
毛哥儿	外行、不懂事
拽文	假充斯文
懈儿咣当的	松松垮垮
鸡零狗碎的	指琐碎不完整的事或东西
泥浓铺嚓的	指道路泥泞，不好走的样子

接就	凑合
咬憋嘴	不顺嘴、不好念
将将的	刚刚的
道划儿人	指撺啜别人干某件事情，有欺骗别人的意思
紧自	进一步加重
胡而马约的	敷衍了事
曲里拐弯的	不直
使得（di）慌	劳累
扑拉	用手拍打
胡子拉碴的	指人仪容不整的样子
硌磨	斤斤计较
二皮脸	厚脸皮
腚眼孩子	指爱调皮捣蛋的孩子，也谓“蓑衣孩子”
老生子	最小的孩子
街痞孩子	不学好，沾有流氓习气的孩子
行行子	指不信任、靠不住的人。
涨包	自以为是，不知量力
股得 (dei)	蹲下
逡 (qun)	清楚
定谳 (yan)	很有趣
王花	形容人小事多，说话不好听
操龙	欺骗
杠赛来	太好了
摔了个轱轮子	摔了一跤
可好列	可好了，带有感叹的意思
力巴	差大了
麻利儿地	利索地
俺楞得	我很舒服、高兴
气	去
俩	了
木乱	捣乱，没事找事
戳儿	没事找事
演道儿	做了什么却装做没做。
跌些	做了丢人的事，糗了
支歪	没事乱嚷嚷
呲达	批评、训斥
糊弄	耍别人玩

离巴	不靠谱
杠（念二声）	特别，非常
穷腚三千	形容人特别能说，能侃，也指胡说八道
窝门儿	骂人的脏话
遇磨	指人的行动慢
狗乱	胡闹腾
眼么儿	钱，钞票
涨饱儿	指人性格张狂
操弄	指耍人
卷	骂
一霎儿	一会儿
得 (dei) 为的	故意的
难揍儿	指人性格古怪、不可理喻
半截儿不拉快儿	不完整
点化儿	骗
道儿化	一般和点化儿连用，指人神道儿！
梭揖	顽皮，不听话
趋拉	踢
紧子	本来就
罗罗儿	谈论某事，否定形式是“胡罗罗儿”
航航（读二声）子	一般是指琐事，没意思的事
将	刚刚地
拼拼的	一般指人出汗多
资（轻声）	着
不楞	乱动弹或拨弄别的东西
不拉	拨弄某样东西

第二节　谚语 俗话

吃饭穿衣看家当。

少吃一口，年省一斗。

吃萝卜，喝热茶，气得大夫满街爬。

说人家豆腐渣，夸自己一朵花。

当面是人，背后是鬼。马前不磕头，马后去作揖。

见利不要命，钻头不顾腚。

过河拆桥，卸磨杀驴。

喝醉了不认那半壶酒钱。

阎王好见，小鬼难缠。

说大话，使小钱。

看人下菜碟。

守着干草饿死牛。

拔出萝卜带出泥。

软的欺，硬的怕，见了老虎就跪下。

老娘娘吃柿子，拣软乎的捏。

坐山观虎斗，倚桥看水流。

二八月乱穿衣。

不到黄河不死心，不见棺材不落泪。

常吃豆腐眼是秤。

一瓶子醋不满，半瓶子醋咣当。

一个半斤，一个八两。

兵熊，熊一个；

将熊，熊一窝。

有钱难买后悔药。

临死拉个垫背的。

越说他胖，他越喘。

光棍不吃眼前亏。

人不伤心不落泪。

一口吃不成个胖子，一锄挖不出个井来。

一个巴掌拍不响，一块砖头难砌墙。

一手再大也遮不住天。

七月半八月半，蚊子嘴快似钻。

巧手难织无丝锦，好手难绣无线花。

丑媳妇总要见公婆。

远水不解近渴。

纸里包不住火，眼里揉不得沙。

早知要尿炕，一宿不睡觉。

黑字落在白纸上，钉子砸在木头里。

端着谁家碗，得服谁家管。

儿不嫌娘丑，狗不嫌家贫。

人要面子树要皮，不要脸的没法治。

人心要实，火心要虚。

从南京到北京，买的不如卖的精。

漫天要价，抹地还钱。

打着灯笼没处找。

两锥子扎不出血来，三棍子打不出个屁来。

鸡窝里飞不出凤凰来。

软刀子杀人不见血。

庄稼长得好，一年四季早。人勤地情深，黄土变成金。

人养地，地养人，土地不亏劳动人。

人误地一时，地误人一季。

清明前后，种瓜种豆。

三伏不热，五谷不结；寒冬不冷，不成年景。

蚕老一时，麦熟一晌。

八月十五云遮月，正月十五雪打灯。

七月的核桃，八月的梨，九月的柿子上满集。

头伏萝卜，二伏的芥，三伏的天里栽白菜。

白露早，寒露迟，秋分种麦最适宜。

一九二九不出手；三九四九冰上走；五九六九沿河看柳；七九六十三，路上行人把衣担；八九七十二，遍地是牛儿；九九八十一，家里做饭地里吃。

云彩乱交头，吓得没了牛。

大雾不过三，过了就晴天。

华山戴帽，短工睡觉。

春刮东南，夏刮北，六月里北风到不了黑。

云彩向南，雨水涟涟；云彩向东，一阵黄风；云彩向西，放牛小子披蓑衣；云彩向北，一阵黑。

话不说不明，木不钻不透。

不经一事，不长一智。

不怕不识货，就怕货比货。

十个指头有长短，荷花出水有高低。

不经冬寒，不知春暖。

跟啥人，学啥人，跟着巫婆会下神，跟着老虎学咬人。

杀人偿命，伤人处刑。

穷煞不做贼，屈煞不告官。

是亲三分相，是灰热起土。

在家敬父母，强起远烧香。

爷爷疼孙子，强起攒金子。

有啥别有病，无啥别无钱。

当家才知柴米贵，出门方晓路难行。

热了拿衣裳，饱了带干粮。

良言一句三冬暖，恶语伤人六月寒。

笑一笑，老来少；愁一愁，白了头。

花美在外表，人美在心里。
十句话为不下一个人，半句话就得罪一个人。
仇结仇，没有头。
河有两岸，人有两面。
瓜无滚圆，人无十全。
月无常圆，人无长寿。
花有谢时，筵有散时。
真金不怕火炼，脚正不怕鞋歪。
仇人一个不少，朋友百个不多。
有理走遍天下，无理寸步难行。
不做亏心事，不怕半夜鬼叫门。
师傅领进门，学艺在个人。
向人难向理，无理没人面。
说谎就怕三当面。
无风不起浪，没风树不响，没有不透风的墙。
不吃苦中苦，难得甜上甜。
一勤生百巧。
玉不琢不成器，人不教不成材。
急性子喝不得热糊涂（粥）。
千层单不如一层棉，千种味道不如盐。
上梁不正下梁歪，丑葫芦锯不出好瓢来。
浇花浇根，交友交心。
有话说在桌面上，有菜切在案板上。
只帮穷人一口饭，不给富人帮碗汤。
愿与好人结伴，不与坏人同道。
酒肉朋友难得长久。
能人不怕多，坏人怕一个。
眼大手小，啥也干不了。
内行看门道，外行看热闹。
败家子钱如草，成家子粪如宝。
手艺是活宝，走遍天下饿不倒。
想学惊人艺，须下苦功夫。
地冻三尺非一日之寒，滴水穿石非一日之工。
善恶到头终有报，远走高飞也难逃。
宁走十步远，不走半步险。
害人终害已，为人为到底。
十句好话能成事，一句坏话事不成。
他仇我不仇，冤家即了休。
没有过不去的火焰山。
贪多嚼不烂。
要知父母恩情在，怀抱儿女细品味。
买尽天下物，难买子孙贤。
娇生惯养，没有好儿郎。
染坊里拿不出白布来。
远路无轻载。
邻居好，赛金宝。
出门不叫哥，必然走路多。
先尝后买，才知好歹。
干枝连根，十指连心。
有病早治，省钱省事。
春捂秋冻，没灾没病。
手舞足蹈，九十不老。
饭后三百步，不用进药铺。
吃饭先喝汤，老来不受伤。
酒过伤身，气过伤人。
若要身体壮，饭菜嚼成浆。
出汗不迎风，走路要挺胸。
磨刀不误砍柴工。
不知葫芦里卖什么药。
吃不了，兜着走。
羊肉没吃到，反惹了一身臊。
没做贼心不惊，没吃鱼嘴不腥。
说尽黄河只为水，说死莲花一枝藕。
瞎猫碰上死老鼠。
俗话不俗。

第三节　歇后语

歇后语，辖区人称“坎子”，亦称“俏皮话”。民间广为流传，数量亦很多，这里只收录一部分。

白蜡树结苹果——根本不对。
半天云里吊口袋——装风（疯）。
半天空里打灯笼——高明。
闭着眼睛放炮——瞎崩。
扁担上睡觉——想得宽。
草帽当锣打——响（想）不起来。
飞机上放鞭炮——响（想）得高。
茶壶里煮饺子——肚子里有，倒不出来。
长虫（蛇）戴草帽——细高挑。

吃了扁担——横了心肠。

霜打的茄子——蔫了。

穿着蓑衣救火——惹火烧身。

裤筒里放屁——两岔儿去了。

大车拉煎饼——摊（贪）多了。

打破砂锅——纹（问）到底。

穿雨衣打雨伞——多此一举。

蹬着梯子上天——没门儿。

凳子上钻窟窿——有板有眼。

电线杆子上拴鸡毛——好大的掸（胆）子。

电灯点火——其实不燃（然）。

断了线的风筝——由不得自己。

豆腐掉在灰堆里——吹也吹不得，拍也拍不得。

肚子疼擦红药水——解决不了问题。

对着镜子作揖——自己崇拜自己。

飞机上聊天——空谈。

风箱里的老鼠——两头受气。

赶鸭子上架——有意为难。

擀面杖吹火——一窍不通。

狗撵鸭子——呱呱叫。

狗戴嚼子——胡勒。

狗咬尿泡——空喜欢。

狗吃青草——长着一付驴心肠。

狗掀门帘——一付嘴脸。

棺材上画老虎——吓死人。

光屁股系围裙——顾前不顾后。

光着身子骑老虎——既不要脸又不要命。

过了时的黄历——翻不得。

胡子上贴膏药——毛病。

黄鼠狼娶媳妇——小打小闹。

火烧眉毛——只顾眼前。

鸡啄蚂蚱——正合食（适）。

快刀打豆腐——四面光。

癞哈蟆想吃天鹅肉——妄想。

老鼠拉木锨——大头在后边。

老虎打架——劝不得。

老虎驾辕——谁赶（敢）。

冷锅炒韭菜——死去火（活）来。

柳树开花——没有结果。

碌碡砸在碾盘上——石打石（实搭实）。

马掌钉在马屁股上——离蹄（题）太远。

麦芒掉进针眼里——巧上加巧。

老鼠吃猫——信不信由你。

门缝里看人——把人看扁了。

木匠吊线——睁一只眼闭一只眼。

切菜刀剃头——好险。

秋后的蚂蚱——蹦跶不了几天了。

热锅上的蚂蚁——团团转。

肉包子打狗——有去无回。

砂锅里捣蒜——一锤子买卖。

夜猫子进宅——无事不来。

绱鞋不使锥子——针（真）好。

十五个吊桶打水——七上八下。

石头蛋子腌咸菜——一盐（言）难进（尽）。

十一个人走路排两行——人五人六。

屎壳郎戴花——臭美。

屎壳郎搬家——滚蛋。

水仙不开花——装蒜。

剃头挑子——一头热。

铁公鸡——一毛不拔。

头顶生疮，脚下流脓——坏透了。

土地佬放屁——神气十足。

西瓜皮钉鞋掌——不是正经材料。

小葱拌豆腐——一青（清）二白。

哑巴吃饺子——心中有数。

阎王爷出告示——鬼话连篇。

一条绳子拴两只蚂蚱——跑不了他，也跑不了你。

萤火虫的尾巴——没多大的亮（量）。

纸糊的灯笼——里外亮。

竹篮打水——一场空。

猪鼻子插葱——装象（相）。

猪八戒吃肘子——自餐（残）骨肉。

啄木鸟修房子——斗嘴劲。

坐在飞机上钓鱼——差远了。

枣核子解板——没拉头。

狗头上长角——羊象（洋相）。

黑瞎子掰棒子——到头剩一个。

鸡蛋掉进油篓里——滑蛋。

武大郎攀杠子——上下不够头。

马尾拴豆腐——提不得。

丫环带钥匙——当家不作主。

一张纸画了个鼻子——好大的脸。

年五更打个兔子——有它也过年，没它也过年。

裁缝丢了剪子——光剩下尺（吃）了。

狗咬吕洞宾——不识好人心。

做梦娶媳妇——想好事。

捂着耳朵偷铃铛——自欺欺人。

高射炮打蚊子——大材小用。

犟扭的瓜——不甜。

老太太打飞脚——玄了。

脚后跟拴绳子——拉倒。

哑巴吃黄连——有苦难言

第四节　网络语汇（部分）

一、2004—2009年网络语汇

2004—2009年，是快餐文化时期，亦是读图时代，容易产生音形语汇。音形语汇是遵循旧瓶装新酒的方式，不产生新的形式，而是依附于原有的词语，采用扩大或变化原有词义的办法来实现的。因此，它具有一定的隐蔽性，往往不知不觉间就进入人们生活。

（一）音形语汇。

外语缩写。FAQ是Frequently Asked Question（频繁出现的问题）之缩写。

谐音。88是再见之意，7878是“去吧去吧”之意，9494是“就是就是”的谐音，RG、BS是“恶搞”“鄙视”的拼音首字母，MM是妹妹拼音缩写，大虾是大侠的谐音。

象形。一些根据表情符号衍生的词语，囧（jiong上声）以“口”为脑袋，以“八”为眉眼，再加一张大嘴，用来表达郁闷的心情。

其他形式。“小强”通常指生命力特别顽强的人或事物，一些方言也在网络流行语中占一席之地，素（是）、偶（我）。这一时期，“顶”，这一词语从论坛漫延开来，词意从“赞赏、赞成”演变到“强烈支持”。

（二）延伸与转用。

驴友　“驴友”一词源自网络，“驴友”最初由新浪旅游论坛传出，但是将驴友文化推动普及的则是中国户外资料网，也就是目前国内最大的驴友论坛。“驴友”是对户外运动，自助自主旅行爱好者的称呼。特指参加自助旅行、一般性探险、爬山、穿越等爱好者，来源于“旅”友和“绿”友的谐音。“绿”是指环保，不污染环境。因此，驴友特指“爱好者”，是指人，而非旅游本身，因此，将驴友当作旅游的谐音，可能是误解。

很黄很暴力　CCTV的新闻联播在2007年12月27日播出一段抨击不良网络视听节目的报道，其中采访了一个北京某学校的女学生，这个女孩子语出惊人，面不改色地对着CCTV的话筒说道：“上次我查资料，忽然蹦出一个网页，很黄很暴力，我马上把它给关了”。于是，“很黄很暴力”成了一句流行语，代替了“很好很强大”，以极其迅猛的速度在整个互联网快速传播开来，成为2008年最火爆的一句短语。

你懂的　该语汇来源于2008年国内两大著名论坛天涯和猫扑上关于求索某淫秽事件门套图的专用隐语，2009年闫德利艾滋门、2010年闫凤娇厕所门事件后大规模流行，通常以“xxx第x季，请留邮箱，你懂的……”作为发帖标题。成为2010年一切网络隐语的代名词，是群众智慧对网络管制又一次搞笑反驳。

二、2010年网络语汇

2010年，网络流行词主要分为两类，一类是“给力”这种，纯网络造词运动，更多是起哄行为；“我爸是李刚”属于另外一类，基于一个现实生活中的热门事件，这种基于事件的全民造词运动，除了幽默、起哄等情感诉求外，更多的是对某个阶层的一种不满，一种宣泄。

给力　作为形容词，意思为“很带劲”；作为动词，意思为“给予力量”。

我爸是李刚　释义：形容有底气、有资本、气焰嚣张、有恃无恐。

恨爹不成刚　释义：此语是网友根据2010年热门事件“我爸是李刚”而创造的，语句模

仿自成语“恨铁不成钢”。意思为慨叹为什么自己的父亲不是特权阶层，不能给自己提供保护，触犯了法律也可以通过种种手段逃避追究。

神马都是浮云 释义：“什么都是浮云”的谐音，意思是什么都不值得一提，有抱怨感叹之意。2010年国庆期间，一则名为《感谢这样一个极品的朋友给我带来这样一个悲情的国庆》的帖子中，“小月月”横空出世，以极其诡异的言行雷倒众生（网络语汇，意指“让人惊叹），并让网友们将“神马”和“浮云”联系在了一起，诞生诸如“用任何词语来形容她，都根本乏味得很，神马网络豪放女，浮云！都是浮云！”

非常艰难的决定 出处：自11月3日傍晚，腾讯公司与奇虎360公司的全面战争打响后，在腾讯公司的官方声明中，“非常艰难的决定”成为互联网新流行词，并且引发新的造句大赛，网民纷纷使用该词进行造句，以表达自己对客户端软件不顾用户感受的愤怒。

羡慕嫉妒恨 释义：同字面意思，“羡慕嫉妒恨”是一种修辞，表示人因不满情绪的递增而强烈到差不多不能自持。出处：“羡慕嫉妒恨”这是2010年流行于港台的一串词。第一次被媒体广泛引用是由于张艺谋的贺岁喜剧电影《三枪拍案惊奇》。

卖萌 萌[moe]（ad.v.）出自古汉语现为日语所用；“萌”原本的意思是“萌芽”“萌生”的意思，有一种有春天的意识。动漫用语萌的本意 萌在动漫中指一种使人从脑海里一闪而过的不夹带其余杂质美好的感情喜爱、欣赏、使人感到愉快等心情的形象。卖萌的原意是显示自己的萌点，为中性词。后来由于动漫作品的商业化和在萌战中出现的各种党派斗争而变成刻意显示自己萌点的意思，产生偏向贬义的词性。在部分情况下有指责对方刻意显示自己的萌点的用法。详细释义 卖萌，就是“刻意”地装萌。

我勒个去 释义：一种调侃式、笑骂式的用语，有种无奈的“我靠”的意思。是个叹词，表示无奈，无可奈何，没办法。

三、2011年网络语汇

伤不起 伤不起是一个新的网络流行语，意为个体本身就屡屡受伤，伤痕累累，已经经不起折腾，经不起伤害。“伤不起”一词最初在校内，QQ空间上以文章标题的形式流行，被称为“校内体”。

肿么 复合用法，意为“怎么了”，既有谐音，又含卖萌的成分在内。

表 语音的缩读，类反切法，“不”的声母加“要”的韵母。意为“不要”。

四、2012年网络语汇

2012年，网络语汇趋于常规化，时代气息渐浓。主要有：正能量；元芳，你怎么看；舌尖上；躺着也中枪；高富帅；中国式；压力山大；赞、点赞；最美；地气。

其中，“正能量”“中国式”“赞、点赞”“最美”都是具有正面意义的，对社会主流方向的现象表示赞许或歌颂；“躺着也中枪”“压力山大”表示对社会生活中某些现象不满而又无力反抗的无奈；“舌尖上”“接地气”深入人民生活；“元芳，你怎么看”则从电视剧中仿用到现实生活，询问中隐隐看出电视剧对人民生活的影响。年底最为火爆的“屌丝”则又多了些自嘲和耍贫。

第二十八篇
街道　镇

济南市十大最美道路之一的三孔桥街（2012年10月摄）

顺河三角地

1991年，天桥区下设12个街道、1个镇；55个行政村，130个居；11.68万户，35.29万人。全年完成工业总产值8.57亿元。1995年，实施街道经济“三个一”（兴办一个大型商业网点、兴建一条商业街、兴建一个农贸市场）工程。全区街道商业网点发展到450处、商业街14条、农贸市场17处，12个街道街居办工业完成产值8645万元，实现销售产值4945万元；街居办商业完成营业额4.38亿元。2001年，街道（镇）财政收入2.59亿元，第三产业营业收入237.1万元。2009年，各街道（镇）完成地方财政收入8.54亿元。规模以上工业产值完成66.5亿元，工业利润1.31亿元。社会固定资产完成131.2亿元。2012年，天桥区下设13个街道、2个镇；120个行政村，127个居；18.35万户，50.98万人。各街道（镇）完成规模以上工业产值77.04亿元，规模以上工业企业收入76.66亿元。

第一章 街 道

第一节 制锦市街道

一、行政区域

制锦市街道因“制锦市街”而得名，制锦市街街名由旧时集市棘针市谐音而来。民国时期，隶属城外第二分局。日伪时期，隶属城外西区。1948年，隶属第三区。1954年，制锦市街道办事处成立。1955年，隶属泺源区。1956年，隶属天桥区。1960年，改称为天桥区人民公社制锦市分社。“文化大革命”期间，改称为兴无地区革命委员会，隶属向阳区（由天桥区改成）。1976年，恢复制锦市街道办事处。制锦市街道地处天桥区东南部，东以（西）护城河（泺水）为界与历下区趵突泉北路相邻，南与市中区泺源街道所辖共青团路、福祥街等街巷毗连，西、北与市中区魏家庄街道、天桥区纬北街道（迎仙桥以北，新桥以南）、北坦街道（新桥以北至济安桥头）所辖顺河街隔西圩壕相邻。辖区东西最大距离0.5千米，南北最大距离1.44千米，面积0.66平方千米，人口2.11万人，人口密度大，每平方千米3.2万人。街道机关地址：制锦市街11号。

改造后的周公祠街（2012年摄）

二、社区

1991年，制锦市街道设社区12个。1993年，设社区12个、家委会5个。1998年，设社区8个、家委会3个。2004年5月14日，将8个社区合并为5个社区，各社区居民委员会工作人员由3人增至5人。至2012年，制锦市街道辖制锦市街、铜元局后街、朝阳街、启盛街、福康街5个社区；社区居委会分别位于制锦市街11号、铜元局后街17号对面、朝阳街2号、顺河东街4-1号、制锦市竹竿巷8号。

三、经济发展

1991—1995年，是街道工商业发展的较好时期。辖区有济南市天桥社会福利北小冰糕厂、济南市天桥制冷机械装修处、济南市天桥制盒厂、济南市天桥制锦市电器修理门市部、济南市天桥缝源制线厂等8家工业企业和济南市天桥迎贤茶庄、济南市天桥明湖商行、济南市天桥迎贤布庄3家商业企业。主要产品为冷食、包装盒、餐巾纸、针织工艺品刺绣、各种彩线和冷库安装、维修。商业经营规模较小，累计完成工业产值4972万元，综合收入9544.1万元，综合利润515.63万元。1996年后，随着经济体制改革和市场经济的发展完善，外地企业涌入济南市场，部分街道工业、商业退出，部分靠租赁经营。1996—1999年，制锦市街道工业、商业全部实行了经济体制改革和企业改制。2006年，引进招商银行济南分行，成为辖区支柱性税源。2012年，街道财政收入6923万元，招商引资完成3500万元，全社会固定资产投资完成3500万元。

四、社区建设

1991年，制定社区居民委员会（以下简称居委会）考核办法，细化考核项目和指标。1997年，实行“一居一医，全日服务”模式，形成预防、保健、医疗、康复、健康教育及计划生育咨询六位一体社区卫生服务新格局。2004年，创建“满意在社区”活动，组织“万家图书室援建”活动，发放“便民联系卡”，拉近居委会与社区居民联系，方便社区居民生活，被中共天桥区委、区政府评为“社区双拥工作”先进单位。2008年，开展“社区十分钟生活服务圈”工作，获广大社区居民好评。2010年，开展居家养老工作，成立居家养老服务站5个、居家养老服务中心1个，实行“一户一档、一季度一上报”动态管理，享受居家养老人员30人。2012年，对辖区4256名60～100岁老人的信息资料进行摸底及电子录入工作。对所有低保档案进行统一复核整理，确保低保金及各种社会救助发放表进行准确电子录入及装订上报。

五、社会事业

1991年，文化事业繁荣活跃，群众自发性文化活动逐渐成规模，建有文化娱乐中心6处，定期举办书法、美术等文化竞赛活动。有幼儿园2所、中小学3所、医院1家、卫生所2家，人口计划生育率99%。2001年，街道文化生活丰富多彩，社区成为知识竞赛、文明市民书画展、趣味运动会、广场文艺演出的主要场所；计划生育信息交流实现快速、高效、资源共享，被中共济南市委、市政府授予“计划生育先进单位”称号。2012年，驻地有省环境保护厅、省残联、市青少年宫、招商银行济南分行等机关、企事业单位30余家；有省级示范化幼儿园3所，制锦市街小学、锦缠街小学、济南第十三中学等省级规范化学校3所，社区卫生院（室）6家，公共图书室3个。居住环境呈现“三多”特点，即省市机关多、机关宿舍多、驻区离退休老干部多，人口素质较高，教育资源丰富，文化氛围浓厚。

第二节　北坦街道

一、行政区域

北坦历史悠久，可以追溯到明代。据记载，明代曾在济南旧城以北设有稷坛，这个稷坛专祀五谷之神，俗称“北坛”。北坦街道因辖区内北坦大街而得名。地处天桥区东南部、明湖西（北）路两侧，东南邻制锦市街道，西、南连纬北路街道，北依北园街道，辖区面积0.87平方千米，人口1.52万人，人口密度为每平方千米1.75万人，人口自然增长率-1.96‰。街道机关地址：北坦大街25号。

二、社区

1991年，北坦街道设社区9个。1997年，设社区7个、家委会1个。2002年，设社区8个。2004年，将原8个社区合并调整，成立济安、双井、生产路、北关4个社区。2011年2月，增设华黎社区。至2012年，北坦街道辖济安、双井、生产路、北关、华黎5个社区；社区居委会分别位于济安街69号、北坦大街25号、生产路 8 号、北关北路 20 号、明湖西路 1 号。

三、经济发展

1991—1993 年，北坦街道连续 3 年综合利润过百万元。1995 年，实现综合收入 3.19 亿元、综合利税 301.45 万元、综合利润 149.14 万元。居办生产实现综合收入 18 万元，税收 152.31 万元。1995 年 12 月，北坦街道召开经济工作会议，制定《1996 年度及“九五”经济计划和社会发展安排意见》。至 1997 年年底，有工商服务性企业 16 家，其中工业企业 7 家、商业服务企业 9 个。经济收入 7.84 亿元，完成工业产品销售收入 2003.29 万元，实现工业利税 113.57 万元、利润 64.27 万元；完成第三产业营业收入 7.64 亿元，实现利税 419.56 万元、利润 272.73 万元；完成固定资产投资 679.95 万元。投资 700 余万元，新建苇闸桥、新菜市 2 幢商业综合楼，建筑面积 8500 平方米，年增收入达 50 万元。1998—2002 年，完成工业产值 4445 万元，工业产品销售收入 5046 万元，利税 314 万元，利润 121 万元；固定资产 1016 万元。第三产业营业收入 13.5 亿元，利税 1185 万元，利润 817 万元。社会消费品利润总额 8554 万元。至 2009 年，完成地方财税收入 2377 万元，工业产品销售收入 9788 万元，完成招商引资签订合同项目 33 个，其中 1000 万元以上的项目 2 个，实际引进市以外资金 1 亿元。2010 年，实现财税收入 2744 万元，招商引资 2.5 亿元，规模以上工业销售收入 8 亿元。2012 年，完成规模以上工业产值 10.04 亿元，规模以上工业销售收入 10 亿元，固定资产投资 4.24 亿元，招商引资 2.5 亿元。

四、社区建设

1991 年，开展以为老年人、残疾人、优抚对象、邻里等为主要内容的便民利民社区活动；印制服务卡，主动为优抚对象排忧解难。1998 年，成立社区服务中心，有志愿服务者 320 人，开展志愿服务 7600 余次。创办老年活动站、双拥活动站、青少年活动站、残疾人活动站、便民车棚等社区服务项目 70 余项，服务网点 59 处。2008 年，在北关、济安、生产路社区改扩建规范化的社区服务中心。北关社区妇女儿童家园项目成为省妇联试点工程，是辖区唯一获此殊荣社区。至 2012 年，探索“一社区一特色”建设模式，启动精品社区建设工程。北关创建党建示范型社区，设立便民利民、救助帮扶等服务站；生产路创建文化娱乐型社区，成立居民文化站和社区艺术团，开展文化节目展演；济安创建创业再就业型社区，通过技能培训、专场招聘会等形式搭建就业再就业平台；双井创建助老服务社区，探索居家养老模式，设立“夕阳红”电话，对行动不便的老人，提供预约上门服务；华黎社区创建“宜居型”社区。

五、社会事业

1991 年，社会事业健康发展。有小学 1 所。正月十五花灯会参展活动被区评为“最佳组织奖”。在天桥区第二届街道（镇）运动会上获团体总分第二名，迪斯科表演优秀奖；北坦篮球队在区体委组织的街道篮球赛中获第二名。1994 年，开设北坦老年大学，丰富辖区老年人文化生活。1998，北坦地区精神文明建设协调委员会

2012 年 9 月 5 日，北坦劳保中心与济安社区居委会联合开办的免费月嫂培训班正式开班。

成立。参加市、区全民健身操广播操比赛，获天桥区第一名。2012 年，北坦街道办事处被济南市爱卫会评为卫生先进单位。第二届名吃美食节隆重开幕，30 余家来自北坦当地的名优小吃参加活动。街道有文艺团体 4 家、文化队伍 12 支，北关社区的天北同喜艺术团，由服饰表演队、合唱队、器乐演奏队、舞蹈队组成；生产路社区的童心艺术团，设合唱队、京剧表演队、舞蹈队、器乐演奏队；双井社区艺术团和华黎社区艺术团也分别成立自己的合唱队和舞蹈队、太极拳、太极剑、柔力球等健身队伍。

第三节　纬北路街道

一、行政区域

纬北路街道因辖区内主要道路小纬北路得名，位于天桥区南端。2002 年，由刘家庄街道、陈家楼街道和纬北路街道合并而成。东至顺河街高架路，与制锦市街道、北坦街道相邻；南至馆驿街，与市中区魏家庄街道为邻；西至纬六路高架桥济南站货场，与槐荫区五里沟街道相邻；北至北园大街，与北园街道接壤。辖区面积 2.24 平方千米，人口 3.16 万人，人口密度为每平方千米 1.41 万人。街道机关地址：前陈家楼 12 号。

二、社区

1991 年，陈家楼街道设社区 4 个、家委会 2 个；刘家庄街道设社区 7 个；纬北路街道设社区 10 个。2001 年，陈家楼街道设社区 4 个、家委会 2 个；刘家庄街道设社区 4 个；纬北路街道设社区 4 个。2001 年，三街道合并为纬北路街道，设社区 9 个，分别为第一至第九社区。2004 年 5 月，社区改由地名命名，并将第三、第四社区合并，设火车站、永和、聚贤、刘家庄、陈家楼、茂新街、仁丰、康桥 8 个社区。2011 年 4 月，新成立馆驿街西社区。至 2012 年，纬北路街道辖火车站、永和、聚贤、刘家庄、陈家楼、茂新街、仁丰、康桥、馆驿街西 9 个社区和元首针织有限责任公司、仁丰纺织有限公司 2 个企业家委会；社区居（家）委会分别位于车站街 6-3 号、铁道根街 8 号、顺河西街 323 号、北坦南街 20 号、明湖西路 937 号、明湖西路 1477 号、三孔桥街 99 号、三孔桥街 28 号、南刘 10 号楼对面、北园大街 603 号、仁丰前街 3 号。

三、经济发展

1991 年，刘家庄街道所属 8 家企业（工厂、商店、作业组）完成工业销售收入 265 万元，第三产业利润 66 万元，完成综合收入 2439 万元、综合利润 87 万元。1993 年，实现工业生产总值 300 万元，第三产业营业收入 1020 万元。11 家企业（工厂、商店、作业组）完成工业产值 801 万元，其中工业收入完成 321.29 万元。商业收入完成 779.67 万元，三孔桥商业街完成收入 116.05 万元。1998 年，陈家楼街道实现综合收入 1339.78 万元、综合利润 65.19 万元、利税 81.19 万元、工业产值 420 万元。刘家庄街道完成工业总产值 368 万元、销售收入 290 万元、利润 16 万元、利税 23 万元；完成三产收入 1100 万元、利润 25 万元、利税 36.8 万元，经济发展出现前所未有的好势头。纬北路街道全年完成营业收入 715 万元、利润 35 万元、利税 46 万元。2002 年，完成工业产值 480 万元，工业产品销售收入 690 万元，利税 72 万元，利润 21 万元；实现第三产业收入 7900 万元、利税 454.5 万元、利润 335.5 万元；实现财政收入 760 万元。2008 年，完成地方财政收入 6800 万元；实现工业增加值 9924 万元，工业产品销售收入 2.93 亿元，工业利税 290 万元；实现三产利税 1.51 亿元。招商引资引进亿元以上项目 2 个，实际引进资金 5.87 亿元。利用外资 812.5 万美元，出口创汇 3695 万美元。2010 年，财税收入完成 1.08 亿元，固定资产投资完成 8.5 亿元，招商引资完成 5.13 亿元，实际利用外资 220 万美元，出口总值 2440 万美元，综合治税完成 104.8 万元。2012 年，完成地方财政收入 1.78 亿元，固定资产投资完成 5.48 亿元，引进注册资金千万元以上项目 8 个，其中总部经济 4 个，招商引资完成 4 亿元。

四、社区建设

2002 年，社区服务中心和老年福利服务中心建立。集社区卫生、社区劳动保障和再就业、社区科普、社区文化、社区“阳光大姐”家政服务、社区计划生育优质服务、军（警）官鹊桥热线9大功能于一体的全方位服务网络项目建立健全。2005年，社区居委会换届，将9个社区合并整合为8个社区，并按照地域统一命名。2008年，作为济南市居家养老服务工作试点单位和全区“社区十分钟生活服务圈”试点单位之一，在康桥社区建设“十分钟生活服务圈”，引导社区居民开展自助、互助服务，同时与加盟单位签订包括诚信、质量等多方面的服务协议。至2012年，坚持把深入群众、凝聚群众、服务群众作为社区党建工作的出发点与着力点，建立包括老年人司法援助、劳动就业、民事调解、计生与公共服务等11个服务窗口的社区服务中心，实行一站式服务，实现医疗保健不出社区、文化娱乐不出社区、生活购物不出社区、困难帮扶不出社区等“四不出社区”服务体系。

纬北路街道仁丰社区组织社区60岁以上老年人查体（2012年5月摄）

五、社会事业

1991年，刘家庄、陈家楼、纬北路街道有幼儿园1所、小学6所、初中1所、职业中专1所、大专院校1所，在校生3736人。群众性体育活动广泛开展，举办街道运动会、居民健身活动13次。成立初级卫生保健工作协调领导小组，培训保洁员46人。街办企业职工缴纳养老保险51人。1996年，有幼儿园3所、小学6所、初中1所、职业中专1所、大专院校1所，在校生4523人。2002年，有大中小学9所。社区服务中心建成，当年接收退休人员进社区6.35万人；社区舞蹈队、健身队等文体团体7家；各类诊所、卫生服务中心6家。2012年，辖区有幼儿园2所，在园幼儿194人；小学2所，在校生913人，小学适龄儿童入学率100%；初中1所，在校生621人，专任教师109人，初中适龄人口入学率100%，小升初升学率100%，九年义务教育覆盖率100%；中等职业学校2所，在校生1377人；普通高等院校1所，在校生321人；社区卫生服务中心3家，专业卫生人员32人；体育场地31处，定期举办“职工运动会”“全民健身路径比赛”“社区趣味运动会”等各种体育活动。辖区9个社区均安装健身器材，经常参加体育活动的人员占常住人口15.2%。城镇最低生活保障723户、1611人；国家抚恤、补助各类优抚对象18人；社区服务设施10个，其中社区服务中心1个、社区服务站9个。慈善超市1个，全年捐赠物资折款45.3万元，接收捐赠衣被2.13万件。

第四节　天桥东街街道

一、行政区域

1949年，建立天桥东街街政府，同年8月撤销，街道工作由公安派出所兼管。1951年，济南设市区和郊区，天桥东街归属市四区。1952年，建立居民委员会，天桥东街为第四区第五居民委员会。1954年12月，成立街道办事处，原居民委员会撤销，改为第四区第五街道办事处。1955年12月，改称为天桥东街街道办事处。天桥东街街道因辖区天桥东街得名，位于天桥区南部，西至天桥中心线与官扎营街道相邻，东、南以胶济铁路线为界与纬北路街道接壤，北到北园大街。辖区有东西丹凤街贯穿东西。辖区面积0.54平方千米。人口9767人，人口密度为每平方千米1.81万人，人口出生率6.67‰，人口自然增长率-1.2‰。街道机关地址：韩家窑18号。

二、社区

1991—1997年，天桥东街街道设社区8个，分别为天桥东社区、义合南社区、义合北社区、乐康社区、天成路社区、光明里社区、韩家窑社区、丹凤街社区。1998年，整合为5个社区，分别为天桥东社区、义合社区、光明里社区、韩家窑社区、乐康社区。2000年，整合为4个社区，分别为天桥东社区、义合北社区、乐康社区、光明里社区。2002年，整合为3个社区，分别为天桥东社区、义合社区、光明里社区。2004年，整合为2个社区，分别为天桥东社区、义合社区。至2012年，天桥东街街道辖天桥东、义合2个社区；社区居委会分别位于六合里8号、天桥东街26号。

三、经济发展

1991年，完成工业总产值249.29万元、商业营业额571.92万元。1993年，完成工业总产值1006万元，收入390万元，利润36.69万元，利税56.9万元；第三产业收入1760万元，利润30.48万元，利税49.59万元。1998年，完成工业收入377万元、利润35万元、利税58万元；第三产业收入1317万元，利润33万元，利税50万元。2000年，完成工业收入290万元、利润30.4万元、利税45.1万元；第三产业收入1620万元，利润43.1万元，利税62.2万元。2006年，招商引资1.2亿元，税收850万元，规模以上固定资产投资1.2亿元。第三产业营业额6.9亿元，规模以上工业产值2.6亿元，销售收入2.4亿元，出口总值450万美元。2010年，完成地方财税收入1981万元，完成招商引资签订合同项目15个，其中1000万元以上项目1个，实际引进资金2050万元。利用外资100万美元，出口创汇100万美元。2012年，财政收入3151万元，出口总值110万美元，招商引资完成3000万元。

四、社区建设

2003年，试行居委会主任的直选工作成功完成，为居委会主任直选工作的全面铺开奠定了坚实基础。2008年，全区建设“社区十分钟生活服务圈”现场会在义合社区召开。通过整合现有资源、引进服务项目、充实志愿者队伍等措施，在全区率先建起“社区十分钟生活服务圈”。为社区群众提供便利生活服务、为民代理服务、居家养老服务、医疗卫生服务、文化教育服务、法律咨询服务和社区治安等方面服务，社区居民特别是弱势群体不出十分钟就可以获得方便、快捷、高效的优质服务。大众日报、济南日报等媒体对义合社区的经验做法予以报道。至2012年，为民服务大厅设有15个服务窗口、10余个代理服务项目，可为居民提供社区党建、城市管理、计划生育、劳动保障、社区低保、社区医疗、家政咨询、企业注册、税务登记、法律咨询、信访代理等服务。实行24小时值班。

五、社会事业

1991年，有幼儿园2所、小学2所、初中

社区义诊（2012年5月摄）

1 所，在校生 1085 人。举办第 14 届街道运动会，机关干部、离退休老干部、辖区居民包括残疾人参加比赛。被济南市老年体协评为先进集体。1996 年，有幼儿园 1 所、小学 2 所、初中 1 所，在校生 981 人。天桥东街地区社区服务中心建成，面积 100 平方米，设有图书阅览室、老年室、少儿活动室、残疾人康复室。2003 年，有幼儿园 1 所、小学 2 所、初中 1 所，在校生 876 人；有文化站 1 个、各类民间文艺组织 3 个；有腰鼓队、扇子舞队、健身球队等，80 余人；有医院 2 家、诊所 3 家。2012 年，有幼儿园 3 所、小学 1 所，在校生 670 人，教职员工 62 人。公共图书室 3 个，建筑面积 70 平方米，藏书 6000 余册。医疗卫生机构 8 家，其中二级乙等综合医院 1 家、区级计划生育服务站 1 家，其他为民营医院、个体诊所。服务中心接收管理企业退休人员 2951 人，养老保险人员 282 人。

第五节 官扎营街道

一、行政区域

官扎营街道因官兵驻扎而得名。清康熙六十一年（1722 年）增刻本《历城县志・里社》上有“关家营”的记载。清乾隆三十六年（1771）《历城县志・地域考》载有“官家营”。历城县志中只有名字记载，没有确切位置。对此，大部分济南地名专家认为，这里的“官家营”应该是如今官扎营的曾用名。直到民国十三年(1924)的《续修历城县志・地域考》中，才明确地出现“官扎营”字样。街道地处天桥区中南部，东与天桥东街街道相邻，南与济南火车站接壤，西与宝华街街道交界，北与工人新村南村街道毗邻，辖区面积 1.23 平方千米，人口 1.44 万人，人口密度为每平方千米 1.17 万人。街道机关地址：济泺路 164 号。

二、社区

1978 年，历城县北园人民公社中的官扎营大队划归官扎营街道。1985 年 7 月，官扎营街道将第九社区划归无影山街道。2003 年，官扎营街道新成立第六社区，2008 年，将第一、第二社区合并更名为官中街社区，将第三、第四社区合并更名为官后街社区，第五社区更名为交通厅街社区，第六社区更名为制革街社区。至 2012 年，官扎营街道辖官中街、官后街、交通厅街、制革街 4 个社区；社区居委会分别位于官扎营前街 4 号、官扎营前街 4 号、济泺路 168 号、制革街 2 号。

三、经济发展

1991—1993 年，街道有工业企业 4 家，年产值 402 万元，销售收入 142 万元，利税 6.1 万元，利润 1.17 万元；第三产业 11 家，年营业收入 2606 万元，利税 114.4 万元，利润 69 万元。1995 年，工业产值 200 万元，销售产值 136 万元，街居办商业营业额 1762 万元。2000 年，工业产值 276 万元，工业销售收入 207 万元，三产收入 3200 万元，利税 67 万元，利润 46 万元。2006 年，完成招商引资项目 49 个，注册资金 1.05 亿元；财税收入 2024 万元；出口创汇 161 万美元。2011 年，地方财政收入 4387 万元，完成营业税 4615 万元、企业所得税 2399 万元、个人所得税 1877 万元，出口总额 780 万美元。2012 年，财政收入 5236 万元。主要产品有装载机、自卸车、重型机械、灯具、配件、皮革机械等 6 个产品，销往 5 个国家和地区。

四、社区建设

1996—1997 年，连续两年被评为全区社区服务先进单位。街道办事处和第三居委会长期坚持为烈属王朝英登门服务，先后被省、市电视台采访和报道。1999—2003 年，实行“敞开式”办公、一站式服务，投资百万元，建立社区服务综合大楼，创办官扎营社区事务受理中心。建立具有托老、医疗、康复、健身、娱乐、学习等多功能的社区老年福利服务中心。建立街道劳动保障服务中心，组成入户调查小组。2003—2009 年，启动社会救助扶困助残工程，对 2326 户低保家庭以及军烈属、残疾人、特困人员发放最低生活保障金 371.9 万元、水价补贴 6 万元、助学救济金 3.5 万元和慰问金 4 万元。对辖区 56 户“因病致贫”家庭和特困职工家庭的中、小学生实行学杂费、书本费全额救助，对低保家庭就读高中以及升入大学的学生分别给予 200 元、1000 元助学救济金，使辖区无一学生因家庭贫困而失学。成立高水平、高档次、高质量、设施先进、功能完善的新型的第六社区居委会，改建第二、第三社区居委会办公设施，使居委会办公场所达标，整体办公条件明显改善。2012 年，取消不符合低保资格 81 户，为 273 户低保家庭发放低保金、分类施保金和水费计 165 万元。

五、社会事业

1991 年，驻辖区单位 126 家（省级单位 3 家、市级单位 49 家、区级单位 74 家）。其中幼儿园 5 所、小学 3 所，在校生 1560 人。举办书画展览、歌咏比赛、诗朗诵会，庆祝建党 70 周年。有老年太极拳队伍 1 支，在区级比赛中多次获好成绩。针对不同待业人员，开展多形式、多层次、多渠道培训工作。1996 年，有幼儿园 3 所、小学 2 所，在校生 1100 人；卫生院 3 家，病床 8 张，卫生技术人员 12 人。2005 年，开心大姐家政服务中心成立。有舞蹈队、太极拳队等文体团体 5 家、诊所 3 家。2010 年，开展“书香家庭”“文明楼院”“文明家庭”和“我身边的好人”等文明社区创建活动。至 2012 年，辖区有山东省交通厅工业集团、山东省电信传输局、中国移动济南分公司、济南啤酒集团公司、济南第四建筑集团公司、中恒商城、济南市救助站、济洛路小学等省市区机关、企事业单位 22 个。组建社区秧歌队、健身操队、太极拳队等 10 支文体队伍；建立贫困家庭动态信息库，为 366 户低保户发放低保金 190 万元，成立官扎营慈善分会，募集善款 32.44 万元；实现就业再就业 312 人，完成社保扩面 212 人次。

2012 年 8 月 29 日，官扎营街道办事处举办“大手拉小手 大步向前走”爱心助学活动。

第六节　宝华街街道

一、行政区域

宝华街街道位于天桥区西南部。1920 年，宝丰、华庆两家面粉厂在此开业，居住人口陆续增多，遂形成街巷。1931 年，两厂商定用其厂名首字将街巷命名为宝华街。宝华街街道因境内宝华街而得名。1929 年，由历城县析出，划归济南市第八区；1946 年，改属第十一区，为其第八、九、十保，保下设 83 个甲。1949 年，废保甲制，建立东、西两个街政府；当年撤销街政府，由公安派出所兼管。1951 年，归属济南市第四区，次年成立居民委员会，为第四区第七居民委员会。1954 年年底，撤销居民委员会，改设为街道办事处，为第四区第七街道办事处，下设 8 个居民委员会。1955 年，改称为天桥区宝华街街道办事处。1960 年，改设为天桥人民公社宝华街分社。1963 年，复称为宝华街街道。1967 年，更名为革命街道。1971 年，更名为堤口路街道。1974 年，复称为宝华街街道，同时将第十至十五居划归堤口路街道。1978 年，北园公社黄屯大队划归宝华街街道。1985 年 7 月，无影山居划归无影山街道；胜利庄西部划归堤口路街道。东至通普巷，西至纬十二路三角线街与槐荫区相临，南与济南火车站相连，北与堤口路、无影山街道相望。辖区面积 0.83 平方千米。人口 1.34 万人，人口密度为每平方千米 1.61 万人。街道机关地址：宝丰巷 9 号。

二、社区

1991 年，宝华街道设社区 11 个。2004—

2008 年，设社区 6 个。至 2012 年，宝华街街道辖宝华、万盛街、官西街 3 个社区；社区居委会分别位于宝华街 188 号、宝丰巷 9 号、宝华街 188 号。

三、经济发展

1991—1993 年，完成工业总产值 2714.5 万元、综合收入 2977.16 万元、综合利润 208.38 万元、综合利税 184.51 万元。1995 年，完成工业生产总值 1158 万元、工业利润 37 万元、利税 55 万元、工业销售收入 293 万元；第三产业营业收入 975 万元，利税 54.4 万元，利润 44 万元。1998 年，完成综合收入 1535 万元、综合利税 180 万元、综合利润 115 万元。新建扩建占地面积 0.07 公顷农贸市场 1 处，形成以农贸市场为龙头，以铆焊厂、华素斋、阀门厂经营为主体，集机械、食品、建材、化工于一体的企业群体。2001 年，济南鲁丰机械厂、阀门厂、华素斋、制版厂改为股份制企业。2011 年，全年财税收入 4164.7 万元，其中地税 3315 万元；招商引资 6.29 亿元。2012 年，全年财税收入 6556.53 万元，其中国税 1069.53 万元、地税 5487 万元；招商引资 1.69 亿元；固定资产投资 3.31 亿元 。

2012 年 7 月 23 日，宝华街街道办事处安监科联合城管部门对辖区内的大型房屋出租户进行消防安全检查。

四、社区建设

1991 年，坚持公开、公平、公正原则，充分发动，广泛宣传，严把“两委”换届的各个环节。做到选举环节一个不漏，法定程序一步不差，党员、居民权力一点不少。选举产生新一届社区党组织和第八届社区居委会班子成员，获天桥区村、居“两委”换届选举先进单位奖。2000 年，定期组织社区工作人员学习法律、法规，及时了解最新的民政政策，组织新当选社区“两委”人员培训班。至 2012 年，不断丰富发展“社区十分钟生活圈”，吸收更多的服务行业为社区居民提供方便、快捷服务。推动养老服务社会化，改善辖区老年人特别是困难老年人生存状况，进一步扩大居家养老覆盖面。完成“阳光民生”社会救助体系信息采集工作。

五、社会事业

1991 年，有幼儿园 3 所、小学 2 所、中等专业学校 1 所。各类教育文化体育活动丰富多彩，多支社区街巷艺术队、夕阳红巡逻队等志愿者队伍积极活跃。1999 年，有济南粮食技工学校、官西小学、宝华小学、济南市交警支队天桥大队等机关、企事业单位 26 家。与天桥人民医院联合建立宝华社区卫生服务中心，成立宝华街社区计划生育和妇女儿童健康咨询服务工作站。2008 年，宝华辖区全面启动棚户区拆迁改造工程，辖区学校合并、撤销或迁出。2012 年，辖区无学校，有幼儿园 3 所、社区图书室 13 处、室外文体休闲广场 20 处。退休人员纳入社区管理 4313 人，为 86 名残疾人办理最低生活保障。

第七节　堤口路街道

一、行政区域

堤口路街道位于天桥区西部，因贯穿辖区的堤口路而得名。东临无影山街道，西至槐荫区，南至宝华街街道与槐荫区相接，北临泺口、药山街道。辖区面积 3.56 平方千米，人口 4.9 万人，人口密度为每平方千米 1.38 万人，人口出生率

7‰，人口自然增长率 3‰。街道机关地址：无影山中路 112 号。

二、社区

1996 年，辖 12 个社区、8 个家委会。1997 年，将 12 个社区、8 个家委会合并为 9 个社区、5 个家委会。2004 年，辖 8 个社区、6 个家委会。至 2012 年，堤口路街道辖无影山中路、胜利庄、矿院路、堤口路南、益康、济齐路、黄岗东路、金色阳光、彩世界、堤口庄 10 个社区；社区居委会分别位于田庄东路 6 号舜景花园小区内、胜利庄 29 号平房对面、矿院路 33 号建行对面、齐鲁花园会所二楼、堤口路 149 号益康广场院内、济齐路 28 号泉舜小区内、无影山西路 328 号、堤口路 177 号物业楼西楼二楼、香港国际小区物业二楼、堤口庄西段 34 号。

三、经济发展

1991 年，紧紧围绕“转方式、调结构”工作要求，努力挖掘新潜力，增创新优势，保持了经济平稳较快发展的良好势头。完成工业总产值 750.4 万元。1993 年，有企业 12 家，居办厂组 11 个，工业总产值 969 万元。1995 年，街办工业企业 5 个，工业总产值 1108 万元，利税 102.2 万元；街办商业服务网点 11 个，营业收入 350 万元。1996—1999 年，街办企业全部实行改制，经济收入 1250.4 万元。2010 年，工商银行等一批金融、保险企业落户辖区，成为新的经济增长点，形成区域性金融中心、科技服务、制造业研发以及信息服务中心。实现工业增加值 3 亿元，工业产品销售收入 15.42 亿元，完成工业利税 8642 万元、地方财税收入 1.02 亿元。完成招商引资签订合同项目 22 个，其中 1000 万元以上项目 1 个。2011 年，发展商贸、金融保险和房地产等现代服务产业。集餐饮、娱乐、休闲于一体的特色商业街建成并投入使用，实现财税收入 1.14 亿元。2012 年，完成地方财政收入 7818 万元、固定资产投资 1.08 亿元、社会消费品零售总额 8.16 亿元、招商引资 5400 万元，实现出口 880 万美元，实际利用外资 30 万美元。

四、社区建设

2010 年，集餐饮、娱乐、休闲于一体的特色商业街建成并投入使用，吸引幸福时光量贩式 KTV、济南顺义人力资源管理有限公司等落户辖区。金色阳光花园、重汽彩世界、香港国际等高档住宅小区先后建成，总投资达 10 亿元。2012 年，各级各类医疗卫生机构 15 家，其中三级甲等医院 1 家、民办专科医院 2 家、社区卫生服务中心 1 家、社区卫生站 3 家、药店 8 家。

五、社会事业

1991 年，有幼儿园 5 所、小学 3 所、初中 2 所、职业学校 1 所、高校 2 所、社区医疗服务定点机构 3 家，社会保障体系健全。2005 年，开展“送健康”“送保健”“送知识”“送快乐”等活动，成立退休职工活动中心。获“济南市企业退休人员社会化管理先进集体”和“济南市就业再就业工作先进单位”等荣誉。2008 年，民间舞蹈——“四蟹灯”被评为济南市首批非物质文化遗产。参加社会养老保险 2454 人，其中普通居民 2057 人、低保居民 335 人、重度残疾居民 62 人。2012 年，有机关、学校、国有企事业单位以及大型私营企业 100 余家，构成辖区浓厚的科研氛围和鲜明的

济南堤口集团果品交易中心及市场一角（2012 年摄）

文化特色。其中有综合文体中心1个、基层文化服务站1个、社区居民文艺团队5个；各级各类医疗卫生机构15家，其中三级甲等医院1家、民办专科医院2家、社区卫生服务中心1家、社区卫生站3家、药店8家。为城镇未参保职工办理养老金，审批120人。

第八节　无影山街道

一、行政区域

1985年7月，由堤口路街道析出第一、二、三社区，工人新村南村街道析出第十社区，宝华街道析出无影山社区，官扎营街道析出第九社区，成立无影山街道。东北部连接工人新村南村，东南部与官扎营街道相邻，西南部接堤口路街道，西北部与药山街道相邻，南临宝华街道，北临工人新村北村街道。辖区东西最大距离1.02千米，南北最大距离1.94千米，面积1.76平方千米，人口3.24万人，人口密度为每平方千米1.84万人，人口出生率7.46‰，人口自然增长率5.87‰。街道机关地址：无影山路58号。

二、社区

2010年2月，翡翠郡社区成立。至2012年，无影山街道辖无影潭、翡翠郡、前黄屯、后黄屯、运输新村5个社区；社区居委会分别位于无影潭东路9号、翡翠郡南区9-4-102号、黄屯四区9号楼前平房、黄屯三区9号楼前平房、黄屯二区18号楼东侧平房。

三、经济发展

1991—1994年，街办商业服务网点8个；工业总产值462万元，实现工业利税5.1万元，完成工业销售收入180万元。第三产业营业收入417万元，实现利税8万元，居民经济收入20.34万元，其中6个社区居委会收入过万元。1995年，实现经济收入2100万元、综合利税78万元。2002年，实现财政税收325.6万元，三产销售收入3760万元，实现连续增长。完成出口创汇11万美元。2008年，财政收入6600万元，招商引资1.5亿元，出口创汇6.4亿元，规模以上工业销售收入3864万元。2008年始，受金融风暴影响，出口创汇额下降。2011年，完成财政税收8635万元、招商引资3.01亿元、实际利用外资150万美元、固定资产投资7.7亿元、工业销售1.4亿元。主要有重型汽车等10个产品，销往7个国家和地区。翡翠郡商业社区等新型商业业态发展迅速，银座购物广场、麦当劳等已相继落户境内，其中翡翠郡社区成为省级商业示范社区，社会商品销售总额达8.58亿元，进出口总额4.3亿美元，出口4.3亿美元。2012年，完成财政税收7775万元、招商引资1亿元、实际利用外资680万美元、出口总值2200万美元、固定资产投资2.85亿元、规模以上工业销售收入1.38亿元、限额以上消费品零售总额2.3亿元。

四、社区建设

1991年，建有雅园、无影潭及各式花园72处。经市、区两级考评，被评为“烟尘控制达标区”。2000年，第三社区居委会被省、市命名为“示范社区居委会”。宣传《公民道德建设实施纲要》，开展科教、文体、法律、卫生“四进”社区活动；开展“崇尚科学、反对迷信”科普知识进社区活动。2010年，无影山街道翡翠郡社区实行“五位一体”管理服务模式，在各自社区成立楼长联络队、志愿者队、巡逻队、调解队等组织，保障街道安定和谐，带动街道各项建设。至2012年，辖区有各类社区艺术团体6个，演职人员254人；文化站2个，建筑面积360平方米；影潭书画院1个，建筑面积60平方米；公共图书室3个，建筑面积60平方米，藏书2000册；档案室1个，建筑面积20平方米。举办“无影潭首届社区文化艺术节”“露天电影进社区”“京剧戏曲进社区”“红歌大家唱”“军民鱼水情—走进二干慰问演出”等社区活动。

五、社会事业

1991年，有幼儿园5所、小学3所、初中1所、高中1所、中等专业学校1所，在校生6580人。群众体育活动广泛开展，无影潭社区老年门球队成立，无影山门球协会成立。文化活动日渐丰富，在无影山东路及汽车厂西路两处位置举办元宵节大型花灯会。1998年，街道

为小学生讲雷锋故事，关心青少年成长。（2011年6月摄）

运动会参会人员达130余人。2003年，无影山街道劳动保障中心成立。2008年，无影潭社区被评为“省级文明社区”。2011年，重汽医院更名为济南市天桥区无影山街道社区卫生服务中心。2012年，有小学3所、初中1所、高中1所、中等专业学校1所，在校生8000余人；社区图书室5个，室外文体休闲广场3处，文化街6处，各类艺术团体6个，演职人员254人，文化站2个，影潭书画院1个，公共图书室3个，地方特色民间艺术有京剧、腰鼓、太极拳（剑）、葫芦丝、书法绘画等；各级各类医疗卫生机构3家，其中三级甲等医院1家、二级乙等综合医院1家、省级综合性医院1家；辖区城镇最低生活保障403户、839人，参加城镇基本养老保险487人，参加城镇基本医疗保险2070人。

第九节　工人新村南村街道

一、行政区域

工人新村南村街道位于济南市中部偏北，因地处工人新村南部而得名。辖区东界北园街道，西倚无影山街道，南邻官扎营街道，北接工人新村北村街道，辖区面积1.39平方千米，人口2.82万人，人口密度为每平方千米2.03万人，人口出生率8.9‰，人口自然增长率1.7‰。街道机关地址：济泺路123号。

二、社区

1991—1996年，街道设社区15个；1997年，调整为9个；2004年，调整为5个。至2012年，工人新村南村街道辖东区、西区、南区、北区、泉星5个社区；社区居委会分别位于北园大街679号、西工商河路6号、泺祥新区西南门、工人新村南村东区18号楼南、济泺路130号泉星小区一区7号楼。

三、经济发展

1991年，街道所属工业企业年产值820万元，销售收入95万元，利税14.6万元，利润11.78万元；第三产业年营业额1516万元，利税84.56万元，利润61万元。1994年，街居办商业服务网点16个，第三产业营业收入597万元，实现利税106万元。1996年，先后在汽车厂东路东侧路北建成面积2500平方米布匹批发市场和建筑面积1400平方米商业综合楼；在南村中街建成长600米商业街和夜市一条街。1997年，被评为全区经济工作先进单位。辖区有农贸市场1处、商业街2条、商业综合楼2幢。2002年，完成工业产值34万元、工业产品销售收入23万元、利税2万元、利润1万元；实现第三产业营业收入1586万元、利税115.2万元、利润91.9万元、街道财政收入259万元。2010年，完成地方财税收入4945万元、国税收入741.97万元；完成固定资产总投资2.1亿元；招商引资签订1000万元以上合同项目4个，引进资金5000万元。利用外资100万美元，出口创汇100万美元。2011年，商业网点600个，职工4000余人，社会商品销售总额6.8亿元。财政收入5365万元，其中地方财政收入4623万元，人均财政收入1411元。2012年，完成国税630万元、地税4025万元。实现固定资产投资1.81亿元，招商引资完成6000万元。

四、社区建设

1991年，有15个社区，济泺路以西为

2011 年 6 月 3 日，工人新村南村街道西区社区组织首次义工活动。

1-13 社区，其中贸易楼地区为 12 社区、13 社区；济泺路以东为 14 社区、15 社区。当时 14 社区、15 社区的两个居委会人员为单位派出人员。1997 年，由 15 个社区调整为 9 个社区。2004 年换届选举，由原来 9 个社区整合为现在的东区、西区、南区、北区、泉星 5 个社区。2009 年，投资 100 余万元，对 5 个社区居委会办公场所进行扩建改造，办公和服务用房建筑面积均达 200 平方米以上，其中南社区居委会办公场所面积达 480 余平方米，集办公、休闲、娱乐、健身于一体，内设政务大厅、党员现代远程教育活动室、多功能会议室、图书阅览室、健身棋牌室、社区警务室等。在 5 个社区居委会中以打造一流社区服务平台为目标，开展特色社区创建活动，开展争创“平安社区”“文化社区”“信息化管理服务社区”“科普社区”“流动人口管理社区”活动。2012 年，从社会上公开招聘 7 名社区工作者充实在居委会岗位上，实现居委会人员知识化、年轻化。加强对居委会干部培训管理，挂牌上岗，为群众提供“零距离”服务、亲情服务。西区社区被济南市文明办、民政局评选为济南市“十佳和谐社区”、市先进文化大院、市十佳特色社区，南区社区被评为市社区建设先进社区。

五、社会事业

1991 年，有小学 2 所。1996 年，城镇最低生活保障户数 8 户，18 人。被济南市人民政府命名为残疾人工作先进街道办事处，开设便民服务网点 95 个，安置下岗职工 42 人。济南电视台以《远亲不如近邻》为题对社区文化活动作连续报道。2010 年，帮助 400 余名下岗失业人员实现再就业，开发公益岗位，安置失业职工 11 人，被评为全市就业服务工作先进单位、市劳动力统计先进单位。组建全市首个环卫党支部，在环卫工人之间吹响“红色号角的集结号”。南村幼儿园幼教老师制作的作品《好地方——山东》，在山东省第二届幼儿园优秀自制玩教具评选会议上获一等奖。社区科普大学获“济南市金牌科普大学”称号。2012 年，辖区有社区服务设施 11 个，其中社区服务中心 1 个、社区服务站 5 个、其他社区服务设施 5 个。驻辖区单位有山东省交通运输集团、山东省机械研究设计院、济南师范学校附属小学、天桥区实验小学及南村幼儿园等机关、企事业单位 19 个。先后获“全国社区服务示范街道”“全国‘婚育新风进万家’优质服务先进单位”“全国和谐社区建设示范街道”“省级和谐社区建设示范街道”“省级示范基层党校”“省级社区教育示范街道”等称号。

第十节　工人新村北村街道

一、行政区域

1949 年，中华人民共和国成立后，为给济南造纸厂、汽车总厂等企业的工人及其家属解决住宿问题，1952 年，济南市人民政府开始建设工人宿舍，并取名为“工人新村”，1954 年建成。为济南解放后第一个住宅小区。工人新村北村街道因地处工人新村北部而得名。东至标山路接北园街道，南至毕家洼小区接无影山街道，西至济南市第四人民医院接泺口街道，北至小清河。辖区面积2.13平方千米，人口2.4万人，人口密度为每平方千米1.13万人，人口出生率10‰，人口自然增长率1.9‰。街道机关地址：北村中街14号。

二、社区

1991年，设社区15个。1993年，设社区8个。2004年，将8个社区合并为5个。至2012年，工人新村北村街道辖标山中路、北村东区、北村西区、毕家洼、毕家洼西区5个社区和济南市第四人民医院、济南军区总医院2个家委会；社区居委会分别位于标山小区7号楼西侧、济泺路97—7号、西工商河路22号楼东侧、毕家洼东街23号、毕家洼63号楼东侧。

三、经济发展

1991—2000年，辖区各类企业150家，其中国有企业55家，集体企业35家，有限责任、私营企业58家，合资企业2家，主要从事工商、加工、餐饮和服务业。2001年，完成工业总产值179万元、综合收入1317万元、综合利润124.4万元、综合利税166.86万元、招商引资2160万元。2005年，缤纷五洲商城、山东通讯城、齐鲁鞋城、太阳城、济南窗帘城等大型商城先后在辖区建成，综合收入8500万元，利润720万元，综合利税936万元，财政收入806万元，招商引资1.35亿元。2009年，招商引资2.04亿元，固定资产投资2.04亿元，地方财政收入1630万元，全年服务业利税0.52亿元，规模以上社会零售总额0.6亿元。2011年，国税收入220万元，地税收入2261万元，招商引资1500万元，固定资产投资1.56亿元。2012年，招商引资8000万元，固定资产投资2.79亿元，地方财政收入3007万元。

四、社区建设

1991年，整合共建单位、门店和技术资源，社区服务站建立驻地社区服务呼叫中心、医疗机构、家政公司、扶贫超市、配送中心等各类单位的信息库，并签订优惠服务协议，免费向社区住户发放便民服务卡。1998年，为辖区低保户、残疾人家庭、残疾儿童、特困在校生、低保边缘户发放市慈善购物卡、医疗救助卡，办理大病救助、捐助棉被衣物、减免学费、发放取暖补助、肉食补贴。2009年，毕家洼西区社区获“全国和谐社区建设示范社区”称号。深化“社区十分钟生活服务圈”推进工作。发放救助款物价值达70余万元，协调驻地单位为500户低保困难家庭送去爱心大白菜，让他们切实感受到政府的温暖。2010年，发挥社区居民自我管理、自我服务的主体作用，打造“管理有序、服务完善、文明祥和”新社区，在毕家洼西区社区建立社区党总支、社区居委会、社区服务站、居民议事会和共建委员会为主体的开放式社区“五位一体”管理服务模式。推进社区十分钟生活服务圈建设，整合稻香园酒店、夕阳红老年公寓、怡生堂门诊等35家驻地单位，制作并颁发“十分钟生活服务圈加盟单位”统一标志牌，建立社区心贴心志愿服务队、阳光文体活动队、手拉手爱心教育服务队等8支服务队。毕家洼西区社区被济南市民政局授予“济南市社区十分钟生活服务圈二星级社区”称号。2012年，完善开放式社区“五位一体”管理服务新模式，对社区服务模式、机制、平台、资源进行创新性整合，建立健全居民“户卡”管理制度，完善充实“阳光民生服务桥”和“十分钟生活服务圈”等载体，搭建信息咨询、生活救助、老人照料、医疗服务、家政服务、社区综合服务6座服务桥，服务项目基本涵盖社区居民生活的方方面面，实现社区居民足不出户就能享受到社区服务的便利。

五、社会事业

1991年，有幼儿园2所、小学2所、初中2所、中等专业学校1所，在校生4048人；大型医院2所，辖区医疗卫生事业发达；文化活动场所不断建成，为老年人建设面积41.1平方米老年活动室，艺术形式日趋多样，形成特色鲜明的庭院文化和街道文化；街道办事处被市评为“双拥共建工作模范单位”。1996年，有幼儿园2所、小学2所、初中2所、中等专业学校1所，在校生5000余人。文化体育事业取得长足

工人新村北村街道办事处联合驻地医院为社区百姓开展义诊服务（2012 年摄）

发展。1999 年，街道被山东省体育运动委员会命名为第二批全省城市体育先进社区。2003 年，有中、小学 4 所，中等专业学校 1 所，在校生 5867 人；有舞蹈队、街舞队、篮球队等文体团体 10 家，举办丰富多彩的文艺演出，以文明向上、健康有益的文体活动占领阵地，吸引群众；有各类诊所、医院 8 家。北村街道劳动保障服务中心建成，为 300 余人办理各类保险。2012 年，有幼儿园 4 所、小学 2 所、初中 2 所、社区图书室 5 个、室外文体休闲广场 10 处，建成街道综合文化站 1 个、社区文化中心 1 个，举办首届“和谐北村，幸福家园”主题社区趣味运动会，丰富居民群众的文化生活，改善社区文化面貌；各类医院、诊所 13 家；街道为残疾人家庭、残疾儿童、特困在校生、低保边缘户发放市慈善购物卡、医疗救助卡，救济户数达 559 户，大病救助 34 户，赠送轮椅 3 张、拐杖 45 副、其他器材 47 副，安置残疾人就业 3 人。

第十一节 药山街道

一、行政区域

药山街道因辖区药山而得名。春秋战国时期，药山一带被称作鞌（音安）邑，是齐国西南泺邑（济南）的门户，公元前 589 年发生在药山一带的鞌之战，是历史上关于药山最早的文字记载。唐天佑年间，药山便有居民活动和村落形成。宋代，刘豫开凿小清河，使药山地区自然条件得到改善，人民安居乐业。金元时期，药山景象曾经美极一时，当时很多诗人名家都曾亲自登临药山，并写下流传千古的诗词佳句。明末清初，药山三月三庙会逐渐发展为与千佛山九月九庙会相齐名。位于天桥区西北部，二环北路与二环西路在辖区交汇，东邻无影山北路，西至二环西路，南连无影山中路，北依黄河。辖区面积 19.24 平方千米，人口 3.13 万人，人口密度为每平方千米 1627 人，人口出生率 7.46‰，人口自然增长率 5.87‰。街道机关地址：二环北路 7299 号。

药山公园（2005 年 4 月摄）

二、社区

1993年2月，中共天桥区委、区政府从北园镇划出药山片区成立天桥区药山工业小区管理委员会，辖张庄、洋涓庄、小鲁庄、东沙王庄、大魏庄、新徐庄、丁庄、大鲁庄、太平庄9个行政村。8月，被济南市人民政府批准为天桥区“腾笼换业”工业区。1997年5月，设立药山街道，将北园镇管辖的王炉、黄岗、安乐镇、卢家庄和北辛5个行政村划归药山街道。至此，药山街道辖14个行政村。2005年7月，将天福苑社区和西苑社区划归药山街道。至此，药山街道辖16个社区。2010年1月，乐安社区成立，隶属药山街道。至2012年，药山街道辖大鲁、王炉、小鲁、北辛、洋涓、张庄、太平、丁庄、卢庄、东沙、黄岗、新徐、西苑、大魏、天福苑、乐安、安乐镇17个社区；社区居委会分别位于丁太鲁大街东侧、粟山路14号、二环北路7079号、田黄路50号、洋涓社区75号、药山北侧张庄社区内、太平庄路东侧、丁太鲁大街西侧、无影山北路68号、粟山路74号、无影山中路149号、新徐工业园1号、西苑路29号、二环北路东侧、无影山中路121号、警苑小区院内、泺安路安乐镇社区内。

三、经济发展

1997年，药山街道有乡镇企业470家，完成经济收入9.25亿元，完成工业总产值3.38亿元、工业产品销售收入2.62亿元，实现工业利税1456万元、利润955万元。2002年，工商及服务性企业756家，其中工业企业375家、商业服务企业381家。完成工业产值8.7亿元、利润2906万元。2008年，辖区有工商及服务性企业1331家,完成财政收入3400万元。2009年，完成地税区级收入4600余万元、国税区级收入1600余万元。2010年，完成地方税收6912万元。实现规模以上工业产值20.48亿元。2012年，完成区级财政收入1.1亿元、固定资产投资15.8亿元、出口创汇6400万美元，利用外资1000万美元，实现限额以上社会消费品零售总额3900万元。

四、社区建设

1997年，药山街道严格执行《选举法》的规定，选出7名出席天桥区第14届人民代表大会代表。被评为区级文明单位，所辖14个行政村中有9个被评为区级文明单位。有卫生室9个、专业卫生人员11人、床位18张。2011年，社区服务设施21个，其中社区卫生服务中心1个，病床52张;社区卫生室17个。2009年,西苑社区、天福苑社区新建、整合社区服务场所面积220平方米，增强社区服务功能。2010年，成立乐安社区居委会，使5个新建小区及3968户居民纳入社区管理。天福苑、西苑两个社区均建立科普大学、老年大学,推行“五位一体”管理模式，强化社区管理、服务职能，增强社区凝聚力和居民归属感，营造“社区是我家，管理靠大家”浓厚氛围。至2012年，有社区文化广场17处，社区组织大型广场文化活动10场以上。设置健身路径18条、健身器材180余件。

五、社会事业

1997年，辖区有幼儿园8所、小学4所，教学班42个。2002年，举办多场高标准文艺晚会，夏季每周放映电影，参加济南市庆“七一”大合唱比赛获一等奖，组建老年秧歌队和中青年舞蹈队；东沙社区新建1处公园——怡心园，王炉社区新建群众广场，设置健身路径；小鲁居老年人活动中心建成，定期组织老年人外出旅游。2009年，解决西苑小区适龄儿童就近入学问题。2010年，为19名老人办理居家养老上门服务，按时足额向高龄老人发放生活补贴。2012年，有幼儿园14所、小学2所、初中1所、九年一贯制学校1所、职业技校2所；社区文化广场17处、办事处文化站1处、社区文化活动中心17处，组织大型广场文化活动10场；各社区设置健身路径18条、健身器材180件；社区服务设施21个，其中社区卫生服务中心1个、社区卫生室17个、其他社区服务设施3个；洋涓、小鲁、张庄社区组织村民集体参加养老保险。

第十二节 北园街道

一、行政区域

2001年，北园镇撤销，成立北园街道。辖区东至历城区华山街道、全福街道、洪家楼街道，南到纬北路街道和历下区大明湖街道、东关街道，西到泺口街道、工人新村北村街道、工人新村南村街道，北到泺口街道和历城区华山街道。辖区面积12.74平方千米，人口9.63万人，人口密度为每平方千米7559人，人口出生率5.42‰，人口自然增长率3.72‰。街道机关地址：水屯北路2号。

二、社区

至2012年，北园街道辖黄桥、沃家、白鹤、柳行、标山、凤凰山、石桥、水屯、板桥、杨庄、边庄、清河、联四、成大、柳云、狮子张、黄台17个村改居社区和黄台西、梁府、枫景园、阳光、电建一公司板桥宿舍、云锦、幸福、荷香村、霞侣市、水园、明园、石桥东、金凤苑、舜清苑、新鹤、意福苑、汇源华庭17个城市社区；社区居委会分别位于北园大街中段泺河西侧、历山北路26号、明湖北路1号、小柳行头2号、标山南路31号、标山南路5号、石桥社区222号、水屯北路水园新区门口、板桥社区220号、北园大街杨庄社区内、北园大街389号、西泺河路59号、联四路5号、臧石路家家悦超市四楼、西泺河路18号、汇源华庭小区内、黄台社区795号、黄台社区795号、梁府小区内、历山北路26号、阳光小区内、历山北路87号丰汇小区、云锦小区内、幸福小区内、清河路中段、小柳行头2号、水园小区内、明园小区内、石桥小区内、金凤苑小区内、舜清苑小区内、白鹤小区内、意福苑小区内、汇源华庭小区内。

三、经济发展

2001年，实现三产利税2.34亿元、工业利税1.13亿元，完成财政收入6241万元。2002年，完成招商引资金额3.79亿元，其中投资金额500万元以上项目10个；完成经济收入142.98亿元，其中工业收入25.72亿元、三产收入117.26亿元；税收1.12亿元。2012年，先后引进千万元以上项目92个。有工业单位410余家，其中各类专业批发市场37家，实现区级税收2.68亿元、固定资产投资18亿元、招商引资14亿元。

四、社区建设

2001年，北园街道社区建设基本属于城市“社区建设”范畴。通过发展经济，做长以家居为龙头的产业链，借鉴兄弟街道的先进经验，形成以社区“五位一体”建设为中心，建立民主管理、专业服务和行政监督相结合的新型社区管理服务体制。2010年，建立健全以社区党组织为领导核心，社区居委会、社区服务站、业主委员会和物业服务企业共同参与社区服务和管理的“五位一体”的工作机制，使社区党组织的领导核心作用得到进一步发挥，居委会、服务站、业主委员会和物业服务企业之间的关系进一步理顺，实现资源共享、优势互补、相互支持、相互配合，提升社区管理服务水平，

北园立交边庄健身广场（2012年3月摄）

更好地为广大居民群众服务。至2012年，以建设居民“十分钟生活服务圈”为重点，以社区“五位一体”建设为内容，健全便民服务网络，重点抓好水电家政服务、医疗保健、教育培训等社区服务工作。打造柳云、凤凰山等一批社区服务“五位一体”的精品社区，柳云社区建成一流的为民服务中心，可以为居民提供20余项服务。这些社区成为全市社区服务现场会与会人员参观的样板。以辖区专业大医院为骨干、社区医院为基础、居民小区门诊为补充，建起覆盖辖区的居民医疗网络，健全“十分钟社区服务圈”。北园社区卫生服务中心被卫生部确定为全国第一家“社区精神卫生培训基地”，北园居民的“十分钟生活圈”进一步完善。

五、社会事业

2001年，有中小学20所、社区图书室12个、室外文体休闲广场30处、文化街12条，黄台、白鹤、凤凰山和板桥二居被评为“市级文化50强”。北园摔跤队在第五届山东省农运会中国式摔跤比赛中，获金牌2枚、银牌1枚，被山东省体育局授予“省级体育先进社区”称号。北园街道劳动保障服务中心建成，为4200人办理了养老保险。2012年，有小学5所、中学1所，在校生7000余人；有各类医院、诊所42家；有舞蹈队、街舞队、篮球队等文体团体37家；参加养老保险4000余人；693户、1267人纳入最低生活保障范围。

附：北园镇

一、行政区划

历史上，北园地区长期隶属历城县。1954年前，没有以北园命名的行政建制，1955年，济南市郊二区更名为北园区。1956年，建立北园乡；1958年，建立政社合一的北园人民公社。1960年6月，北园人民公社由历城县划归天桥，称为天桥人民公社北园分社。1961年7月，划归历城县西郊区，北园人民公社分为北园、无影山、泺口、鹊山4个管区。11月，建历城县北园区。1968年7月，撤销北园区，恢复北园人民公社建制。1978年，辖区的菜市、东关、毕家洼、黄屯、官扎营、堤口、北坦等7个生产大队分别划归历下、天桥两区。1980年3月，划归济南郊区。1983年5月，撤销北园人民公社建制，组建北园、泺口两镇。1984年，组建济南市郊区北园办事处，辖北园、泺口两镇和药山乡。1985年9月，撤销北园办事处和两镇一乡，组建北园镇。1987年4月，撤销郊区建制，北园镇划归天桥区。

二、村（社区）

1991年，北园镇设北园、泺口、药山、鹊山等4个办事处，辖34个村、13个社区，计94个自然村。其中，北园办事处辖清河、联四、臧家屯、张公坟、水屯、边庄、杨庄、石桥、板桥、黄台、狮子张等11个村，沃家、柳行、黄桥、白鹤、凤凰山、标山等6个社区，47个自然村；泺口办事处辖新城、徐李、小鲁庄、北闸子等4个村，香磨李、林桥、赵庄、泺口等4个社区，13个自然村；药山办事处辖袁庄、王炉、北辛、黄岗、太平、大鲁、丁庄、新徐、大魏、东沙、洋涓、芦庄、安乐镇、张家庄等14个村，金牛、田庄、崔庙等3个社区，27个自然村；鹊山办事处辖山东、山南、山北、月牙坝、梅花山等5个行政村，7个自然村。2000年，北园镇辖35个行政村和社区，总人口20.81万人（全国第五次人口普查数据），人口自然增长率3.66‰。镇辖村居人口7.23万人，占北园地区总人口34.75%。其中农业人口3.91万人，占村居总人口54.02%；非农业人口3.33万人，占村居总人口45.98%。

三、经济发展

1991年，北园镇有耕地面积1078.53公顷，包括种植业、林业、木业、副业、渔业在内的农业总产值2708万元。全镇工业20个门类，拥有固定资产3769.8万元，职工5744人，全年实现产值1.02亿元。在《乡镇企业》杂志社组织的1990年度“中国乡镇企业十大百强”排名中，北园镇在全国产值最高的100个乡镇中排名第10位。全镇各业总收入达14.1亿元。至1995年，已经逐步形成以十大市场、五大商业群体为载体的商业、服务业为主体的第三产业体系，实现工业销售收入17.9亿元、第三产业利润1.17亿元。上缴国家税金7150万元。被山东省统计局、山东省农村社会经济调查队、山东省社会经济评价中心授予“农村经济综合实力‘山东第一镇’”称号。2000年，以北园大街为中心，全镇已形成17个大型专业批发市场、6个大型农贸市场、8个商贸服务群体，涉及建材、装材、家具、灯饰等十几个行业。第三产业收入129.16亿元，利税3.02亿元。

尚品·清河（2012年11月摄）

四、社会事业

1991年，有幼儿园59所、小学21所、初中3所，在校生8364人。体育事业发展迅速，获山东省农委、体委授予的“山东省农民健身活动先进乡镇”称号；先后成立文化市场管理委员会、北园吕剧团、书画院、北园音乐协会，举办北园镇首届文化艺术节；成立初级卫生保健工作协调领导小组，培训保洁员360人。为67名企业职工缴纳养老保险。1996年，有幼儿园70所、小学20所、初中3所，在校生8696人。群众性体育活动广泛开展，泺口社区老年门球队代表天桥区参加“济南市第五届乡镇老年农民门球赛”，取得优异成绩。举办大型花灯会，挂展灯2000余盏，选调78盏花灯参加济南市首届民俗文化博览会。有镇属门诊部、卫生院6家，病床202张，卫生技术人员201人，新购置大型医疗设备28件。天桥区精神病防治院更名为济南市天桥第二人民医院。镇属企业及村居企业13家，869人参加养老保险。至2000年，连续3年组织全镇十大文化广场开展消夏晚会活动。

第十三节　泺口街道

一、行政区域

因辖区内古泺水与古济水交汇形成的千年古渡泺口而得名。泺口从金代建镇，名为洛口镇，属济南府历城县；明为雒镇；清为雒口镇，后改为泺口乡。民国初期设泺口区，后改为泺口镇，属历城县。1948年9月，泺口镇解放。1950年12月，为济南市直属镇；1956年7月，划归市郊区；1958年1月，复属历城县。1958年8月，并入北园人民公社，分属第八、九管理区管辖，后改为泺口大队、鹊山大队；1961年7月，成立泺口公社、鹊山公社；1980年3月，随北园复归市郊区管辖。1983年5月，泺口镇恢复建制，管辖二道坝以北地区；1984年3月，与北园镇合建北园办事处。1985年9月，泺口镇撤销，并入北园镇。泺口街道因地处古泺口而得名。2001年6月，北园镇撤销，设立泺口街道，属天桥区。地处天桥区北部，东接历城区华山街道，南邻北园街道、工人新村北村街道、堤口路街道，西连药山街道，北跨黄河至鹊山水库，接大桥镇，辖区面积24.3平方千米。2012年，辖区人口5.32万人，人口密度为每平方千米2189人，人口出生率9.88‰，人口自然增长率3.73‰。街道机关地址：泺安路11号。

二、社区

2001年12月，泺口街道办事处成立“农转非”领导小组，11个村村民全部实现就地“农转非”。2002年3月，18个村全部改建为社区。2002年

5月，设立泺口一居、泺口二居。至2012年，泺口街道辖28个社区，其中18个村改居、10个城市社区。黄河以南有23个社区；黄河以北有5个社区，俗称“鹊山五居”（鹊山南、鹊山北、鹊山东、梅花山、月牙坝）。28个社区分别是香磨李、金牛、泺口、北闸子、田庄、袁庄、崔庙、赵庄、李庄、南徐、新城、林桥、北徐、月牙坝、鹊山北、鹊山东、鹊山南、梅花山、泺西、泺东、泺南、金牛西区、金阁花园、尚品清河、天和园、金水岸、鼎舜赵苑、滨河；社区居委会分别位于济泺路64号、师范路11号、泺南二街29号、金泉小区31号楼、田庄路81号、无影山北路东侧、田黄路13号、赵庄社区229号、舜馨路中段、新黄路中段、新黄路27号、紫金山路1号、新黄路中段、黄河北月牙坝社区内、黄河北鹊山北社区内、黄河北鹊山东社区内、鹊山南村367号、黄河北梅花山社区内、泺南二街29号、泺南二街29号、泺南二街29号、泺口街道金牛小区内、金泉小区31号楼、泺安路中段、清河北路66号、北郊热电厂向东100米路北、赵庄229号、济泺路64号。

三、经济发展

2001年6月，北园镇撤销，设立泺口街道。2001年年底，辖区有赵庄工业园、袁庄工业园、泺口工业园、新城工业园、李庄民营科技园等园区，占地面积66.67公顷，企业350家，主要生产家具、门窗、装饰材料、建材、服装、食品和汽车改装；有各类工业企业179家，从业人员6000人，工业总产值14.1亿元。2007年，按照全区工业布局调整和泺口、徐李片区开发建设的需要，工业园区规模萎缩，规模以上企业如济南裕兴化工厂、济南舜凯化工厂等迁出，工业产值增幅锐减或呈负增长态势。规模以上工业产值22.7亿元，工业销售收入22.8亿元。2008年，实现经济收入120.6亿元、规模以上工业销售收入20.64亿元、三产收入99.96亿元。完成地方财税5188万元。2011年，随着山东天鹅棉业机械股份有限公司搬迁至药山工业园，辖区内规模以上工业企业仅剩4家，规模以上工业产值11亿元，工业销售收入10.5亿元。辖区各类专业市场提升改造扎实推进，泺口服装批发广场建成运营。社会消费品零售总额为64.9亿元。2012年，泺口服装国际会展中心奠基动工，成为滨河新区开工建设的第一个地标性商用建筑；占地面积2公顷服装城老大棚市场被整体拆除，泺口服装文化广场开工建设。辖区规模以上工业企业达9家，规模以上工业产值11.44亿元，完成地方财政收入1.35亿元。

四、社区建设

2001年，先后建成鼎舜赵苑、紫金山小区、金阁花园小区、香江花园小区、金牛王府庄园小区、泺安家园小区、北徐庄园、舜鑫花园小区、南徐花园、新城金水岸等现代化居民住宅小区，居民居住条件有效改善。2008年，随着“济泺名都”（一期、二期“卡夫卡公寓”）、“尚品·清河”（一期、二期）、“绿地新里·梵尔赛公馆”等一批起点高、配套全、环境美的中高档住宅建设项目的启动实施和相继落成，小清河“蓝色经济长廊”不断集聚人气，改变了济南人“住南不住北”的传统观念。至2012年，启动“社区十分钟生活服务圈”建设，立足于为辖区居民提供更为周到、更为细致、更为放心的社区服务，通过完善基础设施、组建社区服务联盟、引导调整服务设施布局等多种手段，初步形成“布局合理、标识清楚、服务周到”的“十分钟”社区生活服务体系。在此基础上，建立健全便民服务网络，重点抓好水电家政服务、医疗保健、教育培育等服务工作。引入纬北路街道康桥社区“五位一体”管理模式，社区党组织、社区居委会、业主委员会、物业服务企业、社区服务站共同推动社区管理服务，在香磨李、林桥和新城社区进行试点，进一步强化社区管理、服务职能，增强社区凝聚力和居民归属感，成效明显，已在23个社区特别是新建城市社区进行推广实施。

五、社会事业

2001年，有幼儿园3所、小学4所、初中1所，在校生5376人。群众性体育活动广泛开展，新城社区散打队多次代表天桥区参加省级散打摔跤比赛，并取得优异成绩。1200余人参加养老保险。18个社区全部建立起医疗卫生服务机构，基本实现“小病不出社区”的就诊目标。2006年，有中小学5所；有舞蹈队、街舞队、篮球队等文体团体20个。举办首届社区全民运动会，展示泺口两个文明建设的丰硕成果，营造出社区和谐建设的浓厚氛围。建立起以老年科普大学、关工委、家长学校、社区学校、青年中心、学校活动中心为主体，涵盖“老、中、青”三代的群众性文化活动平台。2008年，开展“迎奥运、树新风、建和谐”活动，实施“五个一”（每个社区至少有一处社区服务站、一处图书阅览室、一处室外文体休闲活动广场、一条文化长廊、一条健身路径）工程，18处社区服务站建设规范。开展庆“七一”大合唱比赛、“迎中秋、庆国庆”文艺演出、“第二故乡情”文艺联欢会等群众性文化活动。4个社区被评为天桥区社会主义新农村建设工作先进单位。2012年，有小学3所、初中1所，在校生4000余人；社区图书室20个，室外文体休闲广场30余处。新城摔跤队在山东省第二届全民健身运动会摔跤比赛中，获金牌4枚、银牌4枚，被国家体育总局授予“全国群众体育先进单位”称号；组织干部职工积极参与全区首届全民健身运动会，获团体总分第一名；香磨李社区代表全区参加全市全民健身运动会跳绳比赛，获集体跳大绳第一名；协助举办钓鱼比赛项目；为参加运动会筹集保障经费16万元。完成长寿老人补贴金银行卡换卡工作，办理银铃安康保险1100人。

第二章　镇

第一节　大桥镇

一、行政区划

1990年，由德州地区齐河县划归济南市历城区。2000年，由历城区划归天桥区。大桥镇因依济南黄河公路大桥而得名。位于黄河北岸，天桥区东北部，东与济阳县崔寨镇接壤，南隔黄河与药山、北园、泺口及历城区华山街道相望，西与桑梓店镇相连，北与齐河县表白寺镇、济阳县孙耿镇为邻，辖区面积114.87平方千米。220国道、308国道、309国道及津浦铁路在境域南部东西向穿过，104国道在境内南北向穿过，济南北绕城暨青银高速在境域北部东西向穿过，在东营子村设有上下路口，在丁屯村设有全国最大占地面积13.33公顷天桥服务区，交通十分便利。大桥镇地处黄河下游冲积平原，西高东低，南高北低，腹地开阔平展，微向东北倾斜，沙壤土占60%，中壤土占10%，沙土地占20%，盐碱及湿地占10%。2012年，耕地5060公顷，镇政府驻地人口1.09万人，城镇化率20.6%，辖8个办事处、72个行政村、212个村民小组。辖区人口5.31万人，人口密度为每平方千米462人，人口自然增长率6‰。镇机关驻地位于104国道、220国道、308国道交汇处。

二、行政村

2012年，辖8个办事处、72个行政村。各办事处及所辖村庄数量分别为马店办事处11个、大吴办事处8个、倪家办事处9个、王镇办事处10个、前吴办事处7个、杏元办事处10个、营子办事处8个、靳家办事处9个。72个行政村分别是马店、尹店、小店、大王、辛家、冯塘、毛家、东车、南车、赵家、贾家、大吴、大刘、大庄、小盖、坡东、坡西、焦集、西车、倪家、小张、小刘、小王、胡家、香王店、高家、韩家、吉家、王镇、大王庙、南范、甜水新村、杨家新村、山后陈、后市、齐家、桃园、前吴、后吴、祝家、张公店、丁屯、谷家、司家、杏园、焦家、徐家、邢家、蒋家、高家、卢家、张家、宅胡、杨家、东营子、西营子、八里、刘光照、陈家、左家、高李、范家、敬家、靳家、姚店、太平、平方朱、谷庙、路店、魏梁、褚李、双庙。

三、农业

2000年，耕地面积6153公顷，大型农业机械全面推广使用，粮食亩产1000千克。2005年，休闲观光、生态旅游农业快速起步，“达仁农场”“荷塘人家”等休闲观光基地吸引城里人来做“城市农民”。至2010年，农业综合开发面积达2200公顷，建桥153座、涵367座、闸8座、泵房116座，开挖疏浚沟渠长142千米，植树24万株。实现亩新增粮食生产能力200千克以上，林木覆盖率增加2%以上，生态环境明显改善。2012年，粮食总产量超过7万吨，蔬菜0.8万吨，果品0.1万吨，大规模养鸡场3个，存量40万只，獭兔量4万只，牛300头，生猪3100头，羊8000只。

四、工业·商业

2000年后，规划占地面积66.67公顷工业园区，园区内基础设施完善。2001年，企业通过征用和租赁的形式，建厂置业，引进企业19家，安置农民工1600余人，年增收入4000万元。区政府成立管委会并委托大桥镇政府成立协调和服务组织，为厂企进行“一条龙”服务。2012年，有机械加工、化工生产、木器制作等有限公司239家、个人独资企业35家、个体工商户1636户，工业企业年产值1.3亿元，商贸总额1.6亿元。

五、经济发展

2002年，全镇完成第一产业产值0.9亿元、第二产业产值0.7亿元，工业产品销售收入0.65亿元，利税850万元，利润580万元；完成第三产业营业收入3亿元，利税831万元，利润540万元。财政收入390万元，人均纯收入2910元。2008年，完成第一产业产值1.41亿元、第二产业产值9516万元，工业产品销售收入8300万元，利税1100万元，利润730万元；完成第三产业营业收入3.7亿元，利税1484万元。农民工外出打工收入2亿元，财政收入559万元，人均纯收入5200元。2012年，生产总值4.5亿元，其中第一产业产值1.8亿元、第二产业产值1.3亿元、第三产业产值4.1亿元；地方财政收入0.14亿元，其中国税0.03亿元、地税0.11亿元；出口创汇1000万美元；引进资金2800万元；规模以上销售收入2.1亿元，社会固定资产投资0.95亿元；农民年人均纯收入6700元，务工人员1.3万余人。

六、城镇建设

1982年，黄河大桥通车后，大吴公社在大桥北首大王村新建办公室，于1984年正式迁此办公，同时改称为大王乡。1990年，划归历城区后，大王乡在马店村所属的地域内规划出面积2.2平方千米进行小城镇建设，供销社、银行、信用社首先在大桥路东侧建成，后在大桥路东侧建起长500米商业街并在此街立四、九集。随后，大桥卫生院、工商税务等部门在东西街上建成。1995年，大王乡政府迁址220国道北侧。新办公大院有四层办公楼、二层车库楼及礼堂。1995年，大王乡撤乡建镇，并被山东省人民政府授予全省“村镇建设新型乡镇”称号。2002年，在原商业街东又新建一条长1000米商业街，街首为三层楼，中间段都是二层楼。2000年后，政府驻地逐步建起7个居民楼群，分别是教委楼3幢、银行楼2幢、供销楼3幢、浦东花园3幢、镇机关楼3幢、园丁花园11幢、小王商品楼10幢；220国道北侧建起电信、派出所、法庭及交警中队办公楼；大桥路西侧建起邮电楼、计生楼、水利楼和第一小学教学楼及百乐城、鼎瑞两处酒楼；220国道南侧建起镇建委、土管所办公楼、89路和130路公交汽车站及农机销售公司。至2012年，大桥镇小城镇建设配套齐全、设施完善、功能完备、管理有序，已成规模，成为全镇政治、经济、社会、文化中心。

七、教育·科技

2002年，镇一中教学实验楼建成，建筑面积830平方米，配备多媒体室、微机室；大吴、南范两处小学教学楼建成；教职工宿舍楼建成，投资405万元。推广农作物新品种12个；举办科技培训班60期，培训1.2万人次；72个村均设科普宣传栏。2008年，大桥一中餐厅建成；第一中心小学教学楼建成，建筑面积1900平方米；东营子村教学楼建成，建筑面积2583平方米；大桥二中语音室建成，建筑面积200平方米；大桥一中新教学综合楼建成，建筑面积

4360平方米；香王店、司家两所小学教学楼建成，建筑面积4425平方米。推广小麦良种济麦22，播种面积4000公顷，占小麦总播种面积80%左右，增产显著；推广配方施肥面积占农作物总播种面积75%；科学防治美国白蛾，多措并举，全覆盖、无缝隙，多途径消杀，成效显著。2012年，有幼儿园28所，在园幼儿2114人，专任教师152人；小学10所，在校生3080人，专任教师261人；初中2所，在校生1232人，专任教师127人。初中适龄人口入学率100%，小升初升学率100%，九年义务教育覆盖率99.2%。有各类科技人才9323人，其中专业技术人才507人、经营管理人才426人、技能人才2350人、农村实用人才6040人。

大桥镇2012夏季城乡居民就业招聘会（2012年6月摄）

八、文化·卫生

2001年，群众文化活动精彩纷呈。举办书法比赛4次，展出作品160余件；举办秧歌、文艺汇演3次。有18个村开通有线电视。建立门诊楼、标准化X光室及药品库，被济南市人事局、卫生局评为济南市卫生工作先进单位，被卫生部授予“爱婴卫生院”称号。2006年，17个村组织起龙灯队、秧歌队。镇村图书室72处，藏书11.3万册；镇政府设老年活动室1处；新建面积1600平方米3层双面病房楼1幢。2009年，镇建起综合文化站，每个村都有文化大院，80%村有科技书屋。积极推进新型农村合作医疗制度，参加人数4.62万人，参合率99.44%。2012年，电影队坚持每村每年放映12场电影。大庄村自编自演的山东锣鼓快书《俺村净些阔老头》深受群众好评。标准农村卫生室达44个，占农村总数61%，农民自愿参加各种医疗保险、养老保险，基本做到“小病不出村、大病不出镇”。

九、社会保障

2004年，大桥镇劳动保障事务所成立。每年定期举办春、夏两次农民工招聘会，230余家企、事业单位前来招聘，提供就业岗位7000个，吸引农民工9000余人到场应聘。2010年，举办春季农民工招聘会，现场3500人达成求职意向。2012年，城镇最低生活保障户29户，49人，支出20万元；资助参加合作医疗1980人次，支出11.88万元；农村最低生活保障户810户，1591人，支出180.5万元；农村医疗救助169人次；农村临时救济103人。

第二节　桑梓店镇

一、行政区划

2000年1月，桑梓店镇由历城区划归天桥区，因辖区桑梓店村而得名。位于天桥区西北部，黄河以北。东邻大桥镇，西部、北部与齐河县相接，南部与槐荫区隔河相望，镇域面积72.61平方千米。濒临黄河，地势平坦，属黄河冲积平原。308国道、309国道、济邯铁路穿越境内，济南大北环——济南绕城高速北线横跨镇北部，东连济青高速、西接京福高速。辖区交通便利，土地宽满，水资源丰富，粮、棉、油、菜质优量大，地下有煤，盛产优质黄河大米，万亩无公害黄河大米已形成基地。2012年，桑梓店镇设5个办事处，辖48个行政村。辖区耕地面积3060公顷，人口3.66万人，人口密度为每平方千米504人，人口出生率16‰，人口自然增长率 10‰。镇机关驻址为小马村 1 号。

二、行政村

2012 年，辖 5 个办事处、48 个行政村。48 个行政村分别是桑梓店、小马、小张、沙李、田家、邓营、张王堂、怀庄、周闫、大郑、小郑、北王堂、后房、前房、耿家、北董、安庄、康辛、大马、草庙王、冯家堂、三官庙、三教堂、石庙、彭家、小吴、左庄、东秦、西秦、街后、邱岸、袁贾、姚吕、小吕、丁庄、南郑、刘庙子、朱河圈、丁口、老屯、小屯、铁匠、仓上、老寨、小寨、高王、石门孙、小辛。

三、农业

2000 年，辖区耕地面积 3060 公顷，主要种植小麦、玉米、水稻、棉花。建立一类农田保护区面积 1800 公顷，调整农业产业结构，形成肉、蛋、果、菜、鱼、瓜 6 大基地，瓜果大棚 2000 余个。老寨、小寨形成屠宰牛羊专业村，北董、怀庄形成屠宰生猪专业村，小辛庄形成屠宰驴专业村，仓上、左庄、张王堂形成屠宰鸡专业村，带动全镇畜牧业发展。肉牛出栏量达 3000 头。2008 年，农业总产值 1.61 亿元。农业综合开发项目建设面积 800 公顷。建成五纵七横 12 条道路，长 35.5 千米。铺设节水管道长 2.5 万米，建设提水泵站 18 座，面积 730 余公顷低产田变成旱能浇涝能排的良田。至 2012 年，农业项目向规模、科技、品牌迈进。推进农业标准化经营，袁贾村成为全区首家有机大米生产基地，沙李村、三官庙村蔬菜基地成立蔬菜专业合作社，实现产品包装认证。涉农企业达 30 余家，其中区级以上农业龙头企业 12 家、农民专业合作社 12 家。

四、工业

2000 年，镇域工业企业有鸿鹏通风设备厂、鑫源酒厂、金黄海供水设备厂等 30 余家，从业人员 1000 余人。至 2012 年，济南化工产业园区和鹊山龙湖项目两大园区初具规模，济南化工新材料基地落户化工产业园区，济南裕兴化工有限公司年产 10 万吨钛白粉项目在园区建成投产。

五、经济发展

2002 年，全镇完成第一产业产值 1.27 亿元，完成工业产值 6800 万元，利税 626 万元，利润 517 万元；工业产品销售收入 6460 万元，利税 1216 万元，利润 878 万元；完成第三产业营业收入 1.52 亿元，利税 436 万元，利润 315 万元。实现地方财政收入 466.8 万元，人均纯收入 2898 元。2008 年，全镇完成第一产业产值 1.61 亿元；规模以上工业值 1.93 亿元，工业产品销售收入 1.84 亿元；完成第三产业营业收入 5.25 亿元，利税 1365 万元。实现地方财政收入 697 万元，人均纯收入 5180 元。2012 年，完成地方财政收入 1995 万元，出口总值 5490 万美元。引进资金 7000 万元，完成规模以上销售收入 16.09 亿元、社会固定资产投资 6212 万元，年人均收入 9400 元。

六、城镇建设

2003 年，桑梓店镇党委、政府投资 460 余万元，建设桑梓店镇西外环路，全长 1.8 千米，设计为双向六车道。在短时间内完成房屋拆迁、地上物清理、桥涵建设等前期工作，拆迁房屋 40 间，移栽树木近万株，新建桥涵 5 座，完成土方 5 万立方米。农村新型社区建设迈出新步伐。积极推进城乡统筹发展，结合小城镇规划和农村住房改造工作，小马村、老寨村、小寨村、西秦村努力推进农民新型社区建设，先后启动建筑面积 6.5 万平方米居民楼工程，496 户农民搬进设施齐全的居民楼，为集约土地、改善村民生活环境、统筹城乡发展迈出坚实一步。路网设施进一步完善。2009 年，投资 170 万元对长 6.5 千米冯高路进行改扩建，将原宽 4 米路面扩宽至 5 米，以满足周围村民日益增多的车辆出行需求；同时，新修小辛村、彭庄村、邓营村村内道路及小寨村坝顶路长 4.3 千米，实现镇村公路全部联网，村村通公路达全覆盖，按照“建、管、养”并重原则，探索建立农村公路长效管理机制。按照上级要求成立农村公路养护站，及时对镇村公路进行清扫。至 2012 年，投资 160 万元，对长 6 千米的防汛路进行整修，重新铺设路面；投资 60 万元，对镇域内主次干道实施综合整治，普遍安装过桥安全护栏，为群众安全出行创造良好环境。村民生产生活环境不断改善。做好自来水管护工作，村镇饮用水合格率达100%。投资20万元，新购进垃圾运输车1辆，并设置8个垃圾集装箱，对城镇区域产生的垃圾实现集中清运。协助上级相关部门对部分企业污水超标排放进行监测，及时安装污水处理设备确保排污达标，解除农民后顾之忧。

七、教育・科技

1995年7月，桑梓店镇第二中学并入历城第六中学初中部；2001年9月24日，桑梓店镇第一中学并入历城第六中学初中部。2001年，建成成人教育中心。2002年11月29日，历城第六中学更名为济南第五十二中学。科技机构3家，科技人员500人，农民技术员200人，推广新品种11个，举办科技培训班50期，培训1万人次。2002—2008年，新建回民、邱岸、镇中心、周闫、高王5所小学。2012年，推进公立幼儿园建设，完成公立幼儿园占地面积1公顷余土地的选址、清障、手续办理等工作并顺利开工。全面完成中心小学改造升级建设任务，全镇中、小学实现楼房化。

八、文化・卫生

2000年，有镇卫生院1家、卫生室45个，农村医疗卫生服务实现全覆盖。完成新型农村合作医疗费用征缴工作，参合率达100%；镇卫生院补偿比例增至85%，省、市、区级定点医疗机构最高补偿比例均达60%，切实减轻群众医疗负担，农民因病返贫的问题得到有效缓解。2008年，改造桑梓店镇卫生院，新建病房楼。投资175万元，建成镇敬老院。46个村建成群众健身广场，配齐健身器材。2009年，新建镇文体活动中心1处、室外健身苑1处。2010年，新建健身广场5处。

九、社会保障

2005年，镇劳动保障事务所成立。劳动力转移8000余人，推荐就业人员1000余人，其中就业困难人员50余人。2006年，办理农民参加社会养老保险483人，办理灵活就业人员参加医疗保险85人。除此之外，全力做好退休人员进社区管理工作，办理退休人员回原籍居住认证工作615人。2008年，参加新型农村合作医疗2.85万人，参合率98.1%。与山东省劳动厅服务技校、区残联、开心大姐家政、育豪驾校、科苑学校等单位联合举办15期培训班。2012年，城乡居民养老保险参保人数2万人，征缴保费39.4万元；为全镇5000名60岁以上老人每人每月发放70元基础养老金；职工医疗保险和续保、社会养老保险、社保补贴申报等工作扎实开展；救助困难家庭677户，发放救助金19万余元；为全镇179名优抚对象办理新型农村合作医疗；开展“关爱老功臣”活动，安排8名优抚对象到区康复医院进行疗养；开展“慈心一日捐”活动，募集善款31万元；将165名五保对象全部纳入农村新型合作医疗保障范围，妥善解决五保对象就医问题；对620户低保和104户分散五保及344名各类优抚对象发放资金300万元。

“弘扬五四精神，争做北跨先锋”演讲比赛（2012年5月摄）

第二十九篇
组织机构

1991—2012
TIANQIAO QU ZHI

济南火车东站滨湖广场

龙湖湿地（袁寒松　摄）

1991 年，天桥区党政机构 64 个、直属事业单位 8 个、部门管理事业单位 46 个，行政编制 319 名、区自定编制 449 名、事业编制 2418 名，实有在职人员 2963 人。区人大、政协、群众团体机构 8 个，行政编制 69 名、区自定编制 3 名、事业编制 5 名，实有在职人员 74 人；区检察院、法院、司法局单列编制 179 名（区公安分局未定编），实有在职人员 150 人；区武装部单列编制 25 名，实有在职人员 20 人；13 个街道（镇）行政编制 167 名、区自定编制 600 名、事业编制 36 名，实有在职人员 712 人。1992 年，核定区公安分局单列编制 422 名，实有在职人员 427 人。1996 年 4 月 1 日，武装部收归部队建制。8 月 12 日，机构改革精简内设机构和人员。1997 年，天桥区党政机构精简至 33 个、部门管理工作机构 5 个、派出机构 2 个、各类事业单位 88 个，行政编制 386 名、离退休干部人员编制 33 名、工勤人员编制 45 名、事业编制 2438 名。区人大、政协、群众团体行政编制 48 名、离退休干部人员编制 2 名、工勤人员编制 8 名、事业编制 8 名；区公安分局、检察院、法院、司法局单列专项编制 832 名、事业编制 25 名；区武装部下设 2 个事业单位，事业编制 12 名；14 个街道（镇）行政编制 235 名、离退休干部人员编制 30 名、司法专项编制 14 名、工勤人员编制 17 名、事业编制 372 名。2001 年 11 月 1 日，按照机构改革实施意见要求，天桥区党政机构精简至 26 个（区监察局、公安分局列入区政府工作部门序列，不计入政府机构个数）、部门管理工作机构 6 个、派出机构 2 个、各类事业单位 92 个，行政编制 319 名、离退休干部人员编制 42 名、工勤人员编制 41 名、事业编制 2634 名；区人大、政协、群众团体行政编制 48 名、离退休干部人员编制 4 名、工勤人员编制 8 名、事业编制 6 名；区公安分局、检察院、法院、司法局单列专项编制 780 名、离退休干部人员编制 6 名、工勤人员编制 19 名、事业编制 45 名；区武装部事业编制 12 名；15 个街道（镇）行政编制 276 名、离退休干部人员编制 33 名、司法专项编制 17 名、工勤人员编制 25 名、事业编制 517 名。2003 年 4 月 7 日，区人大、政协、群众团体机关机构改革，区人大、政协机关行政编制精简 12%，群众团体机关行政编制精简 15%；精简后，行政编制 45 名、离退休干部人员编制 6 名、工勤人员编制 7 名、事业编制 14 名。2006 年 2 月 10 日，区政府机构改革，调整后，区政府设工作部门 20 个（区监察局、公安分局列入区政府工作部门序列，不计入政府机构个数）。2007 年 8 月 13 日，区公安分局改为由市公安局垂直管理；同年，天桥区党政机构有 27 个、部门管理工作机构 4 个、派出机构 1 个、各类事业单位 113 个，行政编制 401 名、工勤人员编制 43 名、事业编制 2784 名；区人大、政协、群众团体 9 个，行政编制 55 名、工勤人员编制 8 名、事业编制 20 名；区检察院、法院、司法局单列专项编制 199 名、工勤人员编制 19 名、事业编制 35 名；区武装部事业编制 12 名；15 个街道（镇）行政编制 299 名、司法专项编制 14 名、工勤人员编制 16 名、事业编制 451 名。2010 年 3 月 12 日，区政府机构改革调整后，区政府设工作部门 22 个（区监察局、济南市国土资源局天桥分局列入区政府工作部门序列，不计入政府机构个数）；天桥区党政机构有 31 个、部门管理工作机构 2 个、派出机构 1 个、各类事业单位 113 个，行政编制 440 名、工勤人员编制 45 名、事业编制 2778 名；区人大、政协、群众团体 9 个，行政编制 55 名、工勤人员编制 8 名、事业编制 20 名；区检察院、法院、司法局政法专项编制 238 名、工勤人员编制 18 名、事业编制 35 名；区武装部事业编制 12 名；15 个街道（镇）行政编制 292 名、工勤人员编制 16 名、事业编制 419 名。

至 2012 年年底，天桥区党政机构有 31 个、部门管理机构 2 个、派出机构 1 个、直属事业单位 16 个、部门管理事业单位 88 个，行政编制 445 名、工勤人员编制 45 名、事业编制 2563 名，实有在职人员 2692 人；区人大、政协、群众团体 9 个，行政编制 55 名、工勤人员编制 8 名、事业编制 18 名，实有在职人员 110 人；区检察院、法院、司法局政法专项编制 249 名、工勤人员编制 18 名、事业编制 35 名，实有在职人员 271 人；区武装部事业编制 12 名，实有 12 人；15 个街道（镇）（含 73 个街道〈镇〉所属事业单位）行政编制 297 名、工勤人员编制 16 名、事业编制 424 名，实有在职人员 978 人。

第一章 中国共产党济南市天桥区委员会及共工作部门

1951年1月，建立中共济南市第四区委员会。1955年9月8日，改为中共济南市天桥区委员会。1966年5月，“文化大革命”开始；9月5日，中共济南市天桥区委员会改为中共济南市向阳区委员会。1967年2月24日，受造反群众组织冲击，陷入瘫痪。1971年3月，恢复中共济南市向阳区委。1973年7月1日，复称中共济南市天桥区委员会。1975年，恢复工作部门6个。1980年，设工作部门8个。1991年，中共济南市天桥区委有常委11人，其中书记1人、副书记3人，下设区纪律检查委员会、区委办公室、区委政策研究室、区委组织部、区委宣传部、区委统一战线工作部、区委政法委员会、区委组织员办公室、区精神文明协调委员会办公室、区社会治安综合治理委员会办公室、区委老干部局、区委对台工作办公室、区委打击严重经济犯罪斗争领导小组办公室、区机关党委、区老龄问题委员会办公室、区委街道工作办公室16个工作部门和区委党校、区委党史资料征集研究委员会办公室2个直属事业单位，行政编制92名、区自定编制24名、事业编制17名，实有110人。1996年8月12日，机构改革调整后，区委设区纪委、区委办公室、区委政策研究室、区委组织部、区委宣传部、区委统战部、区委政法委员会、区机关党委8个工作机构，除区纪委外均为处级建制；区委、区政府信访局，区委老干部局为部门管理机构，保留处级建制。2001年11月1日机构改革，区委设区纪委、区委办公室、区委组织部、区委宣传部、区委统战部、区委政法委员会、区委区直机关工作委员会7个工作机构；区委、区政府信访局，区委老干部局为部门管理机构；区委常委配备9名，其中书记1名、副书记3名（1名副书记兼任纪委书记）。至2012年年底，中共济南市天桥区委有常委11人，其中书记1人、副书记2人，下设区纪律检查委员会、区委办公室（区委政策研究室）、区委组织部、区委宣传部（区精神文明建设委员会办公室）、区委统战部、区委政法委员会（区社会管理综合治理委员会办公室）、区机构编制委员会办公室、区委区直机关工作委员会、区委台湾工作办公室9个工作机构（区委、区政府信访局由区委办公室管理，区委老干部局由区委组织部管理）和区老龄工作委员会办公室、区档案局（馆）、区委党校3个直属事业单位（其中区档案局由区委办公室管理）以及7个部门管理事业单位，机关行政编制114名、工勤人员编制16名、事业编制74名，实有227人。

第一节 中国共产党济南市天桥区委员会

1991—2012年，中国共产党济南市天桥区委员会历经6届。其中，第七届任期3年，第九届任期4年，第六、八、十、十一届任期5年。区委书记先后由陶安岭、彭万生、杨庆林、张辉、毕筱奇担任。

中共济南市天桥区委第六至十一届书记、副书记、常委任职一览表

表 29-1

届　次	职　务	姓　名	任　期	籍　贯
第六届	书　记	陶安岭	1990.03—1995.01	山东宁阳
		彭万生	1995.01—1995.04	山东泰安
	副书记	李华理	1990.03—1991.06	山东沂源
		张连铸	1990.03—1992.12	山东章丘
		孙秀伦	1990.03—1990.07	山东历城
		纪宝华	1991.03—1995.04	山东莱阳
		范广福	1991.08—1992.12	山西晋城
		包福魁	1991.08—1992.11	山东蓬莱
		刘元刚（挂职）	1992.04—1993.08	
		彭万生	1992.11—1995.01	山东泰安
		杨锡福	1992.12—1995.04	山东济南
		王　辉	1995.01—1995.04	江苏邳州
	常　委	陶安岭	1990.03—1995.01	山东宁阳
		李华理	1990.03—1991.06	山东沂源
		张连铸	1990.03—1992.12	山东章丘
		孙秀伦	1990.03—1990.07	山东历城
		宁继仁	1990.03—1992.12	山东章丘
		范广福	1990.03—1992.12	山西晋城
		纪宝华	1990.03—1995.04	山东莱阳
		李道庆	1990.03—1995.04	山东平阴
		赵继福	1990.03—1995.04	山东临沂
		杜书作	1990.03—1995.04	山东招远
		米金普（回族）	1990.03—1995.04	山东济南
		杨锡福	1991.03—1995.04	山东济南
		包福魁	1991.08—1992.11	山东蓬莱
		刘元刚（挂职）	1992.04—1993.08	
		彭万生	1992.11—1995.04	山东泰安
		印森林	1992.12—1995.03	江苏泰兴
		韩宝忠	1992.12—1995.04	山东莒南
		许　强	1992.12—1995.04	山东长清
		王　辉	1995.01—1995.04	江苏邳州

续表 29-1

届　次	职　务	姓　名	任　期	籍　贯
第七届	书　记	彭万生	1995.04—1998.03	山东泰安
	副书记	杨锡福	1995.04—1998.03	山东济南
		纪宝华	1995.04—1998.01	山东莱阳
		王　辉	1995.04—1998.03	江苏邳州
		许　强	1998.01—1998.03	山东长清
	常　委	彭万生	1995.04—1998.03	山东泰安
		杨锡福	1995.04—1998.03	山东济南
		纪宝华	1995.04—1998.01	山东莱阳
		王　辉	1995.04—1998.03	江苏邳州
		赵继福	1995.04—1998.03	山东临沂
		杜书作	1995.04—1996.02	山东招远
		李道庆	1995.04—1996.02	山东平阴
		韩宝忠	1995.04—1998.03	山东莒南
		许　强	1995.04—1998.03	山东长清
		舒孝堂	1995.04—1998.03	山东博兴
		郭美萍（女）	1995.04—1998.03	山东新泰
		杜万枫	1996.06—1998.03	山东曹县
		许宝利	1998.01—1998.03	山东莱西
		王建军	1998.01—1998.03	山东莱阳
		郭继清	1998.01—1998.03	山东泰安
第八届	书　记	彭万生	1998.03—1998.11	山东泰安
		杨庆林	1999.04—2003.03	辽宁黑山
	副书记	杨锡福	1998.03—1999.04	山东济南
		王　辉	1998.03—2002.12	江苏邳州
		许　强	1998.03—2002.12	山东长清
		张彦丽（女，挂职）	1998.05—1998.11	
		张培友	1998.11—2003.03	山东夏津
		陈小莉（女，挂职）	2000.03—2001.05	
		张积军（挂职）	2000.06—2002.12	
		舒孝堂	2001.01—2003.03	山东博兴
		吴承丙	2001.12—2003.03	山东济南
		刘德成（挂职）	2002.05—2002.11	

续表 29-1

届　次	职　务	姓　名	任　期	籍　贯
	副书记	雷天太	2002.12—2003.03	山东招远
		宋胜玉	2002.12—2003.03	山东济南
第八届	常　委	彭万生	1998.03—1998.11	山东泰安
		杨锡福	1998.03—1999.04	山东济南
		王　辉	1998.03—2002.12	江苏邳州
		许　强	1998.03—2002.12	山东长清
		赵继福	1998.03—2001.01	山东临沂
		郭美萍（女）	1998.03—1998.07	山东新泰
		舒孝堂	1998.03—2003.03	山东博兴
		杜万枫	1998.03—1999.04	山东曹县
		许宝利	1998.03—2003.03	山东莱西
		王建军	1998.03—2003.03	山东莱阳
		吴承丙	1998.03—2003.03	山东济南
		张彦丽（女，挂职）	1998.05—1998.11	
		张培友	1998.11—2003.03	山东夏津
		胡培芝	1998.11—2002.09	山东章丘
		贾云国	1999.04—2003.03	山东济南
		杨庆林	1999.04—2003.03	辽宁黑山
		宋胜玉	2000.03—2003.03	山东济南
		齐家滨	2000.03—2001.07	山东济南
		陈小莉（女，挂职）	2000.03—2001.05	
		张积军（挂职）	2000.06—2002.12	
		童世敏（女）	2001.01—2003.03	上海嘉定
		刘德成（挂职）	2002.05—2002.11	
		雷天太	2002.12—2003.03	山东招远
		王　壮	2002.12—2003.03	山东禹城
		刘建忠	2002.12—2003.03	山东章丘

续表 29-1

届　次	职　务	姓　名	任　期	籍　贯
第九届	书　记	杨庆林	2003.03—2006.09	辽宁黑山
		张　辉	2006.09—2006.12	河南安阳
	副书记	雷天太	2003.03—2006.09	山东招远
		吴承丙	2003.03—2006.12	山东济南
		王建军	2003.03—2006.12	山东莱阳
		宋胜玉	2003.03—2006.12	山东济南
		吕建涛（挂职）	2003.07—2006.05	
		金　花（女，回族，挂职）	2003.08—2004.02	
		郭永峰（挂职）	2005.07—2005.09	
		潘少君（女，挂职）	2005.07—2005.12	
	常　委	杨庆林	2003.03—2006.09	辽宁黑山
		雷天太	2003.03—2006.09	山东招远
		吴承丙	2003.03—2006.12	山东济南
		王建军	2003.03—2006.12	山东莱阳
		宋胜玉	2003.03—2006.12	山东济南
		贾云国	2003.03—2004.05	山东济南
		童世敏（女）	2003.03—2006.12	上海嘉定
		王　壮	2003.03—2006.10	山东禹城
		刘建忠	2003.03—2006.12	山东章丘
		曹　峰	2003.03—2004.11	山东平度
		赵新生	2003.03—2006.12	山东济南
		吕建涛（挂职）	2003.07—2006.05	
		金　花（女，回族，挂职）	2003.08—2004.02	
		陈文亭	2004.05—2005.06	山东烟台
		问康美（挂职）	2004.11—2005.01	
		宋　剑	2005.06—2006.12	山东淄博
		郭永峰（挂职）	2005.07—2005.09	
		潘少君（女，挂职）	2005.07—2005.12	
		陈　勇	2005.09—2006.12	山东济南
		张　辉	2006.09—2006.12	河南安阳

续表 29-1

届　次	职　务	姓　名	任　期	籍　贯
第十届	书　记	张　辉	2006.12—2011.11	河南安阳
		毕筱奇	2011.11—2011.12	山东济南
	副书记	王建军	2006.12—2011.03	山东莱阳
		吴承丙	2006.12—2008.12	山东济南
		宋胜玉	2009.02—2009.12	山东济南
		国承彦（女）	2009.12—2011.11	山东淄博
		孟庆勇（挂职）	2010.10—2010.12	
		李洪海	2011.03—2011.12	山东聊城
		傅金峰	2011.11—2011.12	江苏扬州
	常　委	张　辉	2006.12—2011.11	河南安阳
		王建军	2006.12—2011.03	山东莱阳
		吴承丙	2006.12—2008.12	山东济南
		宋胜玉	2006.12—2009.12	山东济南
		刘建忠	2006.12—2011.12	山东章丘
		赵新生	2006.12—2009.07	山东济南
		潘传利	2006.12—2011.03	山东商河
		宋　剑	2006.12—2008.02	山东淄博
		陈　勇	2006.12—2011.12	山东济南
		亓　伟	2006.12—2011.12	山东济南
		郅　良（女）	2006.12—2011.10	山东郓城
		巨同恩	2008.02—2010.07	山东临朐
		游庆康（挂职）	2008.04—2008.09	
		樊　瑞（回族）	2009.02—2011.12	山东泰安
		滕志超	2009.07—2011.12	山东邹平
		国承彦（女）	2009.12—2011.11	山东淄博
		冉　舸	2010.07—2011.12	重庆市
		孟庆勇（挂职）	2010.10—2010.12	
		李洪海	2011.03—2011.12	山东聊城
		韩　伟	2011.03—2011.12	山东济南
		严正保（挂职）	2011.03—2012.01	
		毕筱奇	2011.11—2011.12	山东济南
		傅金峰	2011.11—2011.12	江苏扬州
		叶　辉（女）	2011.11—2011.12	山东济南

续表 29-1

届 次	职 务	姓 名	任 期	籍 贯
第十一届	书 记	毕筱奇	2011.12—	山东济南
	副书记	李洪海	2011.12—	山东聊城
		傅金峰	2011.12—2012.06	江苏扬州
		朱玉明	2012.06—	山东莱芜
	常 委	毕筱奇	2011.12—	山东济南
		李洪海	2011.12—	山东聊城
		傅金峰	2011.12—2012.06	江苏扬州
		朱玉明	2012.06—	山东莱芜
		陈 勇	2011.12—	山东济南
		亓 伟	2011.12—	山东济南
		樊 瑞（回族）	2011.12—	山东泰安
		滕志超	2011.12—	山东邹平
		韩 伟	2011.12—	山东济南
		冉 舸	2011.12—	重庆市
		王联华	2011.12—	山东平度
		叶 辉（女）	2011.12—	山东济南

第二节 区委工作部门

1951 年 7 月，中共济南市第四区委员会设立组织科、宣传科、秘书股。1955 年 9 月，中共济南市天桥区委员会设秘书室、组织部、宣传部、工业部、财政贸易工作部 5 个工作部门。1965 年，设 10 个工作部门。1966 年 5 月，“文化大革命”开始；1967 年 2 月 24 日，受造反群众组织冲击，陷入瘫痪。1975 年，先后恢复区委党校、区委办公室、组织部、宣传部、统一战线工作部、机关党委 6 个工作部门。1980 年，设 8 个工作部门。1985 年，设 11 个工作部门。1991 年，区委下设 16 个工作部门。1996 年、2001 年，区委机构经 2 次改革。至 2012 年年底，区委下设 9 个工作机构，3 个直属事业单位。

区委办公室（区委政策研究室）

1951 年 7 月，设立区委秘书股。1955 年 4 月，改设为区委秘书室。1956 年 4 月，改设为区委办公室。1967 年 2 月 24 日，陷入瘫痪。1975 年 11 月恢复。1984 年 3 月，区政府街道办公室并入区委办公室；6 月 11 日，核定区委办公室行政编制 12 名，正副书记单列编制 2 名；12 月 10 日，设立区委研究室，隶属区委办公室。1986 年 7 月 8 日，设立区委街道办公室（区政府街道办公室），行政编制 4 名；区委办公室（含区委研究室）行政编制调整为 9 名。1987 年 7 月 23 日，郊区划拨编制 3 名，移交 5 人；9 月 10 日，区委办公室（含区委研究室）编制总额 12 名，实有 12 人（行政经费 11 人、区自筹经费 1 人）。1988 年 11 月 18 日，增加编制 1 名，经费区自筹；12 月 30 日，增加区自筹编制 1 名。

1989 年 1 月 3 日，增加行政编制 4 名；7 月 10 日，核定区委正、副书记单列行政编制 3 名；31 日，核定区委办公室（含区委研究室）行政编制 15 名；9 月 20 日，内设信息科、机要科，均为股级；11 月 7 日，实有 17 人（含合同制职工 1 人）。1991 年 8 月 9 日，增加工人编制 1 名（司机），经费区自筹；25 日，区委办公室建制级别局级，内设信息科、机要科 2 个股级机构，行政编制 18 名（含单列编制 3 名）、自定编制 1 名，实有 17 人（含工勤 3 人）；区委政策研究室建制级别局级，与区委办公室合署办公。1992 年 2 月 15 日，信息科更名为信息督查科。1993 年 9 月 7 日，设立区机关印刷所，为企业化管理、经费自筹全民事业单位，归区委办公室领导，定事业编制 3 名。1994 年 11 月 19 日，增设秘书科。1996 年 8 月 12 日，明确区委办公室、区委政策研究室为区委正处级工作机构；区委保密委员会办公室（区政府保密局）并入区委办公室，对外加挂区政府保密局牌子；区委、区政府信访局以区委办公室管理为主，保留处级建制；明确区委党史资料征集研究委员会办公室为区委办公室所属正处级事业单位。1997 年 1 月 27 日，核定区委政策研究室行政编制 4 名，领导职数配主任 1 名、副主任 1 名；3 月 6 日，区委办公室内设综合文秘科、信息督查科、机要科 3 个职能科室和区政府保密局，行政编制 10 名、离退休干部人员编制 1 名、工勤人员编制 5 名；领导职数配主任 1 名、副主任 2 名（其中 1 名兼任区政府保密局局长），区政府保密局副局长 1 名，科级职数 3 名。1998 年 8 月 27 日，撤销区机关印刷所。2000 年 1 月 30 日，撤销综合文秘科，增设接待科、秘书科。2001 年 11 月 1 日，区委办公室加挂区委政策研究室牌子，内设区政府保密局（挂区委机要局牌子）、区委督查室（加挂区全方位目标管理办公室牌子）；12 月 19 日，区委办公室（区委政策研究室）内设秘书科、信息科、接待科、机要科 4 个科室和区政府保密局（区委机要局）、区委督查室（区全方位目标管理办公室）2 个正处级机构，行政编制 13 名、离退休干部人员编制 2 名、工勤人员编制 5 名；领导职数配主任 1 名、副主任 3 名，区委政策研究室主任 1 名（由区委办公室 1 名副主任兼任）、副主任 1 名，区政府保密局局长 1 名（由区委办公室 1 名副主任兼任），区委机要局局长 1 名，区委督查室（区全方位目标管理办公室）主任 1 名（由区委办公室 1 名副主任兼任）、副主任 1 名，科级职数 4 名。2007 年 9 月 10 日，离退休干部人员编制及自定编制全部核销。2009 年 9 月 1 日，区政府保密局（区委机要局）分设为区委机要局和区委保密委员会办公室（区保密局），并在区委机要局加挂区密码管理局牌子，同时作为区政府密码管理工作机构；区委机要局（区密码管理局）为区委办公室副处级内设机构，领导职数配局长（副处级）1 名、副局长（正科级）1 名；区委保密委员会办公室（区保密局）为区委办公室正处级内设机构，领导职数配局长（正处级）1 名、副局长（副处级）1 名。2011 年 5 月 16 日，区委督查室加挂的区全方位目标管理办公室更名为区考评办公室，移交区委组织部；区委党史资料征集研究委员会办公室更名为区委党史研究室。至 2012 年年底，区委办公室（区委政策研究室）内设秘书科、信息科、接待科、机要科 4 个科室和区保密委员会办公室（区保密局）、区委督查室、区委机要局（区密码管理局）；领导职数配主任 1 名、副主任 3 名，区委政策研究室主任 1 名（由区委办公室 1 名副主任兼任）、副主任 1 名，区委保密委员会办公室（区保密局）局长 1 名、副局长 1 名，区委督查室主任 1 名（由区委办公室 1 名副主任兼任）、副主任 1 名，区委机要局（区密码管理局）局长（副处级）1 名、副局长（正科级）1 名，科级职数 4 名；行政编制 13 名、单列编制 2 名、工勤人员编制 5 名，实有 17 人；区委办公室管理的区委、区政府信访局内设机构、编制、人员、领导职数配备另列。

主　任

赵继福	1989.12—1991.04
张平廉	1991.04—1992.12
许　强	1992.12—1995.02
郭继清	1995.02—1998.07

宋胜玉	1998.07—2003.03
赵新生	2003.03—2006.12
亓　伟	2006.12—2009.07
滕志超	2009.07—

区委政策研究室 1984年12月10日，设立区委研究室，隶属区委办公室，编制从区委办公室内调剂。1996年8月12日，明确区委政策研究室为区委正处级工作机构。1997年1月27日，核定行政编制4名。2001年11月1日，区委办公室加挂区委政策研究室牌子。

主　任

张庆云（女）	1986.04—1991.12
刘建良	1992.12—1998.04
宋光强	1998.04—2003.03
张建明	2003.03—2007.02
李兆福	2007.02—

区委督查室 2001年11月1日，设立区委督查室（加挂区全方位目标管理办公室牌子），为区委办公室内设机构；12月19日，明确为正处级建制。2011年5月16日，所加挂的区全方位目标管理办公室更名为区考评办公室，移交区委组织部管理。

主　任

赵　勇	2001.12—2003.03
殷秀山	2003.03—2008.03
张兴洲	2008.03—2009.04
马卫民	2009.04—2012.02
刘　鑫	2012.02—

区委保密委员会办公室（区保密局） 1990年10月8日，成立区保密局，为区政府主管保密工作局级职能部门，又作为区委保密委员会办公室，由区委、区政府双重领导，定区自编3名。1991年8月25日，建制级别局级，自定编制3名，实有3人。1996年8月12日，区委保密委员会办公室（区政府保密局）并入区委办公室，对外加挂区政府保密局牌子。2001年11月1日，区委保密委员会办公室（区政府保密局）改设为区政府保密局，加挂区委机要局牌子，为区委办公室内设机构；12月19日，明确为正处级建制。2009年9月1日，区政府保密局（区委机要局）分设为区委机要局和区委保密委员会办公室（区保密局），区委保密委员会办公室（区保密局）为区委办公室正处级内设机构。

主任、局长

张平廉	1990.11—1991.04
郭继清	1991.04—1993.02
贾柏林	1993.02—1993.09
孙永平（女）	1993.09—1996.03
赵明远	1996.03—1996.11
殷秀山	1997.06—2003.03
孙延辉（女）	2004.03—2008.03
王永春	2008.03—2008.11
王永强	2009.04—2010.03
米文芃（女，回族）	2010.03—2011.03
张韶秋（女）	2011.03—

区委机要局（区密码管理局） 2001年11月1日，区政府保密局加挂区委机要局牌子；12月19日，明确为正处级建制。2009年9月1日，区政府保密局（区委机要局）分设为区委机要局和区委保密委员会办公室（区保密局），区委机要局加挂区密码管理局牌子，同时作为区政府密码管理工作机构，为区委办公室副处级内设机构。

局　长

王　华	2006.07—2008.03
米文芃（女，回族）	2008.03—2010.03
张韶秋（女）	2010.05—2011.03
孙　正	2011.03—

区委、区政府信访局 1981年11月，设立区信访科，隶属区政府办公室。1989年1月3日，区信访科改设为区信访局，为区政府局级行政部门，编制由4名增至5名，归口区委办公室、区政府办公室领导，以区政府办公室领导为主；7月31日，核定行政编制5名；11月7日，实有4人（含集体混岗1人）。1991年

8月25日，建制级别局级，行政编制5名，实有4人。1992年8月1日，建立区长公开电话值班室，值班室设在区信访局，定区自编制1名（编制、人员由行管局带编调入）。1996年8月12日，明确区委、区政府信访局由区委办公室、区政府办公室管理，以区委办公室管理为主，保留处级建制。1997年1月27日，行政编制5名、工勤人员编制1名，领导职数配局长1名、副局长2名。2001年12月19日，行政编制4名、离退休干部人员编制1名、工勤人员编制1名，领导职数配局长1名、副局长3名。2007年9月10日，分配行政编制7名，离退休干部人员编制及自定编制全部核销。2010年2月9日，增配副局长领导职数1名；设立区政府信访事项复查复核办公室，加挂区政府信访事项听证办公室牌子，该办公室为行政机构，设在区委、区政府信访局。2012年12月31日，增设接访科、督查督办科，领导职数核增科长2名；区委、区政府信访局设2个职能科室和区政府信访事项复查复核办公室（区政府信访事项听证办公室）1个正科级行政机构，领导职数配局长1名、副局长4名，科级职数2名，行政编制11名、工勤人员编制1名，实有14人。

局　长

张学礼	1989.09—1993.09
贾柏林	1993.09—1994.05
李炳和	1994.05—1999.10
孙国祥	1999.10—2001.06
黄玉河	2001.06—2005.03
孔德军	2005.03—2009.04
李建平	2009.04—2011.03
朱建龙	2011.03—

区委党史研究室　1986年9月26日，建立中共济南市天桥区委党史资料征集研究委员会，下设党史办公室，为正科级建制，行政编制2名。1987年7月23日，郊区移交1人；9月10日，编制2名，实有3人（行政经费2人、区自筹经费1人）。1989年7月31日，核定事业编制4名；11月7日，实有4人。1991年8月25日，建制级别局级，全民事业单位，事业编制4名，实有3人。1996年8月12日，明确区委党史资料征集研究委员会办公室为区委办公室所属正处级事业单位。1997年1月27日，核定事业编制3名，领导职数配主任1名、副主任1名。2008年11月29日，中共济南市委组织部、济南市人事局印发《关于印发济南市参照公务员法管理事业单位名单的通知》（济人字〔2008〕209号），明确为参照公务员法管理事业单位。2011年5月16日，更名为中共济南市天桥区委党史研究室。至2012年年底，领导职数配备未变，事业编制3名，实有7人。

主　任

闫希玲（女）	1988.03—1996.11
王尚忠	1996.11—2004.03
李建平	2004.03—2007.02
史衍平	2007.02—2010.05
芦　奕（女）	2010.05—

区档案局（馆）　1959年11月，建立区档案馆。1962年，区档案馆自行消失。1980年5月，设立区档案局，恢复区档案馆。1984年5月24日，市编委核准事业编制6名，区档案局（馆）由区委办公室领导；10月，区档案局改为区委档案科，与区档案馆合署办公。1985年9月，恢复区档案局，与区档案馆合署办公。1987年7月23日，郊区划拨编制1名；9月10日，编制总额7名，实有6人（行政经费4人、区自筹经费2人）。1988年6月22日，区档案馆增加事业编制1名，经费区自筹。1989年7月31日，核定行政编制2名、事业编制6名；11月7日，实有6人（含集体混岗2人）。1990年8月16日，区档案馆增加事业编制1名，经费区自筹；11月5日，增加区自定行政编制3名，同时明确区档案局编制5名、区档案馆事业编制7名。1991年8月25日，区档案局建制级别局级，区档案局（馆）行政编制2名、事业编制7名、自定编制3名，实有9人。1996年8月12日，区档案局（馆）改为区委办公室领导区直属处级事业单位。1997年3月6日，区档案局与区档

案馆一个机构，挂区档案局和区档案馆两块牌子，核定事业编制 10 名（含工勤人员编制 2 名），领导职数配局长（馆长）1 名、副局长（副馆长）2 名；12 月 22 日，增加行政编制 3 名（用于局长、副局长编制）、同时减少事业编制 3 名，调整后，区档案局（馆）行政编制 3 名、事业编制 7 名。2001 年 11 月 5 日，3 名行政编制改为事业编制；12 月 19 日，区档案局（馆）事业编制 10 名。2005 年 5 月 10 日，内设办公室、业务指导科、档案管理科 3 个科室，各配科长（主任）1 名。至 2012 年年底，内设 3 个科室，领导职数配局长（馆长）1 名、副局长（副馆长）2 名，科长（主任）3 名，事业编制 10 名，实有 13 人。

局　长

马钟梅（女）	1987.01—1992.01
张庆云（女）	1992.01—1996.11
陈国权	1996.11—1998.04
纪文明	1998.04—2002.03
王尚忠（兼）	2002.03—2010.05
陶丽梅（女）	2010.05—

馆　长

马钟梅（女）	1987.01—1992.01
张庆云（女）	1992.01—1996.11
陈国权	1996.11—1998.04
纪文明	1998.04—2002.03
王建国	2002.03—2008.03
陶丽梅（女）	2008.11—2010.05
刘昌君	2010.05—2012.02
陶丽梅（女）	2012.02—

区委组织部

1951 年 7 月，设立区委组织科。1955 年 1 月 4 日，改为区委组织部。1967 年 2 月 24 日，陷入瘫痪。1975 年 11 月恢复。1980 年 1 月，设立区委组织部老干部科。1984 年 6 月 11 日，核定区委组织部（含老干部科）行政编制 11 名。1985 年，市编委增拨组织员行政编制 2 名。1986 年 3 月，老干部科改设为区委老干部局，为局级单位；7 月 26 日，核定区委老干部局行政编制 7 名，区委组织部编制调整为 9 名。1987 年 7 月 23 日，郊区划拨编制 3 名（含组织员行政编制 1 名），移交 3 人；9 月 10 日，区委组织部编制总额 14 名，实有 11 人（行政经费 8 人、区自筹经费 3 人）。1989 年 7 月 31 日，核定行政编制 13 名；11 月 7 日，实有 9 人（含集体混岗 2 人）；20 日，设立区委组织员办公室，为区委正局级工作部门，由区委组织部代管，定行政编制 3 名（从组织部现有组织员行政编制中调出）。1991 年 8 月 9 日，区委组织部增加工人编制 1 名（司机），经费区自筹；25 日，区委组织部建制级别局级，行政编制 10 名、自定编制 1 名，实有 8 人；区委组织员办公室建制级别局级，归口区委组织部，行政编制 3 名，实有 3 人。1994 年 4 月 8 日，成立党员电教中心，为全民事业单位，归口区委组织部领导。1996 年 8 月 12 日，明确区委组织部为区委正处级工作机构；区委老干部局由区委组织部管理，保留处级建制；区委组织员办公室维持现状。1997 年 4 月 4 日，内设办公室、干部科、基层组织科 3 个职能科室，区委组织部（含区委组织员办公室）行政编制 13 名、离退休干部人员编制 1 名、工勤人员编制 1 名；领导职数配部长 1 名、副部长 2 名，组织员办公室主任 1 名（由区委组织部 1 名副部长兼任）、副主任 1 名，科级职数 3 名；明确党员电教中心为全额拨款全民科级事业单位，定编制 3 名。2001 年 12 月 19 日，行政编制 12 名、离退休干部人员编制 2 名、工勤人员编制 1 名。2003 年 12 月 16 日，设立区党员干部现代远程教育管理中心，为全额预算管理国有正处级事业单位，隶属区委组织部，编制 6 名，领导职数配主任 1 名（由区委组织部 1 名副部长兼任）、副主任 1 名；撤销党员电教中心，其职能、编制、人员并入区党员干部现代远程教育管理中心。2007 年 9 月 10 日，离退休干部人员编制及自定编制全部核销。2008 年 11 月 29 日，中共济南市委组织部、济南市人事局印发《关于印发济南市参照公务员法管理事业单位名单的通知》（济人字〔2008〕209 号），区党员干部现代远程教育管理中心为参照公务员法管理事业单位。2011 年 5 月 16 日，区委组织部增设人才工作科，正科级建制，领导职数核定科长 1 名、副科长 1 名；区委督查室加挂的区全方位目标管理办公室更名为区考评办公室，划归区委组织部，为区委组织部副处级内设机构，领导职数核定主任 1 名（副处级）、副主任 1 名（正科级）。2012 年 6 月 18 日，增加行政编制 2 名；至年底，区委组织部内设办公室、干部科、基层组织科、人才工作科 4 个科室和区考评办公室，区委组织员办公室由区委组织部代管，下设区党员干部现代远程教育管理中心 1 个正处级全额预算管理事业单位；领导职数配部长 1 名、副部长 2 名，区委组织员办公室主任 1 名（由区委组织部 1 名副部长兼任）、副主任 1 名，区党员干部现代远程教育管理中心主任 1 名（由区委组织部 1 名副部长兼任）、副主任 1 名，区考评办公室主任（副处级）1 名、副主任（正科级）1 名，科长 4 名、副科长 1 名；行政编制 14 名、工勤人员编制 1 名、事业编制 6 名，实有 21 人；区委组织部管理的区委老干部局内（下）设机构、编制、人员、领导职数配备另列。

部　长

纪宝华	1985.06—1991.08
韩宝忠	1991.08—1998.01
王建军	1998.01—2003.03
王　壮	2002.12—2006.10
刘建忠	2006.12—2011.11
韩　伟	2011.11—

区委组织员办公室　1989 年 11 月 20 日设立，为区委正局级工作部门，由区委组织部代管，定行政编制 3 名（从组织部现有组织员行政编制中调出）。1991 年 8 月 25 日，建制级别局级，行政编制 3 名，实有 3 人。1997 年 4 月 4 日，编制合并到区委组织部。

主　任

韩宝忠	1990.03—1991.04
张泽泉	1991.04—2002.03
温洪军	2005.03—2008.03
王新锋	2008.03—2011.03
续　明（回族）	2011.03—

区党员干部现代远程教育管理中心　2003 年 12 月 16 日设立，为国有正处级全额预算管理事业单位，隶属区委组织部。2008 年 11 月 29 日，中共济南市委组织部、济南市人事局印发《关于印发济南市参照公务员法管理事业单位名单的通知》（济人字〔2008〕209 号），明确为参照公务员法管理事业单位。

主　任

王新锋（兼）	2006.01—2008.03
张振民	2008.03—2008.11
续　明（回族）	2009.04—2011.03
李传贵	2011.03—

区委老干部局　1980 年 1 月，设立区委组织部老干部科。1986 年 3 月，改设为区委老干部局，为局级单位；7 月 26 日，定行政编制 7 名。1987 年 7 月 23 日，郊区划拨编制 2 名，移交 1 人；9 月 10 日，编制总额 9 名，实有 7 人（行政经费 5 人、区自筹经费 2 人）。1989 年 1 月 3 日，增加行政编制 1 名（司机）；7 月 31 日，核定行政编制 8 名；11 月 7 日，实有 7 人（含集体混岗 2 人）。1991 年 8 月 9 日，增加干部编制 1 名，为区自筹编制；25 日，建制级别局级，行政编制 8 名、自定编制 1 名，实有 7 人（含工勤 2 人）。1992 年 12 月 8 日，设立区老干部综合服务中心，为自收自支全民事业单位，隶属区委老干部局，不定级别、编制。1996 年 8 月 12 日，明确区委老干部局由区委组织部管理，保留处级建制。1997 年 4 月 4 日，核定离退休干部人员编制 7 名、工勤人员编制 2 名，领导职数配局长 1 名、副局长 2 名。2004 年 10 月 10 日，明确区老年人大学为全额预算管理副处级事业单位，隶属区委老干部局，配校长 1 名、工作人员 2 名。2006 年 8 月 25 日，增加老干部工作人员编制 2 名，内设办公室、行政事业管理科、企业管理科 3 个正科级科室，分别配科长（主任）1 名。2007 年 9 月 10 日，分配行政编制 9 名，离退休干部人员编制及自定编制全部核销。至 2012 年年底，内设 3 个科室，领导职数配局长 1 名、副局长 2 名，科长（主任）3 名；下设区老年人大学 1 个全额

预算管理副处级事业单位，配校长 1 名；行政编制 9 名、工勤人员编制 2 名、事业编制 3 名，实有 12 人。

局 长

高裕茂	1986.03—1992.11
梁贵臣	1992.12—2000.11
赵　明（兼）	2000.11—2004.03
乔成惠	2004.03—2012.02
刘　清（女）	2012.02—

区委宣传部

1951 年 7 月，设立区委宣传科。1955 年 1 月 4 日，改设为区委宣传部。1964 年 6 月，改设为区委宣传文教部。1967 年 2 月 24 日，陷入瘫痪。1975 年 11 月，复设立区委宣传部。1984 年 6 月 11 日，核定行政编制 8 名。1987 年 7 月 23 日，郊区划拨编制 2 名，移交 2 人；9 月 10 日，编制总额 10 名，实有 8 人（行政经费 7 人、区自筹经费 1 人）。1989 年 1 月 3 日，内设企业思想政治科、宣传教育科，均为股级，增加行政编制 2 名；7 月 31 日，核定行政编制 10 名；10 月 17 日，撤销企业思想政治科，增设理论教育科、政治工作科，均为股级，增加区自编制 2 名；明确区精神文明协调委员会办公室为区委正局级工作机构，定区自编制 3 名，归口区委宣传部代管；11 月 7 日，区委宣传部实有 8 人（含集体混岗 1 人）。1991 年 8 月 9 日，增加工人编制 1 名（司机），经费区自筹；25 日，建制级别局级，内设宣传教育科、理论教育科、政治工作科 3 个股级机构，行政编制 10 名、自定编制 3 名，实有 12 人；区精神文明协调委员会办公室建制级别局级，归口区委宣传部，自定编制 3 名，实有 2 人。1992 年 2 月 15 日，宣传教育科更名为新闻宣传科，理论教育科更名为教育科，政治工作科更名为企工科；8 月，设立区拥军优属拥政爱民工作领导小组办公室（简称区双拥办），与区精神文明建设委员会办公室（简称区文明办）合署办公。1994 年 8 月 2 日，区双拥办由区文明办移交区民政局管理。1996 年 8 月 12 日，明确区委宣传部为区委正处级工作机构；区文明办保留部门牌子；12 月 2 日，区委宣传部内设党员理论教育科、新闻宣传科、思想政治工作科 3 个科室，区委宣传部（含区文明办）行政编制 13 名、工勤人员编制 2 名；领导职数配部长 1 名、副部长 2 名，区文明办主任 1 名、副主任 1 名，科级职数 3 名。2001 年 11 月 1 日，区委宣传部加挂区文明办牌子；12 月 19 日，组织协调全区文化市场管理职能、“扫黄打非”工作职能划归区文化局，区委宣传部（区文明办）内设办公室、新闻科、党员理论教育科 3 个科室，行政编制 12 名、离退休干部人员编制 1 名、工勤人员编制 2 名，区文明办主任由区委宣传部 1 名副部长兼任。2006 年 8 月 25 日，区文明办内设未成年人思想道德教育科，建制级别科级。2007 年 3 月 20 日，成立区文学艺术界联合会（简称区文联），为区委宣传部下属正处级全额拨款事业单位，事业编制 3 名，设主席 1 名（由区委宣传部 1 名副部长兼任）、副主席 1 名；9 月 10 日，离退休干部人员编制及自定编制全部核销。至 2012 年年底，区委宣传部（区文明办）内设 4 个科室，下设区文联 1 个全额拨款正处级事业单位；领导职数配部长 1 名、副部长 2 名，区文明办主任 1 名（由区委宣传部 1 名副部长兼任）、副主任 1 名，区文联主席 1 名（由区委宣传部 1 名副部长兼任）、副主席 1 名，科长 3 名；行政编制 12 名、工勤人员编制 2 名、事业编制 3 名，实有 19 人。

部 长

张恒禄	1984.12—1991.04
赵继福	1991.04—1995.04
郭美萍（女）	1995.04—1998.07
郭继清	1998.07—2001.03
童世敏（女）	2001.03—2006.12
郅　良（女）	2006.12—2011.11
叶　辉（女）	2011.12—

区精神文明建设委员会办公室　1989 年 10 月 17 日，明确区精神文明协调委员会办公室为区委正局级工作机构，定区自编制 3 名，归口区委宣传部代管。1991 年 8 月 25 日，建制级别

局级，归口区委宣传部，自定编制3名，实有2人。1992年8月，设立区拥军优属、拥政爱民工作领导小组办公室（简称“双拥”办公室），与区精神文明建设委员会办公室合署办公。1994年8月2日，区“双拥”办公室移交区民政局管理。1996年8月12日，区文明办保留部门牌子；12月2日，编制合并到区委宣传部。2001年11月1日，区委宣传部加挂区文明办牌子。

主　任

段荣芳	1990.04—1996.11
罗永海	1996.11—2003.03
毕思忠	2003.03—2007.02
王子强	2007.02—

区文学艺术界联合会　2007年3月20日设立，为区委宣传部下属正处级全额拨款事业单位。

党组书记

张崇元（兼）	2008.03—2010.05
李绍峰	2011.03—2012.06

主　席

杨　军	2008.03—

区委统战部

1955年12月设立。1967年2月24日，陷入瘫痪。1975年11月恢复。1984年6月11日，核定行政编制3名。1987年7月23日，郊区划拨编制1名；9月10日，编制总额4名，实有3人（行政经费1人、区自筹经费2人）。1989年1月3日，设立区委对台工作办公室，与区委统战部合署办公，对外加挂区政府台湾事务办公室牌子；区委统战部编制由3名增至5名；7月31日，核定区委统战部（含区委对台工作办公室）行政编制5名；11月7日，实有5人（含集体混岗4人）。1990年8月16日，增加区自编制1名（用于司机），经费区自筹。1991年8月25日，区委统战部建制级别局级，行政编制5名、自定编制1名，实有6人；区委对台工作办公室建制级别局级，与区委统战部合署办公。1996年8月12日，明确区委统战部为区委正处级工作机构；区委对台工作办公室（区政府台湾事务办公室）、区民族宗教事务办公室并入区委统战部，对外使用区民族宗教事务办公室名义。1997年1月27日，区委统战部行政编制8名、工勤人员编制1名；领导职数配部长1名、副部长2名（其中1名兼任区民族宗教事务办公室主任），区民族宗教事务办公室副主任1名。2001年11月1日，区委统战部加挂区委对台工作办公室（区政府台湾事务办公室）牌子；12月19日，将管理全区民族、宗教事务行政职能划归区政府办公室；区委对台工作办公室更名为区委台湾工作办公室，区委统战部加挂区委台湾工作办公室（区政府台湾事务办公室）牌子；区委统战部行政编制6名、离退休干部人员编制1名、工勤人员编制1名，领导职数配部长1名、副部长2名，区委台湾工作办公室主任1名（由区委统战部1名副部长兼任）、副主任1名。2005年10月24日，区委台湾工作办公室机构单列，单独挂牌，正处级建制，归区委直接领导，不再与区委统战部合署办公，行政编制2名。2007年9月10日，离退休干部人员编制及自定编制全部核销。至2012年年底，领导职数配部长1名、副部长2名，行政编制4名、工勤人员编制1名，实有9人。

部　长

孙元臻	1984.03—1992.12
李金发	1992.12—1995.02
姬广印	1995.02—1996.03
李典茂	1996.03—2005.03
贾云国	2005.03—2008.03
刘建良（兼）	2008.03—2012.02
马敬民（兼）	2012.02—

常务副部长

张云太	2008.03—2011.03

区委政法委员会

1983年3月，设立区委政法委员会（简称区委政法委）。1984年6月11日，核定行政编制3名。1987年7月23日，郊区划拨编制1名；9月10日，编制总额4名，实有3人（行政经费）。

1988年11月1日，济南市编制委员会印发《关于将我市各级政法委人员纳入公安编制的通知》（济编发〔1988〕123号），要求区政法委4名工作人员纳入公安编制，享受公安待遇，但不着装。1989年7月31日，核定行政4名（公安编制）；11月7日，实有3人。1991年5月8日，增加区自定编制1名（用于司机），经费区自筹；8月13日，济南市编制委员会印发《关于同意市委政法委增设机构编制的批复》（济编发〔1991〕119号），要求各县、区社会治安综合治理办公室的建立参照市里的做法进行，人员编制县、区最多不超过5名；25日，区委政法委建制级别局级，行政编制4名（公安编制）、自定编制1名，实有5人（含工勤1人）；12月9日，天桥区设立区社会治安综合治理委员会办公室，为正局级部门，与区委政法委合署办公，定编4名。1992年2月15日，区委打击严重经济犯罪斗争领导小组办公室并入区委政法委合署办公，加挂区委打击严重经济犯罪斗争领导小组办公室牌子。1996年8月12日，明确区委政法委为区委正处级工作机构；撤销区打击严重经济犯罪斗争领导小组办公室，职能移交区委政法委；区社会治安综合治理委员会办公室与区委政法委合署办公。1997年1月27日，区委政法委行政编制6名、工勤人员编制1名，领导职数配书记1名、副书记2名；区社会治安综合治理委员会办公室行政编制3名，领导职数配主任1名（由区委政法委书记兼任）、副主任1名。1999年11月27日，内设办公室、调研室，均为科级。2001年5月26日，区社会治安综合治理办公室内设矛盾纠纷排查调处指导科，为正科级；12月19日，区委政法委内设办公室、调研室、综合科3个科室，行政编制8名（含区社会治安综合治理委员会办公室行政编制3名）、离退休干部人员编制1名、工勤人员编制1名；领导职数配书记1名、副书记2名，区社会治安综合治理委员会办公室主任1名（由区委政法委1名副书记兼任）、副主任1名，科级职数3名。2005年5月10日，增设执法监督科，设科长1名。2007年9月10日，离退休干部人员编制及自定编制全部核销。2009年3月30日，设立区维护社会稳定工作办公室，为区委政法委正处级内设机构，行政编制5名，领导职数配主任1名（由区委政法委1名副书记兼任）、副主任1名。2012年10月22日，区社会治安综合治理委员会办公室更名为区社会管理综合治理委员会办公室（简称区综治办），与区委政法委一个机构两块牌子；至年底，区委政法委（区综治办）内设5个科室和1个正处级机构；领导职数配书记1名、副书记2名，区综治办主任1名（由区委政法委1名副书记兼任）、副主任1名，区维护社会稳定工作办公室主任1名（由区委政法委1名副书记兼任）、副主任1名，科长4名；行政编制13名、工勤人员编制1名，实有15人。

书　记

杜书作	1989.11—1993.02
姬广印	1993.02—1995.02
舒孝堂	1995.02—2002.01
吴承丙（兼）	2002.01—2003.02
刘建忠（兼）	2003.02—2006.12
潘传利	2006.12—2009.03
樊　瑞（回族）	2009.03—2011.04
韩　伟	2011.04—2011.12
王联华	2011.12—

常务副书记

尚玉乾	2008.03—2012.02
巨同恩	2012.02—

区社会管理综合治理委员会办公室　1991年8月13日，济南市编制委员会印发《关于同意市委政法委增设机构编制的批复》（济编发〔1991〕119号），要求各县、区社会治安综合治理办公室的建立参照市里的做法进行，人员编制县、区最多不超过5名；12月9日，天桥区设立区社会治安综合治理委员会办公室，为正局级部门，与区委政法委员会合署办公，定编4名。1996年8月12日，与区委政法委员会合署办公。2012年10月22日，区社会治安综合治理委员会办公室更名为区社会管理综合治理委员会办公室，与区委政法委员会机关一个机构

两块牌子。

主　任

李云峰	1991.12—1994.05
姬广印（兼）	1994.05—1995.02
舒孝堂	1995.02—1996.11
刘翠莲（女）	1996.11—2000.11
尚玉乾	2000.11—2008.03
张永强	2008.03—2011.03
刘　夔	2011.03—2012.02
陈　杰	2012.02—

区维护社会稳定工作办公室　2009年3月30日设立，为区委政法委正处级内设机构。

主　任

赵志秀	2009.04—2010.12
巨同恩	2010.12—2012.02
纪　政	2012.02—

附：

区委打击严重经济犯罪斗争领导小组办公室　1989年10月17日，明确区委打击严重经济犯罪斗争领导小组办公室为区委正局级工作机构，定区自编制2名。1991年8月25日，建制级别局级，自定编制2名，实有2人。1992年2月15日，并入区委政法委员会合署办公，对外仍挂牌子。1996年8月12日撤销，职能、人员分别移交区委政法委员会、区人民检察院。

主　任

张荣光	1989.10—1991.12
潘传华（兼）	1991.12—1996.08

区机构编制委员会办公室

1984年10月9日，设立区编制委员会，编制委员会办公室设于区人事局。1985年，行政编制1名。1986年7月7日，市编委办增拨行政编制2名；11月22日，省编委增拨行政编制1名。1987年7月23日，郊区划拨行政编制1名。1989年1月3日，区编制委员会办公室明确为副局级单位，归口区人事局领导。1991年4月16日，升格为正局级机构，不列政府序列，隶属关系和人员编制不变；8月25日，区编委办公室行政编制5名，实有3人。1993年10月25日，区编制委员会及下设办公室分别更名为区机构编制委员会（简称区编委）、区机构编制委员会办公室（简称区编委办）。1996年8月12日，区编委办与区人事局合署办公。1997年4月4日，明确区编委办为区编委常设办事机构，隶属区编委领导，行政编制5名；6月6日，设立区事业单位登记管理办公室，为全额预算管理国有科级事业单位，核定编制3名，隶属区编委办。2005年5月10日，区事业单位登记管理办公室更名为区事业单位登记管理局，升格为副处级，配局长（副处级）1名。2008年11月29日，中共济南市委组织部、济南市人事局印发《关于印发济南市参照公务员法管理事业单位名单的通知》（济人字〔2008〕209号），区事业单位登记管理局为参照公务员法管理事业单位。2010年3月12日，区编委办单独设置，既是区委工作部门，也是区政府工作部门，列入区委机构序列；7月2日，区编委办内设综合科、机构编制科、监督检查科3个职能科室，行政编制8名、工勤人员编制1名；领导职数配主任1名、副主任2名，科长3名，党的组织、纪检监察、工会、共青团、妇女工作等机构设置及人员配备按有关规定执行；区事业单位登记管理局为区机构编制委员会办公室所属财政拨款副处级事业单位，事业编制5名，领导职数配局长（副处级）1名、副局长（正科级）1名；设立区机构编制电子政务中心，为区编委办所属财政拨款正科级事业单位，事业编制5名，领导职数配主任1名、副主任1名。至2012年年底，内设3个职能科室，下设区事业单位登记管理局1个副处级和区机构编制电子政务中心1个正科级财政拨款事业单位，领导职数配备未变，行政编制8名、工勤人员编制1名、事业编制10名，实有12人。

主　任

俞芊芊（女，兼）	1991.04—1996.03
金之英（女）	1996.03—2002.03
乔成惠	2002.03—2004.03

栾秀芳（女，兼） 2009.05—2010.03
韩会敏 2010.03—2011.03
米文芃（女，回族） 2011.03—

区委区直机关工作委员会

1956年9月，建立区机关党总支。1959年10月，改设为区机关党委。1962年8月撤销。1963年6月，复设立区机关党委。1967年2月24日，陷入瘫痪。1975年11月恢复。1984年6月11日，核定行政编制3名。1987年7月23日，郊区划拨编制1名，移交1人；9月10日，编制总额4名，实有4人（行政经费）。1989年7月31日，核定行政编制5名；11月7日，实有4人。1991年8月9日，增加工会干部编制1名，为区自筹编制；25日，建制级别局级，行政编制5名、自定编制1名，实有5人。1996年8月12日，明确区机关党委为区委正处级工作机构。1997年3月6日，行政编制4名、离退休干部人员编制1名，领导职数配书记1名、副书记（兼任机关纪律检查委员会书记）1名；6月6日，区直机关计划生育工作由区计划生育委员会移交区机关党委，区机关党委增加行政编制1名。2001年11月1日，更名为区委区直机关工作委员会；12月19日，行政编制4名、离退休干部人员编制2名，领导职数配书记1人、副书记（兼任区直机关纪律检查委员会书记）1人，机关工会、共青团、妇委会等机构的设置及领导职数配备按有关规定执行。2007年9月10日，分配行政编制2名，离退休干部人员编制及自定编制全部核销。2010年10月18日，副书记不再兼任纪律检查委员会书记。至2012年年底，领导职数配书记1名、副书记1名，行政编制6名，实有6人。

书　记

李金发 1989.10—1992.12
甘广庆 1993.02—1996.11
张景珠 1996.11—2001.06
孙国祥 2001.06—2007.02
韩　勇 2007.02—2010.03
赵跃进 2010.03—

区委台湾工作办公室
（区政府台湾事务办公室）

1989年1月3日，设立区委对台工作办公室，对外加挂区政府台湾事务办公室牌子，与区委统战部合署办公。1996年8月12日，并入区委统战部，对外挂区委对台工作办公室（区政府台湾事务办公室）牌子。2001年12月19日，更名为区委台湾工作办公室，领导职数配主任1名、副主任1名。2005年10月24日，区委台湾工作办公室机构单列，单独挂牌，正处级建制，归区委直接领导，不再与区委统战部合署办公，加挂区政府台湾事务办公室牌子，行政编制2名。至2012年年底，领导职数配主任1名、副主任1名，行政编制2名，实有4人。

主　任

韩有文 1989.06—1996.05
闫希玲（女） 1998.07—2004.03
杨　萍（女，兼） 2004.03—2010.03
王永强 2010.03—

区老龄工作委员会办公室

1987年9月28日，设立区老龄问题委员会，委员会办公室设在区劳动局。1988年3月15日，区老龄问题委员会办公室暂定行政编制2名。1989年7月31日，核定行政编制2名；11月7日，实有3人（含集体混岗1人）。1990年5月19日，明确归区党群口管理，增区自编制2名，经费区自筹。1991年8月25日，建制级别局级，行政编制2名、自定编制2名，实有3人。1992年8月1日，成立区老年事业发展中心，为全民事业单位，隶属区老龄问题委员会领导，实行独立核算、自负盈亏，暂与老龄问题委员会办公室合署办公。1997年3月6日，明确区老龄问题委员会办公室为区老龄问题委员会办事机构，核定事业编制4名，领导职数配主任1名、副主任1名。2001年11月1日，区老龄委员会办公室暂不作变动。2002年10月8日，区老龄委员会更名为区老龄工作委员会，区老龄委员会办公室更名为区老龄工作委员会办公室。2008年11月29日，中共济南市委组织部、济南市人事局印发《关于印发济南市参照公务员法管理事业单位名单的通知》（济人字〔2008〕209号），区老龄工作委员会办公室为参照公务员法管理事业单位。至2012年年底，领导职数配主任1名、副主任1名，事业编制4名，实有7人。

主　任

郭正伦（兼）	1987.09—1994.05
范忠良（回族）	1994.05—2000.02
赵明远	2000.02—2005.03
李世平	2005.03—

区委党校

1959年4月设立。1967年2月24日，陷入瘫痪。1975年3月恢复。1987年9月10日，实有3人（行政经费）。1988年8月，成立中共天桥区委党校、区职工学校联合党支部。1989年1月3日，区职工学校与区委党校合署办公，明确区委党校为区委、区政府直属事业单位，以区委领导为主，定事业编制25名（其中区财政拨款17名、经费自筹8名）；7月31日，核定区委党校（区职工学校）事业编制17名、区自编制8名（经费部门自筹）；11月7日，区委党校实有4人、区职工学校实有18人（含集体混岗7人）。1991年8月25日，区委党校为局级全民事业单位，事业编制17名、自定编制8名，实有22人（含工勤2人）；同月，联合党支部改建为区委党校党委。1992年8月22日，中共山东省委干部教育工作领导小组、省委组织部、山东省编制委员会印发《关于章丘等县（区）委党校中专体制问题的批复》（鲁编〔1992〕159号），同意章丘、天桥等县、区委党校列为中等专业学校体制，按副县级配备领导班子，校长、书记为副县（处）级，副校长、副书记为正科级；11月28日，中共济南市委干部教育工作领导小组、市委组织部、济南市编制委员会印发《关于转发省委干部教育工作领导小组、组织部、编委〈关于章丘等县（区）委党校中专体制问题的批复〉的通知》（济编发〔1992〕113号），要求各县、区委党校的管理体制、建制、干部配备按照鲁编〔1992〕159号文件规定执行。1993年12月20日，区职工学校升格为天桥职工中等专业学校，与区委党校合署办公。1994年5月12日，成立区行政干部学校，与区委党校合署办公，一个机构两块牌子；8月2日，明确区委党校内设办公室、总务处、教研室、招生办公室、教务处5个处室为副局级建制机构。1997年3月6日，明确区委党校为区委直属事业单位，区委党校、区行政干部学校、天桥职工中等专业学校系一套机构三块牌子，内设办公室、招生办公室、教务处、教研室、总务处5个副处级机构，事业编制25名（含工勤人员编制2名）；领导职数配党委书记1名，常务副校长1名、副校长2名，处室主任5名。2008年11月29日，中共济南市委组织部、济南市人事局印发《关于印发济南市参照公务员法管理事业单位名单的通知》（济人字〔2008〕209号），区委党校（区行政干部学校）为参照公务员法管理事业单位。至2012年年底，区委党校（区行政干部学校、天桥职工中等专业学校）内设5个副处级处室，领导职数配备未变，事业编制25名，实有24人。

校　长

姜在镇	1988.08—1991.08
张连铸（兼）	1991.08—1993.06
陈永才	1993.06—1995.06
彭万生（兼）	1995.06—1999.05
杨庆林（兼）	1999.05—2006.09
张　辉	2006.09—2011.11
毕筱奇	2011.11—

常务副校长

陈永才	1995.06—1998.04
郭继清	1998.04—2001.04
张泽泉	2001.04—2005.12
徐陆军	2005.12—

党委（支部）书记

姜在镇	1988.08—1991.08
王　富	1991.08—1993.06
张培善	1993.06—1996.03
童世敏（女）	1996.03—2001.04

杨维诗	2001.04—2002.12
赵　明	2002.12—2012.12

党委（支部）副书记

王　富	1990.01—1991.08
徐宪德	1991.08—1993.06
陈永才	1993.06—2000.09
孟凡元	1999.10—2002.03
张泽泉	2001.04—2005.12
徐陆军	2005.12—

副校长

徐宪德	1988.08—1995.07
王兆峰	1989.04—2000.12
王　富	1990.01—1999.10
张含仁（兼）	1991.08—1993.06
刘晓钟（兼）	1996.03—1998.04
陈永才	1998.04—2000.09
武传军	1998.04—2000.12
孟凡元	1999.10—2002.03
李春启	2000.12—2007.02
赵学敏	2000.12—2008.03
苏毅林	2003.03—
郑富国	2006.01—2008.03
芦　奕（女）	2007.02—2010.05
李述荣	2008.03—2012.02
张德柱	2008.03—2012.08
路　萍（女）	2010.05—
郝庆飞	2012.02—

天桥职工中等专业学校　1986年10月31日，区职工学校（集体事业单位）在册人数9人。1987年9月10日，在册人数9人、实有12人（部门自筹经费）。1988年8月，与区委党校成立联合党支部。1989年1月3日，与区委党校合署办公；11月7日，实有18人（含集体混岗7人）。1993年12月20日，区职工学校升格为天桥职工中等专业学校。1994年5月12日，与区委党校、区行政干部学校合署办公。1997年3月6日，明确与区委党校、区行政干部学校系一套机构三块牌子。

校　长

郑富国	2006.01—2008.03
李述荣	2008.03—2012.02
张德柱	2012.02—2012.08

区行政干部学校　1994年5月12日设立，与区委党校合署办公，一个机构两块牌子。1997年3月6日，明确与区委党校、天桥职工中等专业学校系一套机构三块牌子。2008年11月29日，中共济南市委组织部、济南市人事局印发《关于印发济南市参照公务员法管理事业单位名单的通知》（济人字〔2008〕209号），区委党校（区行政干部学校）为参照公务员法管理事业单位。

校　长（空缺）

附：

区委街道办公室（区政府街道办公室）　1964年3月，设立区政府街道办公室。1967年2月24日，陷入瘫痪。1975年11月恢复。1984年3月，并入区委办公室。1986年7月8日，设立区委街道办公室（区政府街道办公室），核定行政编制4名。1987年7月23日，郊区划拨编制1名；9月10日，编制总额5名、实有4人（行政经费3人、区自筹经费1人）。1989年7月31日，核定行政编制4名；11月7日，实有4人（含集体混岗1人）。1991年8月25日，建制级别局级，行政编制4名，实有2人。1993年4月22日撤销。

主　任

毛永才	1990.03—1993.04

第二章　济南市天桥区人民代表大会常务委员会及其工作部门

1980年5月8—11日，区第九届人民代表大会第一次会议召开，建立济南市天桥区人民代表大会常务委员会（简称区人大常委会），为区人民代表大会常设机关，下设办公室。1981年3月，建立党组。1984年6月11日，核定行政编制17名，其中区人大常委会正、副主任5名、驻会常委2名、办公室10名（含调查研究科、代表联络科）；12月，增设调研科、代表联络科。1987年7月23日，郊区划拨编制4名，移交2人；29日，区第十一届人大常委会第三次会议决定，撤销调研科、代表联络科，设立法制、财政经济、城乡建设、科教文卫4个工作委员会；9月10日，编制总额21名，实有21人（行政经费19人、区自筹经费2人）。1988年12月30日，增加区自筹编制1名。1989年1月3日，增加行政编制4名；7月7日，区编委批准撤销调研科、代表联络科，增设法制工作处、财经工作处、城乡建设工作处、科教文卫工作处、人事任免代表联络处，均为正局级，定行政编制22名（不含区人大常委会正、副主任）；10日，增加区人大常委会正、副主任行政编制4名；10月31日，法制、财政经济、城乡建设、科教文卫4个工作委员会分别改设为法制工作处、财经工作处、城乡建设工作处、科教文卫工作处，增设人事代表联络工作处。1991年8月25日，区人大常委会建制级别县级，有委员19人，其中主任1人、副主任5人；区人大常委会党组成员6人，其中书记1人、副书记1人；下设办公室、法制工作处、财经工作处、城乡建设工作处、科教文卫工作处、人事任免代表联络处6个局级机构，行政编制26名，实有24人（含工勤2人）。1997年12月，行政编制15名、离退休干部人员编制1名、工勤人员编制3名。1999年11月27日，办公室内设老干部工作科，暂定离退休工作人员编制1名，人员内部调剂。2002年10月8日，撤销办公室老干部工作科，设立老干部管理办公室，为全额拨款国有正处级事业单位，归属办公室管理，定事业编制3名；设立信访办公室，建制级别正处级，归属办公室管理，定行政编制3名。2003年4月7日，区人大常委会机构改革，机关行政编制精简12%，下设办公室、信访办公室、老干部管理办公室、人事任免代表联络处、财经工作处、法制工作处、科教文卫工作处、城乡建设工作处8个工作机构，其中老干部管理办公室为事业单位；8月19日，下设8个工作机构均为正处级（其中信访办公室、老干部管理办公室为区人大常委会办公室管理机构），行政编制13名、离退休干部人员编制3名、工勤人员编制3名、事业编制6名；领导职数配人大常委会主任1名、副主任6名，处室领导8名。2007年9月10日，分配行政编制7名，离退休干部人员编制及自定编制（机关事业编制）全部核销。至2012年年底，有委员23人，其中主任1人、副主任5人；区人大常委会党组成员7人，其中书记1人、副书记2人；下设办公室（信访办公室）、法制工作处、财经工作处、城乡建设工作处、科教文卫工作处、人事任免代表联络处7个正处级工作机构（1个为办公室管理机构）和老干部管理办公室（办公室管理）1个财政拨款正处级事业单位，配处室领导8名；行政编制20名、工勤人员编制3名、事业编制3名，实有34人。

第一节　济南市天桥区人民代表大会常务委员会

1991—2012年，济南市天桥区人民代表大会常务委员会历经6届。其中，第十二届任期3

年，第十六届任期4年，第十三、十四、十五、十七届任期5年。人大常委会主任先后由左宪让、范广福、张培友担任。

济南市天桥区人大常委会第十二至十七界党组书记、副书记、主任、副主任任职一览表

表29-2

届次	职务	姓名	任期	籍贯
第十二届	书记	左宪让	1990.02—1993.01	山东肥城
	副书记	郑述荃	1990.02—1993.01	山东邹平
	主任	左宪让	1990.02—1993.01	山东肥城
	副主任	郑述荃	1990.02—1993.01	山东邹平
		周新建	1990.02—1993.01	山东荣成
		黄祥丰	1990.02—1993.01	福建海澄
		万昭发	1990.02—1993.01	山东章丘
		张益三	1990.02—1993.01	山东章丘
		毕于朴	1992.03—1993.01	山东淄博
第十三届	书记	左宪让	1993.02—1996.03	山东肥城
		范广福	1996.03—1998.01	山西晋城
	副书记	范广福	1993.02—1996.03	山西晋城
		周新建	1993.02—1996.03	山东荣成
		郑述荃	1993.02—1996.03	山东邹平
		万昭发	1993.02—1996.03	山东章丘
		印森林	1996.03—1998.01	江苏泰兴
		肖国栋	1996.03—1998.01	山东莱州
	主任	范广福	1993.01—1998.01	山西晋城
	副主任	周新建	1993.01—1996.03	山东荣成
		宁继仁	1993.01—1996.03	山东章丘
		毕于朴	1993.01—1996.03	山东淄博
		甘广庆	1993.01—1998.01	山东济南
		李焕文	1993.01—1998.01	山东海阳
		李瑞云（女，民盟）	1993.01—1998.01	江苏南京
		印森林	1995.03—1998.01	江苏泰兴
		肖国栋	1996.03—1998.01	山东莱州
		张小明	1996.03—1998.01	山东郯城
		姬广印	1996.03—1998.01	山东宁阳

续表 29-2

届　次	职　务	姓　名	任　期	籍　贯
第十四届	书　记	范广福	1998.01—2003.01	山西晋城
	副书记	李道庆	1998.01—2003.01	山东平阴
		张小明	1998.01—2003.01	山东郯城
		肖国栋	1998.01—2003.01	山东莱州
		印森林	1998.01—2000.02	江苏泰兴
		赵继福	2001.03—2003.01	山东临沂
	主　任	范广福	1998.01—2003.01	山西晋城
	副主任	李道庆	1998.01—2003.01	山东平阴
		张小明	1998.01—2003.01	山东郯城
		赵继福	2001.03—2003.01	山东临沂
		肖国栋	1998.01—2003.01	山东莱州
		姬广印	1998.01—2001.03	山东宁阳
		马继水	1998.01—2003.01	山东泰安
		沈启贤（九三学社）	1998.01—2003.01	江苏南通
第十五届	书　记	张培友	2003.02—2007.12	山东夏津
	副书记	赵　丽（女）	2003.02—2007.12	山东济南
		童世敏（女）	2006.12—2007.12	上海嘉定
	主　任	张培友	2003.01—2007.12	山东夏津
	副主任	赵　丽（女）	2003.01—2007.12	山东济南
		童世敏（女）	2007.01—2007.12	上海嘉定
		郇起鸿（民建）	2003.01—2007.12	山东龙口
		翟立国	2003.01—2007.12	江苏泗阳
		崔然贵（回族）	2003.01—2007.12	山东济南
		芦传忠	2003.01—2007.12	山东济南
		张光格	2003.01—2007.12	山东平邑

续表 29-2

届　次	职　务	姓　名	任　期	籍　贯
第十六届	书　记	张培友	2008.03—2012.02	山东夏津
	副书记	童世敏（女）	2008.03—2012.02	上海嘉定
	主　任	张培友	2007.12—2012.01	山东夏津
	副主任	童世敏（女）	2007.12—2012.01	上海嘉定
		郇起鸿（民建）	2007.12—2012.01	山东龙口
		贾柏林	2007.12—2012.01	山东淄博
		崔然贵（回族）	2007.12—2012.01	山东济南
		张光格	2007.12—2012.01	山东平邑
第十七届	书　记	张培友	2012.02—	山东夏津
	副书记	张光格	2012.02—	山东平邑
		李大春	2012.02—	山东济南
	主　任	张培友	2012.01—	山东夏津
	副主任	张光格	2012.01—	山东平邑
		李大春	2012.01—	山东济南
		李　建（回族，无党派）	2012.01—	山东新泰
		宋光强	2012.01—	山东济南
		陈乐敏（女）	2012.01—	山东章丘

第二节　济南市天桥区人大常委会工作部门

1991 年，区人大常委会下设办公室、法制工作处、财经工作处、城乡建设工作处、科教文卫工作处、人事任免代表联络处 6 个正局级处室。2003 年 8 月 19 日，下设办公室、信访办公室、老干部管理办公室、人事任免代表联络处、财经工作处、法制工作处、科教文卫工作处、城乡建设工作处 8 个工作机构（其中信访办公室、老干部管理办公室为区人大常委会办公室管理机构），均为正处级。至 2012 年年底，工作部门未发生变化。

办公室

1980 年 5 月 11 日设立。

主　任

万昭发（兼）	1986.03—1991.01
甘广庆	1991.01—1993.02
闫连明	1993.02—1996.11
赵明远	1996.11—1999.10
李兴明	1999.10—2002.04
武传军	2002.04—2004.09
卢　奕（女）	2004.09—2007.02
李春启	2007.02—2012.03
鲍　红（女）	2012.03—

信访办公室　2002 年 10 月 8 日设立，归属办公室管理。

主　任

黄玉河　2005.03—2006.07
梁贵堂　2008.03—2010.05
孟晓宁（女）　2010.05—

老干部管理办公室　1999年11月27日，办公室内设老干部工作科。2002年10月8日，撤销办公室老干部工作科，设立老干部管理办公室，为全额拨款国有正处级事业单位，归属办公室管理。

主　任

孟晓宁（女）　2009.04—2010.05

人事任免代表联络处

1989年10月31日设立。

处　长

夏桂云（女）　1990.09—1996.11
李自祥　1996.11—2002.12
王济民　2002.12—2008.03
高广华　2008.03—2011.03
鲍　红（女）　2011.03—2012.03
李　静（女）　2012.03—

财经工作处

1987年7月29日，设立财政经济工作委员会。1989年10月31日，改设为财经工作处。

处　长

马方坤　1989.10—1992.11
耿志常　1992.11—1996.11
毕兴邦　1996.11—2002.12
徐鸿昶　2002.12—2008.03
孙凤国　2008.03—2011.03
李建平　2011.03—

法制工作处

1987年7月29日，设立法制工作委员会。1989年10月31日，改设为法制工作处。

处　长

张维波　1989.10—1992.11
吕书水（女）　1992.11—1996.11
潘传华　1996.11—2002.12
李金奎　2002.12—2010.05
谢光智　2010.05—

教科文卫工作处

1987年7月29日，设立科教文卫工作委员会。1989年10月31日，改设为科教文卫工作处。

处　长

李福堂　1989.10—1991.09
陈国权　1991.09—1996.11
明慧凤（女）　2001.06—2002.12
张桂英（女）　2002.12—2006.07
黄玉河　2006.07—2010.05
鲍　红（女）　2010.05—2011.03
高广华　2011.03—

城乡建设工作处

1987年7月29日，设立城乡建设工作委员会。1989年10月31日，改设为城乡建设工作处。

处　长

李秉厚　1990.07—1994.06
王志兰（女）　1994.06—2002.04
付志学　2002.12—2010.05
刘兆成　2010.05—

第三章　济南市天桥区人民政府及其工作部门

1951年1月，设立济南市人民政府第四区区公所；8月，撤销济南市人民政府第四区区公所，成立济南市第四区人民政府。1955年7月，济南市第四区人民政府改为济南市第四区人民委员会；9月8日，改称济南市天桥区人民委员会。1960年5月，设立济南市天桥人民公社管理委员会（与区人民委员会并存）。1962年12月，撤销人民公社管理委员会，保留区人民委员会。1963年3月，建立区人民委员会党组。1966年5月“文化大革命”开始；1967年2月24日，被造反群众组织夺权，设立济南市向阳区无产阶级革命造反派大联合革命委员会；3月，改称济南市向阳区革命委员会；5月被冲垮。1968年11月11日，经山东省、济南市革命委员会批准，复建立济南市向阳区革命委员会。1970年1月，建立中共济南市向阳区革命委员会核心领导小组。1971年3月，撤销中共济南市向阳区革命委员会核心领导小组。1973年7月1日，济南市向阳区革命委员会改称济南市天桥区革命委员会。1980年5月，济南市天桥区革命委员会改为济南市天桥区人民政府，原区革命委员会工作部门相应改为区政府工作部门。1981年3月，建立区人民政府党组。1991年，区人民政府有区长1人、副区长7人，区政府党组成员7人，其中书记1人、副书记1人；下设48个工作机构（其中序列内33个、序列外15个）、6个直属事业单位、46个部门管理事业单位，行政编制679名、区自编制425名、事业编制2401名，实有3295人。1996年8月12日，机构改革调整后，区政府设办公室、经济计划委员会、经济体制改革委员会、教育委员会、科学技术委员会、对外经济贸易委员会、监察局、民政局、司法局、财政局、人事局、劳动局、建设委员会、房产管理局、土地矿产局、商业委员会、文化局、卫生局、体育运动委员会、计划生育委员会、审计局、统计局、环境保护局、农业办公室、公安分局25个工作机构，均为处级建制；物价局、成人教育委员会办公室、人民防空委员会办公室为部门管理机构，保留处级建制。2001年11月1日机构改革，区政府配备区长1名、副区长4名，下设办公室、经济发展计划局、教育局、科学技术局、监察局（列入政府工作部门序列，不计政府机构个数）、民政局、司法局、财政局、人事局、劳动和社会保障局、建设管理局、国土资源局、对外贸易经济合作局、文化局、卫生局、计划生育局、审计局、统计局、环境保护局、农业经济发展局、公安分局（列入政府工作部门序列，不计政府机构个数）19个工作机构；物价局、安全生产监督管理局、成人教育局、人民防空委员会办公室为部门管理机构。2006年2月10日，区政府机构改革，国土资源局不再列政府工作部门序列，城市管理行政执法局、安全生产监督管理局列入政府工作部门序列，经济发展计划局、建设管理局、计划生育局分别改称发展和改革委员会、建设委员会、人口和计划生育局，物价局、人民防空委员会办公室为部门管理机构，区政府设工作部门20个。2010年3月12日，区政府机构改革，区建设委员会更名为区城乡建设委员会、区人口和计划生育局更名为区人口和计划生育委员会，区发展和改革委员会加挂区物价局牌子、区城乡建设委员会加挂区人民防空委员会办公室牌子、区农业经济发展局加挂区水务局牌子、区文化局加挂区旅游局牌子，组建区人力资源和社会保障局、区经济和信息化局、区城市管理局、区商务局、区住房保障和房产管理局，撤销区人事局、区劳动和社会保障局、区对外贸易经济合作局、区房产管理局，不再保留区财政局加挂的区国有资产管理局牌子，市国土资源局天桥分局、区监察局列入政府工作部门序列，不计入政府机构个数，区政府设工作部门22个。至2012年年底，区政府设区长1人、副区长6人，区政府党组成员8人，其中书记1人、副书记2人；下设1个派出机构（济南化工产业园区管理委员会）、22个工作机构、13个直属事业单位、88个部门管理事业单位，行政编制377名、工勤人员编制30名、事业编制2496名，实有2498人；所属工作机构有区政府办公室、区发展和改革委员会（区物价局）、区经济和信息化局、区教育局、区科学技术局、区监察局（与区纪律检查委员会机关合署，列入政府工作部门序列，不计入政府机构个数）、区民政局、区司法局、区财政局、区人力资源和社会保障局、济南市国土资源局天桥分局（列入政府工作部门序列，不计入政府机构个数）、区城乡建设委员会（区人民防空委员会办公室）、区城市管理局、区城市管理行政执法局、区环境保护局、区农业经济发展局（区水务局）、区商务局、区文化局（区旅游局）、区卫生局、区人口和计划生育委员会、区审计局、区统计局、区安全生产监督管理局、区住房保障和房产管理局，直属事业单位有区行政审批服务中心、区投融资管理服务中心、区体育局、区交通局、区红十字会、区区级机关事务管理局、中国贸易促进会济南天桥区支会（中国国际商会济南天桥商会）、区北展区综合开发管理委员会、区城市建设综合开发公司、区拆迁办公室、区市政工程管理局、区园林绿化管理局、济南市国有北郊林场（其中区拆迁办公室、区市政工程管理局、区园林绿化管理局由区城乡建设委员会管理，济南市国有北郊林场由区住房保障和房产管理局管理）。

第一节　济南市天桥区人民政府

1991—2012 年，济南市天桥区人民政府历经 6 届。其中，区第十二届人民政府任期 3 年，区第十六届人民政府任期 4 年，区第十三、十四、十五、十七届人民政府分别任期 5 年。政府区长先后由李华理、范广福、彭万生、杨锡福、王辉、雷天太、王建军、李洪海担任。

济南市天桥区人民政府第十二至十七届党组书记、副书记、区长、副区长任职一览表

表 29-3

届　次	职　务	姓　名	任　期	籍　贯
第十二届	书　　记	李华理	1990.04—1991.09	山东沂源
		范广福	1991.10—1993.01	山西晋城
	副书记	范广福	1990.04—1991.10	山西晋城
		杜书作	1991.10—1993.01	山东招远
	区　　长	李华理	1990.02—1991.09	山东沂源
		范广福	1992.03—1992.11	山西晋城
	代理区长	范广福	1991.09—1992.03	山西晋城
		彭万生	1992.11—1993.01	山东泰安
	副区长	范广福	1990.02—1991.09	山西晋城
		包福魁	1990.02—1991.09	山东蓬莱
		张　泽（女）	1990.02—1993.01	山东泰安
		阎丰兴	1990.02—1993.01	山东安丘
		王怀楚	1990.02—1992.07	山东历城
		温松林（挂职）	1990.02—1990.10	
		王家美（挂职）	1990.10—1992.06	山东历城
		杜书作	1991.09—1993.01	山东招远
		李玉海（挂职）	1991.09—1992.10	
		肖国栋	1991.10—1993.01	山东莱州
		彭万生	1992.11—1993.01	山东泰安

续表 29-3

届次	职务	姓名	任期	籍贯
第十三届	书记	彭万生	1993.02—1995.03	山东泰安
		杨锡福	1995.03—1998.01	山东济南
	副书记	杜书作	1993.02—1996.03	山东招远
		纪宝华	1996.03—1998.01	山东莱阳
		李道庆	1996.03—1998.01	山东平阴
		阎丰兴	1996.03—1998.01	山东安丘
	区长	彭万生	1993.01—1995.01	山东泰安
		杨锡福	1995.03—1998.01	山东济南
	代理区长	杨锡福	1995.01—1995.03	山东济南
	副区长	杜书作	1993.01—1996.03	山东招远
		阎丰兴	1993.01—1998.01	山东安丘
		肖国栋	1993.01—1996.03	山东莱州
		赵丽（女）	1993.01—1998.01	山东济南
		郇起鸿（民建）	1993.01—1998.01	山东龙口
		杨锡福	1995.01—1995.03	山东济南
		纪宝华	1996.03—1998.01	山东莱阳
		李道庆	1996.03—1998.01	山东平阴
		许宝利	1996.03—1998.01	山东莱西
	区长助理	贾柏林	1995.12—1998.01	山东淄博
第十四届	书记	杨锡福	1998.01—1999.04	山东济南
		王辉	1999.04—2003.01	江苏邳州
	副书记	许宝利	1998.01—2003.01	山东莱西
		赵丽（女）	1998.01—2003.01	山东济南
		胡培芝	1999.04—2003.01	山东章丘
	区长	杨锡福	1998.01—1999.04	山东济南
		王辉	1999.04—2003.01	江苏邳州
	代理区长	王辉	1999.04—1999.04	江苏邳州
		雷天太	2003.01—2003.01	山东招远

续表 29-3

届　次	职　务	姓　名	任　期	籍　贯
第十四届	副区长	许宝利	1998.01—2003.01	山东莱西
		赵　丽（女）	1998.01—2003.01	山东济南
		郇起鸿（民建）	1998.01—2003.01	山东龙口
		贾柏林	1998.01—2003.01	山东淄博
		翟立国	1998.01—2003.01	江苏泗阳
		崔然贵（回族）	1998.01—2003.01	山东济南
		胡培芝	1999.01—2002.09	山东章丘
		许仲彦	1999.01—2003.01	江苏新沂
		王　辉	1999.04—1999.04	江苏邳州
		曹文兴（挂职）	2000.05—2000.11	
		雷天太	2003.01—2003.01	山东招远
		潘传利	2003.01—2003.01	山东商河
		樊　瑞（回族）	2003.01—2003.01	山东泰安
	区长助理	滕志超	2000.08—2003.01	山东邹平
第十五届	书　记	雷天太	2003.02—2006.12	山东招远
		王建军	2006.12—2007.12	山东莱阳
	副书记	王建军	2003.02—2006.12	山东莱阳
		赵新生	2006.12—2007.12	山东济南
		陈　勇	2006.12—2007.12	山东济南
	区　长	雷天太	2003.01—2006.10	山东招远
	代理区长	王建军	2006.10—2007.12	山东莱阳
	副区长	王建军	2003.01—2007.12	山东莱阳
		贾柏林	2003.01—2007.12	山东淄博
		潘传利	2003.01—2006.12	山东商河
		田庆盈	2003.01—2006.12	山东济南
		樊　瑞（回族）	2003.01—2007.12	山东泰安
		段青英（女，九三学社）	2003.01—2007.12	河南镇平
		许仲彦	2003.01—2007.12	江苏新沂
		张　勇（挂职）	2003.12—2005.02	
		孙建国（挂职）	2004.07—2004.11	

续表 29-3

届次	职务	姓名	任期	籍贯
第十五届	副区长	罗文虎（挂职）	2004.07—2004.11	
		陈成功（挂职）	2004.11—2005.07	
		孙忠社（挂职）	2005.07—2005.10	
		龙新媚（挂职）	2006.05—2006.11	
		赵新生	2006.12—2007.12	山东济南
		陈勇	2006.12—2007.12	山东济南
		韩伟	2007.10—2007.12	山东济南
	区长助理	滕志超	2003.01—2007.12	山东邹平
		亓伟	2005.10—2006.12	山东济南
第十六届	书记	王建军	2008.03—2011.04	山东莱阳
		李洪海	2011.04—2012.01	山东聊城
	副书记	赵新生	2008.03—2009.07	山东济南
		陈勇	2008.03—2012.01	山东济南
		亓伟	2009.07—2012.01	山东济南
	区长	王建军	2007.12—2011.03	山东莱阳
	代理区长	李洪海	2011.04—2012.01	山东聊城
	副区长	李洪海	2011.04—2012.01	山东聊城
		赵新生	2007.12—2009.07	山东济南
		陈勇	2007.12—2012.01	山东济南
		樊瑞（回族）	2007.12—2009.02	山东泰安
		段青英（女，九三学社）	2007.12—2008.01	河南镇平
		滕志超	2007.12—2009.07	山东邹平
		韩伟	2007.12—2011.03	山东济南
		李大春	2009.02—2012.01	山东济南
		亓伟	2009.07—2012.01	山东济南
		李建（回族，无党派）	2009.07—2012.01	山东新泰
		王芳（女）	2009.12—2012.01	山东济南
		刘科	2010.10—2011.11	山东章丘
		韩利师	2011.11—2012.01	山东章丘
		王睿（无党派）	2011.11—2012.01	内蒙古四子王
	特邀咨询	李明东	2011.12—2012.01	山东齐河

续表 29-3

届　次	职　务	姓　名	任　期	籍　贯
第十七届	书　　记	李洪海	2012.01—	山东聊城
	副书记	陈　勇	2012.01—	山东济南
		亓　伟	2012.01—	山东济南
	区　　长	李洪海	2012.01—	山东聊城
	副区长	陈　勇	2012.01—	山东济南
		亓　伟	2012.01—	山东济南
		王　芳（女）	2012.01—	山东济南
		韩利师	2012.01—	山东章丘
		程　松	2012.01—	山东济南
		王　睿（无党派）	2012.01—	内蒙古四子王
	特邀咨询	李明东	2012.01—	山东齐河

第二节　济南化工产业园区管理委员会

2003年6月30日，济南市人民政府办公厅印发《关于同意设立济南化工工业园的批复》（济政办字〔2003〕144号），同意天桥区建设济南化工工业园，重点承接老城区传统工业企业搬迁任务；8月1日，设立济南市天桥工业园管理委员会，为财政全额预算管理处级事业单位，按区政府派出机构管理；设办公室、招商引资办公室、财务办公室、规划建设办公室4个内设机构和东区、西区工业园管理办公室2个直属工作机构，均为科级；事业编制18名，领导职数配主任1名、副主任4名，正科级6名、副科级4名。2006年3月6日，山东省人民政府印发《关于济南槐荫工业园区等设立为省级开发区的通知》（鲁政字〔2006〕71号），批准济南化工产业园区为省级开发区；10月24日，济南市机构编制委员会印发《关于规范理顺各县（市）区所属省级经济开发区（工业园区）管理体制机构编制的通知》（济编发〔2006〕34号），规范为济南化工产业园区管理委员会，建制级别正区级，内设机构为正处级（控制在4个以内），领导职数配主任1名、副主任3名，内设机构领导职数分别配正职、副职各1名。2007年1月12日，济南市天桥工业园管理委员会更名为济南化工产业园区管理委员会，建制级别正区级，内设机构为正处级，按区政府派出机构管理，内设综合办公室、经济发展局、建设管理局、财政局，行政编制20名；领导职数配主任1名、副主任3名，内设机构领导职数分别配正职、副职各1名，科级干部职数可参照区政府部门设置，党的组织和群团组织设置按党章和有关规定执行；设立综合管理服务中心，为正处级全额事业单位，隶属济南化工产业园区管理委员会，事业编制10名，领导职数配主任、副主任各1名。2010年10月18日，区纪委、区监察局派驻济南化工产业园区管理委员会（区北展区综合开发管理委员会）纪工委、监察室合署办公，领导职数配纪工委书记（正处级）1名、纪工委副书记兼监察室主任（副处级）1名。至2012年年底，济南化工产业园区管理委员会内设4个正处级机构，下设综合管理服务中心1个正处级全额事业单位，领导职数配备未变，行政编制20名、事业编制10名，实有25人。

济南化工产业园区管理委员会领导任职一览表

表 29-4

职　务	姓　名	任　期	籍　贯
主　任（天桥工业园管委会）	田庆盈（兼）	2003.08—2006.12	山东济南
常务副主任（天桥工业园管委会）	张　军	2003.08—2004.09	山东济南
	张林忠	2005.03—2007.02	山东夏津
党工委书记	张　辉（兼）	2007.01—2011.12	河南安阳
	毕筱奇（兼）	2011.12—	山东济南
副书记	田庆盈	2007.01—2009.07	山东济南
	赵新生	2009.07—	山东济南
纪工委书记	杨　鹏	2010.10—2012.02	山东济南
	袁礼正	2012.02—	安徽霍邱
主　任	田庆盈	2006.12—2009.06	山东济南
	赵新生	2009.07—	山东济南
副主任	吕宏胜	2008.03—	山东济南
	彭恒信	2008.03—	山东商河
	侯庆水	2008.04—2011.01	山东济南
	任庆生	2011.01—	山东济南
主任助理	袁培林	2010.12—	山东菏泽

综合办公室

2007 年 1 月 12 日设立，建制级别正处级。

主　任

张林忠　　2007.02—2008.03
田春华　　2008.03—2010.12
陈佩友　　2010.12—

经济发展局

2007 年 1 月 12 日设立，建制级别正处级。

局　长

李大秋　　2007.02—2012.02

建设管理局

2007 年 1 月 12 日设立，建制级别正处级。

局　长

张学勇　　2007.02—2012.02
杨　鹏　　2012.02—

财政局

2007 年 1 月 12 日设立，建制级别正处级。

局　长

韩云红　　2007.02—

综合管理服务中心

2007 年 1 月 12 日设立，为正处级全额事业单位。

主　任

于振才　　2008.03—2012.02
高振淼　　2012.04—

第三节　济南市天桥区人民政府工作部门及直属事业单位

1951年8月，济南市第四区人民政府设立秘书室；9月，设立民政股、调解股、文教股、卫生建设股、工商劳动股、市税务局第四区分局。1955年9月，济南市天桥区人民委员会设12个工作部门。1960年12月，设19个工作部门。1966年2月，设25个工作部门。1968年11月，区革命委员会设办事组、政工组、工基交组、街道组、文教卫生财贸组、公安机关军事管制小组6个组。1980年5月，济南市天桥区革命委员会改为济南市天桥区人民政府，原区革命委员会26个工作部门相应改为区政府工作部门。1991年，区政府工作机构48个，其中，序列内33个，序列外15个。1996年、2001年、2006年、2010年，天桥区政府机构进行4次改革。1996年，区政府设工作机构25个。2001年，区政府设工作机构19个。2006年，区政府设工作机构20个。2010年，区政府设工作机构22个。至2012年年底，区政府设1个派出机构、22个工作机构（区监察局和济南市国土资源局天桥分局不计入政府机构个数）、13个直属事业单位（其中3个由区城乡建设委员会管理、1个由区住房保障和房产管理局管理）。

区政府办公室

1951年9月，设立区政府秘书室。1955年1月，改设为区政府秘书科；8月，改设为办公室。1967年2月24日，陷入瘫痪。1968年11月，区革命委员会设立办事组。1969年10月，办事组改设为区政府办公室。1980年5月，济南市天桥区革命委员会办公室改为济南市天桥区人民政府办公室。1981年11月，设立区信访科，隶属区政府办公室。1984年6月11日，核定区政府办公室（含信访科）行政编制14名，正、副区长单列编制5名；12月10日，设立区政府行政事务管理所，隶属区政府办公室。1987年7月23日，区政府办公室在原有行政编制14名、自筹编制53名基础上，郊区划拨编制6名，移交8人；9月10日，编制总额59名，实有53人（行政经费21人、区自筹经费32人）。1988年9月26日，撤销区政府行政事务管理所，成立区机关行政事务管理局，为区政府直属正局级部门；11月18日，核定区政府办公室行政编制10名、自筹编制9名。1989年1月3日，区信访科改为区信访局，为区政府局级行政部门，归口区委办公室、区政府办公室领导，以区政府办公室为主；区政府办公室增加行政编制2名；7月10日，核定区政府正、副区长单列行政编制5名；31日，核定区政府办公室行政编制8名、区自编制9名（经费区自筹）；8月20日，设立区政府信息调研室，为区政府正局级工作部门，归口区政府办公室管理，定编3名（含政府办公室原定信息员行政编制1名、区自筹编制2名）；11月7日，区政府办公室实有23人（含合同制职工1人、集体混岗2人）；12月21日，设立区政府法制办公室，为局级政府工作部门，归口区政府办公室管理，定区自筹编制2名。1991年8月9日，政府办公室增加工人编制1名（司机），经费区自筹；25日，区政府办公室建制级别局级，行政编制12名（含单列5名）、自定编制10名，实有17人（含工勤5人）。1992年2月15日，设立区政府外事办公室，其职能暂由区政府办公室代为行使；设立区政府行政复议办公室，与区政府法制办公室合署办公；8月1日，设立区政府驻厦门办事处，与天发贸易公司一套班子两块牌子，定区自编制1名，归区政府办公室。1993年2月17日，内设秘书科、综合科。1996年8月12日，明确区政府办公室为区政府正处级工作机构；区政府信息调研室、侨务办公室、法制办公室并入区政府办公室，对外挂信息调研室、侨务办公室牌子；区政府驻珠海办事处改为区政府派出机构，由区物资局管理改为区政府办公室管理；区委、区政府信访局改为以区委办公室领导为主；明确区志编纂委员会办公室为区政府办公室所属正处级事业单位；12月2日，区志编纂委员会办公室更名为区史志办公室。1997年3月6日，对外挂区政府法制办公室牌子，区政府办公室内设综合科、督查科、机要科3个科，行政编制17名、离退休干部人员编制1名、工勤人员编制6名；领导职数配主任1名、副主任3名，侨务办公室主任1名（由区政府办公室1名副主任兼任）、副主任1人，信息调研室主任1名（由区政府办公室1名副主任兼任）、副主任1名，科级职数3名；区政府驻珠海办事处核定事业编制3名，领导职数配主任1名。1999年7月19日，区政府办公室内设机构调整为综合一科、综合二科、调研信息科、秘书督查科、接待科；11月27日，区政府法制办公室加挂行政复议办公室牌子；区政府办公室增加行政编制2名，用于加强法制工作。2001年11月1日，区政府办公室加挂区民族宗教事务办公室牌子，区政府驻珠海办事处改为事业单位；12月19日，内设综合一科、综合二科、秘书科、督查科4个科，行政编制21名、离退休干部人员编制1名、工勤人员编制6名、事业编制1名；领导职数配主任1名、副主任3人，信息调研室主任1名（由区政府办公室1名副主任兼任）、副主任1名，侨务办公室主任1名、副主任1名，法制办公室主任1名、副主任1名，民族宗教事务办公室主任1名、副主任1名，科级职数4名；区政府驻珠海办事处仍由区政府办公室管理，为区政府直属副处级事业单位。2002年3月15日，区经济体制改革办公室（加挂区资产经营办公室牌子）挂靠区政府办公室。2005年12月16日，撤销区政府驻珠海办事处。2006年2月10日，撤销区经济体制改革办公室，人员（含现有及退休人员）、职能整建制并入区发展和改革委员会。2007年9月10日，分配行政编制1名，离退休干部人员编制及自定编制全部核销。2008年7月14日，成立区政府应急管理办公室（区政府总值班室），为区政府办公室内设正处级行政机构，行政编制5名，领导职数配主任1名（由区政府办公室1名副主任兼任）、副主任1名。2010年7月2日，区政府办公室内设秘书科（挂行政科牌子）、综合科、政务科、信息科、督查科（加挂区政府市民服务热线办公室牌子）5个职能科室和区政府研究室、区政府应急管理办公室（挂区政府总值班室牌子）、区政府外事侨务办公室、区政府法制办公室、区民族宗教事务办公室5个正处级机构，行政编制27名、工勤人员编制6名；领导职数配主任1名、副主任3名，区政府研究室主任1名（由区政府办公室1名副主任兼任）、副主任1名，区政府应急管理办公室主任1名（由区政府办公室1名副主任兼任）、副主任1名，区政府外事侨务办公室主任1名、副主任1名，区政府法制办公室主任1名、副主任1名，区民族宗教事务办公室主任1名、副主任1名，科长5名、副科长5名，党的组织、纪检监察、工会、共青团、妇女工作等机构设置及人员配备按有关规定执行；10月14日，区信息中心由区统计局管理调整为区政府办公室管理，为正科级事业单位，事业编制2名，领导职数核定主任1名、副主任1名。2011年5月16日，区民族宗教事务办公室更名为区民族宗教事务局；10月10日，设立区政府食品安全工作办公室，作为区食品安全委员会的办事机构，设在区政府办公室，领导职数核定主任（正处级）1名、副主任（副处级）1名；27日，区政府办公室增加行政编制2名。2012年7月2日，增加行政编制1名，区政府办公室行政编制30名（区政府食品安全工作办公室行政编制3名）；至年底，区政府办公室内设5个职能科室和6个正处级机构，下设区信息中心1个财政拨款正科级和区史志办公室（编制、人员、领导职数配备另列）1个财政拨款正处级事业单位，领导职数配备未变，行政编制30名、单列编制8名、工勤人员编制6名、事业编制2名，实有46人。

主　任

赵民普	1990.03—1992.07
郭继清	1992.07—1995.02
郭万里	1995.02—1998.05
许敬水	1998.05—1999.10
刘建良	1999.10—2008.03
刘可鑫	2008.03—

区政府研究室　1989年8月20日，设立

区政府信息调研室，为区政府正局级工作部门，归口区政府办公室管理，定编3名（含政府办原定信息员行政编制1名、区自筹编制2名）。1991年8月25日，建制级别局级，行政编制1名、自定编制2名，实有2人。1996年8月12日，并入区政府办公室，区政府办公室加挂区政府信息调研室牌子。2010年7月2日，明确为区政府研究室，为区政府办公室内设正处级行政机构。

主　任

郭万里	1990.03—1995.04
李绍和	1995.04—1998.04
李兴明	1998.04—1999.10
孙国栋	1999.10—2007.02
刘可鑫	2007.02—2008.03
于传利	2008.03—

区政府应急管理办公室　2008年7月14日设立，为区政府办公室内设正处级行政机构。

主　任

杨奉伟	2008.11—2010.03
孙启明	2010.05—2012.02
刘志华	2012.04—

区政府法制办公室　1989年12月21日，设立区政府法制办公室，为局级政府工作部门，归口区政府办公室管理，定区自筹编制2名。1991年8月9日，增加干部编制1名，为区自筹编制；25日，建制级别局级，自定编制3名，实有3人。1992年2月15日，设立区政府行政复议办公室，与区政府法制办公室合署办公，不定机构规格，不增人员编制。1996年8月12日，并入区政府办公室。1997年3月6日，区政府办公室加挂区政府法制办公室牌子。1999年11月27日，区政府法制办公室加挂行政复议办公室牌子。2010年7月2日，为区政府办公室内设正处级行政机构。

主　任

赵民普（兼）	1990.05—1992.07
李绍和（兼）	1993.03—1995.04
封华成	1995.04—2007.02
陈天峰	2007.02—

区民族宗教事务局　1980年10月，设立区民族宗教侨务办公室。1984年6月11日，核定行政编制2名；12月10日，区民族宗教侨务办公室改为区民族宗教办公室，定行政编制2名。1987年9月10日，行政编制2名，实有2人（行政经费1人、区自筹经费1人）。1989年7月31日，核定行政编制3名；11月7日，实有2人（含集体混岗1人）。1991年8月25日，建制级别局级，行政编制3名，实有3人。1996年8月12日，区民族宗教事务办公室并入区委统一战线工作部，对外使用政府民族宗教事务办公室的名义。2001年12月19日，区民族宗教管理事务由区委统一战线工作部划归区政府办公室，区政府办公室加挂区民族宗教事务办公室牌子。2010年7月2日，为区政府办公室内设正处级行政机构。2011年5月16日，更名为区民族宗教事务局。

局长（主任）

金玉谱（回族）	1984.12—1996.11
韩其凤（女，回族）	1996.11—1999.12
李世平	1999.12—2005.03
陈东江	2005.03—2010.05
于连亮（回族）	2010.05—

区政府外事侨务办公室　1984年11月15日，济南市编制委员会印发《关于县、区增设侨务办公室的通知》（济编发〔1984〕90号），决定三县五区增设侨务办公室，天桥区侨务工作机构名称为天桥区政府侨务办公室；12月10日，设立区政府侨务办公室，列入政府序列，配事业编制3名。1987年9月10日，事业编制3名，实有2人（区自筹经费）。1989年7月31日，核定行政编制3名；11月7日，实有2人（集体混岗）。1991年8月25日，建制级别局级，行政编制3名，实有3人。1996年8月12日，区政府侨务办公室并入区政府办公室，区政府办公室加挂区政府侨务办公室牌子。2010年7

月 2 日，更名为区政府外事侨务办公室，为区政府办公室内设正处级行政机构。

主　任

崔丁保（女）	1990.03—1996.11
李增梅（女）	1997.04—2000.12
迟茂梅	2000.12—2006.07
刘世同	2006.07—2011.03
申吉华	2011.03—

区政府食品安全工作办公室　2011 年 10 月 10 日设立，作为区食品安全委员会的办事机构，设在区政府办公室，建制级别正处级。

主　任

王　虎	2011.11—

区史志办公室　1984 年 8 月 4 日，济南市编制委员会印发《关于加强市、县、区地方志办事机构的通知》（济编发〔1984〕67 号），规定区志办公室为区的局级事业单位，配事业编制 5 名，经费由市财政拨付；12 月 10 日，天桥区设立区志编纂委员会办公室，为局级事业单位，配事业编制 5 名。1987 年 9 月 10 日，事业编制 5 名、实有 5 人（行政经费 4 人、区自筹经费 1 人）。1989 年 7 月 31 日，核定事业编制 5 名；11 月 7 日，实有 6 人（含集体混岗 1 人）。1991 年 5 月 8 日，增加事业编制 2 名，经费区自筹；8 月 25 日，建制级别局级，全民事业单位，事业编制 7 名，实有 7 人。1996 年 8 月 12 日，明确区志编纂委员会办公室为区政府办公室所属正处级事业单位；12 月 2 日，更名为区史志办公室，核定事业编制 5 名，领导职数配主任 1 名、副主任 1 名。至 2012 年年底，领导职数配备未变，事业编制 5 名，实有 7 人。

主　任

吴广文	1990.03—1993.02
樊长征	1993.02—1996.07
李效武	1996.07—2000.12
陈世荣	2000.12—2010.05
朱建龙	2010.05—2011.03
黄　云（女）	2011.03—2012.02
汤文超	2012.02—

区发展和改革委员会（加挂区物价局牌子）

1984 年 3 月，设立区经济计划委员会，区职工教育办公室由区经济计划委员会管理；6 月 11 日，核定行政编制 20 名（含职工教育办公室 3 名）。1985 年 3 月 5 日，内设综合计划科、技术科、财务科、生产调度科、生活服务科、办公室、节能办公室、职工教育办公室（单设），编制 30 名（含行政编制 20 名）；11 月，建立党委。1986 年 6 月，设立区横向经济联合办公室，为副科级；7 月 8 日，增设人事劳工科，为股级；增加编制 8 名，经费部门自筹。1987 年 4 月 13 日，增设企业管理科、外经科，均为股级；增加编制 4 名，经费部门自筹；7 月 10 日，职工教育办公室从区经济计划委员会分离；23 日，郊区划拨编制 1 名，移交 2 人；8 月 15 日，设立区对外经济贸易办公室，与区横向经济联合办公室（副科级）一个机构两块牌子，归口区经济计划委员会管理；9 月 10 日，区经济计划委员会编制总额 40 名，实有 38 人（行政经费 3 人、区自筹经费 9 人、部门自筹经费 26 人）；10 月 24 日，设立区乡镇企业办公室，为股级单位，归口区经济计划委员会领导，定自筹编制 3 名；12 月 30 日，区标准计量所建制级别股级，事业编制 10 名，隶属区经济计划委员会领导。1988 年 2 月 26 日，撤销区对外经济贸易办公室；4 月 29 日，区横向经济联合办公室改为区经济技术协作办公室，副局级建制，归口区经济计划委员会；5 月 24 日，人事劳工科并入办公室；6 月 22 日，区经济计划委员会和区经济技术协作办公室各增加编制 2 名，经费自筹。1989 年 7 月 15 日，设立区政府驻珠海办事处，副局级建制，定编 3 名，归口区经济计划委员会领导，经费自筹；7 月 31 日，核定区经济计划委员会（含区经济技术协作办公室和区政府驻珠海办事处）行政编制 10 名、区自编制 39 名（经费部门自筹）；11 月 7 日，实有 41 人（含集体混岗 16 人）；12 月 19 日，区经济计划委员会增设组织宣传科、审计科，均为股级，增加部门自筹编制 2 名；区标准计量所改为区标准计量局，归区政府直接领导。1991 年 5 月 8 日，撤销街道经济科，设立区街道经济办公室，为副局级单位，归口区经济计划委员会领导，定区自编制 5 名，经费自筹；8 月 9 日，增设计划科、销售科，增加干部编制 3 名，为区自编制，经费自筹;25 日，区经济计划委员会建制级别局级，内设综合计划科、技术科、财务科、生产调度科、生活服务科、办公室、节能办公室、企业管理科、组织宣传科、审计科、计划科、销售科 12 个股级机构，行政编制 10 名、自定编制 49 名，实有 53 人（含工勤 4 人）；区经济技术协作办公室、区政府驻珠海办事处、区街道经济办公室建制级别均为副局级，归口区经济计划委员会，编制在区经济计划委员会总编内。1992 年 8 月 1 日，区政府驻珠海办事处划归区物资局管理，原定 3 名区自编制划归区物资局。1996 年 8 月 12 日，明确区经济计划委员会为区政府正处级工作机构；区物价局由区经济计划委员会管理，保留处级建制；区经济技术协作办公室、街道经济工作办公室、技术监督局并入区经济计划委员会，对外挂区技术监督局牌子。1997 年 3 月 6 日，区经济计划委员会内设办公室、生产计划科、企业管理科、科技经协科、财务审计科、组织宣传科 6 个职能科室，行政编制 23 名、离退休干部人员编制 2 名、工勤人员编制 2 名，领导职数配书记 1 名、主任 1 名、副书记 1 名、副主任 3 名、科级职数 6 名；区技术监督局挂靠区经济计划委员会，行政编制 2 名，领导职数配局长 1 名、副局长 1 名；设立区经济技术协作中心，为自收自支全民科级事业单位，定编 15 名，隶属区经济计划委员会。2000 年 12 月 14 日，区劳动和社会保障局承担的安全生产管理、职业安全监察、矿山安全监察职能划归区经济计划委员会，区安全生产委员会办公室移交区经济计划委员会；区经济计划委员会行政编制调整为 24 名；区劳动和社会保障局承担的锅炉压力容器等特种设备安全监察、检测职能划归区技术监督局。2001 年 5 月 26 日，区经济计划委员会行政编制 24 名、工勤人员编制 3 名，其中 4 名行政编制、1 名工勤人员编制为区安全生产委员会办公室单列编制；6 月 28 日，撤销区安全生产委员会办公室，设立区安全生产监督管理局，建制级别处级，由区经济计划委员会管理；行政编制 4 名、工勤人员编制 1 名，领导职数配局长 1 名、副局长 1 名；11 月 1 日，区经济计划委员会更名为区经济发展计划局，加挂区经济体制改革办公室牌子；区经济体制改革委员会职能移交区经济发展计划局；区物价局、区安全生产监督管理局由区经济发展计划局管理；12 月 19 日，区经济发展计划局内设办公室、经济计划科、经济技术科、民营经济科（企业科）、财务审计科 5 个科室，行政编制 24 名、离退休干部名员编制 2 名、工勤人员编制 2 名；领导职数配党委书记 1 名、副书记（兼任纪检书记）1 名，局长 1 名、副局长 3 名，区经济体制改革办公室主任 1 名（由区经济发展计划局 1 名副局长兼任）、副主任 1 名，科级职数 6 名。2002 年 3 月 15 日，区经济体制改革办公室（加挂资产经营办公室牌子）挂靠区政府办公室，区经济发展计划局行政编制调整为 21 名；6 月 17 日，区技术监督局垂直上划济南市质量技术监督局。2006 年 2 月 10 日，区经济发展计划局更名为区发展和改革委员会（简称区发改委），加挂区经济局牌子；保留区物价局，由区发改委管理；撤销区经济体制改革办公室，职能、人员（现有及退休人员）并入区发改委，区发改委增设企业体制改革科；区安全生产监督管理局不再由区发改委管理，改为区政府序列工作部门。2007 年 1 月 21 日，成立区政府节约能源办公室，为区发改委正科级内设机构，设主任 1 名；9 月 10 日，离退休干部人员编制及自定编制全部核销。2010 年 3 月 12 日，不再保留区物价局，区物价局职责划入区发改委，区发改委加挂区物价局牌子；不再保留区经济局，区经济局行政职责、区发改委相关管理职责划归区经济和信息化局；7 月 2 日，区政府节约能源办公室划归区经济和信息化局，原区国有资产管理局企业国有资产管理职责划归区发改委;区发改委（区物价局）内设办公室、国民经济综合科（加挂服务业办公室牌子）、社会发展科（加挂企业国有资产管理办公室牌子）、价格管理科4个职能科室和区价格监督检查局1个正科级直属行政机构，行政编制26名（含区价格监督检查局行政编制13名）、工勤人员编制1名；领导职数配主任（局长）1名、副主任（副局长）3名，科长（主任）4名、副科长（副主任）3名，区价格监督检查局局长（正科级）1名、副局长（副科级）2名，党的组织、纪检监察、工会、共青团、妇女工作等机构设置及人员配备按有关规定执行；区物价局所属事业单位整建制移交区发改委。至2012年年底，区发改委（区物价局）内设4个职能科室，下设区价格监督检查局1个正科级行政机构和价格认证中心（财政拨款）、区经济技术协作中心（经费自筹）2个正科级事业单位，领导职数配备未变，行政编制26名、工勤人员编制1名、事业编制19名，实有53人。

党委书记

李胜利	1988.08—1992.07
芦传忠	1992.07—1995.05
董世奎	1995.05—1998.04
郭万里	1998.04—2003.03
彭恒信	2003.03—2006.01
魏　笠	2006.01—2008.11
郭庆田	2008.11—2010.03
于光雷	2010.03—2010.10
张建明	2010.10—2012.02
毛庆贺	2012.02—

主任（局长）

李胜利	1987.01—1992.07
赵民普	1992.07—1995.02
董世奎	1995.02—1998.08
张光格	1999.04—2003.03
彭恒信	2003.03—2008.03
刘宇军	2008.03—2010.03
许宝利	2010.03—

附：

区物价局　1981年4月，设立区物价科；12月30日，改为区物价局。1983年11月16日，济南市物价局、人事局、计划委员会、财政局、劳动局、编制委员会联合印发《关于下达新增物价检查和农产品成本调查人员的编制和劳动指标以及选调、录用干部的通知》（济价秘字〔1983〕159号），要求市、县（区）设立物价检查所，为同级物价局所属事业单位，分配天桥区事业编制8名。1984年6月11日，核定区物价局行政编制2名；7月2日，建立区物价检查所，隶属区物价局。1987年7月23日，郊区划拨编制3名，移交2人；9月10日，区物价局编制5名，实有7人（行政经费）；区物价检查所事业编制8名，实有7人（事业经费）。1988年8月20日，省编委增拨物价检查人员行政编制4名。1989年7月31日，核定区物价局行政编制6名（含物价检查所行政编制4名），区物价检查所事业编制8名；11月7日，区物价局实有5人，区物价检查所实有8人。1990年12月19日，区物价检查所增加事业编制2名，经费区自筹。1991年8月25日，区物价局建制级别局级，行政编制2名，实有5人；区物价检查所建制级别股级，全民事业单位，行政编制4名、事业编制10名，实有11人（含工勤2人）。1992年3月20日，成立区价格信息咨询中心，为股级全民事业单位，与区物价检查所合署办公。1993年4月3日，区物价局（含区物价检查所）与区工商行政管理局合署办公，带行政编制2名、事业编制10名。1994年8月1日，区工商行政管理局由济南市工商行政管理局垂直管理，区物价局除1人留任济南市工商行政管理局天桥分局副局长外，其余10人留区政府。1995年2月，区物价局复改为独立办公。1996年8月12日，明确区物价局由区经济计划委员会管理，保留处级建制；12月2日，核定行政编制4名、工勤人员编制1名，领导职数配局长1名、副局长1名。1999年11月27日，建立区价格鉴证中心，为全额拨款国有科级事业单位，定编4名，隶属区物价局；区物价检查所事业编制调整为6名。2001年11月1日，区物价局由区经济发展计划局管理；2日，区价格鉴证中心更名为区物价局价格认证中心；12月19日，领导职数增配副局长1名；明确区物价检查所建制级别为科级，加挂区物价局综合科牌子。2006年2月10日，明确区物价局由区发改委管理。2008年7月3日，区物价检查所核定物价检查行政编制12名、农产品成本调查事业编制1名。2009年2月10日，区物价检查所农产品成本调查事业编制1名改为行政编制1名；3月30日，区物价检查所由事业单位调整为区物价局直属正科级行政机构，并更名为区价格监督检查局，配局长（正科级）1名、副局长（副科级）2名。2010年3月12日，不再保留区物价局，区物价局职责划入区发改委，区发改委加挂区物价局牌子；7月2日，原区物价局所属事业单位移交区发改委（加挂区物价局牌子）。

局　长

欧玉存	1987.06—1992.11
杨春贤	1993.04—1995.04
田汝贵	1995.04—1996.11
梁兆明	1996.11—2007.02
于光雷	2007.02—

区经济体制改革办公室　1988年1月5日，设立区体制改革委员会，建制级别为正局（科）级，列区政府序列部门，暂定行政编制7名。1989年7月31日，核定行政编制7名；11月7日，实有4人。1991年8月25日，建制级别局级，行政编制7名，实有4人；12月9日，抽调编制2名。1996年8月12日，改为区经济体制改革委员会，为区政府正处级工作机构。1997年1月27日，行政编制5名、工勤人员编制1名，领导职数配主任1名、副主任2名。2001年11月1日，更名为区经济体制改革办公室，在区经济发展计划局挂牌。2002年3月15日，区经济体制改革办公室（加挂资产经营办公室牌子）挂靠区政府办公室，行政编制3名、离退休干部人员编制1名、工勤人员编制1名，领导职数配主任1名、副主任2名。2006年2月10日，撤销区经济体制改革办公室，职能、人员（含现有及退休人员）并入区发改委。

主　任

宗殿策	1990.03—1992.12
延洪柱	1992.12—1996.07
魏　笠	1996.07—2001.12
张光格	2001.12—2002.03
魏　笠	2002.03—2006.02

区经济和信息化局

2010年3月12日，设立区经济和信息化局，列入区政府工作部门序列；区发改委相关管理职责和区经济局、区招商局行政职责划归区经济和信息化局，不再保留区经济局；撤销区招商局，成立区投资服务中心，为区经济和信息化局所属财政拨款正处级事业单位；7月2日，区政府节约能源办公室由区发改委划归区经济和信息化局，区经济和信息化局内设办公室、经济发展科（加挂区政府节约能源办公室牌子）、信息产业科、规划与技术改造科4个职能科室，行政编制11名、工勤人员编制1名；领导职数配局长1名、副局长2名，科长（主任）4名、副科长（副主任）2名，党的组织、纪检监察、工会、共青团、妇女工作等机构设置及人员配备按有关规定执行。至2012年年底，内设4个职能科室，下设区投资服务中心1个财政拨款正处级事业单位（内设科室、编制、人员、领导职数配备另列），领导职数配备未变，行政编制11名、工勤人员编制1名，实有15人。

党组书记

王济民	2010.03—2012.08
李大秋	2012.08—

局　长

刘文明	2010.03—2011.11
孙国栋	2012.02—

区投资服务中心　2010年3月12日设立，为区经济和信息化局所属财政拨款正处级事业单位；7月2日，内设综合科、项目科、企业服务科3个职能科室，事业编制10名；领导职数配主任1名、副主任2名，科长3名、副科长2名。至2012年年底，内设机构、领导职数配备未变，事业编制10名，实有8人。

主　任

毛庆贺　　2010.03—2012.02

刘昌君　　2012.02—

附：

区招商局　2000年10月23日，设立区招商办公室，正处级建制，行政编制9名，工勤人员编制1名；12月14日，内设综合科、招商科、企业服务科3个科室。2001年11月1日，更名为区招商局，改为区政府直属事业单位；12月19日，配全额预算管理事业编制10名。2009年5月13日，区招商局加挂区行政审批服务中心牌子。2010年3月12日撤销，人员、职能并入区投资服务中心；区行政审批服务中心单独挂牌。

局长（主任）

彭恒信　　2000.11—2008.03

毛庆贺　　2008.03—2010.03

区教育局

1951年9月，设立区文教股。1953年6月，与区卫生建设股合并为区文教卫生股。1954年10月，分设为区文教股、卫生股。1955年1月，区文教股改设为区文教科。1956年9月，分设为区教育科、文化科。1967年2月24日，陷入瘫痪。1968年11月，区革命委员会设立区文教卫生财贸组。1969年10月，分设为区文教组、卫生组、商业组、工商财税组。1970年10月，区文教组改设为区教育组。1975年6月，撤销区教育组，设立区文教办公室；11月，改为区文教局。1979年9月，区文教局分设为区教育局、区文化科。1981年11月，建立区教育局党委。1984年6月11日，核定行政编制3名。1985年4月，区教育局工资渠道转为教育经费，3名行政编制收回。1986年7月8日，增设勤工俭学办公室、后勤办公室，均为股级；11月5日，区招生办公室设在区教育局，为股级。1987年6月3日，济南市编制委员会印发《关于成立我市四区教育委员会的通知》（济编发〔1987〕116号），决定成立天桥区教育委员会（简称区教委），为济南市处级单位，列政府工作部门序列，同时撤销区教育局；22日，撤销原内设科室，区教委内设办公室、组织科、人事科、宣传科、中教科、初教科、职业教育科、计财科8个科室，均为股级；7月6日，撤销区教育局党委，设立区教委党委；23日，郊区划拨编制1名，移交9人；9月10日，区教委编制1名、实有65人（行政经费1人、事业经费64人）。1989年7月31日，内设党委办公室、组织科、人事科、宣传科、中教科、初教科、职业教育科、计财科、工会、团委、纪委、招生办公室、老干部科13个机构，核定编制总额70名（行政编制6名、事业编制64名），行政经费1名、事业经费69名；8月20日，增设离退休干部管理科，为股级单位，定编3名；11月7日，实有59人（含集体混岗1人）。1991年5月8日，核定中学教研室、小学教研室、电化教育教学仪器站、汽车队、木工厂5个区教委直属事业单位事业编制40名；区招生办公室、区自学考试办公室归口区教委领导，核定事业编制4名；核定区青少年宫事业编制6名；8月25日，区教委建制级别局级，内设党委办公室、组织科、人事科、宣传科、中教科、初教科、职教科、计财科、工会、团委、纪委、区招生办公室、老干部科、区自学考试办公室、离退休干部管理科、行政办公室16个股级机构，行政编制6名、事业编制68名，实有59人（含工勤15人）；小学教研室、中学教研室、电化教育教学仪器站、汽车队、木工厂均为股级全民事业单位，事业编制分别为12名、12名、5名、6名、5名，实有分别为12人、7人、4人、6人（工勤）、7人（含工勤6人）；区青少年宫为副科级全民事业单位，事业编制6名，实有4人。1993年3月3日，设立区托幼工作领导小组办公室，为股级事业单位，直属区教委；区教委增设学前教育科，与区托幼工作领导小组办公室合署办公，一个机构、两块牌子；4月3日，设立教育督导室，为科（股）级单位；10月25日，区少年宫定为正科级全民事业单位。1995年10月30日，核定区招生办公室、区自学考试办公室事业编制各2名。1996年8月12日，明确区教委为区政府正处级工作机构；区成人教育办公室由区教委管理，保留处级建制。1997年3月6日，区教委内设办公室、组织宣传科、中教科、初教科、人事科、计划财务科6个职能科室，区政府教育督导室设在区教委，专职督学按有关规定设置；机关总支和纪检、监察（含信访）机构按有关规定设置；教委机关行政编制25名、离退休干部人员编制4名、工勤人员编制2名；领导职数配党委书记1名、专职副书记1名、纪委书记1名，主任1名、副主任3名，科级职数7名；设立区教育培训中心、总务后勤办公室、勤工俭学办公室3个全额拨款全民科级事业单位，隶属区教委，分别定编18名、18名、12名；原汽车队、木工厂并入总务后勤办公室；11月6日，中学教研室、小学教研室、电化教育教学仪器站、区招生办公室、区自学考试办公室5个事业单位升格为正科级；21日，区政府教育督导室与区教委教育督导室合署。1999年11月27日，区成人教育办公室更名为区成人教育局。2000年1月30日，增设老干部科。2001年11月1日，区教育委员会更名为区教育局，区成人教育局由区教育局管理；12月19日，内设办公室、组织宣传科、教育科、人事科、计划财务科、老干部管理科6个科室，区政府教育督导室设在区教育局，区教育局机关行政编制13名、离退休干部人员编制4名、工勤人员编制2名、事业编制12名，机关编制总额31名（含教育督导室行政编制1名、事业编制2名）；领导职数配党委书记1名、专职副书记1名、纪委书记1名，局长（兼任教育督导室主任）1名、副局长3名，教育督导室专职副主任（副处级）1名，科长6名、副科长1名，党的纪检监察、工会、共青团、妇女、少先队工作等机构设置及领导职数配备按有关规定执行；设立区语言文字工作委员会办公室，为全额预算管理国有科级事业单位，定事业编制3名；区教育科学研究室在中学教研室挂牌，中学教研室编制调整为11名；总务后勤办公室、勤工俭学办公室编制分别调整为15名、9名。2002年5月13日，区教育培训中心更名为区教师进修学校，升格为副处级；11月30日，小学教研室编制13名、电化教育教学仪器站编制4名、区少年宫编制34名。2005年10月24日，勤工俭学办公室更名为勤工俭学与学校安全办公室。2006年2月10日，撤销区成人教育局，职能并入区教育局，原区成人教育局退休人员由区教育局管理；区教育局增设成人教育科，增加行政编制3名；6月1日，撤销组织宣传科、老干部管理科、成人教育科，设立组织科（加挂老干部科牌子）、政工科、职业教育与成人教育科，各设科长1名。2007年9月10日，离退休干部人员编制及自定编制（局机关事业编制）全部核销。2010年7月2日，区教育局内设办公室（加挂学校安全科牌子）、组织科（加挂离退休干部科牌子）、人事科、基础教育科（加挂职业与成人教育科牌子）、学前教育科、财务审计科、区政府教育督导室7个职能科室，行政编制16名、工勤人员编制2名；领导职数配局长1名、副局长3名，主任督学（副处级）1名，科长（主任）7名、副科长（副主任）2名，党的组织、纪检监察、工会、共青团、妇女工作等机构设置及人员配备按有关规定执行。至2012年年底，区教育局内设7个职能科室，下设区教师进修学校1个副处级和中学教研室、小学教研室、电化教育教学仪器站、区招生办公室、区自学考试办公室、区少年宫、勤工俭学与学校安全办公室、总务后勤办公室、区语言文字工作委员会办公室9个正科级财政拨款事业单位，领导职数配备未变，行政编制16名、工勤人员编制2名、事业编制111名，实有126人。

党委书记

米金普（回族）	1989.12—1995.11
陈立章	1995.11—1996.08
姜春枝	1996.08—1999.12
李恩广	1999.12—2008.03
孙向军	2008.03—2009.04
陈文亭	2009.04—

局长（主任）

孙志远	1987.06—1995.08
李恩广	1995.08—1999.12

赵志秀	1999.12—2009.04
孙向军	2009.04—2012.02
张　萍（女）	2012.02—

区政府教育督导室 1997年3月6日，区政府教育督导室设在区教委；11月21日，区政府教育督导室与区教委教育督导室合署办公。2001年12月19日，区政府教育督导室设在区教育局。2010年7月2日，明确区政府教育督导室为区教育局内设职能科室。

主　任

李忠和	1993.08—2000.12
赵志秀（兼）	2002.03—2008.03
谢光智	2008.03—2010.05
张玉三	2010.05—

附：

区成人教育局 1982年1月，设立区职工教育办公室。1984年3月，由区经济计划委员会管理。1985年3月5日，改为区经济计划委员会内设机构。1987年7月10日，从区经济计划委员会分离，部门单设，定行政编制3名；9月10日，行政编制3名，实有3人（行政经费）。1989年7月31日，核定行政编制3名；11月7日，实有3人；12月19日，增加区自筹编制1名。1991年8月25日，建制级别局级，行政编制3名、自定编制1名，实有4人。1996年8月12日，改称区成人教育办公室，由区教委管理，保留处级建制。1997年3月6日，核定行政编制5名，领导职数配主任1名、副主任1名。1999年11月27日，更名为区成人教育局。2001年11月1日，由区教育局管理；12月19日，行政编制4名、离退休干部人员编制1名，领导职数配局长1名、副局长1名。2006年2月10日撤销，职能并入区教育局，退休人员由区教育局管理。

局长（主任）

毕文华	1991.04—1992.11
张本明	1992.11—1993.05
马守训（女）	1993.05—1995.07
徐宪德	1995.07—2000.12
郑富国	2000.12—2006.02

区科学技术局

1958年12月，设立区科学技术委员会。1967年2月24日，陷入瘫痪。1975年11月，设立区科学技术办公室。1978年4月，复改设为区科学技术委员会。1984年6月11日，核定行政编制5名。1987年7月23日，郊区划拨编制2名；9月10日，编制总额7名、实有9人（行政经费5人、区自筹经费3人、部门自筹经费1人）。1989年7月31日，核定行政编制5名、区自编制5名（经费区自筹）；11月7日，实有6人（含集体混岗1人）。1991年8月25日，建制级别局级，行政编制5名、自定编制5名，实有9人（含工勤1人）。1995年6月28日，设立区科技信息开发中心；8月7日，明确区科技信息开发中心为全额拨款副局级全民事业单位，定事业编制3名，隶属区科学技术委员会。1996年8月12日，明确区科学技术委员会为区政府正处级工作机构。1997年1月27日，行政编制9名、工勤人员编制1名，领导职数配主任1名、副主任2名；3月13日，区科学技术委员会内设计划成果管理科、技术市场管理科，配科级职数2名。2001年11月1日，区科学技术委员会更名为区科学技术局；12月11日，地震工作由区科学技术局设专人负责；19日，内设综合管理科（加挂地震办公室牌子）、科技计划科2个科；领导职数配局长1名、副局长2名，科级职数2名。2004年8月9日，设立区知识产权局，为全额拨款副局（处）级事业单位，归属区科学技术局，编制3名，设局长1名。2005年12月7日，区科技信息开发中心更名为区生产力促进中心。2010年7月2日，区科学技术局内设办公室、发展规划科、产学研科（加挂地震办公室牌子）3个职能科室，行政编制9名、工勤人员编制1名；领导职数配局长1名、副局长2名，科长（主任）3名、副科长（副主任）1名，党的组织、纪检监察、工会、共青团、妇女工作等机构设置及人员配备按有关规定执行。至2012年年底，区科学技术局内设3个职能科室，下设区生产力促进中心、区知识产权局2个全额拨款副处级事业单位，领导职数配备未变，行政编制9名、工勤人员编制1名、事业编制6名，实有20人。

局长（主任）

王孝鸿	1990.03—1992.11
李　金	1993.02—1999.10
李炳和	1999.10—2008.03
李恩广	2008.03—

区监察局

1987年12月10日，济南市人民政府印发《关于市、县（区）设立行政监察机关的通知》（济政发〔1987〕182号），要求县（区）人民政府均设立监察局，列入同级人民政府工作部门序列；28日，天桥区政府成立区监察局，建制级别为正局级，暂定编制7名，列政府序列部门。1989年1月3日，增加行政编制1名；7月31日，核定行政编制10名；11月7日，实有7人。1990年5月19日，内设监察科、审理科，均为股级。1991年5月8日，增设信访科，为股级机构，与举报站合署办公；增加区自筹编制2名；8月25日，建制级别局级，内设监察科、审理科、信访科3个股级机构，行政编制10名、自定编制2名，实有9人（含工勤1人）。1993年4月19日，与中共济南市天桥区纪律检查委员会（简称区纪委）合署办公；区监察局编制12名。1996年8月12日，明确区监察局为区政府正处级工作机构，与区纪委机关合署办公。1997年1月27日，领导职数配局长1名（由区纪委1名副书记兼任）、副局长2名。2001年11月1日，列政府工作部门序列，不计政府机构个数；12月19日，行政编制7名，1名副局长兼任区政府纠正部门和行业不正之风办公室主任。2006年8月25日，设立区发展环境投诉中心，与区监察局合署办公。至2012年年底，领导职数、人员编制未变。

局　长

田汝贵	1990.03—1995.04
郭庆友	1995.04—1996.11
白继海	1996.11—2001.06
侯庆水	2001.06—2003.09
桑居顺	2003.09—2011.01
赵志秀	2011.01—

区民政局

1951年9月，设立区民政股。1952年7月，与区调解股合并为区民政调解股。1954年7月，复改为区民政股。1955年1月，改设为区民政科。1967年2月24日，陷入瘫痪。1972年8月，设立区民政组。1975年11月，复改设为区民政科。1984年3月，改设为区民政局；6月11日，核定行政编制8名。1985年6月15日，设立区军队离休退休干部休养所，为低区民政局半格事业单位，事业编制5名，隶属区民政局。1987年7月23日，郊区划拨编制2名，移交2人；9月10日，区民政局编制总额10名、实有10人（行政经费9人、区自筹经费1人）；区军队离休退休干部休养所事业编制5名、实有4人（行政经费1人、事业经费3人）。1989年7月31日，核定区民政局行政编制11名，区军队离休退休干部休养所事业编制5名；10月，区地名委员会办公室划归区民政局；11月7日，区民政局实有10人（含集体混岗1人），区军队离休退休干部休养所实有4人。1990年8月16日，增加区自编制1名，经费区自筹；20日，成立区残疾人联合会，下设理事会为常设机构，建制级别为副局级事业单位，由区民政局代管，定区自编制3名，经费区自筹。1991年5月8日，区民政局内设社会民政科、优抚安置科、办公室（含财务工作），均为股级；8月25日，区民政局建制级别局级，内设3个股级科室，行政编制11名、自定编制1名，实有12人（含工勤1人）；区残疾人联合会为副局级全民事业单位，归口区民政局，自定编制3名，实有1人；区军队离休退休干部休养所为副科级全民事业单位，归口区民政局，事业编制5名，实有4人（含工勤1人）。1993年5月17日，增设基层政权科。1994年8月2日，区拥军优属拥政爱民工作领导小组办公室（简称区双拥办）由区精神文明建设委员会办公室移交区民政局管理，机构规格为正局级。1996年8月12日，明确区民政局为区政府正处级工作机构；区双拥办维持现状。1997年1月27日，区民政局内设办公室、基层政权科、社会事务科3个职能科室，行政编制11名、离退休干部人员编制2名、工勤人员编制1名；领导职数配局长1名、副局长2名（其中1名兼任区双拥办主任），区双拥办副主任1名，科级职数3名；设立区社区服务中心，为全民科级社会福利事业单位，定编5名，经费自收自支，隶属区民政局；4月4日，区社区服务中心由科级升格为副处级；11月6日，设立区农村社会养老保险事业管理处，为自收自支国有科级事业单位，定编3名，隶属区民政局。1999年5月4日，区农村社会养老保险事业管理处职能、机构、编制移交区劳动和社会保障局管理。2000年1月6日，市民政局下拨区军队离休退休干部休养所专项编制3名；10月23日，增设民间组织管理科，为区民政局内设科室。2001年11月1日，区民政局加挂区双拥办牌子；12月19日，内设办公室、基层政权和社区建设科、社会事务科、民间组织管理办公室4个科室，增配科级职数1名。2002年5月13日，区残疾人联合会理事会升格为区政府直属正处级事业单位。2007年1月12日，设立区婚姻登记处，为正科级全额事业单位，编制3名，设主任1名；9月10日，分配行政编制3名，离退休干部人员编制及自定编制全部核销。2010年7月2日，区民政局内设办公室、社会事务科（加挂救灾救济科牌子）、基层政权与社区建设科（加挂区划地名科牌子）、民间组织管理办公室、优抚科5个职能科室，区双拥办设在区民政局，日常工作由优抚科承担，行政编制14名、工勤人员编制1名；领导职数配局长1名、副局长2名，区双拥办专职副主任（副处级）1名，科长（主任）5名、副科长（副主任）3名，党的组织、纪检监察、工会、共青团、妇女工作等机构设置及人员配备按有关规定执行。至2012年年底，区民政局内设5个职能科室，区双拥办设在区民政局，下设区军队离休退休干部休养所（财政拨款）、区社区服务中心（经费自筹）2个副处级和区婚姻登记处1个财政拨款正科级事业单位，领导职数配备未变，行政编制14名、工勤人员编制1名、事业编制16名，实有28人。

局　长

李玉成	1990.03—1996.11
张殿忠	1996.11—2000.12
刘爱玲（女）	2000.12—2005.03
仲　涛	2005.03—2012.02
刘仁东	2012.02—

区拥军优属、拥政爱民工作领导小组办公室　1992年8月设立，与区精神文明建设委员会办公室合署办公。1994年8月2日，移交区民政局管理，机构规格正局级。2001年11月1日，区民政局加挂区双拥办牌子。2010年7月2日，区双拥办设在区民政局，日常工作由区民政局优抚科承担，配专职副主任（副处级）1名。

主　任

段荣芳（兼）	1992.08—1994.08
李玉成（兼）	1994.08—1996.11
董秀荣（女）	1996.11—2002.03
刘爱玲（女，兼）	2002.03—2005.03
仲　涛	2005.03—2008.03
刘　清（女）	2008.03—2012.02
刘仁东（兼）	2012.02—

区司法局

1980年12月，设立区司法局。1981年3月24日，设立区公证处。1984年8月22日，成立区法律顾问处。1985年1月2日，市编委、市政法委核准区司法局行政编制22名、事业编制3名；4月18日，区司法局内设办公室、法制宣传科、调解管理科3个科室，均为股级。1986年7月8日，区法律顾问处增加编制1名，列部门自筹；11月15日，市编委增拨区法律顾问处律师人员事业编制1名；1987年7月27日，济南市编制委员会印发《关于分配原郊区法院、检察院、司法局编制员额的通知》（济编发〔1987〕152号），分配郊区编制1名，移交1人；9月

10日，区司法局编制总额28名（含除无影山街道外11个街道办事处和北园镇司法员计12名）、实有16人（行政经费12人、区自筹经费4人，不含街道、镇司法员）。1989年2月3日，市编委增拨编制9人（行政编制8人、事业编制1人）；7月31日，核定行政编制（含各街道、北园镇司法员行政编制）30名、事业编制6名；11月7日，实有22人（含集体混岗3人，不含街道、镇司法员）。1990年12月19日，调解管理科改为基层工作科，仍为股级。1991年4月16日，将临时机构普法办公室明确为常设机构，并更名为区普法教育依法治理办公室，建制级别为正局级，不列政府序列，定区自筹编制6名，业务工作归口区司法局领导；8月9日，区司法局增设政工科；25日，区司法局建制级别局级，内设办公室、发展宣传科、基层工作科、政工科4个股级机构，单列专项编制30名，实有15人（含工勤2人，不含街道、镇司法员13人）；区法律顾问处为副局级全民事业单位，归口区司法局，事业编制6名，实有6人；区普法教育依法治理办公室自定编制6名，实有6人（含工勤1人）。12月11日，济南市编制委员会印发《关于将市、县、区“法律顾问处”更名为“律师事务所”的通知》（济编发〔1991〕166号），要求各县、区法律顾问处变更名称，一个行政区划内有两个以上事务所的，可加序号或以业务类别区分。1992年2月15日，区法律顾问处更名为区律师事务所。1994年4月25日，成立济南市工贸律师事务所，为股级自收自支全民事业单位，定事业编制7名，归属区司法局领导；北园镇政府与区司法局联合组建济南市天元律师事务所，为自收自支股级全民事业单位，暂不定编制，人员从北园镇司法所和区律师事务所现有工作人员中调剂；11月19日，天元律师事务所定事业编制10名，经费自筹。1995年7月24日，市编委增拨区司法局行政编制3名。1996年8月12日，明确区司法局为区政府正处级工作机构；区普法教育依法治理办公室机构暂维持现状，人员使用司法专项编制。1997年3月6日，区司法局内设办公室、基层工作科、公证律师管理科3个职能科室，司法专项编制25名（含区普法教育依法治理办公室、公证处、敬业律师事务所）；领导职数配局长1名、副局长2名（其中1名兼任区普法教育依法治理办公室主任），区普法教育依法治理办公室副主任1名，科级职数3名；11月6日，设立区法律援助中心，为区司法局所属自收自支国有科级事业单位，定编3名。1998年8月27日，区司法局增加司法专项编制1名。1999年11月27日，区法律援助中心经费渠道改为全额拨款；区司法局调减司法行政专项编制1名，用于北园镇司法行政工作。2000年10月23日，设立区“148”协调指挥中心，为全额拨款国有科级事业单位，编制4名。2001年3月16日，山东天盟律师事务所、山东圣义律师事务所与政府脱钩，不再按事业单位管理，收回两所原定事业编制17名；10月25日，撤销山东敬业人律师事务所，原定6名司法事业专项编制调回区司法局；11月1日，区普法教育依法治理办公室改为区司法局内设机构；12月19日，区司法局内设办公室、基层工作科、公证律师管理科3个科室和区普法教育依法治理办公室（正处级），司法专项编制23名（含离退休干部人员编制1名、工勤人员编制2名），领导职数增配区公证处主任（副处级）1名。2006年6月1日，增设社区矫正工作科，设科长1名。2007年5月29日，济南市天桥区公证处更名为山东省济南市天桥公证处；9月10日，离退休干部人员编制及自定编制全部核销。2010年7月2日，区司法局内设办公室（加挂组织人事科牌子）、法制宣传科、公证律师管理科、基层工作科、社区矫正与帮教安置工作科5个职能科室，区普法教育依法治理办公室更名为区普法教育依法治区领导小组办公室（简称区普法办），设在区司法局，日常工作由法制宣传科承担；党的组织、纪检监察、工会、共青团、妇女工作等机构设置及人员配备按有关规定执行；司法所由镇、街道办事处所属事业单位调整为区司法局派出机构，实行区司法局和镇、街道办事处双重管理，以区司法局管理为主，全区共设置15个司法所，分别是区司法局制锦市、北坦、纬北路、天桥东街、官扎营、宝华街、堤口路、无影山、工人新村南村、工人新村北村、药山、北园、泺口、大桥镇、桑梓店镇司法所；局机关政法专项编制15名、工勤人员编制1名；领导职数配局长1名、副局长2名，区普法办专职副主任（副处级）1名，科长（主任）5名、副科长（副主任）4名；区司法局天桥东街司法所设政法专项编制1名，配所长1名；其他司法所各设政法专项编制2名，各配所长1名、副所长1名。2012年10月22日，司法所政法专项编制由29名调整为31名，区司法局天桥东街司法所政法专项编制由1名调整为2名，配所长1名、副所长1名。至2012年年底，区司法局内设5个职能科室，区普法办设在区司法局，下设15个派出机构（司法所）和区法律援助中心（正科级）、“148”协调指挥中心（正科级）、济南市天桥公证处3个财政拨款事业单位，领导职数配备未变，政法专项编制15名、司法所单列政法专项编制31名、工勤人员编制1名、事业编制7名，实有33人。

局　长

吕书水（女）	1984.03—1992.11
胡庆德	1992.11—1993.03
舒孝堂	1993.03—1995.02
吴义平	1995.02—1996.07
解继起	1996.11—2000.12
陈东江	2000.12—2005.03
黄光秀	2005.03—2008.03
李炳和	2008.03—2009.04
孔德军	2009.04—2012.02
李春启	2012.02—

区普法教育依法治区领导小组办公室 1991年4月16日，将临时机构普法办公室明确为常设机构，并更名为区普法教育依法治理办公室，建制级别为正局级，不列政府序列，定区自筹编制6人，业务工作归口区司法局领导；8月25日，自定编制6名，实有6人（含工勤1人）。2001年11月1日，改为区司法局正处级内设机构。2010年7月2日，更名为区普法教育依法治区领导小组办公室，设在区司法局，日常工作由区司法局法制宣传科承担，配专职副主任（副处级）1名。

主　任

吕书水（女，兼）	1991.04—1992.11
胡庆德	1992.11—1993.03
王少川	1993.03—1996.11
李金奎	1996.11—2002.12
杜万枫	2003.04—

区财政局

1984年3月，设立区财政局；6月11日，核定行政编制4名。1986年，市增拨事业编制（国库券编）2名。1987年7月23日，郊区划拨编制2名，移交1人；9月10日，编制总额8名，实有5人（行政经费3人、区自筹经费2人）。1988年9月15日，设立区控制社会集团购买力办公室，为股级单位，设在区财政局，暂定行政编制2名。1989年1月3日，区财政局内设预算行财科、企财科、农财科、办公室4个科室，均为股级；增加行政编制4名；7月31日，核定行政编制10名、事业编制2名；11月7日，实有7人。1991年8月25日，区财政局建制级别局级，内设4个股级机构，行政编制10名、事业编制2名，实有10人（含工勤1人）。1992年8月1日，设立区税收财务物价大检查办公室，为局级单位，挂靠区财政局，定编3名（财政局、税务局、物价局各带编抽调1名）；10月9日，设立区经济开发投资公司，为正局级全民事业单位，实行企业化管理、自收自支，挂靠区财政局，定编5名。1993年2月17日，设立济南市会计师事务所天桥分所，为股级全民事业单位，定编3名，经费自筹，隶属区财政局；10月25日，设立区国有资产管理局，为副局级行政管理机构，归口区财政局管理，核定自筹编制3名，经费自筹。1994年3月29日，区财政局增设综合计划科；11月19日，区国有资产管理局人员经费由部门自筹改为区财政拨款。1995年6月6日，区财政局增设税政科。1996年8月12日，明确区财政局为区政府正处级工作机构，区国有资产管理局保留部门牌子，区税收财务物价大检查办公室维持现状。1997年1月27日，区财政局内设办公室、行财预算科、综合计划科、会计基建科4个科室，行政编制16名、工勤人员编制1名；领导职数配局长1名、副局长2名（其中1名兼任区税收财务物价大检查办公室主任），区国有资产管理局局长1名，区税收财务物价大检查办公室副主任1名，科级职数4名；11月6日，区财政局增设社会保障管理科；济南会计师事务所天桥分所升格为正科级；设立区会计事务管理中心，为全额拨款国有科级事业单位，定编3名，隶属区财政局。1999年11月27日，撤销山东济南天桥会计师事务所，区税收财务物价大检查办公室更名为区财政会计监督局；设立区政府采购办公室，为全额拨款国有事业单位，定编6名，隶属区财政局，与区控制社会集团购买力办公室合署办公。2000年2月29日，明确区政府采购办公室建制级别为副处级；10月23日，区财政局增设农财农税科；设立区工资发放管理中心，为全额预算管理国有副处级事业单位，定编3名，隶属区财政局。2001年11月1日，区财政局加挂区国有资产管理局牌子；撤销区财政会计监督局，职能移交区财政局；12月19日，内设办公室、行财预算科、综合计划科、会计基建科、社会保障管理科5个科室；领导职数配局长1名、副局长2名，区国有资产管理局局长1名，科级职数5名。2002年7月8日，设立区农业税收征收管理局，为区财政局所属全额预算管理副处级事业单位，编制6名；12月21日，设立区统计评价中心，为全额预算管理国有科级事业单位，隶属区财政局，编制5名。2004年3月31日，增设国库科，建制级别科级。2005年5月10日，设立区国库集中支付管理中心，为正处级全额事业单位，挂靠区财政局，编制8名，设主任1名（由区财政局领导兼任）、副主任1名；12月7日，设立区投融资管理中心，为独立的正处级全额拨款事业单位，业务受区财政局指导。2007年1月12日，设立区政府金融办公室，挂靠区财政局，与区经济开发投资公司合署办公，设主任1名。2010年3月12日，撤销区农业税收征收管理局，不再保留区财政局所挂区国有资产管理局牌子；7月2日，原区国有资产管理局企业国有资产管理职责划归区发改委；区农业经济发展局所属事业单位区农业综合开发项目办公室整建制划归区财政局，为区财政局所属财政拨款副处级事业单位，编制3名；区财政局内设办公室、综合科（加挂法规税政科牌子）、预算科、国库科、行政事业科（加挂行政事业资产科牌子）、社会保障科、财政监督科（加挂企业科牌子）、农业科8个职能科室，行政编制20名、工勤人员编制2名；领导职数配局长1名、副局长3名，科长（主任）8名、副科长（副主任）4名，党的组织、纪检监察、工会、共青团、妇女工作等机构设置及人员配备按有关规定执行。至2012年年底，区财政局内设8个职能科室，下设区国库集中支付管理中心、区政府金融办公室2个正处级和区政府采购办公室、区工资发放管理中心、区农业综合开发项目办公室3个副处级及区会计事务管理中心、区统计评价中心2个正科级财政拨款事业单位，领导职数配备未变，行政编制20名、工勤人员编制2名、事业编制33名，实有33人。

局　长

戚汝水	1985.05—1992.11
崔哲华	1992.11—1995.06
章九玲（女）	1995.12—2010.03
王联华	2010.03—2012.02
戚桂民	2012.02—

区国库集中支付管理中心　2005年5月10日设立，为正处级全额事业单位，挂靠区财政局。

主　任

王念立	2006.07—2012.02
陶军奇	2012.04—

区政府金融办公室（区经济开发投资公司）　2007年1月12日设立，挂靠区财政局，与区经济开发投资公司合署办公。

主任、经理

聂甲芳	2007.02—

附：

区经济开发投资公司 1992年10月9日设立，为正局级全民事业单位，实行企业化管理、自收自支，挂靠区财政局，定编5名。2007年1月12日，与区政府金融办公室合署办公。

经　理

崔哲华	1993.03—1995.05
乔昌庆	1995.12—2005.03

区财政会计监督局 1992年8月1日，设立区税收财务物价大检查办公室，为局级单位，挂靠区财政局，定编3名。1999年11月27日，区税收财务物价大检查办公室更名为区财政会计监督局。2001年11月1日，撤销区财政会计监督局，职能移交区财政局。

局长（主任）

张秀兰（女）	1993.09—1996.11
章九玲（女，兼）	1996.11—2001.11

区人力资源和社会保障局

2010年3月12日，撤销区人事局、区劳动和社会保障局，设立区人力资源和社会保障局，原区人事局、区劳动和社会保障局职责整合划入区人力资源和社会保障局；设立区劳动保障监察大队，为区人力资源和社会保障局所属财政拨款副处级事业单位；7月2日，区人力资源和社会保障局内设办公室（加挂财务审计科牌子）、公务员管理科、事业单位人事管理科、劳动关系科、劳动监察科（加挂政策法规科牌子）、专业技术人员管理科、工资福利科、社会保险科、就业促进科9个职能科室，行政编制24名、工勤人员编制2名；领导职数配局长1名、副局长3名，科长（主任）9名、副科长（副主任）7名，党的组织、纪检监察、工会、共青团、妇女工作等机构设置及人员配备按有关规定执行；原区人事局、区劳动和社会保障局所属事业单位整建制移交区人力资源和社会保障局；区劳动保障监察大队内设综合科、监察科、案件审理科3个职能科室，事业编制12名，领导职数配队长1名、副队长（正科级）2名，科长3名、副科长3名。2011年5月16日，区劳动争议仲裁院更名为区劳动人事争议仲裁院，为区人力资源和社会保障局所属副处级全额拨款事业单位，编制8名，设院长1名，内设立案庭（综合室）、劳动关系仲裁庭、社会保险福利仲裁庭，均为正科级，各设庭长1名。至2012年年底，区人力资源和社会保障局内设9个职能科室，下设区劳动就业办公室（编制25名，内设科室、领导职数配备另列）1个正处级和区劳动保障监察大队（编制12名）、区人才交流服务中心（编制2名）、区军队转业干部工作办公室（领导职数配主任1名）、区机关事业单位社会保险事业办公室（编制5名）、区农村社会养老保险管理处（编制3名）、区医疗保险管理办公室（编制8名）、区劳动人事争议仲裁院（编制8名）7个副处级及培训考试中心（编制3名）1个正科级财政拨款事业单位，领导职数配备未变，行政编制24名、工勤人员编制2名、事业编制66名，实有78人。

党组书记

栾秀芳（女）	2010.03—

局　长

马敬民	2010.03—2012.02
张建明	2012.02—

区劳动就业办公室 1979年7月14日，设立区劳动服务公司，业务归区劳动科指导，公司配主任1名、副主任2—3名。1984年8月30日，内设办公室、财务股、业务股、安置教育股，编制18名。1986年4月7日，内设机构股改科，改科后设办公室、业务科、财务科、安置教育科，规格仍为股级，8月30日，济南市编制委员会印发《关于设置劳动争议仲裁和社会劳动保险机构的批复》，县、区劳动局所属劳动服务公司内设职工待业机构，增加事业编制5名。1987年9月10日，编制总额23名、实有17人（行政经费2人、事业经费15人）。1989年7月10日，内设4个科室，区劳动服务公司（含区劳务市场）核定事业编制23名、区自编制2名（经费区自筹）；11月7日，实有21人（含集体混岗5人）。

1991年5月8日，设立区职业介绍所，为股级全民事业单位，隶属区劳动服务公司，与安置教育科合署办公，一个机构两块牌子；8月25日，建制级别局级，全民事业单位，归口区劳动局，内设5个股级科室，事业编制23名、自定编制2名，实有22人（含工勤2人）。1993年4月3日，设立职工待业保险科，为股级事业单位。2001年12月19日，更名为区劳动就业办公室，事业编制25名。2002年12月5日，内设办公室更名为综合科，增设职业介绍服务中心、劳动就业培训中心，调整后区劳动就业办公室内设综合科、财务科、失业保险科、安置教育科、企业管理科、职业介绍服务中心、劳动就业培训中心7个科室，均为正科级。2010年7月2日，区劳动就业办公室整建制划入区人力资源和社会保障局。

党支部书记

冉桂英（女）	1990.08—1995.04
李增梅（女）	1995.04—1997.03

主任（经理）

郭正伦	1987.06—1995.05
芦传忠	1995.05—2003.04
马敬民	2003.04—2012.02
孟凡伦	2012.04—

附：

区人事局　1956年1月，设立区人事科。1967年2月24日，陷入瘫痪。1975年11月，复设立区人事科。1984年3月，改设为区人事局；6月11日，核定行政编制6名；10月9日，区编制委员会办公室设在区人事局。1985年，区编制委员会办公室定行政编制1名，区人事局增加行政编制1名（岗位责任制）。1986年7月7日，市编委办增拨区编制委员会办公室行政编制2名；11月22日，省编委增拨区编制委员会办公室行政编制1名。1987年7月23日，郊区划拨编制2名（含区编制委员会办公室1名）；9月10日，区人事局（含区编制委员会办公室）编制总额13名，实有10人（行政经费9人、区自筹经费1人）。1988年6月22日，区人才交流服务中心暂定事业编制2名，归口区人事局领导，经费区自筹；10月28日，市编委办增拨区人事局专职退休干部管理人员编制1名。1989年1月3日，明确区编制委员会办公室为副局级单位，归口区人事局领导；7月31日，核定区人事局（含区编制委员会办公室、人才交流中心）行政编制13名、区自编制2名（经费区自筹）；11月7日，实有10人（含集体混岗1人）。1990年8月16日，明确区人才交流服务中心为副局级全民事业单位。1991年4月16日，区编制委员会办公室升格为正局级机构，不列政府序列，隶属关系、人员编制不变；8月25日，区人事局建制级别局级，行政编制8名，实有6人；区编制委员会办公室行政编制5名，实有3人；区人才交流服务中心为副局级全民事业单位，事业编制2名，实有1人。1992年12月14日，设立区机关事业单位社会保险事业办公室，为区人事局领导的副局级事业单位，暂定事业编制3名。1993年10月25日，区编制委员会及下设办公室分别更名为区机构编制委员会（简称区编委）、区机构编制委员会办公室（简称区编委办）。1994年4月8日，设立培训考试中心，为区人事局领导全民事业单位。1996年8月12日，明确区人事局为区政府正处级工作机构，区编委办与其合署。1997年4月4日，明确区编委办是区编委的常设办事机构，隶属区编委；区人事局内设办公室、公务员管理科、职称培训科、工资福利离退休工作科4个职能科室，行政编制15名（含区编办5名）、离退休干部人员编制1名、工勤人员编制1名；领导职数配局长1名、副局长2名，区编委办主任1名（由1名副局长兼任）、副主任1名，科级职数4名；明确培训考试中心为财政全额拨款全民科级事业单位，定编3名；6月6日，设立区事业单位登记管理办公室，为全额预算管理国有科级事业单位，定编3名，隶属区编委办。1999年5月4日，区机关事业单位社会保险事业办公室职能、机构、编制、人员移交区劳动和社会保障局管理。2001年12月19日，区人事局（区编委办）内设办公室、公务员管理科（加挂人事争议仲裁办公室牌子）、工资福利与离退休科、职称培训科4个科室。2005年5月10日，区事业单位登记管理办公室更名为区事业单位登记管理局，升格为副处级，设局长1名。2007年1月12日，设立区军队转业干部工作办公室，为副处级全额事业单位，设主任1名；9月10日，离退休干部人员编制及自定编制全部核销。2010年3月12日，撤销区人事局，职责划入区人力资源和社会保障局；区编委办单独设置，列入区委机构序列；7月2日，区人事局所属事业单位整建制移交区人力资源和社会保障局。

局　长

李典茂	1987.06—1996.04
俞芊芊（女）	1996.04—2002.04
韩会敏	2002.04—2010.03

区劳动和社会保障局　1951年9月，设立区工商劳动股。1953年6月，分设为区劳动股、工商股。1955年1月，区劳动股改设为区劳动科。1967年2月24日，陷入瘫痪。1969年10月，设立区劳动管理组。1971年2月，改设为区劳动力管理组。1975年11月，撤销区劳动力管理组，复设立区劳动科。1979年7月14日，设立区劳动服务公司，业务归区劳动科指导。1982年5月，区劳动科改设为区劳动局。1984年6月11日，核定行政编制7名。1985年2月9日，市编委增拨劳动安全监察人员行政编制1名。1986年8月30日，济南市编制委员会印发《关于设置劳动争议仲裁和社会劳动保险机构的批复》（济编发〔1986〕53号），要求市、县、区设立劳动争议仲裁委员会，下设办公室为各级劳动局内设机构，各县、区劳动局增加行政编制2名；要求设立县、区劳动保险事业管理处，为县、区劳动局所属低半格事业单位，正职享受副科级待遇，事业编制5名；10月7日，天桥区设立区劳动保险事业管理处，为区劳动局所属低半格事业单位，正职享受副科级待遇，定编5名。1987年4月4日，区劳动保险事业管理处更名为区社会劳动保险事业分处；7月23日，郊区划拨编制1名；9月10日，区劳动局编制总额11名，实有7人（行政经费5人、区自筹经费1人、部门自筹经费1人）；区社会劳动保险事业分处事业编制5名，实有4人（事业经费）。1988年5月11日，天桥区设立区劳动争议仲裁委员会；6月22日，区劳务市场暂定事业编制1名，归口区劳动局领导，经费区自筹。1989年7月31日，核定区劳动局（含安全办）行政编制11名，区社会劳动保险事业分处事业编制5名；11月7日，区劳动局实有10人（含集体混岗1人），区社会劳动保险事业分处实有4人（含集体混岗3人）。1991年5月8日，撤销区劳务市场；区社会劳动保险事业分处增加事业编制3名，经费自筹；8月25日，区劳动局建制级别局级，行政编制11名，实有11人；区社会劳动保险事业分处为副科级全民事业单位，事业编制8名，实有7人。1994年11月19日，设立劳动监察办公室和外商投资企业劳动管理办公室并合署办公，增加区自筹编制2名。1996年8月12日，明确区劳动局为区政府正处级工作机构。1997年1月27日，设立区劳动争议仲裁委员会办公室，为区劳动争议仲裁委员会办事机构；设立区劳动安全生产委员会办公室，为区劳动安全生产委员会办事机构；区劳动局内设办公室、劳动监察科2个职能科室，行政编制10名、工勤人员编制1名、离退休干部人员编制1名，领导职数配局长1名、副局长2名、科级职数2名；11月6日，区劳动局增加行政编制2名，区社会劳动保险事业分处增加事业编制4名。1999年5月4日，区劳动局更名为区劳动和社会保障局；将区机关事业单位社会保险事业办公室（副处级自收自支事业单位，编制3名）职能、机构、编制、人员由区人事局，区农村社会养老保险事业管理处（正科级自收自支事业单位，编制3名）职能、机构、编制由区民政局，区公费医疗办公室（正科级）职能、机构、连同1名行政编制由区卫生局，统一移交区劳动和社会保障局管理；增加事业编制2名，暂放区社会劳动保险事业分处。2000年12月14日，区劳动和社会保障局承担的安全生产管理、职业安全监察、矿山安全监察职能划归区经济计划委员会，区安全生产委员会

办公室移交区经济计划委员会；承担的锅炉压力容器等特种设备安全监察、检测职能划归区技术监督局；行政编制调整为12名。2001年12月19日，区劳动和社会保障局内设办公室、综合科、监督监察科3个科室，区劳动争议仲裁委员会办公室设在区劳动和社会保障局，行政编制13名、离退休干部人员编制1名、工勤人员编制1名；领导职数配局长1名、副局长3名，科级职数3名；区劳动服务公司更名为区劳动就业办公室。2002年5月13日，区农村社会养老保险管理处升格为副处级事业单位，区机关事业单位社会保险事业办公室增加事业编制2名；12月4日，区农村社会养老保险事业管理处由自收自支改为财政全额拨款；10日，设立区医疗保险管理办公室，为全额预算管理副处级事业单位，隶属区劳动和社会保障局，编制8名。2006年8月25日，区劳动争议仲裁委员会办公室更名为区劳动争议仲裁院，并升格为副处级全额拨款事业单位，编制8名，内设立案庭（综合室）、劳动关系仲裁庭、社会保险福利仲裁庭，均为正科级；领导职数配院长1名、庭长3名。2007年9月10日，分配行政编制2名，离退休干部人员编制及自定编制全部核销。2008年11月29日，中共济南市委组织部、济南市人事局印发《关于印发济南市参照公务员法管理事业单位名单的通知》（济人字〔2008〕209号），区劳动争议仲裁院为参照公务员法管理事业单位。2010年3月12日，撤销区劳动和社会保障局，职责划入区人力资源和社会保障局；7月2日，区劳动和社会保障局所属事业单位整建制移交区人力资源和社会保障局。

局　长

郭正伦	1987.06—1995.06
芦传忠	1995.06—2003.03
马敬民	2003.03—2010.03

济南市国土资源局天桥分局

1988年6月6日，济南市编制委员会印发《关于市辖区设立土地管理局的通知》（济编发〔1988〕56号），同意设立天桥区土地管理局，列区政府部门序列；22日，天桥区成立区土地管理局，列区政府序列部门，暂定编制9名（其中行政编制3名、部门自筹编制6名），同时撤销区土地管理办公室，人员、工作移交区土地管理局。1989年7月31日，核定行政编制3名、区自编制6名（经费部门自筹）；11月7日，实有1人。1990年3月26日，内设办公室、地籍管理科、征地计划科、监督监察科4个科室，办公室与监督监察科合署办公、征地计划科与地籍管理科合署办公。1991年8月25日，建制级别局级，内设4个股级机构，行政编制3名、自定编制6名，实有10人（含工勤1人）。1993年1月18日，成立区国土开发公司；2月17日，明确区国土开发公司事业编制12名，经费自筹，内设综合科、开发科、财务科。1994年8月2日，设立区地产交易物业估价所，为区土地管理局所属股级全民事业单位，定编5名，经费自筹；撤销区国土开发公司，其5名工作人员划归区地产交易物业估价所。1996年8月12日，区土地管理局改称区土地矿产局，为区政府正处级工作机构；区建设委员会矿产资源管理职能移交区土地矿产局。1997年1月27日，撤销内设科室，区土地矿产局行政编制9名、工勤人员编制1名，领导职数配局长1名、副局长2名；3月13日，区土地矿产局内设土地管理科、综合科，配科级职数2名；11月6日，区地产交易物业估价所升格为正科级，增加事业编制2名。1999年11月27日，增设矿产资源管理科，综合科更名为办公室。2000年1月30日，增设计划用地科，土地管理科更名为地籍科；区地产交易物业估价所增加编制3名。2001年11月1日，区土地矿产局更名为区国土资源局；5日，设立区土地执法监察大队，隶属区国土资源局，编制5名，经费自收自支；区地产交易物业估价所编制调整为5名；12月19日，区国土资源局内设办公室、地籍科、计划用地科、矿产资源管理科4个科室，配科级职数4名；区地产交易物业估价所更名为区土地交易所。2002年11月29日，区土地执法监察大队更名为区国土资源监察大队。2006年2月10日，不再列为区政府序列工作部门；8月25日，设立大桥国土资源所、桑梓店国土资源所、城郊国土资源所（管辖药山、北园、泺口3个街道）3个正科级全额拨款事业单位，为区国土资源局直属机构，各设事业编制8名，配所长、副所长各1名；撤销计划用地科、区土地交易所，保留办公室、地籍科、矿产资源管理科，增设规划科、征地科、储备交易科，各科室设科长（主任）各1名；同月，建立局党组。2007年1月12日，区国土资源局更名为济南市国土资源局天桥分局，内设办公室、地籍管理科、矿产资源管理科、规划征地科、耕地保护科5个职能科室，党的组织和群团组织设置按党章和有关规定执行；行政编制9名、工勤人员编制1名、事业编制10名；领导职数配局长1名、副局长3名、科长5名；设立国土资源征地收购中心，为副处级全额事业单位，编制7名，领导职数配主任、副主任各1名；区国土资源执法监察大队更名为济南市国土资源局天桥分局国土资源执法监察大队，升格为副处级全额事业单位，编制7名，领导职数配大队长、副大队长各1名；区国土资源管理局大桥、桑梓店、城郊国土资源所分别更名为济南市国土资源局天桥分局大桥、桑梓店、城郊国土资源管理所；9月10日，分配行政编制3名。2008年10月10日，济南市国土资源局天桥分局10名事业编制核销，国土资源执法监察大队、国土资源征地收购中心事业编制各调整为15名，大桥、桑梓店、城郊3个国土资源管理所事业编制各调整为6名；11月29日，中共济南市委组织部、济南市人事局印发《关于印发济南市参照公务员法管理事业单位名单的通知》（济人字〔2008〕209号），国土资源执法监察大队为参照公务员法管理事业单位。2010年3月12日，复列入区政府工作部门序列，不计入政府机构个数；7月2日，济南市国土资源局天桥分局内设办公室（加挂法规信访科牌子）、规划用地科（加挂耕地保护科牌子）、地籍管理科、地质矿产科4个职能科室，行政编制12名、工勤人员编制1名；领导职数配局长1名、副局长3名，科长（主任）4名、副科长（副主任）2名，党的组织、纪检监察、工会、共青团、妇女工作等机构设置及人员配备按有关规定执行。至2012年年底，济南市国土资源局天桥分局内设4个职能科室，下设大桥、桑梓店、城郊国土资源管理所3个正科级和国土资源执法监察大队、国土资源征地收购中心2个副处级财政拨款事业单位，领导职数配备未变，行政编制12名、工勤人员编制1名、事业编制48名，实有55人。

党组书记

侯庆水	2006.08—2008.04
刘世浒	2008.04—

局　长

浦连臣	1988.08—1992.12
陈庆仁	1992.12—2003.09
侯庆水	2003.09—2008.04
刘世浒	2008.04—

区城乡建设委员会（加挂区人民防空办公室牌子）

1968年11月，设立区工基交组。1969年10月，改设为区工交城建组。1970年10月，区工交城建组分设为区城市建设革命委员会、区工交组。1975年11月，撤销区城市建设革命委员会，设立区城建局。1981年11月，建立局党委。1984年3月，改设为区城市建设管理委员会，撤销局党委；6月11日，核定行政编制10名（含人防办公室、地名工作）；8月18日，内设办公室、绿化办公室、人防办公室（单设）、财务股、生计股、城管股，编制34名（含行政编制10名）；同年，市拨8名事业经费。1985年4月17日，设立区政府拆迁办公室，由区城市建设管理委员会管理；9月23日，恢复区城市建设管理委员会党委。1986年7月8日，区城市建设管理委员会内设机构股改设为科，改设科后设办公室、财务科、生产计划科、城市管理科，建制仍为股级；增设档案室，为股级；增加编制9名，经费部门自筹。1987年3月18日，设立区地名委员会办公室；7月23日，郊区划拨编制6名；8月1日，区人防办公室从区城市建设管理委员会分离；9月10日，区城市建设管理委员会编制总额 51 名，实有 46 人（行政经费 9 人、事业经费 6 人、区自筹经费 5 人、部门自筹经费 26 人）；12 月 26 日，设立区土地管理办公室（股级），暂定事业编制 4 名，经费自筹，隶属区城市建设管理委员会；增设基本建设管理科，为股级内设机构，暂定事业编制 5 名，经费自筹。1988 年 6 月 22 日，撤销区土地管理办公室，人员、工作移交区土地管理局；城市管理科增加事业编制 2 名，派驻北园镇工作。1989 年 3 月，增设规划科；7 月 31 日，核减派驻北园镇工作的城管科事业编制人员 2 名，核定区城市建设管理委员会行政编制 10 名、区自编制 48 名（经费部门自筹）；8 月 28 日，区绿化委员会下设绿化办公室明确为区政府正局级工作部门，归口区城市建设管理委员会管理，定事业编制 3 名；10 月，区地名委员会办公室划归区民政局；11 月 7 日，区城市建设管理委员会实有 49 人（含集体混岗 16 人）。1990 年 4 月 9 日，设立区抗旱、防汛、节水办公室，为区城市建设管理委员会机关股级单位，定区自编制 4 名，事业经费，对外挂区抗旱防汛办公室、区节水办公室两块牌子；5 月 19 日，增设政工科，为股级；8 月 16 日，增设村镇建设办公室，与规划科合署办公；成立区城建档案馆，与档案室合署办公，一个机构两块牌子；设立区重点工程指挥部办公室，归口区城市建设管理委员会领导；9 月 11 日，济南市编制委员会印发《关于县区建立矿产资源管理机构的通知》（济编发〔1990〕102 号），同意天桥区设立矿产资源管理办公室；12 月 19 日，天桥区成立区矿产资源管理办公室，为股级单位，与基本建设管理科合署办公，一个机构两块牌子。1991 年 8 月 9 日，增设施工管理科，增加干部编制 3 名，为区自编制，经费自筹；25 日，区城市建设管理委员会建制级别局级，内设办公室、财务科、生产计划科、城市管理科、基本建设管理科、规划科、政工科、村镇建设办公室、档案室（区城建档案馆）、区抗旱防汛节水办公室、施工管理科、区矿产资源管理办公室 12 个内设股级机构，行政编制 10 名、自定编制 55 名，实有 64 人；区市政工程管理养护所、区绿化管理所、区河道管理所、区市政工程排水管理所归口区城市建设管理委员会管理。1993 年 10 月 23 日，设立济南市建筑工程质量监督站天桥分站，为全民事业单位。1995 年 6 月 12 日，明确济南市建筑工程质量监督站天桥分站为自收自支副局级事业单位，定事业编制 8 名。1996 年 8 月 12 日，区城市建设管理委员会改称区建设委员会，为区政府正处级工作机构；撤销区绿化委员会办公室，职能移交区建设委员会；撤销区矿产资源管理办公室，矿产资源管理职能移交区土地矿产局；区人民防空委员会办公室由区建设委员会管理，保留处级建制。1997 年 3 月 6 日，区建设委员会内设规划管理科（村镇建设办公室）、城市管理科、基本建设管理科、生产计划科、财务科、行政办公室、党委办公室 7 个职能科室和区防汛节水办公室，行政编制 27 名、离退休干部人员编制 2 名、工勤人员编制 3 名；领导职数配党委书记 1 名、专职副书记 1 名，主任 1 名、副主任 3 名、科级职数 7 名；设立物业管理服务中心，为自收自支全民科级事业单位，隶属区建设委员会，定编制 20 名；市建筑工程质量监督站天桥分站增加事业编制 2 名；4 月 4 日，济南天建房地产开发总公司由全民企业改制为全民所有制自收自支副处级事业单位，定事业编制 90 名。1998 年 4 月 28 日，济南市机构编制委员会印发《关于调整建立济南市城建监察机构的通知》（济编发〔1998〕20 号），要求区成立城建监察大队，为副处级事业单位，内部机构设综合科、监察一科、监察二科，天桥区城建监察大队编制 30 名，领导职数配大队长 1 名、副大队长 1 ~ 2 名，人员经费由市财政列支。2000 年 10 月 23 日，撤销区防汛节水办公室。2001 年 11 月 1 日，区建设委员会更名为区建设管理局，区人民防空委员会办公室由区建设管理局管理；12 月 19 日，内设办公室、财务科、规划管理科（加挂村镇建设办公室牌子）、城市市容管理科、基本建设管理科、生产计划科 6 个科室，行政编制 25 名、离退休干部人员编制 2 名、工勤人员编制 3 名；领导职数配党委书记 1 名、副书记（兼任纪检书记）1 名，局长 1 名、副局长 3 名，科级职数 6 名；物业管理服务中心编制调整为10名。2003年8月1日，天建房地产开发总公司改成企业性质公司；9月9日，撤销区城管监察大队，职能、人员移交区城市管理行政执法局。2005年5月10日，设立“12319”天桥区工作站，为全额拨款科级事业单位，设站长1名；10月24日，区建设管理局复称区建设管理委员会。2006年2月10日，复改为区建设委员会，区人民防空委员会办公室由区建设委员会管理；10月18日，区人民防空委员会办公室改为区建设委员会内设机构，原区人民防空委员会办公室行政编制并入区建设委员会。2007年1月12日，撤销“12319”天桥区工作站，人员、机构并入区城市管理服务局；9月10日，分配行政编制2名，离退休干部人员编制及自定编制全部核销。2010年3月12日，区建设委员会更名为区城乡建设委员会；撤销区人民防空委员会办公室，区人民防空委员会办公室职责整合划入区城乡建设委员会，区城乡建设委员会加挂区人民防空办公室牌子；设立区城市规划协调服务中心，为区城乡建设委员会所属财政拨款正处级事业单位；区城市管理服务局更名为区排水管理服务中心，为区城乡建设委员会所属财政拨款正处级事业单位；7月2日，原区建设委员会城市管理职责划归区城市管理局，区城乡建设委员会（区人民防空办公室）内设办公室、政策法规科、财务审计科、城乡建设科、建筑业管理科、人防建设管理科6个职能科室，行政编制17名、工勤人员编制2名；领导职数配主任1名、副主任3名，科长（主任）6名、副科长（副主任）4名，党的组织、纪检监察、工会、共青团、妇女工作等机构设置及人员配备按有关规定执行。2011年5月16日，济南市建筑工程质量监督站天桥分站更名为济南市工程质量与安全生产监督站天桥分站，经费类型改为财政拨款。至2012年年底，区城乡建设委员会（区人民防空办公室）内设6个职能科室，下设区城市规划协调服务中心（内设科室、编制、人员、领导职数配备另列）、区排水管理服务中心（内设科室、编制、人员、领导职数配备另列）2个财政拨款正处级和济南市工程质量与安全生产监督站天桥分站（编制10名）1个财政拨款副处级及物业管理服务中心（编制10名）、区人防管理服务中心（编制14名）2个经费自筹正科级事业单位，行政编制17名、工勤人员编制2名、事业编制34名，实有83人；区城乡建设委员会领导的区重点工程指挥部办公室（经费自筹），区城乡建设委员会管理的区拆迁办公室（经费自筹）、区市政工程管理局（财政补贴）、区园林绿化管理局（财政拨款）4个正处级事业单位内设科室、编制、人员、领导职数配备另列。

党委书记

李焕文	1990.08—1995.11
翟立国	1995.11—1999.12
王长来	1999.12—2003.03
吕宏胜	2003.03—2008.03
刘敬涛	2008.03—2011.03
陈伟民	2011.03—

主　任

李焕文	1990.09—1993.02
张殿忠	1993.02—1996.11
翟立国	1996.11—1998.05
王长来	1998.05—2003.03
费晓伟	2003.03—2007.02
任庆生	2007.02—2011.01
刘敬涛	2011.03—

区城市规划协调服务中心　2010年3月12日设立，为区城乡建设委员会所属财政拨款正处级事业单位；7月2日，内设综合科、经济财务科、规划服务科、项目建设服务科4个职能科室，事业编制12名；领导职数配主任1名、副主任2名，科长4名、副科长3名。至2012年年底，内设机构、领导职数配备未变，事业编制12名，实有11人。

主　任

李圣坤	2010.05—

区排水管理服务中心　2007年1月12日，将区河道管理处、区市政工程排水管理处、区

市政工程管理处排水科、区建设委员会“12319”天桥区工作站、区防汛办公室撤销合并为区城市管理服务局，为正处级全额事业单位，隶属区建设委员会；区防汛办公室与区城市管理服务局合署办公，一个机构两块牌子；区城市管理服务局内设办公室、“12319”工作站、计财科、河道管理科、泵站管理科、排水管理科6个机构，党的组织和群团组织设置按党章和有关规定执行，事业编制124名；领导职数配局长1名、副局长3名，科长（主任）6名、副科长（副主任）6名。2009年9月，排水管理科职能复划归区市政工程管理局。2010年3月12日，更名为区排水管理服务中心，为区城乡建设委员会所属财政拨款正处级事业单位；7月2日，“12319”工作站职责划归区城市管理局，区排水管理服务中心内设办公室、组织人事科、财务科、河道管理科、泵站管理科、排水防汛科、节水管理科、燃气管理科8个职能科室，事业编制124名；领导职数配主任1名、副主任3名，科长（主任）8名、副科长（副主任）8名；12月23日，调减事业编制3名。至2012年年底，区排水管理服务中心内设8个职能科室，领导职数配备未变，事业编制121名，实有97人。

党总支书记

王育龙	2007.01—2010.03
陈伟民	2010.05—2011.03
徐　达	2011.03—

主任（局长）

徐士轩	2007.01—2011.03
刘　锋	2011.03—

区重点工程指挥部办公室　1990年8月16日，设立区重点工程指挥部办公室，为正局级全民事业单位，归口区城市建设管理委员会领导，定事业编制5名，实行有偿服务，经费自筹。1991年5月8日，增加事业编制3名（其中施工管理人员2名、司机1名），经费自筹；8月25日，建制级别局级，全民事业单位，事业编制8名，实有5人（含工勤1人）。1992年8月1日，增加事业编制2名；12月8日，内设综合科、工程科、行政科，增加事业编制5名，经费自筹。1994年9月6日，增加事业编制3名，经费自筹。1997年11月6日，增加事业编制3名，经费自筹。2010年7月2日，政府机构改革调整，事业编制由21名调整为18名；12月23日，调减事业编制4名。至2012年年底，区重点工程指挥部办公室为经费自筹正处级事业单位，内设机构未变，事业编制14名。

主　任

陈士武	1990.09—2006.07
王广慧	2007.02—2010.05
何其臻	2010.12—2012.02
陈伟民	2012.02—2012.06
李绍峰	2012.06—

区拆迁办公室　1985年1月18日，济南市编制委员会印发《关于建立济南市、区两级拆迁办公室的通知》（济编发〔1985〕4号），要求4个市区分别建立区拆迁办公室，为区政府所属事业单位，由区城市建设管理委员会管理，业务归市拆迁办公室统一领导；4月17日，设立区政府拆迁办公室，为区政府所属事业单位，由区城市建设管理委员会管理，业务由市拆迁办公室统一领导，定自筹编制3名。1987年9月10日，编制3名、实有5人（行政经费2人、部门自筹经费3人）；10月24日，增加事业编制4名。1989年7月31日，核定事业编制10名（经费部门自筹）；11月7日，实有7人。1990年12月19日，内设动迁科、综合科，均为股级；增设事业编制4名，经费自筹。1991年8月25日，建制级别局级，全民事业单位，内设2个股级科室，事业编制14名，实有8人（含工勤1人）。2007年1月12日，撤销动迁科、综合科，内设综合计划科、动迁一科、动迁二科、财务科，均为正科级，各设科长1名。至2012年年底，区拆迁办公室为经费自筹正处级事业单位，内设4个职能科室，领导职数配备未变，事业编制14名，实有21人。

党支部书记

杨传广	2012.02—

主　任

张俊达	1991.08—1994.09
盛启林	1994.11—1997.04
翟元民	1997.04—2004.03
任庆生	2004.03—2007.02
崔天文	2007.02—2011.08
杨传广	2011.08—2012.02
刘桂明	2012.02—

区市政工程管理局　1957年，设立区市政工程养护队。1963年，改称为区市政工程养护所。1966年5月“文化大革命”开始；1967年2月24日，受造反群众组织冲击，陷入瘫痪。1976年，复设立区市政工程养护队，为全民所有制事业单位。1977年5月16日，建立党支部。1978年11月3日，撤销区市政工程养护队，设立区市政工程管理养护所（大集体性质），养护队原有国营职工按三不变（性质不变、待遇不变、隶属关系不变）原则，以借调方式充实到区市政工程管理养护所做领导、技术骨干；养护所增加集体职工100人。1986年10月31日，在册人数195人。1987年9月10日，在册人数195人、实有190人（事业）。1989年7月31日，核定事业编制200名；11月14日，济南市天桥区人民政府以《关于恢复我区市政工程管理养护所为全民事业性质单位的报告》（济天政发〔1989〕88号），向济南市人民政府申请尽快恢复区市政工程管理养护所为全民事业性质单位。1991年8月25日，建制级别科级，全民事业单位，归口区城市建设管理委员会，事业编制200名，实有184人（含工勤139人）。1992年12月10日，更名为区市政工程管理养护处。2000年11月16日，更名为区市政工程管理处，明确为正处级事业单位，归口区建设委员会管理。2007年1月12日，排水科（区市政工程管理处内设科室）人员、职能并入区城市管理服务局；区市政工程管理处更名为区市政工程管理局，内设办公室、生产计划科、市政管理科、财务科、车辆管理科、道路养护队、材料加工管理科7个正科级机构，分别设科长（主任、队长）1名，党的组织和群团组织设置按党章和有关规定执行，编制调整为180名；同月，党支部改建为党总支。2009年7月15日，明确区市政工程管理局为区政府直属正处级事业单位，归口区建设委员会管理，内设办公室、财务科、市政管理科、规划计划科、组织人事科5个科室，均为正科级，党的组织、纪检监察、工会、共青团、妇女工作等机构设置及领导职数配备按有关规定执行；局机关事业编制30名；领导职数配局长1名、副局长3名，科长（主任）5名、副科长（副主任）5名；局下属事业编制150名；9月，排水管理科职能复划归区市政工程管理局。至2012年年底，区市政工程管理局为财政补贴区政府直属正处级事业单位，归口区建设委员会管理，内设5个职能科室，领导职数配备未变，事业编制180名，实有81人。

党总支（支部）书记

尤其网	1990.12—1995.06
刘维林	1995.06—2000.12
于相伦	2000.12—2003.03
李兆广	2003.03—2008.03
陈伟民	2008.03—2010.05
王封军	2010.05—2012.02
李衍军	2012.02—

局长（主任）

董兆礼	1985.01—1993.02
赵兴成	1994.03—1995.06
王育龙	1995.06—2000.12
黄清民	2000.12—2006.07
曲苏敏	2006.07—2011.03
孙庆港	2011.03—

区园林绿化管理局　1965年9月，设立区绿化队。1976年，建立党支部。1984年6月5日，更名为区绿化管理所，实有职工11人。1986年10月31日，在册人数58人。1987年9月10日，在册人数58人、实有65人（事业经费）。1989年2月24日，实有71人；7月31日，核定事业编制80名；11月7日，实有71人（含集体混岗22人）。1990年4月27日，事业编制

核减至 68 名。1991 年 8 月 25 日，建制级别科级，全民事业单位，归口区城市建设管理委员会，事业编制 68 名，实有 68 人（含工勤 42 人）。1992 年 8 月 1 日，事业编制调整为 67 名；12 月 10 日，更名为区绿化管理处。1996 年 8 月 12 日，撤销区绿化委员会办公室，人员移交区绿化管理处。2000 年 11 月 16 日，更名为区园林绿化处，明确为正处级事业单位，归口区建设委员会管理。2001 年 12 月 19 日，白鹤广场管理委员会（原济南市天桥区火车东站地区综合管理办公室）更名为济南火车东站广场管理办公室，为区园林绿化处派出机构，承担济南火车东站广场管理、维护、服务工作，暂定自收自支事业编制 17 名，不定建制级别。2002 年 5 月 13 日，恢复区绿化委员会办公室，与区园林绿化处合署办公，一个机构两块牌子。2007 年 1 月 12 日，区园林绿化处更名为区园林绿化管理局，内设综合办公室、财务科、生产计划科、绿化管理科、监察科、车辆管理科 6 个科室和济南火车东站广场管理办公室 1 个派出机构，均为正科级，分别设科长（主任）1 名，党的组织和群团组织设置按党章和有关规定执行；同月，党支部改建为党总支。2008 年 10 月 10 日，明确区园林绿化管理局为区政府直属全额预算管理正处级事业单位。2009 年 7 月 15 日，归口区建设委员会管理，内设办公室、绿化管理科、计划财务科、组织人事科 4 个科室，均为科级，党的组织、纪检监察、工会、共青团、妇女工作等机构设置及领导职数配备按有关规定执行；局机关事业编制 20 名；领导职数配局长 1 名、副局长 2 名，科长（主任）4 名、副科长（副主任）4 名；局下属事业编制 47 名。2012 年 11 月 29 日，济南火车东站广场管理办公室事业编制由 17 名调整为 2 名；至年底，区园林绿化管理局内设 4 个职能科室，下设济南火车东站广场管理办公室 1 个经费自筹正科级派出机构，领导职数配备未变，事业编制 69 名，实有 64 人。

党总支（支部）书记

李继堂	1990.05—1994.03
羊荣兴	1994.03—1997.03
李述荣	1997.03—2000.12
曲苏敏	2000.12—2006.07
郑海涛	2006.07—2009.04
刘　锋	2009.04—2011.03
苑体策	2011.03—

局长（主任）

王金兰（女）	1990.05—1993.02
王永苓	1994.03—1997.04
梁兆海	1997.04—2000.12
费晓伟	2000.12—2003.04
王伦嵩	2003.04—

区绿化委员会办公室　1989 年 8 月 20 日，明确区绿化委员会办公室为区政府正局级工作部门，归口区城市建设管理委员会管理，定事业编制 3 名；11 月 7 日，实有 1 人。1991 年 8 月 9 日，增加工人编制 1 名（司机），经费自筹；25 日，建制级别局级，行政编制 1 名、自定编制 2 名，实有 2 人。1996 年 8 月 12 日撤销，职能、人员分别移交区建设委员会、区绿化管理处。1998 年 4 月复设立。2000 年 12 月复撤销。2002 年 5 月 13 日恢复，与区园林绿化处合署办公，一个机构两块牌子。2007 年 1 月 12 日，与区园林绿化管理局合署办公，一个机构两块牌子。

主　任

盛启林	1990.12—1994.11
戈文功	1994.11—1996.10
费晓伟	1998.04—2000.12
王伦嵩	2003.04—

附：

区人民防空委员会办公室　1962 年 7 月，设立区防空领导小组办公室。1965 年，改称为区人民防空指挥部。1967 年，改称为区革命委员会战备办公室。1968 年 8 月，成立区革命委员会防空备战领导小组，下设办公室。1970 年，改称为区人民防空领导小组办公室。1982 年，改称为区人民防空委员会（区人民政府人民防空）办公室。1984 年 8 月 18 日，改为区城市建设管理委员会内设机构。1987年8月1日，从区城市建设管理委员会分离，部门单设，行政编制6名、事业编制10名；9月10日，实有17人（行政经费6人、事业经费10人、区自筹经费1人）。1989年7月31日，核定行政编制3名、事业编制10名、区自编制3名（经费区自筹）；11月7日，实有17人。1990年5月19日，内设秘书科、财务科，均为股级；增加区自编制3名，经费自筹。1991年8月25日，建制级别局级，内设2个股级机构，行政编制3名、事业编制10名、自定编制6名，实有19人（含工勤9人）。1996年8月12日，明确区人民防空委员会办公室由区建设委员会管理，保留处级建制。1997年1月27日，撤销内设机构，区人民防空委员会办公室机关行政编制4名、离退休干部人员编制1名，领导职数配主任1名、副主任2名；设立区人防管理服务中心，为自收自支全民科级事业单位，定编14名，隶属区人民防空委员会办公室。2001年11月1日，明确区人民防空委员会办公室由区建设管理局管理；12月19日，行政编制4名、工勤人员编制1名。2006年10月18日，调整为区建设委员会内设机构。2010年3月12日，撤销区人民防空委员会办公室，职责整合划入区城乡建设委员会，区城乡建设委员会加挂区人民防空办公室牌子。

主　任

李来海	1990.03—1992.11
马俊堂	1993.02—1996.11
李云峰	1996.11—1997.05
黄清民（兼）	1997.05—1998.04
欧玉存	1998.04—2002.03
井明诗	2002.03—2006.07
孙向军	2006.07—2008.03
李福利	2008.03—2009.05
于汝洋	2009.05—2009.09
李庆元	2009.12—

区河道管理处　1986年8月8日，济南市编制委员会印发《关于成立天桥区工商河管理所的通知》（济编发〔1986〕50号），同意天桥区设立区工商河管理所，隶属区城市建设管理委员会，定事业编制20名；11月14日，天桥区成立区工商河管理所，为区属单位，归口区城市建设管理委员会管理，定事业编制20名。1987年9月10日，事业编制20名、实有18人（事业经费）。1988年3月15日，更名为区河道管理所。1989年7月31日，核定事业编制20名；8月，建立党支部；11月7日，实有19人（含集体混岗6人）。1991年8月25日，建制级别科级，全民事业单位，归口区城市建设管理委员会，事业编制20名，实有18人（含工勤12人）。1992年12月10日，改称为区河道管理处。2000年11月16日，明确为副处级事业单位。2007年1月12日撤销，职能、人员并入区城市管理服务局。

党支部书记、主任

卢宗熙	1988.03—1994.03
李继堂	1994.03—1998.04
赵兴成	1998.04—2003.09
徐士轩	2004.03—2007.01

区市政工程排水管理处　1984年8月，设立区市政工程排水管理所。1986年3月，建立党支部；10月31日，在册人数42人。1987年9月10日，在册人数42人、实有57人（事业经费）；10月24日，增加事业编制21名。1989年7月31日，核定事业编制63名；11月7日，实有61人（含集体混岗13人）。1991年8月25日，建制级别科级，全民事业单位，归口区城市建设管理委员会，事业编制63名，实有61人（含工勤41人）。1992年12月10日，改称为区市政工程排水管理处。2000年11月16日，明确为副处级事业单位。2007年1月12日撤销，职能、人员并入区城市管理服务局。

党支部书记

黄叔桓	1988.08—2002.03
张崇元	2002.03—2003.03
王国亮	2003.03—2005.03

主　任

黄叔桓	1988.08—1995.06

赵兴成 1995.06—1998.04
李建平 1998.04—2000.12
王育龙 2000.12—2007.01

区城市管理局

2010年3月12日，设立区城市管理局，列入区政府工作部门序列，区城市管理行政执法局与其合署办公；区市容环境卫生管理局的行政职责、区城市管理行政执法局职责以及相关部门的城市管理职责整合划入区城市管理局、区城市管理行政执法局；组建区环境卫生管护服务中心，为区城市管理局所属财政补贴正处级事业单位；7月2日，原区建设委员会城市管理职责、数字化城市管理职责、区城市管理服务局“12319”热线管理职责划归区城市管理局，区城市管理局内设办公室（与区城市管理行政执法局办公室合署，加挂财务科牌子）、组织人事科（与区城市管理行政执法局组织人事科合署）、综合管理科、渣土管理科、城市保洁管理科（加挂设施建设管理科牌子）5个职能科室，行政编制11名、工勤人员编制1名；领导职数配局长1名、副局长2名，科长（主任）5名、副科长（副主任）1名，党的组织、纪检监察、工会、共青团、妇女工作等机构设置及人员配备按有关规定执行；26日，城市保洁管理科人员配备、职责由区环境卫生管护服务中心组织、承担。至2012年年底，区城市管理局内设5个职能科室，下设区环境卫生管护服务中心（内设机构、编制、人员、领导职数配备另列）1个财政补贴正处级事业单位，领导职数配备未变，行政编制11名、工勤人员编制1名，实有3人。

党委书记

郑海涛 2010.03—

局　长

李福利 2010.03—

区环境卫生管护服务中心 2010年3月12日，整合原区市容环境卫生管理局及所属事业单位汽车队、区市容环境卫生监察中队、环卫服务站、各街道（镇）环卫所，组建区环境卫生管护服务中心，为区城市管理局所属财政补贴正处级事业单位；7月2日，区环境卫生管护服务中心内设办公室、组织人事科、财务科、基建设备科、机械化清扫科、清运科、废弃物管理科、建筑工地卫生管理科、制锦市环境卫生管理所、北坦环境卫生管理所、纬北路环境卫生管理所、天桥东街环境卫生管理所、官扎营环境卫生管理所、宝华街环境卫生管理所、堤口环境卫生管理所、无影山环境卫生管理所、工人新村南村环境卫生管理所、工人新村北村环境卫生管理所、药山环境卫生管理所、北园环境卫生管理所、泺口环境卫生管理所、大桥镇环境卫生管理所、桑梓店镇环境卫生管理所23个职能科室（所），事业编制198名；领导职数配主任1名、副主任3名，科长（主任、所长）23名、副科长（副主任、副所长）23名；26日，区城市管理局城市保洁管理科人员配备、职责由区环境卫生管护服务中心组织、承担。至2012年年底，内设机构、领导职数配备未变，事业编制198名，实有152人。

党总支书记

孙庆港 2010.03—2011.03
刘桂明 2011.03—2012.02
王封军 2012.02—

主　任

李兆广 2010.03—

附：

区市容环境卫生管理局 1981年2月，设立区环境卫生管理局。1982年11月17日，设立区环境卫生汽车队、区环境卫生修建队，为区直属单位，由区环境卫生管理局领导。1984年3月，区环境卫生管理局改为区环境卫生管理所；11月，设立济南市环境卫生监察大队天桥区中队（称区环境卫生监察中队）。1986年10月31日，在册人数228人。1987年9月10日，在册人数228人、实有160人（事业经费）。1988年10月，区市容环境卫生监察中队划归区环境卫生管理所管理，有职工15人。1989年7月31日，核定事业编制180名；11月7日，实有190人（含计划外用工24人)。1990年4月27日，事业编制核减至168名；5月31日，区建材公司划归区环境卫生管理所，并更名为区环境卫生管理所环卫服务站，为区环境卫生管理所所属独立核算股级集体事业单位；8月16日，区环境卫生管理所环卫服务站核定事业编制28名，经费服务站自筹；9月17日，区环境卫生管理所党支部改建为党总支。1991年7月22日，复更名为区环境卫生管理局，不列区政府工作部门序列，归口区城市建设管理委员会管理，内设办公室、环卫科、政工科、财务科、修建科5个科室，下设市容纠察中队、汽车队2个股级全民事业单位，事业编制168名(局机关25名、市容纠察中队15名、汽车队128名)；环卫服务站(集体事业单位)仍归区环境卫生管理局管理；8月25日，建制级别局级，局机关实有16人(含工勤2人)；市容纠察中队实有15人(含工勤13人)，汽车队实有136人(含工勤130人)；环卫服务站为股级集体事业单位，事业编制28名，实有28人。1992年8月1日，汽车队抽调编制1名；12月14日，汽车队建制级别定为副科级。1993年3月25日，市容纠察中队改称为区市容环境卫生监察中队；7月24日，区环卫局机关事业编制调整为22名，汽车队(含区市容环境卫生监察中队15名)事业编制调整为145名；10月25日，撤销区整顿市容卫生秩序指挥部办公室，7名一般工作人员带编并入区市容环境卫生监察中队，区市容环境卫生监察中队定为副科级，事业编制22名。1996年8月12日，区环境卫生管理局更名为区市容环境卫生管理局，为区政府直属处级事业单位，由区建设委员会代管，授权行使相关行政管理职能。1997年3月6日，内设党政办公室、环卫基建科、市容管理科、财务审计科、废弃物管理科5个职能科室，局机关事业编制18名(含工勤人员编制2名)，领导职数配书记1名、局长1名、副局长2名、科级职数4名；11月6日，汽车队、区市容环境卫生监察中队调整为正科级，环卫服务站调整为副科级。2007年1月12日，设立各街道(镇)市容环境卫生管理所，受区市容环境卫生管理局、街道(镇)双重领导，为正科级全额事业单位；制锦市、北坦、纬北路、天桥东街、官扎营、宝华街、堤口路、无影山、工人新村南村、工人新村北村10个城区街道办事处和大桥、桑梓店2个镇各定编3名，设所长1名；药山、北园、泺口3个街道办事处各定编5名，设所长1名、副所长1名，人员由区市容环境卫生管理局编内调剂。2008年10月10日，明确区市容环境卫生管理局为区政府直属全额预算管理正处级事业单位。2009年7月15日，归口区建设委员会管理，内设办公室、财务科、市容管理科、环境卫生管理科、组织人事科5个科室，均为科级，党的组织、纪检监察、工会、共青团、妇女工作等机构设置及领导职数配备按有关规定执行；局机关事业编制30名；领导职数配局长1名、副局长3名，科长(主任)5名、副科长(副主任)5名；汽车队事业编制由130名调整为118名、区市容环境卫生监察中队事业编制22名、环卫服务站事业编制28名。2010年3月12日，不再保留区市容环境卫生管理局。

党总支(支部)书记

张殿忠	1990.01—1993.02
贺桂兰(女)	1993.02—1994.05
李玲远	1994.05—1998.04
于相伦	1998.04—2000.12
李向辉	2000.12—2002.03
任庆生	2002.03—2004.03
戈文功	2004.09—2008.03
孙庆港	2008.03—2010.03

局长(所长)

李向辉	1987.02—2000.12
朱德刚	2000.12—2003.04
张云太	2003.04—2003.09
赵兴成	2003.09—2008.03
李兆广	2008.03—2010.03

区整顿市容卫生秩序指挥部办公室 1990年2月8日，明确区整顿市容卫生秩序指挥部办公室由临时机构改变为区政府常设直属机构，正局级部门，不列区政府工作部门序列，定区

自编制10名，经费自筹。1991年8月25日，建制级别局级，自定编制10名，实有10人（含工勤1人）。1993年4月3日，明确区整顿市容卫生秩序指挥部办公室归口区城市建设管理委员会领导；10月25日撤销，7名一般工作人员带编并入区市容环境卫生监察中队。

主　任

李咸武　　1990.05—1992.10

张殿忠　　1993.05—1993.10

区城市管理行政执法局

2003年7月7日，济南市机构编制委员会办公室印发《关于在我市六区成立城市管理行政执法机构的意见》（济编办发〔2003〕37号），同意市辖6区建立区城市管理行政执法局，为区政府工作部门，加挂区城市管理监察大队牌子，处级建制，由区政府和市城市管理行政执法局双重管理，以区政府管理为主，天桥区编制控制数148名；8月19日，区公安分局城市管理警察大队与区城市管理行政执法局在同一地点办公；9月9日，撤销区城建监察大队，原区城建监察大队职能、人员和济南市长途汽车总站地区综合管理办公室、区北园大街综合管理办公室、区河道管理处、区市容环境卫生监察中队、区环境监理站、区房产管理局房产管理稽查队的原行政处罚职能均划归区城市管理行政执法局；区城市管理行政执法局内设办公室、政工科、执法科、督查科、财务科5个职能科室，行政编制11名、工勤人员编制1名；领导职数配局长（大队长）1名，政委1名（由区公安分局1名副局长兼任），副局长（副大队长）3名（其中1名副局长由区公安分局城市管理警察大队大队长兼任），科长5名、副科长1名（执法科）；下设直属中队和一、二、三、四、五、六区域性中队7个，均为科级建制，事业编制分别为25名、18名、22名、19名、20名、18名、14名，编制总额136名（人员依照实行国家公务员制度），各中队配中队长、教导员、副中队长各1名。2004年3月，建立党委。2005年5月10日，增设女子中队、长途汽车总站中队、信访科，均为正科级，编制分别为20名、15名、3名，2个中队分别配中队长、教导员、副中队长各1名，信访科配科长1名。2006年2月10日，区城市管理监察大队更名为区城市管理行政执法大队，区城市管理行政执法局加挂区城市管理行政执法大队牌子；6月1日，增设龙湖中队、火车东站中队、综合执法信息指挥中心，均为科级建制，编制分别为20名、16名、3名，2个中队分别配中队长、教导员、副中队长各1名，综合执法信息指挥中心配主任1名。2008年11月29日，中共济南市委组织部、济南市人事局印发《关于印发济南市参照公务员法管理事业单位名单的通知》（济人字〔2008〕209号），区城市管理行政执法大队为参照公务员法管理事业单位。2009年7月15日，区城市管理行政执法局不再挂区城市管理行政执法大队牌子，区城市管理行政执法大队为区城市管理行政执法局所属财政拨款副处级事业单位，内设综合科（城管执法信息指挥中心）、督查信访科、直属中队、女子中队、一中队、二中队、三中队、四中队、五中队、六中队、长途汽车总站中队、龙湖中队、火车东站中队13个机构，均为科级，事业编制148名；领导职数配大队长1名、副大队长（正科级）4名，中队长（科长）13名，副中队长（副科长）13名；党的组织、纪检监察、工会、共青团、妇女工作等机构设置及领导职数配备按有关规定执行。2010年3月12日，与区城市管理局合署，仍列为区政府工作部门序列；7月2日，区城市管理行政执法局内设执法指导科（加挂装备科牌子）、执法审理科、执法监督科3个职能科室，行政编制8名、工勤人员编制1名，领导职数配局长1名、副局长2名，科长3名，党的组织、纪检监察、工会、共青团、妇女工作等机构设置及人员配备按有关规定执行。至2012年年底，区城市管理行政执法局内设3个职能科室，下设区城市管理行政执法大队1个财政拨款副处级事业单位，领导职数配备未变，行政编制8名、工勤人员编制1名、事业编制148名，实有179人。

党委书记

刘兴祥	2004.04—2006.07
于新社	2006.07—2009.04
郑海涛	2009.04—

局　长

刘兴祥	2003.08—2006.07
于新社	2006.07—2009.04
李福利	2009.04—

政　委

李炳华（兼）	2003.08—2010.05

区环境保护局

1977年3月，设立区环境保护办公室。1980年4月，改设为区环境保护局。1982年7月5日，济南市人民政府印发《关于贯彻执行〈山东省征收排污费实施办法〉的通知》（济政发〔1982〕133号），决定补充县、市（区）环保监测人员编制，天桥区增4名。1984年6月11日，核定区环境保护局行政编制5名。1987年7月23日，郊区划拨编制2名；9月10日，区环境保护局编制7名，实有5人（行政经费2人、区自筹经费3人）；区环境监测站事业编制4名，实有4人（事业经费）。1988年2月23日，区环境监测站事业编制由4名调整为20名，经费自筹。1989年7月31日，核定区环境保护局行政编制5名、区自编制3名（部门自筹经费），区环境监测站事业编制20名（事业费5名、部门自筹经费15名）；11月7日，区环境保护局实有5人（含集体混岗3人），区环境监测站实有7人。1991年8月25日，区环境保护局建制级别局级，行政编制5名、自定编制3名，实有5人；区环境保护监测站为股级全民事业单位，事业编制20名，实有19人（含工勤2人）。1993年10月23日，设立区环境监理站，为全民事业单位，与区环境监测站合署办公。1996年8月12日，明确区环境保护局为区政府正处级工作机构。1997年3月6日，核定局机关行政编制5名、离退休干部人员编制1名；领导职数配局长1名、副局长2名；区环境监测站、环境监理站分设，均升格为自收自支全民科级事业单位，分别定编15名、5名，隶属区环境保护局。2006年6月1日，内设办公室、综合业务科、计划财务科3个正科级科室，设科长（主任）各1名。2007年9月10日，分配行政编制5名，离退休干部人员编制及自定编制全部核销。2010年7月2日，区环境保护局内设办公室（加挂环境安全应急管理科牌子）、政策法规科、规划财务科、环境管理科（加挂污染物排放总量控制科牌子）4个职能科室，行政编制11名；领导职数配局长1名、副局长2名，科长（主任）4名、副科长（副主任）2名，党的组织、纪检监察、工会、共青团、妇女工作等机构设置及人员配备按有关规定执行；区环境监测站、区环境监理站均为区环境保护局所属经费自筹正科级事业单位，定事业编制各20名；10月14日，区环境监理站更名为区环境监察大队。至2012年年底，区环境保护局内设4个职能科室，下设区环境监测站、区环境监察大队2个经费自筹正科级事业单位，领导职数配备未变，行政编制11名、事业编制40名，实有48人。

局　长

阎连明	1981.09—1993.03
王长来	1993.03—1998.05
刘兴祥	1998.05—2003.08
董成绩	2003.08—2010.03
杨奉伟	2010.03—

区农业经济发展局（加挂区水务局牌子）

1987年6月，设立区农业委员会、区委农村工作委员会，并合署办公；9月10日，编制14名、实有11人（行政经费5人、事业经费6人）；10月24日，内设办公室（股级），行政编制7名，下设综合站，为股级事业单位，事业编制7名。1991年8月5日，设立济南市历城区引黄灌溉管理处，为副科（局）级事业单位，企业化管理，控编数20名；25日，区农业委员会建制级别局级，行政编制7名、事业编制7名，实有10人（含工勤1人）；1993年2月17日，区委农村工作委员会、区农业委员会与北园镇党委、政府合署办公；撤销区委农村工作委员会、区农业委员会内设的办公室和下设的综合管理站，保留行政编制3名、事业编制3名。1996年8月12日，撤销区委农村工作委员会、区农业委员会，设立区农业办公室，为区政府正处级工作机构，与北园镇政府合署办公。1997年1月27日，在北园镇（区农业办公室）农业技术综合服务站加挂区兽医卫生监督检验所牌子，业务受区农业办公室指导；3月6日，区农业办公室核定行政编制4名、工勤人员编制1名，领导职数配主任1名、副主任1名；6月6日，区农业办公室不再与北园镇政府合署办公，为区政府直属工作部门；恢复区农业综合管理站，为全额预算管理国有事业单位，编制3名，隶属区农业办公室；11月6日，区农业综合管理站升格为正科级。2000年1月30日，区农业办公室复更名为区农业委员会，复设立区委农村工作委员会，与区农业委员会一个机构两块牌子，区农业委员会（区委农村工作委员会）内设办公室、农业生产办公室、乡村企业办公室、项目办公室4个科室；区农业综合管理站编制调整为10名；济南市历城区引黄灌溉管理处更名为济南市天桥区引黄灌溉管理处，隶属区农业委员会；10月23日，撤销区防汛节水办公室，区农业委员会加挂区水务局牌子；11月16日，撤销项目办公室，设立区农业综合开发项目办公室，为全额预算副处级事业单位，隶属区农业委员会，编制3名；区农业综合管理站编制核减3名。2001年5月26日，区水务局加挂区水政监察大队牌子，增加事业编制5名，经费自筹；11月1日，区农业委员会更名为区农业经济发展局，区委农村工作委员会与其合署，加挂区水务局牌子；12月19日，内设办公室、农业生产办公室、农业产业化经营办公室3个科室，领导职数配局长1名（兼任区水务局局长）、副局长2名，区委农村工作委员会副书记1名、区水务局副局长1名；区农业综合管理站加挂区兽医卫生监督检验所牌子，事业编制调整为13名。2002年11月30日，区水政监察大队事业编制6名。2006年8月25日，成立区畜牧兽医总站，为正科级全额拨款事业单位，编制10名，设站长、副站长各1名；设立大桥、桑梓店畜牧兽医站，为区农业经济发展局派出机构，均为正科级全额拨款事业单位，各定事业编制8名，分别设站长、副站长各1名。2007年9月10日，分配行政编制4名，离退休干部人员编制及自定编制全部核销。2010年3月12日，区农业经济发展局加挂区水务局牌子；7月2日，区农业综合开发项目办公室整建制移交区财政局，区农业经济发展局（区水务局）内设办公室、综合业务科（加挂农产品质量安全监管科牌子）、水政水资源科3个职能科室，行政编制8名、工勤人员编制1名，领导职数配局长1名、副局长3名，科长（主任）3名，党的组织、纪检监察、工会、共青团、妇女工作等机构设置及人员配备按有关规定执行。2012年12月31日，区引黄灌溉管理处、区水政监察大队经费类型由经费自筹调整为财政拨款；区农业经济发展局（区水务局）内设3个职能科室，下设区引黄灌溉管理处1个副处级和区畜牧兽医总站、大桥畜牧兽医站、桑梓店畜牧兽医站、区农业综合管理站、区水政监察大队5个正科级财政拨款事业单位，领导职数配备未变，行政编制8名、工勤人员编制1名、事业编制65名，实有39人。

书　记

李树诚	1990.03—1991.12
李　金	1991.12—1993.02
杨锡福（兼）	1993.02—1995.02
许　强（兼）	1995.02—1996.08
胡培芝（兼）	2000.04—2003.03
潘传利（兼）	2003.03—2006.12
赵新生（兼）	2007.01—2008.03
樊　瑞（回族，兼）	2008.03—2009.03
李大春（兼）	2009.03—2012.02

局长（主任）

苏传勤	1990.03—1993.02
宋胜玉（兼）	1993.02—1994.06
仓友徽（兼）	1994.06—1996.04
赵新生（兼）	1996.04—1997.09
陈学英（女）	1997.09—2000.04
赵新生	2000.04—2003.03
宋光强	2003.03—2012.02

董学山　　2012.02—

附：

区水务局　2000年10月23日，撤销区防汛节水办公室，在区农业委员会加挂区水务局牌子。2001年5月26日，区水务局加挂区水政监察大队牌子；11月1日，区农业委员会更名为区农业经济发展局，区委农村工作委员会与其合署，加挂水务局牌子。2010年3月12日，区农业经济发展局加挂区水务局牌子。

局　长

赵新生（兼）　　2000.12—2003.04
宋光强　　2003.04—2012.02
陈　磊　　2012.04—

区商务局

2010年3月12日，撤销区对外贸易经济合作局、区商业贸易局、区商业网点管理办公室，组建区商务局，列入区政府工作部门序列；将区对外贸易经济合作局职责、区商业贸易局行政职责、区商业网点管理办公室行政职责整合划入区商务局；7月2日，原区对外贸易经济合作局除外事以外职责、原区商业贸易局除拟定物流业发展规划及组织实施和旅游以外行政职责划归区商务局，区商务局内设办公室、商贸规划管理科（加挂商贸服务科牌子）、对外贸易发展科（加挂外商投资管理科牌子）、市场秩序科4个职能科室，行政编制11名、工勤人员编制1名；领导职数配局长1名、副局长3名，科长（主任）4名、副科长（副主任）1名，党的组织、纪检监察、工会、共青团、妇女工作等机构设置及人员配备按有关规定执行；原区商业贸易局14名事业编制调入所属事业单位区畜禽屠宰管理办公室，区畜禽屠宰管理办公室整建制移交区商务局，原区对外贸易经济合作局所属事业单位济南国际经济技术合作公司天桥发展中心（事业编制5名）整建制移交区商务局。2012年11月29日，济南国际经济技术合作公司天桥发展中心原5名事业编制予以核减；至年底，区商务局内设4个职能科室，下设区畜禽屠宰管理办公室（财政拨款，正科级）、济南国际经济技术合作公司天桥发展中心（企业化管理）2个事业单位，领导职数配备未变，行政编制11名、工勤人员编制1名、事业编制14名，实有25人。

党组书记

张永强　　2010.03—

局　长

巨云兴　　2010.03—

附：

区对外贸易经济合作局　1987年8月15日，设立区对外经济贸易办公室，归口区经济计划委员会。1988年2月26日，济南市编制委员会印发《关于五区设立对外经济贸易委员会的通知》（济编发〔1988〕17号），同意天桥区设立对外经济贸易委员会，列区政府工作部门序列；同时撤销区对外经济贸易办公室；3月15日，设立区对外经济贸易委员会，列区政府工作部门序列，暂定行政编制6名，原区对外经济贸易办公室工作移交区对外经济贸易委员会；11月18日，内设办公室，为股级。1989年7月31日，核定行政编制6名；11月7日，实有6人（含集体混岗1人）。1990年8月16日，增设经贸科，为股级；增加区自编制4名，经费区自筹。1991年8月25日，建制级别局级，内设办公室、经贸科2个股级机构，行政编制6名、自定编制4名，实有8人（含工勤1人）。1994年11月19日，成立济南国际经济技术合作公司天桥发展中心，为独立核算、自负盈亏、企业化管理全民事业单位，定编5名，业务上接受济南国际经济技术合作公司指导，行政隶属区对外经济贸易委员会。1996年8月12日，明确区对外经济贸易委员会为区政府正处级工作机构。1997年3月6日，内设办公室、综合科2个职能科室，行政编制8名、工勤人员编制1名，领导职数配主任1名、副主任2名、科级职数2名；11月6日，区对外经济贸易委员会增加行政编制1名，济南国际经济技术合作公司天桥发展中心升格为正科级。2001年11月1日，区对外经济贸易委员会更名为区对外贸易经济合作局；12月19日，行政编制9名、工勤人员编制1名，领导职数配局长1名、副局长2名、科级职数2名。2002年5月27日，设立中国国际贸易促进委员会济南天桥区支会，同时使用中国国际商会济南天桥商会名称，归属区对外贸易经济合作局领导。2006年2月10日，撤销区对外贸易经济合作局办公室，增设外资管理科、外贸发展科。2007年1月12日，明确中国国际贸易促进委员会济南分会天桥支会（加挂中国国际商会济南天桥商会牌子）为正处级全额事业单位，与区对外贸易经济合作局合署办公，设会长1名、副会长1名。2010年3月12日，撤销区对外贸易经济合作局，其职责划入区商务局，与原区对外贸易经济合作局合署的中国国际贸易促进委员会济南天桥区支会（中国国际商会济南天桥商会）单独设置，为区政府直属财政拨款正处级事业单位；7月2日，原区对外贸易经济合作局所属事业单位济南国际经济技术合作公司天桥发展中心整建制移交区商务局。

局长（主任）

闫志顺	1990.03—1992.07
赵奎山	1992.07—1995.06
崔哲华	1995.06—1996.09
苏守纪	1996.09—1998.05
马敬民	1998.05—2000.12
刘宇军	2000.12—2008.03
张永强	2008.03—2010.03

区商业贸易局　1956年6月，设立区商业科。1958年3月，分设为区商业一科、商业二科；8月，复合并为区商业科。1966年5月“文化大革命”开始；1967年2月24日，受造反群众组织冲击，陷入瘫痪。1968年11月，设立区文教卫生财贸组。1969年10月，分设为区商业组、文教组、卫生组、工商财贸组。1975年4月，区商业组改为区商业局。1976年2月，区革命委员会机关设商业局。1981年11月，建立局党委。1984年3月，撤销局党委；6月11日，核定行政编制8名。1985年11月，恢复局党委。1987年4月13日，内设业务科、财务科、办公室，均为股级；7月23日，原有行政编制10名，郊区划拨编制5名；9月10日，编制总额15名，实有15人（行政经费10人、区自筹经费1人、部门自筹经费4人）；10月24日，增加自筹编制2名。1989年7月31日，内设3个股级机构，核定行政编制10名、区自编制7名（经费部门自筹）；11月7日，实有15人（含集体混岗5人）。1990年12月19日，业务科更名为企业管理科，增设政工科、审计科，均为股级。1991年8月9日，成立区第三产业领导小组，下设办公室为正局级单位，不列区政府工作部门序列，与区商业局合署办公，定编5名（干部4名、工人1名），经费自筹；25日，区商业局建制级别局级，内设办公室、财务科、企业管理科、政工科、审计科5个股级机构，行政编制10名、自定编制7名，实有17人（含工勤1人）；12月9日，区第三产业办公室改为独立办公。1996年8月12日，撤销区商业局、第三产业办公室，组建区商业委员会，为区政府正处级工作机构。1997年3月6日，区商业委员会内设组织人事科、办公室、计财科、综合管理科4个职能科室，行政编制14名、离退休干部人员编制1名、工勤人员编制2名，领导职数配书记1名、主任1名、副书记1名、副主任3名、科级职数4名；设立区商业网点管理办公室，为自收自支全民科级事业单位，定编制4名，隶属区商业委员会。2001年11月1日，区商业委员会更名为区商业贸易局，改为区政府直属事业单位；12月19日，配全额预算管理事业编制14名。2002年12月21日，设立区畜禽屠宰管理办公室，为全额预算管理国有科级事业单位，隶属区商业贸易局。2008年10月10日，区商业贸易局加挂区旅游局牌子，为区政府直属全额预算管理正处级事业单位。2010年3月12日，撤销区商业贸易局、区商业网点管理办公室，区商业贸易局、区商业网点管理办公室行政职责划入区商务局，区商业贸易局挂牌的区旅游局职责划入区文化局；7月2日，原区商业贸易局14名事业编制调入所属事业单位区畜禽屠宰管理办公室，区畜禽屠宰管理办公室整建制移交区商务局。

党委书记

孙云明	1990.03—1998.04
王恒泰	1998.04—2000.02
胡廷和	2000.12—2005.03
赵跃进	2005.03—2010.03

局长（主任）

苏守纪	1990.03—1996.08
贾柏林（兼）	1996.09—1998.05
赵跃进	1998.05—2010.03

区文化局（加挂区旅游局牌子）

1951年9月，设立区文教股。1952年7月29日，区文化馆建成开馆。1953年6月，区文教股与区卫生建设股合并为区文教卫生股。1954年10月，分设为区文教股、卫生股。1955年1月，区文教股改为区文教科。1956年9月，分设为区文化科、区教育科。1962年2月，区文化科与区体育科合并为区文体科。1965年11月，分设为区文化科、区体育运动委员会。1967年2月24日，陷入瘫痪。1975年6月，设立区文教办公室；11月，改设为区文教局。1979年9月，分设为区文化科、区教育局。1980年7月，文化部颁发文化馆试行条例，规定县区人口在30万以上的地区文化馆配事业编制25—28名。1984年3月，区文化科改设为区文化局；6月11日，核定行政编制3名。1987年7月23日，郊区划拨编制1名；9月10日，区文化局编制4名、实有2人（行政经费1人、事业经费1人）；区文化馆事业编制25—28名、实有9人（事业经费7人、区自筹经费2人）。1988年6月22日，明确区文化馆为副局级事业单位。1989年7月31日，核定区文化局行政编制3名，区文化馆事业编制14名；11月7日，区文化局实有2人，区文化馆实有10（含集体混岗1人）。1990年8月16日，区文化局增加区自编制1名，经费自筹；区文化馆内设图书借阅部对外挂区图书馆牌子，增加事业编制2名，经费自筹。1991年8月25日，区文化局建制级别局级，行政编制3名、自定编制1名，实有1人；区文化馆为副局级全民事业单位，归口区文化局，事业编制16名，实有15人（含工勤1人）。1992年2月19日，设立区书报刊批发站，为经费自筹股级全民事业单位，归口区文化局领导，定事业编制5名（工人）。1996年8月12日，明确为区政府正处级工作机构。1997年1月27日，区文化局行政编制4名、离退休干部人员编制1名，领导职数配局长1名、副局长2名；设立区文化市场稽查队，为全民科级事业单位，定编5名，经费自收自支，隶属区文化局；11月6日，区书报刊批发站调整为副科级。2001年12月19日，组织协调全区文化市场管理职能、“扫黄打非”工作职能由区委宣传部划归区文化局，区文化局加挂区文学艺术界联合会（简称区文联）牌子，局长兼任区文联主席。2005年6月24日，撤销区书报刊批发站，人员整建制划入区文化馆，区文化馆编制增至21名。2007年3月20日，区文化局不再挂区文联牌子；9月10日，分配行政编制1名，离退休干部人员编制及自定编制全部核销。2010年3月12日，区商业贸易局挂牌的区旅游局职责划入区文化局，区文化局加挂区旅游局牌子；区文化市场稽查队更名为区文化市场综合行政执法大队，为区文化局所属财政拨款副处级事业单位；7月2日，区文化局（区旅游局）内设办公室、文化艺术科、旅游科3个职能科室，行政编制8名；领导职数配局长1名、副局长3名，科长（主任）3名，党的组织、纪检监察、工会、共青团、妇女工作等机构设置及人员配备按有关规定执行；区文化市场综合行政执法大队事业编制10名，内设综合科、监督管理一科、监督管理二科3个职能科室，领导职数配大队长1名、副大队长（正科级）1名，科长3名、副科长3名。至2012年年底，区文化局（区旅游局）内设3个职能科室，下设区文化馆、区文化市场综合行政执法大队2个财政拨款副处级事业单位，领导职数配备未变，行政编制8名、事业编制31名，实有34人。

局　长

郭继清	1987.06—1991.04
张海涛	1991.04—1996.07
蒋者月	1996.11—2000.12

李绍和　　2000.12—2004.09
王希君　　2004.09—

区卫生局

1951年9月，设立区卫生建设股。1952年3月，成立区爱国卫生运动委员会。1953年6月，区卫生建设股与区文教股合并为区文教卫生股。1954年10月，分设为区卫生股、文教股。1955年1月，区卫生股改为区卫生科。1956年，建立区卫生防疫站、区妇幼保健站，隶属区卫生科。1965年11月29日，成立区红十字会。1967年2月24日，卫生工作陷入瘫痪。1968年11月，设立区文教卫生财贸组。1969年10月，分设为区卫生组、文教组、商业组、工商财贸组；同年，恢复区爱国卫生运动委员会。1975年11月，区卫生组改设为区卫生局。1980年，设立区爱国卫生运动委员会办公室（简称区爱卫办），由区卫生局代管；同年，卫生部规定县（区）卫生防疫站配事业编制40—60名，妇幼保健站事业编制配20—40名。1981年9月16日，恢复区红十字会，与区爱国卫生运动委员会合署办公。1984年6月11日，核定区卫生局（含区爱卫办）行政编制7名。1986年10月31日，天桥人民医院（集体事业单位）在册人数378人。1987年5月，郊区移交北园卫生所（集体事业单位）人员86人（经费自筹）；7月23日，郊区划拨区卫生局编制4名，移交6人;9月10日，区卫生局编制11名,实有15人（行政经费4人、事业经费10人、部门自筹经费1人）；区卫生防疫站事业编制40～60名,实有41人(事业经费,含郊区9人);区妇幼保健站事业编制20～40名，实有11人（事业经费，含郊区2人）；人民医院在册378人，实有387人（事业经费，含郊区1人）。1988年6月22日,明确区卫生防疫站、区妇幼保健站均为副局级事业单位。1989年1月3日，区卫生局增加行政编制2名;7月3日，设立区公费医疗办公室，为股级单位，暂定事业编制3名，归口区卫生局领导；31日，核定区卫生局行政编制5名、事业编制10名（含爱卫办事业编制5名、公费医疗办公室事业编制3名），区卫生防疫站、区妇幼保健站、天桥人民医院、北园卫生院事业编制分别为50名、15名、395名、90名；11月7日，区卫生局实有11人（含集体混岗1人),区卫生防疫站实有42人（含集体混岗2人），区妇幼保健站实有9人；12月19日，区卫生局增加事业编制2名。1990年8月16日，设立区红十字会办公室，为股级全民事业单位，归属区卫生局领导，定事业编制1名，经费自筹；20日，设立区精神病防治院，为集体性质副科级事业单位，与北园镇卫生院合署办公，对外挂两块牌子，增加编制20名，经费自筹；10月4日，明确区爱卫办为区政府副局级职能部门，仍由区卫生局代管，原定5名编制不变；12月19日，区卫生局内设办公室、业务科、财务科，均为股级。1991年4月，建立党委；8月25日，区卫生局建制级别局级，内设办公室、业务科、财务科3个股级机构，行政编制5名、事业编制7名，实有9人；区爱卫办建制级别副局级，归口区卫生局，事业编制5名，实有5人（含工勤1人）；区公费医疗办公室建制级别股级，事业编制3名，实有2人；区卫生防疫站、区妇幼保健站均为副局级全民事业单位，归口区卫生局，事业编制分别为50名、15名，实有分别为45人(含工勤3人)、12人(含工勤2人)；区红十字会办公室为股级全民事业单位，归口区卫生局，事业编制1名，实有1人；天桥人民医院为科级集体事业单位，归口区卫生局，事业编制395名，实有388人（含工勤31人)；区精神病防治院为副科级集体事业单位，归口区卫生局，事业编制110名，实有80人（含工勤7人)；北园卫生院为股级集体事业单位，与区精神病防治院合署。1992年8月1日，区妇幼保健站增加事业编制5名，经费自筹；3日，区精神病防治院加挂济南市精神病防治中心牌子，医院人员仍为一套班子，行政受区卫生局领导，业务受市卫生局领导；9月14日，经区政府127次常务会议研究决定区精神病防治院（北园卫生院、市精神病防治中心）由区卫生局主管。1993年，天桥人民医院由集体所有制改为全民所有制事业单位。1996年8月12日，区卫生局明确为区政府正处级工作机构，区爱卫办维持现状；11 月 28 日，区精神病防治院更名为天桥第二人民医院。1997 年 1 月 27 日，区卫生局内设办公室、医政药政科、公共卫生监督科、财务科（加挂区公费医疗办公室牌子）4 个职能科室，行政编制 12 名、工勤人员编制 1 名、离退休干部人员编制 2 名；领导职数配局长 1 名、副局长 2 名，区爱卫办主任 1 名，科级职数 4 名；区红十字会办公室增加事业编制 1 名；4 月 4 日，区爱卫办由副处级升格为正处级，天桥第二人民医院（区北园卫生院）由副科级升格为正科级；11 月 6 日，区红十字会办公室升格为正科级。1999 年 5 月 4 日，区公费医疗办公室（正科级）职能、机构、连同 1 名行政编制移交区劳动和社会保障局管理；11 月 27 日，设立区除害消杀服务中心，为自收自支国有科级事业单位，编制 5 名，隶属区卫生局；区红十字会办公室经费渠道改为全额拨款。2000 年 1 月 30 日，历城区大桥镇、桑梓店镇、靳家乡卫生院分别更名为天桥区大桥镇、桑梓店镇、靳家乡卫生院；10 月 23 日，设立区机关门诊部，为自收自支国有科级事业单位，编制 3 名，隶属区卫生局领导。2001 年 6 月 28 日，原大桥镇卫生院、靳家乡卫生院合并为新的大桥镇卫生院，核定事业编制 60 名；11 月 1 日，明确区爱卫办为区卫生局内设机构；12 月 19 日，区卫生局内设办公室、业务科、卫生法制与监督科、财务科 4 个科室和区爱卫办（正处级），行政编制 11 名、离退休干部人员编制 2 名、工勤人员编制 1 名；领导职数配书记 1 名、副书记（兼任纪检书记）1 名，局长 1 名、副局长 3 名（1 名副局长兼任区爱卫办主任），区爱卫办副主任 1 名，科级职数 4 名；桑梓店镇卫生院核定事业编制 34 名。2002 年 5 月 13 日，撤销区卫生防疫站，设立区疾病预防控制中心，为具有独立法人资格全额预算管理国有副处级事业单位，隶属区卫生局，定编 26 名；设立区卫生监督所，为行使卫生监督职能全额预算管理国有副处级事业单位，隶属区卫生局，定编 26 名。2005 年 5 月 10 日，区红十字会由区卫生局管理改为独立设置机构。2006 年 5 月 18 日，济南市精神病防治中心更名为济南市精神卫生中心；设立济南市医学心理咨询中心，人员、经费由济南市精神卫生中心内部调剂解决。2007 年 1 月 12 日，区卫生监督所内设办公室、卫生监督一科、卫生监督二科、卫生监督三科、预审发证科 5 个正科级科室，分别设科长（主任）1 名；区疾病预防控制中心内设办公室、传染病及慢性病防治科、免疫规划管理科、检验科、质量管理科 5 个正科级科室，分别设科长（主任）1 名；区妇幼保健站内设综合科、妇幼保健科、检验科，均为正科级，分别设科长 1 名；3 月 20 日，设立区新型农村合作医疗办公室，为全额拨款正科级事业单位，事业编制 5 名，设主任 1 名，隶属区卫生局；9 月 10 日，分配行政编制 1 名，离退休干部人员编制及自定编制全部核销。2008 年 11 月 26 日，经第十二次区长办公会研究，决定将济南市精神卫生中心（天桥第二人民医院）调整为由区残疾人联合会管理，业务工作受区卫生局指导，机构编制不变，仍为独立核算单位。2010 年 7 月 2 日，区卫生局内设办公室（挂财务审计科牌子）、医政与疾病控制科、社区卫生与妇幼保健管理科、卫生应急办公室（挂食品安全综合协调科牌子）4 个职能科室和区爱卫办（副处级），行政编制 12 名、工勤人员编制 1 名；领导职数配局长 1 名、副局长 2 名，区爱卫办主任（副处级）1 名、副主任（正科级）1 名，科长（主任）4 名、副科长（副主任）1 名，党的组织、纪检监察、工会、共青团、妇女工作等机构设置及人员配备按有关规定执行；10 月 18 日，大桥镇卫生院、桑梓店镇卫生院均为财政补贴事业单位，核定事业编制分别为 60 名、44 名，领导职数分别配院长 1 名、副院长 2 名。至 2012 年年底，区卫生局内设 4 个职能科室和区爱卫办（副处级），下设区疾病预防控制中心、区卫生监督所、区妇幼保健站（编制 20 名）3 个财政拨款副处级和区新型农村合作医疗办公室（财政拨款）、区除害消杀服务中心（经费自理）、区机关门诊部（经费自理）、天桥人民医院（财政补贴）、天桥第二人民医院（财政补贴）5 个正科级及大桥镇卫生院、桑梓店镇卫生院2个财政补贴事业单位，领导职数配备未变，行政编制12名、工勤人员编制1名、事业编制694名，实有473人。

党委书记

王锡琛	1991.04—1994.10
曹洪邦	1994.10—1995.03
张桂敏（女）	1995.03—1996.07
曹洪邦	1996.11—1998.04
孙云明	1998.04—2000.12
张文明（女）	2000.12—2005.03
罗永海	2005.12—2007.02
陈文亭	2007.02—2008.03
于汝洋	2008.03—2009.04
李炳和	2009.04—2011.03
杨在波	2011.03—

局　长

王锡琛	1986.03—1992.12
曹洪邦	1992.12—2003.03
罗永海	2003.03—2007.02
毕思忠	2007.02—

区爱国卫生运动委员会办公室　1952年3月，成立区爱国卫生运动委员会。1967年2月24日，陷入瘫痪。1969年，恢复区爱国卫生运动委员会。1980年，设立区爱卫办，由区卫生局代管。1990年10月4日，明确区爱卫办为区政府副局级职能部门，仍由区卫生局代管，原定5名编制不变。1991年8月25日，事业编制5名，实有5人（含工勤1人）。1997年4月4日，区爱卫办由副处级升为正处级。2001年11月1日，明确区爱卫办为区卫生局正处级内设机构。2010年7月2日，区爱卫办调整为区卫生局副处级内设机构。

主　任

李建国（兼）	1990.06—1991.12
李庆华	1992.11—1995.10
杨晓秋（女）	1997.04—1999.10
梁贵堂	1999.10—2002.03
李顺国	2002.03—2006.01
张惠民	2006.01—2008.11
孙乐荣	2008.11—2010.12
王立有	2010.12—2012.02
刘群群（女，致公党）	2012.02—

区人口和计划生育委员会

1963年4月，设立区计划生育办公室。1967年2月24日，陷入瘫痪。1970年3月恢复。1982年1月，改设为区计划生育局。1984年6月11日，核定行政编制6名。1987年7月23日，郊区划拨编制3名，移交4人；9月10日，编制总额9名、实有11人（行政经费6人、事业经费4人、区自筹经费1人）。1989年7月31日，核定行政编制9名；11月7日，实有9人（含集体混岗1人）。1990年8月10日，省编委增拨行政编制2名。1991年7月27日，设立区计划生育协会办公室，为股级事业单位，定编制1名；8月25日，区计划生育局建制级别局级，行政编制11名，实有11人。1996年8月12日，区计划生育局更名为区计划生育委员会，为区政府正处级工作机构；12月2日，内设办公室、综合科、流动人口管理科3个职能科室，核定委机关行政编制11名、工勤人员编制1名，领导职数配主任1名、副主任2名；明确区计划生育协会办公室为科级建制，事业编制调整为2名。1997年6月6日，区直机关计划生育工作由区计划生育委员会移交区机关党委，区计划生育委员会调减行政编制1名。1999年11月27日，设立区计划生育服务中心，为自收自支国有科级事业单位，定编6名，隶属区计划生育委员会。2000年1月30日，增设属地单位管理科；2001年11月1日，区计划生育委员会复更名为区计划生育局；5日，区计划生育协会办公室增加事业编制1名；12月19日，区计划生育局内设办公室、财务科、法规科、综合科4个科室，行政编制10名、工勤人员编制1名，领导职数配局长1名、副局长3名、科级职数4名。2002年10月15日，区计划生育服务中心经费形式变更为财政全额拨款；22日，区计划生育服务中心增加事业编制5名。2006年2月10日，区计划生育局更名为区人口和计划生育局。2010年3月12日，更名为区人口和计划生育委员会；7月2日，区人口和计划生育委员会内设办公室、政策法规科（加挂宣传教育科牌子）、科学技术科、流动人口计划生育管理科4个职能科室，行政编制11名、工勤人员编制1名；领导职数配主任1名、副主任2名，科长（主任）4名、副科长（副主任）2名，党的组织、纪检监察、工会、共青团、妇女工作等机构设置及人员配备按有关规定执行。至2012年年底，区人口和计划生育委员会内设4个职能科室，下设区计划生育服务中心、区计划生育协会办公室2个财政拨款正科级事业单位，领导职数配备未变，行政编制11名、工勤人员编制1名、事业编制14名，实有24人。

主任（局长）

赵　丽（女）	1987.06—1993.01
杨晓秋（女）	1993.03—1997.04
于汝洋	1997.04—2008.03
王晓虎	2008.03—

区审计局

1984年3月，设立区审计局；6月11日，核定行政编制4名。1986年4月19日，市编委增拨行政编制3名。1987年7月23日，郊区划拨行政编制1名；9月10日，编制总额8名，实有4人（行政经费1人、区自筹经费3人）。1988年11月18日，设立区审计事务所，为股级事业单位，实行企业化管理，归口区审计局领导，暂定编制3名，经费自筹。1989年7月31日，核定行政编制8名、事业编制5名（含审计事务所事业编制3名）；11月7日，实有6人（含集体混岗3人）。1990年5月19日，区审计局内设工商交审计科、行政事业基建审计科2个科室，均为股级；8月14日，市编委增拨事业编制2名。1991年8月25日，区审计局建制级别局级，内设工商交审计科、行政事业基建审计科2个股级机构，行政编制8名、事业编制4名，实有13人（含工勤1人）；区审计事务所为股级集体事业单位，归口区审计局，事业编制3名。1993年4月3日，区审计事务所更名为济南天桥审计师事务所。1996年8月12日，明确区审计局为区政府正处级工作机构。1997年1月27日，区审计局内设财政行政事业审计科、基本建设投资审计科、工商交企业审计科、审计管理科4个职能科室，局机关行政编制13名、工勤人员编制1名，领导职数配局长1名、副局长2名、科级职数3名；核定济南天桥审计师事务所事业编制5名；11月6日，济南天桥审计师事务所调整为正科级。1999年11月27日，设立区经济责任离任审计办公室，为全额拨款国有科级事业单位，定编2名，隶属区审计局。2000年2月29日，撤销济南天桥审计师事务所。2001年12月19日，内设办公室、财政行政事业审计科、工商交企业审计科、固定资产投资审计科4个科室，增配科级职数1名；区经济责任离任审计办公室更名为区经济责任审计办公室。2002年5月13日，区经济责任审计办公室升格为副处级事业单位。2010年7月2日，区审计局内设办公室（加挂法规科牌子）、行政事业审计科、企业审计科、固定资产投资审计科4个职能科室，行政编制13名、工勤人员编制1名；领导职数配局长1名、副局长3名，科长（主任）4名、副科长（副主任）3名，党的组织、纪检监察、工会、共青团、妇女工作等机构设置及人员配备按有关规定执行；区经济责任审计办公室为区审计局所属财政拨款副处级事业单位，事业编制10名。至2012年年底，区审计局内设4个职能科室，下设区经济责任审计办公室1个财政拨款副处级事业单位，领导职数配备未变，行政编制13名、工勤人员编制1名、事业编制10名，实有20人。

局　长

李毓诚	1986.03—1995.02
邢振道	1995.02—1996.04
张全仓	1996.04—2006.07
陈乐敏（女）	2006.07—2012.02
王念立	2012.02—

区统计局

1984年3月，设立区统计局；6月11日，核定行政编制 3 名。1987 年 7 月 23 日，郊区划拨编制 3 名，移交 1 人；9 月 10 日，编制总额 6 名，实有 4 人（行政经费 3 人、区自筹经费 1 人）。1988 年 11 月 18 日，设立区计算机室，为股级事业单位，定事业编制 3 名，隶属区统计局。1989 年 7 月 31 日，核定行政编制 5 名、事业编制 3 名（计算机室）；11 月 7 日，区统计局实有 6 人，区计算机室实有 1 人（合同制）。1990 年 12 月 24 日，省统计局、人事局、财政厅增拨行政编制 1 名。1991 年 8 月 25 日，区统计局建制级别局级，行政编制 6 名，实有 5 人；区计算机室为股级全民事业单位，归口区统计局，事业编制 3 名，实有 2 人（含工勤 1 人）。1996 年 8 月 12 日，明确区统计局为区政府正处级工作机构。1997 年 1 月 27 日，区统计局行政编制 8 名，领导职数配局长 1 名、副局长 2 名。1999 年 11 月 27 日，明确区计算机室建制级别为科级，加挂区信息中心牌子，增加编制 2 名。2001 年 12 月 19 日，区统计局内设综合业务科，增配科级职数 1 名。2005 年 5 月 10 日，增设办公室，设主任 1 名；设立区社会经济综合调查队，为财政全额拨款正科级事业单位，隶属区统计局，定编 3 名，设队长 1 名。2006 年 8 月 25 日，撤销综合业务科，增设工业交通科、投资科、社会科、核算科，各设科长 1 名；区社会经济综合调查队升格为全额拨款副处级事业单位，编制 8 名，设队长、副队长各 1 名。2010 年 7 月 2 日，区统计局内设办公室（加挂三产贸易统计科牌子）、综合核算科（加挂工业交通统计科牌子）、固定资产投资科 3 个职能科室，行政编制 8 名；领导职数配局长 1 名、副局长 2 名，科长（主任）3 名，党的组织、纪检监察、工会、共青团、妇女工作等机构设置及人员配备按有关规定执行；10 月 14 日，区信息中心由区统计局管理调整为区政府办公室管理，区计算机室事业编制调整为 3 名。至 2012 年年底，区统计局内设 3 个职能科室，下设区社会经济综合调查队（副处级）、区计算机室（正科级）2 个财政拨款事业单位，领导职数配备未变，行政编制 8 名、事业编制 11 名，实有 21 人。

局　长

茅慧海（女）	1990.03—1995.03
李绍惺	1995.03—1997.04
李本壮	1997.04—2004.03
孙凤国	2004.03—2008.03
丁　勇	2008.03—

区安全生产监督管理局

2001 年 6 月 28 日设立，为区政府主管安全生产的正处级工作部门，同时作为区安全生产委员会办事机构，由区经济计划委员会管理，行政编制 4 名、工勤人员编制 1 名，设正、副领导职数 2 名；11 月 1 日，由区经济发展计划局管理；12 月 19 日，领导职数调整为局长 1 名、副局长 2 名。2004 年 5 月 27 日，成立区安全生产监察大队，为全额拨款副处级事业单位，隶属区安全生产监督管理局领导，编制 6 名。2006 年 2 月 10 日，区安全生产监督管理局改为区政府序列工作部门；8 月 25 日，内设办公室、业务科 2 个正科级科室，设科长（主任）各 1 名。2007 年 9 月 10 日，分配行政编制 2 名，离退休干部人员编制及自定编制全部核销。2008 年 11 月 29 日，中共济南市委组织部、济南市人事局印发《关于印发济南市参照公务员法管理事业单位名单的通知》（济人字〔2008〕209 号），区安全生产监察大队为参照公务员法管理事业单位。2010 年 7 月 2 日，区安全生产监督管理局内设办公室、监督管理一科、监督管理二科 3 个职能科室，行政编制 8 名、工勤人员编制 1 名；领导职数配局长 1 名、副局长 2 名，科长（主任）3 名，党的组织、纪检监察、工会、共青团、妇女工作等机构设置及人员配备按有关规定执行；明确区安全生产监察大队为区安全生产监督管理局所属财政拨款副处级事业单位，事业编制 15 名。至 2012 年年底，区安全生产监督管理局内设 3 个职能科室，下设区安全生产监察大队 1 个财政拨款副处级事业单位，领导职数配备未变，行政编制 8 名、工勤人员编制 1 名、事业编制 15 名，实有 19 人。

局　长

徐建国　　　　　2001.08—2012.02
刘　龑　　　　　2012.02—

区住房保障和房产管理局

1955 年 8 月，设立区房管建设科。1958 年 1 月，设立济南市房地产管理局第四公房管理所，并建立党支部；4 月，第四公房管理所下放区领导，与区房管建设科合署，第四公房管理所党支部改设为区房管建设科党支部。1962 年 7 月，第四公房管理所复划归市房地产管理局领导，区房管建设科复改为独立办公，撤销区房管建设科党支部。1967 年 2 月 24 日，陷入瘫痪。1968 年 11 月，设立第四公房管理所革命委员会。1969 年 11 月，建立党的核心领导小组。1970 年 5 月，撤销党的核心领导小组，建立党委；10 月，设立区城建革命委员会，区房管建设科并入。1975 年 11 月，第四公房管理所复下放区领导，改为区房产管理局；区房管建设科划归区房产管理局领导，改为民房科。1982 年 1 月，区房产管理局上交市房产管理局领导，改称为济南市房产管理局天桥分局。1985 年 1 月，复下放区领导，改称为区房地产管理局；2 月 5 日，撤销制锦市、北坦、纬北路、新村、官扎营 5 个房管站，设立区天桥东、天桥西、天桥北 3 个房管所；材料供应站改为区房屋建筑材料供应公司、房屋修建队改为区房屋修建公司；成立区房管局劳动服务公司、区房屋建设综合开发公司、区水电暖装修队。1986 年 10 月 31 日，区房地产管理局在册人数 80 人，下设 8 个单位在册人数 147 人。1987 年 6 月 2 日，济南市编制委员会印发《关于确定各区房地产管理局和市公安局各区分局建制级别的通知》（济编发〔1987〕117 号），确定天桥区房地产管理局为济南市处级单位，局的内设科（室）为济南市处下科（室）；9 月 10 日，在册人数 80 人，实有 76 人（事业经费）；下设的区天桥东、天桥西、天桥北房管所、区房管局建筑材料供应站、区房屋修建公司、区房屋建设综合开发公司、区房管局劳动服务公司、区水电暖装修队 8 个单位在册人数 147 人，实有 144 人（事业经费）。1989 年 2 月 24 日，区房屋修建公司（集体事业单位）实有 193 人；7 月 22 日，成立区无影山房地产管理所，为股级经费自筹全民事业单位；31 日，核定区房地产管理局事业编制 85 名，下设的区天桥东、天桥西、天桥北房管所、区无影山房地产管理所、区房管局建筑材料供应站、区房屋修建公司、区房屋建设综合开发公司、区房管局劳动服务公司、区水电暖装修队 9 个单位事业编制 430 名；11 月 7 日，区房地产管理局实有 79 人（含集体混岗 8 人），下设单位（不含区房屋修建公司）实有 280 人（含合同制 19 人、临时工 2 人、集体混岗 13 人）；12 月 23 日，区房屋建筑材料供应公司复改为区房地产管理局材料供应站，区房屋修建公司复改为区房地产管理局房屋修建队。1991 年 8 月 25 日，区房地产管理局建制级别局级，内设办公室、组织人事科、财务科、材料科、劳工科、生计科、保卫科、宣教科、公房管理科、产权产籍科、房产纠纷仲裁办公室、危房改造办公室、房产交易所、工会、团委、武装部 16 个股级机构，自定编制 85 名，实有 85 人（含工勤 7 人）；下设区天桥东、天桥西、天桥北房管所、区无影山房地产所、区房地产管理局材料供应站、房屋修建队、区房屋建设综合开发公司、区房管局劳动服务公司、区水电暖装修队 9 个股级全民事业单位，事业编制 430 名，实有 406 人（含工勤 353 人）。1992 年 8 月 1 日，增设档案室（股级），建立档案馆，与档案室合署办公，一个机构两块牌子，定编 3 名，局内调剂；建立卫生所，为股级全民事业单位，定事业编制 7 名，局内下设事业单位内调剂。1993 年 4 月 3 日，区房地产管理局增加事业编制 30 名，经费自筹。1994 年 4 月 8 日，成立区房管局纬北房管所，为股级全民事业单位，与房屋修建队合署办公，一个机构两块牌子。1996 年 8 月 12 日，区房地产管理局改称为区房产管理局，为区政府正处级工作机构；12 月 2 日，内设办公室、组织人事科、房产管理科、产权产籍管理科、生产计划科、财务科 6 个职能科室，局机关行政编制 20 名、工勤人员编制 2 名、离退休干部人员编制 4 名，领导职数配党委书记 1

名、副书记（兼纪委书记）1名，局长1名、副局长2名，科级职数6名；设立房产管理稽查队、物业管理中心，均为自收自支全民科级事业单位，各定编12名；档案馆人员编制调整为5名。1997年5月7日，区房产管理局所属事业单位编制调整为519名（含区房屋建设综合开发公司100名），明确区房屋建设综合开发公司建制级别为副处级；11月6日，设立区房产评估事务所，为自收自支国有科级事业单位，隶属区房产管理局；区无影山房地产管理所、档案馆调整为正科级；区房屋建设综合开发公司内设办公室、计划科、施工科、财务科4个正科级科室。1999年11月27日，增设物业管理办公室，为区房产管理局内设科室；成立区房屋测量大队，为区房产管理局所属国有科级事业单位，定编5名，编制、人员从局属事业单位编制总额内调剂。2001年11月1日，区房产管理局改用事业编制，不再列政府工作部门序列；12月19日，内设办公室、政工科、公房管理科、产权市场管理科、物业管理科、计划财务科6个科室，事业编制26名；领导职数配党委书记兼局长1名、副书记（兼任纪检书记）1名、副局长3名，科级职数6名；党的组织、纪检监察、工会、共青团、妇女工作等机构设置及领导职数配备按有关规定执行。2002年11月30日，区天桥东、天桥西、天桥北房管所、区房管局纬北房管所（与房屋修建队合署）、区无影山房地产管理所、材料供应站、区水电暖装修队、区房管局劳动服务公司、区房产评估事务所编制分别为60名、55名、39名、64名、67名、46名、21名、35名、7名。根据区政府有关要求，2004年6月始，区房管局下属事业单位济南市天桥区房屋建设综合开发公司进行改制，至2005年7月，公司依法完成改制工作，改制为民营企业，与区房管局彻底脱离关系。2007年1月12日，增设房改办公室、住房保障科，均为正科级，设科长（主任）各1名。2010年3月12日，撤销区房产管理局，设立区住房保障和房产管理局，列入区政府工作部门序列；将原区房产管理局行政职责划入区住房保障和房产管理局；将原区房产管理局所属事业单位材料供应站、区房屋测量大队、卫生所、房产管理稽查队、区房产评估事务所、区水电暖装修队合并组建成区房屋管理服务中心，为区住房保障和房产管理局所属财政补贴副处级事业单位；7月2日，区住房保障和房产管理局内设办公室（加挂财务审计科牌子）、组织人事科、住房保障科、物业管理科、房产管理科（加挂住房改革科牌子）5个职能科室，行政编制15名、工勤人员编制2名；领导职数配局长1名、副局长2名，科长（主任）5名、副科长（副主任）5名，党的组织、纪检监察、工会、共青团、妇女工作等机构设置及人员配备按有关规定执行；区房屋管理服务中心内设综合科、人事科、财务科、产权交易科、公房管理科、房屋测量科、信访科、法制科8个职能科室，事业编制98名，领导职数配主任1名、副主任（正科级）2名，科长8名、副科长8名；区房管局纬北房管所事业编制调整为48名，原区房产管理局所属事业单位整建制移交区住房保障和房产管理局管理。2012年11月29日，区天桥西房产所事业编制调整为35名、区天桥东房管所事业编制调整为52名、区天桥北房管所事业编制调整为26名、区房管局纬北房管所（与房屋修建队合署办公）事业编制调整为5名、区无影山房地产管理所事业编制调整为17名、区房管局劳动服务公司事业编制调整为17名、档案馆（与档案室合署办公）事业编制调整为2名；至年底，区住房保障和房产管理局内设8个职能科室，下设区房屋管理服务中心1个财政补贴副处级和档案馆（档案室）、区天桥东房管所、区天桥西房管所、区天桥北房管所、区房管局纬北房管所（房屋修建队）、区无影山房地产管理所、物业管理中心、区房管局劳动服务公司8个经费自筹正科级事业单位，领导职数配备未变，行政编制15名、工勤人员编制2名、事业编制264名，实有264人；区住房保障和房产管理局代管的济南市国有北郊林场（经费自筹正处级事业单位）另列。

党委书记

刘祥发	1984.08—1993.08
刘洪章	1993.08—1996.07

杨维诗	1996.07—2005.05
田庆盈（兼）	2005.05—2005.09
陈文亭	2005.09—2007.02
李建平	2007.02—2009.04
汤文超	2009.04—2012.02
赵逢明	2012.02—

局　长

张建国	1990.03—1993.09
杨维诗	1993.09—2004.03
许敬水	2004.03—2006.07
刘兴祥	2006.07—2009.05
刘永红（女）	2009.05—

济南市国有北郊林场　1956年4月24日，建立齐河果树园艺场。1959年1月17日，齐河果树园艺场收归聊城专员公署直接管辖。1969年8月29日，无偿移交济南军区“五·七”干校管理。1970年3月31日，划归生产建设兵团建制。1975年1月27日，定名为山东省德州桑梓店园林场，由齐河县管理。1990年11月20日，更名为济南市桑梓店园林场，隶属市林业局。1993年12月20日，济南市桑梓店园林场更名为济南市北郊林场。1995年7月18日，整建制划归天桥区政府领导、管理，业务上受市林业局指导；9月19日，建立党委。1997年5月8日，整建制移交区房产管理局代管。1999年4月23日，经济南市人民政府（济政办字〔1998〕114号）批准，济南市国有北郊林场经营类型明确为生态公益型。2001年11月10日，实有216人。2003年11月30日，实有186人。2010年3月12日，由区住房保障和房产管理局代管。至2012年年底，济南市国有北郊林场为经费自筹正处级事业单位，实有130人。

党委书记

李庆华	1995.09—1997.05
李传丙	1997.05—2004.09
张德民	2004.09—2008.03
刘永红（女）	2008.03—2009.04
郑永生	2009.04—

场　长

李庆华	1995.10—1997.05
李传丙	1997.05—2004.09
张德民	2004.09—2008.03
郑永生	2008.03—2012.02
张　群	2012.04—

区行政审批服务中心

2009年5月13日，区招商局加挂区行政审批服务中心牌子。2010年3月12日，撤销区招商局，区行政审批服务中心单独设立，为区政府直属财政拨款正处级事业单位；7月2日，区行政审批服务中心内设办公室、督查科2个职能科室，事业编制6名；领导职数配主任1名、副主任2名，科长（主任）2名；党的组织、纪检监察、工会、共青团、妇女工作等机构设置及人员配备按有关规定执行。至2012年年底，区行政审批服务中心内设2个职能科室，领导职数配备未变，事业编制6名，实有6人。

主　任

刘　强	2010.09—

区投融资管理中心

2005年12月7日设立，为独立的正处级全额拨款事业单位，编制7名，领导职数配主任1名、副主任2名，业务受区财政局指导。至2012年年底，领导职数配备未变，事业编制7名，实有6人。

主　任

李　昱	2006.01—

区体育局

1959年4月，设立区体育科。1962年2月，与区文化科合并为区文体科。1965年11月，分设为区体育运动委员会、区文化科。1967年2月24日，陷入瘫痪。1973年3月，恢复区体育运动委员会。1984年6月11日，核定行政编制2名。1986年6月11日，设立区体育馆、区少年儿童业余体校，均为股级事业单位。1987年7月23日，郊区划拨编制1名；9月10日，区体育运动委员会编制总额3名，实有15人（行政经费3人、事业经费12人)。1988年6月22日,明确区体育馆为副局级事业单位;11月14日,区体育馆暂定事业编制1名。1989年7月31日,核定区体育运动委员会行政编制2名、区自编制2名(事业经费),区体育馆、区业余体校事业编制分别为6名、7名;11月7日,区体育运动委员会实有15人(含集体混岗3人)、区体育馆实有1人;12月19日,区体育馆增加事业编制3名,经费自筹。1990年12月19日,区体育馆增加事业编制2名,经费自筹。1991年8月25日,区体育运动委员会建制级别局级,行政编制2名、自定编制2名,实有4人;区体育馆为副局级全民事业单位,事业编制18名(含余体校7名),体育馆(含业余体校)实有16人(含工勤2人)。1996年8月12日,明确为区政府正处级工作机构;12月2日,核定委机关行政编制5名,领导职数配主任1名、副主任2名。2000年10月23日,区业余体校更名为区青少年竞技体育运动学校。2001年11月1日,区体育运动委员会更名为区体育局,不再列区政府工作部门序列;12月19日,行政编制4名,离退休干部人员编制1名,领导职数配局长1名、副局长2名。2005年6月24日,区体育馆、区青少年竞技体育运动学校工作人员13人纳入区财政工资统发体系。2007年9月10日,离退休干部人员编制及自定编制全部核销。2008年11月29日,中共济南市委组织部、济南市人事局印发《关于印发济南市参照公务员法管理事业单位名单的通知》(济人字〔2008〕209号),区体育局为参照公务员法管理事业单位。2010年7月2日,明确区体育局为区政府直属财政拨款正处级事业单位,内设办公室、综合业务科2个职能科室,事业编制6名;领导职数配局长1名、副局长2名,科长(主任)2名,党的组织、纪检监察、工会、共青团、妇女工作等机构设置及人员配备按有关规定执行。至2012年年底,区体育局内设2个职能科室,下设区体育馆(副处级)、区青少年竞技体育运动学校2个财政拨款事业单位,领导职数配备,事业编制24名,实有27人。

局长(主任)

孙惠林	1990.03—1992.07
周忠元	1992.12—2001.12
吕素林	2001.12—2008.11
宋　剑	2008.11—

区交通局

1957年10月,设立区交通科。1958年,城区个体散工散车联合组建天桥区搬运合作组(天桥运输公司前身)。1961年3月,区交通科改设为区交通局。1966年,街道运输队并入天桥运输公司。1967年2月24日,区交通局工作陷入瘫痪。1971年3月,设立区交通运输革命委员会。1972年,设立区交通运输管理站,济南市革委生产指挥部下达山东省革委生产指挥部分配向阳区交通运输管理站的事业编制2名。1973年,济南市革委生产指挥部增拨区交通运输管理站事业编制2名。1975年11月,撤销交通运输革命委员会,恢复区交通局。1978年4月,建立区交通局党委。1979年7月,撤销区交通局党委。1984年3月,撤销区交通局。1986年10月7日,区人事局、区交通运输管理站上报市编委"交通部门所属交通监理机构人员统计表"显示,区交通运输管理站为股级,实有干部4人(含集体干部3人)。1987年9月10日,区交通运输管理站事业编制4名、实有5人(部门自筹经费);12月30日,天桥运输公司事业编制104名,实有104人。1988年7月5日,经区政府第51次常务会议研究决定,设立区交通管理委员会,与天桥运输公司一个机构两块牌子;同年,堤口汽车运输队并入天桥运输公司。1989年2月24日,天桥运输公司(集体事业单位)实有96人;7月31日,核定区交通运输管理站事业编制5名、天桥运输公司区自编制95名(经费部门自筹)。1991年8月25日,区交通运输管理站为全民股级事业单位,事业编制5名,实有5人;天桥运输公司(区交通管理委员会)为局级集体事业单位,事业编制95名,实有86人(含工勤45人)。1993年2月17日,撤销区交通管理委员会,复设立区交通局,与天桥运输公司合署办公;区交通运输管理站隶属区交通局。1996年8月12日，区交通局维持现状，天桥运输公司改为区交通局领导的企业性质公司。1997年3月6日，核定区交通局事业编制5名，领导职数配局长1名、副局长2名；11月6日，区交通运输管理站调整为正科级。2001年12月19日，核减副局长领导职数1名。2003年11月，天桥运输公司破产清算终结。2004年5月27日，撤销区交通运输管理站，其人员、资产全部归入北坦街道办事处（人员纳入事业人员管理）。至2012年年底，区交通局为财政拨款正处级事业单位，领导职数配局长1名、副局长1名，事业编制5名，实有2人。

局　长

陈东江	1993.05—1994.03
吴安广	1994.03—1995.06
纪经武	1995.07—1996.11
张振平	1996.11—2006.07
李　伟	2006.07—

区红十字会

1965年11月29日，成立区红十字会。1967年2月24日，陷入瘫痪。1981年9月16日，恢复区红十字会，与区爱国卫生运动委员会合署办公。1990年8月16日，设立区红十字会办公室，为股级全民事业单位，归属区卫生局领导，定事业编制1名，经费自筹。1991年8月25日，事业编制1名，实有1人。1997年1月27日，增加事业编制1名；11月6日，区红十字会办公室调整为正科级；27日，区红十字会办公室经费渠道改为全额拨款。2005年5月10日，区红十字会由区卫生局管理改为独立设置机构，按照社会团体运作方式独立开展工作，为正处级全额事业单位，编制5名，领导职数配会长1名（由区政府分管领导兼任）、常务副会长（正处级）1名、副会长（副处级）1名。2008年11月29日，中共济南市委组织部、济南市人事局印发《关于印发济南市参照公务员法管理事业单位名单的通知》（济人字〔2008〕209号），区红十字会机关为参照公务员法管理事业单位。2010年7月2日，改为区政府直属财政拨款正处级事业单位，党的组织、纪检监察、工会、共青团、妇女工作等机构设置及人员配备按有关规定执行。至2012年年底，领导职数配备未变，事业编制5名，实有7人。

会　长

段青英（女，九三学社）	2006.03—2008.03
樊　瑞（兼，回族）	2008.03—2009.05
韩　伟	2009.05—2010.05
王　芳（女）	2010.05—

常务副会长

李顺国	2006.03—2009.05
郝鹏飞	2009.05—2010.05
宋胜峰	2010.05—

区区级机关事务管理局

1984年12月10日，设立区政府行政事务管理所，隶属区政府办公室。1988年9月26日，撤销区政府行政事务管理所，成立区机关行政事务管理局，为区政府直属正局级部门，不列区政府工作部门序列；11月18日，内设接待科、财务科、车辆管理科、房屋管理科（加挂基建办公室牌子）、事务科5个股级科，行政编制7名、自筹编制33名。1989年7月31日，核定行政编制7名、区自编制33名（区自筹经费）；11月7日，实有37人（含合同制职工1人、集体混岗12人）；12月19日，增加区自筹编制1名。1990年8月16日，设立区政府招待所，为区政府局级全民事业单位，归属区机关行政事务管理局领导，定编60名。1991年5月8日，核定区机关行政事务管理局行政编制7名、区自定编制63名；8月25日，实有69人（含工勤50人）。1992年8月1日，撤销接待科。1996年8月12日，区机关行政事务管理局改为区直属处级事业单位，承担机关后勤管理服务工作。1997年3月6日，内设财务科、车管科、房管基建科、事务科、保卫科、办公室6个职能科室，事业编制67名（含工勤人员编制50名），领导职数配局长1名、副局长2名、科级职数8名。2004年11月9日，区政府招待所更名为区政府接待处。2005年6月24日，撤销区机关行政事务管理局，设立区行政事业单位资产和机关行政事务管理局，为区直属全额预算管理正处级事业单位，原区机关行政事务管理局人员、资产等整建制划入区行政事业单位资产和机关行政事务管理局，内设资产管理科、财务科、车管科、房屋基建科、事务科、保卫科、办公室7个职能科室，事业编制72名（含工勤人员编制50名）；领导职数配局长1名、副局长3名，科级职数9名。2010年3月12日，更名为区区级机关事务管理局；7月2日，明确区区级机关事务管理局为区政府直属财政拨款正处级事业单位，内设办公室、资产管理科、财务科、车管科、房屋基建科、综合管理科、保卫科、后勤服务科8个职能科室，事业编制74名；领导职数配局长1名、副局长3名，科长（主任）8名、副科长（副主任）8名，党的组织、纪检监察、工会、共青团、妇女工作等机构设置及人员配备按有关规定执行。2011年5月16日，综合管理科加挂区公共机构节能办公室牌子。至2012年年底，区区级机关事务管理局内设8个职能科室，领导职数配备未变，事业编制74名，实有63人；区区级机关事务管理局领导的区政府接待处编制、人员另列。

党总支书记

田春华	2012.06—

局　长

徐富才	1988.09—1996.01
韩　明	1996.03—1997.06
许敬水	1997.06—1998.04
崔士泉	1999.10—2003.09
张云太	2003.09—2008.03
殷秀山	2008.03—2009.04
张兴洲	2009.05—

区政府接待处　1990年8月16日，设立区政府招待所，为区政府局级全民事业单位，归属区机关行政事务管理局领导，定编60名，实行企业化管理，经费自筹。1991年8月25日，事业编制60名，实有48人（含工勤43人）。2003年11月30日，实有46人。2004年11月9日，区政府招待所更名为区政府接待处。2005年1月10日，区人民法院民事裁定区政府招待所破产财产分配方案合法有效，准予执行；2月4日，区政府招待所营业执照注销。2010年3月12日，区政府接待处归属区区级机关事务管理局领导；7月2日，政府机构改革调整，区政府接待处事业编制调整为58名。2012年11月29日，事业编制调整为18名；至年底，事业编制18名，实有1人。

党支部书记

张长安	1991.08—1996.03
刘孟秀（女）	1996.03—2002.03
张云太	2002.03—2003.03
李　伟	2003.03—2006.07
马焕溪（兼）	2006.07—2010.05
宋立刚	2010.05—

主任（所长）

张长安	1991.08—1996.03
吴启亮	1996.03—1997.06
张云太	2002.03—2003.04
李　伟	2003.04—2006.07
马焕溪（兼）	2006.07—2010.05
宋立刚	2010.05—

中国国际贸易促进委员会济南天桥区支会（中国国际商会济南天桥商会）

2002年5月27日，设立中国国际贸易促进委员会济南天桥区支会，同时使用中国国际商会济南天桥商会名称。2007年1月12日，明确中国国际贸易促进委员会济南分会天桥支会（加挂中国国际商会济南天桥商会牌子）为正处级全额事业单位，与区对外贸易经济合作局合署办公，设会长1名、副会长1名。2010年3月12日，撤销区对外贸易经济合作局，中国国际贸易促进委员会济南天桥区支会（中国国际商会济南天桥商会）单独设置；7月2日，明确中国国际贸易促进委员会济南天桥区支会为区政府直属财政拨款正处级事业单位，是区经济贸易界有代表性人士、企业、协会、团体组成的民间对外经济贸易组织，加挂中国国际商会济南天桥商会牌子，事业编制5名，领导职数配会长1名、副会长2名，党的组织、纪检监察、工会、共青团、妇女工作等机构设置及人员配备按有关规定执行。至2012年年底，领导职数配备未变，事业编制5名，实有6人。

会 长

梁照明	2007.02—2008.03
陈文亭	2008.03—2009.05
崔增刚	2009.05—2012.02
王 华	2012.02—

区北展区综合开发管理委员会

2005年6月，成立区北展区开发建设管理委员会。2006年8月25日，改设为区北展区综合开发管理委员会，为全额拨款正处级事业单位，事业编制26名，内设综合办公室、规划办公室、施工办公室、财务办公室、纪检执法治安办公室、基础办公室、土地办公室7个机构，均为正科级；领导职数配主任1名、副主任4名，各办公室均设主任1名。至2012年年底，区北展区综合开发管理委员会内设7个职能科室，领导职数未变，事业编制26名，实有22人。

党组书记

张光格（兼）	2008.03—2010.09
赵新生（兼）	2010.09—

主 任

张兴洲	2005.06—2008.03
侯庆水	2008.03—2012.02
王法清	2012.02—

区城市建设综合开发公司

1985年7月15日，设立区城市建设开发公司，为区属事业单位，暂定事业编制15名。1986年7月8日，区城市建设综合开发公司内设办公室、计划科、施工科、材料科、财务科5个科室，均为股级，编制调整为25名，列部门自筹编。1987年9月10日，事业编制25名、实有22人（区自筹经费1人、部门自筹经费21人）；12月，建立党支部。1989年7月31日，核定事业编制35名（经费部门自筹）；11月7日，实有27人（含集体混岗14人）。1990年5月19日，增设经营科，为股级；8月16日，增设预算科、政工科、资料室3个科室，增加事业编制15名，经费自筹。1991年8月25日，建制级别局级，全民事业单位，内设办公室、计划科、施工科、材料科、财务科、经营科、预算科、政工科、资料室9个股级科室，事业编制50名，实有50人（含工勤3人）。1992年12月14日，增加事业编制10名，经费自筹。1995年1月9日，党支部改建为党委，建立纪委。1997年11月，登记为国有自收自支正处级事业单位，编制60名。1999年11月27日，增设质量管理科、劳动人事科、水电管理科、审计室、物业管理科、企业管理科6个科室。2012年11月29日，事业编制由60名调整为45名；至年底，区城市建设综合开发公司内设15个科室，事业编制45名，实有43人。

党委（支部）书记

邢振道	1990.01—1995.01
李建功	1995.01—2000.12
杨世明	2000.12—2005.03
刘敬涛	2005.03—2007.02
孙忠诚	2007.02—2009.04
刘加河	2009.04—

经 理

杨世明	1990.01—2001.08
刘敬涛	2001.08—2007.02
刘加河	2007.02—

附：

区第三产业办公室 1991年8月9日，成立区第三产业领导小组，下设办公室，为正局级单位，不列区政府工作部门序列，与区商业局合署办公，定编5名（干部4名、工人1名），经费自筹；12月9日，改为独立办公。1996年8月12日撤销。

主 任

李建国	1991.12—1996.08

区物资局 1979年1月，设立区物资局。1982年2月，区生产服务局与区物资局合署办

公。1984年3月，撤销区生产服务局；6月11日，核定区物资局行政编制2名；8月17日，内设业务组、财务保管组，编制（含物资公司）23名（含行政编制2名）。1987年7月23日，郊区划拨编制1名；9月10日，编制总额24名，实有19人（行政经费2人、区自筹经费17人）。1989年1月3日，区物资局与区物资公司分设，区物资局定行政编制3名；区物资公司为区直属局级全民事业单位，归口区物资局领导，实行企业化管理，定事业编制20名；7月31日，核定行政编制4名；11月7日，区物资局（含区物资公司）实有18人（含集体混岗10人）。1991年8月25日，区物资局建制级别局级，行政编制4名，实有3人。1992年8月1日，区政府驻珠海办事处由区经济计划委员会划归区物资局管理，3名区自编制同时划归区物资局，经费区物资局自筹；12月14日，区物资局调1名编制、区政府驻珠海办事处调2名编制到区物资公司，调整后，区物资局编制为3名，驻珠海办事处为1名（经费改为区自筹）。1993年2月17日，区物资公司更名为区物资总公司，区物资局与区物资总公司合署办公。1996年8月12日，区政府驻珠海办事处划归区政府办公室管理；撤销区物资局，人员并入区物资总公司。

局　长

孔祥正	1990.03—1996.08

济南火车东站地区综合管理办公室　1988年9月26日，成立济南火车站综合管理办公室，为正局级常设机构，归区政府直接领导，不列区政府工作部门系列；11月18日，规范为济南火车站地区综合管理办公室，定行政编制3名、事业编制17名。1989年7月31日，核定行政编制3名、区自编制17名（经费部门自筹）；11月7日，实有2人。1991年8月25日，建制级别局级，行政编制3名、自定编制17名，实有20人；同年，因济南火车站改造，迁至济南火车东站。1992年10月4日，更名为济南火车东站地区综合管理办公室。1993年2月17日，内设秘书科、综合管理科、车辆管理科、卫生管理科。1996年8月12日，改为区政府直属处级事业单位，授权行使相关行政管理职能。2000年12月，撤销济南火车东站地区综合管理办公室，人员、火车东站地区综合管理职能移交北园镇白鹤居代管。

主　任

张学思	1988.09—1992.10
孙惠林	1992.11—1994.05
李云峰	1994.05—1996.11
刘美然	1996.11—2000.12

区洛口服装市场综合管理委员会　1994年10月5日设立，为局级自收自支全民事业单位，定事业编制15名。1995年1月2日，内设市场管理一科、市场管理二科、市场管理三科、办公室。1997年11月6日，增设市场管理四科、计划生育工作办公室。1999年11月27日，内设机构调整为办公室、财务科、计划生育工作办公室、管理一科、管理二科、安全保卫科。2001年6月撤销。

主　任

张裕德	1994.11—1995.02
吕宏胜	1996.09—1998.06
芦传孝	1998.06—2001.06

区物资总公司　1989年1月3日，区物资公司分设，为区直属局级全民事业单位，归口区物资局领导，定事业编制20名，实行企业化管理；7月31日，核定区自编制20名（经费部门自筹）。1990年8月16日，增加区自编制5名，经费自筹。1991年5月8日，增加事业编制4名，经费自筹；8月25日，建制级别局级，全民事业单位，事业编制4名、自定编制25名，实有24人（含工勤1人）。1992年12月14日，调区物资局1名、区政府驻珠海办事处2名编制到区物资公司。1993年2月17日，区物资公司更名为区物资总公司，区物资局与区物资总公司合署办公，经费自筹。1996年8月12日，撤销区物资局，人员并入区物资总公司。2001年11月10日，事业编制32名，实有26人。2002年

7 月，天桥区人民法院民事裁定依法进入破产程序。2003 年 1 月，破产清算终结。

党支部书记、经理

孔祥正　　1993.02—2003.09

济南市长途汽车总站地区综合管理办公室 1989 年 12 月 21 日，设立济南长途汽车站综合管理办公室，为局级常设机构，归区政府领导，不列区政府工作部门序列，定区自筹编制 10 名，经费自筹。1991 年 8 月 25 日，自定编制 10 名，实有 10 人。1993 年 7 月 24 日，内设行政科、综合管理科、卫生管理科。1996 年 8 月 12 日，济南长途汽车站地区综合管理办公室改设为区政府直属处级事业单位，授权行使相关行政管理职能，人员使用事业编制。2001 年 11 月 1 日，改设为区政府派出机构；12 月 19 日，更名为济南市长途汽车总站地区综合管理办公室，内设行政科、监察一科、监察二科 3 个科，事业编制 10 名；领导职数配主任 1 名、副主任 2 名，科级职数 3 名。2004 年 5 月 27 日撤销，其人员（3 名现职领导干部由区委组织部另行分配）、资产并入工人新村南村街道办事处（人员纳入事业人员管理）。

主　任

曹方柱　　1990.01—1992.10
盛玉福　　1993.05—2002.03
芦传孝　　2002.03—2003.03（病故）
朱德刚　　2003.04—2004.09

堤口联合工业公司 1984 年 4 月 1 日设立，1986 年 10 月 3 日，在册人数 25 人。1987 年 9 月 10 日，堤口联合工业公司（集体性质事业单位）实有 41 人。1989 年 7 月 31 日，核定区自编制 25 名（经费部门自筹）。1991 年 8 月 25 日，建制级别局级，全民事业单位，归口区经济计划委员会，事业编制 25 名，实有 26 人（含工勤 1 人）。1996 年 10 月 4 日撤销，公司现有人员按干部管理权限进行分流，资产、债权、债务由区经济计划委员会接管。1997 年 1 月 8 日，资产、债权、债务移交济南天易工贸总汇，由其依法处理债权、债务。

第四章　政协济南市天桥区委员会及其工作部门

1983 年 11 月，中国人民政治协商会议济南市天桥区委员会（简称区政协）开始筹建。1984 年 23 日—28 日，政协济南市天桥区第一届委员会第一次会议召开，选举产生中国人民政治协商会议济南市天桥区第一届委员会主席、副主席、常委，区政协成立，下设办公室；5 月，建立党组；6 月 11 日，核定行政编制 8 名，其中正、副主席 2 名、办公室 6 名；1987 年 7 月 23 日，郊区划拨编制 4 名，移交 3 人；9 月 10 日，编制总额 12 名，实有 16 人（行政经费 13 人、区自筹经费 3 人）。1989 年 7 月 7 日，增设组织宣传处、委员联络处，均为正局级，定行政编制 13 名（不含正、副主席）；10 日，增加政协正、副主席行政编制 4 名；11 月 7 日，实有 15 人（含集体混岗 1 人）。1990 年 12 月 19 日，撤销组织宣传处、委员联络处，设立政协办公室、学习文史提案工作处、经济科技工作处、社会文教工作处，均为正局级；增加区自编制 2 名。1991 年 8 月 25 日，区政协建制级别县级，有常委 30 人，其中主席 1 人、副主席 6 人；区政协党组成员 6 人，其中书记 1 人、副书记 2 人；下设政协办公室、学习文史提案工作处、经济科技工作处、社会文教工作处 4 个局级机构，行政编制 17 名、自定编制 2 名，实有 18 人（含工勤 2 人）。1992 年 10 月

9日，设立经济科技咨询服务部，为事业单位，实行企业化管理，独立核算、自负盈亏，不定编制、级别。1997年12月，区政协行政编制11名、离退休干部人员编制1名、工勤人员编制3名。1999年11月27日，办公室下设老干部工作科，暂定离退休干部人员编制1名，人员内部调剂。2003年4月7日，区政协机构改革，机关行政编制精简12%，下设办公室、老干部管理办公室、学习文史提案工作处、经济科技工作处、社会文教工作处5个工作机构，其中老干部管理办公室为事业单位；撤销办公室老干部工作科；8月19日，区政协下设办公室、老干部管理办公室、学习提案工作处、经济科技工作处、社会文教工作处5个工作机构，均为正处级，行政编制10名、离退休干部人员编制2名、工勤人员编制3名、事业编制3名，领导职数配区政协主席1名、副主席4名，处室领导5名。2007年9月10日，分配行政编制2名，离退休干部人员编制及自定编制（机关事业编制）全部核销。至2012年年底，有常委37人，其中主席1人、副主席6人；区政协党组成员7人，其中书记1人、副书记2人；下设办公室、老干部管理办公室、学习提案工作处、经济科技工作处、社会文教工作处5个工作部门和经济科技咨询服务部1个企业化管理事业单位，配处室领导5名；行政编制12名、工勤人员编制3名，实有29人。

第一节　政协济南市天桥区委员会

1991—2012年，中国人民政治协商会议济南市天桥区委员会历经6届。其中，第三届任期3年，第七届任期4年，第四、五、六、八届任期5年。区政协主席先后由李同祥、张连铸、彭万生、杨庆林、杜书作、舒孝堂、刘建忠担任。

政协第三至八届天桥区委员会党组书记、副书记、主席、副主席任职一览表

表29-5

届　次	职　务	姓　名	任　期	籍　贯
第三届	书　记	李同祥	1990.04—1993.01	山东章丘
	副书记	张含仁	1990.04—1993.01	山东济南
		张恒禄	1991.03—1993.01	山东济南
	主　席	李同祥	1990.02—1993.01	山东章丘
	副主席	张含仁	1990.02—1993.01	山东济南
		张慎清（民建）	1990.02—1993.01	山东章丘
		金惟均（无党派）	1990.02—1993.01	浙江余姚
		张荣厚（民进）	1990.02—1993.01	山东武城
		李金发	1990.02—1993.01	山东章丘
		孙元臻	1991.03—1993.01	山东济南
	秘书长	孙元臻	1990.02—1993.01	山东济南
第四届	书　记	李同祥	1993.02—1996.03	山东章丘
		杜书作	1996.03—1998.01	山东招远
		张连铸	1996.03—1998.01	山东章丘
	副书记	张连铸	1993.02—1996.03	山东章丘
		李金发	1993.02—1996.03	山东章丘
		孙元臻	1993.02—1996.03	山东济南
		张恒禄	1996.03—1998.01	山东济南

续表 29-5

届　次	职　务	姓　名	任　期	籍　贯
第四届	主　席	张连铸	1993.01—1998.01	山东章丘
	副主席	李金发	1993.01—1996.03	山东章丘
		金惟均（无党派）	1993.01—1998.01	浙江余姚
		张恒禄	1993.01—1998.01	山东济南
		孟广乾（民盟）	1993.01—1998.01	山东济南
		袁传国（九三学社）	1993.01—1998.01	安徽寿县
		孙佑伦（农工）	1993.01—1998.01	山东文登
		杜书作	1996.03—1998.01	山东招远
		李典茂	1996.03—1998.01	山东莱州
	秘书长	张恒禄（兼）	1993.01—1998.01	山东济南
第五届	书　记	杜书作	1998.01—2003.01	山东招远
	副书记	韩宝忠	1998.01—2003.01	山东莒南
		阎丰兴	1998.01—2003.01	山东安丘
	主　席	彭万生	1998.01—1999.04	山东泰安
		杨庆林	1999.04—2001.03	辽宁黑山
		杜书作	2001.03—2003.01	山东招远
	副主席	杜书作	1998.01—2001.03	山东招远
		韩宝忠	1998.01—2001.03	山东莒南
		阎丰兴	1998.01—2003.01	山东安丘
		李典茂	1998.01—2003.01	山东莱州
		孟广乾（民盟）	1998.01—2003.01	山东济南
		孙佑伦（农工）	1998.01—2003.01	山东文登
		苗德荣（民进）	1998.01—2003.01	山东桓台
		李正文（九三学社）	1998.01—2003.01	山东胶州
		郭继清	2001.03—2003.01	山东泰安
		郭万里	2001.03—2003.01	河北海兴
	秘书长	陈炳铎	1998.01—2000.03	山东济南
		王恒泰	2000.03—2003.01	山东济南
第六届	书　记	舒孝堂	2003.02—2007.12	山东博兴
	副书记	郭继清	2003.02—2007.12	山东泰安
	主　席	舒孝堂	2003.01—2007.12	山东博兴

续表 29-5

届　次	职　务	姓　名	任　期	籍　贯
第六届	副主席	郭继清	2003.01—2007.12	山东泰安
		李正文（九三学社）	2003.01—2007.12	山东胶州
		杨维诗	2003.01—2006.08	山东寿光
		章九玲（女）	2003.01—2007.12	山东郓城
		高荣鱼（无党派）	2003.01—2007.12	山东济南
		姚桂琴（女，农工）	2003.01—2007.12	山东泰安
	秘书长	王恒泰	2003.01—2005.02	山东济南
		岳建宝	2005.02—2007.12	山东新泰
第七届	书　记	舒孝堂	2008.03—2012.01	山东博兴
	副书记	郭继清	2008.03—2012.01	山东泰安
	主　席	舒孝堂	2007.12—2012.01	山东博兴
	副主席	郭继清	2007.12—2012.01	山东泰安
		章九玲（女）	2007.12—2012.01	山东郓城
		姚桂琴（女，农工）	2007.12—2012.01	山东泰安
		刘建良	2007.12—2012.01	陕西延川
		郑　刚（九三学社）	2007.12—2012.01	湖北武汉
		荣兰祥（民建）	2007.12—2012.01	山东汶上
	秘书长	岳建宝	2007.12—2010.08	山东新泰
		刘宇军（代）	2010.08—2011.01	山东长清
		刘宇军	2011.01—2012.01	山东长清
第八届	书　记	刘建忠	2011.12—	山东章丘
	副书记	马敬民	2012.01—	山东鱼台
		仲　涛	2012.01—	江苏赣榆
	主　席	刘建忠	2012.01—	山东章丘
	副主席	马敬民	2012.01—	山东鱼台
		郑　刚（九三学社）	2012.01—	湖北武汉
		荣兰祥（民建）	2012.01—	山东汶上
		仲　涛	2012.01—	江苏赣榆
		贾云国	2012.01—	山东济南
		王洪新（女，民进）	2012.01—	山东临清
	秘书长	刘宇军	2012.01—	山东长清

第二节　政协济南市天桥区委员会工作部门

1991年，政协济南市天桥区委员会下设办公室、学习文史提案工作处、经济科技工作处、社会文教工作处4个正局级处室。2003年8月19日，下设办公室、老干部管理办公室、学习提案工作处、经济科技工作处、社会文教工作处5个工作机构，均为正处级。至2012年年底，工作部门未发生变化。

办公室

1984年4月设立。

主　任

樊长征（回族）	1990.01—1992.12
吴广文	1992.12—1996.12
陈炳铎	1996.12—1999.11
刘世同	1999.11—2003.04
李长顺	2003.04—

学习提案工作处

1990年12月19日，设立学习文史提案工作处。2003年8月19日，改称为学习提案工作处。

处　长

李良森	1990.01—1992.12
李来海	1992.12—1996.08
张桂敏（女）	1996.08—1999.11
杜万枫	1999.11—2003.04
刘世同	2003.04—2006.08
井明诗	2006.08—2009.05
杨国伟	2009.05—2012.10
彭淑军（女）	2012.10—

经济科技工作处

1990年12月19日设立。

处　长

庄钧诚	1989.10—1992.12
王孝鸿	1992.12—1994.07
于孝珍	1994.07—1996.12
官积德	1996.12—2006.08
迟茂美	2006.08—2011.01
林兆清	2012.03—

社会文教工作处

1990年12月19日设立。

处　长

孟广乾	1991.04—1993.04
苏传勤	1993.04—1996.08
蒋者月	1996.08—1996.12
李德铃	1996.12—2001.06
张士国	2001.06—2012.03
王　艳（女）	2012.03—

老干部管理办公室

2003年4月7日设立。

主　任

彭淑军（女）	2012.03—2012.10

第五章　中国共产党济南市天桥区纪律检查委员会及其归口派驻机构

1979年5月，设立中国共产党济南市天桥区纪律检查委员会（简称区纪委）。1984年6月11日，核定行政编制8名（含纪委书记1名）。1987年7月23日，郊区划拨编制3名，移交4人；9月10日，编制总额11名，实有12人（行政经费11人、区自筹经费1人）。1989年7月7日，内设办公室、案件审理室、案件检查室，均为副局级，定行政编制14名（不含书记）；10日，增加区纪委书记行政编制 1 名；11 月 7 日，实有 10 人。1990 年 8 月 20 日，增设信访室，为副局级内设机构。1991 年 8 月 25 日，区纪委建制级别副县，有常委 6 人，其中书记 1 人、副书记 2 人；内设办公室、案件审理室、案件检查室、信访室 4 个副局级机构，行政编制 15 名，实有 13 人（含工勤 1 人）。1993 年 4 月 19 日，区监察局与区纪委合署办公，区纪委（区监察局）内设办公室、党风廉政建设室、案件审理室、信访室（含举报中心）、执法监察室、案件检查室 6 个副局级工作机构，编制 27 名（含区监察局 12 名）。1997 年 1 月 27 日，区纪委（区监察局）内设办公室、党风廉政教育室、信访室（区纪检、监察举报中心）、执法监察室、案件检查室、案件审理室 6 个职能处室，行政编制 19 名、工勤人员编制 2 名；领导职数配书记 1 名、副书记 2 名，局长 1 名（由区纪委 1 名副书记兼任）、副局长 2 名，室主任（副处级）6 名。2001 年 12 月 19 日，内设办公室、案件审理室、信访室（区国家行政机关工作人员违法违纪举报中心）、党风廉政宣教室、执法监察室、案件检查室、研究室 7 个处室，区政府纠正部门和行业不正之风办公室设在区纪委（区监察局）；行政编制 17 名（含区监察局行政编制 7 名）、离退休干部人员编制 2 名、工勤人员编制 2 名；区纪委配书记 1 名、副书记 2 名，区监察局配局长 1 名（由区纪委 1 名副书记兼任）、副局长 2 名（1 名副局长兼任区政府纠正部门和行业不正之风办公室主任），室主任（副处级）7 名、副主任（正科级）2 名。2006 年 8 月 25 日，设立区发展环境投诉中心，为副处级全额拨款事业单位，事业编制 3 名，设主任 1 名，与区监察局合署办公。2007 年 9 月 10 日，离退休干部人员编制及自定编制全部核销。2010 年 10 月 18 日，区纪委、区监察局归口派驻 5 个纪检监察机构，负责监督检查 64 个区直部门（单位）的纪检监察工作，5 个纪检监察机构名称为区纪委派驻第一至第五纪检组、区监察局派驻第一至第五监察室，纪检组与监察室合署办公；个别派驻 16 个纪检监察机构，负责监督检查济南化工产业园区管理委员会（区北展区综合开发管理委员会）、区人民法院、区人民检察院和 13 个街道的纪检监察工作；5 个归口派驻机构单列编制 25 名（每个纪检组、监察室各 5 名）、个别派驻机构单列编制 29 名（区纪委、区监察局派驻 13 个街道纪律检查工作委员会、街道办事处监察室各 2 名，区纪委、区监察局派驻济南化工产业园区管理委员会纪律检查工作委员会、监察室 3 名，区纪委派驻区人民法院、区人民检察院纪检组维持政法专项编制不变）；每个归口派驻机构领导职数配组长兼主任（正处级）1 名，享受区直部门正职待遇，副组长兼副主任（副处级）1 名，下设综合室，配主任（正科级）1 名；派驻各街道纪工委配书记（副处级）1 名，派驻制锦市、北坦、纬北路、天桥东街、官扎营、宝华街、堤口路、无影山、工人新村南村、工人新村北村 10 个城区街道办事处监察室主任由街道纪工委书记兼任，派驻药山、北园、泺口 3 个街道办事处监察室配主任（正科级）1 名；派驻济南化工产业园区纪律检查工作委员会配书记（正处级）1 名、副书记兼监察室主任（副处级）1 名；派驻区人民法院、区人民检察院纪检组组长维持处级职级；23 日，区纪委（区监察局）增设干部室，领导职数配主任、副主任各 1 名；12 月 1 日，区纪委增加行政编制 3 名，区发展环境投诉中心增加事业编制 7 名。至 2012 年年底，区纪委有常委 7 人，其中书记 1 人、副书记 2 人；内设办公室、案件审理室、信访室（区国家行政机关工作人员违法违纪举报中心）、党风廉政宣教室、执法监察室、案件检查室、研究室 7 个处室，区政府纠正部门和行业不正之风办公室设在区纪委（区监察局）；配室主任（副处级）8 名、副主任（正科级）3 名，下设区发展环境投诉中心 1 个副处级全额拨款事业单位，配主任 1 名；行政编制 20 名（含区监察局行政编制 7 名）、工勤人员编制 2 名、事业编制 10 名，实有 47 人。

第一节 中国共产党济南市天桥区纪律检查委员会

中共济南市天桥区每次代表大会选举产生的中共济南市天桥区纪律检查委员会（简称区纪委）都要召开第一次会议，选举区纪委常委和书记、副书记。1991—2012 年，区纪委共选举产生 7 任书记，先后由宁继仁、印森林、赵继福、舒孝堂、宋胜玉、潘传利、樊瑞（回族）担任。

1991—2012 年中共济南市天桥区纪委书记、副书记任职一览表

表 29-6

职 务	姓 名	任 期	籍 贯
书 记	宁继仁	1987.05—1993.01	山东章丘
	印森林	1993.01—1995.04	江苏泰兴
	赵继福	1995.04—2001.01	山东临沂
	舒孝堂	2001.01—2003.03	山东博兴
	宋胜玉	2002.12—2009.02	山东济南
	潘传利	2009.02—2011.03	山东商河
	樊 瑞（回族）	2011.03—	山东泰安
副书记	印森林	1989.01—1993.01	江苏泰兴
	张桂敏（女）	1987.07—1995.04	山东济南
	田汝贵	1993.04—1995.04	山东夏津
	郭庆友	1993.04—1996.11	山东长清
	白继海	1995.04—2001.06	山东济宁
	李玉华（女）	1996.11—2006.05	山东寿光
	候庆水	2001.06—2003.10	山东济南
	桑居顺	2003.10—2010.12	山东莱州
	赵寿娟（女）	2006.05—2010.04	山东济南
	赵志秀	2010.12—	河北赤城
	黄少泉	2010.12—2012.03	山东蓬莱
	栾秀芳（女）	2012.12—	山东高密

第二节 中共济南市天桥区纪律检查委员会、天桥区监察局归口派驻机构

2010 年 10 月 18 日，区纪委、区监察局根据实际工作需要和部门、行业特点，采取归口派驻和个别派驻相结合的办法，对区直部门（单位）、街道纪检监察机构进行整合重组，归口派驻 5 个纪检监察机构，个别派驻 16 个纪检监察机构，实行统一管理。5 个归口派驻机构，均为正处级，负责监督检查 64 个区直部门（单位）的纪检监察工作。

第一纪检组、监察室

2010 年 10 月 18 日设立。

组　长

王度量　2010.10—2012.02

赵学敏　2012.02—

主　任

王度量　2010.12—2012.02

赵学敏　2012.02—

第二纪检组、监察室

2010 年 10 月 18 日设立。

组　长

赵逢明　2010.10—2012.02

刘文华（女）　2012.02—

主　任

赵逢明　2010.12—2012.02

刘文华（女）　2012.04—

第三纪检组、监察室

2010 年 10 月 18 日设立。

组　长

张华中　2010.10—

主　任

张华中　2010.12—

第四纪检组、监察室

2010 年 10 月 18 日设立。

组　长

吕连德　2010.10—2012.08

陈元月　2012.08—

主　任

吕连德　2010.12—2012.10

陈元月　2012.10—

第五纪检组、监察室

2010 年 10 月 18 日设立。

组　长

王仁宗　2010.10—

主　任

王仁宗　2010.12—

第六章　中国人民解放军山东省济南市天桥区人民武装部

1952 年 8 月，建立济南市第四区人民武装部。1953 年 3 月撤销。1958 年 11 月 25 日，建立中国人民解放军山东省济南市天桥区人民武装部，为正营级单位。1959 年 5 月，建立党支部。1970 年 1 月，升格为副团级单位，内设作训科、政工科。1971 年 2 月，党支部改建为党委。1981 年，升格为正团级单位，内设作训科、政工科、供管科。1986 年 6 月 20 日，部队精简整编，改为地方建制，称山东省济南市天桥区人民武装部，内设办公室、军事科、政工科。1987 年 7 月 22 日，济南市编制委员会、济南军分区司令部印发《关于分配原郊区人武部编制员额的通知》（济编发〔1987〕132 号、济分司字〔1987〕16 号），分配郊区编制 4 名，移交 4 人（其中干部 2 名、职工 2 名），区人民武装部编制总额 25 名（干部 16 名、职工 9 名）；9 月 10 日，实有 23 人（干部 16 人、职工 7 人）。1988 年 10 月，增设后勤科。1989 年 7 月 31 日，核定行政编制 25 名。1991 年 8 月 25 日，建制级别副县，内设办公室、军事科、政工科、后勤科 4 个副局级机构，行政编制 25 名，实有 20 人（含工勤 7 人）。1996 年 3 月 16 日，增设民兵武器装备仓库、民兵训练中心（基地）2 个全额拨款国有事业单位，分别定编 5 名、7 名；4 月 1 日，区人民武装部收归军队建制，复称中国人民解放军山东省济南市天桥区人民武装部，为正团级单位，受济南军分区（今济南警备区）和区委、区政府双重领导，内设军事科、政工科、后勤科，在街道（镇）设基层人民武装部，部队编制9名（现役干部8名、士官1名）、事业编制12名。至2012年年底，内设机构、下设事业单位未变，下辖15个街道（镇）、3个厂企、5个社区建立的23个基层人民武装部；部队编制9名，实有9人，事业编制12名，实有12人。

1991—2012年天桥区人民武装部领导任职一览表

表29-7

姓　名	职　务	任　期	籍　贯
陶安岭	书记（兼）	1986.06—1995.01	山东宁阳
彭万生	书记（兼）	1995.01—1996.04	山东泰安
李道庆	副书记	1989.05—1990.07	山东平阴
张小明	副书记	1990.07—1996.03	山东郯城
彭万生	第一书记（兼）	1996.04—1998.11	山东泰安
杨庆林	第一书记（兼）	1999.07—2006.11	辽宁黑山
张　辉	第一书记（兼）	2006.11—2012.02	河南安阳
毕筱奇	第一书记（兼）	2012.02—	山东济南
杜万枫	书记	1996.04—1999.02	山东曹县
贾云国	书记	1999.02—2003.01	山东济南
陈文亭	书记	2003.01—2005.01	山东烟台
宋　剑	书记	2005.03—2008.01	山东淄博
巨同恩	书记	2008.01—2010.04	山东临朐
冉　舸	书记	2010.04—	重庆市
辜建农	副书记	1996.04—1999.02	江苏涟水
陈希顺	副书记	1999.02—2001.09	山东沂源
陈文亭	副书记	2001.09—2003.01	山东烟台
王希君	副书记	2003.01—2004.01	山东聊城
刘长伟	副书记	2004.01—2005.03	山东沂南
李庆元	副书记	2005.03—2009.01	山东肥城
李　杰	副书记	2009.01—2012.03	山西晋城
张跃国	副书记	2012.03—	山东平阴
李道庆	部长	1986.06—1996.02	山东平阴
辜建农	部长	1996.04—1999.02	江苏涟水
陈希顺	部长	1999.02—2001.09	山东沂源
陈文亭	部长	2001.09—2003.01	山东烟台
王希君	部长	2003.01—2004.01	山东聊城

续表 29-7

姓　名	职　务	任　期	籍　贯
刘长伟	部长	2004.01—2005.01	山东沂南
李庆元	部长	2005.01—2009.01	山东肥城
李　杰	部长	2009.01—2012.03	山西晋城
张跃国	部长	2012.03—	山东平阴
张小明	政委	1986.03—1996.02	山东郯城
杜万枫	政委	1996.03—1999.02	山东曹县
贾云国	政委	1999.02—2003.01	山东济南
陈文亭	政委	2003.01—2005.01	山东烟台
宋　剑	政委	2005.01—2008.01	山东淄博
巨同恩	政委	2008.01—2010.04	山东临朐
冉　舸	政委	2010.04—	重庆市

第七章　济南市天桥区人民法院

1954 年 8 月 6 日，成立济南市人民法院第四分庭。1955 年 7 月 15 日，撤销济南市人民法院第四分庭，建立济南市第四区人民法院；9 月，改称为济南市天桥区人民法院。1967 年 2 月 24 日，被造反群众组织夺权。1968 年 2 月 16 日，建立济南市向阳区公安机关军事管制小组，实行军管。1972 年 12 月，撤销军管。1973 年 1 月 6 日，恢复向阳区人民法院；7 月 1 日，复称为天桥区人民法院（简称区法院）。1979 年 1 月，建立党组。1985 年 1 月 2 日，济南市编制委员会、市委政法委员会核准区人民法院行政编制 46 名。1987 年 7 月 27 日，济南市编制委员会印发《关于分配原郊区法院、检察院、司法局编制员额的通知》（济编发〔1987〕152 号），分配郊区编制 14 名，移交 14 人；9 月 10 日，编制总额 60 名，实有 60 人（行政经费 56 人、区自筹经费 4 人）。1989 年 2 月 3 日，市编委增拨编制 22 名；7 月 31 日，核定行政编制 82 名；11 月 7 日，实有 65 人（含集体混岗 3 人）。1991 年 8 月 4 日，省编委增拨行政编制 3 名；25 日，区法院建制级别局级，内设刑事审判庭、民事审判庭、经济审判庭、告诉申诉庭、行政审判庭、执行庭、办公室、研究室、政工科和北坦、北园、天桥东、洛口、工人新村南村、药山、宝华法庭 16 个科级机构，单列专项编制 85 名，实有 79 人（含工勤 1 人）。1992 年 3 月 10 日，建立济南公路管理段济南站行政巡回法庭；11 月 10 日，建立区环境保护局行政巡回法庭。1993 年 5 月 10 日，成立驻区卫生防疫站行政巡回法庭；14 日，增设经济纠纷调解中心；8 月 30 日，增设制锦市法庭；10 月 11 日，成立驻区拆迁办公室行政巡回法庭；11 月 8 日，成立驻黄河河务局行政巡回法庭；16 日，成立驻区公证处执行室。同年，成立区土地管理行政巡回法院。1994 年 11 月 19 日，增设法警队、法医技术室。1995 年 5 月 25 日，撤销 6 个行政巡回法庭和驻天桥区公证处执行室；7 月 24 日，市编委下达专项编制 5 名。1996 年 7 月 1 日，撤销经济纠纷调解中心。

1997年7月8日，市编委下达专项编制2名；12月，区法院政法专项编制101名、事业编制5名，实有121人。1999年7月19日，撤销告诉申诉庭，设立立案庭、审判监督庭，均为科级；法警队、法医技术室分别更名为法警大队、技术室，均为科级建制；增设监察室，为科级。2000年1月30日，撤销执行庭，设立执行局，局长由区法院1名副院长兼任，下设执行一庭、执行二庭，与区法院内设机构规格相同；撤销南村、洛口、宝华、天桥东、北坦、制锦市6处派出法庭，保留北园法庭、药山法庭，接收大桥法庭；11月，撤销药山法庭。2001年12月14日，区法院机关机构改革，内设办公室、政治处、立案庭（加挂书记员管理室牌子）、刑事审判庭（加挂少年审判庭牌子）、民事审判第一庭、民事审判第二庭、民事审判第三庭、行政审判庭（加挂理赔办公室牌子）、审判监督庭、执行局（内设执行第一庭、执行第二庭）、研究室（加挂审判委员会办公室牌子）、技术室（加挂司法科学技术鉴定中心牌子）、法警大队13个机构；建立机关党委，纪检、监察等机构的设立及领导职数配备按有关规定执行；下设的北园、大桥2个法庭，维持现状；政法专项编制93名、离退休干部人员编制3名、机关工勤人员编制10名；领导职数配院长1名、副院长4名（按同级政府职能部门正职或副职配备），政治处主任（副院长级）1名、副主任（副处级）1名，执行局局长（副院长级）1名、副局长（副处级）2名，正科级职数13名、副科级21名；审判员、审判长、执行长等法律职务的配备按照有关规定执行；设立机关服务中心，为全额预算管理国有科级事业单位，事业编制16名，配主任1名、副主任2名。2005年8月10日，补充政法专项编制3名。2007年9月10日，分配政法专项编制8名，离退休干部人员编制及自定编制全部核销。2010年4月6日，增加政法专项编制5名；10月18日，区纪委派驻区法院纪检组，纪检组长维持处级职级。2012年10月22日，核增政法专项编制5名；至年底，内设13个机构、下设2个法庭和1个全额预算管理国有科级事业单位，政法专项编制114名、工勤人员编制10名、事业编制16名，实有139人，领导职数配备未变。

1991—2012年济南市天桥区人民法院党组书记、副书记、纪检组长、院长、副院长任职一览表

表29-8

职　务	姓　名	任　期	籍　贯
书　记	姬广印	1984.04—1993.01	山东宁阳
	胡庆德	1993.02—1998.01	山东淄博
	袁敬海	1998.01—2001.07	山东日照
	王秀新	2001.07—2007.10	山东烟台
	李明东	2007.10—2011.11	山东齐河
	沈　迎	2011.11—	山东济南
副书记	吴义平	1998.01—2004.03	山东济南
	李　敏（女）	1998.01—2004.03	山东牟平
	白继海	2001.06—2010.05	山东济宁
	朱平然	2004.04—2007.02	山东寿光
	费晓伟	2008.11—2010.05	山东济南
	王建超	2010.05—	山东龙口

续表 29-8

职　务	姓　名	任　期	籍　贯
纪检组长	王建国	1991.04—1996.11	山东博兴
	王少川	1996.11—2001.06	山东苍山
	白继海	2001.06—2003.09	山东济宁
	辛丕华	2003.09—2007.02	山东肥城
	费晓伟	2007.02—2008.11	山东济南
	胡志刚	2008.11—2010.05	山东济南
	孙承歌（女）	2010.05—	山东郓城
院　长	姬广印	1984.04—1993.01	山东宁阳
	胡庆德	1993.01—1998.01	山东淄博
	袁敬海	1998.01—2001.07	山东日照
	王秀新	2002.03—2007.10	山东烟台
	李明东	2007.12—2011.11	山东齐河
	沈　迎	2012.01—	山东济南
代理院长	袁敬海	1998.01—1998.01	山东日照
	王秀新	2001.07—2002.03	山东烟台
	李明东	2007.10—2007.12	山东齐河
	沈　迎	2011.11—2012.01	山东济南
副院长	吴义平	1986.05—1995.02	山东济南
	崔秋亭	1987.06—1996.07	山东淄博
	范光斌	1990.03—1992.11	山东肥城
	李　敏（女）	1993.02—2004.03	山东牟平
	刘用山	1995.06—1996.11	山东临沂
	朱平然	1995.06—2007.02	山东寿光
	吴义平	1996.07—2004.03	山东济南
	袁敬海	1998.01—1998.01	山东日照
	白继海	2001.06—2010.05	山东济宁
	王秀新	2001.07—2002.03	山东烟台
	王建超	2003.09—	山东龙口
	刘地坤	2003.09—	山东高密
	辛丕华	2007.02—2010.03	山东肥城
	袭著章	2007.02—	山东章丘
	李明东	2007.10—2007.12	山东齐河

续表 29-8

职 务	姓 名	任 期	籍 贯
副院长	董福明（挂职）	2008.01—2008.12	山东昌乐
	胡志刚	2010.05—	山东济南
	谢红兵（挂职）	2011.05—2012.05	河南濮阳
	沈 迎	2011.11—2012.01	山东济南
	张 兴	2012.09—	山东章丘

政治处

2001 年 12 月 14 日设立。

主 任

贾学安 2002.03—2009.04

孙承歌（女） 2009.04—2010.05

王贵东 2010.05—2012.08

刘玉刚 2012.08—

执行局

2000 年 1 月 30 日设立。

局 长

刘地坤 2002.03—2003.09

赵增贤 2003.09—2008.11

张 兴 2009.04—2012.08

王贵东 2012.08—

第八章 济南市天桥区人民检察院

1956 年 12 月，成立济南市天桥区人民检察院。1967 年 2 月 24 日，被造反群众组织夺权。1968 年 2 月 16 日，建立济南市向阳区公安机关军事管制小组，实行军管。1972 年 12 月，撤销军管。1978 年 7 月，重建天桥区人民检察院（简称区检察院）。1980 年 1 月，建立党组。1985 年 1 月 2 日，济南市编制委员会、市委政法委员会核准区人民检察院行政编制 44 名。1987 年 7 月 27 日，济南市编制委员会印发《关于分配原郊区法院、检察院、司法局编制员额的通知》（济编发〔1987〕152 号），分配郊区编制 8 名，移交 8 人；9 月 10 日，编制总额 52 名，实有 50 人（行政经费 43 人、区自筹经费 7 人）。1989 年 2 月 3 日，市编制委员会增拨编制 10 名；7 月 31 日，核定行政编制 62 名；11 月 7 日，实有 51 人（含集体混岗 4 人）。1991 年 8 月 4 日，山东省编制委员会增拨行政编制 2 名；25 日，区检察院建制级别局级，内设经济检察科、刑事检察一科、刑事检察二科、法纪检察科、政工科、控告申诉检察科、检察技术科、办公室、监所检察科、驻区税务局检察室、经济法纪罪案举报站 11 个科级机构，单列专项编制 64 名，实有 56 人。1993 年 3 月，增设民事行政检察科；5 月 17 日，设立驻济南啤酒集团总公司检察室。1994 年 3 月，设立驻北园镇检察室；8 月，驻区税务局检察室改称为驻区国家税务局检察室；同年，撤销驻济南啤酒集团总公司检察室，增设调研室。1995 年 7 月 24 日，济南市编制委员会下达专项编制 3 名；8 月 7 日，撤销经济检察科，设立反贪污贿赂工作局，建制级别正局级。1996 年 8 月 12 日，撤销区打击严重经济犯罪斗争领导小组办公室，人员移交区人民检察院。1997 年 7 月 8 日，济南市编制委员会下达专项编制 3 名；12 月，撤销驻区国家税务局检察室；同月，区检察院政法专项编制 74 名、事业编制 3 名，实有 84 人。1999 年 11 月 27 日，政工科加挂警务科牌子。2000 年 10 月 23 日，撤销警务科，设立法警大队，为区检察院内设机构；11 月 16 日，撤销法纪检察科，设立渎职犯罪侦查局，为检察院正处级内设机构，设局长 1 名、副局长 1 名。2001 年 12 月 14 日，区检察院机关机构改革，内设办公室、政治处、侦查监督科、公诉科、反贪污贿赂局（内设综合科、侦查一科、侦查二科）、渎职侵权检察局、民事行政检察科、控告申诉检察科（加挂举报中心、刑事赔偿工作办公室牌子）、检察技术科、法律政策研究室（加挂检察委员会秘书科牌子）、法警大队、职务犯罪预防科 12 个职能机构，政法专项编制 67 名、离退休干部人员编制 2 名、工勤人员编制 7 名；领导职数配检察长 1 名、副检察长 4 名（按同级政府职能部门正职或副职配备），政治处主任 1 名、反贪污贿赂局局长 1 名、渎职侵权检察局局长 1 名，分别由副检察长级干部专任，政治处副主任（副处级）1 名、反贪污贿赂局副局长（副处级）2 名、渎职侵权检察局副局长（副处级）1 名，科长 12 名、副科长 7 名；检察员及主诉检察官等法律职务配备按有关规定执行，党的组织、纪检监察等机构的设置和领导职数配备按有关规定执行，监察室与纪检组合署办公；设立机关服务中心，为全额预算管理国有科级事业单位，定编 12 名，配主任 1 名、副主任 2 名。2005 年 6 月 24 日，渎职侵权检察局更名为反渎职侵权局；8 月 10 日，补充政法专项编制 3 名。2007 年 9 月 10 日，分配政法专项编制 5 名，离退休干部人员编制及自定编制全部核销。2010 年 4 月 10 日，增加政法专项编制 9 名；8 月 12 日，增加政法专项编制 1 名；10 月 18 日，区纪委派驻区检察院纪检组，纪检组长维持处级职级。2011 年 10 月 10 日，反贪污贿赂局增设侦查三科，反渎职侵权局下设渎职犯罪侦查科、侵权犯罪侦查科，均为正科级建制，核增科长职数 3 名。2012 年 10 月 22 日，核增政法专项编制 4 名；至年底，内设 12 个职能机构和 1 个全额预算管理国有科级事业单位，政法专项编制 89 名、工勤人员编制 7 名、事业编制 12 名，实有 99 人，领导职数配备未变。

1991—2012 年济南市天桥区人民检察院党组书记、副书记、纪检组长、检察长、副检察长任职一览表

表 29-9

职　务	姓　名	任　期	籍　贯
书　记	李守义	1984.04—1994.10	山东曲阜
	吴庆海	1995.01—1998.01	山东济宁
	黄兰生	1998.03—2007.10	山东东阿
	韩　清	2007.10—	山东章丘
副书记	吴庆海	1992.02—1995.01	山东济宁
	王金鹏	1997.03—1998.01	山东济南
	孙进力	2005.12—2007.10	山东牟平
	段　刚	2008.11—2011.11	山东长清
	李兴明	2011.03—	山东临沂
纪检组长	董毅华	1995.01—2002.03	山东泰安
	李兴明	2002.03—2011.03	山东临沂
	王丽燕（女）	2011.03—2012.02	山东临沂

续表 29-9

职　务	姓　名	任　期	籍　贯
检察长	李守义	1984.04—1993.01	山东曲阜
	吴庆海	1993.01—1998.01	山东济宁
	黄兰生	1999.05—2007.10	山东东阿
	韩　清	2007.12—	山东章丘
代理检察长	赵玉杰	1998.01—1998.01	山东历城
	黄兰生	1998.03—1999.05	山东东阿
	韩　清	2007.10—2007.12	山东章丘
副检察长	石文友	1986.01—1994.04	山东高清
	潘传华	1986.05—1992.02	四川达县
	华尔镇	1987.06—1993.03	山东定陶
	吕传海	1988.05—1996.11	山东肥城
	吴庆海	1990.03—1993.01	山东济宁
	辛庆学（挂职）	1992.06—1993.01	（挂职查不到）
	刘翠莲（女）	1993.02—1996.11	山东莱西
	王金鹏	1994.04—1998.03	山东济南
	刘用山	1996.11—2007.02	山东临沂
	孙进力	1997.04—2007.10	山东牟平
	黄兰生	1998.03—1999.05	山东东阿
	赵玉杰	1998.01—1998.01	山东历城
	刘建军	1999.07—2011.03	山东莱州
	段　刚	2003.09—2011.11	山东长清
	齐四平	2003.09—2011.08	河北高阳
	韩　清	2007.10—2007.12	山东章丘
	赵厚平	2008.08—	安徽灵璧
	杜召峰	2008.11—	山东平阳
	周晓武	2011.03—	山东博兴
	王丽燕（女）	2012.03—	山东临沂
	刘　伟	2012.03—	山东日照

政治处

2001 年 12 月 14 日设立。

主 任

赵志利（女）	2002.03—2006.07
王丽燕（女）	2006.07—2011.03
刘 伟	2011.03—2012.02
陈 红（女）	2012.02—

反贪污贿赂局

1995 年 8 月 7 日，设立反贪污贿赂工作局，正局级建制。2001 年 12 月 14 日，更名为反贪污贿赂局。

局 长

王金鹏	1995.09—1997.03
程厚显	1997.03—1999.05
孙进力（兼）	1999.07—2000.12
齐四平	2000.12—2007.02
周晓武	2007.02—2012.02
李大坤	2012.02—

反渎职侵权局

2000 年 11 月 16 日，设立渎职犯罪侦查局，为区检察院正处级内设机构。2001 年 12 月 14 日，更名为渎职侵权检察局。2005 年 6 月 24 日，更名为反渎职侵权局。

局 长

徐 峰（女）	2000.12—2003.09
周晓武	2004.09—2007.02
陈 红（女）	2007.02—2012.02
滕 伟	2012.02—

第九章 济南市天桥区群众团体

1951 年，建立工人、共青团、妇女工作组织。1959 年，成立科学技术协会、工商业联合会。1967 年 2 月 24 日，受造反群众组织冲击，均陷入瘫痪。1969 年 11 月—1985 年 6 月，先后恢复工人、共青团、妇女工作组织和科学技术协会、工商业联合会。1984 年 5 月 23 日，设立区归国华侨联合会。1990 年 8 月 20 日，设立天桥区残疾人联合会，为区民政局代管事业单位。1991 年，有区总工会、共青团天桥区委员会、区妇女联合会、区科学技术协会、区归国华侨联合会、区工商业联合会 6 个群众团体，行政编制 26 名、区自编制 1 名、事业编制 5 名，实有 32 人；天桥区残疾人联合会仍为区民政局代管事业单位。1997 年 1 月 27 日，区归国华侨联合会人员核定为事业编制。2002 年 5 月 13 日，区残疾人联合会理事会升格为区政府直属正处级事业单位。2003 年 4 月 7 日，群众团体机构改革，均不设内设机构；区归国华侨联合会、区残疾人联合会理事会维持事业编制。2007 年 11 月 16 日，中共山东省委组织部、省人事厅批准，区归国华侨联合会、区残疾人联合会机关人员参照公务员法管理。至 2012 年年底，7 个群众团体建制级别均为正处级，行政编制 23 名、工勤人员编制 2 名、事业编制 15 名，实有 47 人。

区总工会

1951 年 2 月 18 日，设立济南市总工会第四区办事处，为市总工会派出机构。1953 年 10 月，改设为济南市工会联合会第四区办事处。1955 年 9 月，改称为济南市工会联合会天桥区办事处。1959 年 5 月，改称为济南市总工会天桥区办事处。1967 年 2 月 24 日，陷入瘫痪。1969 年 11 月，召开济南市向阳区第一次革命工人代表大会，选举产生济南市向阳区工代会。1973 年 4 月，召开济南市向阳区第二次工会会员代表大会，选举产生济南市向阳区工会；7 月，改称为济南市天桥区工会。1979 年 6 月，复称为济南市总工会天桥区办事处；12 月，成立济南市总工会天桥区职工业余学校。1984 年 6 月 11 日，核定济南市总工会天桥办事处行政编制 5 名；8

月24日，济南市总工会天桥区职工业余学校改称为天桥区工会职工业余学校，为全民事业单位，定事业编制5名。1987年7月23日，郊区划拨编制1人、移交1人；9月10日，编制总额11人、实有10人（事业经费）。1989年7月31日，核定济南市总工会天桥办事处行政编制7名，职工业余学校事业编制5名，经费均自筹；11月7日，实有10人（含集体混岗3人）；27—29日，召开济南市天桥区第一届职工代表大会，选举产生天桥区总工会第一届委员会；12月1日，济南市总工会印发《关于对天桥区工会第一次代表大会选举结果报告的批复》（济工〔1989〕66号），同意天桥区工会第一次代表大会选举产生的区总工会第一届委员会和第一届经费审查委员会人员组成。1990年5月19日，增加区自编制1名（用于司机），经费自筹。1991年8月25日，建制级别局级，行政编制7名、事业编制5名、自定编制1名，实有13人（含工勤1人）。1994年11月19日，内设组宣部、生产部、办公室。1997年1月27日，撤销内设机构，核定行政编制6名、工勤人员编制1名，领导职数配主席1名、副主席2名。2008年3月，设立党组。至2012年年底，区总工会下设区工会职工业余学校1个经费自理全民事业单位，领导职数配主席1名、副主席2名，行政编制6名、工勤人员编制1名、事业编制5名，实有11人。

党组书记

贾云国	2008.03—2012.02
左永欣	2012.02—

主　席

耿志常	1987.01—1992.08
李胜利	1992.08—2003.05
王长来	2003.05—2008.11
贾云国	2008.11—

共青团济南市天桥区委员会

1951年3月，设立中国新民主主义青年团济南市第四区工作委员会，为中国新民主主义青年团济南市委员会派出机构。1952年9月，改称为中国新民主主义青年团济南市第四区委员会。1955年9月，改称为中国新民主主义青年团济南市天桥区委员会。1957年5月，改称为中国共产主义青年团济南市天桥区委员会。1967年2月24日，陷入瘫痪。1971年9月，召开共青团济南市向阳区第四次代表大会，选举产生共青团济南市向阳区第四届委员会。1973年7月，共青团济南市向阳区委员会改称为共青团济南市天桥区委员会（简称团区委）。1984年6月11日，核定行政编制4名。1987年7月23日，郊区划拨编制2名，移交2人；9月10日，编制总额6名、实有6人（行政经费5人、区自筹经费1人）。1989年7月31日，核定行政编制6名；11月7日，实有6人。1991年7月11日，设立区未成年人保护委员会；8月25日，团区委建制级别局级，行政编制6名，实有6人。1996年12月2日，核定团区委行政编制5名，领导职数配书记1名、副书记2名；明确区未成年人保护委员会办公室为科级建制。1997年4月4日，在团区委设立区关心下一代工作委员会办公室，为科级机构。2003年8月19日，团区委（含区关心下一代工作委员会办公室和未成年人保护委员会办公室）行政编制5名。2007年1月12日，区关心下一代工作委员会办公室改为正科级全额事业单位，编制2名，设主任1名。至2012年年底，团区委下设区未成年人保护委员会办公室（科级建制）和区关心下一代委员会办公室（财政拨款正科级事业单位），行政编制5名、事业编制2名，实有6人，领导职数配备未变。

书　记

许　强	1987.06—1992.12
吴承丙	1994.03—1996.07
张　军	1998.04—1999.04
王　芳（女）	1999.12—2003.09
蒋绪平	2005.03—2007.02
谢贵东	2008.03—2010.10
孙　静（女）	2010.10—2011.11
姜辉祥	2012.02—

区妇女联合会

1951年6月，济南市第四区第一届民主妇女代表大会召开，选举产生区民主妇女联合会。1955年9月，改称为济南市天桥区民主妇女联合会。1957年9月，改称为济南市天桥区妇女联合会（简称区妇联）。1967年2月24日，陷入瘫痪。1973年6月，召开济南市天桥区第五次妇女代表大会，选举产生区妇联第五届执行委员会。1984年6月11日，核定行政编制5名。1987年7月23日，郊区划拨编制1名；9月10日，编制总额6名、实有5人（行政经费3人、区自筹经费2人）。1989年7月31日，核定行政编制6名；11月7日，实有5人（含集体混岗1人）。1991年8月25日，建制级别局级，行政编制6名，实有7人。1994年6月，成立区妇女儿童工作委员会，办公室设在区妇联。1997年1月27日，核定区妇联行政编制5名、工勤人员编制1名，领导职数配主席1名、副主席2名。2003年8月19日，区妇联（含区妇女儿童工作委员会办公室）行政编制5名、工勤人员编制1名。2007年1月12日，明确区妇女儿童工作委员会办公室建制级别为正处级，与区妇联合署办公，设主任1名。至2012年年底，区妇联（区妇女儿童工作委员会办公室与其合署）领导职数配备未变，行政编制5名、工勤人员编制1名，实有7人。

主　席

童世敏（女）	1987.07—1996.03
孙永平（女）	1996.03—2006.07
刘新一（女）	2006.07—2010.05
王警宇（女）	2010.11—

区妇女儿童工作委员会办公室　1994年6月，成立区妇女儿童工作委员会，办公室设在区妇联。2007年1月12日，明确区妇女儿童工作委员会办公室建制级别为正处级，与区妇联合署办公。

主　任

童世敏（女，兼）	1994.06—
包　艳（女）	2007.02—2010.05
王警宇（女）	2010.05—2010.10
高清俊（女）	2010.10—

区科学技术协会

1959年，设立区科学技术协会。1967年2月24日，陷入瘫痪。1981年8月20日恢复，与区科学技术委员会合署办公。1984年6月11日，核定行政编制2名。1987年7月23日，郊区划拨编制1名；9月10日，编制总额3名、实有2人（行政经费）。1989年7月31日，核定行政编制3名；11月7日，实有3人。1991年8月25日，建制级别局级，行政编制3名，实有3人。1996年12月2日，行政编制3名，领导职数配主席1名、副主席1名。至2012年年底，领导职数配备未变，行政编制3名，实有7人。

主　席

赵仁杰	1987.08—1992.03
闫志顺	1994.05—1996.10
张平廉	1996.11—2010.05
包　艳（女）	2010.05—

区工商业联合会（区商会）

1959年5月，设立区工商业联合会。1967年2月24日，陷入瘫痪。1982年2月19日，设立济南市工商业联合会天桥区办事处。1984年6月11日，核定行政编制2名。1985年6月10日，中共济南市委统战部、济南市编制委员会、市财政局联合印发《关于恢复我市四个区工商联组织和专职工作人员编制的通知》（济统发〔1985〕11号），要求撤销区工商联办事处，恢复原四个区工商联组织，分配天桥区编制3名；11月28日—29日，召开区工商业联合会第三届会员代表大会，选举产生区工商业联合会第三届执行委员会。1987年9月10日，行政编制3名、实有2人（区自筹经费）。1989年7月31日，核定行政编制3名；11月7日，实有2人（含集体混岗1人）。1991年8月25日，建制级别局级，行政编制3名，实有3人。1995年6

月6日，根据《中国工商业联合会章程》，区工商业联合会并称区商会，原主任、副主任改称为会长、副会长。1996年12月2日，核定区工商业联合会（区商会）行政编制3名，领导职数配会长1名、驻会副会长1名，党组书记由会长或驻会副会长兼任。1997年6月6日，设立非公有制企业法律服务部，为自收自支国有科级事业单位，定编2名，隶属区工商业联合会，接受区司法局业务指导。2007年9月10日，分配行政编制1名，离退休干部人员编制及自定编制全部核销。2012年11月29日，核减非公有制企业法律服务部2名事业编制；至年底，区工商业联合会下设非公有制企业法律服务部1个事业单位，领导职数配备未变，行政编制4名，实有8人。

党组书记

商自芳	2000.12—2001.12
刘新一（女）	2001.12—2006.07
许敬水	2006.07—2010.05
王兴福	2010.05—

会长（主任）

张慎清	1985.11—1992.12
郇起鸿（民建，兼）	1993.02—1996.07
商自芳	1996.07—2001.12
张立柱（民建）	2001.12—2011.09
荣兰祥	2011.09—

常务副会长

刘新一（女）	2001.12—2006.08
许敬水	2006.08—2010.05
王兴福	2010.05—

区归国华侨联合会

1984年5月23日，济南市编制委员会印发《关于区、县建立侨联组织的通知》（济编发〔1984〕40号），决定建立天桥区归国华侨联合会，并配驻会干部1名，编制由济南市增拨；6月11日，核定行政编制1名。1987年9月10日，行政编制1名。1989年7月31日，核定行政编制1名。1991年8月25日，建制级别局级，行政编制1名。1997年1月27日，核定事业编制1名。2003年4月7日，明确区归国华侨联合会维持事业编制；8月19日，事业编制2名，领导职数配主席1名。2007年11月16日，中共山东省委组织部、山东省人事厅印发《关于同意济南市历下区等10县（市）区人民团体和群众团体机关参照公务员法管理实施方案的批复》（鲁人字〔2007〕272号），天桥区归国华侨联合会机关参照公务员法管理。至2012年年底，领导职数配备未变，事业编制2名，实有3人。

主　席

谢孟权	1985.06—1997.04
薛珍珍（女）	1997.04—2002.04
孙连发	2002.04—2003.05
耿　恺	2003.05—2012.09
魏衍法	2012.09—

区残疾人联合会

1990年8月20日，成立区残疾人联合会，下设理事会为常设机构，建制级别为副局级事业单位，由区民政局代管，定区自编制3名，经费区自筹。1991年8月25日，建制级别副局级，全民事业单位，归口区民政局，自定编制3名，实有1人；1994年11月19日，区残疾人联合会加挂残疾人劳动服务部牌子。2002年5月13日，区残疾人联合会理事会升格为区政府直属正处级事业单位。2003年4月7日，明确区残疾人联合会理事会维持事业编制；8月19日，事业编制3名，领导职数配理事长1名、副理事长1名。2005年5月10日，成立区残疾人劳动就业管理服务中心，为自收自支正科级事业单位，隶属区残疾人联合会，编制3名，设主任1名。2007年11月16日，中共山东省委组织部、山东省人事局印发《关于同意济南市历下区等10县（市）区人民团体和群众团体机关参照公务员法管理实施方案的批复》（鲁人字〔2007〕272号），天桥区残疾人联合会机关参照公务员法管理。2008年11月26日，经第12次区长办公会研究，济南市精神卫生中心（天桥第二人民医院）由区残疾人联合会管理，受区卫生局业务指导，机构编制保持不变，仍为独立核算单位。至2012年年底，区残疾人联合会下设区残疾人劳动就业管理服务中心1个经费自筹正科级事业单位，领导职数配备未变，事业编制6名，实有5人。

理事长

高翠萍（女，兼）	1990.11—1995.03
殷加忠	1995.03—2003.03
荣远声	2003.05—2008.11
马志彬	2008.11—

第十章　街道　镇

1955年12月，天桥区第一、二、三、四、五、六、七街道分别改为北坦、陈家楼、刘家庄、小纬北路、天桥东街、官扎营、宝华街街道。1956年7月，制锦市街道划归天桥区。1958年11月，各街道党支部改建为党总支。1960年8月，各街道建立武装部。1967年2月24日，受造反群众组织冲击，街道工作陷入瘫痪。1969年，建立各街道革命委员会（简称街道革委）。1971年，恢复各街道党总支，撤销各街道武装部。1974年12月，建立堤口路街道革委、党总支。1980年1月，各街道革委、党总支分别改建为街道党委。1981年3月，工人新村街道分设为工人新村南村街道、工人新村北村街道。1984年10月，各街道设立纪律检查委员会（简称纪委）。1985年7月，建立无影山街道党政机构。1987年4月，北园镇划归天桥区。1989年6月5日，各街道恢复武装部。1991年，天桥区有制锦市、北坦、纬北路、陈家楼、刘家庄、天桥东街、官扎营、宝华街、堤口路、无影山、工人新村南村、工人新村北村12个街道和北园镇，行政编制167名、区自编制600名、事业编制36名，实有712人。1997年6月，建立药山街道。1999年6月，建立各街道人大工作室。2000年1月，大桥镇、靳家乡、桑梓店镇划归天桥区；8月22日，撤销各街道党委、纪委，建立各街道党的工作委员会（简称党工委）和纪律检查工作委员会（简称纪工委），各街道党工委为区委派出机构、各街道纪工委为区纪委派出机构。2001年5月，陈家楼街道、刘家庄街道并入纬北路街道，靳家乡并入大桥镇；撤销北园镇，设立北园、泺口2个街道。至2012年年底，全区有13个街道和2个镇，行政编制297名、工勤人员编制16名、事业编制424名，实有978人。

制锦市街道

1956年7月，制锦市街道由济南市泺源区划归天桥区。1958年11月，建立街道党总支。1960年5月，街道党总支改设为分社党委，街道办事处改设为分社管理委员会；8月，设立街道武装部。1963年1月，分社管理委员会复改为街道办事处；2月，分社党委复改为街道党总支。1967年2月24日，陷入瘫痪。1969年4月，建立济南市向阳区兴无地区街道革委。1970年4月，建立街道革委党的核心领导小组。1971年1月，撤销街道革委党的核心领导小组，建立兴无地区街道党总支；4月，撤销街道武装部。1973年4月，兴无地区街道党总支复称为制锦市街道党总支；7月，济南市向阳区兴无地区街道革委改称为济南市天桥区制锦市地区街道革委。1980年1月，制锦市地区街道革委复改为制锦市街道办事处，制锦市街道党总支改建为制锦市街道党委。1984年6月11日，核定行政编制10名；10月，设立街道纪委；同年，增自筹编制20名。1987年9月10日，编制总额核减至26名、实有26人（行政经费7人、事业经费1人、部门自筹经费18人）；14日，济南市编制委员会、市人事局、济南军分区司令部、政治部印发《关于城市街道办事处配备人民武装干部的通知》（济编发〔1987〕164号），配备兼职人民武装干部1名。1989年6月5日，恢复街道武装部；15日，增加人民武装部部长和科级助理员编制各1名；11月7日，实有27人（含集体混岗16人）；12月19日，设立司法所和法律服务站，一套班子二块牌子，为股级事业单位，定事业编制1名，经费自筹；21日，配副主任级监察信访员1名。1990年6月4日，街道党政机关内设党委办公室、行政办公室、城管办公室、经济委员会4个机构，均为科（股）级，核定行政编制10名、司法助理员单列编制1名、区自编制31名；党委设正、副书记2—3名、纪委书记1名、武装部长1名、党委办定编5名，办事处设正、副主任4名、副主任级监察信访员1名、行政办定编9名，城管办定编7名，经委定编12名，领导干部实行任期目标责任制，“三办一委”正职由党政分管领导兼任，副职和一般工作人员实行逐级聘任（用）制，聘期2—3年；司法所为股级全民事业单位，核定事业编制1名，经费自筹。1991年8月25日，街道建制级别局级，内设4个股级机构，行政编制10名、事业编制1名、自定编制31名，实有41人。1992年2月15日，司法所增加事业编制1名，编制内部调剂；10月9日，设立社会治安综合治理办公室，定编2名，内部调剂。1995年7月6日，济南市编制委员会印发《关于市中等四区建立街道人大代表工作机构的批复》，要求市中、历下、槐荫、天桥区建立街道人大代表工作室，为各区人大常委会派出机构；12月28日，设立财政所，为全民事业单位，定编3名，经费自筹，业务工作归区财政局指导，人员内部调剂。1996年12月2日，明确街道办事处为区政府正处级派出机构，街道机关内设党委办公室、行政办公室、社会事务办公室、城市管理办公室、政法办公室（社会治安综合治理办公室与其合署）、计划生育办公室（加挂计划生育服务中心牌子）、经济贸易委员会7个正科级机构，行政编制15名、离退休干部人员编制2名、司法专项编制1名、计划生育事业编制6名、工勤人员编制1名；领导职数配党委书记1名、副书记3名（党政交叉任职副书记1名、2名副书记分别兼任纪委书记、武装部长），办事处主任1名、副主任3名，科级职数7名；下设财政所、法律服务所均为自收自支全民事业单位，定编分别为3名、2名。1999年6月，建立街道人大工作室。2000年8月22日，撤销街道党委、纪委，设立街道党工委、纪工委；街道党工委为区委派出机构，街道纪工委为区纪委派出机构。2001年12月19日，街道机关内设党工委办公室（加挂行政办公室牌子）、政工办公室、社会事务科、城市管理科、经济发展科、政法科（加挂社会治安综合治理办公室牌子）、计划生育科（加挂计划生育服务中心牌子）7个正科级机构，行政编制14名、离退休干部人员编制2名、司法专项编制1名、工勤人员编制1名、计划生育事业编制6名；领导职数配党工委书记1名、副书记3名（含党政交叉任职副书记1名、2名副书记分别兼任纪工委书记、武装部长），人大工作室主任1名，办事处主任1名、副主任2名，科级职数7名；下设财政所（正科级）、司法所、社区服务中心3个自收自支国有事业单位，分别定编3名、2名、3名。2003年8月19日，街道社区服务中心加挂街道劳动保障服务中心牌子，升格为全额预算管理副处级事业单位，编制调整为10名。2004年5月27日，经济发展科加挂安全生产监察科牌子。2006年8月25日，增设统计站，为全额拨款正科级事业单位。2007年9月10日，离退休干部人员编制及自定编制（计划生育事业编制）全部核销。2010年7月2日，司法所由街道办事处所属事业单位改为区司法局派出机构，建制级别与街道内设机构相同，实行区司法局和街道办事处双重管理，以区司法局管理为主；10月18日，区监察局派驻街道办事处监察室与区纪委派驻街道纪工委合署办公，街道纪工委配书记（副处级）1名，监察室主任由纪工委书记兼任。2012年2月3日，街道社区服务中心（街道劳动保障服务中心）更名为街道办事处社区服务中心（街道办事处人力资源社会保障服务中心）；10月22日，政法科加挂的社会治安综合治理办公室更名为社会管理综合治理办公室；至年底，街道机关内设7个正科级机构，办事处下设社区服务中心1个财政拨款副处级和财政所（经费自筹）、统计站（财政拨款）2个正科级事业单位，行政编制14名、工勤人员编制1名、事业编制13名，实有49人，领导职数配备未变。

党工委（党委）书记

韩继厚	1980.09—1992.11
毕兴邦	1992.11—1996.10
孙国祥	1996.10—1999.10
许敬水	1999.10—2004.03
王晓虎	2004.03—2008.03
程　松	2008.03—2010.05
郑学诗	2010.10—

办事处主任

李增梅（女）	1987.08—1992.11
李绍惺	1992.11—1995.05
朱德刚	1995.05—2000.12
高广华	2000.12—2003.08
王　芳（女）	2003.09—2006.01
程　松	2006.01—2008.03
王洪新（女，民进）	2008.03—2012.02
周红文（女）	2012.04—

人大工作室主任

李本祥	1999.06—2000.12
李贤安	2000.12—2006.07
王东起	2006.07—2008.11
李卫东	2008.11—

北坦街道

1954年12月，设立第一街道办事处。1955年12月26日，改称为北坦街道办事处。1956年3月，建立街道党支部。1958年11月，街道党支部改建为街道党总支。1960年5月，街道党总支改建为分社党委，街道办事处改建为分社管理委员会；8月，设立街道武装部。1963年1月，分社管理委员会复改为街道办事处；12月，分社党委复改为街道党总支。1967年2月24日，陷入瘫痪。1969年4月，建立济南市向阳区东风地区街道革委。1970年5月，建立街道革委党的核心领导小组。1971年1月，撤销街道革委党的核心领导小组，建立东风地区街道党总支；4月，撤销街道武装部。1973年1月，东风地区街道党总支复称为北坦街道党总支；7月，济南市向阳区东风地区街道革委改称为济南市天桥区北坦地区街道革委。1980年1月，北坦地区街道革委复改为北坦街道办事处，北坦街道党总支改建为北坦街道党委。1984年6月11日，核定行政编制10名；10月，设立街道纪委；同年，增自筹编制18名。1987年9月10日，编制总额核减至26名、实有29人（行政经费6人、事业经费1人、部门自筹经费22人）；14日，济南市编制委员会、市人事局、济南军分区司令部、政治部印发《关于城市街道办事处配备人民武装干部的通知》（济编发〔1987〕164号），配备兼职人民武装干部1名。1989年6月5日，恢复街道武装部；15日，增加人民武装部部长和科级助理员编制各1名；9月20日，设立司法所，定事业编制2名，经费自筹；11月7日，实有30人（含集体混岗22人）；12月21日，配副主任级监察信访员1名。1990年6月4日，街道党政机关内设党委办公室、行政办公室、城管办公室、经济委员会4个机构，均为科（股）级，核定行政编制10名、司法助理员单列编制1名、区自编制31名；党委设正、副书记2—3名、纪委书记1名、武装部长1名、党委办定编5名，办事处设正、副主任4名、副主任级监察信访员1名、行政办定编9名，城管办定编7名，经委定编12名，领导干部实行任期目标责任制，“三办一委”正职由党政分管领导兼任，副职和一般工作人员实行逐级聘任（用）制，聘期2—3年；司法所为股级全民事业单位，核定事业编制1名，经费自筹。1991年8月25日，街道建制级别局级，内设4个股级机构，行政编制10名、事业编制1名、自定编制31名，实有41人（含工勤1人）。1992年2月15日，司法所增加事业编制1名，编制内部调剂；10月9日，设立社会治安综合治理办公室，定编2名，内部调剂。1993年4月3日，设立财政所，为股级全民事业单位，定编2名，经费自筹，业务工作归区财政局领导，人员内部调剂。1995年7月

6日，济南市编制委员会印发《关于市中等四区建立街道人大代表工作机构的批复》，要求市中、历下、槐荫、天桥区建立街道人大代表工作室，为各区人大常委会派出机构；12月28日，明确财政所为全民事业单位，定编3名，经费自筹。1996年12月2日，明确街道办事处为区政府正处级派出机构，街道机关内设党委办公室、行政办公室、社会事务办公室、城市管理办公室、政法办公室（社会治安综合治理办公室与其合署）、计划生育办公室（加挂计划生育服务中心牌子）、经济贸易委员会7个正科级机构，核定行政编制15名、离退休干部人员编制2名、司法专项编制1名、计划生育事业编制6名、工勤人员编制1名；领导职数配党委书记1名、副书记3名（党政交叉任职副书记1名、2名副书记分别兼任纪委书记、武装部长），办事处主任1名、副主任3名，科级职数7名；下设财政所、法律服务所均为自收自支全民事业单位，定编分别为3名、2名。1999年6月，建立街道人大工作室。2000年8月22日，撤销街道党委、纪委，设立街道党工委、纪工委；街道党工委为区委派出机构，街道纪工委为区纪委派出机构。2001年12月19日，街道机关内设党工委办公室（加挂行政办公室牌子）、政工办公室、社会事务科、城市管理科、经济发展科、政法科（加挂社会治安综合治理办公室牌子）、计划生育科（加挂计划生育服务中心牌子）7个正科级机构，行政编制14名、离退休干部人员编制2名、司法专项编制1名、工勤人员编制1名、计划生育事业编制6名；领导职数配党工委书记1名、副书记3名（含党政交叉任职副书记1名、2名副书记分别兼任纪工委书记、武装部长），人大工作室主任1名，办事处主任1名、副主任3名，科级职数7名；下设财政所（正科级）、司法所、社区服务中心3个自收自支事业单位，分别定编3名、2名、10名。2003年8月19日，街道社区服务中心加挂街道劳动保障服务中心牌子，升格为全额预算管理副处级事业单位，编制10名。2004年5月27日，经济发展科加挂安全生产监察科牌子。2006年8月25日，增设统计站，为全额拨款正科级事业单位。2007年9月10日，离退休干部人员编制及自定编制（计划生育事业编制）全部核销。2010年7月2日，司法所由街道办事处所属事业单位改为区司法局派出机构，建制级别与街道内设机构相同，实行区司法局和街道办事处双重管理，以区司法局管理为主；10月18日，区监察局派驻街道办事处监察室与区纪委派驻街道纪工委合署办公，街道纪工委配书记（副处级）1名，监察室主任由纪工委书记兼任。2012年2月3日，街道社区服务中心（街道劳动保障服务中心）更名为街道办事处社区服务中心（街道办事处人力资源社会保障服务中心）；10月22日，政法科加挂的社会治安综合治理办公室更名为社会管理综合治理办公室；至年底，街道机关内设7个正科级机构，办事处下设社区服务中心1个财政拨款副处级和财政所（经费自筹）、统计站（财政拨款）2个正科级事业单位，行政编制14名、工勤人员编制1名、事业编制13名，实有51人，领导职数配备未变。

党工委（党委）书记

张培善	1984.10—1993.06
马继水	1993.06—1999.12
迟茂美	1999.12—2000.12
马敬民	2000.12—2003.03
仲　涛	2003.03—2005.03
韩　军	2005.03—2008.03
刘传利	2008.03—

办事处主任

李连顺	1990.07—1992.11
马继水	1992.11—1993.07
梁照明	1993.07—1996.11
迟茂美	1996.11—1999.12
张士国	1999.12—2001.06
仲　涛	2001.06—2003.04
韩　军	2003.04—2005.03
李福利	2005.03—2008.03
王　华	2008.03—2012.02
孙启明	2012.02—

人大工作室主任

樊玉东	1999.06—2000.12
王玉强	2000.12—2008.03
李　君	2008.03—

纬北路街道

1954年12月，设立第四街道办事处。1955年12月26日，改称为小纬北路街道办事处。1956年4月，建立街道党支部。1958年11月，街道党支部改建为街道党总支。1960年5月，小纬北路街道党总支改建为火车头分社党委，小纬北路街道办事处改建为火车头分社管理委员会；8月，设立街道武装部。1963年1月，火车头分社管理委员会复改为小纬北路街道办事处；2月，火车头分社党委复改为小纬北路街道党总支。1967年2月24日，陷入瘫痪。1969年5月，建立济南市向阳区红旗路地区街道革委。1970年5月，建立街道革委党的核心领导小组。1971年1月，撤销街道革委党的核心领导小组，建立红旗路地区街道党总支；4月，撤销街道武装部。1973年1月，红旗路地区街道党总支复称为小纬北路街道党总支；7月，济南市向阳区红旗路地区街道革委改称为济南市天桥区小纬北路地区街道革委。1980年1月，小纬北路地区街道革委改称为纬北路街道办事处，小纬北路街道党总支改建为纬北路街道党委。1984年6月11日，核定行政编制10名；10月，设立街道纪委；同年，增自筹编制18名。1987年9月10日，编制总额核减至26名、实有34人（行政经费10人、事业经费1人、部门自筹经费23人）；14日，济南市编制委员会、市人事局、济南军分区司令部、政治部印发《关于城市街道办事处配备人民武装干部的通知》（济编发〔1987〕164号），配备兼职人民武装干部1名。1989年6月5日，恢复街道武装部；15日，增加人民武装部部长和科级助理员编制各1名；11月7日，实有35人（含集体混岗19人）；12月19日，设立司法所和法律服务站，一套班子二块牌子，为股级事业单位，定事业编制1名，经费自筹；21日，配副主任级监察信访员1名。1990年6月4日，街道党政机关内设党委办公室、行政办公室、城管办公室、经济委员会4个机构，均为科（股）级，核定行政编制10名、司法助理员单列编制1名、区自编制31名；党委设正、副书记2—3名、纪委书记1名、武装部长1名、党委办定编5名，办事处设正、副主任4名、副主任级监察信访员1名、行政办定编9名，城管办定编7名，经委定编12名，领导干部实行任期目标责任制，“三办一委”正职由党政分管领导兼任，副职和一般工作人员实行逐级聘任（用）制，聘期2—3年；司法所为股级全民事业单位，核定事业编制1名，经费自筹。1991年8月25日，街道建制级别局级，内设4个股级机构，行政编制10名、事业编制1名、自定编制31名，实有35人。1992年2月15日，司法所增加事业编制1名，编制内部调剂；10月9日，设立社会治安综合治理办公室，定编2名，内部调剂。1995年7月6日，济南市编制委员会印发《关于市中等四区建立街道人大代表工作机构的批复》，要求市中、历下、槐荫、天桥区建立街道人大代表工作室，为各区人大常委会派出机构；12月28日，设立财政所，为全民事业单位，定编3名，经费自筹，业务工作归区财政局指导，人员内部调剂。1996年12月2日，明确街道办事处为区政府正处级派出机构，街道机关内设党委办公室、行政办公室、社会事务办公室、城市管理办公室、政法办公室（社会治安综合治理办公室与其合署）、计划生育办公室（加挂计划生育服务中心牌子）、经济贸易委员会7个正科级机构，核定行政编制15名、离退休干部人员编制2名、司法专项编制1名、计划生育事业编制6名、工勤人员编制1名；领导职数配党委书记1名、副书记3名（党政交叉任职副书记1名、2名副书记分别兼任纪委书记、武装部长），办事处主任1名、副主任3名，科级职数7名；下设财政所为自收自支全民事业单位，定编3名。1999年6月，建立街道人大工作室。2000年8月22日，撤销街道党委、纪委，设立街道党工委、纪工委；街道党工委为区委派出机构，街道纪工委为区纪委派出机构。2001年6月28

日，撤销原纬北路街道办事处、陈家楼街道办事处、刘家庄街道办事处，组建新的纬北路街道办事处，为区政府派出机构；设置街道党工委，为区委派出机构；街道党工委、街道办事处建制级别正处级；街道机关内设党政办公室、政工办公室、社会事务办公室、计划生育办公室、城市管理办公室、政法办公室（社会治安综合治理办公室与其合署）、经济贸易办公室7个正科级机构，行政编制20名、离退休干部人员编制4名、司法行政编2名、工勤人员编制2名、计划生育事业编制6名；领导职数配党工委书记1名、副书记3名（含党政交叉任职副书记1名、1名副书记兼任纪工委书记），人大工作室主任1名，办事处主任1名、副主任3名，武装部长（副处级）1名，科级职数7名；下设财政所（正科级）、司法所、计划生育服务站、社区服务中心4个自收自支事业单位，分别定编6名、3名、8名、8名；12月19日，党政办公室更名为党工委办公室（挂行政办公室牌子）、社会事务办公室更名为社会事务科、城市管理办公室更名为城市管理科、政法办公室更名为政法科、经济贸易办公室更名为经济发展科、计划生育办公室更名为计划生育科，行政编制调整为19名。2002年10月15日，计划生育服务站经费形式由自收自支改为全额预算管理。2003年8月19日，街道社区服务中心加挂街道劳动保障服务中心牌子，升格为全额预算管理副处级事业单位，编制调整为10名。2004年5月27日，经济发展科加挂安全生产监察科牌子。2006年8月25日，增设统计站，为全额拨款正科级事业单位。2007年9月10日，离退休干部人员编制及自定编制（计划生育事业编制）全部核销。2010年7月2日，司法所由街道办事处所属事业单位改为区司法局派出机构，建制级别与街道内设机构相同，实行区司法局和街道办事处双重管理，以区司法局管理为主；10月18日，区监察局派驻街道办事处监察室与区纪委派驻街道纪工委合署办公，街道纪工委配书记（副处级）1名，监察室主任由纪工委书记兼任。2012年2月3日，街道社区服务中心（街道劳动保障服务中心）更名为街道办事处社区服务中心（街道办事处人力资源社会保障服务中心）；10月22日，政法科加挂的社会治安综合治理办公室更名为社会管理综合治理办公室；至年底，街道机关内设7个正科级机构，办事处下设社区服务中心1个财政拨款副处级和统计站、计划生育服务站2个财政拨款正科级及财政所1个经费自筹正科级事业单位，行政编制19名、工勤人员编制2名、事业编制24名，实有62人，领导职数配备未变。

党工委（党委）书记

陈国权	1984.03—1991.08
胡庆德	1991.08—1992.11
欧玉存	1992.11—1998.04
孟凡元	1998.04—1999.10
丛培军	1999.10—2003.02
武善欣	2003.02—2005.10
王联华	2005.10—2008.03
温洪军	2008.03—2011.03
王新锋	2011.03—

办事处主任

胡庆德	1989.12—1991.08
王志兰（女）	1991.08—1994.05
史长勇	1994.05—1995.09
孟凡元	1995.09—1998.04
丛培军	1998.04—1999.10
武善欣	1999.10—2003.04
王联华	2003.04—2006.01
刘传利	2006.01—2008.03
张　明	2008.03—

人大工作室主任

王世文	1999.06—2005.03
陈须顺	2005.03—2008.03
宋胜峰	2008.03—2010.05
左新强（回族）	2010.05—2011.03
张　莉（女）	2011.03—

附：

陈家楼街道　1954年12月，设立第二街道办事处。1955年12月26日，改称为陈家楼街道办事处。1956年4月，建立街道党支部。

1958年11月，街道党支部改建为街道党总支。1960年5月，陈家楼街道党总支与天桥东街街道党总支合并改建为曙光分社党委，陈家楼街道办事处与天桥东街街道办事处合并改建为曙光分社管理委员会；8月，设立街道武装部。1962年3月，曙光分社分设为陈家楼分社、曙光分社，曙光分社党委分设为陈家楼分社党委、曙光分社党委，曙光分社管理委员会分设为陈家楼分社管理委员会、曙光分社管理委员会。1963年1月，陈家楼分社管理委员会复改为陈家楼街道办事处；2月，陈家楼分社党委复改为陈家楼街道党总支。1967年2月24日，陷入瘫痪。1969年4月，建立济南市向阳区反帝地区街道革委。1970年5月，建立街道革委党的核心领导小组。1971年1月，撤销街道革委党的核心领导小组，建立反帝地区街道党总支；4月，撤销街道武装部。1973年1月，反帝地区街道党总支复称为陈家楼街道党总支；7月，济南市向阳区反帝地区街道革委改称为济南市天桥区陈家楼地区街道革委。1980年1月，陈家楼地区街道革委复改为陈家楼街道办事处，陈家楼街道党总支改建为陈家楼街道党委。1984年6月11日，核定行政编制10名；10月，设立街道纪委；同年，增自筹编制18名。1987年9月10日，编制总额核减至26名、实有28人（行政经费8人、事业经费1人、部门自筹经费19人）；14日，济南市编制委员会、市人事局、济南军分区司令部、政治部印发《关于城市街道办事处配备人民武装干部的通知》（济编发〔1987〕164号），配备兼职人民武装干部1名。1989年6月5日，恢复街道武装部；15日，增加人民武装部部长和科级助理员编制各1名；11月7日，实有29人（含集体混岗18人）；12月19日，设立司法所和法律服务站，一套班子二块牌子，为股级事业单位，定事业编制1名，经费自筹；21日，配副主任级监察信访员1名。1990年6月4日，街道党政机关内设党委办公室、行政办公室、城管办公室、经济委员会4个机构，均为科（股）级，核定行政编制10名、司法助理员单列编制1名、区自编制31名；党委设正、副书记2—3名、纪委书记1名、武装部长1名、党委办定编5名，办事处设正、副主任4名、副主任级监察信访员1名、行政办定编9名，城管办定编7名，经委定编12名，领导干部实行任期目标责任制，“三办一委”正职由党政分管领导兼任，副职和一般工作人员实行逐级聘任（用）制，聘期2—3年；司法所为股级全民事业单位，核定事业编制1名，经费自理。1991年8月25日，建制级别局级，内设4个股级机构，行政编制10名、事业编制1名、自定编制31名，实有36人。1992年2月15日，司法所增加事业编制1名，编制内部调剂；10月9日，设立社会治安综合治理办公室，定编2名，内部调剂。1995年7月6日，济南市编制委员会印发《关于市中等四区建立街道人大代表工作机构的批复》，要求市中、历下、槐荫、天桥区建立街道人大代表工作室，为各区人大常委会派出机构；12月28日，设立财政所，为全民事业单位，定编3名，经费自筹，业务工作归区财政局指导，人员内部调剂。1996年12月2日，明确街道办事处为区政府正处级派出机构，街道机关内设党委办公室、行政办公室、社会事务办公室、城市管理办公室、政法办公室（社会治安综合治理办公室与其合署）、计划生育办公室（加挂计划生育服务中心牌子）、经济贸易委员会7个正科级机构，核定行政编制15名、离退休干部人员编制2名、司法专项编制1名、计划生育事业编制6名、工勤人员编制1名；领导职数配党委书记1名、副书记3名（党政交叉任职副书记1名、2名副书记分别兼任纪委书记、武装部长），办事处主任1名、副主任3名，科级职数7名；下设财政所、法律服务所均为自收自支全民事业单位，定编分别为3名、2名。1999年6月，建立街道人大工作室；11月27日，设立陈家楼社区服务中心，为自收自支国有事业单位，定编3名。2000年8月22日，撤销街道党委、纪委，设立街道党工委、纪工委；街道党工委为区委派出机构，街道纪工委为区纪委派出机构。2001年6月28日撤销。

党工委（党委）书记

王恒泰	1989.01—1994.05

张全仓　1994.05—1996.03
陈东江　1996.03—2000.12
董成绩　2000.12—2001.06

办事处主任

崔哲华　1987.02—1992.11
张全仓　1992.11—1994.05
陈东江　1994.05—1996.03
明慧凤（女）　1996.03—1998.04
董成绩　1998.04—2000.12
杨　萍（女）　2000.12—2001.06

人大工作室主任

何恩福　1999.06—2001.06

刘家庄街道　1954年12月，设立第三街道办事处。1955年12月26日，改称为刘家庄街道办事处。1956年4月，建立街道党支部。1958年11月，街道党支部改建为街道党总支。1960年5月，刘家庄街道党总支改建为刘家庄分社党总支，刘家庄街道办事处改建为刘家庄分社管理委员会；8月，设立街道武装部。1963年1月，刘家庄分社管理委员会复改为刘家庄街道办事处；2月，刘家庄分社党总支复改为刘家庄街道党总支。1967年2月24日，陷入瘫痪。1969年4月，建立济南市向阳区新风地区街道革委。1970年5月，建立街道革委党的核心领导小组。1971年1月，撤销街道革委党的核心领导小组，建立新风地区街道党总支；4月，撤销街道武装部。1973年1月，新风地区街道党总支复称为刘家庄街道党总支；7月，济南市向阳区新风地区街道革委改称为济南市天桥区刘家庄地区街道革委。1980年1月，刘家庄地区街道革委复改为刘家庄街道办事处，刘家庄街道党总支改建为刘家庄街道党委。1984年6月11日，核定行政编制10名；10月，设立街道纪委；同年，增自筹编制18名。1987年9月10日，编制总额核减至26名、实有25人（行政经费5人、事业经费1人、部门自筹经费19人）；14日，济南市编制委员会、市人事局、济南军分区司令部、政治部印发《关于城市街道办事处配备人民武装干部的通知》（济编发〔1987〕164号），配备兼职人民武装干部1名。1989年6月5日，恢复街道武装部；15日，增加人民武装部部长和科级助理员编制各1名；11月7日，实有24人（含集体混岗11人）；12月19日，设立司法所和法律服务站，一套班子二块牌子，为股级事业单位，定事业编制1名，经费自筹；21日，配副主任级监察信访员1名。1990年6月4日，街道党政机关内设党委办公室、行政办公室、城管办公室、经济委员会4个机构，均为科（股）级，核定行政编制10名、司法助理员单列编制1名、区自编制31名；党委设正、副书记2—3名、纪委书记1名、武装部长1名、党委办定编5名，办事处设正、副主任4名、副主任级监察信访员1名、行政办定编9名，城管办定编7名，经委定编12名，领导干部实行任期目标责任制，“三办一委”正职由党政分管领导兼任，副职和一般工作人员实行逐级聘任（用）制，聘期2—3年；司法所为股级全民事业单位，核定事业编制1名，经费自筹。1991年8月25日，街道建制级别局级，内设4个股级机构，行政编制10名、事业编制1名、自定编制31名，实有36人。1992年2月15日，司法所增加事业编制1名，编制内部调剂；10月9日，设立社会治安综合治理办公室，定编2名，内部调剂。1995年7月6日，济南市编制委员会印发《关于市中等四区建立街道人大代表工作机构的批复》，要求市中、历下、槐荫、天桥区建立街道人大代表工作室，为各区人大常委会派出机构；12月28日，设立财政所，为全民事业单位，定编3名，经费自筹，业务工作归区财政局指导，人员内部调剂。1996年12月2日，明确街道办事处为区政府正处级派出机构，街道机关内设党委办公室、行政办公室、城市管理办公室、政法办公室（社会治安综合治理办公室与其合署）、计划生育办公室（加挂计划生育服务中心牌子）、经济贸易委员会6个正科级机构，核定行政编制15名、离退休干部人员编制2名、司法专项编制1名、计划生育事业编制6名、工勤人员编制1名；领导职数配党委书记1名、副书记3名（党政交叉任职副书记1名、2名副书记分别兼任纪委书记、武装部长），办事处主任1名、副主任3名，科级职数6名；下设财政所、法律服务所均为自收自支全民事业单位，定编分别为3名、2名。1999年6月，建立街道人大工作室。2000年8月22日，撤销街道党委、纪委，设立街道党工委、纪工委；街道党工委为区委派出机构，街道纪工委为区纪委派出机构。2001年6月28日撤销。

党工委（党委）书记

王金华（女）	1984.10—1992.11
董世奎	1992.11—1995.02
魏　笠	1995.02—1996.07
高翠萍（女）	1996.07—2000.12
黄玉河	2000.12—2001.06

办事处主任

董世奎	1987.12—1994.05
魏　笠	1994.05—1995.02
高翠萍（女）	1995.02—1998.04
仲　涛	1998.04—2001.06

天桥东街街道

1954年12月，设立第五街道办事处。1955年9月，建立党支部；12月26日，第五街道办事处改称为天桥东街街道办事处。1958年11月，街道党支部改建为街道党总支。1960年5月，天桥东街街道党总支与陈家楼街道党总支合并改建为曙光分社党委，天桥东街街道办事处与陈家楼街道办事处合并改建为曙光分社管理委员会；8月，设立街道武装部。1962年3月，曙光分社分设为曙光分社、陈家楼分社，曙光分社党委分设为曙光分社党委、陈家楼分社党委，曙光分社管理委员会分设为曙光分社管理委员会、陈家楼分社管理委员会。1963年1月，曙光分社管理委员会复改为天桥东街街道办事处；2月，曙光分社党委复改为天桥东街街道党总支。1967年2月24日，陷入瘫痪。1969年5月，建立济南市向阳区曙光地区街道革委。1970年4月，建立街道革委党的核心领导小组。1971年1月，撤销街道革委党的核心领导小组，建立曙光地区街道党总支；4月，撤销街道武装部。1973年1月，曙光地区街道党总支复称为天桥东街街道党总支；7月，济南市向阳区曙光地区街道革委改称为济南市天桥区天桥东街地区街道革委。1980年1月，天桥东街地区街道革委复改为天桥东街街道办事处，天桥东街街道党总支改建为天桥东街街道党委。1984年6月11日，核定行政编制10名；10月，设立街道纪委；同年，增自筹编制18名。1987年9月10日，编制总额核减至26名、实有30人（行政经费11人、事业经费1人、部门自筹经费18人）；14日，济南市编制委员会、市人事局、济南军分区司令部、政治部印发《关于城市街道办事处配备人民武装干部的通知》（济编发〔1987〕164号），配备兼职人民武装干部1名。1989年6月5日，恢复街道武装部；15日，增加人民武装部部长和科级助理员编制各1名；11月7日，实有28人（含集体混岗14人）；12月19日，设立司法所和法律服务站，一套班子二块牌子，为股级事业单位，定事业编制1名，经费自筹；21日，配副主任级监察信访员1名。1990年6月4日，街道党政机关内设党委办公室、行政办公室、城管办公室、经济委员会4个机构，均为科（股）级，核定行政编制10名、司法助理员单列编制1名、区自编制31名；党委设正、副书记2—3名、纪委书记1名、武装部长1名、党委办定编5名，办事处设正、副主任4名、副主任级监察信访员1名、行政办定编9名，城管办定编7名，经委定编12名，领导干部实行任期目标责任制，“三办一委”正职由党政分管领导兼任，副职和一般工作人员实行逐级聘任（用）制，聘期2—3年；司法所为股级全民事业单位，核定事业编制1名，经费自筹。1991年8月25日，街道建制级别局级，内设4个股级机构，行政编制10名、事业编制1名、自定编制31名，实有38人（含工勤1人）。1992年2月15日，司法所增加事业编制1名，编制内部调剂；10月9日，设立社会治安综合治理办公室，定编2名，内部调剂。1995年7月6日，济南市编制委员会印发《关于市中等四区建立街道人大代表工作机构的批复》，要求市中、历下、槐荫、天桥区建立街道人大代表工作室，为各区人大常委会派出机构；12月28日，设立财政所，为全民事业单位，定编3名，经费自筹，业务工作归区财政局指导，人员内部调剂。1996年12月2日，明确街道办事处为区政府正处级派出机构，街道机关内设党委办公室、行政办公室、社会事务办公室、城市管理办公室、政法办公室（社会治安综合治理办公室与其合署）、计划生育办公室（加挂计划生育服务中心牌子）、经济贸易委员会7个正科级机构，核定行政编制15名、离退休干部人员编制2名、司法专项编制1名、计划生育事业编制6名、工勤人员编制1名；领导职数配党委书记1名、副书记3名（党政交叉任职副书记1名、2名副书记分别兼任纪委书记、武装部长），办事处主任1名、副主任3名，科级职数7名；下设财政所、法律服务所均为自收自支全民事业单位，定编分别为3名、2名。1999年6月，建立街道人大工作室。2000年8月22日，撤销街道党委、纪委，设立街道党工委、纪工委；街道党工委为区委派出机构，街道纪工委为区纪委派出机构。2001年12月19日，街道机关内设党工委办公室（加挂行政办公室牌子）、政工办公室、社会事务科、城市管理科、经济发展科、政法科（加挂社会治安综合治理办公室牌子）、计划生育科（加挂计划生育服务中心牌子）7个正科级机构，行政编制14名、离退休干部人员编制2名、司法专项编制1名、工勤人员编制1名、计划生育事业编制6名；领导职数配党工委书记1名、副书记3名（含党政交叉任职副书记1名、2名副书记分别兼任纪工委书记、武装部长），人大工作室主任1名，办事处主任1名、副主任2名，科级职数7名；下设财政所（正科级）、司法所、社区服务中心3个自收自支事业单位，分别定编3名、2名、3名。2003年8月19日，街道社区服务中心加挂街道劳动保障服务中心牌子，升格为全额预算管理副处级事业单位，编制调整为10名。2004年5月27日，经济发展科加挂安全生产监察科牌子。2006年8月25日，增设统计站，为全额拨款正科级事业单位。2007年9月10日，离退休干部人员编制及自定编制（计划生育事业编制）全部核销。2010年7月2日，司法所由街道办事处所属事业单位改为区司法局派出机构，建制级别与街道内设机构相同，实行区司法局和街道办事处双重管理，以区司法局管理为主；10月18日，区监察局派驻街道办事处监察室与区纪委派驻街道纪工委合署办公，街道纪工委配书记（副处级）1名，监察室主任由纪工委书记兼任。2012年2月3日，街道社区服务中心（街道劳动保障服务中心）更名为街道办事处社区服务中心（街道办事处人力资源社会保障服务中心）；10月22日，政法科加挂的社会治安综合治理办公室更名为社会管理综合治理办公室；至年底，街道机关内设7个正科级机构，办事处下设社区服务中心1个财政拨款副处级和财政所（经费自筹）、统计站（财政拨款）2个正科级事业单位，行政编制14名、工勤人员编制1名、事业编制13名，实有39人，领导职数配备未变。

党工委（党委）书记

李庆华	1986.04—1992.11
宫建华	1992.11—1998.04
明慧凤（女）	1998.04—2001.06
董成绩	2001.06—2003.08
左永欣	2003.08—2007.02
王新会	2007.02—

办事处主任

刘文山	1986.03—1991.08
宫建华	1991.08—1992.11
郭美萍（女）	1992.11—1995.04
胡廷和	1995.12—2000.12
左永欣	2000.12—2003.08
王新会	2003.09—2007.02
蒋绪平	2007.02—2012.02
王度量	2012.02—

人大工作室主任

谢宜林	1999.06—2000.12
郭永元	2000.12—2004.03
丰忠建	2004.03—2006.07
魏振来	2006.07—2010.05
朱卫平	2010.05—2012.03

邓春发　　2012.03—

官扎营街道

1954年12月，设立第六街道办事处。1955年12月26日，改称为官扎营街道办事处。1956年5月，建立街道党支部。1958年11月，街道党支部改建为街道党总支。1960年5月，街道党总支改建为分社党委，街道办事处改建为分社管理委员会;8月,设立街道武装部。1963年1月，分社管理委员会复改为街道办事处；2月，分社党委复改为街道党总支。1967年2月24日，陷入瘫痪。1969年2月，建立济南市向阳区红卫地区街道革委。1970年4月，建立街道革委党的核心领导小组。1971年1月，撤销街道革委党的核心领导小组，建立红卫地区街道党总支；4月，撤销街道武装部。1972年3月，红卫地区街道党总支改称为天桥西街街道党总支，红卫地区街道革委改称为天桥西街地区街道革委。1973年4月，天桥西街街道党总支复称为官扎营街道党总支；7月，济南市向阳区天桥西街地区街道革委改称为济南市天桥区官扎营地区街道革委。1980年1月，官扎营地区街道革委复改为官扎营街道办事处，官扎营街道党总支改建为官扎营街道党委。1984年6月11日，核定行政编制10名；10月，设立街道纪委；同年，增自筹编制18名。1987年9月10日，编制总额核减至26名、实有28人（行政经费10人、事业经费1人、部门自筹经费17人）；14日，济南市编制委员会、市人事局、济南军分区司令部、政治部印发《关于城市街道办事处配备人民武装干部的通知》（济编发〔1987〕164号），配备兼职人民武装干部1名。1989年6月5日，恢复街道武装部；15日，增加人民武装部部长和科级助理员编制各1名;11月7日,实有28人(含集体混岗14人）；12月19日，设立司法所和法律服务站，一套班子二块牌子，为股级事业单位，定事业编制1名，经费自筹；21日，配副主任级监察信访员1名。1990年6月4日，街道党政机关内设党委办公室、行政办公室、城管办公室、经济委员会4个机构，均为科（股）级，核定行政编制10名、司法助理员单列编制1名、区自编制31名；党委设正、副书记2—3名、纪委书记1名、武装部长1名、党委办定编5名，办事处设正、副主任4名、副主任级监察信访员1名、行政办定编9名，城管办定编7名，经委定编12名，领导干部实行任期目标责任制，“三办一委”正职由党政分管领导兼任，副职和一般工作人员实行逐级聘任（用）制，聘期2—3年；司法所为股级全民事业单位，核定事业编制1名，经费自筹。1991年8月25日，街道建制级别局级，内设4个股级机构，行政编制10名、事业编制1名、自定编制31名，实有38人。1992年2月15日，司法所增加事业编制1名，编制内部调剂；10月9日，设立社会治安综合治理办公室，定编2名，内部调剂。1995年7月6日，济南市编制委员会印发《关于市中等四区建立街道人大代表工作机构的批复》，要求市中、历下、槐荫、天桥区建立街道人大代表工作室,为各区人大常委会派出机构;12月28日，设立财政所，为全民事业单位，定编3名，经费自筹，业务工作归区财政局指导，人员内部调剂。1996年12月2日，明确街道办事处为区政府正处级派出机构，街道机关内设党委办公室、行政办公室、社会事务办公室、城市管理办公室、政法办公室（社会治安综合治理办公室与其合署）、计划生育办公室（加挂计划生育服务中心牌子）、经济贸易委员会7个正科级机构，核定行政编制15名、离退休干部人员编制2名、司法专项编制1名、计划生育事业编制6名、工勤人员编制1名；领导职数配党委书记1名、副书记3名（党政交叉任职副书记1名、2名副书记分别兼任纪委书记、武装部长），办事处主任1名、副主任3名,科级职数7名;下设财政所、法律服务所均为自收自支全民事业单位，定编分别为3名、2名。1999年6月，建立街道人大工作室。2000年8月22日，撤销街道党委、纪委，设立街道党工委、纪工委；街道党工委为区委派出机构，街道纪工委为区纪委派出机构。2001年12月19日，街道机关内设党工委办公室（加挂行政办公室牌子）、政工办公室、社会事务科、城市管理科、经济发展科、政法科（加挂社会治安综合治理办公室牌子）、计划生育科（加挂计划生育服务中心牌子）7 个正科级机构，行政编制 14 名、离退休干部人员编制 2 名、司法专项编制 1 名、工勤人员编制 1 名、计划生育事业编制 6 名；领导职数配党工委书记 1 名、副书记 3 名（含党政交叉任职副书记 1 名、2 名副书记分别兼任纪工委书记、武装部长），人大工作室主任 1 名，办事处主任 1 名、副主任 2 名，科级职数 7 名；下设财政所（正科级）、司法所、社区服务中心 3 个自收自支事业单位，分别定编 3 名、2 名、3 名。2003 年 8 月 19 日，街道社区服务中心加挂街道劳动保障服务中心牌子，升格为全额预算管理副处级事业单位，编制调整为 10 名。2004 年 5 月 27 日，经济发展科加挂安全生产监察科牌子。2006 年 8 月 25 日，增设统计站，为全额拨款正科级事业单位。2007 年 9 月 10 日，分配行政编制 1 名，离退休干部人员编制及自定编制（计划生育事业编制）全部核销。2010 年 7 月 2 日，司法所由街道办事处所属事业单位改为区司法局派出机构，建制级别与街道内设机构相同，实行区司法局和街道办事处双重管理，以区司法局管理为主；10 月 18 日，区监察局派驻街道办事处监察室与区纪委派驻街道纪工委合署办公，街道纪工委配书记（副处级）1 名，监察室主任由纪工委书记兼任。2012 年 2 月 3 日，街道社区服务中心（街道劳动保障服务中心）更名为街道办事处社区服务中心（街道办事处人力资源社会保障服务中心）；10 月 22 日，政法科加挂的社会治安综合治理办公室更名为社会管理综合治理办公室；至年底，街道机关内设 7 个正科级机构，办事处下设社区服务中心 1 个财政拨款副处级和财政所（经费自筹）、统计站（财政拨款）2 个正科级事业单位，行政编制 15 名、工勤人员编制 1 名、事业编制 13 名，实有 51 人，领导职数配备未变。

党工委（党委）书记

周慎玉	1985.07—1992.11
李效武	1992.11—1996.07
崔然贵	1996.07—1998.04
刘建良	1998.04—1999.10
刘爱玲（女）	1999.10—2000.12
曹　峰	2000.12—2004.11
滕志超	2004.11—2007.02
刘仁东	2007.02—2012.02
李　旭	2012.02—

办事处主任

于孝珍（女）	1989.12—1994.05
于相伦	1994.05—1998.04
刘爱玲（女）	1998.04—1999.10
曹　峰	1999.10—2001.06
杨　萍（女）	2001.06—2003.04
于光雷	2003.04—2007.02
李　旭	2007.02—2012.02
张学勇	2012.02—

人大工作室主任

侯胜堂	2000.12—2003.05
张宝旺	2003.05—2007.02
季之祥	2007.02—2012.03
马　林	2012.03—

宝华街街道

1954 年 12 月，设立第七街道办事处。1955 年 12 月 26 日，改称为宝华街街道办事处。1956 年 4 月，建立街道党支部。1958 年 11 月，街道党支部改建为街道党总支。1960 年 5 月，街道党总支改建为分社党委，街道办事处改建为分社管理委员会；8 月，设立街道武装部。1963 年 1 月，分社管理委员会复改为街道办事处；2 月，分社党委复改为街道党总支。1967 年 2 月 24 日，陷入瘫痪。1969 年 2 月，建立济南市向阳区革命路地区街道革委。1970 年 5 月，建立街道革委党的核心领导小组。1971 年 1 月，撤销街道革委党的核心领导小组，建立革命路地区街道党总支；4 月，撤销街道武装部。1973 年 1 月，革命路地区街道党总支复称为宝华街街道党总支；7 月，济南市向阳区革命路地区街道革委改称为济南市天桥区宝华街地区街道革委。1980 年 1 月，宝华街地区街道革委复改为宝华街街道办事处，宝华街街道党总支改建为宝华街街道党委。1984 年 6 月 11 日，核定行政编制 10 名；10 月，设立街道纪委；同年，增自筹编制 18 名。1987 年 9 月 10 日，编制总额核减至 26 名、实有 30 人（行政经费 6 人、事业经费 1 人、部门自筹经费 23 人）；14 日，济南市编制委员会、市人事局、济南军分区司令部、政治部印发《关于城市街道办事处配备人民武装干部的通知》（济编发〔1987〕164 号），配备兼职人民武装干部 1 名。1989 年 6 月 5 日，恢复街道武装部；15 日，增加人民武装部部长和科级助理员编制各 1 名；11 月 7 日，实有 30 人（含集体混岗 19 人）；12 月 19 日，设立司法所和法律服务站，一套班子二块牌子，为股级事业单位，定事业编制 1 名，经费自筹；21 日，配副主任级监察信访员 1 名。1990 年 6 月 4 日，街道党政机关内设党委办公室、行政办公室、城管办公室、经济委员会 4 个机构，均为科（股）级，核定行政编制 10 名、司法助理员单列编制 1 名、区自编制 31 名；党委设正、副书记 2 ~ 3 名、纪委书记 1 名、武装部长 1 名、党委办定编 5 名，办事处设正、副主任 4 名、副主任级监察信访员 1 名、行政办定编 9 名，城管办定编 7 名，经委定编 12 名，领导干部实行任期目标责任制，“三办一委”正职由党政分管领导兼任，副职和一般工作人员实行逐级聘任（用）制，聘期 2 ~ 3 年；司法所为股级全民事业单位，核定事业编制 1 名，经费自筹。1991 年 8 月 25 日，街道建制级别局级，内设 4 个股级机构，行政编制 10 名、事业编制 1 名、自定编制 31 名，实有 37 人。1992 年 2 月 15 日，司法所增加事业编制 1 名，编制内部调剂；10 月 9 日，设立社会治安综合治理办公室，定编 2 名，内部调剂。1995 年 7 月 6 日，济南市编制委员会印发《关于市中等四区建立街道人大代表工作机构的批复》，要求市中、历下、槐荫、天桥区建立街道人大代表工作室，为各区人大常委会派出机构；12 月 28 日，设立财政所，为全民事业单位，定编 3 名，经费自筹，业务工作归区财政局指导，人员内部调剂。1996 年 12 月 2 日，明确街道办事处为区政府正处级派出机构，街道机关内设党委办公室、行政办公室、社会事务办公室、城市管理办公室、政法办公室（社会治安综合治理办公室与其合署）、计划生育办公室（加挂计划生育服务中心牌子）、经济贸易委员会 7 个正科级机构，核定行政编制 15 名、离退休干部人员编制 2 名、司法专项编制 1 名、计划生育事业编制 6 名、工勤人员编制 1 名；领导职数配党委书记 1 名、副书记 3 名（党政交叉任职副书记 1 名、2 名副书记分别兼任纪委书记、武装部长），办事处主任 1 名、副主任 3 名，科级职数 7 名；下设财政所、法律服务所均为自收自支全民事业单位，定编分别为 3 名、2 名。1999 年 6 月，建立街道人大工作室。2000 年 8 月 22 日，撤销街道党委、纪委，设立街道党工委、纪工委；街道党工委为区委派出机构，街道纪工委为区纪委派出机构。2001 年 12 月 19 日，街道机关内设党工委办公室（加挂行政办公室牌子）、政工办公室、社会事务科、城市管理科、经济发展科、政法科（加挂社会治安综合治理办公室牌子）、计划生育科（加挂计划生育服务中心牌子）7 个正科级机构，行政编制 14 名、离退休干部人员编制 2 名、司法专项编制 1 名、工勤人员编制 1 名、计划生育事业编制 6 名；领导职数配党工委书记 1 名、副书记 3 名（含党政交叉任职副书记 1 名、2 名副书记分别兼任纪工委书记、武装部长），人大工作室主任 1 名，办事处主任 1 名、副主任 2 名，科级职数 7 名；下设财政所（正科级）、司法所、社区服务中心 3 个自收自支事业单位，分别定编 3 名、2 名、3 名。2003 年 8 月 19 日，街道社区服务中心加挂街道劳动保障服务中心牌子，升格为全额预算管理副处级事业单位，编制调整为 10 名。2004 年 5 月 27 日，经济发展科加挂安全生产监察科牌子。2006 年 8 月 25 日，增设统计站，为全额拨款正科级事业单位。2007 年 9 月 10 日，离退休干部人员编制及自定编制（计划生育事业编制）全部核销。2010 年 7 月 2 日，司法所由街道办事处所属事业单位改为区司法局派出机构，建制级别与街道内设机构相同，实行区司法局和街道办事处双重管理，以区司法局管理为主；10

月18日，区监察局派驻街道办事处监察室与区纪委派驻街道纪工委合署办公，街道纪工委配书记（副处级）1名，监察室主任由纪工委书记兼任。2012年2月3日，街道社区服务中心（街道劳动保障服务中心）更名为街道办事处社区服务中心（街道办事处人力资源社会保障服务中心）；10月22日，政法科加挂的社会治安综合治理办公室更名为社会管理综合治理办公室；至年底，街道机关内设7个正科级机构，办事处下设社区服务中心1个财政拨款副处级和财政所（经费自筹）、统计站（财政拨款）2个正科级事业单位，行政编制14名、工勤人员编制1名、事业编制13名，实有44人，领导职数配备未变。

党工委（党委）书记

林学民	1987.01—1994.05
宋胜玉	1994.05—1998.07
韩会敏	1998.07—2002.03
梁贵堂	2002.03—2008.03
孙国栋	2008.03—2012.02
孙向军	2012.02—

办事处主任

王志兰（女）	1985.05—1991.08
李文山	1991.08—1996.07
何恩福	1996.07—1999.06
李顺国	1999.08—2002.03
丁　勇	2002.03—2008.03
郑学诗	2008.03—2010.10
田春华	2010.12—2012.06
梁承海	2012.06—

人大工作室主任

张和谦	1999.06—2004.03
李春花（女）	2004.03—2008.11
姜长勋	2008.11—

堤口路街道

1974年12月，建立堤口路地区街道革委、堤口路街道党总支。1980年1月，堤口路地区街道革委改建为堤口路街道办事处，堤口路街道党总支改建为堤口路街道党委。1984年6月11日，核定行政编制10名；10月，设立街道纪委；同年，增自筹编制20名。1987年9月10日，编制总额核减至26名、实有28人（行政经费12人、事业经费1人、部门自筹经费15人）；14日，济南市编制委员会、市人事局、济南军分区司令部、政治部印发《关于城市街道办事处配备人民武装干部的通知》（济编发〔1987〕164号），配备兼职人民武装干部1名。1989年6月5日，恢复街道武装部；15日，增加人民武装部部长和科级助理员编制各1名；9月20日，设立司法所，定事业编制2名，经费自筹；11月7日，实有27人（含集体混岗11人）；12月21日，配副主任级监察信访员1名。1990年6月4日，街道党政机关内设党委办公室、行政办公室、城管办公室、经济委员会4个机构，均为科（股）级，核定行政编制10名、司法助理员单列编制1名、区自编制31名；党委设正、副书记2～3名、纪委书记1名、武装部长1名、党委办定编5名，办事处设正、副主任4名、副主任级监察信访员1名、行政办定编9名，城管办定编7名，经委定编12名，领导干部实行任期目标责任制，“三办一委”正职由党政分管领导兼任，副职和一般工作人员实行逐级聘任（用）制，聘期2～3年；司法所为股级全民事业单位，核定事业编制1名，经费自筹。1991年8月25日，街道建制级别局级，内设4个股级机构，行政编制10名、事业编制1名、自定编制31名，实有36人。1992年2月15日，司法所增加事业编制1名，编制内部调剂；10月9日，设立社会治安综合治理办公室，定编2名，内部调剂。1995年7月6日，济南市编制委员会印发《关于市中等四区建立街道人大代表工作机构的批复》，要求市中、历下、槐荫、天桥区建立街道人大代表工作室，为各区人大常委会派出机构；12月28日，设立财政所，为全民事业单位，定编3名，经费自筹，业务工作归区财政局指导，人员内部调剂。1996年12月2日，明确街道办事处为区政府正处级派出机构，街道机关内设党委办公室、行政办公室、社会事务办公室、城市管理办公室、政法办公室（社会治安综合治理办公室与其合署）、计划生育办公室（加挂计划生育服务中心牌子）、经济贸易委员会7个正科级机构，核定行政编制15名、离退休干部人员编制2名、司法专项编制1名、计划生育事业编制6名、工勤人员编制1名；领导职数配党委书记1名、副书记3名（党政交叉任职副书记1名、2名副书记分别兼任纪委书记、武装部长），办事处主任1名、副主任3名，科级职数7名；下设财政所、法律服务所均为自收自支全民事业单位，定编分别为3名、2名。1999年6月，建立街道人大工作室。2000年8月22日，撤销街道党委、纪委，设立街道党工委、纪工委；街道党工委为区委派出机构，街道纪工委为区纪委派出机构。2001年12月19日，街道机关内设党工委办公室（加挂行政办公室牌子）、政工办公室、社会事务科、城市管理科、经济发展科、政法科（加挂社会治安综合治理办公室牌子）、计划生育科（加挂计划生育服务中心牌子）7个正科级机构，行政编制14名、离退休干部人员编制2名、司法专项编制1名、工勤人员编制1名、计划生育事业编制6名；领导职数配党工委书记1名、副书记3名（含党政交叉任职副书记1名、2名副书记分别兼任纪工委书记、武装部长），人大工作室主任1名，办事处主任1名、副主任2名，科级职数7名；下设财政所（正科级）、司法所、社区服务中心3个自收自支事业单位，分别定编3名、2名、3名。2003年8月19日，街道社区服务中心加挂街道劳动保障服务中心牌子，升格为全额预算管理副处级事业单位，编制调整为10名。2004年5月27日，经济发展科加挂安全生产监察科牌子。2006年8月25日，增设统计站，为全额拨款正科级事业单位。2007年9月10日，离退休干部人员编制及自定编制（计划生育事业编制）全部核销。2010年7月2日，司法所由街道办事处所属事业单位改为区司法局派出机构，建制级别与街道内设机构相同，实行区司法局和街道办事处双重管理，以区司法局管理为主；10月18日，区监察局派驻街道办事处监察室与区纪委派驻街道纪工委合署办公，街道纪工委配书记（副处级）1名，监察室主任由纪工委书记兼任。2012年2月3日，街道社区服务中心（街道劳动保障服务中心）更名为街道办事处社区服务中心（街道办事处人力资源社会保障服务中心）；10月22日，政法科加挂的社会治安综合治理办公室更名为社会管理综合治理办公室；至年底，街道机关内设7个正科级机构，办事处下设社区服务中心1个财政拨款副处级和财政所（经费自筹）、统计站（财政拨款）2个正科级事业单位，行政编制14名、工勤人员编制1名、事业编制13名，实有52人，领导职数配备未变。

党工委（党委）书记

牟花斌	1986.03—1992.11
范光斌	1992.11—1994.05
王恒泰	1994.05—1998.04
吴承丙	1998.04—1998.06
李绍和	1998.06—2000.12
任庆生	2000.12—2002.03
韩　勇	2002.03—2007.02
刘文明	2007.02—2010.03
赵寿娟（女）	2010.03—

办事处主任

范忠良	1989.12—1994.05
葛恒祥	1994.05—1995.09
王恒泰	1995.09—1996.07
吴承丙	1996.07—1998.04
李绍和	1998.04—1998.06
吕宏胜	1998.06—2000.04
任庆生	2000.04—2000.12
武传军	2000.12—2002.03
刘文明	2002.03—2007.02
孙国栋	2007.02—2008.03
董学山	2008.03—2011.03
张永强	2011.03—

人大工作室主任

梁德海	1999.06—2000.12
李宝旭	2000.12—2005.03
郭圣连	2005.03—2010.11
李连臣	2010.11—

无影山街道

1984年12月14日，济南市人民政府印发《关于建立无影山街道办事处的通知》（济政发〔1984〕118号），同意设立济南市天桥区无影山街道办事处。1985年2月8日，济南市编制委员会印发《关于确定增拨无影山街道办事处所需编制的通知》（济编发〔1985〕10号），济南市为新建的无影山街道办事处配备编制10名；7月1日，建立无影山街道办事处，无影山街道党委、纪委，行政编制10名、自筹编制18名。1987年9月10日，编制总额26名、实有20人（行政经费7人、部门自筹经费13人）；14日，济南市编制委员会、市人事局、济南军分区司令部、政治部印发《关于城市街道办事处配备人民武装干部的通知》（济编发〔1987〕164号），配备兼职人民武装干部1名。1989年6月5日，恢复街道武装部；15日，增加人民武装部部长和科级助理员编制各1名；11月7日，实有21人（含集体混岗6人）；12月19日，设立司法所和法律服务站，一套班子二块牌子，为股级事业单位，定事业编制1名，经费自筹；21日，配副主任级监察信访员1名。1990年6月4日，街道党政机关内设党委办公室、行政办公室、城管办公室、经济委员会4个机构，均为科（股）级，核定行政编制10名、司法助理员单列编制1名、区自编制31名；党委设正、副书记2～3名、纪委书记1名、武装部长1名、党委办定编5名，办事处设正、副主任4名、副主任级监察信访员1名、行政办定编9名，城管办定编7名，经委定编12名，领导干部实行任期目标责任制，“三办一委”正职由党政分管领导兼任，副职和一般工作人员实行逐级聘任（用）制，聘期2～3年；司法所为股级全民事业单位，核定事业编制1名，经费自筹。1991年8月25日，街道建制级别局级，内设4个股级机构，行政编制10名、事业编制1名、自定编制31名，实有34人。1992年2月15日，司法所增加事业编制1名，编制内部调剂；10月9日，设立社会治安综合治理办公室，定编2名，内部调剂。1995年7月6日，济南市编制委员会印发《关于市中等四区建立街道人大代表工作机构的批复》，要求市中、历下、槐荫、天桥区建立街道人大代表工作室，为各区人大常委会派出机构；12月28日，设立财政所，为全民事业单位，定编3名，经费自筹，业务工作归区财政局指导，人员内部调剂。1996年12月2日，明确街道办事处为区政府正处级派出机构，街道机关内设党委办公室、行政办公室、社会事务办公室、城市管理办公室、政法办公室（社会治安综合治理办公室与其合署）、计划生育办公室（加挂计划生育服务中心牌子）、经济贸易委员会7个正科级机构，核定行政编制15名、离退休干部人员编制2名、司法专项编制1名、计划生育事业编制6名、工勤人员编制1名；领导职数配党委书记1名、副书记3名（党政交叉任职副书记1名、2名副书记分别兼任纪委书记、武装部长），办事处主任1名、副主任3名，科级职数7名；下设财政所、法律服务所均为自收自支全民事业单位，定编分别为3名、2名。1999年6月，建立街道人大工作室。2000年8月22日，撤销街道党委、纪委，设立街道党工委、纪工委；街道党工委为区委派出机构，街道纪工委为区纪委派出机构。2001年12月19日，街道机关内设党工委办公室（加挂行政办公室牌子）、政工办公室、社会事务科、城市管理科、经济发展科、政法科（加挂社会治安综合治理办公室牌子）、计划生育科（加挂计划生育服务中心牌子）7个正科级机构，行政编制14名、离退休干部人员编制2名、司法专项编制1名、工勤人员编制1名、计划生育事业编制6名；领导职数配党工委书记1名、副书记3名（含党政交叉任职副书记1名、2名副书记分别兼任纪工委书记、武装部长），人大工作室主任1名，办事处主任1名、副主任2名，科级职数7名；下设财政所（正科级）、司法所、社区服务中心3个自收自支事业单位，分别定编3名、2名、3名。2003年8月19日，街道社区服务中心加挂街道劳动保障服务中心牌子，升格为全额预算管理副处级事业单位，编制调整为10名。2004年5月27日，经济发展科加挂安全生产监察科牌子。2006年8月25日，增设统计站，为全额拨款正科级事业单位。2007 年 9 月 10 日，分配行政编制 4 名，离退休干部人员编制及自定编制（计划生育事业编制）全部核销。2010 年 7 月 2 日，司法所由街道办事处所属事业单位改为区司法局派出机构，建制级别与街道内设机构相同，实行区司法局和街道办事处双重管理，以区司法局管理为主；10 月 18 日，区监察局派驻街道办事处监察室与区纪委派驻街道纪工委合署办公，街道纪工委配书记（副处级）1 名，监察室主任由纪工委书记兼任。2012 年 2 月 3 日，街道社区服务中心（街道劳动保障服务中心）更名为街道办事处社区服务中心（街道办事处人力资源社会保障服务中心）；10 月 22 日，政法科加挂的社会治安综合治理办公室更名为社会管理综合治理办公室；至年底，街道机关内设 7 个正科级机构，办事处下设社区服务中心 1 个财政拨款副处级和财政所（经费自筹）、统计站（财政拨款）2 个正科级事业单位，行政编制 18 名、工勤人员编制 1 名、事业编制 13 名，实有 52 人，领导职数配备未变。

党工委（党委）书记

李玲远	1990.07—1994.05
王建军	1994.05—1998.04
郑富国	1998.04—2000.12
岳建宝	2000.12—2005.01
郭　萍（女，兼）	2005.01—2005.08
巨云兴	2005.08—2010.03
孙广忠	2010.03—

办事处主任

李本壮	1990.07—1997.04
郑富国	1997.04—1998.04
岳建宝	1998.04—2000.12
郭　萍（女）	2000.12—2005.03
巨云兴	2005.03—2005.09
孙广忠	2005.09—2010.03
谢贵东	2010.12—

人大工作室主任

左炳秀	1999.06—2004.03
穆允海	2004.03—2009.04
苑体策	2009.04—2011.03
郝安永	2011.03—

工人新村南村街道

1955 年 9 月，建立工人新村街道办事处、工人新村街道党支部。1958 年 11 月，街道党支部改建为街道党总支。1960 年 5 月，工人新村街道党总支改建为金牛分社党委，工人新村街道办事处改建为金牛分社管理委员会；8 月，设立街道武装部。1963 年 1 月，金牛分社管理委员会复改为工人新村街道办事处；2 月，金牛分社党委复改为工人新村街道党总支。1967 年 2 月 24 日，陷入瘫痪。1969 年 2 月，建立济南市向阳区工人新村地区街道革委。1970 年 5 月，建立街道革委党的核心领导小组。1971 年 1 月，撤销街道革委党的核心领导小组，建立工人新村地区街道党总支；4 月，撤销街道武装部。1973 年 3 月，工人新村地区街道党总支复称为工人新村街道党总支；7 月，济南市向阳区工人新村地区街道革委改称为济南市天桥区工人新村地区街道革委。1980 年 1 月，工人新村地区街道革委复改为工人新村街道办事处，工人新村街道党总支改建为工人新村街道党委。1981 年 3 月 1 日，工人新村街道办事处分设为工人新村南村街道办事处、工人新村北村街道办事处；4 月，工人新村街道党委分设为工人新村南村街道党委、工人新村北村街道党委。1984 年 6 月 11 日，核定工人新村南村街道行政编制 10 名；10 月，设立街道纪委；同年，增自筹编制 18 名。1987 年 9 月 10 日，编制总额核减至 26 名、实有 22 人（行政经费 10 人、事业经费 1 人、部门自筹经费 11 人）；14 日，济南市编制委员会、市人事局、济南军分区司令部、政治部印发《关于城市街道办事处配备人民武装干部的通知》（济编发〔1987〕164 号），配备兼职人民武装干部 1 名。1989 年 6 月 5 日，恢复街道武装部；15 日，增加人民武装部部长和科级助理员编制各 1 名；11 月 7 日，实有 23 人（含集体混岗 9 人）；12 月 19 日，设立司法所和法律服务站，一套班子二块牌子，为股级事业单位，定事业编制 1 名，经费自筹；21 日，配副主任级监察信访员 1 名。1990 年 6 月 4

日，街道党政机关内设党委办公室、行政办公室、城管办公室、经济委员会4个机构，均为科（股）级，核定行政编制10名、司法助理员单列编制1名、区自编制31名；党委设正、副书记2～3名、纪委书记1名、武装部长1名、党委办定编5名，办事处设正、副主任4名、副主任级监察信访员1名、行政办定编9名，城管办定编7名，经委定编12名，领导干部实行任期目标责任制，“三办一委”正职由党政分管领导兼任，副职和一般工作人员实行逐级聘任（用）制，聘期2～3年；司法所为股级全民事业单位，核定事业编制1名，经费自筹。1991年8月25日，街道建制级别局级，内设4个股级机构，行政编制10名、事业编制1名、自定编制31名，实有34人。1992年2月15日，司法所增加事业编制1名，编制内部调剂；10月9日，设立社会治安综合治理办公室，定编2名，内部调剂。1995年7月6日，济南市编制委员会印发《关于市中等四区建立街道人大代表工作机构的批复》，要求市中、历下、槐荫、天桥区建立街道人大代表工作室，为各区人大常委会派出机构；12月28日，设立财政所，为全民事业单位，定编3名，经费自筹，业务工作归区财政局指导，人员内部调剂。1996年12月2日，明确街道办事处为区政府正处级派出机构，街道机关内设党委办公室、行政办公室、社会事务办公室、城市管理办公室、政法办公室（社会治安综合治理办公室与其合署）、计划生育办公室（加挂计划生育服务中心牌子）、经济贸易委员会7个正科级机构，核定行政编制15名、离退休干部人员编制2名、司法专项编制1名、计划生育事业编制6名、工勤人员编制1名；领导职数配党委书记1名、副书记3名（党政交叉任职副书记1名、2名副书记分别兼任纪委书记、武装部长），办事处主任1名、副主任3名，科级职数7名；下设财政所、法律服务所均为自收自支全民事业单位，定编分别为3名、2名。1999年6月，建立街道人大工作室。2000年8月22日，撤销街道党委、纪委，设立街道党工委、纪工委；街道党工委为区委派出机构，街道纪工委为区纪委派出机构；10月23日，设立社区服务中心，为自收自支国有事业单位，定编3名。2001年12月19日，街道机关内设党工委办公室（加挂行政办公室牌子）、政工办公室、社会事务科、城市管理科、经济发展科、政法科（加挂社会治安综合治理办公室牌子）、计划生育科（加挂计划生育服务中心牌子）7个正科级机构，行政编制14名、离退休干部人员编制2名、司法专项编制1名、工勤人员编制1名、计划生育事业编制6名；领导职数配党工委书记1名、副书记3名（含党政交叉任职副书记1名、2名副书记分别兼任纪工委书记、武装部长），人大工作室主任1名，办事处主任1名、副主任2名，科级职数7名；下设财政所（正科级）、司法所2个自收自支事业单位，分别定编3名、2名。2003年8月19日，设立街道社区服务中心，加挂街道劳动保障服务中心牌子，为全额预算管理副处级事业单位，编制10名。2004年5月27日，经济发展科加挂安全生产监察科牌子。2006年8月25日，增设统计站，为全额拨款正科级事业单位。2007年9月10日，离退休干部人员编制及自定编制（计划生育事业编制）全部核销。2010年7月2日，司法所由街道办事处所属事业单位改为区司法局派出机构，建制级别与街道内设机构相同，实行区司法局和街道办事处双重管理，以区司法局管理为主；10月18日，区监察局派驻街道办事处监察室与区纪委派驻街道纪工委合署办公，街道纪工委配书记（副处级）1名，监察室主任由纪工委书记兼任。2012年2月3日，街道社区服务中心（街道劳动保障服务中心）更名为街道办事处社区服务中心（街道办事处人力资源社会保障服务中心）；6日，设立天桥区工人新村南村中心幼儿园，为工人新村南村街道办事处所属财政拨款正科级事业单位，暂定事业编制5名，领导职数配园长1名、副园长1名；10月22日，政法科加挂的社会治安综合治理办公室更名为社会管理综合治理办公室；至年底，街道机关内设7个正科级机构，办事处下设社区服务中心1个财政拨款副处级和统计站、区工人新村南村中心幼儿园2个财政拨款正科级及财政所1个经费自筹正科级事业单位，行政编制14名、工勤人员编制1名、事业编制18人，实有53人，领导职数配备未变。

党工委（党委）书记

邓基山	1990.07—1993.08
官积德	1993.08—1995.04
商自芳	1995.04—1996.07
纪文明	1996.07—1998.04
张光格	1998.04—1999.04
张文明（女）	1999.04—2000.12
张　军	2000.12—2003.07
高广华	2003.07—2008.03
延　磊	2008.03—2012.02
王永春	2012.02—

办事处主任

毕兴邦	1990.12—1992.11
李增梅（女）	1992.11—1995.05
纪文明	1995.05—1996.07
张光格	1996.07—1998.04
张文明（女）	1998.04—1999.04
张　军	1999.04—2000.12
巨云兴	2000.12—2005.03
延　磊	2005.03—2008.03
姜秀杰（女）	2008.03—2008.10
王永春	2008.11—2012.02
崔增刚	2012.02—

人大工作室主任

李友德	1999.06—2000.12
刘桂生	2000.12—2004.03
解　敏（女）	2004.03—2008.03
李上中	2008.03—2010.05
王旭利	2010.05—

工人新村北村街道

1981年3月1日，工人新村街道办事处分设为工人新村北村街道办事处、工人新村南村街道办事处；4月，工人新村街道党委分设为工人新村北村街道党委、工人新村南村街道党委。1984年6月11日，核定工人新村北村街道行政编制10名；10月，设立街道纪委；同年，增自筹编制18名。1987年9月10日，编制总额核减至26名、实有23人（行政经费7人、事业经费1人、部门自筹经费15人）；14日，济南市编制委员会、市人事局、济南军分区司令部、政治部印发《关于城市街道办事处配备人民武装干部的通知》（济编发〔1987〕164号），配备兼职人民武装干部1名。1989年6月5日，恢复街道武装部；15日，增加人民武装部部长和科级助理员编制各1名；11月7日，实有24人（含集体混岗12人）；12月19日，设立司法所和法律服务站，一套班子二块牌子，为股级事业单位，定事业编制1名，经费自筹；21日，配副主任级监察信访员1名。1990年6月4日，街道党政机关内设党委办公室、行政办公室、城管办公室、经济委员会4个机构，均为科（股）级，核定行政编制10名、司法助理员单列编制1名、区自编制31名；党委设正、副书记2～3名、纪委书记1名、武装部长1名、党委办定编5名，办事处设正、副主任4名、副主任级监察信访员1名、行政办定编9名，城管办定编7名，经委定编12名，领导干部实行任期目标责任制，三办一委正职由党政分管领导兼任，副职和一般工作人员实行逐级聘任（用）制，聘期2～3年；司法所为股级全民事业单位，核定事业编制1名，经费自筹。1991年8月25日，街道建制级别局级，内设4个股级机构，行政编制10名、事业编制1名、自定编制31名，实有37人。1992年2月15日，司法所增加事业编制1名，编制内部调剂；10月9日，设立社会治安综合治理办公室，定编2名，内部调剂。1995年7月6日，济南市编制委员会印发《关于市中等四区建立街道人大代表工作机构的批复》，要求市中、历下、槐荫、天桥区建立街道人大代表工作室，为各区人大常委会派出机构；12月28日，设立财政所，为全民事业单位，定编3名，经费自筹，业务工作归区财政局指导，人员内部调剂。1996年12月2日，明确街道办事处为区政府正处级派出机构，街道机关内设党委办公室、行政办公室、社会事务办公室、城市管理办公室、政法办公室（社会治安综合治理办公室与其合署）、计划生育办公室（加挂计划生育服务中心牌子）、经济贸易委员会7个正科级机构，核定行政编制

15名、离退休干部人员编制2名、司法专项编制1名、计划生育事业编制6名、工勤人员编制1名;领导职数配党委书记1名、副书记3名(党政交叉任职副书记1名、2名副书记分别兼任纪委书记、武装部长),办事处主任1名、副主任3名,科级职数7名;下设财政所、法律服务所均为自收自支全民事业单位,定编分别为3名、2名。1999年6月,建立街道人大工作室。2000年8月22日,撤销街道党委、纪委,设立街道党工委、纪工委;街道党工委为区委派出机构,街道纪工委为区纪委派出机构。2001年12月19日,街道机关内设党工委办公室(加挂行政办公室牌子)、政工办公室、社会事务科、城市管理科、经济发展科、政法科(加挂社会治安综合治理办公室牌子)、计划生育科(加挂计划生育服务中心牌子)7个正科级机构,行政编制14名、离退休干部人员编制2名、司法专项编制1名、工勤人员编制1名、计划生育事业编制6名;领导职数配党工委书记1名、副书记3名(含党政交叉任职副书记1名、2名副书记分别兼任纪工委书记、武装部长),人大工作室主任1名,办事处主任1名、副主任2名,科级职数7名;下设财政所(正科级)、司法所、社区服务中心3个自收自支事业单位,分别定编3名、2名、3名。2003年8月19日,街道社区服务中心加挂街道劳动保障服务中心牌子,升格为全额预算管理副处级事业单位,编制调整为10名。2004年5月27日,经济发展科加挂安全生产监察科牌子。2006年8月25日,增设统计站,为全额拨款正科级事业单位。2007年9月10日,离退休干部人员编制及自定编制(计划生育事业编制)全部核销。2010年7月2日,司法所由街道办事处所属事业单位改为区司法局派出机构,建制级别与街道内设机构相同,实行区司法局和街道办事处双重管理,以区司法局管理为主;10月18日,区监察局派驻街道办事处监察室与区纪委派驻街道纪工委合署办公,街道纪工委配书记(副处级)1名,监察室主任由纪工委书记兼任。2012年2月3日,街道社区服务中心(街道劳动保障服务中心)更名为街道办事处社区服务中心(街道办事处人力资源社会保障服务中心);10月22日,政法科加挂的社会治安综合治理办公室更名为社会管理综合治理办公室;至年底,街道机关内设7个正科级机构,办事处下设社区服务中心1个财政拨款副处级和财政所(经费自筹)、统计站(财政拨款)2个正科级事业单位,行政编制14名、工勤人员编制1名、事业编制13名,实有52人,领导职数配备未变。

党工委(党委)书记

董毅华	1987.07—1991.12
张广义	1991.12—1996.05
韩有文	1996.05—1998.04
赵新生	1998.04—2000.04
吕宏胜	2000.04—2003.03
郅　良(女)	2003.03—2005.12
王　芳(女)	2005.12—2010.03
李正友	2010.03—2012.02
赵新龙	2012.02—

办事处主任

崔然贵	1990.07—1993.09
商自芳	1993.09—1995.05
王金兰(女)	1995.05—2000.12
刘仁东	2000.12—2004.11
李正友	2004.11—2010.03
林兆清	2010.05—2011.03
沈军玉	2011.03—

人大工作室主任

高澄祥	1999.06—2000.12
井明诗	2000.12—2003.05
张建先	2003.05—2010.11
董胜雷	2010.11—

药山街道

1997年6月6日,设立药山街道办事处,为区政府正处级派出机构;保留天桥区工业小区管理委员会,与药山街道办事处一个机构两块牌子;建立街道党委、纪委、武装部;街道机关内设党委办公室、行政办公室、社会事务办公室、建设管理办公室(加挂土地管理所牌子)、政法办公室(社会治安综合治理办公室与其合署)、计划生育办公室、农业办公室、经济贸易委员会（招商引资办公室）8个正科级机构,行政编制15名、离退休干部人员编制2名、司法专项编制1名、工勤人员编制1名、计划生育事业编制6名、事业编制8名；领导职数配党委书记1名、副书记3名（含党政交叉任职副书记1名、2名副书记分别兼任纪委书记、武装部长），办事处主任1名、副主任3名，科级职数8名；设立教育办公室（教学研究室），行政隶属街道办事处，受区教育委员会业务指导，科级建制，编制4名，使用办事处所属中、小学事业编制，经费财政列支；新设立财政所、法律服务所、审计工作站、计划生育服务站4个自收自支国有事业单位和统计工作站、农业综合服务站2个全额拨款国有事业单位，分别定编3名、2名、2名、5名、2名、4名。1999年6月，建立街道人大工作室。2000年8月22日，撤销街道党委、纪委，设立街道党工委、纪工委；街道党工委为区委派出机构，街道纪工委为区纪委派出机构。2002年3月15日，区工业小区管理委员会更名为区药山工业园管理委员会，与药山街道办事处一个党工委、两套行政管理机构;药山街道机关内设党工委办公室(加挂行政办公室牌子)、政工办公室、社会事务科、城市管理科、经济发展科、政法科（加挂社会治安综合治理办公室牌子）、计划生育科（加挂计划生育服务站牌子）7个机构，均为正科级；行政编制14名、离退休干部人员编制2名、司法专项编制1名、工勤人员编制1名、计划生育事业编制6名；领导职数配党工委书记1名、副书记3名（含党政交叉任职副书记1名、2名副书记分别兼任纪工委书记、武装部长），人大工作室主任1名，办事处主任1名、副主任2名，科级职数7名；下设财政所（正科级）、计划生育服务站(正科级)、司法所(加挂信访办公室牌子)、环卫站4个自收自支国有事业单位和农业综合服务站、统计工作站2个全额预算管理国有事业单位，分别定编5名、5名、2名、3名、4名、2名；10月15日，计划生育服务站经费形式由自收自支变更为全额预算管理。2003年8月19日，设立街道社区服务中心，挂街道劳动保障服务中心牌子，为全额预算管理副处级事业单位，编制10名。2004年5月27日，增设安全生产办公室，配备2名专职人员。2006年8月25日，统计站升格为正科级。2007年1月12日，设立安全生产监察中队，为正科级全额事业单位，与安全生产办公室合署办公，一个机构两块牌子；9月10日，分配行政编制3名，离退休干部人员编制及自定编制(计划生育事业编制)全部核销。2010年7月2日，司法所由街道办事处所属事业单位改为区司法局派出机构，建制级别与街道内设机构相同，实行区司法局和街道办事处双重管理，以区司法局管理为主；10月18日，区监察局派驻街道办事处监察室与区纪委派驻街道纪工委合署办公，领导职数配街道纪工委书记（副处级）1名、监察室主任（正科级）1名。2012年2月3日，街道社区服务中心（街道劳动保障服务中心）更名为街道办事处社区服务中心（街道办事处人力资源社会保障服务中心）；10月22日，政法科加挂的社会治安综合治理办公室更名为社会管理综合治理办公室；至年底，街道机关内设7个正科级机构，办事处下设社区服务中心1个财政拨款副处级和计划生育服务站、农业综合服务站、统计站、安全生产监察中队4个财政拨款正科级及财政所、环卫站2个经费自筹正科级事业单位,行政编制17名、工勤人员编制1名、事业编制29名，实有50人，领导职数配备未变；与药山街道办事处一个党工委、两套行政管理机构的区药山工业园管理委员会（财政拨款）及其下设的区药山工业园招商中心(经费自筹)编制、人员、领导职数配备另列。

党工委（党委）书记

陈士武	1997.06—2000.10
田庆盈	2000.10—2003.02
徐陆军	2003.02—2005.12
郅　良（女）	2005.12—2007.02
侯凤国	2007.02—2008.03
张建明	2008.03—2010.09
程　松	2010.09—2012.02
黄光秀	2012.02—

办事处主任

陈士武	1997.06—2000.10
徐陆军	2000.10—2003.04
侯凤国	2003.04—2007.02
张建明	2007.02—2008.03
张林忠	2008.03—2011.03
董学山	2011.03—2012.02
马卫民	2012.02—

人大工作室主任

钱明成（回族）	1999.06—2008.11
刘兆成	2008.11—2010.05
陈　杰	2010.05—2012.03
王忠胜	2012.03—

区药山工业园管理委员会　1993年2月17日，设立天桥区经济技术开发区管理委员会，为区政府局级工作部门，定区自筹编15名；4月7日，设立天桥区经济技术开发公司，为全民事业单位，暂定事业编制10人，隶属开发区管理委员会；7月6日，区经济技术开发区管理委员会更名为区工业小区管理委员会，内设管委会办公室、经济技术招商科、土地规划建设科、村政管理科4个科室，增区自编制5名；8月，建立党委、纪委。1994年11月19日，设立土地管理所，只挂牌子，不增加人员编制，工作由土地规划建设科承担。1996年8月12日，明确区工业小区管理委员会为区政府正处级派出机构。1997年6月6日，撤销党委、纪委；区工业小区管理委员会与药山街道办事处一个机构两块牌子；区经济技术开发公司更名为区经济技术开发中心，为自收自支国有科级事业单位，隶属区工业小区管理委员会，编制调整为17名；保留土地管理所，在药山街道办事处建设管理办公室加挂土地管理所牌子。1998年1月20日，区经济技术开发中心建制级别由正科级调整为副县级。2002年3月15日，区工业小区管理委员会更名为区药山工业园管理委员会，与药山街道办事处一个党工委、两套行政管理机构，药山工业园管理委员会内设开发建设科、综合科（挂招商引资办公室牌子）2个正科级职能科室，事业编制13名；领导职数配主任1名（由药山街道党工委书记兼任）、副主任3名（1名副主任由药山街道办事处主任兼任），科级职数2名；区经济技术开发中心更名为区药山工业园招商中心，编制调整为12名。至2012年年底，区药山工业园管理委员会内设2个职能科室，下设区药山工业园招商中心1个经费自筹副处级事业单位，领导职数配备未变，事业编制25名，实有18人。

党委书记

崔然贵	1993.08—1997.06

主　任

杨维诗	1993.03—1993.09
崔然贵	1993.09—1996.07
陈士武	1996.07—2000.10
田庆盈	2000.10—2003.04
徐陆军	2003.04—2006.01
郅　良（女）	2006.01—2007.02
侯凤国	2007.02—2008.03
刘昌君	2008.03—2010.05
马　林	2010.05—2012.02
姜松波	2012.02—

北园街道

2001年6月28日，撤销北园镇，设立北园街道办事处，为区政府派出机构；设置街道党工委，为区委派出机构；街道党工委、街道办事处建制级别正处级；北园大街综合管理办公室与北园街道办事处合署办公；街道机关内设党政办公室、政工办公室、社会事务办公室、城市管理办公室、政法办公室（社会治安综合治理办公室与其合署）、经济发展办公室、计划生育办公室、招商引资办公室（第三产业办公室）8个正科级机构，行政编制21名、离退休干部人员编制3名、司法行政编制1名、工勤人员编制2名、计划生育事业编制6名、其他事业编制4名；领导职数配党工委书记1名、副书记4名（其中党政交叉任职副书记1名、1名副书记兼任纪工委书记），办事处主任1名、副主任4名，人大工作室主任1名，武装部长（副处级）1名，北园大街综合管理办公室主任1名、副主任2名，科级职数8名；设立教育办公室，行政隶属街道办事处，受区教育委员会业务指导，科级建制，定编8名，从原北园镇使用的教育事业编制中调剂；新设立财政所（正科级）、司法所2个自收自支国有事业单位，分别定编7名、3名；12月19日，党政办公室更名为党工委办公室（挂行政办公室牌子）、社会事务办公室更名为社会事务科、城市管理办公室更名为城市管理科、政法办公室更名为政法科、经济发展办公室更名为经济发展科、计划生育办公室更名为计划生育科，街道机关行政编制调整为19名、事业编制调整为11名；设立后勤管理服务中心、老干部服务中心2个全额预算管理国有事业单位和社区管理服务中心（正科级）、计划生育服务中心（正科级）、经济发展服务中心（正科级）、城市管理服务中心（正科级）、环卫站5个自收自支国有事业单位，分别定编6名、5名、8名、15名、10名、15名、5名；财政所经费渠道改为全额预算管理；司法所加挂信访办公室牌子，编制调整为4名，经费渠道改为差额预算管理。2002年10月15日，计划生育服务中心经费形式由自收自支变更为全额预算管理。2003年6月16日，北园大街综合管理办公室改为由北园街道办事处代管；8月19日，社区管理服务中心改为街道社区服务中心，挂街道劳动保障服务中心牌子，升格为全额预算管理副处级事业单位，编制调整为10名。2004年5月27日，增设安全生产办公室，配备2名专职人员。2006年8月25日，增设统计站，为全额拨款正科级事业单位。2007年1月12日，设立安全生产监察中队，为正科级全额事业单位，与安全生产办公室合署办公，一个机构两块牌子；9月10日，分配行政编制3名，离退休干部人员编制及自定编制（计划生育及其他事业编制）全部核销。2010年7月2日，司法所由街道办事处所属事业单位改为区司法局派出机构，建制级别与街道内设机构相同，实行区司法局和街道办事处双重管理，以区司法局管理为主；10月18日，区监察局派驻街道办事处监察室与区纪委派驻街道纪工委合署办公，领导职数配街道纪工委书记（副处级）1名、监察室主任（正科级）1名。2012年2月3日，街道社区服务中心（街道劳动保障服务中心）更名为街道办事处社区服务中心（街道办事处人力资源社会保障服务中心）；10月22日，政法科加挂的社会治安综合治理办公室更名为社会管理综合治理办公室；至年底，街道机关内设8个正科级机构，办事处下设社区服务中心1个财政拨款副处级和后勤管理服务中心、老干部服务中心、计划生育服务中心、财政所、安全生产监察中队、统计站6个财政拨款正科级及经济发展服务中心、城市管理服务中心、环卫站3个经费自筹正科级事业单位，行政编制22名、工勤人员编制2名、事业编制73名，实有107人，领导职数配备未变；北园街道办事处代管的区北园大街综合管理办公室（经费自筹）编制、人员、领导职数配备另列。

党工委书记

齐家滨	2001.06—2001.08
陈　勇	2001.08—2007.02
左永欣	2007.02—2012.02
王联华（兼）	2012.02—

办事处主任

陈　勇	2001.06—2001.08
滕志超	2001.08—2004.11
刘仁东	2004.11—2007.02
戚桂民	2007.02—2008.03
黄光秀	2008.03—2012.02
蒋绪平	2012.02—

人大工作室主任

齐家滨	2001.06—2001.08
陈　勇	2001.08—2005.03
刁秀民	2005.03—2010.11
李良宝	2010.11—

区北园大街综合管理办公室　1994年4月8日设立，为区政府局级管理部门，定区自筹编制10名，经费自筹。1995年5月2日，与北园镇政府合署办公。1996年8月12日，改为区政府直属处级事业单位，授权行使相关行政管理职能。2000年10月23日，复与北园镇合署办公，一个机构两块牌子。2001年6月28日，与

北园街道办事处合署办公，领导职数配主任1名、副主任2名。2003年6月16日，改为由北园街道办事处代管。至2012年年底，领导职数配备未变，事业编制10名，实有9人。

主　任

朱德刚	1994.05—1995.05
赵新生	1995.05—1996.03
史长勇	1996.03—1997.11
王　宏	1997.11—2001.06
陈　勇（兼）	2001.06—2001.08
滕志超	2001.08—2004.11
李秀云（女，兼）	2005.03—2007.02
刘宝利	2007.02—2012.02
袁　敏（女）	2012.04—

附：

北园镇　1956年3月，设立北园乡人民委员会；4月，建立党总支。1957年11月，北园乡党总支改建为北园乡党委。1958年9月，北园乡人民委员会改称为北园人民公社管理委员会，北园乡党委改称为历城县北园人民公社党委。1960年5月，北园人民公社管理委员会改称为天桥人民公社北园分社管理委员会，北园人民公社党委改称为天桥人民公社北园分社党委。1961年7月，北园分社复归历城县，北园人民公社及其党委被撤销；11月，建立北园区区公所、北园区党委。1967年2月24日，陷入瘫痪。1969年11月，建立历城县北园人民公社革委。1970年4月，建立北园人民公社革委党的核心领导小组。1971年5月，撤销党的核心领导小组，建立历城县北园人民公社党委。1980年4月，历城县北园人民公社党委改称为济南市郊区北园人民公社党委；12月，北园人民公社革委复改为北园人民公社管理委员会。1983年5月，撤销北园人民公社管理委员会、北园人民公社党委，建立北园人民公社经济委员会及其党委，负责北园镇和泺口镇工作。1984年3月，撤销北园人民公社经济委员会及其党委，建立中共济南市郊区北园工作委员会、济南市郊区人民政府北园办事处，负责北园镇、泺口镇、药山乡工作。1985年9月，撤销北园党工委、北园办事处及其管辖的北园镇、泺口镇、药山乡党委、政府，建立济南市郊区北园镇党委、政府、武装部。1986年5月，建立济南市郊区北园镇纪委。1987年3月26日，中共济南市委办公厅、市政府办公厅印发《关于核定县辖乡镇党政机关人员编制的通知》（济办发〔1987〕20号），规定5万人口以上乡镇党政机关核定编制47名；5月，济南市郊区北园镇党委、人大、政府、纪委、武装部改称为济南市天桥区北园镇党委、人大、政府、纪委、武装部；9月10日，行政编制47名、实有90人（行政经费47人、部门自筹经费43人）；北园文化站事业编制1名、实有1人（事业经费）。1988年7月1日，山东省教育厅印发《关于同意筹建肥城县、东阿县、天桥区成人中等专业学校的批复》，同意筹建天桥区成人中等专业学校；10月5日，北园镇党委成立天桥区成人中等专业学校筹建委员会。1989年7月15日，配副镇长级专职监察员1名；31日，核定农业口各站事业编制20名；8月28日，明确镇人大主席团常务主席为镇长级；9月10日，核定北园镇行政编制47名、区自编制13名（经费镇自筹）；22日，设立司法所，为股级事业单位；11月7日，北园镇实有84人（含合同制职工26人），农业口各站实有19人；12月21日，配副镇长级信访员1名。1990年5月19日，明确北园镇党政群机关内设机构和各直属事业单位均为股级，人员编制控制在300名以内，其中行政编制47名、司法助理员单列编制1名、区自编制35名、事业编制35名（农业口各站24名、计生员5名、财政所5名、广播站1名）、镇自编制182名。1991年4月，设立政协北园镇工作室；8月25日，北园镇建制级别科级，行政编制47名、自定编制228名，实有243人（含工勤23人）；农林水畜牧综合站为全民股级事业单位，归口北园镇政府，业务归区农委指导，事业编制24名，实有26人（含工勤3人）；预防保健所为股级集体事业单位，归口北园镇政府，人员编制在北园卫生院。1992年2月15日，司法所增加事业编制2名，编制内部调剂；10月9日，设立社会治安综合治理办公室，定编2名，内部调剂；明确预防保健所为股级全民事业单位，定编10名，编制从北园卫生院划出；12月14日，明确区成人中等专业学校为科级全民事业单位，隶属北园镇政府，定事业编制20名，经费镇自筹，业务指导归区教育委员会。1993年2月17日，区委农村工作委员会、区农业委员会与北园镇党委、政府合署办公。1994年12月10日，黄台村与山东建筑工程学院签订联合办学协议，天桥成人中等专业学校移交山东建筑工程学院管理。1995年5月2日，区北园大街综合管理办公室与北园镇政府合署办公；10月30日，镇教委核定事业编制16名。1996年8月12日，撤销区委农村工作委员会、区农业委员会，设立区农业办公室，与北园镇政府合署办公。1997年1月27日，农业技术综合服务站加挂区兽医卫生监督检验所牌子，业务受区农业办公室指导；3月6日，北园镇党委、政府内设党委办公室、组织人事办公室、宣传办公室、社会治安综合治理办公室、政府办公室、财政办公室、计划生育办公室、经贸办公室、农业办公室、城乡建设办公室、文教办公室11个中层机构；镇人大、政协机构暂维持现状；保留镇纪律检查委员会，镇监察室与其合署，配副镇级纪委书记1名；保留镇人民武装部牌子（配副镇级部长）；党政群机关行政编制40名、离退休干部人员编制4名、工勤人员编制4名、司法专项编制1名；镇党委成员9名，其中书记1名、副书记3名（其中党政交叉任职副书记1名），镇政府配镇长1名、副镇长4名，镇团委、妇联、工会分别配专职书记、主任、主席各1名，中层办事机构配领导职数11名；原有事业单位司法所经费渠道改为差额拨款，隶属社会治安综合治理办公室，事业编制调整为4名；文化广播站隶属文教办公室，核定全额拨款事业编制2名；农业综合服务站，为全额拨款事业单位，隶属农业办公室，编制24名；新设立镇党校为全额拨款全民事业单位，隶属宣传办公室，定编制2名；人才交流中心为全额拨款全民事业单位，隶属组织人事办公室，定编制1名；北园、洛口、药山、鹊山4个办事处改为自收自支全民事业单位，系镇政府派出机构，隶属政府办公室，分别定编制18名、15名、10名、7名；审计事务所为自收自支全民事业单位，隶属财政办公室，定编制4名；会计师事务所、统计事务所为全额拨款全民事业单位，隶属财政办公室，各定编制5名；城乡建设综合管理站、土地管理所为自收自支全民事业单位，隶属城乡建设办公室，分别定编制25名、4名；镇志办公室为全额拨款全民事业单位，隶属文教办公室，定编制2名；计划生育服务站为差额拨款全民事业单位，隶属计划生育办公室，定编制36名；经营管理站为差额全民事业单位，隶属经贸办公室，定编制12名；科技信息中心、外经外贸服务站为自收自支全民事业单位，隶属经贸办公室，分别定编制2名、3名；后勤管理服务站为全额拨款全民事业单位，隶属政府办公室，定编制10名；农村养老保险管理所为自收自支全民事业单位，隶属政府办公室，定编制2名；6月6日，北园镇药山办事处更名为北园镇金牛办事处；区农业办公室不再与北园镇政府合署办公。1998年8月27日，市编办增拨司法行政编制1名，用于司法助理员编制，收回原司法专项编制1名。1999年11月27日，增加司法行政专项编制1名。2000年10月23日，北园大街综合管理办公室与北园镇合署办公，一个机构两块牌子；合署后北园镇及内设机构与城区街道及内设科室享受同等待遇。2001年6月28日，撤销北园镇，设立北园街道、泺口街道。

党委书记

杨锡福	1989.12—1995.02
许　强	1995.02—2001.06

人大主席

胡起风	1990.02—1993.01
韩会敏	1993.01—1995.02
王文余	1995.02—1996.01
仓友徽	1996.01—2001.06

镇　长

李　全	1990.02—1992.02
仓友徽	1992.03—1996.01
赵新生	1996.01—1998.05
齐家滨	1998.06—2001.06

代理镇长

仓友徽　　1992.02—1992.03

政协工作室主任

李长富　　1991.04—1995.02

张裕德　　1995.02—2000.07

郭守滨　　2000.07—2001.06

泺口街道

2001年6月28日，撤销北园镇，设立泺口街道办事处，为区政府派出机构；设置街道党工委，为区委派出机构；街道党工委、街道办事处建制级别正处级；街道机关内设党政办公室、政工办公室、社会事务办公室、城市管理办公室、政法办公室（社会治安综合治理办公室与其合署）、经济发展办公室、计划生育办公室、农业办公室8个正科级机构，行政编制19名、离退休干部人员编制2名、司法行政编制1名、工勤人员编制2名、计划生育事业编制6名、其他事业编制4名；领导职数配党工委书记1名、副书记4名（其中党政交叉任职副书记1名、1名副书记兼任纪工委书记），办事处主任1名、副主任4名，人大工作室主任1名，武装部长（副处级）1名，科级职数8名；设立教育办公室，行政隶属街道办事处，受区教育委员会业务指导，为科级建制国有事业单位，定编5名，从原北园镇教育办公室使用的教育事业编制中调剂；新设立财政所（正科级）、司法所2个自收自支国有事业单位，分别定事业编制6名、3名；12月19日，党政办公室更名为党工委办公室（加挂行政办公室牌子）、社会事务办公室更名为社会事务科、城市管理办公室更名为城市管理科、政法办公室更名为政法科、经济发展办公室更名为经济发展科、计划生育办公室更名为计划生育科、农业办公室调整为招商引资办公室（第三产业办公室），街道机关行政编制调整为17名、事业编制调整为11名；设立后勤管理服务中心、农业管理服务中心2个全额预算管理国有事业单位，各定编3名；设立社区管理服务中心（正科级）、计划生育服务中心（正科级）、经济发展服务中心（正科级）、城市管理服务中心（正科级）、环卫站5个自收自支国有事业单位，分别定编8名、14名、12名、12名、6名；财政所经费渠道改为全额预算管理，编制调整为3名；司法所经费渠道改为差额预算管理。2002年10月15日，计划生育服务中心经费形式由自收自支变更为全额预算管理。2003年8月19日，社区管理服务中心改称为街道社区服务中心，加挂街道劳动保障服务中心牌子，升格为全额预算管理副处级事业单位，编制调整为10名。2004年5月27日，增设安全生产办公室，配备2名专职人员。2006年8月25日，增设统计站，为全额拨款正科级事业单位。2007年1月12日，设立安全生产监察中队，为正科级全额事业单位，与安全生产办公室合署办公，一个机构两块牌子；9月10日，分配行政编制3名，离退休干部人员编制及自定编制（计划生育事业编制）全部核销。2010年7月2日，司法所由街道办事处所属事业单位改为区司法局派出机构，建制级别与街道内设机构相同，实行区司法局和街道办事处双重管理，以区司法局管理为主；10月18日，区监察局派驻街道办事处监察室与区纪委派驻街道纪工委合署办公，领导职数配街道纪工委书记（副处级）1名、监察室主任（正科级）1名。2012年2月3日，街道社区服务中心（街道劳动保障服务中心）更名为街道办事处社区服务中心（街道办事处人力资源社会保障服务中心）；10月22日，政法科加挂的社会治安综合治理办公室更名为社会管理综合治理办公室；至年底，街道机关内设8个正科级机构，办事处下设社区服务中心1个财政拨款副处级和后勤管理服务中心、农业管理服务中心、计划生育服务中心、财政所、安全生产监察中队、统计站6个财政拨款正科级及经济发展服务中心、城市管理服务中心、环卫站3个经费自筹正科级事业单位，行政编制20名、工勤人员编制2名、事业编制63名，实有94人，领导职数配备未变。

党工委书记

亓　伟　　2001.06—2005.10

武善欣　　2005.10—2008.03

王联华　　2008.03—2010.03

戚桂民　　2010.03—2012.02

延　磊　　2012.02—

办事处主任

郅　良（女）　　2001.06—2003.04

朱建龙　　2003.04—2005.03

张永强　　2005.03—2008.03

戚桂民　　2008.03—2010.03

周宪东（回族）　　2010.03—

人大工作室主任

王　宏　　2001.06—2006.07

周世银　　2006.07—2010.05

亓金斗　　2010.05—2011.11

李敏杰　　2012.03—

大桥镇

1956年5月，齐河县第九区区委、区公所改称为大吴区区委、区公所。1958年3月，大吴区分设为大吴、姚店2个乡；9月，撤销大吴、姚店2个乡合并改建为大吴人民公社，设立大吴人民公社党委、管理委员会。1965年5月，分设为大吴、靳家2个人民公社。1967年1月，陷入瘫痪。1968年3月，建立大吴人民公社革委；12月，大吴人民公社革委与靳家人民公社革委合并，改称为大吴人民公社革委。1969年12月，大吴人民公社革委复分设为大吴、靳家人民公社革委，成立大吴人民公社革委党的核心领导小组。1970年12月，大吴人民公社第四次党员代表大会召开，选举产生公社党委。1981年1月，大吴人民公社革委复改为大吴人民公社管理委员会。1984年4月，大吴人民公社改称为大王乡，建立大王乡党委、政府。1990年1月，改称为历城区大王乡党委、政府。1995年3月，改设为大桥镇党委、政府。2000年1月，历城区大桥镇党委、人大、政府、纪委、武装部改称为济南市天桥区大桥镇党委、人大、政府、纪委、武装部；济南市历城区大桥镇所属事业单位文化站、农业技术推广站、经营管理站、林业站、水利管理站、广播站、畜牧兽医工作站、蔬菜技术推广站、农机管理服务站、土地管理所、政府统计站、计划生育技术服务站、法律服务所、水产站、成人教育中心分别更名为济南市天桥区大桥镇文化站、农业技术推广站、经营管理站、林业站、水利管理站、广播站、畜牧兽医工作站、蔬菜技术推广站、农机管理服务站、土地管理所、政府统计站、计划生育技术服务站、法律服务所、水产站、成人教育中心。2001年5月25日，靳家乡并入大桥镇；6月28日，镇机关内设党政办公室（加挂组织科、宣传科牌子）、经济发展办公室、社会事务办公室（政法办公室、社会治安综合治理办公室与其合署）、农业办公室、建设办公室、计划生育办公室6个综合性机构，设立镇纪委（行政监察室与其合署）、人武部，镇机关工作人员监管工会工作；镇机关行政编制45名、离退休干部人员编制2名、司法行政编制2名、工勤人员编制5名；镇党委成员7名，其中书记1名、副书记3名（其中党政交叉任职副书记1名、1名副书记兼任纪委书记）；镇政府设镇长1名、副镇长3名，设专职人大主席1名，配备武装部长（副镇级）1名；下设教育办公室（在成教中心加挂党校牌子）、农业综合服务中心、水利管理站、财政所、统计站5个全额拨款国有事业单位，分别定编8名、15名、5名、6名、3名，镇村建设综合服务站、文化电视广播站、计划生育服务站、经营管理站4个自收自支国有科级事业单位，分别定编20名、6名、14名、10名，司法所为差额拨款国有事业单位，定编3名；12月19日，党政办公室加挂统战科牌子。2002年10月15日，计划生育服务站经费形式由自收自支变更为全额预算管理；11月29日，文化电视广播站机构、人员、编制上交市广播电视局。2004年5月27日，增设安全生产办公室，配备2名专职人员。2006年7月31日，镇机关设立党委、人大、政府、纪委、人民武装部、团委、妇联、工会组织，内设综合办公室、经济发展办公室、社会事务办公室（加挂人口和计划生育办公室牌子）、社会稳定办公室（加挂社会治安综合治理办公室牌子）4个行政办公室，在社会事务办公室设教育助理员1名；设立财政所（加挂劳动保障事务所牌子）、司法所、计划生育服务中心、农业综合服务中心、文化服务中心5个财政拨款事业单位；核定行政编制45名、事业编制40名；镇党委成员7名，其中党委书记1名、副书记2名（其中党政交叉任职副书记1名）；纪委成员5名，设书记1名；镇政府领导班子5名，实行镇领导成员交叉任职，镇党委委员中有副镇长2名；设团委书记1名、妇联主席1名，工会工作由综合办公室1名工作人员负责；4个行政办公室各设主任1名、副主任1名，主任由镇党政分管领导兼任；事业单位各设主任（所长）1名，编制10名以上的设副主任（副所长）1名。2007年1月12日，设立安全生产监察中队，与经济发展办公室合署办公，一个机构两块牌子。2010年7月2日，司法所由镇属事业单位改为区司法局派出机构，建制级别与镇内设机构相同，实行区司法局和镇双重管理，以区司法局管理为主；11月17日，大桥镇内设党政办公室、经济发展办公室（加挂安全生产监督管理办公室牌子）、社会事务办公室（加挂人口和计划生育办公室牌子）、社会稳定办公室（加挂社会治安综合治理办公室牌子）4个党政工作机构，行政编制44名，领导职数核定为8名，党委设书记1名、副书记2名，纪委书记1名，政府设镇长1名、副镇长3名，人大主席1名，人民武装部部长1名，在核定领导职数内实行党政交叉任职，人大主席可由书记兼任、镇长由副书记兼任、纪委书记由副书记兼任、副镇长有2名进入党委班子，4个党政工作机构各设主任1名（由镇副职领导兼任）、配备1名副科级副主任，工会、共青团、妇联等群团机构设置及领导职数配备按各自章程执行；下设财政所、计划生育服务站、文化服务中心、农业综合服务中心、人力资源社会保障服务中心5个财政拨款事业单位，事业编制39名，其中财政所5名，配所长1名，计划生育服务站10名，配站长、副站长各1名，文化服务中心3名，配主任1名，农业综合服务中心16名，配主任、副主任各1名，人力资源社会保障服务中心5名，配主任1名。2012年10月22日，社会稳定办公室加挂的社会治安综合治理办公室更名为社会管理综合治理办公室；12月31日，农业综合服务中心加挂水利站牌子；大桥镇内设4个党政工作机构、下设5个财政拨款事业单位，行政编制44名，事业编制39名，实有139人，领导职数配备未变。

党委书记

朱学政	1990.03—1994.02
孙积港	1994.02—1997.05
孙连芳	1997.05—1998.12
侯庆水	1998.12—2001.06
毕思忠	2001.06—2003.03
刘世浒	2003.03—2007.12
王法清	2007.12—2012.02
李正友	2012.02—

人大主席

吴国柱	1998.12—2001.06
于光雷	2001.06—2001.12
王道坤	2002.01—2008.11
谢秀华（女）	2008.11—

镇长（乡长）

张逢春	1990.01—1992.02
赵其刚	1993.01—1995.03
刘国强	1996.01—1998.12
田庆盈	1998.12—2000.10
程善忠	2000.11—2001.06
黄光秀	2001.06—2005.05
王法清	2005.05—2007.12
赵新龙	2007.12—2012.03
李　雷	2012.03—

代理镇长

刘国强	1995.03—1996.01

附：

靳家乡 1965年5月，齐河县大吴人民公社分设为靳家、大吴2个人民公社。1967年1月，陷入瘫痪。1968年3月，靳家人民公社管理委员会改称为靳家人民公社革委；12月，靳家人民公社革委并入大吴人民公社革委。1969年12月，大吴人民公社革委复分设为靳家、大吴2个人民公社革委，成立靳家人民公社革委党的核心领导小组。1970年12月，靳家人民公社第二次党员代表大会召开，选举产生公社党委。1981年1月，靳家人民公社革委复改称为靳家人民公社管理委员会。1984年4月，靳家人民公社改称为靳家乡，建立靳家乡党委、政府。1990年1月，改称为历城区靳家乡党委、政府。2000年1月，历城区靳家乡党委、人大、政府、纪委、武装部改称为济南市天桥区靳家乡党委、人大、政府、纪委、武装部；济南市历城区靳家乡所属事业单位文化站、经营管理站、水产站、水利管理站、林业站、广播站、畜牧兽医工作站、蔬菜办公室、农机管理服务站、土地管理所、政府统计站、计划生育技术服务站、法律服务所分别更名为济南市天桥区靳家乡文化站、经营管理站、水产站、水利管理站、林业站、广播站、畜牧兽医工作站、蔬菜办公室、农机管理服务站、土地管理所、政府统计站、计划生育技术服务站、法律服务所，济南市历城区农技推广中心靳家乡分站更名为济南市天桥区靳家乡农业技术推广站。2001年5月25日，并入大桥镇。

党委书记

滕培祯	1990.01—1994.03
鞠　彪	1994.03—1995.04
田德昌	1995.04—1998.12
亓　伟	1998.12—2001.06

人大主席

傅志学	1999.01—2001.06

乡　长

鞠　彪	1990.01—1993.01
田德昌	1993.01—1995.04
刘　勇	1995.04—1998.03
王晓虎	1999.01—2001.06

桑梓店镇

1956年5月，齐河县第六区区委、区公所改称为桑梓店区区委、区公所。1958年3月，撤区建乡，改称为桑梓店乡；9月，成立人民公社，改称为桑梓店人民公社党委、管理委员会。1967年1月，陷入瘫痪。1968年3月，建立桑梓店人民公社革委；12月，桑梓店人民公社革委与焦斌屯人民公社革委合并，改称为桑梓店人民公社革委。1969年12月，分设为桑梓店、焦斌屯人民公社革委，建立桑梓店人民公社革委党的核心领导小组。1970年12月，桑梓店人民公社第四次党员代表大会召开，选举产生公社党委。1981年1月，桑梓店人民公社革委复改称为桑梓店人民公社管理委员会。1984年4月，桑梓店人民公社改称为桑梓店镇，建立桑梓店镇党委、政府。1990年1月，改称为历城区桑梓店镇党委、政府。2000年1月，历城区桑梓店镇党委、人大、政府、纪委、武装部改称为济南市天桥区桑梓店镇党委、人大、政府、纪委、武装部；济南市历城区桑梓店镇所属事业单位文化站、经营管理站、水产站、水利管理站、林业站、广播站、蔬菜办公室、土地管理所、政府统计站、计划生育技术服务站、农机管理服务站、畜牧兽医工作站、法律服务所分别更名为济南市天桥区桑梓店镇文化站、经营管理站、水产站、水利管理站、林业站、广播站、蔬菜办公室、土地管理所、政府统计站、计划生育技术服务站、农机管理服务站、畜牧兽医工作站、法律服务所，济南市历城区农技推广中心桑梓店镇分站更名为济南市天桥区桑梓店镇农业技术推广站。2001年12月19日，镇机关内设党政办公室（加挂组织科、宣传科、统战科牌子）、经济发展办公室、社会事务办公室（政法办公室、社会治安综合治理办公室与其合署）、农业办公室、建设办公室、计划生育办公室6个综合性机构，设立镇纪委（行政监察室与其合署）、人武部，镇机关工作人员监管工会工作；行政编制35名、离退休干部人员编制2名、司法专项编制1名、工勤人员编制4名；镇党委成员7名，其中书记1名、副书记3名（其中党政交叉任职副书记1名、1名副书记兼任纪委书记），镇政府设镇长1名、副镇长2名，设专职人大主席1名，配备武装部长（副镇级）1名；下设农业综合服务中心、水利管理站、财政所、统计站4个全额预算管理国有事业单位，分别定编10名、4名、4名、2名，镇村建设综合服务站、文化电视广播站、计划生育服务站、经营管理站4个自收自支国有事业单位，分别定编8名、3名、8名、4名，司法所为差额预算管理国有事业单位，定编3名。2002年10月15日，计划生育服务站经费形式由自收自支变更为全额预算管理；11月29日，文化电视广播站机构、人员、编制上交市广播电视局。2004年5月27日，增设安全生产办公室，配备2名专职人员。2006年7月31日，镇机关设立党委、人大、政府、纪委、人民武装部、团委、妇联、工会组织，内设综合办公室、经济发展办公室、社会事务办公室（加挂人口和计划生育办公室牌子）、社会稳定办公室（加挂社会治安综合治理办公室牌子）4个行政办公室，在社会事务办公室设教育助理员1名；设立财政所（加挂劳动保障事务所牌子）、司法所、计划生育服务中心、农业综合服务中心、文化服务中心5个财政拨款事业单位；核定行政编制45名、事业编制40名；镇党委成员7名，其中党委书记1名、副书记2名（其中党政交叉任职副书记1名）；纪委成员5名，设书记1名；镇政府领导班子5名，实行镇领导成员交叉任职，镇党委委员中有副镇长2名；设团委书记1名、妇联主席1名，工会工作由综合办公室1名工作人员负责；4个行政办公室各设主任1名、副主任1名，主任由镇党政分管领导兼任；事业单位各设主任（所长）1名，编制10名以上的设副主任（副所长）1名。2007年1月12日，设立安全生产监察中队，与经济发展办公室合署办公，一个机构两块牌子。2010年7月2日，司法所由镇属事业单位改为区司法局派出机构，建制级别与镇内设机构相同，实行区司法局和镇双重管理，以区司法局管理为主；11月17日，桑梓店镇内设党政办公室、经济发展办公室（加挂安全生产监督管理办公室牌子）、社会事务办公室（加挂人口和计划生育办公室牌子）、社会稳定办公室（加挂社会治安综合治理办公室牌子）4个党政工作机构，行政编制39名，领导职数核定为8名，党委设书记1名、副书记2名，纪委书记1名，政府设镇长1名、副镇长3名，人大主席1名，人民武装部部长1名，在核定领导职数内实行党政交叉任职，人大主席可由书记兼任、镇长由副书记兼任、纪委书记由副书记兼任、副镇长有2名进入党委班子，4个党政工作机构各设主任1名（由镇副职领导兼任）、配备1名副科级副主任，工会、共青团、妇联等群团机构设置及领导职数配备按各自章程执行；下设财政所、计划生育服务站、文化服务中心、农业综合服务中心、人力资源社会保障服务中心5个财政拨款事业单位，事业编制39名，其中财政所5名，配所长1名，计划生育服务站8名，配站长1名，文化服务中心3名，配主任1名，农业综合服务中心17名，配主任、副主任各1名，人力资源社会保障服务中心6名，配主任1名。2012年10月22日，社会稳定办公室加挂的社会治安综合治理办公室更名为社会管理综合治理办公室；12月31日，农业综合服务中心加挂水利站牌子；桑梓店镇内设4个党政工作机构，下设5个财政拨款事业单位，行政编制39名、事业编制39名，实有56人，领导职数配备未变。

党委书记

邓良和	1990.02—1997.01
刘桂祯	1997.01—1998.05
毕思忠	1998.05—2001.06
张兴洲	2001.06—2005.05
李大春	2005.05—2009.04
吕　东	2009.04—

人大主席

刘有章	1984.05—1997.01
吴国柱	1997.01—1999.01
韩孟岭	1999.01—2007.02
胡风云	2007.02—2009.04
李　慧（女）	2009.04—

镇　长

宗海邦	1990.03—1996.01
刘桂祯	1996.01—1997.01
侯同柱	1997.01—1999.01
张兴洲	1999.01—2001.06
王晓虎	2001.06—2004.03
李大春	2004.03—2005.08
吕　东	2005.08—2009.04
胡风云	2009.04—

第十一章　驻区有关单位

济南市公安局天桥区分局

1951年1月，设立市公安局第四区分局，建立党支部。1955年9月，改称为市公安局天桥区分局（简称区公安分局）。1959年5月，撤销党支部。1962年5月，重建局党支部。1965年6月，局党支部改建为局党总支。1967年2月24日，被造反群众组织夺权。1968年2月16日，建立济南市向阳区公安机关军事管制小组，实行军管。1970年1月，军事管制小组建立党总支。1972年12月，撤销军管。1973年1月30日，恢复区公安分局、区公安分局党总支。1984年11月，局党总支改建为局党委。1987年6月2日，济南市编制委员会印发《关于确定各区房地产管理局和市公安局各区分局建制级别的通知》（济编发〔1987〕117号），确定市公安局所属各区分局均为济南市处级单位、各区分局内设科（室）为济南市处下科（室）；济南市编制委员会印发《关于明确市公安派出所建制级别的通知》（济编发〔1987〕118号），明确各区公安分局所属公安派出所为济南市处下科级单位。1991年2月28日，区公安分局由市公安局领导改为由市公安局和区委、区政府双重领导，以区委、区政府领导为主，确定为区政府正局级工作部门，内设政工科、秘书科、治安科、户籍科、预审科、法制科、政保科、经文保科、消防科、刑警队、纪检组11个科级机构，下设制锦市、北坦、刘家庄、陈家楼、天桥东街、小纬北路、官扎营、宝华街、堤口路、工人新村北村、工人新村南村、无影山、北园、洛口、药山、新城、黄台、站前18个科级派出所。1992年4月8日，济南市编制委员会核定区公安分局建制级别处级，编制422名（处级领导4名，正、副科长75名，一般干部301名，工勤人员42名），实有427人；6月6日，济南市编制委员会印发《关于五区成立公安防暴大队的通知》（济编发〔1992〕43号），成立各区公安防暴大队，为处级单位，定编50名（正、副队长、教导员、文书各1名，工勤人员4名，防暴队员42名）；10月9日，设立济南火车东站站前派出所、济南长途汽车总站派出所；31日，组建区保安服务公司（济南市保安服务公司天桥区分公司），业务隶属区公安分局，实行有偿服务、独立核算、自负盈亏；11月2日，区公安分局增设外事科、老干部科。1993年1月12日，济南市编制委员会印发《关于建立五区保安服务分公司的通知》，同意五区建立保安服务分公司，为科级事业单位，各定编15名，实行企业化管理，经费自筹，由市保安服务公司、区公安分局双重领导，以区公安分局领导为主；2月17日，明确济南市保安服务公司天桥区分公司为科级全民事业单位，定编15名，实行企业化管理，经费自理，由市保安服务公司、区公安分局双重领导，以区公安分局领导为主；同月，区公安分局纪检组改建为纪委。1994年1月，刑警队改称为刑警大队；3月17日，济南市编制委员会印发《关于济南市公安局巡警支队内设机构和人员结构的批复》（济编发〔1994〕12号），同意设立市公安局巡警支队和各区大队，各区大队副处级建制，受市公安局巡警支队和区公安分局双重领导，以区公安分局领导为主，市公安局巡警支队天桥区大队定编150名，内设秘书科、政工科、业务科、一、二、三执行中队；8月2日，区公安防暴大队内设办公室、作训科、一中队、二中队，均为单列城市处辖科级；区公安分局增设信访科，为单列城市处辖科级；11月19日，区公安分局增设指挥室。1995年7月24日，区公安分局编制由437名调整为447名（含市保安服务公司天桥区分公司编制15名）；10月23日，设立洛口服装市场派出所，为单列城市处辖科级。1996年8月12日，明确区公安分局为区政府正处级工作机构。1997年9月1日，明确区公安防暴大队实行由区公安分局和市公安局双重领导，以区公安分局领导为主；11月6日，撤销济南火车东站站前派出所；12月22日，刑警大队升格为副分局级。1998年1月22日，刑警大队内设秘书科、机动侦查中队、经济案件侦查中队、预审中队、刑事技术中队及一、二、三、四、五5个责任区中队；5月7日，市公安局巡警支队天桥区大队增设110中队，科级建制。1999年11月27日，设立督察室，督察长由分局副职或纪委书记兼任，下设警务督察队（科级）；区公安分局增设宣传科，为科级建制。2000年1月，大桥、桑梓店、靳家3个公安派出所划归区公安分局。2001年1月16日，设立鹊山水库派出所；5月26日，撤销预审科，外事科、政保科分别更名为出入境管理科、国内安全保卫大队；刑警大队增设案审中队、第六责任区中队，均为正科级。11月1日，区公安分局列入政府工作部门序列，不计政府机构个数。2002年3月15日，设办公室（加挂指挥中心牌子，副处级，内设秘书科、指挥调度室、信息通信科）、政治处（副处级，内设组织人事科、教育培训科、离退休干部管理科）、警务督查室（加挂警务督察大队牌子）、财务装备科、户政管理科、出入境管理科、法制科、宣传科、信访科、保安管理科10个内设职能机构，国内安全保卫大队（副处级）、经济犯罪侦查大队（副处级，内设一中队、二中队、三中队）、治安警察大队（副处级，内设一中队、二中队、三中队）、刑事警察大队（副处级，内设秘书科、机动侦查中队、案审中队、技术中队、一、二、三、四4个责任区中队）、巡警大队（副处级，内设综合科、业务科、一中队、二中队、三中队、110中队）、防暴大队（正处级，内设办公室、作训科、一中队、二中队）等7个直属机构，纬北路、天桥东街、官扎营、宝华街、北坦、制锦市、工人新村南村、工人新村北村、堤口路、大桥、桑梓店、药山、无影山、北园、黄台、洛口、新城17个派出所和长途汽车总站、站前、鹊山水库3个治安派出所；原刘家庄、陈家楼派出所归入纬北路派出所，原靳家派出所归入大桥派出所，原洛口服装市场派出所归入新城派出所；党的组织、工会、共青团、妇女工作等机构设置及领导职数配备按有关规定执行；核定区公安分局政法专项编制405名、防暴大队编制45名、巡警大队编制150名；领导职数配局长1名，政委1名，副局长5名，副政委1名，政治处主任、办公室主任、保安管理科科长各1名（副处级），国内安全保卫大队、经济犯罪侦查大队、治安警察大队、刑警大队、巡警大队分别配大队长、政委各1名（副处级），防暴大队配大队长、政委各1名（正处级）、副大队长1名（副处级）；内设机构正科职数16名、副科职数7名，直属机构正科职数47名、副科职数24名；派出机构中所长、教导员39名，副所长、副教导员36名。2003年7月14日，济南市机构编制委员会印发《关于设立市、区城市管理警察机构的通知》（济编发〔2003〕4号），同意区公安分局设立城市管理警察大队，建制级别副处级，天桥区定编15名，领导职数配大队长（副处级）1名、副大队长（正科级）1名，与区城市管理行政执法局在同一地点办公；8月19日，天桥区设立区公安分局城市管理警察大队。2004年6月24日，警务督察室（加挂警务督察大队牌子）升格为副处级，配大队长、政委、副大队长各1名；保安管理科更名为保安管理大队，升格为副处级，配大队长、政委、副大队长各1名，下设3个中队，各配中队长1名、副中队长1名。2005年9月12日，防暴大队改称为特警大队。2007年8月13日，济南市机构编制委员会印发《关于六区公安分局、四县（市）公安局及所属公安派出所机构设置的通知》（济编发〔2007〕14号），六区公安分局及所属公安派出所由原市公安局和区委、区政府双重管理，以区委、区政府管理为主，改为由市公安局垂直管理；天桥区公安分局建制级别副局级，领导职数配局长、政委各1名（副局级），副局长5名（正处级）；内设办公室（加挂指挥中心牌子）、国内安全保卫大队、经济犯罪侦查大队、治安警察大队（与城市管理警察大队合署)、刑事警察大队(加挂区禁毒委员会办公室牌子)、巡警大队、特警大队、警务督察大队(与纪委合署)、政治处、法制处、警务保障处，均为处级建制，配正处级领导职数17名(含部分大队设置的政委职务)、副处级领导职数26名，人员编制暂维持现状；党的组织、纪检监察、工会、共青团、妇女工作等机构设置及领导职数配备按有关规定执行，所属公安派出所正职可高配为副处级。2008年12月31日，区公安分局编制615名，实有869人；工会、团委、妇委会及各公安派出所均为正科级。2009年12月2日，撤销站前派出所，鹊山水库派出所更名为鹊山龙湖派出所，天桥东街派出所、官扎营派出所合并为成丰桥派出所；12月30日，设立黄河派出所。2011年5月，法制处更名为法制大队；9月13日，设立网络警察大队，正处级建制。至2012年年底，内设机构未变，人员编制921名，实有921人；领导职数配副局级领导3名、正处级33名、副处级88名、正科级68名、副科级88名。

1991—2012年济南市公安局天桥区分局党委书记、副书记、纪委书记(纪检组长)、局长、政委、副局长、副政委任职一览表

表29-10

职　务	姓　名	任　期	籍　贯
书　记	隗振勤	1990.03—1998.05	山东济南
	石振海	1998.06—2001.08	山东济南
	窦庆福	2001.08—2011.05	山东济南
	陈　晨	2011.05—	山东济南
副书记	马世华	1991.03—1992.05	山东临朐
	肖明润	1992.07—1996.11	山东兖州
	杨灿贵	1992.07—2002.05	山东泰安
	王伟元	1999.06—2001.08	山东栖霞
	丛　威	2001.08—2010.08	山东威海
	李炳华	2002.05—2010.08	山东桓台
	陈　晨	2010.08—2011.05	山东济南
	刘宜璞	2011.05—	山东济南
	刘希诚	2011.05—	山东济南
纪委书记(纪检组长)	王庆云	1990.11—1994.08	山东汶上
	张在生	1995.01—1997.10	山东淄博
	甄家顺	1997.10—2006.01	山东济南
	房　健(兼)	2006.01—2008.12	山东济南
	傅海卫	2008.12—	山东齐河
局　长	隗振勤	1990.03—1998.07	山东济南
	石振海	1998.07—2001.08	山东济南
	窦庆福	2001.08—2011.05	山东济南
	陈　晨	2011.05—	山东济南

续表 29-10

职　务	姓　名	任 期	籍　贯
政 委	马世华	1991.04—1992.05	山东临朐
	肖明润	1992.07—1996.11	山东兖州
	王伟元	1998.09—2001.08	山东栖霞
	丛 威	2001.08—2010.08	山东威海
	陈 晨	2010.08—2011.05	山东济南
	刘宜璞	2011.05—	山东济南
副局长	马世华	1984.05—1991.04	山东临朐
	杨灿贵	1987.07—2002.01	山东泰安
	朱继爱	1990.03—1993.10	山东济南
	盛尊杰	1992.06—2002.05	江苏沛县
	石振海	1992.06—1998.07	山东济南
	李炳华	1994.03—2009.07	山东桓台
	伊世金	1996.11—2001.08	山东济南
	张龙义	1998.05—2004.04	山东汶上
	刘希诚	2002.01—	山东济南
	李保健	2002.01—2012.06	山东章丘
	刘清波	2002.05—2010.08	山东济南
	张亦农（女，挂职）	2003.12—2006.01	山东济南
	刘玉华	2005.08—	山东济南
	李连新	2010.08—	山东济南
副政委	刘安太	1992.06—1994.06	山东齐河
	丛 威	1996.11—2001.08	山东威海
	刘玉华	2002.01—2005.08	山东济南
	房 健	2005.08—	山东济南

办公室　2002 年 3 月 15 日设立，加挂指挥中心牌子，为区公安分局副处级内设机构。2007 年 8 月 13 日，升格为正处级。

主　任

王经斌　　2002.05—

政治处　2002 年 3 月 15 日设立，为区公安分局副处级内设机构。2007 年 8 月 13 日，升格为正处级。

主　任

房　健　　2002.05—2006.01

李连新　　2006.01—2010.08

郑继明　　2010.08—

国内安全保卫大队　2001 年 5 月 26 日，政保科更名为国内安全保卫大队。2002 年 3 月 15 日，升格为副处级，为区公安分局直属机构。2007 年 8 月 13 日，升格为正处级，为区公安分局内设机构。

大队长

唐继民	2002.05—2008.12
林荣国	2008.12—

政　委

林荣国	2002.05—2008.12
张广喜	2008.12—

经济犯罪侦查大队　2002 年 3 月 15 日，撤销区公安分局经文保科，设立经济犯罪侦查大队，为区公安分局副处级直属机构。2007 年 8 月 13 日，升格为正处级，为区公安分局内设机构。

大队长

曹宗荣	2002.05—

政　委

杨绍谦	2002.05—2008.12
伊长友	2008.12—

治安警察大队　2002 年 3 月 15 日，撤销区公安分局治安科，设立治安警察大队，为区公安分局副处级直属机构。2007 年 8 月 13 日，城市管理警察大队与其合署，升格为正处级，为区公安分局内设机构。

大队长

郑继明	2002.05—2010.08

政　委

丁兰山	2002.05—2006.01
王建明	2006.01—2009.01
张宪民	2008.12—

刑事警察大队　1978 年，设立刑警队。1994 年 1 月，改称刑警大队。1997 年 12 月 22 日，刑警大队升格为副分局级。2002 年 3 月 15 日，改称为刑事警察大队，为区公安分局副处级直属机构。2007 年 8 月 13 日，加挂区禁毒委员会办公室牌子，升格为正处级，为区公安分局内设机构。

大队长

李连新	2002.06—2006.01
李　伟	2008.12—

政　委

张广喜	2002.06—2008.12
苏　兵	2008.12—

巡警大队　1994 年 3 月 17 日，设立市公安局巡警支队天桥区大队。2002 年 3 月 15 日，改称为巡警大队，为区公安分局副处级直属机构。2007 年 8 月 13 日，升格为正处级，为区公安分局内设机构。

大队长

李炳华（兼）	1994.03—2002.01
伊长友	2002.01—2008.12
郭兆申	2008.12—

政　委

隋本臣	2004.04—2008.12
伦宝林	2008.12—

特警大队　1992 年 6 月 6 日，济南市编制委员会印发《关于五区成立公安防爆大队的通知》（济编发〔1992〕43 号），成立各区公安防爆大队，为处级单位，定编 50 名（正、副队长、教导员、文书各 1 名，工勤 4 名，防爆队员 42 名）。1997 年 9 月 1 日，明确区公安防爆大队实行由区公安分局和市公安局双重领导，以区公安分局领导为主。2002 年 3 月 15 日，改称为区公安分局防爆大队，为区公安分局正处级直属机构。2005 年 9 月 12 日，更名为特警大队。2007 年 8 月 13 日，为区公安分局正处级内设机构。

大队长

梁永军	2002.01—2008.12
卢传民	2008.12—

政　委

宋彦波	2002.01—2010.11

警务督察大队　1999 年 11 月 27 日，设立督察室。2002 年 3 月 15 日，改称为警务督查室，加挂警务督察大队牌子，为区公安分局正科级内设机构。2004 年 6 月 24 日，警务督察室（加挂警务督察大队牌子）升格为副处级单位。2007 年 8 月 13 日，纪委与其合署，升格为正处

级，为区公安分局内设机构。

大队长

朱庆和	2004.09—2006.01
丁兰山	2006.01—2012.11

法制大队 2007年8月13日，法制科改称为法制处，升格为正处级，为区公安分局内设机构。2011年5月，更名为法制大队。

大队长（处长）

赵惠敏（女）	2008.12—

警务保障处 2007年8月13日，财务装备科改称为警务保障处，升格为正处级，为区公安分局内设机构。

处　长

訾晓琳（女）	2008.12—

网络警察大队 2011年9月13日，设立网络警察大队，正处级建制。

济南市天桥国家税务局

1994年8月，设立济南市天桥区国家税务局，并建立党组，内设办公室、人事科、老干部科、计划财务科、监察室、驻税办、税政管理科、征收管理科、咨询服务部9个科室，下设征收一科、征收二科、征收三科3个征收科和泺口分局、稽查分局、涉外分局3个分局移交以及北园、工人新村、无影山、英贤桥、天桥东5个税务所，成立党支部4个和工会、团支部，实有在职人员126人、离退休人员33人，领导职数配党组书记兼局长1名、纪检组长1名、副书记1名、副局长2名、科长20名、副科长5名。1995年，增设征收四科。1996年12月，内设科室调整为办公室、人事科、老干部科、计财科、监察室、驻税办6个。1997年12月，内设办公室、监察室、政治工作科、老干部科、业务工作科、发票管理科、会计征收科7个科室，下设泺口分局、稽查分局、个体一所、个体二所4个局（所）。1998年12月，内设办公室、监察室、政治工作科、税收管理科、发票管理科、会计征收科、个体市场管理科和稽查分局。2001年5月，更名为山东省济南市天桥国家税务局，内设办公室、人事教育监察科、综合业务科、税收管理科（3个）6个科室和个体税收管理分局、大桥分局、信息中心。2003年5月，内设办公室、税政法规科、征收管理科、人事教育科、监察室、税源管理科、北园分局、大桥分局、信息中心、发票管理所10机构。2005年9月，内设办公室、人事教育科、监察室、机关党办、综合业务科、税源管理一科、税源管理二科、税源管理三科、税源管理四科、办税服务厅、北园税务分局、大桥税务分局、机关服务中心、票证中心、信息中心。2010年9月，内设办公室、政策法规科、税政科、收入核算科、纳税服务科（办税服务厅）、征收管理科、人事科、教育科、监察室、税源管理一、二、三、四科13个科室，下设北园税务分局、大桥税务分局2个副处级派出机构和信息中心、机关服务中心、票证中心3个事业单位；设立机关党委办公室，与教育科合署办公；设立离退休干部科，挂靠人事科；行政编制166名、事业编制14名，实有174人，领导职数配党组书记兼局长1名、纪检组长1名、副局长3名、总经济师1名、总会计师1名、科级46名（税源管理科使用征收编制），下设事业单位配科级领导9名。至2012年年底，下设2个副处级分局、13个内设科室、3个事业单位，领导职数配备未变，行政编制166名、事业编制14名，实有175人。

党组书记

侯振河	1994.10—1997.10
李小明	1997.10—2000.01
傅爱国	2000.01—2007.12
王振泉	2007.12—

局　长

侯振河	1994.10—1996.09
李小明	1996.09—2000.01
傅爱国	2000.01—2007.12
王振泉	2007.12—

济南市地方税务局天桥分局

1994年8月，设立济南市地方税务局天桥分局，并成立党支部，为济南市地方税务局派出机构，内设政工科、办公室、计会科、综合科、稽查队、一科、二科、三科、洛口稽征处、检查站10个科室，编制63名，实有63人，领导职数配书记兼局长1名、副书记1名、副局长2名、正科级10名、副科级10名。1995年8月，内设政工科、办公室、综合科、计会科、管理一科、管理二科、管理三科、管理四科、涉外科、稽查队、咨询室、税监室、洛口稽征处、税务检查站、黄河税务所、洛东税务所、三孔桥税务所17个科所，编制74名，实有70人，正科级、副科级职数分别调整为17名。1997年8月，人员编制调整为85名，实有85人。1998年1月，更名为济南市地方税务局第四征收分局，撤销黄河税务所、洛东税务所、三孔桥税务所，内设办公室、政工科、计财科、综合科、征收科、管理一科、管理二科、管理三科8个科室和洛口税务所、直属税务所、成丰税务所、北园税务所、济洛路税务所、工业小区税务所、涉外税务所7个税务所，编制88名，实有87人，正科级、副科级职数分别调整为15名；8月，撤销涉外税务所，增设咨询所。2000年1月，撤销直属税务所，咨询所划归济南市泉城税务师事务所，接受大桥、靳家、桑梓店3个税务所，增设工人新村税务所、宝华税务所；内设办公室、综合科、计财科、政工科、征收科、管理一科、管理二科、管理三科8个科室，10个税务所，编制100名，实有100人。2001年2月，内设政工科、监察室、办公室、计财科、综合科、征收管理科、户籍管理科、发票管理科、个体管理科、稽核一科、稽核二科、稽核三科12个科室，10个税务所维持现状；8月，取消靳家税务所，洛口税务所改为稽核四科。2002年3月，党支部改建为党组。2003年1月，济南市地方税务局第四征收分局更名为济南市地方税务局天桥分局，内设办公室、政工科、监察室、综合业务一科、综合业务二科、户籍发票科、执行科、管理一科、管理二科、管理三科、管理四科11个科室和大桥税务所、第一税务所、第二税务所、第三税务所4个税务所，编制105名，实有103人，领导职数配书记兼局长1名、纪检组长1名、副局长3名、正科级15名、副科级15名。2004年2月，户籍发票科更名为管理五科，执行科更名为管理六科，增设纳税服务中心；6月，增设涉外管理科。2009年3月，内设所有业务科（所）改设为管理一科、管理二科、管理三科、管理四科、管理五科5个业务管理科和北园中心税务所、纬北路中心税务所、药山中心税务所、洛口中心税务所、大桥中心税务所5个中心税务所；5月，增设税源管理科。2012年4月，局机关内设办公室、法规税政科、征管和科技发展科、税源管理科、收入核算和财务科、征收科（办税服务厅）、人事科（离退休干部科）、机关党委办公室、监察室9个职能科室，下设无影山中心税务所、北坦中心税务所、纬北中心税务所、药山中心税务所、北园中心税务所、泺口中心税务所、大桥中心税务所7个基层中心税务所，编制125名，实有120人，领导职数配书记兼局长1名、纪检组长1名、副局长3名、正科级17名、副科级20名；至年底，内设机构、领导职数、人员编制、实有人数未变。

党组（支部）书记、局长

张华东	1994.08—1998.01
颜景海	1998.01—1998.08
刘　荣	1998.08—2006.05
李继堂	2006.05—2011.03
徐文科	2011.03—2012.04
徐立军	2012.04—

附：

区税务局　1950年4月，成立济南市税务局，下设4个稽征所。1951年9月，市税务局第四稽征所改为市税务局第四区分局。1955年9月，改为市税务局天桥区分局。1958年2月，市税务局与市财政局合并，改为市财政局天桥区分局。1961年11月，复改为市税务局天桥区分局。1966年3月，市税务局与市财政局复合并，改称市财税局天桥区分局；5月"文化大革命"开始；1967年2月24日，受造反群众组织冲击，陷入瘫痪。1969年2月，设立市财政局向阳区分局革命委员会。1970年12月，改为市财政金融局向阳区革命委员会。1971年1月，改称市财政金融局向阳区分局革命委员会。1972年12月，改为市财税局向阳区分局革命委员会。1973年1月，建立党支部；7月，改称市财税局天桥区分局革命委员会。1978年9月，复称市财税局天桥区分局。1984年11月，改为市税务局天桥稽征处。1987年5月，改称市税务局天桥分局。1988年8月，党支部改建为党委。1989年2月3日，编制243名；7月11日，洛口税务所改为洛口稽征处。1991年4月1日，济南市编制委员会印发《关于调整市区税务管理体制的通知》（济编发〔1991〕44号），撤销市税务局天桥等五区分局，批准设立各区税务局；5月8日，区税务局下设办公室、政工科、征管科、税政科、计会科、征收一科、征收二科、征收三科、稽查队、咨询服务部、检查站、天东税务所、工人新村税务所、英贤桥税务所、无影山税务所15个局下科级和洛口稽征处1个副局级工作机构，事业编制185名、实有192人；8月25日，实有195人（含工勤6人）。1992年8月31日，增设涉外征收科；11月10日，涉外征收科更名为涉外稽征科；12月30日，增设北园税务所，为处下科级。1994年8月，撤销区税务局，分设为区国家税务局、市地方税务局天桥分局。

党委书记

侯振河	1990.03—1993.02
武兴利	1993.02—1994.08

局　长

王宁克	1988.08—1991.04
侯振河	1991.04—1994.08

济南市工商行政管理局天桥分局

1951年9月，设立工商劳动股。1953年6月，分设为工商股、劳动股。1955年1月，改设为工商科。1958年8月，工商科并入商业科。1962年12月，恢复工商科。1967年2月24日，陷入瘫痪。1969年8月，设立工商行政管理所领导小组。1975年11月，改设为区工商行政管理局。1981年9月21日，成立区个体劳动者协会，下设办公室为区工商行政管理局内设机构。1984年6月11日，核定行政编制10名；8月18日，内设办公室、市场管理股、经济检查股、企业管理股、经济合同股、个体经济管理股6个，编制30名（含行政编制10名）。1986年4月，建立党委；7月8日，内设机构股改科，改科后设经济合同科、市场管理科、经济检查科、企业管理科、个体经济科、政工科、办公室，建制仍为股级。1987年7月23日，郊区划拨编制1名，移交7人；9月10日，区工商行政管理局编制总额31名，实有57人（其中行政经费14人、事业经费27日、区自筹经费1人、部门自筹经费15人）；下设工人新村、红桥、英贤桥、北园、洛口、堤口6个工商所实有79人（其中行政经费1人、事业经费20人、区自筹经费1人、部门自筹经费57人）。1988年2月23日，增设商标、广告管理科，为股级单位。1989年2月3日，市编委增拨事业编制45名，编制总额由118名增至163名；7月31日，核定区工商行政管理局行政编制10名、事业编制45名，下设各工商所事业编制108名；10月25日，设立黄台工商所（主管北园路综合批发市场）、无影山工商所（行使堤口路工商所职能权限，堤口路工商所迁至堤口路批发市场主管市场）；11月7日，局机关实有66人（含集体混岗6人），下设各工商所实有92人。1990年5月19日，内设区消费者协会办公室，为股级，编制局内调剂。1991年5月8日，设立蔬菜粮油批发市场工商所，为股级单位，编制局内调剂；8月9日，增设财务科；25日，区工商行政管理局建制级别局级，内设市场管理科、企业登记管理科、经济合同管理科、个体私营经济管理科、商标广告管理科、经济检查科、办公室、财务科、区个体劳动者协会办公室、区消费者协会办公室10个股级科室和黄台、无影山、工人新村、红桥、英贤桥、北园、洛口、堤口、蔬菜粮油批发市场9个股级工商所，行政编制10名、事业编制108名、自定编制45名，实有169人（含工勤3人）。1992年2月15日，设立再生物资市场工商所，为股级单位，编制局内调剂；8月1日，增加事业编制27名，经费自筹；设立火车东站、金牛、洛口服装市场3个工商所，均为股级单位，编制局内调剂；再生物资市场工商所更名为物资交易市场工商所；11月17日，区工商行政管理局所属工商所统一名称、核定编制，金牛、堤口、黄台工商所改为区工商行政管理局金牛综合批发市场管理所、堤口路果品批发市场管理所、北园路综合批发市场管理所，分别定编7名、11名、5名，区工商行政管理局物资交易市场管理所、洛口服装市场管理所、济南市粮油市场管理所分别定编5名、16名、7名，区工商行政管理局工人新村、红桥、英贤桥、北园、洛口、无影山工商所分别定编7名、7名、7名、11名、9名、7名，区工商行政管理局济南火车东站工商所定事业编制6名；原工商所名称废止。1993年4月3日，区物价局（物价检查所）与区工商行政管理局合署办公，带行政编制2名、事业编制10名；22日，明确区个体劳动者协会办公室为副局级；5月25日，设立药山工商所，定编7名，人员、编制局内调剂；洛口工商所编制调整为7名；6月14日，设立济南市装饰材料批发市场管理所、山东工业品批发市场管理所，各定编7名，人员、编制局内调剂；10月23日，局机关增设外资企业登记管理科；设立济南市北园物资市场管理所，定编5名，人员、编制局内调剂。1994年2月，区工商行政管理局升格为正处级，内设、派出机构升格为正科级；4月8日，设立济南市济泺路综合贸易市场管理所，定事业编制7名，人员、编制局内调剂。1994年8月1日，改为由济南市工商行政管理局垂直管理，成立济南市工商行政管理局天桥分局，内设10个科室、8个工商所、9个专业管理所，编制190名（其中分局机关55名、派出机构135名），区物价局除1人留任分局副局长外，其余10人留区政府。1997年7月，内设机构调整为办公室、政工科、法制科、企业登记管理科、市场管理科、商标广告管理科、个体私营经济管理科、经济合同管理科、经济检查科9个科室；8月，设立消费者协会办公室、个体劳动者协会办公室、私营企业协会办公室、广告协会办公室、合同协会办公室5个事业单位，各定编3名。1998年4月8日，设立区工商咨询服务中心、市场建设服务中心2个科级事业单位，各定编10名；4月10日，设立消费者权益保护科，与消费者协会合署办公。2001年5月，分局104人经山东省人事厅确认为国家公务员；9月，济南市工商行政管理局历城分局大桥、桑梓店、靳家工商所划归天桥分局，天桥分局增行政编制15名。2002年7月，内设机构调整为办公室、人事政工科、财务装备科、法制科、市场合同管理科、商标广告管理科、消费者权益保护科、纪检监察室8个科室，设立企业注册局（内设企业注册科、个体注册科、综合监管科）、公平交易局（内设经检一科、经检二科）2个副处级直属机构，下设北园工商所、洛口服装市场管理所、白鹤工商所、沃家工商所、堤口工商所、工人新村工商所、药山工商所、红桥工商所、英贤桥工商所、鞋类市场管理所、洛口工商所、大桥工商所、桑梓店工商所13个工商所，行政编制215名（其中分局机关25名、企业注册局10名、公平交易局10名、工商行政管理所170名）、工勤人员编制23名。2004年，下设区个体私营企业协会办公室、区消费者协会办公室、区合同协会办公室、区广告协会办公室、天桥工商咨询服务中心5个科级事业单位，编制29名。2008年，行政编制225名、工勤人员编制22名、事业编制29名，领导职数配正处2名（党委书记1名、局长1名）、副处13名、正科26名、副科20名。至2012年年底，内设机构、领导职数未变，行政编制216名、工勤人员编制7名、事业编制11名，实有274人。

党委书记

毕于朴	1986.04—1994.08
常廷茂	1995.11—1998.04
李太生	1998.04—2007.07
王春校	2007.07—2010.06
程传林	2010.06—

局　长

毕于朴	1986.04—1992.04
常廷茂	1992.04—1995.11

赵传忠	1995.11—1998.01
李太生	1998.01—2002.08
王春校	2002.08—2008.12
程传林	2008.12—

济南市质量技术监督局天桥分局

1984年12月，设立济南市郊区标准计量所。1987年5月，整建制划归天桥区，改称济南市天桥区标准计量所，移交事业编制人员10人；12月30日，建制级别股级，事业编制10名，实有10人，隶属区经济计划委员会领导。1989年1月3日，明确区标准计量所为区政府直属副局级事业单位，归口区经济计划委员会领导；7月31日，核定事业编制10名；11月7日，实有10人；12月19日，改为区标准计量局，归区政府直接领导，不列政府序列，事业编制10名。1991年5月8日，设立区计量检定所，为股级全民事业单位；区计量局定事业编制2名，区计量检定所定事业编制8名；8月25日，区标准计量局建制级别局级，自定编制2名，实有1人；区计量检定所归口区标准计量局，事业编制8名，实有8人（含工勤1人）。1993年2月23日，区标准计量局更名为区技术监督局。1996年8月12日，区技术监督局并入区经济计划委员会，区经济计划委员会对外挂技术监督局牌子。1997年3月6日，区技术监督局挂靠区经济计划委员会，核定行政编制2名，领导职数配局长1名、副局长1名；11月6日，区计量检定所升格为正科级。2000年12月14日，区劳动和社会保障局承担的锅炉压力容器等特种设备安全监察、检测职能划归区技术监督局。2002年6月17日，垂直上划济南市质量技术监督局，改称济南市质量技术监督局天桥分局，加挂济南市质量技术监督局天桥分局稽查队牌子，为济南市质量技术监督局派出机构，内设办公室、综合管理科、稽查科3个科室，核定机关行政编制9名、工勤人员编制3名、稽查编制10名，领导职数配局长1名、副局长2名。2004年6月，济南市质量技术监督局天桥分局核定机关行政编制7名、工勤人员编制1名、稽查编制10名，可配备局长1名、副局长2名；10月，成立党组、纪律检查组。2010年10月，内设办公室、稽查队、监督与法制科、综合业务科、特种设备安全监察科、食品生产监管科6个机构。至2012年年底，内设机构、领导职数配备未变，编制18人，实有28人。

党组书记、局长

王承亮	1991.04—1996.11
闫志顺	1996.11—1998.04
宫建华	1998.04—2000.12
王金兰（女）	2000.12—2003.12
芦光生	2004.09—2005.08
王云涛（女）	2005.08—2009.01
张　建	2009.01—

济南市食品药品监督管理局天桥区分局

2007年11月20日，设立济南市食品药品监督管理局天桥区分局，为济南市食品药品监督管理局正处级派出机构，实行省以下垂直管理，行使辖区内药品、医疗器械生产流通使用环节监督管理职能，内设办公室、综合业务科、稽查队，核定行政编制10名，领导职数配党组书记兼局长1名、副局长2名、纪检组长1名，实有4人（其中党组书记兼局长1人、副局长1人）。2010年4月，食品药品监管体制调整，取消省以下垂直管理，分局仍为济南市食品药品监督管理局派出机构，增加餐饮服务食品、保健食品和化妆品监管职能，内设综合科、监管一科、监管二科，均为正科级，核定行政编制10名，工勤人员编制2名，领导职数配党组书记兼局长1名、副局长2名、纪检组长1名、科级干部3名，实有9人；10月，济南市机构编制委员会批准设立天桥区食品药品稽查大队，为分局下属副处级事业单位，核定事业编制18名，内设综合科、稽查一科、稽查二科、稽查三科，均为正科级，领导职数配大队长1名、副大队长1名、科级职数4名，实有6人。至2012年年底，内设机构、领导职数配备、编制未变，分局实有9人，大队实有12人。

党组书记、局长

马延玉　2007.11—2011.01
张新贵　2011.01—

济南市公安局交通警察支队天桥区大队

1987年5月20日，济南市编制委员会印发《关于我市公安机关设置交通管理机构的批复》（济编发〔1987〕92号），批准市公安局设立交通管理处，对外称济南市公安交通警察支队，为副局级单位；交通管理处在市内设天桥区公安交通警察大队等市区五大队，均为科级；交通管理处下设的车辆管理所内设天桥区车辆管理分所等12个科所，均为济南市科级。1992年2月，济南市公安局批准，济南市公安局交通警察大队四中队（正科级编制）改编为济南市公安局交通警察支队天桥区大队，升格为正处级。1994年，内设政工科、秘书科、交通科、宣传科、车辆管理分所、交通肇事处理科等6个业务科室和天桥、堤口路、济洛路、北园路、无影山、洛口、北外环、北坦、标山等9个勤务中队。1999年，增设高架桥中队。2010年，交通肇事处理科改称为交通肇事处理中队；增设法制科。4月，增设桥北中队。至2012年年底，内设17个科（中队），领导职数配正处级2名（大队长、政委）、调研员1名、副处级4名、副调研员3名；实有163人。

大队长

陈卫国　1998.01—2002.01
康继平　2002.01—2003.01
郭际春　2003.01—2008.09
朱容海　2008.09—

政　委

韦传海　1994.12—1998.10
李治民　1998.10—2002.01
任文贵　2002.01—2012.05

济南黄河河务局天桥黄河河务局

1987年5月，设立山东黄河河务局济南天桥修防段，内设工务股、防汛办公室、财务股、政工股、秘书股、工会、公安派出所、综合经营办公室8个机构，下设北园河务段、老徐庄闸管理所、机动抢险队、修配组4个单位，人员编制72名。1990年12月，更名为山东省济南市天桥区黄河河务局，建制级别副县级。1991年1月，内设办公室、政工科、财务科、综合经营办公室、水政水资源科、公安派出所、工务科、工程管理科8个副科级科室，下设北园河务段、老徐庄闸管理所2个副科级和宿舍管理办公室、土方机械队、修配组、汽车队4个股级单位。1995年9月，增设老徐庄河务段，为副科级。2000年2月，历城区河务局大桥、大吴、王窑3个河务段和大王庙闸管理所划归天桥区河务局；天桥区河务局领导职数配局长1名、副局长2名、纪检员1名、工会主席1名。2001年9月，北园河务段、老徐庄河务段、王窑河务段分别更名为泺口河务段、药山河务段、桑梓店河务段。2004年9月，山东省济南市天桥区黄河河务局更名为济南黄河河务局天桥黄河河务局。2005年5月，天桥黄河河务局内设机构调整为办公室、水政水资源科（水政监察大队、黄河公安派出所）、工程管理科、防汛办公室、人事劳动教育科（党群工作科）、财务科6个正科级科室，下设药山管理段、泺口管理段、大桥管理段、桑梓店管理段、大吴管理段5个正科级管理段，人员编制133名（其中参照公务员法管理编制29名、公益事业编制104名），领导职数配备局长1名、副局长2名、纪检组长1名、总工程师1名、工会主席1名。至2012年年底，内设机构、领导职数、人员编制未变，实有120人。

党组书记

任士伟　1990.12—1994.06
李　明　1994.06—1998.07
戴继拥　1999.04—2002.01
刘长新　2002.01—2005.06
连志军　2005.08—

局　长

任士伟　1990.12—1994.02
李　明　1994.02—1998.07
戴继拥　1999.04—2002.01
刘长新　2002.01—2005.06
连志军　2005.08—

1991 年天桥区各单位编制及人员统计表

表 29-11

单位		编制（名）			人员（人）
		行政编制	自定编制	事业编制	
总计		759	1052	2459	3919
一、区委		92	24	17	110
1、部门		88	16	—	85
区纪委		15	—	—	13
区委办公室	单列编制	3	—	—	17
	区委办公室（区委政策研究室）	15	1	—	
区委组织部		10	1	—	8
组织员办公室		3	—	—	3
区委宣传部		10	3	—	12
区精神文明协调委员会办公室		—	3	—	2
区委统战部（区委对台工作办公室）		5	1	—	6
区委政法委员会（区综治办）	区委政法委员会	4	1	—	5
	区综治办	4	—	—	
区委老干部局		8	1	—	7
区机关党委		5	1	—	5
区委打击严重经济犯罪斗争领导小组办公室		—	2	—	2
区老龄问题委员会办公室		2	2	—	3
区委街道办公室（区政府街道办公室）		4	—	—	2
2、直属事业		4	8	17	25
区委党校			8	17	22
区委党史资料征集委员会办公室		4	—	—	3
二、区人大、政协、群众团体		69	3	5	74
1、区人大		26	—	—	24
2、区政协		17	2	—	18
3、群众团体		26	1	5	32
区总工会		7	1	5	13
共青团济南市天桥区委员会		6	—	—	6
区妇女联合会		6	—	—	7
区科学技术协会		3	—	—	3

续表 29-11

单位		编制（名）			人员（人）
		行政编制	自定编制	事业编制	
区工商业联合会		3	—	—	3
区归国华侨联合会		1	—	—	
三、区政府		227	425	2401	2853
1、序列部门		199	298	1948	2286
区政府办公室	单列编制	5	—	—	17
	区政府办公室	7	—	10	
区保密局（区委保密委员会办公室）		3	—	—	3
区经济计划委员会	机关（含区政府驻珠海办事处、区经济技术协作办公室、区街道经济办公室）	10	49	—	53
	堤口联合工业公司	—	—	25	26
区教育委员会	机关	6	—	68	59
	区青少年宫	—	—	6	4
	小学教研室	—	—	12	12
	中学教研室	—	—	12	7
	电化教育教学仪器站	—	—	5	4
	汽车队	—	—	6	6
	木工厂	—	—	5	7
区科学技术委员会		5	5	—	9
区监察局		10	2	—	9
区民政局	机关	11	1	—	12
	区军队离休退休干部休养所	—	—	5	4
	区残疾人联合会	—	3	—	1
司法局	机关（编制统计在公检法司内）	—	—	—	
	区法律顾问处	—	—	6	6
区财政局	机关	10	—	2	10
	区控制社会集团购买力办公室	2	—	—	—
区人事局	机关	8	—	—	6
	区人才交流服务中心		—	2	1

续表 29-11

单位		编制（名）			人员（人）
		行政编制	自定编制	事业编制	
区劳动局	机关	11	—	—	11
	区社会劳动保险事业分处	—	—	8	7
	区劳动服务公司	—	2	23	22
区土地管理局		3	6	—	10
区城市建设管理委员会	机关	10	55	—	64
	区市政工程管理养护所	—	—	200	184
	区绿化管理所	—	—	68	68
	区河道管理所	—	—	20	18
	区市政工程排水管理所	—	—	63	61
区环境保护局	机关	5	3	—	5
	区环境保护监测站	—	—	20	19
区农委（区委农工委）	机关	7	—	—	10
	农业综合站	—	—	7	
区文化局	机关	3	1	—	1
	区文化馆	—	—	16	15
区卫生局	机关	5	—	7	9
	区爱国卫生运动委员会办公室	—	—	5	5
	区公费医疗办公室	—	—	3	2
	区卫生防疫站	—	—	50	45
	区妇幼保健站	—	—	15	12
	区红十字会办公室	—	—	1	1
	天桥人民医院	—	—	395	388
	区精神病防治院（北园卫生院）	—	—	110	80
区计划生育局	机关	11	—	—	11
	区计划生育协会办公室	—	—	1	
区审计局	机关	8	—	4	13
	区审计事务所	—	—	3	—
区统计局	机关	6	—	—	5
	区计算机室	—	—	3	2

续表 29–11

单　位		编制（名）			人员（人）
		行政编制	自定编制	事业编制	
区房地产管理局	机关	—	85		85
	区天桥东房管所	—	—		
	区天桥西房管所	—	—		
	区天桥北房管所	—	—		
	区无影山房地产管理所	—	—		
	材料供应站	—	—	430	406
	房屋修建队	—	—		
	区房屋建设综合开发公司	—	—		
	区房管局劳动服务公司	—	—		
	区水电暖装饰队	—	—		
区工商行政管理局		10	45	108	169
区商业局		10	7	—	17
区体制改革委员会		7	—	—	4
区物价局	机关	2	—	—	5
	区物价检查所	4	—	10	11
区民族宗教办公室		3	—	—	3
区政府侨务办公室		3	—	—	3
区体育运动委员会	机关	2	2	—	4
	区体育馆（区业余体校）	—	—	18	16
区档案局（馆）		2	3	7	9
区物资局	机关	4	—	—	3
	区物资公司	—	25	4	24
区对外经济贸易委员会		6	4	—	8
区公安分局（未核定编制）		—	—	—	—
区税务局		—	—	185	195
2、序列外部门		28	127	274	406
区委、区政府信访局		5	—	—	4
区机关行政事务管理局	机关	7	63	—	69
	区政府招待所	—	—	60	48
区编制委员会办公室		5	—	—	3

续表 29-11

单位		编制（名） 行政编制	自定编制	事业编制	人员（人）
区政府信息调研室		1	2	—	2
区绿化委员会办公室		1	2	—	2
区人民防空委员会办公室		3	6	10	19
区职工教育办公室		3	1	—	4
区政府法制办公室		—	3	—	3
区整顿市容卫生秩序指挥部办公室		—	10	—	10
区标准计量局	机关	—	2	—	1
	区计量检定所	—	—	8	8
济南火车站地区综合管理办公室		3	17	—	20
济南长途汽车站综合管理办公室		—	10	—	10
区第三产业办公室		—	5	—	2
区普法教育依法治理办公室		—	6	—	6
区环境卫生管理局	机关	—	—	25	16
	汽车队	—	—	128	136
	市容纠察中队	—	—	15	15
	环卫服务站	—	—	28	28
3、直属事业单位		—	—	179	161
区志编纂委员会办公室		—	—	7	7
区城市建设综合开发公司		—	—	50	50
区拆迁办公室		—	—	14	8
区交通运输管理站		—	—	5	5
天桥运输公司（区交通管理委员会）		—	—	95	86
区重点工程指挥部办公室		—	—	8	5
四、区武装部		25	—	—	20
五、区公安分局、检察院、法院、司法局		179	—	—	150
区公安分局（未核定编制）		—	—	—	
区检察院		64	—	—	56
区法院		85	—	—	79
区司法局		30	—	—	15
六、街道（镇）		167	600	36	712

续表 29-11

单位		编制（名）			人员（人）
		行政编制	自定编制	事业编制	
制锦市街道		10	31	1	41
北坦街道		10	31	1	41
纬北路街道		10	31	1	35
陈家楼街道		10	31	1	36
刘家庄街道		10	31	1	36
天桥东街街道		10	31	1	38
官扎营街道		10	31	1	38
宝华街街道		10	31	1	37
堤口路街道		10	31	1	36
无影山街道		10	31	1	34
工人新村南村街道		10	31	1	34
工人新村北村街道		10	31	1	37
北园镇	机关	47	228	—	243
	农林水畜牧综合站	—	—	24	26

2012 年天桥区各单位编制及人员统计表

表 29-12

单位		编制（名）			人员（人）
		行政编制	工勤编制	事业编制	
总　计		1046	87	3052	4063
一、区委		114	16	74	227
1、部门		114	16	35	183
区纪委（区监察局）	机关	20	2	—	47
	区发展环境投诉中心	—	—	10	
区委办公室（区委政策研究室）	单列编制	2	—	—	17
	机关	13	5	—	
	区委、区政府信访局	11	1	—	14
	区委党史研究室	—	—	3	7

续表 29-12

单位		编制（名）			人员（人）
		行政编制	工勤编制	事业编制	
区委组织部	机关	14	1	—	21
	区党员干部现代远程教育管理中心	—	—	6	
	区委老干部局（区老年人大学）	9	2	3	12
区委宣传部（区文明办）	机关	12	2		19
	区文学艺术界联合会			3	
区委统战部		4	1	—	9
区委政法委（区社会管理综合治理委员会办公室）		13	1	—	15
区机构编制委员会办公室	机关	8	1	—	12
	区事业单位登记管理局	—	—	5	
	区机构编制电子政务中心	—	—	5	
区委区直机关工作委员会		6	—	—	6
区委台湾工作委员会（区政府台湾事务办公室）		2	—	—	4
2、直属事业单位		—	—	39	44
区老龄工作委员会办公室		—	—	4	7
区档案局（馆）		—	—	10	13
区委党校		—	—	25	24
二、区人大、政协、群众团体		55	8	18	110
1、区人大		20	3	3	34
区人大	机关	20	3	—	34
	老干部管理办公室	—	—	3	
2、区政协		12	3	0	29
区政协	机关	12	3	—	29
	经济科技咨询服务部	—	—	0	
3、群众团体		23	2	15	47
区总工会	机关	6	1	—	11
	区工会职工业余学校	—	—	5	

续表 29-12

单　位		编制（名）			人员（人）
		行政编制	工勤编制	事业编制	
共青团济南市天桥区委员会	机关	5	—	—	6
	区关心下一代委员会办公室	—	—	2	
区妇女联合会（区妇女儿童工作委员会办公室）		5	1	—	7
区科学技术协会		3	—	—	7
区工商业联合会（区商会）	机关	4			8
	非公有制企业法律服务部	—	—	0	
区归国华侨联合会		—	—	2	3
区残疾人联合会	区残疾人联合会	—	—	3	5
	区残疾人劳动就业管理服务中心	—	—	3	
三、区政府		331	29	2489	2465
1、派出机构		20	—	10	25
济南化工产业园区管委会	机关	20	—	—	25
	综合管理服务中心	—	—	10	
2、工作部门		311	29	2264	2257
区政府办公室	单列编制	8	—	—	
	机关	30	6	—	46
	区信息中心	—	—	2	
	区史志办公室	—	—	5	7
区发展和改革委员会（区物价局）	机关	26	1	—	
	价格认证中心	—	—	4	53
	区经济技术协作中心	—	—	15	
区经济和信息化局	机关	11	1	—	15
	区投资服务中心	—	—	10	8

续表 29-12

单位		编制（名）			人员（人）
		行政编制	工勤编制	事业编制	
区教育局	机关	16	2	—	126
	小学教研室	—	—	13	
	中学教研室	—	—	11	
	电化教育教学仪器站	—	—	4	
	区少年宫	—	—	34	
	区勤工俭学与学校安全办公室	—	—	9	
	区自学考试办公室	—	—	2	
	区教师进修学校	—	—	13	
	总务后勤办公室	—	—	15	
	区招生办公室	—	—	2	
	区语言文字工作委员会办公室	—	—	3	
区科学技术局	机关	9	1	—	20
	区生产力促进中心	—	—	3	
	区知识产权局	—	—	3	
区监察局	（编制统计在纪委内）	—	—	—	
区民政局	机关	14	1	—	28
	区军队离休退休干部休养所	—	—	8	
	区婚姻登记处	—	—	3	
	区社区服务中心	—	—	5	
区司法局	（编制统计在公检法司内）	—	—	—	
区财政局	机关	20	2	—	33
	区政府采购办公室	—	—	6	
	区国库集中支付中心	—	—	8	
	区工资发放中心	—	—	3	
	区会计事务管理中心	—	—	3	
	区统计评估中心	—	—	5	
	区农业综合开发项目办公室	—	—	3	
	区政府金融办公室	—	—	5	

续表 29-12

单　位		编制（名）			人员（人）
		行政编制	工勤编制	事业编制	
区人力资源和社会保障局	机关	24	2	—	78
	区人才交流服务中心	—	—	2	
	区军队转业干部工作办公室	—	—	0	
	培训考试中心	—	—	3	
	区劳动就业办公室	—	—	25	
	区机关事业单位社会保险事业办公室	—	—	5	
	区农村社会养老保险管理处	—	—	3	
	区医疗保险管理办公室	—	—	8	
	区劳动保障监察大队	—	—	12	
	区劳动人事争议仲裁院	—	—	8	
济南市国土资源局天桥分局	机关	12	1		55
	国土资源执法监察大队	—	—	15	
	大桥国土资源管理所	—	—	6	
	桑梓店国土资源管理所	—	—	6	
	城郊国土资源管理所	—	—	6	
	国土资源征地收购中心	—	—	15	
区城乡建设委员会（区人民防空办公室）	机关	17	2	—	83
	物业管理服务中心	—	—	10	
	市工程质量与安全生产监督站天桥分站	—	—	10	
	区人防管理服务中心	—	—	14	
	区城市规划协调服务中心	—	—	12	11
	区排水管理服务中心	—	—	121	97
	区重点工程指挥部办公室	—	—	14	0
	区拆迁办公室	—	—	14	21
	区市政工程管理局	—	—	180	81
	区园林绿化管理局（火车东站广场办）	—	—	69	64
区城市管理局	机关	11	1	—	3
	区环境卫生管护服务中心	—	—	198	152
区城市管理行政执法局	机关	8	1	—	179
	区城市管理行政执法大队	—	—	148	

续表 29–12

单位		编制（名）			人员（人）
		行政编制	工勤编制	事业编制	
区环境保护局	机关	11	—	—	48
	区环境监察大队	—	—	20	
	区环境监测站	—	—	20	
区农业经济发展局（区水务局）	机关	8	1	—	39
	区畜牧兽医总站	—	—	10	
	区农业综合管理站	—	—	13	
	大桥畜牧兽医站	—	—	8	
	桑梓店畜牧兽医站	—	—	8	
	区引黄灌溉管理处	—	—	20	
	区水政监察大队	—	—	6	
区商务局	机关	11	1	—	25
	区畜禽屠宰管理办公室	—	—	14	
	济南国际技术合作公司天桥发展中心	—	—	0	
区文化局（区旅游局）	机关	8	—	—	34
	区文化馆	—	—	21	
	区文化市场综合行政执法大队	—	—	10	
区卫生局	机关	12	1	—	473
	区新型农村合作医疗办公室	—	—	5	
	区疾病预防控制中心	—	—	26	
	区卫生监督所	—	—	26	
	区妇幼保健站	—	—	20	
	区机关门诊部	—	—	3	
	区除害消杀服务中心	—	—	5	
	大桥镇卫生院	—	—	60	
	桑梓店镇卫生院	—	—	44	
	天桥人民医院	—	—	395	
	天桥第二医院	—	—	110	
区人口和计划生育委员会	机关	11	1	—	24
	区计划生育服务中心	—	—	11	
	区计划生育协会办公室	—	—	3	

续表 29-12

单　位		编制（名）			人员（人）
		行政编制	工勤编制	事业编制	
区审计局	机关	13	1	—	20
	区经济责任审计办公室	—	—	10	
区统计局	机关	8	—	—	21
	区社会经济综合调查队	—	—	8	
	区计算机室	—	—	3	
区安全生产监督管理局	机关	8	1	—	19
	区安全生产监察大队	—	—	15	
区住房保障和房产管理局	机关	15	2	—	264
	区房屋管理服务中心	—	—	98	
	档案馆（档案室）	—	—	2	
	区天桥东房管所	—	—	52	
	区天桥西房管所	—	—	35	
	区天桥北房管所	—	—	26	
	区房管局纬北房管所（房屋修建队）	—	—	5	
	区无影山房地产管理所	—	—	17	
	物业管理中心	—	—	12	
	区房管局劳动服务公司	—	—	17	
	济南市国有北郊林场	—	—	0	130
3、直属事业单位		—	—	215	183
区行政审批服务中心		—	—	6	6
区投融资管理中心		—	—	7	6
区体育局	机关	—	—	6	27
	区体育馆	—	—	11	
	区青少年竞技体育运动学校	—	—	7	
区交通局		—	—	5	2
区红十字会		—	—	5	7
区区级机关事务管理局	机关	—	—	74	63
	区政府接待处	—	—	18	1
中国国际贸易促进会济南天桥区支会		—	—	5	6
区北展区综合开发管理委员会		—	—	26	22
区城市建设综合开发公司		—	—	45	43

续表 29-12

单位		编制（名）			人员（人）
		行政编制	工勤编制	事业编制	
四、区武装部		—	—	12	12
民兵武器装备仓库		—	—	5	6
民兵训练中心（基地）		—	—	7	6
五、区公安分局、检察院、法院、司法局		249	18	35	271
区公安分局	（归市公安局垂直管理）	—	—	—	—
区检察院	政法专项编制	89	7	—	99
	机关服务中心	—	—	12	
区法院	政法专项编制	114	10	—	139
	机关服务中心	—	—	16	
区司法局	机关政法专项编制	15	1	—	33
	司法所单列政法专项编制	31	—	—	
	区法律援助中心	—	—	3	
	区“148”协调指挥中心	—	—	4	
	天桥公证处	—	—	0	
六、街道（镇）		297	16	424	978
制锦市街道	机关	14	1	—	49
	社区服务中心	—	—	10	
	统计站	—	—	0	
	财政所	—	—	3	
北坦街道	机关	14	1	—	51
	社区服务中心	—	—	10	
	统计站	—	—	0	
	财政所	—	—	3	
纬北路街道	机关	19	2	—	62
	社区服务中心	—	—	10	
	统计站	—	—	0	
	计划生育服务站	—	—	8	
	财政所	—	—	6	

续表 29–12

单　　位		编制（名）			人员（人）
		行政编制	工勤编制	事业编制	
天桥东街街道	机关	14	1	—	39
	社区服务中心	—	—	10	
	统计站	—	—	0	
	财政所	—	—	3	
官扎营街道	机关	15	1	—	51
	社区服务中心	—	—	10	
	统计站	—	—	0	
	财政所	—	—	3	
宝华街街道	机关	14	1	—	44
	社区服务中心	—	—	10	
	统计站	—	—	0	
	财政所	—	—	3	
堤口路街道	机关	14	1	—	52
	社区服务中心	—	—	10	
	统计站	—	—	0	
	财政所	—	—	3	
无影山街道	机关	18	1	—	52
	社区服务中心	—	—	10	
	统计站	—	—	0	
	财政所	—	—	3	
工人新村南村街道	机关	14	1	—	53
	社区服务中心	—	—	10	
	统计站	—	—	0	
	财政所	—	—	3	
	区工人新村南村中心幼儿园	—	—	5	
工人新村北村街道	机关	14	1	—	52
	社区服务中心	—	—	10	
	统计站	—	—	0	
	财政所	—	—	3	

续表 29-12

单位		编制（名）			人员（人）
		行政编制	工勤编制	事业编制	
药山街道	机关	17	1	—	50
	社区服务中心	—	—	10	
	统计站	—	—	2	
	农业综合服务站	—	—	4	
	计划生育服务站	—	—	5	
	安全生产监察中队	—	—	0	
	环卫站	—	—	3	
	财政所	—	—	5	
	区药山工业园管理委员会	—	—	13	18
	区药山工业园招商中心	—	—	12	
北园街道	机关	22	2	—	107
	社区服务中心	—	—	10	
	统计站	—	—	0	
	安全生产监察中队	—	—	0	
	老干部服务中心	—	—	5	
	后勤管理服务中心	—	—	6	
	财政所	—	—	7	
	计划生育服务中心	—	—	15	
	环卫站	—	—	5	
	经济发展服务中心	—	—	10	
	城市管理服务中心	—	—	15	
	区北园大街综合管理办公室	—	—	10	9
泺口街道	机关	20	2	—	94
	社区服务中心	—	—	10	
	统计站	—	—	0	
	安全生产监察中队	—	—	0	
	农业管理服务中心	—	—	3	
	计划生育服务中心	—	—	14	
	后勤管理服务中心	—	—	3	
	财政所	—	—	3	
	环卫站	—	—	6	
	经济发展服务中心	—	—	12	
	城市管理服务中心	—	—	12	

续表 29-12

单　位		编制（名）			人员（人）
		行政编制	工勤编制	事业编制	
大桥镇	机关	44	—	—	139
	财政所	—	—	5	
	计划生育服务站	—	—	10	
	文化服务中心	—	—	3	
	农业综合服务中心（水利站）	—	—	16	
	人力资源社会保障服务中心	—	—	5	
桑梓店镇	机关	44	—	—	56
	财政所	—	—	5	
	计划生育服务站	—	—	8	
	文化服务中心	—	—	3	
	农业综合服务中心（水利站）	—	—	17	
	人力资源社会保障服务中心	—	—	6	

人 物

1991—2012
TIANQIAO QU ZHI

鑫苑名家

龙湖之秋（袁寒松　摄）

本志收录人物包括人物传略、人物简介和人物表三部分内容。人物传略收录1991年后去世的副区级以上领导干部、社会贤士和革命烈士等。人物简介主要录入1991年后文人贤士和全国劳动模范等。人物表收录辖区内省级先模人物、享受国务院津贴人物。

人物传略

魏麟甫（1911—1942年）男，汉族，天桥区北园街道黄台社区魏家庄人，1935年加入中国共产党。先后在山东西区人民抗敌自卫团战士、肥城县第七区区公所任区长。1942年9月27日，在日军鲁西南大扫荡中牺牲；2014年4月3日，经山东省人民政府批准为革命烈士。

丛忠滋（1926—1993年）曾用名丛永堂，男，山东威海人。1945年10月加入中国共产党。1946年初，参加中共威海市委举办的农村干部培训班；5月，回家乡参加减租减息和土地改革工作；1947年2月，参加中国人民解放军，历任班长、副排长；1949年，荣立二等功1次；1951年1月，到济南恒太火柴厂保卫科工作，任干事、科长。至1960年3月，先后任济南东元盛印染厂人事科科长、党支部副书记，济南印染四厂党支部书记，济南化工厂党委副书记、济南第二印染厂党总支部书记。1960年3月，调入区机关工作，任中共天桥区委常委、宣传部部长；1961年初，任中共天桥区委副书记;1966年“文化大革命”初期,受到错误批判;1969年10月，任天桥区革命委员会常委、政工组组长；1975年4月，任中共天桥区委副书记、区革命委员会副主任；1980年5月，任中共天桥区委副书记；1984年4月，在政协天桥区第一届委员会第一次全体委会上，当选为主席；1990年11月离职休养。1993年因病去世。

艾鲁川（1914—1994年）男，汉族，山东省泰安市人，民建济南市委员会主任委员、山东省工商联名誉主任委员、全国工商联顾问。曾任济南市副市长、市人大常委会副主任。1931年始，先后任济南裕兴化工厂会计、副经理、经理。1950年，加入民建。在社会主义改造高潮中积极响应党和国家的号召，参加济南市第一批公私合营，1954年6月，任公私合营济南裕兴化工厂经理。后曾任济南市轻工业局副局长。1978年7月，任政协济南市委员会副主席；1979年12月，任济南市副市长；1983年3月和1988年1月，先后当选为济南市第九、十届人大常委会副主任。曾当选为济南市第一至六届、第八至十届人民代表大会代表，山东省第一、七届人民代表大会代表，民建济南市第一至四届委员会主任委员，民建山东省第一、二届委员会副主任委员，民建中央第四届委员会常委，济南市工商联第三至八届执委会副主任委员，山东省工商联第六、七届执委会主任委员。1994年6月14日在济南去世。

宋铭禄（1953—1995年）男，汉族，山东泰安人。1970年12月参加工作，济南军区第7422厂职工，济南市天桥区堤口路联防治保会主任。1995年4月18日凌晨，宋铭禄与天桥区堤口路派出所民警芦全力在辖区巡逻时，跟同骑一辆自行车、携带短刀及盗窃赃物的两名歹徒相遇。芦全力与宋铭禄发现二人行迹可疑，便令其停下接受检查，二歹徒仓惶逃窜。在追捕中，宋铭禄将一罪犯抓住，凶残的歹徒抽出尖刀朝宋铭禄肋部、背部连刺三刀，致使宋铭禄胸主动脉破裂，造成大失血，在送往医院途中牺牲。宋铭禄为维护社会治安同犯罪分子英勇搏斗，用生命和鲜血谱写一曲匡扶正义、袪除邪恶的正气之歌。1995年5月4日，被山东省人民政府追认为革命烈士；5月9日，中共济南市委、市政府作出《关于开展向宋铭禄同志学习的决定》；5月10日，济南军区后勤部党委追认其为中共正式党员并授予“勇斗歹徒的英雄职工”称号。

陈澍（1925—1999年）男，汉族，山东安丘人，1945年6月参加革命，1946年1月加入中国共产党。1948年9月，在济南市公安局四分局先后任干事、副股长、股长，侦保处二科科员、副科长；在市公安局技术科任副科长。1956年3月，调天桥区工作，先后任中共天桥区委常委、组织部副部长、部长、天桥区委副书记、区委政工组副组长；“文化大革命”中，陈澍被下放到干校劳动改造；1978年4月，任中共天桥区委副书记兼纪委书记、区革委副主任；1980年7月，任中共天桥区委书记；1984年4月，当选为天桥区人大常委会主任。曾当选为中共山东省第四次代表大会代表。1985年12月离职休养，1999年7月因病去世。

弭菊田（1914—2000年）原名育咸，晚号菊翁，男，山东济南人，中共党员，著名画家、美术教育家。

弭菊田出生于书香门第，殷实之家。他自幼酷爱绘画，早年毕业于北平美术专科学校。1937年济南沦陷后，弭菊田闭门简出，居家研习书画；1942年，任济南师范学校美术教师；1947年，弭菊田应聘为济南南华学院艺术系教授，从事专业创作；1948年，他在上海举办个人画展；1961年，调入济南市文联为专业画家；1979年，当选为济南市美术工作者协会主席；1980年，弭菊田受命筹建济南画院，曾任院长、名誉院长；1981年，他应邀访问日本，并在日本山口县举办个人画展；1983年，当选为山东省第六届人民代表大会代表。1985年7月1日，弭菊田加入中国共产党。他曾任中国美术家协会会员、中国书法家协会会员、中国美术家协会山东分会常务理事、中国书法家协会山东分会常务理事和山东省文联委员。“画中之道，水墨为上”，是对弭菊田及其女儿弭金冬人格画风的定位。弭家山水在画坛独占一席。父女二人的画风都清秀雅洁，然而又各有特色。弭菊田画的山，雄浑苍茫、虎牙桀立、云水荡漾、险峻奇特，以多种视角表现千变万化之名山面貌。他更擅长于画水，他的《观瀑》一图，瀑布先以丰沛的水流平铺而来，流至悬崖边沿跌至二叠，水分为二，垂落至三叠，又分为三。由于水量宏大，水帘的宽度不缩小而是愈来愈大。画面未画出落潭时的湍激，却是用近景的岗峦隔藏，只强调了水流之畅顺坦荡，源源而至的渊深海涵的气象。《鳞峡烟云》的瀑布虽占了画面的一角，然水自横云断山的豁谷中突然踊跃而下，遇到阻力，遂以“之”字形劲折夺门而出。水流先细后粗，体现峡谷的束缚力，激发了水流的力量，遂具有一泻万丈之势。弭菊田历经坎坷而能享高年，笔墨自乐，应是以高山流水为知音者。孔子曰：“智者乐水，仁者乐山；智者动，仁者静；智者乐，仁者寿。”仁德与智慧，弭菊田兼而有之，一往情深地注入于其“仁山智水”之中，并影响了女儿。

弭金冬的《观瀑图》，盘结劲挺的松树，郁郁苍苍，带着枝香叶露扑面而来。透过虬干翠针，后面则是悬崖峭壁。两峰之间，一派百丈瀑布飞流而下。瀑布上一桥飞架，桥端添上一二粒行人，倘佯于更高的峰岚之下。这苍翠背景中的白色的桥沟通了山与水，融会了人工与天然，于是清气拂拂，生意盎然。

弭金冬的画是菊翁嫡传，女肖其父，自不待言。弭家的画以秀雅明净为特色，细察而品味之，同中也有异。她的《柳暗花明又一村》，粉红的花树布满了苍山褐岭之间，而在山坳的空隙里展露出一所杏花山村。在厚重的背景衬托下，主题色彩明艳亮丽、夺人双目。她以文弱女子画山水，多数作品却以笔墨挥洒阳刚傲岸之气，虽有杏花江南的“红装”，却多爱表现高山峻岭的“武装”，而其腕力又足以表现之。《万壑松云》群峰耸立森列，犹如万笏朝天，青松劲拔，具有壮志凌云之致。“雪落空山静无声”，是她人品画品中的金石之气，山水生命。这就是“弭家山水”！

2000年3月，弭菊田去世。

张东木（1913—2001年）男，汉族，山东桓台人，曾任济南市人民政府副市长、政协副主席，民建山东省副主委。曾居住于锦缠街47号的一座四合院里，就读于制锦市街小学。

东元盛是山东近代著名的民族工业之一，由张东木之父张启垣创办于清末。1916年，东元盛总号迁往济南，1920年，在锦缠街建厂。“七七”事变后，正在北平辅仁大学读书的张东木回到济南，担负起厂里生产管理和技术工作。因自幼就在染坊长大，加上受过高等教育，张东木自然比较得心应手。他亲自到车间和工人一起试验，改进流程和工艺，重新制定前后工序和操作方法，还采取大胆措施—取消上浆工艺。此后，东元盛的名驹牌青布，畅销国内，远销东南亚。

张东木实行人性化管理，想方设法改善工人劳动环境，投资18万元将废井中的冷气通过管道输向车间，降低车间内的温度，改善生产条件，受到政府表扬。

1946年，张东木任制锦市街小学董事长。1949年8月，济南召开第一届各界代表会议，张东木当选为副主席。不久，他又被推举为济南市工商业联合会筹委会主任委员。1950年11月，张东木当选为济南市副市长。朝鲜战争爆发后，张东木捐献1架飞机，并补足“经理号”战斗机缺口的5亿元（北海币），成为山东省以个人名义捐献飞机第一人。

1954年，东元盛成为公私合营企业，传统优质产品名驹青、双鱼蓝仍是畅销货，并获“全国优质产品”称号。1966年，东元盛染厂成为国营企业，此时的东元盛已拥有上百台印染设备、数十台辅助设备、各种机床26台，以及从国外引进的无底蒸化机、电子照相雕刻等先进设备，具备现代企业特征。

2001年12月，张东木病逝于济南。

辛光（1923—2003年）男，山东章丘人。济南战役一等功臣。1945年8月参加革命，1946年8月加入中国共产党。曾任中共济南市委联络部联络员、秘书，先后打入国民党整编36师和96军军部，从事地下工作。全国解放后，历任华东军政大学一大队区队长、政治干事，高级步兵学校步兵队政治指导员、助理员，军事电信工程学院预科系党委委员、政治指导员。1965年，转业到陕西省宝鸡市第二建筑工程公司工作。1986年7月，离休后易地安置到济南市，居住在天桥区工人新村附近。2003年8月8日，因病去世。

董万福（1923—2007年）男，山东临朐人。1939年秋参加革命。1948年12月加入中国共产党，后历任沂水总酒厂会计、沂水烟酒专卖处副股长。1951年7月，任黄台烟厂工务科主任兼党支部副书记；1955年8月，任公私合营天桥烟厂党支部书记；1956年6月，任中共济南市天桥区第一届委员会工业部副部长；1961年7月，任街道工作部部长；1963年1月，任工业局党委书记；1965年7月，任中共天桥区委员会工交政治部主任；1969年10月，任济南市向阳区革命委员会工交城建组副组长；1972年8月，任工交组组长；1975年11月，任中共天桥区委常委、区革命委员会副主任；1980年3月，任中共天桥区委副书记；5月，任天桥区区长；1981年3月，任天桥区人民政府党组书记。1983年12月离职休养。2007年6月因病去世。

刘长河（1954—2008年）男，汉族，天桥区房管局职工，中共党员。2000年4月，被评为全国先进工作者。刘长河十几年来，始终如一地为住户着想全心全意为住户服务，在他身上体现了热爱人民、甘愿吃苦的敬业精神。为方便住户，他学会干泥瓦工的活，工具包里除了维修管道的工具，又增添了泥瓦工工具和备用水泥，每天他都坚持把工具包背回家，为方便用户。在毕家洼地区设立2个“便民箱”，每天坚持开箱，及时为用户服务，为住户排忧解难。他热心为住户服务，多年来坚持照顾离休干部冯篮柏老俩口，为他们买煤买粮、清扫卫生，将他们当成自己的亲人孝敬；他自己身患严重糖尿病，长期坚持工作，最后局党委命令他住院，病情稍有好转就主动要求出院投入工作。谁也说不清长河做了多少件好事，谁也算不清长河为多少人带来方便。广大住户称他为“大好人”。1998 年，被评为山东省劳动模范。1999 年，获全国五一劳动奖章。为使刘长河全心全意为人民服务的精神转化成整体意识，将劳模式服务推向全区乃至全市，树立房管新形象、塑造服务新名牌，天桥区房管局于 1998 年 6 月 30 日以刘长河名字开通“长河热线”。坚持以“便民、利民、为民”为服务宗旨，以“辛苦我一个，方便千万家”为己任。2008 年 8 月 2 日，刘长河病逝于济南。

李云汉（1931—2009 年）男，汉族，天桥区大桥镇小店村人，被中央军委授予“炮兵勇士”称号。

1948 年 3 月，参加中国人民解放军，在第九兵团二十七军八十一师二四二团迫击炮连服役；8 月，加入中国共产党。先后参加昌潍战役、济南战役、淮海战役、渡江战役和上海战役，7 次荣立三等功。1950 年 10 月 25 日，李云汉随部队开赴抗美援朝战场。1951 年 4 月 20 日，李云汉所在团参加“第五次战役”。在一次阻击战斗时，在没有炮架的情况下，李云汉用双腿当炮架，一口气发射 30 余发炮弹，敌人火力被压制住；双腿被烫伤，李云汉脱下衣服裹上炮筒架在腿上，快速发射 30 余发炮弹，敌人被打乱；腿被烧焦了，战友想替换他，李云汉说“你不如我打得准”，让战友脱下衣服又裹在炮筒上，用皮肉被烧焦的腿作炮架又发射 20 余发炮弹，敌人小部分溃逃，大部分投降；营长命令炮火拦截，但已无炮弹，李云汉用药包缠上燃烧弹，连续发射 6 颗，逃敌被全歼；李云汉却被药包发射时产生的巨大气压、高温和后坐力震得昏死过去。“第五次战役”后，李云汉被志愿军总部记一等功，被朝鲜民主主义共和国授予“二级英雄”奖章，被军委授予“炮兵勇士”称号。1951 年国庆前夕，作为回国代表团成员，李云汉受到毛泽东、周恩来接见，并在全国政协会议上代表志愿军发言，在全国各地作巡回报告，英雄的事迹传遍祖国大地。李云汉曾用过的半门 60 炮陈列在中国人民军事博物馆。2009 年初因病去世。

万昭发（1935—2009 年）男，汉族，山东章丘人，1951 年 4 月参加工作，1958 年 12 月加入中国共产党。历任济南公营利校织布厂工人、团支部书记，济南第一棉织社理事、团支部书记，中共天桥区委党校、天桥螺丝厂、天桥工业党委干事，天桥区运输联社党总支组织委员，交通运输革委会副主任、常委，天桥区委工作组干事，山东省委青岛社教工作团队员，中共济南市委四清工作团大观园队秘书，中共济南市委文革办公室干事，天桥区交通运输革委会副主任，天桥区委组织部干事、副部长兼机关党委副书记，政府办公室副主任，区委办公室副主任、政府办公室主任，人大常委会办公室主任，人大常委会副主任等职，1996 年 5 月退休。2009 年 10 月 15 日因病去世。

关天相（1917—2009 年）男，字吉人，号退公、笔名关估、晚号髯翁，出生在济南天桥泺口一个富裕家庭。其祖辈不乏书画高手，多好古玩、喜收藏，其叔父关松坪、关友声均是著名书画家。幼年的他在耳濡目染中，对书画产生极大兴趣。四五岁时就能画些小兔小猫、白菜萝卜之类，且造型准确，栩栩如生。后得其叔父关松坪亲授，画技日增。学书从赵孟頫、丁佛言、胡柏年、姚鹏图、周炳如等诸家。曾任山东画院艺术顾问、山东省文物鉴定成员、山东省博物馆学会名誉理事、中国书法家协会会员、书协山东分会特邀顾问。

关天相早年到北平求学时，得识周肇祥、齐白石、姚华诸家，开始学习油画、版画，研习古文字，涉及金石。20 世纪 30 年代初期，参加王青芳创办的“黄杨社”，从事新兴木刻运动，参与北平木刻研究会、平津木刻联合展览会及全国木刻联合展览会等一系列重大活动。平日醉心创作，废寝忘食，其创作内容之广、数量之多，在京津版画界颇有影响。可惜家道中落，半途辍学，返回济南后靠经商维持家庭生活。济南解放后，被安排在新成立的文管会工作，后转入山东省博物馆，与文物结下不解之缘。以他的学识和经验对历代书画的真伪进行研判，从事文物鉴定独具慧眼，声名卓然。说到书法，关天相自诩谓“业余爱好”，而让他晚年名世的正是这“业余爱好”的书法。其书风遒媚、秀逸，结体严整、笔法圆熟。20岁始学隶书，以《礼器碑》为楷模，临摹颇有心得，以为此碑最为奇绝，瘦劲如铁，变化若龙，一字一奇。且认为碑阳最好，细劲雄健、端庄典雅，乃汉碑之极致。而碑侧和碑阴，因为记载捐助者的姓名和捐助钱数，显得要随意得多，大小疏密皆不经意，但不失变化之美。有趣的是，他的老朋友、书画名家魏启后也推崇此碑，唯赞碑阴字好。因于艺术的鉴赏各有偏嗜，不必求问。他隶书功底基就在于浸淫《礼器碑》，寓奇险于平正，含疏秀于严密，形质兼胜。

及至中年后，由于工作关系，他整理过很多甲骨及青铜器，又需临写甲骨文或手拓钟鼎文字等，对他书法有直接影响，遂涉猎甲文与金文。因经验丰富，且有深厚楷、隶功底，先秦文字篆书成了关天相最擅长书体之一。细细体察，笔法圆润精严，纯净优美，气象肃穆。其行楷疏密有致，或简远、或庄严、或俊秀。他写篆隶行草，遗墨甚多，多姿多彩，兼之学养日深，体气平和，心无尘翳。于濡墨运毫中涤烦襟、破寂寞、释燥心、忘宠辱。怀趣味之心，无鬻字之意。

他对文物鉴别也颇有建树。人们在研究汉唐时期的艺术发展史时，习惯于分作两汉、魏晋、南北朝和隋唐4个阶段，不把隋朝作为一个独立的时段，因此在历史上就形成对隋朝艺术品缺乏正确全面的评价。关天相在《英山一号隋墓壁画及其在绘画史上的地位》专论中，提出自己的鲜明观点：隋朝历史虽然很短，但是，隋代结束了自西晋末年以来长达近300年的分裂局面，中国重新进入大一统时期。这时期的文学艺术有着承前启后的作用，成为中国走向最强盛时期的转折。所以，探讨隋代绘画在我国艺术发展中的地位和影响，弄清隋代艺术的发展概貌是很有必要的。他对照敦煌现存的隋代壁画及英山一号墓壁画进行大量的研究，如《游春图》里的画树法是和壁画的画法相似，都是“列植之状”，而《天象图》月亮里的桂树，为落茄点、浓淡兼用的水墨技法，得出这种技法在隋以前是不多见的且有学术价值的判断。这对了解隋代绘画艺术提供了参考资料。

山东地区出土的东汉像石数量颇丰，对研究人物造型、发髻、服饰及绘画提供了详实的实物资料。关天相对像石潜心研究多年，编辑出版有《山东汉画像石选集》，并获山东社会科学优秀成果二等奖。1979年6月，在山东省高唐县寒寨公社谷官屯大队发掘出金代虞寅墓，墓室内有较完整的壁画，有学者认为以甬道至门为中线，分成左右各三组壁画，每组壁画以外凸的立柱相隔各为一个独立的画幅。关天相经研究发现：原绘十六幅壁画，不是各自独立，而是随墓壁凹凸就势而画就的一幅对墓主人生前生活的完整描写。他用文字复原墓主人的生活场景，受到考古同行认可。关天相晚年极愿与青年朋友交往，从不以师长自居。2009年因病去世。

姬广印（1942--2010年）男，汉族，大学学历。山东宁阳人。1967年9月参加工作，1972年8月加入中国共产党。1967年9月—1970年1月，在解放军某部队农场锻炼；1970年1月—1972年3月，平阴县洪范中学政治教师（其间，1970年5月—1972年3月，抽调搞运动）；1972年3月—1974年5月，平阴县洪范公安特派员；1974年5月—1977年1月，济南市天桥区人民法院干部；1977年1月—1979年1月，济南市天桥区人民法院秘书；1979年1月—1980年7月，济南市天桥区人民法院秘书、党组成员；1980年7月—1984年3月，济南市天桥区人民法院副院长、党组成员；1984年3月—6月，济南市天桥区人民法院院长、党组成员；1984年6月—1993年1月，济南市天桥区人民法院院长、党组书记；1993 年 1 月—2 月，济南市天桥区人民法院党组书记；1993 年 2 月—1994 年 5 月，济南市天桥区委政法委书记；1994 年 5 月—1995 年 2 月，济南市天桥区委政法委书记、区综合治理办公室主任；1995 年 2 月—1996 年 3 月，济南市天桥区委统战部部长；1996 年 3 月—2001 年 3 月，济南市天桥区人大常委会副主任。2003 年 7 月退休。2010 年 1 月 24 日因病去世。

徐迺亭（1919—2012 年）男，汉族，山东荣成人，1941 年 1 月参加革命工作，5 月加入中国共产党。历任胶东军区鞋厂行政组长、政治指导员、后勤部保卫股干事、副股长、股长，胶东、鲁中南运输公司组织股长，徐州运输公司人事科科长，济南汽车修配厂党总支书记、党委副书记，济南市委工业部重工业科科长、地方工业局党委副书记、工业部干部科科长，市监委工矿检查处处长，历城县委副书记、书记处书记、监委书记、县委常委、县革委会副主任、工会主任，天桥区委常委、区革委会副主任、区委副书记、区纪委书记、区人大常委会主任（正厅级）等职。1983 年 3 月离职休养。2012 年 5 月 7 日因病去世。

人物简介

名人贤士

魏克 原名魏兆埏，字笏臣，男，汉族，1920 年 11 月生于济南市北园镇魏家庄（今天桥区北园街道黄台社区）。1934 年，在黄台山市立第十小学读书。1938 年 5 月参加革命工作，6 月加入中国共产党。抗日战争期间，先后在山东西区人民抗敌自卫团任宣传员、班长，八路军山东纵队第六支队一团任青年干事、营指导员，泰（山）西第一军分区任指导员、锄奸干事，长清县大队任特派员；解放战争时期，在晋冀鲁豫军区野战军第七纵队十九旅任保卫科副科长，中原军区野战军第一纵队二十旅任敌工科长、宣传科长，第十八军五十二师任宣传科长；进藏期间，任西藏军区政治部、青年部、文化部副部长，西藏团工委副书记，昌都军分区政治部主任、群众工作部部长兼中共达孜县委书记，后又任五十军政治部副主任、成都陆军学校副政委（副军级）、西藏军区前进指挥部政治部主任、《西藏日报》总编等职。藏族人民亲切地称他为“雪域之子”。曾获三级独立自由勋章、三级解放勋章、独立功勋荣誉奖章。1983 年离职休养。2015 年 9 月 3 日，95 岁高龄的魏克身着灰色八路军军装，精神抖擞地参加了在北京举行的纪念中国人民抗日战争暨世界反法西斯战争胜利 70 周年阅兵式。

欧阳中石 男，山东泰安人，1928 年出生。曾就读于济南市制锦市街小学，中央文史研究馆馆员，全国政协委员，首都师范大学教授、博士生及博士后导师、艺术学科带头人，中国书法文化研究院名誉院长，中国艺术研究院戏曲专业博士生导师，山东省方志馆名誉馆长。

欧阳中石耕耘教育六十载，桃李芬芳满天下。1948 年中学毕业后，欧阳中石到穆光小学任教；1950 年，考入北京辅仁大学哲学系；1951 年，转入北京大学哲学系逻辑专业，主修中国逻辑史；1954 年毕业后，先后任教于通县师范学校、通县二中、北京171中学，教授过语文、数学、历史、体育、化学等课程；1981年，欧阳中石调入北京师范学院（今首都师范大学），教授学科教育、逻辑学。1985年，他主持创办书法专业，开办成人书法大专班，后发展书法本科、硕士教育。1993年，开设美术学（书法艺术方向）博士点，欧阳中石担任我国第一位书法方向博士生导师。1998年，招收书法方向项目博士后研究人员，欧阳中石出任博士后研究人员合作导师。由此建成全国高等院校中第一个从专科、本科、硕士、博士到博士后完整的书法教育体系，对书法学科的发展完善和中国文化教育事业的发展做出重要贡献。在他的倡导下，2005年11月，首都师范大学成立了“中国书法文化研究院”及国内首家大学“书法文化博物馆”，使首都师范大学成为我国书法高层次人才培养和科学研究的基地。

欧阳中石先生在学术、艺术领域有着广泛的研究和深入实践，他治学领域广泛，涉及逻辑、戏曲、诗词、音韵等多种学科。他早年主修逻辑专业，参加国家“六五”项目五卷本《中国逻辑史》（隋唐至明部分）的编写。先后完成《中国逻辑史资料选·先秦卷》（合著）、《逻辑》（主编）、《中国逻辑思想史教程》（合著）等学术著作。他对中国传统文化和艺术造诣精深，先后主编撰写了《中国书法史鉴》《中国的书法》《书法教程》《章草便检》《书法与中国文化》等多部书学论著，其中《书法教程》于1995年获国家教委高等学校优秀教材二等奖。2002年，获首届中国书法兰亭奖、教育特别贡献奖、终生成就奖；2007年，获教育部“全国模范教师”称号；2008年，被北京市人民政府授予“北京市人民教师”称号；2010年，获“全国先进工作者”“北京市杰出人才”等称号。

2008年，欧阳中石作为全国知名的学界泰斗，被家乡人民评为“新时期山东形象大使”，堪称新时期山东人的典范和优秀代表。

欧波　号玲珑山人，男，汉族，山东招远人，1930年3月出生，1947年参加革命工作，

1960年3月加入中国共产党。教授。幼年在本村上私塾；1942年，担任儿童团长；1944年，任群众教师；1945年，担任民兵班长；1947年，参加八路军；1949年，任山东化工厂子弟学校校长兼书记。因忠于教育事业，1984年9月山东省教育厅特发给荣誉证书，1990年离职休养。现为中国书法家协会会员，山东省书协会员，中国国家书画院副院长，中国八一画院名誉院长，台北故宫书画院终身名誉院长、客座教授，文化部文化市场特聘书法家，齐鲁文化艺术研究院院长。在济南文化市场建有欧波书法工作室。

幼年拜师全国著名书法家山之南先生，临习唐楷和两周金文石鼓文等，书作四体皆精又善榜书。结体遒劲，且字字严谨，一丝不苟。藏锋起笔，回锋收笔，含蓄、厚重、筋力饱满。字体方圆并用，以圆为主，起笔、收笔顺势自然，无多余动作，笔画圆润丰腴，但又蕴藏刚劲。多次举办个人大型书画展，作品数次在台湾、澳门地区和韩国、日本、加拿大展览，并为亚运会、奥运会、抗震救灾、残疾人福利基金会集资捐赠。1998年，参加华人艺术大奖赛，获国际荣誉金奖，被文化部文化发展中心、中外书画名人研究院等授予“世界杰出华人艺术家”称号。1999年，庆祝建国50周年和澳门回归展，作品被中国文联等评为特别金奖，本人被命名为德艺双馨艺术家。2000年，其论文《篆书的写法》编入《书画论文选集》（中国文联出版社）。2001年8月，被世界杰出华人联合会和世界教科组织联合会授予“人类杰出贡献奖”。11月11日，在纪念辛亥革命90周年暨孙中山先生诞辰135周年之际，黄埔军校同学会在广西博物馆展出其书法作品。2003年11月，参加《人民日报》举办的艺术名家金杯奖和国际现代书画艺术大赛等均获金奖。作品在台湾、澳门、香港、韩国都有出版，《人民日报》《羲之书画报》《国际商报》等多家媒体均予采访报道和刊登其

作品。2006 年 1 月 25 日，山东省书法家协会在趵突泉举办欧波先生书法展，山东电视台予以采访报道。2010 年，获中华人民共和国文化部“文化艺术政府奖”，同年被世界教科文组织授予“世界人类非物质文化遗产传承人”称号。2012 年，档案和作品编入中央电视台《国宝档案》。

艺术成就及部分作品被编入《美国世界名人录》（华人版）《中华人民共和国英模大典》《中国书法全集》《中国书画名家作品润格大全》等 200 余部大型典籍；部分作品被作为国礼赠送外宾，并被国内外部分大型馆院、韩国碑林苑收藏或刻石。

沈 力 原名沈立环，女，汉族，祖籍江苏吴江，1933 年出生于山东济南。中央电视台著名播音员，被称作“中国荧屏第一人”，深受人们的喜爱。

沈力出身名门，曾祖父是清末军机处军机大臣沈桂芬，父辈家道中落，母亲何云瑛是北洋军政府高级将领何宗莲的二女儿。传统的家风，一直熏陶着沈力幼年的成长。少年时期她居住在何家花园内，其故居旧址在现制锦市街北口路西的交警队南侧。1944 年，沈力毕业于制锦市街小学，14 岁时，全家迁居北京。

1949 年，沈力在北京入伍。1957 年转业后，考入中央人民广播电台播音组，师从齐越。1958 年，北京电视台（中央电视台前身）组建，沈力成为第一位电视播音员。1974 年，沈力改行到社教部文化生活组当编辑，曾采访过侯宝林、李谷一，并编辑节目《相声大师到哪儿去了》《心灵的歌声》，在全国优秀电视专题节目评选中获奖。

1982 年，中央电视台将《为您服务》定为每周日晚固定播出的强档节目，沈力由此成为中国第一个专栏节目主持人。1983 年，沈力获全国专栏电视节目评选优秀节目主持人奖。同年，被推选为中华全国新闻工作者协会特约理事和主席团成员。1984 年，被评为全国优秀新闻工作者；1991 年，获全国广播电视节目主持人“开拓奖”特别金奖；1993 年 10 月，离休后的沈力应邀重返中央电视台，成为《夕阳红》栏目主持人；2006 年，获中国电视节目主持人 25 年杰出贡献大奖。

全国先进工作者与全国劳动模范

李春圃 男，汉族，山东济南人，1945 年 3 月出生，1975 年加入中国共产党，高级经济师。曾任天桥区北园镇清河村党委书记、清河企业集团公司总裁。第七届省人大代表、七届省政协常委，第八、九届全国人大代表。1989 年 9 月 28 日，被评为全国劳动模范。

1978 年后，李春圃带领清河村广大干部群众解放思想、勇于改革、艰苦创业，使清河村由一个以种菜为主的小村庄一举成为集科工贸于一体的文明富裕的社会主义新农村。清河集团公司一度被列为省计划单列企业、国家级企业集团、特大型乡镇企业。1988 年，成为山东省第一个亿元村。

经过多年发展，清河集团已发展成为拥有机械、化工、建筑建材、造纸、酒店旅游业、娱乐业、商贸服务、物业管理、房地产等十几个门类、50 余家工商企业，包括 11 家中外合资企业、6600 名职工的国家级企业集团。清河村经济发展的成功经验受到各级领导重视，江泽民、李鹏、乔石、李瑞环、刘华清、胡锦涛、尉健行等 20 余位党和国家领导人先后到清河视察工作，给予高度评价。

李春圃是改革开放以后天桥区第一个全国劳动模范，获荣誉无数，但他从不居功自傲。他严于律己，宽以待人。凡事从来都坚持原则，舍小家顾大家。多年来，村里拿出相当数量的公共积累用于更新改造村民住房、增加村民福利设施和教育设施，投资500万元建起省内一流的教育中心及老幼乐园、托儿所、煤气站，实行老年人退休制度，每年组织老年人外出旅游等，做到老有所养、少有所教。还倡导每年从干部工资中拿出30%用于老弱残疾等困难户救济，清河人对此赞誉有加。

董凡玉　女，汉族，山东泰安人，1963年出生，1979年12月参加工作，1985年6月加入中国共产党。济南第四棉纺织厂挡车工。她热爱纺织事业，安心本职工作，努力学习操作技术，苦练基本功。10年来，坚持每天业务练兵1～2个小时，经常连续工作十七八个小时。曾六次获厂级操作运动会梳棉工序第一名。年年月月按时按量完成生产任务，质量始终保持上游水平。在担任团支部书记期间，带领团员青年围绕生产难点开展竞赛活动，所在团支部多次被评为先进团支部。1985年，被评为市青年突击手，1986年，被评为省优秀团支部书记，并分别被评为山东省、济南市劳动模范。1987年，获全国五一劳动奖章。1989年9月，被评为全国劳动模范。

姚升平　男，汉族，山东济南人，1934年出生，中共党员。曾任北园街道党工委副书记、黄台社区党委书记、黄台企业（集团）总公司董事长。1990年，被评为全国农业劳动模范；1995年4月，被评为全国劳动模范；1999年，被评选为“中国卓越人物”；2002年，被评选为“全国乡镇企业家”。

姚升平以一名共产党员的标准严格要求自己，全心全意为黄台群众谋福利。党的十一届三中全会后，他抓住改革开放带来的机遇，充分利用靠近省会城市的区位优势，走农工商共同发展的路子，以中国农民特有的吃苦耐劳、不畏困难的精神，在一无资金、二无技术的条件下，带领群众克服重重困难，实施滚动式发展，建起啤酒厂、气体厂、造纸厂、涉外四星级黄台大酒店、装饰材料市场、医药批发市场等32处工商企业。投资兴建6所高校，形成新的科教园区。至2001年年底，黄台居集体经济固定资产达10亿元，年收入过15亿元，黄台人由贫穷走向富裕，走向小康。1986年，黄台建起987幢二层“将军楼”，使乡亲们从低矮的平房搬进“洋楼”；1997年，又建成高层黄台花园小区，解决了年轻人的住房需求。为美化环境，给乡亲们提供一个休闲场所，建起占地面积2.67公顷的黄台公园。为使老人们老有所养、老有所乐，为所有老年人办理退休手续，每月按时领取退休金，并享受每两年一次免费外出旅游。建设黄台敬老院，夏有空调，冬有暖气，入住老人的吃、穿、行、乐、医都有专人负责，还享受着每月580元零花钱。他重视提高社区居民综合素质，分四个层次抓好幼儿、小学、大学和成人教育。在不断加大对幼儿园、小学、中学投入同时，引进山东建筑工程学院、山东民进医学院等6所公办和民办高校，至2001年年底，在校师生已近2万人。投资150余万元建起黄台医院，聘请省内各大医院中西医专家常年坐诊，同时为每位居民建立健康档案，基本做到看病不出居。为了解决居民的看病难看病贵问题，为社区居民办理了城镇居民基本医疗保险。他倡导成立少年舞蹈队、青年篮球队、老年秧歌队等一批群众业余文化组织，购进电影放映机，安装闭路电视，建设黄台文化馆。在他带领下，黄台“两个文明”建设取得丰硕成果。被省市命名为“明星村”“小康村”，获“省级文明单位”等多项称号。姚升平先后被评为山东省劳动模范、全国劳动模范，多次被评为山东省优秀共产党员。

王静侠　女，汉族，山东济南人，1961年5月出生，中共党员。1978年9月参加工作，在济南第四棉纺织厂细纱车间挡车工，工人技师。参加工作以来，刻苦钻研技术，多次在市技术比赛中夺魁，1989 年，以优异成绩打破细纱接头全省纪录；1990 年，参加全国青工首届技术大赛，获细纱挡车工第一名。1992 年，在结合“抵管接头”和“平接轻挑”的共同优点，总结出“抵管轻挑”王静侠操作工作法，此技术在全国纺织行业处于领先地位，被中国纺织总会拍成录像片，用于技术观摩和教学。1994 年，共青团中央、山东省纺织工业厅在济南成通纺织责任有限公司召开演示会，向全国纺织系统推广“王静侠先进操作技术”。1995 年 4 月，被评为全国劳动模范，并先后获全国新长征突击手、全国三八红旗手、全国技术能手、全国五一劳动奖章、中华技能大奖、全国十大杰出职工、山东省劳动模范等荣誉，被选为中共十五大代表。

赵平年 男，汉族，山东济南人，1951 年 12 月出生，1970 年 8 月参加工作，1978 年加入中国共产党。济南四建集团有限责任公司第二公司瓦工班长。参加工作以来，不计时间，不讲报酬，兢兢业业工作。当班长后就更加严以律己，脏活累活抢着干，实践中总结完善班组管理先进经验，使班组成为一个吃苦耐劳、勇于拼搏、能打硬仗的集体。受到各级政府的好评。1995 年，在人民大会堂受到党和国家领导人的亲切接见、合影留念。1989 年，被评为泉城青年十杰、全省学习雷锋积极份子、济南市劳动模范。1992 年 4 月，济南四建集团第二分公司“赵平年瓦工班”获全国五一劳动奖状。1991 年 6 月—1994 年 6 月，两届山东省优秀共产党员。1993 年 4 月，获山东省富民兴鲁劳动奖章。1994 年 10 月，被评为建设部劳动模范。1995 年 4 月，被评为全国劳动模范。1993 年 4 月，当选为山东省人大代表。1998 年 3 月，当选为第九届全国人大代表。2003 年 1 月，当选为济南市天桥区第十五届人大代表。

林 勇 男，浙江瑞安人，1959 年生，高中学历，中共党员，济南长途汽车运输有限责任公司客运三场经理。从事驾驶工作 15 年中，完成客运收入 610 余万元，安全行驶 108.6 万公里，连续 8 年获公司劳动模范。担任车场经理后，开拓进取，勤奋工作，年完成客运收入 1300 余万元，上缴规费 325 万元，使企业扭亏为盈。曾先后被评为交通部劳动模范、全国见义勇为积极分子；1996 年，获全国五一劳动奖章；2000 年 4 月，被评为全国劳动模范。

王翠华 女，山东邹平人，高中学历，1961 年生，中共党员，济南锅炉集团有限公司焊接技师，电焊组组长。参加工作以来，一直工作在生产一线，累计超额完成工时 4600 余工时，年平均合格率达 99.97%。工作之余，潜心钻研焊接技术，探索出新的焊接操作法，使焊接质量的稳定性达新水平，被评定为“王翠华操作法”并在全市推广。曾先后获全国青年岗位能手、山东省“富民兴鲁”劳动奖章；1999 年，获全国五一劳动奖章；2000 年 4 月，被评为全国劳动模范。

马纯济 男，汉族，山东章丘人，1953 年出生，中央党校大学学历，经济师，1970 年 12 月参加工作，1976 年加入中国共产党。中国重型汽车集团有限公司党委书记、董事长，第十届全国人大代表，2005 年 4 月，被评为全国劳动模范。重视市场网络发展，改革营销管理体制和模式，不断扩大市场占有率，积极推行国际化战略，拓展海外市场，扩大产品出口，为巩固国内市场、进军国际市场奠定基础；积极推进产权制度改革和体制创新，推动集团改革改制，不断加快集团整体重组步伐，为跨越式发展创造条件；高度重视人才培育和企业文化建设，为人才成长创造良好条件，努力创建具有中国重汽特色的企业文化，为企业发展奠定雄厚的人才基础和深厚的文化基础；重视加强学习，不断提升自己的知识水平和决策能力，注重对政策的理解和市场的把握，以身作则，廉洁勤政，率先垂范，为广大职工树立了良好的榜样。

刘　刚　男，汉族，山东济南人，1946年12月出生，中共党员。先后任天桥区泺口街道香磨李社区党委书记、济南市华宇集团总公司董事长、济南市服饰鞋帽商业企业协会会长等职。刘刚团结带领全居党员、干部、群众，坚定不移地贯彻党的路线、方针和政策，解放思想，锐意改革，在无资金、无经验情况下，动员全居党员干部群众，白手起家，建起了建筑面积50万平方米的泺口服装城，使其成为山东省服装集散地，商品辐射全省17地市及周边省份。作为山东省最大的服装市场，先后被评为“全国百强纺织品服装市场”“中国城市代表品牌”等称号，并被省委常委（扩大）会议列入济南市商贸流通领域的“156”工程。为官一任，造福一方，泺口服装城的繁荣，带动了周边地区的房产、物流、餐饮、金融等行业的发展，泺口服装城从业人员3万余人，安排下岗职工达6000余人，缓解了社会就业压力。1999年11月，成立山东省第一个市场个体工会联合会。2000年，广泛征求业户合理化建议，实施品牌战略，先后建成了精品街、名牌批发城、商贸中心写字大楼，吸引了杉杉、柒牌、百斯盾等500余家国内一线品牌的入驻，改变了泺口服装城没有品牌的状况。

在担任香磨李社区党委书记期间，不断加强政治学习，提高政治素质，始终与党中央保持一致，自觉贯彻落实科学发展观，带领班子全体成员，团结奋斗，走共同富裕的道路，正如他说的那样：“一心一意谋发展，齐心协力抓安全，为民谋福保平安。”他艰苦奋斗，干事创业，依托社区企业泺口服装城，投资近亿元，将原来落后的香磨李村建成建筑面积9万平方米的花园小区，全居固定资产达8亿元，人均住房建筑面积100平方米，60岁以上居民都享受养老金，在职人员全部加入社会劳动保险和医疗保险，有劳动能力的居民全部安置就业。2000年，香磨李社区拿出40万元为大桥镇刘光照小学建起1幢标准化的二层教学楼，并给孩子们配备书包等学习用品。2003年9月，卸任香磨李社区党委书记后，他将精力更多地转向济南市服饰鞋帽商业企业协会，在刘刚会长的带领下，始终秉承“一家人、一条心、一股劲，共创市场繁荣”的理念，协会工作蒸蒸日上，成为助推泺口服装集团发展的重要力量。

1996年6月，被评为天桥区优秀村居党委书记；1997年4月，被评为济南市优秀乡镇企业家、济南市劳动模范；1998年1月，被评为全国优秀乡镇企业厂长（经理、董事长）；1999年4月，获山东省“富民兴鲁”劳动奖章；2002年1月，被评为全国优秀乡镇企业家；2003年4月，被评为山东省劳动模范；2005年4月，被评为全国劳动模范；2013年11月，被评为“山东省服装产业发展功勋奖”；2015年10月，被评为“全国专业市场建设卓越贡献奖”。

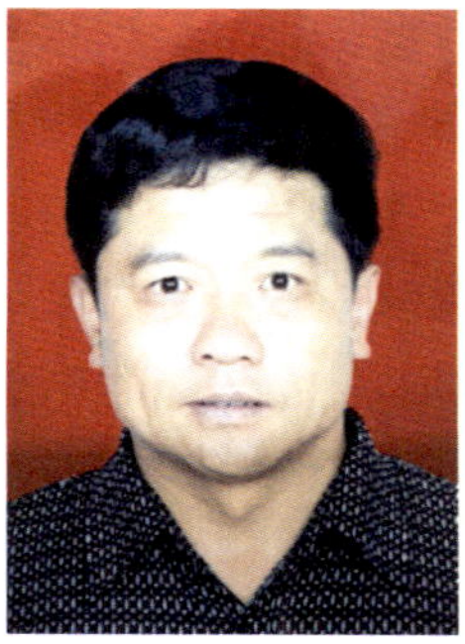

葛国庆　男，汉族，山东济南人，1959年9月出生，中共党员，大专学历，经济师，现任北园街道杨庄社区党委书记，天桥区第十四届、十五届、十六届、十七届人大代表，济南市第十三届人大代表。他在杨庄社区任职30余年，带领广大党员群众走向

文明富裕。杨庄社区多次受到省、市、区、街道的表彰，2001 年被授予“省级文明单位”称号，社区党委多次被评为先进党组织。他先后被评为省、市劳动模范，获省、市优秀乡镇企业家称号，2010 年 4 月被评为全国先进工作者。

葛国庆具有强烈的事业心。自 1982 年担任村党支部书记始，为改变村子一穷二白的面貌，他由筹建最简单的水泥板预制厂起步，踏上了“要想富，上项目”之路，杨庄村 10 年间上了 20 余个项目、组建了 30 余家企业，跨入亿元村行列。在他的带领下，社区借旧村改造之机，先后建起北洋工业园、欧亚达家居商厦、豪鲁电子大厦、天伦医院商业楼、九龙专科医院商业楼、金荷花园商务酒店大楼、幸福社区装饰材料市场，开发建设了幸福逸居两幢商业住宅楼，新建两个大型室内蔬菜市场，入驻业户上千家，有力地推动了社区集体经济发展。至 2012 年年底，社区年度经济纯收益 5000 余万元，上缴利税 1800 余万元，居民人均收入上万元。在致力于经济发展的同时，葛国庆始终不忘“第一责任人”的职责，积极在党委班子自身建设上下功夫。坚持集体领导，狠抓制度建设，充分发挥班子成员的模范带头作用，广泛听取群众意见，最大限度地接受群众监督。在他的带动下，党委一班人心齐风正，干事创业，在社区建设中发挥了强有力的核心领导作用。

葛国庆始终把解决好群众最关心、最直接、最现实的问题作为社区建设的大事来抓。在他的倡议和带领下，社区先后建起 22 幢水、电齐全的居民楼，让居民全部从平房搬进了楼房；铺设 16 条沥青混凝土路和水泥混凝土路，建起 2 个街心花园，开设 1 条健身街、1 条文化街，社区街道全部达到了绿化、硬化、亮化要求。先后建起社区党员活动室、党员远程教育站点、社区活动中心、社区服务中心、社区图书室，成立志愿者服务队伍，完善社区电子监控和治安、保洁等管理网络，组建社区舞蹈队、器乐队、京剧票友社、书画研究会等文化团体；实施社区内老年人退休制度，低保、大病救助制度，职工最低工资保障制度，无稳定职业居民生活补助制度，大学生奖学金制度等一系列惠民政策，方便了居民群众的生活、学习和健身、娱乐，提升了社区文明程度，促进了和谐社区建设。

葛国庆有较强的自律意识。20 世纪 80 年代末，杨庄陆续建起居民楼，居民分批次搬进新楼房，而葛国庆一家却在此后的十年里一直住在低矮潮湿的旧平房里，直到 2000 年，全居群众全部住上楼房，他才搬进新家。随着社区经济的快速发展，社区大项建设、大项开支多了起来，他坚持廉洁自律，拒腐防变，一身正气，两袖清风，做到重大事项集体研究决定、经费支出集体签字生效、重大建设项目必须实行招标。

杜文建 女，汉族，江苏南京人，1962 年 2 月出生，1981 年 7 月参加工作，1985 年 7 月加入中国共产党，大学学历，现任（2013 年 4 月始）济南市机关医院院长、党支部书记。在她的工作生涯里，曾经开创了多个第一。1984 年，22 岁的她就成为济南市第四人民医院最年轻的护士长。在济南市卫生系统中，她是第一个护理专业的拔尖人才，第一个护理专业最年轻的主任护师，第一个护理专业的优秀科技工作者。2001 年 5 月，杜文建通过竞争上岗走上社区卫生服务工作的岗位，担任济南市第四人民医院社区卫生服务管理科主任兼北村街道办事处社区卫生服务中心主任。10 年来，她甘于奉献、勇于创新，积极带领社区卫生服务人员，以方便、及时、周到、亲切、有效的人性化服务，赢得了社区居民和社会的广泛赞誉，被人们称为社区居民的“健康守护神”。中央电视台等众多媒体多次采访报道她的事迹，接待国家、省、市领导的视察 50 余次，接待外国友人和全国各地的参观学习 70 余次，收到表扬信 157 封、锦旗 27 面。她默默工作，勤奋钻研，开展科研 5 项，发表国家级论文 10 余篇，主编著作 2 部。由于她思维创新、管理规范、工作用心、追求卓越，社区卫生服务工作取得突出成绩，成为全国社区卫生服务工作的排头兵。先后被评为全国医德标兵、山东省先进工作者、山东省十佳女职工建功立业标兵、全省卫生系统“巾帼建功岗位明星”、济南市第二届“泉城巾帼十杰”、济南市优秀科技工作者、创建全国社区卫生服务示范区活动先进个人，并获全国五一劳动奖章。2010 年 4 月，被评为全国先进工作者。

人物表

全国五一劳动奖章获得者一览表

表 -1

姓名	性别	出生年月	籍贯	工作单位	奖项	授予单位	授予时间（年）
徐世俊	男	1938.9	安徽庐江	济南啤酒集团总公司	全国五一劳动奖章	全国总工会	1991
楚东素	女	1951.10	河北徐水	济南锅炉总厂容器车间	全国五一劳动奖章	全国总工会	1991
徐大章	男	1941.2	山东济南	济南市殡仪馆	全国五一劳动奖章	全国总工会	1993
林　萍	女	1965.2	浙江宁波	工商银行济南市分行天桥区办事处	全国五一劳动奖章	全国总工会	1993
高　荆	男	1938.8	河北元氏	济南师范学校教学研究室	全国五一劳动奖章	全国总工会	1997
鲁　炽	男	1957	辽宁大连	济南第一棉纺厂	全国五一劳动奖章	全国总工会	1998
尹尚民	男	1954	江西永新	济南啤酒厂第一车间电工班	全国五一劳动奖章	全国总工会	1999
张迎杰	男	1950.3	山东无棣	济南仁丰纺织有限责任公司织布车间	全国五一劳动奖章	全国总工会	2001
程玉春	女	1974	山东宁阳	济南元首针织股份有限公司补偿贸易车间	全国五一劳动奖章	全国总工会	2002
尹金福	男	1952	河北清河	济南城建工程公司实业中心	全国五一劳动奖章	全国总工会	2003
卓长立	女	1963.9	山东曲阜	济南中恒实业有限责任公司天午宾馆	全国五一劳动奖章	全国总工会	2003
郭泗镇	男	1971	山东长清	济南恒通汽车服务股份有限公司	全国五一劳动奖章	全国总工会	2012

山东省先进工作者、劳动模范一览表

表 -2

姓名	性别	出生年月	籍贯	工作单位	奖项	授予单位	授予时间（年）
贾宝恕	男	1951	山东济宁	济南市长途汽车运输公司客运八场	山东省职工劳动模范	山东省政府	1992
王子敏	女	1937.1	山东齐河	济南针织厂	山东省职工劳动模范	山东省政府	1992
王新爱	女	1953	山东牟平	济南汽车制造总厂车桥厂	山东省职工劳动模范	山东省政府	1992
宋绍云	男	1935.11	山东泰安	济南第一市政工程公司第二工程处	山东省职工劳动模范	山东省政府	1992
林子英	女	1948.3	山东长清	济南向阳大酒店	山东省职工劳动模范	山东省政府	1992
高子美	男	1936.10	山东章丘	济南四建集团总公司	山东省职工劳动模范	山东省政府	1992

续表 –2

姓名	性别	出生年月	籍贯	工作单位	奖项	授予单位	授予时间（年）
刘超华	男	1963	山东济南	天桥区堤口联合工业公司	山东省劳动模范	山东省政府	1995
张迎杰	男	1950	山东无棣	济南第三棉纺织厂	山东省劳动模范	山东省政府	1995
吴乃光	男	1949	辽宁绥中	济南化工厂焊机班	山东省劳动模范	山东省政府	1995
窦广春	女	1957	山东禹城	济南市食品公司天桥分公司食品店	山东省劳动模范	山东省政府	1995
夏丰远	男	1975.4	山东淄博	山东体育学院（现就职于天桥区史志办公室）	山东省劳动模范	山东省政府	1997
李文静	女	1973	山东济南	济南市天桥区邮政局	山东省劳动模范	山东省政府	1998
蔡秋菊	女	1962	山东兖州	济南仁丰纺织（集团）有限公司织布车间	山东省劳动模范	山东省政府	1998
韩九岭	男	1958	山东沂水	济南四建集团劳务公司	山东省劳动模范	山东省政府	1998
魏　篁	男	1951	山东济南	济南锅炉集团有限公司	山东省劳动模范	山东省政府	1998
赵承刚	男	1951.9	山东桓台	天桥区市政工程管理处	山东省先进工作者	山东省政府	2003
张　惠	女	1964.8	河北新城	济南元首针织股份有限公司补偿贸易车间	山东省劳动模范	山东省政府	2003
米陆光	男	1962.12		济南裕兴化工总厂销售部	山东省劳动模范	山东省政府	2003
田国锋	男	1974.10	山东单县	济南城建工程公司	山东省劳动模范	山东省政府	2003
侯金田	男	1950.1	山东济南	清河集团公司	山东省劳动模范	山东省政府	2003
仲联元	男	1956.1	江苏连云港	济南锅炉集团有限公司	山东省劳动模范	山东省政府	2003
菜　东	男	1963.6		中国重型汽车集团有限公司	山东省劳动模范	山东省政府	2003
房　明	女	1977.7	山东淄博	济南锅炉集团有限公司集箱厂电焊一组	山东省劳动模范	山东省政府	2008
梁玉强	男	1960.9	山东济南	济南北山粮库保卫科	山东省劳动模范	山东省政府	2008
曹晓岩	男	1965.10	河北乐亭	济南四建（集团）有限责任公司	山东省劳动模范	山东省政府	2008
王忠本	男	1958.2	山东济宁	济南益康置业发展有限公司	山东省劳动模范	山东省政府	2008
于　剑	男	1962.1	山东潍坊	山东龙箭建设集团股份有限公司	山东省劳动模范	山东省政府	2008
刘卫忠	男	1965.12	山东济南	济南泺口服装有限公司	山东省劳动模范	山东省政府	2008

附 录

济泺路夜景

顺河片区

前志概要

天桥区农业、工业、城建、商贸服务、社会事业源远流长，底蕴丰厚。

农业方面，境内水源充沛，土壤肥沃，战国时盛产水稻，三国时产有莲藕。在唐李邕（678—747 年）《登历下古城望鹊山湖》诗中便有："负郭喜粳稻，安时歌吉祥。"之句。明代，济南府城北部的天桥境内，多为水稻粮田和菜畦藕池。明嘉靖以来，境内生产的蔬菜主要供应济南城内官府和居民，种植的蔬菜品种主要是莲藕和大蒜。《历城县志》清康熙六十一年（1722 年）载：蒜，北门外盈畦接壤。获蒜亦历人一季之利……北滩路（今北园街道小清河以南地区）地圃所产，鱼粳、蔬、藕。清末明初，不断有菜农引进蔬菜新品种，至济南解放时，境内已有蔬菜种类 40 余个、品种 100 余个，如二线黄瓜、济南长茄、铃铛辣椒、一串铃冬瓜、红心脆萝卜、济南白皮大蒜、大红袍茄子、大卧龙莲藕等。

工业方面，自元代以来，药山、北园、泺口一带便有木作业、草编业、香烛业、冶铁业等手工业活动。至清代，地处城厢的境内西关附近，集中了一大批以前店后坊为经营方式，自产自销，经营土布、铁器、木器、竹器、草编、绢花、酿造等产品的手工业作坊和店铺。1875 年，清政府引进德国设备，在境内的赵庄建立了军火企业山东机器局，开创了山东省的近代工业。清道光二十二年（1843 年），东流水街有了阿胶作坊；咸丰七年（1857 年），盛祥鞋帽作坊在东流水建厂；1904 年，铜元局、双合成染布厂和四盛公染坊在东流水街开设；1905 年，近代史上第一个民族电力企业—济南电灯公司在东流水街创办；1909 年，济南第一家机器造纸企业—泺源造纸厂在东流水街开办；1915 年，济南第一家面粉厂—丰源面粉厂在东流水街建成投产，东流水街是济南近代民族工业的发祥地。1919 年，山东第一家民族资本纺纱厂—济南鲁丰纱厂和济南最早制造化学合成染料的企业—济南裕兴染料厂在境内建成投产。1931 年，济南有机制面粉企业 8 家，其中 6 家在天桥境内。济南的鲁丰、成通、仁丰三大纱厂全在天桥境内。1935 年，济南车机厂（今济南汽车制造总厂）开办。1936 年，境内企业和产值分别占济南工业企业总数的 45.99%、产值的 69.22%，确立了在济南工业的中心地位。1949 年，济南七大机器印染厂有东元盛、德和永、宏聚合、达成、中兴诚、泰祥顺 6 家在天桥境内。1955 年，济南三大造纸厂山东造纸总厂东厂、山东造纸总厂西厂、济南造纸厂，均在天桥境内。1960 年，山东济南搪瓷厂建厂。1974 年，济南轻工机械修配厂改组为济南自行车厂。1979 年，党的十一届三中全会后，境内乡镇工业迅速发展，至 1988 年已有乡镇企业 274 家，从业人员 18136 人。1990 年，境内有区街企业 491 家，从业人员 36933 人。地区工业行业有 25 个大门类，103 个中门类，164 个小门类，企业千余家，其中大中型企业有 53 家。行业涉及食品制造、饮料制造、纺织、缝纫、皮革、毛皮及其制品，木材加工及竹藤棕草制品、家具制造、造纸及纸制品、印刷、文教体育用品、工艺美术品制造、化学、塑料制品、建筑材料及金属矿物制品、黑色金属冶炼及压延加工、金属制品、机械、电气机械及器材制造、电子及通信设备制造、交通运输设备制造、电子及通信设备制造、交通运输设备制造、仪器仪表、计量器具制造等。天桥区被人们誉为"工业区"。

城建方面，明洪武九年（1376 年），由济南西门经今迎贤桥、北坦、三孔桥、标山、林家桥、马家庄至泺口南门的官道—泺口大道（老济泺路），是境内有史料记载的最早修建的交通要道。清咸丰十年（1860 年），为抵抗捻军，官府沿济南城东、西，南关厢边缘修筑一道土圩，同治四年至六年（1865—1867 年）改成石圩，济南城区外溢形成关厢。据《续修历城县志》载："同治以来，修建石圩，关厢与乡村乃截然分开，承平日久，省会之地，四方辐辏，城市逼窄，侨寓斯土者，时于城外隙地或平治墓田，构建庐舍。于是，昔日空阔之区，悉成宅地。"这一时期，西关习惯的制锦市地区建成天桥境内最早的城市片区。1904 年，济南开埠后，胶济铁路以北，泺口以南区域内，商民在通往泺口的道路两旁自修自建了一些铺房和住宅。1925 年，第一条纵贯辖区南北的交通主干道，南起官扎营,北至泺口的义威路(今济泺路)建成。1927 年，建成跨越小清河的第一座钢筋混凝土空腹式三铰拱形桥—义威桥(今济泺桥)。20 世纪 30 年代，随着一些知名民族工商业的安家落户，带动了境内胶济铁路以北区域的发展。1941 年，修建的东起黄台北路，西至济泺路的北园路，是境内最早修建的东西方向的交通主干道。1952 年，境内规模最大兴建最早的平房式住宅区—工人新村建成，建筑面积 4.80 万平方米。1957 年，建成的贸易楼住宅区，是境内最早的居民住宅楼群，共建有红砖砌墙的 3 层楼房 9 座。20 世纪 60 年代后，境内一些企业事业单位亦相继建成了职工住宅楼房。居民住宅开始由平房向楼房发展。

商贸服务方面，至元十二年（1275 年），济南设山东都转运盐使司以来，境内因盐运而商聚，又因商聚而兴盛。南宋建炎四年至绍兴七年（1130—1137 年），金朝附庸齐王刘豫在泺水旧入济处筑堰，使泺水分流，堰北北清河改称大清河，堰南则称小清河。小清河为辖区的经贸发展创造了条件。明清时期，黄河和小清河上的泺口、黄台板桥两大盐运码头，盐船如织，盐坨如山，盐商纷至沓来，富商大贾云集，为商贸服务的银楼、票号、商铺应运而设，为盐商生活服务的旅馆、饭店应利而生，造就了泺口镇与黄台板桥的辉煌与繁荣。晚清时，境内的商贸服务业已初具规模。筐市街一带商贾云集，店铺林立，形成的以国药行、杂货行、绸布行、鞋帽行和钱行为代表的"西关五大行"，成为闻名全国的商业街市。据 1914 年叶春墀著《济南指南》载：筐市街有中药铺同义堂等 2 家、杂货铺裕成栈等 7 家、绸布庄豫泰享等 5 家、布店天顺公 1 家、京货铺协兴永 1 家、油铺德祥 1 家、铁器铺欲升祥等 2 家、酒行东泺泉等 2 家、丝线行蚨盛益 1 家、钱行信福号等 6 家、烟捲铺孚隆昌 1 家，共有店铺 29 家。花店街、焦家隅首有碎货铺义成永等 5 家、棉花行广济号 1 家、杂货铺同泰永等 12 家、绸布庄鸿祥永等 14 家、布店阜升等 2 家、茶叶铺春和祥等 2 家、洋广铺恒和泰 1 家、京货铺福厚东 1 家、铁器铺义祥恒 1 家、酒行庆泉居 1 家、钱行丰盛昌等 4 家，共有店铺 44 家。东流水街有中药铺广成堂等 2 家、生皮行公以成 1 家、染坊復盛湧等 5 家、酒行齐源栈 1 家、丝线行长盛 1 家、漆行鸿昶 1 家；铁塔街有钟表铺德善泰 1 家、结衣铺聚盛禺 1 家。民国时期，境内商业日渐衰落，至解放前夕，仅剩 28 个行业，300 余家商店、行栈和个体商贩 837 家，粮食、蔬菜、土布、杂货、旧货等集市 10 处。解放初期，市人民政府采取"发展生产,繁荣经济"和"公私兼顾,劳资两利，城乡互助，内外交流"的方针，在建立国营商业和发展群众集资入股组办消费合作社的同时，保护和扶持私营商业合法经营，境内商业得到恢复和发展。1954 年，境内有各种经济类型的商店 744 家，个体商贩 2781 人。

社会事业方面，境内医疗卫生事业源远流长，两千多年前，古代医圣先师扁鹊行医采药驻足境内，在药山采得名贵药材阳起石。自药山阳起石载入中国药物学的奠基之作《神农本草经》后，历代多有名医采药至此，并将研究部成果纳入著述。如魏晋陶弘景辑《名医别录》，名医华佗弟子吴晋著《吴晋本草》；唐苏敬等撰《新修本草》；北宋民间医家唐慎微撰《经史证类备急本草》；明李时珍撰《本草纲目》，李中守撰《本草原始》；清张志聪著、弟子高世栻续成《本草崇原》，邹澍撰《本草续疏》，岳浚等修《山东通志》等。清光绪二十九年（1903

年），山东抚部院聘请德国医生在济南江家池街（今五龙潭公园）建立山东官办中西医院，是山东省最早的官办医院和最早的中西医综合医院。1906年，建成附设的医学堂，讲授中医药课业，是山东省第一所通过办学培养造就中医药人才的公立专门学堂。清宣统三年（1911年），山东红十字会在中西医院设立。1918年，在济南江家池中西医院内，设立了山东省第一所女子医学专门学校。1932年，山东官办中西医院定名为山东慈善医院。1948年10月，改建为济南市第四卫生所，1950年迁往影壁后街，1955年更名为天桥区卫生所，1958年并入济南市立四院，为该院第一门诊部。天桥区有着优先发展教育事业的传统。《历城县志》记载：明洪武八年（1375年）正月，诏令"京师及郡县各置设学"，历城知县周司农在北园成立白鹤院舍，"凡童年十五岁以下者，皆可入学，优良者，可补儒学生员"。入学者达200余人。明刘敕《历乘》记载：嘉靖四年（1525年）历城知县周居岐在北园创办白鹤书院（今明湖中学地址），所收学生有两类：一类是已入学的秀才为了乡试应考举人，每月定期来书院听讲或考课；另一类是经县试合格的童生攻读"四书""五经"，学习制艺（八股文）备应府试，编入"生童常课"，常年在书院学习，延续一百余年，至清朝废止。清末民初，境内村社多设有私塾。清光绪三十一年（1905年），在振武街创建了境内第一所学堂—振武庙学堂，校址在振武庙内，1911年改称官立振武庙学堂。1912年，民国临时政府教育部《普通教育暂行办法通令》规定各学堂改称学校，逐更名为山东省立第五初等小学校。1916年改称山东省立制锦市小学校。解放前夕，境内黄河以南区域共有小学26处。

前志勘误

页数	行数	原为	应为
11	15	西周时期属潭国	西周时期属谭国
222	14	内设教室 300 个	内设教室 30 个
311	表内 4	济南轻工化学总	济南轻工化学总厂
314	表内 16	金十花牌输液（血）膏	金十花牌输液（血）管
324	15	唯济南市同行业产品	为济南市同行业产品
325	25		
329	4		
330	11		
331	23	年总产值 4814 亿元	年总产值 4814 万元
370	2	明湖大酒家	明湖大酒店
477	24	创办于清光绪三十二年	创办于清光绪三十一年
488	23	年产值 1980 年的 45 万元	年产值从 1980 年的 45 万元
	24	利润 1980 年的 20 万元	利润从 1980 年的 20 万元
503	表内 7	区级三十等奖	区级三等奖
505	表内 13	医用超声偶合剂	医用超声耦合剂
540	1	历成县	历城县
835	表内 5	朱冥阶	朱冀阶
880	4	10 月 30 日	12 月 30 日

济南市天桥区
国民经济和社会发展第八个五年计划

（一九九一年三月）

九十年代，是实现国民生产总值第二个翻番，人民生活达到小康水平战略目标的关键时期，安排和实施好“八五”计划，对于全区经济的持续、稳定发展，具有重要的战略意义。从我区实际出发，从国民经济大环境的发展趋势出发，经过广泛深入的调查研究和多次分析论证，按上级要求并参照我区“七五”计划的执行情况，编制了《济南市天桥区国民经济和社会发展第八个五年计划》。

一、经济及社会发展的基础条件

1986年以来，全区认真贯彻党的路线、方针、政策，坚持以经济建设为中心，坚持改革开放，大力发展生产力，经过五年的努力，“七五”计划执行情况是好的，各种主要指标均已提前实现。其间由于1987年区划调整，天桥区的经济格局发生了较大变化，形成了城郊结合，相互促进，工农业协调发展的新局面，极大地推动了全区经济及各项社会事业的发展。

1. 工农业总产值1990年完成7.48亿元，比1985年翻两番；“七五”期间平均年递增32%。

2. 工业总产值1990年完成7.2亿元，比1985年增长3.2倍；“七五”期间平均年递增33%。

3. 第三产业营业收入1990年完成10.97亿元，比1985年增长4.5倍；“七五”期间平均年递增41%。

4. 农村经济总收入1990年完成9.06亿元，比1985年增长3.4倍；“七五”期间平均年递增34.2%。

5. 工业利润1990年实现1798万元，比1985年增长1.9倍；“七五”期间平均年递增23.9%。

6. 财政收入1990年实现5876万元，比1985年增长1.3倍；“七五”期间平均年递增18.5%。

7. 城市建设1990年开工面积20万平方米，竣工面积6万平方米。五年累计居民住宅竣工60万平方米。

8. 利用外资1990年为45万美元，五年累计92万美元。

9. 出口商品总额1990年实现2068万元，五年累计完成4775万元。

10. 人口出生率由1985年的13.02‰，下降到1990年10.55‰；人口自然增长率由1985年的7.64‰，下降到1990年的5.16‰。

11. 科技成果和新产品开发。“七五”期间共开发新产品100项，其中填补国内空白11项，填补省内空白42项，完成科技成果93项。

12. 文化、教育、体育、卫生事业，“七五”期间有了较大发展。五年新增文化设施面积2829平方米。五年累计改建新建校舍2.5万平方米，解决教师住房1.7万平方米。教师队伍素质和教学质量明显提高，小学合格率、升学率始终保持在98%和100%，初中教育打了个翻身仗，初中毕业生会考合格率达到78.7%，跨入市区先进行列。新建1720平方米的体育馆一座，全区体育活动场所面积达9.8万平方米。中、小学生体育达标率由1985年的86%提高到1990年的97.3%。传染病发病率由1985年的9.9‰下降到1990年的3.8‰。全区卫生达标率达到91.67%，1988年全区已达到无鼠害区。

在过去五年里，我区国民经济和社会业发展取得了显著成就。城市居民收入不断增加，农民生活得到很大改善。改革给城乡和企业带来了新的生机和活力。所有这一切都为“八五”期间的经济发展奠定了有利的基础。

从我区所处的地理位置和经济基础分析，具有以下优势：

（一）地区发展优势

天桥区位于山东省会济南市城区北部，素有工业区之称。全区总面积73平方公里，总人口38万人，辖区内有12个街道办事处，1个镇，128个居委会，47个行政村（居）。有利的地理位置和环境，形成了有别于其它城区的优势和特点。

1. 1990年2月国务院批准济南划入沿海经济开放区，为我区经济发展和对外开放提供了新的机遇。

2. 我市将要建成的火车东站和新建的长途汽车站仍在天桥辖区，以及已开工建设的外环路，都将为我区在今后几年发展工商企业提供有利条件。

3. 我区是济南市工业集中区。区内驻有中央、省、市全民及集体所有制企业400余家，有纺织、化工、轻工、汽车、锅炉、造纸等行业，我们的区街、镇村企业同驻区国营大、中型企业有着天然的联系。

4. 我区有城有乡，且交通方便。第三产业基础设施较好，全区各类商业网点已达到4488个，农贸市场发展到17处，占地面积达8.6万平方米，其中果品、服装两个专业批发市场在省、市内外已产生较大影响。

（二）镇村和街居经济基础较好

“七五”期间全区经济发展迅猛，尤其是乡镇企业异军突起，使我区经济实力显著增强。

北园镇1990年实现农村经济总收入9.06亿元，在全省乡镇中居第二位，上缴国家税收3250万元，居全省第一位。在47个行政村（居）中，1990年农村经济总收入过亿元的有2个，过5000万元的有5个，过1000万元的有11个。

街居经济有了很大发展，综合利润过100万元的办事处已达6个。

（三）企业和产品发展已具一定规模

目前全区已有村以上工业企业480个（1985年为309个），其中区属企业44个，街居企业71个，其他系统企业31个，镇村企业334个。工业企业固定资产已达到3.1亿元，是1985年的2.4倍。1990年年产值1000万元以上的工业企业有11个。形成了以机电、纺织、轻工、包装印刷、食品、化工、建材等行业为主体、门类比较齐全的工业体系。

截止到1990年全区共有创汇企业11家，其中，“三资”企业4家，吸引利用外资92万美元，全区创省级先进企业3个，市级先进企业15个，区级先进企业44个。

全区共有277种工业产品，1950个规格、型号，1万多个花色品种。各类产品按行业产值比重看，其中机电占31%，纺织占15 %，包装印刷占16 %，建材占12%，食品占7%，化工占10%，二轻工业占9%。

目前全区拥有优质产品28种，其中部优5种，省优11种，市优12种。优质产品产值率已达4.5%。目前拥有出口产品13种。在现有产品中可以重点发展的产品有：巾被、服装、高效节能风机、水煤气发生炉、微机数控开关设备、棉纱、花岗石制成品、印铁包装、纸箱包装、精细糕点、藤垫沙发等30余种产品。

总之，“七五”期间，是我区经济和社会各项事业得到迅速发展，人民生活有了明显改善的时期，但是在经济发展中也还存在着一些矛盾和问题。

一是，农业基础不够稳固。农业基础设施老化严重，抗灾能力薄弱，粮、菜单产提高幅度不大。

二是，产业、产品结构不合理，一般加工业产品发展过快，深加工和高、精、尖产品开发不够，真正有竞争能力的拳头产品还不多，企业集团和超前产业尚未形成，规模经济少。

三是，企业素质差，工业设备落后陈旧，科技及管理人才缺乏，经济效益不够理想。

四是，市政基础设施建设仍有较多的欠账，

整体配套功能不健全，环境质量差，污染严重，市容、交通、绿地管理等方面还存在许多问题。

五是，区级财力依然十分紧张，增支减收因素逐年增加，制约和影响着全区各项社会事业的发展。

二、“八五”计划的战略指导思想及发展目标

我区“八五”期间国民经济和社会发展的指导思想是：以党的十三届七中全会精神为指针，坚持两个文明一起抓，坚持以经济建设为中心，以城乡建设和管理为重点，以科学技术为先导，稳定加强第一产业，巩固提高第二产业，大力发展第三产业，加快对外开放步伐，立足现实，着眼长远，发挥优势，突出重点，逐步把我区建成经济繁荣、社会安定、环境优美、服务功能比较齐全的新型城区。

这一指导思想包括以下几个基本点：

1. 坚持一个中心、两个基本点，走建设有中国特色的社会主义道路。

2. 利用好沿海开放城市的各项方针政策，充分利用“两站一路”等有利条件，实行全方位开放，有效地吸引利用外资，努力拓宽国际、国内两大市场，在竞争中求发展。

3. 依靠科技进步和发展教育事业，提高全体劳动者素质。不断调整优化产品、产业结构，发展规模经济，发展高、精、尖产品，实现国民经济长期持续、稳定、协调发展。

4. 进一步深化企业改革，把质量、品种、效益作为企业长期发展的重点，走少投入、多产出、低消耗、高效益的路子。

5. 城乡建设和管理要坚持为工农业生产服务，为商品流通服务，为人民生活服务。

6. 积极发展横向联合，搞好区域行业间的经济技术协作，形成具有优势的战略产品和具有天桥特色的规模经济。

7. 坚持农业的基础地位，注重发展城郊型经济，走城乡一体化的发展道路。积极采用科技成果，优先发展种植、养殖业；立足服务城市，向高水平、袖珍式迈进，逐步壮大农村集体经济。

8. 要按照计划经济与市场调节相结合的原则，加强市场体系建设，健全宏观调控体系。积极推进农村、企业、计划等方面的改革。

9. 切实加强社会主义精神文明建设，努力发展社会事业，保持政治稳定、社会稳定，不断提高人民的物质和文化生活水平。

“八五”计划的主要发展目标是：

1. 工业交通

工业总产值1991年计划安排8.2亿，比1990年实际完成7.2亿元增长14 %，1995年达到14亿元，平均每年递增14%。

主要工业产品产量

纱：1991年计划安排1400吨，比1990年实际完成1303吨增长7.4%；1995年达到2090吨，平均年递增10%。

布：1991年计划安排1200万米，比1990年实际完成1158万米增长8%；1995年达到1900万米，平均年递增10.40%。

针棉织品折纱：1991年计划安排1100吨，比1990年实际完成1000吨增长10 %；1995年达到1600吨，平均年递增10%。

丝织品：1991年计划安排200万米，比1990年实际完成132万米增长51.5%；1995年达到800万米，平均年增43%。

啤酒：1991年计划安排1.3万吨，比1990年实际完成1.1万吨增长18%；1995年达到3万吨，平均年递增22%。

饮料：1991年计划安排2100吨，比1990年实际完成1907吨增长10%；1995达到3200吨，平均年递增11%。

糕点食品：1991年计划安排6000吨，比1990年实际完成5500吨增长9%；1995年达到7700吨，平均年递增7%。

服装：1991年计划安排130万件，比1990年实际完成125万件增长4%；1995年达到160万件，平均年递增5%。

机制纸及纸板：1991年计划安排1.46万吨，比1990年实际完成1.27万吨增长15 %；1995年达到2.55万吨，平均年递增15%。

货运周转量：1991年计划安排3000万吨公里，比1990年实际完成2673万吨公里增长

12.2%；1995 年达到 3570 万吨公里，平均年递增 6%。

2. 农业

农村经济总收入：1991 年计划安排 9.5 亿元，比 1990 年实际完成 9.06 亿元增长 4.9%；1995 年达到 17 亿元，平均年递增 13.4%。

农业产值：1991 年计划安排 3020 万元，比 1990 年实际完成 2836 万元增长 6.5%；1995 年达到 3500 万元，平均年递增 4.3%。

农业主要产品产量：

粮食 1991 年至 1995 年计划均安排 700 万公斤；蔬菜 1991 年至 1995 年均达到 1050 万公斤；粮食和蔬菜在耕地面积逐年减少的情况下，努力增加单位面积产量，保持总产量不减少。

肉、禽、蛋、奶、鱼 1991 年计划安排 210 万公斤，1995 年达到 250 万公斤，平均年递增 4%。

3. 外向型经济

出口商品交货值 1991 年计划安排 3300 万元（新口径），比 1990 年实际完成 2068 万元（新口径为 2870 万元）增长 15%；1995 年达到 8000 万元（新口径），按可比口径计算比 1990 年增长 1.8 倍，平均年递增 23%。

4. 第三产业

第三产业营业总收入 1991 年计划安排 11.6 亿元，比 1990 年实际完成 10.97 亿元增长 9.7%（按可比口径计算）；到 1995 年达到 20 亿元，平均年递增 13.6%。

5. 财政收入

1991 年计划安排 6150 万元，比 1990 年实际完成 5876 万元增长 4.7%；1995 年达到 8000 万元，平均年递增 6.3%。

6. 城建开发

1991 年计划开工面积 17 万平方米，竣工面积 17 万平方米；“八五”期间累计开工面积 100 万平方米，竣工面积 90 万平方米。

7. 科技教育和社会发展

星火与火炬计划到 1995 年五年累计达到 15 项，“八五”期间计划投资 200 万元，实施国家、省、市科技攻关及科技成果推广应用项目 120 项。

中、小学及职业学校 1991 年计划招生 9000 人，毕业 7300 人；1995 年计划招生 1.04 万人，毕业 1.06 万人；“八五”期间累计招生 5.03 万人，毕业 4.23 万人。幼儿园 1991 年计划招收 4200 人，“八五”期间累计招收 2.2 万人。

改建、新建校舍 1991 年计划 3.5 万平方米，“八五”期间累计 8 万平方米。

全区人口自然增长率控制在 9.24‰以内。

三、产业结构和地区布局

“八五”期间我区产业结构调整总的要求是，稳定加强第一产业，巩固提高第二产业，大力发展第三产业。重点是调整好第一、二、三产业之间和三大产业内部的比例关系。

第一产业，重点是保护耕地，努力搞好黄河滩涂开发，突出抓好粮、菜生产，大力发展水产养殖和畜牧业。积极推广科学种田，努力提高粮、菜单产，争取肉、禽、蛋、奶、鱼产量有较大幅度的增长。

第二产业，重点发展机电、纺织、食品、包装印刷、化工 5 个行业，努力扩大现有名优产品的生产能力，新上一批技术密集、高附加值、以精深加工为主的产品。

第三产业，要充分利用地区优势，重点发展商业、服务业和城乡集市贸易，建设一批档次较高、功能较齐全的服务设施，逐步形成具有天桥特色的综合服务网络。

地区布局，重点搞好城区工业、近郊镇村工业和农业的合理布局，形成城郊互补、协调发展的局面。

城区和近郊工业按照“南店北厂”的总体规划设想，将南厂北移，老城区重点发展商业、服务业。

“八五”期间规划新建 3 个工业小区：

1. 新城、徐李化工小区，考虑到该地区背靠济南化工厂、山东化工厂及裕兴化工厂等大企业，可借用其技术、人才等优势，发展我区精细化工产品。

2. 外环路工业小区，考虑新建和搬迁部分镇村企业，重点发展机械制造、车辆修理等行业。

3. 黄岗街居工业小区，重点发展轻工产品。

农业布局，近郊以蔬菜为主，黄河滩涂以水产养殖业为主，远郊则以粮牧畜相结合，贯彻宜林则林、宜牧则牧、宜鱼则渔的方针。

四、“八五”计划的发展重点

（一）农业

从城郊型农业的特点出发，在稳定粮食生产的基础上改善种植、养殖业结构，进一步加强农田水利基本建设，改善农业生产条件。

进一步稳定农村经济政策，在不断完善以家庭联产承包为主的责任制的基础上，积极发展社会化服务体系，健全和完善统分结合的双层经营体制，促进农村集体经济的发展。坚持“科技兴农”的方针，大力推广农业科技成果，重点抓好良种、栽培、施肥和病虫害防治等新技术的推广应用。努力提高复种指数和单产水平，在耕地面积逐年减少的情况下，保证粮食、蔬菜总产量不减少。

开发黄河滩涂荒地，形成黄河两岸防护林带和速生用材林基地。搞好水利工程配套，对北园镇30多处提水站更换新的提水设备，完成鹊山小流域综合治理，将滩涂0.4万亩低产田改造为中、高产田。

大力发展保护性栽培，形成细菜生产基地。落实蔬菜西移、北移计划，使新徐、丁太鲁村新建的大棚菜田连接成片。肉、禽、蛋、奶生产重点发展猪、牛、羊、鸡的饲养专业户、专业村，并积极发展农副产品加工业。

渔业生产重点抓好宜渔水面的开发，发展水产珍品养殖生产。将沿黄部分村建成以养殖业为主的粮、林、牧、禽、渔、菜等的生产基地。

到“八五”末，农村经济总收入过亿元的村达到5个，过5000万元的村达到10个，过1000万元的村达到20个。

（二）工业

全区工业生产重点发展机电、纺织、印刷包装、食品、化工5个优势行业，逐渐形成印染丝绸、花岗石、印铁制桶、名优食品、风机、饮料、巾被、纸包装、铝塑门窗、棉纱等十大系列产品，积极发展以优势企业为龙头的企业集团，形成具有天桥特色的规模经济。

继续下大力气调整产品结构，扩大名优适销产品及出口产品的生产，积极推进技术进步，开发一批高、精、尖技术产品。采用高新技术和现代技术装备，对部分产品加工工业实施改造，搞好产品的深加工，努力采用国际标准，使我区工业产品上一个档次。“八五”期间，每年计划完成技术进步项目不少于100个，规划累计投资4亿元，突出抓好重点项目（即重点工程）的实施。

1. 机电工业，以风机、电梯、高、低压开关柜、水煤气发生炉、工业锅炉、散热器、水处理及自动给水设备等优势产品为重点，在不断提高产品质量的前提下，努力增加品种和产量，到1995年机电行业产值达到3.6亿元。

风机，重点开发高效、节能型产品，并对第二风机厂、特种风机厂、通风机厂进行技术改造，使其上批量、上能力，增加品种，形成系列产品，到1995年该项产品年产值可以达到3000万元。

电器开关柜是我区近年来发展起来的优势产品，“八五”期间要瞄准国际先进技术，优先采用国际标准，建立开发、研制、生产一条龙的梯形结构，推出一批性能稳定、自动化程度高、组合型、高档次的开关设备。济南第二开关厂、电器成套厂、开关设备公司通过新产品开发和技术改造到1995年可达到产值3000万元。

煤气成套工程设备，以煤气设备工程公司为主体，“八五”期间规划投资500万元，以提高工程质量和成套设备生产能力，到1995年达到年产值5000万元。

对清河电梯厂进行重点技术改造，引进国外先进技术、关键设备和关键零部件，或走合资的路子，努力提高产品质量和档次，同时开发自动手扶电梯和观光电梯等新型产品，到1995年达到年产值4000万元。

2. 纺织工业，拟对现有10个重点厂进行技术改造，重点提高产品档次和进行产品的深加工，积极调整产品结构和原料配制结构，提高产品出口比重，到1995年纺织工业产值达到2.5亿元。

棉纺织，重点搞好现有3个棉纺厂的整顿

改造，开发高支纱及精梳涤棉织品。“八五”期间计划投资1000万元对天桥毛巾厂进行重点技术改造，引进关键设备，提高工艺水平，增加在国内外市场适销的花色品种，扩大出口创汇能力，提高经济效益，到1995年使巾被类产品产值达到3500万元。

印染丝绸系列产品，计划1991年完成丝绸印染厂年产1000万米丝绸炼、染印项目的投产达产，并尽快使该厂真丝绸防缩免烫产品形成生产能力，“八五”末产值达到6000万元。

3. 包装印刷工业，以名优和出口包装产品为龙头，形成印铁包装和纸质包装两大系列产品，注重发展联同包装物在内的出口创汇产品，到1995年包装印刷工业产值达到2亿元。

天桥外贸包装厂，规划“八五”期间投资600万元，开发新产品。该厂具有国内先进水平的纸浆模塑托盘新产品，1991年形成500万支生产能力，产值突破2000万元，到1995年产值达到5000万元。

济南市印铁制桶厂“八五”期间计划投资800万元，重点是引进设备、开发印铁包装系列产品，以扩大生产能力，增加出口创汇，到1995年该系列产品达到产值3500万元。

4. 化学工业，重点发展一批在国内、外市场有较强竞争力的产品（如染料助剂、清洗剂、对邻甲苯磺酰胺、防锈油脂、扁桃酸等），开发一批污染少、效益高、无毒害的精细化工产品，建设具有一定规模的化工工业体系，到1995年使我区化学工业产品产值达到1.7亿元。

规划以柳行和标山化工厂为主体，开发三氯四氟苯胺、烟胺羟丙茶碱、菲酊、肌醇等新一代高层次产品，到1995年这两个化工生产基地产值均超过3000万元。另外和驻区大化工厂结成各种形式的联合体，开发综合利用产品，形成新的化工小区。

5. 食品工业，要充分利用丰富的农副产品资源，重点发展糕点、啤酒、饮料、豆奶及新型豆制品，鱼、肉、蛋、禽综合加工产品及粮油综合加工等，建立起有地方特色的食品工业基地，到1995年食品工业产值达到1.1亿元。

糕点生产，重点是扩大益康食品厂的高档次、高营养的精细糕点生产能力，为丰富省内外市场多做贡献，到1995年益康食品厂糕点产量将由1990年的5500吨增加到1万吨，年产值达到3000万元。

啤酒饮料，重点对黄台啤酒厂的啤酒、白鹤饮料厂的矿泉水及金牛饮料厂的鲜果汁饮料进行技术改造，改进生产工艺，采用新型包装，提高产品档次，到1995年啤酒产量达到3万吨，饮料产量达到3200吨。

到1995年，丝绸印染厂、清河花岗石厂、天桥毛巾厂、益康食品厂、天桥特粉厂、印铁制桶厂、外贸包装厂、煤气设备公司、清河电梯厂、电线电缆厂等10个企业年产值超过3000万元，第二风机厂、通风机厂、水处理设备厂、特种油品厂等40个企业年产值超过1000万元。

（三）外向型经济

努力扩大原有出口创汇企业的生产能力，增加原有出口产品的创汇额，重点发展巾被、棉布、服装、地毯、花岗石和大理石制成品、对邻甲苯磺酰胺、印铁及纸质包装容器等。

根据国际市场需求和我区实际，积极开发新的创汇产品，如：电脑编织时装、新型石材、艺术品、灯具、玻璃制品、人造玛瑙及食品饮料等。积极发展“两头在外”和“三来一补”的劳动密集型出口产业，重点抓好养殖业及非贸易创汇产业的发展，到1995年兴办“三资”企业20～30家，五年累计利用外资600～1000万美元。充分利用沿海开放城市的优越条件，加快出口产品专厂及专门车间的建设，力争在“八五”期间全区所有的街道办事处填补无出口产品和无“三资”企业两个空白。重点引进国外先进的技术和关键的生产设备，改造我区现有企业，重点实施工艺改造，扩大我区产品的出口创汇能力，到1995年，当年创汇达到1200万美元，五年累计创汇3500万美元，地方外汇收入和其他非贸易创汇累计达到930万美元。

（四）第三产业

充分利用地区优势，重点进行服务网点及大型综合服务中心的建设，增强城区综合服务功能。我区发展第三产业的条件十分优越。境内有火车站、汽车站、黄河码头等，水陆交通方便，客流量大；驻区国营大、中型企业集中，职工人数多，需求大；经济发展比较快，特别是北园镇镇村集体积累多，为第三产业发展奠定了物质基础。采取总体规划、分步实施的办法，逐步建成天桥南端、泺口、北闸子、堤口、边庄、白鹤、黄桥、杨庄、沃家、柳行等10个功能齐全的大型商业服务中心。把“两路三街”（即北园路、外环路、顺河街、花店街、东西丹凤街）建成具有较强吸引力的繁华商业街和工业产品经销集散地；开辟5个大型专业批发贸易市场；随着火车东站及北外环路的建成，抓紧商业服务网点的配套建设，到1995年实现平均每万人一个市场；从方便居民生活出发，在完善“一办一街”的基础上，适当增加零售农贸网点，逐步形成城区乡镇布局合理、门类齐全的综合服务网络。努力办好城市信用社，以吸收更多的社会游资，支持区街经济的发展。

（五）城市建设和管理

城市建设和管理要以市政基础设施建设、旧城改造和新区开发为重点，坚持城市建设为发展生产、方便人民生活和对外开放服务的方针。

1. 城市建设，重点打通无影山中路段，实现北园路、济齐路、济安街、无影山南路和东路、药山环山路、东沙路、明湖北路、裕兴东路等9条路的拓宽改造，完成韩家窑明沟改造工程，完成顺河街、北园路、东西丹凤街、花店街、天成路等5条商业街的改造建设，完成刘家庄、官扎营、北坦等3个居民区的新建工程，完善制锦市、陈家楼、黄屯等3个居民区的配套设施建设，搞好鹊山地区的开发建设，完善其通讯设施，对清河、黄台、沃家、泺口、联四、金牛、北闸子等21个村（居）实施旧村改造。

2. 贯彻建设与管理并重的原则，不断强化城市管理工作，发挥区、街、居三级管理网的作用，认真执行各项城管法规，落实各项管理措施，逐步实现城市管理的制度化、规范化、科学化。

城区绿化工作完成济泺路、北园路、堤口路、无影山路及无影山中路等5条路的美化、绿化，建成无影潭公园及鹊山公园，完成鹊山、药山、北马鞍山、标山、凤凰山、粟山等6个山头的绿化，形成黄河大坝淤背和小清河、北外环路等绿化林带，到1995年使全区绿化覆盖率达到33%，人均占有绿地6平方米。城区公厕和垃圾楼台改造率达到100%。

3. 环境保护，“八五”期间完成各种窑炉及各种炊事灶的改造，使其达到排放标准；自1991年起在巩固原有1个烟尘控制区的基础上，逐年增建2～3个控制区，到1995年将12个街道办事处全部建成烟尘控制区，噪声达标计划到1995年达到7.2平方公里；区街企业废水排放1995年治理率达到80%，达标率达到50%。

（六）科技教育和社会事业

继续贯彻“科教兴区”方针，大力发展各项社会事业，促进政治稳定和社会进步。继续强化计划生育工作，确保不突破人口生育指标。努力将我区建设成科技发达、社会繁荣的新城区。

1. 科技工作。重点健全和完善科技服务体系，支持和发展民办、厂办科研机构，建立和健全科技情报信息网，形成有较强实力的科技服务网络，积极进行新技术、新工艺、新材料和先进科技成果的推广应用，并为建设城郊型农业和发展农副产品深加工积极提供科技服务。

“八五”期间实施火炬、星火计划10项，到1995年火炬、星火计划达到15项。科技示范企业在1990年1个的基础上，“八五”期间发展到6个。

2. 教育工作。以提高教育质量为中心，按规划有步骤地实施九年制义务教育，巩固职业教育，发展成人教育和业余教育。努力改善办学条件，培养又红又专的人才，以适应经济建设和社会发展的需要。

中、小学及职业学校“八五”期间累计招生5.03万人，毕业4.23万人。小学入学和巩固率保持100%，合格率稳定在98%，升学率保持99%以上。中、小学毕业生会考合格率均超过全市平均水平。注重发展幼儿教育，增加必要的幼儿活动设施。积极发展职业技术教育，多种形式培养专业人才。注重职工培训，努力提高在职职工的政治素质和业务素质。进一步改善教师居住条件，加快校舍改造步伐，“八五”期间计划累计改建新建校舍 8 万平方米，公办中、小学校舍改造全部实现“五达标”。

3. 社会事业。坚持不懈地抓好计划生育工作，广泛地进行宣传教育，强化计划生育观念，严格执行计划生育政策，确保人口自然增长率控制在 9.24‰以内。

搞好劳动制度改革，活跃劳务市场，拓宽就业门路，使劳动就业率达到 95% 以上。要继续贯彻“安全第一，预防为主”的方针，减少工伤事故。

继续贯彻“以预防为主，防治结合”的方针，深入持久地开展以除害灭病为中心的群众卫生运动，巩固“十佳”卫生城市成果，努力改善医疗设施条件，增强防治能力，提高人民健康水平。

坚持“发展体育运动，增强人民体质”的方针，广泛开展群众性体育活动。坚持德、智、体全面发展的教育方针，真正重视体育教学。继续组织好各行业和基层单位的体育运动会。继续加强体育设施建设，完善体育场（馆）的配套设施，镇村要有适宜的体育活动场所，促进城乡体育事业的发展。

进一步发展社会保险事业，完善退休养老基金的社会统筹。积极发展社会福利事业，努力搞好老年事业和妇幼事业，注重发挥老龄委的作用，根据老年人、妇女、儿童的不同特点，开展多种形式的体育和文化娱乐活动。形成以街居、镇村为依托、以社会福利单位为骨干、以老年人、残疾人、烈军属、五保老人为对象的社会服务网路，安排好烈军属、残废、复员军人和五保老人的生活，搞好社会福利生产，尽量安排有一定劳动能力的残疾人就业。

五、社会主义精神文明建设

切实加强党的领导，加强勤政廉政建设，努力改进思想政治工作，坚持两个文明一起抓的方针，努力提高全区人民的思想道德素质和科学文化素质。治理环境、整顿秩序、深化改革、保证我区经济和社会发展计划的实现。用“团结奋斗、艰苦创业、勇于改革、争创一流”的天桥精神，激励全区干部群众，为建设天桥，为“四化”大业多做贡献。

（一）文化事业

坚持党性原则，坚持为社会主义服务、为人民服务的方向，把社会效益放在首位，大力弘扬民族优秀文化，大力宣传人民群众在建设和改革中的业绩和经验，激励人民振奋精神；积极引导广大群众抵制错误思潮和腐朽思想，推进改革和建设，丰富人民的精神生活。按照方便和丰富文化生活的需要，搞好各级文化站的建设和完善工作，努力建设区、街道（镇）、村（居）三级文化网。充分发挥一切新闻媒介作用，深入宣传党的路线、方针、政策。广泛传播科学文化知识，积极开展丰富多彩的群众文化、文艺活动，热情歌颂经济建设和改革开放的新人新事，提高人民的精神境界。

（二）思想教育

在改革开放的新形势下，在全区人民特别是青少年中深入持久地进行坚持四项基本原则和反对资产阶级自由化的思想教育。广泛开展爱国主义、集体主义和社会主义教育及国防教育，激发人民群众爱党、爱国、爱社会主义的热情。进行革命传统和自力更生、艰苦奋斗的教育，增强民族自尊心、自信心和主人翁责任感。坚持“依法治区”的方针，认真组织和实施第二个五年普法教育规划，增强法制观念，提高遵纪守法的自觉性。进行职业道德教育和文明礼貌的思想教育，大力提倡全心全意为人民服务、勇于奉献的精神，调动人民群众投身改革和建设的自觉性。

（三）社会治安

加强人民民主专政，打击敌对分子的破坏和各种犯罪活动。深入开展“扫黄”斗争，坚决清除败坏社会风气的现象。全面实行社会治安综合治理，搞好城乡联合治理，确保社会秩序长期稳定。

建立和完善两所（派出所、司法所）、一庭（人民法庭）、一队（联防巡逻队），加强公共场所、交通中心、重要地段的治安力量，维持社会秩序。做好民事调解，解决民事纠纷。做好“两劳”释放人员的帮教工作，及时清除不安定因素。

（四）开展优质服务和文明礼貌活动

深入开展学习雷锋活动，教育职工热爱本职工作，大力宣传、表彰劳动模范和好人好事，在各行各业，尤其是商业、饮食服务业，进一步开展文明礼貌、优质服务活动。继续开展“做文明市民，创文明单位，建文明泉城”活动，逐步形成讲文明、有礼貌、守纪律的风气，使我区精神文明建设提高到一个新的水平。

天桥区国民经济和社会发展第十二个五年规划纲要

（二〇一一年八月）

“十二五”时期是我区全面建成小康社会、向基本实现现代化迈进的关键时期，是深化改革开放、加快转变经济发展方式的攻坚时期。科学谋划和推进“十二五”时期的发展，对于适应国内外宏观形势的新变化，积极应对发展面临的新挑战，全面落实建设小康社会的新要求，在新起点上实现省会城市中心城区建设发展新跨越，具有重大意义。

第一章　发展基础和面临形势

第一节　发展基础

“十一五”期间，在区委、区政府的正确领导下，全区上下认真贯彻党的十七大精神，牢固树立和落实科学发展观，按照“一年一个大提升、三年一个大台阶、五年实现大变样”的奋斗目标，克服金融危机的影响，解放思想，团结奋斗，开拓进取，干事创业，推动经济平稳较快发展，基础设施不断完善，社会事业全面进步，政府效能不断提升，现代化省会城市中心城区建设迈出实质性步伐，圆满完成了“十一五”规划确定的主要目标任务。

综合经济实力显著增强。2010 年，全区 GDP 总量达到 226.17 亿元，年均增长 14.1%；消费品市场持续活跃，社会消费品零售总额达到 189.76 亿元，年均增长 18.2%；地方财政收入完成 10.12 亿元，年均增长 17.79%，比 2005 年翻一番；全社会固定资产投资五年累计完成 534 亿元，年均增长 20.6%，投资对 GDP 的贡献率不断增大。

产业结构调整步伐加快。全区三次产业结构比例由“十五”末的 1.6 ∶ 36.6 ∶ 61.8 调整为 1.3 ∶ 26.5 ∶ 72.2，形成了以服务业为主导的产业结构。农村经济社会保持了良好的发展态势，农民收入保持稳步增长，农业生产保持稳步发展，现代农业发展取得一定突破。提出“重振天桥工业雄风”的发展目标，推动工业企业向园区集中集约发展。药山科技园从传统工业园区向科技型都市工业园区快速转变；济南化工产业园区基础设施建设基本完善，实现“十通一平”，裕兴化工厂等多家企业建成投产。深入实施“三产立区”发展战略，在继续做大做强传统服务业的同时大力发展现代服务业。全区限额以上批发零售住宿餐饮企业达到 105 家，房地产业、金融服务业为主的现代服务业得以发展壮大，现代服务业增加值占服务业增加值的比重达到 41%，初步形成了服务业发展的新格局。

城区面貌显著变化。组织实施了一批重点

项目和重点工程，北园大街两侧环境综合整治成效显著，小清河综合治理工程全面展开，鹊山龙湖建设取得实质性进展，济南建邦黄河公路大桥建成通车，17个棚户区改造全部启动。对窗口部位实施高标准整治，改造、整修辖区117条主次道路，全面完成了工商河、东、西泺河等河道的综合治理，城市环境面貌发生巨大变化。积极开展创建“三无”街居活动，全区环境卫生面貌明显改善；区级数字化城市管理信息平台已经建成使用，城市长效管理体制进一步健全完善。

各项改革事业稳步推进。新一轮政府机构改革完成，服务型政府建设深入推进。农村综合改革逐步深化，医药卫生体制改革全面启动。经济体制改革进展顺利，市属移交企业和区属企业改制基本完成。经营性事业单位改制工作取得积极进展，已有29个村居完成村居集体资产产权改革。

外向型经济加快发展。“十一五”期间，累计实际利用外资3.54亿美元，是“十五”期间的3.8倍；累计实现出口创汇25.9亿美元，是“十五”期间的7.5倍；重汽集团公司等骨干出口企业拉动作用更加明显，房地产业成为全区利用外资的主要领域。

发展方式加快转变。积极引导和推进企业创新能力建设，加快培育高新技术企业，科技综合实力和自主创新能力明显提高，企业技术中心、工程技术中心增长1倍以上，高新技术企业达到11家，高新技术产业产值占规模以上工业总产值的比重达45.98%。实施名牌战略，省级以上名牌产品达到9件，省著名商标达到25件。节能减排工作协调机制和考核体系建立并逐步完善，节约型社会和环境友好型社会建设取得积极进展，节能减排目标全面完成。安全生产和消防安全责任制得到全面落实，食品药品、产品质量安全监督、防汛救灾等公共事件应急管理能力得到加强。

社会民生事业明显改善。认真贯彻以人为本的执政理念，切实改善民生，“六有”各项工作取得新成绩。就业形势总体稳定，居民收入水平大幅度提高。在全市率先开展新型农村社会养老保险试点工作，参保率达到93. 8%。惠民医疗工程广泛开展，新农合参合率达到99.3%，城镇居民基本医疗保险参保率达98%，全区重点优抚对象全部纳入医疗保障范围，群众就医难问题得到缓解。教育资源整合全面启动，济南二中落户我区，教育教学水平不断提升。积极落实经济适用房和廉租住房制度，群众居住生活条件有了新的改善。新农村建设扎实推进，农村发展环境不断提升，城乡一体化进程不断加快，社会保障体系建设顺利推进。公共文体设施建设步伐加快，档案、史志、统战、台侨、民族宗教、民兵、妇女儿童、老龄、残疾人等事业有了新发展，全区政治安定、社会稳定。

民主法制和精神文明建设成效显著。坚持依法治区，强化综合整治措施，规范依法行政，政府依法行政水平进一步提高，民主化、科学化的决策机制逐步形成。加强民主法制建设，广泛听取民主党派和社会各界对政府工作的意见。全面完成“五五”普法任务，社会管理和行政执法更加法制化、规范化。“平安天桥”创建活动卓有成效，社会治安防控体系更加健全，信访稳定基层网络建设初具成效。以建设文明城市为目标，积极开展各类精神文明创建活动，社会文明程度明显提高。

“十一五”规划主要指标完成情况

指 标	“十一五”规划目标	“十一五”完成
地区生产总值	年均增长 13.5%	年均增长 14.1%
地方财政一般预算收入	年均增长 15%	年均增长 17.79%
全社会固定资产投资	年均增长 20%	年均增长 20.6%
实际利用外资（亿美元）	累计 2.7	累计 3.54
出口创汇（亿美元）	累计 18	累计 25.9
城镇居民人均可支配收入	年均增长 8%	年均增长 12.4%
农民人均纯收入	年均增长 8%	年均增长 13.7%
城镇职工登记失业率（%）	＜4	3.92
人口自然增长率（‰）	＜5	1.73
万元生产总值能耗	下降 22%	完成市下达目标
二氧化硫排放量	削减 10%	完成市下达目标
化学需氧量排放量	削减 20%	完成市下达目标

总体上看，“十一五”期间我区国民经济和社会发展取得了显著成绩，为“十二五”时期的发展奠定了坚实基础。同时也要清醒地认识到我区经济社会发展中存在的困难和问题：一是工业经济总量仍然偏低且整体效益不高，现代服务业发展水平有待进一步提升，经济结构调整步伐还需加快；二是科技创新、自主创新能力亟待增强，发展方式转变任务还很艰巨；三是城市基础设施薄弱，城市建设与管理工作有待强化，经营城市的路子还需拓宽，城市管理水平还不能满足人民群众的要求；四是统筹城乡、统筹经济社会协调发展的任务还十分繁重，群众关注的“三农”、就业、社会保障等民生问题有待于进一步解决；五是资源环境对经济发展的约束进一步增强，节能减排压力进一步增大；六是文化、教育、体育等基础设施相对薄弱，与先进城区相比仍有一定差距。

第二节　面临形势

“十二五”时期，我区发展仍处于重要战略机遇期，发展空间广阔、动力充足，但国内外形势错综复杂、不确定因素增多，经济社会发展面临新的形势和任务。

面临的重要机遇。国内外发展环境的深刻变化和全市重大战略的实施将给我区经济社会发展带来重要机遇。一是国际国内经济复苏。经济全球化深入发展，世界经济政治格局出现新变化，科技创新孕育新突破，国际环境总体有利。国内经济社会发展的基本面和长期向好的态势没有改变，工业化、城镇化的快速发展，蕴含着巨大的市场需求和发展空间，将为经济社会发展提供强大动力。二是经济发展方式转变加快推进。为提高发展的全面性、协调性、可持续性，国家确定以加快转变经济发展方式为主线，并将围绕扩大内需、发展现代产业体系、促进区域协调发展等重点任务，进一步加大政策措施推进力度，有利于我区加快发展转型，努力抢占未来发展的制高点。三是发展空间广阔。我区棚户区改造基本完成，为地块的商业开发提供了广阔空间。国有企业腾笼换业，危旧楼改造空间较大；滨河新区作为济南市重点规划建设的三大新区之一，绝大部分区域位于天桥辖区，大规模的城中村改造和片区开发给我区跨越发展提供了重大机遇和广阔空间；我区已与黄金集团签订合作开发46平方公里的鹊山龙湖项目协议，随着鹊山龙湖湿地晋升为国家级湿地公园和5A级国家旅游度假区的创建，为我区开辟新的发展空间提供了强大载体；济南新材料产业基地（济南化工产业园区）的扩容，为我区工业发展提供了巨大空间。四是产业转型升级加快。作为我区主导产业的服务业，近几年市场整合改造步伐明显加快，在济南市服务业综合改革试点工作和我区城市化战略实施的推动下，我区服务业特别是现代服务业将实现快速发展，服务业结构将加快优化，服务业发展质量将迅速提升，从而推动整个产业结构的优化升级。同时，药山科技园加快转型和济南新材料产业基地（济南化工产业园区）的加快建设，将推动我区工业再造一个天桥，为我区实现跨越发展提供强有力的产业支撑。五是对外和跨河交通体系逐步完善。毗邻我区的济南西客站即将建成通车，城际铁路、青银高速、石济客运专线和货运北环线等重大对外交通设施的规划建设，必将密切我区对外交流与合作，为我区实现跨越发展提供外力支撑。同时，随着建邦黄河大桥的建成通车和泺口穿黄隧道的规划建设，我区跨河交通逐步完善，必将为我区实施北跨发展战略、拓展发展空间、实现协调发展增添强大动力。

面对的主要挑战。国际国内宏观环境的变化和自身发展条件的限制，也使我区经济社会发展面对诸多挑战。一是国际环境更趋复杂。国际金融危机影响深远，世界经济增长存在较大不确定性。二是经济综合实力有待提高。与先进城区相比，我区综合实力还不够强，有效破解长期以来存在的城市基础设施欠账较多、城市经济发展不足等突出问题，需要付出极大的努力。三是资源环境制约加剧。受我区黄河北地区工业化进程加快等因素影响，未来几年全区工业增加值占地区生产总值比重会大幅上升，产业结构的调整使我区节能减排工作面临严峻考验。四是区域竞争更加激烈。我区与先进城区相比，不管是城市硬环境，还是科技、教育和文化等软实力，都存在较大差距，在东有奥体文博带动、西有西客站带动的现实情况下，我区要缩小与先进城区差距需要超常规、跨越式发展。五是社会建设任务繁重。由于辖区居民整体收入水平较低，我区社保、医保、救助等各项社会事业工作压力较大，满足群众利益需求，需要付出更大努力。

第二章　指导思想和发展目标

第一节　指导思想

“十二五”时期的指导思想是，以邓小平理论和“三个代表”重要思想为指导，深入贯彻落实科学发展观，坚持以科学发展为主题，以加快转变经济发展方式为主线，以保障和改善民生为立足点，努力实现经济社会跨越发展。

实施城市化战略，加快老城提升和新区开发；实施三产富区战略，加快发展现代服务业；实施工业振兴战略，重点打造新材料及化工产业基地；实施北跨发展战略，拓展城市发展空间，加快产业北进、行政北移和城市北跨。

加强社会建设，着力改善民生，提高资源利用效率，保护生态环境，增强发展的全面性、协调性和可持续性，努力建设产业特色突出、发展活力充足、服务功能完善、生态环境优美、社会文明和谐的具有滨河特色的宜业宜居宜游的现代化省会城市中心城区。

围绕上述指导思想，“十二五”时期，立足省会城市中心城区的区位优势，紧紧抓住产业转型升级、滨河新区建设和城市实施北跨的重要契机，坚持加快发展、跨越发展，并率先在转变发展方式、完善体制机制、突破资源瓶颈、构建和谐社会等方面实现突破。在工作中，坚持以下原则：

坚持协调发展。把统筹兼顾作为推动科学发展的根本方法，正确认识和妥善处理发展中各个方面、各个环节的关系，增强发展的稳定性、协调性、平衡性和可持续性。在优化结构、提高效益、降低消耗、保护环境的基础上，实现经济发展与社会和谐的有机统一。

坚持跨越发展。把实现经济社会跨越发展作为解决一切问题的根本途径，坚持发展第一要务，通过跨越发展，推进各项改革事业，解决发展过程中遇到的困难和问题，维护和实现好最广大人民的根本利益，实现社会和谐稳定。

坚持创新发展。把创新作为推动经济社会发展的根本动力，加快培育战略性新兴产业，构建区域创新体系，提高自主创新能力，建设创新型城区。积极培育创新精神，优化创新环境，形成竞争新优势，构筑发展新动力，实现制度创新、科技创新与管理创新的有机统一。

坚持绿色发展。把建设资源节约型和环境友好型城区作为可持续发展的根本举措，立足资源环境承载能力谋发展，切实扭转生态环境恶化趋势，促进人与自然和谐发展。强化全社会节能环保意识，加大绿色投资，倡导绿色消费，促进绿色增长，实现经济效益与生态效益的有机统一。

坚持共享发展。把改善民生作为经济社会发展的根本目的，坚持民生优先，扩大公共服务，促进社会公平，构建和谐社会。坚持发展为了人民、发展依靠人民、发展成果由全体人民共享，把发展的出发点和落脚点真正体现在富民、惠民、安民上，实现富民和强区的有机统一。

第二节　发展目标

综合实力显著提升。国民经济保持平稳较快增长，生产总值年均增长 13%，达到 420 亿元；地方财政一般预算收入年均增长 24.3%，达到 30 亿元；社会消费品零售总额年均增长 15%，达到 380 亿元；固定资产投资年均增长 18%，五年累计完成 980 亿元。

经济结构明显优化。三次产业比例调整为 0.7 ： 32.7 ： 66.6，现代服务业占服务业比重达到 51%，初步形成现代产业体系。城乡一体化进程加快，城镇体系更加合理完善，城市化率达到 90%。对外贸易稳步增长，累计实际利用外资 4 亿美元，累计出口创汇 30 亿美元。

创新能力大幅增强。科学技术经费占当年地方财政收入比重在 1.3% 基础上逐年提高，产学研实践基地达到 16 家，高新技术企业达到 28 家，高新技术产业产值占规模以上工业总产值比重达到 38%（新口径）以上。

城市化水平显著提高。老城提升、新区开发全面突破，棚户区改造全面完成，城中村改造基本完成，传统落后企业厂区开发和危旧简易楼群改造取得重大进展，老城区城市面貌焕然一新；滨河新区建设全面推进，现代化气息初步展现。现代化城市基础设施体系基本形成，城市功能、形象和品味显著提升。城市北跨战略迈出实质步伐，鹊山龙湖生态示范新城区基础框架初步形成，小城镇公共服务和居住功能进一步增强。

生态环境优美宜居。节能减排继续推进，全面完成市下达的单位生产总值能耗和二氧化硫、化学需氧量等主要污染物排放降低目标，基本形成节约能源资源和保护生态环境的产业结构、增长方式、消费模式。生态建设继续加强，森林覆盖率达到 22.4%，城市绿化覆盖率达到 41%，力争空气质量二级以上标准天数达到 274 天以上，人居环境明显改善。

社会发展更加和谐。人民生活更加富裕，城镇居民人均可支配收入年均增长 11%，农民人均纯收入年均增长 12%。就业和社会保障水平显著提高，基本实现全民享有社会保障。社会事业发展加快，教育、卫生、文化、体育等服务体系更加完善。平安创建扎实推进，市民综合素质和社会文明程度大幅提升。

“十二五”规划指标体系

指标类别	序号	指标名称	单位	“十二五”规划目标		属性
				2015年计划	年均增长（%）	
经济增长	1	地区生产总值	亿元	420	13	预期性
	2	地方财政收入	亿元	30	24.3	预期性
	3	固定资产投资	亿元	累计980	18	预期性
	4	社会消费品零售总额	亿元	380	15	预期性
	5	出口创汇	亿美元	累计30	–	预期性
	6	实际利用外资	亿美元	累计4	–	预期性
结构调整	7	三次产业增加值比例		0.7 ∶ 32.7 ∶ 66.6		预期性
	8	现代服务业占服务业增加值比重	%	51	提高2个百分点	预期性
	9	高新技术产业产值占规模以上工业总产值比重	%	38	提高2个百分点	预期性
城市建设	10	城市化率	%	90	–	预期性
	11	城市绿化覆盖率	%	41	–	预期性
	12	市政道路主干道维护率	%	98	–	预期性
	13	城市集中供热普及率	%	65	–	预期性
	14	生活垃圾袋装化收集率	%	95	–	预期性
	15	占道经营整治达标率	%	80	–	预期性
	16	标准社区建设达标率	%	80	–	预期性
可持续发展	17	人口自然增长率	‰	＜5	–	约束性
	18	单位GDP综合能耗	吨标煤/万元	下降17%	–	约束性
	19	COD排放量		削减12%	–	约束性
	20	SO_2排放量		削减20%	–	约束性
	21	森林覆盖率	%	22.4	–	约束性
	22	空气质量二级以上标准天数	天	274	–	预期性
人民生活	23	城镇居民人均可支配收入	元	–	11	预期性
	24	农民人均纯收入	元	–	12	预期性
	25	单位地区生产总值生产安全事故死亡率		下降36%	–	约束性
	26	每百名老年人拥有养老机构床位数	张	3	–	预期性
	27	人均拥有体育场地面积	平方米	1.5	–	预期性

续表

指标类别	序号	指标名称	单位	“十二五”规划目标		属性
				2015 年计划	年均增长（%）	
社会发展	28	新型农村合作医疗参合率	%	99.5	–	预期性
	29	城镇居民医疗保险参保率	%	99	–	预期性
	30	新型农村社会养老保险参保率	%	97	–	约束性
	31	城镇登记失业率	%	＜4	–	预期性
	32	五年累计新增城镇就业人数	万人次	5	–	预期性
	33	五年累计转移农村劳动力	万人	1	–	预期性

第三章　加快推进城市化

以提高城市现代化水平为目标，以“老城提升、新区开发”为重点，加强城市规划管理，全面完成棚户区改造，加快国有企业腾笼换业开发改造和危旧简易楼群改造，迅速提升老城区城市化水平；推动基础设施跨河延伸，加快城中村改造和片区开发，推进滨河新区建设，加快城市化进程；实施北跨发展战略，积极推进农住房改造，加快产业集聚和小城镇建设，加快推进黄河北地区城市化。全面完善城市管理体系，切实增强综合服务功能，全力打造城市亮点，努力提升城市形象和品味。挖掘文化资源，突出滨河特色和天桥“水文化”，把天桥区打造成生态环境优良、配套设施完备、宜居宜业宜游的济南北部城市副中心、北跨桥头堡和生态型跨黄河新城区。

第一节　优化发展空间布局

按照统筹城乡、以强带弱、轴线集聚、共同发展的原则，坚持立体规划、立体建设，调整优化城乡区域结构，构筑“一城两区”的发展格局，打造七大产业功能片区，增创经济社会发展新空间，形成层次分明、规模序列完善、职能分工互补、空间布局合理的城市发展网络。

加快城市综合体建设。按照功能复合、空间集约、设施先进、特色鲜明的原则，坚持高起点规划、高水平招商、高标准建设、高强度投入、高效能管理，强力推进滨河新区核心区、泺口片区、鹊山龙湖和官扎营—宝华片区等城市综合体建设。突出城市综合体商务、商业、居住的主业态组合，实现内部多种业态联动，为完善城市功能、繁荣城区经济提供强大载体。优化城市综合体的空间形态，提升建设品质，美化景观设计，打造城市亮点，着力提升城市形象和品味。

着力提升老城区。北园大街以南的老城区，以释放发展空间、重塑功能形象为重点，加快改造提升步伐，实施棚户区改造、六层以下危旧简易楼群改造和工业企业的腾笼换业，统筹地上、地下空间利用，提高立体化发展水平，重点沿明湖西路、堤口路、济泺路、北园大街建设高层商业设施，使老城区在改造建设中长高、变美，焕发新的活力，提升形象和品味。

全力建设滨河新区。北园大街以北、黄河以南的滨河新区，按照市政府的统一规划，实施连片开发，改造“城中村”，加快基础设施建设，加强环境综合整治，完善城市服务功能，提升城市形象品味，加快落后企业外迁转移，着力推进产业转型升级，重点突出商贸物流、休闲旅游、文化传媒、商务办公和商业居住等功能，打造新的城市发展带、景观旅游带、生活旅游带，构筑北跨桥头堡。

加快建设北跨起步区。按照“产业北进、

城市北跨”的总体思路，拓宽与黄金集团的战略合作，打通泺口穿黄隧道，加快开发鹊山龙湖，加强生态建设，加快产业集聚，推动城市基础设施跨河延伸，加快推进城市化进程，打造济南北部生态示范新城区。

依据以上城市空间布局，重点打造以下七大产业功能片区：

天桥金融商务商贸集聚区。空间范围：北园大街以南的老城区。充分与济南金融商务中心区对接，主要在堤口路和明湖西路等两侧区域，提高土地集约度和产业集聚能力，提升商业层级，主要发展商务商贸业，突出金融和商务中心特色，推动楼宇经济、总部经济和现代服务业快速发展，打造天桥金融商务商贸集聚区。

济南滨河文化传媒区。空间范围：滨河新区无影山北路以东区域。结合滨河新区的开发建设，借助深厚的人文底蕴，规划建设传媒塔、传媒产业园、创意产业园和文化展览馆等文化设施，重点发展以传媒、创意为特色的文化产业和以文化为特征的旅游业，突出传媒特色，打造济南滨河文化传媒区。

天桥都市产业集聚区。空间范围：滨河新区无影山北路以西区域。该区域以药山科技园为依托，加快园区产业改造提升，加快产业融合，通过对早期租地建设的落后工业企业进行腾笼换业，大力发展楼宇经济，重点发展以现代物流、商务商贸、科技研发为主要内容的生产性服务业和高附加值、高税收、自主创新能力强的科技型都市工业，突出高新技术特色，打造天桥都市产业集聚区。

济南商务休闲旅游区。空间范围：黄河以北，北展区以内及鹊山水库周边区域。重点推进鹊山龙湖规划建设，整合山、河、湖、湿地和地热等自然资源，传承和发扬黄河文化，积极推动鹊山龙湖湿地公园晋升为国家级湿地公园，重点发展生态旅游、商务休闲和都市观光农业，打造济南商务休闲旅游区。

济南新材料及化工产业集聚区。空间范围：济南新材料产业基地（济南化工产业园区）及周边区域。依托济南新材料产业基地（济南化工产业园区），以拉长新材料和化工产业链和发展循环经济为重点，切实抓好生态隔离带建设，大力发展新材料产业，适度发展精细化工和石油化工，打造济南新材料及化工产业集聚区。

天桥现代物流商务区。空间范围：308、104 和 220 国道沿线区域。依托大桥和桑梓店镇驻地，加快小城镇和中心村建设，加快推进城镇化，坚持产业带动，结合城际铁路和货运北环线等重大交通设施的规划建设，强化物流、商贸和居住功能，打造天桥物流商贸功能片区。

天桥现代农业区。空间范围：大桥镇北部。发挥济南近郊的优势，结合济南环城都市型农业圈的规划建设，发展近郊现代农业，突出特色、规模、品牌、生态四个环节，调整农业结构，大力发展蔬菜种植业，积极培育都市型现代农业，打造天桥现代农业区。

第二节　全力建设滨河新区

结合小清河综合治理工程，着力构建小清河生态发展轴，加快推进北湖城市副中心、泺口和药山两大片区以及济泺路和北园大街两条城市发展带的开发建设，形成“一轴、一心、两区、两带”开发格局，实现滨河新区的跨越提升、转型提升和全面突破，使滨河新区成为济南城市开发建设的新亮点、城市空间拓展的主战场和经济社会发展的大引擎。

小清河生态发展轴。开通小清河水上游览线路，全力推动小清河、北湖与大明湖、护城河贯通，沿河发展娱乐休闲产业和“夜经济”，打造泉城水上游览特色品牌。

北湖城市副中心。重点突出商贸金融、商务办公、休闲旅游、文化传媒、商业居住等功能，加快建设徐李等高品质大型综合区，加快建设济南北部的商业中心、文化中心、休闲中心和行政中心等城市公共活动中心，强化生态景观建设，形成城市空间结构的重要节点。

泺口片区。重点强化商贸批发、居住休闲、

现代物流等功能，加快建设集居住、商业、商务办公、休闲娱乐于一体的泺口商贸居住综合区。

药山片区。发展以城市信息流、人才流、现代物流、资金流等资源为依托，以产品设计、科技研发和先进制造业为主体，能够在城市区域内生存和发展，并与城市功能和生态环境协调的都市型产业。同时，充分与济南西部新区对接，沿二环西路发展商务办公。

济泺路城市发展带。北段结合穿黄隧道的规划建设，加快路两侧商业设施的开发，建设超大型商贸居住组团，塑造北跨起点的良好形象；中段依托泺口服装城、电子通讯城，提高现有商贸档次、完善功能，逐步建成辐射全省的轻纺服装城、电子科技城；南段适时启动济泺路商务功能区建设，置换现有工商企业用地，建设功能齐全、现代化气息浓郁的现代商务集聚区。

北园大街城市发展带。对现有市场资源进行大整合、大提升，引进新型业态，加快建设高档大型商业综合体，推动城市长高，建设地标性建筑，展现现代化都市气息，突出商务、商贸、娱乐、餐饮等功能，塑造商贸之都形象。

第三节　实施北跨发展战略

坚定不移地北跨黄河发展，加快产业北进，推动城市北跨，加强生态建设，提高发展速度和发展水平，建设经济繁荣、设施完善、环境优美、文明和谐的济南黄河北部新城区。

加快产业北进。借助生态示范新城区、湿地公园和旅游度假区的规划建设，加快房地产、旅游、商贸服务等服务业北进；借助济南新材料及化工产业基地的加快发展，加快新材料及化工产业北进，加快产业集聚。

推动城市北跨。加强与黄金集团、山东高速、大唐发电等大型企业集团的战略合作，加快土地整理和开发，努力拓展城市发展新空间。推动重大基础设施跨河延伸，高标准规划建设区内道路、电力、供水、供气、排污等基础设施，加快人口集聚，加快建设北跨起步区，带动城市北跨发展。

建设小城镇。坚持统筹城乡发展的基本方略，以加快新型城镇化为主攻方向，着力推进城乡规划、产业布局、基础设施、生态环境、公共服务、组织建设“六个一体化”，有效化解城乡二元结构，加快形成城乡区域协调发展格局。主要依托大桥镇和桑梓店镇驻地，统筹产业布局，优化经济结构，进行村庄迁并整合，建设小城镇，加快城镇化进程。

加强生态建设。加快生态隔离带建设，协调推动鹊山龙湖湿地晋升为国家级湿地公园，加快创建5A级旅游度假区，积极开发利用太阳能、风能、地热能和生物质能等清洁能源，以良好的生态环境带动北跨战略实施。

第四节　加强城乡基础设施建设

以增强综合服务功能、提升城乡发展环境为方向，突出重点区域、重大项目建设，推进区域性市政基础设施共建共享，提高配套建设水平，增强城市的承载、聚集和辐射作用，合理确定各类市政基础设施的规模，形成规模合理、等级有序、联系密切的市政基础设施网络。

实施路网改造工程。老城区路网建设主要以提升改造为主，完善道路功能，改善交通环境。滨河新区主要是加快推进市政道路建设，打通断头路，贯通主干路，完善交通网络。黄河以南重点打造“八纵八横”的城市路网体系，其中，“八纵”(南北向道路)为：黄岗路、无影山西路、无影山路、济泺路、凤凰山路、生产路、历黄路、历山北路；“八横”(东西向道路)为：明湖西(北)路、堤口路、北园大街(含无影山中路)、水屯北路、滨河南路、滨河北路、新黄路、二环北路。大力抓好黄河以北地区市政设施建设，积极配合市里推进铁路、公路建设，结合大桥、桑梓店两镇120个自然村的整合改造工作，逐步开展镇驻地、中心村及民族特色村的市政道路设计、建设工作。

完善城乡排水体系。加快城市排水设施改

造，推进雨污分流，消除重要路网及周边的低洼积水区。对城区所有河道实施综合治理，全面截污，提升河道防汛行洪能力，在小清河黄金位置打造水文化主题区，把主要河道打造成靓丽的城市风景线和城市新名片。积极实施黄河以北村镇污水处理设施建设。

加强人防工程建设。坚持应急准备与长远建设、重点建设与整体发展相互促进，加快推进城市新区、工业园区人防工程建设。“十二五”期间，新上火车东站广场、无影山市场等2～3个开发利用工程项目。到“十二五”末，全区人防工程累计使用面积达到25万平方米，辖区人口人均使用面积达到0.5平方米。

推进绿化园林建设。结合创建国家森林城市，充分利用建成区内公园、单位闲置地、社区隙地和街区空地以及城市主干道路和环城道路开展绿化、美化工作，通过城市立体绿化，增加市区绿量，城市公共绿地服务半径达到1000米。在河道和湖泊周边开展植树造林，提升环境承载能力，保障水系生态安全。重点对凤凰山、标山、北马鞍山、粟山、药山、鹊山等“齐烟九点”中的“六点”进行系统的保护性开发，充分发掘和深化天桥文化内涵，积极打造靓点。到2015年，城市绿化覆盖率达到41%，森林覆盖率达到22.4%，基本实现全区处处有绿、街街有景，生态环境更加和谐。

第五节　显著提高城市管理水平

适应天桥区新的城市功能定位，理清城市管理思路，创新城市管理理念，加大城市管理投入，强化环境综合整治。坚持以人为本，民生为先，和谐管理；坚持依法管理，标准化建设，规范管理；坚持资源整合，提高效率，系统管理；坚持公众参与，构建网络，合作治理。加快城市管理向北跨河延伸，积极推动黄河北新区城市管理工作。建立健全长效城市管理体制机制，构建规范、科学和高效的城市管理新格局和新体系。

强化市政设施管理。加强道路养护与管理，改善路貌路况，全面提升道路整体功能，到2015年市政道路主干道维护率达到98%。对城市雨、污水管网坚持经常性疏浚养护，畅通率达到100%。开展城区夜景亮化，美化城区环境，提升城区魅力。推进背街小巷路灯安装工程建设，实现辖区背街小巷路灯照明全覆盖。加快热源点建设，继续实施供热管网“汽改水”改造，提高供热覆盖范围，到2015年城市集中供热普及率达到65%。

加强环境综合整治。搞好环境卫生，推进社区环卫网格化管理保洁模式，对生活垃圾集中处理，到2015年生活垃圾袋装化收集率达到95%，密闭化运输率和无害化处理率达到100%。规范广告管理，清除视觉污染。加快管线入地，净化空中环境。加强铁路沿线整治，改善铁路沿线环境。加强城市出入口、窗口和城乡综合环境整治，提升全区整体形象。

科学利用与管控土地资源。突出土地利用总体规划的严肃性，体现规划的“硬约束”作用，集约和节约利用土地。优化土地供应结构，在建设用地指标分配上实行“四个倾斜”，即向园区倾斜、向重大项目倾斜、向以现代服务业为重点的第三产业倾斜、向优质招商引资项目倾斜。盘活存量土地资源，积极开展用地挂钩置换，将腾出的土地指标置换成城镇建设用地，统筹城乡发展。严格土地执法，科学统筹国土资源的利用。

严格规范城管执法。严查违法违章建筑，加大拆除力度，加强城市建筑规划监管，有效遏制新建违法建筑行为。加强建筑渣土管理，严厉查处建筑渣土运输、处置违法违规行为。坚持堵疏结合，加大户外经营整治力度，引导入室入场规范经营，到2015年占道经营整治达标率达到80%。加快标准社区建设，完善社区配套，到2015年标准社区建设达标率达到80%。

提高管理执法效能。建立健全督察机制，促进文明执法、高效执法。创新执法思路，加大执法力度，健全城市管理考核体系，完善综合执法长效管理机制。加强数字化城管硬件设施建设，推进数字化城管，提升城管信息化水平，提高办事效率。

第四章　加快发展服务业

大力实施“三产富区”战略，重点发展金融商务、房地产、现代物流、旅游和文化等现代服务业，改造提升传统服务业，加快优化服务业结构，全面提升服务业发展质量，切实提高服务业竞争实力。到2015年，全区服务业增加值力争达到280亿元，年均增长12%。

第一节　提升发展高成长性产业

充分发挥高成长性服务业附加值高、带动能力强的优势，以高成长性服务业为主导产业，加快服务业发展。

房地产业。结合城市综合体建设，抓住棚户区开发、城中村改造、传统落后企业厂区开发和危旧简易楼群改造以及农住房建设等重要契机，合理改善土地利用结构与布局，盘活存量土地，加大房地产开发力度，扩大房地产开发规模，提高土地产出率和综合利用效益，拉动经济总量和财政税收迅速提高，改善城区环境，增强经济实力。运用好房地产业法规政策，规范实施征地拆迁制度、土地收购储备制度和土地使用权公开“招拍挂”制度，促进房地产市场健康有序发展。优化城乡发展空间布局，完成明湖北路和明湖西路沿线开发，加快堤口路、济泺路沿线片区的开发建设；加大危旧简易楼群改造和传统落后企业厂区开发力度，加快相应地块开发；抓好药山片区、滨河新区核心区和北园大街两侧的综合改造，加快滨河新区开发建设；推进鹊山龙湖城市综合体建设，带动黄河北地区开发建设。优化住房供应结构，科学安排高中低档商品房供应比例。积极落实房地产市场的调控政策，增加市场供应，合理引导住房消费需求和消费模式，规范房地产市场秩序，改善居民居住条件，满足多元化市场需求。按照全市实施CSI住宅工作要求，积极推动CSI住宅产业发展。培育各类房地产中介服务市场，完善房地产配套设施和服务体系。“十二五”期间，争取房地产开发累计达到10000亩，完成建设面积1300万平方米，实现房地产投资600亿元，在城市发展空间上再造一个天桥。

金融商务业。适应产业发展需要，建立门类齐全、服务创新、运作规范的现代商务金融服务体系。重点沿堤口路、明湖西路等城市主干道建设一批高档商务楼，引进银行、保险、证券、期货、信托、创业投资等金融机构，完善经济鉴证类、信息资讯类、市场交易类、资产管理类、知识产权类、法律类等中介服务体系，重点发展研究设计、咨询评估、法律公证、会计审计、税务、经纪代理等商务服务业，突出发展楼宇经济。开拓城乡金融市场，全力布置金融网点，培育发展民营中小金融机构，进一步完善金融市场体系建设。优化金融运行环境，推进诚信体系建设，完善中小企业信用担保体系，加强金融监管，维护金融稳定。

现代物流业。按照“引进一批、转型一批、剥离一批、发展一批”的原则，加快构筑以物流园区为依托、以物流平台为支撑、以第三方物流为主体的现代物流产业体系。充分发挥区位和交通优势，在黄河北规划建设大型物流园区，重点引进一批具有规模化、信息化、专业化水平的品牌物流企业。对现有物流企业，按照现代物流的运作模式加以引导和整合，改善现有物流企业经营方式，提高经营管理水平。积极引导企业将现有的仓储运输资源分离出来，加快企业内部物流业务剥离，鼓励发展第三方物流，推动专业化物流企业发展。以信息技术和供应链管理技术为核心，规划和建设与现代物流业发展相适应的物流信息服务平台，逐步形成集团化发展、连锁化经营、智能化管理的物流企业联盟。加快物流由销售物流向供应物流、生产物流、回收物流延伸，由简单的仓储、运输业务向供应链、一体化深入，物流业务由家电、电子、快速消费品等向钢铁、建材、汽车等上游产业扩展，把物流业培植成我区服务业新的亮点。

科技服务业。积极实施“科技强区”战略，充分发挥高新技术产业的带动作用，加快科教服务业发展。加快发展科技服务机构，积极推动高等院校、科研院所在我区建设实验室、研究中心、技术中心、研发中心、设计中心。鼓励加工制造业企业将非核心业务剥离，开展科技研发、工业设计、信息咨询、科技培训、技术推广、产品检测等服务。促进政、产、学、研、用紧密结合，大中小企业创新联动，搞好实用技术、共性技术和关键技术攻关，促进科技服务业与先进制造业、现代农业融合发展。

第二节　培育发展新兴潜力产业

充分发挥新兴服务业市场潜力大、预期效益好、吸纳就业多的优势，把新兴潜力产业培育成服务业新的增长极。

旅游业。利用山、水、河、湖、泉、湿地、地热等丰富的自然资源，深度挖掘黄河文化、小清河文化、名人文化、工业文化、红色革命文化等历史文化资源，开展形式多样的水上游、历史文化游、湿地游、乡村休闲游等活动，促进城乡旅游共同发展。

围绕天桥“水文化”，积极推进护城河、大明湖、北湖、小清河等水域贯通，建立链接景点的水上通道，开发水上游览线路，打造泉城水上游览特色品牌。

围绕“黄河文化”，借助鹊山龙湖景区的开发建设，利用鹊山、鹊山水库、龙湖和湿地等丰富的自然资源，传承和发扬黄河文化积淀，打造生态度假和商务休闲特色旅游品牌。

充分利用滨河新区特有的历史文化资源，以小清河、工商河特有的治水文化、航运文化及周边名人文化元素，设计、布局旅游项目、景观节点，发展具有天桥特色的历史文化名迹、红色经典，打造文化特色旅游品牌。

规划建设餐饮、娱乐和商贸服务设施，完善“吃、住、行、游、购、娱”六大旅游要素，健全旅游服务体系。加快推进旅游信息化建设，建立高效便捷的旅游综合服务平台，开展网上宣传促销和网上招商，加大对旅游开发的招商引资力度，优化旅游投资结构，同时增强对游客的吸引力，促进旅游业由单一观光式向休闲度假式转变。按照发展“大旅游、大产业、大市场”的要求，加强与其他大中城市和周边地区旅游管理部门、旅行社、旅游景点的联络与合作，积极构建与发展现代旅游经济相适应的管理体制，推动全区旅游业大发展。

文化传媒业。规划建设北湖、黄台、啤酒厂等 3 ~ 4 个文化产业基地和文化特色园（街）区，扶持发展文化产业项目，通过项目带动，培育文化企业群体，重点发展现代传媒业和创意设计业等文化产业，建立高效文化产业体系，增强文化产业整体实力和竞争力。积极推动传媒塔规划建设，引进优质传媒机构，构建完整的传媒产业链，加快传媒产业集聚，打造北湖文化传媒产业园区。依托老仓库、老厂房、老建筑改造，规划打造创意设计类产业集聚区。强化规划引导和政策扶持，通过科技支撑和市场化运作，加快培育现代传媒和创意设计等市场主体，完善文化基础设施，深入挖掘文化资源，推动文化产业加快发展。

服务外包业。以药山科技园为平台，促进企业间的相互合作和资源共享，以产业联合带动整个天桥服务外包市场的发展。大力引进和培育以工业设计为重点的服务外包企业，组建服务外包产业企业联盟，建立工业产品设计、生产工艺流程设计和医药化工研发外包基地。搭建服务外包公共交易平台，形成服务外包整体优势。重点支持各类设计研究院所积极承接离岸业务，在优先发展境内外包的基础上，积极拓展国际业务流程外包服务领域。

第三节　巩固发展比较优势产业

坚持总量膨胀和结构调整并重，按照“发挥优势、突出特色、聚集发展、提高效益”的原则，加快改造提升，提高传统服务业财税贡献水平。

商贸流通业。坚持“新建一批、改造一片、整合一批、转移一批”的原则，在巩固现有市场资源的基础上，大力发展商贸流通业。在市区内积极规划建设集购物、餐饮、休闲、娱乐于一体的大型商业综合体，在近郊培育发展连接城乡、辐射周边的大型交易市场。广泛运用电子结算、交易安全保障、网络服务、信用体系、消费维权等新型支持体系，提高大中型综合市场的技术水平、服务质量和经营效率，进一步推动市场商场化、品牌化、信息化转变，促进传统产业优化升级。大力发展新型业态，加快专卖店、品牌店、加盟店等新兴商业服务业态建设。紧紧围绕服装、家居、建材等专业市场，整合现有市场资源，结合大型专业市场集聚态势，全力打造“家居之都”、“服饰之都”等多个在全省乃至全国具有影响力的区域性商贸中心。合理布局商业网点，优化商业圈层，推进超市和连锁企业向小区延伸，农贸、小商品、日用品等批发市场向农村转移，逐步建立起覆盖城乡的商贸流通体系。加快商贸流通加工配套基地建设，推进市场商品的本土化进程，并不断延伸产业链，大力发展上下游相关产品和配套产品，丰富产品种类，优化产品结构，尽快形成产业支撑市场、市场带动产业发展的良好格局。

住宿餐饮业。引进一批现代化水平高、设施功能完善的星级酒店、连锁酒店，大力推行品牌化经营，培育发展集团化连锁，引导企业走规模化发展之路。规划建设一批美食城和特色餐饮一条街，培育地方名优小吃，建立大众化、特色化、连锁型餐饮住宿网点，形成各具特色、适合不同消费群体的餐饮住宿业。加快现有星级宾馆、酒店进行改造升级，发展一批星级宾馆、酒店，以点带面，促使全行业整体水平和实力有较大幅度提升。

社区服务业。着眼于满足市民的多样化需求，拓宽服务领域，改进服务方式，积极引导消费，提倡健康生活，大力发展家政服务、养老托幼、医疗健身、文化娱乐、环境卫生等社区服务业，逐步建立起全方位社区服务体系；加快社区服务产业化、社会化进程，提高社区服务水平和档次；加强社区服务中心建设，整合社区服务资源，积极构建覆盖全区、反应快速的社区服务网络。

第四节　完善服务业发展的政策措施

充分发挥政府的导向作用。一是搞好服务业布局规划，增加服务业用地的储备和供应，合理配置现代服务业的用地规模，加强服务业增量用地保障。二是强化政策引导，贯彻落实国家、省、市对服务业的扶持政策，研究制定我区在支持服务业发展方面的政策措施，加大对服务业重点领域和重点项目扶持力度。三是积极组织企业申报国家和省、市的扶持资金，设立区级服务业专项引导资金，加强资金方面扶持。四是加强沟通协调，强化组织保障，建立联席会议制度，完善服务业工作协调推进机制。五是将服务业发展指标纳入科学发展考评体系，制定服务业考核办法，确定目标和重点，明确责任，完善全方位目标考核体系建设。

优化服务业发展大环境。一是突出和强化服务意识，切实转变政府职能，创造更好的发展环境，吸引更多实力雄厚的大集团在天桥发展。二是积极发挥网络等媒体作用，加强对服务业的舆论宣传，营造浓厚的发展氛围。三是完善市场监督机制，引导企业依法、诚信经营，创造公开透明、规范统一的市场环境。四是积极鼓励本地、外地民间资本在更广泛的领域参与服务业发展，充分发挥资本市场融资功效，调整优化投融资结构。五是发挥人才优势，鼓励研发创新，通过产业聚才、项目引才、人才带才等多种形式，吸引国内外高层次人才参与我区服务业发展和建设。

进一步加强载体平台建设。一是依托道路、河流、棚改、旧改、城市综合体、农住房改造等几大载体建设，科学规划，统筹发展，实现服务业全面提升。二是依托产业功能片区集聚发展态势，加快培育重点服务业园区。三是依托工业企业内部发展优势，大力发展生产性服务业和生产性服务环节，促进制造服务化。四是筹划建设重大服务业发展平台，加快服务行业信息化和现代化进程，促进服务知识化。五是挑选一批规模大、实力强、业态先进、发展潜力广阔的大企业大集团，加大扶持力度，促进其尽快做优做强，充分发挥龙头带动作用。六是建立服务业重点项目库，筛选部分在建、新策划服务业重点项目，对项目进行动态管理，推进项目建设进度，增强服务业发展后劲。

第五章　着力振兴天桥工业

紧紧围绕“重振天桥工业雄风”的奋斗目标，以两大园区为依托，以提高产业贡献水平为方向，以提高产业素质和产业核心竞争力为重点，坚持走新型工业化道路，坚持总量扩大和质量提升相统一，突出和增强产业特色，加快发展方式转变，加快工业和信息化融合，加快产业结构调整，加快形成产业链条，着力培植产业集群，加快构建现代工业体系，努力实现工业经济持续快速健康发展。到2015年，工业经济总量实现大幅增长，全区工业增加值力争达到100亿元，年均增长38%。工业经济实力得到显著提升，工业对地方财政税收贡献达到7亿元，天桥工业迈入全市工业强区行列，工业经济总量再造一个天桥，基本实现重振天桥工业雄风的奋斗目标。

第一节　培育发展高新技术产业和战略性新兴产业

实施高新技术产业和战略性新兴产业培育工程，把发展高新技术产业和战略性新兴产业放在优先位置。按照有限目标、集中力量、重点突破的原则，加大科技投入，跟踪前沿技术，强化引进技术的本土化开发，培育自主知识产权，加快科技成果转化，推进高新技术产业化进程。精心挑选一批发展前景好、竞争力强的高新技术企业，做好策划包装，推进企业上市，拓宽融资渠道，推动企业迅速发展壮大。

新材料产业。以新型高分子材料、新型建筑材料和特种纤维材料等领域为重点，加快引进重大新材料产业项目，拉长产业链条，加快培育新材料产业集群。以提高自主研发能力为目标，加快新材料企业技术中心、工程技术研究中心建设，大力推动产学研联合，充分发挥高校和科研院所人才、技术、信息聚集优势和企业接近市场、资金雄厚的优势，集中优势资源，突破关键技术，建立起风险共担、利益共享、权责明确、合作紧密的产业技术创新联盟，构建新材料科技成果转化平台，推动济南新材料产业基地加快建设。发挥济南裕兴化工厂迁厂新建的优势，充分利用先进工艺、装备和技术升级，提升产品质量，增强市场竞争力，把裕兴培植成为全国最大的钛白粉生产基地，到“十二五”末，实现销售收入翻番。同时，再引进2～3个重大新材料项目，把新材料产业打造成我区的支柱产业。

新能源产业。以太阳能、风能、生物质能和地热能等产业领域为重点，注重技术创新，突出地方特色，积极应用成熟技术发展新能源，壮大产业规模，全面提高新能源产业发展水平，形成新的经济增长点。积极开展对外合作，引进先进技术、人才、资金和管理经验，促进新能源产业跨越式发展。依托澳华新能源，重点发展太阳能光伏及集热系统等太阳能光热利用产业；依托台湾中迪LED项目，重点发展以节能灯为主的绿色照明产品及配件。抓住城市和产业北跨的重要契机，充分利用黄河北丰富的风能、生物质能和地热能资源，加强与大唐发电等大企业集团的战略合作，积极发展风能等产业；开展生物质能发电，开发应用地热供暖、供热水技术和热泵技术，带动新能源装备产业的发展，把新能源产业打造成我区的特色产业。

第二节　改造提升发展壮大传统工业

根据突出重点、培育骨干的原则，按照改造提升一批、转移淘汰一批的总体思路，选择具有竞争优势的重点行业，运用先进技术改造提升传统产业，推进技术创新、产品创新、经营管理创新和营销模式创新，切实提高自主创新能力，实现传统产业品牌化发展，加快企业转型升级，推动设备制造、汽车及零部件等传统优势产业做大做强。同时，加大政策引导力度，充分发挥政府的导向作用，引导化工、建材等传统产业向新材料产业基地转移。

设备制造。依托济锅集团、天鹅棉机等骨干企业，通过加大技术研发和技术改造力度，重点发展高科技、高附加值的成套设备、专用设备和精密仪器等先进制造业。济锅集团由单机制造向锅炉岛、锅炉成套和电厂业务总包（EPC）业务扩展，重点发展大型燃煤锅炉、生物质能锅炉和燃废弃物锅炉等产品。天鹅棉机借助搬迁改造，加快技术、工艺和装备水平的提升改造，加快提升产品质量，增强市场竞争力，进一步巩固国内行业龙头地位。兰光机电充分发挥技术研发优势，加快技术创新和新产品研发，努力扩大生产规模。

汽车及零部件。依托豪瑞通等骨干企业，坚持以产品结构调整为主线，提高优势产品的专业化、产业化、规模化水平，大力开发填补国内空白的专用车产品，提高产品附加值和技术含量，培植企业迅速发展壮大，形成产业集聚效应，实现专用车行业整体素质和技术水平的新跨越。汽车配件企业，按照国际化标准组织生产，提高系统化配套、模块化供货能力，提高零部件行业工艺装备水平和产品质量标准，推动传统优势零部件企业实现产品结构升级。同时，大力支持新能源汽车关键零部件发展。

第三节 大力发展园区经济

依托济南新材料产业基地和药山都市产业园两大工业园区，加快基础设施建设，理顺园区管理体制，完善园区发展政策，加快项目引进，壮大园区规模，增强园区实力，做大做强园区经济，把两大园区建设成为振兴天桥工业的“主阵地”。

一、济南新材料产业基地（济南化工产业园区）

加快理顺园区内村庄归属关系，充分发挥基础配套设施和土地资源优势，进一步加强软、硬环境建设，重点引进大型新材料项目，合理布局产品关联度高的生产企业，形成资源循环利用的发展模式，加快构建新材料产业链，实现新材料产业的有效集聚，实现园区超常规、跨越式发展。初步建成在全省具有重要地位的新材料产业基地，将园区打造成为全省一流的以循环经济为发展模式的现代化新型工业园。到 2015 年，园区实现规模以上工业销售收入 280 亿元，规模以上工业增加值 80 亿元。

优化园区规划布局。按照适度集中、形成规模、体现特色的要求，把园区的发展与全市的区域发展战略相统一，形成具有特色、功能完备、有机链接的产业园区空间布局。园区分为两部分，分别进行产业定位，分工协作，协同发展，共同促进。一是将面积 4.7 平方公里的起步区作为化工产业园，产业发展方向以承接全市化工项目为重点，兼顾发展化工配套产品及其他工业。二是将新增的 5.3 平方公里的区域作为新材料产业基地，大力发展新材料产业。同时，划出部分区域，作为园区配套设施用地或发展为工业企业配套的商贸业。

构建三大产业链。依据园区新材料、化工的双定位，突出特色，集中精力引进发展龙头企业，培育龙头产品，打造知名品牌，以点带面，形成围绕龙头企业为主导的特色产业群，逐步实现由政策和区位优势吸引投资过渡到由产业优势吸引投资。“十二五”期间，主要依托裕兴钛白粉、中化 CPP、清洁铬盐和焦化等项目构建精细化工、石油化工、新材料三个产业链，同时大力拓展产业发展领域，引进特种化工、医药化工等高投入、高附加值的龙头企业，为长远发展做好铺垫。发展循环经济，不断增强园区的项目承载力，形成全过程和多产业的生产加工格局，进而降低能耗，减少污染，切实提高劳动生产率，真正形成独具特色的产品深加工集群，提高产品竞争力和知名度，拉动我区工业经济快速发展。

二、药山科技园

在滨河新区的总体规划框架下，对园区重新进行功能定位，加快转变发展方式，推进园区产业转型。坚持走集约化利用土地的路子，加快土地资源整合，加快落后企业转移淘汰，加快发展都市产业。推广工业平台发展模式，推动园区产业升级与环境提升，加快工业企业剥离服务性业务，重点发展生产性服务业和都市工业，积极引进高新技术产业和战略性新兴产业，努力将药山科技园打造成为具有鲜明特色的都市产业园区。到2015年，园区实现规模以上工业销售收入50亿元，规模以上工业增加值16亿元。

着力建设四大基地。一是着力建设高新技术产业基地，以华临化工、特利尔生物科技等高新技术企业为龙头，带动园区企业实施科技创新，培植技术研发机构，进一步提升园区科技竞争力；二是着力建设都市工业基地，加快引进资源能源消耗低、单位土地面积产出高适合在都市生存发展的都市型工业项目，大力发展高附加值、高税收、总部型的都市工业，集约利用土地；三是着力建设高技职业人才培训基地，以山东蓝翔高级技校为核心建设高校职业人才培训基地，发挥蓝翔技校的品牌优势，不断扩大办学规模，拉长职业培训产业链条；四是着力建设服务外包产业基地，依托园区工业企业，大力发展以“工业设计”为主的服务外包产业，把药山都市产业园建成市区服务外包一类示范园区。

推广工业平台发展模式。在药山都市产业园区大力推广土地资源利用率高、产业集聚度高、单位面积产出高、地方财税贡献水平高的时代总部基地类型的工业平台发展模式，加快发展楼宇经济，引进科技型轻加工企业、高产出商贸企业和高税收型生产性服务业，大力发展占地面积小、资源能源消耗低的都市型产业，进一步提高产业集聚度和产业竞争力，切实提高全区土地单位面积产出，带动我区经济结构的优化调整。

加快园区产业融合发展。充分发挥药山都市产业园交通便利和地理位置优越的优势，充分利用其产业基础，重点推进产业升级改造，突出发展生产性服务业。通过对早期租地建设的落后工业企业进行腾笼换业，重点发展以现代物流、商务商贸、科技研发为主要内容的生产性服务业和高附加值、高税收、自主创新能力强的科技型都市产业，打造产业融合发展示范园区。

第六章　深入推进社会主义新农村建设

按照“规划先行、分步实施、示范引导、整体推进”的工作思路，坚持以发展农村经济为中心，建设现代农业为方向，改善农民生产生活条件为重点，统筹城乡发展，协调推进农村经济社会全面发展，扎实推进新农村建设。

第一节　发展现代农业和都市观光农业

坚持把发展农业生产力作为建设社会主义新农村的首要任务，在稳定粮食生产的前提下，积极推进农业结构调整，以发展现代农业和都市型农业为重点，加快转变农业发展方式，建设具有天桥区特色的都市农业产业体系。

调整优化农业结构。推进农业结构升级，大力发展蔬菜种植业，做大做强畜牧养殖业，积极培植都市型现代观光农业，实行基地化种养、标准化生产、企业化管理、产业化经营，不断延长农业产业链，对农业的生产、生态、生活、旅游等功能进行综合开发，加快一、二、三产业的相互渗透和融合，形成“基地＋园区＋企业＋合作组织”的都市农业发展模式。优化农业空间布局，结合我区现有的产业基础和资源条件，308国道以北，以大桥镇片区为重点，积极发展高端鲜活农产品基地，其中青银高速以南，104国道两侧，积极打造冷链物流展示贸易中心。308国道以南，积极发展集观赏、体验、科普教育、培训、餐饮、购物、休闲娱乐等为一体的现代生态农业旅游。沿黄河两岸，结合北郊林场、鹊山龙湖湿地等，积极打造沿黄绿色生态防护带。全区逐步形成“一心、两区、一带”的都市型现代农业空间布局和一、二、三产业融合发展的产业格局。

发展农业产业化经营。搞活农产品流通，推进农产品批发市场改造升级，创建农产品质量安全放心批发市场，加快区域性农产品物流中心和农家店标准化建设。引导发展农民专业合作社和专业协会，重点扶持一批效益好、潜力大、带动力强的龙头企业，培育一批知名度高的农产品品牌。同时大力发展合作组织与订单农业，促进龙头企业与农户形成相对稳定的购销关系。到2015年，创建优质农产品品牌10个以上，扶持发展重点农业龙头企业40家以上，优秀合作组织15个以上，25%以上的农户与农业龙头企业或专业合作组织形成稳定的利益联结机制。

推进农业科技进步。建立健全区、镇农业科技推广服务、动植物疫病防控、农产品质量监督等公共服务机构。加强对农业科技推广服务的扶持力度，围绕我区特色产业发展，提升传统农业，推广农业特色产业、农产品安全生产、农业标准化、农产品深加工技术以及适合我区环境条件的新、稀、特品种，促进农业向优质、高效、绿色方向发展。加强与科技部门的联系与合作，积极推进农业信息化进程，建立农业科技试验示范基地，加速新技术、新品种的普及推广与应用，同时提高农产品质量安全水平。

第二节　显著改善农村生产和生活条件

加强农村基础设施建设。大力开展农业开发和综合治理工作，开展农田水利基本建设，改善农田灌排条件。持续加强农村自来水工程建设与管理以及公路、供电、供暖、排水、通讯等基础设施建设。深入推进创建国家级森林城市工作，推进农村生态建设，发展循环工艺，切实加强户用沼气、沼渣、沼液的综合利用水平。加大旧村改造、整村迁建、迁村并点力度，扎实做好农住房建设工作，加快新型农村社区建设步伐。

加快农民生活环境改善。推进农村生活污染治理，搞好农村污水、垃圾治理为主要内容的农村清洁工程，加强对历史遗存垃圾的治理，严格污水排放管理。严格控制农村地区工业污染，防止城市污染向农村地区转移，防止污染企业在农村地区死灰复燃。

推进农村社会风貌建设。继续搞好农村基层组织和民主法制建设，依法完善村民自治机制，着力推进村务公开，加强民主管理，深入推进群众性精神文明创建活动，努力提高农民群众思想道德素质和农村社会的文明程度。

第三节　大力发展农村社会事业

进一步改善农村办学条件，加强农村教师队伍建设，形成学校共同发展，学前教育、中小学义务教育同步提升，校外活动、实践基地配套完善的现代化区域教育格局。加强农村卫生基础设施建设，健全农村三级医疗卫生服务和医疗救助体系，提高新型农村合作医疗参保率。完善农村社会保障体系，提高农村低保、五保保障标准和补助水平，保证基础养老金发放到位，有效维护农民工合法权益。加快构建农村公共文化服务体系，积极开展形式多样的群众喜闻乐见、寓教于乐的文体活动，继续在两镇农村实施“2131”工程，深入开展“体育三下乡”活动。加强科技培训体系建设，提高农民创业就业能力。加大对农村残疾人生产扶助和生活救助力度。

第四节　持续增加农民收入

广泛开辟增收渠道，千方百计增加农民收入。积极培育龙头企业，加快发展专业合作组织，不断提高农业的组织化程度，增加农民家庭经营收入。突出发展农产品加工业，延伸农业产业链，提高农产品附加值，引导富余劳动力向非农产业和城镇有序转移，完善城乡一体的劳动力市场，增加农民工资性收入。积极推进土地流转，支持农民用经依法批准的建设用地土地使用权参与农村二、三产业项目建设，增加农民财产性收入。加强农村集贸市场规划建设管理，更好地发挥其方便农民生活、增加农民收入的平台作用。继续实行对农民的直接补贴政策，稳定农业生产资料价格，继续开展农民负担综合治理，增加农民转移性收入。“十二五”期间，农民人均纯收入年均增长 12% 左右。

第七章　全面深化改革开放

以建设公共服务型政府和推进重要领域、关键环节改革为重点，加快形成有利于经济发展方式转变的体制机制，强化市场在资源配置中的基础性作用，引导市场主体加快发展转变。扩大对内对外开放，增强经济社会可持续发展能力，以开放促调整、促转变。

第一节　加快政府自身改革

以转变职能为核心，深化行政管理体制改革，努力提高发展经济、管理社会、服务人民的能力，为各类市场主体创造公平的发展环境，维护社会公平正义，努力建设全区人民满意的公共服务型政府。

重视公共服务和社会管理。按照政企分开、政资分开、政事分开以及政府与市场中介组织分开的原则，合理界定政府职责范围，重视公共服务和社会管理。适时启动街道办事处行政区划调整。深化行政审批制度改革，大力推进电子政务建设，将财政资金更多投向公共服务领域。深入推进社会管理创新，培育和规范社会组织并引导其承接政府转移出来的部分职能。

建立健全行政运行机制。坚持决策科学化、民主化，坚持依法行政，加强对政策执行情况的检查监督，强化行政问责。建立健全决策、执行、监督相互制约又相互协调的行政运行机制。

深入推进投资体制改革。加强政府投融资平台建设，对现有政府投资类企业继续进行整合重组，完善组织架构和运行机制，实施有效监管。

第二节　推动经济体制改革

一、完善产权制度改革

深化经济体制改革。深化国有企业、区属工商企业和经营性事业单位改革，特别是股份合作制企业的二次改制。积极推进村改居集体资产产权改革，促进政企分开，完成居委会与新型经济组织职能及资产经营方式划分；积极创造条件，完成新型经济组织的二次改制；加大协调力度，推动村改居居委会与城市社区区委会管理模式接轨；积极安排资金，推进村改居居民社保体系建设。

强化政策监管。完善监管政策、制度，规范、强化对区属国有和集体企业的资产管理，实现保值增值，防止资产流失。加强对村改居集体资产产权改革后成立的新型经济组织集体成分的监督管理，特别是经济组织的土地、房产等固定资产。

二、发展非公有制经济

提升非公有制经济发展水平。推动民营企业通过产业配套、战略合作和投资参股等形式，实现与国有（集体）经济和外资产业链的联接，引导民营经济进入先进制造业、高技术产业和现代服务业，增强民营经济自主创新的意识和能力，促进民营经济向专业化、高科技化和集群化方向发展，成为推动我区经济增长和产业结构升级的重要力量。

优化非公有制经济发展环境。落实民营经济与其他所有制经济的同等待遇，放宽对民营经济的市场准入，完善信息发布制度，积极鼓励非公有资本进入基础设施、公用事业等领域，参与国有、集体、经营性事业单位改制。落实金融、税收、信用担保、技术创新等方面的政策，改善行政执法和司法环境，加强和改进对非公有制企业的服务和监管。

三、完善现代市场体系

健全市场体系建设。加快推进资本、劳动力、土地、技术、产权等要素市场的建设，发挥市场在资源配置和结构调整中的基础性作用。创新专营性公共服务产业的管理体制；加强监管，维护市场价格秩序；坚持并完善经营性用地“招拍挂”制度，依法规范土地市场；发展和规范各类行业协会、商会等自律性组织；规范发展产权交易市场；积极发展技术市场；逐步建立城乡统一的劳动力市场。

规范市场主体行为。以食品、药品安全为重点，健全产品质量监管体制，取缔无证无照经营行为，严厉打击生产经销假冒伪劣产品、侵犯知识产权和各种欺诈行为。逐步开放信用服务市场，加快全社会的信用体系建设，完善信用信息共享机制，健全信用监管和失信惩戒制度，创造各种所有制企业有序竞争、共同发展的营商环境。

四、积极推进企业上市

充分挖掘上市后备资源，加强对重点行业和骨干企业的梳理筛选；不断完善机制，加大培植力度，落实扶持政策，鼓励企业申报上市。通过市场化手段，组织专业机构为企业量身定制，实施科学合理规范的股份制改造；进一步清理、规范已改制股份公司，完善暂不符合上市要求公司的各项手续，理清股权关系。到2015年实现3家企业成功上市。

第三节　推进农村改革

加快对农村集体土地所有权、宅基地使用权、集体建设用地使用权、林权、水域滩涂养殖使用权，以及农民房屋所有权等确权登记颁证工作。农村集体各类资源性、经营性资产作股量化到户，发展集体资产股份合作或社区股份合作，探索壮大集体经济的多种实现形式。全面完成集体林权制度主体改革任务，依法落实林地承包经营权和林木所有权。积极推进农村产权流转，建立农村产权交易机构，完善乡镇产权交易服务机构。创新农村金融服务体系，放宽农村金融机构准入政策，规范发展村镇银行、小额信贷公司等新型农村金融机构，扩大发展政策性农业保险范围。

第四节　深化医药卫生体制改革

完善覆盖城乡居民的基本医疗卫生制度，改善城乡居民健康状况，逐步实现城乡居民基本公共卫生均等化，实现人人享有基本医疗卫生服务的总目标。合理调整和优化配置卫生资源，形成职能明确、定位清晰、综合协调、权责统一的管理体制；坚持中西医并重，支持中医药事业发展；加强监管，提高服务质量和效率，稳步推动区属医疗机构改革，加大民营医疗机构扶持力度，形成多元化医疗服务体系；优化人员结构，加强对卫生人才特别是全科医生的培养，建立日趋合理的卫生队伍；支持农村卫生事业发展，提高新型农村合作医疗参合率，建立长效在册乡医补助机制；建立完善政府主导的多元卫生投入机制，特别是政府对城乡基层医疗卫生机构的投入机制，逐步提高政府卫生投入占卫生总费用及经常性财政支出的比重，新增政府投入重点用于支持公共卫生、农村卫生、城市社区卫生和基本医疗保障。

第五节　提高对外开放水平

优化进出口商品结构，加快贸易发展方式转变，保持对外贸易稳定发展，提高利用外资的质量和水平，促进服务外包产业发展。

优化进出口产品结构，扩大进出口规模。以药山科技园、化工产业园两大产业园区为依托，稳定传统市场出口、扩大进口；扩大高新技术产品出口比重，以高新技术产品带动机电产品，稳定机电产品，带动整体出口；增加高科技产品、关键技术设备和零部件进口。

优化外商投资结构，改善外贸发展环境。强化园区利用外资的载体作用，发展我区产业特色项目；结合全市棚户区改造等市政工程，引导外资进入房地产业；完善政府信息服务平台，加强对骨干企业的跟踪与贴身服务，“十二五”期间，在巩固重汽的基础上，打造裕兴化工新亮点。

加大储备资源力度，完善健全激励机制。坚持巩固港台、中欧市场，扩大日韩市场，发展欧美市场，建立项目储备库，加大在谈、在建重大项目推进力度；鼓励企业进行对外贸易经营者备案，不断壮大外经贸主体队伍；完善利用外资激励机制，提供拓展国际市场平台，有效利用境外资本市场，支持国内企业境外上市；利用投资典范的外企、外商带动效应，以商招商。

承接国际服务业转移，推进服务外包产业发展。积极稳妥扩大服务业开放，鼓励有条件的企业申报服务外包企业认证，逐步建立服务外包监管体制和促进体系，推进我区服务外包产业快速发展。

第八章 推进资源节约型和环境友好型社会建设

坚持节约资源和保护环境的基本方针，加强资源管理，大力发展循环经济，加大环境保护力度，提高生态文明水平，积极应对全球气候变化，增强可持续发展能力，坚持把建设资源节约型、环境友好型社会作为加快转变经济发展方式的重要着力点。

第一节　加强重点领域节能

深入推进工业、建筑、商业和民用、公共机构等重点领域节能降耗工作，强化全社会节能意识，加快构建节约型的生产方式和消费方式。

强化工业节能。大力发展节能、降耗、减污、增效的高新技术产业和先进制造业，严格控制新开工高耗能项目。突出抓好热电、化工、纺织等重点耗能行业和重点用能企业的节能工作，加快节能技术改造，认真做好能源计量统计等基础性工作，抓好能源审计整改。

推进建筑节能。全面推进墙改与建筑节能，进一步加大“禁实”力度，大力发展和推广使用节能利废的新型墙体材料，加快推进太阳能、浅层地热能等可再生能源在建筑中的应用，发展节能省地型建筑，积极推进既有居住建筑供热计量及节能改造。

加强商业和民用节能。抓好大型超市、专业市场、批发市场的节能降耗，在公用设施、宾馆商厦、写字楼、各类经营场所、居民住宅中广泛推广高效节能产品。大力发展农村户用沼气和大中型畜禽养殖场沼气工程，推广省柴节煤灶，推进秸秆综合利用。

推动公共机构节能。加强对用能设施的节能管理，重点抓好政府机构建筑物和采暖、空调、照明系统的节能改造以及办公设备节能。大力推动政府节能采购，进一步规范办公用品的采购、配备和使用，将节能产品纳入公共机构采购目录。广泛开展创建节约型机关的主题活动，树立厉行节约的良好工作习惯。

第二节　加快建设节约型社会

以节能、节水、节材、节地为重点，以提高资源利用效率为核心，紧紧围绕实现经济增长方式的根本性转变，加快结构调整，推进技术进步，以资源的高效和循环利用，促进经济社会可持续发展。

大力推进能源节约。认真实施国家《节能中长期专项规划》中提出的十大重点节能工程，继续推进节约和替代石油、热电联产、余热利用、建筑节能、绿色照明等重点节能工程。依靠科技进步，积极开发利用风能、太阳能、生物质能等可再生能源。

深入开展节约用水。加大节水设备和器具的推广力度，加快供水管网改造，推动公共建筑和生活小区的节水和中水回用设施建设，推进污水处理及再生利用，推广农业节水灌溉设备应用，大力实施高耗水行业节水技术改造，加强地下水资源管理。

积极推进原材料节约。加强重点行业原材料消耗管理，推行产品生态设计和使用再生材料。鼓励生产高强度和耐腐蚀金属材料。推行木材节约代用，大力节约包装材料。落实发展散装水泥的政策措施，进一步加大散装水泥推广力度。

严格保护耕地。加强对耕地特别是基本农田的保护，严格控制非农建设占用耕地，加强基本农田保护和建设，保护面积不少于 8424 公顷，并不断提高质量，严格落实耕地占一补一的占补平衡政策。结合国家每年对违法用地的卫星遥感监测，严格土地执法，取缔各类违法用地行为，严禁毁田烧砖，继续实施禁止使用实心粘土砖计划。

第三节　积极推行循环经济

按照“减量化、再利用、资源化”的原则，推动产业循环式组合，促进资源循环式利用，鼓励企业循环式生产，倡导社会循环式消费。大力发展循环经济和低碳经济，全面推行清洁生产和资源综合利用。

加快构建循环经济型产业体系。调整工业结构，加快发展资源消耗低、环境污染小、附加值高的新型工业，坚决制止盲目投资和低水平重复建设，对能耗大、污染重、治理无望的企业坚决予以淘汰。调整第三产业结构，积极发展房地产业、金融保险业、再生资源回收利用产业等占用资源少、污染少、附加值大、有利于减少资源浪费、提高资源利用效率的现代服务业。调整农业和农村经济结构，发展节水农业、生态农业、高效农业，推行标准化生产，做好农业残留物综合利用，调整种植业结构，推广抗旱、耐旱作物品种。

大力开展资源综合利用。推进工业废物综合利用，引导企业对生产过程中产生的废渣、废水、废气、余压余热等进行回收利用。抓好再生资源回收利用，不断提高再生金属、废旧轮胎、废旧家电及电子产品等资源的回收利用率。推进生活垃圾和污泥资源化利用，搞好秸秆和建筑废弃物的综合利用。

全面推行清洁生产。落实清洁生产审核制度和公开监督制度，加强对化工等高资源消耗行业实施清洁生产的监督，对使用有毒、有害原料进行生产或者在生产中排放有毒、有害物质的企业，实施强制性清洁生产审核，对重点污染企业实行社会公示制度，筛选、开发和推广一批清洁生产工艺技术。

加快发展节能环保产业。支持鼓励形成一批节能环保产业骨干企业及节能环保产业的主导产品、拳头产品、名牌产品，努力提高环保设备（产品）的技术水平。大力发展低碳经济，着力构建以低碳排放为特征的工业、交通、建筑体系，积极倡导绿色发展理念。

第四节　加强环境保护

加强水、大气、固体废物的污染防治，严控噪声和辐射污染，切实把环境保护作为“转方式、调结构”的重要抓手，实现经济社会的协调、可持续发展。

加强水污染防治。全面落实流域污染综合治理策略，大力开展环湖沿河大生态带建设，继续抓好工业污染源的防治，确保达标排放。配套完善城市污水管网，加快乡镇污水处理设施建设。实施化学需氧量和氨氮总量控制。到 2015 年，实现城市饮用水源地水质达标率大于 98%，辖区市区范围内河流消除 V 类水体，全区主要河流达到水体功能区要求，实现适宜鱼类生长。

积极推进大气污染防治。以区域、城市大气污染防治和重点行业污染控制为重点。从注重重点行业污染削减向相关行业全面削减转变，实施二氧化硫总量控制；以削减燃煤单位烟气排放和机动车尾气排放为核心，实施氮氧化物总量控制；以全面加强工业烟粉尘和城市扬尘控制，深化颗粒物污染控制。到 2015 年，力争市区环境空气质量二级以上标准天数达到 274 天以上。

加强固体废物污染防治。优先推进危险废物的污染防治，实施危险废物申报登记和转移联单制度。加强医疗废物管理。完善工业固废利用与处置的优惠政策，提高生活垃圾处理水平，强化生活垃圾处理的运营监管和渗滤液排放的环境监管。到2015年，实现工业固体废物处置利用率达到90%以上，城市生活垃圾无害化处理率达到95%以上。

严格控制噪声和辐射污染。加快城市道路和基础设施建设，控制交通噪声污染。加强施工管理，控制区域噪声污染。加强辐射安全监管监测队伍建设，重点抓好放射源的管理。到2015年，实现城市区域环境噪声值小于55分贝，城市道路交通环境噪声值小于70分贝。

第九章　提升经济社会发展软实力

围绕提高自主创新能力和核心竞争力，切实加快科技、教育和文化发展，构建以教育为基础、人才为支撑，与经济社会发展相适应的科技创新和人才培养体系，努力建设创新型城区，提升经济社会发展软实力。

第一节　建设创新型城区

坚持“自主创新、重点跨越、支撑发展、引领未来”的方针，加大科技投入，显著增强自主创新能力，实施品牌战略，以科技优势推动经济社会发展。

营造良好政策环境。加大科技投入力度，在保证科学技术支出占当年本级财政一般预算支出比例1.3%的基础上逐年递增。加大科技奖励力度，完善《天桥区科学技术奖励办法》。加快建设科技中介服务体系，发展一批生产力促进机构、科技评估机构、科技咨询服务机构。积极提供融资渠道，采取有效措施，促进区域金融服务业发展。

提升企业创新能力。加大企业技术创新能力培育和建设力度，大力推进产学研联合，到2015年，建成产学研实践基地16家。大力发展信息产业，推动物联网技术在工业中的应用。支持各类企业建立技术开发机构。到2015年，全区新增国家级企业技术中心1家、省级企业技术中心3家，市级企业技术中心5家，各级企业技术中心达到21家、工程技术研究中心达到11家。

大力实施品牌战略。加强工业品牌设计、提升、推广，做大做强一批市场竞争力较强、具有较高市场占有率和经济效益的“天桥品牌”，形成国家、省、市三级梯状名牌企业群体和名牌产品集群。积极引导、鼓励具有名牌产品发展潜力的中小工业企业拥有自主品牌、自主知识产权。引导企业树立商标意识，维护商标信誉，争创全国驰名商标和省、市著名商标。“十二五”期间，新创建省级名牌产品8个，省级以上名牌产品达到15个；新创建省级著名商标36件，著名商标和驰名商标总数达到55件。

实施重大科技专项。鼓励科研单位、重点企业积极承担国家、省、市重大科技专项，力争取得一批自主创新成果。重点在化工新材料、机械装备、新能源、生物技术和新型建材等重点领域，着力突破一批增强企业核心竞争力的重大技术、关键技术、共性技术，提升技术创新和集成能力，带动产业优化升级。

第二节　优先发展教育事业

切实把教育摆在优先发展的战略地位，坚持“均衡、公平、内涵、特色，办人民满意教育”目标，推进“硬件优化、软件提升”两大战略，统筹城乡及各级各类教育的协调发展。到2015年，完善与我区经济和社会发展相适应的教育体系，基本实现教育现代化，基本形成学习型城区。

加强硬件资源优化，推进教育均衡。坚持资源整合与校舍安全工程相结合，推进符合天桥实际的标准化建设，整体提升硬件资源水平，到2015年，中小学均达到山东省普通中小学基本办学条件标准。改善农村学校办学条件，促进城乡义务教育均衡发展，到2012年农村中小学校实现以多种方式接入互联网，实现校校通，基本实现班班通。坚持学校建设与片区开发、棚户区改造相结合，高标准新建北刘、徐李、宝华、泺口等片区的配套学校，增加优质教育资源总量。以北大资源在徐李片区开发建设城市综合体为契机，引进学前教育、义务教育、高中教育等各个学段的优质资源，带动、提升全区教育总体水平。

保障弱势群体权益，促进教育公平。加大对城乡贫困家庭学生的资助力度，完善农村义务教育经费保障机制，切实保障困难家庭子女平等接受教育的权利。加强外来务工人员子女定点学校的投入和建设，解决好外来务工人员子女上学问题，外来务工人员子女入学率达到100%。关注留守儿童学习与生活，保障其接受良好教育。推进盲、聋等残疾儿童集中免费就读，保持特殊教育与义务教育同步发展，适龄残疾儿童入学率达到100%。

加强软件资源优化，提升教育内涵。加大科学、科研引领的力度。立足天桥教育实际，深化四项发展举措：

通过科学界定科室职能、科学统筹科室工作、科学改进科室评价三步措施，完善教育管理机制，提高机关行政效能；通过科学定位办学基点、科学确立理念规划、科学实施自主发展、科学进行学校评价，引领、推动学校自主开发教育资源，推动学校科学发展；通过持续深化人事制度改革、积极推行“三主体”培训、全面推进“五名”培养工程，优化干部和教师队伍，提升人力资源水平；通过扎实推进德育工作，切实开发校本课程，深入改革课堂教学，大力发展体、卫、艺工作，创新教育教学改革，推进内涵特色提升。

统筹各类教育发展，优化区域格局。完善政府主导下的学前教育发展体系，以成本核算为基础，健全成本合理分担机制，大力发展公办园、积极扶持民办园，发挥名园品牌效应，探索“民办公助、公办民助”的幼教模式。巩固学前一年幼儿100%的入园率，逐年提升学前两年幼儿入园率，重视0～3岁婴幼儿教育。进一步巩固普及九年制义务教育成果，高标准、高质量发展义务教育，小学和初中适龄儿童入学率保持在100%，小学巩固率保持在100%，初中巩固率保持在99.8%以上。普及高中阶段教育，加快普通高中发展。大力发展职业教育，加大对职业学校、特色专业的投入扶持力度，积极推进实训基地建设。推进成人教育、企业职工教育、特殊教育及其他各类教育协调发展，发挥全国社区教育示范区作用，创新社区教育，促进学习型城区建设。

第三节　繁荣发展文化事业

以公益性文化单位为骨干，努力建立“公共文化设施、公共文化活动、文化遗产保护、文化市场管理、文化产业”体系，推动社会主义文化大发展、大繁荣，基本建成与省会城市相适应的具有天桥文化特色的中心城区。

建立完备的公共文化设施体系。形成区有文化馆、图书馆、档案馆，街镇有综合文化站，社区（村）有文化活动室（文化大院），覆盖城乡、设备完善的三级公共文化设施体系。新建3000平方米的国家一级公共图书馆；完成区数字图书馆建设，推进公共图书馆网络化、数字化建设。新建5000平方米的区级一类档案馆，满足接收、收集、整理、保管和提供利用档案的功能要求，满足社会公共文化服务的要求，满足作为安全保管我区党政机关重要档案的基地、爱国主义教育基地、档案信息服务中心、已公开现行文件利用中心和政府信息查阅的法定场所的功能设置的要求。13个街道办事处建设完成功能齐全、设备完善的综合文化站，社区室内文化活动场所面积达到每万人500平方米以上。推进基层文化共享工程基层站点的规范化建设，争取五年内实现基层规范站点达到50%的目标；在图书馆和文化共享工程基层站点电子阅览室的基础上，探索建立公益（绿色）网吧。丰富农村文化生活，加强农村文化大院建设，建成率达到100%。整合设施资源，推进文化设施的综合利用与共享，推动机关、学校、企事业单位内部文化设施向社会开放。

提供优质的公共文化产品和活动。鼓励社会力量兴办公益文化事业，创新服务方式、服务渠道和服务内容，采取形式多样的文化形式，丰富群众的文化生活。打造新的文化活动品牌，促进节庆文化、广场文化、社区文化的发展。

建立完善文化遗产保护体系。不断丰富文化遗产的档案资料，抓好文化遗产的挖掘和保护工作，确保文化遗产安全。对扁鹊墓、张养浩墓等省、市、区级文物进行修缮保护；以第三次文物普查、非遗普查为基础，做好重点文物保护单位的申报；深入挖掘、整理辖区历史文化传说、传统工艺制作等非物质文化遗产，申报一项国家级、两项省级非物质文化遗产，填补我区国家级和省级非遗空缺。

建立规范的文化市场管理体系。坚持“一手抓繁荣，一手抓管理”，注重培育、建设和发展文化市场，建立和完善文化市场监督、举报机制，加强对文化市场的管理，促进文化市场的健康发展。依法管理互联网上网服务营业场所，推进印刷企业规范化、规模化发展；严厉打击非法经营盗版、淫秽及非法出版物行为；杜绝不健康的演出现象，禁止传播淫秽色情和赌博等违法活动。

第四节　加强人才队伍建设

确立人才优先发展战略地位，创新党管人才方式方法，加大人才发展投入，完善工作体制机制，以开发高层次人才和经济社会发展重点领域急需紧缺人才为重点，以提升创新创业能力为关键，不断壮大人才队伍，提高人才素质，优化人才结构，发挥人才作用，为实现我区经济社会又好又快发展提供坚强的人才保证和智力支撑。

引进培养创新型科技人才。加大创新型科技人才引进力度，实施灵活的人才政策，培养引进一批高层次创新型科技人才和高水平创新团队。重视企业工程技术与管理人才的培养，推动科技人才向企业集聚。

加快开发重点领域急需紧缺人才。重点加快现代服务业、都市工业和化工及新材料三大产业领域以及产业融合方面的人才队伍建设；培养造就一支高素质的城市建设管理专业人才和干部队伍；重点引进金融、旅游、传媒等领域人才；全面加强教育、政法、文化、卫生、体育、公共安全、防灾救灾等社会发展领域人才开发。

统筹推进各类人才队伍建设。着力建成一支政治坚定、勇于创新、求真务实、勤政廉洁、奋发有为、善于推动科学发展的高素质党政人才队伍；培养一批具有市场开拓精神、管理创新能力和社会责任感的优秀企业家和高水平的企业经营管理人才队伍；打造一支自主创新能力强、结构分布合理的专业技术人才队伍；造就一支门类齐全、结构合理、技艺精湛、适应我区产业发展要求的高技能人才队伍；建成一支以农村实用人才带头人为主体的服务农村经济社会发展、数量充足的农村实用人才队伍；坚持职业化、专业化发展方向，培养一支覆盖社会各领域的高素质社会工作人才队伍。

第十章　实施民生保障工程

坚持富民惠民、民生优先，注重围绕改善民生谋划发展，通过创造和谐稳定的社会环境保障和促进发展。深入开展“六有”工作，把保障和改善民生作为加快转变经济发展方式、扩大国内需求的重要途径，推行有利于扩大就业、改善民生的经济发展方式，全面建设惠及全区人民的小康社会。

第一节　采取积极的扩大就业政策

完善就业援助机制，重点安置困难群体，推进“新三化”建设，全力促进城镇新生劳动力就业和农村劳动力转移就业。到2015年，全区城镇就业再就业5万人，城镇登记失业率控制在4%以内。

落实再就业政策，强化工作推进机制。完善公益性岗位开发储备制度，开发公益性岗位2000个；巩固援助就业困难群体的工作机制，力争使符合条件的人员每人能享受一次社会保险补贴或公益性岗位的政策优惠；继续把“零就业家庭”就业援助作为就业再就业工作的切入点和突破口，提供免费职业介绍，保持“零就业家庭”动态消零；落实小额担保贷款政策，放大扶持资金的使用效益。

增加就业岗位，努力拓展就业空间。鼓励发展就业容量大的民营、中小型等劳动密集型企业，鼓励服务型企业多吸纳下岗失业人员；积极引导新增就业人员和失业人员自谋职业、自主创业以及通过季节性招聘、劳务派遣等灵活多样的方式实现再就业；实现与省、市劳动力市场的信息共享，推动城镇新生劳动力就地安置，累计实现城镇新生劳动力就业3万人，75%的社区成为充分就业社区；提高农村富余劳动力就地转移消化的能力，实现农村劳动力（含失地农民）转移1万人，力争实现充分就业。

加强技能培训，提高创业就业能力。发挥蓝翔技校等职业教育平台的作用，加大免费培训力度。以创业技能、城乡就业人员培训为重点，加大农民工技能培训，充分发挥职业培训对就业的促进作用。对有就业愿望的城镇登记失业人员，提供至少一次的免费技能培训服务，开展多种形式的农村劳动力技能培训，力争转移就业劳动力培训率达75%以上。

第二节　健全完善社会保障和社会救助体系

拓展基本公共服务，健全完善社会保障和社会救助体系，实现基本社会保障均等化，不断提高社会救助水平。

立足扩面征缴，实现社会保险全覆盖。加大社保扩面工作力度，进一步提高城镇职工养老保险覆盖面；完善退管服务，做好退休人员社区医疗、文化生活等方面的基础工作；加大城镇居民医疗保险征缴力度，实现医疗保险参保覆盖率达到99%以上，医疗保障体系进一步完善；加快开展城镇居民养老保险工作，实现城镇无保险居民享受社会保障；积极推进新型农村社会养老保险，确保黄河北8万余名农民实现老有所养。逐步形成城镇职工养老保险、城镇居民养老保险与农村社会养老保险相结合的社保网络，力争将城镇职工、城镇居民和农村居民等人群全部纳入社保体系，做到应保尽保，实现社会保险全覆盖。

坚持依法行政，维护劳动者合法权益。推进劳动合同制度化建设，推行平等协商签订集体合同和工资协议制度，积极推进各类企业特别是非公有制企业建立集体协商机制，逐步引向行业性集体协商；推进劳动争议处理体制改革，强化劳动争议仲裁机构实体化建设，加强劳动争议预防、紧急重大事项报告制度，建立协调劳动关系长效机制；妥善处理仲裁与诉讼之间的衔接问题；在街镇普遍建立劳动关系三方协调机制，建立街镇及社区的基层劳动争议调解组织；推进劳动保障“网络化”管理、“网格化”监察和维权执法“一体化”的工作机制建设，形成区、街镇、村（居）相互协调配合的劳动保障监察网络。

完善社会救助，推进社会保障事业发展。健全完善以城乡低保、五保供养、医疗救助、教育救助、住房救助等专项救助和自然灾害应急救助为主要内容、覆盖城乡困难群众的社会救助体系，有效保障困难群众的生活权益。完善城乡最低生活保障制度，稳步提高低保标准和补助水平，全面实现动态管理下的应保尽保。建立健全各项专项救助政策，到“十二五”末，全面建立城乡医疗、助学、住房、取暖和法律援助等救助制度；健全完善财政供养制度，确保五保对象的生活水平不低于当地平均生活水平；规范敬老院管理服务，提高供养服务专业化水平。推进无障碍设施建设，加强残疾人康复、贫困残疾人脱贫、残疾少年儿童义务教育、残疾人就业服务和社会保障，开展残疾人群众性文化体育活动，创造残疾人平等参与社会生活、共享社会文明成果的条件。完善救灾救济管理机制，加大救灾物资储备、人员配备力度，建立健全区、街镇、村（居）三级自然灾害应急预案及减灾委员会工作网络。加强慈善组织网络建设，健全完善经常性社会捐助服务网络和爱心慈善救助网络，落实完善慈善优惠减免和扶持政策，培育各类城乡慈善组织，鼓励社会组织和个人参与，促进慈善类民间组织的发展；开展各类慈善公益活动，营造慈善事业发展的社会氛围。

建立长效机制，深化双拥优抚安置工作。加强组织领导，强化宣传教育，完善双拥工作社会化长效机制，推进科技拥军、文化拥军、行业拥军和非公组织拥军，引导驻区部队积极参与社会主义新农村建设，加大社区双拥工作力度，继续开展创建双拥模范城（县）活动；落实优待抚恤政策，完善抚恤补助标准自然增长机制；提高对军休干部的服务管理水平，保障军休干部的各项待遇；健全完善专项制度和措施，解决优抚对象实际困难；按照全市的统一安排，提高义务兵家庭优抚金标准，做好优抚对象轮养工作的安排，保障优抚对象的晚年幸福生活。

第三节　稳定增加城镇居民收入

努力提高城镇居民特别是低收入群众的收入，积极调节收入分配，人民生活得到显著改善。

普遍提高城镇居民收入。提高城镇居民收入特别是中低收入者的收入水平，逐步提高最低工资标准和社会保障标准，创造条件让更多群众拥有财产性收入；建立企业职工工资正常增长机制和支付保障机制，加强企业工资的调控和指导，全面推行劳动合同制度和工资集体协商制度，确保工资按时足额发放。“十二五”期间，城镇居民人均可支配收入年均增长11%以上。

重点改善低收入群体和困难群众生活。提高企业退休人员基本养老金；积极开展城乡医疗、教育等社会救助，加强慈善组织建设，保障低收入群体和困难群众基本收入；大力开展开发式扶贫，提高扶贫标准；解决城市低收入住房困难家庭、棚户区居民的住房问题；保障困难群众平等参与、平等发展的权利，有效发挥和调动他们依靠自己力量改善生活的积极性。

不断规范收入分配秩序。保护合法收入，整顿不合理收入，调节过高收入，取缔非法收入，逐步形成公开透明、公正合理的收入分配秩序；深入治理商业贿赂，严厉打击经济犯罪活动，切断违法违规收入渠道；加大党政机关、事业单位、社会团体和国有企业“小金库”治理工作力度；推进事业单位工资制度改革，清理和规范工资外的各种津贴补贴、非货币性福利等；合理分配村改居集体资产产权改革后成立的新型经济组织、国有及集体企业利润，严格规范经营管理人员特别是高层管理人员的收入，完善监管办法，并对职务消费作出严格规定。

第四节　提高人民健康水平

坚持公共医疗卫生的公益性质，建设覆盖城乡居民的基本医疗卫生制度，实现人人享有基本医疗卫生服务；提高竞技水平，加强我区体育服务体系建设，不断满足人民群众体育健身需求，保障公民体育健身权益；保持低生育水平，促进优生优育，整体提高居民健康水平。

一、促进卫生事业发展

认真落实公共卫生服务。加强健康管理，建立居民健康电子档案，向居民提供健康教育和健康咨询服务；切实做好重点传染病、慢性病、职业病和精神疾病的防控工作；妇幼保健工作主要指标达到全国先进水平；落实国家免疫规划，一类疫苗接种率达到95%以上，接种疑似异常反应监测覆盖率及规范处置率达100%；巩固新型农村合作医疗制度，农民参合率达99.5%；扎实推进农村改厕工作；强化社区卫生服务，社区卫生服务人口覆盖率达到90%以上；实现全区卫生系统信息资源共享，完善协同服务功能。

加大卫生事业投入力度。“十二五”期间，结合泺口片区、鹊山龙湖片区城市综合体建设，规划建设4所社区卫生服务中心、5所社区卫生服务站。同时，加快医疗急救网络、区属医院重点专科建设；完善工业园区内卫生医疗用房和场所配套建设；在新农村建设中，按社区服务人口及半径建设卫生服务机构，确保农民的医疗保障。

二、大力推进全民健身计划

完善群众性多元化体育服务管理体系。协调完善区、街镇、健身站点三级群众体育管理体制；增强学生体质，完善传统项目学校和业训网点学校制度的激励机制；促进群众喜闻乐见的传统、地方特色体育活动广泛开展，鼓励开展新兴健康群众性体育活动；推进城乡体育专题活动，开展创建城市体育先进社区活动，建立区级全民健身指导服务机构，建立健全社区体育指导中心；推进农村健身服务体系建设，开展体育健身设施、体育健身指导、体育科普知识为主要内容的“体育三下乡”活动；建立健全国民体质监测体系，建立完善区级国民体质监测站，广泛开展常规性、社会性、服务性体质监测活动，促进和普及市民科学健身。

加强体育设施建设，夯实体育事业基础。以加快全民健身路径建设为切入点，逐步推进小区配套体育设施建设、管理制度化建设，全区人均拥有体育场地面积达 1.5 平方米，社区健身苑覆盖率达到 100%；做好体育场馆“建、放、管”，建设一座游泳馆，推进学校体育场地、单位行业的体育场地向社会开放，完善管理制度，提高体育设施的使用率和安全性。

三、做好“优生、优育”，提高人口素质

积极开展出生缺陷干预工程，做好优生工作。通过知识教育、遗传咨询、选择最佳生育年龄、进行预防接种、孕前保健、孕前合理营养、避免接触放射线和有毒有害物质、预防感染、采取用营养补充剂等技术手段，谨慎用药，防止出生缺陷的发生。

积极推进人口早期教育，做好优育工作。保障全区 0 ～ 3 岁内的新生儿、婴幼儿享受到专业优质的育婴服务，重视儿童大脑开发、能力培养、营养评价、体格发育、疾病预防、心理发展等的指导和干预，培养体能优秀、智能优秀、人品优秀的新公民，探索科学高效、经济实用的提高人口素质的新途径。

第五节　保障妇女和未成年人合法权益

落实男女平等基本国策，保障妇女平等获得就学、就业、社会保障、婚姻财产和参与社会事务的权利，加强妇女卫生保健、扶贫减贫、劳动保护、法律援助、活动阵地建设等工作。坚持儿童优先原则，依法保障儿童生存权、发展权、受保护权和参与权；改善儿童成长环境，促进儿童身心健康发展。

第六节　积极发展老年人事业

健全完善以居家养老为主体、社区服务为依托、机构养老为辅助，覆盖全体老年人的养老服务保障体系，大力推进社会福利社会化进程。健全完善财政供养制度，提高企业退休人员基本养老金，逐步提高农村五保供养水平，逐步降低享受高龄补贴的年龄段。鼓励社会力量兴办社会福利事业，规范社会养老服务市场，实现服务专业化、多元化、社会化。“十二五”期间，保证每百名老年人不少于 3 张养老机构床位，各街道建设 1 ～ 2 处社区养老日托站；同时加强乡镇敬老院、“星光老年之家”和养老福利机构建设，规范管理监督服务，为老年人提供福利服务，丰富社区老年人生活。

第十一章　建设平安和谐社会

维护社会稳定，着力解决影响社会和谐稳定的源头性、基础性、根本性问题，维护社会公平正义，完善社会管理，加大和谐社会建设力度，保障人民群众安居乐业。

第一节　完善公共安全与应急体系

强化社会安全稳定机制。加强法制宣传教育，提高公众的危机意识和责任意识，提高公众的防灾、减灾、避险、自救、互救能力，形成全民动员、预防为主、全社会防灾减灾的良好局面。抓住群众关心的焦点，积极预防和妥善处置群体性事件，把问题解决在群体事件之前。强化社区矛盾纠纷排查调处机制，建立健全突发事件的报告、处理制度及信息反馈网络机制。

建立和完善应急指挥体系。加大《突发事件应对法》和应急知识的宣传力度，加强应急指挥体系建设，及时修订完善应急预案体系。完善应急指挥平台建设，增加财政投入，加大物资、人员储备力度，提升卫生应急能力，建立健全重大传染病和突发公共卫生事件应急机制，突发公共卫生事件报告率、报告及时率、现场调查处理率和及时率达100%。重视国民经济动员，抓好志愿者队伍建设，广泛动员社会力量，开展应急救援志愿者队伍招募、培训等工作，实现各种应急队伍在组织上的统一性、行动上的协调性、资源上的共享性，保证在处置突发公共事件时能够做到迅速行动、相互协作、优势互补。不断加强国防教育宣传，全面提高全民国防意识，健全国民经济动员体系，进一步强化国防战备建设，努力走出天桥区军地融合式发展新路。

到2015年，健全全区公共安全和应急体系建设制度，建立完善重大危险源监控与重大事故隐患排查治理制度，健全预警、预案、应急体系，初步建成支撑全区公共安全应急决策与指挥体系的技术与数据平台。

第二节　加强社会管理　维护社会稳定

健全社会管理机制。整合社会管理资源，拓宽服务领域，建立健全党委领导、政府负责、社会协同、公众参与的社会管理格局，发挥工青妇等群团组织的作用，发挥社团、行业协会和社会中介组织提供服务、反映诉求和规范行为的作用，充分发挥村委会、社区居委会等基层自治组织协调利益、化解矛盾、排忧解难的作用，形成社会管理服务和维护社会稳定的整体合力。

积极维护社会稳定。进一步强化社会治安综合治理的基础工作，推进社会治安防范体系建设，深入开展平安天桥建设。依法严厉打击各种严重刑事犯罪活动，重点做好城乡结合部、公共场所等地区的治安防范工作。预防和打击利用宗教名义进行的非法活动，严防恐怖势力、境内外敌对势力和敌对分子的破坏活动。正确处理人民内部矛盾，严密防范和打击非法融资、传销、欺诈等经济领域的违法犯罪活动，切实保护人民群众的合法权益。重点解决好在土地征用、城镇拆迁、企业重组改制和破产过程中损害群众利益的问题。

加强安全生产监督管理工作。大力推进安全标准化建设，完善企业安全基础，努力实现企业本质安全；大力开展安全社区建设，持续推进项目实施，提高我区城市安全水平；加强安全生产监管监察队伍建设，强化街镇、村居等基层监管，完善安全生产监管网络；加大安全宣传教育培训力度，不断提高全社会的安全意识和安全责任，力争实现四个“100%”；加大重点行业领域的监管力度，深入开展安全生产专项治理，努力消除各类安全隐患；完善应急救援体系建设，强化事故应急保障，提升生产安全事故应急救援能力。到2015年，单位国内生产总值生产安全事故死亡率下降37%以上，工矿商贸从业人员十万人生产安全事故死亡率下降20%以上。

第三节　创建和谐社区

完善社区服务网络。调动社会各界积极参与，建立以社区服务为龙头的“和谐社区”建设，推进社区文化、卫生、医疗、教育、治安、就业、保障等各项事业发展为主要内容的社区工作。将社区服务项目纳入经济社会发展总体规划和整体工作部署，以社区服务中心为平台，构建区、街、居三级社区服务信息网络。鼓励支持非营利组织积极参与社区服务，重点发展便民利民服务项目，积极探索社区服务的多种发展模式和机制，向产业化和社会化方向发展，积极培育社区服务品牌。适时掌握社区资源的动态资料，积极鼓励社区内机关、学校等单位内部服务设施资源向社区居民开放，实现社区资源共享。着力提升社区活力工作，大力开展社区志愿者活动，广泛调动社区群众参与社区各项活动的积极性，进一步增强社区的凝聚力和影响力。

提高社区民主自治水平。健全新型社区管理和服务体制，调整社会管理重心向基层组织转移，建设依法自治、管理有序、服务完善、文明祥和的社会生活共同体。加强社区组织建设，抓好社区队伍建设、干部诚信形象建设和社区文化建设，强化社区公益性服务、调节民间纠纷、慈善事业发展等方面的职能。建立健全社区民主选举制度、社区事务决策制度、社区事务公开制度、社区民主监督评议制度，充分发挥街道办事处监督、社区单位监督、社区居民监督和社会舆论监督的作用，使民主评议工作经常化，制度化，规范化。

第四节　建设法治天桥

做好人民普法工作。开展“法治天桥”创建活动，推进依法行政，建设法治政府，引导各级干部依照宪法和法律管理经济和社会事务。开展“六五”普法活动，不断增强公民的法治观念和法律素质。全面加强青少年法制宣传教育，强化学校、家庭、社会“三位一体”的青少年法制宣传教育工作格局。继续深入开展对企业经营管理人员的法制教育，切实加强对农村和社区基层干部的法制宣传教育，建立健全外来务工人员法制宣传教育长效机制。

充分发挥人民调解优势。全面完成、理顺司法所管理体制工作，大力加强司法所规范化建设；完善基层法律服务体系，教育引导法律服务工作人员参与处理社会矛盾纠纷，做好法律援助工作；加强人民调解与司法调解、行政调解三调联动机制，全面推行人民调委会专业化水平，提高全区人民调解工作水平；充分发挥矛调网、社会化管理平台等各种手段，进一步健全完善矛盾纠纷排查、调处机制，推动矛盾纠纷排查调处工作经常化、制度化和规范化。进一步健全完善排查、办理、预警、稳控、处置、督导六项机制，推动矛盾纠纷排查调处工作的经常化、制度化和规范化。采取村居、街镇、区三级排查与公安、信访、司法三条线排查相结合，日常排查与重点排查相结合的方式，切实把所有影响稳定的重点苗头和重大隐患全部纳入视线、掌控起来。

规范政府依法行政制度。加强执法队伍建设，推进司法机关依法独立行使职权，健全法律监督机制；确保人权得到切实尊重和保障，社会弱势群体和农民的合法权益得到有效保护；促进法律服务体系完备，并有效发挥作用，使公共权力的配置和行使受到有效规范和约束。强化审计监督、社会监督，建立健全惩治和预防腐败体系。

健全民主制度。坚持和完善人民代表大会制度、共产党领导的多党合作和政治协商制度。丰富民主形式，扩大公民有序的政治参与，保证公民依法实行民主选举、民主决策、民主管理、民主监督。加强基层民主建设，坚持和完善政务公开、厂务公开、村务公开，保证公民依法行使选举权、知情权、参与权、监督权。尊重和保障人权，促进人权事业全面发展。

第五节　加强精神文明建设

提升公民思想道德素质教育。推进社会主义核心价值体系建设，传承中华传统美德，加强理想信念教育，弘扬以爱国主义为核心的民族精神和以改革创新为核心的时代精神。抓好文明礼仪和公共秩序建设，重视宣传教育，广泛开展群众性爱国主义教育活动，引导广大干部群众牢固树立社会主义荣辱观，广泛开展学习道德模范活动，促进良好社会风气的形成和发展，提高居民自豪感、归属感、认同感。促进各领域文明行为习惯的养成，抓好家园意识和环保理念的培育，营造扶正祛邪、惩恶扬善的社会风气。

开展未成年人思想道德建设活动。综合运用教育、法律、行政、技术和经济等多种手段实现对社会文化环境的长效管理，鼓励和支持社会力量兴办公益性未成年人校外活动场所，充分利用爱国主义教育基地、公益性文化设施以及各种社会资源，开展道德教育和道德实践活动，营造有利于未成年人健康成长的良好社会文化环境。

第十二章　保障规划实施

第一节　组织保障

加强组织领导。成立规划实施领导小组，协调解决规划实施重大问题，监督检查重大事项进展和落实情况。

明确责任分工。规划中确定的目标任务，列入相关单位、部门年度工作计划，制定年度重大事项实施方案并组织落实，确保规划目标任务有计划、有步骤地落实。

第二节　制度保障

建立考评机制。改革规划实施考核评价指标体系，改进年度及阶段性考评办法，突出政府对履行社会管理和公共服务职责方面的评价。

加强舆论监督。加强规划实施宣传，让更多的社会公众通过法定程序和渠道参与规划实施的决策和监督，推进公众参与规划实施的规范化、制度化。

第三节　政策保障

健全财政体制。调整和优化财政支出结构，提高公共支出占财政支出的比重，支持重点工程项目，加强薄弱环节建设，运用财政手段，提高公共资源配置的科学性和效益性。

加强政策协调。落实各项有利于发展和改革的现行政策，根据新的形势和任务，研究制定相关的配套政策，加强各项政策间的衔接协调，提升政策实施效果。

第四节　机制保障

加强公共管理。发挥政府宏观调控和政策导向作用，加强公共管理机制体制创新，完善公共管理体系和政策，建立健全公众参与、专家论证和政府决定相结合的行政决策机制，实行依法决策、科学决策和民主决策。

开展规划评估。定期组织开展规划评估，全面分析检查规划实施效果及各项政策措施落实情况，及时提出评估改进意见，促进规划目标的实现。

完善规划体系。进一步完善规划体系，编制好专项规划，搞好各级各类规划间的衔接，在空间布局上相互协调，在时序安排上相互衔接，形成对“十二五”的有力支撑。

中共天桥区委、天桥区人民政府
关于加快个体私营经济发展的决定

（1998 年 1 月 3 日）

近年来，天桥区个体私营经济取得了长足发展，在全区经济和社会发展中发挥着越来越重要的作用。但与先进地区相比，本区个体私营经济在发展规模、发展水平、产业结构、产业布局等方面均存在一定差距。为适应实现两个根本性转变的新形势，进一步加快个体私营经济发展，区委、区政府作出决定：

一、充分认识个体私营经济的重要地位和作用

1．中共十五大指出：“非公有制经济是我国社会主义市场经济的重要组成部分。对个体私营等非公有制经济要继续鼓励、引导，使之健康发展。”个体私营经济以其投资少、见效快、机制灵活、适应性强的独特优势，在解决劳动就业，安置下岗职工，调整经济结构，繁荣城乡市场，方便群众生活，促进社会稳定，培植新税源，增加财政收入等方面发挥着积极的作用。因此，各级党政领导要进一步解放思想，更新观念，切实把加快发展个体私营经济列入重要议事日程，创造更加有利的环境条件，引导个

体私营经济实行规模经营。同时，要广泛宣传，加强引导，营造大力发展个体私营经济的浓厚氛围。

2. 要引导社会各方面用发展社会主义市场经济的新观念，正确地认识和对待个体私营经济，把加快发展个体私营经济作为实现本区《1998—2002 年国民经济和社会发展目标》的一项战略措施来抓。一是在地位作用上，由拾遗补缺变为重要组成部分，消除对发展个体私营经济的偏见和担心。二是放宽政策，创造与其他经济成分平等竞争的市场环境，大力扶持，促其发展。三是加强政策的宏观调控，把发展个体私营经济纳入国民经济发展的总体规划。

3. 加快发展个体私营经济，必须以中共十五大精神为指导，以“三个有利于”为标准，贯彻“鼓励、引导、扶持、发展”的方针，坚持一手抓“五大工程”实施，一手抓个体私营经济发展，两手并举，双管齐下，带动全区经济再上新台阶。

二、为发展个体私营经济创造公平竞争的良好环境

4. 妥善解决个体私营业户的生产经营场所。继续加大力度，强化措施，抓紧抓好各类专业批发市场的骨干膨胀，力争在规模、档次、辐射力等方面实现新的突破。鼓励支持村（居）大力兴办民营工业园、商品市场、商业街、农业园等，为个体私营经济发展提供场所。允许机关、团体、企事业单位将其闲置场地、仓库等按规定出租、转让或拍卖给个体私营企业从事生产经营活动。在旧城改造和新区开发中，统筹规划，合理安排，为个体私营经济预留发展空间。因建设改造需要拆除个体私营业户经营场所的，应按照有关规定，与其他所有制性质的企业单位一视同仁，妥善安置。

5. 实行放开经营。除国家和省、市明令禁止个体私营业户从事的行业和经营的商品外，允许个体私营业户依法开业和经营；对尚未放开的专营、专卖商品，经有关部门批准，个体私营业户可以开展零售业务，也可以临时经营或通过合法途径进入合法市场的方式经营。鼓励开设私立幼儿园、学校、医院、诊所、老年公寓等社会服务机构。

6. 简化办理证照手续。凡允许国有、集体、三资企业生产经营的行业、项目，只要个体工商户和私营企业具备同等条件且符合国家规定，都允许其生产经营。在个体工商户和私营企业的工商注册登记中，除国家法律、法规和国务院、省政府明文规定需要提交许可证和专项审批外，其他许可证和专项审批均不作为注册登记的条件。各有关部门要明文公布办证要求和程序，简化手续，缩短办证时间，为个体私营经济发展提供便利条件。

7. 税务部门要为个体私营经济的发展搞好服务。要及时了解私营企业的生产、经营情况，视生产经营状况，明确税费收缴额度。任何单位和部门不得拒绝私营企业的发票作为报销凭证。对前景较好，在全区经济发展中具有影响力的私营企业大户，要继续给予大力扶持，以利于其加快发展。

8. 扩大从业人员范围。党政机关、企事业单位的辞职辞退人员，停产半停产企业下岗职工，离退休人员，大中专毕业生，复转军人，凭本人身份证和能说明本人就业状况的证明等材料，并具备规定的生产经营条件的，均可申办个体工商户、私营企业营业执照或个体工商户临时营业执照，鼓励复转军人和大中专毕业生到私营企业工作。私营企业接收的军队转业干部和属于国家统招统分的大中专毕业生，保留干部身份；属于不包分配的大中专毕业生，经批准可办理聘用制干部手续。

9. 为个体私营经济发展提供优质服务。各街道办事处、北园镇及区有关部门要积极为个体私营业户融资，协调各家银行为个体私营业户办理贷款。私营企业中的从业人员，自录用之日起，其劳动、人事关系及档案，由区劳动、人事部门或委托有关服务机构管理。个体私营企业从业人员的职称或职级评定由区个体劳协和工商联负责申报，也可委托各级人才管理机构申报，属专业技术职称的报人事部门审定；属技师类的报劳动部门审定。

三、加强对个体工商户和私营企业经营者的管理

10. 在个体私营业户中广泛开展爱国主义教育、社会主义教育、法律法规教育、职业道德教育，开展职业技能培训，努力提高自身素质，做到遵纪守法，文明经营，优质服务。

11. 个体私营业户要依法从事生产经营活动，取缔无照经营，保护合法经营者的利益。依法打击欺行霸市、非法牟取暴利、制售假冒伪劣商品、偷税漏税、走私贩私、制黄贩黄等违法行为，促进个体私营经济健康发展。

12. 切实保障私营企业职工的应得利益。私营企业招用职工应按照平等自愿、协商一致的原则，以书面形式签订劳动合同，确定劳资双方的权利和义务，共同遵守执行。私营企业必须为职工办理养老、失业、医疗等社会劳动保险。

13. 个体私营业户在核准范围内从事的生产经营活动受法律保护。营业执照是其合法经营的凭证，除工商行政管理部门依照法定程序可以扣缴和吊销外，任何部门和个人不得以任何借口暂扣、吊销个体工商户和私营企业的营业执照。如违反规定给个体私营业户造成经济损失的，由扣缴单位和个人依法给予赔偿。

14. 依法保护个体私营业户的个人财产和财产收益权不受任何侵犯。保护其个人资产的所有权、占有权、使用权和收益分配权，鼓励扩大积累和对企业的投资。

15. 坚决制止向个体私营业户乱收费、乱摊派、乱罚款，凡未经区以上政府确认和物价部门核定的收费项目及定额均无效。对个体私营业户的收费，一律由财政、物价部门统一收费项目，统一收费标准，统一收费票据，并建立《收费卡》制度。个体私营业户有权拒绝法定以外的乱收费、乱摊派、乱罚款，并可向有关部门投诉或向法院起诉。

16. 政府职能部门要围绕加快个体私营经济发展，不断改进工作，实现由管理型向服务型转变，树立良好的政府形象。对个体私营经济的管理，必须依法行政、秉公执法。凡在管理中滥用职权、徇私舞弊、收受贿赂、敲诈勒索的，要严肃查处；触犯刑律的，要依法追究刑事责任。

17. 街道办事处和北园镇人民政府对辖区内的个体私营企业的生产经营活动要加强管理，负责做好个体业户和私营企业的计划生育、社会治安、流动暂住人口管理等方面的工作。

四、加强对个体私营经济工作的领导

18. 成立“天桥区发展个体私营经济工作领导协调小组”。领导协调小组负责对全区个体私营经济实行统一领导，统筹规划，协调解决个体私营经济发展中的重大问题。领导协调小组下设办公室，设在区工商分局。其主要职责是宣传贯彻党和国家的有关法律、法规和政策，调查研究和制订个体私营经济发展计划，组织协调地方性法规和政策出台；办理个体工商户、私营企业登记注册和监督管理；组织个体工商户、私营企业进行税务登记；指导、服务、监督其生产经营活动；负责协调其人员出国政审、职称评定；保护个体工商户、私营企业及雇工的合法权益；指导个体劳动者和私营企业协会工作，促进个体私营经济健康发展。

19. 区政府每季度要对个体私营经济发展进行专题研究，并对事关全局、影响发展的重大问题现场办公，及时解决。同时，建立区级领导与个体私营大户定期联系制度，指导帮助其不断膨胀，加快发展。

20. 有关社会团体要充分发挥桥梁和纽带作用。配合党和政府搞好个体私营经济管理工作。工商联要积极对非公有制经济代表人士进行团结、帮助、引导、教育。个体劳协要积极履行“自我教育、自我管理、自我服务”的职责，维护个体私营业户的合法权益。

21. 要把规划、培育、发展民营工业园和商品市场作为重点工作抓紧抓好，纳入城乡建设总体规划，统筹安排，合理布局，促进发展。以大型专业批发市场为依托，大力实施“一村一品”战略，积极培植发展专业加工区和专业加工村。要充分调动部门、企事业单位、私营企业及社会各界的积极性，本着谁投资谁受益

的原则，多渠道、多形式筹集建设资金，形成多元化的投资主体。要改革民营工业园和市场的组织管理形式，以股份制或集团型企业作为投资的主体，变现有的行政管理为企业经营。为促进民营工业园和商品市场健康发展，在创办和培育阶段，给予一定的政策倾斜。对新进入工业园小区的经营者，给予税费上的优惠。

22．扶持、促进私营企业上规模、上档次、上水平。鼓励私营企业建办有限责任公司或股份合作制企业；鼓励具备条件的私营企业组建企业集团或发起设立股份有限公司。

23．采取积极措施，引导私营企业向多层次、多领域发展。鼓励私营企业承包、租赁、兼并、购买公有中小企业股份；鼓励私营企业向生产型、外向型、科技型方向发展。鼓励和支持建办农副产品加工业私营企业。鼓励和吸引外地私营企业和个体工商户来天桥投资经商办企业，对其中投资额较大、依法经营业绩较好的，积极帮助其优先办理户籍迁移手续。

24．建立健全个体私营经济组织中的党、工、团组织。其组织关系原则上隶属于所在街、镇和村（居）的党、工、团组织。暂时不具备建立党、团组织条件的个体私营企业中的党、团员，可就近挂靠所在街、镇和村（居）的党、团组织参加活动。凡具备条件的私营企业，都要建立工会组织。私营企业的工会要协助企业搞好生产经营，维护职工的合法权益，促进个体私营经济的发展。

25．在选举各级人大代表、政协委员中，要适当增加个体私营企业从业人员的比例。统战部门要认真做好个体私营经济代表人士的举荐和政治安排工作。要特别注重举荐对象的政治素质、道德品质、对国家的贡献大小及参政议政能力，充分发挥个体私营经济代表人士在参政议政中的积极作用。对守法经营、依法纳税、为我区经济和社会发展做出突出贡献的个体工商业者和私营企业，可授予“先进个体工商业者”“文明私营企业”等荣誉称号。对符合劳模条件的个体劳动者和私营企业经营者，可评为劳动模范。对纳税数额较大的业户，可由政府给予精神和物质鼓励。

26．各级党政组织要根据建立社会主义市场经济的要求，结合本地和本部门实际，制订措施，狠抓落实。特别是各街道办事处、北园镇，要把发展个体私营经济作为发展区域经济的战略任务来抓，制定发展目标，强化协调服务，不断推动个体私营经济健康发展。

索　引

H

J

M

N

P

Q

R

S

T

W

X

济南市天桥区史志编纂委员会

（2003 年 4 月 8 日）

名誉主任：杨庆林
主　　任：雷天太
副 主 任：王建军　宋胜玉　童世敏　王　壮　赵新生　郇起鸿
樊　瑞　郭继清　刘建良　陈世荣
委　　员：王尚忠　彭恒信　李炳和　刘宇军　韩会敏　费晓伟
赵跃进　罗永海　李本壮　宋光强　乔昌庆　焦俊先
邹洪伟

济南市天桥区史志编纂委员会

（2008 年 7 月 2 日）

名誉主任：张　辉
主　　任：王建军
副 主 任：亓　伟　韩　伟　李春启　刘可鑫　李长顺　王度量
陈世荣
委　　员：韩会敏　王新锋　王子强　张云太　尚玉乾　史衍平
王尚忠　刘宇军　钟　涛　马敬民　任庆生　王希君
陈乐敏　丁　勇　宋光强　殷秀山　赵跃进　刘志华
李　军

济南市天桥区史志编纂委员会

（2010年6月8日）

济南市天桥区史志编纂委员会

（2012年6月18日）

各篇目主要编纂人员

概　述	何其臻
大事记	张瑞英　曹天然
行政区域	王封军
自然环境	王封军
人口与计划生育	杨桂华　王封军　刘庆瑾　顾玉强
城乡建设	何其臻
环境保护	王　爽　王封军
交通　邮电	曹天然
经济发展综述	欧胜男
农　业	欧胜男
水　务	曹天然　何其臻
工　业	欧胜男　焦俊先
产业园区	何其臻　欧胜男　焦俊先
商贸服务业	刘庆瑾　焦俊先
市　场	何其臻
财税　金融	刘庆瑾
经济管理	欧胜男
中国共产党天桥区委员会	欧胜男　周方政
天桥区人民代表大会	欧胜男　周方政
天桥区人民政府	欧胜男　周方政
政协天桥区委员会	欧胜男　周方政
民主党派与群众团体	夏丰远
综合政务	顾玉强
法治　国防	霍方澍　顾玉强　欧胜男
教　育	霍方澍
科学技术	刘庆瑾
文化　体育　旅游	王　爽　杨桂华
医疗卫生	刘庆瑾
社会生活	顾玉强
街道　镇	杨桂华
组织机构	王封军
人　物	夏丰远　欧胜男　杨桂华
附　录	何其臻　顾玉强　霍方澍　夏丰远

撰稿人员名单

（按姓名笔划排序）

于文浩	于文琴	于丽霞	马　波	马　真	马洪运	王　陈	王　英	王　昆	王　茹
王　顺	王　继	王　然	王　群	王　韬	王乃芹	王卫娟	王中盛	王书娟	王永红
王园园	王余峰	王孚磊	王茂辉	王金华	王金峰	王忠强	王春光	王海霞	王继平
王维红	王瑞云	王福田	王磊孚	毛晓平	孔圆圆	艾国庆	田　胜	田芸汝	史　涛
史加英	史衍超	史勇敏	史晓光	付春兰	冯仲伟	宁　虎	司敬永	边庭婷	吕　波
吕　静	朱成会	朱继森	任　军	任　莉	任　歌	任立峰	任秀慧	任焕莹	任喜军
庄国新	刘　达	刘　群	刘　潇	刘　璐	刘元涛	刘风宝	刘玉川	刘羽平	刘志华
刘丽平	刘建强	刘洪军	刘海波	刘继春	刘新宇	刘群群	安　娜	孙　昱	孙延科
孙捷晓	严传琪	苏　海	苏晓光	杜　玮	杜德庆	李　广	李　乐	李　同	李　伟
李　军	李　明	李　欣	李　波	李　恒	李　峰	李　辉	李　鲁	李　瑜	李亚男
李光华	李庆银	李汝波	李国华	李金泉	李建营	李孟儒	李春晓	李俊飞	李莎莎
李唐卿	李朝辉	李新来	李福林	杨　蕾	杨万亮	杨闻宇	杨晓峰	杨峰明	肖　芾
肖　健	时龙朝	何　莉	冷　奕	汪合中	宋冬梅	宋春霞	宋翠红	张　宏	张　莹
张　娟	张　萍	张　梦	张　晨	张　敏	张　琳	张　强	张　楠	张　瑾	张　璐
张文心	张亚鲁	张延东	张兴鲁	张含婧	张明璐	张钢峰	张桂霞	张晓敏	张晓鹏
陈　妍	陈　杰	陈　虹	陈　勇	陈　曦	陈士阳	陈吉玲	陈丽盈	陈明超	陈哲银
陈晓彤	季　燕	岳树信	周　嵘	周传雄	周俊生	庞玉珩	庞欣阳	郑　伟	郑　重
郑秀霞	郑诏溢	郑颖旭	孟立东	赵　丽	赵　兵	赵　倩	赵　鹏	赵奎芬	赵浩然
赵梓妤	赵晗星	赵锡波	赵福平	胡晓媛	段永顺	段众惠	姜　磊	逄永勤	耿　亮
顾晓娟	徐明杰	徐宝凯	奚　冉	高　冉	高伟宁	郭　冕	郭厚利	郭聪聪	席　凌
陶　然	陶丽梅	姬　伟	黄德浩	崔　懿	崔正扬	崔宝山	康建伟	宿　颖	隋维强
彭　良	彭　程	彭海华	葛立华	董　梅	韩　洁	韩　真	韩　颖	程露莹	谢　永
蓝华玲	雷　蕾	窦培培	裴祥霄	翟　丽	戴　乐	魏　冉	魏　波	魏　玲	魏　鑫

编后记

《济南市天桥区志（1991—2012）》是1993年版《天桥区志》续志。编修工作始于2003年，因故停止。2013年12月重新启动，历时二年有余。编修过程大致经历了五个阶段。

一、筹备启动阶段（2013.12—2014.4）

2013年12月，中共天桥区委、区政府重新调整区志编纂委员会成员及区史志办领导班子，区志编修工作步入正轨。2014年3月28日，区史志办召开区志篇目座谈会，邀请济南市史志办巡视员朱佩峰、副主任杜加臣、副巡视员郭建群以及第一轮《天桥区志》（1993年10月出版）主编樊长征等领导、专家拟定《济南市天桥区志（1991—2012）》篇目。4月初，先后聘用区城乡建设委员会原党委副书记、区重点工程指挥部办公室原主任何其臻和区史志办原副主任焦俊先，借调区教育局文字水平较高的机关干部、教师4人，区人力资源社会保险局安排有文字功底的大学生公益岗2人，配专职后勤服务1人，编纂队伍达14人。4月15日，召开《济南市天桥区志（1991—2012）》编修工作动员会，向各有关单位下发《济南市天桥区志（1991—2012）》篇目，确定《济南市天桥区志（1991—2012）》材料报送时间。

二、培训供稿阶段（2014.4—2014.7）

编纂队伍成立后，数次邀请省、市史志专家予以培训。4月15日动员大会上，邀请市史志办市志编审处处长丁爱军、副处长庞新华对《济南市天桥区志（1991—2012）》编纂人员和各有关单位撰稿人进行业务培训，进行材料收集方面的指导。5月，邀请省史志办市县基层志编纂指导处处长李刚、副处长李天程，市史志办丁爱军、庞新华及济南市史志专家委员会成员高长海，对《济南市天桥区志（1991—2012）》篇目设置进行完善。6月，再次邀请丁爱军、庞新华等领导、专家对《济南市天桥区志（1991—2012）》编纂人员及全区118个撰稿单位的撰稿人进行培训，规范编纂行文，为做好初稿撰写工作奠定了基础。编纂人员深入撰稿单位，与撰稿人商讨稿件内容，了解撰稿单位工作进展情况及存在的问题，推广好的做法，解答相关问题。7月，除驻区单位外，区直部门、街道（镇）均完成了供稿任务，计文字400余万字、图片1000余幅。

三、分工编纂阶段（2014.7—2015.5）

2014年7月始，编纂人员按照分工对部门供稿进行编纂。编纂过程中，坚持编纂进度和志稿质量两手抓，将质量意识贯穿始终。根据篇目和编纂人员熟悉领域进行分工，提出统一要求，严格实行责任制，规定时间、规定质量，由区史志办主任王封军协调并组织编写。为学习借鉴外地先进经验，先后购买交流《高青县志》《宁阳县志》《章丘市志》《曹县志》等全省优秀志书，学习《志书编纂质量标准》，尤其《标点符号用法》《出版物上数字用法》（中华人民共和国国家标准）更是人手一册。坚持例会制度，交流编纂过程中的心得体会，共同纠正部门稿件中存在的错误和补充遗漏的资料。编纂人员边学边干，对所征集资料多次往返，反复修改，直至满意为止。其间，章丘市史志办的亓远程、王波、李进凤等提出了很好的意见和建议。2015年5月，200余万字的《济南市天桥区志（1991—2012）》初稿形成。

四、统编总纂阶段（2015.6—2015.10）

6月，初稿完成后，立即组织人员进行总纂。其间，采取三项措施：一是学习《中国地方志》《山东史志》等专业刊物，及时了解和掌握领导、专家对编修工作提出的新要求、新观点及应注意的新问题；除《高青县志》《宁阳县志》《章丘市志》《曹县志》省内这些优秀志书外，还学习借鉴《上海市静安区志》《华池县志》《会宁县志》《广州市天河区志》等外省优秀志书，认真研究、博采众长。二是人员业务培训，史志办积极参加省、市史志办举办的修志业务培训，不断提升自身业务水平和能力，这期间参加业务培训160余人次，为评议稿的形成提供了充分的知识储备。三是多次请省、市史志专家帮助指导，邀请史志专家高长海全程指导编纂工作。9月，《济南市天桥区志（1991—2012）》完成统编总纂工作，形成征求意见稿，送至市史志办、区四大班子领导、区直部门及街道（镇）广泛征求意见，编纂人员集体逐篇核实、修改。10月，形成评议稿，计200余万字。

五、志书评审、精修阶段（2015.10—2015.12）

10月，评议稿形成后，送至市史志办审核。市史志办组织济南市史志专家郭建群、丁爱军、庞新华、高长海、亓远程、于瑞东、蒋慧、边绍林、肖端良共同提出修改意见，区史志办编纂人员按照“个人改、集体通”的方案认真梳理、完善。11月15—16日，《济南市天桥区志（1991—2012）》志稿评审会召开，山东省人民政府办公厅党组成员、省史志办主任刘爱军，济南市人民政府副市长巩宪群，中共天桥区委书记毕筱奇出席会议并讲话。市史志办主任翟旭东，省史志办副主任翟世林，市县基层志编纂指导处处长李刚、副处长李天程，秘书处副处长李坤，市史志办副巡视员郭建群，市志编审处处长丁爱军、副处长庞新华，省内史志专家段祥泰、王笃银、李德辉、郭能勇、邵鸿志、王光辉、高长海、于瑞东等出席会议。省市领导及专家一致认为《济南市天桥区志（1991—2012）》观点正确、体例科学、层次分明、资料翔实、叙述精当、地方特点突出、时代特色鲜明、文字朴实清新，可视为优秀志书。同时就志稿精修及图片插入等问题也提出宝贵意见和建议。评审会后，编纂人员对专家的意见和建议进行梳理，认真修改，并插入图片。最后，由何其臻统稿，反复推敲，精雕细刻，并就部分章节内容进行调整、修改、补充、完善。送印务公司排版印刷。

《济南市天桥区志（1991—2012）》被列为全省优秀志书，得益于中共天桥区委、区政府的正确领导，得益于省、市史志办的大力支持，得益于各撰稿单位的密切协作，得益于社会各界的关注厚爱。特别是在编纂过程中，济南市史志专家委员会成员高长海倾注了大量心血，给予精心指导。第一轮《天桥区志》（1993年10月出版）主编樊长征通读志书，提出宝贵意见。全体编纂人员始终以高昂的工作热情和精益求精的工作态度，持之以恒，淡泊名利，甘于清苦地辛勤工作。分管副区长王睿在志书编纂过程中，多次亲临现场，调度指挥，把好志书质量关。中央文史研究馆馆员，全国政协委员，首都师范大学教授、博士生及博士后导师、艺术学科带头人，中国书法文化研究院名誉院长，中国艺术研究院戏曲专业博士生导师，山东省方志馆名誉馆长欧阳中石闻志书即成，欣然挥笔题词“典志历史　承传文明”，并题写书名“天桥区志”。值《济南市天桥区志（1991—2012）》付梓之际，谨向所有关心支持《济南市天桥区志（1991—2012）》编修工作的领导、专家、同仁、同志及黄氏印务有限公司表示衷心感谢。

编史修志是一项庞大的系统工程，涉及面广、工作量大、专业性强。编纂人员虽已尽最大努力，但因资料搜集渠道不一、信息来源不畅，还有许多该记未记之人、事，特别是人物部分，还存在着收录不全、资料不尽完善等问题；加之时间、水平有限，疏漏之处难免，敬请读者批评指正。

编　者

2015年12月

荣获 山东省重点志书
山东省优秀史志成果奖

济南市

天桥区志

JINAN SHI TIANQIAO QU ZHI

(1991—2012)

上卷

济南市天桥区史志编纂委员会　编

方志出版社
Publishing House of Local Records

图书在版编目（CIP）数据

济南市天桥区志（1991—2012）/ 济南市天桥区史志编纂委员会编. — 北京：方志出版社，2015.12
ISBN 978-7-5144-1899-6

Ⅰ.①济… Ⅱ.①济… Ⅲ.①区（城市）—地方志—济南市 Ⅳ. ①K295.21

中国版本图书馆CIP数据核字（2015）第320829号

济南市天桥区志（1991—2012）

编　　者：济南市天桥区史志编纂委员会
责任编辑：王笃银

出 版 人：冀祥德
出 版 者：方志出版社
地址　北京市朝阳区潘家园东里9号（国家方志馆4层）
邮编　100021
网址　http://www.fzph.org
发　　行：方志出版社发行中心
电话（010）67110500
经　　销：各地新华书店
印　　刷：济南黄氏印务有限公司

开　　本：889×1194　1/16
印　　张：80.5
字　　数：2081千字
版　　次：2015年12月第1版　2015年12月第1次印刷
印　　数：0001～5000册

ISBN 978-7-5144-1899-6　定价：1536.00元（套）

济南市天桥区史志编纂委员会

（2013年12月）

《济南市天桥区志（1991—2012）》
编审人员

主　审：毕筱奇

副主审：王　睿

顾　问：樊长征

主　编：王封军

副主编：何其臻　　周方政　　李延庆　　李旭亮

编　辑：（按姓名笔画排序）

王　爽　　刘庆瑾　　张瑞英　　杨桂华　　欧胜男

顾玉强　　夏丰远　　郭兴福　　曹天然　　焦俊先

霍方樹

图　片：曹天然

图　表：欧胜男

统　稿：何其臻

2008 年 6 月 6 日，中共山东省委书记姜异康（左四）视察馆驿街西片区棚户区改造工程。

2006 年 12 月 21 日，中共山东省委副书记、山东省人民政府省长韩寓群（前左）等领导到泺口街道办事处政务大厅调研。

2006年7月23日，中共山东省委副书记、济南市委书记姜大明（前左二）到天桥区调研经济工作。

1992年12月，中共济南市委书记翟永溥（前右二）视察泺口服装市场。

2007 年 7 月 18 日，中共山东省委常委、济南市委书记焉荣竹（前右三）到天桥区北坦街道察看棚户区防汛情况。

2010 年 10 月 22 日下午，中共济南市委副书记、济南市人民政府市长张建国（前中）视察桑梓店镇小寨村农村住房和危房改造工程。

天桥区城市建设新貌

“母亲河”——黄河（张崇元　摄）

北园立交桥

济泺路

顺河高架路

工商河

济南建邦黄河大桥

小清河

黄台国际酒店用品城

鹊山龙湖

药山公园

黄台码头遗址

黄河风景区自然风光

达仁农场的百合花

鹊山龙湖湿地（袁寒松　摄）

薰衣草庄园

国家胶体材料工程技术研究中心

山东省科学院新材料研发基地

药山工业园

时代总部基地

国贸天成

银座天成（D17）

药圣天成

滨河天成

茶艺活动现场

济南不锈钢厨具酒店用品展销会

天桥区少数民族文化艺术节

制锦市街文化墙

天桥区首届全民健身运动会

南村街道西区社区第四届群众文化艺术节

群众在成丰桥广场晨练

小清河畔健身广场

桑梓店镇国翠蔬菜大棚

有机莲藕

南瓜

黄金梨

有机大米

有机水稻

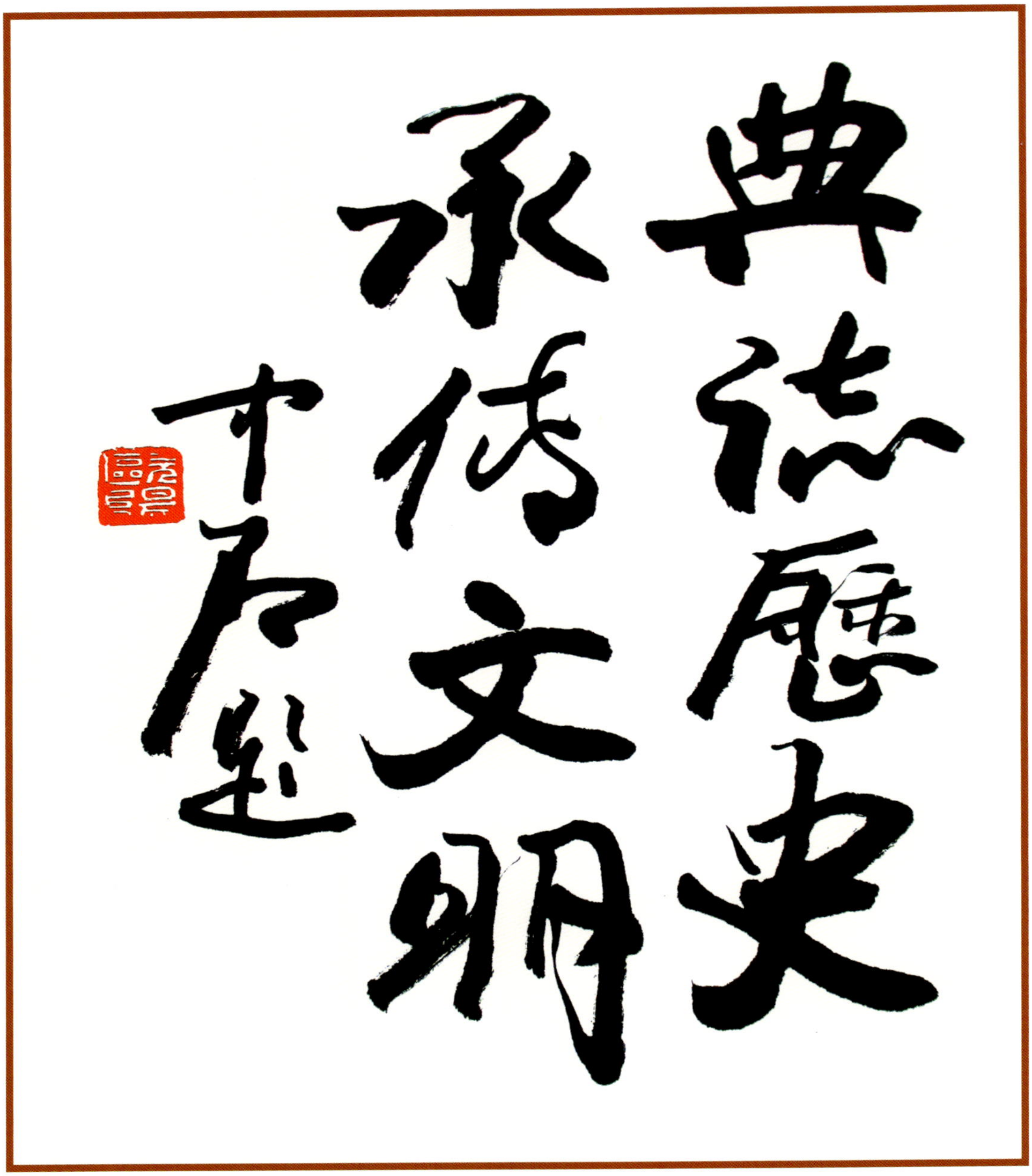

欧阳中石为《济南市天桥区志（1991—2012）》题词“典志历史　承传文明”

欧阳中石为《济南市天桥区志（1991—2012）》题词

2015年11月16日，《济南市天桥区志（1991—2012）》志稿专家评审会召开。

2015年11月16日，《济南市天桥区志（1991—2012）》志稿专家评审会与会领导、专家及编纂人员合影。
第一排左起：王睿、李刚、毕筱奇、刘爱军、巩宪群、翟世林、郭建群；
第二排左起：范玉峰、庞新华、马晓菲、欧胜男、王爽、张瑞英、刘庆瑾、安宝坪、丁爱军；
第三排左起：王光辉、李天程、郭能勇、段祥泰、王笃银、李德辉、邵鸿志、王封军、高长海；
第四排左起：顾玉强、曹天然、霍方澍、杨桂华、何其臻、周方政。

凡　例

一、本志以中国特色社会主义理论为指导，遵循国务院《地方志工作条例》，坚持辩证唯物主义和历史唯物主义的立场、观点和方法，实事求是地记述天桥区自然、政治、经济、文化、社会诸方面的发展变化，力求做到思想性、科学性、资料性的统一。

二、本志为1993年版《天桥区志》的续志，上限为1991年，下限至2012年。为保持事物的连续性和完整性，部分章节内容适当上溯或下延。

三、本志采用述、记、志、传、图、表、录等体裁，以志为主体。采用中篇结构，首置概述、大事记，末设人物、附录，中为各专业志，设29篇。为突出时代特点和地方特色，特设经济发展综述、产业园区、市场篇。图、表随文插入，表按篇统一编号。

四、本志以事业分类，适当结合社会分工，采用篇、章、节、目结构，横排门类，纵述史实。

五、本志采用规范语体文，记述体。

六、本志采用公元纪年，个别地方使用历史纪年时，括注公元纪年。

七、本志人物分人物传略、人物简介、人物表三部分。人物传略以卒年为序；人物简介重点收录断限内全国先进工作者、全国劳动模范和有重大贡献及有较大影响的社会名人；人物表收录断限内全国五一劳动奖章获得者、全省先进工作者及省级劳动模范等人物。

八、各类名称用规范简称。人物直书其名，必要时名前冠以职务。地名，以事件发生时为准，后有变动，括注今地名。

九、本志数据以区统计局数据为准，部分数据由相关部门提供。计量单位执行《中华人民共和国法定计量单位》标准，为便于表述，个别地方沿用习惯用法。

十、本志资料主要由区直有关单位、街道（镇）、驻区单位等提供。部分资料来自档案、文献和报刊，均考证有据，文中不再注明出处。

目　录

上　卷

第三篇　人口与计划生育

第四篇　城乡建设

第五篇　环境保护

第六篇 交通 邮电

第七篇 经济发展综述

第八篇 农 业

第九篇　水　务

第十篇　工　业

第十一篇　产业园区

第十二篇 商贸服务业

第十三篇 市 场

第十四篇 财税 金融

第十五篇 经济管理

第十六篇 中国共产党天桥区委员会

第十七篇　天桥区人民代表大会

下　卷

第十八篇　天桥区人民政府

第十九篇　政协天桥区委员会

第二十篇　民主党派与群众团体

第二十一篇　综合政务

第二十二篇　法治　国防

第二十三篇　教　育

第二十四篇　科学技术

第二十五篇 文化 体育 旅游

第二十六篇 医疗卫生

第二十七篇 社会生活

第二十八篇 街道 镇

第二十九篇　组织机构

人　　物

附　　录

黄河胜境

概　述

鹊山龙湖

龙湖鹭影

一

天桥区位于济南市区北部，地理坐标为：北纬36° 40′ 00″ ~ 36° 45′ 00″，东经116° 56′ 15″ ~ 117° 03′ 00″。东邻历城区，南与历下区、市中区相连，西毗槐荫区，西北抵德州市齐河县，东北与济阳县接壤。东西最大横距19.5千米，南北最大纵距22.3千米。距首都北京426千米。2012年，全区辖13个街道、2个镇，127个社区、120个行政村，总人口509755人，总面积258.97平方千米，有汉、回、满等32个民族。

境内地势南、西略高，北、东稍低，自南而北依次为低山、平原。属暖温带半湿润区大陆性季风气候，四季分明，冬冷夏热，雨量集中。年平均日照2223小时，气温14.8℃、降水量734.2毫米、无霜期218天。主要河流有黄河、小清河、齐济河、大寺河，分属黄河、小清河、徒骇河三大水系。主要湖泊、水库有鹊山龙湖、金牛湖、鹊山水库。主要泉群有五龙潭泉群。矿产资源主要有砂、石、黄河淤泥、地热、煤等。

二

天桥区历史悠久，文化灿烂。远古时期，境内居民属以鸟为图腾的东夷人。殷商时期，已有氏族部落居住。先秦古籍《山海经》记载："山出焉，东流注于泽"。"泽"即指鹊山湖。公元前589年，春秋战国时期四大战役之一齐晋"鞍之战"，就发生在境内马鞍山一带。唐天宝四年（745年），"诗圣"杜甫在境内五龙潭畔客亭留下传世之作《陪李北海宴历下亭》："东藩驻皂盖，北渚凌清河。海右此亭古，济南名士多。云山已发兴，玉佩仍当歌。修竹不受暑，交流空涌波。蕴真惬所欲，落日将如何？贵贱俱物役，从公难重过！"诗中所提"云山"，即药山。"云山已发兴"诗句说明，盛唐时期境内炊烟渐浓，村落已形成。宋金时期，济南王刘豫疏浚小清河，境内自然环境发生变化，已非当年李白《泛鹊山湖》所描述的"湖阔数千里，湖光摇碧山"的情景，俨然一副稻田藕池、肥田沃土的景象。元代书画家赵孟頫流传千古的名作《鹊华秋色》，图中平川洲渚，红树芦荻，渔舟出没，房舍隐现；绿荫丛中，两山突起，山势峻峭，遥遥相对，即是其时境内的秋天美景。明洪武九年（1376年），设承宣布政使司，治济南府，在迎仙桥设馆驿总站。当时，济南唯一官道就是从西门开始，经筐市街、花店街过迎仙桥至馆驿总站。地处北走燕冀、东通齐鲁、进出济南咽喉要道的制锦市地区，地理位置重要性凸现。自西门至迎仙桥道路周边，不断修建起民居、店铺和寺庙，明崇祯年间已形成街巷。明末清初，境内经济社会日益兴盛，药山三月三"药王庙"庙会规模已与"千佛山"山会齐名。至1929年济南设市前，区境内均属历城县辖领。1955年9月8日，济南市第四区更名为天桥区。

境内文物古迹众多。1952年，无影山挖掘出春秋战国到西汉时期的铜镜、瓷碗和小罐3件古物。1957年7月，济南市文物普查时，无影山附近居民献出该山出土的化石、铜镜、五铢钱、宝剑、陶俑、陶缸等文物30余件。1969年4月，无影山南坡墓地11号墓中出土了西汉彩绘"乐舞杂技陶俑"和"彩绘负壶陶鸟"，藏于济南市博物馆，为国家一级文物。1969年9月，无影山一座汉墓，出土2枚四铢"半两"古币。1971年，天桥东街36号发现的一座战国墓中，出土战国时期铁、陶器、铁镢件、铁足、铜鼎等文物。1979年，位于北园镇柳云村的元代著名散曲作家张养浩墓、五龙潭的秦琼故里被公布为第一批市级文物保护单位，被《中国文物地图集·山东分册》收录。1987年11月17日，泺口黄河修防段以东13号水屋出土1尊太平天国初期的大铜炮，炮身铸有"太平天国乙荣五年置造，重肆佰伍拾觔，粉贰拾六两"的铭文。1990年7月，境内东杆面巷建楼工地，出土元代铜权1枚。2007年3月19日，小寨村清真寺被济南市人民政府公布为第三批市级文物保护单位。2005年5月，黄河泺口段出土明代遗物——黄河镇水神兽，为国家二级文物。2010年，丁庄丁庆武家院中发现明万历十四年刻石一通，为丁庄玉皇庙遗物，石刻有“康熙七年六月十七戌时地动”字样，为考证当时济南地震具体时间提供了实物资料。另还有中共山东省委秘书处旧址、毛泽东主席视察北园公社纪念地、胶济车站旧址、济南泺口黄河铁路大桥等纪念地被《中国文物地图集·山东分册》收录。

三

经济发展迅速，综合经济实力大幅提升。1991年后，全区以经济建设为中心，深化改革，扩大开放，区域经济快速发展，综合实力明显增强。2012年，实现生产总值294.66亿元，全区城镇居民人均可支配收入3.04万元，农民人均纯收入1.07万元，一、二、三产业增加值分别占全区生产总值的1.2%、25.3%、73.5%，全区财政总收入15.48亿元。

发展现代都市农业，农村经济稳步发展。1991年，天桥区深化农村改革，增加农业投入，农村经济总收入14.1亿元。1996年，境内粮食播种面积1503公顷，比1991年减少143公顷。2000年1月，济南市行政区划调整，历城区所辖大桥镇、桑梓店镇、靳家乡划归天桥区。2003年，境内涉农区域为大桥镇、桑梓店镇及泺口街道黄河北部鹊山地区，粮食播种面积9561公顷。大桥镇、桑梓店镇以农业为主，发展蔬菜种植、林果、水产养殖等农业综合产品；泺口街道鹊山地区由于耕地面积小，仍以林果种植和观光旅游为主。2006年始，天桥区将发展农村经济、增加农民收入作为新农村建设的首要任务，调整农村经济结构，推进产业化经营，发展农村二、三产业，拓展农村劳动力就业渠道，促进了农村经济发展和农民增收。2007年，加强农村户用沼气、规模化禽畜养殖场（户）沼气工程和沼气服务体系建设，新发展户用沼气700户，建立服务组织4个，农村生产生活条件明显改善。加强农民培训，消除农村劳动力流动障碍，促进农村富余劳动力转移就业。2010年，建立以工促农、以城带乡长效机制，促进城乡生产资源要素整合利用和工业向园区集中、农民向城镇集中、土地向规模经营集中，城乡一体化发展步伐加快。2012年，发展现代都市农业，农业产业化规模进一步扩大。立足近郊优势，借势北跨发展，加大对现代化都市农业扶持力度。全区粮食播种面积12.91万公顷，粮食总产量8.09万吨，实现“十连丰”。推进农业产业化经营，发展设施蔬菜、特色林果、花卉苗木、特色养殖高效农业，市级都市农业园区5家，特色农业品牌基地6家，认证农产品品牌12个，农民专业合作社94家。市级以上农业龙头企业15家，年销售收入23.6亿元。

推进工业调整，加快园区建设。1991—1992年，引进股份制试点。1993—1997年，实施“骨干膨胀”战略，组建企业集团，对扭亏无望企业实施关停并转。在企业实行干部聘任制、全员劳动合同制、岗位技能工资制。加快工业小区“四通”（路、水、电、通讯）建设。按照产权明晰、权责分明、政企分开、管理科学的要求，在小型国有企业、集体企业和镇村企业推行股份合作制；对区街、镇村企业采取股份有限公司或有限责任公司形式进行改组；对小型微利企业和亏损企业，采取兼并、租赁、出让、拍卖、破产等办法，盘活存量资产，实现优化组合。1998—2002年，树立“工业立区”思想，突出工业园区建设。药山工业园累计投资5000余万元，完善园区基础设施，吸引大批企业入驻。桥北工业园引进企业5家。居办工业园规模扩大，管理趋于规范。工业园区已成为全区工业发展主要载体。企业改革步伐加快，改制企业800余家。加大招商引资力度，通过租赁、联合开发等途径，引进35家企业在区属13家企业落户。2003—2007年，重点建设药山工业园区、济南化工产业园区，培植壮大骨干企业，规模以上工业企业106家。转变经济发展方式，发展高新技术产业，完成市级以上科技攻关项目50项，专利申请量3800件，居全省县（市）区前列，高新技术企业30家，全区高新技术产业产值占规模以上工业企业产值的45%。区、街、居属企业改制完成，接收市属移交企业22家。2008—2010年，园区经济日益发展壮大，山大鲁发碳纤维研究中心等高科技项目落户园区，初步实现由传统工业园区向现代都市型产业园区转变。2011—2012年，以济南化工产业园区和药山工业园区为依托，推动新材料产业和高新技术产业集约集群发展。全区规模以上工业企业60家，工业总产值77.04亿元，产品销售收入76.66亿元，工业利润2.51亿元，工业利税4.34亿元。

现代商贸服务业发展迅速，三产兴区效果明显。1991—1992年，按照“国家放宽、企业管严、放而有度、管而有法、活而有序”原则，坚持国有、集体、个体三扇门齐开，区、街、镇、村、居五条渠道并进，采取总体规划、分步实施办法，第三产业有了长足发展。全区第三产业网点5897个。1993—1997年，制定《建设城市社会化服务体系，促进第三产业发展的若干规定》。全区各类市场49处，其中年交易额过亿元11处（过10亿元3处）。形成以清河为中心，集商贸、娱乐、服务于一体的北园路（1994年4月更名为北园大街）十里商业大街。新增劳动服务企业30家，安置人员5000人。发展私营企业207家、个体业户5200户，从业人员2万余人。1998—2002年，新建、改建、扩建市场和大型商贸设施73处，国美、银座、大润发、北京华联等大型连锁店建成开业，黄台、板桥等仓储中心初步形成。对泺口服装市场和5家区属商业企业进行改制，全区第三产业形成以市场为主，兼有其他新型业态的大商贸、大流通发展格局。制定《关于新建市场和市场扩建项目报批程序的规定》和《关于鼓励和扶持市场发展的意见》，对市场选址、规模、经营范围等进行严格规定，引导市场建设单位在规模化发展、特色化经营上下功夫，形成“组团化”发展格局，产生在骨干市场带动下的同类产品集聚效应。2003—2007年，推进三产高级化，建材、家居、服装等传统市场改造提升，银座、大润发超市、齐鲁鞋城等一批规模大、档次高的新型特色市场建成使用，以招商银行济南分行入驻为代表的新兴三产迅速崛起，现代服务业比重日益加大，三产税收占地方财政收入的66%。编制《天桥区餐饮业发展规划》《天桥区物流业发展十一五规划》《天桥区第三产业发展第十一五规划》，修订完善《天桥区商业网点规划》。发展现代物流，推进传统仓储、运输行业向现代化物流中心方向顺利转型。2008—2011年，全区有各类专业市场67处，其中年交易额过亿元11处。市场业态不断更新，山东通讯城、缤纷五洲商业综合体项目和银座家居、红星美凯龙世博家居、欧亚达家居、大明家居等一批大型现代化商贸设施开业。家居建材行业沿北园大街和小清河形成集群化发展，市场布局日趋合理，市场优势不断增加。2012年，传统商贸业进一步提升，现代服务业加速发展。泺口服装国际会展中心开工建设，众鑫商厦主体完工，举办“中国济南第二届家居文化节”，“服饰之都”“家居之都”品牌的美誉度和影响力不断提升。规范建设特色美食街区，边庄齐鲁国际美食广场17家餐饮服务企业全部开业。文化产业园区建设取得进展，济南凤凰国际名酒文化城竣工，药圣天成开业营运，济南D17文化创业产业园完成后期规划，滨河天成•潮合汇招商完毕，面积1.7万平方米的中国教育动漫产业基地落户。引进金融保险、房地产、信息咨询等现代化服务业，民生、青岛和莱商银行支行落户天桥，金融服务业实现区级税收1.3亿元；房地产销售签约面积59.8万平方米；全区社会消费品零售总额274.26亿元，完成出口总额2.76亿美元。天桥区获“全省服务业发展先进区”称号。

四

实施城乡生态建设，城乡面貌变化巨大。1991—2012年，是天桥区城乡和生态建设大投入、大发展、大变化的22年。1991—1994年，推进房地产开发，加快旧城改造和新城区建设。1995年，对全区30余条主次道路和97条小街小巷进行整治。1996—1997年，完成顺河街高架路和高速绕城路天桥区段的拆迁工作。1998—2002年，围绕济南“五年大变样”总体要求，相继实施容貌、造绿、蓝天、“一环九射”（一环指二环路，九射指二环路九个出入口）等工程。取缔2吨以下燃煤炉具，大气质量明显改善；环卫设施日趋完善，生活垃圾袋装化收集率80%。建成西苑、天福苑、影山花园、金牛、湖畔苑、太平洋等一批住宅小区。2003—2008年，投资500万元，建成区级数字化城市管理信息平台。药山、北园、泺口街道纳入全市城市建设维护体系，生活垃圾全部实行统管统运，实现城区环卫管理一体化。投资5070余万元，整治街巷623条，整治面积131.4万平方米。实施济泺路、经一路（天桥区段）改造。完成小清河综合治理一期工程拆迁任务。2009年，完成迎全运24类136项建设整治任务，全区城市建设管理水平迈上新台阶。2010年，全区住房和房地产取得突破性进展。完成土地挂牌面积56.65公顷，开工建设面积153万余平方米，商品房销售建筑面积34万平方米。农村住房建设与危房改造完成15525户。

至2012年年底，完成境内旧城区、滨河新区、黄河北新区详细规划。城乡居民家家户户通电和自来水，住宅小区及街巷普遍安装路灯。投资6.37亿元，对境内城区主次干道进行改造，形成“八纵八横”（“八纵”指南北向道路，分别为历山北路、历黄路、生产路、凤凰山路、济泺路、无影山路含无影山北路、无影山西路、黄岗路；“八横”指东西向道路，分别为明湖西〈北〉路、堤口路、北园大街含无影山中路、水屯北路、滨河南路、滨河北路、新黄路、二环北路）城市路网体系；北园高架贯通东西，顺河高架贯通南北；104国道、220国道、308国道、309国道在境内穿过。建设住宅楼1317幢，总建筑面积865.6万平方米。对城市主要河道进行改造治理，净化了水质，美化了环境。城市绿地率35.2%、绿化覆盖率40.5%，人均公共绿地面积10.9平方米。

五

群众性文化活动丰富多彩，促进社会文明和谐稳定。1991年，注册成立文学、美术、书法、摄影、文艺、京剧6个研究会。至2012年年底，全区先后出版文学专著、诗集、散文集42部；举办书画、摄影作品展140余次，参赛作品近万幅；开展广场文化、文化活动、文艺演出、非物质文化遗产展示589场次；每年为农民免费放映电影1440场次；建成农家书屋120个；建成建筑面积1072平方米的档案馆；建成缤纷五洲大地数字影院；各类群众性业余文艺演出队伍182支、6000余人。

推行全民健身，群众性体育活动广泛开展。1991年2月，天桥区各街道办事处设立文体站，开展群众性体育活动。1993年4月8日—10日，举办“盼奥运万人签名长跑”活动，获国家奥申委荣誉证书。1994年11月，山东省体育运动委员会在天桥区召开山东省城市社区体育工作现场会，在全省推广天桥经验。1996—1997年，开始实施国家社会体育指导员制度，举办天桥区首期社会体育指导员培训班；成立天桥区导引养生功、太极拳研究会和天桥区社会体育指导评审委员会。2006年，青松长跑队驻地和泺口黄河公园被评为省级活动站点。2007年8月22日，工人新村北村街道启动奥运火炬手选拔报名工作。2008年7月23日，泺口街道新城社区党支部书记刘玉鑫完成济南境内第160棒奥运火炬传递。2010年8月，举办以“全民参与，共享健康快乐”为主题的“全民健身日”系列活动；9月19日，举办“体彩•竞彩杯”天桥区首届社区篮球赛启动仪式，130支社区球队参赛67场次。以“每天一小时，健康工作50年”为主题，在全区机关、街道（镇）、企事业单位推行广播体操。2011年，举办“清水湾杯”工商河钓鱼比赛、三人制篮球赛、七人制足球赛、全民健身摄影展和球类开放系列活动。2012年5月—10月，举办第一届天桥区全民健身运动会，历时5个月，来自全区各街道（镇）、部门70支代表队参加。至2012年年底，全区有健身活动站点260个，经常性参加体育活动人数10余万人。

六

教育事业蓬勃发展，教育水平不断提升。

1991 年，境内注册幼儿园、学校附设学前班 109 所，在园幼儿 1.08 万人；小学 51 所，在校生 2.82 万人；普通中学 17 所（含完全中学 2 所），在校生 9455 人（含高中生 374 人）；市属高中 1 所；特殊学校 1 所，入校儿童 75 人；职业高中 5 所，在校生 1053 人；公办中等专业学校 3 所，在校生 2871 人；中等技工学校 5 所，在校生 1338 人；高等院校 4 所。1991 年后，天桥区逐年加大教育投入，办学条件不断改善，教育教学水平稳步提升。1994 年，天桥区“基本普及 9 年义务教育，基本扫除青壮年文盲”工作，通过国家教育督导团验收，作为全国首批实现“两基”的县级单位受到国家教委表彰。2001 年，天桥区“实验教学普及县”工作达教育部颁发的中小学实验教学普及县标准，通过省教育厅验收。2003 年，设立外来务工人员子女就学定点学校。2009 年，区教育局确立以“均衡、公平、内涵、特色，办人民满意的教育”为发展目标。2011 年，中共天桥区委、区政府印发《济南市天桥区中长期教育改革和发展规划纲要（2011—2020 年）》；同年，实施“爱生学校”项目。至 2012 年年底，境内有幼儿园 79 所，教学班 601 个，在园幼儿 1.74 万人；小学 44 所（含市属小学 1 所），教学班 735 个，在校生 3.19 万人；中学 15 所（含市属学校 3 所），教学班 330 个，在校生 1.44 万人；市属高中 2 所，在校生 4614 人；特殊教育学校 1 所，在校生 91 人；职业中专 3 所；民办学校 46 所，在校生 1.38 万人；中等专业学校 1 所；高等院校 3 所。全区中小学、幼儿园教师中，各级专业技术职称人员 3352 人，其中中学高级教师 387 人、小学高级教师 1126 人。

卫生事业发展迅速，社区卫生实现全覆盖。1991 年，有区属卫生事业机构 5 家，门诊部、卫生院 14 家，床位 313 张；全区卫生技术人员 436 人，其中中医师 43 人、西医师 147 人、护师 81 人。2005 年，启动新型农村合作医疗工作。2007 年，大桥镇、桑梓店镇卫生院建成使用。2008 年，村卫生室标准化建设和社区卫生服务体系建设完成。2010 年，区域卫生信息化平台搭建完成，实现农民健康档案信息化管理，基本药物零差价销售城乡全覆盖。2011 年，数字化预防接种门诊建成。至 2012 年年底，境内有医疗机构 521 家，床位 7842 张。区属医疗机构 121 家，万元以上医疗设备 2222 台（件）；驻区医疗机构 400 家。全区卫生技术人员 10297 人，其中高级职称 1475 人、中级职称 3295 人、初级职称 5527 人。村级卫生室 71 个，具有执业资格的乡村医生 181 人。参加新型农村合作医疗 74578 人，参合率 100%。

实施“科教兴区”战略，发展高新技术产业。1993 年，天桥区召开首次“科教兴区”会议，全区有民办科技机构 30 家。1995 年，天桥区和北园镇科技信息开发中心分别成立。1996 年，被评为“全国科技工作先进区”，北园镇被评为“山东省科技示范乡镇”。至 2012 年，全区有“国家火炬计划特色产业基地”1 家、市级以上技术研究中心 18 家、高新技术企业 16 家。

社会保障日益完善，生活水平普遍提高。1991 年，城镇居民年人均可支配收入 1898 元，农民年人均纯收入 1470 元；2012 年，城镇居民年人均可支配收入 30435 元，农民年人均纯收入 10691 元，比 1991 年分别增加 28537 元和 9221 元。至 2012 年年底，境内养老保险参保人数 25.62 万人，其中城镇职工养老保险参保人数 17.29 万人、机关事业单位养老保险参保人数 7699 人、城乡居民养老保险参保人数 7.56 万人；有 21.73 万人参加基本医疗保险，其中城镇职工 13.57 万人；参加工伤保险 9.87 万人。

七

加强党的建设，为经济社会发展提供政治保障。1991 年，开展创建农村党建先进县（区）活动。1992 年 3 月 16 日，中共天桥区委员会印发《关于基层党委、总支、支部工作的若干规定》。1993 年 12 月 7 日，下发《关于印发今冬加强农村、街道、企业、机关及教育系统党建工作意见的通知》，要求集中解决好敬业奉献、工作作风、组织纪律和廉洁勤政四方面的问题，全面提高党员干部队伍政治素质。1994年，区机关抽调138名干部下派到46个村居帮助工作。1995年1月8日，区委印发《关于贯彻〈中共中央关于加强党的建设几个重大问题的决定〉的实施意见》，要求抓好民主集中制的贯彻执行、加强基层组织建设、加强和改进党员的教育和管理、做好新形势下发展党员工作、做好领导干部的培养和选拔工作。1997年7月10日，区委印发《关于加强城区居党支部建设的意见》。1999—2000年，在全区领导班子和领导干部中开展"三讲"（讲学习、讲政治、讲正气）教育活动，增强领导干部用理论指导改革实践能力。2001年8月1日，区委印发《关于按照"三个代表"要求加强和改进党的基层组织建设的实施意见》，要求将基层组织建设同党的基本路线的贯彻，同改革、发展、稳定的大局，同党的中心工作结合起来，保持党员队伍的先进性。2007年5月28日，区委制定《关于加强领导干部作风建设的实施意见》，要求全面落实科学发展观，加强思想作风、学风、工作作风、领导作风、干部生活作风建设，弘扬新风正气，抵制歪风邪气，解决突出问题，努力促进全区领导干部作风进一步转变。2008年7月9日，区委印发《基层党建工作巡视督查专员制度》，在区属各党（工）委以及需要巡视督导的区直部门、企事业单位设立基层党建工作巡视督导专员，推动基层党建工作的全面落实。2011年3月31日，区委制定《关于进一步加强党务公开工作的意见》，明确党务公开的指导思想和基本原则，规范党务公开的主体、要求和内容，完善党务公开的程序、方式和时限，健全党务公开工作保障制度，实现对权力运行的有效监督。

2012年，组织学习贯彻中共十八大精神，以加强党的执政能力建设、先进性和纯洁性建设为主线，以为民务实清廉为主题，以配好配强领导班子、抓实抓好基层组织建设为重点，围绕中心、服务大局，改进作风、创新实干，统筹推进干部队伍、人才队伍和基层党组织建设，为建设富裕文明和谐幸福新天桥提供坚强有力的组织保证。

昨天铸就辉煌，今天跨越发展，明天更加灿烂。全区人民在中共天桥区委、天桥区人民政府坚强领导下，继续高举中国特色社会主义伟大旗帜，以马克思列宁主义、毛泽东思想、邓小平理论、"三个代表"重要思想和科学发展观为指导，进一步解放思想、改革创新、求真务实、开拓进取，为加快推进富裕文明和谐幸福新天桥建设而不懈奋斗，"实现新跨越、再造新天桥"的目标一定能实现！

大 事 记

天桥区机关办公楼

药王楼

1991年

1月11日 《解放军报》《解放军画报》《中国民兵》记者到清河村采访民兵工作。

1月25日 济南市官扎营西街小学学生王俊、常凯作为山东省代表队主力队员，在全国“新兴杯”乒乓球比赛（北京）中，夺取儿童甲组团体冠军；该校学生李强获男子儿童乙组单打第三名。

1月28日 天桥区人民政府印发《1991年在全区范围内开展质量品种效益年活动实施意见》。

1月30日 中共天桥区委宣传部组织对全区8个系统11个单位的3800名职工群众开展以“纠正行业不正之风”为主题的职工道德教育活动，历时1年。年底，天桥区被中共山东省委宣传部评为全省职业道德先进区。

1月 《北园镇志》出版发行。

2月25日 中共中央政治局委员、国务院副总理田纪云到清河村考察，并题词“生财有道，经营有方”。

2月28日 《人民日报》、中央电视台、新华通讯社、《求是》杂志社记者到清河村参观采访。

同日 济南市公安局天桥区分局实行济南市和区委、区政府双重管理，以区委、区政府管理为主。

3月1日 天桥区首家方便少数民族就医的“天桥区堤口民族卫生院”成立。

3月5日 中共福建省委副书记、福建省人民政府省长贾庆林视察清河村。

3月11日 在福州举行的第二届全国特殊奥林匹克运动会上，天桥区段志亮获金牌3枚、银牌1枚。

3月12日 天桥区第十二届人民代表大会第二次会议批准《天桥区国民经济和社会发展第八个五年计划》。

3月19日 天桥区建立青少年学雷锋活动基金。

4月1日 天桥区税务局成立，为区属局级事业单位，列区政府工作部门序列。

4月3日 堤口果品批发市场连续两年获“全国文明集市”称号，天桥区人民政府决定予以表彰奖励。

4月5日 《人民日报》、中国记者协会新闻学院、《首都经济信息报》《中国商报》《江城日报》《西安日报》《兰州晚报》《农垦报》《科技日报》《吉林日报》记者到清河村参观采访。

4月16日 天桥区普法教育依法治理办公室成立，建制级别正局级。

4月25日 天桥区第十二届人大常委会第八次会议作出《在全区公民中开展第二个五年法制宣传教育的决议》和《关于实施九年制义务教育规划的决议》。

4月 天桥区教育委员会被国家教育委员会、共青团中央、文化部、新闻出版署联合授予“全国红领巾读报奖活动先进集体”称号。

5月9日 全国政协副主席王恩茂到清河村视察。

5月15日 山东省立济南乡村师范学校党史纪念室建成。

5月24日 由议长古哈尔·阿尤布·汗率领的巴勒斯坦国民议会代表团到清河村参观访问。

5月29日 天桥区土地利用现状详查、初始土地登记和统计工作，通过山东省土地利用现状详查技术组检查验收。

6月3日 水利部副部长周文智到天桥区黄河段查看泺口险工及泺口黄河铁路大桥阻水情况。

7月11日 天桥区未成年人保护委员会成立。

7月 堤口果品批发市场被国家工商行政管理总局评为全国工商系统先进集体。

8月2日 山东省人大常委会主任李振、山东省人民政府副省长王建功到天桥区泺口险工视察黄河防汛工作。

8月5日 天桥区人民武装部被山东省军区表彰为建制人武部军事考核成绩全优单位。

8月9日 天桥区第三产业领导小组成立。

8月23日 中共天桥区委、天桥区人民政府召开天桥区建设城市社会化服务体系，发展第三产业工作会议，印发《关于建设城市社会化服务体系，促进第三产业发展的若干规定》《天桥区建设城市社会化服务体系，发展第三产业规划》。

8月24日 天桥区人民政府决定在全区商业企业试行经营、价格、分配、用工“四放开”，并制定《关于在商业企业实行“四放开”试点的意见》。

8月 天桥区人民政府印发《关于开展土地登记发证工作的通知》，天桥区土地登记发证工作领导小组成立。

同月 北坦地区遭受水灾，角楼庄一带水深达80厘米，护城河水位与堤岸齐平，出现倒灌现象。

9月6日 天桥区第十二届人大常委会第十一次会议任命范广福为代理区长。

9月7日 中共中央委员会委员，国务院副总理，国家计划委员会党组书记、主任邹家华到清河村考察，并题词“发展经济，建设社会主义新农村”。

9月17日 中央新闻纪录电影制片厂《有这样一个小村》摄制组到清河村采访。

9月21日 中央军委副主席刘华清到清河村考察，并题词“干群一条心，黄土变成金”。

10月16日 济南乡师原党支部书记、中共中央候补委员、中共中央顾问委员会委员赵健民到“济南乡师党史陈列室”参观。

11月3日 中共中央政治局常委、国务院总理李鹏，中共中央委员会委员、国务委员陈俊生到清河村考察。

11月4日 中共天桥区委青少年工作领导小组成立。

11月9日 农工党天桥区总支部委员会成立，郑德贵任主委。

11月10日 天桥区组织7个“星火”产品参加国家星火产品首届北京展览会，获金奖2项、银奖1项、优秀奖3项。

11月 国家工商行政管理总局副局长曹天玷视察堤口果品批发市场和泺口服装市场。

12月9日 天桥区社会治安综合治理委员会办公室成立，为正局级工作部门，与中共天桥区委政法委合署办公。

12月11日 天桥区被中共山东省委、山东省人民政府授予“‘双拥’模范区”称号。

12月19日 天桥区人民政府被山东省人民政府表彰为抗洪救灾先进集体。

12月30日 无影山中路西段通车。

1991年 天桥区司法局被中共中央宣传部和司法部评为全国普法工作先进集体。

同年 天桥区教育委员会被国家教育委员会、文化部、中华全国总工会、全国妇联、共青团中央、中国科协授予“全国少年儿童校外教育工作先进集体”称号。

同年 北园镇集体经济总收入14亿元，获“山东第一镇”称号。

同年 清河风机厂生产的强风牌9-19 №：5.6A高离心通风机获机械电子工业部一等奖。

同年 济南市水处理设备厂生产的GZW型高效组合式污水处理设备获“七五”全国星火计划博览会金奖。

同年 清河村党委书记李春圃获“全国优秀乡镇企业家”称号。

1992年

1月13日 中共天桥区委印发《关于北园镇“奋斗一年奔小康，‘八五’再上新水平”的规划》。

1月15日 由文化部常务副部长高占祥题名、反映区文化馆工作实绩的专题片《出色的答卷》在济南电视台播映。

2月15日 天桥区人民政府行政复议办公室成立，与区政府法制办公室合署办公。

2月 济南市公安局批准，济南市公安局交通警察大队四中队改编为济南市公安局交通警察支队天桥区大队，升格为正处级。

3月19日 中共天桥区委、天桥区人民政府印发《关于进一步深化改革，转化企业经营机制的若干规定》。

4月7日 中共天桥区委转发《天桥区

"八五"期间精神文明建设规划》。

4 月 13 日 澳大利亚访鲁（山东省）团一行 3 人到清河村采访。

4 月 15 日 天桥区工商行政管理局被国家工商行政管理总局评为全国工商行政管理系统先进集体。

4 月 18 日 罗马尼亚《真理报》访华团一行 3 人到清河村采访。

4 月 25 日 奥地利联邦议会常务副议长施图岑贝格一行 15 人到清河村参观访问。

5 月 6 日 济南化工厂基干民兵连被中国人民解放军总参谋部、总政治部表彰为民兵预备役工作基层建设先进单位。

5 月 8 日 中共中央政治局委员、国务院副总理田纪云到天桥区视察黄河防汛工作，针对泺口黄河铁路大桥阻水问题现场办公，解决该桥北端拆除难题。

5 月 10 日 中共天桥区委、天桥区人民政府印发《关于开展向刘同德、付德山同志学习活动的决定》。

5 月 14 日 天桥区对外开放工作会议召开，印发《天桥区外向型经济发展规划》。

5 月 18 日 中共中央政治局委员、四川省委书记杨汝岱到清河电梯厂和济南国际贸易大厦考察。

5 月 19 日 国务院秘书长罗干到清河村考察。

5 月 27 日 天桥区少年宫落成。

5 月 天桥区召开首批土地证颁发大会，向驻区 300 个单位颁发土地登记证。

同月 天桥区人民检察院刑检一科科长刘建军被最高人民检察院授予"全国检察系统先进工作者"称号。

6 月 6 日 天桥区公安防爆大队成立，为处级单位。

6 月 8 日 葡萄牙共产党中央执行委员会委员、中央新闻宣传部负责人奥雷利奥、桑托斯等一行 4 人到清河村参观访问。

6 月 18 日 中共中央政治局委员，国务委员兼国家教委党组书记、主任李铁映到清河村考察，并题词"人民教育人民办，办好教育为人民"和"腾飞"。

同日 由中国乡镇企业协会、中央电视台、中共江苏省委宣传部组成的《跨世纪的腾飞》联合摄影组到清河村采访。

7 月 1 日 济南火车东站建成运行。

7 月 11 日 天桥区档案馆向社会开放第三批历史档案，16 宗、600 卷、9875 份。

7 月 20 日 天桥区天主教爱国会、天桥区基督教三自爱国运动委员会成立。

7 月 22 日 加拿大教育工作者代表团一行 6 人到清河村参观访问。

8 月 1 日 天桥区税收财务物价大检查办公室成立，为局级单位。

8 月 19 日 由国务院台湾事务办公室、解放军总政治部联络部组成的《自强之路》摄制组到清河村采访。

8 月 20 日 山东省人民政府副省长王建功到天桥区泺口险工检查指导防汛工作。

8 月 22 日 中共山东省委干部教育工作领导小组、中共山东省委组织部、山东省机构编制委员会批准中共天桥区委党校为中等专业学校体制。

8 月 天桥区拥军优属、拥政爱民工作领导小组办公室成立，与天桥区精神文明建设委员会办公室合署办公。

10 月 4 日 济南火车站地区综合管理办公室更名为济南火车东站地区综合管理办公室。

10 月 7 日 罗马尼亚《全国信使报》访华团到清河村参观访问。

10 月 9 日 天桥区经济开发投资公司成立，为正局级全民事业单位。

10 月 19 日 天桥区堤口果品批发市场和泺口服装市场被国家工商行政管理总局命名为全国文明集贸市场。

10 月 26 日 全国人大常委会副委员长，全国妇联党组书记、主席陈慕华到清河村考察，并题词"艰苦创业，发展经济"。

11 月 1 日 天桥区开展第二次侨情普查。

11 月 7 日 中共天桥区委、天桥区人民政府印发《关于重奖有突出贡献的科技人员的决定》，分别给予苗克新、孙元新4.4万元和3.24万元的奖励，并授予苗克新“天桥科技明星”称号。

11月21日 全国政协副主席程思远考察清河村。

11月26日 天桥区第十二届人大常委会第二十一次会议决定，彭万生任天桥区人民政府副区长、代理区长。

11月 山东省高级人民法院副院长孟昭科带领全省18个中级人民法院、17个基层人民法院院长考察天桥区人民法院。

12月10日 天桥区市政工程管理养护所更名为天桥区市政工程管理养护处，天桥区绿化管理所更名为天桥区绿化管理处，天桥区河道管理所更名为天桥区河道管理处，天桥区市政工程排水管理所更名为天桥区市政工程排水管理处。

12月17日 中央人民广播电台、《人民日报》《经济参考报》记者到清河村采访。

12月 中共济南市委书记翟永溥视察泺口服装市场。

1992年 中共天桥区委对见义勇为、舍己救人的郑守阳、刘亚伟予以通报表彰。

同年 天桥区被评为山东省社会治安综合治理先进区、山东省国防教育先进区。

同年 北园镇集体经济总收入30亿元，有8个村居经济总收入过亿元，成为济南市第一个“小康镇”。

1993年

1月8日—13日 政协天桥区第四届委员会第一次会议在山东煤矿职工接待处礼堂召开。出席委员174人。张连铸当选为主席。自本届开始，区政协委员会由三年一届改为五年一届。

1月9日 山东省民政厅厅长王彦善到天桥区考察北园镇敬老院工作。

1月9日—14日 天桥区第十三届人民代表大会第一次会议在山东煤矿职工接待处礼堂召开。出席会议代表210人，列席75人。范广福当选为人大常委会主任，彭万生当选为区长。

1月21日 中共山东省委副书记、山东省人民政府副省长李春亭到清河村考察。

1月31日 国家体委、中央农村工作领导小组和中央人民广播电台领导考察北园镇清河村、袁庄村群众体育工作。

2月10日 中共济南市委书记王怀远到天桥区检查指导工作。

2月17日 中共天桥区委农村工作委员会、天桥区农业委员会与北园镇党委、政府合署办公。

同日 天桥区交通管理委员会撤销，天桥区交通局成立，与天桥运输公司合署办公。

同日 天桥区物资公司更名为天桥区物资总公司，与天桥区物资局合署办公。

2月23日 天桥区标准计量局更名为天桥区技术监督局。

2月24日 天桥区第十三届人大常委会第一次会议作出《关于调整九年制义务教育实施规划的决议》。

2月 清河实验学校成为济南市第一所九年一贯制学校。

3月8日 日本《读卖新闻》记者藤野章到清河村采访。

3月9日 中共中央委员会委员、新疆维吾尔自治区党委书记宋汉良到清河村参观考察。

3月15日 天桥区与台湾首鑫集团公司签订合资经营不锈钢制品、清洁装饰材料、饮料保健、房地产开发4个项目。济南市副市长李华理、台湾首鑫集团公司总裁陈首先生出席签字仪式。

3月24日 天桥区人民政府印发《北园路拓宽、综合改造拆迁实施办法》。

3月 堤口果品批发市场和泺口服装市场被评为全国文明集贸市场。

4月3日 天桥区工商行政管理局与天桥区物价局合署办公。

4月5日 中共中央委员会委员、西藏自治区党委书记陈奎元到清河村考察。

4月8日 天桥区体育总会成立，同时成立10个体育协会。

4月19日 水利部黄河水利委员会副主任

黄自强到天桥区考察水利执法工作。

同日 天桥区监察局与中共天桥区纪律检查委员会合署办公。

4月22日 中共天桥区委街道办公室（区政府街道办公室）撤销。

4月29日 中共中央政治局委员、书记处书记、中央纪律检查委员会书记尉健行到清河村考察。

4月 中共山东省委政法委决定在全省推广天桥区市场管理先进经验。

5月15日 天桥区档案馆向社会开放第四批历史档案，19卷、59份。

5月16日 天桥区在俄罗斯签约成立天鹅食品有限公司，合资建厂生产方便面等食品。该公司是天桥区建立的首家境外企业。

5月 北园镇凤凰山小学被国家体委、国家教委表彰为全国毽球活动先进单位。

6月11日 国家防汛抗旱总指挥部副总指挥陈耀邦到天桥区视察黄河防汛工作。

7月6日 济南市天桥区经济技术开发区管委会更名为济南市天桥工业小区管理委员会。

7月9日 中共中央政治局委员、山东省委书记姜春云到天桥区召开黄河防汛会议，并听取济南市和天桥区河务防汛工作汇报。

7月12日 天桥区设立区长公开电话，印发《济南市天桥区人民政府区长公开电话工作细则》。

7月14日 济南军区副司令员阎琢到天桥区泺口黄河险工检查指导防汛工作。

7月17日 民革天桥区工作委员会成立，钟企新任主委。

7月20日 中共中央委员会委员、国务委员、国家防汛抗旱总指挥部总指挥陈俊生，水利部副部长周文智到天桥区视察黄河防汛工作，解决鹊山地段两处铁路缺口堵复问题。

7月26日 全国政协秘书长宋得民到清河村考察。

7月 中共济南市天桥区委党史资料征集研究委员会办公室编纂的《泺口英烈永芳千古》由中共党史出版社出版发行。

8月1日 全国人大常委会副委员长雷洁琼到清河村考察。

8月10日 中共山东省委副书记、山东省人民政府副省长李春亭到天桥区泺口险工察看洪水情况，解决泺口浮桥拆除问题。

9月4日 山东省军区副司令员王宝书到天桥区检查民兵预备役工作。

9月22日 山东省高级人民法院院长宇培杲到天桥区人民法院了解反腐败斗争工作进展情况。

10月25日 天桥区编制委员会更名为天桥区机构编制委员会。

同日 天桥区整顿市容卫生秩序指挥部办公室撤销。

11月6日 天桥区被评为山东省计划生育“三为主”先进区。

11月 天桥区个体劳动者协会被评为全国职业道德教育先进单位。

同月 中共济南市委、天桥区委动员部署营销清欠会战，区人民法院抽调48名干警参加会战。至12月，清欠标的额2800余万元。

12月1日 《法制日报》以“为了这片土地的祥和”为题，介绍天桥区政法建设先进事迹。

12月5日 中共天桥区委、天桥区人民政府被中共山东省委、山东省人民政府授予“山东省抗洪救灾先进集体”称号。

12月11日 天桥区推行儿童计划免疫保偿责任制。

12月20日 济南市天桥职工学校升格为济南市天桥职工中等专业学校。

12月26日 中共天桥区委、天桥区人民政府印发《关于表彰北园镇经济总收入突破50亿元的决定》，奖励北园镇现金5万元。

1993年 天桥区文化馆通过全国区县级文化馆达标验收。

同年 山东省人民政府批准天桥人民医院由集体所有制改变为全民所有制事业单位。

同年 济南丝绸印染厂走出低谷，扭亏为盈，成为济南市区街系统第一个产值过亿元的企业。

同年 北园镇过亿元村（居）16个，其中清河、香磨李分别跨入10亿元、8亿元村（居）行列。

同年 北园路商业街全长5.2千米，总开发面积38公顷。一期工程竣工，总投资2.5亿元，装修旧楼和新建商业楼面积2万平方米，一条集商贸、饮食、娱乐于一体的多功能商业街已具雏形。

同年 天桥区个体经营业户达1万余户，营业收入2.5亿元。天桥区新发展“三资”（中外合资、中外合作、外商独资）企业53家，合同利用外资3069万美元。至年底，全区外商投资企业累计83家。

同年 济南市天桥区志编纂委员会编纂的《天桥区志》由山东人民出版社出版发行。全书100万字，上限1840年，下限1990年。

同年 北园镇乡镇企业产值在“全国乡镇企业百强乡镇”中名列第二位。

1994年

1月11日 美国华尔街日报上海分社社长周看到清河村参观。

1月29日 中央电视台新闻频道播出：清河村成为全国三产第一村。

2月1日 济南市公安局交通警察支队天桥区大队民警梁鑫被公安部授予“全国优秀人民警察”称号。

2月25日 越南国会主席农德孟，在山东省常委会人大主任李振、济南市人大常委会主任李启万等陪同下，到清河村参观。

3月1日 根据《国务院关于职工工作时间的规定》，天桥区实行新工时制度，每周工作5天半44小时。

3月14日 中共天桥区委批复北园镇边庄村、张公坟村、水屯村、标山居、白鹤居党支部改建为中共北园镇边庄村、张公坟村、水屯村、标山居、白鹤居委员会。党委委员职数5～7人。

3月15日 中共中央政治局委员、上海市委书记吴邦国，中共中央委员会委员、上海市市长黄菊到清河村考察。

4月8日 天桥区北园大街综合管理办公室成立，为区政府局级管理部门。

4月24日 朝鲜劳动党一行7人到清河村参观考察。

4月30日 二环西路及二环北路天桥区段建设工程竣工，工程长11.3千米，是天桥区按照市政府的统一部署所承建的一项重点工程。自1993年11月8日开工以来，完成土石方65万余立方米、路基面积25.7万余平方米、沥青路面25万余平方米，建成涵洞20座，拆迁面积5.69万平方米。道路建成后，改善了济南西北部地区的交通状况。

4月 济南市第四建筑集团总公司第二分公司瓦工班班长赵平年被评为全国劳动模范。

5月12日 济南市天桥区行政干部学校成立。

5月15日 离休干部侯伦贤于1989年11月6日离济徒步周游全国，1994年5月15日返回济南，行程8180千米。

5月16日 玻利维亚议会代表团一行3人到清河村参观。

5月18日 中共中央委员会委员、中央组织部部长吕枫到清河村参观考察。

同日 民进天桥区总支部委员会成立。

5月21日 全国政协委员、山东省政协常委、共青团山东省委书记赵树丛任组长的省政协《中华人民共和国未成年人保护法》视察组检查天桥区《中华人民共和国未成年人保护法》贯彻实施情况。

5月26日 天桥区少儿艺术团成立。

6月10日 中共天桥区委印发《关于在我区实施依法治区第二个五年计划的意见》。

6月18日 北园镇张公坟村更名为北园镇柳云村。

6月20日 埃及第一行署10人到清河村参观。

6月23日 加蓬共和国访华代表团一行12人到清河村参观。

6月27日 加拿大驻华大使到清河村参观。

6月 天桥区妇女儿童工作委员会成立。

7月12日 中共山东省委副书记、山东省人民政府副省长李春亭到天桥区检查指导黄河防汛工作。

7月26日 新华社香港分社一行18人到清河村参观访问。

7月29日 在“首届中国房地产开发企业综合效益百强”评价活动中，济南天发房地产（集团）总公司被评为首届中国房地产综合效益百强企业。

8月1日 天桥区工商行政管理局改称为济南市工商行政管理局天桥分局，由济南市工商行政管理局垂直管理。

8月2日 天桥区拥军优属、拥政爱民工作领导小组办公室由天桥区民政局管理。

8月 天桥区税务局撤销，济南市天桥国家税务局和济南市地方税务局天桥分局成立，同时进行分税制财政体制改革。

9月1日 山东干部函授大学天桥教学站开班。

9月12日 中共中央政治局常委、书记处书记、中央党校校长胡锦涛到清河村视察。

9月13日 中共天桥区委、天桥区人民政府印发《关于深化企业产权制度改革的意见》。

9月19日 黑龙江省政协主席王钊到清河村考察。

9月30日 济南市新苑小学建成。

10月5日 天桥区洛口服装市场综合管理委员会成立，为局级经费自收自支全民事业单位。

10月10日 全国11个城区计划生育研讨会在天桥区西苑大酒店举行。

同日 格鲁吉亚议会代表团到清河村参观。

10月20日 天桥区档案馆向社会开放第五批历史档案，12宗、207卷、2912份。

11月3日 中共天桥区委、天桥区人民政府作出《关于建立社会治安见义勇为奖励基金的决定》。

11月9日 中共中央政策研究室、国家体制改革委员会一行10人到清河村考察工作。

同日 山东省体委在天桥区召开山东省城市社区体育工作现场会，来自省内12个城市的代表参加会议。

11月13日 山东清河集团被农业部授予“全国最佳经济效益乡镇企业”称号。

11月30日 应中华全国青年联合会邀请，科特迪瓦政府青年和体育部长科梅南·扎克帕到天桥区考察少年儿童校外教育情况，参观区少年宫。

12月10日 全国首家农村与高校联合兴办的大学——山东建筑工程学院（北院），在北园镇黄台村挂牌并举行开学典礼，成立董事会。

12月14日 中共山东省委常委、山东省军区政治委员刘国福少将，山东省军区副司令员冉龙泉少将到天桥区检查指导征兵工作。

12月30日 天桥区人民政府组织实施无影山地区供水工程，铺设自来水管道3800余米，基本解决了当地群众吃水难的问题。

12月 《天桥年鉴（1991—1993）》出版发行。

1994年 济南市农民人均纯收入1401.57元，天桥区2567.2元，居全市之首。

同年 天桥区被评为省级基层党校工作先进区。

同年 天桥区残疾人工作协调委员会成立。年底，全区12个街道办事处全部成立残疾人工作协调委员会。

同年 《全国地名大词典》天桥区境内地名编纂工作完成，命名、更名、注销街巷、居民区34个条目。

同年 天桥区完成土地登记发证20389个，其中国有土地使用权证书12941个，集体土地建设用地使用权证书7448个。

同年 堤口果品批发市场跨入“全国百强集贸市场”行列。

同年 北园镇经济总收入82.16亿元。

同年 泺口服装市场成交额首次突破10亿元，成为全省重要服装集散地。

同年 济南国际贸易大厦实现销售收入3.6亿元，人均日营业额573元，连续3年进入“全国百强名店”行列。

1995 年

1 月 24 日 中共济南市委决定，彭万生任中共济南市天桥区委书记、中共天桥区人民武装部委员会书记。

1 月 28 日 天桥区第十三届人大常委会第十六次会议决定，杨锡福任天桥区人民政府副区长、代理区长。

1 月 29 日 中央电视台新闻频道播出，清河村成为“全国三产第一村”。清河村从本村实际出发，紧紧抓住国民经济宏观调控的有利机遇，大力发展第三产业，并逐步发展形成了济南国际贸易大厦等 6 处龙头企业。1994 年底，清河村第三产业收入已达 15.61 亿元，占各业总收入 82%。全村人均纯收入达 3700 元。

1 月 天桥区国家税务局被最高人民法院、最高人民检察院、公安部、国家税务总局授予“全国打击伪造、倒卖、盗窃发票专项斗争先进集体”称号。

2 月 1 日 中共山东省委副书记李文全到中国工商银行天桥区支行视察安全保卫工作。

2 月 22 日 联四、黄台、白鹤、沃家、杨庄、边庄 6 所小学转为公办小学。

3 月 3 日 泺口清真寺投入使用。该寺 1993 年 11 月筹建，1994 年 7 月竣工，总投资 22.7 万元，占地面积 0.13 公顷，建筑面积 702.62 平方米。

3 月 4 日 天桥区第十三届人民代表大会第三次会议选举杨锡福为天桥区人民政府区长。

3 月 5 日 西藏孔繁森事迹报告团到清河村参观。

3 月 8 日 济南市公安局天桥区分局站前派出所所长率秀英获“全国三八红旗手”和“山东省巾帼建功能手”称号。

4 月 6 日 山东清河企业集团被列为山东省计划单列乡镇企业集团。

4 月 6 日—8 日 中国共产党济南市天桥区第七次代表大会召开。出席会议代表 265 人，列席人员 79 人，选举产生中共天桥区第七届委员会委员 29 人、候补委员 4 人和区纪律检查委员会委员 15 人。

4 月 8 日 中共天桥区委七届一次全委会召开。选举产生了区委常委、书记、副书记。彭万生当选为书记，杨锡福、纪宝华、王辉当选为副书记。

4 月 18 日 济南国贸大厦在中国百强名店中名列第 88 位，人均创造营业额在全国名列第 10 位，在全省同行业位居第 3 位。被列入“全国市场工商监测大型企业定点单位”。

4 月 20 日 中共天桥区委、天桥区人民政府印发《关于在全区开展向宋铭禄同志学习活动的通知》。

4 月 28 日 中共天桥区委决定，组建中共济南市天桥区经济贸易发展集团总公司委员会。

4 月 天桥区北园镇黄台村党委书记姚升平被评为全国劳动模范。

同月 济南第四棉纺织厂挡车工王静侠被评为全国劳动模范。

5 月 10 日 中共济南市委、济南市人民政府和济南军区后勤部在八一礼堂举行表彰大会，表彰奖励勇擒犯罪分子而壮烈牺牲的宋铭禄烈士和卢全力等有功人员。

5 月 22 日 北园镇清河村被中共济南市委、济南市人民政府命名为“济南市爱国主义教育基地”。

6 月 6 日 济南新客站开通试运行，至 8 日，全线正式通车运营。

6 月 9 日 天桥区人民政府印发《济南市天桥区地名管理实施细则》。

6 月 16 日 国务院物价视察小组检查天桥区工人新村农贸市场的价格行情及明码标价工作。

6 月 21 日 北园镇臧家屯村更名为北园镇成大村。

6 月 28 日 中共天桥区委、天桥区人民政府聘请 31 位专家为科学顾问，成立以专家、学者和行政领导组成的“天桥区经济技术咨询委员会”。

同日 中共天桥区委、天桥区人民政府决定，成立天桥区科技信息开发中心。

6 月 1995 年中国乡镇企业评价排序结果公布，在利税总额前 1000 家乡镇企业中，清河集团列第 22 名；在中国最大规模乡镇企业 1000 家中，清河集团列第 8 名。

7 月 18 日 济南市北郊林场整建制划归天桥区人民政府领导、管理。济南市北郊林场始建于 1956 年，其间曾几度变换归属、更改名称。划归天桥区前，为济南市林业局所属单位。

7 月 天桥区教育事业单位机构编制重新核定。全区 56 所区、镇属中小学及 11 个其他教育事业单位编制为 2703 名。

8 月 7 日 济南市天桥区人民检察院反贪污贿赂工作局成立。

8 月 17 日 中共天桥区委印发《关于在全区广泛开展向李延升学习活动的通知》。

9 月 19 日—22 日 由天桥区人大常委会承办的长沙市东区、兰州市城关区、成都市锦江区、牡丹江市西安区、杭州市西湖区、昆明市五华区、济南市天桥区、南昌市东湖区、南昌市西湖区、南昌市青云谱区、南昌市郊区、南昌市湾里区等 12 个城区人大工作研讨会第六次会议在天桥区召开。

9 月 20 日—25 日 1995 年济南金秋经贸洽谈会召开。会议期间，天桥区成功举办了泰国经贸信息发布会。泰国商业部常务次长察差旺率领的访问团、台湾地区的客商出席会议。

9 月 22 日—24 日 第五届“全国轻工产品农村市场订货会”在山东电子大厦举行。

9 月 25 日 天桥区档案馆向社会开放第六批历史档案，16 宗、244 卷、3429 份。

10 月 26 日 中共天桥区委、天桥区人民政府在天桥区环境卫生管理局召开大会，庆祝山东省首届环卫工人节。会上，区委、区政府授予区环卫局 30 名先进职工“优秀城市美容师”称号。

10 月 27 日 在机关档案达标升级工作中，天桥区档案馆以 99.3 的高分通过认定考核，晋升为山东省先进一级档案馆。

10 月 在全省基层双拥经验交流暨命名表彰大会上，天桥区被命名为省级“双拥”模范区。

11 月 16 日 中共山东省委副书记李文全等领导到天桥区检查指导“社会治安综合治理先进区”创建工作。

11 月 济南天发房地产（集团）总公司总经理杨世明获“全国优秀企业管理工作者”称号。

12 月 31 日 天桥区开展第三次全国工业普查工作。

1996 年

1 月 10 日 北园镇 1995 年经济总收入 109 亿元，被山东省统计局、省农村社会经济调查队、省社会经济评价中心授予农村经济综合实力“山东第一镇”称号。

1 月 17 日 天桥区被中共山东省委、山东省人民政府授予“山东省社会治安综合治理先进单位”称号。

1 月 26 日 中共天桥区委印发《关于在全区科局级干部中实行诫勉制度的暂行规定》。

2 月 14 日 天桥区第一部村志——《黄台村志》出版发行，全书 52 万余字，着重记述了中共十一届三中全会以来黄台村的创业史。

3 月 12 日—16 日 天桥区第十三届人民代表大会第四次会议审查批准《天桥区国民经济和社会发展第九个五年计划及 2010 年远景目标纲要》。

3 月 20 日 中共济南市委、济南市人民政府命名天桥区为社区治安综合治理模范区。

3 月 在山东省“胜利杯”优秀年鉴评选活动中，《天桥年鉴（1991—1993）》获框架设计、条目编写、出版发行和综合奖 4 个特等奖，获美术装帧一等奖；囊括全部 5 个奖项，总分列全省县、区级年鉴第一名。

同月 天桥区被国家科学技术委员会命名为全国科技工作先进区。

4 月 1 日 天桥区人民武装部收归军队建制。

4 月 23 日 由天桥区卫生局承办的第八届华东地区中心城市部分城区卫生改革技术协作会议在天桥区召开。

5 月 3 日 天桥区被中共山东省委、山东省人民政府授予“精神文明建设工作先进区”称号。

5月5日 天桥区人民政府印发《天桥区农村社会保障暂行规定》。

5月28日 中共天桥区委印发《关于开展向李学元、刘长河同志学习活动的决定》。

5月31日 《黄台村志》在北方14省市书籍装帧艺术作品评选中获一等奖。

5月 济南市官扎营西街小学参加全国“娃娃杯”乒乓球赛，夺得男子甲组团体冠军和男子丙组团体亚军，并获个人单项金牌1枚、银牌2枚、铜牌3枚。

6月7日 天桥区科研成果转化服务中心成立。来自山东大学、山东工业大学等驻济高等院校科研单位的15名专家、学者为服务中心第一批成员。

6月10日 天桥区人民政府印发《天桥区国有土地出租市场管理暂行办法》。

6月19日 根据济南市人民政府文件要求，济南鲁成有限责任公司子弟学校、济南第二棉纺织厂子弟学校移交天桥区管理。

6月 济南市人民政府调整天桥区粮食征购指标。调整前，夏秋两季合计征购粮食21万千克；调整后，只征夏粮一季，计7.5万千克，指标减少幅度为64.28%。

7月1日 根据济南市人民政府颁布的《济南市城市居民最低生活保障暂行办法》规定，天桥区人民政府颁布实施《天桥区城市居民最低生活保障工作实施意见》。保障线标准为月人均120元。

同日 中共中央委员会委员、江西省人大常委会主任毛致用，在中共济南市委副书记、济南市人民政府市长谢玉堂等陪同下，到清河村参观。

7月8日 天桥区人民政府印发《天桥区创建爱婴区实施意见》。

7月13日 全国政协赴山东考察团一行15人到济南市公安局天桥区分局检查“严打”工作。

8月6日 中共天桥区委七届三次全委会专题审议并通过《天桥区区级机构改革实施意见》。改革调整后，区委设工作机构7个，均为处级建制；部门管理机构2个，保留处级建制。区政府设工作机构25个，均为处级建制；部门管理机构3个，保留处级建制。

同日 天桥区人民政府印发《济南市天桥区国家公务员制度实施方案》。

同日 全区机关干部向国家公务员过渡。至1997年6月底，完成过渡任务。全区过渡为国家公务员的440人；过渡为党的机关工作者的141人（不含人大、政协、公安、防暴大队等已考试考核合格的633人），暂缓过渡的8人。

8月12日 天桥区环境卫生管理局更名为天桥区市容环境卫生管理局。

同日 天桥区绿化委员会办公室、天桥区物资局、天桥区第三产业办公室撤销。

同日 明确中共天桥区委信访局、天桥区人民政府信访局由区委办公室、区政府办公室管理，以区委办公室管理为主。

8月18日 晨，黄河洪峰到达泺口。洪峰流量4700立方米/秒，水位32.24米。洪水期间，鹊山滩区淹没耕地570.67公顷，损失房屋、蒙古包、温室大棚51间（个），冲毁机井19眼、提水站4座，直接经济损失1099万元。

9月 济南市第一家检民共建检察联络室在北园镇沃家居委会成立。

10月4日 天桥区堤口工业联合公司撤销，15家区属企业改变隶属关系。企业关系改变后其性质和法人地位不变。

10月20日 天桥区人民政府国家设备维修市场管理试点办公室成立。

10月24日—30日 中国社会科学院研究员马家驹、北京大学社会研究所研究员刘世定、中国艺术研究院研究员周冰到北园镇所属村（居）和企业进行考察。

10月31日 山东清河集团、山东国际置业集团、山东金牛开发集团被农业部确认为全国乡镇企业集团，清河电梯厂被确认为全国大型二档乡镇企业。

10月 天桥区建设委员会被建设部授予“全国建设系统抗洪救灾先进集体”称号。

11月5日 山东省（金牛）建材市场年交

易额突破 3 亿元。

11 月 18 日 根据省、市小清河干流治理工作会议精神，小清河综合治理工程开工。在该项工程中，天桥区承担长 12.5 千米的拆迁和长 4.56 千米的河道扩挖、清淤及砌垒任务。

12 月 2 日 天桥区志编纂委员会办公室更名为天桥区史志办公室。

12 月 31 日 天桥区开展第一次全国农业普查工作。时期指标：1996 年 1 月 1 日—12 月 31 日。

同日 天桥区开展第一次全国基本单位普查工作。普查对象为天桥区区属除住户和个人外各种类型法人单位及法人单位所属的产业活动单位。

12 月 天桥区被中共山东省委、山东省人民政府命名为山东省社会治安综合治理模范区。

1997 年

1 月 15 日 北园镇黄岗村党支部改建为中共北园镇黄岗村委员会。

1 月 26 日 北园镇镇村集团公司——山东北园集团公司挂牌成立。集团公司的成立，使北园镇实现整建制集团化经营。

1 月 天桥区被中央社会治安综合治理委员会、人事部授予“1993—1996 年度全国社会治安综合治理先进集体”称号。

3 月 6 日 天桥区人民政府办公室加挂区政府法制办公室牌子。

同日 天桥区人民政府教育督导室成立。

同日 天桥区老龄问题委员会办公室核定为事业单位。

3 月 12 日 北园镇构筑新的经济运行体制，全镇 36 家试点企业完成改制任务。

3 月 18 日 中共天桥区委、天桥区人民政府印发《关于卫生改革与发展的意见》。

3 月 山东省金融保卫工作会议在天桥区召开，与会人员参观济南市公安局天桥区分局指挥中心。

同月 《清河村志》出版发行。

4 月 3 日 “鹊山惨案纪念碑”落成并举行揭幕仪式。

4 月 26 日 天桥区人民政府出台保护地栽培奖励办法。办法规定：集体或者个人，建一个覆盖面积 333.33 平方米的拱圆形塑料大棚（宽 4 ～ 7 米），奖励 500 元；建一个覆盖面积 333.33 平方米的冬暖式塑料大棚（宽 7 ～ 10 米），奖励 850 元。

4 月 天桥区 25 所社会力量办学学校由天桥区教育委员会管理改为天桥区成人教育办公室管理。

5 月 1 日 经山东省人民政府批准，济南泺口公路口岸正式对外开放，原凤凰山路公路口岸同时关闭。

5 月 8 日 济南市国有北郊林场移交天桥区房产管理局代管。

5 月 18 日 天桥区职业介绍中心成立。

5 月 23 日 经山东省人民政府批准，北园镇黄岗、北辛、王炉、卢家庄、安乐镇、小鲁庄、张庄、太平庄、丁庄、大鲁庄、洋涓、东沙、大魏、新徐 14 个行政村从北园镇析出，设立济南市天桥区药山街道。辖区面积 15 平方千米，4450 户、16100 人。

6 月 6 日 天桥区农业办公室不再与北园镇政府合署办公，为区政府直属工作部门。

7 月 1 日 区政府颁布实施《天桥区农村最低生活保障暂行规定》，全区农村“五保户”供养标准达当地村民人均收入标准，集体供养率达 80%。

7 月 23 日 中共中央政治局委员、山东省委书记吴官正到清河村视察。

8 月 20 日 《天桥年鉴（1996 年）》出版发行，全书 50 余万字。在山东省“裕隆杯”年鉴评奖活动中，获综合评比一等奖。

8 月 《中共天桥党史大事记（1948.9—1993.12）》出版发行。该书记载 1948 年 9 月—1993 年 12 月全区各级党组织领导全区人民在各项工作中的主要活动和主要事件。全书 1062 条，22.5 万余字。12 月，被中共山东省委党史研究室评为优秀成果三等奖。

9 月 23 日 天桥区人民政府印发《关于

调整街道财政体制，扶持街办经济发展的有关规定》。

9 月 30 日 中共天桥区委建立党外知识分子联络员制度，首批聘任联络员 19 人。

9 月 济南市公安局天桥区分局刑警大队和山东影视拍摄中心联合拍摄的 12 集电视连续剧《济南“7·9”大案纪实》在山东电视台影视频道播放。

10 月 4 日 中共中央政治局委员、国务院副总理姜春云到清河村视察。

10 月 29 日 北园镇民政办公室主任闫新桂被民政部评为农村社会养老保险先进个人，并代表济南市参加民政部在烟台市召开的农村社会养老保险工作经验交流会。

11 月 13 日 天桥区档案馆向社会开放第七批历史档案，16 宗、311 卷、4852 份。

11 月 24 日 国家计划生育委员会副主任李宏规视察天桥区泺口服装市场流动人口计划生育工作。

11 月 25 日 北园镇边庄村村民赵广峰在首届中国式摔跤国际邀请赛（北京）中获冠军。

11 月 28 日 山东远征环保节能设备厂被省科委确认为高新技术企业，是天桥区首家高新技术企业。

11 月 由天桥区人民法院编纂的《天桥法院年鉴（1993—1997）》出版发行。

同月 天桥区被评为山东省民政工作先进区、山东省社区服务示范城区。

同月 山东远征环保节能设备厂被山东省科委确认为高新技术企业，结束了天桥区内无高新技术企业的历史。

12 月 18 日 山东省人民政府副省长吴爱英视察天桥区泺口服装市场流动人口计划生育工作。

12 月 自 1997 年冬至翌年春季，黄河水断流 132 天，是历史上黄河断流时间最长的一年。

1998 年

1 月 1 日 泺口服装商贸中心建成开业。由香磨李居委会投资 5000 万元兴建，建筑面积 4.2 万平方米，经营摊位 3200 个；开业当天客流量 15 万人。

1 月 10 日 天桥区业余京剧团成立。

1 月 11 日—17 日 政协天桥区第五届委员会第一次会议在区机关会议厅召开。出席委员 173 人。彭万生当选为主席。

1 月 13 日—18 日 天桥区第十四届人民代表大会第一次会议在区机关会议厅召开。出席会议代表 199 人，列席人员 110 人。范广福当选为人大常委会主任，杨锡福当选为区长。

1 月 23 日 济南火车东站绿地广场建成开放。广场东西宽 162 米，南北长 174 米。

2 月 27 日 山东省军区参谋长李浩泉少将一行 6 人到北园镇视察民兵工作。

2 月 国家经济体制改革委员会推荐天桥区北园镇关于“深化企业改制，推进二次创业”的典型经验材料，介绍北园镇企业改制形式和做法。

3 月 1 日 国务院政策研究室一行 4 人到北园镇考察。

3 月 4 日 济南市第一个村妇联在清河村成立。

3 月 26 日—29 日 中国共产党济南市天桥区第八次代表大会召开。出席会议代表 265 人，列席人员 65 人；选举产生中共天桥区第八届委员会委员 29 名、候补委员 4 名和区纪委委员 15 名。

3 月 29 日 中共天桥区委八届一次全委会召开。选举产生了区委常委、书记、副书记。彭万生当选为书记，杨锡福、王辉、许强当选为副书记。

4 月 6 日 天桥区总工会成立再就业服务中心，各街道办事处、各企业组成服务网络。在对全区下岗职工进行调查摸底、登记统计的基础上，建立下岗职工档案。同时，积极组织各种形式的洽谈会，为下岗职工和用人单位牵线搭桥、招工择业。至年底，安置破产企业职工百余人。

4 月 28 日 天桥区被评为全国社区服务示范城区。

同日 济南市公安局交通警察支队天桥区大队北园中队副中队长张涛被公安部授予“全国优秀人民警察”称号。

4 月 《济南市天桥区市政工程志》出版发行。全书 50 余万字，是天桥区市政工程建设方面的一部专业志书。

6 月 4 日 全国人大常委会原副委员长、民盟中央名誉主席费孝通，在山东省人大常委会原副主任郭长才、济南市人大常委会原副主任刘锡蕃等陪同下，到北园镇视察。

6 月 19 日 中共山东省委常委、组织部部长姜大明等领导考察北园镇清河集团。

6 月 济南第二十九中学举行教学楼落成典礼。该楼投资 500 万元，建筑面积 5791 平方米。

7 月 23 日 济南市首条“双拥街”在天桥区师范路建成。

7 月 30 日 天桥区人大常委会决定，建立天桥区人大常委会信访信息员网络。

9 月 9 日 山东省民政厅组织全省 70 余名乡镇长到北园镇参观考察。考察团成员参观北园镇村（居）兴办的山东石材市场、济南装饰材料市场、山东灯具市场和济南龙都国际大酒店。

9 月 10 日 中共山东省委统战部、山东省工商联和济南市政协、济南市工商联组织济南市辖区五区四县一市工商联 70 余人，到北园镇考察下岗职工再就业工程，在山东石材市场召开现场会。

9 月 20 日 根据济南市人民政府颁布的《济南市中小学实施素质教育试行规定》，全区中小学施行素质教育。

10 月 1 日 顺河高架路建成通车。工程于 1997 年 8 月 28 日开工，宽 18.5 米，双向 4 车道。

10 月 24 日 中共中央政治局委员、全国人大常委会副委员长田纪云到北园镇清河村考察。

10 月 25 日 共青团中央书记处第一书记周强考察北园镇农村基层共青团工作，并视察清河村山东电子大厦、清河家具城。

10 月 济南市影壁后街学校举行新教学楼落成典礼。新教学楼面积 1900 平方米，全区唯一一所特殊教育学校的校容校貌得以改善。

11 月 16 日 济南市华宇集团总公司董事长刘刚被农业部授予“全国优秀乡镇企业董事长”称号。

12 月 6 日 山东金牛集团党委书记、董事长赵文孝获“全国优秀乡镇企业家”称号。

1999 年

1 月 7 日 中共济南市委副书记、济南市人民政府市长谢玉堂带领市直有关部门负责人到北园镇现场办公，研究解决加快北园大街商贸中心建设和北园地区沿街 8 个村居旧村改造问题。

4 月 16 日 天桥区第十四届人大常委会第十次会议决定，王辉任天桥区人民政府副区长、代理区长。

4 月 25 日 中共山东省委决定，杨庆林任中共济南市天桥区委书记。

5 月 4 日 天桥区劳动局更名为天桥区劳动和社会保障局。

5 月 8 日 济南市引黄供水鹊山调蓄水库动工兴建。鹊山调蓄水库是山东省重点工程，水库总容量 4600 万立方米，工程总投资 7.92 亿元，是济南市城市供水设施建设史上最大的工程项目。

5 月 27 日 北园镇沃家居人民调解委员会被司法部授予“全国模范人民调解委员会”称号。

6 月 10 日 根据《中华人民共和国地方各级人民代表大会和地方各级人民政府组织法》关于“常务委员会根据工作需要，设立办事机构和其他工作机构”的规定及中共济南市委、济南市人大常委会有关文件精神，全区各街道建立人大工作室，配备专职主任或专职副主任。

6 月 23 日 中共中央总书记、国家主席、中央军委主席江泽民，中共中央政治局委员、书记处书记、国务院副总理、国家防汛抗旱总指挥部总指挥温家宝到济南市视察黄河泺口险工，并在盖家沟黄河险工观看黄河防汛抢险演习；香磨李居防汛抢险队员参加演练。

7 月 天桥区人民政府被山东省人民政府授予“全省民族团结进步先进集体”称号。

8 月 13 日 山东省妇联主席赵玉兰、省妇联调研室主任刘宝莅、济南市妇联主席翟黎明考察清河村济南国际贸易大厦、国际俱乐部等“巾帼文明示范岗”，并参观黄台村。

8 月 《济南市天桥区教育志》出版发行，全书 70 万余字，系统地介绍了天桥区教育事业的发展历史。

同月 《黄岗村志》出版发行。

9 月 3 日 中共济南市委副书记、济南市人民政府市长谢玉堂等领导到天桥区召开北园地区旧村改造工作办公会。

9 月 16 日 北园镇被评为全国精神文明村镇先进镇。

9 月 嵇惠侠被共青团中央授予“外来务工优秀青年”称号。

同月 天桥区教师新村一期工程竣工。工程投资 550 万余元，建筑面积 7000 余平方米，住房 102 套。新村建成后，全区教师人均住房面积由原来 7.9 平方米增至 10.02 平方米。天桥区教委被中共山东省委、山东省人民政府评为山东省教师住房建设先进单位。

10 月 10 日—14 日 全国部分副省级城市城区政协工作研讨会在天桥区召开，10 个城市 15 个城区的 40 名政协委员参加会议。

10 月 11 日—15 日 由天桥区政府主办的全国城市区志济南研讨会在天桥区举行，全国 14 个城市 70 个城区的 120 人参加会议。

10 月 《中国共产党山东省济南市天桥区组织史资料（1987—1999）[续集（一）]》出版发行。12 月，该书被中共山东省委党史研究室评为优秀成果三等奖。

同月 全国部分省市第十四届“校际小学语文研讨会”在制锦市街小学召开。来自上海、南京等地的语文教师和制锦市街小学教师通过公开课、研讨会、素质展示、学术讲座等方式对语言教学进行研讨。

11 月 27 日 天桥区成人教育办公室更名为天桥区成人教育局。天桥区税收财务物价大检查办公室更名为天桥区财政会计监督局。

1999 年 天桥区被全国双拥工作领导小组、民政部命名为全国“爱心献功臣行动先进区”。

2000 年

1 月 16 日 经山东省人民政府批准，原隶属历城区的大桥镇、桑梓店镇、靳家乡划归天桥区。

1 月 30 日 天桥区农业办公室更名为天桥区农业委员会；复成立中共天桥区委农村工作委员会，与天桥区农业委员会一个机构两块牌子。

同日 天桥区人民法院执行局成立。

1 月 天桥区被中共山东省委、山东省人民政府、山东省军区授予“双拥模范区”称号。

3 月 天桥区物价局被中国价检中心授予“全国物价公报工作先进单位”称号。

4 月 4 日 天桥区人民政府决定，自 2000 年起，区财政每年从科技三项经费中拨出 50 万元，作为对引进人才的政府特殊津贴。

4 月 济南锅炉集团有限公司焊接技师王翠华被评为全国劳动模范。

同月 济南长途汽车运输有限责任公司客运三场经理林勇被评为全国劳动模范。

同月 天桥区房产管理局职工刘长河被评为全国先进工作者。

5 月 20 日 国家计划生育委员会主任张维庆视察济南市公安局天桥区分局北园派出所白鹤警务责任区，听取流动人口和暂住人口计划生育管理情况的汇报。

5 月 31 日 1909 年兴建、1989 年停止通车的泺口黄河铁路大桥，经维修改造后重新启用，邯济铁路全线贯通。

7 月 6 日 济南市人大常委会主任李启万考察济南市公安局天桥区分局工作。

7 月 19 日 山东省人大常委会副主任张瑞凤、中共济南市委副书记雷建国、济南市人大常委会副主任谭永青视察济南市公安局天桥区分局黄台派出所梁府警务责任区暂住人口管理工作。

8 月 22 日 各街道党委、纪委改称为街道党工委、纪工委；街道党工委为中共天桥区委派出机构，街道纪工委为区纪委派出机构。

9月7日 国务委员兼国务院秘书长王忠禹、国家计生委主任张维庆考察天桥区流动人口计划生育工作。对天桥区“依托暂住人口管理服务站、计生、公安密切配合，共同做好流动人口计划生育工作”的经验给予高度评价，并要求国家计划生育委员会和公安部联合宣传推广。

9月26日 新华社、中央广播电台、半月谈杂志社、公安部宣传局、大众日报社、山东省公安厅宣传处等单位及新闻记者，到济南市公安局天桥区分局黄台派出所采访创满意活动先进经验。

10月8日 全区各街道办事处建立社区司法调解中心。

10月23日 天桥区招商办公室成立，为正处级建制。

同日 天桥区农业委员会加挂区水务局牌子。

11月1日 根据中华人民共和国第277号国务院令和《第五次全国人口普查办法》，按照省、市统一部署，天桥区人口普查登记工作正式展开。

11月16日 天桥区市政工程管理养护处更名为天桥区市政工程管理处、天桥区绿化管理处更名为天桥区园林绿化处，均升格为正处级事业单位。

同日 天桥区人民检察院成立渎职犯罪侦查局，为正处级建制。同时，撤销法纪检察科。

12月2日 济南市人民政府与经济日报出版社联合举办的“济南北园——中国家居之都”高层专家研讨会在明湖大酒店召开。来自国家发展计划委员会、农业部、中央党校、中国科学院、经济日报出版社的专家学者就“济南北园——中国家居之都”建设规划等问题进行探讨。

12月 天桥区人民政府政务大厅成立，首批进厅17个单位，实行“一站式”服务。

同月 济南火车东站地区综合管理办公室撤销。

2000年 天桥区人民检察院反贪局侦查科被共青团中央表彰为“全国青年文明号”，成为济南市检察机关和区属单位中唯一获此项荣誉的先进集体。

2001年

1月18日 天桥区招商引资优惠政策实施。

1月21日 中共山东省委副书记吴爱英，省委常委、政法委书记、省公安厅厅长高新亭看望慰问济南市公安局天桥区分局黄台派出所全体民警。

3月1日 公安部授予济南市公安局天桥区分局黄台派出所所长刘清波“全国优秀人民警察”称号。

3月3日—7日 天桥区政协五届四次会议在区机关会议厅召开。补选杜书作为区政协主席。

3月4日—7日 天桥区第十四届人大第四次会议审查批准《天桥区国民经济和社会发展第十个五年计划纲要》。

5月21日 中共山东省委副书记吴爱英，省委常委、政法委书记、省公安厅厅长高新亭到济南市公安局天桥区分局视察工作。

5月25日 山东省人民政府（鲁政函民字〔2001〕76号）批准，撤销靳家乡建制，将其行政区域并入大桥镇；撤销北园镇建制，以原北园镇的边庄村、杨庄村、联四村、柳云村、黄台村、板桥村、石桥村、狮子张村、水屯村、成大村、清河村11个行政村和黄桥、白鹤、标山、柳行、沃家、凤凰山6个居，设立北园街道；以原北园镇的袁庄村、北闸子村、李庄村、新城村、北徐村、南徐村、梅花山村、月牙坝村、鹊山东村、鹊山南村、鹊山北村11个行政村和泺口、赵庄、金牛、田庄、崔庙、香磨李、林桥7个居，设立泺口街道。

同日 济南市人民政府（济政字〔2001〕37号）批准，撤销陈家楼街道、刘家庄街道，将其管辖范围并入纬北路街道。

5月 泺口服装精品大厦交由香磨李居委会管理。中共天桥区委、天桥区人民政府将泺口服装市场一切财产、债权、债务，全部有偿转让香磨李居委会。

6月8日 街道所辖居民委员会全部改建为社区居民委员会。

6月28日 天桥区安全生产监督管理局成立，为区经济计划委员会管理的正处级单位。

6月 天桥区洛口服装市场综合管理委员会撤销。

同月 北园街道党工委被中共山东省委和中共济南市委分别授予“先进基层党组织”称号。

同月 山东金牛集团有限责任公司获“99中国商业行业最大规模乡镇企业100家”第一名。

8月31日 在山东省人民政府召开的全省依法行政工作表彰会上，天桥区人民政府被授予“全省依法行政先进单位”称号。

9月 天桥区物价局物价检查所被国家发展计划委员会授予“全国规范化物价检查所”称号。

同月 济南第十五职专综合楼竣工。工程总投资280万元，建筑面积4800平方米。

10月8日 国家计生委副主任、中国计划生育协会会长刘汉斌视察北园街道白鹤计划生育流动人口警务区。

11月1日 中共天桥区委、天桥区人民政府印发《关于济南市天桥区党政机构改革的实施意见》。改革调整后，区委设工作机构7个、部门管理机构2个；区政府设工作机构19个、部门管理机构4个。

同日 中共天桥区委督察室成立，为区委办公室内设机构。

同日 中共天桥区机关委员会更名为中共天桥区委区直机关工作委员会。

同日 天桥教育委员会更名为天桥区教育局，天桥区科学技术委员会更名为天桥区科学技术局，天桥区土地矿产局更名为天桥区国土资源局。

同日 天桥区财政会计监督局撤销。

同日 天桥区农业委员会更名为天桥区农业经济发展局，加挂天桥区水务局牌子。

11月14日 山东省政协副主席李殿魁到天桥区视察，听取药山街道办事处关于经济工作情况的汇报，视察药山公园、黄岗工业园、山东百思特电梯有限公司和山东东亚商城。同时确定，将天桥区政协作为省政协工作联系点。

11月15日 山东省人大常委会副主任李文全和驻济部分全国人大代表视察北园街道旧村改造工作。

12月14日 美国大使馆经济处一等秘书杨舟（美籍）到济南市公安局天桥区分局北园派出所调研户籍工作。

同日 天桥区人民法院政治处、天桥区人民检察院政治处成立，天桥区人民检察院反贪污贿赂工作局更名为天桥区人民检察院反贪污贿赂局。

12月19日 天桥区劳动服务公司更名为天桥区劳动就业办公室。

12月30日 济南市公安局天桥区分局完成户口就地“农转非”改登工作。按照济南市人民政府有关户籍管理制度改革的要求，14243户、42626人“农业户口”全部变更为“非农业户口”。

12月31日 天桥区被全国爱卫会授予“全国改厕先进区”称号。

同日 天桥区开展第二次全国基本单位普查工作。普查对象为天桥区所有法人单位及法人单位所属的产业活动单位，包括各类企业法人、事业单位法人、机关法人、社会团体法人和其他法人及其所属的产业活动单位和个体工商户。

12月 天桥区“实验教学普及县”工作达教育部颁发的中小学实验教学普及县标准，通过山东省教育厅验收。

2001年 天桥区被表彰为全国改厕工作先进区，获“争创全国灭蝇先进城市工作”组织奖。

同年 天桥区被济南军区评为民兵政治教育“双十佳”先进单位。

2002年

1月15日 药山、北园、泺口街道所辖村全部改建为社区。

1月31日 泺口街道香磨李社区党委副书记、济南华宇集团总公司经理刘卫忠获“第四届全国乡镇企业家”称号。

1月 经对外贸易经济合作部、国家经贸委批准，山东东亚商城获综合进出口权。

3月15日 天桥区防爆大队更名为济南市公安局天桥区分局防爆大队。

4月16日 药山街道安乐镇社区党总支改建为中共天桥区药山街道安乐镇社区委员会。

4月22日 致公党天桥区总支部委员会成立，李厥敏任主委。

4月28日 根据济南市人民政府部署，天桥区承担顺河高架路北延工程拆迁任务。工程拆迁总长度4.7千米，涉及北园、泺口两个街道的5个村（居）和明湖中学等7个单位，拆迁总面积18.8万余平方米。

5月13日 天桥区残疾人联合会理事会升格为区政府直属正处级事业单位。

同日 天桥区绿化委员会办公室复成立，与天桥区园林绿化处合署办公。

5月 大型连锁量贩店大润发落户天桥区。占地面积2.5公顷，建筑面积1.84万平方米，投资1.2亿元，其中引进资金8000万元。为社会提供就业岗位1000个，吸纳下岗职工100人。

同月 国务院侨务办公室在南京召开全国社区侨务工作会议。会上，工人新村南村街道办事处被授予全国社区侨务工作先进单位。

6月17日 天桥区技术监督局由济南市质量技术监督局垂直管理，改称为济南市质量技术监督局天桥分局，加挂济南市质量技术监督天桥稽查队牌子。

同日 天桥区档案馆向社会开放第八批历史档案，22宗、403卷、2962份。

6月20日 九三学社天桥区基层委员会成立，李正文任主委。

7月17日 国家计生委副主任潘贵玉视察天桥区流动人口计划生育工作。

7月18日 全区进行事业单位登记工作。截止2003年3月底，全区有62个事业单位进行法人初始登记；60个单位按区编办的要求在指定的报刊上发布公告；152个事业单位进行非法人事业单位登记。

7月18日—19日 中共中央政治局常委、国务院总理朱镕基，中共中央政治局委员、书记处书记、国务院副总理温家宝视察济南黄河二桥附近黄河标准化堤防、黄河泺口险工、防汛抢险物资储备仓库。

7月30日 中共中央宣传部、卫生部、民政部、中国社会科学院的专家、学者考察工人新村北村街道、制锦市街道社区卫生服务中心，对天桥区预防、医疗、保健、康复、健康教育、计划生育“六位一体”的综合服务模式予以肯定。

8月13日 中国计划生育协会/美国适宜卫生技术组织（PATH）青春健康国际合作项目官员考察香磨李社区项目点。

8月 《济南市天桥区政协志》出版发行。全书75万余字，是一部资料较为翔实的志书。

9月8日—9日 全国城市社区建设会在吉林省四平市召开。会上，天桥区被命名为全国社区建设示范区。

9月16日 中央文史研究馆馆员，全国政协委员，首都师范大学教授、博士生及博士后导师、艺术学科带头人，中国书法文化研究院名誉院长，中国艺术研究院戏曲专业博士生导师，山东省方志馆名誉馆长，济南市制锦市街小学老校友欧阳中石携夫人张茝京到济南市制锦市街小学，向学校捐赠教育教学基金20万元。

10月8日 天桥区人大常委会信访办公室、老干部管理办公室成立，归属区人大常委会办公室管理。同时撤销区人大常委会办公室老干部工作科。

同日 天桥区老龄委员会更名为天桥区老龄工作委员会，同时将天桥区老龄委员会办公室更名为天桥区老龄工作委员会办公室。

10月26日 天桥区人民政府印发《天桥区农村最低生活保障暂行规定》。

11月29日 根据济南市编委《关于历城六中、历城七中隶属关系的批复》，历城六中划归天桥区管理，更名为山东省济南第五十二中学。

12月21日 山东清河集团董事长侯金田，在2002年中国乡镇企业十大新闻、十大新闻人物评选中，被评为“2002年中国乡镇企业十大新闻人物”。

2002年 天桥区连续4年被评为省级“双拥”模范区。

2003年

1月3日 天桥区第十四届人大常委会第三十八次会议决定，雷天太任天桥区人民政府副区长、代理区长。

1月20日—25日 政协天桥区第六届委员会第一次会议在区机关会议厅召开。出席委员193人。舒孝堂当选为主席。

1月21日—26日 天桥区第十五届人民代表大会第一次会议召开。出席会议代表215人，列席人员136人。张培友当选为人大常委会主任，雷天太当选为区长。

1月 天桥区物资总公司破产清算终结。

3月1日 《济南日报》报道，黄河流域出现罕见的全流域性普通干旱，黄河济南段水位下降到26.65米，水流量仅为65立方米/秒。

3月3日 济南市天桥区足球协会成立。

3月4日 中共山东省委副书记姜大明先后到万盛园居民区、百特生物药业有限公司、鲁能康桥工业园、康桥居民区、百斯特电梯有限公司视察。

3月6日—8日 中国共产党济南市天桥区第九次代表大会召开。出席会议代表272人，列席人员69人；选举产生中共天桥区第九届委员会委员29名、候补委员4名和区纪委委员15名。

3月8日 中共天桥区委九届一次全委会召开。选举产生了区委常委、书记、副书记。杨庆林当选为书记，雷天太、吴承丙、王建军、宋胜玉当选为副书记。

3月16日 济南市天桥区地名协会成立。

3月22日 山东石材市场开业。该市场位于徐李工业园内，建筑面积2.6万平方米，经营面积8000平方米，进驻经销商200余家。

3月23日 中共中央政治局委员、国务院副总理回良玉，水利部副部长翟浩辉考察黄河泺口险工、老徐庄淤背区，并察看济南市水源工程——鹊山水库。

3月26日 山东省人民政府副省长王军民考察天桥区工人新村南村街道办事处、纬北路街道办事处社区计划生育服务中心和药山街道办事处黄岗社区居委会流动人口管理服务站，对社区服务和流动人口计划生育工作予以肯定，要求山东省在天桥区召开现场会，推广天桥区社区服务和流动人口管理服务经验。

4月2日 中共山东省委、山东省人民政府在天桥区召开流动人口及社区优质服务现场会。山东省人民政府副省长王军民、全省17市市长及有关人员出席会议。

4月7日 中共天桥区委印发《关于济南市天桥区人大、政协、群众团体机关机构改革的实施意见》。

同日 天桥区政协老干部管理办公室成立。

4月27日 中共山东省委副书记、山东省政协主席吴爱英，山东省政协副主席王久祜、林书香、周鸿兴，济南市政协主席徐华东，在中共天桥区委书记杨庆林、天桥区政协主席舒孝堂等陪同下，到天桥区药山广场参加防“非典”爱国清洁日活动。

4月 天桥区人民政府成立防治“非典”（2003年国内突发的重症急性呼吸综合征流行病）指挥部，制定《天桥区传染性非典型性肺炎应急处理预案》。

同月 全国第一家街道仲裁调解中心——北园街道办事处仲裁调解中心成立。

6月6日 山东省军区副司令员刘龙光少将考察黄河天桥段防汛工作。

7月1日 天桥区卫生局被中共山东省委、山东省人民政府授予“全省防治非典型肺炎工作先进集体”称号。

7月7日 济南市天桥区城市管理行政执法局成立。

7月12日 济南市天桥区标准化计量质量协会成立。

7月21日 根据中共山东省委确立的济南市“东拓、西进、南控、北跨、中疏”的城市空间发展总体布局，天桥区成立“北跨”领导小组，按照总体布局，实施对济南化工工业园区和黄河水景园的规划建设。

8 月 1 日 济南市天桥工业园管理委员会成立，为财政全额预算管理处级事业单位，为区政府派出机构。

同日 天建房地产开发总公司改为企业性质公司。

8 月 8 日 山东省人民政府副省长陈延明，山东省政协副主席林书香、李殿魁等领导到天桥区就“北跨”工作进行调研。

8 月 18 日 最高人民法院警衔管理检查组一行 4 人，到天桥区人民法院检查、指导工作，对天桥区人民法院法警队伍建设和警衔管理工作给予充分肯定。

8 月 19 日 根据济南市编委《关于组建街道社区服务机构的通知》精神，中共天桥区委、区政府决定，各街道办事处成立劳动保障服务中心。

同日 天桥区政协学习文史提案工作处更名为学习提案工作处。

同日 济南第十三职业中专和济南第十五职业中专合并，定名为济南第十三职业中等专业学校，是天桥区唯一一所公办中等职业学校。

9 月 5 日 济南市公安局天桥区分局北园派出所、黄台派出所被公安部评为“二级派出所”。

9 月 20 日 天桥东街街道办事处以户代表方式成功进行投票选举，居民参选率 98.5%，产生天桥区第一位直选居委会主任左金玲（女，回族）。

9 月 《香磨李居志》由山东人民出版社出版发行。该书 16 编、79 章、287 节、180 余万字，入志图片 860 余幅。

同月 天桥东街街道第二社区党支部书记、社区居委会主任张兆玲被中共中央组织部、民政部授予“全国优秀社区工作者”称号。

10 月 8 日 由中国残疾人联合会常务副理事长吕世明为组长的国务院残疾人工作委员会残疾人事业“十五”规划检查组到香磨李社区参观检查。

10 月 29 日 全省民族村（居）民主法制建设工作经验交流会在天桥区召开。国家民委党组副书记、副主任牟本理，中共山东省委副书记、山东省政协主席吴爱英，省委常委、政法委书记高新亭，副省长蔡秋芳，济南市委副书记雷建国等领导出席会议。与会领导对天桥区民族村（居）民主法制建设工作予以肯定。

11 月 顺河高架路北延工程建成通车。工程于 2002 年 8 月 16 日开工，南连顺河高架路、北接济南北绕城高速路，长 4.12 千米，工程总投资 10.56 亿元。

同月 天桥运输公司清算工作结束，天桥区人民法院宣告天桥运输公司破产清算终结。

12 月 16 日 天桥区党员干部现代远程教育管理中心成立，为中共天桥区委组织部管理的全额预算管理正处级全民事业单位。

12 月 19 日 天桥区工商业联合会举办天桥区民营经济发展论坛报告会，邀请全国著名经济学家、金融学家温元凯作《民营企业成长的烦恼和困惑》专题报告。

12 月 泺口服装城在中国（博鳌）信誉论坛第三届大会上，被评定为中国城市代表品牌。

2003 年 天桥区被中共山东省委、山东省人民政府、山东省军区授予“双拥”模范区称号。

同年 北园街道办事处被司法部和中国残联授予“残疾人维权示范岗先进单位”称号。

同年 天桥区档案馆向社会开放第九批历史档案，20 宗、252 卷、2066 份。

2004 年

2 月 29 日 山东省人民政府副省长谢玉堂、省公安厅副厅长李桂华、省公安消防总队政治委员韩玉祥到泺口服装市场视察消防安全工作。

3 月 4 日 中共山东省委副书记、济南市委书记姜大明到天桥区调研，听取天桥区关于城市建设和经济发展的情况汇报。

3 月 9 日 全市首支女子城管执法中队在天桥区城市管理行政执法局成立。

3 月 天桥区人民政府印发《关于两镇教师工资实行区级统发的意见》，自 2004 年 1 月起，大桥镇、桑梓店镇编制内在职教职工实行区级统发工资。

4月1日 中共山东省委常委、政法委书记高新亭到泺口街道香磨李社区就平安建设问题进行调研。

4月5日—6日 在山东省首届武术散打精英争霸赛上，济南金新城集团代表队代表济南市夺得60公斤、70公斤、75公斤、80公斤4个级别的第一名和65公斤、80公斤2个级别的第二名，获团体第一名。

4月27日 天桥区残联建成“天桥区残疾人捐助便利店”，为全国第一家，中央电视台一、四套节目予以报道。

4月28日 济南市公安局天桥区分局刑警大队技术中队被评为全国刑事科学技术一级技术室。

4月 天桥区企业合同管理协会成立。

5月27日 济南长途汽车总站地区综合管理办公室撤销，其人员、资产归入工人新村南村街道办事处（其中3名现职领导干部由区委组织部另行分配，其他人员纳入事业人员管理）。

5月29日 坦桑尼亚总统姆卡帕一行31人参观济南黄河标准化堤防、泺口险工、老徐庄引黄闸和济南百里黄河风景区。

5月 济南铁路职工子弟第二小学、铁路职工子弟第三小学和铁路职工子弟第二中学移交天桥区，转为公办学校，分别更名为明珠小学、博文小学和博文中学。

同月 汇文实验学校、新苑小学、明珠小学、博文小学和影壁后街学校通过省级规范化学校验收。

6月15日 中共天桥区委、天桥区人民政府印发《关于统筹城乡发展促进农民增收的意见》。

6月29日 中共山东省委书记、山东省人大常委会主任张高丽观看天桥区15个街道（镇）85名民兵骨干黄河防汛抢险技能培训队的汇报演出。

7月6日 天桥区海外联谊会成立。

9月26日 天桥区被中共山东省委、山东省人民政府表彰为第六届精神文明建设工作先进区。

同日 济南泺口针织批发市场、泺通物流配送中心成立。

9月 经一路（明湖北路、明湖西路）改造工程竣工通车。工程于2003年7月开工，天桥区段长3.25千米，断面宽50米。

同月 银座家具批发广场落户李庄社区。该市场投资400余万元，占地面积1.1公顷。

同月 济南市天桥区黄河河务局更名为济南黄河河务局天桥黄河河务局。

10月15日 天桥区人民政府制定《关于招商引资项目实行土地补偿的意见》。

11月1日 水利部黄河水利委员会下达《黄河流域河道管理范围内建设项目审查同意书》，黄河水景园项目建设获批准。

11月9日 天桥区人民政府招待所更名为天桥区人民政府接待处，原建制级别和隶属关系不变。

12月31日 天桥区开展第一次全国经济普查工作。

2004年 天桥区被评为山东省党员教育工作先进区。

同年 桑梓店镇小寨村、老寨村分别获“全国民主法治示范村”“全省民主法治示范村”称号。

同年 天桥区档案馆向社会开放第十批（1976年）历史档案，28卷、362份。

2005年

1月6日 山东省人民政府副省长蔡秋芳到天桥区走访看望少数民族下岗职工、特困户及宗教界人士，询问了民族宗教工作情况，并对下一步学习贯彻《宗教事务条例》作出指示。

1月10日 天桥区价格协会成立。

1月18日 天桥区被中共山东省委、山东省人民政府授予“山东省计划生育优质服务先进区”称号。

1月23日 天桥区被评为山东省行风建设先进区。

1月28日 中共天桥区委印发《关于深入开展以实践“三个代表”重要思想为主要内容的保持共产党员先进性教育活动的实施意见》。

3月 全国妇联授予天桥区人民法院立案庭“全国巾帼文明岗”称号。

4月3日 泺口九烈士纪念碑在济南百里黄河风景区内落成并揭幕。

4月10日 天桥区医疗协会成立。

4月18日 天桥区慈善总会成立。

4月19日 中共天桥区委、天桥区人民政府发出《关于深入开展“情注‘背街小巷’构建和谐社会”主题实践活动的实施意见》。

4月30日 泺口街道香磨李社区党委书记刘刚被评为全国劳动模范。

同日 中国重型汽车集团有限公司党委书记、董事长马纯济被评为全国劳动模范。

4月 最高人民法院授予天桥区人民法院北园法庭“全国优秀法庭”称号，山东省高级人民法院为北园法庭记集体一等功。

同月 天桥区第一座高档商务写字楼——汇鑫国际商务大厦建成，进驻商家80余户。

5月10日 天桥区红十字会由天桥区卫生局管理改为独立机构设置，按照社会团体运作方式，独立开展工作。

同日 天桥区国库集中支付管理中心挂牌成立，为全额预算管理正处级事业单位。

5月17日 中共山东省委副书记、济南市委书记姜大明，视察泺口服装城商贸中心和谐市场建设。

5月20日 天桥黄河河务局在险工拆改建施工时发现黄河镇水神兽。经鉴定，镇水石兽是明代大清河的重要遗物，具有重要历史价值，确定为国家二级文物。

6月24日 天桥区机关行政事务管理局撤销，天桥区行政事业单位资产和机关行政事务管理局成立，为区直属全额预算管理正处级事业单位。

同日 天桥区人民检察院渎职侵权检察局更名为反渎职侵权局。

6月29日 济泺路综合改造工程竣工通车。工程于2004年4月15日开工，南起成丰桥、北至二环北路，道路长4.98千米，断面宽70米。

7月2日 中共中央政治局常委、全国人大常委会委员长吴邦国视察中国重型汽车集团有限公司。

8月15日 天桥区被中国残疾人联合会授予“全国残疾人社区工作示范区”称号。

8月26日 山东省政协副主席、中共山东省委统战部部长齐乃贵到天桥区就加快少数民族经济发展情况进行专题调研，实地察看桑梓店镇老寨村、小寨村及有关民族企业、学校。

9月8日 天桥区体育彩票管理中心成立。

9月12日 济南市公安局天桥区分局防爆大队更名为济南市公安局天桥区分局特警大队。

9月15日 中共山东省委副书记、济南市委书记姜大明到天桥区指导第二批先进性教育活动。

9月20日 天桥区新城社区运动员参加2005年全国中国式摔跤比赛，获男子100公斤级冠军，女子搏克比赛冠军和第四名、第五名。

9月24日 济南化工产业园区五纵五横路网全线通车，总长25千米，均达承载50吨重型卡车行驶标准。

9月24日—25日 山东省“天体杯”中学生举重比赛在济南第五十一中学举重馆举行，五十一中学代表队获男女团体总分第一名。

10月9日 山东省人民政府副省长谢玉堂、省老龄委办公室主任褚庆观到天桥区老年公寓、济南国棉二厂老年护疗院看望老年人，并赠送电视机、洗衣机。

10月24日 中共天桥区委台湾工作办公室（区政府台湾事务办公室）机构单列，为区委正处级工作机构。

同日 天桥区建设管理局更名为天桥区建设管理委员会。

10月28日 济南泺口服装有限公司主办的“同一首歌·走进济南——相约泺口服装城”大型演唱会在山东省体育中心体育场演出。

12月1日 天桥区人民政府制定《关于建立新型农村合作医疗制度的意见》《天桥区新型

农村合作医疗管理办法》和《天桥区新型农村合作医疗实施细则》，成立天桥区新型农村合作医疗管理委员会和天桥区新型农村合作医疗监督委员会，农民就医按规定比例报销。

12月7日 天桥区投融资管理中心成立，为全额预算管理正处级事业单位。

12月16日 天桥区人民政府驻珠海办事处撤销。

12月29日 中共山东省委、山东省人民政府印发《关于表彰平安山东建设先进县（市、区）和先进个人的通报》，天桥区被表彰为“平安山东建设先进区”。

2005年 中共天桥区委获“全国民族团结进步模范集体”称号。

同年 济南元首针织股份有限公司生产的“元首”系列内衣被中国针织工业协会评定为中国针织内衣十强品牌。

2006年

1月17日—18日 天桥区第十五届人大第四次会议审查批准《天桥区国民经济和社会发展第十一个五年规划纲要》。

1月25日 山东省人民政府副省长王仁元到泺口服装城调研和谐市场情况。

2月10日 中共天桥区委、天桥区人民政府印发《关于济南市天桥区人民政府机构改革的实施意见》。改革调整后，区政府设工作机构20个，部门管理机构2个。

同日 天桥区经济发展计划局更名为天桥区发展和改革委员会，加挂天桥区经济局牌子。天桥区经济体制改革办公室撤销。

同日 天桥区建设管理委员会更名为天桥区建设委员会，天桥区计划生育局更名为天桥区人口和计划生育局。

同日 天桥区安全生产监督管理局改为区政府序列工作部门。

同日 天桥区成人教育局撤销。

3月6日 山东省人民政府批准济南化工产业园区为省级开发区。

3月18日 首届天桥区“体彩杯”老年人田径运动会在济南汇文实验学校运动场举行。

3月26日 北园街道办事处计划生育服务站被评为全国人口和计划生育技术服务先进单位。

5月24日 中共山东省委巡视组组长苏兴珍到泺口服装市场调研。

5月26日 山东省人民政府副省长李玉妹视察济南市工商局天桥分局药山工商所。

6月1日 济南市宝华街小学并入济南市官扎营西街小学。

6月9日 中共山东省委、山东省人民政府召开“四五”普法总结表彰大会，天桥区获“全省‘四五’普法依法治理先进区”称号。

7月23日 中共山东省委副书记、济南市委书记姜大明到天桥区调研经济工作。

7月 在第四届全国特殊奥林匹克运动会上，济南影壁后街学校学生殷培振获金牌3枚、铜牌1枚。

同月 《杨庄社区志》出版发行。

8月25日 天桥区北展区综合开发管理委员会成立，为全额预算管理正处级事业单位。

9月2日 中共中央政治局委员、全国人大常委会副委员长、中华全国总工会主席王兆国，中华全国总工会副主席、书记处第一书记孙春兰到天桥区北村街道北村西区社区考察社区建设情况，察看和谐楼院，并给社区2户困难职工家庭送去慰问金和慰问品。

9月20日 精神残疾人康复庇护所成立，属国内首家精神残疾人庇护机构。

9月22日 全国政协副主席张榕明视察山东蓝翔高级技工学校。

同日 国家老龄办联络部党俊武副主任、国家发改委郝福庆处长到天桥区富翔、晚晴民办老年公寓调研。

9月25日 中共济南市委任命张辉为中共天桥区委书记。

9月 北园街道办事处计生服务站被国家人口和计划生育委员会授予“全国人口和计划生育技术服务先进集体”称号。

10月8日 中共山东省委常委、山东省军区政治委员张秉德，中共济南市委常委、济南警备区政治委员钱道书到天桥区视察工作。

10 月 10 日 天桥区十五届人大常委会第三十一次会议任命王建军为天桥区人民政府代理区长。

10 月 17 日 全国红十字总会赈灾部副部长雷淑敏一行到天桥区就创建全国社区红十字服务示范区进行考察评审。

10 月 22 日 山东省人民政府副省长李玉妹、省老龄委办公室主任褚庆观视察富翔老年公寓，并赠送慰问品。

10 月 《中国共产党济南市天桥区历次代表大会文献汇编（1956—2003）》出版发行。

同月 天桥区残疾人代表队在全国特奥自行车比赛中，获金牌 2 枚、银牌 2 枚、铜牌 7 枚。

11 月 6 日 经省市专家论证会论证及济南市非物质文化遗产专家评审会评审，天桥区“四蟹灯”“猫蝶富贵”2 项传统民间舞蹈被列入济南市首批非物质文化遗产。

11 月 22 日 马来西亚华人公会中央党校副校长王琛发到天桥区参观考察民族企业。

11 月 天桥区人民法院被全国老龄委授予“全国老年维权示范岗”称号。

同月 泺口街道办事处外来创业人员家长学校被全国妇联评为“流动人口子女、农村留守儿童示范家长学校”。这是天桥区首所获全国先进的家长学校。

同月 民革天桥区总支部委员会成立，姜慧祯任主委。

12 月 21 日 中共山东省委副书记、山东省人民政府省长韩寓群，中共山东省委副书记、济南市委书记姜大明和济南市委副书记、济南市人民政府市长鲍志强等省市领导到天桥区视察工作，实地调研政务大厅为民服务工作情况。

12 月 21 日—23 日 中国共产党济南市天桥区第十次代表大会召开。出席会议代表 294 人，列席人员 73 人；大会采用无记名投票方式，差额选举产生中共天桥区第十届委员会委员 35 名、候补委员 7 名和区纪委委员 27 名。

12 月 23 日 中共天桥区委十届一次全委会召开。选举产生了区委常委、书记、副书记。张辉当选为书记，王建军、吴承丙当选为副书记。

12 月 纬北路街道聚贤社区被确定为全国特奥活动示范社区。

2006 年 根据《济南市天桥区人民政府关于调整农村最低生活保障标准的通知》，天桥区农村最低生活保障标准由每人每年 600 元增至每人每年 840 元。

同年 天桥区建立百岁老人家庭奖励制度。每年春节、重阳节对全区百岁老人家庭奖励 500 元。

同年 天桥区被评为全国社区红十字服务示范区、全国社区服务示范区。

同年 天桥区司法局被共青团中央表彰为全国优秀青少年维权岗。

同年 天桥区科协被中国科协表彰为全国科普日活动先进单位。

同年 招商银行济南分行的“一级分行总部”由历下区迁至天桥区。

2007 年

1 月 11 日 天桥区举行全区农村自来水工程通水典礼，这标志着全区 100 个行政村实现通自来水。

1 月 12 日 济南市天桥工业园管理委员会更名为济南化工产业园区管理委员会，建制级别正区级，为天桥区人民政府派出机构；内设综合办公室、经济发展局、建设管理局、财政局，均为正处级；下设综合管理服务中心，为全额预算管理正处级事业单位。

同日 天桥区金融办公室成立，与天桥区经济开发投资公司合署。

同日 天桥区国土资源局更名为济南市国土资源局天桥分局，天桥区市政工程管理处更名为天桥区市政工程管理局，天桥区园林绿化处更名为天桥区园林绿化管理局。

同日 中国国际贸易促进委员会济南分会天桥支会（中国国际商会济南天桥商会）成立，为全额预算管理正处级事业单位。

同日 天桥区城市管理服务局成立，为天桥区建设委员会所属正处级全额事业单位；同时天桥区河道管理处、天桥区市政工程排水管理处撤销。

1月16日 中共山东省委副书记、济南市委书记姜大明一行到天桥区检查指导工作，实地察看齐鲁鞋城、工鑫商厦建设和经营情况。

1月18日—20日 天桥区第十五届人大第五次会议增选王建军为天桥区人民政府区长。

1月 第二次全国农业普查正式入户登记。此次普查涉及药山、北园、泺口3个街道和大桥、桑梓店2个镇。

3月5日 天桥区成立济南市首家“外来务工妇女平安之家”。

3月13日 中共山东省委常委、济南市委书记焉荣竹到天桥区调研，先后视察鹊山龙湖、化工产业园区、药山工业园。就振兴天桥工业、老城区改造工作提出要求。

3月16日 济南仲裁委员会天桥分会成立，这是济南市首家县（市）区仲裁分会。

3月20日 天桥区文学艺术界联合会单独设立，为中共天桥区委宣传部所属全额预算管理正处级事业单位。

4月 天桥区人民法院北园法庭被最高人民法院、共青团中央命名为“全国青年文明号”。

5月26日 天桥区药山街道党工委、药山街道办事处和区委区政府信访局被中共山东省委、山东省人民政府表彰为全省信访工作先进单位。

6月1日 山东省人民政府副省长李玉妹一行到济洛路小学走访慰问，向学校送去慰问金，为孩子们带来节日礼物和祝福。

6月18日 全国人大教科文卫委员会副主任委员徐荣凯带领调研组到天桥区北村社区卫生服务中心、西苑社区卫生服务中心视察，调研城乡医疗卫生体制改革情况。

6月 美国白蛾传入天桥区。

7月18日 17时始，济南市发生特大洪涝灾害。城区1小时最大降水量151毫米，2小时最大降水量167.5毫米，3小时最大降水量达180毫米，20时雨渐止。天桥区城区全部受淹。

同日 中共山东省委常委、济南市委书记焉荣竹到天桥区北坦街道察看棚户区防汛工作。

7月23日 民政部部长李学举一行到天桥区泺口服装城调研泺口服装城批发市场因7.18特大暴雨受灾情况。

8月13日 济南市公安局天桥区分局改为由济南市公安局垂直管理。

8月29日 山东省人民政府副省长郭兆信一行到天桥区调研城市防汛工作。

8月31日 齐鲁鞋城·品牌港开业。

9月13日 山东省人大常委会副主任、省综治委副主任莫振奎率领省平安建设督导检查组到天桥区视察平安建设工作。

同日 中共济南市委副书记、济南市人民政府市长张建国调研天桥区社区卫生工作，视察两个社区卫生服务中心及天桥人民医院。

9月 天桥人民医院整体转型为社区卫生服务管理中心试点单位，天桥社区卫生服务中心成立。

11月6日 小清河综合治理工程开工建设。总投资100余亿元，天桥区段长12.15千米。

11月20日 济南市食品药品监督管理局天桥区分局成立，为济南市食品药品监督管理局正处级派出机构，实行省以下垂直管理。

12月9日—12日 政协天桥区第七届委员会第一次会议在区机关会议厅召开。出席委员197人。舒孝堂当选为主席。

12月10日—13日 天桥区第十六届人民代表大会第一次会议召开。出席会议代表231人，列席人员171人。张培友当选为人大常委会主任，王建军当选为区长。

12月17日 天桥区环境保护办会成立。

2007年 根据《济南市天桥区人民政府关于调整农村最低生活保障标准的通知》，天桥区农村最低生活保障标准由每人每年840元增至每人每年1200元。

同年 天桥区城市居民最低生活保障标准由每人每月230元增至每人每月280元。

同年 天桥区被评为全省“双拥”模范区、平安山东建设先进区、全国社区服务示范区。

同年 天桥区被评为山东省党员教育先进区，有 1 所基层党校获“省级优秀党校”称号，2 所基层党员活动室获“省级优秀党员活动室”称号。

同年 中共天桥区委组织部被中共中央组织部评为干部人事档案工作目标管理一级单位。

同年 天桥区残疾人代表队在世界特奥运动会上获金牌 1 枚、银牌 1 枚，并为全国特奥运动队输送运动员 2 人。

同年 天桥区档案馆向社会开放第十一批（1977 年）历史档案，41 卷、339 份。

2008 年

1 月 10 日 在全省平安山东建设大会上，天桥区“平民英雄”张学军被评为“省见义勇为先进分子”。

1 月 12 日 中共山东省委书记李建国视察馆驿街西片区棚改工程。

1 月 29 日 济南市“我的兄弟姐妹”庇护所在济南市精神卫生中心（天桥第二人民医院）正式揭牌成立。

1 月 31 日 天桥区人民政府制定《天桥区抚恤定补优抚对象医疗保障实施办法》。

3 月 3 日 中共山东省委常委、济南市委书记焉荣竹一行到天桥区实地考察区重点工程进展情况。

3 月 13 日 《济南市天桥区重特大生产安全事故应急救援预案（试行）》编制完成。

3 月 天桥区成立区第三次全国文物普查领导小组及办公室，开始天桥区第三次文物普查工作。

4 月 20 日 北园大街高架路工程建成通车。工程 2006 年 5 月 11 日开工，全长 13.02 千米，标准段宽 60 米，总投资 44 亿元，天桥区段长 10.2 千米。

5 月 5 日 财政部副部长丁学东率国家防总检查组视察天桥区黄河防汛工作。

5 月 10 日 济南建邦黄河公路大桥开工奠基仪式举行。工程由山东建邦集团以 BOT 方式投资，预计总造价 8.48 亿元。

同日 山东省人大常委会副主任鲍志强一行视察鹊山龙湖建设情况。

5 月 16 日 天桥区人民政府公布第一批区级非物质文化遗产名录。

5 月 16 日—19 日 山东省“全科医学与社区卫生服务创新发展论坛”在天桥区举行。

5 月 18 日 天桥区内部审计师协会成立，会员单位 51 个，内审人员 90 名。

5 月 23 日—26 日 天桥区各级党组织和广大共产党员参加“缴纳特殊党费，支援地震灾区”活动。每名共产党员自愿缴纳 1 个月工资作为“特殊党费”，支援汶川地震灾区。

6 月 2 日 天桥区地震应急救援队和志愿队成立。

6 月 5 日 四川省绵阳市北川县（汶川地震重灾区）擂鼓镇 196 名小学生在 10 名教师带领下来济南市明珠小学复学，天桥区为其开展心理健康教育和心理辅导工作。

6 月 6 日 中共山东省委书记姜异康视察天桥区棚户区改造工程馆驿街西片区。中共山东省委常委、济南市委书记焉荣竹，济南市委副书记、济南市人民政府市长张建国等省、市、区领导陪同视察。

6 月 11 日 山东省人民政府副省长贾万志一行到天桥区实地视察鹊山龙湖工程的进展情况。

6 月 19 日 中共山东省委授予天桥区“山东省基层党建工作先进县（市、区）”称号。

6 月 20 日 中共山东省委常委、宣传部部长李群到天桥区调研公共文化建设工作。

6 月 天桥区顺利通过中共山东省委考核验收，被评为山东省基层党建工作先进区。

7 月 1 日 天桥区文体中心落成。工程投资近 3000 万元，建筑面积 1.4 万平方米，包括文化馆、图书馆、全民健身中心等设施。

7 月 7 日 中共山东省委常委、济南市委书记焉荣竹到汽车厂东路南片区视察棚改工作。

7 月 14 日 天桥区人民政府应急管理办公室（区政府总值班室）成立，为区政府办公室正处级内设机构。

7月15日 山东省人民政府副省长郭兆信调研天桥区工商河整治和防汛工作。

7月25日 师范路改造工程竣工。工程于2008年3月27日开工，长1.51千米，断面宽30米，投资1949.4万元。

7月 天桥人民医院被确定为山东中医药大学实习教学基地。医院研究的《脑力劳动者心情抑郁应用文拉法辛合并舒必利治疗效果对照研究》课题于当年11月通过山东省卫生厅鉴定，达国内领先水平。

同月 程松主编的山东省首部街道风物志《百年制锦市》由山东画报出版社出版发行。

8月5日 中共山东省委常委、济南市委书记焉荣竹等领导视察天桥区窗口部位和城市出入口整治情况。

8月13日 全国政协副秘书长、九三学社中央常务副主席陈抗甫参加九三学社天桥区基层委员会基层组织生活。

8月22日 中共山东省委、山东省人民政府授予天桥区“省级创建文明城市工作先进县（市、区）”称号。

9月3日 中共济南市委副书记、济南市人民政府市长张建国考察天桥区城镇居民医疗保险工作开展情况。

9月8日 山东省军区政治委员南兵军少将一行5人考察天桥区人民武装部全面建设和山东蓝翔高级技工学校武装工作开展情况。

9月17日 堤口路改造工程竣工。工程于2008年5月20日开工，长2.91千米，断面宽50米，投资5443.7万元。

同日 三孔桥街综合整治工程竣工。工程于2008年5月20日开工，长1.05千米，投资2200万元。引进五龙潭泉水后，三孔桥街被打造成具有江南水乡特色的绿化景观，成为济南市远离泉区唯一一条生态水景走廊。三孔桥街综合整治工程被评为山东人居环境奖。

9月21日 文化部副部长陈晓光一行视察天桥区庆祝第五届中国京剧艺术节文化活动情况。

9月30日 中共天桥区委、天桥区人民政府被中共山东省委、山东省人民政府表彰为全省老干部工作先进单位；天桥区纬北路街道离退休干部第三党支部被表彰为全省离休退休干部先进集体。

10月10日 天桥区商业贸易局加挂区旅游局牌子。

同日 天桥区园林绿化管理局、天桥区市容环境卫生管理局改为区政府直属全额预算管理正处级事业单位。

10月20日 天桥区承办的全国十五城区人口和计划生育工作研讨会召开。

11月4日 中共中央政治局常委、国务院副总理李克强视察济南市天桥区顺河片区棚户区改造工程，并到天桥区河套庄退休居民家中了解住房状况，询问收入、生活等情况。中共天桥区委书记张辉汇报棚户区改造及居民安置工作。

11月17日 中共山东省委常委、济南市委书记焉荣竹到天桥区调研。视察建邦黄河大桥、化工产业园区裕兴化工厂项目、三孔桥街综合整治等重点工程及天桥区文体活动中心。

12月31日 天桥区开展第二次全国经济普查。

12月 九三学社天桥区基层委员会被九三学社中央评为政治交接教育活动先进集体。

2008年 根据《济南市天桥区人民政府关于调整农村最低生活保障标准的通知》，天桥区农村最低生活保障标准由每人每年1200元增至每人每年1560元。

同年 天桥区城市居民最低生活保障标准由每人每月280元增至每人每月300元。

同年 天桥区被评为山东省“双拥”工作先进单位、全省对外开放先进区。

同年 天桥区统计局被国家统计局表彰为全国投入产出调查先进单位。

同年 天桥区民政局被中国社会工作协会志愿者服务工作委员会表彰为全国志愿服务工作先进集体。

同年 天桥区大桥镇政府被国务院第二次

全国农业普查领导小组办公室、国家统计局表彰为第二次全国农业普查先进集体。

同年 黄河航运局子弟学校中学部和重汽中学由企业移交地方，转为公办学校，并与重汽集团有限公司小学合并为九年一贯制学校，定名为济南汇才学校。

同年 济南市公安局天桥区分局与济南市地方税务局天桥分局破获“8·18”特大制售假发票案，是济南市有史以来侦办的同类案件中涉案数额最大的一起，被山东省公安厅、济南市公安局评为精品案例。

同年 天桥区档案馆向社会开放第十二批（1978 年）历史档案，25 卷、174 份。

2009 年

1 月 1 日 按照《济南市人民政府办公厅关于提高城乡居民最低生活保障和农村五保供养标准的通知》要求，天桥区城市居民最低生活保障标准由每人每月 300 元增至每人每月 330 元。

1 月 22 日 济南军区副政治委员杜恒岩、山东省人民政府副省长郭兆信、中共济南市委副书记殷鲁谦、济南警备区司令员胡少平等领导到天桥区桑梓店镇怀庄村慰问在乡优抚对象和困难群众。

2 月 21 日 2009 年济南城市建设重点工程——汽车厂东路棚户区改造项目启动。

3 月 30 日 天桥区维护社会稳定工作办公室成立，为中共天桥区委政法委员会正处级内设机构。

4 月 21 日 中共中央总书记、国家主席、中央军委主席胡锦涛视察济南市棚户区改造工程，到天桥区顺河街集中棚户区改造安置片区新楼房察看房间布局、采光等情况。胡锦涛指出：“保障性住房建设既是民生工程，更是民心工程。一定要坚持以人为本、执政为民，切实用好当前国家扩大内需的政策措施，加快保障性住房建设步伐，帮助低收入群众解决住房困难，真正把这件关心群众切实利益的好事办好”。

5 月 5 日 天桥区被中央综治委评为全国平安建设先进区。

5 月 13 日 天桥区招商局加挂天桥区行政审批服务中心牌子。

5 月 22 日 中共天桥区十届委员会第五次全体会议召开。区委副书记宋胜玉传达胡锦涛总书记视察山东时的重要讲话精神。区委副书记、区长王建军分析当前全区经济形势、存在的问题和有利条件，全面部署全区经济社会发展的重点工作。

6 月 1 日 国家彩票公益金精防救助项目检查组主任尤红一行到济南市精神卫生中心（天桥第二人民医院）检查国家彩票公益金康复救助项目实施情况。

6 月 6 日 全国双拥办副主任董华中、全国双拥办政研组组长邹波一行，到天桥区调研“创建全国‘双拥’模范城（县）活动”。

同日 以中共中央统战部二局副局长云建东为组长的中央统战部调研组到天桥区桑梓店镇小寨村、济南华杰面粉有限公司、桑梓店镇回民小学进行实地考察。

6 月 20 日 天桥区举行顺河安置片区回迁仪式，标志着济南市棚户区改造回迁工作启动。

7 月 15 日 天桥区市政工程管理局明确为区政府直属正处级事业单位，由天桥区建设委员会管理。天桥区园林绿化管理局、天桥区市容环境卫生管理局由天桥区建设委员会管理。

8 月 6 日 中共山东省委副书记刘伟到天桥区视察城市防汛工作。

8 月 28 日 官扎营宝华街棚户区改造项目在福建泉州市与香港南益集团正式签约。标志着济南市最大规模的棚户区改造项目正式实施。

9 月 1 日 天桥区人民政府保密局分设为中共天桥区委保密委员会办公室（区保密局）和区委机要局，区委保密委员会办公室（区保密局）为区委办公室正处级内设机构，区委机要局为区委办公室副处级内设机构。

9 月 12 日 中央补助山东省农村改水改厕项目培训现场推进会在天桥区举行。天桥区被确定为“国家农村改厕项目试点区”。

9月26日 中国教育学会与天桥区教育局共建“中国教育学会济南市天桥教师发展基地”，并成立中国教育学会济南第五十六中实验学校、中国教育学会济南市明湖小学实验学校。

10月31日 “全国‘中小学生生命教育课堂教学研讨会’暨济南市新苑小学生命教育展示活动”开幕式在济南市天桥区举行。教学研讨会由全国教育科学“中小学生命教育的理论与实践研究”总课题组主办，中共济南市天桥区委宣传部、济南市天桥区教育局承办。

10月 在苏州召开的全国和谐社区建设工作会议上，天桥区工人新村南村街道获“全国和谐社区建设示范街道”称号；工人新村北村街道毕家洼西区社区获“全国和谐社区示范社区”称号。

11月17日 中共山东省委常委、济南市委书记焉荣竹一行到天桥区调研。

11月 经人力资源社会保障部研究决定，天桥区被列为山东省首批19个新型农村社会养老保险试点区（县）之一，大桥镇和桑梓店镇农民在全国率先进入基本社会养老保险体系。

12月28日 小清河二期工程动迁大会召开。

12月31日 济南化工产业园区铁路专用线特大桥48孔计96片梁体顺利吊装完成，单孔跨径32米，单片重达120吨。该桥全长1589.06米，桥宽3.9米+1.55米×2。

2009年 天桥区被命名为全国社区教育实验区。

同年 天桥区档案馆向社会开放第十三批（1979年）历史档案，156份。

2010年

1月1日 天桥区城市居民最低生活保障由每人每月330元增至每人每月360元。

1月13日 中央电视台《朝闻天下》栏目对大桥镇新农保工作予以报道。

1月 天桥区图书馆被评为全国公共图书馆二级馆。

2月3日 中央电视台《焦点访谈》栏目对大桥镇新农保工作予以报道。

2月6日 仁丰片区棚户区改造工程奠基仪式在仁丰片区现场举行。

3月12日 中共天桥区委、天桥区人民政府印发《关于天桥区人民政府机构改革的实施意见》。改革调整后，区政府设工作部门22个。

同日 天桥区机构编制委员会办公室单独设置，既是区委工作部门，也是区政府工作部门，列入区委机构序列。

同日 不再保留天桥区物价局，天桥区发展和改革委员会加挂区物价局牌子。不再保留天桥区人民防空办公室，天桥区建设委员会加挂区人民防空办公室牌子。天桥区文化局加挂天桥区旅游局牌子。

同日 天桥区经济和信息化局成立，列入区政府工作部门序列。天桥区投资服务中心成立，为天桥区经济和信息化局所属财政拨款正处级事业单位；同时撤销天桥区招商局。

同日 天桥区人力资源和社会保障局成立，列入区政府工作部门序列；同时撤销天桥区人事局、天桥区劳动和社会保障局。

同日 天桥区城市规划协调服务中心成立，为天桥区建设委员会所属财政拨款正处级事业单位。

同日 天桥区人口和计划生育局更名为天桥区人口和计划生育委员会；天桥区城市管理服务局更名为天桥区排水管理服务中心。

同日 天桥区城市管理局成立，列入区政府工作部门序列，天桥区城市管理行政执法局与其合署办公。天桥区环境卫生管护服务中心成立，为天桥区城市管理局所属财政补贴正处级事业单位；同时撤销天桥区市容环境卫生管理局。

同日 天桥区商务局成立，列入区政府工作部门序列；同时撤销天桥区对外贸易经济合作局、天桥区商业贸易局。

同日 天桥区住房保障和房产管理局成立，同时撤销天桥区房产管理局。

同日 天桥区行政审批服务中心单独设立，

为区政府直属财政拨款正处级事业单位。

4 月 15 日　济南警备区司令员胡少平率考核组到天桥区考核验收区民兵应急分队、民兵整组、基层武装部达标建设等情况。

4 月 17 日　全国首所“孔子文化主题校园”落户济南第十三中学。济南第十三中学被中国孔子基金会授予全国首所“孔子文化主题校园”称号。

同日　天桥区首届全民学习节暨“孔子文化进校园”展示活动启动。

4 月 27 日　天桥区北园街道杨庄社区党委书记葛国庆被评为全国先进工作者。

同日　济南市第四人民医院社区卫生服务科主任杜文建被评为全国先进工作者。

5 月 7 日　天桥区率先通过第三次全国文物普查验收工作。

5 月 25 日　由山东大学、山东鲁发红木有限公司共同建设的山大鲁发碳纤维复合材料工程技术研究中心项目落户药山工业园。

6 月 20 日　裕兴化工迁建项目在济南化工产业园区投产，10 万吨钛白粉项目主装置三条生产线日产量超 300 吨。

7 月 2 日　天桥区人民政府侨务办公室更名为外事侨务办公室，信息调研室更名为研究室。天桥区普法教育依法治理办公室更名为天桥区普法教育依法治区领导小组办公室。

同日　天桥区体育局改为区政府直属财政拨款正处级事业单位。

8 月 4 日　第七届 CSBA 全国初中女子篮球锦标赛在天桥区文体中心体育馆拉开序幕。

8 月 11 日　全国拥军工作社会化现场经验交流会在天桥区召开。

9 月 3 日　山东省暨济南市总工会关爱农民工子女上学“让流动的花朵快乐绽放”主题活动仪式在济南汇文实验学校举行。

同日　国家中医药管理局副局长于文明一行到天桥区督导社区卫生服务工作。

9 月 10 日　中共山东省委常委、宣传部部长李群到天桥区调研文化产业发展情况。

9 月 27 日　在山东省第三届文化产业博览会上，天桥区鹊山龙湖文化生态公园项目和中教图书项目分别被列入山东省重大文化产业项目和济南市重大文化产业项目，并在文博会开幕式上签约。

10 月 15 日　山东省人民政府副省长郭兆信一行在天桥区富翔老年公寓慰问老年人，为他们送去空调、暖腰宝等物品和慰问金。

10 月 18 日　中共天桥区纪委、天桥区监察局归口派驻 5 个纪检监察机构，负责监督检查 64 个区直部门（单位）的纪检监察工作，5 个纪检监察机构为区纪委派驻第一至第五纪检组、区监察局派驻第一至第五监察室，纪检组与监察室合署办公；个别派驻 16 个纪检监察机构，负责监督检查济南化工产业园区管理委员会（区北展区综合开发管理委员会）、法院、检察院和 13 个街道的纪检监察工作。

10 月 22 日　中共济南市委副书记、济南市人民政府市长张建国视察桑梓店镇小寨村农村住房和危房改造工程。

10 月 23 日—24 日　中国教育学会书法教育专业委员会 2010 年年会暨全国书法教育现场会在济南博文中学举行。

11 月 1 日　天桥区开展全国第六次人口普查。

11 月 6 日　天桥区棚户区改造片区——宝华片区项目举行奠基仪式。

11 月 24 日　加拿大魁北克孔子学院到济南市新苑小学参观交流。

11 月　天桥区人民法院立案庭被全国妇联授予“全国巾帼文明岗”称号。

同月　《济南市天桥区军事志》出版发行。

12 月 7 日　天桥区获“全国计划生育优质服务先进区”称号。

12 月 8 日　《农村大众》头版以“把实事办实好事办好”为标题对大桥镇惠农工作予以报道。

12 月 18 日　官扎营棚户区改造项目合作签约仪式在山东大厦举行。

12 月 21 日　济南建邦黄河大桥通车仪式举行。山东省人大常委会副主任鲍志强，山东省人民政府副省长郭兆信，中共济南市委副书记、济南市人民政府市长张建国等领导参加通车仪式。

12 月 24 日 重新改造后的天桥区行政审批服务大厅正式运行。

12 月 天桥区北园街道凤凰山社区计生协会获“全国计划生育先进协会”称号。

同月 北园街道黄台社区被国家人口和计划生育委员会、中国计划生育协会命名为首批人口和计划生育基层群众自治示范村（居）。

2010 年 天桥区获“全国社区红十字服务示范区”和“全国社区教育示范区”称号；被评为山东省文化市场管理先进单位、山东省群众体育工作先进单位、全省依法行政先进区、全省“双拥”模范区、全省精神文明建设工作先进区、山东省创建文明城市工作先进区。

同年 天桥区档案馆向社会开放第十四批（1980 年）历史档案。

2011 年

1 月 5 日 《济南日报》刊登“替儿女尽孝，为长者解忧——走近济南市精神卫生中心‘孝子病房’”。介绍天桥第二人民医院（济南市精神卫生中心）发挥专业优势，面向社会成立全国首家为中老年人提供专业医疗护理、生活服务的“孝子病房”。

1 月 12 日 天桥区被国家体育总局表彰为全国全民健身活动先进单位。

1 月 14 日 中共山东省委常委、济南市委书记焉荣竹到天桥区走访慰问敬老院五保老人、困难群众和老党员。

1 月 21 日 天桥区第十六届人大第四次会议审查批准《天桥区国民经济和社会发展第十二个五年规划纲要》。

2 月 10 日 《天桥区人民政府依法行政五年规划（2011—2015）》编制完成。

3 月 1 日 契税、耕地占用税征收职能由财政部门划转到地税部门。

3 月 26 日 由天桥区人民政府主办的中国·济南首届家居文化节暨第二届黄台家具展览会举行。山东省政协副主席、山东省工商联主席王乃静，济南市人民政府副市长齐建中，济南市政协副主席王可敏等省市领导参加。

4 月 1 日 天桥区城市居民最低生活保障由每人每月 360 元增至 400 元。

4 月 14 日 山东大学与天桥区签订《共建新材料产学研基地战略合作协议》，并与济南化工产业园区签订《国家胶体材料工程技术中心入驻济南化工产业园区协议》。

4 月 20 日 济南市医疗保险管理办公室批复“工伤待遇”自 5 月始由区医疗保险管理办公室办理。

5 月 16 日 中共济南市天桥区委党史资料征集研究委员会办公室更名为中共济南市天桥区委党史研究室。

同日 天桥区民族宗教事务办公室更名为天桥区民族宗教事务局。

5 月 25 日 天桥区人民政府和济南市财政局、济南市水务集团共同投资建设的民生工程——药山片区自来水工程供水合同签字仪式在药山街道办事处举行。

5 月 26 日 天桥区档案馆的婚姻档案（1956—2006 年）实现对外电子检索。

5 月 30 日 天桥区初次发布全区第六次人口普查主要数据公报。

同日 北坦街道济安新区（顺河街三角地片区）开始办理回迁手续。自此，873 户居民陆续回迁。

5 月 天桥区人民政府印发《天桥区中长期教育改革和发展规划纲要（2011—2020 年）》。

同月 天桥区药山街道各社区和驻地企业共同出资 50 余万元购置消防车 4 台，成立济南市首支民间志愿消防队伍。

6 月 8 日 中国个体劳动者协会将济南市天桥区个体劳动者协会确定为“中国个协工作联系点”。这是中国个体劳动者协会在济南市设立的唯一联系点。

6 月 10 日 天桥区通过创建“全国社区中医药工作先进单位”国家级检查评估。

6 月 15 日 国务委员、公安部部长孟建柱签署命令，追授济南市公安局天桥区分局成丰桥派出所原所长盖继纲“全国公安系统二级英雄模范”称号。

6 月 21 日 中共天桥区委党史研究室编著的天桥区第一部党史正本——《中共济南市天桥区历史（1949—1978）》由中共党史出版社出版发行。

6 月 23 日 由台湾旺旺中时集团旗下的中天电视台、中国电视公司、《中国时报》《工商时报》《旺报》及《中时电子报》等媒体组成的采访团到天桥区采访。

6 月 27 日 天桥区统计局完成“一套表”改革基础情况统计工作。

6 月 “爱生学校”项目引入天桥区，成为全国“爱生学校”项目第五个实验区。

同月 济南市水利局将天桥区龙湖水库项目编入济南市“十二五”大中型水库建设规划。

7 月 12 日 天桥区工人新村南村街道汽车厂东路棚改回迁安置片区——泺祥新区回迁工作启动。

7 月 13 日 中共山东省委常委、济南市委书记焉荣竹到天桥区调研高新企业研发及药山公园提升改造项目。

7 月 26 日 历时近一年的北园大街绿化喷灌设施管道铺设工程竣工使用，直接浇灌绿化面积 21 万平方米，为济南市首条绿化专用浇水管网。

7 月 29 日 中共山东省委常委、山东省人民政府副省长孙伟，省委常委、济南市委书记焉荣竹一行 20 余人，到天桥区小清河展览馆、五柳岛拱桥、济泺路桥梁建设及南水北调施工现场、东沙清雅居公租房建设现场调研。

7 月 中国教育学会天桥区幼儿教师发展基地建成。

同月 天桥区药山街道小鲁社区农住房改造项目获济南市农住房改造领导小组批复。这是济南市第一个获批准的城中村改造项目。

8 月 2 日 济南市人大常委会主任雷建国到天桥区考察防汛工作。

8 月 4 日 财政部社会保障资金绩效考评工作领导小组一行 8 人，到天桥区考核社区公共卫生服务工作。

8 月 25 日 《济南日报》《齐鲁晚报》《生活日报》《山东商报》《济南时报》记者集中采访天桥区卫生工作。

8 月 26 日 中共山东省委、山东省人民政府授予天桥区普法教育依法治理工作先进区。

同日 天桥区举行中华医学会社区健康管理学分会“社区健康管理实验基地”授牌仪式。标志着天桥区社区健康管理工作全面启动，天桥区成为全省首家整区成立社区健康管理实验基地的县（市）区。

9 月 9 日 中共山东省委、山东省人民政府授予天桥区“省级文明县（市、区）”称号。

9 月 16 日 中共济南市委副书记、济南市人民政府市长张建国到天桥区调研企业研发及项目建设情况。

9 月 20 日 天桥区卫生局被评为全国社区中医药工作先进单位。

9 月 25 日 全国“难点村”治理工作成果调研组到天桥区调研“难点村”治理工作。

9 月 27 日 山东省首家社区文联——天桥区堤口街道堤口庄社区文联成立。

9 月 30 日 天桥区药山街道通过国家安全社区评定专家组验收，被命名为国家级安全社区。

9 月 济南外国语学校落户天桥区。

10 月 10 日 天桥区人民政府食品安全工作办公室成立。

同日 天桥区“山东重汽配件物流中心”项目被认定为济南市重点物流项目。

10 月 19 日 天桥区档案局民生档案数字化查询工作全面启动。

10 月 29 日 由国家体育总局健身气功管理中心、山东省体育局主办，济南市体育局、天桥区人民政府承办的“2011 年全国百城健身气功交流展示活动济南大会”在天桥区体育馆召开。

11 月 15 日—16 日 天桥区工人新村北村街道办事处社区卫生服务中心成为首批“国家示范社区卫生服务中心”。

11 月 16 日 《中国民族报》副主编陈登科

到桑梓店镇老寨村、小寨村，对民族村的民主法治建设情况进行专题采访。

11月22日 澳洲戴瑞滨市议员、澳中医药卫生交流促进会会长蒋天麟到天桥第二人民医院（济南市精神卫生中心）进行精神卫生康复工作学术考察。

11月 天桥区文化馆被文化部评为国家一级馆。

同月 天桥区药山街道办事处编撰的街道风物志《药山春秋》由济南出版社出版发行。

12月13日 中央电视台《新闻联播》栏目以“山东——把民生实事做到百姓心坎上”为题，报道天桥区学前教育工作。

12月22日 天桥区举行齐鲁国际美食广场开业仪式。是山东省首家统一规划、统一招商、统一运营管理的美食项目。

12月25日—28日 中国共产党济南市天桥区第十一次代表大会召开。出席会议代表307人，列席人员95人；大会采用无记名投票方式，差额选举产生中共天桥区第十一届委员会委员35名、候补委员7名和区纪委委员27名。

12月28日 中共天桥区委十一届一次全委会召开。选举产生了区委常委、书记、副书记。毕筱奇当选为书记。

12月 天桥区首次获“全国科技进步先进区”称号。

2011年 天桥区档案馆向社会开放第十五批（1981年）历史档案，11宗、15卷、162份。

同年 根据《济南市天桥区人民政府关于调整农村最低生活保障标准的通知》要求，天桥区农村最低生活保障标准由每人每年1560元增至每人每年1800元。

2012年

1月1日 天桥区村卫生室准时实施国家基本药物目录制度，药品全部零差率销售。

1月11日—14日 政协天桥区第八届委员会第一次会议在区机关会议厅召开。出席委员221人。刘建忠当选为主席。

1月12日—14日 天桥区第十七届人民代表大会第一次会议在区机关会议厅召开。出席会议代表230人，列席193人。

1月19日 济南市公安局天桥区分局新指挥中心大厅启用。新指挥中心大厅建成技防监控报警系统（电视图像监控），将要害部门、重要路面、重点商业网点以及娱乐场所纳入网络视频监控管理。

2月1日 天桥区人力资源和社会保障局启动“未参保的集体企业退休人员参加基本社会养老保险”工作。

2月2日 天桥区获“省级文明区”称号。

2月27日 美国加州格伦代尔市市长劳拉·费里德曼女士率领考察团到天桥区考察交流。

2月28日 天桥区被中共山东省委、山东省人民政府、山东省军区评为“山东省‘双拥’模范区”，这是天桥区连续六次获此殊荣。

2月 济南市第十五届人大一次会议明确将北跨发展列为本次人代会唯一议案。

3月27日 在北京举行的“2012年度中国服装成长型品牌发布会”上，济南泺口服装城被中国纺织工业联合会流通分会、中国服装协会授予“中国服装品牌孵化基地”称号。

3月 天桥区电子政务专网暨天桥区机关专网办公系统上线运行。

同月 天桥区网上行政审批服务系统投入使用，实现“外网受理、内网办理、外网反馈”工作机制，形成政府部门内部协同办理行政审批的工作格局。

4月1日 天桥区城市居民最低生活保障由每人每月400元增至450元。

4月2日 山东澳华新能源有限公司在伦敦证券交易所上市，成为天桥区首家海外上市企业，也是济南市第一家在伦敦证券交易所上市企业。

4月10日 中央电视台《东方时空》栏目播出天桥区社区家庭医生式签约服务的重大惠民举措。

同日 《济南市大桥——桑梓片区控制性规划》面向社会公示，征求社会各界意见建议。

该片区规划总用地面积约 13780 公顷。

4 月 19 日 新华社山东分社记者到济南市精神卫生中心（天桥第二人民医院）专题采访心理科护士长颜苏萍。

4 月 25 日 山东省人民政府副省长夏耕等省市领导到济南市公安局交通警察支队天桥区大队视察。

5 月 5 日 济南建邦黄河大桥北岸接线（309 国道—308 国道）通车，实现济南市黄河北部地区和市中心对接。

5 月 7 日 根据国务院《关于开展第三次全国文物普查的通知》精神，天桥区公布全区第三次全国文物普查不可移动文物名录 33 处。

同日 “天桥区全面推进环境卫生城乡一体化仪式”举行。黄河北 125 个村（居）纳入环卫管护范围，实现城乡环卫管理全覆盖。

5 月 12 日 中共中央政法委副秘书长、中央综治办主任陈训秋一行到济南市公安局天桥区分局北园派出所清河警务区视察流动人口服务管理工作。

5 月 14 日 泰国工商总会主席、泰国康蒂集团董事局主席郑芷荪先生率领考察团到天桥区考察城市建设项目。

5 月 15 日 天桥区召开农村工作会议暨选派“第一书记”动员大会，选派“第一书记”100 人。

同日 国务院参事、第十一届全国政协委员王国华一行 4 人到天桥区调研宗教文化工作。

同日 药山街道西苑社区任化美家庭、北园街道沃家社区孙朋美家庭被评为第八届全国五好文明家庭。

5 月 16 日—17 日 山东电视台新闻频道摄制组到天桥区录制家庭医生式服务工作专题节目。

5 月 17 日 济南警备区副司令员王学东到天桥区人武部调研。

5 月 18 日 全国人大常委会副委员长、民进中央主席严隽琪，全国政协副主席、民进中央常务副主席罗富和到天桥区调研基层创新社会管理工作。

5 月 19 日 天桥区第一届全民健身运动会开幕。

5 月 22 日 天桥区举行第三届“全民学习节”启动仪式，中共山东省委宣传部副部长、山东省文明办主任刘宝莅等领导参加仪式。

5 月 26 日 由全国妇联、山东省妇联主办，济南市及天桥区妇联承办的科技活动周示范活动启动仪式在天桥区文体中心健身广场举行。

5 月 27 日 明湖小学 600 名师生代表济南市青少年参加“和谐中华——第三届海峡两岸经典文化推广会演”活动。活动由济南市人民政府、台湾省台中市政府、山东省台办、国台办《两岸关系》杂志社、中国孔子基金会和台湾中华华夏文化交流协会共同主办。

5 月 30 日 山东省推进家庭医生式服务工作现场会在天桥区召开。

5 月 北村街道毕家洼西区社区、北园街道黄台社区、泺口街道香磨李社区、大桥镇大庄村、桑梓店镇小寨村获“全国妇联基层组织建设示范（村）社区”称号。

6 月 15 日 天桥区人民政府承办中国材料研究学会青年工作委员会常务理事会暨济南新材料产业基地发展研讨会。

6 月 19 日 天桥区人民检察院获“全国检察文化建设示范院”称号。

6 月 25 日 中共中央宣传部《辩证看、务实办——理论热点面对面·2012》学习交流活动暨天桥区全民学习节“书香天桥——图书漂流”活动举行。

6 月 27 日 济南市天桥区仲裁发展研究会成立。

7 月 5 日 中共天桥区委、天桥区人民政府举行济南新材料产业基地项目入驻集中签约仪式，集中签约高新技术项目 9 个。

7 月 6 日 韩国仁川地方警察厅厅长朴千和到济南市公安局天桥区分局北园派出所清河警务室参观。

7 月 10 日 天桥区人民政府成立法律顾问委员会。

8 月 16 日 天桥区人民政府公布天桥区第四批非物质文化遗产保护名录。

8月 天桥区堤口路街道堤口庄社区投资50万元，建成济南市首家少数民族社区博物馆——堤口庄社区文史陈列馆，展现堤口庄社区600余年来在经济、文化、生活、宗教方面的沧桑巨变和发展成就。

9月4日 山东省暨济南市“关爱农民工子女上学”主题活动在天桥区举行。本次活动筹集资金100万元，将全部用于帮扶外来务工子女定点学校完善教学设施。

9月12日 天桥区首个山东省数字科技馆济南工作站——工人新村南村西区工作站挂牌。

9月14日 天桥区人民政府在“2012济南（上海）投资说明会暨项目签约仪式”上，与天津鑫茂科技投资集团有限公司签订《合作建设济南鑫茂科技园协议》。

9月19日 中共山东省委常委、山东省人民政府副省长孙伟带领环保专项行动检查组到天桥区检查河道工作。

同日 全国副省级城市城区政协工作研讨会第十四次会议在天桥区召开。研讨会由天桥区政协和槐荫区政协共同承办，有24个城区政协参加。

9月 中共天桥区委宣传部、统战部，天桥区文学艺术界联合会、区文化局、区民族宗教事务局联合主办天桥区首届少数民族文化艺术节。

10月18日 天桥区人民政府印发《天桥区全民健身实施计划（2011—2015年）》。

10月22日 济南市人民政府公布第四批市级非物质文化遗产名录35项，天桥区“黄岗村系列民间传说”“郝友友烙画”“葡萄软月的制作工艺”“甜沫唐”“汇极拳”5个项目名列其中。

同日 天桥区社会治安综合治理委员会办公室更名为天桥区社会管理综合治理委员会办公室。

11月1日 天桥区少儿图书馆开馆。

同日 由天桥人民医院承办、以12所社区卫生服务机构为试点，探索基本医疗与公共卫生模块一体化，实现社区——二级医院——三级医院信息化三级联网与双向转诊功能的信息化网络在天桥区顺利开通。

11月9日 天桥区被山东省人民政府授予“2011年度全省服务业发展先进区”称号。

11月23日 “2012拜耳杯社区慢病知识挑战赛”总决赛在北京举行，济南市天桥区北村社区卫生服务中心代表山东省参赛，获全国总决赛一等奖。

11月 济南市新苑小学被评为全国家庭教育示范家长学校。

12月5日 山东省人民政府副省长张建国带领省经信委主任郭述禹、省交通厅副厅长范正金、省中小企业办公室主任刘新风一行到天桥区调研。

12月12日 受联合国儿童基金会、财政部教科文司委托，中国经济体制改革研究会公共政策研究中心一行到天桥区就“流动人口趋势与流动儿童教育信息平台建设及其对教育预算分配的启示”课题进行调研，就建立全国性学籍平台和实行“教育券”的可行性进行交流和探讨。

12月24日 中共天桥区委书记毕筱奇接受《大众日报》《济南日报》、济南电视台专访。

12月30日 “枫叶大篷车”天桥区老干部志愿活动启动。与会领导向“枫叶大篷车”天桥区老干部志愿团代表授旗，离退休干部志愿者代表发出倡议。

12月31日 历时两年的“家电以旧换新”工作结束，天桥区累计销售商品181266件，兑付补贴4921万余元。

12月 天桥区文化局（旅游局）编撰的《天桥区历史文化概览·工业卷》《天桥区历史文化概览·文化卷》由济南出版社出版发行。

2012年 天桥区农村最低生活保障标准由每人每年1800元增至2300元。

第一篇
行政区域

1991—2012
TIANQIAO QU ZHI

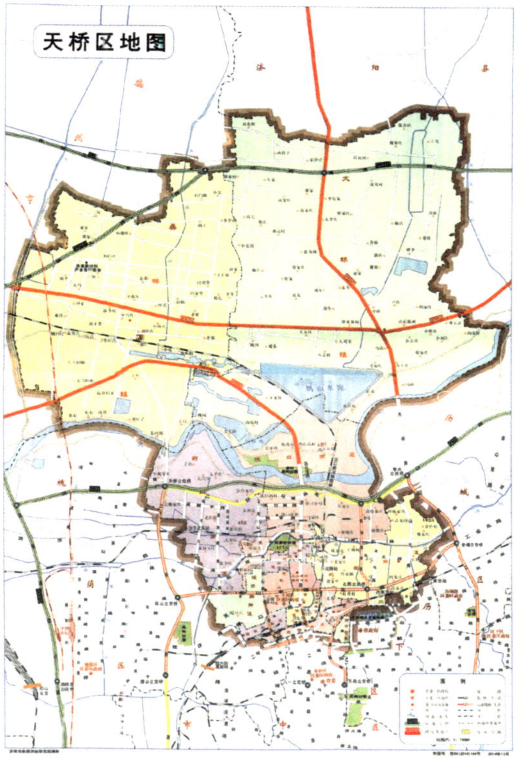

龙湖落日

天桥区境域远古时期有东夷人生活,殷商时期即有氏族部落居住。自西汉景帝四年(公元前153年)设历城县始，至1929年7月1日成立济南市，天桥境域一直属历城县管辖。后几经演变，至1955年9月8日，济南市第四区改为天桥区，为天桥区建区之始。

境域位于济南市区北部，总面积258.97平方千米。

天桥区成立后，境内行政区划变动较大。1956年7月16日，原泺源区制锦市街道划归天桥区，全区设9个街道。1974年7月,设10个街道。1981年3月1日,改设为11个街道。1985年7月1日，改设为12个街道。1987年4月11日，原郊区北园镇划归天桥区，全区设12个街道、1个镇。1997年5月23日，调整为13个街道、1个镇。2000年1月4日，历城区大桥镇、桑梓店镇、靳家乡划归天桥区，全区设13个街道、4个乡镇。2001年5月25日，区划调整，改设为13个街道、2个镇。至2012年年底，辖13个街道、2个镇，127个社区、120个行政村。隶属济南市。

第一章　位置　境域

第一节　位　置

天桥区位于济南市区北部，跨黄河两岸，地理坐标为北纬36° 40′ 00″ ~ 36° 45′ 00″，东经116° 56′ 15″ ~ 117° 03′ 00″。东邻历城区，西毗槐荫区，南与历下区、市中区相连，东北与济阳县接壤，西北抵德州市齐河县。南北最大纵距22.3千米，东西最大横距19.5千米，总面积258.97平方千米。区委、区政府驻地堤口路53号,西距聊城市117千米,南距泰安市77千米，北距德州市117千米，东距青岛市、烟台市分别为367千米、459千米;距首都北京426千米。

第二节　境　域

1951年1月，济南市划分为6个市区、5个郊区、2个直属乡（镇）。第四区境域南界东段馆驿街以北，西段经一路以北；东界南段至圩子壕墙外，东北至大赵庄角楼庄以东；西界宝华街以西及火车站货场西门；北界东段至三孔桥以北，正北至旧卡子外壕沟。

1978年9月,境域南至五龙潭,东至生产路，北至金牛公园北侧，西至兴济河孟家桥，辖区面积15平方千米。

1987年4月11日，北园镇划归天桥区，境域南至五龙潭，东至黄台山东麓，北至鹊山北，西至小魏家庄西，辖区面积73.31平方千米。

2000年1月4日，历城区所辖大桥镇、桑梓店镇、靳家乡划归天桥区。自此，天桥区总面积258.97平方千米。至2012年年底，天桥区西南至纬十二路、匡山街道、吴家堡与槐荫区相邻，南至经一路、馆驿街、共青团路与市中区接壤，东南至趵突泉北路、明湖北路、明湖东路与历下区毗连，东至黄台山、华山街道沿黄河与历城区相望,东北至崔寨镇、孙耿镇与济阳县相连，西北与德州市齐河县交界。

第二章　建置　区划

第一节　建　置

西周，属谭国。周庄王十三年，属齐国泺邑。

战国，改称为齐国历下邑，属历下邑。

秦，公元前221年，秦灭齐为郡，属齐郡；后济北郡从齐郡析出，属济北郡历下邑。

西汉，高帝六年（公元前201年），博阳郡从济北郡析出，后徙治于东平陵县（今章丘市龙山北）；以其地于济水之南，改称为济南郡；文帝十五年（公元前164年），改置济南国；景帝三年（公元前154年），济南王伏诛，济南国除为郡。景帝四年（公元前153年），始设历城县，属青州济南郡历城县。

东汉，建武十五年（39年），复置济南国，属济南国历城县。

三国，属魏国青州安平郡历城县，又属青州济南国历城县。魏黄初元年（220年），国除为郡。正始七年（246年），置济南国。263年，魏灭蜀，“徙其豪将家于济河北，故改为济岷郡”《晋书·志第五·地理下》。后郡名自然消亡，今辖区黄河北地区属此郡。

西晋，晋武帝太康元年（280年），济南国除为郡，属青州济南郡历城县。

十六国后燕，属齐州济南郡历城县。

南朝宋，属青州济南郡历城县。

北魏，属齐州济南郡历城县。

隋，开皇三年（583年），济南郡除为州，改为齐州，属齐州历城县。大业三年（607年）复改州为郡，称齐郡，属齐郡历城县。

唐初，沿隋置。贞观元年（627年），分天下为十道，属河南道齐州历城县。天宝元年（742年），改齐州为临淄郡；天宝五年（746年）复为济南郡；乾元元年（758年）又称齐州。唐昭宗乾宁二年（895年）朱温据齐州。

五代，沿唐置。天佑四年（907年），朱温称帝，国号梁。梁时因避朱温之父的名讳，历城县曾一度改为历山县。至后唐复称为历城县。

宋初，改道为路。至道三年（997年）分天下为十五路，属京东路齐州历城县。熙宁七年（1074年），将京东路分为京东东路和京东西路，属京东西路齐州历城。元丰元年（1078年），又将齐州划属京东东路，属京东东路齐州历城。政和六年（1116年），齐州升为府，属京东东路济南府历城县。

金，天会六年（1128年）至崇庆二年（1213年），属山东东路济南府历城县。天会八年（1130年），刘豫改济南府为兴平郡，属伪齐兴平郡历城县。天会十五年（1137年），齐政权废，济南府直属尚书省。

元初，属中书省直辖的济南路总管府历城县；元末，属山东行中书省济南路总管府历城县。

明，洪武元年（1368年），改山东行中书省济南路为济南府，属济南府历城县。崇祯十二年（1639年），清军据济南，清统一后，设山东省。

清，属山东省济南府历城县。

民国初，废府州而存县设道。民国二年（1913年），山东省废府改道，属山东省岱北道历城县。民国三年（1914年），岱北道更名为济南道，属山东省济南道历城县。民国十六年（1927年），废道存县，属山东省历城县。

1929年7月1日，据国民政府市组织法规定，将济南设为市，成立济南市；辖区制锦市、北坦、纬北路、官扎营、宝华街、堤口路、工人新村、天桥东街、泺口（黄河南）、北园西部等地区由历城县析出划归济南市，其他地区仍属历城县，历城县仍属山东省。

1930年，济南市划分为10个区，今境域城区部分属第四、五、六、八、九、十区分辖。日本侵占时期，济南划分为11个区，今境域城区部分属城外西区、商埠东区、商埠中区、西乡区、北乡区、东乡区分辖。1945年日本投降后，济南市设11个区，今境域城区部分属第四、五、六、八、十、十一区分辖。

1948年9月21日，中共华东局接管济南，成立济南特别市军管会;24日，济南解放;29日，济南特别市委、市政府成立。1949年5月22日，济南特别市改为济南市。其间，区划未变。

1951年1月5日，济南市划分为6个市区、5个郊区、2个直辖乡（镇），今境域城区部分分属第三区、第四区、郊一区、郊二区、郊三区、郊四区和泺口镇辖领。

1955年9月8日，山东省人民委员会批准，调整济南市区划并变更区名，第四区改称为天桥区。

1966年9月5日，天桥区改称为向阳区。

1973年7月1日，复称为天桥区，隶属济南市。

第二节 区 划

1929年7月1日，济南设市后，市辖10个区，境域城区部分归济南市；制锦市一带划归第四区；北坦、刘家庄、纬北路、西圩壕以西地区划归第五、六区；官扎营、宝华街、堤口路地区划归第八区；津浦铁路以西泺口（黄河南）、工人新村、天桥东街及北园西部地区划归第九区；津浦铁路以东地区划归第十区。区下设坊，坊下设保，保下设甲。

1946年，裁坊并保。

1948年9月24日，济南解放。

1949年2月，废除保甲制，区政府下设街政府，街下设闾;农村建立乡政府，下设村政府。

1949年8月15日，取消区政府、街政府，设立区公所。

1951年1月5日，济南市行政区划调整，北坦、北关、陈家楼、刘家庄、纬北路、天桥东街、官扎营、宝华街地区析置济南市第四区，第四区机关驻天桥东街36号。

1952年，市区下设居，郊区下设乡。第四区划分为7个居。

1954年，撤销城区居，改为街道。

1955年9月8日，济南市区划调整并变更区名，第四区改称为天桥区，以辖区内横跨津浦、胶济两铁路之天桥（1911年建成）而得名；郊二区改称为北园区，原属郊二区的工人新村乡（济南师范学校、工人新村、工人文化宫地区）划入天桥区，工人新村乡改称为街道。时天桥区辖北坦、陈家楼、刘家庄、小纬北路、天桥东街、官扎营、宝华街、工人新村8个街道。

1956年7月16日，山东省人民委员会批准，泺源区建置撤销，原属泺源区的制锦市街道、估衣市街街道部分街巷、槐荫区辖属的万盛街划归天桥区；撤销北园区，原属北园区王府乡的无影山建筑职工宿舍地区并入天桥区。

1957年11月，济南市郊区区划调整，北园乡、新城乡、黄岗乡、药山乡、黄台乡、泺口镇6个乡（镇）合并成新的北园乡和泺口镇。

1958年1月1日，济南市郊区建置撤销，北园乡、泺口镇划入历城县；同月，齐河县梅花山村、山（鹊山）东村、山（鹊山）西村、月牙坝村由齐河县大吴区划入泺口镇;8月20日，北园乡、泺口镇合并，成立历城县北园人民公社。

1959年12月7日，市中区建置撤销，将市区周围25个厂企单位划入天桥区。

1960年4月25日—5月12日，天桥区9个街道分别改称为济南市天桥人民公社北坦、制锦市、曙光（陈家楼、天桥东街两街道合并）、刘家庄、官扎营、火车头（小纬北路街道）、宝华街、金牛（工人新村街道）分社；5月15日，天桥人民公社成立；6月11日，历城县北园人民公社划归天桥区，称天桥人民公社北园分社；设立天桥人民公社新城分社。

1961年7月24日，新城分社撤销；天桥人民公社北园分社复归历城县，历城县北园人民公社分为北园、无影山、泺口、鹊山4个人民公社;11月，建立历城县北园区，区下设人民公社。

1962年2月，北园公社北部划出，建立新城公社；3月29日，曙光分社分为陈家楼和曙光（天桥东街）2个分社；9月6日，北园公社东部划出，建立菜市公社。历城县西郊区的东沙王庄、大魏庄、丁庄、太平庄、大鲁庄和新徐家庄划入北园区，并将无影山公社的药山大队、小鲁庄大队析出，组建药山公社；12月，撤销天桥人民公社。

1963年2月，各分社复改称为街道。设9个街道。

1966年9月5日，天桥区改称为向阳区；北坦、陈家楼、刘家庄、小纬北路、天桥东街、官扎营、宝华街、工人新村、制锦市9个街道分别改称为东风、反帝、新风、红旗、曙光、红卫、革命路、工人新村、兴无地区。

1968年7月15日，撤销北园区和所辖的7个公社，复建北园人民公社。

1973年1月，北坦、陈家楼、刘家庄、小纬北路、天桥东街、宝华街恢复原称谓；3月，工人新村恢复原称谓，官扎营改称为天桥西街；4月，官扎营和制锦市恢复原称谓；7月1日，向阳区复称为天桥区。

1974年7月，天桥区宝华街街道划出7个居，成立堤口路街道。

1978年9月29日，山东省革命委员会批准，将历城县北园人民公社的堤口、毕家洼、官扎营、北坦、黄屯5个生产大队，分别划归天桥区堤口路、工人新村、官扎营、北坦、宝华街街道；将历城县北园人民公社的东关、菜市2个大队划归历下区。

1980年1月，小纬北路街道更名为纬北路街道；3月23日，重设济南市郊区，历城县北园人民公社划归郊区。

1981年3月1日，工人新村街道分设为工人新村北村、工人新村南村2个街道。

1983年5月，撤销北园人民公社，原北园人民公社分设为北园和泺口2个镇。

1984年2月22日，郊区北园办事处设立，辖北园镇、泺口镇和药山乡。

1985年7月1日，天桥区堤口路街道划出第一、二、三居，工人新村南村街道划出第十居，宝华街街道划出无影山居，官扎营街道划出第九居，组建无影山街道。

1985年，天桥区辖制锦市、刘家庄、北坦、陈家楼、纬北路、天桥东街、堤口路、宝华街、官扎营、无影山、工人新村北村、工人新村南村12个街道，121个居，总人口221598人；9月20日，山东省人民政府批准，撤销郊区北园办事处和所辖2镇1乡建制，建立北园镇，辖47个行政村（94个自然村），8个居。

1986年3月，北园镇下设北园、泺口、药山、鹊山4个办事处。

1987年4月11日，济南市郊区建制撤销，原属郊区的北园镇划归天桥区；天桥区人口由234214人增至329635人。

1989年12月2日，原属齐河县的靳家乡、大王乡和桑梓店镇划归济南市历城区。

1990年1月1日，历城区桑梓店镇的油坊赵和大漠刘两村划归齐河县焦斌屯乡管辖。

1991年，天桥区辖12个街道、1个镇。12个街道有130个居；北园镇有34个行政村（94个自然村）、21个居；总人口352879人。

1995年3月2日，撤销大王乡，改设为大桥镇，行政区域不变。

1997年5月23日，设立济南市天桥区药山街道，北园镇黄岗、北辛、王炉、卢家庄、安乐镇、小鲁、张庄、太平庄、丁庄、大鲁庄、洋涓、东沙、大魏、新徐14个行政村划归药山街道；6月26日，药山街道成立。

2000年1月4日，历城区大桥镇、桑梓店镇、靳家乡划归天桥区。

2001年5月25日，撤销陈家楼街道、刘家庄街道，其管辖范围并入纬北路街道；撤销靳家乡，其行政区域并入大桥镇；撤销北园镇，以原北园镇边庄村、杨庄村、联四村、柳云村、黄台村、板桥村、石桥村、狮子张村、水屯村、成大村、清河村11个行政村和黄桥、白鹤、标山、柳行、沃家、凤凰山6个居，设立北园街道；以原北园镇袁庄村、北闸子村、李庄村、新城村、北徐村、南徐村、梅花山村、月牙坝村、鹊山东村、鹊山南村、鹊山北村11个行政村和泺口、赵庄、金牛、田庄、崔庙、香磨李、林桥7个居，设立泺口街道。6月8日，街道所辖居改设为社区。

2002 年 1 月 15 日，药山、北园、泺口街道所辖村全部改设为社区。

至 2012 年年底，天桥区设 13 个街道、2 个镇，即制锦市街道、北坦街道、纬北路街道、天桥东街街道、官扎营街道、宝华街街道、堤口路街道、无影山街道、工人新村南村街道、工人新村北村街道、药山街道、北园街道、泺口街道、大桥镇和桑梓店镇；辖 127 个社区、120 个行政村，总人口 509755 人。

第三节 区 界

2000 年始，天桥区分别与德州市齐河县和济南市济阳县、历城区、历下区、市中区、槐荫区联合进行行政区域界线勘察测定，并签订协议书。2001 年 5 月，勘界工作完成。2001 年 12 月 11 日，山东省人民政府批准协议书生效。2011 年，山东省民政厅印发《关于开展第三轮县级行政区域界线联合检查的通知》（鲁民〔2011〕22 号）。2012 年，天桥区与历城区完成区域界线联合检查。

天桥齐河线 界线编号 01051425，界线北（东）起天桥区、济阳县、齐河县三县（区）交会点，南（西）止槐荫区、天桥区、齐河县三县（区）交会点，全长 31.088 千米。涉及 5 个街道（乡镇）的 21 个行政村，其中天桥区 2 个镇的 12 个行政村、1 个北郊林场，齐河县 3 个乡镇的 9 个行政村。全线除南北（西东）2 个三县（区）交会点外，埋设界桩 2 处 2 棵，均为双面单立界桩。

槐荫天桥线 界线编号 01040105，界线北（西）起天桥区、槐荫区、齐河县三县（区）交会点，南（东）止天桥区、槐荫区、市中区三区交会点，全长 19.558 千米。涉及 11 个街道（镇）的 38 个居（村）。全线除南北（东西）2 个三县（区）交会点外，埋设界桩 2 处 3 棵，其中双面单立界桩 1 处 1 棵、双立界桩 1 处 2 棵。

天桥市中线 界线编号 01030105，界线西起市中区、槐荫区、天桥区三区交会点，东止历下区、市中区、天桥区三区交会点，全长 4.2826 千米。涉及 6 个街道的 10 个居。全线除东西 2 个三区交会点外，中间未埋设界桩。

历下天桥线 界线编号 01020105，界线北（东）起天桥区、历下区、历城区三区交会点，南（西）止天桥区、历下区、市中区三区交会点，全长 7.69 千米。涉及 6 个街道的 14 个居（村）。全线除南北 2 个三区交会点外，中间未埋设界桩。

天桥历城线 界线编号 01050112，界线北起天桥区、历城区、济阳县三县（区）交会点，南止历下区、天桥区、历城区三区交会点，全长 19.3376 千米。涉及 5 个街道（镇）的 26 个居（村）。全线埋设界桩 6 棵，其中双立三面花岗岩界桩 2 棵、单立三面桩 1 棵、双立双面桩 2 棵、单立双面桩 2 棵。

天桥济阳线 界线编号 01050125，界线北（西）起天桥区、济阳县、齐河县三县（区）交会点，南（东）止天桥区、历城区、济阳县三县（区）交会点，全长 29.235 千米。涉及 3 个乡镇的 65 个行政村。全线除南北（东西）2 个三县（区）交会点外，埋设界桩 3 处 3 根，均为双面单立界桩。

第二篇
自然环境

鹊山龙湖（刘靖　摄）

小清河（刘强国　摄）

天桥区地处华北地层区鲁西地层分区。在地质构造上，南部属鲁西隆起区，北部属济阳凹陷区。各地质时代地层发育齐全，中生代岩浆活动、新生代造山运动以及第四纪以来的外营力水流剥蚀、风化、搬运、堆积等作用，形成现在的基本形态。地貌类型，受泰山凸起构造内外营力作用影响，地势南、西两面略高，北、东两面稍低。属暖温带半湿润区大陆性季风气候，四季分明，冬冷夏热，雨量集中。年平均日照 2223 小时、气温 14.8℃、降雨量 734.2 毫米、无霜期 218 天。河流分属黄河、小清河、徒骇河三大水系，主要河流有黄河、小清河、齐济河、大寺河。天桥区属于径流过渡带（相当于降水的半湿润带），大气降水是河川径流最主要补给来源。主要湖泊、水库有鹊山龙湖、金牛湖和鹊山水库，南部城区有五龙潭泉群。土壤分潮土、风沙土 2 个土类。植被属暖温带落叶阔叶林区。全区土地总面积 25897 公顷。年均水资源总量 4524 万立方米，可利用量 4228.1 万立方米。矿产资源主要有砂、石、黄河淤泥及地热、煤等。自然灾害主要有旱灾、水灾。由于环境污染加重，扬沙、雾、霾天数逐年增加。

第一章　地　质

在地质构造上，南部属鲁西隆起区，北部为济阳凹陷区，为泰山单斜构造。地层发育齐全，单斜构造的基地为太古界泰山群，盖层由古生界和中生界地层组成。各地层由老到新，自南向北依次排列。

第一节　地　层

境内地层与济南市一样，在奥陶纪初期处在海水之中。天桥区在海的东南边缘上，海水不深，属浅海范围，有浅海相石灰岩沉积。中奥陶纪时，地盘继续下降，海水渐深，有厚层纯质的石灰岩沉积。受早期古生代加里东运动的影响，天桥区和整个华北地区，在奥陶纪晚期上升成陆地。奥陶纪晚期至第三纪，境内无沉积地层。中生代燕山运动使中国东部及整个太平洋西岸地壳发生巨大破裂并伴有岩浆活动。彼时，奥陶系石灰岩中侵入岩浆岩。受新生代喜马拉雅山造山运动影响，天桥地区下沉堆积了第四系黏土、亚黏土和黄土，在河流两岸沉积厚厚的黏性土。境内出露地层较少，仅有中生界和新生界。

一、中生界岩浆岩系（白垩系）

境内分布面积极广。北至鹊山、西至匡山、东至卧牛山、南至区界。厚度 30 ~ 100 米。大部埋于地下，被第四系松散沉积层覆盖，有部分出露于地表，形成鹊山、北马鞍山、粟山、无影山、药山、标山、凤凰山等。

二、新生界沉积岩土系（第四系）

第四系松散沉积层不整合于基岩上，分布广，厚度变化大，今境域黄河两岸厚达 300 米，往南逐渐变薄，大部分复盖于白垩系岩浆岩上。从成因类型上分为残积、冲洪积、洪积、冲积、湖相沉积。

（一）残积、冲洪积、洪积。山前残积和冲洪积、洪积地层分布在胶济铁路以南地区，由老至新依次为：

红黏土　残积，直接覆盖于基岩上。呈棕红色或砖红色，硬塑、密实、低压缩性，含有铁锰结核和不等量的卵石，厚度 2 ~ 4 米。

亚黏土　冲洪积，覆盖在残积红黏土层上。呈可塑至硬塑，中密至密实，中等压缩至低压缩性，棕黄色或棕色，含不等量姜石，厚度 2 ~ 5 米，最大厚度 10 米。

黄土　冲洪积，地质年代 Q_3 或 Q_4，大部分为 Q_3，局部分布有 Q_4 黄土。呈黄色、褐黄或黄褐，中密，可塑至硬塑，呈中等压缩性，境内黄土绝大部分为Ⅰ级非自重湿陷性黄土。Q_3时期的黄土中含有不等量姜石和碎石透镜体。容许承载力[R]每平方米15吨。Q_4时期黄土由于成因时间短，固结性差，容许承载力低，每平方米8～13吨。

卵石层　洪积，地质年代Q_3—Q_1。呈薄层或透镜体，夹于各类土层中，三层或四层不等，厚度不均，少则几十厘米，多至2米，最厚3～5米，分布不规律，不均匀，水平方向和垂直方向变化都很大，成片少，成条带状多，与水流方向大体一致。各土层中还有薄层砾岩或砾岩透镜体。

（二）冲积、湖相沉积。河流冲积层和湖相沉积层分布在胶济铁路以北和黄河两岸平原地区，由黄河、小清河冲积堆积和鹊山湖等湖水堆积而成。

地质年代自地表下7米内为Q_4新近堆积，7米以下为Q_3时期堆积。在北园大街以南，下部可见Q_2和Q_1时期亚黏土、黏土，海拔21～30米。

轻亚黏土—黏土—亚黏土互层　厚度由南至北逐渐加厚。胶济铁路至北园大街，厚度5～8米，有二层轻亚黏土与黏土、亚黏土互层，呈可塑、中密，褐黄或黄褐，容许承载力每平方米12～15吨。北园大街以北至黄河，土的物理性能很差，呈软塑或流塑，稍密，容许承载力每平方米7～10吨；工程地质条件差，不宜做天然地基，需进行地基处理或打桩基。

亚黏土和黏土　地表5米或6米以下，呈灰—黑灰—灰黑。含有机质、多量碎贝壳、不等量姜石，属湖相沉积。可塑，中密，容许承载力每平方米12～15吨。靠大明湖一带，层中央有薄层泥炭质土，厚度小于1米，土质很差，天然含水量65%～70%，孔隙比在2以上，容许承载力很低，地质年代属Q_1时期。

亚黏土　灰—黑灰亚黏土和黏土层之下。呈黄—褐黄，中密，可塑，含不等量的粉土、贝壳、氧化物、小姜石，厚度为5～10米，容许承载力每平方米12吨。此层由南向北埋深逐渐加大，小清河以北土层中常见层中夹一层或几层亚黏土薄层。

第二节　构　造

中生代地壳运动（燕山运动）使古生代沉积的水平岩层倾斜和断裂，其中千佛山断裂通过境内。

千佛山断裂　出露于千佛山西南侧，长约25千米，呈320～350度走向，向南西倾，倾角78度。它切穿古生界盖层，并且西盘地层下降。断裂带内发育有张性角砾岩，宽者五六米，窄处仅数十厘米，角砾成份主要为两侧岩石，属于先张后压扭的断裂。断裂西盘近断层西处地层产状变化大，局部形成小型向斜褶曲。断裂北段有灰绿岩脉充填，沿断裂上盘的层间滑动破碎带，辉绿岩呈岩床产出。北部通过桑梓店镇的一条北西向隐伏断裂，可能是该断裂的北延部分。

第三节　岩浆岩

境内岩浆岩为中生代侵入岩，分为辉长岩和闪长岩两大类。闪长岩分布在境域东部、南部，未出露。辉长岩分布在境域城区西北部，共五个单元。

一、无影山单元含橄榄辉长岩

分布于无影山及东郊卧牛山一带，长2000米，宽600米，为灰黑色，辉长辉绿结构，块状条带状构造。

二、匡山单元中粒含橄榄苏长辉长岩

分布在匡山、标山、粟山、凤凰山、华山等处，为灰黑色，辉长辉绿结构，块状构造。

三、药山单元中粒苏长辉长岩

分布于药山一带，长1000米，宽500米，为灰黑色，辉长辉绿结构，块状构造。

四、金牛山单元中细粒辉长岩

分布于金牛山、鹊山一带，长1000～5000米，宽500～2000米，为暗灰色，中细粒辉长辉绿结构，块状构造。

五、马鞍山单元中粒辉石二长岩

分布于济南北马鞍山一带，长600米，宽

400 米，为灰白色，中粒半自形—他形粒状结构，似斑状构造，块状角砾状构造。

第四节　水文地质

区境以南由太古界泰山群变质岩系组成基底，盖层总体倾向为北，倾角 5 ~ 12 度，由南往北依次展布寒武系、奥陶系石灰岩，岩层一般为单斜产状，褶皱不显，断裂发育，至山前逐渐隐伏于第四系之下；北部地下有中生代燕山期辉长岩；新生界第四系松散堆积层广布于山前倾斜平原和黄河两岸平原。天桥区北临齐（河）—广（饶）大断裂，境内有千佛山断裂，对地下水的分布、运移有一定控制作用。

寒武、奥陶系广布于区境南部，岩溶裂隙发育，为地下水直接补给区。主要为大气降水补给，赋存裂隙岩溶地下水。奥陶系灰岩向北倾伏，地下岩溶发育，地下水接受南部裂隙溶水的径流补给，在受到北部岩浆岩阻隔时，水位回升而富集。在市区地势低洼处或构造有利出露部分，上涌成泉排泄。形成裂隙岩溶水承压排泄区。境内东南部五龙潭泉群就属于裂隙岩溶水强富水地段。

在侵入岩分布地带，城区西北部的辉长岩体，岩石结构致密，质地坚硬，裂隙很少，风化层薄，地下裂隙水赋存条件差，地下水贫乏。

平原区广泛分布第四系沉积物，岩性松散，孔隙发育，赋存孔隙水。在山前地带分布着冲洪积层，多有黄土状黏性土或砂性土组成，间夹透镜状碎石层，地下水赋存条件不好。北部平原区冲积层几经黄泛沉积而成，岩性松散，具有较好的蓄水空间，富水性较强；地下水以大气降水补给为主，沿黄尚接受黄河侧渗补给。黄河冲积平原深层地下水，赋存于第四系及上第三系的松散岩类孔隙中，含水层分布广，埋藏深度大，层次多，单层厚度薄，累计厚度大，颗粒较粗，孔隙发育，有较好的蓄水空间；此类地下水静压力大，水头高，但运移迟缓，径流途径远，补给困难，可供开采的资源有限。

一、水文地质分区

（一）黄河冲积平原孔隙水水文地质区。主要分布于小清河北部沿黄地带。该区地势低平，分布有较厚的第四系地层，由河流冲、洪积而成，以赋存松散岩类孔隙水为主。

（二）泰山背斜北翼岩溶水水文地质区。主要分布于南部。境内广泛分布有寒武、奥陶系石灰岩，岩层向北倾斜，地势南高北低，石灰岩裂隙岩溶发育，赋存丰富的裂隙岩溶水，为岩溶水的补给、径流区。

二、地下水类型及含水岩组

根据含水岩层的性质以及地下水在含水岩层中储存运动的特点，将境内地下水分为两种不同的含水岩组及地下水类型。

（一）松散岩类孔隙水含水岩组。主要分布于黄河以北平原和山前平原区。含水砂层为多层结构，单层厚度较小，为粉砂、粉细砂，含水层透水性差，单井出水量一般小于 200 立方米 / 日；黄河以北冲积平原区含水层局部有中细砂、中粗砂，单井出水量一般在 1000 立方米 / 日左右。

（二）碳酸盐岩类裂隙岩溶水含水岩组。赋存于奥陶系和寒武系凤山组地层中。该地层多呈单斜产状，构成低山、丘陵，石灰岩厚度大，出露广，裂隙岩溶发育，彼此连通，地下水水力联系密切，一般在重力作用下有统一的区域水位，构成一个含水整体。在济南市区山前一带，中奥陶纪石灰岩广泛分布，南部上游多为灰岩出露区；北部下游（天桥区南部）石灰岩多被第四系所覆盖，是岩溶水的排泄区、富集带，该部位岩溶发育，含水丰富，地下水具有承压性质，水位埋藏浅，有的形成自流水。单井出水量 1000 ~ 5000 立方米 / 日，局部地区大于 10000 立方米 / 日。

三、地下水的补给、径流、排泄条件

（一）补给条件。受地形、地貌、地质构造等因素的制约，地下水的补给来源主要为大气降水渗入补给，其次为地表水渗漏补给。

（二）径流条件。岩溶水的运动方向，与地形、地层倾向大体一致，基本为由南向北运动，当地下水径流到山前遇到隐伏的岩浆岩岩体时，

地下水因受阻而在此富集，并产生一定的压力水头，致使水位上升而溢出地表形成泉水，如五龙潭等著名泉群。

（三）排泄条件。岩溶水的排泄方式主要有人工开采、泉流。人工开采是本区岩溶水的主要排泄方式。由于地下水的大量开采，20 世纪 90 年代后期岩溶水水位下降，以致泉水断流停止喷涌。其次是泉水排泄。20 世纪 50 年代，泉水总流量较大；随着工农业发展及城市人口增长，对地下水开采量不断增加，以泉水形式排泄量减少。21 世纪初，随着节水保泉措施的实施，泉水喷涌逐渐稳定。

第二章　地　貌

天桥区地形由南部山前平原和北部河流冲积平原组成。城区北部由于燕山期岩浆岩的侵入体局部突出地面，形成独有的星点形小园山地貌。在黄河沿岸有湖沼洼地。境域地势南、西两面略高，北、东两面稍低。海拔高度在 21 ~ 120.8 米之间。

第一节　平原 洼地

一、平原

区境北部为广阔的平原，南部为山前平原，黄河两岸为河流冲积平原。

（一）山前平原。主要分布在小清河以南的地域。海拔在 24 米以上，地势南高北低。由于岩浆岩的侵入和地表径流的冲刷，局部地带由东至西地形呈波状起伏。

（二）河流冲积平原。分布在境内黄河两岸。处于黄河与小清河之间地区，海拔小于 24 米，最低处只有 21 米左右，是济南市区最低洼地带。地面一般由南向北倾斜，但在泺口一带略高，地面微向南倾斜，西北高，东南低。雨季排泄不畅，易造成水灾。黄河以北地区，标高 23 ~ 27 米，地势南高北低、西高东低，自然坡降 0.14‰左右。

二、洼地

天桥区地处黄河两岸，地势低洼。由于历史上黄河下游段多处溃决，使沿黄一带分布着众多的浅平洼地。加之黄河河床的淀积抬升，抬高了原汇入黄河的支脉河流的尾闾水位，因而汛期河道下游洼地潴水。历史上黄河、小清河沿岸形成的洼地，大多被近年来的引黄泥沙淤高填平，成为建设用地和旱作良田。

第二节　山　丘

天桥区境内分布着 14 座山丘。黄河以北有鹊山、梅花山、南小山；黄河以南有药山、粟山、北马鞍山、金牛山、无影山、黄冈、标山、凤凰山、紫荆山、黄台山、狗屎山。除黄台山为石灰岩变质的大理石外，其余均为辉长岩，俗称黑砂石，质地坚硬不透水，有光泽，是优质建筑材料。

一、鹊山

鹊山（2010 年 6 月摄）

位于黄河北岸。海拔120.8米，石质为辉长岩。《齐乘》载："鹊山，府北二十里。王绘太白诗注云：'扁鹊炼丹于此'。俗又谓每岁七八月乌鹊翔集，故名"。《历乘·舆地》载："鹊山，城北二十里雒口镇。其山无峰，望之如翠屏。大清河流之下，盐贾所处。"故昔人有"翠屏丹皂""鹊华烟雨"之美誉。元代著名书画家赵孟頫曾留有《鹊华秋色》，为传世瑰宝。山上植松柏，山下有宋代建筑"鹊山院"（又名"鹊山寺"），今已毁，明崇祯八年（1635年）曾司璥建"万善寺"。现尚存扁鹊墓碑及石像，1957年定为第一批市级文物保护单位。

二、药山

位于城区西北部。南与北马鞍山相对，北望黄河。海拔125米，石质为辉长岩，其色青黛。

药山（2012年8月摄）

《齐乘》载："药山，山出阳起石，极佳，故名。"山有九峰，又名"九顶莲花山"，西峰称为"小九华"。上有蜘蛛石，下有蛤蟆石。山上曾建有"药王庙"。产半夏、远志、千头菊、茵陈、柴胡、生地等多种药材。

三、粟山

位于城区西北部。东与北马鞍山相对。海拔为61.4米，石质为辉长岩。取"苍海一粟"的"粟"为山名。山上土层厚，松柏、花木繁茂，并有古代建筑真武庙。

粟山（2011年10月摄）

四、北马鞍山

原名鞍山。位于城区西北部，在药山南、粟山东。海拔85.9米，石质为辉长岩。"因山峰形似马鞍，故名"。又因两峰呈圆形，又名"日月轮"山。《史记》载"晋师伐齐师陈于搴"，即此山。山上土层深厚，树木茂密，多松柏。

北马鞍山（2012年10月摄）

五、无影山

位于城区西部，西邻黄岗。海拔51.5米，石质为辉长岩。据《济南市山水古迹纪略》载："无影山以日中无影故名。"1955年5月，在山上发现数处战国石坑、木棺墓葬；出土陶器、骨器、雕刻带钩等文物。1969年4月，在山顶西部发现汉代古墓群，出土"乐舞杂技陶俑"文物，曾在西欧等地展出。无影山黑砂石储量丰富，"济南青"石材在国内外享有盛誉。

六、金牛山

位于城区北部。小清河以南，济泺路西侧。海拔 48.6 米，石质为辉长岩。山上建有“金牛公园”，后称“金牛动物园”，1989 年 9 月 8 日改称为“济南动物园”。

七、黄冈

位于城区西部，东邻无影山，北望粟山。亦称黄岗、黄冈山。清乾隆三十八年《历城县志》载：“突起平冈，自西南而东北，长六七里，若城之外垣矣”。黄冈，旧时为由齐河赴郡驿路。乾隆年间，黄冈属历城正西乡仙台。黄岗东面的黄岗岭，亦有村落，曰黄岗岭。今黄冈在山东交通学院院内还有遗迹可寻。二株古槐、一株古柏，见证黄冈的沧桑。

八、标山

位于城区北部。济泺路东侧，隔东工商河与凤凰山相对。海拔 55.2 米，石质为辉长岩。《历乘》载：“标山，山石并立如标，故名。”明万历年间建有关帝庙，乾隆五十五年建钟鼓楼。昔日，山下溪流交错，多植杨柳、白荷。

标山（2012 年 6 月摄）

九、凤凰山

位于城区北部，西隔东工商河与标山对峙。海拔 44.4 米，石质为辉长岩。据元代张养浩《标山记》载：“绰然亭西，有双山曰标，各广 40 亩”。元代统称为标山，清末时，其东峰状如凤凰展翅，故易名凤凰山。

十、狗屎山

位于城区北部，济泺路东侧绿化带内，与金牛山相对。石质为辉长岩。历经开采，现已成孤石。

狗屎山（2007 年 8 月摄）

十一、紫荆山

位于城区北部，津浦铁路西邻、小清河南岸、林桥社区北。清康熙六十一年（1722 年）《重修历城县志》载：“紫荆山，相传田正哭紫荆处。”清乾隆三十八年《历城县志》载：“田正非县人，此俗传之误。”山名，缘其间多紫荆。曾是济南“齐烟九点”之一。紫荆山的位置，元代张养浩《游紫荆山记》载：“紫荆山，在云庄西三里而近。”清乾隆三十八年（1773 年）《历城县志》载：“标山之北里许，为紫荆山。泺水经标山北，紫荆山南，而西北注于大清河。”今紫荆山硕石微露地面，散石数块，周无树木，总面积不足 66 平方米。

十二、黄台山

位于城区东北部，魏家庄北，南濒小清河，北望黄河。海拔 61.4 米，岩石为石灰岩变质的大理石。《山东通志·疆域》载：“所谓黄台者，今之黄台桥也。而山随黄台得名。盖汉台县故城，在其东也”。明《历乘》载：“黄台山，上有月阳寺”。1974 年，在山上发现一座汉墓，墓中有汉代著名的《七盘舞》石刻图像。历经开采，已失去原貌。

十三、梅花山

位于黄河北岸，鹊山以西。海拔 25 米。山附近村落呈梅花状，名梅花村，山因村名而定。

十四、南小山

位于黄河北岸，鹊山以南。清光绪八年（1882 年），东纸坊居民被黄河淹后迁于此，取名南小山村。

第三章 气 候

第一节 气候特征

1991—2012年，天桥区年平均气温14.8℃，年平均降水量734.2毫米，年平均日照时数2223.0小时。最冷月为1月，月平均气温-0.4℃；最热月为7月，月平均气温27.9℃。极端最低气温-14.0℃，出现在2000年1月25日；极端最高气温42.0℃，出现在2002年7月15日。霜冻一般始于10月下旬至11月上旬，结束于次年3月下旬至4月上旬。主导风向南、南西南，其次是西南和东北，最少是西北、西西北和西风。

天桥区属于暖温带气候区，由于所处的地理位置，形成夏热冬冷、四季分明的大陆性季风气候。冬季，为极地或极地变形大陆气团所控制，不断受来自西伯利亚干冷气团侵袭，盛行西北、北和东北风，造成冬季干冷、天气晴朗、降水少天气。夏季，受热带、副热带海洋气团左右，冬季西北季风由夏季东南风代替，因此盛吹西南、南和东南风，形成夏季湿热、雨量集中、多雷暴天气。春、秋两季是冬季风和夏季风的过渡季节，风向多变。

天桥区四季气候特点是：春季风多干燥，夏季炎热多雨，秋季天高气爽，冬季雪少干冷。

一、春季（3月—5月）

气温回升快，日差较大，天气干燥、风多且大、降水少、蒸发量大，土壤失墒快，春旱严重。日较差平均在10.0℃～14.0℃之间，为全年最大。风多且大，尤以4月份为最大，平均风速为3.9米/秒，为全年平均风速最大月。降水量平均在110毫米左右，占全年降水量的15%。平均气温15.6℃。

二、夏季（6月—8月）

炎热多雨，平均气温26.7℃，降水量平均在480毫米左右，占全年降水量的65%以上，仅7月份降水天数平均在13天左右；日降水量大于或等于50毫米的暴雨日数集中在7月、8月，占全年暴雨日数的70%。在初夏常因高温、风大、湿度小出现干旱。

三、秋季（9月—11月）

雨季基本结束，高空西风带日渐加强南下，东南季风逐渐向西北季风过渡，形成短促的风速微弱、云量较少，能见度佳、稳定晴好，呈现秋高气爽天气。平均气温15.4℃，降水量平均在120毫米左右。过少的雨量往往造成秋旱。

四、冬季（12月至次年2月）

受蒙古冷高压控制，盛吹寒冷的偏北风。冷空气不断侵入，气温不断降低。平均气温在1.5℃左右，降水量平均在20毫米左右，仅占全年降水量的3%。整个冬季雨雪稀少、北风频吹、干燥寒冷。

第二节 日 照

一、日照时数

境内年平均日照时数2223.0小时；年际日照时数，最多年为1992年2593.3小时，最少年为2007年1819.8小时，最多最少年相差773.5小时。1991—2000年日照较多，平均2332.7小时；2001—2012年日照少于1991—2000年，平均2139.3小时。日照时数在月分布上，5月最多，平均249.8小时；12月最少，平均147小时。

二、日照百分率

年平均日照百分率为50%。每年中4月最大，平均58%；7月最小，平均40%。

1991—2012 年天桥区逐年日照时数统计表

表 2-1　　单位：小时

年份	1991	1992	1993	1994	1995	1996	1997	1998	1999	2000	2001
日照时数	2369.5	2593.3	2491.3	2311.0	2416.9	2223.0	2498.2	2228.9	1961.2	2233.9	2314.0
年份	2002	2003	2004	2005	2006	2007	2008	2009	2010	2011	2012
日照时数	2382.0	2017.3	2179.7	2369.5	2088.4	1819.8	2004.2	2153.2	2014.3	2084.0	2146.0

1991—2012 年天桥区各月、年平均日照时数、日照百分率统计表

表 2-2　　单位：小时

月份	1	2	3	4	5	6	7	8	9	10	11	12	年
平均日照时数	158.0	157.6	195.6	228.6	249.8	215.5	177.3	170.6	177.0	185.4	160.6	147.0	2223.0
日照百分率（%）	51	51	52	58	57	49	40	41	48	54	53	49	50

第三节　气　温

一、气温年、月、日分布

境内年平均气温 14.8℃，年际变化，最高年份是 1998 年 16.0℃，最低年份是 2003 年 13.9℃。

年内各月气温分布呈单峰型，最热月出现在 7 月，月平均气温 27.6℃；最冷月出现在 1 月，月平均气温 -0.4℃。月平均气温超过 22℃是 6 月—8 月，月平均气温低于 10℃为 11 月至次年 3 月；其他月份为过渡季节。

气温的日变化与光照有关。一天中最高气温一般出现在 13 ~ 15 时；最低气温则出现在日出前。

1991—2012 年天桥区逐年平均气温统计表

表 2-3　　单位：℃

年份	1991	1992	1993	1994	1995	1996	1997	1998	1999	2000	2001
平均气温	14.6	14.8	14.6	15.7	15.2	14.7	15.5	16.0	15.1	14.5	14.6
年份	2002	2003	2004	2005	2006	2007	2008	2009	2010	2011	2012
平均气温	15.2	13.9	14.8	14.4	15.3	15.0	14.6	14.8	14.3	14.1	14.3

1991—2012 年天桥区各月、年平均气温统计表

表 2-4　　单位：℃

月份	1	2	3	4	5	6	7	8	9	10	11	12	年
平均气温	-0.4	3.3	8.7	16.3	21.9	26.5	27.6	25.9	21.8	16.2	8.3	1.7	14.8

二、最高（低）气温

全区年平均最高气温 19.7℃，年平均最低气温 10.7℃。月平均最高气温 7 月是峰值，达 32.1℃；年际极值 34.6℃，出现在 2005 年 7 月。月平均最低气温 1 月为低值，达 -3.8℃。

1991—2012 年天桥区各月、年平均最高、最低气温统计表

表 2-5　　单位：℃

月份	1	2	3	4	5	6	7	8	9	10	11	12	年
平均最高气温	4.1	8.2	13.9	21.8	27.3	31.8	32.1	30.4	26.9	21.3	12.9	5.9	19.7
平均最低气温	–3.8	–0.6	4.5	11.5	17.1	21.7	23.6	22.2	17.7	11.9	4.6	–1.7	10.7

三、气温极值

境内极端最高气温 42.0℃，出现在 2002 年 7 月 15 日；极端最低气温 –14.0℃，出现在 2000 年 1 月 25 日。

1991—2012 年天桥区各月、年极端最高、最低气温及出现日期统计表

表 2-6　　单位：℃

月份	1	2	3	4	5	6	7	8	9	10	11	12	年
极端最高气温	20.2	25.7	30.2	36.3	37.6	41.2	42.0	38.0	38.5	33.7	26.5	19.0	42.0
出现日期	11 日	13 日	18 日	30 日	23 日	25 日	15 日	2 日	2 日	1 日	1 日	1 日	7 月 15 日
出现年份	2002	1996	2009	2006	2002	2009	2002	2002	2002	1998	2003	2010	2002
极端最低气温	–14.0	–13.3	–7.9	0.0	7.2	12.1	17.0	12.8	9.4	0.0	–9.3	–13.2	–14.0
出现日期	25 日	1 日	6 日	1 日	6 日	6 日	23 日	30 日	9 日	29 日	23 日	22 日	1 月 25 日
出现年份	2000	2000	2007	1998	1991	1992	1993	2009	2006	2002	1993	2008	2000

第四节　降　水

一、降水年、月分布

1991—2012 年，平均年降水量 734.2 毫米。年间差异明显，降水量偏多的年份有 2003 年、2004 年、2005 年，偏少的年份有 1992 年、1999 年、2002 年、2012 年；年最少降水量 456.6 毫米，出现在 2002 年；年最多降水量 1090 毫米，出现在 2004 年。

6 月—9 月是天桥区降水集中时段，降水量占年降水量的 73.5%；各月降水量 7 月最多，1 月最少。

1991—2012 年天桥区逐年降水量统计表

表 2-7　　单位：毫米

年份	1991	1992	1993	1994	1995	1996	1997	1998	1999	2000	2001
降水量	776.0	541.1	834.2	872.2	596.8	834.0	618.1	772.5	574.8	721.2	599.3
年份	2002	2003	2004	2005	2006	2007	2008	2009	2010	2011	2012
降水量	456.6	985.6	1090.0	965.4	652.5	797.1	705.1	701.8	820.9	667.1	569.1

1991—2012 年天桥区各月、年平均降水量统计表

表 2-8　　单位：毫米

月份	1	2	3	4	5	6	7	8	9	10	11	12	年
平均降水量	4.7	10.3	13.2	30.8	72.8	86.0	199.8	187.7	66.0	33.8	21.1	8.0	734.2

二、各量级降水日数

全区≥0.1毫米降水日数73.4天，≥10毫米降水日数19.0天，≥25毫米降水日数8.5天，≥50毫米降水日数3.2天。

日最大降水量受天气系统和地形影响较大，分布极不规律。一日最大降水量出现在1994年8月7日，为188.0毫米；大于100毫米的日降水量5月、6月、7月、8月、9月均有出现。

最长连续降水日数9天，降水量102.4毫米，止于2011年9月19日；最长无降水日数66天，止于1996年3月20日。

1991—2012年天桥区各月、年≥0.1、10.0、25.0、50.0毫米平均降水日数统计表

表2-9　　单位：天

月份	1	2	3	4	5	6	7	8	9	10	11	12	年
≥0.1毫米	2.6	3.3	4.0	5.1	6.7	8.0	12.6	12.1	6.6	5.1	3.9	3.7	73.4
≥10.0毫米	0.1	0.2	0.4	0.9	1.7	2.4	5.4	4.7	1.6	1.1	0.5	—	19.0
≥25.0毫米	—	—	—	0.2	0.9	1.1	2.7	2.2	0.8	0.5	0.2	—	8.5
≥50.0毫米	—	—	—	0.1	0.4	0.5	1.1	1.0	0.3	0.1	—	—	3.2

1991—2012年天桥区各月、年一日最大降水量及出现日期统计表

表2-10　　单位：毫米

月份	1	2	3	4	5	6	7	8	9	10	11	12	年
一日最大降水量	11.0	17.7	23.3	54.7	115.9	105.2	143.8	188.0	167.4	64.4	32.4	9.5	188.0
出现日期	7日	21日	26日	19日	5日	18日	18日	7日	19日	11日	7日	4日	8月7日
出现年份	2001	2004	1991	2009	2006	2004	2007	1994	2005	2003	2003	2003	1994

三、降雪和积雪日数

降雪一般出现在11月至次年3月，多出现在1月—2月；个别年份最晚出现在4月。年平均降雪日数12.7天。年最多降雪日数出现在2000—2001年，为23.0天。

积雪一般出现在11月至次年4月，1月最多；年平均积雪日数11.3天，年最多积雪日数与降雪日数相一致，出现在2000—2001年，为23天。

1991—2012年天桥区各月、年平均降雪、积雪日数统计表

表2-11　　单位：天

月份	11	12	1	2	3	4	年
平均降雪日数	1.2	2.7	3.6	3.5	1.6	0.2	12.7
平均积雪日数	1.3	2.7	3.8	2.7	0.7	0.1	11.3

1991—2012年天桥区各月、年最多降雪日数及出现年份统计表

表2-12　　单位：天

月份	11	12	1	2	3	4	年
日数	3	7	11	8	7	1	23
年份	1993、2000、2003	1991	2000	2005、2011	1991	1998、2011	2000—2001

第五节　风

一、最多风向及频率

境内多南—西南偏南风，频率27%—37%。

以1月、4月、7月、10月分别代表冬季、春季、夏季、秋季，记述风向的变化。1月为东北—东北偏东风，4月、7月多南—西南风，10月多偏南风。

1991—2012年天桥区各月、年最多风向及频率统计表

表2-13

月份	1	2	3	4	5	6	7	8	9	10	11	12	年
风向	NE	ENE	ENE	SSW	C SSW	S	SSW	C NE	C NE	SE	C SE	SSW	SSW
频率（%）	36	35	28	37	43 29	27	34	32 27	41 32	35	29 28	33	23

说明：E、W、S、N分别代表东、西、南、北，C为静风。

二、风速

（一）平均风速。境内年平均风速3.1米/秒。仍以1月、4月、7月、10月分别代表冬季、春季、夏季、秋季，记述风速的变化；1月、4月、7月、10月平均风速分别为2.8米/秒、3.9米/秒、2.7米/秒、2.9米/秒。全区月平均风速，4月最大为3.9米/秒，8月最小为2.5米/秒。

（二）最大风速。年最大风速多出现在夏季，春季次之。

（三）极大风速。年极大风速多出现在春、夏季节。

（四）大风日数。年平均大风日数15.0天。每年中4月份最多，平均3.8天；9月份最少，平均0.4天。

1991—2012年天桥区各月、年平均风速统计表

表2-14　　单位：米/秒

月份	1	2	3	4	5	6	7	8	9	10	11	12	年
平均风速	2.8	3.2	3.6	3.9	3.5	3.2	2.7	2.5	2.6	2.9	3.1	2.8	3.1

1991—2012年天桥区各月、年最大、极大风速、风向及出现日期统计表

表2-15　　单位：米/秒

月份	1	2	3	4	5	6	7	8	9	10	11	12	年
最大风速	15.1	14.1	15.0	15.3	15.4	15.9	14.6	16.2	12.0	14.5	12.5	12.7	16.2
风向	S	SSE S	NE	—	S	SE	S	ENE	SE	NE	S	S	ENE
出现日期	1日	13日、21日	20日	9日	7日	17日	27日	7日	9日	12日	22日	10日	8月7日
出现年份	2001	2006	1991	2000	2005	2002	2004	2001	1999	2003	2000	2010	2001
极大风速	25.8	22.9	25.8	28.1	24.3	26.3	23.5	26.9	19.8	24.2	20.2	20.6	28.1
风向	NE	SSE	SSE	—	S	NW	SW	N	NE	NE	S	S	—
出现日期	15日	13日	4日	9日	7日	22日	27日	23日	5日	12日	22日	4日	4月9日
出现年份	2002	2006	1999	2000	2005	1993	2004	2001	2000	2003	2000	2000	2000

说明：“—”表示记录缺测。

1991—2012 年天桥区各月、年平均大风日数统计表

表 2-16　　　　单位：天

月份	1	2	3	4	5	6	7	8	9	10	11	12	年
大风日数	0.5	1.2	2.4	3.8	1.9	1.1	1.4	0.5	0.4	0.6	0.7	0.8	15.0

第六节　相对湿度和蒸发

一、相对湿度

境内年平均相对湿度为 57%，相对湿度以夏季最大、秋季次之、春季最小。其月分布 8 月最大，3 月、4 月最小。

1991—2012 年天桥区各月、年平均相对湿度统计表

表 2-17

月份	1	2	3	4	5	6	7	8	9	10	11	12	年
平均相对湿度（%）	51	49	46	46	52	55	71	77	67	57	56	56	57

二、蒸发量

境内年平均蒸发量 1638.3 毫米，蒸发量夏季最大、春季次之、冬季最小。蒸发量最大月份出现在 6 月，为 231.3 毫米；最小月份出现在 1 月，为 54.9 毫米。

1991—2012 年天桥区各月、年平均蒸发量统计表

表 2-18　　　　单位：毫米

月份	1	2	3	4	5	6	7	8	9	10	11	12	年
平均蒸发量	54.9	81.9	143.6	185.8	216.2	231.3	179.2	141.6	134.0	118.8	91.8	59.2	1638.3

第七节　雾、霜及其他天气现象

境内年平均雾日数 14.3 天；每年中 12 月份最多，平均为 4.1 天；4 月份最少，平均为 0.3 天。年平均霜日数 30.1 天；初霜最早出现于 10 月底，终霜最晚止于次年 4 月初。22 年中，除 1 月、12 月份未出现雷暴天气外，其他月份均出现过雷暴天气；每年中 7 月份出现最多，平均 7.4 天。闪电多出现在 4 月—9 月份。冰雹多出现在 5 月、6 月、7 月，最早出现在 4 月，最晚出现在 8 月，年最多日为 2 天。年平均扬沙日数 11.6 天；3 月、4 月出现最多，均为 2.6 天；8 月出现最少，为 0.1 天。浮尘天气除 7 月—10 月份未出现过，其他月份均有出现。

霾，在 2010 年前出现次数极少，从 2010 年开始呈明显增多趋势。2010 年出现 19 天，2012 年则达 43 天。

1991—2012 年天桥区各月、年雾、霜、雷暴、冰雹、闪电、扬沙、浮尘平均日数统计表

表 2-19　　　　单位：天

月份	1	2	3	4	5	6	7	8	9	10	11	12	年
雾	1.9	0.7	0.8	0.3	0.4	0.5	0.5	1.1	0.4	1.1	2.8	4.1	14.3
霜	9.2	4.2	1.2	0.1	0	0	0	0	0	0.2	4.6	10.9	30.1
雷暴	0	0.1	0.5	1.1	2.4	5.1	7.4	6.4	1.3	0.4	0.2	0	24.7
冰雹	0	0	0	0	0.2	0.1	0.1	0	0	0	0	0	0.3
闪电	0	0	0	0.1	0.4	0.1	0.6	0.6	0.3	0	0	0	1.9
扬沙	0.8	0.9	2.6	2.6	1.5	0.8	0.2	0.5	0.1	0.7	1.1	0.5	11.6
浮尘	0.1	0.1	0.2	0.5	0.1	0.1	0	0	0	0	0.3	0.2	1.4

2010—2012 年天桥区各月、年霾日数统计表

表 2-20　　　　单位：天

月份	1	2	3	4	5	6	7	8	9	10	11	12	年
2010 年	2	0	0	0	0	4	4	1	1	1	3	3	19
2011 年	3	6	0	1	2	2	4	1	0	2	3	8	32
2012 年	6	5	4	0	2	6	5	1	1	8	2	3	43

第四章　水　文

天桥区境内河流分属黄河、小清河、徒骇河三大水系，主要河流有黄河、小清河、兴济河、虹吸干渠、北太平河、工商河、西泺河、东泺河、柳行河、西护城河、北护城河、西圩壕、齐济河、大寺河。天桥区属于径流过渡带（相当于降水的半湿润带），大气降水是河川径流最主要补给来源。主要湖泊、水库有鹊山龙湖、金牛湖和鹊山水库，南部城区有五龙潭泉群。黄河北平原地区地下水丰富，含水层厚度 5 ~ 20 米，但矿化度和硬度均较大，不太适合饮用；五龙潭泉群泉水为弱碱性水、软水，是比较理想的饮用水资源。

第一节　地表径流

一、年径流量及年际、年内季节变化

大气降水是天桥区河川径流最主要补给来源。1991—2012 年，平均年降水量 734.2 毫米，折合水体年总量为 1.9 亿立方米，其中年径流量为 0.33 亿立方米，即降水约 4/5 耗于蒸发、入渗，只有不足 1/5 形成径流。

河川径流年际变化主要取决于降水年际变化。从径流年际变化幅度看，南部城区略小于北部平原区。径流量年际变化比降水量的变化更为剧烈，不但年际变化幅度大，且丰枯水期交替出现。据济南国家气象站 1991—2012 年资

料分析，降水量大于700毫米的丰水年13次；小于580毫米的枯水年4次；2007—2010年曾连续4年为丰水年。

由于河川径流量主要受降水补给，故河川径流季节变化亦十分明显。全年径流量有75%～85%集中在6月—9月的雨季汛期，最大月径流出现在7月或8月；枯水期的8个月径流量只占全年的15%～25%，最小月径流量一般出现在5月。

二、年径流量的地带性与非地带性变化

天桥区总面积258.97平方千米，多年平均径流深127.43毫米。分布受气候、降水、地形、地质综合影响，既具有水平地带性变化和垂直变化，也有局部地区特殊性。

天桥区属于径流过渡带，相当于降水的半湿润带。南部城区年径流系数为0.2～0.3，而北部平原区年径流系数一般在0.1左右。

天桥区年径流的非地带性变化，主要表现在下垫面的地形、地质、岩性等对径流的影响特别显著。由于高大的泰山山体构成水气输送的屏障，迎风坡易凝云致雨，而天桥区位于背风坡和平原地区交接处，于是形成降水的相对低值区。在岩溶发育的石灰岩区，由于大量渗漏水或从邻近流域得到大量补给，局部地区径流往往呈现异常现象，如城区泉域排泄区就大很多。

第二节 河 流

天桥区境内河流分属黄河、小清河、徒骇河三大水系。

一、黄河水系

黄河现行河道，自桑梓店镇街后村进入天桥区，向东至大桥镇吉家村流出。境内总长25.2千米。天桥境内无支流。

境内黄河自西而东，地面高程渐低，河面缩窄，河道弯曲，多险工，境内沿黄设堤防，堤距约1千米。泺口铁路桥处卡凌壅水，对防洪有一定影响。非汛期，主河槽水深一般3～5米，汛期平槽水深一般5～10米。

黄河水量年内、年际分布不均，变化大。据1991—2012年资料统计，泺口水文站多年平均径流量175.02亿立方米；2012年最大，为313.6亿立方米。多年平均流量554.5立方米/秒，最大洪峰出现在1996年8月18日，为4700立方米/秒，相应洪水水位32.24米（大沽基点）。年内来水量季节性变化很大，来水多集中在汛期（7月—10月），占全年平均来水量的60.5%。据1991—1999年统计，河道断流曾出现28次计405天。自小浪底水库运行以来，断流现象未再出现。

黄河（2011年9月摄）

水少沙多是河道下游特点，泥沙年内和年际亦分布不均。泺口水文站1991—2012年多年平均输沙量2.47亿吨；1994年最大，为6.83亿吨；2001年最小，为0.45亿吨。多年平均河水含沙

量为14.43千克/立方米，最大河水含沙量出现在1992年8月19日，为146千克/立方米。年内来沙季节性变化强，汛期（7月—10月）输沙量占全年的84.6%。

因黄河水含沙量高，致槽滩泥沙淤积严重，河床逐年抬高，天桥段早已成为地上“悬河”。主河槽年均淤厚约0.05米，滩地年均抬高约0.1米。泺口左岸坝顶海拔37.96米，右岸坝顶海拔38.68米，右岸坝顶比济泺路与标山南路路口中心地面高出14.68米。2002年黄河小浪底调水调沙以来，主河槽逐年冲刷，无漫滩现象发生。2012年与2002年相比主河槽冲刷1.69米。

黄河历来有桃、伏、秋、凌四汛，桃汛较小，在4月上旬和中旬；伏、秋汛最大，汛期紧相连接，暴雨洪水多集中在每年的7月—10月，径流量和输沙量在年内分布上亦多集中于此，分别占全年的60.5%和84.6%；冬季时有凌汛，一般在当年12月至次年2月。凌汛是山东黄河的一大特征。随着全球性气温的普遍升高，最近几年冰凌较弱。

黄河水质较好，矿化度低，硬度不高。据泺口水文站资料，pH值平均为7.9，矿化度404.7毫克/升，硬度3.4毫克/升，适宜于城乡生活及工农业用水。

黄河为天桥区带来给水、灌溉、淤地改土等便利的同时，亦给城市和滩区度汛构成威胁，并为引水带来棘手的泥沙问题。

1991—1999年黄河断流日数统计表（泺口水文站）

表2-21　　单位：天

年份	起止月日	断流天数
1992	6月3日—28日；7月6日—9日；7月14日—19日。	36
1993	6月13日—15日。	3
1994	5月30日—6月27日；10月7日—8日。	31
1995	3月25日；5月8日—7月22日。	77
1996	2月14日—25日；3月18日—27日；4月26日—30日；5月17日—6月29日。	70
1997	2月7日—16日；2月28日—3月2日；5月4日—6日；5月28日—8月5日；8月10日—13日；9月6日—15日；10月14日—11月14日。	132
1998	2月13日—23日；3月16日—17日；4月27日—5月3日；5月6日—10日；6月28日—7月12日。	40
1999	2月5日—13日；2月17日；2月27日—3月2日；5月19日—20日。	16

说明：1991年、2000—2012年黄河水无断流。

1991—2012年黄河年径流量、年均流量、年输沙量、年均含沙量统计表（泺口水文站）

表2-22

年份	年径流量（亿立方米）	年均流量（立方米/秒）	年输沙量（亿吨）	年均含沙量（千克/立方米）
1991	154.90	491	2.95	19.00
1992	167.10	529	5.28	31.60
1993	216.50	686	4.42	20.40
1994	240.10	761	6.83	28.40
1995	160.60	509	5.84	36.30
1996	179.60	568	4.01	22.30

续表 2-22

年份	年径流量（亿立方米）	年均流量（立方米/秒）	年输沙量（亿吨）	年均含沙量（千克/立方米）
1997	44.16	140	0.52	11.70
1998	137.60	436	3.71	27.00
1999	105.60	335	2.62	24.80
2000	83.83	265	0.59	7.00
2001	77.06	244	0.45	5.90
2002	81.04	257	0.80	9.83
2003	214.90	682	3.39	15.80
2004	215.50	681	2.52	11.70
2005	226.90	719	1.80	7.92
2006	221.30	702	1.42	6.40
2007	230.20	730	1.34	5.80
2008	176.80	559	0.83	4.70
2009	165.60	525	0.51	3.07
2010	222.30	705	1.66	7.46
2011	215.30	683	0.99	4.61
2012	313.60	992	1.84	5.87

1991—2012 年黄河洪峰出现时间、流量、水位统计表（泺口水文站）

表 2-23

年份	月	日	最大流量（立方米/秒）	最高水位（米）	备注
1991	6	16	2820	30.05	
1992	8	20	3150	30.45	
1993	8	11	3300	30.73	
1994	7	14	3350	31.04	
1995	9	6	2460	30.45	
1996	8	18	4700	32.24	
1997	8	5	1430	29.82	
1998	8	29	3090	31.18	
1999	7	27	2120	30.45	
2000	11	28	930	29.61	汛期无洪峰
2001	3	11	880	29.58	汛期无洪峰

续表 2-23

年份	月	日	最大流量（立方米／秒）	最高水位（米）	备 注
2002	7	18	2550	31.03	
2003	10	16	2960	31.07	
2004	8	26	3280	30.96	
2005	6	27	3120	30.50	
2006	6	30	3820	31.06	
2007	7	1	3930	31.20	
2008	6	29	4070	31.12	
2009	6	29	3800	30.76	
2010	7	7	4260	30.83	
2011	9	22	3580	30.23	
2012	7	3	3650	30.48	

二、小清河水系

小清河是山东省内一条防洪、除涝、灌溉、排污等综合利用的大型人工河道。主干自济南西郊睦里闸起，自西向东流经济南、滨州、淄博、东营、潍坊五市，于寿光羊角沟入渤海，全长232千米，流域面积10336平方千米。

（一）天桥段小清河干流。小清河自药山街道黄岗社区西入天桥区境，东流至黄台社区东出境入历城区，境内流长12.15千米，主河道宽50～60米，河口宽90～100米。支流大都分布在右侧，呈不规则羽状分布。南岸支流除工商河、东西泺河等城市排水及泉水河道外，其余支流均属山洪性河道；北岸支流较少，均属平原型坡水河道。

据黄台桥水文站1991—2012年实测资料统计，小清河多年平均径流量3.69亿立方米，最大年径流量（2012年）5.65亿立方米，最小年径流量（1992年）2.25亿立方米，极值比2.51。多年平均流量11.69立方米/秒，实测最大流量211立方米/秒，出现在2012年7月8日；最小流量2.5立方米/秒，出现在1992年6月22日。年最高水位26.88米，出现在2007年7月18日；年最低水位21.84米，出现在2010年6月24日。

小清河（2011年10月摄）

1991—2012年小清河年径流量、年均流量、年最大、最小流量及出现日期统计表（黄台桥水文站）

表 2-24

年份	年径流量（亿立方米）	年均流量（立方米/秒）	年最大流量（立方米/秒）	出现日期		年最小流量（立方米/秒）	出现日期	
				月	日		月	日
1991	2.88	9.14	100.00	7	28	3.00	6	18
1992	2.25	7.12	99.00	8	11	2.50	6	22
1993	2.60	8.23	97.90	7	12	3.00	6	3
1994	3.81	12.10	125.00	8	7	3.60	6	16
1995	3.31	10.50	89.60	8	7	3.60	6	20
1996	4.02	12.70	130.00	7	30	4.20	5	22
1997	2.50	7.92	148.00	8	20	4.90	6	30
1998	3.24	10.30	185.00	8	10	4.30	4	19
1999	2.44	7.73	90.40	6	15	5.00	5	9
2000	2.37	7.50	90.30	8	9	4.20	6	18
2001	2.62	8.29	123.00	7	9	3.80	6	8
2002	2.32	7.35	49.70	8	3	5.40	11	23
2003	3.26	10.30	160.00	7	8	4.70	2	19
2004	5.39	17.00	174.00	8	10	8.10	4	20
2005	4.52	14.30	206.00	9	19	7.40	5	2
2006	4.29	13.60	120.00	5	5	8.40	12	27
2007	3.84	12.20	205.00	7	18	7.80	6	17
2008	4.74	15.00	111.00	7	18	7.40	6	27
2009	4.76	15.10	136.00	5	10	6.40	12	21
2010	4.93	15.60	164.00	8	19	7.50	4	9
2011	5.49	17.40	122.00	7	2	5.40	9	28
2012	5.65	17.90	211.00	7	8	3.70	7	5

1991—2012年小清河年最高、最低水位及出现日期统计表（黄台桥水文站）

表 2-25

年份	年最高水位（米）	出现日期		年最低水位（米）	出现日期	
		月	日		月	日
1991	25.68	7	28	22.17	6	18
1992	25.65	8	11	21.91	6	22

续表 2-25

年份	年最高水位（米）	出现日期		年最低水位（米）	出现日期	
		月	日		月	日
1993	25.66	7	12	22.25	4	28
1994	26.43	8	7	22.17	6	16
1995	26.05	8	7	22.25	6	20
1996	26.44	7	31	22.26	5	22
1997	25.69	8	20	22.77	1	4
1998	26.05	8	10	22.73	7	6
1999	24.73	6	15	22.66	5	9
2000	24.83	8	9	22.61	6	18
2001	25.08	7	9	22.58	6	8
2002	24.08	8	3	22.66	11	23
2003	25.73	7	8	22.63	2	19
2004	26.45	8	10	22.73	4	20
2005	26.57	9	19	22.64	5	2
2006	25.62	5	5	22.61	12	27
2007	26.88	7	18	22.56	6	17
2008	24.77	7	18	22.26	6	27
2009	26.43	5	10	21.85	12	26
2010	25.25	8	20	21.84	6	24
2011	24.57	11	7	21.92	6	19
2012	25.58	7	8	22.22	1	13

（二）小清河支流。由于地形、地质等自然条件的影响，济南市内源于南部山区、丘陵地带的众多山洪及泉水河道，均从右侧南岸汇入小清河。由于南高北低的地势，故右岸入清的山洪性河道，均有河槽上陡下缓、暴雨山洪直下的特点，2007 年小清河二次改造前干流行洪能力太低，加之天桥区境内地势平缓，极易形成南冲北淹的灾害局面，自 2007 年小清河开始二次改造，受淹面积、次数越来越少。小清河北岸支流较少，且规模也小，均为平原坡水排涝河道。排涝河道一般为农田排水干沟，经历次疏浚拓宽而成，由于断面小、比降缓，逢遇大雨，行洪缓慢，常积涝成灾。

兴济河　原名柳塘河。源于十六里河的兴隆山（玉函山）、大峪山、白土岗等山谷，西北流经十六里河、西十里河庄，于谷家庄穿津浦铁路后折向北流，经段店、老屯、杨庄，由孟家桥南侧入天桥区境，于黄岗社区西流入小清河，境内流长 907 米，河道宽 25 ~ 30 米。西十里河庄以上为天然山洪河道，以下为人工平原河道。

虹吸干渠　又称曹家圈干河。系 1957 年开挖的人工河道。西起曹家圈，向东经陈家庄、中赵家庄、由南沙佳苑东入天桥区境域，于王炉社区流入小清河，境内流长 2500 米，河底宽

8米，边坡1∶1.5，深1.7～3.5米。

北太平河　又名东太平河，源于周官屯以北，经西沙王庄，由二环西路入天桥区境域，至北闸子庄东南入小清河，境内流长5100米，河道底宽6米，边坡1∶1.5。

工商河　位于小清河南岸，1925—1926年人工开挖，是汛期主要排水河道。河道走向似“U”字形，自济南动物园内金牛闸起，向南穿越师范路、堤口路，折向东至国棉四厂西侧，又拐向北于凤凰山庄北侧分流为前、后引河入小清河，全长6374米，河道上口宽27～40米，底宽12～20米，深2.5～4米。

工商河（2009年9月摄）

前引河　引工商河水，自凤凰闸向东穿津浦铁路后折向东北，于林家桥东侧注入小清河，全长900米，河道上口宽16～18米，下口宽12～18米，深5米。主要用于排涝、排洪。

后引河　引工商河水，从凤凰山庄北侧向东，经济南国棉一厂南，至臧家屯小区折向北，于舜清苑小区西侧入小清河，全长1600米，河道上口宽20米，下口宽13～19米，深5米。主要用于排涝、排洪。

西泺河　古称泺水，南起筐闸桥，向北经边庄，至五柳闸入小清河，流长3067米，河道上口宽20米，下口宽19～20米，深5米。上源为趵突泉诸泉水，经西护城河、西圩壕相连。

东泺河　南起坦桥，向北由大明湖·泉馨居入天桥区邵家庄境内，经何家庄，至杨庄社区东侧入小清河，境内流长2134米，河道宽12米，深4米。上源为黑虎泉诸泉水，经东护城河相连。

柳行河　又称大柳行头河。南起东圩子壕北端，直接流入天桥区柳行社区境内，经历山路铁路立交西侧穿胶济铁路向北流至板桥社区西入小清河，境内流长1649米，河床纵坡为0.2%，河宽20米，深4米。

西护城河　河水源于趵突泉，向北穿泺源桥流入天桥区境域，经北关桥汇入西圩壕，境内流长1510米，河道上口宽15米，下口宽14米，深2.5～3米。

北护城河　东起坦桥，西至筐闸桥，河道长879米，上口宽9.8米，下口宽8.8米，深2.5米。

西圩壕　南起民生大沟，向北穿英贤桥入天桥区境域，经金冠花园桥向东，通过筐闸桥北流入西泺河。境内流长1900米，上口宽17～20米，下口宽15.5～18米，河道深4.4～5米，最大排洪量为100立方米/秒。

生产渠　河水源于五龙潭诸泉，流经制锦市

生产渠（2009年2月摄）

地区，向北穿金冠花园后西北行，穿明湖西路后入华黎花园小区，被改造为小区内的景观河，自鲁能康桥小区流出入三孔桥街向北，至北园大街南侧拐向西，流入工商河。河道流长3650米，宽2～4米，深2～4米。三孔桥街是济南市泉水利用的最佳典范。

三、徒骇河水系

徒骇河为济南过境河道，自济阳县二太平镇进入济南，蜿蜒西北，先经济阳北部，至南河头又流经济阳、商河两县间，于商河展家出境。济南市境内河长64千米，位于干流河道的中部偏下，流域面积1418.2平方千米。右岸济阳县汇入的主要支脉有六六河、齐济河、牧马河、大寺河、芦兰河等，均南北流向；其中齐济河、大寺河源头分别位于天桥区桑梓店镇、大桥镇。

（一）齐济河。南起桑梓店镇朱河圈村，向北穿桑梓店镇石门孙村出境，经齐河县表白寺镇入济阳县孙耿镇，至济阳县二太平镇入徒骇河。境内流长11.4千米，流域面积64.6平方千米，最大排水流量59.8立方米/秒。

（二）大寺河。南起大桥镇鹊山水库，向北从大桥镇张公店村东北出境，至济阳县魏家铺闸入徒骇河。境内流长12.165千米，流域面积111.17平方千米，防洪水位19.9米，最大排水流量57.8立方米/秒。河槽上口宽16～25米，底宽8～10米，水深2.5～3米。

第三节 湖泊 水库

一、鹊山龙湖

鹊山龙湖位于黄河北展区内，规划范围南邻黄河，西靠建邦黄河大桥，北抵邯济铁路和鹊山调蓄水库北围堤，东至济南黄河大桥。

项目一期工程2005年12月22日开工建设，2007年12月31日竣工，累计投资2.4亿元。开挖土方446万立方米，形成水面面积1.33平方千米，塑造生态湿地面积1平方千米，绿化面积0.3平方千米。清澈的水面、成片的芦苇荡、水面上的野鸭、红彤彤的落日、岸边的钓鱼人，形成一幅美丽的画面，生态环境得到很大改善，冬天还有来此过冬的白天鹅。

鹊山龙湖（2008年9月摄）

二、金牛湖

金牛湖位于济南动物园内，在金牛山东北侧，东临工商河，北濒小清河，原是一片苇草丛生的沼泽地，兴建动物园时挖土造池，形成开阔的水面，湖中种莲藕、养鱼。1983年，绕池砌石岸，形成面积1.5万平方米的金牛湖，湖中置船，游人可于湖中荡舟戏水。湖岸植花草树木，东北部建有方形渔乐亭，西部拱形桥上建有霞亭，湖西南岸建有六角形枕波亭，湖东南部与水禽湖相连，有小巧玲珑的石拱桥。2010年，因小清河拓宽改造工程受损，金牛湖重新整修、改造。整修河岸、扩大湖面、岸边增植苗木、湖内新植莲藕等水生植物。经过2年改造，形成长260米、宽90米、湖面面积2.2万平方米、水深2.5～3米的新金牛湖。

三、鹊山水库

鹊山水库位于黄河以北，鹊山龙湖规划区内，北靠北展堤，东南临黄河大堤，西南抵大桥镇大王庙村，西北至北展大吴泄洪闸。1999年5月8日开工建设，1999年12月29日主体工程竣工通水。

鹊山水库由取水泵站、沉沙条渠、入库输水工程、入库泵站（2号泵站）及入库涵洞、调蓄水库、水库泄水闸、出库闸及出水泵站（3号泵站）、35千伏变电站、输水管线9部分组成，其中对水文有影响的为沉沙条渠和调蓄水库。

（一）沉沙条渠。东西轴线长3.7千米，平均宽0.52千米，围坝轴线面积1.95平方千米，分两条三期使用，使用水位分别为28.5米、30.5米、32.5米。

（二）调蓄水库。东西最大纵距5.08千米，南北最大横距2.32千米。围堤周长11.64千米，围堤轴线面积6.19平方千米；水库蓄水面积6.07平方千米，总库容4600万立方米，调节库容3930万立方米。设计蓄水位30.4米，死水位23.7米，堤顶高程32.4米，防浪墙顶高程33.44米，为均质土坝，基础作土工膜垂直防渗，坝身用复合土工膜防渗，干砌方块石做上游护坡，坝后作贴坡排水、排水沟和截渗沟。

第四节 地下水

一、地下水类型及含水岩组

根据区域水文地质条件和含水特征，区内地下水的类型及含水岩组可划分以下两种类型。

（一）松散岩类孔隙水。赋存于第四系松散沉积物中，特别是冲积、洪积砂砾石层中。主要分布于北部黄河冲积平原和城区山前冲洪积平原地带，因残积、坡洪积出露位置高、厚度小，相对贫水。

（二）碳酸盐岩类裂隙岩溶水。主要赋存于奥陶系、寒武系上统凤山阶厚层灰岩中。分布在城区山前石灰岩隐伏地带。由于石灰岩厚度大，出露广，裂隙岩溶发育，彼此连通，地下水水力联系密切，在重力作用下常有较为统一的区域水位。在济南南部，单倾构造南侧高、中部位地层出露，地表径流漏失，为岩溶水补给径流区；天桥区南部为岩溶水径流排泄区，地下水上升常形成泉。

二、地下水的运动及富集

水文地质条件受地质构造、地貌等条件的制约。从含水岩层的分布、地下水运动规律等区域水文地质条件分析，黄河—小清河冲积平原与泰山北翼中低山丘陵区具有明显的差异。

（一）黄河、小清河冲积平原潜水。以垂直方向的补给为主，其补给源主要有大气降水的入渗，次为地表水和灌溉水的回渗。辖区地势平坦，下垫面以黏质砂土、粉土为主，结构松散，透水性良好，地下水埋深浅，渗入途径短，极利于垂直入渗补给。其补给量受降水量、降水强度、地表径流量、灌溉水量、地下水埋深及下垫面土质、地貌等控制。其次为黄河侧渗补给。历史上潜水埋深一般在2米上下，故蒸发作用强烈，是为潜水的主要排泄途径。人工开采和侧渗沟河，也是重要的排泄途径之一。

区域内的潜水主要富集于黄河冲积而成的砂层富集带，呈连续条带分布。含水层主要为粉细砂、细砂，局部有中细砂、中粗砂，含水层厚度5～20米；浅层淡水底界面埋深40～60米。

（二）泰山北翼中低山丘陵区岩溶水和山前倾斜平原潜水。裂隙岩溶水含水层往往以一系列单斜构造覆于古老基岩之上，每一构造块断为一独立的岩溶水系统，具有相似的补径排特征。其内部一般可分为间接补给区、补给径流区和排泄区。它们在岩溶水的形成过程中具有不同的作用，相互依存，紧密相连，构成了统一的补径排系统。间接补给区和补给径流区位于济南南部中低山区和低山丘陵区。天桥区位于单斜构造前缘部位，则为岩溶水的排泄区，灰岩上覆盖厚度不大的松散岩类，若沿岩溶水运动方向遇有阻水岩层或阻水构造，致使岩溶水在此储存与富集。由于岩溶水受阻而产生壅水并承压，于地形低洼处往往出露，形成泉或泉群，如五龙潭泉群等，进而形成表流顺河道下泄经小清河入海。

山前倾斜平原处潜水—微承压水主要接受大气降水渗入补给，还得到地表水补给及岩溶水水平方向径流和顶托越流补给，流向与地形倾向基本一致。山前倾斜平原由一系列冲积扇组成，冲洪积扇形地含水层分布面积广，岩性为砂、中粗砂及夹卵砾层，含水层厚度 5 ~ 40 米，有较大储水空间，故其水量丰富。地下水的富集程度与冲洪积扇的规模大小有关。扇地规模大，含水层厚，颗粒较粗，富水性强，反之则弱。同时扇地顶部的富水性强，中下部相对减小。

三、地下水的动态变化

地下水动态变化取决于自然和人为因素的影响，而气象降水因素影响最为明显。从观测资料来看，对天桥区地下水动态起主导作用的是大气降水和人工开采两个方面。春季雨水少，工农业用水多，地下水位急剧下降，一般 6 月份地下水位最低；汛期降水多，地下水得到补给，水位开始上升，一般 10 月份达到年内最高水位。对于开采量较大或超采区，开采量大于补给量或采补量相当的情况下，地下水位呈下降趋势。如城区部分地下水位自 20 世纪 70 年代，已呈连年下降趋势，泉水喷涌量逐渐减少，进而枯竭，甚至干涸。由于济南市采取节约用水、减少地下水开采以及必要的回灌补源等保泉措施，五龙潭泉群自 2003 年 8 月 24 日恢复喷涌，已连续多年。可见人为因素对城区附近地下水运动的影响颇大。

不同的水文地质单元，年内地下水变幅差异较大。在济南南部补给和径流区，变幅为 30 ~ 60 米，甚至更大；在天桥区城区排泄区年变幅则小得多，一般为 2 ~ 4 米；黄河冲积平原第四系孔隙潜水，年变幅 0.5 ~ 2 米。

四、地下水化学性质

石灰岩地区裂隙岩溶水属重碳酸盐水，矿化度小于 0.5 克 / 升，pH 值在 7.2 ~ 7.6 上下，为弱碱性水，总硬度 3 ~ 12 德国度，属软水或微硬水，一般水温 18℃左右，是比较理想的水资源。

北部黄河冲积平原水化学类型较为复杂，水质具双层或多层结构。小清河沿岸是地下水的排泄自流区，属硫酸盐—氯化物或碳酸盐—氯化物型水，矿化度 1 ~ 2 克 / 升，属微咸水，pH 值 7.1 ~ 7.6，为弱碱性水，总硬度 10 ~ 100 德国度，属微硬水或硬水。

第五章　土　壤

天桥区土壤分为潮土、风沙土 2 个土类，5 个亚类。主要成土母质为黄河冲积母质。土壤肥沃，略偏碱性。

第一节　成土母质

境内大部耕地为黄河冲积母质：主要是黄河泛滥携带的泥沙，沉积下来的物质，分布在境内沿黄黄泛平原上。由于不断泛滥淤积以及水速流向的差异，其搬运和沉积物质颗粒大小也不一致，往往砂黏相间，层理交错，至使在 1 ~ 2 米内的土壤剖面层次变化复杂，出现较多的土体构型。土壤呈微碱性，颜色灰褐色，石灰反应强烈，表层质地较复杂，砂、轻、中、黏都有。黄河冲积母质是天桥区潮土和风沙土的主要成土母质。

第二节　土壤类型及分布

一、潮土

原称为冲积土，其母质为黄河冲积物，是受地下水潮化作用影响，经过耕作熟化而形成的土壤类型。根据土壤分类系统，划分为普通潮土、湿潮土、盐化潮土 3 个亚类。由于潮土所处地势平坦，地形微有起伏，坡降很小，土层深厚，水源丰富，现大部分土壤已成为天桥区粮、棉、油生产基地。但有部分土壤因地下水位高，地面排水不畅，形成盐化潮土、湿潮土，阻碍农业生产的发展。

（一）普通潮土亚类。此亚类集中分布于北

部黄泛平原上，常与湿潮土、盐化潮土镶嵌分布。潮土亚类耕作层下有大量锈纹锈斑，土壤剖面冲积层次明显，通体石灰反应强烈，呈碱性反应，pH 值高于 7.5。潮土亚类所处地形平坦，土层深厚，耕作熟化程度较高，是重要的粮食、棉花、蔬菜、瓜果生产基地，也是潮土土类中生产性能最好的土壤亚类。

（二）湿潮土亚类。此土壤类型，主要分布在北部黄泛平原靠近黄河的蝶形洼地上，潜水埋深 0.5 ~ 1 米，是在较短期积水或长期较高位潜水条件下形成的土壤，土色较暗，土质黏重，潜育化明显，氮化过程较弱，土体中有较多锈纹锈斑，通体石灰反应强烈。境内该亚类分布占潮土面积极少部分。

（三）盐化潮土亚类。此亚类分布于黄泛平原上。盐化潮土中附加盐化过程的土壤，因地下水位浅，多在 1.5 ~ 2 米之间，加之地下水矿化度高，在 1 ~ 3 克 / 升之间。地下水在土壤毛管作用下，沿土体上升到地表，并蒸发掉水分，水去盐留，使盐分积累在土壤表层，地面常见盐霜或盐斑，尤以干旱季节最为显著，使土壤 20 厘米土层中含盐量高达 0.1% ~ 1% 以上，危害农作物的生长，缺苗断垄现象严重。此外，土壤母质乃黄河冲积物，心土层或底土层有锈纹锈斑，通体石灰反应强烈，显碱性。

二、风沙土

主要分布在黄河沿岸决口处，境内风沙土由黄河泥沙沉积而成。由于河水的分选作用，在决口附近为扇形的沙质冲积物。因其质地轻、无黏结性、易随风飞扬，故名风沙土。风沙土有半固定冲积风沙土、固定风沙土 2 个亚类。

第三节　土壤主要养分状况

按照国家分级标准，全区耕层养分有机质属四级，全氮、速效钾均属三级，有效磷属二级，缓效钾属一级。全区土壤含氮、磷、钾丰富，略偏碱性。

一、土壤有机质

土壤有机质是土壤固相的组成成分之一。尽管土壤有机质仅占土壤重量的很小一部分，但在土壤肥力、环境保护和农业可持续发展方面却具有十分重要的作用和意义。境内土壤有机质平均为 16.8 克 / 千克。

二、土壤 pH 值

土壤的酸碱度是土壤形成过程综合因子作用的结果，土壤酸碱度参与土壤的许多化学反应，是土壤肥力重要指标之一。境内土壤 pH 值众数为 8。

三、土壤全氮

土壤供氮能力弱，已成为限制作物增产的主要因素，施肥时应首先考虑施足氮素。不同土类、气候条件、耕作制度和施肥水平对土壤氮素的状况影响很大。境内土壤全氮含量平均为 1.1 克 / 千克。

四、土壤有效磷

土壤磷素按其化学结构分为有机态磷和无机态磷，分别占全磷量的 10% ~ 30% 和 70% ~ 90%；按其溶解度可分为水溶性磷、弱酸溶性磷、难溶性磷。土壤水溶性磷和弱酸溶性磷，称为土壤有效磷，其含量约占土壤全磷的 1%。土壤熟化程度越高，农家肥与磷肥用量越大，土壤有效磷含量也越高。土壤有效磷含量的高低是衡量土壤肥力的重要指标。境内土壤有效磷平均含量为 30.42 毫克 / 千克。

五、土壤缓效钾及速效钾

境内速效钾平均含量为 115.23 毫克 / 千克，缓效钾平均含量为 700 毫克 / 千克。

第六章 植 被

天桥区植被按其分布区域和植物组成划分可分为森林植被、灌木草丛植被、草甸植被和农业植被4个类型。

第一节 森林植被

天桥区现有成片森林皆为人工栽培森林。森林植被分为针叶林、落叶阔叶林、竹林3大类。

一、针叶林

分布于山丘。主要由松林和侧柏林组成。松林树种主要有赤松、油松、黑松3种，以赤松为多。松林多为松树和刺槐、松树和侧柏的混交林。

（一）松林。林下植物种类较多。灌木主要有绣线菊、胡枝子、溲疏、连翘、照山白、锦带花、欧李、三桠乌药、锦鸡儿、铁扫帚、黄荆、酸枣等。藤本有南蛇藤、葛藤等。草本植物有野古草、结缕草、羊胡子草、地榆、桔梗、铃兰、蕨类、百里香、鸡眼草、蒿类、黄背草等。

（二）侧柏林。多为侧柏与刺槐、侧柏与五角枫、侧柏与黄栌等混交林。林下植物种类少而稀疏。常见的灌木有黄荆、酸枣、胡枝子、连翘等。草本植物主要有黄背草、白羊草、狗尾草、结缕草、鹅冠草、委陵菜、紫花地丁、珍珠菜、地柏、苦菜等。

二、阔叶林

主要包括杨柳林、刺槐林、杂木林、经济林及人工灌木林。

（一）杨柳林。主要分布在沿黄平原及山前平原区。杨树林由毛白杨和各类杂交杨构成，柳树林由旱柳、垂柳构成。杨树、柳树多用以营造沿黄防护林、农田林网、围村林及小片速生丰产林。杨柳林下除有少部分人工栽培的紫穗槐、杞柳、白腊条等灌木外，其他一般无野生灌木层。草本植物亦很稀疏、纤弱。杨树林下的草本植物主要有野古草、狗尾草、小蓟、苦菜、马唐、鹅冠草等。柳树林下常见的草本植物有狗尾草、荻、白茅、木贼、旋复花等。

（二）刺槐林。主要分布在低山坡及沟谷一带，沿黄平原区有成片人工林。人工刺槐林多为纯林，山坡下部的刺槐林内有少量山槐、苦楝、臭椿等杂木混生。刺槐林下灌木及草木植物有白羊草、鬼针草、结缕草、委陵菜、石竹、黄芪、白头翁、毛茛等。在湿润山谷处林下灌木稀少，主要有胡枝子、芫花、草本樨状紫云英等。草木植物有野古草、黄背草、鹅冠草、马唐、刺儿菜、茵陈蒿、紫菀等。

（三）杂木林。主要指在“四旁”（村旁、宅旁、路旁、水旁）栽植小片树林，其组成树种丰富多样，主要有杨柳、榆、泡桐、刺槐、国槐、合欢、臭椿、香椿、悬铃木、青铜等树及桃、杏、李、石榴、樱桃、葡萄等杂果树。

（四）经济林。主要有苹果、梨、桃、杏、李、樱桃、大枣、软枣、山楂、葡萄等果树及花椒树组成。杏、花椒等多在低山坡脚。苹果、梨、桃、葡萄等果树多在山坡下及平原区集中连片形成果园。

（五）人工灌木林。主要包括紫穗槐林、杞柳林、白腊林3类，多作条编用。杞柳、白腊灌木林主要分布在沿黄平原区，紫穗槐林在平原及低山坡皆有栽培。

三、竹林

主要在公园、庭园及寺观周围的零星小块状栽植。竹林多为淡竹。淡竹林下一般无灌木，草本植物亦极稀疏，且生长纤弱，主要有鬼针草、龙牙草、紫花地丁、车前子等。

第二节 灌木草丛植被及草甸植被

灌木草丛植被和草甸植被皆属野生自然植

被，其分布区除前节所述外多为荒山荒滩区。

一、灌木草丛植被

天然灌木林，是封山育林形成的次生杂木植被，其组成树种既有黄栌、黄连木、绣线菊类大灌木，亦有山槐、白腊、山榆、臭椿、栾树、黑弹树等小乔木。

草丛植被主要有黄荆、胡枝子、酸枣、草本樨状黄芪、木蓝等。草本植物以狭叶型禾木科草类分布最多最广，其他草本植物有大油芒、荻草、火绒草等。

二、草甸植被

分为山地草甸植被和平原草甸植被。

（一）山地草甸植被。主要分布在山顶平坦处。植物群落是胡枝子、苔草群落。

（二）平原草甸植被。主要在湖边、河滩处及平原区的小片荒地和田边地头上。在河、湖边，其植物群落为较耐潮湿和耐盐碱的白茅群落、芦苇群落和马绊草、白茅、芦苇群落。其他植物有茵陈、蒿、节节草、扫帚菜、紫菀、曲曲牙、紫花苦菜、狗牙根、水蓼及罗布麻、柽柳等。在小片荒地和田边地头上，其植物群落为马唐、狗尾草群落，其伴生植物有鹅观草、小蓟、地锦草、米口袋、蒺藜、苦菜及胡枝子、酸枣等。

第三节　农业植被

天桥地区的农业生产历史悠久，早在四五千年以前，境内平原区即被垦为农田，开始种植粮食、蔬菜、果木，近代发展为农田林网、林（果）粮间作型的农业植被，使单纯的农业植被逐渐发展为良好的农林复合植被。

农业植物主要分布在沿黄平原区。主要栽种植物有小麦、玉米、水稻、大豆、棉花、花生、蔬菜、水果等。

一、粮食作物

主要有小麦、水稻、玉米、大豆等。

二、油料作物

花生性喜温、较耐旱，需钙特多的土壤，为天桥区的主要油料作物。

三、经济作物

棉花生产历史悠久，宋、元、明时期境内就有棉花栽培。1949 年中华人民共和国成立前主要品种有小白花、小紫花，中华人民共和国成立后引进 2B、4B，五爱棉、岱字 15 等，1980 年后引进鲁棉 1 号、鲁棉 6 号，2000 年始种植鲁棉 22 号、鲁棉 28 号、鲁棉 40 号、GK35、鑫秋 135 等。

蔬菜种植品种较多。主要有萝卜、芹菜、菠菜、黄瓜、茄子、西红柿、白菜、莲藕、韭菜、豆角、葱、辣椒、甘蓝、土豆、生菜等。

苹果树、梨树、桃树种植已具规模，枣树、杏树、石榴、葡萄等在院内房前零星栽植。

此外，还有小面积的百合和薰衣草种植。

第七章　自然资源

天桥区土地总面积 25897 公顷。境内多年平均水资源总量 4524 万立方米，平均可利用水资源量 4228.1 万立方米。矿产资源有砂、石、黄河淤泥及地热、煤。植物资源种类繁多，有 1000 余种和变种，分属于 140 余科；动物资源分为野生（陆栖脊椎动物、陆栖无脊椎动物、淡水动物）、饲养 2 大类，其区系成分为华北黄淮平原区。

第一节　土地资源

1992 年，全国第一次土地详查资料显示：全区土地总面积 7331.1 公顷。其中，耕地 1882.2 公顷，占土地总面积的 25.674%；园地 19.3 公顷，占土地总面积的 0.263%；林地 310.7 公顷，占土地总面积的 4.238%；牧草地 6.1 公顷，占土地总面积的0.083%；居民点及工矿用地3445公顷，占土地总面积的46.992%；交通用地221.5公顷，占土地总面积的3.021%；水域1130公顷，占土地总面积的15.414%；其他未利用土地316.3公顷，占土地总面积的4.315%。

2009年，全国第二次土地详查资料显示：全区土地总面积25896.8公顷，其中耕地9952.8公顷（水田316公顷、水浇地9365.9公顷、旱地270.9公顷），占土地总面积的38.433%；园地99公顷，占土地总面积的0.382%；林地1928.7公顷，占土地总面积的7.448%；草地207.0公顷，占土地总面积的0.799%；城镇村及工矿用地8232.4公顷，占土地总面积的31.789%；交通运输用地1258.0公顷，占土地总面积的4.858%；水域及水利设施用地3968.7公顷，占土地总面积的15.325%；其他未利用土地250.2公顷，占土地总面积的0.966%。

第二节 水资源

天桥区的水资源来自大气降水、过境河流和部分地下水。境内多年平均水资源总量4524万立方米，其中地表水量3537.6万立方米、地下水量986.4万立方米；平水年（50%），水资源总量4642.7万立方米，其中地表水量3685.2万立方米、地下水量957.5万立方米；偏枯年（75%），水资源总量5126.3万立方米，其中地表水量4266万立方米、地下水量860.3万立方米；特枯年（90%），水资源总量5468万立方米，其中地表水量4906万立方米、地下水量562万立方米。黄河水是农业灌溉和城乡饮用水的主要水源。

第三节 矿产资源

天桥区主要矿产资源有砂、石、黄河淤泥及地热、煤。黑砂石，又名“济南青”，坚硬色黑，研磨后有美丽光泽，是坚固名贵的装饰材料，主要分布于北部孤山丘中。青砂储量丰富，是重要的建筑材料，主要分布于无影山、黄岗岭一带。药山、鹊山岩石标本经岩矿鉴定，显微镜下检验含有辉石、阳起石、石英、长石、黑云母、磁铁矿、褐铁矿、斜长石、橄榄石等矿物成分，矿物含量从2% ~ 58%不等。据中国古代中药专著记载：阳起石、长石、石英都是矿物类中药材。阳起石治疗肾气乏绝，长石治疗胃中结气；石英是治疗肺疾的要药。黄河淤泥分布于黄河河道两侧，是烧砖用的重要原料，可有效减少耕地资源的开采。地热资源是区内的清洁能源，主要分布在西、北部，适用于旅游开发、疗养、养殖、娱乐休闲。煤炭资源分布于黄河以北桑梓店镇、大桥镇，与济阳煤矿分布区一起形成济北煤田，总储量多达12亿吨，为特大型煤矿。

第四节 生物资源

一、植物资源

天桥区植物资源种类繁多，有1000余种和变种，分属于140余科。其中，木本植物77科、199属、417种、120变种（包括变形、亚种和栽培变种）。木本植物中，裸子植物6科、16属、34种、15变种；被子植物71科、183属、383种、105变种。境内植物区系以华北成分占绝对优势，其他有亚热带成分，多是生态幅度较大的种类。还有来自西北区系、东北区系、日本、欧美的成分。乡土树种主要有侧柏、榆、黄栌、构树、酸枣、旱柳、垂柳、荆条等，特有树种有山东枸子和单叶黄荆2种，引进树种主要有苹果、悬铃木属、刺槐、东京樱花、女贞、白蜡等。

（一）杂草类植物。有车前子、蒲公英、柴胡、半夏、薄荷、生地、藿香、益母草、地筋草、黄草、白草、艾、茵陈、麦蒿、芦草、荠菜、苦菜、野菊花、苍术、猪毛菜、灰灰菜、马齿苋等。

（二）浮游植物。有长尾遍裸藻、多甲藻、最小胶球藻、弯曲尖头藻、月牙藻、空星藻、小环藻、黄丝藻等65种。

（三）水生维管束植物。有24科、38属、60余种。常见沉水植物有马来眼子菜、光叶眼子菜、轮叶黑藻、聚草、菹草、金鱼藻、轮生藻、苦草等；漂浮植物有槐叶萍、水浮萍、水浮莲、水花生、绿萍、紫背浮萍、芜萍、风眼莲等；浮叶植物有睡莲、荇菜、萍蓬菜等；挺水植物主要有芦苇、莲藕、香蒲、莎草、慈姑、菰、芡、菱、菖蒲、千金子、荆三陵、稗、旱苗蓼、软蓼等。

（四）城市绿化观赏植物。有62科、139属、304种、47个变种和18个变型。主要有银杏、雪松、白皮松、水杉、侧柏、毛白杨、垂柳等。抗污染治尘能力强的环保植物有核桃、悬铃木、臭椿、皂荚、小叶女贞等。

（五）珍贵树种。有雪松、石楠、银杏、白皮松、桧柏、龙柏等。稀有树种主要有大叶菊、榔榆、珊瑚朴、青檀、白玉兰、紫玉兰、山东枸子等。百年以上的古树种类有侧柏、国槐、青檀、皂荚、银杏、桧柏。

二、动物资源

天桥区动物资源分为野生、饲养2大类，其区系成分为华北黄淮平原区。

（一）陆栖脊椎动物。200余种，其中两栖类6种、爬行类10种、鸟类160余种、哺乳类30余种。鸟类有麻雀、大山雀、喜鹊、灰喜鹊、秃鼻乌鸦、白颈乌鸦、野鸽子、斑鸠、啄木鸟、老鹰、红隼、凤头百灵、翠鸟、黄鹂、雉、鹌鹑、山鸡等；还有金腰燕、家燕、楼燕、白腰雨燕、夜鹭、小白鹭、苍鹭、大苇莺、嗄叭嘴、大杜鹃、小杜鹃、四喜杜鹃、布谷鸟等夏候鸟，大雁、水鸭子、大天鹅、灰鹤等冬候鸟。哺乳类30余种，分为食虫目、翼手目、啮齿目、兔形目和食肉目，有刺猬、蝙蝠、鼠、松鼠、赤腹松鼠、草兔、黄鼬等。两栖类有大蟾蜍、黑斑蛙（青蛙）、金线蛙、花背蟾蜍、泽蛙、北方狭口蛙，均属无尾目。爬行类10种皆属有鳞目，分为蜥蜴和蛇两个亚目；蜥蜴亚目中有麻蜥、无蹼壁虎、石龙子；蛇亚目中有黄脊游蛇、红点锦蛇、白条锦蛇、棕黑锦蛇、黑眉锦蛇、虎斑游蛇。

（二）陆栖无脊椎动物。环节动物有蚯蚓、蚂蟥等。软体动物有蜗牛。节肢动物主要包括多足纲（如蜈蚣）、甲壳纲（如虾、蟹等）、蛛形纲（如蜘蛛、蝎等）和昆虫纲。

（三）淡水动物。主要有浮游动物、底栖动物和鱼类。浮游动物是鱼类的重要饵料，主要有原生动物、轮虫类、枝角类和桡足类组成；原生动物有聚屋滴虫、各种变形虫、普通表壳虫、放射太阳虫、各种收管虫、螅状独缩虫、树状聚缩虫、各种钟虫、各种累枝虫、喇叭虫等；轮虫类有轮虫、多肢轮虫、腔轮虫、叶轮虫、龟甲轮虫等；枝角类有象鼻蚤、蚤状蚤、模糊裸腹蚤、驼背盘肠蚤、柔状直蚤、晶莹仙达蚤、各种秀肢蚤、长刺蚤等;桡足类有剑水蚤、镖水蚤、猛水蚤等。底栖动物以螺类、水生寡毛类为主，主要有中华园田螺、椭圆萝卜螺、背角无齿蚌、圆顶珠蚌、褶纹冠蚌、尾鳃蚓、水颤蚓、水丝蚓、水蚯蚓、沼虾、中华长臂虾、细足米虾、中华绒螯蟹、丰年虫、蚌壳虫、介形虫、摇蚊幼虫、蜻蜓幼虫、龙虱等。鱼类有草鱼、青鱼、赤眼鳟、马口鱼、三角鳊、团头鲂、花鲴鱼、黄河鲤、红鲤、鲫鱼、日本鲫、白鲢、花鲢（鳙鱼）、泥鳅、花鳅、鲶、鳜、圆尾斗鱼、叉尾斗鱼、乌鱼（乌鳢）、黄鳝、刺鳅等。

（四）饲养动物。饲养动物主要有牛、马、驴、骡、猪、羊、兔、狗、猫、鹿、貂、鸡、鸽、鸭、鹅等。养殖鱼类主要有白鲢、鳙鱼、鲤鱼、草鱼、鲫鱼、团头鲂、罗非鱼、细鳞斜颌鲴、鳊鱼等20余种，其中罗非鱼是国际粮农组织向世界推荐的4种优良养殖种类之一。

第八章　自然灾害

1991—2012年，天桥区自然灾害主要有旱灾、水灾、大风、寒潮，大雪影响不大；地震仅发生1次，且震级较小。随着环境污染加重，扬沙、雾、霾带来的影响越来越大，且呈上升趋势，逐渐引起人们重视。

第一节 旱 灾

旱灾是天桥区主要灾害之一，各季均有发生，也常有春夏、夏秋、秋冬春等连旱发生。春季更有“十年九旱”之说。

1992 年，天桥区降水量比常年减少 193.1 毫米。全区受害农田面积 107 公顷。

1993 年，麦收前，全区旱灾严重，受灾面积 84 公顷。

1997 年 8 月，地下水位出现历史同期最低水位（23.94 米）。

1999 年，自 7 月 19 日降 43.4 毫米的大雨后，降水持续偏少，造成大面积伏旱。

2000 年，3 月至 4 月底天桥区降水量仅 26.6 毫米，较常年同期少 23.4 毫米。由于旱情严重，小麦春季分蘖少，亩有效茎数少，有的提前抽穗。

2002 年，天桥区降水量出现新低，比常年减少 277.6 毫米。主要受灾作物是玉米。

2003 年 5 月 29 日—6 月 8 日降水量 6 毫米，较常年偏少 13.1 毫米。6 月 6 日、7 日、8 日三天连续出现干热风天气，部分地块出现重旱，导致夏玉米不能播种。

2005 年，由于 3 月降水少，4 月气温回升快，降水持续偏少，农田蒸散量大，部分无水浇条件的农田出现旱象。6 月上、中旬降水少，气温持续偏高，且风速较大，农田蒸散量大，失墒较快，全区农田大面积受旱，部分套种玉米出现受旱死苗现象。6 月 26 日全区普降大到暴雨 70 毫米以上，旱情缓解。

2006 年，春、夏、秋季均有干旱发生。4 月底小麦受旱，影响春播；进入 7 月份，降水偏少，其中 7 月 1 日—24 日降水量为 48.4 毫米，较常年偏少 110.8 毫米，7 月下旬出现旱象，主要受灾作物是玉米；9 月份降水持续偏少，气温明显偏高，10 月上旬出现旱象，干旱持续时间长、影响范围大，造成严重经济损失。

2007 年 3 月上旬前期，全区普降大雨、局部暴雨，自 2006 年秋持续的干旱得以解除。3 月中旬后降水偏少，到 4 月份初显旱象，5 月下旬降水增多，局部旱情缓解，但旱情仍持续发展。6 月上旬气温较常年偏高，旱情有所加重。到 6 月中旬末，全区普降中雨，旱情解除。

2008 年 10 月—2009 年 2 月 4 日，无有效降水，小麦受旱，受旱麦田多为播种偏晚冬前无分蘖地块。

自 2010 年秋季以来，降水持续偏少，造成秋、冬连旱，至 2011 年 2 月 20 日，全区降水量 11.5 毫米，较常年同期偏少 80% 以上。2 月下旬、4 月下旬出现有效降水，旱情有所缓解；5 月 8 日—10 日全区出现降水过程，降水量 38.5 毫米，旱情解除。

2012 年，天桥区降水量比常年减少 165.1 毫米。1 月—3 月降水量 19.5 毫米，较常年同期（28.2 毫米）偏少 31%。

第二节 水 灾

一般水灾，以洪涝灾害为主。天桥区水灾多因暴雨积水引发，有明显季节性。

1993 年 6 月 22 日 18 时 50 分，天桥区遭受暴风雨袭击，造成多条供电高压线、低压线破坏，近 1/6 的用户断电，至 23 日 23 时恢复正常送电。

1994 年 6 月 29 日—7 月 7 日，连降大到暴雨，制锦市、北坦、纬北路、刘家庄、陈家楼、天桥东街、官扎营、宝华街、堤口路、无影山、工人新村南村、工人新村北村、北园镇 13 个街道（镇）遭受不同程度的灾害。

1994 年 8 月 6 日，天桥区普降暴雨到大暴雨，降水量 188 毫米。由于降雨量大、时间短，造成部分河道、水渠漫溢，部分居民住宅和工厂进水，部分农田被淹。此次降雨对全区造成巨大经济损失。本次天气过程的天气形势背景是：7 月下旬到 8 月初，由于副热带高压长时间控制山东上空，造成全区日最高气温在 36℃以上，其中 8 月 4 日最高气温 38℃。持续高温是形成 8 月 6 日大暴雨的天气前期条件。本次大暴雨天气过后，气温骤降，平均气温下降 10℃，7 日—8 日全区出现入夏以来少有的凉爽宜人天气。

1996年7月5日16时，浓厚的乌云自北而南迅速控制天桥上空，天空顿时漆黑一片，街道上的汽车只能开亮大灯缓缓行驶。16时20分，降大暴雨，街道水流成河。降雨持续2个小时，降水量60毫米。据山东省气象局分析，该时期济南气温居高不下，暖空气急剧上升，又逢高空冷空气较强，形成强烈对流，大气层极不稳定。从德州、滨州一带生成的不稳定云团，移至济南上空，加剧了天气形势的变化。由于空气中水分含量很高，形成约10千米厚的雷雨云层，阻断日光，致使天桥“黑夜”提前降临。极为活跃的冷暖空气造成较为强烈的雷雨大风天气。由于云团较窄，虽然降水强度大，但持续时间较短。

8月18日，由于连降暴雨和黄河洪峰到达泺口，鹊山滩区淹没土地面积570.67公顷，损失房屋、蒙古包、温室大棚51间（个），冲毁机井19眼、提水站4座，道路、桥梁被冲毁，电力、通信线杆损坏，直接经济损失1099万元。

2000年8月8日20时—10日06时，受西风槽和副热带高压边缘西南气流的共同影响，天桥区降暴雨，降水量73.8毫米，降雨主要集中在9日15时至16时，降雨时间短，来势猛，造成城区道路积水，通行受阻，部分低洼地区房屋进水；农田被淹，部分农房受损。

2005年9月16日、19日，天桥区出现暴雨天气。这两次暴雨，由于雨量大、降水持续时间短，造成城区低洼地段、桥涵等多处积水，对交通造成影响。同时部分处于低洼处的民房、仓库被淹。由于连续出现暴雨天气，造成农田含水量大，农田过湿，影响秋收、秋播，导致全区大部分小麦播种较常年晚10天～15天。

2006年5月4日夜间至5日，全区普降大到暴雨，受暴雨影响，道路积水，部分低洼地区房屋进水。

2007年7月18日下午到夜间，受冷空气和强盛西南暖湿气流共同影响，天桥区出现历史罕见的强降雨过程，并伴有雷电及短时大风。这次特大暴雨造成20余条道路积水1米以上，部分涝洼地段最深积水4米以上。造成多人因溺水、墙体倒塌、触电死亡，多人受伤；多间房屋倒塌损坏，居民受灾严重；多台车辆因被水淹没而受损。城市基础设施遭受重大损失，道路毁坏、井盖被冲失、多条线路停电，交通一度处于瘫痪状态。工商企业遭受很大损失，多家企业进水受淹。黄河以北大桥镇、桑梓店镇农田被淹。

9月25日—10月12日，出现连阴雨天气，降水量较常年同期偏多235%；连阴雨天气期间，有16天无日照。气温较常年同期偏低2.5℃。连续阴雨天气，造成收获玉米发霉、变质，品质下降。致使9月下旬后期至10月中旬前期多数农田表墒呈过湿状态，严重影响秋收、秋种。

2009年5月9日傍晚至10日上午，受西南暖湿气流和冷空气共同影响，天桥区出现春季历史上罕见的大暴雨，并伴有大风。降雨导致城区积水，交通受阻，农作物受灾。降水量147.6毫米，创历年同期之最；极大风速15米/秒。暴雨造成城区低洼地区、低洼路段和铁路立交道积水严重，积水严重路段实行交通管制，多辆车辆被淹，部分居民家中和地下室进水。

2010年7月19日凌晨到夜间，受副高边缘西南暖湿气流和低涡切变线的共同影响，天桥区出现暴雨过程。全区最大降水量80毫米，出现在桑梓店镇。

8月8日—14日，受副热带高压边缘西南暖湿气流和西风槽共同影响，天桥区连阴雨，降水量84.9毫米。这次连阴雨天气造成局部地区出现积水，排水不畅的地块出现内涝。

8月19日—20日，受副热带高压边缘西南暖湿气流和低层切变线的共同影响，天桥区出现暴雨，并伴有雷电。19日零时至20日8时，降水量104.5毫米。暴雨造成低洼路段和铁路立交道积水严重，部分居民家中和地下室进水。

2011年8月10日—12日、15日—20日，出现2次雨量较大的连阴雨天气，降水量188.5毫米。玉米扬花授粉受到影响，造成秃尖率高，大部分玉米发育期较常年偏晚。

9月11日—19日，天桥区出现连阴雨天气，过程降水量102.4毫米。持续阴雨寡照天气，对农业生产影响较大，影响玉米灌浆造成减产，影响棉花裂铃吐絮和采收，花生、大豆霉烂、长芽，蔬菜受灰霉、菌核等病害。

第三节 风灾 寒潮

冬季冷空气频繁南下，易出现偏北大风；春秋过渡季节，偏北、偏南大风交替出现；夏季强对流天气常常伴有大风。大风灾害主要发生在春末、夏初，多由强对流天气造成，其持续时间短，但破坏性很大。

寒潮是冬季影响天桥区的灾害性天气，它带来的低温、霜冻、大风使农作物受灾，还导致河流封冻。

山东省规定的霜冻标准为：地面最低温度≤0℃或出现白霜。入秋以后出现的霜冻称为早霜冻，春季回暖后出现的霜冻称为晚霜冻。初霜多出现在10月下旬至11月上旬，终霜多出现在3月下旬至4月上旬。

一、风灾

2000年4月9日15时15分至16时10分，天桥区出现大风天气，并伴有沙尘暴和雷雨。持续时间55分钟，平均风力7～8级，个别阵风达10级，瞬时最大风速28.1米/秒，出现沙尘暴时，水平能见度极差，仅十几米，室内亮起电灯，机动车辆需打开车灯行驶。风吹枝断及杂物致使行人和建筑工人受伤，各大医院外伤病人增多。冬春以来，干旱少雨，气温偏高，地表干燥状况大，植被不断减少，地表裸露现象严重，是造成此次沙尘暴天气的重要原因。

2006年4月16日、17日，天桥区出现大风天气，瞬时风速为22.1米/秒，大风将部分树木和广告牌刮倒，造成多人受伤。

4月28日，最大风速达到26米/秒（风力10级），大风造成枯木拦腰折断砸穿房屋、广告牌砸坏汽车、行人被倒塌的砖墙砸伤。

2009年7月23日夜间，受局部强对流影响，天桥区出现大风天气，并伴有雷电、降水。大风造成部分农作物倒伏，树木刮倒。

2010年4月26日，受冷涡横槽影响，天桥区出现大风天气，自16时10分开始至55分结束，极大风速24.5米/秒，造成蔬菜大棚和小拱棚损坏。

2011年1月上旬，出现3天偏南大风，部分燃煤取暖用户因煤烟倒灌而发生煤气中毒事故。

二、寒潮

1993年11月16日—20日，连降雨雪；11月23日，极端最低气温为-9.3℃，最大积雪深度22厘米，积雪日数10天；大白菜有90%被大雪埋在地里，因低温冻坏，菜农损失较重。

2000年1月24日夜间，北风增大，气温迅速下降，25日最低气温-14℃。

1月31日，受寒流影响，大风降温，2月1日最低气温达-13.3℃。

2002年4月23日—25日，受强冷空气影响，气温急剧下降，出现低温冷害，致使正在开花的小麦授粉不良，部分麦田出现籽粒自行干缩现象。

2002年12月下旬至2003年1月中旬，气温明显偏低，当年小麦播种较晚，分蘖很少，造成小麦受冻。低温天气使全区大棚蔬菜及水果遭受冻害。

2007年3月3日—4日，受西南暖湿气流和冷空气的共同影响，全区普降大雨，气温降幅较大，6日早晨的最低气温降至-6.4℃，致使部分小麦受冻。

2008年12月20日夜间，受强冷空气影响，北风增大，气温明显下降，22日最低气温-13.2℃。

2009年4月15日昼间，出现大风和降雨天气，气温开始下降，降温幅度较大，16日出现霜冻，造成小麦受灾。

2010年10月24日—27日、11月13日—15日，天桥区分别出现寒潮天气，寒潮持续时间短、回暖快，对农业影响不大；但气温骤降造成患心脑血管和感冒等疾病人数增加。

第四节 其他气象灾害

危害较大的气象灾害还有扬沙、干热风、雾、霾、大雪、酷热等。1991—2012年，地震仅发生1次，且震级较小。

1998年4月16日清晨，天桥上空变成黄色，越来越暗，至7时5分，突然天昏地暗；约5分钟后天空开始变黄变亮，随后降下零星小雨，雨点含黄土，实为"泥点"；10时后能见度开始好转。此现象在山东省较为罕见。

1999年1月8日0时30分57秒，天桥区与齐河县交界处（北纬36.75度、东经116.93度）发生2.3级地震，震源深度22千米。由于震级较小，对当地生产、生活影响不大。

2004年11月24日，受冷空气和西南暖湿气流共同影响，23时20分开始降雪至25日16时20分结束，降水量29.8毫米，积雪深度15厘米。造成部分蔬菜大棚被压塌。

11月—12月，出现13天大雾天气，能见度极差，影响交通，造成高速公路关闭；雾大光照少，影响栽培作物的生长发育，并易染病害。

2005年6月上、中旬，出现11天干热风天气，多为轻干热风，又处在小麦收获期，对小麦产量影响不大。

6月23日、24日，天桥区出现酷热天气，日最高气温41℃。

10月12日、27日，11月5日，11月19日—22日，12月30日，出现大雾天气，能见度差，影响交通，造成高速公路关闭；雾大光照少，影响栽培作物的生长发育，并易染病；空气质量明显下降。

12月30日—2006年1月4日，连续5天大雾，能见度差，影响交通，高速关闭，空气质量差。

2006年11月19日、12月26日出现大雾天气，造成高速公路封闭，空气质量明显下降。

2006年冬季，出现大雾天气多达20天，其中2006年12月和2007年1月分别出现7天，2007年2月出现6天。受其影响，高速公路相继封闭，公路交通事故多发。

2007年，春季出现大雾天气8天；秋季各月均出现大雾天气，9月7天，10月7天，11月8天，12月多达11天。

2008年，1月出现大雾天数3天、2月1天；春季出现大雾天气3天，夏季6天；秋季各月均出现大雾天气，9月2天，10月4天，11月2天；进入12月后未出现大雾天气。大雾造成高速公路封闭，影响交通。

2009年11月11日夜间至12日昼间，受强冷空气和西南暖湿气流共同影响，天桥区出现历史罕见的暴雪天气，降雪量24.8毫米。这次暴雪过程造成部分危房和蔬菜大棚被压塌，城区发生多人骑摩托车、电瓶车、自行车滑倒摔伤和部分车辆由于路滑发生追尾事故。

2010年2月10日夜间，天桥区降中到大雪，出现积雪、道路结冰，致使高速公路封闭，影响交通。

2月28日—3月1日，降大到暴雪，道路积雪、结冰，致使境内高速公路全部封闭，影响交通，发生多起交通事故。

2010年，天桥区出现霾天气19天，除2月—5月未出现外，其他各月均有出现。霾天气造成空气质量极差，天空灰暗，不见日光。

2011年11月4日—5日、17日—18日，12月3日—7日，天桥区出现连续多日大雾天气，造成境内高速公路封闭，影响交通；空气质量明显下降。

2011年，天桥区出现霾天气32天，除3月、9月未出现外，其他各月均有出现，仅12月份就高达8天。

2012年12月14日—15日、28日—29日，天桥区出现连续大雾天气，造成境内高速公路封闭，影响交通。

2012年，天桥区出现霾天气43天，除4月未出现外，其他各月均有出现，10月份连续多日出现，空气质量极差，呼吸道疾病患者剧增。为防备PM2.5对身体的侵害，居民大量购买防PM2.5口罩，造成防PM2.5口罩脱销。

第三篇

人口与计划生育

1991—2012
TIANQIAO QU ZHI

2012年12月10日，天桥区“2012年度人口和计划生育目标责任管理考核汇报会”召开。

大桥镇出动流动宣传车进行计划生育宣传（2012年9月摄）

1991年始，全区坚持“三不变”（党政一把手亲自抓负总责不变、现行计划生育政策不变、既定人口控制目标不变）、“三为主”（宣传教育为主、避孕为主、经常性工作为主）的人口与计划生育工作方针，实行人口目标责任制，促进人口与经济社会协调发展。计划生育逐步成为全区人民群众的自觉行动，人口过快增长势头得到有效控制，人口发展步入低出生、低死亡、低增长的现代人口再生产类型阶段，全区人口素质明显提高。1991年，全区总户数116802户，总人口352879人。进入21世纪后，天桥区外来务工、经商人员增多。计划生育服务、管理等各项工作有序开展，先后实行计划生育村（居）民自治和“711”（7月11日为世界人口日）计划生育优质服务工程。2012年，全区总户数183531户、总人口509755人，分别比1991年增加66729户、156876人。

第一章　人口状况

第一节　人口总量与分布

一、人口总量

1991年，全区总户数116802户，总人口352879人。此后，全区总户数、总人口逐年增加。1995年，全区总户数132342户，总人口376546人；2000年，全区总户数159189户，总人口472178人；2005年，全区总户数167288户，总人口502714人。2012年，全区总户数183531户，总人口509755人，分别比1991年增加66729户、156876人。

1991—2012年天桥区人口状况统计表

表3-1

年份	住户（户）	总人口（人）			农业人口（人）	非农业人口（人）	面积（平方千米）	人口密度（人/平方千米）
		合计	男	女				
1991	116802	352879	179976	172903	39421	313458	73.31	4813.52
1992	121198	356022	181826	174196	40687	315335	73.31	4856.39
1993	124274	361360	184664	176696	41898	319462	73.31	4929.20
1994	130261	374645	191789	182856	46233	328412	73.31	5110.42
1995	132342	376546	192336	184210	46361	330185	73.31	5136.35
1996	133629	380302	193850	186452	46544	333758	73.31	5187.59
1997	134413	385885	196841	189044	51262	334623	73.31	5263.74
1998	135844	387253	197185	190068	48056	339197	73.31	5282.40
1999	137506	390245	198825	191420	47533	342712	73.31	5323.22
2000	159189	472178	239546	232632	122257	349921	249.05	1895.92
2001	161298	476576	241524	235052	80441	396135	249.05	1913.58
2002	162570	482654	245480	237174	81763	400891	249.05	1937.98

续表 3-1

年份	住户（户）	总人口（人）			农业人口（人）	非农业人口（人）	面积（平方千米）	人口密度（人/平方千米）
		合计	男	女				
2003	164108	485773	246149	239624	78575	407198	249.05	1950.50
2004	165504	492122	249064	243058	73866	418256	249.05	1976.00
2005	167288	502714	252915	249799	74292	428422	249.05	2018.53
2006	168939	504497	252978	251519	72363	432134	249.05	2025.69
2007	170959	503981	251997	251984	—	503981	249.05	2023.61
2008	173291	502404	250722	251682	—	502404	249.05	2017.28
2009	175411	501093	249703	251390	—	501093	258.97	1934.95
2010	179787	503764	250237	253527	144	503620	258.97	1945.26
2011	181958	506925	251334	255591	—	506925	258.97	1957.47
2012	183531	509755	252421	257334	—	509755	258.97	1968.39

说明：表内数据来源于统计年鉴。

二、人口分布

1991 年，全区农业人口 39421 人，主要分布在北园镇 34 个行政村；非农业人口 313458 人，主要分布在城区 12 个街道和北园镇政府驻地。2000 年，全区农业人口 122257 人，占总人口 25.89%，主要分布在大桥镇、靳家乡、桑梓店镇和北园镇、药山街道、堤口路街道部分地区；非农业人口 349921 人，占 74.11%。2007 年，户籍制度调整，农业户口消除。2012 年，全区人口 509755 人，全部为非农业人口。

三、人口密度

1991 年，全区人口密度为 4813.52 人/平方千米；13 个街道（镇）中，刘家庄街道人口密度最大，为 38741.67 人/平方千米，是全区人口密度的 8.05 倍；北园镇人口密度最小，为 1833.49 人/平方千米。1999 年，全区人口密度达到极值，为 5323.22 人/平方千米。2000 年，大桥镇、靳家乡、桑梓店镇划入天桥区，全区人口密度降至 1895.92 人/平方千米。2001 年，全区人口密度 1913.58 人/平方千米；15 个街道（镇）中，制锦市街道人口密度最大，为 32772.73 人/平方千米，是全区人口密度的 17.13 倍；大桥镇人口密度最小，为 429.24 人/平方千米。2012 年，全区人口密度 1968.39 人/平方千米；15 个街道（镇）中，制锦市街道人口密度最大，为 31950 人/平方千米，是全区人口密度的 16.23 倍；大桥镇人口密度最小，为 462.4 人/平方千米。

1991 年、2001 年、2012 年天桥区各街道（镇）人口密度统计表

表 3-2　　单位：人/平方千米

街道、镇	1991 年			2001 年			2012 年		
	面积	人口	密度	面积	人口	密度	面积	人口	密度
制锦市街道	0.66	20059	30392.42	0.66	21630	32772.73	0.66	21087	31950.00
北坦街道	0.85	15894	18698.82	0.85	16247	19114.12	0.87	15229	17504.60

续表 3-2

街道、镇	1991 年			2001 年			2012 年		
	面积	人口	密度	面积	人口	密度	面积	人口	密度
纬北路街道	1.12	15985	14272.32	2.24	35632	15907.14	2.24	31613	14112.95
陈家楼街道	0.88	16287	18507.95	—	—	—	—	—	—
刘家庄街道	0.24	9298	38741.67	—	—	—	—	—	—
天桥东街街道	0.54	11726	21714.81	0.54	10750	19907.41	0.54	9767	18087.04
官扎营街道	1.24	19909	16055.65	1.24	17013	13720.16	1.23	14404	11710.57
宝华街街道	0.83	15490	18662.65	0.83	16080	19373.49	0.83	13440	16192.77
堤口路街道	3.83	40328	10529.50	3.83	49492	12922.19	3.56	48989	13760.96
无影山街道	1.77	30489	17225.42	1.77	31796	17963.84	1.76	32361	18386.93
工人新村南村街道	1.37	25681	18745.26	1.37	26784	19550.36	1.39	28221	20302.88
工人新村北村街道	2.06	25537	12396.60	2.06	28529	13849.03	2.13	24024	11278.87
北园镇	57.92	106196	1833.49	—	—	—	—	—	—
药山街道	—	—	—	15.00	20887	1392.47	19.24	31300	1626.82
北园街道	—	—	—	42.92	76334	2809.27	12.74	96346	7562.48
泺口街道	—	—	—		44240		24.30	53218	2190.04
大桥镇	—	—	—	111.17	47719	429.24	114.87	53116	462.40
桑梓店镇	—	—	—	64.57	32196	498.62	72.61	36640	504.61

说明：表中各街道、镇面积为 1992 年第一次土地详查和 2009 年第二次土地详查数据。

第二节　人口构成

一、性别构成

1991 年，全区总人口 352879 人，其中男性 179976 人，占总人口 51%；女性 172903 人，占总人口 49%；性别比为 104.09（女为 100，下同）。之后性别比呈逐年下降趋势。2000 年，全区总人口 472178 人，其中男性 239546 人，占总人口 50.73%；女性 232632 人，占总人口 49.27；性别比为 102.97。

2007 年，全区男女人数基本相等。2008 年，女性人数首次大于男性。2010 年，全区总人口 503764 人，其中男性 250237 人，占总人口 49.67%；女性 253527 人，占总人口 50.33%；性别比为 98.7。

2012 年，全区总人口 509755 人，其中男性 252421 人，占总人口 49.52%；女性 257334 人，占总人口 50.48%；性别比为 98.7。在不同年龄组中，性别比不同；低年龄组和中年龄组中男性多于女性；60 岁以上老人组中，女性多于男性，且年龄越大，女性所占比例越大。

1991—2012 年天桥区人口性别构成统计表

表 3-3

年份	性别比（女为 100）	年份	性别比（女为 100）
1991	104.09	2002	103.50
1992	104.38	2003	102.72
1993	104.51	2004	102.47
1994	104.89	2005	101.25
1995	104.41	2006	100.58
1996	103.97	2007	100.01
1997	104.12	2008	99.62
1998	103.74	2009	99.33
1999	103.87	2010	98.70
2000	102.97	2011	98.33
2001	102.75	2012	98.09

说明：按表 3-1 中数据计算。

二、年龄构成

2000 年，全国第五次人口普查资料显示：全区常住人口中，0 ~ 14 岁少年儿童人口 86305 人，占总人口 15.13%；15 ~ 64 岁成年人口 438157 人，占总人口 76.83%；65 岁及以上老年人口 45834 人，占总人口 8.04%；65 岁及以上人口与 0 ~ 14 岁少年儿童的比为 53.14%。全区人口年龄中位数 33.92 岁，按国际通用标准，人口年龄构成属老年型。

2010 年，全国第六次人口普查资料显示：全区常住人口中，0 ~ 14 岁少年儿童人口 82852 人，占总人口 12.04%，比 2000 年下降 3.09 个百分点；15 ~ 64 岁成年人口 547424 人，占总人口 79.52%，比 2000 年上升 2.69 个百分点；65 岁及以上老年人口 58139 人，占总人口 8.45%，比 2000 年上升 0.41 个百分点；65 岁及以上人口与 0 ~ 14 岁少年儿童的比为 70.18%，比 2000 年上升 17.04 个百分点。全区人口年龄中位数 35.25 岁，比 2000 年提高 1.33 岁，天桥区老龄化程度逐步走高。

人口普查统计资料，2000 年，全区百岁以上老人 1 人，为女性。2010 年，百岁老人 10 人，全部为女性。

2000 年、2010 年天桥区人口年龄、性别构成统计表

表 3-4　　单位：人、%

年龄组别（周岁）	2000 年第五次人口普查					2010 年第六次人口普查				
	总人口	占比	男	女	性别比	总人口	占比	男	女	性别比
总计	570296	100	291448	278848	104.52	688415	100	347853	340562	102.14
0 ~ 4	23988	4.21	12485	11503	108.54	31901	4.63	16792	15109	111.14
5 ~ 9	22533	3.95	11693	10840	107.87	26294	3.82	13973	12321	113.41

续表 3-4

年龄组别（周岁）	2000 年第五次人口普查					2010 年第六次人口普查				
	总人口	占比	男	女	性别比	总人口	占比	男	女	性别比
10 ~ 14	39784	6.98	20242	19542	103.58	24657	3.58	13076	11581	112.91
15 ~ 19	51852	9.09	26801	25051	106.99	35878	5.21	19712	16166	121.93
20 ~ 24	49072	8.60	26065	23007	113.29	86597	12.58	43051	43546	98.86
25 ~ 29	53846	9.44	27379	26467	103.45	73352	10.66	36064	37288	96.72
30 ~ 34	56175	9.85	29029	27146	106.94	62610	9.09	31637	30973	102.14
35 ~ 39	58698	10.29	31316	27382	114.37	58272	8.46	30156	28116	107.26
40 ~ 44	51424	9.02	27112	24312	111.52	55216	8.02	28198	27018	104.37
45 ~ 49	46570	8.17	23975	22595	106.11	55642	8.08	28965	26677	108.58
50 ~ 54	29681	5.20	14850	14831	100.13	48209	7.00	24752	23457	105.52
55 ~ 59	20552	3.60	10402	10150	102.48	44095	6.41	21935	22160	98.98
60 ~ 64	20287	3.56	9549	10738	88.93	27553	4.00	13311	14242	93.46
65 ~ 69	18540	3.25	8632	9908	87.12	18136	2.63	8777	9359	93.78
70 ~ 74	13744	2.41	6317	7427	85.05	16025	2.33	7200	8825	81.59
75 ~ 79	8148	1.43	3541	4607	76.86	12832	1.86	5713	7119	80.25
80 ~ 84	3671	0.64	1515	2156	70.27	7395	1.07	3166	4229	74.86
85 ~ 89	1315	0.23	432	883	48.92	2850	0.41	1073	1777	60.38
90 ~ 94	344	0.06	98	246	39.84	711	0.10	247	464	53.23
95 ~ 99	71	0.01	15	56	26.79	180	0.03	55	125	44.00
100 岁及以上	1	0.00	—	1	—	10	0.00	—	10	—

说明：表中男女性别比中女为 100。

三、行业构成

2000 年，全国第五次人口普查按 10% 抽样调查显示：全区在业人口总数 28269 人，其中男性 16003 人，占在业人口 56.61%；女性 12266 人，占在业人口 43.39%。在业人口中，制造业最多，为 8931 人，占在业人口 31.59%；采矿业最少，为 14 人，占在业人口 0.05%。

2010 年，全国第六次人口普查按 10% 抽样调查显示：全区在业人口总数 32366 人，其中男性 18635 人，占在业人口 57.58%；女性 13731 人，占在业人口 42.42%。在业人口中，批发零售业最多，为 9365 人，占在业人口 28.93%；国际组织最少，为 2 人，占在业人口 0.01%。与 2000 年相比，农林牧渔业和制造业分别降低 7.26 和 12.77 个百分点；金融业和房地产业分别提高 0.86 和 0.94 个百分点。

2000 年、2010 年天桥区人口行业构成统计表

表 3-5 单位：人、%

职业	2000 年				2010 年			
	合计	占比	男	女	合计	占比	男	女
在业人口总数。	28269	100	16003	12266	32366	100	18635	13731
农林牧渔业。	4993	17.66	2483	2510	3366	10.40	1638	1728
采矿业。	14	0.05	9	5	73	0.23	48	25
制造业。	8931	31.59	5192	3739	6091	18.82	3975	2116
电力、燃气及水的生产和供应业。	343	1.21	249	94	370	1.14	264	106
建筑业。	943	3.34	743	200	1599	4.94	1274	325
地质勘查业、水利管理业。	15	0.05	10	5	—	—	—	—
交通运输、仓储及邮电通信业。	1869	6.61	1351	518	—	—	—	—
交通运输、仓储及邮政业。	—	—	—	—	2631	8.13	1986	645
信息传输、计算机服务和软件业。	—	—	—	—	599	1.85	371	228
批发和零售贸易、餐饮业。	5412	19.14	2654	2758	—	—	—	—
批发和零售业。	—	—	—	—	9365	28.93	4543	4822
住宿和餐饮业。	—	—	—	—	1302	4.02	655	647
金融业。	445	1.57	228	217	786	2.43	443	343
房地产业。	265	0.94	183	82	609	1.88	384	225
社会服务业。	1736	6.14	1040	696	—	—	—	—
租赁和商务服务业。	—	—	—	—	723	2.23	433	290
科学研究、技术服务和地质勘查业。	—	—	—	—	357	1.10	254	103
水利、环境和公共设施管理业。	—	—	—	—	362	1.12	252	110
居民服务和其他服务业。	—	—	—	—	785	2.43	396	389
卫生、体育和社会福利业。	666	2.36	262	404	—	—	—	—
教育、文化艺术及广播电影电视业。	969	3.43	423	546	—	—	—	—
教育。	—	—	—	—	1064	3.29	451	613
卫生、社会保障和社会福利业。	—	—	—	—	862	2.66	309	553
文化、体育和娱乐业。	—	—	—	—	289	0.89	177	112
科学研究和综合技术服务业。	389	1.38	260	129	—	—	—	—
国家机关、党政机关和社会团体。	1242	4.39	895	347	—	—	—	—

续表 3-5

职业	2000 年				2010 年			
	合计	占比	男	女	合计	占比	男	女
其他行业。	37	0.13	21	16	—	—	—	—
公共管理和社会组织。	—	—	—	—	1131	3.49	781	350
国际组织。	—	—	—	—	2	0.01	1	1

说明：2000 年、2010 年两次人口普查部分分类不一致，职业子项一致的按 2010 年行业分类列表。

四、文化构成

1990 年，全国第四次人口普查资料显示：全区大专以上文化程度 21268 人，千人中有 56 人；高中、中专文化程度 89428 人，千人中有 234 人；初中文化程度 117552 人，千人中有 307 人；小学文化程度 81105 人，千人中有 212 人；文盲、半文盲 33354 人，千人中有 87 人。

2000 年，全国第五次人口普查资料显示：全区大专以上文化程度 64136 人，千人中有 112 人，其中有研究生 907 人；高中、中专文化程度 147295 人，千人中有 258 人；初中文化程度 190400 人，千人中有 334 人；小学文化程度 108954 人，千人中有 191 人；文盲、半文盲 26754 人，千人中有 47 人。

2010 年，全国第六次人口普查资料显示：全区大专以上学历 160818 人，千人中有 234 人，其中有研究生 4082 人；高中文化程度 172902 人，千人中有 251 人；初中文化程度 204891 人，千人中有 298 人；小学文化程度 95882 人，千人中有 139 人；文盲、半文盲 14264 人，千人中有 21 人。

三次人口普查资料表明：全区高学历人口增长迅速，研究生由 1990 年 0 人增至 2010 年的 4082 人，2010 年大专以上文化程度每千人中人数是 1990 年的 4.2 倍；低学历与文盲、半文盲人口逐年递减，小学文化程度每千人中人数比 1990 年减少 73 人，文盲、半文盲每千人中人数由 1990 年的 87 人减至 21 人。

1990 年、2000 年、2010 年天桥区人口文化程度统计表

表 3-6　　单位：人、%

学历	1990 年全国第四次人口普查		2000 年全国第五次人口普查				2010 年全国第六次人口普查			
	小计	占比	小计	占比	男	女	小计	占比	男	女
总人口	382418	100	570296	100	291448	278848	688415	100	347853	340562
研究生	—	—	907	0.16	665	242	4082	0.59	2305	1777
大学本科	6769	1.77	20954	3.67	13714	7240	52030	7.56	29583	22447
大学专科	14499	3.79	42275	7.41	25629	16646	104706	15.21	54045	50661
中专	21434	5.60	53735	9.42	25241	28494	—	—	—	—
高中	67994	17.78	93560	16.41	50076	43484	172902	25.12	89652	83250
初中	117552	30.74	190400	33.39	103923	86477	204891	29.76	106286	98605
小学	81105	21.21	108954	19.10	51660	57294	95882	13.93	43059	52823
文盲、半文盲	33354	8.72	26754	4.69	4271	22483	14264	2.07	2314	11950

说明：文盲、半文盲指 15 周岁及以上不识字或识字很少的人。

五、民族构成

1990 年，全国第四次人口普查资料显示：全区有 16 个民族，汉族 370521 人；少数民族 11895 人，占全区总人口 3.11%；外国人加入中国籍 2 人。少数民族人口中回族最多，为 11413 人，占少数民族总人口 95.95%；其他超过 20 人的少数民族有蒙古族、维吾尔族、壮族、朝鲜族、满族。

2000 年，全国第五次人口普查资料显示：全区有 36 个民族，汉族 553311 人；少数民族 16985 人，占全区总人口 2.98%。少数民族人口中回族 15627 人，占少数民族总人口 92%；其他超过 20 人的民族有 11 个：蒙古族、藏族、维吾尔族、苗族、彝族、壮族、布依族、朝鲜族、满族、白族、土家族。

2010 年，全国第六次人口普查资料显示：全区有 44 个民族，汉族 668506 人；少数民族 19909 人，占全区总人口 2.89%。少数民族人口中回族 17336 人，占少数民族总人口 87.08%；其他超过 20 人的民族有 12 个：蒙古族、藏族、维吾尔族、苗族、彝族、壮族、布依族、朝鲜族、满族、侗族、土家族、哈萨克族。

2012 年，户籍资料显示：全区有 32 个民族，汉族 491731 人，比 1990 年增长 32.71%；少数民族 18024 人，占全区总人口 3.54%，比 1990 年增长 51.53%。少数民族人口中回族 16631 人，占少数民族总人口 92.27%，比 1990 年增长 45.72%；其他超过 20 人的民族有 8 个：蒙古族、苗族、壮族、朝鲜族、满族、侗族、白族、土家族。

部分年份天桥区民族人口统计表

表 3-7　　　　单位：人

民族	1990 年	2000 年	2010 年	2012 年	民族	1990 年	2000 年	2010 年	2012 年
汉族	370521	553311	668506	491731	东乡族	—	1	5	—
蒙古族	21	275	535	199	纳西族	1	4	1	—
回族	11413	15627	17336	16631	景颇族	—	1	1	—
藏族	1	36	24	10	柯尔克孜族	—	—	9	—
维吾尔族	22	54	93	10	土族	—	1	15	1
苗族	12	63	128	50	达斡尔族	—	1	16	9
彝族	—	34	32	18	仫佬族	—	1	4	2
壮族	26	77	94	62	羌族	—	1	5	1
布依族	2	36	25	12	布朗族	—	—	1	—
朝鲜族	109	110	130	69	撒拉族	—	—	7	1
满族	264	513	1023	749	毛南族	—	—	1	1
侗族	5	14	39	31	仡佬族	—	3	14	4
瑶族	—	8	16	7	锡伯族	2	3	4	4
白族	8	30	—	43	普米族	—	2	1	—
土家族	8	47	152	67	塔吉克族	—	1	2	—
哈尼族	—	1	6	1	怒族	—	—	14	—
哈萨克族	—	—	93	—	俄罗斯族	—	3	13	6

续表 3-7

民族	1990 年	2000 年	2010 年	2012 年	民族	1990 年	2000 年	2010 年	2012 年
傣族	—	2	5	—	鄂温克族	—	1	1	3
黎族	—	2	12	4	裕固族	—	—	5	—
傈僳族	—	6	9	14	京族	—	—	2	—
佤族	—	2	9	5	鄂伦春族	—	—	2	—
畲族	—	20	16	4	赫哲族	—	1	1	—
高山族	1	3	5	5	其他未识别民族	—	1	3	—
水族	—	—	—	1	外国人加入中国籍	2	—	—	—

说明：表中 1990 年、2000 年、2010 年各民族人数系三次全国人口普查数据；2012 年各民族人数为天桥区户籍人口数。

六、职业构成

2000 年，全国第五次人口普查按 10%抽样调查显示：全区在业人口总数 28269 人，其中男性 16003 人，占在业人口 56.61%；女性 12266 人，占在业人口 43.39%。在业人口中，生产、运输设备操作人员及有关人员最多，为 8241 人，占在业人口 29.15%；国家机关、党群组织、企事业单位负责人最少，为 1277 人，占在业人口 4.52%。

2010 年，全国第六次人口普查按 10%抽样调查显示：全区在业人口 32380 人，其中男性 18643 人，占在业人口 57.58%；女性 13737 人，占在业人口 42.42%。在业人口中从事商业、服务业人员最多，为 13286 人，占在业人口 41.03%。与 2000 年相比，国家机关、党群组织、企事业单位负责人降低 0.44 个百分点，各类专业技术人员提高 4.66 个百分点，办事人员和有关人员降低 3.14 个百分点，商业、服务员人员提高 16.4 个百分点，农、林、牧、渔、水利业生产人员和生产、运输设备操作人员及有关人员分别降低 7.46 和 10.39 个百分点。

2000 年、2010 年天桥区人口职业构成统计表

表 3-8 单位：人、%

职业	2000 年				2010 年			
	合计	占比	男	女	合计	占比	男	女
在业人口总数。	28269	100	16003	12266	32366	100	18635	13731
国家机关、党群组织、企事业单位负责人。	1277	4.52	984	293	1320	4.08	976	344
专业技术人员。	3479	12.31	1356	2123	5494	16.97	2668	2826
办事人员和有关人员。	3315	11.73	2295	1020	2780	8.59	1943	837
商业、服务业人员。	6962	24.63	3321	3641	13277	41.02	6773	6504
农林牧渔、水利业生产人员。	4995	17.67	2481	2514	3307	10.22	1611	1696
生产运输设备操作人员及有关人员。	8241	29.15	5566	2675	6071	18.76	4596	1475
其他从业人员。	—	—	—	—	117	0.36	68	49

第二章　人口变动

第一节　自然变动

1991年，人口自然增长率为2.244‰。1992—1999年，除1993年、1997年、1999年人口自然增长率略低于2‰外，其他年份均未超过3‰。2000年是农历龙年，“龙宝宝”的大量出生，使人口自然增长率达峰值，为3.655‰，出生率首次超过10‰。2003年，受农历羊年影响，人口自然增长率和出生率均达最低值，分别为0.397‰和7.364‰。2004—2009年，人口自然增长率仅2006年低于1‰，其他年份均变化不大。2010—2012年，是全区生育高峰期，人口自然增长率和出生率均保持较大值，分别超3‰和10‰；2012年，出生率达最大值，为10.756‰；自然增长率为3.602‰。

1991—2012年天桥区人口自然变动统计表

表3-9　　单位：人

年份	总人口	出生		死亡		自然增长	
		人口	出生率（‰）	人口	死亡率（‰）	人口	增长率（‰）
1991	352879	2661	7.541	1869	5.296	792	2.244
1992	356022	3060	8.595	2106	5.915	954	2.680
1993	361360	2823	7.812	2208	6.110	615	1.702
1994	374645	3096	8.264	2234	5.963	862	2.301
1995	376546	3235	8.591	2156	5.726	1079	2.866
1996	380302	3422	8.998	2356	6.195	1066	2.803
1997	385885	3120	8.085	2381	6.170	739	1.915
1998	387253	3385	8.741	2440	6.301	945	2.440
1999	390245	2961	7.588	2373	6.081	588	1.507
2000	472178	4787	10.138	3061	6.483	1726	3.655
2001	476576	4436	9.308	3039	6.377	1397	2.931
2002	482654	4481	9.284	2834	5.872	1647	3.412
2003	485773	3577	7.364	3384	6.966	193	0.397
2004	492122	3997	8.122	2899	5.891	1098	2.231
2005	502714	4154	8.263	3291	6.546	863	1.717
2006	504497	3973	7.875	3614	7.164	359	0.712
2007	503981	4565	9.058	3568	7.080	997	1.978
2008	502404	4805	9.564	3433	6.833	1372	2.731
2009	501093	4248	8.477	3511	7.007	737	1.471

续表 3-9

年份	总人口	出生		死亡		自然增长	
		人口	出生率（‰）	人口	死亡率（‰）	人口	增长率（‰）
2010	503764	5333	10.586	3802	7.547	1531	3.039
2011	506925	5152	10.163	3378	6.664	1774	3.500
2012	509755	5483	10.756	3647	7.154	1836	3.602

说明：表中数据来源于统计数据。

第二节　机械变动

1991 年，全区迁入人口 4640 人，迁出人口 2035 人，净迁入 2605 人。1992 年始，随着大中专学生上学、毕业生就业等人口增多，每年迁入、迁出人口都有较大变化。1998 年，迁入人口 7239 人，迁出人口 2745 人，净迁入 4494 人。1999—2003 年，净迁入人口由 2732 人逐年递增至 4246 人。2004 年，迁入人口 15151 人，迁出人口 2776，净迁入 12375 人；迁入和净迁入人口均首次过万。2005 年、2006 年，净迁入人口由 9885 人减至 2294 人。2007 年、2008 年，净迁入人口分别为 -656 人和 -1643 人，均小于迁出。2009—2011 年，净迁入由 164 人递增至 3503 人。2012 年，迁入人口 5866 人，迁出人口 2081 人，净迁入 3785 人。

1991—2012 年天桥区人口机械变动统计表

表 3-10　　单位：人

年份	迁入	迁出	净迁入	年份	迁入	迁出	净迁入
1991	4640	2035	2605	2002	6827	2393	4434
1992	4453	—	—	2003	7922	3676	4246
1993	4873	2171	2702	2004	15151	2776	12375
1994	3848	2151	1697	2005	15073	5188	9885
1995	6078	2533	3545	2006	9589	7295	2294
1996	7033	3246	3787	2007	7567	8223	-656
1997	5178	3039	2139	2008	6038	7681	-1643
1998	7239	2745	4494	2009	6020	5856	164
1999	5585	2853	2732	2010	6191	4116	2075
2000	6816	3762	3054	2011	6138	2635	3503
2001	7633	3973	3660	2012	5866	2081	3785

说明：表中 1991 年迁入和迁出数由区公安分局提供，其余数据系统计数据。

第三节　流动人口

1991 年，全区暂住人口 23619 人。2000 年，随着大桥镇、桑梓店镇、靳家乡的划入以及天桥区经济发展和对外开放的深入，暂住人口明显增多。2001 年，达 159286 人。2012 年，全区暂住人口 453866 人。流入境内的暂住人口主要为在天桥区经商、打工人员。

1991—2012 年天桥区暂住人口统计表

表 3-11 单位：人

年份	暂住人口	年份	暂住人口	年份	暂住人口
1991	23619	1999	83399	2007	355066
1992	25275	2000	129301	2008	412329
1993	28974	2001	159286	2009	439217
1994	26560	2002	187476	2010	471258
1995	33039	2003	199781	2011	440744
1996	39079	2004	205149	2012	453866
1997	29618	2005	229789		
1998	59741	2006	285547		

说明：表中数据由区公安分局提供。

第三章　婚姻家庭

第一节　婚姻登记

1991—2012 年，全区受理结婚登记 164140 件，受理离婚登记 12087 件（1997 年—2003 年 10 月由济南市民政局统一办理离婚）。

1991—2012 年天桥区婚姻登记统计表

表 3-12 单位：对

年份	结婚	离婚	年份	结婚	离婚	年份	结婚	离婚
1991	3173	49	1999	3169	—	2007	4495	1292
1992	3219	45	2000	3215	—	2008	5241	1250
1993	3735	89	2001	3316	—	2009	6416	1406
1994	3292	110	2002	2586	—	2010	4987	1624
1995	3913	111	2003	4439	184（11 月—12 月）	2011	6384	1523
1996	3590	94	2004	5594	801	2012	6018	1717
1997	3424	—	2005	3488	859	合计	164140	12087
1998	3538	—	2006	5719	933			

说明：1997—2003 年 10 月无离婚统计资料。

第二节　婚姻状况

2000 年，全国第五次人口普查按 10% 抽样调查显示，全区 15 岁及以上人口 45917 人，其中男性 23124 人，占 50.4%，女性 22793 人，占 49.6%。婚姻状况为：未婚 10125 人，其中男性 5719 人，占 56.5%，女性 4406 人，占 43.5%，男性比女性多 1313 人，未婚人口性别比 130：100；初婚有配偶 32390 人，其中男性 16227 人，女性 16163 人；再婚有配偶 781 人，其中男性 434 人，女性 347 人；离婚 436 人，其中男性 212 人，女性 224 人；丧偶 2185 人，其中男性 532 人，女性 1653 人。

2010 年，全国第六次人口普查按 10% 抽样调查显示，全区 15 岁及以上人口 56849 人，其中男性 28628 人，占 50.4%，女性 28221 人，占 49.6%。婚姻状况为：未婚 11940 人，其中男性 6795 人，占 56.9%，女性 5145 人，占 43.1%，男性比女性多 1650 人，未婚人口性别比 132：100;有配偶 41412 人，其中男性 20814 人，女性 20598 人；离婚 758 人，其中男性 357 人，女性 401 人；丧偶 2739 人，其中男性 662 人，女性 2077 人。

2000 年天桥区 15 岁及以上婚姻统计表

表 3-13　　单位：人

年龄组别（周岁）	15 岁及以上			未婚			初婚有配偶			再婚有配偶			离婚			丧偶		
	合计	男	女	合计	男	女	合计	男	女	合计	男	女	合计	男	女	合计	男	女
合计	45917	23124	22793	10125	5719	4406	32390	16227	16163	781	434	347	436	212	224	2185	532	1653
15 ～ 19	4936	2532	2304	4835	2532	2303	1	—	1	—	—	—	—	—	—	—	—	—
20 ～ 24	4316	2240	2076	3747	2052	1695	565	185	380	2	1	1	2	2	—	—	—	—
25 ～ 29	4918	2399	2519	1064	736	328	3808	1637	2171	15	9	6	26	15	11	5	2	3
30 ～ 34	5197	2621	2576	204	161	43	4865	2409	2456	73	33	40	46	16	30	9	2	7
35 ～ 39	5581	2905	2676	89	72	17	5240	2723	2517	122	51	71	109	54	55	21	5	16
40 ～ 44	5015	2615	2400	46	40	6	4705	2441	2264	120	67	53	106	55	51	38	12	26
45 ～ 49	4567	2315	2252	58	52	6	4267	2152	2115	103	58	45	69	36	33	70	17	53
50 ～ 54	2945	1490	1455	24	21	3	2740	1404	1336	56	29	27	26	10	16	99	26	73
55 ～ 59	1976	998	978	25	24	1	1733	906	827	64	34	30	19	7	12	135	27	108
60 ～ 64	1979	912	1067	16	16	—	1626	795	831	72	39	33	12	6	6	253	56	197
65 及以上	4587	2097	2490	17	13	4	2840	1575	1265	154	113	41	21	11	10	1555	385	1170

2010 年天桥区 15 岁及以上婚姻统计表

表 3-14　　单位：人

年龄组别（周岁）	15 岁及以上			未婚			有配偶			离婚			丧偶		
	合计	男	女	合计	男	女	合计	男	女	合计	男	女	合计	男	女
合计	56849	28628	28221	11940	6795	5145	41412	20814	20598	758	357	401	2739	662	2077
15 ～ 19	3133	1789	1344	3124	1785	1339	9	4	5	—	—	—	—	—	—
20 ～ 24	6853	3548	3305	5701	3111	2590	1145	433	712	6	4	2	1	—	1

续表 3-14

年龄组别（周岁）	15 岁及以上			未婚			有配偶			离婚			丧偶		
	合计	男	女	合计	男	女	合计	男	女	合计	男	女	合计	男	女
25 ~ 29	6950	3433	3517	2213	1303	910	4707	2120	2587	29	10	19	1	—	1
30 ~ 34	5955	2979	2976	426	259	167	5461	2691	2770	62	29	33	6	—	6
35 ~ 39	5537	2838	2699	185	131	54	5231	2652	2579	105	53	52	16	2	14
40 ~ 44	5381	2686	2695	93	61	32	5111	2553	2558	134	66	68	43	6	37
45 ~ 49	5369	2807	2562	56	43	13	5089	2686	2403	151	63	88	73	15	58
50 ~ 54	4668	2385	2283	31	21	10	4378	2283	2095	115	45	70	144	36	108
55 ~ 59	4471	2227	2244	45	35	10	4106	2099	2007	82	47	35	238	46	192
60 ~ 64	2811	1332	1479	25	20	5	2465	1238	1227	37	17	20	284	57	227
65 及以上	5721	2604	3117	41	26	15	3710	2055	1655	37	23	14	1933	500	1433

2000 年天桥区街道、乡镇 15 岁及以上婚姻统计表

表 3-15 　　单位：人

街道、乡镇	15 岁及以上			未婚			初婚有配偶			再婚有配偶			离婚			丧偶		
	合计	男	女	合计	男	女	合计	男	女	合计	男	女	合计	男	女	合计	男	女
合计	45917	23124	22793	10125	5719	4406	32390	16227	16163	781	434	347	436	212	224	2185	532	1653
制锦市街道	1728	815	913	298	145	153	1266	615	651	40	21	19	23	11	12	101	23	78
北坦街道	1428	732	696	326	206	120	973	488	485	24	13	11	16	7	9	89	18	71
纬北路街道	795	403	392	164	105	59	545	270	275	20	10	10	10	8	2	56	10	46
陈家楼街道	1172	587	585	225	127	98	845	425	420	22	12	10	17	8	9	63	15	48
刘家庄街道	802	388	414	125	65	60	619	309	310	8	6	2	8	4	4	42	4	38
天桥东街街道	997	484	513	200	109	91	708	351	357	10	6	4	8	2	6	71	16	55
官扎营街道	1314	668	646	246	152	94	939	476	463	23	13	10	22	13	9	84	14	70
宝华街街道	1127	568	559	207	124	83	814	407	407	26	16	10	24	11	13	56	10	46
堤口路街道	4442	2357	2085	1342	859	483	2819	1402	1417	85	51	34	38	17	21	158	28	130
无影山街道	2825	1367	1458	561	274	287	2015	1008	1007	64	38	26	39	16	23	146	31	115
工人新村南村街道	2237	1095	1142	394	215	179	1659	820	839	27	15	12	37	17	17	123	28	95
工人新村北村街道	2276	1077	1199	507	228	279	1597	784	813	45	25	20	23	14	9	104	26	78
药山街道	1632	803	829	289	156	133	1236	613	623	20	10	10	13	9	6	74	17	57
北园镇	16822	8649	8173	3993	2278	1715	11829	6016	5813	265	147	118	120	47	73	615	161	454
大桥镇	1910	938	972	403	212	191	1339	664	675	27	12	15	10	8	2	131	42	89
靳家乡	1841	929	912	335	195	140	1355	674	681	20	8	12	16	11	5	115	41	74
桑梓店镇	2569	1264	1305	510	269	241	1832	905	927	55	31	24	15	11	4	157	48	109

2010 年天桥区街道、镇 15 岁及以上婚姻统计表

表 3-16　　单位：人

街道、镇	15 岁及以上			未婚			有配偶			离婚			丧偶		
	合计	男	女	合计	男	女	合计	男	女	合计	男	女	合计	男	女
合计	56849	28628	28221	11940	6795	5145	41412	20814	20598	758	357	401	2739	662	2077
制锦市街道	1837	880	957	350	172	178	1327	645	682	34	21	13	126	42	84
北坦街道	1361	642	719	216	113	103	1025	501	524	29	12	17	91	16	75
纬北路街道	2553	1214	1339	481	245	236	1832	910	922	64	24	40	176	35	141
天桥东街街道	974	451	523	170	70	100	727	359	368	19	9	10	58	13	45
官扎营街道	496	246	250	86	51	35	368	183	185	7	4	3	35	8	27
宝华街街道	586	281	305	80	40	40	445	218	227	23	13	10	38	10	28
堤口路街道	5592	2918	2674	1304	806	498	3968	2020	1948	76	27	49	244	65	179
无影山街道	3212	1528	1684	636	291	345	2352	1183	1169	54	22	32	170	32	138
工人新村南村街道	2886	1397	1489	562	283	279	2135	1065	1070	39	16	23	150	33	117
工人新村北村街道	2317	1061	1256	553	238	315	1571	769	802	45	21	24	148	33	115
药山街道	5545	3237	2308	1694	1292	402	3649	1884	1765	57	27	30	145	34	111
北园街道	15767	7961	7806	3651	1988	1663	11324	5751	5573	169	81	88	623	141	482
泺口街道	7034	3535	3499	1155	662	493	5479	2757	2722	92	47	45	308	69	239
大桥镇	4223	2065	2158	653	349	304	3281	1618	1663	40	26	14	249	72	177
桑梓店镇	2466	1212	1254	349	195	154	1929	951	978	10	7	3	178	59	119

第三节　家庭构成

1991 年，全区有 116802 户，总人口 352879 人，户均人口 3.02 人。1996 年，全区总户数 133629 户，总人口 380302 人，户均人口 2.85 人。

2000 年全国第五次人口普查资料显示，全区有家庭户 172466 户。按规模分：一人户 20007 户，占总户数 11.6%；二至四人户 135236 户，占总户数 78.41%，是家庭户的主体；五人户及以上 17223 户，占总户数 9.99%。按代际类别分：一代户 47862 户，占总户数 27.75%；二代户 100071 户，占总户数 58.02%；三代户 23990 户，占总户数 13.91%；四代户及以上 543 户，占总户数 0.31%;全区家庭户均规模 3.31 人。

2010 年，全国第六次人口普查资料显示，全区有家庭户 226889 户。按规模分：一人户 38523 户，占总户数 16.98%；二至四人户 170023 户，占总户数的 74.94%，是家庭户的主体；五人户及以上 18343 户，占总户数 8.08%。按代际类别分：一代户 88558 户，占总户数 39.03%；二代户 110292 户，占总户数 48.61%；三代户 27604 户，占总户数 12.17%；四代户及以上 435 户，占总户数 0.19%；全区家庭户均规模 3.03 人，比 2000 年减少 0.28。

2012 年，全区总户数 183531 户，总人口 509755 人，户均人口 2.78 人。

1991—2012 年天桥区家庭户均人口统计表

表 3-17 单位：户、人

年份	总户数	总人口	户均人口	年份	总户数	总人口	户均人口
1991	116802	352879	3.02	2002	162570	482654	2.97
1992	121198	356022	2.94	2003	164108	485773	2.96
1993	124274	361360	2.91	2004	165504	492122	2.97
1994	130261	374645	2.88	2005	167288	502714	3.01
1995	132342	376546	2.85	2006	168939	504497	2.99
1996	133629	380302	2.85	2007	170959	503981	2.95
1997	134413	385885	2.87	2008	173291	502404	2.90
1998	135844	387253	2.85	2009	175411	501093	2.86
1999	137506	390245	2.84	2010	179787	503764	2.80
2000	159189	472178	2.97	2011	181958	506925	2.79
2001	161298	476576	2.49	2012	183531	509755	2.78

说明：表内数据系统计数据，为天桥区常住人口。

2000 年、2010 年天桥区家庭户规模、类别比较统计表

表 3-18 单位：户、%

户型	2000 年		2010 年		户型	2000 年		2010 年	
	户数	比重	户数	比重		户数	比重	户数	比重
总户数	172466	100	226889	100	总户数	172466	100	226889	100
一人户	20007	11.60	38523	16.98	一代户	47862	27.75	88558	39.03
二人户	35565	20.62	61600	27.15	二代户	100071	58.02	110292	48.61
三人户	74031	42.92	82621	36.41	三代户	23990	13.91	27604	12.17
四人户	25640	14.87	25802	11.37	四代户	542	0.31	435	0.19
五人户	11679	6.77	13551	5.97	五代户及五代以上	1	0.00	—	—
六人户	3514	2.04	3318	1.46					
七人户	1120	0.65	890	0.39					
八人户	528	0.31	393	0.17					
九人	204	0.12	131	0.06					
十人及十人以上	178	0.10	60	0.03					

说明：表内数据系人口普查数据。

2000 年天桥区街道、乡镇家庭户规模统计表

表 3-19

单位：户、%

街道、乡镇	合计		一人户		二人户		三人户		四人户		五人户		六人户		七人户		八人户		九人户		十人户及十人以上	
	户数	比重	户数	比重	户数	比重	户数	比重	户数	比重	户数	比重	户数	比重	户数	比重	户数	比重	户数	比重	户数	比重
合计	172466	100	20007	11.60	35565	20.62	74031	42.92	25640	14.87	11679	6.77	3514	2.04	1120	0.65	528	0.31	204	0.12	178	0.10
制锦市街道	7170	100	818	11.41	1618	22.57	3362	46.89	835	11.65	378	5.27	102	1.42	40	0.56	13	0.18	1	0.01	3	0.04
北坦街道	5529	100	756	13.67	1330	24.05	2514	45.47	627	11.34	225	4.07	52	0.94	12	0.22	7	0.13	4	0.07	2	0.04
纬北路街道	3195	100	523	16.37	760	23.79	1330	41.63	383	11.99	146	4.57	37	1.16	11	0.34	4	0.13	1	0.03	—	—
陈家楼街道	4612	100	706	15.31	1056	22.90	2012	43.63	556	12.06	216	4.68	44	0.95	13	0.28	7	0.15	1	0.02	1	0.02
刘家庄街道	3619	100	484	13.37	874	24.15	1748	48.30	388	10.72	103	2.85	16	0.44	3	0.08	3	0.08	—	—	—	—
天桥东街街道	4117	100	606	14.72	962	23.37	1880	45.66	434	10.54	185	4.49	37	0.90	7	0.17	4	0.10	1	0.02	1	0.02
官扎营街道	5539	100	902	16.28	1390	25.09	2318	41.85	624	11.27	224	4.04	44	0.79	21	0.38	6	0.11	2	0.04	8	0.14
宝华街街道	4546	100	579	12.74	1005	22.11	2040	44.87	543	11.94	217	4.77	74	1.63	49	1.08	24	0.53	5	0.11	10	0.22
堤口路街道	15078	100	1735	11.51	3378	22.40	6814	45.19	1881	12.48	851	5.64	253	1.68	92	0.61	39	0.26	22	0.15	13	0.09
无影山街道	11359	100	1313	11.56	2752	24.23	5349	47.09	1203	10.59	569	5.01	106	0.93	50	0.44	13	0.11	4	0.04	—	—
工人新村南村街道	9358	100	1089	11.64	1994	21.31	4558	48.71	1085	11.59	462	4.94	120	1.28	34	0.36	10	0.11	3	0.03	3	0.03
工人新村北村街道	9393	100	1449	15.43	2146	22.85	4242	45.16	1022	10.88	408	4.34	100	1.06	15	0.16	10	0.11	—	—	1	0.01
药山街道	5727	100	354	6.18	758	13.24	2147	37.49	1442	25.18	687	12.00	245	4.28	47	0.82	27	0.47	13	0.23	7	0.12
北园镇	62700	100	7564	12.06	12887	20.55	28357	45.23	8736	13.93	3477	5.55	914	1.46	333	0.53	243	0.39	101	0.16	88	0.14
大桥镇	6155	100	320	5.20	751	12.20	1598	25.96	1856	30.15	1057	17.17	403	6.55	108	1.75	26	0.42	13	0.21	23	0.37
靳家乡	6246	100	311	4.98	819	13.11	1759	28.16	1818	29.11	1012	16.20	376	6.02	98	1.57	35	0.56	11	0.18	7	0.11
桑梓店镇	8123	100	498	6.13	1085	13.36	2003	24.66	2207	27.17	1462	18.00	591	7.28	187	2.30	57	0.70	22	0.27	11	0.14

说明：表内数据系第五次人口普查数据。

2000 年天桥区街道、乡镇家庭户类别统计表

表 3-20

单位：户、%

街道、乡镇	合计		一代户		二代户		三代户		四代户		五代户及五代以上	
	户数	比重	户数	比重	户数	比重	户数	比重	户数	比重	户数	比重
合计	172466	100	47862	27.75	100071	58.02	23990	13.91	541	0.31	1	0.00
制锦市街道	7170	100	1866	26.03	4229	58.98	1063	14.83	12	0.17	—	—
北坦街道	5529	100	1759	31.81	3062	55.38	702	12.70	6	0.11	—	—
纬北路街道	3195	100	1078	33.74	1685	52.74	422	13.21	10	0.31	—	—

续表 3-20

街道、乡镇	合计		一代户		二代户		三代户		四代户		五代户及五代以上	
	户数	比重	户数	比重	户数	比重	户数	比重	户数	比重	户数	比重
陈家楼街道	4612	100	1422	30.83	2578	55.90	606	13.14	6	0.13	—	—
刘家庄街道	3619	100	1114	30.78	2137	59.05	368	10.17	—	—	—	—
天桥东街街道	4117	100	1301	31.30	2316	56.25	496	12.05	4	0.10	—	—
官扎营街道	5539	100	1930	34.84	2929	52.88	674	12.17	6	0.11	—	—
宝华街街道	4546	100	1304	28.68	2550	56.09	679	14.94	13	0.29	—	—
堤口路街道	15078	100	4266	28.29	8795	58.33	1993	13.22	24	0.16	—	—
无影山街道	11359	100	3441	30.29	6509	57.30	1387	12.21	22	0.19	—	—
工人新村南村街道	9358	100	2539	27.13	5517	58.95	1284	13.72	18	0.19	—	—
工人新村北村街道	9393	100	2888	30.75	5351	56.97	1138	12.12	16	0.17	—	—
药山街道	5727	100	916	15.99	3534	61.71	1236	21.58	41	0.72	—	—
北园镇	62700	100	18747	29.90	37027	59.05	6804	10.85	121	0.19	1	0.00
大桥镇	6155	100	908	14.75	3640	59.14	1541	25.04	66	1.07	—	—
靳家乡	6246	100	990	15.85	3711	59.41	1460	23.37	85	1.36	—	—
桑梓店镇	8123	100	1393	17.15	4501	55.41	2137	26.31	92	1.13	—	—

说明：表内数据系第五次人口普查数据。

2010 年天桥区街道、镇家庭户规模统计表

表 3-21　　　　单位：户、%

街道、镇	合计		一人户		二人户		三人户		四人户		五人户		六人户		七人户		八人户		九人户		十人户及十人以上	
	户数	比重	户数	比重	户数	比重	户数	比重	户数	比重	户数	比重	户数	比重	户数	比重	户数	比重	户数	比重	户数	比重
合计	226889	100	38523	16.98	61600	27.15	82621	36.41	25802	11.37	13551	5.97	3318	1.46	890	0.39	393	0.17	131	0.06	60	0.03
制锦市街道	7519	100	1368	18.19	2095	27.86	2950	39.23	694	9.23	326	4.34	55	0.73	23	0.31	8	0.11	—	—	—	—
北坦街道	5814	100	938	16.13	1906	32.78	2244	38.60	490	8.43	201	3.46	22	0.38	9	0.15	3	0.05	1	0.02	—	—
纬北路街道	10928	100	2244	20.53	3148	28.81	4021	36.80	999	9.14	428	3.92	66	0.6	13	0.12	8	0.07	1	0.01	—	—
天桥东街街道	4265	100	1054	24.71	1212	28.42	1463	34.30	373	8.75	145	3.40	12	0.28	4	0.09	2	0.05	—	—	—	—
官扎营街道	4294	100	1139	26.53	1348	31.39	1335	31.09	325	7.57	118	2.75	24	0.56	4	0.09	1	0.02	—	—	—	—
宝华街街道	2471	100	404	16.35	668	27.03	1077	43.59	183	7.41	117	4.73	4	0.57	3	0.12	4	0.16	—	—	1	0.04
堤口路街道	23941	100	5482	22.90	6466	27.01	8640	36.09	2135	8.92	1003	4.19	147	0.61	41	0.17	20	0.08	3	0.01	4	0.02
无影山街道	13556	100	2126	15.68	3954	29.17	5230	38.58	1415	10.44	705	5.20	100	0.74	16	0.12	9	0.07	1	0.01		

续表 3-21

街道、镇	合计		一人户		二人户		三人户		四人户		五人户		六人户		七人户		八人户		九人户		十人户及十人以上	
	户数	比重	户数	比重	户数	比重	户数	比重	户数	比重	户数	比重	户数	比重	户数	比重	户数	比重	户数	比重	户数	比重
工人新村南村街道	13107	100	2901	22.13	3738	28.52	4645	35.44	1167	8.90	518	3.95	81	0.62	37	0.28	12	0.09	7	0.05	1	0.01
工人新村北村街道	9729	100	1748	17.97	2886	29.66	3643	37.44	925	9.51	377	3.88	105	1.08	32	0.33	10	0.10	1	0.01	2	0.02
药山街道	18152	100	2597	14.31	5089	28.04	7194	39.63	2192	12.08	898	4.95	141	0.78	28	0.15	8	0.04	4	0.02	1	0.01
北园街道	61150	100	10778	17.63	17125	28.00	22546	36.87	6464	10.57	3234	5.29	661	1.08	188	0.31	100	0.16	28	0.05	26	0.04
泺口街道	28861	100	4239	14.69	7759	26.88	11157	38.66	3441	11.92	1747	6.05	334	1.16	117	0.41	41	0.14	18	0.06	8	0.03
大桥镇	13763	100	882	6.41	2255	16.38	3800	27.61	3073	22.33	2308	16.77	1021	7.42	239	1.74	126	0.92	47	0.34	12	0.09
桑梓店镇	9339	100	623	6.67	1951	20.89	2676	28.65	1926	20.62	1426	15.27	535	5.73	136	1.46	41	0.44	20	0.21	5	0.05

说明：表内数据系第六次人口普查数据。

2010 年天桥区街道、镇家庭户类别统计表

表 3-22

单位：户、%

街道、镇	合计		一代户		二代户		三代户		四代户		五代户及五代以上	
	户数	比重	户数	比重	户数	比重	户数	比重	户数	比重	户数	比重
合计	226889	100	88558	39.03	110292	48.61	27604	12.17	435	0.19	—	—
制锦市街道	7519	100	2867	38.13	3714	49.39	931	12.38	7	0.09	—	—
北坦街道	5814	100	2457	42.26	2832	48.71	522	8.98	3	0.05	—	—
纬北路街道	10928	100	4563	41.76	5255	48.09	1104	10.10	6	0.05	—	—
天桥东街街道	4265	100	1839	43.12	1998	46.85	425	9.96	3	0.07	—	—
官扎营街道	4294	100	2065	48.09	1832	42.66	394	9.18	3	0.07	—	—
宝华街街道	2471	100	924	37.39	1308	52.93	237	9.59	2	0.08	—	—
堤口路街道	23941	100	10539	44.02	11169	46.65	2208	9.22	25	0.10	—	—
无影山街道	13556	100	5328	39.30	6626	48.88	1589	11.72	13	0.10	—	—
工人新村南村街道	13107	100	5903	45.04	5861	44.72	1335	10.19	8	0.06	—	—
工人新村北村街道	9729	100	3674	37.76	4927	50.64	1119	11.50	9	0.09	—	—
药山街道	18152	100	7025	38.70	9553	52.63	1555	8.57	19	0.10	—	—
北园街道	61150	100	25579	41.83	29068	47.54	6447	10.54	56	0.09	—	—
泺口街道	28861	100	10702	37.08	14912	51.67	3216	11.14	31	0.11	—	—
大桥镇	13763	100	2733	19.86	6784	49.29	4100	29.79	146	1.06	—	—
桑梓店镇	9339	100	2360	25.27	4453	47.68	2422	25.93	104	1.11	—	—

说明：表内数据系第六次人口普查数据。

第四章 计划生育

第一节 计划生育体制

一、工作机构

1991 年，天桥区计划生育局有干部职工 11 人，主要负责辖区内人口与计划生育管理服务工作。1996 年 8 月，区计划生育局更名为区计划生育委员会，内设办公室、综合科、流动人口管理科。1997 年 6 月，区直机关计划生育工作由区计划生育委员会移交至区机关党委。1998 年，区配有懂医学的副主任、街道（镇）计划生育科（办）配备不少于 2 名行政执法人员和不少于 4 名事业编制工作人员。2010 年 3 月，区计划生育委员会更名为区人口和计划生育委员会。2012 年，区人口和计划生育委员会内设办公室、政策法规科、科学技术科、流动人口计划生育管理科，有干部职工 24 人，下设区计划生育服务中心、区计划生育协会办公室；全区有街道（镇）计划生育办公室 15 个、村（居）计划生育办公室 247 个。

二、服务站（室）

1991 年，全区育龄妇女计划生育工作由区妇幼保健站和辖区医院开展。1995 年，北园镇投资 65 万元建成全区首个高标准镇级服务站——北园镇计划生育服务站，配备站长 1 人、专业技术人员 7 人；设有 B 超室、门诊室、妇检室、手术室、治疗室、化验室等，开展技术、药具、宣传、培训工作。同年，全区 49 个村（居）计划生育服务室独立建立。1998 年，镇计划生育服务站人员按总人口的万分之三配备，其中专业技术人员占 70% 以上，并有中级以上职称的技术带头人；行政村（居）专职计划生育干部按照 35 岁左右、初中以上文化程度、女性的原则配备。1999 年，按照“区、街（镇）、社区计划生育服务阵地建筑面积分别不少于 2000、1000、200 平方米”的要求，开展三级计划生育服务站建设和挂牌服务，区设计划生育服务中心，街道（镇）设计划生育服务站，村（居）设计划生育服务室。11 月，区计划生育服务中心（站）成立，隶属区计划生育委员会。2004 年，区、街道（镇）计划生育服务站专业技术人员全部持证上岗，在编技术人员 73% 以上。区计划生育服务站被中共济南市委、市政府命名为全市计划生育优质服务先进区。2005 年，被中共山东省委、省政府命名为山东省计划生育优质服务先进区。2006 年，197 个村（居）计划生育服务站建立六室、七个一（咨询室、服务室、科普图书室、药具展室、悄悄话室、视听密室，一个政务大厅、一个协会志愿者之家、一所人口学校、一辆计划生育流动服务车、一条计划生育优质服务热线、一张爱心服务卡、一项爱心服务承诺）体系，占村（居）总数 80%，为社区群众和流动人口及时提供政策法规、优生优育、避孕、生殖保健等服务。同年，北园街道办事处计划生育服务站被国家人口和计划生育委员会评为全国人口和计划生育科技工作先进集体。2008 年，全区 6 个计划生育服务站通过济南市计划生育技术服务机构执业许可证校验。2009 年，区计划生育服务站使用建筑面积增至 2000 余平方米。2010 年，全区服务站有技术人员 49 人，其中高级职称 1 人、中级职称 6 人、初级职称 29 人、执业（助理）医师 13 人，全部持证上岗。2012 年，全区有区级服务站 1 个、街道（镇）级服务站 15 个、社区服务站 127 个、村（居）服务室 120 个。

三、计划生育协会

1991 年 7 月，天桥区计划生育协会办公室成立，有专职干部 1 人；全区街道（镇）、村均成立计划生育协会组织，会员 20698 人。1992 年 9 月，天桥区在全市率先成立流动人口计划生育协会；至年底，计划生育协会发展至 233

个，会员小组5981个，会员29906人，联系育龄群众户89718个。1993年，天桥区泺口服装市场成立全省首家集贸市场计划生育协会，设会长、副会长、理事14人，有会员活动小区13个，个体业户会员238人。至年底，全区有计划生育协会269个、理事1418人、会员35688人，占全区总人口10%；会员小组6698个，联系育龄群众户89568户；村（居）级协会建会率100%；并建立企事业单位协会和流动人口协会56个。1995年，有会员36128人，会员联系户89186户，会员小组5324个，15个村级协会被评为市级合格协会。1996年，区计划生育协会办公室有专职干部2人。1997年，堤口庄居委会成立全省首家流动人口计划生育协会，加强全居763户、1682人流动人口计划生育管理。2008年，全区有村级协会242个、企业协会123个、流动人口协会25个，会员4.7万人，村（居）和流动人口协会建会率100%，企业协会建会率98%。2010年，凤凰山社区计生协会被评为全国计划生育先进协会。2012年，全区有计划生育协会595个，专职工作人员1064人，会员5万余人，志愿者队伍255支、成员2195人。

第二节　计划生育管理

一、政策规定

1991年，中共天桥区委、区政府下发《关于进一步加强计划生育工作的决定》《机关各部门职责分工》等文件，层层签订“人口目标合同”，责任落实到人。《中华人民共和国收养法》颁布实施后，天桥区就计划生育收养问题及时作出明确规定。1993年，贯彻《山东省计划生育工作条例》实施细则，严格执行奖惩政策、行政执法程序和统计报告制度。1994年，制定《济南市天桥区流动人口计划生育管理办法》，依法加强流动人口计划生育管理。1997年，贯彻执行中共中央、国务院《关于加强计划生育工作严格控制人口增长的决定》；下发《关于印发天桥区计划生育管理体制改革工作方案的通知》，成立天桥区计划生育管理体制改革领导小组，城市计划生育工作实施属地化管理。2002年，下发天桥区《关于加强对计划生育工作薄弱村进行帮促转化工作的实施意见》，对大桥镇、桑梓店镇4个计划生育工作薄弱村实施帮促。2003年，按照国家计生委、民政部、国家计生协会《关于加快城市社区人口与计划生育工作改革的意见》，以及建立“依法管理、村（居）民自治、优质服务、政策推动、综合治理”人口与计划生育工作管理机制要求，建立以社区为载体的“属地管理、单位负责、居民自治、社区服务”计划生育管理服务新机制。下发《天桥区关于在全区认真开展计划生育清理核查活动进一步完善育龄妇女信息系统的实施方案》，入户走访登记，开展信息核查。2004年，加强计划生育工作管理制度改革和信息化建设，实行一孩《计划生育服务手册》注册和二孩《生育证》办理审批制度。2006年，制定实施《行政执法责任制》《行政执法过错责任追究制》，规范执法行为。2011年，制定《天桥区人口和计划生育基层基础建设落实年活动实施意见》《天桥区人口和计划生育基层基础建设落实年活动示范点达标标准》，全区建立社区居委会、社区服务站、计划生育协会、业主委员会和物业公司“五位一体”社区服务管理模式。2012年，制定《天桥区综合治理性别比实施意见》《天桥区综合治理出生人口性别比考核办法》，将性别比偏高的7个街道（镇）完成情况列入年终责任目标考核。根据济南市《关于深化综合治理出生人口性别比打击“两非”工作的实施意见》，开展打击“两非”（非医学需要的胎儿性别鉴定、非医学需要的人工终止妊娠行为）专项行动。

二、经常性管理

1991年，推行信息板标示控制管理，将育龄妇女生育情况标示到人；建立走（查）访和育龄妇女迁出（入）等一月一清查核对制度。1992年，办理辖区居民计划生育合同公证9678户。1995年，落实《中国计划生育工作纲要（一九九五——二〇〇〇年）》要求，全区推行“三结合”（计划生育与发展经济相结合，与建设文明幸福家庭相结合，与帮助农民勤劳致富奔小康相结合）工作。1997年，以行政村（居）为单位，以计划生育户特别是低于当地平均收入水平的计划生育户为对象，开展计划生育帮促活动，落实帮扶单位、帮扶人员和帮扶合同，保证每个行政村（居）帮扶户不少于总户数3%，其中1%以上计划生育户得到高质量帮扶。同时，发挥计划生育协会群体优势，做好计划生育与创建幸福文明家庭相结合工作。1998年，应用微机进行人口与计划生育信息统计、上报和目标管理责任制考核。2002年，将计划生育工作纳入社区服务体系，与文化卫生、劳动保障、老年活动、阳光家政、科普宣传融为一体，形成“六位一体”计划生育大社区管理模式。2002—2004年，15个村居（单位）完成计划生育薄弱村（居）帮促转化工作，全区计划生育薄弱村（居）控制在2%以内，连续三年帮扶转化率100%。2007年，全区234个行政村（居）人口计划生育信息网络畅通，区内实现三级联网，区与省、市之间建立计划生育信息专线网络和IP电话系统。2008年，天桥区被评为山东省人口和计划生育工作先进单位。2012年，区计生、卫生、公安、食品药品监管等部门联合成立性别比综合治理领导小组，印发出生人口性别比整治公告1000余份、举报信2.6万份，设立举报奖励3万元，开展打击“两非”专项行动。依法对从事B超业务医疗机构27家、开展助产服务医疗机构5家、医疗保健机构94家进行全面督查，对非法出售终止妊娠药物行为，予以警示和行政处罚。印发《关于对2012年度计划生育薄弱村（居）实施帮促的意见》，落实帮扶村（居）定期督导，至年底，帮促转化工作取得阶段性成果。

三、计划生育“三为主”

1991年，按照中共山东省委、省政府到2000年全面实现计划生育工作“三为主”（以宣传教育为主，经济处罚为辅；以避孕为主，补救措施为辅；以经常性工作为主，突击活动为辅）的目标，全区各村（居）开展计划生育“三为主”模范村（居）创建活动。1992年，北园镇组织实施“三为主”达标活动，逐村开展达标验收，镇晚婚率由上年86%增至95.92%。天桥区被中共山东省委、省政府授予计划生育工作“三为主”先进区。1994年始，开展计划生育合格村（居）创建活动。1995年，全面落实“三为主”，推行“三结合”，以创建“计划生育合格村”活动为龙头，强化基层规范化管理。至年底，全区90%的村（居）达到“三为主”合格村（居）标准，实现市政府三年达标要求。1998年，各街道（镇）对达模范标准、合格标准和未达合格标准的村（居）分类登记造册，制定方案，分别指导。对达模范标准的村（居），按程序上报审批，工作中提出更高要求；对达合格标准的村（居），提出指导意见，帮助弥补弱项，巩固强项，使其尽快达模范标准；对未达合格标准的村（居），派人靠上指导工作；对工作差距较大的村（居），实行责任制，帮助限期整改，直至扭转被动局面。模范村（居）实行动态管理，不搞终身制和比例搭配，重质量，不凑数。至2002年，创建活动持久健康开展。

四、人口目标管理责任制

1991年始，天桥区及各部门（单位）均调整充实计划生育工作领导小组，与驻区单位签订《人口目标责任书》，与区民政局、区工商局等签订《晚婚晚育、流动人口管理责任状》。1994年，将流动人口计划生育管理工作纳入各级人口目标责任制，层层落实计划生育工作制度、奖惩制度。公安、工商、民政、卫生、宣传等23个部门结合各自特点，制定计划生育工作实施意见和考核办法。全区各单位层层签订计划生育合同。1995年，区、街道（镇）、村（居）三级层层落实目标管理责任制，区与省直单位签订计划生育目标责任书。1997年，全区签订责任书546份、协议书367份。1998年始，落实法定代表人计划生育责任制，各街道（镇）将驻区单位逐一登记造册，具备法人资格的签订责任书，不是法人的签订协议书，规模大的单位内部层层签订责任书。2003年，中共天桥区委、区政府与15个街道（镇）、32名领导小组成员部门签订人口与计划生育目标管理责任书，各街道（镇）与村（居）、单位，各主管部门与所属系统单位分别签订责任书，全区签订责任书

631份。至2008年，天桥区连续18年获济南市人口和计划生育目标责任管理一等奖。2009年，全区各级把统筹解决人口问题与经济发展同研究、同部署、同检查、同考核，严格落实人口目标管理责任制。2012年，把人口与计划生育工作纳入经济社会发展总体布局，在党政干部政绩考核、表彰奖励、提拔晋升和各类评比中，严格落实重点管理，实行一票否决、离职审计、追踪奖惩制度。

五、计划生育村（居）民自治

1991年始，在农村开展计划生育依法建制、依法修订完善《计划生育村（居）民自治章程》工作，明确村（居）民在计划生育工作中的权利和义务。在自治章程修订过程中，广泛听取居民在生育、奖励处罚以及管理服务等方面的意见建议，使计划生育居民自治章程成为群众自觉实行计划生育的行为准则。通过召开党员、村（居）民代表、联络员、协会会员、育龄群众代表座谈会和听证会，了解群众对计划生育居民自治的认识和想法；通过建立民主评议、民主听证制度、强化协会民主监督职能等形式，拓宽民主参与渠道，提高群众参与度。2003年，推行现居住地管理为主的社区计划生育村（居）民自治，以村（居）委会自治组织为依托，将辖区居住育龄人口纳入自我教育、自我管理、自我服务，与户籍人口同等对待。修订自治章程，举行民主听证会，尊重、吸收村（居）民意见，保证章程实施的群众基础。强化民主监督，由社区计划生育协会牵头，村（居）民参与本村（居）计划生育工作决策、实施和监督全过程，并组织协会会员、人大代表和社会各界对计划生育工作情况进行评议。将下岗职工等特殊人群计划生育纳入社区综合管理，没有与原企业脱离劳动关系的，实行企业主管、街道办事处协助管理；已解除劳动关系的，单位将各女职工生育等情况登记、造册、存档，移交至户口所在街道办事处，纳入街道常住人口管理；现居住地和户籍地不一致的，由户籍地委托现居住地管理。2004年，进一步修订完善自治章程，明确村（居）民在计划生育工作中的权利义务。2007年，发挥计划生育协会作用，实行合同管理，用村规民约引导规范群众婚育行为，提高村（居）民自治能力。2010年，制定《关于进一步修订完善计划生育村（居）民自治章程的指导意见》，村规民约修订完成；黄台社区被国家人口计生委与中国计生协会评为首批国家级人口和计划生育基层群众自治示范村（居）。2012年，香磨李社区被评为第三批国家级人口和计划生育基层群众自治示范村（居）；杨庄社区、小鲁社区被评为省级人口和计划生育基层群众自治示范村（居）。全区村（居）民自治合格率达98%以上。

六、流动人口管理

天桥区外来务工人员多，是流动人口计划生育管理工作重点区。1991年，全区建立完善流动人口管理制度，对2600名流动人口中的育龄妇女逐一建档立卡，严格管理，实现连续5年无一例计划外生育目标；国家计生委主任彭珮云视察时给予高度评价。1993年，《济南市流动人口计划生育管理办法》发布后，天桥区针对流动人口、个体工商业户逐渐增多问题，配套完善透环查体、送药具上门等服务措施。1994年，将流动人口计划生育管理工作纳入各级人口目标责任制。依托流动人口计划生育协会、集贸市场计划生育协会、区域计划生育协会，建立健全流动人口管理、验证、收费、服务等八项工作制度。1995年，修订《流动人口计划生育管理办法》，将流动人口计划生育管理工作纳入区《人口与计划生育目标管理责任书》，与常住人口同等考核。至年底，全区流入已婚育龄妇女验证率、签订合同率、建档率、计划生育率均100%；流出已婚妇女发证率98.8%，签订合同率100%。1997年，天桥区对有固定单位而不在此单位居住的流动人口，实行“谁用工，谁负责”，由用工单位进行管理；对个体经营者由出租房屋管理人进行管理，租赁双方与计划生育管理部门签订计划生育责任书。同年11月、12月，国家计生委副主任李宏规、山东省人民政府副省长吴爱英先后考察天桥区泺口服装市场流动人口计划生育工作，对天桥区在泺口服装市场试行“两证一回执”（市场计划生育管理办公室给女营业员发放营业员证、计生合格暂住证，市场计划生育管理办公室给女营业员暂住户口所在地发放带有回执的联系信）制度给予肯定。1998 年，建立“二三三”（区、街道〈镇〉两级领导机构，区公安分局暂住人口管理办公室、各派出所暂住人口管理办公室、107 个警务责任区暂住人口管理服务站三级办事机构，区、街道〈镇〉、派出所三级稽查机构）管理体制，将流动人口计划生育纳入警务责任区管理。以居住地管理为主，以警务责任区为依托，健全公安、计生“两位一体”运行机制，实行齐抓共管。具体工作中，责任区民警、计划生育专管员、暂住人口协管员“一肩双责”，一起进村入户，与房主、用工单位、劳务团体签订治安和计划生育责任书，与流动人口中的已婚育龄妇女签订计划生育合同书，形成“谁主管、谁负责，谁留宿、谁管理”的计划生育管理格局。2000 年 9 月，国务委员兼国务院秘书长王忠禹、国家计生委主任张维庆等先后到天桥区考察，对“两位一体”流动人口计划生育管理体制给予高度评价。2003 年，“依托暂住人口管理服务站，计生、公安密切配合，共同做好流动人口计划生育工作”的做法，被国家人口计生委、公安部联合发文在全国推广。2005 年，在全区 15 个街道（镇）建立计生、公安、劳动、卫生、民政、城管等部门组成的统一领导、统一协调、统一检查、统一督导、统一考核、统一奖惩的流动人口管理机构和队伍，推行流动人口办证、验证、就医、法律咨询等一条龙管理服务模式。2006 年，印发《关于在全区开展流动人口计划生育管理服务活动的实施意见》，将全区 4 万余流动人口育龄妇女纳入大社区管理服务。同年，天桥区被评为山东省流动人口计划生育管理服务工作先进单位。2010 年，完善街道（镇）、社区两级“一站式”为民服务大厅，在药山、北园、泺口街道办事处新增专职流动人口协管员 12 名。以政法、公安、计生为主，建立以居住地为主体的全员人口信息管理数据库和流动人口信息交换平台，实现资源共享。2012 年，全区 125 个社区全部安装居民信息综合管理系统，实现计生、公安、卫生、工商、民政等 11 个部门联动联勤。依托新山东省流动人口信息交换平台，完善流动人口数据库信息，增加流动人口信息 3 万余条，签订《流动人口计划生育管理和服务双向协作协议书》29 份。

第三节　计划生育服务

一、经常性服务

1991 年，基层计划生育工作网络健全，经常性服务工作落实。1992 年，推行准孕通知书、生育证和出生报告单制度。1997 年，全区调整充实计划生育队伍，新增工作人员 47 人。1998 年始，兑现国家计划生育优待政策，女方晚育的，除国家规定的产假外，增加产假 60 天，并给予男方护理假 7 日；各街道（镇）独生子女费和计划生育工作人员工资及岗位补贴全部落实，独生子女父母退休落实一次性养老补助；对自愿退二孩家庭给予一次性不少于 2000 元的奖励。1999 年，计划生育社区服务在全区推开；8 月，天桥区被中共山东省委、省政府确定为全省计划生育工作优质服务试点区。2002 年 8 月，中共天桥区委、区政府印发《关于在全区开展争创计划生育优质服务先进街镇、社区、模范村居（单位）创建活动的意见》，广泛开展创建计划生育优质服务先进街道（镇）、社区、模范村居（单位）活动。2005 年，天桥区被中共山东省委、省政府评为山东省计划生育优质服务先进区。2008 年，发放计划生育特困家庭救助资金 70 余万元，发放独生子女和晚婚晚育奖励资金 108 万余元。2009 年，印发《天桥区计生利益导向与“新农保”同行项目文本》，农村计划生育家庭享受新农保和养老优待双重保障；制定《建立对城区部分计划生育家庭奖励扶助制度》，下发《情系独女、阳光助学》项目文本，全年发放利益导向资金 400 余万元。2011 年，投入 300 余万元改善基层办公和基础服务设施。同年，计划生育经费全部纳入财政预算，按照人均不低于 10% 的标准逐年递增；当年投入计划生育经费 2015 万元。制定《流动人口均等化服务实施方案》《流动人口“七个一”工程实施方案》，流动人口服务持续优化升级。2012 年，落实济南市《关于进一步加强城市社区和流动人口计划生育工作意见》，开展国家流动人口计划生育基本公共服务均等化试点，在流动人口困难帮扶、医疗救助、新婚优生健康免费检查、免费基本项目计划生育技术服务等惠民政策上实现均等化服务。同年，全区开展关怀育龄群众生育文化、关怀育龄群众生殖健康、关怀计划生育困难家庭、关怀流动人口的“四关怀”活动，全年发放计划生育利益导向资金 478 万元。天桥区投入专项资金 10 万余元，保障免费孕前优生健康检查项目实施。全区各街道（镇）467 名计划生育干部职责、任务、待遇全面落实。

二、避孕药具管理服务

1992 年，为无生育计划和新婚夫妇送避孕药具上门。1993 年，区、街道（镇）均配齐计划生育药具专管员。1995 年，北园镇计划生育服务站配置 B 超、波姆光治疗仪等诊疗设备，开展多项技术服务工作。1996 年，北园镇 B 超检查 5383 例，优生咨询 123 例。1997 年，B 超检查 21845 例。1999 年，实施计划生育社区服务连心工程，区、街道（镇）、村（居）三级挂牌，区设社区计划生育服务中心，街道（镇）设计划生育服务站，村（居）设计划生育服务室，上下形成网络。区计划生育服务站在北坦、无影山、工人新村南村、工人新村北村街道办事处计划生育服务站开展技术服务试点，加强对街道（镇）计划生育服务站指导。至 2003 年，全区建成人口与计划生育社区服务中心 13 个，开展以优生优育和生殖保健为主的技术服务。全面实行避孕措施知情选择，定期对落实避孕措施夫妇进行随访，对新婚及有孕夫妇进行孕前优生咨询和孕期保健服务，对独生子女病残儿家庭实行二胎优生监护，对已婚育龄妇女每年两次开展生殖保健服务，对妇女常见病及时预防、诊治，对有实际困难人员，实行无偿或低偿服务。纬北路社区计划生育服务中心，对首批（1987 年）领取独生子女证父母，实行药费优惠 10%，检查费优惠 20% 的政策。2005 年，开展以避孕优质服务、出生缺陷干预、生殖道感染干预为重点的计划生育生殖健康推进计划，病残儿家庭再生育二胎优生监护率 100%，出生缺陷干预率 95% 以上，已婚育龄妇女生殖保健服务建档率 95% 以上。建立男性参与计划生育和生殖保健机制，已婚育龄人群中男性参与率 50% 以上。2006 年 3 月，天桥区被评为山东省计划生育药具管理服务工作先进单位。2008 年，制定《关于进一步加强计划生育科技服务工作的意见》，强化二胎孕期随访和环情孕情检查，提高长效措施落实率。2009 年，为城镇失业、无业已婚育龄妇女和流动人口提供免费生殖健康查体 20 余万人次，为农村已婚育龄妇女免费提供生殖健康检查 6 万余人次，为城市低保计划生育家庭进行 11 项免费健康查体 5800 人次，提供政策法规、优生优育咨询服务 5000 人次，计划生育技术服务 3638 人次。同年，新建避孕药具发放点 46 个。2010 年，全区避孕药具领取实现“一卡通”。2011 年，开展生殖健康查体 20 万人次。2012 年，为大桥镇、桑梓店镇 412 对夫妇进行免费孕前优生健康检查并进行风险评估，目标人群覆盖率 80% 以上，其中高风险男性 18 人、女性 78 人，高风险率 13%。8 月，印发《济南市天桥区免费孕前优生健康检查项目试点工作实施方案》《济南市天桥区关于开展国家免费孕前优生健康检查项目试点工作的实施细则》，城乡已婚育龄妇女免费健康查体工作全面展开，涉及 11 个项目的检查。

三、“711”优质服务

2000 年，天桥区实施以 7 月 11 日世界人口日为标志的“711”计划生育服务工程。设立“711”服务热线，实行 24 小时专人值班制度。15 个街道（镇）也设立服务热线，24 小时专人值班，与区热线相连，为群众提供政策法规、优生优育、避孕、生殖保健等咨询服务。当年投资 150 余万元，购进流动服务车 8 辆，并配备 B 超等医疗设备。2005 年 7 月，天桥区与空军济南医院联合开展军地共建“711”计划生育优质服务工程，签订《军地共建协议书》。医院向 15 个街道（镇）赠送“爱心卡”，对大桥镇、桑梓店镇待孕、待产妇女上门送“爱心卡”，孕妇持“爱心卡”可享受孕期不少于8次的保健查体，并可先入院后办理手续。定期为农村在孕育龄妇女开展免费查体，城区在孕育龄妇女可持“爱心卡”到医院免费查体，全区计划生育家庭成员医院就诊享受低价优惠。产妇顺产限价不超过1600元，剖宫产限价不超过3500元，超出费用由医院负担，计划生育户看病诊疗费减免30%。“711”优质服务热线可预约床位和请叫免费接送，优质服务车可免费接送出、入院产妇和急症病人。2006年，将计划生育“711”优质服务热线作为行风举报电话向社会公布。至2012年，形成以区计生服务站为龙头、街道（镇）服务站为主体、村（居）服务点为基础，覆盖全区的“711”优质服务工作网络。

第四节 计划生育教育培训

1991年始，每年开展计划生育教育培训。全区84个签订计划生育承包合同单位，均成立“人口与计划生育基础知识教育学校”（简称人口学校），全年授课357次，受教育人数8000余人次。1993年，全区人口学校137个，育龄妇女受教育面95%以上；举办2期村以上计划生育干部培训班，授课8次，参训1016人次。

1995年4月，对全区182个单位计划生育干部进行培训，培训合格率100%；北园镇、工业小区对49个村（居）计划生育干部进行岗位培训，考试合格率100%；举办计划生育药具管理、孕情跟踪服务管理和档簿（卡）管理培训班，培训后人员持证上岗。全年举办各类学习班5期、培训890人次。同年，人口学校132个，教育普及率95%以上，合格率85%以上。2004年，全区街道（镇）、村（居）计划生育工作人员年均业务培训12天以上；开展计划生育工作人员“三学三比”（学习法律法规知识，比依法管理水平；学习计划生育优质服务知识，比业务服务技能；学习先模事迹，比无私奉献）活动；开展人口和计划生育法律法规、性健康生殖保健、艾滋病预防等教育培训，计划生育专职干部法律法规、基础知识知晓率98%以上，育龄人群计划生育知识知晓率90%以上，中小学青春期教育普及率100%。2007年，举办2期区、街道（镇）计划生育干部培训班，800余人参加。

2010年，举办全区15个街道（镇）计划生育管理培训班，2300余人次参加。2011年4月，北园街道、泺口街道、大桥镇、桑梓店镇分4期开展计划生育业务培训，534人参加。全年举办计划生育技术培训20次，聘请专家授课带教、选派骨干外出进修。2012年5月，分3期举办计划生育干部培训班，设6个专业、2000余人参加。组织大桥镇、桑梓店镇800人次参加优生健康教育培训，计划怀孕夫妇优生知识知晓率90%以上。

1991—2012年天桥区计划生育统计表

表3-23

年份	已婚育龄妇女（人）	计划生育率（%）	晚婚			晚育		
			初婚（人）	晚婚（人）	晚婚率（%）	一孩出生（人）	晚育（人）	晚育率（%）
1991	77002	99.60	3166	2964	93.60	2372	—	—
1992	66425	99.90	—	—	—	2738	—	—
1993	72094	99.70	—	—	—	2620	2602	99.30
1994	82630	99.90	3099	3099	100	3024	3024	100.00
1995	83365	99.90	3631	3631	100	3631	3631	100.00
1996	83404	99.90	3284	3284	100	3284	3284	100.00

续表 3-23

年份	已婚育龄妇女（人）	计划生育率（%）	晚婚			晚育		
			初婚（人）	晚婚（人）	晚婚率（%）	一孩出生（人）	晚育（人）	晚育率（%）
1997	83420	99.80	3229	3229	100	3229	3229	100.00
1998	83290	99.70	3274	3127	95.50	3128	3127	99.90
1999	82124	99.70	3152	3152	100	2642	—	—
2000	89472	99.40	2247	2240	99.70	4171	—	—
2001	89552	99.50	2186	2174	99.50	3821	—	—
2002	88256	99.90	1900	1882	99.10	3531	—	—
2003	85324	99.80	3753	2997	98.90	3111	—	—
2004	90919	99.70	5717	4448	77.80	3532	—	—
2005	91742	99.60	3656	2837	77.60	3805	—	—
2006	91177	99.70	5827	4790	82.20	3656	3192	87.30
2007	90172	99.30	4014	3051	76.00	—	—	—
2008	90548	98.40	4901	3842	78.40	—	—	—
2009	90749	97.04	5818	4474	76.90	—	—	—
2010	91155	94.82	4303	3227	75.00	—	—	—
2011	91588	97.90	1674	1132	67.60	—	—	—
2012	93150	97.30	1581	1132	71.60	—	—	—

交通银行

第四篇

城乡建设

1991—2012
TIANQIAO QU ZHI

天桥区城区俯览

建设中的经一路沿线片区（2012年4月摄）

经一路沿线风景

1991年始，天桥区城乡建设步伐加快。2000年后，坚持科学规划，依法实施。至2012年年底，编制完成总体规划3次、专业规划5项、详细规划10项、重点规划5项；供水、供电、供热、供气等公用设施完善，服务功能显著增强。投资6.37亿元，建设改造全区道路，形成“八纵八横”城区道路网体系，北园高架路贯通东西，顺河高架路连接南北；辖区有道路278条，长222.66千米，其中主干道17条、次干道17条、支路61条、街巷（坊）183条。先后建桥涵75座。建住宅楼1328幢，建筑面积875.63万平方米。全面实施公园、道路、社区、庭院绿化，绿化覆盖率40.5%，人均公共绿地面积10.9平方米。

第一章　城乡规划

1990—2012年，天桥区各项规划由济南市规划局统一制定。境内完成总体规划编制3次；北湖市民文化中心、北郊热电厂、公路、铁路、物流专业规划5项；“二、三、四”工程、北园大街综合改造、经一路综合改造、旧城区、滨河新区、国有项目改造、黄河北新区改造、工业园区（地块）、土地利用总体规划、河道及道路建设详细规划10项；北跨及北部新城区发展、社会主义新农村、旧城区重点片区、滨河新区重点片区、黄河北新区改造重点规划5项。

第一节　总体规划

一、1983年版总体规划调整

1990年10月，济南市对1983年版总体规划进行调整。天桥区分区规划试点工作随即展开，济南市规划设计研究院成立天桥区分区规划试点工作组，协助天桥区建设委员会规划科开展工作。至1991年9月，完成规划调整。此次规划涉及辖区内容有：新增泺口、北园路北居住用地2片；形成泺口工业区、黄台工业区，严格控制黄台工业区发展；对外交通调整以城市北外环及西外环组成城市对外快速干道，通过泺口立交节点与市区二环路有机联系，带动市区发展；加快黄河公园建设，尽快形成鹊山—黄河公园—华山连为一体的风景区，改善北部环境；在历山路与北园路交叉口西北角新建省级医院1所，即山东医科大学第二附属医院（今山东大学第二医院）。

二、《济南市城市总体规划（1996—2010年）》

规划确定辖区泺口、黄台为工业片区，无影山、工人新村、北园为居住片区。

三、《济南市城市总体规划（2006—2020年）》

落实城市“北跨”战略，承接中心城传统产业的转移，确定天桥区成为城区与黄河北地区的纽带和链条；沿黄特色农业区围绕黄河滨河生态旅游带的建设，开发建设现代都市农业示范基地和出口创汇基地；黄河北高效农业区以“高产、优质、高效”为目标，建设高效经济作物和优质粮食生产基地。

第二节　专业规划

一、泉城特色风貌带规划

2002年，济南市编制的《泉城特色风貌带规划》，南起千佛山一带山体，北部涵盖黄河及鹊山、华山等九山，东起历山路，西至顺河高架路，南北长约10千米，东西宽约4千米。总面积约27平方千米。辖区北湖市民文化中心为三个特色功能区之一，界定保护与更新范围。

二、济南市城市供热规划

2005年6月，济南市编制完成的《济南市城市供热规划》，辖区北郊热电厂确定为主城区、东部城区采用大集中供热系统的三大热源之一。

三、济南市城市综合交通规划

2006年，济南市编制的《济南城市综合交通规划（2006—2020）》，规划年度内将新建京沪客运专线、胶济线增建四线、邯济线增建二线，济惠线引入枢纽，远景新建太青客运专线，黄河北货运环线，实现高速和普速服务结合，客运、货运分离。枢纽形成由京沪线、胶济线、邯胶线、济惠线、京沪客运专线、青济客运专线、太青客运专线等7条铁路干线构成的“两环三客两编六货”格局的大型铁路枢纽。“两环”为京沪客运专线、太青客运专线既有线组成的客运环线，黄河北货运环线与京沪线、胶济线等既有线组成的货运环线；“三客”为结合京沪客运专线设置的新济南站、既有济南站和结合太青客运专线设置的济南北站；“两编”为济南西站主要编组站和晏城北站辅助编组站；“六货”为东沙王庄站、泺口站、黄台站、历城站、水电站和桑梓店站；枢纽内的工业站为黄台、历城和平陵城站。

规划建设济南绕城高速公路黄河北环线；规划采用明确的分级分方向划分公路主枢纽，充分考虑与铁路客运站衔接。保留济泺路、火车站联运等客运站，规划大吴客运站。

建设公路主枢纽管理服务中心，采用物流园区、物流中心和货运站分层次总体布局方法，规划大桥路为三个物流园区之一，国际集装箱分流中心、桑梓店为四个物流中心中的两个。

第三节 详细规划

一、天桥区规划结构模式

1990年的全市规划，将天桥区规划结构模式概括为“二三四”结构，亦称“二、三、四”工程，即二级中心、三条纽带、四个窗口，形成“南商、中住、北工”的经济梯级。

（一）二级中心。一个区级中心、三个片区级中心。一个区级中心，即堤口路东端及天成路两侧作为天桥区区级中心，增强经济、贸易、文化娱乐中心的吸引力。依托济南火车站北广场对外开放窗口，加强流通能力，提高全区辐射力和凝聚力，完善其综合服务功能。将济南粮食加工厂、济南粮油机械厂外迁，变为公共设施。调整第三产业结构，围绕北广场，大力发展第三产业。全区区域经济形成“南商、中住、北工”结构，济泺路贯穿其中，对全区城乡一体化建设和提高区级中心地位起到至关重要作用。

三个片区级中心，即北园大街片区级流通中心、黄岗商业服务与文化娱乐片区级中心、泺口城乡结合片区级中心。北园大街片区级流通中心，依托北关火车站对外开放窗口，加快北园大街第三产业发展，北园大街东西两侧以工业产品批发为主，带动中段商业服务发展，使之近期作为区级生活商业性干道；远期为市级生活性干道，成为全市贯穿东西的经济副轴（相当于第二条泉城路）；规划在国际贸易大厦东侧建设一处具有一定规模的写字楼与娱乐中心，结合三角绿地建设改善北园大街景观，并与明湖大酒店、清河教育中心形成一体，构成地区性贸易中心；在历黄路与北园大街交接处，建设一处长途汽车站与商业服务中心，使北园形成片区性贸易流通中心。黄岗商业服务与文化娱乐的科技片区中心，规划在无影山中路西段建设一处综合百货市场，满足居住区居民需要；规划一个文化娱乐中心，丰富居民文化生活；结合公建新建停车场一处，并规划一处片区级绿地游园，改善居住区环境。泺口城乡结合片区级中心，规划在泺口建设一处城乡结合一体化中心，加强天桥区对黄河以北地区的辐射力；以农副产品批发为主、物资储运与中转为辅的片区级中心，结合二环路，提高公共设施用地指标（规划一处汽车宾馆、批发市场、影剧院以及文化娱乐中心等），增强该地区凝聚力。

（二）三条纽带。即两条经济纽带、一条流通纽带。加强济泺路建设，使之成为城乡一体化的经济纽带；打通无影山中路西区，使之与北园大街形成全区东西的经济纽带。加快经一路扩宽改造，为济南火车站与北关火车站的联系提供流通纽带，规划在经一路两侧建设成为外地驻济办事处一条街，并配备相应公共设施，增加全区辐射力及流通能力。

（三）四个窗口。即济南火车站北广场、济南长途汽车总站、北关火车站和经一路四个窗口。加快火车站北广场建设，规划出合理道路骨架，以广场为依托，加快第三产业发展，促进信息流通；实施北关火车站扩大，结合历黄路改造，使之成为全区对外开放的窗口；加快济南长途汽车总站改造，为改革开放提供一个有利窗口；随着经一路拓宽建设，为增加辐射力提供一个窗口。

二、北园大街综合改造总体控制规划研究

（一）项目位置。位于济南市旧城区，是主要东西向城市主干道。

（二）项目背景。济南北部的发展基本是以沿北园大街带、小清河带、黄河带作为发展主线。而北园大街改造工程则成为推动北部发展的助推器，并为实现真正意义上的北跨奠定基础。

（三）规划建设时间。2005 年 1 月开始规划，2005 年 11 月编制完成。

（四）规划范围。东起电建路，西至二环西路，南起交校西路，沿济齐路、堤口路、东西丹凤街、义和北街、胶济铁路至电建路，北起小清河南岸，沿黄岗路、无影山西路、田家庄东路、西工商河、汽车厂东路、济泺路、标山南路、联四路、水屯北路、航运路、小清河南岸至电建路。东西长约 13 千米，南北宽约 1.5 ~ 1.8 千米，用地面积 1935 公顷。

（五）主导功能。北园大街定位为城市一线主干路，具有城市准快速路功能，并为城市快速公交系统提供支持；总体控制规划将其定位为：含行政办公、生活居住、科教文化、金融贸易等多功能聚集的中心景观大道。强化市民公共活动功能，促使多元功能之间的互动，增强城市活力，使之人气旺盛、商业繁荣、文化气息浓郁。确定北园大街沿线地区的规划结构为："四个功能段""五个中心节点"。

四个功能段　二环西路至无影山路（道路全长约 3.43 千米）—区级商业居住段；无影山路至津浦铁路（道路全长约 2.33 千米）—市级商贸居住段；津浦铁路至历山路（道路全长约 3.7 千米）—市级商贸文化段；历山路至电建路（道路全长约 3.56 千米）—区级商业居住段。

五个中心节点　黄岗路路口节点—商业服务中心；济泺路路口节点—商贸中心；北园立交桥下节点—休闲美食中心；历山路路口节点—商业服务中心；二环东路路口节点—商业服务中心。

（六）规划布局。设计分别对区内土地利用、道路交通、绿地水系、步行开放空间、竖向形态、环境保护及各项市政服务设施七个方面进行系统优化和完善。提升北湖市民文化区功能，扩大整合顺河高架路至济泺路商业商务功能；根据发展拆迁工业、仓储企业，并调整结构、完善配套服务设施；提高和改善全福、石桥、黄台、匡山等居住生活区，将三、四类居住用地改造提升为二类居住用地，提升其城市居住生活功能；提高绿化用地面积，扩大堤口路与济泺路三角绿地、规划好沿全福河、柳行头河、东西泺河、工商河和兴济河两侧绿化带及沿胶济铁路、津浦铁路两侧绿化带；配合城市快速公交（BRT）的发展构想，规划预留好公交枢纽站和停靠点，解决好道路交通和居住、公建关系。

三、经一路综合改造规划（2003—2020 年）

（一）规划背景。经一路综合改造规划是济南市政府"实现新跨越、建设新泉城"的重点规划，也是济南市实施旧城改造、老城提升、环境改善、路网完善的重要规划。规划建设采取以市为主导，以区为主体、市区联动的全新运作模式。

（二）规划范围。西南至京沪铁路和经六路延长线，东至化纤厂路，北至京沪和胶济铁路，南至经四路、经二路、顺河街、少年路、明湖路、利农庄路、山大北路、华能路等现状及规划道路，包括现状及规划的纬北路、经一路、明湖北路、东关北路、花园路、花园东路。

（三）功能定位。分段式多功能的生活性城市主干道。

（四）用地规模。东西长约 13.2 千米，两侧规划用地面积约 1450 公顷。

（五）功能布局。经六路至纬十二路为居住综合区；纬十二路至纬一路为商业商务区；纬

一路至生产路为居住生活区；生产路至历黄路为休闲旅游区；历黄路至历山路为居住生活区；历山路至二环东路为科技商贸、商业区；二环东路至化纤厂路为商住综合区。

四、工业园区（地块）规划

药山工业园区项目包括山东鲁发碳纤维项目和天鹅棉机项目。化工产业园区项目，东至梓东大道，西至舜兴路，南至308国道，北至鑫康大道。原用地规模470公顷。调整规划后，到2020年济南化工产业园区建设用地面积为10平方千米。

第四节　重点片区规划

2006年始，先后对北跨及北部新城区、社会主义新农村、旧城重点片区、滨河新区重点片区、黄河北新区改造项目进行重点规划。

一、"北跨"及北部新城区发展战略研究

"北跨"是2003年6月26日中共山东省委常委扩大会议确定的济南城市空间发展战略之一，济南市新一轮城市总体规划提出"实现跨黄河发展，在黄河北建设新城"的远景目标。为落实城市空间发展的"北跨"战略，加快黄河以北地区建设发展，市规划局于2006年9月委托北京大学组织编制《济南市北跨及北部新城区发展战略研究》，2008年6月编制完成。

根据规划，北部地区总体发展定位为济南市对接京津、辐射鲁西北经济走廊；济南市重化工业、物流产业和新型制造业基地；济南市未来城市发展的重点区域；济南市绿色生态产业示范区。

济南北跨发展将带动城市空间结构的重构，形成"一核、三心、T型主轴、X型生长，组群联动、网状支撑"的格局。

涉及辖区："一核"即主城区；"三心"中的北部新城次中心；"T型主轴"济南—商河南北轴中心区域；"X型生长"即都市区内缘沿黄河南北两翼带状组团生长，形成"X"型城市空间形态，构建济南市城市发展新的空间框架，改变固有的东西向延伸形态；"组群联动"即重点发展三个外围市镇组群，包括黄河北市镇组群；"网状支撑"即培育若干具有较大发展潜力的组团、片区和城镇，使之发展成为中小型专业化城镇组群，促进市域城镇体系的网状发展，形成济南市城市化推进的面域支撑。

二、社会主义新农村规划

2006—2007年，济南市编制完成试点镇、试点村规划方案。天桥区有大桥镇马店村、后吴村、范家村、杨家新村、东车村，桑梓店镇高王村、三官庙村、怀庄村、老寨村、小寨村。

三、旧城区重点片区

（一）控制性规划。2007年后，规划官扎营片区等20个项目，总规划建设用地面积133公顷，总规划建筑面积580万平方米。至2011年12月，已列入开发项目的有天桥东等8个项目，规划建设用地面积93公顷，总规划建筑面积320万平方米。

（二）详细规划。宝华官扎营片区。位于天成路以西，纬六路高架路以东，济南火车站站内铁路以北，堤口路以南。总规划建设用地面积47公顷，规划总建筑面积216万平方米。一期宝华片区，规划建设用地面积0.18平方千米，规划建筑面积74万平方米，由山东南侨房地产发展有限公司投资建设。二期官扎营片区，规划建设用地面积30公顷，规划建筑面积142万平方米。

四、滨河新区重点片区

（一）泺口片区。位于津浦铁路以西，无影山北路以东，泺安路以北，二环北路以南。总用地面积291公顷，项目规划建设用地面积210公顷，规划总建筑面积为691万平方米（地上建筑面积586万平方米，地下建筑面积105万平方米），其中规划安置房建筑面积112万平方米。

（二）徐李片区。位于历黄路以西，顺河高架路以东，小清河以北，二环北路以南。总用地面积161公顷，规划建设用地面积121公顷，规划建筑面积515万平方米。其中出让土地面积70公顷，规划建筑面积374万平方米；划拨土地面积51公顷，规划建筑面积141万平方米。

（三）北湖片区。东至七一路，西至生产路，

南至北园大街，北至滨河南路。总占地面积 270 公顷。2011 年 8 月 22 日，滨河新区城市发展战略及重点地区概念性规划、核心区城市设计予以公示。规划中，将依托小清河良好的自然环境，在北侧建设占地面积 40 公顷的北湖公园，南侧中央位置沿水屯路西侧开挖通航河道连通大明湖和北湖，设计宽度 90 米，其中，河道宽 30 米，两侧各 30 米绿化景观。该通航河道是“山、泉、湖、河、城”城市风貌轴的重要组成部分，是滨河新区核心区的中央绿轴。

五、黄河北新区规划

（一）控制性规划。大桥镇—桑梓店镇控制性规划于 2007 年 9 月启动，2008 年 12 月编制完成；因新规划的太济青客运专线和货运北环线的穿越等原因，自 2010 年 10 月底开始进行控规调整；2011 年 11 月 16 日，召开专家评审会；2012 年 4 月 10 日，进行公示。在报批过程中，中共济南市委、市政府提出北跨战略，对北部新城区提出规划战略研究，其区域包括天桥区、济阳县、商河县。因此，对大桥镇—桑梓店镇控制性规划暂时未予批准。除此之外，天桥区黄河以北所有建设项目均依据此规划实施。规划总用地面积 13780 公顷，其中大桥镇用地面积 9180 公顷、桑梓店镇用地面积 3600 公顷、济南化工产业园区用地面积 1000 公顷。片区功能定位为：以石油化工、精细化工、化工新材料等化工产业和都市农业为主导，集化工、商贸、农副产品加工业和都市农业于一体、生活服务设施配套完善的北部新市镇、现代化新材料工业基地、新型农村社区建设示范区、北跨战略的重要发展区，未来将成为济南市石化、物流、新型制造业基地。

（二）改造规划。黄河以北拟实施整村改造类型包括镇驻地村改造、旧村改造和整村迁建 3 种类型。2009 年 11 月—2010 年 6 月，对区内黄河以北地区 120 个村，围绕土地收益、建设成本等内容进行经济测算分析。会同济南市规划院二所，编制完成大桥—桑梓店片区控规、大桥镇—桑梓店镇镇村体系规划调整方案、黄河以北 2 镇远景发展规划及镇驻地和中心村村庄规划的初步方案。编制完成草庙王、小马、靳家和大吴 4 个试点村改造建设总体策划方案。2012—2013 年，完成桑梓店镇草庙王村安置房项目环评、灾评、规划详规、节能评估、立项工作。将黄河以北 2 镇 120 个村并为 2 镇驻地（31 个村）和 11 个中心村（66 个村），龙湖内安置 21 个村居，建设 2 个民俗特色村，完成改造 16493 户，通过迁建改造新增建设用地面积 1520 公顷。

第二章　城区建设

1991—2012 年，投资 6.37 亿元，对全区道路进行改造和建设，形成“八纵八横”城区路网体系。新建桥涵 75 座；住宅楼 1328 幢，建筑面积 875.63 万平方米；大型广场 7 处及一批公共建筑。全面实施公园、道路、公共绿地与绿化广场、社区、庭院、山体、河岸等绿化，新建街头、空地绿地。环境卫生实施机械化作业，作业能力及环境卫生水平有大幅提高。投资 500 万元，建成区级数字化城市管理信息平台，城市管理水平进一步提高。至 2012 年年底，城乡居民家家户户通电和自来水，住宅小区和街巷普遍安装路灯，排水管线和设施完善。全区有变电站 14 座，供电面积 73 平方千米；供气用户 12 万余户；供热面积 1205 万平方米。

第一节　道路 桥涵

一、道路

（一）道路建设。1991 年，全区有沥青、混凝土路面 167 条。后对无影山中路西段、堤口路等实施拓宽改造。至 1995 年，全区道路 527 条，长 353 千米，面积 384.8 万平方米。有主干道 7 条、次干道8条、支路31条、排水设施318条。随着道路改造投资规模加大、工程数量增加，至2012年年底，辖区有道路278条，长222.66千米，面积471.7万平方米。其中，主干道17条，长59.26千米，面积250.37万平方米；次干道17条，长25.57千米，面积61.23万平方米；支路61条，长64.16千米，面积98.51万平方米；街巷（坊）183条，长73.67千米，面积61.59万平方米。

无影山中路西段　1991年4月，无影山中路西段改造工程开工；12月竣工。东起无影山路，西至黄岗路，全长1.8千米。路宽规划设计为35米，其中机动车道12米，两侧花坛分隔带、非机动车道、人行道，宽分别为2米、5米、4.5米。路面结构按城市主干道要求设计。机动车道结构总厚55厘米、非机动车道43厘米，纵断设计最大纵坡2.5%，相应坡长300米，最小纵坡0.76%。雨、污水管道（雨、污水分离）南北各2条，管径300毫米的陶土管长4725米，管径400毫米的混凝土管长365米，管径500毫米的混凝土管长1213米，管径600毫米的混凝土管长770米，管径800毫米混凝土管长30米，征地面积7公顷，拆迁80户、建筑面积24万平方米。2006年5月，纳入北园大街“双快”道路建设工程；2008年4月，建成通车。

北园大街　1993年2月，中共济南市委、市政府提出改造北园路，中共天桥区委、区政府按照具有地方特色、新颖独特、典雅别致的高标准，建设北园路商业大街。沿线1700户、82个单位，拆迁建筑面积16万平方米，占地面积38公顷，当年完成总建筑面积30万平方米。该路天桥区段长5.2千米，道路红线宽由35米增至50米，其中快车道由14米增至22米，分车带各3米，慢车道各6.5米，人行道各4.5米。沿线两侧各增加10米宽绿化带。9月15日开工，12月15日竣工。工程西起三孔桥，东至东界牌，完成建设工程量长4300米；完成排水沟工程长9451.2米，清理明沟长1950米，铺设沥青混凝土路面面积16.79万平方米，埋设路沿石长2.13万米，铺设人行道花砖面积2.09万平方米，外运渣土4.3万立方米，完成拆迁单位111个、1830户、建筑面积17万平方米，埋设煤气管道长2720米、电信电缆长3700米，迁移高压电线杆和电话线杆160余根。2006年5月，实施北园大街“双快”道路建设工程；2008年4月建成通车。规划设计为地面道路和高架桥两层：地面道路西起济齐路，东至电建路，全长13.02千米，天桥区段长10.2千米，道路标准段红线宽60米，路口、栅道、落地段宽70米，总面积129.6万平方米，设置双向6车道，中间2条为BRT快速公交专用车道，其余4条为社会机动车道，路侧设多功能带；高架桥西起济齐路，东至二环东路，全长11.54千米，桥宽24米，双向6车道。完成桩基2547颗，承台691个，墩柱731个，箱梁主线桥102联，箱梁匝道桥53联；完成给水、雨水、污水、燃气、电力、弱电、热力7种管线总长13.74万米。高架桥面铺装面积31.07万平方米，防撞墙长4.57万米。快车道：路床处理面积44.72万平方米，灰土碎

北园大街副道铺设沥青混凝土（2008年4月摄）

石面积 43.77 万平方米，水稳层面积 43.26 万平方米，粗粒式沥青混凝土面积 41.12 万平方米，中粒式沥青混凝土面积 41.12 万平方米。慢车道：路床处理面积 27.6 万平方米，灰土碎石面积 271.42 万平方米，水稳层面积 26.75 万平方米，中粒式沥青混凝土面积 14.44 万平方米，花砖面积 12.41 万平方米。

济泺路　1993 年 5 月，济泺路北段延长线拓宽工程开工；9 月竣工。工程长 370 米，设计改造为机动车道宽 21 米，慢车道 7 米，花坛 3 米。拆迁居民 75 户、建筑面积 8000 平方米；铺设路沿石长 1482 米。1996 年 9 月，济泺路南段（成丰桥至济南长途汽车总站）实施分车带改建工程，将两侧快车道与慢车道之间的隔离带扩建成快车道，工程长 806.5 米，宽 3.5 米。2000 年 8 月，实施济泺路改造工程；9 月中旬竣工。南起工人新村新华书店（济泺路 108 号），北至济泺桥，快车道两侧各翻挖长 288 米、宽 2 ~ 3 米、深 30 厘米的基础补强，填充地瓜石后加灰土层，再铺设厚 20 厘米的沥青混凝土面积 2300 平方米。2001 年 3 月，实施济泺路修复工程。工程南起济南长途汽车总站，北至济泺桥，长 2018 米，宽 15 米。分两期进行，一期 6 月底竣工；二期 7 月底竣工，养护路面面积计 6.9 万平方米。2002 年 5 月，济泺路北段改造工程开工，10 月 10 日竣工。南起济泺桥，北至二环北路，长 2470 米，宽 15 米。对快车道损坏严重坑槽、沉陷路段进行翻挖，做水稳面积 1.95 万平方米；对道路的网裂、油包进行铣刨，面积 1.33 万平方米，做黑色碎石补强面积 1.33 万平方米；铺设泺口南门至二环北路 1×1 米盖板排水沟长 285 米；对路面做厚 11 厘米的中粒式沥青混凝土，面积 4.03 万平方米；济泺路西侧堤口路至济南动物园长 2.28 千米人行道铺设彩色花砖面积 7300 平方米。2004 年 4 月 15 日，济泺路改造工程开工，2005 年 6 月 29 日竣工。拆迁安置居民 158 户，收购集体非住宅土地 54 宗面积 8 余公顷，拆除各类房屋建筑面积 10.6 万平方米；铺沥青混凝土路面面积 18.6 万平方米；安装路灯 186 盏；对沿线 13 个路口、30 余家沿街单位实施公交港湾建设；打通污水主干线，新建 13 处污水支管与主干线对接；将成丰桥至济泺桥两侧电力电缆及各类通信线缆全部入地。

顺河高架路　1997 年 8 月 28 日，顺河高架路建设工程开工；1998 年 10 月 1 日竣工通车。顺河高架路顺河而建，上层行车，中层停车，下层行洪。南起玉涵立交，北至北园大街，穿越市中、天桥两区，横跨经十路、经七路、经四路、经一路等主干道和胶济铁路，长 5.2 千米。高架路宽 18.5 米，双向 4 车道，面积 12.25 万平方米，是济南市一流快速干道。沿线有立交桥 3 座、公铁大型钢桥 1 座、大跨度钢混桥梁 3 座、上下高架路匝道 12 条。高架路下沿河建机动车停车场 7 处，面积 1.51 万平方米。高架路两侧地面道路进行拓宽改造。拆迁房屋建筑面积 7 万余平方米，迁移改建各种管线长 40 余千米，地面道路面积 15.1 万平方米。沿路安装新型路灯 480 余盏，形成高亮度通道。工程总投资 6.3 亿元。2002 年 8 月 16 日，顺河高架路北延工程开工；2003 年 11 月，竣工通车。北接北绕城高架桥李家庄附近，经裕兴化工厂东、西分厂中间，在五柳闸跨小清河，沿西泺河向南经北园街道边家庄跨北园大街，接顺河高架路跨铁路系杆拱桥北桥头。路线起终点设北绕城和北园两处互通立交。全线长 4.12 千米。绕城高架桥至收费站采用高速公路标准，设计行车时速 80 千米，双向 4 车道，桥宽 24.5 米；收费站至北园大街采用城市快速路标准，设计行车时速 80 千米，双向 6 车道，桥宽 24.5 米；北园大街以南建设标准与顺河高架路一致，设计行车时速 60 千米，桥宽 18.5 米。工程总投资 10.56 亿元，其中工程建设费用 5.76 亿元，拆迁等费用 4.80 亿元，分别由山东省高速公路有限责任公司和济南市人民政府承担。

2012 年天桥区道路统计表

表 4-1

序号	道路名称	道路等级	起止地点	道路长度（米）	断面宽度（米）	建成时间（年）	面层类型	面积（平方米）			
								车行道	非机动车道	人行道	总面积
1	经一路	主	纬一路—纬二路	258.00	70.00 ~ 75.00	2004	沥青混凝土	8530.00	2580.00	2064.00	13174.00
2	明湖西路	主	北关北路—纬一路	2080.00	70.00 ~ 75.00	2004	沥青混凝土	45860.00	20800.00	16640.00	83300.00
3	明湖北路	主	北关北路—历黄路	1200.00	70.00 ~ 75.00	2004	沥青混凝土	26460.00	12000.00	9600.00	48060.00
4	无影山中路	主	济泺路—黄岗路	3331.00	60.00 ~ 72.00	2008	沥青混凝土	96183.00	29979.00	26648.00	152810.00
			黄岗路—孟家桥	558.00	50.00	2010	沥青混凝土	18163.00	4464.00	3906.00	26533.00
5	北园大街	主	济泺路—汽车城西门	5232.00	60.00 ~ 74.00	2008	沥青混凝土	151074.00	47088.00	41856.00	240018.00
6	堤口路	主	济齐路—济泺路	2912.22	52.00	2008	沥青混凝土	88677.00	23298.00	14561.00	126536.00
7	济齐路	主	堤口路—孟家桥	1610.00	52.00 ~ 62.00	2010	沥青混凝土	62549.00	12880.00	8050.00	83479.00
8	黄岗路	主	济齐路—无影山中路	585.13	50.00	2012	沥青混凝土	19046.00	4681.00	4096.00	27823.00
		主	无影山中路—小清河北路	956.38	50.00	2012	沥青混凝土	30126.00	7651.00	3826.00	41603.00
		主	小清河北路—粟山路	701.00	50.00	2008	沥青混凝土	8552.00	—	4416.00	12968.00
9	天成路（天桥）	主	经一路—成丰桥	1080.00	60.00	2005	沥青混凝土	15120.00	—	4320.00	19440.00
	东幅道	主	经一路—成丰桥	1000.23		2009	沥青混凝土	8502.00	—	12503.00	21005.00
	西幅道	主	经一路—成丰桥			2009	沥青混凝土	8502.00	—	12503.00	21005.00
10	济泺路	主	成丰桥—二环北路	4982.33	70.00	2005	沥青混凝土	162175.00	79717.00	39859.00	281751.00
11	历山北路	主	北园大街—二环北路	4100.00	52.00 ~ 60.00	2004	沥青混凝土	122050.00	32800.00	24600.00	179450.00
12	无影山路	主	宝华街—师范路	2715.00	50.00	2010	沥青混凝土	91224.00	20580.00	10860.00	122664.00
13	无影山北路	主	师范路—二环北路	2860.00	60.00	2005	水泥混凝土	78936.00	—	17160.00	137280.00
							沥青混凝土	—	41184.00	—	—
14	滨河南路	主	东沙王庄桥—无影山路	2127.00	30.00	2010	沥青混凝土	54714.00	—	15708.00	70422.00
15	小清河北路	主	东宇大街西 150 米—二环东路东 500 米	12000.00	30.00 ~ 50.00	2012	沥青混凝土	164880.00	101760.00	77800.00	344440.00
16	二环西路	主	美里路—二环北路	1230.00	50.00	1993	沥青混凝土	28413.00	15990.00	11070.00	55473.00

续表 4-1

序号	道路名称	道路等级	起止地点	道路长度（米）	断面宽度（米）	建成时间（年）	面层类型	面积（平方米）			
								车行道	非机动车道	人行道	总面积
17	二环北路	主	二环西路—东区界	8746.20	50.00	2005	沥青（水泥）混凝土	202037.00	113701.00	78716.00	394454.00
1	幸福街	次	济齐路—老八里桥沟	250.00	30.00	2001	沥青混凝土	3750.00	—	3750.00	7500.00
2	站前路	次	经一路—车站广场	284.00	25.00	1988	沥青混凝土	4260.00	—	2650.00	6910.00
3	历黄路	次	明湖北路—北园大街	765.00	30.00 ~ 50.00	1999	沥青混凝土	18308.00	10200.00	7231.40	35739.40
4	顺河西街	次	馆驿街—明湖西路	1020.00	30.00 ~ 35.00	2010	沥青混凝土	12082.00	7140.00	8670.00	27892.00
5	生产路	次	明湖西路—清河社区	1494.17	30.00 ~ 40.00	2010	沥青（水泥）混凝土	26556.00	5877.00	9845.00	42278.00
6	师范路	次	济泺路—无影山路	1510.05	30.00	2008	沥青混凝土	27180.00	12684.00	7550.00	47414.00
7	标山南路	次	济泺路—凤凰山路	1106.00	28.00 ~ 35.00	2009	沥青（水泥）混凝土	20076.00	7560.00	7742.00	35378.00
8	西工商河南路	次	堤口路—成丰桥	408.00	20.00	1986	沥青混凝土	4896.00	—	2978.00	7874.00
9	舜馨路	次	小清河北路—二环北路	1600.00	30.00	1998	水泥混凝土	33920.00	—	8960.00	42880.00
10	车站街	次	经一路—车站广场	290.00	31.00	1968	沥青混凝土	5800.00	—	2695.00	8495.00
11	顺河东街	次	英贤桥—明湖西路	972.30	12.50 ~ 16.00	1998	沥青混凝土	9707.90	—	4126.40	13834.30
12	蓝翔路	次	粟山路—蓝翔路 6 号	1000.00	20.00 ~ 40.00	—	水泥混凝土	12500.00	—	5600.00	18100.00
			蓝翔路 6 号—二环北路	1250.00	50.00	—	沥青混凝土	29375.00	—	7000.00	36375.00
13	凤凰山路	次	北园大街—水屯北路	1471.41	15.00 ~ 20.00	2008	沥青混凝土	17657.00	—	8828.00	26485.00
14	汽车厂东路	次	西工商河—东工商河	922.00	40.00	2010	沥青混凝土	17273.00	6347.00	4839.00	28459.00
15	水屯路	次	北园大街—小清河南路	1910.00	20.00	2004	沥青混凝土	27000.00	—	11200.00	38200.00
16	小清河南路	次	济泺路—二环东路	5777.50	20.00	2010	沥青混凝土	69330.00	—	34665.00	103995.00
17	水屯北路	次	历山北路—西泺河路	2073.30	30.00 ~ 40.00	2009	水泥混凝土	44500.00	—	18657.00	63157.00
			西泺河路—纱厂西街	1465.00	10.00 ~ 20.00	2012	沥青混凝土	18250.00	—	3073.00	21323.00

续表 4-1

序号	道路名称	道路等级	起止地点	道路长度（米）	断面宽度（米）	建成时间（年）	面层类型	面积（平方米）			
								车行道	非机动车道	人行道	总面积
1	粟山路	支	小清河北路—东沙村	2500.00	20.00	2002	沥青混凝土	45000.00	—	1893.00	46893.00
2	大魏庄东路	支	二环北路—大魏庄	995.00	25.00	—	沥青混凝土	24875.00	—	—	24875.00
3	永鼎路	支	黄岗路—粟山路	700.00	24.00 ~ 28.00	—	沥青混凝土	9425.00	—	1250.00	10675.00
4	北关北路	支	明湖北路—北园大街	768.00	17.00 ~ 30.00	2010	沥青（水泥）混凝土	8480.00	—	3200.00	11680.00
5	北马鞍山西路	支	粟山路—北马鞍山路	860.00	14.00	2005	沥青混凝土	9880.00	—	3440.00	13320.00
6	标山路	支	标山南路—济泺路	2585.40	14.40 ~ 28.00	2011	沥青混凝土	22928.30	—	3369.00	26297.30
7	堤口南路（南北方向）	支	堤口路—铁路桥	707.00	10.00 ~ 30.00	1988	沥青混凝土	8298.00	—	2040.00	10338.00
	堤口南路（东西方向）		纬十二路—南北方向	421.00	20.00	1988	沥青混凝土	6315.00	—	2489.00	8804.00
8	东工商河东路	支	东西丹凤街—凤凰山庄	2500.00	20.00	2009	沥青混凝土	18000.00	—	17500.00	35500.00
9	东工商河西路	支	映月清水湾—标山路	2500.00	20.00	2009	沥青混凝土	17500.00	—	9000.00	26500.00
10	东西丹凤街	支	天成路—天桥东街	535.00	20.00 ~ 32.00	2011	沥青混凝土	6420.00	1312.50	3840.00	11572.50
11	工人新村中街	支	汽车厂东路—工人新村一街	1191.00	10.00 ~ 20.00	2011	沥青混凝土	12972.00	—	8208.00	21180.00
12	后陈家楼街	支	仁丰前街—茂新街	406.00	7.50	1987	沥青混凝土	2436.00	—	609.00	3045.00
13	花店街	支	朝阳街—焦家隅首	192.00	15.00	1998	沥青混凝土	2304.00	—	729.60	3033.60
14	筐市街	支	共青团路—花店街	193.00	16.90	1998	沥青混凝土	2316.00	—	403.10	2719.10
15	环城路	支	二环北路—二环北路（泺口西村）	1600.00	10.00 ~ 14.00	1997	沥青混凝土	12800.00	—	4800.00	17600.00
16	济安街	支	顺河西街—明湖西路	414.42	25.00	2011	沥青混凝土	6402.00	—	4144.00	10546.00
17	交校路	支	济齐路—家禽研究所	521.34	18.00	2010	沥青混凝土	6348.00		2912.00	9260.00
18	马家庄南路	支	济泺路—油墨厂	617.00	9.50 ~ 10.50	2010	沥青混凝土	4627.50	—	1851.00	6478.50
19	启盛街（东支）	支	铜元局前街—明湖北路	288.00	10.00	2007	沥青混凝土	2304.00	—	864.00	3168.00
	启盛街（西支）		铜元局前街—明湖北路	149.00	8.00	2007	沥青混凝土	1117.50	—	376.00	1493.50
20	三孔桥街	支	新菜市街—北园大街	997.07	20.00	2008	沥青混凝土	15704.00	2190.00	6900.00	24794.00

续表 4-1

序号	道路名称	道路等级	起止地点	道路长度（米）	断面宽度（米）	建成时间（年）	面层类型	面积（平方米）			
								车行道	非机动车道	人行道	总面积
21	沙厂西街	支	小清河南路—水屯北路	687.00	6.00	1989	沥青混凝土	4122.00	—	—	4122.00
22	少年路	支	铜元局前街—顺河东街	458.65	22.00	2012	沥青混凝土	5780.00	—	4587.00	10367.00
			顺河西街—济安街	75.00	30.00	2011	沥青混凝土	1500.00	—	750.00	2250.00
23	无影山东路	支	堤口路—师范路	2157.00	10.00 ~ 18.00	2009	沥青混凝土	20846.00	—	13349.00	34195.00
24	西工商河东路	支	堤口路—金牛公园北门	2897.00	15.00 ~ 20.00	2009	沥青混凝土	20279.00	—	13243.00	33522.00
25	西工商河西路	支	堤口路—王府庄园	2613.00	5.50 ~ 20.00	2009	沥青混凝土	18291.00	—	6533.00	24824.00
26	新黄路	支	新赵路—顺河高架桥	1250.00	8.00	—	沥青混凝土	10000.00	—	3750.00	13750.00
			顺河高架桥—历山北路	2013.00	22.00	—	水泥混凝土	24156.00	—	20130.00	44286.00
27	义和北街	支	天桥东街—三孔桥街	640.00	20.00	1987	水泥混凝土	8347.00	—	4680.00	13027.00
28	制革街	支	济泺路—西工商河东路	347.72	11.00	2009	沥青混凝土	2782.00	—	1043.00	3825.00
29	东泺河东路	支	北园大街—水屯北路	1166.91	18.00	2008	沥青混凝土	14761.41	—	8619.00	23380.41
30	东泺河西路	支	北园大街—水屯北路	1181.11	15.00	2008	沥青混凝土	10630.00	—	7087.00	17717.00
31	联四路	支	小清河南路—北园大街	2010.00	8.00 ~ 20.00	2010	沥青混凝土	19496.00	—	8592.00	28088.00
32	七一路	支	北园大街—水屯北路	890.00	10.00	2000	沥青混凝土	6230.00	—	2670.00	8900.00
33	西泺河路	支	北园大街—小清河南路	2030.00	20.00 ~ 25.00	2004	沥青混凝土	33524.00	—	17298.00	50822.00
34	杨庄路	支	北园大街—居委会	210.00	16.00	1985	沥青混凝土	2520.00	—	840.00	3360.00
35	影山花园路	支	无影山中路—影山花园	235.00	20.00	2007	沥青混凝土	3525.00	—	1175.00	4700.00
36	堤口庄北路	支	无影山中路—交校路	700.00	20.00	2003	沥青混凝土	8400.00	—	4984.00	13384.00
37	东宇大街	支	二环北路—铁路立交	1580.00	12.00 ~ 24.00	1999	沥青混凝土	12000.00	—	4740.00	16740.00
			铁路立交—粟山路	460.00	27.20	—	沥青混凝土	9200.00	—	1380.00	10580.00
			粟山路—小清河北路	1020.00	12.00	—	沥青混凝土	8160.00	—	3060.00	11220.00
38	大魏庄路	支	东宇大街—二环西路	1700.00	10.00	—	沥青混凝土、混凝土	17000.00	—	—	17000.00

续表 4-1

序号	道路名称	道路等级	起止地点	道路长度（米）	断面宽度（米）	建成时间（年）	面层类型	面积（平方米）			
								车行道	非机动车道	人行道	总面积
39	北马鞍山路	坊	小清河北路—袁庄西路	500.00	9.00	—	水泥混凝土	4500.00	—	—	4500.00
		坊	袁庄西路—北马鞍山西路	576.00	6.00	—	水泥混凝土	3456.00	—	—	3456.00
40	矿院路	支	堤口路—胜利庄路	328.32	15.00 ~ 20.00	2010	沥青混凝土	2970.00	—	3300.00	6270.00
41	汽车厂西路	支	无影山路—无影山东路	606.00	11.50	2011	沥青混凝土	4545.00	—	2324.00	6869.00
42	蓝翔中路	支	二环西路—蓝翔路	2000.00	50.00	—	沥青混凝土	50000.00	—	—	50000.00
43	新赵路	支	小清河北路—济南利源化工厂	1095.00	12.00	—	沥青混凝土	9855.00	—	2972.00	12827.00
44	田家庄东路	支	无影山路—无影山西路	701.34	20.00	2012	沥青混凝土	8860.00	—	5950.00	14810.00
45	天桥街	支	天成路—义合西街	309.00	7.00 ~ 12.00	1972	沥青混凝土	2416.00	—	1070.00	3486.00
46	天桥东街	支	东西丹凤街—天桥街	570.00	14.00	1968	沥青混凝土	6840.00	—	1196.00	8036.00
47	泺口南路	支	无影山北路—济泺路	1680.00	10.50	—	沥青混凝土	15120.00	—	2520.00	17640.00
48	铜元局前街	支	周公祠街—启盛街	830.00	8.00 ~ 16.00	2011	沥青混凝土	5546.00	240.00	2230.00	8016.00
49	标山北路	支	济泺路—标山路	492.00	11.00	—	沥青混凝土	3444.00	—	1968.00	5412.00
50	紫金山路	支	标山路—紫金山小区	376.00	10.00	—	沥青混凝土	3384.00	—	516.00	3900.00
51	无影山西路	支	无影山中路—田家庄东路	795.00	12.00 ~ 22.00	—	沥青混凝土	10560.00	—	4882.50	15442.50
52	新莱市街	支	三孔桥街—明湖西路	169.00	20.00	2004	沥青混凝土	3042.00	310.00	160.00	3512.00
53	无影山南路	支	无影山路—啤酒厂桥	785.00	15.00	2012	沥青混凝土	8081.00	—	3840.00	11921.00
54	通普巷	支	宝华街—堤口路	385.00	50.00	2012	沥青混凝土	10626.00	4620.00	3080.00	18326.00
55	泺安路	支	济泺路—无影山北路	1700.00	20.00	—	沥青混凝土	27200.00	—	6800.00	34000.00
56	宝华街	支	万盛街—无影山路	546.00	10.00	1973	沥青混凝土	3822.00	—	1450.00	5272.00
			无影山路—通普巷	720.00	25.00	2012	沥青路面	11370.00	3781.00	2435.00	17586.00
57	周公祠街	支	铜元局前街—朝阳街	268.00	10.00 ~ 12.50	2012	沥青混凝土	2580.00	—	670.00	3250.00
58	英贤街	支	乐安街—英贤桥	113.00	18.50	1992	沥青混凝土	1356.00	—	734.50	2090.50
59	朝阳街	支	花店街—周公祠街	275.00	13.50	—	沥青混凝土	2475.00	—	1116.00	3591.00

续表 4-1

序号	道路名称	道路等级	起止地点	道路长度（米）	断面宽度（米）	建成时间（年）	面层类型	面积（平方米）			
								车行道	非机动车道	人行道	总面积
60	焦家隅首	支	花店街—乐安街	140.00	15.00	1992	沥青混凝土	1680.00	—	406.00	2086.00
61	制锦市街	支	13 中—周公祠街	235.00	13.00	—	沥青混凝土	2115.00	—	902.00	3017.00
1	乐安街	坊	北小门—焦家隅首	160.00	10.70	1994	沥青混凝土	1200.00	—	464.00	1664.00
2	东杆面巷	坊	花店街—三圣街	233.00	8.00	1992	沥青混凝土	1398.00	—	452.00	1850.00
3	省邮电局小区宿舍	坊	焦家隅首—三圣街	152.00	6.00	1992	沥青混凝土	912.00	—	—	912.00
4	锦屏街	坊	西杆面巷—乐安街	137.00	5.50	1974	沥青混凝土	753.50	—	204.00	957.50
5	镇武街	坊	北小门—制锦市街	284.00	10.60	1994	沥青混凝土	1420.00	—	755.00	2175.00
6	西杆面巷	坊	锦缠街—花店街	327.00	8.00	1993	沥青混凝土	1962.00	—	870.00	2832.00
7	北小门	坊	镇武街—乐安街	279.00	7.50	1994	沥青混凝土	2092.50	—	—	2092.50
8	铜元局后街	坊	少年路—13 中	271.00	8.00 ~ 11.00	1972	沥青混凝土	1672.00	—	859.00	2531.00
		坊	少年路—铜元局后街	266.00	6.00	—	沥青混凝土	1596.00	—	—	1596.00
		坊	13 中—铜元局前街	290.00	7.50 ~ 10.50	1972	沥青混凝土	1740.00	—	841.00	2581.00
9	三圣街	坊	北小门—周公祠街	256.00	8.00	1993	沥青混凝土	1536.00	—	480.00	2016.00
10	福康街（南北）	坊	普利街—福康街 7 号	176.00	10.00	1995	沥青混凝土	1408.00	—	528.00	1936.00
	东西方向	坊	花店街—竹杆巷	163.00	6.00	1995	沥青混凝土	733.50	—	326.00	1059.50
11	聚贤街（南北）	坊	北坦南街—馆驿街	465.00	15.00	2011	沥青混凝土	4650.00	—	2325.00	6975.00
	东西方向	坊	顺河西街—南北聚贤街	172.38	15.00	2011	沥青混凝土	1724.00	—	862.00	2586.00
12	车站后街	坊	官扎营前街—茅家林子	539.00	4.50 ~ 10.00	1988	沥青混凝土	2938.00	—	300.00	3238.00
13	车站街（东西）	坊	天成路—车站广场	379.00	19.00	1988	沥青混凝土	3411.00	—	3244.00	6655.00
14	铁道南街	坊	小纬北路—天成路	232.00	8.00	—	沥青混凝土	1160.00	—	348.00	1508.00
15	铁道根街	坊	小纬北路—茂新街	654.00	8.00	—	沥青混凝土	3924.00	—	1308.00	5232.00
16	小纬北路	坊	经一路—铁路	421.00	8.00	—	沥青混凝土	2526.00	—	842.00	3368.00

续表 4-1

序号	道路名称	道路等级	起止地点	道路长度（米）	断面宽度（米）	建成时间（年）	面层类型	面积（平方米）			
								车行道	非机动车道	人行道	总面积
17	影壁后街（南北）	坊	馆驿街—影壁后街 16 号	180.00	15.00	2012	沥青混凝土	1800.00	—	900.00	2700.00
	东西方向	坊	影壁后街—聚贤街	171.00	10.00	—	沥青混凝土	1026.00	—	684.00	1710.00
18	前陈家楼街	坊	义合北街—明湖西路	329.00	10.00	1987	沥青混凝土	2303.00	—	987.00	3290.00
19	茂新街	坊	铁道北街—明湖西路	223.89	15.00	2012	沥青混凝土	2239.00	—	1120.00	3359.00
20	三孔桥庄街	坊	三孔桥路—煤炭店	64.00	8.50	1983	沥青混凝土	544.00	—	—	544.00
21	仁丰前街	坊	后陈家楼—三孔桥	525.00	7.00	1983	水泥混凝土	3150.00	—	475.00	3625.00
22	河套庄路	坊	明湖西路—生产路	420.00	5.00 ~ 7.00	2520	沥青混凝土	2520.00	—	—	2520.00
23	北坦南街	坊	明湖西路—顺河西街	532.49	12.00	2011	沥青混凝土	4260.00	—	2130.00	6390.00
24	北坛大街（南北）	坊	明湖西路—北坦北街 87 号院	288.00	8.00	1968	沥青混凝土	1440.00	—	765.00	2205.00
25	北坦大街	坊	三孔桥街—北坛大街	145.00	7.50	—	沥青混凝土	725.00	—	174.00	899.00
26	生产路东街	坊	生产路—北关北路	300.00	12.00	—	沥青混凝土	2400.00	—	1075.00	3475.00
27	织纺街	坊	济安街—北坦南街	352.00	15.00	2011	沥青混凝土	3520.00	—	1760.00	5280.00
28	交通厅街	坊	济泺路—东工商河西路	476.00	5.50	1968	沥青混凝土	2618.00	—	—	2618.00
29	乐康街	坊	天成路—天桥东街	395.00	8.00 ~ 10.50	1968	沥青混凝土	2468.75	—	1135.00	3603.75
30	六合里	坊	北光明里—南北丹凤街	284.00	4.50	1968	沥青混凝土	1278.00	—	—	1278.00
31	半边巷	坊	天桥东街—六合里	329.00	5.00	1968	沥青混凝土	1645.00	—	—	1645.00
32	义和西街	坊	天桥街—天桥东街	254.00	5.50	1972	沥青混凝土	889.00	—	508.00	1397.00
33	南北丹凤街	坊	天成路—东西丹凤街	360.00	5.00 ~ 10.00	1968	沥青混凝土	1800.00	—	1675.00	3475.00
34	官扎营前街	坊	天成路—官扎营西街	882.00	4.00 ~ 10.50	1988	沥青混凝土	5572.00	—	2420.00	7992.00
35	官扎营中街	坊	天成路—官扎营西街	712.00	10.00	1968	沥青混凝土	4272.00	—	1920.00	6192.00
36	官后东巷	坊	官扎营后街—西工商河南路	296.00	4.00	1983	沥青混凝土	1184.00	—	—	1184.00
37	官扎营后街	坊	成丰街—通普巷	599.00	4.50 ~ 5.50	1982	沥青混凝土	3162.00	—	—	3162.00

续表 4-1

序号	道路名称	道路等级	起止地点	道路长度（米）	断面宽度（米）	建成时间（年）	面层类型	面积（平方米）			
								车行道	非机动车道	人行道	总面积
38	官后西巷	坊	西工商河南路—官扎营后街	300.00	4.00	1983	沥青混凝土	1200.00	—	—	1200.00
39	成丰西街	坊	西工商河南路—官扎营后街	290.00	2.00 ~ 2.50	1983	沥青混凝土	670.00	—	—	670.00
40	成丰街	坊	天成路—官扎营后街	234.00	5.50	1983	沥青混凝土	1287.00	—	—	1287.00
41	万盛街	坊	宝华街—堤口南路	470.00	12.50	1983	沥青混凝土	3525.00	—	2147.00	5672.00
42	官扎营西街	坊	通普巷—堤口路	503.00	10.50	1983	沥青混凝土	3270.00	—	1772.00	5042.00
43	顺华巷	坊	堤口路—宝华街	501.00	5.00 ~ 7.50	1969	沥青混凝土	3372.00	—	—	3372.00
44	宝丰巷	坊	官西街—宝华后街	307.00	6.50	1983	沥青混凝土	1382.00	—	587.00	1969.00
45	宝华后街	坊	无影山路—宝华街	380.00	5.50	1970	沥青混凝土	2090.00	—	—	2090.00
46	三角线街	坊	纬十二路—堤口南路	369.00	14.00	1987	沥青混凝土	2583.00	—	2325.00	4908.00
47	田庄居路	坊	田家庄东路—滨河南路	570.00	8.00 ~ 12.00	1987	沥青混凝土	6040.00	—	801.00	6841.00
48	无影山西街	坊	田家庄东路—金牛建材市场	300.00	4.00	—	沥青混凝土	1200.00	—	—	1200.00
49	黄岗东路	坊	无影山路—无影山西路	458.00	10.00	2011	沥青混凝土	3298.00	—	1832.00	5130.00
50	堤口办事处路	坊	堤口路—堤口办事处	208.00	5.50	1983	沥青混凝土	1144.00	—	—	1144.00
51	胜利庄路	坊	无影山路—省煤炭科学研究所	677.00	3.00 ~ 14.00	1981	沥青混凝土	5012.00	—	4190.00	9202.00
52	胜利庄北路（南）	坊	无影山路—胜利庄南北路	297.00	5.00	1985	沥青混凝土	1485.00	—	—	1485.00
	胜利庄北路（北）	坊	无影山路—胜利庄	560.00	5.00	1985	沥青混凝土	2800.00	—	—	2800.00
53	胜利庄南北路	坊	矿院路—胜利庄北路	170.00	4.50	1983	沥青混凝土	765.00	—	—	765.00
54	胜利庄东路	坊	无影山路—万盛街大沟	250.00	11.00	1987	沥青混凝土	1750.00	—	976.00	2726.00
55	胜利庄东西路	坊	胜利庄路—胜利庄北路	437.00	4.50	1981	沥青混凝土	1966.50	—	—	1966.50
56	堤口庄南北路	坊	山煤机械厂—56 中	346.00	7.00	1983	沥青混凝土	2422.00	—	—	2422.00
57	堤口庄南路	坊	堤口路—南段 44 号	205.00	14.00	1983	沥青混凝土	1640.00	—	1035.00	2675.00
58	堤口庄西路	坊	济齐路—铁路宿舍	907.00	3.00 ~ 8.00	1983	沥青混凝土	4602.50	—	950.00	5552.50

续表 4-1

序号	道路名称	道路等级	起止地点	道路长度（米）	断面宽度（米）	建成时间（年）	面层类型	面积（平方米）			
								车行道	非机动车道	人行道	总面积
59	黄屯东路	坊	无影山中路—无影山南路	355.00	8.00 ~ 14.00	1985	沥青混凝土	2640.60	—	2485.00	5125.60
60	后黄屯三支路	坊	无影山中路—前黄屯东支路	196.00	8.00	1992	沥青混凝土	980.00	—	686.00	1666.00
61	后黄屯四支路	坊	无影山中路—天桥市政局路	110.00	8.00	1992	沥青混凝土	550.00	—	385.00	935.00
62	天桥市政局路	坊	西工商河路—黄屯东路	344.00	4.00 ~ 12.70	1988	沥青混凝土	2402.00	—	860.00	3262.00
63	后黄屯路	坊	黄屯东路—无影山东路	187.00	14.00	1993	沥青混凝土	1683.00	—	840.00	2523.00
64	前黄屯东支路	坊	无影山南路—无影山东路	257.00	4.00 ~ 5.00	1994	沥青混凝土	1163.00	—	—	1163.00
65	无影潭东路	坊	无影山中路—汽总西路	335.00	11.00	1983	沥青混凝土	2345.00	—	1255.00	3600.00
66	无影潭西路	坊	无影山中路—汽总西路	335.00	11.00	1983	沥青混凝土	2345.00	—	1270.00	3615.00
67	建筑医院路	坊	无影山路—无影潭西路	195.00	14.00	1983	沥青混凝土	1527.50	—	1365.00	2892.50
68	五区 8 号楼北	坊	无影潭西路—新苑小学	207.50	3.50 ~ 7.00	1989	沥青混凝土	1076.50	—	130.00	1206.50
69	运输新村东路	坊	无影山中路—万盛街大沟	520.00	9.00	1989	沥青混凝土	4680.00	—	—	4680.00
70	黄屯二区东西路	坊	运输新村东路—无影山东路	291.00	6.00	—	沥青混凝土	1746.00	—	—	1746.00
71	黄屯二区南北路（3 条）	坊	无影山南路—二区东西路	225.00	4.00	—	沥青混凝土	900.00	—	—	900.00
72	无影山新村四区	坊	无影山小学—无影山中路	92.00	4.00	1983	沥青混凝土	368.00	—	—	368.00
73	警校路	坊	汽车厂东路—泺祥新区	177.00	9.00	2012	沥青混凝土	1062.00	—	531.00	1593.00
74	工人新村东街	坊	工人新村一街—南村幼儿园	895.00	10.00	1988	沥青混凝土	5370.00	—	3175.00	8545.00
75	南村西区南街	坊	工人新村中街—西工商河东路	180.00	11.00	1988	沥青混凝土	1080.00	—	900.00	1980.00
76	南村西区中街	坊	工人新村中街—西工商河东路	207.00	9.00	1988	沥青混凝土	1449.00	—	517.50	1966.50
77	南村西区北街	坊	工人新村中街—工人新村西街	143.00	11.00	1988	沥青混凝土	715.00	—	858.00	1573.00
78	南村东区北街（济师附小）	坊	济泺路—工人新村中街	196.00	10.50	1988	沥青混凝土	1372.00	—	686.00	2058.00
79	南村东区中街	坊	济泺路—工人新村东街	102.00	8.00	1988	沥青混凝土	540.00	—	250.00	790.00

续表 4-1

序号	道路名称	道路等级	起止地点	道路长度（米）	断面宽度（米）	建成时间（年）	面层类型	面积（平方米）			
								车行道	非机动车道	人行道	总面积
80	工人新村西街	坊	师范路—环卫公寓	425.00	11.00	1988	沥青混凝土	2975.00	—	850.00	3825.00
		坊	工人新村二街—师范路	183.00	7.00	1988	沥青混凝土	1098.00	—	220.00	1318.00
81	南村东区南街（幼儿园）	坊	工人新村东街—济泺路	104.00	5.00	1988	沥青混凝土	520.00	—	—	520.00
82	凤凰山南路	坊	北园大街—东工商河东路	1040.00	4.00	1985	沥青混凝土	4160.00	—	—	4160.00
83	工人新村二街	坊	济泺路—西工商河路	476.00	11.00	1988	沥青混凝土	3332.00	—	1523.00	4855.00
84	工人新村一街	坊	济泺路—西工商河路	445.00	10.00	1984	沥青混凝土	2670.00	—	1246.00	3916.00
85	金牛公园南门路	坊	师范路—金牛公园南门	320.00	10.00	2000	沥青混凝土	1920.00	—	1280.00	3200.00
86	菜市东街	坊	师范路—工人新村二街	178.00	4.50	1991	沥青混凝土	801.00	—	—	801.00
87	毕家洼西街	坊	师范路—东西路	226.00	8.00	1984	沥青混凝土	904.00	—	814.00	1718.00
		坊	东西路—三建仓库	200.00	8.60	1984	沥青混凝土	800.00	—	851.00	1651.00
88	毕家洼东街	坊	师范路—师范小区中区	320.00	3.00	1985	沥青混凝土	960.00	—	—	960.00
89	毕家洼中街	坊	师范路—56 号楼	428.00	6.00	1984	沥青混凝土	2568.00	—	—	2568.00
90	毕家洼东西路（北）	坊	无影山东路—毕家洼中街	153.00	8.00	1984	沥青混凝土	918.00	—	367.00	1285.00
91	毕家洼东西路（南）	坊	无影山东路—毕家洼中街	153.00	4.00	1984	沥青混凝土	612.00	—	—	612.00
92	锦缠街	坊	北小门街—制锦市街	268.00	3.20	1994	沥青混凝土	857.60	—	—	857.60
93	竹杆巷	坊	英贤街—福康街	124.00	5.00	1983	沥青混凝土	372.00	—	285.00	657.00
94	天茂路	坊	天成路—小纬北路	292.00	3.00	—	沥青混凝土	876.00	—	—	876.00
95	公盛巷	坊	庆笙巷—清泉巷	70.00	2.00	1983	沥青混凝土	140.00	—	—	140.00
96	公益巷	坊	庆笙巷—官后街	130.00	2.00	1983	沥青混凝土	260.00	—	—	260.00
97	清鸿巷	坊	官扎营后街—清鸿巷 18 号	156.00	2.00	1983	沥青混凝土	312.00	—	—	312.00
98	公益里	坊	官扎营中街—成丰桥	184.00	2.00	1983	沥青混凝土	368.00	—	—	368.00
99	长亭巷	坊	官扎营前街—官扎营中街	125.00	1.40	1983	沥青混凝土	175.00	—	—	175.00
100	三官街	坊	官扎营前街—官扎营中街	123.00	3.00	1983	沥青混凝土	369.00	—	—	369.00

续表 4-1

序号	道路名称	道路等级	起止地点	道路长度（米）	断面宽度（米）	建成时间（年）	面层类型	面积（平方米）			
								车行道	非机动车道	人行道	总面积
101	双琴街	坊	官扎营前街—官扎营中街	25.00	1.00	1983	沥青混凝土	25.00	—	—	25.00
102	隆怀巷	坊	官扎营前街—官扎营中街	113.00	2.00	1983	沥青混凝土	226.00	—	—	226.00
103	神槐巷	坊	官扎营前街—官扎营中街	250.00	2.20 ~ 3.00	1983	沥青混凝土	650.00	—	—	650.00
104	顺道巷	坊	官扎营中街—成丰街	177.00	3.50	1983	沥青混凝土	619.50	—	—	619.50
105	清泉巷	坊	官扎营中街—官扎营后街	188.00	2.00	1983	沥青混凝土	376.00	—	—	376.00
106	庆笙巷	坊	官扎营中街—官扎营后街	87.00	2.00	1983	沥青混凝土	174.00	—	—	174.00
107	寿康街	坊	官扎营西街—堤口路	183.00	3.50	1983	沥青混凝土	640.50	—	—	640.50
108	万盛北街	坊	堤口路—堤口南路	714.00	4.00	1987	沥青混凝土	2856.00	—	—	2856.00
109	西长春巷	坊	宝华街—宝华后街	323.00	3.50	1983	沥青混凝土	1130.50	—	—	1130.50
110	堤口冷库路	坊	济齐路—市排水处	342.00	7.00	—	沥青混凝土	2394.00	—	—	2394.00
111	南侯庄东街	坊	师范路—金牛小区	320.00	5.00	—	沥青混凝土	1600.00	—	—	1600.00
112	金牛北路	坊	动物园南门—小清河北路	700.00	8.00 ~ 10.00	—	沥青混凝土	5060.00	—	1200.00	6260.00
113	鲁能康桥北路	坊	北园大街—三孔桥街	514.00	6.00 ~ 9.00	—	沥青混凝土	3084.00	—	750.00	3834.00
114	丁太鲁大街	坊	二环北路—黄河大坝	1600.00	10.00	—	沥青混凝土	16000.00	—	—	16000.00
115	药山西路	坊	二环北路—洋涓居	1150.00	10.00	—	沥青混凝土	11500.00	—	—	11500.00
116	药山环山路	坊	张庄居—洋涓居	850.00	7.00	—	沥青混凝土	4250.00	—	1635.00	5885.00
117	洋涓西路	坊	药山西路—蓝翔路	360.00	10.00	—	沥青混凝土	3600.00	—	—	3600.00
118	丁庄北一路	坊	丁太鲁大街—丁庄工业园	480.00	6.00	—	沥青混凝土	2880.00	—	—	2880.00
119	大鲁北一路	坊	丁太鲁大街—大鲁工业园	500.00	6.00	—	沥青混凝土	3000.00	—	—	3000.00
120	小鲁庄西路	坊	二环北路—济广高速	750.00	12.00	—	沥青混凝土	9000.00	—	—	9000.00
121	小鲁庄中路	坊	二环北路—黄河大坝	1080.00	8.00	—	沥青混凝土	8640.00	—	—	8640.00
122	卢庄居路	坊	无影山北路—卢庄	320.00	6.00	—	沥青混凝土	1920.00	—	—	1920.00
123	卢庄工业园路	坊	北马鞍山西路—蓝翔路	930.00	8.00	—	水泥混凝土	7440.00	—	—	7440.00

续表 4-1

序号	道路名称	道路等级	起止地点	道路长度（米）	断面宽度（米）	建成时间（年）	面层类型	面积（平方米）			
								车行道	非机动车道	人行道	总面积
124	知青路	坊	无影山北路—张庄居	580.00	6.00	—	沥青混凝土	3480.00	—	—	3480.00
125	张庄居中心路	坊	无影山北路—环山路	1000.00	5.00	—	沥青混凝土	5000.00	—	—	5000.00
126	洋涓居中心路	坊	环山路—洋涓居南	1300.00	5.00	—	沥青混凝土	6500.00	—	—	6500.00
127	太平居南路	坊	二环北路—太平居	400.00	8.00	—	沥青混凝土	3200.00	—	—	3200.00
128	新徐居北路	坊	建邦大桥—丁庄居	2000.00	10.00	—	沥青混凝土	20000.00	—	—	20000.00
129	黄岗居中心路	坊	滨河南路—黄岗居	600.00	6.00	—	沥青混凝土	3600.00	—	—	3600.00
130	北太平河路	坊	东宇大街—东方驾校	642.00	5.00	—	水泥混凝土	3210.00	—	—	3210.00
131	王炉居北路	坊	王炉桥—王炉居东路	310.00	6.00	—	沥青混凝土	1860.00	—	—	1860.00
132	小鲁居北路	坊	济广高速—太平庄	400.00	6.00	—	沥青混凝土	2400.00	—	—	2400.00
133	张庄南北Ⅰ路	坊	二环北路—知青路	200.00	6.00	—	沥青混凝土	1200.00	—	—	1200.00
134	张庄南北Ⅱ路	坊	二环北路—知青路	200.00	6.00	—	沥青混凝土	1200.00	—	—	1200.00
135	航运路北段	坊	小清河北路—魏家庄 176 号楼	605.00	8.00 ~ 21.00	—	沥青混凝土	6965.00	—	1476.00	8441.00
136	北闸子中心路	坊	泺安路—小清河北路	550.00	15.00	—	沥青混凝土	8250.00	—	—	8250.00
137	崔庙南北路	坊	田家庄东路—滨河南路	420.00	6.00	—	沥青混凝土	2520.00	—	—	2520.00
138	赵庄南路	坊	天桥区车管所—新赵路	1100.00	10.00 ~ 14.00	—	水泥混凝土	13200.00	—	620.00	13820.00
139	南徐东路	坊	新黄路—北徐花园	830.00	10.00 ~ 11.00	—	沥青混凝土	5365.00	—	3350.00	8715.00
140	袁庄西路	坊	北马鞍山路—无影山北路	240.00	10.00	—	沥青混凝土	1800.00	—	590.00	2390.00
141	泺南六街	坊	泺安路—环城路	1000.00	5.00	—	沥青混凝土	5000.00	—	—	5000.00
142	泺南五街	坊	泺安路—环城路	430.00	5.00	—	沥青混凝土	2150.00	—	—	2150.00
143	泺南二街	坊	泺安路—环城路	300.00	5.00	—	沥青混凝土	1500.00	—	—	1500.00
144	泺南一街	坊	泺安路—环城路	280.00	5.00	—	沥青混凝土	1400.00	—	—	1400.00
145	泺口南村十区	坊	泺安路—泺口南路	360.00	5.00	—	沥青混凝土	1800.00	—	—	1800.00
146	泺口南村六区	坊	泺安路—泺口南路	530.00	5.00	—	沥青混凝土	2650.00	—	—	2650.00

续表 4–1

序号	道路名称	道路等级	起止地点	道路长度（米）	断面宽度（米）	建成时间（年）	面层类型	面积（平方米）			
								车行道	非机动车道	人行道	总面积
147	泺口南村中心街	坊	泺安路—泺口南路	450.00	5.00	—	沥青混凝土	2250.00	—	—	2250.00
148	泺口南村一区	坊	泺安路—泺口南路	500.00	5.00	—	沥青混凝土	2500.00	—	—	2500.00
149	棉麻路	坊	济泺路—棉麻机械厂	800.00	12.00	—	沥青混凝土	8000.00	—	1300.00	9300.00
150	李庄中心路	坊	二环北路—新黄路	600.00	10.00	—	沥青混凝土	6000.00	—	3600.00	9600.00
151	药厂路	坊	历山北路—航运路	460.00	10.00	2003	沥青混凝土	4600.00	—	—	4600.00
152	白鹤装饰市场路	坊	北园大街—明湖北路	700.00	20.00	1997	沥青混凝土	14000.00	—	—	14000.00
153	清河步行街	坊	联四路—西泺河路	650.00	16.00	2010	沥青混凝土	7800.00	—	2600.00	10400.00
154	杨庄东路	坊	北园大街—黄桥居	600.00	9.00	1985	沥青混凝土	3600.00	—	2000.00	5600.00
155	边庄东路	坊	北园大街—边庄北路	500.00	8.00	1995	沥青混凝土	3500.00	—	475.00	3975.00
156	明园路	坊	联四路—西泺河路	500.00	13.00	2000	沥青混凝土	5000.00	—	1574.00	6574.00
157	西园街	坊	北坦西街—北坦南街	327.00	5.00	—	沥青混凝土	1635.00	—	—	1635.00
158	德泰巷	坊	官扎营西街—德泰巷 2 号	25.00	2.00	1983	沥青混凝土	50.00	—	—	50.00
159	积善巷	坊	官扎营西街—积善巷 1 号	25.00	2.00	1983	沥青混凝土	50.00	—	—	50.00
160	永康巷	坊	官扎营西街—宝华街	260.00	3.00	1983	沥青混凝土	780.00	—	—	780.00
161	火车东站广场	坊	车站广场—车站西出口	665.00	6.00 ~ 107.00	1992	沥青混凝土	19723.30	—	8920.80	28644.10
162	东长春巷	坊	宝华街—宝华后街	194.00	9.00	1983	沥青混凝土	1746.00	—	—	1746.00
163	德胜巷	坊	明德巷 10 号—宝华街	153.00	2.00	1983	沥青混凝土	306.00	—	—	306.00
164	同乐巷	坊	官扎营西街—长安巷 1 号	216.00	3.50 ~ 3.00	1983	沥青混凝土	702.00	—	—	702.00
165	清和巷	坊	官扎营西街—清和北巷	262.00	1.50	1983	沥青混凝土	393.00	—	—	393.00
166	仁厚巷	坊	官扎营西街—仁厚巷 1 号	270.00	2.50	1983	沥青混凝土	675.00	—	—	675.00
167	长安巷	坊	官扎营西街—寿康巷	121.00	3.00	1983	沥青混凝土	363.00	—	—	363.00
168	建安巷	坊	官扎营西街—仁厚巷 16 号	229.00	2.50	1983	沥青混凝土	572.50	—	—	572.50
169	永安巷	坊	官扎营西街—宝华街	260.00	1.50	1983	沥青混凝土	390.00	—	—	390.00

续表 4-1

序号	道路名称	道路等级	起止地点	道路长度（米）	断面宽度（米）	建成时间（年）	面层类型	面积（平方米）			
								车行道	非机动车道	人行道	总面积
170	居仁巷	坊	官扎营西街—宝华街	260.00	3.00	1983	沥青混凝土	780.00	—	—	780.00
171	清源巷	坊	官扎营西街—宝华街	255.00	2.00	1983	沥青混凝土	510.00	—	—	510.00
172	荟萃巷	坊	官扎营西街—宝华街	260.00	3.00	1983	沥青混凝土	780.00	—	—	780.00
173	由义巷	坊	官扎营西街—宝华街	30.00	1.00	1983	沥青混凝土	30.00	—	—	30.00
174	义德巷	坊	官扎营西街—仁厚巷 16 号	71.00	1.50	1983	沥青混凝土	106.50	—	—	106.50
175	泺口南村十二区	坊	泺安路—泺口南路	580.00	8.00	—	沥青混凝土	4640.00	—	—	4640.00
176	泺口车站街	坊	泺口老村—二环北路	900.00	5.00	—	水泥混凝土	4500.00	—	—	4500.00
177	博文东路	坊	博文中路—益康路	110.00	12.00	—	沥青混凝土	880.00	—	440.00	1320.00
178	博文西路	坊	堤口庄路—堤口路	298.00	8.00	—	沥青混凝土	1788.00	—	990.00	2778.00
179	博文北路	坊	博文西路—博文中路	161.00	6.00	—	沥青混凝土	805.00	—	241.00	1046.00
180	博文中路	坊	堤口庄路—堤口路	330.00	14.00	—	沥青混凝土	2970.00	—	1490.00	4460.00
181	益康路	坊	博文东路—堤口路	179.00	10.00	—	沥青混凝土	1074.00	—	716.00	1790.00
182	标山中路	坊	标山村—济泺路	490.00	10.00	2001	沥青混凝土	2940.00	—	1960.00	4900.00
183	柳行铁路沿线路	坊	历山路—东太平庄西	360.00	6.00	2009	沥青混凝土	2160.00	—	—	2160.00
	主干道		17 条	59264.26				1491773.00	571153.00	440762.00	2503688.00
	次干道		17 条	25568.73				402420.90	49808.00	160059.80	612288.70
	支路		61 条	64156.28				713844.71	12453.50	258849.70	985147.91
	街巷		183 条	73669.26				506953.25	—	108908.30	615861.55
	总计		278 条	222658.53				3114991.86	633414.50	968579.80	4716986.16

说明：建成时间栏“—”表示时间不详。

（二）道路养护。1991—1995年，对北园路（北园大街）、堤口路、师范路、顺河街、天成路、济齐路等30余条道路进行整修养护，面积54.75万平方米；铺设沥青混凝土面积26.73万平方米；铺设人行道花砖面积1.75万平方米。

1996—2000年，对天桥东街、凤凰山路、交校路、无影山中路、济安街、药山路、无影山路等70余条道路进行整修养护，面积19.69万平方米；铺设沥青混凝土面积21.68万平方米；修整路沿石长2000余米；铺设人行道花砖面积2.99万平方米；铺设人行道彩色花砖面积0.56万平方米。

二环北路施工现场（2005年摄）

2001—2005年，对三孔桥街、东工商河西路、清河北路、标山路、生产路、明湖北路、堤口南路、二环北路等215条道路进行整修养护，面积91.37万平方米；铺设沥青混凝土面积33.67万平方米。

2006—2009年，对历黄路、少年路、顺河东街、水屯路、标山南路、北村中街、汽车厂西路等306条道路进行整修养护，面积121.8万平方米；铺设沥青混凝土面积44.99万平方米、水泥混凝土面积0.49万平方米；铺设人行道花砖面积6.74万平方米。2007年7月18日，暴雨过后，辖区道路多处受损。抢修队自7月19日凌晨始，利用半个月时间对少年路、清河北路、天成路、济泺路、堤口路等40余条主次干道面积2.2万平方米的受损路段实施抢修。

2010—2012年，对北园大街、西泺河路、三圣街、花店街、济泺路、黄岗路、矿院路等376条道路进行整修维护，面积46.16万平方米；铺设沥青混凝土面积16.73万平方米。

二、桥涵

1991年，辖区内有桥涵53座。随着经济社会的发展，城市建设规模空前，市政设施日益增加。至2012年年底，辖区内有桥涵128座。

标山南路面层铺设后（2009年10月摄）

（一）顺河高架桥。南段1997年8月28日开工，1998年9月30日竣工。位于市区顺河街处，南起玉函立交，北至北园立交，横跨经一路、经四路、经七路、经十路。桥梁结构为连续箱梁+预应力简支空心板。双向4车道，桥长5194.5米，宽18.5米。有9条匝道，匝道断面为5.5米。主线设计行车时速60千米；匝道行车时速30千米；荷载汽车20吨，拖挂车100吨。总投资6.3亿元。北段2002年8月16日开工；2003年11月竣工。位于西泺河处，南接顺河高架路跨铁路系杆拱桥北桥头，北至李家庄附近与北绕城高速对接，在五柳闸跨小清河。南北各设互通立交两座，其中北绕城互通立交为全定向Y型立交；北园立交为全定向型五层互通立交，设计采用小半径大跨径预应力混凝土连续厢梁，使北园大街中心不出现一个桥墩。桥长4.12千米，全线桥型厢梁设计外型翼板展开宽，采用横向预应力工艺，节约地面空间。绕城高架桥至收费站设计行车时速80千米，双向4车道，桥宽24.5米；收费站至北园大街设计行车时速80千米，双向6车道，桥宽24.5米；北园大街以南设计行车时速60千米，桥宽18.5米。上下桥设4条匝道，匝道断面5.5米，设计行车时速30千米。工程总投资10.56亿元，其中工程建设费用5.76亿元，拆迁等费用4.80亿元。

（二）纬六路斜拉桥。该桥是一座跨铁路的双塔双索面5跨连续漂浮体系的大跨径预应力混凝土斜拉桥，全长740米，具体跨径为41.5米（边跨）+120.5米（次中跨）+380米（主跨）+120.5米（次中跨）+41.5米（边跨），边跨设铺助墩。索塔为A型混凝土结构，塔柱采用双室箱型断面，外形尺寸3.2×6米，斜拉索交叉锚固定箱型断面的中肋上，中间肋厚1.8米，塔高124.8米。改进式双柱梁为等截面双室开口预应力混凝土梁，梁高2.1～2.4米，边主梁宽2.8米，距梁顶30厘米以挖直径1.25米圆洞，外腹板最小厚度1.15米。主梁对应斜拉索锚固点处设一道宽度为30厘米的横隔板，为增加斜拉桥整体钢度及压重，边跨主梁加宽至8.35米，桥面板厚30厘米。斜拉索采用直径7毫米的低松弛高强度平行钢丝束，冷铸墩头锚，热挤压双层PE防护，由工厂加工成品索。主桥分为S72-139，S72-163，S72-199，S72-223，S72-253。斜拉桥中跨锚固点间距7.5米，在边跨范围内减至4.4米。桥面为双向4车道，设计行车时速60千米，荷载汽车20吨，拖挂100吨。2000年9月22日开工，2004年10月28日竣工，总投资1.3亿元。

（三）北园高架桥。北园高架桥西起济齐路与二环西路高架桥相接，东至全福立交桥，是济南市东西方向重要的交通干线，全长11542.3米，桥宽24米，桥梁总面积36.5万平方米，主线桥上部结构型式为预应力混凝土连续箱梁和钢—混凝土叠合梁，标准段全宽24米，双向6车道，主线设计时速80千米，全线有接地匝道17条，其中上行匝道8条、下行匝道9条，匝道桥全长2835.014米，宽8米。2006年5月11日正式开工建设，2008年4月20日全面通车，总投资约44亿元。

北园高架桥（2012年7月摄）

2012年天桥区桥梁、涵洞统计表

表4-2

序号	桥梁名称	所在道路	位置	主桥结构	桥型	长（米）	宽（米）	建成时间
1	车站北街小桥	车站北街	柳行头河	装配式钢筋混凝土简支空心板。	小桥	18.40	10.80	2011年
2	车站北街桥	北园大街	柳行头河	左幅人行道桥：工字钢梁；右幅：钢筋混凝土简支空心板。	小桥	25.00	66.55	2008年
3	黄台中药厂桥	—	柳行头河	装配式钢筋混凝土简支空心板。	小桥	22.00	10.80	2010年

续表 4-2

序号	桥梁名称	所在道路	位置	主桥结构	桥型	长（米）	宽（米）	建成时间
4	黄台石桥南桥	—	柳行头河	装配式钢筋混凝土简支空心板。	小桥	22.00	10.70	2010 年
5	中正汽修桥	—	柳行头河	装配式钢筋混凝土简支空心板。	小桥	22.00	10.70	2010 年
6	黄台小板桥	—	柳行头河	装配式钢筋混凝土简支空心板。	小桥	22.00	15.70	2010 年
7	柳行头河出口桥	滨河南路	柳行头河	装配式钢筋混凝土简支空心板。	小桥	24.80	24.60	2009 年
8	董家桥	—	东泺河	工字钢梁。	小桥	13.50	2.00	—
9	福槐苑桥	—	东泺河	装配式钢筋混凝土简支实心板。	小桥	13.40	8.15	—
10	梁府桥	北园大街	东泺河	预应力混凝土简支空心板。	小桥	18.00	77.40	2008 年
11	黄桥居委会桥	—	东泺河	槽钢梁。	小桥	12.90	1.20	—
12	黄桥花园桥	—	东泺河	槽钢梁。	小桥	13.00	2.00	—
13	东泺河桥	—	东泺河	装配式钢筋混凝土简支空心板。	小桥	12.70	21.10	2009 年
14	金桥	—	东泺河	槽钢梁。	小桥	14.00	1.50	—
15	梁府小区桥	—	东泺河	槽钢梁。	小桥	13.70	3.00	2005 年
16	东方水岸桥	—	东泺河	工字钢梁。	小桥	13.40	2.00	—
17	水屯北路桥	—	东泺河	装配式预应力混凝土简支空心板。	小桥	18.50	40.20	2009 年
18	东泺河出口桥	—	东泺河	装配式预应力混凝土简支空心板。	小桥	18.80	28.10	2009 年
19	五龙潭桥	—	护城河	门式刚架。	小桥	16.30	12.70	2008 年
20	周公祠桥	周公祠街	护城河	门式刚架。	小桥	16.00	15.40	2008 年
21	少年桥 3	少年路	护城河	门式刚架。	小桥	15.30	7.65	2007 年
22	少年桥 2	少年路	护城河	门式刚架。	小桥	15.30	41.29	2007 年
23	少年桥 1	少年路	护城河	门式刚架。	小桥	15.30	14.16	2007 年
24	周公祠北涵	周公祠街	生产渠	整体现浇式钢筋混凝土简支实心板。	涵洞	3.70	33.50	—
25	于家桥（铜元局后街桥）	铜元局后街	生产渠	左右幅：装配式钢筋混凝土简支实心板；中幅：石拱。	小桥	5.30	6.70	—
26	新桥	—	西圩子壕	装配式钢筋混凝土简支实心板。	小桥	17.30	5.10	1953 年
27	少年路西桥	少年路	西圩子壕	装配式钢筋混凝土简支实心板。	小桥	22.50	17.40	1964 年
28	金冠花园桥	顺河西街	西圩子壕	装配式钢筋混凝土简支板。	小桥	27.70	23.00	2000 年
29	铜元局前街桥	铜元局前街	西圩子壕	钢筋混凝土简支实心板。	小桥	20.50	8.50	1953 年
30	北关桥	启盛街	西圩子壕	装配式钢筋混凝土简支实心板。	小桥	22.00	8.70	1964 年
31	苇闸桥	明湖北路	西圩子壕	装配式钢筋混凝土简支实心板。	小桥	27.60	45.03	2007 年
32	大明湖北门	—	西圩子壕	钢筋混凝土简支空心板。	小桥	23.10	6.00	1999 年

续表 4-2

序号	桥梁名称	所在道路	位置	主桥结构	桥型	长（米）	宽（米）	建成时间
33	边庄桥	北园大街	西泺河	装配式钢筋混凝土简支板梁。	小桥	26.00	34.00	2008 年
34	边庄北桥	—	西泺河	—	小桥	24.00	12.00	—
35	侯家场小桥	清河西侯家场小区	西泺河	钢筋混凝土简支实心板。	小桥	24.00	2.50	1962 年
36	清河社区桥	—	西泺河	装配式钢筋混凝土简支板。	小桥	22.00	10.00	—
37	张养浩公园桥	水屯北路	西泺河	钢筋混凝土板梁。	中桥	42.00	33.40	2006 年
38	西泺河出口桥	小清河南路	西泺河	装配式钢筋混凝土简支空心板。	小桥	27.20	28.00	2009 年
39	成丰桥	天成路	西工商河	板拱。	中桥	39.00	58.29	2010 年加宽
40	省交通厅街桥	交通厅街	东工商河	石拱。	小桥	20.50	7.25	—
41	中恒桥	北园大街	东工商河	装配式钢筋混凝土简支空心板。	小桥	27.00	74.35	2008 年
42	药圣桥	汽车厂东路	东工商河	刚架拱。	小桥	27.40	25.00	2008 年
43	宏济桥	—	东工商河	刚架拱。	小桥	16.00	1.77	2010 年
44	凤凰桥	—	东工商河	工字钢梁。	小桥	23.50	2.90	2010 年
45	标山桥	标山南路	东工商河	装配式钢筋混凝土简支空心板。	小桥	23.00	25.20	2005 年
46	凤凰山庄桥	—	东工商河	钢桁架梁。	小桥	12.90	1.90	—
47	林桥	—	小清河	三跨钢箱梁。	大桥	85.40	32.00	2010 年
48	凤凰小区桥	凤凰小区	东工商河	整体现浇槽型梁。	小桥	17.50	4.40	1985 年
49	成大桥	纱厂西街	东工商河	1#、3# 跨：装配式钢筋混凝土简支实心板；2# 跨：钢梁桥。	小桥	21.20	6.00	—
50	腾飞桥	—	东工商河	现浇整体式钢筋混凝土简支实心板。	小桥	29.80	9.00	1981 年
51	臧家屯桥	清河南路	东工商河	装配式预应力混凝土空心板。	小桥	37.00	21.20	2009 年
52	纱厂桥	沙厂西街	东工商河	现浇整体式 T 型梁。	小桥	20.00	6.40	1952 年
53	第一棉纺厂桥	清河南路	东工商河	装配式钢筋混凝土简支空心板。	小桥	27.00	21.00	2009 年
54	啤酒厂桥	堤口路	西工商河	钢筋混凝人拱桥。	小桥	30.00	50.14	2009 年
55	无影山东路桥	无影山东路	万盛街大沟	钢筋混凝土板。	小桥	9.60	19.70	1985 年
56	红桥（无影山南路桥）	无影山南路	西工商河	石拱。	小桥	21.00	6.70	2009 年
57	汽车总站桥	无影山中路	西工商河	装配式钢筋混凝土简支空心板。	小桥	27.60	68.25	2008 年
58	汽车总厂桥	汽车厂东路	西工商河	钢筋混凝土简支空心板。	小桥	23.00	13.10	2009 年
59	师范桥	师范路	西工商河	板拱。	小桥	25.00	25.20	2009 年
60	动物园桥	动物园内	西工商河	石拱。	小桥	27.50	8.25	1958 年
61	动物园北桥	动物园内	西工商河	板拱。	小桥	25.00	10.30	2009 年

续表 4-2

序号	桥梁名称	所在道路	位置	主桥结构	桥型	长（米）	宽（米）	建成时间
62	兴济河出口桥	滨河南路	兴济河	预应力混凝土简支板桥。	小桥	18+18+18	31.00	2012 年
63	王炉桥	小清河北路	虹吸干渠	混凝土简支板梁。	小桥	12+12	31.00	2012 年
64	东宇花园南门桥	—	虹吸干渠	装配式钢筋混凝土简支实心板。	小桥	11.80	4.10	1980 年
65	东宇大桥	东宇大街	虹吸干渠	左幅：装配式钢筋混凝土简支空心板；右幅：现浇整体式钢筋混凝土板。	小桥	9.00	25.00	1999 年
66	重汽配件西 2# 桥	—	虹吸干渠	现浇整体式钢筋混凝土板。	小桥	9.50	6.35	2005 年
67	重汽配件西 1# 桥	—	虹吸干渠	现浇整体式钢筋混凝土板。	小桥	8.50	6.95	2006 年
68	重汽配件桥	蓝翔路	虹吸干渠	装配式钢筋混凝土简支实心板。	小桥	8.50	29.00	—
69	粟山路殡仪馆桥	粟山路	虹吸干渠	石拱。	小桥	8.50	15.90	—
70	粟山路桥	粟山路	虹吸干渠	左右幅：装配式钢筋混凝土简支空心板；中幅：装配式钢筋混凝土简支 T 梁。	小桥	12.00	15.15	—
71	东沙王庄 1 号桥	东宇大街	北太平河	现浇整体式钢筋混凝土简支。板梁。	小桥	13.00	11.20	—
72	东宇花园桥	东宇大街	北太平河	左幅：装配式钢筋混凝土简支空心板；右幅：现浇整体式钢筋混凝土板。	小桥	11.00	21.50	1990 年
73	蓝翔路 19 号桥	蓝翔路	北太平河	装配式钢筋混凝土简支实心板。	小桥	14.00	30.00	—
74	北太平闸桥	北马鞍山路	北太平河	石拱。	小桥	10.50	13.00	1953 年
75	卢庄桥	无影山北路	北太平河	预应力混凝土简支空心板。	中桥	23.10	50.00	2005 年
76	东沙王庄 2 号桥	东宇大街附近	北太平河支流	左幅：现浇整体式钢筋混凝土简支板梁；右幅：现浇整体式钢筋混凝土连续板梁。	小桥	8.50	7.00	—
77	鑫众桥	—	北太平河支流	现浇整体式钢筋混凝土简支板。	小桥	9.40	4.50	—
78	时代桥	东宇大街附近	北太平河支流	现浇整体式钢筋混凝土简支。板梁。	小桥	6.40	11.00	—
79	康桥	东宇大街附近	—	—	小桥	7.30	9.30	—
80	药山环卫桥	东宇大街附近	—	—	小桥	7.30	9.50	—
81	洋涓桥	蓝翔路	—	—	小桥	12.00	12.00	—
82	万盛街桥	—	万盛街大沟	石拱。	小桥	11.00	11.00	70 年代末扩建
83	造纸厂桥	—	万盛街大沟	装配式钢筋混凝土简支空心板。	小桥	8.20	7.80	1971 年
84	荣泰小区西门桥	—	万盛街大沟	装配式钢筋混凝土简支板。	小桥	7.75	10.20	—
85	万盛园桥	堤口路	万盛街大沟	装配式钢筋混凝土简支板。	小桥	6.50	55.00	—

续表 4–2

序号	桥梁名称	所在道路	位置	主桥结构	桥型	长（米）	宽（米）	建成时间
86	幼师后桥	胜利庄东路	万盛街大沟	钢筋混凝土板。	小桥	8.00	6.00	1991 年
87	邮政储蓄银行桥	济泺路	济泺路	连续钢箱梁。	中桥	66.45	4.00	2009 年
88	诸氏方圆桥	济泺路	济泺路	连续钢箱梁。	中桥	51.00	4.50	2008 年
89	军区总医院人行天桥	师范路	师范路	钢箱梁。	中桥	32.50	3.00	1998 年
90	济南市第四人民医院桥	师范路	师范路	钢桁架梁。	中桥	44.20	4.50	2009 年
91	东沙公墓涵	东沙王庄	北太平河	现浇整体式钢筋混凝土简支实心板梁。	涵洞	3.50	4.00	2006 年
92	时代北 1 号桥	—	北太平河支流	钢结构。	小桥	7.70	12.00	—
93	时代北 2 号桥	—	北太平河支流	钢结构。	小桥	7.70	12.00	—
94	济南轻骑电动车路口桥	—	北太平河支流	装配式钢筋混凝土简支板 + 整体现浇钢筋混凝土简支板。	小桥	7.50	7.30	—
95	大魏庄涵	—	—	现浇整体式钢筋混凝土简支。板梁。	涵洞	5.70	14.80	—
96	二十九中西涵	蓝翔中路	灌溉沟	现浇整体式钢筋混凝土简支。板梁。	涵洞	3.50	27.02	—
97	五曲西桥	水屯北路	东工商河	钢筋混凝土连续刚构 T 梁。	小桥	22.50	1.87	—
98	五曲东桥	水屯北路	东工商河	钢筋混凝土连续刚构 T 梁。	小桥	22.50	1.87	—
99	黄岗桥	黄岗路	小清河	上承式钢管混凝土拱桥。	大桥	70.00（主拱 60.00）	51.00	2012 年
100	北辛桥	北辛路	小清河	单箱三室后张预应力混凝土连续梁。	中桥	18.4+31.8+18.4	16.00	2012 年
101	金牛桥	无影山北路	小清河	后张法预应力变截面连续梁桥。	中桥	20+35+20	51.00	2012 年
102	济泺桥	济泺路	小清河	预应力连续梁拱组合式桥梁。	大桥	26+41+26	56.00	2012 年
103	水屯路桥	水屯路	小清河	钢箱梁—混凝土组合连续梁桥。	大桥	23.5+65+23.5	20.00	2010 年
104	柳行头桥	历黄路	小清河	预制空心板桥。	中桥	24.00	24.50	2010 年
105	黄台板桥	历山北路	小清河	混凝土箱梁。	中桥	95.00	51.00	2010 年
106	顺河高架桥	顺河街	—	连续箱梁 + 预应力简支空心板。	高架桥	5194.50	18.50	1998 年
107	纬六路斜拉桥	纬六路	—	双塔双索面 5 跨连续漂浮体系的大跨径预应力混凝土斜拉桥。	斜拉桥	740.00	8.35	2004 年
108	北园高架桥	北园大街	—	预应力混凝土连续箱梁和钢—混凝土叠合梁。	高架桥	11542.30	24.00	2008 年
109	无影山北路铁路立交	无影山北路	—	钢筋混凝土预制箱涵。	铁路箱涵	8+12+12+8	8.00+8.00	2004 年
110	东沙王路桥	东沙王路	小清河	后张预应力斜腿钢结构。	中桥	18+28+18	31.00	2012 年
111	药山桥	王炉庄东南	小清河	地锚悬索桥。	大桥	11+57+11	10.00	2012 年

续表 4-2

序号	桥梁名称	所在道路	位置	主桥结构	桥型	长（米）	宽（米）	建成时间
112	五柳岛人行桥	—	小清河	钢筋混凝土等截面板拱。	中桥	25.00	5.00	2010 年
113	动物园桥	药山小学东邻	小清河	后张法预应力等截面连续梁桥。	中桥	20.5+31.0+20.5	9 — 13（变宽度）	2012 年
114	天桥立交	天成路	—	钢筋混凝土拱。	大桥	855.00	18.00	1975 年
115	英贤桥	英贤街	西圩子壕	钢筋混凝土板。	小桥	16.50	10.00	—
116	孟家桥	济齐路	兴济河	钢筋混凝土板。	小桥	43.60	50.00	1997 年
117	生产路铁路立交	生产路	—	钢筋混凝土箱涵。	铁路箱涵	8+12+8	40.00	1985 年
118	陈家楼铁路立交	义合北街	—	钢筋混凝土箱涵。	铁路箱涵	7+7	16.00	1986 年
119	北关铁路立交	北关北路	—	钢筋混凝土箱涵。	铁路箱涵	12.00	45.00	1985 年
120	北坦铁路立交	仁丰前街	—	钢筋混凝土箱涵。	铁路箱涵	8+8	10.00	1986 年
121	成大铁路立交	标山南路	—	钢筋混凝土梁。	小桥	8.5+8.5	20.00	1982 年
122	历黄路铁路立交	历黄路	—	钢筋混凝土箱涵。	铁路箱涵	6+16+6	60.00	1999 年
123	北园铁路立交	北园大街	—	钢筋混凝土箱涵。	铁路箱涵	8+16-8	32.00	1985 年
124	前引河出口桥	小清河南路	前引河	两跨梁式桥。	小桥	26.20	20.80	2010 年
125	新赵路桥	新赵路	小清河	三跨上承式拱桥。	大桥	96.60	32.00	2010 年
126	臧家屯桥	小清河南路	后引河	两跨梁式桥。	小桥	36.10	21.00	2010 年
127	臧家屯人行桥	—	小清河	三跨上承式钢索桥。	大桥	117.80	10.00	2010 年
128	生产路桥	生产路	小清河	三孔钢箱梁桥。	大桥	125.50	50.00	2010 年

第二节　供电 照明

一、供电

1991 年，天桥区有公用配电线路 26 条、杆塔 2645 基，线路总长 132.64 千米；10 千伏电力电缆线路长 34.32 千米；公用配电变压器 75 台，容量 18690 千伏安。

1993 年，天桥电力公司成立，全区电网基本形成。由黄台电厂、石横电厂为主供电源，公用配电线路长 133.09 千米；公用配电变压器 106 台，容量 29590 千伏安；1 座 220 千伏水屯变电站，2 座 110 千伏北郊、西郊变电站，变电总容量 413 兆伏安。1993—1995 年，建设和改造低压配电网；对新建设的居民宿舍楼按用电容量标准规划建设用电设施。1995 年始，对居民小区进行摸底调查和登记，创建安全文明用电明星小区。在此基础上，推进一户一表工程，开放居民用电。至 2012 年年底，完成一户一表 1.21 万户。

1996 年，实施“9671”工程，即自 1996 年 7 月 1 日实现全区电网公用线路限电不拉路、农村生活照明高峰用电限电不拉路。1997 年 5 月，实现城区范围内户户通电。1996 年始，配合济南供电局“三个100”（架设100千米线路、新装100台配电变压器、改造100个低压公用区）工程，对17条长计33.26千米的高压线路更换绝缘线；对北坦、天东、明园等7个低压供电小区的长23.29千米线路更换绝缘线；对官扎营中街、万盛街、宝华东街、万顺街、聚贤街、福康街、工人新村、天桥南街、普利街、北刘家庄、陈家楼、周公祠街、咸丰街等28个低压区进行分区改造。1998年1月，新型客户服务中心运营，天桥电力公司事故抢修科成立。1999年2月，配电地理信息系统上线，后续数据录入及信息映射工作也逐步完成。4月，“800供电光明热线”投入营运。同期，配合微机升级工作的多媒体语音系统通过测试，顺利上线。1998年，天桥电力公司营业厅被共青团中央表彰为“青年文明号”，被电力部表彰为“全国电力系统‘为人民服务树行业新风’示范窗口”。至1999年年底，辖区内有公用配电线路37条，总长139.11千米；10千伏电力电缆线路长34.32千米；公用配电变压器178台，容量52425千伏安。城区供电可靠率99.9%，地方重点工程、重大活动和农村季节性保电供电可靠率100%。

2000—2006年，实施“彩虹工程”。2003—2004年，新增变电容量45.3万千伏安。至2006年年底，供电部管理10千伏线路88条，总长434千米，其中公用线路69条、用户专线19条，总容量659480千伏安；线路绝缘化率52%，其中公用线路绝缘化率为98%；联络开关28台，分段开关90台，45条配电线路实现配网自动化；管辖高压客户946个，低压客户8.3万户；供电可靠性指标99.99%。

2007—2012年，改造满负荷线路25条，新出线路20条，配合市政重点工程完成线路迁移改造18条。安装16条线路的分段开关28台、客户分界开关57台、18条线路113台智能开关。2010年，建成110千伏翡翠郡、天桥、全福变电站。2011年，投资9600万元，新出10千伏线路10条，改造满负荷线路5条。至2012年年底，全区有220千伏变电站4座、110千伏变电站9座、35千伏变电站1座。管辖10千伏配电线路118条，

农村线网升级改造（2011年2月摄）

长656千米。其中，客户专线28条、公司资产线路90条，城区10千伏架空线路长432.89千米，绝缘化率100%；黄河以北地区10千伏架空线路长223.11千米，绝缘化率73.79%。10千伏高压客户1286个（含济南火车站、济南长途汽车总站、济南军区总医院等13个重要客户），容量79.2万千伏安；0.4千伏及以下低压客户13.8万户，低压公用区749个，配电变压器789台，总容量26.3万千伏安。综合电压合格率99.83%，供电可靠性指标99.99%。供电面积259平方千米。其中，城区供电面积73平方千米，涵盖13个街道、43万居民；黄河北供电面积186平方千米，涵盖大桥、桑梓店2镇及药山街道135个村（居）、9万居民。

二、照明

1991年，对北园路、生产路、历山路等立交桥上照明和桥头照明进行重点更换维护；对全区各路口吊灯进行逐步拆除更换。1992年，重点对区内各旅游景区的路灯照明进行更新换代。开始采用路灯微机监控系统。

1997—1999年，对全区路灯进行大范围整

修，重点对背街小巷路灯实施整修。对全区背街小巷第一代光源白炽灯进行更新换代，第一代光源（白炽灯）在天桥区内道路上绝迹。完成顺河高架路路灯安装任务。对无影山路、师范路、济泺路、经一路东段、水屯路、三孔桥街、工人新村中街等路段进行改造，对全区路灯、路灯专用线路、变压器及光控开关等基础设施进行全面养护维修。

2000 年，维修人员基本不再登电杆作业，全部采用机械车辆进行维修，结束脚扣历史。开展集中整治，对全区路灯电杆进行全面清理，达到“治脏、治乱、治暗”目标要求。2002—2003 年，改造无影山路等道路路灯工程。完成粟山路、泺安路、顺河高架路北延工程。2004 年，完成北园立交、经一路、济泺路等道路路灯安装任务。

2005 年，重新建立路灯微机监控系统，设立视频点，安装节能控制器、远程智能控制设备，对全区路灯进行集中控制。背街小巷路灯整治任务于 2005 年 6 月底全面完成。完成历山路、历山北路、北园高架路、无影山北路、二环西路、二环北路等道路新建和改建路灯工程施工安装任务。2005—2007 年，完成顺河高架路等主干道和部分次干道路灯改造任务。2006 年，继续完善路灯集中控制系统建设，变压器、单灯加入 LCU 和区域 RCU 视频监控系统，部分新改建道路设置半夜灯控制手段，安装视频点、可远程控制变压器，占全区灯盏总数量的 75% 以上，安装联网型 LCU、非联网型 LCU、车载 GPS。2007 年，依靠路灯监控系统平台，增加电缆被盗报警功能，安装防盗设施。安装节能设施，加强用电控制，实施安全普查。

2008 年，继续开展路灯设施安全大普查，采取抬高箱变基础、抬高或迁移 RTU 配电柜、箱变护栏整修、改造架空裸线等措施，消除隐患。2009 年，采用新型节能灯具和设备。路灯新改造工程灯具内镇流器采用先进的可调光镇流器，同时对 LED 新光源进行试验，在花店街、英贤街安装 LED 路灯。2008—2010 年，完成“迎全运”（第 11 届全国运动会）路灯建设和提升工程，基本实现二环路以内全亮灯目标。完成二期背街小巷路灯整治任务。

2011—2012 年，进一步加强路灯管理和维护工作，确保辖区夜间正常照明。

第三节　供水 排水

一、供水

（一）管线。1991 年，黄河水泥厂改管直径 20 毫米镀锌管线长 9 米；田庄路、金牛路修漏直径 200 毫米管线长 1 米。1992 年，柳云社区西纸箱厂安装直径 150 毫米铸铁管线长 110 米、直径 150 毫米钢管线长 45 米；黄河二水厂修漏直径 1000 毫米钢管线长 2 米；清河社区修漏直径 1200 毫米铸铁管线长 4.8 米；师范路、无影山路修漏直径 1200 毫米管线长 4 米。1994 年，无影山中路一期输水管道工程安装直径 100 ~ 300 毫米管线长 115 米、直径 400 毫米球墨铸铁管线长 1725 米。1995 年，堤口路至黄岗路输水管道工程安装直径 100 ~ 1200 毫米钢管线长 1173.1 米；无影山中路二期输水管道工程安装直径 400 毫米球墨铸铁管线长 506.75 米。

1997 年，交校路安装直径 50 毫米镀锌管线长 18 米、直径 100 ~ 150 毫米铸铁管线长 35 米、直径 300 毫米球墨铸铁管线长 486 米、直径 300 毫米钢管线长 10 米；小清河航运管道工程安装直径 25 ~ 50 毫米镀锌管线长 81 米、直径 100 ~ 200 毫米铸铁管线长 43 米、直径 200 毫米球墨铸铁管线长 288 米；济齐路中段（黄岗路至孟家桥）安装直径 200 毫米钢管线长 552.2 米；济齐路北段（孟家桥至二环西路）安装直径 300 ~ 400 毫米球墨铸铁管线长 220.5 米、直径 1200 毫米钢管线长 1637.5 米；小清河田家庄社区段管线改造工程安装直径 500 ~ 1200 毫米钢管线长 260.9 米；小清河济泺路桥段管道工程安装直径 500 毫米钢管线钱长 110.6 米；小清河标山化工厂段管线改造工程安装直径 600 ~ 1200 毫米钢管线长 112.4 米、直径 50 毫米镀锌管线长 130 米；历黄路安装直径 100 ~ 500 毫米铸铁管线长 1744.8 米、直径 200 ~ 500 毫米钢管线长 209.95 米；黄岗路安装直径 100 ~ 300 毫米铸铁管线长 30.7 米、直径 300 毫米钢管线长 12 米；济齐路安装直径 300 ~ 1200 毫米钢管线长 3812.8 米、直径 100 ~ 400 毫米铸铁管线长 420 米。

1998 年，小清河裕兴化工厂段管线改造工程安装直径 50 ~ 400 毫米钢管线长 902.5 米；柳行输水管道工程（历山路至柳行小区）安装直径 100 ~ 300 毫米钢管线长 975 米；徐李社区安装直径 200 毫米球墨铸铁管线长 852 米；孟家桥改装直径 400 毫米钢管线长 68 米；裕兴化工厂至水屯路桥安装直径 25 ~ 400 毫米管线长 2487.6 米；黄岗路安装直径 50 ~ 300 毫米管线长 1220 米；花店街安装直径 50 ~ 300 毫米管线长 597 米；北园大街至小清河航运局安装直径 100 ~ 200 毫米球墨铸铁管线长 768 米；师范路 90 医院门口安装直径 100 ~ 300 毫米钢管线长 18 米；无影潭东路安装直径 200 毫米铸铁管线长 160 米；水屯路安装直径 100 ~ 800 毫米钢管线长 2159 米；顺河街少年桥段安装直径 100 ~ 600 毫米铸铁管线长 1336 米；水屯桥北至山东师范大学北校区安装直径 200 毫米铸铁管线长 78 米；东泺河安装直径 200 毫米球墨铸铁管线长 310 米、直径 200 毫米钢管线长 23 米、直径 50 毫米镀锌管线长 18 米；无影山中路安装直径 400 毫米钢管线长 45 米、直径 400 毫米球墨铸铁管线长 1506 米、直径 100 ~ 300 毫米铸铁管线长 180 米；天福苑小区安装直径 100 毫米铸铁管线长 10 米、直径 200 毫米球墨铸铁管线长 380 米。

1999 年，铁道根街安装直径 300 毫米管线长 97 米；济南水务集团公司三水厂安装直径 600 ~ 1000 毫米钢管线长 85.4 米；白鹤社区安装直径 30 ~ 100 毫米铸铁管线长 500 米、直径 50 毫米镀锌管线长 18 米；联四社区安装直径 100 毫米铸铁管线长 230 米；经一路安装直径 100 ~ 500 毫米钢管线长 450.2 米、直径 200 ~ 400 毫米球墨铸铁管线长 1968 米、直径 50 毫米铸铁管线长 20 米；小清河污水处理厂段安装直径 20 ~ 50 毫米镀锌管线长 12 米、直径 200 毫米球墨铸铁管线长 951 米；王炉社区至黄岗路安装直径 100 ~ 800 毫米钢管线长 138.2 米。2000 年，西苑小区安装直径 20 ~ 150 毫米管线长 745 米；匡山小区安装直径 50 毫米管线长 217 米；太平洋小区安装直径 315 毫米 PVC 管线长 318 米、直径 100 毫米铸铁管线长 35 米、直径 50 毫米镀锌管线长 156 米。2001 年，黄河二厂院内安装直径 600 ~ 1800 毫米管线长 580.9 米；馆驿街安装直径 300 毫米铸铁管线长 34 米；清河路安装直径 200 ~ 300 毫米管线长 560 米；黄岗路安装直径 300 毫米管线长 460 米；顺清苑安装直径 100 ~ 200 毫米管线长 1164 米；清河北路安装直径 426 ~ 1420 毫米管线长 302 米；清河北路粟山路至鲁丰面粉综合加工厂段安装直径 426 ~ 1420 毫米管线长 305.81 米；清河北路西安装直径 1200 ~ 1400 毫米管线长 2910.3 米；清河北路山东师范大学北校区至板桥加压站安装直径 1200 毫米钢套混凝土管线长 510 米、直径 1220 毫米钢管线长 81 米；清河北路王炉桥至北闸子段安装直径 1400 毫米钢套混凝土管线长 225 米、直径 150 ~ 1420 毫米钢管线长 368.35 米；清河北路鲁丰面粉综合加工厂至王炉社区安装直径 1400 毫米钢套混凝土管线长 830 米、直径 426 ~ 1420 毫米钢管线长 402.82 米。2002 年，历山北路历下管线所段安装直径 300 ~ 1200 毫米管线长 228 米；联四路安装直径 25 ~ 300 毫米管线长 515 米；无影山北路安装直径 100 ~ 500 毫米管线长 386 米；泺口社区安装直径 100 ~ 300 毫米球墨铸铁管线长 546 米；小杨庄社区安装直径 25 ~ 50 毫米镀锌管线长 30 米。

2003 年，粟山路药山工业园区安装直径 315 毫米 PE 管线长 3444 米；无影山中路 55—75 号安装直径 25 毫米钢管线长 138 米；东工商河济南第一印染厂至凤凰山铁路宿舍安装直径 200 毫米管线长 425 米；清河北路北闸子至济泺路西段安装直径 150 毫米铸铁管线长 250 米、直径 150 毫米球墨铸铁管线长 150 米；清河路安装直径 200 毫米球墨铸铁管线长 396 米；西工商河无影山中路段安装直径 100 毫米管线长

170 米、直径 150 毫米管线长 240 米；交校西路天桥防腐设备厂安装直径 100 毫米管线长 12 米；车站街安装直径 100 毫米管线长 35 米、直径 50 毫米管线长 6 米。2004 年，历山北路花园路至小清河段安装直径 400 毫米钢管线长 400 米；七一路至历山路安装直径 100 ~ 200 毫米球墨铸铁管线长 270 米；清河北路板桥至前进桥段安装直径 1200 毫米球墨铸铁管线长 1619 米、直径 100 ~ 1420 毫米钢管线长 705.1 米。2005 年，北小门安装直径 100 毫米 PE 管线长 209 米、直径 108 毫米钢管线长 32 米；经一路纬二路至历黄路段安装直径 500 毫米球墨铸铁管线长 1320 米、直径 315 毫米 PE 管线长 1244 米、直径 80 ~ 530 毫米钢管线长 1177.3 米；历山北路小清河至二环北路段安装直径 200 毫米 PE 管线长 2328 米、直径 108 ~ 1220 毫米管线长 652 米；赵庄社区安装直径 300 毫米 PE 管线长 1540 米、直径 300 ~ 400 毫米管线长 92.5 米；李庄社区安装直径 100 ~ 400 毫米管线长 1019 米。2006 年，联四路安装直径 63 ~ 315 毫米 PE 管线长 1062 米、直径 108 ~ 219 毫米钢管线长 36 米；济泺路安装直径 159 毫米钢管线长 10.2 米；新城社区安装直径 110 毫米 PE 管线长 606 米、直径 25 ~ 200 毫米管线长 685 米；粟山路至路北垃圾转运站段安装直径 110 毫米 PE 管线长 123 米；药山街道东沙社区安装直径 200 毫米球墨铸铁管线长 143 米；天桥管线所（2000 年始）安装直径 20 ~ 200 毫米钢管线长 713 米、直径 100 ~ 205 毫米铸铁管线长 463 米、直径 40 ~ 150 毫米 PVC 管线长 192 米。2007 年，梁府小区山东地质测绘院宿舍楼安装直径 63 ~ 110 毫米 PE 管线长 92.5 米；二环北路船厂段安装直径 63 ~ 315 毫米 PE 管线长 181 米；黄河水厂安装直径 100 ~ 1200 毫米铸铁管线长 1990 米、直径 25 ~ 1400 毫米钢管线长 655 米、直径 50 毫米 PE 管线长 1800 米。

2008 年，历山北路供水管道工程安装直径 200 毫米 PE 管线长 1025 米、直径 100 ~ 600 毫米钢管线长 513.3 米；工人新村北村中街管道工程安装直径 63 ~ 200 毫米 PE 管线长 465 米、直径 108 毫米钢管线长 14 米；工人新村北街管道工程安装直径 63 ~ 200 毫米 PE 管线长 400 米；工人新村西街低压片区升压改造工程安装直径 63 ~ 200 毫米 PE 管线长 456 米、直径 108 ~ 159 毫米钢管线长 32 米；工人新村东街低压片区升压改造工程安装直径 63 ~ 200 毫米 PE 管线长 447 米、直径 159 ~ 219 毫米钢管线长 9 米；北园大街 3—6 标段（天桥区公安分局至清河路）安装直径 20 ~ 1600 毫米钢管线长 4606.5 米、直径 300 ~ 400 毫米 PE 管线长 4438.6 米、直径 400 ~ 1200 毫米球墨铸铁管线长 3416 米、直径 20 ~ 50 毫米镀锌管线长 93 米；生产路北延管道安装直径 108 ~ 325 毫米钢管线长 525.5 米、直径 200 毫米 PE 管线长 68 米；胜利庄社区升压改造工程安装直径 100 ~ 200 毫米管线长 87.2 米、PE 管线长 527 米；毕家洼小区升压改造工程安装直径 108 ~ 300 毫米钢管线长 50.5 米、直径 300 毫米球墨铸铁管线长 235 米、直径 100 ~ 200 毫米 PE 管线长 280 米；田黄路低压片区升压改造工程安装直径 100 ~ 300 毫米钢管线长 49.8 米、直径 300 毫米球墨铸铁管线长 426 米、直径 63 毫米 PE 管线长 194.5 米。

2009 年，毕家洼小区升压改造工程安装直径 63 ~ 110 毫米 PE 管线长 1372 米；北园大街 1—2 标段（匡山西路至无影山西路）安装直径 110 ~ 400 毫米 PE 管线长 7699 米、直径 219 ~ 1020 钢管线长 4444 米、直径 400 ~ 500 毫米球墨铸铁管线长 739 米；怡园小区升压改造工程安装直径 200 毫米 PE 管线长 180 米、直径 100 ~ 200 毫米钢管线长 29.5 米；清河北路历山北路至二环东路段供水管道工程安装直径 108 ~ 1400 毫米钢管线长 806.6 米、直径 400 ~ 1200 毫米球墨铸铁管线长 2790 米；历山北路安装直径 300 ~ 1200 毫米钢管线长 462 米；柳行片区升压改造工程安装直径 20 ~ 110 毫米 PE 管线长 5220.6 米；清河北路、济泺路至顺河街安装直径 200 ~ 1200 毫米钢管线长 1736.6 米、直径 400 ~ 1400 毫米管线长 7190 米；东泺河北园大街至水屯北路段供水改造工程安装直径 300 毫米球墨铸铁管线长 2040 米、直径200～400毫米钢管线长366米、直径63～200毫米PE管线长208米；知青路（小鲁庄）安装直径300毫米球墨铸铁管线长1668米、直径300毫米PE管线长664米、直径200～300毫米钢管线长120米、直径50毫米镀锌管线长12米；历山北路石桥小区供水工程安装直径100～300毫米钢管线长231米、直径63～200毫米PE管线长1108米、直径200毫米管线长120米、直径50毫米镀锌管线长48.8米；药山街道张庄益康置业有限公司安装直径108毫米钢管线长42米、直径63～200毫米PE管线长6750米；济泺路130号泉星小区安装直径63～200毫米PE管线长675米、直径50～108毫米钢管线长215米；泺口环城路升压改造工程安装直径100～200毫米钢管线长91.4米、直径25～200毫米PE管线长5151米、直径20毫米镀锌管线长36.9米；泺口标山路升压改造工程安装直径300毫米球墨铸铁管线长250米、直径108～325毫米钢管线长57.7米、直径63～110毫米PE管线长3205.06米；天成路东片区升压改造工程安装直径20～200毫米PE管线长1622.3米、直径100～200毫米钢管线长87.6米、直径20～50毫米镀锌管线长46.5米；泺口街道马家庄社区升压改造工程安装直径20～110毫米PE管线长2216.23米、直径25～50毫米镀锌管线长72米；泺口南路升压改造工程安装直径300毫米球墨铸铁管线长4.4米、直径100～300毫米钢管线长295.7米、直径20～200毫米PE管线长1690.5米、直径20～50毫米镀锌管线长59米；泺南新村升压改造工程安装直径20～110毫米PE管线长4662.5米、直径108毫米钢管线长18米；环城路至二环北路升压改造工程安装直径25～110毫米PE管线长4806.4米、直径20毫米镀锌管线长58米；泺口西村升压改造工程安装直径20毫米镀锌管线长196.2米、直径25～200毫米PE管线长4316.5米、直径100～200毫米钢管线长42.5米；泺口东村升压改造工程安装直径20毫米镀锌管线长178.8米、直径25～110毫米PE管线长5400.85米；师范路申忆房地产接表工程安装直径200毫米钢管线长207米、直径60～110毫米PE管线长5.5米；滨河南路供水工程安装直径500毫米球墨铸铁管线长1212米、直径108～820钢管线长2043.5米。

2010年，西工商河路13号重汽翡翠郡南区安装直径63～200毫米PE管线长9433米；毕家洼小区升压改造工程安装直径63～200毫米PE管线长4736米；馆驿街南区供水管道改造工程安装直径25～200毫米PE管线长6641.2米、直径25毫米镀锌管线长36米、直径108～219毫米钢管线长400.7米；藏家屯社区低压改造安装直径63～315毫米PE管线长3440米、直径108～325毫米管线长26米；顺河片区济安街供水管道工程安装直径108～529毫米钢管线长89米、直径500毫米球墨铸铁管线长365米；顺河片区聚贤西街、南街、影壁后街安装直径300～400毫米球墨铸铁管线长558米、直径63～200毫米PE管线长1574米、直径108～325毫米钢管线长158米；药山街道东沙社区供水工程安装直径25～75毫米PVC管线长72米、直径20～63毫米PE管线长927米、直径108～219毫米钢管线长54米；药山街道太平社区供水工程安装直径20～160毫米PE管线长8432.3米、直径15～200毫米钢管线长109.3米、直径25～75毫米PVC管线长80米；药山街道小魏社区、新徐社区供水工程安装直径20～300毫米PE管线长25360.8米、直径15～300毫米钢管线长78.9米、直径25～75毫米PVC管线长143.9米；药山街道大魏社区供水工程安装直径160～315毫米PE管线长768米；天和新居室外供水及接表工程安装直径100～300毫米管线长54米；王府庄路升压改造工程及与师范路接管工程安装直径110～300毫米PE管线长855米、直径200～300毫米钢管线长40.4米；天宝新居（宝华街）管道工程安装直径400毫米球墨铸铁管线长331米、直径108～530毫米钢管线长125米；堤口路济齐路至工商河段管道改造工程安装直径108～325毫米管线长687.1米；标山南路供水管道工程安装直径300毫米球墨铸铁管线长450米、直径100～500毫米钢管线长677.5米、直径 50 毫米镀锌管线长 8.5 米、直径 200 ~ 315 毫米 PE 管线长 192 米；矿院路供水改造工程安装直径 100 ~ 300 毫米钢管线长 424 米；水屯北路供水改造工程安装直径 300 毫米球墨铸铁管线长 1727 米、直径 100 ~ 300 毫米钢管线长 1111 米；田庄东路 7 号楼、8 号楼供水改造工程安装直径 100 毫米 PE 管线长 88 米；顺河片区北坦南街供水管道工程安装直径 300 毫米球墨铸铁管线长 300 米、直径 108 ~ 325 毫米钢管线长 78 米。

2011 年，天和新居安装直径 200 毫米钢管线长 170 米；药山街道洋涓社区供水工程安装直径 20 ~ 160 毫米 PE 管线长 4409 米、直径 15 ~ 108 毫米钢管线长 845 米；二环北路管道工程安装直径 300 ~ 800 毫米球墨铸铁管线长 4026 米、直径 108 ~ 1020 毫米管线长 908 米、直径 300 毫米 PE 管线长 119 米；宝华街南济南火车站北货场安装直径 219 ~ 325 毫米钢管线长 123 米；清河片区升压改造工程安装直径 100 ~ 300 毫米管线长 441.8 米；汽车厂西路北园宿舍升压改造工程安装直径 110 ~ 200 毫米 PE 管线长 300 米；林桥社区管道改造工程安装直径 200 毫米 PE 管线长 88 米、直径 500 ~ 600 毫米管线长 96 米；黄屯小区升压改造工程安装直径 63 ~ 300 毫米 PE 管线长 5244 米、直径 219 ~ 325 毫米钢管线长 248 米；药山街道卢家社区供水工程安装直径 20 ~ 200 毫米 PE 管线长 26341 米；药山街道大鲁社区供水工程安装直径 20 ~ 100 毫米 PE 管线长 4908 米；药山街道丁家社区供水工程安装直径 20 ~ 100 毫米 PE 管线长 5987 米；七一路管道改造工程安装直径 63 ~ 110 毫米 PE 管线长 88 米；工人新村 24 号管道改造工程安装直径 63 ~ 110 毫米 PE 管线长 109 米；清河北路裕兴化工厂管道改造工程安装直径 400 毫米钢管线长 24 米；板桥流量计穿线工程安装直径 50 毫米镀锌管线长 472 米；西工商河路 18 号楼管道改造工程安装直径 20 ~ 63 毫米 PE 管线长 66 米；板桥加压站串水工程安装直径 219 ~ 623 毫米管线长 80 米；标山路换管工程安装直径 63 ~ 110 毫米 PE 管线长 147 米、直径 50 ~ 200 毫米钢管线长 180 米；旭升家园升压改造工程安装直径 63 ~ 110 毫米 PE 管线长 552 米；金田苑（泺口路 48 号）安装直径 63 ~ 110 毫米 PE 管线长 625 米。

2012 年，三孔桥西仁丰前街南街山东恒嘉置业有限公司安装直径 300 ~ 400 毫米钢管线长 112 米、直径 300 毫米球墨铸铁管线长 234 米；制锦市低压片区升压改造工程安装直径 63 ~ 300 毫米 PE 管线长 9904 米、直径 100 毫米钢管线长 1482 米；七一路升压改造工程安装直径 63 ~ 110 毫米 PE 管线长 62 米、直径 108 ~ 426 毫米钢管线长 194.4 米、直径 300 毫米球墨铸铁管线长 804 米；孟家桥管道改造工程安装直径 300 毫米球墨铸铁管线长 102 米、直径 219 ~ 426 毫米钢管线长 95 米；汽车厂东路管道改造工程安装直径 200 毫米 PE 管线长 128 米；无影山管道改造工程安装直径 315 毫米 PE 管线长 135 米、直径 300 毫米钢管线长 44 米；少年路供水管道工程安装直径 400 毫米球墨铸铁管线长 282 米、直径 108 ~ 400 毫米钢管线长 330 米；粟山路、泺安路新旧管线剥离改造工程安装直径 200 毫米 PE 管线长 448 米、直径 219 ~ 630 毫米钢管线长 54 米、直径 300 毫米球墨铸铁管线长 90 米；袁庄西路管道改造工程安装直径 63 ~ 200 毫米 PE

排水管网改造（2009 年摄）

管线长 880 米；无影山北路拉管安装直径 300 毫米 PE 管线长 155 米；铁道北街管道改造工程安装直径 63 毫米 PE 管线长 35 米；胜利庄升压改造工程安装直径 110 ~ 200 毫米 PE 管线长 616 米、直径 100 ~ 200 毫米钢管线长 110.8 米。

至 2012 年年底，辖区城区供水面积 73 平方千米，13 个街道、居民 43 万人。

（二）水源。2000 年始，辖区生产、生活用水来源于鹊山水库。水库储水面积 6.07 平方千米，总库容 4600 万立方米，调节库容 3930 万立方米。水库主供天桥区生产、生活和东郊地区工业用水，供水量占济南市总供水量 40%。水库蓄满水后，可保证在黄河断流 100 天情况下不间断向济南市供水。

2007 年 9 月，由济南市政府主导，以企业化运作方式，由山东水务投资有限公司、济南市水利勘察设计院、济南市黄河工程局、寻山集团合资组成山东水务源泉供水有限公司，在鹊山水库北围坝泄水闸西侧兴建东联供水“鹊山水库—济钢段”工程，将鹊山水库的水直接供应到济南市东郊工业区。工程设计日供水能力为 24.4 万立方米，其中向济钢日供水 20 万立方米，向章丘电厂日供水 4.4 万立方米，总投资 2 亿元，管线总长度 20 千米。

二、排水

（一）排水管线。1991—1993 年，投资 146.96 万元，维修设备 80 台次、挖机水井 16 眼，开机 11.7 万小时，排水 3379.46 万立方米，确保道路畅通。1991—1995 年，维修、更换井口、井盖 285 套，更换雨水箅子 4337 个；疏浚管道长 21.12 万米、盖板沟长 15.05 万米；掏挖检查井、雨水斗 30.92 万座次；外运污泥 1.54 万吨。其间，1991 年，建济齐路排水沟长 370 米，安装三孔桥街排水管道长 500 余米。1993 年 12 月，完成北园路排水沟长 9451.2 米改造工程，清理明沟长 1950 米。1995 年，铺设下水道长 506 米。普查 318 条道路排水设施、60 座桥梁、50 座涵洞，维修桥漏 17 座。

1996—2000 年，维修、更换井口、井盖 253 套、雨水箅子 761 个；疏浚管道长 34.15 米；掏挖检查井 13.93 万座次、雨水斗 1.97 万座次；外运污泥 5001 吨。其间，1996 年 7 月—1997 年 7 月，修建济齐路排水沟管道长 677 米。1998 年，改造老济泺路盖板沟长 600 米。1999 年，砌垒济安街盖板沟长 390 米。2000 年，改造制锦市小区排水设施，铺设管道长 800 米；9 月，实施路面整修，解决雨后积水问题。

2001—2005 年，维修、更换井口、井盖 1582 套、雨水箅子 2788 个；疏浚管道长 28.2 万米；掏挖检查井 8.36 万座次、雨水斗 1.95 万座次；外运污泥 1.08 万吨；起垫检查井 1102 座。其间，2001 年，维修、粉刷桥梁 4 座。

2006—2007 年，新建排水管道长 6200 米。2007 年，掏挖污水井、雨水斗 2 万座，疏浚管道长 1.5 万米，外运淤泥 644 吨；维修、更换雨污水井盖、雨水箅子 878 座（个），更换单联雨水口、双联雨水口 27 套。2008 年，济泺路改造完成后，污水管网未与管网内挡水墙打通，致使污水继续流入工商河。区城市管理服务局组织人员奋战 41 天，用风镐打通 27 堵挡水墙，疏通管道长 3269.4 米，清理污水井 102 座，清运淤积杂物 300 余吨。5 月—7 月，累计对联四路、清河路、七一路、水屯路雨水沟清理淤泥 2.85 万吨，更换钢筋混凝土盖板长 3200 米。2009 年，维修、更换井盖、井箅子 753 套（个）；疏浚管道长 2.6 万余米；掏挖污水井 8000 余座次、雨水斗 9000 余座次；外运淤泥 2.63 万吨，起垫检查井 172 座；完成制革街长 347.72 米的雨污水管道建设工程。2010 年 6 月，完成交校路长 328.32 米、矿院路长 521.34 米、无影山路北段长 1012 米的污水管道工程。2012 年，完成生产路、历黄路、经一路等 160 余条道路的清淤疏浚，掏挖雨污水检查井 6373 座，外运污泥 2700 吨，更换各类井盖井箅 827 套（个），疏通管道长 1.1 万余米。

2011 年，先后两轮次对堤口路、济泺路、生产路、历黄路、师范路、标山南路等 28 条主干道及制锦市、堤口路、工人新村南村等 13 个街道 150 余个街巷排水设施实施掏挖疏浚工程，掏挖雨污水检查井 5625 座、雨水箅子 3750 个，外运淤泥 2000 吨。完成少年路长 458.65 米的排水管道改造、工人新村中街长 1195.64 米的排水管道新建扩容工程。

2012 年，对辖区主、次干道及 13 个街道雨污水管道实施掏挖疏浚工程。全年掏挖雨污水井及雨水斗 1.87 万座，外运污泥 1.45 万吨，疏通管道长 8 万余米。

（二）排水泵站。1991 年，全区只有成大路、陈家楼 2 处泵站。

1992 年，投资 18 万元更新改造成大路泵站，排水总量由原来每小时 1600 立方米增至 2160 立方米。

1995 年 5 月，开工建设林家桥泵站；2002 年 10 月竣工。有水泵机组 5 台，变压器总装容量 475 千伏安，总功率 195 千瓦，排水量每小时 3500 立方米。1997 年，对北园大街、陈家楼、生产路、成大路泵站设备进行改造。1998—2002 年，累计投资 1160.7 万余元，改造全区排水设施；安全运行 65.87 万台时；排水 131.18 亿立方米；清挖积水井 30 个次；清运淤泥 900 余吨；设备完好率 99%。

2004 年 10 月，济泺路道路拓宽拆除济泺路污水泵站。2007 年“7·18”（7 月 18 日）特大暴雨灾害发生后，对辖区内泵站 5 座、水泵机组 31 台、变压器 11 台、高压供电线路 10 条及低压开关柜进行全面检修、保养，设备完好率 95%。全年泵站开机时间每台 4517 小时，排水总量 507 万立方米；设备大修 5 台次、小修 22 台次，维护、保养 21 台次，紧急抢修 31 台次；更换水泵 3 台，疏通排水沟长 1800 米。

2008 年，分别投资 110 万元、83 万元在工人新村、少年路低洼地区建设强排水泵站，铺设排水管网，改善逢雨必淹状况。投资 536 万元，对生产路、北坦、陈家楼、成大路泵站设备和基础设施彻底进行维护和改造；对 6 座泵站电器设备、水泵机组进行全面维修，保养水泵机组 19 台次、高低压配电设备 48 件，维修水泵机组 12 台，对各泵站绝缘工具进行耐压测试；更换过期灭火器 12 个、水泵机组 12 台、变压器 5 台、高低压设备 18 套。2009—2010 年，对 5 座泵站、2 座低洼地区强排泵站的电器设备、水泵机组进行全面保养维修，维修、保养水泵站组 25 台次、高低压配电设备 20 台次。

2012 年 6 月，对陈家楼泵站进行标准化改造；9 月 12 日，改造工程竣工。更换 1 台单流道潜污泵和 2 台 75 千瓦水泵机组，增设粉碎机械格栅，对泵站进行立体绿化、平面绿化和灯光改造；投资 100 余万元，对 5 座泵站、2 座低洼地区强排泵站的电器设备、水泵机组进行全面保养维修。改造后的泵站雨、污水排放能力均提高 50% ~ 60%，达抵抗 50 年一遇汛情的排水能力。保养水泵机组 21 台次、高低压配电设备 10 台次；维修水泵机组 3 台次；更换变压器 1 台。

陈家楼泵站提升改造（2012 年摄）

2012 年天桥区排水泵站统计表

表 4–3

泵站名称	泵站类型	建设时间(年)	设备情况	排水能力(立方米/时)	提升改造后情况
成大路泵站	立交泵站	1984	200 千伏安变压器 1 台，44 千瓦潜污泵 3 台，低压配电柜 1 组。	1600	2013 年对该站进行改造，提升后排水设备为 45 千瓦潜水泵 3 台、排水能力 3600 立方米 / 时。
陈家楼泵站	立交泵站	1984	315 千伏安、50 千伏安变压器各 1 台，75 千瓦立式排污泵 2 台，75 千瓦潜污泵 1 台，22 千瓦立式排污泵 1 台，22 千瓦潜污泵 1 台，低压柜 1 组。	3440	2012 年对该站进行改造，提升后排水设备为 75 千瓦立式水泵 2 台、75 千瓦潜水泵 1 台、22 千瓦污水泵 1 台，排水能力 5000 立方米 / 时。
北园路泵站	立交泵站	1985	315 千伏安、100 千伏安变压器各 1 台，75 千瓦立式水泵 2 台，15 千瓦潜水泵 2 台，高压、低压配电柜各 1 组。	2860	2013 年对该站进行改造，提升后排水设备为 75 千瓦立式水泵 3 台、15 千瓦潜水泵 2 台，排水能力 5360 立方米 / 时。
北坦泵站	立交泵站	1987	315 千伏安、50 千伏安箱式变压器各 1 台，75 千瓦立式排污泵 2 台，44 千瓦潜污泵 1 台，22 千瓦潜污泵 1 台。	3240	2008 年对该站进行改造，提升后排水设备为 75 千瓦立式水泵 2 台、22 千瓦立式水泵 1 台、44 千瓦潜水泵 1 台，排水能力 3800 立方米 / 时。
生产路泵站	立交泵站	1988	315 千伏安、250 千伏安箱式变压器各 1 台，75 千瓦立式排污泵 3 台，22 千瓦潜污泵 1 台，高压配电柜 1 组。	3112	2008 年对该站进行改造，提升后排水设备为 75 千瓦立式水泵 3 台、22 千瓦潜水泵 1 台，排水能力 4000 立方米 / 时。
少年路泵站	低洼地区强排泵站	2008	7.5 千瓦潜污泵 2 台，控制柜 1 台。	600	2013 年对该站进行改造，提升后排水设备为 75 千瓦潜水泵 3 台，排水能力 4800 立方米 / 时。
工人新村北村露天泵站	低洼地区强排泵站	2008	7.5 千瓦潜污泵 2 台，控制柜 1 台。	600	2012 年对该站进行改造，提升后排水设备为 11 千瓦潜水泵 2 台，排水能力 800 立方米 / 时。

第四节 供气 供热

一、供气

（一）民用。1988 年 6 月 24 日前，辖区民用煤气都是瓶装气。1986 年，济南市引进管道煤气，市管道煤气工程正式开工；1988 年 6 月 24 日，管道煤气工程点火成功，结束济南没有民用管道煤气的历史。1990 年，管道煤气二期工程开工，1992 年底建成。1993 年初，管道煤气三期工程开工，年底竣工，安装济南钢铁厂至北园路长 12 千米输气干线。1996 年初，管道液化气工程开工。1997 年 1 月 26 日，管道液化气输配工程投产运行，辖区形成瓶装气、管道煤气、管道液化气 3 种供气方式。9 月 30 日，管道液化气二期工程开工。该工程管道布置于无影山路（包括无影山东路、西路）、工商河路、堤口路、天成路、北园大街，最终与一期工程管道联网，形成对置环状供气方式。1998 年 9 月 18 日，供气规模达 6 万户的黄岗制气厂点火投产，辖区管道液化气供气规模达 2 万余户。1999 年 12 月 28 日，黄岗配气站一次点火成功，无影山、工人新村等居民小区的原管道液化气用户及单位用上天然气。1999 年 12 月，华山门站投入使用。经门站与城区次高天然气管网联通，将天然气输配至市区裕兴、无影山、黄岗高中压调压站内向市区中压管网供气。辖区管道供气规模，2000 年 3.3 万余户；2005 年 4 万余户；2010 年达 10.8 万余户；2012 年达 12 万余户。

（二）车（企业）用。2003 年 11 月，济南市华能天然气有限公司所属黄岗加气站投入运行。加气站位于黄岗路27号，配备2台加气机、2台压缩机、低中高3个储气罐。设计最大生产能力4730立方米/小时，储气井容积18立方米水容积，CNG储存能力4500立方米。日均加气量1.6万立方米。2010年，配合小清河综合整治二期工程，加气站罩棚和站房西迁17米，增加2台加气机、2台压缩机、4座气井、1个加气柱。5月，黄岗加气站迁移改造项目竣工，是二环路以内唯一一座拥有全套正规许可手续的CNG标准站（具母站功能），日均加气量2.7万立方米。

二、供热

（一）济南北郊热电厂。1988年5月，济南北郊热电厂破土动工。1991年12月，1号炉130吨/时煤粉锅炉和1号机12兆瓦抽凝式发电机组投运。1992年12月，2号炉130吨/时煤粉锅炉和2号机12兆瓦抽凝式发电机组投运。1993年9月，3号炉130吨/时煤粉锅炉和3号机12兆瓦背压式发电机组投运，一期工程完成。2005年，进行二期工程扩建，新建1台240吨/时循环流化床锅炉。2006—2007年，新建1台50兆瓦发电机组。2009年，建设1台29兆瓦热水锅炉作为供热调峰炉。2010年6月，建设2台70兆瓦热水锅炉，分别于2010年12月和2011年1月投产。至2012年年底，锅炉总蒸发量630吨/时、热水锅炉供热能力169兆瓦，供热面积845万平方米。敷设南、北、西3条供热管网长147千米（水网长97千米、汽网长50千米），建设换热站136个。东至历山东路，西至纬十二路、黄岗路、药山，南至经四路，北至黄河南岸的济南北部地区热源问题得以解决。

北郊热电厂（2009年11月摄）

（二）济南明湖热电厂。1986年，济南明湖热电厂建成。一期工程建有35吨/时链条锅炉3台、6兆瓦和3兆瓦背压式汽轮发电机组各1台。1987年1月，正式投产。1992年10月—1995年12月，进行二期工程扩建，安装2台35吨/时链条锅炉和1台12兆瓦抽凝式汽轮发电机组。2002年，将1号炉35吨/时链条锅炉改造为75吨/时循环流化床锅炉。2005年，将2号、3号炉改造为45吨/时循环流化床锅炉。至2012年年底，供热主管网总长48.8千米，其中蒸汽管网长32.7千米、热水管网长16.1千米；换热站121个；供热面积360万平方米。

第五节　广场 公园

一、广场

（一）济南火车东站广场。位于济南火车东站南侧，占地面积2.8公顷，1997年9月24日动工兴建，1998年1月23日竣工。由济南市园林规划设计院设计，天桥区绿化办承建，投资300万元。东西长162米，南北长174米，绿地面积1.8万平方米。四周用绿色方砖铺设5米宽的人行道。东西南北中心建有半圆平台，平台之间由红色六棱花砖人行道相连。将广场隔成8大块草坪。草坪边缘全部用柳埠红蘑菇石砌围。广场中心建有直径19米的大圆平台，平台外围铺设红色六棱花砖人行道与东西南北人行道相连，南侧建有2个半圆大花坛，北边建有三级台阶。平台中心建有1座大型叠水，内有喷泉12个，外有颇具民族特色的精美雕塑6组，景色格外壮观。东西两侧建有30米深机井2眼，井内安装4千瓦潜水泵，以保证叠水用水；东西半圆平台内建有2个蓄水池，池内安装2台5.5千瓦潜水泵，以保证

济南火车东站广场（2009年8月摄）

草坪灌溉用水；草坪内安装自动喷灌器70个。2008年，作为迎第十一届全运会的窗口地区之一，天桥区对广场进行综合整治提升。重新铺装喷泉浮雕面积230平方米，更换喷泉1组，更新广场草坪面积8000余平方米，补植雪松8株、花灌木120余株，整修沥青混凝土路面面积1500平方米，铺设花砖路面面积200平方米，拆除违章建筑面积30平方米，粉刷立体墙面面积3000平方米，埋设地下管线长3000余米，安装浮雕射灯、喷泉射灯等灯光设施近300盏。

（二）金牛广场。位于济泺路以西、济南动物园东门外，占地面积1.8公顷，总投资100万元。1998年10月16日兴建，1999年1月10日竣工（2005年改称为泉之聚广场）。动用土石方1.8万立方米，填充种植土1.3万立方米，砌筑蘑菇石长840米，铺设大理石异形花砖面积900余平方米，设花岗岩坐凳11个、庭院灯28个、草坪灯30个，铺设喷灌设施管道长800米、喷头70个，铺种草坪面积4700平方米，栽种各类乔灌木100余株。

（三）金水广场。位于小清河北岸，无影山路北端，占地面积1公顷，投资98万元。1998年11月工程开工，12月30日竣工。动用土方1.5万立方米，砌筑蘑菇石长1200米，浇筑水泥地面面积1000平方米。西侧地形狭长，主要栽植毛白杨片林210株，林下种植小叶女贞200余株，草坪面积5000平方米；中间以500株月季过渡；东侧以草坪绿地为主间种乔木及灌木500株。

（四）黄岗广场。位于小清河南岸、黄岗桥头，占地面积1公顷，投资80万元。1999年3月动工兴建，5月1日竣工。动用土方1.2万立方米，砌筑蘑菇石长1000米，铺装花砖面积2000平方米；东北处立有1块似奔驰骏马的景石；中心有圆形花坛1个，内植高大雄伟的雪松1株；西侧是毛白杨167株；沿河岸设有1条蜿蜒曲折的庭荫小道。绿化面积8000平方米，内有1条金叶女贞与小叶女贞组成的彩带。广场保留较大的榆树10株、白杨4株，移植垂槐6株，栽植江南槐95株、白腊18株、榆叶梅9株、珍珠梅9株、红叶李26株、百日红7株、蜀桧球28株、凤尾兰28佚、金叶女贞1800株、小叶女贞1500株、瓜子黄杨700株、红叶小檗300株。草坪浇灌设备齐全，满足植物生长需要。

（五）五一广场。位于济南第二工人文化宫北侧，东侧是体育场，西侧紧邻济泺路。1999年10月动工兴建，2000年5月1日竣工。站在广场上向东可以遥望“齐烟九点”之一的标山，地理位置非常重要，是集体育、娱乐、休闲于一体的综合性广场。占地面积1.4公顷，总投资100万元。绿地面积4000平方米，疏林铺装面积2000平方米，道路及广场铺装面积2000平方米。广场中心为旱地喷泉，平时可作为舞池，供人们健身娱乐；打开喷泉，能形成一道美丽的动态景观。广场用蘑菇石长400余米、广场砖面积2000平方米、大理石面积700平方米、台阶石面积200平方米；设置防护网长60米、庭院灯16盏、草坪灯28盏、喷灌喷头20个、管理房1处及其他配套设施。栽植各类乔灌木1万株，西侧保留部分原有绿地的花灌木，并补充草坪及金叶女贞等；东侧移植大乔木法桐30株、大叶女贞11株、红花酢浆草面积300平方米、金叶女贞500株、瓜子黄杨2000株，播种草坪面积400平方米、小叶女贞绿篱70米。四周种植月季1000株。

（六）成丰桥广场。位于成丰桥北头、工商河畔，东侧为济泺路。2000年4月中旬，成丰桥广场建设工程开工，9月下旬建成。由济南市园林规划设计院几易其稿精心设计，区建委承建，区绿化管理处实施。投资120余万元，总设计面积1.2万平方米,其中新建面积6000平方米、改造旧绿地面积6000平方米，拆迁楼房建筑面积2000平方米。2009年，在工商河与济泺路交界口的成丰桥节点围绕“船锚”雕塑，重点打造工商河老码头景观，重新砌垒挡墙、花坛，栽植黑松，配置景石，安装木质护栏，成为天桥区亮点之一。

（七）天福苑小区广场。2000年4月工程

天福苑小区广场（2001年4月摄）

开工，8月30日竣工。广场占地面积1.6公顷，投资（不含用地）160万元。分为活动区、休闲区、康乐区3个区域，种植各类乔木360株、花灌木3660株，铺设花砖平台面积3500平方米，置放各类雕塑14个，建有小型足球场1个、棋室及乒乓球活动室2处。

（八）药山广场。南依药山山体，北临二环北路。2001年7月上旬动工兴建，2002年2月下旬竣工。由区园林绿化处设计和组织施工，占地面积3.2公顷，总投资150万元。广场由绿地、硬化道路和铺装广场、人工湖和建筑组成，其中绿化面积1.7万平方米，占总面积56%；人工湖面积3700平方米，占总面积13%。动用土石方1.5万立方米，砌筑蘑菇石400立方米，铺装台阶石长2000米。种植各类花灌木1万余株、大型乔木240株，铺植草坪面积13万平方米，园林造型4处，凉亭2个、健身器材1套，安装草坪灯60盏、广场灯20盏。

（九）刘家庄小区中心广场。2001年9月工程开工，2002年3月竣工。占地面积0.13公顷，投资8万元。植冬青球、小叶黄杨、红叶李、小叶女贞、桧柏、月季、美人蕉等花卉苗木1500余株。购置安装18套健身器材、6套带有棋盘的石桌和石凳。修成可供老年人休闲娱乐的面积450平方米露天舞场。

（十）北园立交广场。2008年建成，为济南市最大绿地广场，绿化面积近11万平方米。利用桥下自然地貌，运用人工造园手法，打造成一个原生态的节点广场。有参天大树和成片树木，有点景的平台和拱桥，步移景异，为济南北郊市民提

北园立交广场（2009年9摄）

供一个休闲活动场所。

（十一）时代广场。位于西泺河以西，生产路以东，北园大街以北，龙都大酒店以南。2010年建成，占地面积4公顷。栽植玉兰、银杏、高杆女贞等大规格苗木800余株，建设景观喷泉、小型健身广场等设施。同年，对边庄社区面积约1.3万平方米的社区广场进行园林绿化景观建设。结合北园立交北广场，利用原址一处泉水打造独具特色的面积300平方米景观水系，围绕水系建设假山、喷泉和花艺长廊。栽植大规格黑松、白皮松、柿树、银杏、玉兰等景观乔木，形成园林景观，与北园立交广场相得益彰。

二、公园

（一）济南动物园。1992年建成。有韩美林1992年创作，启功题“天下第一牛”，高15米、长15米、宽7米、重30吨的紫铜锻制金牛；“水上乐添”“金牛历险宫”等景点；新添一对亚洲象。实施陶园向东延伸扩建工程，新增绿地面积500平方米。

“天下第一牛”（2008年摄）

（二）无影潭公园。1992年，拆除旧房28间，清渣换土5000立方米，砌墙长150米，铺装路面面积800余平方米，种植各类乔灌木720余株，绿化面积3600平方米。新建1座提水站，用于浇灌花草树木。2007年，对无影潭公园内健身器材、景观树、绿化、路面、广场等进行改造，增设无障碍通道和曲桥等景观设施。

（三）济南第二工人文化宫。绿地面积1.7万平方米，绿化覆盖率100%。

（四）黄台公园。1994年建成开放，位于黄台社区南部，占地面积2.67公顷。园内亭台楼阁、山湖瀑布、小桥流水、三林四园，绿树成荫，环境优雅。

（五）黄河森林公园。1994年，在黄河北开辟1处占地面积53.33公顷大型游乐园——黄河森林公园。园内有跑马、射箭、攀岩、蒙古包等游玩项目。至1997年年底，公园内有长1500米的跑马道、良种赛马20匹、蒙古包13个，另有钓鱼台、射箭、迷宫及以美国茶花为主的大型花室等娱乐服务设施。建有面积5000平方米的大型烧烤区、面积1800平方米的钓鱼池、面积3公顷的特种蔬菜种植园。1997年秋，定植丰水梨园面积3.33公顷。

黄河森林公园（2009年9月摄）

（六）西苑小区水景公园。2002年2月，西苑小区水景公园建设开工，6月竣工。西苑小区东边、无影山西路西侧有一个面积6000平方米的水潭绿地，一年四季泉水不断。充分利用这一自然地理优势，借势造景，以立体式园林设计景观为主，将这个水潭绿地扩建为面积2万平方米的水景公园。扩建后的水景由3个水潭组成，水面面积达5000平方米，且潭潭相连，隔而不断，小巧玲珑的石拱桥和精致的曲桥跨潭而建，位于南端的泉眼四季有水，成为3个潭的水源。围绕潭边是一圈鹅卵石铺就的小路，东北潭边

有一组梅花鹿雕塑，沿着潭边的台阶前行，北边是一健身广场，广场中心有一座奔马雕塑，

西苑小区水景公园（2002 年 9 月摄）

广场东侧的山顶是水景公园的制高点，离水面有数十米高，在山顶规划有一小亭。错落有致的园林设计加大公园的活动面积，草地、灌木、绿树层次分明，将水、绿色植物、雕塑作品有机融合。水景公园花木规划品种繁多，搭配合理，档次较高，设计种植雪松、龙柏、大叶黄杨球、五角枫、白腊、垂柳、国槐、红叶李、碧桃、丁香、榆叶梅、百日红、连翘、迎春、蔓月季等花卉苗木 1.5 万株，竹子 750 墩，播种草坪面积 1500 平方米。

（七）张养浩公园。2001 年，柳云社区将顺河高架路以东区域列入绿化范围。2006 年，社区将位于辖区内占地面积 1.3 公顷的张养浩公园进行园林设计，投资 200 万元，扩种柳树 200 株，对 2 处藕池进行砌垒保护，在张养浩墓北新建绿地面积 3000 平方米。2003—2006 年，对公园实施 2 次绿化。现有杨树 100 株、柏树 150 株、白雪柳 2 株、火叶女贞 50 株、雪松 13 株、法桐 15 株、垂柳 13 株、百日红 50 株、红槐 20 株、紫荆 40 株。2006 年，对园区重新设计，投资 200 万元，扩种柳树 200 株，对 2 处藕池进行砌垒保护，在其北面新建面积 3000 平方米绿地。

第六节　城市绿化

一、道路绿化

1991—1993 年，对全长 2952 米、宽 50 米、2 条分车带各宽 3 米、两侧绿地各宽 5 米的堤口路实施绿化。分车带花坛 111 个，总长 4340 米，绿化面积 1.3 万平方米。路两侧人行道种植树木以白腊为主，南侧 372 株，北侧 404 株，树径均在 10 厘米以上。路两侧绿地植有 42 种树木及攀缘植物，计 1.12 万株，绿化面积 2 万平方米。其中，常绿针叶树 1009 株，常绿阔叶树 2398 株，落叶乔木 2801 株，灌木类 3791 株，藤木类 1215 株。1993 年、1999 年，2 次对堤口路实施小规模的绿化整治提升工程。对分车带及两侧绿地进行改造，新建绿地面积 3.2 万平方米，种植瓜子黄杨、卫茅、云杉、百日红、樱花等。1999 年，对北园大街、堤口路、无影山中路、济泺路、少年路、生产路、清河北路、经一路延长线进行整治改造，植树 42.3 万株，铺种草坪面积 23 万平方米，树木涂白 2.3 万株。2000 年，对北园大街天桥区段实施绿化改造工程，栽植苗木 20 万株。

2000—2001 年，天桥区以大桥路绿化样板建设为重点，对“一环九射”涉及的道路建绿地、种苗木，美化周边环境。2000 年，大桥路栽植各类苗木 20 万株，成为全市“一环九射”的样板路；2001 年，完成大桥路全长 1.7 千米拆迁任务，外运和更换土方 44 万立方米，新植乔木 6000 株、灌木 14 万株、草坪面积 2 万平方米，道路两侧各 20 米宽、1700 米长的绿化带，形成良好视觉效果。同期，对二环北路面积 2.1 万平方米地段、济泺路“一环九射”重点路段进行整治。2004—2005 年，配合经一路建设工程，绿化建设同期展开。经一路天桥区段全长 3.2 千米，两侧绿地各宽 10 米。宽 5 米的中间分车带以胶东卫茅、金叶女贞、草坪和时令花卉组成底色调，上面成组配植樱花，形成樱花一条街。在道路两侧绿地以花架点缀。在道路南北两侧各建 1 处大型节点广场，分别是“绿色祝福”和“紫薇如画”。2007 年，经一路天桥区段被山东省建设厅评为“优质工程金奖”。

2007—2008 年，在三孔桥街河岸清渣换土，植树绿化，设置园林小品和景窗景坪，砌垒自然石，堆山叠水。新建绿地面积 2800 余平方米，

经一路道路绿化（2010 年 4 月摄）

适宜绿地建设绿化喷灌基础设施，铺设浇水管线长 1.77 万米，浇水受益绿化面积 26 万平方米。对辖区重点道路、广场和街头绿地新植、补植大规格乔木；对部分遮荫效果差、不适宜做行道树的树种进行换植；对长势衰竭的行道树，通过扩挖树穴，增强透水、透气性，改善其生存环境并进行补植。至 2012 年年底，栽植各类大型乔木 7203 株。其中，在济安街绿化中，在全市首次引进 60 株树形优美、遮荫效果好、耐病抗旱的全冠珊瑚朴树，

砌垒自然山水石 1600 立方米、花盆砖 1532 块。栽植时令鲜花花卉面积 1500 余平方米，雪松、旱柳、玉兰、青桐、银杏等乔木 280 余株，大叶女贞、淡竹、凤尾兰、绣线菊、羽衣甘蓝等花灌木 2200 余株，黑松 5 株。建造山水瀑布和风景水车各 2 组。2009 年，三孔桥街获“山东省人居范例奖”。2009—2010 年，对济泺路、经一路天桥区段、二环西路及二环北路天桥区段、北园大街天桥区段、汽车厂东路、师范路、堤口路、顺河西街天桥区段等道路实施绿化提升工程。在经一路天桥区段道路两侧绿地中，外侧配植银杏、枫树、合欢、栾树、大叶女贞等形成林冠线，中间配植雪松、桧柏、冬青球等常绿植物，穿插百日红、木槿、红叶李、边翘等各种花灌木；靠近道路一侧以金叶女贞、红叶小檗、小龙柏等组成膜纹图案。

2011—2012 年，完成少年路、标山路、无影山路、济齐路、东宇大街、太平庄南路等道路绿化建设；完成历山北路、北园大街、经一路天桥区段、堤口路、二环北路天桥区段等道路绿化提升。在历山路天桥区段、北园大街、济泺路、无影山北路、二环北路天桥区段等道路安装各类护栏、护网长 4400 余米。在北园高架路天桥区段路下、历山北路、无影山北路等

打造一条特色鲜明的景观大道。

1991—2012 年，全区道路绿化面积 160 万平方米。

二、社区绿化

1991 年，黄台村在村南部、黄台公园西人工开凿荷花湖。湖呈“┐”形，水面面积 8.67 公顷，植有百亩荷花。至 1993 年，制锦市小区绿化种植桧柏、云杉、五角枫、冬青球等各类苗木 1.61 万墩，新建公共绿地面积 3840 平方米；陈家楼小区投资 3 万元，新建铁路护坡阶梯式花坛面积 800 平方米，在三孔桥新建绿地面积 200 平方米；工人新村南村小区 3 年植树 9875 株，新建公共绿地面积 4.4 万平方米，绿化面积占可绿化面积 70%。1995 年，绿化植树 3.7 万株。

1996—1999 年，梁府小区修建花坛，绿化面积 2705 平方米，种植树木 169 株、大墩冬青 230 株。黄桥小区花坛绿化面积 2300 平方米，栽植树木 75 株。福槐苑沿楼建花坛面积 800 平方米，种植树木 12 株、月季花 400 株、百日红 600 株。阳光小区建设绿地、花坛，种植乔木 80 株、花灌木 200 株，绿化面积 4500 平方米，人均占有绿化面积 1.25 平方米。汇丰小区院内道路及楼体周围建设绿地面积 5.3 万平方米，种植各类乔木 4500 株、花灌木 1.05 万株、草坪面

积3.6万平方米、绿篱面积2900平方米，并建设面积700平方米的健身广场2处，设有活动中心、篮球场、花坛、玫瑰园等。

2000—2003年，投资260万元，实施联四新苑小区绿化工程。平整土地面积18万平方米，栽种各类乔木450株、花灌木1.2万株、草坪面积4万平方米，并建有喷洒装置。投资120万元，在大明翠庭小区建设公用绿地、水池、公园、假山，绿化面积1.2万平方米。种植法桐30株、柳树10株、芙蓉12株、石榴8株、龙爪槐40株、柳叶桃30株、榆叶梅20株、木槿20株、百日红120株、其他花木及乔木60株、常绿松柏50株、灌木1881株、绿篱长362米、草坪面积1.22万平方米；安装草坪灯、叠水彩灯和健身器材；南有1处大型叠水，北有1处娱乐小桥水池。小区四周围墙全部建成铁艺透视墙，长达760米；西侧靠西泺河长100余米，路旁栽植金丝柳64株、冬青球60墩。2004年，黄台社区在社区南街路两侧种植三叶草面积2600平方米，栽植法桐、大叶女贞140株；中街路两侧种植三叶草面积2400平方米；西街路两侧种植三叶草面积1000平方米，栽树140株。居内栽法桐80株、白腊等乔木200株、栾树60株、花木72株，居外道路栽法桐3120株。水屯社区在水屯北路建花坛面积100平方米、水园小区西侧建花坛面积300平方米，种花；水园小区栽法桐50株、冬青600株、玫瑰1000株。白鹤社区在厨具市场街北段建花坛面积47.3平方米、大明翠庭中街建花坛面积1159平方米，均栽种花木；铁路沿线栽杨树70株。成大社区在小区内栽松树等103株、冬青500株。汇丰小区内栽白腊、红叶梨等840株，杨树760株。

2005—2006年，黄台社区新增绿化面积8000平方米，社区内有法桐2800株、栾树200株、其他乔木2000株、灌木3000株、绿篱长1万米。柳云小区投资4万元，在主干道北侧新建居民健身广场1处，增设健身器材10套，补栽法桐10株、冬青球6墩，新增路灯16盏。板桥小区补栽乔木22株、花灌木126株。标山小区投资20余万元，建健身广场1处，设置健身器材20件，安装石桌、石凳并实施绿化。

2007—2012年，凤凰山小区种植各类乔木371株、花灌木9786株、草坪面积3万平方米。建设深水井、抽水泵、喷洒器，设草坪灯87盏、叠水彩色射灯7盏、控制房等。边庄小区建健身场地5处，栽植乔木168株、玉兰树14株、冬青球131墩、女贞4300株、女贞球7墩、百日红62株、美人蕉12株、月季花800株、剑麻45株、红叶李15株、冬青2.3万株、红叶小波2000株、红梅4株、花灌木绿篱1万株、草坪面积1000平方米。水屯社区种植法桐40株、槐树160株、药菊600株、玫瑰200株、冬青球300墩、冬青500株、小黄杨长400余米、草坪面积1万平方米，绿化率20%。金色阳光花园、巴黎花园、重汽翡翠郡等社区建设绿地面积5.7万平方米，种植乔木1830株、花灌木6269株、绿篱20.19万株。结合街巷、道路提升整治工程，在北园大街天桥区段、历山北路、堤口路等道路对金色阳光花园、巴黎花园等小区及单位实施拆墙透绿和垂直绿化，在其外墙种植爬墙虎、蔷薇、常青藤、紫藤、凌霄、藤本月季等攀缘植物。

水屯社区于2000—2005年连续被评为济南市绿化工作先进单位；汇丰小区被评为2004年度绿化工作先进社区；大明翠庭小区被济南市园林局评为2005年度园林式小区。

三、公共绿地与广场绿化

1996—1997年，建植公共绿地5处面积9.55万平方米，其中济南火车东站广场绿地面积2.82万平方米、二环路三角绿岛面积1万平方米、济齐路三角绿地面积1300平方米、小清河河岛绿地面积5万平方米、小清河黄岗桥绿地面积6000平方米。在黄岗桥绿地上种植毛白杨、白腊、国槐、五角峰、柳树、红叶李、丁香等树木。

2002—2008年，新建泉之珠、北坦社区、历山北路、顺河高架路北园立交、纬北社区、工人新村南村、工人新村北村、济齐路、大魏立交等30余处绿化广场、绿地和绿化节点，面积达60余万平方米。

2009—2012年，建成清河时代绿化广场。

广场位于济南国际贸易大厦西侧商业黄金地带，占地面积4余公顷，栽植玉兰、银杏、高杆女贞等各类大规格苗木800余株，建有景观喷泉、小型健身广场等。对凤凰山公园实施绿化改造，修建鱼鳞池，平整土地面积1公顷，栽植各类苗木5500余株，修建登山路径长500米。对占地面积1.3公顷的边庄社区游园实施绿化改造，利用原址1处泉水打造独具特色的面积300平方米景观水系，围绕该水系建设假山、喷泉和花艺长廊，并通过栽植大规格的黑松、白皮松、柿树、银杏、玉兰等景观乔木，形成园林景观效果。在藏石路东首建设广场，架设木质花架2组，铺砌波浪形花池面积260平方米，铺装大理石及透水砖面积380平方米，栽植景观黑松3株、全冠法桐33株、各类花灌木及绿篱8000余株。并结合道路拓宽改造，整合道路两侧闲散绿地和拆违空地，建设多处小型休闲广场。

四、庭院绿化

20世纪90年代初，全区有246个企事业单位的庭院进行绿化，种植落叶乔木、常绿乔木、花灌木、藤本等20万株，绿篱面积5.05万平方米，草坪面积3万平方米，绿化面积61.6万平方米，覆盖面积118.3万平方米；全区有济南化工厂、化工一厂、济南军区总医院、空军济南医院、栗山火化场（今济南殡仪馆）等5家单位被济南市人民政府评为“花园市庭院”。

1997年，济南铁路电务段机关大门两侧建有小型花园，内有草坪、花草和灌木绿化；院内建有花坛6座，绿化面积300平方米；院中央设有假山石1座，为潜水泵上水、双循环供水。1998年，济南北郊热电厂绿化面积3万平方米，绿化覆盖率53%。建有喷泉、假山叠水1处；面积2000平方米的草坪装有草坪灯10组、自动喷灌器15组；建造长1000米的爬墙虎池，形成垂直绿化面积5000平方米；面积500平方米藤萝架1处；栽种植物近百种；配有专用浇水车、打药车、绿篱机、割灌机、剪草机等园林机械设备，配备绿化管理专业队伍。

2001年，全区以城乡街巷绿地建设为重点，将绿化向庭院、机关、企业、学校延伸。至2002年5月，新建绿地面积6.7万平方米；改造绿地面积5650平方米；种植各类苗木40余万株；垂直绿化苗木6000株，长1000余米；拆墙透绿长1985米；铺植草坪面积5.72万平方米。2004年，山东大学第二附属医院院内栽松树20株、法桐10株、灌木800株。小清河航运局风景园小区内栽法桐、杨树60株，冬青、黄杨、绿篱4000株，新建草坪绿地面积3000平方米。北园街道机关院内栽黄杨1500株、三叶草绿地面积185平方米。2005年，天桥区人民政府机关院内建设绿地面积3000平方米，栽种百日红6株、樱花8株、银杏2株、白玉兰8株、松树12株、桂花8株、月菊20株、红叶李7株及竹子等。

庭院绿化（2001年8月摄）

2006—2012年，济南三信公司、济南强风空调设备有限公司、齐鲁考格尔天桥专用汽车有限公司等25家单位先后在庭院内实施绿化建设或改造工程，绿化面积10.02万平方米。

至2012年年底，全区有省级花园式单位5个、花园式小区6个，市级花园式单位25个、花园式小区13个。

五、山体绿化

1991—1994年，对“齐烟九点”中的鹊山、药山实施绿化工程。鹊山绿化投入人工2万余个，种植各类苗木7.2万株；开垦荒地、滩涂地面积40公顷，植树木6万余株。其中，种植果树面积3.33公顷，1500株；开垦山岭地面积10公顷，植环山林带树木7000余株。药山绿化面积2公顷，栽植各类大苗木1000余株、小苗木1.8万余株。

1995—1998年，实施鹊山风景区、药山风景区绿化工程。在鹊山景区栽植火炬、柳树、杨树、白腊、木槿、黑松等树种6060株。药山绿化分安乐镇村片和工业小区片实施，种植各类树木3.5万株。在安乐镇村片，植树1.5万株，主要树种有苹果、山楂、核桃等果树，火炬、五角枫、杨树、椿树等落叶树，黑松等常绿树。村投资12万元，整山改土，规划种植；修筑盘山路长2200米；购置拖拉机2台、水泵4台、水管长600米。绿化管理队伍由10人发展到16人。在工业小区片，种植各类树木2万株，主要树种有旱柳、垂柳、桧柏、毛白杨、火炬树等。投资5万元，新建管理用房，购置水泵、水管，提高苗木成活率。

2009—2010年，在药山山体种植各类绿化植被2.8万余株。在凤凰山山体东侧和南侧修建鱼鳞池，平整土地面积1公顷；栽植各类苗木5500株；修建登山路径长500米。

2012年，对药山山体、原药山广场、广场东侧部分民房、西侧空闲地块面积约10公顷范围进行整体规划，打造宏扬医药文化为主的市级主题性公园。结合预防地质灾害和旧村居改造项目，在山体西侧恢复历史上“洋涓湖”的生态湿地景观。实施雨季造林和部分游步道、鱼鳞坑建设。在药山山体栽植黑松2000余株、五叶地锦和爬墙虎8500株。

六、河岸绿化

1991—1993年，在黄河两岸天桥区段投资12万元，植片林面积110余公顷，植树19.3万余株，植草坪面积2.85万平方米；开垦苗木基地面积0.43公顷，育各种苗木1.98万株，基本实现林网化。1995年，投资10万元，东泺河路实施绿化，沿线建造面积30平方米的花池26个，在其中种植冬青球210墩及观赏柏、绿篱和草坪。投资2万元，在黄河南岸护堤实施绿化，种植火炬、桧柏、木槿等各类树木1590株及培植大块草坪，实现面积8000平方米的绿化目标。

1998年春季，在小清河两岸植树1.6万余株。7月，对清河北路分车带进行整体规划设计，种植金叶女贞、小叶女贞、瓜子黄杨4.3万株、草坪面积7000余万平方米。11月，建成黄岗桥、西侯桥、全牛桥绿地面积4万平方米。1999年，完成小清河北路和黄台面积10公顷片林建设，对主要道路及天桥、金牛、金水广场的苗木进行充实补植，在小清河沿线及清河北路新植绿地面积13万平方米，种植苗木30余万株。

2000—2002年，围绕黄河防护林工程、绕城“百里黄河公园”、大堤行道树、护堤地进行绿化，栽植各类苗木20万株。在小清河沿线和清河北路补植毛白杨、垂柳1.2万株。对引黄工程占用的清河北路绿化带进行改造，新植小叶女贞4万余株，金叶女贞1.3万株，红叶小檗2000余株，红叶李500余株。

2004年，在东泺河东路安装路沿石长1800米，回填黄土建造绿地，种植三叶草面积6300余平方米，补栽垂槐126株。在全长1800米的东泺河西路沿线栽植垂槐240株、柳树60株、

小清河五柳岛绿化（2012年5月摄）

冬青130株，种植三叶草绿地面积360平方米。对全长3.6千米的东、西工商河沿线绿地进行整体景观提升，建造园林小品、假山、园路、花架、叠水等具有江南水乡韵味的特色景观，复式河床配植花灌木。2008年，天桥区再次对东、西工商河沿线进行高标准绿化及景观建设。清渣换土5000余立方米，平整土地面积2.53公顷，栽植乔木7100株、花灌木6000余株、淡竹面积200平方米、绿篱面积3500平方米。

2009年年初，配合小清河综合治理工程开工，小清河天桥区段计划新增绿地面积110万平方米。至2012年6月，一期工程建成绿地面积50万平方米，在建面积4万平方米；二期工程建成绿地面积15万平方米，在建面积38万平方米。栽植各类苗木近600万株，投资2.6亿元。

七、古树名木

（一）国槐。编号B4-0001，位于药山街道张庄社区口、药山脚下山神庙内，树高18.3米、胸径80厘米、基径85厘米，树龄300年。原为当地居民为敬山神而种植，2株。“文化大革命”期间，拆庙毁树，仅留此1株。

（二）和尚槐。编号B4-0002，位于北园街道黄桥社区南侧河道旁、东泺路西岸，树高12米、胸径57厘米、基径60厘米，树龄400年，被济南市人民政府命名为名树。传说为庙内僧人所种，故得此名。因长期受河道污水污染，该树长势较弱，树冠上部大部分干枯。进入21世纪，河水得到有效治理，维护措施到位，该树长势有所增强，生长旺盛，不断萌生新枝、新芽，枝干苍劲，枝繁叶茂，树冠广阔。

（三）国槐。编号B4-0003，位于制锦市街道焦家隅首南口，树高14.7米、胸径53厘米、基径53厘米，树龄300年，树茂葱郁，枝叶婆娑。该树位于街口，行人较多，故以此树为中心建1处街头绿地，古树下种有黄刺玫、冬青球、百日红、紫荆等小乔灌木，整块绿地郁郁葱葱，使得古树萌发勃勃生机。路人时在树下小憩、娱乐，别有一番情趣。

（四）幸福槐。编号C4—0001，位于北园中学校园内，树高7米、胸径31厘米、基径35厘米，树龄70年，枝繁叶茂，生长旺盛，被济南市人民政府命名为名树。1948年济南解放之前，当地农民为劳作间隙休息乘凉而种。1958年8月9日，毛泽东主席视察北园时已有碗口粗。毛泽东主席曾在树下同当地农民亲切交谈，因此被后人称为“幸福槐”。北园中学建校后，全体师生十分重视对此树的保护。

2012年天桥区古树名木统计表

表4-4

编号	位置	树种	树龄	树高（米）	胸径（厘米）
A4-0001	小寨村清真寺外院正东方	侧柏	400年	17.00	73.20
A4-0002	小寨村清真寺外院西南方	侧柏	300年	20.00	30.00
A4-0003	小寨村清真寺外院西北方	侧柏	300年	21.00	34.00
A4-0004	小寨村清真寺外院东北方	侧柏	300年	21.00	30.00
A4-0005	小寨村清真寺内院东	侧柏	300年	17.00	26.00
A4-0006	小寨村清真寺内院西	侧柏	300年	17.30	30.20
A4-0007	黄岗小学院内	侧柏	400年	12.00	46.20
B4-0001	药山街道张庄社区	国槐	300年	18.30	80.00
B4-0002	北园街道黄桥社区	和尚槐	400年	12.00	57.00
B4-0003	制锦市焦家隅2号	国槐	300年	14.70	53.00

续表 4-4

编号	位置	树种	树龄	树高（米）	胸径（厘米）
B4-0004	黄岗小区楼南侧中心花园内	国槐	300 年	13.00	76.50
B4-0005	黄岗小区楼西侧	国槐	300 年	11.00	71.00
C4-0001	北园中学院内	幸福槐	70 年	7.00	31.00

八、绿化普查

1995 年，根据建设部统一部署的绿化普查工作，天桥区成立绿化普查领导小组，建立普查队伍，对普查人员进行专业培训。绿化普查工作自 8 月初开始，至 9 月 15 日结束。普查结果，经济南市抽查验收，全部合格。全区 12 个街道和北园镇有树木 606254 株，其中行道树 32725 株，覆盖面积 209818 平方米；各种绿篱面积 4272 平方米。小游园绿地面积 25890 平方米，街头绿地面积 105195 平方米。

九、绿化率

1991 年，全区绿化覆盖率 31.4%，人均占有公共绿地面积 5.5 平方米；1992 年，全区绿化覆盖率 33%，人均占有公共绿化面积 5.56 平方米；1993 年，全区绿化覆盖率 33.6%，人均占有公共绿地面积 5.67 平方米；1994 年，全区绿化覆盖率 34.2%，人均占有公共绿地面积 5.78 平方米；1995 年，全区绿化覆盖率 34.3%，人均占有公共绿地面积 5.79 平方米；1996—1997 年，全区绿化覆盖率 38%，人均占有公共绿地面积 6.11 平方米；1998—1999 年，全区绿化覆盖率 38%，人均占有公共绿地面积 6.1 平方米；2000—2001 年，全区绿化覆盖率 38%，人均占有公共绿地面积 7.1 平方米；2010 年，全区绿化覆盖率 39.2%，人均占有公共绿地面积 10.2 平方米；至 2012 年年底，全区绿地率 35.2%，绿化覆盖率 40.5%，人均占有公共绿地面积 10.9 平方米。

第七节　环境卫生

一、环卫设施

1991 年，全区有垃圾楼台 105 座、汽车 16 部，年内新建水冲式公厕 7 座、垃圾楼台 5 座。1992 年，新建高标准水冲式公厕 4 座，整修粉刷公厕 105 座；新建垃圾楼台 3 座，整修垃圾楼台 14 座；建铁质垃圾楼台 3 座。1993 年，新建改建公厕 4 座；新建垃圾楼台 2 座。1994—1995 年，新建高标准水冲公厕 5 座，安装公厕指示灯箱 15 个，大修粉刷公厕 22 座，更换公厕顶部沥青层 13 处，改造公厕下水道 35 条；新建垃圾楼台 4 座，更换垃圾楼台门 23 个，粉刷垃圾楼台 14 座；拆迁、安装铁质垃圾楼台 3 座，油漆铁质垃圾楼台 6 座。1996—1998 年，新建公厕 6 座，改建公厕 11 座，大修粉刷公厕 99 座，粉刷公厕面积 17.5 万平方米；新建垃圾转运站 5 座、垃圾楼台 14 座，整修垃圾楼台 62 座；建铁质垃圾楼台 11 处；安装公厕指示灯箱 30 个、标志牌 100 套，垃圾楼台制度牌 100 块；设置、更新果皮箱 556 个；购置垃圾清运车、压缩车、铲车各 1 台。

1999—2003 年，新建水冲式公厕 6 座、垃圾转运站 7 座；在主干道、绿地广场设置垃圾收集屋 22 个、果皮箱 200 个；购入东风牌垃圾运输车 12 辆、密闭式垃圾压缩运输车 2 辆。至年底，全区有水冲式公厕 102 座；旱厕 99 座；垃圾收集设施 383 座，其中砖混结构垃圾楼台 118 座，铁质垃圾楼台 93 座，垃圾转运站 11 座，落地垃圾池 161 座。2005 年，南村街道投资 40 万元建成首座保洁员公寓，建筑面积 650 平方米。全年建保洁员公寓建筑面积 1100 余平方米。2006 年，投资 110 万元，为泺口街道配置环卫专用车辆 2 辆、垃圾集装箱 20 个。

2009 年，新建公厕 3 座，改建公厕 16 座，维修公厕 15 座，11 座公厕增配无障碍设施；新建垃圾转运站 5 座，改建垃圾转运站 4 座，增设

毕家洼公厕（2010 年 9 月摄）

各类垃圾收集桶（箱）2518 个；粉刷环卫设施 95 座；投放高标准果皮箱 600 余个；新建保洁员公寓 4 座。2010 年，改造提升公厕 11 座，新建垃圾转运站 6 座，投放和更新果皮箱 500 余个；全区一类公厕达 35 座，居全市第一位。5 月，封停全区最后的 12 座垃圾楼台；6 月，撤除沿街 24 个垃圾大箱，在全市率先达主次干道两侧无垃圾大箱的目标。

至 2012 年年底，全区有公厕 91 座，其中一类 35 座、二类 45 座、三类 11 座；垃圾转运站 39 座；生活垃圾清运车辆 35 部；机械化道路保洁设备 54 辆，其中机扫车 3 辆、清洗扫路车 22 辆、洒水车 29 辆。

二、道路保洁

1991 年，全区有道路保洁员 442 人，承担 228 条道路的保洁，保洁面积 230 万平方米，人均保洁面积 5204 平方米。至 1993 年，辖区道路保洁率保持在 96% 以上，达到“一日两普扫”和“五净五无”（路面干净、绿地和树穴干净、边角侧石干净、井沟井盖干净、果皮箱等环卫设施干净，无垃圾、无杂物、无积泥、无积水、无污迹）标准。1994 年始，坚持每日两普扫、常捡扫。1995 年，二环西路、二环北路面积 20 余万平方米的道路纳入正常保洁，全区保洁面积增至 250 万平方米。

1997 年始，为主干道保洁员办理意外伤害保险。在普扫、捡扫的同时，每年向主干道洒水 2.5 万立方米，净化路面。开展“天桥环卫杯”竞赛活动。1998 年，保洁面积 500 万平方米。2001 年，在济南市市容环卫局组织开展的争创示范路（街）、达标路（街）和争创示范环卫所、达标环卫所活动中，被评为示范路 3 条、达标路 3 条、示范环卫所 1 个。2002 年，保洁面积 498.54 万平方米，其中主干道 323.36 万平方米、街巷 175.18 万平方米。2003 年始，对主要道路实施春、夏、秋三季夜间全覆盖冲刷保洁。2005 年，保洁面积 557 万平方米。

2006 年，药山、北园、泺口街道保洁员增至 350 人，实现道路保洁率 100% 的目标。2008 年，北园大街保洁做到“四定一加强”（定人员、定时间、定路段、定责任，加强巡查监督），配备专职监管人员，对保洁作业跟班监管。为 13 个街道办事处各配置小型机扫车 1 台，城区道路保洁率 100%。2009 年始，陆续购进机械化道路保洁设备。

清洗扫路车在清扫道路（2010 年 4 月摄）

至 2012 年年底，全区保洁面积 1158 万平方米，机械化清扫、洒水、冲刷面积 231.5 万平方米；保洁员 2143 人。

三、垃圾清运

1991 年，辖区全部取消地面垃圾储运站。居民将生活垃圾自行倒入垃圾楼台。区环卫汽车队配有 122 人，负责全区平均日产 380 吨生活垃圾的清运。1994—1995 年，全区生活垃圾全部日产日清无积存，车走地净无撒漏。

1996年，集贸市场、居民户增多，新增上门服务落地站31处。全年清运生活垃圾14.82万吨，其中运往济阳无害化处理场8586吨。1997—1998年，清运生活垃圾29.1万吨。组织义务劳动2000余人次，出动车辆500余辆次，突击清除死角垃圾、建筑渣土2736吨。1999—2001年，清运生活垃圾42.06万吨。

药山转运站（2009年3月摄）

2003年始，生活垃圾收集和清运方式发生变革。在收集方面，变居民自行投放为环卫工人登门收集，小袋装大袋，在多数规范小区实行垃圾袋装化收集，并逐步用垃圾转运站替代垃圾楼台；在运输方面，变敞斗连盖篷布为密闭压缩车或集装箱，逐步用拉臂车替代敞斗车。2008年，药山、北园、泺口（黄河以南区域）地区生活垃圾实现统管统运，结束村居生活垃圾自行处理的历史。生活垃圾清运量也随之增加。2009—2011年，每年的生活垃圾运量分别是18万吨、20.8万吨、19万余吨。

至2012年，随着城乡环卫一体化，黄河北地区村居生活垃圾也实现统管统运，全区生活垃圾全部实现统管统运，年生活垃圾运量20.4万吨。

四、城乡环卫一体化

2011年始，天桥区实施环卫城乡一体化。至2012年，建立环境卫生属地管理与业务部门监管考核的长效管理机制和实行生活垃圾“村收集——镇转运——区清运”的管理模式。为泺口街道位于黄河以北的5个村居配置垃圾集装箱各1个；在大桥镇、桑梓店镇建日处理生活垃圾150吨的垃圾转运站各1座，为两镇配置垃圾收集车13辆、清扫用密闭式三轮车353辆、垃圾收集桶2700余个，保洁员405人。

第八节　住宅小区建设

1987年3月，境内首个住宅小区一制锦市小区一期工程开工，拆迁单位14家，旧房147间，建筑面积1920.83平方米；拆迁居民76户，房屋144间，建筑面积3783.86平方米。1991年10月，建成住宅楼10幢、公建1幢，建筑面积3.63万平方米。

1990年3月—1991年12月，黄屯小区建成。改造前为危房棚户区，房屋密度大，市政设施不配套，居民生活环境恶劣。拆迁居民1185户、单位25家，建成楼房40幢，建筑面积18.06万平方米，总投资1.54亿元。1992—1996年，在黄屯地区建成23幢住宅楼，建筑面积5.65万平方米。

1992年，建成制锦市1、3、4、5、13、15—18、19—21号、镇武街13、15、16、17、18—24、35、37、39、26—44号、锦缠街25、31号、黄岗东路6号、凤凰山庄1、2、4、6、11、15、16、18、19号、凤凰山金凤苑1、2号、柳云小区计53幢住宅楼，建筑面积19.57万平方米。10月，北坦低洼区改造工程开工，拆迁居民693户，房屋1302间，建筑面积1.87万平方米；拆迁单位18家，房屋216间，建筑面积2545.25平方米。北坦住宅小区规划用地面积38.94公顷，建筑面积68.86万平方米，其中住宅建筑面积36万平方米、公共设施建筑面积31.6万平方米、公建附属建筑面积1.26万平方米。一期建筑面积13.53万平方米（南区5幢住宅楼、1幢公建，建筑面积5.43万平方米；北区21幢住宅楼、1幢公建，建筑面积8.1万平方米）于1995年12月竣工。363户拆迁居民搬入新居。1993年，建成北坦小区18幢、工人新村北村10幢、刘家桥小区34幢、无影山路31号8幢、交校路10号10幢住宅楼，建筑面积30.8万平方米。

1994年，建成白鹤楼、柳行小区35幢、金牛王府庄小区9幢住宅楼，建筑面积21.44万平方米。

1995—2000年，建设河套庄25—1号6幢、无影山路61号1幢、田庄东路2号3幢、金荷苑小区9幢、镇武街29、31号2幢、济齐路14—7号2幢、无影山西路2号5幢、凤凰山金凤苑10幢、白鹤花苑小区3幢、幸福小区2幢、金泉小区30幢、制锦市街5—1、5—2号2幢、万盛园一区13幢、临园小区6幢、纬北路地区12幢（含1幢综合楼）、中环花园5幢、板桥西苑3幢、北闸子小区11幢、天建写字楼（住宅）1幢、胜利庄19号4幢、胜利庄北路24号2幢、汽车厂西路32—2号2幢、科技大学胜利苑4幢、荣泰小区南区8幢、东宇花园16幢、天福苑小区10幢、梁府小区39幢、影山花园14幢住宅楼，建筑面积113.46万平方米。1998年，影山花园被山东省建设委员会评为“山东省物业管理优秀住宅小区”；1999年，被建设部授予“全国城市物业管理优秀住宅小区”称号。2000年9月，为济南仁丰纺织公司396户困难职工建成建筑面积3.5万平方米的楼房。

2001—2006年，建成天福苑小区三期工程11幢、荣泰小区北区11幢、西工商河路17—2号1幢、黄岗小区17幢、金蓉花园25幢、凤凰山庄5幢、湖畔苑小区17幢、清河苑8幢、荷花园小区4幢、泉星小区29幢、芙蓉花园2幢、黄桥小区9幢、板桥东苑7幢、名士阁2幢、金冠花园5幢、齐鲁花园小区17幢、万盛园新区25幢、北辛小区5幢、天鑫园小区11幢、清河西苑20幢、香磨李小区22幢、西苑小区71幢、天建天华园3幢、学府丽苑4幢、龙箭山庄2幢、五环花苑10幢、舜景花园9幢、西侯家场小区10幢、金阁花园小区26幢、重汽嘉祥苑13幢、宝华苑5幢、影山花园15幢、湖光山色家园4幢、无影山路29号5幢、泺口花园一期2幢、东馨小区13幢、鼎舜赵苑7幢、紫金山小区20幢住宅楼，建筑面积346.8万余平方米。

2007—2012年，建成嘉兴苑3幢、华黎花园14幢、生产路明湖花园2幢、联大凯旋居1幢、天长嘉园9幢、文苑小区6幢、无影山中路83号7幢、金色阳光小区21幢、花样年华4幢、安乐镇小区10幢、张庄新居10幢、药山花园10幢、药山郡4幢、清联花园9幢、鼎舜赵苑8幢、嘉和苑11幢、重汽嘉盛苑3幢、益康家园3幢、碧水尚景小区17幢、燕鲁花园10幢、明湖花园3幢、溪翠小区7幢、袁庄社区15幢、翡翠郡64幢、滨河新苑2幢、水岸名邸10幢、天和新居2幢、天保新居2幢、重汽彩世界8幢、福槐苑小区5幢、水岸名邸3幢、发祥福邸9幢、泺口花园二期4幢、尚品清河小区12幢、鼎舜赵苑6幢、盛世名门12幢、香港国际10幢、时代花园3幢住宅楼，建筑面积299.19万平方米。

至2012年年底，全区建住宅楼1328幢，建筑面积875.63万平方米。

附：重点小区选介

黄屯小区 位于无影山路以东，西工商河路以西，无影山中路以南，堤口路以北，占地面积9.67公顷。改造前为危房棚户区。1990年3月开始拆迁兴建，拆迁1210户，其中居民1185户，涉及单位25家，拆迁房屋3996间。1995年12月建成，建楼房40幢，建筑面积18.06万平方米，其中住宅建筑面积15.52万平方米。小区内住宅建筑用地面积占50.54%；公建、道路、绿化等用地面积占49.46%。黄屯小区分为前、后黄屯两个区域。后黄屯小区由天桥区住房保障和房产管理局管理，前黄屯小区由社区居委会管理。前黄屯小区占地面积5.55公顷，建筑面积10.89万平方米，有楼房22幢。其中，住宅建筑面积9.13万平方米，公共设施建筑面积1.76万平方米；居民约1100户，人口约3400人。小区内水、电、暖、排水、消防、有线电视等配套设施齐全，并设有超市2个、邮电局1个、居委会1处、派出所治保会1处，配电所3处，垃圾收集设施3处，车棚2个。

西苑小区 位于无影山中路以北，东邻省交通规划设计院，西邻天福苑小区，北邻泺口街道崔庙社区，总体规划占地面积87.5公顷，建筑面积83万平方米，天桥区城建综合开发公司于1992年8月始分期分批进行开发建设。一期工程建设居民楼20幢，建筑面积8.69万平方米；二期工程于1996年3月开工，建设住宅楼10幢、公建3幢，建筑面积7.07万平方米；三期工程于1997年2月开工，建设住宅楼10幢，建筑面积9.02万平方米；四期工程天发·苹景园于1998年11月开工，建设住宅楼11幢，建筑面积6万平方米；五期工程仁丰家园、天发·怡和园10幢，建筑面积4万平方米。六期工程天发·景润园，规划为7幢高层住宅楼，投资约3亿元，规划建筑面积7.7万平方米，由2幢11层小高层、5幢17层高层住宅组成；项目于2011年5月启动前期工作，正在建设之中。至2012年，建成住宅楼71幢，建筑面积40余万平方米，公建面积6万平方米，入住居民4100余户。由具有国家二级资质且通过ISO 9001国际质量管理体系认证的天发物业管理公司实行全封闭式物业管理。先后被评为“济南市优秀物业管理小区”“济南市精神文明示范小区”“济南市安全文明小区”“山东省创安工作先进单位”和“全民健身精品工程示范小区”，并以典型风格入选“中房指数系统典型住宅”。其中园中园式的景观住宅西苑·苹景园成为开发经营模式典范，被中国房地产业协会推介为“大众精品住宅开发模式”。

影山花园　位于无影山中路西段，天桥区公安分局南邻，占地面积3.87公顷，规划建筑面积7.8万平方米。1996年9月开工建设，建成楼房14幢、公共配套建筑面积1.45万平方米。分高、中、低档及跃层式等结构，建筑面积由63.58～207.16平方米不等，水、电、暖、煤、消防、电信、电讯等配套设施齐全。小区内设置小型广场、喷水池及各式园林小品，绿化率36%。至2012年，由济南天建物业管理有限公司实施全方位封闭式物业管理，内设幼儿园、洗熨中心、商店、饭店、活动中心、停车场等各项配套服务设施。小区于1997年获“济南市安全文明小区”；1998年被山东省建设委员会评为“山东省物业管理优秀住宅小区”；1999年被建设部授予“全国城市物业管理优秀住宅小区”称号。

天福苑小区　位于无影山中路西段，东邻西苑小区，西邻黄岗社区，南邻无影山中路，北邻北辛社区。占地面积9.1公顷，规划建筑面积20万平方米，小区一期工程建筑面积5万平方米，1998年10月开工建设，1999年12月竣工，安置纬六路高架桥沿线拆迁居民486户。二期工程建筑面积6万平方米，为多层商品住宅。三期工程建筑面积9万平方米，2001年年底建成楼房11幢，为小高层住宅，命名“天福苑·富华居”，入住居民600余户，人口约2200人。小区楼房设计为红色坡屋顶，外墙彩色涂料，铝合金全封闭，底部设计半地下室，顶部设阁楼层。户型有1室1厅的经济房，也有5室2厅3卫的复式豪华型住宅，建筑面积由60～370平方米不等，水、电、暖、消防、有线电视、电讯等设施配套齐全。小区充分利用原有地势地貌修建缓坡草坪、天然湖泊，建成占地面积1.6公顷的大型绿地广场——天福苑广场，棋室、乒乓球室2处及各类雕塑小品、欧式座椅、健身路径等休闲娱乐设施。还设置超市、医疗诊所、幼儿园、地下停车场等配套服务设施。

天建·天和园　在济南动物园北侧，东临泺口服装市场，西靠无影山北路，南依小清河北路大型成树绿化带。2001年7月开工建设，占地面积20公顷，规划建筑面积75万平方米。以“济南市大型园林式水景住宅”向社会推出。小区分“春、夏、秋、冬”四个园区建设，根据独特的地理位置，将在此交汇的小清河、太平河纳入整体规划之中，结合园林设计，以层叠喷泉、鹅卵石水径、雕塑小品等营造出丰富的四季绿地水景。小区突出“生态”主题，从环保型建筑材料使用、水资源利用、垃圾分类处理等每个细节入手，保护生态平衡，达到人与自然的和谐统一。

第九节　重点工程建设

1988年7月，天桥区城建综合开发公司投资1272万元承建天桥区政府办公楼；1989年年底竣工；1990年启用。1990年3月始，天桥区城建综合开发公司承担东西丹凤街改造工程。规划建筑面积8.25万平方米，其中商业公共设施建筑面积6.75万平方米、住宅楼建筑面积1.5万平方米。1992年，天桥区城建综合开发公司在堤口路北侧西工商河西岸投资建设天发大厦，建筑面积1.6万平方米。1993—1997年，黄桥社区居委会投资建设装饰大世界，建筑面积9700平方米。柳行社区居委会投资建设汽配大厦，建筑面积1.1万平方米；投资建设海丰大厦，建筑面积1.36万平方米。沃家社区居委会投资建设姜仔鸭，建筑面积1.52万平方米。清河社区居委会投资建设东亚商城，建筑面积13万平方米。济南市中恒商城有限公司建设中恒商城，建筑面积10万平方米。济南市天建房地产开发总公司投资2260万元，在无影山中路与无影山西路交叉口西南角建设1幢商业公建楼，建筑面积1.11万平方米。白鹤社区居委会投资建设厨具市场，建筑面积1.2万平方米。泺口服装有限公司投资建设泺口服装城商贸中心，建筑面积3.4万平方米。天桥区城建综合开发公司，投资在天桥北首路东侧建设天瑞大厦，建筑面积2万平方米，于2004年10月转让给山东三鼎房地产开发有限公司并更名为汇鑫·国际商务广场。

1998—2002年，济南市天建房地产开发总公司投资，在无影山中路与无影山东路交叉口东南角建设“天建·名人时代”高层商住楼。柳行社区居委会投资建设山东五金市场，建筑面积5万平方米。白鹤社区居委会投资建设灯具市场，建筑面积4.96万平方米；投资建设装饰材料市场，建筑面积12.78万平方米。济南供电公司投资建设彩虹大酒店，建筑面积1.07万平方米。山东大裕房地产开发有限公司投资建设铜元大厦，建筑面积9700平方米。济南市发改委物业管理中心投资建设吉华大厦，建筑面积1.7万平方米。凤凰山社区居委会投资建设凤凰山酒城写字间，建筑面积2.5万平方米；投资建设凤凰泉盈大酒店，建筑面积1.01万平方米；投资建设凤凰山综合市场，建筑面积8.06万平方米。袁庄社区居委会投资建设袁庄沿街商业楼，建筑面积5万平方米。黄桥社区居委会投资建设五金大世界，建筑面积6000平方米；投资建设家具商场，建筑面积5000平方米；投资建设家具宾馆，建筑面积9800平方米；投资建设阿帕奇俱乐部，建筑面积1万平方米。

2003—2007年，沃家社区居委会投资建设居然之家，建筑面积4.5万平方米。金牛集团投资建设鑫福盛大厦，建筑面积4.5万平方米。嘉汇房地产公司投资建设嘉汇广场，建筑面积12万平方米。济南第二工人文化宫投资建设山东通讯城，建筑面积10万平方米。齐鲁鞋城置业有限公司投资建设齐鲁鞋城品牌港，建筑面积6.7万平方米。缤纷五洲集团有限公司投资建设缤纷五洲商业广场，建筑面积7.8万平方米。药山工业园区管委会投资建设时代总部，建筑面积1万平方米。泺口服装有限公司投资建设泺口服装大厦，建筑面积2.3万平方米。

2008—2012年，白鹤社区居委会投资建设大明家居，建筑面积7.5万平方米；投资建设门艺市场，建筑面积3000平方米；投资建设脑科医院，建筑面积2.62万平方米。黄桥社区居委会投资建设泺河商务大厦，建筑面积1万平方米；投资建设泺河商务宾馆，建筑面积5000平方米。沃家社区居委会投资建设红星美凯龙，建筑面积13.2万平方米。北徐社区居委会投资建设帝豪家具城，建筑面积4.4万平方米。清河社区居委会投资建设银座家居博览中心，建筑面积12万平方米；投资建设凤凰阁，建筑面积3000平方米。柳行社区居委会投资建设柳行菜市场，建筑面积1500平方米。新城社区居委会投资建设黄台家具广场西区，建筑面积3.3万平方米。泺口服装有限公司投资建设泺口服装批发广场，建筑面积8万平方米。

附：典型建筑选介

天桥区政府办公楼 为改善办公条件，天桥区城建综合开发公司投资1272万元承担天桥区政府办公楼建设任务。办公楼地址为堤口路53号，原是济南钢塑工业公司停车场及西邻28户居民居住院落，占地面积1.67公顷。办公楼设计有办公楼、办公附属楼、附属建筑物及配套设施建筑面积计1.6万余平方米。其中，办公楼为9层，建筑面积9576平方米；2幢4层办公附楼，建筑面积3076平方米；2层餐厅、礼堂，建筑面积1944平方米；2层汽车库，建筑面积496平方米；1层信访接待室，建筑面积160.3平方米；锅炉房，建筑面积219平方米；浴室，建筑面积435平方米；大门附设传达室、收发室，建筑面积109.8平方米。还设有地下容量为300立方米蓄水池1座，办公楼前规划有大型花坛及喷水池，2幢办公附属楼之间有连接墙，附楼与主楼之间有走廊连接成一个完美的整体。整个规划设计遵循简洁、实用、和谐、统一的原则。1988年7月，公司派出人员进入现场进行拆迁，安装施工用水电等前期准备工作。8月，济南市第一建筑工程公司施工人员进入施工现场。9月，山东省机械化施工公司完成9层办公楼的300根桩基础施工任务，为工程顺利进展打下良好基础。12月，9层办公主楼和2幢4层附楼的主体竣工。1989年，主楼、附楼的内外装饰与所有附属建筑、配套设施建设同时开工，至年底全部竣工。新建成的天桥区政府办公大楼建筑配套完整、环境优美、功能齐全。1990年，天桥区政府机关工作人员告别过去拥挤、陈陋的办公楼迁入新址。1991年4月，天桥区政府办公楼获济南市优秀设计一等奖。

天发大厦 原称为天河大厦，2000年，营业时更名为天发大厦，位于堤口路北侧、西工商河西岸，是天桥区城建综合开发公司与台湾佳霖实业有限公司合资（即天佳发房地产开发有限公司）建设的综合性商务大厦，是山东省第一个合资开发的房地产项目，也是天桥区第一个高层建筑。天发大厦占地面积0.51公顷，建筑面积1.6万平方米。主楼地下1层，地上21层；附楼地下1层，地上3层，是集餐饮、娱乐、客房、办公、商务于一体的综合性商务大厦。天发大厦由中建八局设计、济南市四建公司施工。根据济计基〔1992〕118号文件精神，1992年6月开始拆迁，拆除7户居民的旧房56.5间，建筑面积754.02平方米。1992年10月正式开工建设，2000年5月竣工。2000年6月1日，由厦门金威装饰有限公司按照三星级酒店标准进行装修的天发大酒店正式对外营业。2006年6月，天桥区城建综合开发公司将天发大厦整体租赁给济南餐饮业龙头企业舜和酒店集团，用于经营四星级高档商务酒店——天发舜和商务酒店，带动周边地区经济繁荣和发展。

天发大厦（2002年9月摄）

天瑞大厦（天瑞·SOHO） 是天桥区城建综合开发公司承担东西丹凤街拆迁改造工程的一项重点工程，位于天成路北首路东、东西丹凤街西首路南，与天桥区人民政府、济南火车站及济南长途汽车总站毗邻。天瑞大厦最初由山东省水利勘测设计院设计，济南三箭置业集团施工，1993年12月开工建设。之后，根据新规划对设计进行变更。大厦占地面积0.57公顷，地上14层，地下2层，建筑面积2万平方米，设计为中小户型SOHO商务公寓。2004年10月，公司与山东三鼎房地产开发有限公司达成项目转让协议，将天瑞·SOHO项目整体转让给该公司，并更名为汇鑫·国际商务广场。2005年1月，实现主体封顶。天瑞·SOHO项目的建成并投入使用，有效改善周边环境，推动区域经济发展，成为天桥区人气旺盛的商业中心之一。

天建·名人时代　位于无影山中路与无影山东路交汇处的东南角，即无影山东路38号，1998年4月开工，2000年6月竣工。天建·名人时代建筑面积2.75万平方米，建筑高82.25米，29层，1—4层为大型综合商场，每层均设韩国LG牌自动扶梯二部，自动货梯一部，配有美国约克中央空调，适于餐饮、娱乐、名店旺铺以及各类金融机构；6层以上为商务住宅，六种户型，建筑面积由105.78～154.16平方米不等。可根据需要任意分隔，配有2部德国蒂森电梯，预留空调机位，水、电、暖、管道煤气、消防自动喷淋系统、对讲防盗系统、国际直播、微机联网等配套设施齐全。整个大楼设计现代，气势宏伟，环境优美。周围建有占地面积0.2公顷的小型绿地广场，为附近居民提供一个良好的休闲、娱乐场所，是天桥区一大景点。天建·名人时代由天建物业管理有限公司提供全方位物业管理服务。

第十节　城市管理

一、市容环境日常管理与综合整治

1991年始，实行“区、街道（镇）、居”三级管理体制。区园林绿化行政主管部门负责辖区主次干道、重点广场游园绿化，并对街道、驻区单位和有物业管理的小区的绿化实施监督、检查和指导；街道负责街巷、社区、附属（单位大门两侧及墙外小型绿化带等）绿化；驻区单位和有物业管理的小区负责各自绿化。至1993年，沿西护城河岸安装铁链护栏长245米。对17条主干道路行道树的死枝、黄叶及时处理；伐除枯死树86株，并及时补植；新设果皮箱83个；油漆花坛绿地护栏长5.48万米；节日摆放鲜花16.5万盏，制作各样立体花坛造型18组；修剪定型观赏树木9500株；清理河道漂浮物452立方米。审批办理各类建筑手续195件，其中楼房建设108处，建筑面积75.79万平方米；沿街商业楼装饰装修工程87处，工程面积16.82万平方米。设卫生宣传牌、横幅57块（幅）；30余处沿街工地全部进行围挡、刷白并书写创建卫生城的标语。

1994—1997年，投资300万元，对辖区10条主要道路进行综合整治，粉刷围墙、墙壁及门头房面积10.5万平方米、立交桥护栏4处面积7652平方米，整修装饰门头房面积6600平方米，贴白面砖面积1.8万平方米；制作大型霓虹灯58处，安装各类照明灯388处，完成天成路霓虹灯安装；整治残垣断壁5处、围墙长3000米。1996年4月，经天桥区人民政府批准，由区环境卫生管理局牵头成立由环卫、公安（巡警、交警）、工商管理、卫生等部门组成的联合执法大队，对市容卫生进行综合整治。至年底，印发宣传品2.5万份、通告8000份，查处违章建筑70余处，整治“八乱”（乱贴、乱画、乱摆、乱放、乱扯、乱挂、乱搭、乱建）1万余件次，取缔马路市场10余处，畅通了道路，整治了市容，美化了环境，方便了群众。多家媒体予以报道，新华社发了通稿，引起省内外同行关注，湖北省红安县人民政府等单位派人到天桥区参观学习。1999年前，区园林绿化主管部门绿化建设、管理工作，由其生产计划科负责；市、区两级政府没有列支专项养护管理经费，养护管理工作基本由区园林绿化行政主管部门职工承担，1999年，区园林绿化行政主管部门增设绿化管理科，负责绿化养护管理工作。

2000年1月21日，区政府印发《关于在街道办事处、北园镇建设市容环卫所的实施意见》，各街道、北园镇成立市容环卫所10个。同年，对辖区铁路沿线实施综合治理，拆除铁路沿线影响市容的临时房、破旧房、棚户房712处，面积5200平方米；拆除旱厕32处；清除草地栅栏105处，整修残墙断壁78处；拆迁铁路沿线居民570户，建筑面积2.3万平方米。清除铁路沿线和视线之内的暴露垃圾7900立方米，对沿线散落垃圾、白色污染物等多次进行大规模拣扫。清理、取缔沿线燃煤锅炉和污染环境小作坊76处。粉刷铁路沿线旧楼房、墙壁面积8.1万平方米，按照整齐划一、白墙红帽的标准，新建围墙长3432米，围墙戴帽（在墙上方做斜坡瓦顶）长500米。2001年8月前，北园、泺口地区环境卫生工作由原北园镇负责，北园镇撤镇改街道后，由于该地区城市化管理程度较低及受客观条件制约，药山、北园、泺口街道的环境卫生工作仍由相关街道办事处独立组织实施。2001年8月1日，按照“条块结合，以块为主”的原则，市容环卫所由区市容环卫局和街道办事处双重管理，由区市容环卫局向每个街道办事处选派2～3人组建市容环卫所。同月，在北园、泺口街道办事处成立环卫所，人员由街道办事处选派，环卫所的人、财、物属街道办事处。区市容环卫局只负责检查指导。原北园车队一分为二，成立北园环卫车队，归属北园环卫所；泺口环卫车队，归属泺口环卫所。2003—2006年，投资5070余万元，整治街巷623条，整治面积131.4万平方米。2004年，天桥区在全市率先实行城市管理重心下移，建立属地化管理的城管体制。

2005年前，市、区两级政府没有列支专项绿化养护管理经费，但资金状况有所好转，部分重点道路、广场出现聘用的临时工作人员，与在职职工共同负责绿化养护管理。2005年始，市园林绿化行政主管部门列支绿化养护管理专项资金，但辖区新增和改造提升的绿化面积较大，加之受历史和客观原因制约，辖区绿化建设管理资金瓶颈一直没有突破。2007年，随着市园林绿化行政主管部门对绿化养护管理资金投入力度的加大，区园林绿化行政主管部门在积极争取市里支持的同时，本着“市场化运作、企业化管理、社会化服务”的思路和理念，探索“以绿养绿，经营园林”的新管理模式，多方筹集绿化建设养护管理资金，推动全区园林绿化建设管理工作快速健康和谐发展。在养护管理资金逐步落实到位的前提下，区园林绿化行政主管部门“创新管理思路，推进职能转变”，逐步推行半承包式绿化管理模式，调动各管理企业积极性，绿化管理工作取得明显成效。同年，天桥区政府成立重点工程重点项目领导小组，下设18个专项指挥部，投资近5000万元，新建、改扩建、整修、养护道路80余条，新建和养护道路面积36万平方米。投资1140余万元、500余万元，分别对制锦市地区、粟山周边地区道路及环境进行全面整治。从清除“八乱”、完善设施、美化环境等方面入手，完成陈家楼、工人新村北村等5个小区的环境整治任务。至2009年，筹措投入资金5000余万元，完成19个小区环境整治任务。

2008年，随着区市容环卫局对药山、北园、泺口地区生活垃圾实施统管统运，北园、泺口环卫车队撤销；全区以迎接第十一届全运会为契机，将环境卫生工作作为“一把手”工程来抓，加强组织领导、完善体制机制、强化资金保障。8月1日，区数字化指挥中心试运行。中心设城管业务（指挥）大厅、热线办、长效管理办、监督员管理、应急处置及办公室等6个科室，33名工作人员。至年底，全区数字化城管信息系统上报案件4574处，立案处理4131件，处结率81%，办结率位居全市第二名，受到济南市领导高度评价。“12319”工作站全年接受投诉3205件，处理3109件，处结率97%。成立区城市市容长效管理检查考核小组，采取千分制考核办法，实行城市管理和市容环境卫生工作问责制，每月对排名靠后的城区街道办事处及有关区直部门实施问责。整合区“12319”公共服务热线、区城市市容长效管理核查考核小组、区数字化城管监督指挥中心、区“12345”热线办会室进行合署办公，面向社会招用40名城管监督员，数字化城管工作取得长足进步，得到市、区领导和社会各界认可。开展“无保洁盲区、无垃圾死角”街居创建活动，建立“政府组织、属地管理、部门联动、全民参与”的工作机制。区政府拨出专项资金，解决药山、北园、泺口街道及其他部分社区无环卫经费来源、保洁员配备不足的问题；实行区直部门包挂街道办事处、城建部门包挂北园地区二居（社区开发商品房或单位在社区建宿舍楼，入驻人员有自己的管理机构，相对于社区居委会被称为二居）等措施。2009年，新建、改扩建、整修、养护道路103

条，面积32万平方米。明湖北路被评为济南市最佳市容道路，济泺路被评为济南市市容道路示范路，制锦市街、东工商河路被评为全市“十佳魅力道路”，师范路获提名奖。清除路沿斜坡494处；拔除废旧线杆381根，对164条道路街巷的长30.69万米不规范线缆进行整理捆扎、削瘦，撤除废弃线缆长36.59万米。6月，城区13个街道全部达“无保洁盲区、无垃圾死角”创建标准。

2011年，为一线城管监督员配备电动车30辆，加大数字化城管网格和巡查覆盖范围，实现大城管系统资源共享。在全市率先实行“亮牌执法”整治占道经营。绿、黄、红三色牌分别代表着劝阻、警告、处罚，人性化执法方式得到市民认同。在全区设置自行车修理、报摊等便民服务摊点150余处。为经营者统一配发

2012年7月31日，中共天桥区委副书记朱玉明（前左二）一行实地查看五一广场周边环境和秩序。

“便民服务点”标志牌，要求经营者必须按照规定的时间、地点和经营项目进行经营。2012年，全区实行网格化管理，建立环境卫生快速处置机制，建成环卫作业车辆GPS监控指挥平台。并将绿地浇水、施肥、打药、修剪、保洁等纳入日常工作计划进行管理，建立绿地管理台账，定期和不定期地对绿地养护管理工作进行检查和考核。至年底，全区数字化城管系统平台受理案件52406件（简单案件12920件、常规案件39486件），结案52385件。其中，各街道办事处受理34379万件，结案34366件，结案率99.96%；各专业局受理5107件，结案5099件，结案率99.84%。

二、违法违章建筑与行为整治

1991—1993年，对北园路、无影山中路、济泺路、堤口路等34条主次道路和97条街巷存在的乱搭乱建、乱堆乱放、占道经营等问题进行重点整治。双禁（禁止随地吐痰、禁止乱扔污物）纠察队出动3.54万人次，检查纠正违章2万余人次，查禁撒漏车辆4500余辆次。1994—1997年，整治违章广告牌匾68块。查处建章施工工地100余处，乱倒垃圾、渣土和撒漏严重的车辆8680辆次；清理“八乱”7.2万余件次；拔除称霸一方且违章占道经营、破坏市容卫生秩序和交通秩序的“钉子户”5个；取缔自发形成的马路市场8处。在全区10条主要道路上深入开展警民共创“三优街（路）”（周边市容优良、交通秩序优良、通行能力优良）活动，改善市容面貌。

1998年，拆除各类违章建筑517处，建筑面积5300平方米；拆除乱搭乱建340余处，面积4000余平方米；清理违章经营摊点1080处；清理汽车发动机包装箱、集装箱5700处；整理马路市场和摊点群600余处。2000年，出动车辆180辆次、人员3600人次，对铜元局后街、义合北街、经一路延长线、北园大街、堤口路和师范路等十几条主要道路进行综合整治；对胜利庄路、交校路、清河北路、济齐路、金牛广场、汽车站等群众反映问题较多的街道和地区进行专项治理。没收烧烤炉具、灶具1200余个，清理沿街摊点及流动摊贩1500余个，取缔成丰桥市场、西苑市场，实施退路进厅。1999—2000年，清理违章占道摊贩2000余处，拆除违章商亭900余处。2002年，对北园大街、无影山中路、堤口路、济泺路、师范路、

少年路、经一路延长线、天成路、济齐路、无影山路北段等10条主要道路进行重点整治，拆除商亭、报亭、电话亭、治安亭23处、违章搭建170余处、违规广告牌匾8000余块；清理广告条幅1800余幅、占道小牌匾800余块，按照有关规定新上牌匾1000余块；清理占道经营870处、乱贴乱画及乱摆乱挂4000余处；取缔饮食摊点群7处，查处烧烤150余家，收缴流动摊贩三轮车470余辆，市容市貌明显改善。采取典型引路、以点带面、全面推进的方法，实施市容整治和城市管理工作，五年累计清理违章占道摊贩2万余处；清理各类违章搭建5000余处，面积10万平方米。

2003—2006年，开展占道经营、违章建设、非法露天烧烤、运输车辆撒漏乱倒、噪音和油烟排放等多项专项整治活动。查处各类违章案件5003件，其中，简易程序处罚4890起，一般程序处罚113起。清理店外经营3000处，流动摊贩4450处，取缔非法露天烧烤186处，没收炉具116套。采取定人、定岗、定责方法，防止占道经营回潮。推进退路进厅，为瓜农、菜民开辟绿色通道，引导其到正规市场经营。拆除违章建筑面积3.64万平方米。对群众反映强烈的板桥路、联四路、荷香村小区、工人新村等路段存在的违章建设、乱搭乱建、占道经营等热点难点问题实施集中整治，拆除各种乱搭乱建622处，清理规范店外经营、乱摆乱放4000余家。开展“宣传、管理、服务、援助”进社区、“一图一册一信一卡一牌”（城管卡通挂图、行政执法宣传册、致社区居民的一封信、便民服务联系卡、城管卡通宣传牌）入社区活动，结合门前“五包”（包卫生、包绿化、包容貌、包设施、包秩序）工作签订《责任书》。

2007年4月18日，全市整治违法违章建设紧急会议后，天桥区专题部署“八乱”整治工作。全部拆除水屯社区地段违法违章建筑物，整治工作初见成效。清理占道经营4919处，取缔大型马路市场17处；拆除违法违章建筑面积12万余平方米。实行道路三级（主干道严禁、次干道严控、街巷支路规范）执法管理。至2008年年底，拆除大型户外广告476块、不规范设置广告牌匾8696块，新设置牌匾7155块，规范、提升工地围挡广告22处。查处各类户外经营违章4948起，其中，取缔、规范流动商贩2053处、固定商贩408处、马路市场（含北园大街、济泺路、历山路北端3个大型夜市，夜市和早餐摊点群）253处、露天烧烤110处、占道摆放物料286处、占道洗车27处、店外经营238处、自行车修理和冷饮摊点36处，没收落地灯箱广告招牌1105个，拆除占道亭棚等设施155处，规范报摊彩票销售点186处、市场周边经营53处。拆除违法违章建筑432处，建筑面积58万平方米，完成总任务量105%。2009年，查处各类户外经营违章行为2.3万余起，全区户外经营秩序明显改善；查处违法违章建筑，拆除违章建筑面积19.28万平方米。查扣违规处置渣土车辆167部，行政拘留8人；对辖区39处施工工地扬尘污染防治情况实施昼夜巡查，渣土撒漏和扬尘污染得到有效治理。清理占道经营1.5万处次；规范管理报摊132起次；取缔马路加工点839处；拆除乱搭乱建498处，面积2.78万余平方米；清理占道违章摆放灯箱广告和有碍市容的商业条幅5186处次；清除乱贴乱画5.36万处次。2010年，组织集中拆除行动80

夜查露天烧烤和占道经营（2012年4月摄）

次，拆除各类违法违章建筑1813处，建筑面积16.33万平方米，超额完成年初制定的拆除违法违章建筑面积10万平方米的任务。

2011年，全年开展集中行动140次，取缔马路市场18处、占道经营夜市8处、露天烧烤96处，没收占道灯箱广告招牌1300个，清理流动商贩9600余人次。彻底取缔济泺路1000余个占道经营摊位。拆除各类违法违章建筑94处（其中依法强制拆除56处），建筑面积6.13万平方米，完成全年“拆违’任务的153%。2012年，至年底，清理乱贴乱画505.33万处，查处各类张贴野广告行为9519起；劝阻教育违章者1.1万余人次；对3903个违章电话号码进行上报停机处理，辖区视觉污染得到有效控制；组织集中行动30次，对辖区占道经营早（夜）市、露天烧烤进行集中整治，清理烧烤摊点120余处，辖区主干道露天烧烤基本杜绝；依法拆除各类违法违章建筑69处，建筑面积1.72万平方米。

1993—2010年天桥区城市市容管理手续办理统计表

表4-5

年份	道路占用（处）	道路刨掘（次）	门头匾额（块）	外墙粉刷（幢）	开门窗数（个）
1993	370	64	0	78	210
1994	231	45	0	63	114
1995	352	68	0	104	111
1996	393	42	0	78	96
1997	197	33	0	75	71
1998	190	47	0	64	90
1999	118	41	0	41	50
2000	105	44	0	46	22
2001	45	46	0	24	27
2002	29	24	357	126	12
2003	31	32	92	55	10
2004	23	46	51	51	13
2005	10	31	109	110	21
2006	0	24	137	12	10
2007	0	0	221	16	6
2008	0	0	256	11	7
2009	0	0	217	16	4
2010	0	0	20	3	0

第三章　镇村建设

20 世纪 80 年代始，北园镇、大桥镇、桑梓店镇注重镇村建设。2001 年，随着北园行政区划调整，北园地区被纳入全市城市建设规划范围之中。北园辖区以村（居）为主体的旧村改造逐渐被房地产商为主体的房地产开发的“城中村改造”所取代。居民住房也从实物配给转变为实物或货币化补偿。至 2012 年年底，城镇办公、商业、服务等设施齐全；部分村居农住房建设改造任务完成，居民生活和村容村貌发生很大变化，社会主义新农村建设取得阶段性成果。

第一节　城镇建设

2000 年区划调整后，220 国道南侧分别建起大桥镇建委、土管办公室，89 路、130 路公交车站；大桥路西侧建起邮政、水利站、计生委办公楼和第一中心小学教学楼及百乐城、鼎瑞 2 处酒楼；308 国道南侧建起天桥国税局大桥分局办公楼。建成桑梓店镇卫生院。

2001 年，大桥镇金融系统 2 幢职工宿舍楼建成使用。2002 年，桑梓店镇政府大院西侧建成宿舍楼 2 幢。2003 年，增建大桥镇政府机关宿舍楼 1 幢；镇政府投资 460 余万元，建成桑梓店镇西外环路，全长 1.8 千米，双向六车道，拆迁房屋 40 间，移栽树木近万株，建设桥涵 5 座，完成土方 5 万立方米。2004 年，济南市地税局天桥分局大桥中心税务所办公楼建成。桑梓店村西侧建成卫生院宿舍楼。2005 年，小马村建成信用社宿舍楼 2 幢。

2006 年，济南市规划局建筑设计院对大桥镇政府驻地进行小城镇系统规划；桑梓店镇完成小城镇驻地规划，规划建设面积 3.5 平方千米，涉及桑梓店、怀庄、小马 3 个村。8 月，园丁花园 11 幢居民楼交付使用。2007 年，大桥镇供销社 3 幢职工宿舍楼入住；小寨村阶段性完成旧村改造，建设住宅楼 10 幢，大部分村民搬入新居；工商、邮政、农信社等相继在桑梓店镇政府周围建成办公楼；国土所、派出所在 308 国道北侧建起办公楼。同年始，小马村陆续完成旧村改造，建设居民小区 2 处。其中，小马社区建设楼房 4 幢，2008 年开工，2009 年年底竣工；鼎新佳梓苑建设楼房 14 幢，2007 年开工。2008 年，增建大桥镇教师宿舍楼 1 幢。2009 年，大桥镇卫生院 2 幢宿舍楼竣工；在桑梓店村西建起粮所宿舍楼；老寨村旧村改造，建设住宅楼 4 幢；小马商业街建成二层楼房。6 月 16 日，根据《山东省人民政府关于推进农村住房建设与危房改造的意见》（鲁政发〔2009〕17 号）和《济南市人民政府关于进一步加快市区村庄改造建设的意见》（济政发〔2009〕31 号），区政府成立天桥区农村住房建设与危房改造工作领导小组，推进农村住房建设与危房改造工作。7 月，根据济南市北跨发展蓝图，编制《桑梓店镇镇村体系规划》。投资 170 万元，对长 6.5 千米冯高路（冯家堂—高王）进行改扩建，路面拓宽至 5 米；新修小辛村、彭庄村、邓营村村内道路及小寨村坝顶道路长 4.3 千米，实现镇村公路全部联网，村村通公路全覆盖。同年 11 月—2010 年 6 月，编制完成靳家和大吴 2 个试点村的改造建设总体策划方案。

2011 年，城镇化进程加快，大桥镇总规划面积 230 公顷，打造主要功能为商贸、居住、物流、办公、学校、医院、公共服务于一体的能容纳 2 万人居住的功能齐全、设施完备的新型城镇、生态城镇。规划区域内电力设施、通讯设施、自来水管道、天然气管道、排污管道基本完备，达到硬化、亮化、净化、绿化标准。同年，小王村建设 11 幢住宅楼。西秦村完成旧村改造，搬迁至 309 国道北侧，建成住宅楼 3 幢。

6月23日，小马村以自筹资金方式进行的安置房建设项目开工，建设3幢安置楼、住房130套，建筑面积1.5万平方米，2012年年底主体封顶。7月13日，靳家村安置房建设项目开工，建设安置楼8幢、住房280套，建筑面积3.56万平方米；大吴村安置房建设项目开工，建设安置楼8幢、住房240套，建筑面积3万平方米。

2012年5月，靳家村项目8幢安置楼全部封顶。7月，大吴村项目5幢安置楼主体封顶。至年底，桑梓店镇投资160万元，整修防汛路长6000米，重新铺设路面；投资60万元，对镇域范围内主次干道安装过桥安全护栏。村镇饮用水合格率100%

第二节　村居建设

北园居民住宅规划建设始于1978年。1985年，完成新村（居）规划建设的“两图一书”（旧村状况图、新村规划图，新村规划图说明书）。1987年6月1日，北园镇政府制定《关于黄台等21个村（居）委会实施旧村改造和新村规划建设的意见》，首先对黄台等21个村（居）实施旧村改造和新村建设。按照“规划先进，布局合理，设施齐全，节约土地”要求，结合道路建设规划，合并居民点，平房改建成住宅楼，建设新居民区。1989年，在济南市规划局、规划设计院帮助下，完成北园镇整体规划和17个村（居）的旧村（居）改造规划。当年，清河、黄台、沃家等9个村（居）按照规划进行旧村（居）改造，建筑面积达7万余平方米；柳行、石桥、标山等8个村（居）启动旧村（居）改造工程。至1991年年底，黄台村建成830幢两层别墅式居民住宅，建筑面积11.62万平方米，全村村民全部搬迁新居，在全镇率先完成旧村改造任务。

1989—1996年，北园镇各村（居）完成旧村（居）改造建筑面积46.08万平方米。其中，黄河以南新建楼房建筑面积43.4万平方米，安置居民3720户，户均建筑面积达178平方米。完成公共设施建筑面积45.5万平方米。其中，各村（居）修建配套道路面积19.13万平方米，旧村（居）改造总投资2.88亿元。黄台、北闸子2个村（居）全部完成旧村（居）改造任务；边庄完成旧村（居）改造计划80%；杨庄、清河、白鹤、联四、水屯、黄桥等8个村（居）完成旧村（居）改造计划50%；标山、沃家、柳行、板桥、石桥等6个村（居）完成旧村（居）改造计划30%。

1996年，镇政府制定《北园镇人民政府关于加强村镇建设规划及管理的规定》，全镇完成旧村（居）改造800余户。1997年，根据中共山东省委常委扩大会议提出的“济南五年大变样”的目标，中共济南市委、市政府和天桥区委、区政府作出“发展北园三产城，建设济南新城区”的决策。北园镇加强村镇建设和管理，打破过去以村为主、各自为政的做法，实行全镇一盘棋，统一规划。1999年1月7日，市政府在北园镇召开现场办公会，研究解决北园大街商贸中心建设和北园大街沿街8个村（居）旧村（居）改造问题。9月3日，市政府召集相关市直部门、银行负责人会议，专门研究北园地区旧村（居）改造问题。2000年3月8日，市政府办公厅召集市计委、建委、土地局和天桥区有关负责人，召开北园地区旧村（居）改造综合开发办公会议。虽经过多次研究，但由于政策和法律等方面的限制，这一工作没有取得突破性进展。

2001年前，柳行、稻香、荷香、边庄、杨庄等10余个住宅小区，由于开发时间较早，没有履行或没有完全履行相关审批手续，无法取得房屋产权证明。2001年后，通过市场运作，取得正规开发手续的有君逸左岸、鑫苑名家等。君逸左岸位于清河路东侧，西泺河路18号。2006年6月17日开工建设，占地面积约3.33顷，建筑面积约8.3万平方米，规划2幢18层及5幢11层板式住宅，项目以中小户型为主。鑫苑名家东起历山北路，西至东泺河，南到水屯北路，北临滨河南路。为小清河改造工程的试验项目，2009年4月19日始拆迁，7月30日完成拆迁任务。用地面积27.03公顷，开发净地面积20.02公顷。2011年2月动工，总投资（含购地款）38亿元，总建筑面积70万平方米，可售建筑面积55万平方米。户型有建筑面积120 ~ 200平方米花园洋房、建筑面积95 ~ 105平方米三居室、建筑面积75 ~ 80平方米两居室和建筑面积50平方米单身公寓。

第四章 建筑业管理

1991年始，境内建筑管理工作，实施“双清”“清欠”、建筑节能改造、建筑工程质量和安全生产管理。至2012年，全区有建筑施工企业9家；累计监督工程618个。

第一节 建筑企业

1991年，全区建筑企业27家。1992年后，随着建筑市场规模逐步扩大，辖区建筑企业增长迅速。2004年发展到鼎盛时期，达30家。2005年后，随着建筑市场质量要求越来越高、外地建筑队伍大量涌进，辖区建筑队伍数量呈下降趋势。至2012年，全区有建筑企业9家。

1991年天桥区建筑企业统计表

表4-6

序号	企业名称	序号	企业名称
1	天桥区建筑安装公司	15	济南金属颜料总厂装饰装修工程队
2	天桥区煤气工程安装公司	16	济南建筑木材厂装饰装修工程部
3	天桥区制冷机械维修处	17	济南少年宫装饰装修工程部
4	天桥区黄河基础工程公司	18	天桥区金属制品厂冰峰制冷服务部
5	济南清河打桩队	19	济南摩托车厂装饰装修工程部
6	济南北辛机械化施工队	20	济南黄河装饰工程处
7	济南联四基础工程公司	21	天桥区消防器材厂安装工程部
8	天桥区芙蓉打桩队	22	山东省交通厅济汽运输公司鲁达建筑装饰工程部
9	济南庆华建筑安装处	23	济南明湖大酒店装饰工程部
10	济南天桥区华联建筑安装工程公司	24	济南制镜总厂华丽装饰工程部
11	济南天桥区清河建筑工程公司	25	济南明湖热电厂青年水电安装队
12	济南天桥区北园药山建筑队	26	济南万盛经济技术开发公司水电暖工程安装处
13	济南天桥区水暖电器装修队	27	济南市邮政局建筑安装队
14	济南长途汽车运输公司恒达装修队		

2012 年天桥区建筑企业统计表

表 4-7

序号	企业名称	序号	企业名称
1	济南消防工程公司	6	济南金诺电器有限公司
2	济南黄河基础工程公司	7	济南市三鸽电力安装中心
3	济南天桥华润建筑安装中心	8	济南圣奥消防工程公司
4	济南天建建筑安装工程公司	9	济南市斯科尔基础工程公司
5	济南天发建筑安装公司		

1991—2012 年区属建筑业企业资质年审统计表

表 4-8　　单位：件

年份	1991	1992	1993	1994	1995	1996	1997	1998	1999	2000	2001
数量	20	23	26	23	23	23	22	23	24	24	26
年份	2002	2003	2004	2005	2006	2007	2008	2009	2010	2011	2012
数量	15	15	17	18	18	14	14	14	14	14	11

第二节　建筑手续审批

1991—2002 年，区建设主管部门主要负责审查辖区内建筑施工企业营业执照、施工资质证书及进济施工许可证书。对辖区内施工企业及区属管理企业的施工办理权限范围内的开工报告手续，对区属建筑面积 2000 平方米以内单体民用项目或投资总额 50 万元以下建筑项目实施全方位管理，对无证施工和违犯建筑市场规定的建筑施工队伍依法实施处罚。1991 年，发放《开工报告》表 85 份。1992—1996 年，年发放《开工报告》表分别为 130 份、129 份、135 份、100 份、113 份。1997 年《中华人民共和国建筑法》颁布实施，当年发放《开工报告》表 56 份。1998—2002 年，年发放《开工报告》表分别为 67 份、48 份、212 份、114 份、87 份。2003 年，根据山东省人民政府《关于取消部分行政事业性收费项目的通知》，取消建设管理部门对建筑集体企业管理费的收取。

第三节　清理违法建筑

2003 年 5 月，济南市人民政府发布《关于清理整顿各类违法建筑工程和违规建设行为的通告》，在市区集中开展清理整顿各类违法建筑工程和违规建设行为工作（简称“双清”工作）。区政府成立由区建设主管部门牵头、各部门联动的天桥区“双清”领导小组，下设办公室。

区“双清”办对辖区 1990 年 1 月 1 日—2003 年 5 月 12 日期间违法建筑工程和违规建设行为进行集中调查和清理。至 2005 年 10 月 24 日，调查报送“双清”资料 1175 卷，数量居全市五区之首。通过分类整理，1175 卷合计总建筑面积 616 万平方米，其中，国有土地住宅类工程 137 万平方米，国有土地非住宅类工程 115 万平方米；集体土地住宅类工程 77.4 万平方米，集体土地非住宅类工程 123 万平方米；无土地证住宅类工程 106 万平方米，无土地证非住宅类工程约 56.6 万平方米。工程建筑面积 91 万平方米登记确权，仅占总面积 15%。

第四节　追缴农民工工资

2003年，根据建设部《建设领域农民工工资支付管理暂行办法》及济南市“清欠”办《关于进一步做好建设领域解决拖欠工程款及农民工工资工作的通知》要求，全区从维护建设领域农民工合法权益、规范建筑业企业工资支付行为、维护社会稳定出发，开展“清欠”工作，规范建筑市场秩序。对农民工来访讨薪人员，热情接待，耐心听取情况反映，认真做好记录，联合相关街道办事处及有关部门协调处理。至2012年6月底，接待农民工来访328起，为农民工追回所欠工资2185万余元。

第五节　建筑节能管理

全区停止使用黏土砖改用水泥砖。2011年10月31日，济南市人民政府下发《关于推进供热计量改革与既有建筑节能改造的实施意见》。天桥区改造任务为面积15万平方米。2012年，天桥区按计划加快清和园、丰汇、泉星、天福苑、太平洋小区东区等小区住宅楼节能改造工作。至年底，开工建设面积51.6万平方米，改造完成面积25万平方米。

第六节　建筑工程质量和安全生产管理

1993年，天桥区建筑工程质量监督分站成立，负责辖区建筑工程质量监督检查。

2005年，监督工程57个，处理投诉1件。

2010年，天桥区建筑工程质量监督分站监督范围是建筑面积一次性规划4万平方米以内且单体数量超过5个的住宅小区建设项目；建筑面积8000平方米以内单体民用建设项目；建筑面积4000平方米以内工业建设项目（不含省、市重点工程）；所有旧村居改造项目。

至2012年，累计监督工程618个，查处违章建筑工程690个，处理投诉41件。

第五章　房产管理

1991—2012年，境内房产管理主要围绕住房制度改革和房产管理展开。停止住房实物分配，逐步实行住房分配货币化，实施房改房。至2012年年底，出售直管公房16783户，单位自管房56017户；房管档案库房总额档案数75102卷；全区有直管公房建筑面积21.55万平方米，物业企业59家；为6477户低收入家庭发放廉租住房补贴2518万余元，1640户家庭选到了满意的廉租住房。

第一节　住房制度改革

1992年，天桥区住房制度改革领导小组成立。1996年，全区开始住房制度改革，主要内容有“公有住房出售”和“建立住房公积金制度”。至1998年年底，行政机关、企事业单位一律停止住房实物分配方式。

1998年年底前已开工的住房，单位可按货币化分配方式，由职工购买，亦可按出售现有公有住房办法，向职工出售。1999年始，新建和腾空住房要按照货币化分配方式出售。单位按照住房货币化分配方式售房，不再计算工龄折扣、现住房折扣、售前维修费和一次性付款折扣。单位组织职工集资建房的，集资数额可依据建房实际成本或不低于房改售房成本价标准确定。1999年1月1日始，向在职职工按照本人基本工资25%发放住房补贴。

2000年，有条件单位和职工计交住房公积金比率应在工资总额5%的基础上，每年提高一个百分点。

2005年5月，《济南市城镇最低收入家庭廉租住房管理办法》实施，对不同收入家庭实行不同的住房供应政策。新建经济适应住房出售价格实行政府指导价，按保本微利的原则确定。廉租住房主要从腾空的旧公房中调剂解决。购买经济适用住房和承租廉租住房实行申请、审批制度。

第二节 房改房

一、公有住房出售

根据《济南市出售公有住房办法》和《济南市出售公有住房实施细则》，对辖区范围内的机关、团体、企事业单位新建住房和主体结构基本完好的公有旧住房可向承租的职工和城市居民出售。公房出售工作于1996年开始，至2012年8月底，出售直管公房16783户、单位自管房56017户。

二、房改房维修

2003年，依据《济南市房管局关于已售公房维修基金建账工作的意见》的规定，按房改政策购买的公有住房，多层住宅楼按售房款20%的比例、高层住宅楼按售房款30%的比例，从售房单位收取的房价款中提取共用部位维修基金。至2012年年底，天桥区有412幢已售直管公房建立公用部位维修基金，本息合计3722.63万元，有206幢已售直管公房支用公用部位维修资金681.73万元。

第三节 产权管理

一、证书更换

1998年1月1日前，辖区使用由建设部颁发、济南市房地产管理局统一印制的“房屋所有权证”“房屋共有权证”“房屋他项权证”等规范式样文本。1998年1月1日始，启用全国统一的“房屋所有权证”“房屋共有权证”“房屋他项权证”。1999年3月始进行房屋产权验证换证工作，至2001年12月31日前完成辖区房产重新审定和换发全国统一的新权属证书工作，集中换发新证书36661个。至2012年，辖区内的房屋权属证书一直延用。

二、档案管理

1995年1月1日始，辖区房产“一级档案”（原始产权资料）由济南市房地产管理局档案馆存档，“二级档案”（复印件等）由区房地产管理局存档。2008年年底前，完成对辖区全部档案规整工作。至2012年年底，天桥区房产档案库房总额档案数75102卷。

第四节 公房管理

一、直管公房评估

2002年，配合房产经营管理体制改革，对辖区内直管公房进行评估，评估建筑面积41.14万平方米，评估价值1.42亿元。2004年年初，在资产评估基础上，改制后的济南市天广厦物业有限责任公司根据济南市房产管理局的要求开展直管公房建账工作，建账后直管公房评估建筑面积39.24万平方米，评估价值1.34亿元。2005年年初，对直管公房全面普查，有直管公房建筑面积38.31万平方米，并建立起直管公房数据库。至2012年年底，全区有直管公房建筑面积21.55万平方米。

二、租金收缴

1991—2012年，前期随着租金调整工作的进行，直管公房租金逐年增加；后期因住房制度改革、城市建设房屋拆迁等原因，直管公房租金呈现递减趋势。1991年，全区租金收入227万元；1996年，全区租金收入686万元；2012年，全区租金收入220万元。

三、换发租赁合同

2004年7月1日始，接受济南市房产管理局委托对辖区直管公房进行经营管理的济南天广厦物业有限责任公司，向辖区直管公房承租户换发租赁合同，原来的房屋租赁证不再使用。2007年，进行新租赁合同换发工作。至2011年年底，完成9681户换发工作，占总数98.3%。

四、产权划转

1995年，根据《国务院办公厅关于调整城镇国有粮油零售网点房产经营管理权的通知》，将辖区内国有粮油零售网点的房产无偿划转粮食部门经营管理。1999年6月，济南市开始工业企业腾笼换业工程。根据济南市人民政府统一规定，将辖区内实行腾笼换业的工业企业原直管公房产权以重置价格每平方米385元有偿划转的方式出售给企业，同时允许企业用住宅和非住宅房屋产权与直管公房产权进行合理调换。对企业自建的企业用房用于生产经营五年以上的可确认产权并发放产权证。对实行股份制改制的企业，允许直管公房经营管理单位以直管公房评估价格折算股份入股，成为企业的法人股持股人参与企业股份经营。2002年9月，根据《济南市国有工业企业改制政策暂行规定》，将企业的直管公房产权以每平方米385元的重置价格有偿划转出售给企业。2002年11月，参照国有工业企业改制政策进行国有商贸流通企业直管公房产权划转。

五、公房维修

1991—2012年，每年年初对辖区内直管公房进行一次全面普查，对房屋面积、危漏房屋情况进行登记，建立危漏房屋普查档案。在此基础上，制定年度维修计划。每年汛期到来前，根据普查结果对危漏房屋进行维修；对需要大修的房屋，建立大修工程报审程序，确保辖区房屋安全渡汛。2007—2012年，投入维修资金697.49万元，维修公房面积8.11万平方米。

为辖区直管公房揭瓦换箔（2009年9月摄）

第五节　私房管理

一、私有房屋管理

1994年1月18日，《济南市城市私有房屋管理办法》实施；2002年7月，进行修订。《济南市城市私有房屋管理办法》规定：私有房屋所有人、共有人或设立他项权利时，须申领权属证书；因房屋买卖、交换、赠予、继承、分家析产、分割、合并、裁决等原因致使房屋权属发生转移时，要进行所有权转移、变更登记。同时对私房买卖、租赁、代管、接管等行为及相应法律责任作出较详细规定。1994—2012年，对辖区内私有房屋严格按照《济南市城市私有房屋管理办法》实施管理。

二、私有房屋租赁管理

1993年3月始，按照济南市房地产管理局要求，在辖区内使用济南市房地产管理局统一制定的“济南市房地产租赁审批立卷登记簿”“济南市房地产租赁现场情况调查表”“济南市房地产租赁税契、登记发证审查表”“济南市房地产租赁登记台账”“济南市房地产租赁纳费审查表”进行登记备案管理。房屋所有权人在租赁房屋前要申办“房地产租赁许可证”，并进行统一编号，规范房地产租赁市场。1995年6月1日始，按照建设部《城市房屋租赁管理办法》，对辖区内房屋租赁行为进行规范。2003年10月1日始，按照《济南市房屋租赁管理暂行规定》，对辖区内房屋租赁实行登记备案制度。对2003年10月1日前已经出租的房屋补办租赁登记备案手续。

三、私有房屋拆迁安置

20世纪90年代初期，私有房屋拆迁补偿安置，多数住户选择产权调换，少数住户通过回迁得到安置；2000年后，住户选择货币安置的比例越来越大，拆迁安置过程逐步成为一种市场行为。1996 年 10 月始，按照济南市《关于拆迁私房自住户调换产权工作的实施意见》，在辖区内对 1982 年 8 月 4 日—1996 年 11 月 10 日拆迁安置的私房自住户集中开展调换产权工作，1999 年 9 月 30 日结束。至 2012 年，拆迁人对被拆迁人实行货币补偿或实行房屋产权调换。

第六节　住房保障

为深化住房制度改革，济南市政府按照市场供应结构与需求结构相适应的原则，加强住房供应结构调整，合理确定供应结构，实施分类供应的政策导向，逐步形成以普通商品住房为主体的多层次住房供应体系。高档商品住房主要面向少数高收入家庭，普通商品住房主要面向广大中等收入家庭，经济适用住房面向城镇中低偏下收入家庭，廉租住房面向城镇最低收入家庭中住房困难户。2000 年 4 月 24 日，省政府印发《关于印发〈山东省城市经济适用住房建设管理办法〉的通知》，对经济适用房项目管理、开发建设管理、优惠政策、销售及售后管理等作出规定。济南市根据经济社会发展实际情况，对申请对象、申请方式、廉租住房保障制度形式、廉租住房来源、廉租住房管理等作出详细规定。2005 年 3 月，济南市开始执行廉租房制度，将辖区内北坦街道作为试点地区。同时，对符合一定条件的企业允许职工集资建房，以解决困难企业职工住房问题。5 月初，济南市首批廉租住房租金补贴核准发放仪式在天桥区房产管理局举行，驻济南媒体进行报道，推动全市廉租住房补贴工作。济南市首批廉租住房补贴发放 71 户，天桥区占二分之一。

2007 年 9 月 1 日，《济南市经济适用房住房管理办法》和《济南市城市低收入家庭廉租住房管理办法》实施，2007—2009 年，受理经济适用住房申请并审核通过 144 户，有 45 户符合条件家庭购买经济适用住房。廉租住房自 2007 年接受申请以来，辖区发放廉租住房实物配租资

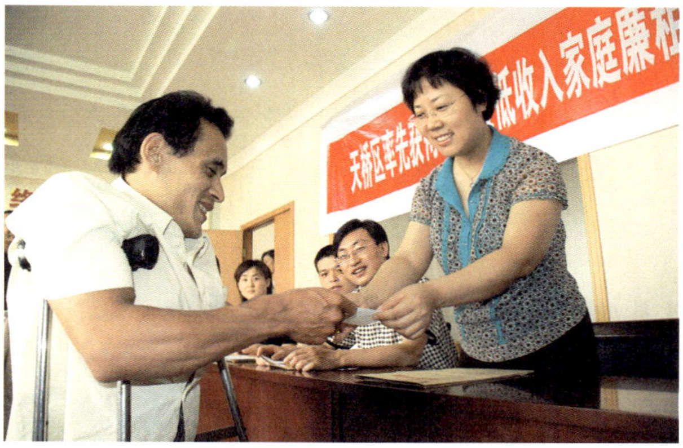

为全市首批获廉租住房实物配租资格的家庭发放资格证（2007 年 9 月摄）

格证 1893 户，通过摇号选房最终有 1640 户符合实物配租条件家庭选到自己满意住房。2011 年 10 月—12 月，开展公租房预登记工作，完成 1576 户，其中家庭户 1353 户、单身职工 223 人。

至 2012 年年底，为辖区 6477 户低收入家庭发放廉租住房补贴 2518 万余元。

第七节　物业管理

1999 年 1 月，山东省建设委员会印发《关于对全省物业管理企业资质等级进行审定的通知》，对物业管理企业实行资质管理制度，从事物业管理业务的企业，必须持有资质等级证书。2002 年 3 月前，辖区物业管理行政管理工作由天桥区房产管理局配合济南市房产管理局统一管理；2002 年 3 月始，天桥区房产管理局受济南市房产管理局委托负责辖区物业管理行业行政管理工作。通过建立业主委员会和以物业管理企业信息库为基础的诚信机制、开展文明小区和物业管理优秀小区（大厦）创建活动，推动物业管理企业提高服务标准和服务质量。至 2012 年年底，辖区物业服务企业有 59 家，其中一级资质 3 家、二级资质 8 家、三级及三级暂定 43 家；有物业服务项目 93 个，其中济南市市优项目 15 个、山东省省优项目 4 个、国优项目 2 个；服务总面积 711.1 万平方米，其中有物业服务小区 84 个、服务面积 709.7 万平方米。

附："平改坡"

2007年10月，天桥区"平改坡"（即在平顶房屋上加改坡顶，起到美观、保温及隔热的作用）及居民小区整治工程指挥部成立，具体工作由天桥区房产管理局负责实施。至2009年8月底，完成济南市下达的任务指标，完成195

验收后的"平改坡"工程（2008年1月摄）

幢楼、建筑面积11万平方米"平改坡"任务，占全市总计划40%；"立面粉刷"完成32幢楼。

专记：

棚户区改造

2007年，中共济南市委、市政府确定天桥区17个连片棚户区作为旧城改造重点项目。4月，天桥区成立旧城改造指挥部，下设办公室、拆迁与土地收储组、项目协调组和管理协调组。棚户区改造由济南市旧城改造投融资管理中心（2012年9月改为"济南旧城开发投资集团"）组织实施。房屋拆迁补偿政策依据是《济南市城市房屋拆迁管理办法》（2007年4月19日济南市人民政府令第223号）、《济南市国有土地收购储备办法》（2008年1月7日济南市人民政府令第230号，自2008年2月15日起施行）。

一、拆迁

馆驿街西片区 馆驿街西片区是济南市第二个、天桥区第一个棚户区改造项目。该项目位于天桥南头，东自影壁后街起沿环形路到东立山街，西起馆驿街西口与纬一路和明湖西路交叉口，南起馆驿街北侧，北至明湖西路南侧。该工程拆迁涉及被拆迁居民1359户，需拆除各类房屋建筑面积5.12万平方米。拆迁期限为2007年7月25日—11月25日。拆迁许可证文号为济建拆许〔2007〕第4号。拆迁人是济南市旧城改造投融资管理中心，委托拆迁单位是济南市天桥区人民政府拆迁办公室。评估单位为山东广和房地产评估有限公司、山东众合房地产评估有限公司、山东华润房地产评估咨询有限公司、山东广泰房地产评估测绘咨询有限公司、济南新恒基房地产评估有限公司、山东中瑞华房地产评估有限公司。经评估，该片区内被拆迁房屋及回迁安置房源基准单价为每平方米3973元，以基准价为准调整各类房屋单价。委托拆除单位为山东鲁建工程有限公司、山东省机械施工有限公司、济南科信达建筑安装有限公司。2007年11月，提前完成该片区拆迁工作任务，且无一例强制拆迁。

茂新、聚贤、顺河三片区 茂新街片区拆迁范围，东至济南广播电视大学，西至济南市卫生局，南至明湖西路，北至华东仪表厂。聚贤片区拆迁范围，东至顺河街，西至聚贤街，南至聚贤街，北至济南市盐业公司。顺河街片区拆迁范围，东至顺河街，西至影壁后街，南至馆驿街，北至聚贤街。该工程涉及被拆迁居民2180户，需拆除各类房屋建筑面积8.37万平方米。拆迁期限为2007年9月30日—2008年4月30日。拆迁许可证文号为济建拆许〔2007〕第7号。拆迁人是济南市旧城改造投融资管理中心，委托拆迁单位是济南市天桥区人民政府拆迁办公室。评估单位为山东广和房地产评估有限公司、山东广泰房地产评估测绘咨询有限公司、山东润泰房地产评估有限公司、山东中瑞华房地产评估有限公司、济南中正房地产评估咨询有限公司、济南宇楷房地产评估有限公司。经评估，该片区内被拆迁房屋及回迁安置房源基准单价为每平方米4361元，以基准价为准调整各类房屋单价。委托拆除单位为济南港基建设集团有限公司、济南长箭建设集团有限公司、山东龙箭建设集团股份有限公司、济南市历城建安第三分公司、济南宏泽工程有限公司。除馆驿街3号院外，三个片区内其他房屋于2007年年底之前全部拆除。馆驿街3号楼坐落于棚改项目中顺河片区，该楼是济南市百货批发站于1981年为老干部建的宿舍。在动迁选房阶段，有5位老干部对拆迁政策不理解，并到上级有关部门上访。为使其理解政策、支持拆迁工作，拆迁工作人员多次登门宣传拆迁政策，现场答疑解惑，最终得到老干部理解和支持，在拆迁期限内全部签订协议并联合摁手印在网上发布要求表扬拆迁工作人员的信息。山东省、济南市和天桥区领导对天桥区人民政府拆迁办公室工作人员坚持说服引导、实现和谐拆迁予以表扬。

汽车厂东路南片区 汽车厂东路南片区拆迁范围，东至济泺路西侧，西至济南市人民警察学校，南到济南长途汽车总站以北，北至汽车厂东路南侧。该工程拆迁涉及被拆迁居民880户，需拆除各类房屋建筑面积5.02万平方米。拆迁期限为2008年3月5日—6月30日。拆迁许可证文号为济建拆许〔2008〕第2号。拆迁人是济南市旧城改造投融资管理中心，委托拆迁单位是济南市天桥区人民政府拆迁办公室。评估单位为济南宇楷房地产评估有限公司、山东众合房地产评估有限公司、山东贵恒信房地产评估咨询有限公司、济南正源房地产评估事务所有限责任公司。经评估，该片区内被拆迁房屋及回迁安置房源基准单价为每平方米4464元，以基准价为准调整各类房屋单价。委托拆除单位为山东港基建设集团有限公司、济南市水利工程总公司。在搬迁截止日之前，拆迁范围内被拆迁居民全部交验空房，房屋被全部拆除。根据《济南市城市房屋拆迁管理办法》，该片区有191户被拆迁居民享受最低保障面积。

济安街、顺河三角地、角楼庄、北关、北刘五片区 济安街片区拆迁范围，济安街西侧明湖西路与济安街南首交叉口至新菜市街18号楼(包括圣都高档熟肉店)，沿济南第十五中学东墙（包括十五中南北向四层宿舍楼）至济南广播电视大学东墙与明湖西路交叉口，沿济南广播电视大学东墙与明湖西路交叉口至明湖西路与济安街南首交叉口围合三角地。顺河三角地片区拆迁范围，明湖西路与顺河街交界处至顺河街与济安街交界处以西，顺河街与济安街交界处至济安街与明湖西路交界处以东，济安街与明湖西路交界处至明湖西路与顺河街交界处以南三角地。角楼庄片区拆迁范围，东起北关北路西侧，西至生产路东侧、济南裘革制品总厂东墙（不包括济南裘革制品总厂）以东（不含济南市体育局三幢宿舍楼），南起明湖北路北侧，北至胶济铁路线南侧。北关片区拆迁范围，东起顺河高架路西侧，西至北关北路东侧(不含76号院1、2、3、4、5、6号楼〈一个楼号两幢楼〉，70—1号楼、70—2号楼，71号楼，77号楼，78号楼)，南起明湖北路北侧，北至胶济铁路线南侧。北刘片区拆迁范围，东起明湖西路与西园街北口交界处至西园街31号楼东邻二层楼、平房及院落、北坦南街19号楼、聚贤街78号楼（不含此楼）、济南第三职业中等专科学校西院墙、西南院墙（不含三职专院内建筑）至聚贤街5号楼（不含此楼）沿线以西，西至西立山街（不含西立山街8—12号、12—1号、14号、16号，中刘家庄39号、91号）以东，南起中刘家庄10、11、14号楼（不含此三幢楼）以北，北至西立山街与明湖西路交界处至明湖西路与西园街北口交界处以南。该工程拆迁涉及被拆迁居民3257户，需拆除各类房屋建筑面积14.38万平方米。拆迁期限为2008年5月30日—2009年6月27日。拆迁许可证文号为济建拆许〔2008〕第11号。拆迁人是济南市旧城改造投融资管理中心，委托拆迁单位是济南市天桥区人民政府拆迁办公室。评估单位为山东润泰房地产评估有限公司、山东广和房地产评估有限公司、济南贵恒信房地产评估咨询有限公司、山东盛业房地产评估有限公司、济南正源房地产评估事务所有限责任公司、山东中瑞华房地产评估有限公司、山东中旭房地产评估咨询有限公司、山东恒正房地产评估有限公司。经评估，顺河三角地、济安街、北刘片区被拆迁房屋基准单价为每平方米4585元；角楼庄、北关片区被拆迁房屋基准单价为每平方米4650元。提供回迁安置房源基准单价为每平方米4585元。以基准价为准调整各类房屋单价。委托拆除单位为山东正通建筑有限公司、山东机械施工公司、山东博泰建工有限公司、山东天公行建筑工程有限公司、济南元田建工有限公司、济南市昌昊装饰有限公司、山东港基建筑集团有限公司、山东嘉成建筑工程有限公司。2008年6月16日—28日，组织开展选房工作。在选房工作中创新模式，采用“专人引导，全程陪同”服务模式，工作人员全程引导陪同选房人完成验证、选房和确认，居民顺畅有序地选到自己满意的回迁安置房，选房率达95%。1182户被拆迁居民享受了最低保障面积。

仁丰片区 仁丰片区拆迁范围为济南市规划局确定的拆迁蓝线范围，天桥区东至三孔桥街西侧，西至仁丰街东侧，南至胶济铁路北侧，北至仁丰前街南侧。其中仁丰前街双号2号、4号、6号、8号、16号、单号7号、9号、17—105号（含单双号），平民里1—7号楼。本拆迁范围只包括城市规划区内国有土地上城市居民用房。该工程拆迁涉及被拆迁居民892户，需拆除各类房屋建筑面积3.95万平方米。拆迁期限为2008年12月24日—2009年6月24日。拆迁许可证文号为济建拆许〔2008〕第19号。拆迁人是山东恒嘉置业有限公司，委托拆迁单位是济南市天桥区人民政府拆迁办公室。评估单位为山东天瑞土地房地产评估咨询有限公司、山东广和房地产评估有限公司、济南宇楷房地产评估有限公司、山东众合房地产评估有限公司。经评估，被拆迁房屋及回迁安置房源基准单价为每平方米4432元。以基准价为准调整各类房屋单价。委托拆除单位为济南黄河爆破工程有限责任公司、山东省机械施工有限公司。在规定时间内完成拆迁任务。360户被拆迁居民享受最低保障面积。

官扎营、宝华片区一期 官扎营、宝华片区一期拆迁范围，东至天成路，西至纬六路高架桥，南至铁路沿线，北至堤口路。该工程拆迁涉及被拆迁居民2878户，需拆除各类房屋建筑面积12.47万平方米。拆迁期限为2008年12月24日—2010年9月24日。拆迁许可证文号为济建拆许〔2008〕第18号。拆迁人是济南市旧城改造投融资管理中心，委托拆迁单位是济南市天桥区人民政府拆迁办公室。评估单位为山东润泰房地产评估有限公司、山东广泰房地产评估有限公司、山东当代房地产评估咨询有限公司、山东中旭房地产评估咨询有限公司、山东中瑞华房地产评估有限公司、山东广和房地产评估有限公司、济南信源房地产评估事务所有限责任公司、山东二十二世纪房地产评估有限公司、山东三鑫房地产评估咨询有限公司、山东正诚房地产评估有限公司、山东明和房地产评估经纪有限公司、山东国建房地产评估测绘有限公司。经评估，被拆迁房屋及回迁安置房源基准单价为每平方米4312元。以基准价为准调整各类房屋单价。委托拆除单位为济南市历城区第一建筑安装工程公司、山东博泰建工有限公司、山东机械施工公司、济南英雄山建筑安装工程有限公司、山东鲁建工程有限公司、济南昌建工程有限公司、济南市金展建设工程有限公司、济南市兴鲁爆破有限公司。至2010年年底，完成拆迁任务。

河套庄片区 河套庄片区拆迁涉及被拆迁居民176户，需拆除各类房屋建筑面积0.69万平方米。2009年6月3日，拆迁许可证下发。8月9日，有148户居民在片区选房中选得满意住房。之后，拆迁工作展开，至2010年年底，完成拆迁任务。

万盛片区 万盛片区拆迁范围为济南市规划局确定的拆迁蓝线范围，济南金至纸业股份有限责任公司院墙以西，堤口南路以东，胶济铁路线以北，万盛园小区以南，包括万盛街单号1—19号、21—1号、23—421号（不含万盛街25号、27号）、431—457号、万盛街双号4—66号、河道管理处院、万盛街农贸市场、金至纸业公司仓库。该工程拆迁涉及被拆迁居民1010户，需拆除各类房屋建筑面积5.77万平方米。拆迁许可证文号为济建拆许〔2010〕第4号。拆迁人是济南市旧城改造投融资管理中心，委托拆迁单位是济南市天桥区人民政府拆迁办公室。至2012年年底，979户居民签订协议。

官扎营、宝华片区二期 官扎营、宝华片区二期拆迁范围，天桥区东至天成路西侧，西至纬六路高架桥东侧，南至铁路沿线北侧，北至堤口路、西工商河路南侧。拆迁许可证文号为济建拆许〔2010〕第5号。拆迁人是济南市旧城改造投融资管理中心，委托拆迁单位是济南市天桥区人民政府拆迁办公室。评估单位为山东润泰房地产评估有限公司、山东中旭房地产评估咨询有限公司、山东中瑞华房地产评估有限公司、济南济源房地产评估有限公司、山东天瑞土地房地产评估咨询有限公司、山东舜华房地产评估造价咨询有限公司、山东众合房地产评估有限公司、山东广和房地产评估有限公司、山东广泰房地产评估测绘咨询有限公司、山东正诚房地产评估咨询有限公司、山东宇楷房地产评估有限公司、济南二十二世纪房地产评估有限公司。经评估，被拆迁房屋及回迁安置房源基准单价为每平方米4456元，以基准价为准调整各类房屋单价。委托拆除单位为山东和昌建设工程有限公司、山东鲁建工程有限公司、济南胜通恒业机械化工程有限公司、济南英雄山建筑安装工程有限公司、济南坤淇建筑工程有限公司、济南爆破公司、山东万丰建设有限公司、济南兴鲁爆破有限公司、山东省龙成建筑工程有限公司、山东枣建建筑集团有限公司、济南华光伟业机械化施工有限公司、济南舜祥机械化施工有限公司。2010年4月15日，进行安置房公示。4月16日始，发放征求意见书及宣传材料。根据收回征求意见书统计，该片区被拆迁居民选择货币安置仅占5%，绝大多数居民选择房屋安置。5月5日，将安置房价格进行公示，并入户发放选房通知单及选房配档表。5月8日始，组织被拆迁居民选房，5月22日结束。4459户被拆迁居民选到满意房屋，选房率达94.1%，创造平均每天选房300余户拆迁选房速度。

车站北街片区 车站北街片区拆迁范围，东至济南铁路局黄台货场，西至车站北街，南至车站北街，北至北园大街，占地8.01公顷。该工程拆迁涉及被拆迁居民81户，需拆除各类房屋建筑面积1.79万平方米。2010年1月16日，取得拆迁许可证。4月30日，全部完成拆迁任务。该项目规划建设面积地上14万平方米、地下6万平方米。

泺口片区涝洼地区改造项目一期 泺口地区改造是天桥区历史上最大项目，涉及被拆迁居民1.1万余户，需拆除各类房屋建筑面积90.04万平方米。该项目分四期实施。一期项目是天桥区第一个房屋征收项目，征收主体由项目建设单位转化为以济南市政府为主体的重大变化。一期征收项目需征收居民房屋1606户，建筑面积10.04万平方米，涉及单位22家。济南市政府于2012年8月31日下发《房屋征收决定公告》。征收政策依据为《济南市城市房屋征收补偿暂行规定》。征收范围，东至津浦铁路线，西至济南金属颜料总厂西侧规划道路，南至济邯铁路，北至泺口南路。以上范围不包括东馨小区、怡苑小区、原济南三星橡胶厂、泺口东站街路东侧所有平房。征收部门是济南市城乡建设委员会，征收实施单位是济南市天桥区人民政府拆迁办公室。征收评估机构为山东三鑫房地产评估咨询有限公司、山东正诚土地房地产评估有限公司、山东广和房地产评估有限公司、山东中旭房地产评估咨询有限公司、山东中瑞华房地产评估有限公司、济南同盛房地产评估咨询有限公司。安置房为回迁安置，2212套。被征收房屋基准单价为每平方米5722元，安置房基准单价为每平方米5178元。2012年11月，启动与被拆迁居民签订协议及搬迁工作。

二、建设

2007—2012年，茂新片区13幢建筑面积计9.32万平方米、聚贤片区12幢建筑面积计9.32万平方米、顺河片区5幢建筑面积计2.66万平方米被拆迁居民回迁楼于2007年开工建设，2009年竣工。馆驿街西片区（和信花园）6幢建筑面积计8.18万平方米被拆迁居民回迁楼于2007年开工建设，2011年竣工。聚贤片区北区8幢建筑面积计12万平方米被拆迁居民回迁楼于2009年5月开工建设，2010年5月竣工。济安街片区（银座·好望角）4幢建筑面积计9.51万平方米被拆迁居民回迁楼于2009年开工建设，2011年5月竣工。北刘片区（福邸）3幢建筑面积计4.6万平方米被拆迁居民回迁楼于2009年5月开工建设，2012年5月竣工。顺河三角地片区4幢建筑面积计6.9万平方米、汽车厂东路南片区6幢建筑面积计6.54万平方米、官扎营—宝华片区一期（名泉春晓）6幢建筑面积计23.28万平方米、仁丰片区（盛世名门）6幢建筑面积计5.76万平方米、河套庄片区2幢建筑面积计1.34万平方米、万盛片区5幢建筑面积计7.12万平方米被拆迁居民回迁楼于2012年年底前竣工。

三、回迁

至2012年年底，馆驿街西片区（和信花园）应回迁1176户，实回迁1143户；茂新片区、聚贤片区、顺河片区应回迁3406户，实回迁3288户；汽车厂东路南片区应回迁826户，实回迁793户；顺河三角地片区应回迁1047户，实回迁966户；北刘片区（福邸）应回迁647户，实回迁614户；仁丰片区（盛世名门）应回迁693户，实回迁632户。累计回迁7436户，占应回迁总数95.4%。

附：

天桥区城建综合开发公司

天桥区城建综合开发公司始建于1985年7月，前身为天桥区旧城改造指挥部，是隶属天桥区人民政府的经费自筹事业单位，主要负责天桥区范围内的旧城改造、新区开发及基础设施建设。1993年3月，组建为济南天发房地产实业集团总公司，8月，更名为济南天发房地产（集团）总公司。在政府序列部门（单位）中，沿用了天桥区城建综合开发公司这一名称至今。现有事业在编在职职工33人，退休职工34人；企业在职职工300余人。

公司不断拓宽经营领域，发展规模经济，从创办时7个人靠20万元贷款起家的小公司，发展到今天拥有总资产3.5亿元，注册资本1.7亿元，具有房地产开发二级资质，下辖济南天发物业管理有限公司、济南天发建筑安装工程公司、济南天发集团聊城分公司、济宁市兖州区天发房地产开发有限公司、济南市钢塑门窗工业公司，集房地产综合开发、建筑安装、物业管理、餐饮服务于一体的多产品门类、跨行业经营的企业

仁丰回迁（2012年9月摄）

集团。

根据区政府的指示精神，公司于1993年2月接管区属特困企业济南第九棉纺织厂西厂，后更名为济南中兴实业总公司，接管时职工总数405人（含17名残疾人），2008年5月与民营企业济南金宝星经贸有限公司实行重组改制；1994年10月接管区属特困企业济南市钢塑门窗工业公司（包括济南天发门窗设备厂、济南天鹏实业公司），接管时职工总数1000余人；1993年11月成立天发建筑安装工程公司；1995年9月成立天发物业管理有限公司。公司在运营过程中还成立了济南天发基础工程公司、济南天发水电暖工程公司、济南天发仪器仪表公司、济南天佳发房地产开发有限公司、济南天华源房地产开发有限公司等下属公司或合资公司，现均已完成改制或按公司法程序予以注销。

公司成立三十一年来，坚持经济效益、社会效益和环境效益并重，累计投资数十亿元，开发建筑面积200余万平方米。先后实施了济南市工人新村救灾工程、北坦低洼区改造、纬北路棚户区改造、制锦市小区一期工程等旧城区改造建设；实施了柳云小区、黄岗小区、建筑新村、怡园小区、西苑小区、天虹小区、都市港湾、新城·金水岸、聊城·金丰苑、西苑·景润园等居民区开发建设；实施了天桥区人民政府办公大楼、明湖北路拆迁拓宽、堤口路拓宽、清泉变电站项目、天成路商业街、东西丹凤街商业街、天发大厦、天瑞·SOHO（今汇鑫·国际商务广场）等一大批有影响的办公、商业及文教公益设施的开发建设，为改变天桥区的城市面貌、改善居民生活条件做出了积极贡献。

在项目开发建设过程中，区城建综合开发公司积极为天桥区城市建设、基础设施建设、社会公益事业等提供资金援助。自1985年至今，据不完全统计，为天桥区人民政府办公楼、区政府宿舍楼、中共天桥区委党校校舍、区政法系统的建设支出近3000万元；为天桥人民医院门诊楼、北村农贸市场、天成路小学、北村幼儿园的建设支出2500余万元；为工人新村救灾工程支出2000余万元；为济南火车站东站西路建设支出800余万元；为制锦市老干部楼、制锦市街道机关办公楼等支援建设支出近500万元；为市重点工程清泉变电站项目安置拆迁户187户，支出1800余万元；为原济南国棉三厂“职工住房解困工程”等市政府送温暖工程支出2600余万元。同时还承担了区属两大特困企业济南钢塑门窗工业公司（包括济南天发门窗设备厂、济南天鹏实业公司）、济南中兴实业总公

西苑·景润苑一隅

司1400余名职工的生活费、医疗费、社会保险费等费用支出，先后无偿提供资金3616.6万元。

公司以良好的形象和卓越的业绩先后被国家有关部委、省、市授予“全国房地产开发企业综合效益百强”“全国企业形象最佳单位”“全国房地产领先企业500强”“中国房地产企业信誉AAA级单位”“山东省房地产100强”（名列第14名）、“济南市文明单位”“济南市十佳开发企业”“济南市纳税明星企业”等一系列称号，盛负社会各界赞誉。

济南黄河路桥工程公司

济南黄河路桥工程公司隶属济南市市政公用事业局。前身为建于1971年的济南城建材料厂；2000年，与济南沥青混凝土厂合并；2003年以前，是以商品混凝土、预制构件生产和沥青砼生产摊铺为主业的生产型企业。具有国家市政公用工程施工总承包一级资质，业务涵盖济南、青岛及四川、海南、江苏等地，有自德国、日本进口机械设备300余台辆，先后完成顺河高架路、经十路、英雄山路、二环东路、奥体中路、趵突泉南路、四川齐鲁大道等重点工程130余项，数十次获中国市政金杯示范工程奖和山东省市政金杯示范工程奖，其中参建的顺河高架路、经十路、英雄山路、北园大街高架、二环东路和奥体周边道路工程，均获“中国市政金杯示范工程”称号。援建工程获天府杯、绵州杯、泉城杯、泰山杯。

二环东路

济南黄河路桥工程公司自2003年始，承接济南东区5条道路，试点水稳层生产施工。2004年，在经十路工程中，试点地下管线等土建施工。2006年，第一次独立承接8000万元的英雄山路工程，走上市政土建施工的路子。2006年3月，第一次承建桥梁——唐冶新城横六路桥。9月，承建东方红桥扩建任务，用40天完成任务，创造济南架桥史上速度之最。2007年，建设横九路—土河桥，开启公司建设拱形桥的先河。在2008—2009年的二环东路工程中，承接单项工程额1.67亿元，首次实现承接单项工程过亿元。2008年，承建转山西路工程，实现当年开工、当年竣工、当年验收、当年结算。2010年，完成四川永昌大桥引桥建设。3月，承建小清河上的腊山河西路桥，受到小清河工程指挥部的通报表扬。所采用的大导流方案得到推广，方案设计者任宗福作为专家受邀参加其他6座桥梁的论证会。同年，完成趵突泉南路工程，将昔日的“山水沟”建成地上交通、地下行洪、实用与美观合一的通途。2011年3月，承建张庄路工程，组建张庄路项目部。施工过程中，按照住房城乡建设部规范要求，建立质量保证体系，由项目经理和总工直接负责。保留部分旧管线，新建管线14道，管线横穿40余处，检查井加固400座。4月，承建竣工的文化西路和玉兴路，是济南市首批全国自行车与步行系统示范路。6月，承建的齐鲁大道竣工。此工程按国家市政金杯示范工程标准，在开工前签订工程质量责任书，实行工程质量项目负责制，同时制定创优计划和工程质量控制计划。施工过程中，实行样板管理，推行施工技术革新，严格掌控材料进场、施工组织、施工进度。现场施工人员总结出“6个不行”的严格质检标准，即道路基础垫层不平整密实不行；两个相邻的立沿石间缝隙超过2毫米（国家标准是2～4毫米）不行；立沿石缝隙上下左右不一致不行；火烧板铺起来相邻四角稍有不对称不行；火烧板安装时垫层密度不达标不行；火烧板下垫层中的水泥量不达标准的上限不行。至2012年年底，黄河路桥工程公司完成承建项目38项。

2009年7月，完成第三污水处理厂配套管网工程（二期），该工程难度和深度较大，工期仅42天，顶管部分深入地下15米，需双排管施工，公司在雨季峰值前按期完成。8月，建成南圩子壕河道治理工程，将从南部而来的河水引过来，化解趵突泉南路行洪压力，为后来彻底解决“山水沟”顽疾奠定基础。

2010年，制定《济南黄河路桥工程公司12319工作站管理办法》，从职责分工、工作流程、工作内容、奖惩措施方面规范“12319”热线响应工作，完善快速响应机制，达“速度快、效率高、服务质量好”服务标准。热线人员接单后10分钟内通知责任分公司，并督促处理；分公司抢修人员接到派单后第一时间赶往现场处理。对已完工市政道路桥梁，及时巡查维修，对转办、投诉及巡查发现的问题规定办理时限，确保事事有着落、件件有回声。1月，公司以趵南路工地为试点，从安全质量、标语宣传、便桥设置、护栏架设、材料摆放、围挡美化、洒水降尘、噪声控制等方面入手，全力打造“标准化工地”并向其他工地推广，推动文化西路、旅游北路、西客站等10余个市政施工点施工环境的改善。趵突泉南路南头桥梁施工时，土层挖至2米碰到浆骨石，为保证市民安全，不能爆破，施工人员只能用油锤敲，“啃”掉石头1000余立方米。二环西路工程开工前，公司项目部逐一排查并解决沿线排水不畅、道路积水、垃圾清运等问题。同月，公司工程部、质检部联合成立“效能QC小组”，以《提高12319热线工单处结及时率》为课题，运用QC方法和相关理论指导热线服务工作，完成与市政公用事业局签订的工作目标责任书中的相关服务指标。6月21日，英雄山路与六里山南路路口东南角因地下管线原因发生路面塌陷，公司调配抢险队，克服地下管线复杂、交通压力大等困难，在最短时间内保质保量完成抢修。8月20日，大雨致使二环南路怪坡南侧山体滑坡，造成道路阻断，公司应急抢险队迅速出动，完成抢险任务。年内，济南黄河路桥工程公司接热线工单576件，工单处结率100%，工单处结及时率97.57%。

2011年3月，济南黄河路桥工程公司成立应急防汛办公室，下设“12319”热线工作服务站、防汛抢修队、应急抢修队、燃气工程项目部，配备人员17人、应急防汛车4辆、应急抢险车1辆、大型多功能排污泵站2台。5月8日，市区暴雨，历山路铁路桥下严重积水，公司防汛抢修队第一时间赶往历山路，投入防汛抢险工作，出动队员8人，动用水泵2台，4小时累计排水800立方米，恢复道路正常通行。

2008年，汶川大地震发生后，公司立即组建四川分公司参加援建，相关人员迅速赴重灾区北川县，快速安装指挥部办公区、生活区活动板房面积2200平方米。完成擂鼓镇及擂鼓镇政府驻地基建、3号路北延、9号路西延、擂鼓中学室外道路及管网工程。在北川新县城建设中，公司参建完成“山东省援建北川重点工程”项目3项（永昌大道3标段、顺义河3标段和永昌大桥引桥）。其中，永昌大道是全省进场最早、开工最早、速度最快的新县城建设项目，树立起“济南援建”形象。

济南路通市政工程有限公司

济南路通市政工程有限公司成立于2004年9月1日，位于小清河北路19302号，为市政公用工程施工总承包三级企业，注册资金4100

万元。公司现有职工 186 人，其中大学以上学历 85 人；各类专业技术人员 120 人，占总人数 64.5%，有职称的专业技术及经济管理人员 58 人，其中工程师 21 人、助理工程师 32 人；注册建造师 12 人。企业技术力量雄厚，机械化施工能力强，先后购置各类大型施工机械 30 余台套，拥有徐州工程机械集团生产的 LB4000 型沥青搅拌站及 WCBD600 稳定土拌和站，德国产 ABG（TITAN423—12）沥青摊铺机 1 台、国产三一重工 LTU90 沥青摊铺机 1 台、美国产英格索兰 DD110 双钢轮振动压路机 1 台、德国产汉姆 HD110 双钢轮振动压路机 1 台及 HD120 双钢轮振动压路机 1 台、德国宝马小型压路机 1 台、日立 ZX200-3G 挖掘机 3 台、现代 ZC225 挖掘机 2 台、柳工装载机 3 台、临工装载机 2 台、CA30 单钢轮震动压路机 4 台、三轮压路机 3 台，以及混凝土破碎设备等。同时拥有企业自建实验室 1 处。资产总额达 3580 万元。公司可承担城市道路、排水工程、桥梁、涵洞、公共广场、隧道、污水处理、供水管道等工程的新建工程施工总承包以及其他市政工程设施的维修。

济南奥体中心室外配套工程（2009 年 10 月摄）

自成立以来，济南路通市政工程有限公司修建、维修市政道路 30 余条、总面积达 11 万平方米；修建各类排水管涵长 2.5 万余米，各类桥梁 21 座、总面积 1 万余平方米；铺装各类城市广场面积 1.7 万余平方米。其中，2010 年，承建的生产路北延工程被评为济南市金杯示范工程；2011 年，参与建设的聊城市沽源路工程获聊城市建设工程质量“水城杯”奖；2013 年，承建的梁山县礼仪路道路、排水工程获济宁市建设工程“运河杯”奖及市级建筑施工安全文明工地奖；2014 年，参与建设济南新材料产业园区污水收集管网工程，公司被产业园区工程建设指挥部评为先进单位；2013—2014 年，参与建设宁津县大柳水库市政配套工程，获宁津县“县长质量奖”。

公司秉承“内强素质，外树形象”的方针，注重人员素质培养，先后有 80 余人参加施工、质检、预算、财务、安全、计算机、工程管理、项目经理等培训；陆续在高等院校招录一批市政工程专业的大学毕业生，为企业技术改造、经营和发展打下坚实基础。公司坚持“质量就是生命”，以质量求生存、谋发展、树信誉，取得显著的经济效益，树立起良好的社会形象；秉承“技术先进、服务至上”经营理念，以高质量、高水平的建筑产品打造出企业品牌。公司党支部始终将党风建设放在首位，积极开展“党的群众路线教育实践”活动，强化思想政治建设，确保员工队伍的政治思想稳定性。坚持用科学发展观指导实际工作，设立“党员先锋岗”，发挥党员的模范带头作用，给企业全体员工传递正能量。

公司遵循“安全第一、预防为主、综合治理”方针，严守国务院《建设工程安全生产管理条例》。结合市政工程施工实际特点，制定《公司安全文明施工管理制度》《公司综合应急救援预案》，对公司安全生产管理实行制度化、专业化、网络化、常态化管理，实现安全生产无重大事故。2012年，公司全面推行HSE（健康、安全与环境管理体系）安全管理制度，将安全生产责任落实到每个工作环节、每个岗位、每个员工，实现全面化、全过程的安全管理。公司定期组织职工进行安全管理培训，邀请省、市安全教育专家授课，并在公司及全体施工项目部积极开展“安全生产竞赛”活动。

山东瑞鑫幕墙装饰有限公司

山东瑞鑫幕墙装饰有限公司成立于2005年，位于济南市天桥区新徐工业园，生产基地毗邻黄河绿化风景区，专业从事金属门窗、建筑幕墙、钢结构工程和室内外装饰，注册资金1018万元；山东省企业家协会常务理事单位、山东省建机协会常务理事单位、省级“守合同、重信用”企业；获2015年度济南市五一劳动奖章及“厂务公开先进单位”称号。瑞鑫公司具有金属门窗工程施工一级资质、建筑幕墙工程设计与施工二级资质；山东省住房城乡建设厅节能认证及备案企业；通过ISO9001质量管理、ISO14001环境管理及职业健康等三个体系认证。

瑞鑫公司建有办公及生产厂房面积1.2万平方米；现有管理人员30余名，其中中级以上职称10余名，获住房城乡建设部颁发证书的项目经理及注册建造师10余名；一线生产工人50余名，平均技术等级6级；组建有专业的安装施工项目部，施工人员120余人，均经培训持证上岗，具备良好的从业素质和技能。

瑞鑫公司注重技术创新，致力于高性能系统门窗的研发，瑞鑫系统门窗节能标准处于国内领先水平，高节能高性能的系统门窗是建筑门窗的更新换代产品；门窗幕墙产品设计和生产管理采用中国建筑金属结构协会推荐的百科门窗幕墙集成系统和创盈门窗优化管理系统作为辅助软件，微机出图率达100%；施工生产设备和检测实验仪器配置完备，生产流水线整合有数十台套先进精良的专用加工设备，具有数控切割锯、数控四头组角机、数控弯弧机等关键设备，数控弯弧机弯弧最小直径可达300毫米，可满足任何异型圆弧加工，加工过程主要采用模具冲压工艺，保证产品加工高效率和高精度，加工制造采用流水线作业，单班可产面积600平方米门窗幕墙，设计产能为年产建筑门窗面积20万平方米、建筑幕墙面积10万平方米。

济南军区司令部凯旋花园

瑞鑫公司秉承“诚信，创新，服务，共赢”的经营理念，为用户提供优质的售前、售中和售后服务。施工的主要项目有济南军区政治部、联勤部高层公寓楼（获军区优良奖）；济南军区司令部花园路住宅；济南军区前卫歌舞团礼堂；济南军区联勤部综合楼；济南市旧投聚贤片区安置房、文庄片区廉租房、北大槐树片区安置房；济南市西投西客站片区安置房；济南市城投雪山片区安置房；济南西城集团济水上苑；东城逸家公务员住宅；省直机关汉峪住宅；省政协高层住宅；省纪委廉政教育基地扩建项目；山东黄金集团黄金99、黄金山水郡、黄金御园；绿地国际花都；北大时代、北大尚品燕园；山水云天别墅石材幕墙；鲍德地产华丰居（获泉城杯奖）；章丘唐人中心、天齐奥东花园、国华新经典；省医科院新校区群体建筑；山东齐鲁大学图书馆；中华女子学院图书馆；济南大学办公楼及专家公寓楼；临沂鲁商地产沂龙湾、凤凰城；临沂高都新区青啤家园；东营市贵和苑项目。

第五篇

环境保护

1991—2012

TIANQIAO QU ZHI

“六·五”世界环境日宣传活动

应急环境监测

“环保大篷车”宣传进社区

20世纪90年代初，天桥区是济南市工业集中区，有化工、造纸、印染、纺织、汽车制造等50多个重污染行业企业，污染物排放种类多、基数高，污染负荷占全市城区40%。随着工业结构调整，化工、造纸、印染、纺织等行业效益逐步滑坡，企业环保治理资金匮乏，污染治理、环境修复难度加大。人民群众对环境质量要求与各类环境问题的矛盾日益突出。全区重点进行生态市建设和污染减排工作，依法强化环境保护监督管理，有效遏制环境污染加剧趋势。先后实施药山生态恢复工程、龙湖湿地工程，城乡环境面貌、环境质量日趋改观。

第一章 环境质量

1991年，天桥区大气、水环境污染严重，区域环境噪声平均等效声级属居住、商业、工业混杂区标准。至2012年，天桥区实施“蓝天工程”“容貌工程”，控制燃煤含硫量、淘汰燃煤锅炉，大气环境质量整体逐年好转；开展“碧水工程”，实施废水治理、河道截污、清淤等环境综合整治，水体质量明显改善；加强超标噪声源治理，环境噪声达标区面积逐步扩大，区域环境噪声平均等效声级属以居民住宅、医疗卫生、文化教育、科研设计、行政办公为主要功能，需要保持安静的区域。

第一节 大 气

天桥区能源由煤炭、燃料油、天然气等构成，以煤炭为主。燃煤过程中产生二氧化硫和可吸入颗粒物是污染物重要来源，造成天桥区采暖期煤烟型空气污染。1991年，全区有炉灶3600余台，其中，低压锅炉、茶水炉及各种炊事灶等低空排烟设施占80%；全年耗煤量100万吨，小型炉灶耗煤占比较大，炉灶热效率低，且无脱硫除尘设施，烟气低空排放，污染严重。大气中二氧化硫、氮氧化物、总悬浮颗粒物、自然降尘量年均浓度分别为0.209毫克/立方米、0.072毫克/立方米、0.607毫克/立方米、20.98吨/平方千米·月，依据国家《环境空气质量标准》(GB3095-82)，二氧化硫超标0.39倍、总悬浮颗粒物超标1.53倍。

1994年，以“气清”为目标，淘汰不合格排烟设施为重点，加快污染点源治理。年底，大气主要污染物二氧化硫、氮氧化物、总悬浮颗粒物年均浓度分别为0.098毫克/立方米、0.037毫克/立方米、0.325毫克/立方米，均低于国家标准。1996年，全区烟控区有排烟设施单位901个，各类排烟设施2815台，燃煤总量46.98万吨，烟气黑度和烟尘浓度达标率分别为99.8%和92.3%。年底，大气中二氧化硫、氮氧化物、总悬浮颗粒物、自然降尘量、降水pH值平均值分别为0.305毫克/立方米、0.079毫克/立方米、0.487毫克/立方米、23.44吨/平方千米·月、6.6；依据国家《环境空气质量标准》(GB3095-1996)III级，二氧化硫超标2.05倍、总悬浮颗粒物超标0.62倍。1998年，全区烟尘排放量4552吨。

2000年始，相继实施“蓝天工程”、容貌工程，控制燃煤含硫量、取缔10吨以下燃煤锅炉等大气环境综合整治，推广清洁能源，调整产业结构，大气环境整体质量逐年改善。2002年，全区烟尘排放量1380吨。

2005年，大气中二氧化硫、二氧化氮、PM10、自然降尘量、降水pH值平均值分别为0.047毫克/立方米、0.021毫克/立方米、0.115毫克/立方米、23.64吨/平方千米·月、6.27；依据国家《环境空气质量标准》(GB3095-1996)、国家《环境空气质量标准》(GB3095-1996)修改单II级，仅PM10超标0.15倍。全区工业烟尘、二氧化硫排放量分别为1293.69吨、10318.6吨。

2012年，天桥区煤炭能源消耗量51万吨，环境空气中二氧化硫、二氧化氮、PM10、自然降尘量、降水pH值年均浓度分别为0.094毫克/立方米、0.056毫克/立方米、0.158毫克/立方米、12.31吨/平方千米·月、6.46，依据国家《环境空气质量标准》(GB3095-1996)、国家《环境空气质量标准》(GB3095-1996)修改单，二氧化氮达到II级标准，二氧化硫超II级标准0.57倍，PM10超II级标准0.58倍。全区工业烟尘、二氧化硫排放量分别为878.02吨、4743.34吨。

1998—2012年天桥区大气环境质量监测统计表

表5-1

年份 \ 项目	二氧化硫（毫克/立方米）	二氧化氮（毫克/立方米）	总悬浮颗粒物（毫克/立方米）	PM10（毫克/立方米）	自然降尘量（吨/平方千米·月）	降水pH值
1998	—	—	0.435	—	26.100	6.670
1999	—	—	0.295	—	26.410	6.670
2000	—	—	0.195	—	25.500	6.400
2001	—	—	0.200	—	25.600	6.510
2002	—	—	0.196	—	25.100	6.480
2003	0.079	0.056	—	0.176	23.820	6.360
2004	0.052	0.050	—	0.160	23.590	6.380
2005	0.047	0.021	—	0.115	23.640	6.270
2006	0.046	0.023	—	0.114	20.000	6.320
2007	0.056	0.019	—	0.124	18.500	6.190
2008	0.049	0.021	—	0.127	18.500	6.040
2009	0.109	0.070	—	0.181	17.640	6.070
2010	0.087	0.053	—	0.157	17.400	6.380
2011	0.073	0.056	—	0.160	10.270	6.670
2012	0.094	0.056	—	0.158	12.310	6.460

第二节 水

天桥区河道均位于济南市下游。1991年，全区中、高度污染企业110家，年排污水194万吨，仅有3家电镀企业有处理措施。污水恣意排放河道，城区水环境质量很差。工商河水质化学需氧量（COD）平均值151.1毫克/升、石油类平均值14.8毫克/升，分别超国家《地面水环境质量标准》(GB3838-88)IV类6.56倍、28.6倍；小清河干流水质五柳闸测点水质化学需氧量、氨氮、石油类平均值分别为204.6毫克/升、14.87毫克/升、1.35毫克/升，化学需氧量、石油类分别超国家《地面水环境质量标准》(GB3838-88)IV类9.23倍、1.7倍。

1992—1997年，随着济南市工业生产的发展、城市人口的递增，工业废水和生活污水排放量日趋增多，大量未经处理的污水直接排放河道，汇入小清河。小清河每年枯水期4个月，无清水之源，致使小清河天桥段污染严重，感官性状极差，水体呈黑褐色，鱼虾绝迹。1998年，工商河凤凰闸测点水质化学需氧量、氨氮、石油类平均值分别为459毫克/升、26.3毫克/升、67毫克/升，达到极值；后引河济南国棉一厂测点水质化学需氧量、氨氮、石油类平均值分别为226毫克/升、9.3毫克/升、8.4毫克/升；小清河干流水质五柳闸测点水质化学需氧量、氨氮、石油类平均值分别为91.1毫克/升、17.75毫克/升、0.43毫克/升。随着济南市污水处理厂建成运行以及污水截流工程启动，天桥区水质逐步好转。

2006年，工商河凤凰闸测点水质化学需氧量、氨氮、石油类平均值分别为226毫克/升、15.1毫克/升、3.6毫克/升，分别超国家《地面水环境质量标准》(GB3838-2002) IV类6.53倍、9.07倍、6.2倍；后引河济南国棉一厂测点水质化学需氧量、氨氮、石油类平均值分别为215毫克/升、18.6毫克/升、3.76毫克/升，分别超国家《地面水环境质量标准》(GB3838-2002) IV类6.17倍、11.4倍、6.52倍；小清河干流五柳闸测点水质化学需氧量、氨氮、石油类平均值分别为58.9毫克/升、13.05毫克/升、0.43毫克/升，化学需氧量、氨氮分别超国家《地面水环境质量标准》(GB3838-2002) IV类0.96倍、7.7倍。2007年，开展一系列以河道截污、清淤为重点城区河道环境综合整治工程，水环境质量进一步改善。

2012年，工商河济南动物园测点水质化学需氧量、氨氮分别为36.4毫克/升、3.39毫克/升，分别超国家《地面水环境质量标准》(GB3838-2002) IV类0.2倍、1.3倍；西泺河入小清河处水质化学需氧量、氨氮分别为29.3毫克/升、3.55毫克/升，仅氨氮超国家《地面水环境质量标准》(GB3838-2002) IV类1.37倍；东泺河入小清河水质化学需氧量、氨氮分别为26.9毫克/升、2.12毫克/升，仅氨氮超国家《地面水环境质量标准》(GB3838-2002) IV类0.41倍；北太平河入小清河处水质化学需氧量、氨氮分别为85.5毫克/升、12.4毫克/升，分别超国家《地面水环境质量标准》(GB3838-2002) IV类1.85倍、7.27倍；除东泺河外，其他河道水质均为劣V类。污染较重的各支流均在入小清河处实施截流。

1998—2012年天桥区小清河支流水质监测统计表

表5-2　　　　单位：毫克/升

测点 / 项目 / 年份		工商河			后引河	西圩子壕		西泺河		东泺河		柳行河		北太平河
		动物园	成丰桥	凤凰闸	国棉一厂	少年桥	金冠毛纺	经一路桥	西泺河桥	小董庄	东泺河桥	车站北街	板桥	北闸子
1998	COD	328.00	431.00	459.00	226.00	—	—	—	—	—	—	—	—	—
	氨氮	27.80	29.00	26.30	9.30	—	—	—	—	—	—	—	—	—
	石油类	27.00	29.00	67.00	8.40	—	—	—	—	—	—	—	—	—
1999	COD	261.00	300.00	322.00	213.00	—	—	—	—	—	—	—	—	—
	氨氮	11.80	15.80	16.80	16.10	—	—	—	—	—	—	—	—	—
	石油类	29.80	20.00	42.60	17.50	—	—	—	—	—	—	—	—	—
2000	COD	134.00	168.00	148.00	212.00	—	—	—	—	—	—	—	—	—
	氨氮	10.40	14.70	11.60	15.10	—	—	—	—	—	—	—	—	—
	石油类	1.80	2.00	3.60	6.70	—	—	—	—	—	—	—	—	—

续表 5-2

年份	项目 \ 测点	工商河			后引河	西圩子壕		西泺河		东泺河		柳行河		北太平河
		动物园	成丰桥	凤凰闸	国棉一厂	少年桥	金冠毛纺	经一路桥	西泺河桥	小董庄	东泺河桥	车站北街	板桥	北闸子
2001	COD	207.00	232.00	251.00	190.00	—	—	—	—	—	—	—	—	—
	氨氮	17.80	21.50	26.30	15.50	—	—	—	—	—	—	—	—	—
	石油类	5.40	7.50	9.40	4.80	—	—	—	—	—	—	—	—	—
2002	COD	346.00	断流	312.00	322.00	—	—	—	—	—	—	—	—	—
	氨氮	21.30		22.80	22.00	—	—	—	—	—	—	—	—	—
	石油类	4.60		4.20	4.60	—	—	—	—	—	—	—	—	—
2003	COD	186.00	180.00	229.00	214.00	—	206.00	—	—	—	—	—	—	—
	氨氮	23.50	21.20	18.20	25.70	—	29.60	—	—	—	—	—	—	—
	石油类	2.70	3.30	3.00	3.80	—	2.40	—	—	—	—	—	—	—
2004	COD	201.00	219.00	220.00	203.00	—	205.00	—	—	—	—	—	—	—
	氨氮	19.40	21.10	15.40	19.20	—	23.90	—	—	—	—	—	—	—
	石油类	3.46	4.27	3.80	2.55	—	3.14	—	—	—	—	—	—	—
2005	COD	270.00	265.00	298.00	263.00	—	248.00	—	—	—	—	—	—	—
	氨氮	18.30	20.50	19.00	19.20	—	22.60	—	—	—	—	—	—	—
	石油类	3.53	3.59	3.25	3.23	—	4.13	—	—	—	—	—	—	—
2006	COD	217.00	221.00	226.00	215.00	—	86.00	—	—	—	—	—	—	—
	氨氮	17.50	21.30	15.10	18.60	—	14.40	—	—	—	—	—	—	—
	石油类	2.99	4.02	3.60	3.760	—	3.42	—	—	—	—	—	—	—
2007	COD	174.00	141.00	101.00	134.00	65.90	—	30.80	74.0	50.00	114.00	185.00	163.00	124.00
	氨氮	12.70	13.10	9.64	11.80	8.67	—	4.38	19.60	6.88	22.70	37.50	29.40	20.60
	石油类	1.53	1.76	1.79	—	—	—	—	—	—	—	—	—	—
2008	COD	130.00	120.00	69.70	167.00	70.5.00	—	65.00	42.20	92.80	61.90	172.00	223.00	99.40
	氨氮	12.80	7.10	7.17	24.30	20.2.00	—	8.11	6.86	25.00	14.80	42.70	43.90	19.40
	石油类	2.88	1.53	1.49	—	—	—	—	—	—	—	—	—	—
2009	COD	105.00	51.60	46.00	—	50.5.00	—	45.50	46.40	56.90	57.50	101.00	129.00	75.20
	氨氮	18.10	8.69	15.40	—	11.2.00	—	11.00	8.59	13.50	12.10	26.30	28.60	13.70
2010	COD	50.20	46.80	48.90	—	53.00	—	31.60	36.50	68.00	81.60	145.00	173.00	117.00
	氨氮	5.73	3.60	4.07	—	9.53	—	2.62	3.30	20.10	20.30	33.20	38.60	19.10
2011	COD	64.10	33.30	—	—	156.00	—	31.40	40.20	29.70	32.40	—	—	122.00
	氨氮	5.31	2.38	—	—	29.80	—	3.24	4.99	2.60	2.70	—	—	13.00

续表 5–2

年份	项目 \ 测点	工商河			后引河	西圩子壕		西泺河		东泺河		柳行河		北太平河
		动物园	成丰桥	凤凰闸	国棉一厂	少年桥	金冠毛纺	经一路桥	西泺河桥	小董庄	东泺河桥	车站北街	板桥	北闸子
2012	COD	36.40	54.20	—	—	100.00	—	37.80	29.30	20.20	26.90	—	—	85.50
	氨氮	3.39	5.45	—	—	14.80	—	2.61	3.55	1.43	2.12	—	—	12.40

说明：2007 年后，测点调整，并逐步取消石油类项目监测。

1991—2007 年天桥区小清河干流水质监测统计表

表 5–3　　单位：毫克 / 升

年份 \ 项目 \ 测点	马鞍山			五柳闸		
	COD	氨氮	石油类	COD	氨氮	石油类
1991	160.90	16.16	0.76	204.60	14.87	1.35
1992	138.30	26.70	2.27	212.10	13.08	3.09
1993	435.30	25.90	3.66	283.60	23.91	4.80
1994	252.50	11.82	2.77	168.50	13.79	3.61
1995	242.50	18.43	3.35	271.30	21.90	3.67
1996	121.40	11.37	4.37	210.10	12.40	2.88
1997	85.10	20.60	1.50	102.50	18.44	2.00
1998	74.30	15.85	0.28	91.10	17.75	0.43
1999	97.70	19.75	1.35	104.30	23.64	2.11
2000	80.10	11.72	1.99	81.10	17.42	5.34
2001	52.20	13.59	0.19	71.60	19.17	0.51
2002	57.20	6.01	0.15	87.40	20.36	2.29
2003	59.20	8.12	0.19	87.10	19.59	0.22
2004	42.80	4.11	0.45	63.50	9.45	0.85
2005	38.70	6.15	0.26	51.40	10.47	0.71
2006	43.00	10.21	0.20	58.90	13.05	0.43
2007	40.70	6.93	0.27	50.40	10.12	0.36

说明：2008 年始，小清河干流天桥区段水质停止监测。

第三节 噪　声

1991 年，天桥区有噪声排放单位 240 个，其中超标单位 115 个，超标率 49.2%；全区实施超标工业噪声源治理、创建环境噪声达标区、施工噪声控制、车辆市区禁鸣喇叭等措施，辖区内声环境质量有较大改善。区域环境噪声平均等效声级为 55.2 分贝，比 1989 年 61 分贝降低 5.8 分贝。

1996年，区域环境噪声平均等效声级昼间为54.4分贝、夜间为45.7分贝，昼间、夜间分别达国家《城市区域环境噪声标准》（GB3096—93）1类、2类声环境功能区标准。1997年，城市交通干线噪声平均等效声级69.2分贝，比1995年降低0.8个百分点。2003—2009年，加大清理居民区扰民噪声源、控制夜间施工噪声源污染力度。2010年，区域环境噪声平均等效声级昼间54.5分贝、夜间43.8分贝，均达国家《声环境质量标准》（GB3096-2008）1类声环境功能区标准。

2012年，区域环境噪声平均等效声级昼间54.3分贝、夜间42.5分贝，比2010年昼间、夜间平均等效声级分别降低0.2分贝、0.3分贝，均达国家《声环境质量标准》（GB3096-2008）1类声环境功能区标准；交通噪声平均等效声级69.3分贝，达国家《声环境质量标准》（GB3096-2008）4类声功能区标准。

1998—2012年天桥区区域环境噪声监测统计表

表5-4 单位：分贝

年份	1998	1999	2000	2001	2002	2003	2004	2005	2006	2007	2008	2009	2010	2011	2012
昼间	55.00	54.90	54.90	54.80	53.40	54.50	54.90	54.50	54.90	54.90	55.00	55.00	54.50	54.50	54.30
夜间	45.00	45.10	44.80	45.10	44.60	45.30	44.60	45.30	44.60	43.40	43.40	43.50	43.80	43.60	42.50

第二章　环境监测

1991年，天桥区环境监测站（以下简称监测站）有监测人员10人、各种监测仪器30台（套），由1983年建立时监测大气4个项目，增至大气、噪声、水质等33个项目。至2012年，有监测人员11人（全部持证上岗）、各种监测设备80台（套），监测项目95个，例行大气、地表水、区域环境噪声等常规监测及重点污染源强化监测。

第一节　监测站建设

一、监测设施

1991年，有监测仪器30台（套）。1993年，投资10万元，购置离子色谱仪、分光光度计等。1994年，投资3万元，更换部分仪器，重新鉴定仪器27台。1995年，投资4万元，购置二氧化硫测试仪，改造仪器室，新增仪器操作台。

1998—2002年，投入资金150余万元，购置3011H+烟尘测试仪、ZH—1521二氧化硫测定仪、UV—754紫外分光光度计、ZIC—11A离子色谱仪等监测仪器21台、工作用车5辆、微机4台、摄像机3部、集声光电一体先进教学设施1套。2004年，投资13万元，购置气相色谱仪。2009—2010年，新增离子色谱仪、电子天平、T6新悦分光光度计、烟尘测定仪、大气采样器、原子吸收分光光度计、原子荧光争光光度计等较先进仪器、设备30台（套）。2011年，投资110万元，更新监测仪器40台（套）。

至2012年年底，监测站有监测设备80台（套），主要包括气相色谱仪、原子吸收分光光度计、原子荧光分光光度计、红外测油仪、噪声统计分析仪、离子色谱仪、电子天平、754分光光度计、烟尘测定仪、烟气测试仪、优普超纯水机、T6新悦分光光度计、浊度仪、大气采样器等较先进仪器设备，设备原值170余万元。

二、计量认证

1994年8月始，按照计量评审六项五十条内容规定，实行化验员制度上墙13项77条，学习“关于环境监测机构计量认证的实施评审内容和考核要求”、《中华人民共和国计量法》、“计量认证150题”。11月25日，通过省、市专家组成的计量认证评审小组考核。1995年，5类40项测试项目通过终审，山东省技术监督局颁发计量认证书，监测站出具的环境监测数据具备权威性。1997年，加强专业技术人员理论和计算机操作技术培训，实现环保数据监控计算机管理。监测站8人参加山东省环境监测技术经验交流大会，5篇专业论文获三等奖、3篇获优秀奖。

2001年，通过计量认证复审，认证项目43项；完成局域办公网络建设。2002年，监测人员中本科学历3人、大专学历2人、中专学历2人，高级工程师1人、工程师6人。2004年，投资15万元改造化验室。2005年，通过国家实验室认可。2007年，通过山东省计量认证换证复查。2008年，投资20万元建立原子吸收室、微生物监测室；认证认可项目72项。2009年，通过国家实验室认可委员会换证复评审及扩项评审，评审扩项4项，新增微生物监测。2010年，通过省实验室资质认定复核、扩项评审。2011年，通过国家实验室认可委员会换证复评审及扩项评审。

至2012年年底，监测用房建筑面积300平方米，其中化验室面积260平方米。监测站通过山东省技术监督局扩项评审及监督评审认证，监测项目增至95项，覆盖济南市环境监测站规定要求全部监测项目。监测分析能力扩展到大气环境、废气、降水、地表水、废水、噪声、微生物、重金属、油烟、机动车尾气和室内空气十一大系列环境要素，达环境保护部规定的三级站标准。

第二节　监测项目

一、环境质量监测

（一）大气监测。1991年始，全区设监测点4个，监测大气中的二氧化硫、氮氧化物、总悬浮颗粒物、酸雨；设监测点3个，对自然降尘量每月监测1次。1995年，对大气中二氧化硫、氮氧化物、总悬浮颗粒物等常规监测数据以及自然降尘量3个测点数据按时上报；监测大气降雨、降雪10个项目43次。1996年，对大气中二氧化硫、氮氧化物、总悬浮颗粒物每季度监测1次；自然降尘量监测点2个（济南化工厂、山东化工厂），每月监测1次；降水逢雨雪必测，计29次。1998—2002年，总悬浮颗粒物7422工厂、济南中药厂2个测点，每月监测5天，每天连续采样12小时；自然降尘量济南化工厂、山东化工厂2个测点，每月监测1次，降水逢雨雪必测，每月全分析1次。2003—2008年，PM10、二氧化硫、二氧化氮济南化工厂测点，每日24小时监测；自然降尘量济南化工厂、山东化工厂2个测点，每月监测1次，降水逢雨雪必测，每月全分析1次。2009—2012年，济南化工厂、山东蓝翔高级技工学校2个空气质量监测子站，24小时自动监测PM10、二氧化硫、二氧化氮；自然降尘量24个监测点（区域20个监测点、道路4个监测点）每月监测1次，降水逢雨雪必测，每月全分析1次。

（二）地表水监测。1991年始，工商河3个断面，每月监测1次，监测化学需氧量、石油类等项目16项。1994年，增加小清河支流地表水监测。1995年，对小清河7个支流点、工商河3个断面19个项目进行监测。1996年，对小清河支流7个测点、工商河3个断面20个项目进行监测。1997年，增加铅、锌、铬、铜、氟5种离子监测项目。1998—2002年，工商河3个测点每年全分析3次，监测项目12项；小清河支流3个测点每年全分析3次，监测项目13项。2003—2006年，工商河3个监测断面、小清河支流4个监测断面每年全分析6次，监测项目12项。2007年始，小清河支流石油类项目不再监测；增加少年桥、车站北街、西泺河桥、东泺河桥、板桥、北闸子、经一路桥、小董庄8个监测断面，减少金冠毛纺厂监测断面。至2008年，工商河3个监测断面、小清河支流11个监测断面每年全分析12次，监测项目9项；工商河石油类监测项目不再监测。2009—2010年，工商河3个监测断面每年全分析24次，监测项目10

项；小清河支流8个监测断面每年全分析12次，监测项目10项。2009—2012年，工商河3个监测断面每年全分析12次，监测项目10项；小清河支流8个监测断面每年全分析12次，监测项目10项。

（三）区域环境噪声监测。1991年始，对全区55个噪声监测点进行噪声监测。1995年，对67个区域环境噪声监测点进行监测；对5号噪声达标区网格布点104个，昼夜监测。1996—1997年，对环保责任书中区域环境噪声43个按新区域划分监测点进行昼夜监测；完成北园噪声达标区网格布点105个，昼夜监测。1998—2010年，辖区43个区域环境噪声测点每年5月份按昼夜分别监测1次。2011—2012年，辖区52个区域环境噪声测点每年5月份按昼夜分别监测1次。

二、污染源监测

1991年，对17个区属、乡镇企业排出的工业废水监测分析，年排工业废水5000吨以上企业30家。1994年，对120台1吨/小时以上锅炉、77家单位废水、80家单位噪声进行监测。1995年，监测锅炉百余台、工业污水90厂次、噪声源58个。1996年，对烟控区内锅炉、窑炉、灶烟气黑度100%复测，1吨/小时以上锅炉、窑炉复测率60%；监测站与山东省环保设计院联合承担“小清河水质模型建立模拟实验”部分项目监测，完成3个测点4个项目20天监测，为小清河治理提供参考资料。监测污染源锅炉256台、企业废水75厂次、固定噪声源85个。1997年，监测污染源锅炉120台，对42家污水排放企业及餐饮行业跟踪监测。1998—2002年，监测锅炉720台、煤样900余份、锅炉烟气二氧化硫400余台次；每年完成24个重点废水污染源每季度1次监测，废水跟踪监测三产单位由43家增至180家；监测固定噪声污染源240个、建筑施工噪声源530个。其间，2000年10月，验收监测“一控双达标”（污染物总量控制，环境功能区达标、所有工业污染源排放污染物达标）中污染源锅炉、窑炉101台。

2003—2012年，开展烟尘、废水、噪声污染源监测，“三同时”项目验收监测，环境应急监测，环评监测，ISO 14000认证监测，室内空气质量监测工作，取得环境监测数据13万余个。其间，2005年，完成济南化工产业园区域环境影响评价监测；2006年，完成济南裕兴化工厂搬迁建设项目和鹊山龙湖建设项目环境影响评价监测。

三、污染源普查

2007年11月初，落实《国务院关于开展第一次全国污染源普查的通知》精神，天桥区开展第一次污染源普查工作。20日，召开全区污染源普查暨治污减排会议。2008年1月，完成工业源、生活源、集中式污染治理设施、农业源等污染源入户清查、核查工作。3月11日，启动第一次污染源普查入户调查。4月22日，对辖区生活源628家、污水集中处理设施4家、工业源388家、农业源392户普查数据录入微机。5月30日，向环境保护部污染源普查办公室上报第一次数据。8月，上报第二次数据。11月20日，上报第三次数据。12月，完成污染源普查档案整理，普查工作结束。

环境监测人员在采集水样（2011年7月摄）

第三章　污染防治

1991始，天桥区开展大气、水、噪声、固体废物及辐射污染防治。1999—2000年，规范化整治污染源排污口；悬挂排污单位排污口标志牌37块，其中废气排污口标准牌23块、废水排污口标志牌14块。2000—2002年，按照中共济南市委、市政府部署，实施“蓝天工程”；市政府印发实施“蓝天工程”5个通告，对“治山、治气、治水”提出具体要求。至2012年，环境质量逐步改善。

第一节　大气污染防治

一、燃煤污染控制

1991年始，逐年推进燃煤锅炉淘汰工作，促使各单位参加集中供热或更换电、气、油等清洁能源炉具。至1993年，治理1吨以上锅炉、炉灶30台；济南明湖热电厂、北郊热电厂的投产，取代冬季取暖期锅炉80台，取代非取暖期锅炉40台；推广型煤灶500台。1994年，取缔花盆炉及自制炉759个，治理散烧茶水炉238台（其中更换为型煤灶110台、汽打水71台、电炉26台，拆除17台，停用14台）、散烧汽水两用炉335台（其中更换微型煤灶55台，拆除71台，停用190台，其他19台），更换散烧炊事炉158台（其中更换微型煤灶89台、燃气灶56台、蒸汽灶9台、电炉4台）；投资60万元，治理超标污染源50个。

1995年，对限期治理9家单位13台锅炉中8个单位12台锅炉进行治理，完成目标92.3%；推广普及民用型煤，普及率90%。1996年，投资750万元，治理7个单位8台重点超标污染锅炉，达标率100%。1997年，投资30万元，治理驻区8个单位8台1吨/小时以上超标污染锅炉，达标率100%；全部取缔辖区内0.5吨/小时～1吨/小时烟煤散烧锅炉；民用型煤普及率100%。1999年，1吨/小时以下燃煤炉具更换清洁燃料炉具1583台（其中茶水炉275台、蒸调灶711台、蒸煮灶291台、汽水两用炉160台、取暖炉146台）；取缔露天烧烤燃碳炉具1800余套。

2000—2002年，淘汰90个单位1吨/小时及1986年以前安装的2吨/小时燃煤锅炉34台、2吨/小时燃煤锅炉51台、4吨/小时燃煤锅炉25台。强制各类有燃煤设施单位使用含硫量小于0.8%、灰分子小于20%的优质煤，实行集中配煤添加固硫剂并将用煤单位规范入配煤厂。采用查封、处罚、新闻曝光、限期清运等方法处理拒不进行集中配煤、使用含硫量超标煤炭的单位，查封25家、处罚20家、新闻曝光5家，清运超标煤炭2000余吨，全区燃煤含硫量合格率保持在95%，实际配煤量占应用煤量90%。2003—2004年，淘汰51家单位4吨/小时燃煤锅炉64台；烟控区内4吨/小时燃煤锅炉全部淘汰。2005—2006年，淘汰11家单位6吨/小时燃煤锅炉13台。

2007年，济南锅炉集团淘汰10吨/小时燃煤锅炉2台，更换为燃气锅炉，二氧化硫减排8.5吨。2009年，关停使用燃煤炉窑生产砖瓦的济南市普利建材厂、济南市天桥区荣达建材厂；取缔6吨/小时以下燃煤锅炉及沿街饮食摊点燃煤炉具，取缔率95.74%；济南舜凯化工有限公司2台重油锅炉改烧天然气。

2011年，中国航空工业集团公司第六三七研究所10吨燃煤锅炉、济南铁路房地产开发建设集团诚泰动力设备安装有限公司燃煤锅炉均完成脱硫治理。2012年，济南市蔬菜公司经营部燃煤锅炉更换为燃气锅炉。全区工业烟尘排放量达标率99.5%。

二、烟尘控制区创建

1991—1993年，堤口、泺口烟尘控制区（烟控区）建成，全区烟控区面积由12.2平方千米增至20.9平方千米。1994年，北园烟控区建成。1995年，北坦烟控区建成，烟控区总面积增至24.4平方千米。2005年，药山烟控区建成。至此，天桥区有烟控区13个，面积49平方千米，覆盖率达城区功能区划面积100%。2006—2012年，对13个烟尘控制区逐年复查。

三、高污染燃料禁燃区建设

2004—2012年，建成纬北路、制锦市2.8平方千米、无影山3平方千米高污染燃料禁燃区。

四、烟尘治理

（一）扬尘污染治理。2007年10月，天桥区成立烟尘治理指挥部，负责秸秆综合利用与禁烧、施工工地扬尘治理工作。2008年12月，天桥区召开创建扬尘污染控制区动员大会。2009年，实行“扬尘污染防治量化管理考核”和“分类挂牌管理”。2010年，依据《济南市扬尘污染防治分类挂牌和量化考核办法》有关要求，考核全区内施工工地、堆场和露天仓库进行扬尘污染防治量化并分类挂牌，分别授绿牌、挂黄牌、亮红牌；辖区有各类尘源单位57家，全部实行分类挂牌管理，挂牌率100%。8月，将扬尘污染防治工作纳入区数字化城市管理系统，依法查处各类扬尘违法行为。2011年9月始，对建筑面积10万平方米以上房地产项目施工期开展环境监理工作。2012年，尘源单位分类挂牌率100%。

（二）秸秆禁烧与综合利用。天桥区每年产出秸秆10万余吨。1999年10月，根据国家环境保护总局等六部局联合颁布实施《秸秆禁烧和综合利用管理办法》及省、市要求，区政府印发《关于禁止焚烧农作物秸秆的通知》，划分秸秆禁烧区。区长与秸秆禁烧区内各责任单位第一责任人签订《秸秆禁烧工作责任状》，年底将按照考核情况作为环保一票否决的主要内容。2000年始，农业、环境保护、公安、交通等职能部门组建检查组，开展禁止农村露天焚烧秸秆工作。至2002年，每年召开秸秆禁烧工作会议，落实责任和“五定”（定工作方案、定人员责任、定污染源头、定宣传主题、定监管措施）措施。夏、秋两季24小时监察农作物秸秆禁烧情况，开展执法检查，检查组配备专用车辆和灭火工具，重点监察天桥区黄河以北8667公顷禁烧区域交通主干线两侧，并定时抽查。检查组出动车辆179车次、人员1185人次，查处违章行为41次，协助农民灭火45次，处理群众举报14次。2003—2007年，夏、秋两季检查组出动车辆280车次、人员850人次，未出现大规模焚烧现象。2008年，全区小麦产出秸秆4万余吨，综合利用3.6万余吨；玉米种植面积7731公顷，还田7221公顷，青贮510公顷。2009—2012年，连续4年达“国家卫星零监测”目标。秸秆禁烧同时拓展秸秆综合利用新途径，推广秸秆机械还田、玉米免耕播种新技术，全区农作物秸秆综合利用率95%，有效降低了秸秆焚烧。

（三）机动车尾气监管。2009年始，采取定点路口与不定点道路巡查相结合方式，抓拍登记辖区内冒黑烟车辆，督促车主维修车辆及尾气达标检测。2010年10月，抽调执法、监测人员组建天桥区机动车排气污染监管执法队伍，对辖区内机动车排气污染实施日常监管。2012年，天桥区启动机动车环保定期检验和环保标志核发工作，区内首家机动车尾气环检机构——济南黄岸港机动车安全检测有限公司投入运营，车管所环保标志核发窗口投入使用。

机动车尾气监测（2012年7月摄）

第二节　水污染防治

一、废水治理

1991年，造纸、化工等高污染行业除污水沉淀池无其他处理措施。1992年，采用斜板筛网过滤治理天桥造纸厂与济南包装纸厂悬浮物超标排放。1995年，摸底调查246个企事业单位污水排放情况，工业废水处理率84%。1996—1997年，关停济南市染料助剂厂，济南磊鑫石材有限公司水循环使用不外排，大桥造纸厂、黄台啤酒厂污水达排放标准；清河造纸厂投资44.5万元，新上物化沉淀罐废水治理工艺，处理后废水达II类企业标准。

1998—2002年，完成辖区61家较大规模餐饮服务业单位油烟分离设施安装，并对废水进行隔油、隔渣初级处理；至年底，全区工业废水排放量628.59万吨、处理排放达标量530.44万吨，工业废水排放达标率84.4%。2007年，投资30万元，实施天桥人民医院医疗废水综合治理工程；完成工商河、东泺河1万吨/每日污水处理及中水回用工程和工商河、西泺河、东泺河北园大街以南河道截污整治工程，新增污水处理能力2万吨/每日。12月26日，药山工业园区污水管网配套建设工程竣工，管网全长3374米，总投资807万元。2008年，完成济铁车辆段污水处理站升级改造工程；全区工业废水排放量339.13万吨、处理排放达标量328.13万吨，工业废水排放达标率96.8%。2009年，完成药山工业园区污水分支管网配套建设工程。2010年，济南华光电镀有限公司通过生产车间安装监控设施，改造生产工艺，实施三级回收槽回收电镀液，实现电镀废水稳定达标排放。工商河中水站、济南柳行电镀厂、济南市天桥金属材料防腐厂均设置生物指示池。

2011年，柳行头河中水站、聚贤片区中水站建成使用，处理截流的城市生活污水，日处理能力1万吨。污水经处理后，作为河道景观用水或回收用于绿化、市政洒水；完成济南市天桥金属材料防腐厂中水回用工程。安装废水在线监测装置并与环保部门联网。2012年，济南铁路局济南机务段投资200余万元，完成污水治理升级改造工程，将生产废水全部集中处理达标后排入城市污水管网。全区工业废水排放量548.84万吨、处理排放达标量541万吨，工业废水排放达标率98.6%。

二、河道治理

（一）小清河综合治理工程。1991—2011年，小清河天桥区段进行二次治理。第一次治理工程于1996年年底开工，1997年6月一期工程竣工，历时半年；二期工程于1998年初开工，1999年国庆节前夕竣工。第二次治理工程于2007年11月6日开工，2009年10月底一期工程竣工；2011年10月1日，小清河治理工程完成，正式通航；小清河河底宽度由20～30米拓宽至60～100米，河口宽度由30～60米拓宽至80～200米，平均挖深2米，景观水面面积由70万平方米增至200万平方米。

（二）城区河道综合治理工程。1998—2002年，天桥区政府投资230余万元，清淤工商河、东泺河、兴济河等河道，外运淤泥6万吨。2003—2008年，天桥区重点实施工商河、东泺河、西泺河、柳行河、北太平河河道综合整治工程。东、西工商河铺设截污管线长6000米，污水并网56处；完成面积8万平方米道路中粒铺设，长2万米路沿石、面积5.78万平方米人行道花砖安装；河墙砌垒长3860米，实施清淤，完成2个橡皮坝安装。标山南路完成污水配套管网工程511米。东、西泺河完成截污管线长1500米，污水并网30处，清淤2000吨。结合总投资1360万元的三孔桥街综合整治工程，截污整治三孔桥生产渠，完成河道清淤2200吨，雨水、污水分流24处，砌筑砖隔墙长254米，铺设直径500毫米污水管道长120米、直径1000毫米污水管道长600米，实现雨水、污水分流。通过综合整治，工商河、东泺河、西泺河、三孔桥生产渠河道水质均有较大改善。

2009—2010年，结合柳行河整治工程，实施柳行河（胶济铁路至小清河）截污，确保柳行河沿线污水不进入小清河。柳行河、北太平河河水全部经市政管网进入光大水务（济南）有限公司水质一厂进行处理。2011 年，先后清淤和疏浚柳行河西支边沟、太平河、万盛大沟、药泺河等河道，清淤 1.3 万吨。抢修和砌垒万盛大沟塌方河墙；清淤疏浚前、后引河河道，清淤深度 0.7 米，清淤 3.8 万吨，投入资金 200 万元。2012 年，兴济河清运淤泥 4000 余吨；实施柳行河绿化工程，绿化面积 5984 平方米。

2012 年 8 月 29 日，区委书记毕筱奇（右三）察看万盛大沟清淤情况。

第三节　噪声污染防治

一、噪声污染治理

1991 年，治理超标声源 16 个，达标 15 个，达标率 93.75%。1992—1993 年，治理超标声源 26 个，达标 25 个，达标率 96.15%。1995 年，加强社会噪声管理，取缔商业喇叭 18 台，解决喇叭噪声扰民问题。投资 25 万元，治理固定噪声源单位 8 个、污染源 12 个。1996 年，督查单位 260 个，登记固定噪声源 4675 台（套），并对有效点进行昼夜监测；对 15 个单位 16 个已治理固定噪声源按新标准进行复查，各项指标均达济南市验收标准。1997 年，对达标区内 6565 台（套）固定噪声源进行监测建档，对超标固定噪声源进行治理。检查处理夜间施工噪声扰民建筑工地 16 处，对离地面 2 米以下 96 个单位 120 台空调散热装置下发限期治理通知单。1998—2002 年，检查治理建筑工地施工噪声源 530 个。2003—2009 年，加大建筑工地噪声源治理力度，对噪声超标建筑工地征收噪声超标排污费，对未办理夜间施工证的不准进行夜间施工，严控夜间施工噪声扰民时间段。2010 年，全区“安静居住小区”39 个，其中省级 3 个、市级 27 个、区级 9 个。2011—2012 年，重点治理达标区内渣土处置工地噪声污染；中、高考期间，渣土处置工地提前 3 天全部停工，城区建筑工地 11 时 30 分至 14 时、20 时至次日 6 时严禁施工。

二、环境噪声达标区创建

1991—1993 年，建成堤口、无影山、泺口环境噪声达标区；全区环境噪声达标区面积 10.7 平方千米。1995 年，建成五号环境噪声达标区（宝华、官扎营二类混合区）；全区环境噪声达标区面积增至 13.18 平方千米，环境噪声达标区覆盖率 49.1%。1996 年，新建北园环境噪声达标区，面积 16.2 平方千米。1997 年，全区环境噪声达标区覆盖率增至 83.7%。1998—2008 年，建成北坦、宝华、工人新村环境噪声达标区；全区环境噪声达标区面积 44.7 平方千米，环境噪声达标区覆盖率 91.3%。2012 年，建成顺河街混合区环境噪声达标区。年底，天桥区环境噪声达标区面积 51.13 平方千米。

第四节　固体废物污染防治

1991 年始，全区医疗废物主要由各个医院自建的焚烧炉进行焚烧，管理粗放；工业固体废物由各排污企业自行处理。1995 年，加大工业固体废物处理力度，工业固体废物综合处理率达 95.1%。1997 年，工业固体废物综合处理率达 99.8%。2000 年，工业固体废物综合利用量 20.35 万吨。2003 年始，全区强化医疗废物的监督管理，医疗废物全部送交济南翰洋固废处置有限公司进行集中处理。2004 年，工业固体废物综合利用量 30.55 万吨。2007 年，工业固体废物综合利用量 41.87 万吨。2012 年，工业固体废物综合利用量 71.19 万吨；全区产生工业固体危险废物 37.82 吨，全部进行安全处置。

第五节　辐射污染防治

2003 年始，区环境保护局联合区卫生局、区公安分局开展全区放射源安全管理专项整治工作。2004 年，开展“清查放射源，让百姓放心”专项行动，排查射源单位 12 家。2005 年，申报登记使用、暂存放射性同位素和射线装置的 16 家单位的放射性污染物。2006 年，督促各涉源单位建立健全放射源安全管理制度和应急预案。2007 年，天桥区放射源涉源单位 4 家，涉源总数 5 个，密封源 4 个，非密封源 1 个，其中一类源 1 枚（钴 -60）、六类源 1 枚（镁 -241）、五类源 2 枚（铯 -137、氪 -85），无闲置及报废放射源。至 2008 年，对全区 17 家涉源单位 54 台涉嫌装置分四次进行全面监督检查。配合山东省辐射管理站，将济南三爱富氟化工有限责任公司 24 枚、济南锅炉集团有限公司 3 枚、济南鲁丰纸业有限公司 3 枚密封放射源及济南市第四人民医院闲置钴 60 进行安全收储。

2011—2012 年，对辖区 39 家放射源及射线应用单位每季度现场监督检查 1 次，建立完善放射源管理档案；为 33 家辐射装置使用单位办理辐射安全许可证。其间，2012 年，转移 V 类放射源 1 枚，报废、送贮 V 类放射源 1 枚。

第四章　环保管理

1991—2012 年，济南市政府与天桥区政府、区政府与区相关部门分别签订《环境保护目标责任书》，按照国家城市环境综合整治定量考核目标要求，以城市综合整治为中心，加快污染源治理改造，开展主要污染物总量减排和国家环保模范城市创建工作。在项目审批过程中，严格执行产业政策，坚决禁止影响环境质量的建设项目。按照属地管理原则，跟踪调查审批项目。制定突发事件应急预案，落实防控措施实施方案，加强污染防治设施监督管理。

第一节　目标管理

1991—1992 年，按照市、区长环境保护目标责任书 10 项指标要求，围绕城市综合整治，环境保护工作纳入天桥区全方位目标管理。1993 年，签订 1993—1997 年度市、区长环境保护目标责任书，10 项指标。1997 年，指标完成率 100%。

1998—2002 年，先后签订 1998—2000 年度和 2001—2002 年度市、区长环境保护目标责任书。1998—2000 年度市、区长环境保护责任书签订环境质量、污染控制、环境建设、生态保护、环境管理五大类 18 项指标；2001—2002 年度市、区长环境保护目标责任书包括六大类 39 项指标。2000 年、2002 年，均按照年度环境保护目标责任书要求，完成“一控双达标”工作，全区实现各类工业污染源达标排放，指标完成率 100%。

2003—2005 年，环境保护目标责任书分解责任指标 23 个，责任部门 25 个，指标完成率 100%。其间，2003 年 9 月，天桥区召开创建国家环保模范城市动员大会，成立区“创模”领导小组，制定《济南市天桥区创建国家环保模范城市的实施意见》，区长与 15 个街道（镇）、10 个责任部门负责人签订 2003—2007 年“创模”目标责任书，按照市长、区长创建国家环保模范城市责任书具体要求，将考核指标按年度进行分解落实。

2006 年，制定《天桥区“十一五”期间主要污染物总量控制实施方案》《天桥区“十一五”期间主要污染物总量控制计划》，将指标内容分解到 25 个责任部门和 42 个重点责任单位，至

2008年年底，达到“十一五”主要污染物减排中期目标。

2009—2010年，按照《天桥区主要污染物总量减排目标责任书》要求，综合运用“工程减排、结构减排、管理减排”三大措施，将指标内容层层分解到全区26个责任部门和重点减排工程责任单位，指标完成率100%。2011—2012年，按照《天桥区“十二五”期间主要污染物排放总量控制指标分配方案》，将指标内容分解到26个责任部门和重点减排工程责任单位；至2012年年底，达“十二五”主要污染物减排中期目标。

第二节　项目管理

1991—1993年，加强建设项目“三同时”（同时设计、同时施工、同时投产使用）验收制度，实施“三同时”保证金措施，工程项目审批率100%，执行率达80%；有200台新安装炉灶执行“三同时”验收制度。1995年，审批“三同时”项目7个，验收1个；审批茶炉、低压炉16台，炊事灶15台。1996—1997年，严格把关新建、扩建、技改和区域开发项目，严控造纸、酿酒项目，禁止新建“十五土（小）”（小造纸：年产5000吨以下生料造纸，年生产能力小于1万吨的化学制浆造纸生产装置；小制革：年产折牛皮3万张以下；小染料：年产500吨以下；土炼焦：采用“坑式”“萍乡式”“天地罐”和“敞开式”等落后方式；土炼硫：土法，同炼焦；土炼砷：年产100吨以下土法；土炼汞：年产10吨以下土法；土炼铅锌：年产2000吨以下土法；土炼油：无国家审批；土选金：溜槽、混汞、小堆浸等；小农药：无生产许可证、无正规设计；小电镀：含氰电镀，无正规设计、工艺落后；土法石棉制品；放射性制品：无审批手续；小漂染：年产100万米以下）企业；对烧散煤的炉具，具备集中供热、联片供热条件的区域1吨/时以下锅炉和茶水炉不予审批。审批建设项目6个、新上排烟设施5台、14家单位低压锅炉和茶水炉17台，“三同时”审批、执行率均为100%。1999—2002年，执行《建设项目环境保护管理条例》规定，加大建设项目审批力度。

2003—2008年，对未履行环保审批手续和“三同时”验收手续建设项目限期补办、实施处罚；按照《建设项目分级审批管理规定》，属于市级以上审批权限项目移交到市环境监察部门。在项目审批过程中，严格执行产业政策，坚决禁止“十五土（小）”“新五小”（小水泥、小火电、小炼油、小煤矿、小钢铁）项目；按照属地管理原则，跟踪调查辖区内各级环境保护部门审批项目。项目竣工后，达不到污染物排放标准要求或超过排污总量的企业，不准通过环保竣工验收；将已验收项目及时移交环境监察部门，纳入排污申报等日常环境监管中，实现建设项目全过程管理。审批建设项目327个，跟踪调查所有已审批项目，建设项目环评执行率和“三同时”执行率100%。其间，2003年9月1日，实施《中华人民共和国环境影响评价法》，将环境影响评价从项目环境影响评价扩展到规划影响评价；2006年6月，山东省环境保护局对济南化工产业园区区域环评进行批复。

2009—2010年，履行服务承诺和限时办结制度，促进建设项目环境管理水平；审批建设项目133个，审批合格率100%；预审市审批项目31个，验收项目17个，验收合格率100%；对所有已审批项目跟踪调查、已验收项目移交监察大队。2011—2012年，审批建设项目678个，审批合格率100%。

第三节　监察管理

1993年，设立环境监察机构。1995年，复查烟控区面积20.9平方千米，冬季取暖期增强检查频率；复查四号环境噪声控制区（堤口二类混合区）面积3平方千米。对6处重点建筑工地施工噪声监测建档，征收超标单位排污费。将济南市华光电镀厂列为水排污许可证试点单位，对6家电镀生产企业更换生产许可证进行初审。1996年，复查泺口二号噪声达标区102个有效点；借助省、市电视新闻、齐鲁电视台“社会焦点”

栏目、济南广播电台“空中连心桥”栏目报道，督促4个单位解决了污染纠纷。1997年，检查128个单位210台大气污染防治设施，对设施不能正常运转的7家单位进行行政处罚。对全区24个行业中的5家乡镇企业、827家村办企业（含企业群691家）、8家三资企业逐一摸底调查建档，将调查数据录入计算机汇总管理。依法征收超标排污费，市属及以上单位104个，开征100%，征收率95.4%；区属及以下单位40个，开征93%，征收率94.85%。

污染防治设施日常监察（2011年3月摄）

1998—2002年，检查废气污染单位687家、污染防治设施1335台次，正常运行1316台次，正常运转率98.57%；检查废水污染单位44家、污染防治设施381台次，正常运行377台次，正常运行率98.95%；检查噪声污染单位221家、污染防治设施318台次，正常运行317台次，正常运行率99.68%。超标排污费征收单位由144家增至268家，征收面100%。其间，1999年6月，建立环保110，制定环保110联动工作实施方案，设立联动值班室，配备专用车辆、通讯、取证器材，全日制昼夜24小时值班，及时出警，解决群众关心的热点、难点问题。

2003年，开展严查水环境违法行为，遏止污染反弹专项行动；检查辖区内造纸、电镀、化工、医院等重点排污行业污染源治理设施运转、外排废水达标情况。非典疫情时期，加强医疗废水和医疗废物监督管理，开展安全处置专项行动。至2008年，出动人员2600余人次，检查排污单位500余家次，查处环境违法行为60起。其间，2007年7月1日始，加强省控、市控、区控重点污染源现场环境监察，对辖区1家省控单位每旬至少1次现场监察、6家市控单位每月至少1次现场监察、18家区控单位每两月至少1次现场监察。同年，实现由老城区环境监管向药山、北园、泺口、大桥、桑梓店5个街道（镇）沿黄区域环境监管转变。2009—2010年，扩大排污费征收面，“依法、足额、全面”征收排污费；依法查处未办理夜间施工手续建筑工地86家；检查建设项目60家，查处、整改未办理环评审批手续投入生产20家。

至2012年，建立“超标即应急”、24小时巡查等制度，查处违法（超标）排污行为；加强涉重金属排放企业环境监管。对辖区10家省、市控单位每月1次现场监察、25家区控单位每两月1次现场监察，确保污染防治设施运行正常与污染物达标排放。

第四节 应急管理

2004年，编制《济南市天桥区环境保护局突发环境事件应急预案》，组建环境事件应急处置队伍，配备相应应急处置设备。2006年4月28日，处置二环北路蓝翔技校附近因车辆交通事故发生的酸物质泄漏事件。

2007年，修订完善《济南市天桥区环境保护局突发环境事件应急预案》，印发《天桥区环境保护局核事故应急预案》《天桥区环境保护局辐射事故应急预案》《天桥区环保局奥运期间突发危险化学品（剧毒品）泄漏事件应急实施方案》《天桥区环境保护局饮用水源地突发环境事件应急预案》《天桥区环境保护局供水系统涉恐事件应急处置预案》《天桥区环境保护局汛期污染事件应急处置预案》《天桥区环境保护局地震次生环境污染事件应急预案》，起草《天桥区突发环境事件应急预案》。

2008 年 8 月，区环境保护局与山东中氟化工有限公司联合进行突发环境污染事件应急演练；制定《对重金属污染企业防控措施落实情况开展专项督查的工作方案》《天桥区危险废物产生、处置和利用企业规范化管理工作实施方案》《开展重点行业企业环境风险及化学品检查工作方案》。开展重金属污染防治、危险废物、重点行业环境风险及化学危险品调查工作，并规范相关单位应急预案。

监测人员在临时帐篷内开展应急监测工作（2012 年 11 月摄）

2011—2012 年，完善《济南市天桥区环保局环境突发事件应急预案》；制定《天桥区重污染天气应急预案》《天桥区环保局重污染天气应急预案》；开展企业环境应急预案评估备案工作，健全环境预案体系；完成《山东省预警与应急指挥处置系统》在线填报；参加济南市环境应急演练暨监察监测技术大比武活动，增强快速反应、组织协调和妥善处置突发环境事件能力。

第五节　环保宣传教育

一、宣传教育活动

1991—1992 年，环保宣传教育主要以横幅、条幅为主。1993 年，举办司炉工培训班 3 期，参加培训司炉工 300 余人；在区委党校及辖区中、小学校举办环保知识讲座 5 期。1994 年 4 月，举办驻区各大企、事业单位环保干部法规培训班；与山东省广播电视台联合录制“送你一片蓝天”环保专题文艺晚会；辖区 10 条主要街道悬挂搪瓷宣传标语 40 幅。6 月 5 日，在大纬二路举办“六五”世界环境日纪念活动，动用车辆 20 辆，展出宣传牌 60 块，受教育人员数万人。

1995 年，举办第四期司炉工培训班，区委党校领导干部培训班讲授环保知识，区教委教师培训班上 80 余名教师听讲环保课程，大、中、小学均设置环保教育课。1996—1997 年，举办驻地企、事业单位环保干部培训班 2 期，区有关部门、区属企业环保干部培训班 1 期，小学环保课师资培训班 2 期，参训 300 余人次；举办第五期司炉工培训班，参训司炉工 400 余人。在区委党校中青年干部培训班、山东建材学院应用化学系环保工程专业、济南第十一中学等 7 所中学讲授环保课，受教育 6000 余人；与区教委联合编制《小学生环境保护知识读本》（试用）教材，在济南市制锦市、锦缠街等 6 所小学建立试点，把环保课程纳入第二课堂，环境保护教育开课仪式在济南电视台播出；在中学开展“环保杯”书法比赛，收到作品 58 幅、参展 34 幅。区环境保护局创作拍摄纪录天桥环境保护发展和工作面貌的电视专题片《“盛世与环境”——天桥区环保工作纪实》，收到较好宣传效果；举办“妇女与环境”专题知识讲座，并在济南电视台播放。与济南电视台联合举办“97 天桥环保知识竞赛”，组织济南裕兴化工总厂、济南军区总医院、济南啤酒厂等 6 个排污单位代表队参赛，并在黄金时间播出；先后在《济南日报》《山东环境报》等发表稿件 20 篇（幅），其中头版 18 篇（幅）、二版 2 篇。

1998—2002 年，与区教委联合组建小记者 30 人、环保小使者 500 人，宣传环保知识和法律法规。成立中、小学红领巾护绿大队 36 个、青年志愿者服务队 11 个，开辟护绿基地 100 余处；开展中、小学环境保护征文活动 3 次，收到稿件 500 余篇。每年举办企业法人、环保干部培训班 1 ～ 2 期。2003—2010 年，宣传教育工作以“六五”世界环境宣传日、“绿色学校”“绿色社区”创建为载体，通过举办知识讲座、环保宣传橱窗和群众自编自演等方式宣传环境保护工作，形成公众参与激励机制；至年底，创建绿色学校 51 个，其中省级 10 个、市级 33 个、区级 8 个；创建绿色社区 46 个，其中省级 8 个、市级 22 个、区级 16 个。其间，2008 年，试点“圆桌对话”，从与老百姓生活息息相关的热点、难点、焦点问题入手，首先将西苑小区油烟扰民问题作为圆桌对话题目，解决了困扰小区多年油烟扰民难题。

环保进校园活动（2011 年 4 月摄）

至 2012 年年底，全区“环境教育”作为地方课程纳入三级课程体系，环境教育普及率 100%；开展环保宣讲、环保小卫士评选、环保征文比赛、环保下乡、辖区企事业单位环保知识培训班、“绿色学校”“绿色社区”创建、环保进机关等一系列环保宣传活动。

二、《天桥环保》报

1998 年 12 月 10 日，创办《天桥环保》报。至 2002 年，刊出 27 期，每期发行量 3000 ～ 5000 份；发行至国家环境保护总局，山东省、济南市环境保护局，区政府各部门、驻区个企业、辖区中、小学个班级。2003—2008 年，编发《天桥环保》15 期。2009 年，《天桥环保》停刊。

第六节 环保工作站与协会

一、环保工作站

2000 年 4 月，成立全国第一家以环境保护局为指导、企业自身联防自治的环保工作站；8 月，由 86 家大中型企事业单位参加天桥环保工作站揭牌。至 2002 年，工作站围绕“执法与被执法、管理与被管理、治污与排污”3 对矛盾，以驻地排污单位按“十厂一站、环保自治、联厂联防”的原则和“厂厂联防、站站自治”的小跨度、跳跃式、联动式区域环保自治管理新模式，组建 9 个分站，形成“防、治、管”的环保管理新格局。拉近执法与被执法关系，调度排污单位参与环保工作积极主动性。

至 2006 年，环保工作站增至 13 个，入站单位有专职、兼职环保工作人员，能主动反应环境违法行为，并协助查处，延伸天桥环保工作触角，提高环境应变能力和实效。

二、环保协会

2007 年 12 月 17 日，天桥区环境保护局成立环境保护协会，取代环保工作站工作；11 月 23 日，召开会员代表大会，大会通过章程，产生组织机构、法定代表人和负责人。环境保护协会宗旨是服务于天桥区环境保护事业；致力于天桥区环境保护事业的文化交流、学术交流，并进行调查研究、建言献策、提供技术咨询、推广科技成果、普及环境知识、推荐优秀人才。2008 年，区环境保护局对 90 家会员单位进行动态管理。2012 年，有会员单位 70 家，区环境保护局对其进行动态管理。

第六篇

交通　邮电

1991—2012
TIANQIAO QU ZHI

济南长途汽车总站

济南火车站

济南老火车站

天桥区内有济南火车站、济南长途汽车总站和国际集装箱陆路口岸，胶济、津浦铁路交汇于区内，铁路及济青、京福高速公路交汇，为铁路、公路、水路运输重要的交通枢纽。济青高速公路起点与境内二环北路相接，京福、京沪高速公路穿境而过；济南长途汽车总站置于区内，公路运输覆盖全省各市、县、镇，可及北京、天津、山西、河北、河南、安徽、江苏、浙江、上海等地，公路交通四通八达。

1991年，邮政投递段道邮路26条，办理邮政业务包括函件、包裹、汇兑、报刊发行、特快专递和邮政储蓄。至2012年，邮路增至70条，新增集邮、汇款、保险理财、电子商务、物流分销等业务。

第一章　交通设施

天桥区交通便利，有过境高速公路2条、国道4条、省道1条。境内有长途汽车总站、长途客运中心两大长途客运站。有特等火车站济南站，一等火车站济南东站，胶济、津浦铁路交汇于区内，并有专用线17条。

第一节　公　路

一、高速公路

（一）青银高速。位于天桥区北部，境内里程长16.9千米，穿越大桥镇、桑梓店镇。2005年4月开工，2008年9月底竣工通车。设计行车速度120千米/小时，表白寺枢纽立交以东为双向8车道，路基宽度42米；表白寺枢纽立交以西与济聊高速公路连接线为双向4车道，路基宽度26米；区内设靳家互通立交桥，与104国道相接，设有天桥服务区。境内济南绕城高速公路北线及京沪高速与其相重合。

（二）济广高速。位于黄河以南，天桥区城区北部，境内里程长9.7千米，路基宽42米。2004年12月开工，2008年12月28日竣工通车。设计行车速度120千米/时，双向8车道，区内设天桥立交，与二环西路互通；济南北立交，与顺河高架互通。济南高速在境内与其重合。

二、国道

（一）104国道。亦称国道104线、G104线。是由北京，经济南、南京、杭州，到达福州的国道。境内线路在原驿道基础进行取直加宽，1966年前为土路，1966年铺筑沥青混凝土路面宽7.5米，南起北泺口经甜水、大吴、西车、太平、平方朱、东营子进入济阳县境，后几经加宽和重铺路面宽达10米。1982年，黄河公路大桥建成后南段改线为大王、马店、小店、东车、张龙图，在张龙图村东接入原线。新建段路面宽14米，两旁植有法桐遮阴，1988年始，由济德路改称为104国道。境内里程长11.6千米，双向4车道一级公路技术标准，设计速度80千米/时，路基宽度除太平镇街里、孙耿镇街里维持原路基宽度（32.5米、25.5米）外，其余均采用24.5米。

（二）220国道。亦称国道220线、G220线。起点山东省东营市，终点河南省郑州市。境内线路始建于1982年黄河公路大桥建成后，济惠（济南至惠民）段国道也在修建，1985年筑成路基宽14米，油面宽10米的干线公路。路过境内大王村、马店村、小刘村、小张村、香王店、胡家、吉家等村进入济阳县境。2004年加宽。2005年竣工，扩建后路基宽24米，油面宽20米，路中间设隔离墩和绿化带。境内里程长3.6千米，双向6车道。

（三）308国道。亦称国道308线、G308线。起点为山东省青岛市，终点为河北省石家庄市。境内线路始建于1980年秋，1983年秋竣工，原名晏吴路。始建时断面宽14米，1998年加宽到18米，双向4车道，改称为308国道。2011年，

308 国道（2012 年 6 月摄）

在路中央修建隔离墩。境内里程长 14.8 千米，双向 4 车道。

（四）309 国道。亦称国道 309 线、G309 线。起点为山东省荣成市，终点是甘肃省兰州市。境内线路始建于 1940 年，土路筑成，1956 年春改建为沙粒路面，1959 年筑成碎砖沙粒层路面，1966 年春铺筑沥青混凝土路，后路面几经重铺。1988 年由济邯路改称为 309 国道。2005 年修建鹊山龙湖时，将路线由王镇村南改建为王镇村北，加宽至 16 米，境内里程长 15.7 千米，双向 4 车道。

三、省道

101 省道。亦称省道 101 线、S101 线。修建于 1999 年鹊山水库建成后，境内线路自黄河泺口浮桥借 309 国道经王镇北过邯济铁路，逾鹊山水库西岸绕过北岸与原 104 国道相接，穿 308 国道北经西车至张龙图村东新老 104 国道对接处，路基宽 11.5 ~ 12 米，路面宽 9 ~ 10 米，有涵洞 86.2 延米/3 道，境内里程长 4.58 千米。

第二节 铁 路

一、京沪线

京沪铁路北起北京，南至上海虹桥站，全长 1318 千米，列车最小追踪间隔 3.5 分钟，高速动车组列车沿途停靠 24 个车站，设计年运送旅客 1.6 亿人次。境内京沪线区段亦称津浦铁路，于 1908 年动工，1912 年通车。2005 年 7 月 1 日京沪铁路电气化改造；2006 年 7 月 1 日改造完成；最高时速每小时 205 千米。

二、邯济线

邯济铁路是国家“九五”基本建设重点工程，由铁道部、山东省、河北省共同出资建设的单线合资铁路。邯济铁路包括邯济线及引入济南的支线，境内设有桑梓店、泺口 2 个车站，由济南铁路局建设和管理。从桑梓店站中心里程 K335+000—北园站外里程 K347+500，里程长 12.5 千米。该段铁路正线将原津浦铁路和原泺口黄河铁路特大桥重新整修后使用，由中国铁路第十四工程局和济南铁路工程总公司承建，1998 年 4 月 7 日开工，2005 年 5 月 30 日竣工。

2005 年，济南裕兴化工厂由泺口迁至桑梓店，天桥区人民政府和济南铁路公司共同投资 2 亿元，在化工产业园区新建 1 个 3 股倒装站和 1 条连接桑梓店火车站专用线，在

101 省道（2012 年 11 月摄）

桑梓店火车站新建到发线 4 条，有效长 1047 ~ 1268 米，对既有 2 条到发线进行延长。2008 年 8 月 1 日开工，2010 年 1 月 20 日竣工。

2010 年 9 月 26 日，邯郸铁路双线建设与电气化改造开工，涉及境内桑梓店站到北园站。

三、专用线

2012 年，天桥区境内有 17 条铁路专线，其中泺口站 3 条、济南站 13 条、桑梓店站 1 条。

2012 年天桥区境内铁路专用线统计表

表 6-1

专用线名称	出叉地点	长度（米）
山东化工厂线	泺口站	1360
济南化工厂线	泺口站	489
北郊热电厂线	泺口站	6000
济南广友物资集团线	济南站	692
济南机床二厂线	济南站	325
济南北山粮库线	济南站	483
山东煤炭物资总公司线	济南站	320
山东新建物资流通中心线	济南站	320
济南民天面粉公司线	济南站	513
济铁局物资供应段线	济南站	1388
济铁局车轮厂线	济南站	60
北车集团济南机车车辆厂线	济南站	640
济铁天龙集团公司线	济南站	222
05 单位 528 部物资供站线	济南站	775
94528 部队仓库线	济南站	458
空军后勤物资站线	济南站	482
济南化工产业园线	桑梓店	6917

第二章 交通运输

第一节 公路运输

一、济南长途汽车总站

位于济泺路 131 号，是济南公路客运主要交通枢纽，国家一级汽车客运站，分南北两区。1991 年，车站日均运送旅客 2 万人次。至 2012 年年底，长途汽车总站占地面积 7.33 公顷，设有微机售票窗口 48 个，发车位 168 个，辐射全省各市、县及邻省 96 个地区，日均发车 3012

济南长途汽车总站（2012 年 6 月摄）

班次，日均发送旅客 4.2 万人次，高峰时日发送量 9.2 万人次。

二、济南长途客运中心

位于堤口路 75 号，原名为长途客运总公司，成立于 1962 年。至 2012 年年底，营运客车由成立初期 2 辆增至 800 余辆，车型由解放、斯普通发展到沃尔沃、凯斯鲍尔、尼奥普兰等高中档客车，运营线路由最初的市区近郊线路发展为通往 24 个省、直辖市、、自治区。客运线路由 1991 年 131 条增至 200 余条，累计更新车辆 1100 余辆，运营车辆 80% 为高级豪华大客车。

（一）广场汽车站。位于济南火车站广场南侧，原名济南市联运汽车站，原地址济南火车站车站街 22 号，始建于 1968 年。20 世纪 80 年代中期，逐步发展省内外长途客运。1992 年 7 月，因济南火车站改造，联运站搬迁至济南火车站广场。1994 年 6 月 8 日，回迁至火车站广场东侧。2002 年 12 月重建广场汽车站，2003 年 4 月建成启用。至 2012 年年底，新车站由建筑面积 2700 平方米三层综合楼和面积 6000 平方米（含 40 个发车位）发车区两部分组成，隶属济南长途汽车运输有限责任公司。采用现代化微机售票、检票系统、倒计时发车电子显示屏以及双语自动广播、财务管理、车辆调度及站务管理系统，远程售票实现微机联网；车站拥有营运线路 200 余条，班次 1000 余个；有沃尔沃、大宇、奔驰、欧洲之星、桑塔纳轿车等高档车型，有金龙、宇通、现代等中档车型，形成以高中档为主、大中小型配套的运力结构；班车始发通往省内各市县及京、津、沪、浙、闽、鄂、桂、赣、豫、陕、皖、苏、晋、蒙、辽、吉、黑、云、琼、渝、川、粤、甘、冀等 24 个省、直辖市、自治区；车站日均发送旅客 1.6 万余人次，高峰时发送旅客 3.5 万余人次，是济南市重要公路客运站。

（二）客运中心站。位于堤口路 73 号，占地面积 1.17 公顷，综合候车厅建筑面积 1200 平方米，车站班次覆盖全省 17 个市，可连接京、沪、冀、豫、苏、辽等省、直辖市专线 21 条。至 2012 年年底，日均发送班次 560 余次，发送旅客 3500 余人次，客流高峰时日发送旅客 6000 余人次。

（三）泺口汽车站。位于济泺路 66 号，占地面积 0.6 公顷，始建于 1992 年。至 2012 年年底，日均发送班次 150 余次，发送旅客 2000 余人次，最高日发送旅客 5000 余人次。

济南火车站广场汽车站（2009 年 3 月摄）

第二节 铁路运输

一、车站

（一）济南站。位于天桥立交桥西侧，京沪、胶济两大干线交汇处。下辖济南东站。始建于1904年（清光绪29年），原为德国著名建筑师赫尔曼菲舍尔设计的德式车站建筑。曾是亚洲最大的火车站，登上清华大学、同济大学的建筑类教科书，曾被战后西德出版的《远东旅行》列为远东第一站。距德国人20世纪初设计的胶济铁路火车站（今济南铁路分局办公用建筑）数百米。1991年年底，铁道部批准重建济南客站的立项。1992年3月始，拆除原济南站，并在原址上重建。1995年6月8日14时，投资3.9亿元的济南站改建、扩建工程竣工。新建车站是以客运为主、货运兼备的特等站，日均接发旅客列车81.5对、货物列车38对，始发列车26列，终到列车23列，跨局直通旅客列车65对，日均发送旅客4.1万余人，发送货物近3600吨，办理行包1.5万余件。1997年，“电话终端订票系统”在济南站投入运营。2005年10月10日，车站进行无柱风雨棚改造，2006年8月20日竣工。2012年7月26日，车站进行历史上最大规模的既有站的更新改造。改建后建筑面积10万余平方米；站前广场面积2万平方米，是扩建前的2倍；8个候车大厅横跨在7个站台和10股线路上，可容纳1.1万人候车，是扩建前的5倍。站内候车室可容纳1万余名旅客候车；拥有集旅客引导、广播、查询、到发、消控、中央空调等于一体的自动化系统；有售票窗口22个、自动售票机26个，代售点170个；进站大厅、一楼高铁候车室、高架候车室、地下通道、出站大厅、接站大厅先后投入使用。2012年，济南市人大代表、天桥区城乡建设委员会主任等11人提交《关于加快火车站北广场建设及钟楼辅件的议案》，呼吁尽快启动济南老火车站重建。2013年8月2日，济南市旧城开发投资集团对外公布，将投资15亿元修建济南站北广场，其中包括复建21年前拆除的老站钟楼、站房和行包房。

济南火车站（2010年10月摄）

（二）济南东站。在胶济线上行方向距离济南站3千米处，位于济南市北关，大明湖北门北侧，曾以北关车站为名，是济南站的副站，建于1904年。隶属济南铁路局，为一等站，主要为济南站分流，承担太原、丹东、通化、石家庄北、北京、

济南火车东站（2006年11月摄）

青岛、威海、烟台、延吉、哈尔滨、包头方向列车的接发分流任务。货运业务包括办理旅客行李、包裹托运；整车、零担货物发到。

（三）北园站。位于京沪铁路津浦段348+254千米处，1983年2月26日建站。隶属济南铁路局济南车务段，为四等站。不办理旅客乘降及行李、包裹托运；办理整车、零担货物发到，不办理整车爆炸品及整车一级氧化剂发到。

（四）泺口站。位于铁路黄河桥南端，京沪铁路津浦段345+928千米处，距离晏城站28千米、济南东站8千米、济南站6千米。于1911年建站，为三等站；1949年降至四等站；1957年升为三等中间站。车站占地面积4.2公顷。隶属济南铁路局济南铁路分局，为四等站。不办理客运营业。

（五）桑梓店站。位于京沪铁路津浦段上行333+015千米、下行333+966千米处。距离晏城站15千米、济南东站21千米。1911年建站，为三等站。1949年降至四等客运中间站，1976年9月1日升为二等站，1983年8月1日恢复到四等中间站。隶属济南铁路局济南铁路分局。办理旅客乘降；不办理行李、包裹托运及货运。

（六）东沙王庄站。位于天桥区东沙王庄，是京沪线上的车站，始建于1983年。距离北京站487千米、上海站976千米，隶属济南铁路局济南铁路分局，为四等站。东沙王庄站曾办理过旅客乘降和行李托运，至2012年停止客运业务，只有个别货运车辆在此停靠。

二、运输

（一）客运。1991年，天桥区是重要的客运枢纽，承担全省各地（市）、县及邻省的发送旅客任务。济南站、济南东站两大火车站日均发送旅客4.1万余人，旅客列车154趟。

2011年3月，京沪高铁济南西站及相关工程正式与济南站实现连通。5月16日，济南站进行施工，百余趟列车受影响进行调整。施工区域为济南火车站向西，与京沪高铁西客站之间区域，为列车客车整备、机车整备、正线运行等密集疏解区域，被称为济南站中咽喉区施工。施工全部完成后，青岛、北京、上海等方向列车在济南交汇实现高铁和普通铁路的对接。

7月1日，京沪高铁通车，青岛、北京、上海间的动车组列车通过济南站实现高铁和普通铁路互通。京沪高铁开通时速300千米和时速250千米两种速度的列车。济南站开行7对“G”字头列车、9对“D”字头列车。济南站始发到郑州的动车组列车保留，从既有京沪线变更运行区段到京沪高铁上运行。

2012年12月14日，济南铁路局发布12月21日列车大调图详细运行方案。全国增开15对直通列车，涉及济南铁路7对，其中6对是始发跨省列车。济南站增开1.5对列车，具体为济南—北京南D406次动车组列车0.5对，增加银川—上海K1331/4/1、K1332/3/2次快速旅客列车1对。途经济南站的徐州—哈尔滨1470/1、1472/69次延长至南京，延长区段经京沪线运行。

多趟动车组列车调整到停站，济南东站不再停靠动车。其中，济南西至青岛的D6005次、D6007次、D6013次列车均自东站调整至济南站办理客运业务，D6008次取消章丘站。

（二）货运。泺口站为天桥区唯一货运站。地处济南市二环北路，交通便利。车站1957年开始办理客货运业务，1992年取消客运业务。2011年6月30日始，办理集装箱运输业务，装运集装箱规格为20英尺（约6.1米）、40英尺（约12.2米）。至2012年，车站有正线1条、到发线3条、货物线3条、铁路专线3条。其中货场货物线2条，长分别为603米、575米，容车数分别为41辆、39辆，另有站5股有效长582米，附有顶端站台的汽车发送、到达。货场1股主要办理整车货物到发，有仓库3座仓储面积6400平方米。货2股办理整车货物及集装箱业务，车站货场起重设备（吊车）3台，最大起重能力为40吨，叉车7辆。车站主要负责济南市及邻近部分县（市）区农产品、外贸出口及人民生活物资的运输任务。其中发送货物以农副产品、粮食、化肥、化工品、集装箱为主；到达货物以粮食、化肥、集装箱为主。至2012年年底，泺口站日均装箱运输17.5车，日均收入 23.9 万元。

第三节 市内出行

一、公交

1991 年，天桥区有公交线路 18 条，站点 130 个。1994 年，实行无人售票制度。2011 年，推行电子月票，以 IC 卡替代纸质卡月票。至 2012 年年底，辖区内有公交线路 73 条，站点 442 个。

济南公交（2011 年 10 月摄）

2012 年天桥区公交线路统计表

表 6-2

线路号	起止点	线路长度（千米）	站点（个）	线路配车（辆）	通车年份
2	匡山小区—中心医院	15.70	24	29	1958
3	石门—火车站	14.00	22	38	1949
4	重汽技术中心—泺口	13.00	20	36	1958
5	太平洋小区—解放桥	12.00	22	36	1963
6	济南东站—王官庄小区东区	12.00	20	23	1958
7	王府庄—经五纬一	15.70	23	37	1961
9	省建筑机械厂—火车站	10.60	20	23	1956
11	十里河—火车站	12.10	7	35	1964
12	东宇花园—五柳闸	13.10	23	22	1965
14	齐鲁医院—水屯北路	8.40	19	17	2000
15	动物园—省体育中心	11.20	21	24	1996
18	公交姚家车场—火车站	14.20	26	43	1977
21	党家枣林—站前街南口	14.80	30	23	2004
26	八里桥—北店子	17.80	31	12	2006
29	济南大学—天桥南	9.50	13	25	1985
30	祝甸—泺口服装城	14.00	28	33	2000
31	黄台家居广场—友谊苑小区	17.30	27	24	1986
32	黄岗—新世界商城	11.60	21	24	1987
33	济南东站—谷庄欣都小区	11.00	20	21	1997
34	阳光舜城重华苑—火车站	10.70	20	21	1987

续表 6–2

线路号	起止点	线路长度（千米）	站点（个）	线路配车（辆）	通车年份
35	动物园—南苑小区	13.20	22	40	1988
36	郎茂山小区—板桥广场	14.40	26	38	1991
38	八里桥—位里	13.40	26	10	1991
41	山东医专—大明湖东门	15.10	25	32	1972
43	玉函小区南区—火车站	11.10	21	24	1994
45	匡山小区—解放桥北	12.00	24	23	1995
46	大明湖东门—黄台电厂	13.20	24	23	1996
50	公交维修公司—友谊山庄	16.50	29	27	1997
51	环山小区—火车站	10.00	17	18	1998
53	公交维修公司—友谊苑小区	16.50	33	19	1999
57	公交维修公司—济钢新村	22.50	40	31	2000
58	世购服装广场—动物园	14.00	24	19	1998
59	居然之家家居广场—友谊苑小区	17.20	29	24	1999
66	东八里洼—动物园	13.30	23	40	1987
67	无影山—李家唐	41.70	55	20	2002
68	环山小区—动物园	14.40	28	20	1998
69	黄台家居广场—长途总站南区	8.30	12	12	2012
72	东宇花园—泉城广场	14.10	32	26	1998
76	玉函南区东站—闫千户小区	13.00	29	27	1999
77	唐家庄—华联商厦	13.30	23	25	1999
78	朱庄—火车站	17.20	29	39	1972
79	盖家沟—环山小区	12.30	24	32	1999
82	黄岗—趵突泉东门	13.80	28	30	1999
83	匡山小区—解放桥北	11.40	19	23	1999
84	盖家沟配货中心—火车站	12.00	22	28	1999
85	金阁花园—会展中心	14.40	30	31	1999
89	大桥镇政府—全福立交桥北	10.60	13	16	2001
90	济军总医院西院—济军总医院	14.00	28	17	2000
91	居然之家家居广场—留学人员创业园	17.20	36	24	2000
92	赵家庄—济南大学	17.90	31	20	2001
95	留学人员创业园—建材市场	17.60	31	23	2002

续表 6-2

线路号	起止点	线路长度（千米）	站点（个）	线路配车（辆）	通车年份
98	世购服装广场—洪家楼	17.70	32	20	2000
100	居然之家家居广场—阳光舜城重华苑	16.30	27	18	2001
106	梁二村—大明湖东门	19.30	44	41	2002
107	居然之家家居广场—友谊山庄	19.20	38	31	2001
108	盖家沟—动物园	9.00	15	13	2001
111	盖家沟配货中心—成丰桥	9.50	23	20	2002
112	动物园—环山小区	14.10	29	30	2002
114	大魏—动物园	10.00	25	19	2003
118	祝甸—营市街	15.40	30	30	2004
120	九曲—西苑小区	12.30	21	23	2006
122	济南东站—济钢东门	18.20	32	34	2005
125	白马山啤酒厂—长途汽车站	10.80	21	22	2006
127	东宇花园—经七纬二	12.70	24	25	2006
130	大桥镇政府—动物园	17.10	20	17	2007
135	鑫茂齐鲁科技城—大桥镇政府	13.20	17	6	2014
140	东宇花园—成丰桥	10.50	21	11	2008
156	济南西站—火车站	13.80	19	18	2011
201	祝甸—济南大学	18.50	16	12	2005
302	公交营运中心—泺口汽车站	32.00	32	14	2006
BRT—1	黄岗—全福立交桥	11.50	19	34	2008
BRT—2	北关北路—燕山立交桥	11.00	15	25	2008
BRT—3	全福立交桥—信义庄	11.20	19	23	2009
BRT—5	全运媒体村—火车站	18.50	18	26	2009

二、出租车

1991 年，对客运出租汽车行业统一管理。1999—2000 年，“面的”（面包车）和夏利牌轿车退出客运市场，济南市在全行业推行“出租汽车经营企业资质标准”和“出租车驾驶员违章记分管理办法”。2009 年，车辆更新政策，规定车辆必需使用 CNG、汽油两用燃料，车型使用以薄荷青、亚洲黄、康福兰三种颜色为主的红旗、桑塔纳 3000、起亚远舰等中高档车，同时规定

济南出租车（2008 年 12 月摄）

新上车辆安装GPS定位系统；计价收费计价标准实行与油气价格联动机制，全面使用机打车票，实时实价，推广使用“一卡通”付费系统；在行业监管上，全面使用从业人员电子资格证，运用手持仪进行稽查，利用信息化处理系统对违章行为进行录入处理等。2012年，有出租车公司8家。

2012年天桥区出租汽车公司统计表

表6–3

公司名称	成立时间（年）	拥有车辆（辆）
济南市联运出租汽车分公司	1994	311
济南恒星汽车出租有限公司	1994	96
济南五洋有限公司汽车出租分公司	1994	132
济南国铁天龙出租汽车有限公司	1991	114
山东省黄河航运局出租汽车中心	1994	96
山东省交通运输集团有限公司济南出租汽车管理中心	1994	133
济南天府客运出租有限责任公司	1999	82
济南三和出租汽车有限公司	1997	91

第三章　邮　政

天桥区邮政局归属山东省邮政公司济南市分公司，成立于2006年。天桥区邮政局下辖7个邮电支局、3个直属邮电所、6个二级邮电所，其中城镇网点15处、农村网点1处。

第一节　邮政网络

1991年，辖区内投递邮路以自行车投递为主，投递段道邮路26条，里程长480千米，其中山东矿院、汽车总厂、山东化工厂、国棉一厂等单位实行汽车投递段。2005年，增加北园路投递分局相应段道，邮路增至33条，投递里程增至长530千米，开信筒（箱）16个。2006年，外部投递分层分网，增加段道至75个，投递里程增至长1125千米。2008年，部分段道配发电动车。2011年年底，全区有标准邮政支局7个、邮电所8个、信箱（桶）40个。至2012年，所有段道实行电动自行车投递。

第二节　邮政业务

1991年，邮政业务包括函件、包裹、汇款、报刊发行、特快专递和邮政储蓄。1998年，邮政局先后组建邮政储蓄银行、邮政速递公司等，为辖区提供邮政函件、集邮、报刊、汇兑等邮务类业务，邮政储蓄、保险理财等金融类业务，以及电子商务、物流分销等服务，发挥邮政业通邮、通商、便民三大基本职能。

2001年8月1日，开办国内快递包裹业务。

2007年后，发挥邮政直邮“精准分类、定向传播”优势，先后为天桥区100余家中小企业、工商业户提供项目。

2010年，天桥区集邮协会成立，设置集邮专柜，开办集邮业务。2011年，通过邮政网络寄递招商、促销商业信函46万余件。

至2012年，天桥区邮政局搭建起集实物网、信息网、金融网“三网合一”的网络服务体系，业务种类由传统函件、包裹、发行、集邮拓展到邮政广告、电子商务、邮政金融、物流分销等服务内容。

第三节 邮政设施

1992年6月，建筑面积2100平方米的天桥区邮政办公楼投入使用。至2012年，全区15个邮政营业场所全部支局标准化。2012年，全局有电子称18台、储蓄用电脑29台、邮政用电脑20台、邮资机5台、打包机2台。累计完成各项业务收入3213.1万元。

2012年天桥区邮政网点统计表

表6-4

网点名称	位置	服务面积（平方千米）	服务硬件设施			经办业务种类
			邮政台席（个）	储蓄台席（个）	ATM（个）	
师范路邮政支局	师范路11号	24.50	2	4	2	金融、函件、包裹、汇兑、集邮、报刊、特快专递。
金牛公园邮电所	济泺路92号	15.00	1	无	无	函件、包裹、报刊、特快专递。
成丰桥邮政支局	济泺路207号	22.00	2	4	2	金融、函件、包裹、汇兑、集邮、报刊、特快专递。
北园路邮政支局	西泺河71号	23.50	2	3	1	金融、函件、包裹、汇兑、集邮、报刊、特快专递。
北园芙蓉邮电所	北园大街252号	13.00	1	无	无	函件、包裹、汇兑、报刊、特快专递。
毕家洼邮政支局	师范路42—1号	23.00	2	3	1	金融、函件、包裹、汇兑、集邮、报刊、特快专递。
蓝翔技校邮电所	蓝翔中路8号	15.00	1	无	无	函件、包裹、汇兑、报刊、特快专递。
堤口路邮政支局	无影山路135号	13.00	1	无	无	函件、包裹、汇兑、集邮、报刊、特快专递。
交校路邮电所	交校路5号	9.00	1	无	无	函件、包裹、汇兑、报刊、特快专递。
泺口邮政支局	济泺路48—1号	20.00	1	3	1	金融、函件、包裹、汇兑、集邮、报刊、特快专递。
三孔桥邮电所	三孔桥街38号	13.00	1	2	1	金融、函件、包裹、汇兑、集邮、报刊、特快专递。
中恒商城邮电所	济泺路207号	15.00	1	3	1	金融、函件、包裹、汇兑、集邮、报刊、特快专递。
西苑小区邮电所	天发路43号	11.00	1	2	1	金融、函件、包裹、汇兑、集邮、报刊、特快专递。
桑梓邮政支局	桑梓店镇	15.00	1	2	无	金融、函件、包裹、汇兑、集邮、报刊、特快专递。
黄屯邮电所	无影山东路44号	17.00	1	2	1	金融、函件、包裹、汇兑、集邮、报刊、特快专递。

第四章 电 信

第一节 电 话

1993年12月12日，辖区内电话号码由6位升至7位。

2001年，天桥区电信局正式组建，服务面积160平方千米，程控交换设备以天桥（EWSD）、匡山（EWSD）、黄台（S1240）和药山（5ESS）4个交换局为主，交换机总容量16万门，实占容量10.87万门。接入网总容量6.83万门，实装4.39万门。线路设备：主干电缆90条，19.89万对；交接箱418个；通信管道长2301.9千米。

2002年，辖区内固定电话数量18.07万部，公话累计4774户，来电显示业务净增2.46万户，5.28万部。宽带3401户；小灵通净增7951部。2003年，固定电话放号净增1.25万部（其中公话5871部），电话用户19.32万户；来电显示净增2.75万户，累计7.93万户；宽带净增3785户，累计7186户；小灵通净增1.1万部，累计1.7万户；基站签约716份。线路资源普查工作完成，补齐所有线路资料，将管道、杆路、人井、主干、成端图等资源管理系统绘制成CAD图纸归类保存。2004年，增加大饮马、西苑模块局2个，更换改造开放式接入网配线架5个，减少配线架障碍发生；进行社区经理制改革，按主干电缆走向划分界限，成立影山、清河、水屯、大桥、匡山、美里湖、药山社区服务中心7个。

2005年5月21日，辖区内电话号位数升至8位，固定电话、小灵通在原7位号码前加“8”；固定电话用户18万部。2007年，随着移动电话的普及，固定电话逐年减少，全区固定电话累计17.8万部。

2012年，全区有基站40个、固网机房66个，语音电话容量5万个。

第二节 数据通信

1993年9月1日，分组交换骨干网DPN—100型。分组交换设备全网开通，分组交换以CCITTX.25建议规定为基础在通信过程中实现双方以分组为单位、使用存储—转发机制的数据交互通信。1994年11月28日，中国数字数据网（China—DDN）本地网建成开通。1998年，济南本地数字数据网（DDN）扩容工程28个节点通过初验。

2001年，电信公司向社会推出一项新的数据业务——中国电信宽带网业务。该业务主要提供ADSL和FTTX+LAN两种接入方式。天桥区已拥有大型交换设备网络、ATM数据网络及宽带IP城域网接入平台，提供模拟业务、数字业务、IP宽带业务等多种用户业务需求。

至2012年年底，数据通信业务有分组交换业务、DDN业务、帧中继业务、IPOA、xDSL、以太网接入、域名注册及管理、IP宽带等。

第三节 互联网

2007年10月，宽带用户累计8.64万户；天桥区网站建设发展58户（商莘网62户），114导航发展28户，宽视界38户。

2010年，精品宽带楼宇3187幢楼。累计AD转化3.29万户，转化率80.2%。光进铜退（用光纤代替铜缆）完成10项。

2012年，宽带用户净增2.76万户。

第四节 无线寻呼

1991年，无线寻呼改用深圳中山大学通信技术研究所研制的 SF—3000 型无限寻呼通信设备。采取集中编码器方式工作，呼叫准确率高，同时具有群呼、定时呼、追呼、覆盖查询及用户管理等功能。

1993 年 1 月 11 日，开通“127”自动寻呼系统；6 月 24 日，自动寻呼号码升至 6 位。

1997 年 10 月 1 日，198、199 全国寻呼网 BP 机在济南放号。

1998 年，无线寻呼业务从济南市电信局剥离，电信局不再经营无线寻呼业务。

第五节　移动通信

1991 年，天桥区模拟移动电话网开始建设。1995 年 12 月 28 日，电信局开通数字移动电话（GSM—继模拟蜂窝移动电话之后发展起来的第二代蜂窝移动通信系统）。1997 年，完成模拟移动通讯五期工程及数字通信（GSM）三、四期工程。

1998 年 9 月 16 日，天桥区开通 1861 移动电话费自动查询系统，济南市模拟移动电话和数字 移动电话用户均可通过系统查询电话费。1999 年 7 月，数字移动电话网建设完成六期工程，之后又继续进行七至十七期扩容建设。

2002 年 2 月，无线市话“小灵通”业务开通试用；5 月 17 日，小灵通向社会试放号；7 月 1 日正式放号。2003 年，推出“一号通”业务，可得到一个“717”开头的 7 位电话号码，并通过设置将自己持有的小灵通、固定电话、手机号码依次与这个统一号码联系起来。有电话拨入时，可根据你预先设置的顺序依次响铃，当电话占线、无人应答、关机或无信号时，便会自动接通下一个号码。2005 年，完成小灵通第七期扩容工程、全省小灵通悦铃平台建设工程。网通公司推出部分新业务：灵通伴侣，申请“灵通伴侣”功能后，将任意一电话（除客户本机小灵通以外的电话）设为小灵通伴侣号码。使用任意一部电话拨打客户小灵通时，客户小灵通和伴侣号码可以并行振铃。客户接通其中一部终端时，另一部终端将不再响铃。灵通秘书即为小灵通用户打造一个个人通信助理。主要特点是当小灵通关机或不在服务区时，会自动转到灵通秘书台处理。灵通秘书将接受服务的主叫用户信息以短信方式通知。随身邮是适用任何人群的小灵通邮箱业务，只要用户的手机支持，直接在小灵通手机上设置电子邮箱账号，即可接收和发送电子邮件。灵通在线即小灵通手机直接上网业务，用户可用灵通手机访问专门网站，获取各种在线服务。灵通悦铃即小灵通彩铃业务，对方在拨打小灵通等待接通时候可听到设置的音乐或音效。

2006 年，小灵通用户 14.9 万部。推出“亲情 1+”业务，业务以固定电话为核心，捆绑小灵通、宽带、增值业务等多种产品，针对不同需求分别推出“亲情随身”“亲情无限”两种家庭优惠套餐。“亲情随身”是指定 1 部固定电话与小于等于 3 部小灵通采用后付费方式并合账缴费，免收固定电话和小灵通月租费。“亲情无限”是指定 1 部固定电话与小于等于 3 部小灵通、1 部宽带产品采用后付费方式并合账缴费，免收固定电话和小灵通月租费，宽带产品为不限时包月封顶方式。2007 年，小灵通用户 4.48 万部；“亲情 1+”累计 1.7 万户。2009 年，G 网员工编码发展 4.2 万部；开通 2G、3G 基站 24 个，市内分布 32 个。2010 年，18 期完成签约 51 站；新建合作厅 44 个，合作厅数量 67 个，新建普通代理商 104 家，社会渠道计 226 处。

2012 年，3G 用户净增 2.57 万户，出账用户 5.3 万户；2G 业户发展 5.9 万户；社会代理商净增 569 家，合作厅 35 家、普通代理 446 家、沃店 49 家。G 网用户增加 4 万户，有效用户 2.2 万户。

第七篇

经济发展综述

2012年5月30日，天桥区召开全区农村集体经济组织清产核资工作会议。

2012 年 8 月 9 日，天桥区政府召开 2012 年上半年经济指标分析会。

第一章　经济总量与发展速度

第一节　经济总量

1991 年，全区完成工农业总产值 8.57 亿元、社会消费品零售总额 4.21 亿元。2000 年，历城区大桥镇、桑梓店镇划归天桥区，经济实力有较大增强。农业重点发展现代都市农业和农业产业化，工业在发展园区工业的同时重点推动高新技术产业的发展，国营、集体商贸业在经历一段繁荣后进入相对“衰退”期，个体工商业和私营、外贸企业乘势而上、日益活跃。2012 年，全区完成工农业总产值 105.6 亿元、社会消费品零售总额 274.26 亿元，分别比 1991 年增长 11.32 倍、64.14 倍；实现生产总值 294.66 亿元，其中第一、二、三产业增加值分别为 3.54 亿元、74.59 亿元、216.52 亿元。

1991—2012 年天桥区主要经济指标统计表

表 7-1　　单位：亿元

年份	国内生产总值	第一产业增加值	第二产业增加值 合计	第二产业增加值 其中：工业	第三产业增加值	人均国内生产总值（元）	农林牧渔业生产总值	工业生产总值	社会固定资产投资	社会消费品零售额	地方财政收入
1991	—	0.18	—	—	—	—	0.27	8.30	0.28	4.21	0.59
1992	7.18	0.21	2.38	2.38	4.59	2016	0.32	10.25	—	5.94	0.60
1993	11.44	0.22	3.55	3.55	7.67	3167	0.36	20.39	2.56	13.19	0.75
1994	18.38	0.25	5.01	5.01	13.12	4906	0.43	21.91	0.97	32.60	0.49
1995	16.41	0.31	5.10	5.10	11.00	4342	0.51	25.81	1.34	45.39	0.60
1996	20.37	0.37	6.80	6.80	13.20	5333	0.58	28.10	3.62	36.37	0.78
1997	23.58	0.27	7.80	7.80	15.51	6111	0.45	32.05	3.65	38.27	0.95
1998	27.00	0.28	8.92	8.58	17.80	6972	0.46	35.18	5.89	39.50	1.27
1999	26.04	0.29	10.76	9.87	14.99	16800	0.49	34.81	7.74	41.06	1.61
2000	31.74	1.93	11.14	10.71	18.67	17157	2.97	41.00	10.00	44.01	2.05
2001	35.51	1.81	12.76	12.06	20.94	19090	3.16	47.30	12.91	47.00	2.59
2002	35.82	1.89	12.26	10.79	21.67	19155	3.27	44.21	16.41	46.66	3.11
2003	40.76	1.75	14.06	12.39	24.95	21600	3.05	51.05	23.69	50.69	3.22
2004	47.60	1.90	16.94	14.84	28.76	22504	3.32	61.12	32.19	61.18	3.81
2005	124.00	2.05	45.35	32.30	76.60	24660	3.58	107.11	63.38	82.31	4.46
2006	135.07	2.12	43.69	29.76	89.26	26773	3.60	106.81	72.73	95.40	5.11
2007	162.89	2.30	50.12	32.55	110.47	32321	3.91	117.81	82.55	114.23	6.30
2008	188.01	2.68	55.12	31.06	130.21	37422	4.17	95.45	107.41	141.74	7.63

续表 7-1

年份	国内生产总值	第一产业增加值	第二产业增加值		第三产业增加值	人均国内生产总值（元）	农林牧渔业生产总值	工业生产总值	社会固定资产投资	社会消费品零售额	地方财政收入
			合计	其中：工业							
2009	205.32	2.82	56.30	22.50	146.20	40970	4.38	99.26	131.23	178.26	8.54
2010	226.11	3.00	59.91	20.00	163.20	44902	4.74	102.78	119.51	189.76	10.12
2011	263.96	3.34	69.64	25.10	190.98	51956	5.25	106.97	74.02	223.23	13.11
2012	294.66	3.54	74.59	27.00	216.52	57804	5.60	100.00	93.03	274.26	15.48

说明：数据来源于 1991—2012 年《济南市天桥区统计年鉴》。

第二节　发展速度

1991—2012 年，是天桥区自中华人民共和国成立以来国民经济发展速度最快、城乡面貌发生深刻变化、人民生活显著提高的时期。全区人民解放思想，开拓进取，深化改革，扩大开放，经济社会发展取得巨大成就。

“八五”期间（1991—1995 年）。全区坚持以经济建设为中心，加快改革开放，国民经济保持快速增长。

1995 年，全区完成生产总值 16.41 亿元，比 1990 年增长 2.35 倍，年均增长 27.35%。人均生产总值由 1990 年的 1281 元增至 1995 年的 4342 元，增长 3061 元。固定资产投资五年累计完成 12.58 亿元，其中 1993 年固定资产投资额 2.56 亿元，固定资产投资额为 5 年内最高年份，比 1991 年增长 8.11 倍；1994 年大幅减少，比 1993 年减少 62.11%；1995 年固定资产投资额略有增长，为 1.34 亿元。消费需求快速增长，连续 5 年保持 39% 以上的增长速度。1995 年，实现消费品零售总额 45.39 亿元，比 1991 年增长 9.78 倍。农村经济全面发展，农林牧渔业产值年均增长 17.25% 以上。完成农林牧渔业产值 0.51 亿元，粮食总产 5400 吨。工业总产值 25.81 亿元，比 1991 年增长 2.11 倍。1994 年财政收入为新口径，与同期数据不可比，1995 年完成地方财政收入 0.6 亿元，同比增长 11.68%。对外开放迈出较大步伐。五年间，实际利用外资 3500 万美元。1995 年，自营出口创汇 392 万美元，是 1994 年的 15 倍。

经济过快增长，特别是固定资产投资急剧增加，“八五”后期出现物价过快上涨，居民消费价格指数节节攀升。

“九五”期间（1996—2000 年）。为消除物价过快上涨，天桥区开始压缩投资规模，平抑市场物价。

2000 年，实现生产总值 31.74 亿元，比 1995 年增长 0.93 倍，年均增长 14.05%。固定资产投资五年累计完成 30.9 亿元，是“八五”时期的 2.46 倍。2000 年，全区完成固定资产投资 10 亿元，比 1995 年增加 6.47 倍。物价调整取得成效，消费保持平稳增长。实现社会消费品零售总额 44.01 亿元，年均增长 6.16%。同年，区划调整，大桥镇、桑梓店划归天桥区，农作物种植面积 14405 公顷，比 1991 年扩大 13308.3 公顷。全区完成农林牧渔业总产值 2.97 亿元，粮食总产 58139 吨。工业生产平稳增长，5 年内年均增长 9.72%。2000 年，实现工业总产值 41 亿元。地方财政收入完成 2.05 亿元，年均增长 27.86%。实际利用外资 1162 万美元，出口创汇完成 662 万美元。五年累计完成各类技术进步项目 335 项，总投资 8.01 亿元，其中技术改造项目 108 项，投资 6.1 亿元；技术创新项目 131 项，投资 1.34 亿元，科技开发项目 96 项，投资 0.57 亿元。

“十五”期间（2001—2005 年）。国民经济增长速度有所回落，固定资产投资规模平稳增长，经济调整逐步取得成效。至 2005 年，国民经济进入增长期。

2001年，全区实现生产总值35.51亿元，比2000年增长11.88%。2002年，国民经济增长开始回落，仅比2001年增长0.87%。2005年，全区生产总值完成124亿元，年均增长13%（按可比口径计算，下同）。人均生产总值由2000年的17157元增至2005年的24660元，增长0.44倍。5年间，全社会固定资产投资年均增长35%，累计完成固定资产投资额148.58亿元，是“九五”时期的4.81倍。2005年，固定资产投资急剧膨胀，全社会固定资产投资63.38亿元，比2004年增长96.89%。消费需求迅速扩大。2001—2005年，社会消费品零售额年均增长15.02%。2005年，实现社会消费品零售额82.31亿元，比2000年增长0.87倍。农村经济保持较快增长速度，农业产出水平和经济效益显著提高。全区完成农林牧渔业总产值3.58亿元，比2000年增长20.54%；粮食总产量54964吨。5年内，全区工业总产值年均增长21.15%，其中规模以上工业产值年均增长155%。2005年，全区完成工业总产值107.11亿元，比2000年增长1.61倍。地方财政收入完成4.46亿元，年均增长16.82%。外经贸工作取得较大突破，利用外资和出口创汇两项指标连创历史最好水平，被评为“全省外经贸工作先进区”。累计实际利用外资9303万美元，是“九五”期间实际利用外资的3倍。2005年，完成出口创汇2.1亿美元，年均增长36.9%。

“十一五”期间（2006—2010年）。为抑制物价过快上涨，避免经济大起大落，全区正确处理改革、发展、稳定的关系，进行新一轮经济调整。全区国民经济增长速度缓慢下降，步入平稳发展期。

2006年，全区实现生产总值135.07亿元，人均生产总值26773元。2010年，完成生产总值226.11亿元，年均增长12.76%。地方财政收入完成10.12亿元，年均增长17.79%，比2005年翻一番。全社会固定资产投资总规模虽有增加（五年累计完成513.43亿元，）但增长速度有较大回落。2007年固定资产投资比2006年仅增长13.5%；2010年则比2009下降8.93%。消费需求增长平稳，2006年实现消费品零售额95.4亿元，比2005年增长15.9%；2010年实现消费品零售额189.76亿元，年均增长18.23%。农业基础地位进一步强化，农业产业进程加快，内部结构渐趋优化。2009年、2010年，粮食总产连续两年超过7万吨，每公顷单产保持在6000千克上下。2010年，农林牧渔业产值4.74亿元，比2005年增长32.4%。在农林牧渔业产值中，种植业产值占农林牧渔业产值的比重由2005年的53%下降至2010年的51%。牧业产值占农林牧渔业产值的比重由2005年的42.5%上升至2010年的42.8%。2010年，完成工业总产值102.78亿元。全区规模以上工业企业实现利润总额2.23亿元，其中公有制企业实现利润0.38亿元。第三产业发展较快，市场体系进一步完善。第三产业完成增加值163.2亿元，比2005年增长1.13倍。第三产业增加值占全区生产总值的比重由2005年的61.77%增至2010年的72.15%。至2010年年底，全区限额以上批发零售住宿餐饮企业105家，现代服务业增加值占服务业增加值的比重为41%。累计实际利用外资3.54亿美元，是“十五”期间的3.8倍；累计实现出口创汇25.9亿美元，是“十五”期间的7.5倍。高新技术企业11家，高新技术产业产值占规模以上工业总产值的比重为45.98%。

“十二五”前两年（2011年、2012年）。全区开拓创新，各项改革全面深化，结构调整初显成效，国民经济步入平稳、较快、健康发展阶段，综合实力进一步增强。

2012年，全区完成生产总值294.66亿元，比2010年增长0.3倍，年均增长14.15%。人均生产总值57804元，是2010年的1.29倍。贯彻实施扩大投资、启动内需的政策措施，2012年完成全社会固定资产投资93.03亿元，比2011年增长25.68%，其中城镇规模以上单位投资完成90.14亿元，占固定资产投资96.89%。地方财政收入保持较快增长，年均增长23.69%，实现地方财政收入15.48亿元。农业生产基本稳定，全区粮食总产8.09万吨，每公顷单产6265.82千克，均创历史最好水平。实现农林牧渔业总产值5.6亿元，比2010年增长18.14%。其中，种植业和畜牧业产值占总产值的比重分别为51.43%和43.42%。工业经济增速下滑，重点企业、行业支撑作用明显。完成工业总产值100亿元，比2010年减少2.7%。规模以上企业总资产145.76亿元；实现工业总产值、销售收入分别为77.04亿元和76.66亿元；实现利税4.34亿元、利润2.51亿元。第三产业平稳较快发展。实现第三产业增加值216.52亿元，是2010年的1.32倍。第三产业占生产总值的比重由2010年的72.15%上升至73.48%，提高1.84个百分点。实现社会消费品零售总额274.26亿元，是2010年的1.45倍，年均增长20.42%。市场规模化程度提高，亿元以上商品交易市场12个，成交额152.16亿元。对外贸易进展顺利，利用外资亮点迭现。全区出口总额2.76亿美元，内资企业出口约占出口总量的77%。新批外商直接投资项目5个，实际利用外资4558.7万美元。

22年间，天桥区经济发展取得成就令人瞩目，整体经济实力显著增强。但经济结构不够合理，经济国际化水平不够强，经济运行质量和总体效益水平不高，产品档次低、附加值不高等问题仍然存在，老工业城区的经济结构调整和环境保护的任务十分艰巨。

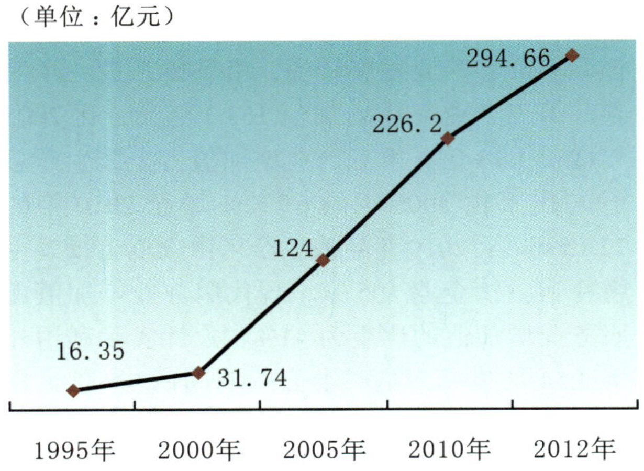

图7-1 部分年份天桥区地区生产总值示意图

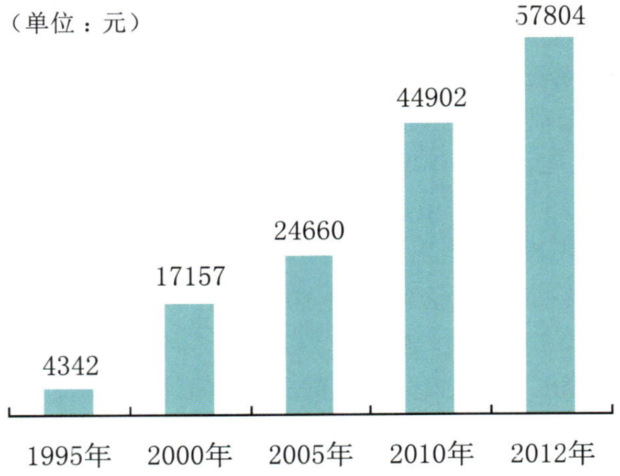

图7-2 部分年份天桥区人均地区生产总值示意图

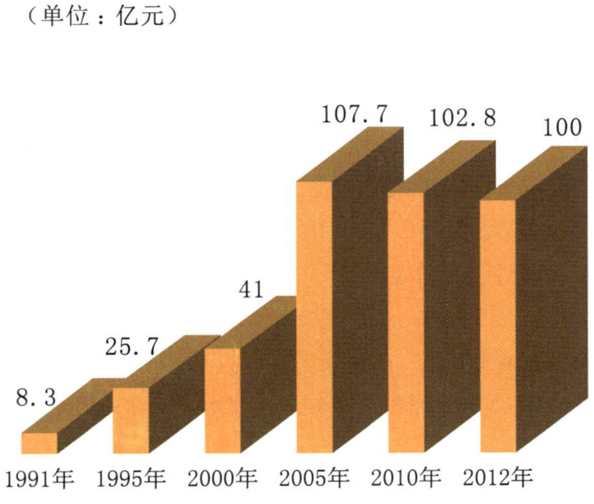

图7-3 部分年份天桥区工业总产值示意图

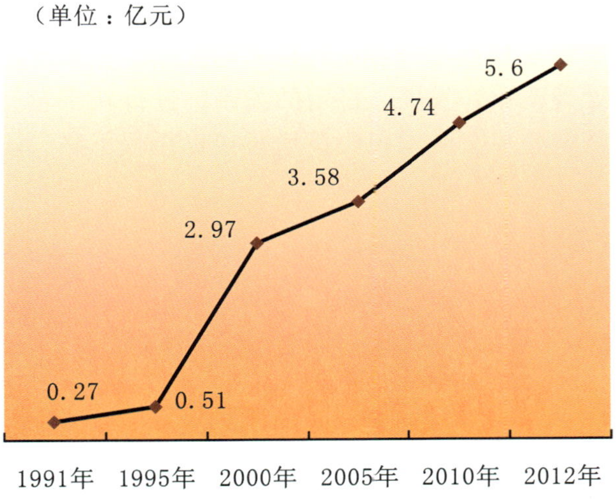

图7-4 部分年份天桥区农林牧渔业总产值示意图

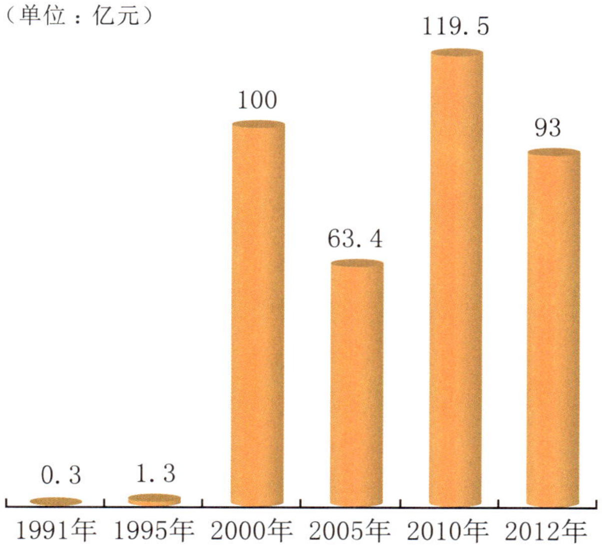

图 7-5　部分年份天桥区全社会固定资产投资示意图

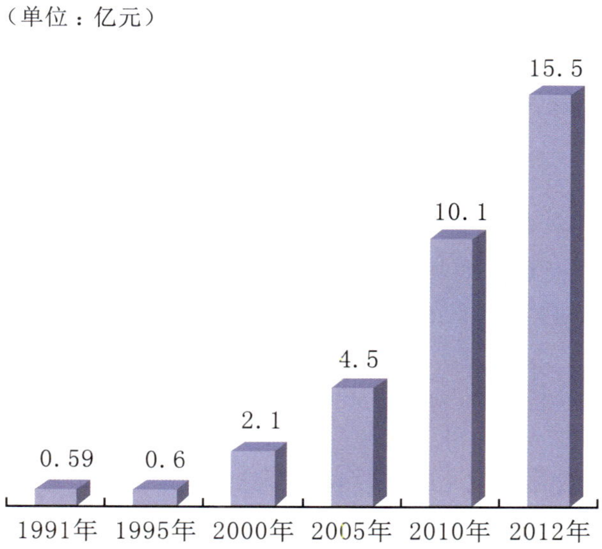

图 7-6　部分年份天桥区地方财政收入示意图

第二章　经济结构

第一节　农业结构

1991—2000 年，全区农业结构调整主要注重农产品的数量结构调整，通过提高粮食单产，稳定增加粮食总产，确保粮食生产大局，在此基础上，发展优质高效农业。1995 年，农林牧渔业产值 0.51 亿元，林牧渔业产值占农林牧渔业总产值的比重由 1991 年的 38.74% 增至 43.39%，比 1991 年提高 3.99 个百分点。2000 年，农林牧渔业总产值 2.97 亿元，林牧渔业产值占农林牧渔业总产值的比重为 43.25%，其中畜牧业产值 1.15 亿元，占非粮产值的 70.27%，农业粮经作物种植比例为 95.3 ∶ 4.7。

进入 21 世纪，农业结构调整开始从外延式发展向内涵式发展、从单纯的数量调整向质量和品种结构调整转变，确立种植、畜牧两大农业主导产业，鼓励开展农业产业化经营，大力发展农副产品加工业，培植壮大农业龙头企业，提高农业的组织化和市场化程度，农业现代化进程加快。2010 年，全区农林牧渔业总产值 4.74 亿元，林牧渔业产值占农林牧渔业总产值的 47.28%，比 2005 年提高 0.93 个百分点。

随着农业生产技术进步，粮食单产显著提高，粮食总产 2012 年达到 8 万吨的历史最高产量。与 1991 年相比，2012 年全区农作物种植面积增加 1.23 万公顷，粮经比例调整为 95.1 ∶ 4.9。林业、畜牧业和渔业快速发展，农业总产值与林牧渔业总产值之比一直缓慢下降，从 1991 年初的 59.1 ∶ 40.9 到 2012 年的 51.7 ∶ 48.3。全区农林牧渔业总产值 5.6 亿元，林牧渔业产值占农林牧渔业总产值的 48.07%，农业总产值年均增长 14.96%，林业总产值年均增长 15.96%，牧业总产值年均增长 16.87%，渔业总产值年均增长 15.19%。

1991—2012 年天桥区农林牧渔业增加值统计表

表 7–2　　单位：万元

年份	农业（含种植业及其他）		林业		牧业		渔业		农林牧渔服务业	
	总产值	增加值	总产值	增加值	总产值	增加值	总产值	增加值	总产值	增加值
1991	1659	1192	30	26	920	532	99	78	—	—
1992	2062	1490	34	29	912	490	192	167	—	—
1993	2397	1433	31	26	970	595	202	165	—	—
1994	2216	920	30	5	1806	1393	247	170	—	—
1995	2908	1515	71	25	1953	1456	205	131	—	—
1996	3417	2305	72	18	1877	1076	454	330	—	—
1997	3266	2044	51	37	822	432	342	227	—	—
1998	2337	1414	47	28	1771	1138	362	258	—	—
1999	2824	1733	36	14	1732	1028	312	151	—	—
2000	16841	11780	336	69	11555	7150	944	276	—	—
2001	18630	10097	367	207	11764	7327	879	497	—	—
2002	19225	11221	387	249	12006	6608	1111	779	—	—
2003	16474	9877	376	209	12524	6710	950	640	195	112
2004	17083	10253	373	196	14651	7810	928	596	198	113
2005	19018	11507	393	200	15245	8095	939	614	214	119
2006	20443	13093	490	297	13641	6908	1150	785	235	140
2007	22583	14522	531	342	14518	7177	1213	831	250	155
2008	24185	16654	561	472	14102	8079	2350	1268	499	304
2009	22365	14515	583	394	18902	11847	1385	1003	541	446
2010	24402	15242	542	353	20290	12722	1582	1200	590	510
2011	27031	16967	601	402	22856	14505	1745	1334	250	160
2012	28783	17896	673	456	24299	15406	1932	1495	280	182

第二节　工业结构

天桥区是济南市重要的工业区，重工业和化工业特征显著。1991—2012 年，工业结构调整是全区产业结构调整的重点，主要围绕发挥重工业和化工业的产业基础优势进行。“八五”和“九五”期间，全区初步提出“工业立区”，新上工业重点项目以染料化工、能源和机械工业居多。10 年间，完成技术改造项目 723 个，完成投资 7.65 亿元，传统主导产业得到提升优化。以初级产品为主的工业经济结构开始转向以化工、钢材等产品的深加工为主，全区基本形成化工、医药、纺织、机械等地域组合度较高的工业体系。2000年，全区工业企业239家，比1991年减少303家。其中规模以上工业企业30家，完成工业总产值9.45亿元，占全区工业总产值23.05%。

“十五”时期后，工业经济发展步伐明显加快。全区重点推进“工业立区”，坚持走新型工业化道路；突出工业园区建设，建设药山工业园和济南化工产业园。培植壮大骨干企业。经过“十五”“十一五”时期调整，工业结构实现明显好转，高新技术产业比重呈上升趋势。2010年，规模以上工业企业比2000年新增104家，达134家。全区高新技术产业产值占规模以上工业的比重由2000年0.11%增至2010年45.98%。

进入“十二五”后，天桥区工业结构调整更加注重产业基础和比较优势的发挥，坚持以市场为导向，大力发展园区经济。在财政体制、工业发展基金、科技经费投入、旧城改造企业搬迁、园区村庄整合等方面制定一系列扶持政策，促进工业经济发展。2012年，全区规模以上工业企业60家，比2010年减少74家；全区过亿元企业11家，实现主营业务收入56.55亿元，占规模以上工业收入73.8%；机械制造业、化工、纺织服装、食品饮料四大行业共实现主营业务收入57.56亿元，占规模以上工业收入75.1%。济南新材料产业园和药山工业园共有规模以上工业企业33家，实现主营业务收入32.75亿元，占规模以上工业收入42.7%。

第三节　第三产业结构

天桥区第三产业伴随工业发展兴起。1991年，中共天桥区委、区政府作出“大力发展第三产业”决定，加大产业结构调整力度，加快第三产业发展步伐。围绕市场建设，扩大发展规模，完善流通设施。产业结构主要以为生产和生活服务的商贸流通和交通运输等传统服务业为主。1995年，全区交通运输业收入4242万元，社会消费商品零售总额45.4亿元，集贸市场交易额29.18亿元。

1998年，天桥区提出大力发展金融、物流、会展、信息、中介、房地产业等现代服务业。2001年，中国加入世界贸易组织后，对外经贸交流不断扩大，第三产业发展有新突破。传统商贸流通业在不断改革、整合基础上，服务手段更加灵活多样，市场设施更加完善，辐射范围进一步扩大，超市、连锁店、电子商务等的兴起使流通业态更加丰富。现代通信业发展迅速，固定电话、移动通信、电子网络等现代通讯形式为邮电服务业增添新内容。现代物流业、旅游业、房地产业快速发展。2002年，全区交通运输邮电业、批发零售和餐饮业、房地产业、社会服务业占第三产业比重分别为3.81%、67.81%、15.69%、4.34%。

2003年，根据地域特点，全区划分为老城区、北园和泺口地区、药山地区、黄河北地区“四大经济发展板块”。其中，老城区重点发展地税型、社区服务型第三产业，不再引进工业项目；北园和泺口地区，以北园大街和济泺路为发展轴，向两侧辐射，纵深发展；黄河北地区抓好农村二、三产业发展。同时，在城区中心地带和黄金地段引进引办现代大型商场等现代商贸企业。三产高级化战略的实施，使第三产业结构不断改善和优化。

现代服务业比重不断上升，传统服务业比重逐年下降。2005年，全区批发零售和餐饮业增加值占三产比重比2000年下降52个百分点，仅为36%。2008年，现代服务业占全区第三产业比重37.6%，同比提高1.6个百分点。2012年，全区现代服务业增加值97.86亿元，占服务业比重45.2%，同比提高2.2个百分点。其中，金融业增加值18.25亿元，同比增长23.9%；信息传输、计算机服务和软件业增加值4.48亿元，同比增长18.8%。

第四节　三次产业结构

天桥区是老工业城区，但在生产总值中，第三产业所占比重较大，第一产业比重明显偏低。

“八五”期间。天桥区重视产业结构调整工作，三次产业一直保持3：2：1的发展格局，三产比重持续上升。第一产业比重由“八五”初 2.9% 下降至 1995 年 1.9%，增加值年均增长 14.55%；第二产业比重由 1991 年 33.2% 下降至 1995 年 31.1%，增加值年均增长 28.9%；第三产业比重由 1991 年 58.4% 增至 1995 年 67%，其间也有所起伏，增加值年均增长 38.6%。

“九五”期间。树立“工业立区”思想，把工业经济放在整个国民经济发展的重要位置来抓。加快产业结构调整步伐，产业结构发生深刻变化。三次产业比例由 1995 年 1.9：31.1：67 调整至 2000 年 6.1：35.1：58.8。2000 年，区划调整，天桥区农业生产规模扩大，第一产业比重比 1995 年提高 4.2 个百分点，增加值年均增长 44.16%；第二产业上升 4 个百分点，增加值年均增长 16.9%。第三产业下降 8.2 个百分点，增加值年均增长 11.2%。

“十五”期间。全区实施“三产立区、工业兴区、科技强区”三大战略，积极调整经济结构，产业结构继续优化。第一产业比重下降，由 2000 年 6.1% 下降 2005 年 1.7%，年均增长 2%；第二产业快速发展，比重略有上升，由 2000 年 35.1% 增至 2005 年 36.6%，其间也有所起伏，年均增长 31.4%；第三产业特别是商贸流通业有一定增长，三产比重由 2000 年 58.8% 增至 2005 年 61.7%，年均增长 32.6%。

“十一五”期间。全区把发展作为第一要务，坚持调优一产、壮大二产、繁荣三产，着力优化布局，壮大实力。2006 年，三次产业结构比重为 1.6 ： 32.3 ： 66.1；2010 年，产业结构优化调整为 1.3 ： 26.5 ： 72.2。第一、二产业比重持续下降，第三产业比重明显提升。形成以第三产业为主导产业的发展模式。三次产业增加值年均分别增长 8%、5.7%、16.3%。

“十二五”初期。全区坚持把稳增长与调结构、上水平、增后劲相结合，实施新型工业、科技创新驱动战略，加强产业布局和结构调整，产业结构继续优化。2012 年，全区三次产业结构比例为 1.2：25.3：73.5，两年间三次产业增加值年均分别增长 8.6%、12.2% 和 15.3%，工业经济有所加强，实现三产持续健康发展。从产业发展速度来看，第一、二、三产业增加值分别比 1991 年年初增长 12.1 倍、39.3 倍和 71.7 倍，按可比口径计算，年均分别增长 13%、19.2% 和 22.6%。

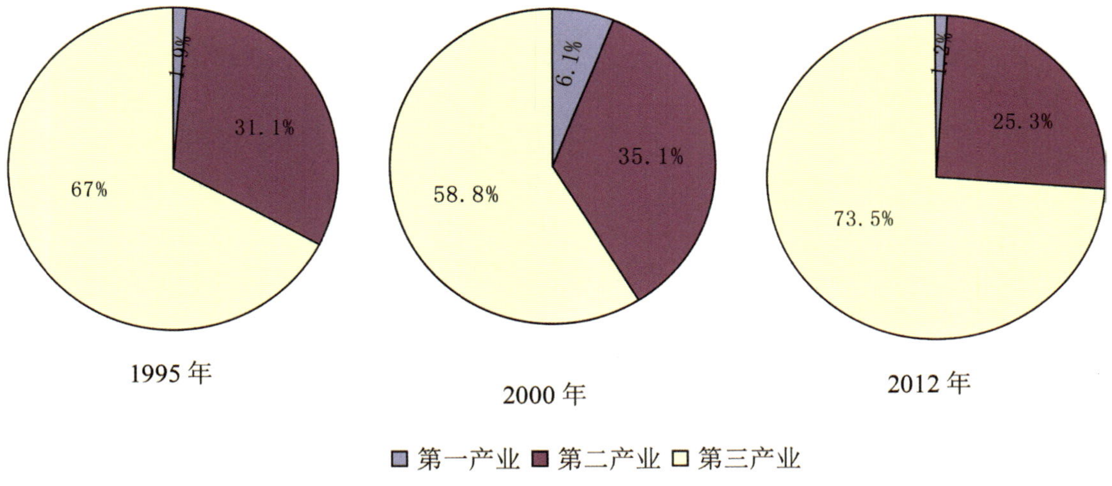

图 7–7 天桥区三次产业结构示意图

第五节　城乡居民收入和消费结构

1991—2012年，随着人民生活水平提高，居民消费结构发生较大变化，全区居民人均食品消费占消费支出比重（恩格尔系数）逐年下降，居民消费结构不断优化。

一、城乡居民收入结构

全区城乡居民收入一直保持着一定的差距。1991年，农村常住人口5.94万人，年人均总收入1595元，其中，工资性收入238元，家庭经营收入247元，转移性收入1110元；年人均纯收入1470元。城市居民收入以工资为主，人均年平均工资1898元，人均可支配收入1646元。农村居民纯收入与城市居民人均可支配收入之比为1∶1.12。之后由于城市经济快速发展，城乡居民收入差距呈扩大趋势，2000年扩大到1∶3.55。“十五”时期后，城乡居民收入差距进一步拉大。2005年，农村居民与城市居民收入之比为1∶4.11。2012年，农村人口8.65万人，全年人均总收入1.31万元，其中工资性收入6272元、家庭经营收入6167元、财产性收入102元、转移性收入525元；年人均纯收入1.07万元。城镇居民年人均可支配收入3.04万元，在岗职工平均工资4.28万元。农村居民纯收入与城镇居民年人均可支配收入之比为1∶2.85，收入差距为1.97万元。

二、城乡居民消费结构

居民消费结构的变化可用恩格尔系数来体现。1991年，城镇居民恩格尔系数为0.53，农村居民为0.46。农村居民全年总支出1440元，其中家庭经营性费用102元，生活消费支出1268元。2012年，城镇居民恩格尔系数下降至0.31。农村居民下降至0.39。农村居民全年总支出7351元，其中家庭经营性费用2168元，生活消费支出4767元，转移性支出361元。随着城乡居民恩格尔系数的降低，城乡居民消费支出结构也发生巨大变化，消费结构日趋多元化，消费层次提高，消费品种多样化，消费方式已由单纯追求物质消费，逐步向物质与精神文化消费并重的模式转变，服务性产品消费上升。特别是旅游、文化、娱乐消费快速增加，对第三产业的发展起到促进作用。

第八篇
农　业

1991—2012
TIANQIAO QU ZHI

达人农场的百合花

焦集黄河湿地生态农业园区生菜种植大棚

大桥镇惠农综合服务中心

稻香园食品公司

20 世纪 90 年代，天桥区涉农区域仅有北园镇，由于紧依市区，农业主要集中在黄河北部鹊山地区，以种植粮食作物和发展旅游观光农业为主，第一产业所占比重较小。1991 年，粮食总产量 5288 吨，蔬菜总产量 1.19 万吨，生猪存栏 6000 头，蛋鸡存养量 16.5 万只；农村经济收入 14.1 亿元。1994 年，天桥区调整内部结构，坚持"科技兴农"方针，大力发展农村社会化服务体系，向高产、优质、高效迈出新步伐。1997 年始，中共天桥区委、区政府加大农业综合开发力度，促进资源优化配置，形成和培育农业新的经济增长点，加速农业产业化进程，推进农业两个根本性转变（经济体制从计划经济向市场经济转变、农业经济发展方式从粗放型农业向集约型农业转变），发展城郊型特色农业。1998—1999 年，天桥区涉农区域新增药山街道，以蔬菜种植、林果、水产养殖为主。北园镇经济发展集中于二、三产业，第一产业所占比重较小。2000 年，天桥区行政区划调整，农业生产规模扩大。中共天桥区委、区政府相继发出《关于加快农业和农村经济发展的意见》《关于黄河北乡镇进一步放开搞活大力发展财税型区域经济的意见》和扶持黄河北乡镇农业发展的一系列优惠政策，大力发展城郊型特色农业。

至 2012 年，拨付惠农资金 220 万元，累计发放小麦直补以及棉花、玉米、水稻良种补贴、农机补贴等资金 2249 万元。农林牧渔业总产值 5.6 亿元，比 1991 年增长 19.67 倍。粮食总产量 8.09 万吨，比 1991 年增加 7.56 万吨。蔬菜产量 2.37 万吨，比 1991 年增加 1.18 万吨。畜牧业稳定发展，猪、牛、羊存栏分别为 1.31 万头、8410 头和 8767 只；肉禽蛋奶鱼 1.32 万吨。完成农村"村村通"公路建设，实施农村自来水工程等重点项目，为农村经济发展、农民增收奠定良好基础。全区有农业龙头企业 27 家，农村合作社 94 家，获济南市农业产业化经营领导小组奖励扶持的各类生产项目 19 个。

第一章　农村经济体制改革

1991 年始，天桥区进一步完善家庭联产承包责任制。1999 年，实施第二轮土地延包。2001 年，开展农村税费改革工作。2005 年，取消农业税及其附加。至 2012 年，全区每年都按照国家政策和有关法律、法规对涉及农民利益的土地承包、涉农收费以及农民负担情况进行检查，发现问题及时处理，保障农民合法权益；逐步发展和健全农业社会化服务体系；完成二轮土地延包。

第一节　农村土地承包制度改革

1989 年，巩固和完善家庭联产承包责任制，全区设立农业、林业、水利、司法等部门参加的农业承包合同管理机构，建立承包合同档案管理制度，印发农业承包合同样本。依法签订农业承包合同，及时续签到期合同，及时处理有争议的合同。全区完善、签订各种农业承包合同 1.09 万份，承包土地面积 1299.8 公顷。1991 年，深化农村改革，稳定土地承包关系，建立土地有偿使用、流转、投资补偿、土地资源保护等项制度，巩固和完善家庭联产承包为主的经营责任制，全区农、林、牧、副、渔各业实施承包责任制达 95% 以上。全区实行"双田制"（口粮田、承包田）村庄 34 个，土地面积 1126.6 公顷。1996 年，新签、续签、补签承包合同 1.3 万份。

1999 年，按照中央、省、市精神，全区采取"增人不增地，减人不减地"政策，实施第二轮土地延包。大桥、桑梓店两镇延包签定合同农户达 70% 以上，未实行延包的主要是国家建设占地。2000 年后，随着国民经济高速发展，农业高新科技得到广泛应用，农业生产大型机械普及，工业化、城镇化进程加快，农村大量劳动力向城镇转移，农民土地用权转包、租赁、反租承包等土地自发流转现象出现。为避免矛盾和规范土地转让程序，2010年，中共天桥区委、区政府根据天桥区农村经济发展形势，提出在完善土地承包政策同时，鼓励农民自愿依法进行土地流转的意见。同年，大桥镇成立天桥区土地流转服务中心，并被认定为“市级示范土地流转中心”，各村设土地流转信息员，初步建立起土地流转信息网络。至2012年年底，全区土地流转面积66公顷。

第二节　农业经营体制改革

一、农业产业化经营

1992年，中共天桥区委、区政府提出发展高产优质高效农业，从单纯追求数量增长向高产优质高效转变。1994年1月，北园镇林、菜、花卉技术开发中心建成，位于泺口黄河北岸，占地面积157.3公顷，职工120人。至1996年，已开发建设特种蔬菜基地、银杏密植、黄河森林公园、花卉基地；开办经营农用物资供应商店、特菜酒家、酿造等，形成以农业为主，多种经营并存的经济格局。1995年，区委七届二次全委会议提出，农业生产实行区域化布局、专业化生产、企业化管理、社会化服务、一体化经营，形成市场牵龙头、龙头带基地、基地连农户的龙型生产经营格局，最大限度提高农业经营管理水平和综合经济效益，实现优质高产高效。至1998年，建科技示范园区8处，占地面积80.33公顷。其中，山东省经济林科技示范园（与山东省经济林协会联办）占地面积1.33公顷；山东省银杏苗木繁育基地（与山东省银杏开发协会联办）占地面积4.67公顷；银杏密植采叶园（与郯城胜利乡赵楼村联办）占地面积3.67公顷；药山农业科技示范园占地面积13.33公顷；黄台村办农场占地面积33.33公顷；元易娱乐垂钓中心占地面积20公顷；北郊林场千头养猪场占地面积2公顷；鹊山村村办科技示范园占地面积2公顷。2000年，推行农业标准化生产，农产品档次和效益逐年提高。2003年，天桥区落实济南市政府《关于扶持农业龙头企业发展促进农业产业化经营的意见》，提出推进农业产业化经营，制定扶持政策，扶持农产品生产、加工的开发大户和龙头企业，建设农产品生产基地，拉长产业链，增加农产品加工产值，实现小生产与大市场对接。引进现代化农机技术，提高规模化生产、经营水平。先后在大桥镇贾家、刘光照村建立葡萄和冬枣种植基地，面积约133.33公顷；桑梓店镇田庄村建立蔬菜基地，面积约66.67公顷；桑梓店镇冯堂村建立奶牛养殖基地，存栏量超过500头。通过无公害农产品认证产品4个。至2006年，济南市级农业产业化龙头企业5家。2007年，天桥区政府印发《关于加大对农业龙头企业发展的扶持力度积极促进农业产业化经营的意见》，配套制定《天桥区农业产业化龙头企业认定管理办法》等相关文件，认定首批区级农业产业化龙头企业5家，给予扶持资金10万元。2008年，引进无公害莲藕种植项目，占地面积6.67公顷，通过无公害农产品认证产品增至5个。2009年，以农业龙头企业、都市休闲农业发展为主线，推进农业产业化经营。帮助济南鑫海冷藏厂加工车间建

鹊山有机莲藕（2012年8月摄）

设、济南登峰清真肉类有限公司屠宰加工车间改扩建等项目5个,争取市级扶持资金130万元。2011年，在建农业特色品牌基地5家，生产面积66.67公顷，带动全区农业标准化生产面积1333.33公顷，逐步形成以袁贾有机大米、鹊山有机莲藕、焦集绿色蔬菜等为代表的一系列优质农产品生产基地。至2012年，特色农业品牌基地6家、生产面积133.33公顷，绿色、无公害认证农产品5个；农业龙头企业27家，其中省级1家（山东稻香园食品有限公司于2012年晋升为省级重点龙头企业）、市级14家、区级12家；获济南市农业产业化经营领导小组奖励扶持的各类生产项目19个，项目内容主要包括企业基础设施建设、新技术的开发、引进、推广，扩大生产经营规模等，获市级奖励资金300余万元。

2004—2012年天桥区市级农业龙头企业一览表

表8-1

企业名称	等级	认定时间（年）
济南黄老泰食品有限公司	济南市级	2004
济南益康食品厂有限公司	济南市级	2005
济南华杰面粉有限公司 山东秦老太食品有限公司	济南市级	2006
济南勇盛冷藏食品有限公司 山东稻香园食品有限公司	济南市级	2007
济南天桥区鑫海冷藏厂	济南市级	2008
济南登峰清真肉类有限公司 济南君祥农副产品有限公司 济南堤口集团果品批发市场有限公司	济南市级	2009
济南佳禾食品有限公司 济南药业集团有限公司	济南市级	2010
济南利民种禽有限公司	济南市级	2011
山东朝能福瑞达生物科技有限公司 山东益豪食品有限公司	济南市级	2012

二、农村合作经济

1992年，全区49个行政村（居）建立村级经济合作组织。1993年始，农村经济合作组织先后成立实业公司或组建集团，全区形成农村经济合作组织网络。2003年，引导和组织农民通过“自我联动，中介服务，整合引导”等形式，发展农业合作经济组织，增强应对市场能力。2007年7月1日，《中华人民共和国农民专业合作社法》颁布实施。全区认定首批优秀农民合作经济组织2个。2008年1月，天桥区第一家农民专业合作社——金玉养兔专业合作社成立。至年底，农业专业合作社增至8家，其中济南市级1家。至2012年，天桥区注册登记合作社94家。

2008—2012 年天桥区市级专业合作社示范社一览表

表 8-2

合作经济组织名称	等级	认定时间（年）
天桥区宏发黄金梨专业合作社	济南市级	2008
天桥区鸿发畜禽养殖专业合作社 济南市天桥区富民奶牛养殖专业合作社	济南市级	2009
天桥区龙湖生态农业观光专业合作社	济南市级	2010
天桥区益禽种鸡养殖专业合作社 天桥区益民蔬菜种植专业合作社	济南市级	2011
天桥区长水淡水养殖专业合作社 天桥区湖源水稻专业合作社	济南市级	2012

第三节　农业结构调整

1989—1996 年，强化农业基础，由传统农业向现代化农业转变。全区各村（居）建立农业发展基金，广开渠道，以工补农，以工建农。加大投入，抓好农田水利基本建设，改造中低产田；推进"南菜北移"战略，扩大鹊山蔬菜生产面积；健全农业社会化服务体系，强化服务实体建设。至 1996 年，全区粮食播种面积 1503 公顷，总产 6001 吨；蔬菜种植面积 101 公顷，总产 7607 吨；果品产量 405 吨；生猪存栏 6000 头，肉禽蛋奶鱼总产 2.34 万吨。

1997 年，形成《天桥区农业现状及分析》调查报告。指出：天桥区农业不是耕地面积少，而是生产水平低；农业产业化的主体包括农民，还包括已经进入和准备进入农业领域的二、三产业单位；城郊农业的空间，不能局限于本身的"一亩三分地"，而是超越土地界限的更大的生产和市场空间。在此基础上，确立《关于加快城郊农业开发的意见》。

1998—2002 年，推进农业产业化，发展城郊型特色农业。1998 年，全区农业结构调整。稳定粮田种植面积，压缩棉花种植面积，扩大玉米、油料作物、蔬菜瓜果类种植面积，发展经济林和畜禽养殖。2000 年，区划调整，继续压减粮食种植面积，大力发展林果、蔬菜及畜牧业。5 月，中共天桥区委、区政府召开全区农村工作会议，印发《关于加快农业和农村经济发展的意见》。至 2002 年，千亩黄金梨、千亩冬枣、三倍体毛白杨、红提葡萄等示范基地建成，效益良好。全区蔬菜大棚总数达 4500 个，畜牧龙头企业 2 家和肉食牛养殖小区 2 个，带动形成养殖专业村 12 个，畜牧业已占一产增加值 35%。全区粮食播种面积 9498 公顷，总产 4.06 万吨；蔬菜种植面积 1229 公顷，总产 6.94 万吨；大牧畜存栏 3.32 万头，生猪存栏 7.01 万头，家禽存栏 45 万只，肉禽蛋奶总产 2.34 万吨。

2003—2008 年，全区农业逐步由城郊型农业向都市型高效农业发展。依托鹊山龙湖，发挥省城近郊优势，大力发展生态旅游、休闲农业，开创都市型农业新路子。2007 年 4 月 7 日，中共天桥区委、区政府召开全区农村工作会议，研究部署发展现代农业。2008 年，加大支农力度，落实惠农政策，发放粮食、农机具、家电下乡等补贴 1129 万元。全区粮食播种面积 1.13 万公顷，总产 6.66 万吨；蔬菜种植面积 203 公顷，总产 9139 吨；大牧畜存栏 9868 头，生猪存栏 2.32 万头，家禽存栏 45 万只，肉禽蛋奶鱼总产 1.63 万吨。

2009—2012 年，以发展现代农业为重点，发展以生态观光型、体验参与型和特色精品型等为特征的都市农业。实施政府惠农政策，使粮食种植发展稳定，蔬菜播种面积逐步减少。粮食、林果、畜禽等产品生产成为主导产业。2010 年始，区财政每年安排专项资金 200 万元，用于扶持都市型农业发展。对全区发展都市型农业进行规划部署，编制《天桥区都市农业发展规划》；加快都市型农业园区和特色产业基地建设，建成都市农业园区7家，鹊华烟雨都市农业观光园等4家园区被列为市级都市农业园区。推进种植业结构调整，落实小麦直补、良种补贴、农机购置补贴等1861.3万元，有机水稻、有机莲藕、蔬菜等特色农产品基地初具规模。加快发展畜牧业，全区规模养殖场达2家，畜牧业占农业总产值40%以上，济南利民种禽有限公司被农业部认定为“国家级蛋鸡标准化示范场”。2011年，审批通过市级示范园区5家，其中市级重点园区3家、市级提升园区1家、市级新建园区1家。举办2011天桥名优美食节暨都市农业成果展览会。2012年，加大对现代都市农业发展的扶持力度，落实各项惠农补贴2500万元。审批通过市级示范园区5家，其中市级重点园区3家、市级提升园区1家、市级新建园区1家。全区粮食播种面积1.29万公顷，总产8.09万吨；蔬菜种植面积558公顷，总产2.37万吨；全区果品产量240吨；经济林发展到146公顷；大牲畜存栏8448头，生猪存栏1.31万头，家禽存栏45万只，肉禽蛋奶鱼总产1.32万吨。渔业养殖面积270公顷。

鹊山都市农业示范园（2010年7月摄）

第二章　种植业

1991年，天桥区引进优良品种实施科学种田，加强科学指导，制定播种、插秧等技术指导方案，保质、保量完成小麦、水稻等作物的播种。1998年始，天桥区农业进行结构调整，发展高产、优质、高效农业，主要栽培作物是小麦、玉米，占耕地面积90%以上，其他耕地和非耕地主要种植花生、棉花、蔬菜、豆类。逐步压缩粮田面积，调整粮食作物和经济作物种植比例，农业经济效益和农民收入显著提高。2000年始，天桥区主要粮田分布在大桥镇、桑梓店镇。粮田土壤为沙壤土。粮田主要是小麦、玉米两作和小麦、水稻两作耕作制度，个别有1年1季和2年3作。涉农区域农技服务由北园镇所属综合管理站调整为由大桥镇、桑梓店镇农技推广机构负责。2004年，天桥区对种粮农民实施粮食直补政策，当年发放小麦直补款145万元。

2012年，天桥区实施基层农技推广服务体系建设并收到扶持资金24万元，为大桥镇与桑梓店镇购置仪器和综合服务设备122台（套、个）。开展测土配方施肥、病虫害预测预报防控、农产品质量安全监管检验检测服务。至年底，拨付惠农资金220万元，累计发放小麦直补以及棉花、玉米、水稻良种补贴、农机补贴等资金2249万元。全年粮食总产8.09万吨。

第一节 粮食作物

1991—1999年，天桥区粮食生产主要是种植水稻和小麦。1991年，全区粮食播种面积为1646公顷，年产5288吨，单产3213千克/公顷。1995年，黄河断流110天，正值水稻育苗、插秧时期，新打机井65眼。粮食年产5400吨，超计划100吨。1996年始，种子品种更新，种粮技术不断提高，粮食年产增加。1999年，全区粮食播种面积1212公顷，年产5708吨，单产4710千克/公顷，比1996年增加1178千克/公顷。2000年，区划调整，境内黄河以北地区成为天桥区粮食主产区，农业生产规模扩大。主要以种植小麦、玉米为主，水稻种植相对减少。2003年，落实中央、省、市加强粮食生产的一系列惠农政策，调动农民生产积极性，复种指数不断增加。随着惠农政策的实施，粮食生产能力显著提高。至2012年，全区粮食播种面积为1.29万公顷，总产8.09万吨。

1991—2012年天桥区粮食生产统计表

表8-3

年份	播种面积（公顷）	产量（吨）	年份	播种面积（公顷）	产量（吨）
1991	1646	5288	2002	9498	40575
1992	1500	6805	2003	9561	49090
1993	1402	7560	2004	9157	41147
1994	1355	5337	2005	9597	54964
1995	1327	5400	2006	10270	60204
1996	1503	6001	2007	10799	62517
1997	1490	5644	2008	11334	66595
1998	1407	5784	2009	11808	70496
1999	1212	5708	2010	12337	74425
2000	11795	58139	2011	12626	78157
2001	10454	54399	2012	12911	80898

一、小麦

天桥区主要粮食作物，种植面积、产量均占粮食生产40%。1991年，种植面积720公顷、总产3238吨。1992—1999年，种植面积减少。1999年，种植面积552公顷、总产2782吨。2000年，区划调整，种植面积5732公顷、总产2.78万吨，分别比1991年增加5012公顷、2.46万吨。2004年，国家实行粮食补贴，调动农民生产积极性，全区小麦单产5411千克/公顷，比2003年增加551千克/公顷。小麦良种补贴的品种主要有济麦22、山农15、鲁源502等。2012年，全区种植面积6182公顷、总产

三夏生产情况（2012年6月摄）

3.76万吨，创历史最高水平，单产和总产分别比2000年增长25.5%和35.4%。

二、稻谷

天桥区的主要粮食作物之一。1991年，种植面积833公顷、总产1721吨，分别占粮食生产43%、32%，1997年，特稻鲁香梗和鲁香糯、泰国香稻、焦选D2、旱稻辽326、旱稻辽454等品种引进和试种工作取得进展。1998年、1999年，由于全区农业结构调整、水资源条件制约等因素，种植面积、总产占全区粮食作物比例减少。1999年，种植面积320公顷、总产1983吨，分别占粮食生产26.4%、34.7%。2000—2012年，全区农业规模扩大，种植面积有所增加，仍少于小麦、玉米。2009年，在桑梓店镇袁贾村建设有机水稻种植基地，试种面积约6.67公顷，按照有机水稻种植操作规程，施用有机肥，生产的大米质量显著提高。2010年，有机水稻种植面积扩大到13.33公顷，并正式申报有机食品认证。2012年，全区种植面积807公顷、总产5401吨，均占粮食生产6%。

三、玉米

1991年，种植面积86公顷，平均单产3630千克/公顷，总产312吨。由于自然环境因素影响，1996年，平均单产670千克/公顷，总产59吨。1997年后，天桥区把发展玉米作为粮食增产的突破口，通过大面积推广紧凑型玉米杂交品种、扩大套种面积及实施综合高产配套技术，实现玉米生产的快速增长。2000年始，全区加大粮经种植结构调整力度，种植面积逐年增加。2012年，种植面积5785公顷，总产3.76万吨，分别比2000年增加1793公顷和1.66万吨，增加45%和79%。

四、大豆

1991年，种植面积9.3公顷，平均单产1500千克/公顷，总产14吨。1999年，全区大豆生产发展缓慢，年种植面积保持在20公顷左右，主要种植方式是玉米间作，或者玉米大豆同穴混播。2000年，种植面积为947公顷，平均单产1980千克/公顷，总产1875吨。2012年，种植面积136公顷，平均单产2025千克/公顷，总产276吨。

1991—2012年天桥区主要粮食作物播种面积、产量统计表

表8-4　　单位：公顷、千克、吨

年份	合计			小麦			稻谷			玉米			高粱			其他杂粮			大豆		
	面积	单产	总产	面积	单产	总产	面积	单产	总产	面积	单产	总产	面积	单产	总产	面积	单产	总产	面积	单产	总产
1991	1907	2773	5288	720	4500	3238	833	2070	1721	86	3630	312	—	—	—	0.01	75	1	9	1500	14
1992	1500	4537	6805	710	4845	3435	670	4425	2965	100	3750	375	—	—	—	—	—	—	20	1500	30
1993	1402	5392	7560	667	4890	3276	647	6030	3901	55	6270	345	—	—	—	10	80	8	20	1500	30
1994	1355	3939	5337	667	3481	2322	580	4355	2526	55	7763	427	—	—	—	33	363	12	20	2500	50
1995	1327	4069	5400	675	4161	2809	514	4230	2174	68	3618	246	—	—	—	15	3000	45	55	2291	126
1996	1503	3532	6001	762	3945	3006	567	5071	2875	88	670	59	—	—	—	10	—	—	76	803	61
1997	1490	3788	5644	743	4297	3193	683	3214	2195	45	4467	201	—	—	—	—	—	—	20	2750	55
1998	1407	4111	5784	619	5021	3108	267	5719	1527	203	3094	628	8	4000	32	5	3000	15	305	3554	474
1999	1212	4710	5708	552	5040	2782	320	6197	1983	177	3814	675	5	1200	6	7	1571	11	151	1662	251
2000	11795	4929	58139	5732	4852	27810	1094	6750	7385	3992	5265	21016	13	1923	25	17	1647	28	947	1980	1875
2001	10454	5204	54399	4847	4875	23631	1027	5803	5960	4091	5850	23932	5	3733	19	8	1900	15	469	1727	810

续表 8-4

年份	合计			小麦			稻谷			玉米			高粱			其他杂粮			大豆		
	面积	单产	总产	面积	单产	总产	面积	单产	总产	面积	单产	总产	面积	单产	总产	面积	单产	总产	面积	单产	总产
2002	9498	4272	40575	4661	3576	16670	1062	5999	6371	3514	5848	17036	—	—	—	—	—	—	261	1908	498
2003	9561	5134	49090	4940	4860	24008	927	5683	5268	3517	5535	1946	—	—	—	—	—	—	177	1960	347
2004	9157	4494	41147	4343	5411	23502	881	4800	4229	3753	3491	13098	—	—	—	—	—	—	180	1764	318
2005	9597	5727	54964	4638	5694	26407	884	6300	5569	3845	5865	22551	—	—	—	—	—	—	230	1900	437
2006	10270	5862	60204	4855	6005	29152	871	6490	5653	4334	5760	24964	—	—	—	—	—	—	210	2071	435
2007	10799	5789	62517	5332	5625	29925	871	6360	5540	4406	6055	26678	—	—	—	—	—	—	190	1970	374
2008	11334	5876	66595	5672	5775	32756	845	6449	5449	4637	6045	28031	—	—	—	—	—	—	180	1770	318
2009	11808	5970	70496	5784	5715	33012	830	6630	5503	5024	6300	31649	—	—	—	—	—	—	170	1950	332
2010	12337	6030	74425	6540	5775	34962	807	6675	5389	5339	6330	33797	—	—	—	—	—	—	137	2025	277
2011	12626	6195	78157	6117	6030	36922	808	6645	5366	5565	6405	35598	—	—	—	—	—	—	136	1995	270
2012	12911	6270	80898	6182	6090	37648	807	6690	5401	5785	6495	37572	—	—	—	—	—	—	136	2025	276

第二节　经济作物

天桥区经济作物以棉花为主。1991—1999 年，全区涉农区域较小，主要以种植粮食作物为主。2000 年，大桥镇、桑梓店镇划归天桥区后，经济作物种植面积大幅增加。棉花种植面积 580 公顷，平均单产 1200 千克 / 公顷，总产 696 吨；油料作物种植面积 337 公顷，平均单产 2549 千克 / 公顷，总产 859 吨。2004 年始，经济作物与粮食作物相比，劣势越来越明显：管理费时费力、市场价格不高。主要农业种植地处城郊，大部分农民选择进城打工，导致种植面积逐年减少，产量逐年下降。2012 年，棉花种植面积 399 公顷，平均单产 1500 千克 / 公顷，总产 599 吨；油料作物种植面积 263 公顷，平均单产 2595 千克 / 公顷，总产 682 吨。

2000—2012 年天桥区棉花等主要经济作物面积、产量统计表

表 8-5　　单位：公顷、千克、吨

年份	棉花			油料		
	面积	单产	总产	面积	单产	总产
2000	580	1200	696	337	2549	859
2001	901	1219	1098	388	2722	1056
2002	1200	1220	1464	500	2822	1411
2003	1061	1050	1114	530	2691	1426
2004	1047	990	1036	607	2287	1388
2005	943	1100	1037	528	2150	1135

续表 8-5

年份	棉花			油料		
	面积	单产	总产	面积	单产	总产
2006	790	1320	1043	390	2408	939
2007	820	1280	1050	390	2360	920
2008	794	1260	1003	390	2385	930
2009	593	1350	801	353	2415	854
2010	550	1440	788	327	2490	814
2011	413	1485	613	277	2550	706
2012	399	1500	599	263	2595	682

第三节 农业技术推广

一、种植技术推广

（一）小麦种植。根据地理土壤条件等状况，选用适宜的小麦品种及恰当的种植技术。1990年后，逐年推广应用高产优质抗病小麦品种济南13号、鲁麦5号、鲁麦8号、鲁麦15号、鲁麦18号等。对土地肥力高、浇水条件好的中高产麦田，选用单株生产率高、抗倒、抗病、抗逆性好的优良品种，实施精播、半精播高产配套栽培技术和配方施肥技术。旱田重点推广旱作栽培综合配套技术，主要是精细整地、施足基肥、铺膜播种，在管理上前控后促。1995年，“黄河滩区小麦高产灌溉试验”研究被评为天桥区科技二等奖，并在济南市水利学会上进行论文交流。2012年，推广面积约6000公顷，良种率97%以上，单产6000千克/公顷。

（二）玉米种植。1991年，扩大套种面积，实施玉米密植和配方施肥综合栽培技术。主要措施是增加种植密度，由1991年3.75万株/公顷左右，增至1994年7.7万株/公顷左右。1997年始，全区大面积推广紧凑型玉米杂交种，先后有群单105、郑单2号、鲁原单4号、掖单2号、烟单14、聊玉5号、鲁单33、鲁单50、鲁原单14、郑单958等，推广面积最高达5000余公顷。根据不同品种合理调整密度，2000—2012年，平均密度保持在6.5万株/公顷，个别地块单产最高达8000千克/公顷。

长势良好的小麦（2012年5月摄）

（三）大豆种植。1991—2012年，大豆主要种植方式是与玉米间作。1997年后，改进种植方式，改变大豆既不施底肥也不追肥和不浇水的做法，增施肥料，科学浇灌；加强精细管理，重点是麦田套种、抢时早播、合理密植、人工间苗、中耕除草、及时灭虫等配套增产措施。

（四）棉花种植。1991 年，棉花栽培技术主要采用温汤浸种、地膜覆盖、配方施肥等措施。1995 年，引进抗虫棉，在棉铃虫大面积发生的情况下获成功，不仅产量高，还使间套瓜菜减少污染。2000 年，主推品种有鲁棉 22 号、鲁棉 28 号、鲁棉 40 号、GK35、鑫秋 135 等，推广面积最高约 600 公顷。至 2012 年，种植面积大幅减少，仅为 399 公顷，推广面积也相应减少。

二、化肥及植物生长调节应用推广

1980 年，推行家庭联产承包责任制后，农民生产积极性得到发挥，逐渐认识到化肥的重要性，粮食产量的大幅提升激发农民对化肥的购买欲。1990 年始，融氮、磷、钾于一体的各种复合肥进入市场，复合肥具有养分全，使用省时等优点，取得农民信赖，化肥施用量成倍增长。2005 年后，进行测土配方施肥，避免盲目加大用肥量带来的经济成本增加和土地板结。主推的叶面肥有磷酸二氢钾，促进作物生长的“天达 2116”“9.20”，促进地下根茎物生长的“膨大素”，促进生殖器官生长的“多效唑”，促进根系生长发育的“快生根”“多生根”，疏松土壤的“免深耕”，具有保水保肥效能的“施得宝”及锌、硼等各种生物菌肥和微肥。2009 年，在黄河北两镇大力实施测土配方施肥项目，据小麦、玉米等作物的生长需求制定配方，推广专用配方肥，带动两镇农户科学施肥，提高粮食产量。推广玉米、小麦专用配方肥面积 1333.33 公顷。2011 年，推广玉米专用配方肥 100 余吨，带动科学施肥面积约 1333.33 公顷。

第四节　植物保护

一、病虫害

天桥区农业生产区域地处黄河两岸。全区耕地，除稻麦两作的粮食生产外，还种有蔬菜、林果等名优特产。每年旱、涝、冰雹和各种病虫害的侵袭，给农业生产造成一定损失。1991 年后，随着种植业结构调整，病虫害暴发情况发生变化。次要病虫害由局部发生变为普遍发生，检疫性病虫害不断发生。1996—1998 年 4 月，全区发生 10 余次灾害，病虫害尤为严重。其中，1996 年 5 月发生的麦蚜虫害、1997 年 4 月发生的白粉病害、7 月发生的水稻病虫害是最典型的 3 次病虫害。由于防治及时，作物受灾程度降低。2012 年，大桥镇丁屯村发生玉米顶腐病。

二、防护措施

1990—2012 年，天桥区推广应用生物农药，主要产品有农抗 120、增产菌、菌消毒等。采用杀虫、杀菌、杀螨等药剂，变高效、高毒、高残留为高效、低毒、低残留。麦田蚜虫用 40% 氧化乐果 1000 ~ 1500 倍进行喷药防治；丙环唑乳油兑水喷雾，可兼治小麦白粉病，锈病、根腐病等多种小麦病害；久效磷乳油或甲胺磷乳油兑水喷雾，兼治稻纵卷叶螟、二化螟、稻飞虱等多种害虫；晚玉米在小喇叭口期用辛硫磷颗粒剂活用 3% 呋喃丹微颗粒剂撒入心叶，防治玉米螟等。2011 年始，开展小麦“一喷三防”工作，通过对小麦一次性喷施杀虫剂、杀菌剂及叶面喷施肥料，重点防治蚜虫、赤霉病、白粉病、纹枯病，增强小麦抗逆性，防干热风、防倒伏。“一喷三防”增加小麦粒重，促进小麦稳产增产。2012 年，小麦单产 6090 千克 / 公顷，比 2010 年每公顷增加 315 千克。

第五节　种植管理

一、农民培训

1991 年，中共中央、国务院印发《关于一九九一年农业和农村工作的通知》，根据需要举办各种农业技术培训班。同年，举办各种技术培训班 14 期，印发技术资料 6500 份；建立和完善“绿色证书”制度。由大专院校教师和各级农业科技人员任教，分农学、蔬菜、果树、水产、畜牧、农机 6 个专业进行培训，学期 18 天。有 180 人学习期满，经考试合格获“绿色证书”，并持证上岗。1998—1999 年，区、镇农业部门发放科技材料 2 万余份、科技书籍 6000 余册，较好解决农民种菜缺技术的问题。2003—2010 年，培训农民 7300 人次。2011 年，举办配方施肥技术培训班，培训农民 1000 余人次。

专家进行农业科技指导（2012 年 5 月摄）

2010—2011 年，全区农产品批发市场全部纳入检测范围，建立不合格农产品上报制度。2012 年，开展农药等农资打假专项治理活动。加强农产品产前、产中、产后三大生产环节监管，加强农产品质量监管和农业生产投入品源头治理，提高全区农业标准化生产水平。至 2012 年年底，未发生一起农产品质量安全事故。

二、农药市场管理

1991 年始，天桥区使用的主要农药有敌敌畏、敌百虫、乐果等。随着国家对农药品种结构不断调整，高残毒农药被强行淘汰，氧化乐果、三氯杀螨醇等新品种得到应用。2006 年，《中华人民共和国农产品质量安全法》颁布实施，天桥区将农产品质量安全工作作为一项重点工作。2008 年，天桥区成立农产品质量安全工作领导小组。区政府组织有关部门与镇、村以及农产品重点生产、经营业户签订责任书，明确职责和责任。发挥舆论监督和宣传导向作用，通过开展培训、印发宣传画、明白纸、悬挂横幅、制作墙体标语等方式，普及农产品质量安全知识，提高广大群众和生产经营者质量安全意识。开展农药等农资打假专项治理活动，对违规销售、使用禁用农资产品和销售不合格农资产品行为进行查处。

2009 年，对辖区内 40 余家农资经营店（点）进行清查，未发现销售违禁高毒农药情况。完善蔬菜农药残留速测抽检制度，在辖区内蔬菜基地、超市、农贸市场等场所不定时进行随机抽样；室内使用速测仪采用酶速测法检测，杜绝农药残留超标蔬菜产品进入市场。抽样检测蔬菜样品 500 余个，未发现农药残留超标现象。

三、种植补贴

2004 年，开始对种粮农民实施粮食直补。当年发放小麦直补款 145 万元。2005—2007 年，年发放小麦直补款分别为 160 余万元、170 余万元、175 万元。2008 年，开始对种粮农民实施农资综合补贴及小麦良种补贴，发放小麦直补款 178 万元，发放农机油料补贴 164 万元。2008 年，加大支农力度，落实惠农政策，发放粮食、农机具、家电下乡等各种补贴 1129 万元。2009 年，发放粮食直补和农资综合补贴 1540 万元。2011 年，落实小麦直补和农资综合补贴 1273 万元、小麦良种补贴 74 万元、农机置补贴 561.1 万元、玉米良种补贴 122.7 万元、棉花良种补贴 9.2 万元、水稻良种补贴 8.1 万元。2012 年，拨付惠农资金 220 万元，累计发放小麦直补以及棉花、玉米、水稻良种补贴、农机补贴等资金 2249 万元。

入户调查粮食补贴落实情况（2012 年 5 月摄）

第三章　蔬　菜

天桥区北园镇蔬菜品种繁多，享誉盛名。1991年，蔬菜播种面积260公顷，产量1.19万吨。随着播种面积逐年减少，品种也大量减少。1996年，蔬菜种植面积仅为101公顷，产量7607吨。2000年，增加大桥、桑梓店两镇后，种植面积为1290公顷，产量5.12万吨。至2003年，天桥区黄河以南蔬菜种植基本消失。2003—2005年，区政府对大桥、桑梓店两镇采取发展蔬菜大棚贴补扶持政策，调动农民种菜积极性，全区蔬菜播种面积保持在1600公顷左右，总产7万吨。蔬菜大棚年均收益5000元左右，少数大棚达万元。2006年始，随着国家小麦直补政策的实施，以及经验、技术不足，市场销路不畅等因素影响，部分农民放弃种菜，改种粮食，蔬菜种植面积大幅减少，产量下降。2008年，蔬菜种植面积203公顷，产量9139吨。2009—2012年，区政府开始把发展保护地栽培作为蔬菜生产工作重点，以大桥镇的宅胡、焦集和桑梓店镇的沙李、田庄、三官庙等蔬菜种植专业村为依托，建设蔬菜标准化生产基地。2012年，蔬菜种植面积558公顷，产量2.37万吨。

第一节　品种引进

1991—1994年，不断更新蔬菜品种，先后由北京、上海等地引进适合本地区栽培的优良蔬菜品种津青4号、潍青2号等13个，推广特殊品种蔬菜面积106公顷。1993年，北园特种蔬菜基地先后由日本、美国引进生菜、空心菜、日本萝卜、木耳菜、芥菜、菜心、乌塔菜、苦瓜、花叶生菜、香芹菜、鱼腥草菜、西兰花、茼蒿、紫甘蓝、秋葵（红、绿）、苦菜、豆芽菜（大棚）、荷兰豆等。1997年始，引进试种高温菇类品种——草菇，解决冬暖式塑料大棚夏季闲置问题。由中国农科院芽菜课题组担任技术顾问，在北园林菜花卉中心特菜基地试种豌豆苗、蚕豆苗、香椿芽、萝卜芽、松柳菜、红花菜、荞麦菜和体芽菜——菊苣等8个菜芽品种。1998年，从浙江引进茭白种苗7.5万株，在鹊山、药山等地区种植，恢复种植北园传统水生蔬菜——茭

萨菲罗辣椒（2010年1月摄）

绿色黄瓜（2012年9月摄）

白。2001年，引进优良蔬菜品种有：西红柿博雅、粉皇后，黄瓜津青4号、中农8号，萝卜潍青2号等20余个，取得较好经济效益。2003年始，蔬菜集中产地主要位于黄河以北，以陆地菜为主，大棚菜为辅，种植品种有西红柿、芹菜、卷心菜、韭菜、黄瓜、大蒜、莴苣、辣椒、大萝卜、芸豆、菠菜等。2009年，发挥黄河北鹊山地区水资源丰富等优势，挖掘"老北园藕"的历史文化特色，引导发展莲藕标准化种植，增加当地农民种植莲藕的经济效益。2010年，加大对优质农产品认证扶持力度，大桥镇大吴村"荷塘人家"莲藕、宅胡村西红柿通过国家无公害农产品认证，"鹊山金宝"莲藕通过国家有机食品认证。大桥镇焦集村芹菜、白萝卜和路店村莲藕也积极申报绿色食品认证。通过蔬菜标准化生产技术的推广和优质农产品认证的带动和促进作用，天桥区蔬菜生产水平和蔬菜产品经济效益均得到显著提高。

1991—2012年天桥区主要蔬菜、瓜类引进品种一览表

表8-6

蔬菜、瓜类种类	主要品种
西红柿	霞粉、粉皇后、大红一号、博雅、邦尼、金农佳粉。
茄　子	绿丰。
黄　瓜	津青4号、中农8号。
生菜类	小黑籽、无籽、青球。
白菜类	鲁白2号、青杂5号、山东4号、天津绿。
芹　菜	美国加州王。
萝　卜	潍青2号、鲁青8号。
芸　豆	九粒白。
辣　椒	湘研15号、牛角211、吉椒549、长剑、德研769、萨菲罗。

第二节　蔬菜种植

1991—1995年，在搞好常规菜生产同时，注重优质蔬菜反季节供应生产。1993年，北园特菜研究会成立，并建成占地面积1公顷特菜实验基地，高标准蔬菜大棚6个。研究会聘请国家、省、市蔬菜专家到基地给菜农授课，讲解种植技术，推广特菜种植。至1996年，基地引进试验示范推广由日本、美国等引进的生菜、空心菜、木耳菜、芥菜、菜心、乌塔菜、苦瓜、花叶生菜，香芹菜、西兰花、紫甘蓝、苦菜、豆芽菜、荷兰豆等26个品种。其中韩国萝卜、大叶苦菜、香菜、生菜经研究试验，已打破季节性种植，可常年生产供应市场。在鹊山开发建设占地面积

绿色品牌蔬菜大棚（2012年9月摄）

3.33公顷特种蔬菜试验场，建立良种繁育基地面积2公顷，为城市居民提供新鲜蔬菜。1997年，蔬菜生产推广地膜覆盖、塑料拱棚、塑料大棚等保护地栽培技术，实现一年四季生产蔬菜，常年供应市场。同时协调金融部门支持大棚生产。围绕农民“种什么，怎么种”等问题，多次聘请有关蔬菜专家深入田间地头讲课，并专为全区蔬菜生产聘请一位专家作为技术顾问。同时，聘请16位蔬菜技术员，对大棚菜品种选择、种苗定植和日常管理实行全日制跟踪服务。至1997年，保护地栽培种植蔬菜面积达全区蔬菜种植面积46%。同时，“蔬菜大棚综合丰产高效益技术成果推广应用”“保护地蔬菜高效益栽培技术开发”两个研究项目获济南市蔬菜局科技成果三等奖。2000年，全区新建蔬菜大棚3910个。2001年，全区建立蔬菜大棚达5000个，镇级农业科技示范园3个，发展蔬菜生产专业村26个。以桑梓店镇田庄村、沙里村为主的设施农业建设已初具规模，户均2个大棚，成为全区设施农业重点基地。2012年，全区大棚数量940个，大棚面积125公顷。

1991—2012年天桥区蔬菜生产统计表

表8-7

年份	播种面积（公顷）	产量（吨）	年份	播种面积（公顷）	产量（吨）
1991	260	11945	2002	1229	69436
1992	140	12105	2003	1642	72659
1993	106	12500	2004	1597	75527
1994	408	5502	2005	1630	77879
1995	240	8660	2006	220	11100
1996	101	7607	2007	240	11950
1997	111	11320	2008	203	9139
1998	288	10015	2009	688	27969
1999	210	10030	2010	645	27022
2000	1290	51215	2011	592	25175
2001	1025	57100	2012	558	23708

一、栽培设施

（一）小拱棚。高度1米左右，跨度1.5～2米。竹片作骨架。按棚的宽度将竹片两头插入地下，形成圆拱，两个拱杆相距0.5～1米左右。小拱棚韭菜与日光温室、塑料大棚韭菜相比，具有投资少、见效快、易操作、效益高的特点，是韭菜反季节生长，满足市场需求的一条新途径。

（二）大拱棚。一般情况下，选择棚型跨度8～12米，大棚长度60～120米，三面土墙、三排立柱，在立柱上最好使用竹或钢立架的大拱棚。在棚面使用覆盖无滴膜，增加大棚内温

微滴灌（2010年3月摄）

度。蔬菜灌溉采用膜下滴灌浇水法，不仅可以改善棚内环境，还能保持棚内温度、湿度适宜，降低病害发生率，提高蔬菜产量。蔬菜种植最好选择耐低温、光照要求低、抵抗力强、耐高湿、产量高、种植时间短的品种。

二、栽培技术

（一）冬季管理。温度控制：白天 25 ~ 30℃，夜间 15℃左右。若阴天，白天 20℃，夜间不低于 12℃。水分管理：定植后浇一次缓苗水，一直到坐瓜前都不要浇水，以防徒长、化瓜。坐住根瓜后，要视土壤情况，可适当浇小水。草苫拉盖时间：早 8 点左右，拉开草苫，白天阳光照射全棚。下午 3 点 30 分 ~ 4 点左右，盖上草苫，保持日落前棚内不低 18 ~ 20℃。若阴天，也拉开草苫，透入散射光。通风散湿：无论晴天、阴天都要通风换气。特殊天气处理：下雪、下雨时，只要棚温不低于 10℃可以不盖草苫。若有大风或大幅度寒流降温，人工加温，不用通风换气。

（二）春季管理（3 月份以后）。温度管理：白天 25 ~ 32℃，夜间不低于 12℃。肥水管理：可适当加大浇水量和通风面积。施肥要随水冲施，半个月施一次，尿素与三元复合肥交替用，用量 150 ~ 225 千克／公顷。

三、防控技术

（一）生态调控技术。采取抗病虫品种、优化作物布局、培育健康种苗、改善水肥管理等健康栽培措施，并结合农田生态工程、果园生草覆盖、作物间套种、天敌诱集带等生物多样性调控与自然天敌保护利用等技术，改造病虫害发生源头及孳生环境，人为增强自然控害能力和作物抗病虫能力。

（二）生物防治技术。应用以虫治虫、以螨治螨、以菌治虫、以菌治菌等生物防治关键措施，加大赤眼蜂、捕食螨、绿僵菌、白僵菌、微孢子虫、苏云金杆菌（BT）、蜡质芽孢杆菌、枯草芽孢杆菌、核型多角体病毒（NPV）、牧鸡牧鸭、稻鸭共育等成熟产品和技术的示范推广力度，积极开发植物源农药、农用抗生素、植物诱抗剂等生物生化制剂应用技术。

（三）理化诱控技术。利用昆虫信息素（性引诱剂、聚集素等）、杀虫灯、诱虫板（黄板、蓝板）防治蔬菜、果树和茶树等农作物害虫，

黄蓝板（2010 年 3 月摄）

杀虫灯（2010 年 1 月摄）

积极开发和推广应用植物诱控、食饵诱杀、防虫网阻隔和银灰膜驱避害虫等理化诱控技术。

（四）科学用药技术。推广高效、低毒、低残留、环境友好型农药，优化集成农药的轮换使用、交替使用、精准使用和安全使用等配套技术，加强农药抗药性监测与治理，普及规范使用农药的知识，严格遵守农药安全使用间隔期。通过合理使用农药，最大限度降低农药使用造成的负面影响。

第三节　生产基地

一、焦集绿色蔬菜生产基地

该基地位于大桥镇焦集村，308 国道北 1 千米处，占地面积 20 余公顷，以种植绿色优质蔬菜为主。2009 年，“益民蔬菜种植专业合作社”成立，负责对基地进行生产管理、技术培训，基地内有蔬菜冬暖大棚 60 个，蔬菜有萝卜、芹菜、生菜等 10 余个品种，露天蔬菜 10 公顷。2011 年，注册“焦集”蔬菜商标；7 月，小山芹、白萝卜

焦集绿色蔬菜生产基地蔬菜大棚（2012 年 5 月摄）

通过中国绿色中心的绿色认证。基地常年供应优质蔬菜，也可为市民提供采摘活动。

二、宅胡无公害蔬菜生产基地

该基地位于大桥镇宅胡村，占地面积 13 公顷，有冬暖式大棚 50 个、大拱圆棚 5 个，种植品种主要有西红柿、白萝卜、潍县青萝卜、西芹等 10 余个。2011 年，西红柿通过国家无公害农产品认证。

三、鹊山有机莲藕基地

该基地位于黄河北鹊山都市农业园内，由龙湖生态农业观光合作社创建并管理，占地面积 20 公顷。该基地发挥紧邻鹊山水库、水资源

鹊山有机莲藕生产基地（2010 年 7 月摄）

丰富的地理优势，发掘继承“老北园藕”的种植传统，通过与山东省农工商集团合作，引进鄂莲四号和南斯拉夫雪莲等优质品种，进行大批量莲藕种植。2011 年，注册“鹊山金宝”商标，产品通过国家有机认证，品牌效益显现，带动周边地区 66 公顷莲藕的发展和生产。

第四章　林　业

1991 年，全区林木覆盖面积 910 公顷，林木覆盖率 13%。天桥区大力发展植树造林，改善生态环境。先后建成黄河沿岸生态防护区、北部平原风沙治理区。黄河沿岸生态保护区包括鹊山龙湖、黄河百里森林公园、济南市国有北郊林场、鹊山水库等区域，是天桥区城市森林分布面积最大、覆盖率最高的区域，具有城市森林“生态轴”的地位和作用，该区土地面积 5750 公顷，占全区土地总面积 22.2%。北部平原风沙治理区是指大桥镇、桑梓店镇 120 个行政村及泺口街道黄河北 5 个村居，基本是农业用地。该区域境内土地条件较好，土地面积 1.33 万公顷，占全区土地总面积 51.4%。

2010 年，天桥区围绕中共济南市委、市政府“创建国家森林城市、建设森林泉城”的总体部署，先后组织实施城镇绿化、沙化治理、水系造林、绿色通道、林业示范园建设、湿地恢复保护“六大工程”，全区森林面积不断增加，为

济南市防风固沙、净化空气质量发挥重要作用。2010年，“百里黄河森林公园”晋升为“市级森林公园”；山东省林业厅授予天桥区“全省沙化治理”先进单位。2011年，天桥区完成建邦大桥北接线绿化工程，绿化面积8.7公顷；济南市政府授予北郊林场“全市苗木花卉生产基地”、大桥镇东营子村“全市经济林生产基地”、天桥区黄记泰和专业合作社“全市特色林果示范园”称号。2012年，全区新增苗木花卉基地11处；完成济南市重点绿化工程青银高速绿色通道（天桥区段）建设，绿化长度32.7千米，绿化面积35.33公顷。2010—2012年，完成造林面积800公顷；新建和完善农田林网面积1000公顷；开展围村造林和绿化植树60万株。

第一节　植树造林

一、育苗

1991年始，天桥区依托北郊林场开展育苗工作。种植苗木品种主要有侧柏、杨树、柳树等，但部分树种如云杉、雪松、女贞、玉兰、白蜡、柳树、海棠等仍需从外地调入。城镇和道路绿化所需大苗一部分由国营苗圃直接育苗供应，一部分通过在环城林带和道路两旁适当密植培育大苗，基本可以自给。天桥区荒山绿化选用侧柏，平原绿化选用杨树、柳树为主。1995年，全区育苗面积3.4公顷。1998年，新建苗圃面积2.37公顷。2000年后，天桥区苗木产业发展迅速。至2011年，苗木生产经营基地发展到11家。其中，天桥区昱森苗木有限公司建成面积1.3公顷室内观赏经营温室、面积0.5公顷苗木培育储植大棚。北郊林场苗木基地发挥自身土地优势，大力发展各种名、稀、特、优花卉苗木近百种，是大型花卉苗木发展基地。至2012年，已建成占地面积133.33公顷大型花卉苗木繁育基地、面积5公顷珍稀树木育苗基地，以培育法桐、国槐、楸树、黄连木、青檀、女贞、玉兰、白蜡、柳树、槭树、海棠、碧桃等乡土绿化树种为主。每年为城乡绿化提供各类绿化苗木200余万株。至2012年年底，苗木花卉生产面积155公顷，其中国有苗圃1处、个体苗圃10处，年出圃苗木近300万株、盆花30万盆，年销售额3000余万元。

育苗（2012年12月摄）

二、植树

（一）义务植树。1991—2010年，全区每年义务植树10万株。2010—2012年，全区每年义务植树20万株，公民尽责率80%以上。北郊林场、黄河大坝两岸都是济南市的义务植树点。

（二）造林。1991年，全区树木覆盖面积910公顷，林木覆盖率13%。天桥区积极贯彻落实林业政策，激发群众造林、育林积极性，至1995年，全区完成造林面积33.3公顷，林网面积53.3公顷。1998年，完成造林面积6.93公顷，计3339株。2000年，天桥区完成林业资源二类调查发展规划工作，全区有林业用地面积2437.5公顷，林地面积1263.9公顷，农田林网面积1180.9公顷，四旁（路旁、沟旁、渠旁、宅旁）植树84.5万株，林木蓄积量22.56万立方米，森林覆盖率17.5%。2001年，完成大桥镇鹊山调蓄水库绿化带面积14公顷、农田林网面积33.33公顷、片林面积13.33公顷以及桑梓店镇片林面积13.33公顷植树任务，植树44万株。2002年，绿化济青高速路两侧绿色通道、鹊山调蓄水库观光林带、世界银行贷款农业项目区林网建设三个重点，栽植绿化苗木 34 万株。至 2008 年，林业用地面积 2437 公顷，林地面积 1410 公顷，农田林网面积 5917 公顷，四旁植树 107.5 万株，林木蓄积量 29.57 万立方米，森林覆盖率 19%。2003—2008 年，造林面积 539 公顷。2010 年，全区有林业用地面积 67 公顷；森林面积 1690 公顷，其中防护林面积 537 公顷、经济林面积 162 公顷、用材林面积 991 公顷。农田林网面积 7117 公顷，四旁植树 104 万株，林木蓄积量 32.46 万立方米，森林覆盖率 20.1%。2009—2010 年，造林面积 304 公顷。2012 年年底，全区完成平原绿化面积 3325 公顷，林业用地面积达 4235 公顷。至 2012 年，天桥区林业用地面积 4235 公顷，森林面积 3882 公顷，村镇林木覆盖面积 4313 公顷，已网格化农田林网面积 7983 公顷，活立木蓄积 37.78 万立方米，黄河北地区森林覆盖率达 33%。

植树造林（2012 年 10 月摄）

三、场圃

济南市国有北郊林场，始建于 1956 年，1995 年划归天桥区。位于济南市天桥区桑梓店镇以西 3 千米处，占地面积 871.6 公顷。北郊林场属生态公益型国有林场，其主要功能是：保护和培育森林资源，发挥生态社会效益。1998 年，造林面积 6.9 公顷。新建苗圃面积 2.3 公顷。至 2008 年，建成占地面积 100 公顷大型花卉苗木繁育基地，储备有上百种名、特、优、稀花卉苗木，每年为社会提供 50 万株优质苗木。至 2012 年，林木主要有杨树、柳树、法桐、河北苓、国槐、大叶女贞、杜仲、玉兰等树种。全场森林覆盖率 70% 以上，为济南市形成强大的绿化屏障，对防风、固沙、治碱、治涝、保护济南的生态效益和社会效益发挥重要作用。

北郊林场月季——“赌城”（2003 年 7 月摄）

第二节 林果生产

天桥区把发展经济林果作为带动农业发展的重要途径。1995 年，鹊山试验种植面积 3.3 公顷银杏树。银杏果和叶都是贵重药材，效益可观。1996 年，山东省银杏开发协会、郯城县胜利乡赵楼村、北园镇林菜花卉中心联办，在鹊山地区开发“山东省银杏苗木繁育基地”。1997 年，定植 3 ~ 4 年生银杏采叶苗 5 万株（面积约 3.67 公顷），繁育银杏苗 120 万株（面积约 4.67 公顷），总投资 150 万元。1998 年年初，基地面积增至 7 公顷。除原银杏密植采叶园外，定植 3 年生马玲 15 号银杏嫁接苗 3300 株，1 年生银杏苗 40 万株，育银杏苗 20 万株。同年，先后在大桥镇建设占地面积 10 公顷红提葡萄生产基地和占地面积 13 公顷“天桥区林果苗木培育基地”，开发建设千亩冬枣基地、千亩黄金梨生产基地。1997—1998 年，区政府拨专款 30 万元，扶持经济林开发建设。由山东省 15 个市县引进名特新优经济林苗木 14

黄金梨园（2012 年 9 月摄）

个树种 77.91 万株，种植在黄台、药山、鹊山等地。

2001 年，千亩冬枣基地初结硕果，收获冬枣 2.5 万余千克；千亩黄金梨种植基地成活率 95%；红提葡萄产量 1.5 万余千克。2002 年，红提葡萄基地与山东省农恳科技发展中心达成投资建设农业科技示范场项目协议，该项目完成后，将扩大为占地面积 26.67 公顷，形成红提葡萄、黄金梨、冬枣栽植面积分别为 13.33 公顷、6.67 公顷、6.67 公顷的种植规模。至 2008 年，全区经济林种植面积 87 公顷，其中黄金梨 67 公顷，冬枣 10 公顷，苹果、枣、桃 10 公顷。

2009 年始，全区培育经济林标准化生产基地。2010 年，全区经济林面积 162 公顷，年产量 1900 余吨，总收入 485 万元。至 2012 年，全区经济林面积 146 公顷，果品产量 2400 万千克、果品产值 1000 万元。

境内果品特产有黄金梨。2002 年，大桥镇东营子村由莱阳引进黄金梨苗，种植面积约 66.67 公顷。2008 年，建立黄金梨农民合作组织。年产量 1600 吨，总收入 259 万元。2011 年，大桥镇东营子黄金梨基地被确定为“全市标准化果品生产基地”。

1997—1998 年天桥区经济林苗木引种统计表

表 8–8

序号	名称	品种	苗龄（年）	苗源	数量（株）
1	银杏	大佛手、马玲 15 号（稼接苗）。	3	兖州。	5100
		实生苗。	1 ~ 3	济南。	505000
		育苗。		济南。	200000
2	猕猴桃	北京 36 号、黄草 12、海沃德、秦美、庐山香。	1 ~ 2	泰安。	5515
3	大枣	沾化冬枣、大雪枣、衡水冬枣。	1 ~ 2	平度、沾化、费县。	3810
4	油桃	早红珠、日红霞、丹墨、曙光、颜光、华光。	1 ~ 2	高密、临沂。	6500
5	梨	丰水梨、凯丝凯德、21 世纪王子梨。	2 ~ 3	莱西、莱阳、冠县。	8040
6	石榴	大青皮、大马牙、大红皮、泰山红。	2 ~ 3	枣庄、泰安。	14680

续表 8-8

序号	名称	品种	苗龄（年）	苗源	数量（株）
7	苹果	皇家嘎拉、藤牧1号、富士系列5、6号。	2	莱州。	500
8	李子	牛心李、五香李。	2	昌乐。	900
9	樱桃	红灯、巨红。	2	费县。	600
10	葡萄	黑提、红提、巨丰、乒乓球葡萄。	1	济南。	400
11	雪桃	红雪桃。	2	莱西。	50
12	软枣		1	泗水。	5000
13	柿子	甜柿子。	3	枣庄。	20
14	花椒		1	章丘。	23000
合计	14个树种	39个品种。		15个市县。	779115

第三节　病虫害防治

一、病虫害分布

境内病虫害主要有美国白蛾、杨小舟蛾、草履蚧等各类林业病虫害。在黄河以北地区零星分布，有虫不成灾。

二、森林植物检疫

1991年始，严格进行森林植物检疫。开展森林植物检疫对象普查，摸清检疫对象的种类、分布及发生、发展规律。2010—2012年，平均每年审批发放森林植物检疫证10份，苗木花卉检疫1500余株，确保检疫对象不进入境内，不流入外地。

三、病虫害预测预报和防治

1991—2012年，天桥区按照“早行动、早部署、早落实、重实效”工作思路，认真做好以美国白蛾、草履蚧、春迟護等各类林业病虫害防治工作，加强普查监测和检疫检查，采取人工剪除网幕、喷洒无公害药剂、杀虫灯诱杀、有计划地释放周氏啮小蜂等综合措施。疫情较重的地方以喷洒无公害药剂为主，对主要交通干线和河流两侧绿化带及杨树集中连片区域实施飞机喷药防治。实现疫情监测覆盖率100%，产地检疫率100%，无公害防治率100%，有虫株率控制在1%以下，森林病虫害得到有效控制。

第四节　林业管理

一、林权制度改革

2010年3月，天桥区启动林权制度改革工作，建立起“产权归属清晰，经营主体到位，权责划分明确，利益保障严格，流转畅通规范，监管服务有效”现代林业产权制度。至2012年，全区制定、通过林改方案村庄79个；审查合同2份，其中认可原承包合同1份；新签订家庭承包合同180份，确权林木面积1333.33公顷；累计完成申请登记2宗、勘界2宗、林权公示2宗；发放林权证2份，林地面积14公顷，15.93万株；非林业用地面积1333.33公顷，以家庭承包的方式进行确权。群众满意率96%。

二、森林公园建设

百里黄河森林公园（2011年5月摄）

依托风景名胜、独特地形地貌、现有林场和规模林区，建设森林公园。1993 年，北郊温泉森林公园批准为省级森林公园。2010 年，百里黄河森林公园被批准为市级森林公园。至 2012 年，境内黄河以北有市级以上森林公园 3 处，总占地面积 1662 公顷，森林公园林木平均覆盖率 70%。

2012 年天桥区济南市级以上森林公园统计表

表 8-9

公园名称	所在街道（镇）	总面积（公顷）	有林地面积（公顷）	覆盖率（%）	级别
北郊温泉森林公园	桑梓店镇	872	610	70	省级
百里黄河森林公园	泺口街道	590	413	70	市级
鹊山龙湖湿地公园	桑梓店镇	200	70	70	市级

三、林政管理

1991—2012 年，天桥区贯彻执行林业法律法规，依法行政，加强林木采伐、林地征占用、木材检疫、木材经营加工管理，开展林权登记发证、集体林权制度改革工作。严格实行林地用途管制制度，加强征占用林地管理，建立森林植被恢复制度，并建立森林植被恢复基地，按照“占一补一”（征占多少林地面积，补种多少面积）原则恢复森林植被。执行森林采伐限额制度和林木采伐凭证制度，对森林采伐限额从严控制，对林木采伐严格把关，实行林木采伐公示制度，提高林木采伐透明度。加强木材流通管理，实行木材凭证运输、检疫和经营加工制度。

第五章 畜牧业

1991 年始，天桥区畜牧业开始逐步稳定、规模发展 。1994 年，生猪存养量 6600 头，蛋鸡 18 万只。1998 年，全区把发展畜牧业作为农业结构调整重点。在稳定猪、鸡生产基础上，发展牛、羊等食草型畜禽。重视畜禽良种引进、繁育和推广，加快品种改良。2003 年，坚持以龙头企业建设为重点，以规模生产基地为依托，以市场运作为手段，选择、培育一批市场前景好、发展潜力大、具有辐射带动作用的畜牧龙头企业，逐步建立起具有区域特色的畜牧生产经营体系。至 2008 年，规模养殖场 12 个，其中生猪养殖场 7 个、蛋禽场 4 个、奶牛场 1 个。生猪存栏量 2.32 万头，牛存栏量 9820 头，羊存栏量 8900 余只，禽蛋产量 3524 吨，奶产量 2884 吨。2012 年，全区以建设现代畜牧业为目的，以“发展、保护、监管”三者并重为原则，优化畜牧产业结构，加快转变发展方式，在产业化、标准化水平不断提高，畜产品质量安全水平不断提升，动物疫病防控能力进一步增强等方面做了大量扎实有效的工作，畜牧生产取得较快发展，逐步形成猪、牛、羊、家禽业等全面协调发展新格局。其中，家禽和小反刍呈循序渐进增长趋势，大牲畜生产波动幅度不大，生猪养殖行业处于疲软状态，存栏量呈周期性下降。

第一节 畜禽生产

1991 年，全区牧业总产值 920 万元，其中猪产值 243 万元、大牲畜产值 22 万元、家禽饲养产值 82 万元、活畜产品产值 573 万元。1994 年，全区生猪存养量 6600 头，蛋鸡 18 万只，牧业总产值 1806 万元。1999 年，全区牧业总产值 1732 万元，其中猪产值 834 万元、大牲畜产值 17 万元、羊产值 10 万元、家禽饲养产值 95 万元、活畜产品产值 776 万元。2000 年，全区牧业总产值 1.16 亿元，其中猪产值 6006 万元、大牲畜产值 633 万元、羊产值 590 万元、家禽饲养产值 549 万元、活畜产品产值 3706 万元、其他动物产品 71 万元。2003 年，引进、繁育、推广畜禽优良品种，发展牛、羊食草性畜禽，建立具有天桥区特色的畜牧生产经营。2008 年，全区有规模养殖场 12 户，其中生猪养殖场 7 户、蛋禽养殖场 4 户、奶牛养殖场 1 户。全区牧业总产值 1.78 亿元，其中猪产值 1.04 亿元、牛产值 3357 万元、奶产值 825 万元、家禽饲养产值 2674 万元。2012 年，全区有规模养殖户 99 户，其中生猪养殖户 24 户、奶牛养殖户 2 户、肉牛养殖户 2 户、蛋鸡养殖户 44 户、肉鸡养殖户 26 户、鸭养殖户 1 户。全区牧业总产值 2.43 亿元，占农业总产值 43% 以上。其中猪产值 1.38 亿元、牛产值 2960 万元、奶产值 1048 万元、家禽饲养产值 4079 万元。

一、牛

牛是天桥区主要传统大牲畜。1991 年年初，全区牛存栏量 207 头。其中奶牛 137 头。1998 年，引进利木赞牛等优良品种，提高良种化率。重点推广黄牛冷配、架子牛快速育肥等技术。至 2001 年，全区发展 10 个养牛专业户，牛存栏量 3.2 万余头。2002 年，在桑梓店镇建设肉食牛育肥加工基地，占地 23 公顷，建成高标准牛舍 360 间，购进大型轧草机、粉碎机等设备，形成存栏 400 头的养殖规模。2003 年，为促进奶牛发展，引进荷斯坦奶牛。2008 年，奶牛养殖户 4 户，肉牛养殖户 7 户；奶牛场 1 个；牛存栏量 9820 头；奶产量 2884 吨。2010 年，存栏量 ≥ 100 头的规模奶牛场 2 个。肉牛存栏量 8388 头，奶牛存栏量 707 头。2011 年，奶牛养殖户 4 户，肉牛养殖户 7 户；奶牛场 1 个；肉牛存栏量 8142 头，奶牛存栏量 598 头。2012 年，全区有奶牛养殖户 2 户、肉牛养殖户 2 户；牛存栏量 8410 头。

二、猪

1991 年年初，全区生猪存养量 6000 头。1995 年，生猪存养量 7200 头。1997 年，在北郊林场建千头养猪场 1 座。内有办公、饲料加工房 6 间；育肥猪舍 138 间，其中分公猪种及仔猪饲养舍 6 间、育肥猪舍 120 间、饲料调配室 12 间；母猪繁殖仔猪大场房 5 间，可供 30 头母猪产仔使用。猪场高院全封闭、设备先进、布局合理，自动程度高，远离居民点，便于防疫，各组育肥猪舍都设有贮粪地池，清扫方便。猪场相邻养鱼池，可以与渔业搞综合利用，通往鱼池排放暗沟同时建成。猪场每年给林场创造经济效益 8 ~ 10 万元。1998 年，推广人工受精技术，加快良种繁育。至 2008 年，生猪养殖户 47 户，养殖场 7 个，生猪存栏量 2.32 万头。2010 年，出栏量 ≥ 1000 头的规模生猪场 2 个。生猪存栏量 1.45 万头。2012 年，全区生猪存栏量 1.31 万头。

三、羊

1991 年年初，全区羊存栏量 2185 只。1998 年，羊人工授精得到推广。2003 年，重点发展羊等草食型畜禽。2008 年，羊存栏量 8900 余只。2012 年，全区羊存栏量 8767 只。

四、鸡

1991 年始，全区实行专业化饲养与普通饲养相结合方法，集中力量发展一批养鸡专业户、专业村和专业养殖场。1995 年，蛋鸡 21 万只。2002 年，在桑梓店建设肉食鸡分割加工生产基地，建成 80 吨冷库 1 座，日加工肉食鸡 3000 只。2003 年，引进海兰父母代蛋种鸡。2008 年，蛋鸡养殖户 33 户，肉鸡养殖户 50 户；家禽存栏量 26.36 万只。2009 年始，完成济南利民种禽有限公司、济南长鸣鸡场、天桥区永佳鸡场等畜禽标准化养殖场改造项目。2011 年，蛋鸡养殖户 33 户，肉鸡养殖户 50 户；蛋禽场 4 个；家禽存栏量 34.3 万只。2012 年，家禽存栏量 45 万只。

2001—2012 年天桥区畜禽存养量及肉禽蛋奶鱼产量统计表

表 8-10

年份	大牲畜	其中	猪（头）	肉禽蛋奶鱼	其中	
	合计（头）	牛（头）		合计（吨）	肉（吨）	禽蛋（吨）
2001	32548	32053	66134	22435	11442	8943
2002	33223	32559	70102	23430	11909	9390
2003	34286	33619	72976	23763	12347	9328
2004	35109	34425	75311	24665	12715	9332
2005	35255	34760	75687	25411	13108	9143
2006	12544	12299	26490	23749	11586	9288
2007	13130	12894	27694	24138	11713	9510
2008	9868	9820	23234	16293	9885	3524
2009	9662	9615	20161	16360	9652	3849
2010	9135	9095	14465	13509	6597	3894
2011	8775	8740	13742	13299	6315	3972
2012	8448	8410	13080	13186	6120	4039

第二节　饲养方式

1991 年，天桥区畜禽饲养，散养式、放养式、圈养式、养殖场式并存。1992 年，猪蹄疫情发生后，辖区对畜禽饲养加以限制。2000 年，推进小区养殖模式，实行集中养殖，家庭经营结合养殖小区，促进畜禽散养户向集中饲养、统一管理、统一防疫、统一污水处理过渡，克服人畜混居，保障农村卫生环境，推动畜牧业向都市型现代畜牧业方向发展。2012 年，推广生态养猪新技术发酵床，用发酵床吸收猪粪尿进行生态分解，生猪养殖无蝇虫、无臭气、无污染、零排放，猪舍演变为饲料工厂和粪污处理厂。全区生猪养殖发酵床建设占全区生猪养殖范围 10%。其中，济南丰裕生态养殖有限公司、济南天桥区长征养猪场、济南自然生态养殖有限公司、济南科卉生态有限公司、济南秀丽养殖专业合作社实施发酵床生态养殖技术，建设发酵床面积 2400 平方米。桑梓店镇冯堂村建设区域性养殖粪污处理中心，与桑梓店镇、大桥镇沼气农户、养殖沼气池小区签订沼气服务合同，户用沼气池 2000 个，100 ~ 300 立方米中小型沼气池 7 个。同黄河北养殖户签订有偿收集畜禽粪便协议，服务范围内沼气池年消化粪便 8000 立方米，有机肥生产线日生产量 25 吨，消化养殖粪污 100 吨。

第三节　畜禽检验检疫

1991 年，涉农区域镇兽医站负责大牲畜、猪、羊疫病防治，多种经营办公室防疫组负责专业户养鸡防疫，村设专职防疫员。1994 年，对全区 26 个农贸市场进行畜产品检验检疫。至 1999 年，年均检疫、检验生猪 10 万头次，牛、羊 2 万头次，家禽 9 万只，查出病死畜禽 2800 头次。自 2003 年全国发生重大禽流感疫情后，天桥区在每年春秋两季，对重大动物强制免疫，免疫密度 100%，耳标佩带率、免疫证发放率 100%，免疫抗体检测结果符合国家标准。开展违禁药物专项整治行动，对饲料经营备案登记。2012年，市场销售畜产品检疫率100%。

第四节 重点企业

2004—2012年，全区重点培植发展龙头企业群，建立完善畜牧业生产经营体系。全区发展龙头企业10家。其中，济南登峰清真肉类有限公司、济南黄老太食品有限公司、济南勇盛冷藏食品有限公司、济南鑫海冷藏厂等被评为市级龙头企业，济南利民种禽有限公司、济南佳华畜牧科技开发有限公司、济南马建清真肉类有限公司、济南天桥区敬颜冷藏厂等被评为区级龙头企业。通过龙头企业群的建立，推动天桥区畜牧业从良种、养殖到屠宰加工一条龙式发展，形成具有天桥区特色的畜牧生产经营体系。进一步完善市场连龙头、龙头带基地、基地连农户的一体化格局，带动全区5000农民户发展经济。其中，济南利民种禽有限公司、济南鸣仁畜禽养殖有限公司、佳华畜牧科技开发有限公司及登峰清真肉类有限公司已成为天桥区富有典型、具有特色的龙头企业。

一、济南利民种禽有限公司

2007年注册成立，注册资金201万元，位于济南市天桥区大桥镇大刘村，占地约2公顷。主要从事种鸡饲养、孵化鸡苗、引进良种、销售种蛋、技术服务。公司有标准化鸡舍10幢、孵化室1幢、饲料车间2处，建筑面积1.2万平方米，存栏父母代种鸡8万多套、年孵化鸡苗600余万只、销售种蛋4000万枚，实现年销售收入3000余万元。产品销往河南、河北、江苏、湖北和山东境内，是济南市最大的蛋种鸡养殖企业。2010年，被农业部评为“国家级蛋鸡标准化示范场”；2011年，被济南市认定为“农业产业化重点龙头企业”，被济南市科学技术局认定为第一批“科技特派员示范基地”。2012年，为农业部“家禽预警监测点”、国家蛋鸡体系试验点、山东省农业科学院养殖环境控制数据采集点。

佳华畜牧科技（2012年5月摄）

二、济南鸣仁畜禽养殖有限公司

2012年2月建立，位于天桥区大桥镇大刘村，是集种鸡、商品蛋鸡养殖，和蛋、鲜蛋销售和技术服务于一体的综合养殖企业。公司前身是济南市天桥区常鸣养鸡场。2010年，加入济南市天桥区明天家禽养殖专业合作社。2011年，被天桥区评为年度农村工作先进单位；2009—2012年，连年获天桥区“动物防疫工作先进单位”称号。2012年，公司通过自筹、贷款等筹集资金450万，用于鸡场标准化自动化饲养管理改扩建项目。项目占地面积约3.33公顷，全自动标准化蛋鸡养殖舍面积1.2万平方米，年存养优质蛋鸡12万羽，提供优质无害化鲜蛋1200余吨。鲜蛋、禽肉等公司主营产品的年营业额近1200万元。

三、济南佳华畜牧科技开发有限公司

2005年建立，位于桑梓店镇冯堂村，地理环境优越，占地面积约3.46公顷，注册资金200万元。主要从事奶牛养殖、牛奶收购、销售等，是天桥区唯一一家奶牛养殖小区及生鲜乳收购

站。有牛舍6排23间、饲料加工车间20余间、仓库20间、1600立方米的青贮池8个、沼气池1处、奶罐运输车2辆、大型割草机6台等；场中心建有大型无菌挤奶厅和10吨制冷罐，设备投资2000万元。2008年后，公司发挥养殖小区作用，吸收多家农户到小区养牛，形成市场连基地、基地连农户产业链。至2012年，小区奶牛养殖存栏量500余头，平均日产鲜奶9吨，年销售收入超过1000万元，是带动天桥区奶牛业发展的重要龙头企业，也是向集种、养、加工一体化，产、供、销一条龙的外向型产业化综合开发基地。

四、登峰清真肉类有限公司

2005年8月建立，位于桑梓店镇老寨经济开发区308国道南侧，占地0.8公顷，建设总投资500万元，是集高档肉牛屠宰、加工、销售于一体的现代化畜牧产业龙头企业。厂区建有牛肉加工车间、速冻间、排酸间、储藏间和屠宰生产线、分割加工线。年屠宰能力4000～6000头，生产牛肉700～1000吨，年均销售收入3500～5000万元。2010年，为上海世博会七家清真食品供应商之一。至2012年，累计投资500万元进行设备更新和技术改造。

第六章 渔 业

1991年，渔业在天桥区农业发展中是较薄弱部分，所占比重极小。1995—1998年，实施池塘综合开发，养殖方式逐步走向集约化，全区渔业生产步入全面发展新时期。2000年，为加快渔业发展，天桥区发挥省城近郊区位优势，发展休闲渔业，依托鹊山地区周边及沿大寺河两岸自然条件，对休闲垂钓设施改造提升，建设都市渔业休闲园区。2001年年底，建成休闲垂钓中心12处。全区渔业养殖实施典型牵动效应，引导、推进科学化养殖、基地化生产，以名、特、优品种人工养殖为重点，综合开发休闲观光渔业。至2012年，全区渔业专业合作经济组织3个、休闲渔业园区6个。渔业养殖面积270公顷，总产量2038吨。逐步实现土地、水域有效综合利用，建立层次分明、结构合理、功能完善的渔业生态区。

第一节 水产养殖

一、品种

1991年，全区水产养殖主要品种为鲤鱼、草鱼、鲢鱼、罗非鱼、淡水白鲳鱼等5个品种。1998—2002年，引进南美白对虾、中华大闸蟹。2003—2008年，引进淡水名、特、优品种，如河蟹、埃及胡子鲇、加州鲈鱼等品种。2009年始，天桥区渔业生产以鲤鱼、草鱼等淡水鱼类养殖为主，同时新引进澳洲宝石鲈等名优品种。2011年，大桥镇东旭养殖专业合作社养殖鲤鱼、草鱼和桑梓店镇养殖鲤鱼、草鱼水产品通过国家无公害水产品认证。2012年，引进淡水白鲨、黄颡鱼类品种。全区养殖鱼类有鲤鱼、草鱼、鲢鱼、鲫鱼、罗非鱼、淡水白鲳、埃及胡子鲇鱼、加州鲈鱼、澳洲宝石鲈鱼、淡水白鲨、黄颡鱼10余个品种。

二、养殖

1991年，天桥区渔业发展缓慢，全区水产以淡水养殖为主。池塘养鱼是主要养殖方式。养殖户普遍采用以白鲢鱼为主，适当搭配草鱼、鲤鱼、鲫鱼的粗放粗养模式，平均单产1650千克/公顷。1995年，新开挖鱼池6.7公顷，全区放养鱼面积133公顷。开展池塘精养高产技术，投放草鱼为主，利用台田轮种等作物，辅助以化肥肥水、精料投喂，年终产鱼400吨（计划指标220吨），超计划指标180吨，平均单产3000千克/公顷。1998年始，改变传统养殖模式，按照科学放养模式养殖。采取足量投放大

长水渔业合作社（2011 年 6 月摄）

（居）有渔业生产经营活动，主要以养殖、水产流通和休闲渔业为主。

2012 年，辖区内经营水产品户 56 家，经营水产品从业人员 95 人；大型超市 4 个，超市经营人员 44 人；小型超市 12 个，从业人员 22 人；辖区内集贸市场 28 个，从业人员有 148 人；大型观赏市场 1 个，从业人员 70 人。

二、渔政执法

1991—2012 年，渔政部门开展打击电、炸、毒鱼事件。2012 年，分别在大桥镇、桑梓店镇及泺口街道辖区重点水域内安装警示牌 5 块，确保渔业生产秩序稳定。

大桥镇路店村路店闸大寺河旁 8-14 安装警示牌（2012 年 8 月摄）

规模鱼种，多品种混养，提高吃食鱼放养比例，足量投饵施肥，主动防治鱼病等措施，养鱼总产、单产稳步提高。水产养殖面积 100.2 公顷，水产品产量达 450 吨。1999 年始，逐步推广颗粒饲料喂鱼及池塘主养吃食鱼模式，促进精养鱼池大面积平衡增产。1999—2002 年，年水产养殖面积分别为 118 公顷、226.7 公顷、224.3 公顷和 241.4 公顷，水产品年产量分别为 472 吨、1156.17 吨、1378 吨和 1420 吨。随着沿黄涝洼地综合开发和“池塘主养草鱼高产、高效模式”的推广，全区水产产量逐年递增，至 2008 年，全区发展休闲垂钓中心 16 处，水产养殖面积 229.7 公顷，水产品产量 1990 吨。2009 年，组建渔业合作社，提高天桥区渔业发展水平，帮助农户标准化生产、市场化运作。2010—2012 年，年淡水养殖面积分别为 232 公顷、250 公顷、270 公顷，水产品年产量分别为 1900 吨、1950 吨、2038 吨，年平均单产分别为 8190 千克 / 公顷、7800 千克 / 公顷、7548 千克 / 公顷。

第二节　渔业管理

一、渔业普查

2010 年，开展全区渔业普查工作。向辖区内 15 个街道（镇）120 个行政村、122 个居委会发放渔情调查表 500 份。其中，73 个行政村

三、病害防治

1991—2012 年，渔政管理人员深入养殖第一线，聘请渔业养殖专家对养殖户进行技术指导，最大程度的降低养殖损失。

四、水产品质量安全监管

1991—2012 年，利用 3.15 消费者权益日、“三下乡”（文化、科技、卫生下乡）、村广播、发放明白纸等宣传活动，对水产品质量安全知识进行宣传。以渔药、饲料及饲料添加剂等投入品合理使用为重点，宣传《中华人民共和国农产品质量安全法》等法律法规，杜绝使用国家明令禁止的硝基呋喃类代谢物、孔雀石绿和氯霉素等药物，强化养殖户水产品质量安全意识。

第七章　农业机械

第一节　农机设备

1991 年，全区有大中小型拖拉机 434 台，农机总动力 5320 千瓦。1995 年，全区有各类农用汽车 1430 辆、农用拖拉机 245 台、各种农业机械 2281 台（套），农机总动力 32998 千瓦。1997 年，全区有机耕作业机械 196 台、小麦播种机 17 台、收割机 41 台，农机总动力 34137 千瓦。2012 年，全区增加各类农机具 400 台（套），其中，拖拉机 130 台，总动力 4000 千瓦；玉米收获机械 170 台。天桥区农机拥有量、机收、机耕、机种比率达 95% 以上。

2010 年，实施农机补贴政策。至 2012 年年底，3 年补贴农机户 800 户，补贴资金 1900 万元。

第二节　农机管理

1987 年 7 月，北园镇农机管理服务站正式成立农机安全监理组。受公安部门委托，依照国家法规和“山东省农业机械安全监督管理办法”对农机实施安全管理。主要工作是协同公安车管部门对全区各类机动车及驾驶员进行安全管理，一年一度进行年检年审，轮训学习；对驾驶员操纵的拖拉机、农机具按照技术状态和年审制度进行检查。至 1996 年，累计审验各类机动车和驾驶员分别为 3.93 万辆次和 3.89 万人次，每年年审率保持在 95% ~ 98% 之间。1996 年，年审拖拉机驾驶员 82 人、拖拉机 83 台。2000 年，大桥镇、桑梓店镇农机站负责耕作机械和农用车辆管理。2004 年，拖拉机牌照由“山东 A 号”黄色牌改为“鲁 01”反光蓝底白字号牌，联合收割机由“农田号“牌改为“鲁 01 号”白底红字号牌。农机挂牌率达 90% 以上。2009 年，天桥区加大对农机管理监管力度，每年联合市农业农技监理站对购置的拖拉机、联合收割机进行统一验收挂牌，规范农机补贴程序，同时对挂牌车辆强化监督管理，减少事故发生率，提高全区农机管理水平。

天桥区农机手培训由济南市农机站统一负责管理。2004 年 5 月始，每年 4 月—5 月在大桥镇和桑梓店镇农机站对农机手进行培训。培训内容包括驾驶技术、安全条例、交通法规等。至 2012 年，年均培训人员 100 人次。

规范农机市场，统一进行验收挂牌。（2012 年 9 月摄）

第八章 农业综合开发

第一节 世行贷款项目

1998年，大桥镇和靳家乡实施国家农业综合开发利用世界银行贷款加强农业灌溉项目。2000年1月，区划调整，原隶属历城区大桥镇和靳家乡的世行项目划归天桥区。2001年，经国家农业综合开发办公室批准，天桥区正式进入国家农业综合开发县序列管理。项目区土地总面积7100公顷。项目建设期五年（1998—2002年），规划治理中低产田改造面积4000公顷，总投资1727.7万元。靳家乡面积1000公顷经济自立灌溉区（SIDD）是省、市唯一完整的经济自立灌溉区（SIDD）试点，2000年3月，试点通过省级验收。2000年，完成开发面积3100公顷，累计完成资金1169.9万元。2003—2005年，桑梓店镇实施中低产田改造项目，开发治理面积1533公顷，总投资807万元。至2011年，全区农业综合开发土地治理项目改造中低产田面积7400公顷，占全区耕地面积92%，累计完成投资6093.7万元。2012年，大桥镇中低产田改造项目总投资848万元。

第二节 土地治理项目

1991年，建堤排水站6处，清挖渠道长1800米，改造中低产田面积133.33公顷。2001年，修建生产桥26座、涵洞38座；新修防渗渠长2540米；整修道路长2.7万米；道路划方面积1600公顷，因地制宜划方田48片；机械清淤、人工挖边沟动用土方15万立方米，平土、调土1.2万立方米；埋设低压管道长5000米。种植三倍体毛白杨6万株。2002年，完成长3000米防渗渠建设任务；整修道路27条；修建生产桥14座、涵洞20座，维修桥涵32座；种植三倍体毛白杨3万株。2003—2008年，农业综合开发土地治理面积2533公顷，其中，大桥镇开发治理面积1000公顷，桑梓店镇开发治理面积1533公顷；开挖疏浚沟渠长15.7万米；修建渠系建筑物225座，修建泵房87座，铺设输水管道长12.1万米；修整生产路长17万米；农田防护林植树21万株；培训农民3800人次；引进农业新品种2个。2009—2010年，在大桥镇开发治理面积800公顷，总投资1313万元；开挖疏浚沟渠长6万米；埋设地下输水管道长7.5万米；修建渠系建筑物280座；修建泵房40座；修整生产路长4.7万米；农田防护林植树9.5万株；培训农民3500人次。2011年，大桥镇土地沙化治理项目总投资548万元；修建生产桥27座、涵洞72座、闸2座；开挖疏浚沟渠长2万米；埋设地下管道长2.6万米；建设配套泵站20座，配套输变电线路长2000米；土壤改良402公顷；修砂石路长5000米、田间生产路长1.4万米；营造防护林面积26.8公顷、植树4万株；技术培训2000人次。2012年，大桥镇中低产田改造项目总投资848万元；开挖疏浚沟渠长3.12万米；新建桥涵闸渠系建筑物137座；新建机井6眼、配套潜水泵6套及机井房6座、泵站21座；埋设PVC低压管道长2.77万米、低压电缆长9800米；土壤改良面积536公顷；整修土路长7000米、砂石路长1.27万米；栽植苗木3.8万株；技术培训2000人次。

第三节 产业化项目

2008年，黄老泰速冻食品生产线建设项目，完成投资600万元。2009年，济南市天桥区益禽养殖专业合作社标准化鸡舍改扩建项目，完成投资133万元。2012年，济南市天桥区益禽养殖专业合作社8000只生态蛋鸡养殖场建设项目，完成投资 131.8 万元。

第四节 农村公路改造

2000 年，大桥镇、桑梓店镇、靳家乡 120 个行政村划归天桥区，区内农业面积扩大。2003 年，全区农村公路通达里程长 40.2 千米。中共天桥区委、区政府决定对黄河北地区农村公路进行有序改造。至 2005 年，完成道路改造 61 条，长 158.6 千米，其中长 15.3 千米村内道路硬化，未列入计划。总投资 3500 余万元，其中省、市补助 928.13 万元，区财政拨付 558 万元，实现“村村通”公路规划要求。2009 年，济南市核定天桥区农村公路通达里程长 229.1 千米，其中县道长 3.7 千米，乡道长 85 千米，纳入市区农村公路管理养护范围。至 2012 年，行政村内主要干道改造硬化长 33 千米，黄河北地区 8 万农民受益。

第五节 农业生态能源

2007 年，天桥区开展生态能源“一建三改”（建户用沼气池，改厨、改厕、改圈）工作。2007—2008 年，建成沼气池 1500 余个，完成改厕 6000 座，安装太阳能 3000 台。2009—2010 年，建成沼气池 400 余个，完成改厕 1.4 万座，安装太阳能 4000 台。2011 年，建设户用沼气池 100 个，总投资 11.6 万元，投入使用利民 100 立方米小型沼气工程；申报山东绿宝生态农业开发公司 300 立方米中型沼气池 1 处，全区安装太阳能热水器 430 台。2012 年，安装太阳能热水器 208 台，开工建设小型沼气工程 3 处，修建户用沼气池 210 个，修建区域性全托式合同化沼气服务站 1 处。

第六节 农业科技示范园

一、鹊华烟雨都市农业观光园

位于黄河北鹊山脚下鹊山东居，东望华山，北临鹊山龙湖，占地面积 53.33 公顷。2010 年开工建设，当年被列为市级提升园区。2011 年、2012 年被列为市级重点园区。建设分三期：一期生态观光游，二期黄河沙滩文化游，三期鹊山国际文化游。招商引资投资 400 万元。园区种植薰衣草、柠檬马鞭草、明月草、百合花高附加产值花草，成为济南城市北部婚纱摄影基地。

二、黄记泰和蔬菜种植生态园

位于天桥区大桥镇东营村，成立于 2012 年，占地面积 13.33 公顷，计划总投资约 3000 万元。主要经营项目有蔬菜种植、水果种植、奇花异

黄记泰和蔬菜种植生态园农产品体验馆（2012 年摄）

草及珍贵苗木观赏、畜禽现场喂养、农产品加工品尝。农产品加工品尝体验馆风格独特，园区整体体现自然原始风格。

三、焦集黄河湿地生态农业园

位于天桥区大桥镇焦集村，是集蔬菜生产、采摘观光于一体的新型农业园。园区以蔬菜大棚种植为主，2011 年，注册焦集牌蔬菜商标。同年 7 月，小山芹、白萝卜通过中国绿色中心认证。2012 年年底，完全建成。

焦集黄河湿地生态农业园（2012 年摄）

第九篇
水 务

1991—2012
TIANQIAO QU ZHI

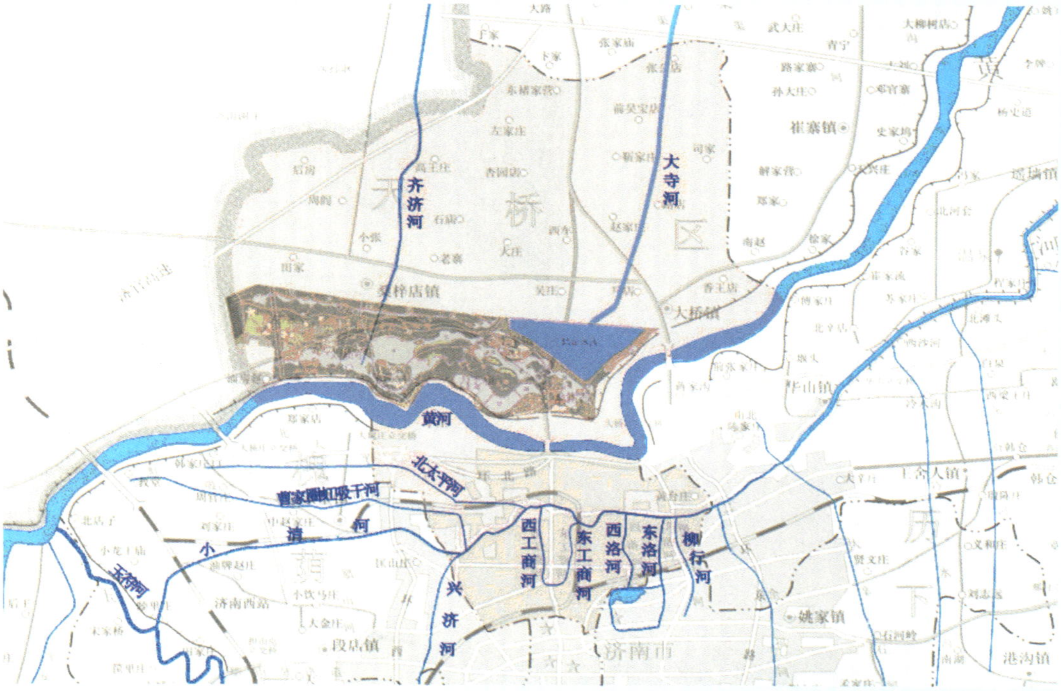

水系图

引黄灌溉

黄河沿线堤防

鹊山调蓄水库

1991 年始，济南市城市供水地下水严重超采，工业发展给水资源带来严重污染。1991—2012 年，天桥区对境内 22 条河道实施修缮、清淤、截污、美化工程，境内 22 条河流水质以及河道周边环境得到明显改善；投资 7.92 亿修建鹊山水库，水库蓄水面积 6.07 平方千米，总库容 4600 万立方米，调节库容 3930 万立方米，城市供水得以改善，鹊山龙湖人工湿地工程还成为天桥区一大旅游景观地；天桥区水利灌溉主要是以引黄灌溉为主，每遇到黄河断流时间过长情况，对境内农作物产量影响较大。2012 年，天桥区总灌溉面积 8573.33 公顷，其中耕地有效灌溉面积 8473.33 公顷、园林草地等有效灌溉面积 100 公顷，高效节水灌溉面积 660 公顷。

黄河位于天桥区北部，境内长度 25.2 千米，堤防长 46.4 千米，有险工 5 处，控导工程 2 处，涵闸工程 8 处。1991—2012 年，天桥区不断为黄河堤防进行加固，并整备大量应急物资，确保黄河凌汛期顺利通过，并积极响应黄河委员会调水调沙工作，确保调水调沙顺利进行。

第一章　河道治理与管理

1991—2012 年，天桥区城区河道（沟渠）有 22 条（不含黄河、小清河、大寺河、齐济河），全长 60 余千米，流域面积 60 万平方米，占全市河道总面积 53%。其中，小清河以南有工商河、前（后）引河、生产渠、柳行河、柳行河西支边沟、北护城河、西圩子壕、东泺河、西泺河、兴济河、三角线沟、万盛大沟、万盛大沟无影山支沟、边庄沟等 15 条河道；小清河以北有泺林沟、徐李沟、药泺河、虹吸干渠、北太平河南支、北太平河北支、山化沟等 7 条河道。

第一节　河道治理

一、小清河

小清河主干自济南西郊睦里闸起，与黄河平行流向，东流至黄台板桥庄出境入历城区，境内河段长 12.15 千米。小清河处于黄河与南部群山之间的低谷，沿河两侧汇入太平、腊山、兴济等诸多河流，多集中于南侧成梳支状水系布局。交汇河流多属山洪河道，汛期流量大，短时间内积聚汇入，排洪压力巨大，一旦排泄不畅，便导致两岸洪涝灾害。1987 年 8 月 26 日和 2007 年 7 月 18 日特大暴雨引发洪涝灾害，给全区人民造成巨大损失。

小清河曾以其河水清澈、物产丰富、航运畅通，使两岸人民广得湖田之惠、舟楫之便、鱼盐之利，曾是济南市重要生态走廊、经济走廊和文化走廊，为济南商埠形成和发展做出过重大贡献。小清河黄台港一度成为水陆联运、河海联运重要枢纽。20 世纪 90 年代后，济南城区污水日最大排放量达 85 万吨，年最大污水排放量达 2.21 亿吨，其中工业污水 1.46 亿吨，绝大部分都直接排入小清河，水质恶化为劣五类。由于小清河未得到全面综合治理，水质污染与洪涝灾害相互叠加，严重影响沿河居民生活、周围环境和工农业生产，1996 年 11 月 15 日，中共山东省委、省政府召开小清河干流治理工程动员大会；至 2012 年，小清河天桥区段进行了二次治理。

1996 年，小清河第一次治理。12 月，小清河一期工程开工，天桥区承担长 12.5 千米沿线拆迁、安置和西起袁庄桥、东至裕兴化工厂长约 4 千米河道扩挖砌石任务。1997 年 6 月沿线拆迁以河道中心线为基准，各向两侧延伸 43 米；拆迁涉及 18 个村居、46 个单位，拆迁居民房 4000 余户，建筑面积 36 万平方米；河道清挖拓宽设计河底宽 30 米，河口宽 50 米，采用矩形浆砌石断面，河道两岸各留 18 米的道路及绿化带，需动用土方174.7万立方米，其中需挖土方69.8万立方米，填土方37.8万立方米，外运土方67.1万立方米；需用毛石12.4万立方米，一期工程总投资1.6亿元。天桥区拆迁任务是小清河一期工程中的重点。天桥区仅用7天提前3个月完成建筑面积39万平方米拆迁任务，用5个月完成长4.56千米计224万立方米土石方河道施工任务。工程质量，全线第一。获山东省人民政府和中共济南市委、市政府表彰奖励。小清河治理二期工程天桥区段于1998年初开工，1999年国庆节前夕竣工。主要包括林家铁路桥两侧新挖河道，新建桥、涵、闸，新修两侧道路、绿化及拆迁等五项任务，总投资7000万元。

2007—2011年，中共济南市委、市政府规划、建设中的小清河第二次综合治理工程分两期实施，一期天桥区段由前进桥至林家桥长5千米；二期天桥区段由林家桥至黄岗桥西长5.3千米。济南市小清河综合整治工程指挥部下达给天桥区的任务是负责天桥区段征地红线范围内征地拆迁、片区开发、保障工程及环境综合整治。一期，拆迁涉及天桥区19个村居及30家单位75宗土地面积106.87公顷、1049户城市居民，拆除地上建筑物建筑面积45万平方米。其中，集体土地涉及14个村居，面积72.6公顷，需拆除地上建筑物面积18.6万平方米；国有土地涉及30家单位61宗，面积34.27公顷，需拆除地上建筑物面积16.2万平方米；需拆除城市居民房屋建筑面积7.8万平方米。二期，拆迁涉及天桥区9个村居土地面积76.17公顷，拆除地上建筑物建筑面积13.38万平方米。其中，征收集体土地面积52.42公顷，拆除地上建筑物建筑面积4.8万平方米；收购国有土地36宗，面积23.75公顷，拆除地上建筑物建筑面积8.58万平方米。第二次小清河治理工程为天桥区打造一条贯穿东西集防洪灌溉、旅游观光、体育健身、娱乐休闲、商贸服务于一体的绿色景观长廊。自东向西在天桥区段内新建改建集通行景观于一体的黄台码头桥、航运桥、板桥、历黄桥、水屯桥、生产路桥、凤凰山桥、国棉厂桥、林家桥、济泺桥、金牛山桥、无影山桥、药山桥、马鞍山桥、黄岗桥。在盐仓旧址处，重建盐仓。同时，将原河道上铁路桥以道路形式保留在河岸上，使之与盐仓文化融于一体。盐仓旧址处同时点缀情景雕塑以展现20世纪早期小清河两岸盐运发达的繁荣景象。2009年9月10日，小清河第一个广场——板桥广场建成。广场绿化栽植有46个品种、64种规格的植物，各类乔灌木植物有1260余株、地被植物面积1.1万平方米。广场铺装采用花岗岩、大理石多种石材铺装出18种不同样式的园路，面积5600平方米。广场南端、小清河北岸建有1处游船码头。广场东南侧建有建筑面积2900平方米的小清河

整治后的小清河（2011年9月摄）

综合治理展览馆，集中展示小清河文化。10月初，五柳岛建成。位于顺河高架桥与小清河交汇处，是一处河心公园，东西长1000米，宽30～80米，占地面积4.8公顷，由3个小岛组成，西岛为纯自然岛，东岛与中岛由一座景观虹桥连接。五柳岛绿化面积4.7万平方米，建有园路、假山、景观小区。西岛栽有5株柳树，寓意五柳岛的名称。五柳岛东端建有高23米、重38吨不锈钢管网架镂空结构的雕塑——“五柳风帆”。记载百余年前治理小清河的“重修小清河记”石碑按原貌迁移保护至五柳岛景观区。在五柳岛建成党史纪念地，由“1934”雕塑和中共济南市委重建党史宣传廊组成。重建五柳闸，建成双门船闸及滚水坎，设闸门两扇，闸厢长100米，闸口宽9.2米，上闸门3.85米，下闸门7.15米，闸门厚近半米，木制铁包，定时启闭，为当时省内建造工艺领先的内河船闸，是小清河第一座现代双门船闸，也是现存遗址的原型。2011年10月1日，小清河通航。

小清河的成功治理，给天桥区带来前所未有的发展机遇。面积158平方千米的小清河滨河新区有44.7平方千米位于天桥区境内，在小清河沿线规划策划30余个片区开发和旧村改造项目，全区规划的五大城市综合体项目有三个位于小清河沿线。亦为天桥区小清河沿线主要道路改造提升，构建更具现代化、人性化、快捷高效的中心城区交通网络创造了条件。

二、工商河

工商河位于天桥区城区中部，呈“U”字型河道。分为东、西工商河。两端进出口与小清河相连，全长6.37千米，是城区重要的排洪、泄洪河道之一。于1926年投入使用。

1998年，天桥区对工商河淤积河段进行清挖，清运复式河岸的砖石和高杆杂草。1999年，对工商河淤积严重河段清淤500余吨。2000年4月5日，工商河清淤疏浚工程（一期）开工；5月20日竣工。一期工程自济南啤酒厂桥经成丰桥至北园大街桥，全长1805米，河道淤积深度1.2米。工程投资120万元，投入机械设备30余台（辆），清挖外运淤泥3.5万吨，砌垒破损河岸墙面积250平方米，平整复式河岸面积2.08万余平方米，截堵污水排放口5处。一期工程后，根据防汛需要，对工商河虹桥至无影山中路桥段（长735米）、北园大街桥至凤凰闸段（长1691米）实施清淤疏浚，清挖外运淤泥1万余吨。依法清除北园大街桥马路市场，拆除违章商亭20间，恢复绿地面积1000平方米。查处沿河违章摊点群10处、乱倒建筑垃圾点8处、违章建筑行为3起。2004年下半年至2005上半年，先后对工商河堤口路桥经成丰桥至北园路桥等河道进行整治，安装汉白玉护栏，对部分河段实施清淤、截污等工程。制定拆迁、清淤、截污、河墙砌垒、新建桥梁加固和桥梁维修、两岸道路整修、绿化造景、换水、安装安全护栏、两侧立面整治、路灯照明和安装景观灯等整治方案。工程兼顾两岸市政配套设施建设和周边环境提升，在提高城市防洪排水能力同时，建设水景河段，改善居住环境，提升城市形象。

2008年2月16日，工商河综合治理工程开工；2009年10月30日竣工。投资2亿余元，拆除占压河道违章建筑物面积1.5万平方米；新建污水管线长6000米，砌筑污水截流井29座、污水检查井125座，清淤13.4万吨。摊铺2：8灰土、水稳8万立方米，铺设中粒式沥青混凝土道路面积8万平方米；安装路沿石长2万米，铺装人行道花砖面积5.78万平方米。完成河道两侧面积5.3万平方米面层铺设和交通画线任务。砌垒河墙长3860米，河墙勾缝面积1万平方米；抢修一步挡墙长470米，安装2个橡皮坝。建造亲水平台51座，摊铺2：8灰土碎石1330.69立方米、3：7灰土碎石2764.19立方米，砌垒毛石1295立方米，安装景观石400块、大理石面层面积2100平方米，浇筑C 20混凝土756立方米，安装花岗岩护栏长1.24万米。对跨河的6座桥梁装修、加固。注浆加固长680米，砂浆勾缝面积906平方米，摊铺水稳面积1579平方米、中粒式沥青混凝土面积1579平方米，路基填方900立方米。桥梁拆除外运土方3650立方米，石砌雨水暗道长36米，桥梁及台帽拱脚绑扎钢筋105吨，桥台及箱体回填2：8灰土3021

立方米，浇筑混凝土281立方米。在景观绿化方面，整理绿化用地面积5.2公顷，栽植各种乔木1.1万余株，栽植灌木丛苗木面积3800平方米，绿化面积6.29万余平方米。新建1个木栈道、2个木制景观桥；对跨河的师范桥、重汽桥、虹桥、成丰桥、交通厅街桥、标山南路桥梁进行装修、加固，对堤口路桥、一印桥、师范桥、金牛桥4座危桥拆除新建、扩大桥的断面。堤口路桥由宽20米拓宽为50米；一印桥由宽6米的石桥建成宽为25米的混凝土桥；金牛桥由宽6米建成宽为20米；同时对成丰桥、交通厅街桥、标山南路桥、虹桥、重汽桥进行加固和提升，对东、西工商河北园大街桥进行景观提升。

整治后的工商河（2012年4月摄）

2010年1月，实施工商河亮化工程。两岸安装数码管灯长1.2万米、景观灯2000盏、射灯223盏、草坪灯112盏、电光眼176盏。结合工商河景观水位的要求，新建济南动物园橡胶坝，完成大明湖向工商河补水工程，日补水量2万立方米，加原有五龙潭泉水及沿河中水站注入的中水，有三大活水带动工商河水新陈代谢，水质由原来劣五类达四类。

三、柳行河

柳行河是主城区东部一条主要泄洪河道，承担着收集燕子山路以西、历山路以东面积约18平方千米范围内雨水的任务。1998年，修复砌垒雨水冲毁的河墙。柳行河西支边沟从历山路立交桥西侧、北园大街南穿过北园大街流入柳行河。2004年8月22日—9月27日，投资17.97万元，对柳行河西支边沟清淤2200吨、修复雨毁河墙。2005年8月10日—8月18日，投资2.45万元，对河墙实施砌垒、修复工程，使用石料61.24立方米。2006—2009年，对柳行河西支边沟进行整治，先后拆除该沟棚盖建筑物，两侧河墙由石砌河墙改建成为混凝土河墙。河道整治后，河段宽6米、深3.3米。

2009年5月，实施柳行河拓宽整治工程，按100年一遇防洪标准，对柳行河河道拓宽至20米。南起胶济铁路，北至小清河，整治河道长1.6千米，拆迁拆违建筑面积4万余平方米，收储国有土地面积0.3公顷，拆迁资金1.1亿元。新建桥梁6座，整修沿河道路面积1.3万平方米，安装路灯43盏，砌筑挡墙长2100米，河道拓挖10万余立方米，安装河道护栏长2400米，完成直径600毫米污水管道长160米、直径300毫米PE管道长50米、直径300毫米钢筋混凝土管道长240米的铺设，加固检查井72个，新建雨水井17座，建设倒虹吸1座、截流井5座，柳行头河胶济铁路下清淤1170吨。北园大街桥至胶济铁路河道河底铺石硬化。投资150万元，对柳行河两岸进行绿化，栽植景观花木面积1万余平方米，修剪河道两岸苗木3万余株。实施综合整治后，柳行头河污水通过管网进入水质净化一厂处理，截流污水3.5万

柳行河绿化（2012 年 6 月摄）

吨 / 日，污水入小清河问题得以解决。2011 年 9 月竣工，总投资 2 亿余元。

2012 年 4 月 26 日—6 月 9 日，投资 150 万元，对柳行河两岸实施绿化工程。工程全长 1.7 千米，绿化面积 5984 平方米。清理渣土 1870 立方米，回填种植土 3200 立方米；栽植常绿乔木 98 株、落叶乔木 91 株、花灌木 718 株，景观花木面积 1 万余平方米、横纹面积 1461 平方米、地被面积 513 平方米；播种白三叶面积 3370 平方米；修剪河道两岸苗木 3 万余株；安装绿化围网长近 600 米，提升河道景观。

四、西泺河

1999 年 3 月—4 月，投资 81 万元，对西泺河实施砌垒挡土墙工程。工程南起大明湖护城河，北至铁路桥，两侧各长 190 米，砌石墙高 4.2 米。

2001 年，投资 450 万元，对西泺河实施综合治理工程。按 50 年一遇防洪标准实施，洪水排量为 131 立方米 / 秒。分三部分进行，西泺河改造，长 2.8 千米；北护城河与西圩子壕交汇处改造，长 420 米；西泺河新建桥梁 3 座。

五、兴济河

兴济河天桥区段治理是兴济河综合治理工程的一部分。工程包括拆迁、清淤、截污、河岸砌垒、绿化等。2008 年 10 月 22 日开工；2010 年 12 月 6 日竣工。开挖土方 3.9 万立方米，原土回填 3621 立方米；铺设直径 400 毫米污水管道 160 米；砌筑检查井 4 座、挡墙基础 1670 立方米、挡墙长 2789 米；节点绿化面积 4290 平方米。

2011 年 11 月和 2012 年 8 月，分两期对兴济河天桥区段河道实施清淤，清运淤泥 9000 余吨。

六、齐济河

齐济河有生产桥 12 座、节制闸 3 座，主要承担齐济河和境内孙耿、辛集、太平乡镇济临公路以西排涝及原齐河县王窑虹吸引黄灌区和李家岸二干渠一、二分干地下排水任务，是天桥区北部纵向重要防洪排涝河道，也是天桥区北部唯一的防洪排涝河道。引黄复灌后，齐济河又成为该地区输送黄河水主要河道，承担排、灌双重任务。

2004 年 8 月 1 日—9 月 3 日，投资 7.8 万元，对齐济路边沟实施清淤 1290 吨，砌垒沟墙长 8.64 米，绿化面积 166 平方米。

2010 年 12 月，天桥区投资 105.4 万元，实施清淤改建工程，主要对桩号 2+436—5+250 段河道进行清淤整治。工程包括桩号 2+436—2+940 段，设计河底比降为 1/2000、河道底宽 2 米，河道深 3.3 米 ~ 3.5 米，河道内边坡 1 ∶ 3；桩号 2+960—4+550 段，设计河底比降为 1/1200，河道底宽 4 米，河道深 3.3 米 ~ 3.9 米，河道内边坡 1：3；桩号 4+570—5+250 段，设计河底比降为 1/5000，河道底宽 6 米，河道深 3.6 米～3.9 米，河道内边坡 1：3；桩号 3+750—5+250 右岸堤顶建 5 米宽、0.18 米厚泥结碎石防汛路。2011 年 3 月，工程竣工。

2010 年齐济河设计洪水流量统计表

表 9–1　　单位：立方米 / 秒

位置	“64 年雨型”排涝	“61 年雨型”防洪
黄河大堤北—黄河北展大堤	12.80	19.80
黄河北展大堤—308 国道	17.80	27.80
308 国道—石门孙闸	24.00	36.10
石门孙闸下游段	25.80	39.20

七、大寺河

大寺河流域为黄河冲积平原，地势平坦，流域内沟壑纵横，现有大王庙东干沟、魏梁支沟、青银高速公路沟 3 条较大支流，承担天桥区大桥镇营子、前吴、杏元、靳家、大吴、马店、倪家、王家 8 个办事处 72 个自然村防洪排涝任务和邢家渡引黄灌区、大王庙引黄灌区和鹊山水库灌溉及排水任务。上游由大王庙灌区坡东支渠引黄河水入大寺河，在大寺河马店南建有节制闸；下游有邢家渡引黄灌区张公店支渠引黄河水进入大寺河，无闸控制；中游建有路寨闸控制。大寺河两岸有耕地面积 666.67 公顷，可提供自提水灌溉。

2012 年，天桥区对大寺河实施治理工程可行性研究，调研工程项目包括改建 7 座生产桥、马店节制闸，新建张公店节制闸，治理大小支流入口 49 处，铺设涵管 38 座（左岸 16 座、右岸 22 座）。工程占地面积 4 公顷，总投资 3837.1 万元，于 2013 年实施。

2012 年大寺河治理设计指标统计表

表 9–2

控制点	桩号	流域面积（平方千米）	水位（米）		流量（立方米 / 秒）		最小底宽（米）	边坡	比降
			“64”年雨型	“61”年雨型	“64”年雨型	“61”年雨型			
牛王渡槽	12+165	111.17	22.38	21.83	55.20	35.40	20	1：2.50	1/5000
小谷家桥	9+370	85.63	21.61	21.06	46.20	29.50	15	1：2.50	1/5000
魏梁桥	4+903	44.80	20.76	20.21	34.60	20.90	10	1：2.50	1/5000
马店南桥	1+038	9.50	20.18	19.63	10.30	6.70	8	1：2.50	1/5000
毛家桥	0+000	0	0	0					

2012 年大寺河生产桥设计指标统计表

表 9–3

桩号	建筑物名称	性质	原结构形式	拟建形式	拟建规模			
					孔数	跨度（米）	长度（米）	桥宽度（米）
1+398	马店西桥	改建	砌砖拱桥	灌注桩空心板	3	10	30	7
2+174	马店西北桥	改建	砌砖拱桥	灌注桩空心板	3	10	30	7
3+115	小店西桥	改建	砌石板桥	灌注桩空心板	3	12	36	7
3+319	小店西北桥	改建	砌砖拱桥	灌注桩空心板	3	12	36	7
4+903	魏梁桥	改建	灌注桩混凝土板桥	灌注桩空心板	3	12	36	7
9+370	小谷家桥	改建	混凝土管	灌注桩空心板	3	13	39	7
11+378	张公店桥	改建	砌砖拱桥	灌注桩空心板	3	13	39	7

第二节 河道管理

1990 年，天桥区首创河道保畅通、保整洁（简称“双保”）管理经验，并在全市推广。1992 年，天桥区开展河道“双保”管理工作经验在全省及全国防汛工作会议上作专题介绍。1993 年，“双保”河道由 1990 年的 8 条（段）增至 10 条（段），总长 1.62 万米，总面积 19.71 万平方米，占市区河道 52%。年底，保洁员 36 人。1991—1993 年，河道“双保”总投资 61.8 万元，新修河岸石护坡长 155 米，构筑河岸安全护栏长 666 米，改建河渠排水口 2 处，改造沉沙地 1 处，维修石砌河岸塌方 29 处（段），疏浚河道 8 条（段），清除污泥杂物 1.32 万立方米，添置漂浮物打捞船 1 只。

1994—1995 年，投资 4.3 万元，对东泺河、生产渠、万盛大沟等 5 条河道进行清淤疏浚，清淤 9450 吨，河道保洁面积 2.05 万平方米。

1996 年，河道“双保”投资 8 万元，清运垃圾杂物 9500 吨；河道岁修工程投资 22.2 万元，修复砌垒河道防洪墙长 620 米，河道清淤长 800 米；办理临时占用手续 150 件，建成西工商河商业用房建筑面积 648 平方米，走出一条以河养河新路子。1997 年，河道“双保”投资 9 万元，清运垃圾杂物 6841 吨；河道岁修工程投资 19.8 万元，对工商河、柳行河北段、生产渠、万盛大沟等河道进行疏浚，清淤清障长 4496 米，清除淤泥杂物 4200 吨，砌垒防洪墙长 56 米，整修河岸长 450 米，清理暗沟长 1000 米，维修万盛大沟防洪闸。1998 年，“双保”河道由 1997 年 7 条（段）增至 9 条（段），全长 1.94 万米，面积约 30.77 万平方米。河道“双保”投资 8.32 万元，清运垃圾杂物 8075 吨。

1999 年，河道“双保”内容细化为“十无”（无建筑垃圾、无生活垃圾、无杂物、无杂草、无养植物、无高杆作物、无影响引洪现象、无乱占河岸现象、无河内淤积小岛、无违章棚盖现象）标准。1999—2002 年，河道“双保”投资 39.79 万元，清理垃圾杂物 3.2 万吨。

2003 年，按照济南市有关部门要求，将河道“双保”内容细化为“五无”（河道、沟渠内无生活垃圾和建筑垃圾，河道、沟渠内无漂浮物，河道、沟渠内无生长高杆植物，河道、沟渠内无阻水障碍物，河道、沟渠内无违章棚盖占用现象）标准。2003—2006 年，年均河道“双保”投资 15.29 万元，清淤整治等投资 14 万元。

2007 年始，日常保洁河道增至 12 条，总长度 3.6 万米，保洁面积 43.8 万平方米，占全市河道保洁面积 52%。“双保”河道有专人分段管理，坚持8小时工作制，保持工作时间在岗在位。保洁人员佩戴标志和统一着装上岗，每天清理河岸和打捞水面漂浮物，全日保洁，垃圾日产日清。

2012年，济南市实行“河长制”，河道管理模式由部门统一管理向“河长制”管理方式转变。8月2日，全市“河长制”揭牌仪式在天桥区三孔桥举行。天桥区在全市率先制定出河长任务分解表和天桥区河道管理整治考核办法。区政府主要领导兼任总河长、分管领导兼任副总河长，相关街道党工委书记兼任河段长。总河长、河段长全面负责辖区河道内拆除违章建筑、环境卫生整治、日常管理等，做好河道整治涉及的征收拆迁等工作；副总河长协助总河长抓好工作落实。

第二章　水源工程

1991—2012年，全区先后完成鹊山水库、饮水等水源工程。至2012年，全区有机井22961眼、水闸25座。

第一节　鹊山水库

一、位置

鹊山调蓄水库在济南市黄河北展区末端原八里庄处，库址位于黄河以北，北靠北展堤，东临黄河大堤，西南与原津浦铁路为邻，西至北展大吴泄洪闸。

二、建设

鹊山调蓄水库利用黄河北展区末端修建调蓄水库，以有效利用黄河客水资源置换济南市地下水资源，解决济南市水资源供需矛盾，工程建设总投资7.92亿元，包括三个泵站、双电源高压输电线路20.76千米、35千伏变电站一座。水库蓄水面积6.07平方千米，总库容4600万立方米，调节库容3930万立方米。水库主供天桥区生产、生活和东部地区的工业用水，供水量占济南市总供水量的40%。水库蓄满水后，可保证在黄河断流100天情况下不间断向济南市区供水。

1996年，该工程被列为世界银行贷款的山东城市环保项目子项目。1999年5月8日开工，1999年12月29日主体工程竣工通水，2000年4月24日工程全面运行并正式向黄河水厂（今鹊华水厂）送水。

三、主要工程项目

（一）取水泵站。设计提水流量12.5立方米每秒，设计扬程6.2米，设900ZLB3.18-6.2型轴流泵6台（4用2备），配套电机为YL280—12型立式异步电机280千瓦/380伏，总容量1680千瓦。

（二）沉沙条渠。东西长3300米，南北宽500～700米，围坝轴线面积1.946平方千米，分两条三期使用，使用水位分别为28.5米、30.5米、32.5米（黄海标高），沉沙条渠中设三条生产路，3座生产桥，每座桥长50米，为钢筋混凝土排架结构。

（三）入库输水工程。包括沉沙条渠出口闸及输水涵洞总长1200米，沉沙条渠出口闸为一孔净宽2.8米开敞式节制闸，设钢叠梁式防沙闸门、拦污栅和铸铁主闸门，后接输水涵洞，输水涵洞为一孔2.8×2.8米钢筋混凝土箱式涵洞，设计流量9.1～2.1立方米/秒。

（四）入库泵站（二号泵站）及入库涵洞。泵站设计流量为9.1～12.1立方米/秒。平均扬程5米，设900ZLB-3.38-5.08型轴流泵5台（4用1备），配套电机为5台YL250-10型立式异步电动机，总容量1250千瓦。自流入库涵洞为一孔宽2.6米×高2.8米，总长30.5米的钢筋混凝土箱涵。

（五）调蓄水库。围堤周长11.634千米，轴线面积 6.192 平方千米；水库蓄水面积 6.07 平方千米，总库容 4600 万立方米，调节库容 3930 万立方米。设计蓄水位为 30.4 米，死水位 23.7 米，堤顶高程 32.24 米，防浪墙顶高程 33.44 米，为均质土坝，基础作土工膜垂直防渗，坝身用复合土工膜防渗，干砌方块石做上游护坡，坝后作贴坡排水、排水沟和截渗沟。

（六）水库泄水闸。利用原北展大吴排水闸改建为两孔钢筋混凝土箱式涵洞结构，孔宽 2.8 米，高为 2.6 米，最大设计泄流量 40 立方米 / 秒。

（七）出库闸及出泵站（三号泵站）。出库闸位于西围堤，闸轴线围坝桩号为 11+410，为一孔 2.2 米 ×2.2 米钢筋混凝土箱式涵洞，设计过流量 5.14 立方米 / 秒。出库涵洞后紧接 3 号泵站取水前池，3 号泵站为输水加压用，设计输水流量为 5.14 立方米 / 秒，扬程为 28 米，设 32SA-19EA 卧式离心泵 6 台（4 用 2 备），配套电机为 Y560-8 型异步电动机，560 千瓦 /10 千伏，总功率 3360 千瓦。

（八）35 千伏变电站。35 千伏变电站为双电源供电，电源电压为 35 千伏，设有容量为 3150 千伏安的变压器 2 台和站用变压器 2 台，负责整个水库的设备和生活用电。

（九）输水管线。总长 11097.46 米，分为三部分。黄河北段长 4972.23 米，为一根内径为 2 米预应力钢筒混凝土管，穿黄段 1114.36 米，为一根内径为 2 米的焊接钢管，黄河南段为 5010.87 米为一根内径为 1.8 米预应力钢筒混凝土管。

四、征地、占地、迁移的村庄及人口情况

（一）征地。根据水库工程建设需要，1999 年 4 月 24 日，国土资源部国土资函〔1999〕162 号文件批准，征用建设用地面积 899.25 公顷，其中征用济南市天桥区农村集体耕地面积 131.56 公顷、林地面积 1.34 公顷、城镇村庄工矿用地面积 4.06 公顷、水域面积 33.24 公顷，计 170.2 公顷。征用历城区（今属天桥区）农村集体耕地面积 399.41 公顷、鱼塘面积 66.29 公顷、园地面积 0.29 公顷、城镇村庄工矿用地面积 16.77 公顷、交通用地面积 0.21 公顷、水域面积 19.82 公顷、未利用土地面积 221.05 公顷，计 723.84 公顷。合计征用农村集体土地面积 894.04 公顷；同时使用历城区（今属天桥区）境内国有交通用地面积 5.21 公顷。总计批准建设用地面积 899.25 公顷。

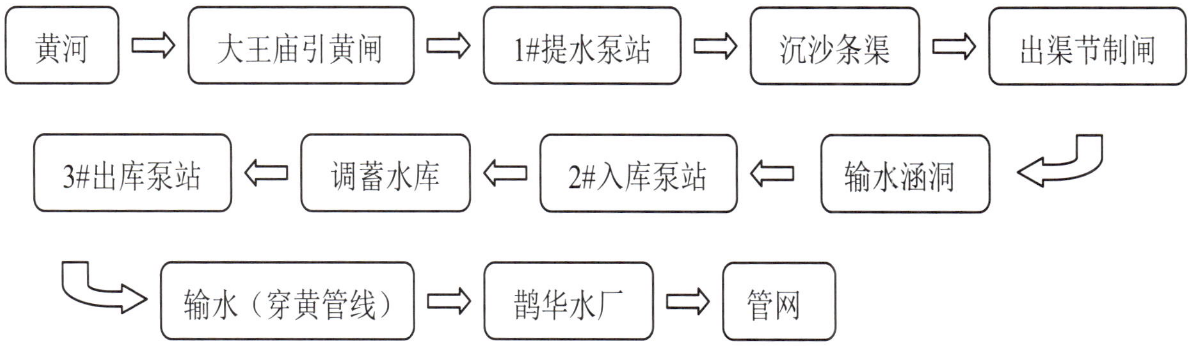

图 9-1　水库工艺流程

1999年鹊山水库工程建设规划征地统计表

表 9–4 单位：公顷

征地		总面积	其他						
			耕地	园地	林地	居民点及工矿用地	交通用地	水域	未利用土地
天桥区合计		170.1995	131.5561	—	1.3433	4.0599	—	33.2402	—
沉砂池	月牙坝弯	56.5684	41.9748	—	—	—	—	14.5936	—
	鹊山北村	18.4172	18.4172	—	—	—	—	—	—
	鹊山南村	15.3296	10.9641	—	1.3433	—	—	3.0222	—
	梅花山村	19.8923	10.8888	—	—	—	—	9.0035	—
	鹊山东村	59.992	49.3112	—	—	4.0599	—	6.6209	—
历城区（现属天桥区）合计		723.839	465.6948	0.2928	—	16.7742	0.2016	19.8231	221.0525
沉砂池	小计	138.793	112.9186	—	—	0.0149	0.2016	3.4931	22.1648
	南范村	62.3902	59.8958	—	—	0.0024	—	2.4920	—
	大王庙村	68.6745	52.7254	—	—	0.0089	0.2016	0.7613	14.9773
	桃园村	7.7283	0.2974	—	—	0.0036	—	0.2398	7.1875
库区用地	小计	585.0460	352.7762	0.2928	—	16.7593	—	16.33	198.8877
	后市村	24.0360	15.898	—	—	—	—	0.3620	7.7760
	齐家村	83.7315	59.2779	—	—	—	—	4.1765	20.2771
	八里村	23.6242	16.6587	—	—	2.8626	—	0.2676	3.8353
	小盖村	27.7490	13.5509	—	—	—	—	0.2493	13.9488
	大吴村	27.2811	8.4077	—	—	—	—	0.4643	18.4091
	坡东村	4.7145	4.6365	—	—	—	—	0.0780	—
	王家镇村	87.8850	45.7362	—	—	—	—	1.8966	40.2522
	毛家村	0.4023	0.4023	—	—	—	—	—	—
	杨家村	94.0614	49.955	—	—	0.7098	—	2.5602	40.5436
	甜水井村	116.1857	77.3469	—	—	13.1869	—	2.1080	23.5439
	山后陈村	95.3753	60.9061	—	—	—	—	4.1675	30.3017
库区国有土地		5.2144	—	—	—	—	5.2144	—	—
征用集体土地合计		894.0385	597.2509	0.2928	1.3433	20.8341	0.2016	53.0633	221.0525
工程总用地		894.0385	597.2509	0.2928	1.3433	20.8341	5.416	53.0633	221.0525

（二）占地。永久性占地面积950.93公顷，安置用地面积119.05公顷。

1999 年鹊山水库工程永久性占地统计表

表 9-5 单位：公顷

项目村庄	工程永久性占地	101 省道	合计
桃园村	7.73	—	7.73
大王庙村	68.67	—	68.67
南范村	62.39	—	62.39
山后陈村	95.38	—	95.38
八里村	23.62	—	23.62
后市村	24.04	—	24.04
毛家村	0.40	—	0.40
坡东村	4.71	1.29	6.01
王家镇村	87.89	3.19/0.38	9.19
大吴村	27.28	1.47/0.11	28.86
齐家村	83.73	—	83.73
盖家村	27.75	—	27.75
甜水井村	116.19	—	116.19
杨家村	94.06	—	94.06
鹊山北村	18.42	—	18.42
梅花山村	19.89	—	19.89
月牙坝村	56.57	—	56.57
鹊山东村	59.99	—	59.99
鹊山南村	15.33	—	15.33
市河务局	45.23	—	45.23
市公路局	5.21	—	5.21
总 计	944.48	6.45	950.93

（三）迁移村庄及人口。迁移村庄 19 个，迁移 3459 户家庭 13647 人。

五、“鹊山水库至济钢段”工程

2007 年 9 月，济南市主导，由山东水务投资有限公司、济南市水利勘测设计院、济南市黄河工程局、寻山集团合资组成山东水务源泉供水有限公司，在鹊山水库北围坝泄水闸西侧兴建东联供水“鹊山水库至济钢段”工程，将鹊山水库的水直接供应到济南市东部工业区。工程设计日供水能力为 24.4 万立方米，其中向济钢日供水 20 万立方米，向章丘电厂日供水 4.4 万立方米，总投资 2 亿元，管线总长 20 千米。

六、建成后设备改造

2010 年 12 月，对水库三号泵站配电柜原老式高压变配电装置进行变频改造。2012 年 12 月 4 日—26 日，对水库 35 千伏变电站配电柜原手动机械保护装置进行自动化综合保护系统升级改造。

第二节　饮水工程

一、农村自来水工程

2005年10月，天桥区投资5100万元，实施农村自来水一期工程。一期工程包括水厂采用江苏睿济科技有限公司专利水处理技术，2万立方米净水设施及400千伏安变压器供电设施1台，3万吨净水设施地面以下部分，源水管道（北展堤以南为直径1200毫米球墨铸铁管1根，北展堤以北为直径800毫米球墨铸铁管2根）、供水东干管（UPVC管，直径280～530毫米）、西干管（预应力钢筋混凝土管2根，其中直径1000毫米1根，直径800毫米1根），单位供水支管（UPVC管，直径63～310毫米）以及配套闸门、水表等。2006年年底竣工通水。受益村庄102个、人口6.7万人。

2009年7月12日，天桥区投资2515万元，实施自来水二期工程。二期工程包括续建3万吨水处理设施，新建2万吨水处理设施，净水工艺采用江苏睿济科技有限公司专利技术；配电设施由一期400千伏安增至2400千伏安，新架设长4.5千米输电线路1条；裕兴化工有限责任公司新铺设长1.3千米预应力混凝土钢套筒管线1条（双管线）；新建水厂监控系统、水厂日常化验室。2010年6月竣工。日供水能力由2万立方米增至7万立方米。满足了裕兴化工有限责任公司用水需求。

二、药山自来水工程

2010年8月开工，2011年12月20日建成通水。总投资4500万元。药山自来水工程解决了天桥区药山片区大鲁、太平、丁庄、新徐、大魏、小鲁、东沙、洋涓、卢庄9个社区4569户、34178人及337家企业安全用水问题。

第三节　机井建设

1991年始，天桥区运用先进打井技术和研究成果，成井率和出水量提高。2012年，全区规模以上机电井主要为城镇生活井、乡村生活井、工业井和农业灌溉井4种类型。

2012年，全区有地下水取水井22961眼，其中规模以上机电井114眼、规模以下机电井7775眼、人力井15072眼。农业灌溉井94眼，其中泺口街道30眼、大桥镇59眼、桑梓店镇5眼；城镇生活井4眼，均在药山街道；乡村生活井12眼，其中泺口街道9眼，药山街道、北园街道、大桥镇各1眼；工业自备井4眼，均在药山街道。

第四节　拦河闸坝

1991年，境内没有橡胶坝。2009年，有橡胶坝3座，分布在济南长途汽车总站、济南华夏医院、药王楼北天桥国税局处。2010年，在工商河济南动物园处建橡胶坝1座。2012年，在东泺河荷花桥处建橡皮坝1座。至2012年，天桥区有水闸设施25座，其中橡皮坝5座、水闸20座；过闸流量641立方米/秒；橡胶坝坝长64米。

第三章　灌溉工程

2012年，天桥区总灌溉面积8573.33公顷。境内有灌区3处，分别为大王庙灌区、李家岸灌区、邢家渡灌区，其中大王庙灌区为天桥区主要灌区。

第一节　引水灌溉

天桥区农田灌溉主要依靠引黄灌溉。每年3月中下旬和5月上旬通过大王庙灌区、邢家渡灌区、李家岸灌区引黄灌溉。其中大王庙灌区引黄灌溉耕地面积3933.33公顷、邢家渡灌区及李家岸灌区引黄灌溉耕地面积2866.67公顷、黄河滩区耕地面积666.67公顷（包括大桥镇和泺口街道），灌溉面积占耕地面积52.7%。全区黄河以北,有节制闸及分水闸70座,桥涵约930座。1998年后，全区加强以农田水利为重点的农业综合开发，每年对大王庙引黄灌区长14千米干渠、长70千米支渠渠道实施清淤工程，保证大桥镇、桑梓店镇面积7900公顷农田用水。

一、大王庙灌区

灌区于1995年11月开工，1996年年底建成，总投资530万元。1998年又投资500万元对灌区进行改建。设计灌溉面积2万公顷，配套面积1.2万公顷，辐射天桥区大桥、桑梓店两镇，灌区无沉沙池，有长14千米干渠1条，干渠衬砌长1.5千米；分渠2条，长15.2千米；支渠22条，长79千米；桥、涵、闸等各类配套建筑物108座。管理站1处，占地面积0.17公顷。主要农作物为水稻、小麦和玉米。灌区内有大寺河和齐济河两条长22.9千米排水沟。大王庙引黄闸主要承担天桥区大桥镇、桑梓店镇农业灌溉任务。亩次用水量为30～50立方米。农业灌溉引水集中在3月—6月，年需水量约为1200万立方米。灌区内采用粗放型引水，节水措施差，基本是漫灌方式。

二、李家岸灌区

李家岸引黄闸位于德州市。天桥区桑梓店镇齐济河以西，其中主要涉及盲肠闸、林场闸、铁支干闸、田庄闸、大刘南闸、大刘北闸，设计流量为1.5～3立方米/秒，引水方式为自流。该灌区主要为桑梓店镇引调黄河水，有效灌溉面积为2333.33公顷。

三、邢家渡灌区

邢家渡引黄闸位于济阳县。天桥区大桥镇大寺河以东，自邢家渡引黄干渠引水，其中主要包括司家村闸、张公店闸、丁屯闸，设计流量为1立方米/秒，引水方式为自流。该灌区主要为大桥镇引调黄河水，有效灌溉面积866.67公顷。

第二节 节水灌溉

1997年，大桥镇政府申请世界银行贷款进行农业综合开发，涉及土地面积7133.33公顷。其中水利项目耗资1007.06万元，项目包括开挖渠道216.3万立方米；渠道衬砌建成防渗渠长5000米，结合SLDD试点区建成大口径低压管道灌溉区面积100公顷，埋设大口径低压管道长10千米；新建桥80座、涵洞308座、闸14座；新修砂石路长118千米；建提水泵站6座、配套设备52台（套）；配套输电线路长3000米；新打机井6眼；新建输电线路长51.5千米；购置项目运行、维护设备20台（套）。

2007年8月，天桥区实施土地整理项目，项目所需资金由中央、省、市、区有关部门和镇政府提供，至2012年，该项目已完成五期，总开发面积完成2066.67公顷，总投资2811万元，其中各级财政投资2311万元，镇政府自筹资金500万元，新建生产桥153座、涵洞367座、水闸8座，铺设土路长124千米、砂石路长17千米，建泵房116座，铺设低压管道长185千米，开挖疏浚沟渠长142千米，植树24万株，扩建加固蓄水库1座。

2012年，天桥区实施高标准农田建设项目。项目区位于大桥镇，涉及7个村庄，投资910万元，其中市级财政819万元，区级配套91万元。有泵站5座，配套变压器4台；铺设管道长3.69万米；清淤疏浚排水沟16条；维修改造配套建筑物40座；新建道路长6千米；种植农田防护林长24千米；新增节水灌溉面积366.67公顷。

第三节 提水灌溉

提水灌溉主要形式为井灌。1991年始，天桥区引水灌溉逐渐取代提水灌溉。至2012年，泺口街道有规模以上地下井39眼，灌溉面积40公顷，取水量17.71万立方米；大桥镇规模以上地下井60眼，实际供水人口240人，控制灌溉面积306.67公顷，取水量600立方米；桑梓店镇规模以上地下井5眼，控制灌溉面积34.67公顷，实际灌溉面积13.33公顷，取水量为3.41万立方米；其他12个街道没有规模以上地下井。

第四章　防汛抗旱

第一节　防洪排涝

境内排涝河道断面较小，坡度较缓，易淤积；河道两岸建筑林立，没有通畅的道路，不易管理养护，断面较小且棚盖现象严重；在跨铁路时易形成瓶颈。排涝河道几乎普遍存在雨污合流现象。治理河段达标长为24.91千米；未治理河段长为19.6千米。

境内主要河段有黄河河段、小清河河段、齐济河河段、大寺河河段，河段总长为44.51千米，均有防洪任务。黄河北境内主要排洪河道有两条，一条为大寺河，河流南起大桥镇鹊山水库，由南向北穿越大桥镇靳家村出境，向北至济阳县魏铺闸入徒骇河，境内长12.165千米，流域面积111.17平方千米，设计流量为26.4立方米/秒；一条为齐济河，河流南起桑梓店镇朱河圈村，由南向北贯穿桑梓店镇后出境，向北至济阳县垛石村入徒骇河，境内长11.4千米，流域面积64.6平方千米，设计流量为35立方米/秒。

2007年7月18日下午，遭受特大暴雨，由于黄河以北地区排水体系畅通，农民昼夜及时排水，个别洼地虽有减产，但秋季仍获丰收。

1991—2012年，汛期防汛工作做到每年都制定防汛预案、配备抢险突击队和防汛物资，适时组织防汛演练，各街道（镇）及区有关部门坚持24小时值班，确保汛期安全。

2012年天桥区河道防洪标准统计表

表9-6

防洪标准	河道长度（千米）
小于10年。	0.00
小于20年，且大于等于10年。	8.40
小于30年，且大于等于20年。	0.00
小于50年，且大于等于30年。	3.00
小于100年，且大于等于50年。	12.61
大于等于100年。	9.30

第二节　抗旱救灾

1992—1999年，黄河连续8年出现枯水断流现象。1991年、2000—2012年，黄河水无断流。1992—1996年，黄河枯水断流，导致境内良田减产。

1997年，玉米苗出土后，遭遇大旱。黄河断流8次，为期132天，不能放水，通过在地里打10米深小机井，经一周努力，将枯萎的嫩苗挽救回来。

2012年，国家对农作物采取保险措施，每亩地农民交2元钱国家补贴8元，若遇灾害之年由保险公司予以赔付。至2012年年底，用于农业沟网密度大。通过综合利用地下水、地表水、引黄河水，基本解除一般旱涝危胁。

第五章　黄　河

第一节　河　道

一、位置流向

黄河天桥区段现行河道是清咸丰五年（1855年）从河南省兰考县铜瓦厢（兰考县东坝头以西）决口夺大清河入海后形成的。河段位于天桥区北部，右岸南上起药山街道新徐社区，下至泺口街道赵庄社区；左岸北上起桑梓店镇西秦村，下至大桥镇高韩吉家村。河面平均宽1.5千米；境内长25.2千米，纵比降万分之一；河槽狭窄，属典型的弯曲型窄河段。境内沿黄设堤防长30.2千米，非汛期，主河槽水深一般3～5米，汛期平槽水深一般5～10米。平槽流量4000立方米/秒。左岸赵庄险工上界和泺口险工下首各有铁路桥1座，徐庄险工上首和左岸141+019处各建有公路桥1座，泺口河道断面内架设浮桥1座。天桥区致力于黄河在境内的位置优势，着力打造集生态、文化、旅游的特色治黄道路。

黄河落日（2008年10月摄）

二、滩区

河道内有大小滩区6处，分别为新徐庄、大鲁庄、赵庄、鹊山、丁口、八里滩区，总面积13.54平方千米，耕地面积560公顷，鹊山滩区居住565人，八里滩区居住352人，赵庄滩区居住45人。

第二节　工　程

天桥黄河防洪工程由堤防、险工、控导、涵闸等组成。各类堤防长46.395千米，分别为临黄堤长30.201千米、导流堤长1.214千米、北展堤长14.98千米。险工5处，分别为老徐庄险工、泺口险工、赵庄险工、王窑险工和大王庙险工，坝岸249段，工程长11871米。控导工程2处，分别为鹊山东控导和八里控导，坝垛58段，工程长3370米。涵闸工程8处，包含引黄闸2座、泄洪闸1座、其他涵闸5座。

一、堤防工程

（一）标准化堤防。天桥黄河标准化堤防建设分为大堤帮宽加高、堤顶道路硬化、放淤固堤、防浪林建设四个项目。大堤帮宽加高于2003年3月12日开工，4月26日完成工程主体土方填筑后，开展堤顶行道林、堤肩堤坡草皮、排水沟等附属工程建设。5月6日，该工程通过验收。堤顶道路硬化于2003年5月8日开工，堤顶道路参照平原微丘三级公路标准建设，12

月3日竣工，工程评定等级为优良。放淤固堤于2004年4月15日开工，2005年5月15日竣工。淤区设计宽100米，区顶高程34.58米，淤

标准化堤防（2011年8月摄）

区内种植生态林，淤区边坡修筑排水沟。防浪林建设于2004年3月开工，11月6日竣工。其作用是防浪护堤，延缓冲刷，还可提供抢险物料。防浪林带有50米和30米2种宽度。防浪林内栽有高柳2万株和丛柳7万余株。至2008年年底，天桥黄河河务局拥有标准化堤防长10.08千米，主要分布于天桥黄河南岸。建成后的济南天桥黄河标准化堤防工程已成为集防洪保障线、抢险交通线、生态景观线于一体的综合性防洪工程，获2007年国家水利工程行业“大禹奖”和2008年国家建设工程“鲁班奖”。

（二）堤顶硬化。2008年12月1日，天桥黄河北岸帮宽工程开工建设，于2009年4月11日提前80天完成主体工程并通过验收。竣工清理工作于2009年6月25日开始，30日结束。2010年3月8日，天桥黄河北岸堤顶道路硬化工程开工建设。天桥黄河河务局协调参建各方完成前期迁占赔偿工作。2010年9月30日，硬化工程竣工后，堤顶道路成为沿黄人民群众重要的交通和生产道路。

（三）北展宽区工程。黄河北展宽区工程位于德州市齐河县和天桥区境内，总面积106平方千米，堤线长37.78千米。天桥区所辖展宽区面积43平方千米，堤线长14.98千米（桩号22+800—37+780），建有大吴泄洪闸、齐济河排水闸、王窑干排灌闸、大吴排水闸和铁路挡水闸。2000年，经批准，由济南市政府投资，在展宽区末端建成库容4600万立方米鹊山调蓄水库，将大吴排水闸改建为40立方米/秒流量的水库泄洪闸，相应修建排除水库渗水和内涝的后市排水闸1座，排水流量为6立方米/秒。

2012年黄河堤防工程统计表

表9-7

起止地点	起止桩号	长度（米）	堤顶高程（米）		顶宽（米）	边坡	
			起点	止点		临河	背河
小魏家—李家庄	22+650—32+800	10080	37.43	36.36	12	1：3	1：3
西秦—吉家庄	124+900—145+132	20121	38.276	36.412	12	1：3	1：3

二、险工工程

（一）老徐庄险工。工程始建于1898年，初建时为秫秸埽坝，1937年以前改建为乱石坝；险工位于黄河右岸。1937—1948年，老徐庄险工无人管理；1946—1948年，国民党军队在黄河大堤及险工挖掩身沟，险工失去抗洪能力。中华人民共和国成立后，对险工进行翻修改建，大部分改为砌石坝或扣石坝。1952年，丁庄险工（24#—34#坝）并入老徐庄险工。后因险工主溜日趋下延，于1954年新修35#—37#坝；

1958年，新修41#、43#乱石坝。1983年，因建闸将12#护岸拆除。由于"96·8"洪水期间，老徐庄险工出现根石走失险情，于1999年对9#—10#、14#—16#坝进行加高改建；2002年10月17日对1#—8#、17#—43#坝进行加高改建；2003年11月6日，老徐庄险工加高工程竣工。主要工程填筑土方32441立方米，石方17038立方米。整个险工（除11#—13#坝外）于2003年达2000年设防标准。

老徐庄险工（2009年7月摄）

（二）泺口险工。工程始建于1890年，初建时为秸埽坝，后逐步改为石坝；险工位于天桥区泺口北郊。泺口险工是济南市防洪安全重要屏障，地势险要，倍受各级领导重视。中华人民共和国成立后，毛泽东、周恩来、邓小平等党和国家领导人都来此视察黄河。1999年6月23日，江泽民视察泺口险工42#坝。1992年，泺口被黄河水利委员会确定为"三口"之一，经过十多年建设与管理，观澜亭、大禹治水雕塑、蘑菇亭、九烈士雕像、镇河兽石雕成为济南黄河百里风景区的中心。

（三）赵庄险工。工程始建于1890年，初建时为草埽坝、柳石堆坝，济南解放后改为乱石坝。险工位于黄河左岸。赵庄险工原名为油坊赵险工，由于行政区域调整，改称为赵庄险工，原20#坝以上属德州市河务局管理。天桥区所辖38段坝岸中有28段是历史老坝，有10段是1949—1955年间修建。常年靠溜坝岸22#—32#坝。赵庄险工大部分仍是乱石结构，坝身年久失修，存在不同程度裂缝、蛰陷；部分坝身严重缺乏根石；在洪水期间，坝身将受到洪水严重淘刷，极易发生险情。

（四）王窑险工。工程始建于1898年，初建时大多为草埽、柳石堆，1910年逐渐修建为乱石坝或砌石坝。主坝5段（22#、25#—28#）；常年靠溜坝岸29#、30#坝。1950—1954年，新修34#—39#坝和42#、44#坝。虽经多年抛石加固，但坝身年久失修，存在不同程度的裂缝、蛰陷；部分坝身严重缺乏根石；在洪水期间，坝身将受到洪水严重淘刷，极易发生险情。

泺口段险工（2009年7月摄）

（五）大王庙险工。工程始建于1885年，初建时为草埽、柳石堆，1910年逐渐修建为乱石坝或砌石坝。险工位于黄河左岸，主坝4段（23#、35#、38#、44#）；常年靠溜坝岸1#—23#坝。1950—1978年，续修14段，有40段是由历史遗留的老坝岸加修而成。1982年9月8日，35#坝（砌石坝）出现裂缝、下蛰，坝顶平行裂缝长达22米，宽1～2毫米，险情相当严重，抛石 1000 立方米抢护始得稳固。10 月 2 日，18# 砌石护岸和 19# 砌石护岸也出现裂缝险情。险工坐底是沙土层，根石易走失，部分坝岸老化现象较为严重。受右岸老徐庄工程影响，坐弯顶冲大溜，所在河段宽浅弯曲，易卡凌拥塞，是历年防凌重点河段。

三、控导工程

（一）鹊山东控导工程。工程始建于 1958 年，位于黄河左岸鹊山东侧。工程在 1958 年前隶属齐河，1958 年划归济南，划归济南初仅有 1#—3#3 段乱石堆；1969 年，汛期新修了 4#—6#3 段乱石护沿；1990 年，将 6 段乱石坝加高改建为扣石坝，工程长 611 米。1995 年，对封顶石加宽至 1 米。2000 年上延接长 4 段（新 1#—新 4# 坝），均为散抛乱石结构。部分坝身严重缺乏根石，受右岸盖家沟险工影响，大部分坝岸吃大边溜，易产生根石走失。当艾山站下泄流量超过 4000 立方米 / 秒时，鹊山滩区将全部进水，为使洪水消退后，及时排除滩区内积水，并保护工程免受退水冲刷破坏，在该流量级洪水到来之前，在鹊山东护滩下首人工开挖退水口。

（二）八里控导工程。工程始建于 1950 年，位于黄河左岸济南黄河公路桥以上，与鹊山东控导工程相接。八里控导工程初建时仅修建 5 段透水柳坝，1951 年增修 2 段，因木桩难以稳固，遇大水被冲垮，于 1955 年后用乱石垛岸代替。经逐年续修，有石垛、护岸 48 段。部分坝身严重缺乏根石，大部分坝身吃大边溜，易产生根石走失。当艾山站下泄流量超过 4000 立方米 / 秒时，八里滩区将全部进水，为使洪水消退后，及时排除滩区内积水，并保护工程免受退水冲刷破坏，在该流量级洪水到来之前，在八里护滩下首，相应大堤桩号 141+100 处人工开挖退水口。

2012 年天桥区黄河段险工、控导工程统计表

表 9-8

工程类别	工程名称	始建年份	起止桩号	工程长度（米）	护砌长度（米）	坝岸类型				坝身结构		
						合计	坝	岸	垛	乱石	扣石	砌石
险工	老徐庄险工	1898	23+371–24+868	1515	1641.50	36	19	17	—	24	9	3
	泺口险工	1890	26+984–30+600	3613	3666.30	87	28	59	—	1	78	8
	赵庄险工	1890	124+900–127+276	2379	1705.40	38	25	13	—	27	7	4
	王窑险工	1898	127+276–129+088	1818	1634.70	38	20	18	—	23	1	14
	大王庙险工	1885	131+017–133+572	2546	1880.30	52	20	32	—	22	7	23
控导	鹊山东控导	1958	136+500–137+662	1191	1164.00	10	—	4	6	4	6	—
	八里控导	1950	137+662–140+400	2179	2319.00	48	—	23	25	—	48	—

四、水闸工程

黄河天桥区段有涵闸工程 8 处，其中引黄闸 2 座、泄洪闸 1 座、其他涵闸 5 座。1991 年后建成（改建）大王庙引黄闸、大吴排水闸、后市排水闸。

天桥区有老徐庄、大王庙引黄涵闸，分别坐落在黄河大堤左、右两岸。

（一）大王庙引黄闸。位于黄河左岸大王庙险工 13–15 号坝间，相应大堤桩号 131+680，该闸始建于 1995 年 3 月 1 日，大王庙引黄闸系在原大王庙引黄虹吸工程基础上改建而成。工程年久失修，到 1994 年，原来的 8 条管道仅能启用 3 条。1994 年 11 月，水利部黄河水利委员会以黄河务〔1994〕61 号文批准拆除原虹吸工程改建为引黄闸，闸中心轴线位于左岸临河堤 131+680 米处，设计引水流量 15 立方米 / 秒，相应水位 28.05 米（大沽高程，下同），闸底高程 25.2 米，控制灌溉面积 2 万公顷。闸门为钢

筋混凝土平板结构，高 2.8 米，宽 2.6 米，闸结构为箱式涵洞，一联两孔，分 9 节浇筑，全

大王庙引黄闸（2008 年 4 月摄）

长 89.26 米。1995 年 3 月 1 日，引黄闸工程开工，10 月 20 日竣工。投资 530 万元，完成土方 16.85 万立方米、石方 9100 立方米、钢筋混凝土 1600 立方米，工日 5.24 万个。

（二）老徐庄引黄闸。位于黄河右岸，相应大堤桩号 23+939，该闸始建于 1983 年 2 月，于 1984 年 3 月竣工。老徐庄引黄闸设计流量 10 立方米 / 秒，结构为箱式涵洞式，一联两孔，钢筋混凝土平面闸门，设计防洪水位 37.41 米，校核防洪水位 38.41 米，底板高程 23.61 米，设计灌溉面积 1200 公顷。2000 年前，主要担负济南市供水任务；2000 年后，老徐庄闸以 1 立方米 /

老徐庄引黄闸（2007 年 7 月摄）

秒流量自黄河引水，对丁庄和大魏社区面积 40 公顷田地进行灌溉，虽引水量较小，但时间相对集中。2011 年，老徐庄引水闸引黄灌溉停止。

（三）大吴泄洪闸。位于天桥黄河河务局展宽堤下段，相应大堤桩号 32+495。展宽区总面积 106 平方千米，最大库容 4.75 亿立方米，有效库容 3.9 亿立方米。大吴泄洪闸是北展宽区唯一泄洪闸，是北展宽区防洪运用的主要退水通道。

（四）齐济河排水闸。位于黄河北展堤上，相应大堤桩号 28+690。在展宽堤上修建排水闸，目的是当发生特大洪水时担负排除展宽区内地表径流和分洪分凌后剩余尾水排泄两项任务，确保涵闸工程安全，排涝面积 22 平方千米。

（五）王窑干排灌闸。位于黄河北展堤上，闸轴线桩号 32+325，建成于 1973 年。该闸平时用于大桥镇引黄灌溉，当发生特大洪水时，在大吴泄洪闸向徒骇河泄洪后，排除北展区内的尾水，确保涵闸工程安全。

（六）大吴排水闸。位于展宽堤下段，相应大堤桩号 36+125。当发生特大洪水时，利用该闸先排除鹊山水库的水，在北展区蓄水大吴泄洪闸向徒骇河泄洪后，排除北展区内的尾水，确保涵闸工程安全，排涝面积 25 平方千米。

（七）铁路桥挡水闸。相应北展堤桩号 31+495，始建于 1981 年。山东省抗旱防汛指挥部以鲁旱汛字〔80〕第 16 号文给铁道部《关于请解决山东黄河齐河展宽工程大堤与津浦铁路交叉缺口问题的报告》中提出，在交叉缺口处建闸挡水以策分洪时的安全，铁道部同意建闸挡水意见。北展堤铁路缺口西起 31+280 东至 31+540，口门长 260 米。

（八）后市排水闸。位于展宽堤下段，相应大堤桩号 37+765。当发生特大洪水时，利用该闸先排除鹊山水库的水，在北展区蓄水大吴泄洪闸向徒骇河泄洪后，排除北展区内的尾水，确保工程安全。

天桥区黄河河务局北展宽滞洪区内涵闸工程一览表

表 9–9

涵闸名称	桩号	涵闸结构	设计流量（立方米/秒）	闸门型式
大吴泄洪闸	32+495	桩基开敞式	300	钢筋混凝土平面
齐济河排水闸	28+690	涵洞式	10	钢筋混凝土平面
王窑干排灌闸	32+325	涵洞式	10	钢筋混凝土平面
大吴排水闸	36+125	涵洞式	40	钢筋混凝土平面
后市排水闸	37+765	涵洞式	6	钢筋混凝土平面
铁路挡水闸	31+495	涵洞式	—	迭梁式钢闸门

第三节 防凌防汛

1992 年黄河凌汛：12 月 24 日，黄河首次出现淌凌，至 1993 年 1 月 20 日淌凌结束，历时 26 天，淌凌最大密度为 60%，有 3 段封河坝段，长 5750 米。

1996 年黄河洪水：第一号洪峰于 8 月 5 日 14 时在花园口形成，洪峰流量为 7600 立方米/秒，相应水位 94.7 米，为历史最高水位；13 时 4 时 30 分花园口站出现第二号洪峰，流量为 5520 立方米/秒，相应水位 94.09 米。8 月 18 日 5 时 40 分，黄河第一、二号洪峰汇合到达泺口站，洪峰流量 4780 立方米/秒，水位 32.24 米，超过历史最高洪水位 0.1 米。此次洪水抢险 46 处，动用石方 8770 立方米、土方 4280 立方米、铅丝 10 吨。

1998 年黄河洪水：第一号洪峰于 7 月 21 日 8 时 20 分到达泺口站，流量为 2780 立方米/秒，水位 30.87 米；8 月 28 日泺口出现第二次洪水，流量为 3130 立方米/秒，水位 31.03 米。洪水期间两处险工及控导工程有 18 段坝出现根石走失险情，抛石 2365 立方米进行抢护。

第四节 调水调沙

“调水调沙”是通过加大小浪底大坝放水流量，把淤积在河道中的泥沙送入大海，冲刷河床，减缓泥沙淤积。依靠大型水库人工调节，由小浪底水库“制造”一个含沙量小于 20 千克/立方米、流量约在 2600 立方米/秒洪峰，持续 10 天以上通过花园口水文站、泺口水文站，创造一种能够冲刷下游河床泥沙“人造洪峰”，输沙入海。调水调沙始于 2002 年。至 2004 年，开展调水调沙运用试验 3 次，2004 年后转入正常。至 2012 年，水利部黄河水利委员会连续组织开展调水调沙活动 13 次。

据水利部黄河水利委员会提供数据显示：经过 10 年“冲澡、净身”，黄河累计入海泥沙总量为 7.62 亿吨，河道下游主槽河底高程平均被冲刷降低 2.03 米左右，主槽最小过流能力由 2002 年汛前 1800 立方米/秒恢复到 2011 年 4100 立方米/秒。

2009 年，调水调沙于 6 月 19 日开始，7 月 7 日结束。6 月 24 日—27 日，泺口水文站平均流量为 3350 立方米/秒；6 月 30 日 8 时，泺口水文站最大流量达 3610 立方米/秒。

2010 年，调水调沙于 6 月 19 日开始，6 月 29 日结束。6 月 24 日—27 日，泺口水文站平均流量为 3100 立方米/秒；6 月 27 日 8 时，泺口水文站最大流量达 3400 立方米/秒。

附：

山东黄河顺通集团有限公司

山东黄河顺通集团有限公司位于济南市天桥区，是济南黄河河务局直属的以跨河交通为主的国有企业。公司承担着济南市北部80%以上车辆的跨河交通任务，对保障济南市北跨战略顺利实施和促进济南市携河发展发挥着关键作用。

公司的前身是济南黄河西外环浮桥公司，于2000年10月成立。经过16年的艰苦创业，由起初一个只有1座浮桥、60名员工的小企业发展成为集浮桥经营、大桥托管、仓储物流、媒体广告、生态绿化等多种业态于一体的大型集团公司。公司注册资本7000万元，下设东郊、东城、济北三个浮桥公司和一个路桥管理公司，拥有职工445人，经营着3座黄河浮桥、1座黄河大桥、2处大型仓储物流基地、8处媒体广告等项目，年创收1.6亿元以上。公司社会效益、经济效益、管理水平和业绩成果在全国水利系统行业领先。先后获"全国水利系统先进集体""全国优秀水利企业""全国女职工先进集体""省级文明单位""山东省富民兴鲁劳动奖状先进单位""山东省消费者满意单位""山东省交通港航系统先进集体""山东省交通港航系统诚信单位""山东省职工职业道德建设先进单位""水利部黄委会廉政建设示范点""济南市安全生产先进单位""济南市优秀基层党支部"等130项荣誉。并多次获水利部黄河水利委员会的通报嘉奖，被水利部和山东省交通厅树为全国水利系统和全省跨河交通行业的一面旗帜。公司董事长、总经理、党总支书记马汉平，也被山东省交通厅特聘为教授专家和山东省港航协会浮桥专业协会主任委员，主持全省浮桥协会的工作。被济南黄河河务局聘为研究员和经济工作领导小组副组长，负责全局的经济工作。由于他业绩突出，先后获"全国优秀水利企业家""山东省富民兴鲁劳动奖章""黄委会劳动模范""黄委会'十一五'经济工作先进个人""济南市优秀共产党员"等荣誉。

多年来，公司始终坚持以积极履行社会责任努力创建一流企业为奋斗目标，深入开展"创文明行业、建满意窗口、树省会形象"等文明创建活动。靠优质服务赢得客户，靠诚信经营打造品牌，靠创新机制拓展市场，靠科学管理提高效益，靠严抓细管确保安全，靠文明建设发展企业。使企业健康、快速、持续、和谐发展，创造了显著的社会效益和经济效益。

公司将把打造企业品牌作为企业发展之基，要求广大员工认真践行"用我百分之百的努力换您百分之百的满意"的服务承诺，牢固树立服务意识，正确把握服务定位，不断推动服务创新，努力提高服务质量，做到用先进的服务理念、良好的职业道德、丰富的服务内容、科学的服务机制、快捷的服务方式为客户提供优质的服务，赢得广大客户的青睐。由于他们以服务求生存发展，视服务为企业的生命，从而打造了响当当的企业品牌，收获了信任、赞誉和市场。取得日均迎送过河车辆1.2万余部、售票50余万元零差错的佳绩。

公司一贯坚持守法经营，积极回报国家奉献

济南黄河西外环浮桥（2007年8月摄）

社会，多次被地方政府授予“税收贡献大户”“经济建设突出贡献奖”等称号。同时，积极支援地方经济建设，为促进地方经济发展做出突出贡献。公司经营的黄河浮桥和托管的黄河大桥，为方便农民果蔬进城交易和城市垃圾外运及消防救援、医疗救护等车辆过河，专门开设绿色通道，不但为群众创造了文明和谐的跨河交通环境，而且每年为其减免优惠过桥费达1000余万元。公司还积极履行社会责任，热心公益事业，支援当地社会主义新农村建设，帮助地方乡镇修建了20余千米沥青混凝土路，帮助贫困村架设了照明线路等。并经常组织党员和职工学雷锋义务服务队到车站、广场、敬老院、孤寡老人家中进行义务服务，《济南时报》《中国水利报》《黄河报》等媒体进行了专题报道。2016年3月，中共山东省委常委、济南市委书记王文涛亲切接见了公司的学雷锋义务服务队，并对他们的善举予以表扬。当地政府和老百姓也称赞该公司是履行社会责任、热心公益事业的典范，赞誉公司经营管理的浮桥、大桥是带动黄河两岸经济发展、帮助当地老百姓发家致富奔小康的金桥，是促进济南市北跨战略顺利实施、实现携河发展宏伟目标的民生桥。

第十篇
工　业

1991—2012
TIANQIAO QU ZHI

中国重型汽车集团有限公司

济南市益康食品厂有限公司

20 世纪 70 年代，天桥区是济南市重要工业区。80 年代末期，实行承包经营，全民、集体企业之间实行联产联营，革新改造技术，扩大生产规模，生产能力迅速提高。1990 年，受国际政治气候、国内紧缩银根、原材料等因素影响价格上涨，经济效益下降，亏损企业增多，利润出现负增长趋势。1991 年，全区有区、街道（镇）、村工业企业 455 家，完成工业总产值 8.3 亿元，产品销售收入 5.73 亿元，利润 0.14 亿元，利税 0.39 亿元。1997 年后，济南纺织行业走向衰落，济南第一棉纺织厂、济南第二棉纺织厂、济南第四棉纺织厂相继破产，大批职工下岗。天桥区工业陷入困境。但是，北园镇乡镇企业异军突起，以产权制度改革为切入点，以股份制和个人买断为主要形式，加快企业改革步伐。北园大街成为当时济南市“黄金大街”。2000 年，北园镇完成工业总产值 32.76 亿元，占全区工业总产值 79.9%；产品销售收入 30.83 亿元，占全区 80.16%；利润 0.8 亿元，占全区 71.43%；利税 1.47 亿元，占全区 74.24%。

2000 年后，工业园区逐步建成，全区工业体系逐步恢复。2010 年，全区规模以上工业企业 134 家，完成工业总产值 72.48 亿元，产品销售收入 75.93 亿元，工业利润 2.23 亿元，工业利税 4.56 亿元。2012 年，全区规模以上工业企业 60 家，完成工业总产值 77.04 亿元，产品销售收入 76.66 亿元，工业利润 2.51 亿元，工业利税 4.34 亿元。

第一章　工业体制改革

第一节　管理体制改革

1991 年，天桥区直属工业企业由区经济计划委员会管理。1996 年，撤销天桥区堤口联合工业公司，成立济南市天桥区经济技术协作中心，原下属企业由区经济计划委员会接管。至 1996 年年底，天桥区工业为归口管理，即分为央企、省企、市企和区企。1997 年，工业企业改为属地化管理。区经济计划委员会计划科开始对规模以上工业（年销售收入过 500 万元工业企业）进行调度。

2001 年，济南市天桥区经济计划委员会更名为济南市天桥区经济发展计划局，加挂济南市天桥区经济体制改革办公室牌子。2003 年，下发《天桥区国有企业改制有关资产处置的实施意见》，就资产评估、不良资产核销、资产提留、国有资产转让、国有资产收益收缴等提出要求。《天桥区关于集体企业改制的意见》实施，目的是为实现政企分开，公有资产一次性从企业退出，建立现代企业制度，最终解除职工与原单位的劳动关系，转换身份，由“企业人”变为“社会人”。原济南天成集团有限公司管理的济南市天桥区经济技术协作中心，调整为区经济发展计划局直属事业单位；原济南天成集团有限公司管理的济南市天桥金属制品厂、济南市天桥塑料制品厂调整为区经济发展计划局直属单位。2005 年 5 月，按照济南市人民政府《关于将部分市属国有（集体）企业交属地县（市）管理的通知》，全区接收市属移交企业 22 家，其中国有企业 1 家，集体企业 21 家。6 月，将 22 家企业交由有关街道属地管理，履行出资人职责。按照《天桥区关于集体企业改制的意见》要求，结合企业实际，一企一策，推进改制。同年，济南双利达箱包集团有限公司率先完成股份制改造。至 2008 年，相继完成 11 家企业改制。其中，济南裘革制品总厂、济南机床电器厂、济南无线电十七厂依法实施破产；济南制锁总厂、济南日用五金二厂、济南锅炉辅机厂、济南阀门厂、济南电器修造厂分别被济南安泽经贸有限公司、济南天加空调工程有限公司、济南众鑫达置业有限公司、山东金士联公司、济南真如意餐饮有限公司兼并；济南电表厂、济南轻工机械厂、济南钢制家具总厂完成股份制改造。2006年2月，区经济发展计划局更名为区发展和改革委员会，加挂区经济局牌子。区经济体制改革办公室撤销。2007年，天桥区经济体制改革推进领导小组成立，下设办公室，设在区发改委。天桥区派驻企业改革改制工作督导组成立，抽调38名领导干部和工作人员派驻有改制任务的对口单位。2008年8月11日，区发改委原企业管理科更名为经济运行科，主要职能为对全区规模以上工业企业进行监测、分析和预警。同年，5家市属企业完成改制。济南塑料制品总厂以企业清算形式进行改制；济南皮件厂，借旧城改造时机，以企业清算形式完成改制；济南拔丝编织厂被山东三强房产有限公司兼并；济南电容器厂、济南华侨实业公司分别与济南和盛置业有限公司、山东天乙拍卖公司签订兼并重组意向书，兼并方已交纳兼并重组保证金。至2010年，22家市属移交企业中已完成改制17家，济南磁性材料厂、济南泰丰集团、济南汽车改装厂、济南塑料五厂、济南无线电八厂改制工作仍在进行中。2012年，根据《中华人民共和国公司法》（简称《公司法》）、《中华人民共和国企业国有资产法》（简称《企业国有资产法》），印发《〈天桥区关于进一步深化股份合作制企业改革的指导意见〉的通知》，以规范股份制企业运行，解决企业面临的工商年检、变更，股权转让、继承，含集体（法人）股企业资产拆迁补偿处置等问题，

第二节 经营体制改革

一、厂长负责制

1983年始，随着经济体制改革的发展，开始在企业内部进行经营体制改革，推行厂长负责制和任期目标责任制。至1991年，坚持厂长（经理）负责制，提倡厂长、书记一人兼任，进一步明确厂长在企业生产经营中中心地位和党委在思想政治工作中领导作用。在支持厂长大胆行使生产经营指挥权同时，充分发挥党委监督作用和职代会民主管理作用，完善企业自我约束机制。同时，财政、审计、劳动、物价等部门加强监督，健全承包经营风险机制。

二、承包经营责任制

20世纪80年代，区政府主管部门及各街道（镇）对企业从微观管理变为宏观调控，工业由放权让利进入转换经营机制阶段，开始推行经济责任制，逐步解决企业吃国家“大锅饭”、职工吃企业“大锅饭”问题。第一轮承包全面推开。至1990年，全区第一轮企业承包结束，区及街道（镇）工业企业全部实行不同形式承包经营责任制。1991年年底，全区开始实行第二轮承包经营责任制。承包形式为“两包一挂”（包上交利润、包技术进步，实行工资与经济效益挂钩）“两定一挂”（定实现利润、定技术改造，工资总额同实现利税挂钩浮动），对政策性亏损企业实行亏损补贴递减包干的办法。对产品无方向、转产无条件、发展无前途的亏损企业，暂缓承包。承包期限原则上为3年，工业总产值、工业销售收入、工业利润、工业利税四项主要经济指标和技术进步项目指标为合同承包指标，一年一定，一年一考核。配套制定《区属工业企业新一轮承包实施方案》《区直企业经济承包奖惩考核办法》。这次承包的主要特点：积极推行集体承包，稳定经营者队伍；完善承包合同，建立健全指标体系。区经委将原来二项指标改为主要经济、技术进步指标、管理指标；商业系统将原来二项指标改为企业营业额、利润、减少待摊、费用率等5项指标，更好地完善承包指标，科学地确定承包基数；强化企业自身约束机制，搞好内部改革。至年底，97%以上工业企业签订承包合同。在已承包的企业中实行风险承包占17%，指标承包占83%。1992年，改革企业经营管理方式，生产经营活动均由企业自主管理。

三、资产经营责任制

20世纪80年代末，开始对资产经营进行试点。1994年，全区所有进行产权制度改革的企业都要进行清产核资、资产评估。通过资产评

估，核实企业资产占有量，确保国有和集体资产保值增值。1997年，4家企业托管、委托经营。1998—2003年，区政府成立资产经营管理办公室，先后对天府公司、区物资总公司、运输公司、天发公司、天建公司、天房公司、天星公司资产进行监督经营。2004—2012年，随着产权制度改革，区属工业企业大多进行破产重组，实行股份制经营或租赁经营。

四、企业集团

1993年，新组建以名优产品、优势行业为龙头，以骨干企业为依托，集科、工、贸于一体，跨所有制、跨地区、跨行业企业集团5家，即北园黄河企业集团、济南市黄台企业集团、济南北园宏达集团、济南大都企业集团和济南天发房地产实业集团。其中天发房地产实业集团是济南市唯一被冠以市名，从事房地产开发的区级房地产企业集团。1994年，集团组建逐渐规范化。从咨询、论证、审批到登记注册，初步形成一整套科学规范的程序，对集团的核心层、紧密层、半紧密层、松散层以及各成员企业间资产联结严格按照要求规范操作。全区新组建金牛、置业、正伟等企业集团10家，全区企业集团总数15家，资产总额3.7亿元，比1993年增长2倍多。其中，全区乡镇企业集团12家，占全区企业集团总数80%。1995年，培育发展村（居）企业集团8家。至年底，全区企业集团发展到22家，集团数在济南市列第二位。其中，81%的集团已经按照《公司法》进行改造。1996年，抓好企业集团组建，先后对24家企业集团中的20家进行公司化改造，其中清河企业集团被批准为国家级企业集团，金牛、白鹤为省级企业集团。新组建企业集团9家，全区企业集团总数达32家，集团容纳企业410家。1997年，新组建山东泰德集团、济南堤口集团、济南天岳集团、济南天成集团。全区企业集团数达36家，总资产30亿元，容纳企业500余家。其中国家级集团1家，省级集团8家。

第三节 产权制度改革

一、股份制、股份合作制

1991年始，天桥区全民所有制和集体所有制工业企业（包括部分村居工业），按照“产权明晰、责权分明、政企分开、管理科学”的现代企业制度目标，推行多种形式的产权制度改革。1993年，在全区企业中推行股份制，并制定《济南市天桥区股份合作制企业暂行规定》《济南市天桥区组建股份制企业试行办法》《关于加快推行股份合作制的意见》。小型商业企业、集体企业和乡镇企业改组、改建以股份合作制为主要形式。8月，济南市堤口服务公司完成公司股份合作制改造，新公司股本金总额1804.58万元，集体股股金1761.74万元，职工个人股股金42.84万元。至年底，全区股份制企业15家，股本金总额3690万元。其中，有限责任公司7家，股本金总额1210万元，职工个人股股金与法人横向参股股金410万元，占股本金总额33.8%；股份合作制企业7家，股本金总额1910万元，其中个人股金127万元；股份有限公司1家，股本金总额570万元，内部职工持股28.5万元。1994年，制定《天桥区深化企业产权制度改革的意见》，明确产权改革指导思想、目标任务、主要形式、实施步骤等，提出用两年时间，分四个阶段完成产权制度改革任务。制定《进一步加快股份合作制的意见》，补充完善原有政策。股份合作制有新建企业参股型、个体合作联营型、老企业改造型、横向联合参股型、集团参股控股等多种形式。至年底，股份制及股份合作制企业发展到41家，股本金总额1.4亿元，职工个人股股金680余万元。1996年，实行股份制、股份合作制企业47家。1997年，济南宏翔实业公司、济南文教五金器材厂、济南鸿德沙发厂、济南第一风机厂先后实行股份合作制改革。至年底，股份合作制企业179家。

2000年，以建立现代企业制度为目标，优化资本结构为主线，转换经营机制为核心，股份制、股份合作制为重点，继续深化工业企业产权改革。济南恒达电力制修厂建立股份合作制。1998—2002年，全区916家国有、集体企业通过“三改一加强”（改造、改组、改建，加强企业管理），采取股份制、出售产权、破产拍卖等形式，完成产权制度改革840家，占全区企业总数91.7%。2003年，下发《天桥区国有企业改制有关资产处置的实施意见》和《天桥区关于集体企业改制的意见》，加快建立现代企业制度，促进全区经济社会协调发展。济南新风电器厂完成股份制改造。至2008年，济南天岳（集团）有限责任公司、济南市天桥区工业供销公司、济南天桥工业开发公司、济南三利电装厂、济南市钢窗厂、济南市毕家洼开发公司、济南金宝星经贸服务中心、济南天成集团有限公司、济南市天桥塑料印刷厂先后完成股份制改造。

1995年3月28日，济南元首针织股份有限公司召开股东代表大会。

二、出售、租赁

1994年，全区租赁企业3家。至1996年年底，全区实行承包租赁经营企业10家。1997年，出售改制变私营企业48家；各种形式租赁企业104家。2002年，济南天成集团投资的思优特服饰有限公司进行股权转让。2003年，济南堤口集团有限责任公司集体法人股进行股权转换、认购。济南市天建房地产开发总公司全面完成国有资产退出，资产评估认定净资产2190万元，将职工进行身份置换、提取医疗费享受优惠政策后，剩余1000万元国有资产由原企业经理及职工一次性出资买断。2004年，天房公司改制，审计评估净资产5495万元，剥离职工身份置换、享受优惠等资产，剩余2252万元由经营者、经营层及全体职工一次性出资将企业产权全部买断。

三、兼并联合

1991年，经济效益好的优势企业对扭亏无望和破产重组企业的全部或部分资产实施兼并。济南建筑五金厂与长白山药化有限公司联合；济南第九棉纺厂西厂与济南天桥纺织厂合并，沿用第九棉纺厂的名称。1992年，省丝绸公司与天桥皮鞋五厂联营协议废止，济南丝绸印染厂由区经计委直接管理；天桥低压锅炉厂并入济南钢铁总厂；天桥制鞋厂并入济南机床四厂。1993年，济南市第九棉纺织厂西厂划归天桥区城建开发公司，由北园镇接收济南第九棉纺织厂；济南服装七厂并入济南洪昌服装厂。1994年8月，济南市钢塑门窗工业公司划归济南天发房地产（集团）总公司。至年底，被兼并企业3家。1996年，金属制品厂、三利电装厂、塑料制品厂、新风电器厂、第二开关厂、钢窗厂（外贸针织厂）、特种风机厂划归泰德集团有限责任公司；运输五队、惠丰豆奶厂、塑料印刷厂、制袋二厂划归堤口服务公司；将太阳城开发公司划归天发房地产（集团）总公司；塔钟厂划归北坦街道；钢窗附件厂、堤口服务公司直属区经计委。至年底，实行横向联合，联合经营企业14家。1997年，济南电器成套厂由重冷集团兼并。1999年，军队企业济南冬梅抽纱有限公司划归区经济委所属企业济南天成集团有限公司。2002年，区经计局代管驻美区属企业TED公司划归济南天成集团有限公司。2003年，济南市天桥金属制品厂、济南市天桥塑料制品厂隶属济南天成集团有限公司；济南三利电装厂、济南第二开关厂隶属济南天桥工业开发公司；济南市天桥区经济技术协作中心调整为由区经济发展计划局直属事业单位；济南市天桥金属制品厂、济南市天桥塑料制品厂调整为区经济发展计划局直属企业。2007年，济南轻工化学材料厂、济南天发中兴实业总公司分别被济南海纳川有限公司、济南金宝星经贸有限公司合并重组。

四、破产

1993年，天桥实业公司因经营不善由天桥区人民法院依法进入破产程序，成为天桥区第一家进入破产程序区直企业。1997年，全区拍卖、破产企业12家。1999年8月，对天桥五金加工厂、天旭纺织品公司实施依法解体，对两家企业74名职工进行妥善安置。2000年4月，对天桥印刷厂实施依法破产。2003年，济南市天桥区物资总公司依法破产。2004年5月，完成济南市天桥运输公司依法破产，筹措资金770万元，用于补缴职工养老等社保金，并对解除劳动合同职工给予经济补偿，28名工伤以及多年拖欠的抚恤金、死亡救济金、职工欠款得到解决。至2008年，先后对资不抵债、又无法盘活的天桥化妆品公司、天桥科工贸公司等街道企业依法实施破产。

五、债转股

1996年，天桥区人民政府作出《关于撤销堤口工业联合公司及改变15家区属企业隶属关系的批复》。撤销堤口工业联合公司，公司人员按干部管理权限进行分流，其资产及债权、债务全部由区经计委接管。企业隶属关系改变后，其性质和法人地位不变。1997年，在对企业资产进行审计评估基础上，通过存量资产转让、债权转权、吸收外部资本等手段，开始将单一国有、集体性质的企业改造为多元持股的有限责任公司。政府作为出资人依法行使选择企业经营者、资产收益、重大决策等权利，不再参与企业正常生产经营活动。至年底，先后将济南鑫达有限公司、济南天桥供销公司、济南天桥工业开发公司、济南三利电装厂等改造为有限责任公司。

第四节　企业内部制度改革

一、劳动人事制度改革

1992年，全区贯彻执行“一法两条例”(《中华人民共和国全民所有制工业企业法》《中华人民共和国城镇集体所有制企业条例》、国务院《全民所有制企业转换经营机制条例》)，促进企业转换经营机制，推进以企业人事制度、劳动用工制度、内部分配制度为主要内容的三项制度改革。区街企业中进行三项制度改革的分别占49.6%、48.9%、51%。改革企业经营管理方式。1993年年底，以三项制度改革为主要内容的企业内部改革已见成效，区、镇属150个国有、集体工商企业中，进行干部人事制度改革92家，进行劳动制度改革104家，进行内部分配制度改革148家，分别占企业总数62%、70%和98%。其中，股份区街企业进行人事制度改革68家，占企业总数49.6%；进行工资分配制度改革70家，占企业总数51%；进行劳动用工制度改革67家，占企业总数48.9%。1994年，按照资产经营和管理需要，进行内部机构和劳动、人事、工资制度改革。在劳动制度方面，重点抓劳动合同制实施；在人事制度方面，取消干部、工人界限，全面推行干部聘任制和招聘制。1996年，实行“统一领导、分步实施、突出重点、全面推开”工作方针，成立天桥区企业改革领导小组，组织机关140余名人员帮扶49个村居做好“三建一改”(加强组织建设、阵地建设、功能建设，改革管理体制和运作体制)工作。至1996年年底，全区区属以上工业企业全部实行劳动合同制度。

二、管理方式改革

1991年后，全区企业实行从厂部到车间、班组、个人层层承包的经济责任制，改革内部管理机构，减少管理层次和管理人员。1993年始，中共天桥区委、区政府与街道(镇)、区直经济部门、区经计委与各直属企业分别签订《经济技术指标责任书》，按照《区直企业经济承包奖惩考核办法》，分别对各部门、各企业进行考核。考核指标项目包括工业产品销售收入、工业利税、工业利润、工业总产值、第三产业营业收入、第三产业利税、第三产业利润、农村经济总收入、外贸出口交货值、技术进步项目。1996年，按照《公司法》规定，村(居)企业集团形成以股东会、董事会、经理层为结构的新管理体制。1998—2012年，转变发展观念，全区从管理企业转到为企业服务、收取公有资产有偿使用金、为社区服务、发展财税型区域经济上来。

第二章　工业规模

第一节　规模与效益

一、企业规模

1991 年，全区有工业企业 455 家，其中，区街工业企业 40 家，居办工业企业 87 家，镇办工业企业 51 家，村办工业企业 271 家，其他工业企业 6 家。全区有镇以上独立核算工业企业 91 家。全区工业企业（不包括居办企业）拥有固定资产原值 2.68 亿元。全区完成工业总产值 8.3 亿元，其中区街工业企业 1.16 亿元，居办工业企业 0.63 亿元，镇办工业企业 1.18 亿元，村办工业企业 4.78 亿元，其他工业企业 0.55 亿元。1995 年，天桥区实施“2413”（“2”依靠：依靠科技进步和依靠提高劳动者素质；“4”联合：联合国外朋友发展外向型经济，联合大专院校、科研单位发展高技术含量企业，联合驻区大、中型企业发展支柱行业，联合诸方百家大力发展股份制企业；“1”重点：重点搞好工业小区建设，增强全区经济发展后劲；“3”增长：工业总产值和外贸出口交货值每年按 30% 以上速度增长）工程，抓好“调整结构、增进效益、提高素质”三个关键，全区工业保持快速、稳定、健康发展。全年完成工业总产值 25.75 亿元，实现利润 0.46 亿元、利税 0.86 亿元。1998 年起，伴随产权制度改革，企业进行资产重组，股份制企业、民营企业成为天桥区工业主体。2000 年，全区工业企业达 239 家，从业人员 1.77 万人，工业总产值 41 亿元。其中规模以上工业企业 30 家，从业人员 9147 人，固定资产总额 2.26 亿元，工业企业总资产 8.9 亿元，实现工业产值 9.4 亿元。2006 年，全区工业快速发展，建成药山工业园、济南化工产业园区，培植壮大骨干企业。全区有企业 1013 家，其中规模以上企业 108 家，工业企业总产值 89.6 亿元。2012 年，全区规模以上工业企业 60 家，累计完成工业产值 77.04 亿元，完成工业增加值 20.12 亿元，实现主营业务收入 76.66 亿元。其中，全区 11 家过亿元企业实现主营业务收入 56.55 亿元，占规模以上工业收入 73.8%；机械制造业、化工、纺织服装、食品饮料四大行业实现主营业务收入 57.56 亿元，占规模以上工业收入 75.1%。

二、经济效益

（一）工业增加值。1991 年，区属、镇属工业净产值 0.46 亿元，其中区属 0.22 亿元、镇属 0.24 亿元。1995 年，工业增加值 5.1 亿元，占生产总值 31%。1999 年，工业增加值 10.76 亿元，占生产总值 41.3%。2000—2002 年，工业经济由于体制转换等原因，效益出现下滑。2002 年，工业增加值 10.79 亿元，比 1999 年仅增长 0.28%，占生产总值 30.1%。2002 年后，随着“工业立区”战略的实施和技术改造力度的加大，经济效益逐渐提高。2005 年，工业增加值 32.3 亿元，占生产总值 26%。2012 年，全区实现工业增加值 27 亿元，占生产总值 9.16%，比 2000 年增长 1.52 倍。

（二）工业利税。1991 年，全区工业企业利税总额 0.39 亿元，其中利润 0.14 亿元、利税 0.25 亿元。1992—1999 年，随着工业发展及企业经济效益提高，利税总额随之增长。1999 年，全区工业企业利税总额 1.64 亿元，比 1991 年增长 3.21 倍。其中利润 0.87 亿元，增长 5.21 倍；利税 0.77 亿元，增长 2.08 倍。2002 年，全区工业企业利税总额 2.2 亿元，其中规模以上工业利税总额 0.73 亿元。此后，工业经济快速发展，企业利税迅速增长。2007 年，全区规模以上工业利税达最高，总额 5.04 亿元，比 2002 年增长 1.3 倍，其中利润 2.05 亿元、利税 2.99 亿元。2012 年，全区规模以上工业企业实现利税总额 4.34 亿元，其中利润 2.51 亿元、利税 1.83 亿元。

三、主要产品产量

1991 年，全区工业规模大、产品种类多，但结构不合理。主要产品产量：小麦粉 210 吨、酱油 6082 吨、啤酒 1.23 吨、饮料 2874 吨、纱 448.57 吨、布 786.19 万米、服装 50.49 万件、皮鞋 0.78 万双、布鞋 11.7 万双、锯材 0.29 万立方米、家具 4.11 万件、机制纸及纸板 1.41 万吨、塑料薄膜 10 吨、羊毛地毯 0.57 万平方米、工业锅炉 9 台、风机 9500 台、金属门窗 400 吨、电梯 220 吨、民用灯具 700 只、毛巾 274.91 万条、毛巾被 3.93 万条、绞肉机 8734 台、糕点 3064 吨、高压开关板 105 面、低压开关板 527 面、空压机 895 台、双氧水 448 吨、暖气片（钢制）41.2 万片。此后，经过 8 年发展，全区工业初具规模，产品种类减少、产量大幅度增加。1999 年，全区工业主要产品产量为：啤酒 1.41 万吨、饮料 78 吨、机制纸 2.39 万吨、纸制品 7939 吨、润滑油 9148 吨、油墨 734 吨、粘合剂 2147 吨、塑料制品 3370 吨、风机 255 台、烟草加工机械 78 台、粮食加工机械 148 台、改装汽车 287 辆、电线 1987 千米、电梯 113 台、成品钢材 7879 吨、金属制罐 4189 吨。

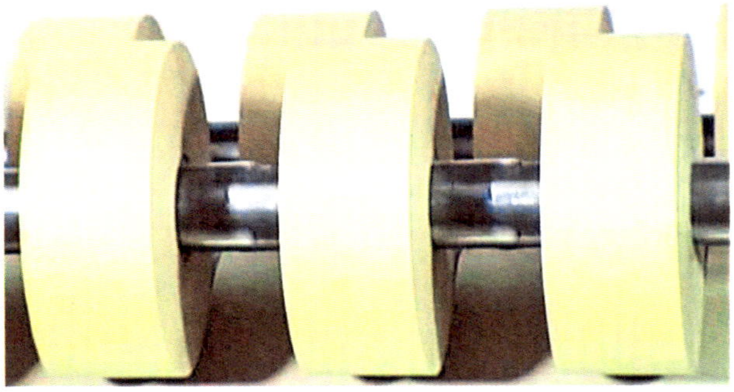

20 世纪 90 年代初山东造纸总厂西厂生产的羊皮纸

2000 年起，全区工业经过经营体制及产权制度改革，部分企业转产停产。主要产品产量如啤酒、纸制品、油墨、粘合剂、风机、成品钢材等均比 1999 年有不同程度下降。2000 年，全区啤酒 1.24 万吨、机制纸 4.13 万吨、纸制品 4207 吨、润滑油 1.55 万吨、油漆 567 吨、油墨 631 吨、粘合剂 1940 吨、塑料制品 4796 吨、水泥预制构件 3685 立方米、成品钢材 5596 吨、无缝钢管 13 吨、其他成品钢材 5583 吨、铝材 980 吨、金属制包装物品 820 吨、金属制贮藏罐 7878 吨、钢丝 1357 吨、升降移动机械 185 台、风机 60 台、粉末冶金制品 884 吨、铸件 3967 吨、烟草加工机械 103 台、粮食加工机械 183 台、改装汽车 365 辆、电焊机 69 台。2003 年起，实施招商引资和对外开放战略，全区工业规模快速膨胀，产品向多元化发展，主要产品产量大幅度增长。

2012 年，全区规模以上工业发电量 3.6 亿千瓦小时、纱 2000 吨、服装 1367.8 万件、润滑油 4.6 万吨、塑料制品 1000 吨、商品混凝土 32.8 万立方米、电站锅炉 1.21 万蒸发量吨、风机 1000 台、炼油及化工生产专用设备 1000 吨、棉花加工机械 2609 台、灯具照明 3.5 万套、试验机 2000 台。

四、技术进步

（一）技术改造与创新。1991 年起，全区工业技术改造力度逐渐加大。至 1993 年，全区有区以上技改项目 191 项，计划总投资 2.23 亿元，完成投资 9908.73 万元，落实贷款 3970.5 万元。3 年累计完成技术改造项目 128 项，产值累计达 3.73 亿元，利税 5868.9 万元。其中，济南市沙发厂总投资 330 万元，扩大沙发生产能力技术改造项目；堤口服务公司计划总投资 600 万元，主要用于新建配套保鲜冷库技改项目。

1994 年，完成技术进步项目 472 项，其中 5 项填补国内空白、9 项填补省内空白。黄河系列汽车配件、摩托车线束等 10 项重点技术改造项目，完成投资 5708 万元。新上项目 19 个，引进资金 1288 万元，为“腾笼换业”战略打下良好基础。1995 年，全区工业完成技术进步项目 61 项，总投资 1.04 亿元。其中，16 项重点技改项目有济南金属门窗厂衬塑钢管生产线、丝绸印染厂重磅砂洗生产线等项目竣工投产 10 项，完成投资 5101 万元，新增产值 1.15 亿元、利税 1650 万元。1996 年，全区完成各类技术创新项目 25 项、技术改造项目 26 项。其中，技改项目累计完成投资 8850 万元，产值 3.63 亿元，利税 4688 万元。天桥区科技信息暨科研成果转化服务中心成立。

1997年，全区完成各类技术创新项目26项。13项龙头技改项目列入区20个重点技术进步项目之中，总投资1.4亿元。其中，山东泰德集团与丹依集团合作成立丹依泰德制衣有限公司投资3000万元，用于制衣车间改造和新进制衣设备项目；济南第二风机厂投资1200万元，实施"腾笼换业"，老厂区换新厂房，扩大老产品生产能力等项目。完成各类技术创新项目26项，其中重点项目18项。成立天桥区科技开发中心，累计创办科技示范企业7家、民办科研机构36家、引进专业技术人才560人，被命名为"全国科技工作先进区"，科技进步因素在工业经济增长中的比重达60%以上。1998年，全区技术改造在建项目23项，实现投资1.4亿元。完成技术创新项目24项，投资2800万元，新增产值1.05亿元、利税1200万元。1999年，全年完成技术改造项目19项、投资1.84亿元，新增产值4.2亿元、利税3600万元；完成技术创新项目25项，其中填补国内空白1项、达国内先进水平11项、填补省内空白13项；完成投资3010万元，实现新产品产值1.42亿元、利税1680万元，新产品投产率达85%以上。

2000年，完成技术改造项目17项、投资1.28亿元，新增产值1.86亿元、利税1640万元；完成技术创新项目30项，其中达国内先进水平19项、填补省内空白9项、填补地市空白2项；完成投资3135万元，实现新产品产值1.42亿元、利税2080万元，新产品投产率达85%以上。2001年，完成技术改造项目23项、投资1.56亿元，新增产值1.28亿元、利税1240万元；完成技术创新项目30项、投资2970万元。2002年，完成技术改造项目18项、投资2.93亿元；完成技术创新项目23项、投资3345万元，实现新产品销售收入1.8亿元、新产品利税2240万元。较大项目有济南双胜轻钢工程有限公司彩涂钢板一期工程、山东百斯特电梯有限公司无机房电梯扩大生产能力、济南阁屋集团公司建筑五金生产线、柳行集团工业园。

2003年，根据济南市"2133"（"2"：2007年全市规模以上工业企业实现销售收入2500亿元以上；"1"：2003—2007年全市工业投入累计1500亿元；"3"：2007年全市规模以上工业企业户数3000个以上；"3"：到2007年全市销售收入过亿元的工业企业300个以上）工程目标，实施技改项目46项，竣工34项，实现投资5.97亿元。投资过千万元项目有济南供水设备厂有限公司、山东三泉工程设备有限公司、济南大英皮革有限公司、济南力天建材有限公司、山东省农村经济开发服务总公司、济南粮油机械厂、山东省大西洋漆业有限公司、山东百特生物药业有限公司、济南绿原环保设备有限公司、济南化工机械总厂、山东省建筑科学研究院、济南鲁鹰药业有限公司、济南鑫易肉食加工有限公司。为济南丰利彩印有限公司引进高速多色印刷设备项目、济南市凯平印刷物资公司引进高分辨率激光照排系统项目、济南千喜亚虎实业有限责任公司引进韩国东星木工机械CNC ROUTER NCR-2625T1H6项目办理登记备案。2004年，实施工业投入项目69项，完成56项，在建13项；累计完成投资7.47亿元。其中，1000万元以上项目33项，完成22项，累计完成投资5.76亿元。为5家企业办理技改登记备案手续。

2005年，实施工业投入项目85项，完成53项，在建32项；累计完成投资9.21亿元。为7个技改项目办理登记备案手续。2006年，实施工业投入项目43项，完成29项，在建14项，累计完成投资7.07亿元。3月，为山东巨力电工设备有限公司数控线圈压床技术改造项目办理登记备案手续。2007年，在全市工业经济工作会议上，山东中和热工科技有限公司被评为2006年度技术改造先进单位。3月，天桥区2人被评为2006年度全市技术改造先进个人，受到济南市经委表彰奖励。2008年，为济南水处理设备厂、济南气体厂等企业办理技改项目登记备案手续。2009—2012年，办理企业技改项目网上备案项目42项。

2009—2012 年天桥区企业技改项目网上备案统计表

表 10-1

年份	序号	项目名称	单位	投资额（万元）	新增销售收入（万元）	项目起止时间
2009	1	年产 100 吨单晶硅棒工程建设项目。	山东国茂光电有限公司	8875	32000	2009 年 2 月—2011 年 1 月
	2	驱动桥壳、半轴套管生产线技术改造。	济南修健机械制造有限公司	960	3600	2009 年 3 月—2010 年 6 月
	3	提升龙门镗铣加工中心生产能力技术改造。	山东巨力电工设备有限公司	700	2000	2009 年 3 月—2011 年 3 月
	4	电动汽车锂离子电池技术改造。	山东揽月科技有限公司	2600	11200	2009 年 4 月—2011 年 3 月
	5	改扩建机加工车间。	重汽集团济南考格尔专用汽车有限公司	1100	5000	2009 年 5 月—2010 年 12 月
	6	扩大制冷设备生产能力项目。	济南百福特制冷设备有限公司	2627	3000	2009 年 11 月—2011 年 11 月
	7	二氯四氟乙氧基苯胺、氟碳涂料生产装置。	济南华临化工有限公司	400	3600	2009 年 11 月—2010 年 12 月
2010	1	金属检测仪车间建设项目。	济南中鲁之星电子机械有限公司	600	3000	2010 年 4 月—2012 年 3 月
	2	改造氟碳彩涂钢板生产车间。	山东方明彩钢板有限公司	1000	19800	2010 年 4 月—2012 年 4 月
	3	改建工业专用润滑油生产车间。	济南重卡至尊润滑油有限公司	520	1000	2010 年 4 月—2012 年 4 月
	4	节能换热设备生产线技术改造。	济南化工机械总厂有限公司	1057	1200	2010 年 11 月—2012 年 11 月
	5	特大型四柱立式绕线机生产设备技术改造。	山东巨力电工设备有限公司	600	1200	2011 年 11 月—2012 年 11 月
	6	粉煤灰蒸压加气混凝土砌块生产线扩建。	济南力天建材有限公司	1114	3000	2010 年 11 月—2011 年 12 月
	7	全自动、无污染除尘设备技术改造项目。	山东鲁发红木有限公司	1030	2000	2010 年 11 月—2011 年 10 月
	8	生物质锅炉生产设备技术改造。	济南锅炉集团有限公司	3200	25000	2010 年 11 月—2011 年 12 月
	9	印刷生产线技术改造项目。	济南润丰彩印有限公司	450	900	2010 年 12 月—2011 年 11 月
	10	12 色高保真印刷生产线技术改造项目。	济南丰利彩印有限公司	2260	8000	2010 年 12 月—2012 年 9 月
2011	1	钣金车间生产线技术改造项目。	济南绿洲清洗设备有限公司	500	3000	2011 年 4 月—2013 年 4 月
	2	电驱半自动型整体组装式大型铁芯翻转台生产设备技术改造项目。	山东巨力电工设备有限公司	500	1000	2011 年 7 月—2013 年 7 月
	3	燕麦养生食品生产车间改扩建项目。	山东秦老太食品有限公司	2000	5000	2011 年 7 月—2013 年 7 月
	4	碳纤维复合材料导线芯棒产业化项目。	山东鲁发碳纤维复合材料有限公司	9000	80000	2011 年 7 月—2013 年 7 月

续表 10-1

年份	序号	项目名称	单位	投资额（万元）	新增销售收入（万元）	项目起止时间
2011	5	无糖桃酥、葡萄松饼生产车间建设项目。	山东稻香园食品有限公司	900	1800	2011 年 10 月—2012 年 10 月
	6	锅炉配件生产车间建设项目。	济南华友诚锅炉有限公司	440	1300	2011 年 10 月—2013 年 10 月
	7	年产 10 万米冷挤压滚珠丝杠技术改造项目。	济南蓝海传动机械有限公司	4800	6300	2011 年 10 月—2013 年 10 月
	8	药品包装印刷车间建设项目。	济南市天桥福利印刷厂	1080	1600	2011 年 10 月—2013 年 10
	9	年产 5 万米多用途冷轧成型精密滚珠丝杠项目。	济南蓝海传动机械有限公司	1200	2000	2011 年 11 月—2013 年 11 月
	10	高档汽油机油生产线技术改造项目。	济南重卡领秀润滑油商贸有限公司	520	1000	2011 年 11 月—2013 年 11 月
	11	100 万平方米超滤膜生产车间建设项目。	济南市水处理设备厂有限公司	4200	15000	2011 年 11 月—2013 年 10 月
	12	节能环保型专用风机技术改造项目。	济南风机厂有限责任公司	1100	1089	2011 年 12 月—2012 年 12 月
2012	1	40000 件车身零部件技术改造项目。	济南德世佳机械有限公司	1000	1200	2012 年 2 月—2014 年 1 月
	2	塑料门窗内腔秸秆一体成型填充型材产业化项目。	济南奥瑞特经贸有限公司	1040	1500	2012 年 3 月—2014 年 3 月
	3	养生方便产品升级改造项目。	山东秦老太食品有限公司	1500	7000	2012 年 3 月—2013 年 10 月
	4	年产 5000 吨水基金属加工油项目。	济南市腾发润滑油有限公司	1000	2000	2012 年 4 月—2014 年 4 月
	5	罐体生产设备更新技术改造项目。	济南中鲁特种汽车有限公司	530	1000	2012 年 7 月—2014 年 7 月
	6	芝麻、花生等制品生产基地迁建项目。	济南齐旭实业有限公司	1300	3000	2012 年 8 月—2014 年 8 月
	7	500 吨聚羧酸盐绿色助剂建设项目。	山东德胜精细化工研究院有限公司	4800	5537	2012 年 8 月—2014 年 8 月
	8	年产 5000 台数控激光雕刻机技改项目。	济南锐捷机械设备有限公司	1400	3000	2012 年 8 月—2014 年 8 月
	9	新型阻燃家纺产品生产基地建设项目。	济南纺科工贸有限公司	500	2000	2012 年 9 月—2014 年 9 月
	10	UPOE 供电模块生产线技术改造项目。	济南镭之源电气有限公司	400	1000	2012 年 9 月—2014 年 9 月
	11	年产 2000 吨润滑油生产线技术改造项目。	济南科发中美高级润滑油有限公司	1217	2800	2012 年 9 月—2014 年 9 月
	12	高档柴机油生产线节能技术改造项目。	济南重卡领秀润滑油商贸有限公司	480	1800	2012 年 9 月—2014 年 9 月
	13	年产 3000 吨轧辊磨具生产基地建设项目。	山东鸿民轧辊模具有限公司	10300	8500	2012 年 12 月—2014 年 12

（二）新产品开发。1991—1993 年，完成开发项目 121 项，其中 12 项填补国内空白，49 项填补省内空白，以上项目占完成项目总数 50.4%。新产品投产率达 80%，新产品年度产值 3 年总额 1.71 亿元，利税 2620 万元，产值率 8%。其中，1991 年，济南市第二风机厂研制开发的 Ms—36 煤粉风机年创产值 58 万元。1993 年，济南市水处理设备厂开发的“成套软化厂、纯水系列装备”为企业带来纯利润 150 万元；济南市染料化工厂完成“珠光印花粘合剂色浆系列产品”年创纯利 123.5 万元；济南市沙发厂研制开发的曲木镶藤沙发、真皮沙发系列，填补省内空白，年创产值 700 万元，利税 60 万元。1994 年，全区开发新产品 20 项，有 11 项填补国内空白，9 项填补省内空白。重点开发磁卡电度表等 6 个新产品。

1996—1997 年，全区完成各类科技开发项目 89 项，其中重点项目 18 项，投资 3.9 亿元，新增产值 3.8 亿元，新增利税 7000 万元。1997 年，引进专业技术人才 560 人，被命名为“全国科技工作先进区”，科技进步因素在工业经济增长中比重达 60% 以上。

2005 年，辖区省级企业技术开发中心有济南锅炉集团有限公司技术开发中心、山东天鹅棉业机械股份有限公司技术开发中心、济南啤酒集团总公司技术开发中心 3 家；市级企业技术开发中心有济南鲁思达纺织机械有限公司技术开发中心、济南双利达集团有限公司技术开发中心、山东鲁得贝车灯股份有限公司技术开发中心、济南元首针织股份有限公司技术开发中心、济南裕兴化工总厂技术开发中心、济南风机厂技术开发中心 6 家。2006 年，山东三汇利重型工程机械有限公司技术中心、济南正则科技有限公司技术中心被认定为市级企业技术中心。2007 年，辖区有各级企业技术开发中心 10 家。其中省级企业技术中心 3 家，市级企业技术中心 7 家。

2008 年，全区有各级企业技术开发中心 11 家，其中省级企业技术中心 3 家、市级企业技术中心 8 家。新增山东省建筑科学研究院节能研究所技术中心、济南四建集团有限责任公司技术中心、济南德佳机器控股有限责任公司技术中心为市级企业技术中心。取消济南鲁思达纺织机械有限公司技术开发中心、济南双利达集团有限公司技术开发中心的市级企业技术中心。2009 年，秦老太食品有限责任公司企业技术中心被认定为市级企业技术中心。2010 年，四建集团技术中心被认定为山东省企业技术中心，豪瑞通有限公司技术中心被认定为济南市企业技术中心。2011 年，天鹅棉机、豪瑞通、皇冠油墨、大齐通讯 4 家企业的 6 个项目被列入山东省技术创新项目计划。

2012 年，济南城建集团企业技术中心被认定为市级企业技术中心；有 12 个项目列入山东省技术创新项目计划。

山东省建筑科学研究院外墙外保温耐候实验室（2012 年摄）

第二节 结构与布局

一、所有制结构

（一）区属工业。1991年，全区区属工业企业40家（包括街属工业企业13家），拥有固定资产6546万元、流动资金7195万元，完成工业产值1.12亿元、销售收入5871.6万元，利税亏损87万元，利润亏损367.6万元。此后，天桥区区属工业通过深化改革，采取一系列重大举措，进行组织结构调整、产业结构调整、产品结构调整及企业内部机制改革。至2000年，区属企业完成工业产值2715.2万元、销售收入3305.9万元、利税198.6万元、利润76.1万元。此后，随着企业经营体制和产权制度改革，全区大部分全民所有制企业成为股份制企业。至2012年，区属工业企业4家。济南市天桥涂敷管道厂正常经营，济南丝绸印染厂、济南特种风机厂和济南宏翔实业公司停产。

（二）居办工业。1991年，全区居办工业企业87家，完成工业产值6295.7万元、销售收入2728.3万元、利税427.4万元、利润323.9万元。1996—2000年，推行以产权制度改革为重点的企业改革后，企业内多种资本并存。2000年，全区居办工业企业完成工业产值2754.6万元、销售收入2445.4万元、利税289.3万元、利润146.7万元。至2012年，全区居办工业企业全部完成企业改制。

（三）镇属工业。1991年，镇属工业企业51家，拥有固定资产4232万元、流动资金6077万元，完成工业产值1.18亿元、销售收入1.03亿元、利税468.6万元、利润20.6万元。至1996年，全区117家镇以上企业基本完成企业改制。

（四）村、户工业。20世纪80年代始，个体工业发展逐渐加快。1991年，全区村办、户办工业企业271家，拥有固定资产1.58亿元、流动资金1.84亿元，完成工业产值4.84亿元、销售收入3.81亿元、利税3063.4万元、利润1439.4万元。“八五”末，中共天桥区委、区政府制定鼓励个体私营经济发展的优惠政策，个体私营经济快速发展，一部分个体工业迅速发展壮大，开始向私营企业转变。2000年，全区个体工商户1.9万户、私营企业2089家，民营经济增加值16.5亿元，占全区经济总量51.5%，经济规模不断扩大，经营效益明显提高，对社会的贡献能力不断增强，民营经济已成为具有活力的经济增长点。至2012年，全区个体工商户3.6万户、私营企业1.01万家。

（五）其他工业。1991年，全区其他工业企业6家，拥有固定资产190万元、流动资金116万元，完成工业产值5496.2万元、销售收入315.8万元、利税5.7万元，利润亏损7.5万元。2000年，其他工业企业完成工业产值5969.3万元、销售收入5713.1万元、利税470.1万元、利润390.8万元。至2012年，全区其他工业企业全部完成企业改制。

二、规模以上工业企业

1991年，全区有年总产值500万元以上区街工业企业8家，年销售收入500万元以上区街工业企业7家。1998年，全区工业总产值35.2亿元，其中区属工业产值4428万元、居办工业产值3240万元、镇办工业产值1.72亿元、村户工业产值32亿元、其他工业产值7353万元。有年销售收入500万元以上工业企业33家。20世纪90年代，天桥区镇村工业迅猛发展。2006年，建成药山工业园、济南化工产业园区，培植壮大骨干企业，规模以上工业企业增加69家。全区有企业1013家，其中规模以上企业108家、规模以下企业905家。规模以上企业工业产值89.6亿元，其中公有制企业工业产值47.32亿元、非公有制内资企业工业产值37.16亿元、港澳台资企业1.88亿元、外资企业3.23亿元。至2012年，全区有规模以上工业企业60家，累计完成工业产值77.04亿元、工业增加值20.12亿元。

1998—2012 年天桥区规模以上工业企业主要经济指标统计表

表 10-2

年份	企业单位（个）	总资产（万元）	工业产值（万元）	销售收入（万元）	利润（万元）	利税（万元）	职工（人）
1998	33	104836	77781	68868	1447	3787	—
1999	33	95754	82976	79032	1454	4169	—
2000	30	89145	94492	87614	1685	4511	9147
2001	30	82615	115613	107942	2412	5488	7131
2002	33	85311	161428	148466	2858	7280	7583
2003	37	136322	212943	204333	4244	9622	7884
2004	54	155932	310622	269514	5597	12946	7904
2005	102	937956	856080	756692	8437	31499	27675
2006	108	937943	895998	821335	404	26737	25960
2007	106	982042	966109	944429	20542	50399	24109
2008	106	996486	703203	702100	-15092	10816	22935
2009	143	1157164	665406	717846	13075	32818	19341
2010	134	1285252	724832	759307	22309	45643	19060
2011	65	1323568	830729	854846	25540	45521	15636
2012	60	1457625	770426	766608	25076	43402	15196

第三章 工业门类

1991 年，天桥区工业门类较为齐全，但技术水平相对落后。随着改革开放发展深入，部分国有工业企业难以适应市场经济要求而被迫关、停、并、转。同时，全区工业企业围绕增强活力、培植骨干、企业脱困三大目标，坚持改革、改组、改造，加强企业管理，突出招商引资、深化改革、技术改造和新上项目，发展速度明显加快。至 2012 年，全区形成以食品、化工、机械、建材、轻纺行业为重点的工业门类，产品种类逾千个，工业产值和产品质量逐年提高，涌现出一批支柱产业和出口创汇产品。

第一节 化学工业

1991 年，天桥区境内有山东化工厂、济南裕兴化工总厂、济南化工厂、济南化工厂分厂、济南轻工化学工厂总厂、济南有机化工厂、济南精细化工厂、济南颜料总厂、鲁泉化工厂、三益化工厂、无影化工厂、济南染料化工厂等 12 家化学原料及制品厂，主要产品有工业无水氟化氢、一氟三氯甲烷、二氟一氯甲烷、二氟二氯甲烷、二氟三氯甲烷、氢氟酸、四氟乙烯树脂、磷硝基氯化苯、对硝基氯化苯、氟制冷剂、F-46聚全氟乙丙模压粉树脂、聚四氟乙烯树脂、酚醛横压塑料、粘胶剂、导火索、酚醛塑料粉、玻璃纤维塑料、耐爆引线、硬质纤维板、皮鞋胶、络酸酐、红矾钠、红矾钾、重络酸钠、氟硅酸钠、过硫酸钠、亚硫酸铵、钛白粉、过磷酸钾、过磷酸钙、过磷酸钠、液体亚硫酸铵、氟硅酸钠、二氧化钛颜料、佳丽牌香皂、华光牌肥皂、大明湖牌洗衣膏、洗涤剂、药用甘油、强力净、金属洗净剂、糖醇、三聚氰胺、试剂甲醛、工业甲醛溶液、乌洛托品、银粉浆、银光色浆；有济南石油化工四厂和特种油品厂2家石油制品厂，产品有车轮牌3#钙基润滑脂、通用锂基脂、润滑脂油、有机硅，产品年销售收入1346.7万元；有济南油墨厂、济南塑料油墨厂2家油墨厂。1998年，天桥区主要化学制品粘合剂产量2606吨、合成纤维10吨，润滑油年产量3637吨，油墨年产量785吨。

2000年始，区内化工工业企业相继转型、外迁。2000年，济南裕兴化工总厂改制为济南裕兴化工有限责任公司（2005年，迁址济南化工产业园区）。2001年6月，山东零公里石油化工有限公司在天桥工业小区（今药山工业园）选址建厂。2002年，山东化工厂改制为山东北方现代化学工业有限公司。2004年，济南皇冠油墨有限公司落户济南化工产业园区。2008年，济南塑料油墨厂在济南化工产业园区建成油墨生产基地，年生产能力3000吨，年创产值6000万元以上。产品分凹版塑料薄膜表印油墨、凹版复合塑料薄膜油墨等14大类，近百个花色品种。

2012年，山东北方现代化学工业有限公司主导产品单组份聚氨酯密封胶生产规模5000吨，生产技术国内领先；胶粘剂生产规模1万吨。全区润滑油年产量约4.6万吨，油墨年产量约9000吨。

附：企业选介

山东北方现代化学工业有限公司 始建于1875年，前身为山东机器局。名称几经变更，1953年1月，划归中央重工业部化学工业管理局，改称为山东化工厂。1958年2月，济南电

山东化工厂厂门（2010年摄）

木厂并入山东化工厂，隶属第一机械工业部五局。之后，改属第三、第五机械工业部、兵器工业部、国家机械工业委员会、北方工业（集团）总公司等。2002年，改制为山东北方现代化学工业有限公司，注册资本2.2亿元，员工1000余人，拥有危险品铁路专用线，是航空航天、电子、船舶、汽车、建筑等行业特种非金属材料专业生产基地。生产胶粘剂系列产品、高强度单组份聚氨酯密封胶系列产品、高性能涂料系列产品、酚醛树脂系列产品、压敏胶液胶带系列产品、酚醛模塑料系列产品等。2007年年初，完成债转股改制，公司名称不变，中国兵器工业集团公司是公司第一大股东，第二大股东为中国华融资产管理公司，是以密封胶、胶粘剂、复合材料、工程塑料、涂料、树脂为主的军民两用精细化工企业。2011年，与中国兵器工业

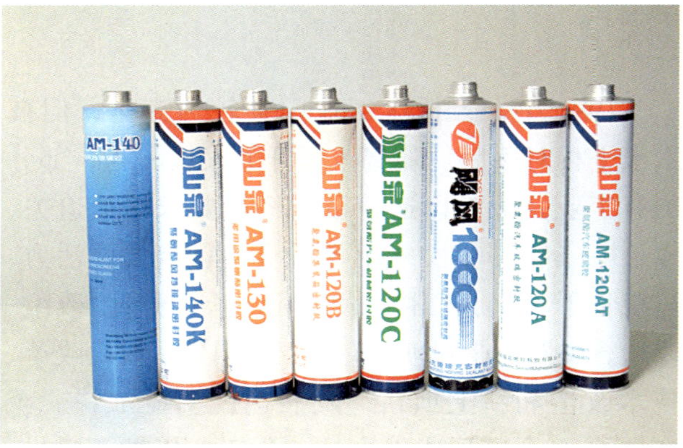

山泉AM-126单组份聚氨酯隔音密封胶

集团第五二研究所、五三研究所、五五研究所共同组建成为北方材料科学与工程研究院有限公司。至2012年，密封胶和复合材料分别通过

美国 FDA 认证、美国 UL 认证、欧盟 ROHS 认证。主导产品单组份聚氨酯密封胶生产技术国内领先，生产规模 5000 吨。胶粘剂生产规模为 1 万吨。山泉牌 FN-303 胶粘剂、FN-309 胶粘剂分别于 1980 年和 1989 年获国家最高质量奖银质奖。注册商标“山泉”牌、“飓风”牌。

第二节　机械工业

一、汽车制造

1983 年，以济南汽车制造总厂为骨干的中国重型汽车集团有限公司在天桥区成立。1991 年，济南汽车制造总厂 16 个分厂（专业厂）中堤口路分厂、发动机厂、铸钢厂、橡胶密封件厂、齿轮厂、冲压厂、锻造厂、塑料厂、总装厂、252 厂、精密铸造厂坐落在天桥区。堤口路分厂曾称济南第二汽车制造厂，先后生产过“小清河”牌 285 型 1 吨农用汽车、“济南”牌 130 型 2.5 吨载重汽车。1992 年，济南汽车制造总厂生产各种重型汽车 1.58 万辆，实现销售收入 42 亿元、出口创汇 2544 万美元。1993 年，中国重汽集团成为有 25 家全资子公司、5 家控股子公司、46 家企业和科研单位，员工 7.8 万人的全国性大型企业集团。

1998 年，天桥区有济南中鲁汽车改装厂与济南天桥专用汽车改装厂 2 家汽车改装企业，完成汽车改装 180 辆；1999 年、2000 年，分别完成汽车改装 287 辆、365 辆。济南中鲁汽车改装厂主要生产油罐车、化工车、流动加油车、洒水车、小油罐车，与山东省高等交通专科学校联合研发 ZLQ5150GJY 型加油车，填补国内空白，成为机械部定点汽车改装专业厂。

2001 年，重组后的中国重型汽车集团有限公司在济南成立（简称中国重汽集团）。2002 年，中国重汽集团单月产销重型汽车 1749 辆；黄河 JN5560 型（10*10）特种汽车研制项目被列为 2002 年国家重大技术装备创新项目。2005 年，中国重汽集团济南考格尔专用汽车有限公司成立，落户药山工业园，占地面积 6.67 公顷。至 2012 年，公司总资产 2.8 亿元，拥有员工 350 人，厂房面积 2 万平方米，主要生产自卸汽车、混凝土搅拌车、压缩式垃圾车、吸污车、洒水车、粉粒物料车等系列产品。有大型折弯机、剪板机、钢板开平机、油压机、卷板机、等粒子数控切割机、数控机床、自卸车生产线、喷漆房等大型设备 100 余套。

考格尔专用汽车工作现场（2012 年 4 月摄）

二、锅炉制造

1991 年，区内有济南锅炉厂、低压锅炉厂、北园锅炉厂、锅炉辅机厂、锅炉附件厂等 5 家锅炉及锅炉配件生产企业。生产蒸发量 16.5 吨工业锅炉 9 台。1994 年，北园锅炉厂总产值 1389 万元、利润 -259.4 万元，分别比 1993 年提高 -31%、-281%；锅炉附件厂总产值 284 万元、利润 53.4 万元，分别比 1993 年提高 -62%、-233%；锅炉辅机厂总产值 318 万元、利润 20.2 万元，分别比 1993 年提高 72%、-81%。因效益不好，低压锅炉厂、北园锅炉厂、锅炉辅机厂、锅炉附件厂相继停产、转型。

济南锅炉厂是清洁能源产业代表性企业，是山东省最大的锅炉生产基地。1996 年，企业改组改制，成立济南锅炉集团有限公司，是山东省规模最大的锅炉研发企业。主要产品有循环流化床锅炉、生物质锅炉、热水锅炉、煤粉锅炉、垃圾锅炉、碱回收锅炉等 10 大系列 100 余个品种。产品规格从 35 吨 / 时—1025 吨 / 时，从中压、高压至超高压，其中主导产品循环流化床锅炉先后获国家重大科技成果奖、国家优秀节能产品奖、国家重点新产品奖，国内市场占有率连续20年超过50%，销量超过2400台。2004年，济南锅炉厂资产总额13.35亿元，其中固定资产1.1亿元；设备1352台（套）；是世界上生产循环流化床锅炉最多的厂家之一。2005年，研制国内首个新型、环保、清洁生物质能锅炉，成为生物质能发电锅炉示范项目。产品远销巴基斯坦、泰国、印度尼西亚、马来西亚、印度、越南、尼日利亚等亚非国家。2006年，年创利润和利税均过亿元。至2012年，企业主要经济指标以平均每年20%以上速度递增，大型高压锅炉占锅炉总产量70%，锅炉年产量超过2万蒸吨。

济南锅炉厂1998年投产的国内最宽幅3.2米膜式壁焊接生产线

济南锅炉厂的员工在加工厚达100毫米以上的锅筒（2003年摄）

三、其他设备制造

1991年，区内生产机械加工设备的企业及产品有山东棉麻机械厂，主要产品有皮棉清理机、锯齿剥绒机、清绒机；济南化工机械厂，产品有板式压滤机，卧螺离心机，三足式离心机，板式换热器，压滤机板框，一、二、三类压力容器；纺织工业部定点专业生产厂济南纺织机械厂，主要产品有大雁牌帆布剑杆织机；济南粮油机械厂，主要经营产品有打包机缝口机、洗麦机、和面机；济南园林机械厂，主要产品有绿化喷洒多用车。1998年，区内升降移动机械、烟草加工机械、粮食加工机械年产量分别为65台、91台、106台。

济南挂面厂生产设备（1991年摄）

2000年，济南化工机械总厂有限公司落户天桥区，生产化工机械、压力容器、电器开关、板式换热器，产品主要用于化工、造纸、冶金、制药、食品、酿造、淀粉、染料、煤炭、化纤、污水处理等行业，年产值4000万元，利税20万元。

2002年，山东棉麻机械厂改制为山东天鹅棉业机械股份有限公司，是以生产棉花产业链全程机械化装备为主业的国际棉业装备研发、制造基地，成为集科、工、贸于一体的专业化、股份制棉花加工机械装备制造企业集团。总资产10.81亿元，年主营收入5.57亿元。2011年，落户天桥区药山工业园。至2012年，全区试验机年产量2000台、棉花加工机械年产量2609台。

附：企业选介

中国重型汽车集团有限公司 始建于1956

年，前身为济南汽车制造总厂，是中国重型汽车工业的摇篮，现为山东省济南市人民政府国有资产监督管理委员会直接监管的重要骨干企业之一。1960年，生产中国第一辆重型汽车——黄河牌JN150八吨载货汽车。1983年，成功引进奥地利斯太尔重型汽车项目，是国内首家全面引进国外重型汽车整车制造技术的企业。同年，以济南汽车制造总厂为骨干的中国重型汽车集团有限公司（中国重型汽车联营公司）在济南成立，为中央直属企业，隶属国务院。1987年，实行国家计划单列；1991年，被列为国务院56家国家综合试点企业集团之一。1993年，中国重汽集团发展成为由26家全资子公司与5家控股子公司为紧密层、46家企业和科研单位为半紧密层全国性大型企业集团。集团公司和紧密层企业有职工7.8万人，拥有固定资产原值25亿元。1995年，斯太尔项目通过国家验收。2000年7月，中国重汽集团实施改革重组，主体部分下放山东省政府管理。2001年1月18日，重组后的中国重型汽车集团有限公司（新重汽）成立，为省属重点国有独资企业。2002年，中国重型汽车集团黄河系列生产基地济南汽车制造总厂由天桥区西工商河路13号迁出。2007年，中国重汽集团产销重型汽车突破10万辆，位居国内行业之首，产销规模进入全球前五大重卡制造商行列；11月28日，中国重汽集团以红筹形式在香港主板上市。2009年10月7日，中国重汽与德国曼公司长期战略合作项目获中国政府批准，正式启动。2011年年底，中国重汽集团年产整车15万辆、发动机13万台、变速箱14万套、车桥34万根、改装车3.3万辆。2012年，中国重汽集团在“中国商用车年度风云榜2012”获“最具影响力卡车品牌奖”；被评为“检验检疫信用AA级企业”，成为首批获国家检验检疫最高评级的公司。

翡翠郡小区保留着位于西工商河路13号的济南汽车制造总厂东大门（2010年摄）

第三节　食品工业

一、粮食加工

1991年，天桥区内有济南北山面粉厂、济南粮食加工厂、济南挂面厂、鹊山面粉厂、济南天桥区仲华面粉厂、济南华杰面粉厂等6家粮食加工生产企业。主要产品有小麦粉、特一粉挂面、龙须挂面、标准粉方便面、油炸方便面、风味方便面。独立核算镇办工业企业鹊山面粉厂生产小麦粉210吨，销售收入27.9万元；济南北山面粉厂生产特二粉占济南市供应计划75%。1998年，济南北山面粉厂引进全套意大利进口制粉设备，日处理小麦300吨。济南粮食企业重组，济南粮食加工厂更名为济南民天集团成丰有限责任公司。2005年，济南北山面粉厂取得中央储备粮代储资格。

2006年，济南华杰面粉有限公司获“济南市农业产业化经营重点龙头企业”称号，主要产品有“华杰”“鲁阳”“鲁叶”系列小麦粉。年产小麦粉15万吨，年产值上亿元。累计投资1200万元，进行厂房建设和原粮库建设，具备5000吨原粮储备能力，具有代储粮资格。

1991年，济南挂面厂泰山牌鸡汤油炸方便面获商业部优质产品奖。

2007年，济南天桥区仲华面粉厂获“济南市农业产业化经营重点龙头企业”称号，产品高筋特精粉、颗粒粉、水饺小麦粉、麦香粉、特一粉、特精粉、麦芯粉，主要销往黑龙江、吉林、辽宁、天津地区和济南市各网点，年销售额近亿元。

2012年，济南华杰面粉有限公司生产面粉10万吨，销售9万吨；济南天桥区仲华面粉厂生产面粉6万吨，销售6万吨。

二、屠宰及肉类加工

（一）畜禽屠宰。1991年，天桥区有镇办企业药山肉牛加工厂，当年总产值11.5万元，净产值3万元，销售收入1万元。1996年，王炉生猪定点机械化屠宰场建成；桑梓生猪定点机械化屠宰场建成，建设总投资1000万元，厂区占地面积1.4公顷，建有屠宰车间、冷库和分割车间，是济南市政府首批定点屠宰厂建设单位之一。2000年，王炉生猪定点机械化屠宰场进行机械化改造，为济南市生猪产品市场和丰富“济南市菜篮子工程”做出贡献。2002年12月，依据国务院《生猪屠宰管理条例》《山东省生猪屠宰管理办法》《济南市牛羊屠宰管理办法》规定，天桥区成立畜禽屠宰管理办公室，督促引导定点畜禽屠宰厂建立完善内部管理制度，实施标准化管理、规范化生产，提高屠宰企业经营管理水平和出厂肉品质量。2005年8月，集肉牛屠宰、加工、销售于一体的济南登峰清真肉类有限公司落户天桥区桑梓店镇；2009年，被评为济南市级龙头企业。2011年，按照《山东省生猪屠宰厂（场）设置规划》要求和济南市商务局对全市生猪定点屠宰场按比例进行压点的工作意见，经王炉生猪定点屠宰场申请，报济南市商务局同意，对王炉生猪定点屠宰场进行压点关停，人员下岗分流，场房场地转作他用。

至2012年，桑梓生猪定点机械化屠宰场投资200万元，对厂区强、弱电源电路进行改造，增建预冷排酸间、急冻间、冷藏间，具备每天预冷储存500头猪的冷鲜肉能力；建设污水排放系统，设置无害化处理焚烧炉；升级为国家A类生猪定点屠宰厂。济南登峰清真肉类有限公司年屠宰能力为4000～6000头，生产牛肉700～1000吨，年均销售收入3500万元～5000万元。

（二）肉食品加工。1995年，济南黄老泰食品有限公司成立，主要生产经营熏煮香肠火腿制品、速冻制品。2000年，济南黄老泰食品有限公司落户天桥工业小区，公司占地面积4公顷，建筑面积16万余平方米，全封闭低温车间面积8000余平方米，是济南市最大的专业肉食加工制造企业之一。1999—2000年，连续两年被山东省质量监督检验所评为“质量认可”及“产品质量跟踪服务”单位。2011年10月，被山东省工商局认定为“山东省著名商标”。至2012年，公司产品分中、西两大系列，品种60余个，年生产能力3万吨。

黄老泰食品（2012年摄）

三、啤酒制造

1991年，济南啤酒厂、济南白马山啤酒厂组建成立济南啤酒集团总公司。至年底，济南啤酒集团总公司生产啤酒12.2万吨，跻身全国

20世纪90年代济南啤酒厂厂门

同行五强，产量、产值、收入、利税分别居全国同行业第三、四和第二、三位。1992—1996年，济南啤酒集团总公司先后兼并济南打字机厂（趵突泉宾馆）、济南金笔厂、白马山肉食加工厂、济南印刷二厂等企业，并与临朐啤酒厂、庐江啤酒厂联营。1993年4月18日，济南啤酒集团总公司改组为济南啤酒集团股份有限公司。1994年，与香港卢堡中国投资集团有限责任公司合资，组建济南卢堡啤酒有限责任公司。2000年，产销啤酒15.78万吨，实现利税6874万元。

济南啤酒厂趵突泉啤酒"黑趵"

2003年，先后与黑龙江肇东啤酒厂、山东临清啤酒厂、黄台啤酒厂等以租赁经营和定牌生产方式签订合作协议，啤酒年生产能力增至30万吨。2006年12月，济南啤酒集团与山东省商业集团重组，成为山东省商业集团全资子公司。2009年6月6日，青岛啤酒集团公司与山东省商业集团总公司就"趵突泉啤酒"项目签署协议，青岛啤酒集团公司取得趵突泉啤酒品牌生产营销权、销售网络等资格，山东省商业集团总公司停止啤酒生产。

四、焙烤及方便食品制造

1991年，天桥区有济南益康食品厂和其他食品生产企业2家，年产糕点3064吨，产值计206万元，销售收入计1337万元。1992年，山东稻香园食品有限公司落户天桥工业开发区，主要生产烘焙食品。1993年，山东秦老太食品有限公司落户济南天桥工业开发区，主要生产经营茶汤、红枣羹、金丝小枣、藕粉、燕麦片、黑芝麻糊、核桃粉、豆浆系列60个品种。1998年，年销售收入500万元以上工业企业中，山东秦老太食品有限公司销售收入722万元，利润50.7万元，利税122.2万元。2002年，"秦老

秦老太特产系列

太"商标被认定为山东省著名商标。

济南市益康食品厂以生产月饼、粽子、汤圆、水果蛋糕、桃酥、面包、生日蛋糕等中西糕点、面食及速冻食品为主，是济南市食品行业龙头企业。2004年，跻身山东省食品百强企业。2005年，济南市益康食品厂实行改制，更名为济南市益康食品厂有限公司，实行全员持股。2007年，"益利思"商标被认定为"山东省著名商标"。2012年，"葡萄软月"月饼被评为"济南市特产月饼"，列入济南市非物质文化遗产名录。山东稻香园食品有限公司晋升为省级重点龙头企业。

附：企业选介

济南市益康食品厂有限公司 始建于1977年，是以生产月饼、粽子、汤圆、水果蛋糕、桃酥、面包、生日蛋糕等中西糕点、面食及速冻食品为主的大型食品加工企业。1998年，"益利思"商标在国家工商行政管理总局商标局注册。2004年，公司跻身于山东省食品百强企业，通过ISO 9001国际质量体系认证。2005年，率先通过国家食品安全生产QS认证。2007年，"益利思"商标被认定为山东省著名商标，是中国著名月饼品牌企业。2012年，"葡萄软月"月饼被评为"济南市特产月饼"并于同年被列入济南市非物质文化遗产名录。济南市益康食品厂有限公司经

过30余年发展，产品在历届国家及山东省、济南市行业评比中均获第一名。益利思月饼、汤圆、粽子产销量占全市总产销量的1/3，是济南市食品行业的头企业。其中，益利思月饼、汤圆是山东省十大品牌产品，益康葡萄软馅月饼、泉城素饼为济南市地产名优产品。

益利思月饼加工现场（2008年3月摄）

第四节　纺织工业

1991年，天桥区内有济南第一棉纺织厂、济南第二棉纺织厂、济南第三棉纺织厂、济南第四棉纺织厂、济南第六棉纺织厂、济南针织厂、济南染织厂、济南第一印染厂、济南第二印染厂、济南毛纺厂、济南无纺布厂、济南毛巾厂、济南袜厂等市属纺织企业13家；有天桥毛巾厂、济南天桥织布厂、济南丝绸印染厂等区属纺织企业3家；有北园篷布厂、第四织布厂等镇村纺织企业2家。至年底，区属纺织企业生产针棉织品折用纱线200吨、棉纱448.57吨、棉布786.19万米，其中乡村工业生产布匹662万米、毛巾被3.93万条、毛巾274.91万条。

20世纪90年代初济南染织厂牛仔布生产车间

1993年，部分纺织企业进行产业结构调整，济南染织厂部分厂房开始兴办第三产业；济南第二印染厂压缩生产线，开办山东工业品市场（后改称为山东三阳家具城）。1994年，济南针织厂进行股份制改造，更名为济南元首针织股份有限公司；济南第一棉纺织厂改制为济南鲁成有限责任公司；济南第六棉纺织厂停产。1995年，济南第三棉纺织厂改制为济南仁丰纺织有限责任公司；济南第四棉纺织厂改组为济南诚通纺织有限责任公司；济南第六棉纺织厂开办济南泉城服装市场（后改称为齐鲁鞋城）。1996年，济南第六棉纺织厂破产；济南第二印染厂进入破产程序；济南鲁成有限责任公司被济南齐鲁化纤集团兼并，改称为中国济南化纤总公司第一棉纺织厂。1997年12月，中央经济工作会议决定将纺织行业确定为国企改革脱困"突破口"，提出"压锭、减员、扭亏"三大任务，要求纺织行业三年压缩1000万落后棉纺锭。区内纺织企业相继停产、转型，只有济南元首针织股份有限公司坚持生产，成为天桥区骨干企业。1998年，济南第二棉纺织厂已无生产能力，改建为绿地超市；原济南第六棉纺织厂9名职工组建济南众鑫有限责任公司，加大对齐鲁鞋城（山东鞋类批发市场）投入；济南第一印染厂停产。

2001年，济南诚通纺织有限责任公司拥有纱锭4.2万枚、织机346台（其中喷气织机74台），年棉纱生产能力7400吨、棉布2080万米，当

济南第四棉纺织厂厂门（2009年摄）

年实现工业总产值 1.11 亿元。济南元首针织股份有限公司销售收入 1.66 亿元，出口创汇 1732 万元。至 2012 年，全区规模以上工业企业生产棉纱 2000 吨、服装 1367.8 万件。

附：企业选介

济南元首针织股份有限公司 前身为济南针织厂，始建于 1958 年 3 月。1994 年，改制为济南元首针织股份有限公司，1995 年 3 月正式挂牌。公司注册资金 2180 万元，其中国家股 14.84%、国家法人股 50%、内部职工股 27.35%、其他法人股 7.81%。1995 年 12 月 25 日，由济南元首针织股份有限公司为核心的济南元首针纺集团有限公司组建，集团公司注册资本 3710 万元。1995 年，济南元首针织股份有限公司与日本三井郡是株式会社合资兴办的冠世公司开业。2000 年，与日本三井郡是株式会社合资的袜子生产项目建成；3 月，济南元首针织股份有限公司研制出保健内衣、大豆蛋白纤维内衣、活性印花睡衣、羊绒内衣、暖融融内衣、狐狸绒内衣、哈肤好事女士经期专用内裤等专利产品。同月，公司被国家经贸委、国家统计局认定为集织造、漂染、缝制于一体的全能“大一型企业”。2001 年，投资 800 万元、年生产能力为 300 万件的济阳分公司投入生产。济南元首针织股份有限公司拥有资产总额 3.1 亿元，员工 2300 余人，厂区占地面积 7.3 公顷，建筑面积 8.5 万平方米，销售收入 1.66 亿元，出口创汇 1732 万元。至 2012 年，公司有剪裁车间、印花车间各 1 个；针织生产车间 2 个，大圆机、小圆机等各类针织设备 200 余台；漂染生产车间 2 个，各类漂染设备 200 余台，亚氧连续漂白设备、振荡烘干设备国内领先；内衣生产车间 7 个，兄弟、飞马、森美、大和等品牌成衣设备 1300 余台。主要生产设备大多引自德国、日本、意大利，年生产内衣、外衣、T 恤、休闲、童装、功能保健 6 大系列 100 个品种，除畅销国内市场外，还远销日本、韩国、澳大利亚、美国、德国、比利时、法国、中国香港等 20 余个国家和地区。通过 WRAP 环球服装生产责任组织、ISO 9001：2000 国际质量管理体系、ISO 14001 国际环境管理体系、OHSAS 18001 国际职业健康安全体系认证，被中国针织工业协会授予“中国针织行业国际市场开拓大奖”。

21 世纪初的印花车间

第五节　木材加工业

一、家具制造

1991 年，镇以上独立核算区街工业济南沙发厂净产值 117.6 万元，产品销售收入 557.2 万元。镇办企业社会福利木器厂净产值 34.5 万元，产品销售收入 75.6 万元。民营木器加工企业多租用北园镇村居的闲置厂房院落生产。至年底，生产木制家具 2.81 万件。大桥镇魏梁村传统马扎制作恢复生产。

1992 年，大桥镇蒋家村木器加工有 40 家。1994 年，靳家乡在蒋家村东 104 国道以西建成占地面积约 5 公顷的传统木器加工基地，入驻规模较大木器制作企业 12 家。形成木材销售、锯板生产、家具制作于一体的木制家具制作园区，主要产品有桌、椅、沙发、衣柜、写字台、木床、文件柜、衣架、盆架。1996 年，年产值 800 万元。毛家村个体木器加工企业增多。2000年，全村60%家庭开办家具厂，兴建厂房，聘请专业技术人员，进行加工生产。魏梁村制作马扎的家庭发展至40家，产品销往济南及周边地区。2008年，魏梁村60%家庭有车间，年利润300万元。2010年，毛家村私营、个体企业80余家，外来打工人员400余人，年销售额1亿元以上，利润1200万元。

至2012年，蒋家村有家具生产企业9家，家具制作开始向家庭生产方式转化，多是提供样式订单，由宁津县生产白茬家具，下单企业做喷漆处理。毛家村建起家具制作厂房80座，建筑面积4万平方米。外来务工者逾千人，超出本村人口2倍，年产值6000万元。农民年人均纯收入1.5万元，是大桥镇农民年人均纯收入2倍。魏梁村马扎年产量增至10万个以上，远销东南亚。

二、体育用品制造

1993年，亚林国际台球集团落户大桥镇，占地面积10公顷，建筑面积6万平方米，主要生产国际标准比赛英式斯诺克台球桌、美式撞球桌、中式黑八台球桌、雕刻艺术台、俄式台、家庭用台球桌，承接OEM、ODM等加工业务。2010年，从业人员110人，年产值3100万元，利税100万元，年创汇120万美元。至2012年，产品远销英、美、法、日等70多个国家和地区，畅销国内20余个省区和15个大中城市。

附：企业选介

魏梁马扎加工专业村 1991年，大桥镇魏梁村恢复传统马扎制作工艺，先期生产产品在附近集市销售，供不应求。1995年，制作马扎的家庭发展至20家。2000年，制作马扎的家庭有40家，工艺熟练的人每天能制作马扎150个，销往济南市及周边地区。马扎制作户，农闲时间足不出村，从事坐具小马扎加工、制作、销售，年纯收益能有万余元。魏梁村制作马扎的木材主要以梨木、枣木、槐木为主，冬春在方圆100余里范围内收购存放原材料，妇女及老年人在家手工制作，扎面原用细绳，后改为布绳和塑绳。生产采用加工机具、打孔机具制作框架，手工穿绳，平均每人每天制作30个。魏梁村制作马扎规格高低、宽窄、工艺、样式由普通型向工艺型转化，扎面由细绳改为布条密实穿结，颜

大桥镇小马扎出国门（2005年10月摄）

色由原色改为着不同颜色。2005年，出口到菲律宾和韩国。2008年，农民年人均纯收入高出全镇平均水平20%。2011年，马扎价格由原来3～5元/个涨到10～30元/个，带雕刻的工艺品类马扎50～80元/个。2012年，魏梁村马扎年产量增至10万个以上，产品销往越南、柬埔寨等东南亚地区。

第六节 建材加工

1991年，天桥区属建筑五金厂净产值68.8万元，产品销售收入44万元；济南钢窗厂净产值58.4万元，产品销售收入92.7万元；济南钢窗附件厂净产值29.7万元，产品销售收入147.6万元。镇办企业铝合金钢窗厂净产值21.1万元，产品销售收入60万元；坚美钢窗厂净产值94.7万元，产品销售收入402万元；镇办工业无影轧钢厂总产值501万元，利润7.9万元，产品销售收入511.6万元。镇村企业美菱砼制品厂净产值10.3万元，产品销售收入61.6万元；济南

柳行花岗石厂出口花岗石墩5100平方米，金额102万元；中兴石材公司出口花岗石板材2850平方米，金额71万元；小清河花岗石厂出口花岗石板材450平方米，金额12万元；鑫达石材厂出口花岗石板材2000平方米，金额40万元。1998年，无影轧钢厂转产。同年，年销售收入500万以上工业企业生产建筑用金属品20吨、金属门窗20吨、成品钢材8800吨。2000年，规模以上工业生产水泥预制构件3685立方米。2002年，济南力天建材有限公司在大桥镇太平村南建成。产品为新型墙体材料和新型防水、保温及干混砂浆材料。年生产能力30万立方米，年销售收入4000万元，年利润360万元。加气混凝土砌块和蒸压粉煤灰标准砖产品主要销往济南市及周边地区。至2012年，天桥区黄河以南地区建材企业相继停产、转型。

附：企业选介

济南顺泰钢铁有限公司 成立于2001年，位于天桥区大桥镇桥北工业园，占地面积2.05公顷，建筑面积1.2万平方米，是集生产、科研、贸易于一体的大型企业。公司拥有先进焊管生产机组，备有6条生产线，年综合产能30万吨，是山东省较大圆管、方管、矩形管生产企业，主要生产5.5毫米、6毫米、8毫米、10毫米、12毫米盘螺及5.5毫米、6毫米、7毫米、8毫米、9毫米、10毫米、11毫米、12毫米螺纹产品，广泛应用于通信、电力、消防、市政、煤矿、石油、化工、高速公路等建筑工程，并销往安徽、江苏、河南三省及上海、天津两市。2009年，被山东省工商行政管理局评为“重合同守信用”企业。2012年，公司年产值8600万元，年缴税金430万元。

济南顺泰钢铁有限公司（2010年10月）

第七节 高新技术

一、电子信息

2008年，山东精诚电子科技有限公司在天桥区堤口路成立，是一家从事煤矿安全生产技术和管理专业软件研发、软硬件系统集成的高新技术企业。研发团队技术人员占员工总数68%、本科及以上学历占员工总数77%，与山东科技大学、中国矿业大学、北京科技大学、中国煤炭科学总院建立长期技术合作关系。拥有自主知识产权《煤矿作业规程管理系统》《中小煤矿ERP系统（MM-ERP）》《顶板控制设计专家系统》《煤炭销售管理系统》《煤炭物资管理系统》《煤炭财务管理系统》《煤炭设备管理系统》《煤矿采场覆岩运动仿真系统》《煤矿顶板控制设计专家系统》《煤矿工作面顶板动态与支护质量监测数据处理系统》等软件产品。研发的《煤矿安全质量标准化信息管理系统》《煤矿安全隐患排查治理信息系统》《煤矿安全风险预控管理系统》《煤矿移动安全预警管理系统》《煤矿安全管理综合信息系统》《煤矿数字（智慧）矿山解决方案》、XJH3.7矿用巡检记录仪等系列产品，在全国千家煤矿企业推广使用，包括神华集团、兖矿集团、山能集团、开滦集团、中煤集团、潞安集团、焦煤集团、冀中能源集团等全国60%以上的煤炭百强企业。

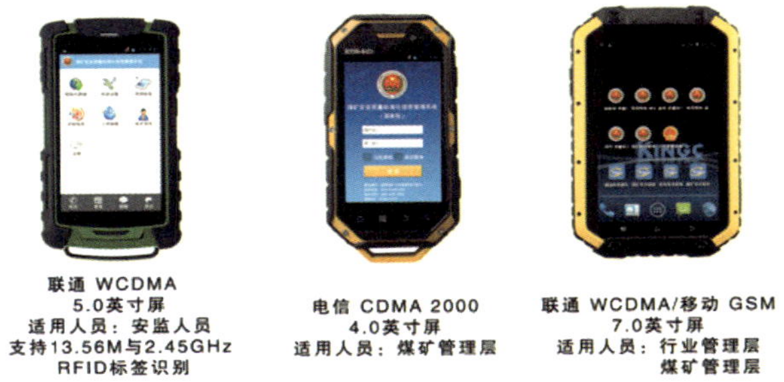

XJH3.7（A）矿用巡检记录仪

2012年，煤矿安全质量标准化信息管理系统被国家安全生产监督管理总局评选为“百项”先进适用技术和“千项”新型实用产品，成为各省、集团、煤矿安全质量标准化信息化管理的平台。

二、高新材料

2000 年，济南成林塑胶制品有限公司落户天桥区大桥镇桥北工业园，厂区占地面积 1.67 公顷，注册资金 100 万美元，年生产能力 1 万吨。主要产品有 HDPE、LDPE 材质印刷食品袋、背心袋、平口袋、挂历袋、香味袋、连卷背心袋、八折连卷背心袋、八折垃圾袋、C-FOLD 连卷袋、降解塑料袋及各种单片膜。2008 年，从业人员 180 人，年产值 3100 万元，利税 110 万元。至 2012 年，产品出口到俄罗斯、英国、法国、德国、比利时、瑞典、荷兰、美国、澳大利亚等国家。

三、新能源及节能

1993 年，三星照明装饰厂建立。1996 年，迁址王炉庄，更名为济南三星灯饰有限公司，开始独立设计产品，订单产量快速增长，产值以每年 200% 速度递增。2000 年 6 月，新厂区在天桥区太平庄建成投产。2002 年，公司业务快速扩张，厂房扩建。2005 年，进行股份制改造。2009 年，与台湾华硕集团合作成立山东中迪光电科技有限公司，致力于节能环保领域 LED 灯研发制造。2010 年，装配双工位粉末静电喷涂流水线、产品组装流水线。2011 年，新产品研发中心、产品检测中心、照明体验中心、压铸产品生产线投入使用。

2012 年，自主设计研发产品有路灯、景观灯、庭院灯、高杆灯、草坪灯；LED 系列的路灯、庭院灯、投光灯、洗墙灯、隧道灯等 10 大系列 300 余个品种。产品销往全国各大中城市及印度、韩国、阿联酋、尼日利亚、肯尼亚、阿尔及利亚、阿塞拜疆、智利、加拿大等 50 余个国家。

济南三星灯饰有限公司（2011 年 10 月摄）

第十一篇 产业园区

1991—2012
TIANQIAO QU ZHI

济南新材料交易中心

2011 年 10 月 20 日，济南化工产业园区管委会主任赵新生（前左二）现场调度“建邦黄河大桥北岸接线工程（G309-G308）段”建设情况。

济南新材料产业基地发展研讨会

1993 年，天桥区提出将实施“2413”工程作为“八五”后 3 年加快天桥区工业发展的基本思路，把工业小区建成全区工业发展的基地作为全区工作重点之一，将实施“腾笼换业”工程作为合理调整城市产业布局、增强工业发展后劲、推动城乡一体化进程的重大战略举措。结合天桥区“南店北厂”的总体规划构想，在药山西北、二环西路与二环北路交会处开辟占地面积 350 公顷的天桥区经济开发区（后改名为工业小区、药山工业园），以北园路为突破点，将南厂北移，腾出黄金地段重点发展商业、服务业。园区建设“以地为本、以地生财、以财招商”，实行“地价放开、单位放开、行业放开”，以优惠政策、优质服务、优美环境招商引资。至 2012 年，药山工业园辟有外商投资区、民营科技园区、教育产业园区、大型工业园区及“黄河楼”旅游风景区，发展成为综合性现代化科技工业园区。

2003 年，天桥区贯彻落实中共济南市委、市政府“北跨”“中疏”战略，确定在黄河北部地区建设工业园。2005 年 6 月，天桥区“北展区”开发建设管理委员会成立；2006 年，改称为天桥区北展区综合开发管理委员会。济南市天桥工业园（于 2005 年 11 月改称为济南化工产业园区）成立。2008 年年底，济南化工产业园区在基础配套设施“零起步”基础上，引进入驻企业 18 家，其中过亿元企业 6 家，投产规模以上工业企业 5 家，全社会固定资产投资 13.7 亿元，涉及机械制造、新型环保材料、精细化工等多个领域；园区重大基础配套设施建设全面启动，9.2 千米长园区企业铁路专用线开工建设，天然气管线及高压气门站、企业专用供电网、自来水厂、自来水及原水管网、路灯等一批基础配套设施竣工投用。至 2012 年，济南化工产业园区发展成为以石油化工、精细化工、化工新材料为重点的化工产业基地，为加快黄河北部农村地区发展和城市化进程、促进周边区域经济和社会各项事业全面发展做出贡献。

第一章　济南化工产业园区

济南化工产业园区是省级工业园区，从基础配套设施和入驻企业均为“零起步”基础上，逐步引进涉及新材料、化工、印刷油墨、工程机械、制冷设备等领域多个企业。至 2012 年，高起点规划、高标准建设铁路专用线、供热、供电、排水、天然气、建邦黄河大桥北岸接线工程完善的基础配套设施，成为济南市基础设施最完善的省级开发区之一。项目建设本着上规模、零污染、投资强度高、综合效益好的原则，引进济南裕兴化工有限责任公司、济南皇冠油墨有限公司、国家胶体材料工程技术研究中心等 35 个项目。并从科技创新、市场培育、财税政策、金融政策、人才引进、企业上市、土地和环境资源及体制创新等方面对符合条件的入园企业和科研机构进行全方位扶持。

第一节　园区设置

2003 年 6 月 26 日，中共山东省委常委会扩大会议召开，提出济南市“东拓、西进、南控、北跨、中疏”的城市空间发展总体布局。围绕贯彻落实“北跨”和“中疏”战略构想，加快黄河北部地区城市化步伐，改善北部地区居民生产生活条件，中共天桥区委、区政府提出“以工业园区建设为突破口和切入点，加快建设北部新城区”工作思路，确定在黄河北部地区开发建设工业园区，重点承接城区需搬迁的传统工业企业，功能定位是以一、二类工业为主，兼顾新材料和高新技术产业。

园区位于济南市天桥区黄河北部地区 308 国道北侧，西起京沪高速铁路，东至石庙、三教和冯家堂村，南起308国道，北至大郑、北王堂村，总规划用地面积2180公顷。其中起步区东起桑表路，西至安庄村西侧引水灌渠，南起308国道，北至周闫村南侧规划道路，占地面积470公顷。2010年，土地利用规划修编新增用地面积530公顷，园区可用地面积1000公顷。

路网密集贯穿南北，京沪、京福、济聊、济青、青银、北绕城6条高速公路纵横交错，104国道、220国道、308国道、309国道环绕园区，高速站口距园区2千米，北接京津、南连沪宁，并与天津、青岛、烟台、日照等重要港口相通。黄河一桥、二桥、三桥、建邦黄河公路大桥和拟建设的济泺路穿黄隧道跨黄通道直达中心城区。距济南长途汽车总站、济南火车站、济南国际机场、京沪高铁济南西客站分别为25分钟车程，与济南中心城区无缝隙对接。2005年6月，通过国土资源部、建设部等五部委治理整顿土地市场秩序联合检查组检查验收和国土资源部审核验收，批复起步区内全部土地为建设用地。11月，通过国家发改委设立审核，并更名为济南化工产业园区。2006年3月6日，被山东省人民政府批准为省级工业园区。2010年6月，济南市政府决定在济南化工产业园区基础上加挂“济南新材料产业基地”牌子。

济南化工产业园区规划图

第二节　配套设施建设

2003年，桑梓店镇投资460余万元，建设桑梓店镇西外环道路（今为建邦黄河大桥北沿线），全长1.8千米，设计为双向6车道；完成房屋拆迁、地上物清理、桥涵建设等前期工作，拆迁房屋40间，清除树木500余株，新建桥涵5座，完成土方5万立方米。2004年5月，镇西外环道路通车；投资300余万元，改造桑梓店镇商业街，修建街心花园和健身广场。至2008年年底，园区重大基础配套设施建设全面启动。

产业园区内相关配套设施（2012年9月摄）

园区相继投入12亿元，用于道路、供水、供热、污水外排管线等基础设施建设，达到“十四通一平”。完成总长25千米五纵五横主次干道路网建设，均达承载50吨重型卡车行驶标准。35千伏、110千伏输变电站各1座，铺设电力管道长10千米，为企业提供双回路供电服务。以鹊山水库为水源地供水工程一期竣工运营，日供水3万立方米。依据“清污分流”原则，起步区建成排水、污水管道各长16千米；投资9300万元建设污水外排管道和加压泵站，污水外排管线起于园区途径天桥、齐河、济阳3个县区的4个乡镇、30余个村庄至徒骇河排放，全长25.6千米，全线使用耐腐、抗压的DN1200玻璃纤维增强塑料夹砂管，日排水量10万立方米，于2010年5月竣工并投入使用。2009年，投资3.2亿元、全长9.3千米园区铁路专用线竣工，接轨于邯济铁路，分为含跨308国道特大桥的区间线路、接轨站及企业货场站三部分，年运量800万吨；至2010年年底，铁路专用线通过验收，具备通车条件。高压气门站1座，次高压、中压输气管线各1条，双气源供气，年供气2.3亿立方米；自来水厂双管线供水，敷设自来水干管长30余千米、原水输水干管长10千米和覆盖整个起步区输水管网，日供水7万立方米；建有75吨锅炉3台，可覆盖整个园区并提供封闭式热源，供热能力400吨/时。2011年，园区在铁路专用线、供热、供电、排水、天然气等配套设施建成基础上，又投资1亿元建成309国道至308国道连接线“建邦黄河大桥北岸接线工程”；2012年5月，正式通车，接线工程与正在修建的二环西路高架连成一体，实现园区与市中心零距离对接。8月，开工建设消防站，占地面积0.87公顷，建筑面积2400平方米，投资3000万元，配备消防车6辆。

第三节　招商引资

2003年，园区重点引进和发展能源利用率高、产污少的精细化工、塑料制品业、橡胶制品业、水污染治理业、粉煤灰制、石膏制造业等。至2008年，引进企业18家，其中过亿元企业6家，投产规模以上工业企业5家，全社会固定资产投资13.7亿元，涉及机械制造、新型环保材料、精细化工等多个领域。

2008年下半年，为配合小清河综合治理及2009年全运会召开，济南市政府启动裕兴化工迁建扩建项目。该项目是园区2009年协助落地建设的重点工程，是考验园区综合承载能力的龙头项目。2010年3月，项目投产试运行；6月，正式投产。公司年产10万吨钛白粉项目同期在园区建成投产。2011年，国家胶体材料工程技术研究中心项目落户园区，该中心是全国首个集胶体材料工程技术研发、技术成果转化于一体的国家级科研机构。同时，天桥区以化工产业园区为载体，同山东大学签订协议，共建新材料产业基地。国家胶体中心落户，将加快科研成果转化，计划在3年内建成油田胶体材料、军用胶体材料、胶体材料加工技术研发与产业化的平台，培育园区产业“龙头”，吸引高端新材料产业上下企业集聚，形成以胶体材料为核心的新材料产业链。

园区拓宽渠道，加大招商力度，入园项目显著增多。分别于2011年6月27日、2012年7月举行项目集中签约仪式。至2012年，引进裕兴化工、皇冠油墨、国家胶体中心、山东省科学院新材料产业示范园等项目35个，涉及新材料、化工、印刷油墨、工程机械、制冷设备等多个领域。园区科研机构有国家级研发机构——国家胶体材料工程技术中心；即将入驻省级重点实验室山东省科学院新材料研究所粘接材料重点实验室高新技术研发中心、山东省科学院新材料所与美国SGI公司联合实验室、山东师范大学农药医药中间体清洁生产教育部工程技术中心；待审批省级企业研发中心德胜精细化工研究院、天诺光电工程技术研究中心、山东美克复合材料公司工程技术研究中心（与山东大学材料学院联合建设）、五环制药新药特药研发中心。

山东大学与天桥区人民政府共建新材料产学研基地战略合作暨胶体中心入驻园区签约仪式（2011年4月摄）

2012年济南化工产业园区重点签约项目一览表

表11-1

项目名称	项目规模	生产能力	从事方向	备注
山东省科学院新材料产业示范园项目	占地面积2.67公顷，投资2.5亿元。	—	从事工程化研究和成果产业化示范工作项目：国家对俄合作重大专项、山东省重大成果转化项目——LED封装用系列有机硅材料项目、山东省科技攻关计划资助项目、中美联合实验室合作研究项目——光电封装用固晶导电银胶项目、中美联合实验室合作研究项目——电子信息和光电新能源产品用高端银粉及其电子浆料项目等。	计划建设山东省粘接材料重点实验室高新技术研发中心、山东省科学院新材料研究所与美国SGI公司联合实验室。
山东师范大学农药医药中间体清洁生产教育部工程研究中心	建筑面积7000平方米，一期投资1500万元。	KAA含氟新材料中试阶段可实现年销售收入3000万元，利税1000万元；投产后可实现年销售收入3亿元。	—	2006年，在山东师范大学立项筹建；2009年年底，通过教育部验收。研究开发队伍由50名固定人员和60名客座流动人员组成；工程中心主任由山东师范大学副校长唐波（国家重点基础研究计划973计划首席科学家）担任。
山东建邦胶体材料有限公司	项目一期占地1.33公顷，建筑面积9000平方米，投资1.5亿元。	年产150吨太阳能用银粉及银浆，投产后可实现年产值12亿元，利税1.5亿元。	从事太阳能电池正面电极银浆产业化生产；产品主要应用于晶硅太阳能电池正面电极。	建设具备高精尖技术优势的新材料生产基地。
犀牛高分子材料项目	投资2亿元。	年销售收入5亿元，利税1亿元。	生产采用美国技术的纳米银新材料医疗器械；生产海洋生物产品；高分子轮胎项目。	制品生产为反应浇注成型，无任何三废排放问题，可实现清洁化生产。
美高生物制药项目	投资3000万元。	可实现年销售收入2亿元，利税9400万元。	研发国家鼓励发展的新药、特药医药中间体生产项目。	
银丰化工硅制品项目	占地面积5.33公顷，投资1亿元。	可实现年销售收入2.5亿元，利税6000万元。	拟新建国家十二五新材料产业发展规划鼓励支持的高性能硅材料项目。。研发生产新型硅溶胶产品、衍生产品及其配套，替代国外高端硅溶胶产品及其衍生产品，用于石油催化行业的分子筛专用硅溶胶。	与山东大学化学院合作，进行产业升级和产业发展方向调整。

建邦新材料产业基地（2007 年 9 月摄）

第四节　园区管理

2003 年，天桥区以《济南市城市总体规划（2005—2020 年）》和《济南市北跨与北部新城区发展战略研究》为依据，编制《黄河北部地区概念规划》，完成园区总体空间布局规划和 470 公顷起步区控制性详细规划。2006 年 6 月，山东省环境保护局下发《关于济南化工工业园环境影响报告书的复函》，通过园区区域环评。园区按照环境保护相关制度，要求所有入园项目符合园区环评要求，制定项目环境影响报告书，并通过环境保护部门审核，在规划、建设、生产过程中严格执行“三同时”（园区所有建设项目中的安全设施设备必须与主体工程同时设计、同时投入、同时使用）制度，以确保相关生产经营场所安全设施设备合理配置和及时到位，为安全生产和环境保护提供保障。

园区招商引资工作实行项目分工责任制和专项团队责任制相结合的工作推进机制。明确项目总负责人和责任人。项目总负责人对项目引进落地、进度管理、协调服务负总责；项目责任人负责具体推进工作，及时掌握企业投资动向，负责从项目洽谈、开工建设到投产的全过程协调、推进和服务工作。围绕项目建设，园区成立招商技术团队、行政审批团队、基础设施建设团队、资金管理和后勤保障等四支专项服务团队，为促进项目落地提供支持。对入园项目实行封闭式管理。相关手续办理，由管委会和区招商大厅具体负责，实行“一站式”服务；园区为入园项目协调办理车辆通行黄河大桥相关优惠手续；协助入园项目办理相关用地手续，费用由入园项目方承担；协调周边关系，确保入园项目施工及生产经营活动顺利进行。至 2008 年年底，园区基础设施完成投资 3.5 亿元，入园企业固定资产投资 11.6 亿元。

2010 年，济南市政府为化工产业园区加挂

2010 年 6 月 20 日，中共济南市委书记焉荣竹（前右）、中国化工集团总经理任建新（前左）为园区新材料产业基地揭牌。

"新材料产业基地"牌子，借此契机，园区与高校、商会和各类媒体加强合作，通过电台、期刊、网络、报纸、电视等多种渠道加大园区宣传；邀请多名化工、工程领域专家为园区产业规化、布局和大项目建设服务；确定"十二五"期间，石油化工、精细化工、化工新材料为园区三大重点发展产业，围绕烯烃、芳烃类基础原料项目建设精细化工和化工新材料两条产业链，打造全省一流化工新材料产业基地。12月31日，济南市人民政府下发文件，对位于济南化工产业园区10条道路进行命名，分别是鑫源大道、梓东大道、鸿兴路、裕兴路、德兴路、舜兴路、华盛路、华丰路、华泰路和安康路。

2012年，中共天桥区委、区政府下发《中共天桥区委和天桥区人民政府关于加快济南新材料产业基地（济南化工产业园区）发展的实施意见》和《济南市天桥区人民政府关于印发加快济南新材料产业基地（济南化工产业园区）发展支持政策的通知》。规定六项优惠政策：加大财政支持力度，设立天桥区新材料产业发展专项资金；鼓励创新和保护知识产权；完善新材料产业融资机制；扩大对外交流合作与招商引资；加强新材料产业高技术人才队伍建设；保障新材料产业要素资源配置。创建国家火炬计划特色产业基地是园区重点工作。6月15日，中国材料研究学会青年工作委员会常务理事会在济南召开，全国知名高校、科研院所新材料研究领域40余位专家、教授齐聚济南，为新材料产业基地发展出谋划策。根据专家意见，结合实际，确定基地发展规划。同时，依托骨干企业吸引上下游配套进入基地，打造相关产业链。在济南市政府和相关部门支持帮助下，抽调有关部门精英负责争创国家火炬计划济南新材料特色产业基地相关评审、答辩工作。9月3日，完成国家火炬中心组织的答辩。至2012年年底，园区规模以上工业企业7个，完成工业总产值16.24亿元，实现主营业务收入16.09亿元、利税0.31亿元。

第五节　企业选介

一、济南裕兴化工有限责任公司

始建于1919年，前身为中国颜料厂（有记载为"中国裕兴颜料公司"）。从生产"生生牌"煮青颜料始有近百年发展历史。几经变革，1982年10月，改称为济南裕兴化工厂。1985年，裕兴化工厂的普通过磷酸钙为省级生产基地，铬盐和钛白粉分别为国家生产基地。2000年，

旧裕兴化工厂（2008年摄）

改制成为济南裕兴化工有限责任公司。2002年，经中国化工集团旗下的中国蓝星（集团）总公司整合重组，成为国家重要的无机盐生产基地和国内铬、钛行业领先者。年产铬盐3万吨、金红石型钛白粉2万吨和锐钛型钛白粉1万吨。2005年，决定迁址济南化工产业园区。2010年6月，新厂区建成，占地面积78公顷，有员工1600余人，拥有每年10万吨金红石钛白粉生产装置、每年30万吨硫磺制酸装置、每小时3×75吨中温中压锅炉供热装置以及水处理、废酸浓缩、110千伏变电站、工业水站、循环水站、铁路专用线等26项子装置。采用ISO 9001：2000质量管理体系，发展循环经济，采用先进工艺和设备处置生产过程中废弃物，达"零排放"。2011年，裕兴化工10万吨钛白粉第三条生产线实现一次性开车成功且当月达产的目标，主装置三条线日产量超300吨，标志着公司10万吨钛白粉生

产达到设计能力，实现全线贯通。2012年，在新厂区启动20万吨钛白粉生产线建设。

二、济南皇冠油墨有限公司

成立于2004年7月，是韩国东洋油墨有限公司在济南投资的外商独资企业。主要生产中、高档胶印油墨、树脂、树脂油及助剂产品。该项目占地面积4.33公顷，一期工程总投资4700万元，建筑面积1.05万平方米。2005年，经济南市发改委批准落户园区；2008年3月，竣工投产，年设计生产能力6000吨胶印油墨，产值1.6亿元。2011年年底，公司注册资本达610万美元，累计投资近8000万元；拥有现代化油墨生产设备50余台（套），固定资产达6000万元，总资产1亿元。2011年，公司完成销售量近4000吨，实现销售收入9400余万元。2012年，公司主要产品有新皇冠（NC）系列、阿罗娜（AN-E、AN-W、AN-G）系列、绿色环保油墨（AN-S）系列、热固轮转油墨（GP、TP）、白金系列油墨（PM）、金属油墨、专色油墨、光油、油墨助剂等，产品技术水平国内领先。在全国建立由50家经销商组成的内销网络，产品出口巴基斯坦、印度、埃及、泰国、马来西亚、土耳其、阿联酋、墨西哥等国家，出口已占销售总量25%以上。至2012年年底，完成年销售量4100余吨，实现年销售收入9800余万元。公司连续7年保持山东省胶印油墨生产第一，在全国胶印油墨行业排名由2004年第十位跃居2012年第五位。

三、济南银丰化工有限公司

始建于1995年，占地面积5.33公顷。是工业硅粉、金属硅、硅溶胶等硅制品研制、开发、生产和销售服务的专业公司。公司拥有自营进出口权。2002年，银丰公司通过ISO 9001：2008质量管理体系认证。2009年年初，在园区新厂区正式投入生产，设6条全封闭硅粉生产线，工业硅粉年生产能力10万吨以上，硅溶胶年生产能力提高到5万吨以上。公司先后与济南大学、山东大学等科研单位紧密合作。2011年11月，山东大学研究生社会实践基地在该公司揭牌。2011—2012年，公司年营业额均保持在2亿元以上，公司市场面向全国30余个省市。至2012年年底，公司主要有工业硅粉、金属硅、硅溶胶三大产品。工业硅粉主要应用于耐火材料、三氯氢硅、有机硅等行业；金属硅主要用于配制合金，制取多晶硅和有机硅及高档耐火材料；硅溶胶广泛应用于精密铸造、陶瓷、纺织、建筑材料等行业。

银丰化工有限公司办公大楼（2012年7月摄）

第二章　药山工业园

药山工业园（又称为“药山科技园”）为山东省首批信誉工业园、民营科技产业园、乡镇企业示范区。从最初的家具制造逐渐发展到汽车配件、机械、化工、食品、医药、医疗器械等多种行业，成为济南市二环路以内唯一的工业园区。至2012年，园区建设按照“园林式、生态型”标准，达“通路、通电、给水、排水、通信、燃气”工业配套标准，开发建设垂钓中心、药山广场、药山公园、黄河公园等风景区，形成具有休闲、旅游、度假、生态功能大规模绿化群落。坚持实行规范化“一条龙”服务，从立项、规划、环保、工商注册、税收登记到土地使用、开工建设等手续由管委会全程服务，统一代办。

第一节　园区设置

1993 年，天桥区经济技术开发区成立。8 月，天桥区经济技术开发区更名为天桥区工业小区，是济南市人民政府批准的天桥区“腾笼换业”工业区。

园区位于济南市城区西北部，区内地势平坦，平均海拔 24 米，年均气温 14.5℃，年均降水量 685 毫米，年均风速 3 米 / 秒。西连 104 国道，东接济青高速公路，二环西路、二环北路从园区穿过。京沪、胶济铁路交汇于此。园区中心地带距济南国际机场、济南火车站、济南长途汽车总站分别为 25 千米、4 千米和 2.5 千米。总体规划用地面积为 824 公顷。2002 年，更名为天桥区药山工业园。2004 年，更名为药山工业片区。2007 年，更名为药山工业园。

第二节　基础设施建设

1993 年，实施基础设施建设，自来水、仓储设施齐全。1994 年，建设 11 万伏变电站，铺设市区通往园区地下电缆。年内 4 台 1230 千伏安变压器投入运转，投资 300 余万元。架设企业用电线路长 2300 米，投资 36 万元；架设工人新村到工业园长 10 千米、100 门程控电话线路；架设师范路到太平加油站长 6 千米 30 对电缆。具备 15 万门程控电话能量的电信分局落户园区，投资 90 万元。采取打井与自来水并举措施，确保进区企业供水需求。年内，新打大小机井 40 眼，投资 35 万元。新开辟宽 20 米、总长 7317 米土路 6 条，占地面积 0.2 公顷，完成土方量 20 万立方米，投资 80 万元。对药山及新开辟道路两旁植树绿化，栽植树苗 8200 余株，改善投资环境。至 1995 年年底，园区有 11 万伏变电站 1 处，15 万门药山电信分局 1 处，日供水 20 万立方米黄河水厂 1 处，7 千米长的二环西路、二环北路主干道，占地面积 8.67 公顷国家重点项目——济南国际集装箱中转站、保税仓库；新建小区办公楼 2 幢附属设施，建筑面积计 3000 平方米。

2002 年，建设兴业路，架设沿线公路桥梁 4 座，盘活土地面积 266.67 公顷。药山广场建成。迁移中心区内高压线路，盘活土地面积 48 公顷。完成中心投资区“灯亮工程”，安装路灯 242 只。架设 1 万千伏安高压专线 1 条。投资 380 万元，修建东宇大街，使

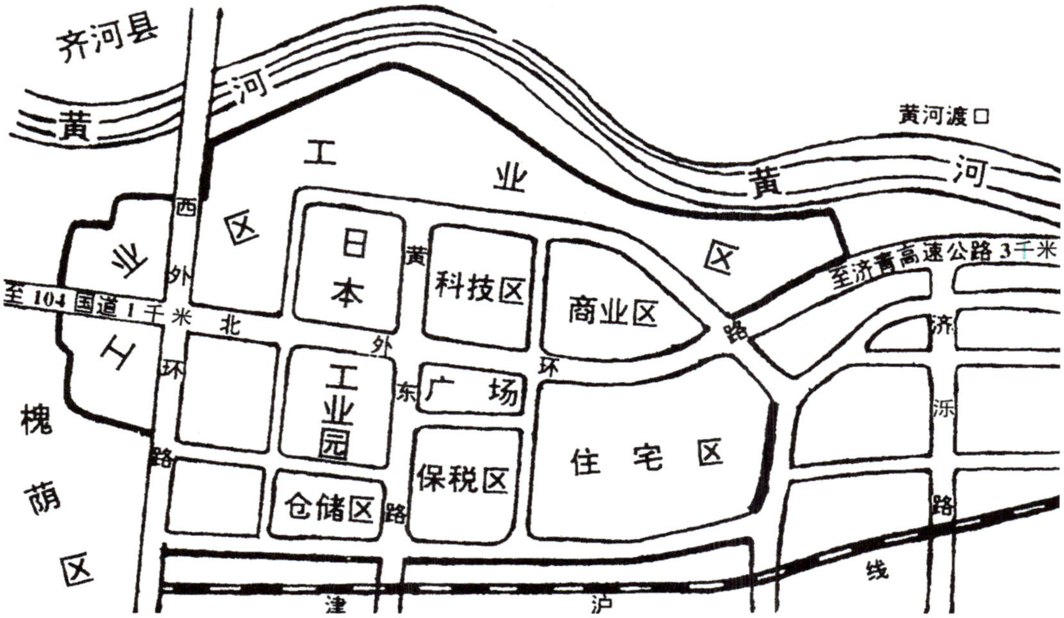

图 11-1　1993 年济南市天桥区工业小区总体规划图

之成为园区连通南北的重要干道。至2003年，开发建设元易垂钓中心、药山广场、药山公园、黄河公园等风景区，形成具有休闲、旅游、度假、生态功能绿化群落。2004年，建设道路66条，总面积13.91万平方米。2009年，安装园区街巷路灯937盏。

2012年，投入320万元，对7条主次干道进行综合整治。

第三节　招商引资

1993年3月，第一家企业济南挂面厂入驻园区。年内，园区接洽项目50余个，引进项目16个，其中“三资企业”4家。已投产和即将投产项目8个，在建项目8个，筹建项目2个，投资总额8300余万元，利用外资600余万美元。至1994年年底，与园区签订购地租地合同中外客户20家，合同金额1396.9万元。开工建设项目19个，完成建筑面积1.5万平方米，投资750万元。1995年，新引进项目26个，建设资金1.03亿元。累计引进项目46个（投产或营业14个、在建25个、筹建7个），其中三资项目6个、个体项目9个、集体项目31个；投资过亿元项目3个。1996年，山东巨力电工设备有限公司注册成立，从事变压器专用设备研发、制造、安装。各类冷热加工设备60余套；2000年，获进出口自营权，产品销往德国、瑞士、葡萄牙、巴西和国内知名企业。1997年，新引进项目4个。

2001—2003年，引进项目205个，其中工业项目163个、限额以上规模项目17个。合同签订项目26个，引进投资2.46亿元。中心投资区进驻企业40个。建设居办工业园14个。引进规模企业有山东三汇利重工机械有限公司（投资2000万元）、济南凤阳家具有限公司（投资2500万元）；引进高科技企业有济南奥贝克信息产业有限公司（研发大规模集成电路板）、济南供水设备厂（生产高新技术供水设备）；引进外向型企业有德国独资企业济南格屋门窗设备有限公司、中意合资企业济南百通混凝土有限公司、韩国独资企业济南大英皮革化学有限公司、香港独资企业济南千禧雅特兰有限公司、中美合资企业济南新贵族家具公司、中美合资济南布艺制造有限公司。2002年，山东澳华新能源有限公司落户天桥区药山工业园，是集研发、生产太阳能热水器、太阳能灯具、电热水器、采暖炉、空调扇、五金制品、汽车配件模具、家用电器配件模具的外资企业，产品有太阳能热水器、太阳能集热器、空气源热泵热水器。2003年，济南菲奥特电子设备有限公司落户天桥区药山工业园，从事电磁兼容和电源质量领域相关产品研发、生产、销售和技术咨询服务，专业生产和销售EMI滤波器；2012年，山东澳

药山工业园（2004年1月摄）

华新能源有限公司在伦敦证券交易所挂牌上市，成为首家登陆英国股市的太阳能光热利用国内企业，股票代码 ACE。

2005 年，丁庄居工业园引进济南君乐乳业公司，实现二环北路以北地区项目引进突破。蓝翔建筑机械厂搅拌机生产线投入生产。2007 年，新引进项目 86 个，其中工业企业项目 48 个、投资额 1000 万元以上项目 5 个。至 2008 年年底，累计引进项目 590 个，其中工业企业项目 470 个，商业企业项目 113 个；三资企业项目 16 个。按投资额计算，投资 500 万元以上项目 40 个、1000 万元以上项目 46 个、过亿元项目 4 个（鲁能康桥发展中心、蓝翔技校、山东泉胜国际物流大市场、温州工业园），合同总金额 58 亿元。

2009 年，引进山东高速养护、山东修建重卡车桥、山东揽月科技等 10 余家高科技、高附加值、高税收企业，新增税源 1500 万元。引进投资额过千万元项目 18 家。山东揽月科技有限公司产品进入试产质检阶段，并新增资金 3000 万元注册成立新公司。鲁能康桥发展中心已签约企业 26 家，投产企业 19 家。时代总部基地一期入驻企业 76 家，办理完工商税务辖区登记企业 35 家；二期正在施工建设，有 33 家企业达成入驻意向。至年底，园区高新技术企业 26 家，列入上市后备公司 1 家，重点培育上市公司 2 家。

山大鲁发碳纤维复合材料工程技术研究中心落户药山工业园签约仪式（2010 年 5 月摄）

2010 年，引进山大鲁发碳纤维复合材料工程技术研究中心、山东名嘉集团、济南药王谷科技、台湾中迪 LED、天鹅棉机等项目。山大鲁发碳纤维复合材料工程技术研究中心，设计定制生产线 80 条，主要产品碳纤维复合芯导线、高效节能碳纤维复合材料抽油杆、钠硫电池正极，为山东大学承担国家“863”课题技术，获国家专利技术 4 项。碳纤维复合芯导线与钢芯铝绞线相比，可提高传输容量 1 倍，减少传输中电力损耗，减少塔杆 20%。2012 年，年产 2 万公里碳纤维复合芯导线项目建成投产。原油开采用碳纤维复合材料抽油杆、电力储能用钠硫电池正极，加固补强用高性能碳纤维织物、循环再利用型碳纤维复合材料开发完成。首条碳纤维复合芯导线，在济南市 110 千伏刘长山路西延线路改造工程中挂网运行，使用的 ACCC/LF-240/40 型号碳纤维复合芯导线，长 4200 米，采用三回路架设，在保持原有杆塔和基础不变的前提下，使该线路电力输送能力提高一倍。山东名嘉集团，投资 2.6 亿元，专业投资全国商业地产及现代服务业。济南药王谷科技有限公司是天桥区名优保健药品厂，科研基地占地面积 2.67 公顷、虫草种植基地面积 3.73 公顷，年销售额 5 亿元。山东天鹅棉业机械股份有限公司，专科以上学历技术人员 190 人；研发设计人员 85 人，其中工程师以上职称 68 人，占设计人员 80%；拥有实用新型专利 58 项，发明专利 5 项，参与制定多项棉花加工机械行业国家标准。2012 年 6 月 5 日，完成上市辅导。至年底，园区高新技术企业 26 家，后备上市公司 3 家。

至 2012 年，园区有法人单位 1100 家，其中工业企业 600 余家，规模以上工业企业 26 家。

第四节　园区管理

1993 年，济南市人民政府批准天桥区工业小区为“腾笼换业”工程，规划用地面积 824 公顷。

园区规划有工业区、商业区、科研区、仓储区、住宅区、生活娱乐区。中共天桥区委、区政府提出“地价放开，行业放开，单位放开”优惠政策，园区管委会围绕“2431”工程，举办招商引资新闻发布会，制定领导干部包村、机关干部包项目、支部书记包重点工程等措施，促进园区经济发展。1994年，园区管委会与济南市规划局对园区进行全面测绘，完成824公顷用地规划，完成520公顷1：500地形图测绘工区项目规划定点。与各村支部书记签订经济指标责任书，并对部分企业进行业务指导、举办培训班。全年完成工业总产值5000万元。至2003年，实行规范化“一条龙”服务，从立项、规划、环保、工商注册、税收登记到土地使用、开发建设等手续由管委会统一代办。2007年，规模以上工业企业完成工业产值37.8亿元、收入35.7亿元、利税1亿元。实现出口创汇2600万美元，实际利用外资307.4万美元，完成财政收入2100万元，实现全社会固定资产投资14亿元。

2009年，推进重点项目和重点工程建设，围绕重点项目建设成立专项指挥部，提供水、电、拆迁等各方面服务。建邦黄河大桥建设完成总工程量75%。香港国际房地产项目一期楼盘基本预售完毕。对园区内家具、机械加工等占地面积、生产工艺落后、税收贡献率低的传统企业实施搬迁、改造、提升，完成特利尔生物、好适佳太阳能、华临化工、山东普利龙换热设备有限公司等12家传统企业的提升、整合，盘活土地、厂房等资源，优化产业结构，增加税源800余万元。实施家具企业外迁4家。鼓励引导企业进行科技创新，上报享受各项优惠政策企业40余家，为时代总部基地、重汽考格尔、华临化工等企业争取扶持资金200余万元，支持企业与山东大学、上海交大、山东科学院等科研所进行合作，华临化工、重汽考格尔等企业建成国内先进研发中心。山东巨力、澳华新能源、德佳机器等多家企业也扩建技术研发中心。在工商、税务部门支持帮助下，清理异地税企业85家，增加税收900余万元。配合税务部门开展综合治税，增收税款300余万元。2010年，中共天桥区委提出把园区建成“高新技术产业基地、总部经济基地、高校职业人才培训基地、服务外包产业基地”。药山街道成立振兴工业经济领导小组，在对辖区工业企业全面调研、建档立案基础上，研究制定《振兴工业经济的实施意见》，明确当前和今后一个时期工业经济发展总体目标，把当年定为“项目落地年”。协调工商银行、齐鲁银行与企业召开见面会；组织30余家规模以上工业企业与农业银行洽谈合作，拓宽企业融资渠道；召开60余家园区企业座谈会，请区相关部门讲解、指导土地、财政扶持资金等政策问题，并为10余家企业争取各类专项扶持资金300万元。揽月科技、华临化工、澳华电器、绿洲清洗、普利龙压力容器设备、济南豪瑞通专用汽车等建立独立研发中心或实验室，多项发明专利获审批。山东华临化工申报的氟材料研究中心项目、济南豪瑞通专用汽车有限公司申报的特种汽车改装项目、济南绿洲清洗有限公司申报的清洗设备制造项目、澳华新能源申报的太阳能项目发展前景良好。

2012年，园区规模以上工业企业26家，完成工业总产值17.99亿元；实现主营业务收入16.66亿元；实现利税1.16亿元；完成固定资产投资15.8亿元，占年计划105.3%；完成出口创汇6400万美元，占年计划160%；利用外资1000万美元，占年计划100%。

第五节　企业选介

一、时代总部基地

2004年，山东新世纪温州工业基地发展有限公司成立于药山工业园。公司在济南市率先引进“总部经济”概念，开发建设省内首个“总部经济”产业园区——“时代总部基地”，以崭新的总部经济模式，为山东及全国中小微企业创业和发展指引导航。引导区域经济与消费为出发点，致力于打造集研发、生产、轻加工、产品组装、销售等于一体的现代都市型产业园区，充分发挥总部经济聚集带动作用。2006年，一期项目正式开工建设，总建筑面积约30万平方

时代总部基地（2004 年 1 月摄）

米。入驻企业 70 家。公司从单纯的房地产开发商转型为产业园区运营商，并成立专业的园区商管公司，为入驻园区中小企业提供法律援助、小企业孵化、天使投资、人资招聘、物业管理、电商服务等一系列企业急需的综合运营服务。至 2012 年，入驻企业 200 家，提供就业岗位 6000 个。

二、重汽集团济南考格尔专用汽车有限公司

重汽集团济南考格尔专用汽车有限公司（简称“重汽考格尔公司”）及旗下控股济南豪瑞通专用汽车有限公司（简称“济南豪瑞通公司”）位于药山工业园，是工业和信息化部公告管理企业。重汽考格尔公司注册资本金 2157 万元，济南豪瑞通注册资本金 6157 万元。经营范围包括制造专用汽车、销售本公司生产的产品、进出口业务。是专门从事专用汽车及其零部件生产的专业型企业。2000 年，齐鲁考格尔集团天桥专用汽车有限公司成立。2005 年，与重汽集团开展产品合作，创建重汽集团济南考格尔专用汽车有限公司。2009 年，成功收购济南哈勒汽车制造有限公司，并组建为济南豪瑞通专用汽车有限公司，成为工业和信息化部公告管理企业。2010 年始，连续年销售收入过 5 亿元，上缴税金过 1000 万元，拥有济南市企业技术中心、专用汽车工程研发中心。至 2012 年，公司拥有员工 350 人，具有大专以上学历的各类专业人才 109 人，工程技术人员 40 余人，主要建筑面积 3.44 万平方米，拥有现代化厂房面积 2 万平方米，主要生产自卸汽车、混凝土搅拌车、压缩式垃圾车、吸污车、洒水车、粉粒物料车等系列产品。公司总资产 2.8 亿元，拥有大型折弯机、剪板机、钢板开平机、油压机、卷板机、等粒子数控切割机、数控机床、自卸车生产线、喷漆房等大型设备 100 余套。

公司拥有生产垃圾车、吸污车、洒水车等城市环卫车辆的生产资质，针对国内市场需求，研发生产各类自卸汽车、油罐车、压缩式垃圾车、吸污车、混凝土搅拌车、粉粒物料运输车、化工液体运输半挂车等上百个品种。其中，公司自主研发生产的吸污车成功列装联合国维和部队，环卫车使得公司成为总装备部维和部队特种车供应商。建立覆盖全国网络销售系统，采用直销、代销、代理、电子商务等多种销售方式，促进市场开发。产品已销售至全国 30 余个省、市、自治区，并出口俄罗斯、朝鲜、东南亚、南亚、非洲等 11 个国家和地区。2010 年，公司成立新能源事业部，研发生产新能源汽车，其中纯电动乘用车、电动观光车、电动货运车等产品已陆续投放市场。公司研发生产的 10 吨纯电动洒水车是国内吨位最大的电动洒水车之一，成为山东省首台取得公告目录的纯电动大吨位环卫车，并在济南市成功运行。至 2012 年，公司成为国内专

演示纯电动绿色环保车使用（2012 年 4 月摄）

用汽车产品品种最为齐全的专用汽车生产企业，也成为中国重汽、陕汽、北奔、福田等底盘厂家的委托改装厂和济南市、山东省乃至全国著名的专用汽车改装基地。

三、济南绿洲清洗设备有限公司

1997 年，济南绿洲清洗设备有限公司（简称“绿洲公司”）成立于药山工业园。专业从事各种新型环保工业洗涤设备研制、生产，主要生产各类高档全封闭环保型干洗机、全自动变频悬浮水洗机、高效节能烘干机、高速熨平机、全自动折叠机、大型环保节能型毛皮脱脂机、大型毛皮专用干洗机辅助整烫设备等多个系列 100 余种产品，是一家集科研、生产一体化新兴技术产业公司。公司采用 CAD 技术对产品进行设计开发，年生产洗涤设备 5000 余台套，是国内同行业中发展最快和最具发展潜力的一流企业。2005 年，公司引进最先进洗衣技术及经营管理模式，结合中国国情，创建绿洲洗衣特许加盟连锁体系。2009 年，从意大利聘请具有近 40 年干洗设备设计制造经验的世界著名工程师伯纳德先生以及国内诸多洗涤行业顶尖技术人才，使得绿洲公司在研发创新、产品品质方面有很大提升。

至 2012 年，绿洲公司主要研发生产高端洗涤设备及辅助熨烫设备，擅长制造冲压、拉伸模具，主持研发设计绿洲碳氢溶剂干洗机、四氯乙烯干洗机、F141B 溶剂干洗机、大型毛皮脱脂机、全自动全悬浮水洗机、双层洗脱烘一体机（填补国内空白）、高级吸鼓风烫台等多款设备，并获多项专利技术。所生产的干洗机、水洗机，均已通过 CE 认证，设备操作使用安全省心，故障率极低。绿洲公司已经发展为国内最大干洗设备专业生产企业和国内综合配套能力最强企业。

济南绿洲清洗设备有限公司无尘装配车间（2003 年 1 月摄）

四、山东零公里石油化工有限公司

山东零公里石油化工有限公司是集研发、生产、销售、大型仓储、快速物流等于一体的润滑油生产基地。2001 年 4 月，新公司成立；6 月，投资 1500 万元，占地面积约 5 公顷新工厂开始进入实施阶段；2002 年 8 月，公司迁入开始投产。公司定期邀请雅富顿技术专家到公司进行行业标准、国际主机厂家发动机及变速箱用油标准培训，公司 CF-4 以下级别产品全部满足车辆发动机对于国Ⅲ标准要求；CG-4 以上级别产品全部满足车辆发动机对于国Ⅳ标准要求。投资百万元增加仪器、设备数十台，购入奔驰、沃尔沃高端车型发动机、各型号变速箱等用于教学及技术培训。针对现有乘用车发动机油、商用车发动机油、传动系统用油、非公路车辆用油、工业用油、汽车养护用品等 8 大系列的上百个品种进行产品体系优化。其中针对油品抗磨性定位

济南绿洲清洗设备有限公司厂区大门（2012 年 7 月摄）

山东零公里石油化工有限公司（2012 年 3 月摄）

的合金镀层合金装甲系列产品、针对油品清净分散性定位的唤醒系列产品、针对赛事用油专门打造的钢铁侠高级润滑油系列取得市场广泛认可；针对都市轻卡专用的都市勤务系列专用油、针对非公路车辆专用的康麦因农业装备专用油、悍客工程机械专用油等产品可以适用不同车型。继润滑油市场成功开拓后，公司涉足汽修行业，成立圣罗萨汽车维修养护公司、飞速赛车润滑科技公司，并推动赛车用油民用化项目等，成为公司转型重点。2011 年 11 月，投资 600 余万元，建立圣罗萨维修养护中心旗舰店，占地面积 0.1 公顷，是集汽车修理、快速美容、快修保养、变速箱维修等于一体的综合性养护中心。增设润滑油管道集中自动加注系统，提升换油效率 60%，降低换油成本，节约包装材料使用等，能全面满足环保的各项要求。2012 年 6 月 28 日，公司与 WDS 世界汽车飘移大赛组委会达成为期三年战略合作伙伴关系。

至 2012 年，在职职工总数 103 人，在职技术人员 15 人。总资产 8534 万元。主要设备有生产调釜 24 个，导热油炉 2 个，导热油加热调和罐 15 个；全自动脉冲调和系统 2 套，生产油品及防冻液产品灌装罐 30 个；高精度计量加注生产线 14 条，其中 1L–6L 5 条；16 头自动灌装生产线 2 条；16L–18L 高精度计量加注生产线 3 条；全自动化机械手臂和码垛系统 2 套；200L 自动计量加注系统 2 套；厂内储油库 27 个，厂外原材料储油量 1 万吨。

五、鲁能康桥发展中心

2003 年 9 月，鲁能康桥置业公司落户药山工业园，斥巨资建设鲁能康桥发展中心。2004 年 10 月 24 日奠基，占地面积 23.6 公顷，规划建筑面积 28 万平方米。中心是集生产研发、商务会展、金融服务、良好办公环境四位一体高科技、高附加值园区。2005 年 12 月，德国能源中心 GEC、山东超高压电力公司、山东金泰生物工程公司、步长药业集团、中国石化集团签约入驻。2006 年，同创华虹、呈祥电工、世纪大光、鲁维电子、森健生物等 10 家国内科技型企业签约入驻。马西尔有限责任公司、克雷奥斯有限责任公司等 8 家德资企业签约入驻。至 2012 年，有 27 家企业入驻，具有管理中心、创业中心、科技产业示范基地、国际企业孵化区四大服务体系。

鲁能康桥发展中心位置图

第三章　黄河北展区

第一节　项目由来

黄河北展区工程建于1971年，主要功能为防止黄河冬夏季节凌汛，总占地面积1.06万公顷，其中山东省德州地区6300公顷。济南市天桥区北展区规划范围南起黄河北大堤，北至黄河北展大堤，西靠德州地区齐河县李家岸引黄干渠，东至104国道，总面积4300公顷。该区域涉及天桥区所辖桑梓店镇、大桥镇、泺口街道三个街道（镇）。北展区（天桥区段）涉及村居35个，总人口约2.51万人。辖区在1991年1月—1999年12月，所属桑梓店镇和大桥镇部分，行政归属济南市历城区。2000年，北展区所属桑梓店镇和大桥镇部分，行政由济南市历城区划归天桥区。

随着黄河上游防汛工程及设施不断完善，特别是小浪底水库建成后，黄河北展区运用几率大大减小，相关文件已明确提出取消黄河南北展宽工程分凌分洪运用任务。2003年6月26日，中共山东省委召开常委扩大会议，确定济南市“东拓、西进、南控、北跨、中疏”的城市建设发展战略，为加快天桥区经济和社会各项事业的发展提供机遇。天桥区决定利用黄河北展宽区内荒滩荒水多的自然条件和地下水位高的优势，建设黄河水景园，积极实施“北跨”。2004年11月1日，水利部黄河水利委员会下达《黄河流域河道管理范围内建设项目审查同意书》，黄河水景园项目建设获黄河管理部门审批。2005年5月，济南市人民政府成立市长任组长，市政府秘书长、中共天桥区委书记任副组长，市发改委、财政局、规划局、国土局、交通局、农业局、林业局、水利局、黄河河务局为成员单位的黄河北展宽区综合开发领导小组，根据历史遗存、地理优势和发展愿景，将黄河水景园更名为鹊山龙湖。

第二节　规划理念

按照“原生态、纯自然”原则，“人天和谐”“人地和谐”“人水和谐”理念，围绕将鹊山龙湖打造成为集“山、泉、湖、河、城”于一体的生

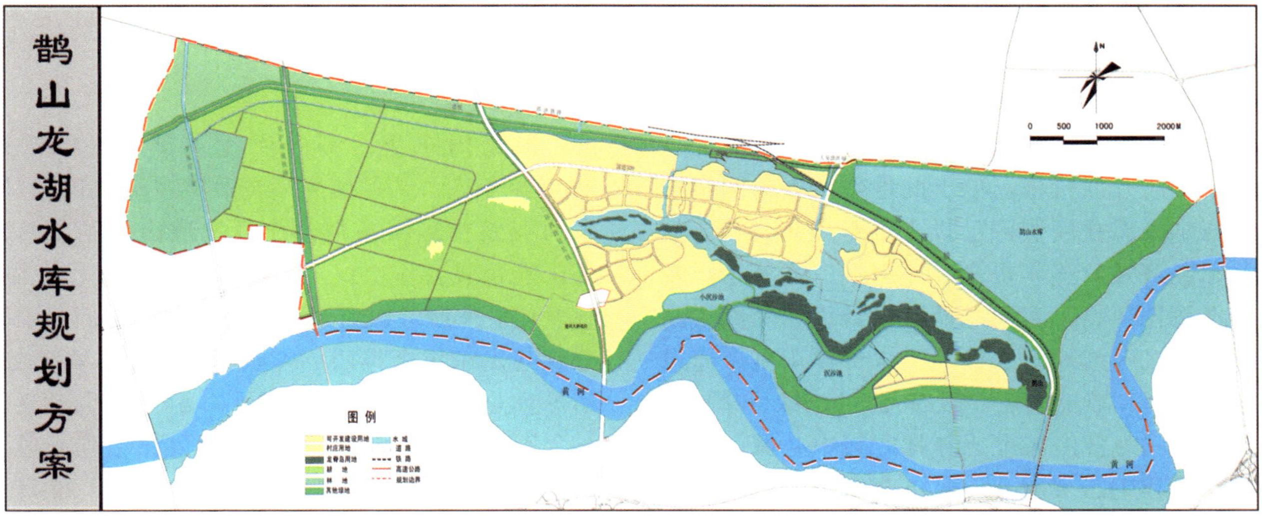

鹊山龙湖水库规划方案图

态宜居新型城市综合体，对项目进行综合治理。2007年9月29日，中共山东省委召开常委扩大会议，将鹊山龙湖项目纳入全省重点项目，争取创建国家级旅游度假区，建成河湖辉映、山岛龙形、旷野阡陌、城水交融的济南北部新城。

一、河湖辉映

河，指黄河。结合黄河文化遗存，发掘黄河溯源、摆渡、长堤等胜景，塑造一条黄河文化风貌带，体验黄河文化。湖，指龙湖。利用北展区丰富水资源，依托既有的鹊山水库、沉沙池，加以人工整合，开辟新湖面，重现历史上的鹊山湖美景。

二、山岛龙形

山，指鹊山。相传先秦名医扁鹊曾在此炼丹，后葬于此地，现古墓尤存。利用炼丹典故及扁鹊墓遗址，形成鹊山景区。在鹊山上建设黄河楼，形成区内观光览胜制高点。岛，指龙脊岛。在区内通过挖湖成岛，在湖中形成群岛序列，呈龙脊状，以鹊山为龙头，构筑龙形，体现龙湖主题，岛屿序列按照不同旅游需求划分功能区。

三、旷野阡陌

指生态湿地、林地和都市高效农业区。结合优质农田和既有湿地、林地，在区内北部、西部构筑新区的旷野基调背景，为游客认识自然、体验自然，创造原生态佳境。

四、城水交融

指依河傍湖发展新城区，建设生态新社区。泉，指温泉。温泉是该区域内丰富的地热资源，经山东地矿工程勘察院监测，项目区域内地热埋藏深度为700～900米，水温45～55℃，水中含有大量偏硅酸、锶、氟，具有较高的医疗温泉洗浴开发价值。位于此地热带上的国科国际高尔夫温泉度假区已投入运营多年，社会效益和经济效益连年提高。该区域三面环水，现有水系普遍高于黄河北展宽区地面，受侧渗水影响，该区域地下水位高，水资源丰富。通过挖土成湖、堆土成岛，形成大面积水面和绿地、湿地，成为济南城市北部片区与中心城区之间的绿肺和生态缓冲，形成济南南山北水遥相呼应的生态城市的发展格局。

第三节　项目实施

至2012年，委托济南市规划设计院完成《鹊山龙湖规划》《鹊山龙湖开发建设区控制性详规》。分别取得水利部黄河水利委员会项目施工许可、济南市发改委鹊山龙湖基础设施项目立项、土地开发整理项目立项等有关手续的审批。

一、一期工程

2005年12月22日，项目一期工程开工建设，总占地面积433.33公顷，工程内容主要包括填筑异国风情社区建设用地、塑造生态湿地区东段地形、开挖周围湖区及309国道改线工程。一期工程全部结束，累计总投资2.4亿元，开挖土方446万立方米，填筑土石方467万立方米，填筑建设用地面积约200公顷，形成水面面积约133.33公顷，塑造生态湿地面积约100公顷，完成绿化面积30公顷。

二、土地整理

按照“田成方、路成网、沟渠路桥涵闸综合配套”标准，2007年12月10日—2012年年底，已完成土地整理面积933.33公顷，为发展高效旅游观光农业打下基础。309国道改线工程竣工，并实现全线通车。

三、规划展示中心

2012年，位于天桥区大桥镇桃园村309国道南侧的规划展示中心建成。由山东黄金集团出资建设建筑面积8000平方米展示场馆，总投资1.2亿元。

四、招商引资

根据山东省、济南市相关部署，2007—2009年年底，天桥区先后与香港世茂集团和马来西亚发林集团谈判合作开发鹊山龙湖项目，都未能达成合作协议。2010年年初，鹊山龙湖开发建设按照“政府主导、企业运作”的路子，分别与山东黄金集团、鲁能集团、山东高速集团等企业逐一进行竞争性谈判。经过综合考察，黄金集团在企业自身实力、开发理念、合作兴趣、合作诚意等方面均表现突出。2010年6月26日，济南市人民政府召开第53次常务会议中，明确同意天桥区与黄金集团合作开发鹊山龙湖项目，并出台相关配套政策。于7月26日在山东大厦举行《鹊山龙湖项目合作开发框架协议》签约仪式。合作范围以建邦黄河大桥北延长线为界，建邦大桥以西为基本农田区、以东为合作开发区，面积约1600公顷。

第四章　文化创意产业园

天桥区本着“借助原有工业区历史资源、依托天然水资源、挖掘中华老字号文化资源”发展思路，逐步建成一批有规模、特色、潜能的文化产业园区，重点打造药圣天成、国贸天成、滨河天成、D17(银座天成)四大“天成号”文化创意产业园区。至2012年年底，文化创意产业园区初成规模，特色文化品牌魅力凸显，天桥区文化产业发展势头良好。

第一节　“天成号”之药圣天成文化创意产业园

药圣天成文化创意产业园又名济南古玩城，位于济南长途汽车总站东200米的东工商河畔，建筑面积6万平方米，由济南药业集团投资1.5亿元对部分老厂房进行改造升级而成。2010年9月开园。

该园区结合东工商河路及沿河两岸美丽的景观，突出行业特色及文化底蕴，借鉴南京夫子庙及江南水乡古街风格，体现出青瓦、白壁、马头墙和小桥流水，打造以明清建筑为特色的仿古建筑群，形成江北“秦淮河”独特景观。园区分为南区、北区，有商户1000余户，经营种类有古玩、字画、玉器、珠宝、木雕、古钱币、古家具等收藏品，人气旺盛，交易热烈。以高档古玩交易、艺术品拍卖、文化藏品展览及民间艺术演艺为主体的传统文化特色产业聚集成体，特色鲜明、专业性强。园区在济南市率先开办济南古玩大集。每周六、周日成集，千余名古玩爱好者相聚一堂，现场进行古玩交易。至2012年，园区已发展为山东面积最大、规模最大、人气最旺的古玩文化产业园区，具有较高知名度和影响力。

第二节　“天成号”之济南国贸天成文化创意产业园

国贸天成文化创意产业园位于北园大街与生产路交界处，占地面积5公顷，公共服务场地面积6万平方米，总投资2.2亿元。该园区是由清河集团公司结合自身产业结构调整，对下属企业——济南国际贸易大厦、龙都国际大酒店原有物业实施改造升级并新建部分设施而成。2012年开园。

园区以“休闲娱乐带动文化经济发展，推动天桥文化经济建设，构筑天桥文化新地标”为定位，本着“高起点规划、高水平建设”原则，聘请国内著名专业团队进行规划设计和管理，园内基础设施、道路硬化、景观设置及灯光工程高标准建成。引进雪松、石楠、玉兰、大叶女贞、白果、水杉等大量名贵树种，并修建小桥流水、水渠池塘等特色景观。整个园区整洁优美、品味高雅、文化氛围浓厚，成为北园大街一道亮丽的风景线。园区通过招商引资，相继有圆缘园茶点、银座名车博览中心、海洋之星、龙都国际商务会所、蝗家一号酒吧等知名文化企业入驻。至2012年，以上经营项目全部开业并取得良好经济效益和社会效益，成为济南北部广大市民及商务人士文化休闲娱乐理想场所。

第三节 “天成号”之滨河天成·潮合汇文化创意产业园

滨河天成·潮合汇文化创意产业园位于小清河北路中段，与滨河新区核心区隔岸相望，被四大商圈环抱，东临黄台建材商贸区，西临泺口服装商贸区，南临北园建材商贸区，北临黄台新兴产业园区，地理位置得天独厚。建筑面积3.6万平方米，是由潮合汇企业策划有限公司投资1.5亿元打造的集文化体验、休闲、娱乐、餐饮、旅游于一体的综合性文化产业园区。2013年6月17日开园。

园区沿小清河一带为文化创意产业区，沿清河北路一侧为娱乐休闲餐饮区，是以文化旅游、动漫设计、艺术工作室、影视制作及休闲娱乐为主要业态的文化产业集聚区。园区发展定位独具特色，注重以品牌、环境及与众不同的经营模式赢得市场。至2012年，落户园区的文化类企业有新儒集团、华辰百线影院投资股份有限公司、济南网信广告传媒有限公司、济南鼎航信息技术有限公司、济南泽彤教育咨询有限公司、济南美程广告传媒有限公司等文化企业20家，占用面积2.5万平方米，占项目总量70%。其中新儒集团签约面积1.7万平方米，是园区签约入驻的最大文化类企业。下设动漫制作、中华旅游购物大世界、齐鲁旅游主题会所、中国教育旅游联盟、旅游景区展示与游客集散中心等几大板块。另有心港量贩式KTV进一步丰富夜间文化生活，三宝轩红木馆为收藏家提供交流平台，顺天和书画工作室吸引诸多书画爱好者进行艺术创作，法国葡萄酒专家弘扬红酒文化，百优馆提供“到山东不得不买的100种特色产品”的一站式服务。同时，园区结合季节特点及各大节日定期举办文化主题活动，吸引市民积极参与互动，提升文化品味，营造浓厚文化氛围。

第四节 “天成号”之D17（银座天成）文化创意产业园

D17文化创意产业园位于堤口路17号原济南啤酒厂院内，北临济南长途汽车总站，南临济南火车站，与中恒商城、天桥文体中心遥相呼应，交通便利、客流量大，具有得天独厚的地理优势。占地面积6.67公顷，建筑面积10万平方米（其中地上建筑面积近8万平方米），投资3亿元，是工业文化与现代服务业有机结合的全新文化创意平台。2011年6月，园区完成济南市重点文化产业园区项目立项。2013年9月开园。

园区依托原有的工业历史文化资源，按照“传承历史、修旧如旧、科学规划、突出文化”改建原则，与山东高力仕达投资咨询有限公司签订协议，将原济南啤酒厂旧厂房在保留厂区内建筑原有风貌、布局、工业元素基础上进行转型升级，打造成为以啤酒文化为龙头，集文化演艺、休闲娱乐、艺术交流、文化创意等于一体的特色文化产业园区。至2012年，园区引进金海岸顺风演艺大舞台、啤酒文化主题餐厅、妙派KTV、脸谱国际商务会所、浅深水疗中心和黑龙江商会等大型项目6个。其中金海岸顺风演艺大舞台是杭州金海岸文化发展股份有限公司开设的全国连锁演艺店之一，先后被命名为“国家文化产业示范基地”“国家文化出口重点企业”；啤酒文化主题餐厅保留原济南啤酒厂工业元素，运用独特工艺酿制特色啤酒，弘扬传统啤酒文化，具有深厚工业历史文化底蕴；妙派KTV是江北最大规模的量贩式KTV，以低廉的价格、优质的服务赢得市场，充分满足广大消费者精神文化需求。

第十二篇

商贸服务业

山东澳华新能源有限公司在英国成功上市发布会召开（2012年4月摄）

2009 年 1 月 5 日，“访百家外企，促增资发展”活动。

银座家居中心店开业（2010 年 10 月摄）

20世纪80年代，天桥区国有、集体商业企业实行经营承包责任制，商业贸易私营、个体商户增多。1991年，社会总供给大于总需求，天桥区商业搞活流通渠道，扩大购销，城乡市场进一步繁荣。全区有商业网点4947个，全年完成营业收入17.56亿元，比上年增长60%；实现利润3796万元，比上年增长4%。商业企业试行经营、价格、分配、用工“四放开”，打破主要商品由商品流通部门独家经营局面，经营体制改革逐步深化。1995年，全方位扩大开放，加速外向型经济发展，自营出口392万美元，是1994年15倍，增长速度和出口规模居全市五区五县之首。1996年，中共天桥区委、区政府提出《企业改革工作实施意见》，全面推进商业企业产权制度改革。1998年，区属商业企业改为股份合作制企业2家，整体兼并1家，归并管理1家，破产2家。2004年，天桥区提出发展“大商贸、大流通、大市场”要求，完善商业网点规划，制定《天桥区餐饮业发展规划》《天桥区物流业发展十一五规划》，修订《天桥区商业网点规划》。2005年，制定《天桥区第三产业发展十一五规划》，大力发展现代服务业；在商业活动中注重开展民生商务，消费品市场持续活跃。2008年，完成区属商业企业改制15家。实施品牌化战略，培养和树立贸易服务业品牌企业，济南泺口服装城、济南堤口果品批发市场、山东建材市场被评为济南市十佳商品交易市场。2012年，全区社会消费品零售总额274.26亿元，完成出口总额2.76亿美元。

第一章　商业发展概述

1991年始，天桥区落实中央、省、市加快第三产业发展要求，坚持国有、集体、个体三驾车齐驱，区、街、镇、村、居五渠道并进，发展步伐加快。发挥国有、集体商业主导作用，全年销售收入8233万元，利润103.5万元，利税248.8万元。1993年，适应社会主义市场经济转变要求，个体私营经济发展迅速，营业收入2.5亿元，是1992年12倍。2000年，全区社会消费品零售总额44.01亿元，其中个体私营经济占零售总额57.3%。2012年，全区社会消费品零售总额274.26亿元。

第一节　国有商业

1991年，国有商业系统完善企业内部承包机制，开展经营、价格、分配、用工“四放开”试点，组织“舒心、顺心、放心”优质服务活动，营业收入和利润同比均有增长。全区国有商业网点18个、405人，全年商品购进5223.6万元，商品销售6149.3万元。区商业局下辖北坦商场、成丰商场等企业，主要经营黑白电视机、自行车、录像机、台风扇、家用空调器、盐、食糖、奶粉、卷烟、酒、茶叶、皮鞋、肥皂、洗衣粉、保温瓶、精铝锅、手表、钢笔、棉布、化纤布、绸缎等商品，经营品种2万余种。1992年，丰富经营品种，商品价格顺应价值规律，自行调节，增加适销对路商品，克服市场疲软和资金紧张等不利因素，经济效益提高。1993年，全区国有商业、饮食业网点26个，社会消费品零售总额994万元。

1994年1月1日，区商业系统唯一股份制企业——北坦商场有限责任公司，正式对外挂牌营业，为股份制全面推行迈出第一步；推行全员劳动合同化管理，实施“五定一提”（定销售、定毛利、定库存、定费用、定人员；按销售毛利提取工资）策略，调动职工积极性；年销售收入560万元，利润15万元，利税36.8万元。天桥食物公司年销售收入1000余万元，利润60万元，利税95万元。全区国有商业、服务业网点25个，商品购进3064.8万元，商品销售3372万元。1995年，投资600万元，商业系统第一家合资企业——长南装饰材料有限公司建成投产。1996年，区属商业企业规范、完善国有自营为主的六种（国有自营、国有民营、联合经营、租赁经营、股份合作制、有限责任公司）改革模式，实现土产公司、食物公司、副食公司、服务公司转轨变型；组建天鹏集团，建成天鹏大酒店；商业系统59家核算单位，其中国有自营34家（占改制企业57.6%）、国有民营13家、联合经营6家、租赁经营3家、股份合作制2家、有限公司1家。加强企业内部管理，实行内审制度，推行人本管理、成本管理和星级挂牌服务，评出一星级营业员（服务员）229名、二星级营业员（服务员）227名、三星级营业员（服务员）19名。1997年，全区国有商业、服务业网点20个，社会消费品零售总额1661万元。1999年，国有商业社会消费品零售总额1303万元。

2000年始，消费品市场呈多元化状态，集体、个体商品经济日趋成熟，商业竞争激烈，国有商业由于历史包袱沉重、银行信贷冻结，商品经营困难。2002年，国有商业社会消费品零售总额降至360万元。至2012年，百货公司、商业公司、永康食品厂相继破产，只能利用现有商业经营设施，吸引个体业户进店经营，国有流通资本基本从商业领域退出。

第二节　集体商业

1991年，集体商业系统深化经济体制改革，加强企业管理，强化经营措施，完善第二轮承包，调整产业结构，持续稳定发展。全区集体商业网点537个、9418人。其中，供销合作社13个、405人；企业经营524个、9013人。社会消费品零售总额3.08亿元。1992年，发展一业为主，多种经营，商品零售总额4.36亿元，其中居民消费品零售总额4.12亿元，占94%以上。1993年，全区集体商业、饮食业网点103个，社会消费品零售总额10.23亿元。1994年，全区集体商业、服务业网点66个，商品购进4.45亿元。其中从生产者购进3.74亿元，占84%；商品销售4.31亿元，其中批发3.44亿元，占80%。

1997年，加快企业产权制度改革，转换经营机制，实施形象工程、市场工程、头雁工程和连锁工程，挖掘现有商业设施潜力，推行星级挂牌服务，实现全方位目标管理。全区集体商业、服务业网点64个，全年社会消费品零售总额13.15亿元，小型和个体批发零售贸易业商品购进9.11亿元，商品销售9.09亿元。1999年，集体企业社会消费品零售总额14.23亿元，限额以上批发零售贸易业商品购进3607万元，商品销售4470万元。

2000年始，消费品市场呈多元化状态，集体、个体私营商品经济日趋成熟。适应市场经济发展要求，一批规模较大集体企业改为股份合作制企业或建立有限责任公司，走规模经营发展道路。2002年，集体企业限额以上批发零售贸易业商品购进2140.8万元，商品销售2750.9万元。2010年，集体经济社会消费品零售总额1.37亿元。2012年，限额以上批发业集体企业商品销售额9254.9万元，限额以上零售业集体企业商品销售额1.48亿元。

第三节　个体私营商业

1991年，天桥区立足发展经济、搞活流通、方便群众，大力发展个体私营商业。个体有证商户2042户、从业人员2750人，个体营业收入4619万元，同比增长21%。1992年始，落实上级鼓励、支持个体私营经济发展政策，加大扶持力度，个体私营业户快速增加。1993年，全区个体业户6000余户、1万余人，营业收入2.5亿元，是1992年的12倍。1994年，发展私营企业207家，累计343家；新增个体业户5200户，累计1.16万户，从业人员2万余人。全区30%商业网点为个体私营企业，11个专业批发市场中个体私营企业占90%以上。

1997年，全区个体工商户14675户，注册资金6478万元，从业人员2.5万人；私营企业985家，注册资金2.58亿元，从业人员9058人。个体私营从业人员占全区总人口9%。个体私营商业网点1.38万个，占全区网点总数82.8%；商品零售总额20.84亿元，占全区社会商品零售总额54.5%。集贸市场个体私营业户成为市区蔬菜、肉禽蛋、水产、果品等供应的主要来源；个体小商亭、小饭店沿街林立，各种小维修、小服务无处不有。规模较大私营企业有济南通泉化工有限公司、济南华达汽车配件有限公司、济南秦老太食品有限公司。新型现代企业组织在全区私营经济中比例显著提高，占全区私营企业总数40%以上，并以每年120家左右递增。个体私营从业人员构成变化明显，复转军人、机关干部、企业管理干部、下岗工人、大学生、科技人员逐年增加，改变过去个体私营经济从业人员老、少、病、弱及进城农民为主的状况，为个体私营经济发展注入新鲜血液。

1998年2月，中共天桥区委、区政府作出《关于加快个体私营经济发展的决定》，成立天桥区发展个体私营经济工作领导协调小组，加强个体工商户和私营企业经营者管理，加快个体私营经济发展；召开全区首个个体私营经济工作总结表彰会，10家私营企业被命名为十佳私营企业、10家私营企业被命名为1997年度10家私营企业纳税大户、100名个体工商业户被命名为百名文明个体工商户，个体私营经济成为全区经济重要增长点。

2002年，制定“扶持、引导、服务、发展”政策，加快民营企业发展，逐步形成济南秦老太食品有限公司、济南黄老泰食品有限公司等一批规模大、竞争力强民营商业大户。全区个体私营业户1.66万户，注册资金16.04亿元，实缴税金占全区地方财政收入51.8%，全区个体私营经济社会消费品零售总额28.74亿元。加强个体私营业户管理，开展专项整治，倡导诚信经营，争创文明商店、文明岗、明星服务员活动。2010年，全区个体业户2.99万户，从业人员7.82万人；私营业户6499户，从业人员5.32万人。2012年，全区个体业户3.63万户，从业人员7.01万人；私营业户1.01万户，从业人员7.53万人。其中批发和零售业从业人员占比最大，分别占个体私营工商户从业人员68%、52%。

2012年天桥区个体私营工商户统计表

表12-1　　　　单位：户、人

行业分类	私营		个体	
	户数	从业人员	户数	从业人员
合计	10074	75302	36256	70116
农、林、牧、渔业。	16	118	39	132
采矿业。	—	—	1	—
制造业。	899	10647	839	2683
电力、燃气及水的生产和供应业。	4	31	1	3
建筑业。	545	3790	51	162
交通运输、仓储和邮政业。	304	2237	3385	5330
信息传输、计算机服务和软件业。	790	5751	2217	4139
批发和零售业。	5536	39053	26113	47681
住宿和餐饮业。	89	880	871	3540
金融业。	3	19	—	—
房地产业。	215	1531	87	170

续表 12-1

行业分类	私营		个体	
	户数	从业人员	户数	从业人员
租赁和商务服务业。	1174	7616	489	1060
科学研究、技术服务和地质勘查业。	280	1962	87	185
水利、环境和公共设施管理业。	13	105	1	—
居民服务和其他服务业。	185	1349	2014	4649
教育。	3	18	—	—
卫生、社会保障和社会福利业。	4	80	18	64
文化体育和娱乐业。	14	115	43	318

第二章　商业体制改革

1991年始，大中型企业实行经营承包责任制，小型零售商业实行以“改”（改为国家所有集体经营）“转”（转为集体所有制）“租”（租赁经营）并举，以“租”为主的改革，推行企业经营、价格、分配、用工“四放开”。1995年，区属商业系统形成国有自营为主体的6种改革模式。1998年，商业企业采取买断、破产、归并、股份合作制、有限责任公司等形式进行改制。至2012年，全区商业企业完成改制任务。

第一节　经营体制改革

1991年，天桥区相继制定《关于促进街居经济发展的有关规定》《关于建设城市社会化服务体系，促进第三产业发展的若干规定》《天桥区建设城市社会化服务体系，发展第三产业规划》，在全区商业企业实行经营、价格、分配、用工“四放开”改革，提出《关于在商业企业实行“四放开”试点的意见》。新一轮承包（即二轮承包）中，除考核销售收入、利润两项主要经济指标外，增加费用率、减少待摊、资金周转天数等3项经济指标，将企业管理、安全卫生、计划生育、职工教育等考核指标列入承包指标。引入风险机制，实行集体风险抵押承包。按市场供求定价，实行工资与效益挂钩，调整分配结构。推行全员劳动合同化管理、干部聘任制、内部待业制，改革用工制度。施行区属商业企业转轨变型，各管理型公司全部转为实体型公司。核算店、门市部、柜组实行承租大包干。

1992年，制定《关于进一步深化改革，转化企业经营机制的若干规定（试行）》，提出用“一法两条例”（《中华人民共和国全民所有制工业企业法》《中华人民共和国城镇集体所有制企业条例》《中华人民共和国乡村集体所有制企业条例》）规范企业行为，保护企业合法权益。1993年，以组建企业集团、试行股份制为重点，转换企业经营机制，把企业推向市场。1996年，制定《企业改革工作实施意见》，成立天桥区改革开放领导小组，以镇以上商业企业产权制度改革为重点，加强企业改革宣传培训，增强改制企业积极性、主动性；转换经营机制，实行内审制度，推行人本管理、成本管理和星级挂牌服务；天桥区连续3年被评为全市经济体制改革先进单位。1997年，发展外联项目，实施市场工程，百货公司、成丰商场、源源酒家、商业公司、永康食品厂、无影山百货公司先后与大企业联营或在其他市场设点经营，减员增收，缓解困境。2005—2009 年,天桥区先后制定《关于印发 2005 年全区国有（集体）企业改制实施意见的通知》《天桥区关于集体企业改制的指导意见》，加快全区集体企业产权制度改革进度，规范改革行为。至 2012 年，全区商业企业完成改制任务。

第二节　产权制度改革

1992 年 12 月，全区股份制试点工作会议召开，制定《济南市天桥区股份合作制企业暂行规定》《济南市天桥区组建股份制企业试行办法》《关于加快推行股份合作制的意见》，为股份制推行奠定基础。1994 年，制定《天桥区深化企业产权制度改革的意见》，提出采取股份制、股份合作制、国有民营、国有自营、租赁、出售产权、先出售后改制、企业兼并、联合、外资嫁接、破产等10余种形式,开展产权制度改革。1995年,区属商业系统形成国有自营为主体，国有民营、联合经营、租赁经营、股份合作制、有限责任公司并存的 6 种改革模式。1998 年，商业企业采取买断、破产、归并、股份合作制、有限责任公司等形式进行改制。至 2008 年，15 家区属商业企业完成改制。

一、买断企业

2000 年 12 月，济南向阳大酒店职工买断企业净资产。2001 年 11 月，济南市天桥源源酒家职工买断企业净资产。

二、破产企业

2000 年 4 月，天桥商业公司撤销，公司人、财、物划归区商业公司纬北路纺织批发部所有；6 月，济南市无影山百货公司所属企业济南无影山商场宣告破产；12 月，天桥区商业公司纬北路纺织批发部依法破产。2003 年 8 月，天桥百货公司所属济南市天桥区无影潭商场（原济南市天桥百货公司）破产还债。2004 年 9 月，济南永康食品厂宣告破产还债；12 月，济南华原百货公司所属济南市天桥百货商店宣告破产还债。2005 年 1 月，济南华原百货公司宣告破产还债。

三、兼并企业

1998 年 11 月，区政府批准济南市天桥食物公司统一管理济南成丰商场。2002 年 6 月，民营企业新星鞋业有限公司整体兼并济南北坦商场有限责任公司。

四、股份合作制

1994 年，北坦商场在企业内部实行职工集资入股，组建北坦商场有限责任公司，成为天桥区首家股份制商业企业。2002 年 12 月，天桥服务公司改制组建股份制企业济南市天桥区舜承商贸服务处。2003 年 7 月，天桥副食烟酒公司改制为济南市天桥副食烟酒公司无影潭商行股份合作制企业。2003 年 8 月，天桥饮食公司改制为济南市天桥区饮食公司泰丰酒楼股份合作制企业。2003 年 11 月，济南市天桥区土产杂品公司经营部（原天桥区土产杂品公司）改制为股份合作制企业。

五、有限责任公司

1998 年，天桥副食烟酒公司所属济南市天桥山泉商场改制为济南鑫山泉实业有限公司。2004 年 5 月，天桥区食物公司改制为有限责任公司，济南市无影山百货公司改制为济南市无影山百货公司官西百货商店有限责任公司。

六、改制中企业

2012 年，济南天鹏集团有限公司改制工作运作中。

第三章 商业贸易

1991年，天桥区商业网点以小型网点（个体商户）为主，占全区总数81%。1995年始，大型商业网点迅速增加。2002年，天桥区构建大商贸、大发展格局，一批大型商贸设施相继建成开业，商贸设施升级换代步伐加快。2012年，商贸升级全面提速，第三产业增加值216.5亿元。

1993年，天桥区实施街道“三个一”（每个街道建一个农贸市场、一幢商贸楼、一条商业街）工程；1997年，基本完成。2005年，推进社区商业双进工程，争创商业示范社区；2012年，全区有省级商业示范社区6个、市级商业示范社区2个。

第一节 商业网点

1991年，全区商业网点2509个，从业人员1.13万人。其中，副食品商店75个，从业人员1095人；其他食品商店62个，从业人员1294人；纺织品商店9个，从业人员342人；百货商店61个，从业人员1131人；医药商店4个，从业人员60人；书店1个，从业人员22人；日用杂品商店26个，从业人员282人；煤炭商店6个，从业人员150人；石油商店6个，从业人员213人；五金、交电、化工商店57个，从业人员920人；农业生产资料商店6个，从业人员152人；其他专业商店31个，从业人员321人；综合性商店123个，从业人员2600人。此外，工业部门附设零售门市部33个，从业人员345人。全区商业机构2597个，从业人员1.26万人。其中，全民所有制商业机构18个，从业人员405人；集体所有制商业机构537个，从业人员9418人；个体有证商户2042个，从业人员2750人。

1996年，全区商业网点3533个。其中，餐饮服务业网点1478个，从业人员6991人，营业收入4.02亿元，实现利税2634.44万元；百货烟酒业网点1071个，从业人员4898人，营业收入7.37亿元，实现利税3458.75万元；五交化配件业网点393个，从业人员3701人，营业收入5.82亿元，实现利税1939.69万元；其他行业网点591个，从业人员4312人，营业收入8.03亿元，实现利税1382.1万元。

2001年，全区个体工商业户1.21万户，从业人员3.93万人；私营工商业户2880户，从业人员2.3万人。全区第三产业营业收入237.1亿元，利润3.52亿元，利税4.73亿元。2006年，私营工商业户5424户，从业人员3.94万人；个体工商业户1.41万户，从业人员5.47万人。其中，私营批发零售业2933户，从业人员2.19万人；个体批发零售业7488户，从业人员2.97万人；私营住宿餐饮业73户，从业人员481人；个体住宿餐饮业1886户，从业人员4319人；

2008年3月28日，济南市个体私营企业协会窗帘行业分会成立大会召开。

私营租赁和商务服务业 499 户，从业人员 3516 人；个体租赁和商务服务业 967 户，从业人员 2949 人；私营居民服务和其他服务业 115 户，从业人员 775 人；个体居民服务和其他服务业 1176 户，从业人员 4274 人；其他私营工商业户 1804 户，从业人员 1.27 万人；其他个体工商业户 2565 户，从业人员 1.35 万人。全区第三产业营业收入 295.92 亿元，实现利税 9.29 亿元。

2012 年，全区私营工商业户 1.01 万户，从业人员 7.53 万人；个体工商业户 3.63 万户，从业人员 7.01 万人。第三产业增加值 216.5 亿元。

第二节　镇村商业

1991 年，天桥区在北园镇采取“让开大路，占领两厢”发展策略，在北园路、济泺路、凤凰山路、标山南路、二环路等交通干线两侧，发展镇办、村办商业，形成北园路十里商业街。建成北园物资市场、山东建材市场、泺口服装市场、济南粮油批发市场、沃家综合批发市场、泺口集贸市场、黄台综合批发市场、泺口综合批发市场、凤凰农贸市场、边庄装饰材料批发市场十大市场；明湖大酒店、国际贸易中心商业服务业群体，白鹤居商业服务业群体，黄台商场、杨庄综合服务大楼商业服务业群体，建华五交化公司、柳行汽车配件商业群体，泺口服装市场商业服务业群体五大服务群体。1993 年，北园镇商业网点 1167 个，营业收入 40.97 亿元。

1994 年，北园镇第三产业收入 64.46 亿元，比上年增长 57.3%，占全镇经济总收入 78.5%，为全镇经济支柱产业。第三产业利润 7823 万元，比上年增长 55.1%。镇属黄台村办企业济南黄台商业大厦、黄台大酒店，投资分别为 1500 万元、6000 余万元，占地面积分别为 0.67 公顷、2 公顷。黄台商业大厦主要经营百货、针纺织品等，经营品种 2 万余种，年销售额 6000 余万元，利税 600 余万元。黄台大酒店为 22 层涉外三星级宾馆，设客房、餐饮、娱乐、商务中心四部分，有中央空调、国际直拨电话、大型停车场，集餐饮、娱乐、住宿、商务、购物、健身于一体，客房 300 余间，床位 600 余张。同年，该村投资 500 万元，异地开发历城区大王镇马家店村面积 1.34 公顷荒滩地，兴建服务型旅馆、饭店、综合商店、加油站等，年创产值 1000 余万元，利税 100 万元，走出异地发展经济新路。清河村办企业济南明湖大酒店年接待顾客 7 万余人次，其中接待外宾 330 个团组，1 万余人次。济南国际贸易大厦年销售收入 3.6 亿元，利税 1600 万元，人均日营业额 573 元。济南国际精品大世界营业面积 2.8 万平方米，年销售额 2.3 亿元，跻身山东省商业零售百强之列。1994 年 12 月 28 日，清河村自筹资金建成建筑面积 6000 平方米结婚用品专业商场。

1995 年，济南包装市场、齐鲁建材市场、东亚商城、山东电子大厦等大型商业项目相继建成开业。1996—1997 年，北园镇把增加经济总量、提高运行质量作为出发点和落脚点，以山东建材、泺口服装、装饰材料等市场膨胀发展和国际俱乐部、半岛酒店等大型商业服务设施建设带动全镇经济飞速发展；1997 年，北园镇第三产业收入 106 亿元，占全镇经济总收入 70% 以上。1999 年，桑梓店镇投资 1300 万元，建成二层以上商业楼 104 座，建筑面积 3 万余平方米，提前一年完成乡镇“三个一”工程建设任务。

2000 年，北园镇形成商贸服务群体 8 个：以明湖大酒店、国际贸易大厦为主的商贸、娱乐和服务群体；以白鹤居喜加利大酒店为主的商业、餐饮和服务网点群体；以杨庄北洋大酒店为主的商业、服务群体；以沃家居邵家饭庄、柳行居汽车配件商店为主的商业服务和物资供应群体；以黄台大酒店、黄河大酒家为主的商业、餐饮服务和物资储运群体；以泺口海源宾馆、泺口服装市场为主的综合商业服务群体；以金牛旅社、山东建材市场为主的商业服务群体；以标山宾馆、凤凰宾馆、山东玻璃城为主的商业服务和玻璃制品群体。全镇第三产业占地面积 93.86 公顷，建筑面积 54.14 万平方米，投资 15 亿元。有商业、饮食业、服务业企业 942 家，网点 4.5 万个，从业人员 8 万余人。第三产业收入 129 亿元，利税 3.02 亿元，占全镇各业经济总收入 80.26%。

2001 年，桑梓店镇投资 60 万元，修建 1600 米商业街排水涵洞；投资 100 万元，硬化商业街路面、安装路灯，铺设高标准人行道花砖，安置隔离墩 2000 米，商业街配套设施建设逐步完善；“桑梓大街”被济南市人民政府正式命名。大桥镇投资 800 万元，建设高标准商业街 2 条，建筑面积 5 万余平方米，400 家业户在此建房、购房经营。2003 年，大桥镇改造旧商业街 1 条，新建商业街 3 条，建筑面积 3.5 万平方米，有商铺 260 家，连同 104 国道两侧、220 国道两侧形成的商业街，有两横三纵商业街 5 条。2000—2003 年，桑梓店镇新增个体工商户 130 家。2004 年，桑梓店镇党委、政府投资 300 余万元改造桑梓店镇商业街，拓宽道路，修建街心花园和健身广场，美化环境，该商业街和镇政府组成桑梓店镇中心镇区，成为全镇行政、经济、文化中心。2010 年，桑梓店镇小马村建成建筑面积 1 万余平方米的高档商业楼，年增集体收入近 300 万元。至 2012 年，大桥镇、桑梓店镇商业设施逐年完善，满足城镇居民消费需求。

第三节　社区商业

20 世纪 90 年代初，社区商业逐步从计划经济向市场经济过渡，以代营店、代销店为主要形式的商业模式逐步退出历史舞台。1993 年，天桥区开始实施每个街道建设一个农贸市场、一幢商贸楼、一条商业街的“三个一”工程。新增商业网点建筑面积 1.5 万平方米，农贸市场新增占地面积 2 公顷，商业街新增占地面积 6 公顷。1995 年，全区 12 个街道有商业楼 3 幢，建筑面积 7120 平方米；商业街 11 条，建筑面积 1.5 万平方米；集贸市场 12 处，占地面积 3.02 公顷。“三个一”工程在全市推广。至 1997 年，全区 12 个街道新增商贸楼 12 处，建筑面积 1.95 万平方米；兴建商业街 14 条，建筑面积 1.41 万平方米；建成农贸市场 17 处，占地面积 4.63 公顷。1999 年，街道第三产业营业额 5.19 亿元，利润 685 万元，利税 998 万元。街道“三个一”工程收入占街道支配财力五成以上。

2005 年 9 月，按照商务部《关于加快我国社区商业发展的指导意见》，天桥区推进社区商业“双进工程”（便民消费进社区，便民服务进家庭），按照人口覆盖率和规范要求，完善新社区商业服务功能，以居住区居民为主要服务对象，以便民、利民和满足居民生活消费为目标，规范和配建肉菜经营、餐饮、洗衣、休闲、医疗等生活性服务网点，提供日常生活需要的商品和服务，争创商业示范社区。2006 年 3 月，按照《示范社区评价规范》，鲁能康桥社区被评为首批山东省社区商业示范社区，无影潭社区和白鹤社区被评为济南市社区商业示范社区；确定堤口路街道为社区商业建设试点单位。至 2008 年，全区省级商业示范社区有鲁能康桥社区、黄台社区、林桥社区、齐鲁花园社区 4 个；市级商业示范社区有白鹤社区、无影潭社区 2 个。2009 年 3 月，紫金阁花园社区被评为第四批山东省社区商业示范社区。2010 年 3 月，清河社区被评为第五批山东省社区商业示范社区。2011 年 3 月，凤凰山社区被评为第六批山东省社区商业示范社区。至 2012 年，全区有省级商业示范社区 6 个、市级商业示范社区 2 个。

社区便民肉菜店（2012 年 8 月摄）

第四章　商品销售

1991年始，商业系统开展优质服务活动，提高服务水平，商品销售额大幅增加。1994年，实现销售收入2亿元。1998年始，国有商业销售额下降，城乡个体、私营经济成为经济发展生力军。2012年，全区社会消费品零售总额274.26亿元，其中，批发零售业零售额228.14亿元，拉动零售总额增长13个百分点；住宿餐饮业零售额46.12亿元，拉动零售总额增长2个百分点。限额以上批发零售业统计中14类生活消费品零售额均有增长，其中，服装、鞋帽、纺织品类同比增长112.1%，粮油、食品、饮料、烟酒类同比增长110.5%，家具类同比增长10.2%。

第一节　商品零售

1991年，全区国有零售商业商品总销售额6149.3万元。销售自行车350辆；普通灯泡7200个；录像机1台；吊风扇92台；家用空调11台；盐6吨；食糖8吨；奶粉2500千克；糖果6吨；糕点17吨；罐头8000箱；卷烟28箱；酒11吨；茶叶200千克；皮鞋1.35万双；布鞋4600双；肥皂1273箱；洗衣粉1吨；合成洗衣膏2吨；香皂1.43万块；保温瓶2100个；精铝锅276个；电饭锅10个；钢笔900支；铅笔5900支；棉布22.4万米；化纤混纺布2.11万米；化纤布1.78万米；绸缎1.5万米；毛巾9500条；化纤袜5.77万双；汗衫背心3.92万件；棉毛衫裤7900件；卫生衫裤600件；各种服装5600件；毛毯8条；床褥单700条；毛线6200千克。城镇集体所有制商业商品零售粮食815吨；食用植物油202吨；猪558头；鲜蛋6吨；水产品638吨；盐204吨；食糖78吨；卷烟951箱；酒1160吨；棉布211.17万米；化纤混纺布26.53万米。集体所有制商业商品销售汗衫背心1.29万件；棉毛衫裤3500件；卫生衫裤1900件；各种服装3700件；火柴3711件；肥皂6279箱；洗衣粉178吨；半导体收音机299架；电视机9架；录音机16架；录像机4架；电风扇1736台；家用冰箱5台；煤炭2964吨；镀锌铁丝10吨。商业零售额合计3.6亿元。1992—1997年，批发零售贸易业商品零售额逐年增加，1997年为32.37亿元。

1998年，天桥区消费品市场繁荣，集市贸易活跃，专业市场增加，城乡个体、私营经济成为经济发展生力军。限额以下批发零售贸易业商品零售额25.42亿元，其中限额以下批发业商品零售额13.76亿元。食品、饮料和烟草零售额2101.1万元；日用百货零售额2926.9万元；日用杂品零售额33万元；五金、交电、化工零售额1.07亿元；汽车、摩托车及其零配件零售额3167.9万元，计算机及软件、办公设备零售额20万元。

1999年，限额以上批发零售贸易业五金交电化工零售额567.5万元；日用百货零售额1031万元。2000年，五金交电化工零售额3308.5万元；日用百货零售额3379.9万元。2001年，食品、饮料和烟草零售额4619.4万元；五金交电化工零售额3160.9万元。2002年，日用百货零售额1.79亿元；五金交电化工零售额2750.9万元。2003年，日用百货零售额3.2亿元。五金交电化工零售额2532.2万元。2004—2006年，批发零售贸易业年零售额分别为50.58亿元、44.33亿元、48.61亿元。

2007年，规模以上批发零售贸易业零售总额10.91亿元。其中，百货零售额1.12亿元；超级市场零售额3.71万元；食品、饮料及烟草制品零售额2901万元；药品零售额1499万元；汽车零售额6926万元；机动车燃料零售额754万元；家用电器及电子产品零售额2382万元；

通讯设备零售额1435万元；五金、家具及室内装修材料零售额4.41亿元；无店铺及其他零售额2344万元。2008—2011年，商品交易市场年成交额分别为121亿元、153.8亿元、160亿元、165亿元。

2012年，限额以上零售业商品零售额46.54亿元。其中，食品、饮料及烟草制品零售额6852.9万元；纺织、服装及日用品零售额1.65亿元；文化、体育用品及器材零售额1175.9万元；医药及医疗器材零售额2618.2万元；汽车、摩托车、燃料及零配件零售额7.11亿元；家用电器及电子产品零售额4213.5万元；五金、家具及室内装饰材料零售额23.72亿元；货摊、无店铺及其他零售额900万元。

2012年天桥区限额以上零售企业销售统计表

表12–2

行业	法人企业（个）	从业人员（人）	销售额（万元）	批发额（万元）	零售额（万元）	零售营业面积（平方米）
综合零售	6	1990	124736.50	0.00	124736.50	62830.00
食品、饮料及烟草制品零售。	5	53	7594.80	741.90	6852.90	490.00
纺织、服装及日用品零售。	9	396	22484.00	5935.90	16548.10	21831.00
文化、体育用品及器材零售。	1	8	1679.80	503.90	1175.90	52.00
医药及医疗器材零售。	2	169	3293.40	675.20	2618.20	20060.00
汽车、摩托车、燃料及零配件零售。	21	438	76661.20	5520.20	71141.00	3416.00
家用电器及电子产品零售。	4	38	5646.90	1433.40	4213.50	390.00
五金、家具及室内装饰材料零售。	19	1191	242424.40	5234.40	237190.00	159219.00
货摊、无店铺及其他零售业。	1	5	902.80	2.80	900.00	30.00
合　计	68	4288	485423.80	20047.70	465376.10	268318.00

第二节　商品批发

1991年，各类专业批发商店规模逐步扩大，营业收入突破1000万元，利税过50万元专业批发商店17家。1992年，堤口果品批发市场总建筑面积8800平方米，可容纳4000吨货物，上市瓜果品种50余个，日上市量50万～100万千克，市场成交额2.8亿元，是中国北方最大干鲜果品集散地。泺口服装市场摊位2000个，批发经营业户1600余户，日客流量10万余人次，市场成交额3亿元。大型建材批发市场——山东省建材市场建成开业。1993年，大型专业市场——山东工业品市场建成开业，批发零售兼营。

1994年，全区批发零售贸易业商品购进总额4.75亿元，其中，从生产者购进3.96亿元，从批发零售贸易业购进7917.3万元，其他18.3万元。食品、饮料、烟草批发业对生产经营单位批发额244.2万元，对批发零售贸易业批发额2919万元；纺织品、服装和鞋帽批发业对生产经营单位批发额5221.4万元，对批发零售贸易业批发额224.5万元；日用百货批发业对生产经营单位批发额3.6万元，对批发零售贸易业批发额235.3万元；五金、交电、化工批发业对生产经营单位批发额1450.9万元；能源批发业对生产经营单位批发额820.2万元；化工材料批发业对生产经营单位批发额337万元；木材批发业对生产经营单位批发额94.3万元；建筑材料批发业对生产经营单位批发额226万元，对批发零售贸易业批发额40.6万元；矿产品批发业对生产经营单位批发额734.1万元；金属材料批发业对生产经营单位批发额3330万元，对批发零售贸易业批发额2556.1万元；机械、电子设备批发业对生产经营单位批发额237.6万元，对批发零售贸易业批发额117.8万元；汽车、摩托车及零配件批发业对生产经营单位批发额1.36亿元，对批发零售贸易业批发额752.1万元；再生物资回收批发业对生产经营单位批发额3.3万元，对批发零售贸易业批发额14万元；其他批发业对生产经营单位批发额685万元。1995年，批发零售贸易业商品销售总额5.24亿元，其中批发额4.32亿元。1996年，批发零售贸易业商品销售总额15.96亿元，其中批发额8.02亿元。1997年，批发零售贸易业商品销售总额10.07亿元，其中批发额4.42亿元。

1998年，限额以下批发零售贸易业商品批发额11.66亿元。其中，食品、饮料和烟草批发额1249.4万元；纺织品、服装鞋帽批发额713.6万元；日用百货批发额1074.4万元；日用杂品批发额30万元；五金、交电、化工批发额1.14亿元；能源批发额6223.1万元；化工材料批发额1836.8万元；木材批发额48.6万元；建筑材料批发额1.42亿元；金属材料批发额6299.9万元；机械、电子设备批发额1642.7万元；汽车、摩托车及零配件批发额6884.1万元；再生物资回收批发额363.9万元。

1999年，限额以上批发零售贸易业五金交电化工批发额2871.5万元。2000年，五金交电化工业商品购进额2581.9万元，百货零售业商品购进额3400万元。2001年，食品、饮料和烟草零售业购进额4910万元；五金交电化工零售业购进额2532.6万元。2002年，日用百货零售销售额1.79亿元，五金交电化工零售销售额2750.9万元。2003年，日用百货零售业购进额2.59亿元，五金交电化工零售业购进额2038.1万元。

2004年，批发零售贸易业商品销售额50.58亿元。2005年，限额以上批发业商品销售额2.21亿元，限额以下批发业商品销售额2.51亿元。2006年，规模以上批发业商品销售额4.28亿元，规模以下批发业商品销售额3.34亿元。

2007年，规模以上批发业商品销售额37.34亿元。其中，食品、饮料及烟草制品批发额6393万元；矿产品、建材及化工产品批发额15.62亿元（其中煤炭及制品批发额5.83亿元、石油及制品批发额2.81亿元、金属及金属矿批发额3.38亿元、建材批发额2.37亿元）；机械设备、五金交电及电子产品批发额20.57亿元（其中汽车、摩托车及零配件批发额3.03亿元，家用电器批发额17.54亿元）；其他批发额5125万元。2008—2011年，全区商贸流通工作持续快速发展。

2012年，限额以上批发业商品批发额213.65亿元。其中，食品、饮料及烟草制品批发额13.73亿元；纺织、服装及家庭用品批发额60.6亿元；文化、体育用品及器材批发额3.37亿元；医药及医疗器材批发额18.28亿元；矿产品、建材及化工产品批发额74.3亿元；机械设备、五金产品及电子产品批发额41.24亿元；其他批发额2.14亿元。限额以上零售业商品批发额2亿元。

2012年天桥区限额以上批发企业及销售统计表

表12-3

行业	法人企业（个）	从业人员（人）	销售额（万元）	批发额（万元）	零售额（万元）	零售营业面积（平方米）
食品、饮料及烟草制品批发。	8	771	142469.00	137343.40	5125.60	101364.00
纺织、服装及家庭用品批发。	23	2055	630190.30	605966.30	24224.00	553.00
文化、体育用品及器材批发。	6	69	37109.20	33654.80	3454.40	377.00
医药及医疗器械批发。	8	1151	347070.80	182820.90	164249.90	2579.00

续表 12-3

行业	法人企业（个）	从业人员（人）	销售额（万元）	批发额（万元）	零售额（万元）	零售营业面积（平方米）
矿产品、建材及化工产品批发。	28	550	789137.10	742966.30	46170.80	45749.00
机械设备、五金产品及电子产品批发。	33	1123	430622.70	412355.50	18267.20	2589.00
其他批发业。	4	192	24182.90	21395.30	2787.60	340.00
合　计	110	5911	2400782.00	2136502.50	264279.50	153531.00

第三节　商品出口

1991 年，实施《天桥区八五期间外向型经济发展规划》，加快外向型经济发展步伐，拓宽外贸出口渠道，发展多口岸出口。完成直接贸易交货值 839 万元，主要产品有棉织品折纱 114 吨，交货值 137 万元；服装 44.2 万件，交货值 119 万元；地毯 468 平方米，交货值 208 万元；聚四氟再生粉 93 吨，交货值 373 万元。多口岸出口商品 2981 万元，主要产品有花岗石墩 5100 平方米，金额 102 万元；棉织品 559 吨，金额 558 万元；汽车配件 3857 件（套），金额 200 万元；棉布 292 万米，金额 785 万元；荧光色浆 110 吨，金额 480 万元；节能设备 27 台，金额 309 万元。1992 年，完成出口交货值 4638 万元。1993 年，完成出口交货值 1.05 亿元，首次突破亿元大关。

1994 年，全区完成出口交货值 2.1 亿元，比 1993 年增长 100%，比 1992 年增长 352%，连续三年实现翻番。1995 年，自营出口逐步成为外贸出口重点，并形成一定规模，出口创汇大幅增长，出口供货值 3.29 万元，比 1994 年增长 54%，比 1990 年翻四番。“八五”期间平均年递增 75%。1996 年，完成出口交货值 3.85 亿元，同比增长 17%。1997 年，自营出口创汇 835 万美元，同比增长 22.5%。区政府授予济南市进出口公司天桥分公司、济南市泺康实业公司、济南市北园外贸公司、济南华强包装容器有限公司、济南磊鑫石雕工艺品有限公司、济南北杉化学有限公司 6 家企业“外贸出口先进企业”称号。1998 年，内资企业出口创汇 953 万美元，“三资”企业出口创汇 1420 万美元。1999 年 3 月，天桥区被济南市人民政府授予“对外经贸工作先进单位”称号，天桥大通实业公司被命名为济南市出口创汇先进企业。

2000 年，自营出口产品额 273 万美元，“三资”企业出口产品额 389 万美元。自营出口主要产品有布匹、服装、玩具、膨胀心轴、甲壳胺等。2001 年，制定实施《天桥区外贸出口和利用外资奖励的实施办法》，实现自营出口创汇 775 万美元，“三资”企业出口创汇 580 万美元。自营出口主要产品有农产品 4000 吨、塑料制品 1.2 万吨、纺织品 300 吨、服装 18 万件、机电产品 150 台。天桥区被济南市人民政府评为外贸出口优秀组织奖，济南市泺康实业公司被评为外贸出口先进单位，济南物产实业公司被评为济南市 65 家重点出口企业之一。2002 年，自营出口、“三资”企业出口创汇分别为 1440 万美元、878 万美元，同比分别增长 176%、35%。出口产品与上年比，增加化学产品，创汇 23 万美元。2003 年，自营出口创汇 1334 万美元，“三资”企业出口创汇 1614 万美元，塑料制品、纺织品、服装、农产品、机电产品出口数量均大幅增加。

2004 年，自营出口创汇 2505 万美元，同比增长 87%；“三资”企业出口创汇 2935 万美元，同比增长 81%。其中化学产品出口创汇 690 万美元，增长幅度最大。2005 年，内资企业出口创汇 1.72 亿美元，同比增长 124%；“三资”企业出口创汇 3759 万美元，同比增长 28.1%。其中机电产品出口创汇 1.14 亿美元。2006 年，机电产品出口创汇创新高，为 1.94 亿美元。2007 年，内资企业出口创汇 5.41 亿美元，“三资”企业出口创汇 5490 万美元。2008 年，内资企业出口创汇 2.45 亿美元，同比降低 55%；“三资”企业出口创汇 5.66 亿美元，同比增长 937%。2009 年，内资企业出口创汇 1.16 亿美元，“三资”企业出口创汇 2.3 亿美元，外贸出口总额同比降低 57.2%。2010 年，内资企业出口创汇 1.4 亿美元，“三资”企业出口创汇 3.66 亿美元。2011 年，内资企业出口创汇 1.77 亿美元，“三资”企业出口创汇 4.77 亿美元。

2012 年，外贸出口创汇 2.76 亿美元，同比增长 31.2%。其中内资企业出口创汇 2.7 亿美元，占出口总量 98%。出口主要产品中，生产型企业出口占出口总量 63%；裕兴化工、华尔重型汽车、元首针织等 11 家企业年出口创汇 500 万美元以上，占全区出口总量 70%。

第五章　便民商务

2000 年始，天桥区以便民服务为重点，大力发展民生商务。推进“早餐工程”建设，建立“社区便民肉菜店”，实施“家电下乡”政策，开展“家电以旧换新”活动，促进百姓便利消费，拉动内需，惠及民生。

第一节　早餐工程

2004 年，济南市政府将早餐工程列为“迎亚足赛、创文明城”主题行动重要内容之一。天桥区按照市政府《早餐工程定点单位标准》要求，调查摸底辖区 25 处早餐摊点群状况，对早餐商亭、早餐门店和流动餐车布局实行统一规划和定点。建成早餐固定门店 15 个、流动餐车 50 个、早餐商亭 45 个。2005 年，按照《济南市便民早餐示范点标准》，授予辖区内 9 家企业“济南市便民早餐工程示范店”牌匾。早餐便民店逐年增加，至 2008 年，全区符合标准早餐企业 45 家。2012 年，按照《济南市放心早餐工程机动早餐（午餐）车备案管理办法》，对早餐车备选点进行实地考察，从 30 余个备选点中筛选出合格地点 14 个。12 月 16 日，辖区第一辆早餐车到位运营。

早餐车到位运营（2012 年 12 月摄）

第二节　社区便民肉菜店

2009 年，社区便民放心菜工程实施。天桥区成立工程建设领导小组，对规划定点、市场布局、标准建设全程严格管理，在肉菜市场选址建设上成功探索出北园模式、制锦市模式和北坦模式。2010 年，建成清河、杨庄、毕家洼、凤凰山等社区菜市场 21 处，全部通过济南市社区便民放心菜工程验收。总投资 5470 万元，总建筑面积 6.1 万平方米，摊位数 3000 个，辐射人口约 32 万人。济南市人民政府授予天桥区“社区便民放心菜工程建设先进单位”称号。

2011 年 11 月，天桥区实施标准化社区肉菜店建设。按照每 1000 人配置面积 60 平方米的标准，每个社区建设一个或多个社区便民肉菜店。社

社区便民肉菜店的新鲜蔬菜（2012年8月摄）

区便民肉菜店与社区菜市场距离在500米以上，经营范围以零售肉、菜等“菜篮子”商品为主。符合定点要求并验收合格店面，由政府统一制作牌匾，配置货架，开展经营，可享受500元/平方米补贴。至2012年，辖区建成并验收合格社区肉菜店40家，新增肉菜经营面积1766平方米，免费配置货架259个，兑付补贴79.3万元。

第三节　家电下乡

2008年1月1日始，天桥区大桥镇和桑梓店镇实施“家电下乡”（针对农村消费者定向研发、生产、销售指定家电产品，并由政府财政部门给予一定资金补贴的农村家电推进工程。农民持本人身份证和农业户口簿，到中标流通企业连锁店及其授权网点选购指定“家电下乡”试点产品，可享受中央和省财政以直补方式给予的零售价13%补贴资金）政策。最初，试点产品包括彩电、冰箱（冰柜）和手机三大类，197个型号；后增加洗衣机、摩托车、电脑、热水器和空调等品种。大桥镇、桑梓店镇为每户印发一份明白纸，每村建造一个公示栏，每店张贴一个商品信息发布板，开展政策宣传。对中标生产流通企业及时进行审查、备案、建档，实施有效监督管理。至年底，天桥区开通销售网点9家，累计售出彩电441台、冰箱（冰柜）1406台、手机11台，总销售额306.9万元，兑付财政补贴资金39.2万元，惠及农户1746户。

2009—2010年，全区累计销售家电下乡产品2.5万余件，总销售额5200万元，兑付财政补贴资金近700万元，惠及农户2万户。2011年，全区家电下乡销售产品4.07万件，惠及农户3.66万户。11月30日，该政策取消。家电下乡政策实施期间，天桥区销售产品11.11万台，销售金额2.46亿元，兑付财政补贴资金3083.68万元。

第四节　家电以旧换新

2009年6月1日，山东省作为国务院确定的家电以旧换新试点省市，开始实施家电以旧换新（指消费者废弃旧家电并购买新家电的行为，即消费者交售国家规定类别旧家电，由招标确定家电回收企业回收后，取得国家统一印制以旧换新凭证，再凭以旧换新凭证和有关证件到招标确定家电销售企业购买规定类别新产品，国家按照新家电销售价格10%给予补贴）工作。“家电以旧换新”产品主要涉及电视机、电冰箱、洗衣机、空调、电脑等5类家电产品，设补贴上限为电视400元/台、冰箱（含冰柜）300元/台、洗衣机250元/台、空调350元/台、电脑400元/台。

至2010年，天桥区备案销售和回收企业61家，销售以旧换新家电产品6万余件，兑付财政补贴资金1400万元。2011年，辖区备案销售企业41家，有销售实绩35家；备案回收企业58家，有回收实绩57家；销售以旧换新家电产品8万余件。至2012年，累计销售以旧换新家电产品18万余件，实现销售额4.92亿元，审核销售单据18.09万件，兑付财政补贴资金4921.2万元。

第五节　农家店

2009 年 3 月，根据济南市《2009 年“万村千乡市场工程”和“市场拓展行动”实施意见》，天桥区在大桥镇和桑梓店镇推进标准化农家店建设，开拓农村消费市场，加强农村流通体系建设，引导城市连锁店和超市等流通企业向农村延伸，发展农家店。同年，按照商务部《农家店建设与改造规范》要求，选址改造农家店 23 家，其中大桥镇 15 家、桑梓店镇 8 家。2010 年，建成农家店 24 家，培训店长 24 人。2012 年，改造运营农家店 22 家，其中大桥镇 14 家、桑梓店镇 8 家。

第六章　特许经营

1991 年始，成品油、烟草、盐等专卖品经营企业加强管理，改进经营方式，扩大销售网点，服务全区经济建设和人民生活。天桥区加大专卖管理力度，依法加强稽查，打击违价和假冒伪劣商品销售行为。1996 年，加大成品油价格监督检查力度，对价格违法单位进行处理。2010 年，查获各类涉烟案件 336 起，查获违法卷烟 593.99 万支，案值 210.65 万元。2012 年，开展辖区内粮油供需平衡调查，天桥区粮油供需基本平衡。

第一节　成品油

1991 年，全区有成品油零售机构 6 个，从业人员 213 人。天桥区以整顿行业物价为重点，组织辖区 47 个成品油经营单位学习政策文件，开展物价自查。后进行抽查，查处违价单位 15 个，违价罚没款 9.75 万元。1996 年，天桥区首次向社会公布违价举报电话，打击辖区内行业乱收费、价格暴利、价格欺诈行为，保护消费者利益。加大成品油价格监督检查力度，对价格违法单位进行处理，对来信来访、举报投诉进行检查处理和答复。2006 年，开展辖区内加油站成品油拉网式检查，查出中油华铁实业有限责任公司违价金额 100 余万元，济南华鲁实业有限责任公司违价金额 290 余万元，均依法进行处理。

2007 年 1 月 1 日，按照济南市《关于建立成品油零售企业申报事项工作系统的紧急通知》要求，天桥区商贸流通部门开始接受成品油零售企业关于设立、迁建、变更、年审等事项申报工作；6 月，年审企业 24 家。2008 年，登记、年审加油站 20 家，为 2 家加油站办理变更手续，14 家企业未按时参加年审。国家调整成品油价格后，加大市场巡查力度，对擅自涨价和搭车涨价行为及时进行干预。2009 年，年审企业 18 家，13 家企业未按时参加年审。2010 年，为全区 22 家符合经营规范的加油站（不含中石油、中石化所属加油站）更换新“成品油零售经营批准证书”，规范成品油经营企业市场准入行为。2012 年，年审企业 19 家。

第二节　煤　炭

1991 年，全区有煤炭零售机构 6 个，从业人员 150 人。天桥区组织开展“双信”（物价信得过、计量信得过）活动，加强物价管理，维护消费者利益，提高企业经济效益。天桥燃料分公司开展“双信”活动后，对供应居民的蜂窝煤足斤足两，服务质量提高。此后，“双信”活动持续开展，打击违法经营行为。

2003 年，按照济南市《关于煤炭市场经营秩序专项整顿活动的通知》要求，开展煤炭市场经营秩序专项整顿活动，排查登记辖区内煤炭经营业户，检查煤炭经营销售网点、个体业户经营场所经营资格和煤炭质量，严厉打击掺杂使假、短斤少两和无证经营行为。2004 年，煤炭资格证年审工作由济南市商贸流通部门下放至各县（市）区，天桥区依据省、市年检标准对煤炭经营企业“煤炭经营资格证”按照合格、基本合格、不合格三个档次进行年检，检查企业32家，其中合格20家、基本合格12家。开展煤炭市场秩序专项整治活动，协调工商、质监等部门，对辖区内煤炭经营业户证件、质量、经营场地环保设施等进行全面检查，维护煤炭市场经营秩序。2005年，煤炭经营资格年审企业38家，其中合格18家、基本合格15家。2008年，19家煤炭经营企业检验合格，为1户煤炭业户办理变更手续。2009年2月，年审企业23家。2010年1月，为23家煤炭经营企业进行“煤炭经营资格证”年审，为20家煤炭经营企业“煤炭经营资格证”办理延期年审手续，为27家达市场准入资格煤炭经营企业更换新“煤炭经营资格证”。2012年，年审企业18家。

第三节　物　资

1991年，天桥区物资公司物资销售额3530万元，比上年增长115%；利润160万元，比上年增长246%。区属工业企业主要物资消费为煤炭4.5万吨、汽油4270吨、柴油1732吨、电力6938万千瓦时、外购热力6532百万千焦、钢材1960吨、原木305立方米、锯材1210立方米。

1992年，区、镇工业企业主要物资消费为煤炭4.9万吨、汽油2979吨、柴油1764吨、钢材1.27万吨、原木6552立方米、外购热力14.5亿千焦、电力7846万千瓦时。销售额7218万元，利润61万元。

1993年，区、镇工业企业主要物资消费为煤炭2944吨、汽油186吨、柴油31吨、生铁111吨、钢材1.08万吨、铜2吨、铝24吨、铅4吨、铝材4吨、烧碱46吨、纯碱13吨、水泥11.63万吨、原木1.16万立方米。销售额6669万元，利润22万元。

1994年，区、镇工业企业主要物资消费为原煤5.01万吨、汽油3643吨、电力1.35亿千瓦时、钢材3.26万吨、木材（原木）1.03万立方米、锯材4279立方米、焦炭2495吨、柴油1163吨、重油509吨、生铁3095吨、废次钢材243吨、水泥4.97万吨、硫酸154吨、烧碱36吨、纯碱68吨、铜21吨、铝785吨、胶27吨、塑料187吨、棉纱1462吨、棉布30万米、皮革60米。销售额4529万元，利润1万元。

1995年，区、镇工业企业主要物资消费为原煤6.15万吨、汽油2.08万吨、电力1.39亿千瓦时、钢材2.97万吨、木材（原木）1.17万立方米、锯材4730立方米、焦碳2989吨、柴油1386吨、生铁4091吨、废次钢材383吨、烧碱2169吨、纯碱33吨、铜23吨、铝840吨、橡胶18吨、塑料342吨、棉纱1081吨、棉布1018万米、皮革100米。销售额2087万元，利润亏损20万元。

1996年始，区物资局所属各公司相继停业，职工开始下岗待业。2003年，区物资公司进入依法破产程序。

第四节　粮　油

一、粮油供应

1991年，天桥区粮油供应执行济南市粮油供应政策，实行城镇人口按定量、定（供应）点、凭（粮油）票、凭（购粮）证计划供应办法，严格控制农业人口转为非农业人口。济南市粮食局天桥分局下设中心店4家、粮店39家。其中，第一中心店设官西街、官中街、矿院路、宝华街、无影山、胜利庄、堤口路、前黄屯8家粮店；北园粮所设门市部、板桥庄、北园路、杨庄、刘桥、凤凰山、新城、泺南、饲料厂、药山、粮所、边庄12家粮店；第二中心店设镇武街、花店街、筐市街、铜元局后街、北关、北坦大街、万顺街、天桥东街、仁丰街、纬北路、影壁后街、茂新街、交通厅13家粮店；第四中心店设工人新村南村、工人新村北村、济泺路、西山、毕家洼、馒头组6家粮店。平均每家粮店负责2600余户、约8000人粮食供应。全年销售粮食3.98万吨。

1992年3月，粮食系统开展粮食、票证清查盘点和加强国家平价粮食周转库存管理工作；4月，国家统一调整粮食价格，实行购销同价；

5月，开展粮证存粮核查和居民当月计划粮兑换议价粮业务；11月，中共济南市委、市政府决定放开市区粮油销售价格，由计划供应转为市场供应，取消定量供应，沿袭40余年城镇居民粮食定量定价供应职能结束。

1995年，粮食购销部门实行两条线（在粮食行政管理部门统一领导下，实行政策性业务和商业性经营两条线运行）运营机制，恢复计划供应。天桥区总人口31.18万人，居民每人每月供应特一粉2千克，每月供应居民及食品生产用特一粉计59万千克。1996年4月，山东省政府下发《关于调整粮食购销政策的通知》，规定城镇居民继续实行限价定量供应。1997年始，济南市市场粮价回落，天桥区粮油销售市场化进程加快。粮油购销市场主体由过去单一国有粮食企业变为多种经济成分、多种渠道、多种业态多元化实体，各菜市、米市、超市及集市店铺，均可依法经营粮油。粮油市场货源充足、品种多样，为消费者提供自由选购空间。天桥区粮油供应逐步市场化，区内国有粮食企业逐渐被金得利快餐连锁公司等替代。

二、粮油销售

1991年5月，天桥区根据济南市要求，实施平价粮油销售价格调整。其中，标准面粉调增至0.28元/500克，标二粳米调增至0.32元/500克，二级花生油调增至2.31元/500克。1992年4月，平价粮食销售价格再次调整，面粉调增至0.55元/500克，标二粳米调增至0.49元/500克。11月1日，粮油销售价格全面放开。1993年11月，全国粮油市场价格大幅上涨。12月，济南市推出公开挂牌限价抛售粮食平抑粮价举措，确定国有粮店零售最高限价，特一粉0.78元/500克，特二粉0.72元/500克。

1994年3月，每500克特二粉提高1分钱，并增限价标准粉和花生油。6月，国家提高粮食购销价格，天桥区执行国家定价下限，特一粉1.03元/500克，特二粉0.94元/500克，标准粉0.6元/500克。购买标准粉实行居民购粮卡制度，规定每人每月凭“购粮卡”供应10千克面粉和500克花生油。花生油5元/500克，限量供应之外随行就市，但售价不得超过5.6元/500克。

1995年6月，按照济南市粮食局两线运营规定，天桥区建立国有粮油专供店22个，承担限价粮油供应。每个专供店负责4000余户、1.5万余人粮油专供。售价为特一粉1.06元/500克、特二粉0.97元/500克。粮油专供店由政府提供财政补贴，主要负责对市民逐月凭证、限量、限价供应粮油的销售任务；实行统一进货、统一价格、统一核算连锁经营管理模式。

1997年，因面粉牌市差价倒挂，销量大幅下降，企业收入、利润下滑，上半年亏损87.71万元；下半年，区粮食系统调整工作思路，大力开展食品生产加工，销售额上涨。全年粮油贸易成交1.15亿千克，销售收入1.61亿元，实现利润100余万元。粮油销售市场化，粮食销价稳中有降。

三、粮油供需平衡调查

2012年，济南市粮食局天桥分局开展粮油供需平衡调查。全区18.35万户，人口50.98万人。粮食产量8.09万吨，其中小麦3.76万吨、玉米3.76万吨、大豆276吨、稻谷5401吨。油料作物（花生）产量682吨。全区消费粮食8.62万吨、食用油8154吨。城镇居民人均粮食消费178.68千克，人均食用油消费9.49千克。全区粮食需求与粮食产量相差5285吨，需要从外区县购进。天桥区非油料作物产区，花生、大豆产量小，需求量大，食用油大部分需要购进。

2012年年初，全区社会粮食总库存22.49万吨，粮食总供给20.83万吨，其中粮食产量8.09万吨、从外区购进8.33万吨。总需求23.48万吨、其中口粮支出5.61万吨、饲料用粮2.11万吨、工业用粮5135吨、转化用粮5135吨。年底总库存17.87万吨。年初社会油料及油料总库存5610吨，油料总供给244吨，总需求8154吨，其中城镇人口食用6892吨。年底社会油料总库存5593吨。天桥区粮油供需基本稳定、基本平衡。

第五节 烟 草

一、卷烟营销

1991年，国有零售商业销售卷烟28箱，城镇集体所有制商业销售卷烟962箱。1992—1997年，卷烟销售额逐年增加。2009年，天桥区烟草专卖局及同级营销部成立，从业人员71人。2010年，销售卷烟3.67万箱，同比增加2556箱，增长7.5%；年人均16.07条，同比增加1.12条；卷烟单箱销售额2.21万元，同比增加3519元，增长18.9%。2011年，销售卷烟18.97亿支（37946箱），比上年增长3.5%；实现销售收入10.58亿元，比上年增长30.4%；人均销量13.78条，比上年增加0.47条。2012年，销售卷烟3.92万箱，同比增长3.4%；人均销量14.25条，同比增加0.47条，居全省第1位；单箱值3.03万元，同比增长8.75%，居全省第8位。一二类烟比重35.2%，同比增加27.08%；三类烟销量占52.6%，同比减少4.01%，卷烟销售结构进一步优化。天桥区卷烟零售业户3114户。

二、烟草打假

1991年，打击假冒伪劣商品活动力度加大，查获走私香烟181条、假烟4000余条。1992年，查获假烟178条，组织假冒伪劣商品展览。1993年，依法查获假烟180余条。

2010年，查处各类涉烟案件336起，查获违法卷烟593.99万支，案值210.65万元。其中案值1万～5万元大案40起、5万元以上大案3起，刑事拘留2人、行政拘留47人、判刑6人、劳教2人，移送公安机关案件50起。2011年，查处涉烟案件244起，案值87.8万元；查获违法卷烟425.23万支、烟丝1.63吨。拘留涉烟违法犯罪嫌疑人46人、逮捕2人、劳教2人。2012年，查处涉烟案件246起，案值185.86万元；查获违法卷烟394.81万支、烟丝0.24吨。拘留涉烟违法犯罪嫌疑人22人、逮捕1人、判刑1人、劳教3人。

第六节 食 盐

一、食盐专营

1991年，天桥区食盐由济南盐业批发站供应，主要品种有500克包装加碘精制盐、1000克包装洗精盐和50千克大包装食盐，全年市区销售食用盐1.22万吨，其中天桥区1530吨。2006年，天桥盐业公司成立，主要负责天桥区小包装食盐供应及天桥区域商户“食盐零售许可证”代办业务。2012年，天桥盐业公司销售各类小包装食盐2400吨，其中，小包装绿色加碘精制盐1220吨，加碘低钠盐150吨，绿色无碘精制盐310吨，日晒盐、腌制盐720吨。

二、食盐储备

2008年11月，济南市盐务局在天桥区药山街道大鲁庄建设济南市食盐储备库、济南市食盐物流配送中心。2012年，按照济南市人民政府《济南市食盐市场供应突发事件应急预案》要求，济南市食盐储备总量为1万吨。济南市食盐储备库实际储备各类食盐6000吨。

三、盐政管理

1995年9月，山东省济南盐业总公司迁址天桥区济安街45号。2000年6月2日，山东省济南盐业总公司更名为济南盐业公司，同时加挂济南市盐务局牌子，市盐务局为济南市人民政府盐业行政主管机构和行政执法主体，负责济南市行政区域内盐业行业管理、盐业执法和食盐专营管理工作。8月，济南市盐务局盐政稽查大队成立。2010年7月，济南市盐务局、济南盐业公司、济南市盐政稽查支队迁址天桥区药山街道丁太鲁大街1号，下设济南食盐配送中心和济南市食盐储备库。济南食盐配送中心负责济南市食盐储备库日常管理维护、济南市区（不含历城区）食盐配送和市区工业用盐配送工作。

四、食盐抢购风波

2003年，“非典”疫情期间，天桥区发生食盐抢购事件。4月24日早，天桥区东西丹凤街济南盐业批发部门前挤满购盐人群，并且不断有人从四面八方赶来，加入排队长龙。各大超市、零售商店，购盐顾客骤增，许多人一次购买十几斤，有人一次购买上百斤，货架上食盐很快被抢购一空。济南盐业三条包装生产线24小时满负荷运转，日产碘盐80余吨，超过平时产量3倍。全市39台人工包装封口机开动，290人日夜加工食盐，确保济南市食盐市场供应。此次食盐抢购事件，前后持续十几天，全市销售食盐3463吨，超过平时2个月销量。

2011年3月11日，日本东北部海域发生里氏9级地震，地震导致日本福岛第一核电站1—4号机组发生核泄漏，引起世界各国不安。由于多数群众对于防核辐射科学知识掌握不够，大量购买食盐以防范核辐射，引发一场大规模食盐抢购风波。3月17日，食盐抢购风潮席卷泉城，大批群众纷纷涌到大小超市、商店抢购食盐，食盐一时出现脱销现象。位于天桥区二环北路济南食盐配送中心门前，聚集着数百抢购食盐的人，致使正常食盐库存告急。为平息抢购风波，济南市食盐配送中心当日向市场投放库存小包装食盐2100吨，是平常日均销量20倍。18日，为确保大中型超市和大中院校食盐供应，对其他零售点实行均衡限量供应，当天向市场投放小包装食盐1300吨，全市各大型超市均做到铺货2次，一次5吨。19日，向市场投放小包装食盐650吨。20日，投放小包装食盐260吨。4天时间，全市投放食盐4310吨，是平常两个月销售量。经过大量食盐投放，市场供应渐趋稳定。

五、济南食盐分装厂

1996年，济南盐业食盐分装厂被国家正式列为消除碘缺乏病食盐加碘项目工程子项目。工程投资331.7万元，其中，申请世界银行贷款218.5万元，国家碘盐基金贷款8.8万元，企业自筹资金104.4万元，设计年分装食盐2万吨。1998年7月，济南食盐分装厂在黄台板桥建成投产。生产采用意大利包装机械，配套国产原料提升机、水平铰龙自动贴标机、水平输送机和分流计数器，形成自动上料、自动包装、自动计数、自动贴防伪标志和自动装包全自动食盐分装流水线。生产复合膜小包装加碘盐，包装精美、封口严密、碘量流失小，经省市质监部门及盐化工产品质量监督检验站检查检验，各项指标符合食盐质量标准和卫生标准。2005年7月，济南食盐分装厂因小清河拓宽改造停产。

第七章　对外经贸

1991年，天桥区对外开放步伐加快，全区出口产品生产企业20家，10余种产品打入国际市场；“三资”企业8家，全年完成出口交货值3452万元。1992年3月，天桥区对外贸易公司成立，外贸规模逐步扩大，外向型经济迅速发展。2002年，全区合同利用外资1.25亿美元，中外合资企业138家，外商独资企业50家，自营出口创汇1440万美元。2012年，全区完成出口总额2.76亿美元，合同利用外资7192.8万美元。

第一节　投资环境

1990年，天桥区召开首次对外开放工作会议，全面部署对外开放、发展外向型经济工作。1991年，区政府召开外经外贸承包兑现会议，按照《天桥区关于加快发展外向型经济的若干规定》兑现奖励。1992年，制定实施《天桥区外向型经济发展规划》，配套完善各项优惠政策，加速外向型经济发展。1993年，中共天桥区委、区政府把提高“三资”企业投资效益，强化服务、协调和管理作为外经贸工作重点，拟定《天桥区经贸委“关于加强外商投资企业后期管理意见”的通知》，在外商投资项目考察、论证、审批、协调和经营等方面，主动为外商投资企业排忧解难、解决纠纷。1995年，中共天桥区委、区政府提出全方位扩大开放，用足用活进出口自主权，争取更多生产、商业企业取得对外经营权。

1996年，天桥区成立改革开放工作领导小组，各街道（镇）、工业小区及经济主管部门设立专、兼职工作人员，全区形成对外经贸工作网络，投资环境显著改善。1997年2月，天桥区召开对外经贸工作会议，印发《天桥区1997年外经外贸工作实施意见》《关于表彰1996年度对外经贸工作先进单位的决定》，对作出突出贡献的16个先进单位进行表彰。

1999年，制定《天桥区1999年至2000年对外经贸工作实施意见》，设立外贸出口资金50万元，扶持出口创汇企业大户。2000年，制定《兑现招商引资奖励的实施办法》及出口贴息有关规定，拨款100万元，扶持济南泺康实业公司发展，该公司当年出口突破百万美元。2010年，联合信保公司、银行，组织信用保险暨融资业务研讨会，助力企业防范收汇风险、扩大融资渠道和出口规模。2009—2011年，开展为企业服务年活动，以外经贸企业为重点服务主体，优化辖区外经贸发展环境，做好签约项目跟踪落实和外资到位工作。2012年，开展“访百家外企，促增资发展”活动。

2011济南（北京）招商推介会（2011年12月摄）

第二节　外资利用

1991年，辖区投资环境改善，外商投资空前活跃，投资项目、投资额和“三资”企业数量持续增长。中共天桥区委、区政府制定《天桥区外向型经济发展规划》《关于加快发展外向型经济的若干规定》，对“八五”“九五”期间，全区外向型经济发展目标、实施重点和外资利用提出要求。全区“三资”企业8家，投资总额1152万美元，合同利用外资586万美元。1992年，全区“三资”企业30家，投资总额5823万美元，合同利用外资2067.5万美元。境外办企业1家，实现天桥区境外办企业零的突破。1993年，“三资”企业83家，投资总额1.39亿美元，合同利用外资4832万美元，实际利用外资1240万美元，完成产值5269万元、利税507万元，出口创汇143万美元。外资来自美国、日本、奥地利、西班牙、法国、意大利6个国家和中国香港、澳门、台湾地区。

至1997年，天桥区累计批办“三资”企业152家，涉及生产型项目93个，房地产项目18个，服务、饮食、娱乐项目41个，投资总额1.98亿美元，合同利用外资6404.66万美元，实际利用外资4817.8万美元。利用外资在500万美元以上企业1家、300万～500万美元2家、100万～300万美元15家、100万美元以下134家。1997年，完成产值3.35亿元、利税2100万元，出口创汇1260万美元。

至2002年，天桥区累计批办“三资”企业190家，合同利用外资1.25亿美元，实际利用外资8217.8万美元，涉及生产型项目119个，

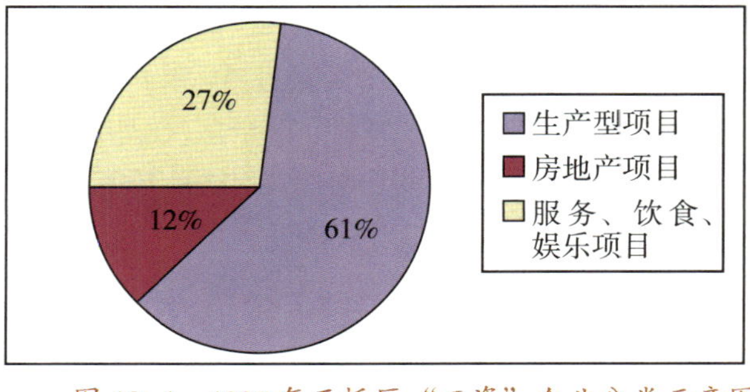

图12-1　1997年天桥区“三资”企业分类示意图

房地产项目 26 个，服务、饮食、娱乐项目 45 个。利用外资 500 万美元以上企业 1 家、300 万～500 万美元 7 家、100 万～300 万美元 24 家、100 万美元以下 158 家。2002 年，实现利税 1100 万元，出口创汇 878 万美元。

2003—2006 年，全区新批外商投资企业 46 家，合同利用外资 2.11 亿美元，实际利用外资 1.28 亿美元。2007 年，印发《关于利用外资、外贸出口奖励的实施办法》，以房地产项目为重点，改进招商方式，提高进区企业落地率、成活率和投入产出率，利用外资向宽领域、高水平、大规模方向发展。全区新批外商投资企业 5 家，合同利用外资首次突破 1 亿美元，实际利用外资首次突破 5000 万美元，完成 8577.2 万美元。

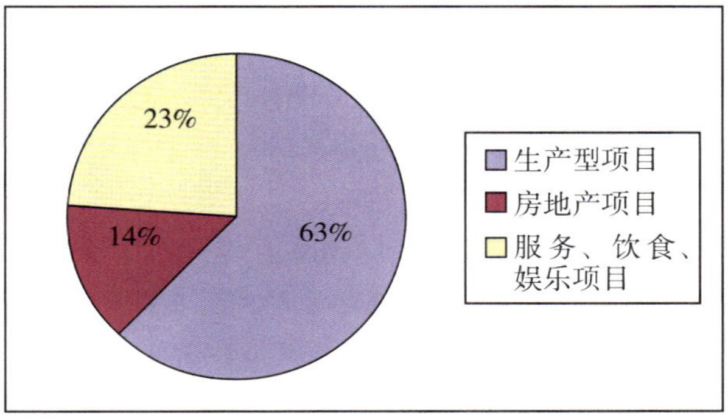

图 12-2　2002 年天桥区“三资”企业分类示意图

2009 年，全区新批外商投资企业 3 家，合同利用外资 5459.8 万美元，实际利用外资 4549.4 万美元。2010 年，合同利用外资 2745.5 万美元，实际利用外资 9333.7 万美元。2011 年，全区新批外商投资企业 2 家，合同利用外资 5240.1 万美元，实际利用外资 4549.4 万美元。2012 年，全区新批外商投资企业 6 家，合同利用外资 7192.8 万美元，实际利用外资 4558.7 万美元。

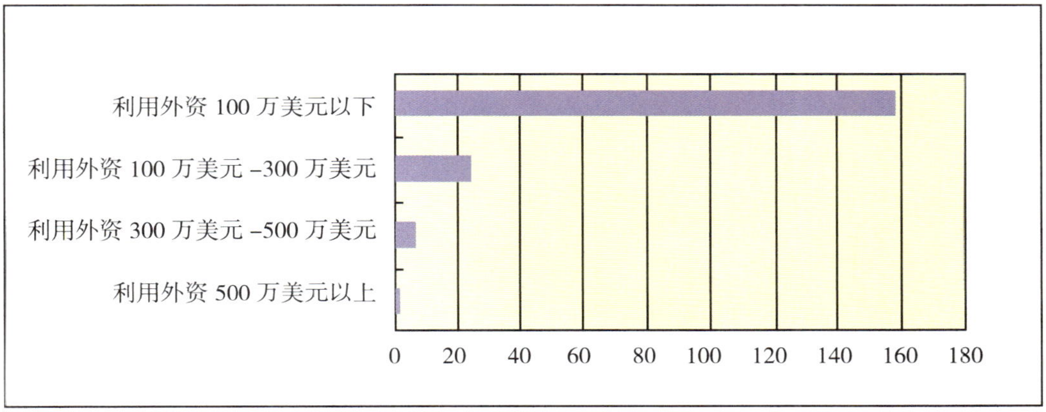

图 12-3　2002 年天桥区外资企业利用外资情况示意图

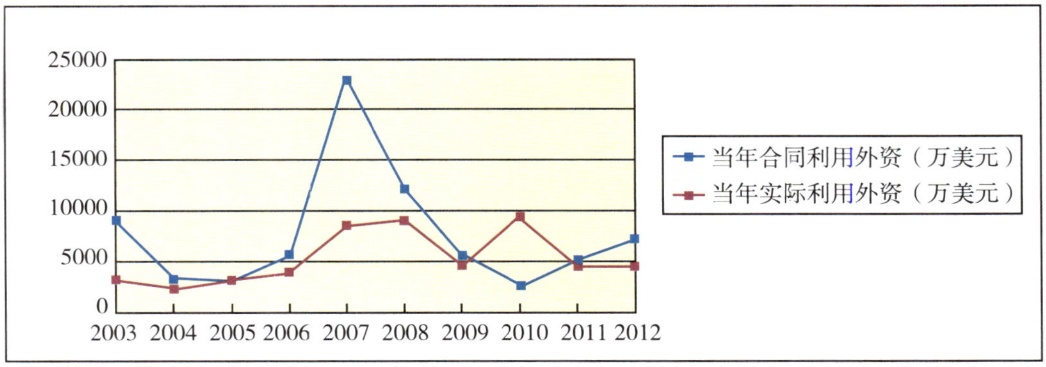

图 12-4　2003—2012 年天桥区利用外资情况示意图

第三节 出口创汇

1991年，天桥区完成出口交货值3820万元，比上年增长31.1%。1993年始，出口创汇能力明显增强，全年完成出口创汇143万美元，外贸出口交货值完成1.05亿元，首次突破亿元关，比上年增长118.8%。1994年，全区外贸出口企业24家，出口产品有纺织、化工等23个品种，销往10余个国家和中国香港、澳门及台湾地区，自营出口创汇26.5万美元；出口创汇总额599万美元。1995年，自营出口创汇392万美元，是1994年的15倍，增长速度和出口规模居全市10个县（市）区之首；出口创汇总额610万美元。

1996—1998年，自营出口创汇分别为650万美元、835万美元、953万美元；出口创汇总额分别为680万美元、1260万美元、1420万美元。1999—2000年，出口创汇分别为410万美元、662万美元。2001年始，出口创汇额连年大幅增加。2007年，外贸出口首次突破5亿美元，为5.96亿美元。2008年，出口创汇8.11亿美元，比2007年增加36%，是2003年的27倍。2012年，天桥区出口创汇2.76亿美元，出口实绩企业71家。出口机械设备、纺织服装、化学化工、汽车配件、塑料制品等15大类产品，销往30个国家和中国香港、澳门及台湾地区。内资企业出口约占出口总量77%，生产型企业出口占出口总量63%；裕兴化工、华尔重型汽车、元首针织等11家年出口500万美元以上企业出口量占全区出口总量70%。同年，中国重汽集团进出口有限公司迁出天桥区。1993—2012年，全区出口创汇累计38.86亿美元。

1993—2012年天桥区出口创汇统计表

表12-4　　单位：万美元

年份	出口创汇	年份	出口创汇
1993	143.00	2003	2948.00
1994	599.00	2004	5440.00
1995	610.00	2005	20995.00
1996	680.00	2006	33009.00
1997	1260.00	2007	59590.00
1998	1420.00	2008	81069.00
1999	410.00	2009	34693.00
2000	662.00	2010	50611.00
2001	580.00	2011	65400.00
2002	878.00	2012	27600.00

第四节 经贸活动

一、参加交易会

1994年3月，天桥区110余人组团参加’94青岛交易会，签订外经洽谈项目12项，其中合同7项、协议5项，总投资2130万美元，合同利用外资837万美元；签订外贸出口合同2份，出口额32万美元。

1997年3月，天桥区20余人参加’97华东出口商品交易会。区进出口公司与韩国君上株式会社签订出口合同1项，合同额33.9万美元；

与香港东贸公司达成长期出口纺织品合作意向。北园镇、工业小区分别与台湾客商、香港协和集团、宁波开发区签订合资办厂、设立分支机构等协议、合同4项。

2000年10月，第88届中国（广州）进出口商品交易会（中国进出口商品交易会即广交会，是中国目前历史最长、层次最高、规模最大、商品种类最全、到会客商最多、成交效果最好的综合性国际贸易盛会），天桥区组团参加，首次获纺织、五金、矿产展品摊位1.33个，其中天成集团0.83个、济南物产实业有限公司0.5个。展出产品100余种，接待客商400余人次，签约10单，成交额460万美元，位居济南市各县（市）区前列。

2001年，第89届中国（广州）进出口商品交易会，天桥区展品摊位1.5个，济南金枫木业有限公司、济南昌威塑料制品有限公司、济南成林塑胶制品有限公司各0.5个，签订出口合同1000余万美元。

2003年10月，第94届中国（广州）进出口商品交易会，济南天成集团有限公司、济南成林塑胶制品有限公司、济南昌威塑料制品有限公司等企业参展，接待中外客商2400余人次，签订出口订单1000余万美元。

2004年，第96届中国（广州）进出口商品交易会，济南物产实业有限公司、济南天成集团有限公司、济南昌威塑料制品有限公司、济南白鹤塑料制品有限公司参展，展出摊位7个，产品涉及纺织、化工、机电等领域，销往欧、美、日、中东等及中国香港、澳门和台湾地区。

2005年，第97届中国（广州）进出口商品交易会，济南昌威塑料制品有限公司、济南登嘉进出口贸易有限公司、山东金佛经贸有限公司、济南一品实业有限公司、环球（济南）箱包有限公司、济南元首进出口有限公司等9家企业参展，展出摊位19个。

2006年4月，第99届中国（广州）进出口商品交易会，济南鑫牛对外贸易有限公司、济南物产实业有限公司、济南昌威塑料制品有限公司、济南登嘉进出口贸易有限公司、山东金佛经贸有限公司、济南一品实业有限公司、环球（济南）箱包有限公司、济南元首进出口有限公司等12家企业参展，展出摊位22个。

2007年10月，第102届中国（广州）进出口商品交易会，天桥区11家企业参展，设展位18个。2008年4月，第103届中国（广州）进出口商品交易会，中国重汽集团、济南元首进出口有限公司等10家企业参展，展位19个。

2009—2010年，第105—108届中国（广州）进出口商品交易会，天桥区均组团参展。2011年4月，第109届中国（广州）进出口商品交易会，天桥区13家企业参展，申请展位16个，其中品牌展位5个、一般性展位11个。

2012年4月，第111届中国（广州）进出口商品交易会，元首针织、锐捷机械等8家企业参展。

二、推介与洽谈

1991年9月，组团参加“91泉城金秋经贸恳谈会”。签订利用外资合同、协议3项，投资额1100万美元，其中外资600万美元。1992年6月，组织企业参加“92中国青岛对外经济贸易洽谈会”，展出产品19种，其中4种商品合同成交额130万美元。签订合同7项，投资额440.8万美元，外资额541.9万美元。

1994年9月，参加“94泉城金秋经贸洽谈会”，签订合同、意向、协议46项，投资额1.54亿美元，利用外资4985万美元。其中，合同10项，投资额5800万美元，利用外资1385万美元；意向、协议36项，投资额9600万美元，利用外资3600万美元。

1995年9月，参加“95济南金秋经贸洽谈会”，举办泰国经贸信息发布会、天桥区外商投资企业新闻发布会、“95济南天桥区经贸联谊会”等大型对外经贸活动3个。达成木薯粉、橡胶、饲料加工等合作意向5个。签订合资（合作）合同4项、协议4项，涉及服装、餐饮、房地产等行业，投资总额2210万美元，外资额1459万美元。其中，天建房地产开发公司与美国国际名流有限公司签订合资开发项目协议投资额1500万美元，外方投资1050万美元；天桥进出口公司及济南磊鑫石材有限公司分别与香港、日本客商签订出口针织成衣、花岗石型材贸易合同，出口额258万美元。

1996年3月，组团参加“96中国青岛对外经济贸易洽谈会”,列展产品7大类20余个品种，签订利用外资合同3项，金额1445万美元；签订利用外资协议6项，金额234万美元；签订贸易成交合同3项，成交额236万美元。清河电梯厂与德国蒂森电梯有限公司签订合资生产高速电梯项目，投资额2500万美元，其中外资1275万美元，投产后可年产电梯2100台。

1998—2001年，天桥区均组团参加济南金秋经贸洽谈会。2001年，洽谈会摊位8个，参展产品有纺织、化工、机械、电子、轻工等5大类100余个品牌，签订合同、协议3项，投资总额2600万美元，利用外资1200万美元；签订出口贸易合同、协议5项，出口贸易额360万美元。

2005年8月，组团参加2005济南（香港）招商推介会。山东泉胜国际物流大市场有限公司与香港佰路集团投资有限公司签署合资合同及章程，投资额1000万美元。天桥区城区建设指挥部与居易国际集团控股有限公司签订合作协议书，投资额1000万美元。

2006年6月，组团参加2006济南（香港）招商推介会。天桥区政府分别与香港信诚集团、香港集胜贸易公司、澳大利亚汇成国际发展有限公司、中侨集团有限公司签订房地产开发协议书，项目投资总额约9000万美元。

2007年6月，2007济南（香港）经贸合作洽谈会，天桥区签约项目6个，投资总额7200万美元。其中，协议1个，投资总额1200万美元；增资项目1个，增资额600万美元；意向4个，投资总额5400万美元。

2008年5月，天桥区接洽境外企业6家，签订土地熟化协议1个，旧城改造合作意向3个。2011年5月，济南“2011香港经贸合作项目签约仪式”在香港香格里拉酒店举行。天桥区分别与（香港）洪创奥特莱斯项目和韩国东洋油墨增资扩建项目签约，总投资12亿美元。

2012年7月，赴香港参加2012香港山东周系列活动，成功签约天桥区香港南益城市综合体改造项目和天桥区鲁台汽车文化物流城项目，投资总额6亿美元。

三、外资企业上市

2012年4月2日，山东澳华新能源有限公司在英国伦敦证券交易所挂牌上市，发行股票3050万股，融资额1220万英镑，折合人民币1.2亿元，是辖区首家海外上市成功企业，也是济南市第一家在伦敦证券交易所上市企业。4月8日，山东澳华新能源有限公司上市发布会在山东会堂举行。

第五节 出口管理

1991年，天桥区出口产品生产企业20家，10余种产品打入国际市场。1992年，辖区第一家自营进出口企业——济南市进出口公司天桥分公司成立。1994年，全区外贸出口企业24家，出口产品有纺织、化工、机械等23个品种，销往美国、日本等10余个国家和地区。1995年，外贸出口重点逐步转移至自营出口。1996—1997年，济南市泺康实业公司和天桥区大通实业公司经对外经贸部批准相继取得进出口业务经营权。

1998年，山东北园集团公司、济南天成集团有限公司获自营进出口经营权。1999年，新增获自营进出口经营权企业4家；天桥区被济南市人民政府授予“对外经贸工作先进单位”称号；天桥大通实业公司被命名为济南市出口创汇先进企业。2001年，济南市泺康实业公司被评为外贸出口先进单位，济南物产实业公司获“济南市65家重点出口企业”称号。至2002年，全区获进出口业务经营权企业增至22家，其中综合性进出口经营权企业4家，为济南物产实业有限公司（济南市首家获自营进出口经营权企业）、济南天成集团有限公司、山东东亚商城、济南中恒实业有限公司。至2005年，全区有出口实绩企业53家，其中年出口过千万美元企业4家，为中国重型汽车集团山东进出口有限公司、济南裕兴化工有限公司、济南元首针织股份有限公司、济南冠世时装有限公司；年出口 500 万 ~ 1000 万美元企业 5 家，为济南昌威塑料制品有限公司、济南成林塑胶制品有限公司、济南物产实业有限公司、济南一品实业有限公司、重汽集团港华进出口有限公司。

2008 年，全区有出口实绩企业 40 家，其中年出口过千万美元企业 4 家，为中国重型汽车集团山东进出口有限公司、中集车辆（山东）公司、济南成林塑料制品有限公司、济南元首进出口有限公司；年出口 500 万 ~ 1000 万美元企业 3 家，为济南昌威塑料制品有限公司、环球（济南）箱包有限公司、山东巨力电工设备有限公司。60 家企业相继获进出口业务经营权。2009—2010 年，新增获进出口经营权企业 37 家。至 2010 年，全区有出口企业 60 家，年出口过千万美元企业 3 家，年出口 500 万 ~ 1000 万美元企业 6 家。2011 年，新增外贸出口企业 8 家，出口过千万美元企业 4 家，出口 500 万 ~ 1000 万美元企业 7 家。2012 年，全区有自营进出口企业 80 家，出口实绩企业 71 家，组织企业参加德国杜塞尔 2012 展览会、德国汉诺威工业展、第 111 届广交会等重要展会。

第六节　服务外包

2007 年始，天桥区将发展服务外包产业作为提升现代服务业重要内容，拓宽发展领域，培育具备国际资质的服务外包企业和服务外包培训机构，形成以工业设计研发为主产业发展布局，服务外包 KPO（技术知识流程外包服务）业务离岸额跃居全省中心城区前列。辖区有山东省交通工业集团、山东天鹅棉业机械股份有限公司、济南锐捷机械设备有限公司、山东巨力电工设备有限公司、济南爱拜丁电子工程有限公司、济南菲奥特电子设备有限公司、中国重汽集团进出口有限公司、济南海量数据处理有限公司等服务外包企业 8 家；有山东交通学院和山东外事翻译职业学院服务外包培训机构 2 家。2008 年，为济南爱拜丁电子工程有限公司、山东巨力电工设备有限公司、济南海量数据处理有限公司、济南菲奥特电子设备有限公司申请服务外包专项扶持资金 82 万元。天桥区被济南市人民政府认定为市级服务外包示范区，市政府拨专款 20 万元予以扶持。

2010 年，制定实施《天桥区关于服务外包奖励的实施办法》《把药山科技园打造成服务外包示范基地的实施方案》，提供服务外包产业优越政策环境。全区离岸外包执行额完成 95.3 万美元，新增服务外包企业和服务外包培训机构各 1 家。2011 年，以药山工业园为载体，重点发展以工业设计研发和医药化工为主服务外包业务，吸引 KPO 企业形成产业集群。世纪华泰科技有限公司、煤炭工业济南设计院等 7 家公司通过济南市商务外包企业认证。发挥产业政策导向作用，推荐辖区内符合条件服务外包企业和培训机构参加国家、省、市级服务外包扶持资金申报，7 家企业和机构获国家、省、市级服务外包资金扶持。全区离岸外包执行额完成 1772 万美元。2012 年，全区离岸外包执行额完成 3016 万美元，同比增长 70%。全区服务外包企业 15 家，获省级服务外包资金 25 万元、市级服务外包资金 115 万元。先后制定《天桥区关于服务外包奖励的实施办法》《把药山科技园打造成服务外包示范基地的实施方案》，提供优越政策环境，推进全区服务外包产业发展。

第七节　贸易促进

2010 年 7 月，原与区外经贸局合署办公的中国国际贸易促进委员会济南天桥区支会（中国国际商会济南天桥商会）单独设置。2012 年，在济南市贸促会支持下，邀请深圳、广州等客商来天桥区考察洽谈；邀请中非国际采购团到辖区大型家居企业进行实地考察、贸易洽谈。

一、对外交流与经贸活动

2010 年始，通过接待来访、组团出访、经常性走访等形式，进一步拓宽对外交往渠道，促进辖区的投资和贸易。依托济南市贸促会组织会员单位赴美国、韩国、俄罗斯、日本等国家参加各类展览会、博览会和边贸展，推动会员单位更好地与国际市场接轨，帮助会员单位结识大量新客户，开拓国际市场。至2012年年底，先后邀请会员单位参加“中国(济南)国际卡车暨零部件展览推介会”“香港时尚购物展”“2010山东(台湾)名品博览会”“2011台湾(山东)名品博览会”、昆山国际名优产品博览会、乌鲁木齐中欧贸易洽谈会、宁夏中阿贸易博览会及在台湾举办的国际绿色产业智慧城市展等各类展博会50余家次，并完成会务组织工作。特别是配合国际家具及木工机械(济南)博览会、济南不锈钢厨具酒店用品展销会参展做了大量协调服务工作。

二、自办展销会

2011年，济南不锈钢厨具酒店用品展销会在中恒商城举办。展销内容主要为高档酒店西餐设备、酒店用瓷、玻璃器皿、宾馆客房饰品及用品、酒店服装、清洗设备、清洁用品、包装设备、家居用品、厨具用品、厨具设备、食品机械、炊事机械、烘烤设备、自助餐设备、各种冷冻冷藏设备、中西餐具、咖啡与酒吧用品、一次性用品等数百种品牌产品。

三、会员企业服务

2010年始，为加强与会员单位联系和对外推介，对单位名称、法人代表、联系电话、邮箱、公司产品简介等逐一进行登记，建立会员单位信息资源库。深入会员单位听取情况介绍，详细了解其生产经营状况及所面临的问题，并有针对性提出意见并找到解决方法和途径。及时将上级有关优惠扶持政策宣传到位，为会员单位争取国际市场开拓资金。在依托济南市贸促会加强对国外驻华机构联系的基础上，深化同外企联系，采取以商招商、以商会友方式，为辖区会员单位提供大量经贸信息。通过培训、学习帮助会员单位了解国际市场，指导会员单位申请由政府补贴的国际市场开拓资金。

2011年济南不锈钢厨具酒店用品展销会（2011年9月摄）

第八章 服务业

1991年始，天桥区餐饮业快速发展，逐步形成餐饮业较为集中的北园大街等餐饮业群，济南姜仔鸭大酒店等大型餐饮酒店先后落户天桥，提升天桥区餐饮业档次。1996年，天桥东街街道、官扎营街道等兴建社区服务中心，服务项目以饮食、加工、修理业为主，方便居民生活。2005年5月，天桥区印发《关于进一步加快服务业发展的实施意见》，提出加快现代服务业发展。2010年，确立“大力发展现代服务业，改造提升传统服务业”思路，发挥沿路、沿街、沿河产业带集聚效应，发展金融、保险、房地产等现代服务业，服务业增加值160亿元，“十一五”

期间年均增长14.6%，现代服务业占服务业比重41%，比2005年提高6.4个百分点。2011年5月，天桥区被山东省人民政府评为山东省服务业发展先进区。2012年，全区现代服务业增加值97.86亿元，占服务业比重提升至45.2%，同比提高2.2个百分点；全区服务业增加值216.5亿元。

第一节 饮 食

一、发展概况

1991年，全区有全民所有制饮食业经营机构11个，从业人员249人，零售额4143万元。集体所有制饮食经营机构114个，从业人员2798人，零售额2550万元，其中，合作饭店、小组46个，从业人员614人，零售额938万元；待业青年、职工家属办饮食业机构28个，从业人员1277人，零售额1380万元；农村（队）办饮食业机构40个，从业人员907个，零售额232万元。个体有证饮食业机构551个，从业人员857人，零售额937万元。北园镇明湖大酒店产值过千万元，利税超百万元。1992年，饮食业零售总额6051万元。1993年，饮食业零售总额6276万元。

1994年，区商业局饮食服务公司所属齐鲁烤鸭店实行大包干承包责任制，区内个体餐饮业经营机构活跃，一批集吃、住、会务、娱乐于一体的宾馆饭店崛起，个体私营经营中西餐、快餐、酒吧、排档等迅速发展，餐饮业竞争激烈。全区餐饮业零售总额9197万元。1995年，全区餐饮业零售总额1.13亿元。逐步形成北园大街、无影山路、师范路、堤口路、少年路等餐饮业群，济南姜仔鸭大酒店、桃源大酒店、舜和大酒店、金马大酒店等一大批大型餐饮酒店先后落户天桥，天桥区餐饮业档次提升。1996年，全区有国有餐饮业法人机构5个、集体餐饮业法人机构30个、个体餐饮业法人机构1593个、外商投资餐饮业法人机构3个、港澳台投资餐饮业法人机构2个，餐饮业零售总额1.37亿元。

1997年，无国有餐饮业法人单位。集体餐饮业法人单位35个，产业活动单位52个，从业人员1361人。餐饮业零售总额1.32亿元。1998年，企业改制，集体餐饮业绝大多数转为个体、私营。同时，区外客商到天桥投资餐饮业力度加大，四川火锅城、内蒙古小肥羊、湖南麻辣烫、台湾永和豆浆等饭店、特色小吃店相继开张，国际知名品牌“肯德基”“麦当劳”先后在天桥区开设分店。2000年，全区规模以下餐饮业企业52家，产业活动单位760个，营业收入1.95亿元。餐饮业社会消费品零售总额1.65亿元，同比增长111%。2001年，全区规模以下餐饮业企业68家，产业活动单位972个，营业收入3.09亿元。餐饮业社会消费品零售总额2.47亿元，是1991年6倍。2002年，全区规模以下餐饮业营业收入4.34亿元。餐饮业社会消费品零售总额4.5亿元，同比增长82%。2003年，全区规模以下餐饮业营业收入5.99亿元。餐饮业社会消费品零售总额6.7亿元，同比增长48.7%。2004年，编制《天桥区餐饮业发展规划》，大力发展现代餐饮业，提高餐饮服务设施档次，拓展服务领域，全区规模以下餐饮业营业收入7.07亿元。餐饮业社会消费品零售总额7.95亿元，同比增长18.7%。餐饮业社会消费品零售总额连年大幅增长。

2007年，国有及国有控股规模以上餐饮企业4家，主营业务收入3702万元，主营业务税金及附加208万元，主营业务利润1230万元。内资规模以上餐饮企业15家，主营业务收入5492万元，主营业务税金及附加305万元，主营业务利润2009万元。私营规模以上餐饮企业8家，主营业务收入4994万元，主营业务税金及附加262万元，主营业务利润1911万元。港澳台商投资规模以上餐饮企业1家，主营业务收入1812万元，主营业务税金及附加102万元，主营业务利润1188万元。

2008年，对全区规模经营餐饮企业进行调查摸底、提升改造，按照《国家级酒家酒店评定标准》要求，开展国家级酒家酒店评审工作；至年底，全区有五星级酒家3家、四星级酒家5家，晶晶大酒店被评为济南市十佳鲁菜名店。

2009年，全区住宿餐饮业私营业户69家，从业人员670人；个体业户2407家，从业人员6095人。2010年，全区住宿餐饮业私营业户65家，从业人员618人；个体业户2649家，从业人员6668人。

2012年，全区住宿餐饮业实现零售额46.12亿元，同比增长11.6%，拉动零售总额增长2个百分点。从登记注册类型看，内资限额以上餐饮企业24家，从业人员2276人，营业额3.1亿元，餐费收入2.46亿元。其中，国有企业1家，从业人员217人，营业额2237万元，餐费收入1428万元；股份合作企业1家，从业人员110人，营业额1231万元，餐费收入628万元；有限责任公司5家，从业人员599人，营业额1.16亿元，餐费收入1.07亿元；股份有限公司1家，从业人员126人，营业额1637万元，餐费收入1230万元；私营企业13家，从业人员966人，营业额1.09亿元，餐费收入7355万元；其他企业3家，从业人员258人，营业额3331万元，餐费收入3312万元。

二、地方名吃

（一）孟家扒蹄。孟家扒蹄制作起源于20世纪初期，位于五龙潭公园西南侧文升园饭庄，以制作“罐儿蹄”享誉泉城。20世纪80年代初，经多方挖掘整理，反复实验，在“罐儿蹄”基础上逐渐形成“孟家扒蹄”。孟家扒蹄特点松软香酥、色泽红润细腻，深受广大顾客喜爱。它的姊妹产品“酱排骨”亦是广大顾客喜爱的美食。

（二）净香园香肠。济南净香园熟肉店创建于1998年，是济南著名熟肉制品品牌，尤其以香肠闻名一方。其香肠制作由莱芜香肠演变而来，传承百年精制配方，秉承传统工艺，选用上等精肉制作，加以多种名贵芳香性辅料，科学配制，风味独特，营养丰富，香味纯正浓郁。入口嚼之柔韧爽口，食之能增加食欲，老少皆宜，是宴宾待客、馈赠亲友、看望老人的美食佳品，成为一方名吃。

（三）荣氏栗子。始创于2000年，由路边摊发展为山东省著名品牌。荣氏栗子精选优质北京油栗，个头适中，栗肉饱满。炒制时选取个头差不多大小瓜子石，淘洗干净后，用热糖浆反复翻炒，等到石子儿泛出油光，再和栗子一起炒制。炒制时火候适中，避免过大或过小。刚出锅栗子，轻轻一剥，栗皮立刻碎为数片，浑圆栗肉跃然掌中，口感甘甜，栗香飘远。“荣氏栗子”成为济南家喻户晓、耳熟能详的经营品牌，先后获“山东省著名品牌”“山东名小吃”“济南特色名吃”“消费者满意单位”等称号。

（四）蒿家扒鸡。蒿家扒鸡创制于20世纪60年代。养鸡基地建在偏远山区，环境优美，无污染。其产品特点肉质鲜嫩，肉烂而不散，咸淡适中，食而不腻，香味透骨，色香味俱佳，老少皆宜，深受广大顾客称赞。

（五）清真地锅羊。松和家常菜馆位于宝华街纬六路高架桥下，又名“清真大锅头”。采用上等鲜嫩羊肉加上独家汤料，用大锅炖成。风味独特，肉质嫩滑，2011年，被济南市烹饪协会命名为“济南名菜”。

（六）“凯胜”牌月饼。1990年，大桥镇西营子村魏延凯、魏立胜父子传承祖先月饼制作秘籍，精制而成。初期由家庭成员自产自销，小本经营。随着人民生活水平提高，产量逐年增加，每年八月十五前后，供不应求。2003年始，扩大生产规模，精心选配优等原料，手工制作“枣泥”和“五仁”牌系列月饼，销售区域逐步扩大。2006年，组合父子姓名最后一字，注册“凯胜”商标，名声大震，销路更广。2011年，扩建生产车间，招聘工人20余名，生产规模扩大。但原料配制不传外人，只有父子二人在秘室自行配制。其产品除满足当地消费外，还进入济南市区及周边大型超市。

第二节 住 宿

1991年，全区旅馆业机构41个，从业人员838人。1992年，旅馆业机构72个，从业人员614人。1993年，四星级旅游涉外酒店济南明湖大酒店营业收入6501万元，利税总额269万元，实缴税金98万元，年末流动资产1330万元。1995年，四星级旅游涉外饭店济南黄台大酒店建成开业。2001年，四星级旅游饭店吉华大厦建成开业。2005 年，四星级旅游酒店济南舜天大酒店重装开业，锦江之星连锁酒店开业。2006 年，莫泰 168 连锁酒店开业。2007 年，按照国际四星级规模建造的济南天发舜和酒店开业，如家快捷酒店开业。2008 年，高档商务型酒店济南姜仔鸭酒店开业，连锁酒店银座佳驿开业，7 天连锁酒店开业。2009 年，汉庭连锁酒店开业。2010 年，格林豪泰连锁酒店开业。2011 年，速 8 连锁酒店开业。2012 年，全区有锦江之星连锁酒店 2 家，莫泰 168 连锁酒店 3 家，如家快捷酒店 8 家，银座佳驿连锁酒店 5 家，7 天连锁酒店 5 家，汉庭连锁酒店 2 家，格林豪泰连锁酒店 3 家。全区有商务酒店、长住型酒店、会议型酒店、经济型酒店、客栈、青年旅舍、招待所 370 家。

第三节　理　发

1991 年，全区理发机构 59 个，从业人员 203 人。位于师范路东首区商业局所属工人新村理发店规模最大，有理发坐席 8 个，设女士烫发专座。1992 年，有美容美发学校在济泺路设立，在济南长途汽车总站附近和济泺路北端两侧出现教学美发的免费理发摊点。繁华商业街区、居民生活小区私人开设个体美容美发店增多。传统刮胡刀，被一次性剃须用具替代。传统先理后洗再刮脸理发方式，被先洗后剪或先喷后剪理发方式取代。除小分头、小平头、大背头之外，常能理出个性独特发型。2004 年，天桥区组织开展美容美发行业诚信经营活动，对辖区内美容美发行业进行全面检查，规范行业经营行为。2012 年，全区有理发店 1000 余家，在制锦市社区、胜利庄、工人新村、西苑小区、联四路、泺安路出现扎堆设立现象。区商业局所属工人新村理发店挂上美容美发牌子。

第四节　摄　影

1991 年，全区摄影业机构 18 个，从业人员 74 人。照相业务主要是黑白底片个人标准照、全家福照、同学照、朋友照、集体照，一般 7 天后提取照片，提前取照片，需缴纳加快费。济南动物园东门广场节假日有流动摄影摊点，以邮寄照片方式招揽游客拍照。机关事业单位和家庭个人摄影，时兴彩色胶片，品牌有进口柯达、富士彩色胶卷，国产品牌有乐凯彩色胶卷。济泺路交通街路口有专门冲洗彩色胶卷门店 1 家。1997 年，济泺路、师范路、无影山中路有婚纱摄影室、儿童摄影室设立。婚姻大典摄像业务兴起，新郎新娘委托婚庆公司录制婚礼影像，制作成录像带留念。2000 年，摄影开始使用数码相机，新兴服务业务数码洗相出现。2012 年，北园大街、顺河街、北坦大街、三孔桥、凤凰山、济泺路、生产路、清河北路有影像摄影、儿童动漫摄影、亲子摄影、婚纱摄影、艺术摄影工作室 21 家。标山南路建有集摄影器材经营、摄影技能培训、摄影作品展示、摄影服务于一体的山东摄影城。

第五节　洗　浴

1991 年，全区洗浴业机构 5 个，从业人员 50 人。位于天桥东街道的济南老字号澡堂润德池关门停业。各大中型企业和机关事业单位建有内部浴池，供职工使用，周末对职工家属开放，凭票证进入，社区居民则托关系到相熟单位蹭澡。企事业单位内部浴池使用淋浴设备，个别条件好的单位建有温、热水池。随着外来人口增多，社会洗浴业发展较快。20 世纪 80 年代，在家庭洗浴不方便的居民区、外来务工人员生活聚集区、城乡结合部社区，为群众服务的大众浴池增多。北园大街有桑拿浴场所，服务项目由单一洗澡扩大为洗澡、桑拿、按摩、足浴等一条龙服务，有的增设自助餐、理发美容以吸引顾客。2000 年，北园大街建有洗浴中心、桑拿中心、洗浴城、洗浴按摩中心、足浴会所 30 家，东西丹凤街、济泺路、堤口路、无影山路、无影山中路亦有按摩洗浴场所。2012 年，标准不一的汗蒸会所、会馆出现在繁华街区和社区居民楼单元房。

第六节　修　理

天桥区修理业以个体、私营为主。20 世纪 90 年代前，以修配钥匙、钟表、自行车、铝制炊具居多。1991 年，修鞋服务在工人新村、天成路、官扎营中街、陈家楼、花店街有摊点，补鞋、修提包、换拉锁，捎带推销脚气神油。修车服务多设在街头巷尾，为过往自行车、三轮车打气、补胎、更换闸皮、维护链条飞轮。修锁服务在顺河街、师范路设摊点，以配钥匙为主，兼卖新锁具。摩托车、汽车维修在无影山路、黄岗东路有厂家。北坦街道辖区内济南摩托车经销维修中心、天桥汽车修理厂发展迅速，是地区支柱企业，既取得良好经济效益，又方便人民群众生活。天桥东街街道辖区内商业服务业也以汽车修理为主。黄屯有电气焊维修服务部，小到铁锨锄头、自行车脚蹬子，大到拖拉机底盘、汽车厢板，凡断裂都能焊接。北园大街有电机维修部，修理潜水泵、各式电钻电机。1996 年，宝华街街道辖区内解放军某部义务修车服务队，在官扎营西街定点为民服务，累计修理自行车 400 余辆、三轮车 26 辆。20 世纪 90 年代后期，修理业快速向家电、电动车、摩托车、汽车修理拓展。

2000 年，家电维修在无影潭公园东门外有服务部，修理电视机、电冰箱和小家电产品，挂有品牌电视机、电冰箱特邀维修服务招牌。中恒商城厨具市场设小家电维修专柜。2012 年，电脑维修服务快速发展，在居民小区、居民聚居地段都有设立。西苑小区利用民居和沿街板房开办电脑维修店 5 家。

第七节　文　印

1991 年，机关事业单位和大中型企业办公室有内设机构文印室，使用针式打印机，文件印刷要先打印蜡纸。济泺路、堤口路、顺河街有文印社，承担黑白名片、条幅、绶带、标牌、警示牌、刻字制作业务。1995 年，无影山路文印社 2 家，承担工程图纸打印、复印、文件扫描、文件图纸设计制作业务。丝网印刷技术运用到文印业务中。路边一台电脑、一台打印机、一台复印机、一台扫描仪的文印社居多。2000 年，济泺路、无影山中路、水屯路、生产路建有喷画公司，承揽展会搭建、展柜、彩色印刷、展示展板、喷绘写真、X 展架、易拉宝、户外广告牌、LED 显示屏、电子灯箱、广告灯箱、广告匾牌、标牌标识、展览展示、反光贴膜、展板展架、条幅彩旗、企业文化墙制作及雕刻字业务。2012 年，打印复印市场需求量萎缩，文印店转型增加冲洗照片、证件照、快速成像、彩色名片、卡证、不干胶业务。

第八节　家　政

1991 年，聘请家庭保姆照看婴幼儿、陪护老人，依靠邻里介绍。有大学生走出校门，招揽家教生意。随着社会需求逐年增大，家政服务进入居民家庭，服务项目逐渐拓展。2000 年，市区繁华路段有家政服务公司出现。服务项目向家庭装潢、外墙清洗、搬家服务等延伸，服务对象由居民家庭向企事业单位扩展，服务范围辐射城乡。家政从业人员大多是女农民工，也有在校或刚毕业大学生，年龄大多在 40 ~ 50 岁左右，20 ~ 30 岁家政人员占比小。同年，劳动和社会保障部正式认定家政服务员职业。2012 年，水屯路、标山南路、济泺路、成丰桥、新城小区、堤口路、无影山中路、泺口、历山北路、北园大街、制锦市、西泺河路、西苑小区建有家政服务公司 53 家。有月嫂、保姆、婴儿护理、按摩催乳、专业发汗、接送学生、代做午饭、钟点工、快餐配送、保洁清洗、清洗油烟机、管道维护、院落守护业务。

第九节　超　市

1995 年 7 月，济南益康百姓连锁超市在黄屯小区建成开业，营业面积 90 平方米，经营品种约 3000 种，年营业额约 450 万元，为区内第一家超市，首开发展直营连锁超市先河。1998年1月，济南第二棉纺织厂改建为绿地仓储超市；2000年、2001年，超市年营业额连续过亿元，是济南市“退二进三”（在产业结构调查中，缩小第二产业，发展第三产业）的成功典范,解决大量下岗职工再就业问题。2002年5月，由小鸭集团投资兴建的大润发天桥店建成开业，该店位于堤口路80号，占地面积2.5公顷，建筑面积1.84万平方米，投资1.2亿元，由台商直接管理，为会员制连锁超市，经营休闲食品、生鲜食品、日用品、家电等，经营品种1.5万余种，有员工270人，厂家驻场人员500余人。开通免费购物班车线路20余条，设停车位226个，满足顾客多样化需求。9月，位于北园大街黄金地段的银座购物广场北园店建成开业。该店二层为超市，营业面积8700平方米，批发兼营零售百货、针纺织品、服装鞋帽、钟表、眼镜、化妆品、文具、体育用品、家用电器等，经营品种1万余种。此后,银座超市无影山店、金牛店、济泺路店相继开业，均经营生活日用品、百货等。2003年始，济南华联、统一银座、家家悦等大型超市公司相继进驻天桥，超市竞争日趋激烈。2012年，银座购物广场北园店超市营业额1.9亿元；益康百姓连锁超市在天桥区开办直营超市28家，平均营业面积100余平方米。

2000年始，由个体私营商户经营的一批中、小型超市跻身市场，参与竞争。至2012年，堤口路、无影山东路两侧有开架式食品、杂货销售中小超市20余家。2007—2012年，大桥镇境内兴起多处超市，经营效益较好的有益康超市、万祥超市、隆华超市、泰和超市、大勇超市。益康超市位于104国道东侧，万祥超市位于104国道与220国道交汇处（路北），隆华超市位于220国道北侧，泰和超市位于220国道南侧，大勇超市位于靳家商业街西首，临104国道，均在小城镇范围内。经营品种有生鲜、糕点、食油、禽蛋、饮料、服装、书籍、儿童玩具、烟酒等日用杂品。超市一般开门早，关门晚，营业时间长，适合城镇居民、流动人口休闲购物。

2012年天桥区重点服务业分行业统计表

表12-5　　单位：万元

行业	单位（个）	资产总计	负债合计	营业收入	营业利润	从业人员（人）
道路运输业	17	245968.70	158556.00	122423.10	8987.20	5265
水上运输业	2	18119.30	19543.30	10287.90	-275.20	696
商务服务业	28	351320.20	296720.00	89236.10	752.60	5998
专业技术服务业	12	123884.50	74987.00	91062.40	15129.50	3024
教育	3	21910.40	14269.20	16878.20	1170.50	911
卫生	8	11450.40	10001.70	20477.10	609.70	1153
物业管理	5	9593.60	6272.00	15029.80	-325.20	789
其他服务业	1	155.10	96.50	1213.10	9.20	550

第十三篇
市　场

1991—2012
TIANQIAO QU ZHI

红星美凯龙（世博家居生活广场）

济南中恒商城

山东通讯城（2012年2月摄）

山东灯具批发市场（2009年11月摄）

天桥区地处城乡结合部，是工业集中区，境内有济南火车站，济南长途汽车总站，具有客流量、物流量大的特点和优势为依托，从强化改革开放和增强商品意识入手，因地制宜，多条腿走路，市场建设有了长足发展。1991年始，全区确立服务城市、面向全国、走向世界的战略思想，树立大市场、大流通、大服务观念，实施搞好市场、搞好流通的“三五五”发展战略，即国家、集体、个体三扇门齐开；区、街、镇、村、居五个渠道齐上；各类市场、大型网点、街道商业、小型网点、城建开发五条路并进，全区市场建设取得突破性进展。至年底，全区有集贸市场17处，占地面积15.2公顷，市场交易额3.7亿元。

1993年，天桥区提出在街道实施“三个一”工程。全区投资1.6亿元，新建市场11处，占地面积35公顷，建筑面积13.6万平方米，市场建设规模超过过去10年的总和；市场交易额39亿元，山东省（金牛）建材市场等7处市场年交易额过亿元；堤口果品批发市场、泺口服装市场跨入“全省十大市场”行列，堤口果品批发市场被评为全国百强市场。1995年，济南市政府推广天桥区“三个一”工程。1997年，新建市场17处、商业楼12幢，建筑面积7.9万平方米。至年底，全区各街道“三个一”工程全部达标。全区有各类市场49处，占地面积90.8公顷，建筑面积48.1万平方米；市场交易额90亿元，其中过亿元市场11处。

2002年，按照济南市规划要求，清河商业中心、泺口服装城和堤口果品批发市场基础设施建设任务完成后，重点围绕市场功能，理顺管理体制，根据市场发展需要适时调整布局，不断完善配套服务，增强市场吸引力和竞争力。随着市场规模扩大，市场成交额大幅上升。至年底，市场成交额增至112.73亿元，单体市场成交额过亿元的10处。2003—2008年，全区新建市场33处，新增市场面积7.47万平方米，创建省级文明市场3处、市级文明市场7处。2009年，传统市场升级改造成效显著，提升改造专业市场17处。市场业态不断丰富，缤纷五洲文化广场等项目招商顺利，并部分投入使用。

至2012年年底，全区有市场93处，交易额175亿元。其中，社区菜市场10处，建筑面积2.7万平方米；专业市场64处，建筑面积351.14万平方米；物流市场4处，建筑面积85.5万平方米；集市15处，占地面积18公顷。

第一章　集市　商业街

1991年年初，天桥区有泺口“四、九”集、黄台板桥“五、十”集、鹊山“三、八”集、标山“周六、周日”大集4处；泺口、天成路、济泺路、北园路、车站街主要商业地段5处。后开始兴建规模商业街并将主要商业地段重新规划建设成商业街。1993年，济南市提出在街道实施“三个一”工程；1995年，济南市政府把“三个一”工程作为硬性任务下达至各县（市）区，并明确要求1997年完成。至1997年年底，全区街道“三个一”工程全部达标。2000年，原属历城区的大桥镇、桑梓店镇、靳家乡划归天桥区，境内增加东营子、桑梓店等大集10余处及靳家、马店、桑梓等商业街。2009年，板桥大集取缔。至2012年年底，随着住宅小区发展建设，周边配套设施完善，全区有集市15处，占地面积18公顷，摊位6000余个。全区各街道（镇）均设有商业街。

第一节　集市（夜市）

1991年年初，全区有泺口“四、九”集、黄台板桥“五、十”集、鹊山“三、八”集、标山“周六、周日”大集4处。还设有新桥、三孔桥街、茂新街、天桥东街、汽车厂东路、制革街、交通厅街、官扎营、无影山路、堤口铁路宿舍、八里桥、北关、车站北街、边庄桥、国棉一厂、刘家桥、山东化工厂、黄岗等全日、早市、夜市摊点22处。

区内夜市主要集中在工人新村、成丰桥等地。下午五六点开始摆摊，持续4个余小时。尤其在夏季，晚上10点依然人来人往，非常热闹。1996年，成丰桥夜市被济南市政府确认是济南市10大夜市之一。位于南工商河西段南岸，全长385米，占地面积0.4公顷，有固定营业门头房100余间，经营摊位300个，经营范围包括服装、饮食、蔬菜、副食、水果、炒货及日用品15大类2000余个品种，从业人员1000余人。夜市方便了居民群众生活，并为安置下岗、待业职工再就业做出贡献。

2000—2001年，区划调整后，全区除原有4处集市，另加大桥镇东营子“一、六”集，靳家“二、七”集，西车村、刘光照村“三、八”集，高王村、马店“四、九”集，高卢、香王店、大庄“五、十”集以及桑梓大集等10余处。

2002年，祝家村成立集市。位于祝家村内东西大街，长800米、宽15米，占地面积1.2公顷，摊位400个，管理人员2人。逢农历五、十成集。主要经营服装、水果、蔬菜、生熟肉、糕点、副食、五金、土产、日用百货。集市设立前，村民要到10里之外的靳家集购买商品；设集后，方便该村及附近近10个村村民进行贸易。2006年，大桥镇东营子村“两委”（党支部委员会、村民委员会）在村东部新设“四、九”小集1处。东营子集（旧时称褚营子集）创立于1552年，位于东营子村西部南北大街（右为驿道），长600米、宽15米，占地面积0.9公顷，摊位600个，管理人员2人。逢农历一、六成集。主要经营布匹、衣服、水果、蔬菜、生熟肉、副食、五金、建材、日用百货。2008年，大吴村成立集市，位于大吴村东西大街，长800米、宽15米，占地面积1.2公顷，摊位300个，管理人员2人。逢农历一、六成集。主要经营服装、水果、蔬菜、肉类、副食、五金、土产、日用百货。

2002年后，引导、鼓励流动摊贩退路进厅。2008年，取缔师范路夜市。2009年，板桥大集取缔。板桥大集形成于解放初期，摊位400余个，管理人员9人。逢农历“五、十”成集，附近菜农、商贩自发在历山北路板桥路段两侧摆摊设点。由于摊贩挤占辅道及部分快车道，导致交通拥堵并时常发生交通事故，济南市、天桥区、北园街道三级执法人员联动，对板桥大集进行集中清理，并由北园街道办事处指定新建七一路农贸市场和狮子张农贸市场为板桥集市搬迁新地点。2011年，对标山大集进行整治。4月，天桥区城管、公安和交警部门联合下发《关于取缔标山南路及周边道路非法占道经营和乱停乱放行为的通告》，成立执法队伍，依法整治标山南路及周边道路的非法占道经营和乱停乱放行为。治理后的大集依旧热闹，路口拥堵现象明显缓解。

因城市规划，天桥区既有商业广场、大型超市，又保留传统原始大集。至2012年年底，全区有大集15处，主要有菜市、果品市、服装市、副食市、布市、禽蛋市、生熟肉市、小杂粮市、花鸟鱼虫市等。

附：集市选介

泺口大集 位于泺口南路，逢农历“四、九”成集。主要经营水果、蔬菜、熟食、粮食、衣服、鞋子等。泺口当年是古镇，有单独的圩子城和圩子河，与济南老城相比像个独立王国。因为这里有黄河码头，南来北往的货物需要中转交易，所以集市规模更大且不止一个集日，“二、七”“三、八”“四、九”都有，只是不在一条街上。买卖的都是大宗物品：木材、煤炭、牲畜、布匹、瓜果、水产品等，成交之后装船再运往别处，从早到晚熙熙攘攘、车水马龙。赶集的时候更有耍猴、摔跤、拉洋片、变戏法、玩把式、练气功的以及算命、打卦、猜字、看相的前来助兴，引得老城及黄河以北的百姓都来看热闹。至2012年，泺口码头的货运功能随着现代交通运输业的发达逐渐弱化，泺口大集也由几个赶集日逐渐变成“四、九”集。泺口大集仍然远近闻名，而当年的大集也以街道名字的形式保留下来，如“二七”集街、“三八”集街等。

标山大集 20世纪70年代，标山大集自发形成，集市自标山南路沿东工商河东岸向北，至凤凰山庄北折向东，至津浦铁路涵洞处向南拐，进入宠物花鸟市场，外地来往经营花卉的车辆则跨过工商河，向林家桥方向延伸，摊位3000余个，客商6万余人。逢周六、周日成集。主要经营苗木、花草、花盆、花肥、花药、花土、养花工具、宠物、农家土特产、生活用品。

标山大集（2012年7月摄）

标山大集是原老北园三镇（北园、泺口、药山）的重要“港口”，也是小清河和东工商河交汇处的重要码头。因为繁华和重要历史地位，标山大集当时是老北园三镇最早通公交车的地方，方便周边居民赶集，使得这里在历史沉淀中成为草根文化的代表，成为“人气之王”。由于地处城乡结合部，受居民工作影响，标山大集由最初周日成集逐渐变成周六、周日两天的集。这是标山大集和其他大集最大的不同。原北园镇出名的有北园莲藕，所以标山大集一直保留着销售荷叶和藕节的传统。随着“标山大集”规模不断壮大、来往居民不断增多，导致摊位秩序混乱，有的甚至摆到马路中间，人、车、摊位混在一起，常使交通陷入瘫痪。在此行驶的2条公交线，每到周末车程要增加2～3个小时，影响周围小区居民生活。2011年，标山大集进行综合整治。至2012年，凤凰山社区在标山大集建公厕、设置垃圾集装箱，并安排保洁人员定期清扫垃圾；每周六、周日有数名物业人员不间断在标山大集巡逻，维持秩序、疏导交通，改造成为一个环境洁净、有文化气息、秩序井然的市井大集、草根大集。

靳家大集 1972年，设立靳家大集，位于104国道至靳家村西，长1200米、宽20米，占地面积2.4公顷，摊位600个，管理人员4人。逢农历二、七成集。主要经营服装、鞋帽、布匹、水果、蔬菜、肉类、糕点、杂粮、副食、调料、禽蛋、五金、土产、日用百货。集市原在姚店村，于1972年靳家公社府前大道建成后迁于此并将成集时间改为农历二、七。至2012年，逢集日客商有5000余人。

高王集 1981年，设立高王集，位于高王村中心十字大街，长1500米、宽5米，占地面积0.75公顷，摊位300个，管理人员2人。逢农历四、九成集。主要经营布匹、服装、鞋帽、糕点、水果、蔬菜、副食、五金、土产、日用百货。1981年，高王集设立在高王村南侧东西大街上，街宽仅5米，人多时出现拥堵；1998年，对中心十字街拓宽改造和道路硬化。至2012年，高王集由东西街发展为东西、南北十字街长1500余米大型集市。

马店大集 1989年，设立马店集，位于大桥镇政府驻地商业街，长1600米、宽20米，占地面积3.2公顷，摊位1000个，管理人员6人。逢农历四、九成集。2002年，在原商业街东300米处建1000米长商业街1条，集市扩至新商业街及连接两街的东西街上。同时更名为马店大集。设有蔬菜市、水果市、生熟肉市、禽蛋市、副食调料市、布匹市、服装市、鞋帽市、儿童玩具市、五金市、建材市等（1990年前曾设有牲畜市、粮食市、木材市），基本满足人们日常消费需求，平常集日有客商6000余人，年集增至1万余人，称“黄河北第一大集”。2000年后，马店大集设立下午市，后增设夜市。下午市摊位200余个，以水果、蔬菜为主；夜市摊位40余个，主营汉堡、白吉馍、千层饼、兰州拉面、南京蒸包、羊肉汤等小吃。夜市上人头攒动，灯火辉煌，香雾缭绕，一派繁华景象。

大庄集 1999年，设立大庄集，位于大庄村内东西大道，长1000米、宽20米，占地面积2公顷，摊位500个，管理人员2人。逢农历五、十成集。主要经营服装、鞋帽、水果、蔬菜、肉食类、酱菜、五金、土产、日用百货。2011年，村中心东西大街建成，路面加宽1倍，集市由村南东西大街迁移至中心大街。至2012年，沿街个体商业网点30余个，集市活跃了村子经济。

桑梓大集 位于桑梓店村东西街，古已有之，年代不详。长600米、宽15米，占地面积0.9公顷，摊位600个。集市原为逢农历一、六成集，随着人们日常消费需求的增长，1993年增加“三、八”小集。至2012年，逢农历一、六成大集，三、八成小集不变。主要经营布匹、衣服、水果、蔬菜、生熟肉、副食、五金、建材、日用百货。

第二节 商业街

1991年，天桥区泺口、济泺路、天成路、北园路、车站街等地段形成主要商业街区，但管理不到位、设施不完善。为适应社会主义市场经济体制建立与发展，天桥区实施“三五五”战略，将市场、大型网点、街道商业、小型网点、城建开发五条路并进，加强商业街建设，改善环境，提高生活质量。

1992年10月，投资300余万元，三孔桥商业街建成。原有的各类商业、服务网点和新建的100余间商品出租房形成摊位300余个，吸收安置就业人员和消化社会闲散人员1000余人。商业街于1991年12月开工，建在三孔桥街两侧。同年，投资22.08万元，建成汽车厂东路小型商业街、无影山综合商业街一期。其中，汽车厂东路小型商业街投资13.58万元，建筑面积325.8平方米。

1993年，中共天桥区委、区政府提出街居发展“三个一”工程，并成立以分管副区长为组长的“三个一”工程领导小组和资金、土地协调领导小组。年内新增商业街占地面积6公顷。5月，投资27.91万元，在标山南路南侧建成标山南路商业街，商亭25个，建筑面积634.92平方米。6月，投资54万元，在济齐路南首路东建成济齐路商业街，有框架组合式活动房50间、二层楼房21间，总建筑面积1134.7平方米。同月，投资9万元，在师范路中段路北建成师范路小型商业街，营业房21间，建筑面积205平方米。1994年，三圣街、北小门2条商业街建成，经营面积500余平方米；12月，投资150万元，在北坦小区建成商业街，长500米，建筑面积1500平方米。为更好地方便群众、带动经济发展，采取“让开大路、占领两厢”方针，将原商业街区重新规划建设。1993年，北园路综合商业街一期工程竣工；济泺路南段商业街开工建设，于1994年年底完成。1994年，在东西丹凤街东段建成义北商业街。年底，全区12个街道有商业街11条。

1995年，济南市在街道实施“三个一”工程，街道办事处调动各方面因素，加快街道“三个一”发展。同年，在历山北路建长1000米的商业街，可安置300～500人就业，是集购物、供油、娱乐、停车、住宿于一体的服务区；投资180万元，对万盛大沟东段实施”明改暗”工程，历时8个月，在天桥区政府以北建成红桥商业街，长300米、宽15米，占地面积0.48公顷，建筑面积1400平方米，标准营业房90间。1996年4月，投资100万元，建成聚贤商业街，商业房100间，建筑面积2500平方米；6月，投资50万元，在堤口南路西段建成长402.5米商业街，营业房46间，建筑面积824.37平方米。1997年，建成工人新村南村中街商业街，在中路南端建商业房面积600平方米，以经营蔬菜、副食、小吃为主；在北端建综合商业楼面积1000平方米。至年底，全区街道全部建有商业街。

2000年区划调整后，重点加强两镇“三个一”工程建设，促进第三产业发展。2001年，投资800万元开发大桥镇高标准商业街，建筑面积2.4万平方米；逐步完善桑梓店镇商业街配套建设，于2004年改造完成。2002年，通过退路进厅、旧城旧村改造等工程，天桥区对12个街道商业街进行重新规划、修建。拆除制锦市街报亭3个、沿街商业房及乱搭乱建摊铺80余处；拆除聚贤街商业房10处和车站东街商业街；新建纬北路商业街，建筑面积1000平方米；拆除北园临街道路两侧门头房面积2000平方米，先后集中清理“马路摊点”20次，在历山立交桥、国贸大厦地段统一设置摊点200个。

随着2007年天桥区棚户区改造工作全面启动及2008年全市迎全运工作的展开，全区多数商业街都列入改造范围。2008年3月，原三孔桥商业街综合整治开始。历时7个月，投资2300万元，拆除商业用房面积7000余平方米，改造后的三孔桥街拥有18米宽双向4车道行车道、两侧各4米宽人行道；年底，被评为济南市十大道路整治示范街。4月，师范路改造工程动工，历时15个月，投资4000余万元，拆除沿街房屋30余间、拓宽道路面积8000余平方米。同年，大桥镇新建商业街3条，建筑面积3.5万平方米，沿街商铺全部为二层楼，260家。2010年，小马商业街建成，位于桑梓店镇政府驻地，济南建邦黄河大桥桥北延线东，308国道南，建筑面积2万平方米。

至2012年，全区各街道（镇）均设有大小、规模不一的商业街。其中北园大街、三孔桥街、堤口路等随着设施不断完善，既是主干道又兼具商业功能；原为方便居民而建的商业街经过综合整治后也更加整洁、规范；新建住宅小区的商业街大都随项目规划而建在小区内。

附：商业街选介

天成路商业街　该街以知名度较高的天桥分隔东西，靠近济南火车站、济南长途汽车总站，原为小型商业网点和居民聚居相间的街道。1983年拆迁街道西侧，改建商业楼群；1986年，对东侧连同南北丹凤街一并进行拆迁改造，同时辟建小商品批发市场1处。1991年年初，有商业楼房22幢，总建筑面积4.87万平方米。有以山东汽车贸易公司、鲁联粮油公司、燕兴公司、济南市生产资料市场、天桥商场、成丰商场、齐鲁烤鸭店等大中型商业网点为代表的粮油、熟食、副食蔬菜、肉食、调料、烟酒糖、果品食品、百货、鞋帽服装、纺织品、家用电器、医药、图书、石油、钟表眼镜、旅馆、理发、浴池、洗染、饮食和各种修理店及工商银行、农业银行、保险公司、电影院、医院等128处。至2012年，天成路商业街以电动车专卖、食品添加剂批发零售、旅馆、小餐馆居多，著名的“周记扒鸡”“老玉记扒鸡店”也在这条商业街上。

济泺路商业街　该路北接泺口渡口，南连天成路，为外地进出济南的车辆通行的主要交通干道之一。济南长途汽车总站、济南动物园等旅游场所设此。1978年始，沿街辟建商业网点及泺口服装市场，同时与临近的汽车厂东路、交通厅街、制革街辟建商贸市场，逐渐形成较为繁华的商业街。1991年，有粮油熟食、副食、肉食、水产、食品、烟酒糖茶、百货、服装鞋帽、纺织品、五金机电、交电化工、家用电器、书店、日用杂品、旅店、理发店、照像馆、饮食、修理等各种商业网点和长途汽车总站、出租汽车站、中国银行、建设银行等金融机构及邮政、电话局所、影剧院等281处。1993年下半年，投资400余万元，将济泺路南段小农贸市场改建成商业街。1994年年底，“成丰桥商场”建成，面积5000余平方米，是集经营、娱乐、办公于一体的商业街。至2012年，济泺路沿街有泺口服装市场、缤纷五洲商业广场、中恒小商品批发市场等。

北园路商业街　原路两侧国际贸易大厦、明湖大酒家、供销合作社装饰材料分公司、济南五金交电站、中外合资装饰材料公司、济南乡镇企业供销公司大楼建成并投入经营，还辟建有北园综合批发市场、济南针织品公司服装市场。1991年，形成以五金机电为主的各种行业商业网点和金融机构、邮电局所、汽车加油站等454家的商业街。后根据济南市整体规划，对北园路进行拓宽、改造和商业街建设，全长5.2千米，总开发面积38万平方米。1993年，北园路综合商业街一期工程竣工。总投资2.5亿元，装修旧楼和新建商业楼面积2万平方米，一条集商贸、饮食、娱乐于一体的10里多功能花灯不夜城商业大街已具雏形。随着北园高架桥建成、沿街摊铺综合治理、高端市场引进，至2012年，北园大街形成灯具、家居、电子、装饰材料、铝材、餐饮、娱乐、宾馆于一体的大型商业街。

无影山商业街 位于运输新村东路，全长500米，占地面积1.57公顷，建筑面积1768平方米。1992年，投资8.5万元，无影山商业街一期工程竣工，商业亭27个，占地面积0.03公顷。1993年，投资80万元，无影山商业街二期竣工，营业房69间。1995年，将原建筑医院农贸市场迁至商业街，摊位由200个增至600余个。11月，投资180万元，改造万盛大沟无影山地区南段长200米，使商业街贯通无影山中路和堤口路，成为无影山地区最大的集农贸、加工、储存、批发、零售于一体的多功能、全方位商业街。至2012年，商业街有房屋110间、商亭29个、摊位1500个，主要经营项目有饮食、食品、百货、纺织品及日用杂品。

靳家商业街 位于104国道至靳家村西首，占地面积7公顷，建筑面积3万平方米，为楼式建筑。1995年，建起长1000米商业街。2002年起，投资800万元，建成长1000米、宽35米商业大街，并将平房改建成二层楼房。2003年，改造旧商业街1条，连同104国道两侧、220国道两侧形成的商业街，有两横三纵5条商业街。至2012年，靳家商业街改造升级全面完成，主要经营家电、五金、家具、装饰材料、农机维修、种子、农药、化肥、日用百货、服装、土产、饭店、香油坊、馒头坊、副食、生熟肉、粮油、理发、洗浴、手机专卖、农具维修。

马店商业街 位于大桥镇政府驻地，220国道南，占地面积20公顷，建筑面积12万平方米，经营面积8万平方米。1988年，始建马店商业街，长500米，均为平房。2001年，建新商业街，长800米，两头为三层楼房、中间为二层楼房。2003年，将原商业街平房拆除，建成二层楼房，马店商业街建成；又扩建沿大桥路、沿220国道、连接新老商业街的工商路、大桥路至冯塘名郡的商业街4条，形成三纵三横商业网络，总占地面积40公顷。至2012年，马店商业街有商户600户，主要经营服装、鞋帽、家电、家具、装饰材料、五金、土产、饭店、香油坊、馒头坊、庆典、摄影、理发、洗浴、厨卫用品、药房、印务、汽修、手机专卖、生熟肉店、副食、调料、粮油、糕点、种子、化肥、农机、妇婴用品、日用百货、酒水批发。

桑梓商业街 位于桑梓店镇政府驻地，308国道南，桑东大道东。1999年，投资1300万元，建成二层以上商业楼104幢，建筑面积3万余平方米。2000年2月22日，济南市人民政府在桑梓店镇召开"三个一"工程现场会，对桑梓店镇"三个一"工程提前一年达标给予高度评价。2001年，投资540万元，完善商业街配套建设；同年，被济南市人民政府正式命名为桑梓大街。2003年，新增个体工商户130户。至2012年，主要经营银行、家电、五金、家具、装饰材料、农机维修、种子、农药、化肥、日用百货、服装、土产、饭店、香油坊、馒头坊、副食、生熟肉、粮油、理发、洗浴、手机专卖、农具维修。

第二章 专业市场

1991年，全区有市场17处，交易额3.69亿元。后天桥区倡导三产兴区，加大市场建设力度，注重农贸市场质量，逐步由马路市场、大棚场向室内市场过渡；兴建大型专业批发市场，经历一个从少到多、从小到大、从简陋到规范、从棚式到商城发展过程；发展现代物流市场，推进传统仓储、运输行业向现代化物流中心顺利转型。2012年，因城市规划建设，市场经营商品的种类不断丰富、档次不断提升，交易额及利税逐年增加，对全区经济发展尤其是三产兴区发挥重要作用。至年底，全区有市场78处，交易额175亿元，其中交易额过亿元市场23处。

第一节 农副产品市场

1991年，全区有英贤桥、毕家洼、济齐路、泺口、三孔桥、成丰桥、茂新街、红桥、工人新村农贸市场9处，农贸市场上市量2.6亿千克。其中小吃最全的是位于毕家洼中街的毕家洼市场，建于1987年12月，占地面积0.5公顷，建筑面积960平方米，门头房61间，摊位56个，除经营果蔬和生活必需品，各种地方特色小吃从油条、馒头、水煎包到拉面、炸鸡、烤肉串应有尽有；规模最大的是位于师范路19号的工人新村市场，建筑面积2970平方米，内设各类食品经营房66间、柜台式摊位500余个。1992年，先后投资175万元，分别建成工人新村南村农贸市场、鹊山集贸市场、凤凰山农贸市场、天桥东农贸市场。至年底，全区农贸市场13处，上市量3.5亿千克。

1993年，各街道“三个一”工程全面铺开，年内12个街道新增农贸市场5处、占地面积2公顷；至年底，全区农贸市场增至18处，上市量3.46亿千克。1994—1997年，各街道因地制宜兴办“三个一”工程，部分农贸市场拆除、整合或迁至商业街，改变街道原市场规模小、分布散的格局，初步形成为社区服务、方便群众生活的综合性农副产品市场。1994年，新增堤口南路宝华农贸市场、北坦新菜市街面积1500平方米大棚农贸市场；1995年，原无影山建筑医院农贸市场迁至无影山商业街；1997年，在矿院路建成封闭式农贸市场，房屋48间，建筑面积1300余平方米；将天桥毛巾厂改建为无影山副食品市场，位于商业街内。至年底，12个街道“三个一”工程全部达标。全区有堤口矿院路、成丰桥、工人新村南村、北坦、宝华、纬北、制锦市、毕家洼、三孔桥、官中街、天桥东、凤凰、泺口居、鹊山、工人新村、黄岗农副产品市场16处，占地面积4.84公顷，建筑面积1.95万平方米，投资597万元，门头房315间，摊位2907个，从业人员3869人；年内交易额1.95亿元。

2000年后，响应济南市政府“退路进厅”号召，天桥区加大市场建设力度，注重室内副食品、农贸市场质量，逐步由马路市场向室内市场过渡，尽管因城市规划建设导致农贸市场数量较前减少，但档次提升，确保每个街道地区均有农副产品市场。同年，在堤口南路新建万盛蔬菜、副食品于一体的市场，投资130万元，棚盖万盛大沟面积2000余平方米，建商业房面积1000平方米。2001年，投资30万元，将成丰市场由西工商河路迁到原济南粮食加工厂院内，摊位700个；12月，将企业闲置车间改建成北坦室内农副食品综合市场，面积980平方米，100余个马路摊点进厅经营。2002年1月28日，堤口综合市场建成，投资110万元，棚盖污水沟面积1300平方米，修建大棚面积1200平方米、门头房63间，总建筑面积600平方米。2003年，二棉职工农贸市场建成，经营面积1.34万平方米，摊位1100余个。至2008年年底，全区有泺安路室内副食品市场、堤口南路集贸市场、西苑副食品市场、工人新村农副产品市场、制锦市农贸市场、二棉职工农贸市场、成丰农贸市场、无影山农贸市场、堤口综合市场、矿院路农贸市场、北坦室内农副食品市场11处。

2009年5月1日，对制锦市农贸市场彻底整治，在制锦市北小门街两侧建成制锦市菜宜园市场，全长400余米，摊位174个，管理人员3人。2011年，在生产路西街建成生产路菜市场，建筑面积600平方米，摊位20个。主要经营果蔬、肉类。至2011年，全区有毕家洼、凤凰山等社区菜市场23处，总建筑面积6.1万平方米，摊位3000个，辐射人口约32万人。

随着片区开发、“城中村”改造工作的进行，农副产品市场数量减少、品质提高，大大丰富了居民的“菜篮子”和“米袋子”。至2012年年底，全区城区有农贸市场10处。

附：农副产品市场选介

工人新村农贸市场 建成于1990年12月，是济南市第一家全封闭式室内集贸市场。建筑面积2.97万平方米，内设各类食品经营房66间，柜台式摊位500余个。市场位于济南市最大的居民小区——工人新村南北村之间的师范路上，每天为小区内6万居民提供良好的生活服务，同时，也为广大客户创造安全、舒适的交易环境。市场设有电子公平秤、监督服务台、防尘防蝇设备，国内直拨电话，与全国各大市场进行信息交流，积极引进各类独特、新颖、受群众欢迎的副食品。市场对驻地部队开展优先供应、优惠供应，免交市场交易费，电话预约、购货咨询、送货上门的“两优一免三服务”活动，设立拥军商店20家。被中共济南市委、市政府命名为拥军先进单位，被中共天桥区委、区政府命名为拥军市场。1991年度被评为省级“文明集贸市场”，被中共天桥区委、区政府命名为“文明单位”。至2012年，日上市量3万余千克，日成交额7万余元，日客流量2万余人次。主要上市品种有蔬菜、肉类、水产、豆制品等17大类400余个品种。

第二节 物流市场

1998年，辖内黄台村利用区位优势，开发建设仓储物流中心。至2001年，累计投资3000余万元，建成面积10万平方米的黄台货运站和黄台货运公司，吸引蓝天货运、无锡远方、迅达等20余家专业货物运输企业进驻，承揽国美、康佳、格力等20余家企业省内外运输业务。

2004年，编制《天桥区物流业发展“十一五”规划》，依托辖区优越地理位置，积极发展现代物流，推进传统仓储、运输行业向现代化物流中心方向顺利转型，将运输、仓储、装卸、搬运、包装、流通加工、配送、信息处理等功能有机结合，形成完整供应链，为用户提供多功能、一体化综合性服务。2008年，全区物流仓储市场7处，总占地面积42.9公顷，建筑面积34.7万平方米，投资1.86亿元，业户1180户。其中，山东泉胜国际物流大市场占地面积超过10公顷。实施品牌化战略，培养和树立物流服务业品牌企业，山东交运集团公司、山东泉胜国际物流大市场有限公司被评为济南市十佳物流企业。2011年，全区物流仓储市场8处，建设面积70.6万平方米。2012年，全区物流市场4处，建筑面积85.5万平方米。

附：物流市场选介

山东泉胜国际物流大市场 建成于2005年

山东泉胜国际物流大市场（2011年11月摄）

1月，为集仓储装卸、货运代理、海运代理、空运代理、信息交易等多功能于一体的综合物流大市场。由山东泉胜国际物流大市场责任公司建设，位于二环北路西段路北，投资6.8亿元，规划建筑面积112万平方米。一期工程，占地面积12公顷，建筑面积3.5万平方米，投资3600万元；二期工程，占地面积3.3公顷，建筑面积10万平方米，投资约8000万元。至2012年，完成招商，开业运营。

第三节　批发市场

1991年年初，天桥区有堤口果品批发市场、泺口服装市场、北园路综合批发市场、天桥综合批发市场、济齐路五金建材批发市场5处。同年，在北园路241号建成济南粮油批发市场，占地面积3.82公顷，建筑面积9100平方米，从业人员45人，固定资产原值1085万元；在北园路建成装饰材料市场，占地面积0.15公顷，建筑面积1500平方米，从业人员150人，固定资产原值158.8万元；在师范路28号建成天桥区物资交易市场，占地面积2公顷，建筑面积2900平方米，业户50余户，主要经营废旧钢材、五金建材、机动车辆及配件、闲置设备、家用电器及家具。至年底，全区有大型专业市场8处。

1992年，建成泺口综合批发市场、山东省（金牛）建材市场，占地面积11公顷，建筑面积6.4万平方米。1993年，投资300万元，在济南第二印染厂处建成山东工业品市场，实现“腾笼换业”，占地面积1.95公顷，建筑面积1.65万平方米，业户310户，经营品种上千个。1994年，济南中恒商城、交通厅街摩配城建成开业。至年底，全区有大型专业市场15处，其中堤口果品批发市场、济南粮油批发市场、山东省（金牛）建材市场等11处大型专业市场都是村、居联办的（其中有年成交额过亿元的市场7处）。

1995年，山东东亚商城（今称山东东亚金星家居商场）建成开业；在标山路建成玻璃市场，占地面积0.25公顷，建筑面积3000平方米，从业人员80人，固定资产原值260万元。1996年，山东灯具批发市场建成；黄台装饰材料市场建成，占地面积0.3公顷，建筑面积2000平方米，从业人员11人，固定资产原值440万元；济南包装市场建成，位于二环北路，占地面积12公顷，建筑面积2万平方米；位于板桥村的济南板桥木材市场、板桥建材市场、板桥地材市场建成。济南板桥木材市场是在1995年建成的基础上改扩建的，占地面积由0.66公顷增至13.33公顷，管理人员20人，大型圆木分割锯台9座，规模较大业户40户，市场划分为加工区、圆木区、木方区、竹胶板区及竹器区等，木材经营品种齐全；板桥建材市场，市场及库房面积1万余平方米，管理人员8人，主要经营建材、五金、瓷砖；板桥地材市场，占地面积0.35公顷，建筑面积200平方米，从业人员10人，固定资产原值8万元。1997年，济南装饰材料市场新建成面积2万平方米装饰城，市场占地面积10公顷，建筑面积8万平方米；济南布匹批发市场建成，位于汽车厂东路东段路北，经营面积2500平方米。同年，新建成两家特色市场——堤口综合旧货市场、邮票市场。堤口综合旧货市场占地面积2.33公顷，营业用房建筑面积1000平方米，营业大棚面积800平方米；车站东街邮票市场于4月28日建成，是济南市第一家邮票市场，占地面积0.2公顷，建筑面积1000余平方米，吸纳固定客户60户、流动客户20余户，主要经营邮票、磁卡、各类纪念币、纪念章、古玩、字画。至年底，全区除特色市场，有泺口服装市场、泺口综合批发市场、堤口果品批发市场、山东省（金牛）建材市场、装饰材料市场、山东灯具批发市场、山东家居市场、济南包装市场、东亚家具商场、齐鲁建材市场、玻璃市场、济南布匹批发市场、济南板桥木材市场、板桥地材市场、天桥摩托车配件市场、黄岗汽车配件市场、黄台水产副食批发市场等大型专业市场17处，市场交易额85.5亿元。

1998年，黄台铝型材市场建成，建筑面积4万平方米；济南百姓家庭装饰工程市场建成，占地面积2公顷，建筑面积1.6万平方米。2000年，富雅家居、济南洁具市场建成开业。2001

年，山东济南生产资料批发市场、山东绿地塑钢型材市场建成开业。山东绿地塑钢型材市场建筑面积7000余平方米，入驻企业近百家，主要经营塑钢型材、塑窗组装设备、塑钢配件及部分设备门窗组装、表面喷涂。2002年，黄台装饰材料批发市场、三孔桥纺织市场、济南富莱花卉批发交易中心、济南市世博林花鸟鱼宠物市场建成开业。济南市世博林花鸟鱼宠物市场，位于津浦铁路西、小清河南、山东鞋城东、凤凰山庄北，投资770万元，占地面积4.39公顷，建筑面积2.77万平方米，可容纳固定业户1000户、临时业户2000户。2003年，银座家居（北园店）、白鹤装饰材料批发市场、白鹤灯具市场、山东石材新市场建成。山东白鹤装饰材料市场位于水屯路，主要经营五金交电、建材、地板、油漆、卫生洁具、地毯、布艺等10余类万余种国内外名优装饰材料，2004年对市场进行扩建，建筑面积增至4万平方米，是华东地区装饰材料经营种类最多、辐射范围最大的大型装饰材料市场。山东石材新市场建筑面积1.2万平方米，门头房200间，摊位300个。2004年3月，济南建华五金机电市场建成开业，位于北园大街243号，占地面积2.5公顷，建筑面积1.72万平方米，经营面积1.2万平方米，摊位340个，管理人员36人，从业人员1020人，经营品种上万个；8月，建成银座家具批发广场，位于舜馨路西侧，投资400余万元，占地面积8公顷，管理人员30人，业户近千户，从业人员1500人，主要经营办公家具、套房、民用家具；10月，建成济南眼镜市场，位于义合北街5号，占地面积1公顷，营业面积4000平方米，业户100余户，主要经营眼镜批发，年交易额近亿元，成为长江以北规模最大的眼镜专业批发市场。2005年3月12日，济南红星美凯龙国际建材市场建成，位于北园大街284号，投资7000万元，占地面积2公顷，建筑面积4万平方米，引进近2000家中外绿色环保品牌建材驻场直销，主要经营卫浴洁具、墙地砖、地板、木门、家装、居家设计，商场内还设有休闲茶座、赠阅区、新品展示区等，是一座集智能信息、文化传播、展览演示、购物休闲于一体的绿色生态家居购物广场。至年底，全区大型专业市场84处。

2007年，制定《天桥区规范和提升市场工作方案》，计划用3年时间完成天桥区专业批发市场规范和提升工作。同时建立天桥区规范和提升市场工作领导小组，下设市场规划和完善配套服务设施建设、市场周边环境整治、规范市场税收征管、强化市场监管工作4个办公室。将泺口服装城、济南红星美凯龙建材装饰广场等6个市场作为试点单位，将山东省（金牛）建材市场、山东石材市场、济南堤口果品批发市场、银座家居等20个市场作为重点单位，各办公室按照分工，落实责任，展开工作。2007年，全区各类专业市场完成税收9982万元。2008—2010年，山东汇工通讯城、居然之家北园店、济南黄台家居广场、济南药王楼滋补保健用品商城、大明家居、欧亚达家居、山东金弘石材市场、缤纷五洲商业广场、太阳城儿童用品市场、山东帝豪家具城、银座家居（中心店）、红星美凯龙世博家居生活广场等10余处市场相继竣工开业。

2010—2012年，全区大型专业市场规模不断扩大，红星美凯龙世博家居生活广场以18万平方米成为单体面积最大的家居卖场；市场档次明显提高，通过积极引进高端市场落户天桥，并结合市场规范工作，促进市场从定位、规模、档次等向高级化方向发展；市场布局日趋合理，重点围绕市场发展的缺项和空白行业，着力引进电子、医药、通讯和儿童用品等新兴特色市场，扩大市场行业种类；市场优势不断增强，家居建材行业沿小清河和北园大街形成集群化发展。至年底，全区有各类专业市场64处，其中年成交额亿元以上市场12处。

2012年天桥区专业批发市场统计表

表13-1

	市场名称	主办单位	地址	占地面积（公顷）	建筑面积（平方米）	投资额（亿元）	主营范围	开业时间	商户（户）	从业人员（人）	年交易额（亿元）	年缴税额（万元）
1	济南市堤口果品批发市场	济南堤口集团有限责任公司	济齐路6号	10.00	86000	—	干鲜果品。	1986年8月	1100	3000	18.00	800.00
2	济南泺口服装城	济南泺口服装有限公司	济泺路64号	20.00	800000	注册0.20	服装、床上用品。	1990年6月	6600	36000	68.00	3000.00
3	山东省（金牛）建材市场	山东金牛集团	北马鞍山路1号	10.00	120000	1.20	建材、装饰材料。	1992年10月	500	2300	12.00	3800.00
4	济南中恒商城	济南中恒实业有限公司	北园大街698号	5.19	101000	—	日用百货、橱具、五金等。	1994年4月	2200	10000	20.00	1581.67
5	交通厅街摩配市场	官扎营街道办事处	交通厅街	0.20	6000	0.04	摩配。	1994年12月	30	100	0.0052	1.50
6	山东东亚金星家居商城	山东东亚商城	北园大街406号	5.00	140000	—	家具、装饰材料。	1995年	510	1200	7.92	1096.60
7	山东灯具批发市场	联四集团	北园大街609号	1.30	33000	—	灯具。	1996年6月	330	680	1.69	267.00
8	八里桥旧货市场	堤口庄清真寺	交校西路1号	1.07	3000	—	旧家电、旧家具。	1997年5月	40	100	—	—
9	济南市橱具市场	山东白鹤集团有限公司	明湖北路1号	0.70	15000	—	橱具。	1998年5月	120	230	0.32	30.00
10	山东五金市场	柳行集团	北园大街217号	1.11	12542	—	五金机电、电动工具、水暖器材。	1999年9月	343	1200	1.37	469.00
11	济南新天地鞋业皮具市场	标山集团有限公司	济泺路80号	1.07	22000	—	鞋类。	1999年	270	800	—	—
12	凤凰山旧货批发市场	金凤凰实业有限公司	凤凰山路3号	0.87	65000	0.97	旧家电、旧家具。	1999年（2010年改造）	1000	2000	—	—
13	富雅家居	济南顺通达公司	北园大街427号	—	30000	—	家具、配件及饰品。	2000年	200	800	—	—
14	济南洁具市场	沃家芙蓉企业集团	北园大街280号	0.30	6800	—	卫浴。	2000年	80	165	0.50	28.00
15	山东济南生产资料批发市场	山东木业集团总公司	二环西路北首	2.60	20000	0.25	生产资料。	2001年8月	96	362	2.50	110.00
16	济南富莱花卉批发交易中心	富莱花卉公司	二环北路7811号	2.60	20000	0.28	花卉。	2002年12月	120	400	0.20	20.00
17	济南黄台装饰材料批发市场	黄台企业集团	清河北路中段	13.33	80000	—	装饰材料。	2002年	400	1200	1.30	600.00

续表 13-1

	市场名称	主办单位	地址	占地面积（公顷）	建筑面积（平方米）	投资额（亿元）	主营范围	开业时间	商户（户）	从业人员（人）	年交易额（亿元）	年缴税额（万元）
18	三孔桥纺织市场	济南仁丰纺织有限公司	北园大街592号	3.80	20000	0.04	纺织品。	2002年	324	1478	—	—
19	山东绿地摄影器材城（老）	济南欣利工贸中心	标山南路12号	0.76	7560	0.005	摄影器材、婚纱租赁。	2003年7月	96	334	0.60	49.00
20	山东白鹤装饰材料批发市场	山东白鹤集团有限公司	水屯路46号	6.50	40000	—	装材、建材、建筑五金、陶瓷洁具。	2003年11月	420	1500	0.71	320.00
21	白鹤灯具市场	山东白鹤集团有限公司	水屯路48号	0.33	10000	—	灯具。	2003年12月	125	400	0.19	85.00
22	银座家居（北园店）	山东世贸中心	北园大街408号	1.60	66935	—	家具、建材。	2003年	259	550	3	1157.00
23	济南建华五金机电市场	济南建华五金交电化工公司	北园大街243号	2.50	17186	—	五金机电产品。	2004年3月	350	1020	1.93	799.00
24	柏宁水族宠物用品广场	济南柏宁实业发展有限公司	铜元局前街11号	0.36	3600	0.03	水族、宠物。	2005年10月	70	150	0.64	114.00
25	山东泺口旧机动车交易市场	济南装饰大世界	无影山北路2号	13.33	45000	注册0.03	二手车。	2005年10月	128	500	25.00	2500.00
26	济南之江商城	浙江华油化工燃料有限公司	小清河北路13781号	6.67	75000	1.36	针织品、内衣。	2005年	420	1800	0.90	250.00
27	济南融业商贸服务中心（堤口旧货市场）	济南堤口集团有限责任公司	济齐路14–14号	2.23	6500	—	家电、家具、炊事机械、机电产品。	2006年8月	214	500	—	—
28	济南诚达包装印务工艺品市场	济南永诚达商贸有限公司	制革街	0.11	1200	—	包装、印务。	2006年	66	120	0.0064	4.00
29	济南国际五金机电城	黄台企业集团	历山北路198号	10.00	120000	1.05	五金机电产品。	2006年	300	800	0.91	387.00
30	山东济南重汽配件城	济南装饰大世界		6.67	62000		重汽配件。	2006年	200	1200	30.00	3000.00
31	齐鲁鞋城·品牌港	济南众鑫有限责任公司	济泺路82号	7.67	67500	3.00	鞋类、皮具、服饰。	2007年8月	900	3000	10.00	1800.00
32	济南明鑫装饰五金建材市场	济南艾仕维蒙特经贸有限公司	水屯北路10号	1.30	10420	—	五金机电、装材。	2007年	133	500	0.30	120.00
33	豪鲁电子商厦	济南天迪石油天然气有限责任公司	北园大街338号	0.37	34000	—	电子器件、仪表线材。	2008年1月	200	500	0.47	138.00
34	山东汇工通讯城	山东汇工实业有限公司	济泺路92号	1.93	100000	4.00	手机、通讯器材。	2008年	2000	4000	0.60	430.00
35	居然之家北园店	北京居然之家投资控股集团有限公司	北园大街243号	1.30	50000	—	家装用品及设计。	2009年2月	300	1500	4.00	460.00

续表 13–1

	市场名称	主办单位	地址	占地面积（公顷）	建筑面积（平方米）	投资额（亿元）	主营范围	开业时间	商户（户）	从业人员（人）	年交易额（亿元）	年缴税额（万元）
36	济南黄台家居广场	黄台企业集团	历山北路188号	7.67	90000	—	家具、装材。	2009年4月	500	1500	2.10	200.00
37	济南药王楼滋补保健用品商城	济南药王楼商城服务有限公司	东工商河路16号	4.00	50000	0.20	化妆品、保健品、保健器材、药材。	2009年6月	1000	2000	0.50	300.00
38	大明家居	山东白鹤集团有限公司	北园大街372号	1.33	120000	3.00	装材、建材、建筑五金、陶瓷洁具。	2009年11月	240	800	0.35	40.00
39	欧亚达家居	欧亚达家居集团	北园大街371号	5.93	122000	2.00	装饰材料、家居。	2009年	150	500	0.51	288.10
40	山东金弘石材市场	山东金弘石材有限公司	无影山北路和小清河北路路口西侧	2.33	5000	0.10	石材。	2009年	130	300	—	—
41	缤纷五洲商业广场	山东缤纷五洲商城开发有限公司	标山南路47号	7.76	70089	1.20	百货、电器等。	2010年1月	350	1800	—	—
42	太阳城	济南众鑫有限公司	济泺路92–1号	2.33	21000	0.23	儿童用品。	2010年6月	120	500	6.00	100.00
43	山东帝豪家具城	山东东辉工贸有限公司	舜馨路2号	5.00	50000	—	家居、家具。	2010年9月	107	400	0.0044	2.80
44	银座家居（中心店）	山东清河家具城有限公司	北园大街419号	2.00	112900	6.00	家具、装饰材料。	2010年10月	244	1000	2.88	602.00
45	红星美凯龙世博家居广场	红星美凯龙建材装饰广场	北园大街225号	5.20	180000	5.00	家具、建材。	2010年10月	467	3000	6.66	1944.00
46	凤凰山花卉鱼宠市场	金凤凰实业有限公司	凤凰山小区东邻	0.13	3600	—	花鸟虫鱼。	2010年	150	400	—	—
47	济南晨光安防产品市场	济南晨光纸业有限公司	济泺路154号	1.30	41200	—	五金机电、防盗产品、防盗门、锁具等。	—	430	2000	35.00	270.00
48	晨光工业品市场	济南晨光纸业有限公司	济泺路158号									
49	山东绿地摄影器材城（新）	由原济南绿地亿发太阳能产品大世界转型投资	标山南路12号	0.44	4440	—	太阳能。	—	20	50	—	—
50	恒鑫商城	济南恒鑫经贸有限责任公司	济泺路92号	0.93	6800	—	鞋、箱包、皮具。	—	500	1800	4.00	57.00
51	济南窗帘城	济南隆鑫达有限责任公司	标山北路1号	3.00	32260	—	窗帘。	—	180	1000	0.30	200.00
52	天园天成园艺文化园	天桥区园林绿化管理局	粟山路	9.80	一期58000 二期40000	—	花卉、绿植。	—	53	100	—	—

续表 13-1

	市场名称	主办单位	地址	占地面积（公顷）	建筑面积（平方米）	投资额（亿元）	主营范围	开业时间	商户（户）	从业人员（人）	年交易额（亿元）	年缴税额（万元）
53	山东摩托大世界	山东路路通商贸有限公司	二环北路7199号	8.60	60000	—	摩托车、电动车及配件。	—	400	3000	16.00	360.00
54	富雅地板商城	山东富雅商贸有限公司	北园大街385号	0.20	6200	—	地板、装材。	—	55	800	—	—
55	济南五金批发市场	济南装饰大世界	北园大街320号	0.40	5000	—	五金机电产品。	—	20	70	11.00	523.68
56	济南市装饰材料批发市场	边庄社区居委会	北园大街389号	1.20	20000	—	装饰材料。	—	50	200	0.50	282.00
57	济南五金卫浴市场	济南日辉工贸公司	北园大街272号	0.84	5000	—	五金机电产品、卫浴。	—	50	150	—	—
58	济南广告材料市场	济南和润汽车服务有限公司	“黄桥社区菜市场”内	0.80	16000	—	广告印务等。	—	20	50	—	—
59	欧亚电子大厦	济南新欧亚机电设备公司	北园大街398号	0.40	14000	0.05	电子产品。	—	450	1500	—	—
60	黄台国际家纺城	济南佳兴家纺城开发有限公司	小清河北路177号	0.40	5000	0.05	针织制品。	—	80	200	—	—
61	黄台酒店用品市场	济南国盛酒店用品有限公司	小清河北路99号	0.30	4000	0.04	酒店用品。	—	60	200	—	—
62	济南佳涌眼镜市场	元首集团	义合北街5号	0.40	3000	—	眼镜批发、零售。	—	30	150	0.03	1.00
63	嘉汇	济南北斗星商业有限公司	北园大街548号	—	57036	2.50	精品家具、电器等。	—	—	—	—	—
64	济南泺口机械租赁市场	天桥燃料公司	二环北路56号	0.13	1600	—	建筑机械租赁、出售。	—	22	50	—	—

附：专业批发市场选介

堤口果品批发市场 位于济齐路6号，是一处闻名全国的大型果品专业市场。1986年建成，占地面积3公顷，建筑面积1.2万平方米；建有存货交易大棚6处、香蕉加工库房230间，可容纳鲜果4000吨；有500千克磅秤200余台和200吨位大地磅。另有与市场相配套的旅馆、饭店、停车场等服务设施，拥有全国26个省、市、

堤口果品批发市场（2010年11月摄）

自治区的国营、集体、个体经营商及专业运输户。上市瓜果品种50余个，其中有福建、两广香蕉，浙江、两湖无核蜜桔，四川、江西红桔，新疆哈密瓜，内蒙、甘肃黄河蜜，陕西大红枣，河北鸭梨，海南西瓜及本省各类瓜果，日上市量50万～100万千克。1993年，市场交易额4亿元，成为山东省最大的果品集散地；在全国611个交易额超亿元市场评比中，跻身全国百强集贸市场，名列第26位。1994年，投资800万元，建起与果品批发市场配套的保鲜、冷藏、制冰厂，完善配套服务设施，增强企业发展后劲；投资350万元，将原二风机西厂址并入果品批发市场，扩大市场经营面积。1997年，市场二期工程开工，扩建面积3000平方米交易大棚。1998年，成立果品批发发展有限责任公司，投资2000余万元建成果品综合交易大厅。至2012年年底，市场总资产1.2亿元，占地面积10公顷，经营业户1100余户，经营品种300余个，年交易量100余万吨、交易额18亿元、缴税额800万元、交易收入过千万元，业务辐射30余个省市、700余个市县和20余个国家（地区）。先后被列入农业部定点市场、全国“菜篮子”工程重点扶持单位、商务部“双百市场工程”（支持100家大型农产品批发市场和100家大型农产品流通企业）重点建设项目，被评为全国工商系统先进集体、全国文明集贸市场、全国计量先进集贸市场、全国百强市场、全国果品专业批发市场十强和山东十大市场、山东省省级标准化农产品批发市场。

泺口服装市场 位于济泺路64号，是全国百强专业批发市场、山东省十大市场之一，是山东省综合经济实力500强单位、山东省第一家通过国家质量管理体系认证的大型专业批发市场。1990年9月建成，占地面积6.03公顷，建筑面积4.02万平方米，服装加工经营业户1600余户，日客流量10万余人次。融生产、加工、批发、零售、生活服务于一体，内设银行、医务室、学校、托儿所及饮食服务，解除客户后顾之忧。1991年，投资300万元，完成市场二、三期工程。1992年，市场交易额突破3亿元，获“全国文明集贸市场”称号。1994年，市场拥有业户4000余户，可生产加工120个款式、上万个花色，日客流量15万人，成为年交易额过10亿元的大型专业批发市场，是山东省乃至省外部分地区服装重要集散地。1995年，市场被评为济南十强市场。1997年，投资5000万元，建成服装交易大厅1处，建筑面积4.2万平方米，经营摊位3200个。1998年，投资2345万元，建成精品大厦，建筑面积1.43万平方米；投资300万元，建成鞋业批发市场，建筑面积1.23万平方米；投资180万元，建成羊毛衫市场，建筑面积6500平方米；投资200万元，建成童装市场，建筑面积4000平方米。2001年，市场实施品牌战略和专业经营策略，由市场型向商场型转变。建设和改造名牌批发城、商贸中心写字楼、名品大厦、童装精品大厦、服装大厦、服装批发广场，引进国内外知名品牌服饰代理商千家。创建“济南模式”服装城，形成“十场、三厅、二街、一中心”（十场，即羊毛衫批发市场、鞋类批发市场、童装批发市场、布匹窗帘批发市场、床上用品批发市场、箱包批发市场、西装批发市场、皮衣批发市场、衬衣批发市场和“四季红”批发市场；三厅，即泺口服装市场交易大厅、泺口服装城交易大厅

泺口服装商城商贸中心（2012年8月摄）

和精品大厦交易大厅；二街，即泺口服装城精品街和美食街；一中心，即济南泺口服装城贸易中心）的格局。至年底，市场经营面积20余万平方米，摊位2.5万个，日客流量15万～20万人次，年交易额40.39亿元，年利税6800余万元。2003年12月，泺口服装市场在中国（博鳌）信誉论坛第三届大会上，被认定为中国城市代表品牌；2004年12月，泺口服装市场被评为山东省三十强市场。2006年，泺口服装大厦开业，标志泺口服装市场开始逐渐由大棚市场向商城转变。2012年，建筑面积13万平方米的泺口服装国际会展中心和建筑面积8.3万平方米的泺口服装商务大厦相继动工。至年底，泺口服装市场总经营面积60余万平方米，经营业户6000余户，从业人员4万余人，年交易额68亿元，年缴税额3000万元，商品辐射山东17市及周边省份。

山东省（金牛）建材市场　位于北马鞍山路1号，是山东省内首家专业大型建筑装饰材料市场。1992年10月28日建成开业，占地面积10公顷，建筑面积6万平方米，内设瓷制品、木制品、石材制品、金属制品、玻璃制品、新型装饰材料6大交易区，进驻经营业户50余户，年交易额上亿元。1998年，经营业户500户，经营名优建材产品6000余种，年交易额5亿元。2002年，调整市场经营布局和结构，加大各类板材、木地板、木线、木方、油漆、涂料、五金等装饰材料引进，形成装饰材料区、木地板城、五金锁具区、地材（粗建材）区、陶瓷墙地砖区、卫生洁具及配件区等专业化经营区域，规模更大，品种更全。2006年，市场实施整体升级改造工程。1月，投资2000万元，实施一期改造工程，对市场一厅、二厅、西楼、南楼建筑面积计2万平方米进行整体改造，4个独立体改为二层结构、独立卖店形式，每户独立楼梯，东西两侧开门，北面临街，前后停车广场；10月，投资4000万元，实施二期改造工程，在市场核心位置建设“金牛建材家居”，改造面积3万平方米，为独立三层结构，是综合性建材家居卖场。与已经开业的一期工程和后期将启动的三期项目组建成家装材料专业大卖场。改造后的市场实现专卖店、商场、建材超市三种业态并存的新兴商业经营模式，满足不同类型消费群体；完成从大棚摊位式卖场到现代商超服务模式的跨越，整体提升建材家居行业素质和层次，增强品牌、质量、服务意识，满足不同消费群体需要，提升市场竞争力。2007年5月1日，二期工程金牛建材家居投入运营。产品种类包括陶瓷卫浴、精品洁具、木地板、木门、橱柜、推拉门、壁纸、吊顶、五金、艺术玻璃、整体家居等，产品结构更为完善。至2012年年底，市场占地面积15公顷，经营业户600余户，从业人员1800余人，管理人员100余人，经营各种名优建材产品万余种，年交易额12亿元，年缴税额3800万元。先后被评为全国千家最佳效益乡镇企业、全国100家最大经营规模商业企业第6名、济南市守合同重信用企业、济南市青年文明号先进集体单位，获“山东省消费者满意单位”“济南市消费者满意单位”称号。

山东东亚金星家居商场　位于北园大街406号。1994年，山东东亚商城（于2008年10月1日改为现名）建成，商场面积13.6万平方米，商户600余户，经营品种6万余个，经营范围涵盖建材、家具、红木、办公家具、窗帘、家饰等，为消费者营建一个环境优雅、价格合理、品质优良、名牌汇集、绿色时尚、一站式购齐的家居广场。东亚家居内部管理采用董事会监督下总经理负责制，中层以上管理人员13人，分别管理办公室、财务部、招商部、保安部、商管部、客服部、物业部、消防部、企划部等9大部门，分工明确，各负其责，密切配合，形成合力，3000余名员工每天都以饱满的热情、负责的精神，为消费者营造温馨的购物环境。东亚家居采用“市场化经营、商场化管理”的先进模式，致力于以优雅的购物环境、先进的服务理念、坚持中高档为主的产品定位。倡导家居时尚消费，建立建材装饰馆、红木家具馆、办公家具馆、软体板式馆、现代实木馆、传统实木馆、综合家具馆等专营家居馆7个。东亚家居实行统一形象、统一收款、统一管理，保证所售商品货真价实、售后服务，实行现行赔付制度，着力为消费者营造一个放心、温馨的名牌家居店。至2012年年底，东亚家居年交易额7.92亿元，年缴税额1096.6万元。多次被评为省市消费者满意单位、守合同重信用单位、先进民营企业。

济南中恒商城 前身为济南染织厂，位于北园大街698号。1993年，成立济南中恒实业总公司并兴办济南中恒商城，对沿街旧厂房和门头房实施一期改造工程。1994年4月建成;5月1日，中恒商城小商品第一交易厅——小商品批发市场开业。之后，小商品批发市场第二、第三交易厅相继开业，这是济南市最大的小商品批发市场，经营面积2.22万平方米。主要经营皮具箱包、服装、饰品、钟表、棉纺织品、庆典用品、洗涤化妆品、塑料制品、五金工具、卫生洁具、铁木组合家具、各种高档精品口杯、茶具等。1998年9月18日，不锈钢厨具、酒店用品批发市场试营业;2011年7月28日,建成不锈钢厨具、酒店用品精品区。经营面积2.16万平方米，是全省最大的不锈钢厨具、酒店用品市场，主要经营高档西厨、西餐设备、酒店用瓷、宾馆客房用品、家居用品。1999年6月，灯具批发市场一期开业;10月11日,二期开业。2005年3月，建成新灯具市场，经营面积9600平方米，主要经营各种高中档彩灯、串灯、台灯、花灯、吸顶灯、工矿灯、开关插座、电工电料。2001年8月8日，电子电器、通讯器材批发市场一期开业，后相继建成二期、三期、四期。2005年12月18日，中恒商城东区二、三楼电子、电器市场开业。2011年，通讯器材市场与电子、电器市场合并，经营面积8750平方米。主要经营民用工业用电子元件、控制器、集成电器、仪器仪表、监控器材、广播器材、音像制品、音响设备、电子专用工具、手机配件、手机电池、皮套、电话机、对讲机及通讯器材和配件、应急充电器等。2002年9月18日，工艺礼品、玩具批发市场开业，是济南市第一家工艺礼品、玩具市场。2005年3月28日，文具、文化用品批发市场建成，经营面积6800平方米，是济南市最大的文具、文化用品批发市场，主要经营打印纸、复印机、文件柜、文件夹、铅笔、钢笔、毛笔、中性笔、各种账册等办公用品，鼠标、键盘、墨盒、碳粉等电脑耗材，彩笔、画材及乐器。8月1日，重装后的工艺品市场开业，经营面积6800平方米，主要经营各类高、中档工艺礼品，工艺字画、水晶、玻璃器皿，高档陶瓷、刺绣、紫砂制品及车模。2008年6月19日，体育用品、健身器材广场开业。2011年5月，市场由东区迁至西区三楼，经营面积增至3400平方米，主要经营各种电动跑步机、健身车、综合训练器、健身房专用器材、户外运动器材及各类体育用品。2012年12月13日，儿童用品、玩具市场开业，主要经营儿童智力玩具、电子玩具、毛绒玩具、童床、童车、儿童书籍及教育用品。至2012年年底,中恒商城占地面积5.19公顷，建筑面积10.1万平方米，经营面积7万平方米，管理人员140人，经营业户2200户，从业人员1万人。获济南市五一劳动奖状，先后被评为省市规范化文明市场、山东省商业名牌企业、山东省十大小商品批发市场、中国商业信用企业、中国

济南中恒商城（2011年摄）

质量效益型先进企业、全国商品交易市场系统先进单位、全国企业信用评价AAA级信用企业等，企业注册商标“中恒商城”被山东省工商局认定为“山东省著名商标”。2003年，在全省批发市场同类行业中，首家通过ISO 9001：2000质量管理体系认证。

1994—2012年中恒公司经济发展指标统计表

表13-2　　单位：万元

年份	营业收入	缴纳税金	利润总额	备注
1994	400.16	21.97	-0.80	—
1995	375.65	26.30	1.32	含代征税金
1996	399.39	30.14	2.00	含代征税金
1997	483.61	72.46	2.09	含代征税金
1998	787.44	146.43	-10.19	含代征税金
1999	1219.36	271.55	2.47	含代征税金
2000	1637.44	336.70	11.33	含代征税金
2001	2226.63	412.25	15.12	含代征税金
2002	1522.17	455.61	7.92	含代征税金
2003	1935.01	481.86	19.11	含代征税金
2004	2190.99	603.44	30.54	含代征税金
2005	2628.90	622.16	56.28	含代征税金
2006	2998.75	841.15	56.64	含代征税金
2007	2695.76	907.09	59.07	含代征税金
2008	2779.85	1262.69	257.21	含代征税金
2009	3091.82	1097.82	347.40	含代征税金
2010	4086.28	1243.40	550.78	含代征税金
2011	4805.36	1593.25	875.38	含代征税金
2012	6491.70	1581.67	1892.90	含代征税金

山东灯具批发市场　位于北园大街609号，是长江以北最大、最专业的灯具批发市场。1996年6月，市场一期工程建成，占地面积1公顷，建筑面积1.5万平方米，摊位175个。主要经营花灯、吸顶灯、水晶灯、格栅灯、工矿灯、路灯，兼营与灯具、灯饰配套的产品，吸引来自香港、台湾、广州、福建、浙江等地区业户400余户。2002年，市场交易额2.2亿元，知名度列全国同类市场前10位。2005年6月，市场二期工程建成，投资5500万元，占地面积2.6公顷，建筑面积4.4万平方米。二期市场内的灯具店多以品牌灯具专卖的形式经营，在软硬件设施、购物环境、消防安全设施、服务管理上都有较大发展。经营面积1万平方米的“亮美嘉”、经营面积5000平方米的“济南鸿利灯饰”、经营面积4000平方米的“济南新世纪”、经营面积2000平方米的“山东东森灯饰”入驻市场经营。市场凭借着良好的信誉、完善的售后服务、规范的管理，成

为以济南为中心、辐射全省及周边地区的灯具、灯饰集散地。至2012年年底，年交易额1.69亿元，年缴税额267万元。

齐鲁鞋城　前身是济南第六棉纺织厂，位于济泺路82号，是全国乃至亚洲最大的中高档鞋类批发零售市场。1998年11月建成，经营面积3000余平方米，经营业户100余户。1999—2004年间，扩大市场经营空间，改建闲置厂房面积7000余平方米、仓库面积3000余平方米。先后与沈阳产权交易中心、济南金林房地产开发公司合作，建成精品批发厅面积4000余平方米和写字楼面积6700平方米。2004年，收购济南恒瞬工贸公司（原济南袜厂），将其改制后成立济南恒鑫经贸有限责任公司，建起齐鲁鞋城恒鑫商场。2005年，建成批发中心B区营业厅面积8000平方米；改造批发中心C区营业厅面积2800平方米并加盖仓库；在物流南区新建仓库面积1200平方米；对改造原机修车间地磅房区域，建成二层营业房30间，开辟D区童、布鞋区。2007年，关停金鲁帆布厂进行改造装修，形成新C区面积6000余平方米；8月31日，齐鲁鞋城·品牌港建成开业，投资近3亿元，占地面积2.8公顷，建筑面积6.75万平方米，成为亚洲单体面积最大的专业鞋类商场，商场内中央空调、客梯、货梯、扶梯、观光电梯、电子监控一应俱全。2010年，租赁“泺口商城”面积2.4万平方米改造成太阳城儿童用品大世界，并于6月13日开业。太阳城成为“孕、婴、童”品牌商品展示、销售基地，是供儿童衣、食、娱、教、玩于一体的全方位多功能商城。2012年1月，齐鲁鞋城二期工程——“众鑫国际”商务楼开工建设，占地面积1.17公顷，建筑面积3.68万平方米，齐鲁鞋城成为集商品展示、批发零售、物流集散、商务办公、信息发布、餐饮娱乐于一体的大型商业综合体。至2012年年底，齐鲁鞋城拥有品牌港、批发中心、恒鑫商场、太阳城四大经营业态，经营面积20万平方米，业户1000余户，安置大学生就业、下岗失业及外来务工人员4万余人，年交易额近20亿元，年缴税额1857万元。多次被评为再就业先进集体、市场建设先进单位、规范化专业市场、消防安全先进单位、社会保险先进单位、文明诚信民营企业；山东省消费者满意单位、企业管理状态AAA企业、诚信山东十佳单位；全国名牌市场、践行科学发展观示范企业、非公有经济新社会组织党建工作示范点。

齐鲁鞋城品牌港（2007年9月摄）

济南黄台装饰材料批发市场　前身是济南黄台物流中心部分物流仓库，位于清河北路中段，因北园大街高架路工程拆迁，黄台企业集团出资对原有设施进行改建，组建装饰材料批发市场用于安置拆迁业户。2002年建成，占地面积13.33公顷，建筑面积8万平方米，摊位500个，管理人员30人，从业人员1500人，年交易额1.3亿元，年缴税额600万元。有综合经营区21个、木地板专营区1个和木材专营区1个，主要经营板材、木方、油漆、涂料、装饰胶、五金、灯具、木地板、原木、竹胶板等装饰及建材批发零售。2009年，改造清河北路部分沿街建筑，增建三层商业设施面积4000平方米，引进部分家装设计及施工公司，同时对沿清河北路市场正面形象进行设计施工。2010年，建立管材专营区，经营面积8700平方米；2012年3月，整合部分物流仓库，建立玻璃专营区，经营面积2800平方米。至2012年年底，市场有装饰材料综合经营区21个及木地板、管道材料、家具配件、玻璃等专营区各1个，经营业户总数为500户，主要经营装饰材料、板材木方、油漆涂料、木地板、陶瓷卫浴、管道材料、家具配件、玻璃、五金、灯具。

山东银座家居有限公司 位于北园大街419号，是山东省本土规模最大的家居连锁企业。2003年8月16日开业，是省内首家高档建材家居商场，经营面积6.69万平方米；12月，加入中国家居协会。2004年3月15日，在“消费者权益保护日”活动中，银座家居在省内同行业率先推出“绿色环保，先行赔付”的诚信承诺，在商品品质和售后服务方面把行业标准提到新高度；11月，被山东省消费者协会评为山东省消费者满意单位；12月，被济南市工商行政管理局评为济南市规范化文明市场。2005年，银座家居走上规模扩张的道路，银座家居威海店、淄博店先后签约。2008年3月，成为中国二十强家居商场战略联盟单位，品牌知名度延伸到省外。至2010年，银座家居东营店、家居航母——博览中心店、临沂店、滨州店先后开业。同年，投资成立以家居日用品、软装装饰为主的家居用品超市——乐居公司，并在济南、临沂、菏泽等地开设分店。11月，银座家居成为中国家具协会第五届理事会常务理事单位。2011年5月，银座家居从山东银座商城股份有限公司中剥离出来，开始独立的专业化运营，朝着中国家居连锁商业著名品牌方向迈出新的一步；11月，银座家居成为山东省家具协会第五届理事会副会长单位。至2012年年底，银座家居经营面积近60万平方米，从业人员4000人，实现年交易收入15亿元，年缴税额3500万元。在营品牌1000余个，建立合作关系的品牌2000余个，合作伙伴遍布全国，其中，与科勒、TOTO、欧派、马可波罗、曲美、百强、芝华士、CBD、顾家等120余个国内外一线品牌建立互利共赢的战略合作关系，成为广大经销商在山东投资兴业的首选家居卖场，先后被评为山东省商业名牌企业、山东省消费者满意单位、山东省零售企业50强、山东省管企业精神文明单位。

居然之家北园店 位于历山北路123号，2005年3月建成，商场4层，建筑面积5万平方米，经营面积3万平方米。2009年2月，居然之家北园店入驻，业户300户，从业人员1500人，管理人员86人。商场经营涵盖家装、建材、家具、家饰多个品类，汇集国内外知名品牌200余个、商品上万种。主要以建材为主，建成涵盖家具、建材、超市于一体的“一站式”购物中心，是家具、建材产品购物习惯的革新，是转变当地家居消费理念、提升家居消费水准、引领家居消费潮流的一大突破。2010—2011年，居然之家以一

居然之家北园店（2010年12月摄）

流的商品、一流的设计、一流的服务，为济南市民打造时尚温馨之家。同时，商场大力开展消防安全工作，不断强化安全意识，真正落实消防安全措施，打造无烟商场，获“消防安全先进单位”称号。至2012年年底，居然之家北园店年交易额4亿元，年缴税额460万元。被评为消费者满意单位、守合同重信用企业、诚信文明市场。

济南国际五金机电城 位于历山北路198号，市场原有设施系黄台仓储中心的部分仓库。2006年建成，占地面积10公顷，建筑面积12万平方米，摊位900个，管理人员60人，从业人员2600人。主要经营五金电料、电动工具、电气仪表、水暖、土产、劳保用品等批发零售及机电维修等服务。2005年年底，北园大街部分五金机电业户面临拆迁，急需寻找新经营场所，部分未受拆迁影响的业户也因周边环境改变不利于经营想迁移，经协商由黄台企业集团对位于历山北路中段东侧部分仓库设施和低洼空地进行改造，将原来仓库设施拆除重新规划建设高标准专业市场设施，用于安置拆迁业户。2006年，市场开业。后连年被列入山东省工商联五金机电商会重点支持项目；2008年，成为济南市规范化诚信文明市场、中国五金机电行业最具影响力十大市场；2009年，成为中华全国工商联五金机电商会诚信经销商；2011年，南北营业大厅重装开业；2012年，创建规范化全国诚信文明市场。至2012年年底，济南国际五金机电城有A、B、C、D、E、F独户经营区5个和南、北营业大厅2个，引进经营业户900余户，年交易额9100万元，年缴税额387万元。

济南黄台家居广场 位于历山北路188号，南依小清河，北接济青高速公路，基础设施完备，交通便利。于2008年建成，市场原有设施系黄台仓储中心的部分仓库，2007年始，将其改建为市场设施。占地面积6.67公顷，建筑面积11万平方米，营业面积10万平方米，摊位500个，管理人员30人，从业人员1000人。2009年，黄台家居A座和B座三层营业楼开业，主要经营客厅家具、卧房家具、办公家具、红木家具、原木家具、家庭卫浴等批发零售。年交易额2.1亿元，年缴税额200万元。2010年，黄台家居C座开业，核心经营区产业格局正式形成。2011年，位于小清河北路新城社区的黄台家居西区开业，并建成空中连廊，将核心经营区A、B、C座3幢营业大楼连成一体。至2012年年底，黄台家居广场有A座、B座、C座及西区营业大楼4幢，总占地面积7.33公顷，建筑面积11万平方米，引进业户500余户。先后被评为山东消费者公认家居卖场、全国服务行业放心消费场所、中国家具行业十佳渠道品牌、济南年度行业运营优秀品牌家居卖场、中国十八省市家具行业示范商场、中国家具最具行业责任家居商城、全国服务行业诚信示范单位。

第三章 市场运行与管理

1991年始，随着市场数量增加、规模扩大、档次提升、商品种类和质量的变化，天桥区市场运行逐步进入良好状态，效益逐步增长。至2012年，市场交易额由1991年3.69亿元增至175亿元。在加强市场建设同时，注重加强市场管理，保持良好市场秩序。

第一节 市场运行

1991年，全区市场17处，占地面积15.2公顷，农贸市场交易量2.63亿千克，市场交易额3.69亿元。管理费收入375.2万元。1993年，街道实行“三个一”工程，全区市场数量有所增长；至1997年，街道全部达标。全区批发市场17处、农贸市场14处，占地面积83.74公顷，农贸市场交易量90.59亿千克，市场交易额70.1亿元。管理费收入460万元。2000年始，全区第三产业形成以市场为主，兼有其他新型业态的大商贸、大流通的发展格局。至2001年，全区农贸市场17处、其他市场66处，占地面积130公顷，市场交易额105亿元。管理费收入840万元。2004年，加快传统市场优化升级，有效整合现有资源。2008年，市场经营种类扩大，通讯、电子等新型经营企业入驻；市场建设档次不断提高，品牌意识增强。至2012年，全区市场78处，交易额175亿元。其中，社区菜市场10处，建设面积2.7万平方米；专业市场64处，建设面积351.14万平方米；物流市场4处，建设面积85.5万平方米。年交易额超过亿元市场23处，年底出租摊位10918个，年底营业面积98.4万平方米。

1991—2012年天桥区市场运行统计表

表13-3

年份	市场（处）	占地面积（公顷）	建设面积（万平方米）	交易额（亿元）
1991	17	15.20	—	3.69
1992	20	28.00	—	4.98
1993	30	32.40	—	14.18
1994	36	38.25	—	22.94
1995	23	40.00	—	29.18
1996	26	48.00	—	67.61
1997	31	83.74	—	70.10
1998	30	100.69	—	86.50
1999	农贸市场13	130.00	—	95.00
2000	76	138.74	—	104.90
2001	83	130.00	—	105.00
2002	80	152.00	—	112.73
2003	73	120.00	—	106.00
2004	91	152.00	—	106.50
2005	103	194.00	—	115.00
2006	107	201.00	—	115.00
2007	108	204.00	—	115.00
2008	86	241.80	—	121.00
2009	94	—	217.37	153.80
2010	88	—	345.40	160.00
2011	95	—	376.60	165.00
2012	78	—	439.34	175.00

第二节　市场管理

1991 年，在全区市场广泛开展“物价、计量信得过”活动，采取宣传、发动、检查、验收、评比、挂匾等方式，收到良好效果，加强物价管理，维护消费者利益。4 月 3 日，天桥区政府决定，对连续两年获全国文明集市的堤口果品批发市场予以表彰奖励。7 月，堤口果品批发市场被国家工商总局评为全国工商系统先进集体。

1992 年，中共十四大提出把建立社会主义市场经济体制作为国家改革开放的方向和目标，中共天桥区委、区政府确立服务城市、面向全国、走向世界的战略思想，树立大市场、大流通、大服务的观念，实施搞好市场、流通的“三五五”发展战略，全区市场建设与管理取得突破性发展。建立市场档案，规范市场管理，开展“五好文明集贸市场”创建评比活动，有 4 个市场被评为省级文明集贸市场，堤口果品批发市场、泺口服装市场被评为全国文明集贸市场。12 月 27 日—1993 年 1 月 5 日，在泺口服装市场成功举办“济南市天桥首届服装节”。

1993 年，天桥区根据济南市政府决定，深入开展“市场效益年”活动，把研究市场、开拓市场、占领市场作为搞活企业的主旋律，下派干部到基层包村、包企业、包项目，扩大对外开放，推进技术进步，以科学为先导，强化企业和市场管理，全区经济快速发展。加强农贸市场治安管理。至 1993 年年底，天桥区有各类专业批发和集贸市场 31 处，经营摊位 8700 个，日客流量 30 余万人次，其中堤口果品批发市场、泺口服装市场、山东省（金牛）建材市场等规模比较大，全国 26 个省、市、区 500 余个市县的国营、集体、个体和专业运销户常年在此经营。农贸市场人员复杂，存在欺行霸市、偷摸拿抢、打架斗殴、寻衅滋事等问题。1991—1993 年，中共天桥区委、区政府责成政法委协调公安、工商等部门采取有力措施整顿市场秩序。建立 4 支治安联防队伍，即 18 人的工商治安巡逻队、50 余人的治安联防办公室、100 余人的市场地区治保会、20 人的保安专业队伍，规定不同的职责权限，分工合作，及时调处纠纷，制裁不法行为，共同维护市场治安秩序；建章立制，实行依法管理，先后制定《市场管理人员守则》《罚教规定》等 10 余项规章制度，按照职能分解任务，明确职责，市场管理实现制度化、规范化；强化对业户的管理教育，按“十户一联”组织起来，把有关市场管理的法律、法规编印成册分发至各户学习，提高业户守法自觉性，对自觉遵守市场管理规定、维护治安秩序的业户进行宣传表扬，对欺行霸市者进行严厉打击；提供优质服务，搞活市场，在各大市场普遍设立信息员，负责市场信息的传递、收集，先后为全国 320 个固定信息客户和全省 60 余个定向联系户提供信息近万条。良好的管理秩序，优质的服务，赢得客户信任，促进全区市场经济发展。堤口果品批发市场、泺口服装市场、工人新村农贸市场和红桥农贸市场被评为“市级五好文明集贸市场”，其中堤口果品批发市场和泺口服装市场被评为全国文明集贸市场。

1994 年，面对市场经济迅速发展的新形势，中共天桥区委、区政府围绕启动市场、搞好流通、繁荣经济这一中心，在巩固和发展现有市场建设成果基础上，以拓宽领域、扩大规模、强化管理、提高效益为重点，实现市场全方位发展。全区有 90% 的市场达到管理规范、制度健全、设施配套，有 9 处市场被评为区级文明市场、6 处市场被评为市级文明市场。济南国际贸易大厦实现销售收入 3.6 亿元、利税 1600 万元，人均日交易额 573 元，连续三年进入全国百强名店行列。济南国际精品大世界实现交易额 2.3 亿元，跻身于山东省商业零售百强之列。堤口果品批发市场跨入“全国百强集贸市场”。

1995 年，泺口服装市场连续两年被评为“全国文明集贸市场”；堤口果品批发市场、泺口服装市场、山东家具城、济南装饰材料批发市场被评为济南“十强市场”，并获奖牌。天桥区被评为济南市 1995 年度“市场网点建设先进单位”。

1996 年，中共天桥区委、区政府把三产作为全区经济发展的主导产业，把市场建设作为第三产业发展的龙头来抓，成立市场商业街建设指挥部，实行区、街、镇、村市场建设责任制；区领导坚持带领有关部门现场办公，解决影响市场发展的难点问题；出台《建设城市社会化服务体系，促进第三产业发展的若干规定》等培育市场发展的优惠政策，调动了方方面面的积极性，形成全区上下发展市场的强大合力。加强分类指导和管理，有效保证市场健康发展。4月28日，区政府批准成立天桥区劳务市场管理委员会，由区劳动局与天桥工商分局联合组建。设天桥区劳务市场和天桥区零工市场。

1997年4月10日始，对全区市场、商业网点和“三个一”工程进行摸底调查，调查主要内容是1996年12月31日前市场、商业网点和“三个一”工程情况。经一个多月调查摸底，形成较为系统的调查报告，获得较为完整翔实的基础资料，编印成既能体现汇总情况，又能反应重点市场、商业网点和“三个一”工程具体情况，并附有插图、照片的汇总资料册，为充实三产基础资料、领导决策参考和有关单位使用等起到积极作用。

1998年始，规范市场主体准入行为，严把入门关，至2002年年底，办理内资企业注册登记673家，初审外资企业52家，内外资企业年检率为100%；整顿和规范市场经济秩序，至2002年年底，查结各类经济违法案件5620起，其中大要案218起，有效维护公平竞争的市场经济秩序。

1999年9月3日，区政府作出《关于新建市场和市场扩建项目报批程序的规定》，对新建和扩建市场的使用范围、前期工作、报批程序等方面作出严格规定。

2003年9月，堤口果品批发市场和泺口服装市场被评为山东省十大市场。11月，泺口服装市场通过ISO 9001质量管理体系认证。12月，泺口服装市场在第三届中国（博鳌）信誉论坛大会上，被授予“中国城市代表品牌”。

2004年11月20日，泺口服装市场通过GB/T19001—2000质量管理体系认证。12月，济南泺口服装有限公司被山东省工商行政管理局评为山东省三十强市场。

2005—2008年，创建省级文明市场13处、市级文明市场22处。

2009年4月，按照文化部、国家工商总局、公安部、工业和信息化部、中国关心下一代工作委员会《关于进一步净化网吧市场有关工作的通知》要求，在全区开展网吧专项整治，出动执法人员786人次，检查网吧188处，查处21处，取缔10处，净化全区网吧市场。

2011年，对新建市场回访率100%。培育大明家居等8处市场为省级文明市场。全区市场信用监管工作，认定A类市场10家、B类市场41家、C类市场6家、D类市场14家。山东大明家居市场、山东银座家居批发市场和济南恒鑫商城等8家单位被省工商局、省文明办和省市场与经纪人协会命名为2011年度山东省文明诚信市场，济南国际五金机电城入选山东省特色专业市场。

2012年，济南红星美凯龙世博家居生活广场、齐鲁鞋城等6处市场被命名为2012年度山东省文明诚信市场，并被通报表彰。

第十四篇

财税　金融

税法宣传（2009年4月摄）

天桥国税局纳税服务大厅（2011 年 3 月摄）

税收专管员深入重点税源企业调研（2012 年 5 月摄）

1991 年，全区完成地方财政收入 5889 万元，同比增长 4.6 个百分点；财政支出 3241 万元，比上年增长 22.24%，实现收支平衡。1994 年，国家实行分税制财政体制改革。全区完成地方财政收入 4936 万元，财政支出 6412 万元。天桥区财政体制上缴大，税收返还小，地方财力小于收入，是济南市乃至山东省上缴财政体制典型代表。1996 年后，随着济南市经济和产业结构调整，辖区内以纺织、印染、化工、造纸等为代表的劳动密集型传统工业企业相继破产、改制，工业经济逐渐衰落。依托地处城郊结合部地理位置和交通便利优势，以服装、家具、建材等大型商贸市场为代表第三产业迅猛发展，天桥区财源基础由以工业税源为主逐步过渡到以三产税源为主的结构。1998 年，全区财政收入首次突破亿元大关。此后，财政收入连年快速增加。2001 年，全区完成地方财政收入 2.59 亿元，财政支出 2.69 亿元。2004 年，完成地方财政收入 3.81 亿元，财政支出 4.26 亿元。2005 年后，天桥区财政收支状况持续好转。2012 年，地方财政收入 15.48 亿元，比上年增长 18.05%；财政支出 15.31 亿元，比上年增长 11.54%。其中教科文支出 4.27 亿元，占 27.9%；社会保障和就业支出 2.95 亿元，占 19.28%；公共卫生支出 9006 万元，占 5.88%；公共安全、节能环保、城乡社区事务支出 1.59 亿元，占 10.41%。

1991 年，天桥区内仅有中国农业银行天桥支行、中国人民建设银行济南市天桥区办事处、中国工商银行济南天桥区支行、交通银行济南分行天桥办事处、堤口路城市信用社、无影山城市信用社、北园城市信用社 7 家金融机构。随着国民经济发展，辖区金融机构不断增加。至 2012 年，金融机构由 1991 年 7 家增至 29 家，各金融机构均开办信贷、储蓄等业务。

1998 年，中国人民保险公司济南市天桥区支公司成立，是第一家入驻天桥区保险公司。至 2012 年，全区有保险机构 4 家，险种发展至企财、家财、人身保险等 400 余个。

第一章　财　政

1991—1993 年，天桥区延续实行核定收支基数，递增包干上缴管理体制。1994 年，贯彻《国务院关于实行分税制财政管理体制的决定》，按照济南市要求，天桥区改革财政包干体制，实行分税制财政管理。为适应国家财税政策调控及市对区财政体制改变，区对街道、镇也实行多种财政包干体制。2012 年，全区地方财政收入 15.48 亿元。

第一节　财政体制改革

一、区财政体制改革

1991 年，济南市对天桥区实行以收定支财政体制，即根据区级收入确定支出规模。天桥区工业规模大，工商税、产品税等主体税种绝对数较大，分成比例较低，是实行一级财政体制时确定天桥区为上缴财政体制的根本原因。

1994 年 1 月 1 日，国务院在全国推出税制改革，中央与地方实行“分税制”财政体制。消费税为中央收入，所得税、增值税、消费税为中央和地方共享。其中，所得税中央分享 60%，地方分享 40%；增值税、消费税中央分享 75%，地方分享 25%，其他税种归地方。4 月，天桥区分税制财政体制改革全面展开。财政体制以企业隶属关系确定税收归属，区以下企业缴纳税收除中央分成外，全部留归区级。中央损失财力通过体制上缴，地方损失通过税收返还补助。1993 年度天桥区税收基数大，分成比例低，体制上缴比税收返还多 1000 余万元，对财力仅 5003 万元区级财政是重大负担。天桥区成立财政收入协调小组，及时调度、协调税收，不断开辟和壮大地方财源建设，财政新旧体制平稳过渡，财政预算执行情况正常，财政体制改革成功迈出第一步。

1995年，深化和完善财政体制改革，实行零基预算管理办法。1996年，对预算外资金进行规范管理。1997年，对事业单位实行“核定收支，定额或定向补助，超支不补，结余留用”预算管理；对行政单位实行“收支统一管理，定额、定项补助，超支不补，结余留用”预算管理。建立全区城镇居民最低生活保障制度和企业职工基本养老保险制度。10月，全面推行政府采购制度。至年底，全区51个行政事业单位纳入预算管理，执行住房补贴政策。

2000年，财政部下发《行政单位财政统一发放工资暂行办法》。10月，天桥区工资发放管理中心成立。11月，实现工资财政统一发放。此后，机关事业单位工资性经费全部纳入财政在国库开设工资专户。同年，纳入财政统一发放工资行政事业单位和部门90个、3928人，月统发工资额605万元。

2004年，济南市实施“税收属地管理，主体税种两级分享”财政管理体制。除市属企业保留外，税源全部划归属地管理。主体税种除中央、省分享外，地方税收实行市与区划分不同比例政策。城区主体税种，市、区四六分成，即市40%，区60%，形成的财力差额通过体制结算上缴或返还。

2005年，天桥区国库集中支付管理中心成立。全区各类财政资金纳入国库单一账户管理，收入直接缴入国库单一账户或预算外资金财政专户。支出上，改变财政性资金层层拨付办法，由财政部门通过国库单一账户直接支付到收款人或用款单位账户。形成“收入在国库（专户），核算在部门（单位），支付在中心”财政资金管理格局，实现预算编制、执行和监督三分离。

2007年11月，《天桥区关于实行国库集中支付的意见》实施，展开改革试点。2008年6月，国库集中支付全面推行。至年底，全区169个行政事业单位和街道全部纳入国库集中支付系统。2009年5月，建立VPN虚拟专网，实行实名登录制度。12月，以教育系统为试点，在全区56个学校推行公务卡制度改革。至2012年年底，天桥区178个单位全部纳入集中支付系统。

二、街道（镇）财政体制改革

1991年，天桥区对北园镇实行“定收定支，增长分档分成，结余留镇，超支不补，一年一定”财政管理体制改革试点。后在北坦街道试行并逐步推广。

1996—1997年，新建刘家庄、陈家楼、宝华等街道（镇）财政所12处，确定“核定收支基数，收支挂钩，超收分成”街道财政管理体制，划分收支范围，建立镇级财政预算、决算制度。2001年年底，全面实行“定收定支，超收分成，减收扣减财力”区街财政管理体制。该体制后经2008年和2009年两次较大调整：2008年，调整为“核定支出基数，增量税收分享，完不成收入扣减财力”区街财政管理体制；2009年，调整为“税收属地管理，核定分享比例，财力随收入同步增长”区街财政管理体制。至此，天桥区建立起较为完整、系统的区街财政管理

区财政局组织街道（镇）财政所长开展交流学习活动（2011年11月摄）

体制。

2012 年，按照“保稳定，保运转，促发展”总体要求，对 2009 年区街财政管理体制进一步调整、完善，理顺区街两级分配关系，调动区街两级发展区域经济、配置涵养税源、强化税收征管积极性，为区街两级各项社会事业发展提供财力保障。

三、农村税制改革

2002 年，全区推行农村税费改革。改革主要内容为“三取消、两调整、一改革”：取消乡统筹费、农村教育集资等专门面向农民征收的行政事业性收费和政府性基金、集资；取消屠宰税；取消义务工，逐步取消劳动积累工，严格控制以资代劳。调整农业税政策，重新核实确定农业税计税土地面积和农业税计税常年产量，实行新税率，平均税率 6%，继续实行征收粮食实物和代金并存征收农业税方式，实行“轻灾少减，重灾多减，特重灾全免，分级负担”灾欠减免政策和社会减免政策；调整农业特产税范围和税率。改革村提留征收使用办法，由原农民按人均上缴村提留改为按新农业税和农业特产税附加形式收取。农业税附加比例为正税 40%，农业特产税附加比例为 10%。两项附加是村集体资金，纳入区（镇）财政专户，村委会安排使用，镇经管部门实施监督管理。改革后农业税收入全部归区（镇）所有，其中不低于 20% 部分用于村级经费。至 8 月底，全面完成大桥镇、桑梓店镇农村税费改革试点。2004 年，农业税率由 6% 减至 3%。2005 年，全区取消农业特产税，农民人均减负 52 元。8 月，契税征收方式由全市统一征收变为区独立征收。至 2009 年，农业税收中仅剩耕地占用税和契税两种。2011 年 3 月，契税、耕地占用税征收职能由财政部门划转至地税部门。至 2012 年，地税征收税种由 1994 年 14 种减至 12 种。

第二节 财政收入

全区财政收入主要来自工商各税、农业税收、企业收入、耕地占用税、建筑税、维护建设税、罚没收入、其他收入和专项收入。1991 年，全区完成财政收入 5889 万元，比上年增长 4.6%。其中，工商各税完成 4495 万元，与上年持平；城市建设维护税 306 万元、地方各种小税 991 万元，分别比上年增长 41%、11%；农业税、农林特产税、耕地占用税、契税和其他收入 97 万元。

1994 年，全区完成财政收入 4936 万元，比 1993 年增长 10%。其中，增值税完成 1232 万元，工商各税完成 3494 万元，其他收入完成 210 万元。

1998 年，全区财政收入首次突破亿元大关，完成 1.27 亿元，比上年增长 33.11%。2000 年，财政收入突破 2 亿元。2002 年，国家实行农村税费改革，农业税收全部计入地方财政收入，同时对分税制部分税种分成体制进行调整。地方财政收入完成 3.1 亿元，全区财政收入迈入 3 亿元台阶。2004 年，国家进一步深化农村税费改革，农业税降低 3 个百分点征收，全面取消农业特产税；同时，市对区实行新财政管理体制，全区财政收入完成 3.81 亿元，增长 13.62%。2005 年，农业税再降 2 个百分点，对个人所得税分成机制进行调整，全年完成地方财政收入 4.46 亿元，增长 17.21%。此后，全区财政收入一年一个突破，2010 年，完成 10.12 亿元，增长 18.48%；2012 年，完成 15.48 亿元，增长 18.04%。

1991—2012 年天桥区财政收入统计表

表 14-1　　　　单位：万元

年份	地方财政收入			
	年初计划	实际完成	占计划（%）	比上年增长（%）
1991	5802	5889	101.50	4.60

续表 14-1

年份	地方财政收入			
	年初计划	实际完成	占计划（%）	比上年增长（%）
1992	5967	5997	100.50	1.80
1993	7045	7482	106.20	23.70
1994	4364	4936	113.10	10.00
1995	5478	5955	108.70	20.64
1996	6668	7817	117.20	27.20
1997	9162	9547	104.20	22.13
1998	10536	12708	120.62	33.11
1999	15000	16055	107.03	26.34
2000	20300	20528	101.12	27.86
2001	23826	25871	108.58	26.03
2002	30010	31060	103.50	20.06
2003	29800	32166	107.94	23.18
2004	37836	38107	100.72	13.62
2005	43596	44637	102.39	17.21
2006	50988	51092	100.20	15.24
2007	59268	63009	106.31	23.32
2008	72480	76261	105.22	21.03
2009	85410	85445	100.04	12.04
2010	96550	101233	104.85	18.48
2011	118460	131109	110.68	29.51
2012	153400	154766	100.89	18.04

说明：年初计划数为天桥区人民代表大会通过的预算收支数。

第三节　财政支出

1991年，随着财政收入增长，财政对经济和社会事业发展支持力度愈来愈大，财政支出3241万元。其中，文教卫生事业费投入大幅增加，全年支出1398万元，比上年增长18.4%（其中教育经费支出956万元，比上年增长11%，占财政分成35.9%）；城市建设维护费支出531万元；抚恤和社会救济费支出152万元；行政经费支出546万元，其他事业费支出均比上年增长。

1994年，全年财政支出6412万元，比1993年增长17.68%。其中，支援农业生产和农林水利部门事业费194元，增长82.08%；文教卫生事业费支出2854万元，增长54.93%。

随着全区经济快速发展，支出规模持续增长。1997年，全区财政支出超过1亿元。2005年年底，天桥区启动新农村合作医疗制度改革，随着参合范围不断扩大，农民基本医疗得到保障。2006年始，逐步将两镇教师、离退休人员和在编人员工资上划区级统一发放。2007 年，建立义务教育经费保障机制，教育事业投入实现快速增长；随着政法经费保障机制建立，中央和省级财政加大政法转移支付力度，政法机关经费得到较好保障。2010 年，围绕转方式、调结构，加大对企业挖潜改造投入，实现设备抵扣税款 1.2 亿元，企业出口退税 3.33 亿元。财政支出 11.25 亿元，首次突破 10 亿元。2012 年，财政公共预算支出 15.31 亿元，为 1991 年 47.25 倍。主要支出项目为教育 4.02 亿元、科学技术 1932 万元、文化体育与传媒 626 万元、社会保障和就业 2.95 亿元、医疗卫生 9006 万元、城乡社区事务 9637 万元、农林水利事务 2310 万元、住房保障 1847 万元。

1991—2012 年天桥区财政支出统计表

表 14-2　　单位：万元

年份	财政支出			
	年初计划	实际完成	占计划（%）	比上年增长（%）
1991	—	3241	—	22.24
1992	—	4265	—	31.41
1993	4100	5451	110.00	25.50
1994	6412	6412	100.00	17.68
1995	—	6821	—	9.72
1996	5600	8975	160.27	27.90
1997	7700	10652	138.34	17.00
1998	9300	13316	143.18	27.38
1999	13500	16608	123.02	24.72
2000	19300	21617	112.01	30.16
2001	23049	26930	116.84	24.58
2002	29000	30643	105.67	21.69
2003	33450	37419	111.87	22.11
2004	42000	42645	101.54	13.97
2005	45500	49922	109.72	17.06
2006	53800	57814	107.46	15.81
2007	62010	70895	114.33	22.63
2008	71565	78563	109.78	10.82
2009	83520	93479	111.92	18.99
2010	93750	112466	119.96	20.31
2011	116780	137286	117.56	22.07
2012	145100	153135	105.54	11.54

说明：年初计划数为天桥区人民代表大会通过的预算收支数。

第四节 财政管理

一、预算管理

1991年，财政预算草案本着量财办事、量入为出、自求平衡、不打赤字原则，在保工资、保改革、保最低维持费前提下，适当照顾文教、科技、卫生方面投入。1995年，《中华人民共和国预算法》颁布实施，全区实行零基预算管理。各项收支预算严格按照国民经济和社会发展计划及收支平衡原则下达计划。预决算编报程序，除按规定上报上级审核外，同时报同级人民代表大会审查批准。1996年，行政事业单位性收费收入中，按规定不纳入预算管理收入纳入区财政预算管理。下发《天桥区关于对罚没收入加强预算管理的规定》，加强罚没收入管理。1999年，天桥区政府采购办公室成立。2000年，《天桥区政府采购暂行办法》《天桥区政府采购实施细则》实施，固定资产和办公设备均通过规范、公平招投标制度采购。2009—2012年，进一步深化预算管理体制改革，实行综合预算。制定《天桥区部门预算定额管理办法》，完善部门、单位基本公用支出预算标准定额体系。

二、预算外资金管理

1991年，预算外资金实行“计划管理，财政审批，专户储存，银行监督”管理模式，资金所有权不变。1993年，累计代储资金1300余万元。1995年，代储资金2500万元，收缴统筹金110万元，征收专项基金350万元；新增纳入管理单位5个，新增上解资金1000万元；办理上解业务654次，接收上解资金2500万元，办理下拨业务582次，下拨资金2300万元。

1996年，落实国务院《关于加强预算外资金管理的决定》，对预算外资金实行“两权”（还所有权归政府、还管理权归财政）改革，进一步加大预算外资金管理力度。天桥区成立预算外资金结算中心，实行专户存储制；全区94个行政事业单位预算外资金科目设置和会计制度得以统一。至1997年年底，全区51个行政事业单位纳入预算管理，每月平均间歇资金900万元。

1999年6月，落实财政部《关于深化收支两条线改革进一步加强财政管理意见》，中共天桥区委、区政府召开专项会议，全面实行“收支两条线”改革。取消各类预算外资金账户，由财政部门分别开设预算外资金汇缴专户，统一管理各部门预算外收入。

2001年，辖区55个行政事业单位62个收费项目实行“票款分离”。进一步加强票据管理，按照“凭文发证，凭证领票，凭票收费，收入上缴，支出核拨”程序，建立“收之有据，用之合理，调度灵活，运筹有方”管理新机制和“部门管事，财政管钱，收支脱钩，相互监督”两条线运作方式。行政事业性收费和政府性基金票据管理全面实行验旧领新制度。2002年，全区82个行政事业单位77个收费项目全部开展“收支两条线”管理，年均归集资金5000余万元。

2004年，财政部下发《关于加强政府非税收入管理的通知》，政府非税收入纳入财政预算管理。2008年1月1日，《天桥区非税收入管理办法（试行）》实施，进一步明确资金性质，理顺资金分配，规范征缴行为，确保应收尽收。同年，全区完成非税收入1.3亿元，比2003年增加4670万元，年均增长9.34%。

2010年，《财政部关于将预算外资金管理的收入纳入预算管理的通知》下发。规定自2011年1月1日起，除教育收费（包括目前在财政专户管理的高中以上学费、住宿费，党校收费，教育考试考务费，函大、电大、夜大及短训班培训费等）、慈善总会和红十字会捐赠收入外，其余行政事业性收费收入全部纳入国库管理。至2012年，全区219个单位全部实行收支两条线管理，非税收入完成1.45亿元，同比增长15.17%。

三、行政事业财务管理

1991年，贯彻财政紧缩政策，严格预算管理，控制各项经费支出。1995年，调整压缩会议费、购置费、差旅费等部分非生产性支出，科学安排正常经费投入，保障中共天桥区委“保工资、保稳定、保平衡”总体方针贯彻落实。改革区属单位经费管理办法，在原包干单位基础上，扩大经费包干范围。以 1995 年预算安排经费为包干基数，以后按年递增 3.5% 进入单位经费包干基数。2000 年，天桥区工资发放管理中心成立，区直各部门财政供养人员工资实现统一发放，实行“双卡”（编制卡、工资卡）管理。同年，纳入财政统一发放工资事业单位和部门 90 个、3928 人。此后，纳入统发工资单位（部门）和人数逐年增加。

2011 年 4 月 7 日—8 日，区财政局在十三职专举办天桥区基层财务管理第一期培训班。

2005 年，建立农村部分计划生育家庭奖励扶助制度，对 60 周岁以上农村部分计划生育家庭奖励扶助对象实行统一发放。2007 年，全面实行农村义务教育经费保障机制，免除农村义务教育阶段在校生国家教科书费、学杂费，以及城市义务教育阶段学杂费、补助公用经费。成立教育会计核算中心，统一核算农村中小学校财务。2008 年，免费提供农村义务教育阶段学生地方课程教科书。2009 年，对行政事业单位在职工作人员实行新津贴补贴政策，将原执行职务补贴和地方福利补贴统一规范为工作性津贴和生活性补贴。建立检察院公用经费保障机制，区检察院经费保障标准每人每年 3 万元，列入区级财政预算。扩大农村义务教育保障范围，免除农村义务教育阶段学生作业本费，所需资金由财政全额承担。

2010 年，义务教育阶段生均经费小学每生每年 615 元，初中每生每年 825 元，特殊教育学校每生每年 1400 元。同年，拨付区级教育费附加 3986 万元、地方教育费附加 604 万元，全部用于校舍安全、维修改造、购置设备等改善公办中小学及职业学校教育教学设施和办学条件支出。2009 年、2010 年，足额拨付并监督使用公共安全转移支付资金 1231 万元。2011 年，提高城市、农村义务教育经费保障标准，小学每生每年 700 元、初中每生每年 900 元。2012 年，特殊教育学校生均公用经费由每生每年 3000 元增至 9000 元。

四、企业财务管理

1991 年，企业实行按所有制、分行业会计制度。1992 年，财政部发布《企业财务通则》《企业会计准则》，对财务会计制度进行统一和规范。区财政部门积极引导企业向新会计制度过渡。2004 年，企业快报网上报送系统正式运行。2009 年 1 月 1 日始，原由市财政办理的中央、省驻济和市属外商投资企业财政登记、年检工作，改由县（市）区财政部门按经营属地管理原则办理。

2012 年，落实《济南市天桥区财政局主要职责内设机构和人员编制规定》，区财政局增设财政监督科，负责企业财务管理工作。完成内资、外资、金融企业分别为 82 家、117 家、121 家企业财务会计决算编报，全区报送快报企业 164 家。中央和省、市拨付服务业、外经贸、工业和信息化、园区经济发展、县乡交通基础设施建设专项资金 1.62 亿元。

五、农业财务管理

1991 年，区财政局在全面借鉴各地经验基础上，提出“多层次，多渠道，全方位增加对农业资金投入”指导思想，加强资金管理。支出支援农业生产和农林水利部门事业费 115 万元。1992—1994 年，支出支援农业生产和农林水利部门事业费 416 万元。

2003年，天桥区被国务院列为农业综合开发土地治理—中低产田改造项目县区。至2008年，该项目实收国家、省、市级资金1261万元，区级配套资金132万元，区级以下自筹资金408万元。改造中低产田2533.33公顷，农民收入进一步提高。2009年始，围绕农业综合开发政策要求，突出主导产业，突出基础设施建设，突出扶持产业链条薄弱环节，提升农业产业体系水平，加大中低产田改造进程；农业综合开发土地治理中低产田改造项目实行县级报账制，保证资金专款专用。至2012年，中低产田改造项目累计收到国家、省、市级资金2503万元，区级配套资金198万元，区级以下自筹资金496万元，改造中低产田3466.67公顷，改善项目区农业生产条件，提高粮食产量。

2011年、2012年，财政支农资金支出分别为4489万元、4911万元。2011—2012年，落实国家惠农政策，发放“粮食直补”“农资综合直补”资金2857万元。2010—2012年，区级农林水利事务支出7432万元。

六、会计管理

1990年，财政部下发《会计证管理办法（试行）》，规定会计证按财务隶属关系分别由省、市、县（市）区财政会计管理部门颁发管理。1992年，会计专业技术资格由评审改为考试取得。对全区718人进行会计职称评审，其中会计师205人、助理会计师513人。组织人员参加全国会计资格统一考试，113人取得资格证书。

1993年，济南会计师事务所天桥分所成立。同年，办理国营、集体、工商企事业单位及私营、个体业户验证资本200余家；资产评估8家；审查账目10家；对1300余名财会人员开展继续教育。

1997年，天桥区会计事务管理中心成立，对国家机关、各企事业单位、社会团体、农村集体经济组织等会计人员实行会计证管理制度，会计管理步入正轨。同年，办理会计证186人，会计证年检1986人，换发会计证2609人；办理会计专业资格证书135人；举办会计在职人员培训6期、786人；配合镇、街企业改制，开展单位资产评估15个，评估资产5087.3万元；资产审计工商企业30家，审计总资产1668.89万元；注册资金验证240家，验证标底4101.63万元。

2001年，《山东省会计从业资格管理实施办法》颁布，会计人员“会计证”统一换发为“会计从业资格证书”。同年，换发会计从业资格证书3310人。2004年，大桥镇、桑梓店镇成立记账中心，两镇120个行政村实现村财镇管。2012年，全区注册会计从业人员1.55万人。

区财政局在泺口街道办事处举办2011年会计人员培训班（2011年8月摄）

七、政府采购管理

1999年11月，天桥区政府采购办公室成立。2000年3月，《天桥区政府采购暂行规定》《天桥区政府采购实施细则》下发，政府采购工作日益规范完善。2007年6月，将社会公益建设和服务纳入政府采购范围。2007—2008年，采购金额4.76亿元，节约资金0.57亿元，节约率10.73%。2009—2010年，采购金额2.7亿元，节约资金0.29亿元，节约率10.65%。2012年，完成货物、工程、服务类采购金额2.21亿元，节约资金0.22亿元，资金节约率9.83%。

八、社会保障资金管理

1991—1994年，累计支出抚恤和社会救济资金759万元。1997年，国务院下发《关于在全国建立城市居民最低生活保障制度的通知》。11月，区社会保障科成立。1998年，城市居民最低生活保障支出列入财政预算。至2000年，安排最低生活保障资金1009万元，保障户数6.27万户次，保障人数16.43万人次。

2003 年始，预算按照上年度财政可支配收入 0.5% 安排就业补助资金，用于劳动就业和下岗失业人员再就业。2007 年，国务院《关于在全国建立农村最低生活保障制度的通知》下发，城乡居民最低生活保障制度进一步完善。至 2008 年，累计发放城市低保资金 1.06 亿元，保障 117 万人次；发放农村低保资金 203 万元，保障 2.68 万人次。

2005 年和 2008 年，新型农村合作医疗制度和城镇居民医疗保险制度先后启动。天桥区加大城市社区卫生服务机构、乡镇卫生院和农村卫生室建设，初步形成覆盖城乡居民医疗保障服务体系。2009 年 12 月，新型农村社会养老保险制度开始试点。个人缴费分为 100 ~ 2000 元 12 个档次，给予 60 岁以上农村老年居民每月 55 元基础养老金。实施基本公共卫生服务制度，政府按照每人 15 元标准购买基本公共服务。2010 年，参保农民 5.45 万人，参保率 94.95%，其中 60 岁以上按月领取 55 元基础养老金农村老年居民 1.08 万人。

2010 年 3 月，全区 19 所政府办城乡医疗卫生机构基本药物制度试点，执行基本药物零差率销售。政府按照“核定任务，核定收支，绩效考核补助”原则予以补助。6 月，试行城乡居民临时救助制度。2011 年 6 月，城镇居民社会养老保险制度实施，个人缴费分为 100 ~ 2000 元 12 个档次，给予 60 岁以上城镇老年居民每月 60 元基础养老金。2012 年 11 月，《城镇居民基本医疗保险门诊统筹办法》实施，规定居民医疗保险门诊统筹基金筹资标准为每人每年 40 元。

九、财政监督

1991 年始，财政监督力度逐年加大。1992 年，组织检查人员 140 人、35 个专业检查组，开展税收财务大检查，查处违纪金额 341 万元。1994 年，落实山东省人民政府“关于取消自查突出抓好重点检查”要求，组织 244 名专业财会人员、99 个检查组，对区属 1346 个企、事业单位进行重点检查，查出各种违纪金额 773 万元。

2000 年，财政监督由事后监督逐步转变为同步监督，重点监督财税方针、法律、法规执行情况，检查反映财政收支管理中重大问题。在全区行政事业单位范围内开展清理银行账户工作，自查单位 98 家，重点检查 50 家，取消违纪账户 40 个。2003—2004 年，查处土地租金收入 100 万元，全部缴入财政专户；查处并纠正违规预算外资金 1153.6 万元。2009 年 3 月 1 日，《山东省财政监督条例》颁布，加强日常性监督力度。同年，对全区 131 个党政机关和事业单位开展“小金库”检查，对全区中央级专项资金 2556 万元进行跟踪问效检查，纠正问题 7 项。

2010 年，区财政监督科成立。财政监督由同步监督逐步转变为事前、事中、事后全方位监督，监督重点也转为对财政预算执行和社保、支农、义务教育等涉及群众切实利益的专项资金监督。同年，开展党政机关、事业单位、社会团体、国有企业“小金库”治理“回头看”工作，检查单位 175 家；对全区 29 个行政事业单位、10 个社会团体进行会计信息质量检查，整理整改建议 11 项。

天桥区召开全区“小金库”治理工作会议（2010 年 6 月摄）

2012 年 5 月，财政部颁布实施《财政部门监督办法》。天桥区探索财政监督新途径，全面检查与抽样检查相结合，开展解困资金、涉农专项资金、林业、科技、文体等专项资金检查 33 项，对 36 个一级预算单位进行预算执行检查。

第五节　国有资产管理

1991年，严格执行国家资产管理政策法规，保障国有资产安全完整、保值增值。1993年，天桥区国有资产管理局成立。1994—1995年，清产核资区属21家核算单位，登记年检15本国有资产产权登记证。1996年，对34家企业进行资产评估。至1997年年底，全区国有净资产3.27亿元；资产清查集体国有企业126家，资产评估国有企业33家。

1999—2001年，完成北园镇撤镇建立北园、泺口街道资产清理；完成陈家楼、纬北路、刘家庄3个街道合并为纬北路街道资产清理；完成泺口服装市场、向阳大酒店等7家小型国有企业改制资产清理。2001年始，全区国有资产管理工作日趋加强，至2002年，全区行政事业单位国有净资产3.43亿元。

2003年，下发《关于进一步加强国有资产管理的通知》，明确区属行政事业单位涉及重点“非专经”及主要固定资产处置程序。2007年10月，根据财政部关于开展行政事业单位资产清查工作要求，对全区110家行政事业单位进行资产清查审计，盘盈资产169万元，清理固定资产2051万元。2003—2008年，完成国有企业改制8家，收回企业改制收益7000余万元。至2008年，全区行政事业单位资产总额11.42亿元，其中净资产6.18亿元，固定资产原值5.04亿元；国有企业资产总额3.14亿元，负债1.33亿元，净资产1.8亿元。

2010年，成立行政事业科，负责全区行政事业单位资产管理督查指导。至2012年，全区行政事业单位资产19.26亿元，负债6.23亿元，国有资产总量13.03亿元，对外投资1205.3万元。

第六节　政府投融资管理

1993年，天桥区经济开发投资公司成立；融资300万元，保证东南外环路改造建设。筹措资金1100万元，支持企业52家。1994年，融集资金1217.5万元，比上年增长12.2%；投放贷款1732万元，比上年增长14.6%；签订贷款合同81份，比上年增长18.4%。

2005年，天桥区投融资管理中心成立，主要负责区政府投融资项目资金管理以及资金运作使用和效益核算，逐步建立起程序科学、运作规范、监管严格的政府投融资管理体制，提高资金使用效益，防范财政风险。至2008年，协调银行贷款授信3笔。其中，国家开发银行项目贷款授信4亿元，浦发银行贷款授信1.9亿元；参与山西陆野、山东高速路桥集团等单位建设化工产业园铁路专线BT项目签约、洽谈；配合化工产业园区与北展区管委会做好资金运作，先后与新加坡凯发集团（武汉）公司、北京新大地集团、北京TOP投资公司等十几家国内外公司洽谈，扩大项目知名度。

2009—2012年，配合化工产业园区基础设施建设，联系多家银行，取得1亿元贷款授信。贷款4000万元用于铁路专用线建设，设立专用账户，专款专用。配合济南新材料产业园与北京华融资产管理公司、济南齐鲁银行北园支行完成3.5亿元贷款项目洽谈，促进项目建设。2012年，先后开展北跨规划展览中心、狮子张片区等项目土地收储工作。

2012年4月12日，天桥区人民政府金融办公室会同区财政局、区工商联等部门举办天桥区银企投融资咨询见面会，组织驻区11家银行和小额贷款公司与上百家企业对接。

第二章 税 务

1991年4月，济南市对市、区税务机构进行调整，撤销市税务局天桥税务分局，设立天桥区税务局。同年，完成工商税收5439万元，其中完成中央级收入92万元，区级收入5347万元。1992年，完成工商税收6089万元。1993年，完成工商税收7618万元，同比增长25.11%；天桥区税务局泺口稽征处被山东省税务局评为“财务税收物价大检查先进集体”。

1991—1993年天桥区税务局税收统计表

表14-3 单位：万元

年 份	工商税收	工商税收增减比例（%）	区级税收	区级税收增减比例（%）
1991	5439	—	5347	—
1992	6089	11.95	5997	12.16
1993	7618	25.11	7430	23.90

1994年1月始，执行中央新税制，国家税收、地方税收分别征收记账、入库。8月，国、地税务机构分设，成立天桥区国家税务局和天桥区地方税务局。1995年，全区完成税收收入1.02亿元。其中，国税收入6514万元，地税收入3646万元，首次突破亿元大关。2000—2003年，天桥区先后获“市级文明单位”“济南市最佳办税服务厅”“济南市最佳办税窗口”“省级青年文明号”等称号。2012年，全区完成税收收入39.33亿元，其中国税收入15.41亿元、地税收入23.92亿元，分别为1994年的26.12倍、78.94倍。

第一节 税收体制改革

1991年，国家清理整顿税收秩序，严格控制减免税；调整税制结构，合理划分税种和确定税率，为实行分税制，理顺中央与地方分配关系奠定基础。1994年，国家对工商税制进行全面改革，涉及税种变动、税率调整及原税收管理体制变革。1月1日始，执行中央新税制，由地方财政包干体制改为分税制管理体制。取消产品税，建立增值税为主体流转体系，统一企业所得税。规定将收入划分为中央固定收入、地方固定收入、中央与地方共享收入。对税收收入归属、征收管理权限进行划分，将维护国家权益实施宏观调控税种划为中央税；同经济发展直接相关税种划为共享税；充实地方税。开征消费税，取消按经济成分设置所得税，开征内资企业所得税；税种由32种减至18种。征

国地财综合治税工作协调推进会（2012年3月摄）

收机关分设为国税、地税部门，国家税务局征收管理消费税、关税、铁道系统、人民银行和保险公司缴纳营业税、海关代征进口商品消费税和增值税、中央企业所得税、出口退税、增

值税、外商投资企业所得税；地方税务局征收管理营业税、资源所得税、个人所得税、房产税、城镇土地使用税、车船使用税、印花税、城市维护建设税、教育附加费。增值税划为共享税，中央75%、地方25%；核定两税（增值税、消费税）基数，增收部分中央按1∶0.3退还地方。改革现行分类税制，建立支付所得单位与取得所得个人双向申报纳税制度，以及综合与分类相结合个人所得税制（综合所得征收项目包括工资薪金所得、生产经营所得、劳务报酬所得、财产租赁所得等有较强连续性或经常性收入）。2006年和2008年，个人所得税起征点分别调整至1600元和2000元。2008年，合并内、外资企业所得税法，确定统一企业所得税法定税率；清理规范税收优惠政策，提高企业所得税税前扣除标准，对农业、高科技、环保等予以税收倾斜。

2011年，个人所得税工资、薪金所得税项目费用扣除标准由原每人每月2000元提高至3500元；调整工资、薪金所得项目税率表，取消15%、40%两档税率，最低档税率由5%降至3%，降低中低收入者税负，加大对高收入者税收调节。至2012年，基本建立起以产业优惠为主、区域优惠为辅所得税优惠新格局。

第二节　国家税务

一、税收收入

1994年，完成国内税收收入5899万元，其中增值税入库5058万元，非金融企业所得税360万元，地方税入库481万元。2001年，天桥区国家税务局更名为济南市天桥国家税务局。2012年，完成国内税收收入15.41亿元，其中区级收入2.08亿元。1994—2012年，累计完成国内税收收入152.85亿元，完成区级税收收入18.04亿元。

1994—2012年济南市天桥国税局税收统计表

表14-4　　单位：万元

年份	国内税收收入	国内税收收入增减比例（%）	区级税收收入	区级税收收入增减比例（%）
1994	5899	-14.49	481	-93.53
1995	6514	10.43	678	40.96
1996	7090	21.42	1618	138.64
1997	8915	34.80	2041	26.21
1998	11318	26.95	2507	22.83
1999	15300	35.18	3075	22.66
2000	16567	8.28	13780	384.13
2001	150049	805.71	4431	-67.84
2002	173385	15.55	18009	306.34
2003	214074	23.48	5536	-69.26
2004	56238	-73.73	7391	33.51
2005	61857	9.99	8643	16.94
2006	72064	16.50	10018	15.91
2007	82270	17.22	12147	21.25
2008	97306	23.14	13963	20.03

续表 14-4

年份	国内税收收入	国内税收收入增减比例（%）	区级税收收入	区级税收收入增减比例（%）
2009	108710	8.05	15056	7.83
2010	122107	12.32	17170	14.04
2011	164702	34.88	23086	34.46
2012	154087	-6.44	20802	-9.89

二、税收征管

1994 年，区国税局建立多功能征收服务厅，实现从分散征收到集中征收转变。1995 年，投资 16 万元购进微机，开始运用信息化手段实施管理。组建稽查分局，实行税务代理试点，逐步建立“申报、稽查、代理”三位一体税收征管模式。1997 年，撤销 5 个税务所、4 个征管科和泺口分局，成立征收计财科、个体科等 8 个科室；全年处罚未按期申报企业 678 家次。1998 年，受自然灾害影响，收入形势严峻，先后召开“抓收入动员大会”和“完成全年收入任务誓师大会”，努力增收，完成“两税”收入 1.13 亿元。2001 年，投资 40 余万元开展信息化建设，做好 CTAIS V2.0 系统推广应用。2006 年，CTAISV2.0 征管软件成功上线。开展宏观税负调查分析，调查企业 4103 家，查处疑点 6853 个，入库税款 3336 万元。2007 年，制定《天桥区重要征管指标及增值税重要数据监控职责》，实现增值税准期申报率 100%；税收执法信息管理系统上线，执法准确率 99.96%。2009 年，积极推进综合治税，全年清理漏征漏管户 1130 户，查补税款 550 万元。制定《天桥国家税务局加强中小企业管理实施意见》，对全区中小税源开展专项检查，查补税款 447 万元。提高“税收分析预警系统和纳税评估系统”应用水平，承接预警评估 1411 户次，增加税收 2346 万元。加强非居民企业管理，征收全市首笔非售付汇环节所得税款 62 万元。2010 年，设立涉税事项调查部门和纳税评估部门，加强非居民企业管理和境外居民企业管理，将中国重汽（香港）有限公司划入居民企业管理，征收预提所得税 900 余万元，成为全国第一家成功征收境外企业对外分红预提所得税税务机关。2012 年，对服装鞋帽、汽车零配件、药品批发零售等行业开展评估管理，实现税收同比增长 39.23%。制定《天桥区房地产行业管理办法》，实现税收 1003.42 万元。依托 V2.0 内部数据和第三方涉税信息，搭建税源信息“两取三用”数据监控平台。组织国内收入 15.4 亿元，其中市级以下收入 3.47 亿元。

2010 年 11 月，天桥国税局税务人员为企业提供“上门业务指导”服务。

2012 年 4 月 28 日，在天桥国税局五楼会议室举行天桥区 2012 年局长答疑见面会。

三、税务执法

1994年，完善稽查制度，开展增值税、消费税税收检查。排查纳税人3880户，查补税款907.4万元。1997年，率先在全市国税系统应用发票管理软件与征管软件联网；查处广东顺德联邦化工有限公司济南销售处偷税26.3万元。全年，查补入库税款1338.1万元，占年度收入总额15%。1998年，首次对一般纳税人进行年审，审核企业3458家。加强发票管理，销售手工版增值税专用发票1.6万本，防伪税控电脑版专用发票3万余份，代开电脑版专用发票4.2万份，销售普通发票7.5万本。1999年，加强大案要案和举报案件查处力度，全年查补入库税款1190万元。加大稽查力度，选案稽查1057件，全年稽查入库税款2230万元。初步建立税源管理评估机制，查补税款67.2万元。2005年，联合公安部门，查处一起不法分子收购小型商贸企业虚开专用发票案件，查明虚开金额235万元。2007年，核定酒类企业税种，全年入库消费税2713万元。2008年，制定《跨境投资企业税收管理流程》，在全市推广。根据“分类管理、优化服务、核实税基、完善汇缴、强化评估、防范避税”要求，加强所得税核定征收，检查纳税人352户，查补税款246万元。开展发票整治，检查企业271家、发票1276份，查补税款、滞纳金和罚款119万元。2009年，推进社会化综合治税，清理漏征漏管户1130户，查补税款550余万元。开展中小税源行业化专项检查，查补税款447万元。加强对“税收分析预警系统和纳税评估系统”应用，承接预警评估1411户次，查补税收2346万元。2010年，加大专用发票风险布控和日常巡查，全年增值税专用发票失控率为零。查处发票犯罪案件5起，抓获犯罪嫌疑人10人，捣毁窝点3个，缴获假发票2.24万份。2012年，开展增值税发票专项调查，检查企业356家。严格出口退税审核，办理调库6600万元，退税2.18亿元。对服装鞋帽、汽车零配件、药品批发零售等行业开展评估管理，形成行业评估管理模板3个，行业税收同比增长39.23%。

四、纳税服务

1994—1995年，全国“税法宣传月”期间，在纬二路、泺口服装市场设税法宣传站。1996年，投资60余万元，购置微机12台、空调6台，将税务登记、申报征收、发票发售等业务全部纳入计算机管理。1997年，扩大办税场所，分设2个办税服务厅，实现税银一体化管理和辖区内纳税人自行计算、自行申报、就地缴纳税款。对增值税一般纳税人实行分类管理。2001年，推进首问负责制和办税最低时限制，简化办税流程，压缩办税手续，合并办税窗口。天桥区办税服务大厅被评为济南市国税系统“最佳办税服务厅”。2006年，纳税申报、税务登记变更、资格认定、减免税、行政许可等业务办理正确率均98%以上。连续2年实现执法“零疏漏”和服务“零投诉”，连续4年保持“省级青年文明号”荣誉。2008年，推广ARM自助办税终端，为2700余户纳税人发行电子标签。设立“宗税官帮您办”服务窗口，综合受理纳税人诉求，满足个性化需求。2009年，投资12万元，对办税服务厅进行标准化改造。完善“宗税官帮您办”服务品牌，为4000余户次纳税人提供优质高效服务，《中国税务报》先后两次予以报道。自行开发“免填单”程序，推广网上申报、认证等

2012年4月，天桥国税局在缤纷五洲开展“税收宣传月”活动。

信息化办税手段，为纳税人减负增效。2010年，完成北园分局与大桥分局办税服务厅合并和车辆购置税征收窗口迁移，受理纳税申报、税务登记变更、资格认定、减免税、行政许可等正确率均100%。成立“纳税人维权之家”，设立维权岗位，规范处理举报投诉案件54起。2012年，开展重点税源“服务直通车”、评估部门“一案三报告”（案件调查结束后，提交《稽查报告》《内部征管建议报告》《纳税人风险防控建议报告》）、调查部门“超前服务”和出口退税岗位“一帮一”等个性化服务。

第三节　地方税务

一、税种税率

1991—1993年，天桥区征收主要税种包括：

流转税类：工商统一税、产品税、增值税、营业税。

所得税类：国营企业所得税，大中型企业税率55%，小型企业从10%至55%不等。集体企业所得税，大中型企业税率55%，小型企业从10%至55%不等。城乡个体工商业户所得税，税率从7%至60%不等。私营企业所得税，税率35%。中外合资经营企业所得税，税率30%。外国企业所得税，税率从20%至40%不等。外商投资企业和外国企业所得税，税率30%。个人所得税，税率按20%至60%5级超倍累进计算。

财产和行为税类：主要有印花税、房产税、城市房地产税、车船使用牌照税、车船使用税、屠宰税、筵席税、集市交易税。

特定目税类：燃油特别税，采用从量定额价外计税法，原油每吨40～70元，重油每吨70元。国营企业奖金税，实行超额累进税率，全年奖金总额人均不超过4个月工资的，免税；超过4～5个月工资部分，税率30%；超过5～6个月工资部分，税率100%；超过6个月工资部分，税率300%。国营企业工资调节税，税率由30%至300%不等。建筑税，按计划内、外有别，指令性计划和指导性计划有别，计划外3档税率分别为10%、20%、30%。

资源税类：盐税，每吨125元。资源税，实行超率累进税率，销售利润率12%以下的，不缴纳；销售利润率超过12%～25%部分，按销售利润率每增加1%，税率增加0.5%、0.6%、0.7%累进计算。城镇土地使用税，每平方米为0.5～10元。

基金及附加类：国家能源交通重点建设基金，按应征集资金当年收入10%计征。国家预算调节基金，按各项目当年收入10%征集。教育费附加，附加率为1%，分别与产品税、增值税、营业税同时缴纳。

1994年始，主要征收营业税、企业所得税、个人所得税、印花税、房产税、城市房地产税、土地增值税、车船使用税、车船使用牌照税、屠宰税、城市维护建设税、固定资产投资方向调节税、资源税、城镇土地使用税。2000年，固定资产投资方向调节税停止征收；2006年，屠宰税停止征收；2007年，车船使用税和车船使用牌照税废止，开始征收车船税；2009年，城市房地产税停止征收；2011年，契税和耕地征占用由地方财政征收改为地税征收。至2012年，地税征收税种由1994年14种减至12种。

营业税　1984年9月，营业税开始征收，设9个税目。交通运输业、建筑业、文化体育业、邮电通信业税率为3%；金融保险业、服务业、无形资产转让、销售不动产税率为5%；娱乐业税率为20%。自2011年10月1日起，娱乐业中高尔夫球执行10%税率，其他娱乐业项目税率为5%。

企业所得税　1994年1月1日开始征收。纳税人应纳税额，按应纳税所得额计算，税率为33%。年应纳税所得额在3万元（含3万元））以下企业，暂减按18%税率征收；年应纳税所得额在10万元（含10万元）以下～3万元企业，暂减按27%税率征收。2008年1月1日始，企业所得税税率调整为25%。

个人所得税　1994年1月1日开始征收，分为11个税目。工资薪金，个体工商户生产经营所得、企事业单位承包承租，税率为5%～45%；其他如劳动报酬、稿酬、利息、股息、财产转让、财产租赁、偶然所得等均按20%征收。2006年1月1日始，个人所得税减除费用标准调整至1600元；2008年3月1日始，调整至2000元；2011年9月1日始，调整至3500元。2011年9月1日始，工资薪金所得税率为3%～45%。

资源税　1984年9月开始征收。1994年1月始，执行新资源税。税率为原油，销售额5%；天然气，销售额5%；煤炭，焦煤8～20元/吨，其他煤炭0.3～5元/吨；其他非金属矿原矿0.5～20元/吨或立方米；黑色金属矿原矿，2～30元/吨；有色金属矿原矿，0.4～60元/吨或立方米挖出量；固体盐，10～60元/吨；液体盐2～10元/吨。1999年8月1日始，对天然矿泉水、建筑用砂、其他黏土、其他建筑石料征收资源税，单位税额分别为天然矿泉水3元/吨，建筑用砂、其他黏土、其他建筑石料1元/立方米。

城镇土地使用税　1994年税制改革确定，在城市、县城、建制镇、工矿区范围内使用土地的单位和个人，缴纳土地使用税。土地使用税以纳税人实际占用土地面积为计税依据，采用定额税率。2007年起，税额标准调整为一级土地20元/平方米、二级土地12元/平方米、三级土地6元/平方米、四级土地4元/平方米。

土地增值税　1994年1月1日开始征收。实行四级超率累进税率，增值额未超过扣除项目金额50%部分，税率为30%；增值额超过扣除项目金额50%、未超过扣除项目金额100%部分，税率为40%；增值额超过扣除项目金额100%、未超过扣除项目金额200%部分，税率为50%；增值额超过扣除项目金额200%部分，税率为60%。

房产税　1994年税制改革，制定新房产税课税制度，保留城市房地产税税种名称（对外资企业征收城市房地产税）。房产税税率，依照房产余值（房产原值一次减除30%后余值）计算缴纳的，税率为1.2%；依照房产租金收入计算缴纳的，税率为12%。

车船使用（牌照）税　1987年1月，对机动车辆开始征收车船使用（牌照）税。采用定额税率。小型客车每辆每年260元，大型客车每辆每年300元，货车按净吨位每吨每年60元，三轮摩托车每辆每年72元，二轮摩托车每辆每年56元。2006年12月29日，国务院对车船税税目税额进行上调。2007年，车船使用税废止，开始征收车船税。现行车船税包括乘用车、商用车、挂车、其他车辆、摩托车和船舶六个税目。乘用车按发动机汽缸容量（排气量）分档确定每辆年税额；商用中型客车每辆年税额600元，商用大型客车每辆年税额720元；货车整备质量每吨年税额72元；挂车整备质量每吨年税额36元；其他车辆整备质量每吨年税额72元；摩托车每辆年税额60元；机动船舶按净吨位每吨确定年税额；游艇按艇身长度每米确定年税额。

印花税　1988年10月1日始，恢复征收印花税。征收范围为各类经济合同及具有合同性质凭证，产权转移书据、营业账簿、权利许可证照等。税率为千分之一、万分之三、万分之五、万分之零点五等4个档次；许可证照和其他营业账簿按件贴花每年5元。

城市维护建设税　以纳税人实际缴纳增值税、消费税、营业税税额为计算依据，分别与增值税、消费税、营业税同时缴纳。纳税人所在地在市区的，税率为7%；纳税人所在地在乡镇的，税率为5%；纳税人所在地不在市区或乡镇的，税率为1%。

固定资产投资方向调节税　1991年4月16日开始征收。凡在县境内投资固定资产单位和个人，均征收固定资产投资方向调节税，实行5%、10%、15%、30%和零税率5个档次。2000年1月1日始，停止征收。

屠宰税　1986年4月1日始，对经营生猪、牛、羊的单位和个人，在收购环节征收产品税。1994年1月始，征收屠宰税。征收范围包括屠宰或收购生猪、羊、牛、马、驴、骡6种牲畜。税额为生猪每头10元，牛、马、驴、骡每头（匹）20元，羊每只2元。2002年6月18日始，停止征收。

此外，地税系统还负责对国家规定规费和附加征管工作，主要有教育费附加、文化事业建设费、地方水利建设基金、残疾人就业保障金、地方教育附加等。

教育费附加　国务院规定，从 1994 年 1 月 1 日始，教育费附加以各单位和个人实际缴纳增值税、消费税、营业税税额为计征依据，附加费为 3%，分别与增值税、消费税、营业税同时缴纳。

文化事业建设费　1997 年 1 月 1 日始，全省范围内征收文化事业建设费。营业性歌厅、舞厅、卡拉 OK 歌舞厅、音乐茶座、高尔夫球、台球、保龄球等娱乐场所和广播电台、电视台、报纸、刊物等广告媒体单位以及户外广告等经营单位，按营业收入 3% 缴费。

地方水利建设基金　2011 年，地税代征地方水利建设基金。缴纳增值税、消费税、营业税（以下简称“三税”）企事业单位和个体经营者，在办理“三税”纳税申报时，按实际缴纳“三税”税额 1% 申报缴纳地方水利建设基金。

残疾人就业保障金　2004 年 1 月 1 日始，残疾人就业保障金由地税代收。安排残疾人就业未达到规定比例单位，按差额人数每年以当地政府公布上年度职工年平均工资计算，足额缴纳保障金。应纳保障金 =（用人单位上年末实际在职人数 × 应安排比例数 − 用人单位上年末在职残疾人数）× 上年度本地职工平均工资额。

地方教育附加　2005 年 1 月 1 日开始征收，以单位和个人实际缴纳增值税、消费税、营业税税额为依据，按照 2% 附加征收率计征。

契税　2011 年 3 月 1 日始，由地税部门征收。以在中华人民共和国境内转移土地使用权、房屋所有权行为为征税对象，计税依据一是纳税人申报的成交价格；二是由征收机关参照市场价格核定的计税价格。契税税率为 3% ~ 5%。

2010 年 8 月 6 日，全区综合治税工作会议召开。

耕地占用税　2011 年 3 月 1 日始，由地税部门征收。以占用耕地建房或从事非农业建设行为为征税对象，以纳税人实际占用耕地面积为计税依据，实行定额税率。现行适用税率为每平方米 30 元。

二、税收征管

（一）税收管理。1991 年，落实“申报、代理、稽查”三位一体税收征管模式，修订税务登记、发票管理、纳税申报检查制度。1994 年，实行普通发票集中管理制度，取消专管员签字，建立纳税人自行申报制，开展税务代理。2004 年，实行片区管理责任制，全面开展交叉户调整、个体微机定税、网上和双委托报税。2006—2010 年，细化征管流程，规范税务登记、纳税申报、纳税检查、发票管理、行政处罚、行政复议、行政诉讼、税务听证等业务，落实税务登记换证、税收数据清理、社会综合治税、发票简并换版、税源专业化管理等重点工作。2006 年，控管户数 1.69 万余户，至 2010 年，控管 2.94 万户。2011 年，落实“内部严格控制，外部有效监督，社会联动，齐抓共管”非正常户管理模式，规范非正常户认定解除程序。2012 年，突出抓好重点税源管理。开展重点行业、重点企业、重点项目税源调查，对异常情况进行分析、预警和评估。415 户重点税源企业实现收入 14.44 亿元。

（二）税收信息化。1991 年，对税务登记证代码进行统一，为信息化管理奠定基础。1996 年，实施“以计算机网络为依托”税收征管改革。1998 年，投资 50 余万元对办税服务厅进行改造，开通办公自动化网络，实现省、市、区三级广域网联通和税收征管软件统一。同年，纳入计算机管理纳税户数占总数 65%，利用计算机征得税款占总收入 82%。2000 年，加大计算机硬件投入，推行电话报税和税控收款机，90% 以上业户使用税控收款机。2002 年始，推广地税综合征管信息系统、互联网报税软件、执法责任制考核系统、12366纳税服务系统、纳税评估软件、“一户式”综合数据管理信息系统等软件体系。2011年，更新各式微机40台、打印机33台。2012年，安装千兆宽带和外网专线，信息化建设由“分散化”向“一体化”转变。

（三）税收服务。1991年始，依法落实各项税收扶持政策。1996年，启动“以纳税申报和优化服务为基础”税收征管改革。实行税法公告制，建立办税服务厅，推动税务代理业发展。2001年，《中华人民共和国税收征收管理法》重新颁布，纳税服务确定为税务机关法定职责，使从属于职业道德建设和精神文明建设范畴纳税服务上升到法制化层面。2011年，推进办税服务厅规范化建设，整合窗口设置，改善办税环境，办税服务厅首批达到省级优秀办税服务厅标准。2012年，创建“征纳共赢”服务品牌，办税服务厅首批通过山东省地税局验收达到星级标准；简化办税流程，推行午间不休息和延时服务，实行契税服务进社区等便民服务举措。至2012年，累计减免扶持地方经济发展税收9900万元；支持下岗失业人员再就业、支持退伍军人创业、帮扶弱势群体、应对“非典”和“禽流感”、支援抗灾救灾，累计减免地方税收6700万元。

2011年11月30日，堤口路街道办事处举办税收知识大讲堂活动，邀请天桥地税分局专家现场为辖区各经营单位业户及社区居民普及国家税法知识。

三、税收收入

1991—1993年，重点加强零散税源税收征管。1994年，实现税收收入3031万元。1995年始，涉外、个体税收征管范围调整，减免税大幅减少，可征税源增加，地税收入快速增长。2000年后，税收收入与经济增长趋于均衡，地税收入增幅与经济增长基本同步。2009年后，在国际金融危机影响下，天桥区持续加大增收力度，地税收入实现持续稳定增长。2012年，全区地税收入完成23.92亿元，是1994年的79.75倍。2010年、2011年、2012年，各项税收收入分别实现15.66亿元、20.29亿元、23.92亿元，年均递增13.35%。2012年总收入、区级收入分别突破20.29亿元、9.86亿元。

1994—2012年天桥区地方税收统计表

表14-5　　单位：万元

项目\数量\年份	1994	1995	1996	1997	1998	1999	2000	2001	2002	2003	2004	2005	2006	2007	2008	2009	2010	2011	2012
营业税	1079	1833	2270	2485	6227	7241	8890	19663	19979	23095	24540	30655	38317	51777	56351	66367	77211	89931	108896
企业所得税	395	448	578	603	852	1327	1607	19045	2419	3577	5903	8926	10539	16502	32363	24212	13295	17165	20475
个人所得税	143	203	796	1041	1310	1775	3557	4469	5451	6853	7576	8754	9535	11585	14807	18241	24707	28640	24475
投资方向调节税	594	322	715	955	1571	1472	470	412	26	234	1	—	—	2	9	—	—	—	—
城市维护建设税	325	369	474	482	1288	1402	1740	10486	12391	16073	4969	4899	6034	6863	7286	8503	9314	11628	12548
房产和城市房地产税	185	215	456	388	790	1359	1401	2859	3368	3934	3505	3883	4611	4671	5246	6461	7167	8962	11414

续表 14–5

年份 数量 项目	1994	1995	1996	1997	1998	1999	2000	2001	2002	2003	2004	2005	2006	2007	2008	2009	2010	2011	2012
土地使用税	174	137	125	141	536	786	901	2544	2906	3054	2128	2238	2663	2294	6481	5047	8371	10285	12291
印花税	11	33	31	38	95	236	169	443	1330	843	963	1340	1392	2211	3907	3739	4018	3866	6316
土地增值税	0	0	0	0	135	22	103	375	632	496	346	1308	1723	2184	3557	4268	4801	9532	12257
车船税	105	80	134	141	194	157	343	292	771	943	1301	1359	616	239	363	680	1679	2551	3039
耕地占用税	—	—	—	—	—	—	—	—	—	—	—	—	—	—	—	—	—	2063	503
契税	—	—	—	—	—	—	—	—	—	—	—	—	—	—	—	—	—	8735	15351
教育费附加	20	24	105	126	457	610	726	3538	3043	4371	2051	2083	2562	2887	3190	3624	3986	4979	5365
地方教育附加	—	—	—	—	—	—	—	—	—	—	—	579	851	974	1031	1201	1330	3207	3559
文化事业建设费	0	0	0	1	8	35	60	67	56	59	52	62	62	55	84	106	98	160	371
残疾人就业保障金	0	0	0	—	—	—	—	—	—	—	—	—	—	—	492	444	549	600	724
税务部门罚没	0	—18	22	344	0	0	18	12	11	11	19	48	37	38	31	18	25	37	23
地方水利建设基金	—	—	—	—	—	—	—	—	—	—	—	—	—	—	—	—	—	621	1648
合计	3031	3646	5706	6745	13463	16422	19985	64205	52383	63543	53354	66134	78942	102282	135198	142911	156551	202962	239255

四、税政管理

1991 年始，累计为福利企业、三资企业等落实各项税收优惠 3000 万元，减免税收 8900 万元，支持下岗职工再就业、退伍军人就业、帮扶弱势群体、支援抗灾救灾等方面落实优惠政策 9900 万元。

2000 年，鼓励投资和居民消费，停征固定资产投资方向调节税。开辟再就业减免税审批“绿色通道”，落实下岗职工再就业、退伍军人创业等各项税收优惠政策。落实中央应对金融危机、保持经济平稳较快发展的结构性减税政策，对符合减免税政策条件企业，实行集体审核，确保各项政策落实到位。2010 年，强化纳税人税务登记信息核查，对 7000 余家企业年报数据采集补录考核，财务报送率 98% 以上。加强重点项目管理，完善重大项目“一项一档”制度，杜绝税源属地管理、异地缴纳。组织企业所得税汇缴和个人所得税管理，完成汇缴申报 1762 家，汇缴申报率 99.55%，汇缴入库税款 4211.69 万元。

1991—2012 年，组织召开重大案件集中审理会议 66 次，审理减免税企业 371 家，累计减免各项税收 1.6 亿元。

五、税收执法

1991 年，天桥区重点税源行业有建筑业、商业和工业；清理 11 户企业欠税 380 万元。1993 年，加大检查力度，查补税款 230 万元。1996 年，强化税收稽查，依法清理欠税，开展各类税收专项检查 12 项，检查纳税单位 70 余户，查增税款 340 余万元。1998 年，着重加强对漏管户管理，检查 958 户，依法处理 46 户漏管户，查封、冻结纳税人账号 180 余个，扣缴入库税款 800 余万元。2001 年，查封企业银行账号 132 个，冻结银行存款 1352 万元，扣缴入库 456 万元，清理漏征漏管 147 户，清理欠税 1947 万元。2002 年，成立国税、地税、公安联合检查组，组织拉网式检查，使 38 个专业市场全部纳入规范管理，全年各类市场实现税收 340 万元；"以票管税"，查补税款 350 万元。2003 年，开展村（居）税收专项检查，查补税款 1000 余万元；开展行政事业单位税收专项检查，检查单位 15 个，查补税款 3111 万元。2004 年，组织以餐饮娱乐、房地产开发、货物运输、金融等 6 个行业为重点税收专项检查，累计罚款 3000 余万元。2006 年，取消税收指令性计划，实现税收管理工作由"任务型"考核向"执法质量型"考核转变，构建"监控—评估—约谈—稽查"执法新格局；成立税务案件审理委员会，对重大税务案件行政处理进行统一审理；推行执法"四公开"：公开执法人员身份、公开办事程序（处罚尺度）、公开办事（处罚）结果、公开监督部门。2007 年，重点对建筑业、房地产业进行税收专项检查，组织入库建筑业、房地产业税收 2938 万元；落实税收优惠政策，对 12 家福利企业进行年审，减免税款 300 余万元。2010 年，组织 116 家重点税源企业进行税收专项检查，查补入库税款、罚款、滞纳金 2578 万元；补征入库税款 1000 余万元。至 2012 年，累计查补税款 3400 余万元。

第三章　金　融

1991 年，全区有金融机构 7 家。1998 年，中国人民保险公司济南市天桥区支公司成立。2007 年，天桥区金融办公室成立，为银行、企业搭建交流平台，促进双方加强沟通，增强互信，逐步建立政银企沟通合作机制。2012 年，全区各类金融机构 46 家，包括银行、证券、保险及小额贷款、担保、财务、典当公司。全国各大中小银行县域网点设置在天桥区实现全覆盖。2012 年 6 月，青岛银行济泺路支行成立；12 月，莱商银行济南天桥支行成立。至 2012 年年底，天桥区有各类银行 29 家。

2012 年 6 月 10 日，区委书记毕筱奇（左六）出席青岛银行济泺路支行开业庆典。

第一节　金融机构

一、银行业金融机构

1991—1993 年，工商银行天桥支行营业网点增至储蓄所 17 个、联代办所 32 个；农业银行天桥支行营业网点增至 28 个；北园信用社营业网点增至 12 个；建设银行天桥区办事处营业网点增至 13 个。随着区域经济不断发展和对金融行业重视程度增强，驻区银行业金融机构不断增加。1997 年 6 月，中信银行北园路支行成立。2008 年 11 月，上海浦东发展银行市北支行成立。

二、非银行业金融机构

2009 年，济南市天桥区鑫海小额贷款有限公司成立，注册资本 1 亿元。2010 年，公司新增注册资本 1 亿元，累计注册资本 2 亿元。至 2012 年年底，累计发放贷款 185 笔，贷款户数 106 户；公司总资产 3.25 亿元，营业收入

4.59 亿元，比上年同期增长 145%。其中，6 个月以内贷款发生额 2.81 亿元，比上年同期增长 123%；6 个月 ~ 12 个月贷款发生额 1.79 亿元，比上年同期增长 191%。贷款余额 3.27 亿元，比上年同期增长 70%。作为银行业有力补充，小额贷款公司支持辖区企业，特别是中小企业发展。2009 年始，先后有银行 4 家、证券公司 2 家和保险公司 3 家入驻天桥区。至 2012 年，驻区金融企业 44 家。其中，银行支行 29 家，保险公司 4 家，证券公司营业部 8 家，典当公司、小额贷款公司、融资性担保公司各 1 家。

2012 年天桥区金融机构一览表

表 14-6

类别	名称	地址
银行	中国工商银行济南天桥支行	天桥区东西丹凤街 7 号
	中国工商银行济南明湖支行	天桥区北园大街 445 号
	中国农业银行济南天桥支行	天桥区东西丹凤街 18 号
	中国银行济南天桥支行	天桥区北园路三孔桥小区 1 号楼
	中国建设银行济南天桥支行	天桥区济泺路 127 号
	交通银行济南天桥支行	天桥区堤口路 41—1 号
	招商银行济南分行	共青团路 7 号招银大厦
	招商银行济南天桥支行	天桥区堤口路 41 号
	齐鲁银行济南北园支行	天桥区北园大街 548 号
	兴业银行济南天桥支行	天桥区无影山中路 55 号
	上海浦东发展银行济南市北支行	天桥区济泺路 92 号
	华夏银行济南天桥支行	天桥区北园大街 453 号
	中国民生银行济南济泺路支行	天桥区济泺路 61 号
	中国光大银行济南北园支行	天桥区北园大街 548 号
	齐鲁银行柳行支行	天桥区北园大街 226 号
	齐鲁银行清河支行	天桥区北园大街 483 号
	齐鲁银行历山北路支行	天桥区北园大街 258 号
	齐鲁银行蓝翔路支行	天桥区蓝翔路 15 号
	齐鲁银行金牛支行	无影山中路 153 号
	齐鲁银行无影山支行	天桥区师范路 15 号
	齐鲁银行泺口支行	天桥区济泺路 85 号
	齐鲁银行无影潭支行	天桥区无影山中路 50—3 号
	齐鲁银行北坦支行	天桥区英贤街 15 号
	齐鲁银行天桥支行	天桥区无影山中路 20 号
	齐鲁银行新材料产业园支行	天桥区师范路 15 号

续表 14-6

类别	名称	地址
银行	齐鲁银行城北支行	天桥区北园大街 257 号
农村合作中小金融机构	润丰农村合作银行天桥支行	天桥区北园大街 414 号
	润丰农村合作银行大桥支行	天桥区二环北路 6999 号
	润丰银行泺口支行	天桥区济泺路 64 号
财务公司	中国重汽集团财务公司	天桥区无影山东路 39 号
小额贷款公司	天桥区鑫海小额贷款有限公司	天桥区无影山东路 39 号
证券公司	齐鲁证券有限公司济南济泺路证券营业部	天桥区济泺路 96 号
	华泰证券股份有限公司济南无影山东路证券营业部	天桥区无影山东路 38 号
	国盛证券有限责任公司济南济安路证券营业部	天桥区济安街 49 号
	华安证券有限责任公司济南英贤街证券营业部	天桥区英贤街 19 号
	国海证券股份有限公司济南济安街证券营业部	天桥区济安街 45 号
保险公司	中华联合财产保险股份有限公司济南中心支公司	天桥区堤口路文体中心
	中国人寿财产保险股份有限公司济南市中心支公司	天桥区无影山东路 43 号
	山东英大保险经纪有限公司	天桥区东工商河路 66 号
	渤海财产保险股份有限公司山东分公司济南支公司	天桥区北园大街 338 号
	中国人寿保险股份有限公司济南市天桥区支公司	天桥区生产路 5—1 号
	济南润通保险代理有限公司	天桥区堤口路 75 号
	恒泰保险经纪有限公司山东分公司	天桥区无影山东路 38 号
融资性担保公司	山东齐鲁润德投资担保有限公司	天桥区蓝翔路 15 号
典当公司	济南市国信典当有限公司天桥分公司	天桥区汇鑫大厦 106—206
	济南市龙祥典当有限公司	天桥区和信花园 6 号楼 101 室

附：银行业金融机构选介

齐鲁银行 成立于 1996 年，是山东省成立的第一家城市商业银行，也是省内第一家实现中外合作、跨省经营的地方法人金融机构。1996 年 6 月 6 日，天桥区无影山城市信用社、北坦城市信用社等 16 家城市信用社和 1 家城信社联社组建济南城市合作银行。1998 年 6 月 6 日，更名为济南市商业银行。2004 年 9 月 8 日，成功与澳洲联邦银行（CBA）实现战略合作。2008 年 3 月 19 日，首家异地分行——聊城分行开业。11 月 30 日，首家省外异地分行——天津分行开业。同年，“银企家园”产品品牌获中国银行业协会首届“中国地方金融十佳特色产品”奖；总行营业部获“2008 年度中国银行业文明规范服务示范单位”称号。2009 年 6 月 6 日，经中国银监会批准，正式更名为齐鲁银行股份有限公司，简称为齐鲁银行。至 2009 年 12 月 31 日，辖有 72 家分、支行（部），在岗员工 1806 人。全行总资产 617.35 亿元，是成立之初 19 倍；各项存款余额 546.55 亿元，是成立时 20 倍；各项贷款余额 353.1 亿元，是成立时 20 倍；2009 年，实现经营利润 10.64 亿元；实现净利润 4.88 亿元，同比增长38.99%。成立以来，累计实现经营利润50.64亿元，累计上缴税金18.57亿元。2012年，齐鲁银行在天桥区有13家支行，分别为齐鲁银行北坦支行、齐鲁银行北园支行、齐鲁银行新材料产业园支行、齐鲁银行金牛支行、齐鲁银行蓝翔路支行、齐鲁银行历山北路支行、齐鲁银行柳行支行、齐鲁银行洛口支行、齐鲁银行清河支行、齐鲁银行无影山支行、齐鲁银行天桥支行、齐鲁银行无影潭支行、齐鲁银行城北支行。

招商银行 济南分行成立于2000年10月19日。2006年，总部由历下区迁至天桥区，是总行设在山东省一级分行，也是天桥区唯一一家省级分行。2007年，推进结构调整，为企业发行低成本中期票据业务，余额41.5亿元，占当地市场1/3强。打造托管服务品牌，托管资产17.88亿元；为98户年金企业、4.9万个个人账户提供年金托管服务，资产总额12.2亿元；为全区35家国库集中支付单位提供资金划拨与管理，为社保基金和多家上市企业募集资金提供存管服务；管理零售客户总资产220亿元，“一卡通”“信用卡”发卡量分别为190万张和85万张，“金葵花”理财成为家喻户晓品牌。至2010年，有烟台、潍坊、临沂、东营4家二级分行，以及同城支行16家、营业部1家、自助银行30家；累计发放贷款3000亿元，实现利润55亿元，上缴各类税收22亿元，资产规模510亿元，主要经营指标居当地中小股份制商业银行前列。为7000余家公司客户提供服务，对全省交通、医疗、通讯、煤炭等支柱产业发展给予重点支持。加大对中小企业扶持力度。至2012年，分行小企业授信户数302户，贷款余额52.1亿元；在扶贫、教育、环境保护、公共卫生等多个领域开展帮扶行动，累计捐款230万元。连年被山东省银监局评为“良好银行”，被授予建功立业劳动奖状、金融创新奖等；分行营业部被评为“全国百佳服务示范网点”。至2012年年底，济南分行中小企业客户贷款余额202亿元、客户998户，较年初增长105亿元、524户，对中小企业投放贷款204.6亿元，同比新增54%。

第二节 金融业务

一、存款

（一）中国工商银行济南市天桥区支行。1991—1993年，各项存款余额分别为10.33亿元、13.39亿元、14.42亿元。其中，年储蓄存款余额分别为4.04亿元、5.01亿元、7.29亿元。至1993年年底，有储蓄所17个，联代办所32个；各项存款余额比1991年初增长4.09亿元。1994年，是工商银行向国有商业银行转变重要一年。各项存款余额15.54亿元，其中对公存款余额5.67亿元、储蓄存款余额9.87亿元。1996—1998年，各项存款增加9.32亿元。其中对公存款增加3.22亿元、储蓄存款增加6.1亿元。2005年4月，工商银行正式启动股份制改革。至2008年年底，存款余额32.05亿元，比2003年增加2.43亿元。至2012年年底，各项存款余额52.21亿元。

（二）中国农业银行济南市天桥区支行。1991年，各项存款余额2.92亿元，其中储蓄存款1.46亿元。1992年，各项存款余额3.76亿元，其中储蓄存款1.84亿元。1993年，各项存款余额3.93亿元，其中储蓄存款2.24亿元。1991—1993年，存款增长率、任务完成比例、职工人均增长额连续3年在全市农行系统考评中位居前列。至1993年年底，设营业网点28个，有干部职工366人，成为全区营业网点最多、业务范围最广金融机构。1994年，储蓄存款余额1.74亿元；累计发放“金穗信用卡”2368张，吸收储蓄余额250万元。1995年，各项存款4.85亿元，较年初增加1.74亿元，增长率56%，其中自营存款4.04亿元，比年初增加1.75亿元，增长率76.6%。低成本存款占自营存款比重43%，比年初提高6个百分点；信用社存款3.14亿元，较年初增加0.73亿元，增长率30.6%。1997年，各项存款7.79亿元，比年初增加1.99亿元。其中，对公存款3.89亿元，比年初增加1.53亿元；储蓄存款3.69亿元，比年初增加0.36亿元；外币存款316万美元，比年初增加194万美元。

至2002年年底，各项存款19.79亿元，比年初增加4.83亿元，新增量几乎是前数年增量总和。储蓄增量位于系统内全省第一，跨入全省存款大行行列。至2008年年底，各项存款余额51.72亿元。2012年，各项存款86.71亿元，其中企业存款22.21亿元、储蓄存款64.5亿元。

（三）中国人民建设银行济南市天桥区支行。1988年10月10日正式成立。1992年5月，所属省煤炭局储蓄所被中国人民建设银行总行评为“全国建行十佳储蓄所”。1993年，下辖13个所柜，储蓄网点遍布全区。至年底，一般性存款余额2.11亿元，其中企业存款余额0.64亿元、储蓄存款余额1.47亿元。1994年，各类存款余额3.55亿元，其中储蓄存款余额2.48亿元。1995年，各项存款余额6.46亿元，比年初新增2.6亿元，增长幅度67.35%。其中，企业存款新增0.72亿元，增长幅度67.34%；储蓄存款新增1.66亿元，增长幅度66.95%，创存款增长历史最好水平。1996年年底，一般性存款余额9.1亿元，比年初新增2.74亿元，增幅46%。至1998年3月，一般性存款余额10.05亿元。至2002年年底，全口径存款余额16.9亿元，较1998年年底增加5.2亿元，增幅44.4%。至2012年年底，存款余额62.83亿元，其中企业存款20.36亿元、储蓄存款40.34亿元、同业存款2.13亿元。

二、贷款

（一）中国工商银行济南市天桥区支行。1991—1993年，各项贷款余额分别为14.67亿元、16.01亿元、15.76亿元。至1993年年底，发放各类贷款7.65亿元，其中新增贷款资金81.24%投放到大中型企业。1994年，各项贷款余额19.09亿元，其中流动资金贷款16.78亿元、固定资产贷款2.98亿元。1996—1998年，贷款增加6.32亿元。至2008年年底，各项贷款余额77.06亿元，比2003年增加29.55亿元。至2012年年底，各项贷款余额66.9亿元。

（二）中国农业银行济南市天桥区支行。1991—1993年，各项贷款余额分别为5.62亿元、5.95亿元、6.55亿元；同期，流动资金贷款增加0.76亿元。积极支持城镇商业网点建设，先后放贷款350万元，支持泺口服装市场、山东省（金牛）建材市场、黄桥装饰建材市场筹备完工。1997年，各项贷款余额5.45亿元，较年初增加1.6亿元。至2002年年底，各项贷款余额16.82亿元，实现利润0.33亿元。对天桥区房屋建设综合开发公司、东亚家具商城、白鹤集团、山东医药商城、四建房地产、天建房地产等企业予以重点支持。大力发展个体私营企业流动资金贷款，至2002年年底，发放个体私营业流动资金贷款0.14亿元，发放个人住房按揭贷款1.8亿元。至2008年，各项贷款余额13.4亿元，实现中间业务收入0.21亿元，实现拨备前利润0.87亿元。2012年，各项贷款余额15.32亿元。

（三）中国人民建设银行济南市天桥区支行。1991年，各类贷款余额7.95亿元，其中信贷计划内贷款余额5.95亿元、信贷计划外贷款余额2亿元。11月12日，成立房地产信贷部，开展房改金融业务，为天桥区首家服务房改专设金融机构。至1993年年底，吸收存款0.14亿元，发放贷款600万元，为90个单位1.62万人开立公积金账户；发展济南国际贸易大厦、明湖大酒店等特约商户。至1993年，计划内发放贷款5.31亿元，其中用于重点项目建设3.82亿元，占发放贷款总额71.9%。1995年，贷款余额7.35亿元，比年初增加0.63亿元。全年净回笼现金0.51亿元，完成现金回笼计划512%。1997年年底，贷款余额10.35亿元，重点流向重汽、裕兴化工厂等国有大中型企业。2002年，各项贷款余额11.69亿元，较年初增加2.99亿元，累计收息0.57亿元，实现利润0.36亿元。发放济南天建房地产开发总公司、天桥区城市建设综合开发公司、济南舜立房地产开发有限公司流动资金贷款1.68亿元；天桥区16家区属及民营企业存量贷款1.61亿元。至2002年年底，个人消费信贷余额1.32亿元，其中个人住房贷款余额0.77亿元、个人消费额度贷款余额0.55亿元。至2012年年底，贷款余额10.25亿元，其中工业贷款2.59亿元、商业贷款1.32亿元、个人贷款1.85亿元。

第三节　政府金融工作

一、风险防范

2008—2012 年，定期做好辖区内鑫海小额贷款公司和齐鲁润德投资担保公司报表汇总上报工作。分析相关数据，了解公司内部管理、风险控制及经营状况；加强监督巡查，确保公司规范化、安全化发展。采取非现场监管和现场检查并举方式，开展涉嫌非法集资广告资讯以及涉嫌非法集资风险专项排查，严厉打击非法集资活动，维护正常金融秩序，保障人民群众切身利益。

二、评级年审

2008 年始，每年制定融资性担保机构年审、小额贷款公司分类评级实施方案，聘请中介机构对辖内 2 家公司财务情况进行审计；根据审计结果，出具小额贷款公司和融资性担保公司年审报告和评级报告，上报上级部门。至 2012 年，鑫海小额贷款公司评级为 I 级，齐鲁润德融资性担保公司评级为 D 级。

三、金融引进

组织街道办事处对主要交通干道、繁华地段适合设立金融机构情况调查登记，为金融机构引进打下基础；协助金融机构做好选址考察，协调办事处、城管、消防、公安等相关部门，为金融机构落户天桥开辟绿色通道。1997 年 6 月，中信银行北园路支行成立。2008 年 11 月，上海浦东发展银行市北支行成立。2012 年 6 月，青岛银行济泺路支行成立。2012 年 12 月，莱商银行济南天桥支行成立。

四、发展环境

2008—2012 年，组织各街道（镇）对辖区内银行开展调查统计，建立街道（镇）、银行一对一服务机制；协助街道（镇）组织银行和企业联谊会、洽谈会，建立经济金融定期双项通报制度，金融机构向政府部门通报金融形势分析和信贷资金运行情况，政府部门向金融机构通报项目立项和企业生产经营资金需求情况，促进政府、银行、企业合作，为金融机构发展创造有利条件。

2010 年 5 月 18 日，在天发舜和大酒店召开天桥区金融工作首届联谊会。

五、帮扶中小企业

推动金融机构树立“小企业、大市场”经营观念，重视并研究中小企业服务特点及业务需求，实行中小企业信贷政策倾斜，解决中小企业融资难问题。放宽准入标准，优化审批流程，开辟绿色通道，提高放款效率；实施资源倾斜，推出适合小微企业“网贷通”“易融通”“生意一卡通”等创新型产品，成立专门服务队伍，提供专业、高效服务；增加信贷额度、预留专项规模，满足中小企业“短、频、小、急”资金需求，促进中小企业做大做强。

2012 年 6 月 6 日，堤口路街道办事处联合中国银行济南天桥支行举办第一届银企见面会。

第四节　保险业

1998年，中国人民保险公司济南市天桥区支公司成立，是第一家入驻天桥区保险公司。2007年，中华联合财产保险股份有限公司济南中心支公司成立。2012年，全区有中华联合财产保险股份有限公司济南中心支公司、中国人寿保险股份有限公司济南市天桥区支公司、渤海财产保险股份有限公司济南中心支公司、中国人寿财产保险股份有限公司天桥分公司等4家保险机构。

附：保险机构选介

中华联合财产保险股份有限公司济南中心支公司　2004年成立，前身是中华联合财产保险股份有限公司山东分公司济南营业总部。2007年1月8日，正式更名为中华联合财产保险股份有限公司济南中心支公司。经营范围涵盖非寿险业务各个领域，包括机动车辆保险、企业财产保险、家庭财产保险、工程保险、船舶保险、货物运输保险、责任保险、信用保证保险、农业保险以及短期健康保险和意外伤害保险等。后又推出电话营销专用车险、商务旅行意外伤害险、物流责任险、资产监管责任险、食品安全责任险等新险种，经营险种400余个。2004年，企财险保费收入65万余元。至2012年年底，每年以40%增幅保持快速发展，在济南财产险市场稳居第四位，年均缴纳营业税金及附加1000万元，代扣代缴税金2200万元，承保金额累计1359.99亿元，赔款累计6.57亿元。

第十五篇

经济管理

1991—2012
TIANQIAO QU ZHI

2009 年 12 月 30 日，天桥区经济工作会议在区机关会议厅召开。

2008年3月18日，天桥区个体劳动者第九次私营企业第四次代表大会暨文明诚信先进单位表彰大会在区机关会议厅召开。

1978年，中共十一届三中全会后，计划经济体制向社会主义市场经济体制转变。计划工作重点由计划经济逐步转移到对社会经济活动的预测、规划、指导、调控和正确引导市场经济运行。指令性计划被取消或转变为指导性计划；由偏重年度计划制定转为年度计划和中长期规划并重；对工业产品实行计划安排、主要物资实行计划分配转为工业产品由市场调节、资源由市场配置；管理重点也由微观管理转向宏观调控。统计自1993年始实施国民经济核算体系，至1995年逐步改革和完善统计指标体系，进行方法制度改革；2002年，与市政府进行专线连接，建立起政府办公网，逐步实现统计数据社会共享。审计逐步建立以国家审计为主体、内部审计和社会审计为重要组成部分的审计体系，形成财政、金融和行政事业审计、企业审计等审计格局，开辟领导干部经济责任审计等领域，促进地方经济发展，维护财经法纪。工商由侧重管理集贸市场、个体私营经济和企业登记等转变为监督管理各类市场及市场交易行为和维护公平交易执法，扶持个体私营经济，强化商标、广告、合同管理，保护消费者权益。深化价格改革，除对工业品价格、交通邮电价格和非商品收费进行管理外，整顿和规范市场价格及收费秩序。市场经济确立，技术监督由一般的工业标准化管理和计量管理扩大到标准化、计量法制、产品质量监督管理及特种设备安全监察等方面。国土资源管理职能进一步拓宽和强化，土地保护、土地复垦开发、用地管理和矿产资源管理力度不断加大。随着二、三产业快速发展，安全生产监督更侧重于安全生产、管理和监督监察。

第一章　计　划

1991年后，实行以中长期计划为重点的计划体系，逐步形成指令性计划、指导性计划和市场调节相结合的经济管理形式。至2012年，计划工作内容转变为研究制定全区国民经济和社会发展战略，制定发展规划并监督实施计划落实情况。计划指标主要涉及生产总值、一二三产业增加值、社会消费品零售额、出口总额、全社会固定资产投资、地方财政收入、农民人均收入、人口发展、劳动保障和环境保护等方面。

第一节　计划体制改革

“八五”期间，坚持“科技兴农”的方针，推广农业科技成果，努力提高复种指数和单产水平，在耕地面积逐年减少的情况下，保证粮食、蔬菜总产量不减少。工业生产重点发展机电、纺织、印刷包装、食品、化工5个优势行业，发展以优势企业为龙头的企业集团，形成具有天桥特色的规模经济。1996年，天桥区实施“九五”计划，国民经济保持发展势头，全区实现生产总值20.28亿元。1997年，实现生产总值23.58亿元，完成年度计划100%。1998—2002年，企业改革实现重大突破，形成一批集“科、工、贸”一体或“农、工、商”并举的企业集团，清河、黄台、泰德、堤口等10家重点集团具有一定规模，其规模效益日益显著。2003—2008年，区经济计划管理部门完善运行分析监测指标体系，加大分析监测力度，坚持月调度、季分析、半年全面总结的工作措施，定期进行经济运行调研，及时编制分析报告，统筹协调区15个街道（镇）及各经济部门做好经济运行工作，确保全区经济健康运行和主要指标按进度完成。2009年后，加强对宏观经济检测、预测，深入调查研究，综合分析有利条件和不利因素，在编制好“十二五”规划的同时，科学编制和分解各项年度发展指标，高起点编制各项年度发展目标。

第二节 计划编制与实施

1991—2002年，每个年度计划、五年计划都紧紧围绕改革与发展组织编制实施，体现计划的导向、协调和调控职能。

一、年度计划

1991年，计划提出全区经济与社会发展的主要任务是调整农村产业结构；深化工业改革，推行厂长负责制、任期目标责任制，试行股份制及租赁制，抓好企业技术改造;扩大对外开放，控制投资规模,保持经济健康快速发展。1992年，重点是巩固治理整顿结果，进一步推进改革开放；大力推进工业结构调整，促进外向型经济发展,加快发展第三产业,推进高新技术产业发展。1994—1995年,加强和改进宏观调控，开展“管理效益年”“村办企业年”活动,积极实施“2413”工程。1996—1997年,开展“管理效益年”活动,调整经济结构,优化投资环境,培植经济增长点。加快城市建设步伐，突出抓好小清河治理等工程建设。1998年，重点是巩固和提高农业基础地位，加快推进农业产业化；加快工业企业改革，加大结构调整力度；加强对投资方向的引导，调整和优化投资结构;大力发展开放型经济，提高对外开放层次和水平；加快城市现代化建设，不断增强城市功能。1999年，重点围绕增加农民收入和保持农村稳定，加速农业市场化、产业化、现代化进程；加快企业制度创新和产品结构调整，努力提高工业增长的质量和效益；加大市场开拓力度，拓展经济发展空间；加快第三产业和个体私营经济发展，培植新的经济增长点；加大固定资产投资力度，集中力量保证重点工程建设。2000年，重点是加快农业和农村经济结构调整，努力增加农民收入；加快工业产品结构调整，促进工业增加固定资产投资；促进城乡消费，加快发展第三产业。

2001年，重点是加快推进工业结构优化升级，巩固和加强农业基础地位，调整提高传统服务业；加快体制创新和科技创新，增强经济发展动力和活力；加快城市化和经济国际化进程，拓宽经济发展空间。2002年，重点是贯彻落实扩大内需政策，努力扩大投资和消费；全面提高对外开放水平；在发展中推进结构调整，努力增创发展和竞争优势；加快科技进步与创新，推进传统产业改造和高新技术产业发展；促进社会全面进步,不断改善人民生活。2003年，重点是以招商引资为抓手，加快经济结构调整，在抗击“非典”特殊时期，取得经济和社会各项事业新发展。2004年,重点是围绕“老城提升、新区开发”两大主战场，对各方面工作进行安排和部署；突出抓好事关全区发展的重点工程、重点项目建设，实现速度、结构、质量、效益协调发展。2008年，主要任务是完善以“两路、一街、一区、一河、一园、一湖”（两路为济泺路、明湖西〈北〉路；一街为北园大街；一区为药山工业园区；一河为小清河；一园为化工产业园；一湖为鹊山龙湖）为平台的新发展框架；要求加快“北跨”进程，把握“北跨”机遇，加快推进重点项目。2009年,以“优化环境、稳定运行、促进提升”为重点，深入开展“为企业服务年”活动，加大重点企业帮扶力度，加快传统工业园区向科技园区转轨步伐；探索城乡统筹发展，制定村庄整合规划方案；加强对重点用能企业监管，推行节能改造项目，顺利实现全年节能降耗调控目标。2010年，重点是贯彻落实科学发展观，按照“一年一个大提升，三年一个大台阶，五年实现大变样”总体工作要求，深入做好“老城提升、新区开发”两篇文章，全面实施“三产立区、工业兴区、科技强区”三大战略，积极调整经济结构，不断优化发展环境，努力完成“十一五”规划确定的主要目标和任务，为经济社会进入新发展阶段、“十二五”期间全区实现跨越发展打下坚实基础。

2011年，重点是重振工业雄风，大力发展园区经济；推进三产高级化，坚持改造和引进并举，完成辖区全部63处专业市场提升改造；坚持城乡统筹发展，建立以工促农、以城带乡长效机制，加快城乡一体化发展步伐；推进重点工程、重点项目建设和城市环境综合整治，把保障和改善民生作为一切工作出发点和落脚点，努力使人民群众学有所教、劳有所得、病有所医、老有所养、住有所居、困有所助，共享改革发展成果。2012年，重点是以济南化工产业园区和药山工业园为依托，推动新材料产业和高新技术产业集约集群发展；大力发展现代都市农业，立足近郊优势，借势北跨发展，加大对现代都市农业扶持力度，落实各项惠农补贴2500万元；把城市建设管理作为造福群众、支撑发展重要手段，强力推进，集中攻坚，区域面貌呈现新变化；逐步建立覆盖全社会的医疗、教育、社会保障与救助体系，人民群众生活水平明显提高，民生保障更加有力。

二、五年计划

（一）第八个五年计划（1991—1995年）。计划提出，工业总产值1991年计划安排8.2亿元，比1990年实际完成7.2亿元增长14%；1995年14亿元，平均每年递增14%。农业经济总收入1991年计划安排9.5亿元，比1990年实际完成9.06亿元增长4.9%；1995年为17亿元，平均年递增13.4%。农业产值1991年计划安排3020万元，比1990年实际完成2836万元增长6.5%；1995年3500万元，平均年递增4.3%。出口商品交货值1991年安排3300万元（新口径），比1990年实际完成2068万元（新口径2870万元）增长15%；1995年8000万元（新口径），按可比口径计算比1990年增长1.8倍，平均年递增23%。第三产业营业总收入1991年计划安排11.6亿元，比1990年实际完成10.97亿元增长9.7%（按可比口径计算）；1995年为20亿元，平均年递增13.6%。财政收入1991年计划安排6150万元，比1990年实际完成5876万元增长4.7%；1995年为8000万元，平均年递增6.3%。

实施结果：1995年，全区实现生产总值16.41亿元，比1990年增长2.35倍，年均递增27.35%。实现工农业总产值26.32亿元，比1990年增长2.53倍，年均递增28.69%。其中，工业增加值、工业总产值分别为5.1亿元和25.81亿元，比1990年分别增长112.5%和193%，年均分别递增16.3%和23.8%。实现一、二、三产业利税总额3.04亿元，比1990年增长2.3倍，年均递增27%。地方财政收入5955万元，比1990年增长5.77%，年均递增9.54%。1995年第三产业实现营业总收入137.6亿元，比1990年增长11.5倍，年均递增65.7%。实现社会商品零售总额45.39亿元，比1990年增长12.2倍，年均递增68%。5年间，实际利用外资3500万美元，自营出口创汇392万美元。

（二）第九个五年计划（1996—2000年）。计划提出，到2000年，全区生产总值33.8亿元，年均增长15.6%，其中一、二、三产业增加值年均分别增长14.8%、14.9%和16%。工业利润8600万元，比“八五”期末增长86.3%，年均增长13.3%；第三产业利润2.6亿元，比“八五”期末增长63%，年均增长10.2%。工业销售收入39亿元，比“八五”期末增长103.8%，年均增长15.3%；第三产业营业收入250亿元，比“八五”期末增长81.7%，年均增长12.7%。自营出口创汇800万美元，比“八五”期末增长104%，年均增长15.3%；出口供货值10亿元，比“八五”期末增长2倍，年均增长25%；财政收入1.72亿元。比“八五”期末增长69%，年均增长11%。

实施结果：2000年，全区生产总值31.74亿元，比1995年增长0.93倍，年均增长14.05%。其中第一产业增加值1.93亿元，比1995年增长5.23倍，年均增长44.16%；第二产业增加值11.14亿元，比1995年增长1.2倍，年均增长16.9%；第三产业增加值18.67亿元，比1995年增长0.7倍，年均增长11.2%。地方财政收入2000年完成2.05亿元，比1995年增长2.42倍，年均增长27.86%。固定资产投资五年累计完成30.2亿元，是“八五”时期的2.4倍。社会消费品零售总额2000年为44亿元，年均增长6.1%。实际利用外资1162万美元，出口创汇2000年为662万美元。累计完成各类技术进步项目335项，总投资8亿元，其中技术改造项目108项，投资6.1亿元；技术创新项目131项，投资1.34亿元；科技开发项目96项，投资0.57亿元。

（三）第十个五年计划（2001—2005年）。

计划提出，到2005年，全区生产总值56亿元，年均增长12%。其中第一产业增加值年均增长6%，第二产业增加值年均增长11%，第三产业增加值年均增长13.2%。三次产业比例由“九五”期末的6.1：35.1：58.8调整为5：33：62。全社会固定资产投资五年累计60亿元，比“九五”时期增长1倍。地方财政收入年均增长13%，为3.78亿元。社会消费品零售总额年均增长5%，为56亿元。出口创汇额年均增长40%，为3500万美元；实际利用外资五年累计3000万美元，比“九五”时期增长1.6倍。民营经济占全区经济总量比重为70%。农民人均纯收入年均增长8%，为4900元。人口自然增长率控制在4‰以内。全区（城区）绿化覆盖率42%，空气质量达到国家二级标准。城镇登记失业率控制在4%以内。

实施结果：2005年，全区生产总值完成124亿元，年均增长13%（按可比口径计算，以下相同）。地方财政收入完成4.46亿元，年均增长16.82%。全社会固定资产投资完成63.38亿元，年均增长35%。三次产业比例由“九五”末的6.1：35.1：58.8，调整为1.7：36.6：61.7。社会消费品零售总额82.31亿元，年均增长13.33%。累计实际利用外资9303万美元，是“九五”期间实际利用外资的3倍。2005年，完成出口创汇2.1亿美元，年均增长36.9%。农民人均纯收入5220元，比2000年增长0.55倍，年均增长率9.15%。城镇登记失业率1.6%。人口自然增长率1.7‰。

（四）第十一个五年规划（2006—2010年）。规划提出，到2010年，全区生产总值243亿元，年均增长13.5%，人均4.6万元。其中一、二、三产业增加值分别为2.3亿元、110亿元、130.7亿元，年均分别增长3%、18%和11%。到2010年，三次产业比例调整为0.9：45.3：53.8，高新技术产业产值占规模以上工业产值比重为50%。地方财政收入8.9亿元，年均增长15%。五年累计完成560亿元，年均增长20%以上。实际利用外资五年累计2.7亿美元，年均增长20%；出口总额2010年5亿美元，年均增长20%。

人民生活更加富裕，城镇居民人均可支配收入年均增长8%，农民人均纯收入年均增长8%，城市居民人均住房使用面积24平方米，城镇职工登记失业率控制在3.5%以内。人口自然增长率控制在5‰以内；耕地总量保持稳定；万元生产总值综合能耗每年降低5个百分点以上；工业“三废”实现达标排放；林木覆盖率21.3%，生态环境优化，城乡环境质量明显改善。高标准普及九年制义务教育，基本普及高中阶段教育；每千人拥有医生数5人；城乡文化、体育设施水平和覆盖率明显提高；社会政治稳定，治安秩序良好，人民群众安全感增强。

实施结果：2010年，全区生产总值226.11亿元，年均增长12.76%。社会消费品零售总额189.76亿元，年均增长18.2%。地方财政收入完成10.12亿元，年均增长17.79%，比2005年翻一番。固定资产投资五年累计完成513.43亿元，年均增长20.6%。三次产业结构比例由“十五”期末的1.7：36.6：61.7调整为1.3：26.5：72.2。全区限额以上批发零售住宿餐饮企业105家，现代服务业增加值占服务业增加值比重41%。累计实际利用外资3.54亿美元，是“十五”期间的3.8倍；累计实现出口创汇25.9亿美元，是“十五”期间的7.5倍。高新技术企业11家，高新技术产业产值占规模以上工业总产值比重45.98%。城镇居民人均可支配收入2.39万元；农民人均纯收入9918元，年均增长13.7%。城镇职工登记失业率控制在1.4%。人口自然增长率3.039‰。

（五）第十二个五年规划（2011—2015年）。规划提出，“十二五”期间，国民经济保持平稳较快增长，到2015年，生产总值420亿元，年均增长13%。地方财政一般预算收入30亿元，年均增长24.3%。社会消费品零售总额380亿元，年均增长15%。固定资产投资年均增长18%，五年累计完成980亿元。三次产业比例调整为0.7：32.7：66.6，现代服务业占服务业比重51%，初步形成现代产业体系。城乡一体化进程加快，城镇体系更加合理完善，城市化率90%。对外贸易稳步增长，累计实际利用外资4

亿美元，累计出口创汇 30 亿美元。科学技术经费占当年地方财政收入比重在 1.3% 基础上逐年提高，产学研实践基地 16 家，高新技术企业 28 家，高新技术产业产值占规模以上工业总产值比重 38%（新口径）以上。城市化水平显著提高；节能减排继续推进；基本形成节约能源资源和保护生态环境的产业结构、增长方式、消费模式；森林覆盖率 22.4%，城市绿化覆盖率 41%，力争空气质量二级以上标准天数 274 天以上，人居环境明显改善。城镇居民人均可支配收入年均增长 11%，农民人均纯收入年均增长 12%；就业和社会保障水平显著提高，基本实现全民享有社会保障。

实施结果："十二五"规划（2011—2015 年）实施两年。2012 年，全区实现生产总值 294.66 亿元。其中，第一产业增加值 3.54 亿元，第二产业增加值 74.59 亿元，第三产业增加值 216.52 亿元。全区社会消费品零售总额 274.26 亿元。完成固定资产投资 93.03 亿元。全区完成出口总额 2.76 亿美元。实现地方财政预算收入 15.48 亿元。城镇居民人均可支配收入 3.04 万元；人均消费性支出 1.57 万元。城镇在岗职工年平均工资 4.28 万元。农村居民人均纯收入 1.07 万元；人均生活消费支出 4767 元。人口自然增长率 3.602‰。

"十二五"规划编制工作会议（2010 年 9 月摄）

第二章　统　计

1991 年，综合全区各项数据，对各部门、各单位执行国家统计法规情况进行监督，指导各统计机构或专兼职统计人员工作。1990 年后，统计业务进行一系列改革。至 2012 年，统计内容包括国民经济和社会发展统计、农村社会经济统计、工业统计、建筑业统计、房地产统计、固定资产投资统计、批发零售贸易餐饮企业统计、外经外贸统计、财政税收统计、劳动就业情况统计以及教育、科技、文化、体育、卫生、金融、民政司法、社会统计等方面，并建立完善统计信息网，实现统计数据社会共享。

第一节　统计业务改革

1991—1995 年，天桥区进行以统计数据质量为重点的统计执法情况检查 5 次；实现向新核算体系全面过渡，新工业经济评价考核指标体系一次运转成功。1996 年，开展第一次基本单位普查工作。2005 年，开展全国第一次经济普查、全国第二次农业普查等全国性调查工作；开展每年一次的农村住户调查、每年亿元市场调查等一系列调查工作；各街道（镇）成立统计站。2012 年，对全区粮食作物生长状况、畜禽生产养殖情况进行即时监测统计；对全区规模以上工业企业生产经营状况、劳动用工情况、能源消耗情况等进行重点监测；建立建设领域价格调查体系。2011—2012 年，区统计局建立完善统计信息网，统计数据在网站上公布，实现统计数据社会共享。

第二节 统计报表调查

一、农村社会经济统计

1991年，全区执行新国民经济核算体系。农业主要统计农产品产量、农业产值、农村专业户等内容，农业统计开始向农村社会经济统计转变。1992年，新增加现价农村社会总产值、农业总产值和农业商品产值、农业增加值、农业净产值、农村经济收入分配和效益、农村固定资产结构、县（市）农村经济卡片、沿海开放县和农副产品出口生产基地农村社会经济卡片等8种农村统计综合年报。2000—2012年，农村社会经济统计包括农村基本情况及劳动力资源、农林牧渔业生产情况、农村住户调查基本情况、统筹城乡发展工程。

二、工业统计

1991年，区工业统计综合年报中，增加工业企业按总产值、固定资产原值、利税总额和职工人数分组；改变过去特殊规定的计算办法，按县以上工业产值相同的方法计算；大中型企业规模分组，改为特大、大一、大二、中一、中二5个档次。1992年，工业统计综合年报表包括全部乡及乡以上工业企业和生产单位数及工业生产销售总量指标、全部全民所有制独立核算工业企业主要经济指标等21种。2003年，由全面工业统计改为重点统计和抽样调查相辅的统计方法。规模以上工业统计从无到有，逐步完善。统计结果显示规模以上工业企业37家。2012年，通过年报、季报、月报方式，对全区规模以上工业企业生产经营状况、劳动用工情况、能源消耗情况等进行重点监测。通过国家抽样和地方抽样相结合的方式，对全区规模以下工业企业进行抽样调查。通过随机抽样方式，对全区个体工业进行抽样调查。规模以下工业和个体工业主要通过年报和季报的方式进行数据收集、处理和测算工作。

三、交通运输业、邮电统计

1991年，各种业务统计报表指标体系大量增加，综合统计部门逐步精简专业性较强的报表指标。至2012年，交通运输和邮电综合统计报表有民用车辆船舶拥有量、社会客货运输（吞吐）量、独立核算运输邮电单位产值、重点城市交通运输企业经济效果指标等4种。

四、固定资产投资统计

20世纪90年代后期，固定资产投资统计报表制度形成以投资效果为中心，全面反映投资过程和结果的指标体系。包括固定资产建设项目、固定资产投资价值量、新增生产能力（或效益）、房屋建筑面积、投资效果等方面。2000年，建立单独的建筑业主要指标统计。2006年始，建立房地产情况投资统计。至2012年，固定资产投资统计包括固定资产投资、建筑业、房地产业三个专业，涉及年报表20余种和定期报表26种，分月报、季报和半年报。建立以固定资产投资价格、房屋销售价格以及物业管理租赁价格为主的建设领域价格调查体系。

山东省统计局督导组到天桥区督导“企业一套表”工作（2012年3月摄）

五、重点服务业统计

1991年，重点服务业统计制度包括交通运输、仓储和邮政业，信息传输、软件和信息技术服务业，物业管理、房地产中介服务业，租赁和商务服务业，科学研究和技术服务业，水利、环境和公共设施管理业，居民服务、修理和其他服务业，教育、卫生和社会工作，文化、体育和娱乐业，涉及年报表 12 种、定期报表 12 种，分季报和半年报。2001—2011 年，按照济南市统计局制定的调查制度对各行业划分限额线，使用相应的基层表对相关行业限额以上企业和行政事业单位进行全面调查，对限额以下企业和行政事业单位及个体工商户进行抽样调查。2012 年，限额以上企业 83 家，限额以下企业和个体户 530 余家。

六、城乡一体化住户调查

2012 年 12 月，实施城乡一体化住户调查。按照国家统一的城镇和农村居民收入和支出的分类标准、指标名称与口径，将家庭中每个人的每项收入和支出记录在账册上，汇总计算出居民人均可支配收入、支出、消费的水平、结构和增长数据。在原来 120 户（涉及 6 个街道〈镇〉）国家点记账户基础上，新增 180 户记账户，计 300 户记账户（涉及全区 15 个街道〈镇〉）。

七、其他统计

包括财政、环保、劳动就业、教育科技、文化、体育、卫生、民政、司法等，由有关业务主管部门负责统计，区统计局负责整理、汇总。

第三节　统计普查

一、人口普查

（一）第五次全国人口普查。普查时点为 2000 年 11 月 1 日零时。普查内容包括年龄、性别、民族、文化程度、职业、户口性质、婚姻生育状况、出生死亡情况、迁移流动情况等项目。普查结果显示：全区总户数 172466 户，总人口 570296 人，其中男 291448 人、女 278848 人；少数民族人口 16985 人；具有大专以上文化程度 64136 人，具有高中（含中专）文化程度 147295 人，具有初中文化程度 190400 人，具有小学文化程度 108954 人。

（二）第六次全国人口普查。普查时点为 2010 年 11 月 1 日零时。普查内容包括人口总数、人口素质、结构、分布、民族、家庭、婚姻、生育、受教育程度、行业分类、住房等多项指标。

2010 年 3 月 23 日，天桥区召开第六次人口普查领导小组第一次（扩大）会议。

普查结果显示：全区总户数 226889 户，总人口 688415 人，其中男性 347853 人、女性 340562 人；少数民族人口 19909 人；具有大专以上文化程度 160818 人，具有高中（含中专）文化程度 172902 人，具有初中文化程度 204891 人，具有小学文化程度 95882 人。

二、经济普查

（一）第一次全国经济普查。普查时点为 2004 年 12 月 31 日，时期资料为 2004 年度。普查对象是在全区从事第二产业、第三产业全部法人单位、产业活动单位和个体经营户。普查结果显示：天桥区有从事第二产业和第三产业单位 4214 个，其中法人单位 3285 个、产业活动单位 929 个；个体经营户 18644 个。

（二）第二次全国经济普查。普查时点为 2008 年 12 月 31 日，时期资料为 2008 年度。区成立经济普查领导小组，于 2008 年 7 月始，对全区 15 个街道（镇）的 700 余名普查员和普查指导员进行培训。普查对象是在全区从事第二产业、第三产业全部法人单位、产业活动单位和个体经营户。普查具体范围包括采矿业，制造业，电力、燃气及水的生产和供应业，建筑业，交通运输、仓储和邮政业，水利、环境和公共设施管理业，以及公共管理与社会组织等国民经济行业。普查结果显示：天桥区有从事第二产业和第三产业单位 9646 个，其中法人单位 9142 个、产业活动单位 504 个。2010 年 2 月 3 日，天桥区统计局被国务院第二次全国经济普查领导小组授予“先进集体”称号。

三、农业普查

（一）第一次全国农业普查。1996 年，全区展开第一次全国农业普查工作。普查时点为 1996 年 12 月 31 日，时期指标时间为 1996 年 1 月 1 日—12 月 31 日。普查结果显示：全区耕地面积 948 公顷，农业人员 46544 人，农业总产值 5820 万元，经济总收入过亿村（居）22 个，农民人均纯收入 3511 元，农民人均生活消费品支出 2883 元。

（二）第二次全国农业普查。2005 年 12 月，天桥区开始建立第二次农业普查机构，抽调普查人员，为农业普查工作作准备。2006 年，成立农业普查办公室，农业普查工作正式展开。2007 年 1 月，第二次农业普查正式入户登记。入户登记后农业普查再次进行正式表的手工汇总、质量抽查、质量审核工作。此次农业普查涉及药山、北园、泺口三个街道，大桥、桑梓店两镇，159 个普查区，567 个普查小区，891 名普查员及普查指导员，普查农户 33572 户，124889 人。

四、工业普查

第三次全国工业普查　1996 年，进行全国第三次工业普查，普查对象为全区工业企业，重点是国有企业、乡镇企业和外商投资企业。普查时点是 1995 年 12 月 31 日，1996 年年底结束。普查结果显示：全区工业总产值 25.75 亿元，工业利润完成 4615 万元，工业利税完成 8600 万元，工业销售收入完成 17.65 亿元。

五、基本单位普查

（一）第一次全国基本单位普查。普查时点是 1996 年 12 月 31 日。普查对象为本区区属除住户和个人以外各种类型法人单位以及法人单位所属产业活动单位。普查工作于 1997 年年底结束。普查结果显示：全区法人单位 1542 个，其他经济单位 176 个。

（二）第二次全国基本单位普查。普查时点是 2001 年 12 月 31 日。普查对象为全区所有法人单位及法人单位所属产业活动单位，包括各类企业法人、事业单位法人、机关法人、社会团体法人和其他法人及其所属产业活动单位和个体工商户。普查工作于 2002 年 7 月底结束。普查结果显示：全区有个体业户 14240 户，法人单位 2034 个，产业活动单位 598 个。

第四节　统计服务与统计法制

一、统计服务

1991—1999 年，区统计局汇编各年度综合性统计资料《济南市天桥区国民经济统计资料》，每年 1 册，均在次年上半年完成。反映天桥区各项经济指标，综合各单位基本工作实绩，为领导决策提供信息服务。2000 年，《济南市天桥区国民经济统计资料》改版为《济南市天桥区统计资料》，每年 1 册。2006 年，创刊季度印发《天桥区统计资料》；2007 年，改为每月 1 期，发布月度经济数据。2008 年，增编《统计公报》，每年 1 期，公布上一年度主要经济数据。开创《统计分析》《领导参阅》两大服务平台，加大对经济运行中重点、难点问题调查研究力度，为领导决策提供重要依据。至 2012 年，撰写《统计分析》71 期、《领导参阅》24 期、《济南日报》统计专刊信息 15 篇、其他统计分析百余篇。同时，以《月度统计资料》《统计年鉴》《统计公报》等形式公布统计信息，并及时在相关网站上发布，发挥统计工作“信息窗”作用。

二、统计监督

1991 年始，天桥区统计局每年对工业总产值、工业利润、第三产业营业收入、第三产业利润利税、固定资产投资、农业总产值、农民人均纯收入、粮食产量、社会商品零售额、劳动工资等统计指标，进行统计执法大检查。1994 年，在全区范围内采取先自查后重点单位抽查的方法进行统计执法大检查，抽查单位 20 个。

对两个严重违犯《中华人民共和国统计法》(简称《统计法》)和《山东省统计管理条例》的街道办事处分别处以3000元和5000元罚款，对有关责任人也作相应处理。1998年，邀请山东省统计局法规处专家为天桥区人大讲授《统计法》。2002年，组织包括副区级以上领导干部参加统计法考试，促进普法工作健康发展。1998—2002年，完成执法案件28件。2003—2008年，结合第二次全国经济普查工作，检查、走访企业单位140余家，并对其中不配合普查工作的25家单位下达“普查资料催领通知书”“整改通知书”。2009—2012年，完成济南市统计局安排的执法案件任务；结合全国统计执法大检查工作，检查、走访企事业单位1080家，对违反《统计法》进行罚款处罚的单位1家、行政警告1家。

三、统计教育

1991年，组织80名统计人员参加全国统计员资格培训考试，30名业务骨干参加国家统计局举办的学习班。至1997年，评审出统计师35人、助理统计师81人；举办培训班52期，受训人数4100余人次。2002年，加强统计再教育，依法持证上岗。培训无上岗证统计人员82人，换发上岗证67人，符合免试条件免培人员10人。2005年，“统计证”转换成“统计从业资格证”。2003—2010年，参加培训办证600余人，统计继续教育2600余人。

第三章　审　计

1991—1993年，天桥区审计项目760个，审计金额5.14亿元，查出各类违纪金额1969万元。1997年，完成审计项目115个，查处各类违法金额2589万元，被评为济南市审计工作先进单位。至2008年，审计单位282个，审计违规资金7545万元，移送纪检监察及有关部门处理6件，涉及人员5人。1991—2012年，累计完成审计项目和审计调查项目1124个，查处各类违规金额4.21亿元，上缴入库8666万元，向纪检监察和司法机关移送案件28起。

1993年4月，天桥区审计局在区机关会议厅召开全区审计工作会议。

第一节　国家审计

一、财政审计

（一）行政事业单位财务收支审计。1991年，区审计局转发济南市审计局《关于行政事业单位定期审计实行考评计分制度》，制度从遵守财经纪律、会计核算、内控制度三个方面规定考评内容及评分标准，提出考评原则和方法。1997年，完成审计项目115个，查处各类违纪金额2589万元，其中，应上缴财政421万元，已上缴财政251万元，促进增收节支777万元。2003年，以促进加强预算和财务管理，提高财政资金使用效益，提高行政效率为目标，对区属行政事业单位财政财务收支情况进行审计，查出隐瞒截留、挤占挪用、少计少缴税金、乱收费、乱摊派、乱罚款、超标准超计划支出、管理不善、应缴未缴预算收入、账外资产、预算外收入未缴专户等问题。至2008年，审计行政事业单位122个，其中，应上缴财政308万元，已上缴财政296万元。至2012年年底，开展行政事业单位财务收支审计项目358个。

（二）财政预算执行审计。1995年，根据《中华人民共和国审计法》《山东省本级预算执行情况审计监督暂行办法》，开展本级财政预算执行及其他财政收支情况审计。1998年始，重点检查本级财政部门和部分预算执行部门、单位执行《中华人民共和国预算法》和国家有关规定情况，地方税收和财政部门征收情况，预算支出资金的分配、拨付、使用和管理情况等。至2002年，先后对50个区级预算执行单位和部门财政收支情况、其他财务收支情况进行全面审计，并对查出的入库不均衡、欠缴养老保险金、招待费支出过高过乱、私设会计账簿、私设小金库和账目设置不规范、漏缴税金等违纪违规问题进行处理。2003—2008年，以综合财政预算为主线，以审计财政部门具体组织预算执行情况为主导，以审计部门单位预算执行情况为基础，以提高财政资金使用效益为目标，深化财政改革，规范财政管理服务。审计单位53个，查出预算编制批复不规范、延压滞留预算资金、资金滞留闲置、超预算列支、资产核算不实、财政收支核算不实、截留挤占挪用预算资金、乱收费乱摊派乱罚款、损失浪费等问题。2009年始，把全部政府性资金纳入审计监督视野。逐步实现从简单查错纠弊向规范预算行为、提高财政管理水平、为政府宏观经济管理体制改革和发展服务的转变。至2010年，审计单位和部门19个。

至2012年，开展预算执行审计项目172个，发现入库不均衡、专项资金沉淀、预算编制批复不规范、资金滞留闲置、超预算列支、财政收支核算不实、未落实收支两条线和专户管理等问题。

二、固定资产投资审计

1992年，开展固定资产投资审计。下发《基建工程项目决算审计的实施办法》，办法规定审计时间和范围、送审要求和内容、审计准则等，对全区列入计划的基建、技改及大修理等工程投资在50万元以上的建设项目进行决算审计。1995年，下发《关于对全区基建项目决算进行审计验证的意见》，控制固定资产投资规模，减少损失浪费。1999—2002年，开展重点工程项目开工前审计、预算（概算）执行审计和竣工决算审计，对投资计划和建设资金落实到位情况重点审查，查出多列概算、多结工程款等问题。审计项目21个，审计项目投资总额3219万元，核减工程价款325万元。2003年始，审计重点逐步转向政府投资建设项目跟踪审计，由事后审计转变为事前控制、过程监督、事后复核的全过程审计，形成“制度办法规范、审计机关主导、社会审计参与、全过程跟踪审计”的工作模式。2007年，制定《天桥区加强政府投融资建设项目审计监督的暂行办法》，对政府投融资建设项目进行事前控制、过程监督、事后复核的全过程审计。2003—2008年，审计项目29个，审计项目投资总额1.51亿元，核减工程价款818万元，查出决算编报不规范97万元。2009年，以制定《关于进一步加强政府投融资建设项目审计监督的意见》，固定资产投资审计制度进一步健全。至2012年，累计开展固定资产投资审计项目175个，审计金额12.14亿元，审减工程价款1.81亿元，审减率14.9%。

三、企业审计

1991年始，开展经济效益审计，资产、负债、损益审计，企业经营责任审计，企业承包终结兑现审计计153项。1992年，对济南沙发厂进行经济效益审计，提出3条合理化建议，经审计，济南沙发厂当年利润增加1倍，济南电视台等新闻媒体对此予以报道。1994年，对天桥钢塑公司、济南第九棉纺织厂等单位完成资产负债和损益审计，审计金额2000万元，提出审计建议20条，为保证天桥钢塑公司顺利移交和济南第九棉纺织厂破产清算工作提供可靠依据。1996年，对53家改制企业进行资产评估。1998年始，围绕企业改组、改制，以审计企业会计核算的真实性为基础，把打假治乱，规范企业经营行为作为重点，坚持“审、帮、促”紧密结合，加强对企业的审计监督。至2002年，审计单位22个，查出违规金额1697万元。2003—2010年，审计企业单位8个，查出少计少缴税金等1451万元。

2000—2012年，全区国有企业大多破产清算，企业审计开展较少。

四、经济责任审计

1999年，中共中央办公厅、国务院办公厅颁发《县级以下党政领导干部任期经济责任审计暂行办法》和《国有企业及国有控股企业领导人员任期经济责任审计暂行规定》。12月，天桥区成立经济责任审计办公室，开始开展领导干部经济责任审计。2001年，中共天桥区委、区政府下发《关于对党政领导干部和国有企业及国有控股企业法定代表人任期经济责任审计的意见》，建立纪委、监察、组织、人事和审计五部门经济责任审计联席会议制度。至2002年，对8个单位和部门领导干部进行任期经济责任审计。2003—2008年，对85个单位和部门的85名党政领导干部进行审计，给予党纪政纪处分2人，移送纪检监察机关2人。2009—2010年，加大任中审计比例，变事后监督为事前、事中监督。对40个单位和部门的43名党政领导干部进行审计，移送纪检监察及有关部门处理3件，涉及人员4人，给予党政纪处分3人。至2012年，审计领导干部184人。

五、专项审计及审计调查

1991年始，把教育、科技、农业、社会保障、救灾、城建、计生、环保、民政等专项资金作为审计监督重点。开展残疾人就业保障金、新型农村合作医疗基金、教育经费、科技三项经费、农业专项资金、抗震救灾资金、春节解困补助专项资金、城建专项资金、村村通自来水工程等专项审计82项，提出合理化建议200余条。1995年，对养老和待业保险基金筹集、使用、管理情况进行专项审计。1997年，突出行业审计，分别对区教育系统普教经费征收、筹集、拨付、管理使用情况和区文化系统财务收支进行专项审计。1998—2002年，先后对普教、计划生育、救灾救济、公检法、城建、社会保险、农业、环保、民政等重点单位和专项资金进行审计，审计单位16个。2003年始，开展专项资金审计和审计调查，公开审计结果，提高透明度，约束专项资金使用过程中不规范行为，确保专款专用，促进专项资金拨付、管理和使用。2007年，针对群众看病难、看病贵问题，对医疗服务行业进行收费项目专项审计调查。2003—2008年，审计单位13个，审计专项资金总额23.79亿元；开展专项审计调查项目8个，审计调查单位22个，审计调查金额113.87亿元，调查发现问题金额3万元，提交审计调查报告8篇，审计调查报告被地方党政领导批示、采用8篇。2010年，对残疾人就业保障金、新型农村合作医疗基金、教育经费、村村通自来水工程等23项专项资金审计调查，审计专项资金总额9.83亿元，提出合理化建议50余条。在对社保资金审计调查中，查出欠缴失业保险基金、机关养老基金收支倒挂、再就业资金沉淀金额较大等问题，提出针对性审计建议。至2012年，在民政专项经费审计调查中，实地落实救助对象是否符合条件、资金是否及时足额发放到位等情况，发现专款弥补公用经费、内控制度薄弱等问题。

2012年3月31日，山东省审计厅验收天桥区联网审计项目。

第二节　内部审计

1991年，全区审计机构19个，内审人员33人。转发济南市审计局《济南市内审机构审计档案管理工作试行办法》，以加强内审机构审计档案科学管理和利用。1993年，审计单位592个，查出损失浪费金额123万元，纠正各类违纪金额159万元，促进增收节支52万元，提出审计建议142条。1996年，济南市审计局在天桥区召开市内审工作现场会，推广天桥区内审工作经验。至2002年，设内审机构32个，内审人员51人，内审系统完成审计项目893项，纠正违规金额2040万元，查出损失浪费金额1853万元，促进增收节支2827万元。2008年，天桥区内部审计师协会成立，会员单位51个，内审人员90名。协会选举产生第一届理事、常务理事及会长、副会长、秘书长、副秘书长，制定《济南市天桥区内部审计师协会章程》《济南市天桥区内部审计师协会管理制度》以及《天桥区内部审计工作考核办法》。2003—2008年，完成审计项目1369个，查出损失浪费金额4648万元，促进增收节支6221万元。2009年，天桥区内审协会被评为山东省优秀内审协会。至2010年，有会员单位56个，内审人员98人。2009—2010年，完成审计项目234个，查出损失浪费金额550万元，增加效益213万元，审计建议被采纳44条。至2012年，完成审计项目3338个，查出损失浪费金额6331万元，促进增收节支7457万元。

第三节　社会审计

1993年，天桥区审计事务所改名为济南天桥审计师事务所，注册会计师6名。1995年，设立天桥审计师事务所北园分所。1999年，根据财政部《会计师（审计）事务所脱钩改制实施意见》，注销天桥审计师事务所。1991—2012年，累计完成审计项目和审计调查项目1124个，查处各类违规金额4.21亿元，上缴入库8666万元，向纪检监察和司法机关移送案件28起。

2010年12月9日，天桥区审计局组织“年度学法”集中学习活动。

第四章　工商行政管理

1991年，工商行政主要管理内容是管理集贸市场、规范市场交易行为和对工商企业进行登记管理。1994年，天桥区工商行政管理局改为济南市工商行政管理局天桥分局，由济南市工商行政管理局垂直管理。工商行政管理逐步转变为运用法律、行政手段对市场进行宏观监督调控。1998年后，管理范围逐步扩展到监管生产、交换、消费各个领域，涉及国有、集体、个体、私营、外商投资等多种经济成分和工业、农业、贸易业、服务业等各个行业。至2012年，工商行政管理内容主要有工商企业登记、经济合同管理、商标广告管理、市场监督管理、经济检查、消费者权益保护等。

第一节　企业登记管理

1991年，企业登记3619家，注册资金6.1亿元，从业23.89万人，总产值267万元，销售营业额3973万元。制定《关于在全区企业中实行免检制度的实施意见》，增强企业自我发展、自我完善、自我约束，32家企业被确定为区免检企业。1992年，对区内"三资"企业进行初审。落实鼓励和保护个体私营发展政策，发展个体户3833户、私营企业60家。1994年，济南市工商局将部分企业登记管理权限下放至天桥分局。7月1日，《中华人民共和国公司法》《中华人民共和国公司登记管理条例》实施，天桥工商分局对辖区内部分有限公司履行登记注册、年度检验和日常管理职能。制定《关于加快个体私营经济发展的实施意见》，发展个体工商户4098户、私营企业207家。1997年，落实新《企业年度检验办法》，确定为A级企业2203家，确定为B级企业30家；新发展个体户2383户、私营企业399家。1998年，制定《关于进一步支持企业深化改革的意见》，完成集体企业改制109家。年底，全区个体工商户1.41万户，私营企业1362家。其中有限责任公司556家，占私营企业41%。2000年，清理整顿"五小企业"（浪费资源、技术落后、质量低劣、污染严重的小煤矿、小炼油、小水泥、小玻璃、小火电），全年办理企业脱钩登记99家。2002年，开展整顿公司出资行为专项检查，查处违法违章行为27件，涉案金额674万元。2004年，实行注册官制度。至2005年年底，有注册官9人。2007年，建立工商联络员制度，实施联络员动态管理。落实国家工商总局新版《合伙企业营业执照》《合伙企业分支机构营业执照》规定，6月1日始，对合伙企业及其分支机构核发新版营业执照。2008年始，起用新"合伙企业年检报告书"和新登记软件，增加"注册号升位""合伙企业登记""农民专业合作社登记"等内容。2月，下发《关于印发济南市工商局天桥分局2007年度企业年检实施方案的通知》，多种形式进行宣传。5月，实行三、四级企业注册官（注册局局长、科长）带班制度；成立企业注册登记会商委员会，开辟"绿色通道"，为农民专业合作社兴办和发展提供全方位服务。年底，全区各类企业4943家，个体工商户1.79万户；新登记私营企业471家、个体工商户4486户。其中有限公司418家，新增注册资本1.42亿元。2009年12月，统一刻制"济南市工商行政管理局天桥分局企业个体档案查询章"15枚，由分局档案查询窗口、分局档案室及13个工商所分别管理使用。2010年1月，印发《关于开展"大回访"活动的通知》，走访企业600余家，发放问卷1300余份。5月，落实《关于印发企业登记代理违法违规行为工作的通知》，开展全区企业登记代理违法违规行为专项整治。6月，贯彻落实中共天桥区委"重振工业雄风"要求，印发《关于振兴工业经济的实施意见》《关于印发充分发挥工商职能服务全市加快经济发展方式转变四项二十二条措施的通知》。8月，市工商局印发《关于调整内资公司登记管辖权的通知》，规定自9月1日始，

天桥工商分局为在辖区从事经营的香港同胞办理个体营业执照（2005年6月摄）

部分内资公司登记权划归分局。年底，全区有私营企业8535家，注册资金52亿元。2011年11月1日，国务院《个体工商户条例》《个体工商户登记管理办法》实施，辖区内各工商所启用新版个体工商户营业执照。至年底，有各类经营主体4.41万户（家），其中国有、集体企业（股份合作制）291家，有限公司8845家，个人独资企业653家、合伙企业5家，农民专业合作社59家，个体工商3.43万户。2012年，有各类经营主体4.55万家，其中国有、集体企业（股份合作制）301家，有限公司9115家，个人独资企业754家、合伙企业8家，农民专业合作社86家，个体工商3.52万户。

第二节 经济合同管理

一、合同签证

1991年，规范合同文本使用，805家企业使用合同示范文本4780本。1999年，开展打击合同欺诈专项整治，全年检查企业150家、合同4730份。2007年11月22日始，企业动产抵押登记由工商分局负责，个体工商户、农业生产经营者抵押登记由所在地工商所负责。全年办理抵押登记4起，价值4782万元，主债权1900万元。为辖区内3户拍卖企业办理拍卖登记备案29起，拍卖标的金额8334万元。2008年，抵押登记17起，主债权金额4475万元。拍卖备案25起，涉及金额6925.96万元，成交金额3682.56万元。办理合同争议6起，涉及金额2.4万元。2009年，办理抵押登记18起，主债权金额4740万元。办理拍卖备案登记18起，备案金额3.3亿元，成交金额4.06亿元。

二、合同仲裁

1991年，建立北园、泺口、堤口等3处经济合同仲裁委员会派出庭，红桥、英贤桥、无影山、新村、黄台等5处工商所各设1名仲裁员，协助仲裁争议额较大案件。1992年，建立经济合同管理机构80个，配备专、兼职合同管理人员40人。建立济南再生资源市场仲裁庭和济南粮油批发市场仲裁庭，处理经济合同纠纷案件21起、案值42万元。1997年4月，成立天桥经济合同保障中心，为交易双方提供信誉及安全保障。2001年，合同帮扶企业109家，帮扶项目18个。2002年，整组合同管理科、市场管理科为“市场合同管理科”，设合同专管人员1人。2004年4月，天桥区企业合同管理协会成立。2005年9月，天桥工商分局合同争议调解中心及13个合同争议调解站成立。2010年，国家工商总局《合同违法行为监督处理办法》实施。2011年，对31家旅游企业合同文本及装饰企业格式合同进行检查，下发行政建议书27份，查处合同违法案件7起。2012年，查处合同违法案件40起。制定《窗帘加工定做合同文本》，在济南窗帘城推广使用。

三、“守合同，重信用”企业评选

2000年，审查认定“重合同，守信用”企业市级87家、省级6家，撤销不合格企业45家。2002年，“重合同，守信用”活动改为“守合同，重信用”企业认定评选。2006年，合同检查企业105家，“守合同，重信用”单位新发展12家，认定46家。2008年，审查认定市级“守合同，重信用”企业7家，其中省级1家。2009年，审查认定市级“守合同，重信用”企业7家。在辖区内5家省级“守合同，重信用”企业推行信用管理试点，推广“济南凯平印刷物资有限公司”信用管理经验。

第三节 商标广告管理

一、商标注册管理

1991年，全区52家企业使用66个注册商标。1992年，济南市商标事务所成立，商标注册由核转制改为代理制，区工商局停止注册商标核转，实行商标注册代理，与商标事务所联合为企业服务。至年底，检查整顿58家企业72个注册商标，注销违反《中华人民共和国商标法》注册商标3个。1993年，处结商标侵权案件127起，其中处罚65起、教育警示62起。1994年，清理整顿印刷企业59家，收回企业许可证7家，注销企业2家，处罚擅自承印商标企业3家。

至年底，全区注册商标162件。1998年，办理企业商标广告培训班3期、300余人次，开展商标印制单位普查2次，对105家商标使用单位进行验证，验证率100%。2000年，组织商标专项治理8次，查处商标侵权案13起，收缴销毁商标标识9万个。2001年，区内“天鹅”牌棉麻加工机械、“双利达”（箱包）、“趵突泉”（啤酒）、“北冰洋”（啤酒）、“洛口”（醋）、“泰山”（油漆）、“生生”（铬酸酐）被认定为“山东省著名商标”。2002年，组织商标专项治理4次，检查专卖店、专营店65家，清理不规范专卖店12家，认定挂牌26家。2004年，在全区20家大中型企业建立著名商标联系点，指导开展商标查询、注册、著名商标推荐、认定等活动。2005年，协助“白鹤”商标完成防御性注册；组织山东白鹤（集团）有限公司、山东棉麻机械厂、山东鲁得贝车灯股份公司、济南元首针织股份有限公司、济南裕兴化工总厂、济南重型汽车集团有限公司参加“中国商标节”活动，中国重汽集团董事长马纯济当选“2005中国商标50人”之一；组织开展商标侵权专项整治，“梦特娇”“耐克”“立邦”等一批商标侵权案被查处。2006年，制定《济南市天桥区实施商标战略争创著名商标和驰名商标的发展规划（草案）》，代理企业商标查询230件，办理商标注册、转让、变更109件，提供“鹊山龙湖”“黄河楼”“山河塔”等36类363个商标注册保护方案；推荐省、市著名商标18件，认定山东省著名商标3件。2008年，制定《天桥工商分局关于服务企业推进商标战略的分类指导意见》，被认定山东省著名商标6个。2010年，推行商标监管服务系统，帮扶山东蓝翔职业技工学校“蓝翔及图”商标认定“中国驰名商标”；规范企业正确使用商标74件。2012年，制定《关于深入拓展商标监管工作的意见》，新增山东省著名商标9件。至2012年，认领商标3792件，商标走访3746件，录入3648件，发放“三书三表”7714份。1991—2012年，连年获“山东省商标办案先进单位”称号。

二、广告登记管理

1991—1994年，办理户外广告经营主体1589户。1995年，广告违法案件实行属地管理，审查户外广告经营主体300余户，拆除不合格广告牌50块，审批“户外广告许可证”150件。1998年，检查经营场所260余处，查结广告违法案件90起，清理非法户外广告牌393块（条），收缴非法印刷品广告6.5万张，取缔非法印刷窝点30处。2000—2001年，开展制售假冒伪劣商品、商标侵权、虚假广告整治，查处广告违法行为255起。2003年“非典”防治期，检查医疗单位12家，查处违法违规医院5家，拆除违法违规广告牌8块，收缴违法印刷品广告8000余份。2005年，查处违法医疗广告案件5起、药品广告7起、保健食品广告5起，罚没款18万元。2008年，建立查办案件落实情况通报制，24小时监控虚假违法广告。2010年，查处广告案件18起。其中大案12起、要案1起；发展广告经营单位2家，办理户外广告经营主体360户。2012年，组织广告、印刷品广告专项检查14次；审批“户外广告许可证”310件。

第四节 市场管理

一、市场建设

1991—1993年，投资4780万元，新建市场8处，改扩建市场6处；区内各类市场增至30处，占地面积32.4公顷，商品年成交额18亿元。1994—1999年，区内单体市场膨胀、群体市场发展加快，新增市场29处，改扩建市场14处，新增市场面积101.13万平方米，商品年交易额95.1亿元。2001年，实施“退路进厅”工程，建成北坦室内副食品综合市场。2002—2005年，新建市场60处，改扩建市场18处，新增市场面积99.97万平方米。2008年，新建市场4处，新增市场面积16万平方米，认定、创建省级规范化文明市场6处、市级规范化文明市场8处。至2012年，全区有各类市场93处，其中社区菜市场10处、专业市场64处、物流市场4处、集市15处。

二、监督管理

1991年，实行“登记入市、编号定位、对号摆摊”管理办法，对固定商贩实行信誉卡、摊贩管理证、分组划片管理。1996 年，成立市场巡查指挥协调中心，推出巡查“八项承诺”及《天桥工商分局落实市场巡查制度工作规范》，市场巡查制延伸到摊群点和无形市场。1998 年，全国第四届工商行政管理研讨会召开，天桥区作“推行市场巡查制”经验交流。2003 年 8 月，改革工商所内部机构设置，按照“一室两队”（成立综合服务室、市场巡查队、监管督察队）模式，对辖区内各类市场主体实施动态监管。2005 年，区域经济监管服务责任制全面实施。2006 年，春播、夏收、秋耕三阶段分别开展红盾护农行动，印制《农资商品进货登记制度》《农资商品销货登记制度》、“农资商品经营户须知”“农资商品消费须知”“农资商品质量责任承诺保证书”，为农资商品经营户统一发放“农资商品销售信誉凭据”，以存根代替销货台账，强化农资经营户自律意识。2008 年，推进商品交易市场信用分类监管，印发《济南市工商局天桥分局商品交易市场信用分类监管工作实施方案》，采集市场信息 61 处，录入市场业户 1.2 万户，上报认定市场 61 处。其中 A 级 16 处，占 26%；B 级 30 处，占 49%；C 级 6 处，占 10%；D 级 9 处，占 15%。2010 年，开展市场综合整治，组织“争创诚信文明业户”、党员座谈会、向灾区献爱心等活动，指导市场建立、完善党组织，开展党员活动。2011 年，新增、扩建泺口服装批发广场、济南古玩城等市场 4 处，新增市场面积 7.5 万平方米，对新建市场回访率 100%；培育大明家居等 8 处市场为省级文明市场。推进社会主义新农村建设，龙湖生态农业观光专业合作社被评为“全省优秀诚信农村经纪人”单位；对辖区 2.58 万户经营主体户，开展网络监管搜索，搜索率 100%；查办网络监管案件 2 起。2012 年，加强烟花爆竹市场、纸质食品包装物、农资打假以及猪肉市场监管；查处网络销售假冒名牌手机网站 1 家，并被评为“全省十大网络案件”之一。

天桥工商分局执法人员在超市检查蔬菜及猪肉制品（2005 年 1 月摄）

第五节　经济监督检查

1991—1992 年，查处假冒伪劣产品 20.4 万元，追回企业货款 36.7 万元。1994 年 8 月，查处案值 16 万元生产销售锅炉违法行为。1995—1999 年，组织专项打假、治理 52 次，查结违法违章案件 3414 起，端掉制假窝点 49 个，查获价值 1250 万元假冒伪劣商品。1998 年 12 月，济南市推广天桥经济监督检查办案经验。1999—2000 年，开展专项治理 8 次，检查企业和个体户 5000 余户，端掉制假售假窝点 12 个。2001 年，查结各类经济违法案件 2127 起，其中普通程序案件 1020 起、大案 99 起、要案 14 起。2002 年，查处违法案件 9 起，罚没款 5 万元。2003 年，取缔无照经营业户 543 户，黑网吧、黑中介 23 家，危险化学品经营业户 163 户，查结案件 23 起，案件总值 48.7 万元，罚没款 15 万元。2004 年 9 月，国务院下发《关于采取果断措施处置“消费储值”及其他类似非法经营活动的紧急通知》，天桥区组织专案组，调查证实从事“消费储值”业务运营商 1 家、代理商 2 家；查询有关账户 1109 个，其中查封冻结账户 978 个、资金 79.4 万余元；查获支票 40 张、公章 7 枚、银行存折 1089

本、存款余额 30.34 万余元；查扣汽车 1 部；关闭网站 1 家。2005 年，查办各类案件 885 起，其中大要案 100 起，罚没金额 426 万元。2006 年，查结经济违法案件 1111 起，其中商业贿赂案件 7 起，涉案案值 24.6 万元，罚没款 10.3 万元；查处一起跨省市传销大案，645 万元罚没款上缴国库，此案被省工商局列为全省 2006 年度十大经济案件。2007 年，查结各类经济违法案件 1141 起；创新监管模式，在济南市率先推行以分局经济检查大队执法办案为主，工商所、业务科室与经检中队密切配合的集中执法监管办案体制。10 月，出动 5680 人次、发放登记表 3.16 万份、登记 1.06 万人，做好“山东省济正连锁销售有限公司非法集资”问题人员登记咨询，并按要求移交公安机关处理。2009 年，开展打击传销和创建“无传销社区”工作，查办传销案件 6 起，取缔传销窝点 5 个；15 个街道（镇）243 个社区（村）完成“无传销社区（村）”创建。12 月，按照《济南市烟草市场秩序集中整治“利剑行动”实施方案》《济南市卷烟市场经营秩序集中整治专项行动实施方案》，出动车辆 56 辆次、人员 115 人次，检查业户 316 户，查处无照业户 78 户，取缔无证经营业户 36 户，吊销业户 3 户。2011 年，查处假冒日用洗涤化妆用品 3000 余箱，案值 100 余万元。2012 年，查获假冒服装 3000 件；辖区 15 个街道（镇）均无传销。

第六节　消费维权服务

1991 年，消费者权益保护工作主要由天桥区消费者协会承担，每年定期开展宣传咨询，维护消费者合法权益。1997 年，天桥区 3·15 投诉调解中心成立。1998 年 4 月，天桥工商分局成立消费者权益保护科。2000 年 3 月，天桥工商分局 12315 投诉举报服务中心试运行。12 月，12315 投诉举报服务中心成立，各工商所开通专线服务电话，实行不间断值班制度。2001 年 2 月，济南仲裁委员会消费争议仲裁天桥办事处成立。2002 年，消费者权益保护科与 12315 申诉举报指挥中心合署办公，分局 13 个工商所均建立 12315 申诉举报站。2003 年，印发《关于认真开展消费维权月活动的通知》《关于开展“打假冒、促维权、保两节”专项行动的通知》，开展“打假冒、促维权、保两节”专项行动。12 月，依据山东省《关于调整质量监督管理职能的通知》，全省工商行政管理机关增加流通领域商品质量监督管理职能，流通领域商品质量监管由消费者权益保护科负责。2004 年，印发《关于加强流通领域食品质量监管的意见》《关于成立流通领域食品监管工作领导小组的通知》等，在食品经营户中推行“食品进货登记台账”“食品销售登记台账”等制度，向辖区食品经营者发放经营台账 3500 本、食品经营安全提示牌 2000 块，完善食品经营自律制度。在流通领域商品质量监管中施行“四制、三查”（企业建立商品质量查验制度、特殊商品进货报告制度、不合格商品退市制度、商品质量承诺制度，工商行政管理机关加强市场巡查、加强对重点商品的质量抽查、查办大要案件）措施。2005 年，在小型食品经营业户中推行“三制一档”（食品经营单位进货登记制度、商品质量承诺制度、工商行政管理机关“经营须知”告知制度，个体食品经营单位专项巡查记录档案）制度。加强 12315 消费维权网络建设，包括全区 98 个行政村、8 个市场（超市）、66 个社区、1 个景区、2 个学校，建立 12315 申诉举报联络点 175 个。2001—2005 年，天桥 12315 投诉举报服务中心受理消费者投诉 2003 件，成功调解 1599 件，挽回经济损失 89.9 万元，查处侵害消费者合法权益案件 284 件，案件总值 818 万元。2006 年，查结消费侵权一般程序案件 34 起，完成全年目标 113%，结案率、执行率均 100%；一般程序案件核审率 100%，无行政违法、复议撤改、行政败诉和赔偿案；受理消费者申诉举报 607 件，处结率、准确率 100%；发布消费警示 4 条，完成全年目标 100%。2007 年，开展产品质量和食品安全专项整治，取缔无照食品经营户 27 户，查处涉及食品等产品质量案件 62 起。受理消费者申诉举报 1333 件，发布消费警示 6 条，挽回经济损失 21.6 万元。2008 年，开展流通环节产品质量食品安全监管、奥运期间食品安全、问题奶粉查处等工作，受理消费投（申）诉举报1189起，接待咨询8562人次，挽回经济损失29.18万元，销毁不合格奶粉491.33千克。2010年，受理投（申）诉276起，接待咨询来访2316人次，挽回经济损失20.1万元；申诉举报处结率、准确率100%。2011年，在红星美凯龙世博家居广场设立济南市首家“消费纠纷调解室”。2012年，受理投（申）诉举报762起，接待咨询来访1256人次，挽回经济损失9.61万元；申诉举报处结率、准确率100%。

2008年3月5日，天桥消费者协会举办“3·15”食品安全与责任座谈会。

第五章　物　价

1993，区物价局和工商局合署办公。1996年，保留济南市天桥区物价局，由济南市天桥区经济计划委员会管理。实行以企业自主定价为主、政府指导价为辅的价格管理形式，价格管理重点由对具体商品价格进行管理转变为对整个市场进行宏观管理。至2012年，形成在宏观调控下，以市场调节价为主的价格体系。

第一节　价格监督检查

1991年，以整顿行业物价为重点，主要对钢材市场、石油、汽车配件、行政事业性收费等行业进行检查、清查和清理。检查单位3620个次，查处各类价格违法案件2358起，查处违法金额50余万元，收缴违价收入38.57万元，其中1万元以上案件17起，违价金额19.17万元。3月，区物价局与工商局在工人新村农贸市场搞明码标价试点，张贴工商收费标准和前一日蔬菜价格作参考。1992年，监督检查2400个单位，查处各类价格违法案件52起，罚没款5.45万元。1993年，检查重点放在各种收费上，查处违纪案件26起，违纪金额40万元。10月，开展本年度物价大检查，重点排出40个单位，区物价局直接检查20个单位，查处违纪单位9个，违纪金额20万元。1994年3月，区物价部门开展明码标价宣传月活动，并进行全区第一次物价大检查。重点检查群众反映最强烈的粮、油、“菜篮子”明码标价及行政事业性收费。9月底，进行财税物价大检查，以问题多、反映大的部门、行业作为大检查工作重点，主要抽查部分企业明码标价情况以及街道办事处等行政事业性收费单位。全年检查企事业单位和个体工商户1300余家，查处违价和乱收费案件126起，违价金额40余万元，罚没金额10.18万元。

1995年年初，在个体私营企业中广泛推行缴费卡制度，规定个体私营企业每户一卡，缴费记录卡上罗列。5月，成立群众价格监督站，集中对北园大街明码标价进行督促治理。全年为企业印制下发缴费卡2000余个，查处违价案件200余起，罚没款8万余元。1996年年初，天桥区物价局向社会公布违价举报电话。1996—1997年，天桥物价工作重点是对成品油、汽车维修、餐饮、服装、食品等行业进行专项检查，两年检查单位508个，处理价格违法单位162个，收缴罚没款8万元；接待来访368次，查处投诉案件126起，查处举报案件118起。1998—2002年,区物价局查处各种乱收费行为1810起,违价金额1200余万元；查处各类举报、投诉案件905起，涉案金额3600余万元。1999—2000年，区物价局连续2年被评为省、市“物价工作先进单位”及区“全方位目标管理工作先进单位”“行风建设先进单位”。2001年9月，区物价局物价检查所被国家计委授予“全国规范化物价检查所”称号。2003年，进行以明码标价为主要内容的市场检查；开展争创“三个一”（创一条明码标价样板街、一个专业市场、一个样板店）活动，达到以店带街，以街带片，促进全区明码标价工作落实；开展与群众利益密切相关的医药、水电、汽修等行业专项检查，查处群众举报的价格违法案件140多起，退还消费者价款6000余元。“非典”期间，检查药店195家、医疗机构5家、超市14家并查处相关的价格举报案件34起。其中，存在乱涨价、哄抬物价、不执行明码标价的35家，罚没收入7万元。

2005年，对辖区环保、土地、环卫、劳动等部门收费情况进行检查，查处违法金额400余万元。10月，全国糖酒会在济南召开，区物价部门对全区170余家酒店旅馆进行摸底，查处乱收费、乱加价行为20余起，退还多收价款1.8万元。2006年，对辖区内加油站进行拉网式检查，确定对济南铁路局中油华铁实业有限责任公司和济南炼油厂济南华鲁实业有限责任公司立案检查。经查实，中油华铁违价额100余万元、华鲁实业违价额290余万元，并对上述两个违价案件进行依法处理。2007年,开展教育、医疗、涉农、停车收费、成品油等价格专项检查，查处价格违法案件60余起，没收非法所得4.7万元，实施经济处罚收缴入库30余万元。2008年汶川地震期间，对救灾帐篷等物资实施临时价格干预。9月22日始，区物价局对辖区大型超市及销售商场进行专项巡查。2009年，面对甲型H1N1流感给群众造成恐慌情绪，为防止相关药品乱涨价，开展对辖区内医疗机构、药品零售价格专项检查，规范辖区医院特别是民营医院价格管理。通过检查，对药品加价过高的10余家医院进行相应处罚。加大对辖区内涉农收费检查力度，重点检查收费单位12个，涉及收费项目32个，对检查中发现的不合理收费问题逐一给予纠正和处理。为大桥、桑梓店两镇农民减负10余万元。查处各类价格违法案件39起，违法金额50余万元。至12月22日，处罚17起，实施经济处罚收缴入库24.5万元，检查结案率和罚没入库率均100%。

2010年，以重点查处虚构原价、用欺骗性或误导性语言标示等价格欺诈行为，率先在济南市展开检查，查处价格欺诈案件4起，罚没款收缴入库率100%。5月，开展明码标价、价格诚信“双十佳”评选活动，在政府网站进行通报表彰，以指导生产、经营者加强价格自律，进一步完善明码标价制度。至年底，三色价签发行160余万张，商品明码标价率95%以上，合格率98%以上。2011年，针对日本大地震核泄漏事件后抢购食盐紧急情况，区物价局对辖区内4个大型超市、2个大型农贸市场、23个个体经营业户进行提醒告诫；对15个被举报单位价格执行情况进行重点检查；对2家超出标准销售食盐单位进行处罚，没收违法所得146.8元,退还消费者多付价款600元,罚款5330.2元。

2012年，以第二届“中国·济南家居文化节”为契机，针对春节前后部分家居行业经营

开展“明码标价签免费发放月”活动（2012年7月摄）

者在搞促销活动时存在虚假标价、虚构原价、虚假打折、玩弄文字游戏误导消费者等价格欺诈违法行为，进行重点检查，并联合工商、质检等部门召开提醒告诫会，还专门在《济南日报》以“济南市天桥区物价局给家居行业定‘规矩’违法违规促销一律从严处罚”为题发表文章，对辖区内银座家居、红星美凯龙、居然之家、欧亚达等13家大型家居商场定下8条促销“规矩”（促销商品须如实说明促销原因、促销期间使用降价标价签，不参加促销活动的柜台应明示，赠品限量的应标明数量，促销活动不得虚构清仓大甩卖，促销活动不得诱骗交易，促销活动不得操纵市场价格，不得低价倾销，不得捏造涨价信息），要求其促销活动不得有价格欺诈行为。

第二节　价格监测

1991年—2009年2月，价格监测品种偏少。2009年3月，区物价检查所更名为区价格监督检查局，属区物价局管理。负责价格监测工作，并坚持对市场监测点进行定期巡访。增设大润发超市、无影山农贸市场、绿地超市3个价格监测点，对粮食类、食品类、蔬菜水果类、肉类、药品类等7大类报表的115个品种，实行每日多报制度，全部实行动态监测，报送各类报表276份、分析报告21篇。2010年始，区物价局《天桥价格监测信息》（月刊）简报增加“本期导读”目录，将每月全区价格动态、价格监测完成情况、热点分析等方面进行编印，报送到中共天桥区委、区政府及有关部门，并发放至街道（镇）价格监督站。同时，深入13个街道，对129户低保家庭日常支出情况进行调研。至年底，报送各项价格监测报表300余份，监测项目25类、监测品种115个，分析报告23份。价格监测信息《受降温影响，济南市蔬菜市场价涨量减》《济南市反映生猪价格连续四周下降猪粮比价再次低于6∶1》《济南市蔬菜市场价格继续高位运行》作为重要信息报送国务院办公厅；《近期济南市鸡蛋价格上涨》《节后济南市蔬菜市场价格下降恢复到节前水平》《受雨雪灾害天气影响济南市蔬菜上市量减少价格上涨》等5篇信息被山东省人民政府办公厅作为重要信息采用。2011年，新增北园银座超市、爱心人大药房、建筑建材市场、金太阳平民超市、济南舜井阁大药房有限公司5个监测点，并对8个监测点全部实施挂牌监测。及时上报各类市场价格信息300余条，编辑发行《天桥价格动态》简报11期、分析报告88篇，6篇被国务院办公厅作为综合要情稿采用，18篇被山东省政府办公厅作为重要信息采用。其中《济南市调查反映部分品牌方便面价格上涨》《受日本福岛核电站泄漏事件影响济南市菠菜价格大幅下跌》等3篇信息得到济南市人民政府领导批示。2012年，报表312份，分析报告86篇，编辑发行《天桥价格动态》10期。

第三节　收费管理

1991—1993年，先后举办培训班7期，培训人员400余人，印发资料1000余份。1994年，审验行政事业性收费单位170个，合格率95%，收取审验费12.46万元。1995年，培训企业物价管理人员200余人。1996—1997年，审验收费单位500个，涉企收费金额3000万元，罚没违价金额3万元，收取年审费20万元，换发收费许可证约200个。1998—2002年，累计为18个系统、288个单位、329项收费办理收费许可证和收费员证，建立收费管理体制。2003年，查处山东省交通运输集团公司、济南国际集装箱分流中心等一大批乱收费大案要案，查处乱收费500余万元，并限期对乱收费问题进行整改。采取调账和到单位等工作方式，对205个收费许可证进行审验，并逐一作出《收费年度审验结论报告书》，审验中查出有问题的单位63个，违规收费金额500余万元。2004年，办理收费项目13项，合并收费许可证4个，变更项目13个，撤销收费许可证17个，收取办证工本费6460元。对246个收费单位收费许可证进行年审，年审率100%，收取年审费28.38万元。

2005年，辖区行政性和具有行政职能事业性收费单位82个，收费项目117个，其中涉企收费50项，涉及收费主体52个。2006年，对全区2005年年底以前所执行的所有收费项目与收费标准进行全面清理，撤销收费项目23个，占原收费项目总数16.3%，涉及单位和部门29个。区物价局、财政局、监察局、法制办、招商局举行联席会议专门讨论审议，形成《天桥区行政事业性收费项目标准目录》。2007—2008年，重点推行教育收费、物业服务收费、旅游景点收费、医疗服务价格收费、停车收费和交通收费公示制，特别是在大桥、桑梓店两镇安装涉农价费公示栏120块，在城区、住宅小区、休闲广场、交通要道、大型市场等地安装居民价费公示栏189块。2007年，完成260个单位收费许可证年审工作，全区行政事业性收费总额为8300余万元，年审率100%。2008年，整理编制《2007年天桥区行政事业性收费项目目录》，与区财政局联合发文在区政府信息网站予以公示，换发收费许可证199个，对社会力量办学和民办幼儿园等39家单位办理收费登记备案，并对294名收费员进行培训。

2010年，建立数据库。重新制定收费许可证档案管理规定。与区监察局、审计局、财政局组成专项检查小组，对22个区直部门、14个街道办事处开展涉企收费专项检查。对涉及天桥区企业的56项收费办理取消停收和降低标准等手续。年审收费许可证209个，审验率100%。2011年，对全区98个行政事业收费单位收费情况进行年度审验，变更收费许可证121个，新办理收费许可证5个，办理收费员证180个，取消收费项目4项，年审率100%。行政审批大厅岗位工作受理咨询电话300余次，发放宣传手册1000余份，办理业务230件，协调部门工作10次。

2012年，对全区52家教育收费单位2011年收费进行全面检查,发现存在乱收费行为2项，没收违法收费金额1511.72万元。对18家区属医疗单位2011年度收费进行检查，查处违价金额22.09万元。

第四节 价格认证

1999年11月，天桥区价格鉴证中心成立。2001年11月，更名为天桥区物价局价格认证中心。2009年年初，天桥区物价局就全区涉案物品价值认定工作与区法制办、法院、检察院、公安分局等司法、行政执法机关共同进行专题分析研究探讨，建立价格认证询价点制度，规范数码商品、电线电缆、废品询价。全年区物价局价格认证中心办理各类价格认证案件778件，认定总价值2400余万元。其中刑事案件218起、民事案件15起，标的总额2100余万元；车损案件545起，标的总额300余万元，结案率100%，未出现一起行政复议案件。2008年、2009年，连续两年被评为全省规范化价格认证中心。

2010年，价格认证中心受理刑事、民事、行政等各类涉案物品价格鉴定业务1030余件，标的总额1200余万元，未发生一件价格鉴证复议案件。2011年，受理各类刑事案件284起，涉案价值280余万元；民事案件11起，涉案价值16万余元；车损认证案件973起，涉案价值290余万元，未发生一件行政复议案件。

2012年，修订并完善区物价局《价格认证工作管理规定》。全年受理各类刑事案件178起，涉案价值569万元；民事案件1起，涉案价值4078元；车损案件416起，涉案价值1068.08万元。在全省率先开展“涉案物品价格鉴定规范化建设”活动，对辖区17个派出所主办案件的所长、民警进行轮训。

第六章　质量技术监督

1984年12月，济南市郊区标准计量所成立。1987年4月，划归天桥区。1989年12月，撤所建局，改称为标准计量局。1993年3月，更名为技术监督局。2002年6月，改称为济南市质量技术监督局天桥分局，加挂“济南市质量技术监督局天桥分局稽查队”牌子，为济南市质量技术监督局派出机构，是全区质量技术监管行政机构，负责全区质量、计量、标准监管以及食品安全和特种设备安全工作。2004—2010年，按照“划分区域、综合监管、责任到人”原则进行区域监管，将天桥区15个街道(镇)划分到3个监管责任区，由分局综合管理科划分出三个监管科监管。至2012年，先后开展计量器具检定、建立工业产品档案、产品质量检验、产品标准登记、打击生产假冒伪劣商品等工作。

第一节　计量管理

1991—1997年，检定各类计量器具1.8万余台(件)，复核16家企业61项最高计量标准，对97家企业进行计量定级、升级验收，向92家验收合格企业颁发计量验收合格证。加强对天桥人民医院、北园医院、黄台生平医院等医疗单位在用计量器具监督检查。对济南第二工人文化宫、万盛街、凤凰路、无影山、堤口果品批发等27个市场在用计量器具进行监督检查。其中1991—1993年，堤口果品批发市场连续3年被评为“全国计量先进单位”。1998—2002年，抓好批发市场、集贸市场和零售商店监督，加大对定量包装商品执法力度。深入推进“质量兴区”战略，开展诚信计量进市场、健康计量进医院、光明计量进眼镜店、服务计量进社区乡镇“四个走进”大型主题活动，以及能源计量、诚信计量示范单位创建活动。2009年，济南市第四人民医院被评为“山东省计量惠民示范单位”。2010年，堤口果品批发市场被评为“山东省诚信计量示范单位”。山东华凌电缆有限公司、济南裕兴化工厂、济南元首有限公司、济南明湖热电厂、山东天鹅棉业机械有限公司、济南北郊热电厂按ISO 10012建立计量确认体系。

2011年，山东银座北园店被评为“山东省诚信计量示范单位”。济南益康超市、山东天发舜和商务酒店有限公司、济南华联药山超市有限责任公司、济南黄台茶叶批发市场被评为“济南市诚信计量示范单位”。帮助济南裕兴化工有限责任公司、济南热电有限公司、济南长途汽车运输有限责任公司、山东省交通运输集团有限公司4家重点用能企业建立完善能源计量管理制度，建成应用“山东省重点用能企业能源计量信息平台”。2012年，举办“推进诚信计量，建设和谐城乡”活动；开展“5·20世界计量日”宣传，深入堤口果品市场、银座北园店、银座无影山店等企业，对在用计量器具、定量包装

济南市计量检定所检定人员对北园银座开展金银制品加工和销售领域计量检查（2012年8月摄）

商品及散装商品进行监督检查，组织企业公开诚信计量承诺书。山东省交通医院被评为省级诚信计量示范单位，并通过省级验收。

第二节　标准化管理

1991—1997年，为企业查寻提供各类标准2000余项，制标、审查、备案企业新产品160余项，全区有标率98%。推行“源流标准化管理法”，使企业产品质量、原材料利用率、能源利用率和生产效率均提高1个百分点。1995年，对9家生产厂家39种产品、5家经销企业30种产品的GB7718-2004食品标签适时进行监督检查，并督促整改。帮助企业制定工艺、修改工艺、发展新产品，其中济南煤气设备厂年获效益360余万元。采用国际标准和国外先进标准，促进企业产品结构调整、技术改造，其中济南宏源门窗设备有限公司、清河铆焊机械工厂自制塑料切割机取代西德进口机械，节约外汇100万美元。全区13家企业24种产品312个规格采标验收合格，产品一等率80%以上。1998—2001年，推行企业产品标准登记备案制，引导制定高于国家标准和行业标准的先进标准。企业标准覆盖率95%以上。2001年8月，天桥区通过山东省质量技术监督局消灭无标准生产检查验收。2003年，组织全区5家防“非典”产品生产企业完善产品标准，保证市场急需的过氧乙酸消毒液、口罩等防护用品合格上市、足量供应。2004—2011年，完成企业标准备案250余项，企业产品执行标准登记661项。通过山东省《采用国际标准和国外先进标准产品》认可14项，使用“采标”标志10项。为食品企业审查登记食品标签60余套。通过山东省服务标准化考核验收的企业1家，参与起草4项国家标准的企业3家。2012年，推进标准化良好行为和企业产品标准采标，推出山东天鹅棉业机械股份有限公司、济南诺斯焊接有限公司为创建标准化良好行为示范单位并进行立项。审查企业产品标准备案材料14份，受理备案企业9家12个产品，登记产品39个。对济南风机有限公司、济南鸿鹏通风设备有限公司能效标识备案情况进行监督检查，提交备案申请。

第三节　质量监督管理

1991年，对市场和生产企业产品质量是否符合标准进行监督检查。1994年，举办全区工商企业学法培训班，宣传贯彻《中华人民共和国产品质量法》(简称《产品质量法》)。对生产经销化肥、农药、种子等企业15个产品批次进行监督检查，合格率80%以上。1995年，落实济南市《关于加强产品质量管理，严格整改措施的决定》，推动生产、销售不合格产品企业整改进度，通过复查企业5家，获济南市质检部门颁发“质量认可”证、牌企业7家。

1997年，三益化工厂等3家生产厂和宏翔实业公司等3家销售企业达到规定要求，被区技术监督局认可为“质量信得过单位”。全国“质量月”期间，邀请山东省技术监督局质量专家为60余家单位人员宣讲《产品质量法》《质量振兴纲要》。1993—2001年，加强《产品质量法》宣传，组织企业商家负责人3000余人次，讲解《产品质量法》《山东省产品质量法实施办法》规定。开展“商品质量放心店”活动，加强产品质量抽查和后处理力度，帮助企业分析问题产品原因并整改。2003年，济南市天桥区标准化计量质量协会成立，建立质量咨询服务站，聘请专家上门为企业服务。举办市场管理人员和经营业户培训班，定期对经销商品进行检验，对检验合格产品予以公示，并宣传名优产品，提高市场知名度。2004年—2007年年底，帮助8家企业通过ISO 9000质量管理体系认证，3家企业取得强制性产品认证，7家企业取得工业产品生产许可证。2008年，开展“质量兴区”“名牌战略”活动。至2010年年底，18家企业获“山东省名牌产品”称号，21家企业获“济南名牌”产品称号。与济南锅炉集团有限公司等10家企业建立“质量兴企”联系点，引导企业加强标准化、计量、质量管理。2011年，组织全区落实企业主体责任工作会议，推进建立完善地方政府负总责、企业负主责、监管部门承担监管责任的质量安全责任体系。2012 年，从制定的《质量发展纲要（2011—2020 年）》实施，为新阶段质量技术监督提出目标和任务。

第四节 特种设备安全监察

1991—2000 年，特种设备安全监察由区劳动局负责。2000 年后，职能划归技术监督局。2012 年，全区 14 家特种设备设计、制造、安装、维修改造单位和 570 余家特种设备使用单位纳入监督管理范围，有各种锅炉 81 台、压力容器（不含气瓶）467 台、电梯 2000 余部、起重机械 550 余部、厂内机动车辆 60 余部、大型游乐设施 13 台（套）、压力管道近 20 千米、气瓶充装站 9 个、加气充装站 4 个、气瓶总量 2.7 万余只；特种设备管理员、操作员 117 名，全部持证上岗。2001—2012 年，办理各类特种设备登记 1236 台，组织专项检查 160 余次，下达监察指令书 298 份，定检率 98% 以上。

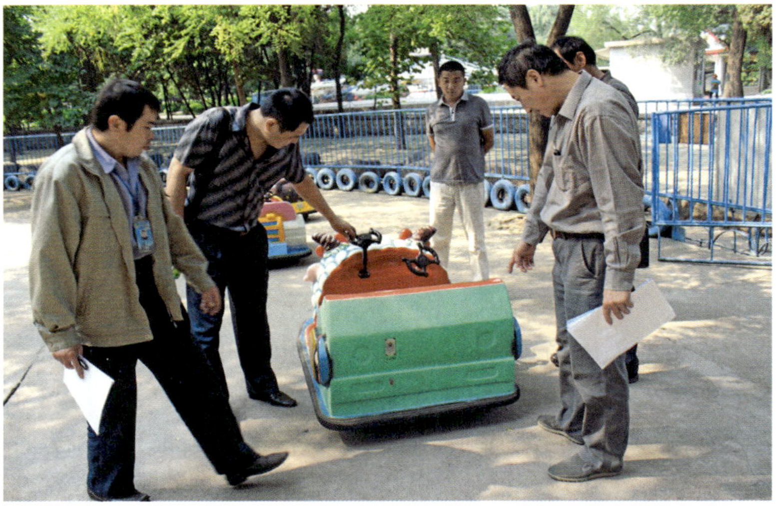

区质监局特种设备安全监察人员对济南动物园游乐设施进行检查（2012 年 9 月摄）

第五节 食品安全监管

1991 年，区食品卫生监督管理由区卫生防疫站、食品卫生监督检验所负责。2004—2010 年，实施区域监管期间，对全区食品加工企业进行调查摸底，登记造册，建立质量档案，纳入重点监管范围，全过程监管食品原料、出厂产品、食品添加剂登记、索证制度等，保证上市产品可溯源可召回。开展违法添加非食用物质和滥

区质监局开展春节期间食品安全检查（2012 年摄）

用食品添加剂、含乳食品企业、食品加工小作坊监督检查等多项整治。2010 年 10 月，取消区域监管，成立食品生产监管科，严格实行食品生产许可证制度。2005—2012 年，全区 64 家食品生产加工企业获食品生产许可证。

第六节 执法检查

1991 年，标准计量局综合执法队伍主要负责计量器具使用和市场酒水、食品等打假治劣。1996 年 12 月，天桥区技术监督行政执法稽查队和天桥区技术监督行政案件审理委员会成立，负责技术监督工作的审案与查案。至 1997 年，查处违法案件 185 起，其中立案查处 72 起、现场查处 113 起，涉及产品总标值 1369.69 万元；端掉造假窝点 4 个，其中 2 个在省、市电视台新闻节目和《济南日报》曝光；处理群众举报和投诉 26 次，挽回经济损

失 59 万元。1998—2001 年，开展食品、“黑心棉”、农资、建材、汽车消费品、化学危险品、出口产品、特种设备等专项打假。检查单位 1190 余家，查处违法案件 1200 余起，其中立案查处 220 余起，现场查处 870 余起，涉及产品总标值 6500 余万元；端掉造假窝点 120 余个；处理群众举报和投诉 1900 余次，挽回经济损失 8600 余万元。2008 年，开展产品质量和食品安全整治，查处无证生产及使用不合格原料等违法违规行为 23 处。2002 年—2012 年年底，办理行政案件 641 起；开展食品、农资、建材、家电等专项整治 100 余次；受理消费者投诉 627 起，处结率 100%。

第七章　国土资源管理

1987 年，天桥区土地管理局成立。1988 年，开展土地资源调查工作。1992 年，天桥区农村地籍调查工作开始。1996 年，开展土地利用现状变更调查。2004 年，开展新一轮土地利用总体规划编制工作。2007 年 1 月，天桥区国土资源局更名为济南市国土资源局天桥分局。至 2012 年，国土资源管理范围涵盖土地资源管理、矿产资源管理、地籍规划管理、土地开发利用等方面内容。

第一节　土地利用规划

一、总体规划

1992 年 1 月始，济南市编制第一轮《济南市土地利用总体规划（1990—2000）》；1993 年 6 月编制完成。10 月，通过国家评审鉴定。取得主要成果有《济南市土地利用总体规划（送审稿）》《济南市土地利用总体规划（送审稿）说明》《济南市土地利用总体规划工作总结》；绘制完成济南市土地利用现状图、济南市基本农田保护区图和济南市土地利用总体规划图三幅图件。天桥区配合完成上述济南市土地利用现状分析等六项专题研究。

1997 年 10 月，济南市启动编制第二轮《济南市土地利用总体规划（1997—2010）》；2000 年 3 月，修编完成。主要成果有除规划文本及其说明书和天桥区桑梓店镇土地利用总体规划图、大桥镇土地利用总体规划、靳家乡土地利用总体规划外，还编制大桥镇、桑梓店镇、靳家乡基本农田保护区规划和土地整理复垦与开发规划两个专题规划。同时完成土地利用现状分析、城镇土地利用研究、建设用地规模与布局研究、实现耕地总量动态平衡初步设想、用地指标衔接报告、土地利用总体规划图以及基本农田保护区图、土地整理复垦与开发规划图、全区重点工程项目用地布局图等几个附件。2000 年 7 月，印发实施。

2004 年，济南市开展第三轮《济南市土地利用总体规划（2006—2020）》编制工作，天桥区政府成立规划修编领导小组。2009 年，区级规划通过省国土资源厅审查，各镇修编成果完成市级评审。2010 年，完成新一轮《济南市天桥区土地利用总体规划（2006—2020）》修编工作，报济南市、山东省审批。

二、专项规划

（一）基本农田保护区规划。基本农田是指按一定时间人口和社会经济发展对农产品的需求，依据土地利用总体规划确定的不得占用的耕地。1991 年，济南市开始农田保护区划定工作。2000 年，天桥区重新制定《乡镇土地利用总体规划》和《基本农田 6 项制度》，划定基本农田保护区面积 8464.1 公顷。2003—2005 年，加强基本农田保护力度，重新设立基本农田保护标志 58 块，全区基本农田保护面积 8424.1 公顷，基本农田保护率为 84%。至 2012 年，全区耕地保有量面积为 10383.12 公顷，其中大桥镇 5854.41 公顷、桑梓镇 3985.94 公顷、药山街道 83.79 公顷、泺口街道 458.98 公顷；全区基本农田保护面积为 8424.53 公顷，其中大桥镇 5113.75 公顷、桑梓店镇 2882.48 公顷、泺口街道 428.3 公顷。

（二）土地整理复垦开发规划。2002 年 7 月，开始编制济南市土地整理复垦开发规划。年内基本完成市、县两级土地整理复垦开发规划的修编，建立土地整理复垦开发规划信息管理系统。2009 年，坚持以开发促保护的方针，加大土地开发整理力度。桑梓店镇姚吕等 11 村土地整理项目，建设规模面积 670.58 公顷，投资 3250.84 万元，新增耕地面积 68.57 公顷。2012 年，天桥区完成桑梓店镇刘庙子村土地整理规划项目，整理耕地面积 43.48 公顷，新增耕地面积 28.09 公顷。

三、规划实施与管理

（一）总体规划实施。1993 年，第一轮土地利用总体规划编制（1990—2000）批准后，严格实行土地用途管制，从严控制建设用地总量，加强土地利用计划管理。1997 年 4 月 15 日，中共中央、国务院下发《关于进一步加强土地管理切实保护耕地的通知》，全区土地管理部门围绕贯彻落实通知规定，自 4 月 15 日始，除国家和省重点工程外，冻结各类非农业建设占用耕地一年。同年，健全土地利用宏观调控机制，以土地供给引导和制约土地需求，推进旧城改造、存量土地挖潜，走集约化用地之路。针对天桥区城乡结合的特殊情况，对部分地区作单独的土地利用总体规划，确保在加快城市建设的同时，保护好耕地，把规划落到实处。

（二）基本农田保护规划实施。为使基本农田保护落到实处，规划将全区基本农田保护面积指标分解到各街道（镇），并制订具体保护措施。1997 年，天桥区对基本农田保护区再次进行调整，街道（镇）编制《基本农田保护区规划》及保护区规划图，并向社会公告。2003 年，制定《天桥区基本农田保护六项制度》，全区将基本农田保护工作纳入政府目标考核，层层签订基本农田保护目标责任书。2005 年，按照国务院七部委关于进一步加强基本农田保护工作的意见，天桥区发挥规划控制作用，稳定基本农田保护数量和布局，规范基本农田保护基础性工作，落实保护任务，建立基本农田规划备案、定期检查、统计分析制度，启动基本农田管理信息系统建设。

（三）土地整理复垦开发规划实施。2004 年，《济南市土地整理复垦开发规划（2001—2010）》经省国土资源厅批准后，天桥区国土资源局制定 3 条实施意见：（1）对不符合土地开发整理规划的土地整理项目，一律不得安排。经批准的土地整理复垦开发规划，不得擅自修改。（2）要加强规划实施的监督检查工作，各街道（镇）要加强土地整理复垦开发规划管理信息系统建设，提高规划管理效率和水平。（3）要采取积极有效的措施，大力开展土地开发、整理和复垦工作。2012 年，按照国土资源部和山东省国土资源厅部署启动新一轮土地整治规划修编。

第二节　地籍管理

一、土地资源调查

1988 年，根据《国务院批准农牧渔业部、国家计委等部门关于进一步开展土地资源调查工作的报告的通知》精神，天桥区开展土地资源调查工作，至 1992 年 11 月结束。主要分乡镇调查核实全区土地类型、面积、分布、利用状况和土地权属；编制 1：10000 土地利用现状图；编写土地利用现状调查报告；进行土地的初始登记、统计，建立地籍档案。主要调查成果有天桥区土地总面积 7331.1 公顷。其中，耕地 1882.2 公顷，占土地总面积 25.67%；园地 19.3 公顷，占 0.26%；林地 310.7 公顷，占 4.24%；牧草地 6.1 公顷，占 0.08%；居民点及工矿用地 3445 公顷，占 47%；交通用地 221.5 公顷，占 3.02%；水域 1130 公顷，占 15.41%；未利用土地 316.3 公顷，占 4.32%。本次土地详查使用覆盖全区航片 231 张，实地考察丈量全区 1 个乡镇，49 个自然村。

1996 年，按照国家土地管理局《关于全国统一把土地详查资料变更到 1996 年 10 月 31 日同一时点的紧急通知》，全区开展土地利用现状变更调查。主要内容有对北园镇范围内土地进行普遍检核，变更图斑897个，地类变更面积1085.3公顷，检核调整3986个数据。

2000年4月17日，天桥区开展土地变更调查半年预报工作，及时变更土地利用现状图，做到图、表、数与实际变更相一致。2001年11月，按照国家土地管理局《关于报送国土资源大调查项目实施方案的通知》，济南市被国家土地管理局列为开展基础图件与数据更新项目第一批试点城市。2001年年底，天桥区土地管理局开始筹备；2002年3月，进入组织实施阶段。主要成果有查清天桥区辖区最新土地利用现状、权属和数量；更新20幅1∶10000土地利用现状图；建立2002年10月土地利用数据库。2003年2月8日—3月10日，区土地管理局按照济南市政府统一部署，对辖区内25899公顷范围内的土地集中进行土地利用现状普查和土地使用情况清查登记核实工作。

2007年6月，开展第二次全国土地调查。至2009年12月31日的主要调查结果有全区土地总面积25896.8公顷。其中，耕地9952.8公顷（水田316公顷、水浇地9365.9公顷、旱地270.9公顷），占土地总面积38.43%；园地99公顷，占0.38%；林地1928.7公顷，占7.45%；草地207公顷，占0.8%；城镇村及工矿用地8232.4公顷，占31.79%；交通运输用地1258公顷，占4.86%；水域及水利设施用地3968.7公顷，占15.32%；其他土地250.2公顷，占0.97%。第二次全国土地调查工作于2010年7月完成。

二、地籍调查

（一）城镇地籍调查。1991年，济南市开始城镇地籍调查工作。天桥区堤口街道率先开展土地权属调查工作，计306宗土地，占全区总量2%。1993年，全区城镇地籍调查工作完成。全区总宗地数为1.49万宗，已完成发证宗地数1.37万宗，占总宗地数92%。1996年10月，按照山东省土地局提出的城镇地籍调查全部按全解析法一步到位的要求，天桥区开始进行城区地籍调查工作。主要成果有查清城区内每一宗土地地理位置、权属、界址点、界址线及相邻宗地的界线；取得城区内全部地物点坐标；绘制1∶500比例尺地籍图和宗地图；城区地籍调查控制面积1500公顷，并进行分类统计。1998年，天桥区完成市区地籍调查工作，获最具有现势性地籍资料，建立天桥区第一个城区地籍信息库，并通过山东省土地局验收。地籍管理工作跃居全省先进行列。

2006年5月—2007年6月，天桥区开展城乡地籍调查工作。本次地籍调查面积为6040公顷，主要成果有查清调查区内每宗地的坐落、权属、面积、界址、用途；测制1∶500的数字化地籍图；建立地籍调查数据库，逐步完善地籍管理信息系统；为土地登记发证提供基础材料。

（二）农村地籍调查。1992年，天桥区农村地籍调查工作开始。3月5日，对北园镇所属49个村进行农村集体土地、建设用地使用权调查发证工作，颁发集体土地使用证1.8万个。2007年，开展全区农村村庄地籍调查。2009年12月31日，全区有村庄169个，村庄用地面积2131.6公顷。至2010年10月，完成村庄地形图测量及相关信息调查面积2108.2公顷，占总量98.9%。

三、土地登记

1991年5月13日，济南市政府办公厅印发《关于转发市土地管理局〈关于开展土地登记发证工作意见的报告〉的通知》。9月26日，济南市土地管理局印发《济南市土地登记发证实施细则》。1992年，天桥区1个镇、12个街道、49个行政村进行登记发证工作，颁发土地使用证0.66万份，发证数占全区土地宗数56%。至1994年年底，全区土地登记发证1.37万份，占应发证总数92.2%。土地登记发证工作转入日常管理。2002年，天桥区首次全面开展房改房用地登记发证，累计办理房改房土地使用证1.85万宗。2004年，在办理日常土地登记发证同时，开展商品房分割转让许可登记，为购房人办理分摊土地证书。

第三节 耕地保护

1991 年，划定鹊山为基本农田保护区，面积 300 公顷，开发复垦土地面积 50 公顷。1993 年，在北园镇初步规定基本农田保护区面积 300 公顷。1995 年，以北园镇鹊山地区为主，划定基本农田保护区 12 块，制定《天桥区基本农田保护区管理办法》，与镇村签订基本农田保护区责任书 12 份，基本农田保护走上规范化管理轨道，当年耕地净减少占耕地总数 1.8‰。同时，查清 1992—1994 年耕地变化情况，3 年减少耕地面积 234.93 公顷，其中非农业建设占用 212.58 公顷、农业内部结构调整占用 6.66 公顷、因二环西路及北路整修无法排水而导致撂荒耕地 13.2 公顷、其他占用 2.47 公顷；减少耕地中属违法用地有 101.77 公顷。1996—1997 年，划定基本农田保护区面积 914.6 公顷，投资 6 万元开发复垦耕地面积 23 公顷。1998—2002 年，投入资金 305 万元，开发复垦耕地面积 227.6 公顷。2000 年，划定基本农田保护区面积 8464.1 公顷，与街道（镇）签订基本农田保护区责任书。2002 年，完成大桥镇、桑梓店镇土地利用总体规划、耕地保护规划和基本农田保护规划的制定确编工作，投资 10 万元对区属后备土地资源进行详实调查评价，完成土地开发整理复垦专项规划。2003—2005 年，全区基本农田保护面积 8424.1 公顷，基本农田保护率 84%。2009 年，开发桑梓店镇姚吕等 11 村土地整理项目，2010 年项目通过竣工验收。项目建设规模 670.58 公顷，投资 3250.84 万元，新增耕地面积 68.57 公顷。2012 年，投资 278.46 万元完成桑梓店镇刘庙子村土地整治项目。11 月中旬，通过省、市、区三级验收。项目建设规模 43.46 公顷，新增耕地面积 28.09 公顷，新增耕地率约 64.6%。

全区“村居书记、主任国土资源法律法规培训班”（2008 年 7 月摄）

第四节 土地征用

一、征地补偿

2009 年 7 月 1 日，山东省人民政府下发《山东省征地区片综合地价标准》，征地区片综合地价标准每 3 年调整一次。济南市执行标准，市区分三等区片，一、二、三等每亩分别为 13 万元、8 万元、6 万元，天桥区属一等和三等片区。2012 年 12 月，山东省人民政府调整征地区片综合价，自 2013 年 1 月 1 日起执行，2009 年公布的标准停止执行。市区分四等片区，一、二、三、四等每亩分别为 16 万元、12 万元、6 万元、3 万元，天桥区属一等和四等片区。

二、征地概况

2004 年 6 月 1 日，实施《济南市人民政府关于济南市统一征用土地暂行办法的实施意见》，至 2012 年，天桥区累计征用土地面积 1311.71 公顷。

2004—2012 年天桥区土地征用统计表

表 15-1

年份	面积（公顷）	年份	面积（公顷）
2004	0.45	2009	17.30
2005	47.75	2010	188.10
2006	560.26	2011	97.21
2007	251.14	2012	135.28
2008	14.22		

第五节　土地执法监察

一、监察制度

1991 年，天桥区建立巡回检查制度，针对清理违法用地问题，实行每月 1 次、乡镇不定期经常性巡回检查。1997 年 12 月，健全完善土地执法 7 项工作制度，分别是国土资源违法行为举报制度，违法案件统计和上报备案制度，违法案件属地管理、分级管辖和下查一级制度，违法督办制度，执法监察工作报告制度，执法监察文明执法和廉政制度，执法监察考核和评比奖励制度。同年，签订年度土地管理目标责任书。2008 年，建立土地违法问责制度，完善违法用地发现机制、拆除机制和联合办案机制。

二、土地执法监察

1991 年，成立“天桥区清理越权批地领导小组”，对城镇村居建设用地进行重点查处。1992 年，清理干部职工违法占地建房 21 户、面积 1553 平方米。1995 年，清理上报违法转让、出租抵押土地案件 640 件，处理 592 件。1997 年 6 月 4 日，开展非农业建设用地清查工作。1998 年 4 月，清理登记出租划拨土地使用权 700 余宗，收取土地使用权租金 140 万元。同年，清理出 1991 年至 1997 年 3 月底各类非农业建设用地 371 宗、面积 367.9 公顷；处理违法占地 278 宗、面积 295 公顷，结案率 100%。1999 年，制止和查处违法占地行为 4 宗、面积 13.33 公顷；查处闲置撂荒土地 3 宗，面积 4.67 公顷；对 1997 年 3 月前违法用地 7 宗（面积 7.2 公顷）按规定补办土地使用证手续。2000 年，制止和查处违法用地 5 宗、面积 13.33 公顷；接待来访人员 35 人次，来访案件 13 件，结案率 100%；对 1997 年 3 月前违法占地 32 宗（面积 15.84 公顷）补办土地使用手续。2001 年 6 月，印发《关于调整天桥区国土资源监察信息网络的通知》，在全区 5 个街道（镇）、169 个行政村设立国土监察信息员。同年，对 2000 年度土地卫星遥感监测成果开展土地执法监察工作，涉及 28 个图斑的 33 宗违法用地，配合市土地局监察大队进行查处，并全部下达行政处罚决定书，土地违法案件处结率 98%，结案率 100%。2002 年，开展创建执法模范区活动，成立创建领导小组，制定创建实施方案，签订目标责任书，制定奖惩制度。在利用 2001 年度卫星遥感监测成果开展土地执法检查工作中，全区 17 个图斑，涉及 17 宗地，全部调查终结。在房地产开发建设用地清理整顿工作中，立案查处违法用地 300 宗。2005 年，对部分村（居）未经批准、擅自占用集体土地或国有土地违法进行旧村改造的 40 宗违法用地案件进行立案查处。2006 年，组织巡查 159 次，发现制止土地违法行为 31 起，强制拆除圈占围墙 2 处，下达停工通知书 29 份；查处违法用地 3 宗，查处率 100%。2008 年，完成卫片执法检查 8 次，对检查出的 13 个违法图斑中 3 个图斑进行全部拆除或部分拆除，拆除建筑物面积 1.3 万平方米，收缴罚款 120 万元。清理 2004 年 1 月 1 日—2007 年 12 月 31 日发生的违法用地105宗、面积105公顷。2009年，拉网式清理新增建设用地，并对清理出的违法用地进行查处、拆除和整改，清理违法用地10宗、面积6.33公顷。2010年，拆除药山街道、大桥镇违法占地建筑10宗、占地面积约4.66公顷，违法用地耕地面积占新增建设用地耕地总面积5.97%。2011年，开展清理土地矿产违法违规专项整治活动，采取边清理、边查处、边拆除整改方式，清理新增建设用地57宗、面积47.55公顷，违法用地耕地占新增建设用地耕地2.19%。土地卫片执法检查违法用地耕地面积占新增建设用地耕地总面积1.23%。2012年，扎实开展2011年度土地卫片执法检查之中土地矿产卫片执法检查工作。卫片图斑下达后，通过核查，对需立案查处的19个图斑4.19公顷（其中耕地0.27公顷）违法用地进行查处并下达处罚决定书，收缴罚款39.1万元。天桥区在2006年、2009年、2011年分别获“山东省土地执法模范县（区）”称号。

国家土地督察济南局对天桥区土地矿产卫片执法工作进行检查验收（2011年2月摄）

三、土地信访

2009年，开展国土资源信访排查整治专项行动，开通“12336”违法举报电话，办结涉地涉矿信访事件20件，办理“12345”服务热线事项19件。至2012年，累计办理“12336”举报电话59件次、“12345”服务热线60件次、“12345”来信50件次。

2009—2012年天桥区土地信访统计表

表15-2

年份	答复“12345”热线（次）	答复“12345”来信（次）	答复“12336”热线（次）	“12336”来访
2009	10	9	15	5批次/8人次
2010	11	15	10	8批次/16人次
2011	17	18	12	10批次/21人次
2012	22	8	22	5批次/10人次

第六节　矿产资源管理

1986年3月，《中华人民共和国矿产资源法》颁布，全国矿产资源开发利用和保护纳入法制化轨道。天桥区原有利用黄河泥开发利用粘土矿3处，2008年天桥区下发文件，关闭黄河以南城区两个砖厂，收回采矿许可证，只保留桑梓店镇丁口村砖厂。至2012年，天桥区具有采矿权、利用黄河泥进行开发利用的粘土矿仅1处。

1991年始，天桥区对辖区内矿山企业进行年度检查，主要根据矿山企业填报矿山年度报告情况及矿山企业上一年度矿产资源开发利用情况进行监督检查，一般采用矿山自查、全面检查、抽查等方式进行。2003年，天桥区加强矿产法制建设，深化矿产管理体制改革，建立探矿权年检制度，杜绝越界勘察、非法转让探矿权及以采代探等违法行为。推进矿产资源补偿费征管工作规范化。矿产资源补偿费征管工作从推行申报、审核、稽查、代扣代缴等制度开始，到对少缴、漏缴、拒缴行为进行严肃查处。2008—2012 年，全区收缴矿产资源补偿费 6.72 万元，征收面 100%，征收率 100%。

2008—2012 年天桥区矿产资源管理统计表

表 15-3

年份	矿产企业（个）	矿产资源补偿费（万元）	采矿权价格（万元）
2008	3	3.24	7.18
2009	1	0.45	1.00
2010	1	0.94	1.00
2011	1	0.94	1.00
2012	1	1.15	1.24

第七节　地质灾害防治

一、地质灾害概况

天桥区主要地质灾害类型有崩塌、滑坡、地面塌陷（采矿区）。全区划分 1 个地质灾害中易发区、1 个地质灾害低易发区和 1 个不易发区，有 6 个地质灾害危险点，主要分布在鹊山（崩塌）、药山（崩塌）、标山（崩塌）、北马鞍山西南侧（滑坡）、粟山（滑坡）、凤凰山南侧（崩塌）。2010 年，投入 500 余万元，分别治理药山西侧和标山 8 处地质灾害隐患，并消除药山西侧和标山地质灾害隐患。

二、地质灾害防治规划

2010—2012 年，天桥区公布实施《济南市天桥区地质灾害防治方案》。方案主要内容为对全区当年地质灾害趋势进行预报；经过排查确定地质灾害隐患分布情况；明确汛期地质灾害防治重点；落实重点地质灾害隐患点防治措施及责任单位；制定地质灾害易发区及减灾防灾对策。

2012 年 12 月，公布实施《济南市天桥区地质灾害防治规划（2012—2025 年）》。济南市天桥区地质灾害防治规划基准年为 2010 年，近期为 2012—2015 年，中远期为 2016—2025 年。主要内容为完善地质灾害防治法规体系和行政监督管理体系；建立并完善地质灾害易发区调查评价体系、监测预警体系、防治体系和应急体系；规范并提高地质灾害危险性评估成果质量；实施重点地区、重大地质灾害治理工程和避让，降低地质灾害造成的损失；加大地质灾害防治队伍建设，加强地质灾害防治科技支撑工作，提升物资装备保障水平，提高全民防灾减灾意识和能力。

三、地质灾害监测及预报预警

2010—2012 年，天桥区先后建立健全地质灾害监测预防体系，区、镇、村三级地质灾害群测群防网络。提高群众防范地质灾害意识。加强对地质灾害隐患点监测、巡查，落实汛期地质灾害值班、灾（险）情速报、预警预报、信息接收、日报和危险性评估等制度，减少灾害造成的损失。

第八章　安全生产监督

2001年6月，天桥区安全生产监督管理局和天桥区安全生产委员会成立。具体负责综合管理全区非煤矿山、危险化学品、烟花爆竹等领域安全生产监管工作。同时，为加强对全区安全生产工作统一领导，区政府设立区安全生产委员会。安全生产委员会办公室（简称安委会办公室）作为安委会办事机构，设在区安全监管局，为一个机构两块牌子，具体负责监督检查、指导协调区政府有关部门和街道（镇）安全生产工作。

安全生产执法人员培训班（2012年摄）

第一节　安全生产宣传教育

一、安全生产月（周）宣传

1991年，国家确定每年5月份第2周为安全生产周。天桥区以“安全就是效益”和“提高职工安全意识”为主要内容开展宣传，展出宣传牌200余块。1992年，突出春季防火和麦收防火宣传。1993年，开展全国安全生产周和“119”防火日活动。1997年，以“加强管理，保障安全”为主题开展安全宣传周活动，发放宣传教材40本、安全手册200本，组织全区200余名安全干部参加济南市安全生产知识考试。2002年，国家把6月份定为安全生产月，其中6月1日为安全生产宣传咨询日。2012年，天桥区从安全文化、宣传教育、应急救援、事故教训等方面宣传安全生产。设立安全生产咨询点21个，悬挂条幅500余条，设置展板300余块，发放宣传资料1万余份（册），制作发放《人命关天的事》警示教育光盘450套、集中播放50余场次，举办安全知识培训班15期、培训近2000人次，设置安全示范街3条，播出安全标语20条。

二、安全社区和安全标准化创建

2010年，印发《天桥区全国安全社区建设

2011年，药山街道获“全国安全社区”称号（右五）。（2011年11月摄）

工作指导意见》，以北坦、药山2个街道为试点，开展“全国安全社区”创建。2011年，药山街道获“全国安全社区”称号。2012年，制锦市、官扎营、无影山、工人新村北村、泺口5个街道被命名为“省级安全社区”。同年，开展“安全标准化”企业创建，工商贸企业1家、危险化学品企业10家通过评审，其中被评为二级安全标准化企业1家，被评为三级安全标准化企业10家。

第二节　安全生产监管

一、安全生产监管网络建设

1991年，全区企业安全生产监管由区劳动局负责。2001年，区安全监管局综合监管全区安全生产。2004—2012年，区政府每年与各街道（镇）、部门、重点工程建设指挥部签订“年度安全生产目标责任书”，把安全生产工作同全区经济社会发展一同考评，一同奖惩，将安全生产责任落实到各级各部门。下发《天桥区年度目标责任制考核暂行办法》，实行月自查、季通报、半年总结、年终考核制度。对安全生产机构建设、安全生产投入、安全生产专项治理及重点行业和领域安全生产隐患排查、应急预案、宣传教育等逐项考核。对没有完成全年目标考核任务的，实行一票否决，对全年目标考核任务完成较好的，进行奖励。

二、安全生产检查制度

1991年，对企业锅炉压力容器、消防安全和用电安全进行安全监管。1994年，对全区70余家企事业单位开展清理“三违”（违章指挥、违章操作、违反劳动纪律）检查。1995年，对驻区系统、单位328台锅炉进行检查，在用锅炉年检率达96%。1997年，对全区锅炉压力容器重新摸底登记，健全档案；检查锅炉147台，检验率98%。2001—2006年，贯彻落实《中华人民共和国安全生产法》，清理整顿安全隐患企业。2007—2012年，健全完善日常性、节假日特定时期等安全检查制度12个。

三、专项安全检查整治

1991年，对46个化工经营单位进行检查，核发危险品经营许可证36个。1992年，检查北园镇麦收防火工作，保证万亩小麦颗粒归仓。1997年，查处不安全因素和事故隐患394起，提出整改意见144条。2001—2012年，结合安全生产月、专项整治、隐患排查治理、安全生产大检查等，组织各部门对烟花爆竹、道路交通、建筑施工、人员密集场所、学校等行业领域展开联合执法行动，消除事故隐患。

2005—2012年天桥区重点行业安全监管统计表

表15-4

年份	危险化学品生产企业（家次）	危险化学品经营企业（家次）	烟花爆竹生产经营者（家次）	一般工商贸企业（家次）	查处事故隐患（件）	罚款金额（万元）
2005	26	96	345	117	814	7.10
2006	38	97	204	90	411	9.90
2007	36	96	301	145	375	12.40
2008	36	96	226	291	603	37.50
2009	85	100	200	120	620	20.00
2010	92	108	200	140	605	30.00
2011	58	145	200	126	663	32.00
2012	60	130	226	82	630	40.00

第三节　安全责任事故处理

1991年，贯彻落实《山东省职工伤亡事故报告和处理办法》，各类生产安全伤亡事故，严格按程序和“四不放过”（原因查不清不放过、责任人得不到处理不放过、没有落实防范措施不放过、职工群众受不到教育不放过）原则，依法追究有关责任人责任。2003年，生产安全事故调查处理实行分级管理。2007年，根据国务院《生产安全事故报告和调查处理条例》进行生产安全事故调查处理，事故调查组由安全监管、检察、监察、公安、工会等有关部门组成，同时聘请专家参与调查。2003—2012年，发生各类安全事故2647起，死亡447人，重伤448人，直接经济损失875.01万元，有关部门对肇事者依法作出处理。

2003—2012年天桥区安全生产事故统计表

表15-5

年份	事故（起）	死亡（人）	重伤（人）	经济损失（万元）
2003	460	64	71	109.60
2004	401	61	51	139.02
2005	340	46	49	83.32
2006	293	44	47	87.49
2007	371	43	70	74.12
2008	253	42	72	56.57
2009	199	41	11	54.44
2010	153	37	10	106.98
2011	118	37	37	103.39
2012	59	32	30	60.08

第四节　安全资格考核监管

一、安全生产许可

1991年，初审区内企业提出的行政许可事项申请，符合规定的，形成审查意见，报请上级安全监管部门。2004年，济南市将烟花爆竹“禁放”改为“限放”。根据属地管理原则，对全区申请销售烟花爆竹业户，逐级审查、审批，坚持“谁审查，谁签字，谁发证，谁负责”，严把许可审批关。2007年，开始发放经营许可证（乙种）。至2012年，发放经营许可证（乙种）218个，办理《非药品易制毒化学品经营备案证明》企业20家。

二、安全资格培训考核

1991年，区劳动局对特殊工作作业人员进行资格培训考核。2002年，全体安全生产监察人员持证上岗，持证率100%；组织街道（镇）安全监管干部参加执法培训班，持证率100%。2009—2012年，组织全区企业主要负责人、安全管理人员参加培训3050人次。2012年，在济南市安全生产执法竞赛中，天桥区总分第二。

三、特种作业人员安全资格考核

1991—2000年，区劳动部门为特种作业人员套改工资，增加岗位津贴，对不具备特种作业人员资格职工予以转岗。按照《中华人民共和国安全生产法》要求，特种作业人员培训考核，由中介机构确定理论学习和操作培训时间，并按要求统一授课，保证培训质量，培训考核“监考”由区安监局负责。2009—2012 年，组织特殊工种作业人员参加考核 1108 人次。

2005—2012 年烟花爆竹零售业户统计表

表 15-6 单位：家

年份	2005	2006	2007	2008	2009	2010	2011	2012
数量	345	204	301	203	200	200	200	216

第五节 应急救援

一、编制应急救援预案

2004 年，《济南市天桥区重特大生产安全事故应急救援预案（试行）》编写完成，包括《济南市天桥区重特大道路交通事故应急救援预案（试行）》《济南市天桥区重特大火灾事故应急救援预案（试行）》《济南市天桥区危险化学品重特大事故应急救援预案（试行）》《济南市天桥区民用爆炸物品重特大事故应急救援预案（试行）》《济南市天桥区工程建设及燃气重特大事故应急救援预案（试行）》《济南市天桥区特种设备重特大事故应急救援预案（试行）》《济南市天桥区重特大电力生产安全事故应急救援预案（试行）》7 个子预案。2008 年，《济南市天桥区生产安全事故应急救援预案》编写完成，包括《济南市天桥区道路交通事故应急救援预案》《济南市天桥区火灾事故应急救援预案》《济南市天桥区危险化学品安全事故应急救援预案》《济南市天桥区非煤矿山事故应急救援预案》《济南市天桥区烟花爆竹事故应急救援预案》《济南市天桥区民用爆炸物品爆炸事故应急救援预案》《济南市天桥区工程建设安全事故应急救援预案》《济南市天桥区燃气（罐装）生产安全事故应急救援预案》《济南市天桥区特种设备事故应急救援预案》《济南市天桥区电力安全事故应急救援预案》10 个子预案。《济南市天桥区重特大生产安全事故应急救援预案（试行）》废止。2010—2012 年，先后对《济南市天桥区危险化学品安全事故应急救援预案》进行修改、完善。

二、组织应急救援演练

1991—2012 年，每年开展应急救援演习。2005 年 7 月，济南三爱富氟化工有限责任公司开展危险化学品应急救援实战演习，区安全监管、公安、消防、交警、卫生等部门参加，此次为 1991 年来最大规模演练。现场模拟液氨泄漏导致人员中毒昏迷场景，对故障抢修、现场警戒、人员救援等环节进行演练。经过 25 分钟紧张“抢险”，随着“氨气泄漏点”成功封堵和 2 名“中毒”人员第一时间救出，事故隐患彻底排除，实战演练活动取得成功。

第十六篇

中国共产党天桥区委员会

1991—2012
TIANQIAO QU ZHI

2011 年 1 月 13 日，中共天桥区第十届委员会第九次全体会议召开。

2012年1月1日，中共天桥区委书记、党校校长、济南化工产业园区管委会党工委书记毕筱奇（前中）检查春运工作。

2009年9月18日，天桥区召开全区实施村居党建"A级管理法"动员大会。

1990—2012 年，中共天桥区委召开代表大会 6 次，选举产生第六至十一届委员会，召开全委（扩大）会议 51 次。

1991 年，天桥区有党委（党组）34 个，总支部 14 个，党支部 445 个，党员 6271 名。至 2012 年，有党委（党组）59 个，总支部 127 个，支部 1358 个，党员 30995 名。

1995—1998 年，开展社会主义教育活动，加强农村基层组织建设。1999—2000 年，在全区领导班子和领导干部中开展“三讲”（讲学习、讲政治、讲正气）教育活动，增强领导干部用理论指导改革实践能力。2004 年，推进全区学习型党组织建设。2007 年，天桥区被评为山东省党员教育先进区。2012 年，学习贯彻中共十八大精神，以加强党的执政能力、先进性和纯洁性建设为主线，以为民务实清廉为主题，以配好配强领导班子、抓实抓好基层组织建设为重点，围绕中心、服务大局，改进作风、创新实干，统筹推进干部队伍、人才队伍和基层党组织建设，为建设富裕文明和谐幸福新天桥提供坚强有力的组织保证。

中共天桥区委始终坚持物质文明建设和精神文明建设一起抓，以经济建设为中心，团结带领全区各级党组织和广大党员干部群众，攻坚克难、拼搏进取，做好转方式、调结构、促增长、惠民生、保稳定工作。先后实施招商引资、旧城改造、老城提升、新区开发等一系列措施，城市面貌发生历史性变化，全区政治稳定、经济发展、社会和谐、民族团结，为实现“十二五”时期良好开局打下坚实基础。

第一章 中共天桥区代表大会

1990 年 3 月 9 日—13 日，中共天桥区第六次代表大会召开；至 2011 年 12 月，相继召开中共天桥区第七次、八次、九次、十次、十一次代表大会，每次代表大会都听取、审议并通过中共天桥区委、中共天桥区纪委工作报告，选举产生新一届中共天桥区委员会、中共天桥区纪律检查委员会。

第一节 中共天桥区第六次代表大会

1990 年 3 月 9 日—13 日，中国共产党济南市天桥区第六次代表大会在山东煤矿职工接待处礼堂召开。出席会议代表 265 人，列席人员 72 人。大会听取、审议并通过区委主要领导代表第五届区委所作《坚定信心团结奋斗把全区各项事业继续推向前进》工作报告和宁继仁代表区纪委所作《努力做好纪检工作保证治理整顿和深化改革顺利进行》工作报告。会议提出，认真学习贯彻党的十三届五中全会精神，进一步统一思想认识，坚定不移地治理整顿和深化改革，促进全区经济持续、稳定、协调发展；端正社会主义精神文明建设的方向，切实解决“一手硬、一手软”的问题，努力加强社会主义精神文明建设；加强党的领导和党的思想、组织、作风建设，努力把全区党组织建设成为充满朝气和活力、能够团结带领全区人民进行两个文明建设的坚强核心。并提出全区经济持续、稳定、协调发展的主要目标和措施：（一）在提高经济效益的前提下，工业总产值实现年均递增 10%；（二）控制基本建设投资规模，加强城乡基础设施建设；（三）积极发展生产，增加有效供给，控制消费需求的过快增长，坚决克服超前分配现象；（四）运用经济、行政、法律等手段，加强宏观调控，逐步建立起符合计划经济和市场调节相结合的经济运行机制，进一步增强企业活力和自我发展的能力，推进经济建设的发展。会议选举产生中共天桥区第六届委员会委员 31 名、候补委员 4 名。在区委六届一次全委会议上，陶安岭、李华理、张连铸、孙秀伦、宁继仁、范广福、纪宝华、李道庆、赵继福、杜书作、米金普当选为区委常委，陶安岭当选为区委书记，李华理、张连铸、孙秀伦当选为区委副书记。会议选举产生中共天桥区第六届纪律检查委员会委员15名。在区纪委第一次全委会议上，马继水、邓基山、宁继仁、印森林、李效武、张桂敏（女）、郭庆友当选为区纪委常委，宁继仁当选为区纪委书记，印森林、张桂敏（女）当选为区纪委副书记。

第二节　中共天桥区第七次代表大会

1995年4月6日—8日，中国共产党济南市天桥区第七次代表大会在区机关会议厅召开。出席会议代表265人，列席人员79人。大会听取、审议并通过彭万生代表第六届区委所作《励精图治 务实求实 为全面开创我区各项事业新局面而努力奋斗》工作报告和区纪委《认真履行纪检机关职能 努力保证党的基本路线贯彻执行》书面报告。会议提出，全区各级党组织要以建设有中国特色的社会主义理论为指导，全面贯彻落实党的十四大精神，以中央“抓住机遇，深化改革，扩大开放，促进发展，保持稳定”的方针总揽全局，正确处理改革、发展、稳定的关系，坚持以提高经济效益为中心，全面实施“2413”工程，突出抓好“深化改革、调整结构、科教兴区、外向带动”四个关键，努力实现“三产向集约规模型、工业向技术密集型、农业向城郊服务型、城建向现代城区型”四个转变，促进全区经济建设持续、快速、健康发展，推动社会全面进步，把两个文明建设提高到新水平。会议选举产生中共天桥区第七届委员会委员29名、候补委员4名。在区委七届一次全委会议上，彭万生、杨锡福、纪宝华、王辉、赵继福、杜书作、李道庆、韩宝忠、许强、舒孝堂、郭美萍（女）当选为区委常委，彭万生当选为区委书记，杨锡福、纪宝华、王辉当选为区委副书记。会议选举产生中共天桥区第七届纪律检查委员会委员15名。在区纪委第一次全委会议上，王余文、白继海、孙国祥、何国平、赵继福、郭庆友当选为区纪委常委，赵继福当选为区纪委书记，白继海、郭庆友当选为区纪委副书记。

第三节　中共天桥区第八次代表大会

1998年3月26日—29日，中国共产党济南市天桥区第八次代表大会在区机关会议厅召开。出席会议代表265人，列席人员65人。大会听取、审议并通过彭万生代表第七届区委所作《高举邓小平理论伟大旗帜 努力推进全区两个文明建设再上新台阶》工作报告和赵继福代表区纪委所作《充分履行纪检机关职能 坚持不懈地推进党风廉政建设》工作报告。会议提出，要高举邓小平理论伟大旗帜，全面贯彻落实党的十五大精神，更加紧密地团结在以江泽民为核心的党中央周围，坚持党在社会主义初级阶段的基本路线和基本纲领，围绕建设现代化省会城市中心城区，深入实施“2413”工程，加快两个根本性转变，促进各项产业协调发展，突出抓好“改革开放、科教兴区、基础设施、私营经济”四个重点，着力实现“市民道德素质、文化生活质量、社会安定程度、城区文明水平”四个提高，通过不断加强党的建设、改善党的领导，努力推进两个文明建设再上新台阶、开创新局面。会议选举产生中共天桥区第八届委员会委员29名、候补委员4名。在区委八届一次全委会议上，彭万生、杨锡福、王辉、许强、赵继福、郭美萍（女）、舒孝堂、杜万枫、许宝利、王建军、吴承丙当选为区委常委，彭万生当选为区委书记，杨锡福、王辉、许强当选为区委副书记。会议选举产生中共天桥区第八届纪律检查委员会委员15名。在区纪委第一次全委会议上，赵继福、白继海、李玉华（女）、高广华、何国平、齐三平、王余文当选为区纪委常委，赵继福当选为区纪委书记，白继海、李玉华（女）当选为副书记。

第四节　中共天桥区第九次代表大会

2003年3月6日—8日，中国共产党济南市天桥区第九次代表大会在区机关会议厅召开。

出席会议代表272人，列席人员69人。大会听取、审议并通过杨庆林代表第八届区委所作《解放思想 与时俱进 为建设现代化省会城区而奋斗》工作报告和宋胜玉代表区纪委所作《中共天桥区纪律检查委员会向区第九次党代表大会的工作报告》。大会提出，以邓小平理论和“三个代表”重要思想为指导，全面贯彻党的十六大精神，坚持发展为第一要务，以建设现代化省会城市中心城区为目标，继续深入贯彻落实“四个创新”，大力发展财税型区域经济，积极推进城市化进程，促进物质文明、政治文明、精神文明协调发展，推动经济及各项事业再上新台阶。会议选举产生中共天桥区第九届委员会委员29名、候补委员4名。在区委九届一次全委会议上，杨庆林、雷天太、吴承丙、王建军、宋胜玉、贾云国、童世敏（女）、王壮、刘建忠、曹峰、赵新生当选为区委常委，杨庆林当选为区委书记，雷天太、吴承丙、王建军、宋胜玉当选为区委副书记。会议选举产生中共天桥区第九届纪律检查委员会委员15名。在区纪委第一次全委会议上，宋胜玉、李玉华（女）、侯庆水、桑居顺、孔德军、郑海涛、刘建明当选为区纪委常委，宋胜玉当选为区纪委书记，李玉华（女）、侯庆水当选为区纪委副书记。

第五节　中共天桥区第十次代表大会

2006年12月21日—23日，中国共产党济南市天桥区第十次代表大会在区机关会议厅召开。出席会议代表294人，列席人员73人。大会听取、审议并通过张辉代表第九届区委所作《坚持科学发展　和谐发展 为把天桥建设成为现代化省会城市中心城区而努力奋斗》工作报告和宋胜玉代表区纪委所作《中共天桥区纪委向区第十次党代会的工作报告》。大会提出，要高举邓小平理论和“三个代表”重要思想伟大旗帜，以科学发展观统领全局，以发展为第一要务，以建设现代化省会城市中心城区为目标，以和谐天桥建设为重点，以加强和改善党的建设为保障，着力推进经济结构调整和经济增长方式转变，加快建设资源节约型和环境友好型社会，推动区域经济持续快速协调健康发展，全面繁荣社会各项事业，努力把天桥区建设成为富裕文明和谐的现代化省会城市中心城区。会议选举产生中共天桥区第十届委员会委员35名、候补委员7名。在区委十届一次全委会议上，张辉、王建军、吴承丙、宋胜玉、刘建忠、赵新生、潘传利、陈勇、亓伟、郅良（女）、宋剑当选为区委常委，张辉当选为区委书记，王建军、吴承丙当选为副书记。会议选举产生中共天桥区第十届纪律检查委员会27名。在区纪委第一次全委会议上，宋胜玉、桑居顺、赵寿娟（女）、王度量、刘建明、许致华（女）、李海燕（女）、鞠文武当选为区纪委常委，宋胜玉当选为区纪委书记，桑居顺、赵寿娟（女）当选为区纪委副书记。

第六节　中共天桥区第十一次代表大会

2011年12月25日—28日，中共济南市天桥区第十一次代表大会在区机关会议厅召开。出席会议代表307人，列席人员95人。大会听取、审议并通过毕筱奇代表第十届区委所作《实现新跨越 再造新天桥》工作报告和樊瑞代表区纪委所作《深入开展党风廉政建设和反腐败工作 为实现新跨越再造新天桥提供政治保证》工作报告。大会提出，高举中国特色社会主义伟大旗帜，以邓小平理论和“三个代表”重要思想为指导，深入贯彻落实科学发展观，以科学发展为主题，以加快转变经济发展方式为主线，紧紧围绕“建设富裕文明和谐幸福新天桥”这一奋斗目标，全力以赴抓好经济发展和城市建设两项重点工作，大力推进“老城区、滨河新区、北部新城区”三大区域开发建设，实施“新型城市化、三产富区、工业振兴、北跨发展”四大战略，统筹推进经济建设、政治建设、文化建设、社会建设和党的建设，谱写“实现新跨越、再造新天桥”的宏伟篇章。会议选举产生中共天桥区第十一届委员会委员35名、候补委员7名。在区委十一届一次全委会议上，毕筱奇、李洪海、傅金峰、陈勇、亓伟、樊瑞（回族）、滕志超、韩伟、冉舸、王联华、叶辉（女）当选为区委常委，毕筱奇当选为区委书记，李洪海、傅金峰当选为区委副书记。会议选举产生中共天桥区第十一届纪律检查委员会委员27名。在区纪委第一次全委会议上，樊瑞（回族）、赵志秀、黄少泉、陈乃华（女）、姜薇（女）、高毅、吴承丁当选为区纪委常委，樊瑞当选为区纪委书记，赵志秀、黄少泉当选为区纪委副书记。

中共天桥区第六至十一届委员会委员、候补委员名单一览表

表 16-1

届次	委　员	候补委员
第六届	王续宗、宁继仁、许强、孙云明、孙元臻、孙秀伦、纪宝华、米金普、李金、李庆华、李华理、李金发、李胜利、李春圃、李道庆、杜书作、苏传勤、张连铸、张建国、张恒禄、杨锡福、范广福、金玉谱、赵丽（女）、赵继福、姬广印、陶安岭、徐兆琦、耿志常、闫丰兴、童世敏（女）。	印森林、范静（女）、陈东江、颜承慧（女）。
第七届	王辉、王建军、仓友徽、芦传忠、许强、孙云明、纪宝华、米金普、杜书作、陈永才、李明彪、李道庆、宋胜玉、张连铸、张殿忠、杨锡福、范广福、赵继福、郭万里、郭美萍（女）、郭继清、姬广印、贾柏林、崔然贵、隗振勤、彭万生、童世敏（女）、舒孝堂、韩宝忠。	张桂敏（女）、张靖宇、杨维诗、陈惠（女）。
第八届	王辉、王长来、王建军、刘超华、许强、许宝利、孙云明、孙永平（女）、杜万枫、杜书作、杨维诗、杨锡福、李典茂、李恩广、吴承丙、宋胜玉、张景珠、陈士武、范广福、赵继福、赵新生、郭万里、郭美萍（女）、郭继清、章九玲（女）隗振勤、彭万生、董士奎、舒孝堂。	于汝洋、刘建良、仇清月、葛国庆。
第九届	亓伟、王壮、王长来、王秀新、王建军、田庆盈、毕思忠、刘建良、刘建忠、孙国祥、杨庆林、李恩广、吴承丙、宋胜玉、张军、张培友、陈勇、赵新生、贾云国、贾柏林、黄兰生、曹峰、舒孝堂、童世敏（女）、雷天太、窦庆福、樊瑞（回族）、滕志超、潘传利。	王芳（女）、宋光强、董成绩、刘超华。
第十届	王芳（女）、王秀新、王建军、王晓虎 王联华、亓伟、巨云兴、左永欣、田庆盈、吕宏胜、刘世浒、刘建忠、刘新一（女）、李大春、吴承丙、宋剑、宋胜玉、张辉、张培友、陈勇、武善欣、郅良（女）、赵新生、贾云国、贾柏林、高广华、黄兰生、梁贵堂、韩军、韩勇、舒孝堂、窦庆福、樊瑞（回族）、滕志超、潘传利。	马敬民 、仲涛、刘宇军、刘建良、李恩广、宋光强、张建明。
第十一届	马卫民、亓伟、王芳（女）王法清、王联华、王新会、王新锋、左永欣、叶辉（女）、冉舸、毕筱奇、吕东、延磊、刘仁东、刘传利、刘建忠、孙广忠、孙国栋、李正友、李洪海、沈迎、张培友、陈勇、陈晨、郑学诗、赵寿娟（女）、赵新生、戚桂民、韩伟、韩清、韩利师、程松、傅金峰、樊瑞（回族）、滕志超。	马敬民、王警宇（女）、毕思忠、刘永红（女）、刘可鑫、刘敬涛、孙向军。

中共天桥区第六至第十一届纪律检查委员会委员名单一览表

表 16-2

届次	委　员
第六届	马继水、王建军、邓基山、田汝贵、宁继仁、印森林、刘翠莲（女）、李茂贞（女）、李效武、张桂敏（女）、何恩福、苏德忠、俞芊芊（女）、郭庆友、韩宝忠。
第七届	王文余、王建国、白继海、孙国祥、刘美兰（女）、刘翠莲（女）、李玉华（女）、李春荣（女）、何国平、张泽泉、孟凡元、俞芊芊（女）、封华成、赵继福、郭庆友。
第八届	王文余、孔德军、白继海、乔成惠、刘翠莲（女）、齐三平、李玉华（女）、李春荣（女）、何国平、张文明、张泽泉、武善松、岳建宝、赵继福、高广华。
第九届	宋胜玉、李玉华（女）、侯庆水、张全仓、张建明、尚玉乾、乔成惠、孙进力、桑居顺、孔德军、郑海涛、刘建明、鲍红（女）、孙向军、赵寿娟（女）。

续表 16-2

届次	委员
第十届	王伟（女）、王度量、申吉华、刘清（女）、刘宝利、刘建明、齐四平、许致华（女）、李慧（女）、李兴明、李海燕（女）、杨国伟、辛丕华、宋胜玉、陈乐敏（女）、陈佩友、武善松、尚玉乾、房健、赵寿娟（女）、姜秀杰（女）、桑居顺、黄少泉、韩会敏、温洪军、鲍红（女）、鞠文武。
第十一届	于海燕(女)、王俊(女)、王子强、王仁宗、王丽燕(女)、王念立、王忠胜、王度量、王殿强、刘奕、孙承歌(女)、杨鹏、李效军、李海燕(女)、李敏杰、吴承丁、张莉(女)、陈乃华(女)、赵志秀、姜薇(女)、袁敏(女)、高毅、栾秀芳(女)、黄少泉、续明(回族)、傅海卫、樊瑞(回族)。

第二章　区委全委会议

1990—2012 年，中共天桥区委员会召开全委（扩大）会议 51 次，其中六届全委会 13 次、七届全委会 5 次、八届全委会 10 次、九届全委会 9 次、十届全委会 12 次、十一届全委会 2 次。

中共天桥区委第六至十一届全委（扩大）会议一览表

表 16-3

届次		召开时间	主要内容
第六届	一次	1990 年 3 月 13 日	区委主要领导主持会议并作讲话。会议选举产生区委常委、书记、副书记；通过《中共济南市天桥区委关于加强全委会自身建设的决定》。
	二次	1990 年 7 月 17 日	区委副书记李华理主持会议，区委主要领导作工作报告并经会议审议通过。
	三次	1990 年 12 月 28 日—29 日	区委副书记李华理主持会议，区委主要领导作工作报告并经会议审议通过。审议通过《天桥区一九九一年国民经济和社会发展计划安排意见》；传达贯彻市委五届六次全会精神，部署 1991 年任务。
	四次	1991 年 3 月 1 日	区委主要领导主持会议，区委副书记李华理就《济南市天桥区国民经济和社会发展第八个五年计划（草案）》有关问题作说明；审议通过《天桥区国民经济和社会发展第八个五年计划（草案）》。
	五次	1991 年 7 月 18 日	区委主要领导作工作报告并经会议审议通过。
	六次	1991 年 12 月 29 日—30 日	区委副书记范广福主持会议，区委主要领导作工作报告。传达中央 21 号文件和省、市委全委（扩大）会议精神，学习江泽民总书记在中共十三届八中全会上重要讲话；审议通过区委主要领导作的工作报告和北园镇“奋斗一年奔小康，‘八五’再上新水平”的规划。
	七次	1992 年 7 月 14 日	区委副书记范广福主持会议，区委主要领导作工作报告并经会议审议通过。会议重点对全区第一、第二、第三产业发展提出新的目标和措施。
	八次	1992 年 11 月 24 日—25 日	区委副书记范广福主持会议，区委主要领导作工作报告并经会议审议通过。会议主要内容是传达贯彻中共十四大及省、市五届九次全委（扩大）会议精神，进一步解放思想、更新观念，建立社会主义市场经济体制，加快经济发展步伐，促使全区经济不断上新台阶。
	九次	1993 年 7 月 5 日	区委主要领导作《励精图治，迎难而上，确保今年经济工作及各项事业再上新台阶》的报告，会议审议并通过报告。

续表 16-3

届次		召开时间	主要内容
第六届	十次	1993 年 10 月 9 日	区委主要领导主持会议并讲话。会议研究通过关于召开区党代表会议的有关文件及事宜；研究同意区党代表会议于 10 月 9 日在区机关会议厅召开；酝酿同意出席市第六次党代会代表名单；审议通过区党代表会议各项议程。
	十一次	1993 年 12 月 28 日	区委副书记彭万生主持会议，区委主要领导作工作报告并经会议审议通过。会议中心议题是深入贯彻落实中共十四届三中全会和省、市委六次党代会精神，认真总结一年来的工作，研究确定明年的目标任务，动员全区人民，进一步解放思想，把握有利时机，加快改革开放和经济建设步伐，推动各项事业快速发展。
	十二次	1994 年 7 月 12 日	区委副书记彭万生主持会议，区委主要领导作工作报告并经会议审议通过。会议中心议题是认真回顾总结今年上半年的工作情况，动员全区广大党员、干部、群众，继续深入贯彻党的十四届三中全会精神，进一步解放思想，振奋精神，把握机遇，加快发展，推动各项事业再上新台阶，圆满完成区委六届十一次全委（扩大）会议确定的各项目标任务。
	十三次	1994 年 12 月 22 日	区委副书记彭万生主持会议，区委主要领导作工作报告并经会议审议通过。会议中心议题是深入贯彻落实中共十四届四中全会和省、市委全会精神；审议通过区委关于贯彻《中共中央关于加强党的建设几个重大问题的决定》的实施意见；认真总结今年以来的工作，动员全区上下认清形势，明确任务，处理好改革、发展、稳定的关系，促进全区经济持续、快速、健康发展，确保完成区委确定的明年各项目标任务。
第七届	一次	1995 年 4 月 8 日	彭万生主持会议，并作讲话。会议根据市委济任〔1995〕15 号文件提出的区委常委、书记、副书记候选人建议名单进行酝酿、讨论之后，以无记名投票方式，差额选举产生区第七届委员会常务委员会委员 11 人，等额选举产生区第七届委员会书记、副书记。
	二次	1995 年 11 月 25 日	区委书记彭万生作工作报告。会议主要议题是贯彻落实中共十四届五中全会和省委六届五次、市委六届三次全会精神；审议通过天桥区国民经济和社会发展“九五”计划及 2010 年远景目标；回顾总结今年的工作，安排部署明年的任务，动员广大党员干部群众进一步振奋精神，团结实干，努力开创全区两个文明建设的新局面。
	三次	1996 年 8 月 5 日—6 日	区委书记彭万生主持会议。会议主要议题是审议通过《济南市天桥区区级机构改革实施意见》；讨论研究《济南市天桥区国家公务员制度实施方案》；总结上半年经济工作。区委副书记王辉作关于《济南市天桥区区级机构改革实施意见》和《济南市天桥区国家公务员制度实施方案》的说明；区委副书记、区长杨锡福作关于审议《济南市天桥区区级机构改革实施意见》的说明，总结上半年经济工作；区委书记彭万生代表区委常委会作报告。
	四次	1996 年 12 月 5 日—6 日	区委副书记杨锡福主持会议，区委副书记王辉传达市委全会精神要点，区委书记彭万生作工作报告。区委副书记王辉就《天桥区“九五”期间社会主义精神文明建设规划（草案）》《关于 1997 年加强社会主义精神文明建设的实施意见（草案）》讨论情况作说明；区委副书记纪宝华就《关于 1997 年加快“两个转变”的实施意见（草案）》讨论情况作说明；审议通过《中共天桥区七届四次全委（扩大）会议决议（草案）》；区委副书记杨锡福就会议贯彻及当前工作提出要求。
	五次	1997 年 10 月 28 日—29 日	会议分别由区委书记彭万生、副书记杨锡福、王辉主持。会议主要议题是传达省、市委全委（扩大）会议精神；审议通过天桥区 1998 年经济发展计划（草案）、济南市天桥区 1998—2002 年国民经济和社会发展目标（草案）。区委书记彭万生作报告；副书记纪宝华作济南市天桥区 1998—2002 年国民经济和社会发展目标（草案）说明；区委副书记杨锡福就会议贯彻讲了意见。
第八届	一次	1998 年 3 月 29 日	会议根据市委济任〔1998〕238 号文件提出的区委常委、书记、副书记候选人建议名单进行酝酿、讨论，以无记名投票方式，差额选举产生区委第八届委员会常务委员会委员 11 名，等额选举产生区委第八届委员会书记、副书记。会议指出，天桥区改革开放和现代化建设正处在世纪交替的关键时期。在走向新世纪的征途中，我们将面对前所未有的机遇和挑战，肩负着面向新世纪，开创美好未来的历史重任。号召全区共产党员高举邓小平理论伟大旗帜，更加紧密地团结在以江泽民同志为核心的党中央周围，继续发扬“务实求实，真抓实干，顽强拼搏，争创一流”的天桥精神，夺取全区两个文明建设的新胜利，阔步迈向二十一世纪。

续表 16-3

届次		召开时间	主要内容
第八届	二次	1998 年 9 月 4 日	区委书记彭万生主持会议。主要议题是听取酝酿选举市第七次党代会代表及召开区党代表会议有关情况的汇报；审议通过彭万生在区党代表会议上的讲话；讨论通过出席市第七次党代表大会代表候选人建议名单；讨论通过区党代表会议选举办法（草案）；讨论通过区党代表会议总监票人、监票人名单；审议通过关于区党代表会议的决议（草案）。会议讨论通过王辉、王建军、王德刚、牛洪恩、白然、刘长河、刘发梅、刘翠莲、许强、阴旋、孙永平、李华理、李春圃、杨维诗、杨锡福、陈东江、赵伟、赵继福、高庆禄、高翠萍、陶安岭、彭万生 22 人的出席市党代表大会代表候选人建议名单（按姓氏笔划为序）。
	三次	1998 年 12 月 22 日	主要议题是传达贯彻市委七届二次全委（扩大）会议精神；审议通过天桥区明年经济发展计划；提出 1999 年全区经济工作主要实施“五项工程”（科技推动工程、三产拉动工程、工业驱动工程、开放带动工程、房产启动工程），抓好“十大任务”（重点抓好“一站、两区、三大商贸中心、四条经济带、五大房地产企业、六大商业街、七大市场群、八大企业集团、九大攻关项目、十大技改项目”）。
	四次	1999 年 10 月 29 日	主要议题是传达贯彻中共十五届四中全会和省委七届二次全会、市委七届三次全会精神；研究部署加快区属企业改革和发展的目标任务。
	五次	2000 年 8 月 8 日	主要议题是传达市委七届四次全会精神，总结全区上半年工作，部署下半年工作任务。
	六次	2000 年 12 月 14 日—15 日	主要议题是贯彻中共十五届五中全会和市委七届五次全会精神；审议《天桥区国民经济和社会发展第十个五年计划纲要（草案）》。
	七次	2001 年 8 月 1 日	主要议题是传达市委七届六次全会精神；审议《中共天桥区委关于按照“三个代表”要求加强和改进党的基层组织建设的实施意见（审议稿）》。
	八次	2001 年 10 月 26 日	主要议题是学习贯彻中共十五届六中全会和市委七届七次全会精神，就全区重点工作进行研究部署；区委书记杨庆林代表区委常委会作报告。
	九次	2003 年 1 月 28 日	主要议题是审议通过《中共济南市天桥区关于学习贯彻党的十六大精神的决定》；作出《关于召开中国共产党济南市天桥区第九次代表大会的决议》。
	十次	2003 年 3 月 2 日	主要议题是听取中共天桥区第九次代表大会筹备情况汇报；酝酿九届区委、纪委候选人预备人选和出席中共济南市第八次代表大会代表候选人预备人选；审议通过中共天桥区八届委员会工作报告和区纪委工作报告。
第九届	一次	2003 年 3 月 8 日	会议选举产生区委第九届委员会常务委员会委员 11 名及第九届委员会书记、副书记。大会提出，要以邓小平理论和“三个代表”重要思想为指导，全面贯彻落实中共十六大精神，坚持以发展为第一要务，以建设现代化省会城区为目标，继续深入落实“四个创新”（科技、产业、制度、环境），大力发展财税型区域经济，积极推进城市化进程，促进物质文明、政治文明、精神文明协调发展，推动经济及社会各项事业再上新台阶。
	二次	2003 年 11 月 3 日	主要议题是以“三个代表”重要思想为指导，认真学习贯彻中共十六届三中全会和省委八届六次全会、市委八届二次全会精神；听取区委常委会今年以来的工作报告，研究部署当前和今后一个时期的工作，动员全区党员干部群众，为“新泉城、新天桥，建设现代化省会城市中心城区”而努力奋斗。

续表 16-3

届次		召开时间	主要内容
第九届	三次	2004 年 6 月 12 日	主要议题是观看背街小巷综合整治工作情况专题片和济泺路规划设计多媒体片；听取济泺路、经一路规划设计、拆迁、建设及招商引资工作情况汇报和药山工业园、天桥工业园（济南化工产业基地）、黄河水景园的设计规划、建设及招商工作情况汇报；区委书记杨庆林，区委副书记、区长雷天太分别作重要讲话。
	四次	2004 年 11 月 26 日	主要议题是学习贯彻中共十六届四中全会、市委八届四次全会精神；总结今年以来工作，部署全区当前和明年重点工作。
	五次	2005 年 7 月 24 日	主要议题是贯彻市委八届五次全会精神；审议《中共天桥区委常委参加保持共产党员先进性教育实践活动的报告》；研究落实科学发展观的措施，进一步解放思想、干事创业，站上新起点、实现新发展，加快经济及社会各项事业发展。
	六次	2005 年 12 月 30 日	主要议题是贯彻中共十六届五中全会、市委八届六次全会精神；审议《天桥区国民经济和社会发展第十一个五年规划纲要（草案）》；报告全年工作。
	七次	2006 年 8 月 2 日	主要议题是贯彻落实济南市县域经济现场会和济南市县域经济现场交流会精神，总结上半年工作，部署下半年任务。
	八次	2006 年 10 月 24 日	主要议题是审议《中国共产党济南市天桥区第九届委员会关于召开中国共产党济南市天桥区第十次代表大会的决议（草案）》，并对做好区委换届和当前工作进行部署。
	九次	2006 年 12 月 19 日	主要议题是听取中共天桥区第十次代表大会筹备情况汇报；酝酿十届区委委员、候补委员，区纪委委员候选人预备人选和出席中共济南市第九次代表大会代表候选人预备人选；讨论审议九届区委工作报告（征求意见稿）；审查区纪委工作报告（征求意见稿）；酝酿中共天桥区第十次代表大会召开的日期；讨论审议中共天桥区委《关于贯彻落实党的十六届六中全会精神构建社会主义和谐社会的意见》。
第十届	一次	2006 年 12 月 23 日	会议公布并酝酿讨论市委批复的候选人预备人选名单，在此基础上确定正式候选人；选举产生中共天桥区第十届委员会常务委员、书记、副书记；审议通过区纪委一次全会选举结果。
	二次	2007 年 12 月 7 日	主要议题是传达学习市委九届二次全会精神；审议通过《中共天桥区委关于深入学习贯彻党的十七大精神的决议》。
	三次	2008 年 1 月 17 日	主要议题是学习贯彻中央经济工作会议和省、市委九届三次全会精神；听取区委常委会 2007 年度工作报告；部署 2008 年经济工作任务。
	四次	2009 年 1 月 5 日	会议通报区委常委会工作；审议通过《中共济南市天桥区委关于认真贯彻落实党的十七届三中全会精神推进全区农村改革发展的实施意见》和《中共天桥区委 2009 年工作要点》。
	五次	2009 年 5 月 22 日	学习贯彻胡锦涛总书记视察山东时重要讲话和市委九届五次全会精神，深入贯彻落实科学发展观，认真分析当前经济形势，部署全区经济社会发展的重点工作，进一步统一思想认识，明确目标措施，努力促进全区经济社会又好又快发展。
	六次	2009 年 6 月 5 日	会议对《中共天桥区委常委会关于贯彻落实科学发展观情况的分析检查报告》进行评议。
	七次	2009 年 11 月 13 日	会议学习贯彻中共十七届四中全会和省委九届八次全会、市委九届七次全会精神；学习贯彻胡锦涛总书记视察山东时重要讲话和省委九届九次全会、济南市领导干部会议精神；通报区委常委会工作；审议通过《中共天桥区委关于认真贯彻落实〈中共中央关于加强和改进新形势下党的建设若干重大问题的决定〉的意见（审议稿）》，动员全区各级党组织和党员干部群众统一思想、提高认识、突出重点、突破难点，努力提高党的建设科学化水平，不断开创全区党的建设和各项工作的新局面。
	八次	2010 年 7 月 30 日	会议深入学习贯彻关于加快经济发展方式转变的决策部署和省委九届十次、市委九届八次全会精神，动员全区上下进一步统一思想，坚定信心，抓住机遇，拼搏进取，加快转变经济发展方式，调整优化经济结构，实现三次产业融合发展，把全区现代化建设推向新的水平。

续表 16–3

届次		召开时间	主要内容
第十届	九次	2011 年 1 月 13 日	会议学习贯彻中共十七届五中全会和省委九届十一次、市委九届九次全会以及中央和省、市经济工作会议精神；听取区委常委会的工作报告；讨论通过《天桥区国民经济和社会发展第十二个五年规划纲要》。会议指出，2010 年面对极其复杂的国内外形势，十届区委深入贯彻落实科学发展观，不断丰富和完善工作思路，紧紧围绕“打造城市亮点，重振工业雄风”的中心任务，团结带领全区各级党组织和广大党员干部群众，抢抓机遇，积极作为，在克服困难中强力推进“转方式、调结构、促增长、惠民生、保稳定”各项工作，全区经济平稳较快发展，环境面貌和城市功能显著提升，各项社会事业取得新成绩，城乡统筹发展迈出新步伐，社会和谐稳定，党的建设科学化水平不断提高，取得一个个令人振奋的重大成就。
	十次	2011 年 8 月 15 日	会议学习贯彻胡锦涛总书记“七一”重要讲话和省委九届十二次全会、市委九届十次全会精神；总结全区 2011 年上半年经济社会发展形势，对进一步做好 2011 年下半年工作提出要求。会议指出，全区各级党组织要把学习贯彻胡锦涛总书记“七一”重要讲话作为当前和今后一个时期的重大政治任务，加强领导，精心组织，迅速兴起宣传贯彻的热潮。会议强调，必须大力弘扬理论联系实际的学风。要把学习贯彻胡锦涛总书记重要讲话与学习贯彻中央和省、市委一系列决策部署和天桥工作的实际紧密结合起来，与推进天桥经济社会发展的各项任务紧密结合起来，与加强领导班子和干部队伍建设紧密结合起来，进一步提高把握大势、抢抓机遇的能力，积极作为、破解难题的能力，统筹兼顾、狠抓落实的能力，协调利益关系、做好群众工作的能力，拒腐防变、廉洁勤政的能力，为加快建设富裕文明和谐的现代化省会城市中心城区提供坚强政治保证。
	十一次	2011 年 10 月 9 日	会议审议通过《中国共产党济南市天桥区第十届委员会关于召开中国共产党济南市天桥区第十一次代表大会的决议（草案）》，对做好区委换届和当前工作进行部署。会议强调，这次区委换届，改革力度大，考察办法新，政策要求高，社会广为关注。要按照市委、区委统一部署，严格标准程序，精心组织实施，扎扎实实做好换届各项工作。时至岁末，全面完成年初确定的各项目标，任务还很繁重，要坚持“两不误”“两促进”，切实做好当前发展稳定各项工作。
	十二次	2011 年 12 月 20 日	会议讨论并原则通过中共济南市天桥区第十届委员会向区第十一次党代会提交的工作报告和区纪委工作报告，决定提请区第十一次党代会审议；听取第十一次党代会筹备情况；酝酿通过第十一届区委委员、候补委员、区纪委委员候选人预备人选名单和出席中共济南市第十次代表大会代表候选人预备人选名单；酝酿通过出席党的十八大和省第十次党代会代表候选人初步人选建议名单。会议指出，十届区委团结带领全区党员干部群众，紧紧围绕“建设富裕文明和谐的现代化省会城市中心城区”的奋斗目标和“打造城市亮点，重振工业雄风”的中心任务，按照“一年一个大提升，三年一个大台阶，五年实现大变样”的总体工作要求，开展各项工作，经济发展方式加快转变，综合经济实力显著增强；城市建设管理取得重大突破，城乡环境面貌和功能形象明显提升；社会主义新农村建设扎实推进，城乡统筹发展迈出新业全面进步；社会管理和精神文明建设扎实推进，全区更加和谐稳定；党的建设全面加强，执政能力和水平不断提高，谱写天桥科学发展、和谐发展的新篇章。
第十一届	一次	2011 年 12 月 28 日	会议选举产生新一届区委常委会和书记、副书记；通过了区纪委一次全会的选举结果。区委书记毕筱奇代表新一届区委常委会作了重要讲话。重点提出“实现新跨越、再造新天桥”的奋斗目标，切实加强区委领导班子自身建设，进一步提高执政能力和领导水平。要牢记使命，勤奋学习，增进团结，清正廉洁。区委领导班子和全区广大党员干部要以对党对人民对事业高度负责的态度，牢记全心全意为人民服务宗旨，切实增强责任感和使命感，恪尽职守，殚精竭虑，不负重托，不辱使命，加快推动全区经济社会跨越发展，创造天桥更加美好的明天。
	二次	2012 年 12 月 3 日	区委书记毕筱奇作工作报告。会议学习贯彻中共十八大和十八届一中全会精神，学习贯彻省委十届二次全会和市委十届三次全会精神；审议通过《中共天桥区委关于深入学习贯彻党的十八大精神的决议》，对进一步兴起学习贯彻十八大精神热潮、推动天桥区经济社会发展进行全面部署。要求各级各部门要充分认识深化改革开放的重大意义，把深化改革开放摆上重要位置，作为贯彻落实党的十八大精神的重要举措，进一步解放思想、更新观念，紧密结合实际，以更大的决心、更多的勇气、更积极的态度，抓好各项措施的落实，努力扩大对外开放，为经济社会发展提供体制机制保障。各级领导干部要始终保持奋发有为的精神状态，大力弘扬埋头苦干的务实作风，以实际行动积极推动改革开放，努力让各项发展任务取得新进展、实现新突破、获得新成效。

第三章　重大决策

第一节　党的建设

1991年，在全区开展创建农村党建先进县（区）、乡（镇）活动，北园镇被评为济南市首批党建先进乡镇。1992年3月16日，区委印发《关于基层党委、总支、支部工作的若干规定》，内容包括总则、工作职责、会议制度、议事规则、委员会日常工作、委员守则、监督等方面，均作具体规定。1993年12月7日，印发《关于印发今冬加强农村、街道、企业、机关及教育系统党建工作意见的通知》，要求集中解决好敬业奉献、工作作风、组织纪律和廉洁勤政四方面问题，全面提高党员干部队伍政治素质。1994年1月27日，印发《关于表彰区机关第五批下派干部包村居工作先进集体、先进个人的决定》，区机关抽调138名干部下派到46个村居帮助工作，为村居两个文明建设做出积极贡献。

1995年1月8日，区委印发《关于贯彻〈中共中央关于加强党的建设几个重大问题的决定〉的实施意见》，要求抓好民主集中制的贯彻执行，加强基层组织建设，加强和改进党员的教育和管理，做好新形势下发展党员工作，作好领导干部的培养和选拔工作。1997年7月10日，区委印发《关于加强城区居党支部建设的意见》，着力解决对居党支部重要性认识不足、居党支部工作不到位、居党支部发挥作用不到位和居党支部书记思想、作风、素质不适应新形势发展的需要等问题。

2001年8月1日，区委印发《关于按照“三个代表”要求加强和改进党的基层组织建设的实施意见》，要求把基层组织建设同党的基本路线的贯彻，同改革、发展、稳定的大局，同党的中心工作结合起来，保持党员队伍的先进性。2007年5月28日，区委制定《关于加强领导干部作风建设的实施意见》，要求全面落实科学发展观，加强思想作风、学风、工作作风、领导作风、干部生活作风建设，弘扬新风正气，抵制歪风邪气，解决突出问题，努力促进全区领导干部作风进一步转变。2008年7月9日，区委印发《基层党建工作巡视督导专员制度》，在区属各党（工）委以及需要巡视督导的区直部门、企事业单位设立基层党建工作巡视督导专员，巡视督导专员根据区委关于基层党建工作的整体部署和专项重点工作要求开展工作，推动基层党建工作任务全面落实。

2011年3月31日，区委制定《关于进一步加强党务公开工作的意见》，明确党务公开的指导思想和基本原则，规范党务公开的主体、要求和内容，完善党务公开的程序、方式和时限，健全党务公开工作保障制度，实现对权力运行的有效监督。2012年，以开展“基层组织建设年”活动为载体，全面加强基层党组织和党员队伍建设。

第二节　改革开放

1991年，中共天桥区委转发《市委、市政府贯彻省委、省政府关于进一步深化改革搞活企业若干问题的规定（试行）的实施意见的通知》。1992年3月19日，中共天桥区委印发《关于进一步深化改革，转化企业经营机制的若干规定》，就企业改革有关问题，作出深入贯彻《中华人民共和国合伙企业法》，全面落实企业自主权等42条规定。5月14日，召开全区对外开放工作会议，制定《天桥区外向型经济发展规划》，大力发展外向型经济，深化外贸体制改革。1993年3月20日，中共天桥区委印发《济南市天桥区1993年体制改革要点》，主要内容为加快企业经营机制转换；加快股份制试点；加快企业组织结构调整；增强企业竞争能力；加快市场体系培育等。1994 年 3 月 7 日，中共天桥区委、区政府制定《关于贯彻实施〈中共中央关于建立社会主义市场经济体制若干问题的决定〉的意见》，启动实施经济体制改革。3 月 25 日，中共天桥区委、区政府印发《关于北园镇体制改革的实施方案》，精简规范镇党政群机构，一并实行事业单位改革，进一步简政放权，理顺关系，增强乡镇管理功能。9 月 13 日，召开全区企业改革工作会议，印发《关于深化企业产权制度改革的意见》，建立天桥区企业改革领导小组，以发展股份制、股份合作制、外资嫁接、合作经营或合伙经营为重点，推动全区企业实现资产优化配置，促进企业发展。

2001 年，中共天桥区委、区政府印发《济南市天桥区农村税费改革（试点）实施方案》，取消乡统筹费、农村教育集资等行政事业性收费和政府性基金、集资，取消屠宰税；取消劳动积累工和义务工；调整农业税政策；调整农业特产税政策；改革村提留征收使用办法。2009 年 1 月 5 日，中共天桥区委制定《关于认真贯彻落实党的十七届三中全会精神推进全区农村改革发展的实施意见》，要求要稳定和完善农村基本经营制度，深化农村土地管理制度、农村产权制度、农村民主管理制度改革，健全完善多元化投入机制，推动农村经济社会又好又快发展。

2012 年，成立由区四大班子主要领导任组长的领导小组，强力推进发展实体经济、建设美丽天桥、优化发展环境、创新社会管理四项重点工作。

第三节 经济发展

1991 年 9 月 26 日，中共天桥区委印发《关于建设社会化服务体系，促进第三产业发展的若干规定》，大力发展第三产业。1992 年 1 月 13 日，中共天桥区委印发《关于北园镇“奋斗一年奔小康，‘八五’再上新水平”规划的通知》。同年，北园镇率先成为济南市第一个“小康镇”。1993 年 9 月 25 日，中共天桥区委制定《关于重奖争创经济强单位带头人的暂行办法》，规定强镇、强街道、区属强企业、强部门标准，按照达到的标准进行考核奖励，重奖带头人。1994 年 2 月 28 日，中共天桥区委制定《关于 1994 年区级领导干部包单位、抓经济、上项目安排意见》，31 名区级领导分别包挂 71 个单位和 31 个新上项目。

1995 年 6 月 28 日，中共天桥区委、区政府印发《关于成立天桥区经济技术咨询委员会的决定》，聘请相关专家、学者和行政领导组成天桥区经济技术咨询委员会。1998 年 1 月 3 日，中共天桥区委、区政府印发《关于加快个体私营经济发展的决定》，鼓励、支持和引导个体私营经济健康发展。

2000 年 5 月 19 日，中共天桥区委、区政府印发《关于加快工业小区建设发展的决定》，要求充分认识加快工业小区在全区经济发展中的地位和作用，按照加快工业小区发展的总体思路和目标，加大工业小区招商引资力度，着力搞好村办工业园；用足用好优惠政策；多渠道融资，确保投入；强化对引进企业的服务。2002 年 5 月 11 日，中共天桥区委、区政府印发《关于进一步加快民营经济发展的决定》，扩大市场准入，放开经营范围和管理限制，实行平等待遇；加强产业引导，实施重点支持；转变政府职能，健全服务体系，努力为加快民营经济发展创造良好环境。2003 年，中共天桥区委、区政府印发《关于进一步做好招商引资和环境建设工作 加快区域经济发展的意见》，要求进一步加大招商引资力度，优化发展环境，全力提升区域经济综合实力。2008 年 5 月 14 日，中共天桥区委、区政府制定《关于进一步加快服务业发展的实施意见》，要求深入实施“三产立区”发展战略，发挥优势、突出特色，优化结构、壮大规模，做强功能、提升层次，不断强化服务业在全区经济发展中的主导作用，努力形成产业布局合理、产业结构优化、产业特色鲜明、服务功能比较完善的服务业发展新格局。

2010 年 6 月 25 日，中共天桥区委、区政府制定《关于振兴工业经济的实施意见》，要求坚持“工业兴区、科技强区”战略，以重振天桥工业雄风为目标，以园区建设为载体，以招商引资为抓手，以转变发展方式、调整产业结构为主线，不断提高工业经济发展质量和效益，加快提升工业经济发展实力，实现全区工业经济新跨越；7月30日，中共天桥区委、区政府印发《关于加快经济发展方式转变的实施意见》，要求把转变经济发展方式作为推动科学发展的重要目标和战略举措，树立科学发展理念，提高城市化水平，调整优化经济结构，推进体制机制创新，推动经济增长向依靠三次产业协同带动，向依靠科技进步、劳动者素质提高和管理创新转变，全面提高经济发展的质量和效益，推动全区建设发展。2011年5月5日，中共天桥区委、区政府印发《关于进一步加快服务业发展的实施意见》，要求紧紧以“打造现代产业体系”为核心，突出“改造提升传统服务业、加快发展现代服务业”两大重点，明确“做大服务业经济总量、优化服务业内部结构、增强服务业产业竞争力”三大目标，采取“加强组织领导、强化目标管理、健全考核激励、优化发展环境”四项措施，抓好“优化空间布局、培植优势产业、强化载体建设、加大资金投入、加强政策引导”五项工作，培植“房地产业、金融业、现代物流业、文化产业、旅游及都市观光农业、商贸流通业、科技服务业、住宿餐饮业、服务外包业和社区服务业”十大产业，加快实施“三产富区”战略，推动全区服务业实现跨越发展。

2012年，把发展实体经济作为重中之重，以“项目建设年”活动为抓手，确定重点扶持发展24个实体经济项目。依托济南化工产业园区和药山工业园，大力发展新型工业；实施三产富区战略，优化提升服务经济；加大扶持力度，发展现代都市农业。

第四节　精神文明建设

1991年5月10日，中共天桥区委转发《天桥区精神文明建设委员会关于争创精神文明建设先进区的实施意见》，要求各级各部门结合实际，认真做好争创精神文明建设先进区的各项工作，促进改革开放和经济建设的深入发展。1992年4月7日，中共天桥区委转发《天桥区“八五”期间精神文明建设规划的通知》，要求在不断提高市民思想道德、科学文化素质的同时，广泛吸引人民群众参与“共建”活动和“创建”活动，加快社会主义新农村建设，全方位、多层次地推进全区精神文明建设。

1995年4月22日，中共天桥区委下发《关于再创省级精神文明建设工作先进区活动的实施方案》，提出通过全区人民的努力，年内达到环境优美、秩序优良、服务优质、管理优化、经济基础雄厚，两个文明建设协调发展的文明区标准。1997年1月1日，中共天桥区委印发《天桥区“九五”期间精神文明建设规划》，要求用邓小平理论武装全区党员、教育干部和群众，全面提高干部群众思想道德水平，广泛开展群众性精神文明活动，大力发展文化教育科技各项事业，把天桥区社会主义精神文明建设提高到一个新水平。2008年5月14日，中共天桥区委、区政府印发《关于推动文化大发展大繁荣的意见》，要求紧紧围绕“建设富裕文明和谐的现代化省会城市中心城区”总体目标，繁荣文化事业，发展文化产业，推动全区文化繁荣发展，全面提升天桥文化软实力。11月6日，中共天桥区委、区政府制定《关于在全区开展“讲文明、树新风、创品牌”活动的实施意见》，围绕提高市民文明素质、优化经济发展环境、繁荣文化事业产业、改进完善公共服务、打造提升天桥形象、增强城市服务功能等方面组织开展群众性创建活动。

2011年10月11日，中共天桥区委、区政府印发《关于加快推进生态文明乡村建设的意见》，要求以行政村和新型农村社区为基本单位，以村容村貌整治、村风民俗建设、农村公共服务完善、生态经济发展等为重点，努力建设富裕文明、和谐安定、生态良好、环境优美的社会主义新农村。12月7日，中共天桥区委制定《关于加快建设文化强区的实施意见》，要求坚持社会主义先进文化前进方向，以科学发展为主题，以建设社会主义核心价值体系为根本任务，以满足人民群众精神文化需求为出发点和落脚点，以改革创新为动力，大力繁荣文化事业，加快振兴文化产业，全面提升文化软实力，努力建设文化强区。

2012 年，开展“文明践行我带头，文明单位在行动”活动，组织全区各级文明单位志愿者上岗执勤，提高市民文明出行意识。开展“乡村文明行动”。实施城乡环卫一体化，倡导健康文明科学的生活方式。

第四章 中共天桥区纪律检查委员会

第一节 党风廉政建设

1991—1995 年，先后开展“反腐败、防演变”“学党章、正党风、讲奉献、做合格党员”“守纪律、比贡献、争当廉洁勤政模范”党风党纪教育活动和以学习党纪条规为主要内容党规党法教育活动。在民主党派和群众团体聘请 7 名特邀监察员，参与监察机关组织的专项执法检查、信访举报和重要案件调查。制定《1995 年党风廉政建设工作实施意见》《关于在全区党员干部中开展“守纪律、比贡献、争当廉洁勤政模范活动的安排意见》《关于全区党政机关副局级以上领导干部廉洁勤政的十条规定》《天桥区企业领导干部廉洁自律实施办法》。

1996—1998 年，开展“党纪政纪教育年”“领导干部要在党风廉政建设中以身作则，率先垂范”主题教育活动以及以党风廉政教育为主要内容的党课观摩活动。实施“讲政治、正风纪、做表率”专题教育。对全区 81 个单位、部门的通讯工具进行全面检查，清理出不符合规定公费安装的住宅电话 167 部，其中 165 部按规定补交初装费过户给个人（15 部作收缴销号处理）。制定《党风廉政建设宣传教育工作意见》；编印《党风廉政法律法规汇编》。

1999—2003 年，开展“理想信念、廉洁从政”“学纪守纪、警钟长鸣”“学党章、守纪律、正党风”主题教育活动。全区 104 个单位、5615 名国家机关、事业单位工作人员填写《个人借用公款申报表》。清退领导干部多占住房 35 套，清退面积 1899.96 平方米。制定《区委常委和党员副区长实行党风廉政建设责任制的实施意见》《区委常委会关于进一步加强自身党风廉政建设的若干规定》《中共天桥区委常委关于加强党风廉政建设的整改意见》《关于取消公费配置住宅电话，加强电话费管理的规定》《关于严禁党政干部在公务时间打麻将的规定》《关于党政机关、事业单位公务用车定编配备和使用管理的有关规定》；修订《关于落实党风廉政建设责任制规定的实施意见》；编发《天桥区党政领导干部廉政手册》；印发《关于三项申报制度的规定》《廉政考察评议》《检查考核》《八小时以外监督制度》。转发上级纪委《关于建立完善副局级以上领导干部廉政档案的规定》《关于提拔任用干部进行廉政鉴定工作的实施意见》《领导干部实行函询、谈话制度的规定》等有关文件。向全区副处级以上领导干部发放《党员领导干部廉洁从政手册》《廉政纪律教育学习材料》《纪检监察业务基础知识问答》。

2004—2006 年，开展“为民、务实、清廉”“勤政廉政、科学发展”“学党章，守纪律，做表率，树形象”党风廉政主题教育活动。组织党员干部收看《立党为公、执政为民先进事迹报告》《王怀忠的两面人生》等录像片。组织部分街道和村居干部到济南监狱接受警示教育。区廉政账户收到领导干部自觉上缴礼金 10 万元。制定《天桥区关于加强村居干部廉洁自律工作的意见》《关于严禁领导干部在婚丧嫁娶等事务中大操大办的规定》《关于实施重大事项报告制度的规定》《关于加强离岗干部廉洁自律工作的意见》。转发省、市纪委《关于在新年春节期间加强党风廉政建设，严禁铺张浪费行为的通知》

《关于坚决制止节日期间公款送礼和党员干部收受礼品、现金、有价证券等不正之风的通知》。向全区500余名副处级以上领导干部转发市纪委《致济南市党员领导干部的一封信》，加强节日期间党风廉政建设。

2007—2011年，开展“加强作风建设、促进社会和谐”“做勤廉表率，促科学发展”“加强党性修养、弘扬优良作风”“增强制度意识，争做执行表率”“以人为本、执政为民”主题教育活动。组织全区560名副处级以上领导干部集体观看《防微杜渐、警钟长鸣》图片巡展和《忏悔录》《欲之祸》两部警示教育片。对两个单位违反规定乱发钱物问题进行通报，并对相关责任人给予纪律处分。清理个人“小灵通”捆绑单位办公电话94部。制定《关于加强纪律监督，保证国库管理制度改革工作顺利进行的通知》《规范公务员津贴补贴实施方案》《关于在干部调整期间严肃有关纪律的通知》《关于党员领导干部在婚丧嫁娶事宜中严格执行廉洁自律规定的通知》《制止党政干部公款出国（境）旅游专项工作实施方案》《关于在全区党员干部中开展“加强党性修养、弘扬优良作风”教育活动的意见》《关于落实中办发〔2009〕12号文件和市制止公款出国（境）旅游工作方案的实施意见》《关于对机关建房中违规问题进行检查整改的实施意见》《关于建立区农村基层党风廉政建设工作联席会议的通知》《关于开展创建农村基层党风廉政建设示范村活动的实施方案》《农村财务集中记账管理办法》《关于2010年全区党风廉政建设和反腐败工作任务分工意见》《开展2010年度构筑惩治预防体系、建设廉洁高效天桥检查考核工作方案》《天桥区关于进一步加强村居干部廉洁自律工作的意见》《天桥区关于规范村（居）干部公务招待、公务用车等事项的通知》《关于在全区开展廉政风险防范管理工作的实施方案》；印发《关于在全区党员领导干部中开展“以人为本、执政为民”教育活动的通知》《关于认真学习贯彻〈农村基层干部廉洁履行职责若干规定（试行）〉的通知》；下发《天桥区社区集体资产监督管理暂行办法》。贯彻落实中纪委《关于严格禁止利用职务上的便利谋取不正当利益的若干规定》。转发省纪委《关于严禁领导干部在工程建设项目中领取补贴、奖金和福利的通知》。对贯彻执行《济南市天桥区规范公务员津贴补贴实施方案》《天桥区财政国库管理制度改革实施方案》的情况进行检查。中共天桥区委、区政府主要领导与各街道（镇）和有关部门党政主要领导签订《党风廉政建设责任书》。

2010年2月4日，全区党风廉政建设工作会议召开。

2012年，开展“恪守从政道德，保持党的纯洁性”主题教育活动。组织全区党员干部收看重大革命历史题材电影《忠诚与背叛》。制定《关于进一步加强岗位廉政教育的实施意见》《关于在全区实施廉洁村居工程的意见》。

第二节　信访受理

1991—1992年，全区纪检系统受理党内及群众来信来访562件次，区纪委直接受理来信来访178件次。查处信访案件60起。1993年4月，纪检、监察机关合署办公。开展反腐败斗争和纪检监察机关合署办公以来，全年信访量上升。受理党内及群众来信来访418件次，其中来信来访中检举控告274件次、党纪申诉2件次、政纪申诉1件次、其他问题141件次；要结果的9件次。1994—1999年，受理群众来信来访2194件次，处结2150件。2000—2001年，涉及农村党员干部问题发生的集体上访量增大，受理信访举报834件次。全区派出8个工作组，协助中共天桥区委做好上访群众稳定工作。

2002—2012年，针对涉及农村党员干部发生的集体访问题，制定《关于对信访工作实行重点管理和一票否决的实施意见》；开展“信访举报工作质量年”活动；开通网上举报和电子邮箱；制定《鼓励署实名举报试行办法》，实行双向承诺制度；制定《领导接、办信访制度》，明确信访工作领导责任制；建立纪检监察区级网站；针对少数党员领导干部参与群众集体上访的情况，下达《关于禁止党员和党员领导干部参与、怂恿、支持、带头、组织群体性上访的通知》；开通“12388”信访举报热线；完善《鼓励署实名举报试行办法》和双向承诺制度；开展“信访监督年”“初信初访优质办结”活动；开展创建无越级集体访县（市）区活动，畅通信访渠道。收到群众来信来访来电等各类信访举报2576件次，年均234件次。

第三节 案件查处

1991—1993年，查处一批在领导机关、领导干部和执法、监督部门中发生的以权谋私、贪污受贿、失职渎职、违反财经纪律等违法违纪案件。初查违纪线索65件，立案调查74起，结案72起，政纪处理77人，其中，副局级以上干部23人。1994年，通报违反党纪政纪典型案例2起。1995—1997年，在全区纪检监察组织中开展达标创优活动。制定《关于对案件审理工作实行目标化管理的实施意见》。审理案件61起。1998—2007年，按期为15人恢复党员权利，为25人解除行政处分。审理违纪案件232起。2009—2012年，审理违纪案件77起。其中，贪污案件13起，违反土地政策案件9起，违反财经纪律及廉洁自律案件17起，违反计划生育政策案件15起，侵犯公私财产案件3起，违反组织人事纪律案件2起，违反党的政治纪律案件1起，受贿案件2起，安全事故责任追究案件3起，挪用资金案件2起，非法拘禁案2起，滥用职权案2起，职务侵占案2起，有妨害社会管理秩序行为案件2起，诈骗案件1起，破坏社会主义经济秩序行为案件1起。

1991—2012年天桥区查处违纪案件统计表

表16-4

年份	违纪案件（件）	立案（件）	结案率（%）	党纪处分（人）						政纪处分（人）								
				开除党籍	留党察看	撤销党内职务	严重警告	警告	免予处分	开除公职	开除留用察看	撤职	降职	降级	记大过	记过	警告	免予处分
1991	14	14	93	4	3	2	2	—	1	—	—	—	—	—	—	—	—	—
1992	13	13	100	5	—	2	2	2	2	—	—	—	—	—	—	—	—	—
1993	36	26	93	4	—	1	1	4	—	2	2	1	—	—	2	7	1	1
1994	35	17	83	1	1	—	1	2	—	2	—	—	—	—	—	1	2	3
1995	26	17	94	—	2	—	2	5	—	—	1	—	—	1	1	3	3	2
1996	48	20	100	3	1	—	2	3	1	2	—	1	—	—	—	3	5	2

续表 16-4

年份	违纪案件（件）	立案（件）	结案率（%）	党纪处分（人）						政纪处分（人）								
				开除党籍	留党察看	撤销党内职务	严重警告	警告	免予处分	开除公职	开除留用察看	撤职	降职	降级	记大过	记过	警告	免予处分
1997	35	24	100	4	3	—	6	3	1	—	1	—	—	—	3	2	4	1
1998	34	22	100	3	2	—	2	6	1	1	—	—	—	—	2	3	3	2
1999	28	22	100	2	3	1	4	4	1	—	—	—	—	1	2	2	3	—
2000	32	24	95	17						7								
2001	30	25	100	3	4	1	6	7	—	1	—	2	—	4	1	2	1	—
2002	21	21	100	3	5	2	5	8	1	2	—	—	—	—	—	1	2	—
2003	25	23	92	2	—	—	2	1	—	—	—	1	—	—	2	—	—	—
2004	28	27	100	12	3	1	6	2	—	5	—	—	—	—	—	2	1	—
2005	21	21	100	5	3	2	7	4	—	—	—	—	—	—	2	—	2	—
2006	19	19	100	20						5								
2007	19	19	100	8	—	1	3	7	—	—	—	—	—	—	—	—	—	—
2008	29	29	100	8	7	1	4	2	2	2	—	—	—	—	—	—	—	—
2009	21	21	100	24						2								
2010	27	27	100	7	6	1	6	7	—	2	—	—	—	—	—	—	1	—
2011	19	19	100	4	6	1	3	2	—	—	—	1	—	—	—	—	—	—
2012	20	20	100	7	6	3	3	1	—	1	—	—	—	—	—	—	—	—

第四节　行政监察

一、纠正部门不正之风

1991—1995 年，开展民主评议行风活动。贯彻落实国务院电话会议和南昌纠风工作座谈会精神，狠抓治理“三乱”工作。初步清理治理区内有关部门自行立项的乱罚乱收问题。狠刹公路上乱设卡、乱罚款、乱收费以及公款吃喝送礼歪风。调查处理 3 起在黄河北鹊山办事处辖区公路设卡乱收费问题。严格公费出国审批手续，设立婚丧事务廉洁自律举报电话，建立“收费登记卡”制度。制定“领导干部廉洁自律”“精减会议和减少应酬活动”“领导干部在婚丧事务中廉洁自律”“清理乱收费”“制止和清理企业三乱”以及《关于全区党政机关副局级以上领导干部廉洁勤政的十条规定》《购买小轿车、构建宿舍、奖金发放三项申报制度》《严禁公款吃喝玩乐的六条规定和五项措施》等制度规定。1996—1998 年，开展“行风万人评”、思想工作作风大整顿活动。清理借婚姻登记搭车收费、预算外资金管理、夏粮征收提留、中小学乱收费及公路乱设卡、乱收费、乱罚款等现象。对 2 家个体私营企业实施挂牌重点保护，同 5 家个体私营企业建立联系点。1999—2003 年，全区实行收费登记卡制度，撤销和清理部分不合理收费项目及相关文件。对14个重点单位行风建设实施动态管理。纠正医药购销中不正之风、个别学校不规范收费行为，并退还不规范收费6万元。对13个街道、2个乡镇预算外资金管理工作情况进行检查。下发《关于在领导班子换届选举及新年春节期间严肃党的纪律的通知》，对全区35个执法部门进行“优化发展环境民主评议”。2004—2006年，成立区发展环境投诉中心。监督检查全区《中华人民共和国行政许可法》的贯彻落实。对12个单位“春节解困补助资金”发放情况及农村财务集中记账服务中心进行检查。重点抽查全区15所中小学收费情况。开展商业贿赂专项治理工作。2007年，纠正医药购销和医疗服务中不正之风，全年招标金额405万元，集中招标采购药品让利患者金额32.7万元。下发《关于印发〈济南市天桥区规范公务员津贴补贴实施方案〉的通知》，对个别单位违反规定突击发放奖金问题给予通报批评。2008年，做好安全生产和安全事故责任追究工作。调查处理“7·14”东沙居委会电击事故等生产安全事故。开展对行政事业性收费、政府性基金收支管理情况专项清理检查工作。2009年，对全区有关强农惠农政策落实情况进行检查。粮食直补和综合补贴、能繁母猪补贴、能繁母猪保险保费补贴、奶农补贴、农机补贴、水稻良种补贴以及沼气池建设补贴等，收到上级资金2339.32万元，区级配套98.67万元，实际发放2429.16万元；节余8.8万元（包括区级配套资金2.13万元），占整个补贴资金0.36%。2010年，对2009年度社保资金使用情况进行监督监察。检查区、街劳动保障中心收取失业证工本费问题。对医药购销、医疗不正之风及区属医院药品流通、使用环节进行监督检查。制定《对党政机关举办庆典、研讨会、论坛活动开展清理摸底的实施意见》。2011年，推进行政审批制度改革。梳理具有行政审批职能部门17个，审批事项由原来129项优化压缩为74项，行政处罚事项梳理14个部门1421项。2012年，对全区窗口单位服务大厅进行明察暗访。通过对104国道、220国道、308国道、309国道和101省道检查，无乱设卡、乱罚款、乱收费现象。

二、执法监察

1991—1993年，完成清理干部职工违法违纪建私房任务，清理出违法建私房22户。制定《关于党员、党政机关工作人员廉政建设若干规定》，公布《全区党政机关副局级以上领导干部廉洁勤政的13条规定》。1994—1998年，累计开展行政执法监察42项，涉及资金1.69亿元，查处违纪金额371.69万元，纠正退还违纪金额42.52万元，为国家和集体挽回经济损失221.93万元，提出监察建议263件，发现违纪案件线索5起。1999年，重点对72个单位预算外资金管理使用情况进行执法监察，查处违纪违规金额1159万元，其中纠正退还130万元，避免经济损失146万元，挽回经济损失22万元。2000—2003年，加强预算外资金管理，全区参加“收支两条线”管理单位82个，其中实行“罚缴”分离单位12个，实行“票款”分离单位1个。检查中小学收费问题，纠正违规收费90余万元。对经一路延长线设计项目和道路建设招投标、农村公路改造资金使用情况进行监督检查。制定《中共天桥区纪委关于为干事创业加快发展创造良好环境的六条意见》。2004年，重点查处五十二中乱收费、私设小金库案件，学校负责人吴某某涉嫌受贿、挪用公款等违法犯罪问题，移送司法机关处理。配合有关部门对药山片区“4·7”塔吊倒塌责任事故、“12·6”施工房屋倒塌事故进行调查。在全区进行“征用农民集体所有土地补偿费管理使用情况专项检查”。2005年，查办某办事处乱收费、某局利用自制发票乱收费、违反“收支两条线”规定坐收坐支等问题。对全区行政事业单位政府采购执行情况进行检查。印发《天桥区纪委、监察局关于认真贯彻落实四条禁令规范党政机关涉企行为的通知》《关于加强纪律监督保证区级行政事业单位资产管理制度改革顺利进行的通知》。

2006年，开展安全生产督查和重特大事故责任追究工作。参加区政府文体中心工程、北园大街天桥段拆迁工程等招投标。开展查处土地违法违规案件专项治理活动。2007年，全区立案查处商业贿赂案件40起。对10所学校收费情况进行专项检查。对金色阳光花园工地等安全生产责任事故开展调查工作，并对相关责任人进行责任追究。参与政府采购、招投标等20次。查办乱收费、乱罚款、乱摊派、乱检查“四乱”案件。查处某派出所民警张某某在辖区单位报销个人费用的违纪问题。调查处理某局监督业务科两名科级干部因吃请影响公务的案件。2008—2010年，监督检查行政事业性收费及保障性住房落实情况。开展土地违法违规专项整治行动及节能执法检查与考核、推广节能产品等活动。全面开展工程建设领域专项治理工作，公开举报电话和举报信箱。对小清河工程拆迁、北展区工程、区工商河治理、堤口路改造、三孔桥道路整治、龙湖土地项目整理、化工产业园区铁路专线、济南裕兴化工厂搬迁改造等重点项目招标实施进行监督。参与2010年黄台文化城“3·28”事故和济南油墨厂“4·2”生产亡人事故两起安全生产责任事故调查处理工作。结合强农惠农政策检查，对4个沿黄街道（镇）实施小麦粮食直补检查。2011年，对区排管中心柳行河二期工程、区市政局交校路、矿院路大中修工程、无影山道路改造工程集中检查。对天桥区农住房建设和小清河重点工程进行监察。开展住房最低面积保障政策执行情况核查工作，对4名重点监督对象进行调查核实，对2名违规违纪人员给予党纪政纪处分，并全部追缴非法占用钱款，对已入住的责令补交差价。开展规范和节约用地管理政策措施落实情况监督检查，对4起违法用地实施责任追究。专项检查“小金库”。印发《关于深化工程建设领域突出问题专项治理工作的通知》《关于开展加快转变经济发展方式监督检查的通知》。2012年，会同区物价局等部门在春节前后对4家违反价格诚信规定的家具行业经营者进行查处，对13家大型家具商场发出依法促销告诫，查处教育乱收费行为2项，加价销售药品行为单位4个，涉农乱收费行为1项。加强对水利改革发展、节能减排和环境保护、耕地保护和节约用地政策措施落实情况、科技创新项目及其经费管理使用情况监督检查。加强区科技计划和专项经费管理。监察企业90家，对20家环保违法企业进行处理。

第五节　惩防体系建设

2005年，组织纪检监察干部学习中央下发的《建立健全教育、制度、监督并重的惩治和预防腐败体系实施纲要》，并参加市纪委组织的实施纲要、学习纲要知识考试。对《中共天桥区委关于实施重大事项报告制度的规定》落实情况进行专项检查。2008年，组织全区党政机关1646名党员干部参加中纪委部署的《建立健全惩治和预防腐败体系2008—2012年工作规划》知识答题活动。邀请市纪委领导对党政主要领导干部进行相关理论辅导。制定《关于构筑惩治预防体系、建设廉洁高效天桥的实施意见》,并对意见贯彻落实情况进行检查。制定《任务分解方案》，提出7项推进措施和65项具体工作目标，并针对具体目标确定牵头单位和协办单位。2009年，召开全区构筑惩治预防体系建设廉洁高效天桥经验交流会。按照《关于开展构筑惩治预防体系建设廉洁高效天桥检查考核工作的办法》要求，制订《检查工作方案》，成立考核检查小组，对各牵头、协办单位和街道（镇）惩防体系建设工作落实情况、推进工作和完善工作机制情况以及取得实效情况进行全面检查。2010年，对构筑惩治预防体系建设廉洁高效天桥工作进行部署。建立区委常委联系基层制度。印发《开展2010年度构筑惩治预防体系、建设廉洁高效天桥检查考核工作方案》。对各部门各单位开展构筑惩治预防体系、建设廉洁高效天桥工作成绩突出的单位和个人进行表彰，对出现严重违纪问题的单位实行“一票否决”。2011年，区构筑惩防体系领导小组根据省、市纪委下发的《工作要点》，印发《2012年底前推进构筑惩治预防体系建设廉洁高效天桥工作要点》《构筑惩治预防体系建设廉洁高效天桥任务分工推进时间表》，进一步明确各牵头、协办单位任务分工的目标要求和完成时限。印发《开展2011年度构筑惩治预防体系、建设廉洁高效天桥检查工作方案》，成立专门检查组对各承担牵头、协办任务的单位进行重点抽查。2012年，组织各有关单位集中收看《创新之路——山东省构建“6+1”惩防体系工作格局纪实》专题片。进一步明确各牵头、协办单位任务分工的目标要求和完成时限，加大工作推进力度，确保2012年年底前惩防体系建设各项工作任务完成。

第六节 优化发展环境

2006年7月，天桥区发展环境投诉中心成立，为监察局下属副处级全额预算管理事业单位。开展“优化发展环境监督检查年”活动，将中国重型汽车集团房地产开发总公司、山东鲁能康桥置业有限公司等50家驻区企业确定为优化发展环境联系点，向企业发放《致驻区企业的一封信》，宣传有关发展环境方面的政策、规定。制定《关于规范党政机关为民营企业服务行为的规定》，规范党政机关工作人员涉企行为。2007—2008年，建立健全“纠、评、建”相结合工作机制，召开全区优化发展环境民主评议现场会，全区经济发展环境明显改善。对济南化工产业园区、药山工业园实行重点管理，严防乱收费、乱罚款、乱摊派、乱检查。联系点由50家驻区利税大户企业增至100家，定期定人员到联系点进行走访。印发《中共天桥区委、天桥区政府关于深入开展“优化发展环境监督检查年”活动的实施意见》《关于损害经济发展软环境行为的责任追究暂行办法》等6个文件，并对文件落实情况进行检查督促。制定《关于完善投诉举报快速受理机制的办法》，规定对投诉举报实行快查快结。全年受理投诉63件，办结61件，投诉受理率100%，办结率97%。2009年，检查各职能部门是否按照“为企业服务年”活动工作重点来完成各自任务，是否存在违纪违法行为。召开不同层次企业座谈会。制定《关于深入开展“为企业服务年”活动，进一步优化发展环境的实施方案》《天桥区优化发展环境民主评议社会问卷调查实施方案》《天桥区优化发展环境民主评议工作实施意见》。公开投诉受理渠道，受理群众投诉25件，办结25件，投诉受理率100%，办结率100%，满意率90%以上。2010年，天桥区发展环境投诉中心被列入省纪委、监察厅效能监察联系点。落实“五项工作制度”（首问负责制、一次性告知制、“AB角”工作制、限时办结制、公开承诺制），推进机关行政效能工作，组织“五项工作制度”知识考试。组织8家企业负责人进行座谈，对企业出现的问题进行梳理，并协调有关单位尽快予以解决。严格安全事故责任追究。印发《关于进一步落实五项工作制度推进机关行政效能工作的通知》。受理群众投诉20件，办结20件，投诉受理率100%，办结率100%，满意率95%。2011年，全区优化发展环境民主评议成效情况2次在济南电视台《政务面对面》栏目播出。印发《天桥区优化发展环境民主评议工作实施意见》《2010年全区优化发展环境民主评议社会问卷调查实施方案》。受理群众投诉15件，办结15件，投诉受理率100%，办结率100%，满意率95%以上。2012年，联合区工商联组织召开部分企业负责人座谈会。印发《关于在全区开展“高效服务年”活动的实施意见》。受理群众投诉19件，办结19件，投诉受理率100%，办结率100%，满意率95%。

第五章 组织工作

第一节 基层党组织建设

一、机关、企事业单位组织建设

1991 年，全区机关党总支、支部 53 个，企业党总支、支部 42 个。1995 年，制定《关于进一步加强区属企业党的建设的意见》，新建天发公司党委、天贸集团党委。1997 年，按时完成全区 15 个基层党委和 34 个党总支、支部换届选举任务。企业党建方面，印发《关于做好区属企业领导班子考核建设工作的意见》，会同区经计委、商委党委对区属 26 个企业领导班子进行考核。1999—2003 年，以规模较大的民营企业、工业园区、批发市场、民营医院为重点，采取独立式、联合式和选派党建指导员等方式，建立党组织 45 个。2008 年，制定《关于加强流动党员教育管理的实施意见》；6 月，天桥区被省委评为基层党建工作先进县（市）区。2010 年，建立流动党员管理台帐，建立流动党员联系卡、党建联系人制度，搭建“流动党员之家”、“红色驿站”等流动党员工作平台。2011 年，编印《堡垒颂》《先锋赞》专刊及全区基层党建工作画册，对全区先进基层党组织和优秀共产党员先进事迹集中展示和宣传。2012 年，全区机关党总支、支部 187 个，企业党总支、支部 441 个。

二、村（居）党组织建设

1991—1993 年，开展创建农村党建工作先进县（市）区、先进乡镇，“联户联富”，农村党支部达标升级等系列活动。1993 年年底，全区 90% 以上居建立党支部。1995 年，制定《关于加强农村基层组织建设的三年规划》，召开全区农村基层组织建设工作会议，印发《关于加强农村基层组织建设的工作意见》。1997 年，召开全区居党支部建设工作会议，印发《关于加强城区居党支部建设的意见》，推广天桥东街、无影山 2 个街道党委和 4 个居党支部建设经验。1999—2003 年，开展创建“六好乡镇党委”（建设一个好的领导班子、带出一支好的干部队伍、选准一条好的发展路子、健全一套好的管理制度、保持一种好的工作作风、形成一个好的工作格局）和“五好村党支部”（支部班子好、党员队伍好、组织建设好、活动开展好、群众反映好）活动，选树出 13 个先进基层党组织、104 名优秀共产党员和 10 个“五好村党支部标兵”。街道社区党建工作方面，开展创建“五好街道党委”（领导班子好、队伍素质好、制度建设好、工作业绩好、群众反映好）和“四好居党支部”（支部班子好、党员队伍好、活动开展好、作用发挥好）活动。2004 年始，全区开展“三级联创”活动，成立创建活动领导小组及办公室，建立区委常委和区级党员领导干部联系点制度，制定《关于开展“三级联创”活动的实施意见》，完成村“两委”换届选举工作。大桥镇党委被济南市委命名为“五个好”乡镇党委。2007 年，制定《关于在全区农村基层组织中开展“四规范三机制”活动的实施意见》（规范办公服务设施、规范岗位设置、规范管理制度、规范职责任务，物质保障机制、监督约束机制、考核奖惩机制）。2008 年，建立基层党建工作巡视督导专员和街道（镇）党（工）委书记履行基层党建工作责任制情况报告制度，制定《关于加强村（居）干部队伍作风建设的意见》《关于加强棚户区改造期间党员管理的意见》。11 月，制定《加强村（居）班子建设和党风廉政建设的意见》，推行村（居）务公开和民主管理，每年定期举办城郊村居书记、主任培训班。2009 年，组织启动村居党建“A 级管理法”工作，从区机关、街道（镇）选派 480 名党员干部到村居任政治指导员。建立健全城乡党基层组织互帮互助机制，开展包村帮扶活动，构建城乡统筹基层党建工作格局。围绕党内基层民主建设，在泺口街道开展党代表联络工作室试点。2010 年，实施村居党建“A 级管理法”，“3A”级村居党组织占总数 51%。先后举办农村、社区、城郊社区书记培训班，加强基层党组织带头人队伍建设。推进“四规范四机制”（规范办公服务设施、规范岗位设置、规范管理制度、规范职责任务，建立完善的物质保障机制、建立全方位监督约束机制、建立科学的考核奖惩机制、建立行之有效的议事决策机制）建设，推广实施村干部“坐班制”和村级组织活动场所开放制，完善各级工作档案。2011 年，全区有党代表联络工作室 15 个，建立党代表“365”工作机制。完成村、社区“两委”换届选举工作。加强社区党建“四化”（网格化覆盖、信息化管理、亲情化服务、制度化保障）建设，全面推行“五位一体”（以服务社区居民、完善社区管理为目标，以社区党总支为领导核心，以社区居委会为主体，以社区服务站、业主委员会和物业公司为依托，以联席会议制度为纽带，旨在形成“事情共商、资源共享、难题共解、活动共办、文明共创”的工作格局）管理服务模式，积极探索社区党建“大工委制”，进一步推进社区党建区域化进程。承担全省“两新”组织（新经济组织和新社会组织）“扩覆盖集中行动”试点工作，开展“建组织、扩覆盖，抓规范、强功能”活动，探索“龙头领建、三人单建、六托联建”工作模式，建立“兼合式”党组织。举办村居党组织书记培训班 4 期，培训人员 520 人次。2012 年，开展“典型引领、晋位升级”活动，制定《关于选派机关干部到基层党组织任职“第一书记”的实施意见》《天桥区区直部门选派“第一书记”管理考核办法（试行）》，选派 65 名区直部门机关干部、35 名街道（镇）机关干部到 45 个基层党组织任职“第一书记”，其中处级干部 79 人、科级及以下 21 人。印发《关于在村级组织中推行“一报四议两公开”工作法实施意见》（凡是村级重大事务及与群众切身利益相关的事项，村级党组织在决策实施前必须向街道〈镇〉党〈工〉委书面报告；召开村党组织会议提议，召开“两委”会议商议，召开党员大会或党员代表大会审议，召开村民代表会议或村民会议决议；决议结果公开，实施结果公开）、《关于强化各级党组织书记履行基层党建工作责任制的意见》，采取 15+X 的形式，安排 15 名街道（镇）党（工）委和部分系统党委书记进行基层党建述职。至 2012 年年底，全区村（居）党组织 676 个。

三、新经济和新社会组织建设

2008 年，制定《关于在非公有制经济组织中开展“凝聚力”工程的实施意见》《关于进一步加强和改进非公有制企业党建工作的意见》，组织开展“党员责任区”“诚信经营党员示范岗”等活动。全区“两新”党组织 152 个。2009 年，成立济南市党建研究会非公有制经济组织、新社会组织专业委员会，加强对“两新”组织党建工作的研究和实践。2010 年，成立区、街道（镇）、村居三级非公有制经济组织和社会组织区域化党组织，并在非公有制经济组织和社会组织区域化党组织中开展“红色号角”活动，发现“隐性党员”、“口袋党员”478 名，新建党组织 108 个，消除党建工作“盲区”和“空白点”900 余个。实现规模以上非公有制经济组织党组织的单独组建率 100%，具备条件规模以下非公有制经济组织和社会组织党组织覆盖率 100%，非公有制经济组织、社会组织党的工作覆盖面 100% 的“三个百分百”目标。2011 年，下发《“两新”组织党建指导员工作手册》，按照“行业 + 属地”工作模式，向“两新”组织派驻党建工作指导员。2012 年，制定《非公有制企业党组织标准化建设暂行办法》，推进非公领域党的组织设置、队伍建设、考核评价标准化。全区“两新”党组织 430 个。

第二节 党员队伍建设

一、党员教育

1991 年，开展党的基本路线、基本理论、基本知识教育，重点抓好社会主义思想教育，开展“忆传统、作贡献、做新时期合格共产党员”活动。组织民主评议党员工作，全区 459

个支部、5761名党员中，参加评议党员5551人。1992年，组织开展党员标准、理想信念、反腐防变、发挥先锋模范作用教育。1994年，开展“我为改革开放做什么”大讨论以及“党组织带领党员闯市场”“党员责任区”等系列主题实践活动。成立党员电化教育中心，购置电教设备，在全区构建党员教育工作网络。1995年，转发中组部关于加强在青年中发展党员工作的意见，召开全区发展青年党员暨推优工作经验交流会，推广北园镇党委、区教委党委、区公安分局团委三个单位经验做法。开展“学理论、学党章”活动，举办基层党委书记和县级中学书记培训班，编发“两学”简报6期。2009年，创新党员教育形式，注重发挥远程教育网络作用，在“为祖国骄傲”庆祝中华人民共和国成立60周年纪录片展赛暨“中国·台山杯”第六届国际纪录片选片会上，全区报送的参评作品获党建宣传类节目银奖。印发《关于进一步做好建国前老党员关怀帮扶工作的意见》，为全区15名无固定收入的中华人民共和国成立前老党员每月发放300元荣誉津贴。2012年上半年，制定《关于实行党员积分制管理的意见（试行）》，在全区党员中推行实施积分制管理。根据天桥区14名先锋党员典型事迹编印《先锋之歌》一书。开展“学先锋、作表率”活动，举办先锋党员事迹报告会2场。

二、党员发展

1991年，制定全年发展工作计划，对基层党委上报的发展计划严格审查把关。全年发展党员177人，其中生产一线工人党员占大部分。1994年，党员发展工作按照中组部“坚持标准，保证质量，改善结构，慎重发展”的方针和“稳中有升”的要求，加大培养措施，坚持成熟一个，发展一个，突出生产一线和青年、妇女三个重点，全年发展新党员370人，其中，生产一线262人，占70.8%；妇女党员147人，占39.7%；中专、高中以上文化程度255人，占68.9%；35岁以下187人，占50.5%。2009年，试行“三票两推一定”（入党积极分子群众代表推荐票或发展对象群众代表推荐票、入党积极分子党员推荐票或发展对象党员推荐票、入党积极分子表决票或发展对象表决票，党员推荐或群众推荐，确定最终结果）发展党员工作法。2011年，编制并下发《发展党员工作规程》，全面实施“三票两推一定”发展党员工作法，提高发展党员质量。印发《关于规范异地党员发展工作的暂行办法》，切实规范异地发展党员工作，严把发展党员关口。至2012年年底，全区有中共党员30995名。

1991—2012年天桥区党员发展统计表

表16-5

单位：人

年份	发展党员	年份	发展党员	年份	发展党员
1991	177	1999	432	2007	382
1992	167	2000	432	2008	370
1993	319	2001	354	2009	335
1994	370	2002	345	2010	331
1995	395	2003	388	2011	293
1996	392	2004	360	2012	290
1997	345	2005	399		
1998	377	2006	362		

第三节 干部队伍建设

一、领导班子建设

（一）干部选拔任用。1991年，对教育、工业、商业等28个班子的55名领导干部进行考察。1992年，对部分单位和部门领导干部进行调整交流，有1人降职使用，2人被免职，提拔副局级以上领导干部30人。1993年，按照干部“四化”（革命化、年轻化、知识化、专业化）方针和德才兼备原则，选拔45名政治素质好、政绩突出，懂经营、会管理，坚持改革开放，有开拓创新意识和驾驭全局能力的干部任“主官”。选拔一批青年干部和妇女干部，其中有25岁副镇长、35岁正副县级中学校长。1995年，印发《关于培养选拔优秀年轻干部的三年规划》。采取岗位轮换、下派挂职、包村驻点等形式，挑选44名年轻干部参与实践锻炼；完成第4批337名正、副主任科员推荐考试、考察评定工作，为逐级选拔德才兼备领导干部创造条件。1997年，总结推广陈家楼街道党委、无影山街道党委、房管局党委、开发公司党委、第29中学党支部和5个领导班子在加强思想政治建设方面的经验，并在全区组织工作会议上作介绍，其中陈家楼、无影山街道党委的经验在济南市推广。2004—2009年，制定《关于进一步加强领导干部交流轮岗工作的意见》；印发《关于进一步做好培养选拔女干部工作的意见》。2010年，专门抽调40余名干部组成信访工作组，到基层社区解决群访问题。先后从重点工程指挥部和信访稳定等基层一线提拔重用12名领导干部，进一步树立“注重一线、崇尚实干”的用人导向。2011年，先后4次对涉及全区54个单位和9所学校的111名领导干部进行调整，并对新提拔的50名副处级干部进行试用期满考察。顺利完成大桥、桑梓店两镇党委换届工作。研究制定《关于规范对借调工作人员进行审批备案的试行办法》。2012年1月—10月，先后3次对涉及全区79个单位、12所学校的293名领导干部进行调整，并对2011年新提拔的25名副处级干部进行试用期满考察。制定《关于加强干部队伍思想作风建设的意见》和《选派优秀科级干部到信访部门挂职锻炼的意见》。

（二）后备干部培养。1991年，健全完善后备干部档案，制定培养措施。1995年，调整区级后备干部名单，充实加强科（局）级、妇女干部、少数民族后备干部名单。完成第三批中青年后备干部的挑选工作。2004—2009年，制定《关于认真做好区管后备干部调整充实工作的意见》。至2012年年底，累计培养选拔后备干部182名。

（三）干部下派。1991—1998年，天桥区先后下派干部9批600余人到北园镇、药山街道（原工业小区）村居和区属企业调查研究、帮助工作。1994年，实行由区级领导挂点、部门包点、下派干部进点“三位一体”的方法。1997年，按照区委“加强建设，加快转变”总体部署，加大下派干部包村帮扶力度，以“三建一改”（加强组织建设、阵地建设、功能建设，改革管理体制和运作体制）为重点开展工作。至1998年，帮助村居上项目361个，

2009年11月20日上午，全区领导干部会议召开。

扭亏、止亏企业34家，参与修路10.2千米，新建扩建综合服务楼建筑面积3500平方米、市场10个、招待所3个、停车场1处，投资3366万元，筹集资金1.18亿元。1999年后，干部下派工作与“包村”工作结合开展。

（四）选调生工作。1991年始，接收选调生188人（含法检）。先后有120余名选调生参加中青年干部培训班。通过区委党校培训班、召开选调生座谈会、组织演讲比赛等形式，强化思想政治教育，提高选调生的政策理论水平。把选调生选送到艰苦环境、综合部门、上级机关帮助工作以及实行岗位轮换，有计划地安排选调生在街道（镇）与区直部门之间、部门与部门之间进行岗位轮换。注重对选调生定期与不定期考察，并注意关心选调生个人和家庭生活。坚持将选调生培养使用与后备干部队伍建设、党政干部队伍建设相结合。对安排进入后备干部队伍的选调生，要求选调单位优先安排教育培训，对部分新分配的选调生安排镇长助理和街道办事处主任助理职务，有意识地多给他们压担子。2000年，中共天桥区委制定《关于进一步做好培养选拔优秀年轻干部工作的意见》，明确提出从区委管理的选调生中，选拔部分优秀人员担任乡（镇）长助理和街道办事处主任助理。对经过锻炼条件成熟的优先提拔使用，及时大胆地将各方面比较优秀成熟的选调生提拔到领导岗位上来。至2012年，先后担任副区级领导职务2人，担任正处级领导职务5人，担任副处级领导职务22人，输送到中央、省、市机关30余人。

二、干部监管

1991—1995年，做好新时期干部审查工作，对干部提出的有关任龄、党籍、职级、工资等问题，按照有关政策落实解决。1997—1998年，贯彻“三严”（严格要求、严格管理、严格监督）方针，印发《关于对领导干部实行函询的暂行规定》《关于进一步建立和完善同领导干部谈话制度的意见》。1999年，实行领导干部离任审计制度。印发《关于提拔任用干部进行廉政鉴定工作的实施意见》。2000年，清理领导干部住房，对住房超标准、未向组织说明的19名领导干部进行书面函询，责成其作出解释，促进纠正自身问题。2001年，制定《关于党政领导干部和国有企业及国有控股企业法定代表人任期经济责任审计的意见》，加强对领导干部监督检查。2004年，制定《关于加强经常性考察工作的意见》，对全区背街小巷综合整治、信访稳定等工作开展专项考察。2006年，制定《关于对区管领导班子和领导干部开展巡视考察工作的实施办法》，在全省率先建立起区级巡视工作机制，先后对全区15个街道（镇）和卫生、司法系统开展综合巡视。2007年，被推荐为全省干部选拔任用全程记实制度试点单位，对新提拔处级干部的动议理由、推荐提名、任职资格、民主推荐等8个环节及重要信息履行记实程序，先后有19名不符合条件的干部被取消考察、任用资格。会同纪检机关，对4个街道领导班子巡视考察，加大干部监督力度。2008年，率先实行干部选拔任用“一报告两评议”（地方党委常委会向全委会报告工作时，要专题报告年度干部选拔任用工作情况；在全委会委员中对干部选拔任用工作进行民主评议并将评议结果报上级党委组织部门，全委会委员对本级党委新提拔的党政主要领导干部进行民主测评）制度，区委常委会向全委会汇报干部选拔任用工作并接受民主评议，建立干部选拔任用群众满意度评价反馈制度。2009年，开通“12380”干部监督专用电话和“12380”网上举报信箱，建立健全信访、电话、网络“三位一体”举报平台。2010年，学习贯彻干部选拔任用工作四项监督制度，落实《关于从严管理监督干部的意见》，建立健全信访举报案件联席会议、领导包案、记分排名和“红黄牌”等制度。2011年，拟定《关于做好区管干部贯彻实施两项法规工作的通知》，并制定《关于深化开展“用人上不正之风整治行动”的实施方案》。2012年，对区城管（执法）局、拆迁办和教育系统领导班子开展专项巡视考察。

三、干部培训

（一）理论教育培训。1991年，举办中青年干部培训班，培训干部40人。1992年，突出领导干部特色理论培训，培训各级干部150余人。1993年，举办党务干部、经济管理等专题培训。1994年，以《邓小平文选》三卷为主要教材，加强领导班子理论素养培训。1995年，加强村居“两委”干部、后备干部培训，培训农村基层干部和后备干部74人。1996年，举办科局级领导干部培训班6期，系统培训干部268人。开展业务干部岗位培训37期，参训人员3700余人次。1997年，举办副局级以上领导干部学习特色理论和中共十五大精神培训班8期，全年培训各级干部1113人。1998年，会同区人事局实行公务员培训登记制度，培训成绩成为公务员任职、晋级增资重要依据。1999年，举办中青年干部培训班、村居干部培训班，加大对年轻干部和基层干部培训力度。2000年，围绕“三讲”（讲学习、讲政治、讲正气）教育举办培训班3期，深化领导干部党性党风教育。2001年，强化对建党80周年重要讲话精神学习，对新任副处级领导干部、中青年干部进行系统培训。2002年，选派干部参加济南市中青年干部培训班、市管领导干部进修班、济南市第二期处级干部任职培训班及济南市优秀女年轻干部培训班。2003年，选派30名干部参加全省或济南市“三个代表”重要思想轮训班。选派干部参加市管领导干部进修班、乡镇党政领导干部进修班等13个班次。2004年，配合上级组织部门完成市管干部培训班、民主党派骨干成员培训班等22个班次的干部培训任务。分2期举办“树立和落实科学发展观”专题培训班，培训干部128人。举办组工干部培训班，培训干部58人。2005年，配合上级组织部门完成乡镇党政领导干部进修班、村党组织书记和村委会主任培训班等16个班次的干部培训任务。举办军转干部培训班，培训干部40人。2006年，配合上级组织部门完成市管领导干部进修班、县（市）区长更新知识培训班等14个班次的干部培训任务。2007年，以学习中共十七大精神为重点，分5期对全区部门、街道（镇）处级领导干部进行集中轮训，选派区级领导干部35人参加济南市领导干部学习十七大精神培训班。2008年，举办各类培训班20余次，培训领导干部2000余人次。2009年，创新“1+X”培训模式，把干部中长期培训同“短、平、快”培训方式相结合，最大限度适应新形势新任务需要。2010年，利用异地教育资源开展干部教育培训工作，在同济大学举办城市建设与管理培训班，培训干部58人。2011年，举办新任副处级领导干部培训班等主体班次，突出党性教育、“十二五”规划、群众工作等重点内容培训，提高干部教育培训的针对性和实效性。2012年，加大主体班次教学管理改革，探索体验式教学、答辩式调研考核等方法，有效提高干部教育培训工作质量。

（二）远程教育。1995年，形成以区党员电教中心为龙头、基层党委电教站为主体、各播放点为依托的党员电教工作网络，规范党员电教片播放、考勤、座谈、信息反馈记录等制度和“三簿一册”，拍摄制作《名片变迁引出的话题》和《党旗映红康庄路》等专题片。1996—1997年，全区投入100万余元，加强基层电教站点建设，建设一批高标准党员电教室，全区党员收视率90%以上，收看人数20万人次。1997年“七一”前夕，召开全区党员电化教育表彰大会，表彰先进单位30个、优秀个人58人。中共济南市委组织部推广天桥区工作经验，工人新村南村街道党委党员电教站被省委组织部评为“全省播放收看先进单位”。制作《孔祥龙的路》《姚升平和黄台村》等专题片，有10条党建新闻在“七一”前夕被济南电视台报道。1998—2002年，狠抓“两机一室”（计算机、电视机，活动室）配套基层电教站点建设，建立健全“区、街道（镇）、村居”三级电教网络，达到一村一点的目标，受教育党员干部群众3万余人次。拍摄专题片、新闻片6部，其中获市委组织部、济南电视台颁发的组织奖4部。《老教授带动一方百姓奔小康》获建党80周年党建新闻展播一等奖。2003年，成立济南市天桥区党员干部现代远程教育管理中心，同时撤销中共济南市天桥区委组织部党员电化教育中心，其职能、编制和人员并入济南市天桥区党员干部现代远程教育管理中心。7月，启动党员干部现代远程教育建设工作。2004—2005年，全区着手远程教育卫星接收设备安装与调试工作，先后投入财政资金200余万元，于2005年10月全部建成并投入使用。采取分级管理、分级负责方式，与街道（镇）、村居签订设备管理使用责任书。2006年，全区远程教育终端接收站点基本实现登陆互联网浏览信息和在线观看远程教育辅助课件等相关功能，96%的站点实现宽带上网，基本建成“天地网合一”远程教育系统。印发第一份天桥区远程教育工作简报。2007—2008年，围绕计算机操作、卫星接收、设备维护、信号调试等工作，对全区远程教育站点管理员进行系统培训，做到管理员持证上岗。抓好远程教育集中学习日检查制度落实，建立站点收看情况通报制度。2009年，制定远程教育站点A级管理法及考核细则，对全区站点实行动态管理。将大学生“村官”“三支一扶”高校毕业生全部纳入远程教育站点管理员队伍。《城市文明管理系列动画片》于10月获第六届中国纪录片国际选片会党建宣传类银奖。《林海扬帆赤子情》获济南市第三届课件观摩评比二等奖。2010年，无影山、工人新村北村街道被评为首批市级远程教育示范街镇，工人新村北村街道毕家洼西区社区站点管理员被评为省级优秀站点管理员。6月，浙江省宁海县委组织部到天桥区考察远程教育工作，给予高度评价。村居“两委”换届后，对全区站点管理员进行集中培训30余场次，培训人员800余人次。在济南市县（市）区组织系统远程教育庆“七一”演讲比赛中，天桥区2名站点管理员分别获济南市第一名和第二名。2011年，建党90周年之际，对“十佳”远程教育站点、“十佳”优秀站点管理员进行表彰。“十佳”远程教育站点分别是纬北路街道康桥社区接收点、无影山街道无影潭社区接收点、工人新村南村街道西区社区接收点、药山街道蓝翔技校接收点、北园街道红星美凯龙接收点、大桥镇大庄村接收点、大桥镇杨家新村接收点、大桥镇路店村接收点、桑梓店镇冯堂村接收点、桑梓店镇三官庙村接收点；“十佳”优秀站点管理员分别是赵莉、王晓珊、李炜、孙慧娟、徐红波、李娜、王开祯、支洪山、田义、马光东。天桥区齐鲁先锋网客户端安装率、点击率、利用率均为100%。创新实施远程教育学用工作积分管理制。《护士长》《我的别样青春》获济南市第四届课件观摩评比特别奖，《红色号角》获优秀奖。在济南市党建电视新闻展播活动中，被评为市级一等奖作品2部。2012年，开展“两延两扩两满意”活动，扩大远程教育在“两新”组织中覆盖面，先期规范化建设11个“两新”远程教育站点。对全区远程教育计算机进行全面更换，完成村居终端站点分类定级，建立电子档案库，电子档案16.5万份，在全市率先建成统筹城乡基层医疗卫生机构和信息交换系统网络平台，率先实现国家和省两级基本药物全部零差价销售，完成新农合参合任务。组织实施远程教育“0531”工程和“双十双百”（“十佳示范站点”“十佳优秀站点管理员”，100个远程教育“学用示范村〈社区〉”、100名远程教育“学用典型个人”）先进典型评选表彰活动。制作《红色领航》专题片，完成党建新闻片12条。

四、人才工作

1991年，制定《关于考核调整首批区级专业技术拔尖人才的意见》，对14名人才进行全面考核。1992年，召开全区知识分子和科技干部管理工作会议，加强知识分子管理工作。1993年，建立全区拔尖人才库。1994年，为济南市知识分子工作理论研讨会报送论文3篇，推荐市级拔尖人才1名。1995年，会同有关部门做好职称评定和人才引进工作，为“科教兴区”提供重要支撑。1996年，对第二批、第三批区级专业技术拔尖人才进行考察。1997年，选聘街道科技副主任和镇科技副镇长，为“科教兴区”提供坚强保障。1999年，建立优秀人才长效管理机制。2000—2004年，健全人才工作领导机制，加强重点人才管理，调整充实人才工作领导小组成员，有效形成工作合力。2005年，加强党政人才、专业技术人才和农村实用人才三支队伍培训。2006年，编制《天桥区“十一五”人才队伍发展规划纲要》，提出全区人才工作总体目标和发展任务。2007年，完善工作例会、人才工作重大事项通报等制度，分类完善人才库。2008年，筹备和组织申报济南市第九批专业技术拔尖人才、第三批优秀农村实用人才。2009年，实施“重振工业雄风”人才工程，建立人才工作专项基金。2010年，评选表彰“天桥才俊”优秀人才55名。2011年，制定《区级领导干部联系优秀人才制度》等文件，组织实施“泉城学者”“名家带学”项目和规模以上企业“双强”（强素质、当先锋，强企业、作贡献）活动，《济南日报》整版介绍全区人才工作成效及优秀人才先进事迹。2012年，制定《关于对全区重点人才工作实行项目化管理的实施意见》，启动实施六大领域20余个重点人才项目。

第四节 全方位目标考核与科学发展考核

1996年，制定全方位目标管理工作意见，开展全方位目标管理工作，表彰先进单位27个和副局级以上优秀领导干部108人。1997年，表彰先进单位34个、副局级以上优秀干部138人。1997—1998年，下发总结考核文件，抽调人员编排12个考核小组，对全区各单位各部门进行考核。2002—2005年，每年下发全方位目标考核实施意见，成立由区委书记、区委副书记分别担任主任、副主任的考核委员会，对两个文明建设取得优异成绩先进单位和优秀领导干部予以表彰。2006—2007年，下发对全区科学发展情况进行目标考核的实施意见，对全区各单位各部门开展目标考核，对涌现出的科学发展先进单位及先进个人进行命名表彰。2008年，印发《关于健全推动科学发展促进社会和谐综合考核评价体系的实施意见》，以促进科学发展、社会和谐为目的，对全区部门（单位）105个、副处级以上领导干部498人进行考核评价，表彰科学发展先进单位38个、先进个人591人。2009年，制定《天桥区2009年度考核工作实施意见》，对全区109个单位进行科学发展综合考核评价工作，有60个部门（单位）被确定为科学发展先进单位、581人被评定为优秀等次。2010年，区考评委抽调54名政治觉悟高、业务能力强、熟悉考核工作的党员干部，组成8个考核组（其中7个考核组分别由7名区委常委担任组长），对全区121个部门（单位）进行科学发展综合考核，有54个部门（单位）被确定为2010年度科学发展先进单位、543人被评定为优秀等次。2011年，修订完善《2011年科学发展综合考核工作的实施意见》，对全区112个部门（单位）进行综合考核，有54个科学发展先进单位和657名先进个人获命名表彰。2012年，紧扣济南市、天桥区重点工作变化，对全区科学发展综合考核体系进行修改完善，加大经济发展、城市建设与管理、重点工程项目等内容的考核权重，以中共天桥区委、区政府文件向全区下发《关于2012年科学发展综合考核评价工作的意见》，组成考核组，对全区114个部门（单位）领导班子和领导干部进行年度综合考核。

2010年2月25日，天桥区2009年度科学发展总结表彰大会召开。

附：专题教育活动

学习实践科学发展观活动 2009年3月—

2010年3月，按照中央和省、市委统一部署，天桥区组织开展第一批、第二批学习实践科学发展观活动，全区973个基层党组织、2.75万名党员参加。学习实践活动围绕“推进科学发展、建设和谐天桥”这一主题，坚持将理论学习、整改提高和机制创新贯穿活动始终，较好实现“科学发展上水平、党员干部受教育、人民群众得实惠”任务目标。区委组建督导组7个，各单位普遍成立“一把手”任组长的领导小组和办公室，抽调近500名工作骨干组成督导组或指导组。全区建立党员领导干部联系点352个，到联系点调研505次，领导干部讲党课77次，承担调研课题480个。组织理论中心组学习659次、党员集体学习1600余次。举办学习培训班、辅导讲座、报告会458次，培训工作骨干1600余人次，组织参观考察132次，撰写心得体会4392篇。举办全区领导干部学习中共十七届四中全会精神培训班，分5期对区直部门和街道（镇）500余名副处级以上领导干部进行集中轮训。邀请专家学者和先进典型以党课、报告会等形式对1200余名基层党员干部进行教育培训。统一配发《四中全会〈决定〉辅导读本》和《学习实践科学发展观基层党员干部十个怎么办》等系列教材3000余册。通过多种形式、多层面上广泛开展征求意见活动，把好征求意见关；认真撰写发言材料，并经督导组认真审阅，把好发言材料关；班子成员之间、班子成员与普通党员之间、党员与党员之间，逐一开展谈心活动，沟通思想，交换意见，把好谈心关；各部门各单位的民主生活会紧扣科学发展主题，查问题，找原因，成共识，真正达到统一思想、明确思路、增进团结、推动科学发展的目的，把好方向关。全区建立联系点216个，占全区240个村居的90%。聘请议政能力强、具有广泛代表性的“两代表一委员”16人，作为学习实践活动监督员，全程参与和监督学习实践活动。采取开通公开电话、设立意见箱、发放调查问卷、召开座谈会等形式，广泛征求社会各界的意见和建议，深入查找影响和制约全区经济社会发展的薄弱环节和突出问题。发放《区委学习实践科学发展观征求意见表》442份、征求意见函1.35万份，走访基层群众9800余人次，汇总梳理出4大类29个方面的105条意见建议，查找问题230余项。组织“科学发展金点子”建言献策活动，广大党员群众为全区科学发展献计献策112条。各级各部门召开各类座谈会487场，访谈党员群众6112人，征求意见建议614条。按照“四评五议两公开”的要求组织对分析检查报告进行民主评议，召开各类评议会议95次，参与评议的各类人员3878人，评议总体满意率为99.71%。建立整改台账102个，确定整改重点241项。参加第一批学习实践活动各部门各单位清理废除不适应科学发展要求的规章制度11项、修订91项、新建76项。中共天桥区委、区政府认真组织实施10项为基层为群众办实事重点项目。至2010年3月，第一批学习实践活动确定的整改事项364个和承诺办理的实事好事330件已全部完成。参加第二批学习实践活动的各级各单位查找影响制约全区科学发展的问题1556个，已初步解决1403个，为群众办实事好事1279件。整改落实方案通过区政府网、党建网和《天桥组织工作》等进行公示，整改落实情况及时向党员群众通报，切实做到学习实践活动请群众参与、让群众监督、由群众评价、让群众满意。

“创先争优、争做天桥先锋”活动 2010年5月，在全区1218个基层党组织、2.98万名党员中开展“创先争优、争做天桥先锋”活动。区委常委会成立活动领导小组、办公室和7个不同领域的指导小组，下发《关于在全区基层党组织和党员中深入开展创先争优争做天桥先锋活动的实施意见》和6个领域的分方案，并于2010年5月5日召开全区创先争优活动部署会。全区各级党组织成立创先争优活动领导小组和工作机构，建立信息报送、情况通报、工作调度等制度，全区形成上下联动、齐抓共创工作格局。全区处级以上领导干部建立活动联系点627个，联系困难家庭714户。27个党（工）委、75个区直部门、589名在职处级以上领导干部公开承诺，自觉接受群众监督，带动全区创先争优活动的开展。印发《关于做好全区创先争优活动先进典型推荐工作的通知》，区属各党（工）委按照“五个好”“五带头”基本要求，经组织推荐、群众评议、党（工）委审核把关等报送程序，向活动办公室推荐先进基层党组织、优秀党员典型培树对象130余个。其中被推荐为济南市“双百先锋”基层党组织6个、党员5人；被中共济南市委推荐为全省“双百先锋”1人——天桥第二人民医院心理科护士长颜苏萍。2010年7月，中央电视台一套《新闻联播》和“身边的感动”栏目分别播出颜苏萍先进事迹；11月，中共济南市委组织部远程教育中心组织力量将颜苏萍先进事迹拍摄成专题片，并代表济南市参加2010年度中组部举办的远程教育电教片评选审查。活动期间，全区先后在市级以上新闻媒体刊发理论文章、经验信息90余篇次，中共济南市委创先争优活动简报刊发天桥区信息10篇，在全市10个县（市）区中列居首位。实施“A级管理法”、开展“红色号角”活动、三级联推、扩面增效等10个经验做法被中创办和人民网联办的活动专栏报道，其中村居党建“A级管理法”的创新做法被列为“创先争优主题活动案例精粹”。

区委根据不同领域、不同行业党组织特点，区分不同类型党员，分别设计不同活动主题和实践载体。在农村以“发展农业、建设农村、富裕农民”为主题；在街道社区以“服务居民群众，共建和谐家园”为主题，以争做“和谐先锋”为载体，开展先锋诺言、先锋践诺、先锋带动“三大行动”；在机关以深入创建“机关先锋号”活动为载体，强化宗旨意识、廉洁意识和效能意识；在教育系统以“规范办学，科学发展，办人民满意的教育”为主题，以争做“敬业”先锋为载体，实施固垒工程、先锋工程、创新工程，开展“五名工程”（名校长、名管理者、名教师、名班主任、名教研员）、“塑师德、铸师魂，做人民满意的教师”等活动；在卫生系统以“树先锋形象、促科学发展”为主题，以“管理上层次、服务上水平、工作创一流”为目标，引导基层党组织围绕“五个好”争创“三优秀”党组织，引导党员争当“科学管理模范”“白衣天使标兵”“群众满意之星”；在非公有制经济组织、社会组织以“红色号角”活动为载体，开展集中组建“集结号”、规范建设“行进号”、发挥作用“先锋号”三大活动；针对流动、下岗失业、困难等人群中党员实际情况，对创先争优活动也都做专门部署，实现创先争优活动全覆盖，确保活动效果。活动中，区活动办公室从102个区属党（工）委、区直部门遴选出15个优秀主题、11个特色载体、9个创建目标进行刊载推广。

2011年3月，在全区启动“深入基层、服务群众”主题活动，设计“大走访、大调研、大承诺、大服务”四大实践载体，确定开展民情“四访”月、调研周、学习节、“践承诺、提效能、办实事”“结穷亲、联四邻、解难题”“学党史、增党性、当先锋”六大活动，实施“八大工程三十项行动”为民办实事项目，为推动全区创先争优活动进一步开展提供新的载体平台。结合换届选举工作，各级党组织普遍开展“换届我承诺”活动。换届前，党员领导干部对正确对待进退留转、严守换届纪律作出承诺，普通党员对正确行使民主权利、维护换届工作大局作出承诺。换届后，新领导班子还将在如何开展工作、如何服务群众等方面作出承诺。至4月，全区街道（镇）党（工）委召开民情恳谈会27次，村居党组织开展民情接待日活动800余次。区属各党（工）委、区直各部门设置意见箱70余个，副处级以上领导干部深入基层走访调研、指导工作1800余次，各部门各单位走访“两代表一委员”、行风监督员、服务对象2300余人次，探访老党员、老干部、困难群众1400余人次，向群众发放征求意见表近2万份，通过各种渠道收集意见建议、合理诉求1100余条。开展民情“大调研”，75个部门单位确定民情专题调研课题142个。在全区建立15个党代表联络工作室，建立党代表“365”工作机制，通过在区委常委会及区级有关大型会议增设“区党代表座区”、列席区委常委民主生活会、开展党代表“六个一”活动、征求对区委领导班子的意见建议等方式，为党代表履行职责、发挥作用搭建平台。全区各级党代表联络工作机构组织党代表专题调研12次，收集各类意见、建议180余条，形成书面提议22件，有效调动党代表参与党内事务积极性和主动性。开展联系帮扶活动，33个强居帮扶33个弱村，75个区直部门包挂75个村（居），589名副处级以上领导干部和240名从机关选派的村居政治指导员每人联系一户困难群众。开展“双诺、双述、双评”活动，全区各级党组织和党员在调研走访基础上，科学设置先锋岗位，切实确定承诺事项，全区1218个基层党组织和2.98万名党员分别承诺事项6743件和8.37万件，并通过会议、网络、公开栏等形式公开。2011年春节前，各级党组织普遍开展领导干部点评创先争优工作，召开专题集中点评会议1830次，1217名基层党组织书记开展点评工作，1218个基层党组织和2.97万名党员接受点评。同时，建立承诺责任、办结销号、督促检查等制度，通过领导点评、党员互评、群众参评，督促引导基层党组织和党员认真履诺，确保公开承诺事项落到实处。活动期间，点评特色亮点工作1357项，点出存在问题637个，先后完成为基层、群众办实事、好事等承诺事项2100余件。

第六章　宣传工作

第一节　理论宣传教育

1991年，组织学习马克思主义哲学和科学社会主义理论，健全领导干部学习制度。1991年5月—1992年6月，举办培训班8期，每期32天，轮训中层干部500余人。1992年，组织大型专题辅导，开展党史、党建理论学习，近千名领导干部参加结业考试，总成绩优秀。组织宣传骨干50人参加济南市中共十四大精神培训班。全区组织领导干部学习班27期，培训干部395人。各单位党委自行举办培训班38期，培训党员干部2890人次。1993—1994年，围绕建设有中国特色社会主义理论和市场经济理论开展宣传教育活动，举办《邓小平文选》第三卷培训班5期，集中培训副局级以上领导干部280人。党员干部100余人参加济南市委宣传部、济南日报社联合举办的特色理论和市场经济理论知识竞赛，20余人获奖。中共天桥区委下发《关于学习宣传中共十四届四中全会精神的通知》。1995年，运用中心发言、专家讲座、观看录像等方式，加强建设有中国特色社会主义理论、社会主义市场经济理论、党的建设和中共十四届四中全会、中共十四届五中全会精神学习教育。举办副局级以上领导干部理论培训班4期，基层党委书记理论培训班和专职政工书记培训班各1期，培训领导干部300人次。1997年，组织邓小平理论中关于社会主义精神文明建设思想、《告全党全军全国各族人民书》等三篇重要文献、邓小平“一国两制”理论、《中华人民共和国香港特别行政区基本法》学习。组织《国际商贸法》和新《中华人民共和国刑法》专题学习。中共十五大召开后，围绕学习、宣传、贯彻中共十五大精神，强化邓小平理论学习，举办理论学习读书会，将全区理论学习推向高潮。全年区委中心组集中学习11次，举办局级干部培训班8期。

1998—2003年，以学习宣传贯彻落实中共十五大、十六大精神和“三个代表”重要思想为主要内容，每年组织领导干部集中学习10～12次，举办读书会1次、培训班138期，群众教育学习190余场次。编撰出版《邓小平理论进课堂》《“三个代表”重要思想进课堂》。2002年，天桥区委宣传部被山东省委宣传部评为全省理论教育工作先进单位。2004—2008年，邀请省委党校和济南市委党校专家、教授为区委理论中心组先后作题为“科学的发展观”“加强党的执政能力建设，提高党的执政水平和领导水平”“以科学发展观统领经济社会发展全局”“贯彻落实十六届五中全会精神”“认真学习贯彻新党章”“学习贯彻胡锦涛总书记‘七一’讲话精神”“十七大精神”等专题报告会10余场。2004年，组建社区党员先进事迹报告团在全区巡回报告。2005年，党校教师、优秀党员组成先进事迹、理论政策、形势任务3个宣讲团，宣讲72次，受教育党员干部1.2万人次。2009年，聘请省委党校副校长商志晓、山东大学经济学研究所所长魏建等专家教授为区委理论中心组成员举办专题讲座。基层理论学习中心组开展学习宣传中共十七届四中全会精神系列活动，在济南市中心组学习工作会议上作典型发言，并被评为山东省理论教育工作先进单位。2010年，组建全省首家区县级讲师团，开展“形势与任务”等五大方面44个理论专题面对面宣讲，区委中心组等单位7家和个人4人获市级表彰。完善联络秘书制，撰写理论文章54篇，发表理论调研文章14篇，《用信息化推进学习型党组织建设》在《济南日报》头版头条刊登。2011年，进行中共十七大精神、十七届六中全会精神、建设有中国特色社会主义理论体系、科学发展观、社会主义核心价值观体系、胡锦涛总书记“七一”重要讲话精神等一系列主题学习。设计推出年度读书参阅书单、短信荐书等学习形式并创建“手机上的理论学习之窗”——区委理论中心组手机学习平台，全年短信平台发送专题学习短信56次、2352条。

2012年，通过推荐学习资料、作专题辅导报告等形式，提高区委理论学习中心组成员政治理论素养、科学决策水平和创新实践能力。结合迎接学习宣传贯彻中共十八大、省市党代会等相关主题，每周二、四定期向区委理论中心组成员发送涵盖时政热点、经济观察、高层声音等内容的短信。区委理论学习中心组短信平台这一创新做法被山东省委宣传部编写的《山东学习型党组织建设工作100法》收录。

第二节　党员教育和阵地建设

1991—1997年，对全区党员集中进行中共十三届七中全会精神、江泽民“七一”讲话、《中共中央关于建立社会主义市场经济体制若干问题的决定》和如何认识当前形势等专题学习。召开“学习江泽民‘七一’讲话经验交流会”和基层党校党员活动室经验交流会、现场经验交流会。聘请中国社会科学院、省、市委党校等专家、学者进行专题辅导4次，组织观看录像2次。成立区基层党校工作指导小组和基层党校讲师团。建立健全基层党校和党员活动室指导、检查、考核等制度。重新选聘基层党校专（兼）职教师，开展基层党校、党员活动室教学观摩活动。全区建立基层党校24所、党员活动室105处，分别达应建数95%和96%。1993年，有2所基层党校分别被省、市命名为一级党校。1994年，天桥区被省委宣传部评为基层党校建设工作先进区。

1998—2003年，开展党课观摩评比活动。各街道党工委成立社区联合党校。为纪念济南解放50周年和改革开放20周年，在干部群众中进行社会主义、艰苦奋斗、改革开放教育并组织开展大型系列活动。举办“辉煌成就”图片展，26个党委制作展板50块，观展干部群众3000余人。举办纪念济南解放50周年大型报告会。2004—2010年，开展“聚焦泉城看变化，干事创业促发展”“两学三创”（学习许振超、学习海尔，个人创一流业绩、单位创一流环境、企业创一流品牌）学习教育活动。每年召开全区基层党校和党员活动室建设工作现场会。学习宣传中共十七届四中全会精神系列活动。2007年，天桥区被评为山东省党员教育先进区，1所基层党校获“省级优秀党校”称号，2所基层党员活动室获“省级优秀党员活动室”称号。《加强党的先进性建设，永葆党员先进性》被推荐为省级优秀党课。

2011—2012年，开展“读书修身、书香同行”读书年、“百场讲座进社区”系列活动。举办主题讲座100余场，受教育党员3万余人次。

第三节　新闻宣传

1991年，各中层单位成立3～5人通讯组，1人为区中心报道组成员。1993年，天桥区第三产业发展系列报道《走向明天的事业》《走改革之路，作务实文章》《独具特色的天桥格局》等先后被《经济日报》、中央电视台、《人民日报市场报》等新闻媒体采用，其中《人民日报市场报》还配发评论员文章。《天桥区拥军优属工作走出了新路子》《天桥区国防教育走上经常化、规范化、社会化运行轨道》《天桥区为军转干部提供用武之地》《管好自己的人、看好自己的门、办好自己的事》在《济南日报》、济南电视台报道后，又在新华社、《人民日报》《中国社会报》等发表。1994年，实施“三个一”（一本大型画册《天桥简介》、一部电视专题片《通天的金桥》、一本招商投资指南手册）工程，全方位、多角度反映天桥区人文风光、地理环境及经济状况。1995年，拍摄反映军民共建专题片“鱼水情”和围绕创建“省级精神文明建设工作先进区”新闻系列片6集。挖掘并树立勇斗歹徒而英勇献身的烈士宋铭禄等10余名先进典型，全区掀起学先进做先进热潮。区属29个党委全部建立新闻报道组，在册通讯员134人，形成一支初具规模的通讯报道队伍。1996年，加强对重点保护企业、重点村办企业、重点第三产业项目、重点外向型企业宣传报道。1997—1998年，重点对实施小清河干流治理工程、经济科技、争创全国社会治安综合治理先进区、造绿工程、社区服务工作集中进行新闻宣传。至1998年，各新闻单位利用稿件1万余篇（条），其中中央和省级新闻单位用稿3200余篇（条）；制作各类专题片50余部；编印大型画册《天桥区情简介》，精印1万册。

1999—2003年，坚持“新闻宣传就是服务”原则，重点宣传报道招商引资、民营经济发展、外经外贸工作；全程跟踪报道“容貌工程”“蓝天工程”“一环九射”、拆迁造绿工程、铁路沿线综合整治等城建工作。其中影响较大的《抓住区划调整机遇，发挥城区带动作用》《特色经济激活“一盘棋”》《天桥区招商引资写大文章》以及《手执彩带当空舞——顺河高架路拆迁记实》等50余篇稿件在中央、省、市重要媒体发表；《依托共建网络，创建社区文明》《社区共建一个家》《党旗在非公有制经济组织中飘扬》等在《济南日报》头版头条刊发。制作各类专题片52部。组织“万人观瞻高架桥”活动、庆祝建国50周年辉煌成就展、“济南五年大变样”成果图片展、“争创文明城市”万人签名、《公民道德建设实施纲要》宣传活动等。2004—2010年，在中央和省、市级各类新闻媒体发稿1.6万余篇（条），在《济南日报》刊登头版头条位居济南市10个县（市）区之首。其中《天桥学生不再“东南飞”》报道天桥区对教育资源进行科学整合的决心和力度；《天桥三把“金钥匙”打开就业门》宣传天桥区就业再就业的开展。《人民日报》、新华社、中央电台、中央电视台等10余家新闻媒体集中采访报道为社会培养30余万各类人才的蓝翔技校董事长荣兰祥、与歹徒斗争光荣牺牲的英雄保安李培增、照顾干妈肖老太太的北园街道柳云社区居民叶兴珍、“军警民”联手营救落水女子的感人团体、先后收留和帮助400余个流浪儿童的全国道德模范提名奖获得者天桥好人郑承镇。2011年，在中央和省、市新闻媒体发稿2500余篇（条），其中在省、市电视台播发新闻150余条，位列济南市10个县（市）区第二。其中济南电视台新闻频道播出《一切为了人民的健康——天桥区卫生局工作纪实》《奋战在精神卫生事业一线的共产党员——颜苏萍》等；《济南日报》头版头条刊发《党的好干部百姓贴心人盖继纲——追记天桥公安分局成丰桥派出所所长盖继纲》《非公党建创出天桥模式》《天桥积极培育服务业“新地标”》等；在《大众日报》和《济南日报》头版头条分别刊发《十二五，再造三个新天桥》《天桥工业期待重振雄风》和《天桥区经济实现弯道加速》。组织新华社、人民网、《大众日报》等十余家媒体集中报道国家胶体材料工程技术研究中心和60万吨碳四深加工等九大项目集中签约仪式。

2012 年，在中央和省、市新闻媒体发稿 2200 余篇（条），其中在省、市电视台播发新闻 200 余条，《济南日报》刊发头版头条 13 篇、专版 20 余篇，《大众日报》刊发重量级稿件 15 篇，济南日报挂牌刊发实体经济好新闻稿件 10 余篇。在《大众日报》《济南日报》头版头条分别刊发《天桥“北跨”，时不我待》《天桥经济发展启动新引擎》《天桥经济发展锁定四大战略》《未来 5 年，天桥锁定“新突破”》等，重点报道建设生态宜居的魅力新天桥，宣传天桥区全力推进鹊山龙湖、泺口片区等城市综合体建设。配合区委组织部将天桥区 14 名先锋党员典型事迹编写成《先锋之歌》。启动第一届“感动天桥人物”评选活动。

第四节　思想政治工作

1991 年，开展社会主义思想教育和反“和平演变”教育。编印宣讲提纲 2 万字，宣讲 200 余场。1992 年，围绕企业深化改革、转换经营机制，开展“两转并举”教育。北园镇乡镇企业中有 980 名青工参加“双基”培训，合格率 100%。

1994 年，开展“重新学习党章”“企业管理效益年”“村办企业年”宣传教育活动。1995 年，全区掀起向孔繁森、王廷江、韩素云学习高潮。开展“学习好榜样，树立新形象”大讨论。召开副局级以上领导干部演讲会和“三学”经验交流会。分别在领导干部、基层干部、人民群众中开展“公仆杯”“奉献杯”“新风杯”三大文明金杯竞赛活动。组织召开全区职工思想政治工作研究会年会和思想政治工作理论研讨会。1996—1997 年，落实《爱国主义教育实施纲要》和中宣部、国家经贸委《关于加强改进企业思想政治工作的若干意见》。在干部职工中开展“三观”教育活动和“爱岗敬业、‘九五’建功”系列活动。开展思想政治工作理论研究，向济南市推荐思想政治工作优秀论文 21 篇，其中获市级优秀成果奖 5 篇，在市级以上报刊发表 3 篇，被编入《济南市两个文明建设荟萃》一书文章 12 篇。1998 年，全区党员干部开展“争做人民好公仆”宣传教育活动。企业开展“解放思想，深化改革年”活动。1999 年，召开全区思想政治工作座谈会。开展党员及企业职工思想状况等专题调研、爱国主义教育及马克思主义唯物论和无神论教育活动。2000 年，召开全区思想政治工作会议，印发《关于进一步加强和改进思想政治工作的意见》。

2001 年，以建党 80 周年为主题，开展“落实‘以德治国’方略，全面推动精神文明建设”论文征集活动，被《以德治国的理论与实践》一书收录文章 3 篇。开展“五优”（思想政治工作优秀企业、优秀企业思想政治工作者、优秀职工思想政治工作研究会、优秀职工思想政治工作研究会干部、优秀职工思想政治工作研究成果）评比活动，被评为济南市思想政治工作优秀企业 2 家。2002—2003 年，组织干部群众参加省、市举办的公民道德建设和“五重一创”职工道德修养知识竞赛活动，获组织奖。会同区教育局、团区委在全区青少年中开展公民道德教育和道德实践活动。撰写题为《天桥区非公有制经济组织思想政治工作调查评估》调研报告。2004 年，组织“永葆党员先进性”教育活动，社区党员和离退休党员先进事迹报告团分别作巡回报告。与新华书店联合组织开展“健康图书青春系列（社区、学校、农村）行”活动。2005 年，组织纪念“鹊山惨案”座谈会，并举办书画展和主题文艺演出。泺口九烈士纪念碑落成。组织“五老”（老干部、老战士、老专家、老教师、老模范）宣讲团对青少年群体进行革命传统和爱国主义教育。探索建立社会、家庭、学校“三位一体”的未成年人思想道德建设教育网络。编印《天桥市民手册》12 万册，开展社会基本道德规范宣传活动。2006 年，开展社会主义荣辱观“六进”（进校园、进社区、进农村、进机关、进家庭、进市场）、居民论坛、科普大学、健康图书社区行、先进事迹报告会等主题活动。《关于群众思想政治工作的调查与思考》《天桥区基层群众文化建设的调查报告》等14篇调研报告在市级刊物上发表。全年上报舆情信息800余篇。区委宣传部被评为济南市舆情信息工作先进集体。2007年，开展“倡树八荣八耻”“知荣辱，树新风”教育实践和“十优秀”创建评选活动。《天桥区基层群众思想政治工作的调查与思考》获市级调研类一等奖，《天桥区基层群众文化工作现状分析》获市级调研类三等奖。《对加强防汛应急措施的几点建议》《政府面对小产权房该“何去何从”》等30余篇舆情信息被省委宣传部采用，舆情报送量和采用量均为济南市第一。2008年，通过专题展览、知识竞赛、文艺演出、主题演讲、征文比赛等多种形式组织开展纪念济南解放60周年、清明悼念革命烈士、五卅惨案纪念日、八一军民共建等活动。《当前社会各阶层利益诉求及利益表达机制建设问题的调查分析与引导对策建议》《当前社会思潮分析及对策建议》等多篇舆情分析报告被省、市委宣传部采用。《利用网络加强社会主义核心价值体系建设》等10篇文章被市委宣传部内刊刊登，采用量居济南市第一。建立网络宣传与引导员队伍，组织开展全区网络宣传员专题培训。建立网络舆情检测、网络舆情报送等制度。2009年，开展文明礼仪“四进”活动。汇文实验学校被授予全国做“一个有道德的人”主题实践活动联系点，承办全省“向国旗敬礼——做一个有道德的人”网络签名活动，参加全国未成年人思想道德建设座谈会并作典型发言。推选出第二届济南市道德模范孙世慧、魏希宝，推选出泺口党代表联络制和南村西社区田象霞等学习贯彻中共十七届四中全会精神方面的典型。在《济南宣传》发表调研文章10余篇。向舜网、大众网等省内主流网站论坛发帖200余篇，其中10篇被市网络文化办公室收录，获“济南市信息、舆情先进单位”称号。2010年，举办全区新闻通讯、文明创建、舆情信息、文艺骨干等4个班次的培训活动。建立完善舆情信息报送反馈、特别推荐和报送轮值相关制度，上报舆情信息2400条，在《济南宣传》《泉城瞭望》发表调研文章11篇，其中5篇论文被推荐为济南市思想政治工作优秀论文。2011年，组织“百场讲座进社区”“红色宣讲进校园”活动。新聘请区委讲师团讲师13名，设计推出2011年度理论宣讲课单。建立舆情信息工作QQ群。在中共济南市委宣传部《济南宣传信息》发表工作信息10篇，在中共山东省委宣传部《山东宣传信息》发表工作信息2篇，在《泉城瞭望》发表文章14篇。

2010年7月22日上午，区委讲师团成立大会召开。

2012年，开展“十八大精神宣讲”活动。上报舆情信息1300余篇。

第五节　社会宣传

1991—1993年，通过书画展览、歌咏比赛、诗歌朗诵会等形式举办建党70周年大型庆祝活动、毛泽东《在延安文艺座谈会上的讲话》发表50周年纪念活动和毛泽东诞辰100周年系列纪念活动，其中书画展览共展出书画作品300余幅。举办大型花灯展3次，各类文艺培训班15期，汇演9次，展览21次，展出作品1200幅。突击整顿文化市场24次，出动车辆190辆次，没收非法出版物6万余册，取缔无证、违法业户40户。裴剑锋创作的电视连续剧《太阳》由辽宁电视台拍摄并先后在中央、辽宁电视台播映。段辛友诗集《红枫》由新时代出版社出版。文学研究会集体创作戏剧小品《急诊》获华东六省一市小品大赛创作二等奖。1995年，全区开辟近百个群众文化活动场所。为纪念抗日战争暨世界反法西斯战争胜利50周年，举办“歌咏大会”“大型书法、美术、摄影展览”，组织群众收看百部爱国影视片，对干部群众进行革命传统教育和爱国主义教育。1996—1998年，举办文艺演出18次、展览26次、群众性文艺培训班14期。组织下乡演出10次，送春联、送书画、送科技书籍5次，组织电影、电视专场58场。1999—2003年，组织开展消夏广场文化活动。举办“旗帜颂”“祖国颂”“红船颂”大合唱比赛、大型文艺汇演。东亚广场、劳动广场被省委宣传部、省文化厅命名为省级优秀文化广场，成丰广场被评为市级十佳广场。

2004—2008年，建成集文化馆、图书馆、档案馆、体育馆于一体的天桥区文体中心，开展广场文化活动100余场次，受益群众10万人次。2009年，开展群众性文化活动300余场。与齐鲁晚报社、齐鲁电视台、济南电视台、舜网等媒体联合组织开展齐鲁红歌会、红歌大家唱等系列专题文化活动；开展“书画献军人”和书画下乡主题活动，其中4件作品赠送给驻苏丹维和部队官兵。组织承办山东省第二届国际大众艺术节——天桥书画展。

2010—2012年，举办各类非遗展示演出100余场，公益讲座100场，电影放映2763场次。承办第四届山东国际大众艺术节——首届山东省暨济南市民间艺术大赛。

第七章　统一战线与对台工作

第一节　统战工作

一、政治协商与民主监督

1987年，中共天桥区委建立与民主党派、党外人士情况通报、民主协商季度例会制度。1990年，发展为“双月座谈会”制度。1995年，作出《区委领导与民主党派、工商联负责人、非党代表人士建立结对交友制度的决定》。1998年，建立“区委常委联系民主党派、工商联等组织制度”。1999年，印发《关于加强民主党派、无党派人士和人民政协对政府工作进行民主监督的通知》。2001年，建立“与民主党派、工商联、无党派代表人士定期举行例会”制度。区政府有关部门在民主党派成员和无党派人士中聘任特约监察员、特约教育督导员、特约审计员和特约检察员（以下简称“特约四员”），拓宽民主党派、党外人士民主监督、参政议政渠道。2003年，中共天桥区委印发《关于进一步完善中国共产党领导的多党合作和政治协商制度的决定》，全区多党合作和政治协商，形成区委“双月座谈会”、区政府“季度例会”、区委领导与民主党派及党外代表人士“结对交友”、区委常委与民主党派及工商联“组织联系”、区政府有关部门与民主党派及工商联“对口联系”和“特约四员”等6项具体制度。2006年，中共天桥区委印发《关于贯彻落实〈中共中央关于进一步加强中国共产党领导的多党合作和政治协商制度建设的意见〉的实施意见》。2010年12月，中共天桥区委印发《中共天桥区委同区各民主党派无党派人士政治协商的实施意见》，全区中国共产党领导的多党合作和政治协商制度进一步规范和完善。至2012年12月，中共天桥区委召开“双月例会”92次、区政府召开

"季度例会"26次。组织党外人士对全区经济社会重点热点问题开展视察、调研。推进政府有关部门坚持实施对口联系制度，聘请民主党派、党外人士特约人员对政府部门工作进行监察和监督。

二、党外干部和非党知识分子工作

1991年，全区副处级以上党外领导干部11人。1999年，为加强党外知识分子工作与联系，聘请党外知识分子25人为联络员。2003年7月，成立天桥区党外知识分子联谊会，为济南市首家区级党外知识分子联谊会。2004年、2005年，中共天桥区委组织部、统战部两次印发《关于进一步做好培养选拔党外干部工作的意见》，对全区党外干部工作列出具体目标、列入全区干部培养选拔整体规划。2007年11月—2008年1月，在全区无党派人士中开展政治交接主题教育活动试点工作。2008年6月—11月，在全区无党派人士中开展"自觉接受中国共产党的领导，坚持走中国特色社会主义道路"政治交接主题教育活动，促进了无党派人士思想政治觉悟提高和骨干队伍建设。2011年，开展"党外代表人士队伍建设年"活动。2012年6月，全区党外领导干部有30人，其中副区级5人、正处级7人、副处级16人、副科级2人。至2012年年底，天桥区第二届党外知识分子联谊会有会员77人，其中无党派人士20人。先后举办学习培训班7期。推动党外知识分子参加统战理论"四新工程"研讨活动。开展"为实施'九五'、'十五'计划'建功立业争先'"和"爱泉城、爱天桥、建良言、作贡献"等活动。先后有109人次被评为区党外知识分子先进个人。

三、民主党派工作

1990年，全区有民革、民盟、民建、民进、致公党、九三学社等6个民主党派基层组织，其中工委1个，总支1个，支部（支社）17个，小组1个，成员185人。1991年11月，农工党天桥区总支成立。1991年、1994年，重点走访区教委、天桥人民医院、区房管局、中小学等民主党派成员较多单位，对民主党派成员年龄老化问题开展调研。1994年5月，民进天桥区总支成立。1995年，为区委统战部"民主党派工作年"，向中共天桥区委提交"天桥区民主党派成员年龄状况的分析及建议"调研报告。协助民主党派基层组织搞好换届，进行班子成员培养、推荐和考察工作。2002年4月、6月，致公党天桥区总支、九三学社天桥区基层委员会先后成立。2006年9月、11月，民盟天桥区基层委员会、民革天桥区总支先后成立。驻区7个民主党派全部建立区级组织。2011年4月13日—27日，九三学社天桥区基层委员会、民建天桥区总支、民进天桥区总支、农工党天桥区总支、民盟天桥区基层委员会、民革天桥区总支先后完成换届选举。至2012年年底，各民主党派辖有基层支部（支社）32个，成员496人。九三学社天桥支社、民建天桥区总支、民进天桥区总支、九三学社天桥区基层委员会先后被各自民主党派中央委员会评为"全国先进基层组织""全国先进集体"和"政治交接主题教育活动先进集体"。

四、其他统战工作

（一）非公有制经济人士思想政治工作。1991年，中共天桥区委统战部、区工商联对区内53家民营企业和个体工商业者中代表人物、13家"三资"企业中外方和中方代表人士进行调查，并发展新会员。2000年，中共天桥区委组织部印发《关于加强非公有制企业党建工作的通知》，向非公有制企业等新经济组织派出党建指导（联络）员，开始组建党的基层组织，同时进行共青团、工会基层组织建设的试点工作。成立济南市第一家"商会俱乐部"，作为全区非公有制经济人士进行学习、开展自我教育活动场所。在非公有制经济人士中开展多项活动，举办报告会、学习班，选送有代表性的非公有制经济人士分批参加中央党校非公有制经济理论与实务高级培训班学习。11月，中共天桥区委统战部、团区委、区工商联等五部门联合评选"天桥区非公有制经济界优秀青年"10人。2005年，推荐优秀民营企业家4人为济南市"社会主义优秀建设者"。2009年11月，在非公有制经济组织中开展学习实践科学发展观活动，成立由区委统战部牵头，区工商联、区工商分局主要负责人组成的非公有制经济组织学习实践活动工作小组，建立非公有制经济代表人士思想政治工作长效机制。2010 年 7 月，区委成立区非公有制经济组织党工委,开展“红色号角”活动。2011 年，区非公党工委被评为“山东省非公有制经济组织党工委先进单位”。2012 年 6 月，在非公经济组织党组织中开展“我是党员我奉献”“共产党员示范店”评选活动，调动业户积极性。至 2012 年，非公党工委直属企业党组织达 13 个，工商联常委以上 48 个非公企业具备条件的全部建立党组织。是年，对非公有制经济人士中先进分子进行表彰。

（二）民族宗教工作。1991—2012 年，中共天桥区委在少数民族群众中开展全国《城市民族工作条例》《民族乡工作条例》和《山东省民族工作条例》等法规的宣传教育，开展回族群众教育和疏导工作。1991—1994 年,先后兴办“天桥区民族企业服务中心”等 6 个民族经济实体，其中堤口果品批发市场发展成为全国十大专业市场之一。1997 年始，区财政每年拨付专款用于民族经济和社会事业。2000 年，中共天桥区委组成 5 个工作组，到堤口、泺口、安乐居和老寨村、小寨村回族群众家中，宣传党的民族政策。2001 年，中共天桥区委、区政府制定《关于进一步做好新形势下民族宗教工作的意见》，成立天桥区民族宗教工作领导小组，建立由区委统战部牵头的民族宗教工作协调机制。同年始，每年 10 月在全区开展“民族团结进步宣传月”系列活动。2002 年，开展创建民族团结进步模范村（居）活动。2003 年，由中共天桥区委政法委、组织部、宣传部、统战部、区民宗办等 17 个部门负责人组成的帮扶小组成立,深入老寨村、小寨村开展工作，促进两村面貌改观。2006 年，两村被列为全区新农村建设第一批试点村。2009—2012 年，区委调整民族宗教工作领导小组，区委常委会召开专题会议研究民族宗教工作。

全区主要有佛教、道教、伊斯兰教、天主教、基督教 5 种宗教。在宗教工作中，认真贯彻党的宗教政策，依法加强对宗教活动场所管理，引导宗教与社会主义相适应。1997 年始，在全区宗教活动场所开展“共建美好家园”活动。2003—2005 年，组织群众加强对国务院《宗教事务条例》学习宣传教育。2009—2010 年，中共天桥区委、区政府制定《天桥区涉及民族宗教方面群体事件应急预案》《天桥区宗教联合执法预案》，开展宗教界创建和谐寺观教堂活动。

（三）海外统战工作。1991 年，中共天桥区委及时在全区干部群众和归侨侨眷中宣传《中华人民共和国归侨侨眷权益保护法》。1997—1999 年,在“三胞”眷属和各界人士中开展《中华人民共和国香港特别行政区基本法》《中华人民共和国澳门特别行政区基本法》宣传教育。2001 年始，设立“侨法宣传月”，每年 10 月集中开展系列宣传教育活动。2004 年，成立以归国华侨、台港澳客商及其代理人为主要成员的天桥区海外联谊会，加强与海外人士联系和交往交流。2011 年,建立“侨联主席接待日制度”,开展为侨服务年主题活动。

五、统战宣传

1990 年，中共天桥区委统战部开展“统一战线宣传月”活动，在全区党内外学习、宣传《中共中央关于坚持和完善中国共产党领导的多党合作和政治协商制度的意见》《中共中央关于加强统一战线工作的通知》。中共天桥区委统战部、宣传部先后印发《关于大力加强统一战线宣传工作的意见》《关于加强统战信息调研和新闻报道工作的意见》，将统战宣传教育纳入全区宣传工作总体部署。1997 年 7 月，中共天桥区委统战部创办《天桥统战》简报，不定期编发全区统战工作动态信息，宣传统战领域先进典型事迹。2000 年始，中共天桥区委、区政府每年开展“归侨侨眷权益保护法宣传月”“宗教政策法规宣传月”“民族团结进步宣传月”等专题宣传活动，建立统战工作有关法规、政策宣传教育长效机制。2002 年，中共天桥区委统战部印发《关于加强社区统战工作的实施意见》。2003 年 6 月，区委统战部分片召开全区 15 个街道（镇）党（工）委分管副书记、统战干部调度会。中共中央《关于进一步加强中国共产党领导的多党合作和政治协商制度的意见》下发和第20次全国统战工作会议召开后，中共天桥区委统战部组织各界人士召开专题学习研讨会、学习培训班和参加全省统一战线知识竞赛活动。2007年8月，在工人新村南村街道召开全区社区统战工作现场经验交流会。2009年，在政府网发布全区统战工作信息，统一战线的社会影响进一步扩大。2010年4月，区委统战部在全区街道（镇）及有关单位（部门）开展基层统战工作基础建设年活动，建立健全街道社区统战工作制度。至2012年年底，编发《天桥统战》信息162期，发布全区统战工作信息143件。

2012年5月27日，明湖小学500余名师生代表济南市青少年参加济南市政府、台中市政府、山东省台办、国台办《两岸关系》杂志社、中国孔子基金会和台湾中华华夏文化交流协会共同主办的“和谐中华·第三届海峡两岸经典文化推广会演”活动。

第二节 对台工作

1991—2012年，全区对台工作以中共“和平统一、一国两制”基本方针和“寄希望于台湾人民，促进祖国统一大业进程”为指导，贯彻中共中央和省、市对台工作会议精神，开展对台宣传、涉台教育和争取台湾民心工作；开展对台招商引资、做好台湾各类考察团接待工作，推动与台湾交流合作；维护台胞、台商、台属合法权益，帮助他们解决问题。

一、交往交流

1987年11月20日，第一位到天桥探亲的台胞庄明梅到达天桥区。1995年9月—1996年5月，对全区12个街道、北园镇和有关单位台胞台属情况进行调查摸底和重新登记工作。2007年4月—11月，对全区定居台胞、台属情况重新复核。2008年，辖区内台胞、台属、台资企业和对台工作干部为四川地震灾区募捐人民币49.2万元。2009年8月8日，台风“莫拉克”肆虐台湾南部11个县市后，区委台办为台湾受灾地区筹得捐款11.85万元。2010年，全区15个街道（镇）有去台人员476人，去台人员亲属3895人，定居台胞1人，与驻区台属有联系的台胞1772人。

1991—2012年，天桥区台办筹措资金26.5万元，在传统节假日走访台胞台属，不定期地看望困难台属121户。区台属联谊会累计协助并通过有关部门为台属解决户口、寻亲、住房、子女升学、就业等问题640件。希望工程、救灾助残、学雷锋基金会、见义勇为基金会等社会公益事业接收台属捐赠、赞助金额累计9.6万元，妥善解决台胞提出的要求和遇到的困难13

2012年7月4日，区政协各位主席及港澳台侨专委会视察天桥区台湾事务工作及驻区台资企业。

件，帮助台属解决工作、生活中困难121件。接待来天桥探亲台胞1429人次、旅游台胞452批次2359人次；全区赴台探亲台属32人。1993—2012年，向台湾寄送贺年卡3960份。

二、对台宣传

1991—1996年，连续6年召开全区对台宣传工作会议。传达中央和省、市对台宣传工作会议精神，提出全区对台宣传和涉台教育工作指导思想，部署对台工作任务。1993年，组织学习国务院《中国公民往来台湾地区管理办法》、济南市关于《接待台胞、赴台探亲和台胞定居管理》等有关政策规定。1995年春节，江泽民《为促进祖国和平统一大业的完成继续奋斗》重要讲话发表后，及时组织相关人员认真学习。每年召开一次纪念学习座谈会，深刻理解江泽民提出的处理两岸关系“八项主张”。1996年始，将对台宣传教育纳入中共天桥区委党校学习课程，组织涉台形势报告会220余场次，受教育者2.28万人。2000年1月，在制锦市街小学进行青少年涉台教育进课堂——多媒体教学试点，开展以“盼祖国统一”为主题的爱国主义教育活动，《山东涉台工作》杂志社对其进行专访，并作专题报道。2005年，印发胡锦涛关于发展两岸关系“四点意见”、全国人大颁布《中华人民共和国反分裂国家法》500余份，供各街道（镇）党（工）委、对台工作干部和区台联理事、台联组长和台属学习。2010年，组织全区各界人士、台属联理事、台联组长、街道（镇）对台干部68人，学习胡锦涛在纪念《告台湾同胞书》发表30周年座谈会上的重要讲话。

1991—2012年，先后邀请上级对台工作部门领导和部队、院校专家11人次，举办500人以上大型报告会9场次，进一步加深对党和国家对台工作方针政策理解，了解两岸发展现状，增强宣传教育的针对性。进行台湾形势和党的对台方针、政策的宣传教育，举行教育报告会23场次，组织各类学习座谈会48次。

三、台属工作

1991年，组织对台工作干部、台属300余人参加“自尊、自爱、自重”教育活动。2005年1月，成立涉台纠纷调处工作领导小组，加强对台属工作领导。2006年，召开全区对台工作研讨会，收到论文20篇；4月1日始，区委台办正式开通“三台”服务热线，严格实行24小时服务热线值班制度，受理台胞台资企业政策法规咨询、案件投诉，妥善处理矛盾纠纷，并发放“三台”服务卡1500份；11月，举办“宝岛在我心中”全区各街道（镇）和中小学巡回演讲活动，历时一个半月，听众达3900余人。2008年3月—10月，开展“共建和谐，迎庆奥运”联欢会、知识问答、书画暨工艺作品展、征文等系列活动。2009年12月，组织台属135人，到山东省博物馆参观《一个中国、和平发展》两岸关系与鲁台交流合作图片展览。1999—2011年，天桥区台办连续12年被评为山东省涉台宣传先进单位。天桥区台属联谊会，组织党的对台方针政策学习宣传教育活动、两岸形势报告会和专题讲座300余场次，参加台属1.86万人次；举行春节、中秋茶话会、游园、文体活动等170余场次；组织视察、参观活动36次。全区15个街道（镇）台属小组，举办定期学习会、座谈会176次，参加学习台属1.1万余人次。

2012年9月27日，“天桥区第五次台属代表大会”召开。

四、对台经济

1991—2012年，接待台湾经贸团组119批、台商976人次。累计向台湾商界人士发出邀请函1600余件，邀请台胞台商820余人，参加山东省对外经贸研讨会、青岛小交会、济南市深圳对外经贸会、济南市历届“金秋经贸洽谈会”“龙山文化节”“鲁台（济南）科技合作洽谈会”“济南—台湾农业科技合作交流会”、台湾精品博览会和山东省每年组织安排的鲁台经贸洽谈会39次，组织区属各有关部门领导650余人次，赠送宣传、介绍天桥产业投资合作项目材料2200余份。至2010年，驻区台资企业16家，投资额1950万美元，合同利用台资958万美元。2011年，接待台湾经贸团组9批50余人次到济南化工产业园区参观考察。12月8日，济南市滨河新区投资建设集团公司、天桥区政府与台湾墩璞建设股份有限公司签订“济南·台湾经贸城”项目用地意向协议书。计划投资人民币80亿元，紧邻北湖周边；建设占地面积约32公顷，建筑面积约100万平方米。2012年3月，台湾美多绿植物股份有限公司、美德向邦股份有限公司、湘霖企管顾问有限公司考察鹊山龙湖项目。1991—2012年，先后有台资企业43家落户于天桥区。

第八章　机构编制

第一节　机构改革

1993年，制定《关于北园镇管理体制改革的实施意见》，拟定区、街道党政群机关机构改革初步方案。1995年，按照济南市城区机构改革精神，严控机构编制增加，草拟天桥区机构改革方案。1996年8月12日，按照机构改革实施意见要求，加强对国民经济和社会发展规划协调、宏观管理、监督检查和社会保障职能，弱化微观管理职能，调整归并业务相近或职能交叉重复机构，合理界定各部门职能，理顺工作关系，精简内设机构和人员。1996—1997年，区机关机构改革工作通过中共济南市委、市政府检查验收。1998—2002年，进一步调整机构设置，压缩行政编制，转变管理职能，改进管理模式。2001年11月1日，按照机构改革实施意见要求，政府职能转变到经济调节、社会管理、公共服务等方面，生产经营和决策权真正交给企业，合理划分政府机关和事业单位职能任务，将事业单位承担的行政管理职能收归政府机关承担，将一些技术性、事务性工作转移给事业单位，将社会可以自我调节与管理职能交给社会中介组织，将机关后勤服务工作逐步推向社会。2001年下半年，全区党政机关机构改革完成。改革后，中共天桥区委工作部门设置7个、政府工作部门设置21个（含监察局、公安分局）。2003—2008年，规范机构设置，完善编制管理制度，合理调整单位机构布局，优化资源配置，严格控制单位和编制总量，强化机构编制管理。2003年4月8日，区人大、政协、群众团体进行机构改革。2006年2月10日，区政府工作机构精简为22个。7月31日，中共天桥区委、区政府印发《天桥区农村综合改革方案》，对两镇行政机构和事业机构进行合理设置。2010年3月3日，完成《天桥区人民政府机构改革的实施意见》起草工作并通过市编办审批，指导各部门、单位做好“三定”规定草案的起草工作，并于6月24日通过市编办审核。3月12日，按照区政府机构改革方案要求，推进政企分开、政资分开、政事分开、政府与中介组织分开，将辅助性、技术性、服务性事务交给事业单位和市场中介组织。7月2日，编委会通过29个部委办局“三定”规定，下发至涉及的42个部门（单位），完成政府机构改革工作。11月底，完成大桥、桑梓店两镇机构改革，两镇分别设置党政工作机构4个，财政预算管理事业单位5个，并按规定挂牌运行。2011年1月11日，天桥区政府机构改革评估，对涉及22个工作部门职责调整的68项内容进行调研评估，顺利通过市编办评估验收。11月21日，成立天桥区事业单位改革领导小组。2012年，完成全区事业单位基础信息摸底工作，全区有事业单位280个，其中名称不规范事业单位26个、未明确经费类型111个、未明确建制级别84个。2月6日，完成全区教育资源整合工作，将26所中小学校整合为11所，撤销10所空壳学校事业单位建制。2月13日，成立天桥区事业单位清理规范领导小组，开展补充完善有关机构编制要素工作，统一整合生产经营性和部分事业单位空余编制，逐步建立编制管理储备机制。2月22日，全区49所中小学校核定事业编制2444名。5月11日，乡镇机构改革评估，对大桥、桑梓店两镇改革后机构设置、领导配备、职能理顺、门牌悬挂、创新管理等工作进行评估检查，顺利通过市编办评估验收。

第二节 机构编制管理

一、机构管理

1991年，明确区编委办公室、区普法办公室为正局级工作部门；设立税务局，为正局级工作部门；恢复环境卫生管理局；成立天桥区街道经济办公室，为副局级工作部门，归口经计委；成立第三产业办公室，为正局级工作部门；成立区社会治安综合治理办公室，为正局级工作部门，与区政法委合署办公。

1992年，成立区财政、税收、物价大检查办公室，为正局级工作部门，挂靠区财政局；市区四区公安分局下放到各区领导，为处级工作部门；成立天桥区防暴大队，为正局级工作部门。

1993年，撤销区农委、农委内设办公室和下设综合管理站。区农委、物资局、监察局、物价局相继分别与北园镇政府、物资总公司、纪委、工商局合署办公；撤销区街道工作办公室、整顿市容卫生秩序指挥部办公室；成立区工业小区管理委员会；恢复区交通局，与区运输公司合署办公；成立区国有资产管理局，为副局级工作部门，归口区财政局；明确区个体劳动者协会为副局级工作部门，归口区工商局；将制锦市街小学等22所小学定为正科级单位。

1994年，组建济南市公安局天桥区巡警大队；成立济南市天桥区北园大街综合管理办公室，为区政府局级管理部门；区委组织部设立党员电教中心；区人事局设立培训考试中心；区政府成立区行政干部学校，与区委党校合署办公；区委党校原有5个内设科室升格为副局级。4月，成立济南市工贸律师事务所、济南市天元律师事务所，为经费自筹全民事业单位。5月16日，区“双拥工作领导小组办公室”由区文明办移交区民政局管理，机构规格为正局级。8月1日，区工商局挂牌为“济南市工商行政管理局天桥区分局”，划归市工商局统一管理。10月，建立天桥区泺口服装市场综合管理委员会，为局级经费自筹全民事业单位；区税务局分设山东省济南市天桥区国家税务局、济南市地方税务局天桥分局，并移交市国税局、地税局统一管理；北园医院由北园镇划归区卫生局主管，集体所有制单位性质和工作职能不变，保留北园医院的牌子，与天桥区精神病防治院、济南市精神病防治中心合署办公；北园医院人、财、物及党、政、业务工作由区卫生局党委和卫生局管理。

1995年，全区在北坦街道财政所试点的基础上，12个街道办事处正式成立财政所，为全民事业单位，核定编制3名；根据区委七届二次常委会议，研究决定济南市天桥区北园大街综合管理办公室与北园镇政府合署办公；成立天桥区科技信息技术开发中心，为副局级全额拨款的全民事业单位，核定编制3名。6月12日，明确济南市天桥区建筑工程质量监督站，建制级别为副局级，核定编制8名。8月7日，成立济南市天桥区人民检察院反贪污贿赂工作局。10月23日，成立济南市公安局天桥区分局泺口服装市场派出所。

1996年1月9日，济南市机构编制委员会批复设立公安分局泺口服装市场派出所，为科级建制。3月16日，市编委下达全区人员编制5名和7名，分别承担民兵武器装备库和民兵训练中心（基地）管理工作。9月10日，街道办事处单独设置计划生育办公室，计生人员均按6名编制配备，人员经费由区财政列支。

1997年，区委统战部对外挂对台工作办公室区政府台办的牌子；设立天桥区文化市场稽查队，为科级全民事业单位，核定编制5名，经费自收自支；成立天桥区人防管理服务中心，为科级全民事业单位，核定编制14名，经费自收自支；设立天桥区教育培训中心、天桥区教委总务后勤办公室、天桥区教委勤工俭学办公室，均为科级全民事业单位，核定编制分别为18名、18名、12名，经费为区财政全额拨款管理；成立天桥区建委物业管理服务中心，为科级全民事业单位，核定编制20名，经费自收自支；设立天桥区商业网点管理办公室，为科级全民事业单位，核定编制4名，经费自收自支；设立天桥区环境监测站和环境监理站，均为科级全民事业单位，核定编制15名和5名，经费自收自支。3月16日，在区政府办公室挂法制办公室牌子，区技术监督局挂靠区经计委管理；成立天桥区社区服务中心，为全民科级社会福利事业单位，核定编制5名，经费自收自支，后经区编委研究同意，建制级别由科级调整为副处级。4月4日，将区爱国卫生运动委员会办公室机构规格由副处级升格为正处级；天桥第二人民医院建制级别由副科级调整为正科级；济南天建房地产开发总公司由国有企业改制为国有副处级事业单位，核定编制90名，经费自筹。5月7日，将天桥区房屋建设综合开发公司建制级别明确为副处级，人员编制为100名，从房管局下属事业单位编制总额中调剂使用。6月6日，区农业办公室不再与北园镇政府合署办公，同时恢复农业综合管理站，为全额预算管理国有事业单位，核定编制3名，加挂天桥区兽医卫生监督检验所牌子；北园镇药山办事处更名为北园镇金牛办事处，原隶属关系不变；成立天桥区工商业联合会非公有制企业法律服务部，为国有科级事业单位，核定编制2名，经费自收自支，业务上接受区司法局指导，隶属区工商联；设立济南市天桥区药山街道办事处，为区政府派出机构；药山街道办事处和工业小区管理委员会为一个机构两块牌子。9月1日，明确五区防暴大队实行由区公安分局和市防暴支队双重管理，以区公安分局管理为主的管理体制。11月6日，建立天桥区法律援助中心，为国有科级事业单位，核定编制3名，经费自收自支；成立天桥区会计事务管理中心，为国有科级事业单位，核定编制3名，经费为全额拨款；成立天桥区农村养老保险事业管理处，为科级全民事业单位，核定编制3名，经费自筹；撤销济南市公安局天桥区分局火车东站站前派出所；建立天桥区房产评估事务所，为科级全民事业单位，人员编制从房管局下属事业单位编制总额中调剂使用，经费自筹。11月6日，将区教委中学教研室、小学教研室、电教仪器站，区招生办公室，区自学考试办公室，区红十字会办公室，区农业综合管理站，区计量检定所，济南会计师事务所天桥分所，区地产交易物业估价所，济南国际经济技术合作公司天桥发展中心，区审计师事务所，区房管局无影山房管所，区档案馆调整为正科级；将区书报刊批发站、区环卫局服务站调整为副科级。12月22日，济南市公安局天桥区分局刑警大队机构升格为副分局级。

1998年，天桥区经济技术开发中心由正科级升格为副县级；设立济南市公安局巡警支队天桥区大队110中队，科级建制。8月27日，撤销北坦街道办事处中心幼儿园、纬北路街道办事处中心幼儿园、刘家庄街道办事处中心幼儿园、天桥东街街道办事处中心幼儿园、堤口路街道办事处中心幼儿园、天桥区机关印刷所。

1999年5月4日，根据济南市编委《关于调整劳动和社会保障机构的实施方案》和中共天桥区委、区政府要求，区劳动局更名为劳动和社会保障局，将人事部门承担的机关事业单位社会养老保险、民政部门承担的农村社会养老保险、卫生部门承担的公费医疗保险的职能、机构、人员、编制交由劳动和社会保障局统一管理。7月19日，天桥区法院撤销告诉申诉庭，设立立案庭和审判监督庭；法警队更名为法警大队；法医技术室更名为技术室；新设监察室，以上内设机构建制级别均为科级，所需编制、人员内部调整。区政府办公室内设科室调整为综合一科、综合二科、调研信息科、秘书督查科、接待科。11月27日，区政府法制办公室加挂行政复议办公室牌子，为政府办增加行政编制2名；区统计局所属天桥区计算机室建制级别明确为科级，加挂天桥区信息中心牌子，增加编制2名；区公安分局设立宣传科，科级建制；设立督察室，督察长由分局副职或纪委书记兼任，下设警务督察队，科级建制，督察队员按总警力1%配备；区政法委设立办公室和调研室，科级建制；区人大办公室设立老干部工作科，暂定离退休工作编制1名；区土地矿产局原综合科更名为办公室，新设矿产资源管理科；区审计局设立经济责任审计办公室，为全额预算管理科级全民事业单位，核定编制2名，隶属区审计局；设立济南市天桥区除害消杀服务中心，为经费自筹科级全民事业单位，核定编制5名，所需人员从卫生系统现有人员中调剂；将区红十字会办公室、区法律援助中心经费渠道改为全额预算管理；将区税收财务物价大检查办公室更名为区财政会计监督局，原机构规格不变，编制人员内部调整。成立济南市天桥区政府采购办公室，为全民事业单位，核定编制6名，全额预算管理，隶属区财政局，与社控办合署办公，并于2000年2月29日明确为副处级事业单位；将天桥区成人教育办公室更名为天桥区成人教育局；成立陈家楼社区服务中心，为街道办事处所属全民事业单位，经费自筹，核定编制3名；撤销山东济南天桥会计师事务所；区房管局增设物业管理办公室，为房管局内设科室；区房管局设立天桥区房屋测量大队，为房管局所属科级全民事业单位，核定编制5名；设立天桥区计划生育服务中心，为经费自筹科级全民事业单位，核定编制6名，隶属区计生委；建立天桥区价格鉴证中心，为全额预算管理科级全民事业单位，核定编制4名，隶属区物价局，区物价所事业编制相应调至6名；区政协办公室设立老干部工作科，暂定离退休干部工作人员编制1名；区检察院政工科加挂警务科牌子；将济南市新苑小学和天桥区教工幼儿园建制级别明确为科级；区城建综合开发公司增设质量管理科、劳动人事科、水电管理科、审计室、物业管理科、企业管理科；区统计局所属天桥区计算机室建制级别明确为科级，加挂天桥区信息中心牌子，增加编制2名。

2000年1月30日，区农业办公室更名为区农业委员会；设立中共济南市天桥区农村工作委员会，与区农业委员会一个机构两块牌子；区农委（区农工委）内设办公室、农业生产办公室、乡村企业办公室、项目办公室；区农业综合管理站事业编制暂增至10名；将原济南市历城区引黄灌溉管理处更名为济南市天桥区引黄灌溉管理处，隶属区农委；将原济南市历城区大桥镇卫生院、济南市历城区桑梓店镇卫生院、济南市历城区靳家乡卫生院分别更名为济南市天桥区大桥镇卫生院、济南市天桥区桑梓店镇卫生院、济南市天桥区靳家乡卫生院；对大桥镇原文化站等21个镇属事业单位、桑梓店镇原文化站等23个镇属事业单位、靳家乡原文化站等26个事业单位进行更名；撤销济南市天桥区人民法院执行庭，设立济南市天桥区人民法院执行局（以下称执行局）；执行局局长由法院一名副院长兼任；执行局下设执行一庭、执行二庭，与区法院内设机构规格相同；撤销南村法庭、泺口法庭、宝华法庭、天桥东法庭、北坦法庭、制锦市法庭；保留北园法庭、药山法庭、大桥法庭，所需人员由区法院统一调整使用；区委办公室撤销综合文秘科，增设接待科、秘书科；区土地矿产局增设计划用地科，原土地管理科更名为地籍科，区地产交易物业估价所增加编制3名。区计生委增设属地单位管理科；区教委增设老干部科。2月29日，撤销济南天桥审计师事务所。10月23日，成立天桥区招商办公室，正处级建制，内设3个科室，行政编制9名，工勤编制1名，所需人员从机关现有人员中调整；北园大街综合管理办公室与北园镇政府合署办公，一个机构两块牌子，合署办公后，北园镇政府及内设机构与城区街道办事处及内设科室享受同等待遇；在区农委加挂天桥区水务局牌子，同时撤销天桥区防汛节水办公室；成立天桥区工资发放管理中心，为区财政局所属副处级全民事业单位，全额预算管理，核定编制3名；将裕兴学校与济南鲁成有限责任公司子弟学校（济南第一棉纺织厂子弟学校）合并后的学校更名为济南锦苑学校，建制级别明确为副处级；成立法警大队，为区人民检察院内设机构，同时撤销警务科；区财政局增设农财农税科，为区财政局内设科室；区民政局增设民间组织管理科，为区民政局内设科室；区司法局建立“148”协调指挥中心，为全额预算管理科级全民事业单位，核定编制4名；天桥区业余体校更名为天桥区青少年竞技体育运动学校，并在区教委所属13中、28中、51中分别加挂球类分校、田径分校和举重分校牌子；设立天桥区机关门诊部，为经费自筹科级全民事业单位，隶属区卫生局，核定编制3名；天桥区工人新村南村街道办事处设立社区服务中心，为经费自筹全民事业单位，核定编制3名。11月16日，将市政工程管理养护处和绿化管理处分别更名为市政工程管理处和园林绿化处，建制级别明确为正处级，归口建委管理；排水处、河道处明确为副处级建制，原隶属关系不变；成立天桥区人民检察院渎职犯罪侦查局，为检察院内设机构，正处级建制，设局长1人，副局长1人，撤销法纪检察科；设立天桥区农业综合开发项目办公室，为全额预算管理副处级事业单位，隶属区农委，核定编制3名，农业综合管理站编制相应调减3名。同时撤销区农委内设项目办公室。12月14日，区劳动和社会保障局内设区安全生产委员会办公室移交区经济计划委员会，区经济计划委员会行政编制增至24名，区劳动和社会保障局行政编制减至12名。

2001年3月16日，区司法局所属“山东天盟律师事务所”和“山东圣义律师事务所”与政府脱钩，不再按事业单位管理，收回两所原定事业编制17名，改制为合作制律师事务所。5月26日，在区水务局加挂水政监察大队牌子，增加事业编制5名，经费自筹；成立济南市公安局天桥区分局刑警大队案审中队，建制级别为正科级，主要负责天桥区公安分局各类刑事案件审理工作，同时撤销分局原预审科。成立济南市公安局天桥区分局刑警大队第六责任区中队，正科级建制，主要负责大桥镇、靳家村、桑梓店镇三个公安派出所各类刑事案件侦破工作。区综治办设立矛盾纠纷排查调处指导科，正科级建制，负责全区矛盾纠纷排查调处工作的指导、协调。6月28日，设立天桥区安全生产监督管理局，作为区政府主管安全生产的工作部门，由区经济计划委员会管理，建制级别为处级，配备行政编制4名、工勤编制1名，设部门正、副领导职数2名。10月8日，将原济南市天桥区北园镇第二中学、泺口幼教中心、金牛小学、赵庄小学、李庄小学、鹊山小学、泺口小学分别更名为济南市天桥区泺口中学、泺口实验幼儿园、泺口金牛小学、泺口赵庄小学、泺口李庄小学、泺口鹊山小学、泺口小学。10月9日，撤销药山丁太鲁小学；并相应调整大魏小学、王炉小学、药山小学编制，调整后，大魏小学、王炉小学、药山小学编制分别为19名、21名、27名；将原济南市天桥区大桥镇中学、天桥区靳家乡中学、天桥区大桥镇中心小学、天桥区靳家乡中心小学、天桥区靳家乡司家中心小学、天桥区靳家乡前吴中心小学、天桥区靳家乡东营中心小学、天桥区靳家乡杏元中心小学、天桥区靳家乡丁屯小学、天桥区靳家乡卢家小学、天桥区靳家乡刘光照小学、天桥区大桥镇大吴中心小学、天桥区大桥镇大庄中心小学、天桥区大桥镇王家镇中心小学、天桥区大桥镇香王店中心小学分别更名为济南市天桥区大桥镇第一中学、大桥镇第二中学、大桥镇第一中心小学、大桥镇第二中心小学、大桥镇司家小学、大桥镇前吴小学、大桥镇东营小学、大桥镇杏元小学、大桥镇丁屯小学、大桥镇卢家小学、大桥镇刘光照小学、大桥镇大吴小学、大桥镇大庄小学、大桥镇王家镇小学、大桥镇香王店小学；撤销原济南市天桥区靳家乡徐家小学、原济南市天桥区靳家乡蒋家小学,两所学校17名编制划归杏元小学，调整后，杏元小学编制为25名；撤销原济南市天桥区靳家乡姚店小学，该校13名编制划归司家小学，调整后，司家小学编制为22名；将原济南市天桥区北园镇第一中学、济南市天桥区北园镇黄台山小学、济南市天桥区北园镇芙蓉小学、济南市天桥区北园镇杨庄小学、济南市天桥区北园镇白鹤小学、济南市天桥区北园镇边庄小学、济南市天桥区北园镇水屯小学、济南市天桥区北园镇柳云小学、济南市天桥区北园镇联四小学、济南市天桥区北园镇标山小学分别更名为济南市天桥区北园中学、济南市天桥区北园黄台山小学、济南市天桥区北园芙蓉小学、济南市天桥区北园杨庄小学、济南市天桥区北园白鹤小学、济南市天桥区北园边庄小学、济南市天桥区北园水屯小学、济南市天桥区北园柳云小学、济南市天桥区北园联四小学、济南市天桥区北园标山小学；撤销济南市天桥区北园镇凤凰山小学，该校原定编制收回。10月25日，撤销司法局所属山东敬业人律师事务所，该所原定的6名司法事业专项编制调回区司法局。11月2日，天桥区价格鉴证中心更名为天桥区物价局价格认证中心，专司涉案物品价格鉴证工作。11月5日，成立天桥区土地执法监察大队，隶属土地矿产局，核定编制5名，经费自筹，地产交易物业估价所现有编制相应调减为5名，科级建制，所需人员从局内现有人员中调剂解决。

2002年3月15日，将区经济体制改革办公室（加挂资产经营办公室牌子）挂靠区政府办公室，暂定机关编制5名，其中行政编制3名、离退休干部工作人员编制1名、工勤人员编制1名；领导职数配主任1人、副主任2人。区经济计划局行政编制相应调整为21名。5月13日，将济南市天桥区经济责任审计办公室升格为副处级事业单位；撤销济南市天桥区卫生防疫站，重新组建济南市天桥区疾病预防控制中心，为隶属区卫生局的具有独立法人资格的副处级全民事业单位，全额预算管理，核定编制26名，人员在已撤销的区卫生防疫站原有人员内调剂。将济南市天桥区农村社会养老保险管理处升格为副处级事业单位；将济南市天桥区教育培训中心更名为济南市天桥区教师进修学校，同时机构规格升格为副处级；恢复济南市天桥区绿化委员会办公室，与区园林绿化处合署办公，一个机构两块牌子，不增加人员编制；将济南市天桥区残疾人联合会理事会升格为区政府正处级事业单位。5月23日，撤销济南市天桥区卫生防疫站，重新组建济南市天桥区卫生监督所，为隶属区卫生局的行使卫生监督职能的副处级全民事业单位，全额预算管理，核定编制26名。7月8日，成立天桥区农业税收征收管理局，为区财政局所属全额预算管理副处级事业单位,核定编制6名。10月8日，撤销济南第二十八中学和济南市工人新村第一小学，重新组建山东省济南汇文实验学校；将济南市天桥区老龄委员会更名为济南市天桥区老龄工作委员会，同时将济南市天桥区老龄委员会办公室更名为济南市天桥区老龄工作委员会办公室；设立济南市天桥区人大常委会信访办公室，建制级别为正处级，核定行政编制3名，归属区人大常委会办公室管理；设立济南市天桥区人大常委会老干部管理办公室，归属区人大常委会办公室管理，为全额预算管理正处级全民事业单位，核定编制3名；同时撤销区人大常委会办公室老干部工作科。10月15日，将区计划生育服务中心经费形式变更为全额预算管理,并于10月22日增加事业编制5名；分别将纬北路街道办事处、药山街道办事处、大桥镇政府、桑梓店镇政府所属计划生育服务站，北园街道办事处、泺口街道办事处所属计划生育服务中心经费形式由自筹变更为全额预算管理。11月29日,历城六中划归天桥区管理，更名为山东省济南第五十二中学，为全额预算管理副县级事业单位；核定该校初中部编制为

143 名，其中教师 104 名、职工 39 名；高中部编制为 33 名，其中教师 25 名、职工 8 名。学校内部机构设办公室、教导处、总务处、政教处、组织人事科，均为副科级；将济南市天桥区土地执法监察大队更名为济南市天桥区国土资源监察大队；撤销济南市天桥区药山小学和济南市天桥区大魏小学，组建济南市天桥区药山实验小学，行政隶属药山街道办事处，接受区教育局业务指导，核定编制 39 名，经费形式为全额预算管理；区大桥镇、桑梓店镇文化电视广播站划归市广播电视局管理。12 月 5 日，将济南市天桥区劳动就业办公室内设机构办公室更名为综合科，同时增设职业介绍服务中心和劳动就业培训中心，均为正科级，调整后内设综合科、财务科、失业保险科、安置教育科、职业介绍服务中心、企业管理科和劳动就业培训中心。12 月 10 日，成立济南市天桥区医疗保险管理办公室，建制级别副处级，核定编制 8 名，为全额预算管理事业单位，隶属区劳动和社会保障局。12 月 21 日，成立天桥区统计评价中心，为全额预算管理科级全民事业单位，隶属区财政局，核定编制 5 名；成立济南市天桥区畜禽屠宰管理办公室，为隶属区商业贸易局的科级全民事业单位，经费形式为全额预算管理。

2003 年 6 月 16 日，北园大街综合管理办公室与北园街道办事处合署办公改为由北园街道办事处代管，人员由街道办事处统一管理，经费由街道办事处统筹解决。8 月 1 日，设立济南市天桥工业园管理委员会，为全额预算管理处级事业单位，按区政府派出机构管理；内设办公室、规划建设办公室、招商引资办公室、财务办公室，同时设东区工业园管理办公室和西区工业园管理办公室 2 个直属工作机构，均为科级建制，核定编制 18 名，设管委会主任 1 人、副主任 4 人，科级职数 10 人。8 月 19 日，全区各街道设立社区服务中心，挂劳动保障服务中心牌子，名称为 ×× 街道社区服务中心（×× 街道劳动保障服务中心），已设立的街道社区服务中心，加挂劳动保障服务中心牌子，对其职能作相应调整；各街道社区服务中心（劳动保障中心）为副处级事业单位，隶属街道办事处，编制均按 10 名配置，所需人员从街道办事处现有工作人员中调剂；撤销济南市北关小学，该校人员编制并入济南市北坦小学。调整后，北坦小学仍为全额预算管理正科级全民事业单位；撤销济南市第十五职业中专，该校人员编制并入济南第十三职业中等专业学校，调整后，济南第十三职业中等专业学校仍为全额预算管理副处级全民事业单位，核定编制 130 名。9 月 9 日，撤销区城建大队，组建济南市天桥区城市管理行政执法局，处级建制，加挂济南市天桥区城市管理监察大队牌子，列区政府工作部门，同时下设 7 个城市管理监察中队，均为科级建制，配事业编制 136 名。12 月 16 日，成立济南市天桥区党员干部现代远程教育管理中心，为隶属区委组织部正处级全民事业单位，经费形式为全额预算管理，核定编制 6 名，撤销中共济南市天桥区委组织部党员电教中心，其职能、编制和人员并入济南市天桥区党员干部现代远程教育管理中心。

2004 年 3 月 31 日，区财政局增设国库科，为财政局内设科室。5 月 27 日，成立济南市天桥区安全生产监察大队，为隶属区安全生产监督管理局全额预算管理副处级事业单位，核定编制 6 名；同时城区 10 个街道办事处在经济发展科加挂安全生产监察科牌子，配备较为固定的兼职人员负责安全生产工作；药山、北园、泺口街道办事处、大桥镇政府、桑梓店镇政府设立安全生产办公室，配备 2 名专职人员，列事业编制管理，编制、人员在各街道（镇）所属事业单位中调剂；撤销济南市长途汽车总站地区综合管理办公室，其人员、资产归入工人新村南村街道办事处（其中 3 名现职领导干部由区委组织部另行分配，其他人员纳入事业人员管理）；撤销天桥区交通运输管理站，其人员及资产全部归入北坦街道办事处（人员纳入事业人员管理）。6 月 24 日，将各街道（镇）司法所名称统一为天桥区司法局 ×× 街道（镇）司法所，为区司法局派出机构，建制级别与各街道（镇）内设机构建制级别相同；各街道（镇）

司法专项编制归司法所使用；大桥镇、纬北路街道司法所各设司法专项编制2名、事业编制3名；桑梓店镇、药山、北园、泺口街道司法所各设司法专项编制1名、事业编制3名；其他街道各设司法专项编制1名、事业编制2名；每所配所长1人，使用司法专项编制。6月23日，济南市公安局天桥区分局警务督察室（挂督察大队牌子）升格为副处级单位，设大队长、政委各1人，副大队长1人。济南市公安局天桥区分局保安管理科更名为济南市公安局天桥区分局保安管理大队，建制级别升格为副处级，设大队长、政委各1人，副大队长1人；下设3个中队，均为正科级建制，各设中队长1人、副中队长1人。8月9日，成立天桥区知识产权局，为区科学技术局管理的全额预算管理副局级事业单位，核定编制3名。10月9日，济南市天桥区老年人大学建制级别明确为副处级，经费形式为全额预算管理，隶属区委老干部局，设校长1人、工作人员2人，人员编制从区委老干部局内部调剂；11月9日，天桥区人民政府招待所更名为济南市天桥区人民政府接待处。

2005年5月10日，设立济南市天桥区国库集中支付管理中心，挂靠区财政局，为全额预算管理正处级事业单位，核定编制8名，设主任（由区财政局领导兼任）1人、副主任1人；济南市天桥区红十字会由卫生局管理改为独立设置机构，为全额预算管理正处级事业单位，核定编制5名；原济南铁路第二中学更名为山东省济南博文中学，为全额预算管理正处级全民事业单位；原济南铁路第三小学更名为济南市博文小学，为全额预算管理正科级全民事业单位；原济南铁路第二小学更名为济南市明珠小学，为全额预算管理正科级全民事业单位；区统计局增设办公室，设主任1人；同时成立济南市天桥区社会经济综合调查队，为隶属区统计局全额预算管理正科级事业单位，设队长1人，人员编制3名；区政法委增设执法监督科，核定编制2名，设科长1人；区档案局（馆）内设办公室、业务指导科、档案管理科，各设科长（主任）1人；区城市管理行政执法局增设女子中队、长途汽车站中队、信访科，均为正科级；“12319”天桥区工作站被确定为全额预算管理科级事业单位，设站长1人，所需人员编制在建管局内部调剂；成立济南市天桥区残疾人劳动就业管理服务中心，为隶属天桥区残疾人联合会经费自筹正科级事业单位，核定编制3名，设主任1人。6月24日，撤销济南市天桥区机关行政事务管理局，成立济南市天桥区行政事业单位资产和机关行政事务管理局，为区直属全额预算管理正处级事业单位；原区机关行政事务管理局人员及资产等转入区行政事业单位资产和机关行政事务管理局；撤销天桥区书报刊批发站，该站工作人员转入天桥区文化馆；天桥区人民检察院渎职侵权检察局更名为天桥区人民检察院反渎职侵权局。10月24日，济南市天桥区建设管理局更名为济南市天桥区建设管理委员会；天桥区教育局勤工俭学办公室更名为勤工俭学与学校安全办公室；区台湾工作办公室（正处级）机构单列，单独挂牌，隶属区委，不再与区委统战部合署办公，同时加挂区政府台湾事务办公室牌子，行政编制2名。12月7日，设立天桥区投融资管理中心，为独立的全额预算管理正处级事业单位，核定编制7名，领导职数设一正两副，业务受区财政局指导；天桥区科技信息开发中心更名为天桥区生产力促进中心。

2006年2月10日，撤销区经济体制改革办公室，其职能并入区发展和改革委员会；撤并后，区发改委增设企业体制改革科，原体改办（含现有人员及退休人员）并入区发改委；撤销区成人教育局，其职能并入区教育局，撤并后，区教育局增设成人教育科，并增加行政编制3名，原成人教育局退休人员由区教育局管理；区对外贸易经济合作局增设外资管理科、外贸发展科，同时撤销办公室；调整后内设科室为综合科、外资管理科、外贸发展科。6月1日，区司法局增设社区矫正工作科，设科长1人；区城市管理行政执法局增设综合执法信息指挥中心、龙湖中队和火车东站中队，均为科级建制；区环境保护局设立办公室、综合业务科、计划财务科，均为正科级建制，分别设科长（主任）1名；撤销区教育局组织宣传科、老干部科和成人教育科，调整设立为组织科（加挂老干部科牌子）、政工科和职业教育与成人教育科；撤销济南市宝华街小学，并入济南市官扎营西街小学（含现有人员及退休人员），合并后官扎营西街小学仍为全额预算管理全民事业单位。8月25日，区统计局撤销综合业务科，增设工业交通科、投资科、社会科、核算科，各科（室）设科长(主任)1人;全区街道办事处增设统计站，为全额预算管理正科级事业单位；区文明办增设未成年人思想道德教育科，正科级建制；区安全生产监督管理局设立办公室、业务科，均为正科级，分别设科长（主任）1人；区委老干部局内设办公室、行政事业管理科、企业管理科，均为正科级，分别设科长（主任）1人；区国土资源局增设规划科、征地科、储备交易科，撤销计划用地科、土地交易所，同时设立大桥国土资源所、桑梓店国土资源所、城郊国土资源所，为区国土资源局直属全额预算管理正科级事业单位，各国土资源所设事业编制8名，设所长1人、副所长1人；成立天桥区畜牧兽医总站，为区农业经济发展局所属全额预算管理正科级事业单位，核定编制10名，设站长1人、副站长1人；同时设立大桥畜牧兽医站、桑梓店畜牧兽医站，为区农业经济发展局派出机构，均为全额预算管理正科级事业单位，各设事业编制8名，各设站长1人、副站长1人；设立天桥区北展区综合开发管理委员会，为全额预算管理正处级事业单位，内设综合办公室、规划办公室、施工办公室、财务办公室、纪检执法治安办公室、基础办公室、土地办公室，均为正科级建制，各设主任1人；天桥区劳动争议仲裁委员会办公室更名为天桥区劳动争议仲裁院，机构规格升格为全额预算管理副处级事业单位，核定编制8名，设院长1人，内设立案庭（综合室）、劳动关系仲裁庭、社会保险福利仲裁庭，均为正科级，各设庭长1人；设立济南市天桥区发展环境投诉中心，为全额预算管理副处级事业单位，与区监察局合署办公，核定编制3名，设主任1人；区统计局综合调查队升格为全额预算管理副处级事业单位，核定编制8名，设队长1人、副队长1人。

2007年1月12日，济南化工产业园区管理委员会内设综合办公室、经济发展局、建设管理局、财政局4个机构，均为正处级，按区政府派出机构进行管理，同时成立济南化工产业园区综合管理服务中心，为济南化工产业园区管理委员会管理的全额预算管理正处级事业单位；区妇女儿童工作委员会办公室（与区妇联合署办公）明确为正处级，设主任1人；天桥区国土资源局更名为济南市国土资源局天桥分局，同时成立济南市国土资源局天桥分局国土资源征地收购中心，为济南市国土资源局天桥分局所属全额预算管理副处级事业单位；天桥区国土资源执法监察大队更名为济南市国土资源局天桥分局国土资源执法监察大队，并升格为全额预算管理副处级事业单位；济南市天桥区国土资源局大桥国土资源所、济南市天桥区国土资源局桑梓店国土资源所、济南市天桥区国土资源局城郊国土资源所分别更名为济南市国土资源局天桥分局大桥国土资源管理所、济南市国土资源局天桥分局桑梓店国土资源管理所、济南市国土资源局天桥分局城郊国土资源管理所；设立中国国际贸易促进委员会济南分会天桥支会（挂中国国际商会济南天桥商会牌子），为全额预算管理正处级事业单位，与天桥区对外贸易经济合作局合署办公，设会长1人、副会长1人；成立天桥区政府金融办公室，挂靠区财政局，与天桥区经济开发投资公司合署办公，设主任1人；天桥区市政工程管理处更名为天桥区市政工程管理局，内设办公室、生产计划科、市政管理科、财务科、车辆管理科、道路养护队、材料加工管理科，均为正科级，各设科长（主任）1人，编制由原来200名调整为180名；天桥区园林绿化处更名为天桥区园林绿化管理局，内设综合科、财务科、生产计划科、绿化管理科、监察科、车辆管理科，派出机构为济南火车东站广场管理办公室，内设科室和派出机构均为正科级，各设科长（主任）1人；天桥区河道管理处、市政排水处、市政工程管理处排水科、“12319”工作站以及防汛办公室撤销合并为天桥区城市管理服务局，为隶属区建设委员会全额预算管理正处级事业单位，核定编制124名，内设办公室、“12319”工作站、计财科、河道管理科、泵站管理科、排水管理科。成立天桥区军队转业干部工作办公室，为区人事局所属全额预算管理副处级事业单位，设主任1人；成立济南市天桥区关心下一代工作委员会办公室，为共青团天桥区委所属全额预算管理正科级事业单位，核定编制2名，设主任1人；区房管局增设房改办公室、住房保障科，均为正科级，各设科长（主任）1人。在各街道（镇）成立市容环境卫生管理所，受区环卫局和各街道（镇）双重管理，为全额预算管理正科级事业单位；城区10个街道及两镇各核定编制3名，各设所长1人；药山、北园、泺口街道各核定编制5名，设所长1人、副所长1人，人员由区市容环境卫生管理局编内调剂。药山、北园、泺口街道分别成立安全生产监察中队，为全额预算管理正科级事业单位，与安全生产办公室合署办公；大桥镇、桑梓店镇分别成立安全生产监察中队，与经济发展办公室合署办公；撤销区政府拆迁办公室综合科、动迁科，优化组合为综合计划科、动迁一科、动迁二科、财务科，均为正科级，各设科长1人；区卫生监督所设立办公室、卫生监督一科、卫生监督二科、卫生监督三科、预审发证科，均为正科级，各设科长（主任）1人；天桥区疾病预防控制中心内设办公室、传染病及慢性病防治科、免疫规划管理科、检验科、质量管理科，均为正科级，各设科长（主任）1人；区妇幼保健站设立综合科、妇幼保健科、检验科，均为正科级建制，各设科长1人；成立天桥区婚姻登记处，为天桥区民政局全额预算管理正科级事业单位，核定编制3名，设主任1人。

2008年7月14日，成立天桥区政府应急管理办公室（区政府总值班室），为区政府办公室内设正处级行政机构，配行政编制5名，领导职数配主任（由政府办公室1名副主任兼任）1人、副主任1人。10月10日，天桥区园林绿化局、市容环境卫生管理局为区政府直属全额预算管理正处级事业单位；天桥区商业贸易局加挂天桥区旅游局牌子，为区政府直属全额预算管理正处级事业单位。11月29日，区委党校（区行政干部学校）、区党员干部现代远程教育管理中心、区委党史资料征集研究委员会办公室、区老龄工作委员会办公室、区红十字会机关、区安全生产监察大队、国土监察大队、区事业单位登记管理局、区体育局、区劳动争议仲裁院、区城市管理行政执法大队参照公务员法管理。

2009年3月30日，天桥区物价局所属天桥区物价检查所由事业单位调整为天桥区物价局直属正科级行政机构，同时更名为天桥区价格监督检查局；区维护稳定工作办公室调整为区委政法委内设机构。5月13日，天桥区招商局加挂区行政审批服务中心牌子。7月15日，区市容环境卫生管理局、区园林绿化管理局调整为区政府直属全额预算管理正处级事业单位，区市政工程管理局调整为区政府直属正处级事业单位，均归口区建设委员会管理；区城市管理行政执法大队调整为区城市管理行政执法局所属全额预算管理副处级事业单位，区城市管理执法局不再挂区城市管理行政执法大队牌子。9月1日，中国重型汽车集团有限公司济南第一中学、第一小学合并，更名为山东省济南汇才学校，为天桥区教育局所属全额预算管理正处级事业单位；山东北方现代化学工业有限公司子弟学校更名为济南市北苑小学，为天桥区教育局所属全额预算管理正科级事业单位；撤销天桥区泺口中学、泺口小学和济南文源学校，设立济南师范天桥附属学校，为天桥区教育局所属全额预算管理正处级事业单位；天桥区保密局（区委机要局）分设为区委机要局和区委保密委员会办公室（区保密局），并在区委机要局加挂区密码管理局牌子，同时作为区政府密码管理工作机构，领导职数配局长（副处级）1人、副局长1人；区委保密委员会办公室（区保密局）为区委办公室正处级内设机构，领导职数配局长（正处级）1人、副局长1人。

2010年，区纪委机关增设内设科室1个，增加编制10名，并对5个巡视组54名编制予以明确。

2011年5月16日，中共济南市天桥区委党史资料征集研究委员会办公室更名为中共济南市天桥区委党史研究室；天桥区劳动争议仲裁院更名为天桥区劳动人事争议仲裁院；济南市建筑工程质量监督站天桥分站更名为济南市工程质量与安全生产监督站天桥分站；区委督查室所挂区全方位目标管理办公室更名为区考评办公室，并移交区委组织部，为区委组织部内设机构，副处级建制，领导职数核定主任（副处级）1人、副主任（正科级）1人。区委组织部增设人才工作科，正科级建制，领导职数核定科长1人、副科长1人；天桥区民族宗教事务办公室更名为天桥区民族宗教事务局；天桥区区级机关事务管理局综合管理科加挂区公共机构节能办公室牌子。10月10日，天桥区人民检察院反贪局增设侦查三科，反渎职侵权局下设渎职犯罪侦查科、侵权犯罪侦查科，正科级建制，领导职数核增科长3人；设立天桥区人民政府食品安全工作办公室，作为区食品安全委员会办事机构，设在区政府办公室，领导职数核定主任（正处级）1人、副主任（副处级）1人。

2012年2月3日，完成街道所属社区服务中心（劳动保障服务中心）更名，将天桥区制锦市等13个街道社区服务中心（街道劳动保障服务中心）统一更名为街道办事处社区服务中心（街道办事处人力资源社会保障服务中心）。2月6日，新设立4所公办幼儿园，分别为天桥区教育局所属天桥区幼教中心实验幼儿园、天桥区幼教中心第二实验幼儿园、天桥区幼教中心第三实验幼儿园和天桥区工人新村南村中心幼儿园，均为全额预算管理正科级事业单位，每个幼儿园暂核定事业编制5名，领导职数核定园长1人、副园长1人。10月22日，天桥区社会治安综合治理委员会办公室更名为天桥区社会管理综合治理委员会办公室，与天桥区委政法委机关一个机构两块牌子；大桥镇、桑梓店镇社会稳定办公室与各街道办事处政法科加挂的社会治安综合治理办公室牌子，统一更名为社会管理综合治理办公室。12月31日，天桥区桑梓店镇农业综合服务中心加挂桑梓镇水利站牌子，建立健全乡镇水利服务机构；天桥区委、区政府信访局增设接访科、督查督办科，领导职数核增科长2人；区农发局（水务局）所属事业单位引黄灌溉管理处和天桥区水政监察大队经费，由经费自筹调整为全额预算管理。

二、编制管理

1991年，济南市下达天桥区机关编制累计数746名（包括法、检、司、武等单列编制）；全区党政群机关、政法机关、街道办事处、北园镇政府实有工作人员1954人。全区全民事业单位编制3689名，实有工作人员3649人。1996年，机构改革，全区使用各类编制6737名，其中机关编制973名不变，工作人员1276人；政法部门编制835名，工作人员833人；事业单位编制4929名，工作人员5391人。2012年，全区机关单位机构62个，党政群机关行政编制855名，实有人员934人；政法机关（法院、检察院、司法局）政法专项编制249名，实有人员215人。全区事业单位机构数262个，编制6057名，实有人员6494人。

第三节　事业单位登记管理

1997年6月6日，设立济南市天桥区事业单位登记管理办公室，为全额预算管理科级全民事业单位，核定编制3名，隶属区编办。2005年5月10日，更名为济南市天桥区事业单位登记管理局，同时机构规格升格为副处级，设局长1人。2010年7月2日，天桥区事业单位登记管理局为天桥区机构编制委员会办公室所属财政拨款副处级事业单位。事业编制5名，领导职数配局长（副处级）1名、副局长（正科级）1名。

1997年6月6日，全区有各类事业单位227个，其中全额预算管理事业单位108个，差额预算管理事业单位13个，经费自筹事业单位

99个，企业化管理事业单位7个。1997年12月，为85个事业单位颁发“事业法人登记证”、103个事业单位颁发“事业单位登记证”，并分别于1997年11月17日、1998年1月12日在《济南日报》对全区73个法人事业单位进行公告。2002年7月18日，召开全区事业单位登记管理工作会议部署事业单位法人初始登记工作。2003年3月，全区62个事业单位进行法人初始登记，60个单位按区编办要求在指定报刊上发布公告，152个事业单位进行非法人事业单位登记。已登记事业单位占全区各级各类事业单位总数94.7%。2004—2008年，完成事业单位初始登记56件次，完成变更登记88件次，完成年检登记427件次，完成注销登记6件次，发布公告519件次，建立和维护登记档案519件。2009年3月，全区112个事业单位法人参加年检，年检率100%；年检合格108个，合格率96.4%。2010年，112个事业单位法人进行年检，年检率100%；年检合格108个，合格率96.4%。对12个申请变更登记单位进行审核、审批。2011年，全区事业单位280个，已登记单位118个，登记率43%；年检合格单位94个，脱检单位20个；办理设立登记单位2个，变更登记单位48个。天桥区机关事业单位社会保险事业办公室、天桥区疾病预防控制中心分别被评为济南市事业单位登记管理工作先进单位。2012年，全区事业单位262个，已登记单位124个，登记率47%；年检合格单位88个，脱检单位23个；办理设立登记单位13个，变更登记单位44个。

第四节　电子政务建设

2010年7月2日，成立天桥区机构编制电子政务中心，为天桥区机构编制委员会办公室所属财政拨款正科级事业单位。事业编制5名，领导职数配主任1名、副主任1名。

2010—2012年，安排专人负责，做好实名制数据库和内外网办公系统管理工作，更新维护天桥区机构编制网栏目和模块，并做好相关保密工作。加强政务和公益中文域名注册管理与服务。2012年，全年为86家机关事业单位进行政务和公益中文域名注册。

第九章　老干部工作

第一节　管理服务

一、生活待遇落实

1993年始，为符合条件离休干部增加护理费，标准为每人每月61元。1997年，区委拨款为老干部局配备微机，对全区434名老干部个人信息采集录入，建立天桥区离休干部资料库。2004年，建立离休干部离休费保障机制、医药费保障机制和财政支持机制“三个机制”。确立8家市属综合医院作为天桥区离休干部就近选择基本医疗定点单位；医疗费采取收缴统筹、统一管理的办法，统筹标准为每人每年8000元。离休干部公用经费和特需经费列支标准各增至500元。2005—2007年，接收市属改制破产企业离休干部180余人。2008年，全体离休干部护理费由每人每月300元增至600元，医疗费年度定额由人均5000元增至1.5万元。2011年春节前，对市属改制破产企业离休干部144人的情况进行调查摸底，为78人拉平与机关事业离休干部之间工资差距。2012年春节前，为区属企业离休干部拉平工资。自2004年始，每年召开区级离退休干部情况通报会，累计9次；集中组织老干部健康查体22次。1991—2012年，组织老干部到区内外参观学习120余批次；利用春节及重大纪念活动集中走访慰问老干部60余次，其中走访慰问离退休干部3.28万人次、易地安置老干部600余人次；举办区级老干部“迎新春”茶话会及座谈会 22 次。

二、党组织建设

老干部党支部是区委加强和改进离退休干部党员管理的主阵地，让每一名离退休党员都能过上正常组织生活。按照一般不打乱原组织体系和老干部由原单位管理的前提下，本着就近、方便、有利于老党员参加活动和发挥作用的原则，灵活调整设置离退休干部党支部。把离退休干部党支部建设纳入党建目标管理，不断加强党支部制度建设，通过在党支部组织开展“六组三员”（以所属离退休党总支、党支部为单位，根据居住地实际成立的宣传辅导组、社区服务组、协调稳定组、学习指导组、政策咨询组、文体活动组；以各党支部成员为骨干，根据支部内分工和职责担任的政策宣传员、遵纪守法监督员、社区管理服务员）和“枫叶大篷车”老干部志愿活动，调动离退休干部发挥作用的积极性，提升离退休干部党支部凝聚力和战斗力。2007 年，北园街道离退休干部党支部、纬北路街道离退休干部第三党支部被中共济南市委组织部、老干部局命名为济南市离退休干部党支部建设示范点。2009 年，区法院离退休干部党支部、区建委离退休干部党支部被中共济南市委组织部、老干部局命名为济南市离退休干部党支部建设示范点。2010 年，区法院离退休干部党支部和纬北路离退休干部党支部被中共济南市委组织部、老干部局评为“五好”离退休干部党支部。左宪让、胡义德等多位老同志被评为济南市优秀离退休干部党员。

2012 年 3 月，中共天桥区委书记毕筱奇（右四）视察区老干部书画院。

第二节　老年人大学

1990 年 10 月，天桥区老年人大学成立。2004 年 10 月，明确区老年人大学为副处级事业单位，核定编制 3 人。2005 年，区老年人大学与区委党校资源共享与整合，进一步规范办学。聘请热爱老年教育事业且有教学经验各类专业兼职教师，开设时事政治、老年心理学、医疗保健、书法绘画、体育健身等课程。教学方式多样，提问式与主题班会式相结合；同时开辟第二课堂，组织老年学员外出参观、写生等。2000 年，天桥区老年人大学被评为全省老年教育工作先进集体。2002 年，结合济南市“星光计划”，在部分街道（镇）成立区老年人大学分校，17 个村居设有 30 余个活动点，成立舞蹈队、时装表演队、合唱队、秧歌队、器乐队，经常组织参加省、市、区各级组织的演出活动。2006 年，天桥区老年人大学被评为济南市级老年大学示范校。至 2012 年，天桥区老年人大学有专、兼职教师 30 余人，学员 3000 余人。

第三节　老干部活动

一、文体活动

1991 年，济南市老干部书画研究会天桥分会更名为天桥区老干部书画研究会。研究会成立后，坚持每月定期组织活动，涌现出一批颇有艺术造诣的书画人才，如欧波的书法、藉春风的牡丹、王培秀的竹梅等作品经常在省、市各级报刊发表，部分作品曾去日本、韩国和中国台湾等地展出，具有一定的知名度和影响力。2006 年 3 月，在区老干部书画研究会基础上，以离退休干部为主体，以老年人大学为依托成立山东济南龙泉书画院。至2012年，有会员70人，累计出版报纸10余期和画册4本。每年在迎国庆、庆祝党的生日及重大活动期间，牵头组织老干部书画研究会、老年人大学在五龙潭等公园、机关、社区举办书画展，累计组织活动60余次，展出作品上万件。

2012年4月，由区委老干部局牵头，老干部书画研究会、龙泉书画院、老年人大学共同组织的迎春书画展在五龙潭公园开幕。

二、学习与交流

1991年始，山东省内部分市辖区根据工作交流、相互借鉴、提高和促进工作需要，成立省内八城区老干部工作联谊会。联谊会每年至少举办一次老干部工作研讨会，1992年、1997年、2008年由天桥区主办。2012年，加强老干部工作部门自身建设，按照《山东省老干部工作者行为准则》要求对全区老干部工作部门进行教育培训。

1991–2012年天桥区离休干部统计表

表16–6　　单位：人

年份	离休干部	离休干部党员	年份	离休干部	离休干部党员
1991	467	—	2002	465	405
1992	477	—	2003	448	—
1993	473	—	2004	359	—
1994	454	314	2005	462	324
1995	443	311	2006	463	324
1996	430	302	2007	477	334
1997	—	—	2008	437	305
1998	413	290	2009	398	280
1999	—	—	2010	383	271
2000	—	—	2011	356	252
2001	404	344	2012	336	236

第十章　机关党建工作

第一节　机关组织建设

一、区直机关代表大会

1994 年、1997 年，分别选举产生第五届、第六届中共天桥区机关委员会和区直机关纪律检查委员会。1995 年、1998 年、2002 年、2006 年、2011 年，分别召开第七次至第十一次党员代表大会，分别选举出席区党代会代表 57 人、58 人、58 人、60 人、63 人。

二、基层组织建设

1991 年，天桥区加强基层组织建设，全面实行党务工作目标管理，各项工作基本做到有计划、有部署、有检查、有落实。1993 年，机关党委党总支 3 个、党支部 50 个、党小组 129 个，党员 1068 人。2001 年 11 月，成立中共天桥区委员会区直机关工作委员会。所属党委 1 个、党总支 7 个，党支部 75 个、党小组 122 个，党员 1360 人。2008 年，所属机关党委 2 个、党总支 8 个、党支部 48 个，党员 1751 人。2012 年，所属机关党委 2 个、党总支 10 个、党支部 46 个，党员 1873 人。

三、党员管理

1991 年，举办入党积极分子培训班 1 期，培训 34 人，发展党员 16 人，办理预备党员转正 15 人。2007 年，党员信息实现电子化管理。至 2012 年，举办入党积极分子培训班 20 期，培训 748 人，发展党员 651 人，办理预备党员转正 701 人。

1991—2012 年天桥区区直机关党员发展统计表

表 16-7　　　　单位：期、人

<table>
<tr><th>年份</th><th>举办培训班</th><th>培训积极分子</th><th>发展新党员</th><th>预备党员转正</th></tr>
<tr><td>1991</td><td>1</td><td>34</td><td>16</td><td>15</td></tr>
<tr><td>1992</td><td>1</td><td>19</td><td>16</td><td>21</td></tr>
<tr><td>1993</td><td>1</td><td>27</td><td>24</td><td>25</td></tr>
<tr><td>1994</td><td>1</td><td>28</td><td>29</td><td>27</td></tr>
<tr><td>1995</td><td>1</td><td>31</td><td>29</td><td>36</td></tr>
<tr><td>1996</td><td>1</td><td>40</td><td>29</td><td>35</td></tr>
<tr><td>1997</td><td>1</td><td>41</td><td>27</td><td>26</td></tr>
<tr><td>1998</td><td>1</td><td>40</td><td>36</td><td>47</td></tr>
<tr><td>1999</td><td>1</td><td rowspan="4">132</td><td rowspan="4">172</td><td rowspan="4">147</td></tr>
<tr><td>2000</td><td>1</td></tr>
<tr><td>2001</td><td>1</td></tr>
<tr><td>2002</td><td>1</td></tr>
</table>

续表 16–7

年份	举办培训班	培训积极分子	发展新党员	预备党员转正
2003	1	67	47	245
2004	1	45	36	
2005	1	51	33	
2006	1	59	17	
2007	1	29	46	
2008	1	37	17	
2009	—	—	21	12
2010	1	25	15	24
2011	—	—	20	15
2012	1	43	21	26

第二节　党员教育

1991 年，开展城市社会主义思想教育和社会主义问题系列党课教育，宣讲辅导 308 场次，受教育面 95% 以上。开展党史、党建理论学习竞赛活动，178 名党员干部参加。落实“三基本教育”（马列主义、毛泽东思想基本理论，党的基本路线，党的基本知识），组织机关党员干部观看党的基本知识电教系列录像片 1—7 集。配合创建“双拥模范区”活动，进行国防知识教育。开展“二五”普法教育，系统学习“四法一条例”。开展反和平演变教育。1993 年，开展“学党章，正党风，做合格党员”教育活动。加强对党员“中心意识”“服务意识”“公仆意识”教育。1995 年，开展“讲形势、话改革、献良策、促发展”为主题的形势任务教育、“向孔繁森、王廷江、韩素云”学习教育及“学雷锋，创一流”活动。1997 年，组织学习《社会主义精神文明建设》《领导干部一定要讲政治》等重要讲话，举办各种形势报告会 5 场次。开展“为基层服务，让群众满意”“争当人民好公仆”“创一流成绩，建文明机关”活动，促进机关两个文明建设。1998 年，机关各级党组织重点组织学习《建设有中国特色社会主义若干理论问题学习纲要》《邓小平理论和十五大精神专题论述摘编》《中共中央关于深入学习邓小平理论的通知》和江泽民在全国抗洪抢险总结表彰大会上的讲话等重要文献。开展社会公德、职业道德、家庭美德教育活动。以“为基层服务，让群众满意”“争当人民好公仆”“创一流成绩，建文明机关”为载体的精神文明建设活动不断深化。1999 年，各级党组织贯彻学习中共十五大精神，开展以学习邓小平理论和“三讲”为主要内容的思想政治教育活动。2002 年，组织开展“创一流成绩，建文明机关，树良好形象”活动。2005 年，区直机关工委在全区党政机关以“三个代表”重要思想和中共十六大精神为指导，围绕开展“情注‘背街小巷’、构建和谐社区”主题实践活动的要求，开展“争创‘五型’机关，树立良好形象”（学习型、服务型、创新型、务实型、廉洁型）活动。2007 年，开展“加强机关作风建设，做构建和谐天桥表率”主题实践活动，树立领导干部良好形象。2008 年，贯彻中共十七大精神，开展“迎全运、建和谐天桥，机关当先锋”主题实践活动，巩固和发展“学习实践科学发展观——解放思想大讨论”活动成果。2009 年，学习贯彻中共十七大会议精神、十七届四中全会精神，以改革创新精神全面推进机关党员思想、组织、作风、制度和反腐倡廉建设。在推行党务公开、创建“机关党员先锋号”等方面取得显著成效，被评为山东省2009年度机关党建工作先进单位。调研文章《以改革创新精神不断开创机关党建工作新局面》获全省机关党建工作理论学习成果三等奖、市直机关理论学习成果一等奖。调研报告《以实施四大工程为抓手，扎实推进机关党的科学化建设》《适应时代特点，推进机关党建工作思路、内容、方式创新》分别在2010年、2011年全省机关党建调研课题交流会上作典型发言并进行交流。2012年，学习传达中共十八大精神，集中开展“信仰、信念、信心”主题教育活动。将“道德讲堂”教育活动纳入干部教育培训体系。在机关广大党员干部中树立“学习为本”“终身学习”“工作学习化、学习工作化”“团队学习”“创新性学习”五种理念。为机关58个党委、总支、支部购买《道德的力量》图书及《公民道德实施纲要》电视宣传光盘。

第三节　机关作风建设

1991年，先后组织党员干部500余人参观山东省举办的“惩治腐败贪污贿赂”展览并观看廉政教育片《廉政狂飙》。1992年，对党员进行党风、党纪教育。1993年，组织党员干部进行党课学习、召开座谈会、观看教育片，增强党员干部反腐倡廉意识。1994年，修订和完善廉洁自律的规定和措施，增强党员干部廉洁自律和拒腐防变自觉性。1995年，组织党员干部学习江泽民在中纪委第五次会议上的讲话以及省、市、区委关于党政机关领导干部廉洁自律的规定、区委区政府关于全区党政机关副局级以上领导干部廉洁勤政的十条规定，播放电教录像片288场次，党员观看人数8640人次。1996年，机关党委、纪委先后召开办公联席会，拟定实施方案和学习配档方案；召开支部书记会议和部分支部调度会，组织41个支部的118名党员参加知识竞赛；对副局级以上领导干部进行廉洁自律的自查和民主测评。1997年，开展“讲政治、正风纪、做表率”为主要内容的党性、党风、党纪教育，认真落实《中国共产党纪律处分条例》《领导干部廉洁从政若干准则》《中共中央、国务院关于党政机关厉行节约制止浪费行为的若干规定》等党纪条规。1998年，开展“领导干部要在党风廉政建设中以身作则率先垂范”主题教育活动和党风廉政建设自查自纠；组织学习《中国共产党纪律处分条例》《党员领导干部廉洁从政若干准则》《中华人民共和国行政监察法》等7个党风廉政建设法律法规。2008年，组织党员干部到北郊林场听取模范共产党员郑永生先进事迹报告会，增强勇于创新、为民服务的意识和能力；及时处理人民群众来信来访，建立纠正损害群众利益不正之风的长效机制，解决群众反映强烈的严重侵害群众利益的问题。2011年，机关工委发出《关于加强党务公开的实施方案》，党务公开内容有党组织决议决定及执行情况、党的思想建设情况、党的组织建设情况、党的作风建设情况、党的制度建设情况、党的反腐倡廉建设情况。2012年，组织学习胡锦涛总书记在十七届中央纪委第七次全会上的重要讲话精神；学习、宣传惩防体系“实施纲要”、《建立健全惩治和预防腐败体系2008—2012年工作规划》等；组织机关党员干部观看检察院举办的反腐倡廉图片展，开展警示教育。1991—2012年，开展占用公务用车、收受礼金（有价证券）、小金库清理等专项检查，配合区纪委查处违纪党员40人。

第十一章　党校教育

1991—2012年，中共天桥区委党校教育坚持从干部队伍实际和建设需要出发，注重抓好丰富干部队伍政治理论知识和提高干部队伍素质能力工作。党校举办中青年干部培训班15次，培训优秀中青年干部740余人。加强对科级干部和基层干部培训教育，提高理论水平和工作能力。实施业余教育，提高干部群众整体素质和业务能力。组织教学科研，取得丰硕成果。

第一节　干部培训

一、领导干部进修

1991—2012年，中共天桥区委党校举办副处级以上领导干部进修班、培训班88期，培训领导干部6000余人次。

2012年3月，区委党校组织新任副处级领导干部培训班学员到“革命摇篮”——井冈山进行革命传统教育。

1991—2012年天桥区干部培训统计表

表16-8　　单位：期、人

年份	培训对象	培训内容	培训期数	培训人数
1991	科局级	政治理论。	7	386
1992	副处级以上	中共十四大精神、《邓小平文选》。	8	531
1993	党委书记	政治理论。	1	46
1994	科局级	《邓小平文选》。	6	263
1995	局级	邓小平理论、党章。	4	200
	党委书记	“两学”。	1	57
1997		中共十五大精神。	8	668
1998	局级	邓小平理论。	5	252
1999	副处级以上	“三讲”教育。	5	390

续表 16–8

年份	培训对象	培训内容	培训期数	培训人数
2000	区级	“三讲”教育。	1	567
	处级		2	
	“一推双考”年轻干部	马列主义基础理论、市场经济理论、领导科学及党性修养、锻炼等。	1	16
2001	局级	政治理论。	7	391
2002	正处级	中共十六大精神。	2	122
2003	正处级	“三个代表”重要思想。	2	142
	副处级		5	343
2004	副处级	政治理论与时事政治。	2	101
	正处级	“科学发展观”。	1	63
	副处级以上	中共十六届四中全会精神。	—	—
2005	副处级	胡锦涛总书记“三个走在最前面”的要求和中共天桥区委九届五次全会精神。	1	49
2006	处级	中共十六届五中全会精神、天桥区“十一五”规划等。	1	52
2007	处级	政治理论。	3	300
		中共十七大精神。	5	430
2008	副处级	中共十七大报告专题、天桥区区情和经济社会发展问题研究、战略思维和领导能力建设、党性锻炼和社会实践四大部分。	1	67
2009	新任副处级	政治理论与业务培训。	1	72
		《中共中央关于加强和改进新形势下党的建设若干重大问题的决定》。	5	554
2010	新任副处级	中共十七届四中全会精神、国际形势与业务培训。	1	52
2011	新任副处级	中共十七届五中全会精神、天桥区“十二五”规划等。	1	36
2012	新任副处级	中共十七届五中、六中全会精神，胡锦涛总书记“七一”讲话精神及业务培训。	1	33

二、军转干部培训

2005年，举办军转干部培训班1期，学制1周，参加培训军转干部48人，主要学习中共中央总书记胡锦涛提出的一系列新思想、新观点和当前社会热点难点等内容。

三、中青年干部培训

1991—2012年，举办中青年干部培训班15期，参加培训中青年干部740人。中青年干部培训以提高中青年干部综合素质和能力为目标，着重系统学习马列主义、毛泽东思想、邓小平理论、“三个代表”重要思想和科学发展观等重要理论，同时围绕中共天桥区委、区政府中心工作，将学习理论和全区经济社会发展的现实问题有机结合起来，使学员进一步提高马克思主义理论水平、政治素养和运用马克思主义立场、观点、方法进行理论思考和分析解决实际问题能力。1991—1994年，举办村级（北园镇）中青年干部培训班2期，130人参加，主要学习马克思主义基础理论、建设有中国特色社会主义理论、社会主义市场经济理论。

1991—2012 年天桥区中青年干部培训统计表

表 16–9

单位：人

培训班次	培训时间	培训人数
第 1 期、第 2 期中青年干部培训班	1991—1993 年	95
第 3 期中青年干部培训班	1995 年	51
第 4 期、第 5 期中青年干部培训班	1996—1997 年	100
第 6 期中青年干部培训班	1998 年	64
第 7 期中青年干部培训班	2001 年	44
第 8 期中青年干部培训班	2002 年	49
第 9 期中青年干部培训班	2004 年	48
第 10 期中青年干部培训班	2006 年	49
第 11 期中青年干部培训班	2007 年	47
第 12 期中青年干部培训班	2008 年	48
第 13 期中青年干部培训班	2009 年	53
第 14 期中青年干部培训班	2010 年	51
第 15 期中青年干部培训班	2012 年	41

四、科级干部培训

1996—1997 年，举办科级干部培训班 3 期，参加培训人员 144 人次。2000 年，举办区直机关科级干部任职培训班 3 期，参加培训人员 165 人。2003—2010 年，同区人事局共同举办科级干部培训班 7 期，参加培训人员 588 人次。

五、基层干部培训

1991—2012 年，针对居委会主任、区属企业厂长（经理）、妇女干部、计生工作人员、微机操作人员等 20 余个基层单位人员组织不同类型业务培训和政治理论知识宣讲。

1993—2012 年天桥区基层干部培训统计表

表 16–10

单位：人

年 份	培训对象	培训内容	培训期数 / 宣讲次数	培训人数
1993	居委会主任。	业务培训。	2 期	138
1994	区属企业厂长（经理）。	业务培训。	1 期	50
	北园镇及工业小区村支部书记。	业务培训。	1 期	58
	街道居委会主任、书记。	业务培训。	2 期	128
1995	企业厂长、经理。	改革内容培训。	2 期	120
	妇女干部。	妇女干部培训。	1 期	130
	计生工作人员。	计划生育工作培训。	1 期	80

续表 16–10

年份	培训对象	培训内容	培训期数 / 宣讲次数	培训人数
1995	团干部。	团干部工作培训。	1 期	100
	微机操作人员。	计算机专业培训。	1 期	28
	财会人员。	财会培训。	5 期	530
1996	镇村党务干部。	业务培训。	2 期	88
	村居支部书记、主任。	业务培训。	1 期	77
1998	北园镇、天建开发公司、各街道等基层单位。	宣讲中共十五大精神。	20 次	1500
1999	村级干部。	业务培训。	2 期	150
	全区会计。	配合区财政局。	5 期	700
	公务员。	微机操作知识。	5 期、11 个班次	280
2000	公务员。	计算机应用能力。	4 期	84
	全区计生干部。	计划生育工作培训。	1 期	80
	企业管理人员。	业务培训。	1 期	50
2001	各街道（镇）书记及有关工作人员。	WTO 知识培训。	1 期	105
	区机关党委、天建公司等十几个单位和部门及大桥镇、北园街道办事处等 20 余个基层单位。	业务培训。	50 次	4500
2002	宝华街道、北园街道、区经计委、区直机关工委等单位。	宣讲中共十六大精神。	4 期	350
	药山、北园、泺口三个街道所属 49 个村（居）的书记、主任。	村书记、主任培训。	1 期	98
	大桥、桑梓店两镇新任村“两委”成员。		1 期	554
	各街道（镇）及建委口的政工书记。	江泽民“5·31”重要讲话。	1 期	48
2003	团干部。	团干部培训。	1 期	48
	党委理论骨干。	“三个代表”重要思想。	1 期	29
2004	党委。	宣讲“科学发展观”和中共十六届四中全会精神。	30 次	3500
2005	大桥、桑梓店两镇村“两委”干部。	业务培训。	1 期	550
	基层单位。	党的先进性教育。	18 次	2500
2006	村“两委”干部。	业务培训。	1 期	552
	村居后备干部。	业务培训。	1 期	120
	基层单位。	基层工作培训。	24 次	3000
2007	区建委、教委、机关工委等部门和基层单位。	党性教育、宣讲“6·25”讲话精神和中共十七大精神。	10 次	1500
2008	区有关部门和基层单位。	党性教育、宣讲中共十七大精神。	10 次	1000

续表 16-10

年 份	培训对象	培训内容	培训期数 / 宣讲次数	培训人数
2009	区直机关、街道、村居等 35 个部门。	党性教育、宣讲中共十七大精神。	35 次	20000
2010	卫生系统事业单位人员。	中共十七届四中全会精神、中国特色社会主义理论体系、建设学习型政党和政务礼仪。	1 期	37
	入党积极分子、党支部书记。	政治理论。	2 期	150
2011	北园街道“两委”成员。	业务培训。	1 期	
	北园基层党员干部。		10 期	3000
	街道（镇）、部门。	基层党员干部培训。	13 次	
2012	入党积极分子。	政治理论。	1 期	45
	街道（镇）、部门。	业务培训。	13 次	1000

第二节　业余教育

1994 年，区委党校开始承担省委党校业余教育工作；2010 年，停止招生。1994—2012 年，招收经济管理本科学员 1580 人，毕业 1390 人；招收法律本科学员 171 人，毕业 130 人；招收经济管理专科学员 2645 人，毕业 2175 人；招收法律专科学员 391 人，毕业 329 人；招收财会专科学员 106 人，毕业 98 人；招收农干大专科学员 222 人，毕业 183 人；招收行政管理专科学员 83 人，毕业 74 人。

2012 年春季开学典礼

1994—2012 年中共天桥区委党校业余教育招生毕业统计表

表 16-11　　单位：人

年份	招生情况							毕业情况						
	本科		专科					本科		专科				
	经管	法律	经管	法律	农干大	财会	行管	经管	法律	经管	法律	农干大	财会	行管
1994	—	—	132	—	222	106	38	—	—	127	—	183	98	34
1995	73	—	201	—	—	—	—	—	—	—	—	—	—	—
1996	38	—	182	—	—	—	—	—	—	—	—	—	—	—

续表 16-11

年份	招生情况							毕业情况						
	本科		专科					本科		专科				
	经管	法律	经管	法律	农干大	财会	行管	经管	法律	经管	法律	农干大	财会	行管
1997	93	—	174	—	—	—	—	73	—	—	—	—	—	—
1998	—	—	94	—	—	—	45	29	—	153	—	—	—	—
1999	—	—	161	57	—	—	—	88	—	169	—	—	—	—
2000	98	—	147	49	—	—	—	—	—	132	—	—	—	—
2001	110	—	209	54	—	—	—	—	—	79	—	—	—	40
2002	142	—	145	65	—	—	—	91	—	137	50	—	—	—
2003	165	—	244	78	—	—	—	98	—	132	44	—	—	—
2004	168	—	201	48	—	—	—	132	—	182	51	—	—	—
2005	122	111	152	—	—	—	—	132	—	130	56	—	—	—
2006	175	60	160	40	—	—	—	150	—	216	63	—	—	—
2007	150	—	199	—	—	—	—	156	—	166	45	—	—	—
2008	90	—	244	—	—	—	—	130	110	135	—	—	—	—
2009	43	—	—	—	—	—	—	98	20	135	20	—	—	—
2010	113	—	—	—	—	—	—	72	—	175	—	—	—	—
2011	—	—	—	—	—	—	—	43	—	107	—	—	—	—
2012	—	—	—	—	—	—	—	98	—	—	—	—	—	—
合计	1580	171	2645	391	222	106	83	1390	130	2175	329	183	98	74

第三节 教学科研

1993—1994年，在省、市级刊物上发表学术论文7篇，其中获省级优秀论文奖2篇，获市级优秀论文奖2篇，参加省、市级学术交流2篇。1995年，发表获奖科研论文10篇，同时下派2人到王炉村进行调研。1996—1997年，撰写论文24篇，在省级刊物发表6篇。1998—2002年，在各类刊物发表论文33篇，在省、市、区获优秀论文一、二、三等奖26篇。2003—2008年，在各类刊物发表论文13篇，在省、市、区获优秀论文一、二、三等奖20篇。2009—2010年，在各类刊物发表论文4篇，获省优秀论文一等奖4篇、优秀论文奖2篇，获区优秀论文奖1篇。2009年，党校在凤凰山居委会建立教学科研实践基地。2011年，编辑出版《基层社会管理实用手册》。《天桥区都市农业发展调查与思考》《关于济南市天桥区街道社区学习型党组织建设的调查与思考》分别在《济南市委党校学报》《泉城瞭望》等全国性公开刊物上发表；《突出重点 注重实效 推动干部教育培训工作再上新水平》分别在《山东党校通讯》《济南市委党校工作简讯》《天桥工作》等刊物上发表；《天桥区都市农业发展调查与思考》观点被中共天桥区委、区政府采纳，为区委、区政府决策提供参考。2011年，围绕纪念建党 90 周年活动，撰写论文 10 篇，其中获省优秀论文一等奖 1 篇、二等奖 1 篇。2012 年，立项外来务工子女教育相关问题研究、社区文化建设、加强基层党员队伍建设等新调研课题 7 个，先后到区发改委、工人新村南村街道西区社区、北坦小学等单位调研 30 余人次，形成调研报告 7 篇、论文 5 篇，其中获奖项 7 篇，在各类刊物发表 6 篇。《理论学习的良师益友——评〈辩证看 务实办——理论热点面对面〉》书评在《光明日报》和人民网刊登。

第四节　校改工作

1991 年 9 月，中共天桥区委党校新教学楼南楼落成。投资约 50 万元，教学面积扩至 2300 平方米，有教室 5 间，学习室 6 间，可同时供 1000 人上课学习。1994 年，北教学楼扩建，由原来的二层教学楼扩建成三层，增加建筑面积 300 平方米。2001—2002 年，投资 200 万元，新建成 1 幢建筑面积 700 平方米高标准办公教学楼，并对原有 2 幢教学楼进行装修和改造，教学面积增至 3300 平方米。同时，建成多媒体教室、中央党校远程教学网 C 级站和校园局域宽带网。2008 年，投资 50 余万元，对学校基础办公资产设施进行维修和改造。2012 年，新建塑胶篮球场 1 个。

第十二章　党史研究

第一节　党史资料编辑出版

一、《坚强的战斗堡垒》

1991 年出版发行，276 千字。记述 1929 年济南乡师建校以来，为争取民族独立和恢复建立济南乃至山东党的组织建设所做出的艰苦卓绝的光辉历史。

二、《泺口英烈永芳千古》

1993 年 7 月中共党史出版社出版发行，50 千字。记述中共济南市委书记李春亭、中共青岛市委书记李伟仁、共青团山东省特委代理书记孙善帅、中共山东省委巡视员张福林、中共郯城县委组织委员孙善师、中共益都县委书记段亦民、中共徐海蚌特委鲁南特派员唐东华、中共益都县委书记郑心亭、中共青岛市委秘书王常怡九位党员干部，为中华人民共和国成立视死如归、浴血奋战的英雄生平事迹。

三、《中国共产党山东省济南市天桥区组织史资料》（1948—1987）

1991 年 5 月济南市新闻出版局出版，311 千字。收编 1948 年 10 月—1987 年 11 月中共第十三次全国代表大会闭幕期间天桥区党的组织（包括济南解放初期的政权组织）机构沿革和领导人名录。同时，收编 1949 年 10 月—1987 年 11 月《山东省济南市天桥区政权系统组织史资料》《山东省济南市天桥区人民武装部组织史资料》《山东省济南市天桥区政协组织史资料》《山东省济南市天桥区群众团体组织史资料》。获山东省党史系统优秀成果三等奖、济南市党史系统优秀成果二等奖。

四、《中国共产党山东省济南市天桥区组织史资料》（1987—1999）〔续集（一）〕

1999 年 10 月印刷，328 千字。收编 1987 年 11 月—1999 年 5 月期间天桥区党的组织机构沿革和领导人名录。同时，收编《山东省济南市天桥区政权系统组织史资料》《山东省济南市天桥区人民武装部组织史资料》《山东省济南市天桥区政协组织史资料》《山东省济南市天桥区群众团体组织史资料》。获济南市 1999 年社科成果三等奖。

五、《中共天桥党史大事记》(1948—1993)

1997年5月济南出版社出版，225千字。记述1948—1993年，天桥区各级党组织全心全意为人民服务、勤恳执政的优良作风，记述广大党员和人民群众在社会主义建设事业中的精神风貌。同时，对工作中的失误，尤其对“大跃进”和“文化大革命”两次大失误及其对天桥区各项事业所造成的严重影响，也作了客观分析。

六、《中共天桥历史大事记》(1994—2003)

2005年12月出版，156千字。记载1994—2003年间，中共天桥区委、区政府团结带领全区人民，在社会主义革命和建设中奋斗历程和所取得光辉业绩，是天桥区10年来的历史回顾和再现。

七、《中国共产党济南市天桥区历次代表大会文献汇编》(1956—2003)

2006年10月印刷，360千字。重点收录中共济南市天桥区第一至九次代表大会和天桥人民公社党代会《开幕词》《闭幕词》《区委工作报告》《关于区委工作报告的决议》《区纪委工作报告》和《关于区纪委工作报告的决议》等主要文件。

八、《中共济南市天桥区历史》(1949—1978)

2011年6月，由中共党史出版社出版发行，285千字。记载自中华人民共和国成立到中共十一届三中全会召开的29年间，中共天桥区委团结带领全区人民群众，努力克服各种困难，大力开展生产自救，打击敌特分子和阶级敌人猖狂进攻和破坏活动，巩固新生人民政权的全过程。

第二节 党史专题资料征编

1997—2012年，编辑出版《山东第一镇的崛起》《坚持共同富裕的黄台村》《济南市改革开放的示范村——清河村》《夯实基础、扎实推进、建设跨世纪文明城区——天桥区精神文明建设发展纪实》《天桥区依法综合治理纪实》五篇专题分别在《济南市改革开放辉煌二十年》专题——《农村篇》《城市篇》《精神文明篇》中进行刊发。《山东第一镇——济南市北园镇发展纪实》《改革使清河村走上致富路》在《山东沿海开放区发展纪实》一书中进行刊发。1998年8月，在《山东党史》上发表泺口“黄河爱国主义教育阵地”简介。

2001年，在《山东党史》第八期发表《毛泽东视察北园》，在《支部生活》第六期上发表《我党在抗日战争时期的金融工作》。2003年，在《济南日报》和《山东党史》分别刊登《铁骨铮铮、视死如归》纪念文章。2003年，围绕“党的执政年”活动，征集理论研讨文章6篇；与团区委联合举办“学济南地方史”青少年征文竞赛活动，征集论文75篇，获市优秀组织奖。2006年，围绕建党85周年活动，征集学术论文10篇。2007年，组织开展“和谐社会、和谐天桥”征文活动，征集论文15篇。2008年，组织开展“纪念改革开放三十周年”征文活动，征集论文29篇，其中被中共济南市委党史研究室评为二等奖2篇、三等奖14篇。2009年，组织开展“庆祝中华人民共和国成立60周年”征文活动，征集理论文章7篇，其中获市二、三等奖各1篇。

2010年，组织开展“纪念抗日战争胜利65周年”征文活动，征集论文10余篇，其中获市二等奖2篇、三等奖5篇。2011年，组织开展“纪念建党九十周年征文”活动，征集论文39篇，获市二等奖2篇、三等奖3篇，获区一等奖5篇、二等奖6篇、三等奖7篇。2012年，组织开展“党史文化专题”征文活动，全区征集论文31篇，其中获市一等奖1篇、二等奖1篇、三等奖2篇。

第三节 革命遗址普查

2010年9月，中共天桥区革命遗址普查工作启动；10月完成。对全区9处重要革命遗址遗迹进行实地考察，分别是毛泽东视察北园纪念地、泺口九烈士纪念碑、中共济南乡师支部旧址、新华院旧址、中共济南市委重建旧址、周总理视察泺口黄河铁桥纪念地、王士栋烈士纪念碑、王尽美塑像、鹊山惨案纪念地。普查中走访知情人20余人，查阅档案30余卷，拍摄图片200余幅，形成上报材料一万余字。

泺口九烈士纪念碑

王尽美塑像

中共济南市委重建纪念地

鹊山惨案纪念地

第四节　宣传调研

一、宣传教育

1998年，为纪念济南解放50周年暨改革开放20周年，会同中共天桥区委宣传部举办“知天桥、爱天桥”百题万人答卷活动，党员、干部、群众1万余人参加。1999年，为纪念中华人民共和国成立50周年举办“辉煌五十年、天桥在前进”大型图片展。2000年，召开天桥区继承发扬毛泽东思想理论研讨会，并向市理论研讨会推荐关于毛泽东思想和从井冈山道路到深圳特区的理论文章2篇并获奖。2001年，举办“中国共产党80年光辉历程”大型图片展和“建党80周年党史理论研讨会”。2003年，与区机关工委联合举办“重汽杯党史知识竞赛”千人答卷活动，参赛率98%。2009年，召开“纪念改革开放三十周年”理论研讨会；为北园街道柳云社区居委会和明湖中学购买党史书籍600余套，并建立“中共党史图书学习园地”。2009—2010年，“泺口九烈士纪念碑”“山东省立济南乡村师范学校旧址”和“毛泽东视察北园”3处党史纪念地接待参观人员2万余人次。2010年8月，召开“纪念抗日战争胜利65周年”理论研讨会。2011年5月，组织参加“山东省庆祝中国共产党成立90周年党史知识竞赛”活动，全区收到知识竞赛答题卡2.2万余份，其中党员参赛1.9万余人；满分人数2万人。同年，开展党史书籍进校园活动，为全区中小学赠送党史书籍1150册。2012年，党史研究室在区机关推出《天桥革命遗址概览》，以图文并茂的形式介绍辖区内革命遗址9处，分别是山东省立第一师范学校、中共济南乡师支部旧址、泺口九烈士纪念碑、中共济南市委重建纪念地、鹊山惨案纪念地、侵华日军残杀中国军民的集中营——新华院旧址、毛泽东视察北园纪念地、周恩来视察泺口黄河铁桥纪念地、王士栋烈士纪念碑。

1997—2012年，每年征订发行《山东党史》100余份；发行党史书籍5000余册。2004—2006年，为机关领导干部免费订阅《山东党史》300份。2003—2011年，发行《中国共产党简史》《中共山东简史》《中共济南简史》《山东历史文化丛书》1000余套。

二、调研工作

2006年11月，按照中共中央、省、市委统一部署，启动天桥区抗战时期人口伤亡和财产损失专题调研工作；2007年6月完成。印制各种调查表、统计表3万余份；形成专题资料等30余份，4万余字；向省、市课题调研办公室上报课题调研信息10余份，1万余字；完成课题调研资料58卷，课题调研专题司法鉴定1件。2007—2011年，先后进行修改和补充，并完成山东省抗战时期人口伤亡和财产损失大事记A、B卷的上报。

第十七篇
天桥区人民代表大会

2011 年 1 月 19 日，济南市天桥区第十六届人民代表大会第四次会议召开。

2012 年 11 月 9 日，天桥区人大常委会主任张培友（前右三）视察滨河建设情况。

2011 年 9 月 28 日，济南市天桥区第十六届人大常委会第三十一次会议召开。

天桥区人大及其常委会围绕全区中心工作，以听取和审议“一府两院”（区政府、区法院、区检察院）专项工作报告为主要方式，健全监督机制，改进监督方式，抓好调研、审议等关键环节；强化法律监督，开展执法检查，保证各项法律法规贯彻实施；为代表履行职务创造条件，办理好代表意见建议，发挥基层人大组织作用。1991—2012年，区人大常委会召开会议180次，听取“一府两院”工作报告400余项，任免国家机关工作人员1080人，作出政治、经济、教育、科技、文化、卫生、环境、民政、民族等全区重大工作事项决议决定300个，组织视察调查1000余次，受理人民群众和代表来信来访3100余件次。

第一章　区人民代表大会

根据1993年3月29日第八届全国人民代表大会第一次会议通过的《中华人民共和国宪法修正案》（简称宪法修正案），天桥区人民代表大会代表（简称区人大代表）任期由3年改为5年，任期届满应进行换届选举。

第一节　代表选举

1990年2月—2012年1月，根据《中华人民共和国全国人民代表大会和地方各级人民代表大会选举法》（简称选举法）规定，全区组织区人大代表选举6次。每次选举，都成立区选举委员会及其办事机构。区选举委员会由主任、副主任和委员9～15人组成，在区人大常委会领导下负责本辖区代表选举工作。通过选民登记、选区划分、提名推荐、酝酿讨论、民主协商候选人、确定正式代表候选人、投票选举等步骤，选出区人大代表；然后经过区人大常委会代表资格审查委员会审查，审查重点包括候选人提名、正式候选人确定、差额比例、当选人得票等环节是否符合《选举法》规定；对符合法律规定的，确认当选代表资格有效。

天桥区第十二至十七届人大代表选举选民参选统计表

表17-1

届　次	选举时间	选区（个）	选民登记人数（人）	参选选民人数（人）	参选率（%）	当选代表人数（人）
第十二届	1990年1月	126	266761	约258000	96.8%	210
第十三届	1992年10月	—	约290000	274159	97.82	210
第十四届	1997年12月	122	282133	27419	97.2%	199
第十五届	2002年12月	142	416700	—	—	217
第十六届	2007年11月	146	344130	328952	95.59%	231
第十七届	2011年12月	130	367011	339594	92.5%	230

天桥区第十二至十七届人民代表大会代表构成统计表

表 17-2

单位：人

届 次	代表人数	中共党员	妇女	少数民族	民主党派	工农和其他劳动者	干部	科教文卫方面知识分子	解放军	归侨	55 岁以下	文化结构		
												大学以上	大专以上	中学以上
第十二届	210	118	63	11	5	97	43	33	0	0	158			181
第十三届	210	129	64	13	6	117	46	44	—	1	179	—	78	—
第十四届	197	128	60	14	7	121	43	31	2	1	186	—	127	—
第十五届	215	161	60	10	7	127	37	23	2	1	155	—	—	—
第十六届	231	182	52	9	12	122	74	35	3	0	217	138	—	—
第十七届	230	162	56	10	8	140	52	35	3	0	213	135	—	—

第二节　历届代表大会

一、天桥区第十二届人民代表大会

（一）第一次会议。1990 年 2 月 21 日—25 日，在山东煤矿职工接待处礼堂召开。出席代表 210 人，列席 53 人，万昭发任秘书长。会议听取并审议通过左宪让作的天桥区人民政府工作报告；听取和审议李胜利作的区 1987—1989 年国民经济和社会发展计划执行情况及 1990 年计划安排意见报告，审查、批准区 1987—1989 年国民经济和社会发展计划执行情况报告及 1990 年国民经济和社会发展计划；听取和审议戚汝水作的区 1989 年财政预算执行情况和 1990 年财政预算安排意见的报告，审查、批准区 1989 年财政预算执行情况的报告和 1990 年区级财政预算；听取并审议通过谢宜君作的区人大常委会工作报告；听取并审议通过姬广印作的区人民法院工作报告；听取并审议通过李守义作的区人民检察院工作报告。会议审议并通过区 1990—1992 年绿化规划方案。会议选举左宪让为区十二届人大常委会主任，郑述荃、周新建、黄祥丰、万昭发、张益三为副主任；选举李华理为区人民政府区长，范广福、包福奎、张泽、阎丰兴、王怀楚、温松林为副区长；选举姬广印为区人民法院院长，李守义为区人民检察院检察长。会议选举区人大常委会委员 13 名。会议收到代表提出的议案 48 件，其中《关于解决无影山小学等学校学生上学二部制问题》《关于建设老年人活动场所》2 件议案，经议案审查委员会研究审查，作为大会议案，其余议案作为代表重要建议，连同收到代表的建议、意见和批评 279 件，分别交区政府或有关部门办理。

（二）第二次会议。1991 年 3 月 9 日—12 日，在山东煤矿职工接待处礼堂召开。出席代表 205 人，列席 74 人，大会主席团 29 人，万昭发（兼）任秘书长。会议听取并审议通过李华理作的区人民政府工作报告；听取和审议李胜利作的区 1990 年国民经济和社会发展计划执行情况以及 1991 年计划安排意见的报告，审查、批准区 1990 年国民经济和社会发展计划执行情况的报告及 1991 年国民经济和社会发展计划；听取和审议戚汝水作的区 1990 年财政预算执行情况和 1991 年财政预算安排意见的报告，审查、批准区 1990 年财政预算执行情况的报告和 1991 年区级财政预算；听取并审议通过左宪让作的区人大常委会工作报告；听取并审议通过姬广印作的区人民法院工作报告；听取并审议通过李守义作的区人民检察院工作报告。会议审议并通过区国民经济和社会发展第八个五年计划。会议期间，收到代表提出的议案 36 件，议案审查委员会审查后认为代表所提出议案不宜作为议案，作为代表重要建议，连同收到代表的建议、意见和批评 170 件，交区政府或有关部门办理。

（三）第三次会议。1992 年 3 月 3 日—7 日，在山东煤矿职工接待处礼堂召开。出席代表 204 人，列席 85 人，大会主席团 28 人，万昭发（兼）任秘书长。会议听取并审议通过范广福作的区政府工作报告；听取和审议李胜利作的区 1991 年国民经济和社会发展计划执行情况及 1992 年计划安排意见报告，审查、批准区 1991 年国民经济和社会发展计划执行情况报告及区 1992 年国民经济和社会发展计划；听取和审议戚汝水作的区 1991 年财政预算执行情况和 1992 年财政预算安排意见报告，审查、批准区 1991 年财政预算执行情况报告和 1992 年区级财政预算；听取并审议通过左宪让作的区人大常委会工作报告；听取并审议通过姬广印作的区人民法院工作报告；听取并审议通过李守义作的区人民检察院工作报告，会议审议并批准关于北园镇奋斗一年奔小康“八五”再上新水平的规划。会议补选范广福为区人民政府区长，毕于朴为区十二届人大常委会副主任，路俊成为区十二届人大常委会委员。会议期间，收到代表提出的议案 18 件（城市建设和管理方面 11 件，卫生防疫、市场管理、校舍改造方面各 1 件，其他方面 4 件），议案审查委员会审查后认为代表所提出议案不宜作为议案，作为代表重要建议，连同收到代表的建议、意见和批评 134 件，交区政府或有关部门办理。

二、天桥区第十三届人民代表大会

（一）第一次会议。1993 年 1 月 9 日—14 日，在山东煤矿职工接待处礼堂召开。出席代表 210 人，列席 75 人，大会主席团 25 人，甘广庆（兼）任秘书长。会议听取并审议通过彭万生作的区人民政府工作报告；听取和审议赵民普作的区 1990—1992 年国民经济和社会发展计划执行情况及 1993 年计划安排意见报告，审查、批准区 1990—1992 年国民经济和社会发展计划执行情况报告及区 1993 年国民经济和社会发展计划；听取和审议崔哲华作的区 1992 年财政预算执行情况和 1993 年财政预算安排意见报告，审查、批准区 1992 年财政预算执行情况报告和 1993 年区级财政预算；听取并审议通过左宪让作的区人大常委会工作报告；听取并审议通过姬广印作的区人民法院工作报告；听取并审议通过李守义作的区人民检察院工作报告。会议选举范广福为区第十三届人大常委会主任，周新建、宁继仁、毕玉朴、甘广庆、李焕文、李瑞云为副主任；选举彭万生为区人民政府区长，杜书作、阎丰兴、肖国栋、赵丽、郇起鸿为副区长；选举胡庆德为区人民法院院长，吴庆海为区人民检察院检察长。会议选举区人大常委会委员 12 名，选举出席济南市第十一届人民代表大会代表 68 名。会议期间，收到代表提出的议案 22 件（城市建设和管理方面 13 件，经济建设方面 5 件，行政管理方面 2 件，校舍改造、公安管理方面各 1 件），议案审查委员会审查后认为代表所提出议案不宜作为议案，作为代表重要建议，连同收到代表的建议、意见和批评 101 件，交区政府或有关部门办理。

（二）第二次会议。1994 年 3 月 2 日—5 日，在区机关会议厅召开。出席代表 208 人，列席 66 人，大会主席团 31 人，甘广庆（兼）任秘书长。会议听取并审议通过彭万生作的区人民政府工作报告；听取和审议赵民普作的区 1993 年国民经济和社会发展计划执行情况及 1994 年计划安排意见报告，审查、批准区 1993 年国民经济和社会发展计划执行情况报告及区 1994 年国民经济和社会发展计划；听取和审议崔哲华作的区 1993 年财政预算执行情况和 1994 年财政预算安排意见报告，审查、批准区 1993 年财政预算执行情况报告和 1994 年区级财政预算；听取并审议通过范广福作的区人大常委会工作报告；听取并审议通过胡庆德作的区人民法院工作报告；听取并审议通过吴庆海作的区人民检察院工作报告。会议期间，收到代表提出的议案 12 件（其中城市建设和管理方面 7 件，社会发展规划、第三产业方面各 1 件，其他方面 3 件），议案审查委员会审查后认为代表所提出议案不宜作为议案，作为代表重要建议，连同收到代表的建议、意见和批评 106 件，交区政府或有关部门办理，并书面答复代表。

（三）第三次会议。1995 年 3 月 1 日—4 日，在区机关会议厅召开。出席代表 205 人，列席 90 人，大会主席团 33 人，甘广庆（兼）任秘书长。会议听取并审议通过杨锡福作的区人民政府工作报告；听取和审议董士奎作的区 1994 年国民经济和社会发展计划执行情况及 1995 年计划安排意见报告，审查、批准区 1994 年国民经济和社会发展计划执行情况报告及 1995 年国民经济和社会发展计划；听取和审议崔哲华作的区 1994 年财政预算执行情况和 1995 年财政预算安排意见报告，审查、批准区 1994 年财政预算执行情况报告和 1995 年区级财政预算；听取并审议通过范广福作的区人大常委会工作报告；听取并审议通过胡庆德作的区人民法院工作报告；听取并审议通过吴庆海作的区人民检察院工作报告。会议选举杨锡福为区人民政府区长，印森林为区第十三届人大常委会副主任。会议期间，收到代表提出的议案 17 件（城市建设和管理方面 13 件，农业方面 2 件，通讯、医疗方面各 1 件），议案审查委员会审查后认为代表所提出议案不宜作为议案，作为代表重要建议，连同收到代表的建议、意见和批评 69 件，交区政府或有关部门办理，并书面答复代表。

（四）第四次会议。1996 年 3 月 12 日—16 日，在区机关会议厅召开。出席代表 197 人，甘广庆（兼）任秘书长。会议听取和审议杨锡福作的区国民经济和社会发展第九个五年计划及 2010 年远景目标纲要报告，审查、批准区国民经济和社会发展第九个五年计划及 2010 年远景目标纲要；听取和审议董士奎作的区 1995 年国民经济和社会发展计划执行情况与 1996 年国民经济和社会发展计划报告，审查、批准区 1995 年国民经济和社会发展计划执行情况报告与 1996 年国民经济和社会发展计划；听取和审议章九玲作的区 1995 年财政预算执行情况和 1996 年财政预算报告，审查、批准区 1995 年财政预算执行情况报告和 1996 年区级财政预算；听取并审议通过范广福作的区人大常委会工作报告；听取并审议通过胡庆德作的区人民法院工作报告；听取并审议通过吴庆海作的区人民检察院工作报告；会议决定接受宁继仁、毕玉朴、周新建辞去区第十三届人大常委会副主任职务请求，决定接受杜书作、肖国栋辞去区人民政府副区长职务请求，决定接受张培善、李秉厚、江可辞去区第十三届人大常委会委员职务请求；选举肖国栋、张小明、姬广印为区第十三届人大常委会副主任，纪宝华、李道庆、许宝利为区人民政府副区长，王志兰、阎连明、刘棣为区第十三届人大常委会委员。会议分别对上述报告作出决议。会议补选肖国栋、姬广印、张小明为天桥区第十三届人民代表大会常务委员会副主任；阎连明、王志兰、刘棣为天桥区第十三届人民代表大会常务委员会委员；补选纪宝华、李道庆、许宝利为区人民政府副区长。会议期间，收到代表提出的议案 9 件（城建方面 7 件，政法、农村住宅方面各 1 件），经大会审查，“关于解决鹊山地区山东村梅花山村淤房台的议案”体现党在农村的基本政策，对发展鹊山地区经济具有重要现实意义，拟作为大会议案；其他 8 件议案拟作为代表重要建议，连同收到代表的建议、意见和批评 691 件，交区政府或有关部门办理，并书面答复代表。

（五）第五次会议。1997 年 2 月 18 日—21 日，在区机关会议厅召开。出席代表 205 人，列席 107 人。会议听取并审议通过杨锡福作的区政府工作报告；听取和审议董士奎作的区 1996 年国民经济和社会发展计划执行情况与 1997 年国民经济和社会发展计划报告，审查、批准区 1996 年国民经济和社会发展计划执行情况报告与 1997 年国民经济和社会发展计划；听取和审议章九玲作的区 1996 年财政预算执行情况和 1997 年财政预算报告，审查、批准区 1996 年财政预算执行情况报告和 1997 年区级财政预算；听取并审议通过范广福作的区人大常委会工作报告；听取并审议通过胡庆德作的区人民法院工作报告；听取并审议通过吴庆海作的区人民检察院工作报告。会议期间，收到代表提出的议案 6 件（城建方面 4 件，养老保险社会统筹、征地补偿方面各 1 件），议案审查委员会审查后认为代表所提出议案不宜作为议案，作为代表重要建议，连同收到代表的建议、意见和批评 47 件，交区政府或有关部门办理，并书面答复代表。

三、天桥区第十四届人民代表大会

（一）第一次会议。1998 年 1 月 13 日—18 日，在区机关会议厅召开。出席代表 199 人，列席 110 人，大会主席团 29 人，肖国栋（兼）任秘书长。会议听取并审议通过杨锡福作的区人民政府工作报告；听取和审议董士奎作的区 1993—1997 年国民经济和社会发展计划执行情况与 1998 年计划安排意见报告，审查、批准区 1993—1997 年国民经济和社会发展计划执行情况报告及 1998 年国民经济和社会发展计划；听取和审议章九玲作的区 1997 年财政预算执行情况和 1998 年预算安排意见报告，审查、批准区 1997 年财政预算执行情况报告和 1998 年区级财政预算；听取并审议通过范广福作的区第十三届人大常委会工作报告；听取并审议通过袁敬海作的区人民法院工作报告；听取并审议通过赵玉杰作的区人民检察院工作报告。会议选举范广福为区第十四届人大常委会主任，李道庆、张小明、肖国栋、姬广印、马继水、沈启贤为副主任；选举杨锡福为区人民政府区长，许宝利、赵丽、郇起鸿、贾柏林、翟立国、崔然贵为副区长；选举袁敬海为区人民法院院长。会议选举区人大常委会委员 12 名，选举出席济南市第十二届人民代表大会代表 58 名。会议期间，收到代表提出的议案 15 件（城建城管和规划方面 11 件，教育方面 2 件，养老保险社会统筹、卫生方面各 1 件），议案审查委员会审查后认为代表所提出议案不宜作为议案，作为代表重要建议，连同收到代表的建议、意见和批评 78 件，交区政府或有关部门办理，并书面答复代表。

（二）第二次会议。1999 年 4 月 26 日—30 日，在区机关会议厅召开。出席代表 199 人，列席 126 人，大会主席团 33 人，肖国栋（兼）任秘书长。会议听取并审议通过王辉作的区人民政府工作报告；听取和审议张光格作的区 1998 年国民经济和社会发展计划执行情况与 1999 年计划安排意见报告，审查、批准区 1998 年国民经济和社会发展计划执行情况报告及 1999 年国民经济和社会发展计划；听取和审议章九玲作的区 1998 年财政预算执行情况和 1999 年财政预算安排意见报告，审查、批准区 1998 年财政预算执行情况报告和 1999 年区级财政预算；听取并审议通过范广福作的区人大常委会工作报告；听取并审议通过袁敬海作的区人民法院工作报告；听取并审议通过黄兰生作的区人民检察院工作报告。会议选举王辉为区人民政府区长，黄兰生为区人民检察院检察长。会议期间，收到代表提出的议案 8 件（城市建设和管理方面 4 件，民政、征地补偿、财政、卫生方面各 1 件），议案审查委员会审查后认为代表所提出议案不宜作为议案，作为代表重要建议，连同收到代表的建议、意见和批评 66 件，交区政府或有关部门办理，并书面答复代表。

（三）第三次会议。2000 年 3 月 10 日—13 日，在区机关会议厅召开。出席代表 217 人，列席 157 人，大会主席团 32 人，肖国栋（兼）任秘书长。会议听取并审议通过王辉作的区人民政府工作报告；听取和审议张光格作的区 1999 年国民经济和社会发展计划执行情况与 2000 年计划草案报告，审查、批准区 1999 年国民经济和社会发展计划执行情况报告及 2000 年国民经济和社会发展计划；听取和审议章九玲作的区 1999 年财政预算执行情况和 2000 年财政预算草案报告，审查、批准区 1999 年财政预算执行情况报告和 2000 年区级财政预算；听取并审议通过范广福作的区人大常委会工作报告；听取并审议通过袁敬海作的区人民法院工作报告；听取并审议通过黄兰生作的区人民检察院工作报告。会议选举潘传华、李兴明为区第十四届人大常委会委员。会议期间，收到代表提出的议案 12 件（城市建设和管理方面 5 件，教育、财政方面各 3 件，交通方面 1 件），议案审查委员会审查后认为代表所提出议案不宜作为议案，作为代表重要建议，连同收到代表建议、意见和批评 85 件，交区政府或有关部门办理，并书面答复代表。

（四）第四次会议。2001 年 3 月 3 日—7 日，在区机关会议厅召开。出席代表 219 人，大会主席团 38 人，李道庆（兼）任秘书长。会议听取和审议王辉作的区政府关于区国民经济和社会发展第十个五年计划纲要草案报告，审查、批准区国民经济和社会发展第十个五年计划纲要；听取和审议张光格作的区2000年国民经济和社会发展计划执行情况与2001年计划草案报告，审查、批准区2000年国民经济和社会发展计划执行情况报告和2001年国民经济和社会发展计划；听取和审议章九玲作的区2000年财政预算执行情况和2001年财政预算草案报告，审查、批准区2000年财政预算执行情况报告和2001年区级财政预算；听取并审议通过范广福作的区人大常委会工作报告；听取并审议通过袁敬海作的区人民法院工作报告；听取并审议通过黄兰生作的区人民检察院工作报告。会议决定接受姬广印辞去区第十四届人大常委会副主任职务请求，选举赵继福为区第十四届人大常委会副主任。

（五）第五次会议。2002年3月10日—13日，在区机关会议厅召开。出席代表216人，列席150人，大会主席团35人，李道庆（兼）任秘书长。会议听取并审议通过王辉作的区人民政府工作报告；听取和审议张光格作的区2001年国民经济和社会发展计划执行情况与2002年计划草案报告，审查、批准区2001年国民经济和社会发展计划执行情况报告和2002年国民经济和社会发展计划；听取和审议章九玲作的区2001年财政预算执行情况和2002年财政预算草案报告，审查、批准区2001年财政预算执行情况报告和2002年区级财政预算；听取并审议通过范广福作的区人大常委会工作报告；听取并审议通过王秀新作的区人民法院工作报告；听取并审议通过黄兰生作的区人民检察院工作报告。会议选举王秀新为区人民法院院长。会议期间，收到代表提出的议案19件（城市建设和管理方面13件、教育方面3件、民政方面1件、交通方面2件），议案审查委员会审查后认为代表所提出议案不宜作为议案，作为代表重要建议，连同收到代表的建议、意见和批评74件，交区政府或有关部门办理，并书面答复代表。

四、天桥区第十五届人民代表大会

（一）第一次会议。2003年1月21日—26日，在区机关会议厅召开。出席代表215人，列席136人，大会主席团38人，李道庆（兼）任秘书长。会议听取并审议通过雷天太作的区人民政府工作报告；听取和审议张光格作的区2002年国民经济和社会发展计划执行情况与2003年计划草案报告，审查、批准区2002年国民经济和社会发展计划执行情况报告和2003年国民经济和社会发展计划；听取和审议章九玲作的区2002年财政预算执行情况和2003年财政预算草案报告，审查、批准区2002年财政预算执行情况报告和2003年区级财政预算；听取并审议通过范广福作的区人大常委会工作报告；听取并审议通过王秀新作的区人民法院工作报告；听取并审议通过黄兰生作的区人民检察院工作报告。会议选举张培友为区第十五届人大常委会主任，赵丽、郇起鸿、翟立国、崔然贵、芦传忠、张光格为副主任；选举雷天太为区人民政府区长、王建军、贾柏林、潘传利、田庆盈、樊瑞、段青英为副区长；选举王秀新为区人民法院院长，黄兰生为区人民检察院检察长。会议选举区人大常委会委员13名，选举出席济南市第十三届人民代表大会代表62名。会议期间，收到代表提出的议案18件（经济方面2件，城市建设和管理方面9件，财政方面3件，教育、卫生、民政、交通方面各1件），议案审查委员会审查后认为代表所提出议案不宜作为议案，作为代表重要建议，连同收到代表的建议、意见和批评46件，交区政府或有关部门办理，并书面答复代表。

（二）第二次会议。2004年1月12日—14日，在区机关会议厅召开。出席代表213人，列席157人，大会主席团37人，赵丽（兼）任秘书长。会议听取并审议通过雷天太作的区人民政府工作报告；听取和审议彭恒信作的区2003年国民经济和社会发展计划执行情况与2004年计划草案报告，审查、批准区2003年国民经济和社会发展计划执行情况报告及2004年国民经济和社会发展计划；听取和审议章九玲作的区2003年财政预算执行情况和2004年财政预算草案报告，审查、批准区2003年财政预算执行情况报告和2004年区级财政预算；听取并审议通过张培友作的区人大常委会工作报告；听取并审议通过王秀新作的区人民法院工作报告；听取并审议通过黄兰生作的区人民检察院工作报告。会议期间，收到代表提出的议案10件（城市建设和管理方面3件，教育、农业方面各2件，民政、财政、土地方面各1件），议案审查委员会审查后认为代表所提出议案不宜作为议案，作为代表重要建议，连同收到代表的建议、意见和批评34件，交区政府或有关部门办理，并书面答复代表。

（三）第三次会议。2005年2月1日—3日，在区机关会议厅召开。出席代表214人，列席150人，大会主席团37人，赵丽（兼）任秘书长。会议听取并审议通过雷天太作的区人民政府工作报告；审议区2004年国民经济和社会发展计划执行情况与2005年计划草案报告，审查、批准区2004年国民经济和社会发展计划执行情况报告和2005年国民经济和社会发展计划；审议区2004年财政预算执行情况和2005年财政预算草案报告，审查、批准区2004年区级财政预算执行情况报告和2005年区级财政预算；听取并审议通过张培友作的区人大常委会工作报告；听取并审议通过王秀新作的区人民法院工作报告；听取并审议通过黄兰生作的区人民检察院工作报告。会议选举王长来、芦奕为区第十五届人大常委会委员。会议期间，收到代表提出的议案5件（城市建设和管理方面3件，民政方面2件），议案审查委员会审查后认为代表所提出议案不宜作为议案，作为代表重要建议，连同收到代表的建议、意见和批评44件，交区政府或有关部门办理，并书面答复代表。

（四）第四次会议。2006年1月17日—18日，在区机关会议厅召开。出席代表213人，列席158人，大会主席团37人，赵丽（兼）任秘书长。会议听取和审议雷天太作的区国民经济和社会发展第十一个五年规划纲要草案报告，审查、批准区国民经济和社会发展第十一个五年规划纲要；审议区2005年国民经济和社会发展计划执行情况与2006年计划草案报告，审查、批准区2005年国民经济和社会发展计划执行情况报告与2006年国民经济和社会发展计划；审议区2005年财政预算执行情况和2006年财政预算草案报告，审查、批准区2005年财政预算执行情况报告和2006年区级财政预算；听取并审议通过张培友作的区人大常委会工作报告；听取并审议通过王秀新作的区人民法院工作报告；听取并审议通过黄兰生作的区人民检察院工作报告。会议期间，收到代表提出的议案6件（城市建设和管理方面3件，民政、教育、其他方面各1件），议案审查委员会审查后认为代表所提出议案不宜作为议案，作为代表重要建议，连同收到代表的建议、意见和批评25件，交区政府或有关部门办理，并书面答复代表。

（五）第五次会议。2007年1月18日—20日，在区机关会议厅召开。出席代表207人，列席161人，大会主席团35人，赵丽（兼）任秘书长。会议听取并审议通过王建军作的区人民政府工作报告；审议区2006年国民经济和社会发展计划执行情况与2007年计划草案报告，审查、批准区2006年国民经济和社会发展计划执行情况报告与2007年国民经济和社会发展计划；审议区2006年财政预算执行情况和2007年财政预算草案报告，审查、批准区2006年财政预算执行情况报告和2007年区级财政预算；听取并审议通过张培友作的区人大常委会工作报告；听取并审议通过王秀新作的区人民法院工作报告；听取并审议通过黄兰生作的区人民检察院工作报告。会议选举王建军为区人民政府区长，童世敏为区人大常委会副主任。会议期间，收到代表提出的议案6件（城市建设和管理、农业农村方面各2件，民政、教育方面各1件），议案审查委员会审查后认为代表所提出议案不宜作为议案，作为代表重要建议，连同收到代表的建议、意见和批评19件，交区政府或有关部门办理，并书面答复代表。

五、天桥区第十六届人民代表大会

（一）第一次会议。2007年12月10日—13日，在区机关会议厅召开。出席代表231人，列席

171人，大会主席团37人，赵丽（兼）任秘书长。会议听取并审议通过王建军作的区人民政府工作报告；审议区2007年国民经济和社会发展计划执行情况与2008年计划草案报告，审查、批准区2007年国民经济和社会发展计划执行情况报告与2008年国民经济和社会发展计划；审议区2007年财政预算执行情况和2008年预算草案报告，审查、批准区2007年财政预算执行情况报告和2008年区级财政预算；听取并审议通过张培友作的区人大常委会工作报告；听取并审议通过李明东作的区人民法院工作报告；听取并审议通过韩清作的区人民检察院工作报告。会议选举张培友为区第十六届人大常委会主任，童世敏、郇起鸿、贾柏林、崔然贵、张光格为副主任；选举王建军为区人民政府区长，赵新生、陈勇、樊瑞、段青英、滕志超、韩伟为副区长；选举李明东为区人民法院院长，韩清为区人民检察院检察长。会议选举区人大常委会委员19名，选举出席济南市第十四届人民代表大会代表63名。会议收到代表提出的议案1件，为城市建设和管理方面。议案审查委员会审查后认为代表所提出议案不宜作为议案，作为代表重要建议，连同收到代表的建议、意见和批评29件，交区政府或有关部门办理，并书面答复代表。

（二）第二次会议。2009年1月8日—9日，在区机关会议厅召开。出席代表224人，列席183人，大会主席团37人，童世敏(兼)任秘书长。会议听取并审议通过王建军作的区人民政府工作报告；审议区2008年国民经济和社会发展计划执行情况与2009年计划草案报告，审查、批准区2008年国民经济和社会发展计划执行情况报告与2009年国民经济和社会发展计划；审议区2008年财政预算执行情况和2009年财政预算草案报告，审查、批准区2008年财政预算执行情况报告和2009年区级财政预算；听取并审议通过张培友作的区人大常委会工作报告；听取并审议通过李明东作的区人民法院工作报告；听取并审议通过韩清作的区人民检察院工作报告。会议期间，收到代表的建议、意见33件（城乡建设与管理方面19件，民政、农村工作方面各2件，卫生、社会治安、支持驻地企业发展方面各1件，超出区政府职权范围7件），议案审查委员会将收到代表的建议、意见和批评交区政府或有关部门办理，并书面答复代表。

（三）第三次会议。2010年1月13日—14日，在区机关会议厅召开。出席代表233人，列席180人，大会主席团41人，童世敏(兼)任秘书长。会议听取并审议通过王建军作的区人民政府工作报告；审议区2009年国民经济和社会发展计划执行情况与2010年计划草案报告，审查、批准区2009年国民经济和社会发展计划执行情况报告与2010年国民经济和社会发展计划；审议区2009年财政预算执行情况和2010年财政预算草案报告，审查、批准区2009年财政预算执行情况报告和2010年区级财政预算；听取并审议通过张培友作的区人大常委会工作报告；听取并审议通过李明东作的区人民法院工作报告；听取并审议通过韩清作的区人民检察院工作报告。会议期间，收到代表的建议34件（城市建设和管理方面15件，交通管理方面4件，文化教育、劳保民政方面各2件，经济发展、户籍管理、党史方面各1件，超出区政府职权范围8件），议案审查委员会将收到代表的建议、意见和批评交区政府或有关部门办理，并书面答复代表。

（四）第四次会议。2011年1月19日—21日，在区机关会议厅召开。出席代表235人，列席189人，大会主席团39人，童世敏(兼)任秘书长。会议听取并审议通过王建军作的区人民政府工作报告；审议区国民经济和社会发展第十二个五年规划纲要草案报告，审查、批准区国民经济和社会发展第十二个五年规划纲要；审议区2010年国民经济和社会发展计划执行情况与2011年计划草案报告，审查、批准区2010年国民经济和社会发展计划执行情况报告与2011年国民经济和社会发展计划；审议区2010年财政预算执行情况和2011年财政预算草案报告，审查、批准区2010年财政预算执行情况报告和2011年区级财政预算；听取并审议通过张培友作的区人大常委会工作报告；听取并审议通过李明东作的区人民法院工作报告；听取并审议通过韩清作的区人民检察院工作报告。会议选举王法清、王新锋、刘仁东、刘兆成、李曰军、李延萍、贾云国、高广华、谢光智、鲍红为区第十六届人大常委会委员。会议期间，收到代表的建议、意见 54 件（城市建设与管理方面 21 件，经济发展方面 9 件，科教文卫方面 13 件，政法方面 7 件，政府自身建设、其他方面各 2 件），议案审查委员会将收到代表的建议、意见和批评交区政府或有关部门办理，并书面答复代表。

六、天桥区第十七届人民代表大会

第一次会议。2012 年 1 月 12 日—14 日，在区机关会议厅召开。出席代表 230 人，列席 193 人，大会主席团 37 人，童世敏（兼）任秘书长。会议听取并审议通过区政府主要领导作的区人民政府工作报告；审议区 2011 年国民经济和社会发展计划执行情况与 2012 年计划草案报告，审查、批准区 2011 年国民经济和社会发展计划执行情况报告与 2012 年国民经济和社会发展计划；审议区 2011 年财政预算执行情况和 2012 年财政预算草案报告；审查、批准区 2011 年财政预算执行情况报告和 2012 年区级财政预算；听取并审议通过张培友作的区人大常委会工作报告；听取并审议通过沈迎作的区人民法院工作报告；听取并审议通过韩清作的区人民检察院工作报告。会议选举张培友为区第十七届人大常委会主任，张光格、李大春、李建、宋光强、陈乐敏为副主任；选举李洪海为区人民政府区长，陈勇、亓伟、王芳、韩利师、程松、王睿为副区长；选举沈迎为区人民法院院长，韩清为区人民检察院检察长。会议选举区人大常委会委员 19 名，选举出席济南市第十五届人民代表大会代表 53 名。会议期间，收到代表的建议、意见 97 件（城市建设与管理方面 47 件，科教文卫方面 19 件，社保民政、经济发展方面各 10 件，交通管理方面 9 件，司法、党群方面各 1 件），议案审查委员会将收到代表的建议、意见和批评交区政府或有关部门办理，并书面答复代表。

第二章　区人大常委会

天桥区人大常委会（简称区人大）坚持对区人民代表大会负责并报告工作，讨论决定全区政治、经济、文化等重大事项，监督“一府两院”工作，依法任免国家工作人员。按照每两个月召开一次常委会会议的法律规定，至 2012 年，第十二届至第十七届人大常委会召开会议 185 次（其中 1990 年召开人大常委会 5 次），听取“一府两院”工作报告 400 余项，任免国家机关工作人员 1080 人。

第一节　制度建设

1991 年，区人大注重加强和完善制度建设，不断推进常委会工作规范化、制度化，确保依法行使职权。1993 年 5 月，区十三届人大常委会主任会议通过《天桥区人大常委会机关文书处理工作规范》。1994 年 1 月 11 日，区十三届人大常委会第八次会议通过《天桥区人大常委会关于在国家机关中实行执法责任制的决定》；4 月 1 日，区十三届人大常委会主任会议通过《天桥区人大常委会关于建立主任接待代表日制度的规定》；11 月 19 日，区十三届人大常委会第十四次会议通过《天桥区人大常委会关于监督决议决定执行和视察审议意见办理及反馈的实行办法》。1995 年 2 月 16 日，区十三届人大常委会第十七次会议通过《天桥区人大常委会关于建立代表活动日制度的决定》《天桥区人大常委会关于开展争创先进人大代表组和争当优秀人大代表活动的决定》。1996 年 7 月 25 日，区十三届人大常委会第二十九次会议通过《天桥区人大常委会对行政执法过错司法错案责任追究的试行办法》。1997 年 9 月 18 日，区十三届人大常委会第三十八次会议通过《天桥区人大常委会关于人民来信来访办理的规定》。1998年7月1日，区十四届人大常委会第三次会议通过《天桥区人民代表大会常务委员会议事规则》《天桥区人大常委会人事任免和监督暂行办法》，对常务委员会会议的召开、议案的提出和审议、工作报告的听取和审议、质询、发言和表决等进行详细规定；10月13日，区十四届人大常委会第五次会议通过《天桥区人大常委会讨论决定重大事项的规定》；10月20日，区十四届人大常委会第五次会议通过《天桥区人民代表大会常务委员会关于讨论决定重大事项的规定》《天桥区人大常委会关于实行个案监督的暂行办法》《天桥区人大常委会关于实行部分案件备案制度的规定》。1999年1月29日，区十四届人大常委会第八次会议修改通过《天桥区人大常委会工作细则》，通过《天桥区人大常委会办理人民代表大会代表建议和意见的暂行办法》《天桥区人大常委会开展“双联系”活动的几项规定》。2003年7月29日，区十五届人大常委会第三次会议第一次修订《天桥区人民代表大会常务委员会议事规则》《天桥区人民代表大会常务委员会人事任免和监督办法》；9月22日，区十五届人大常委会第五次会议通过《天桥区人民代表大会常务委员会主任会议制度》《天桥区人大常委会关于办理区人大代表建议批评和意见的规定》《关于在人大代表中开展“建设新天桥、代表当先锋”活动的实施意见》《天桥区人大常委会关于办理人民来信来访的规定》。2004年9月22日，区十五届人大常委会第十三次会议通过《天桥区人大常委会关于执法检查的规定》。2005年6月29日，区十五届人大常委会第二十次会议通过《天桥区人大常委会关于许可对区人大代表依法采取限制人身自由措施有关问题的实施意见》《天桥区人大常委会关于受理督办案件及实施个案监督程序的规定》《天桥区人大常委会关于对部分刑事案件实行备案的规定》。2008年3月26日，区十六届人大常委会第四次会议修订通过《区人民代表大会常务委员会议事规则》《区人民代表大会常务委员会人事任免办法》《区人民代表大会常务委员会主任会议制度》《区人民代表大会常务委员会关于办理区人大代表建议批评和意见的规定》《区人大代表联系选民制度》。2012年2月24日，区十七届人大常委会第一次会议第三次修订《天桥区人民代表大会常务委员会议事规则》。

第二节　重要决议决定

区人大常委会依法行使重大事项决定权。1991—2012年，先后对全区政治、经济、教育、科学、文化、卫生、环境保护、民政、民族等重大工作事项作出决议决定300个。

一、计划财政

1991—2012年，区人大常委会坚持每年听取区政府关于国民经济和社会发展计划及执行情况、财政预算及执行情况报告；特别是对财政预算进行审议，作出决议，督促政府严格执行。还对半年计划执行情况进行审议，对出现的新情况、新问题进行研究，作出决议，要求区政府认真执行。1991年3月12日，区十二届人大第二次会议审议批准天桥区国民经济和社会发展第八个五年计划，并作出决议。1993年7月23日，区十三届人大常委会第四次会议听取审议区政府上半年财政预算执行情况和变更1993年财政预算计划报告。1994年4月15日，区十三届人大常委会第十次会议听取审议区政府关于1993年预算外资金管理情况汇报。1995年4月14日，区十三届人大常委会第十八次会议听取审议天桥区1994年财政预算草案报告和预算外资金管理情况报告，批准1994年财政决算。1996年6月5日，区十三届人大常委会第二十八次会议审查批准区政府一九九五年财政决算；7月25日，区十三届人大常委会第二十九次会议听取审议区政府上半年财政预算执行情况汇报。2001年6月29日，区十四届人大常委会第二十五次会议作出决定，实施《天桥区区级预算审批监督办法》。办法分总则、预算的编制和初审、预算的审查、预算执行的监督、预算调整的审批、决算的审批、法律责任、总则八章。2005年1

月19日，区十五届人大常委会第十六次会议通过关于2004年财政预算调整报告。2006年1月，区十五届人大常委会第二十四次会议通过关于2005年度经济计划指标变更报告、关于调整十五届人大三次会议批准的财政收入预算报告；区十五届人大第四次会议审查、批准天桥区国民经济和社会发展第十一个五年规划纲要；12月26日，区十五届人大常委会第三十二次会议审议批准区政府关于调整2006年财政部门收入预算请示报告。

二、依法治区

区人大常委会围绕全区改革、发展、稳定大局，推进依法治区工作。每届常委会都会通过关于在全区公民中开展法制宣传教育的决议。决议指出，法制宣传教育是全党、全民和全社会的共同责任，宣传教育的对象是一切有接受教育能力的公民，一切有接受教育能力的公民都要做到学法、用法、守法、护法。决议要求，要坚持法制教育与法制实践相结合，法制教育与道德教育相结合，学法用法相结合，普法和依法治理相结合。1991年1月22日，区十二届人大常委会第六次会议听取审议区政府关于全区普法教育情况报告；4月25日，区十二届人大常委会第八次会议听取审议区政府关于第二个五年法制宣传教育规划报告，并作出《关于在全区公民中开展第二个五年法制宣传教育的决议》。1993年12月27日，区十三届人大常委会第七次会议听取区普法办关于"二五"普法教育规划实施情况报告。1994年1月11日，区十三届人大常委会第八次会议作出决定，自1994年1月起在全区国家机关中实行执法责任制；6月14日，区十三届人大常委会第十一次会议通过《关于监督检查执法机关和部门实行执法责任制的实施意见》。1995年4月14日，区十三届人大常委会第十八次会议听取审议区政府关于1994年普法教育依法治理工作情况及1995年实施意见报告；12月29日，区十三届人大常委会第二十三次会议作出表彰执法责任制先进单位决定。1996年9月26日，区十三届人大常委会第三十一次会议听取审议区政府关于在全区公民中开展法制宣传教育第三个五年规划的报告，通过《关于在全区公民中开展第三个五年法制宣传教育的决议》。同年，区人大常委会主任会议通过《关于在全区开展执法责任制检查评比的意见》，1996年12月—1997年7月，对全区国家机关执法责任制实施情况进行全面总结评比。1997年，区十三届人大常委会第三十六次会议作出《关于开展"严格执法，廉洁勤政，争当人民好公仆"活动的决定》，并制定实施方案；7月23日，区十三届人大常委会第三十七次会议听取审议区人大常委会关于执法责任制总结表彰情况汇报，通过《天桥区人大常委会关于授予隗振勤、程存尧执法模范荣誉称号的决定》。1998年3月17日，区十四届人大常委会第一次会议听取区政府关于1998年依法治区普法教育计划安排意见汇报；6月始，天桥区在全区范围内开展"严格执法，廉洁勤政，争当人民好公仆"活动。2001年5月9日，区十四届人大常委会第二十四次会议作出决定，在全区范围内贯彻实施《天桥区"三五"依法治区纲要》;8月31日，区十四届人大第二十七次会议作出决定，在全区实施《天桥区人大常委会关于在全区公民中开展第四个五年法制宣传教育的决议》。2003年12月26日，区十五届人大常委会第七次会议通过关于深入贯彻实施《济南市执法责任制条例》《济南市执法责任追究办法》通知。2007年1月26日，区十五届人大常委会第三十四次会议通过《天桥区人大常委会关于贯彻实施〈天桥区"四五"依法治区纲要〉的决定》《天桥区人大常委会关于在全区公民中开展第五个五年法制宣传教育的决议》。2011年9月28日，区十六届人大常委会第三十一次会议通过《关于在全区公民中开展第六个五年法制宣传教育的决议》《关于贯彻实施〈天桥区"五五"依法治区纲要（2011—2015）〉的决定》。

三、经济和社会事业

1990年2月25日，区十二届人大第一次会议审议批准《天桥区1990—1992年绿化规划方案》，并作出决议。1991年4月25日，区十二届人大常委会第八次会议听取审议区政府关于实施九年制义务教育规划的报告，并作出《天桥区人大常委会关于实施九年制义务教育规划的决议》。1992年3月7日，区十二届人大第三次会议审议批准《天桥区北园镇奋斗一年奔小康，“八五”再上新水平的规划》，并作出决议。1995年12月29日，区十三届人大常委会第二十三次会议讨论修改了“九五”计划和2010年远景目标纲要，作出了调整1995年工业计划的决定。1996年4月5日，区十三届人大常委会第二十七次会议审议批准《天桥区“九五”科技发展规划》《天桥区1996—2010年科技发展纲要》。1997年12月12日，区十三届人大常委会第四十次会议审议通过区政府调整1997年外经外贸计划的报告。2001年3月，区十四届人大第四次会议审议通过区政府关于区国民经济和社会发展第十个五年计划纲要草案的报告；6月29日，区十四届人大常委会第二十五次会议审议通过《天桥区区级预算审批监督办法》。

第三节　监督工作

1991—2012年，区人大常务委员会坚持每年制定工作要点，实施对“一府两院”工作和法律监督。监督方式主要是通过听取工作报告、组织常委会组成人员和区人大代表开展视察、调研和执法检查等。

一、工作监督

1991年，区人大常委会听取审议区政府关于1990年计划生育工作情况的报告、关于1990年环境保护工作情况的报告、关于1990年拆迁安置工作情况的报告、关于实施九年制义务教育规划的报告、开展“质量、品种、效益年”活动情况的报告、上半年工作报告、上半年财政预算执行情况的报告、关于办理人民代表建议情况的报告；听取审议区法院上半年工作报告、区检察院上半年工作报告、区公安分局关于社会治安情况的报告、区税务局工作情况的报告。1992年，区人大常委会听取审议区政府关于1991年城市开发、旧城改造、拆迁安置情况和1992年安排意见的报告、关于计划生育工作情况的报告、上半年工作报告、1992年上半年财政预算执行情况的报告、关于代表建议办理情况的报告、贯彻区人代会关于北园镇奔小康决议情况的报告、关于第三产业发展情况的报告、关于贯彻实施《行政监察条例》和廉政建设情况的报告；听取审议区法院上半年工作情况的报告、区检察院上半年工作情况的报告、区公安分局社会治安情况的报告、区经计委关于第一季度工业生产情况的报告、区科委关于“八五”科技发展规划执行情况的报告。1993年，区人大常委会听取审议区政府关于1992年财政决算执行情况和预算外资金管理情况的报告、关于调整九年制义务教育规划的报告、关于全区第三产业发展情况的报告、关于“科技兴区”工作情况的报告、关于第四届村民委员会换届选举工作和农村养老保险工作情况的报告、关于区十三届人大一次会议代表意见建议办理情况的报告、关于东南外环路建设情况和北园路改造情况的报告、上半年工作报告、上半年财政预算执行情况和变更1993年财政预算计划的报告、关于深入开展反腐败斗争加强廉政建设情况的报告、关于普及九年制义务教育情况的报告、关于计划生育工作情况的报告；听取审议区法院上半年工作报告、区检察院上半年工作报告、区公安分局关于上半年社会治安情况的报告、区司法局关于全区公证、律师工作情况的报告。1994年，区人大常委会听取审议的区政府关于“一创两迎”活动方案的报告、关于环境保护工作情况的报告、上半年工作报告、上半年财政预算执行情况的报告、关于区十三届人大二次会议代表意见建议办理情况的报告、贯彻执行区人大常委会开展反腐败斗争加强廉政建设决议执行情况的报告；听取区人大代表评议区政府有关部门及“两院”工作情况的报告；听取审议区法院上半年工作报告、区检察院上半年工作报告。1995年，区人大常委会听取审议区政府关于1995年12项城建在建重点项目进展情况的报告、关于企业改革进展情况的报告、关于创建国家级卫生城市实施方案的报告、上半年工作报告、上半年财政预算执行情况的报告、关于代表建议办理情况的报告、1—8月份工业生产情况的报告；听取审议区人大常委会关于评议政府部门工作实施意见、区法院上半年工作报告、区检察院上半年工作报告、区公安分局关于社会治安情况的报告。1996年，区人大常委会听取审议区政府关于企业改革情况的报告、关于区级机构改革实施意见的报告、上半年工作报告、关于代表议案和意见建议办理情况的报告；听取审议区法院上半年工作情况的报告、区检察院上半年工作情况的报告。1997年，区人大常委会听取审议区政府重点技术进步项目进展情况的报告、上半年工作报告、区政府关于小清河治理情况的报告、关于代表议案和意见建议办理情况的报告；听取审议区计生局属地化工作管理情况的报告、区经计委上半年工业生产情况的报告；听取审议区法院上半年工作报告、区检察院上半年工作报告、区公安分局关于全区社会治安工作情况的报告。1998年，区人大常委会听取审议区政府关于1998年企业改革意见的报告、上半年工作报告、“关于在鹊山梅花山村淤房台”议案办理情况的报告、关于区十四届人大一次会议代表建议办理情况的报告、关于发展个体私营经济情况的报告、关于外经外贸工作的报告；听取区法院、区检察院关于加强队伍建设、提高两个素质工作意见和上半年工作情况的报告，听取区检察院关于全省三级检察长会议精神及贯彻意见的报告，听取区公安分局上半年社会治安综合治理情况的报告。1999年，区人大常委会听取审议区政府关于计划生育属地化管理情况的报告、关于1999年重点技改项目落实情况的报告、关于创建文明城市实施方案的报告；听取审议区法院上半年工作情况的报告、区检察院上半年工作情况的报告、区检察院关于法律监督情况的报告，听取区人大法制处关于“部分案件备案制度”和“个案监督”两项制度执行情况的报告。2000年，区人大常委会听取审议区政府关于“蓝天工程”实施情况的报告、关于十四届人大三次会议以来人大代表意见建议办理情况的报告、关于2000年上半年国民经济和社会发展计划执行情况的报告、关于2000年上半年财政预算执行情况报告；听取区法院、区检察院上半年工作报告，听取区地税局关于税收征管法贯彻情况的报告。2001年，区人大常委会听取审议区政府关于上半年国民经济计划执行情况的报告、关于上半年财政预算执行情况的报告、关于区十四届人大四次会议以来代表意见建议办理情况的报告；听取审议区法院、区检察院上半年工作情况的报告；听取区公安分局关于开展严打情况的报告。2002年，区人大常委会听取审议区政府关于2002年上半年国民经济计划执行情况的报告、关于2002年上半年财政预算执行情况的报告、关于五次会议代表意见建议办理情况的报告；听取区法院上半年工作报告；听取区检察院关于今年以来查办职务犯罪情况的报告。2003年，区人大常委会听取审议区政府关于安全生产情况的报告、关于2002年区级财政决算的报告、关于2002年区级财政决算的审计工作报告、关于2003年上半年国民经济和社会发展计划执行情况的报告、关于2003年上半年财政预算执行情况的报告；听取区政府和区法院关于代表意见、建议办理情况的报告；听取区法院、区检察院上半年工作报告。2004年，区人大常委会听取审议区政府关于天桥区2003年财政决算报告及2003年度本级预算执行和其他财政收支情况的审计工作报告、关于代表意见建议办理情况的报告、关于2004年上半年国民经济与社会发展计划执行情况的报告、关于2004年上半年财政预算执行情况的报告、关于农民增收情况的报告。2005年，区人大常委会听取审议区政府关于安全生产工作情况的报告、关于2004年区级财政决算的报告、关于2004年度本级预算执行和其他财政收支情况的审计工作报告、关于区人大十五届三次会议代表建议办理情况的报告、关于2005年上半年国民经济与社会发展计划执行情况的报告、关于2005年上半年财政预算执行情况的报告、关于城市居民最低生活保障工作情况的报告、关于城市管理工作情况的报告；听取审议区法院关于民商事审判工作情况的报告、区检察院关于预防和查办职务犯罪工作情况的报告。2006年，区人大常委会听取审议区政府关于和谐社区建设情况的报告、关于天桥区2005年财政决算的报告、关于2005年度本级预算执行和其他财政收支情况的审计工作报告、关于区人大十五届四次会议期间代表意见和建议办理情况的报告、关于农村卫生工作情况的报告、关于2006年上半年国民经济与社会发展计划执行情况的报告、关于2006年上半年财政预算执行情况的报告、关于促进农民增收情况的报告、关于2005年度本级预算执行和其他财政收支审计结论落实情况的报告。2007年，区人大常委会听取审议区政府关于城市管理工作情况的报告、关于就业再就业工作情况的报告、关于2006年本级财政决算的报告、关于2006年本级预算执行和其他财政收支情况的审计工作报告、关于重点工程建设进展情况的报告、关于区人大十五届五次会议期间代表意见建议办理情况的报告、关于本年度上半年国民经济和社会发展计划执行情况的报告、关于本年度上半年财政预算执行情况的报告、关于市容环卫工作情况的报告、关于社会主义新农村建设工作情况的报告、关于社区卫生服务工作情况的报告，听取审议区法院关于执行工作情况的报告。2008年，区人大常委会听取审议区政府关于节能减排工作情况的报告、关于文化市场管理工作情况的报告、关于2007年本级预算执行和其他财政收支情况的审计工作报告、区建委关于重点整治项目进展情况的报告、关于本年度上一阶段国民经济和社会发展年度计划执行情况的报告、关于本年度上一阶段财政预算执行情况的报告、关于区人大十六届一次会议期间代表意见建议办理情况的报告、关于贸易服务业发展情况的报告、关于农村计划生育工作情况的报告、关于棚户区改造进展情况的报告、关于审计工作中发现问题的纠正情况和处理结果的报告；听取审议区法院关于发挥刑事审判职能、服务全区稳定和发展情况的报告；听取审议区检察院关于查办和预防职务犯罪、服务重点工程建设情况的报告。2009年，区人大常委会听取审议区政府“十一五”规划实施中期评估情况的报告、农村医疗卫生工作情况的报告、关于社会救助工作情况的报告、关于市容环境管理工作情况的报告、关于2008年度本级财政决算草案的报告、关于2008年度本级预算执行和其他财政收支情况的审计工作报告、关于本年度上一阶段国民经济和社会发展年度计划执行情况的报告、关于本年度上一阶段财政预算执行情况的报告、关于市政工程设施建设情况的报告、关于教育工作情况的报告、关于区十六届人大二次会议期间代表意见建议办理情况的报告、关于审计工作中发现问题的纠正情况和处理结果的报告；听取审议区法院关于大力加强民事审判工作、为和谐社会建设做贡献的报告；听取审议区检察院关于强化法律监督、努力提高执法公信力的报告；听取审议部分驻区行政单位（天桥国税局、地税分局）执法工作情况的报告。2010年，区人大常委会听取审议区政府关于文化工作情况的报告、关于城区绿化工作情况的报告、关于本年度上一阶段国民经济和社会发展年度计划执行情况的报告、关于2009年度本级财政决算草案和本年度上一阶段财政预算执行情况的报告、关于2009年度本级财政预算执行和其他财政收支情况的审计工作报告、关于区人大十六届三次会议期间代表意见建议办理情况的报告、关于人口和计划生育工作情况的报告；听取审议区法院关于执行工作的报告，听取审议区检察院关于服务辖区经济发展、查办和预防职务犯罪工作情况的报告；听取审议天桥工商分局、天桥区公安分局关于执法工作情况的报告。2011年，区人大常委会听取审议区政府关于审计工作中发现问题的纠正情况和处理结果的报告、关于城市管理和行政执法工作情况的报告、关于农业经济发展情况的报告、关于整顿规范医疗市场情况的报告、关于环境保护工作情况的报告、关于2010年度本级财政决算草案和2011年上半年财政预算执行情况的报告、关于2011年上半年国民经济和社会发展年度计划执行情况的报告、关于2010年度本级预算执行和其他财政收支情况的审计工作报告、关于工业经济发展情况的报告、关于重点片区开发进展情况的报告、关于审计工作中发现问题的纠正情况和处理结果的报告；听取审议区法院关于加强行政审判工作、营造和谐社会工作情况的报告；听取审议区检察院《关于强化综合管理和规范化建设，努力提升执法公信力情况报告》。2012 年，区人大常委会听取审议区政府关于全区文化事业发展情况的报告、关于城市管理工作情况的报告、关于服务业发展情况的报告、关于全区社会保障工作情况的报告、关于 2012 年上半年国民经济和社会发展年度计划执行情况的报告、关于 2011 年度本级财政决算草案和 2012 年上半年财政预算执行情况的报告、关于 2011 年度本级预算执行和其他财政收支情况的审计报告、关于全区教育工作情况的报告、关于天桥区十七届人民代表大会第一次会议代表建议办理情况的报告、关于滨河新区重点项目建设情况的报告；听取审议区法院关于刑事审判工作情况的报告和市质监局天桥分局关于质监执法工作情况的报告。至 2012 年 9 月，听取审议“一府两院”工作报告 238 项。

二、法律监督

1991 年，区人大常委会听取审议区政府关于贯彻执行《中华人民共和国环境保护法》《中华人民共和国土地管理法》《中华人民共和国计量法》《中华人民共和国标准化法》《中华人民共和国义务教育法》《中华人民共和国残疾人保障法》《中华人民共和国城市居民委员会组织法》《中华人民共和国行政监察条例》《山东省计划生育条例》《山东省职工教育条例》《济南市拆迁安置办法》《济南市城市环境卫生管理办法》等法律法规情况的报告。1992 年，区人大常委会听取审议区政府关于贯彻执行国务院《农民负担费用和劳务管理条例》《山东省农民负担管理条例》《中华人民共和国城市居民委员会组织法》《中华人民共和国行政监察条例》情况的报告。1993 年，区人大常委会听取审议区武装部关于贯彻执行《中华人民共和国兵役法》情况的报告、济南市交警支队天桥大队关于贯彻执行《中华人民共和国道路交通管理条例》情况的报告。1994 年，区人大常委会听取审议区政府关于贯彻执行《中华人民共和国教师法》《中华人民共和国科技进步法》、国务院《人民调解委员会组织条例》情况的报告。1995 年，区人大常委会听取审议区政府关于贯彻执行《中华人民共和国教师法》情况的报告。1996 年，区人大常委会听取审议区政府关于贯彻执行《山东省计划生育条例》《中华人民共和国教育法》情况的报告。1999 年，区人大常委会听取审议区政府关于贯彻执行《中华人民共和国环境保护法》情况的报告。2006 年，区人大常委会听取审议关于区政府贯彻执行《中华人民共和国价格法》情况的报告。2007 年，区人大常委会听取审议关于区政府贯彻执行《中华人民共和国安全生产法》《中华人民共和国治安管理处罚法》《中华人民共和国义务教育法》、国务院《城市绿化条例》情况的报告。2008 年，区人大常委会听取审议关于区政府贯彻执行《中华人民共和国农业法》《中华人民共和国防洪法》《中华人民共和国防汛条例》《中华人民共和国劳动合同法》情况的报告。2009 年，区人大常委会听取审议关于区政府贯彻实施《中华人民共和国水法》《中华人民共和国体育法》《中华人民共和国道路交通安全法》《中华人民共和国环境保护法》情况的报告。2010 年，区人大常委会听取审议关于检查《中华人民共和国就业促进法》《中华人民共和国科学技术进步法》《中华人民共和国土地管理法》《中华人民共和国产品质量法》贯彻实施情况的报告。2011 年，区人大常委会听取审议关于检查《中华人民共和国价格法》《中华人民共和国村民委员会组织法》《中华人民共和国城市居民委员会组织法》《山东省物业管理条例》《中华人民共和国食品安全法》贯彻实施情况的报告。2012 年，区人大常委会听取审议关于检查《中华人民共和国安全生产法》《济南市公共场所卫生管理条例》《济南市城市绿化条例》《中华人民共和国妇女权益保障法》贯彻实施情况的报告。

三、视察调研

区人大常委会把搞好调查研究作为提高审议质量的基础、提出审议意见的重要参考依据，把发现问题、提出建议作为调研的重点，1991—2012 年，区人大常委会对 300 余项工作进行视察。每次常委会听取“一府两院”的专项工作报告之前，都组成由常委会委员和人大代表参加的专题调研组，制定调研方案，学习掌握有关政策法规和上级对专项工作的基本要求。采取听取工作汇报、开座谈会、现场走访察看等形式，广泛听取社会各方面的意见，尤其注重听取基层干部和人民群众的意见，并向人大代表发放调查问卷，力求把专项工作的进展情况、存在的问题真正摸清吃透。同时，支持每位委员围绕常委会审议议题，在会前就近就便进行调研。各街道人大工作室和镇人大按照常委会统一要求，围绕相关议题在辖区内进行调研，写出调研报告，为形成总体调研报告提供参考依据。至2012年年底，对300余项工作视察调查1000余次。

天桥区第十二至十七届人大常委会部分视察活动一览表

表17-3

届次	时间	视察调查内容
第十二届	1991年	《山东省计划生育条例》贯彻实施情况。
第十四届	2002年4月23日	大环境绿化工作。
	2002年5月15日	天桥区物价局工作。
	2002年5月21日	农村税费改革和换届选举工作。
	2002年6月5日	《中华人民共和国工会法》贯彻落实情况。
	2002年6月11日	农业“两法”贯彻实施和农业结构调整情况。
第十五届	2004年3月25日	城市管理行政执法局工作。
	2004年4月29日	环卫和绿化工作。
	2004年6月18日	“平安天桥”建设情况。
	2004年7月22日	济南市工商局天桥分局关于开展“行风建设年”活动情况。
	2004年8月4日	大桥法庭和北园法庭。
	2004年9月7日	全区市场建设情况。
	2004年12月1日	区交警大队工作。
	2004年12月8日	区环境保护局工作。
	2004年12月9日	区公安分局工作。
	2005年5月25日	化工产业园区、药山工业园。
	2005年5月27日	纬北路街道办事处。
	2005年6月15日	全区档案工作。
	2005年6月24日	全区背街小巷整治配套建设。
	2005年7月8日	全区计划生育工作。
	2005年7月20日	“三农”工作。
	2005年8月30日	全区外经贸工作。
	2005年10月28日	天桥供电部运行。
	2006年3月24日	全区经济体制改革工作。

续表 17–3

届次	时间	视察调查内容
第十五届	2006 年 4 月 27 日	天桥东街街道办事处为民服务工作。
	2006 年 5 月 16 日	小清河综合整治工作。
	2006 年 6 月 1 日	鹊山龙湖工程。
	2006 年 6 月 16 日	全区商贸批发市场建设和管理工作。
	2006 年 6 月 21 日	“平安天桥”建设工作。
	2006 年 7 月 18 日	社会主义新农村建设。
	2006 年 7 月 20 日	全区残疾人工作。
	2006 年 9 月 27 日	文化、体育、科普进社区工作。
	2006 年 11 月 23 日	农村教育。
	2007 年 3 月 16 日	全区城市管理工作。
	2007 年 3 月 20 日	就业再就业工作。
	2007 年 5 月 16 日	全区卫生工作。
	2007 年 6 月 14 日	社会管理工作。
	2007 年 7 月 20 日	环境综合整治及市容环境卫生工作。
	2007 年 9 月 28 日	建设社会主义新农村进展。
	2007 年 10 月 16 日	社区卫生服务工作。
第十六届	2008 年 1 月 17 日	棚户区改造。
	2008 年 2 月 29 日	节能减排工作。
	2008 年 3 月 6 日	文化市场管理工作。
	2008 年 6 月 4 日	全区安全生产工作。
	2008 年 7 月 11 日	区法院工作。
	2008 年 8 月 14 日	桑梓店镇新农村建设情况。
	2008 年 9 月 12 日	化工产业园区。
	2008 年 9 月 17 日	全区服务业发展情况。
	2008 年 9 月 24 日	区检察院查办和预防职务犯罪工作。
	2008 年 10 月 9 日	社区卫生工作。
	2008 年 10 月 16 日	区工商分局。
	2008 年 11 月 14 日	区旧城改造工作。
	2008 年 11 月 27 日	文化工作。
	2008 年 12 月 5 日	药山地区环境卫生综合整治情况。
	2008 年 12 月 11 日	民政工作。

续表 17–3

届次	时间	视察调查内容
第十六届	2008 年 12 月 12 日	绿化工作。
	2009 年 2 月 18 日	农村医疗卫生。
	2009 年 3 月 19 日	天桥区市容环境管理工作。
	2009 年 4 月 9 日	天桥区社会救助工作。
	2009 年 5 月 22 日	济南市第二中学。
	2009 年 9 月 24 日	《中华人民共和国道路交通安全法》贯彻实施情况。
	2009 年 10 月 13 日	全区教育工作。
	2009 年 11 月 26 日	《中华人民共和国环境保护法》贯彻实施情况。
	2010 年 2 月 24 日	天桥工商分局执法工作。
	2010 年 3 月 3 日	天桥区文化工作。
	2010 年 4 月 9 日	全区城市绿化。
	2010 年 5 月 20 日	小清河工程天桥区段规划及进展。
	2010 年 7 月 1 日	官扎营片区棚户区改造。
	2010 年 7 月 13 日	全区民族宗教工作。
	2010 年 8 月 26 日	北展区开发建设有关情况。
	2010 年 9 月 3 日	全区人防工程综合利用情况。
	2010 年 10 月 22 日	全区人口与计划生育工作。
	2010 年 10 月 25 日	全区老龄工作。
	2010 年 11 月 4 日	区药监局工作。
	2010 年 11 月 17 日	区公安分局执法工作。
	2010 年 11 月 26 日	全区城市管理和行政执法工作。
	2010 年 12 月 8 日	区商务局工作。
	2011 年 3 月 11 日	全区整顿规范医疗市场工作。
	2011 年 3 月 15 日	新农村建设。
	2011 年 4 月 15 日	环卫工作。
	2011 年 4 月 26 日	环境保护工作。
	2011 年 6 月 16 日	全民健身活动情况。
	2011 年 8 月 9 日	社会治安综合治理工作。
	2011 年 8 月 26 日	黄河堤防标准化建设和防汛工作。
	2011 年 9 月 8 日	堤口路街道办事处。
	2011 年 11 月 8 日	学前教育工作。

续表 17-3

届次	时间	视察调查内容
第十六届	2011 年 11 月 15 日	重点片区开发进展情况。
	2012 年 2 月 15 日	全区文化事业发展情况。
	2012 年 3 月 19 日	城市管理工作。
	2012 年 4 月 23 日	区人力资源社会保障局工作。
	2012 年 4 月 24 日	化工产业园区。
	2012 年 4 月 27 日	北园街道边庄社区。
	2012 年 5 月 8 日	官扎营街道办事处。
	2012 年 5 月 16 日	大桥镇。
	2012 年 6 月 1 日	泺口街道办事处。
	2012 年 6 月 5 日	全区劳动和社会保障工作。
	2012 年 6 月 6 日	城市防汛工作。
	2012 年 6 月 7 日	全区服务业发展情况。
	2012 年 6 月 8 日	药山街道办事处。
第十七届	2012 年 6 月 29 日	全区民族宗教工作。
	2012 年 7 月 4 日	教育工作。
	2012 年 7 月 6 日	大桥镇山后陈村“第一书记”联系点。
	2012 年 7 月 11 日	纬北路街道办事处。
	2012 年 7 月 25 日	全区民政工作。
	2012 年 9 月 6 日	工人新村南村街道办事处。
	2012 年 10 月 9 日	北坦街道办事处。
	2012 年 11 月 9 日	滨河新区开发建设。
	2012 年 11 月 21 日	全区道路交通管理。
	2012 年 11 月 22 日	鹊山龙湖、化工产业园区。
	2012 年 11 月 30 日	区公安分局工作。
	2012 年 12 月 14 日	桑梓店镇。
	2012 年 12 月 18 日	天桥东街街道办事处。

四、述职评议

1991 年，区人大常委会开始对任命的干部进行述职评议。11 月 15 日—21 日，区十二届人大常委会第十三次会议听取评议被任命的区政府序列部门主要负责人述职报告。会上，中共天桥区委主要领导、副书记张连铸就搞好干部述职提出要求，区委、区政府有关负责人一并听取干部述职报告，省、市人大有关部门负责人到会指导，并对这次述职活动给予很高评价。1993 年 11 月 3 日，学习中央和省、市、区委关于开展反腐败斗争加强廉政建设的指示和会议精神，并通过天桥区人大常委会关于深入开展反腐败斗争加强廉政建设的决议。1995年8月4日，区十三届人大常委会第二十次会议听取并审议区人大常委会关于评议政府部门工作的实施意见。1995年11月3日，区十三届人大常委会第二十二次会议听取人大代表评议政府4个职能部门情况汇报。1996年8月27日，区十三届人大常委会第三十次会议通过《天桥区人大常委会关于组织部分被任命干部进行述职的实施意见》；9月26日，区十三届人大常委会第三十一次会议听取审议部分被任命干部述职报告。1997年9月23日，区十三届人大常委会第三十八次会议听取审议区政府8个部门主要负责人述职报告。1999年1月29日，区十四届人大常委会第八次会议作出授予刘长河等10人为天桥区首届“人民好公仆”称号的决定以及人事任免；9月29日，区十四届人大常委会第十三次会议听取审议区体改委、科委、统计局、审计局负责人述职报告。2000年3月2日，区十四届人大第十六次常委会议听取1999年区人民好公仆评选活动情况汇报并作出表彰1999年度人民好公仆的决定。2000年8月3日，区十四届人大常委会第十九次会议通过《天桥区人大常委会关于2000年组织人大代表评议司法机关和部分被任命干部向区人大常委会述职的实施意见》；9月26日，区十四届人大常委会第二十次会议听取区经委、外经委、商委三个部门主要负责人述职报告；11月28日，区十四届人大常委会第二十一次会议通过《天桥区人大常委会表彰2000年度人民好公仆的决定》。2001年8月31日，区十四届人大常委会第二十七次会议审议通过区人大常委会关于组织人大代表评议区政府有关职能部门和组织部分被任命干部向人大常委会述职工作的实施方案；10月16日，区十四届人大常委会第二十八次会议听取区政府办公室、人事局、文化局、卫生局、司法局、体委6个职能部门主要负责人述职报告。2003年8月7日，区十五届人大常委会第四次会议通过《天桥区人大常委会关于组织人大代表对部分政府部门进行民主评议的实施意见》。2004年11月29日，区十五届人大常委会第十四次会议听取区人事局、国土资源局、计划生育局等部分政府部门主要负责人述职报告。2005年11月25日，区十五届人大常委会第二十三次会议听取和审议区卫生局、劳动和社会保障局等部分区政府组成人员和区人民法院、人民检察院领导成员述职报告。1991—2005年，组织人大代表对各政府部门工作进行评议100余次。

第四节　人事任免

区人大常委会坚持把党管干部原则和充分发扬民主、严格依法任免有机结合起来，认真行使人事任免权。2003年7月29日，区十五届人大常委会第三次会议通过《天桥区人民代表大会常务委员会人事任免和监督办法》。2008年3月26日，区十六届人大常委会第四次会议修订通过《区人民代表大会常务委员会人事任免办法》《区人民代表大会常务委员会主任会议制度》。在任免工作中，坚持任前法律考试，任前向常委会做述职发言等制度。同时，通过考核被任命干部政绩、听取述职报告等方式，加强对任命干部的工作监督，为国家机关圆满完成各项任务提供组织保证。至2012年年底，任免国家机关工作人员1080名。

第五节　代表工作

1991年始，历届人大常委会高度重视代表工作。重视代表培训工作，以各街道（镇）代表小组为单位，组织开展多种形式学习培训；集中举办专题讲座，邀请省人大有关领导就如何发挥代表作用作辅导报告。常委会组成人员坚持定期到各街道（镇）联系代表，听取和征询代表的意见和建议，及时转交有关部门办理落实。组织代表开展闭会期间的活动，坚持邀请市、区代表列席常委会会议和参加视察、调研、执法检查等活动。

一、联系人大代表

1995年2月16日，区十三届人大常委会第十七次会议作出关于开展争创先进人大代表组和优秀人大代表活动的决定和关于建立代表活动日制度的决定；12月29日，区十三届人大常委会第二十三次会议作出表彰先进代表组和优秀代表的决定。1997年9月23日，区十三届人大常委会第三十八次会议听取区人大常委会人事代表工作处关于评选先进人大代表组、优秀人大代表情况汇报，作出关于表彰先进人大代表组和优秀人大代表的决定。1999年1月29日，区十四届人大常委会第八次会议通过《天桥区人大常委会开展“双联系”活动的几项规定》。2001年11月30日，区十四届人大常委会第二十九次会议通过关于表彰先进人大工作室、先进人大代表组和优秀人大代表的决定。2005年3月18日，区十五届人大常委会第十七次会议通过《关于进一步深化“建设新天桥、代表当先锋”活动的实施意见》。2008年始，每次召开常委会都邀请20名市、区人大代表列席会议，为代表知情知政、反映民意提供条件。2008—2012年，应邀列席常委会会议和参加区人大有关活动的代表960人次。注重发挥基层人大组织的作用，定期召开街道人大工作室主任、镇人大主席会议，围绕如何做好基层人大工作、发挥代表作用等进行座谈和交流。各街道人大工作室、镇人大积极组织开展代表联系选民活动，引导代表深入了解社情民意，及时反映群众的意见和要求。按照代表在本届内都要向选民进行一次述职的要求，继续组织开展代表述职评议活动。2009—2010年，在代表中开展“落实科学发展观，我为天桥做贡献”“迎两会、讲文明，我为天桥添光彩”等主题活动，引导组织代表发挥自身优势，积极为全区重点工作和公益事业贡献力量，受到广大群众的称赞。2012年4月，区人大常委会印发《天桥区第十七届人民代表大会代表小组闭会期间活动制度》的通知，进一步规范代表学习、调研、视察等活动。2012年5月，为动员和激励人大代表认真履行职责，为建设富裕文明和谐幸福的新天桥贡献力量，区人大常委会决定，在全区人大代表中开展“建设新天桥，代表在行动”主题活动。

二、代表议案、意见和建议的办理

1991年始，区人大常委会高度重视代表意见和建议办理工作，对代表在人代会上和闭会期间提出的意见建议及时转交“一府两院”进行办理，通过现场协调、跟踪督办等形式，加大对重点建议的督办力度。常委会每年都召开主任会议和常委会，先后听取代表意见和建议办理情况的汇报，面复率保持98%以上；代表对意见建议办理情况的满意率和基本满意率100%。1999年1月29日，区十四届人大常委会第八次会议通过《济南市天桥区人大常委会办理人民代表大会代表建议和意见的暂行办法》。《暂行办法》对代表意见和建议的办理，要求承办单位在规定时限内必须书面答复代表，做到件件有着落、事事有答复，凡是应该解决而又有条件解决的，要抓紧解决；因客观条件所限暂时不能解决的，要积极创造条件逐步解决；确实不可行的，要实事求是地向代表说明情况，以取得代表的谅解。2003年9月22日，区十五届人大常委会第五次会议通过《济南市天桥区人大常委会关于办理区人大代表建议批评和意见的规定》，要求承办单位将代表建议的办理工作列入单位的议事日程，有领导分管，有专人负责，有健全的工作制度，确保办理质量。1991—2012年，收到社会治安、农田水利、教育、农民负担、民营经济、节约用地、计划生育、城市建设、廉政建设等方面代表提的议案220件，建议、批评和意见2444件。办结率达96%以上，代表满意率达98%以上。

第六节　人大信访工作

1991年始，区人大常委会高度重视信访工作，把处理人民来信来访作为联系群众、体察民情、促进监督的重要途径，坚持主任、副主任阅批重要来信、接待重要来访，通过直接交办、转办、督办等形式，认真办理每一起信访案件。坚持人大与“一府两院”联席会议制度，加大协调督办力度，使一批重点信访案件得到妥善处理。为保护信访人合法权益、维护信访秩序，根据有关法律法规，结合天桥区情况，1997年9月18日，区十三届人大常委会第三十八次会议审议通过《济南市天桥区人大常委会关于人民来信来访办理的规定》，对区人大信访工作进行规范。《规定》要求处理信访事项，要坚持“实事求是，严格执法，热情接待”的原则，对属于有关部门的信访案件，及时交有关部门办理；承办单位在收到之日起，一般案件一个月内办结，复杂案件三个月内办结，并答复来信来访人。2002年10月，区人大设立信访办公室，专门负责常委会信访工作。2003年9月22日，区十五届人大常委会第五次会议通过《天桥区人大常委会关于办理人民来信来访的规定》。2005年5月19日，区人大召开信访工作会议，会议传达学习全国、省、市人大信访工作会议精神，辅导学习新颁布的《信访条例》，会议要求信访工作要坚持转办、督办，不包办，重视规范化、程序化，做好群众的解释工作，努力化解矛盾，力求做到件件有着落，事事有回音。1991—2012年，受理人民群众和代表来信来访3100余件次，处结3000余件次，结案率96.8%。

第七节　基层人大组织建设

1996年，区人大在各街道设立街道人大代表联络室，加强基层人大工作。1999年6月，按照上级人大统一部署，全区12个街道设立人大工作室，作为区人大的派出机构负责本地区人大工作，并配备专职主任11人和专职副主任1人，同时调整街道人大工作室联络秘书。1999年7月29日，区十四届人大常委会第十二次会议通过《街道人大工作若干制度》，对街道（镇）人大工作进一步规范。2000年1月，区划调整，大桥镇、靳家乡、桑梓店镇划归天桥区。2001年6月，靳家乡并入大桥镇；撤销北园镇，设立北园、泺口2个街道，并设街道人大工作室，镇设人大主席团，分别负责基层人大工作；陈家楼街道和刘家庄街道人大工作室合并为纬北路街道人大工作室。至2012年，区人大下设13个街道人大工作室，全部配备街道人大工作室主任和工作人员。